Heid

Gt 04.02.04

Demharter

Grundbuchordnung

Beck'sche Kurz-Kommentare

Band 8

Grundbuchordnung

mit dem Text des Grundbuchbereinigungsgesetzes, der Grundbuchverfügung und weiterer Vorschriften

von

Johann Demharter
Richter
am Bayerischen Obersten Landesgericht

24., neubearbeitete Auflage
des von Fritz Henke und Gerhard Mönch begründeten
und von der 3. bis zur 16. Auflage von Ernst Horber
bearbeiteten Werks

Verlag C. H. Beck München 2002

ISBN 3 406 47773 9

Wilhelmstraße 9, 80801 München
Druck: Druckerei C. H. Beck Nördlingen
(Adresse wie Verlag)

Gedruckt auf säurefreiem, alterungsbeständigem Papier
(hergestellt aus chlorfrei gebleichtem Zellstoff)

Vorwort zur 24. Auflage

I.

Grundbuchrechtliche Vorschriften, insbesondere die Grundbuchordnung, wurden seit der Vorauflage verschiedentlich geändert. Durch das Gesetz vom 13. 7. 2001 wurden die Voraussetzungen für eine Einreichung der Beschwerde als elektronisches Dokument geschaffen. Ferner wurden durch das Grundstücksrechtsänderungsgesetz vom 2. 11. 2000 die Grundstücksverkehrsordnung und das Grundbuchbereinigungsgesetz geändert, durch das Gesetz vom 26. 10. 2001 die Löschung noch vorhandener Entschuldungsvermerke als gegenstandslos ermöglicht, durch das Zustellungsreformgesetz vom 25. 6. 2001 und das Zivilprozessreformgesetz vom 27. 7. 2001 Vorschriften über die Löschung gegenstandsloser Eintragungen und über die weitere Beschwerde an die Änderungen der Zivilprozessordnung angepasst und durch das Gesetz vom 27. 6. 2000 in der Grundbuchordnung, dem Grundbuchmaßnahmengesetz und dem Grundbuchbereinigungsgesetz auf Deutsche Mark lautende Geldbeträge auf Euro umgestellt. Durch das Gesetz vom 27. 4. 2001 wurden DM-Beträge in der Kostenordnung und der Verordnung über die Grundbuchabrufverfahrengebühren durch Euro-Beträge ersetzt. Durch weitere Gesetze wurden sonstige Bestimmungen, z.B. solche des Gesetzes über die Angelegenheiten der freiwilligen Gerichtsbarkeit, auf Euro umgestellt.

Außer diesen Gesetzen, die – soweit sie nicht schon in Kraft getreten sind – am 1. 1. 2002, das Zustellungsreformgesetz jedoch erst am 1. 7. 2002, in Kraft treten, wurden in den Erläuterungen das Zweite Eigentumsfristengesetz vom 20. 12. 1999, durch das als Zeitpunkt, ab dem der öffentliche Glaube des Grundbuchs im Gebiet der früheren DDR gilt, endgültig der 1. 1. 2001 festgelegt wurde, sowie das Gesetz über die Eingetragene Lebenspartnerschaft vom 16. 2. 2001 mit seinen Regelungen über den Vermögensstand der Lebenspartner berücksichtigt, ferner wiederum eine Vielzahl obergerichtlicher Entscheidungen. Zu nennen sind die Entscheidungen des Bundesverfassungsgerichts vom 18. 1. 2000 zur Gewährung rechtlichen Gehörs im Verfahren vor dem Rechtspfleger und vom 28. 8. 2000 zur Grundbucheinsicht der Presse, ferner die Entscheidungen des Bundesgerichtshofs vom 6. 4. 2000 über den Verlust der Wirksamkeit einer durch einstweilige Verfügung erwirkten Auflassungsvormerkung mit Eröffnung des Gesamtvollstreckungsverfahrens, vom 13. 9. 2000 über die Löschung eines Sondernutzungsrechts, vom 1. 2. 2001 über die Wahrung der Vollziehungsfrist beim Arrestvollzug in ein Grundstück und schließlich die umstrittene Entscheidung vom 26. 11. 1999 über das Wiederaufleben einer erloschenen Auflassungsvormerkung ohne erneute Grundbucheintragung.

Aus dem Anhang habe ich erneut einige bisher dort abgedruckte Gesetze herausgenommen. Die Neuauflage bringt den Kommentar auf den Stand vom 20. 10. 2001.

II.

Am 15. 4. 2001 ist Dr. Ernst Horber im Alter von 90 Jahren in München gestorben. Im Jahr 1950 übernahm Ernst Horber die Bearbeitung des 1936 von Fritz Henke und Gerhard Mönch begründeten Kurzkommentars zur Grundbuchordnung. In den folgenden über 30 Jahren gab er mit den 14 von ihm bearbeiteten Auflagen des Werks der grundbuchrechtlichen Praxis stets zuverlässig Auskunft über den aktuellen Stand des Grundbuchrechts. Ernst Horber hat über einen langen Zeitraum maßgebend an der Fortentwicklung des Grundbuchrechts mitgewirkt und sich um dieses Rechtsgebiet verdient gemacht (s. hierzu auch den Nachruf in NJW 2001, 1987).

München, im Oktober 2001 *Johann Demharter*

Inhaltsverzeichnis

Verzeichnis abgedruckter Gesetzesstellen IX

Abkürzungsverzeichnis X

Einleitung 1

Grundbuchordnung

i. d. F. v. 26. 5. 1994 (BGBl. I 1114)

Erster Abschnitt. Allgemeine Vorschriften. §§ 1 bis 12c 11

Anhang zu § 3: Das Wohnungseigentum und seine grundbuchmäßige Behandlung 66

Anhang zu § 8: Das Erbbaurecht und seine grundbuchmäßige Behandlung 141

Zweiter Abschnitt. Eintragungen in das Grundbuch. §§ 13 bis 55b 199

Anhang zu § 13: Grundzüge des Eintragungsantragsverfahrens 217

Anhang zu § 26: Pfändung 403

Anhang zu § 44: Einzelfragen zur Grundbucheintragung 585

Dritter Abschnitt. Hypotheken-, Grundschuld-, Rentenschuldbrief. §§ 56 bis 70 751

Vierter Abschnitt. Beschwerde. §§ 71 bis 81 795

Fünfter Abschnitt. Verfahren des Grundbuchamts in besonderen Fällen 875

I. Grundbuchberichtigungszwang. §§ 82 bis 83 875

II. Löschung gegenstandsloser Eintragungen. §§ 84 bis 89 883

Anhang zu §§ 84 bis 89: Grundbuchbereinigung 895

III. Klarstellung der Rangverhältnisse. §§ 90 bis 115 911

Sechster Abschnitt. Anlegung von Grundbuchblättern. §§ 116 bis 125 931

Siebenter Abschnitt. Das maschinell geführte Grundbuch. §§ 126 bis 134 944

Achter Abschnitt. Übergangs- und Schlussbestimmungen. §§ 135 bis 144 979

Inhalt

Anhang

1. Grundbuchverfügung i. d. F. v. 24. 1. 1995 1011
2. Wohnungsgrundbuchverfügung i. d. F. v. 24. 1. 1995 .. 1122
3. Gebäudegrundbuchverfügung v. 15. 7. 1994 1139
4. Grundbuchbereinigungsgesetz v. 20. 12. 1993 1150
5. Verordnung über die Wiederherstellung zerstörter oder abhanden gekommener Grundbücher und Urkunden v. 26. 7. 1940 1165
6. Gesetz über Maßnahmen auf dem Gebiete des Grundbuchwesens v. 20. 12. 1963 1171
7. Bayerische Geschäftsanweisung für die Behandlung der Grundbuchsachen v. 7. 12. 1981 1186
8. Hofraumverordnung v. 24. 9. 1993 1219
9. Grundbuchvorrangverordnung v. 3. 10. 1994 1221
10. Verordnung über das Erbbaurecht v. 15. 1. 1919 1223
11. Kostenordnung i. d. F. v. 26. 7. 1957 (Auszug) 1237
12. Grundstücksverkehrsordnung i. d. F. v. 20. 12. 1993 1267

Sachverzeichnis 1275

Verzeichnis abgedruckter Gesetzesstellen

1. Bürgerliches Gesetzbuch v. 18. 8. 1896
   - § 882 (bei § 17 GBV) ... 1021
   - § 928 Abs. 1 (bei § 9 GBV) ... 1017
   - §§ 1179, 1179a Abs. 5 (bei § 23 KostO) ... 1245
2. Bundesnotarordnung v. 24. 2. 1961
   - § 21 (bei § 32 GBO) ... 469
   - § 24 Abs. 3 (bei § 15 GBO) ... 237
3. Gesetz zur Wahrung der Einheitlichkeit der Rechtsprechung der obersten Gerichtshöfe des Bundes v. 19. 6. 1968
   - § 18 Abs. 2 (bei § 79 GBO) ... 857
4. Gesetz über die Angelegenheiten der freiwilligen Gerichtsbarkeit i. d. F. v. 20. 5. 1898
   - §§ 45, 99 Abs. 2 (bei § 37 GBO) ... 509
5. Gesetz zur Änderung der Verordnung über das Erbbaurecht v. 8. 1. 1974
   - Art. 2 (bei § 9a ErbbauVO) ... 1227
6. Verordnung über Grundbuchabrufverfahrengebühren v. 30. 11. 1994
   - (bei § 133 GBO) ... 969
7. Verordnung zur Durchführung des Grundbuchbereinigungsgesetzes und anderer Vorschriften auf dem Gebiet des Sachenrechts v. 20. 12. 1994
   - § 12 (bei § 3 GBBerG) ... 1151
   - § 13 (bei § 8 GBBerG) ... 1155

Abkürzungsverzeichnis

A.	Anmerkung
aaO	am angegebenen Ort
Abs.	Absatz
Abt.	Abteilung
AbwicklG	Gesetz zur Abwicklung der landwirtschaftlichen Entschuldung v. 25. 3. 1952 (BGBl. I 203; BGBl. III 7812-2)
AbwicklVO	Verordnung zur Abwicklung der landwirtschaftlichen Schuldenregelung v. 5. 7. 1948 (VOBlBZ 199)
a. F.	alte Fassung
AG	Ausführungsgesetz und Aktiengesellschaft
AGB-Gesetz	Gesetz zur Regelung des Rechts der Allgemeinen Geschäftsbedingungen v. 9. 12. 1976 (BGBl. I 3317)
AgrarR	Zeitschrift für das gesamte Recht der Landwirtschaft, der Agrarmärkte und des ländlichen Raumes
AktG	Aktiengesetz v. 6. 9. 1965 (BGBl. I 1089)
AktO	Aktenordnung
ALR	Allgemeines Landrecht für die Preußischen Staaten v. 1794
a. M.	anderer Meinung
ÄndVO	Verordnung zur Änderung des Verfahrens in Grundbuchsachen v. 5. 8. 1935 (RGBl. I 1065; BGBl. III 315-11-1)
Anh.	Anhang
Anl.	Anlage
AO	Abgabenordnung v. 16. 3. 1976 (BGBl. I 613)
Art.	Artikel
AufwG	Aufwertungsgesetz v. 16. 7. 1925 (RGBl. I 117)
AusfG	Ausführungsgesetz
AusfVO	Ausführungsverordnung (ohne Zusammenhang mit anderen Gesetzen: Verordnung zur Ausführung der Grundbuchordnung v. 8. 8. 1935, RGBl. I 1089; BGBl. III 315-11-2)
AV	Allgemeine Verfügung
BAnz.	Bundesanzeiger
Bauer/v. Oefele	Kommentar zur Grundbuchordnung, 1999
BauGB	Baugesetzbuch i. d. F. v. 7. 8. 1997 (BGBl. I 2141)
BauGB-MaßnahmenG	Maßnahmengesetz zum Baugesetzbuch i. d. F. v. 28. 4. 1993 (BGBl. I 622)
BauROG	Gesetz zur Änderung des Baugesetzbuchs und zur Neuregelung des Rechts der Raumordnung (Bau- und Raumordnungsgesetz 1998) v. 18. 8. 1997 (BGBl. I 2081)

Abkürzungen

BayBS	Bereinigte Sammlung des bayerischen Landesrechts 1802–1956 (Bd. I–IV und Ergänzungsband)
BayBSVJu	Bereinigte Sammlung der bayerischen Justizverwaltungsvorschriften 1863 – 30. 6. 1957 (Bd. I–VI und Registerband)
BayGBGA	s. GBGA
BayJMBl.	Bayerisches Justizministerialblatt
BayNachlO	Bayerische Nachlassordnung v. 20. 3. 1903 (BayBSVJu III 166)
BayObLG	Bayerisches Oberstes Landesgericht und Entscheidungen des Bayerischen Obersten Landesgerichts in Zivilsachen
BayRpflZ	Zeitschrift für Rechtspflege in Bayern
BayRS	Bayerische Rechtssammlung (Rechtszustand zum 1. 1. 1983)
BayVBl.	Bayerische Verwaltungsblätter
BayVGH	Bayerischer Verwaltungsgerichtshof
BB	Betriebs-Berater
BBauG	Bundesbaugesetz i. d. F. v. 18. 8. 1976 (BGBl. I 2256)
BBergG	Bundesberggesetz v. 13. 8. 1980 (BGBl. I 1310)
Bek.	Bekanntmachung
BeurkG	Beurkundungsgesetz v. 28. 8. 1969 (BGBl. I 1513)
BewG	Bewertungsgesetz i. d. F. v. 1. 2. 1991 (BGBl. I 230)
BezG	Bezirksgericht (im Gebiet der früheren DDR)
BFH	Bundesfinanzhof
BGB	Bürgerliches Gesetzbuch v. 18. 8. 1896 (RGBl. 195; BGBl. III 400-2)
BGBl.	Bundesgesetzblatt
BGH	Bundesgerichtshof und Entscheidungen des Bundesgerichtshofs in Zivilsachen
BGHSt.	Entscheidungen des Bundesgerichtshofs in Strafsachen
BJM	Bundesminister/Bundesministerium der Justiz
BNotO	Bundesnotarordnung i. d. F. v. 24. 2. 1961 (BGBl. I 97; BGBl. III 303-1)
BoSoG	Gesetz über die Sonderung unvermessener und überbauter Grundstücke nach der Karte (Bodensonderungsgesetz) v. 20. 12. 1993 (BGBl. I 2215)
BStBl.	Bundessteuerblatt
BVerfG	Bundesverfassungsgericht und Entscheidungen des Bundesverfassungsgerichts
BVersG	Bundesversorgungsgesetz v. 22. 1. 1982 (BGBl. I 121)
BVerwG	Bundesverwaltungsgericht und Entscheidungen des Bundesverwaltungsgerichts
BWNotZ	Zeitschrift für das Notariat in Baden-Württemberg
DA	Bayerische Dienstanweisung für die Grundbuchämter in den Landesteilen rechts des Rheins v. 27. 2. 1905 (JMBl. 63)
DB	Der Betrieb

Abkürzungen

DFrG	Deutsche Freiwillige Gerichtsbarkeit
DJust.	Deutsche Justiz
DJZ	Deutsche Juristen-Zeitung
DNotI-Report	Informationsdienst des Deutschen Notarinstituts
DNotV	Zeitschrift des Deutschen Notarvereins
DNotZ	Deutsche Notar-Zeitschrift
DÖV	Die Öffentliche Verwaltung
DR	Deutsches Recht
DRiZ	Deutsche Richterzeitung
DRZ	Deutsche Rechtszeitschrift
DtZ	Deutsch-Deutsche Rechts-Zeitschrift (ab 1990 bis einschließlich 1997)
DVO	Durchführungsverordnung
2. EDVGB-ÄndV	Zweite Verordnung zur Änderung von Vorschriften für das maschinell geführte Grundbuch vom 11. 7. 1997 (BGBl. I 1808)
EFG	Eigentumsfristengesetz v. 20. 12. 1996 (BGBl. I 2028)
EGBGB	Einführungsgesetz zum Bürgerlichen Gesetzbuche i. d. F. v. 21. 9. 1994 (BGBl. I 2494)
EGInsO	Einführungsgesetz zur Insolvenzordnung v. 5. 10. 1994 (BGBl. I 2911)
EinigungsV	Vertrag zwischen der Bundesrepublik Deutschland und der DDR über die Herstellung der Einheit Deutschlands (Einigungsvertrag) v. 31. 8. 1990 (BGBl. II 889; GBl. DDR I 1629)
EintrAntrag	Eintragungsantrag
EintrBewilligung	Eintragungsbewilligung
EintrVermerk	Eintragungsvermerk
ErbbauVO	Verordnung über das Erbbaurecht v. 15. 1. 1919 (RGBl. I 72; BGBl. III 403-6)
Erl.	Erläuterung
EUR	Euro
EWIV	Europäische wirtschaftliche Interessenvereinigung
FamRZ	Zeitschrift für das gesamte Familienrecht
FGG	Gesetz über die Angelegenheiten der freiwilligen Gerichtsbarkeit i. d. F. v. 20. 5. 1898 (RGBl. 771; BGBl. III 315-1)
FGPrax	Praxis der Freiwilligen Gerichtsbarkeit
FidErlG	Gesetz über das Erlöschen der Familienfideikommisse und sonstiger gebundener Vermögen v. 6. 7. 1938 (RGBl. I 825; BGBl. III 7811-2)
FlurbG	Flurbereinigungsgesetz i. d. F. v. 16. 3. 1976 (BGBl. I 546)
GB	Grundbuch
GBAbVfV	Verordnung über Grundbuchabrufverfahrengebühren v. 30. 11. 1994 (BGBl. I 3580, 3585)
GBAmt	Grundbuchamt
GBBerG	Grundbuchbereinigungsgesetz v. 20. 12. 1993 (BGBl. I 2192)

GBBerG-1930	Gesetz über die Bereinigung der Grundbücher v. 18. 7. 1930 (RGBl. I 305)
GBGA	Bayerische Geschäftsanweisung für die Behandlung der Grundbuchsachen v. 7. 12. 1981 (JMBl. 190)
GBl.	Gesetzblatt
GBMaßnG	Gesetz über Maßnahmen auf dem Gebiete des Grundbuchwesens v. 20. 12. 1963 (BGBl. I 986; BGBl. III 315-11-6)
GBO	Grundbuchordnung i. d. F. v. 26. 5. 1994 (BGBl. I 1114)
GBV	Verordnung zur Durchführung der Grundbuchordnung (Grundbuchverfügung) i. d. F. v. 24. 1. 1995 (BGBl. I 114)
GBVorV	Verordnung über die vorrangige Bearbeitung investiver Grundbuchsachen (Grundbuchvorrangverordnung) v. 3. 10. 1994 (BGBl. I 2796)
GenG	Gesetz betreffend die Erwerbs- und Wirtschaftsgenossenschaften i. d. F. v. 19. 8. 1994 (BGBl. I 2202)
Ges.	Gesetz
GeschO	Allgemeine Verfügung über die geschäftliche Behandlung der Grundbuchsachen v. 25. 2. 1936 (DJust. 350)
GesO	Gesamtvollstreckungsordnung i. d. F. v. 23. 5. 1991 (BGBl. I 1185)
GG	Grundgesetz für die Bundesrepublik Deutschland v. 23. 5. 1949 (BGBl. 1; BGBl. III 100-1)
GGV	Verordnung über die Anlegung und Führung von Gebäudegrundbüchern (Gebäudegrundbuchverfügung) v. 15. 7. 1994 (BGBl. I 1606)
GleichberG	Gesetz über die Gleichberechtigung von Mann und Frau auf dem Gebiete des bürgerlichen Rechts v. 18. 6. 1957 (BGBl. I 609; BGBl. III 400-3)
GmbHG	Gesetz betreffend die Gesellschaften mit beschränkter Haftung i. d. F. v. 20. 5. 1898 (RGBl. 846; BGBl. III 4123-1)
GrdstVG	Gesetz über Maßnahmen zur Verbesserung der Agrarstruktur und zur Sicherung land- und forstwirtschaftlicher Betriebe (Grundstückverkehrsgesetz) v. 28. 7. 1961 (BGBl. I 1091; BGBl. III 7810-1)
GrEStG	Grunderwerbsteuergesetz v. 17. 12. 1982 (BGBl. I 1717)
Gruch.	Gruchots Beiträge zur Erläuterung des deutschen Rechts
GrundRÄndG	Gesetz zur Änderung des Rechts der Grundstücke in den neuen Ländern (Grundstücksrechtsänderungsgesetz) v. 2. 11. 2000 (BGBl. I 1481)
GS	Preußische Gesetzsammlung
GSB	Bayerisches Gesetz zur Beschaffung von Siedlungsland und zur Bodenreform v. 18. 9. 1946 (BayBS IV 336)
Güthe/Triebel	Kommentar zur Grundbuchordnung, 6. Auflage, 1936/1937
GVBl.	Gesetz- und Verordnungsblatt

Abkürzungen

GVG .... Gerichtsverfassungsgesetz i. d. F. v. 9. 5. 1975 (BGBl. I 1077)
GVO .... Grundstücksverkehrsordnung i. d. F. v. 20. 12. 1993 (BGBl. I 2221)

Hesse/Saage/Fischer Kommentar zur Grundbuchordnung, 4. Auflage 1957
HEZ .... Höchstrichterliche Entscheidungen – Sammlung von Entscheidungen der Oberlandesgerichte und der obersten Gerichte in Zivilsachen
HGB .... Handelsgesetzbuch v. 10. 5. 1897 (RGBl. 219; BGBl. III 4100-1)
HöfeO .... Höfeordnung i. d. F. v. 26. 7. 1976 (BGBl. I 1933)
HöfeVfO .... Verfahrensordnung für Höfesachen v. 29. 3. 1976 (BGBl. I 881)
h. M. .... herrschende Meinung
HofV .... Verordnung über die grundbuchmäßige Behandlung von Anteilen an ungetrennten Hofräumen (Hofraumverordnung) v. 24. 9. 1993 (BGBl. I 1658)
HRR .... Höchstrichterliche Rechtsprechung
Hyp. .... Hypothek
HypAblV .... Verordnung über die Ablösung früherer Rechte und andere vermögensrechtliche Fragen (Hypothekenablöseverordnung) v. 10. 6. 1994 (BGBl. I 1253)

i. d. F. .... in der Fassung
InsO .... Insolvenzordnung v. 5. 10. 1994 (BGBl. I 2866)
InVo .... Insolvenz & Vollstreckung
InVorG .... Gesetz über den Vorrang für Investitionen bei Rückübertragungsansprüchen nach dem Vermögensgesetz (Investitionsvorranggesetz) i. d. F. v. 4. 8. 1997 (BGBl. I 1996)
IPRax .... Praxis des Internationalen Privat- und Verfahrensrechts
i. V. m. .... in Verbindung mit

JBl. .... Justizblatt
JFG .... Jahrbuch für Enscheidungen in Angelegenheiten der freiwilligen Gerichtsbarkeit und des Grundbuchrechts; Entscheidungen sind, soweit nichts anderes vermerkt, solche des Kammergerichts
JFGErg. .... Ergänzung zum JFG
JMBl. .... Justizministerialblatt
JMBlNW .... Justizministerialblatt Nordrhein-Westfalen
JR .... Juristische Rundschau, ab 1947
JurBüro .... Das Juristische Büro
JurRdsch. .... Juristische Rundschau (bis 1947)
Justiz .... Die Justiz, Amtsblatt des Justizministeriums Baden-Württemberg
JVBl. .... Justizverwaltungsblatt
JW .... Juristische Wochenschrift
JZ .... Juristen-Zeitung (früher DRZ und SJZ)

KEHE	Kuntze/Ertl/Herrmann/Eickmann, Grundbuchrecht, Kommentar zur Grundbuchordnung und Grundbuchverfügung einschließlich Wohnungseigentumsgrundbuchverfügung, 5. Auflage 1999
KG	Kammergericht und Kommanditgesellschaft
KGBl.	Blätter für Rechtspflege im Bezirk des Kammergerichts
KGJ	Jahrbuch für Entscheidungen des Kammergerichts
KO	Konkursordnung i. d. F. v. 20. 5. 1898 (RGBl. 612; BGBl. III 311-4)
KostO	Gesetz über die Kosten in Angelegenheiten der freiwilligen Gerichtsbarkeit i. d. F. v. 26. 7. 1957 (BGBl. I 861; BGBl. III 361-1)
KostREuroUG	Gesetz zur Umstellung des Kostenrechts und der Steuerberatergebührenverordnung auf Euro v. 27. 4. 2001 (BGBl. I 751)
KostVerf.	Kostenverfügung v. 1. 3. 1976 (BayJMBl. 41)
KrG	Kreisgericht (im Gebiet der früheren DDR)
LandbeschG	Landbeschaffungsgesetz v. 23. 2. 1957 (BGBl. I 134; BGBl. III 54-3)
LAG	Gesetz über den Lastenausgleich i. d. F. v. 2. 6. 1993 (BGBl. I 845, ber. BGBl. I 1994, 248)
LASG	Gesetz zur Sicherung von Forderungen für den Lastenausgleich v. 2. 9. 1948 (WiGBl. 87)
LG	Landgericht
LM	Nachschlagewerk des Bundesgerichtshofs in Zivilsachen (herausgegeben von Lindenmaier und Möhring)
LPartG	Gesetz über die Eingetragene Lebenspartnerschaft (Lebenspartnerschaftsgesetz) v. 16. 2. 2001 (BGBl. I 266)
MDR	Monatsschrift für Deutsches Recht
Meikel	Grundbuchrecht, 8. Auflage 1997/1998
MittBayNot	Mitteilungen des Bayerischen Notarvereins, der Notarkasse und der Landesnotarkammer Bayern
MittRhNotK	Mitteilungen der Rheinischen Notarkammer (ab 2001: RNotZ)
MiZi	Anordnung über Mitteilungen in Zivilsachen i. d. F. v. 29. 4. 1998 (BAnz. v. 29. 7. 1998 Nr. 138 a; BayJMBek. v. 11. 5. 1998 (BayJMBl. 64)
Mot.	Motive zum Entwurf eines BGB
NdsRpfl.	Niedersächsische Rechtspflege
n. F.	neue Fassung
NJ	Neue Justiz
NJW	Neue Juristische Wochenschrift
NJWE-MietR	NJW-Entscheidungsdienst Miet- und Wohnungsrecht (Jahrgänge 1996 und 1997)
NJW-RR	NJW-Rechtsprechungs-Report Zivilrecht
NotBZ	Zeitschrift für die notarielle Beratungs- und Beurkundungspraxis

NotMaßnG	Gesetz über Maßnahmen auf dem Gebiete des Notarrechts v. 16. 2. 1961 (BGBl. I 77; BGBl. III 303-2)
NZG	Neue Zeitschrift für Gesellschaftsrecht
NZM	Neue Zeitschrift für Miet- und Wohnungsrecht
OGH	Oberster Gerichtshof für die Britische Zone
OHG	offene Handelsgesellschaft
OLG	Oberlandesgericht und Rechtsprechung der Oberlandesgerichte in Zivilsachen
OLG-NL	OLG-Rechtsprechung Neue Länder
OLGZ	Entscheidungen der Oberlandesgerichte in Zivilsachen (ab 1965 bis einschließlich 1994)
Palandt	Kurzkommentar zum Bürgerlichen Gesetzbuch, 60. Auflage 2001
PartGG	Gesetz über Partnerschaftsgesellschaften Angehöriger Freier Berufe (Partnerschaftsgesellschaftsgesetz) v. 25. 7. 1994 (BGBl. I 1744)
PRV	Verordnung über die Einrichtung und Führung des Partnerschaftsregisters (Partnerschaftsregisterverordnung) v. 16. 6. 1995 (BGBl. I 808)
RdL	Recht der Landwirtschaft
REinhG	Gesetz zur Wiederherstellung der Rechtseinheit auf dem Gebiete der Gerichtsverfassung, der bürgerlichen Rechtspflege, des Strafverfahrens und des Kostenrechts v. 12. 9. 1950 (BGBl. 455; BGBl. III 300-6)
Recht	Zeitschrift „Das Recht“
RegBl.	Regierungsblatt
RegVBG	Gesetz zur Vereinfachung und Beschleunigung registerrechtlicher und anderer Verfahren (Registerverfahrenbeschleunigungsgesetz) v. 20. 12. 1993 (BGBl. I 2182)
RG	Reichsgericht und Entscheidungen des Reichsgerichts in Zivilsachen
RGBl.	Reichsgesetzblatt
RHeimstG	Reichsheimstättengesetz i. d. F. v. 25. 11. 1937 (RGBl. I 1291; BGBl. III 2332-1)
RJA	Entscheidungen in Angelegenheiten der freiwilligen Gerichtsbarkeit, zusammengestellt im Reichsjustizamt
RJM	Reichsjustizminister
RMBl.	Reichsministerialblatt
Rn.	Randnummer
RNotZ	Rheinische Notar-Zeitschrift (vormals MittRhNotK)
Rpfleger	Rechtspfleger; mit Jahreszahl und Seite: Zeitschrift „Der Deutsche Rechtspfleger“
RpflegerG	Rechtspflegergesetz v. 5. 11. 1969 (BGBl. I 2065)
RSiedlG	Reichssiedlungsgesetz v. 11. 8. 1919 (RGBl. 1429; BGBl. III 2331-1)
RVO	Reichsversicherungsordnung i. d. F. v. 15. 12. 1924 (RGBl. I 779; BGBl. III 820-1)

S.	Seite
s.	siehe
SachenRÄndG	Gesetz zur Änderung sachenrechtlicher Bestimmungen (Sachenrechtsänderungsgesetz) v. 21. 9. 1994 (BGBl. I 2457)
SachenRBerG	Gesetz zur Sachenrechtsbereinigung im Beitrittsgebiet (Sachenrechtsbereinigungsgesetz) v. 21. 9. 1994 (BGBl. I 2457)
SachenR-DV	Verordnung zur Durchführung des Grundbuchbereinigungsgesetzes und anderer Vorschriften auf dem Gebiet des Sachenrechts (Sachenrechts-Durchführungsverordnung) v. 20. 12. 1994 (BGBl. I S. 3900)
SchlHA	Schleswig-Holsteinische Anzeigen
SchRegG	Gesetz zur Regelung der landwirtschaftlichen Schuldverhältnisse v. 1. 6. 1933 (RGBl. I 331)
SchutzforstVO	Verordnung über den Waldschutz bei der Fideikommißauflösung v. 21. 12. 1939 (RGBl. 2459)
SeuffArch.	Seufferts Archiv für Entscheidungen der obersten Gerichte
SJZ	Süddeutsche Juristenzeitung
Sp.	Spalte
SpTrUG	Gesetz über die Spaltung der von der Treuhandanstalt verwalteten Unternehmen v. 5. 4. 1991 (BGBl. I 854)
SPV	Sonderungsplanverordnung v. 2. 12. 1994 (BGBl. I 3701)
StBauFG	Gesetz über städtebauliche Sanierungs- und Entwicklungsmaßnahmen in den Gemeinden (Städtebauförderungsgesetz) i. d. F. v. 18. 8. 1976 (BGBl. I 2318)
st. Rspr.	ständige Rechtsprechung
str.	streitig
Thieme	Grundbuchordnung, 4. Auflage 1955
UmstG	Drittes Gesetz zur Neuordnung des Geldwesens (Umstellungsgesetz) v. 20. 6. 1948 (WiGBl. Beil. Nr. 5 S. 13)
VAG	Gesetz über die Beaufsichtigung der Versicherungsunternehmen i. d. F. v. 13. 10. 1983 (BGBl. I 1261)
VerglO	Vergleichsordnung v. 26. 2. 1935 (RGBl. I 321; BGBl. III 311-1)
VermG	Gesetz zur Regelung offener Vermögensfragen (Vermögensgesetz) i. d. F. v. 21. 12. 1998 (BGBl. I 4026)
2. VermRÄndG	Gesetz zur Änderung des Vermögensgesetzes und anderer Vorschriften (Zweites Vermögensrechtsänderungsgesetz) vom 14. 7. 1992 (BGBl. I 1257)
VermRAnpG	Gesetz zur Anpassung vermögensrechtlicher und anderer Vorschriften (Vermögensrechtsanpassungsgesetz) v. 4. 7. 1995 (BGBl. I 895)

Abkürzungen

VerwG	Verwaltungsgericht
VIZ	Zeitschrift für Vermögens- und Immobilienrecht
VO	Verordnung
VOBl.	Verordnungsblatt
VwGO	Verwaltungsgerichtsordnung i. d. F. v. 19. 3. 1991 (BGBl. I 686)
VwVfG	Verwaltungsverfahrensgesetz i. d. F. v. 21. 9. 1998 (BGBl. I 3051)
VZOG	Gesetz über die Feststellung der Zuordnung von ehemals volkseigenem Vermögen (Vermögenszuordnungsgesetz) i. d. F. v. 29. 3. 1994 (BGBl. I 709)
WährG	Erstes Gesetz zur Neuordnung des Geldwesens (Währungsgesetz) v. 20. 6. 1948 (WiGBl. Beil. Nr. 5 S. 1)
Warn.	Warneyers Rechtsprechung des Reichsgerichts
WEigentum	Wohnungseigentum
WEigentümer	Wohnungseigentümer
Weitnauer	Kommentar zum Wohnungseigentumsgesetz, 8. Auflage 1995
WGV	Verordnung über die Anlegung und Führung der Wohnungs- und Teileigentumsgrundbücher (Wohnungsgrundbuchverfügung) i. d. F. v. 24. 1. 1995 (BGBl. I 134)
WiGBl.	Gesetzblatt der Verwaltung des Vereinigten Wirtschaftsgebietes
WEG	Gesetz über das Wohnungseigentum und das Dauerwohnrecht v. 15. 3. 1951 (BGBl. I 175; BGBl. III 403-1)
WM	Wertpapier-Mitteilungen
WuM	Wohnungswirtschaft & Mietrecht
ZAkDR	Zeitschrift der Akademie für Deutsches Recht
ZEV	Zeitschrift für Erbrecht und Vermögensnachfolge
ZfIR	Zeitschrift für Immobilienrecht
ZGB	Zivilgesetzbuch der Deutschen Demokratischen Republik vom 19. 6. 1975 (GBl. DDR I 465)
ZIP	Zeitschrift für Wirtschaftsrecht
ZJA	Zentral-Justizamt für die britische Zone
ZJBl.	Zentral-Justizblatt für die britische Zone
ZMR	Zeitschrift für Miet- und Raumrecht
ZNotP	Zeitschrift für die NotarPraxis
ZPO	Zivilprozessordnung i. d. F. v. 12. 9. 1950 (BGBl. 533; BGBl. III 310-4)
ZPO-RG	Gesetz zur Reform des Zivilprozesses (Zivilprozessreformgesetz) v. 27. 7. 2001 (BGBl. I 1887)
ZVG	Gesetz über die Zwangsversteigerung und die Zwangsverwaltung i. d. F. v. 20. 5. 1898 (RGBl. 713; BGBl. III 310-14)
ZZP	Zeitschrift für Zivilprozess

Einleitung

1. Grundbuch. Das GB ist dazu bestimmt, über die privatrechtlichen, nicht aber auch über die öffentlich-rechtlichen Verhältnisse eines Grundstücks zuverlässig Auskunft zu geben (BayObLG 1960, 451; BayVBl. 1990, 26). Dem dient die GBO, die bezweckt, auf sicherer Grundlage bestimmte und eindeutige Rechtsverhältnisse für unbeweglichen Sachen zu schaffen und zu erhalten (RG 145, 354; BayObLG 1990, 191 = Rpfleger 1990, 503). Zur Geschichte des GB s. den Abriss von Stewing Rpfleger 1989, 445. 1

2. Grundbuchrecht. a) Die GBO vom 24. 3. 1897 (RGBl. S. 139) i. d. F. vom 20. 5. 1898 (RGBl. S. 574) hat durch die VO zur Änderung des Verfahrens in GBSachen vom 5. 8. 1935 (RGBl. I 1065) zahlreiche Änderungen erfahren. Sie galt seit dem 1. 4. 1936 i. d. F. vom 5. 8. 1935 (RGBl. I 1073). Zur Entstehung der GBO s. Demharter, 100 Jahre Grundbuchordnung, FGPrax 1997, 5; zu ihrer Neufassung vom 26. 5. 1994 s. Rn. 35. 2

Zweck und Ziel der Änderungen des Jahres 1935 war die Schaffung eines für das ganze Reich einheitlichen GBRechts. Bei dem engen Zusammenhang zwischen dem sachlichrechtlichen und dem verfahrensrechtlichen Liegenschaftsrecht musste die erstrebte Vereinheitlichung allerdings dort ihre Grenze finden, wo für das sachlichrechtliche Verhältnis nach dem EGBGB das Landesrecht maßgebend ist. Hieraus erklärt sich der in dem früheren § 117, heute in § 136 GBO enthaltene Vorbehalt zugunsten der Landesgesetzgebung, während die früheren Vorbehalte sonst durchwegs beseitigt worden sind (s. im einzelnen Hesse DJust. 1935, 1291 und Saage JW 1935, 2769). 3

b) Die AusfVO vom 8. 8. 1935 (RGBl. I 1089) enthielt Vorschriften über die funktionelle Zuständigkeit der mit der GBFührung und der Wahrnehmung der sonstigen Aufgaben des GBAmts betrauten Personen, über das dem GB zugrundeliegende amtliche Grundstücksverzeichnis sowie über die nachträgliche Anlegung von GBBlättern. Zur Aufhebung der AusfVO durch das RegVBG s. Rn. 35. 4

c) In der GBV vom 8. 8. 1935 (RMBl. 637) wurde die Einrichtung und Führung des GB geregelt. Nach verschiedenen Änderungen (s. dazu Rn. 9 ff.) gilt die GBV jetzt in der Fassung vom 24. 1. 1995 (BGBl. I 114). Die AV des RJM über die geschäftliche 5

Behandlung der GBSachen (GeschO) vom 25. 2. 1936 (DJust. 350) mit Änderungen durch die AV vom 23. 12. 1937 (DJust. 1938, 33), vom 27. 1. 1939 (DJust. 224) und vom 20. 10. 1941 (DJust. 1022) trifft ergänzende Bestimmungen. Viele Länder haben die AV inzwischen abgeändert oder aufgehoben und durch andere Regelungen ersetzt, z. B. *Bayern* durch die Geschäftsanweisung für die Behandlung der GBSachen (GBGA) vom 7. 12. 1981 (JMBl. 190) mit späteren Änderungen. Ab der 22. Auflage wird die GeschO daher im Anhang nicht mehr abgedruckt.

6 **3. Rechtsentwicklung.** Die grundbuchrechtlichen Vorschriften sind seit der Neufassung der GBO im Jahr 1935 durch folgende Gesetze, Verordnungen und Verfügungen geändert und ergänzt worden:

a) Bis zum Inkrafttreten des Grundgesetzes. Ges. zur Ergänzung des § 10 GBO vom 31. 10. 1938 (RGBl. I 1544). Durch dieses hat die genannte Vorschrift einen neuen Abs. 4 erhalten, der später wieder aufgehoben wurde (s. Rn. 19).

7 AV des RJM über die Zurückführung der Grundbücher auf das Reichskataster vom 20. 1. 1940 (DJust. 212, geändert durch AV vom 26. 1. 1942, DJust. 85), über die Erhaltung der Übereinstimmung zwischen dem Grundbuch und dem Reichskataster vom 20. 1. 1940 (DJust. 214) und über die Einführung des Reichskatasters als amtlichen Verzeichnisses der Grundstücke vom 28. 4. 1941 (DJust. 548), ferner VO über die Einführung des Reichskatasters als amtliches Verzeichnis der Grundstücke im Sinn des § 2 Abs. 2 GBO vom 23. 1. 1940 (RGBl. I 240). Die VO ergänzte § 2 Abs. 2 GBO; sie wurde durch die VO vom 19. 11. 1995 (BGBl. I 1527) aufgehoben.

8 VO über die Wiederherstellung zerstörter oder abhandengekommener Grundbücher und Urkunden vom 26. 7. 1940 (RGBl. I 1048). Sie bildet eine Ergänzung des § 123 (jetzt § 141 Abs. 1) GBO.

9 AV des RJM zur Abänderung des § 25 GBV vom 18. 7. 1941 (RMBl. 175).

10 VO zur Vereinfachung des GBVerfahrens vom 5. 10. 1942 (RGBl. I 573). Durch diese wurden § 22 Abs. 2 und § 27 GBO neu gefasst, erhielt § 35 GBO einen neuen Abs. 3 und wurde nach § 82 ein neuer § 82a in die GBO eingefügt (§§ 1 mit 4). Im Übrigen wurde der RJM ermächtigt, im Verwaltungsweg Abweichungen von gewissen Vorschriften der GBO zuzulassen, und in Ergänzung der §§ 41 und 67 GBO eine besondere Regelung für den Fall getroffen, dass ein Hypotheken-, Grundschuld- oder Rentenschuldbrief durch Kriegseinwirkung vernichtet worden ist.

VO des Zentral-Justizamts der britischen Zone vom 12. 5. 1947 (VOBlBZ 52), Badisches Landesgesetz vom 7. 7. 1948 (GVBl. 127), Gesetz des Landes Württemberg-Hohenzollern vom 6. 8. 1948 (RegBl. 93) und Rheinland-Pfälzisches Landesgesetz vom 8. 10. 1948 (GVBl. 369). Durch sie hat § 8 der VereinfachungsVO vom 5. 10. 1942 in der ehemals britischen und französischen Zone einen neuen Abs. 2 erhalten; die nämliche Änderung erfolgte später in West-Berlin (Ges. vom 11. 12. 1952, GVBl. 1075). Zur späteren Aufhebung dieser Vorschriften s. Rn. 19. **11**

VO des Zentral-Justizamts der britischen Zone vom 21. 5. 1948 (VOBlBZ 127). Sie lockerte in der ehemals britischen Zone die Briefvorlegungspflicht nach § 41 GBO. Die VO wurde durch die VO vom 19. 11. 1995 (BGBl. I 1527) aufgehoben. **12**

b) Nach dem Inkrafttreten des Grundgesetzes. Verfügung des BJM über die grundbuchmäßige Behandlung der Wohnungseigentumssachen vom 1. 8. 1951 (BAnz. Nr. 152). Die WGV gilt nunmehr in der Fassung vom 24. 1. 1995 (BGBl. I 134). **13**

Rechtspflegergesetz vom 8. 2. 1957 (BGBl. I 18). Durch dieses Ges. wurden die nach der AusfVO vom Richter wahrzunehmenden Geschäfte grundsätzlich auf den Rpfleger übertragen. **14**

VO des BJM zur Änderung des § 21 GBV vom 7. 7. 1959 (BAnz. Nr. 137). **15**

VO des BJM zur Änderung und Ergänzung der WGV vom 15. 7. 1959 (BAnz. Nr. 137). Sie brachte Vereinfachungen für die Erteilung der Grundpfandrechtsbriefe. **16**

VO des BJM zur Aufhebung des § 59 Satz 2 GBV vom 27. 7. 1960 (BAnz. Nr. 145). **17**

VO des BJM über Grundbücher mit herausnehmbaren Einlegebogen vom 26. 6. 1961 (BAnz. Nr. 124). Sie schuf durch Änderung des § 2 und weiterer Vorschriften der GBV die Möglichkeit zur Einführung des sog. Loseblattgrundbuchs. **18**

Ges. über Maßnahmen auf dem Gebiete des GBWesens vom 20. 12. 1963 (BGBl. I 986). Dieses Gesetz, dessen vornehmliches Ziel die Beseitigung der durch einige Kriegs- und Nachkriegsgesetze eingetretenen Entwertung des GB ist, brachte in seinem 6. Abschnitt eine Neufassung des § 57 Abs. 2 Buchst. a und der §§ 82 und 123 (jetzt § 141 Abs. 1) GBO und ergänzte neben § 83 GBO auch §§ 2 und 3 AusfVO; außerdem hob es § 10 Abs. 4 und § 58 Abs. 2 GBO sowie §§ 5 mit 10 der VereinfachungsVO vom 5. 10. 1942 samt den in Rn. 11 bezeichneten Vorschriften auf; anzumerken ist jedoch, dass die in § 8 der VereinfachungsVO getroffene Regelung nicht aufgegeben, sondern mit gewissen Änderungen in das GBMaßnG übernommen wurde. **19**

20 VO des BJM zur Änderung der §§ 6, 13 und 53 GBV vom 2. 11. 1964 (BAnz. Nr. 209).

21 VO des BJM zur Änderung des § 6 GBV vom 10. 6. 1969 (BAnz. Nr. 105).

22 Beurkundungsgesetz vom 28. 8. 1969 (BGBl. I 1513). Es beseitigte durch Änderung des § 29 GBO die Möglichkeit, zur Eintragung erforderliche Erklärungen zur Niederschrift des GBAmts abzugeben.

23 Rechtspflegergesetz vom 5. 11. 1969 (BGBl. I 2065). Dieses Gesetz, das am 1. 7. 1970 an die Stelle des in Rn. 14 genannten getreten ist, hat die nach der AusfVO vom Richter wahrzunehmenden Geschäfte in vollem Umfang auf den Rpfleger übertragen.

24 Einführungsgesetz zum StGB vom 2. 3. 1974 (BGBl. I 469). Durch Art. 106 des Ges. wurde § 76 Abs. 3 GBO angepasst.

25 VO des BJM zur Änderung der AusfVO sowie zur Änderung der GBV und der WGV vom 21. 3. 1974 (BGBl. I 771). Ihr wesentliches Ziel ist die Erleichterung des grundbuchamtlichen Geschäftsbetriebs.

26 Ges. zur Änderung sachenrechtlicher, grundbuchrechtlicher und anderer Vorschriften vom 22. 6. 1977 (BGBl. I 998). Durch dieses Gesetz, dessen Zweck es ist, die GBÄmter durch eine Neuregelung des Rechts der Löschungsvormerkung nach § 1179 BGB sowie durch eine Vereinfachung der Herstellung der Grundpfandrechtsbriefe zu entlasten, sind ein neuer § 29 a in die GBO eingefügt und §§ 41, 56, 57, 61 und 62 GBO geändert worden.

27 VO des BJM zur Änderung der GBV und der WGV vom 1. 12. 1977 (BGBl. I 2313). Durch sie wurden im Hinblick auf die Änderungen der GBO durch das in Rn. 26 genannte Ges. §§ 47 und 59 GBV und §§ 5 und 9 WGV sowie die Anlagen 3 bis 8 der GBV und die Anlage 4 der WGV neu gefasst; außerdem ist § 21 GBV ein neuer Abs. 4 angefügt worden.

28 VO des BJM zur Änderung der GBV und der WGV vom 23. 7. 1984 (BGBl. I 1025). Ihr wesentlicher Inhalt besteht in der Einfügung eines neuen § 70 a (jetzt § 101) in die GBV. Durch die VO soll die Umstellung auf das Loseblattgrundbuch erleichtert werden.

29 Ges. zur Neuregelung des Internationalen Privatrechts vom 25. 7. 1986 (BGBl. I 1142). Durch dieses Ges. wurde die Verweisung in § 116 Abs. 2 (jetzt § 135 Abs. 2) GBO auf den neuen Standort der dort genannten Bestimmungen des EGBGB umgestellt.

30 Einigungsvertrag vom 31. 8. 1990 (BGBl. II 889). Er enthält in Anl. I Kap. III Sachgeb. B Abschn. III Nr. 1 bis 5 die Maßgaben, mit denen grundbuchrechtliche Vorschriften im Gebiet der früheren DDR in Kraft traten.

Ges. zur Beseitigung von Hemmnissen bei der Privatisierung von Unternehmen und zur Förderung von Investitionen vom 22. 3. 1991 (BGBl. I 766). Durch dieses Ges. wurde § 125 GBO angefügt. Die Bestimmung wurde durch das RegVBG wieder aufgehoben; ihr Inhalt wurde in § 12b GBO übernommen.

2. VermögensrechtsänderungsG vom 14. 7. 1992 (BGBl. I 1257, 31
1283). Durch dieses Ges. wurde in § 25 Satz 2 GBO eine Ergänzung eingefügt.

Ges. zur Aufhebung des RHeimstG vom 17. 6. 1993 (BGBl. I 32
912). Durch dieses Ges. wurden in § 4 GBO die auf die Heimstätte hinweisenden Textstellen und der frühere § 55 Satz 2 GBO gestrichen; ferner wurden die früheren §§ 61 bis 63 GBV aufgehoben.

VO über die grundbuchmäßige Behandlung von Anteilen an 33
ungetrennten Hofräumen vom 24. 9. 1993 (BGBl. I 1658). Durch die VO wurde die formale GBFähigkeit ungetrennter Hofräume in den ehemals preußischen Landesteilen im Gebiet der früheren DDR hergestellt.

4. **Registerverfahrenbeschleunigungsgesetz.** Nach den Än- 34
derungen vom Jahr 1935 hat das GBRecht im Jahr 1993 durch das RegVBG vom 20. 12. 1993 (BGBl. I 2182) erneut weitreichende Änderungen erfahren. Anlass dafür war die Notwendigkeit, im Gebiet der früheren DDR wieder geordnete Eigentumsverhältnisse herzustellen und einen reibungslosen Ablauf des GBVerfahrens zu gewährleisten.

a) Im Vordergrund der Änderungen steht die Einführung des 35
maschinell geführten GB mit der Möglichkeit der Integration von GB und Liegenschaftskataster (§§ 126ff. GBO). Außerdem wurde die AusfVO aufgehoben; ihre Bestimmungen wurden, soweit sie sich nicht als überholt und entbehrlich erwiesen, in die GBO eingefügt; dies betrifft insbes. die Regelungen über die funktionelle Zuständigkeit der Organe des GBAmts und das Verfahren zur nachträglichen Anlegung von GBBlättern (vgl. insbes. § 12c, § 13 Abs. 3, § 44 Abs. 1, § 56 Abs. 2 und §§ 116ff. GBO). Erleichtert wurde die selbständige Buchung von Miteigentumsanteilen (§ 3 Abs. 4ff. GBO) und die Bezugnahme bei der GBEintragung (§ 44 Abs. 2, 3 GBO). Erschwert wurden dagegen die Vereinigung und die Zuschreibung (§ 5 Abs. 2, § 6 Abs. 2, § 136 Abs. 3 GBO). Ermöglicht wurde es dem GBAmt, Grundakten statt in Papierform auf einem Bild- oder sonstigen Datenträger aufzubewahren (§ 10a GBO). Ferner wurde das Mitteilungsverfahren neu geregelt (§§ 55ff. GBO) Mit diesen und weiteren Änderungen gilt die GBO ab 25. 12. 1993 i.d.F. vom 26. 5. 1994 (BGBl. I 1114).

36 **b)** Durch das RegVBG wurde auch die GBV verschiedentlich geändert; insbes. wurden in Abschnitt XIII Vorschriften über das maschinell geführte GB eingefügt. Das als Art. 2 des RegVBG in Kraft getretene GBBerG hat die Behandlung wertbeständiger und ähnlicher Rechte, das Erlöschen überholter Dienstbarkeiten und vergleichbarer Rechte sowie nicht eingetragener dinglicher Rechte, die Ablösung von Grundpfandrechten und sonstige Erleichterungen grundbuchrechtlicher Art zum Gegenstand. Viele das GBRecht betreffende Änderungen des RegVBG wirken sich nur im Gebiet der früheren DDR aus. Dies gilt insbes. für die Neufassung der Grundstücksverkehrsordnung, das neu geschaffene Bodensonderungsverfahren und die Änderungen und Ergänzungen der Art. 231 und 233 EGBGB, welche die dinglichen Nutzungsrechte und das selbständige Gebäudeeigentum betreffen.

37 **5. Änderungen nach der Neufassung der GBO.** Die grundbuchrechtlichen Vorschriften haben nach der Neufassung der GBO vom 26. 5. 1994 durch folgende Gesetze und Verordnungen Änderungen und Ergänzungen erfahren:

VO über die Ablösung früherer Rechte und andere vermögensrechtliche Fragen (HypAblV) vom 10. 6. 1994 (BGBl. I 1253). Durch § 11 Abs. 3 der VO wurde der durch das RegVB eingefügte § 106 Abs. 1 GBV über das Inkrafttreten des Abschnitts XIII der GBV aufgehoben.

38 VO über Gebäudegrundbücher und andere Fragen des GBRechts vom 15. 7. 1994 (BGBl. I 1606). Art. 1 der VO enthält die Gebäudegrundbuchverfügung und Art. 2 vielfältige Änderungen der GBV.

39 SachenrechtsänderungsG vom 21. 9. 1994 (BGBl. I 2457). Durch dieses Gesetz, in dessen Mittelpunkt die Anpassung der Rechtsinstitute der DDR an das BGB und seine Nebengesetze steht, wurde auch das GBBerG vom 20. 12. 1993 geändert.

40 VO über die vorrangige Bearbeitung investiver GBSachen vom 3. 10. 1994 (BGBl. I 2796). Die VO bezweckt im Hinblick auf den Stau von GBEintrAnträgen und -Ersuchen im Gebiet der früheren DDR die beschleunigte Behandlung von Anträgen und Ersuchen, denen ein Investitionsvorhaben zugrundeliegt.

41 Einführungsges. zur Insolvenzordnung vom 5. 10. 1994 (BGBl. I 2911). Durch Art. 24 des Ges. sind mit Wirkung vom 19. 10. 1994 an § 144 Abs. 1 Nr. 1 GBO die Sätze 4 und 5 angefügt und mit Wirkung vom 1. 1. 1999 der Wortlaut des § 12c Abs. 2 Nr. 3 GBO geändert worden.

42 3. VO zur Änderung der VO zur Durchführung der Schiffsregisterordnung und zur Regelung anderer Fragen des Registerrechts

vom 30. 11. 1994 (BGBl. I 3580). Durch Art. 2 der VO ist die GBV und durch Art. 3 die WGV geändert worden. Art. 4 der VO enthält die GBAbVfV.

Sachenrechts-Durchführungsverordnung vom 20. 12. 1994 (BGBl. I 3900). §§ 1 bis 11 der VO enthalten ergänzende Regelungen zu § 9 GBBerG, § 12 der VO legt die bei wertbeständigen Grundpfandrechten im Sinne des § 3 GBBerG zugrunde zu legenden Mittelwerte und Marktpreise fest und § 13 verlängert die Fristen des § 8 GBBerG. **43**

Bek. der Neufassung der GBV vom 24. 1. 1995 (BGBl. I 114) und Bek. der Neufassung der WGV vom 24. 1. 1995 (BGBl. I 134). **44**

AusführungsG Seerechtsübereinkommen 1982/1994 vom 6. 6. 1995 (BGBl. I 778). Durch Art. 5 Abs. 2 des Ges. wurde zur Entlastung der GBÄmter § 10 Abs. 3 GBO aufgehoben; ferner wurde die Regelung des § 32 GBO auf die Partnerschaftsgesellschaft erstreckt. **45**

VermögensrechtsanpassungsG vom 4. 7. 1995 (BGBl. I 895). Durch Art. 4 des Ges. wurde § 36a GBMaßnG geändert; die Änderung betrifft die Abgeltungshyp. im Gebiet der früheren DDR. Außerdem wurde durch Art. 2 die GVO geändert. **46**

VO zur Aufhebung überholter GBVorschriften vom 19. 11. 1995 (BGBl. I 1527). Durch die VO wurden die VO über die Einführung des Reichskatasters als amtliches Verzeichnis der Grundstücke (s. Rn. 7), die VO über den Vordruck bei Anlegung neuer Grundbücher im württembergischen Rechtsgebiet des Landes Baden-Württemberg vom 24. 2. 1964 (BAnz. Nr. 42) sowie die VO des Zentral-Justizamts der britischen Zone vom 21. 5. 1948 (s. Rn. 12) aufgehoben. **47**

TelekommunikationsG vom 25. 7. 1996 (BGBl. I 1120). Durch § 99 Abs. 3 des Ges. wurde § 9 Abs. 11 GBBerG neu gefasst. **48**

EigentumsfristenG v. 20. 12. 1996 (BGBl. I 2028). Durch dieses Ges. wurde der Zeitpunkt, ab dem der öffentliche Glaube des GB im Gebiet der früheren DDR auch für Mitbenutzungsrechte, dingliche Nutzungsrechte und das Gebäudeeigentum gilt, auf den 1. 1. 2000 hinausgeschoben. **49**

JustizmitteilungsG vom 18. 6. 1997 (BGBl. I 1430). Der durch Art. 23 des Ges. an § 17 BBergG angefügte neue Abs. 2 und der durch Art. 27 an § 12 FlurbG angefügte neue Abs. 3 begründen Mitteilungspflichten des GBAmts gegenüber der Bergbehörde und der Flurbereinigungsbehörde. **50**

2. VO zur Änderung von Vorschriften für das maschinell geführte GB (2. EDVGB-ÄndV) vom 11. 7. 1997 (BGBl. I 1808). Art. 1 enthält Änderungen der GBV und Art. 2 der VO über GBAbrufverfahrengebühren. **51**

52 WohnraummodernisierungssicherungsG vom 17. 7. 1997 (BGBl. I 1823). Durch Art. 4 dieses Ges. wurde die GVO geändert.

53 VO über Grundpfandrechte in ausländischer Währung und in Euro vom 30. 10. 1997 (BGBl. I 2683) i. V. m. der zu § 4 der VO ergangenen VO vom 23. 12. 1998 (BGBl. I 4023).

54 2. Zwangsvollstreckungsnovelle vom 17. 12. 1997 (BGBl. I 3039). Durch dieses Ges. wurde unter anderem der Mindestbetrag für eine Zwangssicherungshyp. angehoben und dem GBBerG ein § 15 über das Aufgebotsverfahren nach dem EntschädigungsG angefügt.

55 3. Gesetz zur Änderung des RpflegerG und anderer Gesetze vom 6. 8. 1998 (BGBl. I 2030). Durch dieses Ges. wurde die Vorlagepflicht des Rpflegers wesentlich eingeschränkt und die Durchgriffserinnerung beseitigt.

56 VermögensrechtsbereinigungsG vom 20. 10. 1998 (BGBl. I 3180). Durch Art. 5 dieses Ges. wurde die GVO geändert und durch Art. 6 Nr. 2 in das GBBerG ein neuer § 9 a eingefügt.

57 VO über das Vereinsregister und andere Fragen des Registerrechts vom 10. 2. 1999 (BGBl. I 147, 155). Durch die VO wurden mehrere Bestimmungen der GBV, insbes. § 83, geändert.

58 VO über die Eintragung des Bodenschutzlastvermerks vom 18. 3. 1999 (BGBl. I 497). Durch die VO wurde ein neuer Abschnitt XIV mit den §§ 93 a und 93 b in die GBV eingefügt.

59 ÜberweisungsG vom 21. 7. 1999 (BGBl. I 1642). Durch dieses Ges. wurde ein § 26 a in das GBMaßnG eingefügt, der sich mit Eintragungen im Zusammenhang mit der Umstellung auf den Euro befasst.

60 2. EigentumsfristenG vom 20. 12. 1999 (BGBl. I 2493). Durch dieses Ges. wurde im Anschluss an das EigentumsfristenG vom 20. 12. 1996 (s. Rn. 49) der Zeitpunkt, ab dem der öffentliche Glaube des GB im Gebiet der früheren DDR gilt, erneut hinausgeschoben, nunmehr auf den 1. 1. 2001.

61 Gesetz über Fernabsatzverträge und andere Fragen des Verbraucherrechts sowie zur Umstellung von Vorschriften auf Euro vom 27. 6. 2000 (BGBl. I 897). Durch Art. 7 dieses Ges. wurden in verschiedenen Gesetzen, darunter in der GBO, dem GBBerG und dem GBMaßnG, auf Deutsche Mark lautende Beträge auf Euro umgestellt.

62 GrundstücksrechtsänderungsG vom 2. 11. 2000 (BGBl. I 1481). Durch das Ges. wurden §§ 8 und 10 GVO und § 15 GBBerG geändert.

63 Gesetz zur Umstellung des Kostenrechts und der SteuerberatergebührenVO auf Euro vom 27. 4. 2001 (BGBl. I 751). Durch die-

ses Ges. wurden die in der KostO und der GBAbrufverfahrengebührenVO auf Deutsche Mark lautende Beträge auf Euro umgestellt.

Zustellungsreformgesetz vom 25. 6. 2001 (BGBl. I 1206). Durch 64
dieses Ges. wurde § 88 GBO an die Änderung der Zustellungsvorschriften der ZPO angepasst.

Gesetz zur Änderung der Formvorschriften des Privatrechts und 65
anderer Vorschriften an den modernen Rechtsgeschäftsverkehr vom 13. 7. 2001 (BGBl. I 1542). Durch dieses Ges. wurden die §§ 73, 81 GBO ergänzt und damit die Voraussetzungen für die Einreichung der Beschwerde in elektronischer Form geschaffen; außerdem wurde § 5 Abs. 1 GBBerG geändert.

Gesetz zur Reform des Zivilprozesses vom 27. 7. 2001 (BGBl. I 66
1887). Durch dieses Ges. wurden § 78 GBO und § 14 KostO an die Änderungen der ZPO angepasst.

Gesetz zur Änderung der InsO und anderer Gesetze vom 26. 10. 67
2001 (BGBl. I 2710). Durch dieses Ges. wurde an § 84 Abs. 1 GBO ein Satz 2 angefügt, der es ermöglicht, noch vorhandene Entschuldungsvermerke von Amts wegen zu löschen.

Grundbuchordnung

In der Fassung vom 26. Mai 1994

(BGBl. I 1114)

Die Neufassung berücksichtigt die Änderungen der vorhergehenden Fassung vom 5. 8. 1935 durch das Ges. zur Ergänzung des § 10 der GBO vom 31. 10. 1938 (RGBl. I 1544), die VO zur Vereinfachung des GBVerfahrens vom 5. 10. 1942 (RGBl. I 573), das Ges. über Maßnahmen auf dem Gebiete des GBWesens vom 20. 12. 1963 (BGBl. I 986), das Beurkundungsgesetz vom 28. 8. 1969 (BGBl. I 1513), das Einführungsgesetz zum StGB vom 2. 3. 1974 (BGBl. I 469), das Ges. zur Änderung sachenrechtlicher, grundbuchrechtlicher und anderer Vorschriften vom 22. 6. 1977 (BGBl. I 998), das Ges. zur Neuregelung des Internationalen Privatrechts vom 25. 7. 1986 (BGBl. I 1142), das Ges. zur Be seitigung von Hemmnissen bei der Privatisierung von Unternehmen und zur Förderung von Investitionen vom 22. 3. 1991 (BGBl. I 766), das 2. Vermögensrechtsänderungsgesetz vom 14. 7. 1992 (BGBl. I 1257, 1283), das Ges. zur Aufhebung des Reichsheimstättengesetzes vom 17. 6. 1993 (BGBl. I 912) und das Registerverfahrenbeschleunigungsgesetz vom 20. 12. 1993 (BGBl. I 2182).
Nach der Neufassung vom 26. 5. 1994 wurde die GBO geändert durch das Einführungsgesetz zur Insolvenzordnung vom 5. 10. 1994 (BGBl. I 2911), das Ausführungsgesetz Seerechtsübereinkommen 1982/1994 vom 6. 6. 1995 (BGBl. I 778), das Gesetz über Fernabsatzverträge und andere Fragen des Verbraucherrechts sowie zur Umstellung von Vorschriften auf Euro vom 27. 6. 2000 (BGBl. I 897), das Zustellungsreformgesetz vom 25. 6. 2001 (BGBl. I 1206), das Gesetz zur Anpassung der Formvorschriften des Privatrechts und anderer Vorschriften an den modernen Rechtsgeschäftsverkehr vom 13. 7. 2001 (BGBl. I 1542), das Zivilprozessreformgesetz vom 27. 7. 2001 (BGBl. I 1887) und das Gesetz zur Änderung der InsO und anderer Gesetze vom 26. 10. 2001 (BGBl. I 2710)

Erster Abschnitt. Allgemeine Vorschriften

Übersicht

Der 1. Abschnitt enthält allgemeine Vorschriften verschiedener Art, die nur in einem losen inneren Zusammenhang stehen.

§ 1 bestimmt die zur Führung der Grundbücher berufenen Stellen, regelt ihre örtliche Zuständigkeit und ermächtigt zum Erlass von Vorschriften über die Einrichtung und Führung der Grundbücher. § 2 enthält Bestimmungen über die GBBezirke, über die Benennung der Grundstücke in den Grundbüchern und über die Abschreibung von Grundstücksteilen. § 3 stellt den Grundsatz des Realfoliums auf, sieht für gewisse Grundstücke Buchungsfreiheit vor und gestattet unter bestimmten Voraussetzungen die selbstständige Buchung ideeller Miteigentumsanteile. § 4 regelt die Führung eines gemeinschaftlichen GBBlatts über mehrere Grundstücke desselben Eigentümers. § 5 enthält Vorschriften über die Vereinigung, § 6 über die Zuschreibung von Grundstücken und § 6a über die Eintragung eines Erbbaurechts. § 7 macht die Belastung eines Grundstücksteils grundsätzlich von dessen grundbuchmäßiger Verselbständigung abhängig. Der inzwischen aufgehobene § 8 regelte die Anlegung eines GBBlatts für Erbbaurechte, die vor dem 22. 1. 1919 in das GB eingetragen wurden. § 9 lässt den Vermerk subjektiv-dinglicher Rechte auf dem Blatt des herrschenden Grundstücks zu. § 10 macht dem GBAmt die Aufbewahrung bestimmter Urkunden zur Pflicht; § 10a ermöglicht es ihm, Grundakten auch auf Bild- oder sonstigen Datenträgern aufzubewahren. § 11 erklärt auch solche Eintragungen für wirksam, die von einem kraft Gesetzes ausgeschlossenen Organ des GBAmts bewirkt worden sind. § 12 regelt die Offenlegung des GB. § 12a betrifft die vom GBAmt zu führenden Verzeichnisse, § 12b die Einsicht in die nicht vom GBAmt aufbewahrten Grundbücher und Grundakten. In § 12c sind die Zuständigkeiten des Urkundsbeamten der Geschäftsstelle aufgeführt.

Zuständigkeit. Einrichtung und Führung der Grundbücher

1 (1) **Die Grundbücher, die auch als Loseblattgrundbuch geführt werden können, werden von den Amtsgerichten geführt (Grundbuchämter). Diese sind für die in ihrem Bezirk liegenden Grundstücke zuständig. Die abweichenden Vorschriften der §§ 143 und 144 für Baden-Württemberg und das in Artikel 3 des Einigungsvertrages genannte Gebiet bleiben unberührt.**

(2) **Liegt ein Grundstück in dem Bezirk mehrerer Grundbuchämter, so ist das zuständige Grundbuchamt nach § 5 des Gesetzes über die Angelegenheiten der freiwilligen Gerichtsbarkeit zu bestimmen.**

(3) **Die Landesregierungen werden ermächtigt, durch Rechtsverordnung die Führung des Grundbuchs einem Amtsgericht für die Bezirke mehrerer Amtsgerichte zuzuweisen, wenn dies einer schnelleren und rationelleren Grundbuchführung dient. Sie können die Ermächtigung durch Rechtsverordnung auf die Landesjustizverwaltungen übertragen.**

(4) **Das Bundesministerium der Justiz wird ermächtigt, durch Rechtsverordnung, die der Zustimmung des Bundesrates bedarf, die näheren Vorschriften über die Einrichtung und die Führung der Grundbücher, die Hypotheken-, Grundschuld- und Rentenschuldbriefe und die Abschriften aus dem Grund-**

buch und den Grundakten sowie die Einsicht hierin zu erlassen sowie das Verfahren zur Beseitigung einer Doppelbuchung zu bestimmen. Es kann hierbei auch regeln, inwieweit Änderungen bei einem Grundbuch, die sich auf Grund von Vorschriften der Rechtsverordnung ergeben, den Beteiligten und der Behörde, die das in § 2 Abs. 2 bezeichnete amtliche Verzeichnis führt, bekanntzugeben sind.

Inhaltsübersicht

1. Allgemeines ... 1
2. Grundbuchämter ... 2
3. Organe des GBAmts ... 5
4. Zuständigkeitsabgrenzung ... 10
5. Rechtspfleger ... 15
6. Örtliche Zuständigkeit ... 20
7. Verletzung der Zuständigkeitsvorschriften ... 23
8. Verfahren ... 27
9. Verfahrensbeteiligte ... 30
10. Verfahrensfähigkeit ... 32
11. Gerichtssprache und Öffentlichkeit ... 34
12. Sitzungspolizei ... 36
13. Bevollmächtigte und Beistände ... 40
14. Kosten und Geschäftswert ... 41
15. Prozesskostenhilfe ... 44
16. Ermittlungspflicht ... 46
17. Rechtliches Gehör ... 48
18. Beweismittel ... 51
19. Entscheidungen des GBAmts ... 53
20. Erledigung der Hauptsache ... 54
21. Bekanntmachung ... 57
22. Änderung von Entscheidungen ... 61
23. Rechtshilfe ... 63
24. Zwangsmittel ... 64
25. Einrichtung und Führung der Grundbücher ... 70
26. Grundakten und Verzeichnisse des GBAmts ... 73

1. Allgemeines. § 1 bestimmt die zur Führung der Grundbücher berufenen Stellen, regelt ihre örtliche Zuständigkeit und enthält eine Ermächtigung der Landesregierungen zu einer Zuständigkeitskonzentration; außerdem wird das BJM ermächtigt, nähere Vorschriften, insbes. über die Einrichtung und Führung des GB zu erlassen. § 1 ist durch das RegVBG neu gefasst worden. 1

2. Grundbuchämter. a) GBÄmter sind die Amtsgerichte (Abs. 1 Satz 1). Sie sind zur GBFührung zuständig. Die Grundbücher können außer in festen Bänden als Loseblattgrundbuch oder maschinell geführt werden. Die GBÄmter führen die Bezeichnung des Amtsgerichts, zu dem sie gehören, ohne den Zusatz „Grundbuchamt" (s. § 1 Abs. 1 GeschO); dies ist vor allem bei der Unterzeichnung der Grundpfandrechtsbriefe zu beachten (s. Muster zur GBV Anl. 3 2 mit 8). Für *Bayern* bestimmt aber § 1 Abs. 1 GBGA, dass die GB-Ämter die Bezeichnung des Amtsgerichts mit dem Zusatz „Grundbuchamt" führen.

3 **b)** Die von der Regel des Abs. 1 Satz 1 abweichenden Vorschriften der §§ 143, 144 bleiben unberührt (Abs. 1 Satz 3); sie betreffen *Baden-Württemberg* und das Gebiet der früheren DDR. In *Baden-Württemberg* werden die Aufgaben des GBAmts bis auf weiteres nicht von den Amtsgerichten wahrgenommen; wegen der Einzelheiten s. § 143 Rn. 2. Im Gebiet der früheren DDR oblag die GBFührung ab 3. 10. 1990 zunächst den Liegenschaftsdiensten der Räte der Bezirke; wegen der Überführung auf die Amtsgerichte s. § 144 Rn. 4.

4 **c)** Die **Tätigkeit des GBAmts** ist zunächst eine formellrechtliche, nämlich: Führung der Grundbücher; dazu gehören die Entscheidung über EintrAnträge, die Vornahme von Eintragungen sowie deren Bekanntmachung. Führung der Grundakten. Aufbewahrung bestimmter Urkunden. Entscheidung über die GBEinsicht. Erteilung, Ergänzung und Unbrauchbarmachung von Briefen. Zuweilen sind sachlichrechtliche Erklärungen gegenüber dem GBAmt abzugeben (§ 928 Abs. 1, § 1196 Abs. 2 BGB; § 8 WEG) oder können solche ihm gegenüber abgegeben werden (s. z.B. § 875 Abs. 1, §§ 876, 1168 Abs. 2, § 1183 BGB). Die Tätigkeit des GBAmts gehört nicht zu den Aufgaben der rechtsprechenden Gewalt (s. Rn. 29).

5 **3. Organe des GBAmts.** Die funktionelle Zuständigkeit der mit der GBFührung und der Wahrnehmung der sonstigen Aufgaben des GBAmts betrauten Personen ergab sich zunächst aus §§ 1 bis 4 AusfVO; durch das RegVBG wurden die maßgebenden Vorschriften in die GBO eingefügt.

6 **a)** Organe des GBAmts sind danach der GBRichter, der Rpfleger (§ 3 Nr. 1 Buchst. h RpflegerG), der Urkundsbeamte der Geschäftsstelle (§ 12c Abs. 1, 2, § 56 Abs. 2), der zweite Beamte der Geschäftsstelle (§ 44 Abs. 1 Satz 3), der von der Leitung des Amtsgerichts ermächtigte Justizangestellte (§ 44 Abs. 1 Satz 2, 3, § 56 Abs. 2) sowie der außer dem Rpfleger für die Entgegennahme von Anträgen und Ersuchen und die Beurkundung des Eingangszeitpunkts für das ganze GBAmt oder einzelne Abteilungen bestellte Beamte oder Angestellte der Geschäftsstelle (§ 13 Abs. 3).

7 **b)** Keine Organe des GBAmts sind Gerichtswachtmeister, Mitglieder der Beschwerdegerichte und Kanzleikräfte, soweit letzteren nicht Geschäfte nach § 13 Abs. 3, § 44 Abs. 1 Satz 2, 3, § 56 Abs. 2 übertragen sind; auch Notare, die einen Teilbrief

nach § 61 Abs. 1 herstellen (s. § 61 Rn. 11), sind keine Organe des GBAmts.

c) Die Vorschriften über die funktionelle Zuständigkeit der mit den Aufgaben des GBAmts betrauten Personen gelten noch nicht in *Baden-Württemberg*. Die Aufgaben des GBAmts nehmen dort bis auf weiteres Notare und Notarvertreter sowie Ratschreiber und in beschränktem Umfang auch Rpfleger wahr. S. hierzu § 143 Rn. 2. **8**

d) Soweit im Gebiet der **früheren DDR** das GB von anderen Stellen als den Amtsgerichten geführt wurde, richtete sich die Zuständigkeit der Bediensteten des GBAmts nach den für diese Stellen am 2. 10. 1990 bestehenden oder in dem jeweiligen Land erlassenen späteren Bestimmungen. Zeitlich befristet können auch nach dem 31. 12. 1994 Personen mit der Vornahme von Amtshandlungen betraut werden, die den GBÄmtern auf Grund von Dienstleistungsverträgen auf Dauer oder vorübergehend zugeteilt werden. S. hierzu § 144 Rn. 6, 7. **9**

4. Zuständigkeitsabgrenzung. a) GBRichter. Ihm obliegen alle Geschäfte, die das GBAmt mit Wirkung nach außen zu erledigen hat und für die nicht eine besondere Regelung getroffen ist (Hesse DJust. 1935, 1294). Die Zuständigkeit des Richters ergibt sich aus der Zuweisung der GBGeschäfte an die Amtsgerichte. Zur Übertragung dieser Geschäfte auf den Rpfleger s. Rn. 16. **10**

b) Urkundsbeamter der Geschäftsstelle. Er hat die vom Rpfleger verfügten Eintragungen zu veranlassen und sie sowie die Grundpfandrechtsbriefe und die nachträglichen Vermerke auf ihnen mit zu unterschreiben. Außerdem sind ihm verschiedene GBGeschäfte zur selbstständigen Erledigung übertragen. Wegen der Einzelheiten s. § 12c und die Erläuterungen dazu. **11**

c) Zweiter Beamter der Geschäftsstelle. Er hat in den Fällen des § 12c Abs. 2 Nr. 2 bis 4 die Eintragung mit zu unterschreiben (§ 44 Abs. 1 Satz 3; wegen der Leistung der Unterschrift durch einen Justizangestellten s. Rn. 13). **12**

d) Ermächtigter Justizangestellter. Der von der Leitung des Amtsgerichts ermächtigte Justizangestellte ist im Fall der Ermächtigung nach § 44 Abs. 1 Satz 2 Halbsatz 2, § 56 Abs. 2 statt des Urkundsbeamten der Geschäftsstelle, im Fall der Ermächtigung nach § 44 Abs. 1 Satz 3 statt des zweiten Beamten der Geschäftsstelle zur Leistung der Unterschrift befugt. Nach § 12c Abs. 2 Nr. 1 kann er ferner statt des Urkundsbeamten der Geschäftsstelle Abschriften aus dem GB beglaubigen. **13**

e) Präsentatsbeamter. Für die Entgegennahme von EintrAnträgen und EintrErsuchen sowie für die Beurkundung des Zeit- **14**

punkts des Eingangs („Präsentat") ist außer der mit der Führung des GB über das betroffene Grundstück beauftragten Person (Rpfleger) der für das ganze GBAmt oder einzelne Abteilungen bestellte Beamte (Angestellte) der Geschäftsstelle zuständig. Bezieht sich ein Antrag oder Ersuchen auf mehrere Grundstücke, die zu verschiedenen Geschäftsbereichen des GBAmts gehören, so ist jeder zuständig, der Anträge oder Ersuchen auch nur für eines der Grundstücke entgegennehmen darf (§ 13 Abs. 3; s. hierzu § 13 Rn. 24).

15 **5. Rechtspfleger.** § 5 AusfVO hatte die landesrechtlichen Vorschriften, nach denen richterliche Geschäfte dem Urkundsbeamten der Geschäftsstelle zur selbständigen Wahrnehmung übertragen werden konnten, einstweilen aufrechterhalten. An ihre Stelle war ab 1. 8. 1943 die Reichsentlastungsverfügung v. 3. 7. 1943 (DJust. 339) getreten, die mit den Änderungen durch die AV v. 5. 6. und 19. 9. 1944 (DJust. 185, 249) bis 30. 6. 1957 gegolten hat. Seit dem 1. 7. 1957 war hinsichtlich der Übertragung richterlicher Geschäfte auf den Rpfleger zunächst das RpflegerG v. 8. 2. 1957 (BGBl. I 18) maßgebend, an dessen Stelle am 1. 7. 1970 das RpflegerG v. 5. 11. 1969 (BGBl. I 2065) getreten ist. Nach diesem gilt folgendes:

16 **a) Vollübertragung.** aa) Die nach den gesetzlichen Vorschriften vom GBRichter wahrzunehmenden Geschäfte sind in vollem Umfang dem Rpfleger übertragen worden (§ 3 Nr. 1 Buchst. h RpflegerG); dem GBRichter vorbehaltene Geschäfte, wie sie noch das RpflegerG v. 8. 2. 1957 in § 17 vorsah, gibt es nicht mehr. Beschränkungen ergeben sich jedoch aus § 4 Abs. 2 Nr. 1, 3 und § 5 RpflegerG. Die Übertragung der GBGeschäfte auf den Rpfleger ist **nicht verfassungswidrig** (BayObLG 1992, 13 = Rpfleger 1992, 147; s. hierzu auch Böttcher, Verfassungskonformität der Übertragung der GBSachen auf den Rpfleger, Rpfleger 1986, 201). Zur Zuständigkeit des Rpflegers in *Baden-Württemberg* s. § 35 RpflegerG; zur Wahrnehmung von Rpflegeraufgaben im Gebiet der früheren DDR s. Anl. I Kap. III Sachgeb. A Abschn. III Nr. 3 EinigungsV; § 34 RpflegerG; Rellermeyer Rpfleger 1993, 45; Staats DtZ 1994, 271.

bb) Zu den dem Rpfleger gemäß § 3 Nr. 1 Buchst. h RpflegerG übertragenen Geschäften gehört auch die Entscheidung über Anträge auf Eintragung einer **Zwangshypothek.** Dass diese einen Doppelcharakter hat, nämlich sowohl GBGeschäft als auch Vollstreckungsmaßnahme ist, steht nicht entgegen; denn das GBAmt wird bei Eintragung einer Zwangshyp. ausschließlich als GBBehörde tätig und das Verfahren richtet sich von der Einbringung des EintrAntrags an ausschließlich nach den Vorschriften des GBRechts (s. RG 106, 75 mit weit. Nachweisen und Anh. zu § 44 Rn. 67).

b) Sachliche Unabhängigkeit. Der Rpfleger ist sachlich unabhängig und bei seinen Entscheidungen nur an Gesetz und Recht gebunden (§ 9 RpflegerG). Damit wird seine schon bisher allgemein anerkannte sachliche Unabhängigkeit zum Ausdruck gebracht. Diese wird durch eine Anordnung der Justizverwaltung, die Altbestände der Grundbücher vom System der festen Bände auf das Loseblattsystem umzuschreiben, nicht verletzt (VerwG Augsburg Rpfleger 1985, 352). Über die dem Rpfleger bei Erledigung der ihm übertragenen Geschäfte zustehenden Befugnisse trifft § 4 RpflegerG nähere Bestimmungen; er ist insbesondere auch befugt, nach Maßgabe des § 33 FGG Zwangsgeld anzudrohen und festzusetzen sowie die Anwendung von Gewalt anzuordnen. Dagegen erstreckt sich seine Zuständigkeit nicht auf Vorlagen nach Art. 100 Abs. 1 GG (§ 5 Abs. 1 Nr. 1 RpflegerG; BVerfG Rpfleger 1971, 173; 1981, 54). Zur Befugnis, einen Antrag nach § 159 Abs. 2 GVG zu stellen, s. Rn. 63. Wegen der Ausschließung und Ablehnung des Rpflegers s. § 11 Rn. 3 bis 7; wegen der Anfechtung seiner Entscheidungen s. § 71 Rn. 5. 17

c) Vorlagepflicht. Die Pflicht des Rpflegers, ihm übertragene Geschäfte dem Richter vorzulegen, ist durch die Neufassung des § 5 RpflegerG durch das Ges. v. 6. 8. 1998 (BGBl. I 2030) erheblich eingeschränkt worden. Eine Vorlagepflicht besteht in GBSachen grundsätzlich nur noch dann, wenn eine Entscheidung des BVerfG oder eines Landesverfassungsgerichts nach Art. 100 GG einzuholen ist (§ 5 Abs. 1 Nr. 1 RpflegerG). Der weitere in § 5 Abs. 1 Nr. 2 RpflegerG vorgesehene Vorlegungsfall ist für GBSachen angesichts ihrer Vollübertragung auf den Rpfleger bedeutungslos. Wenn die Anwendung **ausländischen Rechts** in Betracht kommt, besteht ein Recht des Rpflegers zur Vorlage, nicht aber eine Pflicht (§ 5 Abs. 2 RpflegerG). Vorgelegte Sachen bearbeitet der Richter, solange er es für erforderlich hält; er kann die Sachen dem Rpfleger zurückgeben; dann ist dieser an eine vom Richter mitgeteilte Rechtsauffassung gebunden (§ 5 Abs. 3 RpflegerG). Verfügt der Richter auf Vorlage eine Eintragung, so wird diese im GB vom Rpfleger unterzeichnet (s. § 44 Rn. 63). 18

Eine Vorlagepflicht besteht auch, wenn eine Beeidigung angeordnet oder ein Eid abgenommen werden soll (§ 4 Abs. 2 Nr. 1, Abs. 3 RpflegerG).

d) Zuständigkeitsüberschreitung. Ist ein Geschäft statt vom Rpfleger vom GBRichter wahrgenommen worden, so berührt dies seine Wirksamkeit nicht (§ 8 Abs. 1 RpflegerG; OLG Zweibrücken Rpfleger 1991, 54); dasselbe gilt, wenn der Rpfleger ein Geschäft des Urkundsbeamten der Geschäftsstelle wahrgenommen hat 19

(§ 8 Abs. 5 RpflegerG). Der Zusammenhalt beider Bestimmungen ergibt, dass ein Geschäft des Urkundsbeamten auch dann wirksam ist, wenn es vom GBRichter wahrgenommen wurde (BayObLG Rpfleger 1999, 216; s. dazu auch OLG Hamm Rpfleger 1971, 107). Dagegen ist ein GBGeschäft, das vom Urkundsbeamten der Geschäftsstelle wahrgenommen wird, ohne dass es ihm ausdrücklich zur selbstständigen Erledigung übertragen ist (s. § 12c Rn. 3ff.), nichtig. Dasselbe gilt, wenn der Rpfleger entgegen § 4 Abs. 2 Nr. 1, 3 RpflegerG statt des Richters entschieden hat (§ 8 Abs. 4 RpflegerG). S. dazu OLG Brandenburg VIZ 1996, 724. Zur Nichtigkeit der von einem unzuständigen Rechtspflegeorgan vorgenommenen GBEintragung s. § 53 Rn. 1 und BayObLG 1992, 14 = Rpfleger 1992, 147. Zur Anfechtung eines vom Richter oder Rpfleger unter Überschreitung der funktionellen Zuständigkeit vorgenommenen Geschäfts s. § 71 Rn. 4, 5.

20 **6. Örtliche Zuständigkeit. a) GBAmtsbezirk.** Die GBÄmter sind für die in ihrem Bezirk liegenden Grundstücke zuständig (Abs. 1 Satz 2). GBAmtsbezirk ist demnach der Amtsgerichtsbezirk. Eine hiervon abweichende Zuständigkeit kann sich bei Führung eines gemeinschaftlichen GBBlatts sowie im Fall der Vereinigung oder Zuschreibung von Grundstücken ergeben (§ 4 Abs. 2, § 5 Abs. 1 Satz 2, § 6 Abs. 1 Satz 2); s. ferner Rn. 21, 22. Geht die Zuständigkeit zur Führung des GB infolge einer Gerichtsgrenzenänderung oder auf Grund § 4 Abs. 2, § 5 Abs. 1 Satz 2, § 6 Abs. 1 Satz 2 auf ein anderes GBAmt über, so ist nach §§ 25, 26 GBV zu verfahren. Ein GBAmtsbezirk kann einen oder mehrere GBBezirke haben (§ 2 Abs. 1); über diese s. § 2 Rn. 3.

b) Zuständigkeitskonzentration. Der durch das RegVBG eingefügte § 1 Abs. 3 enthält eine Ermächtigung der Landesregierungen, in Durchbrechung des in § 1 Abs. 1 Satz 2 aufgestellten Grundsatzes die GBFührung einem Amtsgericht für die Bezirke mehrerer Amtsgerichte zuzuweisen; die Ermächtigung kann auf die Landesjustizverwaltungen übertragen werden. Die Vorschrift ist vergleichbaren Bestimmungen in anderen Verfahrensordnungen (z.B. § 689 Abs. 3 ZPO) nachgebildet. Ihr Geltungsbereich ist nicht auf das maschinell geführte GB beschränkt. Eine Zuständigkeitskonzentration ist über die Zuständigkeitsgrenzen übergeordneter Gerichte, nicht aber über Ländergrenzen hinweg möglich. Zulässig ist eine Zuständigkeitskonzentration nur dann, wenn dadurch eine schnellere und rationellere GBFührung ermöglicht wird. Andererseits muss aber auch darauf Bedacht genommen werden, dass dem Bürger nicht unvertretbar lange Wege zugemutet werden. In *Bayern* kann gem. Art. 41 AGGVG v. 23. 6. 1981

(BayRS 300-1-1-J) die Führung des GB für Bergwerkseigentum einem Amtsgericht für die Bezirke mehrerer Amtsgerichte zugewiesen werden; hiervon ist bisher aber kein Gebrauch gemacht worden.

c) Zuständigkeitsbestimmung. aa) Liegt ein Grundstück im Bezirk mehrerer GBÄmter, so wird das zuständige GBAmt nach § 5 FGG bestimmt (Abs. 2). Danach entscheidet über die Zuständigkeit das gemeinschaftliche obere Gericht. Ist dieses der BGH, so trifft die Bestimmung dasjenige OLG, zu dessen Bezirk das zuerst mit der Sache befasste GBAmt gehört (s. jedoch für *Bayern* § 199 Abs. 2 FGG i. V. m. § 199 Abs. 1 FGG und Art. 11 Abs. 3 Nr. 1 AGGVG v. 23. 6. 1981, BayRS 300-1-1-J; ferner BayObLG 1989, 1 = Rpfleger 1989, 195). Die Zuständigkeitsbestimmung ist unanfechtbar. § 1 Abs. 2 greift auch ein, wenn ein Grundstück im GB eines GBAmts gebucht ist, der Bezirk dieses GBAmts aber nachträglich geändert wird und die neue Grenze das Grundstück durchschneidet (vgl. OLG Frankfurt Rpfleger 1979, 209). Für die Anwendung des § 1 Abs. 2 ist es unerheblich, ob das Grundstück schon gebucht ist oder ob eine Doppelbuchung vorliegt. 21

bb) Die Vorschriften über die Zuständigkeitsbestimmung gelten entsprechend für **grundstücksgleiche Rechte,** z. B. für die Buchung eines selbstständigen Fischereirechts im Fischereigrundbuch. Voraussetzung einer Zuständigkeitsbestimmung ist in diesem Fall, dass die Gewässergrundstücke, an denen das Recht besteht, in mehreren GBAmtsbezirken liegen.

cc) Unmittelbar nach § 5 FGG (s. Rn. 27) ist das zuständige GBAmt zu bestimmen, wenn unter mehreren GBÄmtern, z. B. wegen Unklarheit der Gerichtsgrenzen, Streit oder Ungewissheit über die Zuständigkeit besteht (Abs. 1 Satz 1) oder wenn das an sich zuständige GBAmt an der Ausübung seiner Tätigkeit rechtlich oder tatsächlich verhindert ist (Abs. 1 Satz 2). Im letzteren Fall trifft die Bestimmung das LG. 22

7. Verletzung der Zuständigkeitsvorschriften. Wegen der Folgen einer Verletzung der Regeln über die funktionelle Zuständigkeit des GBRichters, GBRpflegers und Urkundsbeamten der Geschäftsstelle s. Rn. 19. 23

a) Örtliche Unzuständigkeit. Die Handlung eines örtlich unzuständigen GBAmts ist nach § 7 FGG (s. Rn. 27) nicht unwirksam. Die genannte Vorschrift wird, worüber allerdings Streit besteht, auch dann angewandt werden müssen, wenn eine vor oder gegenüber dem GBAmt abzugebende Erklärung (s. Rn. 4) vor oder gegenüber einem GBAmt abgegeben wird, das das GB über das in Betracht kommende Grundstück trotz Fehlens der örtlichen Zuständigkeit tatsächlich führt (vgl. RG 71, 380; BGH 36, 197).

24 **b) Unzuständigkeit nach der Geschäftsverteilung.** Auch die Tätigkeit einer nach der Geschäftsverteilung unzuständigen Person ist wirksam (vgl. § 22d GVG). Eine Ausnahme gilt für die Entgegennahme eines EintrAntrags oder EintrErsuchens sowie für die Beurkundung des Eingangszeitpunkts; sie können wirksam nur durch die nach § 13 Abs. 3 zuständigen Personen erfolgen. Auch kann ein Rpflegergeschäft wirksam nur von jemandem vorgenommen werden, dem in der Geschäftsverteilung Rpflegeraufgaben und nicht nur Aufgaben der Justizverwaltung zugewiesen sind.

25 **c) Sachliche Unzuständigkeit.** aa) Übt eine andere Behörde als ein Amtsgericht eine grundbuchamtliche Tätigkeit aus, so ist die Handlung nichtig (vgl. BayObLG RJA 9, 74; Hoche NJW 1952, 1289; a.M. KEHE Rn. 4: wirksam, aber anfechtbar); dies folgt daraus, dass die Bestimmungen über die sachliche Zuständigkeit grundsätzlich zwingende Rechtssätze sind, und ergibt sich mittelbar auch aus §§ 7, 32 FGG (s. Rn. 27). Das Gleiche gilt, wenn eine GBEintragung überhaupt nicht von einer Behörde, sondern von einer Privatperson vorgenommen wird (OLG Brandenburg VIZ 1996, 724).

26 bb) Die **Wirkung der Nichtigkeit** ist je nach Lage des Falls verschieden. Unterschreibt z.B. ein Richter des LG einen HypBrief, so ist der Teil des Briefs, auf den sich die Unterschrift bezieht, nichtig. Hingegen berührt die Nichtigkeit einer EintrVerfügung, die der Rpfleger unter der Geltung des RpflegerG v. 8. 2. 1957 außerhalb seiner Zuständigkeit erlassen hatte, die Wirksamkeit der ordnungsgemäß (d.h. unter Beachtung des § 44 Abs. 1 Satz 2) erfolgten Eintragung nicht, weil die EintrVerfügung nur eine dem inneren Geschäftsverkehr des GBAmts angehörende Maßnahme ist (s. dazu § 44 Rn. 67). Zur Nichtigkeit von GBEintragungen s. § 53 Rn. 1.

27 **8. Verfahren. a)** Die Erledigung der GBSachen ist durch Abs. 1 Satz 1, also durch Reichsgesetz, den Gerichten übertragen. Es finden daher nach § 1 FGG auch die allgemeinen Vorschriften dieses Gesetzes (§§ 2 bis 34) Anwendung, soweit nicht die GBO eine andere Regelung trifft oder die Anwendung mit dem Wesen des GBVerfahrens unvereinbar ist (OLG München JFG 14, 339; BayObLG 1980, 8 = Rpfleger 1980, 153, zugleich zur Unzulässigkeit einer Streitverkündung im GBVerfahren; BayObLG 1988, 150 = Rpfleger 1988, 478). Nicht anwendbar sind z.B. §§ 3, 4, 34 und – abgesehen von § 20a – §§ 19 bis 30 FGG (JFG 16, 323; ein-

schränkend: BayObLG 1988, 104; 1989, 356, das übereinstimmend mit Jansen DNotZ 1964, 709 und KEHE § 80 Rn. 13 die Bestimmung des § 29 Abs. 1 Satz 3 FGG auch in GBSachen für anwendbar erachtet). Für die Berechnung von Fristen gilt § 17 FGG i. V. m. §§ 187 ff. BGB.

b) Im Gebiet der **früheren DDR** sind ergänzend zur GBO §§ 2 bis 34 FGG entsprechend anwendbar, soweit sich nicht etwas anderes aus Rechtsvorschriften, insbes. solchen des GBRechts ergibt; solange die Liegenschaftsdienste für die GBFührung zuständig waren, konnte sich etwas anderes auch daraus ergeben, dass die Grundbücher nicht von Gerichten geführt wurden (§ 144 Abs. 1 Nr. 5). 28

c) Die Tätigkeit des GBAmts gehört nicht zu den Aufgaben der rechtsprechenden Gewalt im Sinne des Art. 92 GG (BayObLG 1992, 13 = Rpfleger 1992, 147 mit kritischer Anm. v. Meyer-Stolte). Die GBEintragung stellt einen **Rechtspflegeakt** dar, auf den die Vorschriften der GBO und des FGG (s. Rn. 27, 28), nicht aber die über den Verwaltungsakt (§§ 35 ff. VwVfG) anwendbar sind (s. dazu KEHE Einl. Rn. A 55; Meikel Einl. Rn. B 36). Das Verfahren vor dem GBAmt richtet sich auch bei Auslandsberührung stets nach deutschem Recht (BayObLG 1986, 83 = Rpfleger 1986, 369). Landesrechtliche Vorschriften haben nur im Rahmen des § 200 FGG Bedeutung. Zum Meinungsstand bezüglich der Frage nach der rechtlichen Natur der EintrTätigkeit des GBAmts und insbes. zu der Frage, ob das GBVerfahren Rechtsprechungscharakter hat, s. Böttcher Rpfleger 1986, 201. 29

9. Verfahrensbeteiligte. a) Materiell Beteiligter eines grundbuchrechtlichen Verfahrens ist jeder, dessen Rechtsstellung durch die Entscheidung des GBAmts beeinträchtigt werden kann. Wer danach materiell Beteiligter ist, muss grundsätzlich auch formell am Verfahren beteiligt werden (OLG Jena FGPrax 1997, 172). Im streng einseitigen Antragsverfahren ist aber nur der Antragsteller oder die ersuchende Behörde unmittelbar formell beteiligt (vgl. OLG Hamm OLGZ 1965, 342; BayObLG 1972, 399). Jedoch ist zu einem Verfahren, das die Berichtigung des GB auf Grund Unrichtigkeitsnachweises gem. § 22 zum Gegenstand hat, auch derjenige hinzuzuziehen, dessen grundbuchmäßiges Recht durch die berichtigende Eintragung beeinträchtigt werden kann. Ein materiell nicht Beteiligter kann sich nur ausnahmsweise auf Grund besonderer gesetzlicher Vorschriften formell am Verfahren beteiligen. Bedeutung erlangt die Frage, wer formell am Verfahren zu beteiligen ist, insbes. bei der Gewährung rechtlichen Gehörs und bei der Bekanntmachung der Entscheidung (vgl. Rn. 48, 57). 30

31 **b)** Wer danach Beteiligter eines Verfahrens ist, hat das GBAmt auch im Antragsverfahren von Amts wegen festzustellen (BayObLG Rpfleger 1997, 15).

c) Die Fähigkeit, Beteiligter eines grundbuchrechtlichen Verfahrens zu sein, hat grundsätzlich nur, **wer rechtsfähig ist** (vgl. BayObLG 1990, 196), also jede natürliche und juristische Person des öffentlichen oder privaten Rechts; zum Nachweis der Rechtsfähigkeit s. § 29 Rn. 15, § 32 Rn. 2. Darüber hinaus ist beteiligungsfähig aber auch, wer ohne rechtsfähig zu sein als Berechtigter im GB eingetragen werden kann (s. hierzu § 19 Rn. 95 ff.).

32 **10. Verfahrensfähigkeit. a)** Verfahrenshandlungen kann ein Beteiligter selbst oder durch einen von ihm bestellten Vertreter nur vornehmen, wenn er verfahrensfähig ist. Zu den grundbuchrechtlichen Verfahrenshandlungen gehören alle auf das GBVerfahren bezogenen Erklärungen von Beteiligten, insbes. die Stellung eines EintrAntrags, die Bewilligung einer Eintragung und die Einlegung einer Beschwerde. Die GBO enthält keine Vorschrift über die Fähigkeit eines Beteiligten, wirksame Verfahrenshandlungen vorzunehmen. Auch gibt es keine allgemeingültige Bestimmung über die Verfahrensfähigkeit eines Beteiligten in Verfahren der freiwilligen Gerichtsbarkeit. Wegen der grundsätzlichen Unterschiede zwischen der freiwilligen und der streitigen Gerichtsbarkeit können §§ 52 ff. ZPO insoweit nicht herangezogen werden; vielmehr sind §§ 104 ff. BGB über die **Geschäftsfähigkeit** maßgebend (RG 145, 286; BGH 35, 4; BayObLG Rpfleger 1982, 20; FamRZ 1984, 1151; BayObLG 1989, 179 = Rpfleger 1989, 366; OLG Köln MittRhNotK 1987, 197; a. M. KEHE Rn. 30; Meikel Einl. Rn. F 54). Geschäftsunfähige können daher Verfahrenshandlungen nur durch ihren gesetzlichen Vertreter, beschränkt Geschäftsfähige nur unter dessen Mitwirkung vornehmen. Juristische Personen des privaten oder öffentlichen Rechts sowie die Personenhandelsgesellschaften OHG und KG sind nicht verfahrensfähig; für sie müssen ihre Vertreter handeln.

33 **b)** Die Verfahrensfähigkeit eines Beteiligten ist in jeder Lage des Verfahrens, also auch in der Rechtsbeschwerdeinstanz, **von Amts wegen zu prüfen** (vgl. BGH 86, 188). Sie kann auch nur für einen bestimmten Kreis von Angelegenheiten ausgeschlossen sein (partielle Geschäftsunfähigkeit; vgl. BGH 18, 186 f.). Grundsätzlich ist von der Geschäftsfähigkeit und damit der Verfahrensfähigkeit als dem Regelfall auszugehen. Bestehen jedoch ernsthafte, auf Tatsachen beruhende Zweifel an der Geschäftsfähigkeit, muss diesen nachgegangen werden. Im EintrAntragsverfahren ist die Geschäftsfähigkeit als Voraussetzung der Verfahrensfähigkeit und damit eines

wirksamen EintrAntrags und einer wirksamen EintrBewilligung eine EintrVoraussetzung (vgl. BayObLG 1974, 340); dem Antragsteller ist daher durch Zwischenverfügung aufzugeben, bestehende Zweifel an der Geschäftsfähigkeit zu zerstreuen (s. dazu § 18 Rn. 3). Im Amtsverfahren hat das GBAmt die hierzu erforderlichen Maßnahmen von Amts wegen zu ergreifen. Können die Zweifel nicht ausgeräumt werden, ist von der Geschäftsunfähigkeit auszugehen. Zu den Folgen der fehlenden Verfahrensfähigkeit des Antragstellers s. § 13 Rn. 53.

11. Gerichtssprache und Öffentlichkeit. a) Die Gerichtssprache ist nach § 184 GVG deutsch (§ 8 FGG). Urkunden und Schriftstücke, welche Erklärungen der Beteiligten gegenüber dem GBAmt, insbes. Anträge, enthalten, müssen in deutscher Sprache abgefasst sein. Dies gilt nicht für Urkunden, auf welche sich die Beteiligten zur Führung eines Nachweises beziehen (JFG 7, 246). Wird eine solche Urkunde in fremder Sprache vorgelegt, so braucht ein Dolmetscher nicht zugezogen zu werden, wenn der Richter der Fremdsprache mächtig ist (vgl. § 9 FGG). Ist dies nicht der Fall, so wird eine Übersetzung nicht entbehrt werden können. Die Übersetzung muss von einem Notar oder Amtsgericht beweissicher durch Schnur und Siegel mit der fremdsprachlichen Urkunde verbunden, die Unterschrift des Übersetzers öffentlich beglaubigt sein (JFG 7, 244). Über die Beeidigung des Dolmetschers s. JFG 14, 5. 34

b) § 169 GVG ist nicht anwendbar (OLG München DNotZ 1952, 34). Unbeteiligte dürfen deshalb den Verhandlungen nur mit besonderer Erlaubnis des Verhandlungsleiters beiwohnen, die er zu verweigern haben wird, wenn kein besonderer Grund vorliegt. 35

12. Sitzungspolizei. a) Sie ist in Verhandlungsterminen nach Maßgabe der §§ 176ff. GVG auszuüben (§ 8 FGG). Bei Verstößen gegen die zur Aufrechterhaltung der Ordnung getroffenen Anordnungen ist die Entfernung aus dem Verhandlungsraum sowie die Abführung zur Ordnungshaft zulässig; außerdem kann der Betreffende während einer zu bestimmenden Zeit, die 24 Stunden nicht übersteigen darf, festgehalten werden (§ 177 GVG). Bei Ungebühr kann ein Ordnungsgeld bis zu 1000 EUR und für den Fall, dass dieses nicht beigetrieben werden kann, Ordnungshaft festgesetzt werden; statt Ordnungsgeld kann auch Ordnungshaft bis zu einer Woche festgesetzt werden (§ 178 GVG). Das Ordnungsgeld beträgt mindestens 5 EUR die Ordnungshaft mindestens einen Tag (Art. 6 EGStGB v. 2. 3. 1974, BGBl. I 469). Gegen Verfahrensbevollmächtigte und Beistände können Ordnungsmittel nicht festgesetzt werden. 36

37 **b)** Wem die **Ausübung** der sitzungspolizeilichen Befugnisse obliegt, bestimmen §§ 176, 177 Satz 2, § 178 Abs. 2 GVG; s. auch § 180 GVG. Bei Ausübung der ihm übertragenen Geschäfte stehen diese Befugnisse dem Rpfleger zu (§ 4 Abs. 1 RpflegerG); mit Freiheitsentziehung verbundene Ordnungsmittel kann er jedoch nicht anordnen; hält er solche für geboten, hat er die Sache dem Richter zur Entscheidung vorzulegen (§ 4 Abs. 2, 3 RpflegerG). Mit der Vollstreckung von Ordnungsmitteln befasst sich § 179 GVG, mit den Voraussetzungen einer Anfechtung, der Befristung der Beschwerde und der aufschiebenden Wirkung § 181 GVG; die Protokollierung der Vorgänge schreibt § 182 GVG vor. Die befristete Beschwerde zum OLG gem. § 181 GVG ist auch dann gegeben, wenn der Rpfleger das Ordnungsmittel festgesetzt hat (§ 11 Abs. 1 RpflegerG). Eine Abhilfe ist zulässig.

38 **c)** Beteiligten, Bevollmächtigten und Beiständen, die nicht Rechtsanwälte sind, kann in einem Verhandlungstermin der weitere mündliche Vortrag in entsprechender Anwendung des § 157 Abs. 2 ZPO untersagt werden, wenn ihnen die Fähigkeit zum geeigneten Vortrag mangelt (JFG 13, 267).

39 **d)** Das Gericht darf sich gegenüber einem **Querulanten,** d.h. einer Person, die hartnäckig und unbelehrbar immer wieder sinnlose und unsachgemäße Eingaben macht, dadurch erwehren, dass es nach vorheriger Verwarnung weitere Eingaben gleicher Art ungelesen zu den Akten nimmt. Die in solchen weiteren Eingaben enthaltenen Anträge und Beschwerden sind unwirksam (JFG 13, 267).

40 **13. Bevollmächtigte und Beistände. a)** In GBSachen besteht, von § 80 Abs. 1 Satz 2 abgesehen, kein Anwaltszwang. Die Beteiligten haben nach § 13 Satz 1 und 2 FGG aber das Recht, sich durch Bevollmächtigte vertreten zu lassen oder mit Beiständen zu erscheinen; über deren Zurückweisung in einem Verhandlungstermin s. Rn. 38. Die Vorschrift des § 13 Satz 3 FGG (zur Anwendbarkeit in GBSachen s. BayObLG Rpfleger 1995, 495) gilt nicht, soweit §§ 29, 31 GBO reichen; im Übrigen, z.B. bei Bevollmächtigung zur GBEinsicht (s. § 12 Rn. 19), Stellung eines EintrAntrags (s. § 30 Rn. 8) sowie bei Vertretung im Beschwerdeverfahren (s. § 71 Rn. 73), ist sie anwendbar. Aus ihr ergibt sich, dass das GBAmt die Bevollmächtigung zwar von Amts wegen zu prüfen hat, die Vollmacht aber grundsätzlich nur auf Verlangen **nachzuweisen** ist (OLG Zweibrücken Rpfleger 2001, 174); ein Antrag kann daher nicht wegen fehlenden Vollmachtsnachweises abgewiesen werden, ohne dass vorher Gelegenheit gegeben wurde, die Bevollmächtigung nachzuweisen (BayObLG Rpfleger 1995, 495). Das GBAmt kann sich im Einzelfall mit der Vorlage einer

schriftlichen Vollmacht begnügen oder von einem Nachweis ganz absehen, wenn nach den Umständen eine Bevollmächtigung angenommen werden kann (OLG Zweibrücken Rpfleger 2001, 174); dies gilt insbes. dann, wenn ein Rechtsanwalt oder Notar als Bevollmächtigter auftritt (vgl. auch § 15 Rn. 21). Über die Zustellung an einen Bevollmächtigten s. Rn. 60.

b) Die Anordnung des **persönlichen Erscheinens** ist im Amtsverfahren möglich; sie kann nach Maßgabe des § 33 FGG erzwungen werden (OLG Hamm Rpfleger 1956, 243; BayObLG 1982, 171).

c) Von **gewillkürter Verfahrensstandschaft** spricht man, wenn jemand ein fremdes Recht im eigenen Namen gerichtlich geltend macht. Voraussetzung dafür ist, dass er vom Rechtsinhaber dazu ermächtigt ist und ein eigenes schutzwürdiges Interesse daran hat (vgl. BGH NJW-RR 1988, 127). Sofern diese Voraussetzungen vorliegen, ist es nicht ausgeschlossen, dass es im GBVerfahren ein Antrags- oder Beschwerdeberechtigter einem anderen überlässt, eine Eintragung im eigenen Namen, allerdings nur zugunsten des Berechtigten, zu verlangen, z.B. die GBBerichtigung auf Grund Unrichtigkeitsnachweises gem. § 22 oder die Eintragung eines Amtswiderspruchs gem. § 71 Abs. 2 Satz 2 (vgl. OLG Zweibrücken Rpfleger 1968, 88). Auch eine gesetzliche Verfahrensstandschaft entsprechend § 265 Abs. 2 Satz 1 ZPO kommt in Betracht. So kann der bisherige Eigentümer ein Verfahren nach Eigentumsumschreibung für den neuen Eigentümer fortführen (Demharter FGPrax 1997, 7; s. aber auch KG OLG 41, 22; OLG Hamm FGPrax 1996, 210). Die Voraussetzungen der Verfahrensstandschaft sind dem GBAmt oder Beschwerdegericht nachzuweisen; die Form des § 29 braucht dabei nicht eingehalten zu werden. In Bezug auf die Ausübung der Bewilligungsberechtigung kommt nur eine gesetzliche (s. § 19 Rn. 56), nicht aber eine gewillkürte Verfahrensstandschaft in Betracht.

14. Kosten und Geschäftswert. a) Gerichtskosten. aa) Für **41**
sie ist die KostO maßgebend. Aus ihr ergibt sich unmittelbar, ob und in welcher Höhe Kosten zu erheben sind (vgl. §§ 60 ff., §§ 129 ff. KostO) und wer sie zu tragen hat (vgl. §§ 2 ff. KostO). Ein Kostenausspruch ist daher in der Regel entbehrlich (s. § 77 Rn. 33). Löst den Gebührenanspruch eine GBEintragung aus, ist Voraussetzung der Fälligkeit eine wirksam unterschriebene (s. dazu § 44 Rn. 64) Eintragung (OLG Zweibrücken Rpfleger 2000, 267). Welches Recht bei einer Änderung der KostO anzuwenden ist, regelt § 161 KostO; s. hierzu auch LG Wuppertal JurBüro 1989, 990. Von der Zahlung von Kosten sind bestimmte Kostenschuld-

ner, insbes. der Bund und die Länder, nicht aber die Bundesanstalt für vereinigungsbedingte Sonderaufgaben (BGH VIZ 1997, 310; OLG München und OLG Dresden VIZ 1998, 695), befreit. Nach Maßgabe der §§ 16, 130 Abs. 5 KostO kann von der Erhebung von Gerichtskosten abgesehen werden. **Gebührenbefreiungsvorschriften** enthalten u.a. § 29 RSiedlG, § 64 BundesvertriebenenG i.d.F. v. 3. 9. 1971 (BGBl. I 1565), § 108 FlurbG, §§ 79, 84 Abs. 2, § 151 BauGB; zu Kosten- und Gebührenbefreiungen sowie Gebührenermäßigungen s. auch §§ 11ff., § 144 KostO. Angesetzt werden die Gerichtskosten gem. § 14 Abs. 1 KostO vom Kostenbeamten und beigetrieben nach der Justizbeitreibungsordnung v. 11. 3. 1937 (RGBl. I 298) i.d.F. des Art. V KostÄnderungsG v. 26. 7. 1957 (BGBl. I 861) mit späteren Änderungen. Nach § 8 Abs. 2 KostO soll in Antragsverfahren ein Kostenvorschuss verlangt werden, wenn dies zur Sicherung des Eingangs der Kosten angebracht erscheint (s. hierzu § 18 Rn. 28). Zurückzuerstattende Gebühren sind nach BayObLG 1998, 340 mit 6% zu verzinsen (ebenso OLG Köln Rpfleger 2001, 203).

bb) Die grundsätzlich wertabhängigen Gebühren der KostO in GBSachen verstoßen weder gegen das Grundgesetz noch gegen **europäisches Recht;** die EG-Gesellschaftssteuerrichtlinie v. 17. 7. 1969 (69/335/EWG) i.d.F. der Richtlinie v. 10. 6. 1985 (85/303/EWG) ist nicht entsprechend anzuwenden (BayObLG 2000, 350 = Rpfleger 2001, 269; BayObLG 2001, 275; OLG Hamm RNotZ 2001, 242; LG Bielefeld Rpfleger 2000, 352).

cc) Im Gebiet der **früheren DDR** gelten die KostO und die Justizbeitreibungsordnung mit geringfügigen Maßgaben; zu nennen ist insbes. die allgemeine Gebührenermäßigung von zunächst 20%, ab 1. 7. 1996 gem. Ermäßigungssatz-AnpassungsVO v. 15. 4. 1996 (BGBl. I 604) sodann 10%, für Kostenschuldner, die ihren Wohnsitz oder Sitz der Hauptniederlassung, bei einer Handelsgesellschaft den Sitz der Gesellschaft, im Gebiet der früheren DDR haben (Anl. I Kap. III Sachgeb. A Abschn. III Nr. 16 und 20 EinigungsV; ferner § 144a KostO); die Ermäßigung gilt für diese Kostenschuldner aber nur für Gebühren, die bei Gerichten im Gebiet der früheren DDR anfallen (OLG Stuttgart Rpfleger 1996, 481; a.M. BGH Rpfleger 1996, 171). Die Gebührenermäßigung gilt auch für juristische Personen des öffentlichen Rechts, z.B. die Bundesanstalt für vereinigungsbedingte Sonderaufgaben (OLG Dresden VIZ 1998, 695). S. hierzu auch Böhringer JurBüro 1991, 457; 1992, 738; 1994, 198 und 513; 1995, 176.

42 **b) Außergerichtliche Kosten.** aa) Ob und von wem die einem Beteiligten entstandenen (außergerichtlichen) Kosten zu er-

statten sind, richtet sich nach § 13a FGG. Voraussetzung einer Kostenentscheidung nach dieser Bestimmung ist aber, dass mehrere Personen mit entgegengesetzten Interessen formell am Verfahren beteiligt sind. Ist eine danach notwendige Kostenentscheidung unterblieben, kann sie gem. § 18 Abs. 1 FGG oder entsprechend § 321 ZPO nachgeholt werden (BayObLG 1962, 381). Eine anwaltliche Tätigkeit wird nach § 118 BRAGO vergütet. Festgesetzt werden die außergerichtlichen Kosten gem. § 13a Abs. 3 FGG i.V.m. §§ 103 bis 107 ZPO vom Rpfleger (§ 21 Nr. 1 RpflegerG).

bb) Zur Kostenentscheidung im Beschwerdeverfahren s. § 77 Rn. 33. Zur Anfechtung der Kostenentscheidung s. § 71 Rn. 31; zur Anfechtung des Kostenansatzes s. § 71 Rn. 80; zur Anfechtung der Kostenfestsetzung s. § 71 Rn. 86; zur Anfechtung der Anordnung, einen Kostenvorschuss zu zahlen, s. § 71 Rn. 85.

c) Geschäftswert. Er ist für die Berechnung der gerichtlichen und außergerichtlichen Kosten maßgebend und bestimmt sich nach §§ 18ff. KostO. Seine Festsetzung regelt § 31 KostO. Zuständig ist der Rpfleger (§ 3 Nr. 1 Buchst. h, § 4 Abs. 1 RpflegerG). Jedoch ist derjenige Rpfleger ausgeschlossen, welcher als Kostenbeamter tätig geworden ist (BayObLG Rpfleger 1987, 58). Die Geschäftswertfestsetzung muss begründet werden, sofern sie zu ihrem Verständnis einer Begründung bedarf (OLG Frankfurt JurBüro 1998, 489). Anfechtbar ist die Geschäftswertfestsetzung gemäß § 31 Abs. 3, 4 i.V.m. § 14 KostO, § 11 RpflegerG (s. hierzu § 71 Rn. 87). Nach Maßgabe des § 31 Abs. 1 Satz 2, 3 KostO kann sie von Amts wegen geändert werden. Zum Geschäftswert im Beschwerdeverfahren s. § 77 Rn. 36. **43**

15. Prozesskostenhilfe. a) §§ 114ff. ZPO sind entsprechend anzuwenden (§ 14 FGG). Die Bewilligung der Prozesskostenhilfe kann allein von der Staatskasse mit der sofortigen Beschwerde und nur dann angefochten werden, wenn weder Monatsraten noch aus dem Vermögen zu zahlende Beträge festgesetzt worden sind (§ 127 Abs. 2 Satz 1, Abs. 3 ZPO). Im Übrigen ist gegen Entscheidungen im Verfahren über die Prozesskostenhilfe grundsätzlich die sofortige Beschwerde gegeben (§ 127 Abs. 2 Satz 2 ZPO). Für das Beschwerdeverfahren gelten aber nicht die Vorschriften der ZPO, sondern §§ 71ff. Die Frist für die sofortige Beschwerde bemisst sich jedoch nach § 127 Abs. 2 Satz 3 ZPO und beträgt einen Monat. Gegen die Beschwerdeentscheidung des LG ist die sofortige weitere Beschwerde zulässig, sofern sie das LG entsprechend § 574 Abs. 1 Nr. 2, Abs. 2, 3 ZPO zugelassen hat. Die Frist für die Einlegung der sofortigen weiteren Beschwerde beträgt gem. § 575 **44**

Abs. 1 Satz 1 ZPO einen Monat ab Zustellung der angefochtenen Entscheidung; innerhalb dieser Frist ist das Rechtsmittel zu begründen. Im Übrigen gelten für das Verfahren der weiteren Beschwerde die grundbuchrechtlichen Vorschriften und nicht die der ZPO über die Rechtsbeschwerde. Eine Vorlage an den BGH gem. § 79 Abs. 2 scheidet jedoch aus. Gegen einen die Prozesskostenhilfe für die Beschwerdeinstanz versagenden Beschluss des LG ist ebenfalls die sofortige Beschwerde zulässig (§ 127 Abs. 2 Satz 2 ZPO). Eine sofortige weitere Beschwerde gegen die Entscheidung des OLG ist jedoch ausgeschlossen.

45 **b)** Die im Prozessverfahren bewilligte Prozesskostenhilfe erstreckt sich nicht auf die grundbuchamtlichen Eintragungen, die in Vollstreckung des erwirkten Titels erfolgen (anders nach altem Recht: KG JW 1931, 2035).

46 **16. Ermittlungspflicht. a)** Im Antragsverfahren ist das GBAmt zur Anstellung von Ermittlungen weder berechtigt noch verpflichtet; es ist Sache des Antragstellers, die erforderlichen Unterlagen beizubringen; die Kenntnis etwa anzuwendenden ausländischen Rechts muss sich das GBAmt jedoch auch im Antragsverfahren selbst verschaffen (s. hierzu § 13 Rn. 5). Auch hat es von Amts wegen festzustellen, wer am Verfahren beteiligt ist (s. dazu Rn. 30).

47 **b)** Im Amtsverfahren, z.B. nach §§ 53, 84, 90, gilt dagegen § 12 FGG (KGJ 48, 199; OLG Hamm Rpfleger 1957, 119; BayObLG 1952, 28; 1975, 408 = Rpfleger 1976, 66). § 12 FGG gilt auch in Verfahren, die Kosten in GBSachen betreffen (§ 1 KostO).

48 **17. Rechtliches Gehör. a)** Das durch Art. 103 Abs. 1 GG garantierte Recht auf Gehör ist in allen Verfahren der freiwilligen Gerichtsbarkeit zu beachten (BVerfG NJW 1995, 2157; BGH Rpfleger 1989, 107), also auch im GBVerfahren (Meikel Einl. Rn. F 69). Im Verfahren vor dem Rpfleger bestimmt sich die Pflicht zur Gewährung rechtlichen Gehörs nicht nach Art. 103 Abs. 1 GG, sondern nach dem rechtsstaatlichen Grundsatz eines fairen Verfahrens gem. Art. 2 Abs. 1 i. V. m. Art. 20 Abs. 3 GG (BVerfG NJW 2000, 1709 = Rpfleger 2000, 205; kritisch dazu Eickmann und Dümig Rpfleger 2000, 245 und 249 sowie Habscheid Rpfleger 2001, 209). Zur Verpflichtung, alles Vorbringen bis zum Erlass der Entscheidung zu berücksichtigen, s. § 77 Rn. 5.

49 **b)** Im **Antragsverfahren,** das streng einseitig ist, erhält rechtliches Gehör nur der Antragsteller (OLG Hamm OLGZ 1965, 342). Den übrigen Beteiligten ist es dadurch gewährt, dass sie als Betroffene die Eintragung gemäß § 19 bewilligt haben; da die EintrBewilligung dem Verfahrensrecht zuzuordnen ist (s. § 19 Rn. 13), ist damit das rechtliche Gehör als „vor Gericht“ gewährt anzusehen.

Diese Grundsätze gelten nicht nur dann, wenn dem Antrag stattgegeben wird, sondern auch bei Zurückweisung oder Erlass einer Zwischenverfügung. Kritisch hierzu KEHE Rn. 34; Meikel Einl. Rn. F 73 ff.; Ertl Rpfleger 1980, 9; Eickmann Rpfleger 1982, 456. Vor einer GBBerichtigung auf Grund Unrichtigkeitsnachweises gem. § 22 ist jedoch denjenigen rechtliches Gehör zu gewähren, deren grundbuchmäßiges Recht durch die berichtigende Eintragung beeinträchtigt werden kann (OLG Zweibrücken Rpfleger 1999, 532; LG Nürnberg-Fürth MittBayNot 1992, 336), z.B. den Nacherben vor Löschung des Nacherbenvermerks (BayObLG 1994, 177 = Rpfleger 1995, 105; OLG Hamm FGPrax 1995, 15). Dasselbe gilt bei lastenfreier Abschreibung eines Grundstücksteils ohne Löschungsbewilligung (BayObLG 1999, 174 = FGPrax 1999, 172; s. dazu § 46 Rn. 19).

c) Im **Amtsverfahren** hat das GBAmt allen Beteiligten, deren 50
Rechtsstellung durch sein Tätigwerden beeinträchtigt wird oder werden kann, rechtliches Gehör zu gewähren. Bei Eilbedürftigkeit oder der Gefahr der Rechtsvereitelung kann es erst nachträglich gewährt werden (Meikel Einl. Rn. F 72).

d) Zum rechtlichen Gehör im Beschwerdeverfahren s. § 77 Rn. 7.

18. Beweismittel. a) Antragsverfahren. aa) Nach § 29 ist nur 51
der Urkundenbeweis zulässig. Eine Beweisaufnahme durch Erholung von Gutachten, Vernehmung von Sachverständigen, Zeugen und Beteiligten findet nicht statt (BayObLG 1989, 113 = NJW-RR 1989, 910; BayObLG DNotZ 1994, 185); ebenso wenig ist eine **eidesstattliche Versicherung** ein zulässiges Beweismittel (OLG Hamm FGPrax 1995, 14; s. hierzu aber auch BayObLG 1974, 6 = Rpfleger 1974, 434; OLG Frankfurt Rpfleger 1980, 434 mit abl. Anm. v. Meyer-Stolte; Rpfleger 1986, 51; OLG Zweibrücken DNotZ 1986, 240; Rpfleger 1987, 157; LG Bochum Rpfleger 1992, 194 mit Anm. v. Meyer-Stolte). Urkunden, die Erklärungen von Zeugen, Sachverständigen oder Beteiligten über Tatsachen enthalten, erbringen auch dann, wenn es sich um öffentliche Urkunden handelt, nicht den Beweis für die inhaltliche Richtigkeit der Erklärung, sondern nur für deren Abgabe (§ 415 ZPO; OLG Hamm Rpfleger 1983, 393; 1995, 292); dies gilt insbes. für eine notariell beurkundete eidesstattliche Versicherung (BayObLG DNotZ 1993, 598).

bb) Ausnahmen vom Erfordernis des Urkundennachweises enthalten § 5 Abs. 2 Satz 4, § 6a Abs. 1 Satz 3, § 29a und § 35 Abs. 3 (s. dazu § 29 Rn. 18). Über die Verwertung von Erfahrungssätzen s. § 29 Rn. 63. S. zum Ganzen auch § 13 Rn. 5.

52 **b) Amtsverfahren.** aa) Außer dem Urkundenbeweis sind auch andere Beweismittel zulässig. Das GBAmt darf den Antragsteller anhören, ihn zur eidesstattlichen Versicherung zulassen, von anderen Beteiligten abgegebene eidesstattliche Versicherungen berücksichtigen und Zeugen vernehmen (KGJ 48, 199). Die **Beeidigung** von Zeugen und Sachverständigen steht nach § 15 Abs. 1 Satz 2 FGG im Ermessen des Gerichts. Auch die eidliche Vernehmung eines Beteiligten wird als zulässig erachtet werden müssen (BayObLG 1952, 109; 1953, 5; Keidel JZ 1954, 564; a.M. BGHSt. 5, 111; 10, 272 = NJW 1957, 1116; s. dazu auch Barnstedt DNotZ 1958, 470 mit weit. Nachweisen).

bb) Der Amtsermittlungsgrundsatz des § 12 FGG verpflichtet das GBAmt nicht, zur Feststellung des Sachverhalts in jedem Fall im Weg des Strengbeweises (vgl. § 15 Abs. 1 Satz 1 FGG i.V.m. §§ 371 bis 414, §§ 478 ff. ZPO) eine förmliche Beweisaufnahme durchzuführen. Das GBAmt kann vielmehr nach seinem pflichtgemäßen Ermessen auch im Weg des **Freibeweises** formlose Ermittlungen anstellen. Auf eine förmliche Beweisaufnahme kann aber dann nicht verzichtet werden, wenn ohne sie eine ausreichende Sachaufklärung nicht möglich ist. Entscheidet sich das GBAmt für den Strengbeweis, dann hat es den Grundsatz der Unmittelbarkeit der Beweisaufnahme (§ 355 Abs. 1 ZPO) zu beachten; die Beweisaufnahme darf einem anderen Gericht nur in den gesetzlich vorgesehenen Fällen (vgl. § 372 Abs. 2, §§ 375, 479 ZPO) übertragen werden.

53 **19. Entscheidungen des GBAmts. a)** Die hauptsächlichsten Entscheidungen sind solche über EintrAnträge. Über einen EintrAntrag kann nur durch Vornahme der begehrten Eintragung, durch förmliche Zwischenverfügung oder durch Zurückweisung entschieden werden. Für die Ankündigung einer Eintragung durch einen Vorbescheid ist kein Raum (s. § 71 Rn. 18). Eine Aussetzung des Verfahrens ist grundsätzlich unzulässig; dies gilt selbst dann, wenn der Antragsteller oder alle Verfahrensbeteiligten mit einer Aussetzung einverstanden sind (KG HRR 1930 Nr. 1505; JW 1932, 2890; BayObLG 1978, 15; 1984, 129; OLG Frankfurt MDR 1990, 557; zu den Ausnahmen s. § 18 Rn. 1). Der Antragsteller kann aber bestimmen, dass über den Antrag erst nach Ablauf einer bestimmten Frist entschieden werden solle; dann gilt der Antrag erst mit Ablauf der Frist als gestellt. An sonstigen Entscheidungen sind vor allem die Feststellungsbeschlüsse nach §§ 87, 108 zu erwähnen.

b) Grundsätzlich hat das GBAmt seine Entscheidungen schriftlich abzusetzen und **zu begründen.** Wird einem Antrag stattgegeben, insbes. eine Eintragung vorgenommen, erübrigt sich eine Begründung. Bei Erlass einer Zwischenverfügung, der Abweisung eines Antrags und bei Entscheidungen, durch die in Rechte Beteiligter eingegriffen wird, z.B. bei Maßnahmen im Rahmen des GBBerichtigungszwangs, ist eine schriftliche Begründung regelmäßig geboten, wenn auch nicht in jedem Fall zwingend erforderlich. Außerdem muss die Entscheidung des GBAmts unterschrieben sein (s. § 71 Rn. 11; für Eintragungen s. § 44 Abs. 1, § 130 GBO, § 75 GBV und § 44 Rn. 62ff.). Zum Zeitpunkt des Erlasses einer Entscheidung s. § 77 Rn. 5, zum Wirksamwerden s. Rn. 57.

c) Eine **Rechtsmittelbelehrung** sieht das Gesetz lediglich für den in § 87 Buchst. c genannten Feststellungsbeschluss und die hierauf ergehende Beschwerdeentscheidung vor, weil diese Beschlüsse abweichend von der Regel des § 71 Abs. 1, § 78 mit der befristeten (weiteren) Beschwerde anfechtbar sind (§ 89 Abs. 1, 2). Aus demselben Grund ist auch in § 2 Abs. 1 Satz 2, Abs. 2 Satz 2 sowie § 4 Abs. 4 GBMaßnG eine Rechtsmittelbelehrung vorgesehen. In allen diesen Fällen handelt es sich jedoch nur um eine Sollvorschrift, so dass anders als bei einer zwingend vorgeschriebenen Rechtsmittelbelehrung (vgl. BayObLG 1986, 259) die Frist zur Einlegung der (weiteren) Beschwerde auch dann zu laufen beginnt, wenn die Belehrung unterblieben ist (s. § 89 Rn. 7). Im Hinblick auf die Entscheidung des BVerfG NJW 1995, 3173 ist eine Rechtsmittelbelehrung in diesen ebenso wie in anderen Fällen, in denen ein befristetes Rechtsmittel gegeben ist (vgl. § 105 Abs. 2, § 110 Abs. 1 GBO, § 20a Abs. 1, 2 FGG) von Verfassungs wegen geboten, so dass bei unterbliebener Belehrung und Versäumung der Frist regelmäßig Wiedereinsetzung in den vorigen Stand zu gewähren ist (s. dazu Demharter FGPrax 1995, 217; WuM 2000, 43; 2001, 311).

20. Erledigung der Hauptsache. a) Eine Entscheidung zur Hauptsache ergeht nicht, wenn sich diese erledigt hat. Dies ist der **54**
Fall, wenn der Verfahrensgegenstand durch ein Ereignis, das eine Änderung der Sach- und Rechtslage herbeigeführt hat, fortgefallen ist, so dass die Weiterführung des Verfahrens keinen Sinn mehr hätte, weil eine Sachentscheidung nicht mehr ergehen kann (BayObLG 1987, 349; 1993, 139; MittBayNot 1991, 78). Hauptsacheerledigung tritt z.B. ein, wenn die beanstandete Eintragung gelöscht wird; das Verfahren kann in diesem Fall nicht mit dem Ziel fortgesetzt werden, die Rechtswidrigkeit der gelöschten Eintragung festzustellen (OLG Düsseldorf Rpfleger 1996, 404).

b) Die Hauptsache kann sich im Amts- und Antragsverfahren **55**
erledigen. Die Erledigung ist in jeder Verfahrenslage und in jedem Rechtszug **von Amts wegen** ohne Bindung an Erledigterklärun-

gen der Beteiligten zu beachten. Im ersten Rechtszug führt sie zur Einstellung eines Amtsverfahrens und bei einem Antragsverfahren zur Zurückweisung des EintrAntrags, sofern nicht der Antragsteller die Hauptsache für erledigt erklärt. Gibt er diese Erklärung ab, ist die Hauptsacheerledigung auszusprechen; dabei handelt es sich aber nicht um eine Hauptsacheentscheidung. Nach Erledigung der Hauptsache hat das Amtsgericht unter Berücksichtigung des voraussichtlichen Verfahrensausgangs ohne Hauptsacheerledigung über die außergerichtlichen Kosten zu entscheiden, sofern am Verfahren Personen mit entgegengesetzten Interessen beteiligt sind (§ 13a FGG); Gerichtskosten fallen keine an.

56 **c)** Erledigt sich die Hauptsache **nach Erlass einer Entscheidung** des Amtsgerichts oder des LG, kann ein zulässiges Rechtsmittel nicht mehr eingelegt werden. Tritt die Erledigung nach Einlegung einer zulässigen (weiteren) Beschwerde ein, wird diese unzulässig. Nach Hauptsacheerledigung kann das Verfahren nicht mit dem Ziel fortgesetzt werden, die Rechtswidrigkeit der angefochtenen Entscheidung feststellen zu lassen (OLG Hamm FGPrax 1996, 210). Jedoch kann der Rechtsmittelführer seinen Antrag auf die Kosten beschränken und damit eine Verwerfung seines Rechtsmittels verhindern (BGH 86, 395; BayObLG 1993, 138; MittBayNot 1990, 355; 1991, 78; KG Rpfleger 1988, 359; OLG Frankfurt JurBüro 1991, 1209). In diesem Fall ist nur noch über die gerichtlichen und außergerichtlichen Kosten des Verfahrens in allen Rechtszügen zu entscheiden (BayObLG 1985, 434; 1993, 139; KG Rpfleger 1988, 359; OLG Düsseldorf NJW-RR 1997, 1375). Zur Anfechtung dieser und der Kostenentscheidung, die ergehen kann, wenn im ersten Rechtszug ein Amtsverfahren eingestellt oder im Antragsverfahren die Hauptsacheerledigung ausgesprochen wird, s. § 20a Abs. 2, § 27 Abs. 2 FGG und § 71 Rn. 33. Erklärt der Rechtsmittelführer eines unzulässigen Rechtsmittels die Hauptsache für erledigt, kann dies als Zurücknahme des Rechtsmittels auszulegen sein (BayObLG MittBayNot 1991, 78).

57 **21. Bekanntmachung. a) Eintragungen.** Auf sie ist § 16 FGG nicht anwendbar. Sie werden mit ihrer Vollendung, d.h. mit der in § 44 Abs. 1 Satz 2 vorgeschriebenen Unterzeichnung, wirksam und nach § 55 bekanntgemacht.

58 **b) Andere Entscheidungen.** aa) Für sie gilt § 16 FGG. Sie werden nach § 16 Abs. 1 FGG erst mit der Bekanntmachung wirksam. Soweit mit der Bekanntmachung keine Frist zu laufen beginnt, ist entweder zu Protokoll (§ 16 Abs. 3 FGG) oder nach Maßgabe des § 16 Abs. 2 Satz 2 FGG bekanntzumachen. Soweit eine Frist zu laufen beginnt, z.B. bei einer Zwischenverfügung,

schreiben § 16 Abs. 2 Satz 1 und Abs. 3 FGG Zustellung nach Maßgabe der für die Amtszustellung geltenden Vorschriften der ZPO (s. aber auch § 88 Abs. 2, § 98 GBO) oder Bekanntmachung zu Protokoll vor. Nicht ausgeschlossen ist auch eine öffentliche Zustellung nach § 203 ZPO (BayObLG NJW-RR 1998, 1772).

bb) Die Entscheidung ist den formell am Verfahren Beteiligten **59** bekanntzumachen; im Antragsverfahren ist dies grundsätzlich nur der Antragsteller oder die ersuchende Behörde (s. Rn. 30). S. zur Bekanntmachung einer Zwischenverfügung § 18 Rn. 35, der Zurückweisung eines EintrAntrags § 18 Rn. 14, einer Beschwerdeentscheidung § 77 Rn. 41, einer einstweiligen Anordnung § 76 Rn. 8, eines Vorlagebeschlusses § 79 Rn. 18.

cc) Ist ein Beteiligter durch einen **Bevollmächtigten** vertreten, **60** so ist § 176 ZPO auch in nichtstreitigen Verfahren der freiwilligen Gerichtsbarkeit dann anwendbar, wenn er dem Gericht gegenüber klar zum Ausdruck gebracht hat, dass Zustellungen nur an seinen Bevollmächtigten erfolgen sollen (BGH 65, 41 = Rpfleger 1975, 350); ist dies nicht der Fall, so kann sowohl an den Beteiligten als auch an seinen Bevollmächtigten zugestellt werden, wobei die Frist mit der ersten Zustellung zu laufen beginnt (vgl. OLG München JFG 22, 319). Hat sich ein Rechtsanwalt als Bevollmächtigter gemeldet, ohne den Umfang seiner Vollmacht nachzuweisen, so muss nicht zwingend an ihn zugestellt werden (OLG Hamm Rpfleger 1992, 114; s. hierzu aber auch KG Rpfleger 1993, 69). Die auf den von einem Notar gemäß § 15 gestellten EintrAntrag ergehenden Entscheidungen sind stets diesem bekanntzumachen, s. § 15 Rn. 19.

dd) Eine wirksame Bekanntmachung zu Protokoll gem. § 16 Abs. 3 FGG setzt eine Beschwerdefrist in Gang. Sie liegt auch dann vor, wenn nur der Verfahrensbevollmächtigte des persönlich nicht anwesenden Beteiligten zugegen ist, setzt aber voraus, dass sowohl der Entscheidungssatz als auch die vollständigen Gründe eröffnet und zu Protokoll gegeben werden (OLG Düsseldorf NJW-RR 1995, 977; s. dazu auch OLG Saarbrücken FGPrax 1995, 251).

22. Änderung von Entscheidungen. a) Für Eintragungen, an **61** die sich ein gutgläubiger Erwerb anschließen kann sowie für inhaltlich unzulässige Eintragungen gilt § 53.

b) Im Übrigen ist § 18 FGG anzuwenden. Danach ist das **62** GBAmt grundsätzlich zu einer Änderung seiner Entscheidung befugt. Sie ist nach § 18 Abs. 2 FGG jedoch ausgeschlossen, wenn die Entscheidung, wie in den Ausnahmefällen des § 105 Abs. 2 und § 110 Abs. 1, der sofortigen Beschwerde unterliegt. Ist ein EintrAntrag zurückgewiesen worden, so erfordert die Änderung nach

§ 18 Abs. 1 Halbs. 2 FGG einen Antrag; ihn kann nicht nur der ursprüngliche Antragsteller, sondern jeder Antragsberechtigte stellen (KG JW 1937, 478; a.M. Güthe/Triebel § 1 A. 52). Nach Bestätigung der Entscheidung durch das Beschwerdegericht ist eine Änderung nicht mehr möglich (KGJ 42, 25 betr. Zwischenverfügung; KG NJW 1955, 1074; OLG Hamm NJW 1970, 2119).

c) Zur Änderung einer Beschwerdeentscheidung durch das Beschwerde- oder Rechtsbeschwerdegericht s. § 80 Rn. 15, 22.

d) Um eine Änderung handelt es sich nicht bei einer Berichtigung offenbarer Unrichtigkeiten, wie Schreib- oder Rechenfehler; diese können jederzeit von Amts wegen berichtigt werden (s. dazu § 22 Rn. 26 und § 44 Rn. 72). § 319 Abs. 1 ZPO ist auf Entscheidungen, die in GBSachen ergehen, entsprechend anwendbar (BayObLG 1968, 193; OLG Zweibrücken FGPrax 1998, 46).

63 **23. Rechtshilfe. a)** Es gelten §§ 157 bis 168 GVG (§ 2 FGG). Rechtshilfe kommt zwar nicht im Antragsverfahren, wohl aber im Amtsverfahren in Betracht. So kann es z.B. im Fall des § 102 Abs. 1 Satz 3 praktisch sein, dass das mit Klarstellung der Rangverhältnisse befasste GBAmt ein anderes Amtsgericht ersucht, einen in dessen Bezirk wohnenden Beteiligten über seine Zustimmung zu hören. Keine Rechtshilfe liegt vor bei Eintragung einer Gesamthyp. in den Grundbüchern verschiedener Amtsgerichte nach § 48 oder bei Erteilung eines Gesamtbriefs nach § 59 Abs. 2, weil jedes Amtsgericht hier auf Grund eigener Zuständigkeit tätig wird (KGJ 52, 104; a.M. Güthe/Triebel § 1 A. 35).

b) Zu einem Rechtshilfeersuchen und zur Stellung eines Antrags nach § 159 Abs. 2 GVG ist der **Rpfleger** ohne Einschaltung des Richters befugt (OLG Karlsruhe Rpfleger 1994, 203); die Notwendigkeit, vor der Anrufung des OLG, in *Bayern* des BayObLG (BayObLG 1992, 271), bei dem ersuchten Gericht zunächst eine Entscheidung des Richters herbeizuführen (s. dazu BayObLG 1995, 158 = FGPrax 1995, 169), ist durch die Abschaffung der Durchgriffserinnerung durch Ges. v. 6. 8. 1998 (BGBl. I 2030) entfallen (OLG Zweibrücken Rpfleger 2000, 381).

c) Nach § 158 GVG darf das Rechtshilfeersuchen eines im Rechtszug übergeordneten Gerichts nicht abgelehnt werden, ansonsten nur dann, wenn seine Erledigung schlechthin verboten ist; ob das Ersuchen notwendig oder zweckmäßig ist, hat das ersuchte Gericht nicht zu beurteilen (BGH NJW 1990, 2936; OLG Zweibrücken Rpfleger 2000, 381).

64 **24. Zwangsmittel.** Es gilt § 33 FGG, der als Zwangsmittel Festsetzung von Zwangsgeld und Anordnung von Zwangshaft

(Abs. 1 und 3) sowie Gewaltanwendung (Abs. 2 und 3) vorsieht. Die Anordnung von Zwangshaft kommt in GBSachen nicht in Betracht. Über die Befugnisse des Rpflegers s. Rn. 17.

a) Zwangsgeld. aa) **Wesen.** Das an die Stelle der früheren Ordnungsstrafe getretene Zwangsgeld ist gleich dieser nur Beugemittel, nicht etwa Sühne für begangenes Unrecht (JFG 22, 119; BayObLG 1973, 294). Das einzelne Zwangsgeld darf den Betrag von 25 000 EUR nicht übersteigen, sein Mindestbetrag ist nach Art. 6 EGStGB v. 2. 3. 1974 (BGBl. I 469) 5 EUR.

bb) **Androhung.** Sie ist nur möglich, wenn das GBAmt zur Auferlegung der fraglichen Verpflichtung berechtigt ist und die Erfüllung ausschließlich vom Willen des Verpflichteten abhängt (s. dazu OLG München JFG 14, 467). Nicht notwendig ist die Androhung eines bestimmten Zwangsgelds; es genügt die eines solchen „bis zu“ einem bestimmten Betrag; dies kann auch der gesetzliche Höchstbetrag sein, wenn nach dem vorausschauenden Ermessen des GBAmts seine Festsetzung bei Nichtbefolgung der Anordnung in Betracht kommt (BGH Rpfleger 1973, 422). Bei der Androhung ist stets eine angemessene Frist zur Erledigung zu gewähren; für die Bekanntmachung gilt § 16 Abs. 2 und 3 FGG (BayObLG 1973, 296 = Rpfleger 1974, 17). 65

cc) **Festsetzung.** Sie erfordert vorherige Androhung; wiederholte Festsetzung nur nach erneuter Androhung statthaft (BayObLG Rpfleger 1976, 250). Bei der Festsetzung des Zwangsgelds sind dem Beteiligten zugleich die Kosten des Verfahrens (s. hierzu § 119 KostO) aufzuerlegen. Die Festsetzung hat entsprechend dem Wesen des Zwangsgelds zu unterbleiben, wenn die Nichterfüllung der Verpflichtung eine schuldlose ist (JFG 22, 118; BayObLG 1970, 119) oder die Verpflichtung mittlerweile erfüllt wurde (KGJ 41, 35). 66

dd) **Vollstreckung.** Sie richtet sich nach der vom Bundesminister der Justiz und den Landesjustizverwaltungen beschlossenen Einforderungs- und Beitreibungsanordnung (EBAO) v. 15. 3. 2001 (BayJMBl. 71, 88), durch die die EBAO v. 20. 11. 1974 (BayJMBl. 396, 403) samt späteren Änderungen und Ergänzungen ersetzt wurde, die Bek. über Ergänzende Bestimmungen v. 20. 8. 1987 (BayJMBl. 112), geändert durch Bek. v. 25. 3. 1998 (BayJMBl. 32) und v. 15. 3. 2001 (BayJMBl. 71, 91) sowie (vgl. § 1 Abs. 1 EBAO) der Justizbeitreibungsordnung v. 11. 3. 1937 (RGBl. I 298) i. d. F. des Art. V KostÄnderungsG v. 26. 7. 1957 (BGBl. I 861) mit späteren Änderungen. 67

ee) **Rechtsmittel.** Die Beschwerde ist bereits gegen die Androhung eines Zwangsgelds zulässig (KGJ 46, 137; OLG Karlsruhe 68

OLGZ 1967, 204; BayObLG 1973, 296 = Rpfleger 1974, 17), und zwar nach Maßgabe der §§ 71 ff.; die Beschwerde gegen die Zwangsgeldfestsetzung hat nach § 76 Abs. 3 aufschiebende Wirkung, wird aber durch Bezahlung des Zwangsgelds nicht unzulässig (KGJ 48, 117; BayObLG 1973, 294 = Rpfleger 1974, 17). Der Geschäftswert der Beschwerde bemisst sich nicht nach der Höhe des angedrohten oder festgesetzten Zwangsgeldes, sondern nach dem mit dem Zwang verfolgten Interesse.

69 **b) Gewaltanwendung.** In GBSachen kommt nur die Erzwingung der Herausgabe oder der Vorlegung einer Sache in Betracht. Die Anordnung kann insbes. in der Durchsuchung der Wohnräume des Verpflichteten bestehen und ist regelmäßig vorher anzudrohen. Die Kosten trägt der Verpflichtete. Wird die Sache, z. B. der HypBrief, nicht vorgefunden, so kann der Verpflichtete zur Abgabe einer eidesstattlichen Versicherung über ihren Verbleib angehalten werden. Anwendung von Gewalt kann vor, nach oder gleichzeitig mit der Androhung von Zwangsgeld angeordnet werden.

70 **25. Einrichtung und Führung der Grundbücher. a)** § 1 Abs. 4 ermächtigt das BJM, durch Rechtsverordnung mit Zustimmung des Bundesrats nähere Vorschriften über die Einrichtung und Führung des GB zu erlassen. In der Ermächtigungsnorm sind wegen ihrer besonderen Bedeutung einzelne Regelungsbereiche besonders hervorgehoben, darunter auch das Verfahren zur Beseitigung von Doppelbuchungen; die Ermächtigung hierfür enthielt bis zu den Änderungen durch das RegVBG § 3 Abs. 1 Satz 3. Aufgrund der früher in § 1 Abs. 3, jetzt in Abs. 4 enthaltenen Ermächtigung ist die **Grundbuchverfügung** erlassen worden. Sie schreibt unter Aufhebung der früheren landesrechtlichen Vorschriften (§ 94 Satz 2 GBV; s. dazu OLG München JFG 15, 168) ein einheitliches GBMuster vor und enthält die Bestimmungen für die Führung des GB. Im Rahmen des § 136 sind die landesrechtlichen Vorschriften jedoch in Kraft geblieben (§ 103 GBV). Vgl. auch die Übergangsbestimmungen der §§ 97, 98 GBV. Ergänzende Bestimmungen enthält für das WEigentum die WGV und für das Gebäudeeigentum die GGV.

71 **b)** Die GBV ist im wesentlichen **Rechtsverordnung;** auf die Einhaltung ihrer Vorschriften besteht grundsätzlich ein im Beschwerdeweg verfolgbarer Rechtsanspruch (Saage JW 1935, 2775; BayObLG 1956, 203; 1957, 328; OLG Hamm Rpfleger 1962, 274; OLG Köln Rpfleger 1994, 496; s. auch BayObLG 1981, 393 = Rpfleger 1982, 97). Die in den Anlagen 1, 2, 9, 10a und 10b enthaltenen Probeeintragungen sind jedoch nur Beispiele, nicht Teile der GBV (§§ 22, 31, 58, § 69 Abs. 4 GBV). Die Fassung der

EintrVermerke bleibt also dem GBAmt überlassen. Selbstverständlich kann ihm die Fassung auch von den Beteiligten nicht vorgeschrieben werden (s. hierzu § 13 Rn. 4).

c) Im Gebiet der **früheren DDR** ist die GBV mit folgenden Maßgaben anzuwenden (§ 105 GBV): §§ 43 bis 53 sind stets anzuwenden. Die Einrichtung der Grundbücher richtet sich bis auf weiteres nach den am 2. 10. 1990 bestehenden oder von dem jeweiligen Land erlassenen späteren Bestimmungen. Im Übrigen ist für die GBFührung die GBV entsprechend anzuwenden. Soweit dies nicht möglich ist, weil z. B. Rechtsverhältnisse nicht zutreffend dargestellt werden könnten oder Verwirrung zu besorgen wäre, sind die am 2. 10. 1990 geltenden oder von dem jeweiligen Land erlassenen späteren Bestimmungen anzuwenden, sofern sie nicht mit dem in Kraft tretenden Bundesrecht unvereinbar sind. In diesem Fall sind auf die Einrichtung und Führung der Erbbaugrundbücher sowie auf die Bildung von Grundpfandrechtsbriefen bei Erbbaurechten grundsätzlich §§ 56, 57 und 59 GBV entsprechend anzuwenden. 72

Am 2. 10. 1990 waren für die Einrichtung und Führung der Grundbücher in der früheren DDR die Grundstücksdokumentationsordnung v. 6. 11. 1975 (GBl. DDR I 697), die auf Grund ihres § 17 ergangene GBVerfahrensordnung v. 30. 12. 1975 (GBl. DDR I 1976, 42) sowie die auf Grund § 37 GBVerfahrensordnung erlassene sog. Colido-GBAnweisung v. 27. 10. 1987 (Anweisung Nr. 4/87 des Ministers des Inneren und Chefs der Deutschen Volkspolizei über GB und GBVerfahren unter Colidobedingungen; in Kraft getreten am 1. 3. 1988; Colido = computergestützte Liegenschaftsdokumentation) maßgebend. Bereits mit der Übertragung der GBFührung auf die Kreisgerichte wurde von einzelnen Ländern für die Einrichtung und Führung der Grundbücher, insbes. auch der Gebäudegrundbücher, die GBV unter Außerkraftsetzung der Colido-GBAnweisung weitergehend als im EinigungsV vorgesehen für anwendbar erklärt (vgl. für *Sachsen* §§ 2 ff. GrundbuchVO v. 14. 6. 1991, GVBl. 154).

26. Grundakten und Verzeichnisse des GBAmts. a) Zu den Grundakten werden die nach § 10 vom GBAmt zu verwahrenden Urkunden und Abschriften genommen; ferner ist bei den Grundakten das sog. Handblatt zu verwahren (§ 24 GBV). Beim maschinell geführten GB ist § 24 Abs. 4 GBV nicht anzuwenden (§ 73 Satz 1 GBV); ein Handblatt ist also bei den Grundakten nicht aufzubewahren. Das bisher geführte Handblatt kann bei der Anlegung des maschinell geführten GB ausgesondert und vernichtet werden; geschieht dies nicht, ist das Handblatt als solches des we- 73 gen Anlegung des maschinell geführten GB geschlossenen GBBlatts zu kennzeichnen (§ 73 Satz 2, 3 i. V. m. § 32 Abs. 1 Satz 3 Halbsatz 2 GBV). Zur Behandlung des Handblatts bei Umschreibung des GB s. § 32 GBV.

Zur Weiterführung und Neuanlegung von Grundakten s. § 100 GBV; nähere Vorschriften über die Anlegung und Führung der Grundakten enthalten §§ 14ff. GeschO (vgl. §§ 17ff. BayGBGA); dort ist insbes. auf die Aktenordnung verwiesen (s. für *Bayern* § 21 AktO v. 13. 12. 1983, JMBl. 1984, 13, geändert durch Bek. v. 21. 7. 1988, JMBl. 134 und v. 29. 10. 1996, JMBl. 159). Gem. § 10a können bei den Grundakten aufzubewahrende Urkunden oder geschlossene Grundakten statt in Papierform als Wiedergabe auf einem Bild- oder sonstigen Datenträger aufbewahrt werden.

74 **b)** Die GBÄmter führen über die Eintragungen in das GB ein Tagebuch; ferner wird für den Amtsgerichtsbezirk ein Eigentümerverzeichnis und für jeden GBBezirk ein Grundstücksverzeichnis geführt (s. für *Bayern* § 21 Abs. 6, 8, 9 AktO v. 13. 12. 1983, JMBl. 1984, 13). Gem. § 12a dürfen die GBÄmter mit Genehmigung der Landesjustizverwaltung weitere Verzeichnisse einrichten und führen; alle Verzeichnisse können auch maschinell geführt werden.

c) Zur Einsicht in die Grundakten und sonstigen Verzeichnisse des GBAmts und zur Auskunft aus ihnen s. § 12 Rn. 2, § 12a Rn. 5 und § 12b Rn. 3.

Grundbuchbezirke. Bezeichnung der Grundstücke. Abschreibung von Grundstücksteilen

2 (1) **Die Grundbücher sind für Bezirke einzurichten.**

(2) **Die Grundstücke werden im Grundbuch nach den in den Ländern eingerichteten amtlichen Verzeichnissen benannt (Liegenschaftskataster).**

(3) **Ein Teil eines Grundstücks soll von diesem nur abgeschrieben werden, wenn ein von der zuständigen Behörde erteilter beglaubigter Auszug aus dem beschreibenden Teil des amtlichen Verzeichnisses vorgelegt wird, aus dem sich die Bezeichnung des Teils und die sonstigen aus dem amtlichen Verzeichnis in das Grundbuch zu übernehmenden Angaben sowie die Änderungen ergeben, die insoweit bei dem Rest des Grundstücks eintreten. Der Teil muß im amtlichen Verzeichnis unter einer besonderen Nummer verzeichnet sein, es sei denn, daß die zur Führung des amtlichen Verzeichnisses zuständige Behörde hiervon absieht, weil er mit einem benach-**

barten Grundstück oder einem Teil davon zusammengefaßt wird, und dies dem Grundbuchamt bescheinigt. Durch Rechtsverordnung der Landesregierungen, die zu deren Erlaß auch die Landesjustizverwaltungen ermächtigen können, kann neben dem Auszug aus dem beschreibenden Teil auch die Vorlage eines Auszugs aus der amtlichen Karte vorgeschrieben werden, aus dem sich die Größe und Lage des Grundstücks ergeben, es sei denn, daß der Grundstücksteil bisher im Liegenschaftskataster unter einer besonderen Nummer geführt wird.

(4) **Ein Auszug aus dem amtlichen Verzeichnis braucht nicht vorgelegt zu werden, wenn der abzuschreibende Grundstücksteil bereits nach dem amtlichen Verzeichnis im Grundbuch benannt ist oder war.**

(5) **Die Landesregierungen werden ermächtigt, durch Rechtsverordnung zu bestimmen, daß der nach den vorstehenden Absätzen vorzulegende Auszug aus dem amtlichen Verzeichnis der Beglaubigung nicht bedarf, wenn der Auszug maschinell hergestellt wird und ein ausreichender Schutz gegen die Vorlage von nicht von der zuständigen Behörde hergestellten oder von verfälschten Auszügen besteht. Satz 1 gilt entsprechend für andere Fälle, in denen dem Grundbuchamt Angaben aus dem amtlichen Verzeichnis zu übermitteln sind. Die Landesregierungen können die Ermächtigung durch Rechtsverordnung auf die Landesjustizverwaltungen übertragen.**

Inhaltsübersicht

1. Allgemeines ... 1
2. Grundbuchbezirke ... 2
3. Amtliches Verzeichnis ... 6
4. Flurstück und GBGrundstück ... 14
5. Grundstücke im Bestandsverzeichnis ... 19
6. Grundbuch und amtliches Verzeichnis ... 22
7. Bestandsverzeichnis und öffentlicher Glaube ... 26
8. Abschreibung von Grundstücksteilen ... 28
9. Erfordernisse der Abschreibung ... 29
10. Vorschriftswidrige Abschreibung ... 35
11. Kosten ... 36

1. Allgemeines. § 2 enthält Bestimmungen über die GBBezirke, über die Benennung der Grundstücke in den Grundbüchern sowie über die Abschreibung von Grundstücksteilen. Die Vorschrift ist durch das RegVBG neu gefasst worden; insbes. wurde der bisherige Abs. 3, der die Voraussetzungen des grundbuchamtlichen Vollzugs der Teilung von Grundstücken festlegte, durch die Abs. 3 bis 5 ersetzt. 1

2 **2. Grundbuchbezirke. a)** Die Grundbücher sind für Bezirke einzurichten (Abs. 1); § 85 GBO i. d. F. v. 20. 5. 1898, der Grundbücher für gewisse Grundstücksgattungen zuließ, ist aufgehoben (s. aber Art. 8 Abs. 3 ÄndVO). Soweit jedoch nach § 136 landesrechtliche Vorschriften aufrechterhalten sind, gelten auch entsprechende Vorschriften über die Einrichtung der Grundbücher weiter.

3 **b)** GBBezirke sind die **Gemeindebezirke** (§ 1 Abs. 1 Satz 1 GBV); mehrere zu einem Verwaltungsbezirk zusammengefasste Gemeinden bilden einen GBBezirk (§ 1 Abs. 1 Satz 2 GBV); ein Gemeindebezirk kann durch Anordnung der Justizverwaltung in mehrere GBBezirke geteilt werden (§ 1 Abs. 1 Satz 3 GBV); auch ist im Fall der Vereinigung von Gemeindebezirken und im Fall der Zerlegung eines Gemeindebezirks die Beibehaltung der bisherigen GBBezirke möglich (§ 1 Abs. 2 GBV; s. dazu auch AV v. 22. 4. 1939, DJust. 701). Über die grundbuchmäßige Behandlung von gemeindefreien Grundstücken und Gutsbezirken s. AV v. 8. 2. 1939 (DJust. 264).

4 **c)** Landesrechtliche Vorschriften über eine andere Einteilung der GBBezirke sind gemäß § 95 Halbsatz 1 GBV vorläufig in Kraft geblieben. Demzufolge bilden in *Bayern* die **Gemarkungen** (früher: Steuergemeinden) die GBBezirke (§ 211 DA); Änderungen in der Benennung, im Bestand und in der Begrenzung der Gemarkungen (s. dazu FMBek. v. 3. 11. 1969 mit Änderung durch FMBek. v. 28. 1. 1975, JMBl. 1975, 26) haben seit 1. 4. 1975 ohne weiteres entsprechende Änderungen der GBBezirke zur Folge (§ 95 Halbsatz 2 GBV und §§ 49 bis 51 GBGA, die an die Stelle der JMBek. v. 3. 3. 1975, JMBl. 25 getreten sind). Zu den GBBezirken im gemeinschaftlichen deutsch-luxemburgischen Hoheitsgebiet i. S. von Art. 1 des Vertrags vom 19. 12. 1984 (BGBl. 1988 II 415) s. für *Rheinland-Pfalz* die VO v. 16. 8. 1990 (GVBl. 273).

5 **d)** Zur Bildung, Abgrenzung und Aufhebung von GBBezirken sind nach Nr. 1 der AV v. 4. 9. 1939 (DJust. 1463 = BayBSVJu III 120) die Oberlandesgerichtspräsidenten zuständig; die AV v. 21. 5. 1937 (DJust. 799) und die AV v. 2. 11. 1937 (DJust. 1760) haben damit ihre Bedeutung verloren; in *Bayern* ist die AV v. 4. 9. 1939 durch JMBek. v. 3. 3. 1975 (JMBl. 25) mit Wirkung ab 1. 4. 1975 aufgehoben worden. Geht ein Grundstück von einem GBBezirk in einen anderen über, so ist nach § 27 GBV zu verfahren.

6 **3. Amtliches Verzeichnis. a) Grundsatz.** Die Grundstücke sind in den Grundbüchern nach einem amtlichen Verzeichnis zu benennen, das in den Ländern eingerichtet ist (Liegenschaftskataster; Abs. 2). Zweck der Vorschrift ist, die Auffindung der Grundstücke in der Örtlichkeit zu ermöglichen. § 2 Abs. 2 betrifft

nur die Bezeichnung des Grundstücks im Bestandsverzeichnis seines eigenen GBBlatts (so jetzt auch Meikel Rn. 12); der weitergehenden Ansicht, er gelte in allen Fällen, in denen im GB ein Grundstück zu bezeichnen ist (KGJ 35, 242; KG Rpfleger 1975, 226; Güthe/Triebel A. 17), kann nicht gefolgt werden (s. dazu auch Huth Rpfleger 1975, 226).

b) Einrichtung des Verzeichnisses. Hierfür gilt folgendes: 7

aa) Gemäß § 6 Abs. 1 AusfVO, inzwischen durch das RegVBG als gegenstandslos aufgehoben, waren die bestehenden landesrechtlichen Vorschriften über die Einrichtung des Verzeichnisses aufrechterhalten worden. Demzufolge blieben z. B. in den ehemals preußischen Gebieten die von den Katasterämtern geführten Grund- und Gebäudesteuerbücher (Art. 2 VO v. 13. 11. 1899, GS 519), in *Bayern* das von den GBÄmtern geführte Sachregister (§ 1 VO v. 25. 2. 1905, BayBS III 130, aufgehoben durch Ges. v. 6. 4. 1981, GVBl. 85) amtliches Verzeichnis.

bb) Die inzwischen durch die VO v. 19. 11. 1995 (BGBl. I 8
1527) aufgehobene VO v. 23. 1. 1940 (RGBl. I 240) bestimmte alsdann, dass in den Bezirken, in denen das **Reichskataster** fertiggestellt ist, dieses in dem vom RJM durch Verwaltungsanordnung zu bestimmenden Zeitpunkt an die Stelle des bisherigen amtlichen Verzeichnisses tritt. Der maßgebende Zeitpunkt ist nach der AV v. 28. 4. 1941 (DJust. 548 = BayBSVJu III 97; in *Bayern* aufgehoben durch JMBek. v. 1. 12. 1978, JMBl. 213) allgemein der auf das Ende der Offenlegungsfrist folgende Tag. Die notwendigen Bestimmungen über die Zurückführung der Grundbücher auf das Reichskataster enthielt die AV v. 20. 1. 1940 (DJust. 212 = BayBSVJu III 103), ergänzt durch die AV v. 26. 1. 1942 (DJust. 85); für *Bayern* s. aber auch Abschn. II der JMBek. v. 31. 3. 1952 i. d. F. der Bek. v. 7. 2. 1957 (BayBSVJu III 99). Die Zurückführung der Grundbücher auf das Reichskataster war dem Urkundsbeamten der Geschäftsstelle zur selbstständigen Erledigung übertragen (§ 9 AV v. 20. 1. 1940, DJust. 212 = BayBSVJu III 103). In *Bayern* ist die AV v. 20. 1. 1940 durch Bek. v. 20. 11. 1979 (JMBl. 236) aufgehoben worden.

cc) An die Stelle des Reichskatasters ist als amtliches Grund- 9
stücksverzeichnis das von den Ländern eingerichtete **Liegenschaftskataster** getreten (vgl. für *Bayern* Art. 5 Abs. 2 VermKatG v. 31. 7. 1970, BayRS 219-1-F, die Anweisung zur Einrichtung des Liegenschaftskatasters – KatEA – gemäß FMBek. v. 26. 5. 1992, FMBl. 264, mit späteren Änderungen, sowie die Anweisung zur Fortführung des Liegenschaftskatasters – KatFA – gemäß FMBek. v. 9. 1. 1995, FMBl. 52). Das Liegenschaftskataster besteht

aus einem beschreibenden und einem darstellenden Teil. Der beschreibende Teil umfasst das Automatisierte Liegenschaftsbuch (ALB); den darstellenden Teil bildet das Katasterkartenwerk. Bestandteil des Katasters sind außerdem die Unterlagen für die Fortführung, z.B. die Veränderungsnachweise (vgl. für *Bayern* Nr. 2 KatEA).

10 dd) Im Gebiet der **früheren DDR** ist amtliches Verzeichnis das am 2. 10. 1990 zur Bezeichnung der Grundstücke maßgebende oder an seine Stelle tretende Verzeichnis (§ 144 Abs. 1 Nr. 2). Zur geschichtlichen Entwicklung des Liegenschaftskatasters, insbes. in der DDR, s. Mrosek/Petersen DtZ 1994, 331.

11 **c) Ausnahmen.** aa) Der Grundsatz, dass die Grundstücke in den Grundbüchern nach dem Verzeichnis des Abs. 2 zu benennen sind, erleidet Ausnahmen. Bisweilen tritt an die Stelle jenes Verzeichnisses ein anderes Verzeichnis. Nach § 81 Abs. 1 FlurbG dient z.B. bis zur Berichtigung des Liegenschaftskatasters der Flurbereinigungsplan als amtliches Verzeichnis der Grundstücke (s. hierzu für *Bayern* Nr. 20 der Gem.Bek. zur Zusammenarbeit der Flurbereinigungsdirektionen mit den Amtsgerichten – GBÄmtern – und den Notaren in Verfahren nach dem FlurbG und bei der Baulandumlegung v. 12. 8. 1981, JMBl. 146); entsprechendes gilt nach § 74 Abs. 2 und § 84 Abs. 1 Satz 2 BauGB für den Umlegungsplan sowie für einen Grenzlegungsbeschluss und nach § 3 Abs. 1 VZOG für den Zuordnungsplan, ferner nach § 55 Abs. 2, § 61 Abs. 3 LandwirtschaftsanpassungsG i.d.F. v. 3. 7. 1991 (BGBl. I 1418) für den Tausch- und den Bodenordnungsplan; zum Sonderungsplan s. Rn. 12. Außerdem sind durch § 6 Abs. 3b GBV diejenigen Vorschriften aufrechterhalten, nach denen in besonderen Fällen in das GB auch ein Grundstück eingetragen werden kann, das nicht im amtlichen Verzeichnis aufgeführt ist.

bb) Zu dem besonderen Liegenschaftskataster für die im gemeinschaftlichen deutsch-luxemburgischen Hoheitsgebiet i.S. von Art. 1 des Vertrags vom 19. 12. 1984 (BGBl. 1988 II 415) gelegenen Grundstücke s. das Verwaltungsabkommen zwischen Luxemburg, Rheinland-Pfalz und dem Saarland v. 22. 2. 1990 (ABl. Saarland 1990, 346).

12 **d) Sonderungsplan.** aa) Im Gebiet der früheren DDR gibt es vielfach unvermessene Grundstücke, insbes. die sog. ungetrennten Hofräume (s. hierzu Rn. 16), ferner Nutzungsrechte, bei denen nicht eindeutig ist, an welchen Bodenflächen sie ausgeübt werden dürfen; außerdem sind zahlreiche Grundstücke großflächig überbaut worden. Diese Verhältnisse sollen durch das Instrument der Bodensonderung geordnet werden; eine aufwändige Vermessung wird dabei vorerst zurückgestellt. Gem. § 7 BodensonderungsG (BoSoG) v. 20. 12. 1993 (BGBl. I 2215) dient der Sonderungsplan, der Bestandteil des Sonderungsbescheids ist, als amtliches Verzeichnis; er tritt an die Stelle eines vorhandenen Ersatzes für das amtliche Verzeichnis und besteht aus einer Grundstückskarte und einer Grundstücksliste. Ersatz für das amtliche Verzeichnis ist bei Grundstücken, die im GB als Anteil an einem ungetrennten Hofraum eingetragen sind, vorbehaltlich anderer bundesgesetzlicher Bestimmungen bis zur Aufnahme des Grundstücks in das amtliche Verzeichnis grundsätzlich das Gebäudesteuerbuch, hilfsweise der Letzte steuerliche Einheitswertbescheid, der auch aus der Zeit vor dem 3. 10. 1990 stammen kann; ist ein solcher Bescheid nicht oder noch nicht ergangen, dient (in dieser Reihenfolge) der letzte Grundsteuerbescheid, der Grunderwerbsteuerbescheid, der Abwassergebührenbescheid als amtliches Verzeichnis (§ 1 HofV v. 24. 9. 1993, BGBl. I 1658; gem. § 3 Abs. 1 HofV gilt die am 13. 10. 1993 in Kraft getretene HofV nur bis zum Ablauf des 31. 12. 2010).

bb) Mit **Bestandskraft des Sonderungsbescheids** haben die 13
Grundstücke den im Sonderungsplan bezeichneten Umfang; zu diesem Zeitpunkt werden bei der ergänzenden und der komplexen Bodenneuordnung gem. § 1 Nr. 3, 4 BoSoG unabhängig von einer späteren Eintragung im GB die in einem Sonderungsplan nach §§ 4, 5 BoSoG enthaltenen Bestimmungen über die Änderung, Aufhebung oder Begründung von Eigentums- und beschränkten dinglichen Rechten an Grundstücken und grundstücksgleichen Rechten im Gebiet des Sonderungsplans wirksam (§ 13 Abs. 1 BoSoG), so dass das GB unrichtig wird. Gem. § 22 Abs. 2 BoSoG kann in einem Sonderungsbescheid auch bestimmt werden, auf welchen Grundstücken sich Gebäudeeigentum nach Art. 233 § 2b EGBGB befindet. Der Umfang der Bestandskraft eines Sonderungsbescheids ist dem GBAmt durch die Sonderungsbehörde nachzuweisen; das GBAmt kann sodann die Grundstücksbezeichnung im GB von Amts wegen berichtigen (§ 18 Abs. 3 BoSoG). Die Unterrichtung des GBAmts über Veränderungen des Sonderungsplans und der für die Fortführung des Sonderungsplans zuständigen Stelle über Veränderungen des GB durch das GBAmt regelt § 20 Abs. 3 BoSoG.

cc) Nähere Vorschriften über die **Gestaltung des Sonderungsplans** einschließlich Grundstückskarte und -liste sowie über den Vollzug im GB enthält die Sonderungsplanverordnung (SPV) v. 2. 12. 1994 (BGBl. I 3701). Nach § 1 SPV ist dem GBAmt das Gebiet nachzuweisen, auf das sich der Sonderungsplan erstreckt (vgl. § 6 Abs. 2 BoSoG). Nach § 7 SPV berichtigt das GBAmt entsprechend den Festlegungen eines ganz oder teilweise bestandskräftigen Sonderungsbescheids das GB von Amts wegen; für die Eintragungen im GB sind, sofern es sich nicht um eine Sonderung zur Sachenrechtsbereinigung handelt (vgl. § 11 Abs. 1 Satz 4 SPV), keine der sonst erforderlichen behördlichen Genehmigungen beizubringen. Zur Eintragung des Sonderungsvermerks s. § 38 Rn. 26; zu Mitteilungspflichten des GBAmts s. § 55 Rn. 22. S. hierzu auch Schmidt-Räntsch, Zur Sonderungsplanverordnung, DtZ 1995, 74.

14 **4. Flurstück und GBGrundstück.** Die buchungstechnische Einheit des Katasters ist die Katasterparzelle (Flurstück), die des GB das Grundstück im Rechtssinn (GBGrundstück).

15 **a) GBGrundstück.** aa) Der Grundstücksbegriff ist weder im BGB noch in der GBO näher erläutert. Nach der Rechtsprechung ist unter einem Grundstück im Rechtssinn ein räumlich abgegrenzter Teil der Erboberfläche zu verstehen, der auf einem besonderen GBBlatt allein oder auf einem gemeinschaftlichen GBBlatt unter einer besonderen Nummer im Verzeichnis der Grundstücke gebucht ist (RG 84, 270; KGJ 53, 171; OLG Hamm NJW 1966, 2411; BayObLG JFG 8, 206; BayObLG Rpfleger 1981, 190). Solange in *Bayern* das GB nach dem früheren Vordruck geführt wurde, bedeutete die fortlaufende Nummer im Titel nur die Nummer der Eintragung; die Grundstücke erhielten keine Nummer. Vorbehaltlich einer etwa eingetragenen Vereinigung oder Bestandteilszuschreibung stellte daher jede in Sp. 2 des Titels vorgetragene Plannummer ein selbstständiges Grundstück dar.

16 bb) Bei den sog. **ungetrennten Hofräumen** in den ehemals preußischen Landesteilen im Gebiet der früheren DDR handelt es sich um Grundstücke in Innenstadtbereichen, die zwar in ihren Außengrenzen, nicht aber hinsichtlich der daran bestehenden Anteile vermessen und katastermäßig erfasst sind. Katastermäßig erfasst ist nur der ungetrennte Hofraum als solcher, der sich häufig über das gesamte Gebiet einer Innenstadt erstreckt. Im GB werden die nicht ausgemessenen einzelnen Grundstücksflächen, aus denen der ungetrennte Hofraum besteht, ohne nähere Bezeichnung als „Anteil an einem ungetrennten Hofraum“ geführt. Zur Grundstückseigenschaft des einzelnen Anteils an einem ungetrennten Hofraum und zu seiner grundbuchmäßigen Behandlung s. Rn. 12, 20 sowie BGH DtZ 1997, 321; BezG Erfurt Rpfleger 1992, 471 mit Anm. v. Frenz DNotZ 1992, 808; Ufer DtZ 1992, 272; DNotZ 1992, 777. S. hierzu die Allgemeine Verwaltungsvorschrift zur Bodensonderung v. 17. 12. 1997, BAnz. Nr. 25a; Schmidt-

Räntsch/Marx, Bodensonderung in den neuen Bundesländern, DtZ 1994, 354.

b) Flurstück. Ein Flurstück ist eine zusammenhängende, abgegrenzte Bodenfläche, für die in der Regel nur ein Eigentumsverhältnis besteht. Der räumliche Zusammenhang ist auch dann gegeben, wenn die Fläche des Flurstücks durch Straßen, Eisenbahnlinien oder Wasserläufe durchschnitten ist, die Übersichtlichkeit der Karte hierdurch jedoch nicht beeinträchtigt wird. Flurstücke werden mit Nummern bezeichnet, die entweder ganze Zahlen oder Bruchzahlen sind. Das Flurstück ist die Buchungseinheit für die Beschreibung und kartenmäßige Darstellung der Bodenflächen im Liegenschaftskataster (vgl. für *Bayern* Nr. 3.1 KatEA; s. zu dieser Rn. 9). 17

c) Verhältnis zueinander. Flurstück und GBGrundstück sind demnach nicht notwendig identisch. Ein GBGrundstück kann vielmehr aus mehreren Flurstücken bestehen. Hingegen kann ein Flurstück nicht mehrere GBGrundstücke umfassen (BayObLG 1954, 265). Ein Anliegerweg, -graben oder -wasserlauf kann ein Flurstück bilden, ohne ein selbständiges GBGrundstück zu sein; in diesem Fall enthält ein Flurstück ausnahmsweise Flächen mehrerer GBGrundstücke und die angrenzenden Grundstücke enthalten jeweils einen Flurstücksteil (s. hierzu BayObLG Rpfleger 1977, 103; 1993, 104; MittBayNot 1983, 63). Der Anliegerweg muss aber nicht notwendigerweise Bestandteil aller angrenzenden oder einander gegenüberliegenden Grundstücke sein; er kann auch in voller Breite auf einem der angrenzenden Grundstücke verlaufen (BayObLG NJW-RR 1998, 524). 18

5. Grundstücke im Bestandsverzeichnis. a) Maßgebend ist § 6 Abs. 3 bis 5 GBV. Hiernach erfolgt die Bezeichnung der Grundstücke gemäß dem amtlichen Verzeichnis in Sp. 3 und 4 des Bestandsverzeichnisses. In Sp. 3 enthalten: Unterspalte a die Bezeichnung der Gemarkung (des Vermessungsbezirks); Unterspalte b die vermessungstechnische Bezeichnung des Grundstücks innerhalb der Gemarkung oder des Vermessungsbezirks nach Buchstaben oder Nummern der Karte; Unterspalten c und d die Bezeichnung des Grundstücks nach Artikeln oder Nummern der Steuerbücher, wenn solche Bezeichnungen vorhanden; Unterspalte e die Wirtschaftsart und Lage des Grundstücks; über die zusammenfassende Bezeichnung mehrerer Katasterparzellen s. § 6 Abs. 4 GBV. Sp. 4 enthält die Größenangabe in ha, a und m². S. im Übrigen GBV Muster Anl. 1; über die Änderung des Vordrucks bei der Zurückführung der Grundbücher auf das Reichskataster s. § 6 AV v. 20. 1. 1940 (DJust. 212 = BayBSVJu III 103); Ermächtigungen der Landesjustizverwaltungen zu Abweichungen von dem Vordruck ent- 19 halten § 6 Abs. 3a Satz 3 und 4 sowie Abs. 3b GBV (vgl. dazu für *Bayern* Abschn. II Nr. 6 der JMBek. v. 31. 3. 1952 i. d. F. der Bek. v. 7. 2. 1957, BayBSVJu III 99). In *Bayern* ist die AV v. 20. 1. 1940 durch Bek. v. 20. 11. 1979 (JMBl. 236) aufgehoben worden; s. jetzt § 32 GBGA.

20 **b)** Soweit an die Stelle des amtlichen Verzeichnisses ausnahmsweise ein **anderes Verzeichnis** tritt (s. dazu Rn. 11), ist das Grundstück im Bestandsverzeichnis nach diesem zu bezeichnen. In den ehemals preußischen Landesteilen im Gebiet der früheren DDR ist danach ein Grundstück, das im GB als Anteil an einem ungetrennten Hofraum bezeichnet ist, solange ein Sonderungsplan (s. dazu Rn. 12) nicht vorliegt, zunächst „mit der Nummer des Gebäudesteuerbuchs oder im Falle ihres Fehlens mit der Bezeichnung und dem Aktenzeichen des Bescheids unter Angabe der Behörde, die ihn erlassen hat", zu bezeichnen. Diese Bezeichnung kann von Amts wegen nachgeholt werden; sie ist nachzuholen, wenn in dem jeweiligen GB eine sonstige Eintragung vorgenommen wird (§ 2 HofV v. 24. 9. 1993, BGBl. I 1658; gem. § 3 Abs. 1 HofV gilt die am 13. 10. 1993 in Kraft getretene HofV nur bis zum Ablauf des 31. 12. 2010).

21 **c)** Sind in einem Buch, das nach § 138 als GB gilt, die Grundstücke nicht nach Maßgabe des § 2 Abs. 2 bezeichnet, so ist diese Bezeichnung von Amts wegen zu bewirken (§ 140); die praktische Bedeutung dieser Vorschrift dürfte im Hinblick auf § 89 GBO i. d. F. v. 20. 5. 1898 gering sein.

22 **6. Grundbuch und amtliches Verzeichnis. a)** Soweit das Liegenschaftskataster noch nicht amtliches Verzeichnis ist, bestimmt sich die Erhaltung der Übereinstimmung nach den aufrechterhaltenen landesrechtlichen Vorschriften (vgl. dazu den inzwischen durch das RegVBG als gegenstandslos aufgehobenen § 6 Abs. 2 AusfVO). In *Bayern* waren maßgebend §§ 327 ff. DA sowie XVIII/1 der bundeseinheitlichen Vorschriften und der Sondervorschriften für Bayern der Anordnung über Mitteilungen in Zivilsachen (MiZi) v. 1. 10. 1967 (JMBl. 127). Ist das Liegenschaftskataster amtliches Verzeichnis und die Zurückführung der Grundbücher erfolgt, so gilt für die Erhaltung der Übereinstimmung § 55 Abs. 3, ferner die bei Erlass der MiZi durch alle Landesjustizverwaltungen einheitlich geänderte AV v. 20. 1. 1940 (DJust. 214 = BayBSVJu III 105; Änderung in *Bayern:* Abschn. II Nr. 8 der JMBek. über die Einführung der MiZi v. 1. 10. 1967, JMBl. 125) i. V. m. XVIII/1 der MiZi in der Neufassung v. 11. 5. 1998 (JMBl. 64).

23 In *Bayern* ist an die Stelle der AV v. 20. 1. 1940 seit dem 1. 1. 1970 die in der Folgezeit mehrfach geänderte JMBek. über die Er-

haltung der Übereinstimmung zwischen dem GB und dem Liegenschaftskataster v. 28. 11. 1969 (JMBl. 211) getreten, die seit dem 1. 1. 1982 durch §§ 38 ff. GBGA ersetzt ist. Danach gelten für Mitteilungen von Veränderungen in der Buchung eines Grundstücks und von Veränderungen in der Abt. I des GB an das Liegenschaftskataster nunmehr §§ 39 bis 43 GBGA i. V. m. XVIII/1 der MiZi in der Neufassung v. 11. 5. 1998 (JMBl. 64). Zur Zulässigkeit der Übermittlung personenbezogener Daten durch das GBAmt zur Führung des amtlichen Grundstücksverzeichnisses s. § 55 Abs. 3 sowie § 15 Nr. 2 EGGVG. Mit der Änderung von Bestandsangaben durch das GBAmt auf Grund von Auszügen aus den Veränderungsnachweisen des Vermessungsamts befassen sich §§ 45 bis 48 GBGA. Solche Änderungen haben ihre Ursache in der Fortführung des Liegenschaftskatasters (s. hierzu Art. 7 Satz 1 VermKatG v. 31. 7. 1970, BayRS 219-1-F, sowie die Anweisung zur Fortführung des Liegenschaftskatasters – KatFA – gemäß FMBek. v. 9. 1. 1995, FMBl. 52). § 44 GBGA betrifft den Sonderfall der Buchung eines Grundstücks gemäß § 6 Abs. 4 GBV.

b) Die dem GBAmt zur Berichtigung der Bestandsangaben des GB vorgelegten **Veränderungsnachweise** (Fortführungsmitteilungen) der Katasterbehörde stellen keine Ersuchen nach § 29 Abs. 3, § 38 dar (OLG Düsseldorf Rpfleger 1988, 140). Für die Verfügungen und Eintragungen zur Erhaltung der Übereinstimmung zwischen dem GB und dem amtlichen Verzeichnis ist der Urkundsbeamte der Geschäftsstelle, der an den einen Verwaltungsakt darstellenden Veränderungsnachweis des Vermessungsamts grundsätzlich gebunden ist (BayObLG Rpfleger 1982, 19; OLG Oldenburg Rpfleger 1992, 387), zuständig; ausgenommen sind Verfügungen und Eintragungen, die eine Berichtigung rechtlicher Art oder eine Berichtigung eines Irrtums über das Eigentum betreffen (§ 12c Abs. 2 Nr. 2; s. dazu auch § 8 Abs. 1 Satz 2 und Abs. 2a Satz 1 AV v. 20. 1. 1940, DJust. 214 = BayBSVJu III 105 sowie für *Bayern* § 45 Abs. 1 GBGA, der entsprechende Bestimmungen nicht enthält). Für letztere ist der Rpfleger zuständig, dessen Entscheidung von der Katasterbehörde angefochten werden kann (OLG Hamm Rpfleger 1985, 396 mit zust. Anm. v. Tröster). Das OLG Düsseldorf Rpfleger 1988, 140 bejaht die Beschwerdeberechtigung der Katasterbehörde auch bei nur rein tatsächlichen Berichtigungen. **24**

c) Wegen grundsätzlichen **Bindung** an den Verwaltungsakt in Gestalt des Veränderungsnachweises hat das GBAmt diesen an sich ohne weiteres zu vollziehen. Allerdings obliegt ihm hierbei auch die Prüfung, ob der Vollzug zu Rechtsänderungen führt und hierwegen noch der Erfüllung weiterer Voraussetzungen bedarf, insbes. **25**

der Erklärung einer Auflassung. Grenzveränderungen infolge Überflutung oder Verlandung nach Art. 6 ff. BayWG einschließlich damit verbundener Änderungen im Eigentum sind grundsätzlich aufgrund eines Veränderungsnachweises in das GB zu übernehmen. Dadurch wird die materielle Rechtslage, falls der Veränderungsnachweis unrichtig ist, aber nicht verändert. Auch scheidet ein Rechtsverlust durch gutgläubigen Erwerb aus (vgl. BGH 110, 155; BayObLG 1987, 410 = Rpfleger 1988, 254). S. zum Ganzen BayObLG NJW-RR 2000, 1258. Nach OLG Oldenburg Rpfleger 1992, 387 soll das GBAmt die in Fortführungsmitteilungen enthaltenen Veränderungen von Größenangaben eines Grundstücks nur dann in das Bestandsverzeichnis aufnehmen dürfen, wenn seine Ermittlungen ergeben, dass sie auf einer Vermessung auf der Grundlage der rechtmäßigen Eigentumsverhältnisse beruhen. Eine Pflicht des GBAmts, in jedem Fall derartige Ermittlungen anzustellen, ist abzulehnen.

d) Über die Haftung des Staats, wenn durch Verschulden eines Katasterbeamten unrichtige Angaben in das GB gelangen, s. RG 148, 378.

26 **7. Bestandsverzeichnis und öffentlicher Glaube. a)** Die Rechtsvermutung des § 891 BGB und der öffentliche Glaube des GB nach § 892 BGB erstrecken sich nicht auf die rein tatsächlichen Angaben des Bestandsverzeichnisses (BayObLG 1987, 412 = Rpfleger 1988, 254; OLG Oldenburg Rpfleger 1991, 412; 1992, 387), also nicht auf die Angaben über Wirtschaftsart, Lage und Größe (Flächenmaß; OLG Oldenburg Rpfleger 1992, 387) des Grundstücks (BayObLG 1976, 109); ebenso wenig auf die Angaben über die auf dem Grundstück vorhandenen Baulichkeiten (BayObLG 1956, 101; 1971, 4). Dagegen unterliegen den §§ 891, 892 BGB die **Angaben über die Flächen,** welche nach dem Inhalt des GB Gegenstand eingetragener Rechte sein sollen (RG 73, 129; BayObLG 1976, 110; 1987, 413; Rpfleger 1980, 295; OLG Frankfurt Rpfleger 1985, 229). Dies gilt auch für die durch einen Zugehörigkeitsvermerk gebuchte Teilfläche eines Anliegerwegs (s. dazu Rn. 18), obwohl sich dabei die Eigentumsgrenze nicht mit der Flurstücksgrenze deckt (BayObLG DNotZ 1998, 820). Inwieweit der entsprechende Nachweis durch das Bestandsverzeichnis geführt wird, ist in jedem einzelnen Fall zu prüfen. Nach dem jetzt vorgeschriebenen Bestandsverzeichnis kommen für die Vermutung des § 891 BGB und für einen Rechtserwerb gemäß § 892 BGB nur die Angaben in Sp. 3 a und 3 b in Betracht, durch welche die in der Flurkarte ausgewiesene Begrenzung eines Flurstückes und dessen Zugehörigkeit zum Grundstück zum Ausdruck gebracht wird

(BayObLG 1976, 110; 1987, 413 = Rpfleger 1988, 254; BayObLG NJW-RR 1998, 524; über die Eintragungen im Titel des bayer. GBBlatts s. OLG München OLG 31, 315). Wird ein Recht statt in Abt. II im Bestandsverzeichnis vermerkt, nimmt die Eintragung am öffentlichen Glauben des GB teil (BayObLG 1995, 413). Ist ein aus mehreren Katasterparzellen bestehendes Grundstück gemäß § 6 Abs. 4 GBV bezeichnet, so erstreckt sich der öffentliche Glaube des GB in den aufgezeigten Grenzen auch auf den Inhalt des bei den Grundakten befindlichen beglaubigten Auszugs aus dem amtlichen Verzeichnis (vgl. RG JW 1927, 44). Voraussetzung für die Anwendbarkeit der §§ 891, 892 BGB ist die Zurückführung des GB auf das Kataster (BayObLG 1976, 110 = Rpfleger 1976, 251). Ist das Grundstück in der Örtlichkeit nicht nachzuweisen, so ist der öffentliche Glaube ohne Bedeutung. In diesem Fall ist das GBBlatt zu schließen (§ 35 GBV; zu den Mitteilungspflichten des GBAmts s. XVIII/1 Abs. 1 Nr. 8 MiZi).

b) Soweit hiernach ein gutgläubiger Erwerb möglich ist, muss **27** bei einer Berichtigung des Bestandsverzeichnisses mit besonderer Vorsicht verfahren werden; sie ist regelmäßig nur mit Zustimmung aller Beteiligten zulässig.

8. Abschreibung von Grundstücksteilen. Für die Abschrei- **28** bung eines Grundstücksteils, d. h. eines Teils eines GBGrundstücks (s. Rn. 13), treffen Abs. 3 ff. eingehende Bestimmungen, welche die Auffindung des Teils in der Örtlichkeit gewährleisten und seine eindeutige Darstellung im GB in Übereinstimmung mit dem Liegenschaftskataster sicherstellen sollen (BayObLG 1993, 364 = Rpfleger 1994, 205). Die Abschreibung kommt hauptsächlich im Fall der Auflassung eines Grundstücksteils, aber auch bei Teilung eines Grundstücks ohne Eigentumswechsel in Betracht. Nicht hierher gehört die Aufhebung eines für mehrere Grundstücke geführten gemeinschaftlichen GBBlatts.

9. Erfordernisse der Abschreibung. Im Zuge der Neufassung **29** der Vorschrift durch das RegVBG wurde auf die bisher außer der Vorlage eines Auszugs aus dem Liegenschaftskataster regelmäßig auch erforderliche Vorlage einer Karte grundsätzlich verzichtet.

a) Auszug aus dem Kataster. Notwendig ist für die Abschreibung eines Grundstücksteils in der Regel nur die Vorlage eines beglaubigten Auszugs aus dem beschreibenden Teil des amtlichen Verzeichnisses (Veränderungsnachweis); der Auszug muss die Angaben enthalten, welche die Identität des abzuschreibenden Teils erkennen lassen und welche das GBAmt zum Vollzug der Abschreibung benötigt; außerdem muss er die entsprechenden Angaben für den verbleibenden Grundstücksrest enthalten (Abs. 3

Satz 1). Erforderlich sind danach die Angaben, die in Sp. 3 und 4 des Bestandsverzeichnisses einzutragen sind. Der abzuschreibende Teil muss im amtlichen Verzeichnis grundsätzlich unter einer besonderen Nummer (Flurstücksnummer) verzeichnet sein.

30 aa) Die Bezeichnung mit einer besonderen Nummer ist nur dann entbehrlich, wenn das Liegenschaftsamt dem GBAmt bescheinigt, dass hiervon abgesehen wird, weil der abzuschreibende Teil mit einem benachbarten Grundstück oder einem Teil davon zusammengefasst wird, so dass die Bildung einer eigenen Flurstücksnummer technisch unerwünscht und unzweckmäßig erscheint (Abs. 3 Satz 2). Alsdann kann der Grundstücksteil als **sog. Zuflurstück** bezeichnet werden. Zuflurstücke gelten für die Anwendung des § 890 BGB als selbständige Grundstücke, sind aber nicht als selbstständige Grundstücke in das GB zu übernehmen (BGH DNotZ 1954, 197; BayObLG Rpfleger 1972, 18; BayObLG 1974, 23 = Rpfleger 1974, 148; s. auch OLG Frankfurt Rpfleger 1960, 127; Weber DNotZ 1960, 229).

Soll auf Grund des Ersuchens einer Gemeinde das GB hinsichtlich der im Rahmen eines Grenzregelungsverfahrens eingetretenen Eigentumsveränderungen berichtigt werden, so ist es regelmäßig nicht erforderlich, die übergegangenen Grundstücksteile in der Form von Zuflurstücken auszuweisen (BayObLG 1981, 8 gegen Waibel Rpfleger 1976, 347).

31 bb) Soll ein mit einer eigenen Flurstücksnummer versehener **Anliegerweg** (s. dazu Rn. 18) rechtlich verselbständigt werden, brauchen nicht sämtliche zu dem Weg gezogenen Teilflächen der angrenzenden Grundstücke vorher katastermäßig sowie grundbuchmäßig als selbständige Flurstücke und Grundbuchgrundstücke ausgewiesen und anschließend verschmolzen und vereinigt zu werden; dies gilt jedenfalls dann, wenn die abzuschreibenden Grundstücksteilflächen von dinglichen Belastungen freigestellt werden (BayObLG 1993, 363 = Rpfleger 1994, 205).

32 **b) Entbehrlichkeit des Auszugs.** Wenn der abzuschreibende Grundstücksteil bereits im GB nach dem amtlichen Verzeichnis benannt ist oder war, also mit einer eigenen Flurstücksnummer versehen ist oder war, braucht ein Auszug aus dem amtlichen Verzeichnis nicht vorgelegt zu werden (Abs. 4). Dies ist regelmäßig dann der Fall, wenn ein (in der Regel als Folge einer früheren Vereinigung) aus mehreren Flurstücken (Katasterparzellen) bestehendes GBGrundstück dergestalt geteilt wird, dass der abzuschreibende Teil mit einem Flurstück identisch ist.

Verzichtbar ist die Vorlage eines Auszugs allerdings nur dann, wenn sich dem GB alle zur GBEintragung des abzuschreibenden Teils erforderlichen Angaben entnehmen lassen, also auch seine Größe. Dies ist nicht der Fall, wenn bei einem aus mehreren Flurstücken bestehenden GBGrundstück nur die Gesamtgröße des GBGrundstücks angegeben ist (vgl. § 6 Abs. 5 Satz 2 GBV). Dies ist ferner dann nicht der Fall, wenn der abzuschreibende Grundstücksteil mit einem früher im GB ausgewiesenen Flurstück identisch ist, das in der Folgezeit durch Verschmelzung untergegangen ist. Durch die Aufnahme der früheren, nunmehr zur Benennung eines anderen Flurstücks oder vorübergehend nicht mehr verwendeten Flurstücksnummer in Sp. 3 des Bestandsverzeichnisses würde der abzuschreibende Grundstücksteil nicht zutreffend beschrieben. Entgegen dem Gesetzeswortlaut kann daher – jedenfalls in *Bayern* – auf die Vorlage der Karte nur dann verzichtet werden, wenn der abzuschreibende Grundstücksteil im GB nach dem amtlichen Verzeichnis benannt ist.

c) Vorlage einer Karte. Die Länder können durch Rechtsverordnung, zu deren Erlass die Landesregierungen die Landesjustizverwaltungen ermächtigen können, außer dem Auszug aus dem beschreibenden Teil des Liegenschaftskataster wie nach bisherigem Recht auch die Vorlage eines Auszugs aus der amtlichen Karte vorschreiben, aus dem sich Lage und Größe des abzuschreibenden Grundstücksteils ergeben; Voraussetzung hierfür ist aber, dass der Grundstücksteil bisher im Liegenschaftskataster nicht unter einer besonderen Nummer geführt wird (Abs. 3 Satz 3). **33**

d) Beglaubigung. Der nach Abs. 3 erforderliche Auszug aus dem amtlichen Verzeichnis bedarf grundsätzlich der Beglaubigung durch die zuständige Behörde (Liegenschaftsamt). Das Liegenschaftskataster ist bereits in großem Umfang auf die automatisierte Datenverarbeitung umgestellt, so dass die Auszüge maschinell erstellt werden. Die Notwendigkeit, **maschinell erstellte Ausdrucke** aus dem Liegenschaftskataster noch zu beglaubigen, stellt einen zusätzlichen Verwaltungsaufwand dar. Dieser kann durch einen Verzicht auf die Beglaubigung vermieden werden, wenn sichergestellt ist, dass keine verfälschten oder von einer nicht zuständigen Stelle hergestellten Ausdrucke dem GBAmt vorgelegt werden. Unter diesen Voraussetzungen können die Landesregierungen durch Rechtsverordnung bestimmen, dass ein maschinell erstellter Auszug aus dem Liegenschaftskataster, der dem GBAmt gem. Abs. 3 oder in anderen Fällen vorzulegen ist, nicht beglaubigt sein muss; die Ermächtigung kann auf die Landesjustizverwaltungen übertragen werden (Abs. 5). Welche Voraussetzungen im Einzelnen erfüllt sein müssen, damit die Herkunft der Auszüge von der Vermessungsbehörde zweifelsfrei feststeht und Verfälschungen aus- **34**

geschlossen sind, hängt von der Ausgestaltung der Auszüge in den einzelnen Ländern ab. Diesen bleibt es daher überlassen zu entscheiden, ob die notwendigen Anforderungen erfüllt sind, um den von Abs. 5 Satz 1 verlangten Schutz sicherzustellen.

35 **10. Vorschriftswidrige Abschreibung.** Abs. 3ff. sind nur Ordnungsvorschriften. Sachlichrechtliche Folgen ergeben sich aus ihrer Verletzung nicht. Insbesondere ist die Auflassung eines Grundstücksteils auch ohne Vorliegen der für die Abschreibung erforderlichen Unterlagen wirksam, wenn der Teil, vor allem durch Angabe der Grenzen, hinreichend deutlich gekennzeichnet ist (BayObLG JFG 3, 283; RG DR 1941, 2196; BayObLG 1962, 371; 1971, 309; BGH 90, 326 = Rpfleger 1984, 310).

36 **11. Kosten.** Eintragungen zur Erhaltung der Übereinstimmung zwischen GB und amtlichem Verzeichnis sind gebührenfrei (§ 69 Abs. 1 Nr. 3 KostO). Beim Erwerb eines Grundstücksteils ist dessen selbstständige Buchung gemäß § 35 KostO gebührenfreies Nebengeschäft der Eintragung des Erwerbers.

Grundbuchblatt. Buchungsfreie Grundstücke. Buchung von Miteigentumsanteilen

3 (1) **Jedes Grundstück erhält im Grundbuch eine besondere Stelle (Grundbuchblatt). Das Grundbuchblatt ist für das Grundstück als das Grundbuch im Sinne des Bürgerlichen Gesetzbuchs anzusehen.**

(2) **Die Grundstücke des Bundes, der Länder, der Gemeinden und anderer Kommunalverbände, der Kirchen, Klöster und Schulen, die Wasserläufe, die öffentlichen Wege, sowie die Grundstücke, welche einem dem öffentlichen Verkehr dienenden Bahnunternehmen gewidmet sind, erhalten ein Grundbuchblatt nur auf Antrag des Eigentümers oder eines Berechtigten.**

(3) **Ein Grundstück ist auf Antrag des Eigentümers aus dem Grundbuch auszuscheiden, wenn der Eigentümer nach Absatz 2 von der Verpflichtung zur Eintragung befreit und eine Eintragung, von der das Recht des Eigentümers betroffen wird, nicht vorhanden ist.**

(4) **Das Grundbuchamt kann, sofern hiervon nicht Verwirrung oder eine wesentliche Erschwerung des Rechtsverkehrs oder der Grundbuchführung zu besorgen ist, von der Führung eines Grundbuchblatts für ein Grundstück absehen, wenn das Grundstück den wirtschaftlichen Zwecken mehrerer anderer Grundstücke zu dienen bestimmt ist, zu diesen in einem dieser Bestimmung entsprechenden räumlichen Verhältnis und im**

Miteigentum der Eigentümer dieser Grundstücke steht (dienendes Grundstück).

(5) **In diesem Falle müssen an Stelle des ganzen Grundstücks die den Eigentümern zustehenden einzelnen Miteigentumsanteile an dem dienenden Grundstück auf dem Grundbuchblatt des dem einzelnen Eigentümer gehörenden Grundstücks eingetragen werden. Diese Eintragung gilt als Grundbuch für den einzelnen Miteigentumsanteil.**

(6) **Die Buchung nach den Absätzen 4 und 5 ist auch dann zulässig, wenn die beteiligten Grundstücke noch einem Eigentümer gehören, dieser aber die Teilung des Eigentums am dienenden Grundstück in Miteigentumsanteile und deren Zuordnung zu den herrschenden Grundstücken gegenüber dem Grundbuchamt erklärt hat; die Teilung wird mit der Buchung nach Absatz 5 wirksam.**

(7) **Werden die Miteigentumsanteile an dem dienenden Grundstück neu gebildet, so soll, wenn die Voraussetzungen des Absatzes 4 vorliegen, das Grundbuchamt in der Regel nach den vorstehenden Vorschriften verfahren.**

(8) **Stehen die Anteile an dem dienenden Grundstück nicht mehr den Eigentümern der herrschenden Grundstücke zu, so ist ein Grundbuchblatt anzulegen.**

(9) **Wird das dienende Grundstück als Ganzes belastet, so ist, sofern nicht ein besonderes Grundbuchblatt angelegt wird oder § 48 anwendbar ist, in allen beteiligten Grundbuchblättern kenntlich zu machen, daß das dienende Grundstück als Ganzes belastet ist; hierbei ist jeweils auf die übrigen Eintragungen zu verweisen.**

Inhaltsübersicht

1. Allgemeines 1
2. Grundbuchblatt 2
3. Gegenstand der Buchung 4
4. Buchungszwang 8
5. Bedeutung des GBBlatts 10
6. Buchungsfreie Grundstücke 13
7. Anlegungsverfahren 24
8. Doppelbuchung 25
9. Buchung ideeller Miteigentumsanteile 27
10. Kosten 39

1. Allgemeines. § 3 enthält den Grundsatz des Realfoliums, sieht für gewisse Grundstücke Buchungsfreiheit vor und lässt unter bestimmten Voraussetzungen die selbständige Buchung ideeller Miteigentumsanteile zu. Durch das RegVBG v. 20. 12. 1993 1

(BGBl. I 2182) wurde § 3 geändert, insbes. die selbstständige Buchung von Miteigentumsanteilen neu geregelt (Abs. 4 ff.).

2 **2. Grundbuchblatt. a)** Jedes Grundstück erhält im GB ein GBBlatt; dieses ist für das Grundstück als GB im Sinn des BGB anzusehen (Abs. 1 Satz 1 und 2). Mit diesen Bestimmungen wird der Grundsatz des Realfoliums, gleichzeitig aber auch der des Buchungszwangs zum Ausdruck gebracht. Beim maschinell geführten GB ist GB in diesem Sinn der in den dafür bestimmten Datenspeicher aufgenommene und auf Dauer unverändert in lesbarer Form wiedergabefähige Inhalt des GBBlatts (§ 62 GBV; vgl. § 126 Abs. 1 Satz 2 Nr. 2). Der Grundsatz, dass jedes Grundstück ein GBBlatt erhält, gilt nicht ausnahmslos. § 4 lässt vielmehr unter gewissen Voraussetzungen die Führung eines gemeinschaftlichen GBBlatts über mehrere Grundstücke desselben Eigentümers zu.

3 **b)** Außer für Grundstücke kann ein GBBlatt für **grundstücksgleiche Rechte** anzulegen sein, z. B. für das Erbbaurecht ein Erbbaugrundbuchblatt (s. Anh. zu § 8 Rn. 39) und im Gebiet der früheren DDR für das selbständige Gebäudeeigentum ein Gebäudegrundbuchblatt (s. § 144 Rn. 16). Ferner ist für das WEigentum ein Wohnungsgrundbuchblatt (s. Anh. zu § 3 Rn. 35) anzulegen.

c) Zu dem gesonderten GBBlatt für Grundstücke im gemeinschaftlichen deutsch-luxemburgischen Hoheitsgebiet i. S. von Art. 1 des Vertrags vom 19. 12. 1984 (BGBl. 1988 II 415) s. für *Rheinland-Pfalz* die VO v. 16. 8. 1990 (GVBl. 273).

4 **3. Gegenstand der Buchung. a) Grundstücke.** aa) Hierunter sind alle Bodenflächen zu verstehen, sofern sie in dem amtlichen Verzeichnis nach § 2 Abs. 2 aufgeführt sind; über gewisse Ausnahmen von diesem Erfordernis s. § 2 Rn. 11. Unerheblich ist, ob sie dem freien Rechtsverkehr unterliegen oder ob dies, wie z. B. bei Kirchhöfen, nicht der Fall ist. Ausgeschlossen von der Buchung sind jedoch eigentumsunfähige Bodenflächen. Die im ufernahen Bereich niedrigen Wassers (sog. Halde) des Bodensees gelegenen Grundstücke können Gegenstand bürgerlichrechtlichen Eigentums sein und damit im GB eingetragen werden (BayObLG 1989, 270 = NJW 1989, 2475, zugleich zum Eigentum an solchen Grundstücken).

5 bb) Wesentliche Bestandteile eines Grundstücks, z. B. Gebäude, sind für sich allein nicht buchungsfähig; aufrechterhalten ist durch Art. 182 EGBGB jedoch das Stockwerkseigentum (für *Bayern* s. dazu Art. 62 AGBGB v. 20. 9. 1982, BayRS 400-1-J und BayObLG 1995, 416). Im Gebiet der früheren DDR kann das selbstständige **Gebäudeeigentum** Gegenstand der Buchung im GB sein; s. dazu

§ 144 Rn. 8. Subjektiv-dingliche Rechte, die nach § 96 BGB als Bestandteile des Grundstücks gelten, können auf Antrag auf dem Blatt des herrschenden Grundstücks vermerkt werden (§ 9). Ideelle Miteigentumsanteile an einem Grundstück sind nur ausnahmsweise buchungsfähig, nämlich dann, wenn die Voraussetzungen des § 3 Abs. 4 vorliegen (s. Rn. 27 ff.) oder wenn mit ihnen das Sondereigentum an einer Wohnung oder an nicht zu Wohnzwecken dienenden Räumen verbunden ist (zur Buchung des WEigentums s. Anh. zu § 3 Rn. 52). Die Teilflächen eines sog. Anliegerweges sind unselbständige Bestandteile der angrenzenden Grundstücke und als solche nicht buchungsfähig (s. dazu § 2 Rn. 18).

b) Grundstücksgleiche Rechte. aa) Man versteht unter ihnen Rechte, auf die kraft Gesetzes die sich auf Grundstücke beziehenden Vorschriften anzuwenden sind. Hierher gehören kraft Bundesrechts das Erbbaurecht (§ 1017 Abs. 1 BGB; § 11 Abs. 1 Satz 1 ErbbauVO; zur Buchung des Erbbaurechts s. Anh. zu § 8 Rn. 39) und das Bergwerkseigentum (§ 9 Abs. 1 Satz 2 Halbsatz 2 BundesbergG v. 13. 8. 1980, BGBl. I 1310) sowie nach Maßgabe der Landesgesetzgebung verschiedene andere Rechte. Das WEigentum ist kein grundstücksgleiches Recht, sondern gesetzlich besonders ausgestaltetes Miteigentum (BGH NJW 1989, 2535), das grundsätzlich den auf Grundstücke anwendbaren Vorschriften unterliegt (BayObLG 1988, 4 = Rpfleger 1988, 140). Im Gebiet der früheren DDR ist das selbstständige Gebäudeeigentum grundstücksgleiches Recht; s. dazu § 144 Rn. 10. 6

bb) In *Bayern* sind grundstücksgleiche Rechte die selbständigen Fischereirechte (Art. 9 FischereiG v. 15. 8. 1908, BayRS 793-1-E); ferner die realen nicht radizierten Gewerbeberechtigungen sowie gewisse Nutzungsrechte des älteren Rechts (Art. 40 Abs. 2 AGGVG v. 23. 6. 1981, BayRS 300-1-1-J). Nach dem durch Art. 176 Abs. 1 BBergG aufgehobenen BayBergG i. d. F. v. 10. 1. 1967 (GVBl. 185) waren grundstücksgleiche Recht auch das Bergwerkseigentum sowie die unbeweglichen Kuxe des älteren Bergrechts; wegen der Aufrechterhaltung dieser Rechte und der Fortgeltung ihrer in Rede stehenden Eigenschaft s. §§ 149, 151, 154 BBergG. Über die selbstständigen **Fischereirechte** nach dem bayer. FischereiG s. BayObLG 1994, 66 = Rpfleger 1994, 453; Reimann MittBayNot 1971, 4; zu ihrer rechtsgeschäftlichen Übertragung durch Einigung und Eintragung s. BayObLG 1991, 291 mit kritischer Anm. v. Mayer MittBayNot 1992, 248; zu ihrer grundbuchmäßigen Behandlung s. Rn. 9; zum Rang mehrerer selbstständiger Fischereirechte s. BayObLG 1995, 13 mit kritischer Anm. v. Mayer MittBayNot 1995, 128; zur Begründung eines selbstän- 7 digen Fischereirechts als Eigentümerrecht und seine Eintragung als Grundstücksbelastung s. BayObLG MittBayNot 2000, 557; LG Coburg MittBayNot 2000, 559. Zu den selbstständigen Kellerrechten nach Gemeinem Recht und zu ihrer Übertragung s. BayObLG 1991, 178. Zum Fortbestand bayerischer Kaminkehrerrealrechte trotz § 39a GewO s. BayObLG 1973, 276 = MittBayNot 1973, 372, aber auch BVerwG BayVBl. 1988, 501. Über die Gemeindenutzungsrechte in Bayern s. § 9 Rn. 7; LG Nürnberg-Fürth MittBayNot 1988, 139; Glaser MittBayNot 1988, 113; zu ihrer Löschung s. BayObLG BayVBl. 1990, 26.

8 **4. Buchungszwang. a)** Für Grundstücke besteht, wie das Wort „erhält" ergibt, grundsätzlich eine Buchungspflicht; das GB-Blatt ist daher, soweit nicht ausnahmsweise Buchungsfreiheit gilt (s. Rn. 13), von Amts wegen anzulegen. Über das Anlegungsverfahren s. Rn. 24. Für das WEigentum wird ein GBBlatt ebenfalls von Amts wegen angelegt (§ 7 Abs. 1 WEG).

9 **b)** Von den **grundstücksgleichen Rechten** erhalten die nach der ErbbauVO begründeten Erbbaurechte von Amts wegen ein GBBlatt (§ 14 Abs. 1 Satz 1 ErbbauVO); im Übrigen wird für grundstücksgleiche Rechte ein GBBlatt bald auf Antrag, bald von Amts wegen angelegt (s. für das selbstständige Gebäudeeigentum Art. 233 § 2b Abs. 2 Satz 1, § 2c Abs. 1 Satz 2 EGBGB und für alte Erbbaurechte § 8 sowie für *Bayern* Art. 40 Abs. 1, Art. 55 Abs. 5 AGGVG v. 23. 6. 1981, BayRS 300-1-1-J; § 176 Abs. 2 BBergG sowie Art. 14 Abs. 2 FischereiG v. 15. 8. 1908, BayRS 793-1-E; Art. 40 Abs. 2 AGGVG v. 23. 6. 1981, BayRS 300-1-1-J; s hierzu auch §§ 2, 6 der VO über die grundbuchmäßige Behandlung von Bergwerkseigentum und von Fischereirechten v. 7. 10. 1982, BayRS 315-1-J). Für die Anlegung des GBBlatts gelten §§ 116ff. entsprechend (s. hierzu Rn. 24) und nicht § 22 (vgl. BayObLG 1991, 291). Für ein nach preußischem Landesrecht entstandenes selbstständiges Fischereirecht ist ein GBBlatt aber nur auf Antrag anzulegen (s. dazu § 116 Rn. 2). Solange in *Bayern* für das Gewässergrundstück kein GB angelegt ist, wird der gute Glaube an die Richtigkeit und Vollständigkeit der Eintragungen im Fischereigrundbuch auch hinsichtlich Bestand, Inhalt und Umfang des Fischereirechts geschützt (BayObLG 1990, 226; 1994, 71 = Rpfleger 1994, 453).

10 **5. Bedeutung des GBBlatts. a) Allgemeines.** Die Grundbücher werden in festen Bänden oder nach näherer Anordnung der Landesjustizverwaltungen in Bänden oder Einzelheften mit herausnehmbaren Einlegebogen (d.h. als Loseblattgrundbücher; s. § 1 Abs. 1 Satz 1) oder maschinell (§§ 126ff.) geführt.

aa) Beim **GB in Papierform** sollen die Bände regelmäßig mehrere GBBlätter umfassen; mehrere Bände und sämtliche GBBlätter desselben GBBezirks (s. § 2 Rn. 3) erhalten fortlaufende Nummern (§§ 2, 3 GBV; über weitere Einzelheiten s. §§ 8 bis 11 GeschO, §§ 7 bis 16 BayGBGA). Das innerhalb dieser Ordnung für ein Grundstück freigehaltene GBBlatt ist als das GB im Sinn des BGB anzusehen. Nur Eintragungen auf diesem Blatt sind Eintragungen im Sinn der §§ 873, 875 BGB und haben die Wirkungen der §§ 891, 892 BGB (BayObLG 1988, 127). Eintragungen, die das Grundstück A betreffen, aber versehentlich auf dem Blatt des Grundstücks B erfolgen, sind hinsichtlich des Grundstücks A wirkungslos. Über das Verhältnis des besonderen Blatts des Erbbaurechts zum Grundstücksblatt s. Anh. zu § 8 Rn. 23, 47. Über Doppelbuchungen und ihre Beseitigung s. Rn. 29, 30.

bb) Beim **maschinell geführten GB** ist das GB im Rechtssinn der in den dafür bestimmten Datenspeicher aufgenommene und jederzeit lesbar wiedergabefähige Inhalt des GBBlatts (§ 62 GBV). Im Übrigen gilt grundsätzlich nichts anderes als beim GB in Papierform; jedoch sind die Bestimmungen der GBV, die GBBände voraussetzen, nicht anzuwenden (§ 63 Satz 2 GBV; s. dazu § 128 Rn. 2).

b) Aufbau. aa) Das GBBlatt besteht nach § 4 GBV aus der Aufschrift, dem Bestandsverzeichnis und drei Abteilungen; s. im übrigen GBV Muster Anl. 1. Jeder Eintragung ist durch §§ 5 bis 12 GBV eine bestimmte Stelle zugewiesen. Diese Vorschriften sind vom GBAmt genau zu beachten. Ihre Einhaltung kann durch Beschwerde und weitere Beschwerde erzwungen werden (s. § 1 Rn. 71). Sachlichrechtlich ist es jedoch grundsätzlich ohne Einfluss, wenn eine Eintragung an einer unrichtigen Stelle vorgenommen wurde (RG 98, 219; BayObLG 1971, 198; 1995, 418); eine Ausnahme gilt, wenn das materielle Recht den Ort der Eintragung vorschreibt, wie dies in § 881 Abs. 2 Halbsatz 2 BGB hinsichtlich der Eintragung des Rangvorbehalts geschehen ist (JFG 8, 300). 11

bb) Der Aufbau des **maschinell geführten GB** unterscheidet sich nicht von dem des GB in Papierform. Der Inhalt des maschinell geführten GB muss auf dem Bildschirm oder im Ausdruck so sichtbar gemacht werden können, wie es die Vordrucke der GBV und der WGV vorsehen (§ 63 Satz 1 GBV; s. hierzu § 128 Rn. 4).

c) Umschreibung. aa) Ein GBBlatt ist umzuschreiben, wenn es für Neueintragungen keinen Raum mehr bietet oder unübersichtlich geworden ist (§§ 23, 28 Abs. 1 GBV). Diese Voraussetzungen brauchen nicht vorzuliegen, wenn das bisher in Papierform geführte GBBlatt maschinell geführt werden soll (§ 68 Abs. 1 GBV). 12

Ein GBBlatt kann auch umgeschrieben werden, wenn es dadurch wesentlich vereinfacht oder die Ausscheidung eines GBBands ermöglicht wird (§ 28 Abs. 2 GBV). Liegen diese Voraussetzungen nicht vor, gewährt auch das informationelle Selbstbestimmungsrecht (BVerfG 65, 43 = NJW 1984, 422) unter dem Gesichtspunkt, gelöschte Zwangsversteigerungsvermerke oder Zwangshyp. aus der Publizität des GB herauszunehmen, keinen **Anspruch auf Umschreibung** (OLG Düsseldorf Rpfleger 1987, 409; FGPrax 1997, 83; LG Bonn Rpfleger 1988, 311; BayObLG 1992, 127 = Rpfleger 1992, 513). Ein solcher Anspruch kann aber ausnahmsweise aus verfassungsrechtlichen Gründen gegeben sein, z. B. dann, wenn das GBAmt eine inzwischen gelöschte Zwangshyp. ohne Vorliegen der gesetzlichen Voraussetzungen eingetragen (OLG Frankfurt NJW 1988, 976) oder bei der Eintragung einer Namensänderung in Abt. I unter Verstoß gegen § 1758 Abs. 1 BGB auf eine Adoption hingewiesen hatte (OLG Schleswig Rpfleger 1990, 203). Böhringer (BWNotZ 1989, 5f.; Rpfleger 1989, 310) hält eine Umschreibung, verbunden mit einer Beschränkung der Einsicht in das geschlossene GB, 5 Jahre nach Löschung von Zwangseintragungen für geboten.

bb) Bei der Umschreibung eines GBBlatts soll gem. § 44 Abs. 3 eine bisher unterbliebene oder nur teilweise vorgenommene Bezugnahme auf EintrUnterlagen bis zu dem nach § 44 Abs. 2 zulässigen Umfang nachgeholt werden (s. hierzu § 44 Rn. 42). Dies gilt auch bei einer Umschreibung zum Zwecke der maschinellen GBFührung (§ 68 Abs. 2 GBV). Mit der Umschreibung des maschinell geführten GB befasst sich § 72 GBV.

13 **6. Buchungsfreie Grundstücke.** Gewisse Grundstücke sind ihrer Art nach nicht dazu bestimmt, am GBVerkehr teilzunehmen; die Eigentumsverhältnisse an ihnen sind in der Regel auch ohne GB leicht feststellbar. Sie werden daher durch Abs. 2, 3 von dem Buchungszwang des Abs. 1 Satz 1 ausgenommen.

a) Betroffene Grundstücke. Folgende Grundstücke sind buchungsfrei:

- Grundstücke des Bundes und der Länder sowie der Gemeinden und anderer Kommunalverbände.

14 • Grundstücke der Kirchen, d. h. der Religionsgesellschaften, die Rechtspersönlichkeit besitzen, sowie der Klöster und Schulen. Nehmen solche Grundstücke am GBVerkehr teil (s. Rn. 18), ist ihr Wert nach § 30 Abs. 1 KostO zu schätzen und zwar in der Regel auf einen Bruchteil des vollen Sachwerts; einen Verkehrswert haben solche Grundstücke in der Regel nicht (BayObLG 1985, 325).

- Wasserläufe, und zwar alle Wasserläufe, nicht nur die öffentlichen Gewässer. Den Begriff „Wasserlauf" bestimmt bis auf weiteres gemäß Art. 65 EGBGB das Landesrecht. Zur Buchung eines Wasserlaufs s. BayObLG MittBayNot 1983, 63. Zur Eintragung von Veränderungen im Bestand und Eigentum von Grundstücken auf Grund des Wasserrechts im GB s. BayObLG Rpfleger 1982, 19; BayObLG 1987, 410 = Rpfleger 1988, 254; OLG Hamm Rpfleger 1985, 396 mit zust. Anm. v. Tröster; OLG Oldenburg Rpfleger 1991, 412; Bauch MittBayNot 1984, 1. Zur Anwachsung nach Wasserrecht s. OLG Celle MittBayNot 1984, 29 mit abl. Anm. v. Bauch. Zum Eigentum an Grundstücken im Bodensee s. BayObLG 1989, 270 = NJW 1989, 2475; zum Eigentum an Deichen s. OLG Oldenburg NJW-RR 1991, 784. 15
- Öffentliche Wege. Die Öffentlichkeit eines Wegs wird dadurch begründet, dass ihn die zuständige Behörde dem öffentlichen Verkehr widmet. Auf die Eigentumsverhältnisse kommt es dabei nicht an. In Zweifelsfällen wird eine Bescheinigung der Wegepolizeibehörde verlangt werden müssen. 16
- Grundstücke, die einem dem öffentlichen Verkehr dienenden Bahnunternehmen gewidmet sind. Das ist z. B. nicht der Fall bei Grundstücken der Privatanschlussbahnen. In Betracht kommen ohne Rücksicht auf die Trägerschaft Grundstücke jedes Unternehmens, das eine Schienenbahn betreibt, die nach ihrer Zweckbestimmung von der Allgemeinheit benutzt werden kann. 17

b) Buchung nur auf Antrag. aa) Buchungsfreie Grundstücke erhalten ein GBBlatt nur auf Antrag des Eigentümers oder eines Berechtigten (Abs. 2). Der Antrag bedarf keiner Form; notwendig ist jedoch der Nachweis der Antragsberechtigung. Wer mit dem Buchungsantrag seine Eintragung als Eigentümer erstrebt, muss dartun, dass er zu einer der in § 123 genannten Personengruppen gehört; genügend, aber auch erforderlich ist der formlose Nachweis von Tatsachen, die das Eigentum des Antragstellers zumindest wahrscheinlich machen (BayObLG 1965, 403; 1989, 272 = NJW 1989, 2475; BayObLG 1991, 295). Wer einen Buchungsantrag als sonstiger Berechtigter stellt, hat nachzuweisen, dass ihm ein eintragungsfähiges dingliches Recht, z. B. eine ohne Eintragung entstandene Grunddienstbarkeit zusteht oder dass er auf Grund einer EintrBewilligung des Eigentümers bzw. eines gegen diesen erwirkten vollstreckbaren Titels den Antrag auf Eintragung einer Rechtsänderung zu stellen befugt ist (JFG 8, 218; BayObLG 1965, 405 = Rpfleger 1966, 332). Wegen der Antragsberechtigung des Fiskus, der das ihm gemäß Art. 190 EGBGB zustehende Aneignungsrecht ausüben will, s. JFG 8, 219. 18

19 bb) Wird der Antrag von einem dazu Berechtigten gestellt, so muss die Anlegung des GBBlatts von Amts wegen betrieben werden (KGJ 30, 175; 49, 158; JFG 8, 218; BayObLG 1965, 403 = Rpfleger 1966, 332); über das Anlegungsverfahren s. Rn. 24.

20 **c) Ausbuchung.** aa) Ein buchungsfreies, aber gleichwohl gebuchtes Grundstück ist auf Antrag des Eigentümers aus dem GB auszuscheiden, d.h. auszubuchen, wenn Eintragungen, durch die das Recht des Eigentümers betroffen wird, nicht vorhanden sind (Abs. 3). Weist die zweite oder dritte Abteilung Eintragungen auf, so sind diese zunächst nach den allgemeinen Vorschriften zur Löschung zu bringen. Der Antrag auf Ausbuchung bedarf keiner Form.

21 bb) Der **Ausbuchungsvermerk** erfolgt in Sp. 8 des Bestandsverzeichnisses (§ 6 Abs. 7 GBV; s. auch § 13 Abs. 5 GBV); scheiden alle auf einem GBBlatt eingetragenen Grundstücke aus, so ist das Blatt zu schließen (§ 34 Buchst. a GBV). Vollzieht sich die Ausbuchung im Zusammenhang mit einem rechtsgeschäftlichen Eigentumserwerb an einem auf einem gemeinschaftlichen GBBlatt vorgetragenen Grundstück, so darf die Eintragung des neuen Eigentümers aus Gründen der Verfahrensvereinfachung mit dem Ausbuchungsvermerk verbunden werden; der Vermerk lautet dann etwa: „Nr. 4. Aufgelassen an die Gemeinde ... und eingetragen am ... Aus dem GB ausgeschieden am ...“. Zu den Mitteilungspflichten des GBAmts s. XVIII/1 Abs. 1 Nr. 6 MiZi.

22 **d) Nicht gebuchte Grundstücke im Rechtsverkehr.** aa) Nach Art. 186 Abs. 2 EGBGB ist das GB auch für die wegen Buchungsfreiheit nicht gebuchten Grundstücke als angelegt anzusehen; gemäß Art. 189 EGBGB gilt mithin auch für sie das materielle Liegenschaftsrecht des BGB. Die Übertragung des Eigentums erfordert Auflassung und Eintragung; es bedarf daher der Anlegung eines GBBlatts, die im Hinblick auf § 39 auf den Namen des Veräußerers zu erfolgen hat (RG JFG 21, 329 = RG 164, 385). Zur Belastung ist Einigung und Eintragung erforderlich, so dass auch hier ein GBBlatt angelegt werden muss.

23 bb) **Ausnahmen** gelten, soweit die Landesgesetzgebung von den Vorbehalten in Art. 127, 128 EGBGB Gebrauch gemacht hat. So kann z.B. in *Bayern* die Übertragung des Eigentums an einen buchungsfreien Erwerber durch öffentlich beurkundete Einigung erfolgen (Art. 55 AGBGB v. 20. 9. 1982, BayRS 400-1-J); auch die Begründung einer Dienstbarkeit ist allein durch Einigung möglich, wobei die Erklärung des Bestellers in öffentlich beglaubigter Form abgegeben werden muss (Art. 56 AGBGB v. 20. 9. 1982, BayRS 400-1-J).

7. Anlegungsverfahren. Muss für ein Grundstück, das bei der erstmaligen Anlegung des GB (über deren Beendigung in *Bayern* s. § 135 Rn. 5) kein GBBlatt erhalten hat oder das später als buchungsfrei ausgebucht wurde, ein GBBlatt angelegt werden, so gelten für das Verfahren die durch das RegVBG an die Stelle der §§ 7ff. AusfVO getretenen §§ 116ff. Diese Bestimmungen gelten entsprechend für die Anlegung eines GBBlatts für ein grundstücksgleiches Recht (s. hierzu Rn. 9 und BayObLG 1991, 184, 294). Zu den Mitteilungspflichten des GBAmts s. XVIII/1 Abs. 1 Nr. 7 MiZi. 24

8. Doppelbuchung. a) Rechtsfolgen. Aus Abs. 1 Satz 1 ergibt sich, dass ein Grundstück nur ein GBBlatt erhält, also nicht auf mehreren GBBlättern gebucht werden darf. Ist es trotzdem versehentlich auf mehreren Blättern für verschiedene Eigentümer eingetragen, so würde an sich für jede Eintragung die Vermutung des § 891 BGB in gleichem Umfang gelten. Nach herrschender und richtiger Ansicht ist die notwendige Folge, dass sich die Vermutungen gegenseitig aufheben (RG 56, 60; JFG 18, 180; a.M. Güthe/Triebel § 2 A. 54). Wer Eigentum an einem doppelt gebuchten Grundstück behauptet, kann sich also nicht auf § 891 BGB berufen, sondern muss seinen Eigentumserwerb beweisen. Auch ein Rechtserwerb in gutem Glauben gemäß § 892 BGB ist bei widersprechenden Eintragungen nicht möglich (KGJ 39, 158; OLG Kassel JW 1933, 1339; JFG 18, 181; OLG Stuttgart BWNotZ 1989, 85; über den Eigentumserwerb durch Zuschlag s. RG 85, 316). 25

b) Beseitigung. Das Verfahren zur Beseitigung einer Doppelbuchung ist in § 38 GBV geregelt. Die früher in § 3 Abs. 1 Satz 3 enthaltene Ermächtigung hierzu ist durch das RegVBG beseitigt worden; sie ergibt sich nunmehr aus § 1 Abs. 4 Satz 1. Ist ein Grundstück allein auf mehreren Blättern eingetragen, so sind die Blätter bis auf eins zu schließen, wenn die Eintragungen auf den Blättern übereinstimmen. Stimmen sie nicht überein, so sind alle Blätter zu schließen; für das Grundstück ist ein neues Blatt anzulegen (§ 38 Abs. 1 GBV). Ist ein Grundstück oder Grundstücksteil auf mehreren Blättern eingetragen, und zwar wenigstens auf einem der Blätter zusammen mit anderen Grundstücken oder Grundstücksteilen, so ist das Grundstück oder der Grundstücksteil von allen Blättern abzuschreiben. Für das Grundstück oder den Grundstücksteil ist ein neues Blatt anzulegen (§ 38 Abs. 2a GBV). Die Übernahme von Eintragungen bei Anlegung eines neuen Blatts bemisst sich nach § 38 Abs. 1 Buchst. b Nr. 2, Abs. 2b GBV (s. dazu JFG 18, 181). Die wirkliche Rechtslage bleibt von den getroffenen Maßnahmen unberührt (§ 38 Abs. 1 Buchst. c, Abs. 2d GBV). 26

27 **9. Buchung ideeller Miteigentumsanteile.** § 3 Abs. 4, 5 gestattet dem GBAmt, unter bestimmten Voraussetzungen von der Führung eines GBBlatts für ein im Miteigentum stehendes Grundstück (dienendes Grundstück) abzusehen und statt dessen die einzelnen Miteigentumsanteile auf den GBBlättern der den einzelnen Miteigentümern gehörenden Grundstücken (herrschende Grundstücke) zu buchen. Wohnungs- oder Teileigentum kann sowohl dienendes als auch herrschendes Grundstück in diesem Sinn sein (OLG Düsseldorf 1970, 394; BayObLG 1974, 470 = Rpfleger 1975, 90; BayObLG 1994, 221 = Rpfleger 1995, 153; OLG Celle Rpfleger 1997, 522). Die Regelung hat gemeinschaftliche Zufahrtswege, Hofräume, Weideflächen und dergleichen im Auge; beim WEigentum kommen insbes. sog. Duplex-Stellplätze (s. dazu Frank MittBayNot 1994, 512) in Betracht. Zu den rechtlichen Gestaltungsmöglichkeiten, wenn an den herrschenden Grundstücken Erbbaurechte bestellt werden sollen, s. Diekgräf DNotZ 1996, 338.

28 **a) Voraussetzungen.** Es muss sich um ein Grundstück handeln, das den wirtschaftlichen Zwecken mehrerer anderer Grundstücke zu dienen bestimmt ist; das dienende Grundstück muss zu den anderen Grundstücken in einem der Zweckbestimmung entsprechenden räumlichen Verhältnis stehen und den Eigentümern dieser Grundstücke zu Bruchteilen gehören. Die von der Regel des Abs. 1 Satz 1 abweichende Buchungsart darf nur dann nicht gewählt werden, wenn davon Verwirrung oder eine wesentliche Erschwerung des Rechtsverkehrs oder der GBFührung zu besorgen ist (Abs. 4). Der Begriff der Verwirrung ist der gleiche wie in §§ 4 bis 6; s. hierzu § 5 Rn. 13. Verwirrung kann zu besorgen sein, wenn das ganze Grundstück belastet ist (BayObLG 1991, 145 = Rpfleger 1991, 299).

29 Das **frühere Recht** gestattete die selbständige Buchung von Miteigentumsanteilen nur dann, wenn dies zur Erleichterung des Rechtsverkehrs angezeigt war; außerdem durfte das dienende Grundstück für sich allein nur eine geringe wirtschaftliche Bedeutung haben. Diese Buchungsart kam daher nur unter eng begrenzten Voraussetzungen in Betracht. Demgegenüber ist sie nunmehr die Regel und nur im Ausnahmefall unzulässig (vgl. auch § 3 Abs. 7).

30 **b) Entscheidung des GBAmts.** aa) Liegen die Voraussetzungen des § 3 Abs. 4 vor, so kann das GBAmt von der Führung eines GBBlatts für das dienende Grundstück, also je nach Sachlage von seiner Anlegung oder seiner Beibehaltung, absehen. Ob es davon absieht, liegt in seinem Ermessen. Das GBAmt soll jedoch von der Führung eines GBBlatts absehen, wenn bei der Neubildung von

Miteigentumsanteilen die Voraussetzungen des Abs. 4 vorliegen (Abs. 7). Durch die selbständige Buchung der Miteigentumsanteile wird vielfach für das GBAmt eine erhebliche Arbeitsersparnis erzielt, z.B. dann, wenn die Miteigentumsanteile zusammen mit den herrschenden Grundstücken belastet werden. Die Buchung verhindert auch, dass bei einer Veräußerung des herrschenden Grundstücks oder bei der Eintragung einer Erbfolge der Miteigentumsanteil übersehen wird. Außerdem wird durch diese Form der Buchung in der Regel ein besserer Datenschutz erreicht, als bei der Führung eines gemeinschaftlichen GBBlatts für die Miteigentumsanteile. Entschieden wird über die Art der Buchung im Amtsverfahren; Anträge der Beteiligten haben nur die Bedeutung einer Anregung (OLG Düsseldorf Rpfleger 1970, 394).

bb) Sieht das GBAmt von der Führung eines GBBlatts für das dienende Grundstück ab, so hat es die einzelnen Miteigentumsanteile auf den GBBlättern der herrschenden Grundstücke nach Maßgabe des § 8 GBV einzutragen (Abs. 5 Satz 1; s. auch LG Nürnberg-Fürth Rpfleger 1971, 223 mit Anm. v. Meyer-Stolte). Diese Eintragung gilt als GB für den einzelnen Miteigentumsanteil (Abs. 5 Satz 2). Ein etwa über das dienende Grundstück geführtes Blatt ist, falls auf ihm weitere Grundstücke nicht vorgetragen sind, zu schließen (§ 34 Buchst. b GBV). Eine nur teilweise Schließung dergestalt, dass es für einzelne Miteigentumsanteile weitergeführt wird, ist ausgeschlossen (BayObLG 1994, 221 = Rpfleger 1995, 153). **31**

c) Grundstücke im Alleineigentum. Stehen das dienende und die herrschenden Grundstücke noch im Alleineigentum, so ist nach dem Wortlaut des Abs. 4 eine selbständige Buchung von Miteigentumsanteilen nicht möglich. Ein Bedürfnis dafür besteht in diesem Fall gleichwohl dann, wenn eine Veräußerung der herrschenden Grundstücke jeweils mit einem Miteigentumsanteil des dienenden Grundstücks an verschiedene Personen, z.B. vom Bauträger an die einzelnen Erwerber, beabsichtigt ist. **32**

aa) Sofern der Alleineigentümer die Miteigentumsanteile an dem dienenden Grundstück bezeichnet und sie den herrschenden Grundstücken durch Erklärung gegenüber dem GBAmt zuordnet, können die Miteigentumsanteile, obwohl noch in der Hand des Alleineigentümers, selbstständig gebucht werden (Abs. 6); Voraussetzung ist allerdings, dass die übrigen Voraussetzungen des Abs. 4 vorliegen. Mit der Buchung wird gem. Abs. 5 die Teilung wirksam; die Regelung ist § 8 Abs. 2 Satz 2 WEG nachgebildet. **33**

bb) Die Erklärung gegenüber dem GBAmt hat keinen materiellrechtlichen Inhalt, sondern betrifft nur die Art der Buchung. **34**

Sie unterliegt nicht den Formvorschriften des § 29 (ebenso Bauer/v. Oefele Rn. 36; a.M. KEHE Rn. 10). Die Absicht, die herrschenden Grundstücke zusammen mit je einem Miteigentumsanteil an dem dienenden Grundstück zu veräußern, braucht dem GBAmt gegenüber weder nachgewiesen noch auch nur glaubhaft gemacht zu werden.

cc) Zum gleichen Ergebnis kam die, allerdings nicht unumstrittene, Rechtsprechung schon vor der Einfügung des § 3 Abs. 6 durch das RegVBG; s. dazu LG Bochum Rpfleger 1981, 299; OLG Köln Rpfleger 1981, 481; zum WEigentum: BayObLG 1974, 470 = Rpfleger 1975, 90.

35 **d) Anlegung des GBBlatts.** aa) Stehen die Miteigentumsanteile nicht mehr sämtlich den Eigentümern der herrschenden Grundstücke zu, so ist für das dienende Grundstück ein GBBlatt anzulegen (Abs. 8); dies ist insbes. dann notwendig, wenn das dienende Grundstück als Ganzes veräußert wird. Ein GBBlatt ist ferner dann anzulegen, wenn die Voraussetzungen des Abs. 4 nicht mehr vorliegen.

36 bb) Wird das dienende Grundstück **als Ganzes belastet,** so ist die Anlegung eines GBBlatts nicht zwingend erforderlich. Sie ist nur dann geboten, wenn andernfalls Verwirrung oder eine wesentliche Erschwerung des Rechtsverkehrs oder der GBFührung zu besorgen ist. Bei einer Belastung mit einem Grundpfandrecht oder einer Reallast entstehen Gesamtrechte; § 48 ist anzuwenden. Auf den GBBlättern aller Miteigentumsanteile ist die Mitbelastung der anderen Miteigentumsanteile erkennbar zu machen. Bei einer Belastung mit anderen Rechten, bei denen eine Gesamtbelastung nicht in Betracht kommt, ist im GBBlatt jedes Miteigentumsanteils durch Verweisung auf die gleich lautende Eintragung auf den Blättern der anderen Miteigentumsanteile kenntlich zu machen, dass das dienende Grundstück als Ganzes belastet ist (Abs. 9; vgl. BayObLG 1991, 139 = Rpfleger 1991, 299). Diese Grundsätze gelten auch dann, wenn im Weg der GBBerichtigung auf dem dienenden Grundstück eine altrechtliche Dienstbarkeit eingetragen werden soll.

37 cc) Wird ein GBBlatt für das dienende Grundstück angelegt, sind die die Miteigentumsanteile belastenden, aus dem GB ersichtlichen Eintragungen auf das neue GBBlatt zu übertragen. Die die einzelnen Miteigentumsanteile betreffenden Eintragungen (vgl. Abs. 5) sind zu löschen (vgl. auch § 8 Buchst. c, § 13 Abs. 3 Satz 2 GBV). Zu den Mitteilungspflichten des GBAmts s. XVIII/1 Abs. 1 Nr. 5 MiZi.

38 **e) Beschwerde.** Gegen die Anlegung eines GBBlatts für das dienende Grundstück und gegen die Buchung der Miteigentums-

anteile findet eine Beschwerde nicht statt (§ 125); hingegen kann die Ablehnung der Anregung, von der Beibehaltung des für das dienende Grundstück geführten Blatts abzusehen und die Miteigentumsanteile bei den herrschenden Grundstücken zu buchen, ebenso mit der Beschwerde angefochten werden, wie die Ablehnung der Anregung, die Buchung der Miteigentumsanteile bei den herrschenden Grundstücken aufzuheben und für das dienende Grundstück ein GBBlatt anzulegen. Um die Beibehaltung einer Blattführung für das dienende Grundstück ging es auch in dem von OLG Düsseldorf Rpfleger 1970, 394 entschiedenen Fall, weshalb ein Widerspruch zu der hier vertretenen Auffassung nicht vorliegt.

10. Kosten. a) Für die Anlegung eines GBBlatts und die Aus- **39**
buchung eines Grundstücks wird eine $^1/_4$-Gebühr erhoben (§ 67 Abs. 1 Nr. 5 KostO); bei einer Mehrheit von Grundstücken ist § 67 Abs. 2 KostO zu beachten; der Wert bestimmt sich nach § 30 KostO (§ 67 Abs. 3 KostO). Vollzieht sich die Ausbuchung im Zusammenhang mit einem rechtsgeschäftlichen Eigentumserwerb, so ist sie gemäß § 35 KostO gebührenfreies Nebengeschäft.

b) Die Beseitigung von Doppelbuchungen einschl. des vorange- **40**
gangenen Verfahrens vor dem GBAmt ist gebührenfrei (§ 69 Abs. 1 Nr. 6 KostO).

c) Für die Buchung eines Miteigentumsanteils gilt folgendes: **41**
War das dienende Grundstück noch nicht gebucht, so wird für die Eintragung des Miteigentumsanteils auf dem Blatt des herrschenden Grundstücks eine $^1/_4$-Gebühr erhoben (§ 67 Abs. 1 Nr. 5 KostO). War das dienende Grundstück bereits gebucht, so ist die Übertragung des Miteigentumsanteils auf das Blatt des herrschenden Grundstücks gebührenfrei (§ 69 Abs. 1 Nr. 5 KostO). Im Fall der Veräußerung oder Belastung des dienenden Grundstücks ist die Blattanlegung nach Abs. 8, 9 gemäß § 35 KostO gebührenfreies Nebengeschäft der Veräußerung oder Belastung.

d) Für grundstücksgleiche Rechte gilt § 77 KostO. **42**

Anhang zu § 3
Das Wohnungseigentum und seine grundbuchmäßige Behandlung*

Inhaltsübersicht

1. Allgemeines 1
2. Abgeschlossenheit 3
3. Wohnungs- und Teileigentum 6
4. Mehrere Gebäude 7
5. Rechtsnatur 8
6. Begründung von WEigentum 9
7. Vertrag der Miteigentümer 14
8. Teilung durch den Eigentümer 18
9. Gegenstand des Sondereigentums 20
10. Inhalt des Sondereigentums 24
11. Sondernutzungsrechte 28
12. Sonstige Vereinbarungen 31
13. Veräußerungsbeschränkung 34
14. EintrGrundlagen 40
15. EintrBewilligung 41
16. Anlagen 43
17. Genehmigung 48
18. Eintragung 51
19. Anlegung des Wohnungsgrundbuchs 53
20. Freie Verfügbarkeit 59
21. Veräußerung 60
22. Belastung 65
23. Unterteilung 73
24. Inhaltsänderung 77
25. Änderung des Sondereigentums 82
26. Änderung der Zusammensetzung 87
27. Änderung der Zweckbestimmung 95
28. Verfügung über das Grundstück 95
29. Beendigung des WEigentums 99
30. Aufhebung des Sondereigentums 100
31. Erlöschen des Sondereigentums 104
32. Wohnungserbbaurecht 108
33. Kosten 119

1 **1. Allgemeines.** aa) In Weiterentwicklung des in § 1010 BGB enthaltenen Gedankens hat das WEG die Möglichkeit geschaffen, das Bruchteilseigentum an einem Grundstück in der Weise auszugestalten, dass mit ihm in teilweiser Durchbrechung des § 93 BGB das Sondereigentum an einer Wohnung oder an nicht zu Wohnzwecken dienenden Räumen zu einer rechtlichen Einheit verbunden wird. Dabei muss es sich um eine bestimmte Wohnung oder

* Paragraphen ohne nähere Bezeichnung sind solche des Wohnungseigentumsgesetzes (WEG). S. zum Folgenden auch Diester, Die Aufgaben der GBÄmter nach dem WEG, Rpfleger 1965, 193, sowie Böhringer, Probleme des WEigentums aus grundbuchrechtlicher Sicht, NotBZ 1999, 191.

um bestimmte Räume in einem auf dem Grundstück errichteten oder zu errichtenden Gebäude handeln (§ 3 Abs. 1; § 8 Abs. 1).

bb) WEigentum kann außer an einem Grundstück auch an einem Erbbaurecht begründet werden (s. Rn. 108), nicht aber im Gebiet der früheren DDR an selbständigem Gebäudeeigentum (OLG Jena FGPrax 1996, 17; Hügel DtZ 1996, 66; a.M. Heinze DtZ 1995, 195). Für möglich wird auch die Begründung von WEigentum an einem Grundstück gehalten, das mit einem nur auf einer Teilfläche ausübbaren Erbbaurecht belastet ist (OLG Hamm FGPrax 1998, 126). 2

2. Abgeschlossenheit. a) Die Wohnung oder die sonstigen Räume sollen in sich abgeschlossen sein (§ 3 Abs. 2 Satz 1). Sondereigentum entsteht auch bei fehlender Abgeschlossenheit und geht bei ihrem nachträglichen Wegfall nicht unter; das GB wird nicht unrichtig (BayObLG 1998, 6 = FGPrax 1998, 52; BayObLG MittBayNot 1999, 179; OLG Köln Rpfleger 1994, 348). Im Gegensatz zur verwaltungsgerichtlichen Rechtsprechung (vgl. BayVGH, BVerwG DNotZ 1990, 247 ff.) hielt das BayObLG den Begriff der Abgeschlossenheit für einen **rein zivilrechtlichen Begriff** ohne Bezugnahme auf baurechtliche Anforderungen an Trennwände und Trenndecken hinsichtlich des Brand-, Schall- und Wärmeschutzes; es soll lediglich die eindeutige Abgrenzung der einzelnen Sondereigentumseinheiten voneinander und vom gemeinschaftlichen Eigentum gewährleistet sein (BayObLG 1990, 172 = Rpfleger 1990, 457). Dieser Auffassung haben sich auf Vorlage des OLG Stuttgart (Justiz 1990, 435) der BGH (WM 1991, 772) und auf dessen Vorlage der Gemeinsame Senat der obersten Gerichtshöfe des Bundes (NJW 1992, 3290) angeschlossen. Im Gebiet der früheren DDR galt bis zum 31. 12. 1996 die Sonderregelung des § 3 Abs. 3 Satz 1. 3

b) Gegenüber Räumen auf einem anderen Grundstück braucht keine Abgeschlossenheit vorzuliegen (BayObLG 1990, 279). Der zur Abgeschlossenheit notwendige freie Zugang kann nach OLG Düsseldorf NJW-RR 1987, 333 auch in der Weise geschaffen werden, dass die Benutzung des im **Nachbargebäude** befindlichen und im Eigentum eines Dritten stehenden Treppenhauses durch eine Grunddienstbarkeit zugunsten aller jeweiligen WEigentümer sichergestellt wird; Grunddienstbarkeiten können aber als rangabhängige Belastungen erlöschen, so dass sie den freien Zugang nicht sicher gewährleisten (vgl. BGH Rpfleger 1991, 454). Der Abgeschlossenheit schadet es grundsätzlich nicht, wenn den übrigen WEigentümern das Recht zum Betreten der Wohnung durch Gebrauchsregelung eingeräumt wird (BayObLG Rpfleger 1989, 99); sie wird auch 4 nicht dadurch in Frage gestellt, dass ein WEigentum mit einer Grunddienstbarkeit belastet wird, durch die einem anderen WEigentümer die Mitbenutzung eines der im Sondereigentum stehenden Räume und der Zugang zu diesem durch andere Räume gestattet wird (OLG Zweibrücken MitBayNot 1993, 86 mit kritischer Anm. v. Röll). Zur Abgeschlossenheitsbescheinigung s. Rn. 44.

5 **c) Garagenstellplätze** gelten als abgeschlossene Räume, wenn ihre Flächen durch dauerhafte Markierungen ersichtlich sind (§ 3 Abs. 2 Satz 2). Unter Garagenstellplätzen im Sinn von § 3 Abs. 2 Satz 2 sind nur Stellplätze in geschlossenen Garagen zu verstehen, nicht aber solche auf freier Grundstücksfläche (BayObLG Rpfleger 1986, 217) oder auf dem nicht überdachten Oberdeck eines Gebäudes (KG NJW-RR 1996, 587; LG Lübeck Rpfleger 1976, 252; LG Aachen Rpfleger 1984, 184). Nach anderer Ansicht sollen grundsätzlich auch letztere unter § 3 Abs. 2 Satz 2 fallen (so OLG Frankfurt Rpfleger 1983, 482; LG Braunschweig Rpfleger 1981, 298; OLG Köln DNotZ 1984, 700 mit zust. Anm. v. Schmidt; OLG Hamm FGPrax 1998, 82 unter Aufgabe von Rpfleger 1975, 27; Merle Rpfleger 1977, 196; Sauren Rpfleger 1984, 185; Höckelmann/Sauren Rpfleger 1999, 14). S. hierzu auch BayObLG 1986, 33 = Rpfleger 1986, 217; OLG Celle Rpfleger 1991, 364; Röll DNotZ 1992, 221 und Rn. 20ff.

6 **3. Wohnungs- und Teileigentum.** Für das Teileigentum gelten die Vorschriften über das WEigentum entsprechend (§ 1 Abs. 6). Maßgeblich für die Abgrenzung von Wohnungs- und Teileigentum ist die bauliche Eignung und Zweckbestimmung der im Sondereigentum stehenden Räume, nicht die Art ihrer tatsächlichen Nutzung (BayObLG 1973, 8 = Rpfleger 1973, 139); vgl. dazu, insbes. zum Begriff der „Wohnung", auch Nr. 4 der Allgemeinen Verwaltungsvorschrift v. 19. 3. 1974 (BAnz. Nr. 58) sowie OLG Düsseldorf Rpfleger 1976, 215. Es ist auch möglich, mit einem Miteigentumsanteil Sondereigentum sowohl an einer Wohnung als auch an nicht zu Wohnzwecken dienenden Räumen zu verbinden (vgl. § 2 Satz 2 WGV). Zur Frage der Zulässigkeit der Verbindung eines Miteigentumsanteils mit dem Sondereigentum an mehreren, als Gesamtheit nicht in sich abgeschlossenen Wohnungen s. BayObLG 1971, 102, 246 = DNotZ 1971, 473. Zulässig ist es, lediglich Teileigentum an den Kellerräumen eines Wohnhauses oder an Garagen zu begründen, so dass sämtliche Wohnungen gemeinschaftliches Eigentum werden; jedem Teileigentümer kann aber auch das Sondernutzungsrecht (s. hierzu Rn. 28) an einer Wohnung eingeräumt werden (BayObLG 1991, 375 = Rpfleger 1992, 154 mit zust. Anm. v. Eckhardt; OLG Hamm Rpfleger 1993, 445;

a. M. LG Braunschweig Rpfleger 1991, 201; LG Hagen NJW-RR 1993, 402).

4. Mehrere Gebäude. WEigentum kann auch begründet werden, wenn sich die Räume in mehreren auf einem Grundstück errichteten oder zu errichtenden Gebäuden befinden (s. hierzu, besonders für Einfamilienhäuser, auch OLG Köln DNotZ 1962, 210; OLG Frankfurt NJW 1963, 814; BGH 50, 56 = Rpfleger 1968, 181). Dagegen kann, was bereits BayObLG 1970, 163 = Rpfleger 1970, 346 angenommen hatte und nun in § 1 Abs. 4 ausdrücklich ausgesprochen ist, WEigentum nicht in der Weise begründet werden, dass das Sondereigentum mit Miteigentum an mehreren Grundstücken verbunden wird; wegen der Heilung der Fälle, in denen vor dem Inkrafttreten des Ges. zur Änderung des WEG und der ErbbauVO v. 30. 7. 1973 (BGBl. I 910) am 1. 10. 1973 entgegen dem Gesagten verfahren worden ist, s. Art. 3 § 1 dieses Gesetzes. An Hofgrundstücken kann WEigentum begründet werden, auch wenn dadurch die Hofeigenschaft verlorengeht (OLG Hamm Rpfleger 1989, 18, zugleich zum grundbuchamtlichen Vollzug der Eintragung; s. hierzu auch OLG Oldenburg Rpfleger 1993, 149 mit Anm. v. Hornung). Ein **Überbau** kann in die Begründung von WEigentum dann einbezogen werden, wenn er wesentlicher Bestandteil des Stammgrundstücks ist; s. hierzu Demharter Rpfleger 1983, 133; OLG Hamm Rpfleger 1984, 98; OLG Karlsruhe DNotZ 1986, 753 mit Anm. v. Ludwig; LG Leipzig Rpfleger 1999, 272 mit Anm. v. Wudy; Rastätter BWNotZ 1986, 79; Brünger MittRhNotK 1987, 269. Zum Überbau im Verhältnis von Gemeinschaftseigentum und Sondereigentum s. Rn. 91. **7**

5. Rechtsnatur. WEigentum ist zwar kein grundstücksgleiches Recht; als besonders ausgestaltetes Bruchteilseigentum an einem Grundstück (BGH NJW 1989, 2535; BayObLG 1993, 298 = Rpfleger 1994, 108) unterliegt es aber grundsätzlich den auf Grundstücke anzuwendenden Vorschriften (BayObLG 1988, 4 = Rpfleger 1988, 140). An ihm kann jedoch nicht WEigentum in der Form von **Unterwohnungseigentum** gebildet werden (OLG Köln Rpfleger 1984, 268); zur Unterteilung s. Rn. 73. **8**

6. Begründung von WEigentum. a) Sie ist nach § 2 durch eine auf Einräumung von Sondereigentum gerichtete Einigung der Miteigentümer (§ 3; s. Rn. 14) oder im Weg einer mit der Bildung von Sondereigentum verbundenen ideellen Grundstücksteilung (§ 8; s. Rn. 18) möglich; in beiden Fällen muss die Eintragung in das GB hinzutreten (§ 4 Abs. 1, § 8 Abs. 2 Satz 2). **9**

b) Mit der Eintragung sind die WEigentumsrechte entstanden. Ist in diesem Zeitpunkt das Sondereigentum noch nicht errichtet, **10**

stellen sich die betreffenden Rechte als Miteigentumsanteile verbunden mit einem Anwartschaftsrecht auf Errichtung des zugehörigen Sondereigentums dar. Mit der Eintragung entsteht WEigentum auch dann, wenn das zugehörige Sondereigentum noch nicht errichtet ist und seiner Errichtung von vorneherein ein öffentlich-rechtliches Bauverbot entgegensteht; in diesem Fall bleibt das WEigentum auf Dauer in dem Zustand wirksam, in dem es sich bei GBEintragung befindet, also der Substanz nach nur in dem eines Miteigentumsanteils am Grundstück; rechtlich handelt es sich aber um WEigentum, das als solches durch Zuschlag in der Zwangsversteigerung erworben (BGH 110, 36 = Rpfleger 1990, 159) und mit einer Hyp. belastet werden kann. Entsprechendes gilt, wenn der Errichtung des Sondereigentums von vorneherein andere, auch nur tatsächliche Hindernisse entgegenstehen, ferner bei nachträglich auftretenden rechtlichen oder tatsächlichen Hindernissen (a. M. OLG Hamm NJW-RR 1991, 335 mit krit. Anm. v. Weitnauer MittBayNot 1991, 143 und Hauger DNotZ 1992, 498).

11 **c)** Ein **Gründungsmangel,** z. B. ein Verstoß gegen die Formvorschrift des § 4 Abs. 2 Satz 1 WEG i.V.m. § 925 BGB, der zunächst zur Unwirksamkeit des Gründungsakts führt, wird insgesamt geheilt, wenn ein Dritter gutgläubig ein WEigentum erwirbt (BGH 109, 179 = Rpfleger 1990, 62). Nicht zulässig ist es, WEigentum dergestalt zu begründen, dass mit einzelnen Miteigentumsanteilen kein Sondereigentum verbunden ist. Ein isolierter Miteigentumsanteil kann aber dadurch entstehen, dass mit einem Miteigentumsanteil das Sondereigentum an Räumen verbunden wird, die kraft Gesetzes (§ 5 Abs. 2) nicht Gegenstand von Sondereigentum sein können; ferner dadurch, dass wegen widersprüchlicher Bezeichnung des Gegenstands von Sondereigentum in Teilungserklärung und Aufteilungsplan Sondereigentum nicht entstanden ist. In diesen Fällen ist der Gründungsakt wirksam, so dass WEigentum entsteht. Die WEigentümer sind aber verpflichtet, den Gründungsakt so zu ändern, dass kein isolierter Miteigentumsanteil bestehen bleibt (BGH 109, 179 = Rpfleger 1990, 62; BGH 130, 159 = Rpfleger 1996, 19).

12 **d)** Ist ein **isolierter Miteigentumsanteil** entstanden, so ist im Wohnungsgrundbuch in Sp. 8 des Bestandsverzeichnisses von Amts wegen die Verbindung des Miteigentumsanteils mit den als Sondereigentum ausgewiesenen Räumen als inhaltlich unzulässig zu löschen; außerdem ist in Sp. 3 der EintrTeil „verbunden mit dem Sondereigentum an …, im Aufteilungsplan mit Nr. … bezeichnet" zu röten. Der isolierte Miteigentumsanteil kann dadurch beseitigt werden, dass er entweder durch Auflassung und Eintragung

(§§ 873, 925 BGB, § 20 GBO) mit einem oder anteilig mit mehreren anderen Miteigentumsanteilen verbunden wird oder durch Einigung in der Form der Auflassung und Eintragung (§ 4 Abs. 1, 2 WEG, § 925 BGB, § 19 GBO) mit Sondereigentum, das entweder von einem oder mehreren anderen Miteigentumsanteilen abgespalten oder durch Umwandlung von sondereigentumsfähigem Gemeinschaftseigentum erst geschaffen wird; außerdem ist dazu die Zustimmung (Bewilligung) der nachteilig betroffenen dinglich Berechtigten erforderlich (§§ 876, 877 BGB, § 19 GBO). Wird durch Verbindung des isolierten Miteigentumsanteils mit Sondereigentum neues Wohnungs- oder Teileigentum geschaffen, ist hierfür eine Abgeschlossenheitsbescheinigung erforderlich. S. zum Ganzen Demharter, Isolierter Miteigentumsanteil beim WEigentum, NZM 2000, 1196.

e) Nach Maßgabe der §§ 22, 172 BauGB kann die Begründung **13**
von WEigentum der Genehmigung der Baugenehmigungsbehörde unterliegen; s. hierzu Rn. 48. Der Anspruch auf Verschaffung von WEigentum kann durch Eintragung einer Vormerkung am Grundstück gesichert werden (s. hierzu Anh. zu § 44 Rn. 112).

7. Vertrag der Miteigentümer. a) Im Zeitpunkt der Eini- **14**
gung über die Einräumung von Sondereigentum (§ 3 Abs. 1, § 4 Abs. 1) und dessen eventuelle inhaltliche Ausgestaltung brauchen die Beteiligten noch nicht Miteigentümer des Grundstücks zu sein; es ist ausreichend, wenn sie es in dem Augenblick sind, in dem sich die Begründung des WEigentums durch die Eintragung in das GB vollendet (Weitnauer § 3 Rn. 14).

b) Die Einigung der Miteigentümer über die Einräumung des **15**
Sondereigentums ist nach § 4 Abs. 2 Satz 2 **bedingungs- und befristungsfeindlich** und kann, wie aus § 3 Abs. 1 hervorgeht, nur in der Weise erfolgen, dass jeder Miteigentümer auch Sondereigentum erhält (OLG Frankfurt OLGZ 1969, 387). Nicht dagegen ist erforderlich, dass das Sondereigentum der Miteigentümer in seinem Wertverhältnis zueinander dem der Miteigentumsanteile entspricht (BayObLG 1958, 266 = NJW 1958, 2116; BGH Rpfleger 1976, 352); ebenso wenig müssen alle sondereigentumsfähigen Räumlichkeiten (s. Rn. 20) in Sondereigentum aufgeteilt werden (§ 5 Abs. 3). Die Miteigentümer können durch nur einen dinglichen Vertrag WEigentum auch in der Weise begründen, dass sie sowohl die Zahl der Miteigentumsanteile verändern (zusammenlegen) als auch diesen (neuen) Anteilen Sondereigentum zuordnen (BGH 86, 398 = Rpfleger 1983, 270).

c) Die Einigung bedarf nach § 4 Abs. 2 Satz 1 der für die Auf- **16**
lassung vorgeschriebenen **Form** (s. darüber § 20 Rn. 14); sie kann,

da § 925a BGB nicht für anwendbar erklärt worden ist, auch dann entgegengenommen werden, wenn der zur Einräumung von Sondereigentum verpflichtende, nach § 4 Abs. 3 der Formvorschrift des § 313 BGB unterliegende Vertrag nicht vorgelegt oder gleichzeitig beurkundet wird (Weitnauer § 4 Rn. 7). Wird zugleich mit der Begründung von WEigentum die Miteigentumsquote verändert, bedarf es hierzu der Auflassung (BayObLG DNotZ 1986, 237).

17 **d)** Die wechselseitige Einräumung von Sondereigentum ist anders als die Verwaltungs- und Benutzungsregelung nach § 1010 BGB keine Belastung der Miteigentumsanteile, sondern eine Änderung ihres Inhalts (Weitnauer § 3 Rn. 81 und § 4 Rn. 2). Ist ein Miteigentumsanteil selbstständig mit dem Recht eines Dritten **belastet,** so bedarf es zur Einräumung von Sondereigentum der Zustimmung des Dritten (vgl. §§ 877, 876 BGB; § 9 Abs. 2; Riedel MDR 1952, 403; BayObLG NJW 1958, 2016; Rpfleger 1986, 177). Ist dagegen ein Grundstück als Ganzes oder sind alle Miteigentumsanteile mit dem Recht eines Dritten belastet, ist dessen Zustimmung nicht erforderlich, weil sich an dem Haftungsobjekt als Ganzem nichts ändert (BayObLG 1958, 273 = NJW 1958, 2016; BayObLG Rpfleger 1986, 177; OLG Frankfurt Rpfleger 1997, 374); dies gilt auch dann, wenn es sich bei dem Recht um ein Grundpfandrecht oder eine Reallast handelt. Nichts anderes gilt ferner, wenn Vereinbarungen zum Inhalt des Sondereigentums gemacht werden (s. Rn. 24 sei es auch in der Form von Sondernutzungsrechten (Rn. 28) oder einer Veräußerungsbeschränkung (Rn. 34; OLG Frankfurt Rpfleger 1996, 340). Ein Dauerwohnrecht erlischt in sinngemäßer Anwendung der §§ 1026, 1090 Abs. 2 BGB an denjenigen Miteigentumsanteilen, mit denen ein nicht den Gegenstand der Rechtsausübung bildendes Sondereigentum verbunden wird (BayObLG 1957, 112 = NJW 1957, 1840; OLG Frankfurt NJW 1959, 1977). Zum Fall der Belastung des Grundstücks mit einem Wohnungsrecht s. Anh. zu § 44 Rn. 29.

18 **8. Teilung durch den Eigentümer. a)** Sie ist nicht nur im Fall des Alleineigentums, sondern auch bei bestehender Gesamthandsgemeinschaft oder Bruchteilsgemeinschaft (BayObLG 1969, 85 = Rpfleger 1969, 165) möglich. Die Teilungserklärung ist nach § 8 Abs. 1 gegenüber dem GBAmt abzugeben und bedarf sachlichrechtlich keiner Form. Sie muss die Miteigentumsanteile und den Gegenstand des Sondereigentums bezeichnen. Die Größe der einzelnen Miteigentumsanteile muss nicht der Größe oder dem Wert des jeweils zugehörigen Sondereigentums entsprechen (BGH Rpfleger 1986, 430). Zu Rechenfehlern bei der Aufteilung s. Röll MittBayNot 1996, 175. Die Teilungserklärung kann, wie sich aus

§ 8 Abs. 2 i.V.m. § 5 Abs. 4 ergibt, auch Bestimmungen über den Inhalt des Sondereigentums enthalten (KG NJW 1956, 1680; BayObLG 1957, 107), die im Verhältnis der späteren WEigentümer untereinander einer Vereinbarung gleichstehen (s. hierzu Rn. 25). Zur Notwendigkeit der Zustimmung der dinglich Berechtigten und zum Erlöschen eines Dauerwohnrechts an bestimmten Miteigentumsanteilen gilt das in Rn. 17 Gesagte entsprechend; die Zustimmung ist jedoch auch dann nicht erforderlich, wenn an dem zu teilenden Grundstück eine Bruchteilsgemeinschaft besteht und ein Miteigentumsanteil selbstständig mit dem Recht eines Dritten belastet ist.

b) Die durch die ideelle Teilung geschaffenen, mit Sondereigentum verbundenen Miteigentumsanteile sind, obwohl sie sich in gleicher Hand befinden, rechtlich selbstständig. 19

c) Für den Fall, dass der Eigentümer nach Eingang des Antrags auf Teilung die Verfügungsbefugnis verliert, ist § 878 BGB nicht entsprechend anwendbar (s. § 13 Rn. 9).

9. Gegenstand des Sondereigentums. a) Ihn können nach § 5 Abs. 1 bis 3 nicht nur der „lichte Raum“ bestimmter Räumlichkeiten, sondern auch gewisse zu diesen Räumlichkeiten gehörige Bestandteile des Gebäudes bilden; stets muss es sich aber, wie der in § 3 Abs. 1 enthaltene Hinweis auf § 93 BGB ergibt, um wesentliche Bestandteile handeln (BGH Rpfleger 1975, 124). Die in § 5 Abs. 2 genannten Gebäudeteile, Anlagen und Einrichtungen stehen zwingend im gemeinschaftlichen Eigentum; dies gilt auch für einen Raum, in dem sich solche Anlagen oder Einrichtungen befinden und der deshalb dem gemeinschaftlichen Gebrauch dient (BGH Rpfleger 1991, 454; BayObLG DNotZ 1992, 490; s. dazu auch Röll Rpfleger 1992, 94). Auch **unbebaute Grundstücksflächen** können nicht Gegenstand des Sondereigentums sein (OLG Karlsruhe DNotZ 1973, 235; OLG Hamm Rpfleger 1975, 27; OLG Frankfurt Rpfleger 1975, 179; BayObLG Rpfleger 1986, 217), es sei denn, dass darauf dem Aufteilungsplan entsprechend Räume und Gebäudeteile noch errichtet werden sollen (OLG Frankfurt Rpfleger 1978, 381). Wird auf einer im Aufteilungsplan als Teileigentum ausgewiesenen Fläche eine Anlage errichtet, die kraft Gesetzes (§ 5 Abs. 2) nicht im Sondereigentum stehen kann, so entsteht hieran gemeinschaftliches Eigentum; das GB ist unrichtig (OLG Düsseldorf Rpfleger 1986, 131; s. hierzu auch BGH Rpfleger 1991, 454). Zu den Rechtsfolgen einer Abweichung der tatsächlichen Bauausführung vom Aufteilungsplan, einer unzureichenden Bezeichnung des Sondereigentums sowie einer Nichtübereinstimmung von EintrBewilligung (Teilungserklärung) und Aufteilungsplan s. Rn. 46. 20

21 **b)** Zur Sondereigentumsfähigkeit einer Heizungsanlage s. BGH Rpfleger 1975, 124; BGH 73, 309 = Rpfleger 1979, 255; BayObLG Rpfleger 1980, 230, zu der eines Schwimmbads mit Sauna s. BGH 78, 225 = Rpfleger 1981, 96. Die einzelnen Stellplätze in einer **Doppelstockgarage** sind nicht sondereigentumsfähig (BayObLG 1995, 53 = Rpfleger 1995, 346; a.M. OLG Hamm Rpfleger 1983, 19; Gleichmann Rpfleger 1988, 10; Hügel NotBZ 2000, 349; zur Zulässigkeit einer Benutzungsregelung nach § 15 s. Rn. 31). Eine Tiefgarage kann jedoch auch dann insgesamt im Sondereigentum stehen, wenn sie den Notausgang für die Wohnanlage darstellt (OLG Frankfurt FGPrax 1995, 101). Räumlichkeiten, die den **einzigen Zugang** zu einem im gemeinschaftlichen Eigentum stehenden Raum (dem steht ein unbebauter Grundstücksteil nicht gleich: OLG Hamm Rpfleger 2001, 344) bilden, können nicht Gegenstand des Sondereigentums sein (BGH Rpfleger 1991, 454; BayObLG 1986, 26 = Rpfleger 1986, 220 mit kritischer Anm. v. Röll DNotZ 1986, 706; BayObLG DNotZ 1992, 490; 1995, 631; OLG Düsseldorf Rpfleger 1999, 387), es sei denn, der Raum (z.B. ein Speicher) dient seiner Beschaffenheit nach nicht dem dauernden Mitgebrauch aller WEigentümer (BayObLG 1991, 165 = NJW-RR 1992, 81; BayObLG NJW-RR 1995, 908); zur Sondereigentumsfähigkeit eines zusätzlichen Treppenabgangs zu einem im gemeinschaftlichen Eigentum stehenden Keller s. OLG Hamm OLGZ 1993, 43. Auch ein Raum (Vorflur), der den einzigen Zugang zu mehreren Eigentumswohnungen bildet, kann nicht im Sondereigentum stehen (OLG Hamm Rpfleger 1986, 374 mit Anm. v. Röll DNotZ 1987, 228; OLG Oldenburg Rpfleger 1989, 365); s. zum Ganzen Röll Rpfleger 1992, 94. Nicht sondereigentumsfähig sind ferner Kraftfahrzeugstellplätze im Freien, auch wenn sie mit vier Eckpfosten und einer Überdachung versehen sind (BayObLG 1986, 29 = Rpfleger 1986, 217), außerdem ebenerdige **Terrassen** oder Dachterrassen, jedenfalls sofern sie räumlich nicht ausreichend begrenzt sind (vgl. OLG Köln Rpfleger 1982, 278; s. hierzu und zur grundsätzlichen Sondereigentumsfähigkeit von Balkonen und Loggien auch BGH NJW 1985, 1151); zur Sondereigentumsfähigkeit von Stellplätzen auf dem nicht überdachten Oberdeck eines Gebäudes s. Rn. 5. Bei mehreren Einfamilienhäusern auf einem Grundstück kann das Sondereigentum nicht jeweils das vollständige Haus umfassen (BGH 50, 56 = Rpfleger 1968, 181). Zur Begründung von Sondereigentum an der Hälfte eines Doppelhauses s. BayObLG 1966, 20 = Rpfleger 1966, 149.

22 **c)** Die Begründung von **Mitsondereigentum** einer Gruppe von WEigentümern an Räumen (z.B. Treppenhaus) oder sonsti-

gen nur einem Teil der Miteigentümer dienenden Einrichtungen (z.B. Fahrstuhl) ist nicht zulässig (BGH 130, 168 = NJW 1995, 2851; BayObLG 1981, 407; 1987, 396; 1995, 403 = Rpfleger 1996, 240). Dagegen wird mit OLG Zweibrücken Rpfleger 1987, 106 Mitsondereigentum als sog. Nachbareigentum an nicht im Gemeinschaftseigentum stehenden, zwei WEigentumsrechte voneinander trennenden Gebäudeteilen (z.B. an nichttragenden Trennwänden einschließlich darin befindlicher, von beiden Eigentümern gemeinsam benutzter Zuleitungen zu einer im Gemeinschaftseigentum stehenden Ver- oder Entsorgungsleitung) für zulässig zu erachten sein (ebenso BGH FGPrax 2001, 65).

d) Sofern die Begründung von Sondereigentum unwirksam ist, z.B. an Stellplätzen im Freien oder an Terrassen (s. dazu Rn. 21), kann eine **Umdeutung** in ein Sondernutzungsrecht in Betracht kommen (s. dazu OLG Köln MittRhNotK 1996, 61; Abramenko Rpfleger 1998, 313; ferner § 19 Rn. 30; § 53 Rn. 4). 23

10. Inhalt des Sondereigentums. a) Das Verhältnis der WEigentümer untereinander bestimmt sich gemäß § 10 Abs. 1 Satz 1 in erster Linie nach §§ 11 mit 29 WEG und hilfsweise nach §§ 741 ff., 1008 ff. BGB. Nach Maßgabe des § 10 Abs. 1 Satz 2 können sich die WEigentümer aber auch über eine abweichende oder ergänzende Regelung einigen und diese gemäß § 5 Abs. 4 i.V.m. § 10 Abs. 2 dadurch verdinglichen, dass sie sie zum Inhalt des Sondereigentums machen. Die hierzu erforderliche Eintragung der Vereinbarung in das GB als Inhalt des Sondereigentums bewirkt eine Inhaltsänderung aller WEigentumsrechte und setzt daher sachlichrechtlich außer einer formfreien Einigung eine dahingehende Erklärung der WEigentümer gegenüber dem GBAmt, ferner die Zustimmung nachteilig betroffener dinglich Berechtigter und der Berechtigten einer Auflassungsvormerkung voraus (vgl. §§ 877, 873, 876 BGB; BGH 145, 133 = Rpfleger 2001, 69) sowie verfahrensrechtlich deren EintrBewilligungen und einen Antrag (§§ 13, 19). 24

b) Von den Vorschriften des WEG abweichende oder sie ergänzende Vereinbarungen werden in ihrer Gesamtheit als **Gemeinschaftsordnung** bezeichnet. Sie können bereits bei Begründung von WEigentum im Fall des § 3 von den Miteigentümern und im Fall des § 8 vom teilenden Eigentümer getroffen werden (zur Notwendigkeit der Zustimmung dinglich Berechtigter zu der Vereinbarung s. Rn. 24; zur nachträglichen Änderung s. Rn. 77, 82). Bei ihrer Eintragung im GB als Inhalt des Sondereigentums – und nur in diesem Fall: OLG Köln Rpfleger 1982, 62 – hat das GBAmt zu prüfen, ob sie gegen zwingende gesetzliche Vorschriften (vor allem § 134 BGB) verstoßen; denn in diesem Fall würden sie das 25

GB unrichtig machen. Ist auch nur eine von mehreren Regelungen unwirksam, so kann die Eintragung insgesamt nicht vorgenommen werden (BayObLG Rpfleger 1986, 220). Wenn die Prüfung, wie z.B. im Rahmen der §§ 138, 242 BGB, eine wertende Beurteilung unter Berücksichtigung aller Umstände erfordert, ist das GBAmt wegen der Beweismittelbeschränkung im EintrAntragsverfahren (s. § 1 Rn. 51) hierzu grundsätzlich nicht in der Lage; dies ist Sache des WEigentumsgerichts im Verfahren nach § 43. In einem solchen Fall wird das GBAmt einen EintrAntrag nur ausnahmsweise beanstanden können, nämlich dann, wenn zweifelsfrei feststeht, dass eine Bestimmung der zur Eintragung beantragten Gemeinschaftsordnung unwirksam oder unbeachtlich ist (BayObLG 1997, 139 = Rpfleger 1997, 375 zur Zulässigkeit eines Vetorechts; OLG Frankfurt FGPrax 1998, 85). Zur Überprüfung im Hinblick auf § 138 BGB (Nichtigkeit einer Veräußerungsbeschränkung) s. OLG Zweibrücken MittBayNot 1994, 44; zur Überprüfung anhand des § 242 BGB (Treuwidrigkeit einer Genehmigungsfiktion in Bezug auf die Jahresabrechnung) s. die Anm. v. Böttcher zu BayObLG Rpfleger 1990, 160 und die Anm. v. Weitnauer DNotZ 1989, 430; zur Überprüfung hinsichtlich ausreichender Bestimmtheit (Entziehung des WEigentums wegen schwerer persönlicher Misshelligkeiten) s. OLG Düsseldorf MittBayNot 2000, 322.

26 **c)** Die Gemeinschaftsordnung fällt nicht unter das **AGB-Gesetz,** so dass sie vom GBAmt schon aus diesem Grund anhand der Bestimmungen dieses Ges. nicht zu überprüfen ist (BayObLG NJW-RR 1992, 83; OLG Hamburg FGPrax 1996, 132; OLG Frankfurt FGPrax 1998, 85; Weitnauer § 7 Rn. 23ff.; Schmidt MittBayNot 1979, 139; Ertl DNotZ 1981, 149; offengelassen: BGH 99, 90 = Rpfleger 1987, 106; OLG Karlsruhe Rpfleger 1987, 412). Zur Prüfungspflicht des GBAmts hinsichtlich einzelner Bestimmungen der Gemeinschaftsordnung s. auch OLG Köln Rpfleger 1989, 405; LG Düsseldorf Rpfleger 1999, 217.

27 **d)** Aus praktischen Gründen sind Vereinbarungen der WEigentümer über ihr Verhältnis untereinander auch insoweit eintragungsfähig, als lediglich der Inhalt einer gesetzlichen Regelung wiederholt wird (OLG Hamm FGPrax 1997, 59; LG Bielefeld Rpfleger 1986, 472). Der **öffentliche Glaube des GB** erstreckt sich nicht auf Vereinbarungen der WEigentümer über ihr Verhältnis untereinander (Demharter DNotZ 1991, 28; MittBayNot 1995, 34; a.M. OLG Stuttgart OLGZ 1986, 35; BayObLG DNotZ 1990, 381 mit kritischer Anm. v. Weitnauer; OLG Hamm Rpfleger 1994, 60; OLG Frankfurt FGPrax 1997, 214), weil diese durch Mehrheitsbeschluss ersetzt oder geändert werden können und ein

solcher Beschluss nicht in das GB eingetragen werden kann (s. Anh. zu § 13 Rn. 18). Eingetragen werden Vereinbarungen der WEigentümer im GB dadurch, dass wegen des Inhalts des Sondereigentums auf die EintrBewilligung (Teilungserklärung) Bezug genommen wird (§ 7 Abs. 3 WEG; § 3 Abs. 2 WGV).

11. Sondernutzungsrechte. a) Besondere Bedeutung haben Vereinbarungen der WEigentümer erlangt, durch die gem. § 13 Abs. 2 Satz 1, § 15 Abs. 1 einem WEigentümer unter Ausschluss aller übrigen WEigentümer vom Mitgebrauch der alleinige Gebrauch von Teilen oder auch des gesamten (BayObLG 1981, 56 = Rpfleger 1981, 299) gemeinschaftlichen Eigentums eingeräumt wird. Dafür hat sich der **Begriff** Sondernutzungsrecht durchgesetzt. Gegenstand von Sondernutzungsrechten sind häufig Kfz-Stellplätze auf dem gemeinschaftlichen Grund, können aber auch Garagen auf dem Nachbargrundstück sein, die von den WEigentümern auf Grund einer Grunddienstbarkeit genutzt werden dürfen (BayObLG 1990, 124 = Rpfleger 1990, 354; OLG Köln Rpfleger 1993, 335; s. auch OLG Stuttgart Rpfleger 1990, 254). Die Eintragung im GB hat nur die Wirkung des § 10 Abs. 2; ein dingliches Recht entsteht dadurch nicht (BGH 145, 158 = NJW 2000, 3500). 28

b) Der **Bestimmtheitsgrundsatz** verlangt, dass die EintrBewilligung (Teilungserklärung) die Fläche, an der das Sondernutzungsrecht bestehen soll, klar und bestimmt bezeichnet. Dabei sind an die Bezeichnung der Grundstücksfläche die gleichen Anforderungen zu stellen, wie bei sonstigen Eintragungen in Bezug auf einen Grundstücksteil (vgl. hierzu § 7 Rn. 22, 25; BayObLG Rpfleger 1989, 194; DNotZ 1994, 244). Liegt die Fläche innerhalb eines Gebäudes, dann kann auf Merkmale Bezug genommen werden, die mit dem Gebäude dauerhaft verbunden sind (BayObLG 1985, 204 = MittBayNot 1985, 203). Inhaltlich ist ein Sondernutzungsrecht ausreichend bestimmt, wenn es „zu beliebiger, rechtlich zulässiger Nutzung“ eingeräumt wird; auf eine bestimmte Nutzungsart braucht es nicht beschränkt zu werden (BayObLG 1981, 61; MittBayNot 1999, 180; LG Wuppertal MittRhNotK 1989, 17). 29

c) Die Einräumung eines umfassenden Sondernutzungsrechts an einer Grundstücksfläche einschließlich des Rechts, diese zu bebauen, enthält nicht die vorweggenommene Einigung über die Einräumung von Sondereigentum an den Räumen in einem solchen Gebäude zugunsten des Sondernutzungsberechtigten (BayObLG Rpfleger 2000, 544 mit abl. Anm. v. Roellenbleg MittBayNot 2000, 552). Zur **nachträglichen Begründung,** Abänderung oder Aufhebung von Sondernutzungsrechten s. Rn. 82; zur Übertragung s. Rn. 84; zum Sondernutzungsrecht als Ausübungsbereich 30 einer Dienstbarkeit s. Rn. 68, als Ausübungsbereich eines Wohnungsrechts s. Anh. zu § 44 Rn. 28; zur Bezugnahme bei der Eintragung s. § 44 Rn. 31; zur Umdeutung der unwirksamen Begründung von Sondereigentum in ein Sondernutzungsrecht s. Rn. 23. S. hierzu auch Schneider, Sondernutzungsrechte im GB, Rpfleger 1998, 9 und 53.

31 **12. Sonstige Vereinbarungen. a)** Zum Inhalt des Sondereigentums kann eine Vereinbarung gemacht werden, dass ein WEigentümer zur Überlassung der Wohnung an einen Dritten zur Benutzung der Zustimmung des Verwalters oder der WEigentümer bedarf (BGH 37, 206 = NJW 1962, 1613; s. Rn. 34), nicht aber ein wechselseitiges dingliches Vorkaufsrecht der WEigentümer, das vielmehr in Form der Belastung begründet werden muss (OLG Celle DNotZ 1955, 320; OLG Bremen Rpfleger 1977, 313). Die vorweggenommene Zustimmung oder Ermächtigung, Gemeinschaftseigentum in Sondereigentum umzuwandeln und umgekehrt, kann nicht mit einer die Sondernachfolger bindenden Weise als Inhalt des Sondereigentums vereinbart und eingetragen werden (s. Rn. 91, 93). Der Gebrauch eines in Miteigentum stehenden Teileigentums (Duplex-Stellplatz) kann außer gem. § 1010 BGB auch durch eine in das GB einzutragende Vereinbarung der WEigentümer gem. § 15 Abs. 1 geregelt werden (BayObLG 1994, 195 = Rpfleger 1995, 67; OLG Jena FGPrax 2000, 7; OLG Frankfurt Rpfleger 2000, 212 mit zust. Anm. v. von Oefele MittBayNot 2000, 441; ablehnend Schöner Rpfleger 1997, 416; Basty Rpfleger 2001, 169; s. dazu Frank MittBayNot 1994, 512; Hügel NotBZ 2000, 349).

32 **b)** In entsprechender Anwendung des § 10 Abs. 2 wird es als zulässig zu erachten sein, dass sich die WEigentümer wegen des „Wohngelds" mit dinglicher Wirkung der sofortigen Zwangsvollstreckung unterwerfen (OLG Celle DNotZ 1955, 320). Zum Inhalt des Sondereigentums kann eine Vereinbarung des Inhalts gemacht werden, dass eine Vertretung in der Eigentümerversammlung nur bestimmten Personen übertragen werden kann (OLG Karlsruhe OLGZ 1976, 273; s. auch BayObLG 1981, 163; BGH Rpfleger 1987, 106); ferner eine Vereinbarung, die das Stimmrecht der WEigentümer abweichend vom „Kopfprinzip" regelt (BayObLG Rpfleger 1982, 143; 1986, 220) oder eine Vereinbarung, dass bestimmte bauliche Veränderungen am gemeinschaftlichen Eigentum ohne Zustimmung aller WEigentümer vorgenommen werden dürfen (BayObLG Rpfleger 1986, 217).

33 **c) Belastungsbeschränkungen** können als Inhalt des Weigentums nicht vereinbart werden (Weitnauer § 12 Rn. 3). Eine Ausnahme gilt, soweit es sich um die Belastung des WEigentums mit

Gebrauchsrechten, z. B. einem Dauerwohnrecht, handelt; Belastungsbeschränkungen dieser Art betreffen die Gebrauchsregelung und damit das Verhältnis der WEigentümer untereinander, so dass sie als Inhalt des Sondereigentums in das GB eingetragen werden können (BGH 37, 209 = Rpfleger 1962, 373; s. dazu aber Weitnauer § 12 Rn. 3, 4).

13. Veräußerungsbeschränkung. a) Um das Eindringen unerwünschter Dritter in die Gemeinschaft zu verhindern, kann nach § 12 Abs. 1 in Durchbrechung des § 137 Satz 1 BGB und in Anlehnung an §§ 5 ff. ErbbauVO als Inhalt des Sondereigentums auch vereinbart werden, dass ein WEigentümer zur Veräußerung seines WEigentums (d. h. zu dessen rechtsgeschäftlicher Übertragung unter Lebenden: BayObLG 1976, 330 = Rpfleger 1977, 104 und, speziell für den Fall der Erfüllung eines Vermächtnisses oder einer Teilungsanordnung: BayObLG 1982, 50 = Rpfleger 1982, 177) der Zustimmung anderer WEigentümer oder eines Dritten (etwa des Verwalters, nicht aber eines Grundpfandgläubigers: § 1136 BGB; Weitnauer § 12 Rn. 14) bedarf (zur Notwendigkeit der Zustimmung dinglich Berechtigter zu der Vereinbarung s. Rn. 24). Bei der Vereinbarung sind die Miteigentümer jedoch an § 12 Abs. 2 gebunden, wonach die Zustimmung nur aus wichtigem Grund versagt werden kann (s. dazu BayObLG 1972, 351 = NJW 1973, 152). Obwohl ein solcher Grund nur in der Person des Erwerbers liegen kann (BayObLG 1990, 27), ist die Zustimmung zu einem bestimmten Veräußerungsvertrag nicht immer auch als Zustimmung zu einem kurze Zeit später mit demselben Erwerber zu veränderten Bedingungen neu abgeschlossenen Vertrag auszulegen (BayObLG DNotZ 1992, 229). 34

b) Die Zustimmung aller WEigentümer ersetzt eine an sich vorgesehene **Zustimmung des Verwalters** (BayObLG 1980, 29; OLG Zweibrücken Rpfleger 1987, 157; OLG Saarbrücken MittBayNot 1989, 29). Ist die Zustimmung des Verwalters erforderlich, hat dieser die Zustimmung in eigener Person zu erklären; eine Bevollmächtigung ist nicht zulässig. Der WEigentümer hat einen im Verfahren nach § 43 durchsetzbaren Anspruch auf eine Zustimmungserklärung, die sowohl ihrer Form (s. hierzu § 29 Rn. 11), als auch ihrem Inhalt nach den Vollzug der Eigentumsumschreibung im GB zweifelsfrei ermöglicht (OLG Hamm Rpfleger 1992, 294); von einer Kostenübernahme des veräußernden WEigentümers kann sie nicht abhängig gemacht werden (OLG Hamm Rpfleger 1989, 451). Zur Nichtigkeit einer Veräußerungsbeschränkung s. Rn. 25; zur Entbehrlichkeit der Zustimmung für die Eintragung einer Auflassungsvormerkung s. Anh. zu § 44 Rn. 91. 35

36 **c)** Die Veräußerungsbeschränkung wird mit der Eintragung in das GB wirksam und nicht erst mit rechtlicher Invollzugsetzung der Gemeinschaft (a. M. OLG Hamm Rpfleger 1994, 460). Sie hat absolute Wirkung (BayObLG 1961, 394 = DNotZ 1962, 312; s. auch BGH 33, 85 zu § 5 ErbbauVO) und gilt nach § 12 Abs. 3 mangels abweichender Abrede auch für die Veräußerung im Weg der **Zwangsvollstreckung** (einschließlich der freiwilligen Versteigerung nach §§ 19, 53ff.: Weitnauer § 12 Rn. 13) oder durch den Insolvenzverwalter. Vorbehaltlich anderweitiger Regelung erfasst sie auch Veräußerungen innerhalb der WEigentümergemeinschaft (OLG Celle Rpfleger 1974, 338; KG Rpfleger 1978, 382; BayObLG 1977, 40; Rpfleger 1982, 177). Auch Rückauflassungen an den veräußernden WEigentümer zufolge vereinbarter Aufhebung des Kaufvertrags werden von ihr ergriffen (BayObLG 1976, 331 = Rpfleger 1977, 104). Nach OLG Celle Rpfleger 1974, 438 fällt unter die Veräußerungsbeschränkung ferner die Veräußerung eines ideellen Bruchteils an einem WEigentum (s. demgegenüber Schmedes Rpfleger 1974, 421). Ist die Veräußerung an den Ehegatten vom Zustimmungserfordernis ausgenommen, so bedarf die bindende Auflassung in einem vor Rechtskraft des anschließend verkündeten Scheidungsurteils gerichtlich protokollierten Scheidungsvergleichs nicht der Zustimmung (OLG Schleswig Rpfleger 1994, 18); dasselbe gilt aber auch dann, wenn die Auflassung erst nach Rechtskraft des Scheidungsurteils, jedoch auf Grund einer vorher getroffenen Scheidungsvereinbarung erklärt wird (KG FGPrax 1996, 140).

37 **d)** Das Zustimmungserfordernis galt nach überwiegender Ansicht jedoch nicht für den Fall der **Erstveräußerung** von WEigentum durch den Grundstückseigentümer, der durch Teilung WEigentum begründet hatte. Dieser Rechtsansicht ist der BGH entgegengetreten; er hält eine Zustimmung auch in diesem Fall für erforderlich, sofern er nicht ausdrücklich ausgenommen ist (BGH 113, 374 = Rpfleger 1991, 246; ebenso OLG Köln Rpfleger 1992, 293; zur Heilung der von dieser Änderung der Rechtsprechung betroffenen Fälle s. § 61, der nur für die erstmalige Veräußerung nach Begründung von WEigentum gem. § 8 gilt: KG Rpfleger 1995, 17). Eine nach der Gemeinschaftsordnung ausdrücklich zustimmungsfreie Erstveräußerung wird aber nicht dadurch zustimmungsbedürftig, dass der teilende Eigentümer eine Erstveräußerung erst mehrere Jahre nach Begründung von WEigentum durch Teilung vornimmt (OLG Köln Rpfleger 1992, 293). Wegen der Veräußerung eines der durch Unterteilung eines WEigentums entstandenen Teilrechte s. Rn. 73ff.; zur Erbteilsübertragung s. §§ 82 bis 83 Rn. 7.

e) Die Erteilung der erforderlichen Zustimmung richtet sich grundsätzlich nach §§ 182ff. BGB. Die Zustimmung kann gem. § 183 BGB schon vor der Veräußerung erteilt werden (BayObLG DNotZ 1992, 229). Auch § 181 BGB findet Anwendung (BayObLG Rpfleger 1983, 350). Durch diese Bestimmung ist der Verwalter aber nicht daran gehindert, die Genehmigung auch dann zu erteilen, wenn er selbst Veräußerer ist (OLG Düsseldorf Rpfleger 1985, 61; BayObLG MittBayNot 1986, 180). Die Notwendigkeit der Zustimmung Dritter zur Veräußerung eines WEigentums **beschränkt die Verfügungsbefugnis** des WEigentümers, die das GBAmt im Rahmen des § 20 GBO zu prüfen hat (BayObLG 1980, 335). Auch wenn umstritten ist, ob Kaufvertrag und Auflassung ohne Rücksicht auf eine gerichtliche Geltendmachung des Zustimmungsanspruchs bereits mit der Verweigerung der Zustimmung endgültig unwirksam geworden sind (vgl. OLG Hamm DNotZ 1992, 232), kann das GBAmt jedenfalls eintragen, wenn ihm eine Auflassung und eine rechtskräftige Verpflichtung zur Erteilung der erforderlichen Zustimmung vorgelegt werden. Zu den erforderlichen Nachweisen gegenüber dem GBAmt s. § 29 Rn. 11; zur Eintragung der Veräußerungsbeschränkung im GB s. Rn. 51; zur fehlenden Beschwerdeberechtigung des Verwalters bei Eigentumsumschreibung ohne die erforderliche Zustimmung s. § 71 Rn. 69. **38**

f) Als Ausnahme von § 137 BGB kann § 12 nicht erweiternd dahin ausgelegt werden, dass auch das Verbot der Veräußerung oder das Gebot der Veräußerung nur an bestimmte Personen zulässig ist. Eine solche Vereinbarung ist schuldrechtlich zulässig; sie hat aber auch im Fall ihrer Eintragung im GB als Inhalt des Sondereigentums nicht die Wirkung einer vom GBAmt zu beachtenden Veräußerungsbeschränkung (BayObLG MittBayNot 1984, 88). **39**

14. EintrGrundlagen. Das sich aus § 39 Abs. 1 GBO ergebende Erfordernis der Voreintragung des Betroffenen gilt auch für die Eintragung der Begründung von WEigentum. **40**

15. EintrBewilligung. a) Vertragliche Begründung. Da § 20 GBO nicht für anwendbar erklärt ist, gilt das formelle Konsensprinzip (s. § 7 Abs. 3). Erforderlich ist also neben dem Eintr-Antrag nur eine der Formvorschrift des § 29 Abs. 1 Satz 1 GBO entsprechende EintrBewilligung der Betroffenen, d.h. sämtlicher Miteigentümer und etwaiger dinglich Berechtigter (s. Rn. 17), nicht aber der Nachweis einer wirksamen Einigung über die Einräumung von Sondereigentum (OLG Zweibrücken OLGZ 1982, 265; Weitnauer § 4 Rn. 5, § 7 Rn. 10; offengelassen: BayObLG DNotZ 1990, 38; a.M. KEHE § 20 Rn. 15, 119; Meikel § 20 **41**

Rn. 25). Müssen die Beteiligten erst als Miteigentümer eingetragen werden, so gilt für diese Eintragung § 20 GBO.

42 **b) Begründung durch Teilung.** Das durch Teilung begründete WEigentum wird auf Grund eines EintrAntrags und der Teilungserklärung des Eigentümers gegenüber dem GBAmt, die zugleich die EintrBewilligung darstellt und deshalb der Form des § 29 Abs. 1 Satz 1 GBO bedarf, eingetragen. Ersetzt der EintrAntrag die Teilungserklärung, so gilt § 30. Bedarf es nach materiellem Recht der Zustimmung dinglich Berechtigter (s. Rn. 18), so ist auch diese in grundbuchmäßiger Form nachzuweisen. § 878 BGB ist auf die Teilungserklärung nicht entsprechend anwendbar (s. § 13 Rn. 9).

43 **16. Anlagen.** Der EintrBewilligung (Teilungserklärung) sind nach § 7 Abs. 4 Satz 1 i. V. m. § 8 Abs. 2 als Anlagen eine Bescheinigung der Baubehörde über die Abgeschlossenheit der Wohnungen bzw. sonstigen Räume sowie ein sog. Aufteilungsplan beizufügen. Durch sie soll sichergestellt werden, dass das Sondereigentum auf die dafür vorgesehenen und geeigneten Räume beschränkt bleibt und die Grenzen von Sondereigentum und Gemeinschaftseigentum klar abgesteckt werden (BayObLG Rpfleger 1984, 314). Bei den Anlagen handelt es sich um „andere Voraussetzungen der Eintragung" im Sinn von § 29 Abs. 1 Satz 2 GBO (vgl. hierzu OLG Zweibrücken MittBayNot 1983, 242). Nähere Bestimmungen über die Erteilung der Abgeschlossenheitsbescheinigung und ihre Verbindung mit dem Aufteilungsplan enthält die Allgemeine Verwaltungsvorschrift für die Ausstellung von Bescheinigungen gemäß § 7 Abs. 4 Satz 1 Nr. 2 und § 32 Abs. 2 Nr. 2 WEG v. 19. 3. 1974 (BAnz. Nr. 58), die am 1. 4. 1974 an die Stelle der vom Bundesminister für Wohnungsbau erlassenen Richtlinien v. 3. 8. 1951 (BAnz. Nr. 152) getreten ist. Lässt das GBAmt bei der Anlegung der Wohnungsgrundbücher unvollständige Anlagen unbeanstandet, so können sich daraus Amtshaftungsansprüche ergeben (BGH 124, 100 = Rpfleger 1994, 245).

44 **a) Abgeschlossenheitsbescheinigung.** aa) Sie soll dem GBAmt die Prüfung erleichtern, ob die Sollvorschrift des § 3 Abs. 2 Satz 1 beachtet ist. Sie bindet das GBAmt aber nicht; dieses hat vielmehr in eigener Verantwortung zu prüfen, ob die Baubehörde § 3 Abs. 2 Satz 1 richtig ausgelegt hat (Gemeinsamer Senat der obersten Gerichtshöfe des Bundes NJW 1992, 3290). Im Übrigen darf das GBAmt die Voraussetzungen der Abgeschlossenheit (s. hierzu Rn. 2) jedenfalls an Hand des Aufteilungsplans selbst überprüfen (BayObLG 1971, 105, 246; 1984, 138; Rpfleger 1989, 99; KG Rpfleger 1985, 107; s. auch OLG Frankfurt Rpfleger 1977, 312).

bb) Die **Prüfung** der Abgeschlossenheitsbescheinigung hat sich darauf zu beschränken, ob eine formell ordnungsmäßige Bescheinigung der zuständigen Behörde vorliegt, die nicht offensichtlich unrichtig ist, insbes. nicht in erkennbarem Widerspruch zu den vorgelegten EintrUnterlagen steht (vgl. BGH 110, 36 = Rpfleger 1990, 159). Ist der in der Abgeschlossenheitsbescheinigung in Bezug genommene Aufteilungsplan in sich widersprüchlich oder steht er in Widerspruch zu der EintrBewilligung (Teilungserklärung), so liegt keine für das GBAmt bindende Abgeschlossenheitsbescheinigung vor (BayObLG Rpfleger 1993, 335). Das BayObLG verneint einerseits eine Pflicht des GBAmts, die Erfüllung bautechnischer Anforderungen an die Abgeschlossenheit nachzuprüfen (BayObLG 1989, 447 = Rpfleger 1990, 114), andererseits aber auch die Maßgeblichkeit solcher Anforderungen und hält die auf ihre Nichterfüllung gestützte Kraftloserklärung der Abgeschlossenheitsbescheinigung durch die zuständige Behörde für das GBAmt für unbeachtlich (BayObLG 1990, 168 = Rpfleger 1990, 457; ablehnend Böttcher Rpfleger 1990, 497). Zum Begriff der Abgeschlossenheit und den an sie zu stellenden Anforderungen s. Rn. 3. 45

b) Aufteilungsplan. aa) Bei ihm handelt es sich um eine von der Baubehörde mit Unterschrift und Siegel oder Stempel zu versehende Bauzeichnung, aus der die Aufteilung des Gebäudes sowie die Lage und Größe der im Sondereigentum und der im gemeinschaftlichen Eigentum stehenden Gebäudeteile ersichtlich ist (s. dazu eingehend OLG Hamm Rpfleger 1976, 317; BayObLG 1980, 229 = Rpfleger 1980, 435); in dem Plan sind alle zu demselben WEigentum gehörenden Einzelräume mit der jeweils gleichen Nummer zu kennzeichnen, und zwar auch dann, wenn die im GB noch nicht vollzogene EintrBewilligung (Teilungserklärung) nachträglich, z.B. bei einem Kellertausch, geändert wird (BayObLG Rpfleger 1991, 414), nicht aber bei einer Änderung nach Eintragung im GB; den Standort der Gebäude auf dem Grundstück braucht der Aufteilungsplan grundsätzlich nicht auszuweisen (Demharter Rpfleger 1983, 133; a.M. OLG Hamm Rpfleger 1976, 317); zur Notwendigkeit von Grundrissen, Schnitten und Ansichten aller Teile des Gebäudes s. BayObLG Rpfleger 1993, 398; DNotZ 1998, 377. Ein Aufteilungsplan ist nur erforderlich für Gebäude, in denen sich Sondereigentum befindet (BayObLG DNotZ 1998, 377; Lotter MittBayNot 1993, 144). Das GBAmt hat zu prüfen, ob der Aufteilungsplan nicht in Widerspruch zu der EintrBewilligung (Teilungserklärung) steht oder in sich widersprüchlich ist (BayObLG Rpfleger 1993, 335). Wegen der Bedeutung des bei Eintragung von WEigentum zulässigerweise in Bezug genomme- 46 nen Aufteilungsplans für den öffentlichen Glauben s. OLG Hamm Rpfleger 1976, 317; BayObLG Rpfleger 1980, 295; BayObLG 1980, 229 = DNotZ 1980, 747; zur Berichtigung falscher Wohnflächenangaben s. § 22 Rn. 23. Weicht die tatsächliche Bauausführung vom Aufteilungsplan ab, entsteht Sondereigentum nur in dem Umfang, wie er sich aus EintrBewilligung (Teilungserklärung) und Aufteilungsplan ergibt; werden Raumteile im Aufteilungsplan nicht hinreichend als Sondereigentum bezeichnet, entsteht gemeinschaftliches Eigentum (BayObLG MittBayNot 1988, 236).

47 bb) Zur Notwendigkeit der **Übereinstimmung** von EintrBewilligung (Teilungserklärung) und Aufteilungsplan s. OLG Köln NJW-RR 1993, 204; zu den Folgen einer Nichtübereinstimmung s. BayObLG Rpfleger 1982, 21; 1993, 335; ferner OLG Hamm Rpfleger 1986, 374; BGH 130, 159 = NJW 1995, 2851. Zu den Problemen einer aufteilungsplanwidrigen Gebäudeerrichtung s. Streblow MittRhNotK 1987, 141; Röll MittBayNot 1991, 240; zu einem aufteilungsplanwidrigen Gebäudestandort s. BayObLG 1989, 470 = Rpfleger 1990, 204. Ob an den Aufteilungsplan bei einem bereits bestehenden Gebäude andere Anforderungen zu stellen sind, als bei einem erst noch zu errichtenden, hat BayObLG Rpfleger 1984, 314 offengelassen. Werden in der EintrBewilligung (Teilungserklärung) für die einzelnen Sondereigentumsrechte Nummern angegeben, so sollen diese nach § 7 Abs. 4 Satz 2 i.V.m. § 8 Abs. 2 mit denen des Aufteilungsplans übereinstimmen.

48 **17. Genehmigung. a)** Nach § 22 Abs. 1 BauGB kann die Begründung und Teilung von WEigentum der Genehmigung bedürfen; entsprechendes gilt für Wohnungserbbaurechte und Dauerwohnrechte, aber nicht für eine Vereinbarung von Bruchteileigentümern eines Grundstücks gem. § 1010 BGB (OLG Schleswig Rpfleger 2000, 492). Für die Länder Berlin, Hamburg und Bremen gelten Sonderregelungen gem. § 246 BauGB. Der Genehmigungsvorbehalt kann zur Sicherung der Zweckbestimmung von Gebieten mit **Fremdenverkehrsfunktionen** in einem Bebauungsplan oder einer sonstigen Satzung der Gemeinde begründet werden. Über die Genehmigung entscheidet die Baugenehmigungsbehörde im Einvernehmen mit der Gemeinde (§ 22 Abs. 5 BauGB). Das GBAmt darf die von dem Genehmigungsvorbehalt erfassten Eintragungen in das GB nur vornehmen, wenn der Genehmigungsbescheid oder ein Negativattest vorgelegt wird; § 20 Abs. 2 bis 4 BauGB gelten entsprechend (§ 22 Abs. 6 BauGB; s. hierzu § 7 Rn. 7). Die Kenntnis davon, welche Grundstücke von dem Genehmigungsvorbehalt betroffen sind, braucht sich das GBAmt nicht selbst zu verschaffen; es kann vielmehr in jedem Fall eine Geneh-

migung oder ein Negativattest verlangen (Grziwotz DNotZ 1997, 935; a. M. Schmidt-Eichstaedt/Reizig NJW 1999, 385). Zum Verhältnis des § 22 BauGB zur Fremdenverkehrsdienstbarkeit s. Hiltl/Gerold BayVBl. 1993, 385 und 423 sowie BVerwG MittBayNot 1996, 237 mit Anm. v. F. Schmidt und Grziwotz MittBayNot 1996, 179 und 181.

b) Die Begründung von Wohnungs- oder Teileigentum an Gebäuden, die ganz oder teilweise zu Wohnzwecken bestimmt sind, kann außerdem nach § 172 Abs. 1 Satz 4 BauGB einer Genehmigung bedürfen. Der Genehmigungsvorbehalt kann zur Erhaltung der **Zusammensetzung der Wohnbevölkerung** durch Rechtsverordnung der Landesregierung für Grundstücke in Gebieten mit einer Erhaltungssatzung begründet werden (zur Übergangsregelung s. § 236 Abs. 2 BauGB). Der Genehmigung bedürfen, obwohl nicht ausdrücklich erwähnt, auch die Begründung von Wohnungs- oder Teilerbbaurechten, desgleichen die Unterteilung, weil auch durch sie neues Wohnungs- oder Teileigentum begründet wird. Eine nach § 172 BauGB erforderliche Genehmigung wird grundsätzlich von der Gemeinde erteilt (§ 173 Abs. 1 BauGB). Das GBAmt darf die von dem Genehmigungsvorbehalt erfassten Eintragungen nur vornehmen, wenn der Genehmigungsbescheid oder ein Negativattest vorgelegt wird; § 20 Abs. 2 bis 4 BauGB gelten entsprechend (§ 172 Abs. 1 Satz 6 BauGB; s. dazu § 7 Rn. 7). Ob eine VO i. S. des § 172 Abs. 1 Satz 4 BauGB vorliegt, die Voraussetzung einer Genehmigungspflicht ist, hat das GBAmt von Amts wegen zu prüfen. Ist dies nicht der Fall, darf eine Genehmigung oder ein Negativattest nicht verlangt werden (OLG Hamm FGPrax 1999, 132; OLG Zweibrücken Rpfleger 1999, 441; Grziwotz DNotZ 1997, 936). Dagegen braucht sich das GBAmt durch eigene Feststellungen keine Kenntnis davon zu verschaffen, ob eine Satzung i. S. des § 172 Abs. 1 Satz 1 BauGB vorliegt (a. M. Schmidt-Eichstaedt/Reizig NJW 1999, 385). **49**

Die Genehmigungspflicht gilt als **Verbot** i. S. des § 135 BGB (Abs. 1 Satz 5). Als geschützte Person, die im Fall des § 172 Abs. 1 Satz 6 i. V. m. § 20 Abs. 3 BauGB als Berechtigte des Widerspruchs einzutragen ist, kommt nur die Gemeinde in Betracht. Abs. 4 bestimmt, wann die Genehmigung zu versagen und unter welchen Voraussetzungen sie zu erteilen ist. Die Genehmigung ist unter anderem zu erteilen, wenn sich der Eigentümer verpflichtet, innerhalb von sieben Jahren Wohnungen nur an die Mieter zu veräußern (Abs. 4 Satz 3 Nr. 6). In diesem Fall kann in der Genehmigung bestimmt werden, dass auch die Veräußerung während der Dauer der Verpflichtung der Genehmigung bedarf. Diese Genehmigungs- **50** pflicht kann auf Ersuchen der Gemeinde in das GB eingetragen werden, sie erlischt nach Ablauf der Verpflichtung (Abs. 4 Satz 4, 5).

51 **18. Eintragung. a) Inhalt.** Er ergibt sich aus § 7 Abs. 1 Satz 2 i. V. m. § 8 Abs. 2. Hiernach muss die Eintragung das mit dem jeweiligen Miteigentumsanteil verbundene Sondereigentum und als Beschränkung des Miteigentums die Einräumung der mit den anderen Miteigentumsanteilen verbundenen Sondereigentumsrechte ersichtlich machen. Dabei ist wegen des Gegenstands und des Inhalts des Sondereigentums nach § 7 Abs. 3 i. V. m. § 8 Abs. 2 eine **Bezugnahme** auf die EintrBewilligung (Teilungserklärung) statthaft (s. hierzu § 44 Rn. 31). Die Bezugnahme umfasst auch den Aufteilungsplan als Anlage (vgl. § 7 Abs. 4 Satz 1 Nr. 1) der EintrBewilligung (Teilungserklärung), so dass auch er Gegenstand der GBEintragung wird. Veräußerungsbeschränkungen gemäß § 12 müssen jedoch, wie § 3 Abs. 2 WGV entsprechend § 56 Abs. 2 GBV bestimmt, in den EintrVermerk selbst aufgenommen werden; wegen der Einzelheiten, einschließlich etwa vereinbarter Ausnahmen, ist aber eine Bezugnahme zulässig (Weitnauer § 12 Rn. 8; KEHE § 3 WGV Rn. 8; a. M. LG Marburg Rpfleger 1960, 336; LG Mannheim Rpfleger 1963, 301; OLG Saarbrücken Rpfleger 1968, 57; LG Kempten Rpfleger 1968, 58). Da Veräußerungsbeschränkungen zum Inhalt des Sondereigentums gehören, hat das Verbot einer Bezugnahme nur formellrechtliche Bedeutung; ein Verstoß dagegen berührt die materiellrechtliche Wirksamkeit nicht (vgl. dazu LG Marburg Rpfleger 1968, 26 mit Anm. v. Haegele). Zu einer inhaltlich unzulässigen Eintragung s. § 44 Rn. 15.

52 **b) Wohnungsgrundbuch.** Für die Art der Eintragung des WEigentums ist eine von den allgemeinen Vorschriften abweichende Regelung getroffen. Nach § 7 Abs. 1 Satz 1 i. V. m. § 8 Abs. 2 sind in Durchbrechung des in § 3 Abs. 1 Satz 1 GBO verankerten Grundsatzes und in Erweiterung der in § 3 Abs. 4 GBO vorgesehenen Ausnahme (s. § 3 Rn. 27 ff.) für die einzelnen Miteigentumsanteile von Amts wegen besondere Blätter, sog. Wohnungs- bzw. Teileigentumsgrundbücher anzulegen. Bei Begründung des WEigentums durch Einigung der Miteigentümer kann die Anlegung nach § 7 Abs. 2 Satz 1 unterbleiben, falls hiervon Verwirrung nicht zu besorgen ist (s. dazu § 4 Rn. 6); nach § 7 Abs. 2 Satz 2 ist das GBBlatt alsdann als gemeinschaftliches Wohnungs- bzw. Teileigentumsgrundbuch zu bezeichnen. Bei Begründung des WEigentums durch Teilungserklärung des Eigentümers müssen, wie § 8 Abs. 2 Satz 1 ergibt, stets besondere Blätter angelegt werden; unterbleibt die Anlegung, so hindert dies nach h. M.

die Entstehung von WEigentum nicht (s. dazu jedoch Horber MDR 1956, 63).

19. Anlegung des Wohnungsgrundbuchs. a) Sind für die einzelnen Miteigentumsanteile besondere Blätter anzulegen, so ist nach §§ 1 bis 6 WGV (zu ihrer Anwendung im Gebiet der früheren DDR s. jetzt § 10 Abs. 2, 3 WGV, vordem Anl. I Kap. III Sachgeb. B Abschn. III Nr. 5 EinigungsV) wie folgt vorzugehen: 53

aa) **Blatt des Grundstücks.** Auf ihm werden die Miteigentumsanteile in Sp. 7 und 8 des Bestandsverzeichnisses abgeschrieben; in den Abschreibungsvermerk sind die Nummern der für die Miteigentumsanteile anzulegenden Blätter anzugeben. Die das Grundstück betreffenden Eintragungen in Sp. 1 mit 6 des Bestandsverzeichnisses sowie die ausschließlich auf das Grundstück oder einen der Miteigentumsanteile bezüglichen Vermerke in den drei Abteilungen werden gerötet. Sodann ist das Blatt, falls auf ihm nicht weitere von der Abschreibung nicht betroffene Grundstücke vorgetragen sind, nach Maßgabe des § 36 GBV zu schließen. Sind die künftigen WEigentümer, was häufig der Fall sein wird, noch nicht Miteigentümer des Grundstücks, sondern ist ihnen dieses lediglich zu Miteigentum aufgelassen, so setzt die Abschreibung der Miteigentumsanteile nicht voraus, dass die Auflassung auf dem Blatt des Grundstücks oder, wenn dieses ein gemeinschaftliches ist, auf einem neu anzulegenden und sogleich wieder zu schließenden Blatt eingetragen wird; die Auflassung der Miteigentumsanteile kann vielmehr in der ersten Abteilung der für diese anzulegenden Blätter verlautbart werden (Weitnauer § 7 Rn. 6).

bb) **Blätter der Miteigentumsanteile.** Sie erhalten in der Aufschrift den Vermerk „Wohnungsgrundbuch" bzw. „Teileigentumsgrundbuch", im Fall des § 2 Satz 2 WGV den Vermerk „Wohnungs- und Teileigentumsgrundbuch"; er ist in Klammern unter die Nummer des Blatts zu setzen. 54

cc) **Bestandsverzeichnis.** In dieses wird der bruchteilmäßig ausgedrückte Miteigentumsanteil an dem nach den allgemeinen Vorschriften zu bezeichnenden Grundstück und unmittelbar anschließend die Begründung des WEigentums eingetragen; besteht das Grundstück aus mehreren Teilen, die in dem maßgebenden amtlichen Verzeichnis als selbständige Teile eingetragen sind, so ist bei der Bezeichnung des Grundstücks in geeigneter Weise zum Ausdruck zu bringen, dass die Teile ein Grundstück bilden; in der Eintragung, die in dem durch Sp. 3 gebildeten Raum vorzunehmen ist, sind die Blätter der anderen Miteigentumsanteile aufzuführen. In Sp. 4 wird die Größe des Grundstücks, in Sp. 6 die Übertragung des Miteigentumsanteils eingetragen; in dem Übertra- 55 gungsvermerk ist das Blatt anzugeben, auf dem das Grundstück bisher vorgetragen war (darüber, dass die unter den EintrVermerk in Sp. 6 gesetzten Unterschriften auch den das Sondereigentum betreffenden EintrVermerk in Sp. 3 decken, s. OLG Celle Rpfleger 1971, 184); der Übertragungsvermerk kann statt in Sp. 6 auch in die Eintragung in Sp. 3 aufgenommen werden. Rechte, die dem jeweiligen Eigentümer des Grundstücks zustehen und gemäß § 9 GBO vermerkt waren, werden im Bestandsverzeichnis aller Blätter vermerkt; in der Eintragung in Sp. 6 sind auch die Blätter der anderen Miteigentumsanteile aufzuführen. S. im einzelnen Muster zur WGV Anl. 1 Nr. 1 und Nr. 3 des Bestandsverzeichnisses.

56 dd) **Erste Abteilung.** Sie dient der Eintragung des WEigentümers. Steht das WEigentum mehreren gemeinschaftlich zu, so ist in Sp. 2 auch das in Betracht kommende Gemeinschaftsverhältnis anzugeben; dieses kann, anders als beim gewöhnlichen Miteigentumsanteil (s. § 47 Rn. 8), auch eine Bruchteilsgemeinschaft sein (s. Rn. 61). In Sp. 4 wird entweder die Übertragung des bereits bestehenden Miteigentums vermerkt oder die Auflassung des Miteigentumsanteils eingetragen.

57 ee) **Zweite und dritte Abteilung.** In sie werden etwaige Belastungen des Miteigentumsanteils oder des ganzen Grundstücks übertragen. Im Fall der Belastung des ganzen Grundstücks ist, soweit es sich um Grundpfandrechte oder Reallasten handelt, die Mithaft der anderen Miteigentumsanteile zum Ausdruck zu bringen. Im Übrigen ist die Übertragung in der Weise vorzunehmen, dass die Belastung des ganzen Grundstücks erkennbar ist; dabei sind auch die Blätter der anderen Miteigentumsanteile aufzuführen. S. Muster zur WGV Anl. 1 Nr. 1 der Abt. II. Zur Behandlung eines am Grundstück lastenden Vorkaufsrechts samt Rangvorbehalt s. § 45 Rn. 36.

58 **b)** Werden für die einzelnen Miteigentumsanteile besondere Blätter nicht angelegt, so ist nach § 7 WGV (zu seiner Anwendung im Gebiet der früheren DDR s. jetzt § 10 Abs. 2, 3 WGV, vordem Anl. I Kap. III Sachgeb. B Abschn. III Nr. 5 EinigungsV) zu verfahren. Hiernach erhält die Aufschrift des für das Grundstück geführten oder unter Übertragung der Belastungen neu angelegten Blatts den Vermerk „Gemeinschaftliches Wohnungsgrundbuch" bzw. „Gemeinschaftliches Teileigentumsgrundbuch", im Fall des § 2 Satz 2 WGV den Vermerk „Gemeinschaftliches Wohnungs- und Teileigentumsgrundbuch"; er ist in Klammern unter die Nummer des Blatts zu setzen. Die Begründung des WEigentums wird als Bezeichnung des Gemeinschaftsverhältnisses im Sinn des § 47 GBO in die Sp. 2 und 4 der ersten Abteilung eingetragen. S. im Einzelnen Muster zur WGV Anl. 2.

20. Freie Verfügbarkeit. Als besonders ausgestaltetes Bruchteilseigentum unterliegt das WEigentum nach § 747 Satz 1 BGB der freien Verfügung des WEigentümers. Er kann es daher nach den für Miteigentumsanteile an Grundstücken geltenden Vorschriften **veräußern und belasten;** rechtlich geschieht dies in der Weise, dass der Miteigentumsanteil veräußert oder belastet wird; die Verfügung erstreckt sich dann nach § 6 Abs. 2 ohne weiteres auf das mit dem Miteigentumsanteil verbundene Sondereigentum. Der WEigentümer ist auch befugt, sein WEigentum in mehrere selbstständige WEigentumsrechte zu unterteilen. S. hierzu Rn. 73ff. Zur Inhaltsänderung s. Rn. 77. Zur Vereinigung von WEigentumsrechten s. § 5 Rn. 5; zur Zuschreibung s. § 6 Rn. 5. Ein Verzicht auf das WEigentum entsprechend § 928 BGB ist nicht möglich (s. hierzu Anh. zu § 44 Rn. 4). 59

21. Veräußerung. a) Voraussetzungen. aa) Sie erfordert Auflassung und Eintragung in das GB. Es gelten §§ 925, 925a BGB sowie § 20 GBO. Durch die Schenkung von WEigentum erlangt ein Minderjähriger in der Regel nicht lediglich einen rechtlichen Vorteil (§ 107 BGB), so dass die Einwilligung seines gesetzlichen Vertreters erforderlich ist (s. dazu BGH 78, 28 = Rpfleger 1980, 463; BayObLG 1979, 243; Rpfleger 1998, 70 mit Anm. Bestelmeyer FGPrax 1998, 22; OLG Celle NJW 1976, 2214; OLG Köln FGPrax 1998, 23, zugleich zur Notwendigkeit der familiengerichtlichen Genehmigung; OLG Hamm Rpfleger 2000, 449; s. dazu auch § 20 Rn. 45). Ist zur Veräußerung des WEigentums zufolge einer Vereinbarung der WEigentümer die Zustimmung anderer WEigentümer oder eines Dritten erforderlich (s. Rn. 34), so muss diese dem GBAmt nachgewiesen werden; dies folgt trotz Fehlens einer § 15 ErbbauVO entsprechenden Bestimmung aus der absoluten Wirkung der Verfügungsbeschränkung (Weitnauer § 12 Rn. 13). Zur Eintragung des Erwerbers bedarf es ferner der Unbedenklichkeitsbescheinigung der Finanzbehörde (s. § 20 Rn. 48). Gemeindliche Vorkaufsrechte bestehen bei der Veräußerung von Rechten nach dem WEG nicht (§ 24 Abs. 2, § 25 Abs. 2 Satz 1 BauGB). 60

bb) Wird das WEigentum auf **mehrere Personen** zu Bruchteilen übertragen, so entsteht, anders als bei der Übertragung eines gewöhnlichen Miteigentumsanteils (s. § 47 Rn. 8), zwischen den Erwerbern eine besondere Gemeinschaft nach §§ 741ff. BGB (Weitnauer § 3 Rn. 121; Riedel JZ 1951, 625; OLG Neustadt NJW 1960, 295 mit Anm. v. Bärmann; s. auch Weitnauer DNotZ 1960, 115; BGH 49, 250 = Rpfleger 1968, 114). 61

b) Teilweise Veräußerung. aa) Eine teilweise Veräußerung des WEigentums in dem Sinn, dass lediglich das Sondereigentum 62 veräußert wird, ist durch § 6 Abs. 1 ausgeschlossen. Möglich ist jedoch die Veräußerung von WEigentum zu einem ideellen Bruchteil (s. BGH 49, 250 = Rpfleger 1968, 114). Auch kann, wenn das WEigentum mehrere in sich abgeschlossene Wohnungseinheiten umfasst, eine von ihnen mit einem Teil des Miteigentumsanteils veräußert werden (Riedel JZ 1951, 625; vgl. dazu auch BGH 49, 250 = Rpfleger 1968, 114). Ferner kann ein WEigentümer einzelne Teile des Sondereigentums, z.B. das an einer Garage, ohne gleichzeitige Übertragung eines Miteigentumsanteils an einen anderen WEigentümer veräußern. § 6 Abs. 1 hindert zwei WEigentümer auch nicht, ihr Sondereigentum unter Beibehaltung ihres jeweiligen Miteigentumsanteils untereinander vollständig auszutauschen. Schließlich können die WEigentümer auch ihre Miteigentumsanteile ohne Änderung des zugehörigen Sondereigentums untereinander verkleinern und vergrößern. Näheres hierzu s. Rn. 64.

63 bb) Einer **Mitwirkung der übrigen WEigentümer** bedarf es in diesen Fällen nicht; jedoch ist die Zustimmung dinglich Berechtigter erforderlich. Die Übertragung eines Teils des Sondereigentums auf einen anderen WEigentümer bedarf grundbuchrechtlich nicht deshalb der Bewilligung der übrigen WEigentümer und dinglich Berechtigten, weil die Abgeschlossenheit des vergrößerten WEigentums nur durch einen Durchbruch durch die im Gemeinschaftseigentum stehende Decke hergestellt werden kann (BayObLG 1998, 2 = FGPrax 1998, 52 mit zust. Anm. v. Röll MittBayNot 1998, 81). Wegen des grundbuchamtlichen Vollzugs s. Muster zur WGV Anl. 1 Nr. 1 und Nr. 2 des Bestandsverzeichnisses.

64 **c) Sonstiges.** Zur Rechtslage, wenn bei Verkauf und Auflassung einer Eigentumswohnung beide Parteien irrtümlich einen falschen Keller als zu der Wohnung gehörend betrachten, s. BayObLG 1996, 149. Bei Veräußerung des WEigentums an einen anderen WEigentümer behält jedes WEigentum seine rechtliche Selbständigkeit. Wegen der Schenkung von WEigentum an einen Minderjährigen s. Rn. 60.

65 **22. Belastung. a)** Sie erfordert Einigung und Eintragung in das GB. Es gelten § 873 BGB und § 19 GBO. Das WEigentum kann zunächst mit all den beschränkten dinglichen Rechten belastet werden, die an einem gewöhnlichen Miteigentumsanteil begründet werden können, also mit Grundpfandrechten (§§ 1114, 1192, 1199 BGB), mit einer Reallast (§ 1106 BGB), einem Vorkaufsrecht (§ 1095 BGB) und einem Nießbrauch (vgl. § 1066 BGB).

66 **b)** Wegen der mit ihm verbundenen Herrschaftsmacht über einen realen Teil des Gebäudes ist grundsätzlich auch die Belastung

mit einer Grunddienstbarkeit oder beschränkten persönlichen **Dienstbarkeit** zulässig.

aa) Dies gilt nicht nur für den Fall, dass ihre Ausübung, wie z.B. bei einem dinglichen Wohnungsrecht nach § 1093 BGB oder einem Wettbewerbsverbot, allein das Sondereigentum betrifft (so KG DNotZ 1968, 750; BayObLG 1974, 396; 1976, 219; 1987, 362 = Rpfleger 1988, 62; weitergehend OLG Hamm Rpfleger 1980, 468; s. hierzu auch Zimmermann Rpfleger 1981, 333), sondern auch dann, wenn ein mit dem Sondereigentum an den Räumen verbundenes alleiniges Gebrauchsrecht an Gebäudeteilen betroffen wird, die im Gemeinschaftseigentum stehen. Deshalb kann ein WEigentum zugunsten des jeweiligen Eigentümers einer anderen Wohnung mit einer Grunddienstbarkeit in der Weise belastet werden, dass ein Fenster ständig geschlossen zu halten ist (BGH 107, 289 = Rpfleger 1989, 452; zum Sondernutzungsrecht als Ausübungsbereich s. Rn. 68). Zulässig ist auch eine Grunddienstbarkeit, durch die einem anderen WEigentümer die Mitbenutzung eines der im Sondereigentum stehenden Räume und der Zugang zu diesem durch andere Räume gestattet wird (OLG Zweibrücken MittBayNot 1993, 86), ferner eine Grunddienstbarkeit, die einen anderen WEigentümer zur Nutzung einzelner Räume eines WEigentums zu Wohnzwecken berechtigt (OLG Zweibrücken FGPrax 1997, 133; a.M. KG FGPrax 1995, 226 mit kritischer Anm. v. Demharter). Das Recht zur Benutzung eines Kfz-Stellplatzes kann als Dienstbarkeit an einem Teileigentum auch dann eingetragen werden, wenn das Sondereigentum nur aus dem Stellplatz besteht (BayObLG 1987, 359 = Rpfleger 1988, 62). Möglich ist auch die Belastung eines WEigentums mit einem Dauerwohnrecht nach § 31 (Weitnauer § 3 Rn. 116; BayObLG 1957, 110 = NJW 1957, 1840).

bb) Dagegen kann die Verpflichtung eines WEigentümers, es zu unterlassen, Wärme oder Wärmeenergie zum Zweck der Raumbeheizung und der Bereitung von Gebrauchswarmwasser zu beziehen, außer aus der im Bereich eines bestimmten Teileigentums gewerblich betriebenen Wärmeversorgungsanlage, aber nicht Inhalt einer Grunddienstbarkeit sein (BayObLG 1976, 219; s. hierzu auch BayObLG MittBayNot 1978, 213; Rpfleger 1980, 279, aber auch BGH WM 1984, 820; 1985, 808); ebenso wenig die Verpflichtung eines WEigentümers, die Wohnung der WEigentümergemeinschaft unentgeltlich als Hausmeisterwohnung zur Verfügung zu stellen (BayObLG 1979, 444 = Rpfleger 1980, 150). Auch kann ein Teileigentum (Tiefgaragenstellplatz) nicht mit einem Wohnungsrecht belastet werden (BayObLG 1986, 441 = Rpfleger 1986, 62). **67**

68 cc) Das **Sondernutzungsrecht** eines WEigentümers am gemeinschaftlichen Eigentum kann nicht Gegenstand (Ausübungsbereich) einer Dienstbarkeit am WEigentum sein (BayObLG 1974, 396 = Rpfleger 1975, 22; DNotZ 1990, 496 mit Anm. v. Amann; Rpfleger 1997, 431 mit abl. Anm. v. Ott DNotZ 1998, 128; KG Rpfleger 1976, 180; OLG Düsseldorf Rpfleger 1986, 376; OLG Zweibrücken FGPrax 1999, 44); zur Erstreckung des Wohnungsrechts an einem WEigentum auf ein Sondernutzungsrecht des WEigentümers s. Anh. zu § 44 Rn. 29. Nach OLG Karlsruhe Rpfleger 1975, 356 kann eine Tankstellendienstbarkeit bei Bildung von WEigentum nicht auf einem einzigen Miteigentumsanteil bestehen bleiben und gleichzeitig in allen übrigen Wohnungsgrundbüchern gelöscht werden, wenn ihre Ausübungsbefugnis räumlich über das eigentliche Sondereigentum auf Gemeinschaftsflächen hinausgreift, selbst wenn für den Teileigentümer ein Sondernutzungsrecht an der Gemeinschaftsfläche besteht; s. dazu aber auch Röll Rpfleger 1978, 352.

69 dd) Mit Rechten, die ihrer Natur nach nicht an dem WEigentum als solchem bestehen können, z. B. mit einem Wegerecht, kann nur das im gemeinschaftlichen Eigentum stehende Grundstück belastet werden. S. hierzu Rn. 96, 98.

70 **c)** Der Antrag, noch nicht gebildetes WEigentum mit einem Grundpfandrecht zu belasten, kann nicht als Antrag auf Belastung des eingetragenen Miteigentumsanteils an dem Grundstück ausgelegt werden; auch kann nicht durch Zwischenverfügung eine dahingehende Einschränkung des Antrags aufgegeben werden (OLG Hamm Rpfleger 1983, 395). Zu dem Fall, dass der Eigentümer eines Grundstücks vor der Bildung von WEigentum durch Vollzug der Teilungserklärung, aber nach dem darauf gerichteten Antrag die Belastung eines WEigentums mit einem Grundpfandrecht beantragt, s. § 17 Rn. 7, 14.

71 **d)** Eine **Pfändung** des WEigentums nach § 857 ZPO ist, entsprechend der Rechtslage beim gewöhnlichen Miteigentumsanteil unzulässig (s. hierzu Anh. zu § 26 Rn. 5).

72 **e)** Belastungsbeschränkungen können nicht zum Inhalt des Sondereigentums gemacht werden; eine Ausnahme gilt aber bezüglich der Belastung mit Gebrauchsrechten, s. Rn. 33.

73 **23. Unterteilung. a)** Sie ist in der Weise möglich, dass die bisherige Raumeinheit in mehrere in sich wiederum abgeschlossene Raumeinheiten aufgeteilt und Hand in Hand hiermit eine weitere ideelle Aufteilung des Miteigentums vorgenommen wird; eine gleichzeitige Veräußerung eines der Teilrechte ist nicht Voraussetzung der Unterteilung (BGH 49, 250 = Rpfleger 1968, 114; Bay-

ObLG 1977, 1 = Rpfleger 1977, 140). Wird bei der Unterteilung eines WEigentums ein Raum, der bisher zum Sondereigentum gehörte, nicht als Sondereigentum mit einem Miteigentumsanteil verbunden, so ist die Unterteilung **nichtig.** Die GBEintragungen, die eine solche Unterteilung vollziehen, sind inhaltlich unzulässig und können nicht Grundlage für einen Erwerb kraft öffentlichen Glaubens des GB sein (BayObLG 1987, 390 = Rpfleger 1988, 102; BayObLG 1995, 399 = Rpfleger 1996, 240). Dasselbe gilt für eine Eintragung, welche dieselben Räume sowohl als Sondereigentum als auch als Gemeinschaftseigentum darstellt (BayObLG Rpfleger 1988, 256). Werden bei einem der neu gebildeten WEigentumsrechte als Sondereigentum auch im gemeinschaftlichen Eigentum stehende Räume ausgewiesen, liegt nur insoweit eine inhaltlich unzulässige Eintragung vor; die Unterteilung ist nicht insgesamt inhaltlich unzulässig (BayObLG 1998, 70 = FGPrax 1998, 88).

b) Die Unterteilung ohne **gleichzeitige Veräußerung** eines der Teilrechte erfordert entsprechend § 8 eine einseitige Erklärung des teilenden WEigentümers gegenüber dem GBAmt; bei gleichzeitiger Veräußerung eines der Teilrechte erfolgt sie auf Grund des Veräußerungsvertrags zwischen diesem und dem Erwerber (BGH 49, 250 = Rpfleger 1968, 114). Die Zustimmung der dinglich Berechtigten ist nicht erforderlich. Die Belastungen des ursprünglichen WEigentums bestehen an den neuen WEigentumsrechten fort und werden, soweit dies möglich ist, zu Gesamtrechten. Ein neues WEigentumsrecht kann aber gem. § 1026 BGB von einer Belastung kraft Gesetzes frei werden. 74

c) Der WEigentümer bedarf zur Unterteilung nach dem Gesetz nicht der **Zustimmung** anderer WEigentümer oder eines Dritten (z.B. der Grundpfandrechtsgläubiger); die Unterteilung kann jedoch in entsprechender Anwendung des § 12 durch eine Vereinbarung der WEigentümer oder die Teilungserklärung mit der Einschränkung von einer solchen Zustimmung abhängig gemacht werden, dass diese nur aus wichtigem Grund versagt werden darf (BGH 49, 250 = Rpfleger 1968, 114; BayObLG 1983, 82; Rpfleger 1986, 177; 1991, 455; s. dazu aber Weitnauer § 12 Rn. 3). Gleiches gilt für die gleichzeitige oder spätere Veräußerung eines der Teilrechte (BGH 73, 150 = Rpfleger 1979, 96; BayObLG 1983, 82). Soll jedoch im Zusammenhang mit der Unterteilung ein bisher im Sondereigentum stehender Raum zu Gemeinschaftseigentum werden, müssen hierzu die übrigen WEigentümer mitwirken (s. Rn. 93). Nach Maßgabe des § 22 BauGB kann die Teilung von WEigentum der Genehmigung der Baugenehmigungsbehörde unterliegen; s. hierzu Rn. 48. 75

76 **d)** Zur **Eintragung der Unterteilung** im GB sind in entsprechender Anwendung von § 8 Abs. 2 Satz 2 i.V.m. § 7 Abs. 4 Nr. 1, 2 ein die Unterteilung darstellender Aufteilungsplan (Unterteilungsplan) sowie eine Abgeschlossenheitsbescheinigung der Baubehörde für jedes der neu gebildeten WEigentumsrechte vorzulegen; dies gilt auch dann, wenn durch die Unterteilung eine früher vorgenommene Vereinigung von zwei WEigentumsrechten rückgängig gemacht wird (BayObLG NJW-RR 1994, 716). Zur Darstellung der Unterteilung im GB s. LG Lübeck Rpfleger 1988, 102. S. zum Ganzen Röll DNotZ 1993, 158.

77 **24. Inhaltsänderung. a)** Die Änderung kann den Inhalt des Sondereigentums (s. Rn. 82), die Zusammensetzung von Miteigentumsanteil und Sondereigentum (s. Rn. 87) oder die Zweckbestimmung als Wohnungs- oder Teileigentum (s. Rn. 95) betreffen.

78 **b)** In allen Fällen ist gem. §§ 873, 877 BGB die **Einigung** der betroffenen WEigentümer und die **Eintragung** in das GB erforderlich. Soweit die Änderung die Miteigentumsanteile betrifft (Quotenänderung; s. Rn. 89), ist auf die Einigung § 925 BGB anzuwenden und auf die GBEintragung § 20 GBO (BayObLG DNotZ 1983, 752). Soweit nur der Gegenstand des Sondereigentums betroffen ist (s. Rn. 87ff.), bedarf die Einigung der Form der Auflassung (§ 4 Abs. 1, 2); § 20 GBO gilt für die GBEintragung aber nicht (vgl. Rn. 41); daher genügt die Bewilligung des von der Änderung rechtlich beeinträchtigten WEigentümers. Außerdem ist eine Abgeschlossenheitsbescheinigung mit Aufteilungsplan für die betroffenen Wohnungen erforderlich. Soweit die Änderung schließlich nur den Inhalt des Sondereigentums betrifft (s. Rn. 82ff., 95), bedarf die Einigung keiner besonderen Form; für die GBEintragung gilt § 19 GBO. Zur Bindung an die dingliche Einigung entsprechend §§ 877, 873 Abs. 2 BGB s. BayObLG Rpfleger 2001, 404. Zur Notwendigkeit der Zustimmung (Bewilligung) der Berechtigten einer Auflassungsvormerkung s. Rn. 80.

79 **c)** Ist ein WEigentum mit dem Recht eines Dritten belastet und wird dieses auch nur möglicherweise rechtlich und nicht bloß wirtschaftlich nachteilig berührt, so ist nach §§ 876, 877 BGB außerdem die **Zustimmung** des Dritten und damit grundbuchrechtlich seine EintrBewilligung gem. § 19 GBO (s. § 19 Rn. 53) erforderlich; nicht rechtlich nachteilig berührt werden allerdings diejenigen dinglichen Rechte, mit denen das Grundstück als Ganzes oder jedes WEigentumsrecht belastet ist (BayObLG 1974, 220 = Rpfleger 1974, 314; OLG Frankfurt Rpfleger 1975, 309; vgl. BGH 91, 346 = Rpfleger 1984, 408 und Rn. 17). Die wirksam gewordene Zustimmung eines dinglich Berechtigten ist unwider-

ruflich (§ 876 Satz 3 BGB) und bindet vorbehaltlich eines gutgläubigen Erwerbs auch dessen Rechtsnachfolger (OLG Hamm Rpfleger 1995, 246).

d) Betrifft die Änderung Vereinbarungen der WEigentümer über ihr Verhältnis untereinander, die als Inhalt des Sondereigentums im GB eingetragen sind, ist außerdem die Zustimmung (Bewilligung) derjenigen erforderlich, zu deren Gunsten eine **Auflassungsvormerkung** eingetragen ist (BayObLG 1974, 217; 1985, 127; 1993, 259 = Rpfleger 1994, 17, zugleich zur Auslegung einer Vollmacht zur Änderung, mit kritischer Anm. v. Röll DNotZ 1994, 237; ferner OLG Düsseldorf Rpfleger 1997, 305; OLG Stuttgart MittBayNot 1997, 370; OLG Frankfurt FGPrax 1998, 85). Fehlt die Zustimmung, wird das GB unrichtig; § 888 Abs. 1 BGB ist nicht anwendbar. Dem Vormerkungsberechtigten steht vor seiner Eintragung als Eigentümer kein eigener GBBerichtigungsanspruch zu (BayObLG 1998, 255 = Rpfleger 1999, 178). Die Zustimmung (Bewilligung) des Berechtigten einer Auflassungsvormerkung ist jedoch dann nicht erforderlich, wenn die Vormerkung zugleich mit der Anlegung der Wohnungsgrundbücher eingetragen wird und dabei vom Gesetz abweichende Bestimmungen über das Gemeinschaftsverhältnis zum Inhalt des Sondereigentums gemacht werden (BayObLG 1998, 277 = Rpfleger 1999, 123). **80**

e) S. zum Folgenden auch Nieder, Die Änderung des WEigentums und seiner Elemente, BWNotZ 1984, 49; ferner Streblow, Änderungen von Teilungserklärungen nach Eintragung der Aufteilung in das GB, MittRhNotK 1987, 141; zur Unterteilung s. Rn. 73. Zur erforderlichen Bestimmtheit einer Vollmacht, die Teilungserklärung zu ändern, s. § 19 Rn. 75. **81**

25. Änderung des Sondereigentums. a) Sollen als Inhalt des Sondereigentums im GB einzutragende **Sondernutzungsrechte** nachträglich begründet oder schon begründete nachträglich geändert oder aufgehoben werden, so ist hierzu sachlichrechtlich die Einigung sämtlicher WEigentümer (OLG Frankfurt OLGZ 1986, 38; OLG Köln ZMR 1993, 428) und im Hinblick auf § 10 Abs. 2 Eintragung in das GB erforderlich, außerdem die Zustimmung der nachteilig betroffenen dinglich Berechtigten (OLG Hamm Rpfleger 1995, 246) und der Berechtigten einer Auflassungsvormerkung (s. Rn. 80); ein unangefochtener Mehrheitsbeschluss mit diesem Inhalt ist nichtig (BGH 145, 158 = NJW 2000, 3500). Verfahrensrechtlich ist die Bewilligung derjenigen von ihnen erforderlich aber auch ausreichend, deren Recht durch die Eintragung im Sinn des § 19 GBO betroffen wird (OLG Frankfurt FGPrax 1998, 85). Ein **82**

Sondernutzungsrecht kann danach, weil es kein dingliches Recht ist, sachlichrechtlich nicht durch einseitige Erklärung des Sondernutzungsberechtigten aufgegeben werden; verfahrensrechtlich genügt zur Eintragung der Aufhebung jedoch dessen Bewilligung (BGH 145, 133 = Rpfleger 2001, 69 mit Anm. v. Demharter WuM 2001, 103, auf Vorlage des BayObLG 2000, 96 = Rpfleger 2000, 387 gegen OLG Düsseldorf FGPrax 1995, 187 mit abl. Anm. v. Demharter FGPrax 1996, 6). Das zum Sondernutzungsrecht Gesagte gilt entsprechend für sonstige Vereinbarungen der WEigentümer gem. § 10 Abs. 1 Satz 2. Eine notwendige Zustimmung dinglich Berechtigter kann durch ein Unschädlichkeitszeugnis ersetzt werden (s. dazu § 19 Rn. 11).

83 Wenn die WEigentümer den Gebrauch des gemeinschaftlichen Eigentums durch Vereinbarung so regeln, dass bestimmten Miteigentümern jeweils das Sondernutzungsrecht an einem bestimmten Kfz-Abstellplatz eingeräumt wird, ist zur Eintragung dieser Vereinbarung, die eine rechtlich nachteilige Inhaltsänderung des Sondereigentums der von dem bisherigen Mitgebrauch künftig ausgeschlossenen Miteigentümer darstellt, die Zustimmung dinglich berechtigter Dritter auch dann erforderlich, wenn bereits die Teilungserklärung eine entsprechende Zuweisung der Abstellplätze an die Miteigentümer vorsah (BGH 91, 343 = DNotZ 1984, 695 mit abl. Anm. v. Schmidt; s. hierzu auch Hörer Rpfleger 1985, 108).

84 **b)** Demgegenüber kann ein WEigentümer sein im GB als Inhalt des Sondereigentums eingetragenes Sondernutzungsrecht unter Mitwirkung der dinglich Berechtigten an seinem WEigentum ganz oder teilweise auf einen anderen WEigentümer **übertragen;** die übrigen WEigentümer und die dinglich Berechtigten an deren WEigentum müssen dabei nicht mitwirken (OLG Hamburg Rpfleger 1976, 215; BGH 73, 145 = Rpfleger 1979, 57; BayObLG MittBayNot 1999, 180; vgl. dazu auch Weitnauer Rpfleger 1976, 341; Röll MittBayNot 1977, 224; Merle Rpfleger 1978, 86). Zum Inhalt des Sondereigentums derjenigen WEigentümer, denen das Recht zum Mitgebrauch entzogen ist, wird nämlich nur dieser Ausschluss der eigenen Berechtigung (negative Komponente), nicht jedoch auch die Zuordnung des Nutzungsrechts zu einem bestimmten WEigentum (positive Komponente); demzufolge werden diese WEigentümer durch eine Übertragung des Sondernutzungsrechts nicht berührt; zulässig ist es allerdings, die Übertragung in entsprechender Anwendung des § 12 von der Zustimmung der übrigen WEigentümer oder eines Dritten, etwa des Verwalters, abhängig zu machen (BGH 73, 149 = Rpfleger 1979, 57; BayObLG 1985, 127 = Rpfleger 1985, 292; OLG Hamm Rpfleger 1997, 376).

Hieraus folgt, dass es der **Mitwirkung** einzelner durch eine im GB eingetragene Gebrauchsregelung vom Mitgebrauch einer bestimmten Gemeinschaftsfläche ausgeschlossener WEigentümer nicht bedarf bei einer Vereinbarung, durch die einem bestimmten WEigentümer die Befugnis zum alleinigen Gebrauch dieser Fläche eingeräumt wird; in den Wohnungsgrundbüchern der vom Mitgebrauch bereits ausgeschlossenen WEigentümer ist eine solche nachträgliche Zuordnung eines Sondernutzungsrechts nicht einzutragen (BayObLG 1985, 124 = Rpfleger 1985, 292). In diesem Fall bedarf es auch keiner Mitwirkung derjenigen, für die an dem Miteigentumsanteil dieser WEigentümer dingliche Rechte eingetragen sind (BayObLG Rpfleger 1986, 257). S. hierzu auch BayObLG Rpfleger 1990, 63 mit abl. Anm. v. Blüggel Rpfleger 1996, 339; OLG Düsseldorf Rpfleger 1993, 193 und zu dem Fall, dass die WEigentümer durch eine als Inhalt des Sondereigentums im GB eingetragene Vereinbarung vom Mitgebrauch einer bestimmten Fläche unter der aufschiebenden Bedingung ausgeschlossen sind, dass ein Dritter das Recht zur ausschließlichen Nutzung einem WEigentümer zuordnet, BayObLG 1985, 378 = Rpfleger 1986, 132; OLG Düsseldorf Rpfleger 1988, 63; 1993, 193; OLG Frankfurt FGPrax 1997, 221; 1998, 85. 85

c) Für die **Eintragung,** die im Fall der Anlegung von Wohnungsgrundbüchern in Sp. 6 des Bestandsverzeichnisses, bei Führung eines gemeinschaftlichen Wohnungsgrundbuchs in Sp. 4 der ersten Abteilung vorzunehmen ist (§ 3 Abs. 5, § 7 Halbsatz 2 WGV), gilt § 19 GBO. Sie setzt also neben dem EintrAntrag nur eine der Formvorschrift des § 29 Abs. 1 Satz 1 GBO entsprechende EintrBewilligung der unmittelbar und mittelbar Betroffenen voraus (vgl. dazu auch BayObLG 1978, 382 = Rpfleger 1979, 108; BayObLG MittBayNot 1980, 212). Auf diese kann, soweit die Eintragung nicht etwa eine Veräußerungsbeschränkung gemäß § 12 zum Gegenstand hat, nach § 7 Abs. 3 Bezug genommen werden (s. Rn. 51). 86

26. Änderung der Zusammensetzung. a) Allgemeines. aa)Die Änderung der Zusammensetzung des WEigentums ist im WEG nicht angesprochen. WEigentümer können untereinander den Gegenstand ihres Sondereigentums ohne Änderung der Miteigentumsanteile verändern (vgl. BGH NJW 1986, 2759), z.B. ihr Sondereigentum untereinander vollständig austauschen (BayObLG 1984, 10 = Rpfleger 1984, 268) oder einen Teil des Sondereigentums, etwa das an einer Garage, mit einem anderen WEigentümer tauschen oder an ihn veräußern (OLG Celle Rpfleger 1974, 267); sie können aber auch ihre Miteigentumsanteile ohne Änderung des 87 zugehörigen Sondereigentums verkleinern oder vergrößern (BayObLG 1958, 263 = Rpfleger 1959, 277; BGH Rpfleger 1976, 352; NJW 1986, 2759; KG FGPrax 1998, 94). Der Mitwirkung der übrigen WEigentümer bedarf es dazu nicht.

88 bb) Die **Belastungen** eines WEigentums erstrecken sich kraft Gesetzes auf später hinzuerworbenes Sondereigentum (LG Düsseldorf MittRhNotK 1986, 78), nicht aber auch auf hinzuerworbene Miteigentumsanteile; insoweit ist eine Nachverpfändung erforderlich (s. hierzu BayObLG 1993, 169, aber auch Streuer Rpfleger 1992, 183). Teile des Sondereigentums oder Miteigentumsanteile werden von den Belastungen des WEigentums frei, von dem sie abgetrennt werden; deshalb ist die Zustimmung der dinglich Berechtigten dieses WEigentums erforderlich.

89 cc) Wird die **Größe der Miteigentumsanteile** sämtlicher WEigentumsrechte ohne Änderung des zugehörigen Sondereigentums verändert, so sind hierzu entsprechende Rechtsänderungs- und Auflassungserklärungen aller WEigentümer erforderlich und die Zustimmung der dinglich Berechtigten an den WEigentumsrechten, deren Miteigentumsanteil kleiner wird, ferner eine Pfandunterstellung seitens der WEigentümer, deren Miteigentumsanteil sich vergrößert (s. dazu OLG Hamm FGPrax 1998, 206).

90 dd) Nicht erforderlich ist es, dass die Auflassungserklärungen erkennen lassen, welchem bestimmten WEigentumsrecht der von einem anderen WEigentumsrecht abgespaltene Miteigentumsanteil zugeschlagen wird. Es genügt, dass die Verringerung von Miteigentumsanteilen einzelner WEigentumsrechte insgesamt der Vergrößerung anderer WEigentumsrechte entspricht und dass feststeht, in welchem Umfang sich der Miteigentumsanteil jedes einzelnen WEigentumsrechts verändert (BayObLG 1958, 263; 1993, 166 = Rpfleger 1993, 444; vgl. auch OLG Hamm OLGZ 1986, 418f.).

91 **b) Umwandlung in Sondereigentum.** aa) Soll gemeinschaftliches Eigentum, etwa eine auf diesem errichtete Garage, in Sondereigentum eines WEigentümers ungewandelt werden, ist **Einigung** aller WEigentümer in der Form der Auflassung (§ 4 Abs. 1, 2) und **Eintragung** in das GB erforderlich (vgl. BayObLG 1973, 267; DNotZ 1990, 37 mit Anm. v. Ertl; BayObLG 1991, 316 = Rpfleger 1992, 20; OLG Frankfurt Rpfleger 1997, 374; KG FGPrax 1998, 94); ohne Einigung und Eintragung können Teile des gemeinschaftlichen Eigentums auch nicht nach den Regeln des entschuldigten oder erlaubten Überbaus zu Sondereigentum werden (BayObLG Rpfleger 1993, 488 mit Anm. v. Röll MittBayNot 1993, 265). Die Einräumung eines umfassenden Sondernutzungsrechts an einer Grundstücksfläche einschließlich des Rechts, diese

zu bebauen, enthält nicht die vorweggenommene Einigung über die Einräumung von Sondereigentum an den Räumen in einem solchen Gebäude zugunsten des Sondernutzungsberechtigten (BayObLG Rpfleger 2000, 544). Die **Zustimmung der dinglich Berechtigten** an den WEigentumsrechten ist auch dann erforderlich, wenn an dem betreffenden Teil des gemeinschaftlichen Eigentums bereits ein Sondernutzungsrecht zugunsten eines WEigentümers besteht (BayObLG 1991, 313 = Rpfleger 1992, 20); sie kann durch ein Unschädlichkeitszeugnis ersetzt werden (s. § 19 Rn. 11). Außerdem ist zur Eintragung der Umwandlung grundsätzlich ein berichtigter amtlicher Aufteilungsplan vorzulegen (BayObLG 1997, 347 = Rpfleger 1998, 194). Die **vorweggenommene Zustimmung** oder die Ermächtigung, gemeinschaftliches Eigentum in Sondereigentum umzuwandeln, kann nicht mit einer die Sondernachfolger bindenden Wirkung als Inhalt des Sondereigentums vereinbart werden (BayObLG 1997, 233 = Rpfleger 1998, 19 mit abl. Anm. v. Röll DNotZ 1998, 345 und Rapp MittBayNot 1998, 77; BayObLG 2000, 1 = DNotZ 2000, 466; BayObLG Rpfleger 2000, 544; KG FGPrax 1998, 94). S. dazu Häublein DNotZ 2000, 442.

bb) Die Umwandlung kann nicht nur in der Weise geschehen, **92** dass das Sondereigentum eines WEigentümers um das neu geschaffene Sondereigentum erweitert wird, sondern auch dadurch, dass ein WEigentümer einen Teil seines Miteigentumsanteils von diesem abtrennt, ihn mit dem neu geschaffenen Sondereigentum verbindet und damit ein **neues WEigentum** entsteht (s. dazu BayObLG 1976, 227 = Rpfleger 1976, 403). Möglich ist die Schaffung eines neuen WEigentums auch dadurch, dass das Sondereigentum an den Räumen eines auf dem gemeinschaftlichen Grundstück erst noch zu errichtenden Gebäudes mit einem Teil des Miteigentumsanteils eines WEigentümers verbunden wird; der Anspruch auf eine derartige Inhaltsänderung der bestehenden WEigentumsrechte ist ausreichend bestimmbar (§ 315 BGB) und kann daher durch eine in die Wohnungsgrundbücher aller übrigen WEigentümer einzutragende Vormerkung gesichert werden, wenn der begünstigte WEigentümer das Gebäude auf einer bestimmt bezeichneten Teilfläche des gemeinschaftlichen Grundstücks „nach Maßgabe der künftigen baurechtlichen Genehmigung" errichten darf; ein Aufteilungsplan braucht nicht vorgelegt zu werden (BayObLG 1992, 40 = Rpfleger 1992, 292).

c) Umwandlung in Gemeinschaftseigentum. Zur Umwand- **93** lung von Sondereigentum in gemeinschaftliches Eigentum bedarf es ebenfalls der **Einigung** aller WEigentümer (§ 4 Abs. 1, 2) in der

Form der Auflassung und **Eintragung** in das GB (BayObLG 1987, 394 = Rpfleger 1988, 103; BayObLG 1995, 402 = Rpfleger 1996, 240; BayObLG 1997, 233 = Rpfleger 1998, 19; BGH Rpfleger 1999, 66); ferner ist die **Zustimmung** der dinglich Berechtigten an dem WEigentum erforderlich, von dem Sondereigentum abgetrennt und in gemeinschaftliches Eigentum umgewandelt werden soll (BayObLG MittBayNot 1998, 180); sie kann durch ein Unschädlichkeitszeugnis ersetzt werden (s. § 19 Rn. 11). Außerdem ist zur Eintragung der Umwandlung grundsätzlich ein berichtigter amtlicher **Aufteilungsplan** vorzulegen (BayObLG 1997, 347 = Rpfleger 1998, 194, zugleich zu einer Ausnahme und zur Fassung des EintrVermerks). Die vorweggenommene Zustimmung oder die Ermächtigung, Sondereigentum in gemeinschaftliches Eigentum umzuwandeln, kann nicht mit einer die Sondernachfolger bindenden Wirkung als Inhalt des Sondereigentums vereinbart werden (BayObLG 1997, 233 = Rpfleger 1998, 19 mit abl. Anm. v. Röll DNotZ 1998, 345 und Rapp MittBayNot 1998, 77; KG FGPrax 1998, 94).

94 **d) Aufhebung eines WEigentums.** Ein einzelnes WEigentum kann dadurch aufgehoben werden, dass das Sondereigentum in gemeinschaftliches Eigentum umgewandelt und der Miteigentumsanteil einem bestehenden WEigentum zugeschlagen wird. Dingliche Rechte an dem aufgehobenen WEigentum erlöschen. Der Miteigentumsanteil kann auch aufgespalten und die einzelnen Teile mehreren WEigentumsrechten zugeschlagen werden. Mit den einzelnen Teilen kann aber auch Sondereigentum verbunden werden, das durch Umwandlung von gemeinschaftlichem Eigentum an den Räumen eines auf dem gemeinschaftlichen Grundstück neu errichteten Gebäudes entstanden ist; dadurch werden neue WEigentumsrechte geschaffen. Erforderlich ist zu diesem Vorgang, der eine Inhaltsänderung der übrigen WEigentumsrechte bewirkt, die Einigung aller WEigentümer in der Form der Auflassung (§ 4 Abs. 1, 2) und die Eintragung in das GB auf Grund einer Bewilligung aller WEigentümer; ferner ist die Zustimmung der dinglich Berechtigten an allen WEigentumsrechten und grundbuchrechtlich ihre Bewilligung erforderlich (BayObLG 1994, 233 = DNotZ 1995, 607). Das Wohnungsgrundbuch des aufgehobenen WEigentums ist zu schließen.

95 **27. Änderung der Zweckbestimmung.** Die Umwandlung eines (Teils eines) bisherigen Teileigentums in ein WEigentum (oder umgekehrt) bedarf, wenn es sich hierbei um eine materielle Änderung der Zweckbestimmung handelt, der Zustimmung der übrigen WEigentümer (BGH 73, 152; BayObLG 1983, 79 =

DNotZ 1984, 104; BayObLG Rpfleger 1986, 177; BayObLG 1997, 236 = Rpfleger 1998, 19; OLG Hamburg ZMR 2000, 627) sowie der dinglich Berechtigten an einem WEigentumsrecht, sofern ihre Rechtsstellung beeinträchtigt wird (s. hierzu BayObLG Rpfleger 1991, 500 mit kritischer Anm. v. Herrmann DNotZ 1992, 716). Ist jedoch in der Gemeinschaftsordnung die Mitwirkung der übrigen WEigentümer ausgeschlossen worden, dann ist weder ihre Zustimmung noch die der dinglich Berechtigten erforderlich (BayObLG 1989, 28 = Rpfleger 1989, 325; BayObLG 1997, 236 = Rpfleger 1998, 19; BayObLG MittBayNot 2001, 205). Die Änderung des Beschriebs eines als „Gewerbe- und Lagerraum" bezeichneten Teileigentums in „Kellerabteil" stellt keine materielle Änderung der Zweckbestimmung dar (BayObLG Rpfleger 1991, 455).

28. Verfügung über das Grundstück. a) Soll über das **96**
Grundstück verfügt, insbes. eine Dienstbarkeit bestellt (BayObLG Rpfleger 1991, 365) oder eine nicht bebaute Teilfläche veräußert werden, so bedarf es nach § 747 Satz 2 BGB der Mitwirkung aller WEigentümer (Weitnauer DNotZ 1951, 492). Das gleiche gilt für die Löschung einer zugunsten des Grundstücks vor Begründung der WEigentümergemeinschaft bestellten Grunddienstbarkeit; diese kann auf Grund der Bewilligung nur eines einzelnen WEigentümers auch nicht hinsichtlich des ihm zustehenden WEigentumsrechts (teilweise) gelöscht werden (BayObLG Rpfleger 1983, 434). Außer der Mitwirkung aller WEigentümer kann auch die Zustimmung dinglich Berechtigter erforderlich sein (§§ 876, 877 BGB); sie kann bei der Veräußerung einer Grundstücksteilfläche durch ein Unschädlichkeitszeugnis ersetzt werden (s. § 19 Rn. 11).

Zur **Veräußerung einer Teilfläche** des gemeinschaftlichen **97**
Grundstücks und gleichzeitiger Erstreckung des WEigentums auf ein hinzuerworbenes Grundstück s. OLG Saarbrücken Rpfleger 1988, 479 mit zu Recht kritischer Anmerkung, ferner LG Ravensburg Rpfleger 1990, 291 sowie Röll Rpfleger 1990, 277; der Anspruch auf Auflassung der Teilfläche kann bei einem einzelnen WEigentumsrecht nicht vorgemerkt werden (BayObLG 1974, 125 = Rpfleger 1974, 261). Zur **Teilung des Grundstücks** und gleichzeitiger Aufhebung des WEigentums an einem Teil des Grundstücks s. OLG Frankfurt Rpfleger 1990, 292; zur Teilung des Grundstücks bei unterschiedlich belasteten WEigentumsrechten s. OLG Frankfurt DNotZ 2000, 778 mit kritischer Anm. v. Volmer ZfIR 2000, 285; kritisch dazu auch Röll DNotZ 2000, 749. Zum Hinzuerwerb eines Grundstücks durch die WEigentümer s. § 5 Rn. 7; § 6 Rn. 7; OLG Frankfurt Rpfleger 1973, 394. S. zum

Ganzen Weikart, Bestandsänderungen von Sondereigentumsgrundstücken, NotBZ 1997, 89.

98 **b)** Für den **grundbuchamtlichen Vollzug** gilt folgendes: Sind Wohnungsgrundbücher angelegt, so richtet sich die Eintragung von Dienstbarkeiten nach § 4 WGV. Hiernach muss das Recht in der zweiten Abteilung sämtlicher Wohnungsgrundbücher in der Weise eingetragen werden, dass die Belastung des ganzen Grundstücks erkennbar ist; andernfalls liegen inhaltlich unzulässige Eintragungen vor (BayObLG Rpfleger 1995, 455 mit kritischer Anm. v. Amann MittBayNot 1995, 267). Im Fall der Veräußerung einer Teilfläche wird der Miteigentumsanteil an dieser in Sp. 7 und 8 des Bestandsverzeichnisses aller Wohnungsgrundbücher abgeschrieben; dabei ist das Blatt anzugeben, auf das die Teilfläche unter Zusammensetzung der Miteigentumsanteile (vgl. den ähnlichen Vorgang der Blattanlegung nach Schließung der Wohnungsgrundbücher gemäß § 9 Abs. 3; darüber Rn. 104) übertragen wird. Alsdann wird in Sp. 3 und 4 des Bestandsverzeichnisses jeweils die bisherige Bezeichnung des Grundstücks gerötet und der (quotenmäßig unveränderte) Miteigentumsanteil an dem Restgrundstück unter neuer Nummer vorgetragen. In Sp. 2 ist auf die laufende Nummer der bisherigen Eintragung („Rest von ...“), in dem Abschreibungsvermerk auf die laufende Nummer der nunmehrigen Eintragung („Rest Nr. ...“) zu verweisen. Wird ein gemeinschaftliches Wohnungsgrundbuch geführt, so folgen die Eintragungen den allgemeinen Vorschriften.

99 **29. Beendigung des WEigentums.** Da das WEigentum auf der Begründung von Sondereigentum beruht, hört es mit dessen Wegfall zwangsläufig zu bestehen auf. Der Wegfall kann seinen Grund in der Aufhebung des Sondereigentums (s. Rn. 100) oder in seinem Erlöschen (s. Rn. 104) haben. Zur Aufhebung eines einzelnen WEigentums s. Rn. 94.

100 **30. Aufhebung des Sondereigentums.** Sie erfordert eine hierauf gerichtete Einigung der WEigentümer und die Eintragung in das GB (§ 4 Abs. 1).

a) Einigung. Sie ist gemäß § 4 Abs. 2 Satz 2 **bedingungs- und befristungsfeindlich** und bedarf nach § 4 Abs. 2 Satz 1 der für die Auflassung vorgeschriebenen Form (s. darüber § 20 Rn. 14); sie kann, da § 925 a BGB nicht für anwendbar erklärt worden ist, auch dann entgegengenommen werden, wenn der zur Aufhebung des Sondereigentums verpflichtende, nach § 4 Abs. 3 der Formvorschrift des § 313 BGB unterliegende Vertrag nicht vorgelegt oder gleichzeitig beurkundet wird (Weitnauer § 4 Rn. 5). Da die Aufhebung des Sondereigentums die Umwandlung des WEigentums in gewöhnliches Miteigentum bewirkt, also eine Änderung des Inhalts der Miteigentumsanteile bedeutet, sind §§ 877, 876 BGB zu beachten; hierauf ist in § 9 Abs. 2 ausdrücklich hingewiesen. Ist daher das WEigentum mit dem Recht eines Dritten belastet, so bedarf es zur Aufhebung des Sondereigentums der Zustimmung des Dritten. Jedoch ist die Zustimmung derjenigen dinglich Berechtigten nicht erforderlich, deren Recht am ganzen Grundstück lastet oder an allen WEigentumsrechten (OLG Zweibrücken Rpfleger 1986, 93; OLG Frankfurt Rpfleger 1990, 292; vgl. Rn. 17).

b) Eintragung. aa) Für sie gilt, da § 20 GBO nicht für an- 101
wendbar erklärt ist, das formelle Konsensprinzip. Sie setzt daher neben dem EintrAntrag nur eine der Formvorschrift des § 29 Abs. 1 Satz 1 GBO entsprechende EintrBewilligung der Betroffenen, d. h. sämtlicher WEigentümer und etwaiger dinglicher Berechtigter (s. Rn. 100), nicht aber den Nachweis einer wirksamen Einigung über die Aufhebung des Sondereigentums voraus (s. hierzu Rn. 41).

bb) Sind Wohnungsgrundbücher angelegt, so wird die Aufhe- 102
bung des Sondereigentums jeweils in Sp. 6 des Bestandsverzeichnisses eingetragen. Da mit der Vollendung dieser Eintragungen wieder eine gewöhnliche Bruchteilsgemeinschaft besteht (s. Rn. 100), ist für die Weiterführung der besonderen Blätter kein Raum. Dementsprechend bestimmt § 9 Abs. 1 Nr. 1 i. V. m. Abs. 3, dass die Wohnungsgrundbücher von Amts wegen zu schließen sind und für das Grundstück ein GBBlatt nach Maßgabe der allgemeinen Vorschriften anzulegen ist. Belastungen des Grundstücks sind als solche, Belastungen des WEigentums als Belastungen des entsprechenden Miteigentumsanteils in die zweite und dritte Abteilung dieses Blatts zu übertragen (OLG Schleswig Rpfleger 1991, 150 mit kritischer Anm. v. Meyer-Stolte, soweit das OLG eine Vereinigung der an verschiedenen Miteigentumsanteilen einzutragenden Grundschulden zu einem Einheitsrecht für zulässig erachtet). Zu beachten ist jedoch, dass Belastungen des WEigentums, die ihrer Art nach an einem gewöhnlichen Miteigentumsanteil nicht bestehen können (s. Rn. 66 und § 7 Rn. 18), mit der Aufhebung des Sondereigentums untergehen (Riedel MDR 1952, 405); derartige Belastungen können nach Maßgabe der §§ 84 ff., § 46 Abs. 2 GBO durch Nichtübertragung von Amts wegen gelöscht werden. S. zum Ganzen Röll, Die Aufhebung von WEigentum an Doppelhäusern, DNotZ 2000, 749.

cc) Wird ein **gemeinschaftliches Wohnungsgrundbuch** ge- 103
führt, so ist die Aufhebung des Sondereigentums in Sp. 4 der ersten Abteilung einzutragen. Die bisherigen auf das Sondereigentum be-

züglichen Eintragungen und der nach § 7 Abs. 2 Satz 2 in der Aufschrift des Blatts angebrachte Vermerk werden gerötet (Weitnauer § 9 Rn. 9). Hinsichtlich der Löschung von Belastungen des WEigentums, die ihrer Art nach an einem gewöhnlichen Miteigentumsanteil nicht bestehen können, gilt das in Rn. 102 Ausgeführte entsprechend.

104 **31. Erlöschen des Sondereigentums. a)** Ist das Gebäude völlig zerstört oder haben sich sämtliche WEigentumsrechte in einer Person vereinigt, so kann das Sondereigentum nach § 9 Abs. 1 Nr. 2 und 3 i. V. m. Abs. 3 durch antragsgemäße Schließung der Wohnungsgrundbücher zum Erlöschen gebracht werden; das Erlöschen tritt ein, sobald für das Grundstück ein GBBlatt nach Maßgabe der allgemeinen Vorschriften angelegt ist.

105 **b)** Der Antrag auf Schließung der Wohnungsgrundbücher ist wegen seiner sachlichrechtlichen Bedeutung als gemischter Antrag anzusehen und bedarf daher der Form des § 29 Abs. 1 Satz 1 GBO (Weitnauer § 9 Rn. 4). Im Fall des § 9 Abs. 1 Nr. 2 muss er von sämtlichen WEigentümern gestellt und die völlige Zerstörung des Gebäudes durch eine Bescheinigung der Baubehörde nachgewiesen werden. Da das Erlöschen des Sondereigentums die gleiche Wirkung wie dessen Aufhebung äußert, also eine Änderung des Inhalts der Miteigentumsanteile bedeutet, sind auch hier §§ 877, 876 BGB zu beachten. Es gilt das in Rn. 100 Gesagte.

106 **c)** Die Schließung der Wohnungsgrundbücher erfolgt nach Maßgabe des § 36 GBV. Hinsichtlich der Übertragung der Belastungen auf das für das Grundstück anzulegende Blatt gilt das Gleiche wie im Fall der Aufhebung des Sondereigentums (s. Rn. 102). Zu den Mitteilungspflichten des GBAmts s. XVIII/1 Abs. 1 Nr. 9 MiZi.

107 **d)** Wird ein **gemeinschaftliches Wohnungsgrundbuch** geführt, so dürften die Vorschriften des § 9 Abs. 1 Nr. 2 und 3 sinngemäß anzuwenden sein (Weitnauer § 9 Rn. 10, 11). Statt der Schließung der Wohnungsgrundbücher ist die Eintragung des Erlöschens des Sondereigentums zu beantragen. Mit der Vornahme dieser Eintragung erlischt das Sondereigentum. Im Übrigen ist wie im Fall der Aufhebung des Sondereigentums zu verfahren (s. Rn. 103).

108 **32. Wohnungserbbaurecht. a)** Sondereigentum an einer Wohnung oder an nicht zu Wohnzwecken dienenden Räumen kann nicht nur mit dem Miteigentumsanteil an einem Grundstück, sondern auch mit der Bruchteilsberechtigung an einem Erbbaurecht verbunden werden. Eine derartige Verbindung, die – wie

beim WEigentum – durch Einigung der Mitberechtigten oder im Weg der Teilungserklärung hergestellt werden kann, bezeichnet das Gesetz als Wohnungs- bzw. Teilerbbaurecht. Auf dieses finden die für das WEigentum und seine grundbuchmäßige Behandlung geltenden Vorschriften entsprechende Anwendung (s. § 30; § 8 WGV und Muster Anl. 3). Im Hinblick auf § 1 Abs. 4 kann WEigentum zwar nicht an mehreren Einzelerbbaurechten begründet werden, wohl aber an einem Gesamterbbaurecht (LG Wiesbaden MittBayNot 1986, 28; BayObLG 1989, 356 = Rpfleger 1989, 503; Demharter DNotZ 1986, 457). S. zum Ganzen Rethmeier, Rechtsfragen des Wohnungserbbaurechts, MittRhNotK 1993, 145.

b) Zur Aufteilung eines Erbbaurechts in Wohnungserbbaurechte **109** entsprechend § 8 ist eine **Zustimmung des Grundstückseigentümers** nicht erforderlich, und zwar auch dann nicht, wenn gemäß § 5 Abs. 1 ErbbauVO mit dinglicher Wirkung vereinbart ist, dass der Erbbauberechtigte zur Veräußerung des Erbbaurechts der Zustimmung des Grundstückseigentümers bedarf; denn die bloße Aufteilung ist keine Veräußerung im Sinn der genannten Vorschrift (BayObLG 1978, 157 = Rpfleger 1978, 375, das eine Zustimmung des Grundstückseigentümers auch in seiner Eigenschaft als Erbbauzinsberechtigter nicht für notwendig erachtet; s. in dieser Hinsicht jedoch Rn. 15). S. dazu auch OLG Celle Rpfleger 1981, 22. Wie BayObLG auch LG Augsburg MittBayNot 1979, 68 für den Fall, dass Mitberechtigte eines Erbbaurechts zu Bruchteilen Wohnungserbbaurechte durch Vereinbarung entsprechend § 3 begründen. Zur Umwandlung des Gesamthandseigentums einer Erbengemeinschaft, der ein Wohnungserbbaurecht gehört, in eine Bruchteilsgemeinschaft aller Miterben ist weder eine Zustimmung nach § 5 ErbbauVO noch nach § 12 erforderlich (LG Lübeck Rpfleger 1991, 201).

c) Nach Maßgabe des § 22 BauGB kann die Begründung und **110** Teilung von Wohnungserbbaurechten der Genehmigung der Baugenehmigungsbehörde unterliegen; s. hierzu Rn. 48.

d) Ist als Inhalt des Erbbaurechts eine **Veräußerungs- oder** **111** **Belastungsbeschränkung** vereinbart, so wird diese mit Begründung von Wohnungserbbaurechten Inhalt eines jeden dieser Rechte (LG Itzehoe Rpfleger 2000, 495). Durch Einigung zwischen dem Inhaber eines Wohnungserbbaurechts und dem Grundstückseigentümer sowie Eintragung in das GB kann das Zustimmungserfordernis für ein einzelnes Recht aufgehoben werden; die Mitwirkung (Zustimmung) der übrigen Wohnungserbbauberechtigten und der an den Wohnungserbbaurechten oder am Grundstück dinglich Berechtigten ist dazu nicht erforderlich (BayObLG 1989, 354 = Rpfleger 1989, 503).

112 **e)** Wohnungserbbaurechte wandeln sich bei Zuschreibung des mit dem Erbbaurecht belasteten Grundstücks zum Erbbaurecht und dessen Aufhebung nicht ohne weiteres in WEigentum um (BayObLG 1999, 63 = Rpfleger 1999, 327 mit zust. Anm. v. Rapp MittBayNot 1999, 376).

113 **33. Kosten. a)** Für die Eintragung der vertraglichen Einräumung von Sondereigentum und für die Anlegung der Wohnungsgrundbücher im Fall der ideellen Grundstücksteilung wird die Hälfte der vollen Gebühr erhoben (§ 76 Abs. 1 Satz 1 KostO); der Wert bestimmt sich nach § 21 Abs. 2 KostO (s. hierzu Rn. 117); die Gebühr wird auch dann besonders erhoben, wenn die Eintragung von Miteigentum und die Eintragung des Sondereigentums gleichzeitig beantragt werden (§ 76 Abs. 1 Satz 2 KostO).

114 **b)** Für die Eintragung von Änderungen des Inhalts des Sondereigentums gilt § 64 KostO sinngemäß (§ 76 Abs. 2 KostO).

115 **c)** Für die Eintragung der vertraglichen Aufhebung von Sondereigentum und für die Anlegung des GBBlatts für das Grundstück im Fall der völligen Zerstörung des Gebäudes oder der Vereinigung sämtlicher WEigentumsrechte in einer Person wird die Hälfte der vollen Gebühr erhoben (§ 76 Abs. 3 KostO); der Wert bestimmt sich nach § 21 Abs. 2 KostO (s. hierzu Rn. 117).

116 **d)** Für das Wohnungserbbaurecht gilt das vorstehend Gesagte entsprechend (§ 76 Abs. 4, § 21 Abs. 3 KostO).

117 **e)** Nach § 21 Abs. 2 KostO ist als **Geschäftswert** die Hälfte des Grundstückswerts (§ 19 Abs. 2 KostO) anzunehmen. Ist bei der Begründung von WEigentum das Grundstück noch nicht bebaut, bemisst sich der Geschäftswert nach dem halben Grundstückswert zuzüglich der Hälfte der voraussichtlichen Baukosten (BayObLG 1982, 103 und 121). Ist das Grundstück bereits bebaut, ist der halbe Verkehrswert des bebauten Grundstücks maßgebend (BayObLG 1991, 306 = Rpfleger 1992, 22). Die Hälfte des Werts aller Eigentumswohnungen kommt in keinem der beiden Fälle in Betracht. Sind bei Anlegung der Wohnungsgrundbücher im Fall des § 8 bereits 40% der Wohnungen verkauft, kann der Grundstückswert aus den Kaufpreisen für diese Wohnungen hochgerechnet werden (BayObLG Rpfleger 1997, 42).

f) Zur kostenmäßigen Behandlung der Löschung einer nur noch an einem WEigentum bestehenden Globalgrundschuld s. § 46 Rn. 25.

Gemeinschaftliches Grundbuchblatt

4 (1) **Über mehrere Grundstücke desselben Eigentümers, deren Grundbücher von demselben Grundbuchamt geführt werden, kann ein gemeinschaftliches Grundbuchblatt geführt werden, solange hiervon Verwirrung nicht zu besorgen ist.**

(2) **Dasselbe gilt, wenn die Grundstücke zu einem Hof im Sinne der Höfeordnung gehören oder in ähnlicher Weise bundes- oder landesrechtlich miteinander verbunden sind, auch wenn ihre Grundbücher von verschiedenen Grundbuchämtern geführt werden. In diesen Fällen ist, wenn es sich um einen Hof handelt, das Grundbuchamt zuständig, welches das Grundbuch über die Hofstelle führt; im übrigen ist das zuständige Grundbuchamt nach § 5 des Gesetzes über die Angelegenheiten der freiwilligen Gerichtsbarkeit zu bestimmen.**

Inhaltsübersicht

1. Allgemeines 1
2. Voraussetzungen 2
3. Verfahren der Zusammenschreibung 7
4. Wiederaufhebung 9
5. Rechtsmittel 10
6. Wirkung der Zusammenschreibung 11
7. Verschiedene Grundbuchämter 13
8. Kosten 15

1. Allgemeines. § 4 durchbricht den Grundsatz des § 3 Abs. 1 1
Satz 1, indem er unter gewissen Voraussetzungen die Führung eines gemeinschaftlichen GBBlatts über mehrere Grundstücke, die sog. Zusammenschreibung, gestattet. Die Vorschrift ist vor allem für Gegenden mit zersplittertem Grundbesitz von Bedeutung. Das gemeinschaftliche Blatt soll nicht nur das Verfahren des GBAmts, sondern auch Verfügungen des Eigentümers über seinen Grundbesitz sowie dessen Verwaltung erleichtern (KG DR 1942, 1710). § 4 Abs. 2 ist durch das RegVBG neu gefasst und an die veränderte Rechtslage angepasst worden. Über Vereinigung und Zuschreibung s. §§ 5, 6.

2. Voraussetzungen. a) Mehrere Grundstücke. aa) Es muss 2
sich um mehrere, also mindestens zwei GBGrundstücke (s. § 2 Rn. 15) handeln. Nicht notwendig ist, dass über sämtliche Grundstücke desselben Eigentümers ein gemeinschaftliches Blatt geführt wird; einer derartigen Zusammenschreibung stehen bisweilen sogar gesetzliche Vorschriften entgegen (s. Rn. 8). Unter den Voraussetzungen des § 3 Abs. 4, 5 ist auch eine gemeinschaftliche Buchung von Grundstücken und Miteigentumsanteilen an solchen möglich.

3 bb) Auch für mehrere **grundstücksgleiche Rechte** (s. § 3 Rn. 6, 7) kann ein gemeinschaftliches Blatt geführt werden (KGJ 30, 184), ebenso für mehrere Wohnungs- oder Teileigentumsrechte (Weitnauer § 7 Rn. 37); zulässig ist ferner die Zusammenschreibung von Grundstücken und grundstücksgleichen Rechten. Wird in *Bayern* ein selbständiges Fischereirecht (s. Art. 9 FischereiG v. 15. 8. 1908, BayRS 793-1-E) auf einem gemeinschaftlichen GBBlatt gebucht, stellt dieses das Fischereigrundbuch im Sinn des Art. 14 Abs. 2 FischereiG dar (BayObLG 1990, 229 = MittBayNot 1990, 310).

4 **b) Gleicher Eigentümer.** Die Grundstücke müssen demselben Eigentümer gehören, die grundstücksgleichen Rechte demselben Berechtigten zustehen. Bei gemeinschaftlichem Eigentum muss die Gemeinschaftsart dieselbe sein. Die Führung eines gemeinschaftlichen Blatts ist z. B. nicht möglich über Grundstücke des Ehemanns und der Ehefrau, der OHG und ihrer Gesellschafter, über Nachlassgrundstücke und sonstige im Miteigentum der Erben stehende Grundstücke.

5 **c) Gleiches GBAmt.** Die Grundbücher müssen vorbehaltlich der Ausnahmeregelung in Abs. 2 (s. Rn. 13) von demselben GBAmt geführt werden. Nicht erforderlich ist, dass die Grundstücke in demselben GBBezirk (s. § 2 Rn. 3) liegen oder dass bei verschiedener Geschäftsverteilung unter mehrere Rpfleger für alle Blätter derselbe Rpfleger zuständig ist.

6 **d) Keine Verwirrung.** Die Führung des gemeinschaftlichen Blatts ist nur zulässig, solange hiervon keine Verwirrung, d. h. keine Unübersichtlichkeit des GB, zu besorgen ist; dabei handelt es sich um einen unbestimmten Rechtsbegriff (BayObLG 1977, 119 = Rpfleger 1977, 251). Ob eine Zusammenschreibung Verwirrung befürchten lässt, richtet sich nach den Umständen des Einzelfalls. Vor allem Verschiedenheit der Belastung der einzelnen Grundstücke kann ein Hindernisgrund sein, es sei denn, dass es sich um Belastungen handelt, die von der Eintragung (z. B. gemäß § 54) ausgeschlossen sind. Die Gefahr der Unübersichtlichkeit und damit der Verwirrung kann sich unter Umständen auch aus der Zusammenschreibung allzu vieler Grundstücke ergeben.

7 **3. Verfahren der Zusammenschreibung. a)** Liegen die in Rn. 2 bis 6 genannten Voraussetzungen vor, so kann die Zusammenschreibung erfolgen. Die Entscheidung liegt im Ermessen des GBAmts (s. jedoch Rn. 8), das, soweit nicht überwiegende öffentliche Interessen entgegenstehen, auch dem privaten Interesse des Eigentümers Rechnung zu tragen hat (KG DR 1942, 1710); dabei wird auch das informationelle Selbstbestimmungsrecht (BVerfG 65, 43 = NJW 1984, 422) zu beachten sein (Böhringer Rpfleger 1989,

313). Die Zusammenschreibung geschieht von Amts wegen. Ein Antrag des Eigentümers oder eines dinglich Berechtigten ist ebenso wenig erforderlich wie deren Zustimmung. Die vorherige Anhörung des Eigentümers ist jedoch empfehlenswert (KG DR 1942, 1710).

b) Bisweilen ist vorgeschrieben, dass gewisse Grundstücke einer- **8**
seits zusammen, andererseits gesondert von anderen Grundstücken zu buchen sind. Dies ist z.B. der Fall hinsichtlich der zu einem Schutzforst gehörenden Grundstücke (§ 2 Abs. 2 SchutzforstVO v. 21. 12. 1939, RGBl. I 2459; in *Bayern* ist die VO durch Art. 6 § 2 VerwaltungsreformG v. 26. 7. 1997, GVBl. 311, aufgehoben und die Löschung im GB eingetragener Schutzforstvermerke angeordnet worden) sowie im Geltungsbereich der HöfeO hinsichtlich der Hofgrundstücke (§ 7 HöfeVfO). Insoweit ist für eine Ermessensentscheidung des GBAmts kein Raum.

4. Wiederaufhebung. Die Zusammenschreibung ist von Amts **9**
wegen wieder aufzuheben, wenn ihre Voraussetzungen nicht vorgelegen haben oder, wie z.B. im Fall der Eigentumsaufgabe an einem der Grundstücke, nachträglich weggefallen sind (KGJ 50, 129; 51, 192); sie kann auch aufgehoben werden, wenn andere Umstände die Wiederaufhebung zweckmäßig erscheinen lassen (KGJ 50, 129). Andererseits hindern bloße Zweckmäßigkeitsgründe und ein langer Zeitablauf die Wiederaufhebung nicht, wenn es an den Voraussetzungen des § 4 Abs. 2 fehlt (OLG Hamm Rpfleger 1987, 195).

5. Rechtsmittel. Die Führung eines gemeinschaftlichen Blatts **10**
ist keine Eintragung i.S. des § 71 Abs. 2 Satz 1. Daher ist gegen die Zusammenschreibung und deren Ablehnung sowie gegen die Wiederaufhebung und deren Verweigerung die unbeschränkte Beschwerde zulässig (§ 71 Abs. 1). Beschwerdeberechtigt ist nur der Eigentümer, nicht auch ein dinglich Berechtigter (s. jedoch KGJ 50, 127, wo ein Beschwerderecht des HypGläubigers im Fall der Ablehnung der Wiederaufhebung anerkannt wird, wenn die Hyp. unter der Voraussetzung der Aufhebung der gemeinschaftlichen Buchung bewilligt worden ist und die Verfügung über sie durch ein unübersichtliches GBBlatt erschwert wird).

6. Wirkung der Zusammenschreibung. a) Die Zusammen- **11**
schreibung ist nur eine grundbuchtechnische Maßnahme; die gemeinschaftlich gebuchten Grundstücke bleiben rechtlich selbstständig (KG HRR 1941 Nr. 28; BayObLG 1970, 166 = Rpfleger 1970, 346; BayObLG Rpfleger 1981, 190). Der Eigentümer kann über jedes gesondert verfügen; in jedes kann unabhängig von den übrigen vollstreckt werden. Die Rechte an den einzelnen Grundstücken bleiben in dem bisherigen Umfang bestehen, also

keine Mithaft eines Grundstücks für die Lasten der übrigen. Durch Eintragung einer Hyp. auf allen oder mehreren Grundstücken entsteht eine Gesamthypothek. Bei Eintragung von Belastungen ist genaue Ausfüllung der Sp. 2 der zweiten oder dritten Abteilung erforderlich, um Unklarheiten und Schadensfälle zu vermeiden.

12 **b)** Vor Eintragung einer **Zwangshyp.** auf mehreren oder sämtlichen Grundstücken ist die Verteilung der Forderung nach § 867 Abs. 2 ZPO notwendig. Wird die Hyp. auf mehreren oder sämtlichen Grundstücken unverteilt eingetragen, so ist die Eintragung inhaltlich unzulässig (§ 53 Abs. 1 Satz 2), wenn sich aus ihr oder den in Bezug genommenen Urkunden ergibt, dass es sich um eine Zwangshyp. handelt (KGJ 49, 234; JFG 14, 103; RG 163, 125; OLG Köln NJW 1961, 368; s. hierzu auch § 53 Rn. 42).

13 **7. Verschiedene Grundbuchämter. a)** In Erweiterung des Abs. 1 gestattet Abs. 2 Satz 1 die Zusammenschreibung mehrerer Grundstücke auf einem Blatt auch dann, wenn ihre Grundbücher von verschiedenen GBÄmtern geführt werden. Erforderlich ist jedoch, dass die in Betracht kommenden Grundstücke rechtlich miteinander verbunden sind. Eine solche **rechtliche Verbundenheit** kann im Bundes- oder Landesrecht wurzeln; sie ist nur dann gegeben, wenn gewisse gemeinsame Beschränkungen in der Veräußerung und Belastung auf ein voraussichtlich gemeinsames rechtliches Schicksal der Grundstücke hinweisen, diese also sachenrechtlichen Sondervorschriften unterliegen (JFG 14, 209; JFG 18, 124 betr. Grundstücke eines Entschuldungsbetriebs; OLG Hamm Rpfleger 1960, 92; OLG Köln Rpfleger 1976, 16); landwirtschaftliche Anwesen, die keinem Höfe- oder Anerbenrecht unterliegen, fallen nicht unter die Bestimmung des Abs. 2 Satz 1 (BayObLG 1974, 25 = Rpfleger 1974, 158; OLG Hamm Rpfleger 1987, 195). Auch hier ist Voraussetzung der Zusammenschreibung, dass die Grundstücke demselben Eigentümer gehören und von der Führung eines gemeinschaftlichen Blatts Verwirrung nicht zu besorgen ist (JFG 14, 210).

14 **b)** Handelt es sich um einen **Hof,** so ist für die Führung des gemeinschaftlichen Blatts das GBAmt zuständig, welches das GB über die Hofstelle führt; in anderen Fällen wird das zuständige GBAmt nach § 5 FGG bestimmt (Abs. 2 Satz 2). Ob die Grundstücke im Sinn des Abs. 2 rechtlich miteinander verbunden sind, ist als Voraussetzung der Zuständigkeitsbestimmung von dem hierzu berufenen Gericht (s. § 1 Rn. 21) zu prüfen (JFG 14, 209; OLG Hamm Rpfleger 1960, 92; BayObLG 1974, 26 = Rpfleger 1974, 158).

15 **8. Kosten.** Für die Zusammenschreibung mehrerer Grundstücke werden Gebühren nicht erhoben (§ 69 Abs. 1 Nr. 5 KostO).

Vereinigung

5 (1) **Ein Grundstück soll nur dann mit einem anderen Grundstück vereinigt werden, wenn hiervon Verwirrung nicht zu besorgen ist. Werden die Grundbücher von verschiedenen Grundbuchämtern geführt, so ist das zuständige Grundbuchamt nach § 5 des Gesetzes über die Angelegenheiten der freiwilligen Gerichtsbarkeit zu bestimmen.**

(2) **Die an der Vereinigung beteiligten Grundstücke sollen im Bezirk desselben Grundbuchamts und derselben für die Führung des amtlichen Verzeichnisses nach § 2 Abs. 2 zuständigen Stelle liegen und unmittelbar aneinandergrenzen. Von diesen Erfordernissen soll nur abgewichen werden, wenn hierfür, insbesondere wegen der Zusammengehörigkeit baulicher Anlagen und Nebenanlagen, ein erhebliches Bedürfnis besteht. Die Lage der Grundstücke zueinander ist durch Vorlage einer von der zuständigen Behörde beglaubigten Karte nachzuweisen. Das erhebliche Bedürfnis ist glaubhaft zu machen; § 29 gilt hierfür nicht.**

Inhaltsübersicht

1. Allgemeines ... 1
2. Mehrere Grundstücke ... 3
3. Vereinigungserklärung ... 9
4. Keine Verwirrung ... 13
5. Zuständigkeit ... 15
6. Entscheidung ... 16
7. Rechtsmittel ... 17
8. Grundbuchmäßige Behandlung ... 19
9. Wirkung der Vereinigung ... 23
10. Vorschriftswidrige Vereinigung ... 24
11. Wiederaufhebung ... 25
12. Kosten ... 26

1. Allgemeines. a) § 5 befasst sich mit der Vereinigung von Grundstücken. Er ergänzt § 890 Abs. 1 BGB, nach dem der Eigentümer mehrere Grundstücke dadurch zu einem Grundstück vereinigen kann, dass er sie als ein Grundstück in das GB eintragen lässt. Die Vereinigung von Grundstücken ist anders als ihre in § 4 zugelassene Zusammenschreibung kein rein grundbuchtechnischer, sondern ein sachlichrechtlicher Vorgang. Abs. 2 wurde im Hinblick auf die Erfordernisse des mit dem Liegenschaftskataster integrierten und maschinell geführten GB durch das RegVBG angefügt. 1

b) Auf Grund des Vorbehalts in Art. 119 Nr. 3 EGBGB kann die Vereinigung von Grundstücken durch die **Landesgesetzge-** 2

bung ganz untersagt oder über § 5 Abs. 2 hinaus beschränkt werden (vgl. auch Art. 1 Abs. 2 EGBGB). In *Bayern* bestehen derartige Vorschriften nicht mehr. In *Baden-Württemberg* gilt Art. 30 AGBGB v. 26. 11. 1974 (GBl. 498). In *Rheinland-Pfalz* s. zur Vereinigung von Grundstücken im gemeinschaftlichen deutsch-luxemburgischen Hoheitsgebiet i. S. von Art. 1 des Vertrags vom 19. 12. 1984 (BGBl. 1988 II 415) die VO v. 16. 8. 1990 (GVBl. 273).

c) Vgl. zum Folgenden auch Röll, Grundstücksteilungen, Vereinigungen und Bestandteilszuschreibungen im Anschluss an Vermessungen, DNotZ 1968, 523.

3 **2. Mehrere Grundstücke. a) GBGrundstück.** Es muss sich um mehrere GBGrundstücke (s. § 2 Rn. 13) handeln; zu den Besonderheiten, wenn an einem der Grundstücke WEigentum begründet ist, s. Rn. 6. Eine Katasterparzelle, die Teil eines Grundstücks ist, ist der Vereinigung mit einem Grundstück erst nach grundbuchmäßiger Verselbständigung fähig. Bei anderen Grundstücksteilen hat der grundbuchmäßigen Verselbständigung nach § 2 Abs. 3 die katastermäßige vorauszugehen.

4 aa) **Zuflurstücke.** Kommt der Verselbstständigung für Kataster und GB nur vorübergehende Bedeutung zu, so genügt es, wenn der beschränkt zu verselbstständigende Grundstücksteil als sog. Zuflurstück bezeichnet wird; das Zuflurstück gilt für die Anwendung des § 890 BGB als selbstständiges Grundstück, ist aber nicht als selbstständiges Grundstück in das GB zu übernehmen (BGH DNotZ 1954, 197; BayObLG 1957, 356; Rpfleger 1974, 148; NJW-RR 1991, 465; s. auch § 2 Rn. 29). Ein Zuflurstück kann daher sowohl mit einem anderen Zuflurstück als auch mit einem Grundstück vereinigt werden (KEHE Rn. 4, 5; Meikel Rn. 6, 10).

5 bb) **Miteigentumsanteile.** Sie sind der Vereinigung miteinander oder mit einem Grundstück selbst dann nicht fähig, wenn sie nach § 3 Abs. 4, 5 selbständig gebucht sind (BayObLG 1993, 297 = Rpfleger 1994, 108; vgl. LG Münster DFrG 1940, 141). Jedoch können zwei WEigentumsrechte miteinander vereinigt werden; die übrigen WEigentümer müssen dabei nicht mitwirken; wegen § 1 Abs. 4 WEG ist aber Voraussetzung, dass das jeweilige Sondereigentum mit Miteigentum am selben Grundstück verbunden ist (BayObLG MittBayNot 1999, 179; OLG Hamburg Rpfleger 1966, 79; OLG Stuttgart OLGZ 1977, 431; KG Rpfleger 1989, 500; KEHE Rn. 8). Das durch die Vereinigung entstehende WEigentum braucht nicht in sich abgeschlossen zu sein (BayObLG 1971, 107, 246; MittBayNot 1999, 179; KG Rpfleger 1989, 500; a. M. OLG Hamburg Rpfleger 1966, 81; OLG Stuttgart OLGZ 1977, 432; KEHE Rn. 8). Auch kann ein WEigentum mit einem

Grundstück vereinigt werden (vgl. BayObLG 1993, 297 = Rpfleger 1994, 108; Meikel Rn. 8).

b) Grundstücksgleiche Rechte. Auch grundstücksgleiche Rechte (s. § 3 Rn. 6, 7) können, falls sie gleichartig sind (Meikel Rn. 11), miteinander vereinigt werden; hinsichtlich der Vereinigung von Bergwerkseigentum bestehen jedoch Beschränkungen (s. §§ 24ff. sowie § 151 Abs. 2 Nr. 4, § 154 Abs. 1 BBergG); zur Vereinigung von Erbbaurechten s. Anh. zu § 8 Rn. 16. Grundsätzlich zulässig ist ferner die Vereinigung von Grundstücken und grundstücksgleichen Rechten (KEHE Rn. 7; Meikel Rn. 7; a.M. Güthe/Triebel A. 5), z.B. im Gebiet der früheren DDR von Grundstück und selbständigem Gebäudeeigentum (LG Dresden Rpfleger 1999, 271; Hügel MittBayNot 1993, 196); zur Vereinigung von nutzungsrechtslosem Gebäudeeigentum s. § 14 Abs. 3 GGV. Ein Grundstück soll jedoch mit einem grundstücksgleichen Recht des Landesrechts (s. dazu § 3 Rn. 7) nicht vereinigt werden (§ 136 Abs. 3; s. dort Rn. 9). Nicht statthaft ist die Vereinigung eines Grundstücks mit einem Bergwerkseigentum (§ 9 Abs. 2 BBergG); am 1. 1. 1982 bestehende Vereinigungen bleiben hievon unberührt; die Länder können aber Vorschriften über ihre Aufhebung erlassen, s. § 151 Abs. 2 Nr. 3, § 154 Abs. 1 BBergG. 6

c) Gleicher Eigentümer. Die Grundstücke (Zuflurstücke, WEigentumsrechte) müssen spätestens im Zeitpunkt der Neueintragung demselben Eigentümer gehören, die grundstücksgleichen Rechte demselben Berechtigten zustehen. Bei gemeinschaftlichem Eigentum muss die Art der rechtlichen Verbundenheit dieselbe sein (BayObLG NJW-RR 1991, 465); unzulässig ist die Vereinigung auch dann, wenn bei Miteigentum nach Bruchteilen die Anteile des einzelnen Miteigentümers an den zu vereinigenden Grundstücken verschieden groß sind. Deshalb kann ein Grundstück, an dem WEigentum gebildet ist, mit einem in gewöhnlichem Miteigentum der WEigentümer stehenden anderen Grundstück erst dann vereinigt werden, wenn auch an diesem Grundstück WEigentum gebildet worden ist und jedem WEigentümer an beiden Grundstücken jeweils ein gleich großer Miteigentumsanteil verbunden mit Sondereigentum gehört (OLG Zweibrücken DNotZ 1991, 605 mit Anm. v. Herrmann). 7

d) Räumlicher Zusammenhang. aa) Bis zur Anfügung von Abs. 2 durch das RegVBG war es kein Erfordernis der Vereinigung, dass die Grundstücke räumlich oder wirtschaftlich zusammenhingen und dass die Grundbücher vom selben GBAmt geführt wurden. Beschränkungen in dieser Richtung waren jedoch durch die Landesgesetzgebung möglich (s. Rn. 2). Bei einer maschinellen 8

GBFührung mit Integration des Liegenschaftskatasters, wie sie §§ 126ff. nunmehr ermöglichen, ergäben sich Probleme bei Grundstücken, die über die Grenze eines GBAmts- oder Katasteramtsbezirks hinausgehen. Die Entstehung solcher Grundstücke durch Vereinigung wird daher grundsätzlich ausgeschlossen (Abs. 2 Satz 1). Eine nennenswerte Beeinträchtigung der Grundstückseigentümer in der Nutzung ihres Eigentums ist damit nicht verbunden, zumal Abs. 2 Satz 2 Ausnahmen zulässt. Die Möglichkeit weitergehender Beschränkungen der Vereinigung durch Landesrecht (s. Rn. 2) bleibt bestehen.

bb) Das GBAmt darf eine Vereinigung grundsätzlich nur dann in das GB eintragen, wenn die zu vereinigenden Grundstücke im selben GBAmts- und Katasteramtsbezirk liegen. Ferner müssen die Grundstücke eine gemeinsame Grenze haben (Abs. 2 Satz 1). Das Vorliegen dieser Voraussetzung ist, sofern sie beim GBAmt nicht offenkundig ist (§ 29 Abs. 1 Satz 2; a.M. Meikel Rn. 51), diesem durch Vorlage einer beglaubigten Karte des Katasteramts nachzuweisen (Abs. 2 Satz 3).

cc) Eine **Ausnahme** ist nur zulässig, wenn hierfür ein erhebliches Bedürfnis besteht, das sich insbes. aus der Zusammengehörigkeit baulicher Anlagen und Nebenanlagen ergeben kann (Abs. 2 Satz 2). In Betracht kommt z.B. die Vereinigung des Stammgrundstücks mit einem weiteren Grundstück, auf dem sich Garagen, Parkplätze (LG Marburg Rpfleger 1996, 341) oder Entsorgungseinrichtungen (Mülltonnen) befinden. Eine Ausnahme kommt insbes. beim WEigentum in Betracht, das nach § 1 Abs. 4 WEG nicht an mehreren Grundstücken begründet werden kann; das erforderliche erhebliche Bedürfnis wird regelmäßig vorliegen, wenn ohne die Möglichkeit einer Vereinigung eine beabsichtigte Begründung von WEigentum oder der Hinzuerwerb eines Grundstücks durch die WEigentümer zur Erweiterung der Anlage scheitern würde. Das erhebliche Bedürfnis als Voraussetzung für eine Ausnahme ist dem GBAmt nicht in der Form des § 29 nachzuweisen; weil dies in aller Regel auf erhebliche Schwierigkeiten stoßen würde, genügt Glaubhaftmachung. Der Grundstückseigentümer kann sich dabei aller Beweismittel bedienen, insbes. auch der Versicherung an Eides Statt (vgl. § 294 ZPO); für ihre Form ist § 29 nicht anwendbar. Ist ein erhebliches Bedürfnis glaubhaft gemacht, brauchen die zu vereinigenden Grundstücke weder im Bezirk desselben GBAmts oder Katasteramts zu liegen, noch müssen sie aneinandergrenzen.

dd) Abs. 2 ist als **Sollvorschrift** ausgestaltet. Es handelt sich um eine grundbuchverfahrensrechtliche, nicht um eine materiellrechtliche Regelung. Bei einer Verletzung der Vorschrift durch das

GBAmt bleibt die materiellrechtliche Gültigkeit der Vereinigung unberührt.

9 **3. Vereinigungserklärung. a) Sachlichrechtlich** erfordert die Vereinigung eine hierauf gerichtete Erklärung des Eigentümers gegenüber dem GBAmt und die Eintragung in das GB; durch bloße Zusammenlegung mehrerer, je ein GBGrundstück bildender Katasterparzellen entsteht kein einheitliches Grundstück im Rechtssinn (KGJ 49, 235). Einer Zustimmung der dinglich Berechtigten bedarf es nicht (KGJ 31, 241; OLG Saarbrücken OLGZ 1972, 137). Bei einer Vereinigung von WEigentumsrechten ist die Mitwirkung der übrigen WEigentümer nicht erforderlich (OLG Stuttgart OLGZ 1977, 431).

10 **b) Verfahrensrechtlich** sind zur Eintragung der Vereinigung ein EintrAntrag und eine EintrBewilligung erforderlich.

aa) Die sachlichrechtliche Vereinigungserklärung stellt in der Regel zugleich die **EintrBewilligung** dar und bedarf deshalb der Form des § 29 Abs. 1 Satz 1. Wegen § 39 Abs. 1 muss der Eigentümer der zu vereinigenden Grundstücke als solcher eingetragen sein.

11 bb) Der **EintrAntrag** kann im Hinblick auf § 13 Abs. 1 Satz 2 nur von dem Eigentümer, nicht von einem dinglich Berechtigten gestellt werden. Ersetzt er, wie in der Regel, die Vereinigungserklärung und damit auch die EintrBewilligung, so bedarf er nach § 30 der Form des § 29 Abs. 1 Satz 1 (KGJ 31, 238; BayObLG 1957, 357 = DNotZ 1958, 388); über die Beurkundungs- und Beglaubigungsbefugnis der Vermessungsbehörden bei Vereinigung von Grundstücken s. § 61 Abs. 1 Nr. 6 BeurkG sowie das als Landesrecht fortgeltende Ges. v. 15. 11. 1937 (RGBl. I 1257), in *Bayern* ersetzt durch Art. 9 VermKatG v. 31. 7. 1970 (BayRS 219-1-F).

12 **c)** Wegen der unterschiedlichen rechtlichen Wirkungen einer Vereinigung und einer Bestandteilszuschreibung, insbes. im Hinblick auf § 1131 BGB, müssen die Erklärungen zumindest im Weg der Auslegung zweifelsfrei ergeben, ob eine **Vereinigung oder eine Zuschreibung** gewollt ist (vgl. KG OLG 39, 221; BGH DNotZ 1954, 198; BayObLG DNotZ 1972, 352; MittBayNot 1994, 128). Die Vereinigung ist die normale Form der Verbindung von Grundstücken und daher im Zweifel gewollt (BayObLG Rpfleger 1996, 332). Ein Antrag auf „Zuschreibung" ist regelmäßig als ein solcher auf Zuschreibung als Bestandteil zu verstehen (KG HRR 1941 Nr. 28).

13 **4. Keine Verwirrung. a)** Der Antrag auf Vereinigung muss zurückgewiesen werden, wenn von dieser Verwirrung zu besorgen

ist (Satz 1); dabei handelt es sich um einen unbestimmten Rechtsbegriff (BayObLG 1977, 119 = Rpfleger 1977, 251; KG Rpfleger 1989, 500). Verwirrung ist zu besorgen, wenn die Eintragungen derart unübersichtlich und schwer verständlich würden, dass der gesamte grundbuchliche Rechtszustand des Grundstücks nicht mit der für den GBVerkehr notwendigen Klarheit und Bestimmtheit erkennbar ist und die Gefahr von Streitigkeiten von Realberechtigten untereinander oder mit Dritten und von Verwicklungen namentlich im Fall der Zwangsversteigerung besteht (KG OLG 8, 300; 39, 221; Rpfleger 1989, 500; OLG Hamm Rpfleger 1968, 121; OLG Düsseldorf DNotZ 1971, 479; Rpfleger 2000, 211; BayObLG 1993, 366 = DNotZ 1994, 242; BayObLG Rpfleger 1997, 102). Ob eine Vereinigung Verwirrung befürchten lässt, richtet sich nach den Umständen des Einzelfalls, wobei nicht nur die gegenwärtigen Verhältnisse zu berücksichtigen sind, sondern auch die weiteren Folgen, die sich aus dem Vollzug von Anträgen ergeben, die im Zusammenhang mit dem Antrag auf Vereinigung gestellt werden (OLG Hamm Rpfleger 1968, 121; OLG Düsseldorf DNotZ 1971, 479); spätere Veränderungen bleiben außer Betracht (OLG Schleswig Rpfleger 1982, 371; OLG Düsseldorf Rpfleger 2000, 211). S. hierzu auch OLG Hamm Rpfleger 1998, 154.

14 **b) Unterschiedliche Belastung** der Grundstücke (oder WEigentumsrechte: KG Rpfleger 1989, 500) ist zwar kein unbedingtes Hindernis für eine Vereinigung, kann dieser aber sehr wohl entgegenstehen; so insbesondere, wenn Zuflurstücke vereinigt oder die Flurstücke, aus denen die zu vereinigenden Grundstücke bestehen, verschmolzen werden (OLG Frankfurt Rpfleger 1975, 312; BayObLG 1977, 119; 1993, 367 = DNotZ 1994, 242; OLG Schleswig Rpfleger 1982, 371; KG Rpfleger 1989, 500; s. dazu auch Röll DNotZ 1968, 531 und Meyer-Stolte Rpfleger 1980, 191; 1981, 107, aber auch Wendt Rpfleger 1983, 192; 1994, 456 und BayObLG Rpfleger 1997, 102). Dies kann ein Grund dafür sein, die Verschmelzung der Flurstücke, nicht aber die Vereinigung der Grundstücke abzulehnen (OLG Düsseldorf Rpfleger 2000, 211). Grundsätzlich besteht die Besorgnis der Verwirrung nicht, solange aus dem GB auch nach Eintragung der Vereinigung zu ersehen ist, auf welchem Teil des nunmehr einheitlichen Grundstücks welches Recht mit welchem Rang lastet (KG Rpfleger 1989, 500; OLG Düsseldorf Rpfleger 2000, 211). Keine Verwirrung ist zu besorgen, wenn dem jeweiligen Eigentümer eines der Grundstücke ein Recht an einem anderen Grundstück zusteht (BayObLG Rpfleger 1974, 148) oder wenn das herrschende Grundstück (oder ein Teil

davon) mit dem dienenden vereinigt werden soll (vgl. BGH Rpfleger 1978, 52); gleiches gilt bei einer Vereinigung von Zuflurstücken, die mit der gleichen beschränkten persönlichen Dienstbarkeit belastet sind (BayObLG Rpfleger 1977, 442). Verwirrung ist auch dann nicht zu besorgen, wenn die unterschiedliche Belastung nur darin besteht, dass eines der Grundstücke zusätzlich mit einer erstrangigen Dienstbarkeit, z.B. einem Wasserleitungsrecht, belastet ist (vgl. BayObLG Rpfleger 1987, 13 mit zust. Anm. v. Wirner DNotZ 1987, 221).

5. Zuständigkeit. Gehört die Führung der Grundbücher zu 15
den Geschäftsaufgaben verschiedener Rpfleger desselben GBAmts, so entscheidet die Geschäftsverteilung (s. dazu § 5 GeschO, § 3 BayGBGA). Werden die Grundbücher dagegen von verschiedenen GBÄmtern geführt, so ist das zuständige GBAmt in jedem Einzelfall nach § 5 FGG zu bestimmen (Abs. 1 Satz 2); näheres über die Zuständigkeitsbestimmung s. § 1 Rn. 21, 22.

6. Entscheidung. Liegen die in Rn. 3–14 genannten Voraus- 16
setzungen vor, so muss die Vereinigung eingetragen werden; für eine Ermessensentscheidung des GBAmts ist anders als bei der Zusammenschreibung kein Raum.

7. Rechtsmittel. a) Gegen die Zurückweisung eines Vereini- 17
gungsantrags ist die unbeschränkte Beschwerde gegeben (§ 71 Abs. 1). Die erfolgte Vereinigung ist eine Eintragung i. S. des § 71 Abs. 2 Satz 1 (KGJ 31, 244); gegen sie ist daher nur die beschränkte Beschwerde zulässig (§ 71 Abs. 2 Satz 2).

b) Beschwerdeberechtigt ist nur der Eigentümer, nicht auch ein 18
dinglich Berechtigter (KGJ 31, 242; OLG Karlsruhe OLG 39, 222).

8. Grundbuchmäßige Behandlung. Maßgebend sind § 6 19
Abs. 2, 5, 6 Buchst. b und c, Abs. 7 sowie § 13 Abs. 1 und 3 GBV. Hiernach ist das Verfahren kurz folgendes (s. hierzu, insbes. zur Vereinigung von WEigentumsrechten, KG Rpfleger 1989, 500):

a) Sind die zu vereinigenden Grundstücke auf **demselben GB-Blatt** eingetragen, so werden die bisherigen Eintragungen in den Sp. 1 bis 4 des Bestandsverzeichnisses rot unterstrichen. Das durch die Vereinigung entstehende Grundstück ist unter neuer laufender Nummer einzutragen. In Sp. 2 ist auf die bisherigen laufenden Nummern der beteiligten Grundstücke zu verweisen. Die Größenangabe in Sp. 4 kann entweder die Gesamtgröße oder die jeweilige Größe der vereinigten Grundstücke verlautbaren. In Sp. 5 sind die laufenden Nummern der Grundstücke anzugeben, auf welche sich die Eintragung bezieht. Der Vereinigungsvermerk in Sp. 6 lautet etwa: „Nr. 4 mit Nr. 3 vereinigt und unter Nr. 5 als ein Grundstück eingetragen am ..." Eintragungen in der ersten bis dritten Abteilung erfolgen nicht.

20 **b)** Sind die zu vereinigenden Grundstücke auf **verschiedenen GBBlättern** desselben GBAmts (A und B) eingetragen und soll die Vereinigung auf dem Blatt A erfolgen, so ist das auf dem Blatt B eingetragene Grundstück zunächst von diesem abzuschreiben. Sodann wird es in den Sp. 1 bis 4 des Bestandsverzeichnisses des Blatts A unter der nächsten laufenden Nummer, z.B. Nr. 2, eingetragen. Die Eintragungen zu Nr. 1 und 2 des Bestandsverzeichnisses sind darauf rot zu unterstreichen; das einheitliche Grundstück ist unter neuer laufender Nummer, z.B. Nr. 3, wie im Fall a einzutragen. Der Vermerk in Sp. 6 lautet etwa: „Nr. 2 von Band 2 Blatt 30 hierher übertragen, mit Nr. 1 vereinigt und unter Nr. 3 als ein Grundstück eingetragen am ...". Über den Vermerk in der ersten Abteilung s. Muster zur GBV Anl. 2a Abt. I Sp. 4. In die zweite und dritte Abteilung sind die auf dem Blatt B eingetragenen noch bestehenden Belastungen des auf das Blatt A übertragenen Grundstücks zu übernehmen. Die Eintragung lautet etwa: „Folgende Eintragung – einzurücken die Eintragung auf Blatt B – von Band 2 Blatt 30 hierher übertragen am ......" oder bei noch bestehender Mithaft eines auf dem Blatt B vorgetragenen Grundstücks „... hierher zur Mithaft übertragen am ......"; dabei ist in den Sp. 2 der zweiten und dritten Abteilung als belastetes Grundstück die Nr. 2, nicht etwa die Nr. 3 des Bestandsverzeichnisses anzugeben.

21 **c)** Werden die Grundbücher der zu vereinigenden Grundstücke von **verschiedenen GBÄmtern** geführt, so kommt noch die den Zuständigkeitswechsel regelnde Vorschrift des § 25 GBV in Betracht.

22 **d)** Nicht geregelt hat die GBV die grundbuchmäßige Behandlung der Vereinigung eines Zuflurstücks mit einem GBGrundstück; sie ist in entsprechender Anwendung der Bestimmungen über die Vereinigung vorzunehmen, wobei der nur vorübergehenden rechtlichen Selbstständigkeit des Zuflurstücks Rechnung zu tragen ist (BayObLG 1974, 23 = Rpfleger 1974, 148 mit einem EintrMuster).

23 **9. Wirkung der Vereinigung.** Die vereinigten Grundstücke verlieren ihre Selbstständigkeit und werden nichtwesentliche Bestandteile des einheitlichen Grundstücks (KGJ 31, 241; OLG Saarbrücken OLGZ 1972, 137; BGH Rpfleger 1978, 52). Belastungen bleiben in dem bisherigen Umfang bestehen, keines der früheren Grundstücke haftet für die Lasten der übrigen (KGJ 30, 195; OLG Saarbrücken OLGZ 1972, 137; s. auch BGH Rpfleger 1978, 52); die Zwangsversteigerung kann in jedes der früheren Grundstücke gesondert betrieben werden (KGJ 31, 242); s. zum Ganzen OLG

Düsseldorf Rpfleger 2000, 211. Entsprechendes gilt bei einer Vereinigung von Zuflurstücken, WEigentumsrechten (s. dazu KG Rpfleger 1989, 500, aber auch Streuer Rpfleger 1992, 184) oder grundstücksgleichen Rechten. Soll eines der früheren Grundstücke belastet werden, so ist nach § 7 zu verfahren.

10. Vorschriftswidrige Vereinigung. Ist eine Vereinigung 24
eingetragen worden, obwohl ihre sachlichrechtlichen Voraussetzungen fehlten, insbes. keine auf Vereinigung gerichtete Willenserklärung des Eigentümers vorlag, so ist das GB unrichtig (KGJ 49, 235); auch inhaltliche Unzulässigkeit der Eintragung ist denkbar; es gilt § 53 Abs. 1 (KGJ 31, 239). Hingegen ist es unschädlich, wenn lediglich gegen § 5 Abs. 1 Satz 1 verstoßen wurde, d. h. der Vereinigungsantrag wegen bestehender Verwirrungsgefahr zurückzuweisen gewesen wäre.

11. Wiederaufhebung. Eine Wiederaufhebung der Vereini- 25
gung ist nur durch Teilung des einheitlichen Grundstücks möglich (BayObLG 1956, 475 = DNotZ 1958, 393); näheres über die Teilung s. § 7 Rn. 2ff. Für eine Wiederaufhebung von Amts wegen ist auch dann kein Raum, wenn sich nachträglich ergibt, dass infolge der Vereinigung Verwirrung zu besorgen ist. Bei entsprechender Belehrung wird ein einsichtiger Eigentümer aber in den meisten Fällen dazu veranlasst werden können, die Wiederaufhebung herbeizuführen.

12. Kosten. Für die Eintragung der ohne Eigentumsübergang 26
stattfindenden Vereinigung wird eine $^1/_4$-Gebühr erhoben (§ 67 Abs. 1 Nr. 4 KostO); zu beachten ist § 67 Abs. 2 KostO; der Wert bestimmt sich nach § 30 KostO (§ 67 Abs. 3 KostO).

Gebührenfrei ist die Eintragung der Vereinigung einschl. hier- 27
zu notwendiger Grundstücksteilungen und der Aufnahme des erforderlichen Antrags durch das GBAmt, wenn die das amtliche Verzeichnis nach § 2 Abs. 2 führende Behörde bescheinigt, dass die Grundstücke örtlich und wirtschaftlich ein einheitliches Grundstück bilden (§ 69 Abs. 1 Nr. 4 KostO; s. dazu auch die Erläuterungen in der AV v. 23. 6. 1938, DJust. 1013 = BayBSVJu V 346, in *Bayern* aufgehoben durch JMBek. v. 17. 11. 1986, JMBl. 191). Im Geltungsbereich der HöfeO besteht ferner Gebühren- und Auslagenfreiheit nach Maßgabe des § 18 HöfeVfO.

Zuschreibung

6 (1) **Ein Grundstück soll nur dann einem anderen Grundstück als Bestandteil zugeschrieben werden, wenn hiervon Verwirrung nicht zu besorgen ist. Werden die Grundbücher**

von verschiedenen Grundbuchämtern geführt, so ist für die Entscheidung über den Antrag auf Zuschreibung und, wenn dem Antrag stattgegeben wird, für die Führung des Grundbuchs über das ganze Grundstück das Grundbuchamt zuständig, das das Grundbuch über das Hauptgrundstück führt.

(2) **§ 5 Abs. 2 findet entsprechende Anwendung.**

Inhaltsübersicht

1. Allgemeines ... 1
2. Grundstücke ... 3
3) Zuschreibungserklärung ... 9
4. Keine Verwirrung ... 16
5. Zuständigkeit ... 17
6. Entscheidung ... 18
7. Rechtsmittel ... 19
8. Grundbuchmäßige Behandlung ... 21
9. Wirkung der Zuschreibung ... 22
10. Vorschriftswidrige Zuschreibung ... 26
11. Wiederaufhebung ... 27
12. Kosten ... 28

1 **1. Allgemeines. a)** § 6 befasst sich mit der Zuschreibung von Grundstücken. Er ergänzt § 890 Abs. 2 BGB, nach dem ein Grundstück dadurch zum Bestandteil eines anderen Grundstücks gemacht werden kann, dass der Eigentümer es diesem im GB zuschreiben lässt. Die Zuschreibung als Bestandteil ist nur eine besondere Art der Vereinigung und unterscheidet sich von dieser im Hinblick auf § 1131 BGB lediglich in ihrer Wirkung (BGH DNotZ 1954, 197; BayObLG 1954, 271). Eine Zuschreibung als Zubehör kennt das geltende Recht nicht mehr. Die Zuschreibung gem. § 6 ist anders als die Zusammenschreibung gem. § 4 kein rein grundbuchtechnischer, sondern ein sachlichrechtlicher Vorgang. § 6 Abs. 2 ist durch das RegVBG angefügt worden.

2 **b)** Auf Grund des Vorbehalts in Art. 119 Nr. 3 EGBGB kann die Zuschreibung eines Grundstücks als Bestandteil eines anderen durch die **Landesgesetzgebung** ganz untersagt oder über § 6 Abs. 2 i. V. m. § 5 Abs. 2 hinaus beschränkt werden (vgl. auch Art. 1 Abs. 2 EGBGB). In *Bayern* bestehen derartige Vorschriften nicht mehr. In *Baden-Württemberg* gilt Art. 30 AGBGB v. 26. 11. 1974 (GBl. 498).

c) Vgl. zum Folgenden auch Röll, Grundstücksteilungen, Vereinigungen und Bestandteilszuschreibungen im Anschluss an Vermessungen, DNotZ 1968, 523.

3 **2. Grundstücke. a) GBGrundstück.** Es muss sich wie bei der Vereinigung um GBGrundstücke (s. § 2 Rn. 15) handeln; zu den

Besonderheiten, wenn an einem der Grundstücke WEigentum begründet ist, s. Rn. 7. Ein Grundstück kann immer nur einem, nicht aber mehreren Grundstücken als Bestandteil zugeschrieben werden; hingegen ist es möglich, einem Grundstück mehrere Grundstücke als Bestandteil zuzuschreiben (KG HRR 1941 Nr. 602; OLG Düsseldorf JMBlNW 1963, 189). Eine Katasterparzelle, die Teil eines Grundstücks ist, kann einem anderen Grundstück erst nach grundbuchmäßiger Verselbstständigung als Bestandteil zugeschrieben werden. Bei anderen Grundstücksteilen hat der grundbuchmäßigen Verselbstständigung nach § 2 Abs. 3 die katastermäßige vorauszugehen.

aa) **Zuflurstücke.** Kommt der Verselbstständigung für Kataster und GB nur vorübergehende Bedeutung zu, so genügt es, wenn der beschränkt zu verselbstständigende Grundstücksteil als sog. Zuflurstück bezeichnet wird; das Zuflurstück gilt für die Anwendung des § 890 BGB als selbstständiges Grundstück, ist aber nicht als selbstständiges Grundstück in das GB zu übernehmen (s. hierzu § 5 Rn. 4). Zuflurstücke können daher einem Grundstück zugeschrieben werden (BayObLG Rpfleger 1995, 151); ein Zuflurstück kann aber auch einem anderen Zuflurstück als Bestandteil zugeschrieben werden (KEHE Rn. 5, 6; Meikel Rn. 7, 11; Roellenbleg DNotZ 1971, 286; a. M. BayObLG 1957, 356 = DNotZ 1958, 388; Rpfleger 1972, 18; OLG Frankfurt Rpfleger 1976, 245). 4

bb) **Miteigentumsanteile.** Sie sind der Zuschreibung untereinander oder zu einem Grundstück selbst dann nicht fähig, wenn sie nach § 3 Abs. 4 selbstständig gebucht sind (BayObLG 1993, 297 = Rpfleger 1994, 108; LG Münster DFrG 1940, 141; einschränkend: Bünger NJW 1964, 583; 1965, 2095; gegen diesen jedoch Staudenmaier NJW 1964, 2145). Jedoch kann ein WEigentumsrecht einem anderen WEigentumsrecht zugeschrieben werden, sofern das jeweilige Sondereigentum mit Miteigentum am selben Grundstück verbunden ist (LG Ravensburg Rpfleger 1976, 303; KEHE Rn. 9; Meikel Rn. 13). Das durch die Zuschreibung entstehende neue WEigentum braucht nicht in sich abgeschlossen zu sein (LG Ravensburg Rpfleger 1976, 303; a. M. KEHE § 5 Rn. 8). Auch kann ein WEigentum einem Grundstück zugeschrieben werden und umgekehrt (BayObLG 1993, 297 = Rpfleger 1994, 108; OLG Hamm NJW-RR 1996, 1100; a. M. OLG Düsseldorf JMBlNW 1963, 189). 5

b) Grundstücksgleiche Rechte. Auch grundstücksgleiche Rechte (s. § 3 Rn. 6, 7) können, falls sie gleichartig sind (Meikel Rn. 12), durch Zuschreibung miteinander verbunden werden; zur Zuschreibung von Erbbaurechten s. Anh. zu § 8 Rn. 16. Grund- 6 sätzlich zulässig ist ferner die Zuschreibung eines grundstücksgleichen Rechts zu einem Grundstück sowie die Zuschreibung eines Grundstücks zu einem grundstücksgleichen Recht (KEHE Rn. 8; Meikel Rn. 8). Ein grundstücksgleiches Recht, z. B. ein Erbbaurecht, kann aber nicht dem Grundstück, an dem es lastet, zugeschrieben werden, wohl aber dieses Grundstück dem Erbbaurecht (Meikel Rn. 8; offengelassen von BayObLG 1999, 63 = Rpfleger 1999, 327). Gleiches gilt für Gebäudeeigentum im Gebiet der früheren DDR (LG Dresden Rpfleger 1999, 271; Hügel MittBayNot 1993, 196; vgl. OLG Jena Rpfleger 1998, 195). Zuschreibungen zwischen Grundstücken und grundstücksgleichen Rechten des Landesrechts (s. dazu § 3 Rn. 7), sollen nicht vorgenommen werden (§ 136 Abs. 3; s. dort Rn. 9). Nicht statthaft ist die Zuschreibung eines Bergwerkseigentums als Bestandteil eines Grundstücks oder eines Grundstücks als Bestandteil eines Bergwerkseigentums (§ 9 Abs. 2 BBergG); am 1. 1. 1982 bestehende Zuschreibungen bleiben hiervon unberührt; die Länder können aber Vorschriften über ihre Aufhebung erlassen, s. § 151 Abs. 2 Nr. 3, § 154 Abs. 1 BBergG.

7 **c) Gleicher Eigentümer.** Die Grundstücke (Zuflurstücke, WEigentumsrechte) müssen spätestens im Zeitpunkt der Neueintragung demselben Eigentümer gehören, die grundstücksgleichen Rechte demselben Berechtigten zustehen; über Einzelheiten s. § 5 Rn. 7. Es wird jedoch für zulässig erachtet, ein in gewöhnlichem Miteigentum stehendes Grundstück einem anderen Grundstück, an dem WEigentum gebildet ist, als Bestandteil zuzuschreiben, sofern denselben Personen jeweils die gleichen Miteigentumsanteile an beiden Grundstücken gehören (LG Düsseldorf MittRhNotK 1970, 190; OLG Frankfurt Rpfleger 1973, 394; s. hierzu aber auch OLG Oldenburg Rpfleger 1977, 22, OLG Frankfurt Rpfleger 1993, 396 und Meikel Rn. 5, die verlangen, dass die gewöhnlichen Miteigentumsanteile in WEigentum umgewandelt werden).

8 **d) Räumlicher Zusammenhang.** § 6 Abs. 2 erklärt § 5 Abs. 2 für entsprechend anwendbar; es gilt daher das zur Vereinigung Gesagte entsprechend (s. dazu § 5 Rn. 8). Größe und Wert der beteiligten Grundstücke spielen für die Zuschreibung keine Rolle (BayObLG 1993, 300 = Rpfleger 1994, 108).

9 **3. Zuschreibungserklärung. a) Sachlichrechtlich** erfordert die Bestandteilszuschreibung eine hierauf gerichtete Erklärung des Eigentümers gegenüber dem GBAmt und die Eintragung in das GB. Einer Zustimmung der dinglich Berechtigten bedarf es nicht (KG 43, 124).

10 **b) Verfahrensrechtlich** erfordert die Bestandteilszuschreibung einen EintrAntrag und eine EintrBewilligung.

aa) Die sachlichrechtliche Zuschreibungserklärung stellt zugleich die **EintrBewilligung** dar (BayObLG NJW-RR 1991, 465) und bedarf deshalb der Form des § 29 Abs. 1 Satz 1. Im Hinblick auf § 39 Abs. 1 muss der Eigentümer der durch die Zuschreibung zu verbindenden Grundstücke als solcher eingetragen sein; jedoch genügt es, wenn bei der Zuschreibung eines Zuflurstücks das Eigentum gleichzeitig mit der Bestandteilszuschreibung erworben wird (BayObLG NJW-RR 1991, 465).

bb) Der **EintrAntrag** kann im Hinblick auf § 13 Abs. 1 Satz 2 nur von dem Eigentümer, nicht von einem dinglich Berechtigten gestellt werden; letzterer ist durch § 1131 BGB höchstens mittelbar beteiligt (BayObLG 1976, 185 = DNotZ 1977, 242). Ersetzt der Antrag, wie in der Regel, die Zuschreibungserklärung und damit auch die EintrBewilligung, so bedarf er nach § 30 der Form des § 29 Abs. 1 Satz 1 (KGJ 30, 180; BayObLG 1976, 188); eine Beurkundungs- und Beglaubigungsbefugnis der Vermessungsbehörden (s. § 5 Rn. 11) besteht hier nicht.

c) Wegen der unterschiedlichen rechtlichen Wirkungen von Vereinigung und Bestandteilszuschreibung, insbes. im Hinblick auf § 1131 BGB, müssen die Erklärungen zumindest im Weg der Auslegung zweifelsfrei ergeben, ob eine **Vereinigung oder eine Zuschreibung** gewollt ist (s. hierzu § 5 Rn. 12). 11

d) Soll ein Grundstück, zu dessen Belastung mit Grundpfandrechten eine behördliche Genehmigung erforderlich ist, einem mit solchen Rechten belasteten Grundstück als Bestandteil zugeschrieben werden, so bedarf es im Hinblick auf § 1131 BGB der behördlichen Genehmigung, es sei denn, dass die nämliche Belastung bereits auf dem zuzuschreibenden Grundstück ruht (JFG 12, 340; einschränkend jedoch BayObLG 1960, 398 = RdL 1960, 319). 12

e) Ist die Belastung eines Grundstücks mit Grundpfandrechten unzulässig, so darf es einem mit solchen Rechten belasteten Grundstück im Hinblick auf § 1131 BGB nicht als Bestandteil zugeschrieben werden (JFG 16, 218 betr. SchRegG). 13

f) Wird bei Zuschreibung einer Grundstücksteilfläche zu einem Grundstück, für das gem. § 9 ein Geh- und Fahrtrecht an der zugeschriebenen Fläche im GB eingetragen ist, dieses Recht aufgehoben, so werden dadurch die Grundpfandgläubiger des herrschenden Grundstücks nicht berührt (BayObLG Rpfleger 1995, 151); ihre Bewilligung ist also nicht erforderlich.

g) Zum Erfordernis des Entgeltlichkeitsnachweises, wenn die Zuschreibung von einem Testamentsvollstrecker beantragt wird, s. JFG 17, 63. 14

15 **h)** Erwirbt ein in Gütergemeinschaft lebender, allein zur Verwaltung des Gesamtguts berechtigter Ehegatte ein Grundstück mit der Maßgabe, dass es bei der Eigentumsumschreibung einem mit Grundpfandrechten belasteten Gesamtgutsgrundstück als Bestandteil zugeschrieben werden soll, so bedarf der Zuschreibungsantrag nicht der Zustimmung des anderen Ehegatten (LG Augsburg Rpfleger 1965, 369).

16 **4. Keine Verwirrung.** Der Antrag auf Zuschreibung muss zurückgewiesen werden, wenn von dieser Verwirrung zu besorgen ist (Satz 1). Es gilt das zu § 5 Rn. 13, 14 Gesagte entsprechend; s. auch OLG Schleswig Rpfleger 1982, 371; OLG Frankfurt Rpfleger 1993, 396; BayObLG Rpfleger 1995, 151. Werden die Flurstücke, aus denen das Grundstück nach der Zuschreibung besteht, auch katastermäßig verschmolzen, so ist wegen der möglichen Verwicklungen in der Zwangsversteigerung regelmäßig Verwirrung zu besorgen, wenn hinsichtlich der in Abt. II eingetragenen Belastungen unterschiedliche Rangverhältnisse an den ehemaligen Flurstücken bestehen (BayObLG 1993, 365 = DNotZ 1994, 242 mit kritischer Anm. v. Wendt Rpfleger 1994, 456).

17 **5. Zuständigkeit.** Gehört die Führung der Grundbücher zu den Geschäftsaufgaben verschiedener Rpfleger desselben GBAmts, so entscheidet die Geschäftsverteilung (s. dazu § 5 GeschO, § 3 BayGBGA). Werden die Grundbücher dagegen von verschiedenen GBÄmtern geführt, so ist für die Entscheidung über den Zuschreibungsantrag und für die Weiterführung des GB nach erfolgter Zuschreibung stets das GBAmt des Hauptgrundstücks zuständig (Satz 2).

18 **6. Entscheidung.** Liegen die in Rn. 3 bis 16 genannten Voraussetzungen vor, so muss die Zuschreibung eingetragen werden; für eine Ermessensentscheidung des GBAmts ist anders als bei der Zusammenschreibung kein Raum.

19 **7. Rechtsmittel. a)** Gegen die Zurückweisung eines Zuschreibungsantrags ist die unbeschränkte Beschwerde gegeben (§ 71 Abs. 1). Die erfolgte Zuschreibung ist eine Eintragung i. S. des § 71 Abs. 2 Satz 1; gegen sie ist daher nur die beschränkte Beschwerde zulässig (§ 71 Abs. 2 Satz 2).

20 **b)** Beschwerdeberechtigt ist nur der Eigentümer (a. M. KGJ 30, 178, wo das Beschwerderecht auch einem HypGläubiger zugebilligt wird).

21 **8. Grundbuchmäßige Behandlung.** Maßgebend sind § 6 Abs. 2, 5, 6 Buchst. b und c, Abs. 7 sowie § 13 Abs. 1, 3 GBV; im

Einzelnen gilt das zu § 5 Rn. 19 bis 21 Gesagte entsprechend. Der Zuschreibungsvermerk in Sp. 6 des Bestandsverzeichnisses lautet etwa: „Nr. 8 der Nr. 7 als Bestandteil zugeschrieben und Nr. 7 mit Nr. 8 als Nr. 9 neu eingetragen am ......“. Die Rechtsfolge aus § 1131 BGB (s. Rn. 23) wird im GB nicht vermerkt; sie ergibt sich aus den Eintragungen im Bestandsverzeichnis. Nicht geregelt hat die GBV die grundbuchmäßige Behandlung der Zuschreibung eines Zuflurstücks zu einem GBGrundstück; hier gilt das zu § 5 Rn. 22 Gesagte sinngemäß.

9. Wirkung der Zuschreibung. a) Das zugeschriebene Grundstück wird nichtwesentlicher Bestandteil des einheitlichen Grundstücks (KG HRR 1932 Nr. 270; JFG 22, 284). **22**

b) Grundpfandrechte, die auf dem Hauptgrundstück lasten, erstrecken sich nach §§ 1131, 1192, 1199 BGB auf das zugeschriebene Grundstück, gehen aber dessen Belastungen im Rang nach; die kraft Gesetzes eintretende Erstreckung gilt auch in Ansehung einer bei den Grundpfandrechten eingetragenen Unterwerfungsklausel (BayObLG 29, 166) sowie hinsichtlich eines sie beschränkenden Rangvorbehalts (Bleutge Rpfleger 1974, 387; KEHE Rn. 26; a. M. Haegele Rpfleger 1975, 158). Durch die Erstreckung entsteht kein Gesamtrecht i. S. des § 1132 BGB (JFG 22, 284). Die sich aus der Zuschreibung nach § 1131 BGB ergebenden Rechtsfolgen können durch entsprechende Eintragungen im GB deutlich gemacht werden (BayObLG Rpfleger 1995, 151). **23**

c) Im Übrigen bleiben Belastungen in dem bisherigen Umfang bestehen (KG HRR 1932 Nr. 270; JW 1936, 2750; s. auch BGH Rpfleger 1978, 52). Vor allem erstrecken sich Belastungen des zugeschriebenen Grundstücks nicht auf das Hauptgrundstück (JFG 22, 285; OLG Schleswig MDR 1955, 48; BayObLG Rpfleger 1995, 151). Sie können aber rechtsgeschäftlich auf dieses erstreckt werden; geschieht dies, so entsteht keine Gesamtbelastung und das bisherige Rangverhältnis der Belastungen bleibt ohne besonderen Rangvermerk auch hinsichtlich des Hauptgrundstücks bestehen (JFG 22, 284); die rechtsgeschäftliche Belastungserstreckung enthält nicht ohne weiteres die Erstreckung einer etwa eingetragenen Unterwerfungsklausel (BayObLG 29, 166). **24**

Eine zugunsten des Hauptgrundstücks bestehende Grunddienstbarkeit wirkt nicht auch zugunsten des zugeschriebenen Grundstücks (JFG 13, 314).

d) Neue Belastungen ergreifen das einheitliche Grundstück; soll eines der früheren Grundstücke belastet werden, so ist nach § 7 zu verfahren. **25**

26 **10. Vorschriftswidrige Zuschreibung.** Es gilt das zu § 5 Rn. 24 Gesagte entsprechend; ist ein Grundstück mehreren Grundstücken als Bestandteil zugeschrieben worden, so ist die Eintragung inhaltlich unzulässig (KG HRR 1941 Nr. 602).

27 **11. Wiederaufhebung.** Auch hier gilt das zu § 5 Rn. 25 Gesagte entsprechend.

28 **12. Kosten.** Für die Eintragung der ohne Eigentumsübergang stattfindenden Zuschreibung wird eine $^{1}/_{4}$-Gebühr erhoben (§ 67 Abs. 1 Nr. 4 KostO); zu beachten ist § 67 Abs. 2 KostO; der Wert bestimmt sich nach § 30 KostO (§ 67 Abs. 3 KostO).

29 Gebührenfrei ist die Eintragung der Zuschreibung einschl. hierzu notwendiger Grundstücksteilungen und der Aufnahme des erforderlichen Antrags durch das GBAmt, wenn die das amtliche Verzeichnis nach § 2 Abs. 2 führende Behörde bescheinigt, dass die Grundstücke örtlich und wirtschaftlich ein einheitliches Grundstück bilden (§ 69 Abs. 1 Nr. 4 KostO).

Eintragung eines Erbbaurechts

6a (1) **Dem Antrag auf Eintragung eines Erbbaurechts an mehreren Grundstücken oder Erbbaurechten soll unbeschadet des Satzes 2 nur entsprochen werden, wenn hinsichtlich der zu belastenden Grundstücke die Voraussetzungen des § 5 Abs. 2 Satz 1 vorliegen. Von diesen Erfordernissen soll nur abgewichen werden, wenn die zu belastenden Grundstücke nahe beieinander liegen und entweder das Erbbaurecht in Wohnungs- oder Teilerbbaurechte aufgeteilt werden soll oder Gegenstand des Erbbaurechts ein einheitliches Bauwerk oder ein Bauwerk mit dazugehörenden Nebenanlagen auf den zu belastenden Grundstücken ist; § 5 Abs. 2 Satz 3 findet entsprechende Anwendung. Im übrigen sind die Voraussetzungen des Satzes 2 glaubhaft zu machen; § 29 gilt hierfür nicht.**

(2) **Dem Antrag auf Eintragung eines Erbbaurechts soll nicht entsprochen werden, wenn das Erbbaurecht sowohl an einem Grundstück als auch an einem anderen Erbbaurecht bestellt werden soll.**

1 **1. Allgemeines.** Die in ihrer Ausgestaltung eng an § 5 Abs. 2 angelehnte Vorschrift wurde durch das RegVGB v. 20. 12. 1993 (BGBl. I 2182) eingefügt. Durch sie soll Problemen im Zusammenhang mit der beim maschinell geführten GB durch § 127 eröffneten Möglichkeit einer Integration von GB und Liegenschaftskataster begegnet werden.

2. Regelungsinhalt. Die Vorschrift geht davon aus, dass die Bestellung eines Erbbaurechts an mehreren Grundstücken (Gesamterbbaurecht) oder an mehreren Erbbaurechten (Gesamtuntererbbaurecht) grundsätzlich ebenso zulässig ist wie die Bestellung eines Erbbaurechts sowohl an einem Grundstück als auch an einem Erbbaurecht. Zu den Bedenken gegen solche Rechtsformen s. Anh. zu § 8 Rn. 4 und § 48 Rn. 7. § 6a Abs. 1 macht die Eintragung eines Gesamterbbaurechts oder eines Gesamtuntererbbaurechts vom Vorliegen einschränkender Voraussetzungen abhängig; § 6a Abs. 2 untersagt die Eintragung eines Erbbaurechts, das sowohl an einem Grundstück als auch an einem Erbbaurecht bestellt ist. 2

3. Belastung mehrerer Grundstücke oder Erbbaurechte. a) Ein Gesamterbbaurecht dieser Art darf vom GBAmt grundsätzlich nur eingetragen werden, wenn die betroffenen Grundstücke im selben GBAmts- sowie Katasteramtsbezirk liegen und außerdem unmittelbar aneinandergrenzen (§ 6a Abs. 1 Satz 1 i.V.m. § 5 Abs. 2 Satz 1). Diese Beschränkung gilt auch für die nachträgliche Ausdehnung eines Erbbaurechts auf ein weiteres Grundstück oder Erbbaurecht (s. dazu BayObLG 1984, 107 = Rpfleger 1984, 313). 3

b) Eine **Ausnahme** gilt jedoch, wenn die Grundstücke unmittelbar aneinandergrenzen oder zwar nicht unmittelbar aneinandergrenzen, aber doch nahe beieinander liegen, und außerdem das Erbbaurecht in Wohnungserbbaurechte aufgeteilt werden soll oder der Gegenstand des Erbbaurechts ein einheitliches Bauwerk oder ein Bauwerk mit dazugehörenden Nebenanlagen auf den betroffenen Grundstücken ist; dann brauchen die Grundstücke nicht im Bezirk desselben GBAmts und Katasteramts zu liegen (§ 6a Abs. 1 Satz 2 Halbsatz 1). Durch die Ausnahmeregelung soll verhindert werden, dass wirtschaftlich sinnvolle Gestaltungen unmöglich gemacht werden, z.B. die Errichtung einer Fabrikanlage auf mehreren Grundstücken im Erbbaurecht oder einer Wohnanlage auf mehreren Grundstücken in Form von Wohnungserbbaurechten. 4

c) Die Voraussetzung der Ausnahmeregelung, dass die Grundstücke nahe beieinander liegen, ist durch Vorlage einer beglaubigten Karte des Katasteramts **nachzuweisen,** sofern sie beim GBAmt nicht offenkundig ist (§ 29 Abs. 1 Satz 2; a.M. Meikel Rn. 8). Die weitere Voraussetzung, nämlich die bereits verwirklichte oder beabsichtigte Errichtung eines einheitlichen Bauwerks oder eines Bauwerks mit dazugehörenden Nebenanlagen auf den Grundstücken oder die beabsichtigte Teilung des Erbbaurechts in Wohnungs- oder Teilerbbaurechte ist nur glaubhaft zu machen; dabei ist die Formvorschrift des § 29 nicht zu beachten (§ 6a Abs. 1 Satz 2 Halbsatz 2, Satz 3). 5

6 **4. Belastung eines Grundstücks und eines Erbbaurechts.** § 6a Abs. 2 untersagt dem GBAmt die Eintragung eines Erbbaurechts, das sowohl an einem Grundstück als auch an einem Erbbaurecht bestellt ist. Die Buchung eines solchen Erbbaurechts, das weder ein reines Erbbaurecht noch ein reines Untererbbaurecht ist, würde beim maschinell geführten GB Probleme aufwerfen.

7 **5. Sollvorschrift.** Die sich an das GBAmt wendende Vorschrift ist als Sollvorschrift ausgestaltet, so dass eine Verletzung durch das GBAmt die Entstehung des Erbbaurechts nicht ausschließt.

Belastung eines Grundstücksteils

7 (1) **Soll ein Grundstücksteil mit einem Recht belastet werden, so ist er von dem Grundstück abzuschreiben und als selbständiges Grundstück einzutragen.**

(2) **Ist das Recht eine Dienstbarkeit oder eine Reallast, so kann die Abschreibung unterbleiben, wenn hiervon Verwirrung nicht zu besorgen ist. Jedoch sind auch in diesem Falle die Vorschriften des § 2 Abs. 3 über die Vorlegung einer Karte entsprechend anzuwenden.**

Inhaltsübersicht

1. Allgemeines ... 1
2. Teilung von Grundstücken ... 2
3. Voraussetzungen der Teilung ... 3
4. Teilungsgenehmigung ... 5
5. Verfahren der Teilung ... 12
6. Wirkung der Teilung ... 13
7. Notwendigkeit der Teilung ... 15
8. Belastung eines Grundstücksteils ... 17
9. Beschränkung der Rechtsausübung auf einen Teil ... 21
10. Art der Belastung ... 24
11. Verfahren bei Belastung ... 27
12. Dienstbarkeiten und Reallasten ... 32
13. Unterbliebene Abschreibung ... 34
14. Kosten ... 35

1 **1. Allgemeines.** § 7 behandelt die Belastung eines Grundstücksteils. Zur Erhaltung der Übersichtlichkeit des GB verlangt er grundsätzlich die grundbuchmäßige Verselbstständigung des Grundstücksteils.

Auf Grund des Vorbehalts in Art. 119 Nr. 2 EGBGB kann die Teilung eines Grundstücks durch die Landesgesetzgebung untersagt oder beschränkt werden. In *Bayern* bestehen derartige Vorschriften derzeit nicht.

Vgl. zum Folgenden auch Röll, Grundstücksteilungen, Vereinigungen und Bestandteilszuschreibungen im Anschluss an Vermessungen, DNotZ 1968, 523; Böttcher, Grundstücksteilung, Rpfleger 1989, 133; Geißel, Der Teilflächenverkauf, MittRhNotK 1997, 333.

2. Teilung von Grundstücken. Das BGB und die GBO enthalten zwar Vorschriften über die Verbindung von Grundstücken durch Vereinigung oder Zuschreibung, nicht aber solche über die Teilung eines Grundstücks. Dass der Eigentümer sein Grundstück teilen, d. h. in mehrere GBGrundstücke (s. § 2 Rn. 15) zerlegen kann, ergibt sich jedoch aus § 903 BGB (KG NJW 1969, 470; OLG Hamm NJW 1974, 865). 2

Zur Teilung von Bergwerkseigentum s. § 28 BBergG; zur Teilung eines Erbbaurechts s. Anh. zu § 8 Rn. 14; zur Teilung eines Grundstücks, das mit einem Erbbaurecht belastet ist, s. Anh. zu § 8 Rn. 13; zur Teilung eines WEigentums s. Anh. zu § 3 Rn. 73; zur Teilung eines Grundstücks, an dem WEigentum begründet ist, s. Anh. zu § 3 Rn. 97; zur Teilung von Gebäudeeigentum s. § 14 Abs. 3 GGV, ferner Böhringer DtZ 1996, 290; zur Teilung eines Grundstücks, das von einem Gebäudeeigentum, einem dinglichen Nutzungsrecht oder einem Recht zum Besitz gem. Art. 233 § 2a EGBGB betroffen oder damit belastet ist, s. § 14 Abs. 4 GGV.

3. Voraussetzungen der Teilung. a) Sachlichrechtlich erfordert die Teilung eine hierauf gerichtete Erklärung des Eigentümers gegenüber dem GBAmt und die Eintragung in das GB. Einer Zustimmung der dinglich Berechtigten bedarf es nicht (KG NJW 1969, 470), weil die Rechte, mit denen das Grundstück belastet ist, an den Teilen fortbestehen (BayObLG MittBayNot 1995, 458; s. Rn. 13). Eine Belastung des Grundstücks oder auch nur eines Miteigentumsanteils hindert daher die Teilung nicht (BayObLG 1996, 41 = Rpfleger 1996, 333). 3

b) Verfahrensrechtlich erfordert die Teilung einen EintrAntrag und eine EintrBewilligung. Weil die Zustimmung dinglich Berechtigter sachlichrechtlich nicht erforderlich ist (s. Rn. 3), bedarf es auch ihrer verfahrensrechtlichen Bewilligung nicht. Die sachlichrechtliche Teilungserklärung stellt zugleich die EintrBewilligung dar und bedarf deshalb der Form des § 29 Abs. 1 Satz 1. Der EintrAntrag kann im Hinblick auf § 13 Abs. 1 Satz 2 nur von dem Eigentümer gestellt werden. Ersetzt er, wie in der Regel, die Teilungserklärung und damit auch die EintrBewilligung, so bedarf er nach § 30 der Form des § 29 Abs. 1 Satz 1 (KG JW 1937, 896; NJW 1969, 470; BayObLG 1956, 475; OLG Hamm NJW 1974, 865; OLG Frankfurt Rpfleger 1990, 292); über die Beurkundungs- 4 und Beglaubigungsbefugnis der Vermessungsbehörden bei Teilung von Grundstücken s. § 61 Abs. 1 Nr. 6 BeurkG sowie das als Landesrecht fortgeltende Ges. v. 15. 11. 1937 (RGBl. I 1257), in *Bayern* ersetzt durch Art. 9 VermKatG v. 31. 7. 1970 (BayRS 219-1-F). Im Hinblick auf § 39 Abs. 1 muss der Eigentümer des zu teilenden Grundstücks als solcher eingetragen sein (a. M. KGJ 27, 262). Nach § 2 Abs. 3 ist regelmäßig die Vorlegung eines Auszugs aus dem amtlichen Verzeichnis erforderlich; näheres s. § 2 Rn. 28 ff.

5 **4. Teilungsgenehmigung.** Grundstücksteilungen bedürfen nach Maßgabe der §§ 19, 20 BauGB der Genehmigung. §§ 19 bis 23 BauGB waren mit Wirkung vom 1. 7. 1987 an die Stelle der §§ 19 bis 23 BBauG getreten. Bis zum 31. 12. 1997 war jedoch in Abweichung von § 19 Abs. 3 BauGB für bestimmte Vorhaben § 5 BauGB-MaßnahmenG anzuwenden. Zur Anwendbarkeit des BauGB und des BauGB-MaßnahmenG im Gebiet der früheren DDR s. § 19 Rn. 126. Durch das BauROG sind §§ 19, 20 BauGB mit Wirkung ab 1. 1. 1998 neu gefasst worden. Auch die Teilung eines Grundstücks nach dem SachenRBerG bedarf der Genehmigung nach §§ 19, 20 BauGB; § 20 BauGB ist dabei jedoch mit bestimmten Maßgaben anzuwenden (s. dazu § 120 Abs. 1 SachenRBerG).

6 **a) Voraussetzungen.** Die Teilung eines Grundstücks bedarf nach der Neufassung des § 19 BauGB zu ihrer Wirksamkeit nur dann der Genehmigung, wenn dies die Gemeinde durch Satzung bestimmt; die Genehmigungspflicht kann nur im Geltungsbereich eines Bebauungsplans im Sinne des § 30 Abs. 1 und 3 BauGB begründet werden (Abs. 1 Satz 1). Die Bekanntmachung der Satzung regelt Abs. 1 Satz 2 und 3. Nach der Begriffsbestimmung des Abs. 2 (s. dazu BayObLG 1981, 281 = Rpfleger 1981, 482) ist Grundstücksteilung auch die notwendige Teilung (s. dazu Rn. 15, 16); ferner die Wiederaufhebung einer Vereinigung von Grundstücken unter grundbuchmäßiger Wiederherstellung der Selbstständigkeit von Katasterparzellen als Grundstücken im Rechtssinn (BayObLG 1974, 237 = Rpfleger 1974, 311; BVerwG DNotZ 1976, 686); ebenso die Wiederaufhebung der Zuschreibung eines Grundstücks als Bestandteil (BayObLG Rpfleger 1978, 56). Ausnahmen vom Genehmigungszwang sehen Abs. 4 und Abs. 5 vor; zur Reichweite der Genehmigungsfreiheit nach Abs. 4 Nr. 3 s. BayObLG 1972, 221 = Rpfleger 1972, 407 sowie OLG Hamm Rpfleger 1974, 190; zu Abs. 5 s. für *Bayern* § 4 a der ZuständigkeitsVO im Bauwesen v. 5. 7. 1994 (GVBl. 573), eingefügt durch VO v. 1. 1. 1998 (GVBl. 1). Die Genehmigung wird durch die Gemeinde erteilt (Abs. 3 Satz 1); das Genehmigungsverfahren regelt Abs. 3 Satz 2 bis 5. Versagungsgründe enthält § 20 BauGB.

b) Nachweis. aa) Ist eine Teilung genehmigungsbedürftig, so darf sie das GBAmt erst dann ins GB eintragen, wenn der Genehmigungsbescheid vorgelegt ist (§ 20 Abs. 2 Satz 2 BauGB); dieser bedarf der Form des § 29 Abs. 1 Satz 2. Der Genehmigung steht ein Zeugnis der Genehmigungsbehörde **(Negativattest)** darüber gleich, dass eine Teilung nicht genehmigungsbedürftig ist oder die Genehmigung nach Maßgabe des § 19 Abs. 3 Satz 5 BauGB als erteilt gilt. Die Eintragung einer genehmigungspflichtigen Teilung ohne Genehmigung macht das GB unrichtig; ein gutgläubiger Erwerb des durch Teilung entstandenen Grundstücks ist möglich (BayObLG MittBayNot 1981, 125; Rpfleger 1995, 495). Die Genehmigungsbehörde kann das GBAmt unbeschadet dessen Pflicht, von Amts wegen einen Widerspruch einzutragen, um die Eintragung eines solchen ersuchen, wenn eine Eintragung in das GB ohne die erforderliche Genehmigung vorgenommen wurde (§ 20 Abs. 3 BauGB). Voraussetzung ist, dass das GB noch unrichtig ist, also nicht durch gutgläubigen Erwerb richtig geworden ist (BayObLG MittBayNot 1981, 125; Rpfleger 1995, 495). Der Widerspruch ist nach § 20 Abs. 4 BauGB auf Ersuchen der Genehmigungsbehörde oder bei Erteilung der Genehmigung zu löschen. Bei einer ohne Auflagen erteilten Genehmigung kann vom GBAmt grundsätzlich nicht der Nachweis ihrer Unanfechtbarkeit gefordert werden (OLG Hamm Rpfleger 1974, 68). 7

bb) Das GBAmt hat selbstständig und **eigenverantwortlich zu prüfen,** ob ein genehmigungspflichtiger Tatbestand vorliegt; ferner, ob der vorgelegte Genehmigungsbescheid die im GB zu vollziehende Teilung umfasst; nimmt der Bescheid auf einen Vermessungsantrag Bezug, muss auch dieser vorgelegt werden, es sei denn, es steht auf Grund sonstiger Umstände zweifelsfrei fest, dass Gegenstand der Genehmigung die zur Eintragung beantragte Teilung ist (BayObLG Rpfleger 1988, 408; 1995, 495). Ob ein genehmigungspflichtiger Tatbestand vorliegt, hat das GBAmt anhand der EintrUnterlagen zu prüfen; eigene Ermittlungen sind ihm verwehrt. Das GBAmt hat jedoch von Amts wegen zu prüfen, ob eine die Genehmigungspflicht ausschließende VO i. S. des § 19 Abs. 5 BauGB vorliegt. Ist dies der Fall, darf eine Genehmigung oder ein Negativattest nicht verlangt werden (OLG Rostock Rpfleger 1999, 439; LG Halle Rpfleger 1999, 218; Finkelnburg NJW 1998, 1; Bauer/v. Oefele Rn. 51; a. M. LG Schwerin Rpfleger 1999, 218 mit abl. Anm. v. von Campe; ablehnend auch Böhringer NotBZ 1999, 89). Dagegen braucht sich das GBAmt durch eigene Feststellungen keine Kenntnis davon zu verschaffen, ob eine die Genehmigungspflicht begründende Satzung i. S. des § 19 Abs. 1 8

BauGB vorliegt (a. M. Schmidt-Eichstaedt/Reizig NJW 1999, 385; Böhringer NotBZ 1999, 89). Bei Zweifeln ist die Vorlage einer Genehmigung oder eines Negativattests durch Zwischenverfügung aufzugeben. Hiervon darf das GBAmt nur absehen, wenn es sichere Kenntnis davon hat, dass die Voraussetzungen einer Genehmigungspflicht (s. Rn. 6) nicht vorliegen.

cc) Die **Genehmigung deckt die Teilung** nur dann, wenn der abzuschreibende Grundstücksteil annähernd dem Beschrieb in der Teilungserklärung (§ 19 Abs. 2 BauBG) entspricht. Dies ist nicht mehr der Fall, wenn die wegvermessene und abzuschreibende Grundstücksfläche die (ungefähre) Flächenangabe in der Teilungserklärung um rund 75% übersteigt und mangels anderer genauer Angaben (z. B. maßstabsgetreuer Lageplan oder Anknüpfung an Merkmale in der Natur) die Flächenangabe für den Beschrieb wesentlich ist (BayObLG 1985, 230 = Rpfleger 1985, 438). Hat die Genehmigungsbehörde auf den Antrag, einen Grundstücksteil wegzumessen und ihn einem benachbarten Grundstück zuzumessen, erklärt, dieser Vorgang sei genehmigungsfrei, so genügt dieser Negativattest nicht für die Eintragung des Eigentumsübergangs an dieser Grundstücksteilfläche, wenn diese anstelle der zunächst beabsichtigten Zuschreibung nunmehr als eigenes Grundstück rechtlich verselbstständigt werden soll (BayObLG 1981, 279 = Rpfleger 1981, 482).

9 **c) Sonderfälle.** aa) Besonderes gilt bei Durchführung eines Umlegungsverfahrens; in diesem Fall dürfen nach § 51 Abs. 1 Nr. 1 BauGB von der Bekanntmachung des Umlegungsbeschlusses an bis zur Bekanntmachung der Unanfechtbarkeit des Umlegungsplans oder dessen teilweiser Inkraftsetzung im Umlegungsgebiet Grundstücke nur mit schriftlicher Genehmigung der Umlegungsstelle geteilt werden; über die Versagung der Genehmigung und ihre Erteilung unter Auflagen, Bedingungen und Befristungen s. § 51 Abs. 3, 4 BauGB. Bei Durchführung eines Enteignungsverfahrens bedarf von der Bekanntmachung über die Einleitung des Verfahrens an die Teilung eines Grundstücks nach § 109 Abs. 1 BauGB der schriftlichen Genehmigung der Enteignungsbehörde; diese kann nur unter den Voraussetzungen des § 109 Abs. 2 BauGB versagt werden; die Genehmigungspflicht kann für einen früheren Zeitpunkt angeordnet werden (§ 109 Abs. 3 BauGB). Die Teilung eines Grundstücks bedarf im förmlich festgelegten Sanierungsgebiet nach § 144 Abs. 2 Nr. 5 BauGB und im städtebaulichen Entwicklungsbereich nach § 169 Abs. 1 Nr. 3 BauGB der schriftlichen Genehmigung der Gemeinde; nähere Regelungen enthalten § 144 Abs. 3, 4, § 145 BauGB. Bei einer Entscheidung durch Sonde-

rungsbescheid bedarf es keiner Teilungsgenehmigung (§ 9 Abs. 4 BoSoG; s. auch § 7 Abs. 5 Satz 1 SPV); das Gleiche gilt für die Eintragung der in einem Bescheid gem. § 2 (s. auch § 4) VZOG getroffenen Feststellungen (§ 3 Abs. 2 Satz 2 VZOG, § 7 Abs. 5 Satz 1 i.V.m. § 12 SPV).

bb) In allen diesen Fällen wird das GBAmt vom Eintritt der Genehmigungspflicht unterrichtet und hat in das GB entsprechende Vermerke einzutragen (vgl. § 54 Abs. 1, § 108 Abs. 6, § 143 Abs. 2, § 165 Abs. 9 BauGB; zu den auslaufenden Entwicklungsmaßnahmen s. § 53 Abs. 5 StBauFG). Zur Genehmigungspflicht nach § 22 BauGB bei Teilung von WEigentum, eines Wohnungserbbaurechts oder Dauerwohnrechts s. Anh. zu § 3 Rn. 48ff. Bei Schaffung von Bruchteilseigentum an einem Grundstück verbunden mit einer Benutzungsregelung gem. §§ 741ff., §§ 1008ff. BGB besteht keine Genehmigungspflicht gem. § 22 BauGB (OLG Schleswig Rpfleger 2000, 492). 10

d) Versagung. Wird die Teilungsgenehmigung rechtskräftig versagt, so berührt dies das schuldrechtliche Geschäft nicht unmittelbar. Der Eigentumsverschaffungsanspruch entfällt nicht wegen Unmöglichkeit seiner Erfüllung, wenn die Grundstücksteilung unter veränderten Umständen (z.B. Änderung des Bebauungsplans) noch genehmigt werden kann (BayObLG 1987, 231 = Rpfleger 1987, 450; s. dazu auch BGH NJW-RR 1994, 1356). Eine Auflassungsvormerkung kann in diesem Fall nicht wegen nachgewiesener GBUnrichtigkeit gelöscht werden. 11

5. Verfahren der Teilung. Liegen die in Rn. 3–5 genannten Voraussetzungen vor, so muss die Teilung eingetragen werden; für eine Ermessensentscheidung des GBAmts ist kein Raum. 12

Für die grundbuchmäßige Behandlung sind maßgebend § 6 Abs. 6d, 7 sowie § 13 Abs. 2, 4 GBV. Möglich ist sowohl die gesonderte Buchung der Teile auf dem bisherigen GBBlatt als auch die Übertragung eines Teils auf ein anderes GBBlatt; über das Verfahren im Einzelnen s. Rn. 27ff.

6. Wirkung der Teilung. a) Die Teile werden selbstständige Grundstücke. Rechte, mit denen das geteilte Grundstück belastet war, bestehen an den Teilen fort, wobei Grundpfandrechte zu Gesamtrechten i.S. des § 1132 BGB werden (KGJ 34, 296). Zum Schicksal von Belastungen eines Miteigentumsanteils, der gleichzeitig mit der Grundstücksteilung ganz oder teilweise auf einen anderen Miteigentümer übertragen wird, s. BayObLG 1996, 41 = Rpfleger 1996, 333. Eine Besonderheit gilt für Grunddienstbarkeiten und beschränkte persönliche **Dienstbarkeiten** einschließlich Wohnungsrecht (§ 1093 BGB) und Dauerwohnrecht (§ 31 WEG); 13

sie erlöschen nach §§ 1026, 1090 Abs. 2 BGB an denjenigen Teilen, die außerhalb ihres Ausübungsbereichs liegen, kraft Gesetzes mit dem Vollzug der Grundstücksteilung (BayObLG Rpfleger 1983, 143; 1987, 451). Steht das Erlöschen einer Grunddienstbarkeit oder einer beschränkten persönlichen Dienstbarkeit an einem der Teile fest, so darf sie, falls der Teil auf ein anderes GBBlatt übertragen wird, auch dann nicht mitübertragen werden, wenn die Mitübertragung beantragt ist (BayObLG 1954, 292). Wegen der entsprechenden Anwendung des § 1026 BGB auf Erbbaurechte s. BayObLG 1957, 221 = DNotZ 1958, 415 mit Anm. v. Weitnauer.

14 **b)** Wird ein Grundstück geteilt, dessen jeweiliger Eigentümer Berechtigter einer Grunddienstbarkeit oder einer Reallast ist, so bestimmen sich die Folgen der Teilung hinsichtlich dieser Rechte nach §§ 1025, 1109 BGB; dazu sowie wegen des Falls, dass dem jeweiligen Eigentümer des geteilten Grundstücks ein Vorkaufsrecht zusteht, s. BayObLG 1973, 21 = Rpfleger 1973, 133. Eine Verpflichtung des GBAmts, die Teilung auf dem Blatt des dienenden Grundstücks zu vermerken, besteht nicht (BayObLG 1995, 153 = MittBayNot 1995, 286). Wegen der für eine vollständige Löschung einer Grunddienstbarkeit erforderlichen Unterlagen, wenn von dem herrschenden Grundstück Teile abgeschrieben worden sind, s. KG Rpfleger 1974, 431.

15 **7. Notwendigkeit der Teilung. a)** Notwendig ist die Teilung, wenn ein Grundstücksteil veräußert werden soll; denn ein GBGrundstück kann, wie sich aus § 890 BGB ergibt, nicht verschiedenen Eigentümern gehören. Die grundbuchmäßige Verselbstständigung des Grundstücksteils erfolgt hier von Amts wegen, erfordert also keinen Antrag des Eigentümers (BayObLG 1956, 476; OLG Frankfurt DNotZ 1962, 256); der Teil ist auf ein anderes GBBlatt zu übertragen, da ein gemeinschaftliches Blatt nach § 4 nur über Grundstücke desselben Eigentümers geführt werden kann; von der Übertragung darf abgesehen werden, wenn der Erwerber dem Buchungszwang nicht unterliegt und gleichzeitig die Ausbuchung beantragt (s. § 3 Rn. 20). Entsprechendes gilt, wenn gemäß § 928 BGB auf das Eigentum an einem Grundstücksteil verzichtet werden soll.

16 **b)** Notwendig ist die Teilung zufolge der Bestimmung des § 7 in der Regel auch dann, wenn ein Grundstücksteil belastet werden soll; näheres s. Rn. 17 ff.

17 **8. Belastung eines Grundstücksteils. a) Realer Teil.** Es muss sich um die Belastung eines realen Teils eines GBGrundstücks handeln; der Teil kann aus einem oder mehreren Flurstücken, aber auch aus Teilen von solchen bestehen. Zu beachten ist, dass meh-

rere auf einem gemeinschaftlichen GBBlatt gebuchte Grundstücke nicht Grundstücksteile, sondern selbstständige Grundstücke sind (s. § 4 Rn. 11).

Wird ein Grundstücksteil, etwa eines von mehreren Flurstücken eines GBGrundstücks belastet, so kann dies wie bei der Belastung eines Grundstücks grundsätzlich auch in der Weise geschehen, dass der ganze Grundstücksteil belastet, die Ausübung des Rechts jedoch auf einen realen Teil dieses Grundstücksteils beschränkt wird (BGH 90, 183 = Rpfleger 1984, 227). In diesem Fall gilt bezüglich der Bestimmung der Ausübungsstelle das in Rn. 21 ff. Gesagte entsprechend.

18 **b) Ideeller Anteil.** aa) Ein Bruchteil eines Miteigentümers kann mit einem Nießbrauch, einem Vorkaufsrecht, einer Reallast sowie mit einer Hypothek, Grund- oder Rentenschuld belastet werden (§§ 1066 Abs. 1, 1095, 1106, 1114, 1192, 1199 BGB), nicht aber mit einer Dienstbarkeit (s. hierzu Anh. zu § 44 Rn. 8). Ist mit ihm jedoch das Sondereigentum an einer Wohnung oder an nicht zu Wohnzwecken dienenden Räumen verbunden, so ist grundsätzlich auch die Belastung mit einer Dienstbarkeit zulässig; ebenso ist die Belastung mit einem Dauerwohnrecht möglich (s. dazu Anh. zu § 3 Rn. 66). Eine besondere Belastung des Bruchteils eines Miteigentümers sieht § 1010 Abs. 1 BGB in Gestalt der Eintragung einer Verwaltungs- und Benutzungsregelung oder einer Vereinbarung über den Ausschluss der Aufhebung der Gemeinschaft vor. Hinsichtlich einer Verwaltungs- und Benutzungsregelung s. OLG Köln OLGZ 1970, 276 sowie OLG Hamm Rpfleger 1973, 167 (vgl. zu letzterem aber auch LG Traunstein MittBayNot 1978, 157) und, was die Bezugnahme auf die EintrBewilligung betrifft, BayObLG 1973, 87 = Rpfleger 1973, 246; bezüglich des Ausschlusses der Aufhebung der Gemeinschaft s. BayObLG Rpfleger 1976, 304; 1981, 352.

19 bb) Ein Bruchteil eines im **Alleineigentum** stehenden Grundstücks kann grundsätzlich nicht belastet werden. Eine Ausnahme gilt für den Nießbrauch (BayObLG 30, 342). Ist das Alleineigentum durch Hinzuerwerb eines Miteigentumsanteils durch den früheren Miteigentümer entstanden, so kann eine Hyp. auf den hinzuerworbenen Anteil erstreckt werden (KGJ 36, 237; dies gilt aber nicht für die Zwangshypothek: OLG Oldenburg Rpfleger 1996, 242); an ihm kann ferner eine Sicherungshyp. nach § 128 ZVG eingetragen werden, wenn sich der Erwerb durch Zuschlag vollzogen hat (JFG 10, 232); dasselbe gilt hinsichtlich der Eintragung einer Zwangshypothek, falls der Erwerb nach Maßgabe des AnfechtungsG wirksam angefochten ist (KG HRR 1931 Nr. 1709) oder auf einer Vermögensübernahme gemäß § 419 BGB beruht (OLG

Jena JW 1935, 3647). Erwirbt der Eigentümer eines ideellen Hälftebruchteils die andere Hälfte des Grundstücks als Vorerbe hinzu, so kann er die ihm schon vor dem Vorerbfall gehörende ideelle Grundstückshälfte gesondert mit einem Grundpfandrecht belasten (BayObLG 1968, 104 = Rpfleger 1968, 221). S. in diesem Zusammenhang auch § 68 FlurbG. Die durch ideelle Teilung nach § 8 WEG geschaffenen, mit Sondereigentum verbundenen Miteigentumsanteile sind, wenngleich in einer Hand befindlich, rechtlich selbstständig, s. Anh. zu § 3 Rn. 19.

20 cc) Soweit ideelle Anteile hiernach nicht belastet werden können, ist die **Eintragung unwirksam** und inhaltlich unzulässig (RG 88, 27; BayObLG 1991, 142 = Rpfleger 1991, 299); hingegen bleibt ein zulässigerweise an einem ideellen Anteil begründetes Recht unverändert auf diesem lasten, auch wenn der Anteil später wegfällt (KG OLG 40, 58; BayObLG Rpfleger 1971, 316; BayObLG 1996, 45 = Rpfleger 1996, 333). Ist dagegen das ganze Grundstück mit einem Recht belastet, mit dem ein ideeller Anteil nicht belastet werden könnte, und wird ein solcher im Weg der Zwangsversteigerung von der Belastung frei, so stellt die an den übrigen Bruchteilen bestehen bleibende Belastung eine inhaltlich unzulässige Eintragung dar (s. § 53 Rn. 51).

21 **9. Beschränkung der Rechtsausübung auf einen Teil.** Unanwendbar ist § 7, wenn die Belastung das ganze Grundstück ergreifen und nur die Ausübung des Rechts auf einen Teil des Grundstücks beschränkt sein soll (KGJ 35, 258; 50, 132; OLG Bremen NJW 1965, 2403). Diese Belastungsform ist möglich beim Erbbaurecht (s. Anh. zu § 8 Rn. 5), bei Dienstbarkeiten (§ 1023 Abs. 1 BGB; KGJ 50, 132; BayObLG 1954, 289; OLG Bremen NJW 1965, 2403; OLG Hamm OLGZ 1981, 272), beim Vorkaufsrecht (OLG Dresden OLG 4, 76; BayObLG 1997, 160 = FGPrax 1997, 169), nicht aber bei Reallasten und Grundpfandrechten.

22 **a)** Wird sie gewählt, so muss, da die Ausübungsstelle zum Inhalt des Rechts gehört, die EintrBewilligung grundsätzlich den Teil des Grundstücks **bestimmt bezeichnen,** auf den die Ausübung des Rechts beschränkt sein soll (BGH Rpfleger 1982, 16; BayObLG 1988, 106 = DNotZ 1989, 165; s. aber auch Rn. 23); beim Vorkaufsrecht genügt Bestimmbarkeit (BayObLG 1997, 160 = FGPrax 1997, 169 zur Abhängigkeit von einem Bebauungsplan). Die Ausübungsstelle eines Wegerechts, das entlang einer bestimmten Grenze des Grundstücks zum Gehen und Fahren berechtigt, ist auch ohne ausdrückliche Angabe der Wegbreite ausreichend bestimmt bezeichnet (OLG Stuttgart Rpfleger 1991, 198). Die Ausübungsstelle

kann auch durch **Bezugnahme** auf in der Natur vorhandene Merkmale (BayObLG Rpfleger 1982, 335) sowie bei einer bereits errichteten Anlage auf die tatsächlich gewählte Ausübungsstelle (OLG Oldenburg Rpfleger 1979, 199; BayObLG MittBayNot 1992, 399) oder auf eine als Orientierungshilfe dienende Karte oder Skizze geschehen, in der der Grundstücksteil eingezeichnet und die allgemein zugänglich ist (BGH 59, 15 = Rpfleger 1972, 250); die zunächst vertretene Ansicht, Karten, Pläne und dergleichen könnten nicht Protokollanlagen im Sinn des § 9 Abs. 1 Satz 2 BeurkG sein, hat der BGH allerdings inzwischen aufgegeben (BGH 74, 350 = Rpfleger 1979, 253); s. dazu auch § 3 des Ges. zur Änderung und Ergänzung beurkundungsrechtlicher Vorschriften v. 20. 2. 1980 (BGBl. I 157); erforderlich ist in jedem Fall die zweifelsfreie Verdeutlichung des Willens, die Anlage zum Inhalt der Erklärung machen zu wollen (OLG Köln Rpfleger 1984, 407). Auf ein der EintrBewilligung nicht beigefügtes Baugesuch kann jedoch zur Beschreibung des Ausübungsbereichs nicht Bezug genommen werden (BayObLG 1983, 253 = Rpfleger 1984, 12). Die in Bezug genommenen Merkmale brauchen nicht unveränderlich zu sein; es genügt, dass sie die Ausübungsstelle im Zeitpunkt der Bestellung des Rechts zweifelsfrei bestimmen (BayObLG 1988, 106 = DNotZ 1989, 166).

b) Bei Bestellung einer das ganze Grundstück belastenden, zur Errichtung einer Anlage berechtigenden Dienstbarkeit mit Ausübungsbeschränkung ist es zulässig, von einer rechtsgeschäftlichen Festlegung der Ausübungsstelle abzusehen und die Bestimmung dieser Stelle der **tatsächlichen Ausübung** der Dienstbarkeit zu überlassen; dann entfällt das Erfordernis der bestimmten Bezeichnung der Ausübungsstelle in der EintrBewilligung (KG Rpfleger 1973, 300; OLG Hamm OLGZ 1981, 272; s. auch Rpfleger 1981, 178; BGH Rpfleger 1981, 286; BayObLG Rpfleger 1983, 143). Von der rechtsgeschäftlichen Festlegung der Ausübungsstelle kann auch dann abgesehen werden, wenn Inhalt der Dienstbarkeit auch noch ein auf die Ausübungsstelle beschränktes Bauverbot ist. Die GBEintragung auch eines solchen Bauverbots setzt nicht voraus, dass die Anlage, zu deren Errichtung die Dienstbarkeit berechtigt, bei Erteilung der EintrBewilligung schon vorhanden war (BGH 90, 181 = Rpfleger 1984, 227 mit zust. Anm. v. Böttcher). 23

10. Art der Belastung. Gleichgültig ist, ob die Belastung auf Bewilligung des Eigentümers, im Zwangsweg oder auf Ersuchen einer Behörde eingetragen werden soll. 24

a) Als Belastungen kommen unbeschadet des Landesrechts auf vorbehaltenen Gebieten in Betracht: Erbbaurecht, Dienstbarkeiten,

Vorkaufsrecht, Reallast, Grundpfandrechte, Dauerwohnrecht nach § 31 WEG und Wiederkaufsrecht nach §§ 20, 21 RSiedlG. Für Dienstbarkeiten und Reallasten gilt die Ausnahmeregelung des Abs. 2 (s. Rn. 32). Im Gebiet der früheren DDR können dingliche Nutzungsrechte, Gebäudeeigentum oder ein Recht zum Besitz nur Teile eines Grundstücks betreffen oder belasten, ohne dass eine Teilung gem. § 7 geboten ist (s. §§ 9, 10 GGV; s. hierzu auch § 14 Abs. 4 GGV).

25 **b)** Nicht anzuwenden ist § 7 auf die Eintragung von **Vormerkungen,** da diese keine endgültigen Belastungen darstellen und der mit ihnen verfolgte Sicherungszweck bei gegenteiliger Annahme häufig nicht zu erreichen wäre; erforderlich für die Eintragung ist jedoch, dass der Grundstücksteil so genau bezeichnet ist, dass sich dessen Größe und Lage in einer dem Verkehrsbedürfnis entsprechenden Weise zweifelsfrei ergibt (KGJ 29, 135; RG HRR 1934 Nr. 1222; KG JW 1937, 110; OLG Hamm DNotZ 1971, 49; BayObLG MittBayNot 1972, 228; Rpfleger 1981, 232; BayObLG 1999, 175 = FGPrax 1999, 172); wegen der Bezugnahme auf in der Natur vorhandene Merkmale sowie auf Karten (Pläne, Skizzen u. ä.) gilt das in Rn. 22 Gesagte. Eine Ausnahme von der Notwendigkeit einer solchen Bezeichnung des Grundstücksteils lässt BayObLG 1973, 311 = Rpfleger 1974, 65 (s. auch BayObLG MittBayNot 1983, 119) für den Fall gelten, dass im schuldrechtlichen Vertrag das Geländebestimmungsrecht (zulässigerweise: s. BGH Rpfleger 1969, 44) einem der Vertragsteile oder einem Dritten zugewiesen ist (ebenso OLG Köln Rpfleger 1993, 349; s. auch BGH WM 1979, 861). Eine ausreichende Bestimmbarkeit (s. Anh. zu § 44 Rn. 87) liegt in diesem Fall nur vor, wenn sich das Bestimmungsrecht aus der Eintragung ergibt (BayObLG Rpfleger 1998, 241). Entsprechendes muss für die Eintragung von Widersprüchen und Verfügungsbeschränkungen gelten. Zum Bestimmtheitserfordernis bei der Bezeichnung von Grundstücksteilflächen s. auch BGH DNotZ 2000, 124 und von Campe DNotZ 2000, 109. Zur Löschung einer Auflassungsvormerkung an einem von ihr nicht betroffenen Grundstücksteil bei dessen Abschreibung s. Anh. zu § 44 Rn. 104.

26 **c)** Hingegen gilt § 7 auch dann, wenn ein eingetragenes Recht an einem realen Grundstücksteil gelöscht werden soll (RG 101, 120).

27 **11. Verfahren bei Belastung. a)** Die in Abs. 1 vorgeschriebene grundbuchmäßige Verselbstständigung erfolgt von Amts wegen, erfordert also keinen Antrag des Eigentümers (BayObLG 1956, 476). Nach § 2 Abs. 3 ist in der Regel die Vorlegung eines Auszugs aus dem amtlichen Verzeichnis notwendig; näheres s. § 2 Rn. 29 ff.

b) Für die grundbuchmäßige Behandlung sind maßgebend § 6 Abs. 6 Buchst. d, Abs. 7 sowie § 13 Abs. 2, 4 GBV. Möglich ist sowohl die gesonderte Buchung des Grundstücksteils auf dem bisherigen GBBlatt als auch seine Übertragung auf ein anderes GBBlatt. Ist das geteilte Grundstück herrschendes Grundstück (vgl. § 1025 BGB), so ist das GBAmt nicht verpflichtet, die Teilung auf dem Blatt des dienenden Grundstücks zu vermerken (s. Rn. 16). Im Einzelnen gilt folgendes: 28

aa) Abschreibung **ohne Übertragung auf ein anderes Blatt.** 29
Die auf das ursprüngliche Grundstück bezüglichen Eintragungen in Sp. 1 bis 4 des Bestandsverzeichnisses werden rot unterstrichen. Sodann werden das Restgrundstück und das neue Grundstück jeweils unter neuer laufender Nummer, z.B. Nr. 2 und Nr. 3, in Sp. 1 bis 4 des Bestandsverzeichnisses eingetragen; dabei ist in Sp. 2 durch den Vermerk „Teil von 1" auf die laufende Nummer des ursprünglichen Grundstücks (Nr. 1) hinzuweisen. Die Abschreibung wird in Sp. 6 des Bestandsverzeichnisses vermerkt; der Vermerk lautet etwa: „Nr. 1 geteilt und als Nr. 2 und Nr. 3 eingetragen am ......". In Sp. 2 der zweiten oder dritten Abteilung ist bei Eintragung der die Abschreibung veranlassenden Belastung die Nummer des neuen Grundstücks anzugeben.

bb) Abschreibung **unter Übertragung auf ein anderes Blatt.** 30
Die auf das ursprüngliche Grundstück bezüglichen Eintragungen in Sp. 1 bis 4 des Bestandsverzeichnisses werden rot unterstrichen. Die Abschreibung wird in Sp. 8 des Bestandsverzeichnisses vermerkt; der Vermerk lautet etwa: „Von Nr. 5 die Parzelle $^{102}/_{66}$ übertragen nach Band 3 Blatt 90 am ...... Rest: Nr. 6." Das Restgrundstück wird unter laufender Nummer (Nr. 6) in Sp. 1 bis 4 des Bestandsverzeichnisses eingetragen; dabei ist in Sp. 2 durch den Vermerk „Rest von 5" auf die laufende Nummer des ursprünglichen Grundstücks hinzuweisen. In der zweiten und dritten Abteilung wird bei den auf dem ursprünglichen Grundstück haftenden Belastungen in der Veränderungsspalte vermerkt: „Zur Mithaft nach Band 3 Blatt 90 übertragen am ......". Besteht das Grundstück aus mehreren Teilen, die in dem amtlichen Verzeichnis als selbstständige Teile aufgeführt sind, und wird ein solcher Teil abgeschrieben, so kann von der Eintragung der bei dem Grundstück verbleibenden Teile unter neuer laufender Nummer abgesehen werden; in diesem Fall sind lediglich die Angaben zu dem abgeschriebenen Teil rot zu unterstreichen; ist das Grundstück mit seiner Gesamtgröße vorgetragen, so ist auch diese rot zu unterstreichen und die Gesamtgröße in Sp. 4 des Bestandsverzeichnisses anzugeben. Der Abschreibungsvermerk in Sp. 8 des Bestandsver-

zeichnisses und die Übertragungsvermerke in der zweiten und dritten Abteilung sind selbstverständlich auch in diesem Fall erforderlich; in dem Abschreibungsvermerk entfällt freilich der Hinweis auf die Nummer des Restgrundstücks.

31 Der **abgeschriebene Teil** wird auf dem anderen GBBlatt Band 3 Blatt 90 unter neuer laufender Nummer in Sp. 1 bis 4 des Bestandsverzeichnisses eingetragen. In Sp. 6 wird vermerkt: „Von Band 1 Blatt 12 hierher übertragen am ......“. Erfolgt die Übertragung aus einem anderen GBBezirk, so ist dieser anzugeben. In Sp. 4 der ersten Abteilung wird vermerkt: „Aufgelassen am ...... und in Band 1 Blatt 12 eingetragen am ...... Hierher übertragen am ......“. In der zweiten und dritten Abteilung werden die aus dem früheren Blatt zu übernehmenden Eintragungen unter Hinweis auf die neue laufende Nummer des Bestandsverzeichnisses eingetragen. Die Mithaft ist durch den Zusatz kenntlich zu machen: „Von Band 1 Blatt 12 hierher zur Mithaft übertragen am ......“. Hinter diesen Eintragungen erfolgt die neue Eintragung, durch welche die Abschreibung veranlasst ist.

32 **12. Dienstbarkeiten und Reallasten. a)** Der Grundsatz, dass die Belastung eines Grundstücksteils dessen grundbuchmäßige Verselbstständigung erfordert, erleidet eine Ausnahme, wenn ein Grundstücksteil mit einer Grunddienstbarkeit, einem Nießbrauch, einer beschränkten persönlichen Dienstbarkeit oder einer Reallast belastet werden soll; in diesen Fällen kann das GBAmt von der grundbuchmäßigen Verselbstständigung nach Abs. 2 Satz 1 absehen, wenn hiervon Verwirrung nicht zu besorgen ist. Die Ausnahmevorschrift, deren Ausdehnung unzulässig ist (KG OLG 14, 86), hat hauptsächlich für Wegerechte, Altenteilsrechte und Baubeschränkungen Bedeutung.

33 **b)** Sieht das GBAmt von der Abschreibung des Grundstücksteils ab, so ist dieser bei der Eintragung der Belastung so genau zu bezeichnen, dass Zweifel nicht entstehen können. Dazu dient die von der zuständigen Behörde beglaubigte Karte (§ 2 Abs. 3), deren Vorlegung das GBAmt nach Abs. 2 Satz 2 in der Regel verlangen muss. Die Eintragung in der zweiten Abteilung könnte etwa lauten: „Auf demjenigen Teil dieses Grundstücks, der in dem Lageplan des ...... vom ...... mit den Buchstaben a, b, c, d, a umschrieben ist, dürfen keine Gebäude errichtet werden. Unter Bezugnahme auf die EintrBewilligung vom ...... für die jeweiligen Eigentümer des Grundstücks ...... eingetragen am ......“.

34 **13. Unterbliebene Abschreibung.** § 7 ist trotz der Fassung des Abs. 1 nur eine Ordnungsvorschrift. Die eingetragenen Belastungen sind daher auch bei unterbliebener Abschreibung wirksam,

sofern die Eintragung den belasteten Grundstücksteil deutlich erkennen lässt (RG 101, 120; KG OLG 14, 86). Hat das GBAmt die Abschreibung versehentlich unterlassen oder die Ausnahmevorschrift des Abs. 2 zu Unrecht angewendet, so muss die Abschreibung von Amts wegen nachgeholt werden.

14. Kosten. Für die Eintragung der ohne Eigentumsübergang stattfindenden Teilung wird eine 1/4-Gebühr erhoben (§ 67 Abs. 1 Nr. 3 KostO); der Wert bestimmt sich nach § 30 KostO (§ 67 Abs. 3 KostO). Ist die Teilung mit einem Eigentumswechsel verbunden, so ist die Übertragung des veräußerten Grundstücksteils auf ein anderes GBBlatt gemäß § 35 KostO gebührenfreies Nebengeschäft der Eintragung des Erwerbers. Die Abschreibung nach § 7 Abs. 1 ist gebührenfreies Nebengeschäft der Eintragung der Belastung. 35

Erbbaurecht

8 *(1) **Ist auf dem Blatt eines Grundstücks ein Erbbaurecht eingetragen, so ist auf Antrag für dieses Recht ein besonderes Grundbuchblatt anzulegen. Dies geschieht von Amts wegen, wenn das Recht veräußert oder belastet werden soll.***

*(2) **Die Anlegung wird auf dem Blatte des Grundstücks vermerkt.***

§ 8 GBO i. d. F. v. 5. 8. 1935 (§ 7 in der ursprünglichen Fassung der GBO) befasst sich mit der Anlegung eines GBBlatts für Erbbaurechte, die vor dem 22. 1. 1919, dem Tag des Inkrafttretens der ErbbauVO, in das GB eingetragen wurden und für die daher nach §§ 35, 38 ErbbauVO auch weiterhin §§ 1012 bis 1017 BGB maßgebend sind. § 7 GBO in der ursprünglichen Fassung und §§ 1012 bis 1017 BGB sind durch § 35 ErbbauVO außer Kraft gesetzt worden; § 8 GBO i. d. F. v. 5. 8. 1935 ist durch das RegVBG v. 20. 12. 1993 (BGBl. I 2182) aufgehoben worden. Die in diesen Bestimmungen enthaltenen Regelungen gelten aber für alte Erbbaurechte unverändert weiter. Ergänzt werden sie durch § 60 GBV. 1

Für später begründete Erbbaurechte gelten die grundbuchrechtlichen Sonderbestimmungen der §§ 14 bis 17 ErbbauVO. 2

Anhang zu § 8
Das Erbbaurecht und seine grundbuchmäßige Behandlung

Inhaltsübersicht

1. Allgemeines 1
2. Begriff des Erbbaurechts 2
3. Belastungsgegenstand 4
4. Sonstiges zum Erbbaurecht 9

5. Buchung von Erbbaurechten nach dem BGB 17
6. Verfahren 21
7. Bedeutung des besonderen Blatts 23
8. Verletzung des § 8 27
9. Erbbaurechte nach der ErbbauVO 28
10. Eintragung im Grundstücksgrundbuch 32
11. Buchung im Erbbaugrundbuch 39
12. Nachträgliche Änderung des Erbbauzinses 43
13. Bedeutung des Erbbaugrundbuchs 47
14. Löschung von Erbbaurechten 52
15. Erbbaurechte nach dem SachenRBerG 56
16. Wohnungserbbaurecht 60
17. Kosten 61

1 **1. Allgemeines. a)** Bei der grundbuchmäßigen Behandlung von Erbbaurechten ist zu unterscheiden zwischen den bis zum Inkrafttreten der ErbbauVO im Jahr 1919 in das GB eingetragenen Rechten alter Art nach dem BGB und den unter der Geltung der ErbbauVO eingetragenen Erbbaurechten. Ein Erbbaurecht alter Art kann im Weg der Inhaltsänderung in ein solches nach der ErbbauVO umgewandelt werden (LG Frankfurt DNotZ 1956, 488; h. M.).

b) Die im Gebiet der früheren DDR bei Inkrafttreten des Zivilgesetzbuchs v. 19. 6. 1975 (GBl. DDR I 465) am 1. 1. 1976 bestehenden Erbbaurechte sind durch § 5 Abs. 2 Satz 1 EGZGB in unbefristete Rechte umgewandelt worden. § 112 SachenRBerG sieht Regelungen vor, durch die solche Erbbaurechte wieder befristet werden. S. dazu Flik DtZ 1997, 146.

c) Zur Anpassung der nach dem Recht der DDR bestellten Nutzungsrechte an das BGB und seine Nebengesetze sowie zur Regelung der Rechte am Grundstück beim Auseinanderfallen von Grundstücks- und Gebäudeeigentum sieht das SachenRBerG insbes. Ansprüche des Grundstückseigentümers und Nutzers auf Bestellung eines Erbbaurechts vor (§§ 3, 32 ff. SachenRBerG). Auf die danach bestellten Erbbaurechte finden, soweit nicht gesetzlich anderes angeordnet oder zugelassen ist, die Vorschriften der ErbbauVO Anwendung (§ 60 Abs. 1 SachenRBerG). Zur Notwendigkeit einer Genehmigung nach dem BauGB s. § 19 Rn. 128; zur grundbuchmäßigen Behandlung s. Rn. 56. Ansprüche auf Bestellung eines Erbbaurechts können sich auch aus § 2 ErholungsnutzungsrechtsG v. 21. 9. 1994 (BGBl. I 2538, 2548) ergeben.

2 **2. Begriff des Erbbaurechts. a)** Das Erbbaurecht ist das veräußerliche und vererbliche Recht, auf oder unter der Oberfläche eines Grundstücks ein Bauwerk zu haben (§ 1017 BGB, § 1 ErbbauVO). Unter einem Bauwerk ist eine unbewegliche, durch Verwendung von Arbeit und Material in Verbindung mit dem Erdboden hergestellte Sache zu verstehen (RG 56, 42). In Betracht

kommen daher nicht nur Gebäude, sondern bauliche Anlagen der verschiedensten Art (KGJ 29, 133), so z.B. auch Drahtseilbahnen (OLG Kiel OLG 26, 126), Gleisanlagen (KGJ 29, 131), Sportplätze (LG Braunschweig MDR 1953, 480), Straßen (LG Kiel SchlHA 1972, 169), Tennisplätze (LG Itzehoe Rpfleger 1973, 304), Campinganlagen (LG Paderborn MDR 1976, 579), Golfanlagen (BGH Rpfleger 1992, 286).

b) Auf das Erbbaurecht sind nach § 1017 BGB, § 11 ErbbauVO 3
die sich auf Grundstücke beziehenden Vorschriften (auch des Landesrechts) entsprechend anzuwenden, soweit sich nicht aus den Bestimmungen über das Erbbaurecht oder aus dem Inhalt und Zweck der entsprechend anzuwendenden Vorschriften ein anderes ergibt (RG 108, 71; BayObLG 1962, 396 = Rpfleger 1963, 87 betr. UnschädlichkeitsG v. 15. 6. 1898, BayRS 403-2-J); das Erbbaurecht ist demnach ein grundstücksgleiches Recht (s. § 3 Rn. 6).

3. Belastungsgegenstand. a) Grundstück. Wie sich aus dem 4
Begriff des Erbbaurechts ergibt, kann mit diesem an sich nur ein Grundstück belastet werden, nicht aber ein anderes Erbbaurecht oder ein sonstiges grundstücksgleiches Recht.

aa) Jedoch hält BGH 62, 179 = Rpfleger 1974, 219 die Belastung eines Erbbaurechts mit einem Erbbaurecht, also ein sog. **Untererbbaurecht,** im Hinblick auf § 11 Abs. 1 i.V.m. § 1 Abs. 1 ErbbauVO für zulässig und erblickt dabei vor allem in der Begriffsbestimmung des Erbbaurechts kein entgegenstehendes Argument; vgl. dazu Schneider DNotZ 1976, 411; Stahl-Sura DNotZ 1981, 607. Der durch das RegVBG eingefügte § 6a geht nicht nur von der Zulässigkeit eines Erbbaurechts an einem, sondern auch an mehreren Erbbaurechten (Gesamtuntererbbaurecht) aus. Er enthält für die Eintragung eines Erbbaurechts an mehreren Erbbaurechten einschränkende Regelungen und untersagt dem GBAmt die Eintragung eines ebenfalls für zulässig erachteten Erbbaurechts sowohl an einem Grundstück als auch an einem Erbbaurecht (s. hierzu § 6a Rn. 3ff.). Zur Begründung eines Untererbbaurechts an dem Teil eines Erbbaurechts s. LG Traunstein Rpfleger 1987, 242. Zum Untererbbaurecht s. Habel MittBayNot 1998, 315.

bb) Ausgeschlossen ist die Belastung eines **ideellen Miteigen-** 5
tumsanteils (s. dazu aber Diekgräf DNotZ 1996, 338), zulässig dagegen die eines realen Grundstücksteils, der dann aber nach § 7 Abs. 1 abgeschrieben werden muss (KG OLG 14, 86). Die Belastung eines Grundstücks mit einem Erbbaurecht ist auch in der Weise möglich, dass die tatsächliche Ausübung des Erbbaurechts auf einen Teil des Grundstücks beschränkt wird; alsdann findet § 7 Abs. 1 keine Anwendung (KGJ 35, 259; OLG München DNotZ

1944, 179; OLG Frankfurt DNotZ 1967, 690; OLG Hamm Rpfleger 1972, 171; BayObLG 1957, 221; 1984, 108 = Rpfleger 1984, 313). In diesem Fall kann sich die Ausübung auf eines von mehreren auf dem Grundstück bereits vorhandener Gebäude beschränken (OLG Zweibrücken FGPrax 1996, 131).

6 cc) Nicht zulässig ist gemäß § 1014 BGB, § 1 Abs. 3 ErbbauVO die Beschränkung des Erbbaurechts auf einen **Teil eines Gebäudes,** insbes. ein Stockwerk; nicht möglich ist sonach auch die Beschränkung des Erbbaurechts auf einen vertikal abgegrenzten Teil des auf dem Erbbaugrundstück befindlichen oder zu errichtenden Gebäudes (Krämer DNotZ 1974, 653; OLG Düsseldorf DNotZ 1974, 698), es sei denn dass dieser nach der Verkehrsauffassung als selbstständiges Gebäude anzusehen ist (BayObLG 1957, 221 = DNotZ 1958, 409).

7 dd) Nach h. M. kann ein Erbbaurecht ferner nicht dergestalt begründet werden, dass ein Gebäude nur zum Teil auf dem Erbbaugrundstück, im Übrigen auf anderem Gelände errichtet werden soll (s. dazu auch BGH DNotZ 1973, 609); demgegenüber vertreten andere (vgl. Weitnauer DNotZ 1958, 414; Schraepfler NJW 1972, 1981; Krämer DNotZ 1974, 647; OLG Düsseldorf DNotZ 1974, 698; OLG Stuttgart Rpfleger 1975, 131) mit sehr beachtlichen Gründen die Ansicht, dass § 1 Abs. 3 ErbbauVO nicht daran hindere, ein sog. **Nachbarerbbaurecht** zu begründen (vgl. dazu auch Rothoeft NJW 1974, 665; Esser NJW 1974, 921; Stahl-Sura DNotZ 1981, 604). Zum Nachbarerbbaurecht s. auch § 39 Abs. 3 SachenRBerG.

ee) Für möglich gehalten wird die Bestellung eines Erbbaurechts an einem in WEigentum aufgeteilten Grundstück (DNotI-Report 1998, 13).

8 **b) Eigenes Grundstück.** Auch an ihm kann ein Erbbaurecht bestellt werden (BGH Rpfleger 1982, 143; BayObLG 1996, 107 = FGPrax 1996, 128). Ein Bedürfnis (s. hierzu für den Fall der Bestellung einer beschränkten persönlichen Dienstbarkeit am eigenen Grundstück BGH 41, 209 = Rpfleger 1964, 310 und Anh. zu § 44 Rn. 39) dafür, von vorneherein die Bestellung eines Erbbaurechts am eigenen Grundstück zuzulassen, liegt im Hinblick darauf auf der Hand, dass ein Eigentümer-Erbbaurecht im Allgemeinen nur als Durchgangsform gedacht ist und insbesondere bei der Finanzierung erhebliche Erleichterungen mit sich bringt (BGH Rpfleger 1982, 143); ein Bedürfnis braucht daher in der Regel nicht nachgewiesen zu werden. Eine Wertsicherungsklausel hinsichtlich des Erbbauzinses (s. hierzu Rn. 44) kann, da nur mit schuldrechtlicher Wirkung ausgestattet, nicht Teil der Bestellung

eines Erbbaurechts am eigenen Grundstück sein (BGH Rpfleger 1982, 143). Ein Eigentümererbbaurecht kann auch nachträglich durch Heimfall oder Ausübung eines vereinbarten Vor- oder Ankaufsrechts durch den Eigentümer entstehen (OLG Hamm Rpfleger 1985, 233).

c) Mehrere Grundstücke. Wegen der Frage, ob sie mit einem Gesamterbbaurecht belastet werden können, s. § 48 Rn. 7.

4. Sonstiges zum Erbbaurecht. Die Übernahme der Ver- **9**
kehrssicherungspflicht und der Haftung daraus können nicht zum Inhalt des Erbbaurechts gemacht werden (BayObLG 1999, 252 = FGPrax 1999, 211). Zu notwendigen Genehmigungen s. § 19 Rn. 123 ff.

a) Bedingung. Zur Förderung seiner Beleihbarkeit kann ein Erbbaurecht nach § 1 Abs. 4 Satz 1 ErbbauVO nicht unter einer auflösenden Bedingung bestellt werden. In entsprechender Anwendung dieser Vorschrift verbietet sich auch die Bestellung durch einen nicht befreiten Vorerben ohne Zustimmung des Nacherben (BGH 52, 271 = Rpfleger 1969, 346; kritisch hierzu jedoch Winkler DNotZ 1970, 651) und, wenn nicht schon § 1 Abs. 1 ErbbauVO entgegensteht (s. § 23 Rn. 5), auch eine solche auf Lebenszeit des Berechtigten (OLG Celle Rpfleger 1964, 213; vgl. auch BGH 52, 271 = Rpfleger 1969, 346).

b) Belastung. aa) Ein Erbbaurecht kann im Allgemeinen wie **10**
ein Grundstück, also mit Dienstbarkeiten (s. dazu aber BayObLG 1958, 105 = Rpfleger 1959, 17), mit einem Vorkaufsrecht, mit einer Reallast sowie mit Grundpfandrechten belastet werden; zulässig ist auch die Belastung mit einem Dauerwohnrecht (§ 42 WEG); zur Belastung mit einem Erbbaurecht s. Rn. 4. Möglich ist ferner die Begründung eines Gesamtgrundpfandrechts an einem Erbbaurecht und einem Grundstück (OLG München JFG 23, 151; s. auch BayObLG Rpfleger 1984, 145). Ein Erbbaurecht, das lediglich zum Haben eines Wohngebäudes auf dem Grundstück berechtigt, kann nicht mit einer Tankstellendienstbarkeit belastet werden (BayObLG 1958, 105 = MDR 1958, 691). Das KG Rpfleger 1991, 496 hält seinen Inhaber aber für berechtigt, zugunsten eines Stromversorgungsunternehmens eine Dienstbarkeit zu bestellen, die zur Errichtung und zum Betrieb einer Netzstation auch außerhalb des Bauwerks berechtigt.

bb) Als Inhalt des Erbbaurechts kann vereinbart werden, dass der **11**
Erbbauberechtigte zur Belastung des Erbbaurechts mit einem Grundpfandrecht oder einer Reallast der **Zustimmung des Eigentümers** bedarf (§ 5 Abs. 2 ErbbauVO). Der Ausschluss der

Zustimmung im Voraus für bestimmte Fälle kann aber nicht Inhalt des Erbbaurechts sein (BayObLG 1999, 252 = FGPrax 1999, 211). Die Zustimmung kann gemäß § 7 Abs. 3 ErbbauVO gerichtlich ersetzt werden. Das für die Ersetzung zuständige Gericht der freiwilligen Gerichtsbarkeit ist auf die Prüfung des gesetzlichen Zustimmungsanspruchs beschränkt; für einen davon abweichend vereinbarten Zustimmungsanspruch ist das Prozessgericht zuständig (BGH Rpfleger 1987, 61). Zu den Voraussetzungen, unter denen die Zustimmung ersetzt werden kann, s. BayObLG 1986, 501. Zur Ersetzung einer der kirchenaufsichtlichen Genehmigung bedürftigen Zustimmung s. OLG Hamm Rpfleger 1994, 19. Die Zustimmung ist nach § 8 ErbbauVO auch bei einer Belastung im Weg der Zwangsvollstreckung oder Arrestvollziehung oder durch den Insolvenzverwalter erforderlich. Sie ist auch beim Eigentümererbbaurecht nicht entbehrlich (OLG Hamm Rpfleger 1985, 233; BayObLG 1996, 107 = FGPrax 1996, 128). Zur Ersetzung der Zustimmung bei Belastung mit einer Sicherungshyp. im Weg der Zwangsvollstreckung s. OLG Hamm Rpfleger 1985, 291; die Ersetzung kann in diesem Fall der Gläubiger aus eigenem Recht beantragen (a.M. OLG Hamm Rpfleger 1993, 334 mit abl. Anm. v. Streuer Rpfleger 1994, 59; offengelassen von BayObLG 1996, 107 = FGPrax 1996, 128). Die Zustimmung des Grundstückseigentümers ist auch bei Belastung mit einer Bauunternehmersicherungshyp. nach § 648 Abs. 1 BGB erforderlich; die Ersetzung kann der Bauunternehmer aus eigenem Recht beantragen (BayObLG 1996, 301 = Rpfleger 1997, 256). Zur Widerruflichkeit der Zustimmung und zur Bindung des Rechtsnachfolgers eines (Mit-)Eigentümers an die von diesem erteilte Zustimmung s. BGH NJW 1963, 36.

cc) Die Belastung darf erst eingetragen werden, wenn dem GBAmt die Zustimmung oder ihre Ersetzung in der Form des § 29 **nachgewiesen** ist (§ 15 ErbbauVO). Das GBAmt muss daher auch bei einer Vollstreckung in ein Eigentümererbbaurecht durch Eintragung einer Zwangshyp. bei Vorliegen einer Vereinbarung gemäß § 5 Abs. 2 ErbbauVO den Nachweis der Eigentümerzustimmung oder ihrer Ersetzung verlangen. Ohne Eigentümerzustimmung kann in diesem Fall jedoch die Eintragung einer Vormerkung zur Sicherung des Anspruchs auf Eintragung einer Sicherungshyp. auf Grund einer einstweiligen Verfügung gemäß § 885 BGB verlangt werden (OLG Hamm Rpfleger 1985, 233).

12 **c) Mehrere Erbbaurechte.** Ob ein Grundstück mit mehreren Erbbaurechten belastet werden kann, die im Gleichrang unter sich die erste Rangstelle einzunehmen hätten, ist auch für den Fall umstritten, dass der Ausübungsbereich der Erbbaurechte auf verschie-

dene Grundstücksteile beschränkt ist (bejahend: Weitnauer DNotZ 1958, 413; zu Recht verneinend: OLG Frankfurt DNotZ 1967, 688). § 39 Abs. 1 SachenRBerG lässt die Bestellung mehrerer Erbbaurechte an einem Grundstück ausnahmsweise zu.

d) Teilung. aa) Das Bestehen eines Erbbaurechts hindert den Eigentümer des **belasteten Grundstücks** nicht an dessen Teilung. Umstritten ist, ob sich das Erbbaurecht dann entsprechend den für seine Ausübung getroffenen Bestimmungen automatisch auf die Teilgrundstücke verteilt oder ob es als Gesamtrecht an diesen weiterbesteht. Die h. M. nimmt im Anschluss an KGJ 51, 229 letzteres an (s. hierzu § 48 Rn. 7). Wird eines der Teilgrundstücke von dem Erbbaurecht nicht erfasst (vgl. § 1 Abs. 2 ErbbauVO), erlischt das Erbbaurecht an ihm (vgl. § 1026 BGB) und das Teilgrundstück kann ohne das Erbbaurecht abgeschrieben werden (§ 46 Abs. 2). Die Zustimmung des Erbbauberechtigten ist weder dazu noch zur Teilung überhaupt erforderlich. **13**

bb) Auch eine Teilung des **Erbbaurechts** ist grundsätzlich zulässig. Voraussetzung hierfür ist, dass das Grundstück entsprechend geteilt wird und dem Erbbauberechtigten das Recht verbleibt, auf jedem der Teilgrundstücke ein selbstständiges Bauwerk zu haben (KGJ 51, 228). Zur Teilung ist die Zustimmung der dinglich Berechtigten am Erbbaurecht (OLG Neustadt NJW 1960, 1157) und des Grundstückseigentümers (BGH DNotZ 1974, 441) erforderlich. Zur Verpflichtung des Eigentümers, der Teilung von Grundstück und Erbbaurecht zuzustimmen, s. OLG Hamm MDR 1984, 402. Die außer diesen Zustimmungen zum GBVollzug der Teilung erforderliche Teilungserklärung des Erbbauberechtigten enthält die Erklärung der teilweisen Enthaftung der Teilgrundstücke hinsichtlich des ursprünglichen Erbbaurechts. Belastungen des letzteren bleiben als Gesamtrechte an den neuen Erbbaurechten bestehen. **14**

e) Veräußerung. aa) Ist als Inhalt des Erbbaurechts gemäß § 5 Abs. 1 ErbbauVO vereinbart, dass die Veräußerung des Erbbaurechts der **Zustimmung des Grundstückseigentümers** bedarf, dann bedarf zwar die Ausübung, nicht aber bereits die Bestellung eines Vorkaufsrechts der Zustimmung (OLG Braunschweig Rpfleger 1992, 193). Die Zustimmung ist auch für den Zuschlag in der Zwangsversteigerung sowie für eine Veräußerung im Weg der Arrestvollziehung oder durch den Konkursverwalter Wirksamkeitsvoraussetzung (§ 8 ErbbauVO; zur Wirksamkeit einer im Voraus erteilten Zustimmung s. Kappelhoff Rpfleger 1985, 281). Dies gilt auch dann, wenn das Grundpfandrecht, aus dem die Versteigerung betrieben wird, mit Zustimmung des Eigentümers (vgl. § 5 Abs. 2 ErbbauVO) eingetragen wurde. Die Zustimmung ist auch beim **15**

Eigentümererbbaurecht nicht entbehrlich. Sie kann jedoch durch das Gericht ersetzt werden (§ 7 Abs. 3 ErbbauVO). Von der vorherigen Zahlung der Beglaubigungskosten oder einer Freistellung von ihnen kann die Zustimmung nicht abhängig gemacht werden (OLG Hamm Rpfleger 1992, 58). Zu den Voraussetzungen, unter denen die Zustimmung verweigert werden kann, s. OLG Hamm WM 1986, 1290. Zur Ersetzung der Zustimmung zur Veräußerung im Weg der Zwangsversteigerung s. KG Rpfleger 1984, 282; OLG Oldenburg Rpfleger 1985, 203 mit kritischer Anm. v. Hagemann; die Ersetzung kann in diesem Fall der Gläubiger aus eigenem Recht beantragen (BGH 100, 107 = Rpfleger 1987, 257). Zur Widerruflichkeit der Zustimmung und zur Bindung des Rechtsnachfolgers eines (Mit-)Eigentümers an die von diesem erteilte Zustimmung s. OLG Köln Rpfleger 1996, 106. Erforderlich ist grundsätzlich die Zustimmung desjenigen, der im Zeitpunkt der Eintragung der Rechtsänderung Grundstückseigentümer ist; bei einem Eigentümerwechsel wird die vom Voreigentümer erteilte Zustimmung wirkungslos (OLG Düsseldorf Rpfleger 1996, 340, zugleich zu Ausnahmefällen). Zur Umwandlung des Gesamthandseigentums einer Erbengemeinschaft, der ein Erbbaurecht gehört, in eine Bruchteilsgemeinschaft aller Miterben ist eine Eigentümerzustimmung nicht erforderlich (vgl. LG Lübeck Rpfleger 1991, 201).

Der Rechtsübergang darf erst eingetragen werden, wenn dem GBAmt die Zustimmung oder ihre Ersetzung in der Form des § 29 nachgewiesen ist (§ 15 ErbbauVO).

16 bb) Gemeindliche Vorkaufsrechte bestehen bei der Veräußerung eines Erbbaurechts nicht (§ 24 Abs. 2, § 25 Abs. 2 Satz 1 BauGB).

f) Vereinigung und Zuschreibung. Ein Erbbaurecht kann einem anderen als Bestandteil zugeschrieben werden; auch eine Vereinigung von Erbbaurechten ist zulässig (§§ 5, 6). Voraussetzung ist jedoch, dass beide Erbbaurechte die gleiche Laufzeit haben (BayObLG 1995, 379 = MittBayNot 1996, 34).

17 **5. Buchung von Erbbaurechten nach dem BGB.** Erbbaurechte alter Art, zu deren Entstehung Einigung in der Form der Auflassung und Eintragung im GB des belasteten Grundstücks erforderlich war (§§ 873, 1015 BGB) und die eine beliebige Rangstelle einnehmen können, sind nicht buchungspflichtig. Für sie wird ein besonderes GBBlatt nur unter bestimmten Voraussetzungen angelegt, nämlich:

18 **a) Auf Antrag** (§ 8 Abs. 1 Satz 1). Der Antrag kann jederzeit gestellt werden und bedarf keiner Form. Antragsberechtigt ist im Hinblick auf § 13 Abs. 1 Satz 2 nur der Erbbauberechtigte, nicht auch der Eigentümer des belasteten Grundstücks, der durch die Anlegung des Blatts weder begünstigt noch betroffen wird.

b) Von Amts wegen, wenn das Recht veräußert oder belastet werden soll (§ 8 Abs. 1 Satz 2). **19**

aa) Keine Veräußerung ist der Übergang kraft Gesetzes, z.B. durch Erbfolge. Nach dem Zweck der Vorschrift dürfte die Anlegung eines besonderen Blatts aber auch hier geboten sein (a.M. Güthe/Triebel A. 8). Ein besonderes Blatt ist ferner anzulegen, wenn ein Gläubiger des Erbbauberechtigten die Anordnung der Zwangsversteigerung beantragt, um die Veräußerung des Rechts im Weg der Zwangsvollstreckung durchzuführen (KGJ 29, 131).

bb) Ob die Belastung auf Bewilligung des Erbbauberechtigten, im Zwangsweg oder auf Ersuchen einer Behörde eingetragen werden soll, ist gleichgültig. Die Eintragung einer Vormerkung, eines Widerspruchs oder einer Verfügungsbeschränkung macht die Anlegung eines besonderen Blatts nicht erforderlich; das zu § 7 Rn. 25 Gesagte muss auch hier gelten; die Eintragung kann also in Sp. 5 der Abt. II des Grundstücksblatts erfolgen (a. M. KEHE Rn. 3). **20**

6. Verfahren. a) Maßgebend ist § 60 GBV, der die sinngemäße Anwendung der für das Erbbaugrundbuch geltenden Bestimmungen vorschreibt (s. dazu Rn. 39); in der Aufschrift des Blatts ist jedoch der Unterscheidung wegen an die Stelle des Wortes „Erbbaugrundbuch" das Wort „Erbbaurecht" zu setzen (§ 60 Buchst. a GBV); auch darf bei der Eintragung des Inhalts des Erbbaurechts, da es an einer § 14 Abs. 1 Satz 3 ErbbauVO entsprechenden Bestimmung fehlt, nicht auf die EintrBewilligung Bezug genommen werden (§ 60 Buchst. b GBV). Etwaige auf dem Grundstücksblatt bezüglich des Erbbaurechts eingetragene Vormerkungen, Widersprüche oder Verfügungsbeschränkungen sind in die zweite oder dritte Abteilung des besonderen Blatts zu übertragen; dasselbe gilt für eine fälschlicherweise auf dem Grundstücksblatt eingetragene Belastung des Erbbaurechts (s. dazu Rn. 27). **21**

b) Die Anlegung eines besonderen Blatts ist auf dem Blatt des belasteten Grundstücks zu vermerken (Abs. 2). Der Vermerk ist in Sp. 5 der Abt. II einzutragen und lautet etwa: „Für das Erbbaurecht ist in Band 2 Blatt 28 ein besonderes Blatt angelegt. Eingetragen am ......". **22**

7. Bedeutung des besonderen Blatts. Besteht neben dem Grundstücksblatt ein besonderes Blatt für das Erbbaurecht, so gilt für das Verhältnis der beiden Blätter zueinander folgendes: **23**

a) Für die Entstehung des Erbbaurechts ist allein das Grundstücksblatt entscheidend; dieses bleibt auch maßgebend für alle

Rechtsakte, die vor der Anlegung des besonderen Blatts vorgenommen wurden.

24 **b)** Für Rechtsakte, die nach der Anlegung des besonderen Blatts vorgenommen werden, ist zu unterscheiden zwischen solchen, die das Erbbaurecht als Grundstücksbelastung und solchen, die es als grundstücksgleiches Recht betreffen.

Rechtsakte der ersteren Art, also Inhalts- und Rangänderungen des Erbbaurechts sowie seine Aufhebung, müssen, um wirksam zu sein, auf dem Grundstücksblatt eingetragen werden.

25 Rechtsakte der letzteren Art, also Veräußerungen und Belastungen des Erbbaurechts, können wirksam nur auf dem Erbbaurechtsblatt eingetragen werden; denn dieser Rechtsakte wegen wird das besondere Blatt angelegt.

26 **c)** Zur Vermeidung von Schadensfällen wird das GBAmt der Erhaltung der erforderlichen Übereinstimmung beider Blätter stets besondere Aufmerksamkeit zuwenden müssen.

27 **8. Verletzung des § 8.** § 8 enthält nur Ordnungsvorschriften. Ist die Anlegung eines besonderen Blatts entgegen Abs. 1 Satz 2 unterblieben, so ist die auf dem Grundstücksblatt vorgenommene Eintragung einer Veräußerung oder Belastung gleichwohl wirksam. Die Anlegung des besonderen Blatts ist aber von Amts wegen nachzuholen. Hat das GBAmt umgekehrt ein besonderes Blatt angelegt, obwohl die Voraussetzungen hierfür nicht vorlagen, so ist das Blatt weiterzuführen, also nicht zu schließen. Ist die Anlegung eines besonderen Blatts entgegen Abs. 2 nicht auf dem Grundstücksblatt vermerkt worden, so ist dies ebenfalls ohne sachlichrechtliche Bedeutung; der Vermerk ist jedoch von Amts wegen nachzuholen.

28 **9. Erbbaurechte nach der ErbbauVO. a)** Erbbaurechte neuer Art entstehen durch Einigung und Eintragung im GB des belasteten Grundstücks (§ 873 BGB), wobei Einigung und Eintragung mindestens die ungefähre Beschaffenheit des Bauwerks oder der zulässigen mehreren Bauwerke bezeichnen müssen (BGH 47, 190; s. auch BGH DNotZ 1969, 489; Rpfleger 1973, 355; KG Rpfleger 1979, 208; OLG Hamm Rpfleger 1983, 349; OLG Frankfurt OLGZ 1983, 165). Das Bauwerk muss wirtschaftlich die Hauptsache sein; dies ist nicht der Fall bei einer Garage auf einem 1700 m^2 großen Grundstück (BayObLG 1991, 97). Zulässig ist die Bestellung eines Erbbaurechts mit dem Inhalt, „Gebäude aller Art in Übereinstimmung mit dem zu erstellenden Bebauungsplan“ (BGH 101, 143 = Rpfleger 1987, 361) oder „jede baurechtlich zulässige Art von Bauwerken“ (BGH 126, 12 = NJW 1994, 2024) errichten zu dürfen. In diesem Fall geht das Erbbaurecht nicht un-

ter, wenn sich die Erwartung der Bebaubarkeit zerschlägt (BGH 101, 143 = Rpfleger 1987, 361). Ein Erbbaurecht entsteht allerdings nicht wirksam, wenn bereits bei seiner Bestellung ein dauerndes öffentlich-rechtliches Bebauungsverbot besteht (BGH 96, 388).

b) Erbbaurechte werden in aller Regel **auf Zeit** bestellt; im Hinblick auf § 873 BGB verbietet es sich allerdings, als Anfangszeitpunkt eines Erbbaurechts einen vor dessen Eintragung liegenden Zeitpunkt zu bestimmen (BGH Rpfleger 1973, 355); ein solcher Zeitpunkt kann aber als Ausgangszeitpunkt für die Laufzeit des Erbbaurechts vereinbart werden (LG Würzburg Rpfleger 1975, 249); s. dazu, insbes. wegen der Auslegung von Vertragsklauseln über die Dauer des Erbbaurechts, auch BayObLG 1991, 97 = Rpfleger 1991, 303; OLG Zweibrücken Rpfleger 1995, 155; Promberger Rpfleger 1975, 233. **29**

c) Im Gegensatz zum schuldrechtlichen Grundgeschäft, das gemäß § 11 Abs. 2 ErbbauVO i.V.m. § 313 Satz 1 BGB der notariellen Beurkundung bedarf, ist die Einigung (§ 873 BGB) gemäß § 11 Abs. 1 Satz 1 ErbbauVO sachlichrechtlich formfrei, muss dem GBAmt nach § 20 jedoch in der **Form** des § 29 Abs. 1 Satz 1 nachgewiesen werden (KGJ 53, 152; BayObLG 1959, 528 = DNotZ 1960, 540; KG Rpfleger 1979, 208). Zur Eintragung einer Erbbaurechtsbestellung trotz Formnichtigkeit des Grundgeschäfts s. § 20 Rn. 30. **30**

d) In förmlich festgelegten Sanierungsgebieten und in städtebaulichen Entwicklungsgebieten bedürfen die Bestellung und Veräußerung eines Erbbaurechts nach § 144 Abs. 2 Nr. 1, § 169 Abs. 1 Nr. 3 BauGB der schriftlichen Genehmigung der Gemeinde; näheres hierzu s. § 19 Rn. 128. **31**

10. Eintragung im Grundstücksgrundbuch. Die Eintragung des Erbbaurechts auf dem Blatt des belasteten Grundstücks erfolgt nach § 10 GBV in Sp. 1 bis 3 der zweiten Abteilung. **32**

a) Erste Rangstelle. Das Erbbaurecht kann nur zur ausschließlich ersten Rangstelle bestellt werden (§ 10 Abs. 1 Satz 1 Halbsatz 1 ErbbauVO); kein anderes Recht, auch keine **Vormerkung,** ausgenommen eine solche zur Sicherung des Anspruchs auf Einräumung des Erbbaurechts selbst, darf also Vorrang vor dem Erbbaurecht oder Gleichrang mit diesem haben (BGH NJW 1954, 1444; OLG Frankfurt DNotZ 1967, 688; s. auch OLG Frankfurt Rpfleger 1973, 400 zu dem Fall, dass vorhandene Belastungen des Grundstücks nur einen geringen Teil desselben betreffen und nach dem Vorbringen von Eigentümer und Erbbauberechtigtem nicht mehr ausgeübt werden können); eine Rangänderung ist ausgeschlossen (§ 10 Abs. 1 Satz 1 Halbsatz 2 ErbbauVO). Ist ein Erbbaurecht nicht mit dem gesetzlich vorgeschriebenen Rang eingetragen worden, so ist die Eintragung inhaltlich unzulässig (s. § 53 Rn. 46).

aa) Die erforderliche erste Rangstelle kann dem Erbbaurecht nicht durch Löschung des vorrangigen Rechts oder durch eine **Rangänderung** verschafft werden, sondern nur durch Löschung des Erbbaurechts und Neueintragung (OLG Hamm Rpfleger 1976, 131). Dies gilt aber nicht, wenn das vorrangig eingetragene Recht bei Eintragung des Erbbaurechts nicht mehr bestand und auch nicht gutgläubig erworben werden kann, z. B. eine Vormerkung mangels Bestehens eines Anspruchs.

33 bb) Rechte, die zur Erhaltung ihrer Wirksamkeit gegenüber dem öffentlichen Glauben des GB der Eintragung nicht bedürfen, bleiben außer Betracht (§ 10 Abs. 1 Satz 2 ErbbauVO); hierher gehören unter anderem **altrechtliche Grunddienstbarkeiten** (s. dazu Art. 187 Abs. 1 Satz 1 EGBGB und § 22 Rn. 20) sowie öffentliche Lasten, z. B. die HypGewinnabgabe (wegen der früheren Umstellungsgrundschulden s. BayObLG 1948/51, 689 = DNotZ 1952, 129) und die Abgeltungslast nach § 2 Abs. 2 VO über die Aufhebung der Gebäudeentschuldungssteuer v. 31. 7. 1942, RGBl. I 501 (LG Karlsruhe NJW 1949, 949; s. aber auch Huber NJW 1952, 688; vgl. nunmehr §§ 22 ff. GBMaßnG). Sobald jedoch eine altrechtliche Dienstbarkeit im GB eingetragen ist, steht der Eintragung eines Erbbaurechts § 10 Abs. 1 Satz 1 ErbbauVO entgegen (vgl. BGH 104, 139 = Rpfleger 1988, 353; a. M. BayObLG 1982, 213 = Rpfleger 1982, 339).

34 cc) Ein voreingetragener **Nacherbenvermerk** steht der Eintragung eines Erbbaurechts nicht entgegen, weil zwischen einem Nacherbenvermerk und einem Erbbaurecht kein Rangverhältnis besteht (OLG Hamburg DNotZ 1967, 376; OLG Hamm Rpfleger 1989, 232; offengelassen von BGH 52, 269; s. hierzu auch Winkler DNotZ 1970, 651, ferner Rn. 35).

35 dd) Auf Grund des Vorbehalts in § 10 Abs. 2 ErbbauVO kann das **Landesrecht** Abweichungen vom Erfordernis der ersten Rangstelle zulassen; in *Bayern* war dies durch die VO über die Rangstelle von Erbbaurechten v. 7. 10. 1919 (BayBS III 130) geschehen, die inhaltlich mit der preußischen VO v. 30. 4. 1919 (GS 88) übereinstimmte (zu Abs. 2 der letzteren s. einerseits OLG Hamm DNotZ 1966, 102, aber auch Rpfleger 1989, 232, andererseits OLG Hamburg DNotZ 1967, 373), aber inzwischen aufgehoben worden ist (s. VO v. 1. 12. 1981, GVBl. 504). In *Baden-*

Württemberg ist von dem Vorbehalt durch die VO v. 17. 1. 1994 (GBl. 49) Gebrauch gemacht.

ee) Durch die Eintragung eines **Vorkaufsrechts** des jeweiligen Erbbauberechtigten im gleichen Rang mit dem Erbbaurecht wird die gesetzlich vorgeschriebene erste Rangstelle des Erbbaurechts nicht in Frage gestellt (BGH NJW 1954, 1445; Rpfleger 1973, 356); zur gleichrangigen Eintragung eines dem Erbbauberechtigten persönlich zustehenden Vorkaufsrechts s. OLG Düsseldorf NJW 1956, 875. 36

ff) Ein zu Unrecht **gelöschtes Erbbaurecht** kann nach gutgläubigem Zwischenerwerb von Grundpfandrechten auch an anderer als erster Rangstelle wieder in das GB eingetragen werden (BGH 51, 50 = Rpfleger 1969, 13). 37

b) Bezugnahme. Bei der Eintragung ist zur näheren Bezeichnung des Inhalts des Erbbaurechts auf das Erbbaugrundbuch Bezug zu nehmen (§ 14 Abs. 2 ErbbauVO). 38

11. Buchung im Erbbaugrundbuch. Für das Erbbaurecht ist bei der Eintragung von Amts wegen ein besonderes GBBlatt, das Erbbaugrundbuch, anzulegen (§ 14 Abs. 1 ErbbauVO; s. hierzu GBV Muster Anl. 9); Erbbaurechte neuer Art sind also stets buchungspflichtig. Maßgebend sind §§ 54 bis 59 GBV; zu den Maßgaben bei ihrer Anwendung im Gebiet der früheren DDR s. § 105 Nr. 4 GBV. Die Vorschriften über die Bezugnahme auf die EintrBewilligung und die Benachrichtigung von Eintragungen (§ 44 Abs. 2, 3, §§ 55 bis 55b, ausgenommen § 55 Abs. 4) gelten für Eintragungen im Erbbaugrundbuch entsprechend (§ 17 Abs. 1 Satz 2 ErbbauVO). 39

a) Erbbaugrundbuchblatt. Es erhält die nächste fortlaufende Nummer des GB in dem das belastete Grundstück verzeichnet ist; in der Aufschrift ist unter die Blattnummer in Klammern das Wort „Erbbaugrundbuch“ zu setzen (§ 55 GBV).

b) Bestandsverzeichnis. In dieses und zwar in den durch die Sp. 2 bis 4 gebildeten Raum ist das Erbbaurecht unter Angabe des belasteten Grundstücks und seines Eigentümers einzutragen. Das Erbbaurecht ist ausdrücklich als solches zu bezeichnen, das belastete Grundstück entsprechend dem Bestandsverzeichnis des Grundstücksblatts zu beschreiben und der Eigentümer sowie jeder spätere Erwerber des Grundstücks (§ 14 Abs. 1 Satz 2 ErbbauVO; zu einer Ausnahme bei maschineller Führung von GB und Erbbaugrundbuch s. § 14 Abs. 4 ErbbauVO) entsprechend der Eintragung in Abt. I des Grundstücksblatts zu vermerken. Zur näheren Bezeichnung des Inhalts des Erbbaurechts (s. dazu §§ 2, 5 ErbbauVO) kann 40 auf die EintrBewilligung Bezug genommen werden (§ 14 Abs. 1 Satz 3 ErbbauVO). Bedingungen und Befristungen (die nicht zu dem einer Bezugnahme zugänglichen Inhalt des Rechts gehören, s. § 44 Rn. 20) sowie Verfügungsbeschränkungen nach § 5 ErbbauVO sind ausdrücklich einzutragen (§ 56 Abs. 2 WGV). Da die Verfügungsbeschränkungen des § 5 ErbbauVO zum Inhalt des Erbbaurechts gehören, handelt es sich bei ihnen nur um ein formellrechtliches Gebot (LG Marburg Rpfleger 1968, 26 mit Anm. v. Haegele; BayObLG 1979, 230 = Rpfleger 1979, 384). Spätere Veränderungen der in Sp. 2 bis 4 enthaltenen Angaben werden dort unter neuer laufender Nummer vorgetragen; eine Löschung des Erbbaurechts wird in Sp. 8 vermerkt (§ 14 Abs. 1 Satz 2 und 3 ErbbauVO; § 56 GBV).

41 **c) Erste Abteilung.** Sie dient zur Eintragung des Erbbauberechtigten (§ 57 Abs. 1 GBV). Die Eintragung eines neuen Erbbauberechtigten ist unverzüglich auf dem Blatt des belasteten Grundstücks zu vermerken; der Vermerk kann durch Bezugnahme auf das Erbbaugrundbuch ersetzt werden (§ 14 Abs. 3 Satz 2 und 3 ErbbauVO).

42 **d) Zweite und dritte Abteilung.** Sie werden wie bei Grundstücken verwendet (§ 57 Abs. 2 GBV). In die zweite Abteilung wird insbes. auch ein nach § 9 ErbbauVO vereinbarter Erbbauzins eingetragen. Bei diesem handelt es sich um eine reallastartige Belastung (§ 9 Abs. 1 ErbbauVO), die durch Einigung und Eintragung entsteht (§ 873 BGB) und nur zugunsten des jeweiligen Eigentümers des mit dem Erbbaurecht belasteten Grundstücks begründet werden kann (§ 9 Abs. 2 Satz 4, früher Satz 2 ErbbauVO); s. dazu auch BayObLG 1961, 23 = NJW 1961, 1262. Der Erbbauzins, der nicht nur in einer Geld-, sondern auch in einer Sachleistung bestehen kann (LG München DNotZ 1952, 220; OLG Celle DNotZ 1955, 316; s. dazu auch Haegele Rpfleger 1957, 7), musste bis zur Änderung des § 9 ErbbauVO mit Wirkung vom 1. 10. 1994 durch das SachenRÄndG (s. Rn. 43) nach Zeit und Höhe für die ganze Erbbauzeit im Voraus bestimmt sein (§ 9 Abs. 2 Satz 1 ErbbauVO a. F.); die Bestimmung konnte nicht in der Weise erfolgen, dass zunächst eine Höchst- und Mindestgrenze festgesetzt und die endgültige Feststellung einer späteren Vereinbarung der Beteiligten oder der Ermittlung durch dritte Personen vorbehalten wurde (OLG Dresden JFG 3, 327; BGH 22, 220 = NJW 1957, 98). Zur Erbbauzinsreallast s. auch Anh. zu § 44 Rn. 81.

43 **12. Nachträgliche Änderung des Erbbauzinses. a)** Durch das SachenRÄndG ist § 9 ErbbauVO umgestaltet worden. Die ab 1. 10. 1994 geltende Neufassung sollte insbesondere die bisher üb-

liche Wertsicherung durch einen schuldrechtlichen Anspruch auf Anpassung des Erbbauzinses und dessen Sicherung durch eine Vormerkung (s. dazu Rn. 44) entbehrlich machen. Die missglückte Fassung des § 9 Abs. 2 ErbbauVO führte jedoch dazu, dass die Bestimmung unterschiedlich ausgelegt wurde. Eine weitgehende Klärung brachten erst zwei Entscheidungen des BayObLG, die ganz überwiegend auf Zustimmung stießen (BayObLG 1996, 114 und 159 = FGPrax 1996, 130 und 173 mit weit. Nachweisen und mit Anm. v. Wilke MittRhNotK 1996, 278; Streuer Rpfleger 1997, 18; v. Oefele DNotZ 1997, 151; Schmidt-Räntsch VIZ 1997, 172; ablehnend Volmer ZfIR 1997, 452). Daraufhin wurde durch Art. 11a Euro-EinführungsG v. 9. 6. 1998 (BGBl. I 1242) § 9 Abs. 2 Satz 1 bis 3 ErbbauVO gestrichen. Gem. § 9 Abs. 1 ErbbauVO finden damit die Vorschriften über die Reallast entsprechende Anwendung, die eine echte, automatisch wirkende Gleitklausel zulassen. Dies wird durch eine Ergänzung des § 1105 Abs. 1 BGB klargestellt.

b) Auch **schuldrechtliche Vereinbarungen** über eine künftige Änderung sind weiterhin zulässig (BGH 22, 220); vgl. dazu auch BGH DNotZ 1960, 380, insbes. wegen § 3 WährG, der durch das Euro-EinführungsG v. 9. 6. 1998 (BGBl. I 1242) aufgehoben und durch § 2 Preisangaben- und PreisklauselG ersetzt worden ist (s. dazu auch die PreisklauselVO v. 23. 9. 1998, BGBl. I 3043, ferner v. Heynitz MittBayNot 1998, 398); s. ferner BGH DNotZ 1970, 352; 1971, 42 und dazu, dass solche Vereinbarungen nicht nach § 11 Abs. 2 ErbbauVO i.V.m. § 313 BGB der notariellen Beurkundung bedürfen, BGH Rpfleger 1986, 92. Zum Ort der Eintragung eines erhöhten Erbbauzinses s. BayObLG 1959, 534 = DNotZ 1960, 540; OLG Frankfurt Rpfleger 1978, 312; zur Frage der EintrFähigkeit einer rückwirkenden Erhöhung des Erbbauzinses s. BGH Rpfleger 1975, 56. **44**

aa) BGH 22, 220 hält den Anspruch auf Eintragung des neu festzusetzenden Erbbauzinses jedenfalls dann für **vormerkungsfähig,** wenn das Verhältnis des Grundstückswerts zur Höhe des Erbbauzinses die Grundlage der Neufestsetzung bildet; OLG Oldenburg NJW 1961, 2261 und OLG Hamm NJW 1963, 1502 bejahen Vormerkungsfähigkeit auch für den Fall, dass Bemessungsgrundlage für die Neufestsetzung ein bestimmter Handwerkslohn bzw. das jeweilige Gehalt einer bestimmten Beamtengruppe ist; wegen anderer Bemessungsgrundlage s. OLG Hamm DNotZ 1968, 244; OLG Düsseldorf DNotZ 1969, 297 (Verkehrswert bzw. Pachtzins von Grundstücken gleicher Art und Lage) und BayObLG 1969, 102 = Rpfleger 1969, 241; BGH 61, 209 = NJW 1973, 1838

(Index für Lebenshaltungskosten; zur Bestimmbarkeit eines so gesicherten künftigen Anspruchs s. OLG Celle Rpfleger 1984, 462). S. nunmehr § 9a ErbbauVO, eingefügt durch Ges. v. 8. 1. 1974 (BGBl. I 41), insbes. Abs. 3 dieser Bestimmung; vgl. dazu auch LG Flensburg Rpfleger 1975, 132 und, bezüglich der Vormerkungsfähigkeit im entschiedenen Fall wohl zu weitgehend, KG Rpfleger 1976, 244; ferner zur Bestimmbarkeit des zu sichernden Anspruchs OLG Hamm Rpfleger 1995, 499; 1999, 325; BGH NJW 1995, 1360 (wesentliche Veränderung der allgemeinen wirtschaftlichen Verhältnisse); OLG Zweibrücken FGPrax 2000, 56 (Verdoppelung des Erbbauzinses) mit Anm. v. von Oefele MittBayNot 2001, 78, und Anh. zu § 13 Rn. 5.

45 bb) Durch Vormerkung kann zwar nicht der schuldrechtliche Anspruch auf Neufestsetzung des Erbbauzinses als solcher gesichert werden, wohl aber der schuldrechtliche Anspruch auf Einräumung einer **Reallast** des Inhalts, dass von einem bestimmten Zeitpunkt an ein neufestzusetzender Erbbauzins zu zahlen ist (BGH 22, 224; OLG Celle Rpfleger 1984, 462). § 9a Abs. 3 ErbbauVO hat daran nichts geändert (BGH DNotZ 1987, 360 mit zust. Anm. v. Wufka). Ein Anspruch auf Bestellung je einer Reallast für jede zukünftige Erhöhung des Erbbauzinses kann durch eine Vormerkung gesichert werden; die erstmalige Umschreibung der Vormerkung in eine Reallast erschöpft ihre Sicherungswirkung für zukünftige Erhöhungen nicht (BayObLG 1977, 93 = Rpfleger 1978, 55).

46 **c)** § 3 WährG, der durch Art. 9 des Euro-EinführungsG v. 9. 6. 1998 (BGBl. I 1242) aufgehoben und durch § 2 Preisangaben- und PreisklauselG ersetzt worden ist, und § 9 Abs. 2 Satz 1 ErbbauVO i. d. F. bis zur Änderung durch das SachenRÄndG hinderten nicht, den Erbbauzins in der Weise zu bestimmen, dass nach Wahl des Gläubigers ein bestimmter Geldbetrag oder eine bestimmte Menge Roggen zu entrichten ist oder dass der Gläubiger statt des bestimmten Geldbetrags eine bestimmte Menge Roggen verlangen kann (s. dazu die Nachweise in der 22. Auflage). Der Erbbauberechtigte kann sich wegen des Erbbauzinses oder der einzelnen Erbbauzinsleistungen nicht in der Weise der sofortigen Zwangsvollstreckung unterwerfen, dass die Zwangsvollstreckung aus der Urkunde gegen den jeweiligen Erbbauberechtigten zulässig sein soll (BayObLG 1959, 83 = DNotZ 1959, 402; s. dazu auch Hieber DNotZ 1959, 390).

47 **13. Bedeutung des Erbbaugrundbuchs.** Das Erbbaugrundbuch ist für das Erbbaurecht das GB im Sinn des BGB (§ 14 Abs. 3 Satz 1 ErbbauVO). Hinsichtlich seines Verhältnisses zum Grundstücksblatt (s. hierzu BayObLG 1986, 294) gilt Folgendes:

a) Für die **Entstehung des Erbbaurechts** ist allein das Grundstücksblatt entscheidend; die Eintragung auf diesem entscheidet auch über den Rang des Erbbaurechts, über die Person des ersten Berechtigten sowie über die Frage, welches Grundstück belastet ist (OLG Dresden JFG 2, 306; teilweise abweichend: Güthe/Triebel A. 17).

b) Für die **Dauer des Erbbaurechts** ist ebenfalls nur das Grundstücksblatt maßgebend. Änderungen der Dauer müssen daher, um wirksam zu sein, auf dem Grundstücksblatt eingetragen werden; auch die Löschung des Erbbaurechts kann wirksam nur auf diesem erfolgen (OLG Dresden JFG 2, 307). 48

c) Für den **Inhalt des Erbbaurechts** ist dagegen ausschließlich das Erbbaugrundbuch entscheidend. Änderungen des Inhalts können mithin wirksam nur im Erbbaugrundbuch eingetragen werden; dasselbe gilt für eine Veräußerung oder Belastung des Erbbaurechts (OLG Dresden JFG 2, 307). 49

d) Vormerkungen sind auf dem Blatt einzutragen, das für die endgültige Eintragung in Betracht kommt, also z. B. im Erbbaugrundbuch, wenn sie einen Anspruch auf Inhaltsänderung, Übertragung oder Belastung sichern; entsprechendes gilt für Widersprüche; auf das Erbbaurecht bezügliche Verfügungsbeschränkungen, z. B. Zwangsversteigerungs- und Zwangsverwaltungsvermerke, müssen im Erbbaugrundbuch eingetragen werden. 50

e) Für die Vermutung des § 891 BGB und für einen Rechtserwerb gemäß § 892 BGB kommt es demnach, soweit der Bestand des Erbbaurechts in Frage steht, auf den Inhalt des Grundstücksblatts an, während im Übrigen, also soweit es um den Inhalt des Erbbaurechts und die an diesem bestehenden Rechte geht, der Inhalt des Erbbaugrundbuchs maßgeblich ist (OLG Dresden JFG 2, 307). 51

14. Löschung von Erbbaurechten. a) Erbbaurechte erlöschen im Allgemeinen durch Zeitablauf (zur Löschung in diesem Fall s. § 24 Rn. 5) oder rechtsgeschäftliche Aufhebung; bei Erbbaurechten nach dem BGB kommt ferner ein Erlöschen infolge Eintritts einer auflösenden Bedingung sowie infolge Zuschlags in Betracht. Wegen der entsprechenden Anwendung des § 1026 BGB auf Erbbaurechte s. BayObLG 1957, 221 = DNotZ 1958, 409 mit Anm. v. Weitnauer. Zur Verlängerung eines Erbbaurechts und ihrem Vollzug im GB s. BayObLG 1959, 520 = DNotZ 1960, 540. 52

b) Für die rechtsgeschäftliche Aufhebung gelten §§ 875, 876 BGB; bei Erbbaurechten nach der ErbbauVO ist die Zustimmung des Grundstückseigentümers erforderlich (§ 26 ErbbauVO). Wird das Erbbaurecht aufgehoben, so erlöschen die hieran bestellten

dinglichen Rechte; ihre Übertragung auf das Grundstück ist nur durch Neubestellung seitens des Grundstückseigentümers möglich (BayObLG Rpfleger 1984, 145). Auch subjektiv-dingliche Rechte zugunsten des jeweiligen Erbbauberechtigten erlöschen mit Aufhebung des Erbbaurechts (LG Verden NdsRpfl. 1964, 249). Erwirbt der Erbbauberechtigte das Grundstück bei gleichzeitiger Aufhebung des Erbbaurechts, so ist zu dessen Löschung die Bewilligung des Berechtigten, für den eine Vormerkung zur Sicherung des Anspruchs auf Übertragung des Erbbaurechts eingetragen ist, auch dann erforderlich, wenn für ihn am Grundstück eine Auflassungsvormerkung an gleicher Rangstelle eingetragen werden soll. Dagegen ist die Bewilligung derjenigen Berechtigten nicht erforderlich, für die Nutzungsrechte (Dienstbarkeiten) oder Verwertungsrechte (Grundpfandrechte, Reallasten) am Erbbaurecht eingetragen sind, wenn die Rechte am Grundstück an gleicher Rangstelle eingetragen werden sollen (BayObLG Rpfleger 1987, 156; LG Krefeld Rpfleger 1998, 284).

53 **c)** Die Löschung erfolgt in Sp. 7 der zweiten Abteilung des Grundstücksblatts und ist nach § 56 Abs. 6, § 60 GBV in Sp. 8 des Bestandsverzeichnisses des Erbbaugrundbuchs bzw. Erbbaurechtsblatts zu vermerken.

aa) **Schließung des Erbbaugrundbuchs.** Bei der Löschung des Erbbaurechts ist das Erbbaugrundbuch von Amts wegen zu schließen (§ 16 ErbbauVO); die Schließung erfolgt in entsprechender Anwendung der §§ 34 bis 37 GBV. Dasselbe muss auch für das Erbbaurechtsblatt gelten.

54 bb) **Vormerkung wegen Erneuerungsvorrecht.** Wird ein durch Zeitablauf erloschenes Erbbaurecht gelöscht, so muss das GBAmt prüfen, ob die Voraussetzungen für die Eintragung einer Vormerkung zur Erhaltung des Vorrechts auf Erneuerung des Erbbaurechts vorliegen (§ 31 Abs. 4 Satz 3 ErbbauVO). Gegebenenfalls ist die Vormerkung mit dem bisherigen Rang des Erbbaurechts von Amts wegen einzutragen; die Eintragung erfolgt in Sp. 1 bis 3 der zweiten Abteilung des Grundstückblatts und zwar halbspaltig (§ 12 Abs. 1b, § 19 Abs. 1 GBV).

55 cc) **Hinweise im Löschungsvermerk.** In dem Löschungsvermerk ist nach § 17 Abs. 2 Satz 3 GBV auf diese Vormerkung hinzuweisen; der Löschungsvermerk lautet in diesem Fall etwa: „Gelöscht unter gleichzeitiger Eintragung der Vormerkung Nr. 2 am ......“.

56 **15. Erbbaurechte nach dem SachenRBerG.** Die Bestellung eines Erbbaurechts statt eines Ankaufs des Grundstücks oder Gebäudeeigentums (§ 3 SachenRBerG) kommt zur Rechtsbereinigung insbes. bei nutzungsrechtslosem Gebäudeeigentum nach Art. 233 § 2b EGBGB in Betracht (vgl. § 1 Abs. 1 Nr. 2b SachenRBerG). S. dazu auch Rn. 1.

a) Erbbaugrundbuch. Für seine Anlegung gelten grundsätzlich 57
§§ 14ff. ErbbauVO (§ 60 Abs. 1 SachenRBerG) und §§ 54ff. GBV. Nach Maßgabe des § 39 Abs. 1 SachenRBerG können an einem Grundstück mehrere Erbbaurechte bestellt werden, die untereinander gleichen Rang haben; dies ist im GB zu vermerken (§ 39 Abs. 1 Satz 5, 6 SachenRBerG). Ferner ist die Bestellung eines Gesamterbbaurechts (§ 39 Abs. 2 SachenRBerG) und unter den Voraussetzungen des § 39 Abs. 3 Satz 1 SachenRBerG die eines Nachbarerbbaurechts möglich, schließlich auch die eines Wohnungserbbaurechts (§ 40 SachenRBerG). Über das Nachbarerbbaurecht kann nur zusammen mit dem herrschenden Grundstück verfügt werden; es ist im GB als Nachbarerbbaurecht zu bezeichnen, im GB des belasteten Grundstücks als Belastung und im GB des herrschenden Grundstücks als Bestandteil einzutragen (§ 39 Abs. 3 Satz 2, 3 SachenRBerG). In das Erbbaugrundbuch sind alle Belastungen des Gebäudeeigentums aus dem Gebäudegrundbuch unter Beibehaltung ihres Rangs zu übertragen (vgl. § 34 Abs. 1 Satz 2 SachenRBerG); dies ist durch einen Zusatz bei der Eintragung in der Hauptspalte zum Ausdruck zu bringen: „... eingetragen am ... und vom Gebäudeeigentumsblatt ... hierher übertragen am ...". Diese Rechte gehen der Erbbauzinsreallast (s. dazu § 52 SachenRBerG) im Rang vor.

b) Gebäudegrundbuch. Mit der Eintragung des Erbbaurechts 58
wird das Gebäude Bestandteil des Erbbaurechts (vgl. § 12 Abs. 1 ErbbauVO). Das selbständige Gebäudeeigentum erlischt, ebenso ein etwa bestehendes Nutzungsrecht und ein Recht zum Besitz gem. Art. 233 § 2a EGBGB (§ 59 SachenRBerG). Außerdem erlöschen alle am Gebäudeeigentum eingetragenen Rechte; sie entstehen kraft Gesetzes (§ 34 Abs. 1 Satz 2 SachenRBerG) am Erbbaurecht; im Gebäudegrundbuch ist in der Veränderungsspalte ihre Übertragung auf das Erbbaugrundbuch zu vermerken. Sodann ist das Gebäudegrundbuch zu schließen. Dazu ist in Sp. 8 des Bestandsverzeichnisses ein Löschungsvermerk einzutragen (vgl. § 3 Abs. 4 Satz 6 GGV) und außerdem das Gebäudeeigentumsblatt nach Maßgabe des § 36 GBV (vgl. § 3 Abs. 1 GGV, § 54 Abs. 1 GBV) zu schließen; der in der Aufschrift anzubringende Schließungsvermerk kann etwa lauten: „Wegen Erlöschens des Gebäudeeigentums und Anlegung des Erbbaugrundbuchs ... geschlossen am ...".

59 **c) Grundstücksgrundbuch.** Das dort in Abt. II eingetragene Gebäudeeigentum ist durch einen Vermerk in Sp. 6 und 7 zu löschen. Das Erbbaurecht ist in Abt. II zur ausschließlich ersten Rangstelle (§ 10 Abs. 1 Satz 1 ErbbauVO) einzutragen. In Betracht kommt ferner die Eintragung einer Auflassungsvormerkung zur Sicherung eines Ankaufsrechts gem. § 57 SachenRBerG.

60 **16. Wohnungserbbaurecht.** Hierunter ist eine mit dem Sondereigentum an einer Wohnung oder an nicht zu Wohnzwecken dienenden Räumen verbundene Bruchteilsberechtigung an einem Erbbaurecht zu verstehen. Näheres s. § 30 WEG und Anh. zu § 3 Rn. 79ff.

61 **17. Kosten. a)** Für die Eintragung eines Erbbaurechts auf dem Blatt des belasteten Grundstücks wird die volle Gebühr erhoben (§ 62 Abs. 1 KostO). Der **Wert** bestimmt sich ausschließlich nach § 21 Abs. 1 KostO, so dass der Wert eines dem Grundstückseigentümer am Erbbaurecht bestellten Vorkaufsrechts nicht dem Wert des Erbbauzinses hinzugerechnet werden darf (BayObLG 1982, 346 = DNotZ 1984, 113). Ist jedoch die Ausübung des Erbbaurechts auf eine Teilfläche des Grundstücks beschränkt, ist nur der Wert dieser Fläche maßgebend (BayObLG 1994, 9). Für die Eintragung der Veräußerung oder Belastung eines Erbbaurechts gelten nach § 77 KostO die §§ 60 und 62 KostO, während für seine Löschung § 68 KostO maßgebend ist.

62 **b)** Die Anlegung des Erbbaugrundbuchs ist gemäß § 35 KostO gebührenfreies Nebengeschäft der Eintragung des Erbbaurechts. Für die Anlegung des Erbbaurechtsblatts nach § 8 Abs. 1 Satz 1 wird eine $^{1}/_{4}$-Gebühr erhoben (§ 67 Abs. 1 Nr. 5 KostO); hingegen dürfte die Anlegung nach § 8 Abs. 1 Satz 2 gebührenfreies Nebengeschäft der Eintragung der Veräußerung oder Belastung sein (str.); der Vermerk nach § 8 Abs. 2 ist gebührenfreies Nebengeschäft der Blattanlegung.

Vermerk subjektiv-dinglicher Rechte

9 (1) **Rechte, die dem jeweiligen Eigentümer eines Grundstücks zustehen, sind auf Antrag auch auf dem Blatt dieses Grundstücks zu vermerken. Antragsberechtigt ist der Eigentümer des Grundstücks sowie jeder, dessen Zustimmung nach § 876 Satz 2 des Bürgerlichen Gesetzbuchs zur Aufhebung des Rechtes erforderlich ist.**

(2) **Der Vermerk ist von Amts wegen zu berichtigen, wenn das Recht geändert oder aufgehoben wird.**

(3) **Die Eintragung des Vermerks (Absatz 1) ist auf dem Blatt des belasteten Grundstücks von Amts wegen ersichtlich zu machen.**

Inhaltsübersicht

1. Allgemeines	1
2. Subjektiv-dingliche Rechte	2
3. Voraussetzungen des Vermerks	5
4. Eintragung des Vermerks	9
5. Berichtigung des Vermerks	11
6. Bedeutung des Vermerks	14
7. Kosten	15

1. Allgemeines. § 9 gestattet es, subjektiv-dingliche Rechte auf 1
dem Blatt des herrschenden Grundstücks zu vermerken.

Subjektiv-dingliche Rechte gelten nach § 96 BGB als Bestandteil des herrschenden Grundstücks. An der grundbuchmäßigen Verlautbarung dieser Rechtslage kann der Eigentümer ein Interesse haben. Sie liegt aber vor allem im Interesse der an dem herrschenden Grundstück dinglich Berechtigten. Die Aufhebung eines subjektiv-dinglichen Rechts sowie eine Änderung seines Inhalts oder Ranges kann sachlichrechtlich grundsätzlich nur mit Zustimmung dieser Berechtigten erfolgen (§ 876 Satz 2, §§ 877, 880 Abs. 3 BGB); zur Löschung des Rechts sowie zur Eintragung einer Inhalts- oder Rangänderung ist ihre Bewilligung nach § 21 aber nur dann erforderlich, wenn das Recht auf dem Blatt des herrschenden Grundstücks vermerkt ist.

2. Subjektiv-dingliche Rechte. a) Es ist zu unterscheiden 2
zwischen Rechten, die nur dem jeweiligen Eigentümer eines Grundstücks zustehen können und solchen, bei denen der Berechtigte sowohl eine bestimmte Person als auch der jeweilige Eigentümer eines Grundstücks sein kann. Zu den ersteren gehören die Grunddienstbarkeit (§ 1018 BGB), die Überbau- und Notwegrente (§ 914 Abs. 3, § 917 Abs. 2 Satz 2 BGB) sowie der Erbbauzins (§ 9 Abs. 2 Satz 2 ErbbauVO), zu den letzteren das Vorkaufsrecht (§ 1094 BGB) und die Reallast (§ 1105 BGB). § 9 gilt nur für subjektiv-dingliche Rechte; Rechte, deren Berechtigter eine bestimmte Person ist, scheiden daher aus. Nach Landesrecht gibt es noch weitere subjektiv-dingliche Rechte; so kann z.B. in *Bayern* ein Fischereirecht zugunsten des jeweiligen Eigentümers eines Grundstücks begründet werden (Art. 10 FischereiG v. 15. 8. 1908, BayRS 793-1-E). Kein subjektiv-dingliches Recht ist eine Vormerkung, die einen Anspruch des jeweiligen Eigentümers eines Grundstücks sichert (RG 128, 248; JFG 9, 212; s. dazu Anh. zu

§ 44 Rn. 108). Ein für den „Berechtigten und seine Rechtsnachfolger" bestelltes dingliches Vorkaufsrecht ist kein subjektiv-dingliches, sondern ein subjektiv-persönliches (BGH 37, 147 = NJW 1962, 1344). Der GBVermerk „Vorkaufsrecht zugunsten des jeweiligen Miteigentümers" verlautbart ein subjektiv-dingliches Recht (BayObLG Rpfleger 1982, 274).

3 **b)** Als **Berechtigter** eines subjektiv-dinglichen Rechts kann außer dem jeweiligen Eigentümer eines anderen Grundstücks auch der jeweilige Inhaber eines Miteigentumsanteils (für ein Vorkaufsrecht: BayObLG Rpfleger 1982, 274; dies gilt aber nicht für eine Reallast: BayObLG 1990, 215 = Rpfleger 1990, 507), eines WEigentums (für eine Grunddienstbarkeit: OLG Hamm Rpfleger 1980, 469; BGH 107, 292 = Rpfleger 1989, 452; s. auch BayObLG 1976, 221; für eine Reallast: OLG Düsseldorf DNotZ 1977, 305) oder eines grundstücksgleichen Rechts (für eine Grunddienstbarkeit: OLG Hamm Rpfleger 1980, 225) in Betracht kommen. Auch der Eigentümer des belasteten Grundstücks kann Berechtigter sein (für eine Grunddienstbarkeit: RG 142, 231). Zugunsten eines realen Grundstücksteils kann ein subjektiv-dingliches Recht erst nach Abschreibung gemäß § 7 Abs. 1 bestellt werden.

4 **c) § 9 gilt nicht** für Rechte, die auf einem öffentlich-rechtlichen Verhältnis beruhen (BayObLG 12, 194; 1960, 455; s. aber Rn. 7) und für objektiv-persönliche Rechte; sind letztere radiziert, so kann die Landesgesetzgebung auf den ihr vorbehaltenen Gebieten, z. B. bei Realgewerbeberechtigungen, die Verlautbarung auf dem Blatt des herrschenden Grundstücks zulassen (§ 136).

5 **3. Voraussetzungen des Vermerks. a) Eintragung.** Subjektiv-dingliche Rechte können, wie sich aus dem Wortlaut des Abs. 1 Satz 1 ergibt, auf dem Blatt des herrschenden Grundstücks nur dann vermerkt werden, wenn sie auf dem Blatt des belasteten Grundstücks eingetragen sind (KGJ 40, 130; BayObLG DNotZ 1980, 104). Dies gilt auch für Grunddienstbarkeiten, die zur Erhaltung ihrer Wirksamkeit gegenüber dem öffentlichen Glauben des GB der Eintragung nicht bedürfen (Art. 187 EGBGB) oder die an buchungsfreien Grundstücken außerhalb des GB begründet worden sind (s. § 3 Rn. 23). Mangelt einem subjektiv-dinglichen Recht die EintrFähigkeit, so ist für einen Vermerk auf dem Blatt des herrschenden Grundstücks kein Raum; dies trifft auf **Überbau- und Notwegrenten** zu, es sei denn, dass ihre Höhe vertraglich festgestellt ist (§ 914 Abs. 2, § 917 Abs. 2 Satz 2 BGB; s. Anh. zu § 13 Rn. 18). Ist die Höhe der Rente festgestellt und beim rentenpflichtigen Grundstück im GB eingetragen, kann dies beim rentenberechtigten Grundstück gem. § 9 im GB vermerkt werden. Ein

beim rentenpflichtigen Grundstück eingetragener Verzicht auf eine Überbau- oder Notwegrente kann beim rentenberechtigten Grundstück jedoch nicht vermerkt werden (BayObLG 1998, 152 = Rpfleger 1998, 468; Meikel Rn. 25; a.M. KG Rpfleger 1968, 52; LG Düsseldorf Rpfleger 1990, 288; KEHE Einl. Rn. D 9; Palandt § 914 Rn. 3; Bauer/v. Oefele Rn. 9).

b) Landesrecht. Hinsichtlich der auf Landesrecht beruhenden 6
subjektiv-dinglichen Rechte sind abweichende Bestimmungen möglich (§ 117); so kann z.B. in *Bayern* ein Fischereirecht auf dem Blatt des herrschenden Grundstücks auch dann vermerkt werden, wenn für das Gewässer ein Blatt nicht angelegt, eine Eintragung des Rechts auf dem Blatt des belasteten Grundstücks also nicht möglich ist (§ 6 Abs. 3 VO v. 7. 10. 1982, BayRS 315-1-J). Ausnahmen gelten ferner für subjektiv-dingliche Rechte, die nach früherem Recht nur auf dem Blatt des berechtigten Grundstücks eingetragen waren (KGJ 43, 121; BayObLG 1970, 48 = MittBayNot 1970, 21) sowie für objektiv-persönliche Rechte, die nach Landesrecht auf dem Blatt des herrschenden Grundstücks vermerkt werden können (s. Rn. 4).

In *Bayern* wurden im GBAnlegungsverfahren Gemeinderechte, 7
die im Grundsteuerkataster bei einem berechtigten Anwesen vorgetragen waren, ohne nähere Untersuchung ihrer privat- oder öffentlich-rechtlichen Natur im Titel des GBBlatts vermerkt; derartige Rechte können in dieser Form im GB eingetragen bleiben, solange ihre öffentlich-rechtliche Natur nicht klar erwiesen ist (vgl. dazu BayObLG 1960, 447; 1964, 210; 1970, 45 = MittBayNot 1970, 21; BayObLG MittBayNot 1978, 109). Wird jedoch dieser Nachweis geführt, ist die Eintragung als inhaltlich unzulässig zu löschen (BayObLG BayVBl. 1990, 26).

c) Antrag. Der Vermerk auf dem Blatt des herrschenden 8
Grundstücks erfolgt nur auf Antrag. Dieser kann, da er keine zur Eintragung erforderliche Erklärung ersetzt, formlos gestellt werden. Antragsberechtigt ist der Eigentümer des herrschenden Grundstücks sowie abweichend von § 13 Abs. 1 Satz 2 jeder, dem ein dingliches Recht an dem herrschenden Grundstück zusteht. Das dingliche Recht braucht nicht eingetragen zu sein, muss aber durch die Aufhebung des subjektiv-dinglichen Rechts berührt werden (§ 876 Satz 2 BGB); letzteres trifft bei Grundpfandrechten immer zu; bei anderen Rechten ist die Beeinträchtigung von Fall zu Fall zu beurteilen.

4. Eintragung des Vermerks. a) Der Vermerk auf dem Blatt 9
des herrschenden Grundstücks ist nach § 7 GBV in Sp. 1, 3 bis 6 des Bestandsverzeichnisses einzutragen. Der laufenden Nummer

der Eintragung in Sp. 1 ist, durch einen Bruchstrich getrennt, die laufende Nummer des herrschenden Grundstücks mit dem Zusatz „zu" beizufügen; in dem durch Sp. 3 und 4 gebildeten Raum sind der allgemeine Inhalt des subjektiv-dinglichen Rechts, das belastete Grundstück sowie die Stelle anzugeben, an der das Recht im GB des belasteten Grundstücks eingetragen ist; in Sp. 5 und 6 ist der Zeitpunkt der Eintragung des Vermerks zu verlautbaren. Wegen der Fassung der Eintragung und des in Sp. 3 und 4 der Abt. I aufzunehmenden Hinweises auf die EintrGrundlage des Vermerks s. GBV Muster Anl. 2a Nr. 8 des Bestandsverzeichnisses sowie Abt. I. Wurde das herrschende Grundstück geteilt und ist das subjektiv-dingliche Recht an einem der durch Teilung entstandenen neuen Grundstücke gem. § 1025 Satz 2 BGB erloschen, so kann bei diesem Grundstück der Herrschvermerk nicht angebracht werden (BayObLG 1995, 157 = MittBayNot 1995, 286). Besteht für das herrschende Grundstück infolge der Anlegung von Wohnungsgrundbüchern kein GBBlatt, so ist der Vermerk nach § 3 Abs. 7 WGV in die Sp. 1, 3 und 4 des Bestandsverzeichnisses sämtlicher Wohnungsgrundbücher einzutragen und hierauf in dem in Sp. 6 einzutragenden Vermerk hinzuweisen. S. Muster zur WGV Anl. 1 Nr. 3 des Bestandsverzeichnisses.

10 **b)** Dass das subjektiv-dingliche Recht auf dem Blatt des herrschenden Grundstücks vermerkt ist, ist nach Abs. 3 auf dem Blatt des belasteten Grundstücks von Amts wegen ersichtlich zu machen; auf diese Weise wird sichergestellt, dass eine nach Abs. 2 gebotene Berichtigung (s. Rn. 11ff.) nicht übersehen und § 21 beachtet wird. Die Eintragung erfolgt in Sp. 3 der zweiten Abteilung (§ 10 Abs. 4 GBV) und lautet etwa: „Das Recht ist auf dem Blatt des herrschenden Grundstücks vermerkt." Wird der Vermerk nachträglich eingetragen, hat dies in Sp. 5 zu geschehen (§ 10 Abs. 5 GBV). Über die Benachrichtigungspflicht, falls die Blätter des herrschenden und des belasteten Grundstücks von verschiedenen GBÄmtern geführt werden, s. § 55 Abs. 5 GBO, § 41 Abs. 1 GBV.

11 **5. Berichtigung des Vermerks. a)** Wird das subjektiv-dingliche Recht geändert oder aufgehoben, so ist der Vermerk auf dem Blatt des herrschenden Grundstücks nach Abs. 2 von Amts wegen zu berichtigen. Über die Benachrichtigungspflicht, falls die Blätter des belasteten und des herrschenden Grundstücks von verschiedenen GBÄmtern geführt werden, s. § 55 Abs. 5 GBO, § 41 Abs. 2 GBV.

12 **b)** Bei der **Änderung** des subjektiv-dinglichen Rechts muss es sich um eine solche handeln, die den Inhalt des Rechts betrifft; Rangänderungen geben ebenso wenig wie die Eintragung eines

Widerspruchs einen Anlass zur Berichtigung des Vermerks. Als Änderung ist auch die Aufhebung des Rechts an einem Teil des belasteten Grundstücks anzusehen. Die Veränderung wird unter neuer laufender Nummer in Sp. 1 bis 6 des Bestandsverzeichnisses vermerkt, wobei in Sp. 2 auf die bisherige laufende Nummer der Eintragung hinzuweisen ist; der frühere Vermerk ist, soweit er durch den Veränderungsvermerk gegenstandslos wird, rot zu unterstreichen; ferner ist bei der bisherigen Eintragung in Sp. 1 auf die laufende Nummer des Veränderungsvermerks hinzuweisen (§§ 7, 14 Abs. 1 GBV). S. GBV Muster Anl. 2a Nr. 10 des Bestandsverzeichnisses.

c) Die **Aufhebung** des Rechts ist in Sp. 7 und 8 des Bestands- **13** verzeichnisses zu vermerken; der Vermerk lautet etwa: „Das Wegerecht ist auf dem Blatt des belasteten Grundstücks gelöscht. Hier vermerkt am ......"; der bisherige Vermerk sowie etwaige Veränderungsvermerke sind rot zu unterstreichen (§§ 7, 14 Abs. 2 GBV).

6. Bedeutung des Vermerks. Der Vermerk bewirkt, dass zur **14** Löschung des subjektiv-dinglichen Rechts sowie zur Eintragung einer Inhalts- oder Rangänderung auch die Bewilligung derer erforderlich ist, die der Rechtsänderung nach den § 876 Satz 2, §§ 877, 880 Abs. 3 BGB zustimmen müssen (§ 21). Im Übrigen hat der Vermerk nur nachrichtliche Bedeutung; für den Bestand und den Inhalt des subjektiv-dinglichen Rechts sind allein die Eintragungen auf dem Blatt des belasteten Grundstücks maßgebend; auch für die Vermutung des § 891 BGB sowie für einen Rechtserwerb gemäß § 892 BGB kommt nur der Inhalt dieses Blatts in Betracht (JFG 10, 204; OLG Frankfurt Rpfleger 1979, 418; BayObLG 1969, 292; DNotZ 1980, 104; BayObLG 1986, 516 = Rpfleger 1987, 101).

7. Kosten. Für die Eintragung des Vermerks auf dem Blatt des **15** herrschenden Grundstücks einschließlich des Vermerks hierüber auf dem Blatt des belasteten Grundstücks wird eine $^1/_4$-Gebühr erhoben (§ 67 Abs. 1 Nr. 3 KostO); der Wert bestimmt sich nach § 30 KostO (§ 67 Abs. 3 KostO). Berichtigungsvermerke sind als Nebengeschäfte gebührenfrei.

Aufbewahrung von Urkunden

10 (1) **Urkunden, auf die eine Eintragung sich gründet oder Bezug nimmt, hat das Grundbuchamt aufzubewahren. Eine solche Urkunde darf nur herausgegeben werden, wenn statt der Urkunde eine beglaubigte Abschrift bei dem Grundbuchamt bleibt.**

(2) **Das Bundesministerium der Justiz wird ermächtigt, durch Rechtsverordnung, die der Zustimmung des Bundesrates bedarf, zu bestimmen, daß statt einer beglaubigten Abschrift der Urkunde eine Verweisung auf die anderen Akten genügt, wenn eine der in Absatz 1 bezeichneten Urkunden in anderen Akten des das Grundbuch führenden Amtsgerichts enthalten ist.**

(3) *(weggefallen)*

(4) *(weggefallen)*

Inhaltsübersicht

1. Allgemeines ... 1
2. Gegenstand der Aufbewahrungspflicht ... 3
3. Nicht unter § 10 fallende Urkunden ... 9
4. Voraussetzungen der Aufbewahrungspflicht ... 12
5. Ort und Art der Aufbewahrung ... 17
6. Herausgabe der Urkunden ... 19
7. Verweisung auf andere Akten ... 20
8. Verletzung des § 10 ... 21
9. Kosten ... 23

1 **1. Allgemeines. a)** § 10 regelt die Aufbewahrung der dem GBAmt überreichten Urkunden. Die in Abs. 2 enthaltene Ermächtigung ist durch das RegVBG ohne inhaltliche Änderung neu gefasst worden. Der durch Ges. v. 31. 10. 1938 (RGBl. I 1544) angefügte Abs. 4 war infolge Erlöschens der in ihm enthaltenen Ermächtigung gegenstandslos geworden und wurde durch § 27 Nr. 1 GBMaßnG ausdrücklich aufgehoben. Abs. 3 wurde durch Art. 5 Abs. 2 Ausführungsges. Seerechtsübereinkommen 1982/1994 v. 6. 6. 1995 (BGBl. I 778) zur Entlastung der GBÄmter aufgehoben; er sah die Aufbewahrung von Urkunden vor, die über das einer EintrBewilligung zugrundeliegende Rechtsgeschäft errichtet wurden.

2 **b)** Im Gebiet der **früheren DDR** werden geschlossene Grundbücher und Grundakten auch von anderen als den grundbuchführenden Stellen aufbewahrt (s. § 12b Rn. 2).

Die im Gebiet der früheren DDR von landwirtschaftlichen Produktionsgenossenschaften und anderen sozialistischen Genossenschaften sowie ihren Rechtsnachfolgern an das GBAmt abzugebenden Urkunden über die Zuweisung des Nutzungsrechts an genossenschaftlich genutztem Boden an Bürger zum Bau von Eigenheimen oder von anderen persönlichen Bedürfnissen dienenden Gebäuden gem. § 291 des Zivilgesetzbuchs der DDR hat das GBAmt zu den Grundakten des Gebäudegrundbuchs oder, wenn ein solches nicht angelegt ist, zu denen des Grundstücks zu nehmen und dort aufzubewahren (§ 70 Abs. 4 des LandwirtschaftsanpassungsG i.d.F. v. 3. 7. 1991, BGBl. I 1418, angefügt durch das 2. VermRÄndG v. 14. 7. 1992, BGBl. I 1257, 1283).

2. Gegenstand der Aufbewahrungspflicht. Der Aufbewahrungspflicht nach § 10 unterliegen zwei Arten von Urkunden: 3

a) Urkunden, auf die eine Eintragung sich gründet. Ihre Aufbewahrung ist in Abs. 1 Satz 1 vorgeschrieben, damit jederzeit der Nachweis erbracht werden kann, dass die gesetzlichen Voraussetzungen für die Vornahme der Eintragung vorgelegen haben. Es kommen daher nur solche Urkunden in Betracht, die nach formellem GBRecht für eine Eintragung notwendig sind. Hierher gehören:

aa) Urkunden, die eine für die Eintragung **notwendige Erklärung enthalten,** z.B. EintrAnträge (§ 13), EintrBewilligungen (§ 19), Einigungen in den Fällen des § 20, Abtretungserklärungen (§ 26), Zustimmungserklärungen (§ 22 Abs. 2, § 27), behördliche Bescheinigungen (§ 7 Abs. 4 Nr. 2, § 9 Abs. 1 Nr. 2, § 32 Abs. 2 Nr. 2 WEG, § 120 Abs. 3 Satz 1 LAG). Zu den sog. Erklärungsurkunden rechnen auch Schriftstücke, die zwar keine Erklärung enthalten, mit einer Erklärungsurkunde aber derart in Verbindung gebracht sind, dass sie als Teil dieser Urkunde erscheinen, z.B. Karten, die im Fall des § 1023 Satz 2 BGB den für die Ausübung der Grunddienstbarkeit in Betracht kommenden Grundstücksteil bezeichnen (KG OLG 8, 301), ferner Aufteilungspläne, die der EintrBewilligung nach § 7 Abs. 4 Nr. 1, § 32 Abs. 2 Nr. 1 WEG als Anlage beizufügen sind. 4

bb) Urkunden, die eine für die Eintragung **notwendige Erklärung ersetzen,** z.B. Urteile nach §§ 894, 895 ZPO, vollstreckbare Schuldtitel samt den notwendigen Zustellungsnachweisen, Pfändungs- und Überweisungsbeschlüsse, Arrestbefehle und einstweilige Verfügungen. Zu den sog. Ersatzurkunden zählen ferner Überweisungszeugnisse (§§ 36, 37), Ersuchen einer Behörde (§ 38) sowie Urkunden, durch die die Unrichtigkeit des GB nachgewiesen wird (§ 22), z.B. Quittungen, Eheverträge, Sterbeurkunden. 5

cc) **Legitimationsurkunden,** z.B. Vollmachten, Bestallungen, Zeugnisse der Registergerichte (§§ 32, 33), Erbscheine, Testamente und Erbverträge (§ 35 Abs. 1), Testamentsvollstreckerzeugnisse (§ 35 Abs. 2). 6

dd) Auszüge aus dem amtlichen Verzeichnis sowie Karten in den Fällen des § 2 Abs. 3 und § 7 Abs. 2. 7

b) Urkunden, **auf die eine Eintragung Bezug nimmt.** Ihre in Abs. 1 Satz 1 vorgeschriebene Aufbewahrung ist notwendig, 8 weil sie einen Bestandteil der Eintragung und damit des GB bilden. Die in Betracht kommenden Urkunden, z. B. EintrBewilligungen (§ 874 BGB), einstweilige Verfügungen (§ 885 Abs. 2 BGB), sind überdies auch deshalb aufbewahrungspflichtig, weil sie zu den Urkunden gehören, auf die eine Eintragung sich gründet. Satzungen einer Kreditanstalt, auf die gemäß § 1115 Abs. 2 BGB Bezug genommen wird, brauchen im Hinblick auf ihre öffentliche Bekanntmachung nicht aufbewahrt zu werden.

9 **3. Nicht unter § 10 fallende Urkunden. a)** Urkunden über Rechtsgeschäfte, die einer EintrBewilligung zugrundeliegen, fallen seit der Aufhebung des § 10 Abs. 3 (s. dazu Rn. 1) nicht mehr unter § 10. In Betracht kamen Urkunden über solche Rechtsgeschäfte, aus denen sich die Verpflichtung zur Abgabe der EintrBewilligung ergibt, z. B. über Kaufverträge, HypBestellungsverträge. Die bezüglich dieser Urkunden früher vorgesehene Aufbewahrungspflicht sollte es den Beteiligten ermöglichen, sich den Beweis des betreffenden Grundgeschäfts auf einfache Weise zu sichern.

10 **b)** Urkunden über Einigungserklärungen gemäß § 873 BGB, soweit nicht einer der Fälle des § 20 gegeben ist, sowie Urkunden über andere sachlichrechtliche Erklärungen fallen nicht unter § 10. Ihre Aufbewahrung kann aber aus anderen Gründen geboten sein; so besteht z. B. eine Aufbewahrungspflicht, wenn eine Einigungserklärung nach § 873 Abs. 2 BGB zwecks Herbeiführung der Bindung beim GBAmt eingereicht wird (BayObLG 1957, 231 = Rpfleger 1957, 351) oder eine Zustimmungserklärung nach § 876 Satz 3 BGB gegenüber dem GBAmt abgegeben wird.

11 **c)** § 10 gilt ferner nicht für Hypotheken-, Grundschuld- und Rentenschuldbriefe, die nach §§ 41, 42 zur Vornahme einer Eintragung vorgelegt werden; sie sind stets zurückzugeben. Für unbrauchbar gemachte Briefe ist jedoch die Aufbewahrung bei den Grundakten vorgeschrieben (§ 53 Abs. 2 GBV; die AV v. 29. 1. 1944, DJust. 66 dürfte überholt sein).

12 **4. Voraussetzungen der Aufbewahrungspflicht. a)** Eine Aufbewahrungspflicht besteht nur dann, wenn die Eintragung, auf die sich die Urkunde bezieht, erfolgt ist; dies gilt nicht nur für die in Abs. 1, sondern galt auch für die in dem aufgehobenen Abs. 3 genannten Urkunden (KG OLG 23, 318; BayObLG 1957, 233 = Rpfleger 1957, 351).

13 aa) Vor der Stellung des EintrAntrags ist das GBAmt zur Aufbewahrung eingereichter Urkunden zwar berechtigt, aber nicht verpflichtet (KG OLG 23, 318; BayObLG 1957, 233 = Rpfleger 1957, 351); die Aufbewahrung für kürzere Zeit kann jedoch zweckmäßig sein, wenn der EintrAntrag demnächst zu erwarten ist.

bb) Im Fall der Zurückweisung des EintrAntrags sind die zu dessen Erledigung eingereichten Urkunden ohne Rücksicht auf die Möglichkeit der Beschwerde dem **zurückzugeben,** der sie eingereicht hat (KGJ 39, 163; OLG Frankfurt NJW-RR 1995, 785); der Anfertigung beglaubigter Abschriften bedarf es nicht. Dasselbe gilt im Fall der Zurücknahme des EintrAntrags (KGJ 44, 171; JFG 8, 227; s. auch § 31 Rn. 13). Bestehen Zweifel über die Person des Einreichers, so ist Rückfrage geboten; dies gilt besonders, wenn die Urkunden von einem Notar eingereicht worden sind (RG DNotZ 1932, 716). Ist eine Urkunde versehentlich einem Nichtberechtigten ausgehändigt worden, so kann dieser vom GBAmt durch Zwangsmaßnahmen gemäß § 33 FGG (s. § 1 Rn. 64) zur Rückgabe angehalten werden. **14**

cc) Ist die beantragte Eintragung noch nicht erfolgt, so darf das GBAmt das Verlangen nach Rückgabe der mit dem EintrAntrag eingereichten Urkunden nicht mit der Begründung ablehnen, dass der Antrag ohne sie nicht erledigt werden kann (KGJ 44, 171). **15**

b) Die in Abs. 1 genannten Urkunden werden stets von Amts wegen aufbewahrt, während die in dem aufgehobenen Abs. 3 genannten Urkunden nur auf Antrag aufbewahrt wurden. **16**

5. Ort und Art der Aufbewahrung. a) Urkunden, die nach § 10 aufbewahrt werden müssen, sind zu den **Grundakten** zu nehmen, und zwar die Bewilligung der Eintragung eines Erbbaurechts zu den Grundakten des Erbbaugrundbuchs (§ 24 Abs. 1 GBV). Betrifft eine Urkunde Eintragungen auf verschiedenen Blättern desselben GBAmts, so ist sie zu den Grundakten eines der beteiligten Blätter zu nehmen; in den Grundakten der anderen Blätter ist auf diese Grundakten zu verweisen (§ 24 Abs. 2 GBV). S. hierzu § 14 GeschO. **17**

b) Die Urkunden sind grundsätzlich in der überreichten Form aufzubewahren. In Betracht kommen Urschriften, Ausfertigungen und beglaubigte Abschriften, z. B. beglaubigte Abschrift eines Testaments. Gem. § 10a kann aber nach näherer Anordnung der Landesjustizverwaltung auch eine Aufbewahrung auf einem Bild- oder sonstigen **Datenträger** in Betracht kommen. **18**

c) Bei den aufzubewahrenden Urkunden handelt es sich in der Regel um notarielle Urkunden. Sie haben in der Vergangenheit an Umfang stark zugenommen und enthalten oftmals für den GBVollzug nicht erforderliche Erklärungen, Hinweise und Belehrungen. Auch werden Urkunden häufig mehrfach vorgelegt, z. B. der Kaufvertrag ohne Auflassungserklärungen zur Eintragung der Auflassungsvormerkung und noch einmal der vollständige Vertrag zur Eintragung der Auflassung. Abgesehen davon, dass die Durchsicht umfangreicher Urkunden auf darin enthaltene GBErklärungen den GBRpfleger unnötig belastet, steigt durch die Aufbewahrung dieser Urkunden der Raumbedarf bei den GBÄmtern unverhältnismäßig. Dem kann wegen der damit verbundenen Kosten durch Maßnahmen nach § 10a nur in begrenztem Umfang begegnet werden. § 24a GBV fordert daher die Notare auf, GBVorlagen nach Möglichkeit doppelseitig zu beschreiben; auch sollen sie nur die EintrUnterlagen enthalten und nur einmal zu den betreffenden Grundakten eingereicht werden. Dabei handelt es sich nur um eine Empfehlung, ihre Nichtbeachtung hat keine rechtlichen Folgen.

19 **6. Herausgabe der Urkunden.** Aufzubewahrende Urkunden sind dem Einreicher auf dessen Verlangen jederzeit herauszugeben. Jedoch darf eine der in Abs. 1 genannten Urkunden nach Abs. 1 Satz 2 nur dann herausgegeben werden, wenn statt der Urkunde eine beglaubigte Abschrift bei den Grundakten bleibt. Die Herstellung der beglaubigten Abschrift ist Sache des GBAmts; die Beteiligten sind zu ihrer Einreichung nicht verpflichtet; es genügt aber auch eine von einem Notar angefertigte beglaubigte Abschrift. Über Anträge auf Herausgabe von Urkunden entscheidet der Urkundsbeamte der Geschäftsstelle (§ 12c Abs. 1 Nr. 4).

20 **7. Verweisung auf andere Akten.** Besonderes gilt, wenn eine der in Abs. 1 genannten Urkunden in anderen von der Vernichtung ausgeschlossenen Akten des das GB führenden Amtsgerichts enthalten ist. Für diesen Fall ist auf Grund der Ermächtigung des Abs. 2 in § 24 Abs. 3 GBV bestimmt, dass statt einer beglaubigten Abschrift der Urkunde eine Verweisung auf die anderen Akten genügt. Stets muss es sich um Akten desselben Amtsgerichts handeln; eine Verweisung auf Akten eines anderen Gerichts ist nicht zulässig. Welche Akten von der Vernichtung ausgeschlossen sind, ergibt sich aus den von den Justizverwaltungen des Bundes und der Länder am 23./24. 11. 1971 beschlossenen Bestimmungen über die Aufbewahrungsfristen für das Schriftgut der ordentlichen Gerichtsbarkeit, der Staatsanwaltschaften und der Justizvollzugsbehörden (s. dazu für *Bayern* JMBek. v. 17. 10. 1972, JMBl. 193, geändert durch JMBek. v. 22. 4. 1983, JMBl. 42). § 24 Abs. 3 GBV betrifft nicht die Frage, inwieweit zum Nachweis von EintrVoraussetzungen auf Akten desselben Amtsgerichts Bezug genommen werden kann (s. dazu § 13 Rn. 5 und § 29 Rn. 57, 61).

21 **8. Verletzung des § 10. a)** § 10 ist nur eine Ordnungsvorschrift. Auf die Eintragung ist es daher ohne Einfluss, wenn eine Urkunde, auch im Fall der Bezugnahme, ohne Zurückbehaltung einer beglaubigten Abschrift herausgegeben wird.

b) Wird in einem EintrVermerk auf eine EintrBewilligung Bezug genommen, so ist die bei den Grundakten befindliche Urkunde für den Inhalt des GB maßgebend. Weicht diese Urkunde inhaltlich von der Urschrift ab, so ist das GB unrichtig. Die bei den Grundakten befindliche beglaubigte Abschrift darf in diesem Fall nicht etwa kurzerhand berichtigt werden; vielmehr ist das GB unter denselben Voraussetzungen und in der gleichen Art zu berichtigen, wie wenn der EintrVermerk selbst fehlerhaft wäre (JFG 15, 85). 22

9. Kosten. Für die Herstellung beglaubigter Abschriften nach Abs. 1 Satz 2 werden Schreibgebühren erhoben; die Beglaubigung ist gebührenfrei (§ 136 Abs. 1 Nr. 2 KostO). Über die Möglichkeit der Zurückbehaltung zurückzugebender Urkunden bis zur Kostenzahlung s. § 10 KostO. 23

Speicherung von Grundakten auf Bild- oder Datenträgern

10a (1) **Die nach § 10 oder nach sonstigen bundesrechtlichen Vorschriften vom Grundbuchamt aufzubewahrenden Urkunden und geschlossenen Grundbücher können als Wiedergabe auf einem Bildträger oder auf anderen Datenträgern aufbewahrt werden, wenn sichergestellt ist, daß die Wiedergabe oder die Daten innerhalb angemessener Zeit lesbar gemacht werden können. Die Landesjustizverwaltungen bestimmen durch allgemeine Verwaltungsanordnung Zeitpunkt und Umfang dieser Art der Aufbewahrung und die Einzelheiten der Durchführung.**

(2) **Bei der Herstellung der Bild- oder Datenträger ist ein schriftlicher Nachweis anzufertigen, daß die Wiedergabe mit der Urkunde übereinstimmt. Die Originale der Urkunden sind den dafür zuständigen Stellen zu übergeben und von diesen aufzubewahren. Weist die Urkunde farbliche Eintragungen auf, so ist in dem schriftlichen Nachweis anzugeben, daß das Original farbliche Eintragungen aufweist, die in der Wiedergabe nicht farblich erkennbar sind.**

(3) **Durch Rechtsverordnung des Bundesministeriums der Justiz mit Zustimmung des Bundesrates kann vorgesehen werden, daß für die Führung des Grundbuchs nicht mehr benötigte, bei den Grundakten befindliche Schriftstücke ausgesondert werden können. Welche Schriftstücke dies sind und unter welchen Voraussetzungen sie ausgesondert werden können, ist in der Rechtsverordnung nach Satz 1 zu bestimmen.**

1 **1. Allgemeines.** Die durch das RegVBG v. 20. 12. 1993 (BGBl. I 2182) eingefügte Vorschrift räumt den Ländern die Möglichkeit ein, den durch die Aufbewahrung der Grundakten ständig steigenden Raumbedarf bei den GBÄmtern zu verringern. Die § 299 a ZPO nachgebildete Bestimmung ermöglicht es, die vom GBAmt gem. § 10 aufzubewahrenden Urkunden statt in Papierform als Mikrofilm oder auf einem sonstigen Datenträger vorrätig zu halten.

2 **2. Anwendungsbereich. a)** Der Mikroverfilmung oder Speicherung auf einem sonstigen Datenträger sind grundsätzlich die gesamten Grundakten zugänglich. In Betracht kommen die in § 10 genannten zwei Arten aufzubewahrender Urkunden (s. § 10 Rn. 3 ff.), aber auch sonstige, nicht unter § 10 fallende Urkunden (vgl. hierzu § 873 Abs. 2, § 876 Abs. 3 BGB und im Gebiet der früheren DDR § 70 Abs. 4 LandwirtschaftsanpassungsG, ferner § 10 Rn. 2, 9), außerdem alle in den Grundakten gesammelten, das Grundstück betreffenden Schriftstücke, wie z. B. Verfügungen und Beschlüsse des GBAmts, Zustellungsurkunden, Entscheidungen der Rechtsmittelgerichte, Kostenrechnungen udgl. Die in Betracht kommenden Urkunden und Schriftstücke müssen zunächst in Papierform vorliegen, bevor sie auf einem Bild- oder sonstigen Datenträger gespeichert werden. Darüber hinaus können als Wiedergabe auf einem Bild- oder sonstigen Datenträger insbes. geschlossene Grundbücher aufbewahrt werden.

3 **b)** Die bisher am meisten verwendete Technik, Urkunden statt in Papierform vorrätig zu halten, auf Datenträgern zu speichern, ist die Mikroverfilmung; dabei werden die Urkunden auf einem Bildträger (Film) in stark verkleinerter Form wiedergegeben. Das Gesetz lässt aber auch die Aufbewahrung auf anderen, insbes. elektronischen Datenträgern zu.

4 **3. Voraussetzungen. a) Lesbarkeit.** aa) Die Mikroverfilmung oder Speicherung von Urkunden auf anderen Datenträgern ist nur zulässig, wenn die auf einem Bild- oder sonstigen Datenträger gespeicherten Urkunden, die in dieser Form nicht ohne technische Hilfsmittel gelesen werden können, in angemessener Zeit lesbar gemacht werden können. Dies schließt die Notwendigkeit ein, dass die dauernde Wiedergabe der Urkunden in lesbarer Form gesichert ist und der Zugriff auf die in anderer als in Papierform aufbewahrten Urkunden gegenüber dem herkömmlichen Aktenzugriff nicht wesentlich erschwert ist. Diese Anforderungen werden von den Mikrofilmen erfüllt; sie können mit den modernen technischen Einrichtungen leicht gelesen werden; von ihnen können auch ohne weiteres Fotokopien angefertigt werden.

bb) Wann und in welchem Umfang Grundakten auf Bild- oder sonstigen Datenträgern aufbewahrt werden, bestimmen die Landesjustizverwaltungen durch allgemeine **Verwaltungsanordnung;** darin ist wie bei der Regelung der Aktenführung in der AktO das Verfahren, insbes. der Lesbarmachung, im Einzelnen zu regeln. Voraussetzung ist, dass die für die Lesbarmachung erforderlichen technischen Hilfsmittel im Hinblick auf das Recht der Einsicht (s. Rn. 9) zur Verfügung stehen. **5**

b) Nachweis. aa) § 10a Abs. 2 trifft nähere Bestimmungen über die Herstellung der Bild- oder sonstigen Datenträger. Erforderlich ist, dass ein Nachweis gefertigt wird, der die Übereinstimmung der Wiedergabe der Urkunde auf dem Datenträger mit der Originalurkunde in Papierform bestätigt; zuständig ist hierfür der Urkundsbeamte der Geschäftsstelle (§ 12c Abs. 2 Nr. 5). Der Nachweis ist zu den Grundakten zu nehmen. Sodann ist das Original der (mikroverfilmten) Urkunde der zuständigen Stelle, in der Regel einem Archiv, zu übergeben und dort aufzubewahren. Auf die Originalurkunde kann damit auch dann zurückgegriffen werden, wenn der Bildträger verloren geht oder zerstört wird. Wegen der Verpflichtung, Einsicht auch in die Originalurkunden zu gewähren (s. dazu Rn. 9), sind diese grundsätzlich nur von staatlichen Stellen aufzubewahren. **6**

bb) Überwiegend werden bei den Grundakten **notarielle Urkunden** aufbewahrt. Die Originalurkunden verbleiben dabei grundsätzlich in der Urkundensammlung des Notars (§ 45 Abs. 1 BeurkG); zu den Grundakten wird nur eine beglaubigte Abschrift eingereicht. Wird diese mikroverfilmt, so handelt es sich bei der beglaubigten Abschrift um das Original im Sinn des Abs. 2, das der Einsicht zugänglich sein muss (s. dazu Rn. 9). Die beglaubigte Abschrift kann daher nicht mit der Begründung dem Einreicher zurückgegeben werden, das eigentliche Original der Urkunde stehe beim Notar zur Verfügung. **7**

cc) Häufig werden in notariellen Urkunden, die bei den Grundakten aufbewahrt werden, nicht vermessene Grundstücksteile **farblich kenntlich** gemacht, z. B. der Ausübungsbereich einer Dienstbarkeit. Sofern bei der Wiedergabe auf dem Bildträger die Farbe nicht erkennbar bleibt, muss in dem Nachweis angegeben werden, dass das Original farbliche Eintragungen aufweist, die in der Wiedergabe nicht farblich erkennbar sind. In diesem Fall ist auch bei der vom Bildträger wieder lesbar gemachten Urkunde die Farbe nicht erkennbar, so dass, wenn es darauf ankommt, auf die Originalurkunde zurückgegriffen werden muss. **8**

4. Einsicht in die Grundakten. Sind bei den Grundakten aufzubewahrende Urkunden auf einem Bild- oder sonstigen Datenträ- **9**

ger gespeichert worden, so ist grundsätzlich dieser Gegenstand einer Einsicht in die Grundakten gem. § 12 Abs. 1 Satz 2 GBO, § 46 GBV (s. § 12 Rn. 2). In die nicht vom GBAmt aufbewahrten Originale der Urkunden kann nur unter den einschränkenden Voraussetzungen des § 12b Abs. 3 Einsicht genommen werden (s. dazu § 12b Rn. 4).

10 **5. Urkundenaussonderung.** Durch die Speicherung von Urkunden, die bei den Grundakten aufzubewahren sind, auf Bild- oder sonstigen Datenträgern werden zwar die GBÄmter räumlich entlastet. Weil die Originalurkunden aber weiterhin, wenn auch von anderen Stellen, aufbewahrt werden müssen, findet nur eine Verlagerung des Raumproblems statt. Abs. 3 enthält daher die Ermächtigung zum Erlass einer Rechtsverordnung zur endgültigen Aussonderung einzelner Schriftstücke aus den Grundakten. In Betracht kommen aber nur solche Urkunden, die zur GBFührung nicht mehr benötigt werden. Welche dies sind und unter welchen Voraussetzungen sie ausgesondert werden können, ist in der Rechtsverordnung zu regeln.

Eintragungen durch gesetzlich ausgeschlossene Organe des Grundbuchamts

11 **Eine Eintragung in das Grundbuch ist nicht aus dem Grunde unwirksam, weil derjenige, der sie bewirkt hat, von der Mitwirkung kraft Gesetzes ausgeschlossen ist.**

1 **1. Allgemeines.** § 11 befasst sich mit Eintragungen, die ein kraft Gesetzes ausgeschlossenes Organ des GBAmts bewirkt hat; er bestimmt, dass die Wirksamkeit der Eintragung hierdurch nicht berührt wird. Der Wortlaut der Bestimmung ist ohne sachliche Änderung durch Streichung des ursprünglich verwendeten Begriffs des „GBBeamten" durch das RegVB geändert worden.

2 **2. Organe des GBAmts.** Die vom GBAmt wahrzunehmenden Geschäfte obliegen grundsätzlich dem Richter. Gem. § 3 Nr. 1 Buchst. h RpflegerG sind sie jedoch mit den sich aus § 4 Abs. 2 Nr. 1, 3, § 5 RpflegerG ergebenden Beschränkungen in vollem Umfang dem Rpfleger übertragen. Bei der GBFührung ist ferner der Urkundsbeamte der Geschäftsstelle nach Maßgabe des § 12c Abs. 1, 2, der zweite Beamte der Geschäftsstelle nach Maßgabe des § 44 Abs. 1 Satz 3 und der von der Leitung des Amtsgerichts ermächtigte Justizangestellte nach Maßgabe des § 44 Abs. 1 Satz 2, 3 zuständig. Außerdem ist für die Entgegennahme von Anträgen und Ersuchen sowie die Beurkundung des Eingangszeitpunkts der nach

§ 13 Abs. 3 bestellte Beamte oder Angestellte der Geschäftsstelle zuständig. Näheres, insbes. auch über die Abgrenzung der Zuständigkeit, s. § 1 Rn. 5 ff.

3. Ausschließung kraft Gesetzes. Maßgebend ist für den GBRichter § 6 Abs. 1 FGG; entsprechendes gilt für den Rpfleger (§ 10 RpflegerG) sowie für den Urkundsbeamten der Geschäftsstelle, soweit ihm nach § 12c Abs. 1 und 2 GBGeschäfte zur selbstständigen Erledigung übertragen sind (§ 12c Abs. 3). Im Übrigen richtet sich die Ausschließung nach Landesrecht (vgl. für *Bayern* Art. 34 AGGVG v. 23. 6. 1981, BayRS 300-1-1-J); schweigt dieses, so ist § 6 Abs. 1 FGG sinngemäß anzuwenden (Bauer/v. Oefele Rn. 10; a. M. Güthe/Triebel A. 4, nach denen § 6 FGG schlechthin auf alle Organe des GBAmts anzuwenden ist). Beteiligt im Sinn des § 6 Abs. 1 Nr. 1 FGG ist jemand, wenn er Antragsteller ist, wenn das GBAmt zu seinen Gunsten tätig werden soll oder wenn sein Recht durch die Tätigkeit des GBAmts betroffen wird. 3

4. Wirkung der Ausschließung. Zu unterscheiden ist zwischen Eintragungen und anderen grundbuchamtlichen Tätigkeiten. 4

a) Eintragungen sind nach § 11 nicht deswegen unwirksam, weil sie von jemandem bewirkt worden sind, der von der Mitwirkung bei der Eintragung kraft Gesetzes ausgeschlossen war. § 11 ersetzt, was die EintrTätigkeit anlangt, die Vorschrift des § 7 FGG, reicht aber insofern über diese hinaus, als er für alle an dem Zustandekommen der Eintragung unmittelbar beteiligten Organe des GBAmts gilt.

b) Andere Tätigkeiten fallen nicht unter § 11. So z. B. der Erlass einer Zwischenverfügung nach § 18, eines Zurückweisungsbeschlusses oder eines Feststellungsbeschlusses nach § 87 Buchst. c, § 108; die Erteilung oder Vervollständigung von Briefen; die Gestattung der Einsicht in das GB oder die Grundakten; die Entgegennahme von Anträgen. Hier ist für Handlungen des GBRichters § 7 FGG maßgebend; entsprechendes gilt für Handlungen des Rpflegers (§ 10 RpflegerG) sowie für Handlungen des Urkundsbeamten der Geschäftsstelle, soweit er im Rahmen des § 12c Abs. 1 und 2 tätig geworden ist (§ 12c Abs. 3). Im Übrigen richtet sich die Wirkung der Ausschließung nach Landesrecht (vgl. für *Bayern* Art. 34 AGGVG v. 23. 6. 1981, BayRS 300-1-1-J); schweigt dieses, so ist § 7 FGG sinngemäß anzuwenden (Bauer/v. Oefele Rn. 10; a. M. Güthe/Triebel A. 9, nach denen § 7 FGG schlechthin auf alle Organe des GBAmts anzuwenden ist). 5

6 **5. Ablehnung. a)** Der GBRichter kann sich nach § 6 Abs. 2 Satz 1 FGG der Ausübung seines Amts wegen Befangenheit enthalten; diese Regelung wird dem aus Art. 101 Abs. 1 Satz 2 GG zu folgernden Gebot der normativen Vorausbestimmung des gesetzlichen Richters nicht gerecht; über die Selbstablehnung muss vielmehr in entsprechender Anwendung des § 48 ZPO entschieden werden (BayObLG 1979, 295 = Rpfleger 1979, 423; offengelassen: OLG Hamm Rpfleger 1969, 211). In dem Verfahren ist den Beteiligten rechtliches Gehör zu gewähren (BVerfG NJW 1993, 2229; BGH NJW 1995, 403). Die ergehende Entscheidung ist entsprechend § 46 Abs. 2 ZPO anfechtbar, nicht jedoch durch den sich selbst ablehnenden Richter. Der GBRichter kann auch wegen Befangenheit abgelehnt werden; denn § 6 Abs. 2 Satz 2 FGG, der dies ausschließt, ist nichtig (BVerfG Rpfleger 1967, 210); die sich daraus ergebende Gesetzeslücke ist in entsprechender Anwendung der §§ 42 ff. ZPO (insbes. auch des § 46 Abs. 2) zu schließen. Gegen den Beschluss, durch den das Ablehnungsgesuch vom Amtsgericht (§ 45 Abs. 2 ZPO) für unbegründet erklärt wird, findet daher die sofortige Beschwerde zum LG statt. Die Beschwerdefrist beträgt zwei Wochen (§ 569 Abs. 1 ZPO). Gegen die Entscheidung des LG ist die sofortige weitere Beschwerde statthaft, wenn sie das LG entsprechend § 574 Abs. 1 Nr. 2, Abs. 2, 3 ZPO zugelassen hat. Die Frist bemisst sich nach § 575 Abs. 1 Satz 1 ZPO und beträgt einen Monat ab Zustellung der angefochtenen Entscheidung; innerhalb dieser Frist ist das Rechtsmittel zu begründen. Im Übrigen gelten für die Verfahren der Beschwerde und der weiteren Beschwerde die grundbuchrechtlichen Vorschriften und nicht die der ZPO über die Rechtsbeschwerde. Eine Vorlage an den BGH gem. § 79 Abs. 2 scheidet aber aus.

7 **b)** Entsprechendes gilt für den **Rpfleger** (§ 10 RpflegerG) sowie für den Urkundsbeamten der Geschäftsstelle, soweit ihm nach § 12c Abs. 1 und 2 GBGeschäfte zur selbständigen Erledigung übertragen sind (§ 12c Abs. 3); hat der GBRichter ein auf Ablehnung des Rpflegers oder des Urkundsbeamten der Geschäftsstelle gerichtetes Gesuch für unbegründet erklärt und das LG die sofortige Beschwerde dagegen zurückgewiesen, so ist gegen den Beschluss des LG die sofortige weitere Beschwerde nur zulässig, wenn sie das LG zugelassen hat.

8 **6. Mitglieder der Beschwerdegerichte.** Sie sind kein Organ des GBAmts (s. § 1 Rn. 6) und zwar auch dann nicht, wenn sie eine Eintragung angeordnet haben. Für ihre Ausschließung und Ablehnung gilt § 81 Abs. 2 (s. § 81 Rn. 10).

Grundbucheinsicht

12 (1) **Die Einsicht des Grundbuchs ist jedem gestattet, der ein berechtigtes Interesse darlegt. Das gleiche gilt von Urkunden, auf die im Grundbuch zur Ergänzung einer Eintragung Bezug genommen ist, sowie von den noch nicht erledigten Eintragungsanträgen.**

(2) **Soweit die Einsicht des Grundbuchs, der im Absatz 1 bezeichneten Urkunden und der noch nicht erledigten Eintragungsanträge gestattet ist, kann eine Abschrift gefordert werden; die Abschrift ist auf Verlangen zu beglaubigen.**

(3) **Der Reichsminister der Justiz kann jedoch die Einsicht des Grundbuchs und der im Absatz 1 Satz 2 genannten Schriftstücke sowie die Erteilung von Abschriften auch darüber hinaus für zulässig erklären.**

Inhaltsübersicht

1. Allgemeines 1
2. Voraussetzungen der GBEinsicht 6
3. Berechtigtes Interesse 7
4. Darlegung des berechtigten Interesses 13
5. Gegenstand und Umfang der Einsicht 17
6. Ausübung des Rechts auf Einsicht 19
7. Zuständigkeit und Verfahren 23
8. Erteilung von Abschriften 25
9. Erteilung von Auskünften 28
10. Rechtsmittel 31
11. Kosten 35

1. Allgemeines. a) § 12 regelt die im Hinblick auf den öffentlichen Glauben des GB erforderliche Offenlegung seines Inhalts; mit Rücksicht auf § 17 bezieht er in die Offenlegung auch die noch nicht erledigten EintrAnträge ein. Die in Abs. 3 enthaltene Ermächtigung ist nach Art. 129 Abs. 1 GG auf den BJM übergegangen und in der durch das RegVBG eingefügten Ermächtigung gem. § 1 Abs. 4 aufgegangen. 1

Für die Einsicht in das maschinell geführte GB und die Erteilung von Ausdrucken daraus gelten ergänzend §§ 131 bis 133; eine Ermächtigung des BJM zur näheren Regelung enthält § 134.

Zur verfassungsrechtlichen Unbedenklichkeit der Vorschrift s. BVerfG 64, 238; Rpfleger 2001, 15 mit Anm. v. Demharter FGPrax 2001, 53.

b) Die Einsicht in die **Grundakten** und die sonstigen beim GBAmt geführten Verzeichnisse (Eigentümerverzeichnis, Grund- 2 stücksverzeichnis; s. § 12a; § 1 Rn. 74) sowie die Erteilung von Auskünften aus ihnen wird von § 12 Abs. 1 Satz 1 nicht erfasst. Für die Grundakten gilt, soweit nicht § 12 Abs. 1 Satz 2 eingreift, § 46 GBV i. V. m. § 142 (s. auch Rn. 5), für die sonstigen Verzeichnisse § 12a. In *Bayern* bestimmt Nr. 7 der nicht veröffentlichten Verwaltungsanordnung des Bayer. Staatsministeriums der Justiz zu dem Programmsystem für GBÄmter SOLUM vom 23. 12. 1988, dass die Einsicht und die Auskunft eine Datenübermittlung darstellen, für die grundbuchrechtliche Vorschriften maßgebend sind, soweit sie im Rahmen der Gewährung von Einsicht in das GB oder die Grundakten erfolgen, bei denen im Übrigen bei Übermittlung personenbezogener Daten Art. 17, 18 DatenschutzG v. 28. 4. 1978, BayRS 204-1-I, nunmehr Art. 18, 19 DatenschutzG v. 23. 7. 1993, GVBl. 498, zu beachten sind. Zur Einsicht in das Eigentümerverzeichnis s. auch Lüke/Dutt Rpfleger 1984, 255; ferner für *Rheinland-Pfalz* Rundschreiben des Ministeriums der Justiz v. 26. 3. 1991 (JBl. 64).

3 **c)** Weder beim GB (gleich ob es in festen Bänden, als Loseblattgrundbuch oder maschinell geführt wird) noch bei den Grundakten handelte es sich um eine **Datei** i. S. von § 2 Abs. 3 Nr. 3 BundesdatenschutzG v. 27. 1. 1977 (BGBl. I 201); durch die Vorschriften dieses Ges. erfuhr § 12 daher keine Einschränkung (Lüke NJW 1983, 1407; Lüke/Dutt Rpfleger 1984, 253; OLG Hamm Rpfleger 1988, 473); im Übrigen räumte § 45 Nr. 7 des Ges. § 12 ausdrücklich den Vorrang vor den Vorschriften des Datenschutzgesetzes ein (s. für *Bayern* auch Art. 2 Abs. 7 DatenschutzG v. 23. 7. 1993, GVBl. 498, vordem Art. 2 Abs. 2 DatenschutzG v. 28. 4. 1978, BayRS 204-1-I). Hieran hat sich durch das nunmehr geltende BundesdatenschutzG v. 20. 12. 1990 (BGBl. I 2954) in der Sache nichts geändert. S. hierzu auch BayObLG 1992, 129 = Rpfleger 1992, 513.

4 **d)** Gehen Grundakten verloren, kann sich ein Schadensersatzanspruch wegen Amtspflichtverletzung daraus ergeben, dass die Einsicht vorübergehend nicht möglich ist und dadurch ein Zinsschaden entsteht (LG Hannover NJW-RR 1988, 218). Vgl. zum Folgenden auch die auf Grund der Ermächtigung des § 1 Abs. 4 erlassenen §§ 43 ff. GBV und ferner Schreiner, Das Recht auf Einsicht in das GB, Rpfleger 1980, 51; Böhringer, Aktuelle Streitfragen des GBRechts, BWNotZ 1985, 106; Informationelles Selbstbestimmungsrecht kontra Publizitätsprinzip bei § 12 GBO, Rpfleger 1987, 181; Der Einfluss des informationellen Selbstbestimmungsrechts auf das GBVerfahrensrecht, Rpfleger 1989, 309; GBEinsicht – quo vadis?, Rpfleger 2001, 331; Melchers, Das

Recht auf GBEinsicht, Rpfleger 1993, 309; Grziwotz, GBEinsicht, allgemeines Persönlichkeitsrecht und rechtliches Gehör, MittBayNot 1995, 97.

e) Im Gebiet der **früheren DDR** galten nach dem durch das Ges. zur Beseitigung von Hemmnissen bei der Privatisierung von Unternehmen und zur Förderung von Investitionen v. 22. 3. 1991 (BGBl. I 766) eingefügten § 125 die Bestimmungen des GBRechts über die Einsicht in das GB und die Grundakten sowie die Erteilung von Abschriften hiervon entsprechend, soweit frühere Grundbücher und Grundakten von anderen als den grundbuchführenden Stellen aufbewahrt werden. Durch das RegVBG ist diese Regelung in § 12b Abs. 1, 2 aufgenommen und § 125 aufgehoben worden. S. hierzu auch Böhringer, Die GBEinsicht in den neuen Bundesländern, DtZ 1991, 272. 5

f) Werden Grundakten vom GBAmt als Wiedergabe auf einem Bild- oder sonstigen Datenträger und das Original der Akten von einer anderen Stelle aufbewahrt (vgl. § 10a Abs. 2 Satz 2), gilt für die Einsicht in das Original § 12 mit der Maßgabe, dass auch ein berechtigtes Interesse an der Einsicht in das Original dargelegt werden muss (§ 12b Abs. 3).

2. Voraussetzungen der GBEinsicht. Die Einsicht des GB ist nicht, wie z.B. die des Handelsregisters, schlechthin jedem gestattet. Erforderlich ist nach Abs. 1 vielmehr die Darlegung (s. Rn. 13ff.) eines berechtigten Interesses (s. Rn. 7ff.). Auch wenn die Zielrichtung des § 12 in erster Linie auf Publizität geht und nicht auf irgendeinen Geheimnisschutz (BVerwG BWNotZ 1981, 22), ist doch im Rahmen der Darlegung eines berechtigten Interesses auch den schutzwürdigen Interessen Eingetragener, Unbefugten keinen Einblick in ihre Rechts- und Vermögensverhältnisse zu gewähren, Rechnung zu tragen (vgl. BGH Rpfleger 1981, 287; BayObLG JurBüro 1983, 1383; NJW 1993, 1142; OLG Zweibrücken NJW 1989, 531). 6

3. Berechtigtes Interesse. Der Begriff ist umfassender als der des „rechtlichen Interesses". Es genügt, dass der Antragsteller ein verständiges, durch die Sachlage gerechtfertigtes Interesse verfolgt (KGJ 20, 175; OLG München HRR 1937 Nr. 739; OLG Stuttgart Rpfleger 1970, 92; OLG Hamm Rpfleger 1971, 107); ausreichend ist, dass sachliche Gründe vorgetragen werden, welche die Verfolgung unbefugter Zwecke oder bloßer Neugier ausgeschlossen erscheinen lassen (OLG Stuttgart Rpfleger 1983, 272; OLG Hamm Rpfleger 1986, 128; 1988, 473; kritisch hierzu Eickmann DNotZ 1986, 499; 1989, 378; Melchers Rpfleger 1993, 309). Ein berechtigtes Interesse ist nicht nur dann zu bejahen, wenn durch die Ein- 7 sicht ein rechtlich erhebliches Handeln ermöglicht werden soll (a. M. OLG Düsseldorf FGPrax 1997, 90).

8 **a) Voraussetzungen.** aa) Ein berechtigtes Interesse hat zunächst jeder, dem ein Recht am Grundstück oder an einem Grundstücksrecht zusteht, mag er als Berechtigter eingetragen sein oder nicht, z. B. der Pfandgläubiger einer Briefhypothek.

9 bb) Aber auch ein tatsächliches, insbes. **wirtschaftliches Interesse** kann genügen. So können Einsicht nehmen derjenige, der dem Eigentümer einen Personalkredit einräumen will oder eingeräumt hat (KGJ 20, 173; BayObLG Rpfleger 1975, 361; a. M. LG Offenburg Rpfleger 1996, 342), der Ansprüche auf Rückübertragung eines Grundstücks im Gebiet der früheren DDR angemeldet hat (OLG Rostock DtZ 1995, 103), der Gläubiger, der die Zwangsvollstreckung in den Grundbesitz seines Schuldners beabsichtigt (OLG Zweibrücken NJW 1989, 531), ein WEigentümer in die Wohnungsgrundbücher der anderen Eigentümer derselben Gemeinschaft (OLG Düsseldorf Rpfleger 1987, 199), der Aktionär in das GB der AG (LG Kempten NJW 1989, 2825), der Mieter in das GB des Vermieters (OLG Hamm Rpfleger 1986, 128; LG Mannheim Rpfleger 1992, 246; s. auch BayObLG NJW 1993, 1142), und zwar bei einem Mieterhöhungsverlangen wegen gestiegener Kapitalkosten insbes. auch in Abt. III (vgl. BayObLG 1992, 280 = NJW-RR 1993, 83), der geschiedene Ehegatte zur Durchsetzung eines Anspruchs auf Zugewinnausgleich in das GB des anderen Ehegatten (LG Stuttgart NJW-RR 1996, 532), das unterhaltspflichtige Kind in das GB der hochbetagten, in einem Pflegeheim untergebrachten Mutter (LG Stuttgart Rpfleger 1998, 339), ferner der mit dem Eigentümer im gesetzlichen Güterstand lebende Ehegatte, nicht jedoch allgemein Verwandte.

10 cc) Auch ein **öffentliches Interesse** kann in Betracht kommen (BayObLG 1952, 86; a. M. KGJ 45, 203; s. dazu auch OLG Hamm Rpfleger 1971, 107; LG Frankfurt Rpfleger 1978, 316); jedoch muss der Antragsteller befugt sein, dieses wahrzunehmen. Zur GBEinsicht durch die Presse s. BVerfG Rpfleger 2001, 15 mit Anm. v. Demharter FGPrax 2001, 53; OLG Hamm Rpfleger 1988, 473; LG Mosbach Rpfleger 1990, 60; OLG Düsseldorf Rpfleger 1992, 18. Danach kann die verfassungsrechtlich geschützte Funktion der **Presse** bei Abwägung des öffentlichen Informationsinteresses mit dem privaten Geheimhaltungsinteresse des Betroffenen unter Beachtung des Verhältnismäßigkeitsgrundsatzes die GBEinsicht durch die Presse rechtfertigen, wenn die presserechtlichen Voraussetzungen eines Auskunftsanspruchs (vgl. für *Bayern* § 4 BayPrG v. 3. 10. 1949, BayRS 2250-1-I) dargelegt sind; die

Interessenabwägung obliegt dem GBAmt und nicht der Presse. Zu den bei der Abwägung zu beachtenden Grundsätzen s. BVerfG Rpfleger 2001, 15 mit Anm. v. Demharter FGPrax 2001, 53. Zur vorherigen Anhörung des Grundstückseigentümers s. Rn. 23.

b) Sonstiges Interesse. Ein wissenschaftliches, insbes. histori- 11
sches Interesse oder ähnliche Interessen geben keinen Rechtsanspruch gem. § 12 auf GBEinsicht. Diese kann jedoch im Justizverwaltungsweg gewährt und mit der Dienstaufsichtsbeschwerde verfolgt werden. Anträge von Privatpersonen, ihnen im Verwaltungsweg die Einsicht in einzelne bestimmt bezeichnete Grundbücher oder Grundakten oder bestimmte Gruppen von solchen zu gestatten, sind dem Präsidenten des LG oder Amtsgerichts zur Entscheidung vorzulegen (§ 35 GeschO, § 37 BayGBGA).

c) Fehlendes Interesse. Die Einsicht ist zu verweigern, wenn 12
sie lediglich aus Neugier oder zu unbefugten Zwecken erfolgen soll (KGJ 20, 177). Auch kaufmännischen Auskunfteien und Immobilienmaklern wird ein allgemeines Recht auf GBEinsicht zu versagen sein. Ein berechtigtes Interesse kann sich jedoch für einen Grundstücksmakler im Zusammenhang mit der Geltendmachung von Ansprüchen aus dem Maklervertrag ergeben (OLG Stuttgart Rpfleger 1983, 272; OLG Karlsruhe Rpfleger 1996, 334 mit Anm. v. Frey Rpfleger 1997, 372). Kein Recht auf GBEinsicht hat ein möglicher Kaufinteressent, der dadurch erst den Namen des Grundstückseigentümers erfahren will; er hat ein berechtigtes Interesse an der Einsicht grundsätzlich erst nach Eintritt in Kaufverhandlungen mit dem Eigentümer (BayObLG Rpfleger 1984, 351; a.M. Franz NJW 1999, 406); entsprechendes gilt für den Mietinteressenten (vgl. OLG Hamm Rpfleger 1986, 128). Auch zukünftige Ansprüche, z.B. Pflichtteils- oder Pflichtteilsergänzungsansprüche, rechtfertigen grundsätzlich eine GBEinsicht nicht (OLG Düsseldorf FGPrax 1997, 90; BayObLG FGPrax 1998, 90 zur Einsicht in einen bei den Grundakten befindlichen Grundstücksüberlassungsvertrag).

4. Darlegung des berechtigten Interesses. a) Es wird nicht 13
wie in § 34 FGG allgemein Glaubhaftmachung, sondern nur Darlegung des berechtigten Interesses verlangt. Über den Unterschied s. OLG Jena OLG 25, 368. Im Allgemeinen lässt sich sagen: Darlegen ist das Vorbringen von Tatsachen in der Weise, dass das GBAmt von der Verfolgung berechtigter Interessen überzeugt ist (KGJ 20, 174; BayObLG 28, 309; Rpfleger 1983, 272). Im Einzelfall kann bei begründeten Bedenken Glaubhaftmachung oder Nachweis des Interesses verlangt werden. Die Darlegung erübrigt sich, wenn der Eigentümer der Einsichtnahme zustimmt.

14 **b)** Da dem eingetragenen Grundstückseigentümer gegen die Gewährung der GBEinsicht an einen Dritten ein Beschwerderecht nicht zusteht (s. Rn. 32), ist das GBAmt gehalten, die Darlegung eines berechtigten Interesses in jedem Einzelfall genau zu prüfen, um Einsichtnahmen zu verhindern, durch die das schutzwürdige Interesse Eingetragener daran verletzt werden könnte, Unbefugten keinen Einblick in ihre Rechts- und Vermögensverhältnisse zu gewähren (BayObLG JurBüro 1983, 1383).

15 **c)** Beauftragte inländischer **öffentlicher Behörden** sind zur Einsicht des GB ohne Darlegung eines berechtigten Interesses befugt (§ 43 Abs. 1 GBV). Ein berechtigtes Interesse muss auch hier vorhanden sein; es braucht nur vom GBAmt nicht geprüft zu werden (BayObLG 1952, 86); weiß das GBAmt aber, dass es nicht vorliegt, hat es die Einsicht zu verweigern. Dasselbe gilt für Notare sowie für Rechtsanwälte, die das GB im nachgewiesenen Auftrag eines Notars einsehen wollen, ferner für öffentlich bestellte Vermessungsingenieure und dinglich Berechtigte, soweit Gegenstand der Einsicht das betreffende Grundstück ist (§ 43 Abs. 2 GBV). Zum Nachweis des Auftrags eines Notars wird im Allgemeinen eine entsprechende Versicherung des Rechtsanwalts genügen. Der Notar ist bei der GBEinsicht grundsätzlich nicht verpflichtet, wegen noch nicht erledigter EintrAnträge auch die Grundakten einzusehen (OLG Köln DNotZ 1989, 454). Zu den besonderen Belehrungspflichten des Notars bei Beurkundung eines Grundstückskaufvertrags ohne vorherige GBEinsicht s. BayObLG 1989, 256 = DNotZ 1990, 667. Sofern ein Rechtsanwalt nicht im Auftrag eines Notars das GB einsehen will, hat er ein berechtigtes Interesse darzulegen; dies gilt auch für eine Einsicht aus eigenem Recht und nicht nur bei Ausübung des Einsichtsrechts eines Mandanten (BayObLG Rpfleger 1984, 351).

16 **d)** Bei verfassungskonformer Auslegung des § 43 Abs. 1 GBV sind öffentlich-rechtlich organisierte Sparkassen nicht von der Darlegung eines berechtigten Interesses befreit (BVerfG Rpfleger 1983, 388; anders noch BayObLG Rpfleger 1979, 424 mit kritischer Anm. v. Schmid Rpfleger 1980, 290). Bauschutzvereine brauchen unter gewissen Voraussetzungen ein berechtigtes Interesse nicht darzulegen (s. die auf der Ermächtigung des Abs. 3 beruhende AV v. 29. 6. 1937, DJust. 1029 = BayBSVJu III 96; in *Bayern* aufgehoben durch JMBek. v. 1. 12. 1978, JMBl. 213).

e) Wenn ein **Versorgungsunternehmen** ein berechtigtes Interesse an der Einsicht darlegt, kann ihm das GBAmt die Einsicht in das GB in allgemeiner Form für sämtliche Grundstücke eines GB-Bezirks oder des GBAmtsbezirks gestatten (§ 86a Abs. 1 GBV).

Dann braucht bei einer Einsicht im Einzelfall das berechtigte Interesse nicht mehr dargelegt zu werden.

5. Gegenstand und Umfang der Einsicht. a) Der Einsicht unterliegen nach Abs. 1 das GB einschließlich des früheren, nach Umschreibung geschlossenen GB (Wolfsteiner Rpfleger 1993, 273), die zur Ergänzung einer Eintragung in Bezug genommenen Urkunden sowie die noch nicht erledigten EintrAnträge; das Einsichtsrecht erstreckt sich auch auf die im Sinn des § 13 Abs. 2 Satz 2 eingegangenen EintrAnträge, die noch nicht zu den Grundakten gelangt sind. Auf Grund der Ermächtigung des § 142 ist durch § 46 GBV auch der übrige Inhalt der Grundakten der Einsicht unterstellt worden. Die Grundakten können danach auch insoweit eingesehen werden, als ihr Inhalt keinen unmittelbaren Bezug zu einer GBEintragung hat (vgl. dazu OLG Stuttgart BWNotZ 1998, 145). Zur Einsicht in die sonstigen Verzeichnisse des GBAmts s. Rn. 2. 17

b) Das Recht auf Einsicht reicht so weit, wie ein berechtigtes Interesse dargetan ist; bei der Einsicht durch öffentliche Behörden oder Notare (s. Rn. 15) ist das Verlangen der Behörde oder des Notars maßgebend; dasselbe gilt bei der Einsicht durch öffentlich bestellte Vermessungsingenieure und dinglich Berechtigte, die allerdings auf die Einsicht in das GB des betreffenden Grundstücks beschränkt sind. Sofern zur Befriedigung des dargelegten berechtigten Interesses keine weitergehende Einsicht erforderlich ist, kann das Einsichtsrecht auf **Teile des GB** (z.B. eine einzelne Eintragung oder das Bestandsverzeichnis und die Abt. I: LG Mannheim Rpfleger 1992, 246) oder der Grundakten (OLG Zweibrücken NJW 1989, 531) beschränkt sein; in einem solchen Fall kann es sich auch nur auf das GB unter Ausschluss der Grundakten erstrecken oder umgekehrt, ferner nur auf das aktuelle GB oder nur auf das frühere, nach Umschreibung geschlossene GBBlatt. 18

6. Ausübung des Rechts auf Einsicht. a) Vertretung. Das Recht auf Einsicht kann in dem dargelegten Umfang persönlich oder durch einen Bevollmächtigten ausgeübt werden (KGJ 22, 122; KG JW 1936, 2342); im letzteren Fall ist das berechtigte Interesse des Vertretenen maßgebend. Ein Nachweis der Vollmacht durch Urkunden ist nicht erforderlich; es kann jedoch schriftliche Vollmacht, bei begründeten Zweifeln an der Echtheit der Unterschrift auch deren Beglaubigung verlangt werden (§ 13 Satz 3 FGG). Dem Bevollmächtigten ist die Einsicht zu verweigern, wenn der begründete Verdacht besteht, dass er statt des berechtigten Interesses seines Auftraggebers sein eigenes unberechtigtes Interesse oder das Interesse Dritter wahrnehmen werde. Bloße Bedenken 19 gegen die Zuverlässigkeit des Bevollmächtigten berechtigen das GBAmt noch nicht dazu, die Einsicht zu verweigern (KG JW 1936, 2342).

20 **b) Ort.** aa) Die Einsicht des GB und der Grundakten hat in den Diensträumen des GBAmts zu geschehen und zwar während der Dienststunden (§ 2 GeschO, § 6 Abs. 3 Satz 1, § 18 Satz 2 BayGBGA) sowie in Anwesenheit eines Bediensteten des GBAmts (§ 12 Abs. 5, § 16 GeschO, § 6a Abs. 2 Satz 1, § 18 Satz 2, § 36 BayGBGA). Grundbücher dürfen nicht zur Einsicht an einer anderen Stelle herausgegeben werden (§ 13 GeschO, § 6 Abs. 3 Satz 1 BayGBGA); eine Versendung von Grundakten ist nur ausnahmsweise statthaft (§ 17 GeschO, § 19 Abs. 2 BayGBGA). Ein Notar hat keinen mit der Sachbeschwerde verfolgbaren Rechtsanspruch darauf, dass ihm die Einsicht der Grundakten durch deren Versendung an das Amtsgericht seines Amtssitzes vermittelt wird; über einen entsprechenden Antrag ist daher im Justizverwaltungsweg zu entscheiden (JFG 18, 283).

bb) In das **maschinell geführte GB** kann auch bei einem anderen als dem grundbuchführenden GBAmt Einsicht genommen werden. Zuständig für die Entscheidung über die Zulässigkeit der Einsicht ist das GBAmt, bei dem die Einsicht genommen werden soll (§ 132). Beim maschinell geführten GB kommt ferner eine GBEinsicht im Rahmen eines automatisierten Abrufverfahrens in Betracht (s. hierzu § 133).

21 cc) Das Recht auf Einsicht schließt die Befugnis des Berechtigten ein, sich selbst Abschriften aus dem GB oder den Grundakten zu fertigen (KG DNotZ 1933, 371). Dies kann auch unter Benutzung einer Schreibhilfe in der Weise geschehen, dass die Schreibhilfe in Gegenwart und auf Anweisung des Berechtigten unmittelbar die Abschrift herstellt; eine Beeinträchtigung des Geschäftsbetriebs darf hierdurch nicht eintreten (KG DNotZ 1933, 371).

22 **c) Abschriften.** Soweit das Recht auf Einsicht reicht, können auch einfache oder beglaubigte Abschriften aus dem GB oder den Grundakten, beim maschinell geführten GB Ausdrucke oder amtliche Ausdrucke (vgl. § 131) aus dem GB, verlangt werden (Abs. 2; §§ 43, 46 Abs. 3 GBV; BayObLG 1952, 85); s. für *Bayern* aber auch die Gem. Bek. v. 1. 10. 1976 (JMBl. 304), nach der von Stellen, denen Gebührenfreiheit nach § 11 Abs. 1 KostO zusteht, grundsätzlich nur unbeglaubigte Abschriften aus dem GB zu beantragen sind. Zulässig ist auch die Erteilung einer beglaubigten (nicht einfachen) Abschrift eines Teils des GBBlatts, z.B. einer einzelnen Abteilung oder einer bestimmten Eintragung (§ 45 Abs. 1 und 2 GBV), nicht dagegen die Herstellung eines abgekürzten

Auszugs aus dem Inhalt des GB, der die Eintragungen nicht vollständig, sondern nur verkürzt wiedergibt (§ 45 Abs. 3 Satz 2 GBV).

7. Zuständigkeit und Verfahren. a) Über die Gestattung der Einsicht und die Erteilung von Abschriften aus dem GB und den Grundakten, beim maschinell geführten GB von Ausdrucken (vgl. § 131), sowie die Gewährung der Einsicht in ein Verzeichnis des GBAmts entscheidet der **Urkundsbeamte** der Geschäftsstelle (§ 12c Abs. 1 Nr. 1, 2); wegen der Zuständigkeit zur Auskunftserteilung s. Rn. 28 und wegen der zur Gewährung von Einsicht in das von einem anderen GBAmt geführte GB § 12c Rn. 4. Vor der Entscheidung ist dem Grundstückseigentümer kein rechtliches Gehör zu gewähren (BGH 80, 128f. = Rpfleger 1981, 287; a.M. Bauer/v. Oefele Rn. 79; zweifelnd BayObLG NJW 1993, 1142). Dies gilt grundsätzlich auch dann, wenn die Presse GBEinsicht begehrt (BVerfG Rpfleger 2001, 15; a.M. OLG Hamm Rpfleger 1988, 473; OLG Düsseldorf Rpfleger 1992, 18). Wird eine Änderung der Entscheidung verlangt, von dem Urkundsbeamten aber abgelehnt, so entscheidet der GBRichter; erst gegen dessen Entscheidung ist die Beschwerde zulässig (§ 12c Abs. 4 GBO und § 4 Abs. 2 Nr. 3 RpflegerG; s. dazu Rn. 31). Über die Gestattung der Einsicht zu wissenschaftlichen oder Forschungszwecken entscheidet nach § 35 GeschO, § 37 BayGBGA der Präsident des LG oder des Amtsgerichts (vgl. § 12c Abs. 1 Nr. 1). 23

b) Soweit im Gebiet der **früheren DDR** geschlossene Grundbücher und Grundakten von anderen als den grundbuchführenden Stellen aufbewahrt werden (vgl. § 12b Abs. 1, 2), entscheidet über die Einsicht und die Erteilung von Abschriften die Leitung der Stelle oder ein von ihr hierzu ermächtigter Bediensteter; dasselbe gilt ohne Beschränkung auf das Gebiet der früheren DDR für die Einsicht in die Originale der Grundakten (vgl. § 12b Abs. 3), die gem. § 10a Abs. 2 Satz 2 nicht vom GBAmt, bei dem sich lediglich eine Wiedergabe auf einem Bild- oder sonstigen Datenträger befindet, aufbewahrt werden (§ 12c Abs. 5). 24

8. Erteilung von Abschriften. Diese können einfache oder beglaubigte sein. Beim maschinell geführten GB treten an ihre Stelle der Ausdruck und der amtliche Ausdruck; s. dazu § 131 GBO, § 78 GBV. 25

a) Auf einfachen Abschriften ist der Tag anzugeben, an dem sie gefertigt sind; der Vermerk ist nicht zu unterzeichnen (§ 44 Abs. 3 GBV).

b) Für die **Beglaubigung** von Abschriften aus dem GB ist der Urkundsbeamte der Geschäftsstelle zuständig, auch soweit ihm die Entscheidung über die Erteilung nicht zusteht (vgl. § 12c Abs. 1 26

Nr. 1); die Beglaubigung kann aber auch von einem von der Leitung des Amtsgerichts ermächtigten Justizangestellten vorgenommen werden (§ 12c Abs. 2 Nr. 1). Die Verbindung mehrerer Blätter einer beglaubigten GBAbschrift mit Schnur und Siegel sieht das Bundesrecht nicht vor (BayObLG 1982, 31). Für die Beglaubigung von Abschriften aus den Grundakten gilt anders als nach dem früheren § 4 Abs. 2a AusfVO dasselbe (a. M. Bauer/v. Oefele Rn. 67).

27 **c)** Von **gelöschten Eintragungen** wird in einfache oder beglaubigte GBAbschriften nur die laufende Nummer mit dem Vermerk „Gelöscht" aufgenommen; dies gilt jedoch nicht, wenn ihre Aufnahme in vollem Wortlaut beantragt ist oder soweit die Abschrift durch Ablichtung hergestellt wird (§ 44 Abs. 4 GBV). Die Bestätigung oder Ergänzung früher gefertigter GBAbschriften ist zulässig, eine Ergänzung soll aber unter bestimmten Voraussetzungen unterbleiben (§ 44 Abs. 2 GBV). Über die Erteilung einer beglaubigten Abschrift eines Teils des GBBlatts s. § 45 GBV und Rn. 22.

28 **9. Erteilung von Auskünften. a)** Zur Erteilung von Auskünften über den Inhalt des GB, der Grundakten oder von Verzeichnissen des GBAmts ist dieses nur auf Grund besonderer gesetzlicher Vorschrift **verpflichtet** (§ 45 Abs. 3 Satz 1 GBV). In Betracht kommen die Fälle des § 45 Abs. 2 Satz 2 GBV sowie des § 17 Abs. 2, § 19 Abs. 2 ZVG (s. dazu RG 157, 95); zuständig zur Auskunfterteilung ist hier der Urkundsbeamte der Geschäftsstelle (§ 12c Abs. 1 Nr. 3). Zur Auskunft aus dem Eigentümerverzeichnis (zu diesem s. für *Bayern* § 21 Abs. 8 AktO v. 13. 12. 1983, JMBl. 1984, 13) war das GBAmt bis zur Einfügung des § 12a durch das RegVBG nicht auf Grund besonderer gesetzlicher Vorschrift verpflichtet (KG Rpfleger 1986, 299). Nach § 12a Abs. 1 Satz 3 ist nunmehr aus dem Eigentümerverzeichnis oder sonstigen Verzeichnissen des GBAmts, sofern sie öffentlich zugänglich gemacht sind, unter bestimmten Voraussetzungen Auskunft zu erteilen; zuständig hierfür ist der Urkundsbeamte der Geschäftsstelle (§ 12c Abs. 1 Nr. 2). Auch *Behörden* gegenüber besteht darüber hinaus auf Grund des GBRechts keine Auskunftspflicht; jedoch kann sich eine solche aus der in Art. 35 GG festgelegten allgemeinen Verpflichtung zur Amtshilfe ergeben (KGJ 23, 213; BayObLG 1967, 351).

29 **b)** Dagegen ist das GBAmt zur Erteilung von Auskünften **berechtigt;** die Auskunfterteilung wird, wenn sie keine Schwierigkeiten bereitet, vielfach ein nobile officium sein (KGJ 21, 273; BayObLG 1967, 352). Untersagt ist gemäß § 45 Abs. 3 Satz 2 GBV die Erteilung abgekürzter GBAuszüge (s. Rn. 22).

c) Wird eine unrichtige Auskunft erteilt, so kann sich hieraus ein Schadensersatzanspruch gegen den Staat ergeben (RG Warn. 1914 Nr. 81). S. hierzu aber auch § 12a Abs. 1 Satz 2 Halbsatz 2. 30

10. Rechtsmittel. a) Gegen die **Versagung der Einsicht** oder der Erteilung von Abschriften (Ausdrucken) ist, sofern der GBRichter bereits entschieden hat (s. Rn. 23), die Beschwerde nach §§ 71 ff. zulässig. Voraussetzung ist jedoch, dass die Versagung auf Gründen des sachlichen oder des Verfahrensrechts, nicht nur auf verwaltungsmäßigen Erwägungen beruht; sonst ist lediglich die Dienstaufsichtsbeschwerde gegeben (JFG 18, 283; s. auch Rn. 20). Ein Beteiligter kann mangels Vorhandenseins einer Rechtsnorm im Weg der Sachbeschwerde nicht verlangen, dass mehrere Blätter einer beglaubigten GBAbschrift mit Schnur und Siegel verbunden werden (BayObLG 1982, 29). 31

b) Gegen die **Gestattung der Einsicht** oder die Erteilung von Abschriften (Ausdrucken) steht dem Grundstückseigentümer oder einem sonstigen aus dem GB ersichtlichen dinglich Berechtigten ein Beschwerderecht auch dann nicht zu, wenn die Einsicht noch nicht genommen oder die Abschrift noch nicht herausgegeben ist (BGH 80, 126 = Rpfleger 1981, 287; a.M. Bauer/v. Oefele Rn. 80; zweifelnd BayObLG NJW 1993, 1142). Auch aus dem informationellen Selbstbestimmungsrecht (BVerfG 65, 43 = NJW 1984, 422) kann ein Beschwerderecht nicht hergeleitet werden (OLG Stuttgart Rpfleger 1992, 247). 32

c) Gegen die **Verweigerung einer Auskunft,** die das GBAmt auf Grund besonderer Vorschrift zu erteilen hat, ist die Beschwerde nach §§ 71 ff. zulässig; im Übrigen ist gegen die Verweigerung einer Auskunft nur die Dienstaufsichtsbeschwerde gegeben (KGJ 21, 273; 23, 213; BayObLG 1967, 352). 33

d) Die GBBeschwerde gem. §§ 71 ff. ist auch dann gegeben, wenn über die Gewährung der Einsicht (§ 12b Abs. 3) in die nicht vom GBAmt aufbewahrten Originale von Grundakten (vgl. § 10a Abs. 2 Satz 2) oder im Gebiet der früheren DDR über die Einsicht in nicht vom GBAmt aufbewahrte frühere Grundbücher oder Grundakten oder die Erteilung von Abschriften daraus (vgl. § 12b Abs. 1, 2) gem. § 12c Abs. 5 Satz 1 die Leitung der aufbewahrenden Stelle oder ein von ihr hierzu ermächtigter Bediensteter entschieden hat; örtlich zuständig ist das LG, in dessen Bezirk die Stelle ihren Sitz hat (§ 12c Abs. 5 Satz 2, 3). 34

11. Kosten. a) Die GBEinsicht ist **gebührenfrei** (§ 74 KostO). Dasselbe gilt für die Einsicht der Grundakten. Für einfache Abschriften aus dem GB wird eine Gebühr von 10 EUR erhoben und für beglaubigte Abschriften eine solche von 18 EUR (§ 73 Abs. 1 35

KostO). Dieselbe Gebühr wird für die Ergänzung oder Bestätigung einer Abschrift erhoben (§ 73 Abs. 3 KostO). Neben der Gebühr werden Schreibauslagen nicht erhoben (§ 73 Abs. 4 KostO). Frei von Gebühren und Auslagen ist die Erteilung von Abschriften, Auskünften und Mitteilungen nach § 19 Abs. 2, 3 ZVG (§ 73 Abs. 5 KostO). Für beglaubigte Abschriften aus den Grundakten gilt § 55 KostO.

b) Entsprechendes gilt beim **maschinell geführten** GB (§ 73 Abs. 2 KostO), bei dem an die Stelle der Abschrift der Ausdruck und an die Stelle der beglaubigten Abschrift der amtliche Ausdruck tritt (vgl. § 131). Für die Einrichtung und Nutzung des automatisierten Abrufverfahrens können nach Maßgabe des § 133 Abs. 8 GBO, § 85 GBV Gebühren festgesetzt und Entgelte vereinbart werden (s. dazu § 133 Rn. 26).

36 **c)** Der **Notar** erhält für die Einsicht des GB die Mindestgebühr des § 33 KostO von 10 EUR (§ 147 Abs. 1 Satz 1 KostO), es sei denn, bei der GBEinsicht handelt es sich um ein gebührenfreies Nebengeschäft (§ 147 Abs. 3, § 35 KostO).

Verzeichnisse des Grundbuchamts

12a (1) **Die Grundbuchämter dürfen auch ein Verzeichnis der Eigentümer und der Grundstücke sowie mit Genehmigung der Landesjustizverwaltung weitere, für die Führung des Grundbuchs erforderliche Verzeichnisse einrichten und, auch in maschineller Form, führen. Eine Verpflichtung, diese Verzeichnisse auf dem neuesten Stand zu halten, besteht nicht; eine Haftung bei nicht richtiger Auskunft besteht nicht. Aus öffentlich zugänglich gemachten Verzeichnissen dieser Art sind Auskünfte zu erteilen, soweit ein solches Verzeichnis der Auffindung der Grundbuchblätter dient, zur Einsicht in das Grundbuch oder für den Antrag auf Erteilung von Abschriften erforderlich ist und die Voraussetzungen für die Einsicht in das Grundbuch gegeben sind. Unter den Voraussetzungen des § 12 kann Auskunft aus Verzeichnissen nach Satz 1 auch gewährt werden, wenn damit die Einsicht in das Grundbuch entbehrlich wird. Inländischen Gerichten, Behörden und Notaren kann auch die Einsicht in den entsprechenden Teil des Verzeichnisses gewährt werden. Ein Anspruch auf Erteilung von Abschriften aus dem Verzeichnis besteht nicht. Für maschinell geführte Verzeichnisse gelten § 126 Abs. 2 und § 133 entsprechend.**

(2) **Als Verzeichnis im Sinne des Absatzes 1 kann mit Genehmigung der Landesjustizverwaltung auch das Liegenschaftskataster verwendet werden.**

1. Art der Verzeichnisse. a) § 12a wurde durch das RegVGB eingefügt. Abs. 1 Satz 1 schafft eine gesetzliche Grundlage für die bereits bisher von den GBÄmtern auf Grund der AktO geführten Verzeichnisse, nämlich das Eigentümer- und das Grundstücksverzeichnis (s. hierzu § 1 Rn. 74). Darüber hinaus darf das GBAmt weitere für die GBFührung erforderliche Verzeichnisse einrichten und führen; Voraussetzung hierfür ist jedoch die Genehmigung der Landesjustizverwaltung. Mit einer solchen Genehmigung kann auch das Liegenschaftskataster als Verzeichnis verwendet werden (§ 12a Abs. 2). 1

b) Das **Eigentümerverzeichnis** führt in alphabetischer Ordnung alle Grundstückseigentümer und WEigentümer unter Angabe des zugehörigen GBBlatts auf; das Verzeichnis erleichtert die GBEinsicht in den Fällen, in denen der Name des Eigentümers, nicht aber die Nummer des GBBlatts bekannt ist. Entsprechendes gilt für das Grundstücksverzeichnis, das nicht nur Grundstücke, sondern auch grundstücksgleiche Rechte und WEigentumsrechte umfasst. Das Eigentümerverzeichnis dient ebenso wie das Grundstücksverzeichnis und andere Verzeichnisse, z. B. ein Verzeichnis über die Vormerkungsberechtigten oder die noch nicht erledigten EintrAnträge, in erster Linie dem GBAmt bei der GBFührung. 2

2. Führung der Verzeichnisse. Die Verzeichnisse können in Papierform oder in maschineller Form geführt werden (§ 12a Abs. 1 Satz 1). Eine maschinelle Führung ist auch dann zulässig, wenn das GB selbst noch in Papierform geführt wird. Sie bedarf in jedem Fall der Genehmigung durch die Landesjustizverwaltung; im Übrigen können das Eigentümerverzeichnis und das Grundstücksverzeichnis auf Anordnung des Behördenleiters in Karteiform, in Loseblattform oder in Buchform geführt werden (vgl. für *Bayern* § 2 Abs. 8 AktO v. 13. 12. 1983, JMBl. 1984, 13, angefügt durch Bek. v. 19. 5. 1995, JMBl. 62, und § 2 Abs. 7 AktO, neu gefasst durch Bek. v. 7. 2. 1995, JMBl. 16). Wird ein Verzeichnis maschinell geführt, gelten § 126 Abs. 2 und § 133 entsprechend (§ 12a Abs. 1 Satz 7): 3

Das vom GBAmt **maschinell geführte Verzeichnis** kann auch von den zur Führung des Liegenschaftskatasters zuständigen Stellen genutzt werden, soweit dies zur Katasterführung erforderlich ist; umgekehrt kann das GBAmt auch ein dort vorgehaltenes Verzeichnis gleicher Art nutzen. Im Übrigen gelten für die Einrichtung eines automatisierten Verfahrens zum Abruf von Daten aus einem maschinell geführten Verzeichnis die für das maschinell geführte GB aufgestellten Anforderungen entsprechend.

3. Aktualisierung der Verzeichnisse. § 12a Abs. 1 Satz 2 entbindet das GBAmt von der Verpflichtung, die bei ihm einge- 4 richteten Verzeichnisse stets auf dem neuesten Stand zu halten. Eine solche Verpflichtung würde das GBAmt erheblich belasten; gleichwohl wird bei einer maschinellen Führung eines Verzeichnisses in aller Regel gewährleistet sein, dass das Verzeichnis auf dem neuesten Stand ist. Durch die Bestimmung werden Amtshaftungsansprüche für den Fall ausgeschlossen, dass sich jemand auf den Inhalt eines Verzeichnisses verlässt, das nicht den aktuellen Stand wiedergibt. Dem kommt wegen der Verpflichtung des GBAmts zur Auskunftserteilung (§ 12a Abs. 1 Satz 3) erhebliche Bedeutung zu.

5 **4. Auskunft und Einsicht.** Es liegt in der Hand des GBAmts, ob es ein Verzeichnis nur für den eigenen Gebrauch einrichtet oder dieses darüber hinaus öffentlich zugänglich macht; letzteres ist noch nicht der Fall, wenn lediglich anderen Behörden der Zugang eröffnet wird. Die Anträge auf Auskunft aus einem Verzeichnis und auf Einsicht in ein solches betreffen verschiedene Verfahrensgegenstände, so dass im Rechtsmittelverfahren nicht von einem auf den anderen übergegangen werden kann (KG FGPrax 1997, 87).

6 **a) Auskunft.** Ein Anspruch auf Auskunft aus einem Verzeichnis besteht gem. § 12a Abs. 1 Satz 3 nur dann, wenn folgende Voraussetzungen erfüllt werden:

- Das Verzeichnis muss öffentlich zugänglich gemacht sein; ist dies geschehen, kann der Vorgang wieder rückgängig gemacht werden, z.B. dann, wenn sich zeigen sollte, dass durch den starken Zugang zu dem Verzeichnis der Dienstbetrieb gestört wird. Ein öffentlich zugänglich gemachtes Verzeichnis kann aber nur allgemein wieder „geschlossen" werden und nicht nur für einen Einzelfall.
- Die Auskunft muss der Auffindung eines GBBlatts dienen; dies wird beim Eigentümerverzeichnis regelmäßig der Fall sein.
- Die Auskunft muss erforderlich sein, um in das GB Einsicht nehmen oder die Erteilung von Abschriften daraus verlangen zu können.
- Es müssen die Voraussetzungen für eine GBEinsicht gegeben, also ein berechtigtes Interesse dargetan sein.

7 Unabhängig von der Erfüllung dieser Voraussetzungen kann Auskunft auch dann gewährt werden, wenn dadurch eine GBEinsicht entbehrlich wird; dies kann der Fall sein, wenn nur der Eigentümer eines Grundstücks festgestellt werden soll und dies durch eine Auskunft aus dem Grundstücksverzeichnis erreicht wird. Voraussetzung einer Auskunft ist dann nur, dass GBEinsicht verlangt werden kann; es muss also ein berechtigtes Interesse dargetan werden (§ 12a Abs. 1 Satz 4). Verpflichtet ist das GBAmt zur Aus-

kunftserteilung in diesem Fall nicht; es besteht nur eine ermessensfehlerfrei auszuübende Befugnis hierzu (vgl. dazu KG FGPrax 1997, 87).

b) Einsicht. Grundsätzlich kann in die Verzeichnisse des GBAmts nicht Einsicht genommen werden; auch besteht kein Anspruch, dass Abschriften daraus erteilt werden (§ 12a Abs. 1 Satz 6). Vielmehr kommt nur die Erteilung einer Auskunft aus den Verzeichnissen in Betracht. Ausnahmsweise kann jedoch inländischen Gerichten, Behörden und Notaren Einsicht in den entsprechenden Teil des Verzeichnisses gewährt werden (§ 12a Abs. 1 Satz 5). Diese Stellen brauchen bei einer GBEinsicht ein berechtigtes Interesse nicht darzulegen (s. § 12 Rn. 15); dasselbe gilt für die Einsicht in ein Verzeichnis des GBAmts. Ein Anspruch auf Einsicht besteht jedoch nicht; vielmehr liegt es im Ermessen des GBAmts, ob Einsicht gewährt wird. Eine ermessensfehlerfreie Ausübung der Befugnis, Einsicht zu gewähren, wird jedoch nur ausnahmsweise die Versagung der Einsicht rechtfertigen (LG Berlin Rpfleger 1997, 212). 8

c) Zuständigkeit. Für die Erteilung einer Auskunft aus einem Verzeichnis des GBAmts oder die Gewährung von Einsicht ist der Urkundsbeamte der Geschäftsstelle zuständig (§ 12c Abs. 1 Nr. 2). 9

5. Kosten. Wie die GBEinsicht (vgl. § 74 KostO) ist auch die Erteilung einer Auskunft aus einem Verzeichnis des GBAmts oder die Einsicht in ein solches gebührenfrei. Wird aus einem maschinell geführten Verzeichnis, das der Auffindung der GBBlätter dient, ein Ausdruck erteilt (worauf kein Anspruch besteht: § 12a Abs. 1 Satz 6), so wird hierfür eine Gebühr von 10 EUR erhoben, neben der Schreibauslagen nicht in Ansatz gebracht werden (§ 73 Abs. 6 KostO). 10

Einsicht in nicht vom GBAmt aufbewahrte Grundbücher und Grundakten

12b (1) **Soweit in dem in Artikel 3 des Einigungsvertrages vom 31. August 1990 genannten Gebiet frühere Grundbücher von anderen als den grundbuchführenden Stellen aufbewahrt werden, gilt § 12 entsprechend**

(2) **Absatz 1 gilt außer in den Fällen des § 10a entsprechend für Grundakten, die bei den dort bezeichneten Stellen aufbewahrt werden.**

(3) **Für Grundakten, die gemäß § 10a durch eine andere Stelle als das Grundbuchamt aufbewahrt werden, gilt § 12 mit**

der Maßgabe, daß abweichend von § 12 auch dargelegt werden muß, daß ein berechtigtes Interesse an der Einsicht in das Original der Akten besteht.

1 **1. Allgemeines.** Die Vorschrift wurde durch das RegVBG v. 20. 12. 1993 (BGBl. I 2182) eingefügt. Abs. 1 und 2 entsprechen inhaltlich dem früheren § 125 Abs. 1 Satz 1, Abs. 2, der durch das Ges. zur Beseitigung von Hemmnissen bei der Privatisierung von Unternehmen und zur Förderung von Investitionen v. 22. 3. 1991 (BGBl. I 766) in die GBO eingefügt worden war. Abs. 3 ergänzt § 10a und regelt die Einsicht in das Original von Grundakten, die auf einem Bild- oder sonstigen Datenträger gespeichert sind.

2 **2. Einsicht im Gebiet der früheren DDR.** Im Gebiet der früheren DDR sind gem. § 144 Abs. 1 Nr. 1, Abs. 2 zur GBFührung ab 1. 1. 1995 ausschließlich die GBÄmter zuständig; wegen der Zuständigkeit in der Zeit davor s. § 144 Rn. 3. Geschlossene Grundbücher und Grundakten werden im Gebiet der früheren DDR vielfach von anderen Stellen als den GBÄmtern aufbewahrt, z.B. von einem Staatsarchiv oder dem GBArchiv in Barby (zur Einrichtung eines zentralen GBArchivs in Berlin durch AV v. 16. 12. 1991 s. DtZ 1992, 278). In diesen Fällen sind die Vorschriften des GBRechts über die Einsicht in das GB und die Grundakten sowie die Erteilung von Abschriften (§ 12 GBO, aber auch §§ 43ff. GBV) entsprechend anzuwenden. Werden Grundakten jedoch nur deshalb nicht vom GBAmt aufbewahrt, weil sie auf einem Bild- oder sonstigen Datenträger gespeichert wurden (s. dazu § 10a Abs. 2 Satz 2), ist für die Einsicht in die Originale der Grundakten Abs. 3 maßgebend.

3 **3. Einsicht in das Original der Grundakten. a)** Werden Urkunden, die bei den Grundakten aufzubewahren sind, gem. § 10a Abs. 1 auf einem Bild- oder sonstigen Datenträger gespeichert, so werden die Originale nicht mehr vom GBAmt, sondern von anderen Stellen, in der Regel einem Archiv, aufbewahrt (§ 10a Abs. 2 Satz 2). Gegenstand der Einsicht in die Grundakten gem. § 12 Abs. 1 Satz 2 GBO, §§ 43ff. GBV ist in diesem Fall grundsätzlich der Datenträger, der an die Stelle des Originals tritt; gem. § 10a Abs. 1 muss sichergestellt sein, dass die Daten in angemessener Zeit vom Datenträger in lesbarer Form wiedergegeben werden können.

4 **b)** Im Einzelfall kann jedoch ein Interesse daran bestehen, auch in das **archivierte Original** Einsicht zu nehmen. Ein dahingehendes Verlangen kann gerechtfertigt sein, wenn Zweifel an der Vollständigkeit oder Echtheit der auf dem Bild- oder Datenträger gespeicherten Daten bestehen. Eine Einsicht in das Original kann

aber insbes. dann notwendig sein, wenn dieses farbliche Eintragungen aufweist, die auf dem Bild- oder Datenträger nicht als solche erkennbar sind (§ 10a Abs. 2 Satz 3). Die durch die Speicherung von Urkunden auf einem Bild- oder sonstigen Datenträger angestrebte Vereinfachung könnte nicht erreicht werden, wenn die uneingeschränkte Einsicht auch in die Originale gestattet würde; auch könnten dadurch die Archivstellen überfordert werden. Die Einsicht in die Originale ist daher auf das im Interesse des Rechtsverkehrs notwendige Maß beschränkt. Sie ist nach Abs. 3 nur zulässig, wenn der Antragsteller außer den allgemeinen Voraussetzungen für eine Einsicht auch dartut, dass er ein besonderes Interesse gerade an der Einsicht auch in die Originalurkunde hat. Die gleichen Einschränkungen gelten auch für die Erteilung einer Abschrift der Originalurkunde.

4. Zuständigkeit und Rechtsmittel. Werden geschlossene Grundbücher oder Grundakten im Gebiet der früheren DDR von anderen Stellen als den GBÄmtern aufbewahrt, so ist für die Entscheidung über einen Antrag auf Einsicht oder die Erteilung von Abschriften die aufbewahrende Stelle zuständig; ihre Entscheidung kann mit der GBBeschwerde angefochten werden. Dasselbe gilt für die Einsicht in das Original der Grundakten oder die Erteilung von Abschriften, wenn das Original von einer anderen Stelle als dem GBAmt aufbewahrt wird, nachdem darin enthaltene Urkunden auf einem Bild- oder sonstigen Datenträger gespeichert wurden (§ 12c Abs. 5). 5

Urkundsbeamter der Geschäftsstelle

12c (1) **Der Urkundsbeamte der Geschäftsstelle entscheidet über:**

1. **die Gestattung der Einsicht in das Grundbuch oder die in § 12 bezeichneten Akten und Anträge sowie die Erteilung von Abschriften hieraus, soweit nicht Einsicht zu wissenschaftlichen oder Forschungszwecken begehrt wird;**
2. **die Erteilung von Auskünften nach § 12a oder die Gewährung der Einsicht in ein dort bezeichnetes Verzeichnis;**
3. **die Erteilung von Auskünften in den sonstigen gesetzlich vorgesehenen Fällen;**
4. **die Anträge auf Rückgabe von Urkunden und Versendung von Grundakten an inländische Gerichte oder Behörden.**

(2) **Der Urkundsbeamte der Geschäftsstelle ist ferner zuständig für**

1. **die Beglaubigung von Abschriften (Absatz 1 Nr. 1), auch soweit ihm die Entscheidung über die Erteilung nicht zu-**

steht; jedoch kann statt des Urkundsbeamten ein von der Leitung des Amtsgerichts ermächtigter Justizangestellter die Beglaubigung vornehmen;

2. die Verfügungen und Eintragungen zur Erhaltung der Übereinstimmung zwischen dem Grundbuch und dem amtlichen Verzeichnis nach § 2 Abs. 2 oder einem sonstigen, hiermit in Verbindung stehenden Verzeichnis, mit Ausnahme der Verfügungen und Eintragungen, die zugleich eine Berichtigung rechtlicher Art oder eine Berichtigung eines Irrtums über das Eigentum betreffen;

3. die Entscheidungen über Ersuchen des Gerichts um Eintragung oder Löschung des Vermerks über die Eröffnung des Insolvenzverfahrens und über die Verfügungsbeschränkungen nach der Insolvenzordnung oder des Vermerks über die Einleitung eines Zwangsversteigerungs- und Zwangsverwaltungsverfahrens;

4. die Berichtigung der Eintragung des Namens, des Berufs oder des Wohnortes natürlicher Personen im Grundbuch;

5. die Anfertigung der Nachweise nach § 10 a Abs. 2.

(3) **Die Vorschriften der §§ 6, 7 des Gesetzes über die Angelegenheiten der freiwilligen Gerichtsbarkeit sind auf den Urkundsbeamten der Geschäftsstelle entsprechend anzuwenden.**

(4) **Wird die Änderung einer Entscheidung des Urkundsbeamten der Geschäftsstelle verlangt, so entscheidet, wenn dieser dem Verlangen nicht entspricht, der Grundbuchrichter. Die Beschwerde findet erst gegen seine Entscheidung statt.**

(5) **In den Fällen des § 12 b entscheidet über die Gewährung von Einsicht oder die Erteilung von Abschriften die Leitung der Stelle oder ein von ihr hierzu ermächtigter Bediensteter. Gegen die Entscheidung ist die Beschwerde nach dem Vierten Abschnitt gegeben. Örtlich zuständig ist das Gericht, in dessen Bezirk die Stelle ihren Sitz hat.**

1 **1. Allgemeines.** Durch das RegVBG wurden die Vorschriften der AusfVO über die funktionelle Zuständigkeit der mit der Wahrnehmung der Aufgaben des GBAmts betrauten Personen in die GBO übernommen. Die Zuständigkeit des Urkundsbeamten der Geschäftsstelle ist nunmehr in § 12c geregelt. Ergänzende Zuständigkeitsregelungen enthält § 44 Abs. 1, ferner § 56 Abs. 2, auf den in verschiedenen Vorschriften verwiesen wird. Der Wortlaut des § 12c Abs. 2 Nr. 3 ist mit Wirkung vom 1. 1. 1999 an die an diesem Tag in Kraft getretene InsO angepasst worden.

2. Zuständigkeit. a) Unterschrift. aa) Der Urkundsbeamte der Geschäftsstelle hat die vom Rpfleger verfügten Eintragungen in das GB zu veranlassen; die Eintragungen sind außer vom Rpfleger von ihm zu unterschreiben; jedoch kann statt des Urkundsbeamten ein von der Leitung des Amtsgerichts ermächtigter Justizangestellter unterschreiben (§ 44 Abs. 1 Satz 2). Die gleiche Zuständigkeitsregelung gilt für die Unterzeichnung des HypBriefs (§ 56 Abs. 2). Diese wiederum gilt auch für den Gesamthypothekenbrief (§ 59 Abs. 1 Satz 2), den Teilhypothekenbrief (§ 61 Abs. 3) und spätere Eintragungen auf dem HypBrief (§ 62 Abs. 2). Soweit dem Urkundsbeamten GBEintragungen zur selbstständigen Erledigung übertragen sind (§ 12c Abs. 2 Nr. 2 bis 4), sind diese von ihm und von einem zweiten Beamten der Geschäftsstelle oder einem ermächtigten Justizangestellten zu unterschreiben (§ 44 Abs. 1 Satz 3). Entsprechendes gilt für den Grundschuld- und Rentenschuldbrief (§ 70 Abs. 1 Satz 1). 2

bb) Beim **maschinell geführten GB** gelten hiervon abweichende Regelungen (§ 130). Der Urkundsbeamte hat die vom Rpfleger verfügte Eintragung nur dann zu veranlassen, wenn dies durch Rechtsverordnung bestimmt ist (§ 74 Abs. 1 Satz 3 GBV). Anstelle einer Unterschrift ist die Eintragung in diesem Fall mit einer elektronischen Unterschrift des Urkundsbeamten zu versehen (§ 75 GBV). Grundpfandrechtsbriefe für im maschinell geführten GB eingetragene Rechte werden maschinell erstellt und nicht unterschrieben. An die Stelle der Unterschrift tritt der Name des Bediensteten, der den Brief hergestellt hat (§ 87 GBV). 3

b) Grundbuchgeschäfte. Dem Urkundsbeamten sind bestimmte GBGeschäfte zur selbstständigen Erledigung übertragen. 4

aa) **Einsicht, Abschriften, Auskunft.** Gem. § 12c Abs. 1 entscheidet der Urkundsbeamte über die Gewährung der Einsicht in das GB und die Grundakten sowie die sonstigen Verzeichnisse des GBAmts, ferner über die Erteilung von Abschriften aus dem GB und den Grundakten sowie von Auskünften aus den Verzeichnissen des GBAmts und in sonstigen vom Gesetz vorgesehenen Fällen; er entscheidet auch über Anträge auf Rückgabe von Urkunden und die Versendung von Grundakten an inländische Gerichte und Behörden (s. dazu § 17 GeschO, § 19 BayGBGA). Diese Zuständigkeiten des Urkundsbeamten bestehen grundsätzlich auch beim maschinell geführten GB. An die Stelle der GBAbschrift tritt dann der GBAusdruck (§ 131 GBO; § 78 GBV). Für die Gewährung der Einsicht in das von einem anderen GBAmt geführte GB ist nur der besonders bestimmte Bedienstete zuständig (§ 132 GBO; § 79 Abs. 3 Satz 2 GBV).

5 Sofern jedoch die Einsicht oder die Erteilung von Abschriften zu wissenschaftlichen oder **Forschungszwecken** begehrt wird, entscheidet nicht der Urkundsbeamte der Geschäftsstelle (§ 12c Abs. 1 Nr. 1); in diesen Fällen ist vielmehr im Justizverwaltungsweg zu entscheiden (§ 35 GeschO; § 37 BayGBGA). Der Urkundsbeamte ist auch dann nicht zuständig, Einsicht zu gewähren oder Abschriften zu erteilen, wenn im Gebiet der früheren DDR Grundbücher oder Grundakten von anderen als den grundbuchführenden Stellen aufbewahrt werden (vgl. § 12b Abs. 1, 2); dann ist die Leitung der aufbewahrenden Stelle oder ein von ihr ermächtigter Bediensteter zuständig. Dasselbe gilt, wenn die Grundakten oder Teile davon als Wiedergabe auf einem Bild- oder sonstigen Datenträger aufbewahrt werden und in die nicht vom GBAmt aufbewahrten Originalurkunden Einsicht gewährt werden soll oder Abschriften erteilt werden sollen (§ 12c Abs. 5 Satz 1 i.V.m. § 12b und § 10a Abs. 2 Satz 2).

6 bb) **Sonstige GBGeschäfte.** Gem. § 12c Abs. 2 ist der Urkundsbeamte ferner zuständig für die Beglaubigung von Abschriften, auch wenn diese zu wissenschaftlichen oder Forschungszwecken begehrt werden (s. dazu § 12 Rn. 26), für Verfügungen und Eintragungen zur Erhaltung der Übereinstimmung von GB und amtlichem Verzeichnis gem. § 2 Abs. 2 oder einem sonstigen hiermit in Verbindung stehenden Verzeichnis, jedoch mit Ausnahme der Verfügungen und Eintragungen, die zugleich eine Berichtigung rechtlicher Art oder die Berichtigung eines Irrtums über das Eigentum betreffen, für die Entscheidung über Ersuchen des Gerichts um Eintragung oder Löschung des Vermerks über die Eröffnung des Insolvenzverfahrens und über die Verfügungsbeschränkungen nach der InsO (s. § 38 Rn. 8) oder des Vermerks über die Einleitung des Zwangsversteigerungs- und Zwangsverwaltungsverfahrens (s. § 38 Rn. 7, 33ff.), für die Berichtigung der Eintragung des Namens, des Berufs oder des Wohnorts, nicht jedoch des Geburtsdatums (Bauer/v. Oefele Rn. 15; a.M. KEHE Rn. 13) natürlicher Personen im GB, schließlich für die Erteilung des Nachweises der Übereinstimmung der Wiedergabe einer Urkunde auf einem Bild- oder sonstigen Datenträger mit dem Original. Diese Zuständigkeiten bestehen grundsätzlich auch beim maschinell geführten GB. Eintragungen zur Erhaltung der Übereinstimmung von GB und amtlichem Verzeichnis werden unter den Voraussetzungen des § 127 jedoch maschinell aus dem Liegenschaftskataster übernommen (vgl. § 86 Abs. 1 GBV). Der an die Stelle der beglaubigten Abschrift tretende amtliche Ausdruck bedarf keiner Beglaubigung (s. dazu § 131).

cc) **Maschinell geführtes GB.** Die Zuständigkeit für die Anlegung des maschinell geführten GB einschließlich seiner Freigabe kann ganz oder teilweise dem Urkundsbeamten der Geschäftsstelle durch Rechtsverordnung der Landesregierung oder der ermächtigten Landesjustizverwaltung übertragen werden (§ 93 Satz 1 GBV). In *Bayern* ist die Freigabe des angelegten maschinell geführten GB dem Urkundsbeamten der Geschäftsstelle übertragen (§ 2 Abs. 2 der VO v. 14. 6. 1996, GVBl. 242, die ab 10. 7. 1996 an die Stelle der VO v. 14. 11. 1994, GVBl. 1021, getreten ist). 7

c) Sachliche Unabhängigkeit. Soweit dem Urkundsbeamten der Geschäftsstelle GBGeschäfte zur selbstständigen Erledigung übertragen sind (s. Rn. 4–7), ist er sachlich unabhängig. Ob und inwieweit er den Rat des GBRichters oder Rpflegers einholen und befolgen will, bleibt ihm überlassen. 8

d) Zuständigkeitsüberschreitung. Über den Fall, dass der Urkundsbeamte der Geschäftsstelle ein ihm nicht ausdrücklich zur selbständigen Erledigung übertragenes GBGeschäft wahrnimmt oder ein ihm übertragenes Geschäft vom Rpfleger oder GBRichter wahrgenommen wird, s. § 1 Rn. 19. 9

3. Ausschließung und Ablehnung. §§ 6, 7 FGG über den Ausschluss eines Richters kraft Gesetzes und über die Wirksamkeit von Handlungen eines örtlich unzuständigen oder ausgeschlossenen Richters gelten für den Urkundsbeamten der Geschäftsstelle entsprechend (§ 12c Abs. 3). Soweit ihm GBGeschäfte zur selbstständigen Erledigung übertragen sind (§ 12c Abs. 1, 2), ist er unter den Voraussetzungen des § 6 Abs. 1 FGG kraft Gesetzes ausgeschlossen und kann in entsprechender Anwendung der §§ 42ff. ZPO wegen Besorgnis der Befangenheit abgelehnt werden oder sich selbst ablehnen. Näheres hierzu s. § 11 Rn. 3ff. 10

4. Rechtsmittel. a) Die Entscheidungen des Urkundsbeamten der Geschäftsstelle sind grundsätzlich mit der Erinnerung anfechtbar. Über diese entscheidet, sofern ihr der Urkundsbeamte nicht abhilft, der GBRichter; der Rpfleger ist nicht anstelle des GBRichters zu Entscheidung befugt (§ 4 Abs. 2 Nr. 3 RpflegerG). Gegen die Entscheidung des GBRichters ist sodann die Beschwerde gegeben (§ 12c Abs. 4). Etwas anderes gilt auch bei GBEintragungen durch den Urkundsbeamten nicht. Näheres hierzu s. § 12 Rn. 31 und § 71 Rn. 10. 11

b) Soweit Grundbücher oder Grundakten von anderen als den grundbuchführenden Stellen aufbewahrt werden, ist gegen die Entscheidung der Leitung solcher Stellen (oder des hierzu 12 ermächtigten Bediensteten) über die Gewährung von Einsicht oder die Erteilung von Abschriften (s. § 12b) die GBBeschwerde gem. §§ 71 ff. gegeben; örtlich zuständig zur Entscheidung ist das LG, in dessen Bezirk die Stelle ihren Sitz hat (§ 12c Abs. 5 Satz 2, 3).

Zweiter Abschnitt. Eintragungen in das Grundbuch

Übersicht

Der 2. Abschnitt enthält das Kernstück der GBO. Er handelt von den Eintragungen in das GB, befasst sich also mit der Eintragungstätigkeit des GBAmts.

§§ 13 bis 43 regeln die Voraussetzungen einer Eintragung. Erforderlich sind im Allgemeinen ein EintrAntrag, eine EintrBewilligung, die Voreintragung des Betroffenen und bei Briefrechten die Vorlegung des Briefs; in jeder Hinsicht gelten Ausnahmen. Mit dem EintrAntrag befassen sich §§ 13 bis 17 und § 28. § 13 Abs. 1 Satz 1, Abs. 2 und 3 enthalten den Grundsatz und treffen Bestimmungen über den Eingang und die Entgegennahme des Antrags. § 13 Abs. 1 Satz 2 und § 14 behandeln die Antragsberechtigung, § 15 die Ermächtigung des Notars zur Antragstellung. §§ 16 und 28 geben einige Vorschriften über den Inhalt des Antrags. § 17 regelt die Reihenfolge der Erledigung mehrerer Anträge. Von der EintrBewilligung handeln §§ 19 bis 28. § 19 enthält den Grundsatz der einseitigen Bewilligung. § 20 durchbricht ihn für die Fälle der Auflassung eines Grundstücks und der Bestellung, Inhaltsänderung oder Übertragung eines Erbbaurechts. § 21 bringt für einen Einzelfall eine Lockerung des Grundsatzes. § 22 Abs. 1, §§ 23, 24, 25 handeln von der Ersetzung der Bewilligung durch den Nachweis der Unrichtigkeit, § 26 von der durch die Abtretungserklärung. § 22 Abs. 2 und § 27 sehen für besondere Fälle Zustimmungserklärungen vor. § 28 gibt Vorschriften über den Inhalt der Bewilligung. Mit der Voreintragung des Betroffenen befassen sich §§ 39 und 40; § 39 Abs. 1 enthält den Grundsatz, § 39 Abs. 2 und § 40 sehen Ausnahmen vor. Von der Vorlegung des Briefs handeln §§ 41 und 42, von der der Inhaberschuldverschreibungen und Orderpapiere § 43. Der EintrAntrag und die EintrBewilligung werden durch das Ersuchen einer Behörde ersetzt; von diesem handelt § 38. Bestimmungen über die Form der EintrUnterlagen enthalten §§ 29 bis 37. § 30 nimmt den EintrAntrag und die Antragsvollmacht von der Formstrenge des § 29 aus, § 31 erstreckt diese auf den Fall der Zurücknahme des Antrags, ausgenommen den Berichtigungsantrag, und den Widerruf der Antragsvollmacht. Für bestimmte, sonst kaum zu führende Nachweise wird die Formstrenge des § 29 dadurch erleichtert, dass den Eintragungen in gewissen Registern und gewissen Zeugnissen für den GBVerkehr eine ihnen sonst nicht zukommende Beweiskraft beigelegt wird;

hiervon handeln §§ 32 bis 37. Das GBAmt kann einem EintrAntrag durch Eintragung entsprechen, es kann ihn durch Zwischenverfügung beanstanden oder endgültig zurückweisen; mit den beiden letzten Möglichkeiten befasst sich § 18.

§§ 44 bis 52 befassen sich mit der Art und Weise der Eintragung. § 44 regelt ihre Form, § 46 die buchmäßige Behandlung der Löschung. Die anderen Vorschriften geben für Sonderfälle Bestimmungen über den Inhalt der Eintragung, wobei zum Teil der Antragsgrundsatz durchbrochen wird.

§ 53 handelt vom Amtswiderspruch und von der Amtslöschung. Die Eintragung eines Amtswiderspruchs kommt unter gewissen Voraussetzungen gegenüber unrichtigen Eintragungen, die Amtslöschung bei inhaltlich unzulässigen Eintragungen in Betracht. § 54 schließt die öffentlichen Grundstückslasten als solche von der Eintragung in das GB aus. §§ 55, 55a und 55b regeln die Bekanntmachung von Eintragungen.

Antrag. Zuständigkeit zur Entgegennahme

13 (1) **Eine Eintragung soll, soweit nicht das Gesetz etwas anderes vorschreibt, nur auf Antrag erfolgen. Antragsberechtigt ist jeder, dessen Recht von der Eintragung betroffen wird oder zu dessen Gunsten die Eintragung erfolgen soll.**

(2) **Der genaue Zeitpunkt, in dem ein Antrag beim Grundbuchamt eingeht, soll auf dem Antrag vermerkt werden. Der Antrag ist beim Grundbuchamt eingegangen, wenn er einer zur Entgegennahme zuständigen Person vorgelegt ist. Wird er zur Niederschrift einer solchen Person gestellt, so ist er mit Abschluß der Niederschrift eingegangen.**

(3) **Für die Entgegennahme eines auf eine Eintragung gerichteten Antrags oder Ersuchens und die Beurkundung des Zeitpunkts, in welchem der Antrag oder das Ersuchen beim Grundbuchamt eingeht, sind nur die für die Führung des Grundbuchs über das betroffene Grundstück zuständige Person und der von der Leitung des Amtsgerichts für das ganze Grundbuchamt oder einzelne Abteilungen zuständige Beamte (Angestellte) der Geschäftsstelle zuständig. Bezieht sich der Antrag oder das Ersuchen auf mehrere Grundstücke in verschiedenen Geschäftsbereichen desselben Grundbuchamts, so ist jeder zuständig, der nach Satz 1 in Betracht kommt.**

Inhaltsübersicht

1. Allgemeines ... 1
2. Antragsgrundsatz ... 3
3. Rechtsnatur des EintrAntrags ... 7
4. Materielle Wirkungen ... 9
5. Notwendiger Inhalt ... 15
6. Erlaubter Inhalt ... 21
7. Form des EintrAntrags ... 22
8. Eingang beim GBAmt ... 23
9. Zuständigkeit zur Entgegennahme ... 24
10. Erklärung zur Niederschrift ... 29
11. Eingangsvermerk ... 31
12. Zurücknahme des EintrAntrags ... 36
13. Antragsberechtigung ... 42
14. Antragsbefugnis ... 49
15. Nachweis der Antragsberechtigung ... 55
16. Verwirkung der Antragsberechtigung ... 56
17. Verzicht auf die Antragsberechtigung ... 57

1. Allgemeines. a) § 13 bestimmt, dass eine Eintragung grundsätzlich nur auf Antrag erfolgen soll, gibt Vorschriften über den Eingang und die Entgegennahme des Antrags und regelt die Berechtigung zur Antragstellung. Die Vorschrift ist durch das RegVBG neu gefasst worden. Dem EintrAntrag steht das EintrErsuchen nach § 38 gleich. 1

b) Die Bestimmung erklärt sich daraus, dass der Erwerb und die Sicherung dinglicher Rechte im Belieben der Beteiligten stehen. Aus diesem Grund kann das GBAmt die Stellung eines EintrAntrags in der Regel auch nicht erzwingen; eine Ausnahme bildet der GBBerichtungszwang nach § 82. Ob andere Geschäfte als Eintragungen von Amts wegen oder nur auf Antrag vorzunehmen sind, ist von Fall zu Fall zu beurteilen. So erfolgt die in § 10 vorgesehene Aufbewahrung von Urkunden im Fall des Abs. 1 von Amts wegen, im Fall des Abs. 3 auf Antrag; die in § 55 vorgeschriebene Bekanntmachung einer Eintragung hat, falls nicht auf sie verzichtet wird, von Amts wegen zu geschehen; bei der Erteilung und Ergänzung von Briefen wird das GBAmt von Amts wegen tätig, soweit nicht § 57 Abs. 3, §§ 63, 65, 66, 67 einen Antrag verlangen.

c) Im Gebiet der **früheren DDR** kommt bei bestimmten Rechtslagen während einer Übergangszeit dem Zeitpunkt, in dem der EintrAntrag beim GBAmt eingeht, eine besondere Bedeutung zu; s. dazu Böhringer Rpfleger 1996, 177. 2

2. Antragsgrundsatz. a) Geltungsgebiet. Der Antragsgrundsatz gilt nur für Eintragungen im Sinn des 2. Abschnitts der GBO, also nicht für das Anlegungsverfahren nach §§ 116 ff.; ferner nur für 3

Eintragungen, die sich auf Rechtsverhältnisse beziehen, also nicht für Eintragungen rein tatsächlicher Art (s. dazu § 22 Rn. 22), wie z.B. die Berichtigung von Eigenschaftsangaben eines Grundstücks oder die Berichtigung einer falschen Bezeichnung des Berechtigten (KGJ 34, 295; JFG 8, 243), sonst für Eintragungen aller Art, mithin auch für Berichtigungen und Löschungen.

4 **b) Bedeutung.** aa) **Fassung der Eintragung.** Soweit der Antragsgrundsatz reicht, darf das GBAmt vom gestellten Antrag nicht abweichen; dies bedeutet jedoch nicht, dass das GBAmt an Vorschläge des Antragstellers bezüglich der Fassung der Eintragung gebunden ist (RG 50, 153; KGJ 50, 153; KG Rpfleger 1966, 305; BGH 47, 46 = Rpfleger 1967, 111; BayObLG 1981, 119; Rpfleger 1988, 309); es hat vielmehr das mit dem EintrAntrag Gewollte von sich aus klar zum Ausdruck zu bringen (BayObLG 1956, 203; 1960, 238 = DNotZ 1960, 599; KG Rpfleger 1993, 16); die Auffassung des OLG Düsseldorf Rpfleger 1963, 287 (s. auch DNotZ 1971, 724) und des OLG Schleswig Rpfleger 1964, 82, dass das GBAmt der vom Antragsteller vorgeschlagenen Fassung der Eintragung zu entsprechen habe, falls diese weder ungesetzlich sei noch die Übersichtlichkeit des GB gefährde, lässt sich aus dem Antragsgrundsatz nicht ableiten (s. dazu auch Haegele/Riedel Rpfleger 1963, 262). Es steht dem GBAmt aber nicht frei, unter zwei Namen, die ein Berechtigter zulässigerweise im allgemeinen Rechtsverkehr führt, einen anderen als den vom Antragsteller selbst zu seiner Bezeichnung angegebenen für den EintrVermerk auszuwählen (BayObLG 1972, 378; Rpfleger 1988, 309). Diese Grundsätze gelten auch bei einem Ersuchen gemäß § 38 (JFG 14, 379). Mitunter schreibt jedoch das Gesetz den Wortlaut der Eintragung vor (vgl. § 6 HöfeVfO).

5 bb) **Keine Ermittlungen.** Der Antragsteller hat sämtliche zur Eintragung erforderlichen Unterlagen vorzulegen; eine Beweisaufnahme findet nicht statt (s. § 1 Rn. 51). Dies gilt auch für die GBBerichtigung (JFG 11, 324). Eine Verweisung auf Akten desselben Amtsgerichts ist zulässig (OLG München JFG 20, 373; JFG 23, 299). Voraussetzung hierfür ist jedoch, dass die Akten und die darin befindlichen Urkunden, auf die verwiesen wird, ausreichend bezeichnet sind, so dass sie vom GBamt ohne weitere Ermittlungen festgestellt werden können (BayObLG Rpfleger 1987, 451). Über die Verwendung der bei den Grundakten befindlichen Urkunden durch andere Antragsteller s. § 31 Rn. 13. Im Antragsverfahren ist das GBAmt zur Anstellung von Ermittlungen weder berechtigt noch verpflichtet; § 12 FGG gilt nicht (KGJ 27, 110; 52, 166; KG OLG 43, 173; Rpfleger 1968, 224; OLG Hamm Rpfleger 1958,

15; BGH 30, 258; 35, 139 = Rpfleger 1961, 233; BayObLG 1969, 281; 1971, 257; Rpfleger 1982, 467); die Beibringung fehlender Unterlagen und die Beseitigung von Zweifeln ist dem Antragsteller durch Zwischenverfügung aufzugeben (BayObLG 1973, 249 = Rpfleger 1973, 429). Kenntnisse, die sich das GBAmt durch eigene Ermittlungen verschafft hat, zu denen es nicht berechtigt war, darf es jedenfalls dann nicht unbeachtet lassen, wenn es dadurch das GB unrichtig machen würde (BayObLG DNotZ 1990, 741; a. M. KG Rpfleger 1968, 224).

cc) **Ausländisches Recht.** Die Kenntnis etwa anzuwendenden ausländischen Rechts hat sich das GBAmt auch im Antragsverfahren grundsätzlich selbst zu verschaffen (JFG 20, 178). Dazu hat es das Erforderliche von Amts wegen zu veranlassen. Wie es dabei vorgeht, steht in seinem pflichtgemäßen Ermessen (vgl. BayObLG FGPrax 1998, 240). In Betracht kommt die Erholung von Rechtsgutachten wissenschaftlicher Institute der Universitäten oder von Rechtsauskünften privater oder öffentlicher Stellen des In- und Auslands. Insbesondere bietet sich aber die Erholung von Rechtsauskünften nach dem Europäischen Übereinkommen betreffend Auskünfte über ausländisches Recht v. 7. 6. 1968 (BGBl. II 1974, 938; Ges. v. 5. 7. 1974, BGBl. II 937; AusfG v. 5. 7. 1974, BGBl. I 1433; in Kraft getreten am 19. 3. 1975, Bek. v. 4. 3. 1975, BGBl. II 300) an; zu den Vertragsparteien des Übereinkommens s. Fundstellennachweis B zum BGBl. II v. 31. 1. 2001 S. 499.

dd) **Völkerrecht.** Die allgemeinen Regeln des Völkerrechts (Völkergewohnheitsrecht) sind gem. Art. 25 GG Bestandteil des Bundesrechts. Ihre Kenntnis hat sich das GBAmt von Amts wegen zu verschaffen. Dagegen sind völkerrechtliche Verträge, die nicht gem. Art. 59 Abs. 2 GG als deutsches Recht übernommen wurden, vom Antragsteller in der für ausländische öffentliche Urkunden erforderlichen Form (s. dazu § 29 Rn. 50) nachzuweisen. Völkerrechtliche Fragen treten insbes. dann auf, wenn im GB ein ausländischer Staat oder eine ausländische öffentliche Stelle als Eigentümer oder Berechtigter eingetragen ist und das Auslandsvermögen des Staats infolge Aufspaltung oder Auflösung übergegangen ist. S. dazu § 104 a GBV, § 19 Rn. 46 und Demharter VIZ 1998, 65.

c) Ausnahmen. Der Grundsatz, dass eine Eintragung nur auf 6
Antrag erfolgen soll, ist durch zahlreiche Ausnahmen durchbrochen. Aus der GBO selbst sind hervorzuheben § 9 Abs. 2 und 3, § 18 Abs. 2, § 23 Abs. 1, § 45 Abs. 1 und 2, §§ 48, 51, 52, 53 Abs. 1, § 68 Abs. 3, § 76 Abs. 2, §§ 82 a, 84 ff., 90 ff.; außerhalb der GBO ist auf § 54 Abs. 1 Satz 2, § 143 Abs. 2 Satz 2 BauGB, § 4 Abs. 1 Satz 1, § 5 Abs. 1, § 8 Abs. 3, § 15 Satz 2 und § 24 Abs. 3

GBMaßnG sowie Art. 8 Abs. 2 Satz 2 des Ges. v. 22. 6. 1977 (BGBl. I 998) hinzuweisen. S. dazu auch Rn. 3. Wo das GBAmt von Amts wegen einzutragen hat, erweist sich ein „Antrag" nur als Anregung der Amtstätigkeit; eine derartige Anregung fällt nicht unter § 17. Im Amtsverfahren gilt § 12 FGG (s. § 1 Rn. 47); also keine Zwischenverfügung, sondern Amtsermittlungen; zur Eintragung eines Eigentümers, z. B. gemäß § 82 a, ist eine Unbedenklichkeitsbescheinigung der Finanzbehörde (s. § 20 Rn. 48) nicht erforderlich (a. M. KG JR 1953, 186).

7 **3. Rechtsnatur des EintrAntrags. a)** Der Antrag ist das an das GBAmt gerichtete Begehren, eine Eintragung vorzunehmen, also keine rechtsgeschäftliche Willenserklärung, sondern **reine Verfahrenshandlung** (RG 54, 384; OLG Düsseldorf NJW 1956, 877; OLG Hamm Rpfleger 1992, 474). § 130 BGB kann daher nur entsprechend angewendet werden. Dass der Antrag wirksam erst mit dem Eingang beim GBAmt gestellt ist (OLG Hamm Rpfleger 1973, 305), ergibt sich jedoch unmittelbar aus seiner Natur als Verfahrenshandlung. Bis zu diesem Zeitpunkt muss der Antragsteller rechts- und geschäftsfähig sein; unschädlich ist es jedoch, wenn er nach Absendung stirbt oder geschäftsunfähig bzw. in seiner Geschäftsfähigkeit beschränkt wird (KGJ 44, 174). Sind in einer Urkunde mehrere Anträge gestellt, erklärt der Antragsteller aber, dass einer von ihnen noch nicht erledigt werden soll, so gilt dieser Antrag als noch nicht eingegangen (OLG Hamm Rpfleger 1973, 305). Eine Anfechtung des Antrags ist unzulässig (BayObLG Rpfleger 1999, 100); er kann jedoch bis zur Vollendung der Eintragung jederzeit zurückgenommen werden (s. Rn. 36). Der Antrag kann, wie § 30 ergibt, auch durch einen Bevollmächtigten gestellt werden.

8 **b)** Der Antrag ist **kein Erfordernis der Rechtsänderung** (RG JurRdsch. 1926 Nr. 938). Diese wird, falls ihre sonstigen Voraussetzungen gegeben sind, durch die Eintragung auch dann herbeigeführt, wenn dem Antragsteller die Antragsberechtigung gefehlt oder überhaupt kein Antrag vorgelegen hat (BGH 141, 347 = NJW 1999, 2369; BayObLG 1988, 127).

9 **4. Materielle Wirkungen. a) Verfügungsbeschränkungen.** Der Eingang des Antrags beim GBAmt ist maßgebend für die Wirkung von Verfügungsbeschränkungen.

aa) Treten sie nach Stellung des Antrags ein, so hindern sie nach § 878 BGB die Vollendung des Rechtserwerbs nicht, wenn die von dem Berechtigten gemäß §§ 873, 877 BGB abgegebene Erklärung vorher **bindend geworden** ist; dies ist nicht der Fall, wenn die Erklärung noch nicht wirksam geworden ist, weil eine erforderliche Genehmigung, z.B. nach dem GrdstVG aussteht. Voraussetzung ist aber ein wirksamer Antrag, der nicht vorliegt, wenn er nur von dem Berechtigten im Sinn des § 878 BGB (oder vom Notar gem. § 15 nur für ihn) gestellt worden ist, weil mit dem Wegfall seiner Verfügungsbefugnis seine Antragsbefugnis entfällt, auch wenn seine Bewilligungsbefugnis bei Vorliegen eines wirksamen Antrags als fortbestehend angesehen würde (KEHE § 19 Rn. 90; Venjakob Rpfleger 1991, 284; a.M. KG Rpfleger 1975, 89; Palandt § 878 Rn. 16; Meikel Anh. zu §§ 19, 20 Rn. 80; offengelassen von BGH Rpfleger 1988, 543). § 878 BGB ist kraft ausdrücklicher Vorschrift auch in den Fällen des § 880 Abs. 2, § 1109 Abs. 2, § 1116 Abs. 2, § 1132 Abs. 2, § 1154 Abs. 3, § 1168 Abs. 2, § 1180 Abs. 2 und § 1196 Abs. 2 BGB anzuwenden; entsprechende Anwendung ist geboten auf den Eigentumsverzicht nach § 928 BGB sowie auf die Bewilligung einer Vormerkung (JFG 4, 338; BayObLG 1954, 99 = DNotZ 1954, 396; BGH 28, 185) oder die rechtsgeschäftliche Aufhebung einer solchen (OLG Köln Rpfleger 1973, 299). Eine entsprechende Anwendung auf einseitige, widerrufliche Erklärungen, wie z.B. die Teilungserklärung nach § 8 WEG, ist nicht möglich (LG Köln MittRhNotK 1984, 16; a.M. Bauer/v. Oefele § 19 Rn. 165; LG Leipzig MittBayNot 2000, 324 mit Anm. v. Egerland NotBZ 2000, 343 für den Fall, dass vor Eintritt der Verfügungsbeschränkung die Eintragung von Auflassungsvormerkungen an den Wohnungen bewilligt und beantragt wurde). Für den Erwerb im Weg der Zwangsvollstreckung gilt § 878 BGB nicht (RG 84, 265; KG HRR 1934 Nr. 167; BGH 9, 250; a.M. Wacke ZZP 82, 377; Böhringer BWNotZ 1985, 103), wohl aber im Fall des § 894 ZPO. Zur Frage seiner Anwendbarkeit in Fällen, in denen ein Nichtberechtigter mit Einwilligung des Berechtigten verfügt hat, s. einerseits BayObLG 1960, 456 = DNotZ 1961, 198, andererseits OLG Köln Rpfleger 1975, 20, dessen Vorlegungsbeschluss jedoch zu keiner klärenden Entscheidung des BGH geführt hat.

bb) Wird der **Antrag zurückgenommen** oder zurückgewiesen **10**
und nach Wirksamwerden der Verfügungsbeschränkung abermals gestellt, so ist die Anwendung des § 878 BGB ausgeschlossen (BayObLG 11, 397); anders, wenn der Antrag zunächst durch Zwischenverfügung beanstandet und dann nach Wirksamwerden der Verfügungsbeschränkung ergänzt wird (OLG Celle OLG 17, 352; KG DNotZ 1930, 631). Wird der den Antrag zurückweisende Beschluss vom GBAmt oder vom Beschwerdegericht aufgehoben, so lebt der Antrag mit den Wirkungen aus § 878 BGB grundsätzlich wieder auf (s. § 18 Rn. 17). Dies gilt aber nicht, wenn die

Aufhebung auf neuen Tatsachen beruht. Denn mit der rechtmäßigen Zurückweisung eines unvollständigen EintrAntrags endet die Schutzwirkung des § 878 BGB endgültig (BGH 136, 87 = NJW 1997, 2751 mit Anm. v. Gerhardt JZ 1998, 159 und Schreiber JR 1998, 236).

11 cc) § 878 BGB gilt sowohl für **relative als auch für absolute** Verfügungsbeschränkungen (RG 113, 409; JFG 9, 182; OLG München JFG 17, 164); jedoch nicht, wenn sie, wie z.B. im Fall des § 75 BVersG, erst mit der Eintragung in das GB entstehen (JFG 9, 182 zu § 77 RVersG). Unanwendbar ist § 878 BGB bei Eintritt eines absoluten Belastungsverbots (KG JW 1934, 1245 zu § 8 SchRegG), bei Beschränkung der Geschäftsfähigkeit (KG HRR 1936 Nr. 361), bei unbedingten und relativen Erwerbsverboten (RG 120, 118) sowie bei Wegfall der Rechtsinhaberschaft (über die Bindung des Nacherben an rechtmäßige Verfügungen des Vorerben s. jedoch KG DR 1941, 2196). Wegen des Wegfalls der Befugnis, über fremdes Vermögen zu verfügen, s. § 19 Rn. 62.

12 **b) Guter Glaube.** aa) Maßgebender **Zeitpunkt** für die einen gutgläubigen Erwerb hindernde Kenntnis der Unrichtigkeit des GB ist der Zeitpunkt, in dem sich der Rechtserwerb vollendet. Der Erwerber muss daher grundsätzlich auch noch im Zeitpunkt der Eintragung gutgläubig sein (BGH NJW 2001, 359). Dabei wird der gute Glaube auch an die Richtigkeit einer Eintragung geschützt, die gleichzeitig mit der Eintragung des Erwerbers vorgenommen wird. Daher ist ein gutgläubiger lastenfreier Erwerb möglich, wenn zugleich mit der Eintragung des Erwerbers eines Grundstücks ein dingliches Recht versehentlich nicht mitübertragen wird (vgl. § 46 Rn. 15, 20).

bb) **Zugunsten des Erwerbers** ist jedoch, sofern die nach § 873 BGB erforderliche Einigung nicht erst später zustandekommt, für den guten Glauben der Zeitpunkt maßgebend, in dem der Antrag auf Eintragung eingeht, sonst der der Einigung (§ 892 Abs. 2 BGB). Wird der Erwerber nach diesem Zeitpunkt bösgläubig, schadet dies nicht. Der Schutz des guten Glaubens versagt aber dann, wenn vor der Eintragung das GB richtig wird oder ein Widerspruch eingetragen wird. Dazu und zu den Besonderheiten bei gutgläubigem Erwerb einer Vormerkung s. § 53 Rn. 39.

cc) Das GBAmt darf durch Eintragung keinen Rechtserwerb herbeiführen, von dem es weiß, dass er sich nur **kraft guten Glaubens** vollziehen kann (JFG 18, 208; eingehend KG Rpfleger 1973, 21; BayObLG 1994, 71 = Rpfleger 1994, 453; OLG Karlsruhe Rpfleger 1998, 68; OLG Dresden NotBZ 1999, 261; Palandt § 892 Rn. 1; Meikel § 53 Rn. 85; Bestelmeyer Rpfleger 1997,

424; offengelassen von OLG Zweibrücken FGPrax 1997, 127; a. M. Lenenbach NJW 1999, 923; str.; s. hierzu § 19 Rn. 59; § 22 Rn. 52; § 38 Rn. 36). Ist jedoch für den Erwerber eine von diesem gutgläubig erworbene Vormerkung eingetragen worden, hat das GBAmt die Eintragung vorzunehmen, die den gutgläubigen Erwerb des durch die Vormerkung gesicherten dinglichen Rechts herbeiführt (OLG Karlsruhe Rpfleger 1998, 68; OLG Dresden NotBZ 1999, 261). In diesem Fall hindert auch ein nach Eintragung der Vormerkung eingetragener Amtswiderspruch den gutgläubigen Erwerb nicht (s. dazu § 53 Rn. 39).

c) Arresthypothek. Unmaßgeblich ist der Eingang des Antrags für die Entstehung einer Arresthypothek; § 929 Abs. 3 ZPO hat für das sachliche GBRecht keine Bedeutung; die Arresthyp. entsteht ebenso wie die Zwangshyp. erst mit der Eintragung; auch im Rahmen der §§ 88, 139 InsO ist diese entscheidend (vgl. BayObLG 1954, 192 = NJW 1955, 144). 13

d) Rang. Der früher beantragten Eintragung gebührt der Rang vor einer später beantragten (§§ 17, 45). Der Rang selbst richtet sich jedoch ausschließlich nach der Eintragung im GB (s. darüber § 45 Rn. 4). Zur Wahrung des Rangs durch den früher gestellten Antrag, wenn dieser zunächst zurückgewiesen, ihm aber auf Beschwerde stattgegeben wird, s. § 18 Rn. 17 und § 74 Rn. 12, 13. 14

5. Notwendiger Inhalt. Der Antrag muss das Begehren einer Eintragung, den Antragsteller und den Inhalt der begehrten Eintragung erkennen lassen. Als verfahrensrechtliche Erklärung ist der EintrAntrag einer Auslegung zugänglich (OLG Hamm Rpfleger 1992, 474; BayObLG DNotZ 1994, 891; OLG Frankfurt Rpfleger 1996, 104); es gilt § 133 BGB entsprechend (zu den Auslegungsgrundsätzen s. § 19 Rn. 28). Dagegen scheidet eine Umdeutung nach § 140 BGB grundsätzlich aus (vgl. § 19 Rn. 30). 15

a) EintrBegehren. Die Sicherheit des GBVerkehrs verlangt klare Ausdrucksweise; bestimmte Ausdrücke, insbes. der Gebrauch des Wortes „beantragen", sind jedoch nicht vorgeschrieben. Wird eine Eintragung begehrt, die eine andere Eintragung, z. B. die Voreintragung des Berechtigten, zur notwendigen Voraussetzung hat, so ist eine Auslegung des EintrAntrags dahin möglich, dass auch diese Eintragung beantragt ist (BayObLG Rpfleger 1979, 106). Im Zweifel ist die zulässige Eintragung als gewollt anzusehen (KG JW 1924, 2047; BayObLG 1976, 298 = Rpfleger 1977, 60; BayObLG Rpfleger 1982, 141). Ob in der EintrBewilligung auch ein EintrAntrag liegt, ist Auslegungsfrage; in der Regel ist dies nicht der Fall. Über die grundsätzliche Unzulässigkeit von Vorbehalten s. § 16. 16

17 **b) Antragsteller.** Dem Antrag muss die Person des Antragstellers entnommen werden können, damit die Antragsberechtigung geprüft werden kann.

18 **c) EintrInhalt.** aa) Der Antrag kann auf die EintrBewilligung Bezug nehmen, sich also auf das Begehren der „bewilligten Eintragung" beschränken (OLG Karlsruhe OLG 4, 82). § 28 braucht er nur zu genügen, wenn er die EintrBewilligung ersetzen soll oder eine solche nicht erforderlich ist.

19 bb) EintrAntrag und EintrBewilligung müssen sich **inhaltlich decken** (OLG München JFG 22, 33; OLG Düsseldorf DNotZ 1950, 41; BayObLG 1976, 188; Rpfleger 1978, 447; BayObLG 1992, 138 = Rpfleger 1993, 15; OLG Hamm Rpfleger 1988, 404); so wenig der Antrag über die Bewilligung hinausgehen darf, so wenig darf er hinter ihr zurückbleiben, es sei denn, dass die Bewilligung dies ausdrücklich oder stillschweigend gestattet (BayObLG 1955, 53; 1991, 102 = Rpfleger 1991, 303; LG Köln DNotZ 1955, 398). Danach ist ein **Teilvollzug** zulässig, wenn der Eigentümer mehrerer mit einem Gesamtgrundpfandrecht belasteter Grundstücke unter Bezugnahme auf die Bewilligung des Gläubigers, das Recht in allen Grundbüchern zu löschen, die Löschung nur an einem Grundstück beantragt (OLG Hamm Rpfleger 1998, 511; s. dazu § 19 Rn. 21 und § 27 Rn. 8). Entsprechendes gilt, wenn einer von mehreren Miteigentümern des mit einem Grundpfandrecht belasteten Grundstücks der Löschung nicht zustimmt (LG München I NotBZ 2001, 308). Sind mehrere Rechtsänderungen zur Eintragung bewilligt und stehen die bewilligten Eintragungen in einem inneren Zusammenhang, so darf sich der Antrag nicht auf eine der bewilligten Eintragungen beschränken (BayObLG 1948/51, 516). Unschädlich sind bloße Abweichungen in der Bezeichnung des Berechtigten; so kann auf Grund einer auf den Erblasser lautenden Bewilligung die Eintragung der Erben beantragt werden (JFG 7, 325; LG Düsseldorf Rpfleger 1987, 14); ebenso kann sich bei einer auf die Firma eines Einzelkaufmanns lautenden Bewilligung der Antrag auf die Eintragung des nachgewiesenen Firmeninhabers richten (KG HRR 1930 Nr. 737). S. in diesem Zusammenhang auch § 33 Rn. 25.

20 cc) Stützt sich der Antrag auf eine andere EintrUnterlage als eine EintrBewilligung, so muss er § 28 entsprechen und mit dem Inhalt der Unterlage übereinstimmen. Die Eintragung einer Zwangshyp. kann jedoch auch für einen hinter der Höhe des Schuldtitels zurückbleibenden Betrag beantragt werden (RG 71, 315).

21 **6. Erlaubter Inhalt.** Der Antrag kann, auch wenn die EintrBewilligung nichts darüber sagt, enthalten:

- Vorbehalte des Inhalts, dass von mehreren beantragten Eintragungen die eine nicht ohne die andere erfolgen soll (§ 16 Abs. 2). 22
- Bestimmungen über das Rangverhältnis (§ 45 Abs. 3), über die Person des Briefempfängers (§ 60 Abs. 2) sowie über die Erteilung von Briefen (§§ 63, 65).

7. Form des EintrAntrags. S. § 30 Rn. 5.

23 **8. Eingang beim GBAmt. a)** Ein Antrag ist beim GBAmt eingegangen, wenn er einer zur Entgegennahme zuständigen Person vorgelegt ist, d. h. in deren Besitz kommt (§ 13 Abs. 2 Satz 2). Nur dieser Zeitpunkt ist maßgebend; also nicht der frühere, zu dem der Antrag an das Amtsgericht als solches gelangt, noch der spätere, zu dem die zuständige Person eine ihr verschlossen vorgelegte Sendung öffnet, von dem Inhalt der Urkunde Kenntnis nimmt oder den Eingangsvermerk anbringt (§ 19 Abs. 1 und 2b GeschO). Wird der Antrag am letzten Tag der Frist nach Dienstschluss in den Nachtbriefkasten des GBAmts eingeworfen, wird die Frist nicht gewahrt (OLG Düsseldorf Rpfleger 1993, 488). S. dazu auch LG Hamburg MDR 1973, 138. Diese Grundsätze gelten nach Ansicht des BGH jedoch nicht für den in § 932 Abs. 3 ZPO genannten Antrag (s. Anh. zu § 26 Rn. 43).

b) Der Antragsteller kann bestimmen, dass über den Antrag erst nach Ablauf einer bestimmten Frist entschieden werden solle; dann gilt der Antrag erst mit Ablauf der Frist als eingegangen. Ein mangelbehafteter Antrag gilt erst mit Behebung des Mangels als eingegangen, es sei denn, der Mangel wird mit rückwirkender Kraft behoben (s. § 18 Rn. 8).

24 **9. Zuständigkeit zur Entgegennahme.** Sie ergibt sich aus § 13 Abs. 3. Die Zuständigkeit der dort genannten Personen ist zur Vermeidung von Schadensfällen (vgl. RG WaRn. 1929 Nr. 149) eine ausschließliche.

a) Zuständig ist der mit der Führung des GB über das betroffene Grundstück beauftragte Rpfleger (§ 3 Nr. 1 Buchst. h RpflegerG), also kein anderer Rpfleger; der Grundsatz, dass die Amtshandlung eines nach der Geschäftsverteilung unzuständigen Organs des GBAmts wirksam ist (s. § 1 Rn. 24), gilt hier nicht; wegen der Entgegennahme eines Antrags durch den GBRichter s. jedoch § 8 Abs. 1 RpflegerG.

25 **b)** Zuständig ist außerdem der von der Leitung des Amtsgerichts bestellte Beamte oder Angestellte der Geschäftsstelle; die Bestellung kann für das ganze GBAmt oder für einzelne Abteilungen erfolgen.

26 **c)** Bezieht sich der Antrag auf **mehrere Grundstücke** in verschiedenen Geschäftsbereichen desselben GBAmts, so ist jede der vorgenannten Personen zuständig, welche die Zuständigkeit zur Entgegennahme von Anträgen für eines der betroffenen Grundstücke besitzt. Werden die Grundbücher von verschiedenen GBÄmtern geführt, so muss der Antrag bei jedem GBAmt gesondert eingehen.

27 **d)** Ist die zuständige Person nicht ausschließlich mit Aufgaben des GBAmts betraut, so kommt es auf den Willen des Antragstellers an und auf seine Auffassung von der Art, wie er seinen Antrag behandelt wissen will. Unerheblich ist, ob die Person den Antrag als EintrAntrag ordnungsmäßig behandelt (JFG 10, 244).

28 **e)** Gelangen nach den für das Amtsgericht bestehenden allgemeinen Bestimmungen EintrAnträge nicht unmittelbar an eine zur Entgegennahme zuständige Person, so sind sie von dem annehmenden Beamten unverzüglich dahin abzugeben; entsprechendes gilt, wenn in einer gerichtlichen Verhandlung, insbes. der freiwilligen Gerichtsbarkeit, EintrAnträge gestellt werden oder wenn solche Anträge mit einem in anderer Angelegenheit an das Amtsgericht gerichteten Gesuch verbunden sind (§ 19 Abs. 6 GeschO, § 21 Abs. 4 BayGBGA).

f) Bei der Auswahl der auf Gerichtstagen tätigen Bediensteten ist darauf zu achten, dass möglichst eine zur Entgegennahme von EintrAnträgen zuständige Person anwesend ist (§ 19 Abs. 7 GeschO).

29 **10. Erklärung zur Niederschrift. a)** Wird der Antrag, was seit der Änderung des § 29 durch § 57 Abs. 7 BeurkG nur noch bei reinen Anträgen möglich ist, zur Niederschrift gestellt (s. dazu § 30 Rn. 5) und fehlt dem aufnehmenden Beamten die Zuständigkeit zur Entgegennahme des Antrags, so gilt für dessen Eingang § 13 Abs. 2 Satz 2. Ist der aufnehmende Beamte dagegen auch zur Entgegennahme des Antrags zuständig, so ist dieser mit Abschluss der Niederschrift eingegangen (§ 13 Abs. 2 Satz 3).

30 **b)** Für die Niederschrift über den reinen Antrag fehlt es an bundesrechtlichen Vorschriften. Wann sie abgeschlossen ist, richtet sich daher nach etwa vorhandenen landesrechtlichen Bestimmungen. Fehlt es an solchen, so wird zwar nicht die Unterschrift des Antragstellers, wohl aber die des aufnehmenden Beamten als erforderlich erachtet werden müssen (vgl. auch § 19 Abs. 3 GeschO, § 21 Abs. 3 BayGBGA).

31 **11. Eingangsvermerk.** Der Zeitpunkt, zu dem der Antrag beim GBAmt eingeht, ist im Hinblick auf §§ 17 und 45 von erheblicher Bedeutung. Er soll dementsprechend auf dem Antrag ge-

nau vermerkt werden (§ 13 Abs. 2 Satz 1). Im Einzelnen gilt folgendes:

a) Die Zuständigkeit zur Beurkundung des Eingangszeitpunkts deckt sich mit der zur Entgegennahme des Antrags (§ 13 Abs. 3; s. Rn. 24). Die Anbringung des Eingangsvermerks ist Aufgabe der zur Entgegennahme befugten Person, welcher der Antrag zuerst vorgelegt wird (§ 19 Abs. 2a Satz 1 GeschO, § 21 Abs. 1 Satz 1 BayGBGA).

b) Der Eingangsvermerk ist auf jedes Schriftstück zu setzen, das **32**
einen Antrag enthält; also auch auf eine nach § 13 Abs. 2 Satz 3 aufgenommene Niederschrift; ebenso auf das Anschreiben des Notars, wenn dieser einen EintrAntrag der Beteiligten wiederholt. Nicht dagegen auf ein reines Anschreiben sowie auf die Beilagen des Antrags, es sei denn, dass sie ihrerseits einen EintrAntrag enthalten. Der Vermerk soll möglichst in der rechten oberen Ecke der ersten Seite angebracht werden und die Zahl etwaiger Beilagen verlautbaren (§ 19 Abs. 2c GeschO, § 21 Abs. 1 Satz 2, Abs. 2 BayGBGA).

c) Der Zeitpunkt des Eingangs ist **so genau wie möglich,** also **33**
nach Tag, Stunde und Minute anzugeben; denn die Eingangsfolge mehrerer Anträge muss einwandfrei festgestellt werden können (§ 19 Abs. 2a Satz 2 GeschO, § 21 Abs. 1 Satz 2 BayGBGA). Zu beurkunden ist der Zeitpunkt der Vorlegung; die Reihenfolge der Brieföffnung ist unwesentlich; mehrere gleichzeitig vorgelegte Anträge erhalten den gleichen Eingangsvermerk (§ 19 Abs. 2b GeschO).

d) Der Eingangsvermerk ist von der zuständigen Person mit dem **34**
ausgeschriebenen Namen zu unterzeichnen (§ 19 Abs. 2a Satz 2 GeschO, § 21 Abs. 1 Satz 4 BayGBGA).

e) Wird ein den Eingangsvermerk tragendes Schriftstück heraus- **35**
gegeben, so ist der Eingangsvermerk auf die nach § 10 Abs. 1 Satz 2 zurückzubehaltende beglaubigte Abschrift beglaubigt mitzuübertragen (§ 19 Abs. 5 GeschO, § 21 Abs. 5 BayGBGA).

f) Über die weitere geschäftsmäßige Behandlung der EintrAnträge s. §§ 20ff. GeschO, §§ 22ff. BayGBGA.

12. Zurücknahme des EintrAntrags. a) Sie ist bis zur Voll- **36**
endung der Eintragung, d.h. bis zu ihrer Unterzeichnung (s. § 44 Rn. 58; zu dem beim maschinell geführten GB maßgebenden Zeitpunkt s. § 129) zulässig (OLG Celle Rpfleger 1989, 499). Ob die Eintragung bereits verfügt wurde, ist unerheblich (BayObLG 1954, 146).

b) Jeder Antragsteller kann nur den von ihm selbst oder seinem **37**
Vertreter gestellten Antrag zurücknehmen, nicht dagegen Anträge,

die andere Beteiligte, wenn auch in derselben Urkunde, gestellt haben (OLG Schleswig SchlHA 1959, 197). Über letztere hat das GBAmt zu entscheiden (KGJ 24, 95; OLG Jena Rpfleger 2001, 298). Zur Zurücknahme eines vom Erblasser gestellten Antrags bei Erbengemeinschaft s.OLG Düsseldorf NJW 1956, 877. Zur Zurücknahme des Antrags durch den Notar s. § 15 Rn. 7ff.

Ist einem in Gütergemeinschaft lebenden Ehegatten ein Grundstück zu Alleineigentum aufgelassen worden, so bedarf er zur Zurücknahme des Antrags auf Eintragung beider Ehegatten als Miteigentümer in Gütergemeinschaft nicht der Zustimmung des anderen Ehegatten.

38 **c)** Rechtsgeschäftliche und **gesetzliche Vertretung** sind zulässig. Der Insolvenzverwalter kann den Antrag des Schuldners des Insolvenzverfahrens zurücknehmen. Ob die Vollmacht zur Stellung eines Antrags auch zu dessen Zurücknahme ermächtigt, ist Auslegungsfrage. Über die Antragszurücknahme durch den Notar s. § 15 Rn. 17.

39 **d)** Dass der Antragsteller anderen Beteiligten gegenüber nach § 873 Abs. 2, § 875 Abs. 2 BGB **gebunden** ist, hindert die Zurücknahme des Antrags nicht; andererseits lässt die Zurücknahme die eingetretene Bindung sowie die Wirksamkeit der EintrBewilligung unberührt (JFG 8, 229; KG Rpfleger 1972, 174; BayObLG 1972, 215). Die anderen Beteiligten können sich gegen die Zurücknahme dadurch schützen, dass sie ihrerseits die Eintragung beantragen; sie haften dann aber auch für die Kosten (§ 2 Nr. 1 KostO); s. dazu eingehend Wörbelauer DNotZ 1965, 529ff. Das GBAmt hat einen ihm gegenüber erklärten Verzicht auf die Zurücknahme nicht zu beachten (OLG Düsseldorf NJW 1956, 877; BayObLG 1972, 215; 1985, 158 = Rpfleger 1985, 356); dasselbe gilt von einer anderen Beteiligten gegenüber eingegangenen Verpflichtung, den Antrag nicht zurückzunehmen.

40 **e)** Auch eine **teilweise Zurücknahme** ist zulässig. Sie ist unbedenklich, wenn gleichzeitig die EintrBewilligung und im Fall des § 20 auch die dingliche Einigung entsprechend geändert werden (BayObLG 1991, 102 = Rpfleger 1991, 303) oder wenn nur die Teile des Antrags eingeschränkt werden, über die sich die EintrBewilligung nicht auszusprechen hat (s. Rn. 21). Hat sie jedoch zur Folge, dass sich der verbleibende Antrag mit der EintrBewilligung nicht mehr deckt, so ist er zu beanstanden oder zurückzuweisen (a.M. OLG München JFG 22, 30, das die teilweise Zurücknahme in diesem Fall als unzulässig erachtet). In aller Regel wird die teilweise Zurücknahme des EintrAntrags dahin auszulegen sein, dass damit auch die EintrBewilligung entsprechend eingeschränkt wird.

Dies setzt aber voraus, dass der Antrag von demjenigen zurückgenommen wird, der die Eintragung bewilligt hat. Hat der Notar den Antrag nach § 15 gestellt, bedarf er zur Einschränkung der EintrBewilligung einer besonderen Vollmacht (BayObLG MittBayNot 1996, 36).

f) Eine **Anfechtung** der Zurücknahme ist unzulässig; der Antrag kann jedoch jederzeit wiederholt werden, ist dann aber als neuer Antrag zu behandeln (KG HRR 1928 Nr. 587). **41**

g) Über die Form der Zurücknahme s. § 31.

13. Antragsberechtigung. a) Grundsatz. Auch im GBVerfahren setzt ein Antrag ein Rechtsschutzbedürfnis voraus; dieses fehlt, wenn der Antragsteller kein schutzwürdiges Interesse an der beantragten Eintragung hat (vgl. OLG Brandenburg FGPrax 1997, 118). Mit der Antragsberechtigung ist grundsätzlich auch das Rechtsschutzbedürfnis gegeben. Antragsberechtigt ist nur der unmittelbar Beteiligte (KGJ 31, 347; OLG Frankfurt OLGZ 1970, 284; Rpfleger 1988, 184), dessen dingliche Rechtsstellung durch die Eintragung einen Verlust erleidet oder einen Gewinn erfährt (OLG Hamm Rpfleger 1990, 157). Ob der Antragsberechtigte sein Antragsrecht selbst ausüben kann, ist eine Frage der Antragsbefugnis (s. dazu Rn. 49). **42**

aa) Bloß **wirtschaftliche Vorteile** oder Nachteile begründen das Antragsrecht nicht. Ebensowenig persönliche Verpflichtungen (KGJ 52, 163) oder ein sonstiges bloß rechtliches oder berechtigtes Interesse (OLG Frankfurt FGPrax 1996, 208). Deshalb kann z.B. der Eigentümer, auf dessen Grundstück eine Gesamthyp. in der Zwangsversteigerung bestehen bleibt, nicht die Löschung der Hyp. auf anderen Grundstücken beantragen. Ebensowenig kann der Verwalter, dessen Zustimmung zur Veräußerung eines Wohnungseigentums gem. § 12 WEG erforderlich ist, die Eintragung der Auflassung beantragen (OLG Frankfurt Rpfleger 1988, 184). **43**

bb) **Mittelbar Beteiligte** sind auch dann nicht antragsberechtigt, wenn sie die Eintragung nach § 19 zu bewilligen haben (s. darüber § 19 Rn. 52ff.). Ausnahmen enthalten § 9 Abs. 1 Satz 2 und § 14 sowie § 8 Abs. 2 GBMaßnG. **44**

cc) Jeder der danach antragsberechtigt ist, kann den Antrag stellen, also sowohl der verlierende als auch der gewinnende Teil. So kann z.B. die Eintragung einer Hyp. von dem Eigentümer und dem Gläubiger beantragt werden, die einer Zwangshyp. jedoch nur von dem Gläubiger (§ 867 ZPO). Sind auf der verlierenden oder gewinnenden Seite mehrere Mitberechtigte, z.B. Bruchteilseigen- **45** tümer oder Miterben beteiligt, so ist jeder von ihnen antragsberechtigt (KGJ 20, 209; KG OLG 41, 155).

46 **b) Verlierender Teil.** Dies ist derjenige, dessen Recht durch die Eintragung unmittelbar betroffen wird, z. B. der Eigentümer bei Veräußerung oder Belastung des Grundstücks, nicht dagegen der Pfandgläubiger bei Aufhebung eines verpfändeten beschränkten dinglichen Rechts. Von einer rechtsändernden Eintragung wird nur der **wahre Berechtigte** betroffen (KGJ 45, 206; KG Rpfleger 1975, 136; OLG Frankfurt Rpfleger 1997, 103), von einer berichtigenden kann der Buchberechtigte oder der wahre Berechtigte betroffen werden (ebenso KEHE Rn. 60; s. auch § 22 Rn. 32). Bei Rangrücktritt einer Hyp. ist der Eigentümer antragsberechtigt, weil sich der Rang der Hyp. auch als künftiges Eigentümerrecht verschlechtert (OLG München JFG 15, 364; OLG Schleswig SchlHA 1963, 147; KG NJW 1964, 1479; KEHE Rn. 60; a. M. Güthe/Triebel A. 49; Böttcher Rpfleger 1982, 52).

47 **c) Gewinnender Teil.** Dies ist derjenige, dessen **unmittelbare Begünstigung** die Eintragung bezweckt, z. B. der Eigentümer bei Aufhebung eines beschränkten dinglichen Rechts, nicht dagegen der Berechtigte einer Auflassungsvormerkung (OLG Frankfurt FGPrax 1996, 208) oder der nachgehende, durch die Löschung im Rang aufrückende Berechtigte; ebenso wenig der in Gütergemeinschaft lebende Ehegatte, wenn dem anderen Ehegatten ein Grundstück zu Alleineigentum aufgelassen worden ist (BayObLG 1954, 145). Im Fall der GBBerichtigung ist unmittelbar begünstigt, wer einen Berichtigungsanspruch nach § 894 BGB hat; hier also auch der nachgehende Berechtigte, wenn das vorgehende Recht nicht entstanden oder erloschen ist (KGJ 47, 207); ebenso derjenige, dessen Recht durch eine nicht bestehende Vormerkung beeinträchtigt wird (KGJ 52, 164; RG 163, 63; BayObLG BWNotZ 1988, 165). Bei Rangvortritt einer Hyp. vor ein Recht der zweiten Abteilung ist der Eigentümer antragsberechtigt, da sich der Rang der Hyp. auch als künftiges Eigentümerrecht verbessert (KG Rpfleger 1965, 14; OLG Oldenburg Rpfleger 1966, 266; NdsRpfl. 1997, 305; LG Hannover Rpfleger 1977, 310; a. M. LG Dortmund NJW 1960, 678; Haegele Rpfleger 1965; 15; 1966, 266; 1977, 310; Böttcher Rpfleger 1982, 52). Hat der Grundstückseigentümer für sich eine Grundschuld bestellt und diese vor ihrer Eintragung in das GB abgetreten, so ist der Abtretungsempfänger nicht berechtigt, die Eintragung der Eigentümergrundschuld und ihre Abtretung zu beantragen; antragsberechtigt ist nur der Grundstückseigentümer (OLG Celle Rpfleger 1989, 499).

48 Im Fall der Pfändung eines Erbanteils wird der Pfändungsgläubiger durch die für die Eintragung der Pfändung im GB nach § 39 erforderliche Voreintragung der Erbengemeinschaft zwar nicht unmittelbar begünstigt (OLG Zweibrücken Rpfleger 1976, 214); er kann insoweit aber das seinem Schuldner-Miterben zustehende Antragsrecht (s. Rn. 45) ausüben (s. dazu Stöber Rpfleger 1976, 199).

d) Maßgebender Zeitpunkt. Die Antragsberechtigung muss noch im Zeitpunkt der **Vollendung der Eintragung** bestehen. Fällt sie vorher weg, z. B. dadurch, dass durch einstweilige Verfügung die Antragstellung untersagt wird (s. § 19 Rn. 97), wird der Antrag unzulässig und ist zurückzuweisen (OLG München JFG 23, 330). Jedoch können, wenn der Antragsteller stirbt, die Erben den Antrag weiterverfolgen; die Erbfolge braucht, weil es lediglich um den Nachweis der Antragsberechtigung geht, nicht gem. § 35 nachgewiesen zu werden (s. Rn. 55; vgl. § 71 Rn. 59). Auch ist es nicht ausgeschlossen, dass der Grundstückseigentümer, der einen Antrag, z. B. auf GBBerichtigung, gestellt hat, diesen nach Eigentumsumschreibung in Verfahrensstandschaft für den neuen Eigentümer (vgl. § 265 Abs. 2 Satz 1 ZPO) weiterverfolgt (s. für die Beschwerde § 71 Rn. 66).

49 **14. Antragsbefugnis. a) Allgemeines.** Die Antragsbefugnis betrifft die Ausübung der Antragsberechtigung. Sie ist Ausfluss der sachlichrechtlichen Verfügungsbefugnis des verlierenden Teils über das von der Eintragung betroffene Recht und des gewinnenden Teils über seine Anwartschaft. Antragsbefugt ist grundsätzlich der Antragsberechtigte selbst. Seine Verfügungsbefugnis kann aber beschränkt sein oder, wie im Insolvenzverfahren, bei Nachlasspflegschaft und Testamentsvollstreckung, gänzlich fehlen. Dann fehlt ihm auch die Antragsbefugnis, deren Vorliegen das GBAmt von Amts wegen zu prüfen hat. Den Antrag kann dann nur der Verfügungsberechtigte stellen, und zwar im eigenen Namen kraft seines Amts. Dabei handelt es sich um einen Fall der gesetzlichen Verfahrensstandschaft. Zur gewillkürten Verfahrensstandschaft s. § 1 Rn. 40.

50 aa) Unterliegt ein Recht der Verwaltung eines **Testamentsvollstreckers,** so kann die Berichtigung des GB durch Eintragung der Erben nicht von diesen, sondern nur von dem Testamentsvollstrecker beantragt werden (KGJ 51, 216; OLG München JFG 20, 373; a. M. LG Stuttgart Rpfleger 1998, 243; Bertsch Rpfleger 1968, 178; Schneider MittRhNotK 2000, 283). Dagegen kann ein Erbteilserwerber seine Eintragung als Rechtsnachfolger des bisherigen Mitglieds der im GB eingetragenen Erbengemeinschaft ohne Mit-

wirkung des Testamentsvollstreckers beantragen (LG Essen Rpfleger 1960, 57 mit Anm. v. Haegele). Zum Antrag auf Löschung einer an einem Gesamtgutsgrundstück lastenden Hyp. ist neben dem Gläubiger nur der Gesamtgutsverwalter befugt (BayObLG HRR 1934 Nr. 1053). Ein wirksam bestellter Sequester kann die Eintragung der kraft Gesetzes entstandenen Sicherungshyp. (vgl. § 1287 BGB, § 848 Abs. 2 ZPO) beantragen (BayObLG Rpfleger 1994, 162).

51 bb) Eintragungen, um deren Vornahme eine Behörde ersuchen darf, können von den Beteiligten grundsätzlich nicht beantragt werden. S. hierzu und zu Ausnahmen § 38 Rn. 3.

52 cc) Der luxemburgische Insolvenzverwalter ist befugt, bei Eröffnung des Insolvenzverfahrens gegen einen in Luxemburg ansässigen Schuldner des Insolvenzverfahrens durch das zuständige luxemburgische Gericht, das auch das Vermögen des Schuldners im deutschen Inland erfasst, die Eintragung eines Insolvenzvermerks im (deutschen) GB zu beantragen. Für die Eintragung genügt die Vorlage des Eröffnungsbeschlusses, sofern dieser von der deutschen Botschaft in Luxemburg legalisiert ist (OLG Zweibrücken Rpfleger 1990, 87).

53 **b) Ausübung.** Die Ausübung der Antragsberechtigung durch den Antragsbefugten setzt **Verfahrensfähigkeit** voraus (s. hierzu § 1 Rn. 32 und zum maßgebenden Zeitpunkt Rn. 7). Ist der Antragsteller nicht verfahrensfähig oder nicht ordnungsgemäß gesetzlich vertreten, so ist sein Antrag als unzulässig zurückzuweisen. Die Beschwerde des Antragstellers hiergegen kann jedoch nicht aus demselben Grund als unzulässig behandelt werden (BayObLG 1989, 178). Der in der fehlenden Verfahrensfähigkeit oder in der nicht ordnungsgemäßen gesetzlichen Vertretung liegende Verfahrensmangel kann auch noch in der Rechtsbeschwerdeinstanz dadurch rückwirkend geheilt werden, dass der gesetzliche Vertreter des Antragstellers das bisherige Verfahren genehmigt (BGH 106, 96 = NJW 1989, 984).

54 **c) Maßgebender Zeitpunkt.** Die Antragsbefugnis des Antragsberechtigten muss ebenso wie die Antragsberechtigung noch bei Vollendung der Eintragung bestehen. Erlischt sie vorher, wird der Antrag unzulässig und ist zurückzuweisen. Hat nur der verlierende Teil als Berechtigter im Sinn des § 878 BGB einen Eintr-Antrag gestellt und verliert er nachträglich seine Verfügungsbefugnis, treten die Rechtsfolgen des § 878 BGB nicht ein, weil mit dem Wegfall der Verfügungsbefugnis die Antragsbefugnis entfällt und damit das Erfordernis einer wirksamen Antragsstellung nicht erfüllt ist (s. hierzu Rn. 9).

15. Nachweis der Antragsberechtigung. Für den Nachweis der Antragsberechtigung einschließlich der Antragsbefugnis gilt § 29 nicht; es genügt ein schlüssiger Sachvortrag (BGH 141, 347 = NJW 1999, 2369 mit Anm. Demharter NotBZ 1999, 172, auf Vorlage des OLG Jena FGPrax 1999, 87 gegen KG JW 1936, 1543 und OLG Frankfurt Rpfleger 1997, 103). 55

16. Verwirkung der Antragsberechtigung. Das Antragsrecht wird nicht durch Zeitablauf verwirkt (OLG Hamm Rpfleger 1973, 305). Der EintrAntrag kann daher eine EintrBewilligung zur Grundlage haben, die vor mehr als 25 Jahren wirksam geworden ist (BayObLG DNotZ 1994, 182). 56

17. Verzicht auf die Antragsberechtigung. Ein gegenüber dem GBAmt erklärter Verzicht auf das Antragsrecht ist von diesem nicht zu beachten; dasselbe gilt von einer anderen Beteiligten gegenüber eingegangenen Verpflichtung, einen Antrag nicht zu stellen; es kann insoweit keine andere rechtliche Beurteilung Platz greifen als im Fall eines Verzichts auf die Antragszurücknahme (s. dazu Rn. 39). Davon geht wohl auch OLG Hamm Rpfleger 1975, 250 aus; wenn es jedoch die Beteiligten für befugt hält, sich durch Erteilung einer „verdrängenden Vollmacht" an den Notar der Ausübung ihres Antragsrechts mit Wirkung gegenüber dem GBAmt in der Weise zu begeben, dass von ihnen selbst gestellte Anträge wirkungslos und nur die für sie vom Notar gestellten Anträge wirksam sind, so kann auch dies nicht als zulässig erachtet werden. Das OLG Frankfurt DNotZ 1992, 389 hat offengelassen, ob dem OLG Hamm zu folgen ist. S. dazu auch Herrmann MittBayNot 1975, 173 sowie Ertl DNotZ 1975, 644. 57

Anhang zu § 13
Grundzüge des EintrAntragsverfahrens

Inhaltsübersicht

1. Antragsgrundsatz	1
2. Grundsatz der einseitigen Bewilligung	3
3. Beweisgrundsatz	4
4. Bestimmtheitsgrundsatz	5
5. Vorrangsgrundsatz	6
6. EintrGrundsatz	7
7. EintrFähigkeit	14
8. Grundsatz der Sachprüfung	26
9. Verantwortung für die Richtigkeit des GB	29
10. Prüfung durch das GBAmt im Einzelnen	33

1 **1. Antragsgrundsatz. a)** Als Regel gilt, dass eine Eintragung nur auf Antrag, nicht von Amts wegen erfolgt (§ 13). Daher findet grundsätzlich auch keine GBBerichtigung von Amts wegen statt (s. § 22 Rn. 45). Notwendige Folge ist ferner, dass das GBAmt sachlich nichts anderes eintragen darf, als was bewilligt und beantragt ist (BayObLG HRR 1935 Nr. 128). Nur bei der Fassung der Eintragung ist es an Vorschläge der Beteiligten nicht gebunden (s. § 13 Rn. 4). Dem EintrAntrag steht das behördliche EintrErsuchen nach § 38 gleich. Über Ausnahmen vom Antragsgrundsatz s. § 13 Rn. 6; wo das GBAmt von Amts wegen einzutragen hat, erweist sich ein Antrag nur als Anregung der Amtstätigkeit.

2 **b)** Der Antragsteller hat sämtliche zur Eintragung erforderlichen **Unterlagen vorzulegen;** dies gilt auch für die GBBerichtigung; eine Verweisung auf Akten desselben Amtsgerichts ist zulässig. Im Antragsverfahren ist das GBAmt zur Anstellung von Ermittlungen weder berechtigt noch verpflichtet; die Beibringung fehlender Unterlagen und die Beseitigung von Zweifeln ist dem Antragsteller durch Zwischenverfügung aufzugeben. Anders im Amtsverfahren; hier gilt § 12 FGG (s. hierzu § 1 Rn. 47). Die Kenntnis etwa anzuwendenden ausländischen Rechts hat sich das GBAmt auch im Antragsverfahren soweit wie möglich selbst zu verschaffen. S. zum Ganzen § 13 Rn. 5.

3 **2. Grundsatz der einseitigen Bewilligung.** Zur Eintragung genügt regelmäßig die einseitige Bewilligung des von ihr Betroffenen (§ 19). Die neben der Eintragung zum Eintritt einer Rechtsänderung notwendigen sachlichrechtlichen Erklärungen (Einigung: § 873 BGB; Aufgabeerklärung: § 875 BGB) brauchen dem GBAmt nicht nachgewiesen zu werden. Nur im Fall der Auflassung eines Grundstücks sowie im Fall der Bestellung, Inhaltsänderung oder Übertragung eines Erbbaurechts ist nach § 20 die Einigung nachzuweisen (s. auch § 137 sowie für *Bayern* Art. 40 Abs. 4 AGGVG v. 23. 6. 1981, BayRS 300-1-1-J und Art. 14 Abs. 4 FischereiG v. 15. 8. 1908, BayRS 7930-1-E). Über Fälle, die eine Bewilligung nicht erfordern oder in denen die Bewilligung ersetzt wird, s. § 19 Rn. 7–11; hervorzuheben sind die Eintragung auf behördliches Ersuchen (§ 38) sowie die GBBerichtigung auf Nachweis der Unrichtigkeit (§ 22). Auch das dem dinglichen Rechtsgeschäft zugrunde liegende schuldrechtliche Grundgeschäft ist in der Regel nicht nachzuprüfen (s. § 19 Rn. 18ff.).

4 **3. Beweisgrundsatz.** Das GBAmt soll Eintragungen nur auf beweissichere Unterlagen gründen. Die Regel bilden echte beweiskräftige, in besonderer Form errichtete Urkunden (§ 29). Nur offenkundige Tatsachen bedürfen keines Beweises (§ 29 Abs. 1

Satz 2). Beweiserleichterungen sehen §§ 32 bis 37 vor; in beschränktem Umfang ist auch eine freie Beweiswürdigung möglich (s. § 29 Rn. 63). Gegen jedermann wirkende gesetzliche Vermutungen hat auch das GBAmt zu beachten, so z. B. § 891 BGB (s. hierzu Rn. 10) und § 1527 BGB a. F. (KG JW 1938, 1598).

4. Bestimmtheitsgrundsatz. a) Der Zweck des GB, auf sicherer Grundlage bestimmte und sichere Rechtsverhältnisse für unbewegliche Sachen zu schaffen und zu erhalten (RG 145, 354; BayObLG 1990, 191 = Rpfleger 1990, 503), erfordert klare und eindeutige Eintragungen (OLG Köln Rpfleger 1992, 153). Um sie zu ermöglichen, müssen die Beteiligten bedacht sein auf klare und eindeutige Erklärungen über das betroffene Grundstück (§ 28), die Person des Berechtigten, den Umfang (z. B. auch die Zinsen: OLG Darmstadt JFG 11, 231) und den Inhalt (JFG 3, 332) des einzutragenden Rechts (vgl. BayObLG Rpfleger 1985, 488; 1989, 194). Bei der Eintragung einer Grundstücksbelastung ist es grundsätzlich erforderlich, dass der Umfang der Belastung aus der Eintragung selbst oder in Verbindung mit der EintrBewilligung ohne weiteres ersichtlich ist. Es genügt aber, dass die höchstmögliche Belastung für jeden Dritten erkennbar ist und der Umfang der tatsächlichen Haftung des Grundstücks zu einem bestimmten Zeitpunkt auf Grund jederzeit feststellbarer objektiver Umstände bestimmbar ist. Diese Umstände können auch außerhalb des GB liegen, sofern sie nachvollziehbar und mindestens in der EintrBewilligung angedeutet sind (BGH 35, 26; 130, 345 f. = FGPrax 1995, 186; BayObLG 1999, 200 = FGPrax 1999, 174; BayObLG 2000, 63 = Rpfleger 2000, 324). 5

b) Ein Ereignis, das zur **Bedingung** für das Entstehen oder Erlöschen eines Rechts gemacht werden soll, muss mit genügender Bestimmtheit feststellbar sein; Voraussetzung ist aber nicht, dass ein Streit über den Eintritt des Ereignisses ausgeschlossen ist (BayObLG 1997, 247 = FGPrax 1997, 210). Diesem Erfordernis ist genügt, wenn zur auflösenden Bedingung eines Rechts die Beendigung eines bestehenden Schuldverhältnisses, z. B. eines bestimmten, sich auf das belastete Grundstück beziehenden Mietvertrags, gemacht wird (BayObLG NJW-RR 1990, 1169; BayObLG 1997, 247 = FGPrax 1997, 210; OLG Zweibrücken DNotZ 1990, 177; s. aber auch BayObLG Rpfleger 1984, 405; 1985, 488), oder wenn zur auflösenden Bedingung der Abtretung einer Grundschuld die Beendigung des Kreditverhältnisses und das Nichtbestehen von Ansprüchen des Zessionars gegen den Zedenten gemacht wird (OLG Frankfurt Rpfleger 1993, 331), ferner wenn die Verzinsung einer Hyp. vom Zugang der Kündigung des Darlehens abhängig gemacht ist, deren frühestmöglicher Zeitpunkt festliegt (BayObLG Rpfleger 2001, 172). Ob der Eintritt des maßgebenden Ereignisses in grundbuchmäßiger Form nachgewiesen werden kann, ist für die Löschung, nicht aber für die Eintragung von Bedeutung (OLG Frankfurt Rpfleger 1993, 331). Zur Bezugnahme bei der Eintragung der Bedingung s. § 44 Rn. 20.

c) Um der Klarheit des GB willen, insbes. um das Rangverhältnis nicht zu verwirren, kann grundsätzlich der Umfang eines Rechts nachträglich **nicht erweitert** werden; jedoch ist der Grundsatz nicht zu überspannen (RG 143, 428); s. auch § 44 Rn. 70. Wegen der bei Begründung von WEigentum angesichts des Bestimmtheitsgrundsatzes an den Aufteilungsplan zu stellenden Anforderungen s. Anh. zu § 3 Rn. 46. Zur Bestimmbarkeit der Höhe einer Reallast s. Anh. zu § 44 Rn. 75. Zur Bestimmbarkeit des Anspruchs bei der Vormerkung s. Anh. zu § 44 Rn. 87. Zur Bestimmbarkeit des Anfangszeitpunkts der Verzinsung s. Anh. zu § 44 Rn. 46.

6 **5. Vorrangsgrundsatz.** Nach § 879 BGB richtet sich das Rangverhältnis der Grundstücksrechte grundsätzlich nicht nach ihrem Alter, sondern nach der Eintragung im GB. Es entscheidet in erster Reihe der Rangvermerk. Fehlt ein solcher, so ist für das Rangverhältnis unter Rechten der gleichen Abteilung die Reihenfolge der Eintragungen, unter Rechten verschiedener Abteilungen die Tagesangabe maßgebend. §§ 17, 45 GBO gewähren den Anspruch auf den besseren Rang der früher beantragten Eintragung. Über Ausnahmen s. § 45 Rn. 20ff. Über den Rang der Rechte an einem Grundstücksrecht s. § 45 Rn. 11.

7 **6. EintrGrundsatz. a) Rechtsänderung.** aa) Die Eintragung ist Voraussetzung einer rechtsgeschäftlichen Rechtsänderung (§§ 873, 875 BGB). Sie hat jedoch **keine formale Rechtskraft** (zur materiellen Rechtskraft von Entscheidungen im GBVerfahren s. § 18 Rn. 18); sie führt daher für sich allein grundsätzlich nicht zur Rechtsänderung. Hinzukommen müssen entweder die sachlichrechtlichen Rechtsänderungserklärungen (Einigung: § 873 BGB; Aufhebungserklärung: § 875 BGB), ein gutgläubiger Erwerb (§ 892 BGB) oder bei zu Unrecht gelöschten Rechten die Verjährung (§ 901 BGB); bei der Vormerkung ist eine Bewilligung oder einstweilige Verfügung erforderlich (§ 885 BGB) und bei Vollstreckungsmaßnahmen müssen die vollstreckungsrechtlichen Voraussetzungen gegeben sein. Zu dem Fall, dass diese sachlichrechtlichen Voraussetzungen einer Rechtsänderung inhaltlich nicht mit der Eintragung übereinstimmen, s. § 22 Rn. 7. Auch ein als gegenstandslos gelöschtes Recht erlischt nicht, wenn es in Wahrheit nicht gegenstandslos ist

(JFG 10, 281). Der Rang eines Grundstücksrechts richtet sich jedoch bei Fehlen eines Rangvermerks ohne Rücksicht auf die Einigung nur nach der Eintragung (s. § 45 Rn. 5).

bb) Einigung und Eintragung stellen gleichwertige und von einander unabhängige Rechtsakte eines **Doppeltatbestandes** dar. Die Rechtsänderung tritt unabhängig davon ein, in welcher Reihenfolge der Doppeltatbestand verwirklicht wird (OLG Frankfurt Rpfleger 1989, 191). Für den Rang ist allerdings allein die Eintragung maßgebend (§ 879 Abs. 2 BGB). Diese muss jedoch vollständig und ordnungsmäßig bewirkt sein; wird sie dies erst durch nachträgliche Ergänzung oder Berichtigung, entfaltet sie erst mit diesem Zeitpunkt ihre rangwahrende Wirkung (s. § 53 Rn. 59). Das für das Verhältnis von Einigung und Eintragung Gesagte gilt entsprechend, wenn die Rechtsänderung nicht durch Einigung und Eintragung herbeigeführt wird, sondern durch Eintragung und das Vorliegen sonstiger Voraussetzungen, z. B. vollstreckungsrechtlicher Art. 8

cc) Hat eine Eintragung eine GBBerichtigung oder eine Rechtsänderung bewirkt, ist sie „verbraucht". Wird das GB danach durch einen Vorgang außerhalb des GB unrichtig, so kann im Wege der Rechtsänderung eine der GBAussage entsprechende Rechtslage nur durch eine **neue Eintragung** herbeigeführt werden; vorher ist wegen § 39 Abs. 1, soweit nicht dessen Abs. 2 oder § 40 eingreift, das GB zu berichtigen (a. M. für den Fall, dass eine erloschene aber im GB nicht gelöschte Vormerkung erneut bewilligt wird BGH 143, 175 = NJW 2000, 805 mit abl. Anm. v. Demharter MittBayNot 2000, 106, Streuer Rpfleger 2000, 155, Volmer ZfIR 2000, 207, Zimmer NJW 2000, 2978 und Schubert JR 2001, 61; s. dazu auch Amann MittBayNot 2000, 197 und Wacke DNotZ 2000, 643). Wird jedoch das GB nach zwischenzeitlicher Unrichtigkeit wieder richtig, so ist lediglich die Angabe des EintrGrundes (s. § 9 Buchst. d GBV) richtigzustellen. Hieraus folgt, dass der im GB als Eigentümer eingetragene Vorerbe, dem nach Eintritt des Nacherbfalls das Grundstück vom Nacherben aufgelassen wird, nur dann wieder Eigentümer wird, wenn er erneut eingetragen wird (KGJ 51, 187), eine erneute Eintragung aber nicht notwendig ist, wenn der eingetragene Vorerbe nach Eintritt des Nacherbfalls Erbe des Nacherben wird. Eine auf Grund einstweiliger Verfügung eingetragene Vormerkung muss dagegen erneut eingetragen werden, wenn die auf Widerspruch aufgehobene einstweilige Verfügung auf Berufung wiederhergestellt wird (a. M. OLG Hamm Rpfleger 1983, 435); dasselbe gilt für eine Auflassungsvormerkung, wenn nach Rücktritt vom Kaufvertrag dieser später erneut abgeschlossen wird (a. M. LG Lübeck NJW-RR 1996, 914). 9

dd) Eine neue GBEintragung ist im Übrigen **nur dann entbehrlich,** wenn die zunächst vorgenommene Eintragung weder eine GBBerichtigung noch eine Rechtsänderung bewirkt hat (vgl. OLG Frankfurt Rpfleger 1989, 191; BayObLG MittBayNot 1991, 78; BayObLG 1996, 154). Deshalb braucht der als Eigentümer eingetragene Scheinerbe, dem der wirkliche Erbe das Grundstück auflässt, nicht erneut eingetragen zu werden, um das Eigentum zu erlangen (BGH NJW 1973, 613 mit Anm. v. Gotzler NJW 1973, 2014; a.M. BGH Rpfleger 1952, 587); lediglich die Angabe des EintrGrundes bedarf der Richtigstellung. Eine Auflassungsvormerkung braucht nicht erneut eingetragen zu werden, wenn der zugrundeliegende nichtige Kaufvertrag gem. § 141 BGB bestätigt wird und damit der gesicherte Anspruch mit Rangwahrung ex nunc entsteht; eine Richtigstellung der GBEintragung oder die Eintragung eines Bestätigungsvermerks scheidet aus (OLG Frankfurt DNotZ 1995, 539; Wacke DNotZ 1995, 507, zugleich zur Novation des vorgemerkten Anspruchs). S. zum Ganzen auch Streuer Rpfleger 1988, 513.

10 **b) Vermutung.** aa) Die Eintragung begründet die Rechtsvermutung des § 891 BGB; dies gilt auch für die Eintragung eines Rechts, das zur Erhaltung der Wirksamkeit gegenüber dem öffentlichen Glauben des GB der Eintragung nicht bedarf (BGH 104, 142; BayObLG 1995, 417). Ohne Bedeutung ist dabei, ob das Recht an der richtigen Stelle im GB eingetragen ist (BayObLG 1967, 407; 1995, 417). Eine Ausnahme besteht im Fall der Doppelbuchung (s. § 3 Rn. 25). Die Vermutung erstreckt sich nicht auf die Rechtsfähigkeit des Eingetragenen (OLG Frankfurt Rpfleger 1997, 105). Sie gilt auch für Eintragungen, die das GBAmt unter Verletzung gesetzlicher Vorschriften vorgenommen hat (BayObLG Rpfleger 2000, 266), ferner für solche, die im Gebiet der früheren DDR auf Grund von Vorschriften des Rechts der DDR vorgenommen wurden (Flik DtZ 1996, 74; vgl. §§ 7 bis 9 der Grundstücksdokumentationsordnung v. 6. 11. 1975, GBl. DDR I 697; BGH Rpfleger 1995, 291; OLG Naumburg VIZ 1997, 116). Eine nichtige Eintragung begründet die Vermutung jedoch nicht (s. dazu § 53 Rn. 1). Durch einen Widerspruch wird die Vermutung nicht entkräftet (OLG Zweibrücken FGPrax 1997, 127).

bb) Die Vermutung **gilt auch für das GBAmt** (JFG 14, 386; KG Rpfleger 1973, 22; BayObLG Rpfleger 1983, 17; 1992, 56; DNotZ 1990, 739; OLG Frankfurt Rpfleger 1991, 361). Dieses hat daher ein eingetragenes eintragungsfähiges Recht (mit dem im GB, auch durch zulässige Bezugnahme, angegebenen Inhalt: BayObLG 1972, 270 = DNotZ 1973, 370) als bestehend und den eingetragenen Berechtigten als den verfügungsberechtigten Inhaber des Rechts anzusehen. Von dieser Vermutung darf es nur abgehen, wenn ihm Tatsachen bekannt oder nachgewiesen werden, welche die Unrichtigkeit der Eintragung ergeben; bloße Möglichkeiten oder Vermutungen genügen nicht (KGJ 35, 303; 40, 199, 296; JFG 5, 376; 14, 386; KG Rpfleger 1973, 22; OLG Frankfurt Rpfleger 1991, 361), auch nicht die Eintragung eines Widerspruchs gem. § 899 BGB oder § 53; die Tatsachen, die die Vermutung widerlegen, müssen nicht in der Form des § 29 nachgewiesen sein (BayObLG DNotZ 1990, 739; Rpfleger 1992, 56). Zu der Frage, inwieweit nach Löschung eines im GB eingetragenen Rechts dessen früheres Bestehen i. S. des § 891 Abs. 1 BGB vermutet wird, s. BGH 52, 355 = Rpfleger 1969, 423.

cc) Aus Gründen der Rechtssicherheit geht es regelmäßig nicht **11**
an, dass das GBAmt sich die zur Widerlegung der Vermutung nötigen Tatsachen dadurch schafft, dass es die Unterlagen früherer Eintragungen **anders auslegt** (KG HRR 1930 Nr. 1468; JW 1934, 2931; OLG Schleswig SchlHA 1962, 174); dies wird nur aus zwingenden Gründen, insbes. bei Bekanntwerden neuer Umstände zulässig sein (BayObLG Rpfleger 1982, 468); die Grenze ist im Einzelfall schwer zu ziehen, weil das GBAmt nicht dazu mitwirken darf, das GB unrichtig zu machen (s. Rn. 29). Bei Bedenken hat das GBAmt durch Zwischenverfügung auf Klärung hinzuwirken (KGJ 40, 298).

dd) Für den als **Gläubiger eines Briefgrundpfandrechts** Ein- **12**
getragenen streitet die Vermutung des § 891 BGB nur dann, wenn er den Brief besitzt (BayObLG 1973, 250 mit weit. Nachweisen = Rpfleger 1973, 429; BayObLG MittBayNot 1978, 108; Rpfleger 1983, 17; DNotZ 1990, 739); ist der Gläubiger nicht eingetragen, gilt § 1155 BGB (s. dazu OLG Frankfurt Rpfleger 1997, 103). Steht für das GBAmt fest, dass ein Briefrecht außerhalb des GB abgetreten wurde, rechtfertigt die bloße Möglichkeit, dass die Abtretung wirksam angefochten worden, das Recht zurückübertragen worden oder der wahre Berechtigte mit der Verfügung des Buchberechtigten einverstanden ist, nicht die Annahme, die Vermutung sei lediglich erschüttert, nicht aber widerlegt. Wird dem GBAmt der Brief von einem Dritten samt einer privatschriftlichen Abtretungserklärung des Buchberechtigten vorgelegt, ist die Vermutung des § 891 BGB widerlegt (BayObLG Rpfleger 1992, 56; a. M. OLG Köln MittRhNotK 1983, 52; FGPrax 1996, 5; Ertl DNotZ 1990, 699 f.; Amann MittBayNot 1991, 258). Das BayObLG geht in diesem Fall unter Berufung auf KG JW 1939, 562 davon aus, dass die Vermutung wiederhergestellt ist, wenn eine privatschriftli-

che Rückabtretungserklärung vorgelegt wird und sich der Brief noch beim GBAmt befindet (BayObLG Rpfleger 1992, 56 mit kritischer Anm. v. Bestelmeyer Rpfleger 1993, 279).

13 **c) GBBerichtigung.** Die Eintragung ist auch ein Mittel, das GB zu berichtigen und mit der wahren Rechtslage in Einklang zu bringen (§ 894 BGB). Wird das zunächst unrichtig gewordene GB durch einen Vorgang außerhalb des GB wieder richtig, so bedarf es zur GBBerichtigung keiner neuen Eintragung (BayObLG MittBayNot 1991, 78). Deshalb braucht weder der als Eigentümer eingetragene Scheinerbe, wenn er Erbe des wahren Erben wird, zum Zwecke der GBBerichtigung noch einmal eingetragen zu werden, noch der eingetragene Vorerbe, wenn er nach Eintritt des Nacherbfalls den Nacherben beerbt. Es genügt, wenn die Angabe des EintrGrundes richtiggestellt wird (s. hierzu Rn. 9).

14 **7. EintrFähigkeit.** Das BGB enthält hierüber keine allgemeine Bestimmung, die GBO lediglich die Vorschrift des § 54. Grundsätzlich dürfen nur solche Eintragungen vorgenommen werden, die durch eine Rechtsnorm vorgeschrieben oder zugelassen sind; die Zulassung kann auch eine stillschweigende sein, sich insbes. daraus ergeben, dass das materielle Recht an die Eintragung eine rechtliche Wirkung knüpft (KGJ 47, 179; OLG München Rpfleger 1966, 306; OLG Zweibrücken Rpfleger 1982, 413; BGH 116, 399f. = NJW 1992, 978; BayObLG 2000, 225 = Rpfleger 2000, 543 mit Anm. v. Frank MittBayNot 2000, 556). Ein sogenannter Flurbereinigungsvermerk kann daher nicht eingetragen werden (a.M. Flick BWNotZ 1987, 88). Auch kann weder das Vorkaufsrecht nach dem Bayer. NaturschutzG im GB eingetragen werden (a.M. KEHE Einl. Rn. K 36), noch dessen Ausübung dort vermerkt werden (BayObLG 2000, 224 = Rpfleger 2000, 543 mit Anm. v. Frank MittBayNot 2000, 556). Eintragungsfähig sind aber Klarstellungsvermerke (s. § 22 Rn. 26) und Wirksamkeitsvermerke (s. § 22 Rn. 10, 19, § 45 Rn. 18, § 46 Rn. 4, § 51 Rn. 25). Zur EintrFähigkeit eines Vermerks zur Sicherung der in Art. 233 § 2c Abs. 2 EGBGB genannten Ansprüche und solcher auf Rückübertragung nach dem VermG (§ 9a Abs. 1 Satz 2, 3 EGZVG) s. KG Rpfleger 1998, 239 und Anh. zu § 44 Rn. 94. Gegenstandslose und überflüssige Eintragungen, zu denen grundsätzlich auch solche gehören, die lediglich den Inhalt gesetzlicher Regelungen wiederholen, sind nicht eintragungsfähig; sie würden das GB unübersichtlich machen (BayObLG 1953, 251; BayObLG 2000, 225 = Rpfleger 2000, 543 mit Anm. v. Frank MittBayNot 2000, 556; OLG Hamm FGPrax 1997, 59; 2001, 55). Zu einer Ausnahme bei der Eintragung von Vereinbarungen über das Verhältnis der WEigen-

tümer untereinander s. Anh. zu § 3 Rn. 27. Der Eintragung sind zugänglich:

a) Dingliche Rechte. Der Kreis der dinglichen Rechte an Grundstücken und Grundstücksrechten ist ein geschlossener, kann also durch Vereinbarung der Beteiligten nicht erweitert werden (JFG 3, 316). Eintragungsfähig sind demnach nur gesetzlich vorgesehene dingliche Rechte und diese nur mit dem gesetzlich gebotenen und erlaubten Inhalt (KG HRR 1931 Nr. 741; BayObLG 1967, 275 = Rpfleger 1968, 52; BayObLG 1980, 235 = MittBayNot 1980, 201; zu der Frage, inwieweit bei einem Nießbrauch die das gesetzliche Schuldverhältnis zwischen Nießbraucher und Eigentümer regelnden Vorschriften mit dinglicher Wirkung geändert oder abbedungen werden können, s. Anh. zu § 44 Rn. 33). Bei einer Hyp. kann daher im Hinblick auf die zwingende Bestimmung des § 1142 Abs. 2 BGB ein Aufrechnungsverbot in keinem Fall als Inhalt des dinglichen Rechts eingetragen werden (LG Aachen Rpfleger 1988, 99; a.M. LG Köln DNotZ 1956, 601; KEHE § 16 Rn. 4). Vereinzelt sind dingliche Rechte von der Eintragung ausgeschlossen. **15**

Eintragungsfähig sind im Gebiet der **früheren DDR** vor dem 3. 10. 1990 entstandene Mitbenutzungsrechte im Sinn von § 321 Abs. 1 bis 3, § 322 des Zivilgesetzbuchs der DDR vom 19. 6. 1975 (GBl. DDR I 465), soweit ihre Begründung der Eigentümerzustimmung bedurfte, auch dann, wenn sie nach den am 2. 10. 1990 geltenden Vorschriften nicht eintragungsfähig waren. Bei der Eintragung ist auf Nachweis der Zeitpunkt des Entstehens der Rechte zu vermerken oder auf Bewilligung der Vorrang vor anderen Rechten. Hinsichtlich des Inhalts der einzutragenden Rechte besteht ein Regelungsvorbehalt zugunsten des Landesgesetzgebers (Art. 233 § 5 Abs. 3 EGBGB). **16**

Zur EintrFähigkeit von Rechten an Grundstücken im gemeinschaftlichen **deutsch-luxemburgischen Hoheitsgebiet** i.S. von Art. 1 des Vertrags vom 19. 12. 1984 (BGBl. 1988 II 415), deren Rechtsverhältnisse sich nach luxemburgischem Recht richten, s. für *Rheinland-Pfalz* die VO v. 16. 8. 1990 (GVBl. 273).

aa) **Rechte an Grundstücken.** Als eintragungsfähige Rechte kommen unbeschadet des Landesrechts auf vorbehaltenen Gebieten hauptsächlich in Betracht: Eigentum einschließlich des WEigentums, Erbbaurecht einschließlich des Wohnungserbbaurechts, Gebäudeeigentum (im Gebiet der früheren DDR), Grunddienstbarkeit, Nießbrauch, beschränkte persönliche Dienstbarkeit, Dauerwohnrecht, dingliches Vorkaufsrecht, Reallast, Hypothek, Grund- und Rentenschuld sowie dingliches Wiederkaufsrecht nach §§ 20, 21 **17**

RSiedlG (zur Rechtsnatur des Wiederkaufsrechts nach § 20 RSiedlG s. BGH 57, 356 = Rpfleger 1972, 216; wegen der Notwendigkeit seiner Befristung s. OLG Stuttgart RdL 1954, 125; OLG Hamm Rpfleger 1956, 72, aber auch KG OLGZ 1977, 10). Zur EintrFähigkeit des Entschädigungsanspruchs nach §§ 27, 28 ErbbauVO s. § 24 Rn. 5.

18 **Nicht eintragungsfähig** ist nach § 914 Abs. 2, § 917 Abs. 2 BGB die Überbau- und Notwegrente; einzutragen ist jedoch ein Verzicht auf sie sowie eine vertragliche Feststellung ihrer Höhe und zwar auf dem GBBlatt des rentenpflichtigen Grundstücks (JFG 4, 387; OLG Bremen DNotZ 1965, 295; KG Rpfleger 1968, 52; BayObLG Rpfleger 1976, 180; 1998, 468; OLG Düsseldorf Rpfleger 1978, 16; BGH DNotZ 1984, 554; a.M. Besell DNotZ 1965, 297; 1968, 617; Böck MittBayNot 1976, 63); zum Vermerk gem. § 9 beim rentenberechtigten Grundstück s. § 9 Rn. 5.

Ausgeschlossen von der Eintragung sind mangels EintrBedürftigkeit (§ 10 Abs. 3 WEG) Beschlüsse der **Wohnungseigentümer** gemäß § 23 WEG (auch wenn sie Vereinbarungen in zulässiger Weise abändern; s. dazu BGH 95, 137 und 145, 158 = NJW 2000, 3500) sowie gerichtliche Entscheidungen gemäß § 43 WEG (BGH 127, 104 = NJW 1994, 3230; OLG Frankfurt Rpfleger 1979, 315; 1980, 231; BayObLG Rpfleger 1983, 348; DNotZ 1985, 434; Demharter DNotZ 1991, 31). Vereinbarungen der Wohnungseigentümer können jedoch als Inhalt des Sondereigentums eingetragen werden (§ 5 Abs. 4, § 10 Abs. 2 WEG), und zwar auch insoweit, als lediglich der Inhalt einer gesetzlichen Regelung wiederholt wird (s. hierzu Anh. zu § 3 Rn. 27). Gegenstand einer Vereinbarung kann trotz § 1010 BGB die Regelung der Nutzung eines in Miteigentum stehenden Teileigentums (Duplex-Stellplatz) gem. § 15 Abs. 1 WEG sein (s. hierzu Anh. zu § 3 Rn. 31). Damit eine Regelung der Miteigentümer eines Grundstücks über die Verwaltung und Benutzung des Grundstücks gegen den Sondernachfolger eines Miteigentümers wirkt, muss sie als Belastung des Anteils dieses Miteigentümers im GB eingetragen werden (§ 1010 Abs. 1 BGB). Belastet werden können auch die Anteile aller Miteigentümer. Eintragungsfähig ist ferner eine Regelung über die Lasten- und Kostentragung (BayObLG Rpfleger 1993, 59; LG Bonn MittRhNotK 1994, 81; a.M. OLG Hamm DNotZ 1973, 546). Eingetragen werden kann die Belastung nur zugunsten eines oder aller anderen Miteigentümer (a.M. OLG Hamm DNotZ 1973, 546).

19 bb) **Rechte an Grundstücksrechten.** Als eintragungsfähige Rechte kommen lediglich der Nießbrauch und das Pfandrecht in

Betracht. Beide sind nach § 1069 Abs. 2, § 1274 Abs. 2 BGB aber nur an übertragbaren Rechten möglich. Darf die Ausübung eines nicht übertragbaren Rechts einem anderen überlassen werden, so ist auch die Verpfändung des Ausübungsrechts zulässig; sie ist aber nicht eintragungsfähig, weil sie nicht stärker wirken kann als die Überlassung der Ausübung und diese nur schuldrechtliche Beziehungen begründet (KGJ 40, 254; s. auch JFG 16, 332; RG 159, 207; BGH 55, 115 = DNotZ 1971, 238). Die Pfändung des schuldrechtlichen Anspruchs auf Wertersatz gem. § 92 ZVG ist nicht eintragungsfähig (OLG Schleswig FGPrax 1997, 53). Zur EintrFähigkeit der Vorpfändung s. Anh. zu § 26 Rn. 38.

cc) **Persönliche Rechte.** Ihnen sowie Rechten familien- oder 20
erbrechtlicher Art ist das GB verschlossen; nicht eintragungsfähig sind daher z.B. ein Mietrecht (RG 54, 233; s. dazu auch OLG Hamm DNotZ 1957, 314; LG Mannheim DNotZ 1972, 617), ein Ankaufsrecht (JFG 3, 316; BayObLG 1967, 275 = Rpfleger 1968, 52), ein schuldrechtliches Wiederkaufsrecht (BayObLG JFG 4, 350) oder eine Beschränkung der Erbauseinandersetzung (KG DNotZ 1944, 15).

b) Vormerkungen und Widersprüche. In Betracht kommen in erster Linie Vormerkungen und Widersprüche nach §§ 883, 899 BGB; die Eintragung von Vormerkungen und Widersprüchen mit anderem Inhalt ist in § 18 Abs. 2, § 23 Abs. 1, § 76 Abs. 1 vorgesehen.

c) Verfügungsbeschränkungen. aa) Eintragungsfähig sind rela- 21
tive Verfügungsbeschränkungen, d.h. solche, die den Schutz bestimmter Personen bezwecken (§§ 135, 136 BGB); ihre Eintragung ist notwendig, um einen gutgläubigen Erwerb auszuschließen (§ 892 Abs. 1 Satz 2 BGB). Hierher zählen vor allem: Nacherbfolge, Testamentsvollstreckung, Insolvenz, Nachlassverwaltung, Verfügungsbeschränkungen im Vergleichsverfahren, Zwangsvollstreckungsbeschlagnahme, Verfügungsverbot auf Grund einstweiliger Verfügung, Verfügungsbeschränkung nach § 72 VAG (JFG 11, 322; wegen der Voraussetzungen ihrer Eintragung s. BayObLG 1964, 394 = DNotZ 1965, 684; LG Koblenz Rpfleger 1971, 22; OLG Frankfurt Rpfleger 1972, 104; LG Bielefeld Rpfleger 1993, 333), Vermögensbeschlagnahme nach § 284 StPO (JFG 15, 320). Die Verpfändung oder Pfändung eines Miterbenanteils bewirkt eine Verfügungsbeschränkung der Miterben, die im Weg der GBBerichtigung bei einem zum Nachlass gehörenden Grundstück (grundstücksgleichen Recht, Grundstücksrecht oder Recht daran) eingetragen werden kann (BayObLG 1959, 50 = Rpfleger 1960, 157; OLG Frankfurt Rpfleger 1979, 205); dasselbe gilt im Hinblick

auf § 161 Abs. 3 BGB für die bedingte Verfügung über einen Miterbenanteil (§ 161 BGB; BayObLG 1994, 29 = Rpfleger 1994, 343 mit weit. Nachweisen und zugleich zum EintrOrt: Abt. II). Entsprechendes gilt aber nicht für die Pfändung des Anteils eines BGB-Gesellschafters (OLG Zweibrücken Rpfleger 1982, 413; OLG Hamm Rpfleger 1987, 196). Zur Eintragung der Pfändung oder Verpfändung eines Gesamthandsanteils s. Lindemeier DNotZ 1999, 876. Auch die Pfändung und Überweisung des Anspruchs eines Bruchteilsmiteigentümers an einem Grundstück auf Aufhebung der Gemeinschaft sowie Teilung und Auszahlung des Erlöses kann nicht in das GB eingetragen werden (LG Siegen Rpfleger 1988, 249 mit zust. Anm. v. Tröster).

22 bb) Im Hinblick auf § 325 Abs. 2 ZPO kann jedoch ein **Rechtshängigkeitsvermerk** eingetragen werden (a. M. Lickleder ZZP 2001, 195). S. dazu sowie wegen der EintrUnterlagen eingehend OLG Stuttgart DNotZ 1980, 106; OLG Zweibrücken NJW 1989, 1098; OLG München Rpfleger 2000, 106; vgl. ferner OLG Schleswig Rpfleger 1994, 455; Rahn BWNotZ 1960, 61, jedoch auch OLG Stuttgart NJW 1960, 1109; OLG München Rpfleger 1966, 306 mit Anm. v. Haegele und Wächter NJW 1966, 1366; Krug ZEV 1999, 161. Die Rechtshängigkeit eines bloß schuldrechtlichen Anspruchs in Bezug auf ein dingliches Recht oder das Eigentum rechtfertigt die Eintragung eines Rechtshängigkeitsvermerks aber nicht (OLG Braunschweig MDR 1992, 74; OLG Stuttgart FGPrax 1996, 208; a. M. OLG München Rpfleger 1966, 306). Im Fall der Klageerhebung nach § 8 Abs. 1 GBBerG ersucht das Prozessgericht auf Antrag des Klägers das GBAmt um Eintragung eines Rechtshängigkeitsvermerks (§ 8 Abs. 4 GBBerG); im Fall der Anhängigkeit eines Anspruchs auf Berichtigung des GB durch Eintragung eines gem. § 459 ZGB entstandenen Miteigentumsanteils ersucht es um Eintragung eines Vermerks über die Anhängigkeit (§ 113 Abs. 3 Satz 2 SachenRBerG); dasselbe gilt im Fall der Anhängigkeit eines Anspruchs gem. § 116 Abs. 1 SachenRBerG auf Bestellung einer Grunddienstbarkeit oder einer beschränkten persönlichen Dienstbarkeit (§ 116 Abs. 2 Satz 2 i. V. m. § 113 SachenRBerG); zum EintrErsuchen s. § 38 Rn. 6. Der Rechtshängigkeitsvermerk kann wie folgt gefasst werden: „Gegen die Eintragung ... hat ... Klage erhoben; gem. Bewilligung .../gem. einstweiliger Verfügung .../im Weg der GBBerichtigung eingetragen am ...“. Einzutragen ist der Vermerk dort, wo ein Widerspruch einzutragen wäre. Der Geschäftswert ist mit 15 bis 20% des Hauptsachestreitwerts anzunehmen (BayObLG JurBüro 1993, 227).

cc) Nicht eintragungsfähig sind vorbehaltlich abweichender Bestimmung **absolute Verfügungsbeschränkungen,** d.h. solche, die im öffentlichen Interesse vorgesehen sind; ihrer Eintragung bedarf es nicht, weil ein gutgläubiger Erwerb ausgeschlossen ist (KGJ 50, 170; BayObLG 21, 300; JFG 15, 208). Eine Ausnahme gilt z.B. hinsichtlich der Verfügungsbeschränkung nach § 75 BVersG, ferner für die absolut wirkende Verfügungsbeschränkung gem. § 161 BGB (s. dazu Rn. 21). Von der Eintragung ausgeschlossen sind in der Regel auch rechtsgeschäftliche Verfügungsbeschränkungen; sie können nach § 137 BGB mit dinglicher Wirkung nicht begründet werden. Ausnahmen gelten bezüglich der Verfügungsbeschränkungen nach § 5 ErbbauVO und nach §§ 12, 35 WEG. Auch ist die Wirkung einer rechtsgeschäftlichen Verfügungsbeschränkung in zulässiger Weise zu erreichen durch Eintragung von Vormerkungen (KGJ 40, 123), durch Sicherungshyp. (RG 73, 18) sowie durch den Ausschluss oder die Beschränkung der Abtretung oder Verpfändung nach §§ 399, 1274 BGB (KGJ 40, 232; KG HRR 1934 Nr. 557; OLG München JFG 16, 291; BayObLG 1998, 206 = FGPrax 1998, 210). Nicht eintragungsfähig ist schließlich eine Beschränkung der Verfügungsbefugnis, die sich aus persönlichen Eigenschaften, z.B. der Minderjährigkeit, ergibt; dasselbe gilt für eine solche, die sich bei einer vor dem 1. 7. 1958 vereinbarten Fahrnis- oder Errungenschaftsgemeinschaft aus der Zugehörigkeit eines Gegenstands zum Sondergut oder eingebrachten Gut der Frau ergibt (s. § 33 Rn. 22). **23**

dd) Inhaltlich unzulässig ist sowohl die Eintragung einer relativen Verfügungsbeschränkung ohne Angabe des Begünstigten (KGJ 45, 255; KG OLG 44, 164), als auch die Eintragung einer absoluten Verfügungsbeschränkung zugunsten einer bestimmten Person (BayObLG DNotZ 1988, 784 mit abl. Anm. v. Sieveking). **24**

d) Tatsächliche Angaben. Sie kommen für eine Eintragung insoweit in Betracht, als dies, wie z.B. in §§ 6, 15 GBV, ausdrücklich vorgesehen ist. **25**

8. Grundsatz der Sachprüfung. Das GBAmt darf nur dann eintragen, wenn es die gesetzlichen Voraussetzungen der Eintragung geprüft und ihr Vorliegen festgestellt hat. **26**

a) Das GBAmt hat alle in Betracht kommenden Vorschriften zu beachten. Dies gilt auch für Ordnungsvorschriften (RG 133, 282; BayObLG 1971, 105, 246 = DNotZ 1971, 473; BayObLG 1986, 88 = Rpfleger 1986, 370); ein etwaiges Verlangen der Beteiligten, über solche hinwegzusehen, ist bedeutungslos (BayObLG 1956, 483 = DNotZ 1958, 397). Über gesetzliche Vermutungen s. Rn. 3, 10. Wichtig ist die GBV; die in den Anlagen 1, 9 und 10 enthaltenen Probeeintragungen sind nicht Teil der GBV, sondern nur Beispiele (§§ 22, 31, 58, 69 Abs. 4 GBV); jedoch wird sich das GBAmt zweckmäßigerweise nach ihnen richten.

27 **b)** Die **Auslegung von Gesetzen** darf nicht am Wortlaut haften, vielmehr sind unter Anwendung der Grundsätze des § 133 BGB der wirkliche Wille sowie der Sinn und Zweck des Gesetzes zu erforschen (RG 139, 112; BGH NJW 1951, 603; über die Auslegungsgrundsätze des BGH s. Reinicke NJW 1951, 681; 1952, 1033, 1153). Über die Auslegung von GBErklärungen s. § 19 Rn. 28, über die von Eintragungen s. § 53 Rn. 4.

28 **c)** Das GBAmt darf den Beteiligten nicht unnötige Schwierigkeiten machen. Die Belange der einzelnen Beteiligten sind stets gegen die Belange der Allgemeinheit abzuwägen. Zwischen beiden ist die richtige Mitte zu halten. Die Wahrung von Verfahrens- und Formvorschriften bringt für die Beteiligten zwar ein gewisses Maß an Unbequemlichkeiten. Sie müssen diese auf sich nehmen, damit die Zuverlässigkeit des GB gewährleistet bleibt. Andererseits sind Formvorschriften nicht um ihrer selbst willen da. Das GBAmt darf nicht am Buchstaben von Gesetzen und Erklärungen haften. Auch lässt sich nicht jede freie Beweiswürdigung ausschalten (s. § 29 Rn. 63).

29 **9. Verantwortung für die Richtigkeit des GB. a)** Das GBAmt hat darüber zu wachen, dass das GB seinen Zweck erfüllen kann; es darf daher nicht dazu mitwirken, das GB unrichtig zu machen (JFG 1, 380; OLG Hamm Rpfleger 1983, 144; BayObLG Rpfleger 1986, 369; BGH 35, 140; Rpfleger 1986, 215; OLG Frankfurt Rpfleger 1991, 361); dies gilt auch, wenn eine Behörde gem. § 38 um eine Eintragung ersucht (BayObLG 1985, 374; BGH 106, 108 = Rpfleger 1989, 192). Für das EintrAntragsverfahren ist allerdings zu beachten, dass das GBAmt nach dem Grundsatz der einseitigen Bewilligung die sachliche Richtigkeit der bewilligten Eintragung nicht nachzuprüfen hat. Ihm obliegt weder im Interesse der Beteiligten noch des Rechtsverkehrs eine allgemeine Rechtsfürsorge für die materielle Richtigkeit der im GB ausgewiesenen Rechtsverhältnisse (OLG Karlsruhe Rpfleger 1994, 248). Sind ihm aber Tatsachen bekannt, aus denen sich ergibt, dass das GB durch die der Bewilligung entsprechende Eintragung unrichtig würde und dass bei einer rechtsändernden Eintragung die Unrichtigkeit auch durch nachfolgende Einigung oder Zustimmung nicht geheilt werden kann oder nach Sachlage nicht geheilt werden wird (KG HRR 1933 Nr. 1491), so hat es den EintrAntrag zurückzuweisen; bloße Zweifel genügen jedoch nicht; die Tatsachen, die sich auch aus Vorgängen außerhalb der EintrUnterlagen ergeben können, müssen vielmehr zur Überzeugung des GBAmts feststehen (BGH 35, 139 = Rpfleger 1961, 233; BayObLG 1981, 112; 1985, 293; 1987,

360; OLG Hamm Rpfleger 1973, 137; 1983, 144; OLG Karlsruhe Rpfleger 2001, 343), jedoch auch dann, wenn sie in Willenserklärungen (z. B. im Widerruf einer Einigung) bestehen, nicht in der Form des § 29 bewiesen sein (OLG München DNotZ 1937, 327; BayObLG 1967, 13 = Rpfleger 1967, 145).

b) Die Möglichkeit einer **nur vorübergehenden Unrichtigkeit** bis zur nachholbaren Einigung (und Briefübergabe) ist daher kein Hinderungsgrund für die Eintragung (BGH Rpfleger 1986, 9). Überhaupt kann eine Eintragung nicht schon deshalb abgelehnt werden, weil sie nur möglicherweise zur Unrichtigkeit des GB führt; in diesem Fall kommt auch eine Zwischenverfügung nicht in Betracht. Anders liegen die Dinge jedoch, wenn Zweifel nicht bloß daran bestehen, ob bei Vorliegen aller EintrVoraussetzungen das GB durch die Eintragung unrichtig würde, sondern daran, ob alle EintrVoraussetzungen gegeben sind (BayObLG 1986, 81 = Rpfleger 1986, 369). 30

c) Kommt das GBAmt auf Grund tatsächlicher Anhaltspunkte zu der Überzeugung, dass eine Eintragung das GB **endgültig unrichtig** machen würde, hat es den EintrAntrag zurückzuweisen; hat es auf Grund solcher Anhaltspunkte berechtigte Zweifel an der Wirksamkeit der EintrUnterlagen, so muss es durch Zwischenverfügung auf die Beseitigung seiner Bedenken hinwirken (BGH 35, 140 = Rpfleger 1961, 233; BayObLG 1967, 13; 1969, 281; 1971, 256 = Rpfleger 1971, 429); so etwa, wenn tatsächlich begründete Zweifel daran bestehen, ob der Bewilligende bei Abgabe der Bewilligung geschäftsfähig war (s. hierzu § 18 Rn. 3). 31

d) Häufig teilen Beteiligte dem GBAmt nicht eintragungsfähige Tatsachen, z. B. den Widerruf einer Vollmacht, vorsorglich mit, um späteren Verfügungen Nichtberechtigter vorzubeugen. Das GBAmt wird dadurch grundsätzlich nicht verpflichtet, solche Tatsachen derart augenfällig aktenkundig zu machen, dass spätere Bearbeiter sie nicht übersehen können. Sonst müsste es neben dem amtlichen GB ein weiteres Buch für die nicht eintragungsfähigen Tatsachen führen (vgl. dazu auch BayObLG 1975, 264 = Rpfleger 1975, 360). Ausnahmen gelten nur bei besonderer Anordnung (vgl. z. B. für *Bayern* § 21 Abs. 5 AktO v. 13. 12. 1983, JMBl. 1984, 13). Das GBAmt ist, wenn auch nicht verpflichtet, so doch berechtigt, Urkunden auch außerhalb eines EintrVerfahrens zu den Grundakten zu nehmen (BayObLG DNotZ 1990, 739). 32

10. Prüfung durch das GBAmt im Einzelnen. 33

a) Zuständigkeit (s. § 1 Rn. 9 ff.). Über die geschäftliche Behandlung von Anträgen durch das unzuständige GBAmt s. § 21 GeschO, § 23 BayGBGA.

b) EintrFähigkeit (s. Rn. 14).

c) EintrAntrag. Hier kommen in Betracht:

- Antragsberechtigung (§ 13 Abs. 1 Satz 2) und Antragsbefugnis (s. § 13 Rn. 49);
- Identität, Rechtsfähigkeit, Geschäftsfähigkeit des Antragstellers und des Vertreters;
- Vertretungsmacht des Vertreters;
- Inhalt des Antrags (s. § 13 Rn. 15–22; vgl. auch § 16 Abs. 2);
- Form des Antrags (§ 30).

d) EintrBewilligung. Hier kommen in Betracht:

- Bewilligungsberechtigung und Bewilligungsbefugnis (s. § 19 Rn. 44 ff., 56 ff.);
- Identität, Rechtsfähigkeit, Geschäftsfähigkeit der Bewilligenden und ihrer Vertreter;
- Vertretungsmacht der Vertreter;
- Inhalt der Bewilligung (s. § 19 Rn. 31 ff.);
- Form der Bewilligung (§ 29);
- Erwerbsfähigkeit des Erwerbers (s. § 19 Rn. 95 ff.); seine Rechts- und Geschäftsfähigkeit ist dagegen regelmäßig nur im Fall des § 20 zu prüfen.

e) Voreintragung des Betroffenen (§§ 39, 40).

f) Vorlegung des Briefs (§§ 41 ff.).

g) Über die Prüfung behördlicher EintrErsuchen s. § 38 Rn. 73.

h) Über die Prüfung des Grundgeschäfts s. § 19 Rn. 18 ff.

Erweiterung des Antragsrechts

14 Die Berichtigung des Grundbuchs durch Eintragung eines Berechtigten darf auch von demjenigen beantragt werden, welcher auf Grund eines gegen den Berechtigten vollstreckbaren Titels eine Eintragung in das Grundbuch verlangen kann, sofern die Zulässigkeit dieser Eintragung von der vorgängigen Berichtigung des Grundbuchs abhängt.

Inhaltsübersicht

1. Allgemeines ... 1
2. Unrichtigkeit des Grundbuchs ... 3
3. Vollstreckbarer Titel ... 7
4. Notwendigkeit der GBBerichtigung ... 13
5. Andere Voraussetzungen ... 14
6. Beschaffung der EintrUnterlagen ... 15
7. Beschaffung des Briefs ... 18
8. Entsprechende Anwendung ... 19

1. Allgemeines. § 14 erweitert die in § 13 Abs. 1 Satz 2 geregelte Antragsberechtigung, indem er einem nur mittelbar Beteiligten unter bestimmten Voraussetzungen die Befugnis zur Stellung eines Berichtigungsantrags verleiht. 1

Die Erweiterung des Antragsrechts erklärt sich aus § 39 Abs. 1. Soweit diese Bestimmung reicht, könnte ein nicht eingetragener Berechtigter den zwangsweisen Zugriff auf das ihm zustehende dingliche Recht dadurch vereiteln oder verzögern, dass er keinen Antrag auf GBBerichtigung stellt.

§ 14 gilt weder für die Eintragung des Erstehers eines Grundstücks noch für die Eintragung des Berechtigten bei einer nach §§ 126, 128 ZVG eingetragenen Sicherungshypothek; in beiden Fällen darf das GB vielmehr nur auf Ersuchen des Vollstreckungsgerichts berichtigt werden. 2

2. Unrichtigkeit des Grundbuchs. Das Antragsrecht nach § 14 setzt voraus, dass das GB infolge Nichteintragung eines Berechtigten unrichtig ist. 3

a) Berechtigter ist nur derjenige, der ein außerhalb des GB bestehendes dingliches Recht hat, nicht auch der, dem ein schuldrechtlicher Anspruch auf Einräumung eines solchen zusteht; denn nur im ersteren Fall liegt eine Unrichtigkeit des GB vor. Welcher Art das dingliche Recht ist, ist unerheblich; es kann sich also um das Eigentum, um ein sonstiges Recht an einem Grundstück oder um ein Recht an einem solchen Recht handeln.

b) Aus welchem Grund ein Berechtigter nicht eingetragen ist, ist belanglos. Es kommen drei Fälle in Betracht: 4

- Das Recht ist überhaupt nicht eingetragen. Hierher gehört zunächst der Fall, dass es ohne Eintragung entstanden ist; so z. B. ein Nießbrauch nach § 1075 Abs. 1 BGB, eine Sicherungshyp. nach § 1287 Satz 2 BGB oder § 848 Abs. 2 ZPO, ein Nießbrauch oder ein Pfandrecht an einer Briefhyp. nach §§ 1069, 1274, 1154 Abs. 1 BGB, ein Pfändungspfandrecht an einer für die gepfändete Forderung eingetragenen Buch- oder Briefhyp. (JFG 4, 413). Weiter gehört hierher der Fall, dass das Recht zu Unrecht gelöscht worden ist.
- Das Recht ist für einen anderen, d. h. für einen Nichtberechtigten eingetragen. Die mangelnde Berechtigung des Eingetragenen kann darauf beruhen, dass ein Rechtsübergang außerhalb des GB stattgefunden hat, so z. B. bei Eintritt der Erbfolge oder bei Abtretung einer Briefhyp. nach § 1154 Abs. 1 BGB (über den Eigentumserwerb durch Zuschlag s. Rn. 2); sie kann aber auch darauf beruhen, dass der Eingetragene trotz seiner Eintragung kein Recht erworben hat, so z. B. bei Nichtigkeit einer Auflassung. 5

6 • Das Recht ist zwar für den Berechtigten, aber unter Nichtbeachtung des § 47 eingetragen (RG 54, 86). Zu dem Fall, dass Ehegatten im Gebiet der früheren DDR im Güterstand der Eigentums- und Vermögensgemeinschaft des Familiengesetzbuchs der DDR im GB eingetragen sind, s. § 33 Rn. 3 und LG Neubrandenburg Rpfleger 1995, 250.

7 **3. Vollstreckbarer Titel.** Das Antragsrecht nach § 14 steht nur demjenigen zu, der auf Grund eines gegen den Berechtigten vollstreckbaren Titels eine Eintragung in das GB verlangen kann. Hat ein nicht eingetragener Berechtigter freiwillig eine EintrBewilligung erteilt, z.B. der Erbe des eingetragenen Eigentümers die Eintragung einer Hyp. bewilligt, so ist der Begünstigte nicht antragsberechtigt; der nicht eingetragene Berechtigte muss notwendigenfalls dazu verurteilt werden, seine Eintragung herbeizuführen.

8 **a) Titel.** Er kann auf Bundes- oder Landesrecht beruhen; er muss den Antragsteller als Gläubiger und den einzutragenden Berechtigten als Schuldner bezeichnen. Im Fall der Rechtsnachfolge auf der einen oder anderen Seite ist Umschreibung nach §§ 727 ff. ZPO nicht erforderlich (KG Rpfleger 1975, 133; KEHE Rn. 7; Meikel Rn. 10). Sind mehrere Berechtigte einzutragen, so muss der Titel gegen alle wirken (KGJ 37, 279); daher kann der Gläubiger, der auf Grund eines vollstreckbaren Titels einen Erbanteil seines Schuldners hat pfänden lassen, die für die Eintragung der Pfändung im GB gemäß § 39 erforderliche Voreintragung der Erbengemeinschaft nicht nach § 14 beantragen (KGJ 37, 279; OLG Zweibrücken Rpfleger 1976, 214; Stöber Rpfleger 1976, 199); wegen seiner Antragsberechtigung im Übrigen s. § 13 Rn. 48.

9 **b) Vollstreckungsmöglichkeit.** Die Antragstellung nach § 14 ist kein Akt der Zwangsvollstreckung. Der Titel braucht daher, abgesehen von Fällen der Rechtsnachfolge (s. Rn. 8), nur in einfacher Ausfertigung vorgelegt zu werden; aus dem gleichen Grund bedarf es auch nicht des Nachweises seiner Zustellung. Es muss jedoch die Möglichkeit der Vollstreckung bestehen. Im Fall des § 726 ZPO ist daher, wenn der Titel ohne Vollstreckungsklausel vorgelegt wird, das Vorliegen der Voraussetzungen für ihre Erteilung nachzuweisen. Im Fall des § 751 Abs. 1 ZPO muss der Kalendertag abgelaufen sein und im Fall des § 751 Abs. 2 ZPO die Leistung der Sicherheit nachgewiesen werden. Die Nachweise sind, da von ihnen die Antragsberechtigung abhängt, in grundbuchmäßiger Form zu erbringen (s. § 13 Rn. 55).

10 **c) Eintragung in das GB.** Sie muss auf Grund des Titels verlangt werden können. Auf die Art der Eintragung kommt es nicht an; sie kann rechtsändernden oder berichtigenden Charakter haben,

eine positive Eintragung oder eine Löschung sein. Als Titel kommen in Betracht:

aa) Titel, die auf **Bewilligung einer Eintragung** lauten oder, was bei einstweiligen Verfügungen zutreffen kann, eine Eintragung anordnen. **11**

bb) Titel, die eine **Geldforderung** zum Gegenstand haben. Dabei ist es gleichgültig, ob eine Eintragung unmittelbar auf Grund des Titels oder erst auf Grund eines auf dem Titel beruhenden Pfändungsbeschlusses verlangt werden kann (JFG 14, 329). Die Berichtigung des GB durch Eintragung des Eigentümers kann auf Grund eines solchen Titels grundsätzlich auch dann beantragt werden, wenn die Forderung den Betrag von 750 EUR nicht übersteigt oder an dem auf den Namen des Schuldners einzutragenden Grundstück bereits hypothekarisch gesichert ist. In diesen Fällen scheidet allerdings die Eintragung einer Zwangshyp. aus (s. einerseits § 866 Abs. 3 ZPO, andererseits RG 70, 245; 131, 17). Der Gläubiger kann jedoch die Zwangsversteigerung oder Zwangsverwaltung beantragen, deren Anordnung nach § 19 Abs. 1, § 146 ZVG als Verfügungsbeschränkung in das GB einzutragen ist; dass diese Eintragung auf Ersuchen des Vollstreckungsgerichts erfolgt, ist unbeachtlich (KGJ 27, 101). Erklärt der Gläubiger allerdings ausdrücklich, auf Grund seines Titels die Eintragung einer Zwangshyp. erwirken zu wollen, so ist sein Antrag nach § 14 abzuweisen. Diese ist, da § 866 Abs. 3 ZPO auch für die Arresthyp. gilt (§ 932 Abs. 2 ZPO), ferner geboten, wenn der Titel ein Arrestbefehl ist und die Lösungssumme den Betrag von 750 EUR nicht übersteigt. Im Übrigen ist der Antrag zurückzuweisen, wenn infolge von Vollstreckungsbeschränkungen weder die Eintragung einer Zwangshyp. noch die Zwangsversteigerung oder Zwangsverwaltung zulässig ist. **12**

4. Notwendigkeit der GBBerichtigung. Das Antragsrecht nach § 14 besteht nur, wenn die Zulässigkeit der auf Grund des voll streckbaren Titels zu bewirkenden Eintragung von der vorgängigen Berichtigung des GB abhängt. Dies ist im Hinblick auf § 39 Abs. 1 die Regel; bei einer Eigentümergrundschuld ist dieser Vorschrift genügt, wenn der Eigentümer als solcher eingetragen ist (s. § 39 Rn. 19). Kann die auf Grund des vollstreckbaren Titels zu bewirkende Eintragung nach § 39 Abs. 2, § 40 ohne die vorherige Eintragung des Berechtigten erfolgen oder ist diese zur Anordnung der Zwangsversteigerung oder Zwangsverwaltung nach § 17 Abs. 1, § 146 ZVG nicht erforderlich, so entfällt das Antragsrecht. **13**

5. Andere Voraussetzungen. § 14 erweitert lediglich die Antragsberechtigung, befreit den Antragsteller aber nicht von der Beibringung der für die Berichtigung des GB notwendigen Unter- **14**

lagen (JFG 18, 54). Dieser hat daher entweder eine EintrBewilligung des Betroffenen oder die den Nachweis der Unrichtigkeit erbringenden Urkunden vorzulegen (§§ 19, 22 Abs. 1, § 29); dagegen ist die Berichtigung des GB insofern erleichtert, als die Eintragung eines Eigentümers oder Erbbauberechtigten stets ohne dessen Zustimmung erfolgen kann (§ 22 Abs. 2). Vorzulegen sind ferner der Brief oder das ihn ersetzende Ausschlussurteil (§§ 41, 42).

Der Berichtigungsantrag nach § 14 ersetzt niemals eine zur Eintragung erforderliche Erklärung und ist daher gemäß § 30 immer formfrei.

15 **6. Beschaffung der EintrUnterlagen.** Die für die Berichtigung des GB notwendigen Urkunden kann sich der Gläubiger auf verschiedene Weise beschaffen:

a) Durch Geltendmachung des **Erteilungsanspruchs** gegenüber Behörden, Beamten oder Notaren, soweit sich ein solcher aus §§ 792, 896 ZPO oder aus anderen Vorschriften ergibt; in letzterer Hinsicht ist insbes. auf § 85 FGG (Ausfertigung eines erteilten Erbscheins), § 2264 BGB (beglaubigte Abschrift eines Testaments), § 34 FGG (beglaubigte Abschrift eines Erbvertrags oder einer Eröffnungsniederschrift) sowie § 1563 BGB und § 9 HGB (beglaubigte Abschriften von Eintragungen im Güterrechts- und Handelsregister) zu verweisen.

16 **b)** Durch Geltendmachung des **Herausgabeanspruchs** gegenüber Privatpersonen, soweit ihm selbst ein solcher Anspruch zusteht oder soweit er die Pfändung eines dem Schuldner zustehenden Herausgabeanspruchs und dessen Überweisung zur Einziehung erwirkt hat.

17 **c)** Durch Klage gegen den **eingetragenen Nichtberechtigten,** die er entweder auf Feststellung der Unrichtigkeit des GB oder auf Bewilligung der Eintragung des Schuldners richten kann; letzteres allerdings nur, wenn er gemäß § 857 ZPO oder, falls der Titel keine Geldforderung betrifft, in entsprechender Anwendung des § 886 ZPO die Pfändung des dem Schuldner zustehenden Berichtigungsanspruchs und seine Überweisung zur Einziehung erwirkt hat (s. dazu KGJ 47, 169; RG 94, 10) oder wenn er von dem Schuldner zur Geltendmachung des Berichtigungsanspruchs ermächtigt worden ist (s. dazu RG 112, 265).

18 **7. Beschaffung des Briefs.** Befindet sich der Brief im Besitz des Schuldners, so kann ihn der Gläubiger auf Grund eines nach § 830 Abs. 1, § 857 Abs. 6 ZPO erwirkten Pfändungsbeschlusses oder nach § 897 Abs. 2 ZPO durch den Gerichtsvollzieher wegnehmen lassen. Hat ihn ein Dritter in Besitz, so muss der Gläubiger den Vorlegungsanspruch des Schuldners aus § 896 BGB auf Grund

eines Pfändungs- und Überweisungsbeschlusses oder gemäß § 897 Abs. 2 ZPO verfolgen. Ist der Brief verlorengegangen, so muss der Gläubiger nach §§ 792, 896, 1004 Abs. 2 ZPO ein Ausschlussurteil erwirken oder, falls ein solches bereits vorliegt, eine Ausfertigung desselben verlangen und gemäß § 41 Abs. 2 die Erteilung eines neuen Briefs beantragen.

8. Entsprechende Anwendung. Hängt die Erledigung eines EintrErsuchens von der vorgängigen Berichtigung des GB durch Eintragung des Berechtigten ab, so darf die ersuchende Behörde in sinngemäßer Anwendung des § 14 die Eintragung des Berechtigten beantragen, wenn die ihrem Ersuchen zugrundeliegende Verfügung gegen den Berechtigten wirksam ist (JFG 16, 47). 19

Antragsermächtigung des Notars

15 Ist die zu einer Eintragung erforderliche Erklärung von einem Notar beurkundet oder beglaubigt, so gilt dieser als ermächtigt, im Namen eines Antragsberechtigten die Eintragung zu beantragen.

§ 24 Abs. 3 BNotO. Soweit der Notar kraft Gesetzes ermächtigt ist, im Namen der Beteiligten bei dem Grundbuchamt oder bei den Registerbehörden Anträge zu stellen (insbesondere § 15 der Grundbuchordnung, § 25 der Schiffsregisterordnung, § 129, § 147 Abs. 1, § 159, § 161 Abs. 1 des Reichsgesetzes über die Angelegenheiten der freiwilligen Gerichtsbarkeit), ist er auch ermächtigt, die von ihm gestellten Anträge zurückzunehmen. Die Rücknahmeerklärung ist wirksam, wenn sie mit der Unterschrift und dem Amtssiegel des Notars versehen ist; eine Beglaubigung der Unterschrift ist nicht erforderlich.

Inhaltsübersicht

1. Allgemeines 1
2. Notar 5
3. Beurkundungs- oder Beglaubigungstätigkeit 6
4. Im Namen eines Antragsberechtigten 9
5. Inhalt der Ermächtigung 15
6. Wirkung der Antragstellung 19
7. Kosten 22

1. Allgemeines. a) § 15 erweitert nicht, wie § 14, die in § 13 Abs. 1 Satz 2 geregelte Antragsberechtigung, begründet vielmehr eine Vermutung für die Erteilung einer Vollmacht zur Stellung des EintrAntrags. Damit entfällt der sonst erforderliche Vollmachtsnachweis. 1

2 **b)** Die Bestimmung findet ihre **Rechtfertigung** in dem besonderen Verhältnis, in das der Notar durch die Leistung seiner Dienste zu den Beteiligten getreten ist, in der Erwägung, dass er sich nicht ohne Auftrag in die Verhältnisse anderer einmischen werde sowie in der Erfahrung, dass der Wille der Beteiligten regelmäßig auf die Besorgung der ganzen GBAngelegenheit durch den Notar gerichtet ist (KGJ 44, 172; BGH 29, 372 = NJW 1959, 883; BayObLG 1985, 157 = Rpfleger 1985, 356).

3 **c)** Die Vertretungsbefugnis des Notars wird nach § 15 vermutet; sie ist weder vom Auftrag noch vom Einverständnis des oder der Antragsberechtigten abhängig.

aa) Die Vermutung für die Erteilung einer Vollmacht zur Stellung des EintrAntrags ist allerdings **widerlegbar,** kann also durch eine entgegenstehende Willensäußerung der Beteiligten entkräftet werden (KGJ 44, 172; OLG Köln Rpfleger 1982, 98; BayObLG Rpfleger 1984, 96). Der Gegenbeweis kann sich aus der Urkunde selbst oder anderen EintrUnterlagen ergeben. In jedem Fall muss es sich aber um die Ermächtigung des Notars eindeutig ausschließende, nach außen sichtbar gewordene Umstände handeln (BayObLG 1985, 156 = Rpfleger 1985, 356). Solche liegen nicht vor, wenn der Gläubiger einer Grundschuld bei der Freigabe gemäß § 875 BGB erklärt, Kosten übernehme er nicht (BayObLG Rpfleger 1987, 14).

bb) Die gesetzlich vermutete Vollmacht kann nicht nur insgesamt ausgeschlossen, sondern auch **teilweise beschränkt** werden, z. B. auf das Verfahren vor dem GBAmt (Bauer/v. Oefele Rn. 22; a. M. OLG Düsseldorf Rpfleger 2001, 124 mit kritischer Anm. v. Volmer ZfIR 2001, 331; LG Koblenz Rpfleger 1996, 449). Hat der Notar von der Vollmacht Gebrauch gemacht und einen EintrAntrag gestellt, ist die Eintragung jedoch auch dann nur ihm bekannt zu machen, wenn er und der Antragsteller eine Benachrichtigung nur des Antragstellers wünschen (a. M. LG Saarbrücken RNotZ 2001, 213; s. § 55 Rn. 10). Dasselbe gilt für die den Antrag zurückweisende Entscheidung des GBAmts und eine Zwischenverfügung.

cc) Auch ein **nachträglicher Widerruf** der vermuteten Vollmacht ist möglich, jedoch nicht mehr nach Eingang des Antrags beim GBAmt (vgl. BayObLG 1985, 156 = Rpfleger 1985, 356; s. hierzu auch § 31 Rn. 17). Zum Erlöschen der vermuteten Vollmacht s. Rn. 10.

4 **d)** Der Notar soll, wenn er Willenserklärungen beurkundet hat, die **beim GBAmt einzureichen** sind, dies gem. § 53 BeurkG veranlassen, sobald die Urkunde eingereicht werden kann, es sei

denn, dass alle Beteiligten etwas anderes verlangen; in diesem Fall soll der Notar auf die mit einer Verzögerung verbundenen Gefahren hinweisen. Von der Einreichung der Urkunde darf er nicht schon dann absehen, wenn bei zweiseitigen Erklärungen (Vertrag) dies nur ein Beteiligter unter Berufung auf die Unwirksamkeit des Vertrags verlangt, es sei denn, die Unwirksamkeit ist offensichtlich (OLG Köln OLGZ 1990, 397; OLG Hamm OLGZ 1994, 495). Dagegen braucht der Notar eine Urkunde, z.B. die Bewilligung der Löschung einer Auflassungsvormerkung für den Fall des Rücktritts vom Kaufvertrag, nicht zum grundbuchamtlichen Vollzug vorzulegen, wenn dieser von der für ihn nicht problemlos zu klärenden Beurteilung der zwischen den Beteiligten streitigen Frage abhängt, ob einer von ihnen wirksam vom Vertrag zurückgetreten ist (OLG Frankfurt DNotZ 1992, 389). Wenn es für den Notar in hohem Maße wahrscheinlich ist, dass das GB durch den Vollzug der Urkunde unrichtig würde, darf er nicht tätig werden (OLG Hamm FGPrax 1995, 171; BayObLG DNotZ 1998, 646 und 648). Dasselbe gilt, wenn der wegen Unterverbriefung nichtige Kaufvertrag nur durch die GBEintragung der Auflassung gültig würde (BayObLG DNotZ 1998, 645). Bei einer von mehreren Personen abgegebenen einseitigen Erklärung genügt bereits das Verlangen eines Beteiligten, um den Notar von der Amtspflicht zu entbinden, die Urkunde dem GBAmt vorzulegen. Vgl. zum Folgenden auch Haegele, Zum Antragsrecht des Notars in GBSachen, Rpfleger 1974, 417.

2. Notar. § 15 gilt nur für **deutsche Notare** und deren amtlich bestellte Vertreter, nicht aber auch für einen in Bürogemeinschaft mit einem Notar verbundenen anderen Notar (BayObLG NJW-RR 1989, 1495). Für ausländische Notare gilt § 15 selbst dann nicht, wenn die von ihnen beurkundete oder beglaubigte Erklärung eine ausreichende EintrUnterlage bildet. Der Notar muss sich zurzeit der Antragstellung im Amt befinden (RG 93, 71); dass er sich, wie im Fall der Bestellung eines Vertreters oder bei vorläufiger Amtsenthebung, der Ausübung seines Amts enthalten soll oder zu enthalten hat (§ 44 Abs. 1, § 55 Abs. 2 BNotO), berührt die Wirksamkeit eines gleichwohl gestellten Antrags nicht; bei Beendigung des Amts geht die vermutete Vollmacht auf den Amtsnachfolger über (BayObLG 1962, 18 = DNotZ 1962, 314; BayObLG 1969, 91 = Rpfleger 1969, 243). Auf andere Personen als Notare, insbes. auf Rechtsanwälte, die die Urkunde entworfen haben, findet § 15 keine Anwendung. 5

3. Beurkundungs- oder Beglaubigungstätigkeit. a) Nur an die Beurkundung oder Beglaubigung einer zur Eintragung erfor- 6 derlichen Erklärung durch den Notar ist die Vermutung für die Erteilung einer Vollmacht zur Stellung des EintrAntrags geknüpft; andere Tätigkeiten, wie z.B. die Erteilung eines Rats, das Entwerfen einer Urkunde oder die Beglaubigung der Abschrift einer EintrBewilligung (OLG München JFG 20, 128) reichen nicht aus. Andererseits gilt jeder Notar als zur Antragstellung ermächtigt, der auch nur eine maßgebende Erklärung beurkundet oder beglaubigt hat.

7 **b)** Zur Eintragung erforderliche Erklärungen im Sinn des § 15 sind nur solche, die eine **unmittelbare EintrGrundlage** bilden. In Betracht kommen EintrBewilligungen (§ 19), Auflassungen (§ 20), Abtretungs- und Verpfändungserklärungen (§ 26), Zustimmungserklärungen (§ 22 Abs. 2, § 27), Unterwerfungserklärungen (§ 794 Abs. 1 Nr. 5, § 800 ZPO).

8 **c)** Nicht hierher gehören neben dem Grundgeschäft der reine EintrAntrag (BayObLG 1988, 104), den § 30 in Gegensatz zu den zur Eintragung erforderlichen Erklärungen stellt, sowie solche Erklärungen, die zwar zur Eintragung erforderlich sind, aber, wie z.B. Vollmachten oder Genehmigungen, nur eine mittelbare EintrGrundlage bilden.

9 **4. Im Namen eines Antragsberechtigten.** Ein eigenes Antragsrecht verleiht § 15 dem Notar nicht; vielmehr kann der Antrag vom Notar nur im Namen eines Antragsberechtigten gestellt werden (BayObLG NJW-RR 1989, 1495; 1993, 530).

10 **a) Antragsberechtigter.** Wer antragsberechtigt ist, ergibt sich aus § 13 Abs. 1 Satz 2 und § 14. Der Notar kann den EintrAntrag auf Grund der vermuteten Vollmacht **für jeden Antragsberechtigten** stellen (RG HRR 1929 Nr. 760), also auch für einen solchen, dessen Erklärung nicht von ihm beurkundet oder beglaubigt worden ist (KGJ 22, 295) oder der überhaupt keine Erklärung abgegeben hat (KGJ 21, 96; BayObLG Rpfleger 1984, 96). Die Beurkundung oder Beglaubigung der von einem Vertreter ohne Vertretungsmacht abgegebenen Erklärung begründet die Vollmachtsvermutung nicht (OLG Hamm Rpfleger 1986, 367). Ist einem Antragsberechtigten die Stellung des EintrAntrags durch einstweilige Verfügung untersagt worden (s. § 19 Rn. 97), so ist auch der Notar nicht mehr befugt, die Eintragung für ihn zu beantragen (BayObLG BayRpflZ 1923, 232). Dasselbe gilt, wenn der Antragsberechtigte die Antragsbefugnis verloren hat (s. § 13 Rn. 49). Wie bei einer dem Notar ausdrücklich erteilten Vollmacht (s. hierzu §§ 168, 672, 675 BGB; § 19 Rn. 81; LG Aschaffenburg Rpfleger 1971, 319; Safferling Rpfleger 1971, 294) führen Tod oder Geschäftsunfähigkeit des Antragsberechtigten auch bei der gem. § 15

vermuteten Vollmacht nicht ohne weiteres zum Erlöschen der Vollmacht (a. M. KEHE Rn. 17).

b) Angabe des Antragstellers. aa) Der GBVerkehr erfordert klare Erklärungen. Der Notar hat deshalb ausdrücklich anzugeben, für wen er den EintrAntrag stellt (BayObLG 1952, 272). Fehlt eine solche Angabe, so ist der Antrag als im Namen aller Antragsberechtigten gestellt anzusehen (KGJ 38, 196; RG HRR 1932 Nr. 1468; OLG Hamburg MDR 1954, 493; BayObLG 1972, 215; NJW-RR 1993, 530; BGH NJW 1985, 3070; OLG Köln Rpfleger 1986, 411; OLG Bremen Rpfleger 1987, 494; a. M. Lappe Rpfleger 1984, 386 und in der abl. Anm. zu BayObLG Rpfleger 1985, 356). Dies gilt jedoch nicht, wenn sich aus den Umständen unter Einbeziehung auch der Interessenlage der Antragsberechtigten durch Auslegung zweifelsfrei ergibt, dass er für bestimmte Antragsberechtigte nicht gestellt werden soll (KGJ 24, 91; BayObLG 1985, 154 = Rpfleger 1985, 356; OLG Bremen Rpfleger 1987, 494; OLG Zweibrücken Rpfleger 1989, 17); so z. B. dann, wenn in der überreichten Urkunde nur ein Antragsberechtigter den Antrag gestellt hat und der Notar sich im Anschreiben auf eine Wiederholung dieses Antrags beschränkt (OLG Hamburg MDR 1954, 492); dies ist der Fall, wenn der Notar eine Urkunde mit dem Antrag vorlegt, „gem. § 15 den gestellten Anträgen stattzugeben“ (KG Rpfleger 1991, 305). 11

bb) Nimmt der Notar auf einen Antrag Bezug, der in einer von ihm erstellten Urkunde enthalten ist, so gilt diese **Bezugnahme** regelmäßig nur dem Inhalt des Antrags. Aus ihr allein lässt sich daher nicht schließen, der Notar stelle Antrag nur namens derjenigen Antragsberechtigten, die bereits in der Urkunde Eintragungen beantragt haben (a. M. OLG Bremen Rpfleger 1987, 494; OLG Zweibrücken Rpfleger 1989, 17). Eine Antragstellung „namens der Beteiligten“ lässt nicht zweifelsfrei eine Beschränkung auf die nur formell Beteiligten der Beurkundung im Sinne von § 6 Abs. 2 BeurkG unter Ausschluss der bloß materiell Beteiligten erkennen (BayObLG 1985, 155 = Rpfleger 1985, 356). Für wen der Notar den Antrag gestellt hat, ist insbes. für die Pflicht zur Kostentragung von Bedeutung (s. Rn. 22). 12

c) Eigener Antrag des Antragsberechtigten. aa) Der Notar kann den EintrAntrag auch dann stellen, wenn die Antragsberechtigten die Eintragung in der überreichten Urkunde bereits selbst beantragt haben (KGJ 44, 172; BayObLG JFG 9, 201; BayObLG 1952, 272; 1988, 310 = Rpfleger 1989, 147; KG Rpfleger 1971, 313); wegen der Frage, ob dann eine Wiederholung des Antrags der Beteiligten durch den Notar oder nur ein Antrag des Notars 13 vorliegt, s. § 31 Rn. 9. Die eigene Antragstellung des Notars ist von Bedeutung für die Bekanntmachung der ergehenden Entscheidung sowie für das Beschwerderecht (s. Rn. 19, 20). Will der Notar von der Möglichkeit eigener Antragstellung Gebrauch machen, so empfiehlt es sich, dass er dies bei der Einreichung der Urkunde deutlich zum Ausdruck bringt (BayObLG 1952, 272; s. dazu auch DNotZ 1939, 2). Eine Vorlegung der Urkunde „zum Vollzug", „zur weiteren Veranlassung" oder „mit der Bitte, den gestellten Anträgen stattzugeben", lässt den Notar nur als Boten erscheinen (BayObLG 11, 335; 12, 339; OLG München JFG 15, 123; 22, 30; KG JW 1937, 114; BGH DNotZ 1964, 435; s. aber auch KG DNotZ 1933, 372; OLG Hamburg MDR 1954, 493). Legt er seine Urkunde dagegen „gemäß § 15 zum Vollzug" vor oder beantragt er, „gem. § 15 den gestellten Anträgen stattzugeben" (s. KG Rpfleger 1991, 305), so ist eigene Antragstellung anzunehmen (bedenklich daher OLG München DNotZ 1943, 261).

14 bb) Einen zunächst nur **botenmäßig eingereichten Antrag** kann der Notar nachträglich gemäß § 15 wiederholen; eine solche Wiederholung ist anzunehmen, wenn er auf Beanstandung des GBAmts im erstinstanzlichen Verfahren Ausführungen macht (BayObLG 1962, 186; 1964, 171; 1967, 409; 1975, 4), z.B. dadurch, dass er gegen eine Zwischenverfügung Beschwerde einlegt. Legt der Notar eine Urkunde mit mehreren EintrAnträgen der Beteiligten dem GBAmt vor und beantragt gem. § 15 nur den Vollzug eines der Anträge, so sind die übrigen in der Urkunde enthaltenen Anträge nur dann von ihm als Bote übermittelt, wenn er dies ausdrücklich erklärt (OLG Köln Rpfleger 1990, 159).

15 **5. Inhalt der Ermächtigung. a)** Der Notar gilt nur als zur Stellung des EintrAntrags ermächtigt. Andere zur Eintragung notwendige Erklärungen kann er für die Beteiligten nicht abgeben. Sein Antrag vermag daher niemals eine fehlende EintrUnterlage, z.B. die Zustimmung des Eigentümers (§ 22 Abs. 2, § 27) oder die Angabe des Gemeinschaftsverhältnisses (§ 47), zu ersetzen (OLG Köln Rpfleger 1970, 286). Der Notar ist auch nicht in der Lage, eine **Rangbestimmung** nach § 45 Abs. 3 vorzunehmen (KGJ 26, 83; OLG Hamm DNotZ 1950, 40; FGPrax 1995, 171; OLG Schleswig SchlHA 1960, 208; OLG Frankfurt Rpfleger 1991, 362 mit kritischer Anm. v. Meyer-Stolte; KG Rpfleger 2000, 453; Bauer/v. Oefele Rn. 38; zur Bevollmächtigung hierzu s. § 45 Rn. 31) oder eine abweichende Bestimmung über die Aushändigung des Briefs nach § 60 Abs. 2 zu treffen (KGJ 30, 275; RG HRR 1932 Nr. 267); s. demgegenüber aber KEHE Rn. 28. Er kann, wenn er die EintrBewilligung beglaubigt hat, auch nicht

nachträglich ohne besondere Vollmacht oder Ermächtigung hierzu, an dem über der Unterschrift stehenden Text Änderungen vornehmen, sofern es sich dabei nicht bloß um die Verbesserung offenbarer Schreibfehler handelt (OLG Celle Rpfleger 1984, 230). Dagegen kann er die Reihenfolge des Eingangs der Anträge bestimmen. Er darf auch eine Bestimmung nach § 16 Abs. 2 treffen, sofern er sich damit nicht in Widerspruch zu Erklärungen der Beteiligten setzt (vgl. dazu OLG Hamm MittRhNotK 1996, 330). Er kann schließlich erklären, dass einer von mehreren in der überreichten Urkunde enthaltenen Anträge nicht als dem GBAmt zugegangen angesehen werden soll (OLG Köln Rpfleger 1990, 159); in diesem Fall hat das GBAmt jedoch zu prüfen, ob der gestellte Antrag mit dem ausgeschlossenen nach § 16 Abs. 2 verbunden ist (KG JW 1937, 477; Rpfleger 1971, 313).

b) Der Antrag muss sich mit dem **Inhalt der EintrUnterlagen** 16
decken (s. § 13 Rn. 19). Der Notar darf ohne besondere rechtsgeschäftliche Vollmacht nicht von ihm abweichen (BayObLG 1973, 222; Rpfleger 1980, 19; OLG Hamm Rpfleger 1986, 367), wohl aber mehrdeutige Erklärungen der Beteiligten durch seinen Antrag klarstellen (BayObLG 1955, 162 = DNotZ 1956, 214; in dem entschiedenen Fall lag aber mehr als bloße Klarstellung vor; OLG Hamm FGPrax 1995, 171; OLG Frankfurt FGPrax 1998, 170). Er ist auch nicht ohne weiteres berechtigt, die Berichtigung des GB zu betreiben, um damit ein dem Antrag entgegenstehendes Hindernis zu beseitigen (KGJ 26, 246). Die Beurkundung einer Auflassung gibt ihm nicht die Befugnis, die Eintragung einer Auflassungsvormerkung (BayObLG JFG 8, 210; BayObLG 1979, 13 = Rpfleger 1979, 134; a. M. Hieber DNotZ 1954, 67) oder die Zuschreibung als Bestandteil zu beantragen.

c) Der Notar kann den von ihm gestellten Antrag nach § 24 17
Abs. 3 Satz 1 BNotO ohne Vollmachtsnachweis **zurücknehmen,** wobei für die Form der Rücknahmeerklärung die Sondervorschrift des § 24 Abs. 3 Satz 2 BNotO gilt. Über Einzelheiten sowie über Ausnahmen bei Zurücknahme des von einem Beteiligten gestellten Antrags oder eines von mehreren gemäß § 16 Abs. 2 verbundenen Anträgen durch den Notar s. § 31 Rn. 7, 8. Selbstverständlich kann der von dem Notar gestellte Antrag auch von dem Antragsberechtigten zurückgenommen werden; war der Antrag jedoch für mehrere Antragsberechtigte gestellt, so erledigt er sich durch die Rücknahmeerklärung nur eines Antragsberechtigten nicht. Der Notar kann auch nicht im Weg der Beschwerde nach § 15 BNotO gegen den ausdrücklichen Willen eines von mehreren Antragsberechtigten zur Zurücknahme des von ihm für alle Antragsberech-

tigten gestellten EintrAntrags gezwungen werden (OLG Schleswig FGPrax 1999, 192; KG FGPrax 2000, 250; OLG Köln FGPrax 2001, 128).

18 **d)** Der Notar ist grundsätzlich als befugt zu erachten, die mit dem gestellten Antrag eingereichten **Urkunden zurückzufordern** (KGJ 44, 173); einem Verlangen auf Rückgabe ist auch vor Erledigung des Antrags zu entsprechen, s. § 10 Rn. 15.

19 **6. Wirkung der Antragstellung.** Hat der Notar den EintrAntrag gestellt, nicht nur einen solchen der Antragsberechtigten als Bote weitergegeben, so hat dies ein Doppeltes zur Folge:

a) Bekanntmachung an den Notar. Die auf den Antrag ergehende Entscheidung ist dem Notar bekanntzumachen (RG 110, 361; KG DNotZ 1933, 372; BGH 28, 109 = NJW 1958, 1532; OLG Zweibrücken Rpfleger 1968, 154); eine Bekanntmachung an den Antragsberechtigten selbst ist, entgegen dem sonst im Verfahren der freiwilligen Gerichtsbarkeit geltenden Grundsatz (s. § 1 Rn. 57), unwirksam (KGJ 38, 196; OLG München JFG 18, 20 betr. Zwischenverfügung; OLG Düsseldorf Rpfleger 1984, 311; OLG Köln Rpfleger 2001, 123). Dies gilt auch bei Wiederholung des von einem Antragsberechtigten gestellten Antrags (s. Rn. 14). Die EintrNachricht erhält auch dann nur der Notar, wenn dieser sowohl den Antrag nach § 15 gestellt, als auch einen eigenen Antrag des Antragsberechtigten als Bote überbracht hat (BayObLG 1988, 307 = Rpfleger 1989, 147). Der von einem Notar vertretene Antragsberechtigte hat keinen Anspruch darauf, dass ihm und den übrigen Beteiligten EintrNachrichten unmittelbar übersandt werden (OLG Düsseldorf Rpfleger 1984, 311). Der Notar erhält eine EintrNachricht allerdings auch dann, wenn er den Antrag nur als Bote überbracht hat; dann ist auch der Antragsteller zu benachrichtigen (§ 55 Abs. 1). S. dazu auch § 55 Rn. 10.

20 **b) Beschwerdeeinlegung durch den Notar.** aa) Der Notar kann, ohne eine Vollmacht vorlegen zu müssen, gegen die auf den EintrAntrag ergangene Entscheidung, aber auch gegen eine in engem sachlichem Zusammenhang mit ihr erlassene Entscheidung (z.B. die Geschäftswertfestsetzung oder eine Entscheidung, die allein die EintrNachricht betrifft: BayObLG 1988, 308), für einen Antragsberechtigten, nicht aber im eigenen Namen (KGJ 35, 199; KG NJW 1959, 1086; BayObLG NJW-RR 1989, 1495), Beschwerde und weitere Beschwerde einlegen. Dabei braucht der Antragsberechtigte, für den er die Beschwerde einlegt, nicht derjenige zu sein, in dessen Namen er den EintrAntrag gestellt hat (BayObLG 34, 121). Der Notar wird anzugeben haben, für wen er die Beschwerde einlegt; fehlt eine solche Angabe, so sind als

Beschwerdeführer, falls sich aus den Umständen nicht zweifelsfrei etwas anderes ergibt, alle Antragsberechtigten anzusehen (BayObLG 1967, 409; BGH NJW 1985, 3070; BGH 107, 269; OLG Hamm JMBlNW 1988, 173; OLG Jena FGPrax 1997, 172; vgl. auch BayObLG 1985, 154 = Rpfleger 1985, 356).

bb) Hält sich der Notar mit seinem EintrAntrag nicht im Rahmen der EintrUnterlagen (s. Rn. 16) oder hat er die von den Antragsberechtigten selbst gestellten Anträge nur als Bote weitergeleitet (s. Rn. 13, 14), so kann er Beschwerde nur **auf Grund besonderer Vollmacht** einlegen, ohne die seine Beschwerde zu verwerfen ist (BGH 141, 347 = NJW 1999, 2369; OLG Hamm Rpfleger 1986, 367); jedoch kann das Beschwerdegericht, wenn eine Bevollmächtigung nach den Umständen angenommen werden kann, davon absehen, die Vorlegung einer Vollmachtsurkunde zu verlangen (JFG 17, 229; BayObLG MittBayNot 1986, 139; NJW-RR 1989, 1495; 1995, 291); eine von dem Notar eingelegte weitere Beschwerde ist wegen Formmangels zu verwerfen (s. hierzu § 80 Rn. 5). 21

7. Kosten. a) Der Notar wird durch die Stellung des EintrAntrags nicht zum „Veranlasser" der gerichtlichen Tätigkeit im Sinn des § 2 Nr. 1 KostO; kostenpflichtig ist allein derjenige, für den er den Antrag gestellt hat (OLG Hamm DNotZ 1952, 86; BayObLG Rpfleger 1984, 96). Dies gilt jedoch nicht, wenn die **Vollmachtsvermutung des § 15 widerlegt** ist (OLG Köln Rpfleger 1982, 98). Dies ist z. B. der Fall, wenn in einer notariellen Kaufvertragsurkunde nur eine Auflassungsvormerkung bewilligt, nicht aber auch die Auflassung erklärt wird, das GBAmt aber auf den auf § 15 gestützten Antrag des Notars dennoch die Auflassung einträgt; eine Kostenschuld der Vertragsparteien wird in diesem Fall durch die Eintragung der Auflassung nicht begründet (BayObLG JurBüro 1993, 224). Stellt der Notar gemäß § 15 „namens der Beteiligten" den Antrag, eine Hyp. einzutragen, so ist auch der Gläubiger Antragsteller und Kostenschuldner, sofern nicht klar erkennbar ist, dass für ihn kein Antrag gestellt werde (BayObLG 1985, 153 = Rpfleger 1985, 356; s. hierzu auch OLG Düsseldorf Rpfleger 1986, 368; OLG Köln Rpfleger 1986, 411; OLG Schleswig DNotZ 1988, 787; OLG Zweibrücken Rpfleger 1989, 17). Die Antragstellung und damit die Kostenhaftung werden nicht dadurch zweifelsfrei ausgeschlossen, dass der Gläubiger einer Grundschuld bei der Freigabe gemäß § 875 BGB erklärt, Kosten übernehme er nicht (BayObLG Rpfleger 1987, 14). Eine Antragstellung und Kostenhaftung des Gläubigers ist dagegen in der Regel zu verneinen, wenn zur lastenfreien Grundstücksübertragung seine Lö- 22 schungsbewilligung vorgelegt wird (OLG Düsseldorf WM 1999, 1275). S. hierzu aber auch OLG Bremen Rpfleger 1987, 494. Zur Auslegung einer Erklärung des Notars, die Haftung für die Kosten zu übernehmen, s. OLG Köln Rpfleger 1992, 497 mit weit. Nachweisen.

23 **b)** Für die Stellung eines EintrAntrags gem. § 15 erhält der Notar keine Gebühr (§ 147 Abs. 4 Nr. 2 KostO); das Gleiche gilt für die Zurücknahme eines von ihm gestellten Antrags.

Anträge unter Vorbehalt

16 (1) **Einem Eintragungsantrag, dessen Erledigung an einen Vorbehalt geknüpft wird, soll nicht stattgegeben werden.**

(2) **Werden mehrere Eintragungen beantragt, so kann von dem Antragsteller bestimmt werden, daß die eine Eintragung nicht ohne die andere erfolgen soll.**

Inhaltsübersicht

1. Allgemeines ... 1
2. Eintragungsantrag ... 2
3. Vorbehalt ... 3
4. Folge des Vorbehalts ... 5
5. Ausnahmeregelung des Abs. 2 ... 7
6. Mehrere Eintragungen ... 8
7. Bestimmung des Antragstellers ... 10
8. Sachbehandlung durch das GBAmt ... 12
9. EintrBewilligung ... 15

1 **1. Allgemeines.** § 16 erklärt EintrAnträge unter Vorbehalt grundsätzlich für unzulässig. Die Vorschrift bezweckt, das GBAmt nicht mit der Prüfung von Umständen zu belasten, die jenseits der Entscheidung darüber liegen, ob eine beantragte Eintragung durch die vorgelegten Unterlagen gerechtfertigt wird (OLG Hamm Rpfleger 1992, 474).

2 **2. Eintragungsantrag.** § 16 befasst sich nur mit dem EintrAntrag. Diesem darf, von der Ausnahmeregelung des Abs. 2 abgesehen, kein Vorbehalt beigefügt werden. Auf den Inhalt der beantragten Eintragung hat die Vorschrift keinen Bezug. Ob ein einzutragendes Recht eine Beschränkung, insbes. eine Bedingung oder Befristung verträgt, ist eine Frage des materiellen Rechts. Sie ist im Allgemeinen zu bejahen. Ausnahmen gelten jedoch für die Auflassung (§ 925 Abs. 2 BGB), für die Bestellung und Übertragung eines Erbbaurechts (§ 1 Abs. 4, § 11 Abs. 1 Satz 2 ErbbauVO; § 1017 BGB), für die Einräumung und Aufhebung von Sondereigentum (§ 4 Abs. 2 Satz 2 WEG) sowie für die Bestellung eines

Dauerwohnrechts (§ 33 Abs. 1 WEG); in diesen Fällen ist jedoch ein Vorbehalt im Sinne des Abs. 2 nicht ausgeschlossen, weil damit nicht die sachlichrechtlichen Erklärungen von einer Bedingung abhängig gemacht werden, sondern nur deren Vollzug im GB. Zur Eintragung bedingter und befristeter Rechte s. § 19 Rn. 32. Wegen der entsprechenden Anwendung des § 16 auf die EintrBewilligung s. Rn. 15.

3. Vorbehalt. a) Als Vorbehalt ist jede Erklärung aufzufassen, die die Erledigung des EintrAntrags von einem nicht zu den gesetzlichen Voraussetzungen gehörigen Umstand abhängig macht oder es zweifelhaft erscheinen lässt, ob die Eintragung überhaupt gewollt ist (OLG Hamm Rpfleger 1992, 474). Der **Begriff** des Vorbehalts beschränkt sich daher nicht auf Bedingungen und Befristungen im Rechtssinn (KG JW 1938, 2227), umfasst vielmehr auch Zusätze anderer Art, insbes. solche, welche die Erledigung des EintrAntrags an das Vorliegen eines bestimmten gegenwärtigen Tatbestands knüpfen. Letztere sind jedoch dann unschädlich, wenn das GBAmt das Vorliegen des in Betracht kommenden Tatbestands ohne weitere Mühe und mit Sicherheit, z. B. anhand des GB oder der Grundakten feststellen kann (BayObLG 12, 372; MittBayNot 1972, 228). 3

Wird der Antrag auf Löschung einer Auflassungsvormerkung lediglich davon abhängig gemacht, dass keine Zwischeneintragungen vorgenommen wurden und keine Anträge auf solche vorliegen, ist daher nicht von einem Vorbehalt i. S. des § 16 Abs. 1 auszugehen (OLG Hamm Rpfleger 1992, 474). Dasselbe gilt, wenn ein Antrag in Form eines **Hilfsantrags** nur für den Fall gestellt ist, dass dem Hauptantrag nicht entsprochen wird (BayObLG 1995, 157 = MittBayNot 1995, 286). Rechtsbedingungen betreffen gesetzliche Voraussetzungen, gehören also ebenfalls nicht hierher; über die Bedeutung des Zusatzes „soweit eintragungsfähig" oder „soweit angängig" s. Rn. 9. Der Antrag, eine Auflassungsvormerkung „bei vertragsgerechter Eigentumsumschreibung ohne entgegenstehende Zwischenrechte" zu löschen, kann dahin auszulegen sein, dass nur solche Zwischeneintragungen einer Löschung entgegenstehen sollen, die ohne Mitwirkung des Erwerbers getroffene Verfügungen über das Grundstück betreffen; bei dieser Auslegung liegt kein unzulässiger Vorbehalt vor (OLG Hamm Rpfleger 1992, 474).

b) Zur Erledigung des EintrAntrags rechnet hier nicht nur die Vornahme der Eintragung, sondern auch diejenige Tätigkeit des GBAmts, die sich notwendigerweise an die Eintragung anschließt; dazu gehören namentlich die Erteilung und Aushändigung von Briefen sowie die Bekanntmachung der Eintragung. 4

5 **4. Folge des Vorbehalts.** Ist die Erledigung eines EintrAntrags an einen Vorbehalt geknüpft und fällt dieser nicht unter die Ausnahmeregelung des Abs. 2, so soll dem Antrag nicht stattgegeben werden. Das GBAmt braucht ihn jedoch nicht sofort zurückzuweisen, ist vielmehr auch befugt, durch eine **Zwischenverfügung** auf die Beseitigung des Vorbehalts hinzuwirken (JFG 19, 137; OLG Hamm MittRhNotK 1992, 149; a.M. KG JW 1931, 1100). Im Einzelfall kann sich der Erlass einer solchen allerdings wegen der Art des Vorbehalts verbieten; so z.B. wenn der Antrag aufschiebend befristet ist und feststeht, dass ihm vor Ablauf der Frist nicht entsprochen werden kann oder wenn der Antragsteller durch den Vorbehalt erreichen will, dass ihm Gelegenheit zur Verschaffung des Verfügungsrechts gegeben wird (KG JW 1938, 2227). Eine Aussetzung des EintrVerfahrens ist unzulässig (s. hierzu § 1 Rn. 53).

6 Gibt das GBAmt dem Antrag trotz des Vorbehalts statt, so berührt dies die Wirksamkeit der Eintragung nicht.

7 **5. Ausnahmeregelung des Abs. 2.** Durch sie wird vor allem die Abwicklung Zug um Zug zu erfüllender Verträge erleichtert. Die Bestimmung kann dahin gehen, dass keine der mehreren Eintragungen ohne die andere vorgenommen werden soll; sie kann aber auch dahin lauten, dass die eine von zwei Eintragungen nicht ohne die andere, wohl aber die andere ohne die eine erfolgen darf (KGJ 35, 198). Wird bestimmt, dass ein gestellter Antrag nur zugleich mit einem erst zu stellenden erledigt werden soll, so handelt es sich nicht um einen Vorbehalt nach Abs. 2; es kommt sonach die Regel des Abs. 1 zum Zug (KG JW 1938, 2227).

8 **6. Mehrere Eintragungen. a)** Es müssen mehrere Eintragungen beantragt sein (OLG Frankfurt Rpfleger 1976, 401). Unerheblich ist, ob mit ihnen eine Rechtsänderung oder eine GBBerichtigung erstrebt wird und ob die Anträge von derselben Person oder von verschiedenen Personen gestellt sind. Die mehreren Eintragungen brauchen in keinem Zusammenhang zu stehen. Sie können auch verschiedene GBBlätter betreffen, sofern diese von demselben GBAmt geführt werden (BayObLG Recht 1909 Nr. 2511; KGJ 44, 201).

9 **b) Nicht hierher gehört** der Fall, dass eine Eintragung mit mehreren Einzelbestimmungen begehrt wird, z.B. eine Hyp. mit Zins- und Zahlungsbestimmungen. Kann einem solchen Antrag nicht vollends stattgegeben werden, so ist er im ganzen zurückzuweisen, falls eine Zwischenverfügung nicht zur Behebung des Hindernisses oder zur Einschränkung des Antrags führt (KGJ 39, 257; BayObLG Rpfleger 1986, 220). Dagegen liegen mehrere Anträge

vor, wenn eine Hyp. und die Unterwerfung unter die sofortige Zwangsvollstreckung eingetragen werden sollen (BayObLG 2, 576; a.M. frühere Auflagen). Ein Zusatz „soweit eintragungsfähig" oder „soweit angängig" kann bedeuten, dass der Antragsteller mit der Eintragung des zulässigen Teils einverstanden ist; meist jedoch wird sich der Antragsteller eines bestimmten Antrags enthalten und es dem GBAmt überlassen wollen, die nach seiner Ansicht eintragungsfähigen Bestimmungen einzutragen; da er die Ansicht des GBAmts vorher nicht kennen kann, fehlt dem Antrag die erforderliche Bestimmtheit und ist dieser unzulässig (KG OLG 26, 186; JFG 1, 463; BayObLG 1969, 100 = DNotZ 1969, 492; OLG Frankfurt Rpfleger 1977, 101).

7. Bestimmung des Antragstellers. a) Dass die eine Eintragung nicht ohne die andere erfolgen soll, kann nur der Antragsteller bestimmen; die Antragsberechtigung allein gibt kein Bestimmungsrecht (s. aber Rn. 15). Sind mehrere Antragsteller vorhanden, so kann jeder von ihnen die Bestimmung treffen; die anderen Antragsteller müssen sie gegen sich gelten lassen. Die Bestimmung kann dem Antrag auch nachträglich beigefügt werden. Sie bedarf keiner Form (OLG Hamm Rpfleger 1973, 305; BayObLG 1975, 5 = Rpfleger 1975, 94) und zwar auch dann nicht, wenn sie nachträglich getroffen wird (s. § 31 Rn. 4). Die Bestimmung kann im Rahmen des § 15 auch der Notar treffen, sofern er sich damit nicht in Widerspruch zu den Erklärungen der Beteiligten setzt. Die Bestimmung kann bis zur Erledigung der Anträge formlos widerrufen werden. Wenn Sie von mehreren Antragstellern getroffen ist, muss sie von allen widerrufen werden. 10

b) Häufig wird eine **stillschweigende Bestimmung** anzunehmen sein, nämlich dann, wenn zwischen den Anträgen ein innerer Zusammenhang rechtlicher oder wirtschaftlicher Natur besteht, der die Einheitlichkeit der Erledigung als gewollt vermuten lässt (KGJ 35, 198; JFG 7, 343; OLG Hamm Rpfleger 1973, 305; 1988, 404; BayObLG 1973, 311; Rpfleger 1988, 244; OLG Zweibrücken NJW-RR 1999, 1174). So z.B. wenn die Eintragung des Eigentumswechsels und die einer Kaufpreisresthyp. beantragt ist (BayObLG JFG 3, 341), wenn ein Sequester gemäß § 848 Abs. 2 ZPO die Anträge auf Eintragung des Pfändungsschuldners und auf Eintragung der Sicherungshyp. stellt (JFG 7, 343) oder wenn mehrere Auflassungen auf Grund eines einheitlichen Teilungsvertrags (OLG München JFG 21, 105) oder eine Auflassung und die Löschung eines Nacherbenvermerks (BayObLG MittBayNot 1991, 122) eingetragen werden sollen. Bei einem Hofübergabevertrag ist regelmäßig davon auszugehen, dass jedenfalls nach dem Willen des 11

Übergebers die Eintragung der Auflassung nur vollzogen werden darf, wenn gleichzeitig die zur Sicherung seiner Ansprüche vom Übernehmer bewilligten GBEintragungen vorgenommen werden (BayObLG 1975, 5 = Rpfleger 1975, 94). Bewilligt und beantragt ein Grundstückseigentümer ganz allgemein die Löschung „aller eingetragenen Grundstücksbelastungen", so bezieht sich diese Erklärung auf eine zu seinen Gunsten eingetragene Auflassungsvormerkung nur für den Fall, dass gleichzeitig auch etwaige Zwischenrechte gelöscht werden; eine darin zugleich liegende materiellrechtliche Aufhebungserklärung ist inhaltlich in gleicher Weise beschränkt (BGH 60, 46 = NJW 1973, 323). Die äußerliche Vereinigung der den Anträgen zugrundeliegenden Bewilligungen in einer Urkunde oder die gleichzeitige Stellung der Anträge rechtfertigt für sich allein die Annahme einer stillschweigenden Bestimmung nicht (KGJ 35, 198; BayObLG 1973, 311; OLG Hamm MittRhNotK 1996, 330).

12 **8. Sachbehandlung durch das GBAmt. a)** Das GBAmt hat, bevor es dem mit dem Vorbehalt gestellten Antrag entspricht, zu prüfen, ob auch dem anderen Antrag stattgegeben werden kann. Ist dies nicht der Fall, so hat es entweder beide Anträge zurückzuweisen (zur Beschwerdeberechtigung in diesem Fall s. § 71 Rn. 63) oder eine Zwischenverfügung zu erlassen und die Erledigung beider Anträge bis zum Ablauf der Frist aufzuschieben (JFG 13, 113; BayObLG 1976, 187). Die Zwischenverfügung kann auch dahin gehen, den beanstandeten Antrag oder den Vorbehalt zurücknehmen (JFG 1, 441). Das GBAmt darf jedoch nicht einen Antrag zurückweisen und wegen des anderen eine Zwischenverfügung erlassen. Denn der Vorbehalt bedeutet, dass die verbundenen Anträge als verfahrensrechtliche Einheit zu behandeln sind. Mit der Ablehnung des einen Antrags muss daher auch der mit diesem verbundene andere Antrag abgelehnt werden (BayObLG Rpfleger 1988, 244).

13 **b)** Enthält eine Urkunde mehrere Anträge, verlangt der Antragsteller aber nur die Erledigung eines von ihnen, so muss das GBAmt stets prüfen, ob ein **anderer Antragsteller** die gleichzeitige Erledigung aller Anträge vorbehalten hat (KG HRR 1937 Nr. 1405; OLG Hamm Rpfleger 1973, 305).

14 **c)** Läßt das GBAmt den Vorbehalt außer acht, so berührt dies die Wirksamkeit der Eintragung nicht (KGJ 44, 201); wegen der sonstigen Folgen eines unzulässigen Teilvollzugs s. BayObLG 1979, 81 = Rpfleger 1979, 210.

15 **9. EintrBewilligung. a)** Auf sie ist § 16 entsprechend anzuwenden (BayObLG 1985, 332 = Rpfleger 1986, 48; OLG Hamm Rpfleger 1992, 474). Auch sie muss grundsätzlich vorbehaltlos er-

klärt werden (KGJ 44, 197; OLG Oldenburg HEZ 1, 109), kann aber den ausdrücklichen oder stillschweigenden Vorbehalt enthalten, dass eine andere Eintragung erfolgt (KGJ 44, 199; KG HRR 1937 Nr. 466). Enthält sie einen solchen, so muss ihn auch der EintrAntrag machen (s. § 13 Rn. 19). Der Vorbehalt, dass eine andere Eintragung erfolgt, kann trotz § 925 Abs. 2 BGB auch der die EintrBewilligung enthaltenden Auflassung (vgl. § 20 Rn. 2) beigefügt werden (JFG 1, 337; OLG Hamm Rpfleger 1973, 305).

b) Mit einer unter Vorbehalt erklärten Bewilligung ist nicht zu **16** verwechseln die vorbehaltlose Bewilligung der Eintragung eines bedingten oder befristeten Rechts (RG JW 1934, 282; s. auch Rn. 2 und § 19 Rn. 32).

Erledigung mehrerer Anträge

17 Werden mehrere Eintragungen beantragt, durch die dasselbe Recht betroffen wird, so darf die später beantragte Eintragung nicht vor der Erledigung des früher gestellten Antrags erfolgen.

Inhaltsübersicht

1. Allgemeines 1
2. Mehrere EintrAnträge 2
3. Betroffensein desselben Rechts 4
4. Erledigung der EintrAnträge 8
5. Erledigung des früher gestellten Antrags 9
6. Erledigung des später gestellten Antrags 13
7. Ausnahmen 15
8. Nichtbeachtung des § 17 17

1. Allgemeines. § 17 regelt die Erledigung mehrerer Eintr- **1** Anträge, wenn von den beantragten Eintragungen dasselbe Recht betroffen wird.

Nach § 879 BGB richtet sich das Rangverhältnis unter mehreren Rechten nach der Eintragung im GB. Den Anspruch auf den besseren Rang hat, soweit die Beteiligten nichts anderes bestimmen, die früher beantragte Eintragung. Dem trägt § 45 Rechnung. § 17 soll ergänzend die richtige Rangeintragung für den Fall sichern, dass dem Vollzug des früher gestellten Antrags ein Hindernis entgegensteht. Die Vorschrift will ferner eine Regelung für die Fälle treffen, in denen die Zulässigkeit der später beantragten Eintragung von der Art der Erledigung des früher gestellten Antrags abhängt.

2. Mehrere EintrAnträge. a) Es müssen mehrere Eintragun- **2** gen beantragt sein (s. § 16 Rn. 8). Das Ersuchen einer Behörde (§ 38) steht einem Antrag gleich (RG HRR 1940 Nr. 516). Dagegen kommen Eintragungen, die von Amts wegen zu bewirken sind, für § 17 auch dann nicht in Betracht, wenn sie von einem Beteiligten beantragt sind; denn hier erweist sich der Antrag nur als Anregung der Amtstätigkeit (s. § 13 Rn. 6). Ob die Anträge von einem oder von verschiedenen Beteiligten gestellt sind, ist unerheblich. Wird ein Grundstück mehrfach hintereinander aufgelassen, so kann der letzte Erwerber seine unmittelbare Eintragung (KGJ 47, 159) nur beantragen, wenn die Zwischenerwerber nicht ihrerseits ihre Eintragung beantragt haben; sonst sind diese Anträge zu erledigen (KG OLG 43, 178). Mehrere EintrAnträge liegen dann nicht vor, wenn der früher gestellte Antrag wegen Wegfalls der Antragsbefugnis unzulässig geworden ist (s. § 13 Rn. 54).

3 **b)** Die Anträge müssen **zu verschiedenen Zeiten** gestellt sein. Maßgebend ist der Eingang beim GBAmt (s. § 13 Rn. 23); wird ein unbegründeter Antrag, der ohne Zwischenverfügung zurückzuweisen gewesen wäre, nachträglich begründet, so ist er im Sinn des § 17 erst in diesem Zeitpunkt als eingegangen anzusehen (JFG 14, 445; s. auch § 18 Rn. 8); über den Fall, dass die Zurückweisung eines Antrags aufgehoben wird, s. Rn. 11. Anträge, die gleichzeitig eingehen, sind gleichzeitig zu erledigen; sind die Anträge nicht miteinander zu vereinbaren, so sind sie zurückzuweisen.

4 **3. Betroffensein desselben Rechts.** Von den beantragten Eintragungen muss dasselbe Recht betroffen werden.

a) Die **Art der Eintragungen** ist unerheblich; sie können rechtsändernden oder berichtigenden Charakter haben; auch Vormerkungen, Widersprüche und Verfügungsbeschränkungen gehören hierher. Betroffen werden kann das Eigentum, ein sonstiges Recht an einem Grundstück oder ein Recht an einem solchen Recht. Teilhyp. sind als selbständige Rechte zu behandeln, gleichgültig, ob ein Teilbrief gebildet ist oder nicht (§ 61 Rn. 2).

5 **b)** Der **Begriff des Betroffenseins** in § 17 ist enger als in § 13 Abs. 2 (s. § 13 Rn. 46). Dasselbe Recht wird betroffen:

- Wenn zwischen den beantragten Eintragungen ein Rangverhältnis besteht (s. hierzu § 45 Rn. 13). Dies ist z.B. der Fall, wenn die Anträge auf Eintragung mehrerer Hyp. an demselben Grundstück gerichtet sind, nicht dagegen, wenn neben der Eintragung einer Hyp. die Eintragung der Inhaltsänderung eines anderen Rechts beantragt ist.

6 • Wenn Eintragungen beantragt sind, von denen die eine die Zulässigkeit der anderen ausschließt oder an weitere Voraussetzungen knüpft. Ersteres trifft z.B. zu, wenn die Umschreibung des Eigentums und auf Grund eines Titels gegen den Veräußerer die Eintragung einer Zwangshyp. beantragt ist (OLG Dresden

JFG 2, 447), letzteres, wenn mit dem einen Antrag die Eintragung der Verpfändung eines Rechts, mit dem anderen dessen Löschung begehrt wird.

- Wenn die früher beantragte Eintragung die später beantragte Eintragung erst zulässig macht. Dies ist z.B. der Fall, wenn von dem Erwerber eines Grundstücks vor dem Vollzug der beantragten Umschreibung die Eintragung einer Hyp. oder von einem Eigentümer eines Grundstücks vor der beantragten Bildung von Wohnungseigentum durch Vollzug der Teilungserklärung die Eintragung eines Grundpfandrechts bei einem Wohnungseigentum beantragt wird (OLG Düsseldorf MittBayNot 1985, 199). 7

4. Erledigung der EintrAnträge. § 17 bestimmt lediglich die Reihenfolge, nicht aber die Art und Weise, in der die mehreren Anträge zu erledigen sind. Ob die Eintragung vorzunehmen, der EintrAntrag abzuweisen oder eine Zwischenverfügung zu erlassen ist, hängt allein davon ab, ob die EintrVoraussetzungen vorliegen oder EintrHindernisse bestehen. Grundsätzlich muss der früher gestellte Antrag erledigt sein, bevor auf den späteren Antrag hin eine Eintragung erfolgen kann. Doch gibt es Ausnahmen (s. Rn. 15); deshalb hat das GBAmt jeden Antrag sofort zu prüfen. 8

5. Erledigung des früher gestellten Antrags. Es kommen vier Möglichkeiten in Betracht (KG OLG 43, 117; OLG München JFG 22, 140): 9

a) Eintragung. Diese muss vollendet, d.h. unterzeichnet sein (s. § 44 Rn. 58; zu dem beim maschinell geführten GB maßgebenden Zeitpunkt s. § 129). Die bloße Verfügung der Eintragung genügt nicht.

b) Eintragung einer **Vormerkung oder eines Widerspruchs** nach § 18 Abs. 2 (s. § 18 Rn. 37ff.). Deshalb darf der spätere Antrag nicht zurückgewiesen werden, wenn der frühere Antrag nach § 18 Abs. 2 erledigt werden kann, auch wenn die endgültige Eintragung auf Grund des früheren Antrags dem späteren die Grundlage entziehen würde (KG HRR 1931 Nr. 125; s. auch § 18 Rn. 51). Ausnahme: Trotz Eintragung einer Vormerkung kann dem späteren Antrag nicht durch Eintragung stattgegeben werden, wenn mit ihm die Löschung des betroffenen Rechts beantragt wird; denn es gibt keine vorläufige Löschung. Entsprechendes gilt bei Eintragung eines Widerspruchs. Die Zwischenverfügung als solche erledigt den Antrag nicht. 10

c) Zurückweisung des EintrAntrags. Erforderlich ist eine bekanntgemachte Entscheidung des GBAmts; Ablauf der in der Zwischenverfügung gesetzten Frist genügt nicht (RG 60, 396). Einle- 11 gung der Beschwerde beseitigt als solche die Tatsache der Erledigung nicht. Erst wenn der zurückweisende Beschluss vom GBAmt (§ 75) oder vom Beschwerdegericht (§§ 77, 80 Abs. 3) aufgehoben wird, ist der frühere EintrAntrag als unerledigt im Sinn des § 17 anzusehen (BGH 45, 191 = DNotZ 1966, 673; BayObLG Rpfleger 1983, 101). Über den Fall, dass die Beschwerde auf neues Vorbringen (§ 74) gestützt war, s. § 18 Rn. 17.

12 **d)** Zurücknahme des EintrAntrags (s. § 13 Rn. 36).

13 **6. Erledigung des später gestellten Antrags.** Unstatthaft ist die Vornahme der später beantragten Eintragung, solange der früher gestellte Antrag nicht erledigt ist. Zulässig ist vor dessen Erledigung dagegen:

a) Der Erlass einer Zwischenverfügung auf den später gestellten Antrag. Diese kann auch die Beseitigung des ersten Antrags oder die Herbeiführung der mit dem ersten Antrag begehrten Eintragung verlangen, wenn davon die Zulässigkeit der später beantragten Eintragung abhängt.

14 **b)** Die Zurückweisung des später gestellten Antrags. Diese ist aber unstatthaft, wenn die Zulässigkeit der später beantragten Eintragung allein von der Entscheidung über den ersten Antrag ab hängt (s. Rn. 6, 7). Denn dann ist eine sachgemäße Entscheidung über den späteren Antrag erst nach Entscheidung über den früheren möglich (JFG 2, 450; 14, 445; OLG Düsseldorf MittBayNot 1985, 199). Im Fall eines Vorbehalts nach § 16 Abs. 2 müssen beide Anträge zurückgewiesen werden (s. § 16 Rn. 12).

15 **7. Ausnahmen. a)** Der Antragsteller bestimmt nachträglich, dass der früher gestellte Antrag erst nach dem später gestellten erledigt werden soll. Die Bestimmung enthält eine teilweise Zurücknahme des früheren Antrags und ist daher formbedürftig (§ 31).

16 **b)** Die früher beantragte Eintragung ist erst zulässig nach Vornahme der später beantragten Eintragung. Letztere ist zuerst vorzunehmen, weil auf Fälle dieser Art der Zweckgedanke des § 17 nicht zutrifft (s. Rn. 1). Steht sie mit anderen Anträgen unter einem Vorbehalt des § 16 Abs. 2, so sind sämtliche später beantragten Eintragungen vor den früher beantragten Eintragungen vorzunehmen (JFG 7, 342).

c) Zur Behandlung eines noch nicht erledigten EintrAntrags bei Eingang eines Ersuchens um Eintragung eines Zwangsversteigerungsvermerks s. § 38 Rn. 36. Über den Fall des § 130 Abs. 3 ZVG s. § 38 Rn. 41.

17 **8. Nichtbeachtung des § 17.** § 17 ist nur eine Ordnungsvorschrift (BGH 45, 191 = DNotZ 1966, 673). Ein Verstoß macht das

GB daher nicht unrichtig (RG HRR 1932 Nr. 1658), kann aber zu Schadensersatzansprüchen führen (RG HRR 1936 Nr. 257; BayObLG Rpfleger 1995, 16; 1998, 334). Eine Vormerkung schützt auch gegen vorher beantragte widersprechende Verfügungen, die unter Verstoß gegen § 17 erst nach Eintragung der Vormerkung eingetragen wurden; daran ändert sich auch dadurch nichts, dass auf die vormerkungswidrige Eintragung Art. 233 § 7 Abs. 1 EGBGB anzuwenden ist (BGH Rpfleger 1995, 290). Wurde jedoch eine Eintragung bewirkt, obwohl sie durch die fälschlicherweise zuerst vorgenommene Eintragung unzulässig geworden ist, dann ist das GB unrichtig. Beispiel: A beantragt, Pfändung der Buchhyp. des X einzutragen; X beantragt danach, die Hyp. auf Y umzuschreiben. Wird versehentlich zuerst Y eingetragen, so darf die Pfändung nicht mehr gebucht werden; sonst wird das GB unrichtig.

Zurückweisung und Zwischenverfügung

18 (1) **Steht einer beantragten Eintragung ein Hindernis entgegen, so hat das Grundbuchamt entweder den Antrag unter Angabe der Gründe zurückzuweisen oder dem Antragsteller eine angemessene Frist zur Hebung des Hindernisses zu bestimmen. Im letzteren Fall ist der Antrag nach dem Ablauf der Frist zurückzuweisen, wenn nicht inzwischen die Hebung des Hindernisses nachgewiesen ist.**

(2) **Wird vor der Erledigung des Antrags eine andere Eintragung beantragt, durch die dasselbe Recht betroffen wird, so ist zugunsten des früher gestellten Antrags von Amts wegen eine Vormerkung oder ein Widerspruch einzutragen; die Eintragung gilt im Sinne des § 17 als Erledigung dieses Antrags. Die Vormerkung oder der Widerspruch wird von Amts wegen gelöscht, wenn der früher gestellte Antrag zurückgewiesen wird.**

Inhaltsübersicht

1. Allgemeines	1
2. EintrHindernis	2
3. Sofortige Zurückweisung des EintrAntrags	5
4. Zurückweisende Entscheidung	13
5. Wirkung der Zurückweisung	16
6. Zurückweisung oder Zwischenverfügung	20
7. Erlass einer Zwischenverfügung	26
8. Wesentliche Erfordernisse der Zwischenverfügung	29
9. Bekanntmachung der Zwischenverfügung	35
10. Wirkung der Zwischenverfügung	36
11. Vormerkung und Widerspruch	37
12. Wahl zwischen Vormerkung und Widerspruch	38
13. Eintragung von Amts wegen	39

14. Wirkung der Vormerkung oder des Widerspruchs 41
15. Endgültige Entscheidung über die EintrAnträge 46
16. Rechtsmittel 53
17. Kosten 58

1 **1. Allgemeines.** § 18 regelt die Behandlung von EintrAnträgen, deren Vollzug ein Hindernis entgegensteht. Vgl. zum Folgenden auch Böttcher, Zurückweisung und Zwischenverfügung im GBVerfahren, MittBayNot 1987, 9, 65.

a) Über einen EintrAntrag kann außer durch Eintragung nur durch Zurückweisung oder Zwischenverfügung entschieden werden. Andere Möglichkeiten gibt es grundsätzlich nicht. Insbes. ist das GBAmt im Antragsverfahren zur Anstellung von Ermittlungen weder berechtigt noch verpflichtet (s. § 13 Rn. 5). Unzulässig ist die Ankündigung einer Eintragung durch einen **Vorbescheid** (s. § 71 Rn. 18), ebenso eine formlose Erinnerung, d. h. die Beanstandung eines EintrAntrags ohne Fristsetzung (RG 60, 395; OLG Hamm Rpfleger 1975, 134; BayObLG 1995, 279 = FGPrax 1995, 221; BayObLG FGPrax 1996, 15 mit zust. Anm. v. Keller FGPrax 1996, 85) oder verbunden mit der „Bitte um Aufklärung" (OLG Frankfurt Rpfleger 1994, 204) oder mit der Anheimgabe, den EintrAntrag zurückzunehmen (BayObLG 1995, 359 = FGPrax 1996, 15). Wird später zur Behebung der in der formlosen Beanstandung aufgezeigten EintrHindernisse unter Androhung der Antragsabweisung eine Frist gesetzt, kann darin eine Zwischenverfügung zu sehen sein (BayObLG 1995, 359 = FGPrax 1996, 15).

b) Auch eine **Aussetzung des Verfahrens** ist unstatthaft; jedoch kann der Antragsteller bestimmen, dass der Antrag erst nach Ablauf einer bestimmten Frist als gestellt gelten solle (s. hierzu § 1 Rn. 53). Ausnahmen gelten im Übrigen, wenn eine früher beantragte Eintragung erst nach Vornahme der später beantragten zulässig wird oder ein Fall des § 130 Abs. 3 ZVG vorliegt (s. § 17 Rn. 16 und § 38 Rn. 41). Zur Aussetzung eines Rechtsbeschwerdeverfahrens im Hinblick auf eine Vorlegung bis zur Entscheidung des BGH s. § 79 Rn. 19.

c) Das GBAmt hat EintrAnträge in **angemessener Zeit** zu erledigen; grundsätzlich werden die Anträge in der Reihenfolge ihres Eingangs zu bearbeiten sein; soweit nicht § 17 entgegensteht, können besondere Gründe die vordringliche Behandlung eines EintrAntrags gebieten. Ein Verstoß gegen diese Amtspflichten kann Maßnahmen der Dienstaufsicht oder Schadensersatzansprüche auslösen (s. dazu auch OLG Naumburg NJW 1997, 1593); grundbuchrechtliche Folgen hat er aber nicht (OLG Frankfurt Rpfleger 1996, 335).

d) Im Gebiet der **früheren DDR** war auf Anträge, die bis zum 31. 12. 1993 eingingen, die Allgemeine Verwaltungsvorschrift zur beschleunigten Bearbeitung von GBEintrAnträgen bei Vorliegen eines besonderen Investitionszweckes (GVB-AV; DtZ 1991, 88) anzuwenden; s. dazu Schmidt-Räntsch DtZ 1991, 65. Die Vorschrift ist durch die Grundbuchvorrangverordnung (GBVorV) v. 3. 10. 1994 (BGBl. I 2796) ersetzt worden. Danach können Anträge und Ersuchen auf rechtsändernde oder berichtigende Eintragungen, die Investitionen dienen, vom GBAmt vorrangig bearbeitet werden (§ 1 Abs. 1 Satz 1 GBVorV). Sie sollen auf Antrag vorrangig bearbeitet werden, wenn ihnen ein Investitionsvorrangbescheid oder vergleichbare, im Einzelnen aufgeführte Entscheidungen, Bescheide oder Bescheinigungen zugrundeliegen (§ 1 Abs. 1 Satz 2, § 3 Abs. 2 GBVorV). Mehrere vorrangig zu bearbeitende Anträge sind untereinander in der Reihenfolge ihres Eingangs zu bearbeiten (§ 1 Abs. 1 Satz 3 GBVorV). Im Übrigen gilt § 17; danach vorgehende Anträge sind ebenfalls vorrangig zu bearbeiten, auch wenn sie selbst die Voraussetzungen dafür nicht erfüllen (§ 1 Abs. 2 GBVorV). Die Landesjustizverwaltungen können weitere vorrangig zu bearbeitende Fälle bestimmen (§ 3 Abs. 1 GBVorV). S. zum Ganzen Böhringer DtZ 1995, 2.

2. EintrHindernis. a) Die Prüfungspflicht des GBAmts erstreckt 2
sich auf die gesetzlichen Voraussetzungen der beantragten Eintragung (nicht des materiellen Rechtserwerbs), insbes. auf den EintrAntrag, die EintrBewilligung und die Voreintragung des Betroffenen (s. Anh. zu § 13 Rn. 33). Alle für die Eintragung in Betracht kommenden Vorschriften sachlichrechtlicher und verfahrensrechtlicher Art, auch bloße Ordnungsvorschriften (BayObLG 1986, 88 = Rpfleger 1986, 370), sind zu beachten. Über die Prüfung des Grundgeschäfts s. § 19 Rn. 19, 20. Ein EintrHindernis kann auch darin bestehen, dass die Eintragung zur Unrichtigkeit des GB führen würde (BayObLG 1986, 82 = Rpfleger 1986, 369; s. hierzu Anh. zu § 13 Rn. 29). Enthält der EintrAntrag oder eine EintrUnterlage Unklarheiten, so ist durch Zwischenverfügung auf Klarstellung hinzuwirken (vgl. hierzu auch RG DR 1942, 1412; BayObLG 1986, 84 = Rpfleger 1986, 369).

b) Das Gleiche gilt bei ernsthaften **Zweifeln an der Geschäfts-** 3
fähigkeit des Antragstellers oder des Bewilligenden, die Voraussetzung seiner Verfahrensfähigkeit (s. § 1 Rn. 32) und damit eine EintrVoraussetzung ist. Solche Zweifel können sich auch aus Vorgängen außerhalb der vorgelegten EintrUnterlagen ergeben; sie sind vom Antragsteller im Rahmen einer Zwischenverfügung durch ein ärztliches Zeugnis auszuräumen, das nicht der Form des § 29 bedarf

(OLG Hamm Rpfleger 1960, 406; OLG Karlsruhe DNotZ 1965, 476; BayObLG 1974, 336 = Rpfleger 1974, 396; OLG Frankfurt Rpfleger 1997, 111); der volle Nachweis der Geschäftsfähigkeit braucht nicht geführt zu werden (BayObLG 1989, 111 = MDR 1989, 748); es genügt, die Zweifel so weit zu zerstreuen, dass wieder von dem Grundsatz der Geschäftsfähigkeit ausgegangen werden kann (BayObLG NJW-RR 1990, 721; Rpfleger 1992, 152). Entsprechendes gilt bei ernsthaften Zweifeln daran, ob eine ausländische Kapitalgesellschaft den für die Beurteilung ihrer Rechtsfähigkeit maßgebenden tatsächlichen Verwaltungssitz in ihrem Gründungsstaat hat (OLG Hamm Rpfleger 1995, 153).

4 **c)** Zu beachten ist jedes bis zur Vollendung der Eintragung (s. § 44 Rn. 58; zu dem beim maschinell geführten GB maßgebenden Zeitpunkt s. § 129) auftretende Hindernis (BayObLG 1948/51, 365), andererseits aber auch jede Beseitigung eines Hindernisses vor der Bekanntmachung des zurückweisenden Beschlusses an den Antragsteller (s. Rn. 14).

5 **3. Sofortige Zurückweisung des EintrAntrags.** In folgenden Fällen ist der Antrag sofort, d.h. ohne Zwischenverfügung zurückzuweisen:

a) Fehlende Antragsberechtigung. Sie liegt vor, wenn der Antragsteller nicht zum Kreis der Antragsberechtigten gehört oder wenn ihm durch gerichtliche Entscheidung die Stellung eines EintrAntrags untersagt ist (RG 120, 118). Besteht das EintrHindernis jedoch in einem durch einstweilige Verfügung ausgesprochenen, nur vorläufigen Erwerbsverbot, dann ist eine Zwischenverfügung nicht von vorneherein ausgeschlossen (BayObLG 1997, 58 = FGPrax 1997, 89; näheres hierzu s. § 19 Rn. 97).

6 **b) Fehlende EintrFähigkeit.** Sie liegt vor, wenn sich der Antrag auf Eintragung eines nicht eintragungsfähigen Rechts richtet oder ein an sich eintragungsfähiges Recht mit einem unzulässigen Inhalt oder einem nicht zweifelsfrei feststellbaren Umfang eingetragen werden soll.

aa) Dies ist z.B. der Fall, wenn die Eintragung eines Mietrechts begehrt wird (RG 54, 233; s. auch § 53 Rn. 44) oder wenn das Recht nicht wie beantragt als Grunddienstbarkeit, sondern nur als beschränkte persönliche Dienstbarkeit eingetragen werden könnte (OLG München HRR 1936 Nr. 271; s. auch § 53 Rn. 46). In diesen Fällen ist es nicht zulässig, durch Zwischenverfügung aufzugeben, das einzutragende dingliche Recht **durch Rechtsgeschäft abzuändern** oder durch ein anderes Recht zu ersetzen (s. Rn. 32). Dagegen kann eine Zwischenverfügung erlassen werden, wenn sich lediglich eine Nebenbestimmung eines eintragungsfähigen Rechts als nicht eintragungsfähig erweist (s. Rn. 27).

bb) Die Eintragung einer Vormerkung oder eines Widerspruchs zugunsten des gestellten Antrags und damit der Erlass einer Zwischenverfügung sind auch dann ausgeschlossen, wenn bei einem Antrag auf Eintragung einer **Zwangshyp.** die nach § 867 Abs. 2 ZPO erforderliche Verteilung der Forderung unterblieben ist (BayObLG 1952, 51; BGH 27, 314, zugleich zur Zulässigkeit eines Hinweises gem. § 139 ZPO; OLG Düsseldorf Rpfleger 1990, 60; a.M. KG OLG 42, 40) oder der Umfang eines einzutragenden Rechts nicht zweifelsfrei feststeht (KG RJA 12, 67; einschränkend: OLG Karlsruhe JFG 4, 404); denn im ersten Fall hätte eine Vormerkung einen unzulässigen Inhalt, im zweiten würde ihre Eintragung dem Bestimmtheitsgrundsatz widersprechen. 7

c) Fehlende Rückwirkung der Mangelbehebung. Eine Zwischenverfügung und die Vormerkung oder der Widerspruch, die bei Eingang eines weiteren Antrags einzutragen sind, sind ein Mittel, um der beantragten Eintragung den nach dem Eingang des Antrags sich bestimmenden Rang zu sichern, der bei sofortiger Zurückweisung nicht gewahrt bliebe. Eine Zwischenverfügung ist daher nicht zulässig, wenn der Mangel des Antrags nicht mit rückwirkender Kraft geheilt werden kann; denn andernfalls erhielte die beantragte Eintragung einen Rang, der ihr nicht gebührt (BGH 27, 313; BayObLG 1980, 306; Rpfleger 1984, 406; NJW-RR 1991, 465; OLG Frankfurt Rpfleger 1990, 292). In diesem Fall ist der Antrag sofort zurückzuweisen (OLG Hamm FGPrax, 1997, 59). Geschieht dies nicht und wird der Mangel später behoben, so ist der Antrag erst im Zeitpunkt der Behebung als im Sinn des § 17 eingegangen anzusehen (JFG 14, 445; 23, 146). Was im Hinblick auf die rangwahrende Wirkung des EintrAntrags gesagt wurde, gilt in gleicher Weise für die sonstigen Rechtswirkungen, für die der Eingang des EintrAntrags maßgebend ist (s. § 13 Rn. 9ff.; BayObLG 1988, 231 = DNotZ 1989, 361). 8

In den folgenden Fällen ist die Eintragung einer Vormerkung oder eines Widerspruchs mit dem Zweckgedanken des § 18 nicht vereinbar, der Antrag also sofort zurückzuweisen: 9

aa) Wenn bei einem Antrag auf Eintragung einer **Zwangshyp.** die Voraussetzungen der Zwangsvollstreckung nicht gegeben sind (BayObLG 24, 11; 1984, 246; KG JurRdsch. 1926 Nr. 2048; BGH 27, 313f., zugleich zur Zulässigkeit eines Hinweises gem. § 139 ZPO; OLG Frankfurt Rpfleger 1974, 443); denn sonst würde für den Rang ein Zeitpunkt maßgebend sein, in dem noch nicht vollstreckt werden durfte. An dieser von jeher herrschenden Auffassung ist festzuhalten, auch wenn man annimmt, dass eine gesetzwidrig eingetragene Zwangshyp. durch nachträglichen Eintritt der fehlenden Vollstreckungsvoraussetzung rückwirkend vom Zeitpunkt ihrer Eintragung an entsteht, die zunächst gegebene Unrichtigkeit des GB also entfällt (s. dazu JFG 21, 92; BayObLG 1975, 398 = Rpfleger 1976, 66; OLG Hamm FGPrax 1997, 86). Anders, wenn der Eintragung das Fehlen eines grundbuchrechtlichen Erfordernisses (RG 85, 167; BayObLG 24, 11) oder der mangelnde Nachweis einer an sich gegebenen Vollstreckungsvoraussetzung entgegensteht (Rahn Justiz 1962, 58; a. M. Hoche DNotZ 1957, 6); hier kann eine Zwischenverfügung erlassen werden.

10 bb) Wenn sich der Antrag auf die EintrBewilligung oder bei einzutragendem Eigentumswechsel auf die Auflassung eines **Nichtberechtigten,** z. B. des Käufers eines Grundstücks (s. JFG 1, 303), gründet und eine Heilung dieses Mangels mit rückwirkender Kraft, also durch Genehmigung des Berechtigten (§ 185 Abs. 2, § 184 Abs. 1 BGB), nicht zu erwarten ist (OLG München JFG 21, 105; JFG 23, 145); denn dann gebührt dem Antrag Rang nicht nach dem Eingang beim GBAmt, sondern gegebenenfalls nach dem Zeitpunkt, in welchem der Nichtberechtigte zum Berechtigten wird.

11 cc) Wenn bei einem **Berichtigungsantrag** noch keine Unrichtigkeit des GB vorliegt, z. B. die Pfändung eines Briefrechts oder eines Erbteils eingetragen werden soll, bevor der Pfändungsgläubiger in den Besitz des Briefs gelangt ist (JFG 14, 445) bzw. der Pfändungsbeschluss dem Drittschuldner zugestellt wurde (KG DR 1944, 124). Anders, wenn es nur an dem Nachweis der tatsächlich bestehenden Unrichtigkeit fehlt, z. B. die Zustellungsurkunde nicht vorgelegt ist (KG DR 1944, 124).

12 dd) Wenn die zur Eintragung erforderliche EintrBewilligung des **unmittelbar Betroffenen** noch nicht erklärt ist (BayObLG DNotZ 1990, 295; MittBayNot 1990, 307; OLG Zweibrücken OLGZ 1991, 153; OLG Hamm ZflR 1998, 115; gleiches gilt, wenn im Fall des § 20 die Auflassung noch nicht erklärt ist, s. dazu Rn. 32), z. B. bei einer Erbengemeinschaft die Eintragung nicht von allen Miterben bewilligt ist (s. dazu § 19 Rn. 44); ohne Bedeutung ist dabei, ob es sich um eine rechtsändernde Bewilligung oder um eine Berichtigungsbewilligung handelt (BayObLG MittBayNot 1995, 42). Etwas anderes gilt, wenn die EintrBewilligung eines Miterben vorgelegt wird, der die Bewilligung als Nichtberechtigter auch für die übrigen Miterben abgegeben hat; dann kommt eine rückwirkende Heilung durch Genehmigung der übrigen Miterben in Betracht (s. § 19 Rn. 72; BayObLG 1988, 229 = DNotZ 1989, 361; s. aber auch Rn. 10). Ferner kann dann, wenn die Bewilligung des unmittelbar Betroffenen vorliegt, durch Zwischenverfügung aufgegeben werden, die fehlende EintrBewilligung des nur mittelbar Betroffenen (vgl. § 19 Rn. 52ff.) beizubringen (BayObLG 1990, 6), z.B. bei der Löschung einer Grundschuld die Bewilligung des Grundstückseigentümers (BayObLG Rpfleger 1997, 154; OLG Zweibrücken Rpfleger 1999, 533) oder bei der Eintragung einer Auflassung die Löschungsbewilligung der Berechtigten derjenigen Rechte, die nicht übernommen werden (BayObLG Rpfleger 1994, 58). Ist die erklärte Auflassung oder EintrBewilligung dem GBAmt versehentlich oder bewusst nicht vorgelegt worden, kann ihre Vorlage durch Zwischenverfügung verlangt werden.

4. Zurückweisende Entscheidung. a) Die Zurückweisung geschieht durch schriftlichen, mit Gründen versehenen Beschluss; Bezeichnung als Verfügung ist jedoch unschädlich. Liegen neben dem Hindernis, das von vornherein die Zurückweisung rechtfertigt, **noch weitere Hindernisse** vor, so sind sie sämtlich zu bezeichnen, um die Gefahr erneuter Zurückweisung zu mindern (RG 84, 274). Der Unterschrift ist die Amtsbezeichnung beizufügen, der Unterschrift des Rpflegers das Wort „Rechtspfleger" (§ 12 RpflegerG). 13

b) Die Entscheidung wird erst mit der **Bekanntmachung** an den Antragsteller oder die ersuchende Behörde wirksam (§ 16 Abs. 1 FGG). Bekanntzumachen ist nur an diese, nicht auch an sonstige Antragsberechtigte (vgl. BayObLG 1972, 399; a.M. KEHE § 1 Rn. 36). Für die Bekanntmachung gilt grundsätzlich § 16 Abs. 2 Satz 2 FGG; nur wo die Zurückweisung ausnahmsweise der sofortigen Beschwerde nach den Vorschriften des FGG unterliegt (s. Rn. 53), ist nach § 16 Abs. 2 Satz 1 FGG Zustellung erforderlich. Hat ein Notar den Antrag gestellt, so muss ihm bekanntgemacht werden (s. § 15 Rn. 19). Wird das Hindernis vor der Bekanntmachung beseitigt, so darf das GBAmt den Beschluss nicht mehr absenden. 14

c) Ein Ausspruch über die **Kostentragungspflicht** gegenüber der Staatskasse, also hinsichtlich der Gerichtskosten, ist in der Regel entbehrlich, da sich bereits aus der KostO ergibt, ob und in welcher Höhe solche zu erheben sind und wer sie zu tragen hat; ergeht er gleichwohl, so hat er nur die Bedeutung einer nicht bindenden Anweisung an den Kostenbeamten (vgl. § 77 Rn. 33). Über die Kosten als solche s. Rn. 58. Wegen der Kostentragungs- bzw. Kostenerstattungspflicht im Verhältnis zwischen mehreren Beteiligten s. § 13a FGG. Über die Anfechtbarkeit einer ergangenen Kostenentscheidung s. § 71 Rn. 31. 15

5. Wirkung der Zurückweisung. a) Sie ist ohne Einfluss auf das materielle Rechtsverhältnis. Eine nach § 873 Abs. 2, § 875 16

Abs. 2 BGB eingetretene Bindung bleibt, ebenso wie im Fall der Antragszurücknahme (s. § 13 Rn. 39), bestehen.

17 **b)** Der Antrag ist **im Sinn des § 17 erledigt.** Später beantragte Eintragungen können vorgenommen werden. Die Anwartschaft auf den Rang und die materiellen Wirkungen des Antrags (s. § 13 Rn. 9ff.) gehen verloren; bei Wiederholung des Antrags richten sie sich nach dem Eingang des neuen Antrags. Wird aber die Zurückweisung vom GBAmt oder vom Beschwerdegericht aufgehoben, so leben die alten Wirkungen wieder auf (BGH 45, 191 = DNotZ 1966, 673); jedoch bleiben die zwischen der Zurückweisung und ihrer Aufhebung vorgenommenen Eintragungen bei Bestand (RG 135, 385; BGH 45, 191 = DNotZ 1966, 673), und zwar auch hinsichtlich ihres Rangs (BayObLG Rpfleger 1983, 101). Der Grundsatz erleidet eine Ausnahme, wenn die Beschwerde auf neues Vorbringen (§ 74) gestützt war; in diesem Fall hat ihre Einlegung die Bedeutung eines neuen Antrags (s. § 74 Rn. 13).

18 **c)** Die Zurückweisung erwächst weder in formelle noch in materielle **Rechtskraft** (BayObLG 28, 476; NJW-RR 1993, 530; s. auch JFG 9, 398); einer materiellen Rechtskraft sind Entscheidungen im GBVerfahren allgemein nicht fähig (KEHE Einl. Rn. A 61; a.M. Meikel Einl. F Rn. 129; offengelassen von BayObLG Rpfleger 1995, 455). Das GBAmt kann die Zurückweisung aufheben, solange das Beschwerdegericht nicht die Beschwerde als unbegründet zurückgewiesen hat; Voraussetzung hierfür ist jedoch gemäß § 18 Abs. 1 Halbsatz 2 FGG der Antrag eines Antragsberechtigten (KG JW 1937, 478; a.M. Güthe/Triebel A. 26), nicht notwendig des ursprünglichen Antragstellers. Ändert das GBAmt seine Ansicht, so hat es den ursprünglichen Antragsteller, nicht jedoch auch sonstige Antragsberechtigte (a.M. KEHE § 1 Rn. 37), darauf hinzuweisen (KG JW 1937, 478). An die Entscheidung des Beschwerdegerichts ist das GBAmt für den gestellten Antrag gebunden. Ein neuer selbständiger Antrag ist jederzeit zulässig; über ihn ist ohne Bindung an das frühere Verfahren zu entscheiden (s. KGJ 44, 303 für Berichtigungsanträge).

Wo die Zurückweisung ausnahmsweise der sofortigen Beschwerde nach den Vorschriften des FGG unterliegt (s. Rn. 53), greift das Änderungsverbot des § 18 Abs. 2 FGG Platz.

19 **d)** Die eingereichten **Urkunden** sind an den zurückzugeben, der sie eingereicht hat (s. § 10 Rn. 14). Über die Verwendung von Urkunden für Anträge anderer Antragsteller s. § 31 Rn. 13.

20 **6. Zurückweisung oder Zwischenverfügung.** Ist der Antrag nicht sofort zurückzuweisen (s. Rn. 5), so hat das GBAmt die Wahl zwischen Zurückweisung und Zwischenverfügung.

a) Die Entscheidung ist nach **pflichtgemäßem Ermessen** zu treffen (RG 126, 109; OLG Hamm DNotZ 1970, 663; BayObLG 1979, 85; Rpfleger 1988, 408; OLG Düsseldorf Rpfleger 1986, 297; OLG Jena Rpfleger 1997, 104; OLG Frankfurt FGPrax 1997, 50); dabei sind die Besonderheiten des Einzelfalls zu berücksichtigen und die sich gegenüberstehenden Interessen abzuwägen (BayObLG 1997, 58 = FGPrax 1997, 89), nämlich: 21

aa) Das berechtigte Streben des Antragstellers nach alsbaldiger Stellung des Antrags zur Wahrung des Rangs und der mit dem Eingang des Antrags verbundenen materiellen Wirkungen (s. § 13 Rn. 9ff.); deshalb sind unnötige Härten zu vermeiden. Wenn die Grundstücksumschreibung der Vollziehung der Kapitalerhöhung einer GmbH dient, darf daher der Umschreibungsantrag nicht wegen Fehlens der Unbedenklichkeitsbescheinigung der Finanzbehörde zurückgewiesen werden; vielmehr ist eine Zwischenverfügung zu erlassen (OLG Düsseldorf Rpfleger 1986, 297). 22

bb) Das Interesse der Allgemeinheit an der raschen Abwicklung des GBVerkehrs und der Zuverlässigkeit der GBEinsicht, häufig auch die Belange anderer Antragsteller. Daher kommt eine Zwischenverfügung im Allgemeinen nur bei leicht und schnell, also in angemessener Frist behebbaren Mängeln in Betracht (OLG Hamm DNotZ 1966, 744; 1970, 663; BayObLG 28, 752; 1984, 128 = Rpfleger 1984, 406; OLG Jena Rpfleger 1997, 104); auch ein bewusst unvollständig eingereichter Antrag ist nicht grundsätzlich zurückzuweisen (RG 126, 107; OLG Düsseldorf Rpfleger 1986, 297). 23

b) Wo hiernach eine Zwischenverfügung angemessen ist, muss sie erlassen werden (zur Überprüfung des Ermessens auf Beschwerde s. Rn. 54). Auch gegenüber behördlichen EintrErsuchen (§ 38) ist eine Zwischenverfügung zulässig (KGJ 52, 155). 24

c) Nach einer **anderen Meinung** ist immer dann, wenn eine sofortige Zurückweisung des Antrags nicht zwingend geboten ist, eine Zwischenverfügung zu erlassen; für eine Ermessensentscheidung sei kein Raum; die mit der Antragstellung erlangte Rechtsposition müsse so lange wie möglich erhalten werden (Böttcher MittBayNot 1987, 9; s. auch Habscheid NJW 1967, 225; KEHE Rn. 43 bis 46). S. dazu aber auch BayObLG 1997, 58 = FGPrax 1997, 89. 25

7. Erlass einer Zwischenverfügung. Er ist geboten: 26

a) Zur **Klarstellung des Antrags** (BayObLG 1997, 131 = Rpfleger 1997, 371), wenn er oder seine Unterlagen Widersprüche aufweisen (KG HRR 1935 Nr. 866; OLG Frankfurt FGPrax 1998,

170). Zur Klarlegung des Grundgeschäfts, z.B. zwecks Prüfung seiner Entgeltlichkeit, wenn davon die Verfügungsbefugnis des Testamentsvollstreckers oder des befreiten Vorerben abhängt (JFG 7, 284).

27 **b)** Zur **Einschränkung des Antrags** (BayObLG 1997, 131 = Rpfleger 1997, 371), z.B. hinsichtlich nicht eintragungsfähiger Nebenbestimmungen (KGJ 44, 268; BayObLG 1976, 45 = Rpfleger 1976, 181; BayObLG 1977, 83). Übergang vom Berichtigungsantrag zum Rechtsänderungsantrag ist keine Einschränkung (KG HRR 1930 Nr. 887). Zur Zurücknahme eines von mehreren nach § 16 Abs. 2 verbundenen Anträgen, damit den übrigen stattgegeben werden kann (JFG 1, 441; 13, 112; OLG Hamm Rpfleger 1975, 134; 2000, 449; BayObLG 1977, 271; BGH 71, 351 = Rpfleger 1978, 365; OLG Frankfurt FGPrax 1998, 170). Ferner zur Beseitigung eines unzulässigen Vorbehalts (JFG 19, 137; s. auch § 16 Rn. 5). Unstatthaft dagegen zwecks Zurücknahme eines unverbundenen Antrags (JFG 13, 112; OLG Hamm Rpfleger 1975, 134; BayObLG 1977, 270; OLG Frankfurt Rpfleger 1978, 306) oder zwecks Stellung eines anderen Antrags (s. dazu § 71 Rn. 19); über die Unanfechtbarkeit einer solchen Verfügung s. Rn. 55.

28 **c)** Zur **Sicherung des Kosteneingangs,** wenn die Vornahme der Eintragung gemäß § 8 Abs. 2 KostO von der Zahlung eines Kostenvorschusses abhängig gemacht wird (JFG 15, 315). Durch Zwischenverfügung kann aber nicht aufgegeben werden, Angaben zum Geschäftswert zu machen, damit danach der Vorschuss berechnet werden kann (OLG Hamm Rpfleger 2000, 267). Der Rpfleger ordnet nur an, dass ein Vorschuss zu leisten ist, seine Höhe errechnet der Kostenbeamte (JFGErg. 15, 5); wegen des zulässigen Rechtsmittels s. § 71 Rn. 85. Die Zwischenverfügung muss, auch wenn sie dem Urkundsnotar (§ 15) zugestellt wird, die Höhe des Vorschusses angeben (OLG München JFG 18, 21) und ist mit einer wegen sachlicher Mängel zu erlassenden Zwischenverfügung zu verbinden. Wird der Vorschuss nicht eingezahlt, ist der Antrag zurückzuweisen; die Anordnung, dass das Verfahren ruht, kommt nicht in Betracht (OLG Hamm Rpfleger 2000, 267). Zum Kostenvorschuss im Beschwerdeverfahren s. § 77 Rn. 33. S. zum Ganzen Heckschen/Wagner NotBZ 2001, 83.

29 **8. Wesentliche Erfordernisse der Zwischenverfügung.** In jeder einen Antrag beanstandenden Zwischenverfügung liegt zugleich der Ausspruch, dem Antrag werde nach Beseitigung des Hindernisses entsprochen werden. Deshalb stellt sich eine Zwischenverfügung, wenn der Antrag bei richtiger Würdigung der

Sach- und Rechtslage überhaupt nicht zu der begehrten Eintragung führen kann, als Irreführung des Antragstellers dar. Denn sie stellt ihm die Eintragung nach Behebung des Hindernisses in Aussicht und veranlasst ihn zu Vorkehrungen, obwohl die beantragte Eintragung trotzdem nicht vorgenommen werden kann. In einem solchen Fall ist für eine Zwischenverfügung kein Raum (JFG 8, 240; BayObLG 1970, 165; 1984, 138; 1988, 108). Wird der Antragsteller vom GBAmt aufgefordert, seinen Antrag innerhalb einer bestimmten Frist zurückzunehmen oder durch einen anderen Antrag zu ersetzen, so fehlt es an dem wesentlichen Erfordernis einer Zwischenverfügung, Gelegenheit zur Beseitigung eines EintrHindernisses zu geben (OLG Frankfurt Rpfleger 1997, 105). In diesem Fall liegt überhaupt keine Zwischenverfügung im Sinn des § 18 vor (s. hierzu § 71 Rn. 19).

Eine wirksame Zwischenverfügung liegt nur vor, wenn sie vom **30** Rpfleger unterschrieben ist (s. dazu Rn. 35; § 71 Rn. 11) und folgenden Inhalt hat:

a) Angabe der Hindernisse. Sämtliche der Eintragung entgegenstehenden EintrHindernisse sind auf einmal zu bezeichnen; eine stufenweise Beanstandung ist unstatthaft (BayObLG 1970, 165 = Rpfleger 1970, 346; BayObLG 1984, 138). Erst nach Erlass einer Zwischenverfügung aufgetretene oder bekanntgewordene EintrHindernisse können jedoch durch eine Ergänzung der Zwischenverfügung beanstandet werden. Anlass für eine solche Ergänzung kann z.B. ein Hinweis auf das Bestehen eines weiteren EintrHindernisses in einer Entscheidung des Beschwerde- oder Rechtsbeschwerdegerichts sein; eine Ergänzung kann nur das GBAmt vornehmen, nicht aber das Beschwerde- oder Rechtsbeschwerdegericht (s. § 77 Rn. 13; BayObLG 1990, 57). Behält sich der Rpfleger die Beanstandung weiterer EintrHindernisse durch eine weitere Zwischenverfügung vor, handelt er amtspflichtwidrig. Dem kann nur durch Maßnahmen der Dienstaufsicht begegnet werden; auch können sich daraus Schadensersatzansprüche ergeben. Die Wirksamkeit einer weiteren Zwischenverfügung bleibt davon aber unberührt (BayObLG FGPrax 1995, 95).

b) Bezeichnung der Mittel zur Beseitigung. aa) Die zur **31** Beseitigung der Hindernisse geeigneten Mittel sind anzugeben (KGJ 50, 229; OLG Hamm Rpfleger 1970, 396; BayObLG MittBayNot 1981, 25; 1989, 209). Bestehen **mehrere Möglichkeiten,** so sind sie alle aufzuzeigen (KGJ 52, 208; KG JW 1935, 3042; OLG Hamm Rpfleger 1973, 168; OLG Frankfurt Rpfleger 1977, 103; BayObLG 1984, 138; 1990, 55 = Rpfleger 1990, 363); so z.B. Nachweis der Entgeltlichkeit oder Zustimmung der Nacherben. Beschwerde- und Rechtsbeschwerdegericht können die Zwischenverfügung um weitere zur Beseitigung des EintrHindernisses geeignete Wege ergänzen (BayObLG 1986, 211; 1990, 55; 2000, 169 = Rpfleger 2000, 451; OLG Frankfurt Rpfleger 1993, 147).

32 bb) **Unzulässig ist es,** durch Zwischenverfügung aufzugeben, das einzutragende dingliche Recht durch Rechtsgeschäft abzuändern (BayObLG 1997, 282 = FGPrax 1998, 6) oder durch ein anderes Recht zu ersetzen (BayObLG Rpfleger 1981, 397; BayObLG 1984, 106 = DNotZ 1985, 376; BayObLG DNotZ 1998, 125; OLG Zweibrücken FGPrax 1997, 133). Es kann nämlich nicht Inhalt einer Zwischenverfügung sein, auf den Abschluss eines Rechtsgeschäfts hinzuwirken, das Grundlage der einzutragenden Rechtsänderung sein soll, weil sonst die beantragte Eintragung einen ihr nicht gebührenden Rang erhielte (OLG Frankfurt Rpfleger 1990, 292; s. Rn. 8). Daher kann durch Zwischenverfügung auch nicht verlangt werden, eine nicht hinreichend bestimmte Auflassung erneut zu erklären (BayObLG Rpfleger 1986, 176; DNotZ 1986, 237; 1989, 373; NJW-RR 1991, 465; OLG Hamm MittRhNotK 1996, 225).

33 **c) Setzung einer Frist.** aa) Zur Beseitigung der Hindernisse ist eine Frist zu setzen (JFG 7, 398; KG HRR 1940 Nr. 1077; OLG Hamm NJW 1967, 2365), die genau bestimmt (KG OLG 35, 10) und nach Lage des Einzelfalls angemessen (KG JW 1926, 1588; OLG Frankfurt FGPrax 1997, 84) sein muss. Fehlt es hieran, so ist eine Zurückweisung des Antrags nicht möglich (KG HRR 1940 Nr. 1077) und die Zwischenverfügung auf Beschwerde schon aus diesem Grund aufzuheben (OLG Hamm NJW 1967, 2365; Rpfleger 1975, 134; OLG Frankfurt Rpfleger 1997, 111 und 209; s. auch KG DNotZ 1971, 415). Enthält eine Zwischenverfügung des Rpflegers keine Fristsetzung, so kann sie der Rpfleger im Rahmen seiner Abhilfeentscheidung auch dann nachholen, wenn der Beschwerdeführer nicht das Fehlen der Frist rügt, sondern die Annahme eines EintrHindernisses beanstandet (vgl. BayObLG 1995, 359 = FGPrax 1996, 15; OLG Hamm NJW 1967, 2365).

34 bb) Eine zu kurze Frist kann von Amts wegen oder auf Antrag **verlängert** werden (KG JW 1926, 1588; OLG Frankfurt FGPrax 1997, 84). Antragsberechtigt ist auch der, dessen EintrAntrag von der Vornahme der zuerst beantragten Eintragung abhängt (JFG 1, 305). Verlängerung ist auch nach Ablauf der Frist zulässig (vgl. KG JW 1926, 1588; OLG Düsseldorf MittRhNotK 1992, 188), nicht mehr dagegen nach Zurückweisung des Antrags. Zulässig ist auch nachträgliche Verkürzung, wenn sich herausstellt, dass das Hinder-

nis in kürzerer Zeit behoben werden kann als ursprünglich angenommen.

cc) Wird die Zwischenverfügung vom GBAmt nachträglich um weitere EintrHindernisse (s. Rn. 30) oder vom Beschwerde- oder Rechtsbeschwerdegericht um weitere Beseitigungsmöglichkeiten (s. Rn. 31) **ergänzt,** ist ggfls. die Frist zu verlängern oder eine neue Frist zu setzen (vgl. OLG Frankfurt Rpfleger 1993, 147).

dd) Weist der Rpfleger den EintrAntrag vor Ablauf der in einer Zwischenverfügung gesetzten Frist ab, ist die Entscheidung aus diesem Grund nur dann vom Beschwerdegericht aufzuheben, wenn das aufgezeigte EintrHindernis noch innerhalb der Frist beseitigt wurde (BayObLG 1995, 359 = FGPrax 1996, 15 mit Anm. v. Keller FGPrax 1996, 85).

ee) Für die Berechnung der Frist gilt § 17 FGG i. V. m. §§ 187 ff. BGB.

9. Bekanntmachung der Zwischenverfügung. a) Zwischenverfügungen können auch maschinell erstellt werden. Dann muss die Mitteilung an den Antragsteller oder die ersuchende Behörde nicht unterschrieben werden. Jedoch soll in diesem Fall der Vermerk: „Dieses Schreiben ist maschinell erstellt und auch ohne Unterschrift wirksam" angebracht werden (§ 42 Satz 1, 2 GBV). Unverzichtbar ist auch in diesem Fall, dass die bei den Grundakten verbleibende Zwischenverfügung vom Rpfleger unterschrieben wird (BayObLG 1995, 363 = FGPrax 1996, 32); andernfalls liegt nur ein Entwurf vor (s. dazu § 71 Rn. 11). 35

b) Die Zwischenverfügung ist dem Antragsteller oder der ersuchenden Behörde, nicht aber auch den sonstigen Antragsberechtigten (vgl. BayObLG 1972, 399; a. M. KEHE § 1 Rn. 36; Meikel Einl. Rn. F 74) nach § 16 Abs. 2 Satz 1 FGG durch Zustellung bekanntzumachen (OLG Hamm DNotZ 1950, 42); § 42 Satz 3 GBV ist damit nicht zu vereinbaren und daher auf die Zwischenverfügung entgegen seinem Wortlaut nicht anzuwenden. Hat ein Notar den Antrag gestellt, so setzt nur die Bekanntmachung an ihn die Frist in Lauf (s. § 15 Rn. 19).

10. Wirkung der Zwischenverfügung. a) Alle Wirkungen des Antrags (s. § 13 Rn. 9 ff.) bleiben erhalten (RG 110, 206). 36

b) Das GBAmt ist an die Zwischenverfügung nicht gebunden. Es kann sie auf Grund neuer rechtlicher Beurteilung oder auf Grund neuer Tatsachen jederzeit aufheben und die beantragte Eintragung vornehmen, aber auch eine neue Zwischenverfügung erlassen oder den Antrag zurückweisen (BayObLG 1990, 53; OLG Frankfurt FGPrax 1995, 180). Bei unverändertem Hindernis darf es von der Zwischenverfügung zur Zurückweisung nur unter Beachtung der in Rn. 21–23 dargelegten Gesichtspunkte übergehen. Über die Änderung der gesetzten Frist s. Rn. 34.

37 **11. Vormerkung und Widerspruch.** Sie sollen den ersten Antragsteller vorläufig dagegen schützen, dass sein Antrag durch die frühere Vornahme der später beantragten Eintragung beeinträchtigt oder vereitelt wird. Sie sichern beide den öffentlich-rechtlichen Anspruch des Antragstellers gegen das GBAmt auf endgültige Bescheidung seines Antrags (RG 110, 207; BayObLG 30, 440; JFG 23, 146). Der Widerspruch richtet sich also anders als der des § 899 BGB nicht gegen die Richtigkeit des GB und die Vormerkung setzt anders als die des § 883 BGB keinen schuldrechtlichen Anspruch voraus. Letztere ist demnach z.B. auch dann einzutragen, wenn der der Auflassung zugrundeliegende Kaufvertrag formnichtig ist (RG 55, 343); ebenso wenn der frühere Antrag auf Eintragung einer Vormerkung oder eines Widerspruchs gerichtet ist. § 888 BGB ist auf Vormerkungen nach § 18 Abs. 2 nicht anwendbar; dasselbe gilt für § 106 InsO.

38 **12. Wahl zwischen Vormerkung und Widerspruch.** Eine Vormerkung ist einzutragen, wenn der frühere Antrag eine rechtsändernde, ein Widerspruch, wenn er eine berichtigende Eintragung zum Gegenstand hat. Jedoch ist es praktisch bedeutungslos, wenn statt einer Vormerkung ein Widerspruch eingetragen wird oder umgekehrt. Denn beide bringen zum Ausdruck, dass die später beantragte Eintragung nur unter Vorbehalt erfolgt ist (OLG Karlsruhe JFG 6, 272).

39 **13. Eintragung von Amts wegen. a)** Die Vormerkung oder der Widerspruch ist von Amts wegen einzutragen, wenn einer beantragten Eintragung ein Hindernis entgegensteht, das nicht zur sofortigen Zurückweisung des Antrags berechtigt, und eine später beantragte Eintragung, durch die dasselbe Recht betroffen wird (der Begriff des Betroffenseins ist der gleiche wie in § 17; s. dort Rn. 5ff.), vorgenommen werden kann; ob hinsichtlich des früher gestellten Antrags bereits eine Zwischenverfügung erlassen wurde, ist unerheblich (BayObLG 1998, 278 = Rpfleger 1999, 123). Entsprechende Anwendung auf gleichzeitig gestellte Anträge ist geboten, wenn zwischen den beantragten Eintragungen ein Rangverhältnis besteht.

40 **b)** Die grundbuchrechtlichen Voraussetzungen einer auf Antrag vorzunehmenden Eintragung brauchen nicht vorzuliegen; so kann die Vormerkung oder der Widerspruch z.B. auch dann eingetragen werden, wenn der Betroffene nicht als Berechtigter eingetragen ist (§ 39) oder wenn das Gemeinschaftsverhältnis mehrerer Berechtigter nicht verlautbart werden kann (§ 47).

c) Bei der Eintragung muss erkennbar werden, dass es sich um eine Vormerkung oder einen Widerspruch gem. § 18 Abs. 2 handelt. Der Vorrang vor der später beantragten Eintragung oder der Gleichrang bei gleichzeitig beantragten Eintragungen muss zum Ausdruck gebracht werden. Eine Bezugnahme gem. § 874 BGB ist zulässig. Zu Ort und Fassung der Eintragung s. §§ 12, 19 GBV und Muster Anl. 2a Abt. III Nr. 4.

14. Wirkung der Vormerkung oder des Widerspruchs. **41**
Die Eintragung der Vormerkung oder des Widerspruchs erledigt den früher gestellten Antrag lediglich im Sinn des § 17, nicht aber endgültig, und sichert ihm den Vorrang vor der später beantragten Eintragung.

a) Erledigung des früher gestellten Antrags. Mit der Eintragung der Vormerkung oder des Widerspruchs gilt der früher gestellte Antrag im Sinn des § 17 als erledigt. Die später beantragte Eintragung ist also vorzunehmen, und zwar in derselben Abteilung unter nächstfolgender Nummer, in einer anderen Abteilung mit späterem Datum oder Rangvermerk gemäß § 45 Abs. 2; bei gleichzeitig beantragten Eintragungen sind Vermerke über den Gleichrang anzubringen (§ 45 Abs. 1 Halbsatz 2). Über eine Ausnahme für den Fall der Löschung s. § 17 Rn. 10.

b) Rangwahrung. Vormerkung und Widerspruch sichern den **42**
Vorrang der zuerst beantragten Eintragung vor der später beantragten; sie wahren ihn trotz § 184 Abs. 2 BGB auch dann, wenn eine zu dem früheren Antrag notwendige Genehmigung erst nach der später beantragten Eintragung erteilt wird (OLG Karlsruhe JFG 6, 272). Vormerkung und Widerspruch sichern den Vorrang aber nur für den Fall, dass der frühere Antrag durch Eintragung erledigt wird.

c) Schwebezustand. aa) Die Entscheidung über den früheren **43**
wie über den späteren Antrag bleibt in der Schwebe (RG 110, 207). Die später beantragte Eintragung ist nur unter dem sich aus der Vormerkung oder dem Widerspruch ergebenden Vorbehalt erfolgt; sie ist also von dem Schicksal des früher gestellten Antrags abhängig.

bb) Über den früher gestellten Antrag ist so zu entscheiden, als **44**
ob die Vormerkung nicht eingetragen wäre. Wird also nach Eintragung der Vormerkung das Insolvenzverfahren über das Vermögen des Betroffenen eröffnet, so ist dies nach § 878 BGB unerheblich, wenn gemäß §§ 873, 875, 877 BGB Bindung eingetreten war; dagegen ist der früher gestellte Antrag im Hinblick auf § 89 InsO zurückzuweisen wenn er auf Eintragung einer Zwangshyp. gerichtet ist (KGJ 39, 173).

45 **d) Unterlassene Eintragung.** Ist die Eintragung einer Vormerkung oder eines Widerspruchs unterblieben, so kann die früher beantragte Eintragung nurmehr den Rang hinter der später beantragten, bereits vorgenommenen Eintragung erhalten; ist sie wegen dieser nicht mehr zulässig, so ist der früher gestellte Antrag zurückzuweisen. Ergibt sich aus der später beantragten und bereits vorgenommenen Eintragung lediglich ein weiteres EintrHindernis für die früher beantragte Eintragung, so kommt zur Behebung dieses Hindernisses der Erlass einer weiteren Zwischenverfügung in Betracht (OLG Hamm Rpfleger 1995, 246). Schadensersatzansprüche sind in beiden Fällen möglich (s. § 17 Rn. 17).

46 **15. Endgültige Entscheidung über die EintrAnträge.** Zu unterscheiden sind die Fälle der Zurückweisung des früher gestellten Antrags und die Vornahme der früher beantragten Eintragung.

a) Zurückweisung des früher gestellten Antrags. Ihr steht die Zurücknahme des früher gestellten Antrags gleich (KG Rpfleger 1972, 174).

47 aa) Vormerkung oder Widerspruch sind von Amts wegen zu löschen, sobald der Zurückweisungsbeschluss wirksam geworden, d.h. dem Antragsteller bekanntgemacht worden ist (s. Rn. 14); eine unterbliebene Löschung ist jederzeit nachholbar (JFG 23, 147; s. auch Rn. 48).

48 bb) Die **später beantragte Eintragung** wird vorbehaltslos wirksam. Dieser Erfolg wird nicht dadurch beseitigt, dass die Zurückweisung des früher gestellten Antrags auf Beschwerde aufgehoben wird (s. Rn. 17). Dies gilt auch, wenn die Vormerkung oder der Widerspruch entgegen § 18 Abs. 2 Satz 2 noch eingetragen ist; denn da diese einen noch nicht endgültig beschiedenen EintrAntrag zur notwendigen Voraussetzung haben, sind sie mit der Zurückweisung des Antrags auch dann hinfällig geworden, wenn das GBAmt die gesetzlich vorgeschriebene Löschung unterlassen hat (JFG 23, 147 unter teilweiser Aufgabe von JFG 1, 308; KG DNotZ 1973, 34).

49 **b) Vornahme der früher beantragten Eintragung.** aa) Vormerkung oder Widerspruch werden in die endgültige Eintragung umgeschrieben und, da nunmehr gegenstandslos, gemäß § 19 Abs. 2 GBV gerötet.

50 bb) Bezüglich der später beantragten Eintragung ist zu unterscheiden:

Besteht zwischen ihr und der früher beantragten Eintragung ein **Rangverhältnis,** so erlangt die früher beantragte Eintragung durch die Umschreibung der Vormerkung den Rang vor der später beantragten. Die später beantragte Eintragung bleibt bestehen.

Hätte dagegen die später beantragte Eintragung nicht mehr bewirkt werden dürfen, wenn die früher beantragte im Zeitpunkt der Eintragung der Vormerkung oder des Widerspruchs vorgenommen worden wäre, so ist sie von Amts wegen **zu löschen** (RG 110, 207; BayObLG 30, 440; JFG 23, 146; OLG Frankfurt FGPrax 1998, 128). Wird z. B. zuerst die Eintragung der Abtretung von A an B, dann die Eintragung einer solchen von A an C beantragt, so ist die Eintragung des C zu löschen, sobald B eingetragen wird; war zunächst die Eintragung der Abtretung, dann mit einem Titel gegen den Abtretenden die Eintragung der Pfändung beantragt, dann ist die Eintragung der Pfändung zu löschen, wenn die Abtretung eingetragen wird. Hingegen ist ein Zwangsversteigerungs- oder Zwangsverwaltungsvermerk nicht zu löschen, weil das GBAmt dem Ersuchen des Vollstreckungsgerichts auch dann stattgeben muss, wenn der Schuldner nicht mehr als Eigentümer eingetragen ist (JFG 1, 312). 51

cc) Ergibt sich, dass der früher gestellte Antrag erst nach dem später gestellten als eingegangen anzusehen ist (s. Rn. 8) und kann er trotz der bereits vorgenommenen Eintragung noch vollzogen werden, so ist die Eintragung mit dem Rang hinter der bereits vorgenommenen zu bewirken; alsdann ist die Vormerkung von Amts wegen zu löschen (vgl. KG OLG 25, 389). Wurde z.B. zum Schutz eines Antrags auf Eintragung einer Zwangshyp. wegen des fehlenden Nachweises der behaupteten Urteilszustellung eine Vormerkung und anschließend eine später beantragte Grundschuld eingetragen, geht dann aber aus der vorgelegten Zustellungsurkunde hervor, dass das Urteil erst nach dem Eingang des Antrags auf Eintragung der Grundschuld zugestellt worden ist, so kann die Zwangshyp. nicht durch Umschreibung der Vormerkung, sondern nur im Rang nach der Grundschuld eingetragen werden (s. dazu Rahn Justiz 1962, 58). 52

16. Rechtsmittel. a) Zurückweisung und Zwischenverfügung. Gegen sie ist die unbeschränkte Beschwerde zulässig (§ 71 Abs. 1); sie ist an keine Frist gebunden. Eine Besonderheit gilt im Fall der Zurückweisung eines EintrAntrags nach § 1 oder § 4 Abs. 2 GBMaßnG, gegen die nach § 2 und § 4 Abs. 4 des genannten Ges. die sofortige Beschwerde nach den Vorschriften des FGG gegeben ist. Die Beschwerde zum LG ist auch gegeben, wenn der Rpfleger entschieden hat (§ 11 Abs. 1 RpflegerG; s. dazu § 71 Rn. 5). Die Entscheidung des LG kann mit der weiteren Beschwerde angefochten werden (§ 78). Über die Beschwerdeberechtigung s. § 71 Rn. 63ff. 53

54 aa) **Zurückweisung.** Gegen sie kann die Beschwerde mit der Begründung erhoben werden, dass der angegebene Grund unrichtig sei; dies auch dann, wenn der Antragsteller die auf denselben Grund gestützte Zwischenverfügung nicht angefochten hatte (über das Verlangen auf nochmaligen Erlass der unbeachtet gelassenen Zwischenverfügung s. OLG Celle DNotZ 1955, 544) oder wenn eine gegen die Zwischenverfügung eingelegte Beschwerde erfolglos geblieben ist. Mit der Beschwerde kann aber auch geltend gemacht werden, dass zunächst eine Zwischenverfügung zu erlassen gewesen wäre. Näheres zum Ganzen s. § 71 Rn. 26. Ob das GBAmt von seinem Ermessen (s. Rn. 21) rechtlich einwandfrei Gebrauch gemacht hat, kann auf weitere Beschwerde nachgeprüft werden (OLG Karlsruhe JFG 4, 405; OLG Celle DNotZ 1954, 32; BayObLG 1984, 128; s. auch § 78 Rn. 12). Ist die Zurückweisung eines EintrAntrags aufgehoben worden, so ist hiergegen eine Beschwerde mit dem Ziel, die zurückweisende Entscheidung wiederherzustellen, nicht zulässig (s. hierzu § 71 Rn. 65).

55 bb) **Zwischenverfügung.** Gegen sie ist die Beschwerde auch noch zulässig, wenn die gesetzte Frist zwar abgelaufen, der Antrag aber noch nicht zurückgewiesen ist. Es kann jede einzelne Beanstandung des GBAmts für sich allein angefochten werden. Die Beschwerde kann auch nur auf Verlängerung der Frist, nicht aber auf sofortige Zurückweisung des EintrAntrags gerichtet werden. Hat das GBAmt eine Frist zur Zurücknahme eines unverbundenen Antrags gesetzt, so liegt keine beschwerdefähige Zwischenverfügung vor; dasselbe gilt bei Setzung einer Frist zur Stellung eines anderen Antrags. Näheres zum Ganzen s. § 71 Rn. 35 und § 77 Rn. 12ff. Ist eine Zwischenverfügung aufgehoben worden, so ist hiergegen eine Beschwerde mit dem Ziel, die Zwischenverfügung wiederherzustellen, nicht zulässig (s. hierzu § 71 Rn. 65).

56 **b) Vormerkung oder Widerspruch.** aa) Gegen ihre Eintragung ist ebenfalls die unbeschränkte Beschwerde statthaft; § 71 Abs. 2 steht nicht entgegen, da sich an die Eintragung kein gutgläubiger Erwerb anschließen kann (JFG 7, 329; s. auch § 71 Rn. 39). Hat der Rpfleger die Eintragung verfügt, so gilt das in Rn. 53 Gesagte. Es ist nur zu prüfen, ob der gesicherte Antrag früher als der durch Eintragung erledigte beim GBAmt eingegangen ist, nicht dagegen, ob er bei richtiger Beurteilung ohne Zwischenverfügung hätte abgelehnt werden müssen (KG HRR 1932 Nr. 1773; 1933 Nr. 139).

57 bb) Gegen die Löschung der Vormerkung oder des Widerspruchs ist die Beschwerde mit dem Ziel der Eintragung eines Amtswiderspruchs zulässig. Zur Beschwerdeberechtigung s. § 71 Rn. 69.

17. Kosten. Für die Zurückweisung eines EintrAntrags wird die Hälfte der vollen Gebühr, höchstens ein Betrag von 35 EUR erhoben (§ 130 Abs. 1 KostO); der für die beantragte Eintragung bestimmte Gebührensatz darf nicht überschritten werden (§ 130 Abs. 3 KostO). Wegen der Gebühr bei teilweiser Zurückweisung s. § 130 Abs. 4 KostO; über die Möglichkeit des Absehens von einer Kostenerhebung s. § 130 Abs. 5 KostO. Der Erlass einer Zwischenverfügung, die Eintragung einer Vormerkung oder eines Widerspruchs sowie deren Löschung sind gebührenfrei (§ 69 Abs. 1 Nr. 2, Abs. 3 KostO). Zum Geschäftswert einer Beschwerde gegen eine Zwischenverfügung s. § 77 Rn. 37. 58

Eintragungsbewilligung

19 **Eine Eintragung erfolgt, wenn derjenige sie bewilligt, dessen Recht von ihr betroffen wird.**

Inhaltsübersicht

1. Allgemeines ... 1
2. Bewilligungsgrundsatz ... 3
3. Ausnahmen ... 6
4. Rechtsnatur der EintrBewilligung ... 12
5. Rein verfahrensrechtliche Erklärung ... 13
6. Unabhängigkeit vom Grundgeschäft ... 18
7. Wirksamkeit der EintrBewilligung ... 21
8. Adressat der EintrBewilligung ... 25
9. Auslegung der EintrBewilligung ... 27
10. Inhalt der EintrBewilligung ... 31
11. Inhaltskontrolle ... 40
12. Bewilligungsberechtigung ... 44
13. Betroffenes Recht ... 45
14. Betroffenwerden ... 49
15. Bewilligungsbefugnis ... 56
16. Zustimmung Dritter ... 63
17. Erklärung durch Nichtberechtigten ... 72
18. Erklärung durch Vertreter ... 74
19. Vollmacht ... 75
20. Erklärung durch Bürgermeister ... 85
21. Verhandeln mit sich selbst ... 88
22. Erwerbsfähigkeit ... 95
23. Form der EintrBewilligung ... 109
24. Wirkung der EintrBewilligung ... 110
25. Rechtsbeständigkeit der EintrBewilligung ... 112
26. Nichtigkeit und Anfechtbarkeit ... 115
27. Behördliche Genehmigungen ... 116
28. Einzelfälle behördlicher Genehmigungen ... 123
29. Kirchenaufsichtliche Genehmigungen ... 139

1. Allgemeines. § 19 ist die bedeutsamste Bestimmung des GBRechts; er bringt den Grundsatz der einseitigen Bewilligung, das sogenannte formelle Konsensprinzip, zum Ausdruck. 1

a) Die Regelung, dass zur Eintragung die einseitige Bewilligung des von ihr Betroffenen genügt, bezweckt die Erleichterung des GBVerkehrs. Durch sie wird das GBAmt vor allem der Prüfung enthoben, ob die zum Eintritt einer Rechtsänderung notwendigen sachlichrechtlichen Erklärungen der Beteiligten vorliegen.

Die Bewilligung des Betroffenen ist nicht die einzige Voraussetzung einer Eintragung. Daneben sind erforderlich ein Antrag (§ 13), die Voreintragung des Betroffenen (§ 39) und bei Briefrechten die Vorlegung des Briefs (§ 41); mitunter bedarf es auch noch besonderer Zustimmungserklärungen (§ 22 Abs. 2, § 27).

2 **b)** Unterlässt das GBAmt eine beantragte und bewilligte Eintragung ohne Anhaltspunkte dafür zu haben, dass durch die Eintragung das GB unrichtig werden würde, handelt es verfahrenswidrig; daraus kann sich ein Amtshaftungsanspruch ergeben. Zweck der dem GBAmt auferlegten Bindung an EintrAntrag und EintrBewilligung ist es aber nicht, eine sachlichrechtlich und grundbuchmäßig objektiv falsche Eintragung vorzunehmen, um dadurch die Voraussetzungen für einen gutgläubigen Erwerb zu schaffen; auf eine solche Eintragung hat niemand einen Anspruch; ihr Unterlassen kann daher auch keinen Schadensersatzanspruch begründen (BGH Rpfleger 1986, 215).

3 **2. Bewilligungsgrundsatz.** Der Grundsatz der einseitigen Bewilligung gilt sowohl für rechtsändernde als auch für berichtigende Eintragungen. Auch Löschungen sind Eintragungen (vgl. BayObLG Rpfleger 1987, 101, 156); dies gilt unabhängig davon, ob sie durch Eintragung eines Löschungsvermerks oder durch Nichtmitübertragung (vgl. § 46) bewirkt werden.

4 **a)** Bei **rechtsändernden Eintragungen** brauchen die zum Eintritt der Rechtsänderung notwendigen sachlichrechtlichen Erklärungen (s. Rn. 16) nicht nachgewiesen zu werden. Weiß das GBAmt allerdings, dass diese fehlen und der Eintragung auch nicht nachfolgen können oder nach Sachlage nicht nachfolgen werden, so hat es die Eintragung abzulehnen; denn es darf nicht dazu mitwirken, das GB unrichtig zu machen (s. zum Ganzen Anh. zu § 13 Rn. 29).

5 **b)** Bei **berichtigenden Eintragungen** darf das GBAmt neben der Berichtigungsbewilligung nicht noch den Nachweis der Unrichtigkeit verlangen (RG 73, 156). Ergibt sich aber aus den mit der Berichtigungsbewilligung vorgelegten Urkunden oder aus anderen dem GBAmt bekannten Umständen, dass das GB durch die der Bewilligung entsprechende Eintragung unrichtig werden würde, so ist der Berichtigungsantrag zurückzuweisen (RG 73, 157; KGJ 41, 201; BayObLG 1954, 230; 1980, 303).

3. Ausnahmen. a) Nachweis der Einigung. Die Bewilligung des Betroffenen reicht nicht aus, vielmehr ist nach § 20 auch die Einigung nachzuweisen im Fall der Auflassung eines Grundstücks sowie im Fall der Bestellung, Inhaltsänderung oder Übertragung eines Erbbaurechts (s. auch § 118 sowie für *Bayern* Art. 40 Abs. 4 AGGVG v. 23. 6. 1981, BayRS 300-1-1-J und Art. 14 Abs. 4 FischereiG v. 15. 8. 1908, BayRS 793-1-E). 6

b) Entbehrlichkeit der Bewilligung. Eine Bewilligung des Betroffenen ist nicht notwendig zur Löschung eines nicht vermerkten subjektiv-dinglichen Rechts und zur Eintragung der Inhalts- oder Rangänderung eines solchen, soweit mittelbar Betroffene in Betracht kommen (§ 21), ferner zur Eintragung eines Widerspruchs gegen eine Buchhypothek, der sich auf die unterbliebene Hingabe des Darlehens gründet (§ 1139 BGB). 7

c) Ersetzung der Bewilligung. Die Bewilligung des Betroffenen wird ersetzt durch: 8

aa) § 22: Nachweis der Unrichtigkeit; s. auch §§ 23, 24. § 26: Abtretungs- oder Belastungserklärung bei Briefrechten. § 38: Ersuchen einer Behörde.

bb) § 830 ZPO: Pfändungsbeschluss. §§ 866, 867 ZPO: Vollstreckbaren Schuldtitel (BayObLG 1975, 402). Bei Verurteilung Zug um Zug gegen Erbringung einer Gegenleistung muss der Annahmeverzug des Schuldners in der Form des § 29 nachgewiesen werden (OLG Hamm Rpfleger 1983, 393; LG Wuppertal Rpfleger 1988, 153). § 894 ZPO: Rechtskräftige Verurteilung zur Abgabe einer Willenserklärung (BayObLG 1983, 184 = Rpfleger 1983, 390). Bei Verurteilung Zug um Zug gegen Erbringung einer Gegenleistung ist vollstreckbare Ausfertigung des rechtskräftigen Urteils erforderlich; das Vorliegen der Voraussetzungen der Klauselerteilung hat das GBAmt nicht zu prüfen (BayObLG Rpfleger 1983, 480), wohl aber die Wirksamkeit der Klausel (OLG Hamm Rpfleger 1987, 509). § 895 ZPO: Vorläufig vollstreckbare Verurteilung zur Abgabe einer Willenserklärung, auf Grund deren eine Eintragung in das GB erfolgen soll; es gilt die Eintragung einer Vormerkung oder eines Widerspruchs als bewilligt. § 932 ZPO: Arrestbefehl. §§ 935 ff. ZPO: Einstweilige Verfügung (BayObLG Rpfleger 1981, 190; 1987, 407). Soll eine Vormerkung eingetragen werden, so muss sich ein entsprechender Titel auch dann gegen den von der Eintragung Betroffenen richten, wenn die Vormerkung einen Anspruch auf Einräumung einer Bauhandwerkersicherungshyp. sichern soll und das Prozessgericht angeordnet hat, dass diese an nicht dem Antragsgegner des Verfügungsverfahrens gehörenden Grundstücken oder Miteigentumsanteilen eingetragen wer- 9 den soll; die gegen eine GmbH erwirkte einstweilige Verfügung auf Eintragung einer Vormerkung ist daher kein ausreichender Titel für die Eintragung der Vormerkung auf einem Grundstück der GmbH & Co. KG (BayOLG 1986, 163). § 1060 ZPO: Rechtskräftig für vollstreckbar erklärter Schiedsspruch, auch in der Form eines Schiedsspruchs mit vereinbartem Wortlaut.

10 cc) § 927 BGB: Ausschlussurteil.

11 dd) Art. 120 EGBGB: **Unschädlichkeitszeugnis** (für *Bayern* s. UnschädlichkeitsG v. 15. 6. 1898, BayRS 403-2-J; vgl. dazu Röll MittBayNot 1968, 353; Sprau, Justizgesetze in Bayern, Teil 4; Wudy, Unschädlichkeitszeugnisse in den neuen Bundesländern, NotBZ 1998, 132 und 178; zur Haftungserstreckung bei Wertausgleich durch ein anderes Grundstück s. BayObLG MittBayNot 1994, 128; zum Verfahren s. BayObLG DNotZ 1994, 178). Zulässig ist die Erteilung des Zeugnisses auch bei Veräußerung eines ideellen Miteigentumsanteils an einem Grundstück (BayObLG 1965, 466 = Rpfleger 1966, 355) oder eines von mehreren gesamtbelasteten Grundstücken (BGH 18, 396; vgl. BayObLG 1965, 468), ferner beim Erbbaurecht (BayObLG 1962, 396 = Rpfleger 1963, 87) und beim Wohnungseigentum, und zwar sowohl bei der Veräußerung eines Teils des im gemeinschaftlichen Eigentums stehenden Grundstücks (LG München I MittBayNot 1967, 365) als auch bei der Umwandlung eines solchen in Sondereigentum (LG München I MittBayNot 1983, 174; BayObLG 1991, 319; MittBayNot 1993, 368) und umgekehrt, sowie bei der nachträglichen Begründung von Sondernutzungsrechten (BayObLG 1988, 1 = Rpfleger 1988, 140 mit Anm. v. Reinl; a. M. OLG Köln ZMR 1993, 428, das hierfür gesetzgeberische Maßnahmen für erforderlich hält). Für die Abschreibung einer Grundstücksteilfläche ohne Wechsel im Eigentum kann das Zeugnis nicht erteilt werden (BayObLG 1989, 200 = DNotZ 1990, 294). Zur Erteilung des Zeugnisses bei Aufhebung eines subjektiv-dinglichen Rechts s. § 21 Rn. 5.

Belastungen im Sinne von Art. 120 Abs. 1 EGBGB sind insbes. Grundpfandrechte und Reallasten, aber auch Grunddienstbarkeiten und beschränkte persönliche Dienstbarkeiten (BayObLG MittBayNot 1981, 136) sowie Vormerkungen für diese Rechte, nicht aber Erbbaurechte, Verfügungsbeschränkungen (z. B. Nacherbenvermerke: LG Frankfurt Rpfleger 1986, 472) und Auflassungsvormerkungen. S. zum Ganzen auch Panz BWNotZ 1998, 16.

12 **4. Rechtsnatur der EintrBewilligung.** Die EintrBewilligung wird teils als rein verfahrensrechtliche Erklärung angesehen, teils als eine dem Verfahrensrecht angehörende, aber zugleich auch rechts-

geschäftliche Willenserklärung. Praktische Bedeutung erlangt die Unterscheidung insbesondere bei der Frage nach der Wirksamkeit (s. Rn. 21) und der Rechtsbeständigkeit (s. Rn. 112) der EintrBewilligung.

Die lange Zeit herrschend gewesene Meinung sieht in der EintrBewilligung nicht eine nur rechtsgeschäftliche Willenserklärung (so RG 54, 384; 141, 377), sondern eine zwar verfahrensrechtliche, aber auch rechtsgeschäftliche Willenserklärung (so noch BayObLG 1974, 34). Diese Auffassung von der Doppelnatur der EintrBewilligung stützt sich insbes. auf § 873 Abs. 2 BGB und argumentiert, der Eintritt der sachlichrechtlichen Bindung an eine rechtsgeschäftliche Erklärung durch Aushändigung der EintrBewilligung setze begrifflich voraus, dass auch die EintrBewilligung einen sachlichrechtlichen Inhalt habe. Dies überzeugt nicht.

5. Rein verfahrensrechtliche Erklärung. a) Nach der nunmehr herrschenden Meinung ist die EintrBewilligung eine rein verfahrensrechtliche Erklärung (OLG Düsseldorf Rpfleger 1981, 177; OLG Hamm Rpfleger 1989, 148; BayObLG Rpfleger 1993, 189; OLG Naumburg FGPrax 1998, 1; OLG Hamburg FGPrax 1999, 6; Ertl DNotZ 1964, 260; 1967, 339, 406; Rpfleger 1982, 407; KEHE Rn. 17ff.; Meikel Rn. 36ff.; offengelassen: BGH 84, 202 = Rpfleger 1982, 414; OLG Frankfurt FGPrax 1996, 212). Diese Auffassung verdient gegenüber der von der Doppelnatur den Vorzug. Die EintrBewilligung ist nämlich die lediglich formelle Voraussetzung und Rechtfertigung der GBEintragung. Hierin erschöpft sich im Wesentlichen ihre Bedeutung und daraus folgt auch ihr rein verfahrensrechtlicher Inhalt. Dass die Aushändigung der EintrBewilligung die Bindung an die sachlichrechtliche Erklärung zur Folge hat (§ 873 Abs. 2, § 875 Abs. 2 BGB), berührt die verfahrensrechtliche Natur der EintrBewilligung ebenso wenig, wie die verschiedentlich vorgesehene Möglichkeit, bei der GBEintragung auf die EintrBewilligung Bezug zu nehmen (vgl. §§ 874, 885 Abs. 2, § 1115 Abs. 1 BGB, § 7 Abs. 3 WEG, § 14 Abs. 1 ErbbauVO). Der rein verfahrensrechtliche Charakter der EintrBewilligung hat zur Folge, dass diese grundsätzlich nur verfahrensrechtlichen, nicht aber sachlichrechtlichen Vorschriften unterliegt; die Vorschriften des bürgerlichen Rechts für rechtsgeschäftliche Erklärungen können daher nicht unmittelbar, sondern allenfalls entsprechend angewendet werden. 13

Vom EintrAntrag, der ebenfalls reine Verfahrenhandlung ist (s. § 13 Rn. 7), unterscheidet sich die EintrBewilligung dadurch, dass sie die Grundlage der Eintragung bildet, während der EintrAntrag nur die auf die Eintragung gerichtete Tätigkeit des GBAmts veranlasst. 14

15 **b)** Von der EintrBewilligung sind zu unterscheiden:

aa) Das **schuldrechtliche Grundgeschäft,** das lediglich persönliche Verpflichtungen zum Gegenstand hat (s. Rn. 18 ff.).

16 bb) Die zum Eintritt einer Rechtsänderung notwendigen **sachlichrechtlichen Erklärungen,** d. h. die Einigungserklärung (§ 873 Abs. 1, §§ 877, 880 Abs. 2 Satz 1, §§ 925, 1116 Abs. 2 und 3, § 1180 Abs. 1 BGB; § 4 Abs. 1 WEG), die einseitige Erklärung des Berechtigten (§ 875 Abs. 1, § 1109 Abs. 2, § 1132 Abs. 2, § 1168 Abs. 2, § 1188 Abs. 1, §§ 1195, 1196 Abs. 2 BGB) und die Zustimmungserklärung (§§ 876, 880 Abs. 2 Satz 2, § 1180 Abs. 2 Satz 1, § 1183 BGB; § 26 ErbbauVO). Wenngleich sich EintrBewilligung und sachlichrechtliche Erklärung des Betroffenen begrifflich nicht decken, kann doch die eine in der anderen enthalten sein; ob dies der Fall ist, ist Frage der Auslegung (BGH 60, 52 = NJW 1973, 323; BayObLG 1952, 45; Rpfleger 1975, 26). Auch in den Fällen des § 20 bedarf es neben dem Nachweis der Einigung grundsätzlich einer EintrBewilligung (s. § 20 Rn. 2).

17 **c)** Entspricht die EintrBewilligung nicht der wahren Rechtslage, so wird das GB durch die Eintragung unrichtig. Über den Fall, dass dem GBAmt der Sachverhalt bekannt ist, s. Rn. 4. Andererseits ist § 19 nur eine Ordnungsvorschrift. Durch die Eintragung wird eine Rechtsänderung, falls ihre sonstigen Voraussetzungen vorliegen, also auch dann herbeigeführt, wenn keine oder keine formgerechte EintrBewilligung vorgelegen hat (BayObLG 2000, 179).

18 **6. Unabhängigkeit vom Grundgeschäft. a)** Die EintrBewilligung ist auf Grund ihrer verfahrensrechtlichen Natur eine abstrakte Erklärung. Ihre Wirksamkeit hängt daher nicht von der des (schuldrechtlichen) Grundgeschäfts ab (OLG München JFG 20, 241), auch wenn beide in derselben Urkunde enthalten sind. Die Wirksamkeit des Grundgeschäfts kann auch nicht zur Bedingung der EintrBewilligung gemacht werden, da letztere keine Bedingung verträgt (s. Rn. 31). Die Wirksamkeit der EintrBewilligung ist auch unabhängig von der Wirksamkeit des (dinglichen) Erfüllungsgeschäfts. Dessen Unwirksamkeit kann aber dazu führen, dass das GB durch die Eintragung unrichtig wird; daran darf das GBAmt nicht mitwirken (s. Rn. 20 und Anh. zu § 13 Rn. 29).

19 **b)** Das GBAmt braucht das Grundgeschäft **grundsätzlich nicht zu prüfen** (OLG Celle Rpfleger 1996, 336). Der Grundsatz erleidet jedoch einige Ausnahmen. Erforderlich ist die Prüfung, wenn die Wirksamkeit einer Vollmacht nach § 139 BGB von der Wirksamkeit des in derselben Urkunde beurkundeten Grundgeschäfts abhängt (KGJ 41, 164), wenn nach § 181 BGB die Erfüllung einer Verbindlichkeit festzustellen ist oder wenn die Verfügungsbefugnis

als Grundlage der Bewilligungsbefugnis von der Art des Grundgeschäfts abhängt, z.B. von der Entgeltlichkeit im Fall der Verfügung eines Testamentsvollstreckers oder eines befreiten Vorerben (JFG 7, 287). Notwendig ist die Prüfung ferner dann, wenn der Inhalt des Grundgeschäfts für die Erwerbsfähigkeit von Bedeutung ist (s. zum Ganzen BayObLG DNotZ 1990, 510).

c) Das GBAmt ist **zur Prüfung des Grundgeschäfts berechtigt.** Es darf den EintrAntrag aber nur zurückweisen, wenn es auf Grund der ihm vorliegenden Urkunden oder anderer ihm bekannter Umstände zu der sicheren Überzeugung gelangt, dass das Grundgeschäft nichtig ist und die Nichtigkeit auch das Erfüllungsgeschäft ergreift (BGH NJW 1999, 2526 zur Sittenwidrigkeit; KG HRR 1935 Nr. 1373; BayObLG Rpfleger 1969, 48; DNotZ 1990, 510; OLG Frankfurt Rpfleger 1980, 292); bloße Bedenken rechtfertigen höchstens eine Zwischenverfügung zur Klarstellung (BayObLG JFG 2, 344; Rpfleger 1969, 48). Ein Antrag auf Eigentumsumschreibung ist daher auch dann zu vollziehen, wenn entgegen der in dem Kaufvertrag übernommenen Verpflichtung zur lastenfreien Umschreibung nicht zugleich die Löschung von Grundpfandrechten beantragt wird (LG Aurich Rpfleger 1986, 469; OLG Celle Rpfleger 1996, 336). Zur Eintragung einer Erbbaurechtsbestellung trotz Formnichtigkeit des Grundgeschäfts s. § 20 Rn. 30. S. zum Ganzen auch Anh. zu § 13 Rn. 29ff. 20

7. Wirksamkeit der EintrBewilligung. a) Zugang. Die EintrBewilligung wird nicht schon mit der Ausstellung der in der vorgeschriebenen Form (s. Rn. 109) errichteten Urkunde wirksam (zu dem Ausnahmefall s. Rn. 24), sondern erst dann, wenn die Urkunde mit dem Willen des Erklärenden (KGJ 48, 187) dem GBAmt oder zur Vorlage bei diesem demjenigen, zu dessen Gunsten die Eintragung erfolgen soll (OLG Frankfurt NJW-RR 1995, 785; zu den Adressaten der EintrBewilligung s. Rn. 25ff.), in Urschrift, Ausfertigung oder beglaubigter Abschrift zugeht (OLG Saarbrücken MittBayNot 1993, 398; BayObLG DNotZ 1994, 182; vgl. OLG Hamm Rpfleger 1989, 148). Daher wird die einheitliche Löschungsbewilligung des Gläubigers einer Gesamtgrundschuld, die dem GBAmt nur zur Löschung des Rechts an einem Grundstück vorgelegt wird, nur insoweit wirksam; ein Dritter, dem die Löschungsbewilligung nicht ausgehändigt wurde, kann sich nicht auf die beim GBAmt verbliebene Bewilligung mit dem Ziel berufen, eine darüber hinaus gehende Löschung zu erreichen (LG Berlin Rpfleger 2001, 409). Dies folgt aus der Natur der EintrBewilligung als Verfahrenshandlung und dem mit ihr verfolgten Verfahrenszweck, eine GBEintragung herbeizuführen und deren 21 verfahrensrechtliche Grundlage zu sein. Auf § 130 Abs. 1 Satz 1 BGB, der auf die EintrBewilligung als Verfahrenshandlung ohnehin allenfalls entsprechend angewendet werden könnte, braucht daher nicht zurückgegriffen zu werden. Dagegen sind die in § 130 Abs. 1 Satz 2, Abs. 2, 3 BGB enthaltenen allgemeinen Rechtsgedanken auch auf verfahrensrechtliche Erklärungen wie die EintrBewilligung entsprechend anzuwenden. Daraus ergibt sich folgendes:

22 aa) Wird die EintrBewilligung gegenüber dem GBAmt abgegeben, so ist maßgebend der Eingang bei diesem. **Stirbt der Aussteller** vor dem Zugang oder wird er vorher geschäftsunfähig bzw. in seiner Geschäftsfähigkeit beschränkt, so ist die Bewilligung wirksam, wenn der Aussteller vorher alles Erforderliche getan hat, um das Zugehen der Erklärung herbeizuführen. Diese Voraussetzung ist stets erfüllt, wenn er die Erklärung nicht nur abgefasst, sondern sie auch an den Adressaten abgesandt hat; es genügt aber auch, wenn er die Erklärung in anderer Weise derart in den Rechtsverkehr gebracht hat, dass er mit ihrem Zugehen bei diesem rechnen konnte (RG 170, 380; OLG Köln NJW 1950, 702). Geht dem Adressaten der EintrBewilligung vor oder mit dieser ein Widerruf des Erklärenden zu, so hindert dies den Eintritt der Wirksamkeit der EintrBewilligung.

23 bb) Die wirksam gewordene **EintrBewilligung des Erblassers** genügt zur Umschreibung auf den Erwerber (KG JR 1951, 761), und zwar auch dann, wenn inzwischen der Erbe als Berechtigter in das GB eingetragen worden ist (BGH 48, 356 = Rpfleger 1968, 49; BayObLG 34, 68; 1973, 139 = Rpfleger 1973, 296). Zu weiteren Fällen, in denen die Erklärung (EintrBewilligung) des Erblassers zur Eintragung ausreicht, s. § 20 Rn. 44. Die EintrBewilligung und die Bevollmächtigung zur Abgabe einer solchen können auch in einem notariellen Testament oder einem Erbvertrag erklärt werden (a. M. KG HRR 1928 Nr. 590; 1933 Nr. 416; s. aber die Widerlegung in RG 170, 380; OLG Köln NJW 1950, 702).

24 **b) Ausnahme.** Ausnahmsweise wird die EintrBewilligung bereits mit dem Abschluss des Beurkundungsvorgangs wirksam, wenn demjenigen, zu dessen Gunsten die EintrBewilligung abgegeben wird, ein gesetzlicher Anspruch auf Erteilung einer Ausfertigung zusteht. Nur ein derartiger gesetzlicher, der Willensmacht des Bewilligenden entzogener Anspruch kann den Zugang der EintrBewilligung ersetzen (KGJ 49, 149; OLG Frankfurt DNotZ 1970, 163; OLG Hamm Rpfleger 1989, 148). In diesem Fall genügt die Vorlage einer beglaubigten Abschrift der EintrBewilligung beim GBAmt (BayObLG DNotZ 1994, 182).

8. Adressat der EintrBewilligung. a) Adressat der EintrBewilligung ist stets das GBAmt (KG OLG 40, 37; BayObLG 1948/51, 464 = DNotZ 1952, 169; BayObLG 1975, 404 = Rpfleger 1976, 66); dies ergibt sich ohne weiteres aus dem mit der EintrBewilligung verfolgten Verfahrenszweck, eine GBEintragung herbeizuführen, die dem GBAmt obliegt. In den Fällen der §§ 36, 37 tritt jedoch an die Stelle des GBAmts das Amtsgericht. 25

b) Außer dem GBAmt wird als Adressat der EintrBewilligung auch, aber auch nur derjenige angesehen werden müssen, **zu dessen Gunsten** die EintrBewilligung abgegeben wird (KGJ 43, 149; OLG Frankfurt DNotZ 1970, 162; weitergehend KEHE Rn. 167, 176, die auch einen Dritten als empfangsberechtigt ansehen), und zwar auch bei Bewilligung einer Vormerkung (KGJ 46, 208) sowie hinsichtlich der Bewilligung eines mittelbar Betroffenen (§ 876 Satz 3, § 1180 Abs. 2 Satz 1 BGB; s. aber die Sonderregelung in § 880 Abs. 2 Satz 3, § 1183 BGB und § 26 ErbbauVO). Dies folgt aus dem mit der EintrBewilligung verfolgten Verfahrenszweck, eine GBEintragung zu seinen Gunsten zu bewirken, die er durch eigene Antragstellung (§ 13 Abs. 1 Satz 2) erwirken kann. 26

c) Ein **Aushändigen der EintrBewilligung** an den Begünstigten, also die Verschaffung des unmittelbaren Besitzes an der sie verkörpernden Urschrift oder Ausfertigung, ist zu ihrer Wirksamkeit nicht erforderlich; es genügt vielmehr auch insoweit ihr Zugang in Form einer beglaubigten Abschrift (a.M. KEHE Rn. 176ff.). Wird jedoch dem GBAmt die EintrBewilligung von einem anderen als dem Erklärenden oder seinem Vertreter lediglich in beglaubigter Abschrift vorgelegt, so wird damit, sofern der Erklärende nicht wenigstens den EintrAntrag stellt, in der Regel sein Einverständnis mit dem Zugang zur Vorlage beim GBAmt, das zur Wirksamkeit der EintrBewilligung erforderlich ist (s. Rn. 21), nicht nachgewiesen sein (BayObLG DNotZ 1994, 182). Hierwegen und weil die Bindung an die sachlichrechtliche Erklärung die Aushändigung der EintrBewilligung verlangt (§ 873 Abs. 2, § 875 Abs. 2 BGB), wird sich der Begünstigte in der Regel mit dem Zugang lediglich einer beglaubigten Abschrift nicht begnügen können, sondern auf einer Aushändigung der EintrBewilligung bestehen müssen.

9. Auslegung der EintrBewilligung. a) Allgemeines. Die Sicherheit des GBVerkehrs verlangt klare Ausdrucksweise; bestimmte Ausdrücke, insbes. der Gebrauch des Wortes „bewilligen“, sind jedoch nicht vorgeschrieben. Es muss nur unzweideutig erkennbar sein, dass eine GBEintragung gewollt ist und was eingetragen werden soll (BayObLG Rpfleger 1975, 26; 1984, 145; 1985, 27

288); die EintrBewilligung kann daher insbes. auch in die Form eines EintrAntrags gekleidet werden.

28 **b) Auslegungsgrundsätze.** aa) Als verfahrensrechtliche Erklärung ist die EintrBewilligung auslegungsfähig, es sei denn, dass ihre Eindeutigkeit eine Auslegung ausschließt (BGH 32, 63; BayObLG 1984, 123; 1990, 55 = Rpfleger 1990, 363; OLG Frankfurt Rpfleger 1993, 331). Das GBAmt ist zur Auslegung nicht nur berechtigt, sondern auch verpflichtet (OLG Zweibrücken DNotZ 1997, 325). Für die Auslegung gilt § 133 BGB entsprechend, wobei jedoch zu beachten ist, dass der das GBVerfahren beherrschende Bestimmtheitsgrundsatz und das grundsätzliche Erfordernis urkundlich belegter EintrUnterlagen der Auslegung durch das GBAmt Grenzen setzen (JFG 3, 402; OLG Frankfurt Rpfleger 1956, 193; KG DNotZ 1958, 203; OLG Bremen NJW 1965, 2403; OLG Hamm NJW 1966, 2411; BayObLG 1969, 100; 1984, 124). Auf die Auslegung kann nur zurückgegriffen werden, wenn sie zu einem zweifelsfreien und eindeutigen Ergebnis führt (BGH 129, 4 = Rpfleger 1995, 343). Bei der Auslegung ist, wie bei der von GBEintragungen, auf Wortlaut und Sinn der Erklärung abzustellen, wie er sich für einen unbefangenen Betrachter als nächstliegende Bedeutung der Erklärung ergibt (BGH 92, 355; 113, 378; OLG Frankfurt Rpfleger 1978, 213; 1980, 185; BayObLG Rpfleger 1987, 156; 1993, 189; OLG Düsseldorf Rpfleger 1988, 357); außerhalb der EintrBewilligung liegende Umstände dürfen zur Auslegung nur insoweit herangezogen werden, als sie für jedermann ohne weiteres erkennbar sind (BGH 92, 355; 113, 378; Rpfleger 1984, 227; BayObLG DNotZ 1989, 568; OLG Schleswig Rpfleger 1991, 17). Darauf, was der Bewilligende gewollt hat, kommt es nicht an.

29 bb) Diese Auslegungsgrundsätze gelten auch für die Feststellung, **ob überhaupt eine GBErklärung vorliegt.** Ist die Eintragung einer Rechtsänderung bewilligt, so liegt hierin noch nicht die Bewilligung einer entsprechenden Vormerkung (BayObLG JFG 8, 210; BayObLG 1979, 13 = Rpfleger 1979, 134; a.M. Hieber DNotZ 1954, 67). Enthält der vom Käufer zum Abschluss angebotene Kaufvertrag eine Auflassungsvormerkung, so kann die vorbehaltlose Annahme des Angebots durch den Verkäufer als dessen Bewilligung einer Auflassungsvormerkung ausgelegt werden (LG Karlsruhe MittBayNot 1993, 22). Über die Auslegung ungenau oder widerspruchsvoll ausgefüllter Vordrucke s. KG DNotZ 1935, 407. Auf die Beseitigung von Unklarheiten ist durch Zwischenverfügung hinzuwirken.

cc) Zur Auslegung der EintrBewilligung durch das Rechtsbeschwerdegericht s. § 78 Rn. 15. Zur Auslegung von GBEintragungen s. § 53 Rn. 4. Zum Ganzen s. Wulf MittRhNotK 1996, 41.

c) Umdeutung. Dem GBAmt steht grundsätzlich weder die Entscheidung darüber zu, ob die Vermutung des allenfalls entsprechend anwendbaren § 139 BGB entkräftet ist (BayObLG 1952, 28), noch ist es seine Aufgabe, die Möglichkeit einer Umdeutung in entsprechender Anwendung des § 140 BGB ins Auge zu fassen (BayObLG 30, 239; 1953, 333; 1990, 55 = Rpfleger 1990, 363; KG Rpfleger 1968, 52; a. M. Hieber DNotZ 1954, 303). Die Umdeutung einer GBErklärung ist aber nicht völlig ausgeschlossen, kommt jedoch nur in Betracht, wenn die vorrangige Auslegung zu keinem Ergebnis geführt hat; wie dieser sind auch der Umdeutung durch die Grundsätze des EintrVerfahrens von vorneherein Grenzen gesetzt. Wenn aber eine ihrem Wortlaut nach nicht eintragungsfähige GBErklärung objektiv und nach dem wirtschaftlich mit ihr Gewollten den Erfordernissen eines anderen, eintragungsfähigen Rechts entspricht, kann sich auch das GBAmt, sofern es auf Grund der EintrUnterlagen zu einer abschließenden Würdigung in der Lage ist, einer Umdeutung nicht verschließen (vgl. dazu BayObLG Rpfleger 1980, 277; 1983, 346; BayObLG 1997, 123 = FGPrax 1997, 91; OLG Bremen OLGZ 1987, 10; ferner Böhringer MittBayNot 1990, 12). In Betracht kommen kann z. B. eine Umdeutung der unwirksamen Bewilligung von Sondereigentum in die Bewilligung eines Sondernutzungsrechts (OLG Köln MittRhNotK 1996, 61). 30

10. Inhalt der EintrBewilligung. a) Bedingung, Befristung. 31
Die EintrBewilligung muss den bestimmten Willen zu einer Eintragung erkennen lassen. Sie darf deshalb keinen Vorbehalt enthalten, insbes. nicht bedingt und nicht befristet sein (KGJ 44, 197; s. auch KG HRR 1940 Nr. 1077). Statthaft ist jedoch ein Vorbehalt nach § 16 Abs. 2, der auch stillschweigend gemacht werden kann (s. § 16 Rn. 11), unschädlich die Beifügung einer Rechtsbedingung (s. § 16 Rn. 3, 9). Das GBAmt darf trotz bedingter oder befristeter EintrBewilligung eintragen, wenn der Eintritt der Bedingung oder des Anfangstermins in grundbuchmäßiger Form nachgewiesen ist (s. dazu § 29 Rn. 15, 28); der Erlass einer Zwischenverfügung zur Beibringung dieses Nachweises ist nicht ausgeschlossen (JFG 15, 131; KG HRR 1940 Nr. 1077; s. auch OLG Frankfurt Rpfleger 1975, 177; 1980, 291). Zum Nachweis, dass ein widerruflicher gerichtlicher Vergleich, der eine Berichtigungsbewilligung enthält, nicht widerrufen wurde, s. OLG Frankfurt FGPrax 1996, 8; zum Nachweis, dass von einem zeitlich befristeten Widerrufsvorbehalt in der EintrBewilligung kein Gebrauch gemacht wurde, s. OLG Oldenburg NdsRpfl. 1996, 208.

32 aa) Mit einer bedingten oder befristeten EintrBewilligung nicht zu verwechseln ist die vorbehaltlose Bewilligung der Eintragung eines **bedingten oder befristeten Rechts** (RG JW 1934, 282). Ob ein einzutragendes Recht eine Bedingung oder Befristung verträgt, ist eine Frage des materiellen Rechts. Sie ist im Allgemeinen zu bejahen; Ausnahmen gelten jedoch für die Auflassung (§ 925 Abs. 2 BGB), für die Bestellung und Übertragung eines Erbbaurechts (§ 1 Abs. 4, § 11 Abs. 1 Satz 2 ErbbauVO; § 1017 BGB), für die Einräumung und Aufhebung von Sondereigentum (§ 4 Abs. 2 Satz 2 WEG) sowie für die Bestellung eines Dauerwohnrechts (§ 33 Abs. 1 WEG). Zur Notwendigkeit der genügenden Bestimmtheit des zur Bedingung für das Entstehen oder Erlöschen eines Rechts gemachten Ereignisses s. Anh. zu § 13 Rn. 5; zur Bezugnahme bei der Eintragung der Bedingung s. § 44 Rn. 20.

33 bb) Der Grundsatz, dass EintrBewilligungen unbedingt sein müssen, ist auf **Zustimmungen und behördliche Genehmigungen** nur anzuwenden, wenn diese lediglich verfahrensrechtliche Bedeutung haben. Wenn es sich bei dem Zustimmungserfordernis um eine sachlichrechtliche Wirksamkeitsvoraussetzung handelt, entscheidet das materielle Recht über die Zulässigkeit der Bedingung. Verbietet dieses die Zufügung einer solchen nicht, so kann das GBAmt die bedingte Genehmigung nicht ohne weiteres als EintrGrundlage zurückweisen; es hat vielmehr den Nachweis des Bedingungseintritts in der Form des § 29 im Weg der Zwischenverfügung zu fordern (KG HRR 1940 Nr. 1077).

34 **b) Bezugnahme.** Die EintrBewilligung muss den Inhalt der gewollten Eintragung, insbes. den Inhalt eines einzutragenden Rechts, vollständig enthalten.

aa) **Zulässig** ist jedoch eine Bezugnahme auf den Inhalt eines anderen GB, etwa des Erbbaugrundbuchs bei Belastung des Grundstücks mit den am Erbbaurecht bestellten dinglichen Rechten (BayObLG Rpfleger 1984, 145), auf Protokollanlagen nach § 9 Abs. 1 Satz 2 und 3 BeurkG, geändert durch Ges. v. 20. 2. 1980 (BGBl. I 157), – früher § 176 Abs. 2 FGG – (OLG München JFG 20, 241; s. hierzu BGH Rpfleger 1994, 412), auf öffentliche oder öffentlich beglaubigte Urkunden, die dann aber genau zu bezeichnen und zu den Grundakten einzureichen sind (KGJ 48, 177; OLG Frankfurt Rpfleger 1956, 194; 1971, 66), sowie auf Satzungen einer Kreditanstalt im Sinn des § 1115 Abs. 2 BGB (KGJ 47, 206); erforderlich ist in jedem Fall die zweifelsfreie Verdeutlichung des Willens, die Anlage zum Inhalt der Erklärung machen zu wollen (BGH DNotZ 1995, 35; OLG Köln Rpfleger 1984, 407). Wird bei der EintrBewilligung ebenso wie bei der Bestellung des dinglichen Rechts auf die in derselben Urkunde enthaltenen schuldrechtlichen Vereinbarungen Bezug genommen und gehen diese über das hinaus, was als Inhalt des dinglichen Rechts in das GB eingetragen werden kann, so kann nicht ohne weiteres davon ausgegangen werden, dass Inhalt der EintrBewilligung nur der eintragungsfähige Teil der Vereinbarungen ist. Dies kann sich aber durch Auslegung der EintrBewilligung ergeben (OLG Köln MittRhNotK 1974, 409; s. auch OLG Frankfurt NJW-RR 1997, 1447). Ansonsten ist eine Einschränkung der EintrBewilligung und im Fall des § 20 auch des dinglichen Rechtsgeschäfts erforderlich (BayObLG 1991, 97). Bei der Bezugnahme auf die EintrBewilligung im EintrVermerk kann in diesen Fällen zur Klarstellung ein einschränkender Zusatz geboten sein (OLG Frankfurt NJW-RR 1992, 345).

bb) **Unzulässig** ist dagegen eine Bezugnahme auf nicht mehr geltendes Recht (über eine Ausnahme bei der Eintragung altrechtlicher Dienstbarkeiten s. KGJ 51, 255), auf örtliche baupolizeiliche Vorschriften (KGJ 46, 224) sowie auf Verwaltungsbestimmungen, die nicht als allgemein bekannt vorausgesetzt werden können (KGJ 53, 207).

c) Sonstiges. aa) Die EintrBewilligung muss den **Bewilligenden** erkennen lassen, damit dessen Bewilligungsberechtigung (s. Rn. 44) geprüft werden kann. Sie muss ferner den Berechtigten bezeichnen, und zwar so, wie dieser in das GB einzutragen ist (s. dazu § 44 Rn. 47 ff.). Bei einer Mehrheit von Berechtigten ist die Angabe des Gemeinschaftsverhältnisses (§ 47) erforderlich (OLG München JFG 20, 53; BayObLG 1955, 157). Ist eine Eintragung zugunsten einer Firma bewilligt, so kann durch Handelsregisterauszug klargestellt werden, dass ein Einzelkaufmann eingetragen werden soll (KG HRR 1930 Nr. 737). Ist der Begünstigte verstorben, so können seine Erben eingetragen werden (JFG 7, 326). Dagegen ist die Übertragung des „Anspruchs" auf Eintragung in dem Sinn, dass ein anderer als der in der EintrBewilligung genannte Begünstigte eingetragen werden soll, unzulässig (KG HRR 1933 Nr. 1491). Über die Eintragung des letzten Erwerbers eines Rechts ohne vorherige Eintragung der Zwischenerwerber s. Rn. 73. 35

bb) In der EintrBewilligung ist das **Grundstück** nach Maßgabe des § 28 zu bezeichnen; etwa einzutragende Geldbeträge sind in einer zulässigen Währung anzugeben (s. § 28 Rn. 17). 36

cc) Die EintrBewilligung muss den **materiellen Rechtsvorgang** bezeichnen, der grundbuchmäßig verlautbart werden soll; denn dieser ist in der Eintragung anzugeben (KGJ 40, 270; OLG Mün- 37 chen JFG 18, 120; s. dazu § 44 Rn. 56). Die bloße Bewilligung der „Umschreibung" eines Rechts genügt daher nicht, vielmehr ist im Fall der Rechtsänderung der maßgebliche Rechtsakt (z. B. Abtretung) anzuführen, im Fall der Berichtigung auf die Unrichtigkeit des GB hinzuweisen (BayObLG DNotZ 1991, 598). Eine Ausnahme gilt für die Löschungsbewilligung, da der Grund der Löschung im GB nicht vermerkt wird (KG JW 1934, 1056; BayObLG 1952, 322). Zu den erforderlichen Angaben bei Berichtigung eines Eigentümers s. § 22 Rn. 31.

38 dd) Bei Bestellung eines **Dauerwohnrechts** ist § 32 Abs. 3 WEG zu beachten, wonach das GBAmt dessen Eintragung ablehnen soll, wenn über die in der genannten Vorschrift aufgeführten Punkte Vereinbarungen nicht getroffen sind. Der Prüfung des GBAmts unterliegt jedoch nur der Inhalt der EintrBewilligung, nicht etwa, entsprechend dem materiellen Konsensprinzip, die erfolgte dingliche Einigung der Beteiligten (Weitnauer § 32 Rn 6; a. M. OLG Düsseldorf Rpfleger 1977, 446). Zu § 32 Abs. 3 WEG im Übrigen s. BayObLG 1954, 67 = Rpfleger 1954, 307; Diester Rpfleger 1965, 216; Riedel Rpfleger 1966, 226.

39 ee) Im Fall der Begründung von **WEigentum** sowie bei Bestellung eines Dauerwohnrechts sind der EintrBewilligung als Anlagen Aufteilungsplan und Bescheinigung der Baubehörde beizufügen (§ 7 Abs. 4, § 32 Abs. 2 Satz 2 WEG). Nach Maßgabe des § 22 BauGB kann ab 1. 7. 1987 ferner die Genehmigung der Baugenehmigungsbehörde und nach Maßgabe des § 172 Abs. 1 Satz 4 bis 6 BauGB ab 1. 1. 1998 die der Gemeinde erforderlich sein. S. hierzu Anh. zu § 3 Rn. 43, 48.

40 **11. Inhaltskontrolle.** Zur Überprüfung der EintrBewilligung durch das GBAmt anhand des AGB-Gesetzes siehe vor allem: KEHE Einl. Rn. C 75 ff.; Schmidt MittBayNot 1978, 89; Reithmann DNotZ 1979, 81; Schöner DNotZ 1979, 624; Ertl Rpfleger 1980, 7; Schmitz MittBayNot 1982, 57; Schmid Rpfleger 1987, 133; OLG Hamm DNotZ 1979, 752; BayObLG 1979, 434 = Rpfleger 1980, 105. S. aber auch Eickmann Rpfleger 1978, 1 und die Anm. v. Böttcher zu BayObLG Rpfleger 1990, 160 sowie die Anm. v. Weitnauer DNotZ 1989, 430.

41 **a)** Sollen für den Inhalt eines Rechts, soweit er durch Vereinbarung bestimmt werden kann, nach der EintrBewilligung vorformulierte Bedingungen maßgebend sein, so fragt sich, ob auch das GBAmt zu einer Inhaltskontrolle gemäß dem AGB-Gesetz aufgerufen ist. Das AGB-Gesetz hat bezüglich des EintrVerfahrens des GBAmts keinerlei Bestimmungen getroffen. Auszugehen ist daher von seiner Gestaltung durch die GBO. Die im Bereich des formel-

len Konsensprinzips als EintrUnterlage allein in Betracht kommende EintrBewilligung ist eine einseitige, rein verfahrensrechtliche Erklärung. Schon **dies verbietet** eine Anwendung der Vorschriften des AGB-Gesetzes auf sie (OLG Frankfurt FGPrax 1998, 85; a.M. Palandt § 1 AGBG Rn. 4; zu Unrecht unter Berufung auf BayObLG, das die Frage ausdrücklich offengelassen hat: BayObLG 1979, 439, insoweit in NJW 1980, 2819 nicht abgedruckt). Davon abgesehen kann das GBAmt der EintrBewilligung, jedenfalls in der Regel, schon nicht entnehmen, ob eine Bedingung gestellt oder im Einzelnen ausgehandelt worden ist. Nur wenn ersteres zutrifft, greifen aber die Klauselverbote des AGB-Gesetzes ein. Darüber hinaus hängen diese zum Teil von Wertungen ab (s. §§ 9 und 10 des Ges.), die regelmäßig anhand der EintrBewilligung allein nicht vorgenommen werden können. Das EintrAntragsverfahren, in dem das GBAmt zur Anstellung von Ermittlungen weder berechtigt noch verpflichtet ist, eignet sich somit nicht für eine Kontrolle gemäß dem AGB-Gesetz; sie ist grundsätzlich dem Prozessgericht zu überlassen. Zur Inhaltskontrolle einer Gemeinschaftsordnung der Wohnungseigentümer, die als Inhalt des Sondereigentums in das GB eingetragen werden soll, s. Anh. zu § 3 Rn. 26.

b) Im Bereich des materiellen Konsensprinzips sind den Inhalt des Rechts betreffende Vereinbarungen zwar nicht bei der Übertragung des Eigentums, wohl aber bei Bestellung oder Inhaltsänderung eines **Erbbaurechts** möglich. Hier ist dem GBAmt die dingliche Einigung nachzuweisen. Diese stellt aber nur einen Teil der gesamten Vertragsverhandlungen dar. Auch ihr ist demnach, jedenfalls in der Regel, weder zu entnehmen, ob das AGB-Gesetz überhaupt eingreift noch ob eines seiner wertungsabhängigen Klauselverbote zum Zug kommt. **42**

c) Weiß das GBAmt allerdings, dass eine Bedingung nicht im Einzelnen ausgehandelt worden ist, und verstößt diese gegen § 11 des AGB-Gesetzes oder ist ein Verstoß gegen dessen §§ 9 und 10 **offensichtlich,** so hat es den EintrAntrag zu beanstanden und, falls der Beanstandung nicht Rechnung getragen wird, zurückzuweisen, da es nicht dazu mitwirken darf, das GB unrichtig zu machen (s. Anh. zu § 13 Rn. 29 ff.). Eine gleichwohl vorgenommene Eintragung wäre grundsätzlich nicht inhaltlich unzulässig (s. dazu § 53 Rn. 48). **43**

12. Bewilligungsberechtigung. a) Die EintrBewilligung muss von demjenigen ausgehen, dessen Recht (s. Rn. 45) von der Eintragung betroffen wird (s. Rn. 49), also von dem verlierenden Teil; ob er die Bewilligungsberechtigung selbst ausüben kann, ist eine Frage der Bewilligungsbefugnis (s. hierzu Rn. 56). Bewilligen muss **44**

also derjenige, der im Zeitpunkt der Eintragung Inhaber des betroffenen Rechts ist. Der gewinnende Teil ist lediglich antragsberechtigt.

b) Steht das betroffene Recht einer **Erbengemeinschaft** zu, muss die Bewilligung von allen Miterben erklärt werden (vgl. § 2040 Abs. 1 BGB). Dazu ist es aber nicht erforderlich, dass alle Miterben die Bewilligung gleichzeitig oder bei derselben Gelegenheit abgeben (RG 152, 383). Es genügen zeitlich aufeinander folgende Erklärungen der Miterben, sofern sie sich nur zu einer einheitlichen Bewilligung ergänzen (Demharter FGPrax 1998, 43). Zur Bewilligung eines Miterben als Nichtberechtigter für die anderen Miterben s. Rn. 72.

45 **13. Betroffenes Recht. a)** Es kommen nur dingliche Rechte in Betracht, also Eigentum, sonstige Rechte an einem Grundstück sowie Rechte an solchen Rechten. Ihnen gleichzustellen sind Vormerkungen, Widersprüche und Verfügungsbeschränkungen, z.B. Nacherbenvermerke (RG 83, 439). Betroffenes Recht kann auch das grundbuchmäßige Recht als bloße Buchberechtigung sein (s. Rn. 47). Die Buchposition ist aber nicht ausschließlich das betroffene Recht. Dies ergibt sich aus § 39 Abs. 1; danach kann das Recht einer Person betroffen sein, die nicht als Berechtigte im GB eingetragen ist (s. auch Rn. 48).

46 **b)** Von der Eintragung einer **Rechtsänderung** wird nur der wahre Berechtigte betroffen (KGJ 40, 296). Dieser muss, wenn er nicht eingetragen ist, sein Recht nachweisen. Die bloße Berufung auf §§ 892, 893 BGB genügt dem GBAmt gegenüber nicht (KGJ 40, 267; KG Rpfleger 1973, 23). Für das GBAmt gilt nämlich die Vermutung des § 891 BGB, dass der Eintragene der wahre Berechtigte ist. Nur wenn das GBAmt Tatsachen kennt, welche die Unrichtigkeit des GB ergeben, darf es auf die Bewilligung des Buchberechtigten nicht eintragen (BayObLG Rpfleger 1992, 56); bloße Möglichkeiten oder Vermutungen rechtfertigen die Zurückweisung des Antrags dagegen nicht (BayObLG DNotZ 1990, 739; s. hierzu Anh. zu § 13 Rn. 10). Zum Nachweis der Rechtsinhaberschaft und damit der Bewilligungsberechtigung einer ausländischen staatlichen oder öffentlichen Stelle genügt gegenüber dem GBAmt eine mit dem Dienstsiegel oder Dienststempel versehene und unterschriebene Bestätigung des Auswärtigen Amtes. § 39 findet in diesem Fall keine Anwendung (§ 104a GBV). Damit soll den Schwierigkeiten begegnet werden, die für das GBAmt bei der Feststellung des Verfügungs- und Bewilligungsberechtigten dann entstehen, wenn im GB ein ausländischer Staat eingetragen ist, dessen Auslandsvermögen infolge Aufspaltung oder Auflösung auf

Grund allgemeiner Regeln des Völkerrechts (vgl. Art. 25 GG) oder nach Maßgabe völkerrechtlicher Verträge ganz oder teilweise auf einen oder mehrere Nachfolgestaaten übergegangen ist (s. dazu und insbes. für Grundstücke der ehemaligen UdSSR Demharter VIZ 1998, 65).

c) Von der Eintragung einer **Berichtigung** kann der Buchberechtigte oder der wahre Berechtigte betroffen werden; besteht die Berichtigung in der Löschung eines Rechts oder in der Eintragung des wahren Berechtigten, so wird der Buchberechtigte betroffen (BayObLG MittRhNotK 1989, 13); handelt es sich um eine Berichtigung anderer Art, so wird der wahre Berechtigte betroffen (BayObLG 1997, 307 = DNotZ 1998, 811 mit kritischer Anm. v. Schöner; s. § 22 Rn. 32). **47**

d) Soweit danach die **Bewilligung des wahren Berechtigten** erforderlich ist, genügt die des Buchberechtigten nicht, wenn die Vermutung des § 891 BGB widerlegt ist (BayObLG DNotZ 1990, 739; Rpfleger 1992, 56). Andererseits genügt wegen § 39 Abs. 1 die EintrBewilligung des wahren Berechtigten grundsätzlich nur, wenn er zugleich Buchberechtigter ist. Gegebenenfalls ist das GB vorher zu berichtigen. Dass die EintrBewilligung eine reine Verfahrenshandlung und als solche keine sachlichrechtliche, sondern nur eine verfahrensrechtliche Verfügung über das betroffene Recht darstellt (s. Rn. 56), rechtfertigt es nicht, bezüglich der Bewilligungsberechtigung nur auf den GBEintrag abzustellen mit der Folge, dass in jedem Fall die Bewilligung desjenigen erforderlich aber auch ausreichend ist, dessen grundbuchmäßiges Recht danach von der Eintragung betroffen wird (ebenso Bauer/v. Oefele Rn. 136 ff.; a.M. unter Hinweis auf BGH Rpfleger 1976, 206: KEHE Rn. 49 ff., anders jedoch § 13 Rn. 60; Meikel Rn. 85 ff.). Andernfalls würde das GBAmt, wenn es weiß, dass es sich dabei nur um den Buchberechtigten handelt, im Einzelfall eine GBEintragung vornehmen, die aus seiner Sicht der wirklichen Rechtslage nicht entspricht. Dies ist ihm verwehrt (BayObLG DNotZ 1990, 739). **48**

14. Betroffenwerden. Ein Recht wird von der Eintragung betroffen, wenn es durch sie im Rechtssinn, nicht nur wirtschaftlich, beeinträchtigt wird oder werden kann (BGH 66, 345; 91, 346 = Rpfleger 1984, 408; BGH 145, 133 = Rpfleger 2001, 69; BayObLG 1985, 143 = Rpfleger 1985, 355). Eine Beeinträchtigung liegt schon dann vor, wenn das Recht durch die Eintragung unter Umständen eine ungünstigere Gestaltung erfährt (JFG 14, 147; BayObLG 1981, 158), was bei Eintragung einer Unterwerfungserklärung gemäß § 800 ZPO hinsichtlich des gesamten Grundpfandrechts nicht der Fall ist; nach BayObLG 1985, 141 = Rpfleger **49**

1985, 355 soll bei einer Unterwerfungserklärung nur hinsichtlich eines Teilbetrags ohne Rangbestimmung hinsichtlich dieses Teilbetrags nichts anderes gelten. Die Beeinträchtigung braucht anders als im Rahmen des § 13 Abs. 1 Satz 2 auch keine unmittelbare zu sein. Hieraus folgt:

50 **a) Nur möglicherweise Betroffener.** aa) Auch er muss bewilligen (RG 119, 316; BayObLG 1981, 158 = MittBayNot 1981, 122). So z. B. der Eigentümer, wenn die Erteilung eines Briefs über ein Grundpfandrecht nachträglich ausgeschlossen werden soll (KG RJA 1, 25; BayObLG 1987, 99 = Rpfleger 1987, 363), ferner der Eigentümer, der den Gläubiger einer Gesamthyp. befriedigt und daher möglicherweise Ersatzansprüche hat (§ 1173 Abs. 2 BGB), wenn die Hyp. auf anderen Grundstücken gelöscht werden soll; der Gläubiger, wenn eine Hyp. in Teile mit verschiedenem Rang zerlegt werden soll (JFG 14, 147), ferner wenn sich der Eigentümer hinsichtlich eines rangmäßig bestimmten Teils einer Grundschuld der sofortigen Zwangsvollstreckung unterwerfen soll (OLG Hamm Rpfleger 1984, 60; OLG Köln JurBüro 1984, 1422) oder wenn ein Recht im Rang hinter einen Teil einer Grundschuld zurücktreten soll (BayObLG 1985, 434 gegen LG Augsburg Rpfleger 1984, 348); der frühere Eigentümer, der eine Höchstbetragshyp. bestellt hat, wenn diese, ohne dass die Feststellung der Forderung nachgewiesen wird, gelöscht werden soll (OLG Dresden JFG 2, 444).

51 bb) **Beide Teile müssen bewilligen,** wenn Gewinn und Verlust nicht zu erkennen sind. So z. B. Eigentümer und Gläubiger bei nachträglicher Umwandlung einer Grundschuld in eine Hyp. (JFG 12, 324), bei Änderung der Zahlungsbedingungen, die nicht zweifelsfrei nur den einen Teil benachteiligen (JFG 14, 148) oder bei Verlängerung der Kündigungsfrist (OLG München JFG 22, 101). Die Eintragung einer mit einem Recht belasteten Hyp. braucht nur der Eigentümer zu bewilligen, weil er von der Eintragung der Hyp. allein betroffen wird (JFG 11, 269). Steht bei einer Verkehrshyp. der Anspruch auf Kapital und Zinsen verschiedenen Gläubigern zu (s. § 26 Rn. 19), so bedarf es zur Löschung der Hyp. einschließlich der Zinsen nur der Bewilligung des Kapitalgläubigers (JFG 18, 35). Behält in einem Überlassungsvertrag der Überlasser anderen einen Nießbrauch an dem überlassenen Grundstück vor, so genügt seine Bewilligung zur Eintragung des Nießbrauchs, die des Erwerbers ist nicht erforderlich (OLG Celle NdsRpfl. 1949, 38; vgl. in diesem Zusammenhang auch OLG Frankfurt Rpfleger 1981, 20).

52 **b) Nur mittelbar Betroffener.** Auch er muss bewilligen (BayObLG 1981, 159 = Rpfleger 1981, 354). Fehlt seine Bewilligung,

kann anders als beim Fehlen der Bewilligung des unmittelbar Betroffenen, durch Zwischenverfügung aufgegeben werden, sie beizubringen (BayObLG 1990, 6). Als mittelbar Betroffene kommen in Betracht:

aa) Die **Zustimmungsberechtigten,** d. h. diejenigen, deren Zustimmung sachlichrechtlich zum Eintritt der Rechtsänderung notwendig ist (§§ 876, 880 Abs. 2 Satz 2, § 1180 Abs. 2 Satz 1, § 1183 BGB; § 26 ErbbauVO; vgl. BGH 91, 346 = Rpfleger 1984, 408). Die Bestimmung des § 876 BGB, deren Anwendung in einer Reihe von Vorschriften, insbes. in §§ 877, 880 Abs. 3 BGB, vorgesehen ist (wegen ihrer Tragweite im Rahmen des § 877 BGB s. BayObLG 1959, 528 = DNotZ 1960, 540; OLG Neustadt Rpfleger 1963, 241), gilt sinngemäß, wenn bei einem zu löschenden Recht der Anspruch auf Übertragung oder Belastung vorgemerkt ist (JFG 9, 220). Zum Erfordernis der Bewilligung Zustimmungsberechtigter, wenn bei Löschung eines Erbbaurechts die daran lastenden Rechte am Grundstück eingetragen werden sollen, s. Anh. zu § 8 Rn. 52. Eine Ausnahme von dem Grundsatz, dass auch die Zustimmungsberechtigten zu bewilligen haben, sieht § 21 vor. 53

Bei Pfändung eines Nießbrauchs ist Gegenstand der Pfändung dieser selbst, nicht ein obligatorischer Anspruch auf seine Ausübung (BGH 62, 136 = Rpfleger 1974, 186; s. dazu auch Anh. zu § 26 Rn. 3). Zur Löschung des Nießbrauchs bedarf es daher, wenn die Pfändung im GB eingetragen ist oder das GBAmt von ihr Kenntnis hat, der Bewilligung des Nießbrauchers und des Pfändungsgläubigers (so gegen OLG Frankfurt NJW 1961, 1928 bereits OLG Köln NJW 1962, 1621; OLG Bremen NJW 1969, 2147). 54

bb) Die **gleich- und nachstehenden Berechtigten,** wenn der Umfang eines gleichstehenden oder vorgehenen Rechts erweitert oder wenn der Inhalt der Belastung verstärkt und dadurch die Haftung des Grundstücks verschärft wird (BayObLG 1959, 529 = DNotZ 1960, 540). Ersteres ist z. B. der Fall bei Ersetzung einer bedingten Nebenleistung durch eine unbedingte (JFG 11, 234), letzteres z. B. bei nachträglicher Eintragung der Barzahlungsklausel (JFG 11, 215). Nicht erforderlich ist eine Bewilligung der gleich- und nachstehenden Berechtigten bei Erhöhung des Zinssatzes bis zu 5% (§ 1119 Abs. 1 BGB), bei Änderung von Zahlungszeit oder Zahlungsort (§ 1119 Abs. 2 BGB) sowie bei Umwandlung eines Grundpfandrechts in ein solches anderer Art (§§ 1186, 1198, 1203 BGB). Eine rechtliche Beeinträchtigung liegt auch nicht vor, wenn die Zinsen einer Aufwertungshyp. auf den zurzeit gesetzlich geltenden Zinsfuß festgeschrieben werden (KG JW 1936, 2344); sie 55 lag auch nicht vor, wenn eine wertbeständige Hyp. in eine Reichsmarkhyp. umgewandelt wurde (JFG 16, 271).

56 **15. Bewilligungsbefugnis. a) Allgemeines.** Die Bewilligungsbefugnis betrifft die Ausübung der Bewilligungsberechtigung (s. hierzu Rn. 44).

aa) Die EintrBewilligung stellt als reine Verfahrenshandlung (s. Rn. 13) keine rechtsgeschäftliche, sondern lediglich eine verfahrensrechtliche Verfügung über das betroffene Recht dar. Die Befugnis hierzu leitet sich von der **Befugnis zur sachlichrechtlichen Verfügung** über das Recht ab. Die verfahrensrechtliche Bewilligungsbefugnis knüpft somit als Ausfluss der sachlichrechtlichen Verfügungsbefugnis an diese an (BayObLG 1988, 231 = DNotZ 1989, 361; OLG Hamm Rpfleger 1989, 148; OLG Hamburg FGPrax 1999, 6). Ebenso wie der materiell Verfügungsberechtigte als Inhaber des Rechts in der Regel die Verfügungsbefugnis darüber hat, ist der Bewilligungsberechtigte grundsätzlich auch bewilligungsbefugt. Die sachlichrechtliche Verfügungsbefugnis kann jedoch durch das Erfordernis der Zustimmung Dritter beschränkt sein (s. Rn. 63) oder, wie im Insolvenzverfahren, bei Nachlassverwaltung und Testamentsvollstreckung, gänzlich fehlen; s. hierzu und zu den Sonderregelungen des § 8 (früher § 6) VZOG und des § 3 Abs. 3 bis 5 VermG für das Gebiet der früheren DDR § 20 Rn. 40. In diesen Fällen ist auch die verfahrensrechtliche Bewilligungsbefugnis beschränkt oder fehlt ganz. Im zuletzt genannten Fall kann nur der Verfügungsberechtigte die Bewilligung abgeben, und zwar im eigenen Namen kraft seines Amts. Dabei handelt es sich um einen Fall der gesetzlichen Verfahrensstandschaft. Zur gewillkürten Verfahrensstandschaft s. § 1 Rn. 40.

57 bb) Im Fall der **Gesamtgläubigerschaft** steht die Verfügung über die Forderung sowie eine mit ihr verbundene Hyp. und damit auch die Bewilligungsbefugnis jedem Gläubiger ohne Mitwirkung der anderen zu (KG JW 1937, 3158; BayObLG Rpfleger 1996, 21). Eine bayerische Gemeinde kann nicht wirksam auf ihr Eigentum an einem Grundstück verzichten (BayObLG 1983, 85 = Rpfleger 1983, 308); ihr fehlt insoweit die Verfügungsbefugnis und damit auch die Bewilligungsbefugnis.

58 cc) Die Ausübung der Bewilligungsberechtigung durch den Bewilligungsbefugten setzt **Verfahrensfähigkeit** voraus (s. hierzu § 1 Rn. 32).

59 **b) Prüfung.** aa) Die Verfügungsbefugnis ist als Grundlage der formellen Bewilligungsbefugnis **von Amts wegen** zu prüfen (BGH 35, 139 = Rpfleger 1961, 233; BayObLG 1969, 145; Rpfleger 1983, 17; 1987, 110; OLG Hamburg FGPrax 1999, 6; OLG Jena

Rpfleger 2001, 298). Bei eintragungsfähigen Verfügungsbeschränkungen (s. Anh. zu § 13 Rn. 21, 22) ist nach § 891 BGB zunächst das GB maßgebend; so ist z.B. ein eingetragener Erbe als verfügungsberechtigt anzusehen, wenn weder Nacherbschaft noch Testamentsvollstreckung vermerkt ist. Hat das GBAmt allerdings von einer nicht eingetragenen Verfügungsbeschränkung Kenntnis, so muss es diese berücksichtigen (JFG 18, 206; BayObLG 1954, 98 = DNotZ 1954, 395; OLG Düsseldorf MittBayNot 1975, 224; kritisch hierzu KEHE Rn. 96–100; Ertl MittBayNot 1975, 204; Böhringer BWNotZ 1985, 102); es darf durch Eintragung nicht einen Rechtserwerb allein auf Grund guten Glaubens des Erwerbers herbeiführen (s. § 13 Rn. 12). Deshalb ist, falls nicht § 878 BGB zur Anwendung kommt, der Antrag entweder zurückzuweisen (OLG Hamburg FGPrax 1999, 6) oder Zwischenverfügung zu erlassen (BayObLG 1954, 99 = DNotZ 1954, 395); als Möglichkeit der Behebung des in der nicht eingetragenen Verfügungsbeschränkung liegenden EintrHindernisses kommt insbes. die Genehmigung der Eintragung durch die geschützte Person in Betracht (s. hierzu JFG 18, 205). Der Wegfall einer eingetragenen Verfügungsbeschränkung ist in grundbuchmäßiger Form (§ 29) nachzuweisen. Über die Wirkung relativer und absoluter Verfügungsbeschränkungen s. § 22 Rn. 52, 53.

bb) Im Gebiet der **früheren DDR** genügt zum Nachweis der Verfügungsbefugnis bei Verfügungen über beschränkte dingliche Rechte an einem Grundstück, Gebäude oder sonstigen grundstücksgleichen Rechten oder über Vormerkungen zugunsten bestimmter Berechtigter, deren Eintragung vor dem 1. 7. 1990 beantragt worden ist, dass die EintrBewilligung von einer Bewilligungsstelle abgegeben wird (§ 105 Abs. 1 Nr. 6 Satz 1 GBV). Durch die bis 31. 12. 2010 befristete Regelung (vgl. Art. 3 Abs. 3 der VO v. 15. 7. 1994, BGBl. I 1606) soll die Verfügung über Rechte erleichtert werden, als deren Berechtigte nicht mehr bestehende öffentliche Stellen, insbes. Sparkassen und Kreditinstitute sowie Volkseigentum in Rechtsträgerschaft anderer Stellen eingetragen sind. Ergänzende Regelungen enthalten Art. 231 § 10 EGBGB, § 105 Abs. 1 Nr. 6 Satz 2 bis 6, § 105 Abs. 3 GBV sowie Art. 3 Abs. 2 der VO v. 15. 7. 1994 (BGBl. I 1606), ferner das Schreiben des BMF zur Löschung von Grundpfandrechten im ehemaligen Volkseigentum der DDR v. 16. 12. 1996 (BStBl. II 1467). Zur Berichtigung des Berechtigten in diesen Fällen s. insbes. Art. 231 § 10 Abs. 3 EGBGB.

c) Maßgebender Zeitpunkt. aa) Entscheidend für die Beur- 60
teilung der Verfügungsbefugnis als Grundlage der Bewilligungsbe-

fugnis ist der **Zeitpunkt der Eintragung,** weil sich erst in diesem die verfahrensrechtliche Verfügung über das betroffene Recht verwirklicht (vgl. JFG 1, 340; OLG München HRR 1941 Nr. 2; OLG Hamm Rpfleger 1989, 148; OLG Düsseldorf JMBlNW 1957, 128; BGH NJW 1963, 36; WM 1971, 445; OLG Frankfurt Rpfleger 1980, 63; BayObLG Rpfleger 1984, 145; 1987, 110; 1999, 25). Dies gilt auch für die Berichtigungsbewilligung und die im Fall des § 26 an die Stelle der EintrBewilligung tretende Abtretungs- oder Belastungserklärung.

61 bb) Tritt bis zu diesem Zeitpunkt eine Verfügungsbeschränkung ein, so ist sie zu beachten. Ausnahmen gelten im Rahmen des § 878 BGB (s. dazu § 13 Rn. 9 und KG HRR 1930 Nr. 975); bei Verfügungen von Miterben sind die Voraussetzungen des § 878 BGB für jeden Miterben gesondert festzustellen (KG HRR 1935 Nr. 1655). Bei der Verfügung von BGB-Gesellschaftern ist der Eintritt einer Verfügungsbeschränkung bei nur einem der Gesellschafter, z. B. durch Eröffnung des Insolvenzverfahrens über sein Vermögen, vom GBAmt zu beachten (OLG Zweibrücken Rpfleger 2001, 406). Über den Fall, dass eine gemäß § 5 ErbbauVO erforderliche Zustimmung des Grundstückseigentümers vor der Eintragung widerrufen wird, s. BGH NJW 1963, 36.

62 cc) Fällt vor diesem Zeitpunkt die Verfügungsbefugnis über fremdes Vermögen weg, wird z. B. ein Insolvenzverfahren aufgehoben oder endet eine Testamentsvollstreckung oder eine Nachlassverwaltung, so ist eine neue Bewilligung des nunmehr verfügungsberechtigten Rechtsinhabers erforderlich; § 878 BGB ist nicht entsprechend anwendbar (KG OLG 26, 4; 29, 398; OLG Celle DNotZ 1953, 158; OLG Köln MittRhNotK 1981, 139; unentschieden BayObLG Rpfleger 1999, 25 mit kritischer Anm. v. Reimann ZEV 1999, 69; s. auch JFG 1, 341; Böhringer BWNotZ 1984, 137).

63 **16. Zustimmung Dritter. a) Allgemeines.** aa) Die Wirksamkeit eines Rechtsgeschäfts hängt verschiedentlich von der Zustimmung eines Dritten ab. In diesen Fällen ist die Zustimmung zu dem sachlichrechtlichen Rechtsgeschäft, nicht zu der verfahrensrechtlichen EintrBewilligung, dem GBAmt nachzuweisen. Zum Nachweis im Einzelnen s. Rn. 69.

bb) Die Notwendigkeit einer Zustimmung kann sich daraus ergeben, dass die sachlichrechtliche **Verfügungsbefugnis beschränkt** ist (s. Rn. 64). Weil dadurch auch die verfahrensrechtliche Bewilligungsbefugnis beschränkt wird, deren Vorliegen das GBAmt zu prüfen hat (s. dazu Rn. 56), ist die Zustimmung dem GBAmt nachzuweisen.

cc) Ist die Zustimmung zu einem sachlichrechtlichen Rechtsgeschäft infolge einer **Beschränkung der Vertretungsmacht** erforderlich (s. Rn. 65), wird dadurch auch die Vertretungsmacht zur Abgabe der verfahrensrechtlichen EintrBewilligung beschränkt, deren Vorliegen das GBAmt zu prüfen hat (s. dazu Rn. 74). Daraus folgt die Notwendigkeit, die Zustimmung dem GBAmt nachzuweisen.

dd) Hängt die Wirksamkeit des sachlichrechtlichen Rechtsgeschäfts schließlich wegen Beschränkung der Geschäftsfähigkeit von der Zustimmung eines Dritten ab (s. Rn. 66), ist die Zustimmung dem GBAmt im Rahmen der diesem obliegenden Prüfung der Verfahrensfähigkeit (s. dazu § 1 Rn. 32) nachzuweisen.

b) Notwendigkeit. Die Zustimmung eines Dritten zu einem 64
Rechtsgeschäft kann notwendig sein:

aa) Infolge **Beschränkung der Verfügungsbefugnis,** z. B. im ehelichen Güterrecht bei Zugewinngemeinschaft oder Gütergemeinschaft (§§ 1365 ff., 1423 ff. BGB; s. dazu § 33 Rn. 6, 16). Verschiedentlich ist die Verfügungsbefugnis aus Gründen des öffentlichen Interesses eingeschränkt mit der Folge, dass zur Verfügung eine behördliche Genehmigung erforderlich ist (s. Rn. 116 ff.). Die Beschränkung der Verfügungsbefugnis kann außer auf Gesetz auch auf Vereinbarung beruhen wie in den Fällen des § 5 ErbbauVO und der §§ 12, 35 WEG (s. dazu Anh. zu § 8 Rn. 11, 15; Anh. zu § 3 Rn. 34), ferner auch auf gerichtlicher oder behördlicher Anordnung.

bb) Infolge **Beschränkung der Vertretungsmacht,** z. B. bei 65
Vormundschaft, Betreuung, Pflegschaft und elterlicher Sorge (§§ 1812 f., 1821 f., 1828 ff., 1832, 1908 i, 1915, 1643 BGB). Die elterliche Sorge für eheliche Kinder steht nach § 1626 Abs. 1 Satz 1 BGB den Eltern gemeinschaftlich zu; nach § 1629 Abs. 1 BGB umfasst sie die Vertretung des Kindes und vertreten die Eltern dieses grundsätzlich gemeinschaftlich. Nichteheliche Kinder stehen gemäß § 1705 BGB unter der elterlichen Sorge der Mutter, erhalten jedoch zur Wahrnehmung bestimmter Angelegenheiten grundsätzlich einen Pfleger; s. dazu §§ 1706 ff. BGB; vgl. auch Göppinger FamRZ 1970, 57 ff. Der Umfang der Vertretungsmacht des Betreuers/Pflegers wird vom Gericht bestimmt, das den Wirkungskreis bei der Bestellung festlegt. Veräußert der Betreuer mit dem Wirkungskreis der Vermögenssorge kraft der ihm zustehenden gesetzlichen Vertretungsmacht ein Grundstück des Betreuten, bedarf er auch dann der vormundschaftsgerichtlichen Genehmigung gem. § 1821 Abs. 1 Nr. 1 BGB, wenn der geschäftsfähige Betreute die Veräußerung genehmigt. Eine Genehmigung des Vormundschafts-

gerichts ist aber nicht erforderlich, wenn der Betreuer auf Grund einer ihm von dem geschäftsfähigen Betreuten rechtsgeschäftlich erteilten Vollmacht handelt (str.; s. dazu OLG Frankfurt Rpfleger 1997, 111). Der auf die Vertretung beim Verkauf eines Grundstücksteils beschränkte Wirkungskreis umfasst nicht die Bestellung eines Erbbaurechts. Die gerichtliche Genehmigung ersetzt die fehlende Vertretungsmacht nicht (BayObLG 1986, 299f. = Rpfleger 1986, 471). Zu beachten ist, dass der Genehmigungsvorbehalt des § 1821 Abs. 1 Nr. 5 BGB nur den schuldrechtlichen Vertrag betrifft und daher für das GBAmt unbeachtlich ist (BayObLG 1991, 394). Die Bestellung eines Grundpfandrechts im Zusammenhang mit dem Grundstückserwerb, insbes. zur Finanzierung des Restkaufpreises, fällt nicht unter § 1821 Abs. 1 Nr. 1 BGB, der nur bereits vorhandenes Grundvermögen schützt (BGH Rpfleger 1998, 110; BayObLG 1991, 394 = Rpfleger 1992, 63). Ist für einen Minderjährigen eine Vormerkung auf Übertragung eines Erbbaurechts eingetragen, so bedarf der gesetzliche Vertreter für die Bewilligung der Löschung des Erbbaurecht der familiengerichtlichen Genehmigung gemäß § 1643 Abs. 1, § 1821 Abs. 1 Nr. 2 BGB (BayObLG Rpfleger 1987, 156). Handelt ein Testamentsvollstrecker im eigenen Namen, so bedarf er keiner gerichtlichen Genehmigung, wenn der Erbe unter Vormundschaft steht oder minderjährig ist (BayObLG 1991, 392 = Rpfleger 1992, 63). S. hierzu auch Böttcher, Vormundschaftsgerichtliche Genehmigungen im Grundstücksrecht, Rpfleger 1987, 485.

66 cc) Infolge **Beschränkung der Geschäftsfähigkeit** (§§ 107ff. BGB); die Volljährigkeit tritt nach § 2 BGB mit der Vollendung des 18. Lebensjahres ein.

67 **c) Fehlende Zustimmung.** In sachlichrechtlicher Beziehung gilt hinsichtlich des Verhältnisses von Verfügung und Zustimmung folgendes:

aa) **Einseitiges Rechtsgeschäft.** Stellt die Verfügung ein einseitiges Rechtsgeschäft dar, so ist sie nach §§ 1367, 1427 Abs. 1, §§ 1831, 111 BGB unwirksam, wenn sie ohne die erforderliche Einwilligung vorgenommen wird.

68 bb) **Zweiseitiges Rechtsgeschäft.** Stellt die Verfügung ein zweiseitiges Rechtsgeschäft dar, so hat das Fehlen der Einwilligung nach § 1366 Abs. 1 und § 1427 Abs. 1, § 1829 Abs. 1 Satz 1, § 108 Abs. 1 BGB zur Folge, dass sie erst durch die nachfolgende und dann zurückwirkende Genehmigung wirksam wird. Die Genehmigung kann grundsätzlich gegenüber jedem der Vertragsteile erklärt werden (§ 182 Abs. 1 BGB). Bezüglich der Genehmigung des Familien- oder Vormundschaftsgerichts (Gegenvormunds) gilt nach den zwingenden (RG 121, 30; OLG München DR 1943, 491) Bestimmungen der §§ 1828, 1829 Abs. 1 Satz 2 BGB die Besonderheit, dass sie nur gegenüber dem gesetzlichen Vertreter (Betreuer, Pfleger) erteilt werden kann und dem anderen Teil gegenüber erst dadurch Wirksamkeit erlangt, dass sie ihm von dem gesetzlichen Vertreter mitgeteilt wird. Wegen der Aufforderung seitens des anderen Teils zur Erteilung, Mitteilung oder Beschaffung der Genehmigung und der rechtlichen Folgen der Aufforderung s. § 1366 Abs. 3 und § 1427 Abs. 1, § 1829 Abs. 2, § 108 Abs. 2 BGB. Der gesetzliche Vertreter (Betreuer, Pfleger) kann einen Dritten bevollmächtigen, die Genehmigung des Familien- oder Vormundschaftsgerichts (Gegenvormunds) entgegenzunehmen und dem anderen Teil mitzuteilen; der andere Teil kann seinerseits denselben Dritten ermächtigen, die Mitteilung in Empfang zu nehmen (RG 121, 30; BayObLG 22, 156; DNotZ 1983, 369; Rpfleger 1988, 482; BayObLG 1989, 247; OLG Hamm Rpfleger 1964, 313; OLG Zweibrücken DNotZ 1971, 731); der Doppelbevollmächtigte kann auch der beurkundende Notar sein (RG 155, 178; OLG Hamm MDR 1953, 487; OLG Zweibrücken DNotZ 1971, 731).

d) Nachweis. Hinsichtlich des dem GBAmt gegenüber in der **69**
Form des § 29 zu führenden Nachweises der Zustimmung ist zu unterscheiden:

aa) **Einseitiges Rechtsgeschäft.** Stellt die sachlichrechtliche Verfügung, wie z.B. bei Aufgabe einer Hypothek, ein einseitiges Rechtsgeschäft dar (§ 875 BGB), muss dem GBAmt, weil ihm die Wirksamkeit des sachlichrechtlichen Rechtsgeschäfts nicht nachzuweisen ist (s. Rn. 3ff.), auch der Zeitpunkt der Zustimmung nicht nachgewiesen werden. Es genügt daher die EintrBewilligung und der Nachweis einer wirksam gewordenen Zustimmung zu dem sachlichrechtlichen Rechtsgeschäft. Ist die Zustimmung des Familien- oder Vormundschaftsgerichts erforderlich, muss sich der Nachweis auf die Einhaltung des § 1828 BGB, nicht aber auch des § 1831 BGB erstrecken. Die gerichtliche Genehmigung kann damit auch zeitlich nach dem Eingang der EintrBewilligung beim GBAmt erteilt sein und dem GBAmt nachgewiesen werden. Die Beibringung der erforderlichen Nachweise kann durch Zwischenverfügung aufgegeben werden. S. dazu auch JFG 13, 395. Zum Nachweis der Zustimmung des Ehegatten gem. § 1365 BGB s. § 33 Rn. 31. Über den Nachweis durch Geständnisurkunde s. KG HRR 1933 Nr. 1012 und § 29 Rn. 10.

bb) **Zweiseitiges Rechtsgeschäft.** Stellt die sachlichrechtliche **70**
Verfügung, wie z.B. bei Bestellung einer Hypothek, ein zweiseiti-

ges Rechtsgeschäft dar (§ 873 BGB), so ist der Zeitpunkt der Zustimmung für das GBAmt belanglos; denn sie stellt sich entweder als Genehmigung der erfolgten Einigung oder als Einwilligung in deren Vornahme dar. Für die Nachweise gegenüber dem GBAmt gilt, soweit das formelle Konsensprinzip zur Anwendung kommt, das zu Rn. 69 Gesagte entsprechend; die Voraussetzungen des § 1829 BGB brauchen nicht nachgewiesen zu werden. Etwas anderes gilt aber, wenn § 20 einschlägig ist (s. dazu § 20 Rn. 41). Dann muss dem GBAmt das sachlichrechtliche Rechtsgeschäft nachgewiesen werden. Ist zu diesem die Zustimmung des Familien- oder Vormundschaftsgerichts erforderlich, hat sich der Nachweis nicht nur auf die Einhaltung des § 1828 BGB, sondern auch des § 1829 Abs. 1 BGB zu erstrecken. Die Beachtung des § 1829 Abs. 2 BGB braucht dagegen ebenso wenig wie die der vergleichbaren Vorschriften des § 108 Abs. 2 und des § 1366 Abs. 3 BGB (vgl. auch § 1427 Abs. 1 BGB) nachgewiesen zu werden. Zum Nachweis der Zustimmung des Ehegatten gem. § 1365 BGB s. § 33 Rn. 31.

71 **e) Ersetzung.** Bei Verurteilung zur Abgabe einer EintrBewilligung (§§ 894, 895 ZPO) ersetzt das Urteil auch eine an sich erforderliche Genehmigung des Familien- oder Vormundschaftsgerichts (KGJ 45, 264; BayObLG 1953, 114 = MDR 1953, 561; str.) sowie eine an sich notwendige Zustimmung der in Gütergemeinschaft lebenden Ehefrau (KG OLG 9, 113; unentschieden: RG 108, 285). Eine Bescheinigung des Familien- oder Vormundschaftsgerichts, dass eine Genehmigung nicht erforderlich sei (Negativattest), ersetzt die Genehmigung nicht und bindet das GBAmt auch nicht (OLG Zweibrücken NJW-RR 1999, 1174; a. M. LG Braunschweig Rpfleger 1986, 90 mit abl. Anm. v. Meyer-Stolte).

72 **17. Erklärung durch Nichtberechtigten. a)** Die Verfügung eines Nichtberechtigten ist, falls ohne Einwilligung des Berechtigten vorgenommen, unwirksam, kann jedoch geheilt werden (§ 185 BGB). Rückwirkung hat die Heilung nur bei Genehmigung des Berechtigten (§ 184 Abs. 1 BGB), nicht bei nachträglichem Rechtserwerb (RG 89, 158). Verfügung eines Nichtberechtigten ist auch die Verfügung eines einzelnen Miterben über einen Nachlassgegenstand (RG JFG 14, 350; BGH 19, 138; s. aber auch BayObLG 1988, 231 = DNotZ 1989, 361; OLG Naumburg FGPrax 1998, 1 mit Anm. v. Demharter FGPrax 1998, 43), die eines Gesamthänders über einen Gesamtgutsgegenstand bei der Auseinandersetzungsgemeinschaft (OLG München JFG 14, 345) sowie die eines nicht verfügungsberechtigten Rechtsinhabers (RG Recht 1912 Nr. 22; OLG Düsseldorf NJW 1963, 162); desgleichen die

Verfügung desjenigen, der sein Recht in der Zeit zwischen der Abgabe der Verfügungserklärung und der zur vollständigen Verwirklichung des Verfügungstatbestands notwendigen Eintragung verloren hat (BGH LM § 185 Nr. 6; BayObLG MittBayNot 1967, 7; BayObLG 1973, 141 = Rpfleger 1973, 296). Etwas anderes gilt aber dann, wenn ein Fall der Gesamtrechtsnachfolge vorliegt; dann muss sich der Rechtsnachfolger die Verfügung seines Rechtsvorgängers wie eine eigene zurechnen lassen (s. hierzu § 20 Rn. 44).

b) § 185 BGB gilt **auch für die EintrBewilligung** (KGJ 47, 73
159; OLG München HRR 1941 Nr. 2; OLG Düsseldorf NJW 1963, 162; BayObLG 1970, 256 = Rpfleger 1970, 432); er kann auf diese als eine lediglich verfahrensrechtliche Verfügung jedoch nur entsprechend angewendet werden. Einwilligung oder Heilung müssen vor der Eintragung nachgewiesen werden. Bei einer Kette von Erwerbern, z.B. bei mehrfacher Abtretung einer Buchhypothek, ist die Eintragung des letzten Erwerbers ohne vorherige Eintragung der Zwischenerwerber zulässig, denn in der Einigungserklärung des Veräußers liegt regelmäßig die Einwilligung (§ 185 Abs. 1 BGB) in weitere Verfügungen, die der Erwerber vor seiner Eintragung vornimmt (LG Detmold Rpfleger 2001, 299; s. hierzu § 20 Rn. 42 und OLG Düsseldorf Rpfleger 1996, 194, aber auch BayObLG 1970, 254; 1979, 13 = Rpfleger 1979, 134); über eine Ausnahme s. § 17 Rn. 2.

18. Erklärung durch Vertreter. a) Die EintrBewilligung kann 74
auch durch einen Vertreter abgegeben werden. Sie braucht nicht ausdrücklich im Namen des Vertretenen erklärt zu werden; es genügt, dass sich dies aus den Umständen eindeutig ergibt (BayObLG Rpfleger 1992, 99). Die von einem Vertreter ohne Vertretungsmacht abgegebene EintrBewilligung kann als Verfahrenshandlung bis zur Eintragung vom Vertretenen nachträglich genehmigt werden (vgl. § 177 Abs. 1 BGB, § 89 Abs. 2 ZPO; BayObLG DNotZ 1986, 238; 1989, 779; OLG Frankfurt FGPrax 1996, 212); der für rechtsgeschäftliche Erklärungen geltende § 180 BGB steht dem nicht entgegen (KEHE Rn. 198).

b) Das GBAmt hat die Wirksamkeit einer Vollmacht und den Umfang der Vertretungsmacht **selbstständig zu prüfen,** auch wenn der Urkundsnotar die Vollmacht für ausreichend angesehen hat (JFG 1, 326; OLG Hamm DNotZ 1954, 38; OLG Köln Rpfleger 1984, 182; BayObLG 1954, 231; Rpfleger 1986, 216). Zum Vollmachtsnachweis bei grundbuchrechtlichen Erklärungen in einem Prozessvergleich s. § 20 Rn. 16.

c) Maßgebend für die Rechtswirksamkeit der Vertretung ist der **Zeitpunkt des Wirksamwerdens** der von dem Vertreter abgegebenen Erklärung, also der Zugang an einen Empfangsberechtigten (KGJ 43, 151; OLG Düsseldorf Rpfleger 1961, 48; KG DNotZ 1972, 617; s. hierzu auch BayObLG Rpfleger 1986, 216).

d) Der Nachweis der **gesetzlichen Vertretung** ist gem. § 29 Abs. 1 Satz 2 zu erbringen (s. § 29 Rn. 15, 27). Die gesetzliche Vertretung einer Katholischen Pfarrpfründestiftung kann durch urkundliche Erklärungen der kirchlichen Aufsichtsbehörde nachgewiesen werden (BayObLG 2001, 132 = Rpfleger 2001, 486, zugleich zum Nachweis durch eine bereits längere Zeit zurückliegende Erklärung). Der Nachweis der kirchenaufsichtlichen Genehmigung des Rechtsgeschäfts einer Pfarrpfründestiftung ersetzt ebenso wenig den Nachweis einer wirksamen gesetzlichen Vertretung der Stiftung bei Vornahme des Geschäfts (BayObLG 2001, 132) wie der Nachweis der vormundschaftsgerichtlichen Genehmigung eines Rechtsgeschäfts des Vormunds (Betreuers) den Nachweis dessen Bestellung erübrigt (BayObLG 1986, 299 = Rpfleger 1986, 471). Bei gesetzlicher Zuständigkeit einer Behörde bedarf es keines zusätzlichen Nachweises ihrer Vertretungsmacht (BayObLG DNotZ 1987, 39; OLG Brandenburg FGPrax 2001, 95).

e) S. hierzu Kuhn, Vollmacht und Genehmigung beim Grundstückskaufvertrag, RNotZ 2001, 305. Zur Auflassungsvollmacht s. § 20 Rn. 21. Zur Vertretung einer nach altem Coburger Recht entstandenen Teilnehmergemeinschaft eines Flurbereinigungsverfahrens s. BayObLG 1985, 132.

75 **19. Vollmacht. a) Umfang.** aa) Bestehen Zweifel an ihrem Umfang, ist die Vollmacht zunächst nach den für die Auslegung von GBErklärungen geltenden Grundsätzen (s. Rn. 28) auszulegen. Erst wenn die Auslegung zu keinem eindeutigen Ergebnis führt, gilt der Grundsatz, dass **der geringere Umfang** der Vollmacht anzunehmen ist, wenn sich der größere nicht nachweisen lässt (RG 143, 199; OLG Hamm DNotZ 1954, 38; BayObLG NJW-RR 1987, 792; Rpfleger 1996, 332; OLG Schleswig Rpfleger 1991, 17; OLG Karlsruhe BWNotZ 1992, 102).

bb) Über den Umfang bei der Fassung „soweit die Gesetze Vertretung zulassen" s. KG DR 1943, 802. Die Vollmacht zum Abschluss eines materiellrechtlichen Vertrags umfasst in der Regel die Vollmacht zur Abgabe der zum grundbuchmäßigen Vollzug erforderlichen GBErklärungen. Eine Vollmacht zur Auflassung an den Käufer ermächtigt jedoch nicht ohne weiteres zur Auflassung an dessen Sonderrechtsnachfolger (KGJ 51, 204). Ist durch einen Vermerk im Vereinsregister die Vertretungsmacht des Vorstands eines eingetragenen Vereins dadurch beschränkt, dass er für „Investitionsmaßnahmen über ... EUR" der Zustimmung der Mitgliederversammlung bedarf, betrifft die Beschränkung nicht die Bewilligung einer Grundschuld (BayObLG 1999, 237 = Rpfleger 1999, 544). Hat der Käufer eines Grundstücks dem Verkäufer Auflassungsvollmacht erteilt, so steht diese nicht dem Verwalter bei Eröffnung des Insolvenzverfahrens über das Vermögen des Verkäufers zu (BayObLG 1978, 194 = Rpfleger 1978, 372). Bei aufschiebend bedingter Vollmacht ist der Eintritt der Bedingung in der Form des § 29 nachzuweisen (KG OLG 41, 157). Im Zweifel keine Befugnis zur Unterbevollmächtigung. Über Vollmachten für Geschäfte „der laufenden Verwaltung" s. KG JW 1938, 1906. Eine Prozessvollmacht ermächtigt grundsätzlich nur zur Stellung von EintrAnträgen (s. § 30 Rn. 7; s. ferner BGH Rpfleger 1992, 475), eine Beleihungsvollmacht nicht ohne weiteres auch zur Abgabe einer Unterwerfungserklärung (OLG Düsseldorf Rpfleger 1988, 357 mit abl. Anm. v. Linderhaus Rpfleger 1988, 474).

cc) Zur Auslegung einer Vollmacht, das verkaufte Grundstück schon vor Eigentumsumschreibung „mit Grundpfandrechten bis zur Höhe des Kaufpreises" **zu belasten,** als Vollmacht zur Bestellung einer in üblicher Höhe verzinslichen Grundschuld, s. BayObLG NJW-RR 1987, 792. Zur Auslegung einer Vollmacht, das erworbene Grundstück mit Grundpfandrechten zu belasten und „alle erforderlichen Eintragungen zu bewilligen", als Vollmacht, auch einen Rangrücktritt mit der Auflassungsvormerkung des Käufers zu bewilligen oder von einem Rangvorbehalt bei der Auflassungsvormerkung für ein Grundpfandrecht zur Kaufpreisfinanzierung Gebrauch zu machen, s. OLG Düsseldorf FGPrax 1998, 166 mit Anm. v. Jung Rpfleger 1999, 124; OLG Düsseldorf FGPrax 2000, 55. Zur Auslegung einer Vollmacht, das verkaufte Grundstück vor Eigentumsumschreibung zur Kaufpreisfinanzierung mit einem Grundpfandrecht zu belasten, als Vollmacht zur Belastung des Grundstücks in unbeschränkter Höhe, wenn die alleinige Einschränkung der Vollmacht darin besteht, von ihr nur vor einem bestimmten Notar Gebrauch zu machen, s. BayObLG DNotZ 1996, 295; zur Unzulässigkeit der „Weitergabe" der dem Erwerber erteilten Belastungsvollmacht im Fall der Weiterveräußerung durch diesen s. OLG Düsseldorf FGPrax 1999, 169. Zur Ausübungsbeschränkung bei einer Finanzierungsvollmacht s. Wilke MittBayNot 1996, 260. Zur Vollmacht des Notars s. § 15 Rn. 15. Zur Auslegung einer Vollmacht zur Änderung der Teilungserklärung im Hinblick auf den Bestimmtheitsgrundsatz s. BayObLG 1993, 259 = Rpfleger 1994, 17 mit kritischer Anm. v. Röll DNotZ 1994, 237; s. ferner BayObLG 1994, 244 und 302 = DNotZ 1995, 610 und 612 mit zust. Anm. v. Röll; OLG Düsseldorf Rpfleger

1997, 305; LG Düsseldorf Rpfleger 1999, 217; Basty NotBZ 1999, 233.

76 dd) Auslegung und Umfang **ausländischer Vollmachten** sind grundsätzlich nach dem Recht des Wirkungslandes, also gegebenenfalls nach deutschem Recht, zu beurteilen (RG JW 1943, 1066; BGH 64, 192); dasselbe gilt hinsichtlich der Zulässigkeit des Selbstkontrahierens sowie bezüglich der Beendigung der Vertretungsmacht, z.B. durch Widerruf (s. dazu Reithmann DNotZ 1956, 125).

77 **b) Form.** aa) Einer Form bedarf die Vollmacht sachlichrechtlich in der Regel nicht (§ 167 Abs. 2 BGB). Verfahrensrechtlich ist sie jedoch in der Form des § 29 nachzuweisen (BayObLG MittBayNot 1980, 152; KG OLGZ 1985, 185). Ausreichend ist ein **Vollmachtsanerkenntnis** dergestalt, dass der Vollmachtgeber in der Form des § 29 erklärt, er habe dem Vertreter bereits Vollmacht erteilt; zur Vollmachtsgeständniserklärung s. § 29 Rn. 10. Bis zur Anfügung des Art. 231 § 8, jetzt § 8 Abs. 1, EGBGB durch das SachenRÄndG bedurfte die Vollmacht, die den Mitarbeiter eines staatlichen Organs der früheren DDR zu Grundstücksgeschäften ermächtigt, der Beglaubigung durch ein Staatliches Notariat; eine privatschriftliche, mit Dienstsiegel versehene Vollmacht genügte nicht (KG DtZ 1993, 30). Zum Vollmachtsnachweis s. auch § 29 Rn. 59 und Stiegeler, Vollmachtsnachweis gegenüber dem GBAmt, BWNotZ 1985, 129, ferner Wolf, Der Nachweis der Untervollmacht bei Notar und GBAmt, MittBayNot 1996, 266. Über den Nachweis der Vollmacht zur Stellung eines EintrAntrags s. § 30 Rn. 8.

78 bb) Eine **Auflassungsvollmacht** (s. hierzu § 20 Rn. 21) bedarf der Form des § 313 BGB, wenn sie mit einem schuldrechtlichen Vertrag ein einheitliches Rechtsgeschäft bildet, das seinerseits dieser Form bedarf (RG 94, 149; KG OLGZ 1985, 185). Darüber hinaus unterliegt sie der Formvorschrift des § 313 BGB auch dann, wenn ihre Erteilung einer bindenden Verpflichtung zur Übertragung oder zum Erwerb des Eigentums gleichkommt. Das ist anzunehmen, wenn die Vollmacht nicht widerrufen werden kann (RG 110, 320; BGH DNotZ 1952, 477; 1966, 92; WM 1966, 761; OLG Zweibrücken DNotZ 1983, 104; BayObLG NJW-RR 1996, 848), hängt aber von den Umständen des Einzelfalls ab, wenn der Bevollmächtigte nur von der Beschränkung des § 181 BGB befreit ist (RG DNotZ 1933, 642; KG JW 1937, 471; OLG Stuttgart DNotZ 1950, 166; BGH DNotZ 1966, 92; WM 1966, 761; 1974, 1229; OLG Frankfurt Rpfleger 1979, 133; OLG Schleswig MDR 2000, 1125); s. dazu auch BayObLG MittBayNot 1980, 152; KG OLGZ 1985, 185. Die formlos erteilte Auflassungsvollmacht ist

stets wirksam, wenn das ihrer Erteilung zugrundeliegende Geschäft notariell beurkundet ist (OLG Zweibrücken DNotZ 1983, 104). Die Formnichtigkeit eines Grundstückskaufvertrags hat im Zweifel auch die Unwirksamkeit der in diesem Vertrag vom Verkäufer erteilten Auflassungsvollmacht zur Folge; dies gilt aber dann nicht, wenn die Vollmacht unwiderruflich gerade zur Sicherung der Vollziehung des Vertrags und damit der Heilung seiner Formnichtigkeit gem. § 313 Abs. 2 BGB erteilt ist; eine solche Vollmacht bindet auch den Erben des Verkäufers (BGH Rpfleger 1989, 320). Das zur Auflassungsvollmacht Gesagte gilt für die Vollmacht zur Erbteilsübertragung nach § 2033 BGB entsprechend (JFG 15, 205; BayObLG 1954, 234).

cc) **Ausländische Vollmachten** über inländische Grundstücke 79
und Rechte brauchen nur den Formvorschriften des Errichtungsorts zu genügen (KG HRR 1931 Nr. 1051; OLG Stuttgart Rpfleger 1981; 145; einschränkend für die Vollmacht zur Auflassung und Erbteilsübertragung: Ludwig NJW 1983, 495), und zwar auch dann, wenn das internationale Privatrecht des Ortsrechts eine Rück- oder Weiterverweisung enthält (OLG Stuttgart Rpfleger 1982, 137); s. dazu auch Reithmann DNotZ 1956, 469.

c) Fortbestand. Ist der Bevollmächtigte im Besitz der Voll- 80
machtsurkunde, so hat das GBAmt regelmäßig von dem Fortbestand der Vollmacht auszugehen (JFG 1, 328 mit weit. Nachweisen; BayObLG 1959, 297 = NJW 1959, 2119; KG DNotZ 1972, 18; OLG Köln Rpfleger 1984, 182; OLG Karlsruhe BWNotZ 1992, 102); sind ihm aber besondere Umstände bekannt, die auf die Möglichkeit eines Erlöschens hinweisen, so hat es in freier Beweiswürdigung (JFG 1, 328; 18, 246; OLG Schleswig SchlHA 1957, 36; OLG Karlsruhe BWNotZ 1992, 102) zu prüfen, ob die Vollmacht erloschen ist (KG Rpfleger 1991, 461) und bei begründeten Zweifeln den Nachweis ihres Fortbestehens zu verlangen (BayObLG 1985, 318 = Rpfleger 1986, 90). Ist die Vollmacht in einer letztwilligen Verfügung enthalten, kann das GBAmt bei deren Anfechtung durch eine gem. § 2080 BGB hierzu nicht berechtigte Person von der Wirksamkeit der Vollmacht ausgehen (OLG Köln Rpfleger 1992, 299). Dem GBAmt muss die Vollmachtsurkunde, bei einer Untervollmacht auch die über die Hauptvollmacht, grundsätzlich in Urschrift oder Ausfertigung vorgelegt werden; es kann aber genügen, wenn der beurkundende Notar feststellt, die Vollmachtsurkunde habe ihm in Urschrift oder Ausfertigung vorgelegen (OLG Karlsruhe BWNotZ 1992, 102; a.M. Wolf MittBayNot 1996, 270). Die Vorlage einer beglaubigten Abschrift der Vollmachtsurkunde genügt, wenn sich der Bevollmäch-

tigte bei seiner Erklärung, die von demselben Notar beurkundet ist, der schon die Vollmacht beurkundet hat, auf die von diesem verwahrte Urschrift der Vollmacht beruft (OLG Stuttgart FGPrax 1998, 125).

81 aa) **Erlöschen.** Über das Erlöschen der Vollmacht im Allgemeinen s. Palandt § 168 Rn. 1; über das Erlöschen der Untervollmacht beim Erlöschen der Hauptvollmacht s. KGJ 37, 240. Ist der Tod des Vollmachtgebers bekannt, so ist gemäß § 168 Satz 1 BGB das der Vollmachtserteilung zugrunde liegende Rechtsverhältnis zu prüfen. Ist, was in grundbuchmäßiger Form nachgewiesen werden muss, das Grundgeschäft ein Auftrag oder Geschäftsbesorgungsvertrag, so ist nach §§ 672, 675 BGB grundsätzlich von dem Fortbestehen der Vollmacht auszugehen (KG HRR 1934 Nr. 36; LG Kassel DNotZ 1958, 429; LG Koblenz Rpfleger 1971, 15; KG DNotZ 1972, 18). Ebenso, wenn der Erblasser Vollmacht mit Wirkung über seinen Tod hinaus zur Vertretung des Erben erteilt hat (LG Koblenz Rpfleger 1971, 15; über die Zulässigkeit der Vollmachtserteilung in einem Testament s. OLG Köln NJW 1950, 702; über die Zulässigkeit der einem Vermächtnisnehmer in einem öffentlichen Testament unter Befreiung von § 181 BGB erteilten Auflassungsvollmacht hinsichtlich des ihm vermachten Grundstücks s. OLG Köln Rpfleger 1992, 299); der Bevollmächtigte bedarf in diesem Fall nicht der Zustimmung Dritter, wenn der Erbe aus persönlichen Gründen in der Verfügungsbefugnis beschränkt ist, also z.B. nicht der Genehmigung des Familien- oder Vormundschaftsgerichts bei Minderjährigkeit des Erben (RG 88, 350; JFG 12, 276); vgl. dazu auch BGH DNotZ 1969, 481. Nach OLG Stuttgart JFG 12, 274; SJZ 1948, 455 erlischt die Vollmacht, wenn der Bevollmächtigte alleiniger Erbe ist (s. demgegenüber aber Hueck SJZ 1948, 455; Klaus NJW 1948, 627; LG Bremen Rpfleger 1993, 235 mit zust. Anm. v. Meyer-Stolte), nach KGJ 43, 160 auch, wenn er alleiniger orerbe ist. Auf Grund einer Vollmacht des Vorerben kann der Nacherbe nur dann vertreten werden, wenn das der Vollmachtserteilung zugrunde liegende Rechtsverhältnis dem Nacherben gegenüber wirksam ist (JFG 5, 309); s. dazu auch OLG Schleswig SchlHA 1962, 174.

82 Die vom gesetzlichen Vertreter eines Minderjährigen erteilte Vollmacht erlischt nicht mit dem Eintritt der Volljährigkeit (JFG 1, 316; BayObLG 1959, 297 = NJW 1959, 2119). Dagegen hat die Beendigung des Testamentsvollstreckeramts das Erlöschen der von dem Testamentsvollstrecker erteilten Vollmacht zur Folge (KGJ 41, 79). Eine dem Käufer erteilte Auflassungsvollmacht ermächtigt in der Regel auch dessen Erben (KG JW 1939, 482; OLG Schleswig

MDR 1963, 675; OLG Köln DNotZ 1970, 27); auch ohne ausdrückliche Bestimmung kann nämlich angenommen werden, dass die Unwiderruflichkeit der Vollmacht vertraglich vereinbart ist (BayObLG MittBayNot 1989, 308). Soll die Vollmacht mit der Auflassung des Grundstücks erlöschen, so tritt die auflösende Bedingung auch für solche EintrBewilligungen ein, die mit der Auflassungserklärung in derselben Urkunde erklärt worden sind (BayObLG Rpfleger 1986, 216).

bb) **Widerruf.** Er ist bei isolierter Vollmacht stets zulässig, auch **83**
bei Unwiderruflichkeitsklausel (RG 62, 337; JFG 1, 319; KG DNotZ 1980, 167; BGH DNotZ 1989, 85). Eine isolierte Vollmacht liegt vor, wenn ihr kein Rechtsverhältnis zugrunde liegt oder das zugrunde liegende Rechtsverhältnis nichtig ist (BayObLG NJW-RR 1996, 848 mit Anm. v. Wufka DNotZ 1997, 315). Auch für die nicht isolierte Vollmacht gilt freie Widerruflichkeit als Grundsatz; aus dem Grundgeschäft können sich jedoch eine Beschränkung oder ein Ausschluss des Widerrufsrechts ergeben; in diesem Fall bedarf bei der Auflassungsvollmacht das Grundgeschäft, nicht aber die Vollmacht der Form des § 313 BGB (OLG Zweibrücken DNotZ 1983, 104; BayObLG NJW-RR 1996, 848). Dient die Vollmacht vereinbarungsgemäß auch dem Vorteil des Bevollmächtigten, so ist sie regelmäßig auch ohne ausdrückliche Erklärung unwiderruflich (RG 109, 333; JW 1932, 1548; OLG Schleswig MDR 1963, 675; BGH WM 1985, 646; vgl. dazu auch BGH DNotZ 1972, 229). Auch bei Unwiderruflichkeit bleibt Widerruf aus wichtigem Grund möglich (OLG Celle NdsRpfl. 1961, 180; OLG Hamburg MDR 1962, 217; BGH WM 1969, 1009; 1985, 646). Bei einer Generalvollmacht kann Ausschluss der Widerruflichkeit nichtig sein (KGJ 47, 152). Eine unwiderruflich erteilte Vollmacht, die als solche wegen Formmangels nichtig ist, kann nicht nach § 139 BGB aufrechterhalten werden (RG JRdsch. 1926 Nr. 360; KG DNotZ 1933, 182). Soweit Widerruflichkeit gegeben, kann die seitens des Erblassers erteilte Vollmacht von jedem der Erben für seine Person widerrufen werden (JFG 15, 335; RG JW 1938, 1892), nicht jedoch rückwirkend (OLG Köln Rpfleger 1992, 299); zur Widerrufsberechtigung eines Nachlassverwalters s. KG NJW 1971, 566.

Das GBAmt hat den Widerruf einer isolierten Vollmacht auch dann zu beachten, wenn diese als unwiderruflich bezeichnet ist; der Widerruf bedarf nicht der Form des § 29 (s. § 29 Rn. 4). Ergibt sich jedoch aus dem Grundgeschäft die Unwiderruflichkeit, hat das GBAmt einen Widerruf unberücksichtigt zu lassen, es sei denn, ein wichtiger Grund für den Widerruf ist zu seiner Überzeugung dargetan (a. M. OLG Stuttgart MittBayNot 1997, 370 mit Anm. v. Munzig: es genügt ein erheblicher Grad von Wahrscheinlichkeit).

84 **d) Generalvollmacht.** Ein Vormund kann (widerrufliche) Generalvollmacht erteilen (OLG Dresden SeuffArch. 66, 306), und zwar auch für die Zeit nach Eintritt der Volljährigkeit (s. JFG 1, 313); ebenso der Inhaber der elterlichen Sorge (OLG Dresden SeuffArch. 66, 306) und der Testamentsvollstrecker (JFG 7, 279), nicht aber der Geschäftsführer namens der GmbH (BGH DNotZ 1977, 119). Auch können sich die Vorstandsmitglieder einer Genossenschaft nicht gegenseitig Generalvollmacht erteilen, weil damit die gesetzliche Gesamtvertretung umgangen wird (BayObLG 34, 4). Bei Gesamtvertretung mehrerer Bevollmächtigter kann die Erklärung des einen durch die anderen genehmigt werden; die Genehmigung ist gegenüber dem Bevollmächtigten oder dem anderen Vertragsteil zu erklären (RG 112, 221). Bürgermeister können Gattungsvollmachten, nicht Generalvollmachten erteilen (JFG 14, 127). Über die Bevollmächtigung einer Behörde als solche ihres Vertreters s. KG HRR 1931 Nr. 281. Zur Auslegung einer Vollmacht als Generalhandlungsvollmacht mit den Befugnissen des § 54 Abs. 1 HGB und zur Abgrenzung von einer unzulässigen, Organbefugnisse einer GmbH übertragenen Generalvollmacht, s. KG Rpfleger 1991, 461.

85 **20. Erklärung durch Bürgermeister.** Grundsätzlich ist der Bürgermeister einer Gemeinde im Außenverhältnis uneingeschränkt zu deren Vertretung berechtigt. Das GBAmt hat daher nicht zu prüfen, ob nach den Vorschriften der Gemeindeordnung im Innenverhältnis Beschränkungen bestehen, z. B. ein Gemeinderatsbeschluss erforderlich ist (vgl. BGH DtZ 1997, 358). Etwas anderes gilt jedoch in *Bayern.*

a) Gibt der erste Bürgermeister einer bayerischen Gemeinde grundbuchmäßige Erklärungen ab, so hat er dem GBAmt seine Rechtsmacht zur Vornahme des betreffenden Rechtsgeschäfts nachzuweisen, denn Art. 38 Abs. 1 GO i. d. F. v. 22. 8. 1998 (GVBl. 797) begründet **lediglich das Vertretungsrecht** des ersten Bürgermeisters, jedoch nicht seine Vertretungsmacht (BayObLG 1974, 84; MittBayNot 1986, 22; BayObLG 1997, 41 = MittBayNot 1997, 120). Handelt es sich bei dem Rechtsgeschäft um die Erledigung einer laufenden Angelegenheit, die für die Gemeinde keine grundsätzliche Bedeutung hat und keine erheblichen Verpflichtungen erwarten lässt (s. dazu BayObLG 1974, 376 = Rpfleger 1975, 95), so entscheidet hierüber nach Art. 37 Abs. 1 Nr. 1 GO der erste Bürgermeister in eigener Zuständigkeit; in diesem Fall deckt sich das Vertretungsrecht des ersten Bürgermeisters mit seiner

Vertretungsmacht (BayObLG 1974, 84 = MittBayNot 1974, 106; BayObLG 1997, 41 = MittBayNot 1997, 120). Fällt aber das Rechtsgeschäft nicht in diesen eigenen Zuständigkeitsbereich des ersten Bürgermeisters, so ist seine Vertretungsmacht vom Vorliegen eines entsprechenden Gemeinderatsbeschlusses abhängig; in diesem Fall hat der erste Bürgermeister dem GBAmt zum Nachweis seiner Legitimation eine Ausfertigung des das Geschäft betreffenden Gemeinderatsbeschlusses vorzulegen, in dessen Vollzug er handelt (BayObLG 1962, 253; 1971, 302 = Rpfleger 1971, 428; BayObLG 1974, 84 = MittBayNot 1974, 106). Dies ist aber grundsätzlich nicht erforderlich für eine Eintragung, die in einem von einem Rechtsanwalt für die Gemeinde abgeschlossenen Prozessvergleich bewilligt ist (BayObLG BayVBl. 1988, 250).

b) Die vom ersten Bürgermeister **ohne Vertretungsmacht** ab- 86
gegebene EintrBewilligung kann nachträglich durch Gemeinderatsbeschluss genehmigt werden (BayObLG MittBayNot 1986, 22). Eine vom Gemeinderat erteilte generelle Vollmacht an den ersten Bürgermeister, die Gemeinde in allen Grundstücksgeschäften zu vertreten, ist unwirksam (BayObLG 1972, 344 = Rpfleger 1973, 138). Sind in einer vom Gemeinderat im Benehmen mit der Aufsichtsbehörde erlassenen Geschäftsordnung Richtlinien enthalten, welche Geschäfte zu den laufenden Angelegenheiten der Gemeinde im Sinn des Art. 37 Abs. 1 Nr. 1 GO gehören, so spricht die Vermutung dafür, dass mit dieser Zuordnung von Geschäften der gesetzliche Zuständigkeitsbereich des ersten Bürgermeisters nicht geschmälert wird (BayObLG 1974, 90) oder ausgedehnt wird; fehlen solche Richtlinien, so ist es Sache des ersten Bürgermeisters, dem GBAmt durch Darlegung aller für die Qualifizierung des Geschäfts als laufende Angelegenheit der Gemeinde maßgeblichen Umstände die Überzeugung zu verschaffen, dass er zur Erledigung des Geschäfts kraft eigener Zuständigkeit befugt ist; an diese Beweisführung sind strenge Anforderungen zu stellen (BayObLG 1974, 378 = Rpfleger 1975, 95). S. hierzu auch Schneeweiß, Die Doppelvertretung durch den Bürgermeister bei Grundstücksverträgen, MittBayNot 2001, 341.

c) Wegen des **Nachweises,** dass der Verhinderungsfall des 87
Art. 39 Abs. 1 Satz 1 GO vorliegt, wenn der zweite Bürgermeister zu Urkunde des amtierenden Notars erklärt, der erste Bürgermeister sei verhindert, s. BayObLG 1971, 252 = Rpfleger 1971, 429; zu dem Fall, dass ein Vertreter ohne Vertretungsmacht für die Gemeinde gehandelt hat, s. BayObLG 1971, 299; 1978, 32 = MittBayNot 1978, 79; zum Nachweis, dass keine Grundstücksveräußerung unter Wert vorliegt s. § 29 Rn. 65. Hat der Gemeinderat

den Verkauf einer Grundstücksteilfläche genehmigt, so ist der erste Bürgermeister zur Anerkennung der Vermessung des Vertragsgrundstücks und zur Auflassung an den Erwerber auch ohne weitere Beschlussfassung des Gemeinderats jedenfalls dann befugt, wenn das Ergebnis der Vermessung dem im Kaufvertrag angenommenen ungefähren Flächenmaß der Grundstücksteilfläche entspricht (BayObLG 1974, 81 = Rpfleger 1974, 224). Hat der Gemeinderat die Aufhebung eines Ankaufsrechts für ein Grundstück gebilligt, so erstreckt sich die dadurch dem ersten Bürgermeister erteilte Ermächtigung in der Regel nicht nur auf den schuldrechtlichen Vertrag, sondern auch auf die Löschungsbewilligung für die das Ankaufsrecht sichernde Auflassungsvormerkung (BayObLG BayVBl. 1989, 412).

88 **21. Verhandeln mit sich selbst. a) Grundsatz.** Das Verhandeln mit sich selbst ist dem Vertreter nach § 181 BGB grundsätzlich verboten, und zwar ohne Rücksicht darauf, ob im Einzelfall die Gefahr einer Interessenkollision besteht oder nicht (RG 157, 31; BayObLG DNotZ 1952, 163; BGH 21, 231). Dieser Grundsatz gilt jedoch nicht ausnahmslos. Im Einzelfall kann der Zweck des § 181 BGB, den Vertretenen vor den Gefahren einer Interessenkollision zu schützen, die Anwendung der Bestimmung unabhängig von ihrem Wortlaut gebieten oder auch verbieten (BGH 77, 9).

89 aa) § 181 BGB gilt nicht nur für den gewillkürten, sondern auch für den **gesetzlichen Vertreter** sowie für Organe juristischer Personen (wegen seiner entsprechenden Anwendung auf Fälle der gesetzlichen Verwaltung s. BGH 30, 67 = Rpfleger 1960, 88). Er betrifft aber nur die Fälle, in denen der Vertreter die eine Erklärung abgibt und die andere entgegennimmt. Deshalb kann sich der Vertreter z.B. nicht mit sich selbst über die Bestellung einer Hyp. am Grundstück des Vertretenen einigen. Hieraus folgt, dass ihm auch die Befugnis zur Abgabe einer entsprechenden EintrBewilligung gegenüber dem GBAmt fehlt (KGJ 39, 235; 47, 147; BGH 77, 9; a.M. Güthe/Triebel S. 2053; unentschieden OLG Celle Rpfleger 1950, 365). Dagegen betrifft § 181 BGB grundsätzlich nicht die Fälle, in denen der Vertreter zwei gleich lautende Erklärungen einem Dritten oder auch dem GBAmt gegenüber abgibt (RG 157, 27; BayObLG 1948/51, 456 = DNotZ 1952, 163). Deshalb kann der Eigentümer dem GBAmt gegenüber im eigenen Namen dem Rangrücktritt zustimmen, den er als Vertreter des HypGläubigers bewilligt (RG 157, 27). Nicht aber kann er als Vertreter des Gläubigers dem GBAmt gegenüber die Löschung der Hyp. bewilligen und ihr im eigenen Namen zustimmen, weil er hinsichtlich der Aufgabe der Hyp. den Beschränkungen des § 181 BGB auch dann

unterliegt, wenn diese dem GBAmt gegenüber erklärt wird (BGH 77, 7 = Rpfleger 1980, 336). Auch kann der Erbbauberechtigte, der zugleich gesetzlicher Vertreter des Inhabers eines Rechts am Erbbaurecht ist, dessen Zustimmung zur Aufhebung (und die entsprechende Bewilligung zur Löschung) des Erbbaurechts nicht selbst erklären; dabei ist es unerheblich, ob er die Erklärung sich selbst, einem anderen oder dem GBAmt gegenüber abgibt (BayObLG Rpfleger 1987, 156).

bb) § 181 BGB ist dann nicht anwendbar, wenn der Vertreter mit einem von ihm bestellten **Unterbevollmächtigten** abschließt (RG 108, 407); BGH 64, 72 hält diese Auffassung für bedenklich, meint aber seinerseits, dass § 181 BGB einen von zwei gesamtvertretungsberechtigten Geschäftsführern, der mit der Gesellschaft einen Vertrag abschließen will, nicht daran hindere, den anderen Geschäftsführer zur Alleinvertretung der Gesellschaft zu ermächtigen (s. dazu jedoch kritisch Reinecke NJW 1975, 1185). Werden bei Abschluss eines Vertrags zwei Kommanditgesellschaften in der Rechtsform der GmbH & Co. KG zwar durch unterschiedliche Komplementärgesellschaften in der Form der GmbH, diese ihrerseits aber wieder durch denselben Geschäftsführer vertreten, so greift § 181 BGB ein (BayObLG 1979, 187 = Rpfleger 1979, 801). Das Gleiche gilt nach BayObLG Rpfleger 1988, 61 (mit abl. Anm. v. Fertl; s. hierzu auch OLG Düsseldorf MittBayNot 1999, 470 mit abl. Anm. v. Lichtenberger, aber auch Kanzleiter MittRhNotK 1987, 128; Kuhn RNotZ 2001, 324; Schneeweiß MittBayNot 2001, 341), wenn der Vertreter die Auflassung für den einen Teil auf Grund Vollmacht und für den anderen als Vertreter ohne Vertretungsmacht mit nachträglicher Genehmigung erklärt. Nach OLG Hamm Rpfleger 1981, 66 ist § 181 BGB mindestens entsprechend anzuwenden, wenn der alleinige Geschäftsführer einer GmbH ein dieser gehörendes Grundstück an sich, vertreten durch seine Ehefrau, veräußert. Ein Verstoß gegen § 181 BGB macht das Rechtsgeschäft nicht nichtig; der Mangel der Vertretungsmacht kann vielmehr gemäß § 177 i. V. m. § 184 BGB geheilt werden (RG 119, 116; KG DR 1943, 802; BGH 21, 234). 90

b) Ausnahmen. Die Rechtsprechung hatte eine Ausnahme vom Verbot des Selbstkontrahierens zugelassen bei Rechtsgeschäften des geschäftsführenden Alleingesellschafters einer GmbH mit sich selbst (BGH 56, 97 = NJW 1971, 1355 mit krit. Anm. v. Winkler; a. M. noch BGH 33, 189) sowie bei Rechtsgeschäften des alleinigen Gesellschafter-Geschäftsführers der Komplementär-GmbH einer GmbH & Co. KG mit sich selbst, sofern er zugleich der einzige Kommanditist war (BGH 75, 362 = DNotZ 1980, 632). Nach 91

§ 35 Abs. 4 GmbHG, eingefügt durch Ges. v. 4. 7. 1980 (BGBl. I 836), ist § 181 BGB ab 1. 1. 1981 jedoch auch auf Rechtsgeschäfte dieser Art anzuwenden.

Zulässig ist ein Verhandeln mit sich selbst:

92 aa) Bei **Gestattung durch das Gesetz** oder die Vollmacht; das Vormundschaftsgericht kann einen Vormund oder Pfleger dazu nicht ermächtigen (RG 71, 165; BGH 21, 234; BayObLG NJW 1959, 989; OLG Hamm Rpfleger 1975, 127); ebenso wenig der Geschäftsführer einer GmbH, der selbst diese Ermächtigung nicht hat (BayObLG Rpfleger 1993, 441). Eine Generalvollmacht enthält die Gestattung nicht ohne weiteres (KGJ 41, 172; s. aber auch KGJ 51, 209). Ermächtigt die Vollmacht zur Vertretung „soweit die Gesetze die Vertretung zulassen", so wird dadurch nur die Unbeschränktheit der Vertretungsmacht in Bezug auf den Gegenstand der Vertretung, nicht aber hinsichtlich der persönlichen Erfordernisse zum Ausdruck gebracht; also keine Befreiung vom Verbot des Selbstkontrahierens (KG DR 1941, 997; 1943, 802; KG JR 1952, 438). Ein zur Bestellung eines Unterbevollmächtigten befugter, aber von der Beschränkung des § 181 BGB nicht befreiter Bevollmächtigter ist regelmäßig nicht in der Lage, eine Untervollmacht ohne die Beschränkung des § 181 BGB zu erteilen (BayObLG Rpfleger 1993, 441; KG FGPrax 1998, 81); ein auf Grund der Unterbevollmächtigung geschlossenes Insichgeschäft des Unterbevollmächtigten kann aber dadurch wirksam werden, dass es von dem Hauptbevollmächtigten namens des Vollmachtgebers genehmigt wird (KG DR 1941, 997). Ist die Befreiungsklausel unwirksam, so kann die Vollmacht im Übrigen nach § 139 BGB aufrechterhalten werden (KG DNotZ 1933, 184). Der Residenzialbischof der römisch-katholischen Kirche ist als Vertretungsorgan rechtlich selbständiger Träger von Kirchenvermögen seiner Diözese von den Beschränkungen des § 181 BGB frei (BayObLG 1973, 328 = Rpfleger 1974, 65).

93 bb) Bei Rechtsgeschäften, die ausschließlich der **Erfüllung einer Verbindlichkeit** dienen. Dann ist das Grundgeschäft formgerecht (§ 29) nachzuweisen.

94 cc) Bei Rechtsgeschäften, die dem Vertretenen lediglich einen **rechtlichen Vorteil** bringen (BGH 59, 236 = NJW 1972, 2262 gegen RG 157, 31; BGH 94, 232; BayObLG 1998, 139 = Rpfleger 1998, 425).

95 **22. Erwerbsfähigkeit. a) Allgemeines.** aa) Das GBAmt hat den Erwerbswillen des Begünstigten nicht zu prüfen, wohl aber die Erwerbsfähigkeit, die Teil der Rechtsfähigkeit ist. Natürliche Personen sind stets erwerbsfähig, eine Erbengemeinschaft aber nur im Rahmen des § 2041 BGB (JFG 15, 155; KG DNotZ 1944,

177; OLG Köln OLGZ 1965, 117); es sind aber Erwerbsbeschränkungen möglich. Die Erwerbsfähigkeit und die Vertretung einer **ausländischen juristischen Person** beurteilen sich grundsätzlich nach dem Recht des Staates, in dem sich der tatsächliche Sitz der Hauptverwaltung befindet (sog. Sitztheorie; OLG Hamm Rpfleger 1995, 153; zu den grundbuchrechtlichen Nachweisen s. § 29 Rn. 63, 64; s. dazu auch Bausback DNotZ 1996, 254). Über Erwerbsbeschränkungen ausländischer natürlicher und juristischer Personen s. Rn. 138.

bb) Das GBAmt hat **keine Nachforschungen** anzustellen, ob der Erwerber noch lebt, ob er verheiratet ist und in welchem Güterstand er lebt; ebenso wenig, ob eine juristische Person besteht; es genügt, dass sie nach ihrer Bezeichnung als rechtsfähige Person bestehen kann (JFG 7, 276; OLG Düsseldorf NJW 1952, 32). Nur wenn das GBAmt weiß, dass die Angaben in der Bewilligung unrichtig sind, hat es den EintrAntrag zu beanstanden oder zurückzuweisen (OLG Frankfurt Rpfleger 1997, 105); so z. B. wenn die Eintragung eines Rechts für einen Ehegatten bewilligt ist, das Recht aber in das Gesamtgut fällt (s. § 33 Rn. 28). **96**

cc) Auf Grund der §§ 935, 938 Abs. 2 ZPO ist es möglich, die Stellung eines EintrAntrags durch **einstweilige Verfügung** zu verbieten. Dies ist namentlich dort von Bedeutung, wo es darum geht, einen nurmehr von der Eintragung abhängigen Rechtserwerb hintanzuhalten. Wird zu diesem Zweck eine Anordnung der genannten Art erlassen, so kann sie ihrem Sinn nach nur dahin gedeutet werden, dass auch die Aufrechterhaltung eines bereits gestellten EintrAntrags und damit ganz allgemein die Herbeiführung der zur Vollendung des Rechtserwerbs erforderlichen Eintragung untersagt sein soll (RG 120, 118; KG Rpfleger 1962, 177). Sie hat also nicht lediglich verfahrensrechtliche Bedeutung, sondern enthält zugleich ein in die Erwerbsfähigkeit des Betroffenen eingreifendes sachliches Verbot (RG 118, 290; JFG 17, 194; KG Rpfleger 1962, 177; OLG Hamm DNotZ 1970, 661). Dieses wird mit der innerhalb der Vollziehungsfrist (§§ 929, 936 ZPO) zu bewirkenden Zustellung an den Betroffenen wirksam (RG 117, 290). Es ist, da es sich gegen einen nicht im GB Eingetragenen richtet, nicht eintragungsfähig (JFG 18, 194), bildet aber, soweit dem GBAmt bekannt, ein zu beachtendes EintrHindernis (RG 117, 290; 120, 118; JFG 18, 194; KG Rpfleger 1962, 177; OLG Hamm DNotZ 1970, 201; BayObLG Rpfleger 1978, 306; BayObLG 1997, 55 = FGPrax 1997, 89, zugleich zum Erlass einer Zwischenverfügung). § 878 BGB ist auf das Verbot nicht anwendbar (RG 120, 118; KG Rpfleger 1962, 177). Eine Eintragung trotz des Verbots macht das **97**

GB dem durch das Verbot Geschützten gegenüber unrichtig (JFG 1, 383; OLG Hamm DNotZ 1970, 661; unentsch. RG 117, 290); zu seinen Gunsten kann nach § 899 BGB, unter Umständen auch gemäß § 53 Abs. 1 Satz 1 (BayObLG 22, 314), ein Widerspruch eingetragen werden. Das Verbot schließt auch einen Antrag des Notars gem. § 15 aus (s. § 15 Rn. 10). S. zum Ganzen BayObLG 1997, 58 = FGPrax 1997, 89; Böttcher BWNotZ 1993, 25; Heydrich MDR 1997, 796.

98 **b) Verstorbener.** aa) Er ist nicht in das GB einzutragen (KGJ 36, 227; OLG Darmstadt JFG 10, 213; BayObLG 1994, 160 = Rpfleger 1995, 103), und zwar auch dann nicht, wenn der Antragsteller mit der Eintragung des Verstorbenen, gegen den er einen vollstreckbaren Titel in Händen hat, die Voraussetzungen des § 40 Abs. 1 herbeiführen will, um sich den Nachweis der Erbfolge nach seinem Titelschuldner zu ersparen, den er sonst für die Zwangsvollstreckung nach § 779 Abs. 1 ZPO nicht zu führen brauchte (KG Rpfleger 1975, 133; kritisch hierzu jedoch Hagena Rpfleger 1975, 389); eine Ausnahme gilt gemäß § 130 ZVG für den Ersteher in der Zwangsversteigerung, denn das Versteigerungsergebnis kann nur im ganzen eingetragen werden und das Vollstreckungsgericht ist zur Ermittlung des Erben weder verpflichtet noch berechtigt (JFG 10, 210). Auch bei mehrfacher Erbfolge ist der inzwischen gestorbene Erbe des eingetragenen Erblassers nicht in das GB einzutragen; die mehrfache Rechtsnachfolge außerhalb des GB ergibt sich nur aus den Eintragungen in Sp. 4 der Abt. I (BayObLG 1994, 161 = Rpfleger 1995, 103).

99 bb) Ist ein Verstorbener gleichwohl in das GB eingetragen worden, so wirkt die Eintragung **für die Erben;** es liegt nur eine unrichtige Bezeichnung vor (RG JW 1926, 1955; KG Rpfleger 1965, 366). Stirbt der Begünstigte vor der Eintragung, so ist die Eintragung der ausgewiesenen Erben ohne neue Bewilligung zulässig (JFG 7, 326; LG Düsseldorf Rpfleger 1987, 14). Dies gilt jedoch nicht, wenn die Eintragung eines durch Gesetz oder Rechtsgeschäft auf die Lebenszeit des Berechtigten beschränkten Rechts bewilligt ist (Jung Rpfleger 1996, 94). Erwirbt der Vorerbe ein Recht und beantragt er zugleich mit seiner Eintragung die des Nacherben, so ist nicht zu prüfen, ob das Recht gemäß § 2111 BGB tatsächlich der Nacherbfolge unterliegt (JFG 7, 271). Dagegen genügt die Bewilligung des Testamentsvollstreckers zur Umschreibung eines Rechts auf die Erben nicht (KG JW 1938, 123), wie überhaupt vor der Eintragung einer Erbengemeinschaft die Erbfolge nachzuweisen ist, damit das GBAmt nach §§ 51, 52 verfahren kann (KG HRR 1933 Nr. 1451; JFG 18, 161; a. M. BayObLG HRR 1934 Nr. 1366).

cc) Über die Eintragung unbekannter Berechtigter, insbes. unbekannter Erben, s. § 44 Rn. 51.

c) Ungeborener. Er kann in das GB nur eingetragen werden, soweit er durch Beerbung (§ 1923 Abs. 2, § 2101 Abs. 1 BGB), Vermächtnis (§ 2162 Abs. 2 BGB), Vertrag zugunsten Dritter (KGJ 29, 156) oder gemäß § 844 Abs. 2 Satz 2 BGB Rechte erwerben kann. Über die Art der Eintragung s. § 44 Rn. 51. **100**

d) Nicht eingetragener Verein. aa) Mangels Rechtsfähigkeit kann er als solcher nicht in das GB eingetragen werden. Einzutragen sind die einzelnen Mitglieder (RG 127, 309; Schmidt NJW 1984, 2249) mit dem Zusatz: „als Mitglieder des nicht eingetragenen Vereins ..." (OLG Zweibrücken Rpfleger 1986, 12; 1999, 531; s. auch § 47 Rn. 21); eine Eintragung auf den Namen des Vereins macht das GB unrichtig (RG JFG 7, 37). S. hierzu aber auch Jung NJW 1986, 157. **101**

bb) Gewerkschaften können daher nicht unter ihrem Namen in das GB eingetragen werden, auch wenn sie im Zivilprozess (s. dazu BGH 50, 325) als allgemein aktiv parteifähig angesehen werden. Dagegen können im Hinblick auf § 3 ParteienG i. d. F. v. 31. 1. 1994 (BGBl. I 149) **politische Parteien** und grundsätzlich auch ihre Gebietsverbände der jeweils höchsten Stufe (OLG Zweibrücken Rpfleger 1999, 531 mit zust. Anm. v. Kempfler NJW 2000, 3763 gegen LG Koblenz Rpfleger 1999, 387), nicht aber ein Bezirksverband (OLG Zweibrücken Rpfleger 1986, 12), unter ihrem Namen in das GB eingetragen werden (für die GBFähigkeit politischer Parteien allgemein: Morlok/Schulte-Trux NJW 1992, 2058). Da mangels einer § 32 oder § 69 BGB entsprechenden Vorschrift in diesem Fall die Vertretungsbefugnis nicht in der Form des § 29 nachgewiesen werden kann, genügt es, dass sie in anderer Weise zur Überzeugung des GBAmts dargetan wird (vgl. § 29 Rn. 63), z. B. anhand der Mitteilungen der Partei an den Bundeswahlleiter (§ 6 Abs. 3 Nr. 2, § 11 Abs. 3 ParteienG).

e) Noch nicht eingetragene GmbH. aa) Bei juristischen Personen des Handelsrechts (AG, GmbH u. a.) ist schon vor deren Eintragung im Handelsregister eine Auflassung an die künftige Rechtsperson oder eine sonstige dingliche Einigung mit ihr zulässig; der Vollzug dieser Auflassung oder sonstigen dinglichen Einigung im GB ist jedoch erst nach Eintragung der Gesellschaft im Handelsregister möglich (BayObLG 1979, 173 = Rpfleger 1979, 303; BayObLG Rpfleger 1984, 13). **102**

bb) Eine zwar errichtete, aber noch nicht im Handelsregister eingetragene GmbH (Vor-GmbH oder **GmbH in Gründung**) ist, auch als Einmann-GmbH als grundbuchfähig anzusehen (BGH 80, **103**

129; 117, 326 = NJW 1992, 1824; s. dazu auch § 7 Abs. 3 GmbHG, ferner BGH 45, 347; BayObLG 1979, 172; 1985, 368; OLG Hamm Rpfleger 1981, 296). Im GB ist sie als Berechtigte entsprechend § 15 Abs. 1 Buchst. b GBV wie die künftige GmbH mit dem Zusatz „in Gründung" einzutragen. Ihr Bestehen ist dem GBAmt außer im Fall des § 20 ebenso wenig nachzuweisen, wie das der GmbH. Weiß das GBAmt jedoch, dass die Vor-GmbH mit rechtskräftiger Ablehnung ihrer Eintragung in das Handelsregister aufgelöst worden und zu liquidieren ist, so kann sie nicht mehr (als Berechtigte einer Arresthyp.) in das GB eingetragen werden (OLG Düsseldorf DB 1993, 1815). Eine Vor-GmbH besteht nur so lange wie die Eintragung der GmbH in das Handelsregister betrieben wird (BayObLG Rpfleger 1987, 407). Mit ihrer Eintragung tritt die GmbH ohne weiteres an die Stelle der Vor-GmbH (BGH 45, 348 = DNotZ 1967, 381). Das GB wird lediglich richtiggestellt. Wenn die GmbH nicht entsteht, ist im Weg der GBBerichtigung an Stelle der Vor-GmbH eine BGB-Gesellschaft oder eine OHG einzutragen oder bei der Einmann-GmbH der Alleingesellschafter. S. hierzu auch Böhringer BWNotZ 1981, 53; 1985, 107; Rpfleger 1988, 446.

104 **f) Personenhandelsgesellschaft.** aa) OHG und KG können unter ihrer Firma Eigentum und andere dingliche Rechte an Grundstücken erwerben (§ 124 Abs. 1, § 161 Abs. 2 HGB). Sie sind damit grundbuchfähig und nach Maßgabe des § 15 Abs. 1 Buchst. b GBV in das GB einzutragen.

bb) Ob die **KG in Gründung** unter ihrer Firma als Eigentümerin in das GB eingetragen werden kann, lässt BayObLG 1985, 214 = Rpfleger 1985, 353 unentschieden, erachtet es aber für zulässig, die Mitglieder der Gesellschaft unter Angabe der Firma und des Sitzes der Gesellschaft mit dem Zusatz „Kommanditgesellschaft in Gründung" als Berechtigte einzutragen, wenn eine Vormerkung für eine KG eingetragen werden soll, für die der Gesellschaftsvertrag bereits geschlossen ist, die aber mit Wirkung gegenüber Dritten noch nicht die Rechtsform der KG erlangt hat. Ob auch die Vor-KG (Vor-OHG) wie die Vor-GmbH allgemein als grundbuchfähig angesehen werden kann, ist zweifelhaft; bejahend Böhringer BWNotZ 1985, 108; KEHE § 20 Rn. 67.

105 **g) Partnerschaftsgesellschaft.** Gem. § 7 Abs. 2 PartGG ist auf sie § 124 HGB entsprechend anzuwenden. Für die Partnerschaftsgesellschaft gilt daher hinsichtlich der GBFähigkeit das zur Personenhandelsgesellschaft Gesagte entsprechend.

106 **h) WEigentümergemeinschaft.** aa) Sie kann als solche nicht als Berechtigte eines dinglichen Rechts in das GB eingetragen wer-

den; sie ist keine juristische Person und besitzt keine eigene Rechtspersönlichkeit. Einzutragen sind daher die einzelnen WEigentümer (BayObLG 1984, 241; 1995, 108 = Rpfleger 1995, 410; OLG Köln Rpfleger 1994, 496; s. hierzu aber auch Bärmann DNotZ 1985, 395; Böhringer BWNotZ 1988, 1). Diese sind dabei grundsätzlich nach § 15 Abs. 1 GBV zu bezeichnen (BayObLG FGPrax 2001, 93). Weil bei der Eintragung des Berechtigten im GB eine Bezugnahme ausgeschlossen ist (s. § 44 Rn. 47), darf sich das GBAmt nicht darauf beschränken, außer Name und Wohnort nur die GBStelle anzugeben, an der die einzelnen WEigentümer eingetragen sind oder waren (BayObLG FGPrax 2001, 93; a.M. OLG Köln Rpfleger 1994, 496). Als Berechtigter einer Zwangshyp. können auch nicht „die jeweiligen WEigentümer" eingetragen werden, weil damit eine subjektiv-dingliche Hyp. verlautbart würde, die es nicht gibt; Voraussetzung wäre außerdem, dass der Vollstreckungstitel die jeweiligen WEigentümer als Gläubiger ausweist. Zur Bezeichnung des für die Gemeinschaft maßgebenden Rechtsverhältnisses i.S. des § 47 ist die WEigentümergemeinschaft anzugeben; die Angabe „Gesamtberechtigte gemäß § 432 BGB" genügt nicht (KG Rpfleger 1985, 435 gegen LG Bochum Rpfleger 1981, 148).

bb) Der **Verwalter,** der als Prozessstandschafter einen Vollstre- 107
ckungstitel erwirkt, kann nicht als Gläubiger einer Zwangshyp. in das GB eingetragen werden (OLG Celle Rpfleger 1986, 484; a.M. KG – Vorlagebeschluss – Rpfleger 2001, 340; LG Bochum Rpfleger 1985, 438; LG Lübeck Rpfleger 1992, 343 mit zust. Anm. v. Meyer-Stolte; LG Darmstadt Rpfleger 1999, 125). Dies ist nur dann möglich, wenn die Forderung an ihn als Treuhänder abgetreten ist. Die nachträgliche Abtretung ist in der Form des § 29 nachzuweisen (OLG Celle Rpfleger 1986, 484; OLG Köln Rpfleger 1988, 526). Der Zusatz „als Treuhänder" ist allerdings im EintrVermerk nicht zulässig (s. hierzu § 44 Rn. 52). Zweckmäßiger ist eine Abtretung an den Verwalter vor Erwirkung des Vollstreckungstitels, weil die Abtretung dann nicht dem GBAmt gegenüber nachgewiesen werden muss und daher keiner Form bedarf.

cc) Sind WEigentümer als Berechtigte einer Sicherungshyp. im GB eingetragen, so ist der jeweilige Verwalter der WEigentümergemeinschaft zur Erteilung einer **löschungsfähigen Quittung** unabhängig davon berechtigt, ob alle im GB eingetragenen Berechtigten noch WEigentümer der Gemeinschaft sind (BayObLG 1995, 103 = Rpfleger 1995, 410).

i) Gesellschaft bürgerlichen Rechts. aa) Sie ist als solche nicht 108
grundbuchfähig. Sie hat keine Firma, unter der sie wie die OHG

oder KG als Berechtigte im GB eingetragen werden könnte. Die Rechte stehen den Gesellschaftern zur gesamten Hand zu. Ist ein Recht der Gesellschaft im GB einzutragen, so sind als Inhaber die Gesellschafter mit dem Zusatz einzutragen, dass ihnen das Recht als Gesellschaftern des bürgerlichen Rechts zusteht (BGH 110, 128; BayObLG 1985, 213 = Rpfleger 1985, 353). Der weitere Zusatz: „mit Haftungsbeschränkung" kann nicht eingetragen werden. Dasselbe gilt, wenn die Gesellschafter als Eigentümer eingetragen werden sollen. Auch wenn es sich dabei um mehr als tausend Personen handelt, rechtfertigt dies eine Ablehnung des EintrAntrags nicht (LG Stuttgart Rpfleger 1999, 272).

bb) Auch wenn der BGB-Gesellschaft durch BGH NJW 2001, 1056 in bestimmter Hinsicht **Rechtsfähigkeit** zuerkannt wird, kann sie mangels Eintragung in einem Register in das GB nicht anders als mit den Namen sämtlicher Gesellschafter und einem auf deren gesamthänderische Bindung hinweisenden Zusatz eingetragen werden (Demharter Rpfleger 2001, 329; Stöber MDR 2001, 544; Münch DNotZ 2001, 535; a.M. Eickmann ZfIR 2001, 433). Die GBFähigkeit der BGB-Gesellschaft lässt sich auch nicht daraus ableiten, dass die BGB-Gesellschaft in § 191 Abs. 2 Nr. 1 (vgl. auch § 202 Abs. 1 Nr. 1) UmwandlungsG v. 28. 10. 1994 (BGBl. I 3210) als „Rechtsträger" bezeichnet wird (a.M. Timm NJW 1995, 3209). Im gesellschaftsrechtlichen Schrifttum wird die Rechts- und überwiegend auch die GBFähigkeit der BGB-Gesellschaft jedoch bejaht. S. dazu auch OLG Düsseldorf FGPrax 1997, 90 mit Anm. v. Demharter DNotZ 1997, 740.

cc) Erwirbt ein BGB-Gesellschafter die Beteiligung eines von mehreren Mitgesellschaftern, so kann im GB lediglich der ausscheidende Gesellschafter unter Hinweis auf die **Anwachsung** gerötet, nicht aber der erwerbende Gesellschafter noch einmal eingetragen werden (vgl. OLG Frankfurt Rpfleger 1982, 469 mit Anm. v. Meyer-Stolte); zu der für die Eintragung des Anwachsungsvermerks zusammen mit der Rötung des ausscheidenden Gesellschafters anfallenden Gebühr und zum Geschäftswert s. § 22 Rn. 65. Veräußern BGB-Gesellschafter, die fälschlicherweise als Eigentümer im GB eingetragen sind, ihre Gesellschaftsanteile an einen Dritten, so kann dieser das Eigentum an dem Grundstück nicht kraft öffentlichen Glaubens des GB erwerben (BGH NJW 1997, 860).

dd) Zur Anwachsung bei Ausscheiden eines Gesellschafters s. § 22 Rn. 15; zur GBBerichtigung beim Tod eines im GB eingetragenen BGB-Gesellschafters s. § 22 Rn. 41. S. zum Ganzen auch Eickmann, Die Gesellschaft bürgerlichen Rechts im GBVerfahren,

Rpfleger 1985, 85; Wenz, Die Gesellschaft bürgerlichen Rechts im Grundstücksverkehr, MittRhNotK 1996, 377.

k) Europäische wirtschaftliche Interessenvereinigung. Rechtsgrundlagen der EWIV sind die EG-VO Nr. 2137/85 (EWIV-VO) v. 25. 7. 1985 (ABl. EG Nr. L 199 S. 1) und das Ges. zur Ausführung der EWIV-VO (EWIV-AG) v. 14. 4. 1988 (BGBl. I 514). Auf die EWIV sind, soweit nicht die EWIV-VO gilt, die Vorschriften des EWIV-AG und im Übrigen die für die OHG geltenden Bestimmungen entsprechend anzuwenden; die EWIV gilt als Handelsgesellschaft im Sinn des HGB (§ 1 EWIV-AG). Die Vereinigung ist gem. § 2 Abs. 1 EWIV-AG zur Eintragung in das Handelsregister anzumelden. Von der Eintragung an hat sie die Fähigkeit, im eigenen Namen Träger von Rechten und Pflichten jeder Art zu sein, Verträge zu schließen oder andere Rechtshandlungen vorzunehmen und vor Gericht zu stehen (Art. 1 Abs. 2 EWIV-VO). Daraus ergibt sich die GBFähigkeit der EWIV. Ob auch die EWIV in Gründung (Vor-EWIV) in das GB eingetragen werden kann, erscheint dagegen zweifelhaft; bejahend Meikel § 47 Rn. 85g.

23. Form der EintrBewilligung. Sie ist in § 29 Abs. 1 Satz 1 109
geregelt. Hiernach muss die EintrBewilligung öffentlich beurkundet oder öffentlich beglaubigt sein (s. § 29 Rn. 29, 41).

24. Wirkung der EintrBewilligung. a) Die EintrBewilligung 110
bildet die wesentliche Grundlage der Eintragung (über deren weitere Voraussetzungen s. Rn. 1). Sonstige grundbuchrechtliche Wirkungen hat sie nicht. Sie bewirkt insbes. keine Verfügungsbeschränkung des Bewilligenden, hindert diesen also nicht an der Erteilung einer entgegenstehenden Bewilligung (KGJ 49, 152). Bewilligt z.B. ein HypGläubiger die Umschreibung seiner Buchhyp. auf A und später auf B, so hat das GBAmt die zuerst beantragte Umschreibung auf B auch dann vorzunehmen, wenn ihm die frühere Bewilligung zugunsten des A bekannt ist; anders nur, wenn es weiß, dass das GB durch die Eintragung des B unrichtig werden würde.

b) Wird die EintrBewilligung **dem Begünstigten ausgehän-** 111
digt (s. dazu BayObLG 1960, 466 = DNotZ 1961, 203; BGH Rpfleger 1963, 378; BGH 46, 398 = Rpfleger 1967, 142; OLG Frankfurt DNotZ 1970, 162; vgl. auch Wörbelauer DNotZ 1965, 527f.), so bewirkt dies nach §§ 873, 875, 877 BGB die Bindung an die sachlichrechtlichen Rechtsänderungserklärungen; dagegen tritt keine Bindung ein, wenn der Bewilligende die EintrBewilligung unmittelbar dem GBAmt vorlegt (KG HRR 1930 Nr. 957). Auch die Bindung an die sachlichrechtlichen Rechtsänderungserklärun-

gen hat keine Verfügungsbeschränkung zur Folge (RG 113, 407). Zur Notwendigkeit, bei Personenidentität von Bewilligendem und Begünstigtem die Aushändigung nach außen erkennbar zu machen, s. BayObLG Rpfleger 1998, 69.

112 **25. Rechtsbeständigkeit der EintrBewilligung. a)** Als Verfahrenshandlung wird die EintrBewilligung mit ihrer Wirksamkeit (s. Rn. 21 ff.) bindend und **unwiderruflich** (OLG Frankfurt NJW-RR 1995, 785); dabei macht es keinen Unterschied, ob sie von einem unmittelbar oder von einem mittelbar Betroffenen ausgeht (KGJ 49, 155). Ein Widerruf nach Eintritt der Wirksamkeit ist nicht zu beachten (BayObLG JFG 2, 339; OLG Frankfurt NJW-RR 1995, 785; OLG Jena Rpfleger 2001, 298). Ein EintrAntrag kann daher grundsätzlich auch auf eine bereits vor Jahrzehnten wirksam gewordene EintrBewilligung gestützt werden (BayObLG DNotZ 1994, 182). Die Bedeutung der Unwiderruflichkeit liegt darin, dass das EintrVerfahren eine feste Grundlage erhält (JFG 8, 228). Dies ist zugleich die Rechtfertigung für die Unwiderruflichkeit. Zu einem zeitlich befristeten Widerrufsvorbehalt s. Rn. 31.

113 **b)** Wird die EintrBewilligung **von dem Begünstigten vorgelegt,** so darf das GBAmt davon ausgehen, dass sie diesem von dem Bewilligenden ausgehändigt wurde und weder vor noch gleichzeitig mit der Aushändigung ein Widerruf erfolgt ist. Dies gilt jedoch nicht, wenn dem GBAmt die EintrBewilligung vom Begünstigten nur in beglaubigter Abschrift vorgelegt wird (s. Rn. 26, aber auch Rn. 24).

114 **c)** Wird auf Grund einer EintrBewilligung eine Eintragung im Rechtssinne, also nicht eine inhaltlich unzulässige, von Anfang an gegenstandslose oder nichtige Eintragung vorgenommen, hat die EintrBewilligung ihren Zweck erfüllt und ist **„verbraucht"** (vgl. dazu BayObLG NJW-RR 1997, 1511). Sie kann daher, wenn die Eintragung später zu Recht oder zu Unrecht gelöscht wird, nicht Grundlage einer erneuten Eintragung sein. Für die Wiederherstellung der gelöschten Eintragung ist eine neue rechtsändernde Bewilligung oder eine Berichtigungsbewilligung erforderlich oder ein Unrichtigkeitsnachweis (BayObLG MittBayNot 1995, 42).

d) Aus ihrer Natur, die verfahrensrechtliche Grundlage einer Eintragung abzugeben, folgt, dass die EintrBewilligung, sofern sie nicht ihren Verfahrenszweck erfüllt und zur Eintragung führt, ihre Wirkung als Verfahrenshandlung grundsätzlich mit der Beendigung des Verfahrens durch Antragsrücknahme (OLG Hamm Rpfleger 1989, 148) oder endgültige **Antragszurückweisung** verliert, und zwar auch dann, wenn sie beim GBAmt verbleibt (BGH 84, 202 =

Rpfleger 1982, 414). Sie kann diese Wirkung jedoch wieder erlangen, wenn sie erneut zur Grundlage eines Verfahrens gemacht wird (OLG Frankfurt NJW-RR 1995, 785). Dies setzt aber voraus, dass die Wirksamkeitsvoraussetzungen (s. Rn. 21) auch für das neue Verfahren gegeben sind. Die EintrBewilligung muss also mit dem Willen des Erklärenden, EintrGrundlage zu sein, dem GBAmt oder dem Begünstigten zur Vorlage beim GBAmt zugehen oder zugegangen sein.

26. Nichtigkeit und Anfechtbarkeit. Da die EintrBewilligung keine rechtsgeschäftliche Willenserklärung ist (s. Rn. 13), kann sie auch nicht nach den allgemein für Willenserklärungen geltenden Bestimmungen des BGB nichtig oder anfechtbar sein (OLG Jena Rpfleger 2001, 298; KEHE Rn. 184). **115**

27. Behördliche Genehmigungen. Zu den kirchenaufsichtlichen Genehmigungen s. Rn. 139; zur familien- oder vormundschaftsgerichtlichen Genehmigung s. Rn. 65, 68. **116**

a) Allgemeines. aa) Verschiedentlich können Verfügungen aus Gründen des öffentlichen Interesses nur mit behördlicher Genehmigung getroffen werden; es handelt sich dann um sog. absolute Verfügungsbeschränkungen. Da dem GBAmt die Prüfung der Verfügungsbefugnis des Bewilligenden als Voraussetzung dessen Bewilligungsbefugnis obliegt (s. Rn. 59), hat es auch zu prüfen, ob der einzutragende Rechtsvorgang sachlich (JFG 17, 76) und zeitlich (JFG 22, 301) genehmigungsbedürftig ist (OLG Jena Rpfleger 1998, 109); dies gilt auch im Fall der Verurteilung zur Abgabe einer EintrBewilligung (OLG München SJZ 1949, 852; OGH JR 1950, 722; s. auch RG 149, 348).

bb) Bejaht das GBAmt die Genehmigungsbedürftigkeit oder erachtet es diese nach der sachlichen Seite trotz sorgfältiger Prüfung der Sach- und Rechtslage, die eine Auslegung der Genehmigungsvorschrift einschließt (OLG Jena Rpfleger 1998, 109), als zweifelhaft (JFG 17, 76; OLG Celle DNotZ 1967, 639; BayObLG 1968, 130; 1972, 252 = Rpfleger 1972, 408; BayObLG 1978, 20 = MittBayNot 1978, 32), so hat es durch Zwischenverfügung den Nachweis der Genehmigung (über deren Rückwirkung s. Rn. 121) oder eine Negativbescheinigung zu verlangen (OLG Zweibrücken Rpfleger 1999, 179). Wird eine Negativbescheinigung beigebracht, so ist das GBAmt daran gebunden (JFG 16, 85; BGH NJW 1951, 645; BayObLG 1952, 56; vgl. dazu auch BGH 44, 325 = Rpfleger 1966, 79; zu einer Ausnahme s. Rn. 71); lehnt die Genehmigungsbehörde den Antrag auf Erteilung einer Negativbescheinigung aus sachlichen Gründen ab, so hat das GBAmt davon auszugehen, dass die Genehmigung erforderlich ist. **117** cc) Der Genehmigungsbescheid ist auslegungsfähig. Maßgebend ist der nach außen erkennbare Wille der Behörde, wie er sich nach Sinn und Wortlaut als nächstliegende Bedeutung für einen unbefangenen Betrachter ergibt (BayObLG BWNotZ 1994, 20). Bei der Genehmigung handelt es sich um eine andere Voraussetzung der Eintragung im Sinn des § 29 Abs. 1 Satz 2; § 29 Abs. 3 ist nicht anzuwenden.

dd) Ob bei einer nachträglichen Änderung des bereits genehmigten Rechtsvorgangs eine erneute Genehmigung erforderlich ist, beurteilt sich danach, ob die Änderung für die Genehmigungspflicht nach dem mit ihr verfolgten Zweck von Bedeutung ist (vgl. BGH MittBayNot 1979, 185).

118 **b) Erstreckung auf Erfüllungsgeschäft.** Sind das schuldrechtliche und das dingliche Rechtsgeschäft genehmigungsbedürftig, so deckt die Genehmigung des Verpflichtungsgeschäfts in der Regel das entsprechende Erfüllungsgeschäft (vgl. JFG 14, 248; für die vormundschaftsgerichtliche Genehmigung: BayObLG DNotZ 1983, 369; BayObLG 1985, 43 = Rpfleger 1985, 235; über den Fall, dass das Verpflichtungsgeschäft als Scheingeschäft nichtig ist, s. OGH NJW 1949, 425; DNotZ 1951, 85). Bei einer Kette von Erwerbern setzt die Eintragung des letzten Erwerbers ohne vorherige Eintragung der Zwischenerwerber voraus, dass auch die Zwischengeschäfte genehmigt sind (RG 129, 153; a. M. KG HRR 1930 Nr. 45).

119 **c) Auflage und Bedingung.** Ob die Genehmigung unter einer Auflage oder unter einer Bedingung erteilt werden kann, richtet sich nach den jeweils in Betracht kommenden Vorschriften. Die unter einer Auflage erteilte Genehmigung ist unbedingt; die Erfüllung der Auflage ist daher vom GBAmt nicht nachzuprüfen (KG JW 1937, 895). Soll die Genehmigung unter einer aufschiebenden Bedingung erteilt sein, so muss dies deutlich zum Ausdruck kommen; der Eintritt der Bedingung ist alsdann in der Form des § 29 nachzuweisen (KG DNotZ 1937, 644; HRR 1940 Nr. 1077; OLG Frankfurt OLGZ 1980, 84).

120 **d) Unwiderruflichkeit.** Die einmal erteilte Genehmigung ist, da sie die schwebende Unwirksamkeit beseitigt, also rechtsgestaltende Wirkung hat, grundsätzlich unwiderruflich (RG HRR 1935 Nr. 432; BayObLG 1952, 209; BayVerfGH DÖV 1954, 28; OLG Celle MDR 1956, 170; s. aber für den Fall der Erschleichung OLG Celle RdL 1954, 46; OLG Köln RdL 1954, 71). Sind das Verpflichtungs- und das Erfüllungsgeschäft genehmigungsbedürftig, so kann die Genehmigung des ersteren bis zum Abschluss des letzteren widerrufen werden (RG 106, 145; JFG 22, 338); sind mehrere

Genehmigungen notwendig, so ist der Widerruf einer Genehmigung bis zur Erteilung der Letzten möglich (OLG München DNotZ 1951, 418; mit abl. Anm. v. Hieber). Vom Widerruf zu unterscheiden ist die Änderung der Entscheidung im vorgesehenen Instanzenzug (OGH NJW 1949, 821; BayObLG 1952, 209).

e) Keine Rückwirkung. aa) Die Einführung des Genehmigungszwangs hat regelmäßig keine Rückwirkung (zur Rückwirkung der Genehmigung s. RG 125, 55; OLG Braunschweig MDR 1949, 552; OLG Hamm NJW 1961, 560; BGH 32, 389). Wird abgesehen vom Verpflichtungsgeschäft der rechtsgeschäftliche Teil der Verfügung für genehmigungsbedürftig erklärt, so bedarf es keiner Genehmigung, wenn eine Verfügung in ihrem rechtsgeschäftlichen Teil bei Inkrafttreten des Genehmigungszwangs bereits voll wirksam war (JFG 17, 141; OLG München JFG 17, 194; JFG 22, 301); § 878 BGB kommt in diesem Fall überhaupt nicht zum Zug (KG FGPrax 1996, 213 zu § 144 Abs. 2 Nr. 1 und 3 BauGB). Wird dagegen schlechthin die Verfügung für genehmigungsbedürftig erklärt, so ist die Genehmigung auch dann erforderlich, wenn zum Wirksamwerden einer Verfügung bei Inkrafttreten des Genehmigungszwangs nur mehr die Eintragung notwendig ist (JFG 17, 166; OLG Celle MDR 1948, 252; s. auch BayObLG 1977, 209 = MittBayNot 1977, 201); Ausnahmen gelten im Rahmen des § 878 BGB (s. dazu § 13 Rn. 9 und KG HRR 1930 Nr. 975). **121**

bb) Entsprechendes gilt bei Ausdehnung oder Neueinführung eines **gesetzlichen Vorkaufsrechts;** es erfasst vorher abgeschlossene Kaufverträge auch dann nicht, wenn eine erforderliche behördliche Genehmigung erst nach der Ausdehnung oder Einführung erteilt wird (JFG 16, 285; BGH 32, 383 = NJW 1960, 1808; a.M. RG 154, 307). Zu der Frage, ob ein Vorkaufsrecht einen Kaufvertrag erfasst, der vor der Entstehung des Vorkaufsrechts abgeschlossen, aber danach geändert und alsdann erst genehmigt worden ist, s. BGH DNotZ 1970, 246. **122**

28. Einzelfälle behördlicher Genehmigungen. Eine behördliche Genehmigung zu Verfügungen, die auch in der Auflassung eines Grundstücks oder in der Bestellung oder Übertragung eines Erbbaurechts bestehen können, ist vor allem erforderlich nach folgenden Gesetzen und Verordnungen: **123**

a) GrdstVG. aa) Genehmigungsbedürftig sind nach § 2 Abs. 1, 2 GrdstVG die rechtsgeschäftliche Veräußerung eines land- oder forstwirtschaftlichen Grundstücks sowie die Einräumung oder Veräußerung eines Miteigentumsanteils an einem solchen; genehmigungsbedürftig sind ferner die Bestellung eines Nießbrauchs an einem land- oder forstwirtschaftlichen Grundstück sowie die Veräußerung eines Erbanteils an einen anderen als an einen Miterben, wenn der Nachlass im Wesentlichen aus einem land- oder forstwirtschaftlichen Betrieb besteht. Aufgrund des § 2 Abs. 3 Nr. 1 GrdstVG kann die Genehmigungspflicht landesrechtlich auf die Veräußerung von grundstücksgleichen Rechten, die die land- oder forstwirtschaftliche Nutzung eines Grundstücks zum Gegenstand haben, sowie auf die Veräußerung von selbständigen Fischereirechten ausgedehnt werden; in *Bayern* hat das AusfG v. 21. 12. 1961 (BayRS 7810-1-E) von dieser Möglichkeit keinen Gebrauch gemacht. Genehmigungspflichtig ist auch das Verpflichtungsgeschäft; ist es genehmigt, so deckt die Genehmigung das entsprechende Verfügungsgeschäft (§ 2 Abs. 1 GrdstVG). Die Genehmigung kann nach § 2 Abs. 1 Satz 3 GrdstVG auch vor der Beurkundung des Rechtsgeschäfts und nach §§ 10, 11 GrdstVG unter Auflagen oder Bedingungen erteilt werden. Ist sie ohne solche, also uneingeschränkt erteilt, so bedarf es keines weiteren Nachweises ihrer Unanfechtbarkeit gemäß § 7 Abs. 1 GrdstVG durch ein Zeugnis der Genehmigungsbehörde, weil sich die Unanfechtbarkeit in diesem Fall aus dem Gesetz (§ 22 GrdstVG) ergibt (BayObLG MittBayNot 1985, 25; BGH Rpfleger 1985, 234). Zuständig zur Erteilung der Genehmigung ist nach § 3 Abs. 1 GrdstVG die durch Landesrecht bestimmte Behörde (s. dazu für *Bayern* Art. 1 AusfG v. 21. 12. 1961, BayRS 7810-1-E i. d. F. durch Art. 9 des Ges. v. 28. 3. 2000, GVBl. 137).

124 bb) **Ausnahmen vom Genehmigungszwang** können sich aus § 4 GrdstVG sowie daraus ergeben, dass landesrechtlich auf Grund des § 2 Abs. 3 Nr. 2 GrdstVG eine „Freigrenze" vorgesehen ist (s. dazu für *Bayern* Art. 2 AusfG v. 21. 12. 1961, BayRS 7810-1-E i. d. F. durch Art. 9 des Ges. v. 28. 3. 2000, GVBl. 137; Ertl RdL 1964, 113; BayObLG 1969, 144 = Rpfleger 1969, 301; BayObLG Rpfleger 2001, 231; für *Rheinland-Pfalz* s. OLG Zweibrücken Rpfleger 1999, 179); s. ferner § 191 BauGB. Im Fall einer Freigrenze entscheidet bei Veräußerung eines realen Teils eines land- oder forstwirtschaftlichen Grundstücks für die Genehmigungsbedürftigkeit die Größe des veräußerten Teils, bei Veräußerung eines Miteigentumsanteils an einem land- oder forstwirtschaftlichen Grundstück die Gesamtgröße des Grundstücks (BayObLG 1963, 101 = Rpfleger 1964, 121 mit Anm. v. Haegele). Werden mehrere Grundstücke veräußert, von den keines für sich die Mindestgröße überschreitet, so ist gleichwohl die Genehmigung erforderlich, wenn die Grundstücke eine wirtschaftliche Einheit bilden und insgesamt die Mindestgröße überschreiten (OLG Düsseldorf MittRhNotK 1992, 188). Die bloße Möglichkeit, dass diese Voraussetzungen

vorliegen, reicht für begründete Zweifel an der Genehmigungsfreiheit und das darauf gestützte Verlangen auf Vorlage eines Negativattests nicht aus (BayObLG 1969, 144 = Rpfleger 1969, 301; BayObLG Rpfleger 2001, 231). Über den Fall, dass die der Genehmigung des Kaufvertrags folgende Vermessung ein von der ursprünglichen Annahme der Beteiligten abweichendes Flächenmaß ergibt, s. BayObLG 1962, 370 = Rpfleger 1963, 243. Die Vereinbarung des Rechts zum Ankauf eines landwirtschaftlichen Grundstücks bedarf nicht der Genehmigung; diese ist erst erforderlich für das Rechtsgeschäft, durch das die Pflicht zur Übereignung endgültig ausgelöst wird (BGH 87, 233 = Rpfleger 1983, 397). Ferner bedarf keiner Genehmigung die Eintragung eines Eigentumsübergangs, der sich kraft Gesetzes, z.B. durch Vereinbarung allgemeiner Gütergemeinschaft, oder auf Grund Staatsakts, z.B. infolge gerichtlicher Zuweisung, vollzogen hat. Auch die Bestellung eines Erbbaurechts an einem land- oder forstwirtschaftlichen Grundstück ist nicht genehmigungspflichtig (OLG Hamm NJW 1966, 1416; BGH 65, 345 = Rpfleger 1976, 126; s. dazu auch Rötelmann MDR 1965, 538; DNotZ 1965, 399). Schließlich ist die Genehmigung auch nicht erforderlich zur Eintragung der in einem Bescheid gem. § 2 VZOG (vgl. auch § 4 VZOG) getroffenen Feststellungen (§ 3 Abs. 2 Satz 2 VZOG, § 7 Abs. 5 Satz 1 i.V.m. § 12 SPV); das Gleiche gilt für Eintragungen auf Grund eines Bescheids gem. § 7 BoSoG (§ 7 Abs. 5 Satz 1 SPV).

cc) Das GBAmt hat grundsätzlich **selbstständig zu prüfen,** ob 125
ein Rechtsvorgang überhaupt in den Bereich des GrdstVG fällt (BGH Rpfleger 1985, 234) oder ob ein Befreiungstatbestand (s. Rn. 124) vorliegt (OLG Zweibrücken Rpfleger 1999, 179); bei konkreten Zweifeln hat es eine Zwischenverfügung zu erlassen (s. dazu Rn. 117).

b) BauGB. Die früher im BBauG und StBauFG enthaltenen 126
Genehmigungsvorbehalte ergeben sich seit 1. 7. 1987 aus den Bestimmungen des BauGB in der Fassung auf Grund der Änderungen durch das am 1. 1. 1998 in Kraft getretene BauROG. Bis zum 31. 12. 1997 galten jedoch an deren Stelle oder ergänzend die Bestimmungen des BauGB-MaßnahmenG (§ 20 BauGB-MaßnahmenG). Im Gebiet der früheren DDR war das BauGB bis 31. 12. 1997 nach Maßgabe des § 246a BauGB anzuwenden und das BauGB-MaßnahmenG nach Maßgabe des § 19 BauGB-MaßnahmenG. Zur Eintragung der in einem Bescheid gem. § 2 VZOG (s. auch § 4 VZOG) getroffenen Feststellungen ist eine Genehmigung nach dem BauGB nicht erforderlich (§ 3 Abs. 2 Satz 2 VZOG, § 7 Abs. 5 Satz 1 i.V.m. § 12 SPV); das Gleiche gilt für Eintragungen

auf Grund eines Bescheids gem. § 7 BoSoG (§ 7 Abs. 5 Satz 1 SPV). Der Investitionsvorrangbescheid ersetzt nach dem BauGB erforderliche Genehmigungen (§ 11 Abs. 1 InVorG). Die für Grundstücke geltenden Vorschriften des BauGB sind auf Grundstücksteile und, soweit nichts anderes bestimmt, auf grundstücksgleiche Rechte entsprechend anzuwenden (§ 200 BauGB), ferner auf das Wohnungs- und Teileigentum (vgl. LG Berlin Rpfleger 1996, 342). Zu Ersuchen um GBEintragungen im Zusammenhang mit Genehmigungserfordernissen nach dem BauGB s. § 38 Rn. 23 bis 25.

aa) **Grundstücksteilung.** Genehmigungsbedürftig ist nach § 19 BauGB die Teilung eines Grundstücks; näheres hierüber s. § 7 Rn. 5ff.

127 bb) **Umlegung und Enteignung.** Bei Durchführung eines Umlegungsverfahrens dürfen nach § 51 Abs. 1 Nr. 1 BauGB von der Bekanntmachung des Umlegungsbeschlusses an bis zur Bekanntmachung der Unanfechtbarkeit des Umlegungsplans oder dessen teilweiser Inkraftsetzung im Umlegungsgebiet Grundstücke nur mit schriftlicher Genehmigung der Umlegungsstelle geteilt und Verfügungen über ein Grundstück oder über ein Grundstücksrecht, gleich welcher Art (BayObLG 1964, 170 = Rpfleger 1964, 215; OLG Celle Rpfleger 1965, 275; a.M. Eppig DNotZ 1960, 524), nur mit Genehmigung getroffen werden; genehmigungspflichtig ist also auch die Löschung eines Grundpfandrechts (OLG Hamm Rpfleger 1980, 296); keiner Genehmigung bedarf die Eintragung von Vormerkungen (BayObLG 1969, 303 = Rpfleger 1970, 25). § 19 Abs. 3 Satz 2 bis 5 und § 20 Abs. 2 BauGB sind entsprechend anzuwenden (§ 51 Abs. 3 Satz 2 BauGB). Entsprechende Genehmigungspflichten bestehen bei Durchführung eines Enteignungsverfahrens von der Bekanntmachung über die Einleitung des Verfahrens an (§ 109 Abs. 1 BauGB).

128 cc) **Städtebauliche Maßnahmen.** In förmlich festgelegten Sanierungsgebieten und in städtebaulichen Entwicklungsbereichen bedürfen nach § 144 Abs. 2 Nr. 1, 2, 5, § 169 Abs. 1 Nr. 3 BauGB die Teilung und rechtsgeschäfliche Veräußerung eines Grundstücks, ferner die Bestellung und Veräußerung eines Erbbaurechts (s. aber § 120 SachenRBerG) sowie die Bestellung eines das Grundstück belastenden Rechts, sofern dieses nicht mit der Durchführung von Baumaßnahmen im Sinn des § 148 Abs. 2 BauGB im Zusammenhang steht, der schriftlichen Genehmigung. Genehmigungspflichtig ist auch das Verpflichtungsgeschäft; ist dieses genehmigt, so gilt auch das entsprechende Erfüllungsgeschäft als genehmigt (§ 144 Abs. 2 Nr. 3 BauGB). Ausnahmen vom Genehmigungs-

zwang sieht § 144 Abs. 4 BauGB vor. In diesem Fall ist § 51 Abs. 1 Satz 2 BauGB zu beachten. Die Genehmigung kann nach § 144 Abs. 3 BauGB allgemein und nach Maßgabe des § 145 Abs. 4 BauGB auch unter Auflagen sowie befristet oder bedingt erteilt werden. Auf die Genehmigung ist § 20 Abs. 2 bis 4 BauGB entsprechend anzuwenden (§ 145 Abs. 6 BauGB; s. dazu § 7 Rn. 7). Zuständig für die Erteilung der Genehmigung ist nach § 145 Abs. 1 BauGB die Gemeinde. Zur Löschung einer Auflassungsvormerkung bei rechtskräftiger Versagung der Genehmigung s. § 22 Rn. 38.

dd) **Wohnungseigentum.** Zur Genehmigungspflicht nach § 22 BauGB bei Begründung und Teilung von Wohnungs- oder Teileigentum, Wohnungs- oder Teilerbbaurechten und Dauerwohnrechten sowie nach § 172 Abs. 1 Satz 4 bis 6 BauGB bei Begründung von Wohnungs- oder Teileigentum s. Anh. zu § 3 Rn. 48 ff.

ee) **Erbbaurecht.** Die Bestellung eines Erbbaurechts nach dem SachenRBerG bedarf, sofern sich die Nutzungsbefugnis des Erbbauberechtigten nicht auf das Grundstück insgesamt erstreckt, gem. § 120 Abs. 2 SachenRBerG einer Genehmigung nach §§ 19, 20 BauGB mit der Maßgabe des § 120 Abs. 1 SachenRBerG.

c) BBergG. Die Genehmigung ist nach § 23 des Ges. erforderlich **129**
zur rechtsgeschäftlichen Veräußerung von Bergwerkseigentum sowie zum schuldrechtlichen Vertrag hierüber. Die Genehmigung, die vor der Beurkundung erteilt werden kann, darf nur versagt werden, wenn Gründe des öffentlichen Interesses entgegenstehen. Wegen der Zuständigkeit zur Erteilung der Genehmigung s. § 142 BBergG.

d) VO über Entschuldungsbetriebe. aa) Die Genehmigung **130**
war nach Art. 1 Abs. 1 der VO über die Veräußerung von Entschuldungsbetrieben v. 6. 1. 1937 (RGBl. I 5) erforderlich zur Veräußerung eines Grundstücks, auf dem im GB ein Entschuldungsvermerk (§§ 80, 81 SchRegG) eingetragen war oder das einem mit einem Entschuldungsvermerk behafteten Grundstück nach Art. 1 Abs. 3 der VO gleichstand.

bb) Der Genehmigung bedurfte auch das **Verpflichtungsgeschäft;** war es genehmigt, so deckte die Genehmigung nach Art. 1 **131**
Abs. 1 Satz 3 der VO auch das entsprechende Erfüllungsgeschäft. War ein Grundstück unter Erteilung der Genehmigung nach der VO veräußert worden, so hatte das Entschuldungsamt das GBAmt in der Regel um die Löschung des Entschuldungsvermerks zu ersuchen; s. § 38 Rn. 13.

cc) Das Entschuldungsrecht hat keine praktische Bedeutung **132**
mehr. Nahezu alle Entschuldungsvermerke sind inzwischen ge-

löscht. Der durch Ges. v. 26. 10. 2001 (BGBl. I 2710) an § 84 Abs. 1 angefügte Satz 2 sieht die Löschung der noch eingetragenen Entschuldungsvermerke von Amts wegen als gegenstandslos vor (s. § 84 Rn. 2). Eine ausführlichere Darstellung von Einzelheiten des Genehmigungserfordernisses enthält die 20. Auflage.

133 **e) BVersG.** Genehmigungsbedürftig sind nach § 75 BVersG die Veräußerung und die Belastung eines mit einer Kapitalabfindung erworbenen Grundstücks, Erbbaurechts, WEigentums oder Wohnungserbbaurechts, wenn eine entsprechende Verfügungsbeschränkung im GB eingetragen ist; ob die Genehmigung auch zur Eintragung einer Vormerkung erforderlich ist (JFG 7, 391; RG 134, 182), erscheint zweifelhaft.

134 **f) FidErlG.** Die Genehmigung ist nach § 18 FidErlG v. 6.7. 1938 (RGBl. I 825; s. auch § 1 des Ges. v. 28. 12. 1950, BGBl. 820) sowie §§ 15 bis 26 der DVO v. 20. 3. 1939 (RGBl. I 509) erforderlich zur Veräußerung von Grundstücken durch Stiftungen, Genossenschaften, sonstige juristische Personen und Personenverbände, die aus Anlass der Fideikommißauflösung entstanden sind. Dies gilt aber nicht mehr in *Bayern;* hier sind die genannten Bestimmungen durch Art. 50 Abs. 4 Nr. 1, 2 StiftungsG v. 26. 11. 1954 (BayRS 282-1-1-K) aufgehoben worden.

135 **g) GVO.** aa) Im Gebiet der **früheren DDR** ist die Grundstücksverkehrsverordnung (GVVO) v. 15. 12. 1977 (GBl. DDR I 1978, 73) nach dem 2. 10. 1990 in Kraft geblieben. Nach umfangreichen Änderungen gilt an ihrer Stelle jetzt neben dem GrdstVG die Grundstücksverkehrsordnung (GVO) i. d. F. v. 20. 12. 1993 (BGBl. I 2221); zur Überleitung s. Art. 19 Abs. 4 RegVBG v. 20. 12. 1993 (BGBl. I 2182); zur Neufassung s. Frenz DtZ 1994, 56; zu Einzelheiten s. Wolf MittBayNot 1995, 17.

Ausschließlicher Zweck der Genehmigung ist es zu verhindern, dass bei Vorliegen eines Rückübertragungsantrags entgegen dem nur schuldrechtlich wirkenden Verfügungsverbot des § 3 Abs. 3 Satz 1 VermG dingliche Rechtsgeschäfte abgeschlossen werden, durch die ein Rückübertragungsanspruch vereitelt werden könnte. Zur weiteren Vereinfachung entfällt daher auf Grund der Neufassung vom Jahr 1993 das Genehmigungserfordernis in den in § 2 Abs. 1 Satz 2 GVO genannten Fällen ganz. Darüber hinaus entfällt es auch dann, wenn nach dem GBInhalt das Bestehen eines Rückübertragungsanspruchs nach dem VermG mit Sicherheit auszuschließen ist (OLG Jena Rpfleger 1998, 109).

bb) Nach § 2 Abs. 1 Satz 1, Abs. 3 Satz 1 GVO bedürfen die **Auflassung eines Grundstücks** oder eines Teils davon sowie die Bestellung und Übertragung eines Erbbaurechts jeweils einschließlich des schuldrechtlichen Vertrags hierüber der Genehmigung. Diese ist auch für Verträge erforderlich, die vor dem 3. 10. 1990 abgeschlossen wurden; in diesem Fall genügt aber eine Genehmigung nach der GVVO v. 11. 1. 1963 (GBl. DDR II 159) oder der späteren GVVO v. 15. 12. 1977 (GBl. DDR I 1978, 73), aber auch nur eine solche (§ 2 Abs. 2 Satz 5 GVO; OLG Brandenburg FGPrax 1996, 170). Die Genehmigung kann auch vor Abschluss des jeweiligen Rechtsgeschäfts (§ 1 Abs. 1 Satz 2 GVO) und mit Auflagen (§ 4 Abs. 2 GVO) erteilt werden kann; ist der schuldrechtliche Vertrag genehmigt, gilt auch das dingliche Rechtsgeschäft als genehmigt und umgekehrt (§ 2 Abs. 1 Satz 4 GVO). Für die Erteilung der Genehmigung sind die Landkreise und die kreisfreien Städte zuständig, soweit jedoch die Bundesanstalt für vereinigungsbedingte Sonderaufgaben (s. VO v. 20. 12. 1994, BGBl. I 3913) oder eines ihrer Unternehmen verfügungsbefugt ist, der Oberfinanzpräsident der Oberfinanzdirektion Berlin oder eine von ihm ermächtigte Person (§ 8 GVO).

cc) Der Auflassung eines Grundstücks stehen die Einräumung oder **Auflassung eines Miteigentumsanteils** an einem Grundstück und die Übertragung von WEigentum gleich (§ 3 Satz 2 GVO). Zur Anwendung auf Gebäude und Rechte an Gebäuden oder Gebäudeteilen, die auf Gebäudegrundbuchblättern nachgewiesen werden, s. § 3 Satz 1 GVO. Eine die GVO ergänzende Regelung enthält § 7 der VO über die Anmeldung vermögensrechtlicher Ansprüche i. d. F. v. 3. 8. 1992 (BGBl. I 1481). Die Eintragung einer Vormerkung bedarf keiner Genehmigung (so schon KG Rpfleger 1992, 243 vor der ausdrücklichen Regelung in § 2 Abs. 1 Satz 2 Nr. 4 GVO); zur Genehmigungsfreiheit der Weiterveräußerung nach Grundstückserwerb auf Grund eines Investitionsvorrangbescheids s. KG FGPrax 1995, 178. Eine Genehmigung ist ferner nicht erforderlich zur Eintragung der in einem Bescheid gem. § 2 VZOG getroffenen Feststellungen (§ 3 Abs. 2 Satz 2 VZOG, § 7 Abs. 5 Satz 1 i. V. m. § 12 SPV); das Gleiche gilt für Eintragungen auf Grund eines Bescheids gem. § 7 BoSoG (§ 7 Abs. 5 Satz 1 SPV). Die Genehmigung wird ersetzt durch einen Investitionsvorrangbescheid (§ 11 Abs. 1 InVorG); s. hierzu auch § 2 Abs. 1 Satz 2 GVO. Das grundbuchamtliche Verfahren ist in § 2 Abs. 2 GVO näher geregelt. S. hierzu Böhringer DtZ 1993, 141. **136**

h) VermG. Über Vermögenswerte, die Gegenstand einer zwischenstaatlichen Vereinbarung der DDR sind, kann gem. § 11 c VermG nur mit Zustimmung des Bundesamts zur Regelung offener Vermögensfragen verfügt werden; für Grundstücke, Gebäude **137**

und Grundpfandrechte gilt dies nur, wenn auf Ersuchen des Bundesamts im GB ein Zustimmungsvorbehalt eingetragen ist.

138 **i) Sonstige Vorschriften.** Einer behördlichen Genehmigung zum Erwerb von Grundstücken bedürfen außer den Sozialversicherungsträgern nach § 85 Sozialgesetzbuch – Gemeinsame Vorschriften für die Sozialversicherung – v. 23. 12. 1976 (BGBl. I 3845) ausländische natürliche und juristische Personen nach Maßgabe des Art. 86 EGBGB i. d. F. durch das Ges. v. 23. 7. 1998 (BGBl. I 1886), durch das außerdem Art. 88 EGBGB aufgehoben wurde; zur Rechtslage in der Zeit davor s. 22. Auflage. Vom GBAmt nicht zu beachten sind die Erwerbsbeschränkungen der HypBanken und Schiffspfandbriefbanken nach § 5 Abs. 4 HypBankG i. d. F. v. 5. 2. 1963 (BGBl. I 81) und § 5 Abs. 4 SchiffsbankG i. d. F. v. 8. 5. 1963 (BGBl. I 301) sowie die Erwerbsbeschränkung der Bausparkassen nach § 4 Abs. 4 BausparkassenG v. 16. 11. 1972 (BGBl. I 2097).

139 **29. Kirchenaufsichtliche Genehmigungen. a)** Das kirchliche Recht, das für den Bereich der römisch-katholischen Kirche im Codex Iuris Canonici (CIC) von 1983 niedergelegt ist, ist auch im staatlichen Bereich zu beachten (BayObLG 1973, 329; 1985, 331; 1989, 392). Die Erfüllung sich aus dem Kirchenrecht ergebender kirchenaufsichtlicher Genehmigungspflichten (vgl. z. B. can. 1291 CIC) ist Wirksamkeitsvoraussetzung für kirchliche Rechtsgeschäfte auch nach staatlichem Recht (OLG Hamburg MDR 1988, 860; OLG Braunschweig Rpfleger 1991, 452). Solche Genehmigungspflichten sind damit auch vom GBAmt zu beachtendes Recht (vgl. OLG Hamm Rpfleger 1981, 60; LG Memmingen Rpfleger 1990, 70). Im Einzelfall kann es für das GBAmt notwendig werden, in Betracht kommende Genehmigungsvorbehalte bei der kirchlichen Aufsichtsbehörde zu erfragen oder ein von dieser ausgestelltes Negativattest zu verlangen (OLG Braunschweig Rpfleger 1991, 452).

140 **b)** Wird ein Grundstück zur Erfüllung eines Vermächtnisses übereignet, bedarf dies nicht der Genehmigung nach can. 1291 CIC (LG Memmingen Rpfleger 1990, 70 mit zust. Anm. v. Khan). Jedoch bedarf die Zustimmung einer katholischen Kirchengemeinde als Eigentümerin zur Belastung eines Erbbaurechts gem. Nr. 1 der Anordnung v. 20. 2. 1928 (GS 12) der kirchenaufsichtlichen Genehmigung durch die bischöfliche Behörde (OLG Hamm Rpfleger 1994, 19). Werden kirchliche Rechtsgeschäfte über einen längeren Zeitraum ohne die erforderliche kirchenaufsichtliche Genehmigung vorgenommen, so kann hieraus kein Vertrauenstatbestand hergeleitet werden (OLG Braunschweig Rpfleger 1991, 452).

Die Genehmigung des von einer Pfarrpfründerstiftung vorgenommenen Rechtsgeschäfts durch die kirchliche Aufsichtsbehörde stellt in der Regel keinen ausreichenden Nachweis für eine wirksame gesetzliche Vertretung der Pfarrpfründestiftung bei der Vornahme des Geschäfts dar (BayObLG 2001, 132 = Rpfleger 2001, 486).

Nachweis der Einigung

20 Im Falle der Auflassung eines Grundstücks sowie im Falle der Bestellung, Änderung des Inhalts oder Übertragung eines Erbbaurechts darf die Eintragung nur erfolgen, wenn die erforderliche Einigung des Berechtigten und des anderen Teils erklärt ist.

Inhaltsübersicht

1. Allgemeines 1
2. Auflassung eines Grundstücks 4
3. Notwendigkeit der Auflassung 5
4. Entbehrlichkeit der Auflassung 7
5. Sonderfälle 9
6. Bestellung eines Erbbaurechts 11
7. Entsprechende Anwendung und Sonderfälle 12
8. Form der Einigung bei Grundstücken 13
9. Zuständige Stellen 14
10. Notar 15
11. Gericht 16
12. Konsularbeamter 17
13. Landesrecht 18
14. Entgegennahmebereitschaft 19
15. Gleichzeitige Anwesenheit beider Teile 20
16. Vertretung 21
17. Sonderregelungen 24
18. Beurkundung 27
19. Form der Einigung beim Erbbaurecht 29
20. Inhalt der Einigung 31
21. Bezeichnung des Grundstücks 32
22. Angabe des Gemeinschaftsverhältnisses 33
23. Flurbereinigung, Umlegung, WEigentum 34
24. Bedingung und Befristung 36
25. Prüfung des GBAmts 38
26. Einigungsberechtigung 39
27. Verlierender Teil 40
28. Gewinnender Teil 45
29. Sonstige EintrUnterlagen 47
30. Unbedenklichkeitsbescheinigung des Finanzamts 48
31. Nichtausübung gesetzlicher Vorkaufsrechte 51
32. Behördliche Genehmigungen 55
33. Kosten 56

1. Allgemeines. a) § 20 enthält eine Ausnahme von dem in § 19 ausgesprochenen Grundsatz der einseitigen Bewilligung, in- 1 dem er die Eintragung in bestimmten Fällen vom Nachweis der sachlichrechtlich notwendigen Rechtsänderungserklärungen abhängig macht.

2 **b)** Die Durchbrechung des formellen Konsensprinzips zugunsten des materiellen erklärt sich daraus, dass mit dem Eigentum an einem Grundstück sowie mit einem Erbbaurecht auch öffentlichrechtliche Verpflichtungen verbunden sind und daher an der Übereinstimmung zwischen GB und wahrer Rechtslage ein besonderes Interesse besteht (KGJ 25, 102). Daraus folgt aber nicht, dass neben dem Nachweis der Einigung eine EintrBewilligung nicht mehr notwendig ist (KEHE Rn. 6; Meikel Rn. 4; eingehend Weser MittBayNot 1993, 265; vgl. BGH 48, 356; Rpfleger 1987, 452; 1993, 398; OLG Köln Rpfleger 1992, 299; BayObLG Rpfleger 1994, 344; a. M. RG 141, 376; JFG 15, 158). In aller Regel wird jedoch die Auslegung ergeben, dass die sachlichrechtliche Einigung auch die verfahrensrechtliche EintrBewilligung enthält (KEHE Rn. 7; s. auch BayObLG Rpfleger 1975, 26; OLG Köln Rpfleger 1992, 153; MittRhNotK 1997, 327; a. M. Meikel Rn. 50); die ausdrückliche Erklärung oder der aus den Umständen erkennbare Wille der Erklärenden, die Einigung solle die EintrBewilligung nicht enthalten, hindert aber das GBAmt an der Vollziehung der Auflassung (Ertl Rpfleger 1980, 49; Behmer Rpfleger 1984, 306). Erforderlich ist ferner ein EintrAntrag, der in der Einigungserklärung nicht zu liegen braucht.

3 **c)** § 20 ist ebenso wie § 19 **nur eine Ordnungsvorschrift;** eine Verletzung hindert den Eintritt der Rechtsänderung daher nicht. Fehlt die sachlichrechtlich notwendige Einigung, so wird das GB durch die Eintragung unrichtig; die Unrichtigkeit kann aber durch nachfolgende Einigung behoben werden (JFG 5, 332). Zum Verhältnis von Einigung und Eintragung s. Anh. zu § 13 Rn. 8, 9. Zu dem Fall, dass eine mangels behördlicher Genehmigung schwebend unwirksame Auflassung genehmigt wird, nachdem das GB bereits wieder berichtigt worden ist, s. RG 131, 101.

4 **2. Auflassung eines Grundstücks.** Einem Grundstück stehen gleich reale Grundstücksteile, Anteile in Bruchteilen (RG 76, 413) sowie das WEigentum (s. Anh. zu § 3 Rn. 60).

5 **3. Notwendigkeit der Auflassung. a)** Wann es der Auflassung eines Grundstücks bedarf, richtet sich nach materiellem Recht. Bisweilen geht das Eigentum an einem Grundstück kraft Gesetzes oder durch Staatsakt auf einen anderen über. Soweit kein derartiger Fall vorliegt, ist zu einem Eigentümerwechsel grundsätzlich eine Auflassung notwendig (über eine Besonderheit bei buchungsfreien Grundstücken s. § 3 Rn. 23). Der bestandskräftige Bescheid über

die Ausübung des Vorkaufsrechts nach dem BayNatSchG macht die Auflassung nicht entbehrlich (BayObLG 1999, 245).

b) Erforderlich ist z.B. eine Auflassung zur Überführung von Grundstückseigentum von einer **Gesamthand** auf einen der Gesamthänder, etwa bei Auseinandersetzung einer ehelichen Gütergemeinschaft (RG DR 1944, 292) oder bei ehevertraglicher Zuweisung eines Gesamtgutsgrundstücks zum Vorbehaltsgut eines der Ehegatten (JFG 15, 194) sowie zur Einbringung von Gesellschaftergrundstücken in eine OHG (RG 65, 233). Trotz Personengleichheit auf der Veräußerer- und Erwerberseite bedarf es der Auflassung zum Übergang von Grundstückseigentum von einer OHG auf eine GmbH (RG 74, 9; s. auch OLG Celle Rpfleger 1954, 108), auf die Teilhaber nach Bruchteilen (RG 65, 233) oder auf eine BGB-Gesellschaft (RG 136, 406) sowie von einer Erbengemeinschaft auf eine OHG (JFG 21, 168; OLG Hamm DNotZ 1958, 416; s. auch OLG München JFG 18, 120); dasselbe gilt, wenn sich eine BGB-Gesellschaft, der mehrere Wohnungseigentumsrechte gehören, in personengleiche Gesellschaften in der Weise aufteilt, dass jeder neuen Gesellschaft ein Wohnungseigentum zugewiesen wird (BayObLG 1980, 299 = Rpfleger 1981, 58); nach OLG Hamm Rpfleger 1983, 432 bedarf auch die Übertragung von Teileigentum nach dem WEG von einer BGB-Gesellschaft auf eine andere personengleiche BGB-Gesellschaft der Auflassung (ebenso KG Rpfleger 1987, 237); s. hierzu auch BayObLG DNotZ 1991, 598. 6

4. Entbehrlichkeit der Auflassung. a) Nicht erforderlich ist eine Auflassung, wenn an die Stelle der als Eigentümerin eingetragenen Vor-GmbH die GmbH mit ihrer Eintragung in das Handelsregister tritt (BGH 45, 348 = DNotZ 1967, 381; gleiches gilt für die Vor-KG: BayObLG 1985, 214 = Rpfleger 1985, 353), ferner wenn eine OHG oder eine KG in eine BGB-Gesellschaft umgewandelt wird (JFG 12, 280; BayObLG 1948/51, 430 = NJW 1952, 28) oder umgekehrt (LG München I Rpfleger 2001, 489), oder eine aus den Teilnehmern einer Erbengemeinschaft gebildete BGB-Gesellschaft sämtliche Erbanteile erwirbt (KG DR 1944, 455). Ferner bedarf es keiner Auflassung eines zum Nachlass gehörenden Grundstücks bei Erwerb aller übrigen Erbanteile durch einen Miterben (OLG Köln Rpfleger 1993, 349); auch bedarf es keiner Auflassung eines zum Gesellschaftsvermögen gehörenden Grundstücks bei liquidationsloser Übernahme des Vermögens einer aus zwei Personen bestehenden OHG oder BGB-Gesellschaft durch einen der Gesellschafter (RG 65, 240; BGH 32, 307; NJW 1966, 827; BayObLG 1983, 191 = Rpfleger 1983, 431). 7

b) Wird eine im GB als Eigentümerin eingetragene KG wegen Ausscheidens des einzigen Komplementärs aufgelöst, so ist für die Eintragung der bisherigen Kommanditisten als Eigentümer in BGB-Gesellschaft eine Auflassung nicht erforderlich, sofern eine diese Rechtsfolge bezüglich des Eigentums ergebende Vereinbarung der Gesellschafter bzw. Liquidatoren dem GBAmt nachgewiesen wird (OLG Hamm Rpfleger 1984, 95). Wird vereinbart, dass ein Gesellschafter einer aus zwei Gesellschaftern bestehenden, in Liquidation befindlichen BGB-Gesellschaft ausscheidet, wächst sein Anteil dem verbleibenden Gesellschafter an; einer Auflassung an ihn bedarf es nicht (LG Münster Rpfleger 1992, 149).

8 **c)** Übertragen BGB-Gesellschafter ihre Gesellschaftsanteile auf Erwerber, die ihrerseits eine neue BGB-Gesellschaft bilden, und treten sie ihre Rechte und Pflichten an diese ab, so geht das Gesellschaftsvermögen im Weg der Gesamtrechtsnachfolge auf die erwerbende Gesellschaft über; es bedarf keiner Auflassung von Grundstücken (OLG Hamm Rpfleger 1986, 429). Dasselbe gilt allgemein bei der Übertragung von Gesellschaftsanteilen, auch wenn diese insgesamt auf einen einzigen Erwerber übertragen werden. Keine neue Auflassung ist erforderlich, wenn bei Beteiligung einer Gesamthandsgemeinschaft an der Auflassung, sei es auf der Veräußerer- oder auf der Erwerberseite, vor GBEintragung eine Änderung eintritt, z.B. einer BGB-Gesellschaft ein weiterer Gesellschafter beitritt (BayObLG 1991, 320 = Rpfleger 1992, 100; zustimmend Jaschke DNotZ 1992, 160; a.M. LG Aachen Rpfleger 1987, 104); das Gleiche gilt, wenn von dem an der Auflassung Beteiligten vor der GBEintragung Gütergemeinschaft vereinbart wird (a.M. BayObLG MittBayNot 1975, 228). In diesen Fällen ist dem GBAmt jedoch die Veränderung, z.B. die Vereinbarung des Gesellschafterbeitritts oder der Gütergemeinschaft, in grundbuchmäßiger Form nachzuweisen. S. hierzu auch Rn. 44.

9 **5. Sonderfälle. a)** Die von einem Miteigentümer eines Grundstücks erklärte Auflassung von ideellen Bruchteilen des (Gesamt-) Grundstücks begegnet solange keinen Bedenken, als die Bruchteile insgesamt nicht größer sind als der Anteil des Miteigentümers (BayObLG 1979, 122 = Rpfleger 1979, 302).

b) Aus der Autonomie der **Kirche** folgt nicht die Befugnis, für den Bereich des staatlichen Rechts einen Übergang des Eigentums an einem Grundstück mit der Wirkung anzuordnen, dass das GB unrichtig wird (OLG Düsseldorf NJW 1954, 1767; OLG Oldenburg DNotZ 1972, 492; OLG Hamm Rpfleger 1980, 148; BVerfG – Vorprüfungsausschuss – NJW 1983, 2571; s. aber auch OLG Hamburg Rpfleger 1982, 373). Soweit die Kirchen am allgemeinen Rechtsverkehr teilnehmen, genießen sie keine Sonderrechte; sie sind nicht besser und nicht schlechter gestellt als die Körperschaften des öffentlichen Rechts im staatlichen Bereich. Die Voraussetzungen für den Eigentumsübergang von einem kirchlichen Rechtsträger auf einen anderen und seine Eintragung im GB beurteilen sich allein nach den staatlichen Gesetzen (BayObLG 1994, 37 = Rpfleger 1994, 410). Dies schließt es jedoch nicht aus, dass kirchliche Vertretungsregelungen und Veräußerungsbeschränkungen vom GBAmt zu beachten sind (s. § 19 Rn. 139).

c) Die auf die Einräumung oder Aufhebung von Sondereigentum nach dem WEG gerichtete Einigung der Miteigentümer bedarf zwar sachlichrechtlich der für die Auflassung vorgeschriebenen Form (§ 4 Abs. 2 WEG); für die Eintragung gilt jedoch das formelle Konsensprinzip (str.; s. Anh. zu § 3 Rn. 41). 10

6. Bestellung eines Erbbaurechts. Außer bei der Bestellung ist die Einigung auch bei einer Inhaltsänderung oder Übertragung eines Erbbaurechts nachzuweisen. Für Erbbaurechte, die vor dem 22. 1. 1919, also nach dem BGB begründet worden sind, ist nach § 38 ErbbauVO noch die frühere Fassung des § 20 maßgebend, die nur von der Bestellung oder Übertragung eines Erbbaurechts spricht; dennoch wird die Einigung auch im Fall der Inhaltsänderung eines alten Erbbaurechts nachzuweisen sein, da sie sachlichrechtlich nach richtiger Ansicht der für die Bestellung vorgesehenen Form bedarf (s. Rn. 30). 11

7. Entsprechende Anwendung und Sonderregelung. a) Nach § 137 ist § 20, soweit er das Erbbaurecht betrifft, entsprechend auf Erbpachtrechte sowie auf Abbaurechte an nicht bergrechtlichen Mineralien anzuwenden. In *Bayern* kommen derartige Rechte nicht vor; § 20 gilt hier aber sinngemäß für den Fall der Übertragung von Bergwerkseigentum (Art. 40 Abs. 4 AGGVG v. 23. 6. 1981, BayRS 300-1-1-J; § 176 Abs. 2 BBergG), selbständigen Fischereirechten (Art. 14 Abs. 4 FischereiG v. 15. 8. 1908, BayRS 793-1-E; s. zu diesen Reimann MittBayNot 1971, 4), realen nicht radizierten Gewerbeberechtigungen (zum Fortbestand von Kaminkehrerrealrechten s. § 3 Rn. 7) und gewissen Nutzungsrechten des älteren Rechts (Art. 40 Abs. 4 AGGVG v. 23. 6. 1981, BayRS 300-1-1-J); wegen der vor dem Inkrafttreten des BBergG entstandenen Bergwerke und unbeweglichen Kuxe s. Art. 55 Abs. 5 AGGVG v. 23. 6. 1981 (BayRS 300-1-1-J); § 176 Abs. 2 BBergG. 12

b) Auf die Auflassung eines Grundstücks und die Übertragung eines Erbbaurechts gemäß § 1 Abs. 3, § 7 ReichsvermögenG v. 13

16. 5. 1961 (BGBl. I 597) ist § 20 nicht anzuwenden (§ 10 Nr. 2 ReichsvermögenG); insoweit gilt mithin das formelle Konsensprinzip.

14 **8. Form der Einigung bei Grundstücken. a)** Die Einigung muss so nachgewiesen werden, wie sie sachlichrechtlich zur Herbeiführung der Rechtsänderung notwendig ist. Schreibt das materielle Recht eine Form vor, so muss diese gewahrt sein. S. hierzu Ertl, Form der Auflassung eines Grundstücks – Aufgabe des Notars, MittBayNot 1992, 102.

b) Die Auflassung muss nach § 925 Abs. 1 Satz 1 BGB vor einer zuständigen Stelle bei gleichzeitiger Anwesenheit beider Teile erklärt werden (über eine Ausnahme s. § 10 Nr. 1 ReichsvermögenG v. 16. 5. 1961, BGBl. I 597). Erforderlich ist grundsätzlich eine mündliche Erklärung. Jedenfalls muss zweifelsfrei feststellbar sein, dass sowohl die Willenserklärung des Veräußerers als auch die deckungsgleiche Erklärung des Erwerbers bestimmt und eindeutig erklärt sind; dies kann auch das Ergebnis einer Auslegung sein (BayObLG MDR 2001, 501 mit kritischer Anm. v. Kanzleiter MittBayNot 2001, 203 und Reithmann DNotZ 2001, 563). Bloßes Stillschweigen genügt nicht (RG JW 1928, 2519); die Genehmigung und Unterzeichnung der den Veräußerungsvertrag und die Erklärung des Veräußerers enthaltenden Urkunde durch den Erwerber ist daher kein Ersatz für die fehlende eigene Erklärung des letzteren (BayObLG 12, 833; BayObLG MDR 2001, 501 mit kritischer Anm. v. Kanzleiter MittBayNot 2001, 203 und Reithmann DNotZ 2001, 563). Nicht ausgeschlossen ist es damit, dass jemand, der keine mündliche Erklärung abgeben oder entgegennehmen kann, z. B. ein Stummer oder ein Tauber, sich in anderer, eindeutiger Weise erklärt oder die Entgegennahme der Erklärung des anderen Teils zum Ausdruck bringt. Ist in einer notariellen Urkunde nur die Auflassungserklärung des Veräußerers enthalten, kann die entsprechende Erklärung des Erwerbers grundsätzlich nicht als offensichtliche Unrichtigkeit durch einen Nachtragsvermerk des Notars gem. § 44 a Abs. 2 BeurkG ersetzt werden (BayObLG MDR 2001, 501 mit kritischer Anm. v. Kanzleiter MittBayNot 2001, 203 und Reithmann DNotZ 2001, 563).

c) Zur Notwendigkeit des Nachweises einer formgerechten Beurkundung der Auflassung gegenüber dem GBAmt s. Rn. 27.

15 **9. Zuständige Stellen.** Vor welchen Stellen die Auflassung erklärt werden kann, ergibt sich teils aus § 925 Abs. 1 Satz 2 und 3 BGB, teils aus Sondervorschriften. Verschiedene früher bestehende Sonderzuständigkeiten sind durch § 55 Nr. 6, 9, 10 BeurkG beseitigt worden.

10. Notar. a) Nach § 925 Abs. 1 Satz 2 BGB ist zur Entgegennahme der Auflassung jeder deutsche Notar zuständig (s. auch § 20 Abs. 2 BNotO); die von Mann NJW 1955, 1177 vertretene Ansicht, dass auch ausländische Notare zuständig seien, ist unzutreffend (OLG Köln Rpfleger 1972, 134; KG Rpfleger 1986, 428; LG Ellwangen MittRhNotK 2000, 252; Riedel DNotZ 1955, 521; Weber NJW 1955, 1784; s. auch Blumenwitz DNotZ 1968, 736). Die früher bestehende Möglichkeit, die Auflassung auch vor dem das GB führenden GBAmt sowie vor jedem deutschen Amtsgericht zu erklären, ist durch § 57 Abs. 3 Nr. 3 BeurkG beseitigt worden. Die Zuständigkeit des Notars zur Entgegennahme der Auflassung hängt nicht davon ab, ob das Grundstück in seinem Amtsbezirk liegt; sie wird auch nicht dadurch berührt, dass der Notar nach § 16 BNotO, §§ 6, 7 BeurkG von der Beurkundung ausgeschlossen ist (BGH 22, 312 = NJW 1957, 459).

b) Umstritten war, ob ein vor dem 3. 10. 1990 von einem Staatlichen **Notariat der DDR** beurkundeter Grundstückskaufvertrag gem. § 297 des Zivilgesetzbuchs v. 19. 6. 1975 (GBl. DDR I 465) Grundlage für eine nach dem 2. 10. 1990 beantragte Eigentumsumschreibung sein kann (verneinend BezG Dresden DtZ 1991, 439; s. hierzu auch Ertl MittBayNot 1992, 110); der Streit wurde durch Art. 233 § 7 Abs. 1 Satz 2 EGBGB, eingefügt durch das 2. VermRÄndG v. 14. 7. 1992 (BGBl. I 1257, 1277), in bejahendem Sinn entschieden. Umstritten war ferner, ob ein solcher von einem Notar in der Bundesrepublik oder in West-Berlin beurkundeter Vertrag wirksam ist (vgl. z.B. BezG Leipzig DtZ 1992, 58 einerseits und Schotten DNotZ 1991, 771 andererseits; s. hierzu auch Ertl MittBayNot 1992, 110); der Streit wurde durch Art. 231 § 7 EGBGB, eingefügt durch das 2. VermRÄndG v. 14. 7. 1992 (BGBl. I 1257, 1275), für alle notariellen Beurkundungen und Beglaubigungen zugunsten der Wirksamkeit entschieden.

11. Gericht. a) Nach § 925 Abs. 1 Satz 3 BGB kann die Auf- **16**
lassung ferner vor jedem deutschen Gericht in einem gerichtlichen Vergleich erklärt werden und in einem rechtskräftig bestätigten Insolvenzplan.

b) In Betracht kommen als Gerichte, vor denen die Auflassung erklärt werden kann, die ordentlichen und besonderen Gerichte der streitigen und freiwilligen Zivilgerichtsbarkeit, soweit sie als Organe der eigentlichen Rechtspflege, nicht aber als Verwaltungsbehörden oder **Verwaltungsgerichte** tätig werden (BayVGH BayVBl. 1972, 664 betr. Verwaltungsgerichte; Hesse DR 1940, 1034 und h.M.; gegen diese Einschränkung jedoch BVerwG Rpfleger 1995, 497; Walchshöfer NJW 1973, 1103; s. auch OLG

Stuttgart NJW 1964, 110 betr. Strafgerichte), also z.B. auch das Vollstreckungsgericht und das Landwirtschaftsgericht (BGH 14, 387). Ein Vergleich im Sinn des § 779 BGB ist nicht erforderlich; es genügt, dass die Auflassung Teil einer vor dem Gericht geschlossenen, das Verfahren ganz oder teilweise beendenden Vereinbarung ist und mit dieser sachlich zusammenhängt (Hesse DR 1940, 1035; a.M. Keidel DNotZ 1952, 104). Der Vergleich muss ordnungsgemäß protokolliert sein (RG HRR 1929 Nr. 542; BGH 14, 390); unschädlich ist es aber, wenn der Vermerk unterblieben ist, dass die Erklärungen vorgelesen oder sonst in gesetzlicher Form eröffnet und genehmigt worden sind (BGH 142, 84 = NJW 1999, 2806). In einem Vergleich mit Widerrufsvorbehalt ist die Erklärung der Auflassung im Hinblick auf § 925 Abs. 2 BGB nicht möglich (OLG Celle DNotZ 1957, 660; a.M. BVerwG Rpfleger 1995, 497). Zum Nachweis der Vollmacht eines Prozessbevollmächtigten genügt in der Regel dessen Anführung im Vergleichsprotokoll (JFG 1, 334; OLG Saarbrücken OLGZ 1969, 210; OLG Frankfurt Rpfleger 1980, 291; bei Vertretung einer Gemeinde: BayObLG BayVBl. 1988, 250).

c) Ein Vergleich in Form eines **Schiedsspruchs** mit vereinbartem Wortlaut gem. § 1053 ZPO fällt nicht unter § 925 Abs. 1 Satz 3 BGB (§ 1053 Abs. 2 Satz 2 ZPO). Eine wirksame Auflassung kann er nicht enthalten (s. dazu Demharter ZfIR 1998, 445).

d) Die Auflassung kann auch in einem **Insolvenzplan** gem. §§ 217ff. InsO erklärt werden. Das betroffene Grundstück ist dabei gem. § 28 zu bezeichnen (§ 228 InsO). Der Insolvenzplan muss gerichtlich bestätigt (§§ 248, 252 InsO) und der bestätigende Beschluss rechtskräftig sein (vgl. § 253 InsO). Die Bestätigung und ihre Rechtskraft müssen dem GBAmt in der Form des § 29 nachgewiesen werden (vgl. § 254 Abs. 1 Satz 2 InsO).

17 **12. Konsularbeamter.** Auch er ist zur Entgegennahme der Auflassung zuständig (§ 12 Nr. 1, §§ 19, 24 KonsularG v. 11. 9. 1974, BGBl. I 2317).

18 **13. Landesrecht. a)** Durch Landesrecht können Zuständigkeiten zur Entgegennahme der Auflassung, nachdem § 57 Abs. 4 Nr. 3 BeurkG den bereits durch Art. 7 Abs. 2 NotMaßnG v. 16. 2. 1961 (BGBl. I 77) eingeschränkten Vorbehalt des Art. 143 Abs. 1 EGBGB beseitigt hat, nicht mehr begründet werden.

b) Soweit *Bayern* von dem Vorbehalt in § 29 der 1. AusfVO z. GSB (BayBS IV 338) Gebrauch gemacht hatte, ist diese Vorschrift durch § 60 Nr. 11 BeurkG aufgehoben worden. Aufrechterhalten geblieben ist die (allerdings begrenzte) Zuständigkeit der

Ratschreiber in *Baden-Württemberg* (§ 61 Abs. 4 BeurkG; Art. 2 Ges. v. 17. 12. 1974, BGBl. I 3602; § 32 Abs. 3 LFGG v. 12. 2. 1975, GVBl. 116; vgl. dazu Kraiß BWNotZ 1975, 114).

14. Entgegennahmebereitschaft. Die Auflassung braucht nicht 19
an der Amtsstelle erklärt zu werden; die angegangene Stelle muss jedoch zur Entgegennahme bereit sein (RG 132, 409). Gemäß § 925a BGB soll die Auflassung aber nur entgegengenommen werden, wenn die nach § 313 BGB erforderliche Urkunde über den zugrunde liegenden Vertrag vorgelegt oder gleichzeitig errichtet wird. Der Vorlegungszwang besteht gegenüber allen zur Entgegennahme der Auflassung zuständigen Stellen. Das Grundgeschäft muss formgerecht beurkundet sein; durch Landesrecht kann, da § 57 Abs. 4 Nr. 2 BeurkG den schon durch Art. 7 Abs. 2 NotMaßnG v. 16. 2. 1961 (BGBl. I 77) eingeschränkten Vorbehalt des Art. 142 EGBGB beseitigt hat, eine von § 313 BGB abweichende Beurkundungsform nicht mehr zugelassen werden; soweit *Bayern* von dem Vorbehalt in § 29 der 1. AusfVO z. GSB (BayBS IV 338) Gebrauch gemacht hatte, ist diese Vorschrift durch § 60 Nr. 11 BeurkG aufgehoben worden; aufrechterhalten geblieben ist die (allerdings begrenzte) Beurkundungsbefugnis der Ratschreiber in *Baden-Württemberg* (§ 61 Abs. 4 BeurkG; Art. 2 Ges. v. 17. 12. 1974, BGBl. I 3602; § 32 Abs. 3 LFGG v. 12. 2. 1975, GVBl. 116; vgl. dazu Kraiß BWNotZ 1975, 114). Ein Verstoß gegen § 925a BGB berührt die Wirksamkeit der Auflassung nicht.

15. Gleichzeitige Anwesenheit beider Teile. Ein Verstoß 20
gegen das Erfordernis der gleichzeitigen Anwesenheit beider Teile (§ 925 Abs. 1 Satz 1 BGB) hat gemäß § 125 Satz 1 BGB die Nichtigkeit der Auflassung zur Folge (BGH 29, 10). Es ist aber weder die Erklärung der Auflassung durch einen Vertreter (s. hierzu § 19 Rn. 74ff.) noch die durch einen Nichtberechtigten (s. hierzu § 19 Rn. 72) ausgeschlossen (JFG 16, 297; BGH 19, 138; 29, 370; BayObLG 1953, 35; 1983, 278 = Rpfleger 1984, 11). Zu den Anforderungen an den Nachweis der gleichzeitigen Anwesenheit s. Rn. 27.

16. Vertretung. a) Vollmacht und Einwilligung des Berech- 21
tigten bedürfen nicht der Form des § 925 BGB (RG 129, 286; JFG 16, 297; BayObLG 1953, 35). Voraussetzung dafür ist aber, dass ihre freie Widerruflichkeit nicht eingeschränkt ist (s. dazu für die Vollmacht § 19 Rn. 78 und für die Einwilligung BGH NJW 1998, 1482). Dem GBAmt sind Vollmacht und Einwilligung in jedem Fall in der Form des § 29 nachzuweisen. Die Vollmacht muss inhaltlich die Einigung decken; dies hat das GBAmt zu prüfen. Gegebenenfalls ist der Umfang der Vollmacht durch Auslegung zu

ermitteln; dabei gelten die gleichen Grundsätze wie bei der Auslegung von GBErklärungen (s. hierzu § 19 Rn. 28, 75). Von einer Identität der im Kaufvertrag und in der Auflassungsvollmacht bezeichneten, noch nicht vermessenen Grundstücksteilfläche mit dem durch den Bevollmächtigten aufgelassenen, durch Vermessung entstandenen Grundstück kann bei starken Abweichungen in der Größe und der Darstellung im Lageplan nicht ausgegangen werden (OLG Hamm Rpfleger 1985, 288; s. auch BayObLG Rpfleger 1985, 105; DNotZ 1989, 373). Die Vollmacht zur Auflassung sämtlicher durch Teilung erst zu begründender Wohnungseigentumsrechte berechtigt nicht ohne weiteres zur Auflassung des noch ungeteilten Grundstücks (OLG Schleswig Rpfleger 1991, 17). Über den Fall, dass ein Gesamthänder im eigenen Namen ein gemeinschaftliches Grundstück an den anderen Gesamthänder zu dessen Alleineigentum auflässt, s. BayObLG 1957, 370 = Rpfleger 1958, 345 mit krit. Anm. v. Bruhn.

22 **b)** Mangelnde Vertretungsmacht sowie mangelnde Verfügungsbefugnis bei Auflassung durch einen Nichtberechtigten können durch **Genehmigung** rückwirkend geheilt werden (§§ 177, 184 Abs. 1, § 185 Abs. 2 BGB); die Genehmigung bedarf nicht der Form des § 925 BGB (JFG 16, 297; BayObLG 1953, 35; BGH 125, 218 = Rpfleger 1994, 408); jedoch ist dem GBAmt in der Form des § 29 nachzuweisen, dass sie wirksam (§ 182 Abs. 1 BGB) erteilt worden ist. In dem Vorbehalt der Genehmigung der von einem vollmachtlosen Vertreter erklärten Auflassung durch den Vertretenen liegt keine nach § 925 Abs. 2 BGB unzulässige Bedingung. Jedoch kann für eine im Zeitpunkt des Vertragsabschlusses noch nicht bestimmte Person ein (vollmachtloser) Vertreter die Auflassung wegen § 925 Abs. 2 BGB nicht rechtswirksam entgegennehmen (BayObLG 1983, 275 = Rpfleger 1984, 11). § 925 Abs. 2 BGB steht der Wirksamkeit einer bedingten Auflassungsvollmacht nicht entgegen; vor Eintragung der Auflassung ist dem GBAmt jedoch bei einer aufschiebenden Bedingung der Eintritt und bei einer auflösenden Bedingung der Nichteintritt der Bedingung in der Form des § 29 nachzuweisen (KGJ 53, 143; s. auch BGH WM 1966, 376).

23 **c)** Gibt sich ein Bevollmächtigter fälschlich als Erwerber aus, so ist die Auflassung nichtig (RG 106, 199). Die in einem wegen unrichtiger Kaufpreisangabe nichtigen Kaufvertrag erteilte Auflassungsvollmacht ist regelmäßig wirksam (JFG **1,** 325).

24 **17. Sonderregelungen. a) § 894 ZPO.** In diesem Fall gilt die Erklärung des Verurteilten, falls sie nicht von einer Gegenleistung abhängig gemacht ist, mit dem Eintritt der Rechtskraft als in gehö-

riger Form abgegeben; es ist also nurmehr die Erklärung des anderen Teils notwendig, die unter Vorlegung des rechtskräftigen Urteils vor einem Notar oder einer sonst zuständigen Stelle abzugeben ist (RG 76, 411; KGJ 44, 223; 49, 183; RG HRR 1928 Nr. 215; BayObLG 1983, 185 = Rpfleger 1983, 390; kritisch zu dem Erfordernis, das rechtskräftige Urteil vorzulegen, Meyer-Stolte Rpfleger 1983, 391). Unterschriftsbeglaubigung genügt nicht (KG HRR 1936 Nr. 137). Ist die Erklärung von einer Gegenleistung abhängig gemacht, so wird ihre Abgabe erst mit der Erteilung einer vollstreckbaren Ausfertigung fingiert und kann die Erklärung des anderen Teils erst nach der Erteilung abgegeben werden (RG HRR 1928 Nr. 215). Das Vorliegen der Voraussetzungen der Klauselerteilung hat das GBAmt nicht zu prüfen (BayObLG Rpfleger 1983, 480). Ein Urteil auf Abgabe der Auflassungserklärung stellt keine Genehmigung einer Auflassungserklärung dar, die ein Vertreter ohne Vertretungsmacht für den Schuldner abzugeben hat (BayObLG 1983, 181 = Rpfleger 1983, 390). Bei Verurteilung eines Minderjährigen, auch im Versäumnisverfahren, ersetzt das Urteil eine an sich erforderliche Genehmigung des Vormundschaftsgerichts (BayObLG 1953, 114 = MDR 1953, 561; str.).

b) § 19 WEG. Nach dieser Bestimmung ersetzt ein auf Grund 25
des § 18 WEG ergangenes Urteil oder ein entsprechender gerichtlicher Vergleich die Auflassungserklärung an den Ersteher des zu versteigernden WEigentums; es ist daher nur noch dessen Annahmeerklärung erforderlich, die wie im Fall des § 894 ZPO vor einem Notar oder einer sonst zuständigen Stelle abgegeben werden muss.

c) Art. 143 Abs. 2 EGBGB. Aufgrund des in dieser Bestim- 26
mung enthaltenen Vorbehalts kann die gleichzeitige Anwesenheit beider Teile landesrechtlich für entbehrlich erklärt werden, wenn ein Grundstück durch einen Notar versteigert wird und die Auflassung noch im Versteigerungstermin erfolgt; *Bayern* hatte von diesem Vorbehalt in Art. 82 AGBGB v. 9. 6. 1899 (BayBS III 89) Gebrauch gemacht; nach dem AGBGB v. 20. 9. 1982 (BayRS 400-1-J) besteht eine solche Vorschrift nicht mehr.

18. Beurkundung. a) Die Beurkundung der Auflassung ist 27
nicht Voraussetzung ihrer Wirksamkeit; eine Auflassung ist daher auch dann gültig, wenn die Beurkundung unterblieben ist oder nicht den gesetzlichen Vorschriften entspricht (RG 99, 67; 132, 408; BGH 22, 312; BayObLG MittBayNot 1994, 39; 1998, 339; a.M. Güthe/Triebel A. 35; hinsichtlich der Auflassung im gerichtlichen Vergleich s. jedoch Rn. 16). Dem GBAmt muss aber in der Form des § 29 nachgewiesen werden, dass die Auflassung bei

gleichzeitiger Anwesenheit beider Teile vor einer zuständigen Stelle erklärt worden ist; dieser Nachweis wird ohne eine formgerechte Beurkundung der Auflassung nicht geführt werden können (KG HRR 1934 Nr. 652; BayObLG 2001, 15 = Rpfleger 2001, 228; Meikel Rn. 61; a.M. OLG Celle MDR 1948, 258, das einen Nachweis durch öffentlich beurkundete Erklärung des Notars zulässt; s. dazu auch Fuchs-Wissemann Rpfleger 1977, 9; 1978, 431 sowie Huhn Rpfleger 1977, 199). Eine formgerechte Urkunde liegt nicht vor, wenn die Unterschrift des Erwerbers fehlt; der Mangel kann auch nicht durch nachträgliche Erklärungen des Erwerbers und des Notars geheilt werden (BayObLG 2001, 14 = Rpfleger 2001, 228 mit zust. Anm. v. Reithmann DNotZ 2001, 563).

28 **b)** Ob die Beteiligten an die Auflassung auch dann gebunden sind, wenn diese nicht oder fehlerhaft beurkundet wurde, ist streitig; bejahend mit der Begründung, dass § 873 Abs. 2 BGB nicht auf formbedürftige Einigungen anzuwenden sei: BayObLG 1957, 231 = Rpfleger 1957, 351; verneinend: Bassenge Rpfleger 1977, 8 mit weit. Nachweisen. Bei einem gerichtlichen Vergleich wird die notarielle Beurkundung gem. § 127a BGB auch dann durch das Protokoll ersetzt, wenn in diesem der Vermerk unterblieben ist, dass die Erklärungen vorgelesen oder sonst in gesetzlicher Form eröffnet und genehmigt worden sind (BGH 142, 84 = NJW 1999, 2806).

c) Im Gebiet der früheren DDR führte wegen des Beurkundungserfordernisses des § 297 Abs. 1 Satz 2 des Zivilgesetzbuchs v. 19. 6. 1975 (GBl. DDR I 465) die Nichtigkeit der Beurkundung zur materiellen Unwirksamkeit auch der Übereignungserklärung, die auch durch GBEintragung nicht geheilt wird (KG DtZ 1992, 298).

29 **19. Form der Einigung beim Erbbaurecht. a)** Im Fall der Übertragung eines vor dem 22. 1. 1919, also nach dem BGB begründeten Erbbaurechts ist für die Einigung durch § 1017 BGB die Auflassungsform vorgeschrieben; dieser Form bedarf die Einigung aber auch im Fall der Inhaltsänderung eines alten Erbbaurechts, weil für die Inhaltsänderung von Rechten nach § 877 BGB die gleichen Vorschriften wie für die Bestellung gelten, mithin § 1015 BGB anzuwenden ist. Insoweit gilt daher das in Rn. 14ff. Gesagte.

30 **b)** Im Fall der Bestellung, Inhaltsänderung oder Übertragung eines Erbbaurechts nach der ErbbauVO ist eine Form für die Einigung nicht vorgeschrieben. Verfahrensrechtlich ist aber der Nachweis in der Form des § 29 notwendig (s. hierzu Anh. zu § 8 Rn. 30). Ist dieser Nachweis erbracht, hat das GBAmt dem Eintr-

Antrag auch dann stattzugeben, wenn es weiß, dass das Grundgeschäft der gemäß § 11 Abs. 2 ErbbauVO erforderlichen Form des § 313 Satz 1 BGB nicht entspricht; dies gilt auch dann, wenn sich die Vertragsparteien des Grundgeschäfts in Erwartung einer Heilung gemäß § 313 Satz 2 BGB bewusst über die Formvorschrift hinweggesetzt haben (OLG Oldenburg DNotZ 1985, 712; im Ergebnis ebenso Wufka DNotZ 1985, 664).

20. Inhalt der Einigung. Die Einigung, deren Wirksamkeit 31
nicht von der des Grundgeschäfts abhängt (RG 104, 103; KG HRR 1930 Nr. 1507; BayObLG Rpfleger 1969, 48), erfordert übereinstimmende, unmittelbar auf Rechtsänderung gerichtete Erklärungen des Berechtigten und des anderen Teils. Bestimmte Ausdrücke sind nicht vorgeschrieben; so kann die Auflassung z.B. in der Form erklärt werden, dass der Veräußerer die Umschreibung des Eigentums bewilligt und der Erwerber diese beantragt (KG HRR 1936 Nr. 137; BayObLG Rpfleger 1984, 266). Die Erklärungen sind auslegungsfähig (RG 152, 192; BayObLG 1974, 114 = Rpfleger 1974, 222, zugleich zu den Grenzen der Auslegung durch das GBAmt; BayObLG 1977, 189; 1980, 112 = Rpfleger 1980, 293).

21. Bezeichnung des Grundstücks. a) Wenn die sachlich- 32
rechtliche Einigung auch die verfahrensrechtliche EintrBewilligung enthält (s. Rn. 2), muss sie das Grundstück gemäß § 28 bezeichnen (KG HRR 1930 Nr. 1507; OLG München JFG 15, 284; OLG Hamm DNotZ 1958, 644; BayObLG Rpfleger 1982, 62; 1988, 60); für den Insolvenzplan (vgl. § 925 Abs. 1 Satz 3 BGB) schreibt dies § 228 InsO ausdrücklich vor. Dies ist aber nur ein verfahrensrechtliches, nicht ein sachlichrechtliches Erfordernis; eine Auflassung ist wirksam, sofern das Grundstück sonst zweifelsfrei bezeichnet ist (BayObLG Rpfleger 1988, 60). Auch **unvermessene Trennstücke** können aufgelassen werden, falls sie hinreichend deutlich gekennzeichnet sind (BayObLG JFG 3, 285; RG DR 1941, 2196; BayObLG 1962, 371 = Rpfleger 1963, 243; BGH 90, 326 = Rpfleger 1984, 310; wegen der Bezugnahme auf in der Natur vorhandene Merkmale und Karten, Pläne, Skizzen u.ä. gilt das zu § 7 Rn. 22 Gesagte). In diesen Fällen ist auch eine Verurteilung zur Auflassung möglich (BGH 90, 326 = Rpfleger 1984, 310), nicht aber in jedem Fall auch eine solche zur Abgabe der EintrBewilligung (BGH Rpfleger 1987, 452; s. hierzu auch § 28 Rn. 3).

b) Die bei der Auflassung oder der Verurteilung hierzu unterbliebene Bezeichnung gemäß § 28 ist in der Form des § 29 nachzuholen, wobei die Erklärung eines der Beteiligten genügt (KG

HRR 1930 Nr. 1507; OLG Hamm DNotZ 1958, 644 mit kritischer Anm. v. Hieber; BayObLG Rpfleger 1967, 177 mit Anm. v. Haegele; BayObLG 1974, 115 = Rpfleger 1974, 222; BGH 90, 328 = Rpfleger 1984, 310; OLG Köln Rpfleger 1992, 153); zur Nachholung der Erklärung durch den hiezu ausdrücklich bevollmächtigten Urkundsnotar s. § 29 Rn. 35. Die Bezeichnung gem. § 28 wird in der Regel dadurch nachgeholt, dass die Beteiligten nach Vermessung der Teilfläche und Vorliegen des Veränderungsnachweises in der Form des § 29 die Richtigkeit der Vermessung anerkennen und die Identität des aufgelassenen Grundstücksteils und des nach Vermessung im Veränderungsnachweis ausgewiesenen Flurstücks bestätigen (**Messungsanerkennung,** Identitätserklärung). Ob Identität zwischen der aufgelassenen und der vermessenen Teilfläche besteht, hat das GBAmt auch bei Vorliegen einer Identitätserklärung selbst festzustellen (a. M. LG Saarbrücken MittRhNotK 1997, 364). Eine Identitätserklärung kann vom GBAmt nicht verlangt werden, wenn keine Zweifel an der Identität bestehen, weil z. B. die amtliche Karte nach Vermessung und der der Auflassung zugrundeliegende Lageplan zweifelsfrei übereinstimmen (OLG Köln Rpfleger 1992, 153); zu einem Fall der fehlenden Übereinstimmung s. BGH Rpfleger 1995, 342.

c) Eine unrichtige Bezeichnung, z. B. infolge Parzellenverwechslung, kann in der Form des § 29 klargestellt werden (RG 133, 281).

33 **22. Angabe des Gemeinschaftsverhältnisses. a)** Bei einer Mehrheit von Erwerbern (die jedoch nicht gegeben ist, wenn ein in Gütergemeinschaft lebender Ehegatte, wozu er berechtigt ist, ein Grundstück für sich erwirbt: BayObLG 1975, 211 = Rpfleger 1975, 302, oder er und der andere Ehegatte jeweils einen Hälfteanteil an dem Grundstück für sich erwerben: BayObLG 1978, 339 = Rpfleger 1979, 18) hat die Einigung auch die nach § 47 erforderlichen Angaben über das Gemeinschaftsverhältnis zu umfassen; die Nachholung oder Änderung erfordert Einigung, kann also grundsätzlich nicht einseitig durch die Erwerber erfolgen (BayObLG 1975, 211 = Rpfleger 1975, 302). In der Einigung (Auflassung) liegt aber regelmäßig die stillschweigende Ermächtigung durch den Veräußerer (§ 185 Abs. 1 BGB), dass die mehreren Erwerber ohne seine Mitwirkung die Angaben über das Gemeinschaftsverhältnis ändern (OLG Köln Rpfleger 1980, 16) oder bei unterbliebenen Angaben die Auflassung mit Angaben zum Gemeinschaftsverhältnis nachholen (LG Lüneburg Rpfleger 1994, 206); dies muss in der Form des § 925 BGB, § 29 GBO geschehen.

b) Wird **Ehegatten,** die in Gütergemeinschaft leben, ein Grundstück „in Miteigentum zu gleichen Teilen" aufgelassen, so können sie auf ihren Antrag als Eigentümer in Gütergemeinschaft in das GB eingetragen werden, ohne dass es einer (erneuten) Auflassung des Grundstücks an sie als Eigentümer zur gesamten Hand bedarf (BGH 82, 346 = Rpfleger 1982, 135). Ist andererseits an Eheleute, die nicht in Gütergemeinschaft leben, ein Grundstück zum Gesamtgut aufgelassen und sind sie im GB als Eigentümer in Gütergemeinschaft eingetragen worden, so kann im Allgemeinen angenommen werden, dass sie Miteigentum je zur Hälfte erworben haben (BayObLG 1983, 118 = Rpfleger 1983, 346). S. hierzu auch Böhringer BWNotZ 1985, 104. Ein Rechtserwerb durch eine Erbengemeinschaft ist nur im Rahmen des § 2041 BGB möglich (KG DNotZ 1944, 177; OLG Köln OLGZ 1965, 117).

23. Flurbereinigung, Umlegung, WEigentum. a) Tritt im Zug einer Flurbereinigung oder einer Umlegung nach §§ 45 ff. BauGB nach Auflassung, aber vor deren Eintragung im GB an die Stelle des aufgelassenen Einlagegrundstücks ein Ersatzgrundstück, so bedarf es weder einer Erneuerung der Auflassung noch einer Berichtigung der Bezeichnung des aufgelassenen Grundstücks; war zurzeit der Auflassung eines Einlagegrundstücks der neue Rechtszustand bereits eingetreten, dieser aber noch nicht im GB eingetragen, so ist die Auflassung dahin auszulegen, dass sie sich auf das Ersatzgrundstück bezieht, und eine Berichtigung der Bezeichnung des aufgelassenen Grundstücks auch hier nicht erforderlich (BayObLG 1972, 242 = Rpfleger 1972, 366; BayObLG 1980, 108 = Rpfleger 1980, 293; s. dazu auch Rehle MittBayNot 1980, 160; Tönnies MittRhNotK 1987, 97). Die Auflassung kann jedoch im GB nicht eingetragen werden, solange dort der neue Rechtszustand nicht verlautbart ist (BayObLG 1982, 458 = Rpfleger 1983, 145; kritisch hierzu Haiduck MittBayNot 1983, 66; s. auch Eckhardt BWNotZ 1984, 109). Zur GBerichtigung nach dem Flurbereinigungsplan s. auch BayObLG 1985, 372 = Rpfleger 1986, 129. S. zum Ganzen auch OLG Frankfurt Rpfleger 1996, 335. 34

b) Zur Identität eines WEigentums bei Veränderungen des gemeinschaftlichen Eigentums und bei Änderung der Gemeinschaftsordnung zwischen Auflassung und Eintragung s. BayObLG Rpfleger 1984, 408. 35

24. Bedingung und Befristung. a) Die Auflassung muss bei Meidung ihrer Unwirksamkeit unbedingt und unbefristet sein (§ 925 Abs. 2 BGB), darf demnach auch nicht von der Wirksamkeit des Grundgeschäfts oder, wie bei einem Rücktrittsvorbehalt, von seinem Bestehen bleiben abhängig gemacht werden (JFG 14, 221; OLG Düsseldorf JMBlNW 1957, 160; wegen der Erklärung 36 der Auflassung in einem gerichtlichen Vergleich mit Widerrufsvorbehalt s. Rn. 16; zur Zulässigkeit einer bedingten Auflassungsvollmacht s. Rn. 22). Behält sich jedoch der Verkäufer in einem Kaufvertrag mit Auflassung für bestimmte Fälle vor, vom Vertrag zurückzutreten, so erstreckt sich der Rücktrittsvorbehalt im Zweifel nur auf das Verpflichtungsgeschäft, so dass eine bedingte Auflassung nicht vorliegt (OLG Oldenburg Rpfleger 1993, 330). Statthaft ist ein Vorbehalt nach § 16 Abs. 2 (JFG 1, 337). Die Beifügung von Rechtsbedingungen, z. B. Erteilung der vormundschaftsgerichtlichen Genehmigung (OLG Celle DNotZ 1957, 660), ist unschädlich; anders, wenn die Rechtsbedingung zur rechtsgeschäftlichen Bedingung erhoben wird (KGJ 36, 198; BayObLG 1972, 258 = Rpfleger 1972, 400). Eine Auflassung, bei der nur der grundbuchamtliche Vollzug, nicht aber die Einigung über den Eigentumsübergang, von einer Bedingung oder Zeitbestimmung abhängig gemacht ist, fällt nicht unter § 925 Abs. 2 BGB und ist daher wirksam (LG München DNotZ 1950, 33; BGH LM § 925 Nr. 3; OLG Düsseldorf NJW 1954, 1041; s. dazu, wenngleich im Übrigen bedenklich, auch OLG Hamm Rpfleger 1975, 250). Hingegen kommt § 925 Abs. 2 BGB zum Zug, wenn die Parteien eines Scheidungsrechtsstreits „für den Fall der Scheidung" zu gerichtlichem Vergleich die Auflassung eines Grundstücks erklärt haben, mag auch das Urteil im gleichen Termin noch verkündet und wegen beiderseitigen Rechtsmittelverzichts rechtskräftig geworden sein (BayObLG 1972, 257 = Rpfleger 1972, 400; s. hierzu auch Schmidt SchlHA 1980, 81; Wichers SchlHA 1980, 124). Entsprechendes gilt im Fall der Aufhebung einer Lebenspartnerschaft gem. § 15 LPartG.

37 **b)** Auch die Übertragung eines Erbbaurechts ist bedingungs- und befristungsfeindlich; dabei macht es keinen Unterschied, ob das Erbbaurecht noch nach dem BGB oder nach der ErbbauVO begründet worden ist (§ 1017 BGB; § 11 Abs. 1 Satz 2 ErbbauVO). Dagegen ist bei der Bestellung eines Erbbaurechts lediglich die Vereinbarung einer auflösenden Bedingung unzulässig (§ 1 Abs. 4 Satz 1 ErbbauVO).

38 **25. Prüfung des GBAmts.** Nach dem Gesetzeswortlaut muss die Einigung „erklärt" sein. EintrVoraussetzung ist nicht, dass die Wirksamkeit der Einigung vom GBAmt festgestellt ist; eine solche Feststellung könnte in dem durch die Beweismittelbeschränkung geprägten EintrAntragsverfahren (vgl. § 1 Rn. 51) vom GBAmt gar nicht getroffen werden. Vielmehr genügt es, dass dem GBAmt die Einigung in der grundbuchmäßigen Form des § 29 so nachgewiesen ist, wie sie sachlichrechtlich zur Herbeiführung der Rechtsän-

derung notwendig ist. Ist dieser Nachweis erbracht, darf das GBAmt die Eintragung nur ablehnen, wenn es auf Grund feststehender Tatsachen zu der Überzeugung gelangt, dass das GB durch die Eintragung unrichtig würde (OLG Düsseldorf Rpfleger 2000, 107; vgl. Anh. zu § 13 Rn. 29; ferner Wolfsteiner DNotZ 1987, 72). Zur Auslegung der Auflassungserklärungen durch das GBAmt s. BayObLG Rpfleger 1994, 344. Die erneute Erklärung einer nicht oder nicht hinreichend bestimmten Auflassung kann nicht durch Zwischenverfügung aufgegeben werden (§ 18 Rn. 32).

26. Einigungsberechtigung. Im Fall der Auflassung eines Grundstücks sowie im Fall der Bestellung eines Erbbaurechts wird ausschließlich das Eigentum, im Fall der Übertragung eines Erbbaurechts ausschließlich dieses betroffen. Verlierender Teil ist daher in den beiden ersten Fällen nur der Eigentümer, im letzten Fall nur der Erbbauberechtigte; entscheidend ist die wahre Berechtigung, weil Rechtsänderung in Rede steht (s. § 19 Rn. 46). **39**

27. Verlierender Teil. a) Verfügungsberechtigter. aa) Er muss die Einigungserklärung abgeben (BayObLG 1973, 140 = Rpfleger 1973, 296). Die Einigungsberechtigung als Ausfluss der sachlichrechtlichen Verfügungsbefugnis sowie die Befugnis, sie auszuüben, müssen grundsätzlich noch im Zeitpunkt der Eintragung vorliegen; die gilt auch dann, wenn die Einigung gem. § 873 Abs. 2 BGB bindend geworden ist (BayObLG 1999, 109). Insoweit gilt das zu § 19 Rn. 56ff. Gesagte entsprechend. Der Nachlassverwalter ist jedoch ebenso wenig wie der Insolvenzverwalter oder der Testamentsvollstrecker befugt, persönliche Mitgliedschaftsrechte des Erben eines BGB-Gesellschafters oder eines Gesellschafters einer Personenhandelsgesellschaft geltend zu machen; er braucht auch an der Verfügung über ein zum Gesellschaftsvermögen gehörendes Grundstück nicht mitzuwirken. Dies gilt sowohl bei Auflösung der Gesellschaft als auch bei Fortsetzung mit den Erben des Gesellschafters (BayObLG 1990, 306 = Rpfleger 1991, 58). **40**

bb) Für Grundstücke und Gebäude, die im Gebiet der **früheren DDR** im GB noch als Eigentum des Volkes eingetragen sind, enthält § 8 (früher § 6) VZOG hinsichtlich der Verfügungsbefugnis eine Sonderregelung. Zu den Voraussetzungen und zum Umfang der danach den Gemeinden, Städten und Landkreisen eingeräumten Verfügungsbefugnis s. Anh. zu § 44 Rn. 3. Verfügungsbeschränkungen enthält § 3 Abs. 3 bis 5 VermG, der jedoch nicht anzuwenden ist, wenn ein Investitionsvorrangbescheid (§ 2 Abs. 1, § 8 Abs. 1 InVorG) oder ein Vorhaben- und Erschließungsplan (§ 18 Abs. 1 InVorG) vorliegt. Zur Verfügungsbefugnis einer Bewilligungsstelle s. § 105 Abs. 1 Nr. 6 GBV und § 19 Rn. 59.

cc) Die erklärte, aber im GB noch nicht vollzogene Auflassung stellt unabhängig von der Frage einer Bindung an die Erklärung keine Verfügungsbeschränkung im Sinn des § 892 Abs. 1 Satz 2 BGB dar (BGH 49, 200; BayObLG Rpfleger 1983, 249). Eine wegen Beschränkung der Verfügungsbefugnis oder der Geschäftsfähigkeit erforderliche Zustimmung eines Dritten bedarf nicht der Form des § 925 BGB; dem GBAmt ist jedoch in der Form des § 29 nachzuweisen, dass die Zustimmung gegenüber dem Verfügenden oder dem anderen Teil erklärt worden ist (s. dazu § 19 Rn. 70); den Nachweis, dass der andere Teil nicht nach § 1366 Abs. 3 und § 1427 Abs. 1 BGB oder gemäß § 108 Abs. 2 BGB vorgegangen ist, kann das GBAmt trotz des materiellen Konsensprinzips nicht verlangen (BayObLG 20, 386; OLG Frankfurt Rpfleger 1959, 275; a.M. Güthe/Triebel A. 42ff.).

41 **b) Gerichtliche Genehmigung.** Ist sie erforderlich (die Genehmigung des Verpflichtungsgeschäfts erstreckt sich in der Regel auch auf die nachfolgende Auflassung: JFG 14, 248; BayObLG DNotZ 1983, 369; BayObLG 1985, 43 = Rpfleger 1985, 235), so ist die Erteilung der Genehmigung gegenüber dem gesetzlichen Vertreter (Betreuer, Pfleger) und ihre Mitteilung an den anderen Teil (nicht aber die Beachtung des § 1829 Abs. 2 BGB; a.M. Güthe/Triebel A. 43) in grundbuchmäßiger Form nachzuweisen (OLG Oldenburg DNotZ 1957, 543; BayObLG DNotZ 1983, 369); haben die Beteiligten einen Doppelbevollmächtigten, z.B. den beurkundenden Notar, bestellt (vgl. § 19 Rn. 68), so muss dessen innerer Wille, die erteilte Genehmigung sich selbst als Vertreter des anderen Teils mitzuteilen, nach außen irgendwie erkennbar in Erscheinung treten; dies kann durch einen entsprechenden, nicht der Form des § 29 bedürftigen Vermerk des Doppelbevollmächtigten, aber auch dadurch geschehen, dass er die Urkunde mit der Ausfertigung des Genehmigungsbeschlusses dem GBAmt einfach zum Vollzug vorlegt (s. dazu OLG Hamm Rpfleger 1964, 313; OLG Zweibrücken DNotZ 1971, 731; BayObLG DNotZ 1983, 369; Hieber DNotZ 1951, 213; Haegele Rpfleger 1952, 314; Meyer-Stolte Rpfleger 1967, 302; 1974, 88 Fußnote 20). Über bedingte Zustimmungen s. § 19 Rn. 33.

42 **c) Einwilligung in weitere Verfügungen.** aa) In der Einigung liegt regelmäßig die Einwilligung in weitere Verfügungen (§ 185 Abs. 1 BGB), die der Erwerber vor seiner Eintragung vornimmt (KGJ 47, 158; RG 129, 153; 135, 382; BayObLG MittBayNot 1987, 252; NJW-RR 1991, 465; BGH 106, 112; MittBayNot 1989, 20; KG FGPrax 1995, 178). Aus den Umständen des Einzelfalls kann sich aber bei der Auslegung etwas anderes er-

geben (a. M. Streuer Rpfleger 1998, 314). So enthält die Auflassung dann keine Ermächtigung des Käufers, das Grundstück ohne Zwischeneintragung zu veräußern, wenn der Erwerb des Dritten einer vertraglichen Zweckbestimmung zuwiderliefe (BGH Rpfleger 1997, 207). Eine Einwilligung in weitere Verfügungen ist ferner dann zu verneinen, wenn der letzte Erwerber die Kaufgeldhyp. des ersten Veräußerers nicht eintragen lassen will (JFG 2, 319; s. auch OLG Düsseldorf OLGZ 1980, 343); wegen des Falls, dass ein Auflassungsempfänger, ohne sich als Eigentümer eintragen zu lassen, die Eintragung eines Grundpfandrechts zugunsten eines Dritten bewilligt, s. BayObLG 1970, 254 = Rpfleger 1970, 431. Die dem Erwerber eingeräumte Vollmacht, das Grundstück vor Eigentumsumschreibung dinglich zu belasten, berechtigt diesen im Fall der Weiterveräußerung nicht, namens des eingetragenen Eigentümers einer dinglichen Belastung durch den Zweiterwerber samt Vollstreckungsunterwerfung zuzustimmen (OLG Düsseldorf FGPrax 1999, 169). Die Auflassungserklärung eines Eigentümers enthält nicht die Einwilligung in die Bewilligung einer Auflassungsvormerkung durch den Auflassungsempfänger, s. BayObLG 1979, 13 = Rpfleger 1979, 134. Möglich ist auch die stillschweigende Ermächtigung an den Erwerber, im Namen des Veräußerers die Löschung von Eintragungen zu beantragen.

bb) Ein Auflassungsempfänger kann seine **Anwartschaft** aus der **43**
Auflassung sowie das Anwartschaftsrecht, zu dem sich jene bei Vorliegen eines eigenen unerledigten EintrAntrags des Auflassungsempfängers oder bei Eintragung einer Vormerkung für diesen verstärkt, übertragen (s. hierzu Anh. zu § 26 Rn. 53). Die Übertragung des Anwartschaftsrechts bedarf der Form des § 925 BGB (BGH 49, 202 = Rpfleger 1968, 83; BGH 83, 399 = Rpfleger 1982, 272); die überwiegende Ansicht im Schrifttum nimmt dies auch bezüglich der (schwächeren) Anwartschaft an. Die Übertragung bewirkt, dass der Erwerber, ohne der Zustimmung des Auflassungsempfängers und Anwartschaftsveräußerers zu bedürfen, die Eigentumsumschreibung unmittelbar vom Eigentümer auf sich beantragen kann und mit deren Vollzug das Eigentum unmittelbar vom Eigentümer erwirbt (BGH 49, 205 = Rpfleger 1968, 83). S. hierzu Egbert Schneider, Kettenauflassung und Anwartschaft, MDR 1994, 1057.

d) Gesamtrechtsnachfolge. Wer im Weg der Gesamtrechts- **44**
nachfolge Eigentümer (Erbbauberechtigter) wird, muss sich die Einigungserklärung seines Rechtsvorgängers zurechnen lassen; seine Zustimmung ist zur GBUmschreibung nicht erforderlich. Daher bedarf es zur Eintragung des Eigentumswechsels auf Grund einer

von dem Erblasser erklärten Auflassung nicht der Zustimmung des als Eigentümer eingetragenen Erben oder Erbeserben (BGH 48, 356 = Rpfleger 1968, 49; BayObLG 1990, 312); dies gilt auch dann, wenn der Erbeserbe das Grundstück nach dessen Veräußerung an einen Dritten von diesem zurückerworben hatte (BayObLG 1973, 139 = Rpfleger 1973, 296). Die Auflassung des Erblassers oder der Erbengemeinschaft nach ihm genügt zur Eigentumsumschreibung aber nicht, wenn ein Miterbe im Weg der Erbauseinandersetzung Alleineigentümer des Grundstücks geworden ist (BayObLG 1956, 180; Rpfleger 1998, 334; s. auch BayObLG NJW-RR 1990, 722f.). Eine Bindung an die Auflassung eines Rechtsvorgängers tritt auch dann nicht ein, wenn die Kette der Gesamtrechtsnachfolge durch einen Erwerb auf Grund Rechtsgeschäfts unterbrochen ist (BayObLG 1999, 110). Bei einer Auflassung des Erblassers ist zur GBUmschreibung auch die Zustimmung desjenigen entbehrlich, der teils durch Erbgang (§ 1922 BGB), teils durch Erbteilserwerb (§ 2033 BGB) Eigentümer geworden und als solcher im GB eingetragen ist (OLG Zweibrücken MittBayNot 1975, 177). Hat die Erbengemeinschaft die Auflassung erklärt, bedarf es zum grundbuchamtlichen Vollzug nicht der Zustimmung des im GB eingetragenen Erbteilserwerbers (BayObLG 1986, 493 = Rpfleger 1987, 110).

45 **28. Gewinnender Teil.** Gewinnender Teil ist nur der Erwerber. Zur Erwerbsfähigkeit s. § 19 Rn. 95.

a) Beschränkt Geschäftsfähiger. Er kann die Auflassung eines ihm vom gesetzlichen Vertreter geschenkten unbelasteten Grundstücks ohne Pfleger entgegennehmen (JFG 13, 301; BGH 15, 168 = NJW 1955, 1353); hieran ist im Ergebnis festzuhalten, auch wenn die den angeführten Entscheidungen zugrundeliegende Auffassung, die Frage des lediglich rechtlichen Vorteils im Sinn des § 107 BGB sei getrennt einerseits für den schuldrechtlichen Vertrag und andererseits für das dingliche Erfüllungsgeschäft zu beurteilen, nicht mehr der Ansicht des BGH entspricht (s. BGH 78, 28 = Rpfleger 1980, 463). Zum Fall der Schenkung eines mit einer Hyp. belasteten Grundstücks s. OLG München JFG 18, 115; BayObLG 1979, 49 = Rpfleger 1979, 197; zur Schenkung eines mit einem Vorkaufsrecht belasteten Grundstücks s. BayObLG 1998, 139 = Rpfleger 1998, 425; zur Schenkung eines vermieteten Grundstücks s. OLG Oldenburg DNotZ 1989, 92; zur Schenkung eines Grundstücks unter Vorbehalt der durch eine Auflassungsvormerkung zu sichernden Rückforderung, eines dinglich zu sichernden Wohnungsrechts oder eines Nießbrauchs, der Anrechnung auf den Pflichtteil oder der Belastung mit einem Grundpfandrecht

s. BayObLG 1967, 245; 1979, 49; 1998, 139 = Rpfleger 1998, 425; OLG Frankfurt Rpfleger 1981, 19; OLG Dresden MittRhNotK 1997, 184. Vgl. zum Ganzen auch Lange NJW 1955, 1339; Klüsener Rpfleger 1981, 258; Jerschke DNotZ 1982, 459; Köhler JZ 1983, 225; Stutz MittRhNotK 1993, 205; Gschoßmann MittBayNot 1998, 236. Zur Schenkung von Wohnungseigentum an einen Minderjährigen s. Anh. zu § 3 Rn. 43. Der unentgeltliche Erwerb eines Nachlassgrundstücks durch einen minderjährigen Miterben zu Alleineigentum bedarf keiner Einwilligung seines gesetzlichen Vertreters und keiner Genehmigung durch das Familien- oder Vormundschaftsgericht (BayObLG 1968, 1 = Rpfleger 1968, 151). Diese sind jedoch erforderlich, wenn ein Minderjähriger einer BGB-Gesellschaft beitritt (OLG Zweibrücken NJW-RR 1999, 1174).

b) Verpfändung. Zur Rechtslage bei Verpfändung eines Auflassungsanspruchs, der Anwartschaft aus einer Auflassung oder des Anwartschaftsrechts aus einer solchen s. § 26 Rn. 25, 28; zu der bei Pfändung eines Auflassungsanspruchs, der Anwartschaft aus einer Auflassung oder des Anwartschaftsrechts aus einer solchen s. Anh. zu § 26 Rn. 49ff. 46

29. Sonstige EintrUnterlagen. In den Fällen des § 20 sind in der Regel weitere EintrUnterlagen beizubringen; insbes. bedarf die Verfügung zu ihrer Wirksamkeit häufig einer behördlichen Genehmigung (s. Rn. 55) oder der Zustimmung eines Dritten (s. dazu, insbes. zum Erfordernis der vormundschaftsgerichtlichen Genehmigung, § 19 Rn. 63ff.; zu den Zustimmungserfordernissen nach § 12 WEG und § 5 ErbbauVO s. Anh. zu § 3 Rn. 34 und Anh. zu § 8 Rn. 15). An weiteren EintrUnterlagen kommen (abgesehen von dem im Fall des § 2 Abs. 3 erforderlichen beglaubigten Auszug aus dem amtlichen Grundstücksverzeichnis) vornehmlich in Betracht: 47

30. Unbedenklichkeitsbescheinigung des Finanzamts. a) Sie ist gemäß § 22 GrEStG v. 17. 12. 1982 (BGBl. I 1777) erforderlich für jede rechtsändernde oder berichtigende (OLG Frankfurt Rpfleger 1995, 346) Eintragung des Erwerbers eines Grundstücks oder Erbbaurechts. Das GBAmt hat zunächst zu prüfen, ob ein Rechtsvorgang vorliegt, der seiner Art nach unter das GrEStG fällt (KGJ 52, 151; OLG Celle Rpfleger 1985, 187; OLG Stuttgart Rpfleger 1976, 134; BayObLG Rpfleger 1983, 103; OLG Frankfurt Rpfleger 1995, 346). Trifft dies nicht zu, so darf die Eintragung nicht von der Beibringung der Bescheinigung abhängig gemacht werden, es sei denn, dass eine Steuerpflicht auf Grund eines Missbrauchstatbestands (§ 42 AO) möglich erscheint (BayObLG Rpfleger 1983, 48

103; vgl. OLG Celle Rpfleger 1985, 187). Liegt dagegen ein „Erwerbsvorgang" im Sinn des § 1 GrEStG vor, so hat das GBAmt die Bescheinigung auch dann zu verlangen, wenn eine Steuer nicht erhoben wird; darüber entscheidet allein das Finanzamt (JFG 13, 234; BGH 7, 57; BayObLG Rpfleger 1983, 103; OLG Celle Rpfleger 1985, 187). Diesem ist die Klärung von Zweifeln in tatsächlicher und rechtlicher Hinsicht am Bestehen eines steuerpflichtigen Vorgangs vorbehalten (OLG Zweibrücken Rpfleger 2000, 544).

b) Die Ansicht, dass ein grunderwerbsteuerpflichtiger Erwerbsvorgang bei einem Wechsel im Personenstand einer Erbengemeinschaft gegeben sei (OLG Celle DNotZ 1953, 156; BayObLG 1957, 305; vgl. aber auch OLG Stuttgart Rpfleger 1976, 134), wurde zunächst auch vom BFH geteilt, dann aber von diesem aufgegeben (BStBl. II 1976, 159; s. dazu auch Haegele Rpfleger 1976, 234). Der Übergang von Grundstücken im Rahmen einer Umwandlung nach § 1 UmwandlungsG v. 28. 10. 1994 (BGBl. I 3210) unterliegt gem. § 1 Abs. 1 Nr. 3 GrEStG der Grunderwerbsteuer; dies gilt aber nicht für den Fall einer bloß formwechselnden Umwandlung ohne Wechsel des Rechtsträgers (BFH MittBayNot 1997, 124). Jedoch ist bei gleichzeitiger Auswechslung aller Gesellschafter einer BGB-Gesellschaft durch Abtretung der Gesellschaftsanteile trotz Wahrung der Identität des Rechtsträgers über § 42 AO ein der Grunderwerbsteuer unterliegender Vorgang gegeben (BFH BStBl. II 1997, 299). Das bloße Ausscheiden eines Gesellschafters aus einer mit mindestens zwei Gesellschaftern fortbestehenden BGB-Gesellschaft ist kein grunderwerbsteuerpflichtiger Vorgang (BayObLG Rpfleger 1983, 103). Bei Veränderungen im Gesellschafterbestand einer BGB-Gesellschaft im Übrigen ist das GBAmt jedoch berechtigt, eine steuerliche Unbedenklichkeitsbescheinigung zu verlangen (OLG Celle Rpfleger 1985, 187). Auch die Übernahme des Handelsgeschäfts einer KG durch einen Kommanditisten stellt einen grunderwerbsteuerpflichtigen Vorgang dar (BayObLG FGPrax 1995, 95), ebenso grundsätzlich die Eigentumszuordnung im Umlegungsverfahren nach dem BauGB (BFH MittRhNotK 1998, 96), nicht jedoch die bloße Firmenänderung einer Kapitalgesellschaft (OLG Frankfurt Rpfleger 1995, 346). Erforderlich ist die Vorlage einer Unbedenklichkeitsbescheinigung bei der Umschreibung eines Erbbaurechts als Folge eines Vermögensübergangs im Weg der Anwachsung (OLG Oldenburg NJW-RR 1998, 1632), ferner bei Begründung eines Erbbaurechts (BFH BStBl. II 1968, 223), nicht aber bei dessen Erlöschen durch Zeitablauf (BFH MittBayNot 1995, 248). Von der Vorlage einer Unbedenklichkeitsbescheinigung kann das GBAmt jedoch die Eintragung dessen, der gemäß § 927 BGB ein Grundstück durch Aneignung erworben hat, nicht abhängig machen (OLG Zweibrücken Rpfleger 1987, 105). Dagegen hat es die Vorlage der Bescheinigung zur Eigentumsumschreibung zu verlangen, wenn das Eigentum an einer Straßenparzelle wegen eines Wechsels der Straßenbaulast von einer Körperschaft des öffentlichen Rechts auf eine andere übergeht (OLG Zweibrücken MDR 1987, 593). S. hierzu aber auch die Bekanntmachungen der Länderjustizminister, z.B. *Bayern* § 61 Satz 2 GBGA: Danach ist die Bescheinigung entbehrlich oder gilt als allgemein erteilt.

c) Im **Amtsverfahren,** z.B. im Anlegungsverfahren, ist eine 49
Unbedenklichkeitsbescheinigung nicht erforderlich (JFG 13, 128; a.M. KG JR 1953, 186 betr. Berichtigungsverfahren nach § 82a). In *Bayern* ist § 61 GBGA zu beachten, wonach es zu bestimmten Eintragungen, vor allem der einer Erbfolge, unter gewissen Voraussetzungen keiner Unbedenklichkeitsbescheinigung bedarf; ähnliche Regelungen gibt es auch in anderen Ländern. Die Vorlage der Bescheinigung ist gem. § 61 Satz 1 Buchst. d und e BayGBGA auch dann entbehrlich, wenn ein Grundstück der Ehegatte und die Kinder als BGB-Gesellschafter erwerben (LG Würzburg MittBayNot 1989, 217). Einer Unbedenklichkeitsbescheinigung bedarf es auch nicht im Fall der Aneignung eines Grundstücks (s. Anh. zu § 44 Rn. 7) und zur Eintragung der in einem Bescheid gem. § 2 VZOG (§ 3 Abs. 2 Satz 2 VZOG, § 7 Abs. 5 Satz 1 i.V.m. § 12 SPV) oder gem. § 7 BoSoG (§ 7 Abs. 5 Satz 1 SPV) getroffenen Feststellungen. Zur Notwendigkeit einer Unbedenklichkeitsbescheinigung bei GBEintragungen im Zusammenhang mit der Privatisierung von ehemals volkseigenem Vermögen im Gebiet der früheren DDR s. Böhringer BWNotZ 1992, 96.

d) Die Unbedenklichkeitsbescheinigung muss zweifelsfrei den zur 50
Eintragung beantragten Erwerbsvorgang betreffen (OLG Hamm FGPrax 1997, 170). Wird sie vom Finanzamt vor Eintragung des Erwerbers **widerrufen,** so darf das GBAmt die Eintragung nicht mehr vornehmen (BayObLG 1975, 90 = Rpfleger 1975, 227). Das Finanzamt darf die Erteilung der Bescheinigung nicht deshalb verweigern, weil es die dem Erwerbsvorgang zugrunde liegenden bürgerlichrechtlichen Erklärungen für unwirksam hält; darüber entscheidet allein das GBAmt (BFH MittRhNotK 1995, 279).

e) Die Unbedenklichkeitsbescheinigung muss in der Form des § 29 Abs. 3 nachgewiesen werden. Sie ist **keine Wirksamkeitsvoraussetzung** der Rechtsänderung; ihr Fehlen macht daher das GB nicht unrichtig (BayObLG 1975, 92 = Rpfleger 1975, 227).

Zum Beschwerderecht des Finanzamts s. § 71 Rn. 77. S. zum Ganzen Böhringer, Die GBSperre des § 22 GrEStG und ihre Ausnahmen, Rpfleger 2000, 99; Hinweise des Bayer. Staatsministeriums der Finanzen NJW 2000, 1169.

51 **31. Nichtausübung gesetzlicher Vorkaufsrechte.** Bezüglich des siedlungsrechtlichen Vorkaufsrechts hat die Umgestaltung durch das GrundstückverkehrsG den Nachweis zum Entfallen gebracht. Das Vorkaufsrecht des Heimstättenausgebers ist durch die Aufhebung des Reichsheimstättengesetzes entfallen. Nachzuweisen ist dem GBAmt die Nichtausübung des gesetzlichen Vorkaufsrechts der Gemeinde. Zur Rückwirkung bei Ausdehnung oder Neueinführung eines gesetzlichen Vorkaufsrechts s. § 19 Rn. 122.

a) Vorkaufsrechte der **Gemeinden** ergaben sich bis 1. 7. 1987 aus §§ 24 bis 25 a BBauG und § 17 (s. auch § 57 Abs. 1 Nr. 4) StBauFG. Nunmehr steht den Gemeinden ein Vorkaufsrecht nach Maßgabe der §§ 24, 25 BauGB i. d. F. auf Grund der Änderungen durch das am 1. 1. 1998 in Kraft getretene BauROG zu. Bis zum 31. 12. 1997 galten ergänzend §§ 3, 5 BauGB-MaßnahmenG (wegen der Überleitung s. § 12 BauGB-MaßnahmenG). Im Gebiet der früheren DDR galt bis 31. 12. 1997 für die gemeindlichen Vorkaufsrechte das BauGB nach Maßgabe des § 246 a Abs. 1 Nr. 7 BauGB; § 247 Abs. 6 BauGB enthielt Sonderregelungen für Berlin; das BauGB-MaßnahmenG galt nach Maßgabe des § 19 Abs. 2 Nr. 2 BauGB-MaßnahmenG. Soweit ein Grundstück nach dem InvestitionsvorrangG veräußert wird, besteht kein Vorkaufsrecht der Gemeinde (§ 6 Abs. 2 InVorG). Das Vorkaufsrecht besteht nicht nur bei Veräußerung des ganzen Grundstücks, sondern auch bei Veräußerung nur eines Grundstücksteils oder eines Miteigentumsbruchteils (BGH 90, 174 = Rpfleger 1984, 232; OLG Frankfurt FGPrax 1995, 139). Es muss sich aber um die Veräußerung eines Grundstücks handeln; dies ist bei Übertragung eines Erb- oder Gesellschaftsanteils auch dann nicht der Fall, wenn dieser nur aus einem Grundstück besteht (vgl. LG Berlin Rpfleger 1994, 502).

52 **b)** § 28 Abs. 1 Satz 2 BauGB bestimmt, dass das GBAmt bei Veräußerungen den Erwerber als Eigentümer in das GB nur eintragen darf, wenn ihm die Nichtausübung oder das Nichtbestehen des Vorkaufsrechts **nachgewiesen** ist; besteht ein Vorkaufsrecht nicht oder wird es nicht ausgeübt, so hat die Gemeinde nach § 28 Abs. 1 Satz 3 des Ges. auf Antrag eines Beteiligten darüber unverzüglich ein Zeugnis auszustellen; das Zeugnis gilt nach § 28 Abs. 1 Satz 4 des Ges. als Verzicht auf die Ausübung des Vorkaufsrechts. Der Investitionsvorrangbescheid ersetzt das Zeugnis (§ 11 Abs. 1 InVorG). Das GBAmt hat selbständig und eigenverantwortlich zu prüfen, ob

der Gemeinde ein Vorkaufsrecht überhaupt zusteht. Es kann die Vorlage eines Zeugnisses nicht verlangen, wenn sich aus dem zu vollziehenden notariellen Vertrag ergibt, dass ein Vorkaufsfall nicht gegeben ist, weil der Veräußerung kein Kaufvertrag mit einem Dritten zugrundeliegt (BGH 73, 13 = Rpfleger 1979, 97; s. dazu auch die in Rpfleger 1978, 295 f. wiedergegebenen Vorlegungsbeschlüsse sowie KG Rpfleger 1979, 62; OLG Köln Rpfleger 1982, 339), was auch dann der Fall ist, wenn ein Miteigentümer seinen Anteil an einen anderen Miteigentümer verkauft (BayObLG 1985, 322 = Rpfleger 1986, 52) oder ein Nachlassgrundstück von einem Miterben erworben wird (KG Rpfleger 1979, 62).

c) Ein Vorkaufsrecht ist auch dann gem. § 26 Nr. 1 BauGB **53**
ausgeschlossen, wenn ein Grundstück an den Ehegatten und die Kinder als BGB-Gesellschaft veräußert wird; die Vorlage eines Negativzeugnisses ist nicht erforderlich (LG Würzburg MittBayNot 1989, 217). Das Gleiche gilt wegen § 28 Abs. 2 Satz 2 BauGB, § 512 BGB bei Veräußerung durch den Insolvenzverwalter (LG Lübeck Rpfleger 1990, 159). Die Vorlage eines Zeugnisses der Gemeinde über das Nichtbestehen oder die Nichtausübung eines Vorkaufsrechts ist auch dann nicht erforderlich, wenn die Gemeinde auf die Ausübung ihres Vorkaufsrechts allgemein verzichtet hat. Dies kann für das ganze Gemeindegebiet oder für sämtliche Grundstücke einer Gemarkung geschehen sein. Der Verzicht und der jederzeit mögliche Widerruf für künftige Verkaufsfälle sind ortsüblich bekanntzumachen und dem GBAmt mitzuteilen (§ 28 Abs. 5 BauGB).

d) Dem GBAmt war unter der Geltung des BBauG und des **54**
StBauFG grundsätzlich auch bei Veräußerung von **WEigentum** das Nichtbestehen oder die Nichtausübung des gemeindlichen Vorkaufsrechts durch eine Bescheinigung der Gemeinde nachzuweisen (BGH 90, 174 = Rpfleger 1984, 232), und zwar auch dann, wenn die Gemeinde bei früheren Verkäufen aus derselben Wohnanlage bereits auf die Ausübung verzichtet hatte. Übte ein Mieter das Vorkaufsrecht gemäß § 2b WoBindG i. d. F. v. 22. 7. 1982 (BGBl. I 972) aus, so musste für den Vollzug der Auflassung an ihn das Zeugnis auch dann vorgelegt werden, wenn ein solches von der Gemeinde bereits für den mit dem Erstkäufer geschlossenen Vertrag erteilt worden war (BayObLG 1985, 262 = Rpfleger 1985, 491). Seit 1. 7. 1987 steht den Gemeinden ein Vorkaufsrecht weder bei der Veräußerung von WEigentum noch von Erbbaurechten zu (§ 24 Abs. 2, § 25 Abs. 2 Satz 1 BauGB).

32. Behördliche Genehmigungen. Verschiedentlich bedürfen **55**
die Auflassung eines Grundstücks sowie die Bestellung oder Über-

tragung eines Erbbaurechts zu ihrer Wirksamkeit einer behördlichen Genehmigung. Über behördliche Genehmigungen im Allgemeinen s. § 19 Rn. 116; zu Einzelfällen, in denen eine behördliche Genehmigung erforderlich ist, s. § 19 Rn. 123; zur vormundschafts- und familiengerichtlichen Genehmigung s. Rn. 41 sowie § 19 Rn. 65, 68; zu den kirchenaufsichtlichen Genehmigungen s. § 19 Rn. 139.

56 **33. Kosten. a)** Für die Eintragung eines Eigentümers oder die von Miteigentümern wird die volle Gebühr erhoben (§ 60 Abs. 1 KostO). Die Gebühr ermäßigt sich jedoch auf die Hälfte, wenn der Ehegatte oder Abkömmlinge des eingetragenen Eigentümers, sei es auch in Erfüllung eines Vermächtnisses (BayObLG 1982, 323 = Rpfleger 1983, 43; OLG Zweibrücken Rpfleger 1992, 450; a. M. OLG Düsseldorf Rpfleger 1989, 82) oder eines erst nach dem Tod des Schenkers zu vollziehenden Schenkungsversprechens (BayObLG 1999, 234 = Rpfleger 1999, 567), nicht jedoch durch Zuschlag in der Zwangsversteigerung (BayObLG JurBüro 1996, 207; OLG Düsseldorf NJW-RR 2001, 861), eingetragen werden (§ 60 Abs. 2, 3 KostO); geht ein Grundstück von den Eltern auf eine allein aus deren Abkömmlingen bestehende OHG über, so kommt für die Eintragung des Eigentumsübergangs die Gebührenermäßigung des § 60 Abs. 2 KostO nicht in Betracht (BayObLG 1955, 250 = Rpfleger 1956, 200). Werden derselbe Eigentümer oder dieselben Miteigentümer auf Grund gleichzeitig gestellten Antrags bei mehreren Grundstücken eingetragen, so werden die Gebühren, falls das GB bei demselben GBAmt geführt wird, nur einmal nach dem zusammengerechneten Wert erhoben (§ 60 Abs. 5 KostO). Besonders geregelt sind die Gebühren für die Eintragung eines Eigentumswechsels bei der Gesamthandsgemeinschaft (§ 61 KostO). Bei Verschmelzung von Aktiengesellschaften gilt die Vergünstigung des § 61 KostO nicht. Sie kommt jedoch zur Anwendung, wenn eine Personenhandelsgesellschaft lediglich Mitberechtigte einer anderen Gesamthandsgemeinschaft, z. B. einer BGB-Gesellschaft, ist (BayObLG 1995, 316 = Rpfleger 1996, 128).

b) Über die EintrGebühren bei Bestellung oder Übertragung eines Erbbaurechts s. Anh. zu § 8 Rn. 61, 62.

57 **c)** Für die Beurkundung der Auflassung fällt die doppelte Gebühr gem. § 36 Abs. 2 KostO auch dann an, wenn der Kaufvertrag von einem **ausländischen Notar** beurkundet worden ist; § 38 Abs. 2 Nr. 6 a KostO greift nicht ein (BayObLG DNotZ 1978, 58; OLG Hamm FGPrax 1998, 114; a. M. OLG Zweibrücken FGPrax 1995, 204; OLG Celle JurBüro 1997, 207 mit abl. Anm. v. Bund; OLG Jena NJW-RR 1998, 645; OLG Karlsruhe BWNotZ 1998,

64; OLG Düsseldorf und OLG Stuttgart DNotZ 1991, 410ff. mit abl. Anm. v. Lappe; ablehnend auch Knoche MittRhNotK 1990, 140).

d) Die für die **Geschäftswertberechnung** maßgebende Ausnahmevorschrift des § 20 Abs. 1 Satz 2 Halbsatz 2 KostO setzt voraus, dass die Veräußerungsabsicht bereits bei Baubeginn feststeht. Die Vorschrift ist auf die Einbringung eines Grundstücks in eine Gesellschaft entsprechend anzuwenden. Die Gesellschaft muss bei Baubeginn bereits bestehen (BayObLG MittBayNot 1992, 353). Wird ein Grundstück zum Zwecke der Kapitalerhöhung übertragen, so bestimmt sich der Geschäftswert nach dem Grundstückswert; die EG-Gesellschaftssteuerrichtlinie v. 17. 7. 1969 (69/335/EWG) i. d. F. der Richtlinie v. 10. 6. 1985 (85/303/EWG) findet keine Anwendung (OLG Hamm Rpfleger 2001, 153). 58

Wegfall der Eintragungsbewilligung mittelbar Betroffener

21 Steht ein Recht, das durch die Eintragung betroffen wird, dem jeweiligen Eigentümer eines Grundstücks zu, so bedarf es der Bewilligung der Personen, deren Zustimmung nach § 876 Satz 2 des Bürgerlichen Gesetzbuchs zur Aufhebung des Rechtes erforderlich ist, nur dann, wenn das Recht auf dem Blatt des Grundstücks vermerkt ist.

1. Allgemeines. § 21 enthält eine Einschränkung des § 19, indem er in bestimmten Fällen die Bewilligung mittelbar Betroffener ersatzlos entfallen lässt. 1

2. Geltungsgebiet. Die Bestimmung bezieht sich nur auf Eintragungen bei einem subjektiv-dinglichen Recht (s. § 9 Rn. 2). Dabei muss es sich um eine Eintragung handeln, durch die das Recht betroffen wird, d. h. eine Einbuße erleidet; erforderlich ist weiter, dass die Eintragung auf Grund einer Bewilligung, nicht etwa auf Grund Unrichtigkeitsnachweises erfolgen soll. Ob die Eintragung eine Rechtsänderung oder eine Berichtigung bezweckt, macht keinen Unterschied; da ein subjektiv-dingliches Recht nicht selbständig übertragen oder belastet werden kann, kommen als rechtsändernde Eintragungen, von der Sondervorschrift des § 1109 Abs. 2 BGB abgesehen, nur die Eintragung der Aufhebung, einer Inhaltsänderung oder einer Rangänderung in Betracht. 2

3. Bewilligung der mittelbar Betroffenen. a) Gemäß § 19 ist zu einer Eintragung auch die Bewilligung der nur mittelbar Betroffenen erforderlich (s. § 19 Rn. 52ff.). Wird ein subjektiv-dingliches Recht von der Eintragung betroffen, so müsste diese im 3

Hinblick auf § 876 Satz 2, §§ 877, 880 Abs. 3 und § 1109 Abs. 2 BGB grundsätzlich auch von den an dem herrschenden Grundstück dinglich Berechtigten bewilligt werden. Zwecks Erleichterung des GBVerkehrs erklärt § 21 die Bewilligung dieser mittelbar Betroffenen dann für entbehrlich, wenn das subjektiv-dingliche Recht auf dem Blatt des herrschenden Grundstücks nicht vermerkt ist. An dem Erfordernis der sachlichrechtlichen Zustimmung wird hierdurch nichts geändert; fehlt diese, so tritt keine Rechtsänderung ein und wird das GB durch die Eintragung unrichtig (BayObLG 1998, 156 = Rpfleger 1998, 468). Die an dem herrschenden Grundstück dinglich Berechtigten können sich ihre verfahrensrechtliche Beteiligung durch Antragstellung gemäß § 9 sichern.

4 **b)** Ist das subjektiv-dingliche Recht auf dem Blatt des herrschenden Grundstücks **vermerkt,** so gilt die Regel des § 19. Zu der Bewilligung des unmittelbar Betroffenen muss also die Bewilligung der an dem herrschenden Grundstück dinglich Berechtigten hinzutreten, es sei denn, dass ihr Recht nicht berührt wird. Grundpfandgläubiger des herrschenden Grundstücks werden stets berührt; bei anderen Berechtigten ist die Beeinträchtigung von Fall zu Fall zu beurteilen. Auch die Bewilligung des Berechtigten einer Auflassungsvormerkung am herrschenden Grundstück ist erforderlich, aber ebenfalls nur im Fall eines Vermerks nach § 9 (a.M. Jung Rpfleger 2000, 372). Hat der Ersteher vor seiner Eintragung als Eigentümer die Löschung eines mit dem Eigentum an dem versteigerten Grundstück verbundenen Rechts bewilligt, so darf die Löschung des Rechts in entsprechender Anwendung des § 130 Abs. 3 ZVG erst nach Erledigung des in § 130 Abs. 1 ZVG bezeichneten Ersuchens erfolgen (JFG 10, 199).

5 **c)** Die zur Aufhebung eines subjektiv-dinglichen Rechts erforderliche Mitwirkung der an dem herrschenden Grundstück dinglich Berechtigten kann nach Maßgabe der Landesgesetzgebung durch **Unschädlichkeitszeugnis** ersetzt werden (Art. 120 Abs. 2 Nr. 2 EGBGB); in *Bayern* ist maßgebend Art. 15 UnschädlichkeitsG v. 15. 6. 1898 (BayRS 403-2-J); vgl. dazu Röll MittBayNot 1968, 353 und § 19 Rn. 11.

Berichtigung des Grundbuchs

22 (1) **Zur Berichtigung des Grundbuchs bedarf es der Bewilligung nach § 19 nicht, wenn die Unrichtigkeit nachgewiesen wird. Dies gilt insbesondere für die Eintragung oder Löschung einer Verfügungsbeschränkung.**

(2) **Die Berichtigung des Grundbuchs durch Eintragung eines Eigentümers oder eines Erbbauberechtigten darf, sofern nicht der Fall des § 14 vorliegt oder die Unrichtigkeit nachgewiesen wird, nur mit Zustimmung des Eigentümers oder des Erbbauberechtigten erfolgen.**

Inhaltsübersicht

1. Allgemeines 1
2. Geltungsgebiet 4
3. Unrichtigkeit 6
4. Ursprüngliche Unrichtigkeit 7
5. Nachträgliche Unrichtigkeit 14
6. Sonderfälle 20
7. Richtigstellung statt GBBerichtigung 22
8. Unterlagen für die Berichtigung 28
9. Berichtigungsbewilligung 31
10. Bewilligungsberechtigung 32
11. Nachweis der Unrichtigkeit 36
12. Sonstige Voraussetzungen der Berichtigung 45
13. Verfügungsbeschränkungen 50
14. Eintragung eines Eigentümers oder Erbbauberechtigten 54
15. Ausnahmen vom Zustimmungserfordernis 58
16. Ersetzung der Zustimmung 60
17. Entsprechende Anwendung 61
18. Kosten 62

1. Allgemeines. a) § 22 sieht für den Fall der GBBerichtigung **1**
eine Ausnahme von § 19 vor; statt der hiernach notwendigen Bewilligung wird zur Erleichterung des GBVerkehrs der Nachweis der Unrichtigkeit für genügend erklärt.

b) Besteht die Berichtigung des GB in der Eintragung eines Eigentümers oder Erbbauberechtigten, so darf sie grundsätzlich nur mit dessen Zustimmung vorgenommen werden. Diese Regelung erklärt sich daraus, dass mit dem Eigentum an einem Grundstück sowie mit einem Erbbaurecht auch öffentlich-rechtliche Verpflichtungen verbunden sind und demnach an der Übereinstimmung zwischen GB und wahrer Rechtslage ein besonderes Interesse besteht (KGJ 25, 102). Die anfänglich nur für den Fall des § 14 vorgesehene Ausnahme ist durch die VereinfVO v. 5. 10. 1942 (RGBl. I 573) berechtigterweise auf den Fall des Unrichtigkeitsnachweises ausgedehnt worden.

c) Berichtigt wird das GB durch Vornahme einer Eintragung. **2**
Diese kann in der vollständigen oder teilweisen Löschung einer früheren Eintragung bestehen, in der Ergänzung einer vorhandenen Eintragung oder einer völligen Neueintragung, auch in der Form der Wiedereintragung einer zu Unrecht gelöschten Eintragung. In Betracht kommen kann auch die Löschung einer Ein-

tragung verbunden mit einer Neueintragung anderen Inhalts. Ein zu Unrecht gelöschtes Recht ist vorbehaltlich des gutgläubig erworbenen Vorrangs eines zwischenzeitlich eingetragenen anderen Rechts mit seinem ursprünglichen Rang wieder einzutragen. Zum Rang eines außerhalb des GB entstandenen Rechts s. § 45 Rn. 24.

3 **d)** § 22 ist nur Ordnungsvorschrift; ein Verstoß berührt die wahre Rechtslage nicht.

4 **2. Geltungsgebiet. a)** § 22 setzt eine Unrichtigkeit des GB im Sinn des § 894 BGB voraus. Sie ist gegeben, wenn der Inhalt des GB in Ansehung eines Rechts an einem Grundstück, eines Rechts an einem solchen Recht oder einer Verfügungsbeschränkung der in § 892 Abs. 1 BGB bezeichneten Art mit der wirklichen Rechtslage nicht im Einklang steht (BayObLG 1987, 411 = Rpfleger 1988, 254); sie liegt ferner vor, falls es an dieser Übereinstimmung in Ansehung einer Vormerkung oder eines Widerspruchs fehlt (RG 132, 424; 163, 63; KG Rpfleger 1969, 49; BayObLG 1971, 310 = Rpfleger 1972, 16; DNotZ 1989, 363; BGH 60, 50 = NJW 1973, 323). Über nicht hierher gehörende Fälle s. Rn. 22. Zu beachten ist, dass das zunächst unrichtige GB durch gutgläubigen Erwerb (§ 892 BGB) oder, wenn ein Recht an einem fremden Grundstück zu Unrecht gelöscht wurde, infolge Verjährung (§ 901 BGB) richtig werden kann. Über die GBBerichtigung durch Berichtigung des Bestandsverzeichnisses nach Maßgabe eines Flurbereinigungsplans s. Spreckelsen DJust. 1937, 1079 und für *Bayern* Nr. 18 der Gem.Bek. zur Zusammenarbeit der Flurbereinigungsdirektionen mit den Amtsgerichten – GBÄmtern – und den Notaren in Verfahren nach dem FlurbG und bei der Baulandumlegung v. 12. 8. 1981 (JMBl. 146). S. hierzu auch BayObLG 1985, 372 = Rpfleger 1986, 129.

5 **b)** § 22 gilt auch, wenn die Eintragung, deren Berichtigung begehrt wird, gemäß § 38 auf behördliches Ersuchen vorgenommen worden ist (BayObLG 1952, 158; OLG Frankfurt Rpfleger 1996, 336).

6 **3. Unrichtigkeit.** Die Unrichtigkeit des GB kann eine ursprüngliche (s. Rn. 7) oder eine nachträgliche (s. Rn. 14) sein; im ersten Fall spricht man von einer Unrichtigkeit im engeren Sinn, im letzteren von einer Unvollständigkeit. § 22 gilt an sich für beide Arten der Unrichtigkeit, ist jedoch unanwendbar, wenn das GBAmt bei der Eintragung die ihm bekannte Rechtslage unrichtig beurteilt hat (BayObLG 28, 202; s. auch KGJ 26, 80; BayObLG OLG 42, 162). Über die Bedeutung der Unterscheidung für die Beschwerde s. § 71 Rn. 27.

4. Ursprüngliche Unrichtigkeit. Diese liegt bei von vornherein unrichtiger Eintragung vor und kann sowohl bei rechtsändernden als auch bei berichtigenden Eintragungen in Betracht kommen. 7

a) Rechtsändernde Eintragung. Ursprüngliche Unrichtigkeit ist gegeben:

- Wenn es an den sachlichrechtlichen Voraussetzungen für den Eintritt der Rechtsänderung fehlt. Dies ist z.B. der Fall, wenn die zur Entstehung eines eingetragenen Rechts erforderliche Einigung (§ 873 BGB) fehlt oder unwirksam ist, wenn die zur Aufhebung eines gelöschten Rechts notwendige Aufgabeerklärung des Berechtigten (§ 875 BGB) oder die Zustimmung des Pfandgläubigers (§ 876 BGB) oder Vormerkungsberechtigten (JFG 9, 219) nicht vorliegt oder wenn das GBAmt versehentlich oder auf Grund einer mit der Einigung nicht übereinstimmenden EintrBewilligung einen falschen Berechtigten (KGJ 39, 178), ein anderes Recht (s. RG 123, 170) oder etwas über die Einigung Hinausgehendes eingetragen hat. Letzteres trifft beispielsweise zu bei Eintragung einer Hyp. zu einem höheren Betrag oder bei Eintragung eines unbedingten statt eines bedingten Rechts; hier ist das GB in Höhe des überschießenden Betrags bzw. insofern unrichtig, als nur ein bedingtes Recht entstanden ist (RG 106, 113; BGH NJW 1990, 114; BayObLG MittBayNot 1998, 256). Hat das GBAmt weniger eingetragen, etwa eine Hyp. zu einem geringeren Betrag oder als Sicherungshyp. statt als Verkehrshypothek, so ist das GB nur dann unrichtig, wenn das Eingetragene nicht mehr als gewollt anzusehen ist (RG 108, 149; 123, 170).
- Wenn eine mit der Eintragung eines Rechts entstandene Belastung desselben nicht vermerkt, z.B. bei der für eine gepfändete Forderung eingetragenen Hyp. das Pfändungspfandrecht nicht verlautbart ist (JFG 5, 417; KG HRR 1931 Nr. 1048). 8
- Wenn die Eintragung mehrerer Berechtigter ohne die erforderliche Angabe des Gemeinschaftsverhältnisses, also unter Verletzung des § 47, erfolgt ist (KGJ 50, 151). 9
- Wenn der durch eine Vormerkung gesicherte Anspruch nicht besteht (KGJ 52, 164; RG 163, 63; BayObLG 1959, 226; 1987, 231 = Rpfleger 1987, 450; a.M. RG JW 1933, 1823) oder einem eingetragenen Widerspruch kein Berichtigungsanspruch zugrundeliegt; desgleichen, wenn eine Vormerkung, ein Widerspruch oder eine Verfügungsbeschränkung unberechtigterweise gelöscht worden ist (RG 132, 423; KG HRR 1934 Nr. 1223; BGH 60, 46 = NJW 1973, 323). Durch die Eintra- 10

gung einer vormerkungswidrigen Verfügung wird das GB nicht unrichtig, wohl aber durch die Eintragung einer dem Vormerkungsberechtigten gegenüber wirksamen Verfügung ohne Wirksamkeitsvermerk (s. hierzu Rn. 19).

11 **b) Berichtigende Eintragung.** Ursprüngliche Unrichtigkeit ist gegeben:

- Wenn das GB vor der Eintragung richtig war, die Unrichtigkeit also zu Unrecht angenommen worden ist.

12 • Wenn die berichtigende Eintragung die Unrichtigkeit nicht vollständig beseitigt hat, z. B. bei Eintragung einer Erbengemeinschaft die durch Erbteilspfändung entstandene Verfügungsbeschränkung eines Miterben (RG 90, 235) nicht verlautbart ist.

13 • Wenn durch die berichtigende Eintragung eine neue Unrichtigkeit herbeigeführt, z. B. statt des wahren Erben ein anderer als Erbe eingetragen wurde.

14 **5. Nachträgliche Unrichtigkeit.** Sie ist die Folge von Rechtsänderungen, die sich außerhalb des GB, d. h. ohne Eintragung vollzogen haben. In Betracht kommen folgende Vorgänge:

a) Entstehung eines eintragungsfähigen Rechts. Als Beispiele sind zu nennen: Verpfändung einer Briefhyp. (§ 1274 Abs. 1, § 1154 Abs. 1 BGB) oder Begründung dinglicher Rechte durch unanfechtbaren Bescheid des Amts zur Regelung offener Vermögensfragen (§ 34 Abs. 1 Satz 1, 2 VermG) oder durch bestandskräftigen Sonderungsbescheid (§ 13 Abs. 1 BoSoG; s. auch § 7 SPV).

15 **b) Übergang eines eingetragenen Rechts.** aa) Als Beispiele sind zu nennen: Erbfolge (§ 1922 BGB), Übertragung von Erbteilen (§ 2033 Abs. 1 BGB; vgl. BayObLG 1994, 160 = Rpfleger 1995, 103), Anwachsung des Anteils eines ausscheidenden Gesellschafters bürgerlichen Rechts (§ 738 Abs. 1 Satz 1 BGB; vgl. OLG Hamm Rpfleger 1985, 289; BayObLG MittRhNotK 1989, 13; BayObLG 1991, 301 = Rpfleger 1992, 19; zur Eintragung der – teilweisen – Übertragung eines Anteils an einer BGB-Gesellschaft s. OLG Frankfurt FGPrax 1996, 126), auch wenn dieser nach dem Gesellschaftsvertrag keinen Anteil am Gesellschaftsvermögen hat (s. dazu OLG Hamm MittBayNot 1996, 235, ferner BayObLG 1989, 52; zur Eintragung der Anwachsung und zur kostenmäßigen Behandlung s. § 19 Rn. 108), Spaltung eines Treuhandunternehmens (§ 10 des Ges. über die Spaltung der von der Treuhandanstalt verwalteten Unternehmen – SpTrUG – v. 5. 4. 1991, BGBl. I 854; s. auch § 12 SpTrUG und Weimar DtZ 1991, 182), Vermögenszuordnung auf Grund eines Bescheids des Präsidenten der Treuhandanstalt (später Bundesanstalt für vereinigungsbedingte Son-

deraufgaben, s. VO v. 20. 12. 1994, BGBl. I 3913) oder des Oberfinanzpräsidenten gem. § 2 (s. auch § 4) VZOG (vgl. § 3 VZOG), Bodensonderung auf Grund eines Bescheids der Sonderungsbehörde gem. § 7 BoSoG (vgl. § 7 SPV; s. dazu § 2 Rn. 13), Rückübertragung von Eigentumsrechten oder sonstigen dinglichen Rechten durch unanfechtbaren Bescheid des Amts zur Regelung offener Vermögensfragen (§ 34 Abs. 1 VermG), Übertragung des Eigentums an Bodenreformgrundstücken kraft Gesetzes (Art. 233 § 11 Abs. 2 EGBGB; s. hierzu auch Rn. 46, 60; BezG Neubrandenburg Rpfleger 1992, 426 mit Anm. v. Kücken; BezG Dresden MittBayNot 1992, 270; ferner Böhringer Rpfleger 1993, 89, 183; Tremmel Rpfleger 1993, 177; Keller MittBayNot 1993, 70; Rpfleger 1993, 317), Vereinbarung der Gütergemeinschaft (§ 1416 Abs. 2 BGB), Grenzregelung gemäß §§ 80 ff. BauGB (BayObLG 1981, 10), Umwandlung inländischer Rechtsträger nach dem UmwandlungsG v. 28. 10. 1994 (BGBl. I 3210; s. dazu Böhringer Rpfleger 2001, 59; zur Spaltung eines Rechtsträgers s. LG Ellwangen mit Anm. v. Böhringer Rpfleger 1996, 154) oder einer BGB-Gesellschaft in eine Handels- oder Partnerschaftsgesellschaft (vgl. § 15 Abs. 3 GBV und § 32 Rn. 4). Zur GBBerichtigung auf Grund der Postreform siehe das Merkblatt des BJM v. 12. 12. 1994 (MittBayNot 1995, 501); zur Heilung unwirksamer Übertragungen von volkseigenem Vermögen im Gebiet der früheren DDR im Weg der Umwandlung s. Art. 231 § 9 EGBGB.

bb) Als **weitere Beispiele** sind zu nennen: Abtretung einer Briefhyp. (§ 1154 Abs. 1 BGB), Übergang von Hyp. und Grundschulden infolge Bestandsübertragung zwischen zwei Bausparkassen (§ 14 BausparkassenG v. 16. 11. 1972, BGBl. I 2097; vgl. JFG 13, 152) oder Übergang einer Hyp. auf den Eigentümer (§ 1143 Abs. 1, § 1163 Abs. 1 Satz 2, § 1172 Abs. 1, § 1173 BGB; § 868 Abs. 1 ZPO; § 88 InsO, vgl. dazu BayObLG 1954, 192 = MDR 1954, 746; BayObLG 2000, 176 = Rpfleger 2000, 448), den persönlichen Schuldner (§§ 1164, 1174 BGB) oder einen Dritten (§§ 1150, 774 BGB), ferner Übergang eingezogenen Vereinsvermögens (§ 11 Abs. 2 VereinsG v. 5. 8. 1964, BGBl. I 592).

cc) Über den Zeitpunkt des Eigentumsübergangs im Enteig- **16**
nungsverfahren s. Art. 34 Abs. 6 des Bayer. Gesetzes über die entschädigungspflichtige Enteignung i. d. F. v. 25. 7. 1978 (BayRS 2141-1-I); s. dazu auch BayObLG 1971, 341. Aus der Autonomie der Kirche folgt nicht die Befugnis, für den Bereich des staatlichen Rechts einen Übergang des Eigentums an einem Grundstück mit der Wirkung anzuordnen, dass das GB unrichtig wird (s. dazu § 20 Rn. 9). Der öffentlich-rechtliche Rückübertragungsanspruch gem.

§ 3 Abs. 1 VermG ändert an der dinglichen Rechtslage nichts; er macht das GB nicht unrichtig und kann daher auch nicht Grundlage eines Widerspruchs nach § 899 BGB sein (LG Berlin DtZ 1991, 412; BezG Dresden DtZ 1991, 250, 302; BezG Frankfurt NJ 1992, 218).

17 **c) Inhaltsänderung eines eingetragenen Rechts.** Als Beispiel ist zu nennen die Änderung der Zahlungsbedingungen einer Hyp. zufolge § 3 VO zur Regelung der Fälligkeit alter Hyp. v. 22. 12. 1938 (RGBl. I 1905).

18 **d) Erlöschen eines eingetragenen Rechts.** aa) Als Beispiele sind zu nennen: Erlöschen von Vorkaufsrechten gemäß § 28 Abs. 2 Satz 5 BauGB (früher § 24 Abs. 4 Satz 5 BBauG; zur Verfassungsmäßigkeit dieser Vorschrift s. BayObLG MittBayNot 1980, 113) sowie § 5 Satz 1 RSiedlG i. d. F. des Ges. v. 26. 7. 1961 (BGBl. I 1091), eines für den ersten Verkaufsfall bestellten Vorkaufsrechts, wenn das belastete Grundstück in anderer Weise als durch Verkauf im Weg der Sonderrechtsnachfolge auf einen Dritten übergegangen ist (OLG Zweibrücken Rpfleger 1999, 532; s. dazu Haegele Rpfleger 1957, 330), einer Vormerkung, wenn der gesicherte Anspruch erloschen ist (BGH 60, 50; BayObLG DNotZ 1989, 363; OLG Hamm Rpfleger 1992, 474) oder bei einer Bedingung oder Befristung der Vormerkung (nicht des gesicherten Anspruchs) die auflösende Bedingung oder der Endtermin eingetreten ist (BayObLG MittBayNot 1989, 312).

bb) **Weitere Beispiele** sind: Erlöschen einer Grunddienstbarkeit nach § 1026 BGB (BayObLG 1954, 291; Rpfleger 1987, 451; vgl. dazu auch KG NJW 1969, 470), eines Nießbrauchs oder einer beschränkten persönlichen Dienstbarkeit gemäß §§ 1061, 1090 Abs. 2 BGB (zur Ausnahme gemäß § 1059a BGB bei Verschmelzung einer Genossenschaft als Berechtigte mit einer anderen s. BayObLG 1983, 143 = Rpfleger 1983, 391), eines Gemeindenutzungsrechts privatrechtlicher Art durch Verzichts- und Aufhebungserklärung und eines solchen öffentlich-rechtlicher Art durch Ablösung oder Verzicht (BayObLG BayVBl. 1990, 26), einer Zwangssicherungshyp. im Gebiet der früheren DDR durch Eröffnung des Gesamtvollstreckungsverfahrens (s. Anh. zu § 44 Rn. 66).

19 **e) Entstehung einer Verfügungsbeschränkung.** Auch kann es sich um die Entstehung einer eintragungsfähigen oder das Erlöschen einer eingetragenen Verfügungsbeschränkung oder um den Übergang, die Belastung oder das Erlöschen eines durch eine Vormerkung gesicherten Anspruchs handeln.

aa) Als Beispiele sind zu nennen: Aufnahme eines Grundpfandrechts in den Deckungsstock des Versicherers (zur Eintragung des

Sperrvermerks gem. § 72 VAG s. Anh. zu § 13 Rn. 21; zur Löschung des Grundpfandrechts s. § 46 Rn. 8) oder Verpfändung oder Pfändung eines Miterbenanteils oder des Anteils eines BGB-Gesellschafters (s. dazu Anh. zu § 13 Rn. 21). Zur GBUnrichtigkeit bei Erlöschen des durch eine Vormerkung gesicherten Anspruchs s. Anh. zu § 44 Rn. 89.

bb) Durch die Eintragung einer vormerkungswidrigen Verfügung wird das GB nicht unrichtig. Ist eine nach der Vormerkung eingetragene Verfügung dem Vormerkungsberechtigten gegenüber wirksam, z.B. ein Grundpfandrecht, das mit Zustimmung des Käufers bestellt wird, für den eine Auflassungsvormerkung eingetragen ist, so ist dies durch Eintragung eines **Wirksamkeitsvermerks** kenntlich zu machen; andernfalls wird das GB unrichtig (BGH 141, 169 = Rpfleger 1999, 383 auf Vorlage des OLG Hamm Rpfleger 1999, 68 gegen OLG Köln Rpfleger 1998, 106; OLG Saarbrücken Rpfleger 1995, 404; Lehmann NJW 1993, 1558; Frank MittBayNot 1996, 271; s. auch Stöber MittBayNot 1997, 143; Keller BWNotZ 1998, 25; ferner die abl. Anm. zu OLG Köln Rpfleger 1998, 106 v. Lehmann MittRhNotK 1997, 396 und Gursky DNotZ 1998, 273). Der Vermerk ist sowohl bei dem begünstigten Recht als auch bei der Vormerkung einzutragen (BGH Rpfleger 1999, 383; vgl. § 18 GBV), und zwar bei nachträglicher Eintragung jeweils in der Veränderungsspalte, sonst in der Hauptspalte.

cc) Wird der Wirksamkeitsvermerk zugleich mit dem gegenüber dem Vormerkungsberechtigten wirksamen Recht eingetragen, verhindert er eine GBUnrichtigkeit. Die Wirksamkeit muss dem GBAmt in der Form des § 29 nachgewiesen werden; jedoch genügt eine Bewilligung des Vormerkungsberechtigten als des Betroffenen. Die nachträgliche Eintragung des Vermerks ist GBBerichtigung und setzt einen Unrichtigkeitsnachweis in der Form des § 29 voraus oder eine Berichtigungsbewilligung des Vormerkungsberechtigten (vgl. BayObLG FGPrax 1997, 135). Umstritten ist, ob auch für die gleichzeitige Eintragung des Vermerks mit dem Grundpfandrecht eine **Gebühr** zu erheben ist (bejahend: BayObLG 1998, 49 = FGPrax 1998, 114 mit abl. Anm. v. Lehmann Rpfleger 1998, 379 und Frank MittBayNot 1998, 228; BayObLG FGPrax 2001, 128; Streuer Rpfleger 1997, 541; zu Recht verneinend: OLG Düsseldorf Rpfleger 2000, 568 mit zust. Anm. v. Lehmann MittRhNotK 2000, 360; OLG Köln RNotZ 2001, 243; LG Saarbrücken Rpfleger 1997, 86; Frank MittBayNot 1996, 273; s. zum Ganzen auch Blank ZflR 2001, 419).

dd) Zum Wirksamkeitsvermerk in der Zwangsversteigerung s. Stöber MittBayNot 1997, 143; zum Wirksamkeitsvermerk und guten Glauben s. Lehmann MittRhNotK 1997, 258; zum Wirksamkeitsvermerk anstelle von Rangvermerken s. Lehmann NJW 1999, 3318; Schubert DNotZ 1999, 967; zum Wirksamkeitsvermerk bei Verfügungsbeschränkungen s. § 45 Rn. 18 und bei Verfügungen des Vorerben s. § 51 Rn. 25.

20 **6. Sonderfälle. a)** Eine besonders geartete Unrichtigkeit liegt vor, wenn eine unter der Geltung des früheren Rechts entstandene Grunddienstbarkeit nicht eingetragen ist; s. dazu Art. 187 EGBGB; KGJ 51, 252; OLG München BayJMBl. 1952, 217; BayObLG 1985, 228; 1988, 102; Rpfleger 1979, 381; 1982, 467; 1990, 351. Bei der Eintragung, deren die **altrechtliche Dienstbarkeit** zur Erhaltung der Wirksamkeit gegenüber dem öffentlichen Glauben des GB nicht bedarf, ist § 1026 BGB zu beachten. Die erforderlichen Nachweise hat derjenige zu erbringen, der die Eintragung der Dienstbarkeit im Weg der GBBerichtigung betreibt. Nachzuweisen ist auch, dass die Dienstbarkeit nicht erloschen ist (in *Bayern* durch zehnjährige Nichtausübung: Art. 56 Abs. 3, Art. 57 Abs. 1 AGBGB v. 20. 9. 1982, BayRS 400-1-J; BayObLG Rpfleger – 1990, 351), sofern es sich dabei nicht nur um eine ganz entfernte, theoretische Möglichkeit handelt (BayObLG 1988, 107). Zum Nachweis des Bestehens eines altrechtlichen Waldweiderechts s. BayObLG 1989, 203. Zum gutgläubigen lastenfreien Grundstückserwerb, wenn eine eingetragene altrechtliche Grunddienstbarkeit zu Unrecht gelöscht worden ist, s. § 71 Rn. 51.

21 **b)** Zur Eintragung einer „Freiveräußerungsklausel" bei Forstberechtigungen im Weg der GBBerichtigung s. BayObLG 1972, 267 = DNotZ 1973, 370; BayObLG 1975, 68. Zur GBUnrichtigkeit beim WEigentum, wenn Aufteilungsplan und tatsächliche Bauausführung voneinander abweichen, insbes. in der Abgrenzung von Gemeinschafts- und Sondereigentum oder von Sondereigentum untereinander, s. OLG Hamm Rpfleger 1986, 374.

22 **7. Richtigstellung statt GBBerichtigung.** Nicht unter § 22 fallen Unrichtigkeiten des GB, die keine Rechtsverhältnisse betreffen. Sie können durch bloße Richtigstellung behoben werden. Diese ist vom GBAmt von Amts wegen vorzunehmen (s. dazu § 13 Rn. 3). Dem Antrag eines Beteiligten kommt nur die Bedeutung einer Anregung zu. Die Unrichtigkeit muss feststehen; ein Nachweis in der Form des § 29 ist nicht erforderlich (JFG 8, 243; BayObLG 1959, 162). Zu den Kosten s. Rn. 65.

a) Richtigstellung tatsächlicher Angaben. Nicht unter § 22 fällt die Berichtigung rein tatsächlicher Angaben (BayObLG 1987, 412 = Rpfleger 1988, 254; OLG Oldenburg Rpfleger 1991, 412).

aa) Hierher rechnet vor allem die Berichtigung der Eigenschaftsangaben eines Grundstücks (BayObLG 1969, 288), z.B. der Angaben über seine Größe (s. dazu § 2 Rn. 26). Ebenso gehört hierher die Berichtigung einer unzutreffenden Bezeichnung des Berechtigten; eine solche liegt z.B. vor bei Namensänderung durch Heirat (zum Nachweis s. LG Mainz NJW-RR 1999, 1032) oder bei einer formwechselnden Umwandlung nach §§ 190ff. UmwG (Böhringer Rpfleger 2001, 65f.); sie ist aber auch gegeben bei Umwandlung einer OHG in eine KG (JFG 1, 371; BayObLG FGPrax 1998, 156) oder einer solchen in eine BGB-Gesellschaft (BayObLG NJW 1952, 28; FGPrax 1995, 204; z.B. durch Einstellung der werbenden Tätigkeit: OLG Hamm MittBayNot 1996, 235), ferner bei der Umbenennung der Treuhandanstalt in Bundesanstalt für vereinigungsbedingte Sonderaufgaben gem. VO v. 20. 12. 1994 (BGBl. I 3913); wegen des Falls, dass einem eingetragenen Verein die Rechtsstellung einer Körperschaft des öffentlichen Rechts verliehen wird, s. Auweder Rpfleger 1959, 45. Die Wohnflächenangaben in dem in den Wohnungsgrundbüchern in Bezug genommenen Aufteilungsplan sind einer Berichtigung nicht zugänglich, weil sie nicht GBInhalt sind (a.M. LG Passau Rpfleger 1994, 500 mit abl. Anm. v. Röll). 23

bb) Wie eine Berichtigung rein tatsächlicher Angaben ist auch die Berichtigung von **Grundstücksgrenzen** im Zusammenhang mit Art. 7, 8 BayWasserG i.d.F. v. 3. 2. 1988 (GVBl. 33) zu behandeln. §§ 19, 22 sind nicht anzuwenden. Das GBAmt hat die Berichtigung auf Grund des Veränderungsnachweises vorzunehmen (s. dazu § 2 Rn. 25). Ebenso OLG Oldenburg Rpfleger 1991, 412 bei einer Erweiterung des Gewässerbetts gem. § 3 BundeswasserstraßenG v. 2. 4. 1968 (BGBl. II 173). S. hierzu aber auch OLG Oldenburg Rpfleger 1992, 387. 24

cc) Nicht um eine Berichtigung rein tatsächlicher Angaben handelt es sich im Fall einer Parzellenverwechslung, weil dann der Gegenstand des Eigentumsrechts unrichtig eingetragen ist (KGJ 25, 104; RG 133, 281; s. hierzu auch Rn. 26). Wegen einer zu Unrecht eingetragenen Vereinigung oder Bestandsteilszuschreibung s. § 5 Rn. 24 und § 6 Rn. 26. Zur Berichtigung der Grundstücksbezeichnung s. § 2 Abs. 3 ErgänzungsG z. RSiedlG v. 4. 1. 1935 (RGBl. I 1). 25

b) Richtigstellung von Ungenauigkeiten. Auch die Klarstellung ungenauer Fassungen (KG DR 1942, 1796; s. dazu § 53 Rn. 7) und die Berichtigung offensichtlicher Schreibfehler (KGJ 27, 248) fallen nicht unter § 22. Wird bei einem subjektiv-dinglichen Recht als herrschendes Grundstück versehentlich ein 26 anderes als dasjenige Grundstück eingetragen, für dessen jeweiligen Eigentümer das Recht bestellt wurde, so kommt keine Richtigstellung, sondern GBBerichtigung in Betracht (BGH 123, 297 = Rpfleger 1994, 157 auf Vorlage des BayObLG 1992, 204 gegen OLG Düsseldorf Rpfleger 1987, 496); s. dazu auch BayObLG DNotZ 1997, 335.

27 **c) Beseitigung sonstiger Unrichtigkeiten.** Unter § 22 fällt weder die Beseitigung inhaltlich unzulässiger Eintragungen, die in § 53 Abs. 1 Satz 2 geregelt ist (BayObLG 1973, 86), noch die einer durch vormerkungswidrige Verfügung entstandenen relativen Unrichtigkeit. Sie richtet sich nach § 888 Abs. 1 BGB (JFG 5, 325; RG 132, 424). Nicht nur relativ, sondern absolut unrichtig ist das GB, wenn das mit der Vormerkung belastete Recht ohne Zustimmung des Vormerkungsberechtigten gelöscht wurde (JFG 9, 218). Der vormerkungswidrigen Verfügung steht nach § 888 Abs. 2 BGB die einem Veräußerungsverbot zuwiderlaufende Verfügung gleich.

28 **8. Unterlagen für die Berichtigung. a) Grundsatz.** Erforderlich ist entweder Berichtigungsbewilligung (s. Rn. 31) oder Nachweis der Unrichtigkeit (s. Rn. 36). Die Berichtigungsbewilligung wird stets durch den Nachweis der Unrichtigkeit ersetzt. Andererseits kann neben einer Berichtigungsbewilligung nicht noch der Nachweis der Unrichtigkeit verlangt werden (BayObLG 1976, 193 = Rpfleger 1976, 359) und zwar auch dann nicht, wenn die Eintragung, falls es sich um eine Rechtsänderung handeln würde, nach § 20 den Nachweis der Einigung zur Voraussetzung hätte (RG 73, 156; KGJ 40, 153). Der Berichtigungsantrag ist jedoch zurückzuweisen, wenn sich aus den mit der Berichtigungsbewilligung vorgelegten Urkunden oder aus anderen dem GBAmt bekannten Umständen ergibt, dass das GB durch die der Bewilligung entsprechende Eintragung unrichtig werden würde (RG 73, 157; KGJ 41, 201; BayObLG 1954, 230; 1980, 303; OLG Hamm Rpfleger 1985, 289; OLG Zweibrücken NJW-RR 1999, 1174); bloße Zweifel an der Richtigkeit der Angaben der Beteiligten rechtfertigen die Zurückweisung dagegen nicht (KGJ 41, 201 unter ausdrücklicher Einschränkung von KGJ 36, 172; BayObLG 34, 179).

29 **b) Ausnahmen.** Befristete oder auflösend bedingte Rechte können nach §§ 23, 24 unter gewissen Umständen nur auf Grund einer Bewilligung, nicht hingegen auf Grund Unrichtigkeitsnachweises gelöscht werden; näheres s. § 23 Rn. 14, 17 und § 24 Rn. 3. Zur Umschreibung eines Rechts vom Erblasser auf den Erben ist der Nachweis der Erbfolge erforderlich; eine Bewilligung

des Testamentsvollstreckers genügt nicht (KG JW 1938, 122). Wegen der Eintragung des Umstellungsbetrags s. 16. Auflage Anh. zu § 22 Erl. 5.

c) Sondervorschriften. aa) Bisweilen gelten für die Berichtigung des GB besondere Bestimmungen. Hinzuweisen ist hier vor allem auf § 9 des Ges. über die vermögensrechtlichen Verhältnisse der Bundesautobahnen und sonstigen Bundesstraßen des Fernverkehrs v. 2. 3. 1951 (BGBl. I 157), § 8 des Ges. über die vermögensrechtlichen Verhältnisse der Bundeswasserstraßen v. 21. 5. 1951 (BGBl. I 352) und § 11 ReichsvermögenG v. 16. 5. 1961 (BGBl. I 597). Ist die Bundesrepublik Deutschland auf Grund einer Erklärung gemäß § 9 des Ges. über die vermögensrechtlichen Verhältnisse der Bundesautobahnen und sonstigen Bundesstraßen des Fernverkehrs im GB als Eigentümerin eingetragen, so kann diese Eintragung nicht auf Grund der bloßen Erklärung der Bundesrepublik, ihr stehe das Eigentum nicht zu, wieder rückgängig gemacht werden (LG Bamberg Rpfleger 1983, 347). 30

bb) Zur GBBerichtigung im Zusammenhang mit der Privatisierung von ehemals volkseigenem Vermögen im Gebiet der **früheren DDR** s. Böhringer BWNotZ 1992, 96. Zur GBBerichtigung im Hinblick auf Art. 237 EGBGB s. OLG Naumburg FGPrax 2000, 90; zur GBBerichtigung im Zusammenhang mit der Überleitung des Güterstands nach dem Familiengesetzbuch der DDR s. § 33 Rn. 3. Miteigentumsanteile, die im Gebiet der früheren DDR gem. § 459 Abs. 1 Satz 2, Abs. 4 Satz 1 des Zivilgesetzbuchs v. 19. 6. 1975 (GBl. DDR I 465) entstanden sind und gem. Art. 233 § 8 EGBGB fortbestehen, können nach Maßgabe der §§ 113 bis 115 SachenRBerG im Weg der GBBerichtigung in das GB eingetragen werden.

9. Berichtigungsbewilligung. a) Die Berichtigungsbewilligung ist eine Unterart der EintrBewilligung. Daher gilt für sie im Allgemeinen das zur EintrBewilligung Gesagte (s. die Erläuterungen zu § 19). Die Bewilligung muss, falls sie nicht auf eine Löschung gerichtet ist, erkennen lassen, dass das GB berichtigt werden soll und inwiefern es unrichtig ist (s. § 19 Rn. 37). Der Grundsatz, dass durch Zwischenverfügung nicht aufgegeben werden kann, die fehlende Bewilligung des unmittelbar Betroffenen beizubringen, gilt auch für die Berichtigungsbewilligung (s. dazu § 18 Rn. 12). 31

b) Bei einer **Berichtigung des Eigentümers** ist im Hinblick auf § 20 die Unrichtigkeit in der Berichtigungsbewilligung (a.M. Bauer/v. Oefele AT I Rn. 193: im Antrag) schlüssig darzulegen; dazu gehört auch die Darlegung, dass das GB durch die beantragte Berichtigung richtig wird (BayObLG DNotZ 1991, 598; Bay-

ObLG 1994, 38 = Rpfleger 1994, 412; OLG Frankfurt FGPrax 1996, 8; OLG Jena Rpfleger 2001, 125). Es ist z.B. anzugeben, dass das Eigentum noch dem früheren Eigentümer zusteht, weil eine erforderliche behördliche Genehmigung nicht erteilt und deshalb die Auflassung unwirksam ist. Wird die Berichtigungsbewilligung durch ein rechtskräftiges Urteil ersetzt (vgl. § 894 ZPO; s. § 19 Rn. 9), dann ergeben sich die erforderlichen Darlegungen regelmäßig aus den Urteilsgründen. Ist dies nicht der Fall, z.B. bei einem Versäumnisurteil, dann müssen die notwendigen Angaben in grundbuchmäßiger Form gemacht werden; dasselbe gilt, wenn die Berichtigungsbewilligung in einem gerichtlichen Vergleich enthalten ist (s. dazu OLG Frankfurt FGPrax 1996, 8).

c) Ist schlüssig dargelegt, dass das GB unrichtig ist und durch die beantragte Eintragung richtig würde, hat das GBAmt die dazu vorgetragenen Tatsachen, deren Richtigkeit zu unterstellen ist, **nicht nachzuprüfen;** es darf daher auch keine Beweise verlangen (a.M. Bauer/v. Oefele AT I Rn. 293). Den EintrAntrag darf es nur ablehnen, wenn es auf Tatsachen gegründete sichere Kenntnis hat, dass eine Unrichtigkeit des GB nicht gegeben ist oder das unrichtige GB durch die beantragte Eintragung nicht richtig würde. Bloße Zweifel genügen insoweit nicht; sie rechtfertigen auch nicht das Verlangen des GBAmts, weitere Unterlagen vorzulegen (a.M. OLG Jena Rpfleger 2001, 125 mit abl. Anm. v. Demharter FGPrax 2001, 54).

32 **10. Bewilligungsberechtigung. a)** Die Bewilligung muss von demjenigen ausgehen, dessen Recht von der Berichtigung betroffen wird. Betroffen werden kann sowohl der Buchberechtigte als auch der wahre Berechtigte; besteht die Berichtigung in der Löschung eines Rechts oder in der Eintragung des wahren Berechtigten, so wird der Buchberechtigte, gegebenenfalls sein Erbe betroffen (zu einer Besonderheit bei der GBBerichtigung nach dem Tod eines BGB-Gesellschafters s. Rn. 41); handelt es sich um eine Berichtigung anderer Art, so wird der wahre Berechtigte betroffen (s. jedoch § 891 BGB und § 19 Rn. 48).

33 **Beispiele:** Ist das Recht des eingetragenen A außerhalb des GB auf B und sodann auf C übergegangen, ist zur Eintragung des C eine Berichtigungsbewilligung des A erforderlich, aber auch ausreichend. Ist die für A eingetragene Hyp. mangels Einigung nicht entstanden oder steht sie in Wahrheit dem B zu, so ist ihre Löschung oder Umschreibung von A zu bewilligen. Hat die für A eingetragene, jedoch dem B zustehende Hyp. Nr. 1 den Rang nach der Hyp. Nr. 2 und wurde der Rangvermerk zu Unrecht gelöscht, so ist die Rangberichtigung (außer von dem Eigentümer)

von dem wahren Berechtigten der Hyp. Nr. 1, mithin von B zu bewilligen; die Bewilligung des A genügt, falls die Vermutung des § 891 BGB widerlegt ist, nicht; die Rangberichtigung auf Grund Bewilligung des B setzt jedoch wegen § 39 voraus, dass vorher das GB hinsichtlich des Gläubigers der Hyp. Nr. 1 berichtigt wird.

b) Erforderlich ist die Bewilligung **aller Betroffenen.** Fehlt die 34
Bewilligung eines der Betroffenen, so ist die Berichtigung je nach Lage des Falls entweder nur beschränkt oder überhaupt nicht zulässig. Beispiele: Ist die Hyp. Nr. 1 zu Unrecht gelöscht und dann eine Hyp. Nr. 2 eingetragen worden, so kann die Wiedereintragung der Hyp. Nr. 1, falls nur die Bewilligung des Eigentümers vorliegt, zwar vorgenommen werden, jedoch nur mit dem Rang nach der Hyp. Nr. 2 erfolgen. Ist die für A eingetragene Hyp. mangels Einigung nicht entstanden, aber dem B verpfändet worden, so kann sie nur gelöscht werden, wenn (abgesehen von der Zustimmung des Eigentümers) die Bewilligung des A und des B vorliegt. Ist im GB bei einer Auflassungsvormerkung ein Ausschluss der Abtretung nicht eingetragen, genügt zur GBBerichtigung bei Abtretung des gesicherten Anspruchs die Berichtigungsbewilligung des eingetragenen Vormerkungsberechtigten (BayObLG 1998, 206 = FGPrax 1998, 210).

c) Bewilligen muss nicht der Rechtsinhaber, sondern der **Ver-** 35
fügungsberechtigte (KGJ 40, 159). Im Insolvenzverfahren ist dies der Insolvenzverwalter (OLG Celle NJW 1985, 204). Maßgebender Zeitpunkt für die Beurteilung der Verfügungsbefugnis als Grundlage der Bewilligungsbefugnis ist die Eintragung. Bedarf es zur Wirksamkeit einer Verfügung der Zustimmung eines Dritten oder einer Behörde, z. B. des Vormundschaftsgerichts, so ist diese auch zur Berichtigungsbewilligung erforderlich (KGJ 42, 217; 51, 225; BayObLG 1995, 362 = FGPrax 1996, 15).

11. Nachweis der Unrichtigkeit. Er obliegt dem Antragsteller 36
ohne Rücksicht darauf, wie sich die Beweislast in einem über den Berichtigungsanspruch des § 894 BGB geführten Prozess verteilen würde (BayObLG 1985, 228; 1988, 107 = DNotZ 1989, 166). Die in einem solchen Prozess möglichen Einwendungen und Einreden gegen den Berichtigungsanspruch können im grundbuchrechtlichen Berichtigungsverfahren nicht berücksichtigt werden (BayObLG 1959, 223 = DNotZ 1959, 543; a. M. OLG Braunschweig NdsRpfl. 1962, 16).

a) Anforderungen. aa) An die Führung des Nachweises sind 37
strenge Anforderungen zu stellen (OLG Darmstadt JFG 11, 221; OLG Hamm Rpfleger 1980, 347; 1984, 312; OLG Düsseldorf Rpfleger 1967, 13; BayObLG Rpfleger 1980, 347; 1982, 468); ein

gewisser Grad von Wahrscheinlichkeit genügt nicht. Der Antragsteller hat hierbei auch alle Möglichkeiten auszuräumen, die der Richtigkeit der begehrten (neuen) Eintragung entgegenstehen würden (BayObLG Rpfleger 1982, 141; BayObLG 1991, 302 = Rpfleger 1992, 19; OLG Hamm Rpfleger 1989, 148), z.B. die eines gutgläubigen Erwerbs (JFG 2, 406; KG Rpfleger 1973, 23; s. hierzu auch BayObLG 1985, 401). Ganz entfernte Möglichkeiten brauchen aber nicht widerlegt zu werden (KG HRR 1929 Nr. 231; BayObLG 1971, 339; 1995, 416). Die Unrichtigkeit kann sich auch aus den Eintragungen im GB selbst ergeben. Die Beweisregel des § 139 BGB gilt nicht (BayObLG NJW-RR 1990, 722; Rpfleger 1997, 151). Was beim GBAmt offenkundig ist (s. dazu § 29 Rn. 60), bedarf keines Beweises (vgl. OLG Frankfurt Rpfleger 1994, 106). Rechtsgestaltende Urteile binden das GBAmt (OLG Darmstadt JFG 11, 220). Zur Bindung des GBAmts an ein rechtskräftiges Urteil eines Zivilgerichts, das die Nichtigkeit eines eingetragenen Rechts verneint, s. OLG Zweibrücken OLGZ 1984, 385. Zur Bindung des Gerichts der freiwilligen Gerichtsbarkeit an ein rechtskräftiges Urteil, mit dem eine Feststellungsklage abgewiesen wurde, s. BayObLG 1987, 325 = NJW-RR 1988, 547; BayObLG 1991, 334; Rpfleger 1995, 406; zur Bindung an einen rechtskräftig für vollstreckbar erklärten Schiedsspruch s. BayObLG 1984, 48. Zur Bindung des GBAmts an ein rechtskräftiges Urteil, das zur Abgabe der Berichtigungsbewilligung hinsichtlich des Eigentums an einem Grundstück verpflichtet, s. OLG Jena FGPrax 2001, 56. Ein unter Verstoß gegen die guten Sitten, z.B. zur Umgehung einer notwendigen behördlichen Genehmigung, erwirktes Urteil ist jedoch keine geeignete Grundlage für die GBBerichtigung (JFG 18, 267).

38 bb) Auf Grund des Nachweises, dass die zu einem Grundstückskauf erforderliche **behördliche Genehmigung** rechtskräftig versagt worden ist, kann eine eingetragene Auflassungsvormerkung auch dann gelöscht werden, wenn der buchmäßige Vormerkungsberechtigte dem Anspruch auf Löschungsbewilligung die Zurückbehaltungseinrede wegen Verwendungen auf das Grundstück entgegensetzen könnte (BayObLG 1959, 223 = DNotZ 1959, 543; zur Versagung einer Genehmigung nach § 144 Abs. 2 Nr. 1, 3 BauGB: OLG Zweibrücken Rpfleger 1989, 495; zur Versagung der Genehmigung nach § 2 GVO im Gebiet der früheren DDR: KG Rpfleger 1992, 243). Zur Löschung einer Auflassungsvormerkung bei rechtskräftiger Versagung der Teilungsgenehmigung gemäß § 19 BauGB s. § 7 Rn. 11. Zum Nachweis einer GBUnrichtigkeit durch das Handelsregister s. § 32 Rn. 1.

Wegen der Nachweise, die zur berichtigenden Eintragung des Begünstigten eines Enteignungsverfahrens erforderlich sind, s. Art. 34 Abs. 7 des Bayer. Gesetzes über die entschädigungspflichtige Enteignung i. d. F. v. 25. 7. 1978 (BayRS 2141-1-I); s. dazu auch BayObLG 1971, 341. 39

Zur Eigentumsumschreibung auf Grund einer Bescheinigung der Treuhandanstalt gem. § 12 Abs. 1 Satz 2 des Ges. über die Spaltung der von der Treuhandanstalt (später Bundesanstalt für vereinigungsbedingte Sonderaufgaben, s. VO v. 20. 12. 1994, BGBl. I 3913) verwalteten Unternehmen (SpTrUG) v. 5. 4. 1991 (BGBl. I 854) s. BezG Dresden DtZ 1992, 153. Zum grundbuchamtlichen Vollzug der Umwandlung des Regiebetriebs einer Gemeinde im Gebiet der früheren DDR in eine GmbH nach dem UmwandlungsG bedarf es im Hinblick auf § 8 (früher § 6) VZOG regelmäßig nicht der Vorlage eines Zuordnungsbescheids gem. § 2 VZOG (BezG Dresden Rpfleger 1993, 190 mit Anm. v. Keller).

Das Ersuchen der Flurbereinigungsbehörde (§ 79 FlurbG), das GB hinsichtlich der Bestandsangaben zu berichtigen, ersetzt in Verbindung mit dem Flurbereinigungsplan und den sonstigen Unterlagen (vgl. § 80 FlurbG) den Nachweis der Unrichtigkeit. Zur GBBerichtigung nach dem Flurbereinigungsplan, wenn die Auflassung eines Einlagegrundstücks noch im GB vollzogen worden ist, der Flurbereinigungsplan aber für dieses Grundstück kein bestimmtes Ersatzgrundstück ausweist, s. BayObLG 1985, 372 = Rpfleger 1986, 129. 40

Zur Berichtigung des GB beim **Tod eines BGB-Gesellschafters** ist in jedem Fall der Gesellschaftsvertrag vorzulegen, der nicht zwingend der Form des § 29 entsprechen muss; dies gilt sowohl für eine Berichtigung auf Grund Unrichtigkeitsnachweises als auch auf Grund Bewilligung (BayObLG 1991, 301 = Rpfleger 1992, 19; s. dazu aber auch Ertl MittBayNot 1992, 11; OLG Schleswig Rpfleger 1992, 149 mit Anm. v. Ertl MittBayNot 1992, 140; BayObLG 1992, 259 = Rpfleger 1993, 105; BayObLG 1997, 307 = DNotZ 1998, 811 mit kritischer Anm. v. Schöner und zust. Anm. v. Schaub ZEV 1998, 195; BayObLG MittBayNot 2001, 73 mit ablehnender Anm. v. Egerland NotBZ 2001, 34; OLG Zweibrücken Rpfleger 1996, 192 mit Anm. v. Gerken; Bauer/v. Oefele § 29 Rn. 59). 41

b) Form. aa) Der Nachweis ist in der Form des § 29 zu führen (BayObLG 1971, 339; DNotZ 1980, 103; Rpfleger 1982, 468; 1988, 525; OLG Hamm Rpfleger 1984, 312). Hieran ist festzuhalten, auch wenn die Möglichkeit, eine formgerechte Erklärung abzugeben, im Einzelfall erschwert oder unzumutbar ist oder sogar 42 unmöglich sein sollte. Notfalls bedarf es einer durch Urteil zu erwirkenden Berichtigungsbewilligung (BayObLG Rpfleger 1984, 463). Wenn jedoch auch dieser Weg nicht gangbar ist, muss sich das GBAmt ausnahmsweise mit einem nicht der Form des § 29 entsprechenden Nachweis begnügen (s. dazu § 29 Rn. 63), z. B. mit einem formlosen Gesellschaftsvertrag zur Berichtigung des GB beim Tod eines BGB-Gesellschafters (s. dazu Rn. 41). Auch eine öffentliche oder öffentlich beglaubigte Urkunde kann als Nachweis genügen (BayObLG DNotZ 1989, 364), z. B. eine löschungsfähige Quittung in dieser Form (BayObLG 1995, 106 = Rpfleger 1995, 410).

43 bb) Hängt die GBBerichtigung von einem **Todesnachweis** ab, so hat der Antragsberechtigte ein rechtliches Interesse an der Erteilung einer Sterbeurkunde jedenfalls unmittelbar an das GBAmt (BGH MittBayNot 1997, 51). Zu der Frage, ob die Bescheinigung des Finanzamts, dass bei einer Hyp. zufolge Nichtvalutierung am Währungsstichtag keine HypGewinnabgabe entstanden ist, zum Nachweis dafür ausreicht, dass die Hyp. zur Eigentümergrundschuld wurde, s. OLG Neustadt NJW 1964, 2162; Haegele DNotZ 1965, 32.

44 Hat ein Grundstückseigentümer den Betrag einer HypForderung unter Verzicht auf Rücknahme hinterlegt, so bedarf es zum Antrag auf Löschung der dadurch entstandenen Eigentümergrundschuld des Nachweises, dass im Zeitpunkt der Hinterlegung die Forderung noch bestanden hat und ein Hinterlegungsgrund gegeben war; durch den Hinterlegungsschein wird dieser Nachweis nicht geführt (BayObLG Rpfleger 1980, 186). Soll eine Auflassungsvormerkung gelöscht werden, weil der Eigentumsverschaffungsanspruch durch Aufhebung des Kaufvertrags erloschen ist, so kann der Unrichtigkeitsnachweis durch notariell beglaubigte Erklärungen der Kaufvertragsparteien über die Vertragsaufhebung geführt werden, sofern diese nicht ausnahmsweise (vgl. BGH 83, 395) der Form des § 313 BGB bedarf (BayObLG DNotZ 1989, 363).

45 **12. Sonstige Voraussetzungen der Berichtigung. a)** Die Berichtigung des GB erfordert in der Regel einen Antrag; eine Berichtigung von Amts wegen findet nur ausnahmsweise, so z. B. in den Fällen der §§ 51, 52, 84 ff. statt. Eine Anregung auf Löschung wegen Gegenstandslosigkeit gem. § 84 kann als Berichtigungsantrag auszulegen sein (BayObLG NJW-RR 1989, 1495). Dagegen kann ein GBBerichtigungsantrag gem. § 22 grundsätzlich nicht auch als Anregung auf GBBerichtigung von Amts wegen gem. §§ 82, 82 a ausgelegt werden (OLG Hamm NJW-RR 1994, 271).

aa) Der **Antrag** und seine Zurücknahme bedürfen nicht der Form des § 29 (§§ 30, 31 Satz 2). Dies gilt auch für eine Vollmacht zur Stellung oder Zurücknahme des Antrags (§ 30; § 31 Rn. 19), nicht aber für den Widerruf einer zur Stellung des Antrags ermächtigenden Vollmacht (§ 31 Rn. 18).

bb) **Antragsberechtigt** ist nach § 13 Abs. 1 Satz 2 jeder unmittelbar gewinnende oder verlierende Beteiligte. Gewinnender Teil ist, wer einen Berichtigungsanspruch nach § 894 BGB hat; also nicht ein Buchberechtigter (KGJ 52, 163). Dieser ist aber als verlierender Teil antragsberechtigt, wenn sich der Berichtigungsanspruch gegen ihn richtet (BayObLG 1969, 288 = Rpfleger 1970, 26). Antragsberechtigt ist bei einer Erbengemeinschaft jeder Miterbe. Der Nachlasspfleger kann als Vertreter nur eines Miterben und zugleich im eigenen Namen die GBBerichtigung verlangen (BGH Rpfleger 2001, 32). Wenn jedoch Testamentsvollstreckung angeordnet ist, kann ein Miterbe den Berichtigungsantrag nicht stellen (s. § 13 Rn. 50). Ist das GB hinsichtlich der Eintragung des Eigentümers oder Erbbauberechtigten durch einen Rechtsübergang außerhalb des GB unrichtig geworden, so kann die Stellung des Berichtigungsantrags nach § 82 erzwungen und unter Umständen nach § 82a zur Amtsberichtigung geschritten werden.

cc) Den Antrag, bei einem **Bodenreformgrundstück** das GB 46
gem. Art. 233 § 11 Abs. 2 Satz 1 Nr. 1 EGBGB zu berichtigen, kann nicht nur der eingetragene Alleineigentümer stellen, sondern auch sein mit ihm bei Ablauf des 15. 3. 1990 im gesetzlichen Güterstand der Eigentums- und Vermögensgemeinschaft des Familiengesetzbuchs der DDR v. 20. 12. 1965 (GBl. DDR I 1966, 1) verheirateter Ehegatte; er hat aber zum Nachweis seiner Antragsberechtigung das Vorliegen der Voraussetzungen des Art. 233 § 11 Abs. 5 EGBGB nachzuweisen. Sind beide Ehegatten in „Eigentums- und Vermögensgemeinschaft" eingetragen, kann jeder den Berichtigungsantrag stellen. Die GBBerichtigung gem. Art. 233 § 11 Abs. 2 Satz 1 Nr. 2 EGBGB kann jedes Mitglied der aus den Erben bestehenden Bruchteilsgemeinschaft beantragen; zum Nachweis seiner Antragsberechtigung hat der Antragsteller gem. § 35 nachzuweisen, dass er Erbe geworden ist; außerdem hat er nachzuweisen, dass er entweder Alleinerbe geworden ist oder wer bei Inkrafttreten des Art. 233 § 11 EGBGB am 22. 7. 1992 sonst noch zum Personenkreis der aus den Erben oder Erbeserben bestehenden Gemeinschaft gehört. Der Berichtigungsantrag kann in allen Fällen formfrei gestellt werden.

b) In gewissen Fällen bedarf es zur Berichtigung des GB einer 47
besonderen **Zustimmung.** Gemäß § 27 kann eine Hypothek,

Grundschuld oder Rentenschuld, falls nicht die Unrichtigkeit nachgewiesen wird, nur mit Zustimmung des Eigentümers gelöscht werden. Ferner ist zur Eintragung eines Eigentümers oder Erbbauberechtigten, wenn nicht ein Fall des § 14 vorliegt oder die Berichtigung auf Unrichtigkeitsnachweis erfolgen soll, die Zustimmung des Einzutragenden erforderlich (s. Rn. 54).

48 **c)** Das Erfordernis der **Voreintragung** des Betroffenen gilt nach Maßgabe der §§ 39, 40 auch für die Berichtigung des GB (OLG Frankfurt Rpfleger 1997, 152). Bei Briefrechten ist nach §§ 41, 42 grundsätzlich die Vorlegung des Briefs (BayObLG 1987, 99 = Rpfleger 1987, 363), bei Inhaber- und Orderhyp. nach § 43 grundsätzlich die Vorlegung des Inhaber- oder Orderpapiers notwendig.

49 **d)** Zur Eintragung des Erwerbers eines Grundstücks oder Erbbaurechts bedarf es grundsätzlich der **Unbedenklichkeitsbescheinigung** der Finanzbehörde (s. § 20 Rn. 48).

e) Vor einer GBBerichtigung auf Grund Unrichtigkeitsnachweises ist den Buchberechtigten **rechtliches Gehör** zu gewähren (s. § 1 Rn. 49).

50 **13. Verfügungsbeschränkungen.** Näheres zur EintrFähigkeit s. Anh. zu § 13 Rn. 21 ff. Über den Rang s. § 45 Rn. 18, 19. Über den maßgebenden Zeitpunkt s. § 13 Rn. 9 und § 19 Rn. 60–62. Vgl. hierzu auch Böttcher, Beeinträchtigung der Verfügungsbefugnis, Rpfleger 1983, 49; Verfügungsentziehungen, Rpfleger 1983, 187; Verfügungsbeschränkungen, Rpfleger 1984, 377; 1985, 1; Verfügungsverbote, Rpfleger 1985, 381.

a) Entstehung. aa) Verfügungsbeschränkungen entstehen regelmäßig außerhalb des GB. Ihre Eintragung ist dann GBBerichtigung. Dies gilt auch für Verfügungsverbote auf Grund einstweiliger Verfügung, weil sie mit der Zustellung wirksam werden (JFG 5, 302); zu der Frage, ob ihre Eintragung in entsprechender Anwendung des § 929 Abs. 3 Satz 1 ZPO vor der Zustellung zulässig ist, s. § 38 Rn. 5; zu ihrer Löschung in entsprechender Anwendung von § 25 Satz 1 s. § 25 Rn. 3. Nacherbfolge und Testamentsvollstreckung werden nach §§ 51, 52 bei der Eintragung des Erben von Amts wegen miteingetragen. Im Übrigen erfolgt die Eintragung entweder auf Antrag (§ 13) oder auf behördliches Ersuchen (§ 38).

51 bb) Vereinzelt entstehen Verfügungsbeschränkungen erst mit der Eintragung. Dies gilt für die rechtsgeschäftlich vereinbarten Verfügungsbeschränkungen nach § 5 ErbbauVO und §§ 12, 35 WEG sowie für die Verfügungsbeschränkung nach § 75 BVersG.

52 **b) Wirkung.** Zu unterscheiden ist zwischen relativen und absoluten Verfügungsbeschränkungen, d. h. solchen die den Schutz

bestimmter Personen bezwecken und solchen, die im öffentlichen Interesse vorgesehen sind. Sowohl bei relativen als auch bei absoluten Verfügungsbeschränkungen ist § 878 BGB zu beachten; über Einzelheiten s. § 13 Rn. 9ff.

aa) **Relative Verfügungsbeschränkungen.** Entgegenstehende Verfügungen sind regelmäßig nur gegenüber demjenigen unwirksam, dessen Schutz die Verfügungsbeschränkung bezweckt (§ 135 Abs. 1 Satz 1 BGB; anders z.B. § 2113 BGB). Solange die Verfügungsbeschränkung nicht eingetragen ist, darf das GBAmt dem auf eine Bewilligung des beschränkten Berechtigten gestützten Eintr-Antrag nicht entsprechen, wenn es von der Verfügungsbeschränkung Kenntnis erlangt (s. hierzu § 19 Rn. 59). Ist die Verfügungsbeschränkung hingegen eingetragen, so bewirkt sie, da ein gutgläubiger Erwerb alsdann ausgeschlossen ist, grundsätzlich keine GBSperre (KG HRR 1934 Nr. 1095; OLG Stuttgart BWNotZ 1985, 127); Ausnahmen gelten für eine Löschung, weil durch sie auch der Vermerk der Verfügungsbeschränkung wirkungslos wird (RG 102, 332; JFG 4, 420) sowie bei Insolvenz, Nachlassverwaltung und Testamentsvollstreckung, weil hier der Berechtigte nicht mehr verfügungsfähig ist (RG 71, 39; OLG Düsseldorf NJW 1963, 162). Zu der Wirkung einer Erbteilpfändung bei Verfügungen über den gepfändeten Erbanteil oder ein zum Nachlass gehörendes Grundstück s. OLG Hamm JMBlNW 1960, 152 mit weit. Nachweisen.

bb) **Absolute Verfügungsbeschränkungen.** Entgegenstehende 53
Verfügungen sind nichtig (§ 134 BGB). Die Verfügungsbeschränkung bewirkt daher eine Sperre des GB.

14. Eintragung eines Eigentümers oder Erbbauberech- 54
tigten. Die Berichtigung des GB durch Eintragung eines Eigentümers oder Erbbauberechtigten darf nach Abs. 2 grundsätzlich nur mit deren Zustimmung vorgenommen werden; es gelten aber bedeutsame Ausnahmen (s. Rn. 58). Die Zustimmung ist gleich der EintrBewilligung eine dem Verfahrensrecht angehörende Erklärung.

a) Berichtigung. Es muss sich um eine GBBerichtigung handeln; bei rechtsändernder Eintragung eines Eigentümers oder Erbbauberechtigten gilt § 20. Das GBAmt kann neben einer Berichtigungsbewilligung nicht noch den Nachweis der Unrichtigkeit verlangen, s. Rn. 28. Keine GBBerichtigung ist die Berichtigung einer unzutreffenden Bezeichnung des Berechtigten (s. Rn. 23).

b) Neueintragung. Es muss sich um eine Berichtigung handeln, 55
bei der jemand neu als Eigentümer oder Erbbauberechtigter einzutragen ist; ob als Alleinberechtigter, Bruchteilsberechtigter oder

Gesamthandsberechtigter macht keinen Unterschied. Abs. 2 gilt dagegen nicht für den bereits eingetragenen Eigentümer, der kein neues oder andersgeartetes Eigentum hinzuerwirbt oder der durch die Berichtigung nur einen Rechtsverlust erleidet; ersteres trifft z.B. zu bei Anwachsung des Gesamthandanteils eines Miterben oder ausscheidenden Gesellschafters (KG OLG 46, 224; KG JRdsch. 1926 Nr. 30), letzteres z.B. bei Berichtigung von Alleineigentum in Bruchteilseigentum (BayObLG 9, 328).

56 **c) Zustimmung.** aa) Zustimmen muss der wahre Berechtigte, der eingetragen werden soll (RG 73, 156; OLG Stuttgart DNotZ 1971, 478). Sollen mehrere als Berechtigte eingetragen werden, so haben alle zuzustimmen (KGJ 37, 278). Sind einzelne von ihnen rechtskräftig verurteilt, so müssen die andern auch dann zustimmen, wenn sie die Kläger gewesen sind (KG DRZ 1931 Nr. 30).

57 bb) Als zur Eintragung erforderliche Erklärung bedarf die Zustimmung der Form des § 29 Abs. 1 Satz 1; sie muss also öffentlich beurkundet oder öffentlich beglaubigt sein (s. § 29 Rn. 29, 41). Wird sie durch Stellung des Berichtigungsantrags erklärt, so bedarf dieser als gemischter Antrag nach § 30 der gleichen Form.

58 **15. Ausnahmen vom Zustimmungserfordernis.** Der Eigentümer oder Erbbauberechtigte kann ohne seine Zustimmung eingetragen werden, wenn ein Fall des § 14 vorliegt oder die Unrichtigkeit nachgewiesen wird.

a) Berichtigungsantrag nach § 14. Diese früher alleinige Ausnahme ist heute nurmehr von Bedeutung, wenn der Vollstreckungsgläubiger die GBBerichtigung auf Grund einer Bewilligung des Betroffenen betreibt.

59 **b) Unrichtigkeitsnachweis.** aa) Der wichtigste Fall dieser durch die VereinfVO v. 5. 10. 1942 (RGBl. I 573) geschaffenen weiteren Ausnahme ist der der GBBerichtigung auf Grund **Erbfolgenachweises.** Der Wegfall des Zustimmungserfordernisses hat zur Folge, dass der Berichtigungsantrag des Erben nicht mehr eine zur Eintragung erforderliche Erklärung ersetzt, also formlos gestellt werden kann, und dass das GB auch dann zu berichtigen ist, wenn nur einer der Miterben den Antrag gestellt hat. Von Bedeutung ist die Neuregelung auch, wenn der Eintritt der ehelichen oder fortgesetzten Gütergemeinschaft nachgewiesen wird; für diesen Fall ist der Streitfrage, ob der andere Ehegatte bzw. die Abkömmlinge ihrer Miteintragung zuzustimmen haben (verneinend: JFG 13, 78; a.M. Güthe/Triebel § 33 A. 64), der Boden entzogen. Der Unrichtigkeitsnachweis ist auch durch ein zur Abgabe der Berichtigungsbewilligung verpflichtendes, rechtskräftiges Urteil geführt (s. Rn. 37).

bb) Beantragt ein im GB eines **Bodenreformgrundstücks** eingetragener Alleineigentümer im Hinblick auf Art. 233 § 11 Abs. 2 Satz 1 Nr. 1 EGBGB die Berichtigung des GB, so ist, wenn das Vorliegen der Voraussetzungen des Art. 233 § 11 Abs. 5 EGBGB nachgewiesen ist, auch der Ehegatte des Antragstellers als Miteigentümer zur Hälfte einzutragen, ohne dass es seiner Mitwirkung bedarf; ihm ist aber vorher rechtliches Gehör zu gewähren. Entsprechendes gilt, wenn der nicht eingetragene Ehegatte den Antrag stellt oder beide Ehegatten die GBBerichtigung beantragen, ferner dann, wenn die GBBerichtigung gem. Art. 233 § 11 Abs. 2 Satz 1 Nr. 2 EGBGB nur von einem Teilhaber der aus mehreren Erben oder Erbeserben bestehenden Bruchteilsgemeinschaft beantragt wird und nachgewiesen ist, wer bei Inkrafttreten des Art. 233 § 11 EGBGB am 22. 7. 1992 sonst noch zum Personenkreis der Bruchteilsgemeinschaft gehört. Bruchteilseigentum gem. Art. 233 § 11 Abs. 5 EGBGB ist auch dann entstanden, wenn der Erwerber zum Zeitpunkt des Erwerbs noch unverheiratet war (OLG Brandenburg NotBZ 2000, 130), ist aber nicht entstanden, wenn die Ehegatten vor Inkrafttreten dieser Bestimmung Gütertrennung vereinbart haben (OLG Brandenburg FGPrax 1996, 166). Dagegen ist das GB auf Antrag eines der Ehegatten ohne weitere Nachweise durch deren Eintragung als Bruchteilseigentümer zu gleichen Teilen zu berichtigen, wenn die am 22. 7. 1992 lebenden Ehegatten im GB in „Eigentums- und Vermögensgemeinschaft" gemäß dem gesetzlichen Güterstand der DDR eingetragen sind (LG Erfurt Rpfleger 1995, 350). Zur Antragsberechtigung s. Rn. 46 und zum Ganzen Böhringer Rpfleger 1993, 89 und Stavorinus NotBZ 2000, 107. 60

16. Ersetzung der Zustimmung. Erfolgt die GBBerichtigung, wie z. B. im Fall der Eintragung des Erstehers, auf behördliches Ersuchen, so ersetzt dieses auch eine an sich erforderliche Zustimmung des Eigentümers oder Erbbauberechtigten (s. § 38 Rn. 63). 61

17. Entsprechende Anwendung. Nach § 118 ist § 22 Abs. 2 entsprechend auf Erbpachtrechte sowie auf Abbaurechte an nicht bergrechtlichen Mineralien anzuwenden. In *Bayern* kommen derartige Rechte nicht vor; § 22 Abs. 2 gilt hier aber sinngemäß für das Bergwerkseigentum (Art. 40 Abs. 4 AGGVG v. 23. 6. 1981, BayRS 300-1-1-J; § 176 Abs. 2 BBergG), die selbständigen Fischereirechte (Art. 14 Abs. 4 FischereiG v. 15. 8. 1908, BayRS 793-1-E; s. zu diesen Reimann MittBayNot 1971, 4), die realen nicht radizierten Gewerbeberechtigungen (zum Fortbestand von Kaminkehrerrealrechten s. § 3 Rn. 7) und gewisse Nutzungsrechte des älteren Rechts (Art. 40 Abs. 4 AGGVG v. 23. 6. 1981, BayRS 62

300-1-1-J); wegen der vor dem Inkrafttreten des BBergG entstandenen Bergwerke und unbeweglichen Kuxe s. Art. 55 Abs. 5 AGGVG v. 23. 6. 1981 (BayRS 300-1-1-J); § 176 Abs. 2 BBergG.

63 **18. Kosten. a)** Scheidet aus einer im GB als Eigentümer eingetragenen KG der Einzige persönlich haftende Gesellschafter aus und setzen die Kommanditisten die Gesellschaft als BGB-Gesellschaft fort, ist für deren berichtigende Eintragung in Abt. I unter neuer laufender Nummer eine volle Gebühr gem. § 60 Abs. 1 KostO aus dem vollen Grundstückswert zu berechnen; § 61 Abs. 1, 2 KostO ist nicht anwendbar (KG Rpfleger 1989, 98). Erwirbt ein Mitgesellschafter einer OHG die Anteile der übrigen Gesellschafter und wird er als neuer Eigentümer im GB eingetragen, so ist eine volle Gebühr gem. § 60 Abs. 1 zu erheben und nicht eine $^1/_4$-Gebühr gem. § 67 KostO (OLG Schleswig SchlHA 1992, 50). Dasselbe gilt bei Eintragung der durch Umwandlung einer GmbH & Co. KG nach dem UmwandlungsG als neue Rechtspersönlichkeit entstandenen AG (OLG Köln Rpfleger 1992, 539). Die Gebühr des § 60 Abs. 1 KostO ist ferner zu erheben für eine GBBerichtigung nach Verschmelzung von zwei Aktiengesellschaften; § 60 Abs. 4 KostO ist nicht entsprechend anwendbar (OLG Hamm Rpfleger 1993, 42), auch nicht § 61 KostO. Überträgt ein BGB-Gesellschafter seinen Anteil auf einen Dritten, entsteht für die Eintragung im GB die Gebühr des § 60 Abs. 1 KostO (OLG Frankfurt Rpfleger 2000, 187). Wächst der Anteil eines BGB-Gesellschafters mit dessen Tod seinem Ehegatten als alleinigem Mitgesellschafter und Erben an, so kommt für dessen Eintragung als Alleineigentümer § 60 Abs. 1, nicht aber auch Abs. 2 und 4 KostO zur Anwendung (OLG Hamm NJW-RR 1996, 1446; BayObLG Rpfleger 1997, 189; s. dazu auch OLG Düsseldorf Rpfleger 1997, 322).

64 **b)** Wird ein BGB-Gesellschafter ausgewechselt, der zwar keinen Anteil am Gesamthandsvermögen, aber die alleinige Geschäftsführungsbefugnis hat, so ist für die GBBerichtigung der Wert seiner Beteiligung nach § 30 Abs. 2 KostO zu schätzen (BayObLG 1989, 52).

65 **c)** Die **Richtigstellung** tatsächlicher Angaben (s. Rn. 22ff.), insbes. die Namensberichtigung, fällt unter § 67 KostO; eine Katasterfortführungsgebühr löst die bloße Namensberichtigung nicht aus (BayObLG FGPrax 1995, 204; 1999, 197; zugleich zum Geschäftswert). Unter § 67 KostO fällt daher auch die Berichtigung der Bezeichnung des Rechtsträgers bei einer formwechselnden Umwandlung nach §§ 190ff. UmwG (OLG Oldenburg NdsRpfl. 1997, 159; zugleich zum Geschäftswert). Ferner fällt darunter die Eintragung der Anwachsung des Anteils eines aus einer BGB-

Gesellschaft ausscheidenden Gesellschafters bei den übrigen Gesellschaftern; für die Eintragung des Anwachsungsvermerks in Abs. I Sp. 4 und die Rötung des ausscheidenden Gesellschafters fällt eine $^1/_4$-Gebühr gem. Abs. 1 Satz 1 aus einem Geschäftswert in Höhe von etwa 10% des Werts des ideellen Anteils des ausscheidenden Gesellschafters an (BayObLG 1993, 314 = Rpfleger 1994, 128; OLG Hamm FGPrax 1998, 75; OLG Oldenburg NdsRpfl. 1998, 271; OLG Düsseldorf MittRhNotK 2000, 85). Ob § 60 oder § 67 KostO anzuwenden ist, beurteilt sich nach dem äußeren Erscheinungsbild der Eintragung (BayObLG FGPrax 1998, 156).

d) Die Gebührenbefreiungsvorschrift des § 34 Abs. 2 Satz 3 VermG kann nicht, auch nicht entsprechend, angewendet werden, wenn die GBBerichtigung auf Grund einer Berichtigungsbewilligung des eingetragenen Eigentümers und nicht auf Grund eines Rückübertragungsbescheids gem. § 34 Abs. 1 Satz 1 VermG vorgenommen wird (KG VIZ 1997, 243). **66**

e) Zu den Kosten bei der GBBerichtigung durch Eintragung des Erben s. § 22 Rn. 23ff.

Löschung auf die Lebenszeit des Berechtigten beschränkter Rechte

23 (1) **Ein Recht, das auf die Lebenszeit des Berechtigten beschränkt ist, darf nach dessen Tod, falls Rückstände von Leistungen nicht ausgeschlossen sind, nur mit Bewilligung des Rechtsnachfolgers gelöscht werden, wenn die Löschung vor dem Ablauf eines Jahres nach dem Tod des Berechtigten erfolgen soll oder wenn der Rechtsnachfolger der Löschung bei dem Grundbuchamt widersprochen hat; der Widerspruch ist von Amts wegen in das Grundbuch einzutragen. Ist der Berechtigte für tot erklärt, so beginnt die einjährige Frist mit dem Erlaß des die Todeserklärung aussprechenden Urteils.**

(2) **Der im Absatz 1 vorgesehenen Bewilligung des Rechtsnachfolgers bedarf es nicht, wenn im Grundbuch eingetragen ist, daß zur Löschung des Rechtes der Nachweis des Todes des Berechtigten genügen soll.**

Inhaltsübersicht

1. Allgemeines ... 1
2. Auf Lebenszeit beschränkte Rechte ... 3
3. Rückstände ... 10
4. Löschung des Rechts bei Tod des Berechtigten ... 13
5. Widerspruch des Rechtsnachfolgers ... 20
6. Löschungserleichterungsvermerk ... 24
7. Kosten ... 28

1 **1. Allgemeines.** § 23 ergänzt § 22; er betrifft die GBBerichtigung durch Löschung von Rechten, die auf die Lebenszeit des Berechtigten beschränkt sind.

Derartige Rechte können nach dem Tod des Berechtigten nach Maßgabe des § 22 gelöscht werden, falls Rückstände von Leistungen nach der Art des Rechts ausgeschlossen sind; zur Löschung genügt daher stets der Nachweis des Todes des Berechtigten. Besteht nach der Art des Rechts die Möglichkeit von Rückständen, so gilt § 22 nur mit Abwandlungen; die Löschung auf Grund Unrichtigkeitsnachweises ist durch § 23 unter bestimmten Voraussetzungen erleichtert, im Übrigen aber ausgeschlossen.

2 Die Vorschrift ist **entsprechend anzuwenden,** wenn ein Recht auf die Dauer des Bestehens einer juristischen Person beschränkt ist. Vgl. zum Folgenden auch Böttcher, Der Löschungserleichterungsvermerk gemäß § 23 Abs. 2, § 24 GBO, MittRhNotK 1987, 219; Lülsdorf, Die Löschung von auf Lebenszeit des Berechtigten beschränkter Rechte, MittRhNotK 1994, 129.

3 **2. Auf Lebenszeit beschränkte Rechte.** Unter einem Recht ist dabei sowohl ein Grundstücksrecht als auch ein Recht an einem Grundstücksrecht zu verstehen; auch ein Pfandrecht an einem durch Vormerkung gesicherten Anspruch fällt darunter (BayObLG 1995, 173 = FGPrax 1995, 139). Die Beschränkung kann auf Gesetz oder auf Rechtsgeschäft beruhen.

a) Gesetzliche Beschränkung. aa) Gesetzlich auf die Lebenszeit des Berechtigten beschränkt sind der Nießbrauch (§ 1061 BGB), die beschränkte persönliche Dienstbarkeit (§ 1090 Abs. 2 BGB) und, falls nichts anderes vereinbart ist, das subjektiv-persönliche Vorkaufsrecht (§ 1098 Abs. 1, § 514 BGB; vgl. dazu Burkhardt in der Anm. zu AG Bochum NJW 1971, 289; ferner OLG Hamm Rpfleger 1989, 148; OLG Zweibrücken Rpfleger 1989, 450); in letzterem Fall bedarf die Vereinbarung der Übertragbarkeit und Vererblichkeit der Eintragung im GB, sei es auch durch Bezugnahme auf die EintrBewilligung, um dinglich wirksam zu sein (OLG Hamm Rpfleger 1989, 148). Ausnahmen enthalten §§ 1059a, 1092 Abs. 2 und 3, § 1098 Abs. 3 BGB; über die Zuständigkeit zur Erteilung der Feststellungserklärung s. für *Bayern* VO v. 14. 10. 1991 (GVBl. 368) und JMBek. v. 4. 11. 1991 (JMBl. 247).

4 bb) Beim Nießbrauch und der beschränkten persönlichen Dienstbarkeit ist die Lebenszeit des Berechtigten nur die äußerste Dauer des Rechts. Zulässig ist mithin eine rechtsgeschäftliche Bestimmung des Inhalts, dass das Recht bereits mit dem Eintritt eines bestimmten Zeitpunkts oder Ereignisses erlöschen soll; in diesem Fall gilt

für die Löschung § 24 (LG München DNotZ 1954, 260; LG Nürnberg DNotZ 1954, 263).

b) Rechtsgeschäftliche Beschränkung. Rechtsgeschäftlich auf die Lebenszeit des Berechtigten beschränkbar sind die subjektiv-persönliche Reallast (s. hierzu BayObLG DNotZ 1989, 567; OLG Köln Rpfleger 1994, 292), die Hypothek, Grundschuld und Rentenschuld, das Pfandrecht an Rechten und die Vormerkung. Nicht dagegen die Grunddienstbarkeit oder ein sonstiges subjektiv-dingliches Recht; auch nicht das Erbbaurecht sowie das Dauerwohnrecht, da zum Wesen dieser Rechte nach § 1 Abs. 1 ErbbauVO, § 33 Abs. 1 Satz 1 WEG die Vererblichkeit gehört (OLG Neustadt NJW 1961, 1974; s. auch OLG Hamburg DNotZ 1967, 373; a.M. für Erbbaurecht: Weitnauer DNotZ 1955, 335; für Dauerwohnrecht: Marschall DNotZ 1962, 381; Diester NJW 1963, 183; s. auch OLG Celle Rpfleger 1964, 213 mit Anm. v. Diester, das die Bestellung eines Erbbaurechts auf Lebenszeit des Berechtigten zwar nicht im Hinblick auf § 1 Abs. 1, jedoch in entsprechender Anwendung des § 1 Abs. 4 Satz 1 ErbbauVO für unzulässig erachtet; vgl. ferner BGH 52, 271 = Rpfleger 1969, 346). 5

aa) Ist in einem **Übergabevertrag** ein Rückübereignungsanspruch vorgesehen, so sind dieser und die dafür bestellte Vormerkung in der Regel auf die Lebenszeit des Übergebers beschränkt (BayObLG Rpfleger 1990, 61 mit Anm. v. Ertl MittBayNot 1990, 39). Im Einzelfall kann jedoch etwas anderes bestimmt sein. 6

bb) Soll eine Vormerkung den Anspruch auf Eintragung einer weiteren, kraft Vereinbarung auf die Lebenszeit des Berechtigten beschränkten subjektiv-persönlichen Reallast (für eine Rentenerhöhung) sichern, so ist auch die Vormerkung auf die Lebenszeit des Berechtigten beschränkt, auch wenn dies in der Eintragung nicht besonders hervorgehoben ist. 7

cc) Ist bei einer Hyp. nicht diese, sondern die persönliche Forderung auf die Lebenszeit des Berechtigten beschränkt, so entsteht mit dessen Tod eine Eigentümergrundschuld (KGJ 33, 241); § 23 ist in diesem Fall aber sinngemäß anzuwenden (KG HRR 1931 Nr. 29). Dagegen kommt die Vorschrift nicht zum Zug, wenn eine Hyp. zur Sicherung einer Forderung eingetragen ist, die nur bis zum Tod des Gläubigers entstehen kann (KG DFrG 1943, 44). 8

dd) Ist Gegenstand einer im Rahmen eines Leibgedings bestellten Reallast auch die Sicherung der Kosten der Beerdigung und der Grabpflege, so ist die Reallast nicht auf die Lebenszeit des Berechtigten beschränkt; ihre Löschung bedarf daher der Bewilligung des Erben des Berechtigten, und zwar auch dann, wenn im GB die Löschungserleichterung des Abs. 2 eingetragen ist (s. dazu Rn. 26). 9

10 **3. Rückstände. a) Möglichkeit von Rückständen.** aa) Möglich sind Rückstände zunächst beim Nießbrauch; im Fall eines Rechtsnießbrauchs können z. B. HypZinsen, im Fall eines Grundstücksnießbrauchs z. B. Mietzinsen rückständig sein. Rückstände sind ferner möglich bei der Reallast sowie bei der Hypothek, Grundschuld und Rentenschuld; hier können z. B. fällig gewordene Altenteilsleistungen nicht erbracht oder fällig gewordene Zinsen bzw. Rentensummen nicht gezahlt sein. Die Möglichkeit von Rückständen besteht auch bei einem Pfandrecht an Rechten sowie an einem durch Vormerkung gesicherten Anspruch (BayObLG 1995, 173 = FGPrax 1995, 139).

11 bb) Bei einem auf die Lebenszeit des Berechtigten beschränkten Vorkaufsrecht wird die Möglichkeit von Rückständen ebenfalls bejaht; als Rückstände werden die aus einer Ausübung des Vorkaufsrechts zu Lebzeiten des Berechtigten entstandenen Rechte angesehen (s. dazu Deimann Rpfleger 1977, 91; OLG Hamm Rpfleger 1989, 148; OLG Zweibrücken Rpfleger 1989, 450). Schließlich wurden Rückstände auch bei der **Vormerkung** für möglich gehalten, wenn nur diese und nicht auch der durch sie gesicherte Anspruch auf die Lebenszeit des Berechtigten beschränkt ist; als möglicher Rückstand wurde z. B. bei einer Auflassungsvormerkung zur Sicherung eines künftigen oder aufschiebend bedingten Anspruchs ein zu Lebzeiten des Berechtigten entstandener und geltend gemachter, aber nicht mehr erfüllter Eigentumsverschaffungsanspruch angesehen (BayObLG Rpfleger 1990, 504; BayObLG 1991, 288; LG Bochum Rpfleger 1971, 314; a. M. OLG Düsseldorf MittRhNotK 1975, 485). Dieser Rechtsansicht ist der BGH nicht gefolgt; nach seiner Meinung betrifft das, was hier als Rückstand der Vormerkung angesehen wird, allein den schuldrechtlichen Anspruch, der infolge Erlöschens der Vormerkung nicht mehr gesichert ist (BGH 117, 390 = Rpfleger 1992, 287 mit Anm. v. Ertl MittBayNot 1992, 195; s. hierzu auch Tiedtke DNotZ 1992, 539). Für das Vorkaufsrecht wird, weil es die Wirkung einer Vormerkung hat (§ 1098 Abs. 2 BGB), nichts anderes gelten können. S. hierzu auch Streuer, Löschungserleichterung bei Auflassungsvormerkung und Vorkaufsrecht, Rpfleger 1986, 245.

cc) Das OLG Köln Rpfleger 1994, 345 hielt trotz BGH 117, 390 Rückstände jedenfalls dann für möglich, wenn ein künftiger oder ein aufschiebend bedingter Auflassungsanspruch, der nur zu Lebzeiten des Berechtigten entstehen oder voll wirksam werden kann, durch eine nicht auf die Lebenszeit des Berechtigten beschränkte Vormerkung gesichert ist. Auch diese Rechtsansicht hat der BGH auf Vorlage des BayObLG 1994, 309 verworfen (BGH 130, 385 =

FGPrax 1995, 225). Zu den rechtlichen Auswirkungen der Entscheidung des BGH und zu Vorschlägen zur Lösung der Altfälle s. Wufka MittBayNot 1996, 156; zur **Umdeutung** einer unzulässigen Löschungserleichterungsklausel in eine Löschungsvollmacht s. auch BayObLG 1997, 124 = FGPrax 1997, 91; BayObLG 1998, 254 = Rpfleger 1999, 71; Frank MittBayNot 1997, 217; Amann DNotZ 1998, 6.

b) Ausschluss von Rückständen. Ausgeschlossen sind Rückstände bei den meisten beschränkten persönlichen Dienstbarkeiten, z.B. bei Wohnungs- und Wegerechten (im Einzelfall kann ihr dinglicher Inhalt jedoch anderes ergeben: BayObLG 1979, 372 = Rpfleger 1980, 20; OLG Düsseldorf Rpfleger 1995, 248; OLG Hamm MittRhNotK 1996, 225 und NJW-RR 2001, 1099 betr. ein Wohnungsrecht nach § 1093 BGB; s. hierzu auch OLG Frankfurt NJW-RR 1989, 146). Ferner kann rechtsgeschäftlich vereinbart werden, dass mit dem Tod des Berechtigten auch die Rückstände erlöschen sollen (KGJ 44, 246). Wenn man bei der Vormerkung die Möglichkeit von Rückständen nicht von vorneherein ausschließt (s. Rn. 11), sind Rückstände jedenfalls dann ausgeschlossen, wenn der durch die Vormerkung gesicherte Anspruch dergestalt auf die Lebenszeit des Berechtigten beschränkt ist, dass ein aufschiebend bedingter oder künftiger Anspruch auch dann mit dem Tod des Berechtigten erlischt, wenn er bereits zu dessen Lebzeiten voll wirksam entstanden ist (LG Bochum Rpfleger 1971, 314; vgl. OLG Köln Rpfleger 1985, 290). 12

4. Löschung des Rechts bei Tod des Berechtigten. Es ist zu unterscheiden, ob nach der Art des Rechts Rückstände ausgeschlossen oder möglich sind. 13

a) Ausschluss von Rückständen. Sind Rückstände ausgeschlossen, so gilt § 22 ohne Einschränkung. Zur Löschung genügt daher stets der Nachweis des Todes des Berechtigten; er ist durch Vorlegung der Sterbeurkunde oder eines rechtskräftigen Todeserklärungsbeschlusses zu führen (OLG Hamm Rpfleger 1989, 148).

b) Möglichkeit von Rückständen. Sind Rückstände möglich, so müsste nach der Regel des § 22 entweder eine Bewilligung des Rechtsnachfolgers vorgelegt oder der Tod des Berechtigten und das Nichtbestehen von Rückständen nachgewiesen werden. Demgegenüber lässt § 23 die Löschung unter gewissen Voraussetzungen schon bei Nachweis des Todes des Berechtigten, im Übrigen aber nur auf Grund einer Bewilligung des Rechtsnachfolgers zu. Die Löschung auf Grund Unrichtigkeitsnachweises ist damit teils erleichtert, teils ausgeschlossen. Wegen der Führung des Todesnachweises s. Rn. 13. 14

15 aa) Zur Löschung genügt der **Nachweis des Todes** des Berechtigten, wenn sie nach Ablauf eines Jahres seit dem Tod des Berechtigten erfolgen soll und der Rechtsnachfolger der Löschung bei dem GBAmt nicht widersprochen hat; ist der Berechtigte für tot erklärt, so beginnt die einjährige Frist mit der Rechtskraft des Todeserklärungsbeschlusses (Abs. 1 Satz 2 i.V.m. § 49 Abs. 1 VerschG i.d.F. v. 15. 1. 1951, BGBl. I 63). Für die Fristberechnung gelten § 187 Abs. 1, § 188 Abs. 2 BGB. Wegen des Widerspruchs des Rechtsnachfolgers s. Rn. 20.

16 Der Nachweis des Todes des Berechtigten genügt zur Löschung weiterhin dann, wenn im GB ein Vermerk nach Abs. 2 eingetragen ist. In diesem Fall ist sowohl der Zeitpunkt der Löschung als auch ein Widerspruch des Rechtsnachfolgers unerheblich. Über die Eintragung des Vermerks nach Abs. 2 s. Rn. 24.

17 bb) Zur Löschung bedarf es einer **Bewilligung des Rechtsnachfolgers,** wenn im GB kein Vermerk nach Abs. 2 eingetragen ist und die Löschung vor Ablauf des Sperrjahres oder gegen den Widerspruch des Rechtsnachfolgers erfolgen soll.

18 cc) § 23 enthält nur Verfahrensvorschriften. Bestehen beim Tod des Berechtigten Rückstände, wird das Recht aber auf Todesnachweis gelöscht, so lässt die Löschung das Recht auf die Rückstände unberührt; sind beim Tod des Berechtigten keine Rückstände vorhanden, kann das Recht mangels Bewilligung des Rechtsnachfolgers aber nicht gelöscht werden, so ändert der Fortbestand der Eintragung nichts an dem gänzlichen Erlöschen des Rechts. In beiden Fällen ist das GB unrichtig.

19 **c) Grundpfandrecht.** Ist das Recht eine Hypothek, Grundschuld oder Rentenschuld, so sind neben § 27 auch §§ 41 ff. zu beachten.

20 **5. Widerspruch des Rechtsnachfolgers. a) Rechtsnatur.** Der Widerspruch gegen die Löschung ist ein Rechtsgebilde eigener Art. Er kommt nur in Betracht, falls Rückstände möglich sind und soll verhindern, dass das Recht auf diese durch Löschung des Rechts und gutgläubigen Erwerb verlorengeht.

21 **b) Erhebung.** aa) Der Widerspruch muss beim GBAmt erhoben werden, d.h. bei diesem eingehen. Er ist zulässig bis zur Löschung des Rechts, aber wirkungslos, wenn im GB ein Vermerk nach Abs. 2 eingetragen ist. Bei einer Mehrheit von Rechtsnachfolgern ist jeder zum Widerspruch berechtigt. Rechtsnachfolger ist auch, wer das Recht oder ein Recht an diesem zu Lebzeiten des Berechtigten durch Rechtsgeschäft oder im Weg der Zwangsvollstreckung erworben hat (KG JW 1938, 2830).

bb) Da der Widerspruch die Grundlage einer Eintragung bildet (s. Rn. 22), bedarf er der Form des § 29 Abs. 1 Satz 1; er muss daher öffentlich beurkundet oder öffentlich beglaubigt sein (s. § 29 Rn. 29, 41). Auch die Rechtsnachfolge ist in der Form des § 29 nachzuweisen.

c) Eintragung. Der Widerspruch ist von Amts wegen in das 22
GB einzutragen. Wirksamkeitserfordernis ist die Eintragung nicht; sie soll lediglich verhindern, dass der Widerspruch übersehen wird; ist das Recht gelöscht worden, so kann sie nicht mehr erfolgen (a. M. LG München I DNotZ 1954, 262; s. aber Rn. 23). §§ 12, 19 GBV passen auf die Eintragung des Widerspruchs nach § 23 nicht; diese richtet sich nach §§ 10, 11 GBV.

d) Wirkung. Ist der Widerspruch formgerecht eingegangen, die 23
Rechtsnachfolge nachgewiesen und im GB kein Vermerk nach Abs. 2 eingetragen, so kann das Recht nur noch auf Grund einer Löschungsbewilligung des Rechtsnachfolgers gelöscht werden. Ein auf den Todesnachweis gestützter Löschungsantrag ist zurückzuweisen, auch wenn er vor dem Widerspruch eingegangen oder das Sperrjahr abgelaufen ist; hat ihm das GBAmt trotzdem stattgegeben, so kann die Eintragung eines Amtswiderspruchs nach § 53 Abs. 1 Satz 1 in Betracht kommen.

6. Löschungserleichterungsvermerk. a) Der Vermerk nach 24
Abs. 2 bedeutet keine Einschränkung des Rechts in seinem materiellen Bestand, gewährt vielmehr nur eine formellrechtliche Erleichterung der Löschbarkeit für den Fall des Todes des Berechtigten (BGH 66, 341 = Rpfleger 1976, 206). Die Eintragung des Vermerks erfordert, wenn sie nach der Eintragung des Rechts vorgenommen werden soll, eine Bewilligung des Berechtigten (BayObLG 1979, 372 = Rpfleger 1980, 20); für seine Eintragung zugleich mit der des Rechts reicht die Bewilligung des Eigentümers aus (BGH 66, 341 = Rpfleger 1976, 206; BayObLG 1997, 124 = FGPrax 1997, 91).

b) Der Vermerk nach Abs. 2 kann nicht durch eine Bezug- 25
nahme auf die EintrBewilligung ersetzt werden (BayObLG 1983, 304 = Rpfleger 1984, 144). Er muss bei dem zu löschenden Recht selbst eingetragen sein. Die Eintragung bei einer vorrangig eingetragenen Reallast reicht daher nicht aus zur Löschung einer Vormerkung, durch die der Anspruch auf Eintragung einer weiteren Reallast (für eine Rentenerhöhung) gesichert werden soll.

c) Der Vermerk kann nur bei einem (gesetzlich oder rechtsge- 26
schäftlich) auf die Lebenszeit des Berechtigten beschränkten Recht, bei dem Rückstände von Leistungen nicht ausgeschlossen sind, in

das GB eingetragen werden. Bei einer vererblichen Reallast, z. B. der Verpflichtung zur Unterhaltung einer Grabstätte, ist seine Eintragung daher unzulässig (KG HRR 1933 Nr. 1353; BayObLG 1983, 117 = Rpfleger 1983, 308; BayObLG 1997, 123 = Rpfleger 1997, 373; BayObLG 1998, 254 = Rpfleger 1999, 71); zur Umdeutung einer unzulässigen Löschungserleichterungsklausel in eine Löschungsvollmacht s. Rn. 11. Die gleichwohl eingetragene Löschungserleichterung kann nicht gutgläubig erworben werden (BayObLG 1983, 117 = Rpfleger 1983, 308). Sind auf die Lebenszeit des Berechtigten beschränkte mit vererblichen Rechten zu einem **Leibgeding** verknüpft, so ist ein bei diesem allgemein eingetragener Vermerk gem. Abs. 2 nicht auf die vererblichen Rechte wie z. B. eine Reallast zur Sicherung der Verpflichtung zur Beerdigung und Grabpflege anzuwenden (BayObLG 1983, 117 = Rpfleger 1983, 308), auch nicht kraft Gewohnheitsrechts (BayObLG Rpfleger 1988, 98). Im Einzelfall kann jedoch die Auslegung ergeben, dass in dem beispielhaft angeführten Fall beim Tod des Erstversterbenden von mehreren Berechtigten dessen Mitberechtigung allein auf den Todesnachweis zu löschen ist (OLG Hamm Rpfleger 1988, 247).

27 **d)** Soll der Vermerk nicht gleichzeitig mit dem Recht gelöscht werden, ist die Löschungsbewilligung des mit dem Recht belasteten Eigentümers erforderlich, nicht die des Berechtigten (Böttcher MittRhNotK 1987, 225).

28 **7. Kosten.** Über die Kosten der Löschung s. § 46 Rn. 25. Für die Eintragung des Widerspruchs sowie die nachträgliche Eintragung des Vermerks nach Abs. 2 wird eine $^1/_4$-Gebühr erhoben (§ 67 KostO); wird der Vermerk nach Abs. 2 gleichzeitig mit dem Recht eingetragen, so ist die Eintragung gebührenfreies Nebengeschäft.

Löschung zeitlich beschränkter Rechte

24 Die Vorschriften des § 23 sind entsprechend anzuwenden, wenn das Recht mit der Erreichung eines bestimmten Lebensalters des Berechtigten oder mit dem Eintritt eines sonstigen bestimmten Zeitpunkts oder Ereignisses erlischt.

1 **1. Allgemeines.** § 24 schreibt die sinngemäße Anwendung des § 23 auf Fälle vor, in denen ein Recht zeitlich beschränkt, die Beschränkung aber keine solche auf die Lebenszeit des Berechtigten ist.

2. Zeitlich beschränkte Rechte. Die zeitliche Beschränkung kann auf einem Endtermin oder einer auflösenden Bedingung beruhen. Während bei den beschränkten dinglichen Rechten des BGB sowohl die Vereinbarung eines Endtermins als auch die einer auflösenden Bedingung möglich ist, können ein Erbbaurecht sowie ein Dauerwohnrecht lediglich durch Endtermin befristet, nicht aber unter einer auflösenden Bedingung bestellt werden (§ 1 Abs. 4 ErbbauVO; § 33 Abs. 1 Satz 2 WEG). Zur Eintragung bedingter und befristeter Rechte s. § 19 Rn. 31 ff. 2

3. Anwendung des § 23. Sinngemäß anzuwenden ist Abs. 1 und Abs. 2. Ist bei einem Recht in entsprechender Anwendung des § 23 Abs. 2 vermerkt, dass zur Löschung der Nachweis des Eintritts des Endtermins oder der auflösenden Bedingung genügen soll, so rechtfertigt der Vermerk nicht die Löschung auf Todesnachweis, falls das Recht, z.B. ein auf die Lebenszeit eines Dritten befristeter Nießbrauch, durch den Tod des Berechtigten erlischt (LG München I DNotZ 1954, 260; LG Nürnberg-Fürth DNotZ 1954, 264). 3

Im Übrigen gilt das zu § 23 Gesagte mit der Maßgabe, dass von der Löschung des Rechts sowohl der Berechtigte als auch sein Rechtsnachfolger betroffen werden kann. 4

4. Einzelfälle. Zur Löschung eines Erbbaurechts nach Zeitablauf, deren grundbuchmäßige Voraussetzungen sehr umstritten sind, s. OLG Celle NJW-RR 1995, 1420 und KEHE Rn. 12 ff.: Danach ist § 23 über § 24 entsprechend anzuwenden, wenn der Entschädigungsanspruch des § 27 ErbbauVO, der einen Leistungsrückstand darstellen kann, nicht ausgeschlossen ist. Im Weg der GBBerichtigung ist der Entschädigungsanspruch als dingliches Recht anstelle des Erbbaurechts und mit dessen Rang (§ 28 ErbbauVO) im GB einzutragen und das Pfandrecht dinglich Berechtigter daran (§ 29 ErbbauVO) zu vermerken. Zur Löschung eines Verpfändungsvermerks, wenn bei einer Auflassungsvormerkung eingetragen ist, dass der Eigentumsverschaffungsanspruch auflösend bedingt verpfändet ist, s. BayObLG 1983, 301 = Rpfleger 1984, 144; BayObLG 1995, 171 = FGPrax 1995, 139. 5

Löschung von Vormerkungen und Widersprüchen

25 Ist eine Vormerkung oder ein Widerspruch auf Grund einer einstweiligen Verfügung eingetragen, so bedarf es zur Löschung nicht der Bewilligung des Berechtigten, wenn die einstweilige Verfügung durch eine vollstreckbare Entscheidung aufgehoben ist. Diese Vorschrift ist entsprechend anzu-

wenden, wenn auf Grund eines vorläufig vollstreckbaren Urteils nach den Vorschriften der Zivilprozeßordnung oder auf Grund eines Bescheides nach dem Vermögensgesetz eine Vormerkung oder ein Widerspruch eingetragen ist.

1 **1. Allgemeines. a)** § 25 betrifft einen Fall der GBBerichtigung, enthält aber keine verfahrensrechtliche, sondern eine sachlichrechtliche Vorschrift. In Satz 2 wurden durch das 2. VermRÄndG v. 14. 7. 1992 (BGBl. I 1257, 1283) im Hinblick auf § 34 Abs. 1 Satz 3 VermG die Wörter „oder auf Grund eines Bescheides nach dem Vermögensgesetz" eingefügt.

b) Die Bestimmung will besagen, dass eine Vormerkung oder ein Widerspruch erlischt, wenn die zugrundeliegende einstweilige Verfügung, das zugrundeliegende vorläufig vollstreckbare Urteil oder der zugrundeliegende Bescheid nach dem VermG aufgehoben wird. Die Regelung entspricht § 868 Abs. 1, § 932 Abs. 2 ZPO, nach denen die Aufhebung des vollstreckbaren Titels das Recht des Gläubigers aus einer Zwangs- oder Arresthyp. in Wegfall bringt. Gleich diesen Vorschriften durchbricht § 25 den in § 775 Nr. 1, § 776 Satz 1 ZPO ausgesprochenen Grundsatz, dass eine Vollstreckungsmaßregel durch die Aufhebung des Vollstreckungstitels nicht ohne weiteres unwirksam wird, vielmehr besonders aufzuheben ist (BGH 39, 23 = NJW 1963, 813).

2 **c)** Führt die Aufhebung der einstweiligen Verfügung, des vorläufig vollstreckbaren Urteils oder des Bescheids nach dem VermG zum Erlöschen der Vormerkung oder des Widerspruchs, bewirkt sie also, dass das GB unrichtig wird, so ist selbstverständlich, dass zur Löschung der Aufhebungsnachweis genügt, d.h. keine Löschungsbewilligung notwendig ist.

3 **d)** § 25 Satz 1 ist **entsprechend anzuwenden,** wenn die einstweilige Verfügung analog § 269 Abs. 3 ZPO durch einen Beschluss des Prozessgerichts für wirkungslos erklärt wird (BayObLG 1978, 16; OLG Frankfurt FGPrax 1995, 180); ferner, wenn ein Verfügungsverbot auf Grund einer einstweiligen Verfügung eingetragen ist und die einstweilige Verfügung durch eine vollstreckbare Entscheidung aufgehoben worden ist (LG Frankfurt Rpfleger 1988, 407).

4 **2. Vormerkung und Widerspruch. a)** § 25 bezieht sich nur auf Vormerkungen und Widersprüche, die auf einer einstweiligen Verfügung beruhen oder gemäß § 895 ZPO ein vorläufig vollstreckbares Urteil (s. dazu BayObLG Rpfleger 1997, 525) oder gemäß § 34 Abs. 1 Satz 3 VermG eine für sofort vollziehbar erklärte Entscheidung zur Grundlage haben. Nicht erforderlich ist, dass sich dies aus dem EintrVermerk ergibt; es genügt, wenn es sich

sonst mit Sicherheit feststellen lässt (KGJ 46, 206). Im Hinblick auf § 25 werden Vormerkung oder Widerspruch aber zweckmäßig mit einem Hinweis auf den Titel eingetragen.

b) Ist die Eintragung auf Grund einstweiliger Verfügung erfolgt und wird sie nachträglich vom Betroffenen bewilligt oder dieser rechtskräftig zur Bewilligung verurteilt, so kann dies im GB zum Ausdruck gebracht werden; § 25 ist dann nicht mehr anwendbar (KGJ 20, 79). **5**

3. Aufhebung der einstweiligen Verfügung. a) Es muss eine die einstweilige Verfügung, das vorläufig vollstreckbare Urteil oder den Bescheid nach dem VermG aufhebende Entscheidung ergangen sein. Unerheblich ist, ob es sich um ein Urteil oder um einen Beschluss handelt. Ein Beschluss kann bei Aufhebung einer einstweiligen Verfügung gemäß § 942 Abs. 3 ZPO in Betracht kommen. Bei einem Bescheid nach dem VermG kann es sich auch um eine Abhilfeentscheidung oder einen Widerspruchsbescheid handeln (vgl. §§ 72, 73 VwGO). Der Aufhebung eines Urteils nach § 895 ZPO steht die Aufhebung seiner vorläufigen Vollstreckbarkeit gleich und der Aufhebung eines Bescheids nach dem VermG die Beseitigung seiner sofortigen Vollziehbarkeit (vgl. § 80 VwGO). Dass die einstweilige Verfügung auf Grund eines Prozessvergleichs oder übereinstimmender Erledigterklärungen ihre Wirkung verloren hat, reicht dagegen ebenso wenig aus wie die Einstellung der Zwangsvollstreckung gem. § 732 ZPO (ebenso Meikel Rn. 49; s. dazu auch OLG Frankfurt FGPrax 1995, 180). **6**

b) Die ergangene Entscheidung muss **vollstreckbar,** also rechtskräftig, für vorläufig vollstreckbar erklärt oder kraft gesetzlicher Bestimmung ohne weiteres vollstreckbar sein. Ein Urteil, das eine einstweilige Verfügung aufhebt, ist ohne Sicherheitsleistung für vorläufig vollstreckbar zu erklären (§ 708 Nr. 6 ZPO); ein Beschluss dieses Inhalts sowie ein Urteil, das ein vorläufig vollstreckbares Urteil oder dessen Vollstreckbarkeitserklärung aufhebt, sind ohne weiteres vollstreckbar (§ 794 Abs. 1 Nr. 3, § 717 Abs. 1 ZPO). Nötig ist Vollstreckbarkeit gegen denjenigen, der aus der Vormerkung oder dem Widerspruch berechtigt ist. **7**

c) Liegen diese Voraussetzungen vor, so ist die Vormerkung oder der Widerspruch erloschen, das GB also unrichtig (s. Rn. 1). War die Vormerkung oder der Widerspruch noch nicht eingetragen, kommt eine Eintragung nicht mehr in Betracht. Zur Notwendigkeit, die Vormerkung oder den Widerspruch erneut einzutragen, wenn die aufhebende Entscheidung ihrerseits aufgehoben und die einstweilige Verfügung wieder hergestellt wird, s. Anh. zu § 13 Rn. 9. **8**

9 **4. Löschung nach § 25. a)** Zur Löschung einer Vormerkung oder eines Widerspruchs ist ein Antrag erforderlich. Ein Ersuchen des Prozessgerichts ist, anders als bei Eintragungen auf Grund einer einstweiligen Verfügung (s. § 38 Rn. 5), nicht zulässig.

10 **b)** Der **Unrichtigkeitsnachweis** ist durch Vorlegung einer Ausfertigung der Aufhebungsentscheidung zu führen; eine Vollstreckungsklausel ist nur in Fällen einer Rechtsnachfolge notwendig. Ist die Entscheidung ein anfechtbares, nicht für vorläufig vollstreckbar erklärtes und auch nicht ohne weiteres vollstreckbares Urteil, so bedarf es eines Rechtskraftzeugnisses; ist sie ein nicht verkündeter Beschluss, so muss zufolge § 329 Abs. 3 ZPO die Zustellung nachgewiesen werden (vgl. KGJ 41, 222). Hängt die Vollstreckbarkeit der aufhebenden Entscheidung von einer Sicherheitsleistung ab, so ist diese in grundbuchmäßiger Form nachzuweisen (BayObLG Rpfleger 2001, 407); hierzu und zum Nachweis der Sicherheitsleistung durch Hinterlegung s. LG Frankfurt Rpfleger 1988, 407. Ist dagegen die aufhebende Entscheidung gem. § 708 Nr. 6 ZPO ohne Sicherheitsleistung vorläufig vollstreckbar, dem Vormerkungsberechtigten jedoch gem. § 711 ZPO die Abwendung der Zwangsvollstreckung durch Sicherheitsleistung oder Hinterlegung gestattet, so ist die Vormerkung oder der Widerspruch ohne Rücksicht auf eine Sicherheitsleistung oder eine Hinterlegung durch den Vormerkungsberechtigten zu löschen (ebenso Meikel Rn. 52).

11 **c)** Ist die Vormerkung oder der Widerspruch infolge Abtretung des gesicherten Anspruchs (KGJ 43, 212) oder Übertragung des geschützten dinglichen Rechts (KGJ 47, 177) auf einen Dritten übergegangen, so ist gemäß § 39 dessen **Voreintragung** erforderlich; bei einem Übergang auf den Erben gilt die Ausnahme des § 40. Schließlich muss nach §§ 41, 42 der Brief vorgelegt werden, wenn die Vormerkung oder der Widerspruch bei einem Briefrecht eingetragen ist.

12 **5. Löschung in anderen Fällen.** § 25 behandelt nur einen Sonderfall der Löschung einer Vormerkung oder eines Widerspruchs. Unberührt bleibt eine berichtigende Löschung aus anderen Gründen, z. B. weil eine einstweilige Verfügung nicht innerhalb der Frist des § 929 Abs. 3 ZPO zugestellt wurde (RG 81, 289; 151, 157), der durch Vormerkung gesicherte Anspruch nicht entstanden bzw. erloschen ist (RG 163, 63; Erlöschen durch Erfüllung setzt Beseitigung vormerkungswidriger Zwischeneintragungen voraus: RG 129, 185) oder einem Widerspruch kein Berichtigungsanspruch zugrundeliegt; erforderlich ist der Nachweis der Unrichtigkeit oder eine Bewilligung des Betroffenen (BayObLG Rpfleger

1997, 525). Unberührt bleibt ferner eine vom Betroffenen zu bewilligende rechtsändernde Löschung.

Wegen der Löschung von Widersprüchen, die auf Ersuchen einer Genehmigungsbehörde eingetragen wurde, s. § 38 Rn. 27. Über die Löschung von Amtswidersprüchen nach § 53 Abs. 1 Satz 1 s. § 53 Rn. 41.

6. Kosten. a) Für die Eintragung einer Vormerkung oder eines **13**
Widerspruchs wird die Hälfte der für die gesicherte Eintragung zu erhebenden Gebühr, mindestens eine 1/4-Gebühr erhoben (§ 66 Abs. 1 Satz 1, Abs. 2 KostO); eine besondere Regelung gilt für die Eintragung von Vormerkungen auf Veränderung oder Aufhebung eines Rechts sowie für die Eintragung von Löschungsvormerkungen (§ 66 Abs. 1 Satz 2, § 64 KostO). Für die Löschung wird die Hälfte der für die Eintragung bestimmten Gebühr, mindestens eine 1/4-Gebühr erhoben (§ 68 KostO).

b) Die Eintragung und Löschung von Amtswidersprüchen nach **14**
§ 53 Abs. 1 Satz 1 erfolgt gebührenfrei (§ 69 Abs. 1 Nr. 2 KostO).

Abtretung und Belastung von Briefrechten

26 (1) **Soll die Übertragung einer Hypothek, Grundschuld oder Rentenschuld, über die ein Brief erteilt ist, eingetragen werden, so genügt es, wenn an Stelle der Eintragungsbewilligung die Abtretungserklärung des bisherigen Gläubigers vorgelegt wird.**

(2) **Diese Vorschrift ist entsprechend anzuwenden, wenn eine Belastung der Hypothek, Grundschuld oder Rentenschuld oder die Übertragung oder Belastung einer Forderung, für die ein eingetragenes Recht als Pfand haftet, eingetragen werden soll.**

Inhaltsübersicht

1. Allgemeines	1
2. Abtreten von Briefrechten	2
3. Belastung von Briefrechten	8
4. Abtreten oder Belastung von Forderungen	11
5. Ersatz der EintrBewilligung	14
6. Inhalt der Abtretungs- oder Belastungserklärung	17
7. Stelle der Eintragung	23
8. Verpfändung	24
9. Begründung des Pfandrechts	31
10. Wirkung des Pfandrechts	35
11. Rang mehrerer Pfandrechte	37
12. Erlöschen des Pfandrechts	38
13. Kosten	39

1 **1. Allgemeines.** § 26 wandelt § 19 für bestimmte Fälle der GBBerichtigung dadurch ab, dass er statt der Bewilligung eine andere Erklärung genügen lässt.

Briefrechte können außerhalb des GB übertragen oder belastet werden; bei Forderungen, denen ein eingetragenes Recht als Pfand haftet, vollziehen sich Übertragung oder Belastung stets in dieser Weise (§ 1154 Abs. 1, § 398 Satz 1, § 1069 Abs. 1, § 1274 Abs. 1 BGB). Für eine GBBerichtigung nach § 22 wäre die Vorlegung der Abtretungs- oder Belastungserklärung nicht genügend; es bedürfte vielmehr noch des Nachweises ihrer Annahme, im ersten Fall auch noch des Nachweises der Briefübergabe. Durch die Bestimmung, dass die sachlichrechtliche Abtretungs- oder Belastungserklärung die EintrBewilligung ersetzt, wird die GBBerichtigung nach § 19 ermöglicht und damit die Führung der bezeichneten Nachweise entbehrlich gemacht (KGJ 51, 280; BayObLG 1987, 98 = Rpfleger 1987, 363).

2 **2. Abtretung von Briefrechten. a)** Die Bestimmung spricht in Abs. 1 zwar schlechthin von der Übertragung eines Briefrechts, hat aber, wie das Wort „Abtretungserklärung" ergibt, nur die rechtsgeschäftliche Übertragung im Auge. Nicht unter § 26 fallen demnach:

3 • Die **Überweisung an Zahlungs Statt.** Hier wird die Unrichtigkeit des GB durch die Vorlegung des Überweisungsbeschlusses nachgewiesen, so dass die Berichtigung nach § 22 ohne Schwierigkeiten möglich ist. Eine Überweisung zur Einziehung bewirkt keinen Rechtsübergang und ist mithin nicht eintragungsfähig (KGJ 33, 276).

4 • Der **Übergang kraft Gesetzes.** In diesem Fall bedarf es zur GBBerichtigung entweder einer Bewilligung des Betroffenen oder des Nachweises der Unrichtigkeit.

5 **b)** Zur Abtretung eines Briefrechts ist sachlichrechtlich die schriftliche Abtretungserklärung und deren formfreie Annahme sowie Übergabe des Briefs erforderlich (§ 1154 Abs. 1, § 1192 Abs. 1, § 1200 Abs. 1 BGB). Die Verfügungsbefugnis des Abtretenden muss bis zur Vollendung des Rechtserwerbs, also auch noch bei einer späteren Briefübergabe vorhanden sein; bei einer GBBerichtigung auf Grund Unrichtigkeitsnachweises muss dies dem GBAmt nachgewiesen werden (OLG Frankfurt Rpfleger 1968, 355). Die schriftliche Form der Abtretungserklärung kann durch die Eintragung der Abtretung in das GB ersetzt werden (§ 1154 Abs. 2 BGB); in diesem Fall ist für die Anwendung des § 26 kein Raum; die Eintragung hat, wie bei der Abtretung eines Buchrechts (§ 1154 Abs. 3 BGB), rechtsändernden Charakter und kann nur auf

Grund einer EintrBewilligung des Betroffenen vorgenommen werden.

aa) Die Abtretung ist ein abstraktes Rechtsgeschäft; sie kann auch zu Treuhand- oder Sicherungszwecken erfolgen (RG 53, 416, 148, 206) und **bedingt oder befristet** sein (RG 90, 276; KGJ 49, 210; OLG Frankfurt Rpfleger 1993, 331; wegen der bedingten oder befristeten Abtretungserklärung als EintrGrundlage s. Rn. 18). Ein Gesamtrecht kann nur im Ganzen, nicht hinsichtlich einzelner Grundstücke abgetreten werden (JFG 5, 410). Wird die einer Hyp. zugrundeliegende Forderung nach § 1180 BGB durch die eines anderen Gläubigers ersetzt, so bedarf es keiner Abtretung (KG JW 1935, 3570). Eine abgetretene Hyp. kann auf den früheren Gläubiger nur gemäß § 1154 BGB, nicht durch Rückgabe der Abtretungsurkunde zurückübertragen werden (KG OLG 35, 11). 6

bb) Nach §§ 399, 413 BGB kann die Abtretung durch Rechtsgeschäft **ausgeschlossen oder beschränkt,** z.B. von der Zustimmung eines Dritten abhängig gemacht werden; die Eintragung des Ausschlusses oder einer Beschränkung ist zulässig und zur Verhinderung gutgläubigen Erwerbs geboten (s. dazu Anh. zu § 13 Rn. 23). 7

3. Belastung von Briefrechten. a) In Betracht kommt nur die rechtsgeschäftliche Belastung eines Briefrechts, die entweder in der Bestellung eines Nießbrauchs oder in der eines Pfandrechts bestehen kann. Nicht unter § 26 fällt demnach die Pfändung. Hier wird das GB nach § 22 berichtigt, wobei der Nachweis der Unrichtigkeit durch die Vorlegung des Pfändungsbeschlusses und des Briefs erbracht wird. 8

b) Die Belastung eines Briefrechts vollzieht sich nach den für seine Übertragung geltenden Vorschriften (§ 1069 Abs. 1, § 1274 Abs. 1 BGB). Sachlichrechtlich ist mithin schriftliche Belastungserklärung, ihre formfreie Annahme sowie Übergabe des Briefs erforderlich. Die Verfügungsbefugnis des Belastenden muss auch noch bei einer späteren Briefübergabe vorhanden sein (s. Rn. 5). Die schriftliche Form der Belastungserklärung kann durch die Eintragung der Belastung in das GB ersetzt werden; in diesem Fall ist für die Anwendung des § 26 kein Raum; die Eintragung hat, wie bei der Belastung eines Buchrechts, rechtsändernden Charakter und kann nur auf Grund einer EintrBewilligung des Betroffenen erfolgen. Über die Verpfändung s. auch Rn. 24ff. 9

c) Die Belastung kann rechtsgeschäftlich ausgeschlossen oder beschränkt, z.B. von der Zustimmung eines Dritten abhängig gemacht werden (§§ 399, 413, 1069 Abs. 2, § 1274 Abs. 2 BGB); der 10

Ausschluss oder eine Beschränkung sind eintragungsfähig (s. dazu Anh. zu § 13 Rn. 23).

11 **4. Abtretung oder Belastung von Forderungen. a)** Wird eine Forderung, der ein eingetragenes Recht als Pfand haftet, abgetreten, so geht auch das Pfandrecht auf den neuen Gläubiger über (§ 401 Abs. 1, § 1250 Abs. 1 BGB); wird die Forderung belastet, so ergreift die Belastung auch das Pfandrecht (§ 1069 Abs. 1, § 1274 Abs. 1 BGB). Die Abtretung oder Belastung der pfandgesicherten Forderung macht das GB mithin ebenso unrichtig wie die Abtretung oder Belastung eines Briefrechts. Hieraus erklärt sich die Gleichbehandlung der beiden Fälle.

12 **b)** Der Forderung muss ein eingetragenes Recht als Pfand haften; ob es sich um ein Buchrecht oder um ein Briefrecht handelt, macht keinen Unterschied; unerheblich ist ferner, ob die Pfandhaftung auf einer Verpfändung oder auf einer Pfändung beruht. Das haftende Recht kann eine Hypothek, Grundschuld oder Rentenschuld, eine subjektiv-persönliche Reallast, ein Dauerwohnrecht oder ein Pfandrecht an einem solchen Recht sein. Auch ein Nießbrauch scheidet nicht schlechthin aus; er kann einer Forderung zwar nicht zufolge Verpfändung als Pfand haften (s. Rn. 24), wohl aber auf Grund einer Pfändung (s. Anh. zu § 26 Rn. 3).

13 **c)** Zur Abtretung der pfandgesicherten Forderung genügt sachlichrechtlich ein **formfreier Vertrag** (§ 398 Satz 1 BGB). Dasselbe gilt für ihre Belastung, die in der Bestellung eines Nießbrauchs oder in der eines Pfandrechts bestehen kann (§ 1069 Abs. 1, § 1274 Abs. 1 BGB); im letzteren Fall ist jedoch die Bestimmung des § 1280 BGB zu beachten.

14 **5. Ersatz der EintrBewilligung. a)** In den in Rn. 2–13 genannten Fällen genügt an Stelle der EintrBewilligung des durch die Abtretung oder Belastung Betroffenen die Abtretungs- oder Belastungserklärung; diese muss wie die durch sie ersetzte EintrBewilligung von dem auch noch im Zeitpunkt der Eintragung Verfügungsbefugten abgegeben sein (zu dem für die Verfügungsbefugnis maßgebenden Zeitpunkt bei GBBerichtigung auf Grund Unrichtigkeitsnachweises s. Rn. 5, 9). Demnach kann der Erwerber einer Briefhyp. von dem bisherigen Gläubiger nicht auch eine EintrBewilligung fordern, wenn die Abtretungserklärung in der gehörigen Form (s. Rn. 15) ausgestellt worden ist. § 26 liegt die Erwägung zugrunde, dass der die Abtretung oder Belastung Erklärende mit der (im Hinblick auf die außerhalb des GB eintretende Rechtsänderung nur berichtigenden) GBEintragung einverstanden ist. Daher kann die Abtretungs- oder Belastungserklärung die EintrBewilligung dann nicht ersetzen, wenn sich aus ihr ein anderslautender

Wille des Erklärenden ergibt. Soll im Zusammenhang mit der Abtretung oder Belastung eines Rechts sein Inhalt oder Rang geändert werden, so ist zu der entsprechenden Eintragung die Bewilligung der von der Änderung Betroffenen erforderlich.

b) Die Abtretungs- oder Belastungserklärung bedarf verfahrensrechtlich der **Form** des § 29 Abs. 1 Satz 1. Ist sie nur schriftlich abgegeben, so genügt eine Verurteilung des Erklärenden, „die Erklärung beglaubigen zu lassen", für die Eintragung nicht; denn hier ist kein Fall des § 894 ZPO gegeben (BayObLG HRR 1934 Nr. 1356; BayObLG 1997, 91 = Rpfleger 1997, 314). Ein solcher liegt dagegen vor, wenn die Verurteilung dahin geht, „die Erklärung in grundbuchmäßiger Form zu wiederholen" (KG HRR 1935 Nr. 1250). 15

c) An den übrigen EintrVoraussetzungen wird durch § 26 nichts geändert. Notwendig ist mithin ein EintrAntrag (§ 13) und vorbehaltlich gewisser Ausnahmen die Voreintragung des Betroffenen (§§ 39, 40). Soll die Abtretung oder Belastung eines Briefrechts eingetragen werden, so muss auch der Brief vorgelegt werden (§§ 41, 42; BayObLG 1987, 99 = Rpfleger 1987, 363). 16

6. Inhalt der Abtretungs- oder Belastungserklärung. Wie bei der durch sie ersetzten EintrBewilligung kann bei der Auslegung der Abtretungs- oder Belastungserklärung auf Umstände, die außerhalb der Urkunde liegen und nicht jedermann ohne weiteres erkennbar sind, nicht zurückgegriffen werden; die Bezeichnung des Rechts, die Erklärung der Abtretung oder Belastung sowie die Angabe des Erwerbers müssen daher in der Erklärung selbst enthalten sein (BGH Rpfleger 1989, 449; 1992, 99). Dies schließt es aber nicht aus, dass bloße Ungenauigkeiten in der Bezeichnung des Abtretungsempfängers durch Rückgriff auf außerhalb der Urkunde liegende Umstände behoben werden (BGH Rpfleger 1997, 255). 17

a) Bezeichnung des Rechts. Dabei muss das belastete Grundstück verfahrensrechtlich gemäß § 28 bezeichnet werden (s. § 28 Rn. 4, 7 ff.; vgl. aber auch BGH Rpfleger 1974, 351 und dazu Haegele Rpfleger 1975, 396; 1976, 248); dieser Vorschrift ist bei Abtretung oder Belastung eines Grundpfandrechts unter Angabe des GBBlattes und der laufenden Nummer seiner Eintragung in dessen Abt. III mit Rücksicht darauf genügt, dass das belastete Grundstück aus Sp. 2 der Eintragung hervorgeht. Betrifft die Abtretung oder Belastung nur einen Teil des Rechts (§§ 1151, 1152 BGB) so ist dieser zweifelsfrei zu kennzeichnen (BayObLG 13, 419; KGJ 24, 133); im Fall der Abtretung „mit dem Rang vor dem Überrest" bedarf es keiner Zustimmung des Eigentümers (OLG Dresden JFG 5, 432).

18 **b) Erklärung der Abtretung oder Belastung.** Bestimmte Ausdrücke, insbes. der Gebrauch der Worte „abtreten" oder „verpfänden", sind nicht vorgeschrieben (KG OLG 7, 372; s. auch RG 135, 358); wegen der Beschränkung einer Auslegung s. BGH Rpfleger 1969, 202. Bei einer Verpfändung ist die zu sichernde Forderung bestimmbar zu bezeichnen (RG 136, 424). Die Abtretungs- oder Belastungserklärung muss wie die EintrBewilligung, die sie ersetzen soll, unbedingt und unbefristet sein; ist sie es nicht, so muss entweder unbedingte bzw. unbefristete EintrBewilligung erteilt oder der Eintritt der Bedingung bzw. des Anfangstermins in grundbuchmäßiger Form nachgewiesen werden. Bei Abtretung einer Hyp. an den Eigentümer kann die Eintragung der Umwandlung in eine Eigentümergrundschuld nur dieser beantragen (KGJ 29, 182).

19 aa) **Zinsen.** Das Recht auf sie kann von der Hauptforderung getrennt, also von dem Gläubiger vorbehalten oder zum Gegenstand einer gesonderten Verfügung gemacht werden (RG 86, 219). Mit Rücksicht darauf ist in der Abtretungs- oder Belastungserklärung anzugeben, ob die Zinsen mitabgetreten oder mitbelastet werden und gegebenenfalls von welchem Zeitpunkt an (KGJ 40, 273; 46, 240; BayObLG 1984, 123 = Rpfleger 1984, 351; BayObLG Rpfleger 1997, 258). Eine ausdrückliche Angabe ist entbehrlich, falls die Erklärung keinen Zweifel über die Person des Zinsgläubigers lässt, z.B. eine Abtretung mit den rückständigen, laufenden und künftigen Zinsen erfolgt (JFG 6, 323); bei einer Abtretung „mit den laufenden Zinsen" ist dies regelmäßig nicht der Fall (KG HRR 1941 Nr. 604), auch nicht bei einer Abtretung „nebst sämtlichen Zinsen" oder „samt Zinsen" (OLG Frankfurt MDR 1978, 228; Rpfleger 1993, 486). Sind mit einer Grundschuld, die ab ihrer Eintragung zu verzinsen ist, Zinsen „von Anfang an" abgetreten, so sind hiermit mangels entgegenstehender Anhaltspunkte alle Zinsansprüche gemeint (BayObLG 1984, 122 = Rpfleger 1984, 351).

20 Bei der **Verpfändung einer Briefhyp.** bedarf es der Angabe, ob und von welchem Zeitpunkt an die Zinsen mitverpfändet sind, dann nicht, wenn der Brief und die Verpfändungserklärung von dem Pfandgläubiger vorgelegt oder die Annahme der Verpfändungserklärung und eine nach §§ 1154, 1274, 1117 Abs. 2 BGB getroffene Vereinbarung in grundbuchmäßiger Form nachgewiesen wird (JFG 11, 262). Zur Eintragung der Verpfändung einer Buchhyp. ist die Angabe überhaupt nicht erforderlich (KGJ 53, 187; KG Recht 1927 Nr. 2430). Zinsrückstände werden nach §§ 1159, 1274, 1280 BGB formlos abgetreten oder verpfändet; die Abtre-

tung oder Verpfändung kann nur zusammen mit der Abtretung oder Verpfändung der laufenden und künftigen Zinsen eingetragen werden (KGJ 42, 249; JFG 6, 323).

bb) **Eigentümergrundschuld.** Das BayObLG hat zunächst die Ansicht vertreten, bei Abtretung einer Eigentümergrundschuld unter Mitabtretung von Zinsen sei § 1197 Abs. 2 BGB zu beachten; Zinsen könnten daher nur für die Zeit nach Abtretung der Grundschuld abgetreten werden (BayObLG 1976, 44; Rpfleger 1979, 100; a.M. Lichtenberger DNotZ 1979, 223; OLG Köln Rpfleger 1985, 9). Der BGH Rpfleger 1986, 9 hat die ihm vom OLG Köln vorgelegte Frage nicht entschieden, jedoch bei einer bisher unverzinslichen Eigentümergrundschuld die Eintragung von Zinsen mit rückwirkendem Beginn und die gleichzeitige Eintragung der Abtretung des Grundpfandrechts mit diesen Zinsen für zulässig erachtet. Auch das OLG Düsseldorf Rpfleger 1986, 468 hat die Frage, ob die Abtretung von Zinsen für die Zeit vor Abtretung der Grundschuld eingetragen werden kann, unentschieden gelassen, die Abtretung der Grundschuld „mit den Zinsen seit dem Tage des Zinsbeginns" aber so ausgelegt, dass damit Zinsen seit dem im GB (unmittelbar oder durch Bezugnahme auf die Eintr-Bewilligung) eingetragenen Zinsbeginn abgetreten sind und nicht erst seit dem Tag der Abtretung. Das BayObLG hat seine bisherige Rechtsansicht aufgegeben und hält die Abtretung einer Eigentümergrundschuld mit rückwirkendem Zinsbeginn jetzt für zulässig (BayObLG 1987, 241 = Rpfleger 1987, 364; ebenso OLG Celle Rpfleger 1989, 323 mit zust. Anm. v. Hennings Rpfleger 1989, 363; OLG Düsseldorf Rpfleger 1989, 498; ablehnend Bayer Rpfleger 1988, 139). 21

c) Angabe des Erwerbers. Dieser muss so bezeichnet werden, wie er in das GB einzutragen ist (s. dazu § 15 GBV). Dem Erfordernis der bestimmten und zweifelsfreien Bezeichnung des Abtretungsempfängers genügt die pauschale Bezeichnung „Bauherrengemeinschaft A-Straße in B, vertreten durch die Firma C" nicht (BGH Rpfleger 1989, 449). Bei einer Mehrheit von Erwerbern ist das Gemeinschaftsverhältnis (§ 47) anzugeben. Eine Blankoabtretung oder Blankoverpfändung erfüllt die in §§ 1154, 1274 BGB vorgeschriebene Schriftform nicht; sie wird erst mit der Ausfüllung der Urkunde durch einen hierzu Ermächtigten, also nicht etwa rückwirkend, wirksam (RG 63, 234; JW 1930, 61; BGH 22, 132 = NJW 1957, 137). 22

7. Stelle der Eintragung. Die Abtretung oder Belastung wird nach § 10 Abs. 5 und 7, § 11 Abs. 6 und 8 GBV in der Veränderungsspalte der in Frage kommenden Abteilung eingetragen. Bei 23

Teilabtretungen ist § 17 Abs. 1 und 4 GBV zu beachten; danach sind die Geldbeträge in Buchstaben anzugeben; außerdem sind Teilabtretungen durch Buchstaben und römische Zahlen bei der laufenden Nummer besonders kenntlich zu machen (s. GBV Muster Anl. 1 Abt. III zu lfd. Nr. 3 Sp. 5 bis 7; Anl. 2a Abt. III zu lfd. Nr. 1 Sp. 5 bis 7). Ob diese Vorschrift für Hypotheken, die in viele Teile zerspalten und teilweise wieder vereinigt werden, praktisch ist, lässt sich bezweifeln. Auf Teilhypotheken, die durch teilweise Belastung entstehen, wird die Vorschrift entsprechend anzuwenden sein.

24 **8. Verpfändung. a) Verpfändungsfähigkeit.** Verpfändungsfähig sind, wie § 1274 Abs. 2 BGB ergibt, nur übertragbare Rechte. Die Übertragbarkeit eines Rechts kann nach §§ 399, 413 BGB durch Rechtsgeschäft ausgeschlossen oder beschränkt, z.B. von der Zustimmung eines Dritten abhängig gemacht werden; der Ausschluss oder eine Beschränkung sind eintragungsfähig (s. dazu Anh. zu § 13 Rn. 23). Darf die Ausübung eines nicht übertragbaren Rechts, z.B. eines Nießbrauchs, einem anderen überlassen werden, so ist auch eine Verpfändung des Ausübungsrechts zulässig; sie ist jedoch nicht eintragungsfähig, weil sie nicht stärker wirken kann als die Überlassung der Ausübung und diese nur schuldrechtliche Beziehungen begründet (KGJ 40, 254; s. auch JFG 16, 332; RG 159, 207; BGH 55, 115 = DNotZ 1971, 238). Die Verpfändung des Anteils eines BGB-Gesellschafters ist zulässig, wenn sie der Gesellschaftsvertrag gestattet oder alle Gesellschafter einverstanden sind. Unter dieser Voraussetzung ist auch die Eintragung der Verpfändung im GB zulässig (OLG Hamm Rpfleger 1977, 136; a.M. Keller Rpfleger 2000, 205). Zu der Verpfändung eines Erbanteils s. RG 90, 234; BayObLG 1959, 50 = Rpfleger 1960, 157; zu der Verpfändung von Rechten aus einem Altenteil s. KG JW 1935, 2439; zur Eintragung der Verpfändung eines Gesamthandsanteils s. Lindemeier DNotZ 1999, 876.

25 **b) Auflassungsanspruch.** aa) Seine Verpfändung ist sehr häufig. Sie kommt nur vor Erklärung der Auflassung in Betracht (wegen der Verpfändung der Anwartschaft und des Anwartschaftsrechts sowie des Eigentumsverschaffungsanspruchs in der Zeit danach s. Rn. 28, 29) und richtet sich nach § 1274 Abs. 1 Satz 1, § 1280 BGB. Der (dingliche) Vertrag über die Bestellung des Pfandrechts bedarf auch nach der Änderung des § 313 Satz 1 BGB keiner besonderen Form (BayObLG 1976, 190 = Rpfleger 1976, 359; Ertl DNotZ 1977, 81; a.M. Huhn Rpfleger 1974, 2, der eine notarielle Beurkundung für erforderlich hält). S. hierzu Ludwig, Die Verpfändung des Auflassungsanspruchs, DNotZ 1992, 339.

bb) Das somit außerhalb des GB entstehende Pfandrecht an dem Auflassungsanspruch kann im GB allerdings nur verlautbart werden, wenn der Auflassungsanspruch dort vorgemerkt ist; die **Eintragung der Verpfändung** erfordert neben einem EintrAntrag gemäß § 13 entweder eine EintrBewilligung (Berichtigungsbewilligung) des Gläubigers des Auflassungsanspruchs oder den Nachweis der Entstehung des Pfandrechts in grundbuchmäßiger Form (BayObLG 1967, 295 = Rpfleger 1968, 18; BayObLG 1976, 193 = Rpfleger 1976, 359). Wegen der Notwendigkeit der Bewilligung des Pfandgläubigers zur Eintragung einer Veränderung oder der Löschung der Vormerkung gilt das zur Verpfändung Gesagte entsprechend (s. Anh. zu § 26 Rn. 50). Die Verpfändung bewirkt, dass der Pfandgläubiger mit der Eintragung des Grundstückskäufers als Eigentümer im GB gemäß § 1287 Satz 2 BGB für seine Forderung eine Sicherungshyp. erwirbt. Zum Rang der Sicherungshyp. und zu der Möglichkeit einer Beeinträchtigung durch gutgläubigen Erwerb eines Dritten gilt das zur Sicherungshyp. gem. § 848 Abs. 2 ZPO Gesagte entsprechend (s. dazu Anh. zu § 26 Rn. 51). Falls beantragt, ist die Sicherungshyp. im Weg der GBBerichtigung entweder auf Bewilligung oder auf Unrichtigkeitsnachweis einzutragen. Der Pfandgläubiger kann von dem Berechtigten eines vormerkungswidrig eingetragenen Rechts gem. § 883 Abs. 2, § 888 Abs. 1 BGB die Zustimmung dazu verlangen, dass der Sicherungshyp. der Vorrang eingeräumt wird; im Weg der GBBerichtigung kann der Vorrang nicht erlangt werden. Der Zustimmung des Eigentümers gem. § 880 Abs. 2 Satz 2 BGB bedarf es im Hinblick auf die Verpfändung nicht (BayObLG 1990, 318 = NJW-RR 1991, 567). 26

cc) Die Umschreibung des Eigentums auf den Grundstückskäufer erfordert, wenn die Verpfändung des Auflassungsanspruchs im GB bei der Auflassungsvormerkung vermerkt ist, jedenfalls dann die **Bewilligung des Pfandgläubigers** gemäß § 19, wenn für ihn nicht gleichzeitig die Sicherungshyp. eingetragen wird (BayObLG 1987, 59 = Rpfleger 1987, 299 mit abl. Anm. v. Weirich DNotZ 1987, 628 und Ludwig Rpfleger 1987, 495; vgl. BayObLG 1967, 295; DNotZ 1983, 758; BayObLG 1985, 332 = Rpfleger 1986, 48; a.M. Stöber DNotZ 1985, 587). Die Mitwirkungsrechte des Pfandgläubigers (§§ 1281, 1282 BGB) können gemäß § 1284 BGB abbedungen werden. Auch wenn dies geschehen ist, bedarf die igentumsumschreibung auf den Grundstückskäufer der Bewilligung des Pfandgläubigers, sofern eine Sicherungshyp. gleichwohl entstehen soll, aber nicht gleichzeitig eingetragen wird; die Bewilligung ist auch dann nicht entbehrlich, wenn die Verpfändung an die auf- 27 lösende Bedingung des Entstehens einer rechtsgeschäftlich bestellten Grundschuld zugunsten des Pfandgläubigers geknüpft ist und Eigentumsübergang sowie Grundschuld gleichzeitig eingetragen werden (BayObLG 1987, 65 = Rpfleger 1987, 299). Auch die **Löschung der Auflassungsvormerkung** samt Verpfändungsvermerk setzt die Bewilligung des Pfandgläubigers voraus (BayObLG DNotZ 1983, 758). Dies gilt nicht bei einer Löschung nach Eigentumsumschreibung, wenn §§ 1281, 1282 BGB abbedungen sind, eine Sicherungshyp. also nicht entstanden sein kann (LG Passau Rpfleger 1992, 426). Die Bewilligung des Pfandgläubigers ist schließlich auch dann erforderlich, wenn ohne gleichzeitige Eigentumsumschreibung mit der Löschung des Verpfändungsvermerks eine rechtsgeschäftlich bestellte Grundschuld für den Pfandgläubiger eingetragen werden soll und diese Eintragung auflösende Bedingung der Verpfändung ist (BayObLG 1983, 301 = Rpfleger 1984, 144; BayObLG 1995, 171 = FGPrax 1995, 139 mit zust. Anm. v. Ludwig DNotZ 1996, 556). S. zu allem auch Hieber DNotZ 1954, 171; Hoche NJW 1955, 161; Vollkommer Rpfleger 1969, 409.

28 c) **Anwartschaft und Anwartschaftsrecht.** Auch die Anwartschaft aus einer erklärten Auflassung sowie das Anwartschaftsrecht, zu dem sich jene bei Vorliegen eines eigenen unerledigten EintrAntrags des Auflassungsempfängers oder bei Eintragung einer Vormerkung für diesen verstärkt, können verpfändet werden (s. hierzu Anh. zu § 26 Rn. 53). Nach BGH 49, 202 = Rpfleger 1968, 83 bedarf der (dingliche) Vertrag über die Bestellung eines Pfandrechts am Anwartschaftsrecht gemäß § 1274 Abs. 1 Satz 1 BGB wie dessen Übertragung (s. § 20 Rn. 43) der Form des § 925 BGB; die überwiegende Ansicht im Schrifttum nimmt dies auch bezüglich der (schwächeren) Anwartschaft an; eine Anzeige nach § 1280 BGB hält sie in beiden Fällen nicht für erforderlich. Hinsichtlich der Verlautbarung des Pfandrechts im GB und der Notwendigkeit einer Bewilligung des Pfandgläubigers zu Veränderungen und zur Löschung der Auflassungsvormerkung in diesem Fall gilt das für das Pfandrecht an einem Auflassungsanspruch Gesagte. Die Wirkung der Verpfändung entspricht der bei einer Pfändung (s. dazu Anh. zu § 26 Rn. 53), nur dass die Sicherungshyp. für die Forderung des Pfandgläubigers in entsprechender Anwendung des § 1287 Satz 2 BGB entsteht. S. zu allem auch Hieber DNotZ 1954, 175; 1955, 186; 1959, 350; Hoche NJW 1958, 652; Vollkommer Rpfleger 1969, 409.

29 d) **Eigentumsverschaffungsanspruch.** aa) Nach Erklärung der Auflassung ist für die Verpfändung des Auflassungsanspruchs wegen

seiner Erfüllung kein Raum mehr; verpfändbar ist aber außer der Anwartschaft und dem Anwartschaftsrecht auch noch der bis zum Vollzug der Auflassung durch Eintragung des Eigentumswechsels im GB fortbestehende Eigentumsverschaffungsanspruch (BGH NJW 1994, 2947; BayObLG 1983, 304 = Rpfleger 1984, 144; s. Anh. zu § 26 Rn. 56); für dessen Verpfändung gilt, was ihre Form und die Verlautbarung des Pfandrechts im GB betrifft, das für die Verpfändung des Auflassungsanspruchs Gesagte. Der Eigentumsverschaffungsanspruch kann auch schon vor Erklärung der Auflassung verpfändet werden; dann wird von der Verpfändung auch der Auflassungsanspruch erfasst (s. Rn. 25). Ist der Eigentumsverschaffungsanspruch infolge Erfüllung (Eintragung der Auflassung) erloschen, so ist auch ein hieran bestelltes Pfandrecht untergegangen. Der bei der Auflassungsvormerkung eingetragene Verpfändungsvermerk kann dann gemäß § 22 mit der Auflassungsvormerkung gelöscht werden (BayObLG 1983, 304 = Rpfleger 1984, 144; LG Augsburg Rpfleger 1984, 263); Voraussetzung ist aber, dass keine vormerkungswidrigen Eintragungen vorliegen, weil sonst nicht vollständig erfüllt ist (BayObLG 1990, 321 = NJW-RR 1991, 567).

bb) Mit dem Untergang des Pfandrechts entsteht an seiner Stelle 30 eine **Sicherungshypothek** (§ 1287 Satz 2 BGB). Ebensowenig wie der Eigentumsübergang materiellrechtlich der Mitwirkung des Pfandgläubigers nach §§ 1281, 1282 BGB bedarf, ist diese zur Entstehung der Sicherungshyp. erforderlich. Die Eintragung des Eigentumswechsels im GB setzt aber auch bei Verpfändung des Eigentumsverschaffungsanspruchs nach erklärter Auflassung gleichwohl die Bewilligung des Pfandgläubigers nach § 19 voraus. Dies gilt jedenfalls dann, wenn nicht gleichzeitig die Sicherungshyp. eingetragen wird (BayObLG 1985, 332 = Rpfleger 1986, 48). S. hierzu aber auch Stöber DNotZ 1985, 587.

9. Begründung des Pfandrechts. Sie vollzieht sich gemäß 31 § 1274 Abs. 1 BGB nach den für die Übertragung des Rechts geltenden Vorschriften (s. aber auch § 1280 BGB). Soweit dingliche Rechte an einem Grundstück in Betracht kommen, gilt folgendes:

a) Die **Verpfändung eines Briefrechts** erfolgt durch schrift- 32 liche Verpfändungserklärung, formfreie Annahme derselben und Übergabe des Briefs (§ 1154 Abs. 1, § 1192 Abs. 1, § 1200 Abs. 1 BGB). An Stelle der Briefübergabe genügt nach § 1274 Abs. 1 Satz 2 i. V. m. § 1205 Abs. 2, § 1206 BGB die Übertragung des mittelbaren Besitzes und die Anzeige der Verpfändung an den unmittelbaren Besitzer (KG JW 1936, 1136) oder die Einräumung des mindestens mittelbaren Mitbesitzes (RG Warn. 1914 Nr. 58); Begründung bloßer Besitzdienerschaft ist unzureichend (RG 92, 267). Die zu sichernde Forderung ist in der Verpfändungserklärung bestimmbar zu bezeichnen (RG 136, 424). Die schriftliche Form der Verpfändungserklärung kann durch die Eintragung der Verpfändung in das GB ersetzt werden (§ 1154 Abs. 2 BGB); die Eintragung, die in diesem Fall rechtsändernden Charakter hat, muss die zu sichernde Forderung mindestens durch Bezugnahme auf die EintrBewilligung bezeichnen.

33 **b)** Zur **Verpfändung eines Buchrechts** ist Einigung und Eintragung notwendig (§ 873 Abs. 1 BGB). Ein Pfandrecht an einer Gesamthyp. entsteht erst mit der Eintragung auf den GBBlättern aller belasteten Grundstücke (KGJ 39, 249). Besonderes gilt für Inhaber- und Orderhyp. (§ 1187 BGB); ihre Verpfändung erfolgt durch Verpfändung des Inhaber- oder Orderpapiers (§§ 1292, 1293 BGB).

34 **c)** Das Pfandrecht erstreckt sich nach §§ 1289, 1291 BGB auch auf die Zinsen; § 1289 Satz 1 BGB enthält jedoch kein zwingendes Recht, weshalb die Erstreckung mit dinglicher Wirkung ausgeschlossen werden kann (s. dazu Rn. 19).

35 **10. Wirkung des Pfandrechts. a)** Zur Aufhebung des verpfändeten Rechts sowie zur Änderung seines Inhalts oder Rangs ist Zustimmung des Pfandgläubigers erforderlich (§§ 876, 877, § 880 Abs. 3, § 1276 BGB).

36 **b)** Nach Eintritt der Pfandreife (§ 1228 Abs. 2 BGB) darf sich der Pfandgläubiger aus dem verpfändeten Recht befriedigen. Die **Pfandverwertung** erfolgt im Allgemeinen auf Grund eines vollstreckbaren Titels nach den für die Zwangsvollstreckung geltenden Vorschriften (§ 1277 BGB). Bei einem Forderungspfandrecht sowie einem Pfandrecht an einer Grund- oder Rentenschuld ist auch eine Verwertung durch Einziehung statthaft (§ 1282 Abs. 1, § 1291 BGB); zieht der Pfandgläubiger eine HypForderung ein, so ist zur Umschreibung bzw. Löschung der Hyp. die löschungsfähige Quittung des Pfandgläubigers vorzulegen und die Fälligkeit der Hyp. sowie die Höhe und die Fälligkeit der pfandgesicherten Forderung in der Form des § 29 nachzuweisen (KG JW 1935, 1641). Abweichende Vereinbarungen über die Pfandverwertung sind zulässig; vor dem Eintritt der Pfandreife darf jedoch weder eine Verfallklausel vereinbart noch die Öffentlichkeit und die Bekanntmachung der Versteigerung ausgeschlossen werden (§ 1277 Satz 2 BGB); Höhe und Fälligkeit der pfandgesicherten Forderung sind dem GBAmt auch hier in grundbuchmäßiger Form nachzuweisen (KGJ 40, 286, 292).

11. Rang mehrerer Pfandrechte. Sind die Pfandrechte außerhalb des GB entstanden, so ist für ihren Rang der Zeitpunkt der Entstehung maßgebend (über das Verfahren bei der Eintragung s. § 45 Rn. 24); war zu ihrer Entstehung die Eintragung erforderlich, so gilt § 879 BGB entsprechend (JFG 3, 440). Hierbei bleibt es auch dann, wenn ein Pfandrecht eine künftige oder eine bedingte Forderung sichert (RG Warn. 1912 Nr. 345). **37**

12. Erlöschen des Pfandrechts. Das Pfandrecht erlischt regelmäßig außerhalb des GB. Erlöschensgründe sind vor allem Aufhebungserklärung und Erlöschen der pfandgesicherten Forderung (§ 1255 Abs. 1, §§ 1252, 1273 BGB). Besonders zu beachten ist, dass ein Pfandrecht an einem Briefrecht nach § 1253 Abs. 1, § 1273 BGB durch bloße Rückgabe des Briefs erlischt (KG DNotZ 1932, 184). **38**

13. Kosten. Für die Eintragung der Übertragung oder Belastung einer Hypothek, Grundschuld oder Rentenschuld wird die Hälfte der vollen Gebühr erhoben; dasselbe gilt für die Eintragung der Übertragung oder Belastung einer Forderung, der ein eingetragenes Recht als Pfand haftet (§ 64 KostO). **39**

Anhang zu § 26
Pfändung

Inhaltsübersicht

1. Zulässigkeit ... 1
2. Entstehung des Pfändungspfandrechts ... 6
3. Pfändungsbeschluss ... 15
4. Zustellung ... 17
5. Briefübergabe ... 19
6. Eintragung der Pfändung ... 24
7. Wirkung der Pfändung ... 27
8. Teilpfändung ... 28
9. Pfändung einer Eigentümergrundschuld ... 32
10. Pfändung von Höchstbetragshypotheken ... 35
11. Vorpfändung ... 36
12. Vollziehung eines Arrestbefehls ... 39
13. Verwertung des Pfandrechts durch Überweisung ... 45
14. Andere Art der Verwertung ... 48
15. Pfändung der Rechte eines Grundstückskäufers ... 49
16. Pfändung vor Erklärung der Auflassung ... 50
17. Pfändung nach Erklärung der Auflassung ... 53

1. Zulässigkeit. a) Übertragbare Rechte. aa) Nur sie sind nach § 851 Abs. 1, § 857 Abs. 1 ZPO der Pfändung unterworfen. Dieser Grundsatz ist allerdings insofern durchbrochen, als Rechte, die nach §§ 399, 413 BGB unübertragbar sind, nach Maßgabe des **1**

§ 851 Abs. 2 ZPO gepfändet werden können. Neben der Pfändung von dinglichen Rechten an einem Grundstück, vor allem von Hypotheken, Grundschulden und Rentenschulden, sind für das GBAmt bedeutsam die Pfändung von Erbanteilen (RG 86, 295; BayObLG 1959, 50 = Rpfleger 1960, 157; OLG Frankfurt Rpfleger 1979, 205; s. dazu auch Ripfel NJW 1958, 692; Stöber Rpfleger 1976, 197) und Nacherbenrechten (RG 83, 437), die Pfändung durch Vormerkung gesicherter Ansprüche (KG JW 1937, 249), die Pfändung von Forderungen, denen ein eingetragenes Recht als Pfand haftet, und die Pfändung des Anspruchs auf Auflassung sowie der Anwartschaft und des Anwartschaftsrechts aus einer solchen (s. darüber Rn. 49 ff.). Zur Eintragung der Pfändung oder Verpfändung eines Gesamthandsanteils s. Lindemeier DNotZ 1999, 876.

2 bb) Das Recht des Veräußerers, das Grundstück zur dinglichen Sicherung der gegen ihn bestehenden Verpflichtungen zu verwenden, ist, soweit es sich um das Recht im ganzen (Stammrecht) handelt, **weder abtretbar noch pfändbar.** Der sich aus diesem Stammrecht ergebende Einzelanspruch auf Eintragung eines Grundpfandrechts kann dagegen an den Gläubiger der zu sichernden Forderung abgetreten werden; er ist für diesen auch pfändbar (OLG Bremen Rpfleger 1983, 289). Ein Altenteil kann nicht einheitlich gepfändet werden; zu pfänden sind vielmehr die Einzelnen übertragbaren künftigen Leistungen (KG JW 1932, 1564); s. dazu jedoch § 850 b Abs. 1 Nr. 3, Abs. 2 ZPO.

cc) Zur Übertragbarkeit eines Nießbrauchs, einer beschränkten persönlichen Dienstbarkeit oder eines Vorkaufsrechts, wenn das Recht einer juristischen Person oder einer rechtsfähigen Personengesellschaft (§ 14 Abs. 2 BGB) zusteht, s. §§ 1059 a, 1092 Abs. 2, 3, § 1098 Abs. 3 BGB und § 23 Rn. 3. Die gesetzlich geregelte Übertragbarkeit kann nicht dadurch im GB verlautbart werden, dass die berechtigte juristische Person oder rechtsfähige Personengesellschaft mit dem Zusatz: „und deren Rechtsnachfolger" eingetragen wird (OLG Hamm FGPrax 2001, 55). Zur Pfändbarkeit s. Rossak MittBayNot 2000, 383.

3 **b) Überlassung der Ausübung.** aa) Ist sie bei einem nicht übertragbaren Recht, z. B. einem Nießbrauch (vgl. § 1059 Satz 2 BGB), statthaft, so ist nach § 857 Abs. 3 ZPO auch die Pfändung zulässig; dem steht auch ein durch Eintragung im GB mit dinglicher Wirkung ausgestatteter vertraglicher Ausschluss der Überlassung der Ausübung nicht entgegen (BGH 95, 99 = NJW 1985, 2827). Gegenstand der Pfändung ist das Recht selbst, nicht ein obligatorischer Anspruch auf seine Ausübung (BGH 62, 136 =

Rpfleger 1974, 186; OLG Köln NJW 1962, 1621; OLG Bremen NJW 1969, 2147; BayObLG Rpfleger 1998, 69). Die Pfändung bedarf zu ihrer Wirksamkeit nicht der Eintragung im GB (s. dazu Rn. 9), ist jedoch wegen der aus ihr folgenden Beschränkung des Berechtigten in der Verfügung über das Recht eintragungsfähig (OLG Köln NJW 1962, 1621; s. auch LG Bonn Rpfleger 1979, 349).

bb) Bei einem dinglichen Wohnungsrecht kann eine Pfändung 4
auch durch den Grundstückseigentümer nur dann erfolgen, wenn dem Berechtigten die Überlassung der Ausübung an einen anderen gestattet und die Gestattung durch Eintragung im GB zum Inhalt des Rechts gemacht worden ist, s. KG DNotZ 1968, 750.

c) Miteigentumsanteil. Der Miteigentumsanteil an einem 5
Grundstück kann nicht gemäß § 857 ZPO gepfändet werden, eine Vollstreckung in diesen ist vielmehr nur nach § 864 Abs. 2, § 866 ZPO möglich; § 751 BGB steht nicht entgegen (KG OLG 40, 410; s. dazu auch Furtner NJW 1957, 1620). Mithin ist auch das WEigentum einer Pfändung nach § 857 ZPO unzugänglich (Weitnauer § 3 Rn. 128). Möglich ist jedoch die Pfändung und Überweisung des Anspruchs eines Grundstücksmiteigentümers auf Aufhebung der Gemeinschaft sowie Teilung und Auszahlung des Erlöses (BGH Rpfleger 1984, 283). In das GB kann sie aber nicht eingetragen werden (LG Siegen Rpfleger 1988, 249 mit zust. Anm. v. Tröster).

d) Insolvenz. Nach Eröffnung des Insolvenzverfahrens sind §§ 80ff., insbes. §§ 88, 89 InsO zu beachten (s. dazu Hintzen, Insolvenz und Immobiliarzwangsvollstreckung, Rpfleger 1999, 256).

2. Entstehung des Pfändungspfandrechts. a) In der Regel 6
ist für die Pfändung ein Pfändungsbeschluss sowie dessen Zustellung erforderlich und genügend (§§ 829, 857 Abs. 1 ZPO).

b) Für die Pfändung dinglicher Rechte an einem Grundstück 7
gilt, auch wenn Eigentümergrundschulden in Frage kommen (RG 55, 378; OLG Frankfurt NJW 1955, 1483; BGH Rpfleger 1961, 291; OLG Celle NJW 1968, 1682; OLG Köln OLGZ 1971, 154; s. auch OLG Oldenburg Rpfleger 1970, 100), folgendes:

aa) Bei **Briefrechten** ist ein Pfändungsbeschluss und die Brief- 8
übergabe erforderlich (§ 830 Abs. 1 Satz 1 und 2, § 857 Abs. 6 ZPO). Bis zur Briefübergabe ist die Pfändung unvollständig und wirkungslos (BGH 127, 151 = Rpfleger 1995, 119). Solange sich der Pfändungsgläubiger nicht im Besitz des Briefs befindet, ist ein Antrag auf Eintragung der Pfändung ohne Zwischenverfügung zurückzuweisen (s. § 18 Rn. 11).

9 bb) Bei **Buchrechten** ist ein Pfändungsbeschluss und die Eintragung der Pfändung notwendig (§ 830 Abs. 1 Satz 3, § 857 Abs. 6 ZPO). Bis zur GBEintragung ist die Pfändung unvollständig und wirkungslos (BGH 127, 151 = Rpfleger 1995, 119). § 857 Abs. 6 ZPO erwähnt zwar nur Grundschulden, Rentenschulden und Reallasten, ist jedoch auch auf andere Buchrechte, z.B. Dauerwohnrechte (Weitnauer DNotZ 1951, 497) sowie übertragbare Vorkaufsrechte, anzuwenden, nicht aber auf unübertragbare Rechte, z.B. einen Nießbrauch (BGH 62, 139 = Rpfleger 1974, 186; BayObLG Rpfleger 1998, 69). Die Pfändung einer Gesamthyp. ist erst mit der Eintragung auf den GBBlättern aller belasteten Grundstücke vollzogen (KGJ 44, 187). Besonderes gilt für die Inhaber- und Orderhyp. (§ 1187 BGB); ihre Pfändung erfolgt durch Wegnahme des Inhaber- oder Orderpapiers (§ 830 Abs. 3 Satz 2, § 808 Abs. 2, § 831 ZPO).

10 cc) Die Pfändung von **Zinsrückständen** richtet sich nach § 829 ZPO (§ 830 Abs. 3 Satz 1, § 808 Abs. 2, § 831 ZPO).

11 **c)** Ein Gesamtrecht kann nur im Ganzen, nicht hinsichtlich einzelner Grundstücke gepfändet werden (KG DR 1943, 449). Der Pfändungsbeschluss muss sich gegen alle Eigentümer richten; es genügen aber mehrere Einzelbeschlüsse (KG HRR 1936 Nr. 440).

12 **d)** Bei einer Höchstbetragshyp. kann die gesicherte Forderung nach Maßgabe des § 837 Abs. 3 ZPO ohne die Hyp. gepfändet werden; die Hyp. wird alsdann in Höhe des gepfändeten Betrags zur Eigentümergrundschuld. Bei einer Sicherungsgrundschuld kann sowohl diese wie auch die gesicherte Forderung allein gepfändet werden; s. dazu eingehend Stöber BB 1964, 1457; Huber BB 1965, 609.

13 **e)** Wird für eine gepfändete Forderung nachträglich eine Hyp. eingetragen, so ergreift die Pfändung die Hyp. mit deren Eintragung. Das GB wird also unrichtig, wenn die Pfändung nicht gleichzeitig gebucht wird (JFG 5, 417; KG HRR 1931 Nr. 1048).

14 **f)** Zur Pfändung einer Forderung, für die eine Briefhyp. eingetragen ist, solange letztere wegen noch ausstehender Briefübergabe dem Grundstückseigentümer als vorläufige Eigentümergrundschuld zusteht, s. OLG Hamm Rpfleger 1980, 483.

15 **3. Pfändungsbeschluss. a)** Wesentlich ist der Ausspruch der Pfändung und das Leistungsverbot an den Drittschuldner (RG Gruch. 72, 255), nicht aber das Gebot an den Schuldner, sich der Verfügung zu enthalten. Dieses gehört, wie § 857 Abs. 2 ZPO ergibt, jedoch dann zum wesentlichen Inhalt des Beschlusses, wenn ein Drittschuldner nicht vorhanden ist (JFG 14, 132). Der Pfän-

dungsbeschluss muss den Gegenstand der Pfändung klar erkennen lassen; eine Auslegung gemäß § 133 BGB ist zulässig; Tatsachen außerhalb des Beschlusses dürfen dazu aber nicht herangezogen werden (RG 108, 319; 139, 100; 160, 39; BGH 13, 42; MDR 1965, 738; Rpfleger 1975, 219; BayObLG 1992, 136f. = Rpfleger 1993, 14). Im Übrigen ist der Inhalt des Pfändungsbeschlusses je nach der Art des gepfändeten Rechts verschieden; bei einer Teilpfändung ist zweckmäßig der Vorrang des gepfändeten Teils anzugeben.

b) Ist der Schuldner nicht als Berechtigter im GB eingetragen, so **16**
muss erforderlichenfalls der ihm gegen den Buchberechtigten zustehende Berichtigungsanspruch gepfändet werden (s. § 14 Rn. 17). Befindet sich der Brief im Besitz eines Dritten, so ist nötigenfalls der Anspruch auf Herausgabe oder auf Vorlegung an das GBAmt zu pfänden, im Fall einer Teilpfändung auch der Anspruch auf Aufhebung der Briefgemeinschaft (RG 59, 318), falls der Besitz an dem Stammbrief sonst nicht zu erlangen ist (s. Rn. 30).

4. Zustellung. a) Vorgeschrieben ist die Zustellung des Pfän- **17**
dungsbeschlusses an Drittschuldner und Schuldner (§ 829 Abs. 2 ZPO). Die Erstere ist Voraussetzung für das Wirksamwerden der Pfändung (§ 829 Abs. 3, § 857 Abs. 1 ZPO), die letztere nur, wenn ein Drittschuldner nicht vorhanden ist (§ 857 Abs. 2 ZPO). Wegen des Begriffs des Drittschuldners im Sinn des § 857 Abs. 2 ZPO s. RG 49, 407; 86, 295.

b) Ist ein dingliches Recht an einem Grundstück Gegenstand **18**
der Pfändung, so bildet die Zustellung des Pfändungsbeschlusses an den Drittschuldner bzw. den Schuldner kein Erfordernis für das Wirksamwerden der Pfändung (§§ 830, 857 Abs. 6 ZPO). Die Eintragung der Pfändung kann also nicht von dem Nachweis der Zustellung abhängig gemacht werden. Über die Rückbeziehung der durch Briefübergabe oder Eintragung wirksam gewordenen Pfändung im Fall vorheriger Zustellung s. § 830 Abs. 2 ZPO; den Vorrang einer Pfändung vor einer anderen bewirkt die frühere Zustellung des Pfändungsbeschlusses nicht (OLG Düsseldorf NJW 1961, 1266 mit weit. Nachweisen; OLG Köln Rpfleger 1991, 241).

5. Briefübergabe. a) Sie ist im Fall der Pfändung eines Brief- **19**
rechts stets, also auch bei einer Teilpfändung notwendig (s. Rn. 30). Grundsätzlich muss dem Pfändungsgläubiger oder seinem Vertreter der unmittelbare Besitz an dem Brief eingeräumt werden. Mittelbarer Besitz ist ausreichend, wenn der Schuldner den Brief hinterlegt und der Pfändungsgläubiger die Hinterlegung annimmt (RG 135, 274); ebenso, wenn sich der Pfändungsgläubiger den

unmittelbaren Besitz jederzeit verschaffen kann (KG OLG 43, 158; s. auch OLG Frankfurt NJW 1955, 1483). Die Besitzeinräumung darf nicht nur eine vorübergehende sein, sondern muss für die ganze Pfändungsdauer erfolgen (RG 92, 266). Übergabe eines gemäß § 1162 BGB erwirkten Ausschlussurteils ersetzt die Übergabe des Briefs nicht (KG HRR 1931 Nr. 1708). Befindet sich der Pfändungsgläubiger bereits im Besitz des Briefs, so ist die Pfändung mit der Aushändigung des Pfändungsbeschlusses an den Pfändungsgläubiger bewirkt (KGJ 44, 280; KG JW 1935, 3236).

20 **b)** Gibt der Schuldner den in seinem Besitz befindlichen Brief nicht freiwillig heraus, so kann er ihm nach § 830 Abs. 1 Satz 2 ZPO im Weg der **Hilfsvollstreckung** durch den Gerichtsvollzieher weggenommen werden. Die Hilfsvollstreckung erfolgt auf Grund des keiner Vollstreckungsklausel bedürftigen, jedoch nach § 750 ZPO zuzustellenden Pfändungsbeschlusses, und zwar gemäß § 883 ZPO. Mit der Wegnahme durch den Gerichtsvollzieher gilt der Brief als übergeben.

21 **c)** Befindet sich der Brief im Gewahrsam eines nicht zur Herausgabe bereiten **Dritten,** so muss der Pfändungsgläubiger auf Grund des nach § 750 ZPO zuzustellenden Pfändungsbeschlusses den Herausgabeanspruch des Schuldners gemäß § 886 ZPO (s. RG 74, 83) pfänden und sich zur Einziehung überweisen lassen. Der Pfändungs- und Überweisungsbeschluss ist aber kein Ersatz für die Briefübergabe (KG DNotV 1930, 242). Die Pfändung wird vielmehr erst wirksam, wenn der Dritte den Brief nunmehr herausgibt oder wenn er ihm nach Erwirkung eines Titels im Weg der Zwangsvollstreckung weggenommen wird. Ist der Dritte das GBAmt, so darf dieses den Brief nur herausgeben, wenn dem Pfändungsschuldner neben dem privatrechtlichen auch der öffentlich-rechtliche Herausgabeanspruch zusteht (KGJ 44, 277). Bei nachträglicher Erteilung oder Wiedereinreichung eines Briefs werden sich privatrechtlicher und öffentlich-rechtlicher Herausgabeanspruch in der Regel decken. Im Fall der Neueintragung des Rechts können sie auseinanderfallen, nämlich dann, wenn die Vereinbarung nach § 1117 Abs. 2 BGB und die Bestimmung nach § 60 Abs. 2 nicht übereinstimmen (s. § 60 Rn. 13). Decken sich die beiden Ansprüche nicht, so bleibt die Pfändung des privatrechtlichen Herausgabeanspruchs wirkungslos.

22 Ein zweiter Pfändungsgläubiger muss von dem ersten mindestens den mittelbaren Mitbesitz eingeräumt erhalten (KGJ 35, 299; KG HRR 1929 Nr. 1968; s. dazu auch OLG Frankfurt NJW 1955, 1483) oder sich diesen, falls der Gerichtsvollzieher den Brief besitzt, mittels Anschlusspfändung verschaffen (JFG 14, 325).

d) Legt der Pfändungsgläubiger den Brief vor, so hat das GBAmt davon auszugehen, dass er den Besitz ordnungsgemäß erlangt hat. Der Antrag auf Eintragung der Pfändung, die stets eine GBBerichtigung darstellt (KGJ 35, 299), ist jedoch zurückzuweisen, wenn dem GBAmt ein fehlerhafter Besitzerwerb bekannt ist. **23**

6. Eintragung der Pfändung. a) Sie muss im Fall der Pfändung eines übertragbaren Buchrechts zu dem Pfändungsbeschluss hinzutreten (s. Rn. 9). Während sie insoweit rechtsändernden Charakter hat, dient sie in allen anderen Fällen, insbes. bei der Pfändung eines Briefrechts, nur der GBBerichtigung. Zur EintrFähigkeit der Pfändung eines Miterbenanteils oder des Anteils eines BGB-Gesellschafters s. Anh. zu § 13 Rn. 21. **24**

b) Zur Eintragung der Pfändung bedarf es eines Antrags sowie der Vorlegung des Pfändungsbeschlusses; erforderlich ist weiter die Voreintragung des Betroffenen (§ 39) und bei Briefrechten die Vorlegung des Briefs (§§ 41, 42). Der Pfändungsbeschluss ersetzt im Fall der Pfändung eines Buchrechts die EintrBewilligung des Betroffenen (§ 830 Abs. 1 Satz 3 ZPO); im Übrigen dient er zur Führung des Unrichtigkeitsnachweises, der bei der Pfändung eines Briefrechts durch die Vorlegung des Briefs vervollständigt wird (s. Rn. 23) und bei sonstigen Pfändungen durch die Vorlegung der Zustellungsurkunde zu ergänzen ist (s. Rn. 17). **25**

c) Wird die Eintragung **mehrerer Pfändungen** desselben Rechts beantragt, so erhalten die Eintragungen nach §§ 17, 45 den Rang gemäß der Reihenfolge des Eingangs der EintrAnträge; wird jedoch die Entstehung eines anderen Rangs außerhalb des GB nachgewiesen, so sind die Pfändungen mit dem richtigen Rang zu buchen (KGJ 35, 301; JFG 3, 441). **26**

7. Wirkung der Pfändung. Verfügungen, die der Schuldner nach dem Wirksamwerden der Pfändung vornimmt, sind dem Pfändungsgläubiger gegenüber unwirksam. Ist die Pfändung eingetragen, so steht sie, von der Löschung des gepfändeten Rechts abgesehen, weiteren Eintragungen nicht entgegen. Andernfalls hat das GBAmt, sofern es von der Pfändung Kenntnis hat, die Zustimmung des Pfändungsgläubigers zu verlangen (s. § 22 Rn. 52; BayObLG Rpfleger 1998, 69). **27**

8. Teilpfändung. a) Eine Teilpfändung ist zulässig. Notwendig ist jedoch die bestimmte Bezeichnung des gepfändeten Teils (KG JW 1931, 2576). Möglich ist auch eine Pfändung allein der Zinsen (s. dazu § 26 Rn. 19). **28**

b) Eine Pfändung „wegen und in Höhe" stellt, wenn die Forderung des Pfändungsgläubigers bestimmt und niedriger als **29**

die gepfändete ist, eine Teilpfändung dar (KG HRR 1930 Nr. 1165). Ist die Forderung, weil wegen laufender Zinsen gepfändet wurde, unbestimmt (s. OLG Oldenburg Rpfleger 1970, 100), so kann die Pfändung als Teilpfändung weder bei einer Buch- noch bei einer Briefhyp. eingetragen werden. Deshalb ist die ganze Hyp. als gepfändet anzusehen (KG JW 1931, 2576; HRR 1933 Nr. 964).

30 **c)** Die Teilpfändung eines Briefrechts ist erst mit der Übergabe des Stammbriefs oder des über den gepfändeten Teil gebildeten Teilbriefs bewirkt (s. Rn. 19). Besitzt ein Dritter den Stammbrief, so kann, wenn dem Pfändungsgläubiger oder seinem Vertreter nicht der Besitz oder Mitbesitz an dem Stammbrief eingeräumt, sondern dieser nur dem GBAmt zur Herstellung eines Teilbriefs vorgelegt wird, die Pfändung nicht vor der Bildung des Teilbriefs wirksam werden (KG JW 1938, 900; OLG Oldenburg Rpfleger 1970, 100). Der Pfändungsgläubiger kann die Herstellung eines Teilbriefs grundsätzlich erst beantragen, nachdem er ein wirksames Pfandrecht erlangt hat (KG HRR 1929 Nr. 1968); er ist jedoch auch dann antragsberechtigt, wenn mangels eines Anspruchs auf Einräumung des Besitzes oder Mitbesitzes der Schuldner oder ein den Brief besitzender Dritter den Stammbrief zwecks Bildung eines Teilbriefs für den Pfändungsgläubiger dem GBAmt vorlegt und letzterer sich das Recht auf Bildung des Teilbriefs durch Pfändungsbeschluss hat überweisen lassen (OLG Oldenburg Rpfleger 1970, 100).

31 **d)** Den Vorrang kann der Pfändungsgläubiger nur beanspruchen, wenn der Pfändungsbeschluss den Vorrang des gepfändeten Teils feststellt (s. OLG Oldenburg Rpfleger 1970, 100).

32 **9. Pfändung einer Eigentümergrundschuld. a)** Nur die Pfändung einer bereits entstandenen Eigentümergrundschuld ist eintragungsfähig. Die Pfändung einer künftigen Eigentümergrundschuld kann dagegen nicht eingetragen werden; eine dennoch vorgenommene Eintragung ist inhaltlich unzulässig (s. RG 145, 351 unter Aufgabe von RG 1933, 2764; OLG Köln NJW 1961, 368). Ist die entstandene Eigentümergrundschuld im GB für den Eigentümer eingetragen, so ergeben sich keine Schwierigkeiten. Andernfalls bedarf es des Nachweises der Entstehung der Eigentümergrundschuld, der in der Form des § 29, z. B. durch löschungsfähige Quittung (s. § 27 Rn. 21 ff.), Entscheidung gemäß § 868 ZPO oder Urteil gegen den Buchberechtigten (s. § 14 Rn. 17), zu führen ist (OLG Köln NJW 1961, 368; OLG Hamburg Rpfleger 1976, 371; OLG Hamm Rpfleger 1990, 157). Der nach § 39 erforderlichen Voreintragung des Schuldners wird durch seine Eintragung als Eigentümer genügt (s. § 39 Rn. 19).

b) Bei einer **Höchstbetragshyp.** kann die Pfändung der vor der Feststellung der Forderung bestehenden vorläufigen Eigentümergrundschuld nicht eingetragen werden (RG JW 1935, 2554); eine dennoch vorgenommene Eintragung ist jedoch nicht ohne weiteres inhaltlich unzulässig (RG 120, 112). Zum Nachweis der Forderungsfeststellung gegenüber den GBAmt genügt die einseitige Erklärung des Gläubigers (RG HRR 1932 Nr. 719). **33**

c) Zur Wirksamkeit einer Verfügung, mit der die Finanzbehörde Eigentümergrundschulden gepfändet hat auf der Grundlage eines Bescheids, der die Duldung der Zwangsvollstreckung in die mit den Grundschulden belasteten Grundstücke anordnete, s. BGH Rpfleger 1988, 181. **34**

10. Pfändung von Höchstbetragshypotheken. a) Bei einer Höchstbetragshyp. kann die zugrundeliegende Forderung nach Maßgabe des § 837 Abs. 3 ZPO ohne die Hyp. gepfändet werden; in diesem Fall wird die Hyp. in Höhe des gepfändeten Betrags zur Eigentümergrundschuld; eine Pfändung der Forderung ohne die Hyp. vollzieht sich außerhalb des GB und ist nicht eintragungsfähig. **35**

b) Wegen der Pfändung der vorläufigen Eigentümergrundschuld s. Rn. 33.

11. Vorpfändung. a) Sie ist nach § 845 Abs. 1 ZPO statthaft, sobald ein Gläubiger einen vollstreckbaren Titel besitzt, und geschieht in der Weise, dass dem Drittschuldner und dem Schuldner eine Benachrichtigung über die bevorstehende Pfändung zugestellt wird; vollstreckbare Ausfertigung und Zustellung des Titels sind nicht erforderlich, jedoch muss die Möglichkeit sofortiger Vollstreckung bestehen. **36**

b) Wird die Pfändung innerhalb eines Monats (vor dem 1. 4. 1991: innerhalb dreier Wochen) nach Zustellung der Benachrichtigung an den Drittschuldner oder, wenn ein solcher nicht vorhanden ist, an den Schuldner (RG 71, 182) bewirkt, so hat der Pfändungsgläubiger gemäß § 845 Abs. 2 ZPO den Vorrang vor zwischenzeitlich erfolgten Pfändungen (JFG 3, 441); im Fall der Pfändung eines Buchrechts wahrt nicht schon der Eingang des EintrAntrags, sondern erst die Eintragung die Frist (JFG 3, 442). **37**

c) Die Vorpfändung ist auch bei einer Buch- oder Briefhyp. sowie bei Eigentümergrundschulden zulässig (JFG **3**, 441); sie kann in das GB eingetragen werden (vgl. OLG Celle NdsRpfl. 1958, 93); die Eintragung ist aber immer nur berichtigender Natur (str.; s. OLG Köln Rpfleger 1991, 241 mit Nachweisen und Anm. v. Hintzen). **38**

39 **12. Vollziehung eines Arrestbefehls. a) Frist.** aa) Erforderlich ist die Einhaltung der Monatsfrist des § 929 Abs. 2 ZPO. Die ältere Rechtsprechung verlangte hierfür nicht nur Beginn, sondern auch Beendigung der Vollstreckung innerhalb der Frist (RG 75, 181); bei Pfändung eines Briefrechts hielt sie daher auch die Übergabe des Briefs innerhalb der Frist für erforderlich (KGJ 41, 241); bei Pfändung eines Buchrechts ließ sie in entsprechender Anwendung des § 932 Abs. 3 ZPO den Eingang des EintrAntrags genügen, wobei sie jedoch die Beseitigung etwaiger EintrHindernisse innerhalb der Vollziehungsfrist für nötig erachtete (OLG Breslau HRR 1939 Nr. 1343). Die neuere Rechtsprechung hielt die Monatsfrist bereits für gewahrt, wenn die Vollstreckung innerhalb der Frist begonnen und dann unverzüglich fortgesetzt wurde (KG NJW 1950, 707; MDR 1954, 687; OLG Düsseldorf MDR 1983, 239). Nach Ansicht des BGH (NJW 1991, 496) ist die Frist gewahrt, wenn innerhalb der Frist eine Vollstreckungsmaßnahme beantragt und ohne vom Arrestgläubiger zu verantwortende Verzögerung auf diesen Antrag vom Vollstreckungsorgan vorgenommen wird; begonnen haben muss die Vollstreckungsmaßnahme innerhalb der Frist nicht; ist danach die Frist für eine bestimmte Vollstreckungsmaßnahme gewahrt, können jedoch andere Vollstreckungsmaßnahmen nach Fristablauf nicht mehr eingeleitet werden.

40 bb) Wird ein Arrest im Widerspruchsverfahren aufgehoben, dann aber wieder bestätigt, so läuft von der Verkündung des Urteils an eine **neue Vollziehungsfrist** (JFG 5, 320; OLG Düsseldorf NJW 1950, 113; OLG München NJW 1958, 752; OLG Celle NJW-RR 1987, 64; s. dazu auch KG Rpfleger 1981, 119); dasselbe gilt, wenn ein Arrest gegen Sicherheitsleistung bestätigt oder wenn eine angeordnete Sicherheitsleistung in Fortfall gebracht wird. Wenn eine einstweilige Verfügung (zur grundsätzlich entsprechenden Anwendung der Arrestvorschriften auf sie s. § 936 ZPO), die zur Eintragung einer Vormerkung geführt hat, zunächst aufgehoben und sodann wiederhergestellt wird, bedarf es einer neuen Vollziehung durch Eintragung einer weiteren Vormerkung auch dann, wenn die erste Vormerkung inzwischen nicht gelöscht worden ist (s. hierzu Anh. zu § 13 Rn. 9).

41 cc) Bei **Nichteinhaltung der Frist** entsteht kein Pfandrecht (RG 81, 289; BGH Rpfleger 1999, 485); die erst nach Fristablauf beantragte Vollstreckungsmaßnahme ist unwirkam (BGH NJW 1991, 496). Ein Verzicht auf die Einhaltung der Frist ist unzulässig, zum mindesten aber Dritten gegenüber unbeachtlich (RG 151, 157; OLG Hamm NJW 1978, 830; a.M. OLG Tübingen HEZ 1, 253).

b) Vollziehung vor Zustellung. Wird ein Arrest vor der Zustellung des Arrestbefehls vollzogen, so bedarf es der Wahrung der Wochenfrist des § 929 Abs. 3 ZPO. Bei Nichteinhaltung der Zustellungsfrist wird das Pfandrecht unwirksam (BGH Rpfleger 1999, 485); ein Verzicht auf die Einhaltung ist auch hier unzulässig, jedenfalls aber Dritten gegenüber unbeachtlich (RG 151, 157; OLG Frankfurt Rpfleger 1982, 32). Solange die Vollziehungsfrist noch läuft, ist jedoch ein erneuter Arrestvollzug möglich (RG 151, 156). § 929 Abs. 3 Satz 1 ZPO macht für die Vollstreckung eines Arrestbefehls lediglich dessen vorherige Zustellung an den Schuldner entbehrlich, nicht aber auch die Zustellung des auf Grund des Arrests ergangenen Pfändungsbeschlusses an den Drittschuldner (BayObLG Rpfleger 1985, 58). Die Vollziehung einer einstweiligen Verfügung (zur grundsätzlich entsprechenden Anwendung der Arrestvorschriften auf sie s. § 936 ZPO) durch Eintragung einer Vormerkung in das GB vor Zustellung ist zwar gemäß § 929 Abs. 3 Satz 1 ZPO zulässig; das GB wird aber unrichtig, wenn die einstweilige Verfügung nicht innerhalb der Frist des Satz 2 zugestellt wird (OLG Köln Rpfleger 1987, 301). 42

c) Arrestvollzug in ein Grundstück. aa) Er geschieht nach § 932 ZPO durch Eintragung einer Sicherungshypothek; sie ist Höchstbetragshypothek (s. dazu Anh. zu § 44 Rn. 51), wobei den Höchstbetrag die Lösungssumme bildet. Übersteigt letztere nicht den Betrag von 750 EUR, so ist die Eintragung einer Arresthyp. unzulässig. EintrGrundlage ist der Arrestbefehl, der einer Vollstreckungsklausel gemäß § 929 Abs. 1 ZPO nur in den Fällen einer Rechtsnachfolge bedarf. Zur **Wahrung der Vollziehungsfrist** genügt nach § 932 Abs. 3 ZPO der Eingang des EintrAntrags beim Amtsgericht. Nicht erforderlich ist, dass der Antrag innerhalb der Frist i.S. von § 13 Abs. 2 Satz 2, 3 (s. dazu § 13 Rn. 23ff.) eingeht (BGH Rpfleger 2001, 294 mit Anm. v. Alff = FGPrax 2001, 93 mit Anm. v. Demharter, auf Vorlage des OLG Hamburg FGPrax 2001, 53 gegen OLG Düsseldorf Rpfleger 1993, 488; FGPrax 1997, 51; LG Lübeck Rpfleger 1995, 66 mit abl. Anm. v. Gleußner Rpfleger 1995, 294; a.M. Vorauflagen; zur Verfassungsmäßigkeit der Gegenmeinung s. BVerfG InVo 1996, 17). Voraussetzung ist jedoch, dass der Antrag mangelfrei ist oder etwaige EintrHindernisse innerhalb der Vollziehungsfrist beseitigt werden (s. dazu OLG Karlsruhe Rpfleger 1998, 255 und Rn. 39). Entsprechendes gilt für die Vollziehung einer auf Eintragung einer Vormerkung gerichteten einstweiligen Verfügung (§ 936 ZPO); die Vollziehungsfrist des § 929 Abs. 2 ZPO wird nur durch den EintrAntrag gewahrt und nicht auch durch eine Parteizustellung der einstweili- 43 gen Verfügung (a.M. LG Frankfurt Rpfleger 1993, 254 mit abl. Anm. v. Hintzen). Die Einhaltung der Zustellungsfrist des § 929 Abs. 3 Satz 2 ZPO hat das GBAmt nicht zu überprüfen. Eine durch die Versäumung der Frist entstandene GBUnrichtigkeit kann gem. § 22 berichtigt werden (BayObLG Rpfleger 1993, 397; OLG Karlsruhe Rpfleger 1997, 16, zugleich zum Rechtsschutzbedürfnis, wenn die Versäumung der Frist auch durch Widerspruch gem. § 924 ZPO geltend gemacht wird). Ein Arrestbefehl, in dem die Angabe der Lösungssumme fehlt, ist kein zur Eintragung einer Arresthyp. geeigneter Titel (LG Düsseldorf NJW 1951, 81; s. auch OLG Düsseldorf SJZ 1950, 913). Vergleiche sowie vollstreckbare Urkunden im Sinn des § 794 ZPO können nicht mit der Rechtswirkung abgeschlossen bzw. errichtet werden, dass sie an die Stelle eines Arrestbefehls treten und die Grundlage für die Eintragung einer Arresthyp. bilden sollen (LG München DNotZ 1951, 40).

44 bb) **Nichteinhaltung** der Vollziehungs- oder Zustellungsfrist haben Nichtigkeit der Arresthyp. zur Folge (BayObLG Rpfleger 1993, 397; BGH Rpfleger 1999, 485); es entsteht nicht etwa eine Eigentümergrundschuld (OLG Frankfurt Rpfleger 1982, 32). Zur Neueintragung einer Arresthyp. bei Versäumung der Zustellungs-, aber noch laufender Vollziehungsfrist s. KG OLG 44, 172 sowie, im Hinblick auf die zwischenzeitliche Änderung des § 27, Wittmann MDR 1979, 549. Zur Löschung einer Arresthyp. ist auch die Bewilligung eines früheren Grundstückseigentümers erforderlich, der in Höhe des nicht durch festgestellte Forderungen ausgefüllten Teils des Höchstbetrags eine Eigentümergrundschuld erlangt hat (OLG Frankfurt MittBayNot 1984, 85). Ein Anspruch nach § 1179a oder § 1179b BGB steht dem Gläubiger oder im GB eingetragenen Gläubiger der Sicherungshyp. nicht zu.

cc) Bei Eintragung der Arresthyp. wird das GBAmt als Vollstreckungsgericht tätig. Die Rechtsmittel richten sich jedoch nach der GBO; weil ein gutgläubiger Erwerb möglich ist, kommt nur eine beschränkte Beschwerde in Betracht (BayObLG Rpfleger 1993, 397). Im Einzelnen gilt das zur Zwangshyp. Gesagte (s. Anh. zu § 44 Rn. 65ff.).

45 **13. Verwertung des Pfandrechts durch Überweisung. a)** Sie bildet die häufigste Art der Verwertung, erfolgt nach §§ 835ff. ZPO und kann eine Überweisung zur Einziehung oder eine solche an Zahlungs Statt sein. Der hierzu erforderliche Überweisungsbeschluss kann nach BGH 127, 146 = Rpfleger 1995, 119 (mit abl. Anm. v. Riedel; s. dazu auch Hintzen/Wolf Rpfleger 1995, 94; ablehnend auch Stöber NJW 1996, 1180) erst nach Wirksamwerden des Pfändungsbeschlusses durch GBEintragung bei einem Buch-

recht und Briefübergabe bei einem Briefrecht, also nicht zusammen mit dem Pfändungsbeschluss erlassen werden.

b) Die **Überweisung zur Einziehung** bewirkt keinen Rechts- **46**
übergang und ist daher nicht eintragungsfähig (KGJ 33, 276). Der Schuldner bleibt Inhaber des Rechts und kann mit den sich aus dem Pfandrecht ergebenden Beschränkungen über dieses verfügen. Der Pfändungsgläubiger erhält die Befugnis zur Einziehung und darf deshalb auch löschungsfähige Quittung erteilen (KGJ 52, 205; OLG Schleswig SchlHA 1958, 50).

c) Die **Überweisung an Zahlungs Statt** bewirkt den Über- **47**
gang des Rechts auf den Pfändungsgläubiger und ist demnach eintragungsfähig. Ist ein Buchrecht gepfändet, so muss zu dem Überweisungsbeschluss die Eintragung der Überweisung hinzutreten, ist ein Briefrecht gepfändet, so dient letztere nur der GBBerichtigung. EintrGrundlage ist in beiden Fällen der keiner Zustellung bedürftige Überweisungsbeschluss. Im Fall der Teilpfändung kann der Vorrang vor dem Überrest nur eingetragen werden, wenn ihn der Überweisungsbeschluss ausspricht.

14. Andere Art der Verwertung. Sie kann gemäß § 844 **48**
ZPO vom Gericht angeordnet werden. In Betracht kommen namentlich die Anordnung des Verkaufs oder der Versteigerung. Im ersteren Fall bedarf es zum Erwerb des Rechts der Abtretungserklärung des Pfändungsgläubigers (KG JW 1935, 3236); im letzteren wird diese durch den Zuschlag ersetzt (KG HRR 1933 Nr. 964). Außerdem ist bei Briefrechten die Übergabe des Briefs, bei Buchrechten die Eintragung erforderlich.

15. Pfändung der Rechte eines Grundstückskäufers. Soll **49**
in die Rechte eines Grundstückskäufers vollstreckt werden, so sind zwei Stadien zu unterscheiden, nämlich das vor Erklärung der Auflassung (s. Rn. 50) und das nach ihrer Erklärung (s. Rn. 53). S. zum Ganzen auch Hintzen, Pfändung des Eigentumsverschaffungsanspruches und des Anwartschaftsrechtes aus der Auflassung, Rpfleger 1989, 439; Behr, Anspruch und Anwartschaftsrecht auf Eigentumsübertragung an einem Grundstück, JurBüro 1997, 458.

16. Pfändung vor Erklärung der Auflassung. a) In Betracht **50**
kommt lediglich eine Pfändung des schuldrechtlichen Anspruchs auf Übertragung des Eigentums, die nach §§ 846, 829 ZPO mit der Zustellung des Pfändungsbeschlusses an den Grundstücksverkäufer wirksam wird. Die Pfändung kann, wenn für den gepfändeten Anspruch eine Vormerkung eingetragen ist, bei dieser im Weg der GBBerichtigung vermerkt werden (BayObLG Rpfleger 1985, 58; zur Löschung der Auflassungsvormerkung in diesem Fall

s. Anh. zu § 44 Rn. 107), es sei denn, schon bei Erlass des Pfändungsbeschlusses war im GB die Abtretung der Rechte aus der Vormerkung an einen Dritten eingetragen (OLG Frankfurt Rpfleger 1997, 152). Veränderungen der Auflassungsvormerkung, z.B. einen Rangrücktritt, darf das GBAmt, wenn die Pfändung oder Abtretung bei der Vormerkung vermerkt ist, nur eintragen, wenn außer der Bewilligung des Vormerkungsberechtigten auch die des Pfändungsgläubigers oder Zessionars vorliegt, es sei denn, die Unrichtigkeit des Pfändungs- oder Abtretungsvermerks ist nachgewiesen (BayObLG NJW-RR 1997, 1173; Jung Rpfleger 1997, 96). Die Rechtsfolgen der Pfändung sind in § 848 ZPO geregelt. Hiernach bewirkt die Pfändung in Verbindung mit der nach § 848 Abs. 1 ZPO zu erlassenden Anordnung (s. dazu Hoche NJW 1955, 163), dass das Grundstück an einen auf Antrag des Pfändungsgläubigers zu bestellenden Sequester aufzulassen ist, der dabei als Vertreter des Grundstückskäufers handelt und in dieser Eigenschaft auch den Antrag auf Eintragung des Eigentumswechsels stellt. Läßt der Grundstücksverkäufer nicht freiwillig an den Sequester auf, so muss der Pfändungsgläubiger auf Auflassung an diesen klagen; der Ansicht, dass hierfür der gepfändete Anspruch zur Einziehung überwiesen werden müsse (OLG Dresden OLG 33, 113; JFG 3, 301), tritt Hoche NJW 1955, 163 mit beachtenswerten Erwägungen entgegen.

51 **b)** Mit der Eintragung des Grundstückskäufers erwirbt der Pfändungsgläubiger gemäß § 848 Abs. 2 ZPO für seine Forderung eine **Sicherungshypothek;** sie entsteht ohne Rücksicht auf die Höhe der Forderung (KGJ 35, 316; JFG 7, 341; OLG München JFG 22, 165), geht einer im Kaufvertrag ausbedungenen Kaufpreisresthyp. oder Grunddienstbarkeit an dem Erwerbsgrundstück im Rang nach (JFG 5, 346; BayObLG 1972, 48 = Rpfleger 1972, 182; BayObLG 1992, 140 = Rpfleger 1993, 15) und ist, wenn der Anspruch auf Übertragung des Eigentums an mehreren Grundstücken gepfändet wurde, Gesamthyp. (OLG München JFG 22, 166). Vorrang vor der Sicherungshyp. hat nur eine Kaufpreisresthyp. zugunsten des Veräußerers, nicht aber auch eine Kaufpreisfinanzierungshyp. zugunsten eines Dritten; diese kann den Vorrang jedoch kraft guten Glaubens erlangen (s. hierzu LG Fulda Rpfleger 1988, 252 mit Anm. v. Böttcher und weiterer Anm. v. Kerbusch Rpfleger 1988, 475; s. dazu aber auch Just JZ 1998, 120). Ohne Eintragung im GB kann die Sicherungshyp. durch gutgläubigen Erwerb eines Dritten sich nicht nur im Rang verschlechtern, sondern auch erlöschen (BayObLG Rpfleger 1986, 48f.; 1994, 162). Im Fall der Pfändung auf Grund eines Arrestbefehls erlangt der Pfändungsgläubiger eine

Arresthyp. in Höhe der Lösungssumme. Einer von dem Grundstückskäufer zugunsten eines Dritten bewilligten Auflassungsvormerkung geht die Sicherungshyp. auch dann vor, wenn die Eintragung der Vormerkung vor der Pfändung beantragt wurde (OLG Jena Rpfleger 1996, 100; s. dazu Amann, Schutz des Zweitkäufers vor Zwangsvollstreckungsmaßnahmen gegen den Erstkäufer, DNotZ 1997, 113).

c) Die **Eintragung der Sicherungshypothek,** die den Charakter einer GBBerichtigung hat (BayObLG 1972, 48 = Rpfleger 1972, 182), ist von dem Sequester gleichzeitig mit der Stellung des Antrags auf Eintragung des Eigentumswechsels zu bewilligen (Berichtigungsbewilligung) und zu beantragen (JFG 7, 343). Bei mehrfacher Pfändung hat der Sequester die Eintragung aller entstandenen Sicherungshyp. herbeizuführen; ihr Rang richtet sich nach der Reihenfolge der Pfändungen; unerheblich ist, welcher Pfändungsgläubiger die Bestellung des Sequesters beantragt hat (OLG Braunschweig HRR 1935 Nr. 1711; OLG München JFG 22, 165). War der Auflassungsanspruch durch Vormerkung gesichert, so kann der Pfändungsgläubiger von einem vormerkungswidrig Eingetragenen die Zustimmung zur Einräumung des Vorrangs verlangen; ohne weiteres hat die Sicherungshyp. den Vorrang nicht (KG HRR 1931 Nr. 1755); die Zustimmung des Eigentümers wird durch den gegen ihn erwirkten Titel ersetzt (s. JFG 12, 306).

d) Steht der Anspruch auf Übertragung des Eigentums Ehegat- **52**
ten in Bruchteilsgemeinschaft zu, so ist er auf eine unteilbare Leistung gerichtet. Gepfändet werden kann daher auf Grund eines Titels nur gegen einen Ehegatten lediglich dessen Anteil an der gemeinschaftlichen Forderung. Mit der Vereinbarung von Gütergemeinschaft erstreckt sich das Pfandrecht auf die ganze Gesamtgutsforderung. Die Pfändung wird gem. § 857 ZPO bewirkt. Bei der Auflassung soll es keiner Zwischenschaltung eines Sequesters bedürfen (BayObLG 1992, 131 = Rpfleger 1993, 13).

17. Pfändung nach Erklärung der Auflassung. a) Es kön- **53**
nen auf jeden Fall die Anwartschaft aus der Auflassung sowie das Anwartschaftsrecht, zu dem sich jene bei Vorliegen eines eigenen unerledigten EintrAntrags des Auflassungsempfängers (BGH 49, 197 = Rpfleger 1968, 83; BGH WM 1975, 255; BGH 83, 399 = Rpfleger 1982, 271) oder bei Eintragung einer Vormerkung für diesen (OLG Hamm Rpfleger 1975, 128; OLG Düsseldorf Rpfleger 1981, 199; BGH 83, 399 = Rpfleger 1982, 272) verstärkt, gepfändet werden (JFG 5, 342; 14, 132; BayObLG JFG 9, 234; OLG München BayJMBl. 1953, 10). Nach BGH WM 1975, 255; 1989,

220 (ebenso OLG Jena Rpfleger 1996, 100) gilt dies jedoch nur für das Anwartschaftsrecht. Die Pfändung kann, wenn für den Grundstückskäufer eine Auflassungsvormerkung eingetragen ist, bei dieser im GB vermerkt werden; zu Veränderungen und zur Löschung der Auflassungsvormerkung in diesem Fall s. Rn. 50 und Anh. zu § 44 Rn. 107.

54 aa) Die Pfändung erfolgt gemäß § 857 ZPO und wird nach h. M. mit der **Zustellung** des das Verfügungsverbot enthaltenden Pfändungsbeschlusses an den Grundstückskäufer wirksam (JFG 5, 344; 14, 132; BayObLG JFG 9, 234; BGH 49, 203 = Rpfleger 1968, 83). Durch sie erlangt der Pfändungsgläubiger das Recht, sich gemäß § 792 ZPO die erforderlichen Urkunden zu verschaffen und an Stelle des Grundstückskäufers dessen Eintragung als Eigentümer zu beantragen (JFG 5, 343; BayObLG JFG 9, 235; OLG München BayJMBl. 1953, 10), wobei es keiner Zwischenschaltung eines Sequesters bedarf; der Grundstückskäufer selbst kann seine Eintragung nurmehr unter Mitwirkung des Pfändungsgläubigers herbeiführen (BayObLG JFG 9, 235). Die strittige Frage, ob der Pfändungsgläubiger mit der Eintragung des Grundstückskäufers in entsprechender Anwendung des § 848 Abs. 2 Satz 2 ZPO eine Sicherungshyp. für seine Forderung erwirbt (so JFG 5, 344) oder ob er lediglich die Eintragung einer Zwangs- bzw. Arresthyp. beantragen kann (so BayObLG JFG 9, 235), hat BGH 49, 206 = Rpfleger 1968, 83 zu Recht im ersteren Sinn entschieden. Die berichtigende Eintragung der Sicherungshyp. kann der Pfändungsgläubiger selbst beantragen. Dieser Antrag kann schon vor Eintragung des Grundstückskäufers als Eigentümer entweder gleichzeitig mit einem auf die Eigentumsumschreibung abzielenden Antrag oder schon vor einem solchen gestellt werden; in letzterem Fall ist dem Pfändungsgläubiger durch Zwischenverfügung eine Frist zur Stellung des Eigentumsumschreibungsantrags zu setzen (s. hierzu Münzberg, Anm. zu LG Düsseldorf Rpfleger 1985, 305). Zum Rang der Sicherungshyp. s. Rn. 51.

55 bb) Die Pfändung des Anwartschaftsrechts kann bei der Auflassungsvormerkung nur eingetragen werden, wenn die Auflassung in der Form des § 29 dem GBAmt nachgewiesen ist; der Nachweis ist durch Zwischenverfügung aufzugeben (LG Bonn Rpfleger 1989, 449; offengelassen von OLG Frankfurt Rpfleger 1997, 152).

56 **b)** Mit der Erklärung der Auflassung ist der Grundstücksverkäufer zwar seiner wesentlichsten Verpflichtung aus dem Kaufvertrag nachgekommen, der **Eigentumsverschaffungsanspruch** des Grundstückskäufers hat sich durch sie aber noch nicht erledigt; er besteht bis zur Eintragung des Eigentumswechsels im GB fort

(BGH NJW 1994, 2948). Außer der Anwartschaft bzw. dem Anwartschaftsrecht kann daher auch dieser Anspruch gepfändet werden (JFG 3, 300; 5, 342; BGH NJW 1994, 2947; BayObLG Rpfleger 1986, 48; OLG Jena Rpfleger 1996, 100; OLG Frankfurt Rpfleger 1997, 152; a.M. Hoche NJW 1955, 934; gegen diesen Vollkommer Rpfleger 1969, 409); es gelten §§ 846, 848 ZPO mit der selbstverständlichen Einschränkung, dass eine Mitwirkung des Sequesters bei der Auflassung entfällt (s. hierzu Rn. 50, 51, ferner § 26 Rn. 29).

Löschung von Grundpfandrechten

27 Eine Hypothek, eine Grundschuld oder eine Rentenschuld darf nur mit Zustimmung des Eigentümers des Grundstücks gelöscht werden. Für eine Löschung zur Berichtigung des Grundbuchs ist die Zustimmung nicht erforderlich, wenn die Unrichtigkeit nachgewiesen wird.

Inhaltsübersicht

1. Allgemeines ... 1
2. Grundpfandrechte ... 4
3. Löschung ... 5
4. Sondervorschriften ... 9
5. Zustimmung des Eigentümers ... 10
6. Zustimmungsberechtigung ... 15
7. Löschungsantrag ... 19
8. Löschungsbewilligung ... 20
9. Voreintragung ... 25
10. Vorlegung des Briefs ... 26
11. Eintragung der Löschung ... 27
12. Kosten ... 28

1. Allgemeines. a) § 27 macht die Löschung einer Hypothek, Grundschuld oder Rentenschuld von der Zustimmung des Eigentümers abhängig, sieht aber eine Ausnahme für den Fall vor, dass die Löschung auf Grund nachgewiesener Unrichtigkeit vorgenommen werden soll. Die Fassung der Vorschrift beruht auf der VereinfVO v. 5. 10. 1942 (RGBl. I 573). 1

b) Dass die rechtsändernde Löschung eines Grundpfandrechts nicht ohne Mitwirkung des Eigentümers möglich ist, ergibt sich wegen der Notwendigkeit seiner sachlichrechtlichen Zustimmung (§§ 1183, 1192 Abs. 1, § 1200 Abs. 1 BGB) bereits aus § 19. § 27 greift über diese Bestimmung hinaus und fordert die Mitwirkung des Eigentümers auch für die auf eine Bewilligung des Gläubigers gestützte berichtigende Löschung. Die Regelung trägt dem Umstand Rechnung, dass eine solche, wenn sie nicht der Rechtslage 2 entspricht, auch die Anwartschaft auf den Erwerb eines Eigentümergrundpfandrechts gefährdet.

3 **c)** Auf die Löschung einer am 3. 10. 1990 bestehenden Hyp. nach dem **Zivilgesetzbuch der DDR** ist § 27 nicht anwendbar; die Aufhebung der Hyp. bedarf auch nicht der Eigentümerzustimmung gem. § 1183 BGB. Auf die Löschung von Grundpfandrechten aus der Zeit vor dem Inkrafttreten des Zivilgesetzbuchs der DDR am 1. 1. 1976 ist § 27 jedoch anzuwenden; für ihre Aufhebung gilt auch § 1183 BGB (Art. 233 § 6 EGBGB). S. dazu auch § 144 Rn. 2.

4 **2. Grundpfandrechte.** § 27 gilt nur für Hypotheken, Grundschulden und Rentenschulden. Auf andere Rechte, vor allem auf Reallasten, bezieht er sich nicht (BayObLG 1981, 158 = MittBayNot 1981, 122); ebenso wenig auf Vormerkungen und Widersprüche, selbst wenn diese eine Hypothek, Grundschuld oder Rentenschuld betreffen. Unerheblich ist, ob es sich um ein Buch- oder um ein Briefrecht, um ein Einzel- oder um ein Gesamtrecht handelt; gleichgültig ist ferner, ob eine Hyp. eine Verkehrs- oder eine Sicherungshyp. ist.

5 **3. Löschung.** Es muss sich um die Löschung eines Grundpfandrechts handeln. Sie darf jedoch keine solche wegen inhaltlicher Unzulässigkeit sein; hier gilt ausschließlich § 53 Abs. 1 Satz 2.

6 **a) Rechtsänderung oder Berichtigung.** Was von beiden die Löschung bezweckt, macht für das Erfordernis der Eigentümerzustimmung grundsätzlich keinen Unterschied (OLG München JFG 18, 204). Diese ist seit der Neufassung des § 27 gemäß Satz 2 aber nicht mehr notwendig, wenn eine berichtigende Löschung auf Unrichtigkeitsnachweis erfolgen soll (BayObLG 1953, 171 = Rpfleger 1953, 449); wird nämlich in der Form des § 29 dargetan, dass das Grundpfandrecht nicht entstanden oder erloschen ist, so steht zugleich fest, dass der Eigentümer durch seine Löschung nicht betroffen werden kann. Die Ausnahme hat insbes. für die Fälle Bedeutung, in denen eine Hypothek mit dem Erlöschen der gesicherten Forderung erlischt.

7 **b) Voll- oder Teillöschung.** Beides kann die Löschung sein. Teillöschung ist auch die Eintragung einer Zinssenkung (RG 72, 367; KG HRR 1932 Nr. 1657; s. dazu aber Rn. 9). Als Löschung gilt nach § 46 Abs. 2 auch die pfandfreie Abschreibung eines Grundstücksteils; sie wird, wenn sie nicht auf Grund der landesrechtlichen Vorschriften über das Unschädlichkeitszeugnis (s. hierzu § 19 Rn. 11) erfolgt, aber meist auf einer Verzichtserklärung des Gläubigers gemäß § 1175 Abs. 1 Satz 2 BGB beruhen, so dass § 27

nicht zur Anwendung kommt (JFG 11, 244; KG JW 1937, 1553; OLG München JFG 23, 322; s. Rn. 8 und Lotter MittBayNot 1985, 8).

c) Verzicht. Nicht unter § 27 fällt die Eintragung eines Verzichts gemäß § 1168 oder § 1175 Abs. 1 Satz 1 BGB; die Eintragung des Verzichts auf ein Einzel- oder Gesamtgrundpfandrecht steht, da sie dessen Übergang auf den Eigentümer zur Folge hat, der Löschung nicht gleich; einem Löschungsbegehren des Eigentümers kann nicht schon auf Grund des Verzichts, sondern erst nach dessen Eintragung entsprochen werden (Wendt/Pommerening Rpfleger 1963, 272; a. M. OLG Schleswig Rpfleger 1965, 177 mit Anm. der Vorgenannten). Auch für die Eintragung einer Verteilung gemäß § 1132 Abs. 2 BGB gilt § 27 nicht: der Eigentümer kann das Recht des Gläubigers auf selbständige Verteilung des Gesamtgrundpfandrechts nicht durch Versagung seiner Zustimmung hindern (RG 70, 93). Nicht unter § 27 fällt schließlich die Eintragung eines Verzichts gemäß § 1175 Abs. 1 Satz 2 BGB; der Verzicht des Gläubigers auf das Grundpfandrecht an einem der belasteten Grundstücke kann seinen grundbuchmäßigen Ausdruck außer in einem Verzichtsvermerk auch in der Löschung des Grundpfandrechts an einem enthafteten Grundstück finden (KG HRR 1932 Nr. 513; JFG 11, 244; KG JW 1937, 1553; OLG München JFG 23, 325). Zur Auslegung einer Pfandfreigabeerklärung hinsichtlich einer nur noch an einem von mehreren Grundstücken (WEigentumsrechten) lastenden Globalgrundschuld als Löschungsbewilligung s. LG Dresden NotBZ 2000, 273 mit Anm. v. Endorf und LG Leipzig NotBZ 2001, 71 mit Anm. Zum Teilvollzug der bewilligten Löschung eines Gesamtgrundpfandrechts s. § 13 Rn. 19 und § 19 Rn. 21; Zur Verteilung eines Gesamtgrundpfandrechts in der Weise, dass die Summe der Einzelrechte hinter dem Gesamtrecht zurückbleibt, s. OLG Düsseldorf MittRhNotK 1995, 315 mit Anm. v. Wochner. Die frühere Streitfrage, ob eine der eingetragenen Verteilung oder dem eingetragenen Verzicht entsprechende Löschung ohne Zustimmung des Eigentümers vorgenommen werden kann (so RG 70, 93 und KGJ 47, 209), hat sich durch § 27 Satz 2 endgültig erledigt. 8

4. Sondervorschriften. Vereinzelt ist die Eigentümerzustimmung kraft Sondervorschrift entbehrlich. So kann eine Zinssenkung nach § 2 Ges. v. 11. 5. 1937 (RGBl. I 579) ohne sie eingetragen werden. Auch für die Löschung einer Abgeltungshyp. ist die Zustimmung des Eigentümers nach § 9 Abs. 4 DVO z. VO über die Aufhebung der Gebäudeentschuldungssteuer v. 31. 7. 1942 (RGBl. I 503) nicht erforderlich. 9

10 **5. Zustimmung des Eigentümers. a) Rechtsnatur.** Die Zustimmung ist gleich der EintrBewilligung eine dem Verfahrensrecht angehörende Erklärung und von der sachlichrechtlichen Zustimmung nach § 1183 BGB zu unterscheiden. Sie ist wie die EintrBewilligung bedingungs- und befristungsfeindlich. Wenn ein Eigentümerrecht vorliegt, kann sie als Löschungsbewilligung auszulegen sein (s. Rn. 23).

11 **b) Inhalt.** aa) Es muss klar zum Ausdruck gebracht werden, dass Einverständnis mit der Löschung besteht; bestimmte Ausdrücke, insbes. der Gebrauch des Wortes „zustimmen", sind nicht vorgeschrieben. Die Zustimmung kann vor allem durch Stellung des Löschungsantrags erklärt werden (OLG München JFG 18, 204; BayObLG 1973, 222 = Rpfleger 1973, 404; BayObLG Rpfleger 1980, 347); sie kann u. U. auch in der Freistellungsverpflichtung in einer Auflassungsurkunde enthalten sein (BayObLG 1973, 223 = Rpfleger 1973, 404; BayObLG Rpfleger 1981, 23). Die vom Käufer in Kaufvertrag erklärte Zustimmung zur Löschung aller von ihm nicht zu übernehmenden Belastungen kann im Weg der Auslegung auch eine nach dem Kaufvertrag und vor Eigentumsumschreibung eingetragene Sicherungshyp. erfassen (LG Köln MittRhNotK 1999, 245; s. dazu auch OLG Zweibrücken Rpfleger 1999, 533 mit Anm. v. Amann MittBayNot 2000, 80). Der im Zusammenhang mit einer Freistellungsverpflichtung gestellte Antrag des Verkäufers, alle Belastungen zu löschen, kann jedoch nicht als Zustimmung des inzwischen eingetragenen Käufers zur Löschung einer erst nach dem Kaufvertrag eingetragenen Zwangssicherungshyp. ausgelegt werden (OLG Zweibrücken FGPrax 1998, 129).

12 bb) Zulässig ist auch die Erklärung der Zustimmung in der Weise, dass im Voraus auf die noch abzugebenden Löschungsbewilligungen der Berechtigten Bezug genommen wird (OLG Köln Rpfleger 1981, 354).

13 **c) Form.** Die Zustimmung bedarf der Form des § 29 Abs. 1 Satz 1. Sie muss daher öffentlich beurkundet oder öffentlich beglaubigt sein (s. § 29 Rn. 29, 41). Wird sie durch Stellung des Löschungsantrags zum Ausdruck gebracht, so bedarf dieser als gemischter Antrag nach § 30 der gleichen Form (OLG München JFG 21, 83; BayObLG 1973, 222 = Rpfleger 1973, 404).

14 **d) Ersetzung.** Soll gemäß § 38 auf behördliches Ersuchen gelöscht werden, so ersetzt dieses auch die Zustimmung (s. § 38 Rn. 63).

e) Beibringung. Liegt die Löschungsbewilligung des Grundpfandrechtsgläubigers dem GBAmt vor, kann die Beibringung der fehlenden Zustimmung (Bewilligung) des Grundstückseigentümers durch Zwischenverfügung aufgegeben werden (s. § 18 Rn. 12).

6. Zustimmungsberechtigung. a) Zustimmen muss der wahre Eigentümer. Da die Vermutung des § 891 BGB auch für das GBAmt gilt (s. Anh. zu § 13 Rn. 10), kann dieses zunächst davon ausgehen, dass der eingetragene Eigentümer der wirkliche Eigentümer ist; steht das Eigentum einem anderen zu, so ist nach § 39 Abs. 1 dessen Voreintragung erforderlich (OLG München JFG 18, 204). Entscheidend ist der Zeitpunkt der Löschung (KG OLG 5, 493; 25, 380); wird gleichzeitig die Umschreibung des Eigentums und die Löschung eines Grundpfandrechts beantragt, so genügt die Zustimmung des Veräußerers (JFG 20, 8). Zur Löschung einer Arresthyp. ist auch die Bewilligung eines früheren Grundstückseigentümers erforderlich, der in Höhe des nicht durch festgestellte Forderungen ausgefüllten Höchstbetragteils eine Eigentümergrundschuld erlangt hat (OLG Frankfurt MittBayNot 1984, 85). 15

b) Fehlt dem Eigentümer, wie z.B. im Insolvenzverfahren, bei Nachlassverwaltung oder Testamentsvollstreckung, die Verfügungsbefugnis, so muss der **Verfügungsberechtigte** zustimmen (KG OLG 14, 298). Ist der Eigentümer Vorerbe, so ist auch die Zustimmung des Nacherben notwendig, es sei denn, dass nachstehende Rechte nicht vorhanden sind (JFG 15, 187; OLG München JFG 21, 81) oder dass die Vorerbschaft eine befreite ist und die Zustimmung des Vorerben entgeltlich erfolgt (KGJ 43, 266). Die Zustimmung des Vormunds zur Löschung eines Grundpfandrechts bedarf nach § 1812 BGB der Genehmigung des Vormundschaftsgerichts (KG OLG 26, 171; JW 1936, 2745); dies gilt jedoch nicht, wenn das Recht an letzter Rangstelle gebucht ist (a. M. BayObLG 1984, 218 = Rpfleger 1985, 24 mit abl. Anm. v. Damrau; s. hierzu auch Böttcher Rpfleger 1987, 485). Ein gerichtliches Verbot, über das Grundstück zu verfügen, verbietet dem Eigentümer nicht ohne weiteres, der Aufhebung eines Grundpfandrechts zuzustimmen (JFG 5, 420). 16

c) Bei **Miteigentum nach Bruchteilen** haben, wenn das Grundpfandrecht nicht nur an dem Bruchteil eines Miteigentümers lastet, sämtliche Miteigentümer zuzustimmen (KGJ 22, 140), bei Gesamthandseigentum ist die Zustimmung aller verfügungsberechtigten Gesamthänder erforderlich. Gehört das belastete Grundstück zum Gesamtgut einer ehelichen Gütergemeinschaft oder einer fortgesetzten Gütergemeinschaft, so genügt die Zustimmung des das Gesamtgut verwaltenden oder des überlebenden Ehegatten (OLG München JFG 18, 204). Der Löschung eines Gesamtrechts haben die Eigentümer aller belasteten Grundstücke zuzustimmen; soll das 17

Recht nur an einem oder einzelnen Grundstücken gelöscht werden und handelt es sich nicht um den Vollzug einer Verzichtserklärung gemäß § 1175 Abs. 1 Satz 2 BGB (s. Rn. 7, 8), so brauchen nur die Eigentümer der in Betracht kommenden Grundstücke zuzustimmen.

18 **d)** Der Gläubiger kann dem GBAmt gegenüber im eigenen Namen die Löschung des Grundpfandrechts bewilligen und als Vertreter des Eigentümers der Löschung zustimmen (BayObLG HRR 1934 Nr. 1053).

19 **7. Löschungsantrag.** Die Löschung kann sowohl von dem Eigentümer als auch von dem Gläubiger beantragt werden; wird der Löschungsantrag von dem Eigentümer gestellt und enthält er zugleich dessen Zustimmung, so bedarf er nach § 30 der Form des § 29 Abs. 1 Satz 1 (OLG München JFG 21, 83). Zum Antrag auf Teilvollzug der bewilligten Löschung eines Gesamtgrundpfandrechts s. § 13 Rn. 19.

20 **8. Löschungsbewilligung. a)** Die Löschungsbewilligung ist wie die Berichtigungsbewilligung eine Unterart der EintrBewilligung. Deshalb gilt im Allgemeinen das zur EintrBewilligung Gesagte (s. die Erläuterungen zu § 19). Die Löschung ist von dem Gläubiger und etwaigen Drittberechtigten zu bewilligen; ist bei einem Grundpfandrecht eine Vormerkung zur Sicherung des Anspruchs auf Übertragung oder Belastung eingetragen, so gilt § 876 BGB entsprechend (JFG 9, 220). Steht bei einer Verkehrshyp. der Anspruch auf das Kapital und der Anspruch auf die Zinsen verschiedenen Gläubigern zu (s. § 26 Rn. 19), so bedarf es zur Löschung der Hyp. einschließlich der Zinsen nur der Bewilligung des Kapitalgläubigers (JFG 18, 35). Bewilligen muss die Löschung der wahre Berechtigte. Wenn die gesetzliche Vermutung des § 891 BGB widerlegt ist, genügt die Bewilligung des eingetragenen Gläubigers nicht (BayObLG 1992, 341). Zur Notwendigkeit der Voreintragung des wahren Berechtigten, dessen Bewilligung dann erforderlich ist, s. § 39 Rn. 19. Zur Löschung von Grundpfandrechten bei nicht erreichbarem Berechtigten s. Wenckstern DNotZ 1993, 547.

21 aa) Erklärt sich ein **HypGläubiger** in der Löschungsbewilligung für befriedigt, so ist die Bewilligung als solche bedeutungslos, weil die Hyp. infolge der Befriedigung des Gläubigers auf den Eigentümer (§ 1143 Abs. 1, § 1163 Abs. 1 Satz 2, § 1172 Abs. 1, § 1173 BGB), den persönlichen Schuldner (§§ 1164, 1174 BGB) oder einen Dritten (§§ 1150, 774 BGB) übergegangen ist (KGJ 40, 294; KG HRR 1931 Nr. 1653; OLG München JFG 21, 83; KG DNotZ 1954, 471; Rpfleger 1965, 366). Sie kann jedoch als sog.

löschungsfähige Quittung (zu ihrer Erteilung durch den Verwalter einer Wohnungseigentümergemeinschaft s. § 19 Rn. 107) für den Nachweis des nunmehrigen Gläubigerrechts in Betracht kommen. Voraussetzung hierfür ist, dass sie den Zahlenden bezeichnet, weil ohne dessen Benennung der konkrete Rechtsübergang nicht beurteilt werden kann (KGJ 40, 294; OLG München JFG 21, 83; OLG Schleswig MDR 1949, 682 mit Anm. v. Wäntig; OLG Celle DNotZ 1955, 317; OLG Köln NJW 1961, 368; Rpfleger 1964, 149; OLG Frankfurt Rpfleger 1997, 103). Die Bezeichnung des Zahlenden muss nicht namentlich, aber zweifelsfrei sein; ist als Zahlender der „Eigentümer" bezeichnet, so kann sich bei zwischenzeitlichem Eigentumswechsel auch die Angabe des Zeitpunkts der Zahlung als notwendig erweisen (KG HRR 1931 Nr. 1864; DNotZ 1954, 472; OLG Köln NJW 1961, 368); eine Vermutung, dass der jetzige Eigentümer gezahlt hat, besteht nämlich nicht (OLG Frankfurt Rpfleger 1997, 103). Zur Löschung einer für Gesamtgläubiger bestellten Hyp. genügt die löschungsfähige Quittung nur eines der Gesamtgläubiger (KG Rpfleger 1965, 366). Über den Fall, dass der Hypothekengläubiger in der Löschungsbewilligung angibt, in welcher Höhe die Hyp. am Währungsstichtag bestanden hat, s. OLG Hamm DNotZ 1958, 547; vgl. hierzu aber auch die Anm. v. Haegele zu OLG Köln Rpfleger 1964, 149.

bb) Erklärt sich ein **Grundschuldgläubiger** in der Löschungs- 22
bewilligung für befriedigt, so gilt das Vorstehende nur, wenn auf die Grundschuld gezahlt ist (KG Rpfleger 1975, 136; OLG Frankfurt Rpfleger 1997, 103); eine Zahlung auf die der Grundschuld wirtschaftlich zugrundeliegende Forderung bewirkt zwar deren Erlöschen, lässt das Gläubigerrecht an der Grundschuld aber unberührt (JFG 17, 201; BGH MDR 1968, 35). Zur Möglichkeit der nachträglichen Zweckänderung einer Zahlung s. BGH Rpfleger 1969, 423.

cc) Ergibt die **löschungsfähige Quittung** den Übergang des 23
Grundpfandrechts auf den gegenwärtigen Eigentümer, so bedarf es neben seiner Löschungsbewilligung nicht noch einer besonderen Zustimmungserklärung; eine Voreintragung als Gläubiger ist entbehrlich (s. § 39 Rn. 19). In einem solchen Fall kann die vom Eigentümer gem. § 27 erklärte Zustimmung als Löschungsbewilligung auszulegen sein (OLG Düsseldorf MittRhNotK 1988, 175). Ist der Eigentümer Vorerbe, so gilt auch die Eigentümergrundschuld als zur Vorerbschaft gehörig (JFG 1, 489); hat der Eigentümer jedoch den Gläubiger mit eigenen Mitteln befriedigt, so fällt die entstandene Eigentümergrundschuld nicht in den Nachlass und kann daher ohne Zustimmung des Nacherben gelöscht werden

(KGJ 50, 210; OLG München JFG 21, 84); diese ist auch dann nicht notwendig, wenn der Gläubiger zwar mit Mitteln des Nachlasses befriedigt wurde, die entstandene Eigentümergrundschuld aber die rangletzte Grundstücksbelastung ist (JFG 15, 187; OLG München JFG 21, 81).

24 **b)** Eine Löschungsbewilligung ist nach § 22 Abs. 1 nicht erforderlich, wenn in der Form des § 29 dargetan wird, dass das Grundpfandrecht nicht entstanden oder erloschen ist; da in diesem Fall auch das Erfordernis der Eigentümerzustimmung entfällt (s. Rn. 6), kann die Löschung auf formlosen Antrag des Eigentümers vorgenommen werden.

25 **9. Voreintragung.** Sie ist nach Maßgabe der §§ 39, 40 nicht nur hinsichtlich des Gläubigers (s. aber Rn. 23), sondern auch hinsichtlich des zustimmenden Eigentümers erforderlich (OLG München JFG 18, 204). Zu der Frage, ob die Löschung eines umgestellten Grundpfandrechts von der vorherigen Eintragung der Umstellung abhängt, s. 16. Auflage Anh. zu § 22 Erl. 6.

26 **10. Vorlegung des Briefs.** Bei Briefrechten muss nach §§ 41, 42 grundsätzlich der Brief, bei Inhaber- und Orderhyp. nach § 43 grundsätzlich das Inhaber- oder Orderpapier vorgelegt werden.

27 **11. Eintragung der Löschung.** Gelöscht wird nach § 46 Abs. 1 durch Eintragung eines Löschungsvermerks (s. § 46 Rn. 9); möglich ist nach § 46 Abs. 2 aber auch eine Löschung durch Nichtübertragung.

28 **12. Kosten.** Über die Kosten der Löschung s. § 46 Rn. 25. Für die Beurkundung der Zustimmung sowie die der Löschungsbewilligung wird die Hälfte der vollen Gebühr erhoben (§ 38 Abs. 1 Nr. 5 KostO).

Bezeichnung des Grundstücks und der Geldbeträge

28 **In der Eintragungsbewilligung oder, wenn eine solche nicht erforderlich ist, in dem Eintragungsantrag ist das Grundstück übereinstimmend mit dem Grundbuch oder durch Hinweis auf das Grundbuchblatt zu bezeichnen. Einzutragende Geldbeträge sind in inländischer Währung anzugeben; durch Rechtsverordnung des Bundesministeriums der Justiz im Einvernehmen mit dem Bundesministerium der Finanzen kann die Angabe in einer einheitlichen europäischen Währung, in der Währung eines Mitgliedstaats der Europäischen Union oder des Europäischen Wirtschaftsraums oder einer anderen Währung, gegen die währungspolitische Bedenken nicht zu erheben sind, zugelassen und, wenn gegen die Fortdauer dieser Zulassung währungspolitische Bedenken bestehen, wieder eingeschränkt werden.**

Inhaltsübersicht

1. Allgemeines ... 1
2. EintrBewilligung ... 3
3. EintrAntrag ... 6
4. Bezeichnung des Grundstücks ... 7
5. Art der Bezeichnung ... 12
6. Angabe der Geldbeträge ... 16
7. Umstellung auf Euro ... 21
8. Grundpfandrechte in ausländischer Währung ... 26
9. Wertbeständige Grundpfandrechte ... 30
10. Währungsreform ... 34

1. Allgemeines. § 28 enthält zwei Bestimmungen über den Inhalt der EintrBewilligung oder, falls eine solche nicht erforderlich ist, über den des EintrAntrags. 1

Satz 1 ist ein besonderer Anwendungsfall des Grundsatzes, dass der GBVerkehr klare Erklärungen verlangt; er will die Eintragung bei dem richtigen Grundstück sichern (OLG Hamm DNotZ 1971, 49; BayObLG Rpfleger 1981, 147; BGH Rpfleger 1987, 452; OLG Zweibrücken Rpfleger 1988, 183; OLG Köln Rpfleger 1992, 153) und hat demnach nur für die Vornahme der Eintragung Bedeutung. Satz 2 bezieht sich demgegenüber mittelbar auch auf den Inhalt der Eintragung.

Beide Bestimmungen sind entgegen ihrem Wortlaut nur Ordnungsvorschriften (RG 157, 125; BGH Rpfleger 1986, 210; DtZ 1995, 131); ein Verstoß gegen sie macht die Eintragung daher nicht unwirksam. Satz 2 ist durch das RegVBG geändert und um Halbsatz 2 ergänzt worden. 2

§ 28 bezieht sich in erster Linie auf die EintrBewilligung, in zweiter Linie auf den EintrAntrag. Für sachlichrechtliche Erklärungen gilt er nur, soweit diese eine EintrBewilligung ersetzen (s. Rn. 4).

3 **2. EintrBewilligung. a)** § 28 gilt für Bewilligungen jeder Art, also auch für die Berichtigungsbewilligung (KGJ 34, 305; BGH Rpfleger 1986, 210), die Löschungsbewilligung (BayObLG 1961, 107 = DNotZ 1961, 591) und die Bewilligung mittelbar Betroffener (s. § 19 Rn. 52ff.); ebenso für Bewilligungen in der Gestalt von Zustimmungserklärungen nach § 22 Abs. 2 und § 27 sowie für behördliche Genehmigungen (KG JW 1937, 896). Für den Investitionsvorrangbescheid schreibt § 8 Abs. 2 InVorG die Beachtung des § 28 vor. Im Fall der Verurteilung zur Abgabe einer EintrBewilligung oder Zustimmungserklärung (§§ 894, 895 ZPO) gilt § 28 auch für das Urteil (KG JW 1937, 896), weil dieses die EintrBewilligung ersetzt. Die Klage auf Bewilligung der Eintragung des Eigentümers einer Grundstücksteilfläche ist daher vor Vollzug der Teilung im GB grundsätzlich auch dann unzulässig, wenn die Teilfläche durch einen notariellen Vertrag mit Skizze hinreichend genau bestimmt ist; denn in diesem Fall könnte das die EintrBewilligung ersetzende Urteil den Anforderungen des § 28 nicht genügen (BGH 37, 242 = Rpfleger 1963, 12). Etwas anderes gilt ausnahmsweise nur dann, wenn bereits ein Veränderungsnachweis vorliegt, auf den im Urteil Bezug genommen werden kann (BGH 90, 323; Rpfleger 1986, 210); dass die Teilfläche früher im Kataster als einheitliche Parzelle vermerkt war, reicht nicht aus (BGH Rpfleger 1987, 452). Ferner ist die Klage auf Bewilligung der Eintragung des Eigentümers eines WEigentums bereits vor Anlegung der Wohnungsgrundbücher zulässig, sofern dem GBAmt die Teilungserklärung mit Aufteilungsplan und Abgeschlossenheitsbescheinigung vorliegt (BGH Rpfleger 1993, 398).

4 **b)** Der Sinn der Vorschrift gebietet ihre Anwendung ferner auf Urkunden, die eine **EintrBewilligung ersetzen** (s. § 19 Rn. 8ff.), es sei denn, dass sie, wie Erbscheine, Testamente oder auf eine Geldzahlung lautende Vollstreckungstitel, in keiner Beziehung zu einem bestimmten Grundstück stehen. § 28 gilt daher z.B. auch für löschungsfähige Quittungen (KGJ 34, 305), Abtretungs- und Belastungserklärungen nach § 26 (KG JW 1937, 896), den Spaltungsplan und die Bescheinigung der Treuhandanstalt (umbenannt gem. VO v. 20. 12. 1994, BGBl. I 3913, in Bundesanstalt für vereinigungsbedingte Sonderaufgaben, die inzwischen aufgelöst wurde. § 2 Abs. 1 Nr. 9, § 12 Abs. 1 Satz 2 des Ges. über die Spaltung der von der Treuhandanstalt verwalteten Unternehmen – SpTrUG – v. 5. 4. 1991, BGBl. I 854), den Insolvenzplan (§ 228 InsO), be-

hördliche Ersuchen (JFG 11, 328) sowie einstweilige Verfügungen (OLG Düsseldorf Rpfleger 1978, 216; BayObLG Rpfleger 1981, 190); wenn die sachlichrechtliche Einigung auch die verfahrensrechtliche EintrBewilligung enthält, gilt § 28 auch für sie (s. § 20 Rn. 32).

c) Die Bewilligung oder die ersetzende Urkunde müssen die in § 28 vorgeschriebenen Angaben auch dann enthalten, wenn sie im EintrAntrag enthalten sind. Eine Bezugnahme auf formgerechte genau bezeichnete Urkunden ist zulässig. Die Ergänzung oder Berichtigung der Angaben bedarf der grundbuchmäßigen Form (KG OLG 40, 42 Anm. 1); über die Ergänzung einer Auflassung s. § 20 Rn. 32. **5**

3. EintrAntrag. Ist weder eine EintrBewilligung noch eine sie ersetzende Urkunde (s. Rn. 4) erforderlich, so gilt § 28 für den EintrAntrag. **6**

4. Bezeichnung des Grundstücks. a) Das nach Satz 1 in bestimmter Weise zu bezeichnende Grundstück ist dasjenige, auf dessen Blatt die Eintragung vorgenommen werden soll. Seine Bezeichnung muss ohne Rücksicht darauf erfolgen, ob die Eintragung das Eigentum, ein sonstiges Recht an dem Grundstück oder ein Recht an einem solchen Recht betrifft. **7**

b) Kommen **mehrere Grundstücke** in Betracht, so sind sie alle zu bezeichnen (OLG Düsseldorf DNotZ 1952, 35). Betrifft die Eintragung jedoch ein eingetragenes Gesamtrecht, so genügt die Bezeichnung eines der belasteten Grundstücke, da sich die anderen zwangsläufig aus dem GB ergeben (KG OLG 43, 181). Dies gilt aber nur, soweit der Grundsatz einheitlicher Veränderung (s. § 48 Rn. 39) reicht; auf Grund einer Löschungsbewilligung, die lediglich eines der belasteten Grundstücke bezeichnet, kann daher eine Hyp. nicht auf den mithaftenden Grundstücken gelöscht werden (OLG München JFG 20, 132) und zwar auch dann nicht, wenn die Löschung mit dem Zusatz „und allerorts" bewilligt ist (BayObLG 1961, 107 mit zust. Anm. v. Haegele Rpfleger 1962, 21 und abl. Anm. v. Hieber DNotZ 1961, 576; BayObLG 1995, 279 = FGPrax 1995, 221; OLG Neustadt Rpfleger 1962, 345 mit zust. Anm. v. Haegele; OLG Köln DNotZ 1976, 746 mit abl. Anm. v. Teubner). Über die Bezeichnung abzuschreibender oder zu belastender Grundstücksteile s. Rn. 12, 14. **8**

c) Für beschränkte dingliche Rechte und Rechte an solchen ist eine bestimmte Art der Bezeichnung nicht vorgeschrieben. Es genügt jede deutliche und zweifelsfreie Kennzeichnung; nicht notwendig, aber zweckmäßig ist die Angabe der Abteilung und der laufenden Nummer. **9**

10 **d)** Auf grundstücksgleiche Rechte (s. § 3 Rn. 6, 7) ist Satz 1 entsprechend anzuwenden.

11 **e)** Das herrschende Grundstück bei einem subjektiv-dinglichen Recht ist ebenfalls gem. § 28 Satz 1 zu bezeichnen.

12 **5. Art der Bezeichnung.** Das Grundstück kann auf zweifache Weise bezeichnet werden:

a) Übereinstimmend mit dem GB. Wie das Grundstück im GB zu bezeichnen ist, ergibt sich aus § 2 Abs. 2 GBO i.V.m. § 6 Abs. 3 bis 5 GBV (s. § 2 Rn. 19, 21). Nicht unbedingt erforderlich ist die Angabe aller Kennzeichen; die Angabe von Gemarkung, Kartenblatt (Flur) und Parzelle (Flurstück) wird regelmäßig genügen; die fehlende Angabe einer im GB als unselbständiger Grundstücksbestandteil ausgewiesenen Teilfläche eines Anliegerweges schadet jedenfalls nicht (s. dazu § 2 Rn. 18). Bezeichnung in dieser Weise ist auch für abzuschreibende Grundstücksteile notwendig, da gemäß § 2 Abs. 3 erst nach Vermessung abgeschrieben werden soll. Die zusätzliche Angabe einer unrichtigen Grundstücksgröße ist unschädlich, sofern Zweifel an der Grundstücksidentität ausgeschlossen sind (OLG Zweibrücken Rpfleger 1988, 183). Über die Belastung eines Grundstücksteils mit einer Vormerkung s. Rn. 15.

13 **b)** Durch **Hinweis auf das GBBlatt.** Anzugeben sind das das GB führende Amtsgericht, der GBBezirk sowie die Band- und Blattnummer (s. § 5 Satz 1 GBV). Kommt nur eines von mehreren auf dem Blatt vorgetragenen Grundstücken in Betracht, so ist dieses entweder durch Angabe seiner laufenden Nummer im Bestandsverzeichnis oder durch Angabe seiner Kennzeichen gemäß § 6 GBV zu bezeichnen; mangels besonderer Angabe sind alle Grundstücke als gemeint anzusehen (KG OLG 43, 182; a.M. LG Kiel SchlHA 1989, 157; s. dazu aber auch BayObLG Rpfleger 1981, 147).

14 **c) Andere Bezeichnungsarten** genügen in der Regel nicht, so z.B. eine solche nach Straße und Hausnummer (JFG 11, 328). Das GBAmt ist nicht gehalten, das gemeinte Grundstück an Hand des Eigentümerverzeichnisses zu ermitteln (KG OLG 30, 409; s. auch OLG Düsseldorf DNotZ 1952, 35). Bei der Löschung eines Gesamtgrundpfandrechts müssen alle Grundstücke, an denen das Recht gelöscht werden soll, in der Löschungsbewilligung gemäß § 28 Satz 1 bezeichnet werden (s. hierzu Rn. 8). § 28 Satz 1 darf aber auch nicht formalistisch überspannt werden (OLG Hamm DNotZ 1971, 49; OLG Bremen Rpfleger 1975, 364; BayObLG Rpfleger 1981, 147, 190; BGH 90, 327 = Rpfleger 1984, 310; OLG Köln Rpfleger 1992, 153); die EintrBewilligung kann nämlich auch im Hinblick auf § 28 ausgelegt werden (BGH 90, 327 = Rpfleger

1984, 310). Daher kann bei einem Wechsel der GBBezeichnung die frühere genügen; Voraussetzung ist jedoch, dass keinerlei Zweifel hinsichtlich des gemeinten Grundstücks bestehen; vgl. dazu als Beispiel § 20 Rn. 34. Über die Grundstücksbezeichnung in einer im Voraus erteilten Pfandfreigabeerklärung s. KG JW 1937, 479; über die Bezeichnung abzuschreibender Grundstücksteile in einer Wohnsiedlungsgenehmigung s. KG JW 1937, 896; über die Bezeichnung einer Grundstücksteilfläche bei Verurteilung zur Abgabe einer EintrBewilligung durch Bezugnahme auf einen Veränderungsnachweis s. BGH 90, 326 = Rpfleger 1984, 310.

Bei Belastung eines Grundstücksteils mit einer Vormerkung genügt, falls der Teil keine Katasterparzelle bildet, eine Beschreibung, die seine Lage und Fläche in einer dem Verkehrsbedürfnis entsprechenden Weise ersehen lässt (s. § 7 Rn. 25); entsprechendes gilt im Fall des § 7 Abs. 2. **15**

6. Angabe der Geldbeträge. a) § 28 Satz 2 gilt für alle in das GB einzutragenden Geldbeträge; für Hypotheken, Grundschulden und Rentenschulden ebenso wie für Reallasten; auch für Ablösungssummen (§ 1199 Abs. 2 BGB) und für den Höchstbetrag des Wertersatzes (§ 882 BGB). **16**

b) In das GB einzutragende Geldbeträge sind grundsätzlich in **inländischer Währung** anzugeben. Das BJM kann jedoch durch Rechtsverordnung zulassen, dass Geldbeträge, insbes. bei Grundpfandrechten, in einer anderen Währung eingetragen werden; eine Zulassung kann, wenn gegen ihre Fortdauer währungspolitische Bedenken bestehen, auch wieder eingeschränkt werden. In Betracht kommt grundsätzlich nur eine einheitliche europäische Währung, die Währung eines Mitgliedsstaats der Europäischen Union oder des Europäischen Wirtschaftsraums. Eine außereuropäische Währung kann nur zugelassen werden, wenn gegen sie keine währungspolitischen Bedenken bestehen. S. dazu die VO v. 30. 10. 1997 (BGBl. I 2683) und zu dieser Rn. 29. Im Hinblick auf die Entscheidung des EuGH v. 16. 3. 1999 (WM 1999, 946) erscheint es zweifelhaft, ob § 28 Satz 2 mit europäischem Gemeinschaftsrecht vereinbar ist. Die Angabe von Geldbeträgen in ECU (= European Currency Unit) war bis zur Einführung des Euro am 1. 1. 1999, jedenfalls nach dem Wortlaut des § 28 Satz 2 Halbsatz 2, nicht zulässig (s. dazu Siebelt NJW 1993, 2118 Fn. 5). Zu den Auswirkungen der Einführung des Euro s. Rn. 21 ff. **17**

c) § 28 Satz 2 gilt unmittelbar auch für die Eintragung (RG 106, 79; KG NJW 1954, 1686). Nach Einführung der Deutschen Mark war daher eine Neueintragung in Reichsmark unzulässig. Ein zu Unrecht gelöschtes Reichsmarkrecht kann auch im Weg der **18**

GBBerichtigung nicht wieder eingetragen werden; dadurch würde das GB unrichtig (s. hierzu die Nachweise in der 20. Auflage). Ist eine Eintragung in einer nach § 28 Satz 2 Halbsatz 2 zugelassenen Währung vorgenommen worden und wird die Zulassung später wieder aufgehoben, so wird das GB ebenfalls unrichtig. Nachdem die Zulassung einer ausländischen Währung wieder zurückgenommen worden ist, kann ein in der Zeit davor zu Unrecht gelöschtes Recht nicht im Weg der GBBerichtigung wieder in der nunmehr nicht mehr zugelassenen Währung eingetragen werden.

19 **d)** Am 1. 7. 1990 ist die Deutsche Mark auch im Gebiet der **früheren DDR** geltende Währung geworden. Soweit dort Rechte in Mark der DDR eingetragen sind, ist das GB unrichtig geworden. Grundsätzlich ist es Sache der Beteiligten, gem. § 22 die Berichtigung des GB unter Beachtung des Umstellungsverhältnisses von 2 : 1 (s. Art. 10 Abs. 5 des Vertrags über die Schaffung einer Währungs-, Wirtschafts- und Sozialunion zwischen der Bundesrepublik Deutschland und der DDR v. 18. 5. 1990, BGBl. II 518, 537, sowie Anl. I Art. 7 § 1 Abs. 1 hierzu) zu betreiben (a. M. Böhringer BWNotZ 1993, 117, der eine Richtigstellung von Amts wegen für zulässig hält; vgl. dazu auch BGH DtZ 1995, 131). Die Berichtigung des GB ist jedenfalls vor solchen das Recht betreffenden Eintragungen unverzichtbar, bei denen der Geldbetrag im Vordergrund steht, z. B. vor der Eintragung einer Teilabtretung, nicht aber vor der Löschung des Rechts insgesamt. Die Neueintragung oder die Wiedereintragung zu Unrecht gelöschter Rechte in Mark der DDR ist unzulässig. Dies gilt auch dann, wenn die Eintragung auf Grund eines behördlichen Ersuchens vorgenommen werden soll und dieses vor dem 1. 7. 1990 eingegangen ist (KG Rpfleger 1993, 16). Ab 1. 1. 2002 ist nur noch eine Umstellung auf Euro-Beträge zulässig.

20 **e)** Im GB noch eingetragene Rechte, deren Geldbetrag in Mark nach dem MünzG v. 9. 7. 1873 (RGBl. 233) oder noch älteren, nicht mehr geltenden inländischen Währungen angegeben ist, sind nach Maßgabe des spätestens am 31. 12. 1968 außer Kraft getretenen GBBerG-1930 (s. dazu Übers. vor § 82) erloschen und können von Amts wegen gelöscht werden. S. dazu auch das Schreiben des BJM v. 4. 5. 1995, MittBayNot 1995, 250. Zum Wesen und zur EintrFähigkeit der früheren Goldklauseln s. RG 121, 11; 136, 169. Über Grundpfandrechte in ausländischer Währung und wertbeständige Grundpfandrechte s. Rn. 26, 30.

21 **7. Umstellung auf Euro. a)** Mit der Teilnahme Deutschlands an der Europäischen Währungsunion ab 1. 1. 1999 ist die Deutsche Mark durch den Euro abgelöst worden; dieser ist damit inländische

Währung im Sinn des § 28. Während einer Übergangszeit bis zum 31. 12. 2001 war die Deutsche Mark ebenfalls noch geltende inländische Währung. Sie war durch einen festen Wechselkurs (1 Euro = 1,95583 DM) mit dem Euro verknüpft. Neueintragungen waren zwischen dem 1. 1. 1999 und dem 31. 12. 2001 sowohl in Euro als auch in Deutscher Mark zulässig. Ein zu Unrecht gelöschtes DM-Recht kann nach dem 31. 12. 2001 im Weg der GBBerichtigung nicht wieder als solches eingetragen werden.

b) Sollte zwischen dem 1. 1. 1999 und dem 31. 12. 2001 ein eingetragenes DM-Recht auf Euro umgestellt werden, handelte es sich um eine **Inhaltsänderung des Rechts,** die materiellrechtlich der Einigung von Grundstückseigentümer und Berechtigtem sowie der Zustimmung der dinglich Berechtigten an dem Recht bedurfte (§§ 873, 876, 877 BGB; Art. 8 Abs. 1, 2 EG-VO Nr. 974/98 v. 3. 5. 1998, ABl. EG Nr. L 139 S. 1). Verfahrensrechtlich war grundsätzlich deren Bewilligung erforderlich (§ 19 GBO), nicht aber die Bewilligung gleich- und nachrangig Berechtigter (Rellermeyer Rpfleger 1999, 50; Bestelmeyer Rpfleger 1999, 368; a. M. Ottersbach Rpfleger 1999, 51). Nach Abs. 1 Satz 1 des durch Ges. v. 21. 7. 1999 (BGBl. I 1642) eingefügten § 26a GBMaßnG genügte jedoch ein Antrag des Grundstückseigentümers oder des Berechtigten und die Zustimmung des jeweils anderen Teils, die der Schriftform, nicht aber der Form des § 29 bedurften. Ein Gesamtrecht konnte nur einheitlich umgestellt werden. Bei Briefrechten war der Brief vorzulegen und die Umstellung darauf zu vermerken (§§ 41, 62). Die Teilabtretung oder -löschung wegen eines auf Euro lautenden Betrags hatte zur Voraussetzung, dass das Recht insoweit auf Euro umgestellt wurde; der verbleibende Rest konnte als DM-Recht bestehen bleiben. Für die Umstellung einschließlich Briefvermerk fiel eine Festgebühr von 50 DM an (§ 26a Abs. 2 Satz 2 GBMaßnG). 22

c) Soweit im GB DM-Rechte eingetragen sind, wurde das GB mit dem 1. 1. 2002 unrichtig. Was die Berichtigung angeht, gilt im Hinblick auf Art. 14 EG-VO Nr. 974/98 v. 3. 5. 1998 (ABl. EG Nr. L 139 S. 1) etwas anderes als im Verhältnis Mark der DDR zu Deutscher Mark. Das GB wurde nicht unrichtig im Sinn von § 894 BGB, § 22 GBO; es bedarf lediglich der **Richtigstellung,** die das GBAmt von Amts wegen vornehmen kann (ebenso Hartenfels MittRhNotK 1998, 168; Bestelmeyer Rpfleger 1999, 368; Ottersbach Rpfleger 1999, 51; a. M. Bauer/v. Oefele AT Rn. I 190). Das GBAmt hat die Umstellung aber nur dann vornehmen, wenn sie ein Beteiligter beantragt oder auf dem betreffenden GBBlatt ohnehin eine Eintragung vorzunehmen ist (§ 26a Abs. 1 Satz 2 bis 4 23

GBMaßnG). Betrifft die Umstellung ein Briefrecht, braucht der Brief nicht gem. §§ 41, 62 vorgelegt zu werden; auf ausdrücklichen Antrag wird die Umstellung aber auf dem Brief vermerkt (§ 26a Abs. 1 Satz 5 GBMaßnG). Soll ein auf Deutsche Mark lautendes Recht insgesamt gelöscht werden, ist eine vorherige Umstellung auf Euro nicht erforderlich. Zuständig für die Umstellung ist mangels Erweiterung der Zuständigkeit des Urkundsbeamten der Geschäftsstelle (vgl. § 12c) der Rpfleger. Für die Umstellung werden keine **Gebühren** erhoben. Wird jedoch die Umstellung auf Antrag vorgenommen und auf dem Brief vermerkt, fällt eine Gebühr von 25 Euro an. Bei einer Umstellung von Amts wegen wird für den beantragten Vermerk auf dem Brief die Gebühr des § 72 KostO erhoben (§ 26a Abs. 2 Satz 2, 3 GBMaßnG).

24 **d)** Geht vor dem 1. 1. 2002 ein Antrag auf Eintragung eines auf Deutsche Mark lautenden Rechts ein, so ist die Eintragung nach dem 31. 12. 2001 in Euro vorzunehmen, ohne dass es dazu einer Änderung der Bewilligung oder des EintrAntrags bedarf.

25 **e)** Das zur Umstellung von DM-Rechten auf Euro Gesagte gilt entsprechend für Rechte in einer Währung der übrigen Staaten, die an der Europäischen Währungsunion teilnehmen (Belgien, Finnland, Frankreich, Griechenland, Irland, Italien, Luxemburg, Niederlande, Österreich, Portugal, Spanien), nicht aber für Rechte in einer anderen zugelassenen Währung (§ 26a Abs. 1 Satz 1 GBMaßnG). Ebensowenig wie Bruchteile von Pfennigen können Bruchteile der Untereinheit Euro-Cent in das GB eingetragen werden. Ergeben sich solche auf Grund der Umrechnung, ist nach den in Art. 4, 5 der EG-VO Nr. 1103/97 v. 17. 6. 1997 (ABl. EG Nr. L 162 S. 1) niedergelegten Rundungsregeln auf volle Euro-Cent auf- oder abzurunden (s. dazu Rellermeyer Rpfleger 2001, 291).

f) S. zum Ganzen auch die VO über Grundpfandrechte in ausländischer Währung und in Euro v. 30. 10. 1997 (BGBl. I 2683) i.V.m. der zu § 4 der VO ergangenen VO v. 23. 12. 1998 (BGBl. I 4023); Flik BWNotZ 1996, 163; Rellermeyer Rpfleger 1999, 50 und 522; Bestelmeyer Rpfleger 1999, 368 und 524; Ottersbach Rpfleger 1999, 51; Böhringer DNotZ 1999, 692; von Campe NotBZ 2000, 2.

26 **8. Grundpfandrechte in ausländischer Währung. a)** Nach §§ 1113, 1191 Abs. 1, § 1199 Abs. 1 BGB besteht der Inhalt einer Hypothek, Grundschuld oder Rentenschuld darin, dass aus dem belasteten Grundstück (einmalig oder wiederkehrend) eine bestimmte Geldsumme zu zahlen ist. Dem in den genannten Vorschriften verankerten Bestimmtheitsgrundsatz ist genügt, wenn der aus dem Grundstück zu entrichtende Geldbetrag in einer be-

stimmten Anzahl von Währungseinheiten ausgedrückt wird. Das Erfordernis, dass die Währungseinheit eine inländische sein müsse, dürfte sich aus dem Bestimmtheitsgrundsatz hingegen nicht ableiten lassen (JFG 14, 371; s. auch RG 157, 123). Der Begründung von Grundpfandrechten in ausländischer Währung stand jedoch zunächst die die Eintragung hindernde Ordnungsvorschrift des § 28 Satz 2, jetzt Satz 2 Halbsatz 1, entgegen.

b) Eine Änderung der Rechtslage brachte die VO über die Eintragung von **Hyp. in ausländischer Währung** v. 13. 2. 1920 (RGBl. I 1231). § 1 der VO bestimmte, dass mit der im GB zu vermerkenden Einwilligung der Landeszentralbehörde Hyp. und Grundschulden in ausländischer Währung eingetragen und bereits eingetragene Hyp. bei Zustimmung der gleich- und nachstehenden Berechtigten in Fremdwährungshyp. umgewandelt werden können; die Vorschrift durchbrach aber nicht nur den Grundsatz des § 28 Satz 2, jetzt Satz 2 Halbsatz 1, sondern schuf mit dem Erfordernis der staatlichen Einwilligung gleichzeitig eine sachlichrechtliche Voraussetzung für die Begründung des Fremdwährungsgrundpfandrechts (RG 157, 120 gegen JFG 14, 365). **27**

c) Eintragungen nach § 1 der vorbezeichneten VO waren seit dem 1. 1. 1930 nur mehr ausnahmsweise statthaft (§ 15 i.d.F. des Ges. v. 12. 3. 1931, RGBl. I 31). Durch Art. IV Abs. 1 des Ges. v. 8. 5. 1963 (BGBl. I 293) wurde die VO samt den zu ihrer Änderung ergangenen Gesetzen aufgehoben; die aufgehobenen Vorschriften bleiben nach Art. IV Abs. 2 des genannten Ges. jedoch auf Rechte anwendbar, die vor seinem Inkrafttreten in ausländischer Währung eingetragen worden sind; unter diesem Blickpunkt hat § 15 Abs. 3 der VO auch heute noch Bedeutung (s. dazu für *Bayern* VO v. 6. 12. 1956, BayRS 315-3-J). Über die Schweizer Goldhyp. und ihre Umwandlung in Schweizer-Franken-Grundschulden s. Abkommen v. 6. 12. 1920 (RGBl. 2023) und Zusatzabkommen v. 25. 3. 1923 (RGBl. II 286), ferner Vereinbarung v. 23. 2. 1953 und Ges. hierzu v. 15. 5. 1954 (BGBl. II 538, 740). Das GBBerG v. 20. 12. 1993 (BGBl. I 2192) hat diese Vorschriften unberührt gelassen (§ 3 Abs. 2 Satz 2 GBBerG). Zum Erlöschen der „Frankengrundschulden" im Gebiet der früheren DDR durch Überführung von Grundeigentum in Volkseigentum s. KG VIZ 1999, 105. **28**

d) Seit der Anfügung des Halbsatzes 2 an § 28 Satz 2 durch das RegVBG steht der Eintragung eines Grundpfandrechts in ausländischer Währung dann kein Hindernis entgegen, wenn es sich um eine Währung handelt, die durch Rechtsverordnung des BJM zugelassen wurde, und die Zulassung fortbesteht (s. dazu Rn. 17). **29**

Nach der VO des BJM über Grundpfandrechte in ausländischer Währung und in Euro v. 30. 10. 1997 (BGBl. I 2683) können Geldbeträge von Grundpfandrechten und Reallasten ab dem 15. 11. 1997 in der Währung eines der Mitgliedstaaten der Europäischen Union, der Schweiz und der USA angegeben werden und ab 1. 1. 1999 mit der Teilnahme Deutschlands an der dritten Stufe der Europäischen Währungsunion auch in Euro. Ab 1. 1. 2002 sind jedoch die Deutsche Mark und die Währung eines Mitgliedstaats der Europäischen Union, in dem der Euro an die Stelle der bisherigen nationalen Währungseinheit getreten ist, nicht mehr zugelassen. Die danach zulässigen Währungen können nicht nur der Eintragung neuer Grundpfandrechte, einschließlich der Zwangshypotheken, und Reallasten zugrunde gelegt werden, sondern auch der Umwandlung bereits bestehender Rechte.

30 **9. Wertbeständige Grundpfandrechte. a)** Während die Begründung eines Grundpfandrechts in ausländischer Währung nach materiellem Liegenschaftsrecht keinen Bedenken begegnet (s. Rn. 20), ist die eines wertbeständigen Grundpfandrechts mit den Bestimmungen des BGB unvereinbar. Zwar hat auch das wertbeständige Grundpfandrecht die Zahlung einer Geldsumme aus dem belasteten Grundstück zum Inhalt. Dem zu entrichtenden Geldbetrag fehlt jedoch, da er nach dem Preis einer bestimmten Menge von Waren oder Leistungen zu errechnen ist, die nach §§ 1113, 1191 Abs. 1, § 1199 Abs. 1 BGB erforderliche Bestimmtheit.

31 **b)** In der Zulassung wertbeständiger Grundpfandrechte durch das Ges. über wertbeständige Hyp. v. 23. 6. 1923 (RGBl. I 407) war demnach eine Erweiterung des numerus clausus der dinglichen Rechte zu erblicken. Als **Wertmesser** waren nach § 1 Satz 1 des Ges. Roggen, Weizen und Feingold vorgesehen. Die auf der Grundlage des § 1 Satz 2 ergangenen Durchführungsverordnungen ließen darüber hinaus gewisse Sorten von Kohle und Kali sowie bei Hyp. zur Sicherung bestimmter Anleihen den Kurswert des nordamerikanischen Dollars als Wertmesser zu. Für die nur nach amtlich festgestellten Preisen erfolgende Umrechnung war ein Stichtag festzulegen, den die Beteiligten bei Begründung des Grundpfandrechts beliebig wählen konnten.

32 **c)** Grundpfandrechte auf **Feingoldbasis** waren die häufigsten und bedeutungsvollsten wertbeständigen Rechte. In Betracht kamen zwei Formen der Eintragung: Entweder zum Preis einer bestimmten Gewichtsmenge Feingold oder in Goldmark, dem amtlich festgestellten Preis von $^{1}/_{2790}$ kg Feingold. Möglich war eine Verbindung von Goldmark mit Reichsmark: Eingetragen werden konnte die sog. Schwankungsklausel, d. h. die Bestimmung dass für

eine Goldmark eine Reichsmark zu zahlen sei, wenn der Preis von 1 kg Feingold am Stichtag zwischen 2760 und 2820 RM liegen sollte. Eingetragen werden konnte ferner die sog. Reichsmarkklausel, d. h. die Abrede, dass statt einer Goldmark mindestens eine Reichsmark zu entrichten sei. Während der Preis des Goldes zunächst nach dem Londoner Goldpreis berechnet wurde, erklärte § 1 Abs. 1 der VO über wertbeständige Rechte v. 16. 11. 1940 (RGBl. I 1521) den für die Reichsbank geltenden Preis des Feingolds als maßgebend. Durch diese Regelung wurde die Goldmark der Reichsmark gleichgesetzt und jeder Anreiz zur Begründung von Grundpfandrechten auf Feingoldbasis genommen. Rechtlich möglich war ihre Neubestellung jedoch auch weiterhin.

d) Der hinsichtlich der wertbeständigen Grundpfandrechte bis 33
zum Kriegsende bestehende Rechtszustand ist im Einzelnen in der 17. Auflage § 28 Erl. 9 dargestellt.

Die **Nachkriegsgesetzgebung** hat zunächst weder das Ges. über wertbeständige Hyp. noch die VO über wertbeständige Rechte aufgehoben. Eine Neubestellung wertbeständiger Grundpfandrechte auf der Basis der noch zugelassenen Wertmesser war daher weiterhin möglich, bedurfte nach § 3 Satz 2 WährG und § 49 Abs. 2 AußenwirtschaftsG v. 28. 4. 1961 (BGBl. I 481) jedoch der Genehmigung der Deutschen Bundesbank (OLG Düsseldorf JMBlNW 1957, 32; a. M; Fögen NJW 1956, 1824). Das Ges. und die VO sind jedoch spätestens am 31. 12. 1968 gemäß § 3 Abs. 1 Satz 2 des Ges. über die Sammlung des Bundesrechts v. 10. 7. 1958 (BGBl. I 437) i. V. m. § 3 Abs. 1 des Ges. über den Abschluss der Sammlung des Bundesrechts v. 28. 12. 1968 (BGBl. I 1451) außer Kraft getreten. Wertbeständige Grundpfandrechte können ab diesem Zeitpunkt nicht mehr begründet werden. Über die Umstellung bestehender Rechte als Folge der Währungsreform s. 16. Auflage Anh. zu § 22 Erl. 7; über ihre Umstellung gemäß Abschnitt 1 des GBBerG v. 20. 12. 1993 (BGBl. I 2192) s. Anh. zu §§ 84 bis 89 Rn. 2 bis 5.

10. Währungsreform. Die Auswirkungen der Währungsre- 34
form auf das GB sind in der 16. Auflage in einem Anhang zu § 22 ausführlich dargestellt. Gegenstand der Erläuterungen sind zum einen die Umstellung der Grundpfandrechte und Reallasten sowie Entstehung, Rechtsnatur und Inhalt der Umstellungsgrundschuld nach dem Lastenausgleichssicherungsgesetz und der HypGewinnabgabe nach dem Lastenausgleichsgesetz, zum anderen die Unrichtigkeit des GB als Folge der Umstellung, die Eintragung der Umstellung sowie die Veränderung und Löschung umgestellter Rechte. Diese Erläuterungen haben im Lauf der Zeit ihre praktische Be-

deutung weitgehend verloren; sie sind daher in die der 16. Auflage folgenden Auflagen nicht mehr übernommen worden.

Nachweis der Eintragungsunterlagen

29 (1) **Eine Eintragung soll nur vorgenommen werden, wenn die Eintragungsbewilligung oder die sonstigen zu der Eintragung erforderlichen Erklärungen durch öffentliche oder öffentlich beglaubigte Urkunden nachgewiesen werden. Andere Voraussetzungen der Eintragung bedürfen, soweit sie nicht bei dem Grundbuchamt offenkundig sind, des Nachweises durch öffentliche Urkunden.**

(2) *weggefallen*

(3) **Erklärungen oder Ersuchen einer Behörde, auf Grund deren eine Eintragung vorgenommen werden soll, sind zu unterschreiben und mit Siegel oder Stempel zu versehen.**

Inhaltsübersicht

1. Allgemeines ... 1
2. Eintragungsunterlagen ... 4
3. Zur Eintragung erforderliche Erklärungen ... 8
4. Andere Voraussetzungen der Eintragung ... 14
5. Ausnahmen vom Formzwang ... 18
6. Nachweis der EintrUnterlagen ... 23
7. Öffentliche Urkunden ... 29
8. Richtiger Aussteller ... 30
9. Einhaltung der Grenzen der Amtsbefugnisse ... 33
10. Wahrung der vorgeschriebenen Form ... 39
11. Öffentlich beglaubigte Urkunden ... 41
12. Erklärungen und Ersuchen von Behörden ... 45
13. Prüfung inländischer Urkunden ... 49
14. Prüfung ausländischer Urkunden ... 50
15. Urschrift, Ausfertigung, beglaubigte Abschrift ... 57
16. Offenkundigkeit ... 60
17. Freie Beweiswürdigung ... 63

1 **1. Allgemeines. a)** § 29 bestimmt, dass die EintrUnterlagen dem GBAmt in besonderer Form nachzuweisen sind; seine jetzige Fassung beruht auf § 57 Abs. 7 BeurkG, der die früher bestehende Möglichkeit, zur Eintragung erforderliche Erklärungen vor dem GBAmt zur Niederschrift des GBRichters abzugeben, beseitigt hat.

2 **b)** Die Regelung ist im Hinblick auf die Gefahren getroffen, die aus unrichtigen Eintragungen wegen des öffentlichen Glaubens des GB erwachsen (BayObLG 1988, 150 = Rpfleger 1988, 478). Jedoch handelt es sich bei § 29 nur um eine Ordnungsvorschrift.

Durch die Eintragung wird eine Rechtsänderung, falls ihre sonstigen Voraussetzungen vorliegen, also auch dann herbeigeführt, wenn die EintrUnterlagen nicht in der gehörigen Form vorgelegen haben (BayObLG Rpfleger 1984, 463).

c) In *Baden-Württemberg*, wo die Grundbücher nicht von den Amtsgerichten geführt werden (s. dazu § 143 Rn. 2), galt an Stelle des ursprünglichen Abs. 1 und des weggefallenen Abs. 2 zunächst noch § 29 i.d.F. v. 20. 5. 1898 (Art. 8 Abs. 1, 3 ÄndVO); doch war auch hier die Möglichkeit, zur Eintragung erforderliche Erklärungen vor dem GBAmt zu Protokoll zu geben, beseitigt worden (§ 57 Abs. 6 BeurkG), so dass im Wesentlichen inhaltsgleiche Vorschriften wie im übrigen Bundesgebiet galten (vgl. § 57 Abs. 7 BeurkG). Gem. § 143 Abs. 2, angefügt durch das RegVBG, gilt § 29 Abs. 1 und 3 jetzt auch in Baden-Württemberg in der im übrigen Bundesgebiet geltenden Fassung. 3

Vgl. zum Folgenden auch Haegele, Urkundenvorlage beim GBAmt, Rpfleger 1967, 33.

2. Eintragungsunterlagen. a) § 29 gilt nur für EintrUnterlagen, nicht für reine EintrAnträge. Diese und Vollmachten zur Stellung von solchen sind nach § 30 formfrei. Dasselbe gilt für Anträge, die nicht auf Vornahme einer Eintragung gerichtet sind, z.B. die Gestattung der GBEinsicht oder die Bildung von Briefen zum Gegenstand haben. Auf Erklärungen, die die Zurückweisung eines EintrAntrags rechtfertigen sollen, ist § 29 Abs. 1 Satz 1 auch nicht entsprechend anwendbar (s. Anh. zu § 13 Rn. 29, aber auch KEHE Rn. 131, 132). § 29 Abs. 1 Satz 1 ist jedoch entsprechend anzuwenden: 4

- Nach § 31 auf die Zurücknahme eines EintrAntrags, sofern er nicht auf die Berichtigung des GB gerichtet ist, und den Widerruf einer Antragsvollmacht. 5
- Nach § 60 Abs. 2 auf die abweichende Bestimmung über die Aushändigung eines neu erteilten Briefs und nach dem Ermessen des GBAmts auf die Eigentümererklärung in den Fällen des § 58 Abs. 2 sowie des § 66. 6
- Nach BayObLG 1988, 148 = Rpfleger 1988, 477 auf den Nachweis des Gläubigerrechts bei einem Antrag auf Erteilung eines neuen Briefs gem. § 67. 7

b) EintrUnterlagen sind entweder zur Eintragung erforderliche Erklärungen (s. Rn. 8ff.) oder andere Voraussetzungen der Eintragung (s. Rn. 14ff.).

3. Zur Eintragung erforderliche Erklärungen. a) Solche Erklärungen im Sinn des Abs. 1 Satz 1 sind, vom reinen EintrAntrag 8 sowie der Antragsvollmacht abgesehen, alle Erklärungen, deren es nach den Vorschriften des GBRechts zur Eintragung bedarf.

9 **b)** Neben der ausdrücklich erwähnten EintrBewilligung, die auch die Berichtigungsbewilligung umfasst (s. § 22 Rn. 31), kommen vor allem Einigungserklärungen nach § 20, Abtretungs- oder Belastungserklärungen gemäß § 26 sowie Zustimmungserklärungen nach § 22 Abs. 2, § 27 in Betracht.

10 aa) Unter Abs. 1 Satz 1 fallen jedoch nicht nur die eigentlichen grundbuchrechtlichen Erklärungen, sondern auch solche, die eine grundbuchrechtliche Erklärung ergänzen oder begründen, z.B. Zustimmungserklärungen bei bestehender Verfügungsbeschränkung (s. § 19 Rn. 64), Vollmachten (s. § 19 Rn. 77; § 20 Rn. 21; BayObLG Rpfleger 1984, 463; BayObLG 1991, 33) sowie Quittungen (BayObLG 1995, 106 = Rpfleger 1995, 410; s. § 27 Rn. 21). Dabei kann es sich auch um sog. **Geständniserklärungen** (das sind Erklärungen, in denen die Vornahme eines Rechtsgeschäfts durch den Vornehmenden selbst bestätigt wird) handeln, etwa um die Erklärung, dass eine Vollmacht erteilt worden ist (JFG 18, 249; BGH 29, 368 = NJW 1959, 883; BayObLG 1984, 160); Voraussetzung ist aber, dass der Erklärende im Zeitpunkt der Abgabe der Erklärung noch die Rechtsmacht hatte, die bestätigte Rechtshandlung selbst vorzunehmen (JFG 18, 246; OLG Köln Rpfleger 1986, 298). Auch Vereinigungs-, Zuschreibungs- und Teilungserklärungen gehören hierher.

11 bb) Wegen des Nachweises der Zustimmung der Eigentümerversammlung im Fall des § 12 WEG s. BayObLG 1961, 395 = DNotZ 1962, 312; wegen des Nachweises der Bestellung als Verwalter einer **Wohnungseigentümergemeinschaft** s. § 26 Abs. 4 WEG; BayObLG 1975, 267; NJW-RR 1991, 978; OLG Oldenburg Rpfleger 1979, 266; LG Lübeck Rpfleger 1991, 309; Röll Rpfleger 1986, 4. Zum Nachweis der Verwaltereigenschaft bei Bestellung des Verwalters durch schriftlichen Beschluss s. BayObLG Rpfleger 1986, 299. Der Fortbestand der Verwalterbestellung ist nur bei begründeten Zweifeln formgerecht nachzuweisen (OLG Köln Rpfleger 1986, 298). Die Nichtigkeit eines Eigentümerbeschlusses über die Verwalterbestellung hat das GBAmt auch dann zu beachten, wenn sie nicht gem. § 43 Abs. 1 Nr. 4 WEG festgestellt ist (BGH 107, 268 = Rpfleger 1989, 325 auf Vorlage des BayObLG 1989, 4 gegen OLG Frankfurt Rpfleger 1988, 184). Eine gem. § 12 WEG erforderliche Zustimmung des Verwalters ist sachlichrechtlich formfrei; zum Nachweis gegenüber dem GBAmt bedarf sie aber der Form des § 29 (OLG Hamm Rpfleger 1989, 451).

c) Unter Abs. 1 Satz 1 fallen nicht nur diejenigen Erklärungen, welche als solche Grundlage der Eintragung sind. Notariell beglaubigte statt beurkundete Erklärungen reichen auch dann aus, wenn durch sie der Nachweis einer sonstigen EintrVoraussetzung, z. B. der GBUnrichtigkeit, geführt werden kann. Deshalb genügt zur Löschung einer Auflassungsvormerkung im Weg der GBBerichtigung die notariell beglaubigte Erklärung der Kaufvertragsparteien über die Aufhebung des Vertrags, sofern diese nicht materiellrechtlich ausnahmsweise (vgl. BGH 83, 395) der Form des § 313 BGB bedarf (BayObLG DNotZ 1989, 363). 12

d) Keine zur Eintragung erforderliche Erklärung sind z. B. die Einigungserklärung außerhalb des § 20 (s. § 19 Rn. 4), die Berichtigungsbewilligung bei nachgewiesener Unrichtigkeit (s. § 22 Rn. 28) sowie die Eigentümerzustimmung im Fall der Eintragung einer Zinssenkung (s. § 27 Rn. 9). 13

4. Andere Voraussetzungen der Eintragung. a) Andere Voraussetzungen der Eintragung im Sinn des Abs. 1 Satz 2 sind solche, die nicht in Erklärungen bestehen, also nicht von Abs. 1 Satz 1 erfasst werden (KG Rpfleger 1979, 208). 14

b) In Betracht kommen z. B. Lebensalter, Verehelichung, Scheidung, Tod, Staatsangehörigkeit (JFG 20, 177), Eintritt von Bedingungen (OLG Frankfurt FGPrax 1996, 8; zum Nachweis s. Rn. 28), Erbfolge, Eigenschaft als gesetzlicher Vertreter (zum Nachweis bei Handels- und Partnerschaftsgesellschaften s. § 32; zum Nachweis bei juristischen Personen des öffentlichen Rechts s. § 32 Rn. 2; zum Nachweis bei einer Alpgenossenschaft s. BayObLG 1991, 24) oder als Verwalter fremden Vermögens (Insolvenzverwalter), Anlagen (Aufteilungsplan und Abgeschlossenheitsbescheinigung) nach § 7 Abs. 4 Satz 1 WEG (vgl. hierzu OLG Zweibrücken MittBayNot 1983, 242), Rechtsfähigkeit einer ausländischen Kapitalgesellschaft (OLG Hamm Rpfleger 1995, 153) oder einer Stiftung (OLG Frankfurt Rpfleger 1997, 105), die vollstreckungsrechtlichen Voraussetzungen der §§ 740, 741 ZPO bei Eintragung einer Zwangshyp. (BayObLG 1995, 249 = FGPrax 1995, 188). 15

c) Keine EintrVoraussetzung im Sinn des Abs. 1 Satz 1 ist, soweit nachzuweisen, die Nichtausübung eines gesetzlichen Vorkaufsrechts (KG-Gutachten v. 3. 7. 1919 BayNotZ 1919, 320; JFG 2, 336; OLG Dresden JFG 6, 295; OLG Düsseldorf JMBlNW 1956, 209); auch gerichtliche Entscheidungen (z. B. Vollstreckungstitel) und, soweit nachzuweisen, ihre Zustellung sowie vormundschaftsgerichtliche, kirchenaufsichtliche und behördliche Genehmigungen (s. dazu § 19 Rn. 116) fallen nicht unter Abs. 1 Satz 1. Für sie gilt Abs. 1 Satz 2. 16

17 **d)** Abs. 1 Satz 2 ist einschränkend auszulegen; es fallen hierunter nicht Nebenumstände, die eine nach Abs. 1 Satz 1 nachzuweisende Erklärung erst wirksam machen (KGJ 32, 290; KG DNotZ 1954, 472). Solche Umstände sind z.B. der Zugang einer Erklärung an den Empfangsberechtigten (JFG 2, 408) oder die Aushändigung einer Vollmachtsurkunde (KGJ 35, 235); für sie spricht ein Erfahrungssatz, wenn die Vorlegung durch den Empfänger erfolgt; letztere ist daher grundsätzlich genügend. Weiteres zur Verwertung von Erfahrungssätzen bei der Würdigung der EintrUnterlagen s. Rn. 63.

18 **5. Ausnahmen vom Formzwang.** Der Formzwang des § 29 gilt nicht ausnahmslos; vielmehr bestehen eine Reihe von Sondervorschriften. Hervorzuheben sind:

a) § 5 Abs. 2 Satz 4, § 6a Abs. 1 Satz 3, §§ 29a, 31 Satz 2, § 35 GBO. Soweit die **Eintragung einer Löschungsvormerkung** nach § 1179 Nr. 2 BGB zulässig ist, brauchen die Voraussetzungen dieser Bestimmung nur glaubhaft gemacht zu werden (s. dazu die Erläuterungen zu § 29a). § 29a nachgebildet sind § 5 Abs. 2 Satz 4 und § 6a Abs. 1 Satz 3 (s. dazu § 5 Rn. 8). Ein EintrAntrag kann ausnahmsweise ohne Beachtung der Form des § 29 zurückgenommen werden, wenn er auf eine Berichtigung des GB gerichtet ist (§ 31 Satz 2). Zur Eintragung eines Eigentümers oder Miteigentümers kann das GBAmt nach § 35 Abs. 3 unter bestimmten Voraussetzungen von den in § 35 Abs. 1, 2 genannten Beweismitteln absehen und sich mit anderen, nicht der Form des § 29 bedürftigen Beweismitteln begnügen.

19 **b)** §§ 18, 19, 36a GBMaßnG. Die zur **Löschung einer umgestellten Hyp.** oder Grundschuld erforderlichen Erklärungen und Nachweise bedürfen keiner Form, falls der Geldbetrag der Hyp. oder Grundschuld 3000 EUR nicht übersteigt; dasselbe gilt für die Löschung einer umgestellten Rentenschuld oder Reallast, deren Jahresleistung nicht mehr als 15 EUR beträgt. Die früher maßgebenden Beträge von 5000 DM und 25 DM wurden durch das Ges. v. 27. 6. 2000 (BGBl. I 897) mit Wirkung vom 30. 6. 2000 durch Euro-Beträge ersetzt. Art. 18 Abs. 4 Nr. 1 RegVBG enthielt bis zu seinem Außerkrafttreten am 24. 7. 1997 (s. Art. 7 Abs. 3 Nr. 3 WohnraummodernisierungssicherungsG v. 17. 7. 1997, BGBl. I 1823) eine Ermächtigung des BJM, den Betrag von 5000 DM durch Rechtsverordnung den veränderten Lebenshaltungskosten anzupassen. § 18 Abs. 1 GBMaßnG lässt auch bei Bagatellrechten eine Löschung nicht ohne Bewilligung des Berechtigten zu. Dies gilt auch dann, wenn der Berechtigte unbekannt ist und der Grundstückseigentümer die Löschung bewilligt und eidesstattlich versichert, dass

der Geldbetrag der Hyp. oder Grundschuld längst zurückgezahlt ist (BayObLG Rpfleger 1998, 157 mit abl. Anm. v. Wolf MittBayNot 1998, 424; a.M. LG Köln MittRhNotK 1982, 252 mit zust. Anm. v. Keim MittBayNot 1985, 247).

aa) Bei Berechnung des Geldbetrags ist von dem im GB eingetragenen **Umstellungsbetrag** auszugehen. Ist der Umstellungsbetrag nicht eingetragen, so kommt es darauf an, ob die Voraussetzungen vorliegen, unter denen eine Berichtigung des GB durch Eintragung eines Umstellungsbetrags, der sich auf eine Deutsche Mark für je zehn Reichsmark beläuft, zulässig ist (s. darüber 16. Auflage Anh. zu § 22 Erl. 5 B d); liegen sie, was erst seit dem Ende des Jahres 1965 möglich ist, vor, so ist von diesem Umstellungsbetrag, anderenfalls von einem Umstellungsbetrag auszugehen, der sich auf eine Deutsche Mark für je eine Reichsmark beläuft (vgl. OLG Hamm Rpfleger 1983, 146).

bb) Im Gebiet der **früheren DDR** ist § 18 Abs. 2 Satz 2 GBMaßnG mit der Maßgabe anzuwenden, dass an die Stelle eines Umrechnungsbetrages von einer Deutschen Mark zu zehn Reichsmark der Umrechnungssatz von einer Deutschen Mark zu zwei Reichsmark oder Mark der DDR tritt (§ 36a GBMaßnG).

cc) Ein auf Deutsche Mark lautender Umstellungsbetrag ist in Euro umzurechnen (1 Euro = 1,95585 DM).

c) § 5 Abs. 2 Satz 2, § 14 Satz 2 GBBerG. Im Gebiet der früheren DDR sind mit Inkrafttreten des GBBerG **Kohleabbaugerechtigkeiten** und zu deren Ausübung eingeräumte Dienstbarkeiten, Vormerkungen und Vorkaufsrechte erloschen. Zur Löschung einer Dienstbarkeit, einer Vormerkung oder eines Vorkaufsrechts genügt es, dass der Zusammenhang mit der Abbaugerechtigkeit glaubhaft gemacht ist. Die Form des § 29 braucht nicht eingehalten zu werden (s. dazu Anh. zu §§ 84 bis 89 Rn. 17). Dies gilt auch für die Erklärung, die Versicherung und den Antrag im Zusammenhang mit der GBBerichtigung, wenn Ehegatten keine Erklärung abgegeben haben, es solle der bisherige gesetzliche Güterstand des Familiengesetzbuchs der DDR weitergelten (s. dazu Anh. zu §§ 84 bis 89 Rn. 72). **20**

d) Art. 233 § 13 Abs. 5 Satz 1, Art. 234 § 4a Abs. 1 Satz 4 EGBGB. Im Zusammenhang mit der Abwicklung der **Bodenreform** im Gebiet der früheren DDR braucht der Nachweis, dass Klage auf Erfüllung des Anspruchs aus Art. 233 § 11 Abs. 3 EGBGB erhoben wurde, nicht in der Form des § 29 geführt zu werden. Diese Form braucht auch der GBBerichtigungsantrag und die Bestimmung anderer als gleicher Anteile von Ehegatten nicht einzuhalten, wenn die Ehegatten keine Erklärung abgegeben haben, dass der bisherige gesetzliche Güterstand weitergelten solle (s. dazu § 33 Rn. 3).

21 **e)** § 1 Ges. über die Eintragung von **Zinssenkungen** v. 11. 5. 1937 (RGBl. I 579). Für die Bewilligung der Eintragung einer Zinssenkung genügt die schriftliche Form (§ 126 BGB); ebenso für eine etwa notwendige Nacherbenzustimmung (OLG München JFG 18, 117). Wegen des Nachweises der Vertretungsbefugnis s. KG JW 1938, 1335.

f) § 9 Abs. 4 DVO z. VO über die Aufhebung der Gebäudeentschuldungssteuer v. 31. 7. 1942 (RGBl. I 503). Zur Löschung einer **Abgeltungshyp.** reicht der formlose Antrag des Gläubigers; erklärt dieser im Löschungsverfahren nach § 24 GBMaßnG, dass eine Forderung aus dem Abgeltungsdarlehen nicht mehr besteht, so gilt dies als Löschungsantrag.

22 **g)** §§ 8, 10 Abs. 2 GGV. Sofern die in § 10 Abs. 1 GGV vorgesehenen amtlichen Nachweise für den räumlichen Umfang eines **dinglichen Nutzungsrechts,** eines Gebäudeeigentums oder eines Rechts zum Besitz nicht vorgelegt werden können, genügen gem. § 10 Abs. 2 GGV andere Unterlagen und eine Versicherung des Rechtsinhabers, die nicht der Form des § 29 entsprechen müssen. Der Formzwang ist auch bei dem in § 8 GGV vorgesehenen Nachweis gelockert, wenn ein dingliches Nutzungsrecht oder ein Gebäudeeigentum als Eigentum von Ehegatten eingetragen werden soll (s. dazu § 144 Rn. 28).

23 **6. Nachweis der EintrUnterlagen. a) Beweisgrundsatz.** Im Antragsverfahren findet § 12 FGG keine Anwendung. Der Antragsteller oder die ersuchende Behörde haben alle EintrUnterlagen formgerecht beizubringen; ein Beweis durch Zeugen, eidesstattliche Versicherung oder Vernehmung eines Beteiligten ist, unbeschadet des § 35 Abs. 3, unzulässig. Das GBAmt ist zur Anstellung von Ermittlungen weder berechtigt noch verpflichtet; die Kenntnis etwa anzuwendenden ausländischen Rechts hat es sich jedoch auch im Antragsverfahren soweit wie möglich selbst zu verschaffen. S. zum Ganzen § 1 Rn. 51 und § 13 Rn. 5.

24 **b) Zur Eintragung erforderliche Erklärungen.** aa) Sie müssen gemäß Abs. 1 Satz 1 stets durch Urkunden nachgewiesen werden; eine Berufung auf Offenkundigkeit ist nicht zulässig (LG Kassel Rpfleger 1959, 319). Als Nachweismittel kommen öffentliche Urkunden (s. Rn. 29) oder öffentlich beglaubigte Urkunden (s. Rn. 41) in Betracht. Die Möglichkeit der Abgabe zur Niederschrift des GBAmts (s. dazu 10. Auflage § 29 Erl. 4) ist mit dem Inkrafttreten des BeurkG entfallen (s. Rn. 1).

bb) Formgerecht abgegebene Erklärungen eines Betroffenen, die ihm ungünstig sind, beweisen mangels entgegenstehender Umstände des Einzelfalls die Richtigkeit ihres Inhalts (KG HRR 1933 Nr. 199; DNotZ 1954, 472). 25

c) Andere Voraussetzungen der Eintragung. aa) Sie sind nach Abs. 1 Satz 2, soweit nicht offenkundig (s. Rn. 60), ebenfalls durch Urkunden nachzuweisen. Als Nachweismittel kommen hier jedoch nur öffentliche Urkunden (s. Rn. 29) in Betracht. 26

bb) Der Nachweis wird durch §§ 32 bis 37 insofern erleichtert, als den Zeugnissen aus dem Handels- und Güterrechtsregister, den Erbscheinen, Testamentsvollstreckerzeugnissen und Zeugnissen über die Fortsetzung der Gütergemeinschaft sowie den Überweisungszeugnissen für den GBVerkehr eine ihnen im Allgemeinen nicht zukommende Beweiskraft beigelegt ist. 27

cc) Für den Nachweis des Eintritts einer Bedingung, die in einer Abtretung besteht, reicht es grundsätzlich aus, dass Abtretender und Abtretungsempfänger in notarieller oder notariell beglaubigter Form erklären (bekunden), dass die Abtretung erfolgt sei (BayObLG 1984, 155). Zum Nachweis des Eintritts einer Bedingung durch eine Notarbestätigung s. OLG Frankfurt Rpfleger 1996, 151 und zum Nachweis der Vertretungsberechtigung s. BayObLG Rpfleger 2000, 62 mit zust. Anm. v. Limmer DNotZ 2000, 294. 28

7. Öffentliche Urkunden. a) Auch ausländische Urkunden fallen, sofern sie den Erfordernissen des § 415 ZPO entsprechen, unter § 29 (JFG 6, 305; OLG Zweibrücken FGPrax 1999, 86). Zum Nachweis ihrer Echtheit kann die Legalisation durch einen deutschen Konsul oder Gesandten verlangt werden (§ 2 Ges. v. 1. 5. 1878, RGBl. 89; § 13 KonsularG v. 11. 9. 1974, BGBl. I 2317; vgl. § 438 Abs. 1, 2 ZPO); näheres hierüber s. Bülow DNotZ 1955, 40 sowie Rn. 50. Zu den öffentlichen Urkunden zählen auch kirchliche Urkunden (BayObLG 2001, 135 = Rpfleger 2001, 486). Die **„Notarbestätigung"** (s. dazu BayObLG 1970, 310) in der Form einer gutachtlichen Äußerung (vgl. dazu OLG Zweibrücken DNotZ 1970, 183) hat keine Beweiskraft gem. §§ 415, 418 ZPO (OLG Frankfurt Rpfleger 1996, 151). Anders die Beurkundung gem. § 20 Abs. 1 Satz 2 DNotO einer vom Notar amtlich wahrgenommenen Tatsache (BayObLG Rpfleger 2000, 62 mit zust. Anm. v. Limmer DNotZ 2000, 294). 29

b) Soweit bei einem **gerichtlichen Vergleich** gem. § 127a BGB die notarielle Beurkundung durch die Aufnahme der Erklärungen in ein nach den Vorschriften der ZPO errichtetes Protokoll ersetzt wird (s. dazu BGH 142, 84 = NJW 1999, 2806), betrifft dies nur die zur materiellrechtlichen Wirksamkeit von Erklärungen erforderliche Form (vgl. § 313 BGB). Die verfahrensrechtliche Form des § 29 erfüllt der gerichtliche Vergleich als öffentliche Urkunde. Entsprechendes gilt für den Schiedsvergleich in der Form des Schiedsspruchs mit vereinbartem Wortlaut (vgl. § 1053 Abs. 3 ZPO). Er erfüllt die Form des § 29 nur dann, wenn er rechtskräftig für vollstreckbar erklärt ist (s. dazu Demharter ZfIR 1998, 445).

c) Die in § 415 ZPO enthaltene Begriffsbestimmung ist auch für den GBVerkehr maßgebend (KGJ 40, 115; BGH 25, 186 = NJW 1957, 1673). Wesentlich sind drei Merkmale (s. Rn. 30, 33, 39).

30 **8. Richtiger Aussteller.** Als Aussteller kommen in Betracht eine öffentliche Behörde oder eine mit öffentlichem Glauben versehene Person.

a) Öffentliche Behörde ist ein in den allgemeinen Behördenorganismus eingefügte von der physischen Person des Amtsträgers unabhängiges Organ der Staatsgewalt, das dazu berufen ist, unter öffentlicher Autorität nach eigenem Ermessen für die Erreichung der Zwecke des Staates oder der von ihm geförderten Zwecke tätig zu sein; Ausübung obrigkeitlicher Gewalt ist nicht notwendig; unerheblich ist auch, ob das Organ unmittelbar vom Staat oder von einer diesem untergeordneten Körperschaft zunächst für deren eigene Angelegenheiten bestellt ist (JFG 4, 263; 8, 306; 14, 221; BGH 3, 116 = NJW 1951, 799; BayObLG 1969, 93; Rpfleger 1978, 141). Als Behörden kommen folglich auch die gesetzlichen Vertreter öffentlich-rechtlicher Körperschaften in Betracht (JFG 8, 306; BayObLG 1969, 63; Rpfleger 1978, 141; MittBayNot 1980, 113). Zur Behördeneigenschaft der vertretungsberechtigten Organe der Träger der Sozialversicherung s. § 31 Abs. 3 Sozialgesetzbuch – Gemeinsame Vorschriften für die Sozialversicherung – v. 23. 12. 1976 (BGBl. I 3845). Wegen der Handlungsorgane des Bayer. Roten Kreuzes s. BayObLG 1969, 88 = Rpfleger 1969, 243. Juristische Personen des Privatrechts werden durch die Übertragung staatlicher Aufgaben nicht zu Behörden (JFG 14, 221; BGH 3, 116 = NJW 1951, 799).

31 **b)** Mit öffentlichem Glauben versehene Personen sind nur solche, denen diese Eigenschaft durch Gesetz beigelegt ist, z. B. Notare, Gerichtsvollzieher, öffentlich bestellte Vermessungsingenieure (JFG 19, 311).

32 **c)** Welche Behörden öffentlich sind und wer zu den Urkundspersonen gehört, bemisst sich nach dem Recht des Staates, dessen Behörde oder Urkundsperson die Urkunde aufgenommen hat

(BayObLG JFG 5, 274; KG JW 1933, 524). Über ausländische Urkunden s. Rn. 29.

9. Einhaltung der Grenzen der Amtsbefugnisse. Die Behörde oder Urkundsperson muss zur Ausstellung der Urkunde sachlich zuständig sein; Überschreitung der örtlichen Zuständigkeit nimmt der Urkunde die Eigenschaft als einer öffentlichen nicht. 33

a) Eigene Angelegenheit. aa) Jede öffentliche Behörde ist zuständig, über rechtsgeschäftliche oder sonstige Erklärungen in ihren eigenen Angelegenheiten, zu denen auch solche privatrechtlicher Art gehören, öffentliche Urkunden auszustellen (BayObLG 1954, 329; 1975, 232 = Rpfleger 1975, 315; BayObLG MittBayNot 1980, 113). Dass die Behörde die Erklärung als Bevollmächtigte einer Privatperson abgibt, schließt es nicht in jedem Fall aus, dass sie damit eigene Angelegenheiten wahrnimmt (OLG Celle Rpfleger 1984, 61 mit zust. Anm. v. Meyer-Stolte). Ob in eigener formgerechter Urkunde auch solche Erklärungen rechtswirksam abgegeben werden können, die nach bürgerlichem Recht der notariellen Beurkundung oder der öffentlichen Beglaubigung bedürfen, ist streitig; die Frage ist für Erklärungen der letzteren Art zu bejahen (JFG 23, 306; BayObLG 1975, 230 = Rpfleger 1975, 315), im übrigen aber zu verneinen (Römer DNotZ 1956, 364 mit weit. Nachweisen). 34

bb) Hat ein Notar von ihm selbst beurkundete oder beglaubigte grundbuchrechtliche Erklärungen auf Grund ausdrücklicher Vollmacht im Namen eines Beteiligten nachträglich berichtigt, ergänzt oder grundbuchrechtlichen Erfordernissen angepasst, so ist diese **Eigenurkunde,** falls sie vom Notar unterschrieben und mit dem Amtssiegel versehen ist, eine öffentliche Urkunde und genügt dem Formerfordernis des § 29 (BGH 78, 36 = Rpfleger 1980, 465; s. auch BayObLG DNotZ 1983, 436; Rpfleger 1988, 60). Dasselbe gilt für eine von dem Notar aufgrund einer ihm in der Auflassungsurkunde erteilten Vollmacht abgegebene EintrBewilligung (OLG Frankfurt MittBayNot 2001, 225 mit zust. Anm. v. Reithmann). 35

cc) Hingegen entspricht die von einem Notar in eigener Sache beurkundete, zur Eintragung erforderliche Erklärung, z. B. eine Löschungsbewilligung oder eine Freigabeerklärung als Testamentsvollstrecker gem. § 2217 BGB, nicht der grundbuchmäßigen Form und ist deshalb nicht vollziehbar (OLG Zweibrücken Rpfleger 1982, 276; OLG Düsseldorf Rpfleger 1989, 58). 36

b) Fremde Erklärungen. aa) Die Zuständigkeit zur Beurkundung fremder Erklärungen oder von Tatsachen ist gesetzlich geregelt. Neben der Beurkundungsbefugnis der Notare (§ 20 Abs. 1 37

BNotO) kommt für das GBAmt noch die der Konsularbeamten (§ 10 Abs. 1 Nr. 1, §§ 19, 24 KonsularG v. 11. 9. 1974, BGBl. I 2317; vgl. dazu auch Geimer DNotZ 1978, 3) und in beschränktem Umfang die der Vermessungsbehörden (s. § 61 Abs. 1 Nr. 6 BeurkG sowie das als Landesrecht fortgeltende Ges. v. 15. 11. 1937, RGBl. I 1257, in *Bayern* ersetzt durch Art. 9 VermKatG v. 31. 7. 1970, BayRS 219-1-F) in Betracht. Die Eigenschaft einer öffentlichen Urkunde kommt auch dem von letzteren erstellten Katasterkartenwerk (JFG 19, 315) und den von ihnen erteilten Auskünften aus dem Liegenschaftskataster zu (BayObLG 1988, 108 = DNotZ 1989, 167; vgl. für *Bayern* Art. 1, 5, 11 VermKatG v. 31. 7. 1970, BayRS 219-1-F; zu den Formerfordernissen s. BayObLG 1991, 144). Zur Zuständigkeit öffentlich bestellter Vermessungsingenieure s. OLG Hamm FGPrax 2000, 54).

38 bb) Wegen der Aufrechterhaltung der (allerdings begrenzten) Beurkundungsbefugnis der **Ratschreiber** in *Baden-Württemberg* s. § 61 Abs. 4 BeurkG, Art. 2 Ges. v. 17. 12. 1974 (BGBl. I 3602) und § 32 Abs. 3 LFGG v. 12. 2. 1975 (GVBl. 116) sowie Kraiß BWNotZ 1975, 114. Eine Beurkundungsbefugnis der Gerichte besteht seit Inkrafttreten des BeurkG vorbehaltlich dessen §§ 61 und 62 nicht mehr; wegen der früheren Ausschließung der Beurkundungsbefugnis der Gerichte in *Bayern* s. Art. 10 Abs. 2 AGGVG v. 17. 11. 1956 (BayBS III 3), aufgehoben durch § 60 Nr. 13 BeurkG. Notare sollen Amtshandlungen nur in ihrem Bezirk vornehmen; ein Verstoß macht die Amtshandlung jedoch nicht unwirksam (§ 11 BNotO).

39 **10. Wahrung der vorgeschriebenen Form. a)** Soweit öffentliche Behörden über Erklärungen in ihren eigenen Angelegenheiten (bewirkende) Urkunden ausstellen (s. Rn. 34), gilt für das GBVerfahren die Formvorschrift des Abs. 3 (s. darüber Rn. 45).

40 **b)** Die Form für (bezeugende) Urkunden über fremde Erklärungen oder Tatsachen, früher teils bundesrechtlich, teils landesrechtlich geregelt, bestimmt sich nunmehr nach den Vorschriften des 2. und 3. Abschnitts des BeurkG, die zwischen Beurkundungen von Willenserklärungen und sonstigen Beurkundungen unterscheiden; diese Vorschriften gelten auch für konsularische Beurkundungen (§ 10 Abs. 3 KonsularG v. 11. 9. 1974, BGBl. I 2317) und für Beurkundungen, für die neben den Notaren andere Urkundspersonen oder sonstige Stellen zuständig sind (§ 1 Abs. 2 BeurkG). Zu den Auswirkungen der Dienstordnung für Notare im Hinblick auf ihre Rechtsnatur als bloße Verwaltungsverordnung s. Kanzleiter DNotZ 1972, 519. Zu den für dienstliche Schreiben von Behörden des Freistaats *Bayern* geltenden Formvorschriften s. §§ 20ff., insbes.

§ 26 Allgemeine Dienstordnung v. 1. 9. 1971 (BayRS 200-21-I) und BayObLG 1991, 139. Zur Erstellung einer Ersatzurkunde bei abhandengekommenen oder zerstörten gerichtlichen oder notariellen Urkunden s. § 141 Rn. 2.

11. Öffentlich beglaubigte Urkunden. a) Begriff. Hierunter sind schriftlich abgefasste Erklärungen zu verstehen, bei denen die Unterschrift oder das Handzeichen des Erklärenden von einem Notar beglaubigt ist (§ 129 BGB; s. aber auch Rn. 42). Beurkundet wird also nicht der Inhalt der Erklärung, sondern nur die Tatsache der Unterzeichnung oder der Anerkennung der Unterschrift. Deshalb gehört nicht in den Beglaubigungsvermerk, dass der Unterschreibende die Erklärung im Namen eines anderen abgegeben hat (BayObLG 34, 124). Die Urkundsperson kann, wenn sie dafür zuständig ist, wie z.B. der Notar, nur bescheinigen, dass eine Vollmacht bestimmten Inhalts vorgelegen hat; über Registerauszüge s. § 32 Rn. 17. Die öffentliche Beglaubigung einer Erklärung wird durch deren notarielle Beurkundung ersetzt (§ 129 Abs. 2 BGB). Zum Umfang der Beweiskraft öffentlich beglaubigter Urkunden s. BayObLG Rpfleger 1985, 105. Zu den an eine Unterschrift, die nicht lesbar sein muss, im Übrigen zu stellenden Anforderungen s. OLG Frankfurt FGPrax 1995, 185. 41

b) Zuständigkeit. Außer den Notaren (s. Rn. 41 und § 20 Abs. 1 BNotO) sind für die öffentliche Beglaubigung einer Unterschrift oder eines Handzeichens noch die Konsularbeamten (§ 10 Abs. 1 Nr. 2 KonsularG v. 11. 9. 1974, BGBl. I 2317; vgl. dazu auch Geimer DNotZ 1978, 3) und in beschränktem Umfang die Vermessungsbehörden (s. § 61 Abs. 1 Nr. 6 BeurkG sowie das als Landesrecht fortgeltende Ges. v. 15. 11. 1937, RGBl. I 1257, in *Bayern* ersetzt durch Art. 9 VermKatG v. 31. 7. 1970, BayRS 219 1-F) zuständig. Wegen der Aufrechterhaltung der Zuständigkeit der Ratschreiber in *Baden-Württemberg* für Unterschriftsbeglaubigungen s. § 61 Abs. 4 BeurkG, Art. 2 Ges. v. 17. 12. 1974 (BGBl. I 3602) und § 32 Abs. 4 LFGG v. 12. 2. 1975 (GVBl. 116) sowie Kraiß BWNotZ 1975, 114. Eine Beglaubigungsbefugnis der Gerichte besteht seit dem Inkrafttreten des BeurkG vorbehaltlich dessen § 61 nicht mehr; wegen der früheren Ausschließung der Beglaubigungsbefugnis der Gerichte in *Bayern* s. Art. 10 Abs. 2 AGGVG v. 17. 11. 1956 (BayBS III 3), aufgehoben durch § 60 Nr. 13 BeurkG. Zur Befugnis der Länder, durch Gesetz die Zuständigkeit für die öffentliche Beglaubigung einer Unterschrift, nicht eines Handzeichens, anderen Personen oder Stellen (nicht aber den Amtsgerichten; h.M.) zu übertragen, s. § 63 BeurkG; von diesem Vorbehalt ist z.B. in *Rheinland-Pfalz* durch das Landesgesetz 42 über die Beglaubigungsbefugnis v. 21. 7. 1978 (GVBl. 597) Gebrauch gemacht worden. Die öffentliche Beglaubigung einer nach Landesrecht zuständigen Person oder Stelle genügt im gesamten Bundesgebiet § 29 (LG Bonn Rpfleger 1983, 309).

43 **c) Form.** aa) Die Form der öffentlichen Beglaubigung einer Unterschrift oder eines Handzeichens bestimmt sich nach §§ 39, 40 BeurkG; s. dazu Winkler DNotZ 1971, 140, 145. Die genannten Vorschriften gelten auch für konsularische Beglaubigungen (§ 10 Abs. 3 KonsularG v. 11. 9. 1974, BGBl. I 2317) und für Beglaubigungen, für die neben den Notaren andere Urkundspersonen oder sonstige Stellen zuständig sind (§ 1 Abs. 2 BeurkG). Eine mangelhafte notarielle Beurkundung kann die Form einer öffentlichen Beglaubigung wahren, s. BayObLG 1973, 219 = Rpfleger 1973, 362.

bb) Ein Einzelkaufmann kann mit seiner Firma unterzeichnen (KGJ 37, 228). Eine Namens- oder Firmenunterschrift ist als EintrGrundlage trotz Beglaubigung unverwertbar, wenn sie die wesentlichen Namens- oder Firmenbestandteile nicht erkennen lässt (KG HRR 1939 Nr. 1045).

44 **d) Beweiskraft.** aa) Nach dem auch im GBVerfahren geltenden § 440 Abs. 2 ZPO hat die über der beglaubigten Unterschrift stehende Schrift die Vermutung der Richtigkeit für sich. Die Vermutung geht dahin, dass die Schrift den Willen desjenigen wiedergibt, der unterschrieben hat. Sie wird nicht dadurch in Frage gestellt, dass offenbare Schreibfehler oder sonstige offenbare Unrichtigkeiten, die auch in Auslassungen bestehen können, berichtigt worden sind. Dies gilt aber nicht für Änderungen oder Einfügungen anderer Art. Diese berühren zwar nicht die Unterschriftsbeglaubigung, werfen aber die Frage auf, ob sie mit dem Willen desjenigen vorgenommen wurden, der unterschrieben hat. Bestehen daran Zweifel, hat ihnen das GBAmt nachzugehen. Zu ihrer Behebung kann es erforderlich sein, die geänderte oder ergänzte Erklärung erneut zu unterschreiben und die Unterschrift beglaubigen zu lassen (vgl. zum Ganzen BayObLG Rpfleger 1985, 105 mit Nachweisen zum Meinungsstand).

bb) Nimmt ein Dritter, insbesondere der Notar, der eine EintrBewilligung beglaubigt hat, nachträglich an dem über der Unterschrift stehenden Text **Änderungen** vor, so stellt die Urkunde nur dann eine geeignete EintrGrundlage dar, wenn die Vollmacht oder Ermächtigung zu der Änderung durch öffentliche oder öffentlich beglaubigte Urkunden nachgewiesen wird (OLG Celle Rpfleger 1984, 230). Die Beglaubigung einer Blankounterschrift ist, wie sich aus § 40 Abs. 5 BeurkG ergibt, zulässig; die Urkunde bildet in einem solchen Fall grundsätzlich auch eine ausreichende EintrUnterlage; sie kann jedoch als solche zurückgewiesen werden, wenn bestimmte Anhaltspunkte dafür vorliegen, dass die Ausfüllung des Blanketts nicht dem Willen des Ausstellers entspricht (s. dazu eingehend Hornig DNotZ 1971, 69).

12. Erklärungen und Ersuchen von Behörden. a) Wenn sie Grundlage einer Eintragung sein sollen, es sich also um bewirkende Urkunden handelt, sind sie nach Abs. 3 zu unterzeichnen und mit Siegel oder Stempel zu versehen. Durch diese nur für das GBVerfahren geltende Formvorschrift soll einmal den Behörden (zum weit zu fassenden Begriff s. Rn. 30) der Nachweis der Legitimation der Personen erleichtert werden, die für sie Erklärungen unterzeichnen; zum anderen soll dem GBAmt die Prüfung erspart werden, ob der Erklärung oder dem Ersuchen die Eigenschaft einer öffentlichen Urkunde zukommt. Die Beifügung des Stempels oder Siegels der Behörde begründet für das GBAmt die Vermutung der Ordnungsmäßigkeit der Erklärung; sie soll das GBAmt von der Pflicht zur Nachprüfung der im Einzelfall für die Wirksamkeit der Erklärung maßgebenden Vorschriften entbinden (BayObLG Rpfleger 1978, 141; BayObLG 1986, 88 = Rpfleger 1986, 370; OLG Zweibrücken Rpfleger 2001, 71). 45

b) Die Form des Abs. 3 ist stets, also auch dann einzuhalten, wenn die Erklärung der Behörde im sonstigen Rechtsverkehr auch ohne Siegel oder Stempel eine öffentliche Urkunde darstellt (JFG 12, 330); sie ist auch im Fall der **Zurücknahme** eines Ersuchens zu wahren, es sei denn, das Ersuchen hat eine GBBerichtigung zum Ziel (s. § 31 Satz 2). Die dem GBAmt zur Berichtigung der Bestandsangaben des GB vorgelegten Veränderungsnachweise (Fortführungsmitteilungen) der Katasterbehörde fallen nicht unter § 29 Abs. 3 (OLG Düsseldorf Rpfleger 1988, 140). Die Kreishandwerkerschaft besitzt keine Behördeneigenschaft im Sinne dieser Bestimmung (LG Aachen Rpfleger 1991, 51), wohl aber der Kirchenvorstand gem. § 1 des Ges. über die Verwaltung des katholischen Kirchenvermögens v. 24. 7. 1924, GS 585 (OLG Hamm Rpfleger 1994, 19). Zum Begriff der Behörde s. Rn. 30.

c) Erforderlich ist im Anwendungsbereich des § 29 Abs. 3 zunächst eine **Unterschrift.** Das GBAmt muss nicht nachprüfen, ob die Urkunde die erforderliche Zahl von Unterschriften aufweist; es genügt grundsätzlich eine Unterschrift (OLG Zweibrücken Rpfleger 2001, 71; KEHE Rn. 69; Meikel Rn. 232). Das GBAmt kann davon ausgehen, dass eine öffentliche Behörde ihre Erklärungen von sich aus mit der erforderlichen Anzahl von Unterschriften versieht. Bestehen jedoch auf Tatsachen gestützte Zweifel an der Vertretungsbefugnis des oder der Unterzeichner, dann kann das 46

GBAmt weitere Nachweise verlangen (OLG Hamm Rpfleger 1996, 338; OLG Zweibrücken Rpfleger 2001, 71). Auf keinen Fall genügt die Unterzeichnung durch einen Kanzleibeamten in der Form: „Beglaubigt durch ...“. Hier geht aus der Art der Unterzeichnung hervor, dass ein nicht vertretungsberechtigter Beamter die Urkunde unterzeichnet hat.

47 **d)** Notwendig ist weiter ein **Siegel oder Stempel.** Neben dem Prägesiegel (vgl. § 1 Abs. 2c GeschO) ist mithin auch ein Farbdruckstempel zugelassen. Die Beidrückung von Siegel oder Stempel wird durch eine notarielle Beglaubigung der Unterschrift der Unterzeichner nicht ersetzt (KG Rpfleger 1974, 399). Wenn in einer notariellen Auflassungsurkunde den Unterschriften der für eine Behörde auftretenden Personen lediglich das Siegel dieser Behörde beigedrückt worden ist, liegt darin nach OLG Frankfurt Rpfleger 1990, 112 weder eine Erklärung im Sinn von § 29 Abs. 3 noch ist damit die Vertretungsmacht dieser Personen nachgewiesen. Gibt die Gemeinde in der notariellen Kaufvertragsurkunde die im Landesrecht vorgesehene Erklärung ab, dass der Verkauf des gemeindlichen Grundstücks nicht der Genehmigung durch die Rechtsaufsichtsbehörde bedarf, genügt dieses Negativattest nicht der Form des Abs. 3, weil die Erklärung nicht mit dem Siegel oder Stempel der Gemeinde versehen ist (OLG Jena Rpfleger 2001, 22).

48 **e)** Ist eine mit der Verwaltung der HypGewinnabgabe beauftragte Stelle (4. AbgabenDV-LA v. 8. 10. 1952, BGBl. I 662) nicht zur Führung eines hoheitlichen Siegels oder Stempels berechtigt, so bedarf es zur Wahrung der in § 139 Abs. 2 Satz 2 LAG vorgesehenen Form ihrer Erklärungen der Verwendung eines Siegels oder Stempels nicht, wenn die beauftragte Stelle sich in der Urkunde als solche bezeichnet (§ 8 der 5. AbgabenDV-LA v. 21. 8. 1953, BGBl. I 1030). Zur Form des EintrErsuchens einer nicht siegelführenden Teilnehmergemeinschaft in der Flurbereinigung s. BayObLG 1986, 86 = Rpfleger 1986, 370. Zum Nachweis des Inhabers eines im GB im Eigentum des Volkes in Rechtsträgerschaft eines Kreditinstituts eingetragenen Grundpfandrechts durch eine Bescheinigung der Kreditanstalt für Wiederaufbau s. Art. 231 § 10 Abs. 3 EGBGB.

49 **13. Prüfung inländischer Urkunden.** Stellt sich eine Urkunde als von einer inländischen öffentlichen Behörde oder Urkundsperson ausgestellt dar und genügt sie auch den weiteren Anforderungen des § 415 ZPO, so ist sie als echt, d. h. von der als Ausstellerin bezeichneten Behörde oder Urkundsperson herrührend anzusehen; weitere Nachweise, vor allem hinsichtlich der Vertretungsbefugnis der Unterzeichner, kann das GBAmt nur bei einem auf Tatsachen gestützten Zweifel verlangen (KGJ 21, 101; JFG 5, 261; BayObLG

1954, 330; 1975, 230 = Rpfleger 1975, 315). Die schon zur Echtheitsprüfung notwendige Feststellung, dass die Grenzen der Amtsbefugnisse eingehalten und die zwingenden Formvorschriften gewahrt sind, ergibt zugleich, dass die Urkunde formell beweiskräftig ist (s. dazu BayObLG 1971, 342). Ihre Beweiskraft erstreckt sich auch auf die Angaben über die Feststellung der erschienenen Person sowie über deren Personenstand (KGJ 44, 209; LG Berlin Rpfleger 1963, 53); fehlen solche Angaben, so hat das GBAmt auf Klärung etwaiger Zweifel hinzuwirken (KGJ 35, 200), kennt es ihre Unrichtigkeit, so ist diese zu berücksichtigen (s. Anh. zu § 13 Rn. 31). Bestehen im Hinblick auf Zusätze oder Änderungen in einer gerichtlichen oder notariellen Urkunde Zweifel an ihrer Beweiskraft (vgl. § 419 ZPO und Rn. 44), hat das GBAmt die Vorlage einer einwandfreien Urkunde zu verlangen; bei einer notariellen Urkunde können die Zweifel auch durch eine Eigenurkunde des Notars (s. Rn. 35) beseitigt werden. S. dazu BGH DNotZ 1956, 643 mit Anm. v. Knur; OLG Hamm Rpfleger 1957, 113; Bruhn Rpfleger 1957, 104.

14. Prüfung ausländischer Urkunden. a) Legalisation. Stellt sich eine Urkunde als von einer ausländischen öffentlichen Behörde oder Urkundsperson ausgestellt dar, so kann das GBAmt zum Nachweis ihrer Echtheit die Legalisation durch die zuständige deutsche Auslandsvertretung verlangen (s. Rn. 29), es sei denn, dass durch die besonderen Umstände des Einzelfalls der Echtheitsbeweis auch ohne Legalisation als erbracht angesehen werden kann (KG DNotV 1931, 29; OLG Hamburg JFG 10, 8; JFG 20, 177; OLG Schleswig SchlHA 1962, 173; BayObLG MittBayNot 1989, 273; Rpfleger 1993, 192; OLG Zweibrücken FGPrax 1999, 86; wegen des Falls, dass eine deutsche Auslandsvertretung fehlt, s. Bülow DNotZ 1955, 41/42). 50

Die Legalisation begründet die **Vermutung für die Echtheit** der Urkunde sowie dafür, dass der Aussteller die Urkunde in amtlicher Eigenschaft gefertigt hat. Sie sagt an sich aber nichts darüber, dass vom Aussteller die maßgebenden Zuständigkeits- und Formvorschriften beachtet worden sind (KG JW 1933, 524). Es entspricht jedoch einem im internationalen Rechtsverkehr anerkannten Erfahrungssatz, dass eine ausländische Urkunde nicht kompetenzwidrig und fehlerhaft aufgenommen wurde. Ein Zeugnis über die Einhaltung der Zuständigkeits- und Formvorschriften (Legalisation im weiteren Sinn) darf daher vom GBAmt nur bei Vorliegen gewichtiger Gründe gefordert werden (JFG 20, 177; OLG Zweibrücken FGPrax 1999, 86; LG Wiesbaden Rpfleger 1988, 17). Zur öffentlichen Beglaubigung durch einen amerikani- 51 schen oder kanadischen **notary public** s. BayObLG Rpfleger 1993, 192 und OLG Zweibrücken FGPrax 1999, 86. Wegen der Zuziehung und Beeidigung eines Dolmetschers bei fremdsprachigen Urkunden s. § 1 Rn. 34.

52 **b) Befreiung vom Erfordernis der Legalisation.** Eine solche sehen bisweilen Staatsverträge vor; zurzeit bestehen solche Verträge im Verhältnis zu Belgien (Abkommen über die Befreiung öffentlicher Urkunden von der Legalisation v. 13. 5. 1975, BGBl. 1980 II 813; Bek. v. 9. 3. 1981, BGBl. II 142), Dänemark (Beglaubigungsabkommen v. 17. 6. 1936, RGBl. II 214; Bek. v. 30. 6. 1953, BGBl. II 186), Frankreich (Vertrag über die Befreiung öffentlicher Urkunden von der Legalisation v. 13. 9. 1971, BGBl. 1974 II 1074; Bek. v. 6. 3. 1975, BGBl. II 353), Griechenland (Art. 24 des Abkommens über die gegenseitige Rechtshilfe in Angelegenheiten des bürgerlichen und des Handelsrechts v. 11. 5. 1938, RGBl. 1939 II 849; Bek. v. 26. 6. 1952, BGBl. II 634), Israel (Art. 15 Abs. 2 des Vertrags über die Anerkennung und Vollstreckung gerichtlicher Entscheidungen in Zivil- und Handelssachen v. 20. 7. 1977, BGBl. 1980 II 925; Bek. v. 12. 12. 1980, BGBl. II 1531), Italien (Vertrag über den Verzicht auf die Legalisation von Urkunden v. 7. 6. 1969, BGBl. 1974 II 1069; Bek. v. 22. 4. 1975, BGBl. II 660), Norwegen (Art. 14 Abs. 3 des Vertrags über die gegenseitige Anerkennung und Vollstreckung gerichtlicher Entscheidungen und anderer Schuldtitel in Zivil- und Handelssachen v. 17. 6. 1977, BGBl. 1981 II 341; Bek. v. 14. 9. 1981, BGBl. II 901), Österreich (Beglaubigungsvertrag v. 21. 6. 1923, RGBl. 1924 II 55; Bek. v. 13. 3. 1952, BGBl. II 436), Spanien (Art. 16 Abs. 2 des Vertrags über die Anerkennung und Vollstreckung von gerichtlichen Entscheidungen und Vergleichen sowie vollstreckbaren öffentlichen Urkunden in Zivil- und Handelssachen v. 14. 11. 1983, BGBl. 1987 II 34; Bek. v. 28. 1. und 23. 3. 1988, BGBl. II 207 und 375), der Schweiz (Vertrag über die Beglaubigung öffentlicher Urkunden v. 14. 2. 1907, RGBl. 411), Tunesien (Art. 5 Abs. 2 und 3 des Vertrags über Rechtsschutz und Rechtshilfe, die Anerkennung und Vollstreckung gerichtlicher Entscheidungen in Zivil- und Handelssachen sowie über die Handelsschiedsgerichtsbarkeit v. 19. 7. 1966, BGBl. 1969 II 889; Bek. v. 2. 3. 1970, BGBl. II 125) und dem Vereinigten Königreich Großbritannien und Nordirland (Art. VI Abs. 3 des Abkommens über die gegenseitige Anerkennung und Vollstreckung von gerichtlichen Entscheidungen in Zivil- und Handelssachen v. 14. 7. 1960, BGBl. 1961 II 301; Bek. v. 28. 6. 1961, BGBl. II 1025). Zu den Staatsverträgen mit Frankreich und Italien s. auch Arnold DNotZ 1975, 581.

c) Haager Übereinkommen vom 5. 10. 1961. aa) Besonderes gilt auf Grund des Haager Übereinkommens v. 5. 10. 1961 zur Befreiung ausländischer öffentlicher Urkunden von der Legalisation (BGBl. 1965 II 875). Zum Nachweis der Echtheit öffentlicher Urkunden, die in dem Hoheitsgebiet eines Vertragsstaats errichtet worden sind und unter Art. 1 Abs. 2 des Übereinkommens fallen, kann eine Legalisation nicht mehr verlangt werden (Art. 2 des Übereinkommens). An ihre Stelle tritt eine Echtheitsbestätigung, die von der zuständigen Behörde des Errichtungsstaats erteilt wird und die Bezeichnung **„Apostille"** führt (Art. 3 Abs. 1, Art. 4 und 5 des Übereinkommens). Unter bestimmten Voraussetzungen, insbes. soweit ein Staatsvertrag Urkunden von dem Erfordernis der Legalisation befreit (s. darüber Rn. 52), kann auch die Apostille nicht gefordert werden (Art. 3 Abs. 2 des Übereinkommens). Im Übrigen kann auf sie unter den gleichen Voraussetzungen wie auf die Legalisation (s. hierzu Rn. 50) ausnahmsweise verzichtet werden (BayObLG Rpfleger 1993, 192). Das Übereinkommen ist auf Urkunden, die den Gegenstand des Europäischen Übereinkommens v. 7. 6. 1968 bilden, nicht anzuwenden (s. dazu Rn. 55). 53

bb) Das Übereinkommen, das für die Bundesrepublik am 13. 2. 1966 in Kraft getreten ist, gilt gegenwärtig im Verhältnis zu Frankreich (einschließlich Neue Hebriden), Jugoslawien, den Niederlanden (einschließlich Niederländische Antillen), dem Vereinigten Königreich Großbritannien und Nordirland einschließlich Jersey, Guernsey und Insel Man sowie weiterer vertretener Gebiete (Bek. d. Ausw. Amts v. 12. 2. 1966, BGBl. II 106; 17. 5. 1967, BGBl. II 1811), Malawi (12. 10. 1967, BGBl. II 2390), Österreich (18. 1. 1968, BGBl. II 76), Malta (19. 2. 1968, BGBl. II 131), Portugal einschließlich aller Gebiete außerhalb des Mutterlands (21. 1. 1969, BGBl. II 120; 25. 2. 1970, BGBl. II 121), Botsuana, Mauritius (25. 2. 1970, BGBl. II 121), Japan (4. 7. 1970, BGBl. II 752), Fidschi (12. 7. 1971, BGBl. II 1016), Tonga (16. 3. 1972, BGBl. II 254), Liechtenstein, Lesotho (20. 9. 1972, BGBl. II 1466), Ungarn (10. 1. 1973, BGBl. II 65), der Schweiz (8. 3. 1973, BGBl. II 176), Zypern (13. 4. 1973, BGBl. II 391), Belgien (7. 1. 1976, BGBl. II 199), den Bahamas (5. 1. 1977, BGBl. II 20), Surinam (17. 7. 1967, BGBl. II 2082; 1. 6. 1977, BGBl. II 593), Italien (23. 1. 1978, BGBl. II 153), Israel (23. 8. 1978, BGBl. II 1198), Spanien (30. 10. 1978, BGBl. II 1330), den Seschellen, Swasiland (30. 4. 1979, BGBl. II 417), Luxemburg (30. 5. 1979, BGBl. II 684), den Vereinigten Staaten von Amerika (16. 9. 1981, BGBl. II 903), Norwegen (8. 7. 1983, BGBl. II 478), Finnland (1. 8. 1985, BGBl. II 1006), Griechenland, der Türkei (22. 8. 1985, BGBl. II 1108), Antigua, Barbuda (10. 3. 1986, BGBl. II 54

542), Brunei Darussalam (25. 1. 1988, BGBl. II 154), Argentinien (19. 2. 1988, BGBl. II 235), Panama (7. 8. 1991, BGBl. II 998), Marshallinseln und Russland (24. 8. 1992, BGBl. II 948), Belize, Belarus und Slowenien (21. 6. 1993, BGBl. II 1005), Bosnien-Herzegowina und Kroatien (16. 12. 1993, BGBl. II 82), Mazedonien (6. 6. 1994, BGBl. II 1191), Armenien (31. 8. 1994, BGBl. II 2532), St. Kitts und Nevis (14. 11. 1994, BGBl. II 3765), Australien und San Marino (8. 2. 1995, BGBl. II 222), Südafrika (22. 3. 1995, BGBl. II 326), Mexiko (25. 7. 1995, BGBl. II 694), Lettland (8. 1. 1996, BGBl. II 223), El Salvador (29. 4. 1996, BGBl. II 934), Andorra (29. 11. 1996, BGBl. II 2802), Litauen (10. 6. 1997, BGBl. II 1400), Niue, Tschechische Republik, Venezuela, Irland (4. 2. 1999, BGBl. II 142), Schweden (27. 4. 1999, BGBl. II 420), Samoa (12. 8. 1999, BGBl. II 794), Trinidad und Tobago (6. 10. 2000, BGBl II 1362), Kasachstan, Kolumbien und Namibia (21. 2. 2001, BGBl. II 298), Bulgarien, Rumänien (19. 7. 2001, BGBl. II 801). S. dazu auch Fundstellennachweis zu BGBl. II v. 31. 1. 2001 S. 448, ferner Weber DNotZ 1967, 469.

55 **d) Europäisches Übereinkommen vom 7. 6. 1968.** Zu beachten ist ferner das Europäische Übereinkommen v. 7. 6. 1968 zur Befreiung der von diplomatischen oder konsularischen Vertretern errichteten Urkunden von der Legalisation (BGBl. 1971 II 85). Es ist für die Bundesrepublik am 19. 9. 1971 in Kraft getreten und gilt gegenwärtig im Verhältnis zu Frankreich, den Niederlanden einschließlich Niederländische Antillen, der Schweiz, Zypern (Bek. d. Ausw. Amts v. 27. 7. 1971, BGBl. II 1023), dem Vereinigten Königreich Großbritannien und Nordirland einschließlich Insel Man, Guernsey und Jersey (27. 7. 1971, BGBl. II 1023; 10. 1. 1972, BGBl. II 48), Italien (30. 11. 1971, BGBl. II 1313), Österreich (15. 6. 1973, BGBl. II 746), Liechtenstein (7. 8. 1973, BGBl. II 1248), Schweden (23. 11. 1973, BGBl. II 1676), Griechenland (26. 3. 1979, BGBl. II 338), Luxemburg (3. 8. 1979, BGBl. II 938), Norwegen (13. 7. 1981, BGBl. II 561), Spanien (28. 6. 1982, BGBl. II 639), Portugal (26. 1. 1983, BGBl. II 116), der Türkei (22. 7. 1987, BGBl. II 427), Polen (28. 2. 1995, BGBl. II 251), Tschechische Republik (21. 7. 1998, BGBl. II 2373), Irland (3. 8. 1999, BGBl. II 762), Irland (3. 8. 1999, BGBl. II 762); s. dazu auch Fundstellennachweis zu BGBl. II v. 31. 1. 2001 S. 498. Die Urkunden, die den Gegenstand dieses Übereinkommens bilden (s. dazu Art. 2 Abs. 1 und 2), sind von der Anwendung des Haager Übereinkommens v. 5. 10. 1961 (s. Rn. 53) nach dessen Art. 1 Abs. 3 ausdrücklich ausgenommen worden. S. dazu auch Arnold NJW 1971, 2109.

e) Sonstiges. Vgl. zum Ganzen Bindseil, Internationaler Urkundenverkehr, DNotZ 1992, 275, Roth, Legalisation und Apostille im GBVerfahren, IPRax 1994, 86 sowie für *Bayern* JMBek. v. 5. 12. 2000 (JMBl. 2001, 2), durch die die JMBek. v. 18. 1. 1989 (JMBl. 13) aufgehoben und ersetzt worden ist; für *Baden-Württemberg* s. AV des Justizministers v. 20. 1. 1994 (Justiz 105), v. 7. 5. 1996 (Justiz 429) und v. 23. 2. 1999 (Justiz 129). 56

15. Urschrift, Ausfertigung, beglaubigte Abschrift. a) Die Urkunden können in Urschrift, in Ausfertigung (OLG München JFG 22, 362; wegen einer auszugsweisen Ausfertigung s. BayObLG Rpfleger 1981, 233) oder in beglaubigter Abschrift (JFG 2, 408; OLG Düsseldorf Rpfleger 1961, 48), auch in der Form einer beglaubigten Abschrift einer beglaubigten Abschrift (KG FGPrax 1998, 7), vorgelegt werden; eine Übermittlung der Urkunde mittels Telefax wahrt die Form nicht. Ist eine Urkunde in einer der drei zulässigen Formen in Akten desselben Amtsgerichts enthalten, so genügt an Stelle ihrer Vorlegung die Verweisung auf die Akten (vgl. OLG Köln Rpfleger 1986, 298); dabei macht es keinen Unterschied, ob die Akten von der Vernichtung ausgeschlossen sind oder nicht (JFG 23, 299); im letzteren Fall ist eine beglaubigte Abschrift zu den Grundakten zu bringen (§ 10 Abs. 2 GBO; § 24 Abs. 3 GBV). Eine zulässige Verweisung setzt jedoch voraus, dass die Akten und die darin enthaltenen Urkunden, auf die verwiesen wird, ausreichend bezeichnet sind, so dass sie vom GBAmt ohne weitere Ermittlungen festgestellt werden können (BayObLG Rpfleger 1987, 451). 57

b) Zur Herstellung von Ausfertigungen und beglaubigten Abschriften können auch **Lichtbilder** (Fotokopien, Ablichtungen) verwendet werden; § 1 VO v. 21. 10. 1942 (RGBl. I 609), dessen Bedeutung streitig geworden war (s. dazu Haegele Rpfleger 1969, 81 mit weit. Nachweisen), ist durch § 55 Nr. 11 BeurkG aufgehoben worden; vgl. dazu auch § 68 Abs. 2 BeurkG. Die notariell beglaubigte Ablichtung einer EintrBewilligung mit Unterschriftsbeglaubigung genügt den Erfordernissen des § 29 auch dann, wenn in der Ablichtung die Unterschrift des Bewilligenden oder des Notars mit Schreibmaschine wiedergegeben ist (LG Düsseldorf MittRhNotK 1987, 78; a.M. LG Aachen Rpfleger 1983, 310; offengelassen von OLG Frankfurt DNotZ 1993, 757 mit Anm. v. Kanzleiter). 58

c) Eine **beglaubigte Abschrift** hat keine stärkere Beweiskraft als die Urschrift; die beglaubigte Abschrift einer Privaturkunde ist daher nicht ausreichend (JFG 12, 264). Eine beglaubigte Abschrift genügt ferner nicht, wenn eine Rechtsfolge an den Besitz der Urkunde geknüpft ist, z.B. bei Vollmachten, Bestallungen, Erbschei- 59 nen, Vollstreckungstiteln. Diese sind regelmäßig in Urschrift oder Ausfertigung vorzulegen (RG 88, 431; BGH 102, 63). Die beglaubigte Abschrift einer Legitimationsurkunde genügt nur, ist aber auch erforderlich, wenn ein Notar oder eine Behörde bescheinigt, dass die Urschrift oder Ausfertigung in einem bestimmten Zeitpunkt vorgelegen hat (KG JW 1932, 1153; FGPrax 1998, 7; BayObLG Rpfleger 2000, 62; s. auch OLG Köln Rpfleger 1984, 182; OLG Frankfurt FGPrax 1996, 208). Die beglaubigte Abschrift eines Testamentsvollstreckerzeugnisses reicht jedoch aus, wenn nicht die noch bestehende Verfügungsbefugnis des Testamentsvollstreckers nachgewiesen werden soll, sondern nur die Beendigung der Testamentsvollstreckung (BayObLG 1990, 56 = Rpfleger 1990, 363). Eine Vollmachtsgeständnisurkunde braucht nur beglaubigt zu sein; sie ist aber nur beweiskräftig, wenn der Erklärende noch verfügungsberechtigt ist (s. hierzu Rn. 10).

d) Über die Auslegung der Urkunden s. § 19 Rn. 28.

60 **16. Offenkundigkeit. a)** Offenkundig sind die allen lebenserfahrenen Menschen ohne weiteres bekannten Tatsachen (RG 147, 200). § 29 verwendet diesen Begriff in einem etwas engeren Sinn: Es genügt, dass eine Tatsache dem GBAmt offenkundig, d. h. zweifelsfrei bekannt ist (JFG 20, 220; BayObLG 1952, 324; OLG Frankfurt Rpfleger 1972, 104); dabei macht es keinen Unterschied, ob die Kenntnis amtlich oder außeramtlich erlangt wurde (OLG Hamm RdL 1952, 77; BayObLG 1957, 52 = DNotZ 1957, 311). Offenkundig ist z. B. der Preisindex für die Lebenshaltung eines Vier-Personen-Arbeitnehmerhaushalts (OLG Celle Rpfleger 1984, 462).

61 **b)** Was das GBAmt aus seinen Akten oder anderen Akten desselben Amtsgerichts entnimmt, ist **aktenkundig** (BayObLG 2001, 135 = Rpfleger 2001, 486). Ist in ihnen eine Tatsache zur Entstehung gelangt, z. B. eine vormundschaftsgerichtliche Genehmigung erteilt worden, so ist diese Tatsache beim GBAmt offenkundig; sonst ist aktenkundig nicht gleichbedeutend mit offenkundig (s. dazu eingehend OLG Köln MDR 1965, 993). Sind aber in anderen Akten Tatsachen formgerecht bezeugt, z. B. durch Erbschein, so kann der Antragsteller auf sie verweisen, und zwar ohne Rücksicht darauf, ob Akten der Vernichtung unterliegen oder nicht (JFG 23, 299; vgl. Rn. 57).

62 **c)** Die offenkundigen Tatsachen soll das GBAmt durch einen Vermerk in der EintrVerfügung aktenkundig machen (§ 24 Abs. 3 GeschO; § 26 Abs. 5 BayGBGA).

63 **17. Freie Beweiswürdigung. a) Allgemeines.** aa) Zahlreiche nicht offenkundige Tatsachen, die nach Abs. 1 Satz 2 durch öffent-

liche Urkunden nachgewiesen werden müssten, lassen sich in dieser Form nicht oder höchstens durch Urteil nachweisen. Im Einzelfall kann selbst diese Möglichkeit verschlossen sein, so dass bei einem strengen Festhalten an der Formvorschrift des § 29 eine GBUnrichtigkeit nicht nachgewiesen werden könnte. Deshalb gestattet die Rechtsprechung, bei der Würdigung der EintrUnterlagen Erfahrungssätze zu verwerten (BayObLG 1952, 324; OLG Köln Rpfleger 1987, 301) und darüber hinaus ausnahmsweise auch nicht in der Form des § 29 nachgewiesene Tatsachen frei zu würdigen (KG FGPrax 1997, 212). Der Zweck des § 29, die Eintragung auf sichere Unterlagen zu gründen, wird bei verständiger Anwendung nicht gefährdet. Der Zwang, entfernte Möglichkeiten durch formgerechten Nachweis auszuschließen, würde in der Mehrzahl der Fälle nur zu leerem Formalismus führen und einen geordneten Geschäftsverkehr unnötig erschweren (BGH Rpfleger 1985, 234). Andererseits darf das GBAmt, wo ein formgerechter Nachweis möglich ist, nicht davon absehen, Urkunden zu verlangen, weil es im einzelnen Fall von der Richtigkeit des Vorbringens überzeugt ist (BayObLG 1986, 211).

bb) Besteht ein **allgemeiner Erfahrungssatz,** so hat das GB-Amt lediglich tatsächlich begründeten, ernsthaften Zweifeln am Vorliegen der für die Eintragung erforderlichen Tatsachen nachzugehen; dabei genügt es, die Zweifel so weit auszuräumen, dass wieder von dem allgemeinen Erfahrungssatz ausgegangen werden kann (OLG Hamm Rpfleger 1995, 153 für den Nachweis der Rechtsfähigkeit einer ausländischen juristischen Person; BayObLG NJW-RR 1990, 271 und Rpfleger 1992, 152 für den Nachweis der Geschäftsfähigkeit; s. dazu auch § 18 Rn. 3).

b) Einzelfälle. aa) Die Möglichkeit der freien Beweiswürdi- 64
gung ist vor allem bedeutsam für den Nachweis der Tatsache, dass sich ein Testamentsvollstrecker (s. hierzu JFG 7, 286; 18, 163; OLG München JFG 19, 244; 21, 242; KG Rpfleger 1968, 189; BayObLG 1969, 283 = Rpfleger 1970, 22; s. auch § 52 Rn. 23) oder ein befreiter Vorerbe (s. hierzu OLG München JFG 18, 173; KG Rpfleger 1968, 224; OLG Hamm Rpfleger 1969, 349; s. auch § 51 Rn. 35) in den Grenzen seiner Verfügungsmacht gehalten hat, also keine unentgeltliche Verfügung vorliegt; ferner bei einem formlosen Gesellschaftsvertrag für den Nachweis der Rechtsfolgen beim Tod eines BGB-Gesellschafters (s. § 22 Rn. 41), bei der Verfügung einer ausländischen Kapitalgesellschaft über ein Grundstück für den Nachweis des für die Beurteilung ihrer Rechtsfähigkeit maßgebenden tatsächlichen Verwaltungssitzes (OLG Hamm Rpfleger 1995, 153), für den Nachweis der Nichtexistenz eines eingetragenen Berech-

tigten (KG FGPrax 1997, 212) und für den Nachweis der Geschäftsfähigkeit (BayObLG NJW-RR 1990, 271; Rpfleger 1992, 152).

65 bb) In freier Würdigung aller ihm bekannten Tatsachen und allgemeiner Erfahrungssätze hat das GBAmt auch darüber zu entscheiden, ob eine wirksam erteilte Vollmacht in dem maßgebenden Zeitpunkt fortbestanden hat (s. § 19 Rn. 80), wann ein Brief übergeben worden ist (KG JW 1935, 713; HRR 1939 Nr. 1250; s. aber auch OLG Frankfurt Rpfleger 1968, 355 mit Anm. v. Haegele), ob die Vollziehungsfrist des § 929 Abs. 2 ZPO gewahrt ist (OLG Köln Rpfleger 1987, 301), wer eine politische Partei vertritt, soweit sie als solche in das GB eingetragen werden kann (s. § 19 Rn. 101) oder ob eine Verfügung eine unwirksame Schenkung darstellt (BayObLG 34, 411; JFG 16, 90). Zum Nachweis, dass Art. 81 BayVerf. beachtet ist, s. BayObLG 1969, 278 = Rpfleger 1970, 22, zu dem, dass der Verhinderungsfall des Art. 39 Abs. 1 Satz 1 BayGO vorliegt, s. BayObLG 1971, 252 = Rpfleger 1971, 429; zum Nachweis, dass das Verbot der Grundstücksveräußerung unter Wert durch eine Gemeinde gem. Art. 75 BayGO (vgl. die entsprechenden Vorschriften des Art. 69 LkrsO und des Art. 67 BezO) beachtet ist, s. BayObLG 1995, 225 = MittBayNot 1995, 389 und IMBek. v. 15. 5. 1992 (AllMBl. 535) sowie Mayer MittBayNot 1996, 251.

Ausnahme von § 29

29a Die Voraussetzungen des § 1179 Nr. 2 des Bürgerlichen Gesetzbuchs sind glaubhaft zu machen; § 29 gilt hierfür nicht.

1 Die Vorschrift ist durch Art. 2 Nr. 1 des Ges. v. 22. 6. 1977 (BGBl. I 998) eingefügt worden und erklärt sich aus der Neufassung des § 1179 BGB durch Art. 1 Nr. 1 dieses Gesetzes.

2 Danach kann eine Löschungsvormerkung unter anderem dann eingetragen werden, wenn demjenigen, zu dessen Gunsten die Eintragung vorgenommen werden soll, ein, wenn auch künftiger oder bedingter, Anspruch auf Einräumung eines nicht in einem Grundpfandrecht bestehenden gleich- oder nachrangigen Rechts am Grundstück oder auf Übertragung des Eigentums am Grundstück zusteht (§ 1179 Nr. 2 BGB). Müsste der Nachweis dieser Voraussetzung durch öffentliche Urkunden geführt werden, so könnte dies unter Umständen unangemessenen Schwierigkeiten begegnen; § 29a lässt deshalb hierfür eine Glaubhaftmachung genügen.

3 Zur Glaubhaftmachung können alle Beweismittel eingesetzt werden; insbes. kommt die Versicherung an Eides Statt in Betracht (vgl. § 294 ZPO; a. M. KEHE Rn. 10).

Form des Eintragungsantrags und der Antragsvollmacht

30 Für den Eintragungsantrag sowie für die Vollmacht zur Stellung eines solchen gelten die Vorschriften des § 29 nur, wenn durch den Antrag zugleich eine zu der Eintragung erforderliche Erklärung ersetzt werden soll.

1. Allgemeines. § 30 handelt von der Form des EintrAntrags und der Vollmacht zur Stellung eines solchen. Für beide gilt § 29 nur, wenn durch den Antrag zugleich eine zur Eintragung erforderliche Erklärung ersetzt werden soll. Ist dies nicht der Fall, so bedürfen der Antrag und die Antragsvollmacht nicht der grundbuchmäßigen Form. Die Regelung ist zur Erleichterung des GB-Verkehrs getroffen, weil nennenswerte Nachteile aus der Formfreiheit nicht zu befürchten sind. 1

2. Eintragungsantrag. § 30 betrifft nur Anträge, mit denen die Vornahme einer Eintragung begehrt wird (§ 13). Nicht hierher gehören also Anträge auf Gestattung der GBEinsicht, auf Erteilung von GBAbschriften sowie auf Erteilung von Briefen; ebenso wenig behördliche EintrErsuchen (§ 38), die zwar den EintrAntrag ersetzen, deren Form aber in § 29 Abs. 3 geregelt ist. EintrAnträge können reine oder gemischte Anträge sein. 2

a) Reiner Antrag. Er liegt vor, wenn er lediglich die EintrTätigkeit des GBAmts veranlassen soll. Hierher gehören zunächst die Fälle, in denen zur Eintragung weder eine EintrBewilligung noch eine sonstige Erklärung erforderlich ist. So z. B. der Antrag auf Anlegung eines Erbbaurechtsblatts (§ 8 Abs. 1 Satz 1), auf Vermerk subjektiv-dinglicher Rechte (§ 9 Abs. 1 Satz 1), auf Berichtigung des GB wegen nachgewiesener Unrichtigkeit (§ 22); ferner der Antrag auf Eintragung einer Zwangshyp. einschließlich der etwa notwendigen Verteilungserklärung, und zwar auch dann, wenn ein hinter der Höhe des Schuldtitels zurückbleibender Betrag eingetragen werden soll (RG 71, 315). Des Weiteren zählen hierher diejenigen Fälle, in denen die EintrBewilligung oder die sonstige zur Eintragung erforderliche Erklärung entweder gesondert oder von einem anderen Beteiligten abgegeben ist. So z. B. der Antrag auf Eintragung einer von dem Eigentümer bewilligten Hypothek, mag er von diesem oder von dem Gläubiger gestellt werden. 3

b) Gemischter Antrag. Er ist gegeben, wenn er nicht nur die EintrTätigkeit des GBAmts veranlassen, sondern zugleich eine zur Eintragung erforderliche Erklärung ersetzen soll. Hierher gehören diejenigen Fälle, in denen eine EintrBewilligung oder eine Zustimmungserklärung in die Form eines Antrags gekleidet wird oder der Antrag sonst eine zur Eintragung erforderliche Erklärung 4 enthält. So z.B. der Antrag des Gläubigers auf Eintragung der Teilung einer Hypothek, wenn die Teile verschiedenen Rang erhalten sollen (JFG 14, 146), der Antrag des Eigentümers auf Löschung einer Hypothek, sofern er sich auf eine Bewilligung des Gläubigers gründet (s. § 27 Rn. 19), der Antrag auf Vereinigung, Zuschreibung oder Teilung von Grundstücken (s. § 5 Rn. 10, § 6 Rn. 10, § 7 Rn. 4) sowie auf ideelle Grundstücksteilung zwecks Begründung von Wohnungseigentum (s. Anh. zu § 3 Rn. 42), der Antrag des Fiskus auf Eintragung des Verzichts auf sein Aneignungsrecht sowie der Antrag des Fiskus oder nach dessen Verzicht auf das Aneignungsrecht der Antrag eines Dritten, als Eigentümer eines herrenlos gewordenen Grundstücks eingetragen zu werden (s. Anh. zu § 44 Rn. 5), der Antrag auf Schließung der Wohnungsgrundbücher nach § 9 Abs. 1 Nr. 2, 3 WEG (s. Anh. zu § 3 Rn. 105, 107), der Antrag auf Eintragung eines Widerspruchs nach § 1139 BGB (str.; wie hier auch KEHE Einl. Rn. H 18; wegen des Widerspruchs nach § 5 Abs. 2 der 40. DVO z. UmstG s. 16. Auflage Anh. zu § 22 Erl. 5f); ferner der Antrag, der die in der EintrBewilligung fehlende Bezeichnung des Grundstücks (§ 28 Satz 1) oder die dort unterbliebene Angabe des Gemeinschaftsverhältnisses (§ 47) nachholt.

5 **3. Form des EintrAntrags.** Es ist zwischen reinen und gemischten Anträgen (s. Rn. 2–4) zu unterscheiden:

a) Reiner Antrag. Er unterliegt nicht den Formvorschriften des § 29, muss aber, wie sich aus § 13 Abs. 2 Satz 1 ergibt, in einem Schriftstück niedergelegt sein (RG Recht 1911 Nr. 2460; KGJ 44, 176; BayObLG Rpfleger 1977, 135). Die Verwendung einer elektronischen Form (vgl. § 126 Abs. 3, § 126a Abs. 1 BGB) scheidet daher aus. Ein schriftlich gestellter Antrag braucht weder eine Orts- und Zeitzugabe zu enthalten noch eigenhändig unterzeichnet zu sein; mechanisch hergestellte Unterschrift ist ausreichend, telegraphische Antragstellung zulässig. Selbst das Fehlen der Unterschrift ist unschädlich, wenn die Person des Antragstellers zweifelsfrei erkennbar ist (OLG Jena FGPrax 1998, 127). Ein mündlich gestellter Antrag genügt nur, wenn über ihn eine Niederschrift aufgenommen wird (RG Recht 1911 Nr. 2460), wozu neben dem Urkundsbeamten der Geschäftsstelle (§ 11 FGG) auch der GBRichter und damit an dessen Stelle der Rpfleger (§ 3 Nr. 1 Buchst. h RpflegerG) befugt ist. Für diese Niederschrift fehlt es an bundesrechtlichen Vorschriften; maßgebend sind daher etwa vorhandene landesrechtliche Bestimmungen; in Ermanglung solcher wird zwar nicht die Unterschrift des Antragstellers, wohl aber die des aufnehmenden Beamten als erforderlich erachtet werden müssen (vgl. auch § 19 Abs. 3

GeschO). Wegen des Eingangs eines zur Niederschrift gestellten Antrags s. § 13 Rn. 29, 31.

b) Gemischter Antrag. Er bedarf der Form des § 29 Abs. 1 Satz 1. Er muss daher in öffentlicher oder öffentlich beglaubigter Urkunde (s. § 29 Rn. 29, 41) gestellt werden. Genügt für eine zur Eintragung erforderliche Erklärung ausnahmsweise eine mildere Form, so gilt dies auch für den die Erklärung ersetzenden Antrag; der gemischte Antrag des Gläubigers auf Eintragung einer Zinssenkung bedarf daher nur der Schriftform (§ 1 Ges. über die Eintragung von Zinssenkungen v. 11. 5. 1937, RGBl. I 579). Formfrei ist der gemischte Antrag des Gläubigers auf Löschung einer Abgeltungshyp. (§ 9 Abs. 4 DVO z. VO über die Aufhebung der Gebäudeentschuldungssteuer v. 31. 7. 1942, RGBl. I 503). **6**

4. Vollmacht zur Stellung eines EintrAntrags. a) Sie ist die auf Rechtsgeschäft beruhende Befugnis, für einen anderen einen EintrAntrag zu stellen. Unter § 30 fällt demnach auch die Prozessvollmacht. Sie ermächtigt zur Stellung von EintrAnträgen aber nur im Rahmen der §§ 81, 82 ZPO; außerhalb dieses Rahmens kann der Prozessbevollmächtigte EintrAnträge nur auf Grund besonderer Vollmacht stellen. Auch die Antragsermächtigung des Notars gemäß § 15 gehört hierher. Über die gesetzliche Vertretungsmacht s. Rn. 10. **7**

b) Für die Vollmacht zur Stellung eines **reinen Antrags** gelten die Formvorschriften des § 29 nicht. Sie kann unbeschadet der Befugnis des GBAmts, in besonders gelagerten Fällen gemäß § 13 Satz 3 FGG öffentliche Beglaubigung zu verlangen, formlos nachgewiesen werden (KG HRR 1939 Nr. 510). Ein Prozessbevollmächtigter ist durch seine Anführung im Vollstreckungstitel zur Stellung des Antrags auf Eintragung einer Zwangshyp. auch dann ausreichend legitimiert, wenn es sich um ein landgerichtliches Urteil handelt (KG HRR 1939 Nr. 510; OLG Naumburg OLG-NL 1998, 78). Wird der Antrag von einem Notar auf Grund der Ermächtigung des § 15 gestellt, so bedarf es überhaupt keines Vollmachtsnachweises. **8**

c) Die Vollmacht zur Stellung eines **gemischten Antrags** muss in der Form des § 29 Abs. 1 Satz 1 nachgewiesen werden, sofern nicht ausnahmsweise für den gemischten Antrag selbst eine mildere Form, z.B. Schriftform, genügt oder dieser gar formfrei gestellt werden kann. **9**

d) Die **gesetzliche Vertretungsmacht,** z.B. des Vormunds oder der gesetzlichen Vertreter juristischer Personen, fällt nicht unter § 30. Sie ist stets gemäß § 29 Abs. 1 Satz 2, § 32 nachzuwei- **10**

sen. Kritisch hierzu, soweit es um den reinen Antrag einer juristischen Person des Privatrechts als gewinnendem Teil geht, Böhringer Rpfleger 1994, 449. Bei der Aktiengesellschaft ist die in § 78 Abs. 3 AktG vorgesehene unechte Gesamtvertretung durch ein Vorstandsmitglied und einen Prokuristen gesetzliche Vertretung (RG 134, 307). Im Rahmen des § 49 HGB handelt der Prokurist dagegen als gewillkürter Vertreter.

11 **5. Kosten.** Die Aufnahme reiner EintrAnträge geschieht gebührenfrei (§ 75 Satz 2 KostO).

Form der Zurücknahme des Eintragungsantrags und des Widerrufs der Antragsvollmacht

31 Eine Erklärung, durch die ein Eintragungsantrag zurückgenommen wird, bedarf der in § 29 Abs. 1 Satz 1 und Abs. 3 vorgeschriebenen Form. Dies gilt nicht, sofern der Antrag auf eine Berichtigung des Grundbuchs gerichtet ist. Satz 1 gilt für eine Erklärung, durch die eine zur Stellung des Eintragungsantrags erteilte Vollmacht widerrufen wird, entsprechend.

Inhaltsübersicht

1. Allgemeines ... 1
2. Zurücknahme des EintrAntrags ... 2
3. Zulässigkeit der Zurücknahme ... 3
4. Begriff der Zurücknahme ... 4
5. Form der Zurücknahme ... 6
6. Wirkung der Zurücknahme ... 12
7. Widerruf der Vollmacht zur Antragstellung ... 15
8. Nichtbeachtung des § 31 ... 20
9. Kosten ... 21

1 **1. Allgemeines.** § 31 unterwirft Erklärungen, durch die ein EintrAntrag zurückgenommen oder die Vollmacht zur Stellung eines solchen widerrufen wird, aus Gründen der Rechtssicherheit der Formvorschrift des § 29; ausgenommen vom Formzwang ist jedoch die Zurücknahme eines Berichtigungsantrags. Die Ausnahme wurde durch das RegVBG eingefügt, das im Übrigen die seinerzeit unterbliebene Anpassung des Wortlauts der Bestimmung an die Neufassung des § 29 durch die ÄndVO nachholte.

2 **2. Zurücknahme des EintrAntrags.** § 31 Satz 1 betrifft nur die Zurücknahme von Anträgen, mit denen die Vornahme einer Eintragung begehrt worden ist; ausgenommen sind nach Satz 2 jedoch Anträge auf Berichtigung des GB (s. dazu § 22 Rn. 45). Im Übrigen gilt § 31 Satz 1 ohne Rücksicht darauf, ob es sich um einen reinen oder um einen gemischten Antrag handelt (KG DNotV

1929, 737; OLG Hamm Rpfleger 1985, 231; wegen der Unterscheidung s. § 30 Rn. 2ff.) und ob der Antrag von dem Antragsberechtigten selbst oder von einem Vertreter, z.B. einem Prozessbevollmächtigten, gestellt wurde; auch die Zurücknahme eines Antrags auf Eintragung einer Zwangshyp. fällt unter § 31 (s. Anh. zu § 44 Rn. 69). Die Zurücknahme von Anträgen, die nicht EintrAnträge sind, z.B. von solchen auf Gestattung der GBEinsicht oder auf Erteilung von GBAbschriften, gehört nicht hierher. Für die Zurücknahme behördlicher EintrErsuchen (§ 38) gilt § 29 Abs. 3.

3. Zulässigkeit der Zurücknahme. Die Zurücknahme des Antrags ist bis zur Vollendung der Eintragung, d.h. bis zu ihrer Unterzeichnung (s. § 44 Rn. 58; zu dem beim maschinell geführten GB maßgebenden Zeitpunkt s. § 129) zulässig (OLG Hamm Rpfleger 1985, 231). Ob die Eintragung bereits verfügt wurde, ist unerheblich (BayObLG 1954, 146). Über Einzelheiten s. § 13 Rn. 36ff. Wegen des Einflusses eines allgemeinen Verfügungsverbots gem. § 21 Abs. 2 Nr. 2 InsO (vordem § 106 Abs. 1 Satz 3 KO) auf die Antragszurücknahme s. KG Rpfleger 1972, 174. 3

4. Begriff der Zurücknahme. a) Unter § 31 Satz 1 fällt nicht nur die gänzliche, sondern auch eine teilweise Zurücknahme. Eine solche liegt bei jeder inhaltlichen Änderung, insbes. bei einer Einschränkung des gestellten Antrags vor (KG HRR 1934 Nr. 1056; OLG München JFG 22, 32; BayObLG 1955, 53 = DNotZ 1956, 206). Ergänzungen eines Antrags, die seinen Inhalt unverändert lassen, gehören nicht hierher; so z.B. die Nachholung der Bezeichnung des Grundstücks gemäß § 28 oder die nachträgliche Beifügung eines Vorbehalts nach § 16 Abs. 2. Für die Zurücknahme eines Vorbehalts nach § 16 Abs. 2 gilt dagegen § 31; anders, wenn der Antragsteller keinen solchen gemacht hat und nachträglich erklärt, dass die nicht beanstandete Eintragung vorgenommen werden soll (KGJ 35, 195). 4

b) Keine Zurücknahme liegt vor, wenn der Antragsteller erklärt, dass einer von mehreren in der Urkunde enthaltenen Anträgen noch nicht erledigt werden soll oder wenn vor dem Eingang des Antrags oder gleichzeitig mit diesem ein Widerruf eingeht; denn in diesem Fall ist der Antrag nicht als gestellt anzusehen (OLG Jena FGPrax 1998, 127). In dem Verlangen, eine Urkunde zurückzugeben, ist noch keine Zurücknahme des EintrAntrags zu erblicken (RG 60, 396). 5

5. Form der Zurücknahme. a) Die Zurücknahme des Antrags bedarf, sofern nicht der Ausnahmefall des § 31 Satz 2 vorliegt, 6 grundsätzlich der Form des § 29 Abs. 1 Satz 1. Sie muss daher öffentlich beurkundet oder öffentlich beglaubigt sein (s. § 29 Rn. 29, 41). Dies gilt auch für die Zurücknahme eines Antrags auf Eintragung einer Zwangshyp. (s. Anh. zu § 44 Rn. 69). Ein Berichtigungsantrag kann formfrei zurückgenommen werden und grundsätzlich auch in elektronischer Form, sofern die Voraussetzungen dafür beim GBAmt geschaffen sind.

7 **b)** Nimmt ein **Notar** einen von ihm auf Grund der Ermächtigung des § 15 gestellten Antrag zurück, so braucht er die Rücknahmeerklärung nach § 24 Abs. 3 BNotO nur mit seiner Unterschrift und seinem Amtssiegel (Prägesiegel oder Farbdruckstempel: OLG München JFG 22, 33; BayObLG 1955, 53 = DNotZ 1956, 206; s. auch Bertzel DNotZ 1951, 455) zu versehen; dabei macht es keinen Unterschied, ob es sich um eine gänzliche oder um eine teilweise Zurücknahme handelt (BayObLG 1955, 53 = DNotZ 1956, 206; BayObLG DNotZ 1994, 891); eines Vollmachtsnachweises bedarf es nicht. Die Übermittlung der vom Notar unterschriebenen und mit seinem Siegel versehenen Rücknahmeschrift mittels Telefax genügt nicht den Anforderungen des § 29 (§ 29 Rn. 57).

8 **c)** Einen von den Beteiligten selbst gestellten Antrag kann der Notar dagegen nur auf Grund **besonderer Vollmacht** zurücknehmen (OLG Hamm JMBlNW 1961, 273; OLG Braunschweig DNotZ 1961, 413; OLG Frankfurt Rpfleger 1973, 403; BayObLG 1975, 3; DNotZ 1989, 364), wobei die Vollmacht in entsprechender Anwendung des § 31 Satz 1 in der Form des § 29 Abs. 1 Satz 1 nachzuweisen ist (OLG Hamm JMBlNW 1961, 273; BayObLG 1975, 3 = Rpfleger 1975, 94), auf die Zurücknahme jedoch § 24 Abs. 3 Satz 2 BNotO entsprechende Anwendung findet (BGH 71, 352 = Rpfleger 1978, 365; s. dazu jetzt aber auch BGH 78, 36 = Rpfleger 1980, 465 und § 29 Rn. 35). Um einen derartigen Antrag handelt es sich z. B., wenn der Notar die von ihm aufgenommene, den Antrag der Beteiligten enthaltende Urkunde beim GBAmt nur botenmäßig eingereicht hat, mag er den solchermaßen übermittelten Antrag auch nachträglich gemäß § 15 wiederholt haben.

9 **d)** Ob ein von den Beteiligten selbst gestellter Antrag auch dann vorliegt, wenn der Notar den **Antrag gemäß § 15** gestellt hat, die von ihm vorgelegte Urkunde aber bereits den Antrag der Beteiligten enthält, ist umstritten; die Rechtsprechung nimmt dies überwiegend an (BayObLG 1955, 53; 1988, 310 = Rpfleger 1989, 147; OLG Frankfurt Rpfleger 1958, 221; OLG Schleswig SchlHA 1959, 197; OLG Hamm Rpfleger 1988, 404); demgegenüber ist

OLG Braunschweig DNotZ 1961, 413 der Ansicht, dass regelmäßig nur der vom Notar gestellte Antrag wirksam sei, während die in der Urkunde enthaltenen Anträge der Beteiligten nicht als gestellt zu gelten hätten; unentschieden: BayObLG 1975, 4 = Rpfleger 1975, 94; von einem allein vom Notar gestellten Antrag kann, worauf OLG Frankfurt Rpfleger 1973, 403 zutreffend abhebt, nur dann ausgegangen werden, wenn der Notar bei seiner Antragstellung deutlich zum Ausdruck gebracht hat, dass Anträge der Beteiligten als nicht gestellt gelten sollen (s. demgegenüber aber Hieber DNotZ 1956, 172 sowie KEHE Rn. 10 und § 15 Rn. 21, 22). Handelt es sich bei den in der Urkunde enthaltenen Anträgen der Beteiligten um gemäß § 16 Abs. 2 verbundene, so bedarf der Notar auch bei alleiniger Antragstellung zur Zurücknahme eines dieser Anträge einer besonderen Vollmacht der Beteiligten in der Form des § 29 Abs. 1 Satz 1 (BayObLG 1975, 1 = Rpfleger 1975, 94).

e) Ein Antrag, den der Notar auf Grund besonderer Vollmacht **10** gestellt hat, kann von diesem nur auf Grund einer solchen zurückgenommen werden (OLG München JFG 22, 33). Auf die Vollmacht zur Zurücknahme ist § 31 Satz 1, auf die Zurücknahme § 24 Abs. 3 BNotO entsprechend anzuwenden (s. Rn. 8, 19).

f) § 31 ist nicht anzuwenden, wenn das GBAmt einen Antrag **11** zurückgewiesen hat und dieser mit der Beschwerde entsprechend der Beanstandung des GBAmts eingeschränkt wird; denn durch die Zurückweisung entfällt der innere Grund für die Formerschwerung (KG HRR 1934 Nr. 1056).

6. Wirkung der Zurücknahme. a) Ist der Antrag formgerecht **12** zurückgenommen, so hat die begehrte Eintragung, falls nicht noch Anträge anderer Beteiligter vorliegen (KGJ 24, 95), zu unterbleiben. Der Antrag ist im Sinn des § 17 erledigt (OLG München JFG 22, 140). Eine Anfechtung der Zurücknahme ist unzulässig; der Antrag kann jedoch jederzeit wiederholt werden, ist dann aber als neuer Antrag zu behandeln (KG HRR 1928 Nr. 587).

b) Die von dem Antragsteller **eingereichten Urkunden** sind an **13** diesen zurückzugeben (KGJ 44, 171; JFG 8, 227). Auch wenn dies nicht geschehen ist, darf das GBAmt eine EintrBewilligung nicht als Unterlage für eine Eintragung verwenden, die von einem anderen Antragsberechtigten nach der Antragszurücknahme beantragt worden ist (BGH 84, 202 = Rpfleger 1982, 414 gegen JFG 8, 229; s. hierzu auch § 19 Rn. 114).

c) Bei formloser Zurücknahme bleibt der Antrag wirksam. Das **14** GBAmt hat einzutragen, wenn der Vollzug anderer EintrAnträge von der Eintragung auf den nicht formgerecht zurückgenommenen Antrag abhängt. Ist dies nicht der Fall, so hat es dem Antragsteller Gelegenheit zu formgerechter Zurücknahme zu geben; unterbleibt diese, so ist einzutragen. Eine Eintragung kommt jedoch nur in Betracht, wenn die übrigen EintrVoraussetzungen gegeben sind; andernfalls ist der Antrag zurückzuweisen (OLG Hamm Rpfleger 1985, 231).

15 **7. Widerruf der Vollmacht zur Antragstellung. a)** § 31 Satz 3 bezieht sich nur auf den Widerruf von Vollmachten, die zur Stellung eines EintrAntrags ermächtigen (s. § 30 Rn. 7). Dabei macht es keinen Unterschied, ob die Vollmacht den Formvorschriften des § 29 unterliegt oder nicht; ohne Bedeutung ist auch, ob der Antrag gem. § 31 Satz 2 ohne Einhaltung von Formvorschriften zurückgenommen werden kann. Der Widerruf von Vollmachten zur Stellung anderer Anträge, die nicht EintrAnträge sind, gehört nicht hierher.

16 **b)** Widerruf im Sinn des § 31 Satz 3 ist nicht nur der gemäß § 168 Satz 3 BGB, sondern auch die Kündigung der Prozessvollmacht sowie der Widerruf der Antragsermächtigung nach § 15 (BayObLG 1984, 96). Nicht unter § 31 Satz 3 fällt die Widerlegung der Antragsermächtigung gem. § 15, die Aufhebung des der Vollmacht zugrunde liegenden Rechtsverhältnisses (§ 168 Satz 1 BGB) sowie die Kraftloserklärung der Vollmachtsurkunde (§ 176 BGB).

17 **c)** Ein Widerruf der Antragsvollmacht ist **nur vor Antragstellung** beachtlich. Ist der Antrag beim GBAmt eingegangen, so kann er seiner Wirksamkeit nicht mehr durch einen zeitlich nachfolgenden Widerruf der Antragsvollmacht, sondern nurmehr durch eine formgerechte Zurücknahme entkleidet werden.

18 **d)** Der Widerruf der Antragsvollmacht bedarf der **Form** des § 29 Abs. 1 Satz 1, und zwar auch dann, wenn die Vollmacht nur zur Stellung eines Berichtigungsantrags ermächtigt.

19 **e)** Auf die Vollmacht zur Zurücknahme eines Antrags ist § 31 Satz 1 sinngemäß anzuwenden (BayObLG 1998, 253 = Rpfleger 1999, 71). Die Vollmacht zur Zurücknahme eines Berichtigungsantrags bedarf jedoch im Hinblick auf § 31 Satz 2 keiner Form.

20 **8. Nichtbeachtung des § 31.** Unterlässt das GBAmt die Eintragung, obwohl der Antrag nur formlos zurückgenommen oder die Antragsvollmacht nur formlos widerrufen war, die Zurücknahme oder der Widerruf aber der Form bedurft hätte, so bewirkt dies keine Unrichtigkeit des GB. Trägt es trotz formgerechter Zu-

rücknahme des Antrags oder trotz formgerechten Widerrufs der Antragsvollmacht ein, so entscheidet für die Frage, ob das GB durch die Eintragung unrichtig geworden ist, ausschließlich die materielle Rechtslage. In beiden Fällen kann die Nichtbeachtung des § 31 Schadensersatzansprüche begründen.

9. Kosten. a) Bei Zurücknahme des Antrags wird eine $^{1}/_{4}$-Gebühr, höchstens ein Betrag von 20 EUR erhoben (§ 130 Abs. 2 KostO); der für die beantragte Eintragung bestimmte Gebührensatz darf nicht überschritten werden (§ 130 Abs. 3 KostO). Wegen der Gebühr bei teilweiser Zurücknahme s. § 130 Abs. 4 KostO; über die Möglichkeit des Absehens von einer Kostenerhebung s. § 130 Abs. 5 KostO. **21**

b) Der Notar erhält für die Zurücknahme eines von ihm gem. § 15 gestellten Antrags keine Gebühr (vgl. § 147 Abs. 4 Nr. 2 KostO). **22**

Nachweis der Vertretungsbefugnis bei Handels- und Partnerschaftsgesellschaften

32 (1) **Der Nachweis, daß der Vorstand einer Aktiengesellschaft aus den im Handelsregister eingetragenen Personen besteht, wird durch ein Zeugnis des Gerichts über die Eintragung geführt.**

(2) **Das gleiche gilt von dem Nachweis der Befugnis zur Vertretung einer offenen Handelsgesellschaft, einer Partnerschaftsgesellschaft, einer Kommanditgesellschaft, einer Kommanditgesellschaft auf Aktien oder einer Gesellschaft mit beschränkter Haftung.**

§ 21 BNotO. *(1) Die Notare sind zuständig*

1. *Bescheinigungen über eine Vertretungsberechtigung sowie*
2. *Bescheinigungen über das Bestehen oder den Sitz einer juristischen Person oder Handelsgesellschaft, die Firmenänderung, eine Umwandlung oder sonstige rechtserhebliche Umstände auszustellen,*

wenn sich diese Umstände aus einer Eintragung im Handelsregister oder in einem ähnlichen Register ergeben. Die Bescheinigung hat die gleiche Beweiskraft wie ein Zeugnis des Registergerichts.

(2) Der Notar darf die Bescheinigung nur ausstellen, wenn er sich zuvor über die Eintragung Gewißheit verschafft hat, die auf Einsichtnahme in das Register oder in eine beglaubigte Abschrift hiervon beruhen muß. Er hat den Tag der Einsichtnahme in das Register oder den Tag der Ausstellung der Abschrift in der Bescheinigung anzugeben.

Inhaltsübersicht

1. Allgemeines ... 1
2. Geltungsgebiet ... 2
3. Notwendigkeit des Nachweises ... 7
4. Zeugnis des Registergerichts ... 8
5. Beweiskraft des Zeugnisses ... 9
6. Ersetzung des Zeugnisses ... 13
7. Kosten ... 18

1 **1. Allgemeines.** § 32 befasst sich mit dem Nachweis der Vertretungsbefugnis bei Handelsgesellschaften. Durch Art. 5 Abs. 2 Ausführungsges. Seerechtsübereinkommen 1982/1994 v. 6. 6. 1995 (BGBl. I 778) wurde die Regelung auf die Partnerschaftsgesellschaft erstreckt; an die Stelle des Handelsregisters tritt dabei das Partnerschaftsregister.

Die Bestimmung schafft eine Verkehrserleichterung, indem sie für den Nachweis ein gerichtliches Zeugnis über die Eintragung im Handelsregister (Partnerschaftsregister) genügen lässt. Dem Register, das weder eine Gewähr für die Richtigkeit der Eintragungen noch für ihre Vollständigkeit leistet, wird damit für den GBVerkehr Beweiskraft beigelegt. Zum Umfang dieser Beweiskraft s. BayObLG 1993, 141 = Rpfleger 1993, 495 mit kritischer Anm. v. Buchberger Rpfleger 1994, 215 sowie die Anm. v. Kuntze zu BayObLG DNotZ 1990, 171.

2 **2. Geltungsgebiet. a)** § 32 erwähnt nur offene Handelsgesellschaften, Partnerschaftsgesellschaften, Kommanditgesellschaften, Aktiengesellschaften, Kommanditgesellschaften auf Aktien und Gesellschaften mit beschränkter Haftung. Nicht erwähnt sind Versicherungsvereine auf Gegenseitigkeit; da diese nach § 30 VAG in das Handelsregister eingetragen werden, ist die Vorschrift auch auf sie anzuwenden. Dasselbe gilt für die EWIV (s. zu dieser § 19 Rn. 108). Nach LG Hamburg Rpfleger 1981, 62 kann auch die Treuhändereigenschaft gem. § 70 VAG in entsprechender Anwendung von § 32 durch eine Bescheinigung des Bundesaufsichtsamts für das Versicherungswesen nachgewiesen werden (ebenso KEHE Rn. 7; Bauer/v. Oefele Rn. 6). § 32 ist nicht anzuwenden auf ausländische juristische Personen oder Handelsgesellschaften. Ihr Bestehen und die Vertretungsbefugnis sind in der Form des § 29 dem GBAmt nachzuweisen (OLG Hamm Rpfleger 1995, 153; s. dazu § 29 Rn. 63, 64; ferner Bausback DNotZ 1996, 254; Werner ZfIR 1998, 448). Bei juristischen Personen des öffentlichen Rechts kann die Eigenschaft als gesetzlicher Vertreter durch eine Bescheinigung der Aufsichtsbehörde nachgewiesen werden (BayObLG 1991, 33).

3 **b)** § 32 spricht nur vom Vorstand, gilt aber auch für Liquidatoren sowie für Prokuristen (KGJ 52, 122; OLG Saarbrücken Mitt-

BayNot 1993, 398; OLG Frankfurt Rpfleger 1995, 248); s. dazu auch Rn. 4. Handlungsbevollmächtigte werden nicht in das Handelsregister eingetragen und müssen ihre Vollmacht daher nach §§ 29, 30 nachweisen.

c) Eine dem § 32 entsprechende Vorschrift enthält § 15 Abs. 3 **4**
GBV. Danach genügt bei Umwandlung einer BGB-Gesellschaft in eine Handels- oder Partnerschaftsgesellschaft zur GBBerichtigung eine Bescheinigung des Registergerichts über die Eintragung und darüber, dass die Handelsgesellschaft oder Partnerschaft aus der BGB-Gesellschaft hervorgegangen ist.

d) Nicht auf das GBVerfahren beschränkte, dem § 32 sachlich **entsprechende Vorschriften** enthalten:

aa) § 9 Abs. 3 HGB i. d. F. des Ges. v. 20. 7. 1933 (RGBl. I 520). Der Nachweis der Befugnis zur Vertretung eines Einzelkaufmanns oder einer Handelsgesellschaft kann Behörden gegenüber durch ein Zeugnis des Gerichts über die Eintragung im Handelsregister geführt werden; dasselbe gilt für den Nachweis der Inhaberschaft der Firma eines Einzelkaufmanns. Diese weitgefasste Bestimmung umfasst auch den Prokuristen des Einzelkaufmanns. Durch sie hat § 32 seine selbständige Bedeutung verloren.

bb) § 26 Abs. 2 GenG. Zur Legitimation des Vorstands einer **5**
eingetragenen Genossenschaft genügt Behörden gegenüber eine Bescheinigung des Gerichts, dass die darin zu bezeichnenden Personen als Mitglieder des Vorstands in das Genossenschaftsregister eingetragen sind. Die Vorschrift gilt außer für Vorstandsmitglieder auch für Prokuristen (OLG Frankfurt Rpfleger 1995, 248).

cc) § 69 BGB. Der Nachweis, dass der Vorstand eines **eingetra-** **6**
genen Vereins aus den im Vereinsregister eingetragenen Personen besteht, wird Behörden gegenüber durch ein Zeugnis des Gerichts über die Eintragung geführt. Zur Rechtslage beim nicht eingetragenen Verein s. § 19 Rn. 101.

dd) § 12 GBBerG. Zum Nachweis u. a. gegenüber dem GBAmt, dass im Gebiet der **früheren DDR** ein Recht von einer vor dem 3. 10. 1990 gegründeten landwirtschaftlichen Produktionsgenossenschaft oder einer anderen Genossenschaft auf eine im Weg der Umwandlung, Verschmelzung oder Spaltung aus einer solchen Genossenschaft hervorgegangene Kapitalgesellschaft oder eingetragene Genossenschaft übergegangen ist, genügt eine Bescheinigung der Stelle, die das Register für den neuen Rechtsträger führt (§ 12 Abs. 1 GBBerG). Dabei kann es sich um das Handelsregister oder das Genossenschaftsregister handeln. Darüber hinaus begründet § 12 Abs. 2 Satz 1 GBBerG eine beschränkte Fiktion für die Rechtsnachfolge von Genossenschaften, die am 1. 1. 1990 im Gebiet der früheren DDR in einem örtlich abgegrenzten Bereich tätig waren.

7 **3. Notwendigkeit des Nachweises.** Der Nachweis ist erforderlich, wenn eine Handels- oder Partnerschaftsgesellschaft eine zur Eintragung erforderliche Erklärung abgibt oder eine Eintragung beantragt, nicht aber, wenn die Gesellschaft, ohne dass eine dieser Alternativen vorliegt, als gewinnender Teil in Betracht kommt (s. dazu auch § 19 Rn. 96). Nachzuweisen ist das Bestehen der Gesellschaft und die Vertretungsbefugnis des Erklärenden. Wegen des Nachweises bei Bewilligung der Eintragung einer Zinssenkung s. KG JW 1938, 1335.

8 **4. Zeugnis des Registergerichts.** Zu bezeugen ist, dass nach dem Eintrag im Register bestimmte Personen als Vorstandsmitglieder, Gesellschafter, Partner, Geschäftsführer, Liquidatoren oder Prokuristen zur Vertretung einer bestimmten Gesellschaft befugt sind. Beim Registergericht vorliegende, aber noch nicht erledigte Anmeldungen sind nicht zu vermerken (OLG Hamburg HRR 1933 Nr. 762). Das vom Urkundsbeamten der Geschäftsstelle auszustellende Zeugnis ist zu datieren, damit seine Beweiskraft geprüft werden kann (§ 29 Abs. 1 Nr. 2, § 31 Handelsregisterverfügung). Es braucht nicht in Ausfertigung vorgelegt zu werden; eine beglaubigte Abschrift genügt.

9 **5. Beweiskraft des Zeugnisses. a) Gegenstand.** Das Zeugnis erbringt den Beweis für das Bestehen der Gesellschaft und die in ihm bezeugte Vertretungsbefugnis. Dies folgt nicht aus der Natur des Handelsregisters (Partnerschaftsregisters). Dessen Eintragungen haben regelmäßig keine rechtsbegründende Kraft; es genießt auch keinen öffentlichen Glauben. Die Beweiskraft beruht auf der ausdrücklichen Vorschrift des § 32. Das Bestehen der Gesellschaft ist darin zwar nicht erwähnt; es ist aber die Voraussetzung für die bezeugte Vertretungsbefugnis (BayObLG NJW-RR 1989, 977). Eine Gesamtrechtsnachfolge entsprechend § 142 HGB, § 738 Abs. 1 Satz 1 BGB lässt sich nicht durch Vermerke im Handelsregister nachweisen, wohl aber durch die notariell beglaubigte Ausscheidensvereinbarung der Gesellschafter oder die notariell beglaubigte Anmeldung der Auflösung der Gesellschaft und des Erlöschens der Firma durch alle Gesellschafter, aus der sich die zugrundeliegende Rechtsänderung ergibt (BayObLG 1993, 137 = Rpfleger 1993, 495 mit kritischer Anm. v. Buchberger Rpfleger 1994, 215). In dem Sonderfall, in dem eine OHG ihr Handelsgewerbe nicht mehr betrieb und sich deshalb in eine BGB-Gesellschaft verwandelte, hat das KG (HRR 1939 Nr. 1473) die Auffassung vertreten, in ausdehnender Auslegung von § 32 könne auch das Erlöschen der

OHG durch das Handelsregister nachgewiesen werden, weil sonst ein Nachweis in grundbuchmäßiger Form nicht geführt werden könne. Bei Zweifeln an der Richtigkeit des Zeugnisses, die sich auf Tatsachen, nicht etwa auf bloße Vermutungen stützen, hat das GBAmt durch Zwischenverfügung auf Klärung hinzuwirken (KGJ 33, 155; KG OLG 41, 146).

b) Umfang. Der Umfang der Vertretungsmacht ergibt sich aus 10
dem Gesetz; Beschränkungen sind Dritten gegenüber grundsätzlich unwirksam (s. § 82 Abs. 1 AktG; § 37 Abs. 2 GmbHG; § 27 Abs. 2 GenG; aber auch § 26 Abs. 2 Satz 2 BGB). Ein Prokurist bedarf zur Veräußerung oder Belastung von Grundstücken nach § 49 Abs. 2 HGB einer besonderen Ermächtigung; er kann jedoch ein erworbenes Grundstück ohne eine solche mit einer Kaufpreisresthyp. belasten (JFG 6, 264); zur Erweiterung der Vertretungsmacht eines Prokuristen im Fall der unechten Gesamtvertretung gemäß § 125 Abs. 3 HGB und § 78 Abs. 3 AktG s. RG 134, 306; BGH 13, 64; 62, 170. Eine AG oder GmbH kann trotz echter oder unechter Gesamtvertretung im Rahmen der Prokura von einem Prokuristen allein vertreten werden (JFG 5, 236; KG JW 1933, 1466). Ein Liquidator besitzt zwar Vertretungsmacht nur für seinen Geschäftskreis (§§ 149, 161 HGB; § 268 Abs. 1 und 2, § 269 AktG; §§ 70, 71 Abs. 2, § 37 Abs. 2 GmbHG; §§ 88, 89, 27 Abs. 2 GenG; § 49 BGB). Trotz z. T. abweichender Fassung hat aber das GBAmt in allen Fällen von der Liquidationsmäßigkeit des Rechtsgeschäfts auszugehen; nur bei begründeten Bedenken hat es durch Zwischenverfügung auf Klarstellung hinzuwirken (str.; s. KG HRR 1932 Nr. 851; a. M. JFG 5, 278 für Personenhandelsgesellschaft; unentschieden für diese OLG Zweibrücken Rpfleger 1977, 135; OLG Frankfurt Rpfleger 1980, 62; vgl. auch RG 146, 376 für Verein).

c) Zeitpunkt. aa) Das Zeugnis bescheinigt die Rechtslage frü- 11
hestens für den Zeitpunkt der Eintragung im Register, auch wenn sich aus den EintrUnterlagen die gleiche Rechtslage schon für einen früheren Zeitpunkt ergibt (OLG Köln Rpfleger 1990, 352).

bb) Da das Zeugnis nur die Rechtlage im Zeitpunkt seiner Aus- 12
stellung bescheinigt, müsste es streng genommen am Tag der Abgabe der grundbuchrechtlichen Erklärung ausgestellt werden. Dies ist praktisch in der Regel nicht durchzuführen. Ältere Zeugnisse sind deshalb nicht grundsätzlich zu beanstanden. Es ist von Fall zu Fall zu prüfen, ob die Vertretungsbefugnis noch als nachgewiesen angesehen werden kann. Allgemeine Regeln lassen sich nicht aufstellen (OLG Dresden JFG 6, 259; s. dazu auch OLG Düsseldorf Rpfleger 1961, 48; OLG Hamm Rpfleger 1990, 85 mit Anm. v. Hintzen Rpfleger 1990, 218; OLG Frankfurt Rpfleger 1995, 248).

Das Bestreben, den GBVerkehr auf möglichst zuverlässige Nachweise zu gründen, ist abzuwägen gegen die Notwendigkeit, ihn nicht über Gebühr zu erschweren (JFG 17, 230; OLG Saarbrücken MittBayNot 1993, 398). Ist das Zeugnis jünger als die grundbuchrechtliche Erklärung, so ist notfalls ein Auszug aus dem Register zu verlangen, der den Tag der Erklärung deckt.

13 **6. Ersetzung des Zeugnisses.** § 32 will den GBVerkehr nur erleichtern. Deshalb sind andere Beweismittel zulässig. In Betracht kommen vornehmlich:

a) Bezugnahme auf das Register desselben Gerichts (§ 34).

14 **b)** Beglaubigte Abschrift oder Auszug des Registers. Bloße EintrBenachrichtigungen genügen nicht.

15 **c) Notarbescheinigung** nach § 21 BNotO. Die Vorschrift (s. vor Inhaltsübersicht) lässt, ohne auf den Zusammenhang mit einem Beurkundungsvorgang abzustellen, notarielle Bescheinigungen über eine Vertretungsberechtigung (Abs. 1 Nr. 1), das Bestehen oder den Sitz einer juristischen Person oder Handelsgesellschaft, die Firmenänderung, eine Umwandlung oder sonstige rechtserhebliche Umstände (Abs. 1 Nr. 2) zu, wenn sich diese Umstände aus einer Eintragung im Handels-, Partnerschafts-, Genossenschafts- oder Vereinsregister ergeben; hieran fehlt es z. B. bei Ermächtigung einzelner Vorstandsmitglieder gemäß § 78 Abs. 4 AktG. Aus der Bescheinigung über eine Vertretungsberechtigung muss hervorgehen, dass der Beteiligte nach dem Registereintrag als Vorstandsmitglied, Gesellschafter, Partner, Geschäftsführer, Liquidator oder Prokurist zur Vertretung einer bestimmten Gesellschaft befugt ist. Jede Bescheinigung nach § 21 Abs. 1 BNotO hat anzugeben, an welchem Tag das Register eingesehen oder die dem Notar vorliegende Abschrift ausgestellt worden ist.

16 Durch die **Neufassung** des § 21 BNotO durch das Ges. v. 31. 8. 1998 (BGBl. I 2585) ist klargestellt worden, dass der Notar das Register nicht persönlich einsehen muss. Er kann sich dabei vielmehr geeigneter Hilfskräfte bedienen. Die Bescheinigung kann sich wie das Zeugnis des Registergerichts frühestens auf den Zeitpunkt der Eintragung im Handels- oder Partnerschaftsregister beziehen und nicht auf die Rechtslage davor, mag sie sich auch aus den Eintr-Unterlagen ergeben (OLG Köln Rpfleger 1990, 352). Auch für die Gültigkeitsdauer der Bescheinigung gelten die gleichen Grundsätze wie beim Zeugnis des Registergerichts (s. hierzu Rn. 12; ferner OLG Saarbrücken MittBayNot 1993, 398; OLG Frankfurt Rpfleger 1995, 248; AG Langen Rpfleger 1982, 63; Assenmacher Rpfleger 1990, 195, aber auch Mayer Rpfleger 1989, 142; Dieterle BWNotZ 1990, 33).

d) Bescheinigung des Notars, dass ihm ein gerichtliches Zeugnis mit wörtlich wiederzugebendem Inhalt vorgelegen hat oder dass das Register eine bestimmte Eintragung enthält (§ 20 Abs. 1 Satz 2 BNotO; s. dazu Promberger Rpfleger 1977, 355; 1982, 460). **17**

7. Kosten. a) Für die Erteilung beglaubigter Abschriften oder amtlicher Ausdrucke durch das Registergericht gilt § 73 Abs. 1 bis 4 KostO entsprechend (§ 89 Abs. 1 KostO). Für die Erteilung wird ebenso wie für die Ergänzung oder Bestätigung eine Gebühr von 18 EUR erhoben, neben der keine Schreibauslagen anfallen. Für Bescheinigungen (Zeugnisse) des Registergerichts wird die Mindestgebühr des § 33 KostO in Höhe von 10 EUR erhoben (§ 89 Abs. 2 KostO). **18**

b) Für die Erteilung einer Bescheinigung gem. § 21 Abs. 1 Nr. 1 BNotO über eine Vertretungsberechtigung erhält der Notar eine Gebühr von 13 EUR und für eine Bescheinigung nach § 21 Abs. 1 Nr. 2 BNotO eine solche von 25 EUR (§ 150 KostO). Nach der Neufassung des § 21 BNotO und des § 150 KostO durch das Ges. v. 31. 8. 1998 (BGBl. I 2585) erhält der Notar, wenn zur Erteilung der Bescheinigung das Register eingesehen wurde, daneben keine zusätzliche Gebühr gem. § 147 Abs. 1 Satz 1 KostO. Für die Beurkundung vom Notar amtlich wahrgenommener Tatsachen (vgl. § 20 Abs. 1 Satz 2 BNotO) wird eine Gebühr gem. § 50 Abs. 1 Nr. 1 KostO erhoben. **19**

Nachweis des Güterrechts

33 Der Nachweis, daß zwischen Ehegatten Gütertrennung oder ein vertragsmäßiges Güterrecht besteht oder daß ein Gegenstand zum Vorbehaltsgut eines Ehegatten gehört, wird durch ein Zeugnis des Gerichts über die Eintragung des güterrechtlichen Verhältnisses im Güterrechtsregister geführt.

Inhaltsübersicht

1. Allgemeines 1
2. Gesetzliches Güterrecht 4
3. Vertragsmäßiges Güterrecht 13
4. Internationales Privatrecht 18
5. EintrFähigkeit des Güterrechts 22
6. Eintragung einer Gütergemeinschaft 24
7. Eintragung von Ehegatten 28
8. Verfügungsbefugnis von Ehegatten 30
9. Zeugnis des Registergerichts 34
10. Ersetzung des Zeugnisses 37
11. Lebenspartner 42
12. Kosten 45

1 **1. Allgemeines.** § 33 dient wie § 32 der Erleichterung des GB-Verkehrs.

a) Soweit das zwischen Ehegatten bestehende Güterrecht nachzuweisen ist, genügt hierfür ein gerichtliches Zeugnis über die Eintragung im Güterrechtsregister. Dem Register, das keine Gewähr für die Richtigkeit und die Vollständigkeit der Eintragungen leistet, wird damit für den GBVerkehr Beweiskraft beigelegt.

2 **b)** Unterliegen die güterrechtlichen Wirkungen einer Ehe dem Recht eines anderen Staates, so gilt § 33 im Rahmen des Art. 16 EGBGB, also dann, wenn einer der Ehegatten seinen gewöhnlichen Aufenthalt im Inland hat oder hier ein Gewerbe betreibt. Zur Beteiligung von Ausländern am GBVerfahren s. Eickmann Rpfleger 1983, 465; s. hierzu auch Lichtenberger MittBayNot 1986, 111.

3 **c)** Im Gebiet der **früheren DDR** ist am 3. 10. 1990 das Güterrecht des BGB nach Maßgabe des Art. 234 § 4 EGBGB in Kraft getreten (Art. 230 Abs. 2 EGBGB).

aa) Der gesetzliche Güterstand der Eigentums- und Vermögensgemeinschaft gem. §§ 13 bis 16 des Familiengesetzbuchs der DDR vom 20. 12. 1965 (GBl. DDR I 1966, 1) ist vorbehaltlich anderer Vereinbarung der Ehegatten am 3. 10. 1990 in den gesetzlichen Güterstand der Zugewinngemeinschaft **übergeleitet** worden (Art. 234 § 4 Abs. 1 EGBGB); s. hierzu Brudermüller/Wagenitz, Das Ehe- und Ehegüterrecht in den neuen Bundesländern, FamRZ 1990, 1294; Böhringer, Grundbuchrechtliche Probleme in den neuen Bundesländern, NJ 1992, 292, GBBerichtigung bei übergeleitetem „ehelichem Vermögen", Rpfleger 1994, 282 und GBBerichtigung bei nicht eingetragenem „ehelichem Vermögen", NotBZ 1998, 227.

bb) Die Ehegatten konnten bis zum 2. 10. 1992 erklären, dass der bisherige gesetzliche Güterstand **weitergelten** solle (Art. 234 § 4 Abs. 2 Satz 1 EGBGB). Im Fall einer solchen Erklärung finden auf das – auch künftige – gemeinschaftliche Eigentum die Vorschriften über das durch beide Ehegatten verwaltete Gesamtgut einer Gütergemeinschaft entsprechende Anwendung (Art. 234 § 4a Abs. 2 EGBGB). Haben die Ehegatten keine Erklärung abgegeben, wurde gemeinschaftliches Eigentum der Ehegatten Eigentum zu gleichen Bruchteilen. Für Grundstücke und grundstücksgleiche Rechte konnten die Ehegatten jedoch bis 24. 6. 1994, sofern nicht die Zwangsversteigerung oder Zwangsverwaltung angeordnet oder ein Antrag auf Eintragung einer Zwangshyp. gestellt war, ohne Einhaltung der Form des § 29 zusammen mit dem Antrag auf Berichtigung des GB andere Anteile bestimmen (Art. 234 § 4a Abs. 1 EGBGB). Die Bestimmung musste bei mehreren Grundstücken oder grundstücksgleichen Rechten nicht einheitlich getroffen werden.

Für Bruchteilseigentum der Ehegatten zu gleichen Teilen besteht eine gesetzliche Vermutung, die durch das Güterrechtsregister oder die Eintragung anderer Bruchteile im GB widerlegt werden kann (Art. 234 § 4a Abs. 3 EGBGB). Die Regelung wird durch § 14 GBBerG in grundbuchrechtlicher Hinsicht ergänzt (s. dazu Anh. zu §§ 84–89 Rn. 70).

cc) Nach dem 2. 10. 1990 können somit Ehegatten in der Regel nicht mehr als Eigentümer in ehelicher Eigentums- und Vermögensgemeinschaft nach dem Familiengesetzbuch der DDR in das GB eingetragen werden. In Betracht kommt im Hinblick auf die auch für das GBAmt geltende **gesetzliche Vermutung** des Art. 234 § 4a Abs. 3 EGBGB grundsätzlich nur eine Eintragung als Miteigentümer je zur Hälfte (vgl. LG Halle DtZ 1994, 414). Voraussetzung ist aber, dass die Ehegatten im GB als Eigentümer in ehelicher Eigentums- und Gütergemeinschaft eingetragen sind (LG Dresden Rpfleger 1996, 404 mit Anm. v. Böhringer). S. hierzu auch LG Chemnitz DtZ 1994, 288, mit kritischer Anm. v. Peters DtZ 1994, 399, das die gesetzliche Vermutung des Art. 234 § 4a Abs. 3 EGBGB unberücksichtigt lässt, ferner Böhringer Rpfleger 1994, 283 sowie § 14 GBBerG (s. dazu Anh. zu §§ 84–89 Rn. 70ff.), § 8 GGV und § 7 Abs. 4 SPV.

2. Gesetzliches Güterrecht. a) Über das gesetzliche Güterrecht vor dem Inkrafttreten des GleichberG s. 5. Auflage § 33 Erl. 2 A; wegen seiner Überleitung s. Art. 8 I Nr. 3 bis 5 GleichberG sowie Weber DNotZ 1957, 571. Zur Überleitung des Güterrechts im Gebiet der früheren DDR s. Rn. 3. 4

b) Das mangels ehevertraglicher Regelung kraft Gesetzes eintretende Güterrecht ist seit dem Inkrafttreten des GleichberG der Güterstand der **Zugewinngemeinschaft** (§§ 1363 bis 1390 BGB). Das Vermögen des Mannes und das Vermögen der Frau werden nicht gemeinschaftliches Vermögen der Ehegatten; dies gilt auch für Vermögen, das ein Ehegatte nach der Eheschließung erwirbt; es findet jedoch ein Ausgleich des von den Ehegatten in der Ehe erzielten Zugewinns statt, wenn die Zugewinngemeinschaft endet (§ 1363 Abs. 2, §§ 1371ff. BGB). 5

c) Jeder Ehegatte verwaltet sein Vermögen nach § 1364 BGB selbständig; er ist in der Verwaltung aber nach Maßgabe der §§ 1365ff. BGB beschränkt; Verfügungen eines Ehegatten bedürfen daher grundsätzlich nicht der Zustimmung des anderen Ehegatten; diese ist jedoch erforderlich, wenn sich ein Ehegatte ohne Zustimmung des anderen zu einer Verfügung über sein Vermögen im ganzen verpflichtet hat und in Erfüllung der übernommenen Verpflichtung verfügt. Die letztgenannte Verfügungsbeschränkung 6 hat in vielfacher Hinsicht Meinungsverschiedenheiten ausgelöst (s. dazu eingehend Haegele Rpfleger 1959, 4, 243; 1960, 271 mit umfassenden Nachweisen). Zum Nachweis der Verfügungsbefugnis s. Rn. 30.

7 **d)** Beinahe einhellig wird heute angenommen, dass unter § 1365 BGB auch Rechtsgeschäfte fallen können, die ein Ehegatte in Ansehung **einzelner Vermögensgegenstände** abschließt; Voraussetzung hierfür ist jedenfalls, dass der in Frage kommende Gegenstand das ganze oder nahezu ganze Vermögen des Ehegatten darstellt (BayObLG 1959, 442; OLG Celle NJW 1960, 437; OLG Bremen NJW 1960, 825; BGH 35, 143 = Rpfleger 1961, 233); zudem ist es erforderlich, dass der Vertragspartner dies positiv weiß oder zumindest die Umstände kennt, aus denen es sich ergibt (BayObLG 1967, 89; 1987, 431 = FamRZ 1988, 503; BGH 43, 176; Rpfleger 1996, 400; OLG Saarbrücken Rpfleger 1984, 265); maßgebender Zeitpunkt hierfür ist der Abschluss des Verpflichtungsgeschäfts (BayObLG 1967, 91 = Rpfleger 1967, 213; BGH 106, 253 = Rpfleger 1989, 189 auf Vorlage des BayObLG 1987, 431 gegen OLG Saarbrücken Rpfleger 1984, 265).

8 Bei der Abwägung, ob ein veräußerter Gegenstand, verglichen mit dem restlichen Vermögen, im Wesentlichen das gesamte Vermögen des verfügenden Ehegatten darstellt, ist der Wert nicht nur der ihm verbleibenden Vermögensstücke, sondern auch des veräußerten Gegenstands um die darauf ruhenden dinglichen Belastungen zu vermindern. Eine Gegenleistung hat jedoch außer Betracht zu bleiben; liegen mehrere Einzelverfügungen über das insgesamt nahezu ganze Vermögen in einem engen zeitlichen Zusammenhang vor, sind diese als einheitliche Verfügung anzusehen (OLG Celle NJW-RR 2000, 384). Bei kleinen Vermögen ist der Tatbestand des § 1365 BGB grundsätzlich nicht erfüllt, wenn dem verfügenden Ehegatten Werte von 15% seines ursprünglichen Gesamtvermögens verbleiben (BGH 77, 293 = Rpfleger 1980, 423), bei größeren Vermögen (etwa ab 250 000 EUR), wenn ihm 10% verbleiben (BGH Rpfleger 1991, 309).

9 **e)** Der Begriff der „Verfügung" im Sinn des § 1365 BGB umfasst nicht nur Veräußerungsgeschäfte (BayObLG 1959, 442 = NJW 1960, 821). Ob die Verpflichtung zu einer Gesamtvermögensverfügung entgeltlich oder unentgeltlich eingegangen wird, ist für die Anwendbarkeit der genannten Bestimmung belanglos (BayObLG 1959, 442 = NJW 1960, 821; OLG Hamm NJW 1960, 1466; BGH 35, 145 = NJW 1961, 1304).

10 **f)** Macht ein Grundstück das gesamte oder nahezu gesamte Vermögen eines Ehegatten aus, so liegt in seiner **Belastung** nach

herrschender Auffassung nur dann eine Gesamtvermögensverfügung im Sinn des § 1365 BGB, wenn die Belastung den Grundstückswert bei Berücksichtigung etwaiger Vorbelastungen ganz oder im Wesentlichen ausschöpft (OLG Hamm NJW 1959, 104; OLG Düsseldorf JMBlNW 1959, 53; BayObLG 1959, 442; vgl. dazu auch BGH FamRZ 1966, 22); die Begründung von Eigentümergrundschulden bedarf jedoch in keinem Fall einer Zustimmung des anderen Ehegatten (OLG Hamm NJW 1960, 1352; OLG Frankfurt Rpfleger 1960, 289). Nicht erforderlich ist diese auch zur Bewilligung der Eintragung einer Auflassungsvormerkung (s. Anh. zu § 44 Rn. 92). Zum Erfordernis der Zustimmung bei Belastung eines Grundstücks mit einem Wohnungsrecht s. Anh. zu § 44 Rn. 32.

g) Wer sich zurzeit seines Ledigenstands zu einer Gesamtvermögensverfügung verpflichtet hatte, kann die Verpflichtung nach seiner Verheiratung ohne Zustimmung seines Ehegatten erfüllen (OLG Oldenburg DNotZ 1955, 545). Das nämliche gilt für einen Ehegatten, welcher die Verpflichtung zu einer Gesamtvermögensverfügung vor dem 1. 7. 1958 eingegangen war (BayObLG 1959, 136; OLG Hamm Rpfleger 1959, 381; OLG Celle NJW 1962, 743). S. zum Ganzen auch Scherer FamRZ 1962, 413. **11**

Hat ein Ehegatte ein nach § 1365 Abs. 1 BGB zustimmungsbedürftiges Rechtsgeschäft ohne Zustimmung des anderen Ehegatten vorgenommen und endet der gesetzliche Güterstand infolge rechtskräftiger Scheidung der Ehe, so bleibt das Rechtsgeschäft grundsätzlich weiterhin zustimmungsbedürftig (BGH Rpfleger 1978, 207 gegen BayObLG 1972, 145 = Rpfleger 1972, 225). Nach OLG Hamm Rpfleger 1984, 15 bleibt ein nach § 1365 BGB zustimmungsbedürftiges Rechtsgeschäft in entsprechender Anwendung dieser Vorschrift auch dann zustimmungsbedürftig, wenn es zwar nach Teilrechtskraft des Scheidungsausspruchs, aber noch während der Rechtshängigkeit des aus dem Verbund abgetrennten Zugewinnausgleichsanspruchs vorgenommen wird. **12**

3. Vertragsmäßiges Güterrecht. a) Zum vertragsmäßigen Güterrecht vor dem Inkrafttreten des GleichberG s. 5. Auflage § 33 Erl. 2 B; wegen seiner Überleitung s. Art. 8 I Nr. 5 bis 7 GleichberG sowie Weber DNotZ 1957, 573. **13**

b) Hinsichtlich der Regelung ihrer güterrechtlichen Verhältnisse durch Ehevertrag unterliegen die Ehegatten im Allgemeinen keinen Beschränkungen. Kraft der sich aus § 1408 BGB ergebenden Vertragsfreiheit können sie das gesetzliche Güterrecht in einzelnen Beziehungen ändern (s. dazu Knur DNotZ 1957, 467), z.B. die Verfügungsbeschränkung des § 1365 BGB beseitigen (OLG Ham- **14**

burg DNotZ 1964, 229; unentschieden: BGH 41, 370 = DNotZ 1964, 689 mit Anm. v. Beitzke), aber auch ein Güterrecht anderer Art vereinbaren. Grundsätzlich unzulässig ist nach § 1409 BGB jedoch die Bestimmung des Güterrechts durch Verweisung auf ein nicht mehr geltendes oder auf ein ausländisches Gesetz. Zu der Frage, inwieweit die alten BGB-Güterstände noch vereinbart werden können, s. Clamer NJW 1960, 563 mit weit. Nachweisen. Vgl. zum Ganzen auch Zöllner FamRZ 1965, 113. Gemäß § 1410 BGB muss der Ehevertrag bei gleichzeitiger Anwesenheit beider Teile zur Niederschrift eines Notars geschlossen werden. Vor dem Inkrafttreten des BeurkG war der Abschluss auch vor Gericht möglich; dies jedoch nicht in *Bayern* (Art. 10 Abs. 2 AGGVG v. 17. 11. 1956, BayBS III 3, aufgehoben durch § 60 Nr. 13 BeurkG).

15 **c)** Als vertragsmäßiges Güterrecht, das mittels einfacher Verweisung übernommen werden kann, steht den Ehegatten seit dem Inkrafttreten des GleichberG nur noch die **Gütergemeinschaft** zur Verfügung (§§ 1415 bis 1482 BGB). Diese entspricht im Wesentlichen der früheren allgemeinen Gütergemeinschaft, wird jedoch beim Tod eines Ehegatten zwischen dem überlebenden Ehegatten und den gemeinschaftlichen Abkömmlingen nur dann fortgesetzt, wenn dies durch Ehevertrag vereinbart ist (§§ 1483 bis 1518 BGB).

16 Das Vermögen des Mannes und das Vermögen der Frau werden bei Gütergemeinschaft Gesamtgut der Ehegatten, d. h. gemeinschaftliches Vermögen; zum Gesamtgut gehört auch, was der Mann oder die Frau (in der Erwerbsfähigkeit nicht beschränkt: BayObLG 1975, 210 = Rpfleger 1975, 302) während der Gütergemeinschaft erwirbt; vom Gesamtgut ausgeschlossen ist das Sondergut und das Vorbehaltsgut der Ehegatten (§§ 1416 bis 1418 BGB). Jeder Ehegatte verwaltet sein Sonder- und Vorbehaltsgut nach § 1417 Abs. 2, § 1418 Abs. 2 BGB selbständig, bedarf also zu einer Verfügung darüber nicht der Zustimmung des anderen Ehegatten. Hinsichtlich des Gesamtguts soll im Ehevertrag bestimmt werden, ob es (was allein zur Wahl steht: BayObLG 1968, 15 = Rpfleger 1968, 117) von dem Mann oder der Frau oder von ihnen gemeinschaftlich verwaltet wird; enthält der Ehevertrag keine Bestimmung hierüber, so verwalten die Ehegatten das Gesamtgut gemeinschaftlich (§ 1412 BGB). Bei Verwaltung des Gesamtguts durch einen der Ehegatten ist der verwaltende Ehegatte verfügungsberechtigt; gewisse Verfügungen, insbes. solche über Grundstücke (nicht jedoch über schuldrechtliche, wenn auch durch eine Vormerkung gesicherte Ansprüche auf Übertragung des Eigentums an solchen: BGH Rpfleger 1971, 349), kann er jedoch nur mit Zustimmung des anderen Ehegatten treffen (§§ 1422 ff. BGB). Bei Verwaltung des Gesamtguts durch beide

Ehegatten sind diese nur gemeinschaftlich verfügungsberechtigt (§§ 1450 ff. BGB).

d) Schließen die Ehegatten den gesetzlichen Güterstand aus oder heben sie ihn auf, so tritt, falls in dem Ehevertrag nichts anderes bestimmt ist, **Gütertrennung** ein; dasselbe gilt, wenn sie den Zugewinnausgleich ausschließen oder die Gütergemeinschaft aufheben (§ 1414 BGB). Über den Eintritt der Gütertrennung, falls durch Urteil auf vorzeitigen Ausgleich des Zugewinns oder auf Aufhebung der Gütergemeinschaft erkannt wird, s. §§ 1388, 1449, 1470 BGB. **17**

4. Internationales Privatrecht. a) Art. 15 EGBGB a. F. Nach ihm beurteilte sich das eheliche Güterrecht nach dem Heimatrecht des Mannes zurzeit der Eheschließung. Die Rechtsprechung hatte die Vorschrift in Übereinstimmung mit der überwiegenden Ansicht des Schrifttums gleich anderen an die Staatsangehörigkeit des Mannes anknüpfenden Kollisionsnormen wegen ihres bloßen Ordnungscharakters als durch den Eintritt der Gleichberechtigung nicht berührt erachtet; sie hatte ferner den Standpunkt vertreten, dass, wenn nach Art. 15 EGBGB a.F. ausländisches Recht maßgebend ist, auch die Vorbehaltsklausel des Art. 30 EGBGB a.F. nicht dazu führen dürfe, eine ausländische Rechtsbestimmung deshalb von der Anwendung auszuschließen, weil sie den Mann gegenüber der Frau bevorzugt. Zu Einzelheiten s. 21. und frühere Auflagen. **18**

b) Entscheidung des BVerfG. Sodann hat jedoch das BVerfG entschieden, dass die Vorschriften des deutschen Internationalen Privatrechts und die Anwendung des durch sie berufenen ausländischen Rechts im Einzelfall an den Grundrechten zu messen sind (BVerfG 31, 73), und festgestellt, dass die Kollisionsregelung in Art. 15 Abs. 1, 2 Halbsatz 2 EGBGB a.F., die für die Beurteilung des maßgebenden Güterrechtsstatuts an die Staatsangehörigkeit des Mannes anknüpft, gegen Art. 3 Abs. 2 GG verstößt und nichtig ist (BVerfG Rpfleger 1983, 250). Zu den Auswirkungen dieser Entscheidung auf GBEintragungen s. Henrich IPRax 1983, 209; von Bar NJW 1983, 1936; Schotten MittRhNotK 1984, 43; s. hierzu auch Lichtenberger MittBayNot 1983, 71; DNotZ 1983, 394. Zur Löschung der Eintragung einer deutschen Ehefrau als Miteigentümerin in niederländischer Gütergemeinschaft nach der Nichtigerklärung des Art. 15 EGBGB a.F. durch das BVerfG und zur Eintragung eines Amtswiderspruchs in diesen Fällen s. OLG Oldenburg Rpfleger 1985, 188. Zum anwendbaren Güterrecht im Verhältnis zu Italien im Hinblick auf das Haager Ehewirkungsabkommen vom 17. 7. 1905 und zugleich zur Geltung dessen Art. 2 Abs. 1 s. LG Frankenthal Rpfleger 1986, 94; BayObLG 1986, 1; Rpfleger 1986, 127; BGH Rpfleger 1987, 16; zur Eintragung einer **19**

Auflassungsvormerkung in diesen Fällen nur für einen Ehegatten s. Anh. zu § 44 Rn. 105.

20 **c) Neuregelung.** aa) Durch das am 1. 9. 1986 in Kraft getretene Gesetz zur Neuregelung des Internationalen Privatrechts vom 25. 7. 1986 (BGBl. I 1142) ist Art. 15 EGBGB neu gestaltet worden. Die Vorschrift unterstellt in Abs. 1 die güterrechtlichen Wirkungen der Ehe dem bei der Eheschließung für die allgemeinen Ehewirkungen maßgebenden Recht (s. hierzu Art. 14 Abs. 1 bis 3 EGBGB) und lässt in Abs. 2 eine Rechtswahl zu, deren Form Abs. 3 durch Verweisung auf Art. 14 Abs. 4 EGBGB regelt; Abs. 4 stellt klar, dass die Vorschriften des Gesetzes über den ehelichen Güterstand von Vertriebenen und Flüchtlingen vom 4. 8. 1969 (BGBl. I 1067) unberührt bleiben. Die Neuregelung erhält damit die Unwandelbarkeit der gesetzlichen Anknüpfung, räumt den Ehegatten jedoch die Möglichkeit einer Anpassung durch Rechtswahl ein. Die Rechtswahlmöglichkeit ist auf die jeweiligen Heimatrechte der Ehegatten und die Rechtsordnung des Staates des gewöhnlichen Aufenthalts mindestens eines Ehegatten sowie für unbewegliches Vermögen auf das Recht des Lageorts beschränkt.

21 bb) Art. 220 Abs. 3 EGBGB enthält eine **Übergangsreglung.** Die güterrechtlichen Wirkungen von Ehen, die vor dem 1. 4. 1953, dem Inkrafttreten der Gleichberechtigung (vgl. Art. 3 Abs. 2, Art. 117 Abs. 1 GG), geschlossen worden sind, bleiben von der gesetzlichen Neuregelung unberührt; die Ehegatten können jedoch eine Rechtswahl nach Art. 15 Abs. 2, 3 EGBGB treffen (Art. 220 Abs. 3 Satz 6). Auf die güterrechtlichen Wirkungen von Ehen, die nach dem 8. 4. 1983, dem Tag des Bekanntwerdens der Entscheidung des BVerfG vom 22. 2. 1983 zur Nichtigkeit von Art. 15 EGBGB a. F. (vgl. Rpfleger 1983, 250), geschlossen worden sind, ist Art. 15 EGBGB anzuwenden (Art. 220 Abs. 3 Satz 5). Die güterrechtlichen Wirkungen von Ehen, die nach dem 31. 3. 1953 und vor dem 9. 4. 1983 geschlossen worden sind, sind in Art. 220 Abs. 3 Sätze 1 bis 4 EGBGB im Einzelnen geregelt. Ferner bestimmt Art. 220 Abs. 1 EGBGB, dass auf vor dem 1. 9. 1986 abgeschlossene Vorgänge das bisherige Internationale Privatrecht anwendbar bleibt. Wegen der Auswirkungen der Übergangsregelung auf GBEintragungen s. Lichtenberger DNotZ 1986, 674. Zur Auslegung des Art. 220 Abs. 3 und zur Frage der Verfassungsmäßigkeit des Art. 220 Abs. 3 Satz 1 Nr. 3 EGBGB s. BGH Rpfleger 1987, 16 mit zust. Anm. v. Lichtenberger DNotZ 1987, 297, aber auch Rauscher NJW 1987, 351.

22 **5. EintrFähigkeit des Güterrechts. a)** Das zwischen Ehegatten bestehende Güterrecht kann in das GB nur eingetragen wer-

den, wenn ein Grundstück oder ein Recht zum Gesamtgut einer Gütergemeinschaft gehört, also den Ehegatten gemeinschaftlich zusteht. Eintragungsfähig ist auch, dass eine Gütergemeinschaft beendet, aber noch nicht auseinandergesetzt ist (KGJ 50, 152; BayObLG 21, 17).

b) Der gesetzliche Güterstand sowie eine bestehende Gütertrennung sind dagegen nicht eintragungsfähig; ebenso wenig kann im GB verlautbart werden, dass ein Grundstück oder ein Recht zum Sondergut, Vorbehaltsgut oder eingebrachten Gut eines Ehegatten gehört; hier ändert sich nichts an der Person des Berechtigten; soweit, wie bei einer vor dem 1. 7. 1958 vereinbarten Fahrnis- oder Errungenschaftsgemeinschaft, die Zugehörigkeit zum Sondergut oder eingebrachten Gut der Frau noch eine Verfügungsbeschränkung zur Folge hat (s. Art. 8 I Nr. 7 GleichberG), wirkt diese nach §§ 1404, 1525 Abs. 2, § 1550 Abs. 2 BGB a. F. auch gegenüber gutgläubigen Dritten, so dass ihre Eintragung überflüssig ist (KGJ 38, 211). **23**

6. Eintragung einer Gütergemeinschaft. a) Ist ein Recht für einen Ehegatten eingetragen, so wird das GB durch den Eintritt der Gütergemeinschaft unrichtig, falls das Recht kraft gesetzlicher Vorschrift in das Gesamtgut fällt; dies ergibt sich aus § 1416 Abs. 2 BGB. Die **Berichtigung des GB** erfordert entweder eine Bewilligung des eingetragenen Ehegatten oder den Nachweis des Bestehens der Gütergemeinschaft. Bei einem Grundstück ist die Zustimmung des anderen Ehegatten zu seiner Eintragung als Miteigentümer in der neueren Rechtsprechung im Hinblick auf § 1416 Abs. 3 BGB für entbehrlich erklärt worden (JFG 13, 78 gegen KGJ 48, 210); seit der Neufassung des § 22 Abs. 2 ist sie es jedenfalls dann, wenn das Bestehen der Gütergemeinschaft nachgewiesen wird (s. § 22 Rn. 59). **24**

b) Wird die Eintragung eines Rechts für Ehegatten in Gütergemeinschaft bewilligt, so muss die EintrBewilligung die **Art der Gütergemeinschaft** angeben (s. § 20 Rn. 33; § 47 Rn. 21); der Nachweis ihres Bestehens ist nicht notwendig (OLG Düsseldorf Rpfleger 2000, 107). Das Bestehen der Gütergemeinschaft braucht auch dann nicht nachgewiesen zu werden, wenn ein Ehegatte (wozu er berechtigt ist: BayObLG 1975, 210 = Rpfleger 1975, 302) ein Recht für sich erwirbt und dessen Eintragung für beide Ehegatten in Gütergemeinschaft beantragt; da es sich alsdann nicht um eine eigentliche GBBerichtigung handelt, ist, wenn der Erwerb ein Grundstück zum Gegenstand hat, die Zustimmung des anderen Ehegatten zu seiner Eintragung als Miteigentümer nicht erforderlich (RG 84, 326; BayObLG 1954, 15; 1975, 209 = Rpfleger 1975, 302). Ein Fall dieser Art liegt auch vor, wenn die Ehegatten jeweils **25**

für sich einen Hälfteanteil an einem Grundstück erwerben (s. hierzu BayObLG 1978, 339 = Rpfleger 1979, 18).

26 **c)** Die umstrittene Frage, ob in Gütergemeinschaft lebende Ehegatten, denen ein Grundstück „in Miteigentum zu gleichen Teilen" aufgelassen worden ist, auf ihren Antrag als Eigentümer in Gütergemeinschaft in das GB eingetragen werden können oder ob hierfür eine (erneute) Auflassung des Grundstücks an sie als Eigentümer zur gesamten Hand erforderlich ist, hat der BGH im ersteren Sinn entschieden; ist andererseits an Eheleute, die nicht im Güterstand der Gütergemeinschaft leben, ein Grundstück zum Gesamtgut aufgelassen und sind sie im GB als Eigentümer in Gütergemeinschaft eingetragen worden, so kann nach BayObLG im Allgemeinen angenommen werden, dass sie Miteigentum je zur Hälfte erworben haben. Näheres hierzu s. § 20 Rn. 33.

27 **d)** Zu dem Fall, dass ein Grundstück Ehegatten zum Gesamtgut eines zwischen ihnen bestehenden ausländischen gesetzlichen Güterstands aufgelassen worden ist, die Ehegatten jedoch vor ihrer Eintragung den gesetzlichen Güterstand der Zugewinngemeinschaft vereinbaren und sich zugleich darüber einig erklären, dass ihnen das Grundstück in Bruchteilsgemeinschaft je zur Hälfte gehören sollte, s. OLG Köln Rpfleger 1980, 16.

28 **7. Eintragung von Ehegatten. a)** Das GBAmt hat, wenn Ehegatten als Berechtigte eingetragen werden sollen, das Güterrecht **nicht zu erforschen,** kann vielmehr von der Richtigkeit der hierzu gemachten Angaben und bei Fehlen solcher vom gesetzlichen Güterrecht ausgehen; einen EintrAntrag hat es jedoch zurückzuweisen, wenn es auf Grund der Angaben oder sonst die sichere Kenntnis davon hat, dass das GB unrichtig werden würde, weil z.B. ein Ehegatte als Alleinberechtigter eingetragen werden soll, obwohl das Recht in das Gesamtgut einer Gütergemeinschaft fällt (so, jedenfalls bei Erwerb des Eigentums an einem Grundstück, auch RG 155, 344; BayObLG 1975, 211; 1986, 83; 1992, 85 = Rpfleger 1992, 341; BayObLG Rpfleger 2001, 173 mit Anm. v. Riering MittBayNot 2001, 222; wegen der Eintragung von Vormerkungen s. jedoch Anh. zu § 44 Rn. 105). Ohne Vorlage einer Todeserklärung kann ein Ehegatte nicht als Alleineigentümer eines nach dem maßgebenden Recht von Bosnien-Herzegowina zum gemeinschaftlichen Eigentum der Ehegatten gehörenden Grundstücks allein auf Grund seiner Behauptung eingetragen werden, sein Ehegatte sei im Zusammenhang mit den Kriegswirren seit mehreren Jahren verschollen (BayObLG FamRZ 1998, 443). Weiß das GBAmt, dass allgemeine Gütergemeinschaft bestanden hat, ihre Fortsetzung vereinbart war oder als vereinbart gilt (s. dazu § 35

Rn. 48) und Abkömmlinge vorhanden sind, so ist vor der Umschreibung auf den überlebenden Ehegatten nachzuweisen, dass fortgesetzte Gütergemeinschaft nicht eingetreten ist (vgl. RG HRR 1931 Nr. 1353).

b) Die gleichen Grundsätze gelten, wenn das GB im Gebiet der früheren DDR bei Grundstücken aus der **Bodenreform** gem. Art. 233 § 11 Abs. 2 Satz 1 Nr. 1 EGBGB berichtigt werden soll. Das GBAmt darf die Eintragung des Antragstellers als Alleineigentümer nur ablehnen, wenn es sichere Kenntnis vom Vorliegen der Voraussetzungen des Art. 233 § 11 Abs. 5 EGBGB hat. S. hierzu Keller, Miteigentum des Ehegatten bei Bodenreform, MittBayNot 1993, 70. Zur Eintragung von Ehegatten im Gebiet der früheren DDR im Übrigen s. Rn. 3.

c) Die sich aus der Verantwortung des GBAmts für die Richtigkeit des GB ergebenden Prüfungspflichten bei der Eintragung eines Ehegatten im Hinblick darauf, dass das GB wegen dessen Güterstandes unrichtig werden könnte, gelten in gleicher Weise für inländische wie für **ausländische Ehegatten.** Die bloße Möglichkeit, dass das GB durch die Eintragung eines Ehegatten mit fremdländischem Namen wegen eines ausländischen Güterrechts unrichtig werden könnte, kann weder zur Zurückweisung eines EintrAntrags noch zum Erlass einer Zwischenverfügung zur Klärung des Güterstandes führen (vgl. OLG Düsseldorf Rpfleger 2000, 107). Etwas anderes gilt allerdings, wenn sich die Zweifel auf die Wirksamkeit von EintrVoraussetzungen, etwa der Auflassung, beziehen (BayObLG 1986, 81; 1992, 85 = Rpfleger 1992, 341; OLG Karlsruhe Rpfleger 1994, 248; OLG Hamm NJW-RR 1996, 530; s. hierzu auch Amann MittBayNot 1986, 222; Wolfsteiner DNotZ 1987, 67; Böhringer BWNotZ 1987, 17). **29**

8. Verfügungsbefugnis von Ehegatten. a) Ein Nachweis ist nur erforderlich, wenn der verfügende Ehegatte nach dem für ihn maßgebenden Güterrecht nicht allein verfügungsberechtigt ist. Das GBAmt darf mangels anderer Kenntnis annehmen, dass gesetzliches Güterrecht, also Zugewinngemeinschaft, besteht (KGJ 47, 195; OLG Freiburg DNotZ 1952, 95; BayObLG 1959, 447 = NJW 1960, 821). Hieraus folgt: **30**

b) Ist das Recht für einen der Ehegatten eingetragen, so braucht dieser seine Verfügungsbefugnis **nur nachzuweisen,** wenn sie das GBAmt begründet bezweifelt; bei Verfügungen eines in Zugewinngemeinschaft lebenden Ehegatten kann die Zustimmung des anderen Ehegatten bzw. der Nachweis des Nichtvorliegens der Voraussetzungen des § 1365 Abs. 1 BGB (s. dazu Rn. 7 ff.) nicht schon wegen der bloßen Möglichkeit verlangt werden, dass die **31**

Verfügung der Erfüllung einer nicht wirksam eingegangenen Verpflichtung zu einer Gesamtvermögensverfügung dient; erforderlich ist vielmehr, dass sich aus den EintrUnterlagen oder aus sonst bekannten bzw. nach der Lebenserfahrung nahe liegenden Umständen positive Anhaltspunkte für das Vorliegen der Voraussetzungen des § 1365 Abs. 1 BGB (s. dazu Rn. 6 ff.) ergeben (BGH 35, 138 = Rpfleger 1961, 233; BGH 64, 250; BayObLG 1967, 87; 1987, 435; Rpfleger 2000, 265; OLG Zweibrücken Rpfleger 1989, 95; OLG Celle NJW-RR 2000, 384; OLG Jena Rpfleger 2001, 298). Dazu gehört insbes. auch die Kenntnis des Vertragspartners im Zeitpunkt des Abschlusses des Verpflichtungsgeschäfts davon, dass es sich um das nahezu ganze Vermögen handelt (BayObLG Rpfleger 2000, 265). Verfügt der nicht eingetragene Ehegatte über das Recht, so muss er die Zustimmung des eingetragenen beibringen oder die Vermutung des § 891 BGB entkräften, also seine Berechtigung dartun. Über die Vermutung der Gesamtgutseigenschaft bei (allgemeiner) Gütergemeinschaft s. KGJ 38, 213, über die bei Errungenschaftsgemeinschaft s. KG JW 1938, 1598.

32 **c)** Ist das Recht für Ehegatten in **Gütergemeinschaft** eingetragen, so ist die Eintragung so lange maßgebend, als das GBAmt keine begründeten Zweifel an der Richtigkeit hat (KGJ 29, 148; BayObLG JFG 3, 313). Das Recht ist demnach als zum Gesamtgut gehörig anzusehen. Soll ein zum Gesamtgut einer (allgemeinen) Gütergemeinschaft gehörendes Grundstück Alleineigentum eines der Ehegatten werden, so ist die Erklärung zum Vorbehaltsgut nachzuweisen (JFG 15, 194).

33 **d)** Verfügt derjenige, dem gem. Art. 233 § 11 Abs. 2 Satz 1 Nr. 1 EGBGB im Gebiet der früheren DDR das Eigentum an einem Grundstück aus der **Bodenreform** übertragen wurde, über dieses Grundstück, so ist so lange von seiner alleinigen Verfügungsbefugnis auszugehen, als das GBAmt daran keine begründeten Zweifel hat; nur bei Vorliegen konkreter Anhaltspunkte dafür, dass die Voraussetzungen des Art. 233 § 11 Abs. 5 EGBGB gegeben sind, kann der Nachweis des Alleineigentums aufgegeben werden (LG Neubrandenburg Rpfleger 1994, 293; a. M. OLG Rostock MittBayNot 1994, 441, das in jedem Fall die Vorlage einer Bescheinigung der Meldebehörde über den Familienstand am 15. 3. 1990 verlangt). Zum Nachweis der Verfügungsbefugnis verheirateter Ausländer ohne Wohnsitz im Inland s. OLG Hamm DNotZ 1966, 236; OLG Köln DNotZ 1972, 182, aber auch KG DNotZ 1973, 620.

34 **9. Zeugnis des Registergerichts. a)** Zuständig ist jedes Amtsgericht, in dessen Bezirk auch nur einer der Ehegatten seinen ge-

wöhnlichen Aufenthalt hat (§§ 1558, 1559 BGB in der ab 1. 9. 1986 geltenden Fassung durch das Ges. v. 25. 7. 1986, BGBl. I 1142). Zur Zuständigkeit des Amtsgerichts am Ort der Handelsniederlassung oder der Hauptniederlassung bei Kaufleuten s. Art. 4 EGHGB in der Fassung durch das Ges. v. 23. 10. 1989 (BGBl. I 1910).

b) Zu bezeugen ist, dass nach dem Eintrag im Güterrechtsregis- **35**
ter Gütertrennung oder ein bestimmtes vertragsmäßiges Güterrecht besteht oder ein Gegenstand zum Vorbehaltsgut eines Ehegatten gehört. Das Zeugnis ist zu datieren, damit seine Beweiskraft geprüft werden kann.

c) Zur Beweiskraft gilt das zu § 32 Rn. 9, 11, 12 Gesagte ent- **36**
sprechend (s. dazu KGJ 39, 185). Das Zeugnis beweist auch das Bestehen der Ehe, weil Eintragungen in das Güterrechtsregister erst nach Eheschließung erfolgen dürfen; deshalb ist neben dem Zeugnis eine Heiratsurkunde nicht erforderlich.

10. Ersetzung des Zeugnisses. § 33 will den GBVerkehr nur **37**
erleichtern. Deshalb sind andere Beweismittel zulässig. In Betracht kommen:

- Bezugnahme auf das Register desselben Gerichts (§ 34).
- Beglaubigte Abschrift oder Auszug des Registers. Bloße Eintr- **38**
Benachrichtigungen genügen nicht.
- Bescheinigung des Notars, dass ihm ein gerichtliches Zeugnis **39**
mit wörtlich wiederzugebendem Inhalt vorgelegen hat oder dass das Register eine bestimmte Eintragung enthält (§ 20 Abs. 1 Satz 2 BNotO; s. dazu Promberger Rpfleger 1977, 355; 1982, 460).
- Ehevertrag. Er beweist nach der Lebenserfahrung das Güterrecht **40**
so lange, bis sich bestimmte Anhaltspunkte für eine Änderung oder Aufhebung ergeben (KGJ 39, 183). Haben die Ehegatten den Ehevertrag noch als Verlobte geschlossen, so ist die Verehelichung, falls nicht offenkundig, durch Heiratsurkunde nachzuweisen (s. dazu BayObLG 1957, 49 = DNotZ 1957, 311).
- EintrBewilligung beider Ehegatten. Diese sind zu allen Verfü- **41**
gungen befugt, so dass es keines weiteren Nachweises bedarf. Zur Übertragung von Gesamtgut in Alleineigentum eines Ehegatten ist jedoch ein Ehevertrag notwendig (s. Rn. 32).

11. Lebenspartner. a) Nach § 1 LebenspartnerschaftsG (LPartG) **42**
v. 16. 2. 2001 (BGBl. I 266) können zwei Personen gleichen Geschlechts eine Lebenspartnerschaft begründen. Vor Begründung der Lebenspartnerschaft müssen sie entweder erklären, dass sie den Vermögensstand der Ausgleichsgemeinschaft nach Maßgabe des § 6 Abs. 2 LPartG vereinbart haben, oder sie müssen einen Lebenspartnerschaftsvertrag nach Maßgabe des § 7 LPartG abgeschlossen

haben (§ 6 Abs. 1 LPartG). Im Fall der Unwirksamkeit der Vereinbarung des Vermögensstands der Ausgleichsgemeinschaft oder des Lebenspartnerschaftsvertrags besteht Vermögenstrennung (§ 6 Abs. 3 LPartG).

43 **b)** Nach der gesetzlichen Regelung ist ein Vermögensstand, der gilt, wenn keine Vereinbarungen getroffen sind, nicht vorgesehen. Gesetzlich geregelt ist lediglich der Vermögensstand der **Ausgleichsgemeinschaft.** Die Regelung lehnt sich weitgehend an die Vorschriften über den Güterstand der Zugewinngemeinschaft bei Ehegatten an. §§ 1371 bis 1390 BGB gelten entsprechend (§ 6 Abs. 2 LPartG). Der Vermögensstand der Vermögenstrennung ist gesetzlich nicht geregelt. Dasselbe gilt für den Vermögensstand der Vermögensgemeinschaft. Es steht den Lebenspartnern frei, die Wirkung einer Vermögensgemeinschaft durch einen Lebenspartnerschaftsvertrag herbeizuführen. Die §§ 1365 bis 1370 BGB gelten unabhängig vom vereinbarten Vermögensstand entsprechend (§ 8 LPartG).

44 **c)** Im GB kann allein eine durch Lebenspartnerschaftsvertrag vereinbarte **Vermögensgemeinschaft** eingetragen werden. Über die Eintragung s. § 47 Rn. 24. Im Übrigen hat das GBAmt, wenn Lebenspartner als Eigentümer oder Berechtigte eingetragen werden sollen, ihren Vermögensstand ebenso wenig zu erforschen, wie bei Ehegatten den Güterstand. Entsprechendes gilt für Verfügungen eines Lebenspartners. Auch hier ist grundsätzlich von seiner alleinigen Verfügungsbefugnis auszugehen (vgl. Rn. 28, 30). Wegen des entsprechend anwendbaren § 1365 BGB gilt das in Rn. 6 ff. Gesagte.

45 **12. Kosten.** Es gilt das zu § 32 Rn. 18, 19 Gesagte entsprechend.

Bezugnahme auf Register

34 Ist in den Fällen der §§ 32, 33 das Grundbuchamt zugleich das Registergericht, so genügt statt des Zeugnisses die Bezugnahme auf das Register.

1 **1. Allgemeines.** § 34 erleichtert den GBVerkehr für die Beteiligten über §§ 32, 33 hinaus. Die Beschaffung von Zeugnissen soll ihnen erspart werden.

2 **2. Geltungsgebiet. a)** Die Bestimmung handelt nur von der Bezugnahme auf das Handels- und Güterrechtsregister, gilt jedoch sinngemäß für die auf das Partnerschafts-, Genossenschafts- und Vereinsregister (s. § 32 Rn. 1, 5, 6) sowie für die Bezugnahme auf sonstige bei demselben Amtsgericht geführte Register und

Akten (KG JW 1932, 1757; OLG München JFG 20, 373; JFG 23, 299).

b) Eine Bezugnahme ist nur statthaft, wenn GB und Register von demselben Amtsgericht geführt werden; auch wenn beide nicht in demselben Gebäude untergebracht sind (KG JW 1935, 3042). Unzulässig ist dagegen eine Bezugnahme auf Register eines anderen Gerichts (BayObLG 13, 149). Über die Bezugnahme auf das Register bei Sitzverlegung der Firma s. KG OLG 45, 99. 3

3. Bezugnahme. a) Das GBAmt darf das Zeugnis nicht verlangen; die Beteiligten dürfen es aber beibringen. 4

b) Das GBAmt hat sich die Kenntnis des Registerinhalts selbst zu verschaffen. Dies wird in der Regel, muss aber nicht unbedingt durch Einsicht geschehen (KG JW 1935, 3042). Zu prüfen ist der gesamte Inhalt des Registers. Nicht erledigte Anmeldungen sind nur zu berücksichtigen, soweit sie zweifelsfrei die Unrichtigkeit der Eintragung erweisen. Ein Vermerk über das Ergebnis der Nachprüfung ist ratsam. 5

Nachweis der Erbfolge, der Fortsetzung einer Gütergemeinschaft und der Verfügungsbefugnis eines Testamentsvollstreckers

35 (1) **Der Nachweis der Erbfolge kann nur durch einen Erbschein geführt werden. Beruht jedoch die Erbfolge auf einer Verfügung von Todes wegen, die in einer öffentlichen Urkunde enthalten ist, so genügt es, wenn an Stelle des Erbscheins die Verfügung und die Niederschrift über die Eröffnung der Verfügung vorgelegt werden; erachtet das Grundbuchamt die Erbfolge durch diese Urkunden nicht für nachgewiesen, so kann es die Vorlegung eines Erbscheins verlangen.**

(2) **Das Bestehen der fortgesetzten Gütergemeinschaft sowie die Befugnis eines Testamentsvollstreckers zur Verfügung über einen Nachlaßgegenstand ist nur auf Grund der in den §§ 1507, 2368 des Bürgerlichen Gesetzbuchs vorgesehenen Zeugnisse als nachgewiesen anzunehmen; auf den Nachweis der Befugnis des Testamentsvollstreckers sind jedoch die Vorschriften des Absatzes 1 Satz 2 entsprechend anzuwenden.**

(3) **Zur Eintragung des Eigentümers oder Miteigentümers eines Grundstücks kann das Grundbuchamt von den in den Absätzen 1 und 2 genannten Beweismitteln absehen und sich mit anderen Beweismitteln, für welche die Form des § 29 nicht erforderlich ist, begnügen, wenn das Grundstück oder der Anteil am Grundstück weniger als 3000 Euro wert ist und die**

Beschaffung des Erbscheins oder des Zeugnisses nach § 1507 des Bürgerlichen Gesetzbuchs nur mit unverhältnismäßigem Aufwand an Kosten oder Mühe möglich ist. Der Antragsteller kann auch zur Versicherung an Eides Statt zugelassen werden.

Inhaltsübersicht

1. Allgemeines ... 1
2. Erbfolge ... 2
3. Nachweis der Erbfolge ... 4
4. Früheres Recht ... 11
5. Erbfolge nach Ausländern ... 13
6. Reichsheimstätte ... 14
7. Familienfideikommisse, Lehen, Stammgüter ... 15
8. Inhalt des Erbscheins ... 16
9. Form des Erbscheins ... 23
10. Prüfung des Erbscheins ... 25
11. Beweiskraft des Erbscheins ... 27
12. Verfügung von Todes wegen ... 31
13. Verfügung in öffentlicher Urkunde ... 32
14. Eröffnungsniederschrift ... 38
15. Prüfung der Verfügung von Todes wegen ... 39
16. Beweiskraft der Verfügung von Todes wegen ... 46
17. Fortgesetzte Gütergemeinschaft ... 47
18. Nachweis der fortgesetzten Gütergemeinschaft ... 49
19. Zeugnis über die Fortsetzung der Gütergemeinschaft ... 50
20. Form des Zeugnisses ... 52
21. Prüfung des Zeugnisses ... 53
22. Beweiskraft des Zeugnisses ... 54
23. Testamentsvollstrecker ... 55
24. Nachweis der Verfügungsbefugnis ... 57
25. Testamentsvollstreckerzeugnis ... 59
26. Ernennung in Verfügung von Todes wegen ... 63

1 **1. Allgemeines.** § 35 bestimmt, wie die Erbfolge, der Eintritt der fortgesetzten Gütergemeinschaft und die Verfügungsbefugnis eines Testamentsvollstreckers nachzuweisen sind.

Der Nachweis ist durch Erbschein, Zeugnis über die Fortsetzung der Gütergemeinschaft bzw. Testamentsvollstreckerzeugnis zu führen. Diese starre Beweisregelung gilt jedoch nicht ohne Ausnahmen. Statt des Erbscheins oder Testamentsvollstreckerzeugnisses genügt in der Regel die Vorlegung der in einer öffentlichen Urkunde enthaltenen Verfügung von Todes wegen sowie der Eröffnungsniederschrift. Vereinzelt ist auch der Nachweis mit anderen, nicht der Form des § 29 bedürftigen Beweismitteln zugelassen.

2 **2. Erbfolge. a)** Erbfolge ist der mit dem Tod einer Person eintretende Übergang ihres gesamten Vermögens auf eine oder mehrere andere Personen (§ 1922 BGB). Sie beruht entweder auf Gesetz (§§ 1924 bis 1936 BGB) oder auf einer Verfügung von Todes wegen; letztere kann ein Testament oder ein Erbvertrag sein

(§§ 1937, 1941 BGB). Wie eine Erbfolge behandelt wird auch der Anfall von Vereins- oder Stiftungsvermögen an den Fiskus (§ 45 Abs. 3, §§ 46, 88 BGB; s. auch Art. 85 EGBGB, ferner für *Bayern* Art. 17 StiftungsG i. d. F. v. 7. 3. 1996, GVBl. 126). Gleiches gilt, wenn in *Bayern* gem. Art. 17 Abs. 1 StiftungsG Stiftungsvermögen nicht an den Fiskus, sondern das Vermögen einer kommunalen Stiftung an eine Gebietskörperschaft oder das Vermögen einer kirchlichen Stiftung an eine Kirche fällt (BayObLG 1994, 35 = Rpfleger 1994, 410).

b) Keine Erbfolge liegt vor beim Erwerb auf Grund eines 3
Vermächtnisses (§ 1939 BGB) oder eines Erbschaftskaufs (§ 2371 BGB), auch nicht bei Übertragung eines Erbanteils (RG 64, 173) oder bei Übertragung des Nacherbenrechts auf den Vorerben (KG DNotZ 1933, 291). Nicht wie eine Erbfolge zu behandeln ist der Anfall von Vereins- oder Stiftungsvermögen an einen anderen als den Fiskus, eine Gebietskörperschaft oder eine Kirche, z. B. an Vereinsmitglieder.

3. Nachweis der Erbfolge. a) Erbschein. Soweit die Erbfol- 4
ge nachgewiesen werden muss, ist der Nachweis grundsätzlich durch Erbschein zu führen (s. Rn. 16). Dies gilt auch, soweit der Anfall von Vereins- oder Stiftungsvermögen an den Fiskus, eine Gebietskörperschaft oder eine Kirche wie eine Erbfolge behandelt wird (s. Rn. 2); auch in diesen Fällen ist dem GBAmt gegenüber der Nachweis durch ein inhaltlich dem Erbschein entsprechendes Zeugnis des Nachlassgerichts zu erbringen (OLG Hamm OLGZ 1966, 109; BayObLG 1994, 35). Auch der Nachweis, dass jemand nach einem anderen, dem Vorerben, Erbe geworden ist, kann grundsätzlich nur durch einen Erbschein geführt werden; eine GBBerichtigung auf Grund Bewilligung des Vorerben bei Eintritt des Nacherbfalls zu seinen Lebzeiten scheidet aus (BayObLG 1994, 38 = Rpfleger 1994, 410). Zum Nachweis im Geltungsbereich der HöfeO s. Rn. 21. Die Vorlage des Erbscheins kann nicht dadurch ersetzt werden, dass der Testamentsvollstrecker unter Vorlage des Testamentsvollstreckerzeugnisses die Erben benennt (KG JW 1938, 123; OLG Köln Rpfleger 1992, 342; s. auch Rn. 9). Beruht die Erbfolge jedoch auf einer in einer öffentlichen Urkunde enthaltenen Verfügung von Todes wegen, so genügt im Allgemeinen die Vorlegung der Verfügung und der Niederschrift über ihre Eröffnung (s. Rn. 31 ff.). Diese sich aus Abs. 1 ergebende Regelung erleidet jedoch einige **Ausnahmen:**

aa) Zur Eintragung des Eigentümers oder Miteigentümers eines 5
Grundstücks kann sich das GBAmt nach Abs. 3 mit anderen, nicht der Form des § 29 bedürftigen Beweismitteln begnügen, wenn das

Grundstück oder der Anteil an diesem weniger als 3000 EUR wert ist und der Erbschein nur mit unverhältnismäßigem Aufwand an Kosten oder Mühe beschafft werden kann; in diesem Fall darf der Antragsteller auch zur Versicherung an Eides Statt zugelassen werden (s. dazu Hesse DFrG 1943, 18). Die Beweiserleichterung gilt entsprechend für die Eintragung des Berechtigten eines grundstücksgleichen Rechts, z. B. eines Erbbauberechtigten oder Gebäudeeigentümers.

6 bb) Zur Löschung umgestellter Hyp. oder Grundschulden, deren Geldbetrag 3000 EUR nicht übersteigt, sowie zur Löschung umgestellter Rentenschulden oder Reallasten, deren Jahresleistung nicht mehr als 15 EUR beträgt, darf sich das GBAmt nach §§ 18 und 19 GBMaßnG mit anderen, nicht der Form des § 29 bedürftigen Beweismitteln begnügen, wenn die Beschaffung des Erbscheins nur mit unverhältnismäßigem Aufwand an Kosten oder Mühe möglich ist; es kann den Antragsteller in diesem Fall auch zur Versicherung an Eides Statt zulassen. Wegen der Berechnung des Geldbetrags s. § 29 Rn. 19.

7 cc) Schließlich kommt für den Nachweis der Erbfolge auch ein Überweisungszeugnis nach §§ 36, 37 in Betracht. Ist ein solches erteilt worden, obwohl die Erbengemeinschaft hinsichtlich des Nachlassgrundstücks nicht aufgelöst werden soll, so kann mit dem Zeugnis auch nicht die darin festgestellte Erbfolge nachgewiesen werden (KG HRR 1939 Nr. 1363).

dd) Der in § 35 Abs. 3 Satz 1 und in § 18 Abs. 1 Satz 1 GBMaßnG zunächst genannte Betrag von 5000 DM wurde durch das RegVBG festgesetzt; er wurde durch Art. 7 Abs. 5, 7 des Ges. v. 27. 6. 2000 (BGBl. I 897) mit Wirkung vom 30. 6. 2000 durch den Betrag von 3000 EUR ersetzt. Art. 18 Abs. 4 Nr. 1 RegVBG enthielt bis zu seinem Außerkrafttreten am 24. 7. 1997 (s. Art. 7 Abs. 3 Nr. 3 WohnraummodernisierungssicherungsG v. 17. 7. 1997, BGBl. I 1823) eine Ermächtigung des BJM, durch Rechtsverordnung mit Zustimmung des Bundesrats den Betrag an die Veränderungen der Lebenshaltungskosten anzupassen.

8 **b) Ausnahmen.** aa) Nicht erforderlich ist der Nachweis der Erbfolge, wenn diese beim GBAmt **offenkundig** ist (BayObLG 1906, 417; offengelassen: BGH 84, 199 = Rpfleger 1982, 333); dies folgt aus § 29 Abs. 1 Satz 2. Zur GBBerichtigung nach Eintritt des Nacherbfalls bedarf die Nacherbfolge gemäß § 35 Abs. 1 Satz 1 des Nachweises durch Erbschein auch dann, wenn das Recht des Nacherben gemäß § 51 im GB vermerkt ist und eine Sterbeurkunde des Vorerben vorgelegt wird (BGH 84, 196 = Rpfleger 1982, 333).

bb) Ein Bevollmächtigter, der auf Grund einer vom Erblasser mit Wirkung über den Tod hinaus erteilten Vollmacht ein Recht frei von den Beschränkungen durch Nacherbfolge und Testamentsvollstreckung veräußert, braucht die Erbfolge nicht nachzuweisen (JFG 12, 276). Ebensowenig ein Testamentsvollstrecker, wenn die Erben nicht eingetragen werden müssen; nötig ist der Nachweis aber zur Umschreibung eines Rechts auf die Erben (BayObLG 1994, 39 = Rpfleger 1994, 410; s. Rn. 4) sowie dann, wenn die Entgeltlichkeit der Verfügung nur durch den Nachweis der Erbeneigenschaft der Erwerber dargetan werden kann (JFG 18, 161). **9**

cc) Der **Fiskus** kann als gesetzlicher Erbe nur auf Grund eines Erbscheins, nicht aber eines Feststellungsbeschlusses nach § 1964 BGB in das GB eingetragen werden (OLG Köln MDR 1965, 993; OLG Frankfurt MDR 1984, 145; BayObLG MDR 1987, 762; BayObLG 1989, 11; 1994, 35 = Rpfleger 1994, 410); dies gilt auch, soweit ihm Vereins- oder Stiftungsvermögen anfällt (s. Rn. 2, 4). An die in *Bayern* gem. Art. 37 Abs. 1 AGGVG v. 23. 6. 1981, BayRS 300-1-1-J (früher Art. 3 Abs. 1 NachlassG v. 9. 8. 1902, BayBS III 114 und §§ 42ff. NachlassO v. 20. 3. 1903, BayBSVJu III 166, beide aufgehoben mit Wirkung vom 1. 8. 1981 durch Art. 56 Abs. 2 Nr. 6 AGGVG und JMBek. v. 3. 7. 1981, JMBl. 93) von Amts wegen vorzunehmende Ermittlung und Feststellung der Erben durch das Nachlassgericht ist das GBAmt nicht gebunden (BayObLG 1989, 8 = Rpfleger 1989, 278 unter Aufgabe von BayObLG 1974, 1); sie kann daher den Erbschein nicht ersetzen. **10**

4. Früheres Recht. a) § 35 findet nur Anwendung, wenn der Erblasser nach dem Inkrafttreten des BGB gestorben ist; ist er vor dem 1. 1. 1900 gestorben, so bestimmen sich die erbrechtlichen Verhältnisse gemäß Art. 213 EGBGB nach dem bis dahin geltenden Recht; nach ihm richtet sich auch der Nachweis der Erbfolge (KGJ 23, 129; 25, 124). **11**

Für die Form einer vor dem 1. 1. 1900 errichteten Verfügung von Todes wegen ist das bis dahin geltende Recht gemäß Art. 214 Abs. 1 EGBGB auch dann maßgebend, wenn der Erblasser nach dem Inkrafttreten des BGB gestorben ist.

b) Im Gebiet der **früheren DDR** bleibt für die erbrechtlichen Verhältnisse das bisherige Recht maßgebend, wenn der Erblasser vor dem 3. 10. 1990 gestorben ist (Art. 235 § 1 Abs. 1 EGBGB). Bei einem Erbfall unter der Geltung des Zivilgesetzbuchs der DDR v. 19. 6. 1975 (GBl. DDR I 465), also ab dem 1. 1. 1976, trat daher bei einem Erblasser, der nicht in der DDR lebte, hinsichtlich seines dort belegenen Grundbesitzes auf Grund § 25 Abs. 2 des mit dem ZGB in Kraft getretenen RechtsanwendungsG der DDR v. **12**

5. 12. 1975 (GBl. DDR I 748) Nachlassspaltung ein (BayObLG 1991, 105 = Rpfleger 1991, 205). Die Erbfolge richtet sich nach dem Recht der DDR (vgl. §§ 362ff. ZGB), so dass ein die Erbfolge nach dem BGB bezeugender Erbschein für diesen Zeitraum kein ausreichender Nachweis für eine GBBerichtigung ist. Auf die Vorlage eines Erbscheins, der die Erbfolge hinsichtlich des im Gebiet der früheren DDR belegenen Grundbesitzes zum Gegenstand hat, kann das GBAmt nicht verzichten (Brakebusch DtZ 1994, 61; a.M. BezG Erfurt DtZ 1994, 77; s. hierzu auch BayObLG Rpfleger 1994, 299).

Die Errichtung oder Aufhebung einer Verfügung von Todes wegen vor dem 3. 10. 1990 beurteilt sich auch dann nach dem bisherigen Recht, wenn der Erblasser nach diesem Zeitpunkt stirbt; dies gilt auch für die Bindungswirkung eines vor dem 3. 10. 1990 errichteten gemeinschaftlichen Testaments (Art. 235 § 2 EGBGB). Auf die unter der Geltung des ZGB der DDR errichteten Testamente sind daher insoweit §§ 362ff. ZGB anzuwenden. S. zum Ganzen Bestelmeyer Rpfleger 1992, 229; Böhringer NJ 1992, 292.

13 **5. Erbfolge nach Ausländern.** Ist der Erblasser nach dem 1. 1. 1900 gestorben, so gilt § 35 (s. dazu LG Aachen Rpfleger 1965, 233). Soweit es zum Nachweis der Erbfolge eines Erbscheins bedarf, ist vorbehaltlich einer abweichenden Regelung durch Staatsvertrag, an der es für Israel fehlt (KG FGPrax 1997, 132), ein deutscher Erbschein erforderlich (KG FGPrax 1997, 132); dieser kann ein unbeschränkter nach § 2353 BGB oder ein gegenständlich beschränkter nach § 2369 BGB sein (JFG 17, 343). Zu der Frage, inwieweit österreichische Einantwortungsurkunden aus früherer Zeit deutschen Erbscheinen gleichzustellen sind, s. KG DNotZ 1953, 406 mit Anm. v. Firsching; OLG Zweibrücken Rpfleger 1990, 121. S. hierzu auch Krzywon, Ausländische Erbrechtszeugnisse im GBVerfahren, BWNotZ 1989, 133; Kaufhold, Zur Anerkennung ausländischer öffentlicher Testamente und Erbnachweise im GBVerfahren, ZEV 1997, 399.

14 **6. Reichsheimstätte. a)** Durch das am 1. 10. 1993 in Kraft getretene Ges. v. 17. 6. 1993 (BGBl. I 912) sind das RHeimstG, das Ges. zur Änderung des RHeimstG und die VO zur Ausführung des RHeimstG aufgehoben worden. Nach der Übergangsregelung in Art. 6 § 4 sind auf Erbfälle aus der Zeit vor dem 1. 10. 1993 die hierzu ergangenen Vorschriften der VO zur Ausführung des RHeimstG sowie § 117 KostO weiterhin anzuwenden.

b) Art. 6 § 4 des Ges. v. 17. 6. 1993 enthält eine Übergangsregelung für Erbfälle aus der Zeit vor dem 1. 10. 1993, die zuletzt in der 23. Auflage im Einzelnen dargestellt wurde.

7. Familienfideikommisse, Lehen und Stammgüter. Familienfideikommisse, Lehen und Stammgüter sowie sonstige gebundene Vermögen sind auf Grund des FidErlG v. 6. 7. 1938 (RGBl. I 825) spätestens mit dem 1. 1. 1939 erloschen (§ 1 Abs. 1, § 30 Abs. 1 FidErlG). Das gebundene Vermögen wurde freies Vermögen des letzten Besitzers (§ 2 FidErlG). Mit dem gleichen Zeitpunkt kam auch ein im Zug einer früheren Auflösung (s. für *Bayern* Ges. v. 28. 3. 1919, BayBS III 118, aufgehoben durch Ges. v. 6. 4. 1981, GVBl. 85, und AusfVO v. 26. 9. 1919, BayBS III 118 = BayRS 403-5-J) begründetes Nacherbenrecht in Wegfall, sofern der Nacherbfall nicht schon vorher eingetreten war (§ 14 FidErlG). Wegen des Nachweises einer seitdem nicht mehr in Betracht kommenden Folge in ein Familienfideikommiß oder anderes gebundenes Vermögen und des Nachweises eines durch fideikommißrechtliche Bestimmungen oder Anordnungen begründeten Nacherbenrechts s. § 39 DVO z. FidErlG v. 20. 3. 1939 (RGBl. I 509). 15

8. Inhalt des Erbscheins. Der gemäß § 2353 BGB zu erteilende Erbschein hat das Erbrecht und die Größe der Erbteile zu bezeugen. 16

a) Erblasser und Erben. Anzugeben sind der Name des Erblassers und der Erben sowie die Größe der Bruchteile. Erbeserben dürfen nicht unmittelbar als Erben angegeben werden; vielmehr ist für jeden Erbfall ein besonderer Erbschein zu erteilen (KGJ 44, 100). Die Zusammenfassung mehrerer Erbscheine in einer Urkunde ist zulässig, jedoch nicht praktisch. Auf eine bloße Wiedergabe der Bestimmungen des Testaments darf sich der Erbschein nicht beschränken; das Erbrecht ist festzustellen.

b) Erbteil. Ein Erbschein kann auch nur über einen einzelnen Erbteil – Teilerbschein (bei Ungewissheit des Erbrechts im Übrigen auch über Mindesterbteil: JFG 13, 43; OLG München JFG 15, 355), oder über mehrere Erbteile – Gruppenerbschein (Zusammenfassung mehrerer Teilerbscheine in einer Urkunde: KGJ 41, 90) und gemeinschaftlicher Teilerbschein (JFG 13, 41; OLG München JFG 15, 353) ausgestellt werden. Die Angabe der Erbteile ist für das GBAmt nur von Bedeutung, wenn ein Miterbe über seinen Anteil im ganzen verfügt, oder um festzustellen, ob das Erbrecht in vollem Umfang nachgewiesen ist; in das GB sind die Erbteile nicht einzutragen. Unter der Geltung des RErbhG konnte ein Erbschein hinsichtlich des erbhoffreien Vermögens erteilt werden, s. JFG 18, 219; über die seinerzeitigen Hoffolgezeugnisse vgl. § 15 EHRV. 17

c) Vorerbe. Der Erbschein für einen Vorerben muss nach § 2363 BGB enthalten: Anordnung der Nacherbfolge; Vorausset- 18 zungen ihres Eintritts; Bezeichnung der Nacherben und Ersatznacherben (RG 142, 172; BayObLG 1960, 410; OLG Frankfurt DNotZ 1970, 692) und zwar soweit möglich mit Namen (OLG Dresden JFG 7, 269; BayObLG 1982, 453 = Rpfleger 1983, 104); Befreiungen des Vorerben (KGJ 44, 78) und diesem zugewendete Vorausvermächtnisse (JFG 21, 122; BayObLG 1965, 465); falls zutreffend, Vermerk über die Unvererblichkeit des Nacherbenrechts (RG JFG 15, 211; OLG Köln NJW 1955, 635); Anordnung einer Testamentsvollstreckung zur Ausübung der Rechte des Nacherben (KGJ 43, 95) oder zur Verwaltung des Nachlasses nach dem Eintritt des Nacherbfalls (KG JW 1938, 1411). Hat ein Nacherbe seine Anwartschaft auf einen Dritten übertragen, so ist dieser an Stelle des Nacherben im Erbschein anzugeben (JFG 20, 21). Beschränkungen des Vorerben sind aber nur insoweit aufzunehmen, als sie z. Z. der Erteilung des Erbscheins noch bestehen. Mithin kein Nacherbenvermerk im Erbschein, wenn der Nacherbe weggefallen oder der Vorerbe durch Übertragung des Nacherbenrechts Vollerbe geworden ist (JFG 18, 225). Nach Eintritt des Nacherbenfalls kommt nurmehr eine Erbscheinserteilung an den Nacherben in Betracht (KG HRR 1932 Nr. 12).

19 **d) Nacherbe.** Ein Erbschein für einen Nacherben kann erst nach Eintritt des Nacherbfalls erteilt werden; in ihm ist der Tag des Anfalls der Erbschaft anzugeben (KGJ 50, 87).

20 **e) Testamentsvollstreckung.** Anzugeben ist nach § 2364 BGB auch die Anordnung einer Testamentsvollstreckung, wenn sie den Erben (nicht etwa nur den Vermächtnisnehmer) beschränkt. Also nicht mehr nach Fortfall (KGJ 48, 148; JFG 18, 225); bei aufschiebender Bedingung regelmäßig erst nach Eintritt der Bedingung (JFG 10, 73). Name des Vollstreckers und Aufgabenkreis sind nicht anzugeben.

21 **f) Hoferbe.** Im Geltungsbereich der HöfeO muss nach deren § 18 Abs. 2 Satz 2 der Erbschein den Hoferben als solchen bezeichnen. Anzugeben ist auch das Verwaltungs- und Nutznießungsrecht des überlebenden Ehegatten gemäß § 14 HöfeO (OLG Celle MDR 1949, 189), das jedoch nicht eintragungsfähig ist (OLG Celle Rpfleger 1968, 155 mit weit. Nachweisen). Nach § 18 Abs. 2 Satz 3 HöfeO kann ein sog. Hoffolgezeugnis erteilt werden (a. M. AG Düren JMBlNW 1948, 189 mit abl. Anm. v. Temmen); auch die Erteilung eines Erbscheins über das hoffreie Vermögen ist zulässig (OLG Hamm JMBlNW 1953, 42; OLG Köln RdL 1953, 281; OLG Düsseldorf NJW 1953, 1870; OLG Celle RdL 1956, 113; OLG Hamburg RdL 1958, 186). Der Nachweis der Hoferbfolge kann dem GBAmt gegenüber auch durch einen Hoferben-

feststellungsbeschluss gemäß § 11 Abs. 1 Buchst. g HöfeVfO erbracht werden, s. Pritsch RdL 1955, 261 mit weit. Nachweisen sowie OLG Hamm DNotZ 1962, 422. Ein Hoffolgezeugnis ist nicht erforderlich, wenn ein Ehegattenhof an den längstlebenden Ehegatten vererbt wird (OLG Oldenburg NdsRpfl. 1997, 117). S. zum Ganzen OLG Köln MittRhNotK 1999, 282).

g) Gegenständliche Beschränkung. Ein gegenständlich beschränkter Erbschein kann nur im Fall des § 2369 BGB erteilt werden (BGH 1, 15 = NJW 1951, 152; a. M. BayObLG 14, 74; 18, 225; § 55 Abs. 2 BayNachlO v. 20. 3. 1903, BayBSVJu III 166, aufgehoben durch JMBek. v. 3. 7. 1981, JMBl. 93; s. auch Beck DNotZ 1951, 504; Hense DNotZ 1952, 205); zur Frage der Wirksamkeit eines nach § 55 Abs. 2 BayNachlO erteilten Erbscheins s. BayObLG 1952, 69 = NJW 1952, 825. Für Gegenstände, die sich im Gebiet der (alten) Bundesrepublik befinden und zum Nachlass eines vor dem 3. 10. 1990 im Gebiet der früheren DDR verstorbenen deutschen Erblassers gehören, kann seit diesem Zeitpunkt ein gegenständlich beschränkter Erbschein nicht mehr erteilt werden (BayObLG 1992, 54 = Rpfleger 1992, 300). Wegen eines nur zum beschränkten Gebrauch erteilten Erbscheins s. Rn. 30. **22**

9. Form des Erbscheins. a) Der Erbschein ist in Urschrift oder Ausfertigung vorzulegen (BGH Rpfleger 1982, 16). Eine beglaubigte Abschrift genügt in der Regel nicht, weil der Erbschein gemäß § 2361 BGB als unrichtig eingezogen sein kann; s. dazu OLG Schleswig SchlHA 1949, 375; KG DNotZ 1972, 615; BayObLG 1994, 160. **23**

b) Die Vorlegung wird ersetzt durch Verweisung auf die den Erbschein enthaltenden Nachlass- oder sonstigen Akten desselben Amtsgerichts (OLG München JFG 20, 373; JFG 23, 299; BGH Rpfleger 1982, 16); der Erbschein muss aber wirksam erteilt, d. h. dem Antragsteller ausgehändigt worden sein (BayObLG 1960, 192 = NJW 1960, 1722). Ein wirksamer Erbschein, der Grundlage einer GBBerichtigung sein könnte, liegt damit noch nicht vor, wenn das Nachlassgericht die Erteilung des Erbscheins in den Nachlassakten verfügt, die Herausgabe einer Ausfertigung aber von der Zahlung eines Kostenvorschusses abhängig gemacht hat (OLG Hamm NJW-RR 1994, 271); s. hierzu aber auch BayObLG 1960, 501 = Rpfleger 1961, 437; KG Rpfleger 1981, 479 zu dem Fall, dass die Nachlassakten einem Antrag des Erben entsprechend dem GBAmt unter Bezugnahme auf die in den Akten liegende, den Wortlaut des zu erteilenden Erbscheins wiedergebende Urschrift der Erteilungsbewilligung zum Nachweis der Erbfolge zugeleitet werden. **24**

25 **10. Prüfung des Erbscheins.** Zu prüfen sind außer der Form des Erbscheins (s. dazu Rn. 23) die sachliche Zuständigkeit der ausstellenden Behörde und der Inhalt des Erbscheins.

a) Zuständigkeit. Zuständig zur Erteilung des Erbscheins ist das Nachlassgericht (§ 2353 BGB, § 72 FGG; für den Geltungsbereich der HöfeO s. auch deren § 18 Abs. 2 Satz 1; wegen der Zuständigkeit des Rpflegers und der Folgen einer Zuständigkeitsüberschreitung s. § 3 Nr. 2 Buchst. c i. V. m. § 16 Abs. 1 Nr. 6 und Abs. 2 sowie § 8 Abs. 2 und 4 RpflegerG). Unter Ausnutzung des Vorbehalts in Art. 147 EGBGB sind in *Baden-Württemberg* die staatlichen Notariate für zuständig erklärt worden (§ 1 Abs. 1 und 2, § 38 LFGG v. 12. 2. 1975, GBl. 116). Wegen der früheren Zuständigkeit der Staatlichen Notariate in der DDR s. § 1 Abs. 2 Nr. 3 NotariatsG v. 5. 2. 1976 (GBl. DDR I 93). Örtliche Unzuständigkeit macht den Erbschein nicht unwirksam (§ 7 FGG; zur örtlichen Zuständigkeit s. § 73 FGG, §§ 7, 12 ZustErgG v. 7. 8. 1952, BGBl. I 407).

26 **b) Inhalt.** Der Erbschein muss das Erbrecht unzweideutig bezeugen (KG OLG 43, 185). Sonst ist er auf seine Richtigkeit nicht nachzuprüfen (BayObLG 1990, 53 = Rpfleger 1990, 363). An die Beurteilung der Formgültigkeit des Testaments durch das Nachlassgericht ist das GBAmt gebunden (KGJ 37, 253; JFG 18, 44); ebenso an seine Auslegung (KGJ 34, 288; OLG München JFG 16, 148; JFG 18, 44; OLG Celle NdsRpfl. 1958, 140; BayObLG 1990, 86; Rpfleger 1997, 156). Nur wenn das GBAmt neue, vom Nachlassgericht offenbar nicht berücksichtigte Tatsachen kennt, die die ursprüngliche oder nachträgliche Unrichtigkeit des Erbscheins in irgendeinem Punkt erweisen und daher seine Einziehung durch das Nachlassgericht erwarten lassen, darf der Erbschein der Eintragung nicht mehr zugrunde gelegt werden (KGJ 45, 253; OLG München JFG 16, 328; JFG 18, 44; OLG Frankfurt Rpfleger 1979, 106; BayObLG 1990, 86; s. auch Haegele Rpfleger 1951, 547; ferner BGH 117, 301); unmittelbare Rückfrage beim Nachlassgericht ist zulässig und angebracht, damit dieses den unrichtigen Erbschein einziehen kann (BayObLG 1990, 57; Rpfleger 1997, 156); bleibt das Nachlassgericht bei seiner Auffassung, so trägt es allein die Verantwortung. Weiß das GBAmt, dass der Erbschein für kraftlos erklärt ist, so hat es einen anderen Erbschein zu verlangen.

27 **11. Beweiskraft des Erbscheins.** Sachlichrechtlich begründet der Erbschein nur eine Vermutung für das bezeugte Erbrecht (§ 2365 BGB). Im GBVerfahren hat er aber nach § 35 volle Beweiskraft:

a) Für den **Tod des Erblassers;** daher ist neben dem Erbschein keine Sterbeurkunde notwendig (BayObLG 2000, 170 = Rpfleger 2000, 451). 28

b) Für das **Bestehen des Erbrechts** in dem bezeugten Umfang; es bedarf demnach keines weiteren Nachweises, dass die Erbschaft angenommen oder nicht ausgeschlagen oder der Erbschein nicht für kraftlos erklärt worden ist (s. aber Rn. 26). Der einem Vorerben erteilte Erbschein ist zum Nachweis des Erbrechts des Nacherben auch dann nicht geeignet, wenn der Eintritt des Nacherbfalls formgerecht dargetan wird (BGH 84, 196 = Rpfleger 1982, 333). Denn einmal bezeugt der einem Vorerben erteilte Erbschein, obwohl er die Anordnung der Nacherbfolge, die Voraussetzungen ihres Eintritts und den zum Nacherben Berufenen angeben muss (s. Rn. 18), nur das Vorerbenrecht (BayObLG JFG 6, 135; OLG München JFG 16, 328; OLG Frankfurt NJW 1957, 265). Zum anderen wird dem GBAmt durch den Nachweis, dass der Nacherbfall eingetreten ist, die Unrichtigkeit des Erbscheins zur Kenntnis gebracht (OLG München JFG 16, 328; OLG Frankfurt NJW 1957, 265). 29

c) Der Vermerk auf einem Erbschein, dass er zur ausschließlichen **Verwendung in einem anderen Verfahren** gebührenfrei oder gebührenermäßigt erteilt worden ist (vgl. § 107 Abs. 3, § 107 a Abs. 1 KostO), berührt nicht dessen Wirksamkeit und Beweiskraft (BayObLG 1952, 71; 1983, 180 = Rpfleger 1983, 442; OLG Frankfurt Rpfleger 1994, 67; s. aber auch KG HRR 1942 Nr. 209). 30

12. Verfügung von Todes wegen. Sie reicht, falls in einer öffentlichen Urkunde (s. Rn. 32) enthalten, im Zusammenhang mit der Eröffnungsniederschrift (s. Rn. 38) im Allgemeinen zum Nachweis der Erbfolge aus. Es genügt, dass diese jedenfalls auch auf einer öffentlichen Verfügung von Todes wegen beruht und sich selbständig auch aus ihr ableiten lässt (OLG Oldenburg Rpfleger 1974, 434; BayObLG 1986, 425 = Rpfleger 1987, 59; s. hierzu Rn. 37). Dies ist nicht der Fall, wenn in der späteren, inhaltlich gleich lautenden privatschriftlichen Verfügung die frühere, in einer öffentlichen Urkunde enthaltene Verfügung ausdrücklich aufgehoben wird (BayObLG MittBayNot 1993, 28). 31

13. Verfügung in öffentlicher Urkunde. Die letztwillige Verfügung muss in einer formgültigen öffentlichen Urkunde enthalten sein (zur Prüfungspflicht des GBAmts s. Rn. 39). Dabei kann es sich auch um eine ausländische öffentliche Urkunde handeln (KG OLG 3, 222; s. hierzu § 29 Rn. 29, 50). 32

33 **a) Mögliche Formen.** Nach deutschem Recht kommen in Betracht:

aa) Zur Niederschrift eines Notars oder eines Konsularbeamten errichtete **Testamente** (§ 2231 Nr. 1, §§ 2232f. BGB und BeurkG; § 10 Abs. 1 Nr. 1, §§ 11, 19, 24 KonsularG v. 11. 9. 1974, BGBl. I 2317; vgl. dazu auch Geimer DNotZ 1978, 3) und Testamente, die vor dem Inkrafttreten des BeurkG vor einem Richter oder Notar sowie vor dem Inkrafttreten des KonsularG v. 11. 9. 1974 vor einem ermächtigten Berufskonsul bzw. Konsularbeamten errichtet worden sind (§ 2231 Nr. 1, §§ 2232ff. BGB a.F.; §§ 16a, 37a KonsularG v. 8. 11. 1867, BGBl. 137 i.d.F. der Ges. v. 14. 5. 1936, RGBl. I 447 und 16. 12. 1950, BGBl. 784 sowie des § 57 Abs. 1 BeurkG). Wegen der Testamentserrichtung vor einem richterlichen Militärjustizbeamten s. §§ 1, 2 Ges. v. 24. 4. 1934 (RGBl. I 335). Über die frühere Ausschließung der Beurkundungsbefugnis der Gerichte in *Bayern* s. Art. 10 Abs. 2 AGGVG v. 17. 11. 1956 (BayBS III 3), aufgehoben durch § 60 Nr. 13 BeurkG.

34 bb) **Nottestamente** zur Niederschrift des Bürgermeisters (§§ 2249, 2250 Abs. 1 BGB) und vor dem Inkrafttreten des BeurkG vor dem Bürgermeister errichtete Testamente dieser Art (§§ 2249, 2250 Abs. 1 BGB a.F.). Dagegen sind die durch mündliche Erklärung vor drei Zeugen errichteten Nottestamente (§§ 2250, 2251 BGB) keine öffentlichen Urkunden. Nottestamente werden unwirksam, wenn der Tod nicht innerhalb von drei Monaten nach Errichtung eintritt (§ 2252 BGB). Wegen der öffentlichen Militärtestamente s. § 3 Abs. 3 und 5 Ges. v. 24. 4. 1934 (RGBl. I 335).

35 cc) Zur Niederschrift eines Notars oder eines Konsularbeamten geschlossene **Erbverträge** (§ 2276 BGB und BeurkG; § 10 Abs. 1 Nr. 1, §§ 11, 19, 24 KonsularG v. 11. 9. 1974, BGBl. I 2317; vgl. dazu auch Geimer DNotZ 1978, 3) und Erbverträge, die vor dem Inkrafttreten des BeurkG vor einem Richter oder Notar sowie vor dem Inkrafttreten des KonsularG v. 11. 9. 1974 vor einem ermächtigten Berufskonsul bzw. Konsularbeamten geschlossen worden sind (§ 2276 BGB a.F.; §§ 16a, 37a KonsularG v. 8. 11. 1867, BGBl. 137 i.d.F. der Ges. v. 14. 5. 1936, RGBl. I 447 und 16. 12. 1950, BGBl. 784 sowie des § 57 Abs. 1 BeurkG). Wegen des Abschlusses eines Erbvertrags vor einem richterlichen Militärjustizbeamten s. §§ 1, 2 Ges. v. 24. 4. 1934 (RGBl. I 335). Über die frühere Ausschließung der Beurkundungsbefugnis der Gerichte in *Bayern* s. Art. 10 Abs. 2 AGGVG v. 17. 11. 1956 (BayBS III 3), aufgehoben durch § 60 Nr. 13 BeurkG.

b) Öffentliche und privatschriftliche Verfügung. aa) Hat der Erblasser neben einer öffentlichen Verfügung von Todes wegen auch ein privatschriftliches Testament hinterlassen, muss das GBAmt, wenn sich aus dem Vorhandensein des eigenhändigen Testaments Bedenken gegen die Wirksamkeit der öffentlichen Verfügung von Todes wegen ergeben, die Wirksamkeit des privatschriftlichen Testaments klären (OLG Frankfurt FGPrax 1998, 207) und seinen Inhalt würdigen, um festzustellen, ob die Bedenken begründet sind. Dabei hat es in gleicher Weise zu verfahren wie bei der Würdigung einer öffentlichen Verfügung von Todes wegen, so dass die Pflicht zu eigener Auslegung nur dann entfällt, wenn für diese erst zu ermittelnde Umstände maßgebend sind (JFG 18, 332; BayObLG Rpfleger 2000, 266). 36

bb) Hieraus ergibt sich folgendes: Haben **Eheleute** in einem privatschriftlichen gemeinschaftlichen Testament den Erben des Zuletztversterbenden bestimmt, so ist der überlebende Ehegatte in der Lage, diese Erbeinsetzung in einem öffentlichen Testament wirksam und mit der Folge zu wiederholen, dass sich der Erbe im GBVerfahren mit Hilfe des zweiten Testaments ausweisen kann (JFG 18, 332). Haben Ehegatten in einem öffentlichen Testament ohne Bindung des Zuletztversterbenden ihre Kinder als dessen Erben eingesetzt und bestimmt der überlebende Ehegatte sodann in einem privatschriftlichen Testament, dass nur eines der Kinder sein alleiniger Erbe sein solle, dann beruht dessen Erbrecht selbständig auf jedem der beiden Testamente, also auch auf dem öffentlichen Testament (§ 2258 Abs. 1, § 2094 Abs. 1 BGB). Erklärt das als Alleinerbe eingesetzte Kind die Auflassung eines Nachlassgrundstücks, bedarf es zur GBUmschreibung nicht der Vorlage eines Erbscheins. Vielmehr genügt das öffentliche Testament samt Eröffnungsniederschrift. Ist die Wirksamkeit des privatschriftlichen Testaments im Streit, gilt dies nur dann, wenn alle Kinder die Auflassung erklären (BayObLG 1986, 421 = Rpfleger 1987, 59). S. zum Ganzen auch OLG Oldenburg Rpfleger 1974, 434 mit Anm. v. Meyer-Stolte Rpfleger 1975, 313; BayObLG Rpfleger 1983, 19. 37

14. Eröffnungsniederschrift. Die in einer öffentlichen Urkunde enthaltene Verfügung von Todes wegen ist zum Nachweis der Erbfolge nur im Zusammenhang mit der Niederschrift über ihre Eröffnung geeignet. Die Eröffnung richtet sich nach §§ 2260 ff., 2273, 2300 BGB. Ein gemeinschaftliches Testament erfordert nach dem Tod des Längstlebenden eine zweite Eröffnungsverhandlung, auch wenn es nach dem Tod des Erstverstorbenen seinem ganzen Inhalt nach eröffnet worden ist (RG 137, 228). Die Vorlegung der 38

Eröffnungsniederschrift ist auch bei einem ausländischen Testament notwendig (KGJ 36, 164).

39 **15. Prüfung der Verfügung von Todes wegen.** Werden die in einer öffentlichen Urkunde enthaltene Verfügung von Todes wegen und die Eröffnungsniederschrift vorgelegt, so darf das GB-Amt einen Erbschein nur dann verlangen, wenn sich bei der Prüfung der Verfügung hinsichtlich des behaupteten Erbrechts (zur Pflicht eigener Auslegung s. Rn. 42) Zweifel ergeben, die nur durch weitere Ermittlungen (zum Verbot eigener Ermittlungen s. Rn. 40) über den Willen des Erblassers oder über die tatsächlichen Verhältnisse geklärt werden können (JFG 11, 195; 18, 332; OLG Stuttgart Rpfleger 1975, 135; 1992, 154; OLG Frankfurt Rpfleger 1978, 412; BayObLG Rpfleger 1995, 249; 2000, 266; OLG Köln Rpfleger 2000, 157; OLG Hamm Rpfleger 2001, 71). Entfernte abstrakte Möglichkeiten, die das aus der Verfügung hervorgehende Erbrecht nur unter ganz besonderen Umständen in Frage stellen, vermögen das Verlangen nach Vorlegung eines Erbscheins ebenso wenig zu rechtfertigen wie rein rechtliche Bedenken (OLG München JFG 22, 184; OLG Hamm JMBlNW 1963, 180; BayObLG Rpfleger 1983, 104; OLG Stuttgart Rpfleger 1992, 154). Die bloße Möglichkeit, dass die Verfügung durch ein späteres privatschriftliches Testament aufgehoben worden ist, rechtfertigt ohne konkrete Anhaltspunkte dafür nicht das Verlangen, einen Erbschein vorzulegen (OLG Frankfurt FGPrax 1998, 207). Hängt jedoch das Erbrecht des Bedachten von einer **Verwirkungsklausel** (Pflichtteil-Strafklausel) ab, so ist in der Regel ein Erbschein zu verlangen (s. hierzu OLG Frankfurt Rpfleger 1994, 206; LG Kassel Rpfleger 1993, 397; Böhringer BWNotZ 1988, 155, aber auch LG Bochum Rpfleger 1992, 194 mit Anm. v. Meyer-Stolte; LG Koblenz MittRhNotK 1995, 67).

40 **a) Ermittlungen.** aa) Eigene Ermittlungen darf das GBAmt nicht anstellen (KG OLG 44, 88; BayObLG Rpfleger 1983, 104; s. auch OLG Hamm MDR 1968, 1012; DNotZ 1972, 98). Jedoch hat es vorgelegte öffentliche Urkunden anderer Art sowie offenkundige Tatsachen bei der Auslegung der Verfügung zu berücksichtigen (JFG 11, 197; 20, 217; BayObLG 2000, 169 = Rpfleger 2000, 451; a.M. Meikel Rn. 120). An die in *Bayern* von Amts wegen zu treffende, nicht notwendig ausdrückliche Erbenfeststellung des Nachlassgerichts ist das GBAmt nicht gebunden (BayObLG 1989, 8 = Rpfleger 1989, 278 unter Aufgabe von BayObLG 1974, 1). Zu Recht sieht das OLG Frankfurt Rpfleger 1980, 434 mit abl. Anm. v. Meyer-Stolte, das – wie bei einer vergleichbaren Fallgestaltung auch BayObLG 1974, 6 = Rpfleger 1974, 434 und

OLG Zweibrücken DNotZ 1986, 240 sowie OLG Hamm FGPrax 1997, 48 – bei Erbeinsetzung der Kinder des Erblassers in einer Verfügung von Todes wegen, die in einer öffentlichen Urkunde enthalten ist, den Nachweis, dass keine oder keine weiteren als die bekannten Kinder aus der Ehe des Erblassers hervorgegangen sind, durch eine in der Form des § 29 abgegebene eidesstattliche Versicherung der Ehefrau des Erblassers als erbracht an und verlangt insoweit keinen Erbschein. Nach dem Tod der Ehefrau als Vorerbin genügt bei Nacherbeneinsetzung der gemeinsamen Kinder die eidesstattliche Versicherung eines Kindes, dass es das einzige gemeinsame Kind ist, sofern sich voraussichtlich auch das Nachlassgericht mit einer solchen eidesstattlichen Versicherung begnügen müsste (BayObLG 2000, 167 = Rpfleger 2000, 451; ebenso bei Schlusserbeneinsetzung der gemeinsamen Abkömmlinge OLG Schleswig FGPrax 1999, 206). Die eidesstattliche Versicherung ist vor einem Notar abzugeben; eine Zuständigkeit des GBAmts besteht nicht (BayObLG 2000, 173 = Rpfleger 2000, 451). S. hierzu auch LG Bochum Rpfleger 1992, 194 mit Anm. v. Meyer-Stolte sowie Peißinger Rpfleger 1992, 427; ferner § 51 Rn. 39.

bb) Wenn einer erbvertraglichen **Hoferbeneinsetzung** die Mög- 41
lichkeit einer formlosen Hoferbenbestimmung gem. § 7 Abs. 2, § 6 Abs. 1 HöfeO entgegenstehen kann, ist zur GBUmschreibung ein Hoffolgezeugnis erforderlich (OLG Oldenburg Rpfleger 1989, 95). Zum Nachweis der Vererblichkeit des Nacherbenanwartschaftsrechts, wenn die Erben des Nacherben eingetragen werden sollen, s. OLG Oldenburg Rpfleger 1989, 106.

b) Form und Inhalt der Verfügung. aa) Die Verfügung von 42
Todes wegen ist zunächst auf ihre Formgültigkeit und sodann auf ihren Inhalt zu prüfen. Dabei ist bei einer notariell beurkundeten Verfügung deren erhöhte Beweiskraft gem. § 415 ZPO zu beachten (OLG Frankfurt Rpfleger 1990, 290). Die Formerfordernisse ergeben sich aus den in Rn. 33 bis 35 angeführten Bestimmungen.

bb) Den Gegenstand der inhaltlichen Prüfung, die auch die Pflicht zu einer etwa notwendigen **Auslegung** einschließt (BayObLG 1970, 139 = Rpfleger 1970, 344; OLG Hamm DNotZ 1972, 98; OLG Stuttgart Rpfleger 1975, 135), bilden Erbeinsetzung sowie Beschränkungen durch Anordnung einer Nacherbfolge oder einer Testamentsvollstreckung. Das GBAmt hat die Verfügung auch dann selbst auszulegen, wenn rechtlich schwierige Fragen zu beurteilen sind (OLG Köln Rpfleger 2000, 157; BayObLG Rpfleger 2000, 266). Bei der Auslegung sind auch außerhalb der Verfügung liegende Umstände zu berücksichtigen, sofern sie sich aus öffentlichen Urkunden ergeben, die dem GBAmt vorliegen (BayObLG

Rpfleger 1995, 249; 2000, 324). Gesetzliche Auslegungsregeln hat das GBAmt zu beachten, wenn auch das Nachlassgericht voraussichtlich darauf zurückgreifen muss (s. KG DNotV 1930, 479; OLG Stuttgart Rpfleger 1992, 154 mit kritischer Anm. v. Peißinger Rpfleger 1992, 427; 1995, 330).

cc) Eine **Auslegung scheidet jedoch aus,** wenn das GBAmt auf Grund der EintrUnterlagen nicht zu einer abschließenden Würdigung in der Lage ist. (OLG Zweibrücken Rpfleger 2001, 137 mit Anm. v. Winkler DNotZ 2001, 401). Auf die Auslegung kann ferner nur dann zurückgegriffen werden, wenn sie zu einem eindeutigen Ergebnis führt. Erben, Nacherben und Ersatznacherben müssen in der Verfügung in jedem Fall zweifelsfrei bezeichnet sein (OLG Dresden JFG 7, 269). Fehlt es an der namentlichen Benennung der Nacherben, so ist ein Erbschein zu verlangen (OLG Köln MittRhNotK 1988, 44; s. aber auch BayObLG 1982, 453 = Rpfleger 1983, 104). Hat das Nachlassgericht ein Testamentsvollstreckerzeugnis erteilt, so ist das GBAmt hinsichtlich der Anordnung der Testamentsvollstreckung grundsätzlich an die Auslegung des Nachlassgerichts gebunden (OLG München JFG 16, 148).

43 dd) Im **Geltungsbereich der HöfeO** ist zu beachten, dass der Hofeigentümer den Hoferben durch Verfügung von Todes wegen frei bestimmen darf (§ 7 Abs. 1 Satz 1), grundsätzlich auch der gewillkürte Hoferbe wirtschaftsfähig sein muss (§ 7 Abs. 1 Satz 2; zum Begriff der Wirtschaftsfähigkeit s. § 6 Abs. 7; wegen ihres Nachweises vgl. JFG 13, 123; 20, 217; OLG Oldenburg NdsRpfl. 1959, 175; Schmidt MDR 1960, 19), die Übergehung sämtlicher Abkömmlinge jetzt keiner gerichtlichen Genehmigung mehr bedarf, jedoch die Wirksamkeit einer Hoferbenbestimmung unter gewissen Umständen an dem Vorhandensein eines hoferbenberechtigten Abkömmlings scheitern kann (§ 7 Abs. 2). Wenn nicht ausgeschlossen werden kann, dass der Erblasser zu Lebzeiten eine formlose Hoferbenbestimmung vorgenommen hat, genügt die Vorlage der in einer öffentlichen Urkunde enthaltenen Verfügung von Todes wegen nicht zum Nachweis des Erbrechts hinsichtlich des Hofs (OLG Oldenburg Rpfleger 1984, 13).

44 ee) Hat das GBAmt ein Testament in einem bestimmten Sinn ausgelegt und diese Auslegung zur Grundlage einer Eintragung gemacht, so darf es ohne neue Tatsachen von der Auslegung nicht wieder abweichen (s. hierzu Anh. zu § 13 Rn. 11).

45 **c) Nachweis.** Die Verfügung von Todes wegen sowie die Eröffnungsniederschrift können, anders als der Erbschein, auch in beglaubigter Abschrift vorgelegt werden (KG JW 1938, 1411); ausreichend ist auch eine beglaubigte Abschrift einer beglaubigten

Abschrift (KG FGPrax 1998, 7). Die Vorlegung wird ersetzt durch Verweisung auf die die Urkunden enthaltenden Akten desselben Amtsgerichts (OLG München JFG 20, 373; JFG 23, 299; BayObLG 1974, 1 = NJW 1974, 954; BayObLG Rpfleger 1987, 59).

16. Beweiskraft der Verfügung von Todes wegen. Wird die Verfügung von Todes wegen bei der Prüfung in Ordnung befunden (s. Rn. 39 ff.), so beweist sie im Zusammenhalt mit der Eröffnungsniederschrift im GBVerfahren gemäß § 35 den Tod des Erblassers sowie das sich aus der Prüfung ergebende Erbrecht. Eine Sterbeurkunde sowie ein Zeugnis des Nachlassgerichts über das Nichtvorhandensein weiterer Verfügungen von Todes wegen sind nicht erforderlich. 46

17. Fortgesetzte Gütergemeinschaft. a) Die Gütergemeinschaft wird nach dem Tod eines Ehegatten zwischen dem überlebenden Ehegatten und den gemeinschaftlichen, bei gesetzlicher Erbfolge als Erben berufenen Abkömmlingen fortgesetzt, falls die Ehegatten ihre Fortsetzung durch Ehevertrag vereinbart haben (§ 1483 Abs. 1 Satz 1 und 2 BGB). Der überlebende Ehegatte hat jedoch das Recht, die Fortsetzung der Gütergemeinschaft abzulehnen (§ 1484 BGB). Bei Fortsetzung der Gütergemeinschaft gehört der Gesamtgutsanteil des verstorbenen Ehegatten nicht zum Nachlass; im Übrigen erfolgt die Beerbung des Ehegatten nach den allgemeinen Vorschriften (§ 1483 Abs. 1 Satz 3 BGB). Sind neben den gemeinschaftlichen Abkömmlingen einseitige vorhanden, so ist § 1483 Abs. 2 BGB zu beachten. 47

b) Für eine vor dem 1. 7. 1958 vereinbarte allgemeine Gütergemeinschaft gelten die Vorschriften über die Gütergemeinschaft; hatten die Ehegatten ihre Fortsetzung nicht ausgeschlossen, so ist diese als vereinbart anzusehen (Art. 8 I Nr. 6 Abs. 1 GleichberG). Für eine vor dem 1. 7. 1958 vereinbarte Errungenschafts- oder Fahrnisgemeinschaft bleiben grundsätzlich die vor dem 1. 4. 1953 geltenden Vorschriften maßgebend; hiernach wird eine Errungenschaftsgemeinschaft niemals, eine Fahrnisgemeinschaft nur dann fortgesetzt, wenn dies ehevertraglich vereinbart ist (Art. 8 I Nr. 7 GleichberG i. V. m. §§ 1546, 1557 BGB a. F.). 48

18. Nachweis der fortgesetzten Gütergemeinschaft. Er ist grundsätzlich durch Zeugnis nach § 1507 BGB zu führen; Ausnahmen gelten im Rahmen des Abs. 3, der §§ 36, 37 sowie der §§ 18, 19 GBMaßnG. Auf das Zeugnis finden die Vorschriften über den Erbschein entsprechende Anwendung. 49

19. Zeugnis über die Fortsetzung der Gütergemeinschaft. 50
a) Es hat den Übergang des Gesamtguts auf bestimmte Personen zu

bescheinigen. Anzugeben sind die Namen des verstorbenen und des überlebenden Ehegatten sowie der Abkömmlinge, nicht dagegen die Größe der Anteile. Sind neben den gemeinschaftlichen Abkömmlingen einseitige Abkömmlinge vorhanden, so ist der Bruchteil des Gesamtguts zu bezeichnen, der Gesamtgut der fortgesetzten Gütergemeinschaft geworden ist (KGJ 34, 231; KG DNotZ 1934, 616). Änderungen in der Person der anteilsberechtigten Abkömmlinge, die vor der Erteilung des Zeugnisses eingetreten sind, z.B. solche nach §§ 1490, 1491 BGB, sind ersichtlich zu machen; bei späteren Änderungen ist das Zeugnis auf Antrag zu berichtigen (KG OLG 7, 58; 26, 318). Das Zeugnis kann auch nach dem Tod des überlebenden Ehegatten erteilt werden (KGJ 41, 54; JFG 12, 199); in diesem Fall empfiehlt es sich, die Beendigung der fortgesetzten Gütergemeinschaft zu vermerken.

51 **b)** Zulässig ist auch die Erteilung eines Zeugnisses darüber, dass fortgesetzte Gütergemeinschaft nicht eingetreten ist (KGJ 45, 250); insoweit ist aber auch ein Nachweis durch andere öffentliche Urkunden statthaft (OLG Posen DFrG 1944, 21; OLG Frankfurt Rpfleger 1978, 412).

52 **20. Form des Zeugnisses.** Das Zeugnis ist in Urschrift oder Ausfertigung vorzulegen. Die Vorlegung wird ersetzt durch *Verweisung* auf das Zeugnis enthaltende Akten desselben Amtsgerichts. Über Einzelheiten s. Rn. 23, 24.

53 **21. Prüfung des Zeugnisses.** Es gilt das in Rn. 25, 26 Gesagte sinngemäß; jedoch ist für die Erteilung des Zeugnisses nach § 1507 BGB stets der Rpfleger zuständig (§ 3 Nr. 2 Buchst. c i.V.m. § 16 RpflegerG).

54 **22. Beweiskraft des Zeugnisses.** Sachlichrechtlich begründet das Zeugnis nur eine Vermutung. Im GBVerfahren erbringt es dagegen den vollen Beweis für den Übergang des Gesamtguts auf die in ihm genannten Personen. Ist es nicht auf einen Bruchteil des Gesamtguts beschränkt (s. Rn. 50), so beweist es auch, dass einseitige erbberechtigte Abkömmlinge nicht vorhanden sind. Die Zugehörigkeit eines Rechts zum Gesamtgut wird durch das Zeugnis hingegen nicht bewiesen; sie ist, falls sie sich nicht schon aus dem GB ergibt (s. § 33 Rn. 32), besonders nachzuweisen. Wegen der Verfügungsbefugnis des überlebenden Ehegatten s. § 1487 Abs. 1, §§ 1422ff. BGB.

55 **23. Testamentsvollstrecker. a)** Der Testamentsvollstrecker ist nicht Vertreter des Erben, sondern übt sein Amt zu eigenem Recht, aber in fremdem Interesse aus (KGJ 41, 80; RG 138, 136; BGH 13, 205 = NJW 1954, 1036). Das Amt beginnt mit der Annahme; diese ist erst nach Eintritt des Erbfalls zulässig und erfolgt

durch formlose Erklärung gegenüber dem Nachlassgericht (§ 2202 BGB). Annahme und Ablehnung sind unwiderruflich (KG OLG 11, 242). Vor der Amtsannahme ist weder der Erbe noch der Testamentsvollstrecker verfügungsberechtigt (KGJ 40, 200). Mehrere Testamentsvollstrecker führen das Amt grundsätzlich gemeinschaftlich (§ 2224 BGB). Der Alleinerbe oder alleinige Vorerbe kann nicht zum einzigen Testamentsvollstrecker ernannt werden (RG 77, 177; KG JW 1933, 2915).

b) Die Befugnis des Testamentsvollstreckers zur Verfügung über Nachlassgegenstände ist im Allgemeinen unbeschränkt; nur zu unentgeltlichen Verfügungen ist er grundsätzlich nicht berechtigt (§ 2205 BGB). Näheres s. § 52 Rn. 19. **56**

24. Nachweis der Verfügungsbefugnis. a) Die Verfügungsbefugnis eines Testamentsvollstreckers ist grundsätzlich durch Testamentsvollstreckerzeugnis nachzuweisen (s. Rn. 59); Ausnahmen gelten, wenn der Testamentsvollstrecker in einer öffentlich beurkundeten Verfügung von Todes wegen ernannt worden ist (s. Rn. 63), sowie im Rahmen der §§ 36, 37. Der zusätzlichen Vorlage eines Erbscheins bedarf es nicht, es sei denn, die Wirksamkeit der Verfügung des Testamentsvollstreckers hängt von der Beurteilung der Erbfolge ab (OLG Köln Rpfleger 1992, 342). **57**

b) Der Nachweis ist auch dann notwendig, wenn keine Verfügung über einen Nachlassgegenstand in Frage steht (KGJ 42, 219), erübrigt sich gemäß § 29 Abs. 1 Satz 2 jedoch im Fall der Offenkundigkeit der Verfügungsbefugnis (KGJ 35, 205). **58**

25. Testamentsvollstreckerzeugnis. a) Das gemäß § 2368 BGB zu erteilende Zeugnis, auf das die Vorschriften über den Erbschein sinngemäß anzuwenden sind, hat zu bescheinigen, dass eine bestimmte Person Testamentsvollstrecker ist (KGJ 42, 222). Anzugeben sind die Namen des Erblassers und des Testamentsvollstreckers sowie etwaige Abweichungen von der gesetzlichen Verfügungsbefugnis (KGJ 31, 97; RG HRR 1933 Nr. 138; BayObLG 1990, 86f.; Rpfleger 1999, 25); nur im Innenverhältnis wirksame Verwaltungsanordnungen sind hingegen nicht aufzunehmen (BayObLG Rpfleger 1999, 25). Das Zeugnis kann sich auf einen Bruchteil des Nachlasses beziehen oder nach § 2369 BGB gegenständlich beschränkt sein (KGJ 36, 112). **59**

b) Das Zeugnis ist in **Urschrift oder Ausfertigung** vorzulegen (BayObLG 1990, 87f.; a.M. LG Köln Rpfleger 1977, 29, das im Anschluss an Haegele Rpfleger 1967, 40 die Vorlegung einer beglaubigten Abschrift für genügend erachtet). Eine beglaubigte Abschrift reicht jedoch aus, wenn nicht die (noch) bestehende Verfügungsbefugnis des Testamentsvollstreckers nachgewiesen werden **60**

soll, sondern nur die Beendigung der Testamentsvollstreckung (BayObLG 1990, 56 = Rpfleger 1990, 363). Die Vorlegung wird ersetzt durch Verweisung auf die das Zeugnis enthaltenden Akten desselben Amtsgerichts. Über Einzelheiten vgl. Rn. 23, 24.

61 **c)** Hinsichtlich der **Prüfungspflicht des GBAmts** gilt das in Rn. 25, 26 Gesagte sinngemäß; jedoch ist für die Erteilung eines Testamentsvollstreckerzeugnisses stets der Richter zuständig (§ 3 Nr. 2 Buchst. c i.V.m. § 16 Abs. 1 Nr. 6 RpflegerG) und § 18 Abs. 2 Satz 1 HöfeO auf die Erteilung des Zeugnisses nicht anzuwenden (OLG Oldenburg RdL 1953, 281; BGH 58, 105 = Rpfleger 1972, 215). Nach § 2368 Abs. 3 BGB wird das Zeugnis mit der Beendigung des Amts ohne weiteres kraftlos (OLG München NJW 1951, 74; BayObLG 1953, 361); sind aber Anhaltspunkte für eine solche nicht gegeben, so kann das GBAmt die Testamentsvollstreckung als fortdauernd ansehen.

62 **d)** Sachlichrechtlich begründet das Zeugnis nur eine Vermutung. Im GBVerfahren hat es jedoch nach § 35 volle Beweiskraft dafür, dass die in ihm genannte Person zum Testamentsvollstrecker ernannt ist und das Amt angenommen hat (KG OLG 40, 49).

63 **26. Ernennung in Verfügung von Todes wegen. a)** Ist der Testamentsvollstrecker in einer öffentlich beurkundeten Verfügung von Todes wegen ernannt worden, so ist zum Nachweis seiner Verfügungsbefugnis ein Zeugnis gemäß § 2368 BGB im Allgemeinen nicht erforderlich. Vielmehr genügt es in der Regel, wenn die Verfügung von Todes wegen nebst der Eröffnungsniederschrift vorgelegt und außerdem die Amtsannahme nachgewiesen wird; dieser Nachweis wird durch ein Zeugnis des Nachlassgerichts über die Annahme oder durch die Niederschrift über die Annahmeerklärung erbracht (KGJ 28, 283; 38, 136; s. auch OLG München JFG 17, 284). Im Übrigen gilt das in Rn. 31 ff. Gesagte sinngemäß; die Verweisung auf die Nachlassakten genügt jedoch nicht, wenn diese nur eine privatschriftliche Annahmeerklärung des Testamentsvollstreckers enthalten (KG OLG 40, 49).

64 **b)** Bei nur mittelbarer Ernennung des Testamentsvollstreckers, also in den Fällen der §§ 2198 bis 2200 BGB, müssen die Bestimmung des Dritten oder die rechtskräftige Ernennung durch das Nachlassgericht in grundbuchmäßiger Form nachgewiesen werden.

Überweisungszeugnis

36 (1) **Soll bei einem zum Nachlaß oder zu dem Gesamtgut einer ehelichen oder fortgesetzten Gütergemeinschaft gehörenden Grundstück oder Erbbaurecht einer der Beteiligten**

als Eigentümer oder Erbbauberechtigter eingetragen werden, so genügt zum Nachweis der Rechtsnachfolge und der zur Eintragung des Eigentumsübergangs erforderlichen Erklärungen der Beteiligten ein Zeugnis des Nachlaßgerichts oder des nach § 99 Abs. 2 des Gesetzes über die Angelegenheiten der freiwilligen Gerichtsbarkeit zuständigen Amtsgerichts.

(2) **Das Zeugnis darf nur ausgestellt werden, wenn:**

a) **die Voraussetzungen für die Erteilung eines Erbscheins vorliegen oder der Nachweis der ehelichen Gütergemeinschaft durch öffentliche Urkunden erbracht ist und**

b) **die Abgabe der Erklärungen der Beteiligten in einer den Vorschriften der Grundbuchordnung entsprechenden Weise dem Nachlaßgericht oder dem nach § 99 Abs. 2 des Gesetzes über die Angelegenheiten der freiwilligen Gerichtsbarkeit zuständigen Amtsgericht nachgewiesen ist.**

(3) **Die Vorschriften über die Zuständigkeit zur Entgegennahme der Auflassung bleiben unberührt.**

37 Die Vorschriften des § 36 sind entsprechend anzuwenden, wenn bei einer Hypothek, Grundschuld oder Rentenschuld, die zu einem Nachlaß oder zu dem Gesamtgut einer ehelichen oder fortgesetzten Gütergemeinschaft gehört, einer der Beteiligten als neuer Gläubiger eingetragen werden soll.

§ 99 Abs. 2 FGG. *Für die Auseinandersetzung ist, falls ein Anteil an dem Gesamtgut zu einem Nachlaß gehört, das Amtsgericht zuständig, das für die Auseinandersetzung über den Nachlaß zuständig ist. Im Übrigen bestimmt sich die Zuständigkeit nach den Vorschriften des § 45.*

§ 45 FGG. *(1) Wird in einer Angelegenheit, welche die persönlichen Rechtsbeziehungen der Ehegatten oder der geschiedenen Ehegatten zueinander, das eheliche Güterrecht oder den Versorgungsausgleich betrifft, eine Tätigkeit des Vormundschaftsgerichts oder des Familiengerichts erforderlich, so ist das Gericht zuständig, in dessen Bezirk die Ehegatten ihren gemeinsamen gewöhnlichen Aufenthalt haben oder zuletzt gehabt haben.*

(2) Hat keiner der Ehegatten im Bezirk dieses Gerichts seinen gewöhnlichen Aufenthalt oder haben sie einen gemeinsamen gewöhnlichen Aufenthalt im Inland nicht gehabt, so ist das Gericht zuständig, in dessen Bezirk der Ehegatte seinen gewöhnlichen Aufenthalt hat, dessen Recht durch die beantragte Verfügung beeinträchtigt würde. Hat dieser seinen gewöhnlichen Aufenthalt nicht im Inland oder läßt sich sein gewöhnlicher Aufenthalt im Inland nicht feststellen, so ist das Gericht zuständig, in dessen Bezirk der Antragsteller seinen gewöhnlichen Aufenthalt hat.

(3) Ist ein Ehegatte verstorben, so ist das Gericht zuständig, in dessen Bezirk der überlebende Ehegatte seinen gewöhnlichen Aufenthalt hat oder zuletzt gehabt hat.

(4) Ist die Zuständigkeit eines Gerichts nach den vorstehenden Vorschriften nicht begründet, so ist das Amtsgericht Schöneberg in Berlin-Schöneberg zuständig.

(5) Für die Zuständigkeit ist in jeder einzelnen Angelegenheit der Zeitpunkt maßgebend, in dem das Gericht mit ihr befaßt wird.

Inhaltsübersicht

1. Allgemeines ... 1
2. Grundstück, Erbbaurecht oder Grundpfandrecht ... 3
3. Zugehörigkeit zum Nachlass oder Gesamtgut ... 4
4. Umschreibung auf einen Beteiligten ... 6
5. Überweisungszeugnis ... 10
6. Ausstellung des Zeugnisses ... 11
7. Inhalt des Zeugnisses ... 13
8. Form des Zeugnisses ... 14
9. Prüfung des Zeugnisses ... 15
10. Beweiskraft des Zeugnisses ... 17
11. Sonstige EintrVoraussetzungen ... 18

1 **1. Allgemeines.** §§ 36, 37 lassen unter bestimmten Voraussetzungen Eintragungen auf Grund eines sog. Überweisungszeugnisses zu. S. dazu Kersten JurBüro 1997, 231; Schäfer NotBZ 1997, 94.

a) Zweck der Vorschriften ist es, die Auseinandersetzung von Erben- und Gütergemeinschaften zu erleichtern. Die Bestimmungen sind auch anwendbar, wenn die Auseinandersetzung durch einen Testamentsvollstrecker vorgenommen wird (BayObLG 1986, 211 = Rpfleger 1986, 470). Sachlich ist die Erleichterung nur eine solche für das GBAmt; wird ihm ein Überweisungszeugnis vorgelegt, so braucht es weder die Rechtsnachfolge noch das Vorliegen der zur Eintragung erforderlichen Erklärungen der Beteiligten zu prüfen. Für letztere, die zur Erlangung des Überweisungszeugnisses alle auch sonst notwendigen Nachweise erbringen müssen, äußert sich die Erleichterung nur im Kostenpunkt; nach § 111 Abs. 1 Nr. 1 KostO wird für die Erteilung eines Überweisungszeugnisses eine wesentlich geringere Gebühr erhoben als sie im Fall der Ausstellung der in § 35 vorgesehenen Zeugnisse zu entrichten wäre.

2 **b)** Ob der Antragsteller ein Überweisungszeugnis vorlegen oder die Nachweise gemäß §§ 19, 20, 29, 33, 35 führen will, steht in seinem Belieben; das GBAmt kann das Zeugnis nicht verlangen.

3 **2. Grundstück, Erbbaurecht oder Grundpfandrecht.** Um eines von ihnen muss es sich handeln. Einem Grundstück ist der Miteigentumsanteil und die Gesamthandsberechtigung an einem

solchen gleichzustellen (JFG 21, 233); ferner das Wohnungseigentum. Andere Rechte, z.B. grundstücksgleiche Rechte, die nicht Erbbaurechte sind, Reallasten und Pfandrechte an einem Grundpfandrecht, fallen nicht unter §§ 36, 37.

3. Zugehörigkeit zum Nachlass oder Gesamtgut. Das Grundstück, Erbbaurecht oder Grundpfandrecht muss zu einem Nachlass oder zu einem Gesamtgut gehören. 4

a) Der Nachlass muss einer Erbengemeinschaft zustehen; steht er einem Alleinerben oder alleinigen Vorerben zu, so ist für die Anwendung der §§ 36, 37 kein Raum (JFG 14, 137). Die Erbengemeinschaft braucht ihre Rechtsstellung nicht unmittelbar auf den eingetragenen Berechtigten zurückzuführen, kann vielmehr mit diesem auch durch einzelne nicht gesamthänderisch verbundene Erben als Zwischenglieder verbunden sein (JFG 18, 32). Zum Nachlass gehören nicht nur Rechte, die dem Erblasser zustanden, sondern auch solche, die nach §§ 2019, 2041 BGB erworben wurden.

b) Das Gesamtgut kann das einer ehelichen oder das einer fortgesetzten Gütergemeinschaft sein. Was zum Gesamtgut einer Gütergemeinschaft gehört, bemisst sich nach den für diese maßgebenden Vorschriften (s. § 33 Rn. 16). 5

4. Umschreibung auf einen Beteiligten. a) Umschreibung. Es muss sich um die Umschreibung des Grundstücks, Erbbaurechts oder Grundpfandrechts auf einen Beteiligten handeln. Ob sie der Herbeiführung einer Rechtsänderung dient oder, wie z.B. bei vorangegangener Erbteilsübertragung oder erfolgter Abtretung einer Nachlassbriefhypothek, eine GBBerichtigung bezweckt, macht keinen Unterschied (JFG 14, 137). Für andere Eintragungen, z.B. die einer Belastung des Grundstücks, Erbbaurechts oder Grundpfandrechts, gelten §§ 36, 37 nicht; eine Ausnahme wird für die Eintragung von Inhaltsänderungen zu machen sein, die gleichzeitig mit der Übertragung vereinbart werden und mit der Auseinandersetzung zusammenhängen, wie z.B. bei Umwandlung einer Eigentümergrundschuld in eine Hyp. mit neuer Forderung. 6

b) Beteiligter. Der einzutragende Berechtigte muss ein Beteiligter sein. Soll das Grundstück, Erbbaurecht oder Grundpfandrecht auf einen Dritten umgeschrieben werden, so sind §§ 36, 37 nicht anwendbar (JFG 22, 161); das Gleiche gilt, wenn die Gesamthandsgemeinschaft als solche eingetragen werden soll (KG HRR 1939 Nr. 1363). Dagegen wird von §§ 36, 37 auch der Fall umfasst, dass die Umschreibung auf mehrere oder alle Beteiligte in Bruchteilsgemeinschaft vorgenommen werden soll (JFG 14, 137; 18, 32; 21, 233). 7

8 aa) **Nachlassbeteiligte** sind nur die Erben, Erbeserben und Erbteilserwerber (JFG 22, 161), nicht hingegen Vermächtnisnehmer und Nachlassgläubiger; ist aber ein Erbe zugleich Vermächtnisnehmer oder Nachlassgläubiger, so gelten §§ 36, 37 auch dann, wenn er das Grundstück, Erbbaurecht oder Grundpfandrecht in dieser Eigenschaft erhalten soll (Bauer/v. Oefele § 36 Rn. 20).

9 bb) **Gesamtgutsbeteiligte** sind bei ehelicher Gütergemeinschaft die Ehegatten bzw. deren Erben; bei fortgesetzter Gütergemeinschaft sind es der überlebende Ehegatte bzw. dessen Erben und die anteilsberechtigten Abkömmlinge, aber auch einseitige erbberechtigte Abkömmlinge, die nach § 1483 Abs. 2 BGB an dem Gesamtgut teilhaben und sich mit den Teilhabern der fortgesetzten Gütergemeinschaft auseinandersetzen müssen (a.M. Hesse/Saage/Fischer A. II b; Güthe/Triebel A. 6).

10 **5. Überweisungszeugnis.** Zuständig zur Ausstellung des Zeugnisses ist, wenn ein Nachlass in Rede steht, das Nachlassgericht, falls Gesamtgut in Betracht kommt, das Amtsgericht, und zwar unabhängig von der Durchführung eines Vermittlungsverfahrens nach §§ 86ff., 99 FGG (KGJ 48, 156). Ausländische Gerichte sind nicht zuständig. In *Bayern* kann das Zeugnis nach Art. 39 AGGVG v. 23. 6. 1981 (BayRS 300-1-1-J) unter bestimmten Voraussetzungen auch von den Notaren ausgestellt werden (s. dazu § 193 FGG, § 20 Abs. 5 BNotO).

11 **6. Ausstellung des Zeugnisses.** Für sie gibt § 36 Abs. 2, an sich nicht in die GBO gehörend, eine Anweisung an das Nachlass- bzw. Auseinandersetzungsgericht. Dieses darf das Zeugnis nur ausstellen, falls die Voraussetzungen für die Erteilung eines Erbscheins vorliegen oder der Nachweis der ehelichen Gütergemeinschaft durch öffentliche Urkunden erbracht ist; außerdem muss ihm nachgewiesen sein, dass die zur Eintragung erforderlichen Erklärungen der Beteiligten, z.B. die Auflassungs- bzw. Einigungserklärung (§ 20), die EintrBewilligung (§ 19) oder die diese ersetzende Abtretungserklärung (§ 26), in einer den Vorschriften der GBO entsprechenden Weise, d.h. in der Form des § 29 Abs. 1 Satz 1, abgegeben sind. Hängt die Wirksamkeit einer solchen Erklärung von der Vollmacht eines Vertreters oder einer Genehmigung ab, so sind auch diese nachzuweisen.

12 In der Form des § 29 ist eine Erklärung auch dann abgegeben, wenn sie das Nachlass- bzw. Auseinandersetzungsgericht, was seit dem Inkrafttreten des BeurkG nurmehr bei Durchführung eines Vermittlungsverfahrens in Betracht kommt, im Rahmen seiner Zuständigkeit entgegengenommen und beurkundet hat (vgl. dazu Zimmermann Rpfleger 1970, 189, 195). Hat ein Vermittlungsver-

fahren nach §§ 86ff., 99 FGG stattgefunden, so reicht, weil Gegenstand des Verfahrens auch die zur Durchführung der Auseinandersetzung abzugebenden Erklärungen sein können, vermutetes Einverständnis gemäß § 91 Abs. 3 FGG aus (BayObLG 5, 7 = OLG 10, 38; KGJ 41, 249; str.); das Zeugnis darf erst nach der Rechtskraft der Bestätigung erteilt werden (§§ 96, 97 FGG).

7. Inhalt des Zeugnisses. Das Zeugnis hat die Erbfolge oder das Bestehen sowie die Teilhaber der Gütergemeinschaft auszuweisen und die Abgabe der zur Eintragung erforderlichen Erklärungen aller Beteiligten zu bezeugen; die Bescheinigung der Übereignung bzw. Übertragung genügt nicht (KGJ 44, 237). Weist das Zeugnis eine Erbfolge aus, so ist, wie beim Erbschein, auch die Anordnung einer Nacherbfolge oder einer Testamentsvollstreckung anzugeben; letzterenfalls kann in dem Zeugnis auch die Verfügungsbefugnis des Testamentsvollstreckers bescheinigt werden (s. KG HRR 1939 Nr. 1363). 13

8. Form des Zeugnisses. Das Zeugnis kann im Hinblick auf eine mögliche Einziehung bei Unrichtigkeit entsprechend § 2361 BGB (JFG 14, 138; KG HRR 1939 Nr. 1363) nur in Urschrift oder Ausfertigung, nicht aber in beglaubigter Abschrift vorgelegt werden (vgl. § 35 Rn. 23; a.M. frühere Auflagen). Statt der Vorlegung genügt die Verweisung auf die das Zeugnis enthaltenden Akten desselben Amtsgerichts (OLG München JFG 20, 373; JFG 23, 299). 14

9. Prüfung des Zeugnisses. Zu prüfen sind außer der Form des Zeugnisses (s. dazu Rn. 14) die sachliche Zuständigkeit der ausstellenden Behörde und der Inhalt des Zeugnisses. 15

a) Zuständig zur Ausstellung des Zeugnisses ist das Nachlassgericht oder das Amtsgericht (s. Rn. 10); hat das Nachlassgericht ein Überweisungszeugnis erteilt, obwohl die Erbengemeinschaft hinsichtlich des Grundstücks, Erbbaurechts oder Grundpfandrechts nicht aufgelöst werden soll, so kann mit dem Zeugnis auch nicht die darin festgestellte Erbfolge nachgewiesen werden (KG HRR 1939 Nr. 1363). Örtliche Unzuständigkeit lässt die Wirksamkeit des Zeugnisses unberührt (§ 7 FGG).

b) Das Zeugnis muss den gebotenen Inhalt haben (s. Rn. 13). Sonst ist es auf seine Richtigkeit nicht nachzuprüfen. Über den Fall, dass dem GBAmt Tatsachen bekannt sind, die seine Unrichtigkeit ergeben und daher die Einziehung (s. dazu JFG 14, 138; KG HRR 1939 Nr. 1363) erwarten lassen, s. § 35 Rn. 26. 16

10. Beweiskraft des Zeugnisses. Das Zeugnis beweist im GBVerfahren die Erbfolge oder das Bestehen und die Teilhaber der 17

Gütergemeinschaft sowie die wirksame Abgabe der zur Eintragung erforderlichen Erklärungen der Beteiligten. Weitere Beweiskraft kommt ihm nicht zu; vor allem beweist es nicht die Zugehörigkeit des Grundstücks, Erbbaurechts oder Grundpfandrechts zum Nachlass oder Gesamtgut.

Das Zeugnis genügt auch, wenn der Beteiligte, ohne dass seine Eintragung erforderlich wird, weiter verfügt (JFG 22, 161).

18 **11. Sonstige EintrVoraussetzungen.** Sie werden durch §§ 36, 37 nicht berührt. Neben einem EintrAntrag (§ 13) ist mithin nach Maßgabe der §§ 39, 40 und der §§ 41, 42 die Voreintragung des Betroffenen sowie die Vorlegung des Briefs erforderlich.

Eintragung auf Ersuchen einer Behörde

38 In den Fällen, in denen nach gesetzlicher Vorschrift eine Behörde befugt ist, das Grundbuchamt um eine Eintragung zu ersuchen, erfolgt die Eintragung auf Grund des Ersuchens der Behörde.

Inhaltsübersicht

1. Allgemeines	1
2. Ersuchen nach Bundesrecht	5
3. Ersuchen nach Landesrecht	28
4. Nicht unter § 38 fallende Ersuchen	32
5. Ersuchen des Vollstreckungsgerichts	33
6. Zwangsversteigerungsvermerk	34
7. Zwangsversteigerungsergebnis	38
8. Grundpfandrechte im Zwangsverwaltungsverfahren	59
9. Bedeutung des Ersuchens	60
10. Ersetzte EintrErfordernisse	61
11. Nicht ersetzte EintrErfordernisse	65
12. Form des Ersuchens	68
13. Inhalt des Ersuchens	69
14. Behandlung des Ersuchens	73
15. Berichtigung des Ersuchens	77
16. Rechtsmittel	79
17. Kosten	80

1 **1. Allgemeines. a)** § 38 bestimmt, dass Eintragungen unter Umständen auch auf Ersuchen einer Behörde vorzunehmen sind; er durchbricht damit nicht nur den in § 13 ausgesprochenen Antragsgrundsatz, sondern auch den in § 19 niedergelegten Bewilligungsgrundsatz.

2 **b) Welchen Behörden** die Ersuchensbefugnis zusteht und um welche Eintragungen ersucht werden kann, richtet sich nach den bestehenden gesetzlichen Vorschriften; dabei kommt nicht nur das Bundesrecht, sondern, soweit der Vorbehalt des § 136 reicht, auch

das Landesrecht in Betracht. Eine entsprechende Anwendung gesetzlicher Vorschriften, die einer Behörde für bestimmte Fälle die Befugnis zu einem EintrErsuchen einräumen, kommt grundsätzlich nicht in Betracht (KG Rpfleger 1998, 239). Mangels gesetzlicher Ermächtigung ist die für den Erlass eines Verfügungsverbots gem. § 15 Abs. 4 InVorG zuständige Behörde nicht befugt, das GBAmt um die Eintragung des Verbots in das GB zu ersuchen (LG Berlin Rpfleger 1998, 424).

c) Soweit eine Behörde um Vornahme einer Eintragung ersuchen darf, sind **Anträge der Beteiligten** grundsätzlich ausgeschlossen (JFG 18, 72; OLG München JFG 23, 330; KG Rpfleger 1998, 239); eine Ausnahme gilt, abgesehen von der positiven Regelung in § 32 Abs. 2 Satz 2, Abs. 3 Satz 2 InsO, z.B. im Fall des § 941 ZPO (KGJ 41, 221; JFG 5, 303). **3**

d) Zur entsprechenden Anwendung des § 38, wenn auf Grund der Mitteilung einer Behörde eine Eintragung von Amts wegen vorzunehmen ist, s. BayObLG 1970, 185 = Rpfleger 1970, 346. Auf die von der Katasterbehörde zur Berichtigung der Bestandsangaben des GB vorgelegten Veränderungsnachweise (Fortführungsmitteilungen) ist § 38 nicht entsprechend anwendbar (OLG Düsseldorf Rpfleger 1988, 140). **4**

2. Ersuchen nach Bundesrecht. Aufgrund Bundesrechts können insbes. folgende Stellen um eine Eintragung ersuchen: **5**

a) Prozessgericht: aa) Ersuchen um Eintragungen auf Grund einstweiliger Verfügung nach § 941 ZPO. Neben dem Ersuchen um Eintragung einer Vormerkung oder eines Widerspruchs kommt insbes. das um Eintragung eines Verfügungsverbots in Betracht (JFG 5, 303). Wegen der Einzelheiten s. Demharter Rpfleger 1998, 133. Eine durch einstweilige Verfügung angeordnete Sequestration (§ 938 Abs. 2 ZPO) kann im GB nicht vermerkt werden; denn sie begründet, anders als die Zwangsverwaltung, die ebenfalls durch einstweilige Verfügung angeordnet werden kann (KGJ 35, 265; RG 92, 19), keine Verfügungsbeschränkung des Eigentümers, sondern ist lediglich Verwahrung und Verwaltung des Grundstücks durch einen Treuhänder (s. dazu KG JW 1937, 2115). Die Ersuchensbefugnis des Gerichts berührt die Antragsberechtigung des Gläubigers nicht (s. Rn. 3). Eintragungen auf Grund Arrestbefehls können nicht auf Ersuchen des Gerichts, sondern nur auf Antrag des Gläubigers erfolgen.

bb) Ersuchen auf Antrag des Klägers um Eintragung eines **Rechtshängigkeitsvermerks** (s. dazu Anh. zu § 13 Rn. 22) gem. § 8 Abs. 4 GBBerG (s. dazu Anh. zu §§ 84 bis 89 Rn. 38). Der Vermerk hat die Wirkung eines Widerspruchs und wird mit **6** rechtskräftiger Klageabweisung gegenstandslos; dann kann er gem. § 84 gelöscht werden.

cc) Ersuchen nach § 113 Abs. 3 Satz 2 SachenRBerG um Eintragung eines Vermerks über die **Anhängigkeit eines Anspruchs** auf Berichtigung des GB durch Eintragung eines gem. § 459 Abs. 1 Satz 2, Abs. 4 Satz 1 ZGB entstandenen Miteigentumsanteils (s. dazu § 22 Rn. 30) oder eines Anspruchs gem. § 116 Abs. 1 SachenRBerG auf Bestellung einer Grunddienstbarkeit oder einer beschränkten persönlichen Dienstbarkeit (§ 116 Abs. 2 Satz 2 i. V. m. § 113 Abs. 3 SachenRBerG; s. dazu Anh. zu § 44 Rn. 10). Der Vermerk hat die Wirkung eines Widerspruchs. Das Prozessgericht darf das Ersuchen nicht davon abhängig machen, dass das Bestehen des geltend gemachten Anspruchs schlüssig dargetan ist (KG VIZ 1999, 618). Etwas anderes gilt nur bei einer offensichtlich rechtsmissbräuchlich erhobenen Klage.

7 **b) Vollstreckungsgericht:** Ersuchen im Verfahren der Zwangsversteigerung und Zwangsverwaltung nach §§ 19, 34, 130, 146, 158, 161 ZVG sowie nach § 5a AbwicklG v. 25. 3. 1952 (BGBl. I 203), eingefügt durch Art. 10 des Ges. v. 20. 8. 1953 (BGBl. I 952); näheres s. Rn. 33ff.

8 **c) Insolvenzgericht:** Ersuchen um Eintragung und Löschung eines allgemeinen Verfügungsverbots sowie des Vermerks über die Eröffnung des Insolvenzverfahrens nach § 21 Abs. 2 Nr. 2, § 25 Abs. 1, § 23 Abs. 3, §§ 32, 200 Abs. 2 InsO (vgl. auch die Verweisungen auf § 32 InsO, teilweise über § 200 Abs. 2 Satz 3 InsO, in § 34 Abs. 3, § 215 Abs. 1, § 253 Abs. 3, § 258 Abs. 3, § 267 Abs. 3, § 268 Abs. 2 InsO). Wegen des Antragsrechts des Insolvenzverwalters s. § 32 Abs. 2 Satz 2, Abs. 3 Satz 2 InsO, ferner § 13 Rn. 52. Im Fall der Eröffnung des Insolvenzverfahrens über einen Nachlass ist der Insolvenzvermerk auch dann einzutragen, wenn im GB noch der Erblasser eingetragen ist (OLG Düsseldorf Rpfleger 1998, 334). Der Vermerk kann nicht eingetragen werden, wenn Eigentümer des Grundstücks eine BGB-Gesellschaft ist und das Insolvenzverfahren lediglich über das Vermögen eines der Gesellschafter eröffnet wurde (LG Leipzig Rpfleger 2000, 111; Bauer/v. Oefele Rn. 70; a.M. LG Hamburg ZIP 1986, 1590; s. dazu auch Keller Rpfleger 2000, 201). S. hierzu auch Bachmann, Auswirkungen der Sicherungsmaßnahmen nach § 21 InsO auf das GBVerfahren, Rpfleger 2001, 106. Zu dem Fall, dass bei Eingang des Ersuchens um Eintragung des Insolvenzvermerks ein unerledigter EintrAntrag vorliegt, s. Rieger BWNotZ 2001, 84; vgl. dazu Rn. 36.

Ab 1. 1. 1999 sind die KO und die VerglO sowie im Gebiet der früheren DDR die Gesamtvollstreckungsordnung (GesO) und das

Ges. über die Unterbrechung von Gesamtvollstreckungsverfahren (GUG), jeweils i. d. F. v. 23. 5. 1991 (BGBl. I 1185, 1191), aufgehoben (s. Art. 12 EGInsO) und durch die Vorschriften der InsO ersetzt. Nach Art. 103 EGInsO sind auf die vor dem 1. 1. 1999 beantragten Konkurs-, Vergleichs- und Gesamtvollstreckungsverfahren und deren Wirkungen weiter die bisherigen gesetzlichen Vorschriften anzuwenden (s. dazu 22. Auflage). Gleiches gilt für Anschlusskonkursverfahren, bei denen der dem Verfahren vorausgehende Vergleichsantrag vor dem 1. 1. 1999 gestellt worden ist. Zur Löschung des Gesamtvollstreckungsvermerks, der auch auf Grundstücken eingetragen sein kann, die nicht im Gebiet der früheren DDR liegen, s. Holzer NZG 1998, 417.

d) Bodenschutzbehörde: Ersuchen um Eintragung und Lö- 9
schung des Bodenschutzlastvermerks nach § 93b Abs. 2 GBV.

e) Vertragshilfegericht: Ersuchen um Eintragung und Lö- 10
schung eines allgemeinen oder besonderen Veräußerungsverbots nach § 12 VHG v. 26. 3. 1952 (BGBl. I 198). Die Ersuchensbefugnis ist mit der Aufhebung des VertragshilfeG mit Wirkung vom 30. 6. 2000 durch Art. 9 Nr. 1 des Ges. v. 27. 6. 2000 (BGBl. I 897) entfallen.

f) Vormundschaftsgericht: Ersuchen um Eintragung einer Si- 11
cherungshypothek. § 54 FGG, der die Befugnis hierzu vorsah, ist im Hinblick auf die Aufhebung des § 1844 BGB und Ersetzung durch die Regelung des § 1837 Abs. 2 Satz 2 BGB durch das BetreuungsG v. 12. 9. 1990 (BGBl. I 2002) mit Wirkung ab 1. 1. 1992 aufgehoben worden.

g) Nachlassgericht: Ersuchen um Eintragung und Löschung 12
des Vermerks über die Anordnung der Nachlassverwaltung; die Ersuchensbefugnis ist hier allerdings streitig (s. für *Bayern* §§ 79, 80, 86 NachlO v. 20. 3. 1903, BayBSVJu III 166, aufgehoben mit Wirkung vom 1. 8. 1981 durch JMBek. v. 3. 7. 1981, JMBl. 93).

h) Entschuldungsamt: Ersuchen um Löschung des Entschul- 13
dungsvermerks. Das Ges. zur Abwicklung der landwirtschaftlichen Entschuldung v. 25. 3. 1952 (BGBl. I 203) und die VO über die Löschung der Entschuldungsvermerke v. 31. 1. 1962 (BGBl. I 67), jeweils mit späteren Änderungen, die die Befugnis hierzu vorsahen (vgl. dazu auch BayAbwicklG v. 28. 11. 1949 (BayRS 403-7-J), sind durch Art. 10 des Ges. v. 26. 10. 2001 (BGBl. I 2710) mit Wirkung ab 1. 12. 2001 aufgehoben worden (s. dazu § 84 Abs. 1 Satz 2).

i) Fideikommißgericht: Ersuchen um Löschung der Fideikom- 14
mißeigenschaft sowie eines auf Grund fideikommißrechtlicher Be-

stimmungen oder Anordnungen eingetragenen Nacherbenrechts nach § 38 DVO z. FidErlG v. 20. 3. 1939 (RGBl. I 509).

15 **k) Landwirtschaftsgericht:** Ersuchen um Eintragung und Löschung des Hofvermerks nach § 3 HöfeVfO.

16 **l) Vollstreckungsbehörde:** aa) Ersuchen um Eintragung einer Zwangshyp. für Steuerforderungen nach § 322 AO; Vollstreckungsbehörden sind nach § 249 Abs. 1 Satz 2 AO die Finanzämter und die Hauptzollämter; zum Begriff der Steuern s. § 3 Abs. 1 AO.

bb) Der in § 322 Abs. 3 Satz 1 AO erwähnte „Antrag" der Vollstreckungsbehörde ist, was Abs. 3 Satz 4 jetzt ausdrücklich ausspricht, grundbuchrechtlich „Ersuchen". In ihm ist zu bestätigen, dass die gesetzlichen Voraussetzungen für die Vollstreckung vorliegen. Diese Fragen unterliegen gemäß Abs. 3 Satz 3 nicht der Beurteilung des GBAmts. Dieses darf daher die sachliche Richtigkeit der Bescheinigung der Vollstreckungsbehörde über die Vollstreckbarkeit des Anspruchs, die den Vollstreckungstitel ersetzt, nicht nachprüfen; dies gilt auch für einen Duldungsbescheid gegen den Grundstückseigentümer, der nicht selbst Steuerschuldner ist (OLG Hamm Rpfleger 1983, 481). Das GBAmt kann jedoch verlangen, dass in einem mehrere Steuerforderungen betreffenden Ersuchen die einzelnen Forderungen nach Art und Betrag bezeichnet werden; auch hat es auf die Einhaltung von § 866 Abs. 3 und § 867 Abs. 2 ZPO zu achten (JFG 7, 400).

17 cc) Als Gläubigerin der zu vollstreckenden Ansprüche gilt im Vollstreckungsverfahren gemäß § 252 AO die Körperschaft, der die Vollstreckungsbehörde angehört; angesichts dieser Vorschrift hat sich eine dem § 372 Abs. 1 Satz 3 RAbgabenO entsprechende Regelung in der neuen Abgabenordnung erübrigt.

dd) Zur entsprechenden Anwendung der Vorschriften der AO in *Bayern* bei der Vollstreckung von Leistungsbescheiden des Staats s. Art. 25 VwZVG i. d. F. v. 11. 11. 1970 (BayRS 2010-2-I).

18 **m) Verbots-, Vollzugs- oder Einziehungsbehörde:** Ersuchen um Eintragung und Löschung der Beschlagnahme von Vereinsvermögen sowie um Eintragung und Löschung eines Amtswiderspruchs und Berichtigung des GB bei Einziehung von Vereinsvermögen nach §§ 2, 18 DVO zum VereinsG v. 28. 7. 1966 (BGBl. I 457).

19 **n) Bergbehörde:** Ersuchen um Eintragung oder Löschung des Bergwerkseigentums nach § 17 Abs. 3, § 18 Abs. 4 und § 20 Abs. 5 BBergG sowie Ersuchen gemäß § 27 Abs. 2, § 92 Abs. 3, § 96 Abs. 6, § 149 Abs. 6, § 152 Abs. 3, § 160 Abs. 5 und § 162 Abs. 2 dieses Gesetzes; wegen der Zuständigkeit s. § 142 BBergG.

Zu Mitteilungspflichten des GBAmts gegenüber der Bergbehörde s. § 55 Rn. 21.

o) Gerichtskasse: Ersuchen um Eintragung einer Zwangshyp. für rückständige Gerichtskosten und diesen gleichstehende Ansprüche nach §§ 1, 2, 7 der Justizbeitreibungsordnung v. 11. 3. 1937 (RGBl. I 298) i.d.F. des Art. V KostÄnderungsG v. 26. 7. 1957 (BGBl. I 861). Der Vorlage eines Vollstreckungstitels bedarf es nicht. Die Berechtigung der Kostenforderung gegen den Kostenschuldner darf das GBAmt ebenso wenig nachprüfen wie die Verpflichtung des Vollstreckungsschuldners zur Leistung oder Duldung der Zwangsvollstreckung nach den Vorschriften des bürgerlichen Rechts; dagegen hat es auf die Einhaltung von § 866 Abs. 3, § 867 Abs. 2 ZPO zu achten (BayObLG 1948/51, 610 = Rpfleger 1952, 133 mit Anm. v. Bruhn; vgl. Anh. zu § 44 Rn. 68. 20

p) Versorgungsbehörde: Ersuchen um Eintragung einer Verfügungsbeschränkung nach § 75 BVersG. Erwirbt ein Beschädigter mit einer Kapitalabfindung das Eigentum nur an dem ideellen Bruchteil eines Grundstücks, so kann die Verfügungsbeschränkung nur in Ansehung seines Anteils in das GB eingetragen werden; dies gilt auch dann, wenn die Ehefrau des Beschädigten Miteigentümerin ist (BGH 19, 358 = NJW 1956, 463 gegen JFG 5, 368). 21

q) Flurbereinigungsbehörde: aa) Ersuchen um Eintragung eines Verfügungsverbots sowie um Berichtigung des GB entsprechend dem Flurbereinigungsplan nach § 52 Abs. 3 und §§ 79 ff. FlurbG; s. hierzu auch BayObLG 1985, 372 = Rpfleger 1986, 129; zu dem Ersuchen um Löschung einer Dienstbarkeit, die das GBAmt an Einlagegrundstücken eines Flurbereinigungsverfahrens nach wirksamer Anordnung der vorzeitigen Ausführung des Flurbereinigungsplans eingetragen hat, s. BayObLG 1993, 52. Ein Flurbereinigungsvermerk kann nicht in das GB eingetragen werden (s. Anh. zu § 13 Rn. 14). 22

bb) Ersuchen der Flurneuordnungsbehörde um Eintragung eines Zustimmungsvorbehalts nach § 13 Satz 2 GBBerG i.V.m. § 6 Abs. 4 BoSoG sowie um Berichtigung des GB nach dem Tausch- oder Bodenordnungsplan (§ 55 Abs. 2, § 61 Abs. 3 Landwirtschaftsanpassungsg i.d.F. v. 3. 7. 1991, BGBl. I 1418).

cc) Zur Form des EintrErsuchens einer nicht siegelführenden Teilnehmergemeinschaft in der Flurbereinigung s. BayObLG 1986, 86 = Rpfleger 1986, 370. Zur Beschwerdeberechtigung der Flurbereinigungsbehörde s. BayObLG RdL 1983, 268. Zu Mitteilungspflichten im Flurbereinigungsverfahren s. § 55 Rn. 21, 23.

23 **r) Umlegungsstelle:** Ersuchen nach § 74 Abs. 1 BauGB um Berichtigung des GB entsprechend dem Umlegungsplan (s. dazu OLG Hamm FGPrax 1996, 89, zugleich zur Überprüfung der Wirksamkeit der Umlegungsmaßnahme) und Löschung des gemäß § 54 Abs. 1 BauGB eingetragenen Umlegungsvermerks. Soll eine Eintragung bei einem Briefrecht vorgenommen werden, hat die Umlegungsstelle gem. §§ 41, 42 den Brief vorzulegen (OLG Düsseldorf WM 1997, 2212).

24 **s) Gemeinde:** Ersuchen um Eintragung einer Vormerkung zur Sicherung des Anspruchs auf Übereignung eines Grundstücks oder um Löschung einer solchen nach § 28 Abs. 2 Satz 3 und 6 BauGB, um Eintragung des Übergangs des Eigentums an einem Grundstück nach § 28 Abs. 3 Satz 6 und Abs. 4 Satz 3 BauGB sowie um Berichtigung des GB entsprechend einem Grenzregelungsbeschluss nach § 84 Abs. 1 BauGB (s. zu letzterem auch Rn. 74); ferner Ersuchen um Eintragung und Löschung eines Entwicklungsvermerks (§ 165 Abs. 9, § 169 Abs. 1 Nr. 6, § 162 Abs. 3 BauGB) oder eines Sanierungsvermerks (§ 143 Abs. 4, § 162 Abs. 3 BauGB) sowie Ersuchen um Eintragung der Genehmigungspflicht bei Veräußerung von Wohnungs- oder Teileigentum (§ 172 Abs. 4 Satz 5 BauGB).

25 **t) Enteignungsbehörde:** Ersuchen um Eintragung und Löschung von Enteignungsvermerken nach § 108 Abs. 6 BauGB sowie Ersuchen um Berichtigung des GB entsprechend dem Enteignungsbeschluss nach § 117 Abs. 7 BauGB und § 51 LandbeschG v. 23. 2. 1957, BGBl. I 134 (s. hierzu BayObLG DNotZ 1988, 781).

26 **u) Treuhandanstalt:** Ersuchen um Eintragung der in einem Bescheid des Präsidenten der Treuhandanstalt oder des Oberfinanzpräsidenten gem. § 2 VZOG getroffenen Feststellungen (§ 3 Abs. 1 VZOG); s. auch § 4 Abs. 2 VZOG. An die Stelle der Treuhandanstalt ist ab 1. 1. 1995 die mit dieser als juristische Person identische Bundesanstalt für vereinigungsbedingte Sonderaufgaben getreten (s. VO v. 20. 12. 1994, BGBl. I 3913), die zum Ende des Jahres 2000 aufgelöst wurde.

v) Amt zur Regelung offener Vermögensfragen: Ersuchen gem. § 11c VermG um Eintragung eines Zustimmungsvorbehalts bei Grundstücken, Gebäuden und Grundpfandrechten, die Gegenstand einer zwischenstaatlichen Vereinbarung der DDR sind (bei Briefrechten braucht der Brief nicht vorgelegt zu werden: § 105 Abs. 1 Nr. 6 Satz 6 Halbsatz 2 GBV); ferner Ersuchen um GBBerichtigung gem. § 34 Abs. 2 VermG bei der Rückübertragung von Eigentums- und sonstigen Rechten an Grundstücken und Gebäuden sowie bei der Aufhebung der staatlichen Verwaltung (s. hierzu auch das Ersuchen um Eintragung eines Widerspruchs gem. § 16 Abs. 6 VermG; ferner KG Rpfleger 1997, 154 und wegen der kostenmäßigen Behandlung KG Rpfleger 1996, 479). Ist jemand auf Grund einer noch nicht unanfechtbar gewordenen Entscheidung über die Rückübereignung als Eigentümer im GB eingetragen worden, so ist das Amt zur Regelung offener Vermögensfragen nicht in entsprechender Anwendung von § 34 Abs. 2 VermG befugt, um die Eintragung eines Widerspruchs zu ersuchen (a. M. OLG Naumburg Rpfleger 1993, 444). Das Amt ist auch nicht befugt, um die Eintragung eines Vermerks im Sinn des § 9a Abs. 1 Satz 2, 3 EGZVG zur Sicherung der in Art. 233 § 2c Abs. 2 EGBGB bezeichneten Ansprüche und solcher auf Rückübertragung nach dem VermG zu ersuchen (KG Rpfleger 1998, 239).

w) Sonderungsbehörde: Ersuchen gem. § 6 Abs. 4 BoSoG um Eintragung eines Zustimmungsvorbehalts bei dinglichen Rechten an Grundstücken und grundstücksgleichen Rechten im Rahmen der ergänzenden oder komplexen Bodenneuordnung (Sonderungsvermerk). Zum Inhalt des Vermerks s. § 8 Abs. 1 SPV.

x) Fiskus: Ersuchen gem. Art. 233 § 13a EGBGB um Eintragung einer Vormerkung zur Sicherung des Auflassungsanspruchs gem. Art. 233 § 11 Abs. 3 EGBGB.

y) Notar: Ersuchen um Eintragung eines Vermerks über die Eröffnung eines Vermittlungsverfahrens nach dem SachenRBerG (§ 92 Abs. 5 SachenRBerG). Der Vermerk hat die Wirkung einer Vormerkung (§ 92 Abs. 6 SachenRBerG); er hat daher den Antragsteller als den Begünstigten des Vermittlungsverfahrens zu benennen (OLG Brandenburg Rpfleger 1999, 487).

z) Genehmigungsbehörde: Ersuchen um Eintragung und 27
Löschung eines Widerspruchs bei nichtgenehmigten Verfügungen, und zwar:

- Nach § 7 Abs. 2 GrdstVG;
- nach § 20 Abs. 3 und 4 BauGB (entsprechend anwendbar gemäß § 22 Abs. 6 Satz 2, § 145 Abs. 6, § 169 Abs. 1 Nr. 3 und § 172 Abs. 1 Satz 6 BauGB); wegen der Unanwendbarkeit dieser Bestimmungen auf den Fall des § 51 BauGB (früher BBauG) s. OLG Celle NJW 1963, 1160;
- nach Art. 2 Abs. 3 VO über die Veräußerung von Entschuldungsbetrieben v. 6. 1. 1937 (RGBl. I 5);
- nach § 7 Abs. 4 VO über die Anmeldung vermögensrechtlicher Ansprüche i. d. F. v. 3. 8. 1992 (BGBl. I 1481); s. hierzu Böhringer NJ 1992, 290.

Der Widerspruch ist zugunsten des Inhabers des Berichtigungsanspruchs, nicht etwa zugunsten der Behörde einzutragen (KG JW 1925, 1780; BayObLG 1955, 321 = DNotZ 1956, 189). Seine Löschung kann auch auf Antrag der Beteiligten erfolgen, erfordert dann aber den Nachweis, dass die Genehmigung erteilt oder nicht erforderlich ist; eine Bewilligung des Berechtigten genügt nicht (JFG 1, 395). Deshalb wird der Widerspruch zweckmäßig mit dem Hinweis auf das Ersuchen der Behörde eingetragen. Über Ersuchen um Eintragung eines Widerspruchs, die sich auf das Vorliegen eines Umgehungsgeschäfts gründen, s. BayObLG 1955, 314 = NJW 1956, 1639).

28 **3. Ersuchen nach Landesrecht.** Auch landesrechtliche Vorschriften können die Befugnis nach § 38 begründen. Dem Ersuchen einer nach dem Recht eines Landes zuständigen Behörde ist grundsätzlich auch von dem GBAmt eines anderen Landes zu entsprechen. In *Bayern* können z. B. folgende Stellen um eine Eintragung ersuchen:

29 **a) Kreisverwaltungsbehörde:** Ersuchen um Eintragung einer Verfügungs- und Veränderungssperre sowie um GBBerichtigung entsprechend einem Enteignungsbeschluss nach Art. 27 Abs. 4 Satz 1 und Art. 34 Abs. 7 Ges. über die entschädigungspflichtige Enteignung i. d. F. v. 25. 7. 1978 (BayRS 2141-1-I). Die Verfügungs- und Veränderungssperre ist eine absolute Verfügungsbeschränkung. Ihre Eintragung hat nur deklaratorische Bedeutung. Wird sie in der Form einer relativen Verfügungsbeschränkung („zugunsten des Landratsamts") vorgenommen, ist sie inhaltlich unzulässig. Die Eintragung könnte lauten: „Es besteht eine Verfügungs- und Veränderungssperre nach Art. 27 BayEG. Gemäß Ersuchen vom … eingetragen am …" (BayObLG DNotZ 1988, 784).

30 **b) Genehmigungsbehörde:** Ersuchen um Eintragung und Löschung eines Widerspruchs nach Art. 2 AlmG v. 28. 4. 1932 (BayRS 7817-2-E).

31 **c) Gemeinde:** Ersuchen von Gemeinden, Landkreisen, Bezirken und Zweckverbänden um Eintragung einer Zwangssicherungshyp. auf Grund eines vollstreckbaren Leistungsbescheids gemäß Art. 26 Abs. 1 VwZVG i. d. F. v. 11. 11. 1970 (BayRS 2010-2-I); s. hierzu BayObLG Rpfleger 1982, 99. Zur entsprechenden Anwendung der genannten Bestimmung auf sonstige juristische Personen des öffentlichen Rechts s. Art. 27 VwZVG.

32 **4. Nicht unter § 38 fallende Ersuchen.** Kein Ersuchen im Sinn des § 38 liegt vor, wenn das GBAmt in den Fällen des § 48 auf Grund der Mitteilung eines anderen GBAmts nach § 30 GeschO, § 34 BayGBGA die Mitbelastung einträgt oder den Mithaftvermerk

berichtigt (KGJ 52, 105). Jedes GBAmt wird hier nach § 48 von Amts wegen auf Grund eigener Zuständigkeit tätig.

5. Ersuchen des Vollstreckungsgerichts. Das Vollstreckungsgericht ist unter grundsätzlichem Ausschluss der Antragsberechtigung der Beteiligten befugt, um Vornahme der nachfolgenden Eintragungen und Löschungen zu ersuchen (s. Rn. 34–59). 33

6. Zwangsversteigerungsvermerk. a) Um Eintragung des Vermerks ist nach § 19 Abs. 1, § 146 ZVG zugleich mit der Anordnung der Zwangsversteigerung oder Zwangsverwaltung zu ersuchen. 34

aa) Der Vermerk ist auch **dann einzutragen,** wenn der Vollstreckungsschuldner nicht oder nicht mehr als Eigentümer eingetragen ist (JFG 5, 301); ferner auch im Zeitraum zwischen dem Eintritt des neuen Rechtszustands im Flurbereinigungsverfahren nach der Ausführungsanordnung und der GBBerichtigung (LG Ellwangen BWNotZ 1989, 91). Er sperrt das GB nicht für weitere Eintragungen (KGJ 34, 286; BayObLG 1996, 44 = Rpfleger 1996, 333) und lautet: „Die Zwangsversteigerung (Zwangsverwaltung) ist angeordnet. Eingetragen am ......“. Der Belastungsgegenstand braucht nicht im Vermerk bezeichnet zu werden. Es genügt, dass dies in Sp. 2 der Abt. II durch Angabe der laufenden Nummer der betroffenen Grundstücke im Bestandsverzeichnis geschieht, bei Belastung eines Miteigentumsanteils an einem Grundstück durch den Zusatz der laufenden Nummer der Eintragung des Anteils in Abt. I. 35

bb) Liegt bei Eingang des EintrErsuchens ein **unerledigter EintrAntrag** vor, so kann diesem, falls nicht § 878 BGB zur Anwendung kommt, vor Eintragung des Zwangsversteigerungsvermerks nicht mehr entsprochen werden (s. hierzu § 19 Rn. 59). Wegen § 17 ist er entweder zurückzuweisen oder durch Zwischenverfügung die Behebung des in der nicht eingetragenen Verfügungsbeschränkung liegenden EintrHindernisses aufzugeben; in Betracht kommt dabei insbes. die Genehmigung der Eintragung durch den Gläubiger. Nach Eintragung einer Vormerkung gem. § 18 Abs. 2 kann dann der Zwangsversteigerungsvermerk eingetragen werden. Wird die Genehmigung beigebracht, ist der EintrAntrag durch Umschreibung der Vormerkung und Anbringung eines Wirksamkeitsvermerks (s. hierzu § 45 Rn. 18) endgültig zu erledigen. Andere sehen wegen der Möglichkeit eines gutgläubigen Erwerbs die mit der wirksam gewordenen Anordnung der Zwangsversteigerung eintretende Verfügungsbeschränkung nicht als EintrHindernis an und erledigen den EintrAntrag vor dem Ersuchen um Eintragung des Zwangsversteigerungsvermerks; bei Vorliegen eines EintrHindernisses gehen sie nach § 18 Abs. 1, 2 vor oder stellen die Eintra- 36 gung des Zwangsversteigerungsvermerks so lange zurück, bis über den EintrAntrag abschließend entschieden werden kann. S. hierzu Hagemann Rpfleger 1984, 397; 1985, 341; Tröster Rpfleger 1985, 337; Baum Rpfleger 1990, 141; Rieger BWNotZ 2001, 84.

cc) Gegen die Eintragung ist die unbeschränkte Beschwerde zulässig. Die Löschung setzt kein Ersuchen des Vollstreckungsgerichts voraus (BayObLG Rpfleger 1997, 101; a. M. KG HRR 1930 Nr. 1509).

dd) im Gebiet der früheren DDR ist ein Zwangsversteigerungsvermerk auch in ein bestehendes Gebäudegrundbuch für Gebäudeeigentum auf dem Grundstück einzutragen (§ 9a Abs. 3 Satz 3 EGZVG).

37 **b)** Um **Löschung** des Vermerks ist nach § 34, § 161 Abs. 4 ZVG bei Aufhebung des Verfahrens, um Löschung des Versteigerungsvermerks nach § 130 Abs. 1 ZVG auch dann zu ersuchen, wenn der Teilungsplan ausgeführt und der Zuschlag rechtskräftig ist (s. Rn. 45 ff.). Der in Sp. 6 und 7 der Abt. II anzubringende Löschungsvermerk lautet: „Gelöscht am …". Zur Wiedereintragung eines zu Unrecht gelöschten Versteigerungsvermerks s. JFG 12, 295.

38 **7. Zwangsversteigerungsergebnis.** Das Ersuchen um Eintragung des Versteigerungsergebnisses ist nach § 130 Abs. 1, § 145 ZVG zu stellen, wenn der Teilungsplan ausgeführt oder die außergerichtliche Befriedigung nachgewiesen ist und der Zuschlagsbeschluss Rechtskraft erlangt hat. Ihm braucht weder eine Ausfertigung des Zuschlagsbeschlusses noch eine solche des Verteilungsprotokolls beigefügt zu werden (KG HRR 1933 Nr. 591). Im Einzelnen ist um folgende Eintragungen zu ersuchen:

39 **a) Eintragung des Erstehers.** aa) Das Ersuchen muss das Datum des Zuschlagsbeschlusses angeben, weil dieser nach § 9 Buchst. d GBV als Grundlage der Eintragung in Sp. 4 zu erwähnen ist; bei mehreren Erstehern bedarf es ferner der Angabe des Gemeinschaftsverhältnisses nach § 47; erforderlich ist schließlich die Unbedenklichkeitsbescheinigung der Finanzbehörde (s. § 20 Rn. 48). Die Eintragung in Sp. 4 lautet etwa: „Auf Grund Zuschlagsbeschlusses des Amtsgerichts … vom ...... eingetragen am ......". Hat der Vollstreckungsschuldner das Grundstück erstanden, so ist er auf Grund des Ersuchens von neuem einzutragen. Ist der Ersteher nach der Erteilung des Zuschlags gestorben, so hat das GBAmt auch bei Kenntnis dieses Sachverhalts den verstorbenen Ersteher als Eigentümer einzutragen (JFG 10, 208). Anträge der Erben, sie unmittelbar als Eigentümer einzutragen, hat das Vollstreckungsgericht an das GBAmt weiterzuleiten. Ihre Prüfung und Beurteilung ist aus-

schließlich Aufgabe des GBAmts. Stehen den Anträgen keine Bedenken entgegen, so kann es die Erben in diesem Fall unmittelbar eintragen (Mönch DJust. 1937, 1807).

Das Vollstreckungsgericht, nicht das GBAmt, hat zu prüfen, ob 40
eine zum Grundstückserwerb erforderliche Genehmigung erteilt ist. Das GBAmt darf daher die Eintragung des Erstehers nicht von der Vorlage eines Negativattests nach § 28 Abs. 1 BauGB oder von der Zustimmung nach § 12 WEG abhängig machen (LG Frankenthal Rpfleger 1984, 183).

bb) Hinzuweisen ist in diesem Zusammenhang auf § 130 Abs. 3 41
ZVG. Hiernach darf, wenn der Ersteher vor seiner Eintragung als Eigentümer die **Eintragung eines Rechts** an dem versteigerten Grundstück bewilligt hat, diese Eintragung nicht vor der Erledigung des Ersuchens nach § 130 Abs. 1 ZVG erfolgen. Das GBAmt kann in diesem Fall von einer Beanstandung der gestellten Anträge, wenn sie im Übrigen hindernisfrei sind, absehen und einfach eine Frist bis zur Erledigung des Ersuchens verfügen. Die Anträge dürfen nicht deswegen zurückgewiesen werden, weil der Ersteher noch nicht als Eigentümer eingetragen ist (RG 62, 140; s. auch LG Lahn-Gießen Rpfleger 1979, 352 mit Anm. v. Schiffauer), es sei denn, dass sofortige Entscheidung verlangt wird (JFG 10, 208). Für die Erledigung mehrerer Anträge gilt § 17. Ein Verstoß gegen § 130 Abs. 3 ZVG macht die Eintragung nicht unwirksam (KGJ 34, 287).

§ 130 Abs. 3 ZVG ist entsprechend anzuwenden, wenn der Er- 42
steher vor seiner Eintragung als Eigentümer die Löschung eines mit dem Eigentum an dem versteigerten Grundstück verbundenen und gemäß § 9 vermerkten Rechts bewilligt (JFG 10, 199).

cc) Die volle **Gebühr** des § 60 Abs. 1 KostO wird auch dann 43
erhoben, wenn der bisherige Eigentümer auf Grund des Zuschlagsbeschlusses erneut als Eigentümer eingetragen wird (OLG Düsseldorf Rpfleger 1989, 250). Im Fall des Eigentumserwerbs durch Zuschlagsbeschluss findet § 60 Abs. 2 KostO keine Anwendung (BayObLG Rpfleger 1996, 129).

Der **Geschäftswert** für die Eintragung des Erstehers als Eigen- 44
tümer bemisst sich grundsätzlich nach dem gemäß § 74a Abs. 5 ZVG festgesetzten Verkehrswert des Grundstücks; dessen Eignung kann nur unter besonderen Umständen in Frage gestellt werden (BayObLG Rpfleger 1986, 158; OLG Zweibrücken Rpfleger 1988, 409; OLG Stuttgart Rpfleger 1991, 30; a. M. OLG Düsseldorf Rpfleger 1987, 411: maßgebend ist das Meistgebot). Wird bei der Zwangsversteigerung ein gemeinschaftliches Grundstück einem Miteigentümer zugeschlagen, so ist für die Gebühr der Wert des ganzen Grundstücks maßgebend (BayObLG Rpfleger 1996, 129).

45 **b) Löschung des Vermerks und erloschener Rechte.** Welche Rechte durch den Zuschlag erlöschen, ergibt sich aus § 91 ZVG. Verfügungsbeschränkungen, die auf öffentlichem Recht beruhen, fallen nicht unter diese Vorschrift; um ihre Löschung kann daher nicht ersucht werden (JFG 5, 301). Nach § 5a AbwicklG v. 25. 3. 1952 (BGBl. I 203), eingefügt durch Art. 10 des Ges. v. 20. 8. 1953 (BGBl. I 952), und aufgehoben durch Art. 10 des Ges. v. 26. 10. 2001 (BGBl. I 2710), hatte das Vollstreckungsgericht jedoch um die Löschung eines Entschuldungsvermerks zu ersuchen, der mit der Rechtskraft des Zuschlagsbeschlusses seine Wirkung verlor. Zur Löschung solcher Vermerke von Amts wegen s. § 84 Abs. 1 Satz 2.

46 aa) Das Ersuchen ist auf **alle bis zum Zuschlag eingetragenen Rechte** zu erstrecken, wobei die nach Eintragung des Versteigerungsvermerks gebuchten nicht einzeln aufgeführt zu werden brauchen; es kann etwa lauten: „Es wird um Löschung folgender Eintragungen ersucht: Abt. II Nr. 1 und 2; Abt. III Nr. 4, 5, 6 und etwa folgende, bis zum Zuschlag bewirkte." Über den Wortlaut des § 130 Abs. 1 Satz 1 ZVG hinaus wird das Ersuchen aber auch auf die nach dem Zuschlag eingetragenen Rechte erstreckt werden dürfen, wenn die Eintragungen von dem bisherigen Eigentümer bewilligt oder gegen ihn im Weg der Zwangsvollstreckung erfolgt sind und ein anderer als der bisherige Eigentümer der Ersteher ist (s. dazu OLG Jena Rpfleger 2001, 343 und Anh. zu § 44 Rn. 69); denn dann sind die Rechte im Hinblick auf § 90 ZVG überhaupt nicht entstanden (str.; a. M. KGJ 34, 282; s. dazu Hornung Rpfleger 1980, 249). Die Löschung solcher Eintragungen kann aber auch von dem Ersteher gemäß § 22 betrieben werden. Nach Maßgabe des § 130 Abs. 2 ZVG ist das Ersuchen auch auf die Löschung eines im geringsten Gebot berücksichtigten Rechts zu richten; die Löschung eines solchen Rechts kann auch auf Antrag der Beteiligten erfolgen.

47 Haben die Beteiligten vereinbart, dass ein durch Zuschlag erloschenes Grundpfandrecht nur teilweise bestehen bleiben soll, so kann das Vollstreckungsgericht das GBAmt um die Löschung des nicht liegenbelassenen Teils ersuchen (OLG Köln Rpfleger 1983, 168). Bei einem Löschungsersuchen nach § 130 Abs. 1 ZVG ist die Vorlegung der Briefe über die zu löschenden Rechte nach § 131 ZVG nicht erforderlich; einem Löschungsersuchen nach § 130 Abs. 2 ZVG muss der Brief dagegen beigefügt werden.

48 bb) Wird bei einer **Gesamthypothek,** einer Gesamtgrundschuld oder Gesamtrentenschuld der Gläubiger aus dem versteigerten Grundstück befriedigt, so erlischt das Recht nach § 1181 Abs. 2

BGB grundsätzlich auch an den nichtversteigerten Grundstücken. Trotzdem darf das Vollstreckungsgericht mit Rücksicht auf § 1182 BGB und weil durch den Zuschlag nur Rechte an dem versteigerten Grundstück erlöschen können (KG HRR 1933 Nr. 592), nicht um Löschung auf den Blättern nicht versteigerter Grundstücke ersuchen. Ein dahingehendes Ersuchen wäre abzulehnen. Es muss den Beteiligten überlassen bleiben, die Löschung herbeizuführen. Das GBAmt hat aber das Erlöschen der Mithaft des versteigerten Grundstücks auf den Blättern der nicht versteigerten Grundstücke gemäß § 48 Abs. 2 von Amts wegen zu vermerken.

cc) Nicht ersuchen kann das Vollstreckungsgericht um Eintragung **neuer Bedingungen** bei bestehen bleibenden Rechten. Seine Zuständigkeit beschränkt sich auf die in § 130 Abs. 1 und 2 ZVG erwähnten Maßnahmen. Ein auf Eintragung neuer Bedingungen gerichtetes Ersuchen müsste abgelehnt werden, auch wenn das Bestehen bleiben der Rechte gemäß § 91 Abs. 2 ZVG im Verteilungstermin vereinbart ist (OLG Köln Rpfleger 1983, 168). Auf die Eintragung neuer Bedingungen bezügliche Erklärungen kann das Vollstreckungsgericht lediglich an das GBAmt weiterleiten. **49**

dd) Ist der Ersteigerer eines Grundstücks zugleich Gläubiger einer bestehen bleibenden Hyp. und der dadurch gesicherten Forderung, so erlischt diese regelmäßig gem. § 53 Abs. 1 ZVG (BGH 131, 51 = NJW 1996, 2310). Hat das Vollstreckungsgericht versehentlich um die Löschung eines bestehengebliebenen Rechts ersucht, so kann es auch um dessen Wiedereintragung ersuchen (KGJ 25, 311). Es darf dabei aber nicht in wohlerworbene Rechte Dritter eingreifen. Ist nach Lage des Falls die Möglichkeit eines gutgläubigen Erwerbs nach § 892 BGB gegeben, so kann die Wiedereintragung, wenn sie sich nicht überhaupt verbietet, nur an bereiter Rangstelle erfolgen (KG HRR 1933 Nr. 591). Über die Eintragung eines Widerspruchs s. Mönch DJust. 1937, 1866. **50**

ee) Soweit für den Gläubiger eines erloschenen Rechts gegenüber einem bestehen bleibenden Grundpfandrecht nach § 1179a Abs. 1 Satz 3 BGB die **Wirkungen einer Vormerkung** bestanden, fallen diese gemäß § 130a Abs. 1 ZVG mit der Ausführung des Ersuchens nach § 130 ZVG weg. Ist bei einem solchen Recht der Löschungsanspruch nach § 1179a BGB gegenüber einem bestehen bleibenden Recht nicht gemäß § 91 Abs. 4 Satz 2 ZVG erloschen, so ist das Ersuchen nach § 130 ZVG auf einen spätestens im Verteilungstermin zu stellenden Antrag des Anspruchsberechtigten gemäß § 130a Abs. 2 Satz 1 ZVG jedoch auch darauf zu richten, dass für ihn bei dem bestehen bleibenden Recht eine **51**

Vormerkung zur Sicherung des sich aus dem erloschenen Grundpfandrecht ergebenden Anspruchs auf Löschung einzutragen ist; zur Eintragung einer solchen Vormerkung ist eine Vorlegung des über das bestehen bleibende Recht erteilten Briefs nicht erforderlich. Zur Wirkung der Vormerkung und zu ihrer Löschung s. § 130a Abs. 2 Satz 2 und 3 ZVG.

52 **c) Eintragung einer Sicherungshyp. gegen den Ersteher.** Die Eintragung der Sicherungshyp. für die Forderung gegen den Ersteher kommt nach § 128 ZVG in Betracht, soweit der Teilungsplan gemäß § 118 ZVG durch Forderungsübertragung ausgeführt ist. Das Ersuchen muss den Gläubiger, den Betrag und die Bedingungen der übertragenen Forderung angeben und zum Ausdruck bringen, dass für sie eine Sicherungshyp. einzutragen ist; der der Hyp. nach § 128 Abs. 1 Satz 1 ZVG zukommende Rang und etwaige nach § 128 Abs. 1 Satz 2 ZVG miteinzutragende Rechte Dritter sind genau zu bezeichnen; im Fall einer Eventualübertragung, z.B. nach §§ 120, 124 ZVG, ist auch der Zweitberechtigte anzugeben. Zur Eintragung der Sicherungshyp. mit variabler Verzinsung ohne Höchstzinssatz s. LG Kassel Rpfleger 2001, 176.

53 aa) Die Sicherungshyp. unterliegen nicht den **Beschränkungen** des § 866 Abs. 3 und des § 867 Abs. 2 ZPO (OLG Düsseldorf Rpfleger 1989, 339). An einem versteigerten Miteigentumsanteil können die Hyp. trotz § 1114 BGB auch dann eingetragen werden, wenn dieser Anteil infolge des Zuschlags weggefallen ist (JFG 10, 232). Die Sicherungshyp. können auch dann eingetragen werden, wenn sich der Ersteher im Zeitpunkt der Eintragung im Konkurs befindet (OLG Düsseldorf Rpfleger 1989, 339).

54 bb) Für jede auf einen Kosten-, Zins- oder Kapitalanspruch übertragene Forderung ist eine Sicherungshyp. unter besonderer Nummer einzutragen; eine **zusammenfassende Eintragung** ist ordnungswidrig, aber weder unwirksam noch inhaltlich unzulässig im Sinn des § 53 Abs. 1 Satz 2. Bei der Eintragung der Hyp. soll nach § 130 Abs. 1 Satz 2 ZVG im GB vermerkt werden, dass sie auf Grund eines Zwangsversteigerungsverfahrens erfolgt ist; der Vermerk ist wegen der sich aus § 128 Abs. 3, § 129 und § 132 Abs. 1 Satz 1 ZVG ergebenden Besonderheiten der Sicherungshyp. von erheblicher praktischer Bedeutung; er ist der Eintragung von Amts wegen, also auch dann beizufügen, wenn das Ersuchen des Vollstreckungsgerichts nicht darauf gerichtet ist.

55 cc) Bei einer **Eventualübertragung** ist neben dem Erstberechtigten A auch der Zweitberechtigte B einzutragen. Im Fall des § 124 ZVG lautet die Eintragung etwa: „Dreitausend Euro Sicherungshyp. für die infolge Nichtberichtigung des Bargebots auf den

Gläubiger übertragene Forderung gegen den Ersteher ..., mit 4v.H. jährlich seit dem ... verzinslich, für A. Falls und soweit der von B gegen die Zuteilung dieses Betrags an A erhobene Widerspruch für begründet erklärt wird, steht die Hyp. B zu. Auf Grund des Zwangsversteigerungsverfahrens eingetragen am ...". Die endgültige Eintragung erfolgt hier auf Ersuchen des Vollstreckungsgerichts, bei sonstiger Eventualübertragung dagegen auf Antrag der Beteiligten.

dd) Im Fall des § 126 Abs. 2 Satz 2 ZVG erfolgt die Eintragung 56
für den unbekannten Berechtigten; wird der Berechtigte später ermittelt oder nach §§ 135ff. ZVG mit seinem Recht ausgeschlossen, so ist die Eintragung auf Ersuchen des Vollstreckungsgerichts zu berichtigen.

ee) Zur Eintragung des Vorrangs einer Sicherungshyp. ist die 57
Vorlegung des Briefs über das zurücktretende Recht nach § 131 ZVG nicht erforderlich; das GBAmt ist auch nicht berechtigt, den Besitzer nachträglich zur Vorlegung des Briefs anzuhalten, damit die Eintragung der Rangänderung auf diesem vermerkt werden kann.

d) Vollständigkeit des Ersuchens. Das Ersuchen nach § 130 58
ZVG muss vollständig sein, d.h. das gesamte für die grundbuchmäßige Erledigung in Betracht kommende Ergebnis der Zwangsversteigerung umfassen. Ein Ersuchen, das nur auf Übernahme eines Teils des Versteigerungsergebnisses in das GB gerichtet ist, z.B. nur auf Löschung der durch den Zuschlag erloschenen Rechte und Eintragung der Sicherungshyp. wegen Nichtberichtigung des Bargebots, ist als ungesetzlich abzulehnen (KG HRR 1930 Nr. 60; JFG 10, 210). Umgekehrt darf das GBAmt das Ersuchen nur einheitlich erledigen, muss dieses also entweder im ganzen vollziehen oder im ganzen ablehnen (BayObLG 34, 213; JFG 10, 234).

8. Grundpfandrechte im Zwangsverwaltungsverfahren. 59
Um Löschung einer Hypothek, Grundschuld oder Rentenschuld ist nach § 158 Abs. 2 ZVG zu ersuchen, soweit der Gläubiger in einem gemäß § 158 Abs. 1 ZVG bestimmten Termin durch Zahlung auf das Kapital oder die Ablösungssumme befriedigt und sein Recht daher gemäß § 1181 BGB erloschen ist. Dem Ersuchen ist nach § 158 Abs. 2 Satz 2 Halbsatz 1 ZVG eine Ausfertigung des Terminsprotokolls beizufügen; da dem Ersuchen nach § 130 ZVG keine Ausfertigung des Verteilungsprotokolls beigegeben werden muss (s. Rn. 38), ist der Zweck jener Bestimmung nicht ersichtlich; man wird daher annehmen müssen, dass als Grundlage der Löschung allein das Ersuchen in Betracht kommt und das GBAmt

zu dessen Nachprüfung an Hand des Protokolls nicht berechtigt ist. Die Vorlegung des Briefs ist nach § 158 Abs. 2 Satz 2 Halbsatz 2 ZVG nicht erforderlich.

60 **9. Bedeutung des Ersuchens.** Im Fall des § 38 erfolgt die Eintragung auf Grund des Ersuchens der Behörde. Dieses ersetzt aber nur bestimmte, nicht sämtliche Erfordernisse der Eintragung (KGJ 52, 155; OLG Dresden JFG 1, 408).

61 **10. Ersetzte EintrErfordernisse. a)** Durch das Ersuchen werden ersetzt:

- Der EintrAntrag (§ 13). Das Ersuchen ist wie dieser mit dem Eingangsvermerk zu versehen und unterliegt hinsichtlich seiner Erledigung §§ 17, 18.

62 • Die EintrBewilligung (§ 19), die ausnahmsweise erforderliche Einigung (§ 20) sowie der einer Berichtigungsbewilligung gleichstehende Nachweis der Unrichtigkeit (§ 22). Ersetzt wird auch der Nachweis der Verfügungsbefugnis desjenigen, dessen Erklärung sich infolge des Ersuchens erübrigt; deshalb kann auf Ersuchen des Versteigerungsgerichts eine Sicherungshyp. gem. § 128 ZVG auch dann eingetragen werden, wenn sich der Ersteher im Zeitpunkt der Eintragung im Konkurs befindet (OLG Düsseldorf Rpfleger 1989, 339).

63 • Die sonst notwendige Zustimmung Dritter (§ 22 Abs. 2, § 27).

64 **b)** Das Vorstehende gilt jedoch nicht ausnahmslos. So kommt z. B. dem Ersuchen des Prozessgerichts nach § 941 ZPO nur die Bedeutung eines EintrAntrags zu (JFG 5, 303). Hat eine Behörde versehentlich um Vornahme einer unrichtigen Eintragung, z. B. das Vollstreckungsgericht gemäß § 130 Abs. 2 ZVG um die Löschung eines in Wirklichkeit bestehen gebliebenen Rechts ersucht, so ersetzt das an sich zulässige Berichtigungsersuchen nicht die EintrBewilligung derer, die in der Zwischenzeit auf Grund § 892 BGB der GBBerichtigung entgegenstehende Rechte erworben haben (JFG 14, 176; 15, 140; KG HRR 1933 Nr. 591).

65 **11. Nicht ersetzte EintrErfordernisse.** Nicht ersetzt werden durch das Ersuchen:

a) Die **Voreintragung** des Betroffenen (§ 39). Dies gilt auch für die Eintragung einer Vormerkung (BayObLG NJW 1983, 1567). Eine Ausnahme gilt für das Ersuchen des Vollstreckungsgerichts um Eintragung des Zwangsversteigerungs- oder Zwangsverwaltungsvermerks (JFG 5, 301). Hängt die Erledigung eines Ersuchens von der vorgängigen Berichtigung des GB durch Eintragung des Berechtigten ab, so darf die ersuchende Behörde in sinngemäßer Anwendung des § 14 die Eintragung des Berechtigten beantragen, wenn die ihrem Ersuchen zugrunde liegende Verfügung gegen den Berechtigten wirksam ist (JFG 16, 47).

b) Die **Vorlegung des Briefs** und der diesem gleichstehenden Urkunde (§§ 41 bis 43). Der Grundsatz ist jedoch mehrfach durchbrochen. So ist z.B. die Vorlegung des Briefs nach §§ 131, 158 Abs. 2 ZVG nicht erforderlich, wenn auf Ersuchen des Vollstreckungsgerichts eine durch Zuschlag oder Zahlung im Zwangsverwaltungsverfahrens erloschene Hypothek, Grundschuld oder Rentenschuld gelöscht oder eine Sicherungshyp. nach § 128 ZVG mit Vorrang vor einem bestehen gebliebenen Grundpfandrecht eingetragen werden soll. Die Vorlegung des Briefs ist trotz Fehlens einer ausdrücklichen Bestimmung auch dann entbehrlich, wenn auf Ersuchen des Insolvenzgerichts gem. § 21 Abs. 2 Nr. 2, § 23 Abs. 3, § 32 InsO ein allgemeines Verfügungsverbot oder die Eröffnung des Insolvenzverfahrens eingetragen werden soll (OLG Hamburg KGJ 23 D 27). Wegen der Ersuchen der Enteignungsbehörde nach § 117 Abs. 7 BauGB s. Dittus NJW 1956, 612 zu § 46 Abs. 2 des inzwischen aufgehobenen BaulandbeschG v. 3. 8. 1953 (BGBl. I 720). 66

c) Die **Unbedenklichkeitsbescheinigung** der Finanzbehörde (s. § 20 Rn. 48). Ihr Fehlen hat das GBAmt gegenüber der ersuchenden Behörde zu beanstanden (KGJ 52, 155; OLG Dresden JFG 1, 408). 67

12. Form des Ersuchens. Das Ersuchen ist nach § 29 Abs. 3 zu unterschreiben und mit Siegel oder Stempel zu versehen (BayObLG 1970, 185 = Rpfleger 1970, 346). Ist dies geschehen, so kann das GBAmt nicht noch besondere Nachweise hinsichtlich der Vertretungsbefugnis des Unterzeichners fordern (JFG 5, 261). Die Formvorschrift des § 29 Abs. 3 gilt auch für die Zurücknahme des Ersuchens, es sei denn, das Ersuchen hat eine GBBerichtigung zum Ziel (s. § 31 Satz 2); in diesem Fall ist die Zurücknahme formfrei und grundsätzlich auch in elektronischer Form möglich, sofern die Voraussetzungen dafür beim GBAmt geschaffen sind. 68

13. Inhalt des Ersuchens. a) Da das Ersuchen den EintrAntrag und die EintrBewilligung ersetzt, muss es den allgemeinen Vorschriften für diese entsprechen. Das Ersuchen kann daher grundsätzlich nicht unter einem Vorbehalt gestellt werden (§ 16). Es muss das Grundstück gemäß § 28 Satz 1 übereinstimmend mit dem GB oder durch Hinweis auf das GBBlatt bezeichnen (JFG 11, 328) und einzutragende Geldbeträge gemäß § 28 Satz 2 in einer zulässigen Währung angeben. Sollen mehrere Berechtigte eingetragen werden, so ist gemäß § 47 die Angabe des Gemeinschaftsverhält- 69 nisses erforderlich (KGJ 26, 103). Ein einzutragender Berechtigter ist nach der Vorschrift des § 15 GBV zu bezeichnen.

70 **b)** Das Ersuchen darf nicht auf eine unzulässige Eintragung gerichtet sein, z.B. nicht auf Eintragung einer Zwangshyp. für einen 750 EUR nicht übersteigenden Betrag oder als Gesamthyp. (§ 866 Abs. 3, § 867 Abs. 2 ZPO). Es darf auch nicht Vereinigung oder Zuschreibung verlangen, wenn von dieser Verwirrung zu besorgen ist (§§ 5, 6).

71 **c)** In manchen Fällen ist die **Beifügung von Urkunden** vorgeschrieben. So muss dem Löschungsersuchen des Vollstreckungsgerichts nach § 158 Abs. 2 ZVG eine Ausfertigung des Terminsprotokolls, dem GBBerichtigungsersuchen der Flurbereinigungsbehörde nach § 79 FlurbG eine Bescheinigung über den Eintritt des neuen Rechtszustands sowie ein beglaubigter Auszug aus dem Flurbereinigungsplan beigefügt werden. Die Beifügung von Urkunden ist ferner vorgeschrieben für GBBerichtigungsersuchen der Umlegungsstelle nach § 74 Abs. 1 und solche der Gemeinde nach § 84 Abs. 1 BauGB, für Ersuchen des Fideikommißgerichts nach § 38 DVO z. FidErlG v. 20. 3. 1939 (RGBl. I 509), für Ersuchen der Enteignungsbehörde nach § 117 Abs. 7 BauGB und § 51 LandbeschG v. 23. 2. 1957 (BGBl. I 134) sowie für Ersuchen der Siedlungsbehörde nach §§ 2 bis 6 ErgänzungsG z. RSiedlG v. 4. 1. 1935 (RGBl. I 1).

72 **d)** Das Ersuchen darf auf Anlagen Bezug nehmen, sofern sich aus ihnen mit hinreichender Bestimmtheit ergibt, was eingetragen werden soll (JFG 15, 67).

73 **14. Behandlung des Ersuchens. a)** Das GBAmt hat zu prüfen, ob die ersuchende Behörde zur Stellung eines Ersuchens der in Rede stehenden Art abstrakt befugt ist (JFG 7, 399; BGH 19, 358 = NJW 1956, 463; BayObLG DNotZ 1988, 781), ob das Ersuchen bezüglich seiner Form und seines Inhalts den gesetzlichen Vorschriften entspricht (s. Rn. 68 bis 72) und ob die durch das Ersuchen nicht ersetzten EintrErfordernisse gegeben sind (s. Rn. 65 bis 67).

74 **Nicht zu prüfen** ist dagegen, ob die Voraussetzungen, unter denen die Behörde zu dem Ersuchen befugt ist, tatsächlich vorliegen (vgl. z.B. § 3 Abs. 2 Satz 1 VZOG); hierfür trägt allein die ersuchende Behörde die Verantwortung (JFG 7, 399). Weiß das GBAmt jedoch, dass es an jenen Voraussetzungen fehlt, so hat es das Ersuchen zurückzuweisen, weil es nicht dazu mitwirken darf, das GB unrichtig zu machen. Voraussetzung dafür ist die sichere Kenntnis, dass dem Ersuchen jede Rechtsgrundlage fehlt (KGJ 49, 160; KG Rpfleger 1997, 154). S. zum Ganzen auch OLG Köln

DNotZ 1958, 487; OLG Frankfurt Rpfleger 1974, 436; OLG Hamm Rpfleger 1978, 374; FGPrax 1996, 89; BayObLG 1970, 185; 1985, 372 = Rpfleger 1986, 129. Zum Vollzug von Grenzregelungsbeschlüssen im GB s. Waibel Rpfleger 1976, 347; OLG Frankfurt Rpfleger 1976, 313; BayObLG 1981, 8; LG Regensburg NJW-RR 1987, 1044.

b) Für die Erledigung des Ersuchens gelten §§ 17 und 18; ein Ersuchen des Vollstreckungsgerichts nach § 130 ZVG darf nur einheitlich erledigt werden, s. Rn. 58. Die Fassung der Eintragung ist Sache des GBAmts; an die in dem Ersuchen gewählte Ausdrucksweise ist es nicht gebunden (s. § 13 Rn. 4). Bisweilen ist der Wortlaut der Eintragung jedoch gesetzlich vorgeschrieben; dies ist z.B. hinsichtlich der Fassung des Hofvermerks der Fall (§ 6 HöfeVfO). **75**

c) Die ersuchende Behörde ist von der Eintragung gemäß § 55 zu benachrichtigen (KGJ 49, 240) und hat ihrerseits die ordnungsgemäße Ausführung des Ersuchens zu überprüfen (OLG Dresden JFG 1, 409; RG 138, 116). **76**

15. Berichtigung des Ersuchens. a) Das Ersuchen kann, solange es nicht erledigt ist, jederzeit berichtigt oder ergänzt werden. Über die Verpflichtung des GBAmts, die ersuchende Behörde auf erkennbare Versehen, z.B. offensichtliche Schreibfehler oder Widersprüche aufmerksam zu machen, s. KG JW 1937, 3176; OLG München RdL 1953, 216. **77**

b) Ist ein unrichtiges Ersuchen vollzogen, so kann einem an sich zulässigen Berichtigungsersuchen nur stattgegeben werden, wenn und soweit Rechte Dritter, die sich auf den Inhalt des GB verlassen durften, nicht beeinträchtigt werden; die an dem vorangegangenen Verfahren Beteiligten müssen sich die Berichtigung gefallen lassen (JFG 14, 176; 15, 138; KG HRR 1933 Nr. 591). **78**

16. Rechtsmittel. Im Fall einer Zwischenverfügung und bei Zurückweisung des Ersuchens steht die Beschwerde nicht nur der ersuchenden Behörde, sondern auch den Beteiligten zu (KGJ 41, 254; JFG 5, 353). **79**

17. Kosten. a) Eintragungen und Löschungen auf Ersuchen eines Gerichts sind grundsätzlich gebührenfrei (vgl. z.B. § 3 Abs. 4 VZOG; § 34 Abs. 2 VermG). Ausgenommen sind die Eintragung des Erstehers als Eigentümer, die Eintragung von Sicherungshyp. für Forderungen gegen den Ersteher und Eintragungen auf Grund einer einstweiligen Verfügung (§ 69 Abs. 2 KostO). **80**

b) Kostenschuldner ist grundsätzlich derjenige, dessen Interesse durch das Ersuchen wahrgenommen wird (§ 2 Nr. 2 KostO; s. dazu auch KG Rpfleger 1996, 479). Die Gebühr für die Eintragung **81**

des Erstehers wird nur von diesem erhoben. Bei Eintragung von Sicherungshyp. für Forderungen gegen den Ersteher haftet neben den Gläubigern auch der Ersteher als Gesamtschuldner (§ 4 KostO).

82 **c)** Die Erledigung eines Ersuchens, das auf Berichtigung des GB oder Eintragung eines Widerspruchs gerichtet ist, darf nicht von der Zahlung eines Kostenvorschusses abhängig gemacht werden (§ 8 Abs. 2 Satz 2 KostO).

Voreintragung des Betroffenen

39 (1) **Eine Eintragung soll nur erfolgen, wenn die Person, deren Recht durch sie betroffen wird, als der Berechtigte eingetragen ist.**

(2) **Bei einer Hypothek, Grundschuld oder Rentenschuld, über die ein Brief erteilt ist, steht es der Eintragung des Gläubigers gleich, wenn dieser sich im Besitz des Briefes befindet und sein Gläubigerrecht nach § 1155 des Bürgerlichen Gesetzbuchs nachweist.**

Inhaltsübersicht

1. Allgemeines ... 1
2. Grundsatz der Voreintragung ... 2
3. Ausnahmen ... 3
4. Betroffener ... 7
5. Betroffenes Recht ... 8
6. Betroffenwerden ... 9
7. Voreintragung des Betroffenen ... 14
8. Zeitpunkt und Bewirkung ... 17
9. Eigentümergrundschuld ... 19
10. Briefrechte ... 27
11. Briefbesitz ... 28
12. Nachweis des Gläubigerrechts nach § 1155 BGB ... 29
13. Wirkung von Briefbesitz und Gläubigernachweis ... 37
14. Kosten ... 38

1 **1. Allgemeines.** § 39 macht die Vornahme einer Eintragung von der Voreintragung des Betroffenen abhängig, stellt dieser aber für den Fall, dass das betroffene Recht ein Briefrecht ist, einen anderen Tatbestand gleich.

Abs. 1 soll dem GBAmt die Legitimationsprüfung erleichtern und den eingetragenen Berechtigten dagegen sichern, dass ungeachtet der Vermutung des § 891 BGB ein anderer unbefugterweise über das Recht verfügt. Er will des Weiteren erreichen, dass der Rechtsstand des GB und seiner Änderungen nicht bloß im Endziel richtig, sondern in allen Entwicklungsstufen klar und verständlich wiedergegeben wird (RG 133, 283; BGH 16, 101 = NJW 1955,

342). Es handelt sich um eine Ordnungsvorschrift, deren Verletzung sachlichrechtlich ohne Folgen ist, die vom GBAmt aber stets beachtet werden muss und keine der Zulassung von Ausnahmen zugeneigte Auslegung verträgt (RG JFG 21, 329). S. zum Ganzen KG Rpfleger 1992, 430.

Abs. 2 erklärt sich aus der sachlichrechtlichen Bestimmung des § 1155 BGB.

2. Grundsatz der Voreintragung. § 39 Abs. 1 gilt für Eintragungen aller Art, durch die ein Recht betroffen, d. h. im Rechtssinn beeinträchtigt werden kann, nicht also für Eintragungen rein tatsächlicher Art und für auf Rechtsverhältnisse bezügliche Eintragungen, die nur den Charakter eines Hinweises haben. Ob die Eintragung eine positive oder eine Löschung ist, ob sie rechtsändernden oder berichtigenden Charakter hat, macht keinen Unterschied. Gleichgültig ist auch, ob sie auf Bewilligung, im Weg der Zwangsvollstreckung oder auf Ersuchen einer Behörde erfolgen soll. Unter die Vorschrift fällt mithin auch die Eintragung und Löschung von Vormerkungen (RG 72, 276; BayObLG NJW 1983, 1567), Widersprüchen (KG HRR 1928 Nr. 550) und Verfügungsbeschränkungen (OLG Hamm JMBlNW 1963, 181) sowie die Eintragung von Grundstücksvereinigungen, Bestandteilszuschreibungen und Grundstücksteilungen (für letztere a. M. KGJ 27, 262; Güthe/Triebel A. 5; KEHE Rn. 8). Soweit zur Übertragung des Eigentums an einem ungebuchten buchungsfreien Grundstück die Eintragung erforderlich ist (s. § 3 Rn. 22), muss das GBBlatt im Hinblick auf § 39 Abs. 1 auf den Namen des Veräußerers angelegt werden (RG JFG 21, 329). 2

3. Ausnahmen. Die Voreintragung des Betroffenen ist keine ausnahmslose EintrVoraussetzung: 3

a) Ist das betroffene Recht ein **Briefrecht,** so steht es gemäß Abs. 2 der Eintragung des Gläubigers gleich, wenn dieser im Besitz des Briefs ist und sein Gläubigerrecht nach § 1155 BGB nachweist; näheres s. Rn. 28 ff.

b) Steht das betroffene Recht dem **Erben** des eingetragenen Berechtigten zu, so ist die Eintragung des Erben entbehrlich, soweit ein Fall des § 40 Abs. 1 oder 2 vorliegt; über die entsprechende Anwendung auf andere Fälle einer Gesamtrechtsnachfolge s. § 40 Rn. 9 ff. 4

c) Nicht erforderlich ist die Voreintragung des Betroffenen ferner zur Eintragung einer Vormerkung oder eines Widerspruchs nach § 18 Abs. 2 sowie zur Eintragung des Zwangsversteigerungs- oder Zwangsverwaltungsvermerks (JFG 5, 301); auch nicht zur Berichtigung des Bestandsverzeichnisses nach Maßgabe eines Flur- 5 bereinigungsplans (OLG Zweibrücken OLGZ 1978, 167). Eine weitere Ausnahme enthält § 10 Nr. 3 ReichsvermögenG v. 16. 5. 1961 (BGBl. I 597). Wegen der Eintragung von Löschungsvormerkungen s. Rn. 20 ff.

d) Im Fall der Eröffnung des **Insolvenzverfahrens** über einen Nachlass ist der Insolvenzvermerk auf Ersuchen des Insolvenzgerichts unbeschadet der fehlenden Voreintragung der Erben bei einem auf den Namen des Erblassers gebuchten Grundstück einzutragen (OLG Düsseldorf Rpfleger 1998, 334).

6 **e)** Die Anwendbarkeit des § 39 Abs. 1 entfällt bei Eintragungen nach § 927 Abs. 2, § 928 Abs. 2 Satz 2 BGB sowie dann, wenn ein herrenloses Grundstück zur Erfüllung eines durch Vormerkung gesicherten Auflassungsanspruchs von einem gemäß § 58 ZPO bestellten Vertreter aufgelassen wird (KGJ 51, 197).

7 **f)** § 39 Abs. 1 ist nicht anzuwenden, wenn eine Person auf Grund eines Ersuchens nach **§ 34 VermG** (s. hierzu § 38 Rn. 26) eingetragen werden soll; er ist ferner nicht anzuwenden, wenn diejenige Person oder ihr Erbe verfügt, die durch den Bescheid begünstigt ist, der einem solchen EintrErsuchen zugrundeliegt (§ 11 Abs. 1 GBBerG). Der durch einen Bescheid gem. § 34 VermG Begünstigte oder sein Erbe ist allerdings nicht gehindert, sich zunächst als Berechtigter ins GB eintragen zu lassen; in diesem Fall ist ein gutgläubiger Erwerb durch einen Dritten möglich, der sonst nicht in Betracht kommt (vgl. § 40 Rn. 2). Gem. § 11 Abs. 1 Satz 3 GBBerG gilt die Regelung entsprechend für Eintragungen und Verfügungen auf Grund eines Bescheids gem. § 2 VZOG und für Verfügungen gem. § 8 VZOG; s. dazu OLG Dresden VIZ 2000, 238.

g) Die Voreintragung des Betroffenen ist nicht erforderlich bei Eintragungen, die auf Grund der Erklärung einer **Bewilligungsstelle** gem. § 105 Abs. 1 Nr. 6 Satz 1 GBV vorgenommen werden (§ 105 Abs. 1 Nr. 6 Satz 5 GBV) oder auf Grund der Erklärung einer ausländischen staatlichen oder öffentlichen Stelle, deren Rechtsinhaberschaft durch eine Bescheinigung des Auswärtigen Amtes gem. § 104a Satz 1 GBV bestätigt wird (§ 104a Satz 2 GBV).

h) Beim sog. **Kettenerwerb,** bei dem der Abtretungs- oder Auflassungsempfänger als berechtigt anzusehen ist, über das abgetretene Recht oder das aufgelassene Grundstück weiter zu verfügen (§ 185 Abs. 1 BGB), ist die Voreintragung des Zwischenerwerbers nicht erforderlich (s. dazu § 19 Rn. 73 und § 20 Rn. 42, 43).

4. Betroffener. Eingetragen sein muss derjenige, dessen Recht (s. Rn. 8) durch die begehrte Eintragung betroffen wird (s. Rn. 9).

5. Betroffenes Recht. In Betracht kommen nur dingliche Rechte, also Eigentum, sonstige Rechte an einem Grundstück sowie Rechte an solchen Rechten. Ihnen gleichzustellen sind Vormerkungen, Widersprüche und Verfügungsbeschränkungen, z. B. Nacherbenvermerke (RG 83, 438). Als Betroffener scheidet demgemäß aus, wer noch kein dingliches Recht erworben hat, z. B. der Auflassungsempfänger; über die Rechtslage bei weiterer Auflassung s. Rn. 11. Dasselbe gilt für denjenigen, dessen dingliches Recht außerhalb des GB auf einen anderen übergegangen ist; seine Eintragung würde das GB unrichtig machen (KGJ 38, 217). Betroffenes Recht kann auch die bloße Buchposition sein (s. Rn. 12). **8**

6. Betroffenwerden. Ein Recht wird durch die Eintragung betroffen, wenn es durch sie im Rechtssinn, nicht nur wirtschaftlich, beeinträchtigt wird. Über den Begriff der Beeinträchtigung s. § 19 Rn. 49. **9**

a) Von einer **rechtsändernden Eintragung** wird der wahre Berechtigte betroffen (RG 133, 282). Während die EintrBewilligung von dem Verfügungsberechtigten abzugeben ist (s. § 19 Rn. 56), kommt es in § 39 auf den Inhaber des Rechts an (JFG 1, 291). Deshalb müssen, falls das betroffene Recht zum Gesamtgut einer ehelichen Gütergemeinschaft gehört, beide Ehegatten, falls es zum Gesamtgut einer fortgesetzten Gütergemeinschaft gehört, alle Teilhaber eingetragen sein; über die entsprechende Anwendung des § 40 bei Übertragung oder Aufhebung eines Rechts s. § 40 Rn. 10. **10**

Von der Verfügung eines Nichtberechtigten wird der wahre Berechtigte auch dann betroffen, wenn er seine Einwilligung oder Genehmigung erteilt hat; letztere macht nur die Verfügung wirksam, den Nichtberechtigten aber nicht zum Inhaber des Rechts. Deshalb kann, wenn ein von dem eingetragenen Eigentümer aufgelassenes Grundstück seitens des Auflassungsempfängers weiter aufgelassen wird, der letzte Erwerber unmittelbar eingetragen werden; die zweite Auflassung ist wirksam, weil die Erste die Einwilligung in weitere Verfügungen enthält (s. § 20 Rn. 42); der Bestimmung des § 39 ist genügt, weil der Berechtigte eingetragen ist. Dagegen ist, wenn die Verfügung durch nachträglichen Erwerb des Rechts wirksam wird, der bisherige Nichtberechtigte der Betroffene. **11**

b) Von einer **berichtigenden Eintragung** wird der Buchberechtigte betroffen (BayObLG OLG 40, 263; DNotZ 1988, 781; RG 133, 282); § 39 ist hier also bereits genügt. Über Fälle, in denen die Berichtigung nicht in der Löschung eines Rechts oder in der Eintragung des wahren Berechtigten besteht, s. jedoch § 22 Rn. 32. Wegen der Notwendigkeit der Zwischeneintragung des Eigentümers im Fall einer Parzellenverwechslung s. RG 133, 279. **12**

13 **c)** Eingetragen sein müssen alle Betroffenen, also auch die nur mittelbar Betroffenen. Hierher gehört z.B. der Eigentümer, der der Löschung einer Hyp. zustimmt (OLG München JFG 18, 201) oder derjenige, der ein Recht an dem unmittelbar betroffenen Recht hat und mithin zustimmungsberechtigt ist (s. § 19 Rn. 52ff.).

14 **7. Voreintragung des Betroffenen. a)** Es genügt nicht, dass die Person des Berechtigten, gegebenenfalls nach Maßgabe des § 47 (KGJ 41, 54; OLG Hamm DNotZ 1965, 408), aus dem GB ersichtlich ist; vielmehr muss, da die Eintragung ein einheitliches Ganzes bildet, auch das betroffene Recht in allen seinen Rechtsbeziehungen so eingetragen sein, wie es der materiellen Rechtslage und der sich anschließenden neuen Eintragung entspricht (BayObLG 1952, 312 = DNotZ 1953, 133; BGH 16, 101 = NJW 1955, 342).

15 **b)** Eine Ungenauigkeit oder nachträglich eingetretene Unrichtigkeit in der Bezeichnung des Berechtigten braucht nicht beseitigt zu werden; die **Richtigstellung** ist zweckmäßig, aber nicht notwendig. Fälle dieser Art liegen z.B. vor, wenn Erben nicht namentlich, sondern als „Deszendenz" einer bestimmten Person eingetragen sind (KGJ 31, 266) oder wenn eine Ehefrau noch mit dem Mädchennamen bezeichnet ist. Um eine bloße Unrichtigkeit in der Bezeichnung handelt es sich auch, wenn eine OHG nachträglich in eine KG umgewandelt wurde (JFG 1, 371), in Liquidation gegangen ist (JFG 5, 285; OLG Frankfurt Rpfleger 1980, 62) oder sonst ihre Firma geändert hat oder wenn eine KG nachträglich in eine BGB-Gesellschaft umgewandelt worden ist (BayObLG 1948/51, 430 = NJW 1952, 28). Über den Fall, dass einem eingetragenen Verein die Rechtsstellung einer Körperschaft des öffentlichen Rechts verliehen wird, s. Auweder Rpfleger 1959, 45.

16 **c)** Zu der Frage, ob die Vornahme einer Eintragung bei umgestellten Grundpfandrechten von der vorherigen Eintragung der Umstellung abhängt, s. 16. Auflage Anh. zu § 22 Erl. 6.

17 **8. Zeitpunkt und Bewirkung. a)** Es genügt, wenn der Betroffene im Zeitpunkt der Vornahme der neuen Eintragung eingetragen ist oder seine Eintragung gleichzeitig mit dieser erfolgt; der Zeitpunkt der Erteilung der EintrBewilligung ist nicht entscheidend (RG 84, 105). Eine Zusammenfassung der Eintragung des Betroffenen und der neuen Eintragung in einem Vermerk ist zulässig und im Fall der Verfügung über eine Eigentümergrundschuld praktisch. Die Eintragung kann in diesem Fall z.B. lauten: „Mit Zinsen seit dem ... abgetreten an ... unter Rückumwandlung des zunächst als Grundschuld auf den Eigentümer übergegangenen Rechts in eine Hyp. ...".

b) Die Voreintragung des Betroffenen erfolgt nur auf Antrag. Das GBAmt kann durch Zwischenverfügung auf ihre Herbeiführung hinwirken (BayObLG 1990, 51; 1992, 344). Wegen des Antragsrechts des Vollstreckungsgläubigers s. § 14. 18

9. Eigentümergrundschuld. a) Umschreibung. aa) Zur Eintragung von Verfügungen über eine aus einer Fremdhyp. hervorgegangene Eigentümergrundschuld ist deren vorherige Umschreibung auf den Eigentümer nicht nötig (JFG 1, 487; 8, 356; 11, 251; OLG Köln Rpfleger 1961, 206; BGH Rpfleger 1968, 277). Entsprechendes gilt bei einer aus einer Fremdgrundschuld hervorgegangenen Eigentümergrundschuld (KG Rpfleger 1975, 136; OLG Hamm Rpfleger 1990, 157; OLG Düsseldorf Rpfleger 1996, 194). Zu beachten ist jedoch, dass sich die Eigentümergrundschuld bei Veräußerung des Grundstücks in eine Fremdgrundschuld verwandelt und dann die vorherige Eintragung des bisherigen Eigentümers als Grundschuldgläubiger erforderlich wird (KGJ 36, 259; BayObLG 1992, 344). Ist der Eigentümer durch einen Nacherbenvermerk beschränkt, so gilt auch die Eigentümergrundschuld als zur Vorerbschaft gehörig (JFG 1, 489; s. dazu aber auch § 27 Rn. 23). Das vorstehend Gesagte gilt auch für den Fall, dass sich die mit der Eintragung einer Hyp. entstandene vorläufige Eigentümergrundschuld (die einer Darstellung im GB unzugänglich ist: RG 75, 251) in eine endgültige verwandelt hat (BayObLG 1969, 319 = Rpfleger 1970, 24). 19

bb) Die Eintragung einer Verfügung des Eigentümers über eine als Fremdrecht ausgewiesene Hyp. ohne Voreintragung des Eigentümers setzt den Nachweis des Rechtsübergangs auf diesen durch eine **löschungsfähige Quittung** voraus. Wird eine Verfügung des nicht eingetragenen Eigentümers ohne Vorlage einer löschungsfähigen Quittung eingetragen, wird das GB jedenfalls dann nicht unrichtig, wenn eine Abtretungserklärung des Rechts an den Eigentümer samt einer entsprechenden EintrBewilligung in grundbuchmäßiger Form vorliegt; denn darin liegt in der Regel die Einwilligung des noch eingetragenen Berechtigten in Verfügungen des Eigentümers über das Recht vor Eintragung des Eigentümers (OLG Düsseldorf Rpfleger 1996, 194).

b) Löschungsvormerkung. aa) Die Eintragung von Verfügungen über eine künftige Eigentümergrundschuld verstößt nicht nur gegen § 39 Abs. 1 (KGJ 45, 269; RG 72, 275; 84, 78), ist vielmehr auch inhaltlich unzulässig (RG 145, 351; OLG Hamm Rpfleger 1990, 157). Eine Ausnahme gilt für die Eintragung einer Löschungsvormerkung nach § 1179 BGB, der materiell § 883 BGB erweitert und formell § 39 suspendiert, jedoch nicht über seinen 20 gesetzlich vorgesehenen Anwendungsbereich ausgedehnt werden darf (KG Rpfleger 1976, 128); eine solche Vormerkung kann aber nicht eingetragen werden, bevor die Hypothek, die als Eigentümergrundschuld dem Löschungsanspruch unterliegt, im GB eingetragen ist, und zwar auch dann nicht, wenn zur Sicherung des Anspruchs auf Einräumung der Hyp. eine Vormerkung besteht (BayObLG 1974, 437 = Rpfleger 1975, 60); eine vorherige Eintragung der Umstellung setzt sie, da § 39 nicht zum Zug kommt, hingegen nicht voraus (OLG Oldenburg NdsRpfl. 1956, 131; ebenso, jedoch mit anderer Begründung: LG Bonn DNotZ 1955, 429; LG Braunschweig NdsRpfl. 1957, 30; OLG Neustadt DNotZ 1957, 33 mit Anm. v. Riedel).

21 bb) Eine Löschungsvormerkung kann auch noch eingetragen werden, wenn die Hyp. bereits als Grundschuld auf den Eigentümer übergegangen ist (JFG 11, 251; OLG München JFG 22, 307; BayObLG 1952, 142; OLG Braunschweig Rpfleger 1964, 119). Soll die Löschungsvormerkung auch den Fall der bereits erfolgten Vereinigung umfassen, so ist dies in der Eintragung zum Ausdruck zu bringen (BayObLG 1952, 142; OLG Braunschweig Rpfleger 1964, 119), was auch durch Bezugnahme auf die EintrBewilligung geschehen kann (BayObLG 1956, 201 = DNotZ 1956, 547); bei Unterlassung kann mit der Fassungsbeschwerde (s. § 71 Rn. 46) ein Klarstellungsvermerk beantragt werden (BayObLG 1952, 142; OLG Braunschweig Rpfleger 1964, 119); über die Auslegung einer mit dem Gesetzeswortlaut eingetragenen Löschungsvormerkung s. OLG Bremen NJW 1957, 1284 und OLG Celle DNotZ 1958, 544, über die von Löschungsvormerkungen mit abweichendem Wortlaut s. BGH Rpfleger 1973, 208, 209. Zu der umstrittenen Frage, unter welchen Voraussetzungen eine Löschungsvormerkung zugunsten des jeweiligen Gläubigers einer Eigentümergrundschuld eingetragen werden kann, s. Knopp DNotZ 1969, 278 mit weit. Nachweisen; OLG Frankfurt Rpfleger 1972, 98 mit Anm. v. Haegele.

cc) Die Eintragung einer Löschungsvormerkung nach § 1179 Nr. 2 BGB zugunsten des Inhabers eines Eigentumsübertragungsanspruchs ist gem. § 23 Abs. 2 KostO mit dem Nennbetrag der zu löschenden Grundschuld zu bewerten. § 23 Abs. 3 Satz 2 KostO kann nicht angewendet werden (BayObLG Rpfleger 1997, 540).

22 **c) Gesetzlicher Löschungsanspruch.** aa) Durch Art. 1 Nr. 1 des Ges. v. 22. 6. 1977 (BGBl. I 998) hat § 1179 BGB eine neue Fassung erhalten. Diese erklärt sich daraus, dass für den Gläubiger oder im GB eingetragenen Gläubiger eines Grundpfandrechts jetzt der gesetzliche Löschungsanspruch nach Maßgabe der §§ 1179a und 1179b BGB, eingefügt durch Art. 1 Nr. 2 des genannten Ge-

setzes, normiert worden ist. Er steht dem Gläubiger eines Grundpfandrechts, das nach dem 1. 1. 1978 eingetragen worden ist, auch bezüglich der vor diesem Zeitpunkt eingetragenen Rechte zu (BGH 99, 363 = Rpfleger 1987, 238). Nach OLG Braunschweig DNotZ 1987, 515 gehört der Löschungsanspruch nach § 1179a Abs. 1 BGB und mithin die vom Bestand dieses Anspruchs abhängige Möglichkeit, den Anspruch nach § 1179a Abs. 5 BGB auszuschließen, zum gesetzlichen Inhalt auch einer Eigentümergrundschuld (s. auch OLG Düsseldorf Rpfleger 1988, 308; BayObLG NJW-RR 1992, 306). Zum gesetzlichen Anspruch auf Löschung einer Eigentümergrundschuld s. § 1196 Abs. 3 BGB und BGH 136, 246 = NJW 1997, 2597. Die Neufassung des § 1179 BGB ergibt, dass die Eintragung einer Löschungsvormerkung zugunsten des jeweiligen Inhabers eines nicht in einem Grundpfandrecht bestehenden gleich- oder nachrangigen Rechts nicht mehr möglich ist (BayObLG 1980, 128 = Rpfleger 1980, 341, zugleich darüber, dass dies die Eintragung einer solchen zugunsten des Berechtigten eines subjektiv-dinglichen Rechts nicht ausschließt, sowie zur Bezeichnung des Berechtigten in einem solchen Fall).

bb) Zu beachten ist jedoch die in Art. 8 § 1 Abs. 3 des Ges. enthaltene **Übergangsvorschrift;** danach ist auf eine Löschungsvormerkung, die vor dem 1. 1. 1978 in das GB eingetragen oder deren Eintragung vor diesem Zeitpunkt beantragt worden ist, § 1179 BGB in seiner bisherigen Fassung anzuwenden; wird die Eintragung einer Löschungsvormerkung zugunsten eines im Rang gleich- oder nachstehenden Berechtigten oder des eingetragenen Gläubigers des betroffenen Rechts nach dem 31. 12. 1977 beantragt, so gilt das Gleiche, wenn dem Berechtigten wegen Art. 8 § 1 Abs. 1 oder 2 ein Löschungsanspruch nach §§ 1179a und 1179b BGB nicht zusteht (s. dazu auch KG Rpfleger 1980, 342); ergänzend wird auf § 45 Rn. 53 sowie auf § 48 Rn. 10 verwiesen. Vgl. zum Ganzen Stöber Rpfleger 1977, 400ff. und 431f. 23

d) Nachweis. In jedem Fall ist das Bestehen der Eigentümergrundschuld in grundbuchmäßiger Form (§ 29) nachzuweisen (OLG Hamm Rpfleger 1990, 157). Dies gilt vor allem bei Pfändung einer Eigentümergrundschuld; nachzuweisen ist, dass letztere dem Pfändungsschuldner zusteht; die Eintragung der Pfändung einer angeblichen Eigentümergrundschuld ist inhaltlich unzulässig (JFG 1, 498). Über die Pfändung der vorläufigen Eigentümergrundschuld bei einer Höchstbetragshyp. s. Anh. zu § 26 Rn. 33. 24

e) Umwandlung in Hypothek. Eine Besonderheit gilt, wenn der Eigentümer die Eigentümergrundschuld unter Umwandlung in 25 eine Hyp. abtritt; hier ist die vorangegangene Umwandlung der Fremdhyp. in eine Eigentümergrundschuld einzutragen, weil die Umwandlung einer Hyp. in eine Hyp. nicht verständlich wäre (KG JW 1933, 2010).

26 **f) Grundstückserwerb durch HypGläubiger.** Erwirbt der eingetragene HypGläubiger das Grundstück, so bedarf es zur Eintragung der Pfändung der nunmehr zur Eigentümergrundschuld gewordenen Hyp. weder der Eintragung des Eigentümers noch der Umschreibung der Hyp. in eine Grundschuld. § 39 Abs. 1 ist dadurch genügt, dass der Pfändungsschuldner als der Berechtigte der Hyp. eingetragen ist. Wenn der Betroffene weder als Eigentümer noch als Gläubiger eingetragen ist, so kann seine vorherige Eintragung entweder dadurch erfolgen, dass er als Eigentümer oder dadurch, dass er als Berechtigter der Eigentümergrundschuld eingetragen wird. Die Pfändung des Erbanteils kann bei der Eigentümergrundschuld eingetragen werden und erfordert dann nur die vorgängige Eintragung der Erben bei der Grundschuld (KG HRR 1933 Nr. 140).

27 **10. Briefrechte.** Ist das betroffene Recht ein Briefrecht, so steht es gemäß Abs. 2 der Eintragung des Gläubigers gleich, wenn dieser im Besitz des Briefs ist (s. Rn. 28) und sein Gläubigerrecht nach § 1155 BGB nachweist (s. Rn. 29).

28 **11. Briefbesitz.** Der Gläubiger muss sich im Besitz des Briefs befinden. Notwendig ist unmittelbarer oder mittelbarer Eigenbesitz (RG 86, 264). Legt der Gläubiger den Brief vor, so hat das GBAmt regelmäßig davon auszugehen, dass er Eigenbesitzer ist; dann ist nach § 1117 Abs. 3, § 1154 Abs. 1 BGB ordnungsgemäße Übergabe zu vermuten (RG 93, 43), so dass Nachweise hierfür grundsätzlich nicht erforderlich sind (KGJ 32, 287). Dagegen ist die Zeit der Übergabe nachzuweisen, wenn sie, wie etwa bei Konkurs des Rechtsvorgängers, für den Rechtserwerb erheblich ist (KGJ 40, 279). Wird der Brief von einem Dritten, z. B. einem Pfändungsgläubiger vorgelegt, so muss nachgewiesen werden, dass der Gläubiger den Besitz am Brief erlangt hat; die Erklärung des Rechtsvorgängers in der Abtretungsurkunde ist hierfür ausreichend.

29 **12. Nachweis des Gläubigerrechts nach § 1155 BGB.** Nötig ist eine zusammenhängende, auf einen eingetragenen Gläubiger zurückführende Reihe von öffentlich beglaubigten Abtretungserklärungen, gerichtlichen Überweisungsbeschlüssen oder öffentlich beglaubigten Anerkenntnissen eines kraft Gesetzes eingetretenen Rechtsübergangs.

a) Geeignete Urkunden. Nur bestimmte Urkunden kommen für den Nachweis in Frage, nämlich: 30

aa) **Abtretungserklärungen.** Sie müssen öffentlich beglaubigt sein; der Zeitpunkt der Beglaubigung ist unwesentlich; die öffentliche Beglaubigung wird gemäß § 129 Abs. 2 BGB durch notarielle Beurkundung ersetzt (RG 85, 61). Notwendig sind unbedingte und unbefristete Erklärungen, weil sonst der Nachweis ohne weitere Urkunden als die in § 1155 BGB aufgezählten nicht geführt werden kann. Statt einer Abtretungserklärung genügen EintrBewilligung (§ 26), Zeugnis nach § 37, rechtskräftiges Urteil (§ 894 ZPO) oder im Fall der Versteigerung nach § 844 ZPO das Gerichtsvollzieherprotokoll (KGJ 31, 317) oder der Veräußerungsbeschluss (KG HRR 1935 Nr. 1592). Ist die Abtretung von einem Bevollmächtigten erklärt worden, so muss auch die Vollmacht nachgewiesen werden (RG 151, 80).

bb) **Gerichtliche Überweisungsbeschlüsse.** Nur eine Überweisung an Zahlungs Statt überträgt das Gläubigerrecht (§ 835 Abs. 2 ZPO), eine solche zur Einziehung genügt deshalb nicht. Der Vollstreckungsgläubiger selbst kann sich aber auf gutgläubigen Erwerb nach §§ 1155, 892 BGB nicht berufen und steht deshalb einem eingetragenen Gläubiger nicht gleich; er muss also zuvor eingetragen werden, wenn er der Letzte in der Reihe ist. Überträgt er weiter, so gilt Abs. 2 uneingeschränkt. 31

cc) **Anerkenntnisse eines Rechtsübergangs.** In Betracht kommen vor allem die Übergänge nach § 268 Abs. 3, § 426 Abs. 2, §§ 774, 1143, 1163, 1173, 1174, 1182, 1438 BGB und nach § 868 ZPO. Notwendig ist eine öffentlich beglaubigte, rechtsgeschäftliche Erklärung des bisherigen Gläubigers, dass das Recht auf Grund bestimmt bezeichneter Tatsachen kraft Gesetzes dem neuen Gläubiger zusteht (RG Warn. 1930 Nr. 163). Andere Urkunden, die den Nachweis des gesetzlichen Rechtsübergangs erbringen, z.B. eine löschungsfähige Quittung, genügen nicht (JFG 3, 397); ebenso wenig Löschungsbewilligungen (RG HRR 1930 Nr. 398). Wegen des Nachweises der Erbfolge s. Rn. 35. 32

b) Zusammenhängende Reihe. Die Urkunden müssen in zusammenhängender Reihe auf einen eingetragenen Gläubiger zurückführen. Ungeachtet des Wortes „Reihe“ genügt eine einzige Erklärung (RG 86, 263). 33

aa) Privatschriftliche Erklärungen unterbrechen den Zusammenhang, mögen sie auch sachlichrechtlich den Rechtsübergang herbeiführen (§ 1154 Abs. 1 BGB); wird die Beglaubigung nicht nachgeholt, so ist Voreintragung erforderlich. 34

35 bb) Hingegen nötigen eine löschungsfähige Quittung sowie ein im GB eingetragener Verzicht zur Voreintragung nicht, solange der die Hyp. erwerbende Eigentümer noch als solcher eingetragen ist (s. Rn. 19). Ferner ist im Hinblick auf § 40 eine Unterbrechung der Reihe durch Erbfolge unschädlich, wenn diese grundbuchmäßig nachgewiesen wird; dies gilt nicht nur bei Beerbung des letzten durch die oben genannten Urkunden ausgewiesenen Erwerbers (KGJ 36, 244; RG 88, 349), sondern auch dann, wenn der eingetragene Berechtigte oder ein Zwischenerwerber beerbt worden ist (a.M. KGJ 36, 244).

36 cc) Zu prüfen ist, ob in allen Urkunden die Zinsen mit übertragen worden sind.

37 **13. Wirkung von Briefbesitz und Gläubigernachweis.** Der gemäß § 1155 BGB ausgewiesene Briefbesitzer steht einem eingetragenen Gläubiger gleich, braucht also nicht als Berechtigter eingetragen zu werden; dies gilt ohne Rücksicht auf den Inhalt der neuen Eintragung, mithin auch, wenn eine Belastung des Rechts oder eine Änderung seines Inhalts oder Rangs gebucht werden soll. Ist der Briefbesitzer allerdings Erbe seines Rechtsvorgängers (s. Rn. 35), so ist seine Voreintragung nur im Rahmen des § 40 entbehrlich; wegen der Rechtslage im Fall der Vorerbschaft s. § 40 Rn. 4.

38 **14. Kosten.** Werden auf Grund gleichzeitigen Antrags eine Auflassungsvormerkung und zugunsten des Berechtigten aus ihr eine Löschungsvormerkung (§ 1179 Nr. 2 BGB) bei einem Grundpfandrecht eingetragen, so ist die Eintragung der Löschungsvormerkung ein gebührenfreies Nebengeschäft der Eintragung der Auflassungsvormerkung (KG Rpfleger 1998, 215).

Ausnahmen von der Voreintragung

40 (1) **Ist die Person, deren Recht durch eine Eintragung betroffen wird, Erbe des eingetragenen Berechtigten, so ist die Vorschrift des § 39 Abs. 1 nicht anzuwenden, wenn die Übertragung oder die Aufhebung des Rechts eingetragen werden soll oder wenn der Eintragungsantrag durch die Bewilligung des Erblassers oder eines Nachlaßpflegers oder durch einen gegen den Erblasser oder den Nachlaßpfleger vollstreckbaren Titel begründet wird.**

(2) **Das gleiche gilt für eine Eintragung auf Grund der Bewilligung eines Testamentsvollstreckers oder auf Grund eines gegen diesen vollstreckbaren Titels, sofern die Bewilligung oder der Titel gegen den Erben wirksam ist.**

Inhaltsübersicht

1. Allgemeines 1
2. Erbe 3
3. Entsprechende Anwendung 9
4. Eingetragener Erblasser 13
5. Übertragung oder Aufhebung eines Rechts 16
6. Sonstige Fälle 20
7. EintrBewilligung des Erblassers 21
8. Vollstreckbarer Titel gegen den Erblasser 22
9. Kosten 23

1. Allgemeines. § 40 durchbricht die Regel des § 39 Abs. 1 für den Fall, dass der Betroffene Erbe des eingetragenen Berechtigten ist. Die Bestimmung wurde zeitlich befristet bis 31. 12. 1999 durch § 11 Abs. 2 GBBerG v. 20. 12 1993 (BGBl. I 2192) ergänzt. 1

a) Bei einer Übertragung oder Aufhebung des Rechts, also in Fällen, in denen die persönliche Berechtigung des Erben oder das Recht selbst aus dem GB verschwinden, sollen dem Erben die Kosten für seine vorherige Eintragung erspart bleiben. Zum anderen sollen Eintragungen, die gegen den Erben wirksam vorgenommen werden können, auch dann ermöglicht werden, wenn der Nachweis der Erbfolge schwer zu führen ist.

b) Selbstverständlich ist der Erbe nicht gehindert, trotz der Voraussetzungen des § 40 seine Eintragung herbeizuführen. Liegt ein öffentliches Testament, aber kein Erbschein vor, kann dies zweckmäßig sein, um dem Erwerber den Schutz des § 892 BGB zu verschaffen (s. hierzu Vollhardt MittBayNot 1986, 115). Die Berichtigung der Eigentumseintragung ist sogar erwünscht und nach Maßgabe der §§ 82ff. erzwingbar. § 40 wird durch diese Vorschriften jedoch nicht berührt. Das GBAmt darf mithin die Eintragung einer Belastung, die ohne vorherige Eintragung des Erben erfolgen kann, nicht durch Zwischenverfügung von der vorherigen Eintragung des Erben als Eigentümer abhängig machen. Es kann nur nebenher ein Verfahren nach §§ 82ff. einleiten. 2

c) Durch den Verzicht auf die Voreintragung entfällt die mit dieser verbundene Erleichterung der Legitimationsprüfung durch das GBAmt (§ 39 Rn. 1). Die Bewilligungsberechtigung (§ 19 Rn. 44) muss dem GBAmt daher nachgewiesen werden; dies erfordert den Nachweis der Erbfolge (§ 35 Rn. 4).

2. Erbe. a) Erbe ist auch der Erbeserbe (RG 53, 304; KGJ 49, 176), der Vorerbe (RG 65, 217) und der Nacherbe nach Eintritt des Nacherbfalls, nicht dagegen der Miterbe, wenn er ein Recht im Weg der Auseinandersetzung, also durch rechtsgeschäftliche Übertragung, erwirbt (JFG 22, 161). Im Fall der Erbenge- 3 meinschaft haben sämtliche Miterben die Übertragung oder Aufhebung zu bewilligen. Überträgt ein Miterbe seinen Anteil am Nachlass auf einen Dritten (§ 2033 Abs. 1 BGB), so kann diese Übertragung nur gleichzeitig mit der Eintragung aller übrigen Miterben gebucht werden (OLG Hamm DNotZ 1966, 747; BayObLG 1994, 158 = Rpfleger 1995, 103). Diese Eintragung ist aber nicht notwendig, wenn die Erbengemeinschaft über das Recht weiterverfügt (KGJ 44, 240).

Beispiel: Wird der eingetragene Erblasser von A und B beerbt und überträgt B seinen Erbanteil auf X, so setzt die Eintragung der Erbteilsübertragung auf X die Voreintragung der Miterben A und B voraus. Wird jedoch das Recht von A und X auf Z weiterübertragen, so kann Z ohne Zwischeneintragung von A und B/X in das GB eingetragen werden.

4 **b)** Bei **Vorerbschaft** sind Voreintragung und Nachweis der Zustimmung des Nacherben nicht erforderlich, wenn die begehrte Eintragung auf einer der in Abs. 1 und 2 genannten EintrGrundlagen beruht. Ist das nicht der Fall, so ist zu unterscheiden:

5 aa) Im Fall der **Übertragung eines Rechts** ist die Voreintragung des Vorerben und damit die gleichzeitige Eintragung des Nacherben (§ 51) entbehrlich, wenn die Zustimmung des Nacherben oder bei befreiter Vorerbschaft die Entgeltlichkeit der Verfügung nachgewiesen wird; andernfalls ist Voreintragung erforderlich oder der EintrAntrag zurückzuweisen (RG 65, 217). Denn wenn der Vorerbe nicht eingetragen wird, ist die Eintragung des Nacherbenvermerks unzulässig (KGJ 30, 216); dann aber wäre der Nacherbe gegen einen Rechtsverlust durch gutgläubigen Erwerb Dritter nicht geschützt. Hieraus folgt aber auch, dass die Voreintragung des Vorerben dann nicht erforderlich ist, wenn der Nacherbe auf die Eintragung des Nacherbenvermerks verzichtet (s. hierzu § 51 Rn. 26; BayObLG 1989, 183 = Rpfleger 1989, 412; OLG Hamm Rpfleger 1995, 209).

6 bb) Im Fall der **Löschung eines Rechts** sind die vorstehenden Nachweise stets notwendig; die Voreintragung des Vorerben und damit die gleichzeitige Eintragung des Nacherben (§ 51) nützen dem Nacherben nichts, weil die Schutzwirkung des Nacherbenvermerks mit der Löschung des Rechts hinfällig wird (RG 102, 337; JFG 15, 188; OLG München JFG 21, 84).

7 cc) Ein Verstoß gegen diese Grundsätze kann das GB unrichtig machen (KGJ 52, 143).

8 **c)** Dem Erben nicht gleichgestellt sind Vermächtnisnehmer, Pflichtteilsberechtigte, Erbschaftskäufer (anders Erwerber des Erb-

anteils, s. Rn. 3). Sie erwerben nicht durch Gesamtrechtsnachfolge, sondern durch rechtsgeschäftliche Übertragung.

3. Entsprechende Anwendung. Eine entsprechende Anwendung des § 40 auf andere erbgangsähnliche Rechtsübergänge, also auf Fälle der Gesamtrechtsnachfolge (BayObLG NJW-RR 1989, 977), zu denen ein Wechsel im Mitgliederbestand einer BGB-Gesellschaft auf Grund Rechtsgeschäfts nicht gehört (KG Rpfleger 2 **9**

- Anfall von Vereins- oder Stiftungsvermögen an den Fiskus nach § 45 Abs. 3, §§ 46, 88 BGB (s. JFG 1, 292, ferner § 35 Rn. 2, 4, 10).
- Eintritt der ehelichen oder fortgesetzten Gütergemeinschaft. Ihre Teilhaber brauchen vor der Übertragung oder Löschung eines zum Gesamtgut gehörenden Rechts nicht eingetragen zu werden, wenn letzteres auf den Namen auch nur eines Ehegatten eingetragen ist (JFG 1, 295). Unerheblich ist, ob die Gütergemeinschaft schon zurzeit der Eintragung des Rechts bestanden hat oder ob sie erst später eingetreten ist. Eine entsprechende Anwendung auf Eintragungen, die nicht die Übertragung oder Löschung eines Rechts zum Gegenstand haben, scheidet aus. **10**
- Vermögensübergang durch Umwandlung inländischer Rechtsträger nach dem UmwandlungsG v. 28. 10. 1994 (BGBl. I 3210). **11**
- Eingemeindung (RG 86, 286; KGJ 52, 188) sowie Teilung einer Gemeinde in Einzelgemeinden (KGJ 41, 216; s. dazu auch OLG Hamm Rpfleger 1980, 148). **12**

4. Eingetragener Erblasser. a) Der Erblasser muss eingetragen sein. Ist er es nicht, so bleibt es bei der Regel des § 39 Abs. 1. Wurde anstelle des Erblassers der Vorerbe eingetragen, so braucht nach Eintritt des Nacherbfalls der Nacherbe nicht eingetragen zu werden (KGJ 51, 191). Anders, falls der Erblasser nicht eingetragen war; dann ist der Nacherbe einzutragen, auch wenn ein Nacherbenvermerk gebucht ist; die Eintragung des Vorerben ist unerheblich, weil der Nacherbe nicht Erbe des Vorerben ist. **13**

b) Bei Briefrechten steht dem Eingetragensein des Erblassers der Fall des § 39 Abs. 2 gleich; der Erbe braucht also nicht eingetragen zu werden, wenn er den Brief besitzt und das Gläubigerrecht des Erblassers nach § 1155 BGB nachweist (KGJ 36, 244; RG 88, 349). **14**

c) Stand dem Erblasser eine Hyp. als Eigentümergrundschuld oder Eigentümerhyp. zu, so genügt es, wenn er als Eigentümer **15**

eingetragen ist (s. § 39 Rn. 19); dasselbe wird zu gelten haben, wenn der Erbe des eingetragenen Eigentümers die Hyp. erwirbt (KGJ 28, 289).

16 **5. Übertragung oder Aufhebung eines Rechts.** Hier ist die Voreintragung des Erben stets entbehrlich. Gleichgültig ist, ob Rechtsänderung oder Berichtigung vorliegt, gleichgültig auch, auf Grund welcher Unterlagen die Eintragung vorgenommen werden soll.

17 **a) Übertragung.** Darunter fällt nicht nur die rechtsgeschäftliche Übertragung, also Abtretung und Auflassung, sondern auch die Übertragung kraft Gesetzes oder richterlicher Anordnung. Auch die Übertragung von realen Teilen eines Grundstücks oder eines Rechts rechnet hierher (JFG 7, 372); nicht dagegen die Übertragung eines Bruchteils des für den Erblasser eingetragenen Rechts, da diese das dem Erben verbleibende Recht inhaltlich verändert. Der Übertragung ist deren Sicherung durch Eintragung einer Vormerkung oder eines Widerspruchs gleichzustellen (JFG 7, 333; 16, 312). Eine Voreintragung des Erben ist auch dann nicht erforderlich, wenn die Übertragung mit einer Belastung (KG DRZ 1931 Nr. 511), Rangänderung (JFG 7, 372) oder Inhaltsänderung (KGJ 36, 240) verbunden ist.

18 Eine Überweisung an Zahlungs Statt kann ohne Voreintragung des Erben auch dann eingetragen werden, wenn gleichzeitig die Pfändung eingetragen wird. Wird aber die Pfändung vorher allein eingetragen, so ist dazu nach der Regel des § 39 Abs. 1 die Eintragung des Erben notwendig.

19 **b) Aufhebung.** Darunter fallen der Verzicht auf das Eigentum (§ 928 BGB) und die Löschung eingetragener Rechte. Auch die Entpfändung von Trennstücken gehört hierher (KGJ 23, 151).

20 **6. Sonstige Fälle. a)** Bei Eintragungen, die nicht die Übertragung oder Aufhebung eines Rechts zum Gegenstand haben, ist die Voreintragung des Erben nur unter besonderen Voraussetzungen entbehrlich (s. Rn. 21, 22). Es gilt dies in erster Linie für die Eintragung von Belastungen sowie von Inhalts- oder Rangänderungen eines Rechts, aber auch für die Eintragung von Vormerkungen, Widersprüchen und Verfügungsbeschränkungen (s. aber Rn. 17).

b) Im Gebiet der **früheren DDR** war § 40 Abs. 1 bis zum Ablauf des 31. 12. 1999 auf Belastungen entsprechend anwendbar (§ 11 Abs. 2 GBBerG). Das Erfordernis der Voreintragung des Erben entfiel damit nicht nur dann, wenn die Übertragung oder Aufhebung des Rechts eingetragen werden sollte, sondern auch bei

Eintragung einer Belastung des Rechts durch den Erben. § 40 Abs. 1 konnte nur angewendet werden, wenn vor dem 1. 1. 2000 sowohl die EintrBewilligung erklärt als auch der EintrAntrag beim GBAmt eingegangen war.

7. EintrBewilligung des Erblassers. Die EintrBewilligung des Erblassers oder eines Nachlasspflegers, auch eines Nachlassverwalters (RG JFG 13, 388), genügt stets, weil sie den Erben immer bindet; die eines Testamentsvollstreckers hingegen nur dann, wenn sie gegen den Erben wirksam ist (§§ 2205 bis 2209 BGB). Es muss eine EintrBewilligung im Sinn des § 19 vorliegen. Es genügt nicht, dass der Erblasser zur Eintragung verpflichtet ist oder dass er im Testament den Erben zu einer Eintragung ermächtigt hat (OLG Darmstadt KGJ 50, 239). Ist der Erbe verstorben, so genügt die Bewilligung des für seinen Nachlass bestellten Testamentsvollstreckers, weil § 40 auch auf Erbeserben anzuwenden ist (KGJ 49, 176; str.). 21

8. Vollstreckbarer Titel gegen den Erblasser. In Betracht kommen alle Titel gegen den Erblasser, den Nachlasspfleger oder den Testamentsvollstrecker, die die Grundlage einer Eintragung bilden können, insbes. auch auf Zahlung einer Geldsumme lautende, wenn eine Sicherungshyp. eingetragen werden soll. Hatte die Zwangsvollstreckung gegen den Erblasser begonnen, so kann sie mit Vollstreckungsklausel gegen den Erblasser auch in andere Nachlassgegenstände fortgesetzt werden (§ 779 ZPO). Sonst ist die Vollstreckungsklausel auf den Erben, vor Annahme der Erbschaft auf den Testamentsvollstrecker oder Nachlasspfleger, umzuschreiben und zuzustellen (§§ 727, 750 ZPO). Urteile nach § 894 Abs. 1 Satz 1, § 895 ZPO bedürfen der Vollstreckungsklausel nicht, weil die Erklärung mit der Rechtskraft bzw. mit der Verkündung als abgegeben gilt. Bei Titeln gegen einen Testamentsvollstrecker ist § 748 ZPO zu beachten; die Voreintragung des Erben ist nur im Fall des Abs. 1 entbehrlich; in den Fällen der Abs. 2 und 3 hingegen muss der Erbe zuvor eingetragen werden. 22

9. Kosten. a) Lässt sich der Erbe des eingetragenen Eigentümers trotz Vorliegens der Voraussetzungen des § 40 im Weg der GBBerichtigung eintragen (vgl. Rn. 2), genießt er Gebührenfreiheit, sofern der Umschreibungsantrag binnen zwei Jahren seit dem Erbfall eingereicht wird (§ 60 Abs. 4 KostO). Die Eintragung ist auch dann gebührenfrei, wenn der Erbe seinen EintrAntrag formell auf einen mit dem Erblasser geschlossenen Hofübergabevertrag (vorweggenommene Erbfolge) stützt (OLG Celle NdsRpfl. 1988, 61). Die Gebührenbefreiung erstreckt sich auch auf die gleichzeitige Eintragung des Nacherben- oder Testamentsvollstreckervermerks 23

(s. hierzu § 51 Rn. 49). Sie setzt aber in jedem Fall voraus, dass ein Erbfall die Eigentumsänderung ausgelöst hat; eine Schenkung reicht auch dann nicht aus, wenn sie als „vorweggenommene Erbfolge" bezeichnet wird.

24 **b)** Wenn ein in **Gütergemeinschaft** lebender Ehegatte den im GB eingetragenen Eigentümer beerbt, so ist auch die Eintragung des anderen Ehegatten, der Eigentum nach § 1416 BGB erwirbt, entsprechend § 60 Abs. 4 KostO gebührenfrei (BayObLG 1993, 96 = Rpfleger 1993, 464 unter Aufgabe von BayObLG Rpfleger 1986, 157; s. dazu Staudt MittBayNot 1986, 234). Ob § 60 Abs. 4 KostO bei der Eigentumsumschreibung auf Grund einer Erbauseinandersetzung ohne vorherige Eintragung der Erbengemeinschaft anzuwenden ist, ist umstritten: verneinend z. B. OLG Stuttgart Rpfleger 1982, 200; OLG Zweibrücken Rpfleger 1982, 22; MDR 1990, 560; OLG Hamm Rpfleger 1987, 302, bejahend z. B. BayObLG Rpfleger 1979, 233; 1993, 464; OLG Schleswig DNotZ 1995, 795. Nach OLG Düsseldorf Rpfleger 1993, 421 soll die Gebührenbefreiungsvorschrift nur in den Fällen eingreifen, in denen sich der Eigentumserwerb infolge Erbfalls außerhalb des GB vollzogen hat und die GBEintragung nur berichtigenden Charakter hat; die Anwendung des § 60 Abs. 4 KostO wird daher für die Eigentümereintragung in Vollzug einer Schenkung auf den Todesfall ausgeschlossen.

25 **c)** Voraussetzung der Gebührenfreiheit ist, dass innerhalb der Zweijahresfrist die zur GBBerichtigung erforderlichen Nachweise eingereicht werden, mithin ein vollzugsfähiger Berichtigungsantrag gestellt wird. Gebührenfreiheit ist auch dann nicht gegeben, wenn dies aus Gründen nicht möglich ist, die der Erbe nicht zu vertreten hat (OLG Karlsruhe Rpfleger 1988, 19; BayObLG Rpfleger 1999, 509; a. M. OLG Köln Rpfleger 1988, 549; OLG Zweibrücken MDR 1997, 298).

Vorlegung des Hypothekenbriefes

41 (1) **Bei einer Hypothek, über die ein Brief erteilt ist, soll eine Eintragung nur erfolgen, wenn der Brief vorgelegt wird. Für die Eintragung eines Widerspruchs bedarf es der Vorlegung nicht, wenn die Eintragung durch eine einstweilige Verfügung angeordnet ist und der Widerspruch sich darauf gründet, daß die Hypothek oder die Forderung, für welche sie bestellt ist, nicht bestehe oder einer Einrede unterliege oder daß die Hypothek unrichtig eingetragen sei. Der Vorlegung des Briefes bedarf es nicht für die Eintragung einer Löschungsvormerkung nach § 1179 des Bürgerlichen Gesetzbuchs.**

(2) **Der Vorlegung des Hypothekenbriefs steht es gleich, wenn in den Fällen der §§ 1162, 1170, 1171 des Bürgerlichen Gesetzbuchs auf Grund des Ausschlußurteils die Erteilung eines neuen Briefes beantragt wird. Soll die Erteilung des Briefes nachträglich ausgeschlossen oder die Hypothek gelöscht werden, so genügt die Vorlegung des Ausschlußurteils.**

Inhaltsübersicht

1. Allgemeines ... 1
2. Voraussetzungen der Vorlegungspflicht ... 2
3. Beschaffung des Briefs ... 7
4. Verfahren des GBAmts ... 9
5. Ersatz für die Vorlegung des Briefs ... 11
6. Ausnahmen von der Vorlegungspflicht ... 14
7. Nichtbeachtung des § 41 ... 19

1. Allgemeines. § 41, geändert durch Art. 2 Nr. 2 des Ges. v. 22. 6. 1977 (BGBl. I 998), macht Eintragungen bei einer Briefhyp. grundsätzlich von der Vorlegung des Briefs abhängig und trifft eine Bestimmung für die Fälle, in denen ein erteilter Brief kraftlos geworden ist. 1

Die Vorlegung des Briefs ist, da die Hyp. außerhalb des GB übertragen und belastet werden kann, zunächst zum Nachweis der Verfügungsberechtigung notwendig. Außerdem bedarf es ihrer zur Erhaltung der Übereinstimmung zwischen GB und Brief, die durch § 62 vorgeschrieben und deshalb geboten ist, weil sich ein Erwerber der Hyp. gegenüber dem richtigen GB nicht auf den abweichenden Inhalt des Briefs berufen kann. Allerdings ist nicht in allen Fällen, in denen der Brief gemäß § 41 wegen einer bei der Hyp. zu bewirkenden Eintragung vorgelegt werden muss, diese Eintragung auch gemäß § 62 auf dem Brief zu vermerken (s. hierzu § 62 Rn. 3).

2. Voraussetzungen der Vorlegungspflicht. a) Briefhypothek. Die vorzunehmende Eintragung muss eine Briefhyp. betreffen. Ist über eine Buchhyp. versehentlich ein Brief erteilt worden, so bleibt die Hyp. gleichwohl Buchhypothek; eine Eintragung bei ihr kann daher nicht von der Vorlegung des Briefs abhängig gemacht werden. Dasselbe gilt, wenn eine Briefhyp. in eine Buchhyp. umgewandelt wurde, der Brief aber aus Versehen nicht unbrauchbar gemacht worden ist. Eine im Zeitpunkt der GBAnlegung bestehende Hyp. ist nach Art. 192 EGBGB Buchhyp. im Sinn des BGB geworden; von der der Landesgesetzgebung in Art. 193 EGBGB eingeräumten Möglichkeit, ein anderes zu bestimmen, wurde in *Bayern* kein Gebrauch gemacht. 2

b) Bei der Hyp. zu bewirkende Eintragung. Es kommen nur solche Eintragungen in Betracht, die in der dritten Abteilung unter 3 der Nummer der Hyp. zu erfolgen haben (KGJ 36, 222). Eintragungen, die zwar materiell auf die Hyp. einwirken, aber an einer anderen Stelle des GB vorzunehmen sind, gehören nicht hierher; mithin bedarf es z.B. zur Eintragung einer Bestandsteilzuschreibung nicht der Vorlegung des Briefs über eine auf dem Hauptgrundstück lastende Hyp. Wegen der pfandfreien Abschreibung eines Grundstücksteils s. Rn. 5.

4 aa) Ob die bei der Hyp. zu bewirkende Eintragung rechtsändernden oder berichtigenden, endgültigen oder vorläufigen Charakter hat, ist unwesentlich (KGJ 44, 252); unerheblich ist ferner, ob sie sich auf eine Bewilligung des Gläubigers, auf einen gegen diesen erwirkten Titel oder auf den Nachweis der Unrichtigkeit gründet, ob sie auf Antrag, auf Ersuchen einer Behörde oder von Amts wegen erfolgen soll (OLG Düsseldorf Rpfleger 1995, 104); schließlich macht es auch keinen Unterschied, ob sie die Rechtsstellung des Gläubigers verschlechtert, verbessert oder unberührt lässt (KGJ 44, 263). Stets aber muss es sich um eine Eintragung handeln, die über die dingliche Rechtslage Auskunft zu geben bestimmt ist und nicht etwa nur eine Tatsache kundgibt, ohne die Rechtslage zu ändern (KGJ 44, 252, 257).

5 bb) Der Vorlegung des Briefs bedarf es daher nicht nur zur Eintragung von Abtretungen, Belastungen, Inhalts- und Rangänderungen sowie Löschungsvermerken, sondern auch zur Eintragung von Verfügungsbeschränkungen (KGJ 38, 296), Vormerkungen (KGJ 27, 82; nicht aber Löschungsvormerkungen nach § 1179 BGB s. Rn. 16) und Widersprüchen (KGJ 38, 296; s. aber Rn. 14). Auch die pfandfreie Abschreibung eines Grundstücksteils erfordert die Vorlegung des Briefs, da sie einen Ersatz für den bei der Hyp. einzutragenden Löschungsvermerk bildet (OLG Rostock KGJ 29, 282). Zur Eintragung einer Teilabtretung oder eines kraft Gesetzes eingetretenen Teilübergangs ist außer dem etwa hergestellten TeilhypBrief auch der Stammbrief vorzulegen (KGJ 30, 238).

6 **Nicht erforderlich** ist die Vorlegung des Briefs, wenn ein Grundstücksteil unter Übernahme der Hyp. auf ein anderes GBBlatt übertragen werden soll; denn die nach § 48 Abs. 1 Satz 2 einzutragenden Mithaftvermerke bekunden lediglich eine Tatsache (KGJ 34, 294; a.M. RG 157, 292; dagegen Henke ZAkDR 1938, 673). Aus dem gleichen Grund bedarf es zur Eintragung eines vorbehaltenen Rechts trotz § 18 GBV nicht der Vorlegung des Briefs über das Vorbehaltsrecht (KGJ 36, 225). Dagegen nimmt die h.M. an, dass zur Eintragung einer Rangänderung, obwohl zu deren Wirksamwerden die Verlautbarung beim zurücktretenden Recht genügt, auch der Brief über das vortretende Recht vorzulegen ist (KGJ 44, 257 mit weit. Nachweisen).

3. Beschaffung des Briefs. a) Die Beschaffung des Briefs ist Sache des Antragstellers oder der ersuchenden Behörde (KGJ 30, 282; zur Verpflichtung der Umlegungsstelle, bei einem EintrErsuchen den Brief vorzulegen, s. § 38 Rn. 23). Dass sie tatsächliche Schwierigkeiten bereitet, berechtigt das GBAmt nicht, von der Vorlegung abzusehen (OLG Karlsruhe DNotZ 1926, 262). Hat das GBAmt den Brief in einer anderen GBSache in Verwahrung, so darf es ihn nur dann als vorgelegt ansehen, wenn dies offenbar dem Willen der Beteiligten entspricht (KG DNotV 1912, 586, 588; RG Warn. 1917 Nr. 277; JFG 8, 231; s. auch OLG Oldenburg Rpfleger 1966, 174; BayObLG Rpfleger 1992, 56). Andernfalls bedarf es zur Verwendung einer Einverständniserklärung desjenigen, der den Brief eingereicht hat; die Erklärung braucht aber nicht in grundbuchmäßiger Form abgegeben zu werden (a. M. KGJ 50, 230). Befindet sich der Brief in Verwahrung der Gerichtskasse, so hat der Antragsteller für die Vorlegung an das GBAmt zu sorgen (KGJ 50, 230). 7

b) Soll ein Amtswiderspruch eingetragen oder eine Amtslöschung vorgenommen werden, so hat das GBAmt den Brief nach Maßgabe des § 62 Abs. 2 Satz 1 zu beschaffen, d. h. den Besitzer zur Vorlegung anzuhalten. 8

4. Verfahren des GBAmts. a) Wird der Brief nicht vorgelegt und bleibt auch eine auf Vorlegung gerichtete Zwischenverfügung ergebnislos, so ist der EintrAntrag oder das EintrErsuchen zurückzuweisen. 9

b) Wird der Brief vorgelegt, so ist seine formelle Ordnungsmäßigkeit und die Verfügungsberechtigung des Bewilligenden zu prüfen; falls der Bewilligende nicht als Gläubiger eingetragen ist, muss seine Berechtigung nach Maßgabe des § 1155 BGB dargetan sein. Nur wenn diese Voraussetzungen erfüllt sind, darf eingetragen werden; alsdann ist nach § 62 Abs. 1, § 69 zu verfahren. 10

5. Ersatz für die Vorlegung des Briefs. a) Ist der Brief gemäß § 1162 BGB für kraftlos erklärt worden oder ist er infolge eines nach §§ 1170, 1171 BGB erwirkten Ausschlussurteils kraftlos geworden, so greift die Sonderregelung des Abs. 2 ein. Hiernach steht es der Vorlegung des Briefs gleich, wenn das Ausschlussurteil vorgelegt und die Erteilung eines neuen Briefs gemäß § 67 beantragt wird; soll die Erteilung des Briefs nachträglich gemäß § 1116 Abs. 2 BGB ausgeschlossen oder die Hyp. gelöscht werden, so genügt die Vorlegung des Ausschlussurteils. 11

b) Das Antragsrecht des Antragstellers im Aufgebotsverfahren ist vom GBAmt nicht nachzuprüfen (KGJ 45, 297); eine Kraftloser- 12 klärung wirkt auch dann für und gegen alle, wenn das Ausschlussurteil von einem Nichtberechtigten erwirkt worden ist (KGJ 45, 298). S. hierzu auch Ges. über die Kraftloserklärung von Hypotheken-, Grundschuld- und Rentenschuldbriefen in besonderen Fällen v. 18. 4. 1950 (BGBl. 88) i.d.F. der ÄnderungsG v. 20. 12. 1952 (BGBl. I 830), 25. 12. 1955 (BGBl. I 867) und 29. 4. 1960 (BGBl. I 297); ein nach diesem erwirktes Ausschlussurteil steht gemäß § 11 Abs. 1 des Ges. im GBVerfahren einem Ausschlussurteil nach § 1162 BGB gleich.

c) Über den Fall, dass der Brief durch Kriegseinwirkung oder im Gebiet der früheren DDR im Zusammenhang mit besatzungsrechtlichen oder besatzungshoheitlichen Enteignungen von Banken oder Versicherungen vernichtet wurde oder abhanden gekommen ist, s. § 67 Rn. 7.

13 **d)** Hat das GBAmt den Brief aus Versehen unbrauchbar gemacht, so bedarf es zur Löschung der Hyp. weder der Vorlegung des Briefs noch der eines Ausschlussurteils (KGJ 48, 226).

14 **6. Ausnahmen von der Vorlegungspflicht. a) Nach der GBO.** aa) Nach Abs. 1 Satz 2 ist zur Eintragung eines Widerspruchs die Vorlegung des Briefs nicht erforderlich, wenn die Eintragung durch eine einstweilige Verfügung angeordnet ist und der Widerspruch sich auf bestimmte Tatsachen, nämlich darauf gründet, dass die Hyp. oder die ihr zugrunde liegende Forderung nicht besteht oder einer Einrede unterliegt oder dass die Hyp. unrichtig eingetragen ist. Die Hyp. besteht z.B. nicht, wenn die Einigung nichtig oder eine auflösende Bedingung eingetreten ist; dem Fall, dass die Forderung nicht besteht, also eine Eigentümergrundschuld vorliegt, ist nach der Entstehungsgeschichte der Vorschrift derjenige gleichzusetzen, dass der Eigentümer die Hyp. als solche erworben hat; an Einreden gegen die Hyp. oder die Forderung kommen alle Einreden in Betracht, die nach §§ 1137, 1157 BGB eintragungsfähig sind; unrichtig eingetragen ist die Hyp., wenn ihr Inhalt oder ihr Rang nicht richtig verlautbart ist. Hat der Widerspruch einen anderen Inhalt oder soll er auf Grund einer Bewilligung oder eines Urteils nach §§ 894, 895 ZPO eingetragen werden, so ist der Brief vorzulegen (KGJ 38, 296; OLG Frankfurt Rpfleger 1975, 301); dasselbe gilt, wenn überhaupt kein Widerspruch, sondern eine Verfügungsbeschränkung eingetragen werden soll (KGJ 38, 296; BayObLG KGJ 49, 286; OLG Schleswig ZfIR 1998, 709). Deshalb kann eine Vormerkung auf Grund einer einstweiligen Verfügung bei einem Briefrecht nicht ohne Briefvorlage eingetragen werden (OLG Düsseldorf Rpfleger 1995, 104). Ist ein Widerspruch nach Abs. 1 Satz 2 ohne Vorlegung des Briefs eingetragen worden,

so hat das GBAmt den Besitzer nach § 62 Abs. 2 Satz 2 zur Vorlegung anzuhalten, damit die Eintragung des Widerspruchs nachträglich auf dem Brief vermerkt werden kann.

bb) Hat ein Amtswiderspruch den in Abs. 1 Satz 2 bezeichneten Inhalt, so ist die Eintragung nach § 53 Abs. 2 Satz 1 ohne Vorlegung des Briefs statthaft. Nach der Eintragung muss das GBAmt gemäß § 62 Abs. 2 Satz 2 verfahren. 15

cc) Nicht erforderlich ist die Vorlegung des Briefs nach Abs. 1 Satz 3 zur Eintragung einer Löschungsvormerkung nach § 1179 BGB; die Eintragung einer solchen Vormerkung wird nach § 62 Abs. 1 Satz 2 auch nicht auf dem Brief vermerkt. 16

ee) Der Brief braucht nicht vorgelegt zu werden zur Eintragung oder Löschung eines Widerspruchs auf Ersuchen der Verbots- oder Einziehungsbehörde bei Einziehung von Vereinsvermögen gem. § 18 Abs. 2 DVO zum VereinsG v. 28. 7. 1966 (BGBl. I 457).

b) Nach anderen bundesrechtlichen Vorschriften. aa) Die Vorlegung des Briefs ist nach §§ 131, 158 Abs. 2 ZVG nicht erforderlich, wenn auf Ersuchen des Vollstreckungsgerichts eine durch Zuschlag oder Zahlung im Zwangsverwaltungsverfahren erloschene Hyp. gelöscht oder der Vorrang einer Sicherungshyp. nach § 128 ZVG vor einer bestehengebliebenen Hyp. eingetragen werden soll; das Gleiche gilt für die Eintragung einer Vormerkung nach § 130a Abs. 2 Satz 1 ZVG. 17

bb) Keiner Vorlegung des Briefs bedarf es nach § 6 Satz 1 GBMaßnG zur Eintragung oder Löschung eines Umstellungsschutzvermerks. Die Vorlegung des Briefs ist trotz Fehlens einer ausdrücklichen Bestimmung auch dann entbehrlich, wenn auf Ersuchen des Insolvenzgerichts ein allgemeines Verfügungsverbot oder die Eröffnung des Insolvenzverfahrens eingetragen werden soll (s. dazu § 38 Rn. 66). Wegen der Ersuchen der Enteignungsbehörde nach § 117 Abs. 7 BauGB s. Dittus NJW 1956, 612 zu § 46 Abs. 2 des inzwischen aufgehobenen BaulandbeschG v. 3. 8. 1953 (BGBl. I 720).

cc) Die Vorlegung des Briefs ist nicht erforderlich bei Eintragungen, die auf Grund der Erklärung einer Bewilligungsstelle gem. § 105 Abs. 1 Nr. 6 Satz 1 GBV vorgenommen werden, ferner nicht bei Eintragung eines Zustimmungsvorbehalts gem. § 11c VermG (§ 105 Abs. 1 Nr. 6 Satz 6 GBV).

dd) Zur Löschung eines Briefgrundpfandrechts, das nach § 16 Abs. 2 VermG oder nach Art. 14 Abs. 6 Satz 2 und 3 des 2. VermR-ÄndG als erloschen oder als nicht entstanden gilt, braucht dem GBAmt der Brief nicht vorgelegt zu werden (§ 4 Abs. 7 HypAblöseVO v. 10. 6. 1994, BGBl. I 1253).

18 **c) Nach landesrechtlichen Vorschriften.** Ausnahmen bestehen auf den durch § 136 vorbehaltenen Gebieten. In *Bayern* kommt vor allem Art. 10 UnschädlichkeitsG v. 15. 6. 1898 (BayRS 403-2-J) in Betracht, wonach zu einer lastenfreien Abschreibung auf Grund Unschädlichkeitszeugnisses die Vorlegung des Briefs nicht erforderlich ist. Weitere Ausnahmen ergeben sich aus Art. 42 Satz 1 AGGVG v. 23. 6. 1981 (BayRS 300-1-1-J).

19 **7. Nichtbeachtung des § 41.** Hat das GBAmt eine Eintragung ohne die erforderliche Vorlegung des Briefs vorgenommen, so berührt dies die Wirksamkeit der Eintragung nicht (RG 73, 50; BayObLG KGJ 49, 286; OLG Düsseldorf Rpfleger 1995, 104); das GBAmt ist nicht befugt, die nachträgliche Vorlegung des Briefs zu erzwingen, um GB und Brief in Übereinstimmung zu bringen (RG 83, 290; KGJ 38, 297; OLG Dresden JFG 7, 415). War der Bewilligende aber nicht der Berechtigte, so ist das GB unrichtig.

Vorlegung des Grundschuld- oder Rentenschuldbriefes

42 Die Vorschriften des § 41 sind auf die Grundschuld und die Rentenschuld entsprechend anzuwenden. Ist jedoch das Recht für den Inhaber des Briefes eingetragen, so bedarf es der Vorlegung des Briefes nur dann nicht, wenn der Eintragungsantrag durch die Bewilligung eines nach § 1189 des Bürgerlichen Gesetzbuchs bestellten Vertreters oder durch eine gegen ihn erlassene gerichtliche Entscheidung begründet wird.

1 **1. Allgemeines.** § 42 schreibt die entsprechende Anwendung des § 41 auf die Grundschuld und die Rentenschuld vor, trifft jedoch eine Sonderbestimmung für den Fall, dass das Recht für den Inhaber des Briefs eingetragen ist.

2 **2. Namensgrundschuld und Namensrentenschuld.** Ist die Grund- oder Rentenschuld für einen bestimmten, namentlich bezeichneten Berechtigten eingetragen, so gilt § 41 Abs. 1 und 2. Da die Grund- und Rentenschuld von der etwa zugrunde liegenden Forderung rechtlich unabhängig ist, kann sich der in § 41 Abs. 1 Satz 2 erwähnte Widerspruch hier nur darauf gründen, dass die Grund- oder Rentenschuld nicht besteht, einer Einrede unterliegt oder unrichtig eingetragen ist. Zu beachten bleibt jedoch, dass sich Einreden gegen die Grund- oder Rentenschuld auch daraus ergeben können, dass diese zu einer Forderung in Beziehung gebracht ist; so kann sich z.B. ein Widerspruch über § 1157 BGB auf die Nichtvalutierung einer Sicherungsgrundschuld gründen (KGJ 53,

219). Befriedigt der Eigentümer den Grundschuldgläubiger, so geht die Grundschuld nach § 1143 BGB auf ihn über (RG 78, 67; KGJ 35, 327); dasselbe gilt bei Ablösung einer Rentenschuld. Beide Fälle sind dem Nichtbestehen der Forderung im Sinn des § 41 Abs. 1 Satz 2 gleichzustellen (a. M. OLG Rostock KGJ 31, 371).

3. Inhabergrundschuld und Inhaberrentenschuld. a) Nach 3
§ 1195 Satz 2, § 1199 Abs. 1 BGB kann eine Grund- oder Rentenschuld in der Weise bestellt werden, dass der Brief auf den Inhaber ausgestellt wird. Auf einen solchen Brief finden nach § 1195 Satz 2 BGB die Vorschriften über Schuldverschreibungen auf den Inhaber entsprechende Anwendung. Bis zu der Aufhebung des § 795 BGB und dem Außerkrafttreten des Ges. v. 26. 6. 1954 (BGBl. I 147) mit Wirkung vom 1. 1. 1991 gem. Ges. v. 17. 12. 1990 (BGBl. I 2839) durfte der Brief bei Meidung seiner Nichtigkeit nur mit staatlicher Genehmigung in den Verkehr gebracht werden, deren Erteilung vor der Eintragung nachzuweisen war (RG 59, 387). Wird die Grund- oder Rentenschuld in Teile zerlegt. so ist nach § 70 Abs. 2 über jeden Teil ein besonderer Brief herzustellen; über die Eintragung im Fall der Zerlegung s. § 50 Abs. 2.

b) Für den jeweiligen Gläubiger kann gemäß § 1189 Abs. 1 4
BGB ein sog. **GBVertreter** bestellt werden; die Bestellung bedarf der Eintragung in das GB; dabei ist der Name des Vertreters (RG JFG 13, 285) und, wenigstens durch Bezugnahme auf die EintrBewilligung, der Umfang seiner Vertretungsmacht anzugeben (BayObLG 20, 349 = OLG 41, 182). Der GBVertreter hat nach außen eine von der Person des Gläubigers unabhängige Vertretungsmacht (RG JFG 13, 283); über seine Rechtsstellung im Einzelnen s. BayObLG 20, 349; RG 117, 372; JFG 7, 301. Für den eingetragenen Vertreter spricht die Vermutung des § 891 BGB (KGJ 51, 307). Ist eine Aktiengesellschaft GBVertreter, so geht diese Stellung im Fall der Verschmelzung in der Regel auf die übernehmende Gesellschaft über (RG JFG 13, 281). Dem Vertreter kann auch das Recht zur Ernennung eines Nachfolgers eingeräumt werden (KGJ 51, 306). Die nachträgliche Bestellung eines GBVertreters und die Änderung seiner Vertretungsmacht sind Inhaltsänderungen der Grund- oder Rentenschuld (KGJ 45, 279). Ist ein GBVertreter bestellt, so bleibt der Gläubiger gleichwohl verfügungsberechtigt (KGJ 45, 279).

4. Vorlegung des Briefs. a) Ist die Grund- oder Rentenschuld 5
für den Inhaber des Briefs eingetragen, so findet die Ausnahmebestimmung des § 41 Abs. 1 Satz 2 keine Anwendung. Ihre Aus-

schaltung beruht darauf, dass für den Brief die Vorschriften über Inhaberschuldverschreibungen gelten (s. Rn. 3) und es dem § 796 BGB widerspräche, wenn ein Widerspruch zwar aus dem GB, nicht aber aus dem Brief ersichtlich wäre. Dementsprechend hat sich das GBAmt, falls ein Amtswiderspruch einzutragen ist, den Brief nach § 53 Abs. 2 Satz 2 auch dann vor der Eintragung zu verschaffen, wenn der Amtswiderspruch den in § 41 Abs. 1 Satz 2 bezeichneten Inhalt hat.

6 **b)** Andererseits ist die Briefvorlegung dann nicht erforderlich, wenn ein sog. GBVertreter bestellt ist (s. Rn. 4) und sich der EintrAntrag auf eine Bewilligung des Vertreters oder eine gegen diesen erlassene gerichtliche Entscheidung gründet. Auch eine nachträgliche Beschaffung des Briefs durch das GBAmt ist hier nicht vorgesehen; auf die Ergänzung des Briefs durch Vermerk der Eintragung kann verzichtet werden, weil die Bestellung des Vertreters aus diesem Brief hervorgeht und mit Verfügungen des Vertreters gerechnet werden muss. Der Umfang der dem GBVertreter eingeräumten Vertretungsmacht ist sorgfältig zu prüfen (BayObLG 20, 349 = OLG 41, 182). In allen anderen Fällen, insbes. für Eintragungen auf Bewilligung des Gläubigers oder auf Ersuchen einer Behörde, bedarf es der Vorlegung des Briefs.

7 **c)** Zu bemerken ist, dass Eintragungen bei der Grund- oder Rentenschuld nur insoweit in Betracht kommen, als sie deren Bestand oder Inhalt betreffen. Eintragungen, die die persönliche Berechtigung, also die Übertragung, die Nießbrauchs- und Pfandrechtsbestellung oder die Pfändung betreffen, sind unzulässig.

8 **5. Ausnahmen nach Bundes- und Landesrecht.** Das zu § 41 Rn. 14ff. Gesagte gilt auch für die Grund- und Rentenschuld.

Vorlegung von Inhaber- und Orderpapieren

43 (1) **Bei einer Hypothek für die Forderung aus einer Schuldverschreibung auf den Inhaber, aus einem Wechsel oder einem anderen Papier, das durch Indossament übertragen werden kann, soll eine Eintragung nur erfolgen, wenn die Urkunde vorgelegt wird; die Eintragung ist auf der Urkunde zu vermerken.**

(2) **Diese Vorschrift ist nicht anzuwenden, wenn eine Eintragung auf Grund der Bewilligung eines nach § 1189 des Bürgerlichen Gesetzbuchs bestellten Vertreters oder auf Grund einer gegen diesen erlassenen gerichtlichen Entscheidung bewirkt werden soll.**

1. Allgemeines. § 43 macht Eintragungen bei einer Inhaber- oder Orderhyp. grundsätzlich von der Vorlegung des Inhaber- oder Orderpapiers abhängig. 1

Die Inhaber- und Orderhyp. ist nach § 1187 Satz 2 BGB immer Sicherungshypothek, also Buchhypothek. Um den Umlauf der Inhaber- und Orderpapiere nicht zu hemmen, schließt § 1187 Satz 3 BGB die Anwendung des § 1154 Abs. 3 BGB aus. Die Übertragung der Forderung und damit der Hyp. geschieht durch Übergabe des Inhaberpapiers oder indossierten Orderpapiers, vollzieht sich also außerhalb des GB. Das Papier hat mithin im Verkehr eine dem HypBrief ähnliche Bedeutung. Die Gründe, die dessen Vorlegung erforderlich machen, sprechen auch für die Notwendigkeit der Vorlegung des Inhaber- oder Orderpapiers.

2. Voraussetzungen der Vorlegungspflicht. a) Die vorzunehmende Eintragung muss eine Inhaber- oder Orderhyp. betreffen, also eine Hyp. für die Forderung aus einer Schuldverschreibung auf den Inhaber oder einem durch Indossament übertragbaren Papier. Indossable Papiere sind außer dem Wechsel der Scheck (Art. 14 ScheckG), die Namensaktie (§ 68 AktG) sowie die in § 363 HGB genannten Papiere; sie kommen im Hinblick auf § 1113 Abs. 1 BGB jedoch nur insoweit in Betracht, als sie auf Zahlung einer bestimmten Geldsumme lauten. Soweit Inhaber- und Orderschuldverschreibungen bis zu der Aufhebung der §§ 795, 808a BGB und dem Außerkrafttreten des Ges. v. 26. 6. 1954 (BGBl. I 147) mit Wirkung vom 1. 1. 1991 gem. Ges. v. 17. 12. 1990 (BGBl. I 2839) nur mit staatlicher Genehmigung in den Verkehr gebracht werden durften, war die Erteilung der Genehmigung vor der Eintragung der Hyp. nachzuweisen (str.; vgl. RG 59, 387). Als Gläubiger ist bei der Inhaberhyp. der Inhaber der Schuldverschreibung, bei der Orderhyp. der erste Nehmer mit dem Zusatz „oder der durch Indossament ausgewiesene Inhaber" einzutragen (OLG Dresden KGJ 22 D 29; KGJ 35 B 31); über die Eintragung von Inhaber- und Orderhyp. für Teilschuldverschreibungen s. § 50 Abs. 1. Für den jeweiligen Gläubiger kann nach Maßgabe des § 1189 Abs. 1 BGB ein sog. GBVertreter bestellt werden; näheres hierzu s. § 42 Rn. 4. 2

b) Die Eintragung muss bei der Hyp. zu bewirken sein. Es gilt das zu § 41 Rn. 3ff. Gesagte. Eintragungen bei der Inhaber- und Orderhyp. kommen nur insoweit in Betracht, als sie deren Bestand oder Inhalt betreffen; hierher gehört auch die Eintragung einer Löschungsvormerkung nach § 1179 BGB (KGJ 50, 200). Eintragungen, die die persönliche Berechtigung, also die Übertragung, die Nießbrauchs- und Pfandrechtsbestellung oder die Pfändung betreffen, sind unzulässig (OLG Dresden KGJ 22 D 29). Die Be- 3 stimmung ist über ihren Wortlaut hinaus auch auf die Eintragung der Hyp. selbst anzuwenden, weil Vermerke über spätere Eintragungen ohne den Vermerk der ursprünglichen Eintragung nicht verständlich wären (a.M. OLG Colmar OLG 6, 105; KEHE Rn. 5; Meikel Rn. 7).

4 **3. Beschaffung der Urkunde.** Es gilt das zu § 41 Rn. 7, 8 Gesagte sinngemäß.

5 **4. Verfahren des GBAmts. a)** Wird die Urkunde nicht vorgelegt und bleibt auch eine auf Vorlegung gerichtete Zwischenverfügung ergebnislos, so ist der EintrAntrag oder das EintrErsuchen zurückzuweisen.

6 **b)** Wird die Urkunde vorgelegt, so ist ihre formelle Ordnungsmäßigkeit und die Verfügungsberechtigung des Bewilligenden **zu prüfen.** Nur wenn diese Voraussetzungen erfüllt sind, darf eingetragen werden.

7 Bei Inhaberschuldverschreibungen genügt zur Unterzeichnung eine im Weg mechanischer Vervielfältigung hergestellte Namensunterschrift (§ 793 Abs. 2 Satz 2 BGB); da die Gültigkeit der Unterzeichnung durch eine in die Urkunde aufgenommene Bestimmung von der Beobachtung einer besonderen Form abhängig gemacht werden kann, ist zu prüfen, ob dies geschehen und die besondere Form gewahrt ist (§ 793 Abs. 2 Satz 1 BGB). Bei Orderschuldverschreibungen reicht eine vervielfältigte Namensunterschrift nicht aus (RG Gruch. 55, 826; str.).

8 Die Verfügungsberechtigung ergibt sich bei der Inhaberhyp. aus dem Besitz der Urkunde. Bei der Orderhyp. bedarf es außerdem der Legitimation durch eine ununterbrochene Reihe von Indossamenten im Sinn des Art. 16 WechselG; die Indossamente müssen in der Form des § 29 Abs. 1 Satz 1 vorliegen.

9 **c)** Die vorgenommene Eintragung ist nach Abs. 1 Halbsatz 2 auf der Urkunde **zu vermerken.** Der Vermerk ist entsprechend § 62 Abs. 1 mit Unterschrift und Siegel oder Stempel zu versehen; für die Unterzeichnung gilt § 56 Abs. 2 sinngemäß.

10 **5. Ausnahmen von der Vorlegungspflicht. a)** Nach Abs. 2 ist die Vorlegung der Urkunde entsprechend § 42 Satz 2 nicht erforderlich, wenn ein sog. GBVertreter bestellt ist (s. Rn. 2) und die Eintragung auf Grund einer Bewilligung des Vertreters oder einer gegen diesen erlassenen gerichtlichen Entscheidung bewirkt werden soll. Der Umfang der dem GBVertreter eingeräumten Vertretungsmacht ist sorgfältig zu prüfen (BayObLG 20, 349 = OLG 41, 182). Hat der GBVertreter die Eintragung zwar nicht bewilligt, ihr aber im Rahmen seiner Vertretungsmacht zugestimmt, so ist die

Vorlegung der Urkunde gleichfalls entbehrlich (KGJ 50, 204 betr. Eintragung einer Löschungsvormerkung).

b) Ausnahmen von der Vorlegungspflicht ergeben sich ferner aus landesrechtlichen Sondervorschriften; das zu § 41 Rn. 18 Gesagte gilt entsprechend. 11

c) Die Vorlegung der Urkunde ist schließlich dann nicht erforderlich, wenn diese vernichtet oder für kraftlos erklärt ist. Da die Vernichtung durch öffentliche Urkunden kaum nachgewiesen werden kann, wird in der Regel ein Aufgebotsverfahren nach §§ 1003ff. ZPO durchgeführt werden müssen. Die Vorlegung des Ausschlussurteils ersetzt die Vorlegung der Urkunde; die Beschaffung einer neuen Urkunde, die bei Inhaberpapieren möglich ist (§ 800 BGB), kann nicht verlangt werden (a.M. Güthe/Triebel A. 15). 12

6. Nichtbeachtung des § 43. Es gilt das zu § 41 Rn. 19 Gesagte sinngemäß. 13

Tagesangabe und Unterschrift. Bezugnahme

44 (1) **Jede Eintragung soll den Tag, an welchem sie erfolgt ist, angeben. Die Eintragung soll, sofern nicht nach § 12c Abs. 2 Nr. 2 bis 4 der Urkundsbeamte der Geschäftsstelle zuständig ist, die für die Führung des Grundbuchs zuständige Person, regelmäßig unter Angabe des Wortlauts, verfügen und der Urkundsbeamte der Geschäftsstelle veranlassen; sie ist von beiden zu unterschreiben, jedoch kann statt des Urkundsbeamten ein von der Leitung des Amtsgerichts ermächtigter Justizangestellter unterschreiben. In den Fällen des § 12c Abs. 2 Nr. 2 bis 4 haben der Urkundsbeamte der Geschäftsstelle und zusätzlich entweder ein zweiter Beamter der Geschäftsstelle oder ein von der Leitung des Amtsgerichts ermächtigter Justizangestellter die Eintragung zu unterschreiben.**

(2) **Soweit nicht gesetzlich etwas anderes bestimmt ist und der Umfang der Belastung aus dem Grundbuch erkennbar bleibt, soll bei der Eintragung eines Rechts, mit dem ein Grundstück belastet wird, auf die Eintragungsbewilligung Bezug genommen werden. Hierbei sollen in der Bezugnahme der Name des Notars, der Notarin oder die Bezeichnung des Notariats und jeweils die Nummer der Urkundenrolle, bei Eintragungen auf Grund eines Ersuchens (§ 38) die Bezeichnung der ersuchenden Stelle und deren Aktenzeichen angegeben werden.**

(3) **Bei der Umschreibung eines Grundbuchblatts, der Neufassung eines Teils eines Grundbuchblatts und in sonstigen Fällen der Übernahme von Eintragungen auf ein anderes, be-**

reits angelegtes oder neu anzulegendes Grundbuchblatt soll, sofern hierdurch der Inhalt der Eintragung nicht verändert wird, die Bezugnahme auf die Eintragungsbewilligung oder andere Unterlagen bis zu dem Umfange nachgeholt oder erweitert werden, wie sie nach Absatz 2 zulässig wäre. Sofern hierdurch der Inhalt der Eintragung nicht verändert wird, kann auch von dem ursprünglichen Text der Eintragung abgewichen werden.

Inhaltsübersicht

1. Allgemeines ... 1
2. Eintragungsverfügung ... 4
3. Inhalt der Eintragungsverfügung ... 6
4. Eintragung ... 11
5. Bezugnahme bei Grundstücksbelastungen ... 16
6. Bezugnahme bei der Vormerkung ... 21
7. Bezugnahme bei der Hypothek ... 22
8. Bezugnahme beim Wohnungseigentum ... 31
9. Bezugnahme beim Erbbaurecht ... 32
10. Sonstige Fälle der Bezugnahme ... 33
11. Umfang der Bezugnahme ... 37
12. Nachholung der Bezugnahme ... 42
13. Unzulässige Bezugnahme ... 45
14. Inhalt der Eintragung ... 46
15. Angabe des Eintragungsgrundes ... 56
16. Ort der Eintragung ... 57
17. Angabe des Eintragungstags ... 58
18. Unterschrift der zuständigen Personen ... 62
19. Änderung der Eintragung ... 69

1 **1. Allgemeines.** § 44 enthält Vorschriften über den Inhalt der Eintragungen. Die Bestimmung wurde durch das RegVBG v. 20. 12. 1993 (BGBl. I 2182) wesentlich erweitert und neu gefasst. Sie ist in der Neufassung nur auf die am 25. 12. 1993 noch nicht im GB vollzogenen Eintragungen, Umschreibungen oder Neufassungen anzuwenden (Art. 19 Abs. 1 RegVBG). Die Vorschrift gilt im Übrigen trotz ihrer Stellung im 2. Abschnitt der GBO für alle Eintragungen, also auch für solche rein tatsächlicher Art (s. § 12c Abs. 2 Nr. 2, 4), sowie für Schließungs-, Umschreibungs- und Neufassungsvermerke (s. § 30 Abs. 1 Buchst. h, § 33 Abs. 2d, § 36 Buchst. b GBV sowie Muster Anl. 1 und 2). Für das maschinell geführte GB ist § 44 nur mit Einschränkungen anzuwenden (s. dazu § 130). Zur Wirksamkeit von GBEintragungen im Gebiet der früheren DDR in der Zeit vor dem 19. 10. 1994, die Abs. 1 nicht entsprechen, s. § 144 Abs. 1 Nr. 1 Satz 4 und 5.

a) Tagesangabe. Sie ist wesentlich, weil sie gemäß § 879 Abs. 1 Satz 2 BGB über das Rangverhältnis der Rechte entscheidet, die in verschiedenen Abteilungen eingetragen sind; ihr Fehlen macht die Eintragung jedoch nicht unwirksam. S. hierzu Rn. 58 bis 61.

b) Unterschrift. Mit ihr übernehmen die zuständigen Personen die Verantwortung dafür, dass die Eintragung mit der EintrVerfügung übereinstimmt. Das soll sie veranlassen, die Richtigkeit der Eintragung zu überprüfen. S. hierzu Rn. 62 bis 68. 2

c) Bezugnahme. Der Inhalt der Eintragung im GB ist für Entstehung und Umfang eines Rechts von entscheidender Bedeutung (vgl. § 873 Abs. 1 BGB); an die Eintragung knüpft auch der öffentliche Glaube des GB an (§§ 891 bis 893 BGB). Verschiedentlich erlaubt es das Gesetz oder schreibt es vor, im EintrVermerk auf die EintrBewilligung oder sonstige EintrUnterlagen Bezug zu nehmen. Dadurch soll insbes. der EintrAufwand vermindert und die Übersichtlichkeit des GB erhöht werden. S. hierzu Rn. 15 bis 45. 3

2. Eintragungsverfügung. a) Die EintrVerfügung ist grundsätzlich stets notwendig (§ 44 Abs. 1 Satz 2; s. auch §§ 24 bis 26 GeschO, § 26 BayGBGA) und enthält die Anordnung zur Eintragung in das GB und zur weiteren Erledigung. Sie ist aber nur ein interner Vorgang, daher weder den Beteiligten bekanntzumachen noch mit Rechtsmitteln anfechtbar (s. § 71 Rn. 20); letzteres auch dann nicht, wenn das GBAmt die EintrVerfügung zu dem Zweck bekanntgemacht hat, dass die Beteiligten vor der Eintragung Beschwerde einlegen (zum sog. Vorbescheid s. § 71 Rn. 18); auch im Amtsverfahren, z. B. Anlegungsverfahren, gilt keine Ausnahme (JFG 12, 270; OLG Karlsruhe Rpfleger 1993, 192; a. M. für den Fall der Ankündigung, eine Eintragung als inhaltlich unzulässig zu löschen, OLG Saarbrücken OLGZ 1972, 129). Zuständig ist der Rpfleger, bei einigen Eintragungen einfacher Art der Urkundsbeamte der Geschäftsstelle (§ 12 c Abs. 2 Nr. 2 bis 4). 4

b) Beim **maschinell geführten GB** ist eine EintrVerfügung nicht erforderlich, wenn die Eintragung von der für die Führung des GB zuständigen Person unmittelbar veranlasst wird (§ 130 Satz 1 Halbsatz 2 GBO; § 74 Abs. 1 Satz 1, 2 GBV); in diesem Fall ist die Eintragung von dieser Person auf ihre Richtigkeit und Vollständigkeit zu überprüfen (§ 74 Abs. 2 GBV); außerdem ist in geeigneter Weise der Veranlasser der Eintragung aktenkundig oder sonst feststellbar zu machen (§ 130 Satz 2 GBO). Die Landesregierung oder die von ihr ermächtigte Justizverwaltung kann jedoch anordnen, dass auch beim maschinell geführten GB die Eintragungen vom Urkundsbeamten der Geschäftsstelle auf Grund einer Verfügung des Rpflegers vorgenommen werden (§ 74 Abs. 1 Satz 3 GBV). 5

6 **3. Inhalt der EintrVerfügung. a)** Die Eintragung soll regelmäßig unter Angabe ihres Wortlauts verfügt werden. Wer über den EintrAntrag entscheidet, soll damit auch die Verantwortung für den Wortlaut der Eintragung übernehmen (Hesse DJust. 1935, 1294). Eine Eintragung kann auch in der Weise verfügt werden, dass der EintrVermerk in das Handblatt geschrieben und in der EintrVerfügung auf dieses verwiesen wird. Die Angabe des vollen Wortlauts der Eintragung in der EintrVerfügung ist nicht zwingend vorgeschrieben, wenn auch immer zweckmäßig. Bei Eintragungen einfacher Art, deren Wortlaut in der Praxis kaum Abweichungen begegnet, z. B. Zwangsversteigerungsvermerken, genügt es, in der EintrVerfügung die Eintragung ohne Angabe des Wortlauts anzuordnen. Doch sollte diese Art der Verfügung, die leicht zu einer Fehlerquelle werden kann, die Ausnahme bleiben (Saage JW 1935, 2774).

7 **b)** Im Übrigen muss die EintrVerfügung enthalten:

- Genaue Bezeichnung der Stelle der Eintragung, also GBBlatt, Bestandsverzeichnis oder Abteilung, Spalten und lfd. Nummer.

8 • Anordnungen über die Erteilung oder Behandlung von Briefen. Die Art eines zu erteilenden Briefs, z. B. Gesamtbrief, gemeinschaftlicher Brief oder Teilbrief (§§ 59, 66, 61), ist anzugeben; ebenso ist die etwa zu verbindende Schuldurkunde (§ 58) zu bezeichnen. Wichtig ist die Bezeichnung der Personen, denen die Briefe oder abgetrennte Schuldurkunden auszuhändigen sind. Im Übrigen hat der Urkundsbeamte den Wortlaut des Briefs und der Vermerke zu entwerfen und dem Rpfleger den Entwurf zur Mitzeichnung vorzulegen.

9 • Anordnungen über etwaige Rückgabe von Urkunden, Anfertigung beglaubigter Abschriften (§ 10 Abs. 1 Satz 2) oder Verweisung auf andere Akten (§ 10 Abs. 2).

10 • Angabe, wem die Eintragung bekanntzumachen ist (§ 55). Namentliche Angabe ist zur Vermeidung von Unklarheiten zweckmäßig.

- Ratsam ist es, auf die Berichtigung des Wohnungsblatts hinzuweisen (vgl. für *Bayern* § 21 Abs. 5 AktO v. 13. 12. 1983, JMBl. 1984, 13). Dessen Anlegung ist immer zweckmäßig, schon im Hinblick auf eine etwaige Zwangsversteigerung oder Zwangsverwaltung (s. § 19 Abs. 2 ZVG).

11 **4. Eintragung.** Zur Rechtsnatur der GBEintragung s. § 1 Rn. 29.

a) Stelle. Sie ist für die einzelnen Eintragungen verschieden. Allgemein lässt sich nur sagen, dass jedes selbständige Recht im GB unter einer besonderen Nummer einzutragen ist (KGJ 33, 247; BayObLG 1984, 256 = Rpfleger 1985, 55). Für den öffentlichen Glauben des GB ist es ohne Bedeutung, ob das Recht an der richtigen Stelle eingetragen ist (s. Anh. zu § 13 Rn. 10). Eine **zusammenfassende Eintragung** mehrerer selbständiger Rechte unter einer oder mehreren Nummern (sog. Sammelbuchung) ist ordnungswidrig und daher zu unterlassen (a. M. KEHE Rn. 12–15); die Zusammenfassung macht die Eintragung aber weder unwirksam noch inhaltlich unzulässig (BayObLG 1953, 64); s. aber auch BayObLG 1957, 327 = Rpfleger 1958, 88; vgl. ferner Jestaedt Rpfleger 1970, 380 (zugleich zu LG Fulda und OLG Frankfurt Rpfleger 1970, 396 ff.). Zusammenfassende Eintragungen sind zugelassen beim Altenteil (§ 49) sowie bei der Hyp. für Teilschuldverschreibungen (§ 50). Zulässig ist die Eintragung eines Rechts, das für A auflösend, für B durch dasselbe Ereignis aufschiebend bedingt ist (sog. Sukzessivberechtigung; s. RG 76, 90; KG JW 1932, 2445; LG Traunstein MittBayNot 1978, 61; zur Abgrenzung von der Alternativberechtigung s. BayObLG 1984, 256 = Rpfleger 1985, 55; s. hierzu auch Streuer, Sukzessivberechtigung bei dinglichen Rechten und Vormerkungen, Rpfleger 1994, 397). Etwas anderes gilt bei der Alternativberechtigung; bei dieser sind zwei selbständige Rechte einzutragen (s. Anh. zu § 44 Rn. 31). Zur Vormerkung s. in diesem Zusammenhang Anh. zu § 44 Rn. 108.

b) Form und Fassung. aa) Die Eintragung ist **deutlich** und ohne Abkürzung zu schreiben; es darf nicht radiert werden; Durchstreichungen sind nur in der Weise erlaubt, dass das Geschriebene leserlich bleibt (§ 21 Abs. 1 GBV). Für Eintragungen, die mit gleich lautendem Text in einer größeren Zahl von GB-Blättern vorzunehmen sind, kann die Verwendung eines Stempels gestattet werden (§ 21 Abs. 2 GBV). S. ferner § 27 GeschO, §§ 27 bis 29 BayGBGA. 12

bb) Die Eintragung ist **knapp und klar** zu fassen, so dass sie auch Laien verständlich ist (BayObLG HRR 1935 Nr. 128). Das Vorhandensein der erforderlichen Klarheit ist besonders im Hinblick auf die Möglichkeit der Zwangsvollstreckung zu prüfen (RG 126, 278). An Vorschläge für die Fassung der Eintragung ist das GBAmt nicht gebunden; es hat das mit dem EintrAntrag Gewollte von sich aus in dem EintrVermerk klar zum Ausdruck zu bringen. Einer vom Antragsteller vorgeschlagenen Fassung der Eintragung braucht es auch dann nicht zu entsprechen, wenn diese weder ungesetzlich ist noch die Übersichtlichkeit des GB gefährdet. Diese Grundsätze gelten auch bei einem Ersuchen gemäß § 38. Näheres zum Ganzen s. § 13 Rn. 4. 13

14 cc) **Überflüssige,** d.h. unerhebliche oder unnötige Vermerke haben zu unterbleiben (RG 119, 213; JFG 8, 296); sie überlasten das GB und gefährden die Übersichtlichkeit. Nur bei zweifelhafter Rechtslage ist ein kurzer klärender Zusatz, wenn auch objektiv überflüssig, gestattet (RG 132, 112; BayObLG 1952, 145). Ihrem Inhalt nach unzulässig wird eine Eintragung durch überflüssige Vermerke nicht (s. § 53 Rn. 43). Bei unklarer Fassung ist auch ein nachträglicher Klarstellungsvermerk zulässig (s. § 53 Rn. 7); über die Auslegung von Eintragungen s. § 53 Rn. 4.

15 **c) Bezugnahme.** aa) An sich müssten alle eintragungsfähigen und eintragungsbedürftigen Bestimmungen in den EintrVermerk selbst aufgenommen werden. Um eine Überfüllung des GB zu vermeiden, gestattet das Gesetz in gewissen Grenzen eine Bezugnahme, insbes. auf die EintrBewilligung (s. Rn. 16ff.; ferner § 19 Rn. 34), aber auch in sonstigen Fällen (s. Rn. 33 bis 36). Das zulässigerweise in Bezug Genommene ist als im GB eingetragen anzusehen (RG 113, 229; BGH 21, 41; BayObLG 1981, 119; 1986, 516 = Rpfleger 1987, 101). Es bildet mit dem EintrVermerk eine Einheit, die nur einheitlich gelesen und gewürdigt werden kann (OLG Düsseldorf NJW-RR 1987, 1102).

bb) Stehen der EintrVermerk und eine dort in zulässiger Weise in Bezug genommene Urkunde, insbes. die EintrBewilligung, in einem auch durch Auslegung nicht aufzulösenden **Widerspruch** zueinander, so liegt eine inhaltlich unzulässige GBEintragung vor, die nicht Grundlage eines gutgläubigen Erwerbs sein kann (vgl. BayObLG 1986, 516 = Rpfleger 1987, 101; a.M. Reuter MittBayNot 1994, 115: maßgebend ist der EintrVermerk). Das BayObLG 1998, 39 = Rpfleger 1998, 242 hat eine inhaltliche Unzulässigkeit angenommen bei Bezeichnung eines Sondereigentums im EintrVermerk als „Wohnung“ und in der in Bezug genommenen EintrBewilligung als „Hobbyraum“.

cc) Der Umfang einer Bezugnahme ist nach § 133 BGB zu ermitteln (JFG 1, 285). Maßgebend ist die bei den Grundakten befindliche Urkunde (JFG 15, 86; s. auch § 10 Rn. 22). Zu einem einschränkenden Zusatz bei der Bezugnahme s. § 19 Rn. 34. Zu einem klarstellenden Zusatz und zum Umfang der Bezugnahme s. Rn. 37.

16 **5. Bezugnahme bei Grundstücksbelastungen.** Gem. § 874 BGB kann bei der Eintragung eines Rechts, mit dem ein Grundstück belastet wird, zur näheren Bezeichnung des Inhalts des Rechts grundsätzlich auf die EintrBewilligung Bezug genommen werden. Das Gleiche gilt bei der Eintragung einer Inhaltsänderung des Rechts (§ 877 BGB).

a) Wesentlicher Inhalt. aa) Die allgemeine rechtliche Natur und die besondere Art des Rechts müssen im EintrVermerk selbst gekennzeichnet werden, weil die Bezugnahme nur zur näheren Bezeichnung des Inhalts des Rechts gestattet ist (RG 89, 159; KGJ 49, 169; vgl. jedoch die Ausnahme des § 49). Die juristische Bezeichnung des Rechts genügt, wenn sie bereits eine hinreichende Vorstellung seines Inhalts vermittelt (Jansen DNotZ 1954, 209), also z.B. beim Nießbrauch (KGJ 26, 273), Vorkaufsrecht (OLG Hamm Rpfleger 1960, 154; OLG Frankfurt NJW-RR 1997, 1447) oder Erbbaurecht (s. hierzu auch BayObLG Rpfleger 1986, 296). Bei anderen Rechten, z.B. Grunddienstbarkeiten, beschränkten persönlichen Dienstbarkeiten oder Reallasten, ist die wenigstens schlagwortartige Kennzeichnung ihres wesentlichen Inhalts, etwa als Wegerecht, Wohnrecht, Baubeschränkung (OLG Hamm FGPrax 1996, 171), Mitbenutzungsrecht (OLG Zweibrücken FGPrax 1998, 6) oder Rentenrecht, im EintrVermerk erforderlich (KG JW 1936, 3477; BGH 35, 382; NJW 1965, 2398; BayObLG Rpfleger 1986, 296; 1995, 13; DNotZ 1990, 175; OLG Zweibrücken FGPrax 1997, 133; OLG Hamm ZfIR 1998, 52). Andernfalls ist die Eintragung inhaltlich unzulässig (s. § 53 Rn. 45). Zur Ergänzung der Eintragung in diesem Fall s. § 53 Rn. 59. 17

bb) An die **schlagwortartige Bezeichnung** im GB selbst dürfen keine übertriebenen Anforderungen gestellt werden; Verkürzungen oder Ungenauigkeiten lassen sich vielfach nicht vermeiden (BayObLG Rpfleger 1989, 230; DNotZ 1990, 175); zu eng OLG Nurnberg Rpfleger 2000, 325. Die notwendige Kennzeichnung des Rechts im EintrVermerk kann sich auch aus der dort enthaltenen Bezeichnung des Berechtigten ergeben (BayObLG Rpfleger 1981, 479); s. zu dem EintrVermerk „Benützungsrecht für die Deutsche Reichsbahn-Gesellschaft“ BayObLG Rpfleger 1986, 296. Nicht ausreichend ist jedoch die bloße Kennzeichnung als „Benützungsrecht und Benützungsbeschränkung“ im EintrVermerk und die Bezugnahme im Übrigen auf die EintrBewilligung; eine solche Eintragung ist inhaltlich unzulässig (OLG Köln Rpfleger 1980, 467; BayObLG 1990, 35 = MittBayNot 1990, 173; BayObLG Rpfleger 1995, 13, zugleich zum Schutz des Vertrauens auf die Rechtsgültigkeit einer lange Zeit unbeanstandeten GBEintragung). Ob eine inhaltlich unzulässige Eintragung vorliegt, beurteilt sich nach dem Recht und der Verkehrsauffassung im Zeitpunkt der Eintragung (s. § 53 Rn. 50). Das OLG Hamm NJW-RR 1995, 914 hält die Bezeichnung einer im Jahr 1978 als „Verfügungs- und Benutzungsbeschränkung“ eingetragenen Grunddienstbarkeit nach damaliger Rechtsansicht für ausreichend bestimmt. Zur Kennzeichnung 18 einer Dienstbarkeit als „altrechtliches Stockwerks-Benutzungsrecht" s. BayObLG 1995, 413.

19 **b) Sonstiger Inhalt.** Der Inhalt im Übrigen, z.B. die Zulässigkeit der Überlassung der Ausübung einer beschränkten persönlichen Dienstbarkeit (JFG 15, 31), eine Bedingung für die Ausübung einer Grunddienstbarkeit (OLG Karlsruhe DNotZ 1968, 433; s. demgegenüber aber OLG Frankfurt Rpfleger 1974, 430) oder die gemäß § 399 BGB vereinbarte Nichtabtretbarkeit eines Grundpfandrechts (OLG Hamm Rpfleger 1968, 283), kann durch Bezugnahme bezeichnet werden; diese genügt auch zur Eintragung des mit einer Tankstellendienstbarkeit verbundenen Wettbewerbsverbots, d.h. ihrer „Ausschließlichkeit" (BayObLG 1958, 323 = Rpfleger 1959, 22; KG Rpfleger 1959, 20; OLG Stuttgart Rpfleger 1959, 24; OLG Hamm Rpfleger 1961, 238; BGH 35, 382); ist der Inhalt einer beschränkten persönlichen Dienstbarkeit das Verbot, eine Tankstelle zu errichten oder zu betreiben sowie Motorenbetriebsstoffe und Mineralölerzeugnisse zu lagern, zu verkaufen oder zu vertreiben, so reicht es zu ihrer wirksamen Eintragung aus, wenn sie im EintrVermerk selbst als „Tankstellenbetriebsverbot" bezeichnet und im Übrigen auf die EintrBewilligung Bezug genommen ist (BayObLG 1973, 184 = Rpfleger 1973, 298); eine als „Hochspannungsleitungsrecht" unter Bezugnahme auf die EintrBewilligung eingetragene beschränkte persönliche Dienstbarkeit deckt auch das bestellte Recht zur Errichtung von Masten, s. BayObLG 1981, 117 = Rpfleger 1981, 295. Über eine Besonderheit bei der Eintragung von Altenteilen s. § 49. Haben Miteigentümer nach § 1010 BGB eine Verwaltungs- und Benutzungsregelung getroffen, so genügt es, wenn im EintrVermerk die „Regelung der Verwaltung und Benutzung" zum Ausdruck kommt und im Übrigen auf die EintrBewilligung Bezug genommen wird (BayObLG 1973, 87 = Rpfleger 1973, 246).

20 **c) Kein Inhalt des Rechts.** aa) Bedingungen und Befristungen gehören nicht zum Inhalt eines Rechts im Sinn des § 874 BGB, müssen daher im EintrVermerk selbst zum Ausdruck gebracht werden (KGJ 49, 169; JFG 13, 76; KG DNotZ 1956, 556; OLG Köln DNotZ 1963, 48; BayObLG Rpfleger 1967, 11; BayObLG 1973, 24; OLG Düsseldorf OLGZ 1983, 352); nur hinsichtlich der näheren Kennzeichnung der Bedingung oder Befristung ist eine Bezugnahme zulässig (KG DNotZ 1956, 556; OLG Köln DNotZ 1963, 48); diese Auffassung liegt auch § 56 Abs. 2 GBV zugrunde. Änderungen einer Bedingung oder Befristung sind jedoch wie eine Inhaltsänderung des Rechts im Sinn des § 877 BGB zu behandeln (s. JFG 13, 77; BayObLG 1959, 527). Zu dem Fall, dass Einigung

und Eintragung bezüglich einer Bedingung oder Befristung nicht übereinstimmen, s. § 22 Rn. 7.

bb) Auch der Belastungsgegenstand gehört nicht zum Inhalt des Rechts (BGH Rpfleger 1998, 104). Daher wird der gutgläubige Erwerb eines Rechts nicht dadurch ausgeschlossen, dass in der im EintrVermerk in Bezug genommenen EintrBewilligung als Belastungsgegenstand ein anderes Grundstück genannt ist als das belastete (BayObLG 1986, 517 = Rpfleger 1987, 101).

6. Bezugnahme bei der Vormerkung. Gem. § 885 BGB kann 21
bei der Eintragung einer Vormerkung zur näheren Bezeichnung des zu sichernden Anspruchs auf die einstweilige Verfügung oder die EintrBewilligung Bezug genommen werden. Im Fall der Eintragung einer Vormerkung sind der Berechtigte, der Schuldner und der Leistungsgegenstand anzugeben; die Angabe des Schuldgrunds ist regelmäßig nicht erforderlich (RG 133, 267; JFG 9, 205; KG Rpfleger 1969, 49; 1972, 94), aber dann geboten, wenn begründete Zweifel darüber bestehen, welcher von mehreren in Betracht kommenden inhaltsgleichen Ansprüchen gesichert werden soll (RG 133, 270; BGH NJW 1952, 62). Der Berechtigte und der Leistungsgegenstand müssen im GB selbst eingetragen werden; im Übrigen ist Bezugnahme statthaft, und zwar auch bei einer Löschungsvormerkung nach § 1179 BGB (BayObLG 1956, 201 = DNotZ 1956, 547); zur Unzulässigkeit einer Bezugnahme hinsichtlich des Belastungsgegenstands s. BGH Rpfleger 1998, 104. Für eine nach dem vorstehend Gesagten notwendige Angabe des Schuldgrunds reicht es aus, wenn die in Bezug genommene EintrBewilligung ihrerseits auf eine Vertragsurkunde Bezug nimmt, aus der sich der zu sichernde Anspruch ergeben soll; die Vorlegung dieser Urkunde kann nicht gefordert werden (KG Rpfleger 1969, 49; 1972, 94; s. demgegenüber aber für Auflassungsvormerkungen Ertl Rpfleger 1979, 361). S. zum Ganzen auch Jansen DNotZ 1953, 382.

7. Bezugnahme bei der Hypothek. Gem. § 1115 Abs. 1 BGB 22
kann bei der Eintragung einer Hyp. zur Bezeichnung der Forderung auf die EintrBewilligung genommen werden. Gläubiger, Geldbetrag der Forderung, Zinssatz und Geldbetrag sonstiger Nebenleistungen sowie die Unterwerfungsklausel müssen in den EintrVermerk selbst aufgenommen werden. Zur Eintragung eines nicht eingetragenen Vereins als Gläubiger, ferner einer Wohnungseigentümergemeinschaft, auch wenn der Verwalter als Prozessstandschafter auftritt, einer noch nicht eingetragenen GmbH oder KG, einer BGB-Gesellschaft, des Gemeinschuldners im Konkurs sowie der Erben bei Nachlasspflegschaft und Testamentsvollstreckung s. Rn. 47, 48, 50.

Der gutgläubige Erwerb einer Hyp. wird nicht dadurch ausgeschlossen, dass im GBEintrag eine andere Person als Gläubiger genannt ist als in der in Bezug genommenen EintrBewilligung (RG DNotV 1932, 721).

23 **a) Zinssatz.** Der Begriff „Zinssatz“ umfasst auch den Zeitraum, für den der Zins geschuldet wird; bei Jahreszinsen erachten OLG Zweibrücken MittBayNot 1976, 139; OLG Saarbrücken Rpfleger 1979, 305; OLG Frankfurt Rpfleger 1980, 18 den Zusatz „jährlich“ im EintrVermerk allerdings deshalb für nicht unbedingt geboten, weil nach der Verkehrsanschauung ein Zinssatz ohne weitere Angaben allgemein als Jahreszinsatz verstanden werde (s. dazu kritisch Oesterreich MDR 1979, 13); vgl. zum Ganzen ferner Meyer-Stolte Rpfleger 1975, 120, der wegen des Berechnungszeitraums des Zinses die Bezugnahme auf die EintrBewilligung für zulässig hält.

24 **b) Nebenleistungen.** aa) Unter den außer den Zinsen zu entrichtenden Nebenleistungen sind Geldleistungen zu verstehen, die nach dem Willen der Beteiligten nicht Hauptleistung sein sollen und zu der Hypothek, bei der sie eingetragen werden sollen, in einem Abhängigkeitsverhältnis stehen (KG JW 1937, 2973; OLG Schleswig SchlHA 1968, 260; OLG Stuttgart Rpfleger 1986, 466). Nebenleistungen sind z.B. im Weg der Tilgungsstreckung zu erstattende Geldbeschaffungskosten (LG Düsseldorf Rpfleger 1963, 50), Verwaltungskostenbeiträge (OLG Neustadt NJW 1961, 2260), Strafzinsen wegen unpünktlicher Kapital- oder Zinszahlung (KGJ 49, 213; s. dazu unter dem Blickpunkt des AGB-Gesetzes, BayObLG Rpfleger 1981, 297), Zinseszinsen (JFG 1, 464), Entschädigung wegen vorzeitiger Kapitalrückzahlung (JFG 9, 272; eine solche konnte im Hinblick auf § 247 BGB, seit 1. 1. 1987 ersetzt durch § 609a BGB, nur beschränkt vereinbart werden, s. BGH 79, 163 = Rpfleger 1981, 226; vgl. dazu unter dem Blickpunkt des AGB-Gesetzes auch BayObLG Rpfleger 1981, 396), Erstattung verauslagter Versicherungsprämien (KG JW 1937, 2973), nicht unter § 1118 BGB fallende Kosten (JFG 1, 464).

25 bb) Nach OLG Stuttgart Rpfleger 1986, 466 bedarf es für die EintrFähigkeit einer auf Zahlung gerichteten Nebenleistung nicht deren näheren Bestimmung der Art nach. Die Nebenleistungen brauchen nicht in einem bestimmten Geldbetrag ausgedrückt zu werden; es genügt, wenn der EintrVermerk die Umstände angibt, aus denen sich der Umfang der Belastung berechnen lässt (JFG 1, 464; OLG Neustadt DNotZ 1961, 666; BGH 47, 41 = Rpfleger 1967, 111; OLG Frankfurt Rpfleger 1978, 409); bestimmt sich die Nebenleistung nach einem Prozentsatz des ursprünglichen Darle-

henskapitals, so muss der EintrVermerk nicht zum Ausdruck bringen, dass für die Berechnung der Nebenleistung das Ursprungskapital maßgebend ist (BGH 47, 41 = Rpfleger 1967, 111). Bei befristeten Nebenleistungen ist neben deren Höhe nach überwiegender Meinung auch der Befristungszeitraum in den EintrVermerk selbst aufzunehmen (BGH 47, 41 = Rpfleger 1967, 111; OLG Karlsruhe Rpfleger 1968, 352; OLG Zweibrücken Rpfleger 1968, 290; s. dazu aber auch BayObLG Rpfleger 1974, 189 mit Anm. v. Haegele).

cc) Wegen der Zulässigkeit der Zusammenfassung von Zinsen 26
und Strafzinsen in einen Gesamthöchstzinssatz s. OLG Hamm Rpfleger 1971, 252. Zur Eintragung von Nebenleistungen im GB s. auch Haegele Rpfleger 1971, 237. Wegen der ausnahmsweisen Zulässigkeit einer Bezugnahme hinsichtlich der zu entrichtenden Nebenleistungen s. Rn. 34. Zur Rechtsnatur der Nebenleistungshyp. s. RG 136, 77; JFG 9, 272.

c) Unterwerfungsklausel. aa) Sie muss eingetragen werden 27
(§ 800 Abs. 1 Satz 2 ZPO); zur näheren Bezeichnung des Inhalts und Gegenstands der Unterwerfung ist aber auch hier die Bezugnahme zulässig (KG RJA 5, 270). Nur die Klausel, nicht auch die HypBestellung muss in der Form des § 794 Abs. 1 Nr. 5 ZPO beurkundet sein (BGH 73, 156 gegen OLG München HRR 1941 Nr. 268 und BayObLG 1973, 216). Die Unterwerfung gehört nicht zum Inhalt des Grundpfandrechts; sie ist vielmehr ein selbständiges prozessuales Nebenrecht, das weder an der Bestandsvermutung noch am öffentlichen Glauben des GB teilnimmt (BGH 108, 376 = Rpfleger 1990, 16; BayObLG Rpfleger 1992, 196). Die Unterwerfungserklärung ist eine einseitige prozessuale Willenserklärung (OLG Düsseldorf Rpfleger 1988, 357; BGH 108, 375 = Rpfleger 1990, 16), die nach objektiven Kriterien und ohne Berücksichtigung außerhalb der Urkunde liegender Umstände auslegungsfähig ist (BayObLG Rpfleger 1992, 196; OLG Hamm DNotZ 1992, 663). Sie ist nichtig, wenn sie im Bauträgervertrag enthalten ist und den Notar ermächtigt, die Vollstreckungsklausel ohne Nachweis der Kaufpreisfälligkeit zu erteilen (BGH NJW 1999, 51).

bb) Abgeben kann die Unterwerfungserklärung **nur der Grund-** 28
stückseigentümer; es genügt aber, dass der Erklärende im Zeitpunkt der Eintragung der Klausel Eigentümer ist. Die Unterwerfungserklärung des Grundstückskäufers, der ein Grundpfandrecht bestellt, ist daher wirksam, wenn er spätestens gleichzeitig mit der Eintragung des Unterwerfungsvermerks im GB als Eigentümer eingetragen wird (BayObLG DNotZ 1987, 216; vgl. OLG Saarbrücken DNotZ 1977, 624; KG NJW-RR 1987, 1229; BGH 108,

376 = Rpfleger 1990, 16). Im Übrigen kann die Erklärung von einem Vertreter (BayObLG Rpfleger 1992, 99), auch von einem solchen ohne Vertretungsmacht (RG 146, 308) abgegeben werden (s. hierzu Stöber, Vollstreckungsunterwerfung durch einen Bevollmächtigten, Rpfleger 1994, 393). Auch ein Nichtberechtigter kann sie abgeben; § 185 BGB ist entsprechend anzuwenden (OLG Köln Rpfleger 1980, 222; 1991, 13 hinsichtlich § 185 Abs. 1 BGB; BGH 108, 375 = Rpfleger 1990, 16 hinsichtlich § 185 Abs. 2 BGB; a. M. BayObLG 1970, 254, s. aber auch BayObLG Rpfleger 1992, 99; KG NJW-RR 1987, 1229). Eine Beleihungsvollmacht erstreckt sich nicht ohne weiteres auch auf die Abgabe einer Unterwerfungserklärung (OLG Düsseldorf Rpfleger 1988, 357 mit abl. Anm. v. Linderhaus Rpfleger 1988, 474). Zur Auslegung einer Vollmacht zur Abgabe einer Unterwerfungserklärung s. auch OLG Düsseldorf Rpfleger 1989, 499 und MittRhNotK 1992, 268. Eine seitens des Eigentümers abgegebene Unterwerfungserklärung kann nach der Eröffnung des Insolvenzverfahrens über sein Vermögen nicht mehr eingetragen werden (KG HRR 1931 Nr. 1705).

29 cc) Bei jeder rechtsgeschäftlichen **Erweiterung des Umfangs** des Rechts, z. B. einer Zinserhöhung (KGJ 45, 261) oder der Umwandlung einer Hyp. in eine Grundschuld (OLG Hamm Rpfleger 1987, 297 gegen LG Düsseldorf DNotZ 1962, 97 und LG Bonn Rpfleger 1998, 34), sowie bei jeder verschärfenden Änderung der Fälligkeitsbestimmungen ist die Unterwerfung zu wiederholen und die Klausel erneut einzutragen (KGJ 52, 190; KG DNotZ 1954, 199; LG Essen DNotZ 1957, 670 mit Anm. v. Saage). Die bei der Bestellung einer Hyp. erklärte Unterwerfung erstreckt sich nicht auf die durch Tilgung des gesicherten Darlehens entstehende Eigentümergrundschuld und die bei deren Abtretung entstehende Fremdgrundschuld; es bedarf einer erneuten Unterwerfung (OLG Hamm Rpfleger 1987, 297 mit zust. Anm. v. Knees). Sollen für eine Hyp. mit Unterwerfungsklausel nachträglich weitere auf demselben GB-Blatt vorgetragene Grundstücke mithaften und gilt auch für diese die Unterwerfungsklausel, so wird dies durch die Mithafteintragung in der Veränderungsspalte auch ohne ausdrückliche Erwähnung der Unterwerfung verlautbart (s. hierzu § 48 Rn. 19). Zum notwendigen Inhalt einer Unterwerfungserklärung, insbes. hinsichtlich der Angabe des Zinsbeginns, bei Nachverpfändung eines Grundstücks, s. LG Aachen Rpfleger 1991, 15. Zur Unterwerfungsklausel bei Gesamtrechten s. auch § 48 Rn. 10.

30 dd) Auch ein **künftiger oder bedingter Zahlungsanspruch** kann Gegenstand der Unterwerfungserklärung sein (BGH 88, 65 = Rpfleger 1983, 408, zugleich zu dem Erfordernis der Bestimmtheit des Anspruchs). Ist in der notariellen Schuldurkunde ein bedingter mit einem unbedingten Zinsanspruch in einem sich daraus ergebenden Höchstzinssatz zusammengefasst, so ist die Erklärung, dass sich der Schuldner „bis zu" diesem Höchstzinssatz der sofortigen Zwangsvollstreckung unterwirft, wirksam und unter den Voraussetzungen des § 800 Abs. 1 ZPO eintragungsfähig (BGH 88, 62 = Rpfleger 1983, 408). Im Gebiet der früheren DDR ist bei einer Aufbauhyp. die nachträgliche Vollstreckungsunterwerfung zulässig (LG Dessau NotBZ 2000, 422). Zu dem Erfordernis der Bestimmtheit des zu vollstreckenden Anspruchs s. BGH 22, 58; OLG Stuttgart BWNotZ 1974, 38; LG Aachen MittRhNotK 1985, 38). Zur Unterwerfungsklausel bei einer Höchstbetragshyp. s. auch Anh. zu § 44 Rn. 52. Zur Zulässigkeit, zu den Voraussetzungen und zur Bedeutung der Unterwerfung nur hinsichtlich eines Teilbetrags s. BGH 108, 372 = Rpfleger 1990, 16 und § 61 Rn. 5.

8. Bezugnahme beim WEigentum. Gem. § 7 Abs. 3 WEG, 31
§ 3 Abs. 2 Halbsatz 1 WGV kann bei der Eintragung von Weigentum zur näheren Bezeichnung von Gegenstand und Inhalt des Sondereigentums auf die EintrBewilligung Bezug genommen werden. Zum Gegenstand und Inhalt des Sondereigentums s. Anh. zu § 3 Rn. 20, 24. Zum Umfang der Bezugnahme bei der Unterteilung von WEigentum s. BayObLG 1987, 394 = Rpfleger 1988, 103. Danach können gem. § 5 Abs. 4, § 8 Abs. 2, § 10 Abs. 2 WEG zum Inhalt des Sondereigentums gemachte Vereinbarungen, insbes. Sondernutzungsrechte, durch Bezugnahme auf die EintrBewilligung (Teilungserklärung) eingetragen werden. Gleichwohl kann eine schlagwortartige Bezeichnung solcher Vereinbarungen im GBEintrag im Rahmen der Bezugnahme zweckmäßig sein (OLG Hamm Rpfleger 1985, 109; OLG Köln Rpfleger 1985, 110; LG Köln Rpfleger 1992, 479); § 44 Abs. 2 steht dem nicht entgegen (s. Rn. 37). Der EintrVermerk kann etwa lauten: „Wegen des Inhalts des Sondereigentums, insbes. wegen der Sondernutzungsrechte an den oberirdischen Kfz-Stellplätzen, wird auf die Bewilligung vom … Bezug genommen." Eine Bezugnahme ist aber unzulässig bei Verfügungsbeschränkungen nach § 12 WEG (§ 3 Abs. 2 Halbsatz 2 WGV; s. Anh. zu § 3 Rn. 51). Entsprechendes gilt bei der Eintragung eines Dauerwohnrechts (s. dazu Anh. zu § 44 Rn. 124).

9. Bezugnahme beim Erbbaurecht. Gem. § 14 Abs. 1 Erb- 32
bauVO kann bei der Eintragung eines Erbbaurechts zur näheren Bezeichnung des Inhalts des Erbbaurechts auf die EintrBewilligung Bezug genommen werden. Ausgenommen sind jedoch Beschränkungen gemäß § 5 ErbbauVO (§ 56 Abs. 2 GBV; s. dazu Anh. zu

§ 8 Rn. 40). Im Übrigen gilt im Wesentlichen das zu § 874 BGB Gesagte (s. Rn. 16–20). S. aber auch Rn. 36.

33 **10. Sonstige Fälle der Bezugnahme. a)** Urkunden, auf welche eine EintrBewilligung zulässigerweise Bezug nimmt (s. § 19 Rn. 34), können im EintrVermerk ebenfalls in Bezug genommen werden. Zur Wirksamkeit einer ordnungswidrigen Bezugnahme auf eine nicht körperlich verbundene privatschriftliche Anlage der EintrBewilligung s. KG HRR 1931 Nr. 1459. Statthaft ist ferner die Bezugnahme auf Urkunden, welche die EintrBewilligung ersetzen (s. § 19 Rn. 8 bis 11), z. B. einstweilige Verfügungen und behördliche EintrErsuchen; dies aber nur in dem Rahmen, in dem auf die ersetzte Bewilligung Bezug genommen werden könnte. Wird bei der Eintragung einer Zwangshyp. auf den die EintrBewilligung ersetzenden Vollstreckungstitel Bezug genommen, dann wird der Vermerk gem. § 867 Abs. 1 Satz 1 Halbsatz 1 ZPO nicht Inhalt des EintrVermerks im GB (BayObLG Rpfleger 1986, 372).

34 **b)** Zulässig ist die Bezugnahme auf die öffentlich bekanntgemachte **Satzung einer Kreditanstalt** und zwar zur Bezeichnung der bei einer Hyp. außer den Zinsen satzungsgemäß zu entrichtenden Nebenleistungen (§ 1115 Abs. 2 BGB). In Bezug genommen werden kann nur die zurzeit der HypBestellung bestehende, nicht etwa die jeweilige Satzung (JFG 5, 344). Zum Begriff der Nebenleistungen s. Rn. 24.

35 **c)** Statthaft ist auch eine Bezugnahme auf einfache, geltende **Gesetzesbestimmungen** (JFG 5, 378), nicht aber auf Verwaltungsvorschriften, die nicht als allgemein bekannt vorausgesetzt werden können (KGJ 46, 223; 53, 207). Jedoch ist sparsamer Gebrauch anzuraten, da Laien nicht erkennen können, welche rechtlichen Folgen sich aus der Bezugnahme ergeben; Eintragungen wie „Vormerkung nach § 1179 BGB" und „Vollstreckbar nach § 800 ZPO" (s. dazu OLG Köln Rpfleger 1974, 150) können unter diesem Blickpunkt nicht befriedigen.

36 **d)** Über die Bezugnahme auf das Erbbaugrundbuch bei der Eintragung des Erbbaurechts auf dem Blatt des belasteten Grundstücks sowie bei dem auf diesem vorzunehmenden Vermerk der Eintragung eines neuen Erbbauberechtigten s. § 14 Abs. 2 und Abs. 3 Satz 2 und 3 ErbbauVO.

37 **11. Umfang der Bezugnahme. a)** Die Bezugnahme steht im Hinblick auf die Kann-Vorschriften des materiellen Rechts (vgl. §§ 874, 885 Abs. 2 § 1115 Abs. 1 BGB, § 7 Abs. 3 WEG, § 14 Abs. 1 ErbbauVO), soweit nicht ausnahmsweise vorgeschrieben (vgl. § 14 Abs. 2 ErbbauVO), grundsätzlich im **Ermessen des**

GBAmts. Dieses Ermessen wird jedoch durch die verfahrensrechtliche Vorschrift des § 44 Abs. 2 eingeschränkt. Das GBAmt soll danach über den Wortlaut der Bestimmung hinaus nicht nur bei Eintragung einer Grundstücksbelastung (s. dazu Rn. 16ff.), sondern bei jeder Eintragung, bei der eine Bezugnahme zulässig ist (s. dazu Rn. 21 bis 32), im gesetzlich zulässigen Umfang auf die EintrBewilligung Bezug nehmen; die Vorschrift ist dahin zu ergänzen, dass auch auf sonstige Unterlagen Bezug zu nehmen ist, auf die in zulässiger Weise Bezug genommen werden kann (s. dazu Rn. 33). § 44 Abs. 2 verbietet es jedoch nicht, dass der Rpfleger nach seinem Ermessen für erforderlich gehaltene klarstellende Zusätze in die Bezugnahme aufnimmt (s. dazu das Beispiel in Rn. 31). Die als Soll-Vorschrift ausgestaltete Bestimmung bindet zwar das GBAmt, führt aber bei einem Verstoß nicht zur Nichtigkeit der Eintragung. Auch kann dagegen mangels Rechtsschutzinteresses nicht mit der Beschwerde (s. dazu § 71 Rn. 46) vorgegangen werden (a.M. Bauer/v. Oefele Rn. 46). Denn durch die Ausschöpfung aller Bezugnahmemöglichkeiten soll EintrRaum eingespart und der Einsatz von Datenverarbeitungsanlagen erleichtert werden (s. zum Ganzen Demharter FGPrax 1999, 46).

b) Von einer Bezugnahme darf das GBAmt **nur absehen,** wenn das Gesetz dies verlangt oder der Inhalt der Eintragung, insbes. der Umfang der Belastung aus dem GB nicht mehr erkennbar wäre. Dies kann der Fall sein, wenn die EintrBewilligung in einer unübersichtlich gefassten Urkunde enthalten ist, die noch andere Rechtsgeschäfte verlautbart; mindestens ist dann eine genaue Bezeichnung des die EintrBewilligung enthaltenden Teils erforderlich (JFG 8, 235). Entbehrlich ist im Fall der Bezugnahme nicht die schlagwortartige Bezeichnung des Rechts im EintrVermerk (s. dazu Rn. 17). 38

c) Bei der Eintragung ist auf die EintrBewilligung Bezug zu nehmen; die in Bezug genommene Urkunde braucht aber nicht als EintrBewilligung bezeichnet zu sein. Enthält die EintrBewilligung nicht eintragungsfähige Bestimmungen (s. Anh. zu § 13 Rn. 14ff.), so sind diese von der Bezugnahme auszunehmen (s. dazu § 19 Rn. 34). Ein Abweichen vom EintrAntrag ist aber nur gestattet, wenn der Antragsteller mit teilweiser Eintragung und teilweiser Antragszurückweisung einverstanden ist; sonst ist auf Einschränkung des Antrags hinzuwirken und, falls diese nicht erfolgt, der Antrag im Ganzen zurückzuweisen (s. dazu § 16 Rn. 9). Enthält z.B. eine HypBestellungsurkunde Verpflichtungen des Grundstückseigentümers, die an sich persönlicher Natur sind, deren Nichterfüllung dem Gläubiger aber das Recht zur Kündigung gibt, so 39 dürfen diese Verpflichtungen bei der Eintragung der Hyp. nicht unmittelbar und unbeschränkt in Bezug genommen werden, vielmehr ist nur die Bezugnahme auf den die Kündigungsbedingungen enthaltenden Teil der EintrBewilligung zulässig (BGH 21, 34 = NJW 1956, 1196; s. auch BayObLG 1967, 54 = NJW 1967, 1373; OLG Frankfurt Rpfleger 1973, 23).

40 **d)** Handelt es sich bei der EintrBewilligung, wie in der Regel, um eine **notarielle Urkunde,** so sollen bei der Eintragung der Name des Notars oder die Bezeichnung des Notariats und die Nummer der Urkundenrolle sowie selbstverständlich das Datum der Urkunde angegeben werden. Bei Eintragungen auf Grund eines gerichtlichen oder behördlichen Ersuchens gem. § 38 sind das Gericht oder die Behörde, ihr Aktenzeichen und das Datum des Ersuchens anzugeben. Diese Angaben erleichtern das Auffinden der in Bezug genommenen EintrUnterlagen, aber auch ihre Aussonderung aus den Grundakten im Fall des § 10a Abs. 3.

41 **e)** Maßgebend ist die bei den Grundakten befindliche Abschrift der in Bezug genommenen Urkunde. Weicht diese inhaltlich von der Urschrift ab, ist das GB unrichtig (s. hierzu § 10 Rn. 22).

42 **12. Nachholung der Bezugnahme. a)** Das frühere Recht (vgl. § 30 Abs. 1 Buchst. f i. V. m. § 33 Abs. 2 Buchst. c GBV a. F.) schloss es aus, dass bei der Umschreibung oder Neufassung eines Teils des GBBlatts eine unterbliebene Bezugnahme nachgeholt oder eine Bezugnahme erweitert wurde. Der durch das RegVBG eingefügte § 44 Abs. 3 verpflichtet dazu nunmehr das GBAmt nicht nur in den beiden genannten Fällen, sondern auch in sonstigen Fällen der Übernahme von Eintragungen auf ein anderes, bereits angelegtes oder neu anzulegendes GBBlatt; in Betracht kommen dabei die Abschreibung eines Grundstücks oder eines Grundstücksteils, die Übernahme von Belastungen des Grundstücks bei der Anlegung von Wohnungsgrundbüchern, die Vereinigung von Grundstücken, die auf verschiedenen Blättern eingetragen sind oder die Zuschreibung eines Grundstücks, das auf einem anderen GBBlatt gebucht ist. In allen diesen Fällen ist das GBAmt nunmehr gehalten, die gesetzlich vorgesehenen Möglichkeiten einer Bezugnahme in vollem Umfang auszuschöpfen. Jedoch darf durch eine nachträgliche oder erweiterte Bezugnahme selbstverständlich der Inhalt des Rechts nicht verändert werden. Unter dieser Voraussetzung kann auch von dem ursprünglichen Text der Eintragung abgewichen werden; insoweit handelt es sich aber um eine Kann- und nicht um eine Soll-Vorschrift. § 44 Abs. 3 gestattet es grundsätzlich nur, bisher im GB eingetragene Angaben durch eine zulässige Bezugnahme zu ersetzen; eine unzulässige Bezugnahme darf dagegen

nicht durch eine zulässige ersetzt werden, weil dadurch der Inhalt des Rechts verändert würde.

b) Vor einer Nachholung oder Erweiterung der Bezugnahme müssen die Beteiligten vom GBAmt grundsätzlich **nicht gehört werden,** weil der Inhalt des Rechts nicht berührt werden darf. Bestehen Zweifel am Inhalt einer Eintragung oder den Auswirkungen einer ins Auge gefassten Nachholung oder Erweiterung der Bezugnahme, kann es jedoch geboten sein, die Beteiligten zu hören. Lassen sich die Zweifel nicht zerstreuen, wird das GBAmt von einer Nachholung oder Erweiterung der Bezugnahme abzusehen haben. **43**

c) Wird von einer Nachholung oder Erweiterung der Bezugnahme die Eintragung über ein Grundpfandrecht betroffen, so ist die Vorlage des Briefs gem. § 41 nicht erforderlich. Weil der Inhalt des Rechts nicht berührt werden darf, handelt es sich nicht um eine Eintragung „bei der Hypothek" im Sinn des § 41 (s. hierzu § 41 Rn. 4). Zu einer Ergänzung des HypBriefs entsprechend § 57 Abs. 2 GBO, § 39 Abs. 3 Satz 4 GBV ist das GBAmt nicht verpflichtet, wohl aber berechtigt. **44**

13. Unzulässige Bezugnahme. Sie wirkt nicht als Eintragung. Ihre rechtlichen Folgen sind verschieden. Fehlt infolge der unzulässigen Bezugnahme ein wesentlicher Teil der Eintragung, z. B. die Bezeichnung des Berechtigten (RG 88, 83), nicht aber die Angabe des Zinssatzes einer Hyp. (RG 113, 229), so ist die ganze Eintragung unwirksam. Bei teilweiser Unwirksamkeit der Eintragung entscheidet die Einigung, ob das GB richtig ist. Zu beachten ist, dass die Beteiligten sich nachträglich über den Bestand des Rechts nach Maßgabe des wirksam eingetragenen Teils einig geworden sein können (RG 108, 148). **45**

14. Inhalt der Eintragung. Er ist je nach ihrem Gegenstand verschieden. Bei der Eintragung von Rechten sowie bei der von Vormerkungen und Widersprüchen ist stets die Angabe des Berechtigten erforderlich; bei der Eintragung von Veräußerungsverboten muss die geschützte Person angegeben werden (RG 89, 159; zur Eintragung des Begünstigten bei Verfügungsbeschränkungen s. auch Anh. zu § 13 Rn. 24). Zur Eintragung des Eigentümers s. Anh. zu § 44 Rn. 1 ff. **46**

a) Angabe des Berechtigten. aa) Sie ist in den EintrVermerk aufzunehmen; eine Bezugnahme ist ausgeschlossen (BayObLG Rpfleger 1982, 274); fehlt die Angabe, so ist die Eintragung inhaltlich unzulässig (RG 89, 159; BGH DNotZ 1961, 485; Rpfleger 1970, 280; BayObLG 1984, 245 = Rpfleger 1985, 102); anders im Fall einer nur ungenauen (BayObLG Rpfleger 1976, 250; s. auch **47**

OLG Frankfurt Rpfleger 1980, 185) oder unrichtigen (RG 113, 230; BayObLG JFG 3, 438) Angabe des Berechtigten. Berechtigter kann eine natürliche sowie eine juristische Person oder eine rechtsfähige Personengesellschaft (OHG, KG, EWIV, Partnerschaft) sein; wegen einer zwar errichteten, aber noch nicht im Handels- oder Partnerschaftsregister eingetragenen Gesellschaft s. § 19 Rn. 103 bis 105.

48 bb) Vormerkungen können auch zugunsten des jeweiligen Eigentümers eines Grundstücks oder des jeweiligen Inhabers eines Rechts eingetragen werden (RG 128, 247; BGH 22, 220 = NJW 1957, 98; wegen einer Löschungsvormerkung nach § 1179 BGB n. F. s. jedoch § 39 Rn. 22, 23); zulässig ist auch die Eintragung zugunsten des jeweiligen Inhabers eines im Handelsregister eingetragenen Unternehmens (KG DNotZ 1937, 330), unzulässig hingegen die Eintragung zugunsten einer Person, die ein Dritter bestimmen soll (OLG Hamm MDR 1953, 41; OLG Schleswig DNotZ 1957, 661 mit krit. Anm. v. Hieber; BGH Rpfleger 1983, 169). Bestellt der Insolvenzverwalter an einem zur Insolvenzmasse gehörenden Grundstück eine Eigentümergrundschuld, so ist als Berechtigter der Schuldner des Insolvenzverfahrens im GB einzutragen. Der Insolvenzvermerk ist nicht nur bei der Eigentümergrundschuld einzutragen, sondern auch in den Grundschuldbrief aufzunehmen (BayObLG 1980, 255 = Rpfleger 1980, 429).

49 **b) Natürliche Personen.** aa) Sie sind gemäß § 15 Abs. 1 Buchst. a GBV zu bezeichnen. Anzugeben sind regelmäßig Name und zwar Vor- und Familienname, Beruf, d. h. soziale Stellung (zur Frage der sozialen Stellung von Ehefrauen und Witwen s. OLG Hamm Rpfleger 1962, 274; BayObLG Rpfleger 1963, 295, jeweils mit Anm. v. Haegele) sowie Wohnort (s. dazu auch BayObLG 1981, 391 = Rpfleger 1982, 97); bei Ehefrauen und Witwen ist die Hinzufügung des Mädchennamens zweckmäßig; das Geburtsdatum ist anzugeben, wenn es sich aus den EintrUnterlagen ergibt; seine Angabe erübrigt die des Berufs und bei Eintragungen, die ab dem 24. 7. 1994 vorgenommen werden, auch des Wohnorts (Art. 3 Abs. 1 VO v. 15. 7. 1994, BGBl. I 1606). Es steht dem GBAmt nicht frei, unter zwei Namen, die ein Berechtigter zulässigerweise im allgemeinen Rechtsverkehr führt, einen anderen als den vom Antragsteller angegebenen für den EintrVermerk auszuwählen (BayObLG 1972, 378; Rpfleger 1988, 309). Auch der Einzelkaufmann ist in das GB unter seinem bürgerlichen Namen, nicht mit seiner Firma einzutragen (OLG München JFG 14, 501; BayObLG Rpfleger 1981, 192). Dies gilt auch dann, wenn er als Gläubiger einer Zwangshyp. eingetragen werden soll und im Vollstreckungstitel mit seiner Firma bezeichnet ist (BayObLG Rpfleger 1988, 309).

bb) Ein nicht eingetragener Verein kann nicht unter seinem Namen eingetragen werden; einzutragen sind vielmehr die einzelnen Mitglieder. Ist Berechtigter eine Wohnungseigentümergemeinschaft, so müssen sämtliche Wohnungseigentümer namentlich im EintrVermerk aufgeführt werden; der Verwalter, der als Prozessstandschafter einen Titel erwirkt hat, kann nicht als Gläubiger einer Zwangshyp. eingetragen werden. Auch die BGB-Gesellschaft ist als solche nicht grundbuchfähig; einzutragen sind als Inhaber des Rechts die einzelnen Gesellschafter. Näheres zur Eintragung eines nicht eingetragenen Vereins, einer Wohnungseigentümergemeinschaft und einer BGB-Gesellschaft s. § 19 Rn. 101, 106 bis 108. Im Insolvenzverfahren ist nicht der Insolvenzverwalter einzutragen, sondern der Schuldner des Insolvenzverfahrens. Bei Nachlasspflegschaft und Testamentsvollstreckung sind die Erben als Berechtigte einzutragen (OLG Hamm Rpfleger 1989, 17; s. auch OLG Celle Rpfleger 1986, 484). Bei der Eintragung mehrerer Berechtigter ist § 47 zu beachten. 50

cc) Ist die Regelbezeichnung, weil sie auf mehrere Personen zutrifft, nicht ausreichend, so bedarf es der **Angabe weiterer Unterscheidungsmerkmale.** Erweist sie sich nicht als möglich, so ist sie durch eine andere Bezeichnung zu ersetzen (BayObLG 1958, 168 = NJW 1958, 1917). Dies ist z.B. der Fall, wenn es sich bei einem einzutragenden Recht um ein subjektiv-dingliches handelt oder als Berechtigter ein noch Ungeborener in Betracht kommt; hier geschieht die Kennzeichnung des Berechtigten durch Angabe des herrschenden Grundstücks bzw. durch namentliche Angabe der Eltern. 51

dd) Auch Eintragungen zugunsten eines **unbekannten Berechtigten** sind möglich, setzen aber voraus, dass die Person des Berechtigten nicht festzustellen (KGJ 36, 229; BGH DNotZ 1961, 486; KG Rpfleger 1975, 133) und die GBEintragung notwendig ist. So darf die Sicherung von Rechten oder Ansprüchen durch die Eintragung einer Sicherungshyp. oder einer Vormerkung nicht daran scheitern, dass der Berechtigte, z.B. der Erbe des verstorbenen Berechtigten, nicht bekannt ist. Die Eintragung eines unbekannten Berechtigten ist auch dann zulässig, wenn anderenfalls eine erforderliche, aber nur einheitlich mögliche GBBerichtigung nicht durchführbar wäre, z.B. die Eintragung der Erben des eingetragenen Erblassers, von denen einer inzwischen ebenfalls gestorben ist, seine Erben aber nicht bekannt sind (BayObLG 1994, 161 = Rpfleger 1995, 103). Die Art der Kennzeichnung des unbekannten Berechtigten bemisst sich nach den Umständen des Einzelfalls. Über die Bezeichnung des Gläubigers bei der Eintragung von Inhaber-

oder Orderhyp. s. § 43 Rn. 2; zur Eintragung einer Vergleichsgläubigerhyp. nach § 93 VerglO s. Mohrbutter Rpfleger 1956, 274.

52 ee) Die Eintragung eines Berechtigten mit dem Zusatz **„als Treuhänder“** ist unzulässig, weil eine rechtsgeschäftliche Verfügungsbeschränkung gemäß § 137 BGB nicht dinglich wirkt (JFG 11, 275; OLG Hamm Rpfleger 1954, 465; OLG Düsseldorf DNotZ 1955, 540; OLG Saarbrücken NJW 1967, 1378; BayObLG 1984, 245 = Rpfleger 1985, 102; vgl. auch OLG Celle Rpfleger 1986, 484). Wegen des Treuhänders nach § 75 Abs. 2 AusfG z. Abkommen über deutsche Auslandsschulden v. 24. 8. 1953 (BGBl. I 1003) i. d. F. des ErgänzungsG v. 9. 2. 1955 (BGBl. I 57) s. Fleischmann NJW 1955, 609.

53 **c) Juristische Personen.** aa) Juristische Personen sowie rechtsfähige Personengesellschaften i. S. von § 1059a Abs. 2 BGB, also Handels- und Partnerschaftsgesellschaften, sind gemäß § 15 Abs. 1 Buchst. b GBV zu bezeichnen. Anzugeben sind Name oder Firma und Sitz; die Firma einer Handelsgesellschaft muss so eingetragen werden, wie sie im Handelsregister eingetragen ist (OLG München JFG 15, 168); entsprechendes gilt für den Namen einer Partnerschaft (vgl. § 2 PartGG; § 5 PRV). Zur GBFähigkeit und Eintragung einer Gesellschaft im Stadium der Gründung s. § 19 Rn. 103 bis 105. Zur zulässigen Eintragung der Firma einer Zweigniederlassung s. RG 62, 7; KGJ 32, 199; LG Bonn DNotZ 1970, 663; BayObLG 1972, 373 = Rpfleger 1973, 56; LG Meiningen NJW-RR 2000, 680; a. M. Bauer/v. Oefele AT Rn. II 31; zur nachträglichen Eintragung s. LG Konstanz Rpfleger 1992, 247; vgl. dazu, besonders zur Sitzangabe, auch Woite NJW 1970, 548. Bei der Eintragung juristischer Personen des öffentlichen Rechts kann nach § 15 Abs. 2 Satz 1 GBV auf Antrag der Teil des Vermögens, zu dem das Recht gehört, oder die Zweckbestimmung des Rechts durch einen Klammerzusatz bei dem Namen angegeben werden. Nach dem durch VO v. 15. 7. 1994 (BGBl. I 1606) angefügten § 15 Abs. 2 Satz 2 GBV kann bei Eintragungen, die ab dem 24. 7. 1994 vorgenommen werden, auf Antrag auch angegeben werden, durch welche Stelle der Fiskus vertreten wird (Art. 3 Abs. 1 VO v. 15. 7. 1994, BGBl. I 1606); bis zu dieser Änderung war die Angabe der zur Vertretung berufenen Behörde unzulässig (OLG Schleswig JZ 1955, 620; BayObLG Rpfleger 1975, 362). Zur Umbenennung der Treuhandanstalt in Bundesanstalt für vereinigungsbedingte Sonderaufgaben s. VO v. 20. 12. 1994 (BGBl. I 3913) und die Hinweise im Schreiben des BJM v. 12. 1. 1995 (MittBayNot 1995, 91).

54 bb) In Anwendung der für die Eintragung der Firma einer Zweigniederlassung entwickelten Grundsätze erachtet es BayObLG

1972, 373 = Rpfleger 1973, 56 als zulässig, ein Grundpfandrecht auf Antrag für die „Bayerische Landesbausparkasse, Anstalt der Bayerischen Landesbank Girozentrale München" (s. dazu Ges. v. 27. 6. 1972, BayRS 762-6-F) einzutragen, wenn der Erwerbstitel auf diesen Namen lautet; das LG Itzehoe Rpfleger 1991, 498 hält aus denselben Gründen die Eintragung der „Investitionsbank Schleswig-Holstein, Zentralbereich der Landesbank Schleswig-Holstein, Girozentrale in Kiel" als Berechtigte für zulässig.

d) Fehlerhafte Bezeichnung. Eine dem § 15 GBV nicht ent- 55
sprechende Bezeichnung des Berechtigten berührt die Wirksamkeit der Eintragung nicht; ist die Bezeichnung jedoch so mangelhaft, dass sich der Berechtigte nicht identifizieren lässt, so ist die Eintragung inhaltlich unzulässig.

15. Angabe des EintrGrundes. Die Eintragung muss bei 56
einem Wechsel des Eigentümers oder des Berechtigten eines Rechts den zugrunde liegenden materiellen Rechtsvorgang, z.B. Auflassung, Abtretung oder Erbfolge, angeben; einfache „Umschreibung" eines Rechts genügt nicht (vgl. dazu § 9 Buchst. d GBV). Eine Ausnahme gilt im Fall der Löschung eines Rechts; bei ihr wird der zugrunde liegende Rechtsakt im GB nicht vermerkt (KG JW 1934, 1056; BayObLG 1952, 322). Wird eine zur Eigentümergrundschuld gewordene Fremdhyp. unter Umwandlung in eine Hyp. abgetreten, so ist der vorangegangene Übergang auf den Eigentümer zu verlautbaren, weil sonst die Umwandlung einer Hyp. in eine Hyp. nicht verständlich wäre (KG JW 1933, 2010).

16. Ort der Eintragung. Das GB besteht nach § 4 GBV aus 57
der Aufschrift, dem Bestandsverzeichnis und drei Abteilungen. Jeder Eintragung ist durch §§ 5 bis 12 GBV eine bestimmte Stelle zugewiesen; diese Vorschriften hat das GBAmt genau zu beachten. Alle Eintragungen im Bestandsverzeichnis und in Abt. II und III sind nach § 21 Abs. 3 GBV an der zunächst freien Stelle unmittelbar an die vorhergehende Eintragung anzuschließen. Dies gilt auch für Veränderungen und Löschungen; sie sind also nicht gegenüber der Eintragung des Rechts in der Hauptspalte vorzunehmen (s. Hesse DJust. 1935, 1296). Wegen des Falls, dass in einem in Loseblattform geführten GB Eintragungen gedruckt werden sollen, s. jedoch § 21 Abs. 4 GBV. Für die Wirksamkeit der Eintragung und den öffentlichen Glauben des GB ist es grundsätzlich unerheblich, ob die Eintragung an der richtigen Stelle vorgenommen worden ist (s. § 3 Rn. 11).

17. Angabe des EintrTags. a) Anzugeben ist gem. § 44 58
Abs. 1 Satz 1 der Tag, an dem die Eintragung vollendet wird. Dies

ist der Fall mit Leistung der Unterschrift. Denn da die Eintragung ohne Unterschrift wirkungslos ist, kann vorher von einer Eintragung nicht gesprochen werden (s. auch § 28 Abs. 2 GeschO, § 30 BayGBGA).

59 **b)** Anzugeben sind Kalendertag, Monat und Jahr. Der Monat ist in den Mustereintragungen in den Anlagen zur GBV seit deren Neufassung vom 24. 1. 1995 als zweistellige Zahl und nicht mehr mit Namen benannt. Die Angabe der Stunde ist, anders als beim Eingangsvermerk nach § 13 Abs. 2 Satz 1, unnötig; Vorrang vor einem an demselben Tag in der anderen Abteilung gebuchten Recht kann nur durch besonderen Vermerk begründet werden (§ 879 Abs. 3 BGB). Die Mustereintragungen enthalten die Zeitangabe stets am Ende der Eintragung unmittelbar vor der Unterschrift; es ist zweckmäßig, dass das GBAmt sich angewöhnt, jede EintrVerfügung zu schließen mit den Worten: „... eingetragen am ...", weil es die Übersichtlichkeit erhöht. Sind mehrere Spalten auszufüllen, so braucht nur eine datiert zu werden; denn sämtliche Vermerke gelten als eine Eintragung (§ 20 GBV).

60 **c)** Das **Fehlen der Zeitangabe** macht die Eintragung nicht unwirksam, führt aber zu Schwierigkeiten bei der Feststellung des Rangverhältnisses zu Rechten der anderen Abteilung (s. § 45 Rn. 7) und kann Schadensersatzansprüche begründen. Inhaltlich unzulässig ist ein Vermerk, dass eine Eintragung an einem früheren Tag als erfolgt anzusehen ist (KG DNotZ 1929, 740).

61 **d)** Beim **maschinell geführten GB** ist § 44 Abs. 1 Satz 1, der bestimmt, dass jede Eintragung den Tag angeben soll, an dem sie erfolgt ist, nicht anzuwenden (§ 130 Satz 1 Halbsatz 1). Ihm entspricht inhaltlich § 129 Abs. 2 Satz 1.

62 **18. Unterschrift der zuständigen Personen.** Über Eintragungen einer unzurechnungsfähigen, einer unzuständigen, einer gesetzlich ausgeschlossenen oder einer unter Zwang oder Drohung handelnden, mit Aufgaben des GBAmts betrauten Person s. § 53 Rn. 1.

63 **a) Zuständigkeit.** Zuständig sind nach § 44 Abs. 1 Satz 2 der Rpfleger und der Urkundsbeamte der Geschäftsstelle; jedoch kann statt des letzteren ein von der Leitung des Amtsgerichts ermächtigter Justizangestellter unterschreiben. Der Rpfleger unterschreibt auch dann, wenn im Fall des § 5 RpflegerG der GBRichter die Eintragung verfügt hat (s. jedoch § 8 Abs. 1 RpflegerG). Gewisse einfache und häufig wiederkehrende Eintragungen unterzeichnet der Urkundsbeamte der Geschäftsstelle zusammen mit einem zweiten Beamten der Geschäftsstelle oder einem dazu ermächtigten Justizangestellten (§ 44 Abs. 1 Satz 3). In *Baden-Württemberg* sind abwei-

chende landesrechtliche Bestimmungen maßgebend (s. hierzu § 143). Zur Rechtslage im Gebiet der früheren DDR s. § 144 Abs. 1 Nr. 1.

b) Unterschrift. aa) Sie ist mit vollem Nachnamen ohne Beifügung der Amtsbezeichnung unter den Eintragungstext zu setzen. Ein bloßes Handzeichen genügt nicht. Lesbar muss die Unterschrift nicht sein (s. dazu OLG Zweibrücken Rpfleger 2000, 267). Sind mehrere Spalten auszufüllen, so gilt das in Rn. 59 für die Datierung Gesagte auch für die Unterschrift; daher decken z. B. im Wohnungsgrundbuch die unter den EintrVermerk in Sp. 6 gesetzten Unterschriften auch den das Sondereigentum betreffenden EintrVermerk in Sp. 3 des Bestandsverzeichnisses (OLG Celle Rpfleger 1971, 184). **64**

bb) Fehlt auch nur eine Unterschrift, so ist die Eintragung unwirksam. Das Recht ist also nicht entstanden. Eine Rangwirkung tritt nicht ein. Gutgläubiger Erwerb ist nicht möglich. Die Unterschrift kann deshalb nur nachgeholt werden, solange keine nachgehenden Rechte (wirksam) eingetragen sind (s. in diesem Zusammenhang auch OLG Köln Rpfleger 1980, 477). Sonst geht das später eingetragene Recht der früher vorgenommenen, aber nicht gehörig unterschriebenen Eintragung im Rang vor. Letztere muss dann gerötet und unter neuer Nummer erneut vorgenommen oder es muss der Rang durch besondere Vermerke (§ 879 Abs. 3 BGB; § 18 GBV) richtiggestellt werden. Schadensersatzansprüche sind leicht möglich. **65**

cc) Nach § 44 Abs. 1 Satz 2 Halbsatz 2 ist die Eintragung unwirksam, wenn sie nicht von zwei zuständigen Personen unterschrieben ist. Die Zuständigkeit zur Unterschrift ist für jede Person gesondert zu prüfen. Für Eintragungen kann diese Regelung nicht als glücklich angesehen werden. Darauf, dass die Unterschriften in einem öffentlichen Buch von zuständigen Personen herrühren, sollte sich jeder verlassen dürfen. **66**

dd) Ist eine Eintragung von den zuständigen Personen unterschrieben, so ist sie auch dann wirksam, wenn eine wirksame EintrVerfügung fehlt (OLG Neustadt Rpfleger 1961, 17; OLG Frankfurt Rpfleger 1961, 397). **67**

c) Elektronische Unterschrift. Beim maschinell geführten GB sind die Vorschriften des § 44 Abs. 1 Satz 2 Halbsatz 2 und Satz 3 über die Notwendigkeit der Unterschrift bei GBEintragungen nicht anzuwenden (§ 130 Satz 1 Halbsatz 1). In diesem Fall hat die Person, die die Eintragung veranlasst, der Eintragung ihren Nachnamen hinzuzusetzen und beides elektronisch zu unterschreiben (§ 75 GBV; s. § 130 Rn. 4). **68**

69 **19. Änderung der Eintragung. a) Vor Vollendung** der Eintragung, d. h. der Unterzeichnung (s. Rn. 58; zu dem beim maschinell geführten GB maßgebenden Zeitpunkt s. § 129), ist eine Änderung jederzeit zulässig (OLG Köln Rpfleger 1980, 477); jedoch ist Radieren verboten und Durchstreichen nur so gestattet, dass Geschriebenes leserlich bleibt. S. dazu § 21 Abs. 1 Satz 2 GBV, § 29 Abs. 1 und 2 GeschO, § 31 Abs. 1 und 2 BayGBGA. Kann die Eintragung aus Rechtsgründen nicht durch Unterzeichnung vollendet und damit wirksam werden, ist sie vom GBAmt von Amts wegen zu beseitigen und der EintrAntrag abzuweisen (OLG Brandenburg VIZ 1996, 722).

70 **b) Nach Vollendung** darf der EintrVermerk nicht mehr geändert werden. Auf die Bekanntmachung der Eintragung kommt es nicht an; denn mit Vollendung der Eintragung vollendet sich, vorangegangene Einigung vorausgesetzt, auch der Rechtserwerb; diesen kann das GBAmt nicht rückgängig machen. Ob das GB nach Vollendung der Eintragung eingesehen ist, lässt sich später außerdem niemals mit Sicherheit feststellen.

71 aa) Der Grundsatz der lückenlosen Dokumentation aller GBEintragungen verbietet es, dass eine Eintragung nachträglich unleserlich gemacht wird (§ 21 Abs. 1 Satz 2 GBV). Kein EintrVermerk darf später vernichtet werden, z. B. durch Auswechseln einzelner Teile des GBBlattes (OLG Schleswig Rpfleger 1990, 203; OLG Düsseldorf FGPrax 1997, 83). Jedoch kann im Einzelfall ein Anspruch auf Umschreibung des GBBlattes in Betracht kommen (s. hierzu § 3 Rn. 12).

72 bb) Erlaubt ist die Berichtigung **offenbarer Schreibfehler.** Auch sie darf nur durch besonderen, datierten und unterschriebenen Vermerk erfolgen, der bei Eintragungen in der zweiten und dritten Abteilung in die Veränderungsspalte gehört; eine versehentlich erfolgte rote Unterstreichung ist mit kleinen schwarzen Strichen zu durchkreuzen. S. dazu § 29 Abs. 3 GeschO, § 31 Abs. 3 BayGBGA. Eine vergessene Zeitangabe kann nur nachgeholt werden, wenn der Tag der Eintragung zweifelsfrei festzustellen ist. Denn das Rangverhältnis zu Rechten der anderen Abteilung darf durch die Nachholung nicht beeinträchtigt werden. Vorsichtige Handhabung ist ratsam, weil über das Rangverhältnis undatierter Eintragungen Streit besteht (s. § 45 Rn. 7). Zur Ergänzung einer inhaltlich unzulässigen Eintragung s. § 53 Rn. 59.

Anhang zu § 44
Einzelfragen zur GBEintragung

Inhaltsübersicht

1. Eintragung des Eigentümers ... 1
2. Eintragung einer Dienstbarkeit ... 8
3. Inhalt einer Dienstbarkeit ... 15
4. Grunddienstbarkeit ... 20
5. Beschränkte persönliche Dienstbarkeit ... 21
6. Dingliches Wohnungsrecht ... 28
7. Nießbrauch ... 33
8. Dienstbarkeit am eigenen Grundstück ... 38
9. Eintragung einer Hypothek ... 42
10. Höchstbetragshypothek ... 51
11. Tilgungshypothek ... 54
12. Einheitshypothek ... 58
13. Zwangshypothek ... 65
14. Eintragung einer Reallast ... 73
15. Eintragung eines Vorkaufsrechts ... 82
16. Eintragung einer Vormerkung ... 85
17. Vormerkungsfähigkeit ... 94
18. Auflassungsvormerkung ... 102
19. Vormerkung für mehrere Ansprüche ... 108
20. Einzelheiten zur Vormerkung ... 110
21. Eintragung des Hofvermerks ... 118
22. Eintragung eines Dauerwohnrechts ... 120
23. Eintragung einer Reichsheimstätte ... 126

1. Eintragung des Eigentümers. a) Allgemeines. aa) Der Eigentümer wird in Abt. I eingetragen (§ 9 GBV). Liegt gemeinschaftliches Eigentum vor, so sind die mehreren Eigentümer unter derselben laufenden Nummer, aber unter Zusetzung kleiner Buchstaben oder in vergleichbarer Weise aufzuführen. Beim Wechsel einzelner Gemeinschafter ist die ganze Gemeinschaft unter einer neuen laufenden Nummer neu einzutragen. Wird nur der Name eines Eigentümers berichtigt, ist die bisherige Nummer und der bisherige Buchstabe in Sp. 1 zu wiederholen. 1

bb) In Sp. 4 werden die **EintrGrundlagen** vermerkt; das sind z.B. Auflassung, Erbschein, bei Erwerb in der Zwangsversteigerung der Zuschlag, nicht das Ersuchen des Vollstreckungsgerichts (JFG 7, 339), bei Erwerb durch Enteignung nach §§ 104ff. BauGB die Ausführungsanordnung der Enteignungsbehörde unter Anführung des Enteignungsbeschlusses (KG Rpfleger 1967, 115), bei der GB-Berichtigung im Zusammenhang mit der Abwicklung der Bodenreform im Gebiet der früheren DDR der „Eigentumsübergang gem. Art. 233 § 11 Abs. 2 EGBGB" (vgl. Böhringer Rpfleger 1993, 91); am öffentlichen Glauben des GB nehmen diese Angaben nicht teil 2

(BGH 7, 68; OLG Celle NJW 1957, 1842; KG Rpfleger 1967, 115). Verfügungsbeschränkungen des Eigentümers sind nicht in Abt. I, sondern in Abt. II zu buchen. Bei Eintragung eines neuen Eigentümers ist die des bisherigen in Sp. 1 bis 4 gemäß § 16 GBV zu röten, bei Umschreibung des Anteils eines Miteigentümers nur die des bisherigen Miteigentümers in Sp. 1 und 2. Erwirbt der eingetragene Eigentümer neue Grundstücke hinzu, so werden nur Sp. 3 und 4 ausgefüllt.

Zur Eintragung bei Ausscheiden eines BGB-Gesellschafters und Anwachsung seines Anteils s. § 19 Rn. 108. Zur Notwendigkeit erneuter Eintragung nach zwischenzeitlicher GBUnrichtigkeit s. Anh. zu § 13 Rn. 9, 13.

3 **b) Volkseigentum.** aa) Ist im Gebiet der früheren DDR das Eigentum an einem Grundstück vor dem 3. 10. 1990 außerhalb des GB in Eigentum des Volkes übergeführt worden, so ist als Eigentümer auch nach dem 2. 10. 1990 im Weg der GBBerichtigung „Eigentum des Volkes" einzutragen; dabei ist es nicht Sache des GBAmts sondern eines Vermögenszuordnungsbescheids, den in Betracht kommenden Rechtsnachfolger des Volkseigentums zu bestimmen (s. dazu KG FGPrax 1995, 223; OLG Brandenburg VIZ 1996, 722). Nach dem 2. 10. 1990 kann Volkseigentum jedoch nicht mehr neu begründet werden; eine Eigentümereintragung „Eigentum des Volkes" kommt daher nach dem 2. 10. 1990 auch auf Grund eines bis dahin beim GBAmt eingegangenen EintrAntrags oder -Ersuchens als rechtsändernde Eintragung nicht mehr in Betracht, kann also nicht mehr vorgenommen werden, wenn die GBEintragung Voraussetzung für den Eigentumsübergang ist (vgl. LG Berlin DtZ 1993, 314 und 315).

bb) Im Gebiet der früheren DDR wurde die **Aufgabe des Eigentums** an einem Grundstück gem. § 310 Abs. 1 ZGB durch formbedürftige Verzichtserklärung des Eigentümers und staatliche Zustimmung wirksam. Mit der Genehmigung und der Eintragung des Verzichts in das GB entstand gem. § 310 Abs. 2 ZGB Volkseigentum. Mithin war nicht die Aufgabe des Eigentums, sondern lediglich die Entstehung des Volkseigentums von der GBEintragung abhängig (s. dazu BGH DtZ 1996, 208). Entsprechendes galt für das Gebäudeeigentum (vgl. § 295 Abs. 2 ZGB). Ab 3. 10. 1990 gelten auch im Gebiet der früheren DDR §§ 927, 928 BGB (Art. 233 § 2 Abs. 1 EGBGB). Auf das Gebäudeeigentum sind diese Bestimmungen jedoch nicht anwendbar (Art. 233 § 4 Abs. 1 EGBGB); auf dieses kann ab 3. 10. 1990 nicht mehr verzichtet werden. Besonderheiten gelten beim Verzicht auf das Eigentum an einem Grundstück aus der Bodenreform (Art. 233 § 15 Abs. 2, 3

EGBGB) und beim Verzicht auf das Eigentum durch einen Berechtigten nach dem VermG (§ 11 Abs. 1 VermG).

cc) Zur Heilung von Kaufverträgen über Volkseigentum nach dem sog. Modrow-Verkaufsgesetz v. 7. 3. 1990 (GBl. DDR I 157) und zur grundbuchrechtlichen Behandlung s. Art. 231 § 8 Abs. 2 EGBGB und Böhringer VIZ 1997, 617. Zur unwiderleglichen Vermutung der Befugnis, über volkseigene Grundstücke zu verfügen, und zur Abwicklung des Volkseigentums s. Art. 233 § 2 Abs. 2 EGBGB; zur Verfügungsbefugnis über volkseigene Grundstücke nach dem VZOG s. BGH NJ 1995, 649; Rpfleger 1998, 465; Böhringer MittBayNot 1991, 189; Teige/Rauch VIZ 1997, 622; zum Erlöschen der Verfügungsbefugnis s. BGH NJW 1999, 2526. Zu Fehlern bei der Überführung von Grundstücken oder selbständigem Gebäudeeigentum in Volkseigentum vor dem 3. 10. 1990 und ihren Folgen s. Art. 237 EGBGB und Böhringer BWNotZ 1998, 73. Zur Befugnis, nach § 8 VZOG über ein nicht wirksam in Volkseigentum überführtes Grundstück zu verfügen, s. BGH Rpfleger 1999, 176 mit Anm. v. Keller Rpfleger 1999, 269. Zur Eintragung eines Unternehmens der Deutschen Bundespost im Weg der GBBerichtigung als Eigentümer eines in Volkseigentum in Rechtsträgerschaft der Deutschen Post-DDR gebuchten Grundstücks s. OLG Jena Rpfleger 1995, 293. Zum Inhaber eines im GB im Eigentum des Volkes in Rechtsträgerschaft eines Kreditinstituts eingetragenen Grundpfandrechts und zum Nachweis der Inhaberschaft gegenüber dem GBAmt s. Art. 231 § 10 EGBGB; durch die Bestimmung sollen die Zweifel beseitigt werden, die durch die Entscheidungen KG ZfIR 1997, 621 und BGH 139, 357 entstanden sind.

c) Verzicht und Aneignung. aa) Verzichtet der Eigentümer gemäß § 928 Abs. 1 BGB auf das Eigentum, so ist dies in Sp. 4 einzutragen (§ 9 Buchst. d GBV); die Eintragung lautet etwa: „Der Eigentümer hat am . . . auf das Eigentum verzichtet; eingetragen am . . .“. Für die Eintragung wird eine $^1/_4$-Gebühr erhoben (§ 67 Abs. 1 Nr. 1 KostO). Die Eintragung erfordert eine EintrBewilligung (§ 19) des im GB eingetragenen Eigentümers. Nicht möglich ist jedoch der Verzicht auf das Miteigentum an einem Grundstück (KG OLGZ 1988, 355; BGH 115, 1 = Rpfleger 1991, 495; OLG Düsseldorf FGPrax 2001, 8; a. M. Kanzleiter NJW 1996, 905) und auf das WEigentum (BayObLG 1991, 90 = Rpfleger 1991, 247; LG Konstanz Rpfleger 1989, 496; OLG Hamm NJWE-MietR 1996, 61; OLG Düsseldorf FGPrax 2001, 8). Zur Eigentumsaufgabe im Gebiet der früheren DDR s. Rn. 3. Eine bayerische Gemeinde kann nicht wirksam auf ihr Eigentum an einem Grundstück verzichten (BayObLG 1983, 85 = Rpfleger 1983, 308). Zu 4 den Benachrichtigungspflichten des GBAmts s. § 55 Abs. 4 und § 55 Rn. 16, 17. Das Eigentum erwirbt der Fiskus oder ein sonstiger Aneignungsberechtigter erst durch GBEintragung (JFG 8, 214); diese setzt einen gem. § 30 der Form des § 29 bedürftigen EintrAntrag voraus (OLG Schleswig JurBüro 1989, 90); als EintrGrundlage ist anzugeben: „Aneignung vom . . .; eingetragen am . . .".

5 bb) Der Aneignungsberechtigte, in der Regel der Fiskus, kann auf sein **Aneignungsrecht verzichten** oder es auf andere übertragen (BGH 108, 278 = Rpfleger 1989, 497). Dies muss in das GB (Abt. I Sp. 4) eingetragen werden (a. M. AG Unna Rpfleger 1991, 16); Voraussetzung ist ein gem. § 30 der Form des § 29 bedürftiger EintrAntrag (str.); die Eintragung lautet etwa: „Der Fiskus hat am . . . sein Aneignungsrecht auf . . . übertragen/auf sein Aneignungsrecht verzichtet; eingetragen am . . .". Im Falle eines wirksamen Verzichts kann sich jeder Dritte das herrenlose Grundstück durch Erklärung gegenüber dem GBAmt und Eintragung im GB aneignen; Eigenbesitz oder ein Aufgebotsverfahren (vgl. § 927 BGB) ist für den Eigentumserwerb nicht erforderlich (BGH 108, 278 = Rpfleger 1989, 497); die Aneignungserklärung muss gem. § 30 in der Form des § 29 abgegeben werden (OLG Schleswig JurBüro 1989, 90; str.). Als EintrGrundlage ist anzugeben: „Aneignung vom . . .; eingetragen am . . .".

6 cc) Der Eigenbesitzer, der ein Ausschlussurteil erwirkt hat (§ 927 BGB), erwirbt das Eigentum erst durch Eintragung; sie setzt die Vorlage des Ausschlussurteils und einen EintrAntrag voraus, der gem. § 30 der Form des § 29 bedarf (str.). Als EintrGrundlage ist anzugeben: „Ausschlussurteil des . . . vom . . . und Aneignung vom . . .; eingetragen am . . .".

7 dd) Eine **Unbedenklichkeitsbescheinigung** des Finanzamts ist im Fall der Aneignung nicht erforderlich (OLG Zweibrücken Rpfleger 1987, 105). Bei Eintragung eines neuen Eigentümers als Folge einer Aneignung sind die sich auf den bisherigen Eigentümer beziehenden EintrVermerke rot zu unterstreichen (§ 16 GBV).

8 **2. Eintragung einer Dienstbarkeit. a)** Die Eintragung erfolgt nach § 10 GBV in Abt. II. Über die Bezeichnung des Rechts im EintrVermerk s. § 44 Rn. 17. Dienstbarkeit ist seinem Wesen nach auch der Nießbrauch (BayObLG 1972, 367 = Rpfleger 1973, 55) sowie das Dauerwohnrecht (OLG Frankfurt NJW 1954, 1613; BayObLG 1957, 107). Wegen des Falls, dass ein Dauerwohn- und ein Dauernutzungsrecht als Einheit begründet worden sind, s. BayObLG 1960, 231 = DNotZ 1960, 596. Ein Miteigentumsanteil kann nicht mit einer Dienstbarkeit belastet werden (BGH 36, 189;

BayObLG 1987, 362; 1991, 142 = Rpfleger 1991, 299). Zur Belastung eines WEigentums s. Anh. zu § 3 Rn. 66.

b) Zu beachten sind die auf Grund des Art. 115 EGBGB ergangenen **landesrechtlichen Vorschriften;** so ist in *Bayern* z.B. die Neubestellung von Forstrechten durch Art. 2 Abs. 1 ForstrechteG v. 3. 4. 1958 (BayRS 7902-7-E) grundsätzlich untersagt, was jedoch schon nach Art. 33 ForstG v. 28. 3. 1852 (BayBS IV 533) gegolten hatte (s. dazu auch BayObLG 1975, 70). **9**

c) Im Gebiet der **früheren DDR** entsprachen unter der Geltung des Zivilgesetzbuchs v. 19. 6. 1975 (GBl. DDR I 465) die Mitbenutzungsrechte gem. §§ 321, 322 ZGB ihrem Charakter nach einer Dienstbarkeit; zur Überleitung der Mitbenutzungsrechte s. Art. 233 §§ 3, 5, 10 EGBGB; zu ihrer EintrFähigkeit s. Anh. zu § 13 Rn. 16; zum Erlöschen nicht eingetragener Mitbenutzungsrechte s. § 8 GBBerG und Anh. zu §§ 84 bis 89 Rn. 35ff. S. zum Ganzen Böhringer NJ 1992, 291. Ein Anspruch auf Bestellung einer Dienstbarkeit besteht nach Maßgabe der §§ 116 bis 119 SachenRBerG (s. dazu Keller Rpfleger 1996, 231 und zur Bestellung einer Wegedienstbarkeit BGH 144, 25 = NotBZ 2000, 155), ferner nach Maßgabe des § 3 MeliorationsanlagenG v. 21. 9. 1994 (BGBl. I 2538, 2550). **10**

Zur Bestellung altrechtlicher Dienstbarkeiten, auch durch gerichtlichen Vergleich, zum Nachweis der Entstehung, zur Aufhebung und zum Erlöschen sowie zur Eintragung solcher Rechte im GB s. BayObLG 1985, 225 mit weit. Nachweisen sowie § 22 Rn. 20.

d) Eine Dienstbarkeit **erlischt,** wenn ihre Ausübung aus tatsächlichen oder rechtlichen Gründen dauernd unmöglich wird. Besteht diese objektive und dauernde Ausübungsunmöglichkeit schon bei ihrer Bestellung, kann sie demgemäß nicht wirksam entstehen (BGH Rpfleger 1985, 185). **11**

e) Die Ausübung der Dienstbarkeit kann auf einen bestimmten Teil des belasteten Grundstücks beschränkt sein. Dabei kann die **Ausübungsstelle** rechtsgeschäftlich festgelegt sein oder lediglich der tatsächlichen Ausübung überlassen bleiben (BGH Rpfleger 1981, 286; BayObLG Rpfleger 1983, 143; s. hierzu § 7 Rn. 21ff.). **12**

f) Die Umwandlung einer Grunddienstbarkeit in eine beschränkte persönliche Dienstbarkeit (oder umgekehrt) ist nicht möglich; erforderlich sind vielmehr Aufhebung und Neubestellung (OLG Hamm Rpfleger 1989, 448). **13**

g) Zur Begründung einer Dienstbarkeit an mehreren Grundstücken als Gesamtbelastung, wenn sich die Ausübung der Dienst- **14**

barkeit auf mehrere Grundstücke erstreckt, s. § 48 Rn. 8. Mehrere inhaltsgleiche, sich gegenseitig beeinträchtigende Dienstbarkeiten können mit gleichem Rang für jeweils einen anderen Berechtigten bestellt werden (§ 1024 BGB; BGH 46, 254; OLG Saarbrücken Rpfleger 1992, 16); s. hierzu auch Rn. 31. Zum 25fachen Jahresnutzungswert des dienenden Grundstücks als Geschäftswert für die Bestellung einer Dienstbarkeit zur Sicherung der öffentlich-rechtlichen Stellplatzverpflichtung s. BayObLG Rpfleger 2001, 47.

15 **3. Inhalt einer Dienstbarkeit.** Er kann nach § 1018 sowie § 1090 Abs. 1 BGB (nur) sein, dass der Berechtigte das belastete Grundstück in einzelnen Beziehungen benutzen darf (Benutzungsdienstbarkeit), dass auf dem belasteten Grundstück gewisse Handlungen nicht vorgenommen werden dürfen (Unterlassungsdienstbarkeit) oder dass die Ausübung eines Rechts ausgeschlossen ist, das sich aus dem Eigentum an dem belasteten Grundstück ergibt (Ausschlussdienstbarkeit).

16 **a) Benutzungsdienstbarkeit.** aa) Der erste Fall, dass der Berechtigte das Grundstück in einzelnen Beziehungen benutzen darf, ist auch dann gegeben, wenn sich die Benutzung nicht auf Grundstücksteile, sondern auf Teilrechte am gesamten Grundstück in Form der Mitbenutzung erstreckt (OLG Frankfurt Rpfleger 1985, 393; OLG Zweibrücken FGPrax 1998, 6). Voraussetzung einer Benutzungsdienstbarkeit ist nicht, dass dem Eigentümer noch eine wirtschaftlich sinnvolle Nutzung verbleibt (Ertl MittBayNot 1988, 53; s. hierzu BayObLG 1987, 361; 1989, 442 = Rpfleger 1990, 111, aber auch KG Rpfleger 1991, 411 und FGPrax 1995, 226 mit Anm. v. Demharter; offengelassen von BGH NJW 1992, 1101, der es aber für zulässig hält, dass das ganze Grundstück mit einer nur an einem Grundstücksteil auszuübenden, insoweit den Eigentümer jedoch von jeglicher Mitbenutzung des Grundstücks ausschließenden Dienstbarkeit belastet wird; s. hierzu Schoch Rpfleger 1992, 339). Eine Dienstbarkeit, die das Recht einräumt, ein Grundstück „dauernd zu nutzen" ist, weil damit die Nutzungsberechtigung umfassend und nicht nur „in einzelnen Beziehungen" eingeräumt wird, auch dann inhaltlich unzulässig, wenn mit ihr nur ein Teil des Grundstücks belastet werden soll (BayObLG 1986, 54 = Rpfleger 1986, 255; KG Rpfleger 1991, 411; s. dazu auch OLG Zweibrücken FGPrax 1997, 133). Das Recht zur Benutzung eines Kfz-Stellplatzes kann als Dienstbarkeit an einem Teileigentum auch dann eingetragen werden, wenn das Sondereigentum nur aus einem Stellplatz besteht (BayObLG 1987, 359 = Rpfleger 1988, 62).

bb) Der Inhalt einer Dienstbarkeit kann sich im Lauf der Zeit entsprechend den Bedürfnissen des Berechtigten unter Berücksichtigung der technischen und wirtschaftlichen Entwicklung und einem dadurch gesteigerten Nutzungsbedarf **erweitern.** Die Bedürfnissteigerung muss sich jedoch in den Grenzen einer der Art nach gleichbleibenden Nutzung halten und darf nicht auf eine zur Zeit der Bestellung des Rechts unvorhersehbare oder willkürliche Benutzungsänderung zurückzuführen sein (BGH Rpfleger 2000, 540). Die zur Verlegung einer Ferngasleitung berechtigende Dienstbarkeit berechtigt daher nicht zu einer umfassenden telekommunikativen Nutzung des belasteten Grundstücks (BGH Rpfleger 2000, 540).

b) Unterlassungsdienstbarkeit. aa) Mit dem zweiten Fall, dass **17**
auf dem belasteten Grundstück gewisse Handlungen nicht vorgenommen werden dürfen, ist eine Beschränkung des Eigentümers in der tatsächlichen Herrschaftsmacht gemeint; eine dem Grundstückseigentümer auferlegte Unterlassungspflicht muss demnach auf eine Beschränkung im tatsächlichen Gebrauch des Grundstücks gerichtet sein, sie darf nicht nur eine Beschränkung der rechtlichen Verfügungsfreiheit enthalten (BGH 29, 249; OLG Schleswig FGPrax 1997, 168); dabei muss sich ein Verbot von Handlungen, das als Inhalt einer Dienstbarkeit im GB eingetragen werden soll, auf die Benutzung des Grundstücks in tatsächlicher Hinsicht auswirken, also eine Verschiedenheit in der Benutzung des Grundstücks zur Folge haben (BayObLG MittBayNot 1989, 273). Der Inhalt einer Dienstbarkeit kann nur in einem Dulden oder Unterlassen bestehen; positives Tun des Eigentümers kann nicht Hauptinhalt einer Dienstbarkeit sein (OLG Zweibrücken Rpfleger 2001, 485).

bb) Die Verpflichtung zur Unterlassung bestimmter Handlungen **18**
auf einem Grundstück kann nach BayObLG 1976, 219 (s. auch BayObLG MittBayNot 1978, 213; Rpfleger 1980, 279) dann nicht Inhalt einer Dienstbarkeit sein, wenn die Unterlassungsdienstbarkeit für den Verpflichteten praktisch die gleiche Wirkung äußert wie die (positive) Verpflichtung zur Vornahme der Einzigen hiernach noch erlaubten Handlung. Nach BayObLG 1985, 285 = Rpfleger 1986, 10 kann jedoch eine beschränkte persönliche Dienstbarkeit mit dem Inhalt bestellt werden, dass es dem Eigentümer untersagt ist, sein Grundstück zu anderen Zwecken als zum Betrieb einer Werkstatt für Behinderte zu nutzen; die Dienstbarkeit ist nicht deshalb unzulässig, weil dem Verpflichteten damit nur noch eine sinnvolle Nutzung seines Grundstücks übrigbleibt; denn wesentlich ist, dass Hauptinhalt der Dienstbarkeit nicht die Verpflichtung zu positivem Tun ist (s. hierzu auch BGH WM 1984, 820; 1985, 808). Zur Zulässigkeit eines Verbots, die Wohnungen auf dem

Grundstück selbst oder zur Beherbergung mit ständig wechselnder Belegung zu nutzen, s. LG Ravensburg Rpfleger 1992, 192.

19 **c) Ausschlussdienstbarkeit.** Der dritte Fall, dass die Ausübung eines sich aus dem Grundstückseigentum ergebenden Rechts ausgeschlossen ist, kommt insbes. beim sogenannten Bergschadensverzicht vor. Mit der Dienstbarkeit soll ein weitgehender Ausschluss von Abwehr- und Entschädigungsansprüchen aus bergbaulicher Betätigung verdinglicht werden. Es muss sich jedoch um Ansprüche handeln, die unmittelbar aus dem Eigentum entspringen und nicht bereits kraft Gesetzes ausgeschlossen sind. Der Verzicht auf Entschädigungsansprüche ist aber eintragungsfähig, soweit diese kraft Gesetzes an die Stelle gesetzlich ausgeschlossener Abwehrrechte treten. Zu den sich aus dem Bestimmtheitsgrundsatz des GB ergebenden Anforderungen an die Eintragungsfähigkeit einer Ausschlussdienstbarkeit s. OLG Hamm Rpfleger 1986, 364. Das BayObLG MittBayNot 1990, 107 hat als zulässigen Inhalt einer Ausschlussdienstbarkeit die Verpflichtung angesehen, Einwirkungen vom Nachbargrundstück durch Baumwurf entschädigungslos zu dulden, das LG Köln Rpfleger 1994, 56 den Verzicht auf Rechtsmittel gegen eine nach baurechtlichen Vorschriften erteilte Genehmigung.

20 **4. Grunddienstbarkeit. a)** Die Eintragung einer Grunddienstbarkeit auf Ableitung fremden Quellwassers kann nicht von dem Nachweis der wasserrechtlichen Erlaubnis oder Bewilligung abhängig gemacht werden (BayObLG 1960, 167 = DNotZ 1960, 308). Eine Grunddienstbarkeit kann mit der Maßgabe bestellt werden, dass ihre Ausübung auf den Vorteil eines realen Teils des herrschenden Grundstücks beschränkt ist (BayObLG 1965, 272 = Rpfleger 1966, 367 mit Anm. v. Haegele). Die Übernahme der Verkehrssicherungspflicht durch den Berechtigten kann zum Inhalt einer Grunddienstbarkeit gemacht werden (BayObLG 1990, 8 = NJW-RR 1990, 600; s. hierzu aber auch OLG Köln Rpfleger 1990, 409), nicht dagegen, weil ohnehin gesetzlich verboten, die Verpflichtung, auf dem Grundstück keine ABC-Waffen und -Trägersysteme aufzustellen, zu lagern, zu transportieren und zu verwenden (LG Siegen Rpfleger 1984, 58 mit zust. Anm. v. Tröster).

b) Gegenstand einer Grunddienstbarkeit kann eine Baubeschränkung auch dann sein, wenn sich eine inhaltsgleiche öffentlich-rechtliche Beschränkung aus einem Bebauungsplan ergibt (OLG Hamm FGPrax 1996, 171). Auch die Berechtigung, ein anderes Grundstück als Ausgleichs- und Ersatzfläche nach § 8 BNatSchG zu nutzen, kann als Grunddienstbarkeit eingetragen werden (OLG Oldenburg NdsRpfl. 1998, 223).

c) Die Eintragung einer Grunddienstbarkeit für den jeweiligen Eigentümer mehrerer Grundstücke stellt grundsätzlich für jedes herrschende Grundstück kostenrechtlich ein besonderes Recht dar (OLG Zweibrücken Rpfleger 1999, 418, zugleich zu einer Ausnahme).

5. Beschränkte persönliche Dienstbarkeit. a) Die für die 21
Grunddienstbarkeit geltende Vorschrift des § 1019 BGB ist auf die beschränkte persönliche Dienstbarkeit nicht anwendbar; für deren Zulässigkeit genügt jeder rechtsschutzwürdige, mit Mitteln des Privatrechts verfolgte Zweck. Auch eine beschränkte persönliche Dienstbarkeit entsteht nicht wirksam, wenn ihre Ausübung schon bei der Bestellung objektiv und dauernd unmöglich ist (BGH Rpfleger 1985, 185). Die Dauer einer beschränkten persönlichen Dienstbarkeit kann im Weg einer Bedingung vom Bestehen eines schuldrechtlichen Vertrags abhängig gemacht werden (BayObLG 1989, 446 = Rpfleger 1990, 111). Zur Übertragbarkeit und zur Überlassung der Ausübung s. § 1092 Abs. 1 BGB; zur Übertragbarkeit, wenn die beschränkte persönliche Dienstbarkeit einer juristischen Person oder einer rechtsfähigen Personengesellschaft zusteht, s. Anh. zu § 26 Rn. 2.

b) Eine **öffentlich-rechtliche Körperschaft** kann mit der be- 22
schränkten persönlichen Dienstbarkeit auch solche öffentlichen Zwecke verfolgen, die mit öffentlich-rechtlichen Mitteln nicht oder nicht ohne weiteres zu verwirklichen sind (BGH Rpfleger 1983, 478; zu den hierbei zu beachtenden Beschränkungen s. die Anm. v. Quack; BayObLG 1989, 95 = Rpfleger 1989, 401 mit kritischer Anm. v. Quack). Die Eintragung einer beschränkten persönlichen Dienstbarkeit zugunsten der öffentlichen Hand zur Sicherung eines Geh- und Fahrtrechts (Zufahrt zu einem Baugrundstück) kann nicht mit der Begründung abgelehnt werden, hierfür bestehe wegen einer bereits zugunsten des Baugrundstücks eingetragenen inhaltsgleichen Grunddienstbarkeit kein Rechtsschutzbedürfnis (BayObLG 1982, 246 = Rpfleger 1982, 372).

c) Die Verpflichtung eines Grundstückseigentümers, auf seinem 23
Grundstück keine anderen Waren als die eines bestimmten Herstellers oder Lieferanten zu vertreiben, z. B. in einer Gaststätte kein anderes als das von einer bestimmten Brauerei gelieferte Bier zu verkaufen, kann grundsätzlich nicht Gegenstand einer (beschränkten persönlichen) Dienstbarkeit sein (BayObLG 1952, 287; 1953, 295; Rpfleger 1972, 18; BGH 29, 244). Eine **Bierbezugsverpflichtung** kann jedoch grundsätzlich durch eine (beschränkte persönliche) Dienstbarkeit des Inhalts abgesichert werden, dass auf dem belasteten Gaststättengrundstück kein Bier hergestellt, gela-

gert, verkauft oder sonstwie vertrieben werden darf (BGH 74, 296 = Rpfleger 1979, 375; einschränkend hinsichtlich der Notwendigkeit einer Befristung BGH Rpfleger 1988, 403); vgl. in diesem Zusammenhang auch BGH Rpfleger 1975, 171; WM 1992, 951; OLG Düsseldorf Rpfleger 1979, 304; BayObLG 1985, 290. Das Recht, ein Grundstück zum ausschließlichen Verkauf von Weißbier zu nutzen und den Verkauf von Weißbier auf dem Grundstück zu untersagen, kann als beschränkte persönliche Dienstbarkeit eingetragen werden (BayObLG 1997, 129 = Rpfleger 1997, 371). Ebenso das Verbot, das belastete Grundstück mit anderen Brennstoffen als Flüssiggas zu beheizen (OLG Zweibrücken Rpfleger 2001, 485).

24 **d)** Über eine beschränkte persönliche Dienstbarkeit des Inhalts, dass von den auf einem Grundstück errichteten Wohnungen eine bestimmte Anzahl näher bezeichneter Wohnungen nur von Angehörigen eines bestimmten Personenkreises bewohnt werden darf, s. KG NJW 1954, 1245; OLG Stuttgart MDR 1956, 679; BayObLG 1982, 184 = Rpfleger 1982, 215. Zulässig ist eine beschränkte persönliche Dienstbarkeit in der Form eines **Wohnungsbesetzungsrechts** mit dem Inhalt, dass die Wohnungen auf dem Grundstück nur von Personen genutzt werden dürfen, die von dem Grundstückseigentümer mit Zustimmung des Dienstbarkeitsberechtigten bestimmt werden, wobei die Zustimmung für Personen als erteilt gilt, die entweder Inhaber des Gewerbebetriebes auf dem Grundstück oder hauptberuflich in diesem tätig sind oder zu den von dem Grundstückseigentümer wirtschaftlich abhängigen Familienangehörigen gehören (BayObLG 2000, 140 = Rpfleger 2000, 384; einschränkend BayObLG 1980, 232 = MittBayNot 1980, 201; BayObLG Rpfleger 1981, 352). Ist Berechtigter eine solchen Dienstbarkeit eine juristische Person, braucht die Dienstbarkeit grundsätzlich nicht zeitlich begrenzt zu sein (BayObLG 2000, 140 = Rpfleger 2000, 384; BayObLG MittBayNot 2001, 317). Auch kann eine sogenannte **Austragshausdienstbarkeit** in der Form eines Wohnungsbesetzungsrechts bestellt werden (BayObLG 1989, 89 = Rpfleger 1989, 401 mit kritischer Anm v. Quack; s. hierzu ferner BayObLG 1989, 347 = Rpfleger 1990, 14 mit Anm. v. Ertl MittBayNot 1990, 36 und Ring DNotZ 1990, 508; s. auch LG Ravensburg Rpfleger 1992, 192). Zur Bewertung des Wohnungsbesetzungsrechts mit 15% der gesicherten öffentlichen Wohnungsbauförderungsmittel s. OLG Düsseldorf Rpfleger 1992, 177; OLG Celle NdsRpfl. 1997, 26; zur Bewertung mit dem Regelwert s. KG Rpfleger 1968, 370; OLG Oldenburg Rpfleger 1994, 273.

e) Eine Verpflichtung, ein Grundstück zu keinem anderen Zweck als zur Einstellung von Kraftfahrzeugen nebst Zufahrt zu verwenden und hierzu dauernd offenzuhalten, ist zulässiger Inhalt einer beschränkten persönlichen Dienstbarkeit (BayObLG 1965, 180 = NJW 1965, 1484). Zulässig ist ferner eine **Fremdenverkehrsdienstbarkeit** in der Form des Verbots, ein Grundstück (WEigentum) „länger als sechs Wochen im Jahr selbst zu bewohnen oder durch ein und denselben Dritten bewohnen zu lassen" und es „zu anderen beruflichen oder gewerblichen Zwecken als denen eines fremdenverkehrsgewerblichen Berherbergungsbetriebs mit ständig wechselnder Belegung zu nutzen" (BayObLG 1985, 193 = NJW 1985, 2485; BayObLG MittBayNot 1989, 273). S. hierzu auch LG Ravensburg Rpfleger 1992, 192. Zum Verhältnis der Fremdenverkehrsdienstbarkeit zu § 22 BauGB s. Hiltl/Gerold BayVBl. 1993, 385 und 423 sowie BVerwG MittBayNot 1996, 237 mit Anm. v. F. Schmidt und Grziwotz MittBayNot 1996, 179 und 181. 25

f) Wird eine Genossenschaft, die Berechtigte einer beschränkten persönlichen Dienstbarkeit ist, mit einer anderen Genossenschaft verschmolzen, so geht die Dienstbarkeit auf die übernehmende Genossenschaft über (BayObLG 1983, 143 = Rpfleger 1983, 391). 26

g) Nach OLG Köln Rpfleger 1990, 409 soll bei einem Gartenbenutzungsrecht die Übernahme der Verkehrssicherungspflicht für das Grundstück durch den Dienstbarkeitsberechtigten nicht als Inhalt des Rechts in das GB eingetragen werden können; s. hierzu aber auch BayObLG 1990, 8 = NJW-RR 1990, 600). 27

6. Dingliches Wohnungsrecht. a) Allgemeines. Wird die Eintragung eines „Wohnungsrechts" bewilligt, so ist die nächstliegende Bedeutung, dass es sich um ein Recht im Sinne des § 1093 BGB handelt (OLG Zweibrücken DNotZ 1997, 325). Ein dingliches Wohnungsrecht kann an einem Baugrundstück auch schon vor Errichtung der davon betroffenen Räume (BayObLG Rpfleger 1956, 285; 1981, 353) oder vor Begründung des davon betroffenen Wohnungseigentums (LG Lübeck Rpfleger 1995, 152) eingetragen werden. An einem Tiefgaragenstellplatz, der selbständig als Teileigentum gebucht ist, kann ein Wohnungsrecht jedoch nicht begründet werden (BayObLG 1986, 441 = Rpfleger 1987, 62). Ein Wohnungsrecht kann unter der aufschiebenden Bedingung begründet werden, dass „der Berechtigte das Anwesen nicht nur vorübergehend verlässt" (BayObLG 1997, 246 = FGPrax 1997, 210). Es kann nicht zugunsten eines Nießbrauchsberechtigten eingetragen werden (OLG Hamm FGPrax 1997, 168). Auch kann es 28 nicht gem. § 90 BSozialhilfeG übergeleitet werden (OLG Oldenburg FGPrax 1995, 224). Zum Gesamtwohnungsrecht s. § 48 Rn. 8. Zum Erlöschen des Wohnungsrechts wegen Unmöglichkeit der Rechtsausübung s. § 84 Rn. 14. Zur Pfändbarkeit s. Rossak MittBayNot 2000, 386.

29 **b) Gegenstand und Inhalt.** aa) Zu Inhalt und Rechtsnatur des Wohnungsrechts, insbes. zu seiner Erstreckung auf Anlagen und Einrichtungen außerhalb des Gebäudes, s. BayObLG 1985, 31 = Rpfleger 1985, 186. Bei solchen Anlagen und Einrichtungen kann es sich auch um sanitäre Versorgungs- und Entsorgungsleitungen handeln; sie hindern die lastenfreie Abschreibung eines Grundstücksteils, auf dem sie sich befinden (BayObLG Rpfleger 1992, 57; OLG Hamm FGPrax 2000, 54, zugleich zum Nachweis des Vorhandenseins von Ver- oder Entsorgungsleitungen).

bb) Ein **ausschließliches Wohnungsrecht** ist nur eintragungsfähig, wenn die für die ausschließliche Benützung in Betracht kommenden Räume bestimmt bezeichnet sind (OLG Hamm Rpfleger 1962, 59; BayObLG 1964, 1; Rpfleger 1981, 353; MDR 1988, 581). Fehlt es an einer solchen Bezeichnung, ist die nächstliegende Bedeutung der Erklärung, dass sich das Wohnungsrecht auf das gesamte oder alle vorhandenen Gebäude erstreckt (vgl. § 1093 Abs. 1 Satz 1 BGB; BayObLG 1999, 250 = Rpfleger 1999, 525). Die Ausübung eines Wahlrechts zwischen verschiedenen, jeweils genau bezeichneten Räumen, kann eine zulässige auflösende und zugleich aufschiebende Bedingung für zwei Wohnungsrechte sein (BayObLG MDR 1988, 581). Ein ausschließliches Wohnungsrecht an einem Gebäude kann sich auch auf einen Hausgarten erstrecken (OLG Schleswig SchlHA 1966, 67; LG München I MittBayNot 1970, 153; zur Zulässigkeit seiner Verbindung mit einem Mitbenutzungsrecht an einem solchen s. LG Koblenz DNotZ 1970, 164; BayObLG Rpfleger 1976, 14). Zur Verbindung eines Wohnungsrechts mit dem Recht auf Mitbenutzung der Räume eines ganzen anderen Geschosses des Gebäudes zu Wohnzwecken s. OLG Saarbrücken FGPrax 1995, 222.

cc) Als Inhalt des Rechts kann zwar vereinbart werden, dass die Kosten für Schönheitsreparaturen, Strom, Wasser, Abwasser, Heizung und Müllabfuhr als **Nebenleistungen** vom Eigentümer zu tragen sind (BayObLG 1980, 176 = Rpfleger 1980, 385; OLG Schleswig NJW-RR 1994, 1359; a. M. LG Itzehoe Rpfleger 1994, 159; vgl. dazu auch Amann DNotZ 1982, 396), nicht aber, dass der Wohnberechtigte die Grundstückslasten zu tragen hat (BayObLG 1988, 268 = Rpfleger 1988, 523). Nebenleistungsverpflichtungen des Eigentümers können auch durch selbständige Reallasten abgesichert werden (OLG Köln MittRhNotK 1992, 46). Die Unentgeltlichkeit des Wohnungsrechts kann nicht als Inhalt des dinglichen Rechts eingetragen werden (OLG Frankfurt NJW-RR 1992, 345; BayObLG Rpfleger 1993, 189).

dd) Wird das Wohnungsrecht an einem **WEigentum** begründet, dann ist der Wohnungsberechtigte vorbehaltlich einer abweichenden Vereinbarung kraft Gesetzes zur alleinigen Nutzung des dem WEigentümer zur Sondernutzung zugewiesenen Teils des gemeinschaftlichen Eigentums berechtigt; Inhalt des Wohnungsrechts kann dies aber nicht sein (BayObLG 1997, 282 = Rpfleger 1998, 68). Wird das mit einem Wohnungsrecht belastete Grundstück in WEigentum aufgeteilt, ist das Wohnungsrecht in allen Wohnungsgrundbüchern einzutragen, es sei denn, sein Ausübungsbereich ist auf das Sondereigentum einschließlich eines damit verbundenen alleinigen Nutzungsrechts an Teilen des gemeinschaftlichen Eigentums eines oder mehrerer WEigentumsrechte beschränkt (OLG Hamm FGPrax 2000, 132). Ein Wohnungsrecht des Inhalts, dass der Berechtigte die Wohnung mit dem derzeitigen Eigentümer gemeinsam, im Falle dessen Vorversterbens vom Zeitpunkt des Todes an unter Ausschluss des neuen Eigentümers allein benutzen darf, kann nicht als ein einheitliches Recht (beschränkte persönliche Dienstbarkeit) in das GB eingetragen werden (OLG Düsseldorf FGPrax 1997, 171).

c) Mietvertrag. Eine unter Beachtung der §§ 1090 ff. BGB bestellte beschränkte persönliche Dienstbarkeit ist keinesfalls deshalb **30**
nicht eintragungsfähig, weil die Parteien über denselben Gegenstand einen Mietvertrag abgeschlossen haben (BayObLG 1989, 446 = Rpfleger 1990, 111); nicht eintragungsfähig ist dagegen ein dingliches Wohnungsrecht, wenn sich das Recht des Wohnberechtigten nach einem zwischen den Beteiligten abgeschlossenen Mietvertrag bestimmen soll (OLG Hamm DNotZ 1957, 314 mit Anm. v. Glaser; LG Mannheim DNotZ 1972, 617; s. auch BGH Rpfleger 1974, 187). Zum Verhältnis von dinglichem Wohnungsrecht und Mietvertrag s. BGH Rpfleger 1999, 122.

d) Mehrere Berechtigte. Dingliche Wohnungsrechte mehre- **31**
rer Berechtigter an denselben Räumen eines Anwesens können rechtlich selbständig nebeneinander bestehen; werden sie von vornherein gleichzeitig mit diesem Inhalt bestellt, so bedarf es hierfür nicht auch der Zustimmung des jeweils anderen Berechtigten (BayObLG Rpfleger 1980, 151). Dingliche Wohnungsrechte können aber auch für mehrere Berechtigte als Gesamtberechtigte gem. § 428 BGB bestellt werden; dann steht jedem Berechtigten ein eigenes Recht zu; die mehreren Rechte bestehen jedoch nicht un-

abhängig voneinander; sie sind vielmehr miteinander verbunden (BayObLG 1991, 433 = Rpfleger 1992, 191). Ein dingliches Wohnungsrecht kann schließlich aber auch als ein einziges Recht mehreren gemeinschaftlich, z. B. zur gesamten Hand, zustehen (zum Ganzen: BGH 46, 254f.). Räumt der Erwerber eines Grundstücks dem Längstlebenden der Veräußerer (Eltern des Erwerbers) ein mit dem Tod des Erstversterbenden entstehendes lebenslanges Wohnungsrecht ein, dann ist für jeden Veräußerer ein durch den Tod des anderen aufschiebend bedingtes Recht einzutragen (sog. Alternativberechtigung; OLG Köln MittRhNotK 1997, 84).

32 e) **Zustimmung des Ehegatten.** Zur Bestellung kann im Einzelfall die Zustimmung gem. § 1365 BGB erforderlich sein; maßgebend ist, ob durch die Belastung der Wert des Grundstücks in einem Maß absinkt, dass dem verfügenden Ehegatten nur ein unwesentlicher Teil seines ursprünglichen Gesamtvermögens verbleibt (BGH Rpfleger 1989, 404). Ist das Grundstück bereits mit Grundpfandrechten belastet, ist die Zustimmung erforderlich, wenn der Wohnberechtigte weiß, dass es sich bei dem Grundstück im Wesentlichen um das ganze Vermögen des verfügenden Ehegatten handelt, dass und in welchem Umfang der Wert des Grundstücks durch die Vorbelastungen gemindert ist und dass der Wert des Wohnungsrechts den danach verbleibenden Grundstückswert im Wesentlichen aufzehrt (BGH NJW 1993, 2441).

33 **7. Nießbrauch. a)** Bei ihm gehören die das **gesetzliche Schuldverhältnis** zwischen Nießbraucher und Eigentümer regelnden Vorschriften zum Inhalt des Rechts; sie können aber gleichwohl mit dinglicher Wirkung geändert oder abbedungen werden, soweit dadurch nicht gegen das Wesen des Nießbrauchs verstoßen wird und insbes. die begriffswesentlichen Grenzen zwischen Eigentum und Nießbrauch und damit der Grundsatz der Erhaltung der Substanz der nießbrauchsbelasteten Sache nicht verletzt werden (BGH Rpfleger 1985, 373; BayObLG 1979, 276; KG Rpfleger 1992, 14). Die Verlängerung der für einen Nießbrauch bestimmten Zeit ist wie eine Inhaltsänderung des Rechts im Sinn des § 877 BGB zu behandeln (JFG 13, 77; a. M. OGH MDR 1949, 470; vgl. dazu auch BayObLG 1959, 527 für eine Verlängerung der Erbbaurechtszeit). Zur Übertragbarkeit und zur Überlassung der Ausübung s. § 1059 BGB; zur Übertragbarkeit, wenn der Nießbrauch einer juristischen Person oder einer rechtsfähigen Personengesellschaft zusteht, s. Anh. zu § 26 Rn. 2. Zur Pfändbarkeit s. Rossak MittBayNot 2000, 383.

34 **b)** Ein **Kündigungsrecht** kann nicht zum Inhalt eines Nießbrauchs gemacht werden. Das Recht, unter bestimmten Voraus-

setzungen und mit einer bestimmten Frist den Nießbrauch zu „kündigen“, kann dem Nießbrauch aber als auflösende Bedingung hinzugefügt werden (BayObLG NJW-RR 1990, 87); zur Eintragung der Bedingung im GB s. § 44 Rn. 20. Ein Nießbrauch mit dem Inhalt, dass der Eigentümer gegenüber dem Nießbraucher verpflichtet ist, das Waldgrundstück wieder aufzuforsten, falls es der Nießbraucher abholzt, läuft, weil dem Eigentümer eine Leistungspflicht auferlegend, dem Wesen des Nießbrauchs als einer Dienstbarkeit zuwider und kann daher nicht eingetragen werden (BayObLG 1972, 364 = Rpfleger 1973, 55). Aus den gleichen Gründen kann eine Vereinbarung, dass der Eigentümer verpflichtet sein soll, zur Finanzierung von Ausbesserungen und Erneuerungen des Grundstücks ein Darlehen aufzunehmen, nicht zum Inhalt eines Nießbrauchs gemacht werden (BayObLG 1985, 6 = MittBayNot 1985, 70).

c) Die Pflicht des Nießbrauchers, das mit dem Nießbrauch be- **35**
lastete Waldgrundstück nach einem gestatteten Kahlhieb wieder aufzuforsten, kann nicht mit dinglicher Wirkung **abbedungen werden** (BayObLG 1977, 205 = Rpfleger 1977, 407). Nicht mit dinglicher Wirkung abdingbar sind ferner die gesetzlichen Regelungen des § 1037 Abs. 1 BGB (KG Rpfleger 1992, 14: die Errichtung eines Gebäudes auf einer unbebauten Grundstücksteilfläche kann daher nicht gestattet werden; kritisch hierzu Frank DNotZ 1992, 678) und des § 1039 Abs. 1 Satz 2 BGB, wohl aber das Recht des Eigentümers, nach § 1051 BGB Sicherheitsleistung zu verlangen (BayObLG 1977, 81 = Rpfleger 1977, 252) und das Recht des Nießbrauchers, gemäß § 1059 Satz 2 BGB die Ausübung des Nießbrauchs einem anderen zu überlassen (BGH 95, 99 = NJW 1985, 2827).

d) Die Vereinbarung, dass der Nießbraucher auch die Kosten für **36**
außerordentliche Ausbesserungen und Erneuerungen des Grundstücks zu tragen hat, kann als zulässige **Abänderung des gesetzlichen Schuldverhältnisses** zwischen Eigentümer und Nießbraucher in das GB eingetragen werden (BayObLG 1985, 6 = MittBayNot 1985, 70; BayObLG Rpfleger 1985, 285); ebenso eine Beschränkung des Nießbrauchers dergestalt, dass er ohne Zustimmung des Eigentümers keine Mietverträge mit einer Laufzeit von mehr als 12 Monaten abschließen darf (LG Aachen Rpfleger 1986, 468). Zu der zweifelhaften Frage, ob ein Nießbrauch „in Abänderung des gesetzlichen Schuldverhältnisses zwischen Nießbraucher und Eigentümer“ mit dem Inhalt bestellt werden kann, dass der Nießbraucher an den (jeweiligen) Eigentümer unter gewissen Voraussetzungen ein bestimmtes Entgelt zu entrichten hat, s. BayObLG 1979, 276. Die Bestellung eines Nießbrauchs an einem bebauten

Grundstück mit der Beschränkung, dass sich der Eigentümer die Nutzung einer bestimmten Wohnung in dem auf dem Grundstück errichteten Gebäude vorbehält, ist unzulässig (BayObLG 1979, 361 = Rpfleger 1980, 17). Für den Nießbraucher kann nicht auch noch ein Wohnungsrecht eingetragen werden (OLG Hamm FGPrax 1997, 168). Der Ausschluss des Nießbrauchers von den Nutzungen der Sache und einem Besitzrecht, das ihm die Ziehung von Nutzungen ermöglicht, lässt kein wirksames Nießbrauchsrecht entstehen (OLG Hamm Rpfleger 1983, 144). Zur Bestellung eines Nießbrauchs für ein „Holznutzungsrecht" an einem Waldgrundstück s. BayObLG Rpfleger 1981, 439; vgl. in diesem Zusammenhang auch Schöner DNotZ 1982, 416.

37 **e)** Mit einem Nießbrauch kann ein ganzer ideeller Miteigentumsanteil oder ein ideeller Bruchteil davon belastet werden, ferner vom Alleineigentümer ein ideeller Bruchteil des ganzen Grundstücks (sog. **Bruchteilsnießbrauch**; BayObLG 30, 342; 1985, 9). Es kann aber auch ein ganzes Grundstück oder ein ganzer Miteigentumsanteil nur mit dem Bruchteil eines Nießbrauchs belastet werden (sog. **Quotennießbrauch;** JFG 13, 447; LG Wuppertal Rpfleger 1995, 209; LG Köln MittRhNotK 1999, 246). Beim Bruchteilsnießbrauch lastet ein ungeteilter Nießbrauch an einem Miteigentumsanteil oder an einem ideellen Bruchteil des Alleineigentums oder eines Miteigentumsanteils, während beim Quotennießbrauch ein Nießbrauchsteil an einem ungeteilten Alleineigentum oder Miteigentumsanteil lastet. Die Begriffe Bruchteilsnießbrauch und Quotennießbrauch werden in Rechtsprechung und Schrifttum nicht einheitlich verwendet. Zur Übertragung des mit einem Nießbrauch belasteten Miteigentumsanteils ist die Zustimmung (Bewilligung) des Nießbrauchers nicht erforderlich (LG Wuppertal MittRhNotK 1996, 234). Zur Belastung des Anteils an einer BGB-Gesellschaft mit einem Nießbrauch, zum Antrag, diesen im GB nach Übertragung aller Gesellschaftsanteile auf einen Erwerber einzutragen, und zum Erlöschen des bereits eingetragenen Nießbrauchs an einem anderen Gesellschaftsanteil s. OLG Düsseldorf FGPrax 1998, 211 mit abl. Anm. v. Kanzleiter DNotZ 1999, 443; ferner Lindemeier, Die Belastung des Gesamthandsanteils im GB, DNotZ 1999, 876.

38 **8. Dienstbarkeit am eigenen Grundstück.** Sie ist nicht grundsätzlich ausgeschlossen. Die Belastung zugunsten eines Miteigentümers lässt § 1009 Abs. 1 BGB ausdrücklich zu.

a) Grunddienstbarkeit. Die Bestellung einer Grunddienstbarkeit am eigenen Grundstück ist trotz des insoweit nicht durchbrochenen Einigungsgrundsatzes zulässig (RG 142, 231).

b) Beschränkte persönliche Dienstbarkeit. Der BGH hat auch die Bestellung einer beschränkten persönlichen Dienstbarkeit am eigenen Grundstück für zulässig erklärt, wenn sie mit Rücksicht auf die beabsichtigte Veräußerung des Grundstücks geschieht und aus diesem Grund ein Bedürfnis für die Bestellung besteht (BGH 41, 209 = Rpfleger 1964, 310; BayObLG 1985, 292). Nach OLG Frankfurt Rpfleger 1984, 264 reicht es aus, wenn ein Bedürfnis für die Bestellung nur für einen Anteil des Grundstücks besteht. Das OLG Saarbrücken Rpfleger 1992, 16 lässt jedes schutzwürdige wirtschaftliche oder ideelle Bedürfnis genügen. Ob ein schutzwürdiges Bedürfnis Zulässigkeitsvoraussetzung ist, haben BayObLG 1991, 433 = Rpfleger 1992, 191 und OLG Frankfurt Rpfleger 1994, 204 offengelassen. Der in grundbuchmäßiger Form ohnehin kaum mögliche Nachweis eines Bedürfnisses wird jedoch nicht zu verlangen sein, wenn die Möglichkeit eines solchen besteht, weil Eigenrechte schon wegen der Kosten nicht ohne vernünftigen Grund bestellt werden (s. dazu auch Weitnauer DNotZ 1958, 352; 1964, 716; Haegele zu OLG Oldenburg Rpfleger 1967, 410). Für eine Zulässigkeit der Eigentümerdienstbarkeit ohne einschränkende Voraussetzungen tritt Reiff (Rpfleger 1992, 151) ein. 39

Eine Benutzungsdienstbarkeit für den Eigentümer kann an denselben Räumen bestellt werden, die Gegenstand eines Wohnungsrechts für einen Dritten sind; die beschränkte persönliche Dienstbarkeit und das Wohnungsrecht können in diesem Fall auch den gleichen Rang haben (OLG Saarbrücken Rpfleger 1992, 16).

c) Nießbrauch. Gleich der Bestellung einer beschränkten persönlichen Dienstbarkeit am eigenen Grundstück ist auch die eines Nießbrauchs zulässig (s. dazu LG Stade NJW 1968, 1678; Harder NJW 1969, 278; DNotZ 1970, 267). Hinsichtlich des erforderlichen schutzwürdigen Bedürfnisses gilt das zu Rn. 39 Gesagte. Zugunsten eines Miteigentümers kann ein Nießbrauch uneingeschränkt bestellt werden (OLG Frankfurt Rpfleger 1994, 204). 40

d) Wohnungsrecht. Das OLG Oldenburg Rpfleger 1967, 410 ist der Ansicht, dass unter denselben Voraussetzungen, unter denen der BGH die Bestellung einer beschränkten persönlichen Dienstbarkeit am eigenen Grundstück für zulässig erachtet, auch ein Wohnungsrecht für den Grundstückseigentümer bestellt werden kann (s. dazu Rn. 39). Das KG Rpfleger 1985, 185 lässt diese Frage offen, hält jedoch die gleichzeitige Bestellung eines solchen Rechts sowohl für den Eigentümer als auch für einen Dritten für ausgeschlossen (s. hierzu aber auch LG Lüneburg NJW-RR 1990, 1037; OLG Saarbrücken Rpfleger 1992, 16). Zugunsten eines Miteigentümers kann ein Wohnungsrecht uneingeschränkt bestellt werden 41

(BayObLG 1991, 431 = Rpfleger 1992, 191). Zur Bestellung eines gemeinschaftlichen Wohnungsrechts für die Miteigentümer eines Grundstücks s. LG Frankfurt Rpfleger 1992, 246.

42 **9. Eintragung einer Hypothek.** Im Gebiet der früheren DDR konnte ein Grundstück unter der Geltung des Zivilgesetzbuchs v. 19. 6. 1975 (GBl. DDR I 465) mit einer Sicherungshyp. gem. § 452 ZGB oder einer Aufbauhyp. gem. § 456 ZGB belastet werden; zur Höchstbetragshyp. s. § 454a ZGB, eingefügt durch das Ges. zur Änderung und Ergänzung des ZGB v. 28. 6. 1990 (GBl. DDR I 524). Überleitungsvorschriften enthält Art. 233 §§ 3, 6, 10 EGBGB. Die Hyp. war mit der gesicherten Forderung untrennbar verbunden und bestand nur in Höhe der Forderung (§ 454 Abs. 1, § 456 Abs. 2 ZGB); die Vermutung der Richtigkeit des GB (vgl. §§ 7 bis 9 der Grundstücksdokumentationsordnung v. 6. 11. 1975, GBl. DDR I 697) erstreckte sich aber mangels einer § 1138 BGB entsprechenden Vorschrift (auch bei der Aufbauhyp.) nicht auf die zugrunde liegende Forderung (BGH Rpfleger 1995, 291). Eine vor dem 3. 10. 1990 zur Eintragung beantragte Aufbauhyp. konnte auch danach noch eingetragen werden, sofern nur leicht behebbare EintrHindernisse bestanden (BGH Rpfleger 1995, 290).

Zum Vorrang der Aufbauhyp. s. § 45 Rn. 23; zur Löschung einer am 3. 10. 1990 bestehenden Hyp. s. § 27 Rn. 3; zu ihrer Umstellung s. § 28 Rn. 19; zur Vollstreckungsunterwerfung bei einer Aufbauhyp. s. § 44 Rn. 30. S. dazu Böhringer, Löschung von Grundpfandrechten in den neuen Ländern, Rpfleger 1995, 139, Grundbuchrechtliche Konsequenzen aus der Zuordnung von Aufbauhyp. für Sparkassen, VIZ 1998, 424, und zum Ganzen NJ 1992, 292.

43 **a) Allgemeines.** aa) Die Hyp. ist nach § 11 GBV in Abt. III einzutragen. Der Mindestinhalt des EintrVermerks ergibt sich aus § 1115 BGB (s. § 44 Rn. 22). Notwendig ist entweder die Bezeichnung als Hyp. oder die Angabe der näher zu bezeichnenden Forderung, z. B. Darlehen, Kaufpreisforderung. Im ersteren Fall muss sich die Art der Forderung aus der in Bezug genommenen EintrBewilligung ergeben. Der Gläubiger der Hyp. muss dieselbe Person wie der Gläubiger der gesicherten Forderung sein (BayObLG 1958, 168 = NJW 1958, 1917; BGH 29, 363). Der Schuldner der Forderung braucht im EintrVermerk oder in der in Bezug genommenen EintrBewilligung nur dann angegeben zu werden, wenn er nicht der Eigentümer des Grundstücks ist (KGJ 37, 289; RG 136, 82). Zur Bezugnahme auf die EintrBewilligung s. § 44 Rn. 22; zur Eintragung einer Unterwerfungsklausel s. § 44 Rn. 27.

bb) Ein und dieselbe Forderung darf am selben Grundstück nicht durch **mehrere selbständige Einzelhyp.** gesichert werden (RG 131, 20; anders bei selbständigen Teilen der nämlichen Forderung: OLG München JFG 23, 170), wohl aber durch eine Hyp. und eine Grundschuld (RG 132, 138). Für eine Geldschuld aus einem Wahlschuldverhältnis kann eine Hyp. auch dann bestellt werden, wenn nur eine der wahlweise geschuldeten Leistungen eine Geldschuld ist (BayObLG 2000, 60 = Rpfleger 2000, 324). Das OLG Köln FGPrax 1996, 13 hält die Eintragung einer Zwangshyp. wegen einer Forderung für unzulässig, zu deren Sicherung bereits eine Grundschuld am selben Grundstück eingetragen ist und wegen der der Grundstückseigentümer die persönliche Haftung übernommen und sich der sofortigen Zwangsvollstreckung unterworfen hat. Zulässig ist auch eine Ausfallsicherungshyp. an einem anderen Grundstück (RG 122, 331) sowie die Sicherung ausfallender Zinsrückstände durch Höchstbetragshyp. am gleichen Grundstück (KG DR 1943, 856). Ferner kann eine Zwangshyp. eingetragen werden, wenn für dieselbe Forderung an einem anderen Grundstück eine gewöhnliche Hyp. besteht; am selben Grundstück können beide Hyp. nach Ansicht des OLG Köln FGPrax 1996, 13 jedoch nicht eingetragen werden (s. dazu auch § 48 Rn. 12). Eine Hyp. kann mehrere Forderungen gegen denselben Schuldner oder eine Forderung gegen mehrere Gesamtschuldner sichern (RG 126, 278); ob auch mehrere Forderungen gegen verschiedene, nicht in Verpflichtungsgemeinschaft stehende Schuldner, ist umstritten (s. dazu für Höchstbetragshyp. Rn. 53; ferner BayObLG 1964, 32 = DNotZ 1965, 168). Zur Gesamthyp. s. § 48 Rn. 6ff. 44

b) Zinsen. aa) Der Zinssatz muss **bestimmt sein** (zur grundsätzlichen Zulässigkeit unterschiedlicher Festlegung hinsichtlich verschiedener Teile der Hyp. s. OLG Celle Rpfleger 1972, 97). Ein gleitender Zinssatz, etwa ein solcher entsprechend dem jeweiligen Basiszinssatz (früher: Diskontsatz; vgl. § 1 DÜG v. 9. 6. 1998, BGBl. I 1242 i.V.m. der BazBV v. 10. 2. 1999, BGBl. I 139) oder dem jeweiligen Zinssatz einer Sparkasse, ist durch Eintragung eines Höchstzinssatzes nach oben zu begrenzen (OLG Jena JW 1932, 114; KG JW 1938, 1257; KG Rpfleger 1971, 316); über die Bestimmung des letzteren durch den Vollstreckungsgläubiger im Fall der Eintragung einer Zwangshyp. s. OLG Karlsruhe JFG 7, 396. Die Eintragung eines Höchstzinssatzes genügt, wenn die in Bezug genommene EintrBewilligung den regelmäßigen Zinssatz oder den Mindestzinssatz sowie die Bedingungen für die Entstehung der Verpflichtung zur Zahlung eines höheren Satzes ersehen lässt (JFG 5, 350; KG HRR 1931 Nr. 1863; BGH 35, 22; s. auch 45

BGH Rpfleger 1975, 296); es verstößt nicht gegen den Bestimmtheitsgrundsatz, wenn sich der Gläubiger unter der Voraussetzung der allgemeinen Änderung der Kapitalzinsen eine Änderung des Normalzinssatzes innerhalb des eingetragenen Höchstbetrags durch schriftliche Erklärung gegenüber dem Schuldner vorbehält (OLG Stuttgart NJW 1954, 1646; BGH 35, 22; s. dazu auch Riedel DNotZ 1954, 562), wohl aber, wenn die Zinshöhe allein von seinem Willen abhängt (BGH DNotZ 1963, 437; a. M. Ripfel DNotZ 1955, 62; 1963, 439); letzteres trifft jedoch nicht zu, wenn eine öffentliche Sparkasse als Gläubigerin den jeweiligen Tageszins nach Maßgabe ihrer eigenen, allgemein festgesetzten HypZinsen bestimmen darf (BayObLG 1975, 126 = Rpfleger 1975, 221).

46 bb) Der **Anfangstag der Verzinsung** kann vor der Eintragung liegen (OLG Stuttgart NJW 1953, 464; dasselbe gilt bei einer Fremd- oder Eigentümergrundschuld, s. RG 136, 235; BayObLG 1978, 136 = Rpfleger 1978, 309). Er muss in der EintrBewilligung angegeben werden. Wird er nicht kalendermäßig bestimmt angegeben, muss er anhand der Angaben in der EintrBewilligung i. V. m. den jedermann zugänglichen Erkenntnisquellen mindestens bestimmbar sein; zu den Anforderungen an die Bestimmbarkeit s. Anh. zu § 13 Rn. 5. Wird eine Hyp. für eine Darlehensforderung bestellt, deren Verzinsung vom Zugang der Kündigung abhängig gemacht ist, kann der frühestmögliche Zeitpunkt der Kündigung als Anfangszeitpunkt für die Verzinsung in das GB eingetragen werden (BayObLG Rpfleger 2001, 172). Die Angabe, dass die Verzinsung mit dem Tag der Hingabe des Darlehens beginnt, ist nicht ausreichend bestimmt (BayObLG 1995, 271 = MittBayNot 1995, 461; vgl. OLG Stuttgart BWNotZ 1974, 38 zur Vollstreckungsunterwerfung in diesem Fall; a. M. KG HRR 1930 Nr. 1457; LG Aachen MittRhNotK 1985, 38, auch zur Vollstreckungsunterwerfung). Ist jedoch der Tag der Darlehensauszahlung kalendermäßig festgelegt, bestimmt er den höchstmöglichen Umfang der gesicherten Zinsforderung, deren vom Zeitpunkt einer etwaigen späteren Auszahlung abhängiger tatsächlicher Umfang objektiv feststellbar ist (BayObLG 1999, 198 = FGPrax 1999, 174). Fehlen in der EintrBewilligung nähere Angaben zum Anfangstag, so ist im Weg der Auslegung als nächstliegende Bedeutung der Erklärung der Tag der Eintragung der Hyp. als Anfangstag festzustellen (OLG Köln NJW 1960, 1108; LG Aachen Rpfleger 1963, 116 mit weit. Nachweisen). Das in diesem Zusammenhang zur EintrBewilligung Gesagte gilt auch für die GBEintragung. Zum Anfangszeitpunkt für die Verzinsung bei Bewilligung eines Rangvorbehalts für ein verzinsliches Grundpfandrecht s. § 45 Rn. 38. Zur Möglichkeit, einen Klarstellungsvermerk

dahin einzutragen, dass sich die Zinsen auch nach einer Teillöschung weiterhin nach dem Ursprungskapital berechnen, s. Rn. 56.

c) Nebenbestimmungen. aa) Zum Begriff der außer den Zinsen zu entrichtenden Nebenleistungen und der Eintragung ihres Geldbetrags s. § 44 Rn. 24, 25; zu ihrer Bezeichnung durch Bezugnahme auf die öffentlich bekanntgemachte Satzung einer Kreditanstalt s. § 44 Rn. 34. Eine Kündigungsklausel dahin, dass die Hyp. im Fall der ganzen oder teilweisen Veräußerung des Grundstücks fristlos gekündigt werden kann, verstößt nicht gegen § 1136 BGB (BGH 76, 371 = Rpfleger 1980, 271). Bei Barzahlungsklauseln ist im Einzelfall zu prüfen, ob Hinterlegung und Aufrechnung entgegen § 1142 Abs. 2 BGB ausgeschlossen sein sollen (Güldenpfennig NJW 1953, 1024; OLG Düsseldorf NJW 1958, 1142); soweit dies nicht der Fall ist, z. B. bei Ausschluss der Zahlung mit Pfandbriefen (JFG 11, 200) oder bei Ausschluss der Aufrechnung unbeschadet entgegenstehender zwingender Gesetzesvorschriften (LG Köln DNotZ 1956, 601), sind sie eintragungsfähig; zur nachträglichen Eintragung ist die Bewilligung der gleich- und nachstehenden Berechtigten erforderlich (JFG 11, 216); die Klauseln können keinen besonderen Rang haben (JFG 11, 216). **47**

bb) Wegen des Verzichts auf die Vorlegung des HypBriefs und einer Gerichtsstandsklausel s. OLG Köln Rpfleger 1956, 340. Der Ausschluss der Brieferteilung gemäß § 1116 Abs. 2 BGB ist im EintrVermerk zum Ausdruck zu bringen. Sicherungshyp. müssen nach § 1184 Abs. 2 BGB als solche bezeichnet werden; Ausnahmen gelten für die Inhaber- und Orderhyp. (§ 1187 Satz 2 BGB) sowie die Höchstbetragshyp. (§ 1190 Abs. 3 BGB) und galten für die Vergleichsgläubigerhyp. nach § 93 VerglO. Bei der Eintragung einer Sicherungshyp. nach § 128 ZVG soll gemäß § 130 Abs. 1 Satz 2 ZVG im GB ersichtlich gemacht werden, dass sie auf Grund eines Zwangsversteigerungsverfahrens erfolgt ist. Über die Eintragung der Unterwerfungsklausel s. § 44 Rn. 27. **48**

d) Gesetzlicher Löschungsanspruch. Nach §§ 1179a, 1179b BGB, eingefügt durch Art. 1 Nr. 2 des Ges. v. 22. 6. 1977 (BGBl. I 998), kann der Gläubiger einer Hypothek, die nicht unter die Übergangsvorschrift des Art. 8 Abs. 1 oder 2 des genannten Ges. fällt, von dem Eigentümer die Löschung einer vor- oder gleichrangigen Hyp. verlangen, wenn sie im Zeitpunkt der Eintragung der Hyp. des Gläubigers mit dem Eigentum in einer Person vereinigt ist oder eine solche Vereinigung später eintritt; der nämliche Anspruch steht dem Gläubiger einer Hyp. unter der angegebenen Voraussetzung auch hinsichtlich dieser Hyp. zu; der gesetzliche Löschungsanspruch gehört zum Inhalt der Hyp. und ist in gleicher **49**

Weise gesichert, wie wenn zu seiner Sicherung gleichzeitig mit der Eintragung der begünstigten Hyp. eine Vormerkung in das GB eingetragen worden wäre. Gemäß § 1179a Abs. 5, § 1179b Abs. 2 BGB kann jedoch als Inhalt einer Hyp. vereinbart werden, dass der gesetzliche Löschungsanspruch ganz oder für bestimmte Fälle der Vereinigung ausgeschlossen ist. Ein solcher Ausschluss des Löschungsanspruchs ist unter Bezeichnung der Grundpfandrechte, die dem Löschungsanspruch ganz oder teilweise nicht unterliegen, im EintrVermerk anzugeben; ist der Ausschluss nicht für alle Fälle der Vereinigung vereinbart, so kann zur näheren Bezeichnung der erfassten Fälle auf die EintrBewilligung Bezug genommen werden. Vgl. dazu Stöber Rpfleger 1977, 429f. Bei der Eintragung einer Hyp. kann jedoch nicht zugleich der Ausschluss des gesetzlichen Löschungsanspruchs künftig erst einzutragender Grundpfandrechte gegen die jetzt einzutragende Hyp. eingetragen werden (OLG Köln MittRhNotK 1979, 39; BayObLG NJW-RR 1992, 306). Zum Ausschluss des Löschungsanspruchs bei einer Eigentümergrundschuld s. § 39 Rn. 22.

50 **e) Kapitalerhöhung.** Sie ist grundsätzlich nicht bei der Hyp. selbst, sondern als neues Recht in Sp. 1 bis 4 einzutragen (RG 143, 428; JFG 16, 249; BayObLG 1959, 527 = DNotZ 1960, 540).

51 **10. Höchstbetragshypothek. a)** Bei ihr sind der Gläubiger sowie der Höchstbetrag, bis zu dem das Grundstück haften soll, im EintrVermerk anzugeben; die Eintragung von Zinsen und anderen Nebenleistungen ist im Hinblick auf § 1190 Abs. 2 BGB unzulässig (KGJ 39, 257); der Bezeichnung der Hyp. als Sicherungshyp. bedarf es nach § 1190 Abs. 3 BGB nicht. Wesentlich ist die Unbestimmtheit der zu sichernden Forderung. Deshalb darf die Forderung in der EintrBewilligung nicht nach Grund und Betrag als feststehend bezeichnet sein (JFG 7, 366; BayObLG DNotZ 1990, 594). Es genügt aber, dass die Zinsforderung unbestimmt ist (KG HRR 1933 Nr. 202). Ist die zurzeit der HypBestellung in Höhe des Höchstbetrags bestehende bestimmte Forderung, wie etwa bei laufender Geschäftsverbindung, nicht unabänderlich, so darf sie als unbestimmt behandelt werden (KG DR 1942, 1796). Der EintrVermerk muss ersehen lassen, dass die Feststellung der Forderung späterer Zeit vorbehalten ist (KGJ 42, 238); über seine Fassung s. GBV Muster Anl. 1 Abt. III lfd. Nr. 5. Die Angabe des Schuldners ist entbehrlich, wenn er der Eigentümer des Grundstücks ist, die des Forderungskreises dann, wenn alle Forderungen gesichert werden sollen (RG 136, 81).

52 **b)** Eine **Unterwerfungsklausel** ist nicht eintragungsfähig, es sei denn, dass sie sich auf eine in den gesicherten Forderungskreis fal-

lende bestimmte Forderung bezieht (KG DNotZ 1926, 260; BayObLG 1954, 200; DNotZ 1990, 594; OLG Oldenburg DNotZ 1957, 669; OLG Frankfurt Rpfleger 1977, 220). Sie muss sich auf einen betragsmäßig bestimmten Teil der durch die Hyp. gesicherten Forderung beschränken (BGH 88, 65 = Rpfleger 1983, 408), darf also nicht den Höchstbetrag ausschöpfen (BayObLG DNotZ 1990, 594 mit Anm. v. Münch).

c) Die Eintragung **mehrerer selbständiger Höchstbetragshyp.** zur Sicherung desselben Forderungskreises ist grundsätzlich unzulässig; anders aber dann, wenn der Gesamtkredit später derart auf die Grundstücke verteilt werden soll, dass der Gläubiger bestimmen darf, für welche Forderungen er das einzelne Grundstück in Anspruch nehmen will (RG 131, 20; 134, 225). Durch eine Höchstbetragshyp. können auch Forderungen gegen mehrere selbständige, d.h. nicht in Verpflichtungsgemeinschaft stehende Schuldner gesichert werden (RG 126, 272; str.; s. dazu auch BayObLG 1964, 32 = DNotZ 1965, 168 mit weit. Nachweisen). Über die Bestellung einer Höchstbetragshyp. für Forderungen mehrerer Gläubiger s. KG DR 1942, 1334. Über die Eintragung einer Höchstbetragshyp. in Vollzug eines Arrestbefehls s. Anh. zu § 26 Rn. 43. Zur Pfändung einer Höchstbetragshyp. s. Anh. zu § 26 Rn. 35. **53**

11. Tilgungshypothek. a) Während bei der Abzahlungshyp. wechselnde Jahresleistungen, nämlich der feste Tilgungsbetrag und der entsprechend der Tilgung sinkende Zins, zu erbringen sind, werden bei der Tilgungshyp. gleich bleibende, sich aus Zinsen und Tilgungsbeträgen zusammensetzende Jahresleistungen in einem bestimmten Prozentsatz des ursprünglichen Kapitals entrichtet; die bei fortschreitender Kapitaltilgung ersparten Zinsen wachsen der Tilgung zu. Die Tilgungsbeträge sind, wenn sie auch als Zuschläge zu den Zinsen gezahlt werden, keine Nebenleistungen, sondern Kapitalteile; sie können daher durch Bezugnahme bezeichnet werden und fallen nicht unter § 1178 BGB. **54**

b) Erlischt mit der Zahlung die Forderung, so entsteht gemäß § 1163 Abs. 1 Satz 2 BGB in Höhe des Tilgungsbetrags eine **Eigentümergrundschuld;** abweichende Vereinbarungen sind dinglich unwirksam (RG 104, 72; s. aber auch RG 142, 159; 143, 70 sowie Art. 167 EGBGB). Die Grundschuld steht dem Eigentümer zurzeit der Zahlung zu, also dem Verkäufer bis zur Eintragung des Käufers; nach dem Eigentumswechsel muss deshalb auch der frühere Eigentümer die Löschung bewilligen, sofern er nicht den Käufer zur Verfügung über die Eigentümergrundschuld ermächtigt hat (§ 185 Abs. 1 BGB); die Klausel „Gutmachungen werden dem **55**

Käufer übertragen“ ist in diesem Sinn auszulegen. Bei Zahlung von Tilgungsbeträgen durch den Zwangsverwalter erlischt die Hyp. (JFG 11, 254). S. zum Ganzen Kaps DR 1941, 401 ff.

56 **c)** Ist die **Umschreibung** einer Tilgungshyp. auf einen neuen Gläubiger beantragt, so braucht das GBAmt nicht zu prüfen, ob und welche Tilgungsbeträge geleistet worden sind; ergibt sich jedoch aus den vorgelegten Urkunden, dass Tilgungsbeträge entrichtet wurden, so darf das Recht in Höhe dieser Beträge nur mit Zustimmung des Eigentümers und nur als Grundschuld auf den neuen Gläubiger umgeschrieben werden (JFG 21, 306). Wird bei einer Tilgungshyp. ein Teilbetrag gelöscht, so ist auf Antrag ein Klarstellungsvermerk darüber einzutragen, ob Tilgungsraten und sonstige prozentual bestimmte Nebenleistungen nach wie vor von dem ursprünglichen Kapitalbetrag oder, wie bei außerplanmäßiger Teilrückzahlung, nur von dem Restbetrag zu berechnen sind (KG HRR 1935 Nr. 790; Rpfleger 1966, 305).

57 **d)** Bei einer Schuldversprechenshyp. kommt ein **Klarstellungsvermerk** dahin, dass die vereinbarten Zinsen auch nach Teillöschung weiterhin vom Ursprungskapital zu berechnen sind, nur dann in Betracht, wenn dies ausdrücklich in der EintrBewilligung bestimmt worden ist; denn grundsätzlich bezieht sich die dingliche Zinsenhaftung auf das jeweils im GB vermerkte HypKapital (OLG Düsseldorf Rpfleger 1985, 394; im Gegensatz zu ihm bejaht das OLG Hamm Rpfleger 1985, 286 bei gleichem Sachverhalt die Voraussetzungen eines Klarstellungsvermerks, obwohl allenfalls die Eintragung einer nachträglichen Inhaltsänderung des Rechts in Betracht kommt). Das OLG Düsseldorf FGPrax 1995, 218 hält es für zulässig, schon bei Eintragung der Hyp. die für den aufschiebend bedingten Fall einer Teillösung vereinbarte Fortzahlung der Zinsen auch für den getilgten Teilbetrag als Nebenleistungen im GB zu verlautbaren und dies nicht erst einem bei Bedingungseintritt einzutragenden Klarstellungsvermerk vorzubehalten. Zur Frage der Verzinslichkeit der aus einer Tilgungshyp. entstandenen Eigentümergrundschuld s. Jochemczyk DNotZ 1966, 276; BGH 67, 294 = Rpfleger 1977, 16 mit weit. Nachweisen, zur Kündigung einer solchen s. BGH 71, 206 = Rpfleger 1978, 301.

58 **12. Einheitshypothek. a)** Mehrere mindestens hinsichtlich des Hauptrechts im Rang gleichstehende oder unmittelbar aufeinander folgende Hyp. desselben Gläubigers können zu einer einheitlichen Hyp. zusammengefasst werden; die Zusammenfassung stellt sich rechtlich als **inhaltliche Änderung der Einzelhyp.** dar (RG 145, 47; JFG 20, 283). Soll die unmittelbare Rangfolge durch eine Rangänderung herbeigeführt werden, so müssen sämtliche Zwi-

schengläubiger den Vorrang einräumen; sonst würden sie im Rang aufrücken, wenn das zurücktretende Recht kraft Gesetzes aufgehoben wird (s. § 45 Rn. 48). Keine Zusammenfassung, wenn die Hyp. zwar demselben Gläubiger zustehen, jedoch zu verschiedenen Vermögensmassen, z. B. teilweise zu einer Vorerbschaft, gehören. Der zu bildenden Einheitshyp. muss eine einheitliche Forderung zugrunde liegen oder zugrunde gelegt werden; Zinssatz und Zahlungsbedingungen müssen einheitlich sein (JFG 20, 383; KG DR 1944, 574), nicht aber Beginn der Verzinsung (LG Hof Rpfleger 1964, 375 mit Anm. v. Haegele).

b) Sachlichrechtlich ist Einigung, verfahrensrechtlich **Bewilligung des Gläubigers und des Eigentümers** erforderlich; ist eine Hyp. mit dem Recht eines Dritten belastet, so muss dessen sachlichrechtliche Zustimmung und verfahrensrechtliche Bewilligung hinzutreten (s. jedoch Rn. 60); dagegen bedarf es einer Mitwirkung gleich- und nachstehender Berechtigter nur, soweit diese durch andere Inhaltsänderungen notwendig wird (Recke DJust. 1935, 1727). Mehrere im Rang unmittelbar aufeinander folgende Hyp. desselben Gläubigers können nach OLG Hamm Rpfleger 1992, 13 ohne Eintragung einer Einheitshyp. als Zwischenstadium in betragsmäßig geänderte neue Einzelhyp. mit gleichem Gesamtbetrag wie vorher und zugleich in Buchgrundschulden umgewandelt werden; s. hierzu die kritische Anm. v. Bestelmeyer Rpfleger 1992, 151. **59**

c) Der Antrag auf Zusammenfassung ist **zurückzuweisen,** wenn bei einzelnen Hyp. Veräußerungsverbote, Vormerkungen zur Sicherung des Anspruchs auf Übertragung, Widersprüche oder Pfandrechte eingetragen sind. Denn dann besteht die Möglichkeit, dass die Einheitshyp. wieder getrennt werden muss, was die Übersichtlichkeit des GB nicht fördert, sondern erschwert. Auch die Zustimmung dieser Drittberechtigten ändert daran nichts. Ein Nießbrauch hindert die Zusammenfassung nicht; ebenso wenig eine Löschungsvormerkung oder der Umstand, dass eine der zusammenzufassenden Hyp. eine Gesamthyp. ist (JFG 20, 383). **60**

d) Die Zusammenfassung ist ihrer sachlichrechtlichen Natur entsprechend in der **Veränderungsspalte** einzutragen (AV v. 5. 3. 1937, DJust. 446 = BayBSVJu III 96; in *Bayern* als entbehrlich aufgehoben durch JMBek. v. 1. 12. 1978, JMBl. 213) und kann etwa wie folgt verlautbart werden: „Die Hyp. Nr. 3, 4, 5 sind zusammengefasst in eine einheitliche Darlehenshyp. von 15 000 EUR, mit 4 v. H. jährlich verzinslich. Der jeweilige Eigentümer ist der sofortigen Zwangsvollstreckung unterworfen. Die bisherigen Hyp-Briefe sind zu einem einheitlichen HypBrief zusammengefasst wor- **61**

den. Unter Bezugnahme auf die EintrBewilligung vom . . . eingetragen am . . .".

62 **e)** Streit besteht über die **Bezifferung der Einheitshyp.** und die Kenntlichmachung in der Hauptspalte. Am übersichtlichsten ist der Vorschlag von Saage DFrG 1937, 115; 1938, 101. Danach ist in der Hauptspalte nichts zu ändern, auch nichts zu röten. In Sp. 5 werden die bisherigen Nummern wiederholt; als neue Nummer erhält die Einheitshyp. die römische Ziffer der niedrigsten Nummer; z.B. „3, 4, 5, jetzt III". In Sp. 6 werden die bisherigen Einzelbeträge wiederholt mit dem Zusatz des Gesamtbetrags, z.B. „(jetzt 15 000 EUR)". Bei späteren Veränderungen heißt es dann nur: „III 15 000 EUR". Nur bei Löschungen sind die früheren Nummern in Sp. 8 zu wiederholen, um die Verbindung mit der Rötung in der Hauptspalte herbeizuführen. Spätere Teilhyp. werden mit III a usw. bezeichnet. Bei einer Teillöschung wird ein entsprechender Betrag in Sp. 3 abgesetzt, und zwar zunächst von der Hyp. mit der höchsten Nummer. Dies auch dann, wenn nicht der letztstellige Teilbetrag gelöscht wird; denn das frühere Rangverhältnis der Hyp. untereinander ist durch die Zusammenfassung gegenstandslos geworden. Das vom LG Hamburg DFrG 1938, 99 vorgeschlagene Verfahren macht das GB unübersichtlich, sobald spätere Teillöschungen hinzutreten.

63 **f)** Handelt es sich bei den zusammengefassten Hyp. um Briefrechte, so ist über die Einheitshyp. grundsätzlich ein **neuer Brief** zu bilden; näheres s. § 67 Rn. 11.

64 **g)** Die **Gebühr** für die Eintragung der Zusammenfassung setzt sich gemäß § 58 KostO aus den halben Gebühren für die Veränderung der einzelnen Hyp. zusammen (JFGErg. 17, 101); über die Wertberechnung s. OLG Bamberg Rpfleger 1951, 573.

65 **13. Zwangshypothek. a) Allgemeines.** aa) Die Eintragung einer Zwangshyp. ist neben der Zwangsversteigerung und Zwangsverwaltung eine weitere Maßregel der Zwangsvollstreckung in ein Grundstück (§ 866 Abs. 1 ZPO). Die Zwangshyp. darf nur für einen Betrag von mehr als 750 EUR eingetragen werden (§ 866 Abs. 3 ZPO). Sollen **mehrere Grundstücke** des Schuldners belastet werden, so ist der Betrag der Forderung bereits im Antrag auf die einzelnen Grundstücke zu verteilen; die Größe der einzelnen Teile bestimmt der Gläubiger; eine Rangfolge der Teile für die Befriedigung braucht er nicht anzugeben. Sollen für mehrere Forderungen, für die mehrere Titel bestehen, an mehreren Grundstücken Zwangshyp. eingetragen werden, muss im EintrAntrag und in der Eintragung genau angegeben werden, welcher Teil welcher Forderung an welchem Grundstück gesichert sein soll (§ 867

Abs. 2 ZPO; BGH Rpfleger 1991, 303; zur Eintragung einer Gesamtzwangshyp. s. Deimann Rpfleger 2000, 193; vgl. hierzu auch § 48 Rn. 15). In diesen Fällen muss auch der Betrag der einzelnen Zwangshyp. über 750 EUR liegen. Die Eintragung einer Zwangshyp. kann für einen geringeren Betrag beantragt werden als ihn der Schuldtitel ausweist (RG 71, 315). Zur Eintragung einer Zwangshyp. wegen einer bereits durch eine rechtsgeschäftlich bestellte Hyp. gesicherten Forderung s. § 48 Rn. 12. Die Zwangshyp. ist kraft Gesetzes Sicherungshypothek, die mit der Eintragung entsteht (§ 867 Abs. 1 Satz 2 ZPO) und sich von der rechtsgeschäftlich bestellten Hyp. (§ 1184 BGB) grundsätzlich nur durch die Art ihrer Entstehung unterscheidet. Die Erteilung eines Briefs ist ausgeschlossen (§ 1185 Abs. 1 BGB); die Sicherungshyp. kann daher zusammen mit der Forderung nur durch Einigung und Eintragung im GB abgetreten werden (BayObLG Rpfleger 1998, 283).

b) Belastungsgegenstand. aa) Mit einer Zwangshyp. können **66**
Grundstücke (§ 866 Abs. 1 ZPO) und grundstücksgleiche Rechte (§ 864 Abs. 1, § 870 ZPO; zum Begriff s. § 3 Rn. 6, 7) sowie Bruchteile davon (§ 864 Abs. 2 ZPO) einschließlich WEigentum belastet werden. An dem Bruchteil eines im Alleineigentum stehenden Grundstücks kann entgegen § 864 Abs. 2 ZPO nur in Ausnahmefällen eine Zwangshyp. eingetragen werden (OLG Frankfurt NJW-RR 1988, 463). Zur Erstreckung einer an einem Miteigentumsanteil eingetragenen Zwangshyp. auf das Gesamtgrundstück nach Hinzuerwerb der übrigen Anteile durch den Schuldner s. OLG Oldenburg Rpfleger 1996, 242. Die Zwangshyp. ist privatrechtlicher Natur; sie kann, falls die zugrundeliegende Forderung besteht, von einem Dritten durch Rechtsgeschäft gutgläubig erworben werden (BayObLG Rpfleger 1986, 372; KG Rpfleger 1988, 359; OLG Frankfurt FGPrax 1998, 205). Der Grundstückseigentümer erwirbt die Zwangshyp. unter den Voraussetzungen des § 868 ZPO (s. dazu OLG Celle NdsRpfl. 1998, 89; OLG Brandenburg Rpfleger 2001, 487). Ein vollstreckungshindernder gerichtlicher Vergleich bewirkt grundsätzlich nicht den Erwerb der Zwangshyp. durch den Eigentümer (BayObLG Rpfleger 1998, 437). Die im letzten Monat vor dem Antrag auf Eröffnung des Insolvenzverfahrens oder nach der Antragstellung erlangte Zwangshyp. wird mit der Eröffnung des Insolvenzverfahrens unwirksam (§ 88 InsO; sog. **Rückschlagsperre**); erlangt ist die Zwangshyp. mit der Eintragung im GB (LG Nürnberg-Fürth Rpfleger 2001, 410 mit zust. Anm. v. Zimmermann). Entsprechend § 868 ZPO entsteht eine Eigentümergrundschuld. Maßgebend ist auch ein zunächst mangelhafter oder beim unzuständigen Gericht gestellter

Antrag, sofern er zur Eröffnung des Verfahrens führt (BayObLG 2000, 176 = Rpfleger 2000, 448). Zur GBBerichtigung gilt das im Folgenden zu § 7 Abs. 3 GesO Gesagte entsprechend.

bb) Im Gebiet der **früheren DDR** wurden mit Eröffnung des Gesamtvollstreckungsverfahrens vorher eingetragene Zwangssicherungshyp. gem. § 7 Abs. 3 GesO den Gesamtvollstreckungsgläubigern gegenüber unwirksam (sog. Rückschlagsperre); damit wurde das GB unrichtig (BGH 130, 347 = NJW 1995, 2715, zugleich zur GBBerichtigung auf Grund Berichtigungsbewilligung). Zur Berichtigung auf Grund Unrichtigkeitsnachweises durch Vorlage des Beschlusses über die Eröffnung des Gesamtvollstreckungsverfahrens s. einerseits OLG Jena FGPrax 1996, 88 mit kritischer Anm. v. Keller FGPrax 1996, 167, andererseits OLG Dresden Rpfleger 1999, 442, nunmehr aber BGH 144, 181 = NJW 2000, 2427 mit Anm. v. Egerland NotBZ 2000, 227 und Holzer MDR 2000, 905, ferner BayObLG 2000, 179 = Rpfleger 2000, 448; s. dazu auch Keller ZIP 2000, 1324; LG Nürnberg-Fürth Rpfleger 2001, 410 mit kritischer Anm. v. Zimmermann. Eine Löschung von Amts wegen oder die Eintragung eines Amtswiderspruchs kommt nicht in Betracht (LG Schwerin Rpfleger 1996, 168). Auf eine vom Schuldner zur Abwendung der Zwangsvollstreckung bewilligte Hyp. ist § 7 Abs. 3 GesO nicht entsprechend anwendbar (KG ZIP 1996, 645), ferner nicht auf eine Vormerkung zur Sicherung des Anspruchs auf Eintragung einer Hypothek, z. B. einer Bauhandwerkersicherungshypothek, es sei denn, dass diese auf Grund einstweiliger Verfügung eingetragen wurde (BGH 142, 208 = Rpfleger 1999, 556; BGH 144, 181= NJW 2000, 2427, zugleich zur Löschung der Vormerkung; LG Dresden Rpfleger 1997, 106 mit abl. Anm. v. Keller; a. M. OLG Jena Rpfleger 1996, 211). Die GesO ist ab 1. 1. 1999 durch die InsO ersetzt worden. An Stelle des § 7 Abs. 3 GesO gilt jetzt § 88 InsO. Die Vorschriften der GesO sind aber auf diejenigen Verfahren weiter anzuwenden, die vor dem 1. 1. 1999 beantragt worden sind (Art. 103 EGInsO). S. zum Ganzen auch BGH NJW 1995, 1159; Böhringer DtZ 1996, 258; Holzer ZIP 1996, 780; Keller Rpfleger 1997, 45; Bestelmeyer DtZ 1997, 274. Zur Begründung einer Zwangshyp. im Gebiet der früheren DDR am Grundstück und/oder Gebäudeeigentum, wenn beide dem Schuldner gehören, s. § 144 Rn. 13.

67 **c) Prüfung des GBAmts.** Die Eintragung der Zwangshyp. ist Vollstreckungsmaßregel, die durch ein GBGeschäft vollzogen wird (KG Rpfleger 1987, 301). Das GBAmt hat die Eintragung als Vollstreckungsorgan vorzunehmen. Es hat sowohl die vollstreckungsrechtlichen Voraussetzungen der ZPO als auch die grundbuchrechtlichen der GBO selbständig zu prüfen (BGH 27, 313; BayObLG 1975, 401; Rpfleger 1982, 466; OLG Hamm Rpfleger 1985, 231). Fehlt eine vollstreckungsrechtliche Zulässigkeitsvoraussetzung, so ist der Antrag sofort zurückzuweisen (BayObLG 1984, 246; zur Zulässigkeit eines Hinweises gem. § 139 ZPO s. BGH 27, 314f.; zur Heilung vollstreckungsrechtlicher Mängel s. Rn. 68; s. auch § 18 Rn. 7, 9); im Übrigen kommt der Erlass einer Zwischenverfügung in Betracht. Materiellrechtliche Einwendungen, z.B. die Abtretung der titulierten Forderung, sind für das GBAmt grundsätzlich unbeachtlich; sie sind nur im Rahmen des § 775 Nr. 4, 5 ZPO zu berücksichtigen (OLG Köln Rpfleger 1991, 149).

aa) **Vollstreckungsrechtliche Voraussetzung** für die Eintragung einer Zwangshyp. ist, dass gemäß § 750 Abs. 1 ZPO die allgemeinen Voraussetzungen der Zwangsvollstreckung gegeben und dem GBAmt nachgewiesen sind (BayObLG Rpfleger 1982, 466; BayObLG 1983, 189 = Rpfleger 1983, 407). Das GBAmt hat daher das Vorliegen eines zur Vollstreckung geeigneten Titels (§§ 704, 794 ZPO), der Vollstreckungsklausel (§§ 724, 796 Abs. 1 ZPO) und der Zustellung (§ 750 Abs. 1, 2 ZPO) zu prüfen und gegebenenfalls das Vorliegen der weiteren Voraussetzungen des § 750 Abs. 3 (nach KG Rpfleger 1988, 359 muss in jedem Fall einer Vollstreckung nach § 720a ZPO auch die Vollstreckungsklausel zugestellt sein; ebenso OLG Stuttgart NJW-RR 1989 1535 und OLG Karlsruhe Rpfleger 1991, 51), des § 751 (OLG Frankfurt FGPrax 1998, 205; zur Zulässigkeit der Zwangsvollstreckung ohne Sicherheitsleistung gem. § 720a Abs. 1 Satz 1 Buchst. b ZPO aus einem Urteil gegen einen Dritten auf Duldung der Zwangsvollstreckung wegen einer vollstreckbaren Geldforderung gegen den Schuldner s. BayObLG Rpfleger 1995, 305), des § 765 (der Annahmeverzug des Schuldners muss in der Form des § 29 nachgewiesen werden: OLG Hamm Rpfleger 1983, 393; OLG Celle Rpfleger 1990, 112; OLG Köln Rpfleger 1997, 315; LG Wuppertal Rpfleger 1988, 153) und des § 798 ZPO. Darüber hinaus sind die besonderen Vorschriften des § 866 Abs. 3 (Mindestbetrag), § 867 Abs. 1 (Antrag), § 867 Abs. 2 (Belastung mehrerer Grundstücke) und des § 882a ZPO (Ankündigung der Zwangsvollstreckung; s. dazu auch § 15 Nr. 3 EGZPO und für *Bayern* Art. 77 GO; ferner BayObLG Rpfleger 1995, 106) zu beachten. **68**

Bei einer **Vollstreckung in das Gesamtgut** in Gütergemeinschaft lebender Ehegatten auf Grund eines Vollstreckungstitels nur gegen einen Ehegatten muss nachgewiesen werden, dass dieser das Gesamtgut allein verwaltet (§ 740 ZPO) oder dass die Voraussetzungen des § 741 ZPO vorliegen. Ein Erwerbsgeschäft, bei dem es sich auch um einen landwirtschaftlichen Betrieb handeln kann (BayObLG 1983, 187 = Rpfleger 1983, 407), muss im Zeitpunkt der EintrVerfügung selbständig geführt werden; dies ist auch dann noch der Fall, wenn das Erwerbsgeschäft nach Betriebsaufgabe abgewickelt wird. Bei Eintragung einer Zwangshyp. ohne die gem. §§ 740, 741 ZPO erforderlichen Nachweise entsteht keine inhaltlich unzulässige Eintragung (BayObLG 1995, 249 = FGPrax 1995, 188). Zu den Voraussetzungen für eine Zwangsvollstreckung in das Gesamtgut einer Gütergemeinschaft niederländischen Rechts (hier: Duldungstitel nur gegen den Ehegatten des Schuldners) s. BGH Rpfleger 1998, 350.

Alle vollstreckungsrechtlichen Voraussetzungen müssen dem GBAmt **in der Form des § 29 nachgewiesen** werden. Eine im Vollstreckungstitel dem Vollstreckungsschuldner vorbehaltene Beschränkung der Haftung (vgl. §§ 780, 786 ZPO) braucht das GBAmt nicht zu berücksichtigen, es sei denn, ihretwegen ist die Zwangsvollstreckung für unzulässig erklärt oder eine Anordnung nach § 769 ZPO erlassen worden (§§ 781, 785 ZPO; vgl. OLG Frankfurt NJW-RR 1998, 160). Wird eine Zwangshyp. eingetragen, obwohl vollstreckungsrechtliche Voraussetzungen fehlen, wird der darin liegende Verfahrensmangel dadurch geheilt, dass die Voraussetzungen nachgeholt werden (OLG Hamm FGPrax 1997, 86). Zur Eintragung einer Zwangshyp. allein wegen der Kosten der Zwangsvollstreckung (vgl. § 788 ZPO) s. BayObLG Rpfleger 1998, 32.

69 bb) **Grundbuchrechtliche EintrGrundsätze** gebieten die Anwendung des § 13 auf den Vollstreckungsantrag des § 867 Abs. 1 ZPO; antragsberechtigt ist in Abweichung von § 13 Abs. 1 Satz 2 jedoch nur der Gläubiger. Die EintrBewilligung wird durch den vollstreckbaren Titel ersetzt (BayObLG 1975, 402). Dieser muss sich deshalb gegen denjenigen richten, der im Zeitpunkt der Eintragung der Zwangshyp. Eigentümer ist. Wenn nach Eingang des EintrAntrags das Eigentum außerhalb des GB, z.B. durch Zuschlag in der Zwangsversteigerung, auf einen anderen übergegangen ist, kann die Zwangshyp. nicht mehr eingetragen werden (OLG Jena Rpfleger 2001, 343). Das zu belastende Grundstück ist gemäß § 28 Satz 1 zu bezeichnen. Trotz § 28 Satz 2 Halbsatz 1 ist die Eintragung einer Zwangshyp. auch für eine Fremdwährungsschuld möglich (s. hierzu RG 106, 79; BGH WM 1991, 723). Für erforderliche Nachweise gilt § 29. Die Zurücknahme des Antrags bedarf gemäß § 31 der in § 29 Abs. 1 Satz 1 vorgeschriebenen Form (OLG Hamm Rpfleger 1985, 231; OLG Düsseldorf Rpfleger 2000, 62; a.M. Hintzen Rpfleger 1991, 286). Der Grundsatz der Voreintragung (§ 39) ist zu beachten. Soll die Zwangshyp. für mehrere gemeinschaftlich eingetragen werden, ist § 47 maßgebend (s. hierzu auch § 47 Rn. 14 und Böhringer BWNotZ 1985, 73).

d) Eintragung. aa) Die Zwangshyp. ist im GB als Sicherungshyp. zu bezeichnen (§ 1184 Abs. 2 BGB). Darüber hinaus ist kenntlich zu machen, dass sie „im Weg der Zwangsvollstreckung" eingetragen wurde (KGJ 49, 230). Geldbetrag der Forderung, Zinssatz und Geldbetrag sonstiger Nebenleistungen müssen in den EintrVermerk selbst aufgenommen werden; andernfalls ist die Eintragung inhaltlich unzulässig (BayObLG 1984, 245). Im Übrigen kann zur Bezeichnung der Forderung auf den die EintrBewilligung ersetzenden Vollstreckungstitel **Bezug genommen werden** (§ 1115 Abs. 1 BGB). Zur Fassung der Eintragung s. GBV Muster Anl. 1 Abt. III lfd. Nr. 4. Ist der Grundstückseigentümer zur Zahlung eines bestimmten Geldbetrags verurteilt, kann nach OLG Köln Rpfleger 1990, 411 wegen dieses Betrags für den Kläger eine Zwangshyp. auch dann eingetragen werden, wenn nach dem Urteil Teilbeträge auf Grund Pfändungen an Dritte zu zahlen sind. Ein Kaufmann kann als Gläubiger auch dann nur mit seinem bürgerlichen Namen eingetragen werden, wenn er im Vollstreckungstitel mit seiner Firma bezeichnet ist (BayObLG Rpfleger 1988, 309). 70

bb) Zur Eintragung eines nicht eingetragenen Vereins als Gläubiger, ferner einer WEigentümergemeinschaft, auch wenn der Verwalter als Prozessstandschafter auftritt, einer noch nicht eingetragenen GmbH oder KG, einer BGB-Gesellschaft, des Schuldners des Insolvenzverfahrens sowie der Erben bei Nachlasspflegschaft und Testamentsvollstreckung s. § 44 Rn. 50, 53. Zur Eintragung einer Zwangshyp. allein für die kapitalisierten Zinsen einer vollstreckbaren Forderung s. OLG Schleswig Rpfleger 1982, 301. Zur Bestimmung des Höchstzinssatzes durch den Vollstreckungsgläubiger s. Rn. 45. Wegen der Rechtsmittel s. § 71 Rn. 3, 12, 51. Besonderheiten gelten für die Eintragung einer Zwangshyp. für Steuerforderungen nach § 322 AO; näheres hierüber s. § 38 Rn. 16. Zur Arresthyp. s. Anh. zu § 26 Rn. 43. 71

e) Kosten. Für die Eintragung der Zwangshyp. sind nach § 64 Abs. 2 SGB X Gerichtsgebühren nicht zu erheben, wenn die Eintragung auf Antrag eines Sozialhilfeträgers wegen eines auf ihn nach § 1542 RVO oder § 116 SGB X übergegangenen Ersatzanspruchs erfolgt (OLG Köln Rpfleger 1990, 64). 72

14. Eintragung einer Reallast. a) Allgemeines. aa) Die Reallast wird nach § 10 GBV in Abt. II eingetragen. Gegenstand einer Reallast können nur Leistungen sein, die in einem positiven Geben 73 oder Tun bestehen (BayObLG 1959, 301; Rpfleger 1981, 353; OLG Köln MittRhNotK 1992, 46; zur Eintragung als Bezugsrecht oder Lieferungsverpflichtung s. BayObLG NJW-RR 1993, 530). Auch für eine unvertretbare oder eine persönliche Dienstleistung kann eine Reallast bestellt werden (BGH 130, 345 = FGPrax 1995, 186). Es muss sich um – nicht notwendig regelmäßig und in gleicher Höhe – wiederkehrende Leistungen handeln. Eine **einmalig zu erbringende Leistung** kann nicht Gegenstand einer Reallast sein. Ausnahmsweise können aber einmalige Leistungen einbezogen sein, wenn sie innerhalb eines Gesamtbereichs wiederkehrender Leistungen liegen, die sie ergänzen. Jedoch kann eine Verfallklausel, nach der der Berechtigte unter bestimmten Voraussetzungen anstelle wiederkehrender Leistungen ihre Ablösung durch eine einmalige Leistung verlangen kann, nicht Inhalt einer Reallast sein (OLG Köln Rpfleger 1991, 200; s. auch BayObLG 1970, 103 = Rpfleger 1970, 202). Zulässiger Inhalt kann aber sein, dass die wiederkehrenden Leistungen erst nach dem Tod des Grundstückseigentümers zu erbringen sind (OLG Zweibrücken Rpfleger 1991, 496). Zur EintrFähigkeit einer Leistungsverweigerungseinrede für den Fall der Erfüllung der schuldrechtlichen Verpflichtung s. OLG Hamm FGPrax 1998, 9.

74 bb) Als Inhalt des Rechts kann abweichend von § 12 ZVG dem Hauptanspruch Vorrang vor dem Anspruch auf eine wiederkehrende Leistung eingeräumt werden (BayObLG 1990, 282 = Rpfleger 1991, 50). Der Grundsatz, dass dingliche Rechte nicht **zugunsten Dritter** begründet werden können, gilt auch für die Reallast (BGH DNotZ 1965, 612); ist die Eintragung einer Reallast bewilligt, so hat das GBAmt jedoch in aller Regel nicht der Frage nachzugehen, ob eine unwirksame Bestellung zugunsten eines Dritten vorliegt (OLG Köln DNotZ 1966, 677). Über die Bezeichnung des Rechts im EintrVermerk s. § 44 Rn. 17 ff. Zu den Besonderheiten der Erbbauzins-Reallast s. Rn. 81 und Anh. zu § 8 Rn. 42 bis 46.

cc) Wie bei der Hyp. (s. dazu Rn. 58 ff.) ist auch bei der Reallast eine Zusammenfassung mehrerer im Rang gleichstehender oder unmittelbar aufeinander folgender Reallasten zugunsten desselben Berechtigten zu einer **einheitlichen Reallast** als Inhaltsänderung der einzelnen Rechte zulässig (BayObLG 1996, 114 = FGPrax 1996, 130 mit zust. Anm. v. Wilke MittRhNotK 1996, 278).

dd) Zu beachten sind die auf Grund des Art. 115 EGBGB ergangenen landesrechtlichen Vorschriften; in *Bayern* ist Art. 85 Abs. 1, 2 des früheren AGBGB durch die VO v. 17. 4. 1923 (GVBl. 147) außer Kraft gesetzt worden; nach dem AGBGB v. 20. 9. 1982

(BayRS 400-1-J) bestehen untersagende oder beschränkende Vorschriften nicht mehr.

b) Bestimmbarkeit. aa) Für die Reallast genügt es, wenn der Geldwert der aus dem Grundstück zu entrichtenden wiederkehrenden Leistung bestimmbar ist; dabei können außerhalb des EintrVermerks und der EintrBewilligung liegende Umstände herangezogen werden, soweit sie nachprüfbar sind und auf sie im GB oder in der EintrBewilligung hingewiesen ist. Die Anforderungen an die Bestimmbarkeit dürfen einerseits nicht überspannt, andererseits aber im Hinblick auf die Interessen nachrangig Berechtigter auch nicht zu großzügig angesetzt werden (BGH 130, 345 = FGPrax 1995, 186; JFG 1, 429; BayObLG 1993, 228 = Rpfleger 1993, 485; DNotZ 1994, 180; KG OLGZ 1984, 425; OLG Frankfurt Rpfleger 1988, 247; OLG Düsseldorf MittRhNotK 1990, 167; s. dazu auch Anh. zu § 13 Rn. 5). **75**

bb) Eine von der Entwicklung des Index für Lebenshaltungskosten abhängige Leistung ist genügend bestimmbar (OLG Celle Rpfleger 1984, 462). Nicht dagegen die Höhe einer Geldrentenreallast, die sich lediglich nach den jeweiligen Kosten der vom Berechtigten auszuwählenden Mietwohnung richtet, sofern es an objektiven Kriterien für die Ausübung des Auswahlrechts fehlt (KG OLGZ 1984, 425); nicht genügend bestimmbar ist ferner eine Reallast des Inhalts, dass Unterhalt zu gewähren ist, soweit der Berechtigte zur Bestreitung seines hergebrachten Lebensaufwands aus eigener Rentenversorung oder aus sonstigen Einkünften und weiterem Vermögen nicht in der Lage ist (OLG Düsseldorf MittRhNotK 1990, 167). Ist der Umfang einer zu erbringenden Leistung, z.B. Wart und Pflege im Alter, davon abhängig gemacht, dass die Leistung dem Verpflichteten zumutbar ist, liegt nach Ansicht des BGH eine bestimmbare Leistung vor; entscheidend sei, dass die **höchstmögliche Belastung** des Grundstücks für einen Dritten, auch wenn dieser die dafür maßgebenden Tatsachen nicht feststellen kann, erkennbar ist und der Haftungsumfang zu einem bestimmten Zeitpunkt bestimmt werden kann (BGH 130, 345 = FGPrax 1995, 186 auf Vorlage des OLG Stuttgart DNotZ 1995, 317 gegen BayObLG DNotZ 1994, 180). Mit einem bestimmten Betrag muss die höchstmögliche Belastung nicht angegeben werden (BayObLG 1996, 161 = FGPrax 1996, 173).

c) Anpassung. Zu unterscheiden ist zwischen einer automatischen Anpassung der Leistung auf Grund einer **Wertsicherungsklausel** (Gleitklausel), die Inhalt des dinglichen Rechts sein kann, und einem bloß schuldrechtlichen Anspruch auf eine erst noch zu vereinbarende Anpassung der Leistung auf Grund veränderter **76**

Umstände und Eintragung einer Reallast mit entsprechendem Inhalt, der allenfalls durch eine Vormerkung gesichert werden kann (OLG Hamm Rpfleger 1988, 404). Wegen des Vorbehalts der Anpassung einer Reallast „nach dem Maßstab des § 323 ZPO", insbes. im Hinblick auf den sachenrechtlichen Bestimmtheitsgrundsatz, der die Angabe der für die Leistung im Einzelnen maßgebenden Bemessungsgrundlagen erfordert, deren Änderung eine Anpassung auslösen soll, s. BayObLG DNotZ 1980, 94; MittBayNot 1987, 94; OLG Frankfurt Rpfleger 1988, 247; OLG Oldenburg Rpfleger 1991, 450; zur Vormerkungsfähigkeit eines solchen Vorbehalts s. OLG Hamm Rpfleger 1988, 57. Soll durch eine Reallast der angemessene Unterhalt und seine Anpassung an veränderte Verhältnisse gesichert werden, muss als Mindestvoraussetzung für die Bestimmbarkeit der künftigen Leistungen festgelegt werden, welchen Betrag die Beteiligten derzeit als angemessenen Unterhalt ansehen; weiter ist anzugeben, durch welche Einkünfte dieser Betrag im Einzelnen aufgebracht wird (BayObLG 1993, 228 = Rpfleger 1993, 485; s. aber auch BGH 130, 345 = FGPrax 1995, 186). Wegen sonstiger Bemessungsgrundlagen s. Anh. zu § 8 Rn. 44. Zulässiger Inhalt einer Rentenreallast kann eine Wertsicherungsklausel auch dann sein, wenn eine Erhöhung der Rente in dem sich aus der Klausel ergebenden Umfang nur auf Verlangen des Berechtigten eintritt (BGH 111, 324 = Rpfleger 1990, 452).

77 **d) Einzelfälle.** aa) Zur Zulässigkeit der Bestellung einer Roggen- oder Weizenreallast s. OLG Celle DNotZ 1955, 315; OLG Schleswig NJW 1955, 65; DNotZ 1975, 720. Gegenstand einer im Rahmen eines Leibgedings bestellten Reallast kann auch die Sicherung der Kosten der Beerdigung und der Grabpflege sein (BayObLG 1983, 117 = Rpfleger 1983, 308). Zur Löschung einer solchen Reallast s. § 23 Rn. 9, 26.

78 bb) Zur Sicherung einer in monatlichen Raten zu entrichtenden Forderung, die sich um einen bestimmten Betrag erhöht, welcher aber nicht zur Tilgung der Forderung verwendet wird, sondern als Entgelt für die nicht sofort eintretende Fälligkeit der Gesamtforderung dienen soll, kann eine Reallast bestellt werden; dem steht weder das Verbot der Vereinbarung von Zinseszinsen entgegen, noch ermangelt es der für eine Reallast erforderlichen Bestimmtheit (BayObLG MittBayNot 1980, 204).

79 cc) Der Grundstückseigentümer kann sich wegen der Reallast oder der einzelnen Reallastleistungen nicht in der Weise der sofortigen **Zwangsvollstreckung unterwerfen,** dass die Zwangsvollstreckung aus der Urkunde gegen den jeweiligen Grundstücks-

eigentümer zulässig sein soll (BayObLG 1959, 83 = DNotZ 1959, 402; s. dazu auch Hieber DNotZ 1959, 390).

dd) Zur Begründung eines **Wohnungsrechts** in der Rechtsform der Reallast, insbes. dazu, dass eine solche nicht darauf gerichtet sein kann, ein bestimmtes auf dem Grundstück errichtetes Gebäude oder einen bestimmten Teil eines solchen Gebäudes dem Berechtigten unter Ausschluss des Eigentümers zur Verfügung zu stellen, s. OLG Hamm Rpfleger 1975, 357; BayObLG Rpfleger 1981, 353. Die Nebenleistungsverpflichtungen des Eigentümers können bei einem Wohnungsrecht durch selbständige Reallasten abgesichert werden, z.B. die Verpflichtung, den Wohnungsberechtigten von den in seiner Person entstehenden, im Einzelnen genau bestimmten wiederkehrenden Kosten und Abgaben freizustellen, nicht aber die Verpflichtung des Eigentümers, in seiner Person entstehende Kosten und Abgaben nicht auf den Wohnungsberechtigten umzulegen (OLG Köln MittBayNotK 1992, 46). **80**

ee) Die **Erbbauzins-Reallast** ist ein subjektiv-dingliches Recht, das untrennbar mit dem Eigentum an dem mit dem Erbbaurecht belasteten (herrschenden) Grundstück verbunden ist. Sie kann davon auch nicht in der Weise getrennt werden, dass sie nur noch dem jeweiligen Inhaber eines bestimmten Miteigentumsanteils am herrschenden Grundstück zusteht. Dies gilt auch für die Erbbauzins-Reallast an einem einzelnen Wohnungs- oder Teilerbbaurecht (BayObLG 1990, 212 = Rpfleger 1990, 507). Zum Verhältnis von Erbbauzins-Reallast und Finanzierungsgrundpfandrecht s. Dedekind MittRhNotK 1993, 109; zum Rangvorbehalt bei der Erbbauzins-Reallast s. Weber Rpfleger 1998, 5. **81**

15. Eintragung eines Vorkaufsrechts. a) Sie erfolgt nach § 10 GBV in Abt. II. Die Eintragung dinglicher Vorkaufsrechte kann nicht von der Vorlegung des der Form des § 313 BGB bedürftigen Verpflichtungsvertrags abhängig gemacht werden (LG Verden Rpfleger 1956, 129 mit Anm. v. Haegele). An einem Grundstück können mehrere Vorkaufsrechte mit verschiedenem Rang wirksam bestellt werden (BGH 35, 146 = NJW 1961, 1669). Entgegen LG Darmstadt MDR 1958, 35 ist aber auch eine Bestellung zu gleichem Rang als zulässig zu erachten (OLG Hamm Rpfleger 1989, 362; LG Landshut MittBayNot 1979, 69; LG Düsseldorf Rpfleger 1981, 479); vgl. dazu auch Promberger MittBayNot 1974, 145; Zimmermann Rpfleger 1980, 326; 1981, 480. Die Ausübung des Vorkaufsrechts kann auf einen Teil des belasteten Grundstücks beschränkt werden; in diesem Fall genügt es, dass dieser bestimmbar ist (s. § 7 Rn. 21, 22). Zur Bezeichnung des Ge- **82**

meinschaftsverhältnisses bei einem gemeinschaftlichen Vorkaufsrecht s. § 44 Rn. 2.

83 **b)** Die Vereinbarung der **Übertragbarkeit** und Vererblichkeit eines dinglichen Vorkaufsrechts (vgl. § 1098 Abs. 1 Satz 1, § 514 Satz 1 Halbsatz 1 BGB) bedarf zur dinglichen Wirksamkeit der Eintragung in das GB. Sie braucht aber nicht in den EintrVermerk aufgenommen zu werden; es genügt vielmehr Bezugnahme auf die EintrBewilligung (OLG Düsseldorf Rpfleger 1967, 13). Dasselbe gilt bei Bestellung eines Vorkaufsrechts für mehrere oder alle Verkaufsfälle (OLG Köln Rpfleger 1982, 16). Die Abtretung der Rechte aus der Ausübung eines subjektiv-dinglichen Vorkaufsrechts kann im GB nicht eingetragen werden (BayObLG 1971, 28 = Rpfleger 1971, 215). Ein für den ersten Verkaufsfall bestelltes dingliches Vorkaufsrecht erlischt, wenn das belastete Grundstück mit Rücksicht auf ein künftiges Erbrecht an ein Kind verkauft wird (OLG Stuttgart Rpfleger 1997, 473). Zur Übertragbarkeit eines Vorkaufsrechts, das einer juristischen Person oder einer rechtsfähigen Personengesellschaft zusteht, s. Anh. zu § 26 Rn. 2.

84 **c)** Das Vorkaufsrecht hat die gleiche Wirkung wie eine **Auflassungsvormerkung** (§ 1098 Abs. 2 BGB). Diese Wirkung kann einem gesetzlichen Vorkaufsrecht auch ohne dessen Eintragung zukommen (vgl. Art. 34 Abs. 7 BayNatSchG). Der dingliche Schutz wirkt schon ab dem Zeitpunkt, ab dem das Vorkaufsrecht ausgeübt werden kann und nicht erst ab seiner Ausübung (BGH 60, 294; BayObLG 2000, 226 = Rpfleger 2000, 543). Bewilligt und beantragt der Eigentümer, „das Vorkaufsrecht" an bestimmten mehreren Grundstücken einzutragen, so gibt diese Formulierung dem GBAmt keinen berechtigten Anlass für die Annahme, dass die Eintragung eines unzulässigen Gesamtvorkaufsrechts (s. § 48 Rn. 6) gewollt ist (BayObLG 1974, 365 = Rpfleger 1975, 23).

d) Die Vereinbarung eines sog. **„limitierten Kaufpreises"** kann nicht Inhalt eines dinglichen Vorkaufsrechts sein (BayObLG 11, 576; KGJ 43, 223); dies gilt auch für die im Gebiet der früheren DDR nach § 306 ZGB bestellten Vorkaufsrechte (s. dazu auch BayObLG MittBayNot 1995, 460). Die Eintragung eines Vorkaufsrechts mit Vereinbarung eines festen Vorkaufspreises ist nur hinsichtlich dieser Vereinbarung, nicht insgesamt inhaltlich unzulässig. Jedoch kann im Übrigen das GB unrichtig sein. Dies ist dann der Fall, wenn anzunehmen ist, dass sich die Beteiligten über ein Vorkaufsrecht mit dem gesetzlichen Vorkaufspreis nicht geeinigt haben würden (KGJ 43, 223).

e) Ein **gesetzliches Vorkaufsrecht,** z. B. aufgrund des Bayer. NaturschutzG, besteht und erlischt außerhalb des GB. Sein Bestand ist von einer Eintragung im GB unabhängig. Es wird daher auch nicht vom öffentlichen Glauben des GB erfasst. Weder ist ein gutgläubiger Erwerb des Vorkaufsrechts möglich, noch kann ein Grundstück deshalb gutgläubig frei von dem Vorkaufsrecht erworben werden, weil das Recht nicht eingetragen ist. Das gesetzliche Vorkaufsrecht ist nicht eintragungsfähig, auch die Ausübung des Vorkaufsrechts kann nicht im GB vermerkt werden BayObLG 2000, 226 = Rpfleger 2000, 543).

16. Eintragung einer Vormerkung. a) Allgemeines. Die Eintragung erfolgt nach Maßgabe des § 12 Abs. 1 GBV in Abt. II oder III und zwar, wie § 19 Abs. 1 GBV ergibt, teils halb-, teils ganzspaltig. Über den Inhalt der Eintragung s. § 44 Rn. 21. Zweckmäßig ist stets die Angabe, ob der Eintragung eine Bewilligung oder eine einstweilige Verfügung bzw. ein vorläufig vollstreckbares Urteil zugrundeliegt; denn die Löschungsvoraussetzungen sind in beiden Fällen verschieden; ist die Eintragung auf Grund einer einstweiligen Verfügung erfolgt und wird sie nachträglich vom Betroffenen bewilligt, so kann dies auf Antrag im GB zum Ausdruck gebracht werden. Zum Unwirksamwerden gem. § 88 InsO einer aufgrund einstweiliger Verfügung eingetragenen Vormerkung s. Rn. 66. **85**

Für die Eintragung eines Widerspruchs gilt das zur Vormerkung Gesagte sinngemäß; s. dazu auch § 53 Rn. 33 ff. **86**

b) Prüfung des GBAmts. aa) Zunächst ist zu prüfen, ob ein vormerkungsfähiger Anspruch vorliegt (s. Rn. 94 ff.). Aus den EintrUnterlagen muss sich der Gläubiger, der Schuldner, der Leistungsgegenstand, unter Umständen auch der Schuldgrund des zugrundeliegenden Anspruchs ergeben (BayObLG Rpfleger 1993, 328). Der zu sichernde Anspruch muss außerdem nach Inhalt und Gegenstand bestimmt oder wenigstens eindeutig bestimmbar sein (BayObLG 1977, 157; Rpfleger 1986, 174; DNotZ 1989, 364; OLG Köln DNotZ 1985, 451; zu den Anforderungen an die Bestimmbarkeit s. Anh. zu § 13 Rn. 5). Daran fehlt es bei dem in einem Hofübergabevertrag mit Altenteilsbestellung enthaltenen Anspruch auf Anpassung einer Barrente gem. § 323 ZPO, wenn dem Vertrag die für die Bemessung der Rentenhöhe oder die für die künftige Anpassung maßgebenden Gesichtspunkte nicht zu entnehmen sind (OLG Hamm Rpfleger 1988, 57). Hinreichende Bestimmbarkeit ist dagegen gegeben, wenn der gesetzliche Rückübereignungsanspruch des Schenkers gem. §§ 528, 530 BGB gesichert werden soll (Vorlagebeschluss des BayObLG 2001, 190 = FGPrax 2001, 178 gegen OLG Hamm Rpfleger 2000, 449) oder wenn bei einem Anspruch auf Eintragung weiterer, erhöhte Rentenzahlungen betreffende Reallasten sowohl der Höchstbetrag jeder **87**

einzelnen Rentenerhöhung als auch der Gesamterhöhungsrahmen von vorneherein feststehen (OLG Düsseldorf Rpfleger 1989, 231), ferner dann, wenn der Umfang einer zukünftigen Leistung anhand objektiver Kriterien von einem Dritten bestimmt werden soll, z.B. die Größe eines zu verschaffenden Miteigentumsanteils (vgl. dazu OLG Düsseldorf FGPrax 1996, 207). Zur ausreichenden Bestimmbarkeit des Anspruchs eines WEigentümers, neues Sondereigentum an den Räumen eines von ihm auf einer bestimmt bezeichneten Teilfläche des gemeinschaftlichen Grundstücks nach Maßgabe der künftigen baurechtlichen Genehmigung zu errichtenden Gebäudes zu bilden, s. Anh. zu § 3 Rn. 92. Zur Bestimmbarkeit des Anspruchs auf Verschaffung von WEigentum bei der Auflassungsvormerkung s. Rn. 112.

88 bb) Das **Bestehen des zu sichernden Anspruchs** hat das GBAmt nicht zu prüfen, weshalb auch eine Inhaltskontrolle des schuldrechtlichen Vertrags gemäß dem AGB-Gesetz ausscheidet, die übrigens im Hinblick auf § 6 Abs. 2 des genannten Ges. kaum praktische Bedeutung hätte. Weiß das GBAmt allerdings, dass der Anspruch nicht besteht, so muss es die Eintragung der Vormerkung ablehnen, weil es nicht dazu mitwirken darf, das GB unrichtig zu machen (KG JW 1935, 2155; Rpfleger 1971, 312; 1972, 94; BayObLG Rpfleger 1993, 328). Ermittlungen hat das GBAmt in dieser Richtung jedoch nicht anzustellen; eine Beweisaufnahme kommt nicht in Betracht. Auch durch Zwischenverfügung darf die Behebung von Zweifeln nicht aufgegeben werden. Die Vormerkung ist vielmehr einzutragen, sofern nicht mit Sicherheit feststeht, dass der Anspruch nicht entstanden ist, nicht mehr besteht oder, beim künftigen oder bedingten Anspruch, nicht mehr entstehen oder seine Wirkung nicht mehr entfalten kann (vgl. BayObLG DNotZ 1994, 185; Rpfleger 1997, 151).

89 **c) Abhängigkeit vom Anspruch.** aa) Die Vormerkung ist abhängig vom Bestand des durch sie gesicherten Anspruchs. Ist er nicht entstanden oder nachträglich erloschen, ist auch die Vormerkung nicht entstanden oder erloschen; das GB ist unrichtig (BGH 57, 344; 60, 50; BayObLG DNotZ 1989, 363). Zur Notwendigkeit erneuter Eintragung der trotz zwischenzeitlichen Erlöschens des Anspruchs nicht gelöschten Vormerkung s. Anh. zu § 13 Rn. 9. Der gesicherte Anspruch erlischt insbes. durch Erfüllung, z.B. der durch eine Auflassungsvormerkung gesicherte Eigentumsverschaffungsanspruch durch Eintragung der Auflassung (OLG Hamm Rpfleger 1992, 474); Voraussetzung ist aber, dass keine vormerkungswidrigen Eintragungen vorliegen, weil sonst nicht vollständig erfüllt ist (BayObLG 1990, 321 = NJW-RR 1991, 567;

OLG Hamm Rpfleger 1992, 474; vgl. BGH NJW 1994, 2947). Eine Auflassungsvormerkung erlischt auch, wenn die nach § 2 GVO im Gebiet der früheren DDR zur Veräußerung erforderliche Genehmigung bestandskräftig versagt wird (KG Rpfleger 1992, 243); etwas anderes gilt aber, wenn eine Teilungsgenehmigung nach § 19 BauGB versagt wird (s. hierzu § 7 Rn. 11). Zu den umstrittenen Auswirkungen einer befreienden Schuldübernahme auf den Bestand der Vormerkung s. Hoffmann MittBayNot 1997, 10. Eine vormerkungswidrige Verfügung wird mit dem Erlöschen der Vormerkung voll wirksam, wenn bis dahin nicht der gesicherte Anspruch durchgesetzt ist (BGH 117, 390 = Rpfleger 1992, 287). Das GB ist auch unrichtig, wenn der gesicherte künftige Anspruch von Anfang an nicht entstehen konnte oder endgültig feststeht, dass er nicht mehr entstehen kann (BayObLG Rpfleger 1993, 58), ferner wenn eine Vormerkung zu Unrecht gelöscht worden ist (BGH 60, 51; BayObLG 1961, 68). Durch ein Urteil, das eine Klage auf Feststellung der Wirksamkeit eines Kaufvertrags rechtskräftig als „derzeit unbegründet" abweist, ist das Nichtbestehen des durch Vormerkung gesicherten Auflassungsanspruchs nicht nachgewiesen (BayObLG Rpfleger 1995, 406).

bb) Wird der durch die Vormerkung gesicherte Anspruch **auf** 90
einen Dritten übertragen (§ 398 BGB), geht auch die Vormerkung außerhalb des GB auf diesen über. Das GB wird damit unrichtig. Es kann dadurch berichtigt werden, dass die Abtretung bei der Vormerkung im GB vermerkt wird. Dazu ist entweder der Nachweis einer wirksamen Abtretung oder die Berichtigungsbewilligung des im GB eingetragenen Vormerkungsberechtigten erforderlich (BayObLG 1998, 207 = FGPrax 1998, 210).

cc) Um die Sicherungswirkung der Vormerkung zu erhalten, bedarf **jede wesentliche Änderung** des gesicherten Anspruchs, z. B. die Verlängerung der Annahmefrist für ein bindendes Kaufangebot, der Eintragung in das GB. Eine solche Änderung liegt jedoch nicht vor, wenn durch Annahme des Kaufangebots der zunächst künftige Anspruch entstanden ist (s. zum Ganzen Rn. 110). Zur nachträglichen Bestätigung des einer Auflassungsvormerkung zugrundeliegenden nichtigen Kaufvertrags und zur Novation des vorgemerkten Anspruchs sowie zu dem Fall, dass eine erloschene aber im GB nicht gelöschte Auflassungsvormerkung erneut bewilligt wird s. Anh. zu § 13 Rn. 9.

d) Genehmigungen. aa) Die erforderliche Genehmigung eines 91
Dritten braucht zur Eintragung der Vormerkung grundsätzlich nicht vorzuliegen. Etwas anderes gilt nur dann, wenn die Genehmigung Voraussetzung einer **wirksamen Vertretung** ist.

bb) Die Eintragung einer Vormerkung bedarf keiner Genehmigung nach § 2 GrdstVG (vgl. RG 108, 94), nach § 2 GVO im Gebiet der früheren DDR (§ 2 Abs. 1 Satz 2 Nr. 4 GVO; vgl. auch KG Rpfleger 1992, 243) sowie nach § 51 Abs. 1 Nr. 1 BauGB (zu der gleich lautenden Vorschrift des früheren BBauG: BayObLG 1969, 303 = Rpfleger 1970, 25); wohl auch keiner solchen nach § 75 BVersG (a.M. JFG 7, 391; RG 134, 182). Zum Erlöschen der Auflassungsvormerkung bei bestandskräftiger Versagung der zur Veräußerung oder Teilung erforderlichen Genehmigung s. Rn. 89, 107. Im Fall einer Verfügungsbeschränkung nach § 5 ErbbauVO bedarf es zur Eintragung einer Vormerkung nicht der Zustimmung des Grundstückseigentümers (OLG Hamm MDR 1952, 756; OLG Nürnberg MDR 1967, 213; OLG Köln NJW 1968, 505; a.M. OLG Dresden JFG 9, 215; LG Tübingen NJW 1956, 874; OLG Karlsruhe Rpfleger 1958, 221); ebenso wenig bedarf es im Fall des § 12 WEG der Zustimmung der anderen Wohnungseigentümer oder des Dritten (BayObLG 1964, 237 = DNotZ 1964, 722). Eine Auflassungsvormerkung kann eingetragen werden, auch wenn die nach § 1821 Abs. 1 Nr. 5 BGB erforderliche Genehmigung noch nicht erteilt ist (BayObLG DNotZ 1994, 182).

92 cc) Ein in Zugewinngemeinschaft lebender Ehegatte bedarf zur Bewilligung der Eintragung einer Auflassungsvormerkung an seinem Grundstück der Zustimmung des anderen Ehegatten auch dann nicht, wenn das Grundstück sein ganzes oder nahezu ganzes Vermögen ausmacht (BayObLG 1976, 15 = Rpfleger 1976, 129; s. dazu auch Tiedtke FamRZ 1976, 320). Der Vormund bedarf zur Bewilligung der Eintragung einer Auflassungsvormerkung jedoch der Genehmigung des Vormundschaftsgerichts (OLG Celle Rpfleger 1980, 187; OLG Frankfurt FGPrax 1997, 84; Mohr Rpfleger 1981, 175).

93 **e) Kosten.** aa) Die Gebühren für die Eintragung einer Vormerkung bestimmen sich nach § 66 Abs. 1 KostO. Für die Eintragung einer Auflassungsvormerkung zugunsten des Ehegatten ist gemäß § 66 Abs. 1 Satz 1 KostO die Hälfte der gemäß § 60 Abs. 2 KostO ermäßigten Gebühr für die endgültige Eintragung zu erheben; dabei genügt es, dass die Ehe in dem Zeitpunkt besteht, in dem die Vormerkung eingetragen wird (OLG Düsseldorf Rpfleger 1988, 285).

bb) Als **Geschäftswert** für die Eintragung einer Auflassungsvormerkung kommt in der Regel der volle Grundstückswert in Betracht; er ist auch maßgebend, wenn die Eintragung abgelehnt wird oder eine Auflassungsvormerkung gelöscht werden soll. Der geringeren Bedeutung der Vormerkung wird durch den ermäßigten Gebührensatz Rechnung getragen (BayObLG Rpfleger 1996, 378; zugleich zum maßgebenden Zeitpunkt bei Umschreibung einer Auflassungsvormerkung). Jedoch ist entsprechend § 20 Abs. 2 KostO grundsätzlich nur der halbe Grundstückswert anzunehmen, wenn die Auflassungsvormerkung den Eigentumsverschaffungsanspruch aus einer bedingten Rückübereignungsverpflichtung sichert (BayObLG Rpfleger 1986, 31; OLG Zweibrücken Rpfleger 1989, 233) oder den aus einem Vorvertrag erwachsenden künftigen Eigentumsverschaffungsanspruch (BayObLG 1992, 171 = Rpfleger 1992, 539; OLG Düsseldorf Rpfleger 1994, 182). Zum Einfluss einer Bebauung auf den Geschäftswert der Löschung einer Rückauflassungsvormerkung s. OLG Düsseldorf Rpfleger 1994, 521. Bei einer Vormerkung zur Sicherung des Anspruchs auf Überlassung von WEigentum (s. Rn. 112) ist auch dann der in der Regel mit dem Kaufpreis identische Verkehrswert des künftigen WEigentums maßgebend, wenn im Zeitpunkt der Eintragung das Grundstück noch unbebaut ist (vgl. Anh. zu § 3 Rn. 87).

17. Vormerkungsfähigkeit. Nach § 883 Abs. 1 BGB ist vormerkungsfähig nur ein schuldrechtlicher, auf Einräumung, Änderung oder Aufhebung eines dinglichen Rechts gerichteter Anspruch, der auch ein bedingter (s. Rn. 96) oder ein künftiger (s. Rn. 95) sein kann. Der Anspruch kann auf Vertrag oder auf Gesetz beruhen (OLG Hamm Rpfleger 2000, 449). Nicht durch Vormerkung gesichert werden können z.B. der öffentlich-rechtliche Rückübertragungsanspruch gem. § 3 Abs. 1 VermG (KG WM 1991, 1891; a.M. KrG Bad Salzungen DNotZ 1991, 741; s. auch BezG Meiningen DNotZ 1991, 740; BezG Frankfurt NJ 1992, 218; Kohler NJW 1991, 469; DNotZ 1991, 703) sowie eine Verpflichtung nach § 137 Satz 2 BGB (BGH 12, 122); ebenso wenig der künftige Anspruch des Eigentümers gegen den Gläubiger einer Sicherungshyp. auf Berichtigung des GB dahin, dass der Eigentümer nach Entstehung einer Eigentümergrundschuld als deren Inhaber eingetragen wird (BayObLG 1975, 39). **94**

a) Künftiger Anspruch. aa) Beim künftigen Anspruch muss ein Rechtsboden vorhanden sein, aus dem der Anspruch erwachsen kann; es muss eine, wenn auch zunächst nur vorläufige Bindung des Verpflichteten bestehen, die dieser nicht einseitig beseitigen kann; vormerkungsfähig ist namentlich ein Anspruch, dessen Entstehung nur noch vom Willen des demnächst Berechtigten abhängt; rein tatsächliche Aussichten genügen nicht (s. KGJ 37, 288; RG 151, 77; BGH 12, 117; 134, 182 = NJW 1997, 861; KG DR 1943, 802; Rpfleger 1971, 312; 1972, 94; 1992, 243; BayObLG Rpfleger 1977, 361; OLG Hamm MittRhNotK 1986, 195; zur **95**

Notwendigkeit der verschiedentlich außer acht gelassenen Unterscheidung zwischen bedingten und künftigen Ansprüchen s. Lichtenberger NJW 1977, 1755; Ertl Rpfleger 1977, 345; BayObLG 1977, 247 = Rpfleger 1978, 14; OLG Hamm Rpfleger 1978, 137).

bb) Ein Übergabevertrag, mit dem sich der Übernehmer zur späteren Übergabe des Anwesens an eines seiner Kinder verpflichtet, begründet keinen künftigen, durch Vormerkung sicherbaren Auflassungsanspruch, wenn sich die Vertragsschließenden das Recht vorbehalten haben, ohne Zustimmung der Kinder die Verpflichtung zur späteren Übergabe aufzuheben (BayObLG 1976, 297 = Rpfleger 1977, 60). Dasselbe gilt für ein Kaufangebot, wenn die Annahme von einer Bedingung abhängig gemacht ist, deren Eintritt der Anbietende beeinflussen kann (OLG Oldenburg Rpfleger 1987, 294 mit kritischer Anm. v. Kerbusch Rpfleger 1987, 449).

cc) Ansprüche aus einem schwebend unwirksamen Vertrag stehen künftigen Ansprüchen gleich (BayObLG DNotZ 1990, 297). Zur Vormerkungsfähigkeit bei fehlender Genehmigung durch einen Dritten s. Rn. 91. Zur Vormerkungsfähigkeit des Anspruchs auf Eintragung des neufestzusetzenden Erbbauzinses s. Anh. zu § 8 Rn. 44.

96 **b) Bedingter Anspruch.** Hat sich in einem Grundstücksüberlassungsvertrag der Übergeber das Recht vorbehalten, die Rückübereignung des Grundstücks zu verlangen, falls der Übernehmer entgegen einer im selben Vertrag getroffenen Vereinbarung über das Grundstück verfügt, so kann zur Sicherung des bedingten Rückauflassungsanspruchs des Übergebers eine Vormerkung eingetragen werden, ohne dass darin eine unzulässige Umgehung der Vorschrift des § 137 Satz 1 BGB zu erblicken ist (BGH 134, 182 = NJW 1997, 861; BayObLG 1977, 273 = Rpfleger 1978, 135; vgl. auch OLG Zweibrücken Rpfleger 1981, 189); verpflichtet sich ein Grundstückseigentümer gegenüber dem von ihm erbvertraglich eingesetzten Erben, das Grundstück nicht ohne dessen Zustimmung zu veräußern oder zu belasten und bei einem Verstoß gegen diese Verpflichtung das Eigentum an dem Grundstück auf den als Erben Eingesetzten zu übertragen, so gilt dasselbe hinsichtlich des bedingten Auflassungsanspruchs des letzteren (BayObLG 1978, 287 = Rpfleger 1978, 442). Die vertragliche Verpflichtung, auf Verlangen ein Wohnungsrecht an einem Raum zu bestellen, kann durch Vormerkung gesichert werden, auch wenn der Berechtigte befugt sein soll, den Raum selbst auszuwählen (BayObLG Rpfleger 1986, 174).

c) Betroffener Rechtsinhaber. aa) Ein an sich vormerkungsfähiger Anspruch ist der Sicherung durch Vormerkung grundsätzlich nur dann zugänglich, wenn er sich gegen den betroffenen Rechtsinhaber richtet (JFG 23, 149; BGH 12, 120; 134, 182 = NJW 1997, 861; OLG Hamm Rpfleger 1966, 366; 1995, 208; s. dazu auch BayObLG JFG 21, 32; BayObLG 1977, 271; 1996, 185; 1999, 229 = Rpfleger 2000, 9). In diesem Fall richtet sich der Anspruch grundsätzlich auch gegen dessen Erben als Gesamtrechtsnachfolger. Entscheidend ist, dass nicht ein Anspruch durch die Vormerkung gesichert werden soll, der sich ausschließlich oder originär gegen den Erben richtet, sondern ein Anspruch gegen den betroffenen Rechtsinhaber, der sich gegen den Erben nur kraft Gesamtrechtsnachfolge richtet (vgl. §§ 1922, 884 BGB). Bei einem aufschiebend bedingten Anspruch kann die Bedingung auch erst nach dem Tod des betroffenen Rechtsinhabers eintreten und der Eintritt der Bedingung auch von einem Verhalten des Erben abhängig sein (BGH 134, 182 = NJW 1997, 861 auf Vorlage des BayObLG 1996, 183 gegen OLG Hamm Rpfleger 1995, 208; ebenso OLG Düsseldorf FGPrax 1996, 129). 97

bb) Weil sich der Anspruch nicht gegen den betroffenen Rechtsinhaber richtet, kann bei einem **Grundstücksvermächtnis** unbeschadet des Fehlens eines überhaupt vormerkungsfähigen Anspruchs zu Lebzeiten des Erblassers keine Auflassungsvormerkung zugunsten des Vermächtnisnehmers eingetragen werden (OLG Hamm Rpfleger 1995, 208); dabei ist es unerheblich, ob das Vermächtnis auf einem Testament beruht (KGJ 48, 193; OLG Schleswig SchlHA 1959, 175) oder in einem Erbvertrag angeordnet ist (JFG 23, 149; BGH 12, 115; a.M. OLG Celle NJW 1953, 27; s. dazu auch Hieber DNotZ 1952, 432; 1953, 635; Schulte DNotZ 1953, 359); auch die Rechte eines Vertragserben können nicht durch eine Vormerkung gesichert werden (OLG Hamm DNotZ 1956, 151; Rpfleger 1966, 366 mit Anm. v. Haegele; s. dazu auch Holthöfer JR 1955, 11). Aus demselben Grund kann auf Ersuchen einer Gemeinde eine Vormerkung nach § 28 Abs. 2 Satz 3 BauGB nicht mehr eingetragen werden, wenn bereits der Erwerber im GB eingetragen ist (BayObLG NJW 1983, 1567); daher kann auch die gegen eine GmbH erwirkte einstweilige Verfügung auf Eintragung einer Vormerkung kein ausreichender Titel für die Eintragung der Vormerkung auf einem Grundstück der GmbH & und Co. KG sein (BayObLG 1986, 163); auch ein künftiger Auflassungsanspruch, der den Nacherben als Vermächtnis beschwert, kann nicht durch Vormerkung gesichert werden, solange der Nacherbfall nicht eingetreten ist (OLG Schleswig DNotZ 1993, 346). Schließlich kann aus demselben Grund eine Vormerkung auch nicht zur Si- 98 cherung von Ansprüchen „gegen den jeweiligen Grundstückseigentümer" eingetragen werden; sichert die Vormerkung jedoch nach dem gewollten und verlautbarten Inhalt nur Ansprüche gegen den derzeitigen Eigentümer, so ist sie wirksam, auch wenn sie ihrem Wortlaut nach darüber hinausgeht und insoweit inhaltlich unzulässig ist (BGH DNotZ 1993, 506). Nach Eintritt des Erbfalls kann durch Vormerkung jedoch ein Anspruch gesichert werden, der durch Vermächtnis in der Weise begründet wurde, dass der Bedachte die Leistung fordern kann, wenn er die vom Erblasser vorgesehene Gegenleistung anbietet (BGH NJW 2001, 2883).

cc) S. zum Ganzen auch Preuß, Die Vormerkungsfähigkeit von Übertragungsansprüchen auf den Todesfall, DNotZ 1998, 602.

99 **d) Betroffener Gegenstand.** Vorgemerkt werden kann nur, was endgültig eingetragen werden kann (JFG 1, 430; BayObLG 1963, 131; 1986, 56 = Rpfleger 1986, 255), also z.B. nicht der durch den Erwerb des Alleineigentums bedingte Anspruch auf Einräumung einer Dienstbarkeit bei einem ideellen Miteigentumsanteil (BayObLG Rpfleger 1972, 442). Die Vormerkung kann nur und ausschließlich an dem Gegenstand eingetragen werden, an dem die zu sichernde Rechtsänderung einzutragen ist. Deshalb kann der Anspruch auf Auflassung eines Grundstücks(teils) nicht durch Eintragung einer Vormerkung an einem Miteigentumsanteil gesichert werden (BayObLG 1986, 511 = Rpfleger 1987, 154). Beim WEigentum kann der Anspruch auf Auflassung einer Teilfläche des gemeinschaftlichen Grundstücks nicht in einem einzelnen, sondern nur in allen Wohnungsgrundbüchern vorgemerkt werden (vgl. BayObLG 1974, 118 = Rpfleger 1974, 261).

100 **e) Sonstiges.** aa) Verpflichtet sich jemand in einem echten Vertrag zugunsten Dritter zur Übereignung eines Grundstücks an einen vom Verprechensempfänger noch zu benennenden Dritten, dann ist nur der Anspruch des Versprechensempfängers auf Übereignung an den Dritten (nicht jedoch der Anspruch des noch unbekannten Dritten) vormerkungsfähig (BGH Rpfleger 1983, 169; BayObLG DNotZ 1987, 101; 1997, 153; kritisch hierzu Ludwig NJW 1983, 2792; Rpfleger 1986, 345; 1989, 321; s. auch OLG Oldenburg Rpfleger 1990, 202; Denck NJW 1984, 1009; Hörer Rpfleger 1984, 346). Steht der Dritte bereits fest, kann er als Berechtigter der Vormerkung eingetragen werden.

101 bb) Eine Vormerkung zur Sicherung des Anspruchs auf Bestellung einer Grunddienstbarkeit kann zugunsten einer bestimmten Person eingetragen werden, auch wenn eine Grunddienstbarkeit nur zugunsten des jeweiligen Eigentümers eines Grundstücks bestellt werden kann (OLG Düsseldorf MittRhNotK 1988, 235).

Denn es ist nicht erforderlich, dass der Inhaber des durch eine Vormerkung zu sichernden Anspruchs auf dingliche Rechtsänderung auch Begünstigter der Rechtsänderung ist (BayObLG DNotZ 1989, 370). Erforderlich ist lediglich, dass Vormerkungsberechtigter und Anspruchsgläubiger identisch sind (BayObLG DNotZ 1987, 101; 1997, 153). Wegen der Löschungsvormerkung nach § 1179 BGB s. § 39 Rn. 20 bis 23.

18. Auflassungsvormerkung. a) Die Auflassung steht der **Abtretung** des Eigentumsverschaffungsanspruchs und der ihn sichernden Vormerkung an einen Dritten nicht entgegen. Die Wirkungen der Auflassungsvormerkung kommen dem Dritten zugute, an den der Veräußerer das Grundstück mit Zustimmung des Käufers übereignet (BGH NJW 1994, 2947). Zu der Frage, wann bei einem Anspruch auf Auflassung eines Grundstücks dessen Abtretung hinsichtlich einer realen Teilfläche der Zustimmung des Grundstückseigentümers bedarf und folglich auch ein teilweiser Übergang der Auflassungsvormerkung von dem Vorliegen jener Zustimmung abhängt, s. BayObLG 1971, 311 = Rpfleger 1972, 16 mit Anm. v. Vollkommer. **102**

b) Eine Auflassungsvormerkung kann auch noch **nach erklärter Auflassung** eingetragen werden (JFG 7, 328; KG Rpfleger 1971, 313; BGH NJW 1994, 2947; s. dazu auch Schaaff NJW 1952, 291; Kuchinke JZ 1964, 150). Mit dem Inhalt, dass zu ihrer Löschung der Nachweis des Todes des Berechtigten genügt, kann sie aber nicht eingetragen werden (BGH 117, 390 = Rpfleger 1992, 287). Zu dem Fall, dass eine erloschene aber im GB nicht gelöschte Auflassungsvormerkung erneut bewilligt wird, s. Anh. zu § 13 Rn. 9. **103**

c) Bezieht sich eine an einem Grundstück eingetragene Auflassungsvormerkung nur auf eine **Teilfläche,** so bedarf es zur lastenfreien Abschreibung anderer Teile des Grundstücks keiner Bewilligung des Vormerkungsberechtigten (BayObLG Rpfleger 1974, 14; MittBayNot 1986, 253; BayObLG 1999, 175 = FGPrax 1999, 172). Dass sich die Vormerkung nicht auf den abzuschreibenden Teil bezieht, ist in grundbuchmäßiger Form nachzuweisen (BayObLG 1999, 175). Dies kann durch eine Bescheinigung des Vermessungsamts geschehen (s. dazu § 29 Rn. 37). **104**

d) Das GBAmt ist nicht gehindert, eine Auflassungsvormerkung auch bei Kenntnis der bestehenden allgemeinen **Gütergemeinschaft** allein zugunsten des das Grundstück erwerbenden Ehegatten einzutragen (BayObLG 1957, 184). Für einen (ausländischen) Ehegatten allein kann eine Auflassungvormerkung auch dann eingetragen werden, wenn das Grundstück ohne Mitwirkung des anderen Ehegatten gekauft wurde und nicht festgestellt ist, ob der **105**

maßgebende Güterstand den Alleinerwerb durch einen Ehegatten überhaupt zulässt (AG Schwabach Rpfleger 1983, 429 mit zust. Anm. v. Ertl; Amann Rpfleger 1986, 117; a. M. Rauscher Rpfleger 1985, 52; 1986, 119). Zur Eintragung einer Auflassungsvormerkung für einen Ehegatten italienischer Staatsangehörigkeit, wobei die Frage nach der Geltung von Art. 2 Abs. 1 des Haager Ehewirkungsabkommens vom 17. 7. 1905 offenbleibt, s. BayObLG Rpfleger 1986, 127.

106 **e)** Der Erwerb eines Miteigentumsanteils an einem Grundstück wird in seinem vorgemerkten **Rang** nicht dadurch beeinträchtigt, dass Zwischeneintragungen von Auflassungsvormerkungen für die restlichen Miteigentumsanteile erfolgt sind (BayObLG Rpfleger 1975, 395). Mehrere Auflassungsvormerkungen können mit gleichem Rang eingetragen werden.

107 **f)** Die vom Buchberechtigten bewilligte Vormerkung kann entsprechend §§ 892, 893 BGB **gutgläubig erworben** werden. Dabei bleibt der bei Erwerb der Vormerkung bestehende gute Glaube auch für den späteren Erwerb des durch die Vormerkung gesicherten dinglichen Rechts maßgebend. Dies gilt auch, wenn die Vormerkung einen künftigen Anspruch sichert (BGH NJW 1981, 446). Der öffentliche Glaube des GB und die Möglichkeit eines gutgläubigen Erwerbs erstrecken sich aber nicht auf den Bestand des gesicherten Anspruchs (BayObLG Rpfleger 1993, 58; BayObLG 1999, 226 = Rpfleger 2000, 9; OLG Düsseldorf NJW-RR 2000, 1686). S. dazu auch § 13 Rn. 12.

g) Soll eine Auflassungsvormerkung **gelöscht werden,** bei der ein Pfändungs- oder Verpfändungsvermerk angebracht ist, müssen auch insoweit die Voraussetzungen einer Löschung vorliegen, also außer der Löschungsbewilligung des Vormerkungsberechtigten auch die des Pfand- oder Pfändungsgläubigers; ausreichend ist aber auch ein Unrichtigkeitsnachweis (BayObLG NJW-RR 1997, 1173). Zur Eintragung einer Vormerkung bei fehlender Genehmigung durch einen Dritten s. Rn. 91. Zur Löschung einer Auflassungsvormerkung bei rechtskräftiger Versagung der Teilungsgenehmigung gemäß § 19 BauGB s. § 7 Rn. 11; zur Löschung bei rechtskräftiger Versagung der für den schuldrechtlichen Vertrag erforderlichen behördlichen Genehmigung s. § 22 Rn. 38. Zur Auflassungsvormerkung beim Wohnungseigentum s. Rn. 112 ff. Zum Geschäftswert s. Rn. 93.

108 **19. Vormerkung für mehrere Ansprüche. a)** Zur Sicherung mehrerer verschiedener Ansprüche des gleichen oder mehrerer Berechtigten muss je eine gesonderte Vormerkung eingetragen werden (s. hierzu BayObLG DNotZ 1991, 892). Zur Sicherung

von Verpflichtungen aus einem Wahlschuldverhältnis, dem eine einheitliche schuldrechtliche Vereinbarung zugrunde liegt, kann dagegen nur eine Vormerkung eingetragen werden (OLG Frankfurt MittBayNot 1983, 59). Wird zwischen dem Veräußerer und dem Erwerber eines Grundstücks ein Rückauflassungsanspruch für den Fall vereinbart, dass der Veräußerer den Erwerber überlebt, und wird weiterhin vereinbart, dass ein Dritter die Rückauflassung dann fordern kann, wenn der Veräußerer vor ihm stirbt, er aber den Erwerber überlebt, so liegen zwei Ansprüche vor, die nur durch zwei getrennte Vormerkungen gesichert werden können (sog. **Alternativberechtigung;** BayObLG 1984, 252 = Rpfleger 1985, 55). Dagegen liegt nur ein Anspruch vor, der auch nur durch eine Vormerkung gesichert werden kann, wenn der Rückauflassungsanspruch den als Miteigentümer eingetragenen Veräußerern (Eltern des Erwerbers) zunächst gemeinschaftlich, beim Tod eines der Berechtigten aber dem Überlebenden allein zustehen soll (sog. **Sukzessivberechtigung;** BayObLG 1995, 149 = Rpfleger 1995, 498; OLG Zweibrücken Rpfleger 1985, 284). Zur EintrFähigkeit einer Vormerkung zur Sicherung eines (befristeten) Rückübereignungsanspruchs zu Gunsten des jeweiligen Eigentümers eines Grundstücks s. DNotI-Report 2001, 113. S. hierzu auch BayObLG DNotZ 1991, 892; Rpfleger 1999, 529; ferner Amann MittBayNot 1990, 225; Liedel DNotZ 1991, 855; Streuer Rpfleger 1994, 397; Rastätter BWNotZ 1994, 27; LG Landshut Rpfleger 1992, 338.

b) Ein Anspruch auf Bestellung je einer Reallast für jede zu- **109**
künftige Erhöhung des Erbbauzinses kann durch eine Vormerkung gesichert werden; die erstmalige Umschreibung der Vormerkung in eine Reallast erschöpft ihre Sicherungswirkung für zukünftige Erhöhungen nicht (BayObLG 1977, 93 = Rpfleger 1978, 55).

20. Einzelheiten zur Vormerkung. a) Anspruchsänderung. **110**
Eine Inhaltsänderung des gesicherten Anspruchs erfordert deren Eintragung, zu der unter Umständen die Zustimmung zwischenzeitlich eingetragener Berechtigter notwendig ist, s. KG HRR 1933 Nr. 1849; BGH DNotZ 1959, 399; OLG Köln NJW 1976, 631; OLG Karlsruhe DNotZ 1994, 252. Dies gilt aber nicht, wenn der gesicherte Anspruch in seinem Kern unverändert bleibt und nur in Punkten modifiziert und klargestellt wird, die ihn als solchen nicht betreffen (OLG Düsseldorf MittRhNotK 1986, 195). Diese Voraussetzungen liegen aber nicht vor, wenn bei einem durch Vormerkung gesicherten Anspruch aus einem befristeten Kaufangebot die Annahmefrist nachträglich verlängert wird; die Frist gehört in diesem Fall zum wesentlichen Inhalt des gesicherten Anspruchs, so dass die Verlängerung in das GB eingetragen werden

muss, um das Erlöschen der Vormerkung mit Ablauf der ursprünglichen Frist zu verhindern (OLG Frankfurt Rpfleger 1993, 329 mit Anm. v. Promberger DNotZ 1994, 249; s. hierzu auch Promberger Rpfleger 1977, 157). Dagegen liegt keine Änderung des gesicherten Anspruchs vor, die in das GB eingetragen werden könnte, wenn ein zunächst künftiger Anspruch durch Annahme des Kaufangebots innerhalb der Angebotsfrist entsteht (BayObLG Rpfleger 1995, 247).

111 **b) Übertragung einer Sicherungsgrundschuld.** Tritt ein Grundstückseigentümer den aufschiebend bedingten Anspruch an einen nachrangigen Grundschuldgläubiger ab, so ist zur Eintragung einer Vormerkung zur Sicherung des abgetretenen Anspruchs die Bewilligung des Gläubigers der Sicherungsgrundschuld erforderlich (OLG Düsseldorf, Frankfurt und Hamm Rpfleger 1957, 377/379; OLG Celle DNotZ 1957, 664; KG Rpfleger 1976, 128; OLG Hamm Rpfleger 1990, 157; s. dazu auch Dempewolf NJW 1957, 1257; Ripfel DNotZ 1957, 524). Verpflichtet sich ein Grundstückseigentümer, die ihm bei Nichtentstehung der Forderung endgültig verbleibende Eigentümergrundschuld an den HypGläubiger abzutreten, so kann zu dessen Gunsten eine Abtretungsvormerkung erst eingetragen werden, wenn dem GBAmt in grundbuchmäßiger Form (§ 29) nachgewiesen ist, dass sich die mit der Eintragung der Hyp. entstandene vorläufige Eigentümergrundschuld in eine endgültige verwandelt hat (BayObLG 1969, 316 = Rpfleger 1970, 24). Soll zur Sicherung des (bedingten) Anspruchs eines Dritten auf Abtretung einer im GB bereits eingetragenen Grundschuld eine Vormerkung eingetragen werden, so bedarf es hierzu (neben der Bewilligung des Grundschuldinhabers) nicht der Bewilligung des Grundstückseigentümers (BayObLG Rpfleger 1983, 267).

112 **c) Verschaffung von WEigentum.** aa) Der hierauf gerichtete Anspruch kann schon vor der Begründung von WEigentum und der Anlegung der Wohnungsgrundbücher durch Eintragung einer Vormerkung im GB für das noch ungeteilte Grundstück gesichert werden (BayObLG 1977, 155 = Rpfleger 1977, 300; OLG Köln DNotZ 1985, 450). Dabei muss der Miteigentumsanteil, mit dem das Sondereigentum verbunden werden soll, größenmäßig bestimmt werden (Weitnauer Anh. zu § 8 Rn. 22; Meyer-Stolte Rpfleger 1977, 121). Ferner müssen Lage und Größe der im Sondereigentum stehenden Räume bestimmt oder bestimmbar sein; in der Regel wird hierzu die Vorlage eines Plans erforderlich sein. Zu den Anforderungen an die Bestimmbarkeit des durch Vormerkung zu sichernden Anspruchs eines WEigentümers auf Einräumung von Sondereigentum an den Räumen eines „nach Maßgabe der künfti-

gen baurechtlichen Genehmigung" zu erstellenden Gebäudes s. BayObLG 1992, 40 = Rpfleger 1992, 292. Auch ein Anspruch auf Einräumung eines Wohnungsrechts an einem WEigentum kann schon vor Begründung von WEigentum durch eine Vormerkung im Grundstücksgrundbuch gesichert werden (LG Lübeck Rpfleger 1995, 152). Zu den Anforderungen an die Bestimmtheit des gesicherten Anspruchs s. auch OLG Düsseldorf MittRhNotK 1995, 60.

bb) Ist das Gebäude, das in WEigentum übergeführt werden soll, **113** bereits errichtet, so bedarf es zur Eintragung einer solchen Vormerkung nicht zwingend der Vorlage eines Aufteilungsplans oder des Bauplans für das Gebäude; es genügt vielmehr, dass die Wohnung in der EintrBewilligung so beschrieben ist, dass sie auf Grund der Beschreibung in der Örtlichkeit zweifelsfrei festgestellt werden kann (BayObLG 1977, 155 = Rpfleger 1977, 300; OLG Köln DNotZ 1985, 450). Die Eintragung der Vormerkung ist auch möglich, wenn noch keine Abgeschlossenheitsbescheinigung vorliegt, es sei denn, es stünde fest, dass sie unter keinen Umständen erteilt werden kann (LG Köln MittRhNotK 1990, 224).

cc) Veräußert der Verkäufer von WEigentum vor Anlegung **114** der Wohnungsgrundbücher eine **Teilfläche** des gemeinschaftlichen Grundstücks an einen Dritten, so sichert die Auflassungsvormerkung für den Wohnungskäufer insoweit den Anspruch auf Verschaffung schlichten Miteigentums (BayObLG Rpfleger 1976, 13).

dd) Falls ein WEigentümer durch vorläufig vollstreckbares Urteil nach §§ 18, 19 WEG zur Veräußerung seines WEigentums verurteilt worden ist, kann im Hinblick auf § 895 ZPO zur Sicherung des Anspruchs der Titelgläubiger auf Rechtsübertragung an den künftigen Ersteigerer eine Vormerkung in das Wohnungsgrundbuch eingetragen werden, s. KG Rpfleger 1979, 198.

d) Umschreibung der Vormerkung. Darunter ist die end- **115** gültige Eintragung oder Löschung des dinglichen Rechts in Erfüllung des durch die Vormerkung gesicherten Anspruchs zu verstehen. Der Rang des einzutragenden Rechts bestimmt sich, sofern das Recht rangfähig ist, nach dem Rang der Vormerkung (§ 883 Abs. 3 BGB). Die Eintragung muss alle Voraussetzungen einer GBEintragung erfüllen. Erforderlich ist also, von dem Fall des § 20 abgesehen, insbes. die Bewilligung der Eintragung des Rechts durch den Grundstückseigentümer oder die Bewilligung der Löschung durch den Rechtsinhaber. Die Bewilligung kann jedoch durch eine rechtskräftige Verurteilung zu ihrer Abgabe (§ 894 ZPO) ersetzt werden (s. § 19 Rn. 9). Bei dem häufigen Fall einer Vormerkung zur Sicherung des Anspruchs auf Bestellung einer

Bauhandwerkersicherungshyp. gem. § 648 BGB setzt eine Umschreibung die Bewilligung der Sicherungshyp. durch den Grundstückseigentümer voraus. Ein auf Zahlung von Werklohn gerichteter Vollstreckungstitel ersetzt die Bewilligung nicht und ist daher keine geeignete Grundlage für die Umschreibung; wird eine Umschreibung dennoch vorgenommen, entsteht eine Zwangssicherungshyp. an bereitester Rangstelle; den Rang der Vormerkung erhält die Hyp. nicht (KG JW 1931, 1202; BayObLG 2000, 179 = Rpfleger 2000, 448; vgl. OLG Düsseldorf NJW-RR 1986, 322). Die Vormerkung zur Sicherung des Anspruchs auf Einräumung einer Bauhandwerkersicherungshyp. für erbrachte Leistungen kann mit dem ihr zukommenden Rang nicht in eine Hyp. zur Sicherung nachfolgender Leistungen umgeschrieben werden (BGH ZfIR 2001, 741).

Über die grundbuchmäßige Abwicklung der Umschreibung s. § 19 GBV (vgl. dazu auch GBV Muster Anl. 2a Abt. III lfd. Nr. 4).

116 **e) Sonstiges.** aa) Über die Zulässigkeit der stufenweisen Umschreibung einer Vormerkung, wenn der gesicherte Anspruch teilbar ist, z.B. auf Eintragung einer Hyp. für eine Geldforderung geht, s. BayObLG 1962, 322 = NJW 1963, 157. Zu Eintragung und Löschung einer Vormerkung bei einem Widerspruch der Gemeinde oder des Landesfiskus gegen eine Verfügung über ein Bodenreformgrundstück im Gebiet der früheren DDR s. Art. 233 § 13a EGBGB. Die Eintragung kann etwa lauten: „Vormerkung zur Sicherung des Anspruchs des … auf Übertragung des Eigentums gem. Art. 233 § 11 Abs. 3 Satz 1 EGBGB auf Grund Widerspruchs der Gemeinde/des Landesfiskus … vom …; eingetragen am …“.

117 bb) Zur Eintragung einer Vormerkung zur Sicherung des Anspruchs auf Aufhebung einer altrechtlichen (nicht eingetragenen) Grunddienstbarkeit s. LG Regensburg Rpfleger 1976, 361. Zur rechtlichen Bedeutung einer Vormerkung nach dem bayerischen HypGesetz s. BayObLG 1997, 266. Die aufschiebend bedingte Abtretung eines durch Vormerkung gesicherten Anspruchs kann im GB bei der Vormerkung eingetragen werden (BayObLG MittBayNot 1986, 77). Eine Auflassungsvormerkung zur Sicherung eines Rückübereignungsanspruchs, der sich weder aus einem Wiederkauf noch aus einem Vorkauf ergibt, kann auch dann in das GB eingetragen werden, wenn auf den Anspruch § 502 oder § 513 BGB angewendet werden soll und die Berechtigten in Gütergemeinschaft leben (BayObLG Rpfleger 1993, 328; s. hierzu Grziwotz MittBayNot 1993, 74).

cc) Ist zur Sicherung des Anspruchs auf Eintragung einer Hyp. (Bauhandwerkersicherungshyp.) **auf mehreren Grundstücken** des Schuldners oder mehrerer Gesamtschuldner gem. § 885 BGB die Eintragung einer Vormerkung bewilligt oder durch einstweilige Verfügung angeordnet, so ist diese bei jedem Grundstück ohne Verteilung des Betrages einzutragen; § 867 Abs. 2 ZPO ist weder unmittelbar noch entsprechend anwendbar (OLG Frankfurt FGPrax 1995, 138). Zur Wirksamkeit einer Vormerkung für eine Gesamthyp. als solche für eine Einzelhyp. s. § 48 Rn. 6.

21. Eintragung des Hofvermerks. a) Die Eintragung des Vermerks nach der HöfeO erfolgt nur noch auf Ersuchen des Landwirtschaftsgerichts (§ 3 HöfeVfO); wegen der Stelle und des Inhalts des Vermerks s. § 6 HöfeVfO. Auch die Löschung eines Hofvermerks setzt ein Ersuchen des Landwirtschaftsgerichts voraus (§ 3 HöfeVfO). Für die Eintragung und Löschung des Vermerks werden Gebühren und Auslagen nicht erhoben (§ 18 HöfeVfO). Der in der Aufschrift des GB eingetragene Hofvermerk begründet die Vermutung, dass die Hofeigenschaft noch besteht (OLG Köln MittRhNotK 1999, 282). **118**

b) Beantragt der Eigentümer eines Hofs i. S. der HöfeO, ein neu erworbenes landwirtschaftliches Grundstück auf das für den Hof bereits angelegte GBBlatt zu übertragen, so ist ein besonderer Nachweis der Hofzugehörigkeit dieses Grundstücks in der Regel nicht erforderlich (OLG Celle Rpfleger 1974, 433). Gegen die Hofzugehörigkeit einer Salzabbaugerechtigkeit Ebeling Rpfleger 1983, 383 gegen AG Lüneburg Rpfleger 1983, 396. **119**

22. Eintragung eines Dauerwohnrechts. a) Allgemeines. aa) Das Dauerwohnrecht berechtigt zur Benutzung einer bestimmten Wohnung unter Ausschluss des Eigentümers (§ 31 Abs. 1 WEG). Gegenstand des Dauerwohnrechts kann auch ein einzelner Raum oder ein ganzes Haus sein. Unter der Voraussetzung des § 31 Abs. 1 Satz 2 WEG kann das Dauerwohnrecht auch auf außerhalb des Gebäudes liegende Grundstücksteile erstreckt werden. Das Dauernutzungsrecht, auf das die Vorschriften über das Dauerwohnrecht entsprechend anzuwenden sind, berechtigt zur Nutzung nicht zu Wohnzwecken bestimmter Räume unter Ausschluss des Eigentümers (§ 31 Abs. 2, 3 WEG). Dauerwohnrecht und Dauernutzungsrecht können auch als Einheit bestellt und im GB eingetragen werden (BayObLG 1960, 231). **120**

bb) Das Dauerwohnrecht ist eine **Grundstücksbelastung,** die durch Einigung und Eintragung in das GB entsteht (§ 873 BGB). Es ist seiner Natur nach eine Dienstbarkeit; § 1026 BGB ist entspre- **121** chend anwendbar (BayObLG MittBayNot 1995, 458; Anh. zu § 44 Rn. 8). Das Zeitmoment ist kein wesentliches Merkmal; das dingliche Recht bleibt auch dann ein Dauerwohnrecht, wenn es zeitlich nur in bestimmtem Umfang ausgeübt werden kann (BGH NJW 1995, 2637; s. dazu auch § 41 WEG). Jedoch wird es überwiegend für unzulässig erachtet, an einem Teileigentum 52 gleichrangige, jeweils auf eine Woche befristete Dauerwohnrechte zu bestellen (OLG Stuttgart Rpfleger 1987, 107). Die zulässigen Vereinbarungen über den Inhalt des Dauerwohnrechts ergeben sich aus § 33 Abs. 4 WEG.

122 cc) Vom **Wohnungsrecht** gem. § 1093 BGB unterscheidet sich das Dauerwohnrecht dadurch, dass es veräußerlich (zur Zulässigkeit einer Veräußerungsbeschränkung s. § 35 WEG) und vererblich ist; unter einer Bedingung kann es nicht bestellt werden (§ 33 Abs. 1 WEG), wohl aber befristet. Als veräußerliches Recht kann es auch verpfändet werden (§§ 1273, 1274 BGB). Belastet werden kann es nur mit einem Nießbrauch, nicht aber mit Grundpfandrechten (Weitnauer § 31 Rn. 11).

123 **b) Berechtigter und Belastungsgegenstand.** aa) Das Dauerwohnrecht ist teilbar und kann mehreren nach Bruchteilen zustehen (BGH NJW 1995, 2637). Berechtigte können außerdem Gesamtgläubiger nach § 428 BGB sein (str.) und eine Gesamthandsgemeinschaft. Das Dauerwohnrecht kann schließlich auch Eigentümerrecht sein (BayObLG 1997, 164 = DNotZ 1998, 374).

bb) Belastet werden kann mit einem Dauerwohnrecht außer einem oder mehreren Grundstücken auch ein Wohnungseigentum (Anh. zu § 3 Rn. 47), ein Erbbaurecht (§ 42 WEG) und ein Wohnungserbbaurecht, nicht aber ein Miteigentumsanteil an einem Grundstück.

124 **c) Eintragung.** aa) Die Eintragung des Dauerwohnrechts in Abt. II setzt eine EintrBewilligung des Eigentümers und einen EintrAntrag voraus (§§ 13, 19). Der EintrBewilligung sind ein Aufteilungsplan und eine Abgeschlossenheitsbescheinigung beizufügen (§ 32 Abs. 2 Satz 2 WEG). Zur näheren Bezeichnung von Gegenstand und Inhalt des Dauerwohnrechts kann auf die EintrBewilligung Bezug genommen werden (§ 32 Abs. 2 Satz 1 WEG). Eine Befristung ist jedoch von der Bezugnahme ausgeschlossen (§ 44 Rn. 20). Auch eine Veräußerungsbeschränkung gem. § 35 WEG ist ausdrücklich einzutragen (vgl. § 3 Abs. 2 Halbsatz 2 WGV, § 56 Abs. 2 Halbsatz 2 ErbbauVO). Zu den Anforderungen an den Aufteilungsplan, wenn nur eine Wohnung in einem von mehreren mehrstöckigen Gebäuden auf dem Grundstück Gegenstand des Rechts ist, s. BayObLG 1997, 163 = DNotZ 1998, 374.

bb) Die Eintragung darf vom GBAmt nur vorgenommen werden, wenn die in § 32 Abs. 3 WEG genannten Vereinbarungen als Inhalt des Dauerwohnrechts getroffen sind; ob sie wirksam sind, hat das GBAmt jedoch nicht zu prüfen (§ 19 Rn. 38). Ein Verstoß gegen die Ordnungsvorschrift berührt die Wirksamkeit des Dauerwohnrechts nicht.

d) Übertragung, Pfändung, Verpfändung, Aufhebung. Zur **125**
Veräußerung des Dauerwohnrechts ist sachlichrechtlich eine formfreie Einigung und die Eintragung erforderlich (§ 873 BGB). Grundbuchrechtlich genügt die EintrBewilligung; § 20 ist nicht anwendbar. Zur Pfändung des Dauerwohnrechts bedarf es gem. § 857 Abs. 6, § 830 ZPO der Eintragung in das GB (Anh. zu § 26 Rn. 9). Die Verpfändung setzt gem. §§ 1273, 1274, 873 BGB Einigung und Eintragung voraus. Das Dauerwohnrecht erlischt durch Aufhebung und Eintragung (§ 875 BGB); die Zustimmung des Eigentümers ist nur erforderlich, wenn Inhalt des Dauerwohnrechts ein Heimfallanspruch ist.

23. Eintragung einer Reichsheimstätte. a) Einzelfragen im **126**
Zusammenhang mit der Eintragung einer Reichsheimstätte im GB sind in der 20. Auflage dargestellt. Durch das am 1. 10. 1993 in Kraft getretene Ges. v. 17. 6. 1993 (BGBl. I 912) sind das RHeimstG, das Ges. zur Änderung des RHeimstG und die VO zur Ausführung des RHeimstG aufgehoben worden. Als Folge davon wurden in § 4 Abs. 2 die auf die Heimstätte hinweisenden Textstellen und in § 55 Satz 2 gestrichen; ferner wurde Abschnitt XIII der GBV aufgehoben, der sich mit dem Reichsheimstättenvermerk befasste. Kurze Zeit später wurden durch das RegVBG die genannten Bestimmungen der GBO neu gefasst und ein neuer Abschnitt XIII in die GBV eingefügt. Zur Aufhebung des RHeimstG s. Hornung Rpfleger 1994, 277.

b) Art. 6 des Ges. v. 17. 6. 1993 enthält eine Übergangsrege- **127**
lung, die zuletzt in der 23. Auflage im einzelnen dargestellt wurde.

Rangvermerk

45 (1) **Sind in einer Abteilung des Grundbuchs mehrere Eintragungen zu bewirken, so erhalten sie die Reihenfolge, welche der Zeitfolge der Anträge entspricht; sind die Anträge gleichzeitig gestellt, so ist im Grundbuch zu vermerken, daß die Eintragungen gleichen Rang haben.**

(2) **Werden mehrere Eintragungen, die nicht gleichzeitig beantragt sind, in verschiedenen Abteilungen unter Angabe desselben Tages bewirkt, so ist im Grundbuch zu vermerken, daß**

die später beantragte Eintragung der früher beantragten im Range nachsteht.

(3) **Diese Vorschriften sind insoweit nicht anzuwenden, als ein Rangverhältnis nicht besteht oder das Rangverhältnis von den Antragstellern abweichend bestimmt ist.**

Inhaltsübersicht

1. Allgemeines ... 1
2. Bedeutung des Rangverhältnisses ... 2
3. Bestimmung des Rangverhältnisses nach § 879 BGB ... 4
4. Mehrere Eintragungen ... 12
5. Bestehen eines Rangverhältnisses ... 13
6. Gesetzliche Rangbestimmung ... 20
7. Außerhalb des GB entstandene Rechte ... 24
8. Eintragungen in derselben Abteilung ... 26
9. Eintragungen in verschiedenen Abteilungen ... 28
10. Abweichende Bestimmung des Rangverhältnisses ... 31
11. Rangvorbehalt nach § 881 BGB ... 34
12. Eintragung des Vorbehalts ... 37
13. Ausübung des Vorbehalts ... 41
14. Löschung des Vorbehalts ... 44
15. Rangänderung nach § 880 BGB ... 47
16. Voraussetzungen der Rangänderung ... 55
17. Eintragung der Rangänderung ... 58
18. Aufhebung der Rangänderung ... 60
19. Kosten ... 61

1 **1. Allgemeines.** § 45 hängt mit § 879 BGB zusammen. Er enthält den Grundsatz, dass der früher beantragten Eintragung der bessere Rang gebührt und sorgt dafür, dass der ihr zukommende Rang den nach materiellem Recht erforderlichen grundbuchmäßigen Ausdruck findet. Vgl. zum Folgenden Böttcher, Das Rangverhältnis im GBVerfahren, BWNotZ 1988, 73; Ulbrich, Rechtsprobleme des Rangrücktritts und des Rangvorbehalts in der notariellen Praxis, MittRhNotK 1995, 289. Zum Rang der am 2. 10. 1990 im Gebiet der früheren DDR bestehenden dinglichen Rechte s. Art. 233 §§ 3, 9 EGBGB, ferner § 14 Abs. 2 GGV.

2 **2. Bedeutung des Rangverhältnisses. a)** Das Rangverhältnis regelt die Reihenfolge, in der mehrere an einem Grundstück bestehende Rechte verwirklicht und bei der Zwangsversteigerung und Zwangsverwaltung berücksichtigt und befriedigt werden (JFG 12, 298). Es setzt inhaltlich zulässige Eintragungen voraus; inhaltlich unzulässige Eintragungen können eine Rangstelle ebenso wenig wahren wie unvollendete, d.h. nicht unterschriebene Eintragungen (KG DR 1942, 796).

3 **b)** Der Rang gehört im weiteren Sinn zum Inhalt eines Rechts (BayObLG 1956, 461; OLG Zweibrücken Rpfleger 1985, 54); des-

halb kann z. B. zur näheren Bezeichnung des Inhalts eines Rangvorbehalts auf die EintrBewilligung Bezug genommen werden (s. Rn. 40). Über Fälle, in denen ein Rangverhältnis nicht besteht, s. Rn. 14–19.

c) Sind im GB mehrere Auflassungsvormerkungen im Gleichrang eingetragen, erwirbt derjenige, der zuerst seine Eintragung als Eigentümer erlangt, unbeschadet der gleichrangigen Vormerkungen Dritter das dauerhafte Eigentum (OLG Naumburg NJW-RR 2000, 1185); nach einer anderen Meinung sichert jede der Vormerkungen nur einen Anspruch auf Erlangung anteiligen Bruchteilseigentums.

3. Bestimmung des Rangverhältnisses nach § 879 BGB. 4
Das Rangverhältnis unter mehreren ein Grundstück belastenden und durch Eintragung entstehenden Rechten bestimmt sich grundsätzlich nach der Eintragung im GB. Ist ein besonderer Rangvermerk gebucht, so ist dieser maßgebend (§ 879 Abs. 3 BGB). Andernfalls entscheidet bei Eintragungen in derselben Abteilung die räumliche Reihenfolge, bei Eintragungen in verschiedenen Abteilungen die Tagesangabe (§ 879 Abs. 1 BGB), und zwar auch dann, wenn die Einigung der Eintragung nachfolgt (§ 879 Abs. 2 BGB), mithin auch, falls eine unwirksame Einigung durch Genehmigung rückwirkend geheilt wird (KG HRR 1932 Nr. 1823); Eintragungen in der Haupt- und Veränderungsspalte der Abt. II und III bilden dabei eine Rangeinheit (s. hierzu § 48 Rn. 20). Das Gleiche gilt, wenn eine bei der Eintragung einer Zwangshyp. fehlende Voraussetzung der Zwangsvollstreckung später eintritt (s. hierzu § 18 Rn. 9). Über den Fall, dass mehrere selbständige Rechte ordnungswidrig unter einer Nummer eingetragen wurden und eine Angabe über das Rangverhältnis fehlt, s. BayObLG 1953, 64 mit weit. Nachweisen; BayObLG 1957, 330 = Rpfleger 1958, 88.

a) Neueintragung ohne Rangvermerk. aa) Hier hat die Eintragung hinsichtlich des Rangs formale Rechtskraft; dem Recht kommt der sich aus der räumlichen Stellung oder dem Datum der Eintragung ergebende Rang zu; unerheblich ist, über welchen Rang sich die Beteiligten geeinigt haben (a. M. OLG Frankfurt FGPrax 1995, 17), wie die EintrBewilligung lautet und ob das GBAmt gegen §§ 17, 45 verstoßen hat (RG 57, 280; 73, 215; JFG 8, 289; BGH 21, 98; BayObLG Rpfleger 1976, 303); einen ihm gebührenden anderen Rang kann das Recht nur im Weg der Rechtsänderung, d. h. durch Rangänderung (s. Rn. 47 ff.), erhalten. Scheidet somit eine Unrichtigkeit des GB hinsichtlich des Rangs aus, so kann die Eintragung jedoch inhaltlich unzulässig sein, falls der dem Recht zukommende Rang nicht der gesetzlich vorgeschriebene ist 5

(s. § 10 ErbbauVO); möglich ist auch GBUnrichtigkeit wegen Unwirksamkeit des Rechts, wenn dieses zufolge Rangabweichung von der Einigung nicht entstanden ist (§ 139 BGB; s. hierzu BGH NJW-RR 1990, 206).

6 bb) Den durch seine räumliche Stellung im GB erworbenen Rang kann ein eingetragenes Recht nicht dadurch verlieren, dass das GBAmt später eine Eintragung in einem vorstehenden leeren Raum vornimmt. Deshalb wird das GB unrichtig, wenn das GB-Amt ein Recht in einen entgegen § 21 Abs. 2 GBV freigelassenen Raum einträgt, wenn es eine räumlich vorgehende, nicht unterschriebene Eintragung nach wirksamer Eintragung eines räumlich nachstehenden Rechts nachträglich unterschreibt oder wenn es ein neues Recht neben einer nach § 25 bereits erloschenen, wenn auch nicht gelöschten Vormerkung einträgt (KGJ 41, 223; RG HRR 1935 Nr. 1016). Über den Fall ordnungswidriger Ergänzung einer inhaltlich unzulässigen Eintragung s. § 53 Rn. 59.

7 **b) Fehlen der Tagesangabe.** Dies ist für das Rangverhältnis unter Rechten derselben Abteilung bedeutungslos; denn hier entscheidet die räumliche Reihenfolge. Das Rangverhältnis unter Rechten verschiedener Abteilungen richtet sich bei fehlender Tagesangabe nach der Zeit der Vollendung der Eintragung. Lässt sich die Eintragungszeit nicht zweifelsfrei feststellen, so muss die undatierte Eintragung hinter alle Eintragungen der anderen Abteilung zurücktreten, soweit sich ihr Vorrang aus dem Zusammenhalt der übrigen Eintragungen im GB nicht zweifelsfrei ergibt. Ist z. B. das letzte Recht der Abt. II undatiert, so geht es allen Rechten der Abt. III nach. Ist das vorletzte Recht der Abt. II undatiert, so geht es den Rechten der Abt. III vor, welche dem letzten Recht der Abt. II nachgehen. Entsprechendes gilt, wenn mehrere Eintragungen undatiert sind. Die h. M. ist anderer Ansicht, aber nicht folgerichtig. Sie legt auf den Wortlaut des § 879 BGB, dass das undatierte Recht nicht „unter Angabe" eines früheren Tages eingetragen sei, nur dann Gewicht, wenn der undatierten Eintragung in derselben Abteilung keine weiteren Rechte folgen.

8 **c) Buchung eines Rangvermerks.** aa) Liegt ihr eine Rangvereinbarung der Beteiligten zugrunde (§ 879 Abs. 3 BGB; § 45 Abs. 3), so ist das GB hinsichtlich des Rangs nur richtig, wenn der Vermerk der Einigung entspricht. Fehlt es daran, so hat das Recht in Wahrheit den sich aus der räumlichen Stellung oder dem Datum der Eintragung ergebenden Rang (KG HRR 1935 Nr. 114; BayObLG Rpfleger 1976, 303); das GB ist, falls nicht etwa der gutgläubige Erwerb eines Dritten entgegensteht, durch Löschung des Rangvermerks zu berichtigen; ein von den Beteiligten abweichend

hiervon beabsichtigter Rang kann nur im Weg der Rechtsänderung, d.h. durch Rangänderung (s. Rn. 47ff.) herbeigeführt werden (a.M. mit beachtlichen Gründen Meikel Rn. 219; Streuer Rpfleger 1985, 388: maßgebend ist der eingetragene Rangvermerk).

Beispiel: Der Eigentümer bewilligt mit Zustimmung des Gläubigers der Hyp. Nr. 2 die Eintragung einer Grundschuld mit Rang vor Nr. 2. Versehentlich wird die Grundschuld mit Rang vor Nr. 3 eingetragen. Die Grundschuld hat in Wahrheit den Rang hinter Nr. 2, weil der Vorrang vor dieser Post nicht eingetragen ist, und hinter Nr. 3 weil in Bezug auf den eingetragenen Rangvermerk die Einigung fehlt; den Rang vor Nr. 2 kann die Grundschuld nicht durch Berichtigung, sondern nur durch Rechtsänderung erhalten; wenn der Gläubiger der Hyp. Nr. 2 inzwischen gewechselt hat, nur mit Zustimmung des neuen Gläubigers. Über die Möglichkeit der Unwirksamkeit des Rechts zufolge Rangabweichung von der Einigung (§ 139 BGB) s. Rn. 5. 9

bb) Wird ein Rangvermerk nicht im Widerspruch zu einer Rangvereinbarung der Beteiligten (§ 879 Abs. 3 BGB; § 45 Abs. 3), sondern unter Verletzung von § 45 Abs. 1, 2 eingetragen, so macht dies das GB nicht unrichtig; maßgebend für den Rang ist der eingetragene Rangvermerk (KG OLG 36, 148). 10

d) Entsprechende Anwendung des § 879 BGB. Die Vorschrift bezieht sich unmittelbar nur auf Grundstücksrechte; sie ist sinngemäß anzuwenden auf Vormerkungen (RG 124, 202; a.M. Schneider DNotZ 1982, 523) einschließlich solcher auf Auflassung (JFG 10, 226), nicht hingegen auf Widersprüche (RG 129, 127) und Verfügungsbeschränkungen (RG 135, 384). Entsprechende Anwendung ist ferner auf Rechte an Grundstücksrechten geboten, soweit es zu ihrer Entstehung der Eintragung bedarf (JFG 3, 441); da hier nur Eintragungen in derselben Abteilung in Frage kommen, richtet sich der Rang der Rechte mangels besonderen Rangvermerks nach der räumlichen Reihenfolge der Eintragungen. 11

4. Mehrere Eintragungen. Es müssen mehrere Eintragungen beantragt sein; § 45 gilt also nicht, wenn nur ein Recht einzutragen ist, mag sich dieses auch aus mehreren Ansprüchen zusammensetzen oder seine Eintragung für mehrere Berechtigte zu Bruchteilen begehrt werden. 12

5. Bestehen eines Rangverhältnisses. a) Sind mehrere Eintragungen beantragt, so gilt § 45 nur insoweit, als zwischen ihnen ein Rangverhältnis besteht. Kommt ein solches in Betracht, so ist die Art der Eintragungen unerheblich; der unmittelbare Anwendungsbereich des § 45 geht also weiter als der des § 879 BGB. 13

14 **b)** Soweit zwischen den beantragten Eintragungen kein Rangverhältnis besteht, ist, falls sie dasselbe Recht betreffen, lediglich § 17, nicht § 45 anzuwenden (RG 116, 363). In keinem Rangverhältnis stehen:

15 • Eintragungen im Bestandsverzeichnis zueinander und zu den Eintragungen in den drei Abteilungen.

16 • Eintragungen in Abt. I zueinander und zu den Eintragungen in den Abt. II und III (RG 116, 363; BayObLG 1990, 321; OLG Köln Rpfleger 1992, 497).

17 • Eintragungen in Abt. II und III, die nur die Anteile verschiedener Miteigentümer betreffen (KGJ 52, 217; OLG Hamm FGPrax 1995, 171) oder die Belastung oder sonstige Veränderung verschiedener Rechte zum Gegenstand haben.

18 • Auf das Eigentum bezügliche Verfügungsbeschränkungen und Grundstücksrechte (RG 135, 384; KG HRR 1934 Nr. 199; JFG 13, 114; 16, 235; OLG Hamm Rpfleger 1957, 19; 1966, 48; OLG Hamburg DNotZ 1967, 376; a.M. Hesse DFrG 1938, 88), z.B. Nacherbenvermerk und Erbbaurecht (OLG Hamm Rpfleger 1989, 232). Mit Rücksicht auf die sich aus § 892 BGB ergebende Rechtserheblichkeit der zeitlichen Reihenfolge der Eintragungen gelten die formellen Vorschriften der §§ 17 und 45, die diese zeitliche Reihenfolge und ihre Kenntlichmachung regeln, jedoch auch hier; in diesem formellen Sinn kommt also auch ein Rangverhältnis zwischen der Verfügungsbeschränkung und dem Grundstücksrecht sowie die Kenntlichmachung eines solchen Rangverhältnisses im GB in Betracht; ist das später eingetragene Recht gegenüber der Verfügungsbeschränkung wirksam, z.B. wegen Genehmigung der geschützten Person, ist dies durch Eintragung eines sog. Wirksamkeitsvermerks bei dem begünstigten Recht in der Veränderungsspalte kenntlich zu machen (KG HRR 1934 Nr. 199; JFG 13, 114; s. hierzu auch OLG Köln Rpfleger 1990, 159; OLG Saarbrücken Rpfleger 1995, 404; § 46 Rn. 4; § 51 Rn. 25). Entsprechendes gilt für Widersprüche (RG 129, 127; RG Warn. 1931 Nr. 106; a.M. Hesse DFrG 1938, 88). Damit ist nicht gesagt, dass das GBAmt bei Erledigung eines EintrAntrags eine ihm bekannte, nicht eingetragene Verfügungsbeschränkung unberücksichtigt lassen und durch Eintragung einen Rechtserwerb allein auf Grund guten Glaubens des Erwerbers herbeiführen dürfte (s. hierzu § 19 Rn. 59).

19 • Mehrere dasselbe Recht betreffende Verfügungsbeschränkungen (a.M. JFG 5, 337; Hesse DFrG 1938, 89), Widersprüche und Löschungsvormerkungen (KG DR 1944, 189).

6. Gesetzliche Rangbestimmung. Der Grundsatz, dass einem durch Eintragung entstehenden Recht der Rang nach dem Eingang des EintrAntrags gebührt, wird mitunter durch eine gesetzliche Sonderregelung verdrängt; soweit dies der Fall ist, findet § 45 keine Anwendung. In Betracht kommen folgende Fälle: 20

a) § 883 Abs. 3 BGB. Durch Vormerkung gesicherte Rechte erhalten den Rang der Vormerkung. Dies ist durch Eintragung des Rechts neben der Vormerkung zum Ausdruck zu bringen; letztere wird zu diesem Zweck halbspaltig eingetragen (§ 19 Abs. 1 GBV). 21

b) § 128 Abs. 1 ZVG. Sicherungshyp. für die Forderungen gegen den Ersteher erhalten den Rang des Anspruchs, zu dessen Befriedigung die Forderungsübertragung erfolgt ist; das Rangverhältnis ist in dem Ersuchen des Vollstreckungsgerichts zu bestimmen und durch die Reihenfolge der Eintragungen, notfalls durch Rangvermerke, zum Ausdruck zu bringen. 22

c) § 130 Abs. 3 ZVG. Eintragungen, die von dem Ersteher vor seiner Eintragung als Eigentümer bewilligt worden sind, erhalten den Rang nach den Versteigerungsergebnissen (s. § 38 Rn. 41).

d) § 456 Abs. 3 ZGB. Im Gebiet der früheren DDR haben vor dem 1. 7. 1990 begründete (maßgebend ist der Zeitpunkt des Eingangs des EintrAntrags beim Liegenschaftsdienst) Aufbauhypotheken gem. § 456 Abs. 3 des Zivilgesetzbuchs v. 19. 6. 1975 (GBl. DDR I 465) i. V. m. § 3 des Ges. zur Änderung und Ergänzung des ZGB v. 28. 6. 1990 (GBl. DDR I 524) Vorrang vor anderen Hypotheken; s. hierzu auch Art. 233 § 9 Abs. 3 EGBGB. Rangänderungen oder -vorbehalte sind gleichwohl zulässig; § 880 Abs. 2 Satz 2 BGB gilt in diesem Fall nicht. 23

7. Außerhalb des GB entstandene Rechte. a) Der Rang ausserhalb des GB entstandener Rechte richtet sich nach der Entstehungszeit (vgl. für die am 2. 10. 1990 im Gebiet der früheren DDR bestehenden dinglichen Rechte Art. 233 § 9 Abs. 2 EGBGB). Das GBAmt darf bei ihrer Eintragung jedoch nach § 45 verfahren, solange es den richtigen Rang nicht kennt; entspricht der demgemäß verlautbarte Rang nicht der wahren Rechtslage, so ist das GB unrichtig (KGJ 35, 301). Zum Rang einer Sicherungshyp. nach § 848 ZPO (oder nach § 1287 BGB) s. Anh. zu § 26 Rn. 51. 24

b) Öffentliche Grundstückslasten gehen, soweit nichts anderes bestimmt ist, allen anderen Rechten in der Zwangsversteigerung vor. Sie haben, falls sie ausnahmsweise in das GB eingetragen werden, keinen Rang im Sinn von § 879 BGB, § 45 GBO. Ein Rangvermerk ist daher, wenn nicht gesetzlich angeordnet, inhaltlich unzulässig (JFG 14, 437 betr. Entschuldungsrente). Auch 25 die Landesrentenbankrente gemäß § 6 VO v. 10. 3. 1937 (RGBl. I 292) und § 1 der 2. DVO v. 27. 1. 1938 (RGBl. I 107) war ohne Rangvermerk einzutragen. Die erwähnten Verordnungen sind gemäß Art. 4 Abs. 1 des Ges. v. 20. 2. 1980 (BGBl. I 159) am 1. 5. 1980 außer Kraft getreten; für den Rang eingetragener Landesrentenbankrenten sind ihre Vorschriften jedoch weiterhin maßgebend (s. Art. 4 Abs. 2 des genannten Ges.).

26 **8. Eintragungen in derselben Abteilung. a)** Sind die EintrAnträge zu verschiedenen Zeiten ohne abweichende Rangbestimmung gestellt, so ist die früher beantragte Eintragung räumlich vor der später beantragten zu bewirken; gemäß § 879 Abs. 1 Satz 1 BGB hat dann die Erstere ohne Rücksicht auf die Eintragungsdaten den ihr gebührenden Vorrang vor der Letzteren; eines besonderen Rangvermerks bedarf es nicht.

27 **b)** Sind die EintrAnträge zu gleicher Zeit ohne abweichende Rangbestimmung gestellt, so ist der den Eintragungen gebührende Gleichrang durch einen besonderen Rangvermerk, nicht etwa durch Zusammenfassung unter einer Nummer (BayObLG 1953, 69; s. aber auch BayObLG 1957, 327 = Rpfleger 1958, 88), herzustellen. Der Gleichrang ist nach § 18 GBV bei allen beteiligten Rechten zu vermerken. Dies geschieht im EintrVermerk der Hauptspalte und zwar zweckmäßig unmittelbar vor dem Datum; Fassung etwa: „... im Gleichrang mit dem Recht Nr.... eingetragen am ...“.

28 **9. Eintragungen in verschiedenen Abteilungen. a)** Sind die EintrAnträge **zu verschiedenen Zeiten** ohne abweichende Rangbestimmung gestellt, so kann die früher beantragte Eintragung den ihr gebührenden Vorrang vor der später beantragten auf zweifache Weise erhalten:

- Durch Bewirkung an einem früheren Tag; in diesem Fall ist im Hinblick auf § 879 Abs. 1 Satz 2 BGB ein besonderer Rangvermerk überflüssig.

29 • Durch besonderen Rangvermerk, wenn beide Eintragungen an demselben Tag bewirkt werden. Hinsichtlich des Rangvermerks gilt das in Rn. 27 Gesagte entsprechend; Fassung etwa: „... im Rang vor/nach dem Recht Abt. ... Nr. ... eingetragen am ...“.

30 **b)** Sind die EintrAnträge **zu gleicher Zeit** ohne abweichende Rangbestimmung gestellt, so erhalten die Eintragungen den ihnen gebührenden Gleichrang gemäß § 879 Abs. 1 Satz 2 BGB dadurch, dass sie an demselben Tag bewirkt werden; ein besonderer Rangvermerk ist dann nicht erforderlich.

31 **10. Abweichende Bestimmung des Rangverhältnisses.** Zu unterscheiden ist zwischen der materiellrechtlichen Rangbestim-

mung (§ 879 Abs. 3 BGB), die eine Einigung des Eigentümers mit dem Erwerber eines Rechts voraussetzt, und der zu ihrer Verwirklichung durch Eintragung in das GB erforderlichen verfahrensrechtlichen Rangbestimmung (§ 45 Abs. 3), die in der EintrBewilligung oder dem EintrAntrag enthalten sein kann (s. dazu auch Rn. 8 ff.). Außerdem ist ein bloß schuldrechtlicher Anspruch auf Verschaffung eines bestimmten Rangs möglich, der durch eine Vormerkung gesichert werden kann.

a) Zuständigkeit. aa) Eine abweichende verfahrensrechtliche Rangbestimmung können die Antragsteller treffen (Abs. 3). In diesem Fall gilt der Grundsatz, dass die Eintragungen den Rang nach dem Eingang der EintrAnträge erhalten, nicht. Zu beachten ist aber, dass der Antrag nicht in Widerspruch zu der EintrBewilligung stehen darf (s. § 13 Rn. 19). Enthält auch nur eine Bewilligung eine Rangbestimmung, so braucht sie der Antrag nicht zu wiederholen (BayObLG 1992, 138 = Rpfleger 1993, 15). Enthält keine Bewilligung eine solche, so kann sie im Antrag getroffen werden. Dieser ersetzt dann aber eine zur Eintragung erforderliche Erklärung und bedarf deshalb der Form des § 29 Abs. 1 Satz 1 (BayObLG Rpfleger 1982, 334; BayObLG 1992, 139 = Rpfleger 1993, 15). Werden die Anträge auf Eintragung mehrerer Hypotheken, Grundschulden oder Rentenschulden mit Rangbestimmung nur von den Gläubigern gestellt, so bedarf es der Zustimmung des Eigentümers nicht; § 880 Abs. 2 Satz 2 BGB gilt nur für eine nachträgliche Rangänderung. Widersprechen sich die Anträge, so ist der früher gestellte Antrag zuerst zu erledigen (§ 17); sind die Anträge gleichzeitig eingegangen, so sind sie nach § 18 zu beanstanden. Ein späterer Antragsteller kann ohne Zustimmung des früheren Antragstellers nicht den Vorrang vor diesem beanspruchen; dagegen kann der frühere Antragsteller einen schlechteren als den ihm nach der Antragstellung zukommenden Rang wählen. Eine abweichende Rangbestimmung ist nur bis zur Eintragung möglich; ist diese bewirkt, so bleibt nur die Rangänderung (s. Rn. 47 ff.).

bb) Der **Notar** kann auf Grund der Vollmachtsvermutung des § 15 eine Rangbestimmung nicht vornehmen (s. § 15 Rn. 15), wohl aber auf Grund einer Vollmacht, z. B. „zur Stellung der zum Vollzug erforderlichen und zweckdienlichen Anträge" (vgl. LG Saarbrücken Rpfleger 2000, 109); die Rangbestimmung kann in diesem Fall auch noch in der Beschwerde gegen eine Zwischenverfügung getroffen werden (BayObLG 1992, 139 = Rpfleger 1993, 15).

b) Stillschweigende Rangbestimmung. Auch sie ist möglich. **32**
Werden bei der Veräußerung eines Grundstücks im Zusammenhang mit der Auflassung dingliche Rechte für den Veräußerer be-

willigt und außerdem vom Erwerber solche für Dritte, können letztere ohne Rücksicht auf den Zeitpunkt der Antragstellung im GB erst eingetragen werden, wenn die Auflassung vollzogen ist (s. § 17 Rn. 16). Die Eintragung der Auflassung wird jedoch in der Regel unter dem (stillschweigenden) Vorbehalt der gleichzeitigen Eintragung der für den Veräußerer bewilligten Rechte stehen (s. § 16 Rn. 11). In einem solchen Fall ist von einer stillschweigenden Rangbestimmung gemäß Abs. 3 des Inhalts auszugehen, dass die für den Veräußerer bewilligten Rechte Vorrang vor den vom Erwerber für Dritte bewilligten Rechten haben sollen (vgl. KG JW 1936, 1475; BayObLG 1972, 46; Rpfleger 1976, 302; BayObLG 1992, 140 = Rpfleger 1993, 15; aber auch BayObLG Rpfleger 1982, 334 und dazu Bauch und Bielau Rpfleger 1983, 421, 423; s. hierzu ferner Amann MittBayNot 1994, 330). Soweit eine bei Bewilligung der Rechte für Dritte getroffene Rangbestimmung hierzu in Widerspruch steht, ist nach § 18 zu verfahren.

33 **c) Einzelfälle.** aa) Eine Rangbestimmung liegt nicht vor, wenn keine der hierfür in dem Formular für eine Grundschuldbestellung vorgesehenen, sich widersprechenden Alternativen als maßgebend gekennzeichnet ist (OLG Celle NdsRpfl. 1997, 257). Die Erklärung in einer Grundschuldbestellungsurkunde, dass die Grundschuld ausschließlich erste, notfalls nächstoffene Rangstelle zu erhalten hat, stellt keine materiellrechtliche (dingliche) Rangbestimmung dar; damit enthält auch die darauf Bezug nehmende EintrBewilligung keine verfahrensrechtliche Rangbestimmung (BayObLG Rpfleger 1976, 302; BayObLG 1992, 139f. = Rpfleger 1993, 15; s. auch OLG Frankfurt Rpfleger 1980, 477). Dagegen enthalten die Erklärungen in einem Übergabevertrag, dass von zwei zur Eintragung bewilligten und beantragten Rechten das eine Rang vor dem anderen „erhalten solle“, eine Rangbestimmung i. S. des § 45 Abs. 3 und nicht bloß die Vereinbarung eines schuldrechtlichen Rangverschaffungsanspruchs (vgl. OLG Düsseldorf MittRhNotK 1994, 80). Eine Rangbestimmung liegt auch vor, wenn die Eintragung einer Auflassungsvormerkung und einer Grundschuld mit „Rangrücktritt“ der Vormerkung hinter die Grundschuld beantragt ist (OLG Köln Rpfleger 1998, 216).

bb) Sollen **Teile eines Grundpfandrechts** unterschiedlichen Rang erhalten, so müssen mehrere selbständige Grundpfandrechte bestellt werden; die Bestellung eines einheitlichen Grundpfandrechts in Teilbeträgen mit unterschiedlichem Rang ist nicht möglich (LG Frankenthal Rpfleger 1983, 142; OLG Zweibrücken Rpfleger 1985, 54). Zur Rangbestimmung im Zusammenhang mit der Teilung eines Grundpfandrechts s. § 61 Rn. 4, 5.

11. Rangvorbehalt nach § 881 BGB. a) Der Rangvorbehalt ist ein Stück vorbehaltenen Eigentumsrechts mit der Wirkung der Beschränkung des von ihm betroffenen Rechts, des Vorbehaltsrechts (KGJ 40, 239; JFG 5, 341). Er ist unübertragbar und unpfändbar (RG 117, 431; BGH 12, 241 = NJW 1954, 954). Seine Ausübung steht, wie § 881 Abs. 3 BGB ergibt, dem jeweiligen Eigentümer zu. Wird er nicht auf einen bestimmten Fall beschränkt, so ist wiederholte Ausübung zulässig (KGJ 40, 239; JFG 8, 298; str.; s. dazu auch Rieve NJW 1954, 1434; Fabricius Rpfleger 1956, 155). Der Eigentümer ist nicht gehindert, sein Grundstück mit Rechten außerhalb des Vorbehalts zu belasten; für diesen Fall trifft § 881 Abs. 4 BGB nähere Bestimmungen. 34

b) Der Rangvorbehalt entsteht durch Einigung und Eintragung; unterbleibt die letztere, so ist das GB nicht unrichtig (JFG 8, 289; 12, 304; str.). Ein Rangvorbehalt ist nicht nur bei Grundstücksrechten, sondern auch bei Vormerkungen zulässig. Vorbehalten werden kann auch die Eintragung eines Rechts zu gleichem Rang (BayObLG 1956, 462). Bei einem bereits eingetragenen Recht kann ein Rangvorbehalt in entsprechender Anwendung des § 877 BGB nachträglich begründet werden (JFG 8, 291). 35

c) Der Rangrücktritt eines Rechts hinter einen Rangvorbehalt ist angesichts der in Rn. 34 dargelegten Rechtsnatur des letzteren nicht möglich (s. dazu auch Lehmann BayRpflZ 1931, 35; Zeitler Rpfleger 1974, 176). Zum Rangvorbehalt bei der Erbbauzins-Reallast s. Weber Rpfleger 1998, 5. 36

d) Wird das mit einem Vorkaufsrecht samt Rangvorbehalt belastete Grundstück in WEigentum aufgeteilt, so ist das Vorkaufsrecht bei jedem WEigentumsrecht einzutragen. Der Rangvorbehalt kann nur in der Weise ausgeübt werden, dass alle WEigentumsrechte insgesamt bis zu dem eingetragenen Höchstbetrag des Vorbehalts belastet werden; dies ist bei dem Rangvorbehalt zu vermerken (OLG Schleswig Rpfleger 2000, 11; LG Köln Rpfleger 1987, 368).

12. Eintragung des Vorbehalts. a) Bei gleichzeitiger Eintragung mit dem betroffenen Recht genügt die Bewilligung des Eigentümers. Bei nachträglicher Eintragung ist grundsätzlich die Bewilligung des Berechtigten ausreichend; sofern es sich bei dem betroffenen Recht jedoch um eine Hypothek, Grundschuld oder Rentenschuld handelt, ist auch die Bewilligung des Eigentümers erforderlich (vgl. § 880 Abs. 2 Satz 2 BGB; KEHE Rn. 22; a. M. frühere Auflagen unter Berufung auf JFG 12, 289). 37

b) Der **Umfang des Vorbehalts** muss bestimmt sein; die Angabe des Höchstbetrags von Kapital, Zinsen und sonstigen Neben- 38 leistungen genügt (s. dazu OLG Frankfurt Rpfleger 1964, 376; LG Itzehoe MDR 1968, 1010). Anzugeben ist auch der Anfangszeitpunkt der Verzinsung; fehlt eine solche Angabe in der EintrBewilligung eines Rangvorbehalts für ein verzinsliches Grundpfandrecht, dann wird der Tag der Eintragung des Grundpfandrechts in der Regel nicht durch Auslegung der EintrBewilligung (s. hierzu § 19 Rn. 28) als Anfangszeitpunkt zweifelsfrei feststellbar sein (BGH 129, 1 = Rpfleger 1995, 343 auf Vorlage des BayObLG 1994, 203 gegen OLG Frankfurt Rpfleger 1989, 401). Bei bereits eingetragenen Rangvorbehalten für ein verzinsliches Grundpfandrecht, die keine Angaben zum Zeitpunkt des Zinsbeginns enthalten, soll nach BGH 129, 1 = Rpfleger 1995, 343 (s. dazu die krit. Anm. v. Demharter MittBayNot 1995, 124) hinsichtlich des Zinsbeginns der Zeitpunkt der Eintragung des Grundpfandrechts als Mindestinhalt der Eintragung gelten (ebenso OLG Frankfurt FGPrax 1996, 169 mit krit. Anm. v. Demharter FGPrax 1996, 206; a.M. BayObLG 1994, 203: hinsichtlich des Zinsanspruchs handelt es sich wegen mangelnder Bestimmtheit um eine inhaltlich unzulässige Eintragung). § 1119 Abs. 1 BGB ist entsprechend anwendbar, sofern das vorbehaltene Recht nicht als unverzinslich bezeichnet ist (RG 135, 196).

39 **c)** Der Vorbehalt kann **bedingt oder befristet** sein (JFG 8, 305; RG JW 1933, 605). Auch ein wahlweiser Vorbehalt ist zulässig (JFG 8, 304); ebenso ein inhaltlich beschränkter Vorbehalt, z.B. für ein Recht zugunsten eines namentlich oder gattungsmäßig bezeichneten Berechtigten (KG HRR 1931 Nr. 288), für eine Hyp. mit gleichzeitiger Belastung durch eine Löschungsvormerkung (JFG 18, 41; s. dazu auch Hummitzsch Rpfleger 1956, 272) oder für eine Gesamthyp. (Weber DNotZ 1938, 289); auch eine dahingehende inhaltliche Beschränkung, dass der Vorrang nur solchen Rechten vorbehalten ist, für die die Bestellungsurkunde oder EintrBewilligung von einem bestimmten Notar bekundet oder beglaubigt ist, wird als zulässig anzusehen sein (LG Düsseldorf Rpfleger 1985, 100), desgleichen die dahingehende Beschränkung eines Vorbehalts für Grundpfandrechte bei einer Auflassungsvormerkung, dass diese vom Vormerkungsberechtigten als Bevollmächtigten des Eigentümers bestellt sind (LG Köln MittRhNotK 1996, 234).

40 **d)** Die Eintragung muss nach § 881 Abs. 2 Halbsatz 2 BGB **bei dem betroffenen Recht** erfolgen; sonst entsteht der Vorbehalt nicht (JFG 8, 300). Sie ist in der Hauptspalte, bei nachträglicher Begründung des Vorbehalts in der Veränderungsspalte zu bewirken. Der Umfang des vorbehaltenen Rechts muss in der Eintragung selbst

angegeben werden (JFG 5, 340; 8, 294). Hingegen ist zur näheren Bezeichnung des Rechts, z. B. Brief- oder Buchrecht, Verkehrs- oder Sicherungshypothek, eine Bezugnahme auf die EintrBewilligung zulässig (KGJ 48, 192). Durch Bezugnahme verlautbart werden können ferner Bedingungen (RG JW 1933, 605) sowie inhaltliche Beschränkungen (KG HRR 1931 Nr. 288) des Rangvorbehalts.

13. Ausübung des Vorbehalts. a) Sie steht dem jeweiligen Eigentümer zu. Eine Vollmacht zur Grundstücksbelastung zum Zwecke der Kaufpreisfinanzierung kann auch zur Ausnutzung eines bei der Auflassungsvormerkung für den Erwerber eingetragenen Rangvorbehalts ermächtigen (OLG Düsseldorf FGPrax 2000, 55). Ein Vollstreckungsgläubiger kann den Vorbehalt für eine einzutragende Zwangshyp. nicht in Anspruch nehmen (BGH 12, 238 = NJW 1954, 954). Notwendig sind Einigung mit dem Gläubiger des vortretenden Rechts und Eintragung. Einer Zustimmung des Inhabers des Vorbehaltsrechts und diesem nachstehender Berechtigter bedarf es nicht. Statthaft ist auch stufenweise Ausübung, so dass der Vorbehalt bis zur Erschöpfung seines Umfangs durch mehrere Rechte nebeneinander ausgenützt werden kann (KGJ 40, 236; s. dazu auch BayObLG 1956, 462; Unterreitmayer Rpfleger 1960, 282). Über die Ausnützung des Vorbehalts für eine Gesamthyp. s. LG Bochum DNotZ 1956, 604. Statt einer vorbehaltenen Hyp. kann eine Grundschuld eingetragen werden und umgekehrt (JFG 5, 341); nicht aber statt vorbehaltener Zinsen ein Verwaltungskostenbeitrag (OLG Frankfurt NJW 1964, 669; a. M. Schmitz-Valckenberg NJW 1964, 1477). 41

b) Auch ein bei Eintragung des Vorbehalts bereits eingetragenes Recht kann den vorbehaltenen Rang erhalten (JFG 8, 292). Der Vorbehalt wirkt auch gegenüber einer nach dem Vorbehaltsrecht entstandenen Umstellungsgrundschuld (§ 5 der 2. DVO z. LASG v. 8. 8. 1949, WiGBl. 233). Er kann in Höhe des eingetragenen Reichsmarkbetrags in DM ausgeübt werden (OLG Braunschweig MDR 1949, 495; BayObLG 1952, 138); die bei Eintragung des vorbehaltenen Rechts erfolgte Eintragung der Umstellung des Rangvorbehalts ist gebührenfreies Nebengeschäft (BayObLG 1952, 138). Zur Ausnutzung eines Rangvorbehalts für ein DM-Recht zugunsten eines auf Euro lautenden Rechts s. LG München II MittBayNot 1999, 381. Über die Zulässigkeit wiederholter Ausübung s. Rn. 34. 42

c) Bei der Eintragung des vorbehaltenen Rechts muss der Rangvermerk zum Ausdruck bringen, dass es den Vorrang vor dem Vorbehaltsrecht hat und dass es das Recht ist, durch das der Vorbehalt ausgeübt wird. Ein Vermerk „. . . mit dem Vorrang vor . . .“ 43 genügt nicht; dadurch würde eine Rangänderung (s. Rn. 47 ff.) verlautbart und wenn Zwischenrechte vorhanden sind, das GB unrichtig werden (JFG 6, 309). Auch der Rangvermerk bei dem Vorbehaltsrecht muss erkennen lassen, dass der Vorrang des vorbehaltenen Rechts auf der Ausnützung des Vorbehalts beruht. Über die Fassung der Vermerke s. GBV Muster Anl. 1 Abt. III Sp. 4 lfd. Nr. 3 und Sp. 7 zu lfd. Nr. 2. Zur Eintragung des vorbehaltenen Rechts ist die Vorlegung des Briefs über das Vorbehaltsrecht nicht erforderlich (KGJ 36, 225).

44 **14. Löschung des Vorbehalts.** Sie kommt in Betracht, wenn der Vorbehalt aufgehoben werden soll oder erloschen ist.

a) Zur Aufhebung bedarf es gemäß § 877 BGB der Einigung des Eigentümers und des Inhabers des Vorbehaltsrechts sowie der Eintragung des Erlöschens; verfahrensrechtlich genügt die Bewilligung des Eigentümers. Dies gilt auch dann, wenn der Vorbehalt bereits ausgeübt worden ist; denn der einmal begründete Vorrang des vorbehaltenen Rechts wird durch die Aufhebung des Vorbehalts nicht berührt (LG Hof MittBayNot 1974, 268; a.M. Fabricius Rpfleger 1956, 155, 301). Die in der Veränderungsspalte zu bewirkende Eintragung kann etwa lauten: „Der Rangvorbehalt ist aufgehoben. Eingetragen am . . .".

45 **b)** Durch die Ausübung des Vorbehalts erlischt dieser nur, wenn er auf einen bestimmten Fall beschränkt worden ist (s. Rn. 34). Das Erlöschen ist im GB durch eine Ergänzung des bei dem Vorbehaltsrecht in der Veränderungsspalte einzutragenden Rangvermerks (s. hierzu Rn. 43) zu verlautbaren. Der Rangvermerk kann etwa lauten: „Der vorbehaltene Vorrang vor diesem Recht ist dem Recht Abt. ... Nr. ... eingeräumt. Der Rangvorbehalt ist damit erloschen. Eingetragen am . . .".

46 **c)** S. zum Ganzen auch Staudenmaier Rpfleger 1960, 81 mit weit. Nachweisen; BayObLG MittBayNot 1979, 113. Mit dem Erlöschen des Vorbehaltsrechts geht natürlich auch der noch nicht ausgeübte Vorbehalt unter.

47 **15. Rangänderung nach § 880 BGB.** Zur Eintragung eines Wirksamkeitsvermerks bei Finanzierungsgrundpfandrechten eines durch eine Auflassungsvormerkung gesicherten Grundstückskäufers statt eines Rangrücktritts mit der Vormerkung s. § 22 Rn. 19.

a) Anwendungsgebiet. Die Bestimmung des § 880 BGB gilt für alle eingetragenen Grundstücksrechte, sofern nicht, wie z.B. in § 10 ErbbauVO, gesetzlich ein anderes bestimmt ist. Sie ist entsprechend anzuwenden auf Teile solcher Rechte und Nebenrechte (RG 132, 110), auf Rechte an Grundstücksrechten sowie auf Vormerkungen einschließlich solcher auf Auflassung (JFG 10, 226), nicht aber auf Widersprüche und Verfügungsbeschränkungen (s. Rn. 11, 18). Der Rang einer für mehrere Berechtigte in Bruchteilsgemeinschaft eingetragenen Auflassungsvormerkung kann grundsätzlich nur insgesamt, also nicht nur bezüglich einzelner Berechtigter nachträglich geändert werden (BayObLG 1998, 187 = FGPrax 1998, 209). Durch die nachträgliche Änderung des Rangs von Teilen eines eingetragenen Grundpfandrechts wird dieses in mehrere selbständige Rechte aufgespalten (OLG Zweibrücken Rpfleger 1985, 54). Erklärt der Gläubiger eines Briefrechts dessen Teilung mit Rangbestimmung für die Teilrechte untereinander und wird das letztrangige Teilrecht unter Übergabe des Stammbriefs in einer nach § 1154 Abs. 1 Satz 1 BGB zulässigen Form abgetreten, so tritt der Rechtsübergang mit dem bestimmten Rangverhältnis außerhalb des GB ein und kann im Weg der Berichtigung eingetragen werden. Einer konstitutiv wirkenden Eintragung (§ 880 Abs. 2 BGB) bedarf es zur Rangänderung der Teilrechte untereinander in diesem Fall nicht (OLG Hamm Rpfleger 1988, 58 mit zust. Anm. v. Muth; ebenso OLG Düsseldorf Rpfleger 1991, 240; ablehnend Schmid Rpfleger 1988, 136). Zur Unzulässigkeit des Rangrücktritts hinter einen Rangvorbehalt s. Rn. 36.

b) Wirkung. Eine Rangänderung kann die Verschaffung des Vorrangs oder des Gleichrangs zum Gegenstand haben (KGJ 40, 243). Das vortretende Recht tritt in vollem Umfang vor oder neben das zurücktretende und verdrängt dieses mit dinglicher Wirkung aus seiner Rangstelle (KGJ 53, 179; JFG 6, 309). Das vortretende Recht behält seinen Vorrang nach § 880 Abs. 4 BGB auch dann, wenn das zurücktretende Recht durch Rechtsgeschäft aufgehoben wird. Erlischt das zurücktretende Recht dagegen kraft Gesetzes oder wird das vortretende Recht kraft Gesetzes oder durch Rechtsgeschäft aufgehoben, so wird die Rangänderung hinfällig (s. aber die Sonderbestimmungen in § 120 Abs. 1 Halbsatz 2 LAG sowie in § 17 und § 24 Abs. 5 GBMaßnG). Fehlen Zwischenrechte, so wirkt die Rangänderung jedoch absolut (JFG 22, 42; KG HRR 1942 Nr. 539). 48

c) Zwischenrechte. Die Wirkung der Rangänderung im Unterschied zum Rangvorbehalt zeigt sich in der Stellung der Zwischenrechte. Diese bleiben von der Rangänderung gemäß § 880 Abs. 5 BGB unberührt; die Zwischenberechtigten brauchen der Rangänderung deshalb nicht zuzustimmen. Es darf ihnen aber auch nicht mehr im Rang vorgehen als bisher; ist das vortretende Recht größer als das zurücktretende, so tritt es nur mit einem Teilbetrag in Höhe des Betrags des zurücktretenden Rechts vor. 49

50 **d) Rangänderung mehrerer Rechte.** Treten mehrere Rechte gleichzeitig hinter ein anderes zurück, so behalten sie untereinander ihren bisherigen Rang (KGJ 53, 179); dasselbe gilt, wenn mehrere Rechte gleichzeitig vor ein anderes treten (KGJ 47, 189). Räumt erst das an zweiter Stelle, dann das an erster Stelle stehende Recht dem ursprünglich an dritter Stelle stehenden Recht den Vorrang ein, so bleibt ebenfalls das Verhältnis der Ersten beiden Rechte untereinander unberührt; Rangordnung 3, 1, 2 (KGJ 53, 180). Räumt dagegen Nr. 1 zunächst der Nr. 3 und erst nach dieser Eintragung der Nr. 2 den Vorrang ein, so steht nunmehr Nr. 3 vor Nr. 2, weil Nr. 1 über den Rang nicht zum Nachteil der Nr. 3 verfügen kann; Rangfolge also 3, 2, 1 (JFG 8, 310). Erfolgen die Rangänderungen zu verschiedenen Zeiten, so ist der Rang am besten schrittweise für die einzelnen Eintragungen festzustellen.

51 **Beispiel:** Es sind in folgender Rangordnung eingetragen:

Hyp. Nr. 1	4000 EUR
Hyp. Nr. 2	5000 EUR
Hyp. Nr. 3	6000 EUR
Hyp. Nr. 4	20000 EUR

Räumt nun erst die Hyp. Nr. 1, später die Hyp. Nr. 2 der Hyp. Nr. 4 den Vorrang ein, so ist das Ergebnis folgendes:

Nach der ersten Vorrangeinräumung:

1. Rangstelle von 4000 EUR	Hyp. Nr. 4a	4000 EUR
2. Rangstelle von 5000 EUR	Hyp. Nr. 2	5000 EUR
3. Rangstelle von 6000 EUR	Hyp. Nr. 3	6000 EUR
4. Rangstelle von 20000 EUR	Hyp. Nr. 4b	16000 EUR
	Hyp. Nr. 1	4000 EUR

Nach der zweiten Vorrangeinräumung:

1. Rangstelle von 4000 EUR	Hyp. Nr. 4 a	4000 EUR
2. Rangstelle von 5000 EUR	Hyp. Nr. 4b I	5000 EUR
3. Rangstelle von 6000 EUR	Hyp. Nr. 3	6000 EUR
4. Rangstelle von 20000 EUR	Hyp. Nr. 4b II	11000 EUR
	Hyp. Nr. 1	4000 EUR
	Hyp. Nr. 2	5000 EUR

52 Es leuchtet ein, dass mehrfache Rangänderungen das GB höchst unübersichtlich machen können. Für die Klarstellung unübersichtlicher Rangverhältnisse sehen §§ 90ff. ein besonderes Verfahren vor; ob Anlass zur Einleitung dieses Verfahrens besteht, ist insbes. vor der Umschreibung eines GBBlatts zu prüfen (§ 29 GBV).

53 **e) Gesetzlicher Löschungsanspruch.** Ein im Rang zurücktretendes Grundpfandrecht erlangt mit der Eintragung der Rangänderung den in § 1179a BGB vorgesehenen gesetzlichen Lö-

schungsanspruch (§ 1179a Abs. 4 BGB und dazu Stöber Rpfleger 1977, 428); dies gilt jedoch nicht, wenn das zurücktretende Recht unter die Übergangsvorschrift des Art. 8 § 1 Abs. 1 oder 2 des Ges. v. 22. 6. 1977 (BGBl. I 998) fällt (Stöber Rpfleger 1977, 432; 1978, 165; Willke WM 1978, 2; Jerschke DNotZ 1978, 65; OLG Oldenburg Rpfleger 1978, 307; OLG Celle Rpfleger 1978, 308; OLG Frankfurt Rpfleger 1979, 19; BayObLG 1979, 126 = Rpfleger 1979, 261; a.M. Brych/Meinhard WM 1978, 342; MittBayNot 1978, 138; Zagst BWNotZ 1979, 1). Wegen des gesetzlichen Löschungsanspruchs bei Rangänderungen mit Zwischenrechten s. Rambold Rpfleger 1995, 284.

f) Sonderfall. Räumt ein Grundpfandgläubiger einer zu Baukreditzwecken zu bestellenden Hyp. ohne ausdrückliche Einschränkung den Vorrang ein, so erstreckt sich dieser mangels klarer gegenteiliger Verlautbarung auch auf die Eigentümergrundschuld, die bis zur Valutierung durch den HypGläubiger besteht und vom Eigentümer an einen Zwischenfinanzierer abgetreten wird (BGH 60, 226 = Rpfleger 1973, 208). **54**

16. Voraussetzungen der Rangänderung. a) Die sachlichrechtlichen Erfordernisse der Rangänderung ergeben sich aus § 880 Abs. 2 und 3 BGB. Nötig sind Einigung des zurücktretenden und des vortretenden Berechtigten und Eintragung; ist das zurücktretende Recht ein Grundpfandrecht, nicht nur eine HypVormerkung (JFG 13, 419), so bedarf es ferner der Zustimmung des Eigentümers; lasten an dem Grundpfandrecht Rechte Dritter, so müssen auch die Drittberechtigten zustimmen. Diese Erfordernisse gelten auch, wenn einem eingetragenen Recht ein erst einzutragendes im Rang vorgehen soll (RG 157, 26). Eine Rangänderung kann auch bedingt oder befristet sein (KG HRR 1933 Nr. 1585; RG HRR 1934 Nr. 390). Sie ist auch möglich, wenn das zurücktretende und das vortretende Recht demselben Berechtigten zustehen; in diesem Fall genügt statt der Einigung die einseitige Erklärung gegenüber dem GBAmt (KGJ 40, 243; vgl. auch RG 142, 237). **55**

Wird einer Zwangshyp. der Vorrang eingeräumt, so ersetzt der Titel auch die etwa erforderliche Zustimmung des Eigentümers (JFG 12, 306; BGH 12, 244 = NJW 1954, 954). Der Zustimmung des Eigentümers bedarf es auch dann nicht, wenn einer gem. § 1287 BGB oder § 848 Abs. 2 ZPO entstandenen Sicherungshyp. von dem Gläubiger eines vormerkungswidrig eingetragenen Grundpfandrechts gem. § 888 Abs. 1 BGB der Vorrang eingeräumt wird (BayObLG 1990, 321 = NJW-RR 1991, 567). Zur Änderung des Rangverhältnisses von Teilhyp. untereinander ist eine Zustimmung des Eigentümers nach § 1151 BGB nicht notwendig; dies gilt auch **56** bei einer Rangänderung nach Teilung der Hyp. (OLG Dresden JFG 5, 432).

57 **b)** Zur Eintragung der Rangänderung bedarf es der **Bewilligung** des zurücktretenden Berechtigten und etwaiger Zustimmungsberechtigter. Die gem. § 880 Abs. 2 Satz 2 BGB sachlichrechtlich erforderliche Zustimmung des Eigentümers enthält regelmäßig die grundbuchrechtlich notwendige EintrBewilligung; daher ist eine Zwischenverfügung, welche „die Eigentümerzustimmung gem. § 880 Abs. 2 BGB“ verlangt, regelmäßig dahin auszulegen, dass die Bewilligung gem. § 19 verlangt wird (BayObLG MittBayNot 1989, 310 unter Aufgabe von DNotZ 1988, 585). Die Zustimmung des Eigentümers zur Freistellung einer verkauften Teilfläche von einer Grundschuld ist in der Regel nicht auch als Bewilligung des Rangrücktritts der Grundschuld hinter die für den Käufer bewilligte Auflassungsvormerkung auszulegen (BayObLG MittBayNot 1989, 310). Zur Auslegung einer Belastungsvollmacht für den Käufer als Vollmacht zur Bewilligung eines Rangrücktritts mit der Auflassungsvormerkung s. § 19 Rn. 75.

58 **17. Eintragung der Rangänderung. a)** Erforderlich ist nach § 18 GBV ein Rangvermerk bei dem zurücktretenden und dem vortretenden Recht. Zum Wirksamwerden der Rangänderung genügt aber ihre Verlautbarung bei dem zurücktretenden Recht (KGJ 44, 260; RG HRR 1931 Nr. 1912; BayObLG 1988, 332), nicht jedoch eine solche bei dem vortretenden Recht (OLG Celle Nds-Rpfl. 1997, 76). Die Eintragungen sind in der Veränderungsspalte zu bewirken; wird jedoch das vortretende Recht neu eingetragen, so ist der Rangvermerk bei diesem in der Hauptspalte einzutragen. Eine Bezugnahme auf die EintrBewilligung zur Bezeichnung des begünstigten Rechts ist unzulässig (RG Warn. 1908 Nr. 319); nicht ausgeschlossen ist sie dagegen zur näheren Bezeichnung des Inhalts der Rangänderung.

59 **b)** Sollen mehrere Grundpfandrechte auf einem nachträglich mitzubelastenden Grundstück untereinander und im Verhältnis zu etwaigen sonstigen Belastungen das gleiche Rangverhältnis wie auf dem bereits belasteten Grundstück erlangen, so genügt im Hinblick auf den **Grundsatz der Rangeinheit** von Haupt- und Veränderungsspalten in Abt. II und III die Eintragung des Mithaftvermerks ohne Rangangaben in der Veränderungsspalte. Wenn in einem solchen Fall ein gesonderter Vermerk über einen Rangrücktritt bei dem zurücktretenden Recht auch nicht erforderlich ist, so kann er doch im Interesse der GBKlarheit zweckmäßig sein; dann sind jedoch §§ 41, 42, 62, 70 zu beachten (OLG Hamm Rpfleger 1985, 17; s. hierzu auch § 48 Rn. 20). Allerdings braucht die Eintragung

nachträglicher Rangänderungen nur auf den vor dem 1. 1. 1978 erteilten Briefen vermerkt zu werden (s. hierzu § 62 Rn. 3).

18. Aufhebung der Rangänderung. Sie kann nicht durch Löschung der Rangvermerke, sondern nur im Weg einer neuen Rangänderung erfolgen (JFG 12, 293). 60

19. Kosten. a) Rangvorbehalt. Die Eintragung ist gebührenfrei, wenn sie gleichzeitig mit dem Vorbehaltsrecht erfolgt (§ 62 Abs. 3 KostO). Bei nachträglicher Eintragung ist eine halbe Gebühr zu erheben (§ 64 Abs. 1 KostO); der Wert bestimmt sich nach § 30 KostO. Werden eine Auflassungsvormerkung und zugleich ein Rangvorbehalt für noch einzutragende Grundpfandrechte eingetragen, so ist die Eintragung des Rangvorbehalts gebührenfreies Nebengeschäft (OLG Köln Rpfleger 1992, 497; OLG Frankfurt Rpfleger 1993, 109; OLG Celle Rpfleger 1995, 273; OLG Zweibrücken Rpfleger 1996, 217; KG Rpfleger 1996, 377; OLG Hamm FGPrax 1996, 238; OLG Düsseldorf Rpfleger 1998, 446 unter Aufgabe von Rpfleger 1990, 315). Zu den kostenrechtlichen Folgen der stufenweisen Ausnützung eines Gleichrangvorbehalts s. BayObLG 1956, 456. 61

b) Rangänderung. Für die Eintragung wird eine halbe Gebühr erhoben, berechnet nach dem Wert des vortretenden, höchstens nach dem des zurücktretenden Rechts; die Gebühr ist nur einmal zu erheben, da die Rangänderung nur als Veränderung des zurücktretenden Rechts behandelt wird (§ 64 Abs. 1 und 5 KostO). Es ist mit dem Grundgesetz vereinbar, dass dann, wenn einem Recht der Vorrang vor oder der Gleichrang mit anderen Rechten eingeräumt wird, für die GBEintragung gem. § 64 Abs. 2, 5 KostO für jedes zurücktretende Recht eine halbe Gebühr besonders erhoben wird (OLG Hamm Rpfleger 1988, 101). Zur Anwendung des § 67 Abs. 1 Satz 1, Abs. 3 KostO auf die Eintragung der Rangänderung einer Vormerkung s. OLG Düsseldorf Rpfleger 1983, 460; BayObLG Rpfleger 1984, 77; KG Rpfleger 1984, 248; OLG Köln Rpfleger 1984, 334. Tritt eine Auflassungsvormerkung im Rang hinter eine bereits eingetragene Grundschuld zurück, so ist für die Eintragung der Rangänderung lediglich eine Gebühr nach § 67 Abs. 1 KostO zu erheben; die Eintragung des Rangvermerks bei dem vortretenden Recht bleibt nach § 64 Abs. 5 KostO gebührenfrei (BayObLG 1988, 330 = Rpfleger 1989, 41). Tritt eine Auflassungsvormerkung hinter mehrere Grundpfandrechte im Rang zurück, ist eine $^{1}/_{4}$-Gebühr nach dem zusammenzurechnenden Wert der Grundpfandrechte zu erheben (OLG Frankfurt Rpfleger 1986, 158). S. dazu auch OLG Köln Rpfleger 1998, 216. 62

Formen der Löschung

46 (1) **Die Löschung eines Rechtes oder einer Verfügungsbeschränkung erfolgt durch Eintragung eines Löschungsvermerks.**

(2) **Wird bei der Übertragung eines Grundstücks oder eines Grundstücksteils auf ein anderes Blatt ein eingetragenes Recht nicht mitübertragen, so gilt es in Ansehung des Grundstücks oder des Teils als gelöscht.**

Inhaltsübersicht

1. Allgemeines ... 1
2. Geltungsgebiet ... 3
3. Voraussetzungen der Löschung ... 6
4. Eintragung des Löschungsvermerks ... 9
5. Stelle der Eintragung ... 11
6. Sonstige Kenntlichmachung der Löschung ... 12
7. Wirkung der Löschung oder Nichtlöschung ... 15
8. Nichtmitübertragung ... 16
9. Rötung ... 21
10. Kosten ... 25

1 **1. Allgemeines.** § 46 stellt für die Löschung zwei Formen zur Wahl und zwar die Eintragung eines Löschungsvermerks und die Nichtmitübertragung auf ein neues GBBlatt.

Die Bestimmung enthält zwingendes Recht. Auf andere Weise, z.B. durch Durchstreichen einer Eintragung, kann eine Löschung wirksam nicht vorgenommen werden; andererseits gilt eine unterlassene Mitübertragung stets, also auch dann als Löschung, wenn diese vom GBAmt nicht beabsichtigt war.

2 Welche Löschungsform im Einzelfall zu wählen ist, wird von den Gesichtspunkten der Zweckmäßigkeit und der GBKlarheit bestimmt.

3 **2. Geltungsgebiet. a)** Das Wort „Recht" ist sowohl in Abs. 1 als auch in Abs. 2 im weitesten Sinn zu verstehen, umschließt mithin neben den in Abs. 1 eigens erwähnten Verfügungsbeschränkungen auch Vormerkungen und Widersprüche. Ob die Löschung eine rechtsändernde oder eine berichtigende ist, macht keinen Unterschied; unerheblich ist auch, auf welcher Grundlage sie erfolgt und ob sie das Recht im ganzen oder nur einen Teil desselben zum Gegenstand hat.

4 **b)** Auch bei der Eintragung einer Zinssenkung handelt es sich um eine Löschung (RG 72, 367); es genügt hier jedoch, dass die Herabsetzung des Zinssatzes in der Veränderungsspalte verlautbart wird; ein besonderer Löschungsvermerk hinsichtlich des wegfallenden Zinsteils ist nicht notwendig, aber selbstverständlich zulässig

(KG HRR 1932 Nr. 1657). Die Bedeutung einer Teillöschung hat auch der nachträglich eingetragene Vermerk, dass ein Grundstücksrecht einem Nacherbenvermerk gegenüber wirksam ist (KG JW 1935, 3560); der sog. Wirksamkeitsvermerk ist jedoch in der Veränderungsspalte zu buchen.

c) Nicht hierher gehören Inhaltsänderungen eines Rechts. Diese werden in der Veränderungsspalte eingetragen. Gegenstandslos gewordene Vermerke sind nach § 17 Abs. 3 GBV rot zu unterstreichen. 5

3. Voraussetzungen der Löschung. a) Nur ein eingetragenes Recht kann gelöscht werden (JFG 3, 403; 5, 438; OLG München JFG 14, 318; OLG Hamm Rpfleger 1955, 47);eine Ausnahmeregelung galt für Eigentümer-Umstellungsgrundschulden (§ 7 Abs. 1 der 5. AbgabenDV-LA v. 21. 8. 1953, BGBl. I 1030; zur Rechtsgültigkeit der Bestimmung s. BGH 15, 307, zu ihrer Anwendbarkeit bei Teillöschung s. BGH 18, 300). 6

b) Für die Löschung gelten alle Vorschriften, die für Eintragungen schlechthin gegeben sind; erforderlich sind also regelmäßig Antrag (§ 13), Bewilligung (§ 19) oder Unrichtigkeitsnachweis (§ 22), Voreintragung des Betroffenen (§§ 39, 40) und bei Briefrechten Vorlegung des Briefs (§§ 41, 42). Daneben gibt es besondere Vorschriften über die Löschung von Vormerkungen und Widersprüchen nach § 18 Abs. 2 Satz 1, § 76 Abs. 1 (§ 18 Abs. 2 Satz 2, § 76 Abs. 2), von befristeten Rechten (§§ 23, 24), von Vormerkungen und Widersprüchen auf Grund einstweiliger Verfügungen (§ 25), von Hypotheken, Grund- und Rentenschulden (§ 27), von Gesamtrechten (§ 48 Abs. 2), von inhaltlich unzulässigen Eintragungen (§ 53 Abs. 1 Satz 2) sowie von gegenstandslosen Eintragungen (§§ 84ff.). 7

c) Die Löschungsbewilligung stellt sich als **EintrBewilligung** gemäß § 19 dar, die in der Regel zugleich die materiellrechtliche Aufgabeerklärung gem. § 875 BGB enthält. Für sie gilt alles, was für die EintrBewilligung gilt. Gibt ein dinglich Berechtigter eine Teilfläche mit einer ungefähren Größenangabe frei und ist hinsichtlich der grundbuchmäßigen Beschreibung auf den noch zu erstellenden Veränderungsnachweis verwiesen, so wird die lastenfreie Abschreibung einer Teilfläche, die in der Größe vom vorläufigen Beschrieb nicht unwesentlich abweicht, durch die Löschungsbewilligung nicht mehr gedeckt; wesentlich ist jedenfalls eine Größenabweichung von 24% (BayObLG 1986, 327). Stimmt der Eigentümer gem. § 27 der Löschung eines Grundpfandrechts zu, so kann dies als Löschungsbewilligung auszulegen sein, wenn es sich um eine Eigentümerrecht handelt (OLG Düsseldorf MittRhNotK 1988, 175). 8

Hat der Löschung einer mit einem Sperrvermerk gem. § 72 VAG eingetragenen Grundschuld ein Treuhänder zugestimmt, der zur Überwachung nur eines Teils des Deckungsstocks bestellt ist, so muss zur Löschung in der Form des § 29 auch nachgewiesen werden, dass die Grundschuld zu diesem Deckungsstockteil gehört (OLG Frankfurt Rpfleger 1993, 147). Zum Nachweis der Treuhändereigenschaft s. § 32 Rn. 2.

9 **4. Eintragung eines Löschungsvermerks. a)** Im Gegensatz zu sonstigen Eintragungen bedarf es der Angabe des sachlichrechtlichen Grunds der Löschung nicht (KG JW 1934, 1056; BayObLG 1952, 322). Auch dann nicht, wenn das Erlöschen des Rechts auf einem Verzicht beruht; deshalb kann der Verzicht des Gläubigers auf das Grundpfandrecht an einem der belasteten Grundstücke (§ 1175 Abs. 1 Satz 2 BGB) durch einen Löschungsvermerk zum Ausdruck gebracht werden (s. § 27 Rn. 7). Wird ein Grundpfandrecht oder eine Reallast zu einem Teilbetrag gelöscht, so ist der gelöschte Betrag nach § 17 Abs. 1 Satz 2 GBV mit Buchstaben zu schreiben. Der besonderen Benennung des Rechts bedarf es zur näheren Kennzeichnung nur, wenn dieses, wie z. B. ein Pfandrecht an einem Grundstücksrecht oder eine Löschungsvormerkung, in der Veränderungsspalte eingetragen ist. Wird bei der Löschung eines Erbbaurechts gleichzeitig eine Vormerkung zur Erhaltung des Vorrechts auf Erneuerung eingetragen (§ 31 Abs. 4 Satz 3 ErbbauVO), so ist nach § 17 Abs. 2 Satz 3 GBV in dem Löschungsvermerk auf diese Vormerkung hinzuweisen; über die Fassung s. Anh. zu § 8 Rn. 55. Die Löschung der Belastungen eines Rechts braucht nicht besonders vermerkt zu werden.

10 **b)** Im Übrigen gelten für den Löschungsvermerk die allgemeinen Vorschriften über Eintragungen; nach § 44 Abs. 1 ist er daher zu datieren und bei Meidung seiner Unwirksamkeit zu unterzeichnen; s. ferner § 44 Rn. 11 ff.

11 **5. Stelle der Eintragung.** Die Löschung erfolgt in Abt. II in Sp. 6 und 7, in Abt. III in Sp. 8 bis 10; in den Löschungsspalten werden sowohl die Eintragungen der Hauptspalte als auch die der Veränderungsspalte gelöscht. Eine Besonderheit gilt, wenn ein Gesamtrecht an mehreren auf einem gemeinschaftlichen Blatt vorgetragenen Grundstücken lastet und das Recht an einem der Grundstücke gelöscht werden soll; hier wird die Löschung in der Veränderungs-, nicht in der Löschungsspalte eingetragen. Wegen der Eintragung von Zinssenkungen und sog. Wirksamkeitsvermerken s. Rn. 4.

12 **6. Sonstige Kenntlichmachung der Löschung.** Wesentlich für die Löschung ist allein der Löschungsvermerk. Nur um das GB

übersichtlicher zu machen, schreibt die GBV noch andere Maßnahmen vor:

a) Wird ein Recht ganz gelöscht, so sind der EintrVermerk und Vermerke, die ausschließlich das gelöschte Recht betreffen, nach § 17 Abs. 2 Satz 1 und 2 GBV rot zu unterstreichen. Die rote Unterstreichung kann dadurch ersetzt werden, dass über der Ersten und unter der letzten Zeile der Eintragung oder des Vermerks ein waagerechter roter Strich gezogen wird und beide Striche durch einen von oben links nach unten rechts verlaufenden roten Schrägstrich verbunden werden (sog. Buchhalternase); erstreckt sich eine Eintragung oder ein Vermerk auf mehr als eine Seite, so ist auf jeder Seite entsprechend zu verfahren (§ 17 Abs. 2 Satz 3 GBV). Die sog. Buchhalternase kann auch bei Löschungen im Bestandsverzeichnis und in Abt. I verwendet werden (§ 17a GBV). Bei der Umstellung auf das Loseblattgrundbuch durch Verwendung von Ablichtungen der bisherigen Blätter in festen Bänden stellt sich die Rötung als schwarze Unterstreichung dar (vgl. § 101 Abs. 2 GBV). Beim maschinell geführten GB kann eine Rötung schwarz dargestellt und die sog. Buchhalternase in computermäßige Darstellungsformen übersetzt werden (§ 91 Satz 2 GBV). 13

b) Wird ein Grundpfandrecht zu einem Teilbetrag gelöscht, so ist der gelöschte Teilbetrag nach § 17 Abs. 5 GBV in Sp. 3, unter Umständen auch in Sp. 6 abzuschreiben. 14

c) Über die Unbrauchbarmachung von Briefen s. §§ 69, 70.

7. Wirkung der Löschung oder Nichtlöschung. Die Eintragung eines Löschungsvermerks als solche führt nicht zum Erlöschen des Rechts (BayObLG 1961, 36 = NJW 1961, 1265); ist dieses nicht bereits außerhalb des GB erloschen, so wird das GB durch die Löschung unrichtig, falls es an einer wirksamen Aufhebungserklärung nach § 875 BGB fehlt; dasselbe gilt auch für eine Vormerkung (BGH 60, 46 = NJW 1973, 323). Andererseits ist das GB trotz wirksamer Aufhebungserklärung richtig, solange die nach § 875 BGB erforderliche Löschung nicht ordnungsgemäß erfolgt ist; Rötung der Eintragung oder Unbrauchbarmachung des Briefs können den fehlenden Löschungsvermerk nicht ersetzen. 15

8. Nichtmitübertragung. a) Allgemeines. Wird ein Grundstück oder Grundstücksteil auf ein anderes Blatt übertragen, so kann die Löschung eines Rechts an dem Grundstück oder Grundstücksteil auch dadurch zum Ausdruck gebracht werden, dass es nicht mitübertragen wird. Weshalb das Grundstück oder der Grundstücksteil auf ein anderes Blatt übertragen wird, ist für die Zulässigkeit der Löschung durch Nichtmitübertragung unwesent- 16 lich. Diese kommt aber nur bei eingetragenen Rechten in Betracht; soweit ausnahmsweise auch ein nicht eingetragenes Recht gelöscht werden kann (s. Rn. 6), muss die Löschung durch Eintragung eines Löschungsvermerks vorgenommen werden. Diese Form der Löschung ist ferner die einzig mögliche, falls ein Grundstücksteil auf demselben Blatt als selbständiges Grundstück eingetragen wird und bei dieser Gelegenheit ein Recht an ihm gelöscht werden soll (s. dazu auch BayObLG 1995, 418).

17 **b) Voraussetzungen.** Die grundbuchmäßigen Voraussetzungen der Nichtmitübertragung sind dieselben wie die der Eintragung eines Löschungsvermerks (BayObLG 1971, 3); s. dazu Rn. 7.

18 aa) Den häufigsten Fall bilden die **Entlassungen aus der Mithaft.** Notwendig ist die Bewilligung der lastenfreien Abschreibung durch die Betroffenen; bei Grundpfandrechten kommt die Entlassung eines Trennstücks aus der Mithaft einem Verzicht des Gläubigers nach § 1175 Abs. 1 Satz 2 BGB gleich, so dass eine Zustimmung des Eigentümers nicht erforderlich ist (s. § 27 Rn. 7). Die Bewilligung der Betroffenen kann nach Maßgabe der Landesgesetzgebung durch ein Unschädlichkeitszeugnis ersetzt werden (Art. 120 Abs. 1 EGBGB); in *Bayern* ist maßgebend das UnschädlichkeitsG v. 15. 6. 1898 (BayRS 403-2-J); s. hierzu § 19 Rn. 11.

19 bb) In Betracht kommt ferner das **Freiwerden eines Grundstücksteils** von Grunddienstbarkeiten und beschränkten persönlichen Dienstbarkeiten nach §§ 1026, 1090 Abs. 2 BGB. Die Dienstbarkeit erlischt in diesem Fall auf dem von ihr nicht betroffenen Grundstücksteil kraft Gesetzes mit dem Vollzug der Grundstücksteilung; das GB ist mit der Abschreibung gem. § 22 nach Gewährung rechtlichen Gehörs (s. § 1 Rn. 49) dadurch zu berichtigen, dass die Dienstbarkeit auf das neue GBBlatt nicht mitübertragen wird (BayObLG Rpfleger 1983, 143; 1987, 451). S. hierzu Opitz Rpfleger 2000, 367, der einen ausdrücklichen Löschungsvermerk verlangt. Sofern nicht offenkundig, ist nachzuweisen, dass der abzuschreibende Grundstücksteil außerhalb des Bereichs der Ausübung der Dienstbarkeit liegt (KGJ 31, 313; BayObLG 1971, 4; 1985, 33 = Rpfleger 1985, 186); steht letzteres fest, so darf die Dienstbarkeit auch dann nicht mitübertragen werden, wenn die Mitübertragung beantragt ist (BayObLG 1954, 291). Ein Teil eines mit einem Wohnungsrecht belasteten Grundstücks kann dann nicht lastenfrei abgeschrieben werden, wenn sich auf ihm zwar nicht das Gebäude, aber sanitäre Versorgungs- und Entsorgungsleitungen befinden, die dem gemeinschaftlichen Gebrauch der Bewohner dienen und auf deren Mitbenützung der Wohnberechtigte angewiesen ist (BayObLG Rpfleger 1992, 57). Zur Aufteilung eines mit

einem Wohnungsrecht belasteten Grundstücks in WEigentum gem. § 8 WEG s. OLG Hamm FGPrax 2000, 132.

cc) Bezieht sich eine an einem Grundstück eingetragene Auflassungsvormerkung **nur auf eine Teilfläche,** so bedarf es zur lastenfreien Abschreibung anderer Teile des Grundstücks keiner Bewilligung des Vormerkungsberechtigten (s. dazu Anh. zu § 44 Rn. 104). Zur lastenfreien Abschreibung eines Teils eines Grundstücks, das von einem Gebäudeeigentum, einem dinglichen Nutzungsrecht oder einem Recht zum Besitz gem. Art. 233 § 2a EGBGB betroffen oder damit belastet ist, s. § 14 Abs. 4 GGV.

c) Wirkung. Die Nichtmitübertragung gilt stets, also auch dann als Löschung, wenn die grundbuchmäßigen Voraussetzungen einer solchen nicht vorgelegen haben (BayObLG 1988, 127; BGH Rpfleger 1988, 353). Ob das GB alsdann unrichtig ist, richtet sich nach der materiellen Rechtslage (s. Rn. 15). Gegebenenfalls ist nach § 53 zu verfahren; die Nachholung der unterbliebenen Mitübertragung ist nicht mehr möglich (BGH NJW 1994, 2947). 20

9. Rötung. Sie ist keine Löschung, sondern nur ein buchungstechnisches Hilfsmittel, um das GB übersichtlich zu machen (KG HRR 1932 Nr. 1657); zur Ersetzung der Rötung durch eine schwarze Darstellung s. Rn. 13. Gegen eine Rötung ist daher keine Beschwerde gegeben (KG DRZ 1931 Nr. 265). Eine versehentliche Rötung kann gem. § 29 Abs. 3 GeschO, § 31 Abs. 3 BayGBGA rückgängig gemacht werden (s. dazu BayObLG 1961, 36 = NJW 1961, 1265). Die Rötung ist vorgesehen: 21

a) Um zu kennzeichnen, dass eine Eintragung gelöscht worden ist oder ein Vermerk ausschließlich eine gelöschte Eintragung betrifft (§ 17 Abs. 2 Satz 1 und 2 GBV); s. dazu Rn. 13. 22

b) Um solche Vermerke kenntlich zu machen, die nach dem aus dem GB ersichtlichen Inhalt eines Veränderungsvermerks gegenstandslos geworden sind (§ 17 Abs. 3 GBV). Hierher gehören z.B. der Name des früheren Gläubigers bei Abtretung eines Rechts, die bisherigen Zins- und Zahlungsbestimmungen im Fall ihrer Änderung sowie der Ausschluss der Brieferteilung bei Aufhebung desselben; dagegen darf ein Nacherbenvermerk nicht gerötet werden, wenn das Recht mit Zustimmung des Nacherben veräußert worden ist. Zu röten sind auch die auf den bisherigen Eigentümer bezüglichen Eintragungen in Sp. 1 mit 4 der Abt. I, wenn ein neuer Eigentümer eingetragen wird (§ 16 GBV). 23

c) Um zu kennzeichnen, dass eine Vormerkung durch die endgültige Eintragung ihre Bedeutung verloren hat (§ 19 Abs. 2 GBV). Maßgebend ist allein der Inhalt des GB; daher verliert eine Auflas- 24 sungsvormerkung ihre Bedeutung durch die endgültige Eintragung dann nicht, wenn zwischenzeitlich eine Belastung eingetragen wurde und noch nicht wieder gelöscht worden ist. Entsprechendes gilt für einen Widerspruch (§ 19 Abs. 3 GBV). Bezüglich der Löschung der Vormerkung oder des Widerspruchs bewendet es bei den allgemeinen Vorschriften (KGJ 52, 229); sie kann nach Maßgabe der §§ 84 ff. auch von Amts wegen erfolgen (s. dazu LG Nürnberg DNotZ 1956, 607).

25 **10. Kosten. a)** Für die Löschung wird die Hälfte der für die Eintragung bestimmten Gebühr, mindestens eine $^{1}/_{4}$-Gebühr erhoben (§ 68 KostO). Die Gebühr entsteht auch bei einer Löschung durch Nichtmitübertragung (BayObLG 1975, 392; OLG Düsseldorf Rpfleger 1977, 460; a. M. OLG Köln Rpfleger 1959, 290). Zur Gebührenberechnung bei der Löschung einer nach Freistellung der übrigen Wohnungseigentumsrechte nur noch an einem Wohnungseigentum lastenden Globalgrundschuld s. BayObLG 1992, 247 = Rpfleger 1992, 540 mit zust. Anm. v. Hintzen und BayObLG 1993, 285 = Rpfleger 1994, 84 mit abl. Anm. v. Hintzen; BayObLG Rpfleger 1999, 100; 2000, 472; ferner OLG Hamm Rpfleger 1995, 272; 1998, 376; OLG Köln Rpfleger 1997, 406; OLG Düsseldorf ZMR 1999, 497. Über gebührenfreie Löschungen s. §§ 69, 70 KostO.

26 **b)** Der **Geschäftswert** der Löschung bestimmt sich nach dem Wert, den die Eintragung nach ihrem Inhalt hätte, wenn sie in dem Zeitpunkt erfolgen würde, in dem sie gelöscht wird; darauf, ob sie zurzeit der Löschung noch einen wirtschaftlichen Wert hat oder etwa gegenstandslos geworden ist, kommt es nicht an (BayObLG 1955, 102; Rpfleger 1986, 31).

27 aa) Der Geschäftswert bei Löschung eines **dinglichen Vorkaufsrechts** bestimmt sich nach § 20 Abs. 2 KostO; ein wegen Eintritts einer auflösenden Bedingung gegenstandslos gewordenes Vorkaufsrecht ist nach OLG Zweibrücken Rpfleger 1991, 54 jedoch nur mit 20% und nach BayObLG MittBayNot 1995, 487 nur mit 10% des Grundstückswerts zu bewerten.

28 bb) Für die Löschung einer **Auflassungsvormerkung** kommt als Geschäftswert regelmäßig der volle Wert des Grundstücks im Zeitpunkt der Löschung in Betracht. Sichert die Auflassungsvormerkung jedoch den Auflassungsanspruch aus einer bedingten Rückübereignungsverpflichtung, so ist entsprechend § 20 Abs. 2 KostO in der Regel der halbe Wert des Grundstücks als Geschäftswert anzunehmen (OLG Zweibrücken Rpfleger 1989, 233). Ob Anlass zu einer über den Regelwert hinausgehenden oder unter ihm bleibenden Bewertung besteht, hängt davon ab, ob die Wahrschein-

lichkeit des Eintritts der vereinbarten Bedingungen ungewöhnlich groß oder gering ist. Dies ist anhand der Vertragsbestimmungen oder etwaiger sonstiger verwertbarer Anhaltspunkte von Amts wegen zu ermitteln (BayObLG Rpfleger 1986, 31).

Eintragung gemeinschaftlicher Rechte

47 Soll ein Recht für mehrere gemeinschaftlich eingetragen werden, so soll die Eintragung in der Weise erfolgen, daß entweder die Anteile der Berechtigten in Bruchteilen angegeben werden oder das für die Gemeinschaft maßgebende Rechtsverhältnis bezeichnet wird.

Inhaltsübersicht

1. Allgemeines 1
2. Geltungsgebiet 2
3. Gemeinschaftliches Recht 5
4. Eintragungsunterlagen 13
5. Eintragung einer Bruchteilsgemeinschaft 16
6. Eintragung einer Gesamthandsgemeinschaft 21
7. Eintragung von Gesamtberechtigten 23
8. Sonstige Eintragung mehrerer Eigentümer 24
9. Wirkung der Eintragung 25
10. Verletzung des § 47 26

1. Allgemeines. § 47 handelt von der Eintragung gemeinschaftlicher Rechte. Steht ein einzutragendes Recht mehreren gemeinschaftlich zu, so ist die Verfügungsbefugnis des einzelnen Berechtigten je nach der in Betracht kommenden Gemeinschaft verschieden. Der Bestimmtheitsgrundsatz erfordert daher, dass Art und Inhalt des Gemeinschaftsverhältnisses im GB angegeben werden (BGH 136, 327 = NJW 1997, 3235; OLG Hamm Rpfleger 1973, 250). Erforderlich ist eine zweifelsfreie Bezeichnung des Gemeinschaftsverhältnisses unter Verzicht auf überflüssige Zusätze (BayObLG 1990, 190 = Rpfleger 1990, 503). 1

Vgl. zum Folgenden auch Böhringer, Bezeichnung des Gemeinschaftsverhältnisses, insbes. im Vollstreckungstitel zur Eintragung einer Zwangshypothek, BWNotZ 1985, 73.

2. Geltungsgebiet. a) Die Vorschrift gilt für alle Rechte, bei denen ein Gemeinschaftsverhältnis möglich ist, und zwar für Rechte im weitesten Sinn, mithin auch für Vormerkungen (BGH 136, 327 = NJW 1997, 3235; BayObLG 1963, 132; OLG Frankfurt Rpfleger 1975, 177; OLG Zweibrücken Rpfleger 1985, 284) und Widersprüche (KGJ 29, 236) sowie für Verfügungsbeschränkungen. Ob die Eintragung rechtsändernden oder berichtigenden Charakter hat, macht keinen Unterschied (KGJ 39, 204). 2

3 **b) Nicht anzuwenden** ist § 47, wenn das gemeinschaftliche Recht ein Altenteil ist und es nach § 49 eingetragen wird (OLG Frankfurt Rpfleger 1973, 394; BayObLG 1975, 193 = Rpfleger 1975, 300; BGH 73, 211 = Rpfleger 1979, 56; s. dazu auch § 49 Rn. 11). Dasselbe gilt bei Eintragung eines gemeinschaftlichen Vorkaufsrechts gem. § 1094 Abs. 1, § 1098 Abs. 1 Satz 1 BGB, weil die Berechtigten hier nach § 513 BGB in einem zwingenden Gesamtverhältnis stehen (JFG 6, 293; BayObLG 1958, 203; OLG Frankfurt FGPrax 1998, 170; s. hierzu aber auch OLG Frankfurt DNotZ 1986, 239). Wird zugunsten mehrerer Berechtigter ein schuldrechtliches Vorkaufsrecht bestellt, auf das § 513 BGB Anwendung findet, kann bei der Eintragung einer Vormerkung zugunsten der Berechtigten die Angabe des nach Ausübung des Rechts zwischen ihnen zustandekommenden Gemeinschaftsverhältnisses nicht verlangt werden. Gem. § 47 ist vielmehr in das GB einzutragen, dass § 513 BGB auf das Vorkaufsrecht Anwendung findet (BGH 136, 327 = NJW 1997, 3235 gegen KG FGPrax 1997, 130, mit kritischer Anm. v. Demharter MittBayNot 1998, 16; Streuer Rpfleger 1998, 154; Brückner BWNotZ 1998, 170). Entsprechendes gilt für die Eintragung einer Vormerkung zur Sicherung des Anspruchs mehrerer Berechtigter aus einem Ankaufsrecht, auf das § 513 BGB Anwendung findet (BayObLG 1967, 275 = Rpfleger 1968, 52), ferner wegen des mit § 513 BGB inhaltsgleichen § 502 BGB für die Eintragung einer Vormerkung zur Sicherung der Ansprüche aus einem Wiederkaufsrecht (OLG Düsseldorf MittRhNotK 1983, 49). S. zum Ganzen auch BayObLG Rpfleger 1986, 371.

4 § 47 ist ferner nicht anzuwenden, wenn Berechtigter der jeweilige Eigentümer eines anderen Grundstücks sein soll, das mehreren gemeinschaftlich gehört. In diesem Fall ist für die Gemeinschaft der mehreren Berechtigten dasselbe Rechtsverhältnis maßgebend wie für das Eigentum am Grundstück; dies gilt auch dann, wenn an dem Grundstück Wohnungseigentum begründet ist. Etwas anderes gilt jedoch, wenn Berechtigte die jeweiligen Eigentümer mehrerer Grundstücke oder mehrerer Wohnungseigentumsrechte sein sollen (OLG Düsseldorf MittRhNotK 1988, 175).

5 **3. Gemeinschaftliches Recht.** Gemeinschaftlich ist ein Recht, wenn es mehreren in Bruchteilsgemeinschaft, in Gesamthandsgemeinschaft oder als Gesamtberechtigten gemäß § 428 oder § 432 BGB zusteht (JFG 14, 337; BayObLG 1957, 324 = Rpfleger 1958, 88; OLG Köln DNotZ 1965, 686; BGH 46, 260; Rpfleger 1979, 56; 1980, 464; KG Rpfleger 1985, 435). In Betracht kommt auch ein dem deutschen Recht nicht bekanntes Gemeinschaftsverhältnis, wenn Ehegatten eingetragen werden sollen, für die ein ausländi-

sches Güterrecht gilt (s. dazu Rn. 21). Kein gemeinschaftliches Recht liegt dagegen vor, wenn eine Hyp. mehrere voneinander unabhängige Forderungen von Mitbürgen sichern soll; ebenso wenig, wenn eine Hypothek, auch als Höchstbetragshypothek, für mehrere Gläubiger in der Weise bestellt wird, dass sie als Sicherung für die Forderung des einen nur dann und nur insoweit dienen soll, als Forderungen des anderen nicht entstehen; in beiden Fällen ist die Eintragung inhaltlich unzulässig (KG OLG 45, 238). Nicht hierher gehört die zusammenfassende Eintragung mehrerer selbständiger Rechte verschiedener Berechtigter; über diese s. § 44 Rn. 11. Zur Sukzessivberechtigung und zur Alternativberechtigung s. § 44 Rn. 11; Anh. zu § 44 Rn. 108.

a) **Bruchteilsgemeinschaft.** Sie ist nicht nur hinsichtlich des Eigentums an einem Grundstück möglich, sie kann auch an einem Nießbrauch (KGJ 49, 194; KG HRR 1936 Nr. 1217), einer beschränkten persönlichen Dienstbarkeit (vgl. KG JW 1935, 3564) sowie einer Hyp. (KGJ 31, 313) bestehen; von BayObLG 1965, 267 = Rpfleger 1966, 367 mit Anm. v. Haegele wird sie auch an einer Grunddienstbarkeit für möglich gehalten, durch die mehreren Grundstückseigentümern das Recht eingeräumt wird, auf dem dienenden Grundstück eine ihnen allen zum Vorteil gereichende einheitliche Anlage zu errichten (ebenso KG Rpfleger 1970, 282 und, für den Fall einer Wegerechtseinräumung, OLG Frankfurt NJW 1969, 469). Als ausgeschlossen erachtet sie OLG Köln DNotZ 1965, 686 bei einem dinglichen Wohnungsrecht. 6

aa) Bei Abtretung einer **Hyp. an mehrere Personen** „zu gleichen Teilen" wird meist eine reale Teilung gewollt sein. Dagegen ist eine Abtretung „zu gleichen Rechten und Anteilen" dahin zu verstehen, dass zu gleichen Bruchteilen abgetreten ist (KG DR 1944, 254). Steht eine Gesamthyp. an zwei ideellen Grundstückshälften nach § 1172 Abs. 1, § 1163 BGB den Eigentümern gemeinschaftlich als Eigentümergrundschuld zu, so bilden diese eine Bruchteilsgemeinschaft; die Anteile bestimmen sich gemäß § 1172 Abs. 2 BGB (JFG 16, 347; RG HRR 1938 Nr. 1593). 7

bb) Wird ein **Miteigentumsanteil** auf mehrere zu Bruchteilen übertragen, so entsteht keine besondere Bruchteilsgemeinschaft an dem Anteil, sondern treten die Erwerber mit den entsprechenden Anteilen an dem Grundstück in die das ganze Grundstück betreffende Bruchteilsgemeinschaft ein (KGJ 51, 201; BGH 13, 141; LG Berlin NJW 1956, 471; BayObLG 1958, 201; 1979, 122 = Rpfleger 1979, 302); anders jedoch, wenn der Miteigentumsanteil mit dem Sondereigentum an einer Wohnung oder an nicht zu Wohnzwecken dienenden Räumen verbunden ist (s. Anh. zu § 3 Rn. 61). 8

9 cc) Wird ein **Erbanteil** in Teilen auf mehrere Personen übertragen, so stehen diese bezüglich des erworbenen Erbanteils in Bruchteilsgemeinschaft (str.; s. dazu Haegele Rpfleger 1968, 173 mit umfassenden Nachweisen), was dann entgegen BayObLG 1967, 405 = Rpfleger 1968, 187 auch im GB zu verlautbaren ist (OLG Düsseldorf Rpfleger 1968, 188; OLG Köln Rpfleger 1974, 109; LG Dresden Rpfleger 1996, 243 mit zust. Anm. v. Böhringer; ablehnend Venjakob Rpfleger 1993, 2; 1997, 19). S. dazu aber auch BayObLG 1980, 328 = Rpfleger 1981, 21 für den Fall, dass ein Miterbe seinen Erbanteil im ganzen auf alle übrigen an der Erbengemeinschaft beteiligten Miterben überträgt; ferner BayObLG 1991, 146 = Rpfleger 1991, 315 für den Fall, dass ein Miterbe einen Bruchteil seines Anteils auf einen anderen Miterben überträgt. S. zum Ganzen auch Rn. 22.

dd) Wird das Eigentum an einem **Bodenreformgrundstück** im Gebiet der früheren DDR gem. Art. 233 § 11 Abs. 2 Satz 1 Nr. 2 EGBGB kraft Gesetzes auf die Erben der dort genannten Person übertragen, so bilden diese keine Erbengemeinschaft, sondern nach Art. 233 § 11 Abs. 2 Satz 2 EGBGB eine Bruchteilsgemeinschaft. Abweichend von § 742 BGB bestimmen sich jedoch die Bruchteile nach der Größe der Erbteile, es sei denn, die Erben bewilligen übereinstimmend eine andere Aufteilung der Bruchteile. Zur Rechtslage vor der Ergänzung des Art. 233 § 11 Abs. 2 Satz 2 EGBGB durch das RegVBG s. LG Leipzig Rpfleger 1994, 16; LG Neubrandenburg Rpfleger 1994, 161; OLG Jena Rpfleger 1995, 343. Wenn vor dieser Ergänzung gleiche Bruchteile eingetragen wurden, rechtfertigt dies nicht die Eintragung eines Amtswiderspruchs.

ee) Haben Ehegatten im Gebiet der früheren DDR bis zum 2. 10. 1992 nicht erklärt, dass der bisherige gesetzliche Güterstand der Eigentums- und Vermögensgemeinschaft des Familiengesetzbuchs der DDR fortgelten solle, wird gemeinschaftliches Eigentum Bruchteilseigentum zu gleichen Teilen. Bei Grundstücken und grundstücksgleichen Rechten konnten die Ehegatten jedoch bis zum 24. 6. 1994 andere Anteile bestimmen. Dass gemeinschaftliches Eigentum Bruchteilseigentum zu gleichen Teilen geworden ist, wird widerleglich vermutet (Art. 234 § 4a Abs. 1, 3 EGBGB; s. dazu auch § 33 Rn. 3). Zu der Eintragung von Ehegatten als Berechtigte eines dinglichen Nutzungsrechts, eines Gebäudeeigentums oder eines Rechts zum Besitz s. § 8 GGV und § 144 Rn. 28; zur Eintragung auf Grund eines Sonderungsplans s. § 7 Abs. 4 SPV.

10 **b) Gesamthandsgemeinschaft.** aa) Als solche kommen Gesellschaft, Erbengemeinschaft sowie eheliche und fortgesetzte Gütergemeinschaft in Betracht. Ein in Gütergemeinschaft lebenden

Ehegatten gemeinsam bestelltes dingliches Wohnungsrecht fällt in das Gesamtgut (BayObLG JFG 9, 177; BayObLG 1967, 480 = Rpfleger 1968, 220). Ehegatten können sich in der Rechtsform einer BGB-Gesellschaft auch dann zusammenschließen, wenn deren Zweck (nur) die Schaffung eines Familienheims und dessen gemeinsames Bewohnen ist (BGH Rpfleger 1982, 23 gegen OLG Köln DNotZ 1967, 501). Steht ein Recht einer OHG oder KG zu, so findet § 47 keine Anwendung, weil das Recht nicht für die Gesellschafter, sondern nach § 15 GBV für die Personenhandelsgesellschaft unter ihrer Firma eingetragen wird (KGJ 39, 220; BayObLG Rpfleger 1981, 192).

bb) Haben Ehegatten im Gebiet der **früheren DDR** bis zum 2. 10. 1992 erklärt, dass der bisherige gesetzliche Güterstand der Eigentums- und Vermögensgemeinschaft des Familiengesetzbuchs der DDR fortgelten solle, so finden auf das Bestehende und künftige gemeinschaftliche Eigentum die Vorschriften über das durch beide Ehegatten verwaltete Gesamtgut einer Gütergemeinschaft entsprechende Anwendung. Es wird jedoch widerleglich vermutet, dass gemeinschaftliches Vermögen Bruchteilseigentum zu gleichen Anteilen geworden ist (Art. 234 § 4a Abs. 2, 3 EGBGB; s. dazu auch § 33 Rn. 3). Zu der Eintragung von Ehegatten als Berechtigte eines dinglichen Nutzungsrechts, eines Gebäudeeigentums oder eines Rechts zum Besitz s. § 8 GGV und § 144 Rn. 28; zur Eintragung auf Grund eines Sonderungsplans s. § 7 Abs. 4 SPV.

c) Gesamtberechtigung. aa) Die Gesamtberechtigung gem. **11**
§ 428 BGB ist als Gesamtgläubigerschaft für das Gebiet des Schuldrechts geregelt, aber nicht auf dieses beschränkt. Die Berechtigungsform ist bei einer Hyp. oder Grundschuld (JFG 11, 275; KG Rpfleger 1965, 366; BGH Rpfleger 1975, 84; OLG Frankfurt Rpfleger 1976, 403) ebenso möglich wie bei einem Nießbrauch (JFG 10, 312; BayObLG 1955, 159 = DNotZ 1956, 211; OLG Hamm Rpfleger 1980, 21; BGH Rpfleger 1980, 464), einer beschränkten persönlichen Dienstbarkeit (KG JW 1935, 3564), einem dinglichen Wohnungsrecht (BGH 46, 253 = Rpfleger 1967, 143; teilweise kritisch hierzu Reinicke JZ 1967, 415; s. in diesem Zusammenhang aber auch BayObLG 1975, 191 = Rpfleger 1975, 300), einer Reallast (OLG München JFG 18, 132) oder einem Erbbaurecht (LG Hagen DNotZ 1950, 381); von BayObLG 1965, 267 = Rpfleger 1966, 367 mit Anm. v. Haegele wird sie auch bei einer Grunddienstbarkeit für möglich gehalten, durch die mehreren Grundstückseigentümern das Recht eingeräumt wird, auf dem dienenden Grundstück eine ihnen allen zum Vorteil gereichende einheitliche Anlage zu errichten (ebenso KG Rpfleger 1970, 282 und,

für den Fall einer Wegerechtseinräumung, OLG Frankfurt NJW 1969, 469; OLG Schleswig SchlHA 1975, 94); zum Wieder- und Vorkaufsrecht s. Rn. 3. Beim Eigentum kommt eine Gesamtberechtigung gem. § 428 BGB nicht in Betracht, wohl aber bei einer Auflassungsvormerkung (BayObLG 1963, 128; OLG Köln MittRhNotK 1974, 255; jeweils mit einem Vorschlag zur Fassung des EintrVermerks bei der Auflassungsvormerkung).

bb) Eine Hyp. kann auch zur Sicherung des Forderungsrechts eines der Gesamtgläubiger bestellt werden; dann scheidet eine Anwendung des § 47 aus (BGH 29, 363 = NJW 1959, 984). In Gütergemeinschaft lebende Ehegatten können auf ihrem Grundbesitz nicht eine Eigentümergrundschuld „für sich selbst als Gesamtgläubiger" errichten, jedenfalls dann nicht, wenn sie die Grundschuld nicht als Vorbehaltsgut erklären (BayObLG 1962, 205 = DNotZ 1963, 49); vgl. dazu auch BayObLG 1967, 483 = Rpfleger 1968, 220). Eine Rückauflassungsvormerkung kann für die als Miteigentümer eingetragenen Veräußerer (Eltern des Erwerbers) auch als Gesamtberechtigte nach § 428 BGB eingetragen werden (OLG Zweibrücken Rpfleger 1985, 284).

12 cc) Die Gesamtberechtigung gem. § 432 BGB kommt in der Form der Mitberechtigung bei einer unteilbaren Leistung in Betracht. Von der Gesamtberechtigung gem. § 428 BGB unterscheidet sie sich dadurch, dass die Leistung nur an alle Berechtigten gemeinschaftlich und nicht an jeden einzelnen von ihnen erbracht werden kann.

13 **4. Eintragungsunterlagen. a)** § 47 gilt unmittelbar nur für die Eintragung, setzt aber voraus, dass die nötigen Angaben in den EintrUnterlagen, also regelmäßig in der EintrBewilligung, enthalten sind und bestimmt demnach mittelbar auch ihren Inhalt (OLG München JFG 20, 52; BayObLG 1957, 324; 1967, 481 = Rpfleger 1968, 220; OLG Frankfurt Rpfleger 1973, 394; OLG Hamm Rpfleger 1980, 21). Das maßgebende Gemeinschaftsverhältnis braucht nicht mit den Worten des Gesetzes bezeichnet zu werden, muss sich der Urkunde jedoch wenigstens durch Auslegung unzweideutig entnehmen lassen (KG JW 1933, 617; BayObLG 1955, 158; 1957, 324 = Rpfleger 1958, 88; OLG Jena OLG-NL 1998, 8); für die Angabe des Gemeinschaftsverhältnisses unter mehreren Erwerbern eines Grundstücks genügt es, wenn das Gemeinschaftsverhältnis im Verpflichtungsgeschäft dargelegt ist und die Auflassung auf das in der gleichen Urkunde enthaltene Verpflichtungsgeschäft, wenn auch nicht ausdrücklich, Bezug nimmt (LG Saarbrücken Rpfleger 1971, 358; vgl. auch OLG Düsseldorf MittBayNot 1977, 66); s. in diesem Zusammenhang ferner BayObLG 1971, 140 =

MittBayNot 1971, 248. Die auf das Gemeinschaftsverhältnis bezüglichen Angaben sind auf ihre Richtigkeit ebenso wenig nachzuprüfen wie der sonstige Inhalt der EintrBewilligung.

b) Fehlt die Angabe des Gemeinschaftsverhältnisses, so ist Zwischenverfügung erforderlich (OLG Oldenburg Rpfleger 1991, 412); dass eine Vormerkung oder ein Widerspruch nach § 18 Abs. 2 das Gemeinschaftsverhältnis dann nicht angeben kann, ist unschädlich. Die in der EintrBewilligung fehlende Angabe kann nicht durch eine Erklärung der Berechtigten ersetzt werden (OLG Jena OLG-NL 1998, 8); im Fall der Auflassung eines Grundstücks ist grundsätzlich Ergänzung durch Veräußerer und Erwerber notwendig (s. dazu § 20 Rn. 33). Keine Besonderheit gilt, wenn eine Zwangshyp. eingetragen werden soll und der Titel keine Angabe über das Gemeinschaftsverhältnis der Gläubiger enthält; auch in diesem Fall ist eine Ersetzung der fehlenden Angabe durch die Berechtigten nicht möglich (KEHE Rn. 16; a.M. OLG Köln Rpfleger 1986, 91, das es für zulässig erachtet, dass die Gläubiger zusammen mit dem EintrAntrag oder nachträglich das im Titel nicht angegebene und auch durch Auslegung nicht zu ermittelnde Gemeinschaftsverhältnis dem GBAmt gegenüber bezeichnen, ohne dabei an § 29 gebunden zu sein; ebenso OLG Frankfurt MDR 1989, 365; Schneider MDR 1986, 817). 14

Der Erlass einer Zwischenverfügung kommt jedoch nicht in Betracht, wenn sich das in der EintrBewilligung oder dem sie ersetzenden Vollstreckungstitel (s. Anh. zu § 44 Rn. 69) nicht angegebene Gemeinschaftsverhältnis vom GBAmt durch Auslegung (s. hierzu § 19 Rn. 28) ermitteln lässt. 15

5. Eintragung einer Bruchteilsgemeinschaft. a) Notwendig ist die Angabe der Bruchteile; bloße Bezeichnung „als Miteigentümer" genügt daher nicht. Die Angabe der Bruchteile ist auch dann nötig, wenn für die Größe gesetzliche Auslegungsregeln bestehen (RG 54, 86; KGJ 27, 147). Am klarsten und deshalb am zweckmäßigsten ist die Angabe in Ziffern: „In Bruchteilsgemeinschaft zu $^1/_4$" oder „als Miteigentümer zur Hälfte". „Zu gleichen Anteilen" genügt (RG 76, 413); aber nicht „zu gleichen Rechten", denn solche können auch Gesamthandsberechtigte haben (JFG 14, 337). Die Wendung „zu gleichen Rechten und Anteilen" drückt Bruchteilsgemeinschaft aus (KG DR 1944, 254). 16

Bei Teilung eines Miteigentumsanteils, der nicht mit dem Sondereigentum an einer Wohnung oder an nicht zu Wohnzwecken dienenden Räumen verbunden ist (s. Rn. 8), sind zweckmäßigerweise die neuen Bruchteile anzugeben; notwendig ist dies jedoch nicht (KGJ 51, 201; BayObLG 1958, 201). Erklären die Miteigen- 17 tümer an einem Grundstück je zur Hälfte, dass sie einem Dritten einen halben Miteigentumsanteil überlassen und an ihn auflassen, so hat diese Erklärung regelmäßig die nächstliegende Bedeutung, dass jeder Miteigentümer die Hälfte seines Miteigentumanteils auf den Erwerber übertragen will (BayObLG 1977, 189 = Rpfleger 1977, 360; vgl. auch OLG Frankfurt Rpfleger 1978, 213).

18 **b)** Die Angabe der Bruchteile erfolgt hinter den Namen der Berechtigten. Bei Eigentümern also in Abt. I Sp. 2; die mehreren Eigentümer sind unter derselben laufenden Nummer, jedoch unter besonderen Buchstaben aufzuführen (§ 9 Buchst. a GBV). Veränderungen des Anteilsverhältnisses sind in Abt. I ebenfalls in Sp. 2, in Abt. II und III in der Veränderungsspalte zu buchen.

19 **c)** Bei Grundstücken, die den wirtschaftlichen Zwecken mehrerer anderer Grundstücke zu dienen bestimmt sind, kann unter den Voraussetzungen des § 3 Abs. 4 von der Führung eines besonderen GBBlatts abgesehen werden. Die Miteigentumsanteile sind dann im Bestandsverzeichnis der herrschenden Grundstücke zu verzeichnen (s. § 3 Rn. 27).

20 **d)** Über die selbständige Buchung ideeller Miteigentumsanteile, die mit dem Sondereigentum an einer Wohnung oder an nicht zu Wohnzwecken dienenden Räumen verbunden sind (Wohnungseigentum, Teileigentum), s. Anh. zu § 3 Rn. 34 ff. Zur Eintragung einer Wohnungseigentümergemeinschaft als Berechtigte s. § 19 Rn. 106, 107.

21 **6. Eintragung einer Gesamthandsgemeinschaft. a)** Da die Gesamthandsverhältnisse verschieden geregelt sind, muss die konkrete Gemeinschaft angegeben werden (KG Rpfleger 1985, 435). Die Bezeichnung „zur gesamten Hand“ genügt nicht (KG OLG 22, 179). Erforderlich ist vielmehr Bezeichnung „als Gesellschafter des bürgerlichen Rechts“ (s. dazu § 19 Rn. 108); „als Mitglieder des nicht eingetragenen Vereins …“ (s. dazu § 19 Rn. 101); „in Erbengemeinschaft“. Bei Gütergemeinschaften ist die Art der Gütergemeinschaft anzugeben (s. dazu für Gütergemeinschaften nach ausländischem Recht auch LG Bamberg MittBayNot 1975, 261; LG Kempten MittBayNot 1984, 254 mit Anm. v. Sonnenberger; OLG Oldenburg Rpfleger 1991, 412; ferner § 33 Rn. 28, 29); zulässig ist auch die Eintragung, dass eine Gütergemeinschaft beendet, aber noch nicht auseinandergesetzt ist (KGJ 50, 152; BayObLG 21, 17). Überflüssige Zusätze sind zu vermeiden (OLG Hamm Rpfleger 1973, 250).

22 **b) Bruchteile** dürfen der Bezeichnung des Gesamthandsverhältnisses nicht hinzugefügt werden, weil sie seinem Wesen widerspre-

chen (OLG Frankfurt MittBayNot 1983, 167); dies gilt insbes. für die Angabe der Erbteile bei Eintragung einer Erbengemeinschaft, die die Eintragung inhaltlich unzulässig machen kann. Sind einzelne Miterben einer Erbengemeinschaft wiederum Erbengemeinschaften mit teilweise identischen Mitgliedern, so müssen die Untergemeinschaften und ihre Zusammensetzung auch bei einer GBUmschreibung aus dem GB ersichtlich bleiben (BayObLG 1990, 188 = Rpfleger 1990, 503). Keine Untergemeinschaft entsteht aber, wenn ein Miterbe einen Bruchteil seines Anteils auf einen anderen Miterben überträgt; vielmehr vergrößert sich dessen Anteil im Weg der Anwachsung, während sich der Anteil des übertragenden Miterben entsprechend verringert (BayObLG 1991, 146 = Rpfleger 1991, 315). Etwas anderes gilt aber, wenn ein Miterbe einen Bruchteil seines Anteils auf mehrere Erwerber zu Bruchteilen überträgt (s. Rn. 9). S. dazu auch Venjakob, Die Untergemeinschaft innerhalb der Erbengemeinschaft, Rpfleger 1993, 2.

c) Wegen der Stelle der Eintragung s. Rn. 18. Zur Eintragung der Belastung (Pfändung, Verpfändung, Nießbrauchsbestellung) eines Gesamthandsanteils s. Lindemeier DNotZ 1999, 876.

7. Eintragung von Gesamtberechtigten. a) Gesamtberechtigte gem. § 428 BGB sind durch den Zusatz „als Gesamtgläubiger" (KGJ 46, 228) oder „als Gesamtberechtigte gem. § 428 BGB" (JFG 11, 274; BayObLG 1963, 128 = DNotZ 1964, 343; BGH 46, 260 = Rpfleger 1967, 143; OLG Frankfurt Rpfleger 1976, 403) zu kennzeichnen; der Zusatz „als Gesamtberechtigte" genügt nicht (BGH Rpfleger 1980, 464; BayObLG Rpfleger 1996, 21; OLG Jena OLG-NL 1998, 8). 23

b) Gesamtberechtigte gem. § 432 BGB können unter dieser Bezeichnung oder als „Mitberechtigte gem. § 432 BGB" in das GB eingetragen werden (LG Bochum Rpfleger 1981, 148; vgl. BGH Rpfleger 1980, 464; OLG Hamm Rpfleger 1980, 21); sofern jedoch im Einzelfall eine nähere Bezeichnung des Rechtsverhältnisses der Mitberechtigung möglich ist, z. B. als Gemeinschaft der Wohnungseigentümer, ist diese zu verwenden (KG Rpfleger 1985, 435).

c) Wegen der Stelle der Eintragung s. Rn. 18.

8. Sonstige Eintragung mehrerer Eigentümer. a) Lebenspartner können durch Lebenspartnerschaftsvertrag den Vermögensstand der Vermögensgemeinschaft vereinbaren. In diesem Fall sind sie als Eigentümer oder Berechtigte im GB mit dem Zusatz: „in Vermögensgemeinschaft gem. Lebenspartnerschaftsvertrag vom . . ." einzutragen. 24

b) In den nach Landesrecht möglichen Fällen der Eintragung mehrerer Eigentümer, zwischen denen kein Rechtsverhältnis der in § 47 genannten Art besteht, ist bei den Namen der Eigentümer der Inhalt ihres Rechts anzugeben (§ 9 Buchst. b GBV); s. dazu BayObLG 1971, 125 = MittBayNot 1971, 248 betr. eine sog. Waldkorporation.

25 **9. Wirkung der Eintragung.** Ist das Gemeinschaftsverhältnis ordnungsgemäß eingetragen, so hat das GBAmt bei späteren Eintragungen nach § 891 BGB von der Richtigkeit der Angabe auszugehen. Anders nur, wenn es weiß, dass diese unrichtig ist; bloße Zweifel genügen nicht.

26 **10. Verletzung des § 47. a)** § 47 ist nur eine Ordnungsvorschrift. Fehlt die Angabe des Gemeinschaftsverhältnisses, so ist die Eintragung wirksam, das GB jedoch unvollständig und daher unrichtig (OLG Hamm DNotZ 1965, 408; BayObLG Rpfleger 1996, 21). Ein gutgläubiger Erwerb ist aber ausgeschlossen, da die Unvollständigkeit für jedermann erkennbar ist (RG JW 1934, 2612). Die Berichtigung erfolgt nur auf Antrag und hat entweder eine Berichtigungsbewilligung oder den Nachweis der Unrichtigkeit zur Voraussetzung; bei Berichtigung einer Eigentümereintragung ist § 22 Abs. 2 zu beachten (s. dazu auch OLG Hamm DNotZ 1965, 408).

27 **b)** Eintragungen, durch die das unvollständig gebuchte Recht betroffen wird, dürfen im Hinblick auf § 39 Abs. 1 erst nach vorgängiger Berichtigung des GB vorgenommen werden (s. § 39 Rn. 14); dies gilt auch dann, wenn das betroffene Recht unter Herrschaft des früheren Rechts eingetragen wurde und dieses eine dem § 47 entsprechende Bestimmung nicht kannte (KGJ 50, 151). Die vorgängige Berichtigung ist ausnahmsweise nicht notwendig, wenn ein Gemeinschafter, ohne dass die Anteile verschieden belastet sind, das ganze Recht erwirbt (KG OLG 8, 154). Ebensowenig, wenn sämtliche Gemeinschafter die Löschung oder Übertragung des Rechts bewilligen; hier werden nicht die Anteile, sondern das Recht im ganzen i. S. des § 39 Abs. 1 betroffen.

28 **c)** Eine undeutliche Angabe des Gemeinschaftsverhältnisses kann durch besonderen Vermerk klargestellt werden.

Kenntlichmachung der Mitbelastung

48 (1) **Werden mehrere Grundstücke mit einem Recht belastet, so ist auf dem Blatt jedes Grundstücks die Mitbelastung der übrigen von Amts wegen erkennbar zu machen. Das gleiche gilt, wenn mit einem an einem Grundstück bestehenden Recht nachträglich noch ein anderes Grundstück belas-**

tet oder wenn im Falle der Übertragung eines Grundstücksteils auf ein anderes Grundbuchblatt ein eingetragenes Recht mitübertragen wird.

(2) **Soweit eine Mitbelastung erlischt, ist dies von Amts wegen zu vermerken.**

Inhaltsübersicht

1. Allgemeines ... 1
2. Mehrere Grundstücke ... 4
3. Grundpfandrecht und Reallast ... 6
4. Erbbaurecht ... 7
5. Dienstbarkeit ... 8
6. Gleichartige Rechte ... 9
7. Einheitlicher Inhalt der Belastung ... 10
8. Zeitpunkt der Gesamtbelastung ... 11
9. Entsprechende Anwendung des § 48 ... 12
10. Zwangshypothek ... 15
11. Erkennbarmachung der Mitbelastung ... 17
12. Auf demselben Blatt gebuchte Grundstücke ... 18
13. Auf verschiednen Blättern gebuchte Grundstücke ... 22
14. Beteiligung mehrerer GBÄmter ... 27
15. Erlöschen der Mitbelastungen ... 36
16. Veränderungen ... 39
17. Kosten ... 41

1. Allgemeines. § 48 bestimmt in Durchbrechung des Antragsgrundsatzes, dass eine Gesamtbelastung auf den Blättern aller belasteten Grundstücke von Amts wegen erkennbar zu machen ist. 1

a) Zweck der Regelung ist es zunächst, die im Wesen des Gesamtrechts liegende Bedingtheit der Belastung zum Ausdruck zu bringen; diese ist insofern gegeben, als mit der Befriedigung des Berechtigten aus einem der Grundstücke das Recht auch an den anderen erlischt. Des Weiteren soll verhindert werden, dass sich das einheitliche Gesamtrecht in der Hand gutgläubiger Erwerber in eine Mehrheit von Einzelrechten verwandelt. 2

b) § 48 enthält nur Ordnungsvorschriften. Verstöße beeinflussen die Rechtsnatur der Belastung nicht; ein Recht bleibt mithin auch dann Gesamtrecht, wenn der Mithaftvermerk fehlt (KG HRR 1934 Nr. 278); jedoch ist das GB unvollständig und daher unrichtig. Der Vermerk ist auf allen GBBlättern von Amts wegen nachzuholen, solange das Gesamtrecht noch dem ersten Berechtigten zusteht. Bei Übergang auf Dritte muss mit gutgläubigem Erwerb als Einzelrechten gerechnet werden; daher ist nur noch die Eintragung eines Widerspruchs (§ 53) möglich, falls Bösgläubigkeit glaubhaft. Eintragung nachgehender Rechte oder Erwerb von Rechten am Gesamtrecht hindern die Nachholung des Vermerks nicht. 3

4 **2. Mehrere Grundstücke. a)** Es muss sich um selbstständige Grundstücke, d.h. GBGrundstücke (s. § 2 Rn. 15), handeln. Ob sie auf einem gemeinschaftlichen Blatt oder auf verschiedenen Blättern vorgetragen sind, ist unerheblich. Den Grundstücken stehen grundstücksgleiche Rechte (s. § 3 Rn. 6, 7), das Wohnungseigentum sowie ideelle Miteigentumsanteile an einem Grundstück gleich. Im letzteren Fall entsteht eine Gesamthyp. nicht nur, wenn die Miteigentümer die einzelnen Anteile mit derselben Hyp. belasten, sondern auch, wenn das Grundstück von den Miteigentümern im ganzen mit einer Hyp. belastet wird oder wenn ein mit einer Hyp. belastetes, im Alleineigentum stehendes Grundstück in Miteigentum nach Bruchteilen übergeht (RG 146, 365; BGH NJW 1961, 1352); die Belastung einzelner Anteile ist bei erster Eintragung in Sp. 4, bei nachträglicher in Sp. 7 einzutragen. Reale Grundstücksteile sind vor einer Belastung gemäß § 7 grundsätzlich abzuschreiben und als selbstständige Grundstücke einzutragen.

5 **b)** Die Grundstücke können in den Bezirken **verschiedener GBÄmter** belegen sein. § 48 findet jedoch keine Anwendung, wenn ein Grundstück im Inland, das andere im Ausland liegt (KGJ 39 B 47). Theoretisch ist die Belastung in- und ausländischer Grundstücke mit einem einheitlichen Recht denkbar; da aber deutsches Verfahrensrecht auf ausländische Grundstücke nicht anwendbar ist, hat das GBAmt die Hyp. auf dem inländischen Grundstück als Einzelhyp. anzusehen. Der Antrag auf Eintragung einer Gesamthyp. ist deshalb zurückzuweisen. Bei nachträglicher Teilung durch Änderung der Bundesgrenze entsteht dagegen sachlichrechtlich eine Gesamthyp. (RG 157, 290).

6 **3. Grundpfandrecht und Reallast. a)** Grundsätzlich ist nur bei ihnen ist eine Gesamtbelastung möglich (§§ 1132, 1192, 1199, 1107 BGB). Die Einzelhyp. ist ein Minus zur Gesamthypothek. Der Gläubiger kann gem. § 1132 Abs. 2 BGB die Gesamthyp. aufteilen, wodurch diese in eine oder mehrere Einzelhyp. für selbstständige Forderungen zerfällt und die Mitbelastung der Grundstücke in Höhe der auf sie nicht zugeteilten Beträge erlischt. Die Vormerkung auf Bewilligung einer Gesamthyp. behält als Vormerkung für eine Einzelhyp. ihre Wirksamkeit, wenn dem Berechtigten nur noch ein Anspruch auf eine Einzelhyp. zusteht (BGH NJW 2000, 1861).

b) Rechte an Grundstücksrechten können nur als Einzelrechte begründet werden. Vormerkungen und Widersprüche fallen unter § 48, wenn sie sich auf Gesamtrechte beziehen. Erbbaurechte, Dienstbarkeiten sowie Vorkaufsrechte können Grundstücke ihrer rechtlichen Natur nach an sich nur als Einzelrechte belasten. Dies ist hinsichtlich des Vorkaufsrechts wohl allgemein anerkannt (s. dazu BayObLG 1974, 368 = Rpfleger 1975, 23), war im Übrigen jedoch lange Zeit umstritten; vgl. zum Ganzen Hampel Rpfleger 1962, 126; Böttcher MittBayNot 1993, 129.

4. Erbbaurecht. Unter Hinweis auf den in KGJ 51, 229 für 7
den Fall der Grundstücksteilung eingenommenen Standpunkt wird die Begründung eines Gesamterbbaurechts ganz überwiegend als zulässig erachtet (OLG Hamm DNotZ 1960, 107; OLG Köln Rpfleger 1961, 18; 1988, 355; OLG Stuttgart Rpfleger 1975, 131; BGH 65, 345 = Rpfleger 1976, 126; BayObLG 1990, 356 = Rpfleger 1990, 503; s. dazu auch Lutter DNotZ 1960, 81; Riedel DNotZ 1960, 375; Stahl-Sura DNotZ 1981, 605). Der durch das RegVBG eingefügte § 6a geht nicht nur von der Zulässigkeit eines Erbbaurechts an mehreren Grundstücken sowie an mehreren Erbbaurechten aus, sondern auch von der Zulässigkeit eines Erbbaurechts sowohl an einem Grundstück als auch an einem Erbbaurecht; er enthält für die GBEintragung solcher Gesamtrechte einschränkende Regelungen (s. hierzu § 6a Rn. 3ff.; von der Zulässigkeit eines Gesamterbbaurechts geht auch § 39 Abs. 2 SachenRBerG aus). Bis zu deren Inkrafttreten konnte ein Gesamterbbaurecht ohne Einschränkungen auch an mehreren nicht unmittelbar aneinandergrenzenden Grundstücken bestellt werden (Demharter DNotZ 1986, 457; zweifelnd OLG Köln Rpfleger 1988, 355 mit abl. Anm. v. Meyer-Stolte). Diekgräf (DNotZ 1996, 338) hält ein Gesamterbbaurecht am herrschenden Grundstück und an einem Miteigentumsanteil eines dienenden Grundstücks für zulässig. Wegen der nachträglichen Ausdehnung eines Erbbaurechts auf ein weiteres Grundstück und ihre Auswirkung auf Belastungen des Erbbaurechts s. OLG Hamm NJW 1963, 1112; Rpfleger 1973, 427; OLG Neustadt Rpfleger 1963, 241; BayObLG 1984, 107 = Rpfleger 1984, 313 sowie auch LG Düsseldorf Rpfleger 1971, 356.

5. Dienstbarkeit. Auch die Gesamtbelastung mehrerer Grund- 8
stücke mit einer Grunddienstbarkeit, einer beschränkten persönlichen Dienstbarkeit oder einem Dauerwohnrecht ist als möglich angesehen worden (OLG Jena KGJ 44, 359; BayObLG 1955, 173; 1989, 446 = Rpfleger 1990, 111; LG Hildesheim NJW 1960, 49; LG Braunschweig NdsRpfl. 1963, 229), sofern sich die Ausübung des Rechts auf die mehreren Grundstücke erstreckt. Daher ist ein Gesamtwohnungsrecht an mehreren Grundstücken, von denen nur eines bebaut ist, nicht zulässig (OLG Zweibrücken FGPrax 1998, 84). Wegen der selbstständigen Kohleabbaugerechtigkeiten des preußischen Rechts s. JFG 23, 265; § 5 Abs. 2 GBBerG.

9 **6. Gleichartige Rechte.** Nur aus solchen kann ein Gesamtrecht bestehen (KGJ 44, 254). Nicht möglich ist also eine Gesamthypothek, die auf dem einen Grundstück Verkehrs-, auf dem anderen Sicherungshyp. oder auf dem einen Grundstück Brief-, auf dem anderen Buchhyp. ist (RG 70, 245; 77, 176); wohl aber eine Gesamtgrundschuld, die sich teilweise als Eigentümer-, teilweise als Fremdgrundschuld darstellt (BayObLG 1962, 184 = NJW 1962, 1725; in dem entschiedenen Fall dürfte dies jedoch nicht zugetroffen haben, weil die Belastung des den Ehegatten zu gleichen Bruchteilen gehörenden Grundstücks eine Gesamtgrundschuld an den beiden Miteigentumsanteilen entstehen ließ und daher auch insoweit keine Identität von Eigentümer und Gläubiger gegeben war).

10 **7. Einheitlicher Inhalt der Belastung.** Der Inhalt der Belastung muss ein einheitlicher sein. Demgemäß können für die Einzelnen Grundstücke keine unterschiedlichen Zahlungsbedingungen bestehen (KGJ 40, 299); dagegen ist eine Unterwerfung unter die sofortige Zwangsvollstreckung nicht hinsichtlich aller Grundstücke erforderlich (LG Penzlau DFrG 1941, 123; vgl. auch BGH 26, 344 = NJW 1958, 630). Der Umfang der Belastung kann bei den einzelnen Grundstücken verschieden sein (KGJ 40, 299); dasselbe gilt hinsichtlich ihres Rangs (BGH 80, 124 = Rpfleger 1981, 228). Auch der gesetzliche Löschungsanspruch nach §§ 1179a, 1179b BGB braucht nicht einheitlich für alle belasteten Grundstücke zu bestehen (s. dazu Stöber Rpfleger 1978, 167); wird ein unter die Übergangsvorschrift des Art. 8 § 1 Abs. 1 oder 2 des Ges. v. 22. 6. 1977 (BGBl. I 998) fallendes Recht nach dem 31. 12. 1977 auf ein weiteres Grundstück erstreckt, so hat das Recht an dem nachverpfändeten Grundstück den gesetzlichen Löschungsanspruch und ist für die Eintragung einer Löschungsvormerkung insoweit kein Raum (BGH 80, 119 = Rpfleger 1981, 228). Bei nachträglicher Mitbelastung sind kraft Gesetzes eingetretene Änderungen zu berücksichtigen (KG HRR 1932 Nr. 1472).

11 **8. Zeitpunkt der Gesamtbelastung.** Er ist für die Anwendung des § 48 unerheblich. Die Bestimmung gilt für die gleichzeitige Belastung mehrerer Grundstücke, für die nachträgliche Mitbelastung eines anderen Grundstücks und für die Teilung bisher selbstständiger Grundstücke. Kein Gesamtrecht entsteht durch Erstreckung einer Hyp. gemäß § 1131 BGB (JFG 22, 284). Ist der Auflassungsanspruch bezüglich mehrerer Grundstücke gepfändet worden, so entsteht die Sicherungshyp. gemäß § 848 Abs. 2 ZPO als Gesamthyp. (OLG München JFG 22, 163).

12 **9. Entsprechende Anwendung des § 48.** Sie kommt in Betracht:

a) Wenn für eine durch gewöhnliche Hyp. gesicherte Forderung auf einem anderen Grundstück eine Zwangshyp. eingetragen wird (sog. Doppelsicherung). Beide Hyp. sind Einzelhyp. (RG 98, 110; JFG 13, 86; BayObLG Rpfleger 1991, 53); die Zulässigkeit der Doppelhyp. ist allerdings bestritten (s. dazu auch Anh. zu § 44 Rn. 44). Zur Übertragung der Forderung ist gemäß § 1153 Abs. 2 BGB die Übertragung beider Hyp. notwendig (JFG 13, 86).

b) Wenn auf einem Grundstück eine Verkehrshypothek, auf einem anderen Grundstück eine Ausfallsicherungshyp. lastet (OLG Stuttgart Rpfleger 1971, 191); letztere entsteht als unbedingte Hyp. erst mit Erlöschen der Verkehrshyp. (RG 122, 332). **13**

In beiden Fällen (Rn. 12, 13) kann zwar auch bei gutgläubigem Erwerb der Verkehrshyp. dem Eigentümer oder persönlichen Schuldner kein Schaden entstehen, weil er bei Geltendmachung der Sicherungshyp. ein Einrederecht hat (JFG 13, 88); trotzdem ist ein Hinweis entsprechend § 48 zweckmäßig, um Schwierigkeiten durch Auseinanderfallen des Gläubigerrechts zu vermeiden (RG 98, 111; 122, 332; a. M. Reinhard JW 1929, 750 A 20 am Ende). Fassung etwa: „Für dieselbe Forderung ist auf dem GBBlatt ... bereits eine Briefhyp. eingetragen." **14**

10. Zwangshypothek. a) Sie kann gemäß § 867 Abs. 2 ZPO an mehreren Grundstücken desselben Schuldners (s. dazu BGH NJW 1961, 1352) weder gleichzeitig noch nacheinander (OLG Düsseldorf Rpfleger 1990, 60) als Gesamthyp. eingetragen werden (BGH Rpfleger 1991, 303); geschieht dies gleichwohl, so ist die Eintragung inhaltlich unzulässig, wenn sich aus ihr oder den in Bezug genommenen Urkunden ergibt, dass es sich um eine Zwangshyp. handelt (KGJ 49, 234; JFG 14, 103; RG 163, 125; OLG Köln NJW 1961, 368; OLG Stuttgart Rpfleger 1971, 191; BayObLG 1975, 403 = Rpfleger 1976, 66; OLG Düsseldorf Rpfleger 1990, 60). Wird bei der Eintragung auf den die EintrBewilligung ersetzenden Vollstreckungstitel Bezug genommen, so wird der Vermerk gem. § 867 Abs. 1 Satz 1 Halbs. 1 ZPO nicht Inhalt des EintrVermerks im GB, so dass sich ein Verstoß gegen § 867 Abs. 2 ZPO nicht aus diesem und dem in Bezug genommenen Titel ergibt (BayObLG Rpfleger 1986, 372). **15**

b) Wegen der Unzulässigkeit einer Zwischenverfügung bei fehlender **Verteilung der Forderung** s. § 18 Rn. 7. Wird der Antrag nicht zurückgewiesen, so ist die Verteilung als Einschränkung des Antrags formbedürftig (s. § 31 Rn. 4). Über die Verteilung mit der Beschwerde s. § 74 Rn. 7. Für dieselbe unverteilte Forderung können auch nicht mehrere Einzelzwangshyp. begründet werden. Ist für eine vollstreckbare Forderung bereits in voller Höhe eine **16**

Zwangshyp. eingetragen, so ist Eintragung einer weiteren Zwangshyp. nur zulässig, wenn und soweit die Erste gelöscht wird oder der Gläubiger wirksam auf sie verzichtet (JFG 18, 153; Bruder NJW 1990, 1163). Wegen der Unzulässigkeit der Eintragung einer Ausfallzwangshyp. s. OLG Stuttgart Rpfleger 1971, 191. § 867 Abs. 2 ZPO ist weder unmittelbar noch entsprechend anwendbar bei Eintragung einer Vormerkung zur Sicherung des Anspruchs auf Eintragung einer Hyp. (Bauhandwerkersicherungshyp.) auf mehreren Grundstücken gem. § 885 BGB auf Grund Bewilligung oder einstweiliger Verfügung (s. dazu Anh. zu § 44 Rn. 117).

17 **11. Erkennbarmachung der Mitbelastung.** § 48 Abs. 1 bestimmt, dass die Mitbelastung auf dem Blatt jedes Grundstücks von Amts wegen erkennbar zu machen ist. Weitere Vorschriften enthält auch die GBV nicht, wohl aber § 30 GeschO, § 34 BayGBGA. Das Verfahren ist je nach Lage des Einzelfalls verschieden (s. Rn. 18–35).

18 **12. Auf demselben Blatt gebuchte Grundstücke. a)** Bei gleichzeitiger Belastung wird das Recht in Abt. II oder III nur einmal eingetragen. In Sp. 2 werden die laufenden Nummern sämtlicher belasteter Grundstücke angegeben; eines besonderen Mithaftvermerks bedarf es nicht.

19 **b)** Bei **nachträglicher Mitbelastung** braucht das Recht nicht noch einmal mit seinem vollen Wortlaut eingetragen zu werden. Die Mithaft des nachträglich belasteten Grundstücks wird vielmehr durch einen Vermerk in der Veränderungsspalte verlautbart. Dieser lautet: „Das Grundstück Bestandsverzeichnis Nr. . . . haftet mit. Eingetragen am . . .“. Zweckmäßig ist es, in Sp. 2 das neubelastete Grundstück nachzutragen. Der Mithaftvermerk deckt alle in Sp. 4 und 7 eingetragenen Bedingungen, auch eine Unterwerfungsklausel (JFG 17, 346; LG Essen DNotZ 1957, 670 mit Anm. v. Saage; BGH 26, 346 = NJW 1958, 630). In der EintrBewilligung für die nachträgliche Mitbelastung braucht die Unterwerfung nicht ausdrücklich erwähnt zu sein. Erforderlich ist aber die prozessuale Erklärung in notarieller Urkunde, dass auch der jeweilige Eigentümer des mithaftenden Grundstücks der sofortigen Zwangsvollstreckung unterworfen sein soll; diesem Erfordernis genügt eine „Erstreckung des Grundpfandrechts samt Unterwerfungsklausel auf das mithaftende Grundstück“ (BayObLG Rpfleger 1992, 196).

20 Ist das nachträglich belastete Grundstück bereits mit anderen Rechten belastet, die räumlich hinter dem nunmehrigen Gesamtrecht stehen oder in einer anderen Abteilung an einem späteren Tag als das nunmehrige Gesamtrecht eingetragen wurden, so ist ein **Rangvermerk** nötig; ohne einen solchen würde, da die Eintragun-

gen in der Hauptspalte und in der Veränderungsspalte eine einheitliche Eintragung bilden (RG 132, 112; s. dazu auch LG Würzburg Rpfleger 1958, 152; Streuer Rpfleger 1982, 139; Feuerpeil Rpfleger 1983, 298; OLG Hamm Rpfleger 1985, 17; a. M. Schmid Rpfleger 1982, 251; 1984, 130), das Gesamtrecht buchmäßig (s. § 45 Rn. 5) auf dem nachträglich belasteten Grundstück den Vorrang vor den bereits eingetragenen Rechten erhalten. Ist dies gewollt, so genügt folglich die Eintragung des Mithaftvermerks ohne Rangangaben in der Veränderungsspalte. Wenn danach ein gesonderter Vermerk über den Rangrücktritt der bereits eingetragenen Rechte bei diesen auch nicht erforderlich ist, kann er doch im Interesse der GBKlarheit zweckmäßig sein; in diesem Fall sind jedoch §§ 41, 42, 62, 70 zu beachten (OLG Hamm Rpfleger 1985, 17). Allerdings braucht die Eintragung nachträglicher Rangänderungen nur auf den vor dem 1. 1. 1978 erteilten Briefen vermerkt zu werden (s. hierzu § 62 Rn. 3). Im Hinblick auf den Grundsatz der Rangeinheit von Haupt- und Veränderungsspalten der Abt. II und III bedarf es keines besonderen Vermerks über den Rang mehrerer Gesamtrechte untereinander auf dem nachträglich belasteten Grundstück, falls dieser dem auf dem bereits belasteten Grundstück entsprechen soll (JFG 22, 284; Meyer-Stolte Rpfleger 1971, 201).

c) Wird ein Teil eines belasteten Grundstücks auf demselben Blatt unter neuer Nummer als selbständiges Grundstück gebucht, so ist kein Mithaftvermerk nötig. Die Mithaft ergibt sich aus dem Teilungsvermerk in Sp. 5 und 6 des Bestandsverzeichnisses. Die Sp. 2 in Abt. II oder III braucht nicht ergänzt zu werden. 21

13. Auf verschiedenen Blättern gebuchte Grundstücke. Es muss sich um Blätter desselben GBAmts handeln (zur Beteiligung mehrerer GBÄmter s. Rn. 27). 22

a) Bei **gleichzeitiger Belastung** ist in jede Eintragung der Mithaftvermerk aufzunehmen. Dieser lautet: „Das Grundstück Nr. ... des Bestandsverzeichnisses von . . . Band . . . Blatt . . . haftet mit." Die Angabe der Nummer des Bestandsverzeichnisses ist auch dann zweckmäßig, wenn auf dem anderen Blatt nur ein Grundstück verzeichnet ist; nachträglich können dort weitere Grundstücke gebucht werden, die nicht ohne weiteres mithaften.

b) Bei **nachträglicher Mitbelastung** ist das Recht auf dem Blatt des neu belasteten Grundstücks mit dem Mithaftvermerk wie in Rn. 22 einzutragen. Auf dem Blatt des bereits belasteten Grundstücks wird in der Veränderungsspalte vermerkt: „Das Grundstück . . . haftet mit. Eingetragen am . . .". 23

c) Wird ein Teil eines belasteten Grundstücks unter Mitübertragung des Rechts auf ein anderes Blatt übertragen, so ist auf dem 24 bisherigen Blatt in der Veränderungsspalte zu vermerken: „Zur Mithaft übertragen nach . . . am . . .“. Auf dem neuen Blatt erhält die Eintragung des Rechts den Zusatz: „Von . . . hierher zur Mithaft übertragen am . . .“. In gleicher Weise ist zu verfahren, wenn eines von mehreren selbständigen Grundstücken auf ein anderes Blatt übertragen wird; nur muss nach § 13 Abs. 3 GBV auf dem bisherigen Blatt in Sp. 2 noch die Nummer des übertragenen Grundstücks gerötet werden. Wegen des Falls, dass ein Grundstück auf ein Blatt übertragen wird, auf dem das mithaftende Grundstück eingetragen ist, s. GBV Muster Anl. 2a Abt. III Sp. 7 zu lfd. Nr. 3.

25 **d)** Liegen die Grundstücke in verschiedenen Geschäftsbereichen desselben GBAmts, so sind für die Entgegennahme des Antrags und die Beurkundung der Eingangszeit sämtliche beteiligten Personen zuständig (§ 13 Abs. 3 Satz 2). Zu bearbeiten ist der Antrag nur von einem Rpfleger; die Zuständigkeit richtet sich nach der Geschäftsverteilung (s. dazu § 5 GeschO; § 3 BayGBGA).

26 **e)** Die Behandlung der EintrUnterlagen ist in § 24 Abs. 2 GBV geregelt.

27 **14. Beteiligung mehrerer GBÄmter.** Sind die Grundstücke auf Blättern verschiedener GBÄmter gebucht, so bestimmt sich das Verfahren nach § 30 GeschO, § 34 BayGBGA. Zur Benachrichtigung der GBÄmter untereinander s. § 55a Abs. 2.

a) Bei **gleichzeitiger Belastung** ist nach § 30 GeschO wie folgt vorzugehen:

28 aa) Das zuerst mit der Sache befasste GBAmt fragt bei den anderen GBÄmtern an, ob die Grundstücke in den EintrUnterlagen grundbuchmäßig richtig bezeichnet sind (§ 30 Abs. 2b GeschO); sind die Grundstücke nicht unter Hinweis auf das GBBlatt bezeichnet, so werden auch Blatt und Nummer des Bestandsverzeichnisses erfragt. Ergeben sich aus den Nachrichten Zweifel über die Identität, so sind sie gemäß § 18 zu beheben; andernfalls ist von den mitgeteilten Bezeichnungen auszugehen.

29 bb) Nunmehr trägt das zuerst mit der Sache befasste GBAmt das Recht ein und zwar unter Vermerk der Mithaft sämtlicher Grundstücke in der Hauptspalte (§ 30 Abs. 2a GeschO). Nachdem es beglaubigte Abschriften der EintrUnterlagen zu seinen Grundakten genommen hat, übersendet es den Antrag mit den Unterlagen und einer beglaubigten Abschrift des EintrVermerks gemäß § 21 Abs. 2a GeschO an das nächste GBAmt mit dem Anheimstellen (nicht Ersuchen: KGJ 52, 105) weiterer Veranlassung; dabei sind etwa bekanntgewordene Abweichungen (s. Rn. 28) weiterzugeben (§ 30 Abs. 1 GeschO). Das zweite GBAmt verfährt in

gleicher Weise wie das zuerst mit der Sache befasste; jedoch werden sich Anfragen bei weiteren beteiligten GBÄmtern erübrigen, wenn das erste GBAmt das Ergebnis seiner Anfragen mitgeteilt hat.

cc) Jedes beteiligte GBAmt teilt den bereits mit der Sache befasst gewesenen GBÄmtern den Wortlaut der von ihm vorgenommenen Eintragung oder einen Zurückweisungsbeschluss mit. Diese überprüfen ihre Eintragung und berichtigen erforderlichenfalls den Mithaftvermerk von Amts wegen durch einen Vermerk in der Veränderungsspalte. Ob bei Zurückweisung des Antrags bezüglich einzelner Grundstücke das Recht auf den übrigen entstanden ist, richtet sich nach § 139 BGB. Insoweit haben die Beteiligten die Berichtigung zu betreiben; für einen Amtswiderspruch fehlt die Voraussetzung. **30**

dd) Die Weitergabe des Antrags und der EintrUnterlagen (s. Rn. 29) unterbleibt, wenn der Antragsteller die Eintragung bei den anderen GBÄmtern selbst betreiben will (s. dazu § 21 Abs. 2b GeschO). Die in § 30 Abs. 1 GeschO vorgeschriebene Mitteilung an die anderen GBÄmter ist aber auch in diesem Fall zu machen; im Übrigen ist die Antragstellung bei diesen nach Maßgabe des § 30 Abs. 2d GeschO zu überwachen. **31**

ee) Zu beachten ist, dass der Eingang des Antrags bei dem einen GBAmt den Rang nicht für die Eintragungen bei den anderen GBÄmtern wahrt. Kommt es dem Antragsteller auf die Rangwahrung an, so muss er den Antrag gleichzeitig bei allen beteiligten GBÄmtern stellen, die sich alsdann über die geschäftliche Behandlung verständigen müssen. **32**

b) Bei **nachträglicher Mitbelastung** gilt das in Rn. 27ff. Gesagte sinngemäß. **33**

c) Für *Bayern* ist das Verfahren durch § 34 GBGA im Zusammenhalt mit deren § 23 Abs. 2 und 3 im Wesentlichen gleichartig geregelt. **34**

d) Bei Abschreibung eines Grundstücks oder Grundstücksteils unter Mitübertragung des Rechts verfährt das bisher zuständige GBAmt nach § 25 Abs. 3 und 4 GBV. Sobald es die EintrNachricht des anderen GBAmt erhält, vermerkt es die Mithaft. Das andere GBAmt trägt das Recht sogleich mit dem Mithaftvermerk ein und benachrichtigt alle beteiligten GBÄmter; auf genaue Bezeichnung der belasteten Grundstücke ist zu achten. **35**

e) Über das Verfahren bei der Briefbildung s. § 59 Rn. 3, 4.

15. Erlöschen der Mitbelastung. Dem Zwang zur Eintragung des Mithaftvermerks nach Abs. 1 entspricht die Notwendigkeit, den Vermerk in Übereinstimmung mit dem GB zu halten. Daher **36**

bestimmt Abs. 2, dass das Erlöschen einer Mitbelastung von Amts wegen zu vermerken ist.

37 **a)** Abs. 2 setzt voraus, dass das Recht an einem Grundstück ganz oder teilweise gelöscht wird. Für diese Löschung gelten die allgemeinen Vorschriften; ob sie rechtsändernder Natur ist (§ 1132 Abs. 2, § 1172 Abs. 2, § 1183 BGB) oder berichtigenden Charakter hat (§ 1173 Abs. 1, § 1174 Abs. 1, § 1175 Abs. 1 Satz 2, § 1181 Abs. 2 BGB), macht keinen Unterschied. Auch wenn das Recht an einem Grundstück außerhalb des GB erloschen ist, darf das Erlöschen der Mitbelastung erst nach der Löschung des Rechts vermerkt werden. Eine Amtseintragung nach Abs. 2 entfällt, wenn die Mitbelastung nicht erkennbar gemacht worden war (KG HRR 1935 Nr. 1406).

38 **b)** Sind die belasteten Grundstücke auf demselben Blatt gebucht, so wird die Löschung des Rechts an einem von ihnen in der Veränderungsspalte eingetragen (s. GBV Muster Anl. 2a Abt. III Sp. 7 zu lfd. Nr. 4); in Sp. 2 ist die Nummer des enthafteten Grundstücks zu röten (§ 17 Abs. 3 GBV). Sind die Grundstücke auf verschiedenen Blättern gebucht, so wird nach der Löschung des Rechts auf dem Blatt des enthafteten Grundstücks auf den Blättern der anderen Grundstücke in der Veränderungsspalte vermerkt: „Die Mithaft des Grundstücks ... ist erloschen. Eingetragen am ...". Das ein Gesamtrecht ganz oder teilweise löschende GBAmt hat die anderen GBÄmter nach § 55a (s. auch § 30 GeschO, § 34 BayGBGA) zu benachrichtigen; diese berichtigen den Mithaftvermerk von Amts wegen.

39 **16. Veränderungen. a)** Veränderungen sind bei Gesamtrechten regelmäßig nur insoweit zulässig, als sie sich auf das Gesamtrecht im ganzen beziehen. Dies gilt vor allem für Änderungen in der Person des Berechtigten (RG 63, 74; JFG 3, 360); unzulässig ist deshalb auch die Pfändung des Gesamtrechts nur hinsichtlich eines Grundstücks (KG DR 1943, 449). Abtretungen, Belastungen sowie Pfändungen werden bei Buchgesamtrechten erst mit der Eintragung auf den Blättern aller belasteten Grundstücke wirksam (KGJ 39, 248; 44, 187). Auch Inhaltsänderungen, z.B. Änderungen der Zahlungsbedingungen, müssen einheitlich erfolgen (KGJ 40, 299). Sind mehrere GBÄmter beteiligt und hat das Erste die Eintragung vorgenommen, das zweite den ihm nach § 21 Abs. 2a GeschO (vgl. dazu § 23 Abs. 2 BayGBGA) übermittelten Antrag aber zurückgewiesen, so wird das erste GBAmt nach Eingang der Mitteilung gemäß § 55a (s. auch § 30 GeschO, § 34 BayGBGA) in sinngemäßer Anwendung des § 53 einen Amtswiderspruch einzutragen haben (Saage DFrG 1938, 119).

b) Veränderungen, die nur den Umfang oder den Rang des Rechts oder den gesetzlichen Löschungsanspruch betreffen, sind auch **hinsichtlich einzelner Grundstücke** möglich. Zulässig ist deshalb die teilweise Aufhebung des Rechts an nur einem Grundstück (JFG 5, 411; BayObLG 1961, 108 = DNotZ 1961, 591). Rangänderungen sind auf den mithaftenden Grundstücken überhaupt nicht zu vermerken, Umfangsänderungen nur, soweit eine Mitbelastung erlischt. Zu den Benachrichtigungspflichten des GB-Amts s. § 55a Abs. 2, ferner § 55 Rn. 17, § 30 GeschO, § 34 BayGBGA. Über die Unterwerfungsklausel s. Rn. 10. 40

17. Kosten. Bei der Eintragung eines Gesamtrechts oder der Belastung mehrerer Grundstücke mit einem Nießbrauch, einer beschränkten persönlichen Dienstbarkeit, einem Altenteil oder einem Vorkaufsrecht richten sich die Gebühren danach, ob die Grundbücher bei einem oder bei mehreren GBÄmtern geführt werden und ob der EintrAntrag gleichzeitig oder nicht gleichzeitig gestellt wird (§ 63 Abs. 2 bis 4 KostO); wegen des Vorgehens der Kostenbeamten, wenn für die Gebührenerhebung § 63 Abs. 3 KostO maßgebend ist, s. § 16 der bundeseinheitlichen KostVerf. v. 1. 3. 1976 (BayJMBl. 41). Für die Eintragung von Veränderungen gilt § 64 Abs. 6, für die Eintragung von Entlassungen aus der Mithaft § 68 KostO. 41

Eintragung von Altenteilen

49 **Werden Dienstbarkeiten und Reallasten als Leibgedinge, Leibzucht, Altenteil oder Auszug eingetragen, so bedarf es nicht der Bezeichnung der einzelnen Rechte, wenn auf die Eintragungsbewilligung Bezug genommen wird.**

1. Allgemeines. § 49 enthält eine Erweiterung des § 874 BGB. Während die Bezugnahme auf die EintrBewilligung sonst nur zur näheren Bezeichnung des Inhalts eines Rechts möglich ist (s. § 44 Rn. 16), wird sie zur Entlastung des GB und zur Vereinfachung des GBVerfahrens hier unter bestimmten Voraussetzungen zur Bezeichnung des Rechts selbst zugelassen (BGH 58, 58 = Rpfleger 1972, 89; OLG Hamm Rpfleger 1973, 98; BayObLG 1975, 133 = Rpfleger 1975, 314). Als sachlichrechtliche Vorschrift gehört § 49 eigentlich in das BGB. 1

2. Leibgeding, Leibzucht, Altenteil oder Auszug. Es sind dies nur verschiedene Bezeichnungen desselben Rechtsgebildes (OLG Frankfurt Rpfleger 1972, 20). Bei der Ausgestaltung des schuldrechtlichen Vertragsverhältnisses bei einem Altenteil in Ver- 2 bindung mit der Überlassung eines Grundstücks ist dem Landesrecht ein weiter Spielraum eingeräumt (Art. 96 EGBGB; s. für *Bayern* Art. 7ff. AGBGB v. 20. 9. 1982, BayRS 400-1-J). Das Landesrecht kann auch einen Anspruch auf dingliche Sicherung der vertraglichen Rechte geben (für *Bayern* s. Art. 16 AGBGB).

3 **a) Begriff.** aa) Unter einem Altenteil im Sinn des § 49 hat man im Allgemeinen den vertragsmäßig zugesicherten oder durch letztwillige Verfügung zugewandten Inbegriff von dinglich gesicherten Nutzungen und Leistungen zum Zwecke der persönlichen Versorgung des Berechtigten zu verstehen (RG 162, 57; BGH 125, 69 = NJW 1994, 1158; OLG Hamm DNotZ 1970, 38, 659; Rpfleger 1973, 98; BayObLG Rpfleger 1975, 314; 1993, 443; OLG Köln Rpfleger 1992, 431). Ein Altenteil kann nicht nur auf einem landwirtschaftlichen, sondern auch auf einem städtischen Grundstück lasten (BGH NJW 1962, 2249; BayObLG 1964, 346; OLG Köln Rpfleger 1992, 431). Die Verbindung mit der Überlassung eines Grundstücks ist zwar häufig der Fall, für das Leibgeding aber nicht begriffswesentlich (RG 162, 57; anders im Rahmen des Art. 96 EGBGB: BGH NJW 1962, 2249; BGH 125, 69 = NJW 1994, 1158; BayObLG 1975, 135 = Rpfleger 1975, 314). Dass der Verpflichtete durch die Übernahme des Grundstücks in eine „die Existenz zumindest teilweise begründende Wirtschaftseinheit" nachrückt, wie dies im Rahmen des Art. 96 EGBGB verlangt wird (vgl. BGH NJW-RR 1989, 451), ist deshalb nicht Voraussetzung (BGH 125, 69 = NJW 1994, 1158 gegen OLG Köln Rpfleger 1992, 431; s. dazu auch Mayer Rpfleger 1993, 320). Über den Unterschied zum Leibrentenvertrag s. RG 104, 273.

4 bb) Ein Altenteil ist **kein eigenständiges dingliches Recht** (OLG Düsseldorf MittRhNotK 1990, 167; OLG Köln Rpfleger 1992, 431); als miteinander zu einem Altenteil verknüpfte dingliche Rechte kommen im Wesentlichen beschränkte persönliche Dienstbarkeiten (z.B. Wohnungsrecht) und Reallasten (z.B. Leistung von Lebensmitteln, Kleidung und Geld) in Betracht; zu den rechtlichen Gestaltungsmöglichkeiten eines dinglichen Wohnungsrechts im Rahmen eines Altenteils s. OLG Hamm Rpfleger 1975, 357; BayObLG Rpfleger 1981, 353. Auch ein Nießbrauch kann mit Inhalt eines Altenteils sein; es darf sich aber nicht um einen totalen handeln (OLG Schleswig SchlHA 1957, 74; BayObLG 1975, 136 = Rpfleger 1975, 314). Nicht ausgeschlossen ist es, dass auch ohne Verknüpfung miteinander einzelne der üblicherweise in Betracht kommenden Sach- oder Dienstleistungsansprüche als Altenteil bestellt werden (RG 162, 58; 152, 104; OLG Hamm Rpfleger 1986, 270; vgl. dazu auch OLG Schleswig Rpfleger 1980, 348).

Unanwendbar ist § 49, wenn Dienstbarkeiten oder Reallasten außerhalb eines Altenteils eingetragen werden; alsdann ist Bezugnahme nur im Rahmen des § 874 BGB zulässig.

b) Übertragbarkeit. Beschränkte persönliche Dienstbarkeiten und Nießbrauch sind nicht übertragbar (§§ 1092, 1059 BGB; die Ausnahmen der §§ 1059a, 1092 Abs. 2 und 3 BGB kommen bei Altenteilen nicht in Betracht). Bei Reallasten ist eine Übertragung möglich, soweit der Anspruch auf die einzelnen Leistungen übertragbar ist. Sind Reallasten mit Dienstbarkeiten verbunden, so wird regelmäßig für erstere Ausschluss der Übertragbarkeit nach §§ 399, 413 BGB als gewollt anzusehen sein (KG JW 1935, 2339; anders RG 140, 64 für ein Altenteil, das nur Geldleistungen zum Gegenstand hatte). Ein Altenteil kann nicht einheitlich gepfändet werden; zu pfänden sind vielmehr die Einzelnen übertragbaren künftigen Leistungen (KG JW 1932, 1564); s. dazu jedoch § 850b Abs. 1 Nr. 3, Abs. 2 ZPO. Die Verpflichtung, eine Grabstätte zu unterhalten, kann als vererbliche Reallast begründet werden und Teil eines Altenteils sein (KG HRR 1933 Nr. 1353). Auf ihre Löschung ist aber ein bei dem Altenteil allgemein eingetragener Vermerk gem. § 23 Abs. 2 nicht anzuwenden (BayObLG 1983, 117 = Rpfleger 1983, 308), auch nicht kraft Gewohnheitsrechts (BayObLG Rpfleger 1988, 98). Im Einzelfall kann jedoch die Auslegung für die Mitberechtigung des Erstversterbenden von mehreren Berechtigten etwas anderes ergeben (OLG Hamm Rpfleger 1988, 247). 5

c) Einmalige Leistungen. Unschädlich ist es, wenn einzelne Leistungen nur einmal zu erbringen, also keine Reallasten sind; so z.B. Gutsabstandsgeld, Geschwisterabfindungen oder Begräbniskosten (JFG 1, 442; BayObLG 1970, 103 = Rpfleger 1970, 202; OLG Hamm Rpfleger 1973, 98). Daher ist die Eintragung einer Sicherungshyp. hierfür nicht notwendig. Anders, wenn der Eigentümer verpflichtet wird, das Altenteil im ganzen gegen Geldzahlung abzulösen (KGJ 53, 168; s. aber auch BayObLG 1970, 103 = Rpfleger 1970, 202; OLG Köln Rpfleger 1991, 200). 6

d) Zwangsversteigerung. Durch Landesgesetz (s. hierzu für *Bayern* Art. 30 Abs. 1 AGGVG v. 23. 6. 1981, BayRS 300-1-1-J) kann ein Altenteil gem. § 9 Abs. 1 EGZVG mit der sich aus § 9 Abs. 2 EGZVG ergebenden Einschränkung in der Zwangsversteigerung dadurch begünstigt werden, dass es trotz gleichen oder schlechteren Rangs als das Recht, aus dem die Zwangsversteigerung betrieben wird, nicht durch den Zuschlag erlischt (vgl. § 91 ZVG). Dies gilt auch dann, wenn das Altenteil nicht als solches im GB eingetragen ist (OLG Hamm Rpfleger 1986, 270). S. hierzu auch Drischler Rpfleger 1983, 229. 7

8 **3. Eintragung des Altenteils.** Das GBAmt hat zu prüfen, ob die Voraussetzungen eines Altenteils im Sinn des § 49 vorliegen, nämlich die dingliche Sicherung von Leistungen zum Zwecke der persönlichen Versorgung des Berechtigten (s. Rn. 3); hierzu genügt die formlose Angabe von Umständen, die eine soziale Motivation der Versorgung begründet erscheinen lassen (OLG Schleswig Rpfleger 1980, 348). Sind diese Voraussetzungen nicht dargetan, kommt allenfalls die Eintragung von Einzelrechten in Betracht, nicht aber die eines Altenteils.

9 **a) Bezugnahme.** aa) Wird auf die EintrBewilligung Bezug genommen, so ist die Bezeichnung als Leibgeding, Leibzucht, Altenteil oder Auszug im EintrVermerk genügend, die Angabe der einzelnen Rechte also nicht notwendig. Das eingetragene Recht braucht aber nicht ausdrücklich als Leibgeding oder mit einem ähnlichen Begriff bezeichnet zu sein; es genügt, dass sich der Charakter des Rechts oder der Rechte als Leibgeding aus der GBEintragung, z.B. als Wohn- und Unterhaltsrecht, oder aus der darin in Bezug genommenen EintrBewilligung hinreichend deutlich ergibt (BGH 125, 69 = NJW 1994, 1158). Aus der EintrBewilligung muss in jedem Fall eindeutig ersichtlich sein, aus welchen dinglichen Einzelrechten sich das Altenteil zusammensetzt (OLG Hamm Rpfleger 1973, 98; 1975, 357; s. dazu auch OLG Oldenburg Rpfleger 1978, 411). Die einzelnen Rechte müssen aber nicht mit den im BGB verwendeten Begriffen, z.B. als Wohnungsrecht (§ 1093 BGB) bezeichnet werden (OLG Zweibrücken MittBayNot 1996, 211); sie müssen ferner nicht notwendig gleichen Rang haben (LG Traunstein MittBayNot 1980, 65). Bei der Eintragung eines Altenteils an mehreren Grundstücken genügt es, wenn sich aus der EintrBewilligung ergibt, auf welchen Grundstücken die einzelnen Rechte lasten (BGH 58, 60 = Rpfleger 1972, 89 gegen KG JW 1937, 2606; s. dazu auch OLG Hamm Rpfleger 1973, 98; 1975, 357; a.M. KEHE Rn. 6).

10 bb) Zur näheren Bezeichnung des **Inhalts der einzelnen Rechte** kann ebenfalls auf die EintrBewilligung Bezug genommen werden. Das beruht aber nicht auf § 49, sondern auf § 874 BGB. Dasselbe gilt für eine nachträgliche Inhaltsänderung und zwar auch dann, wenn dadurch eine beschränkte persönliche Dienstbarkeit in eine Reallast, z.B. ein Wohnrecht in eine Geldrente, umgewandelt wird; denn die Gesamtbezeichnung Altenteil deckt auch die letztere (s. KG JW 1934, 2998; BayObLG 1975, 133 = Rpfleger 1975, 314). Die einzelnen Leistungen müssen nach Art und Umfang in der EintrBewilligung mindestens bestimmbar angegeben sein (KG DNotZ 1932, 520; BayObLG 1953, 201 = DNotZ 1954, 98), damit

sie dem grundbuchrechtlichen Bestimmtheitsgrundsatz genügen (s. hierzu allgemein Anh. zu § 13 Rn. 5; ferner für ein Wohnungsrecht Anh. zu § 44 Rn. 29 und für eine Reallast Anh. zu § 44 Rn. 75).

b) Berechtigter. Er muss stets in das GB selbst eingetragen werden. Eintragung unter einer Nummer für mehrere ist zulässig, wenn diese Gesamtgläubiger sind (zur Möglichkeit dieser Berechtigungsform bei einem Leibgeding sowie zur Frage der Bewilligungsberechtigung für dessen Löschung s. BayObLG 1975, 191 = Rpfleger 1975, 300) oder in Bruchteils- oder Gesamthandsgemeinschaft stehen; letztere kann, selbst wenn das Altenteil ein Wohnungsrecht und eine unveräußerliche Reallast umfasst, auch eine Gütergemeinschaft sein (BayObLG 1967, 480 = Rpfleger 1968, 220; OLG Frankfurt Rpfleger 1973, 394). Das Gemeinschaftsverhältnis kann hinsichtlich der einzelnen Teilrechte verschieden sein (KG JW 1932, 1594). Es braucht jedoch, wenn diese nicht eingetragen werden, nicht ausdrücklich eingetragen zu werden, wird vielmehr durch die Bezeichnung als Altenteil und die Bezugnahme auf die das Gemeinschaftsverhältnis verlautbarende EintrBewilligung gedeckt (OLG Frankfurt Rpfleger 1973, 394; BayObLG 1975, 193 = Rpfleger 1975, 300; BGH 73, 211 = Rpfleger 1979, 56 unter Ablehnung von KG OLG 29, 140; HRR 1930 Nr. 739, das eine Angabe des Gemeinschaftsverhältnisses auch in der EintrBewilligung nicht für erforderlich erachtet). Zulässig ist auch die bedingte Einräumung des Altenteils in der Weise, dass nach dem Tod des einen Auszüglers der andere die Leistungen im bisherigen Umfang zu beanspruchen hat (KG OLG 40, 53). **11**

c) Wertersatz. Um Schwierigkeiten in der Zwangsversteigerung zu vermeiden, ist es zweckmäßig, den Höchstbetrag des Wertersatzes für den Fall des Erlöschens des Altenteils (s. hierzu § 92 ZVG) in das GB einzutragen (§ 882 BGB). S. hierzu aber auch Rn. 7. **12**

4. Entsprechende Anwendung. Nach § 137 ist § 49 entsprechend auf Erbpachtrechte und Abbaurechte an nicht bergrechtlichen Mineralien anzuwenden; in *Bayern* kommen derartige Rechte nicht vor. **13**

5. Kosten. Für die Eintragung eines Altenteils wird die volle Gebühr erhoben (§ 62 Abs. 1 KostO); sie ermäßigt sich auf die Hälfte, wenn die Eintragung auf Grund eines Gutsüberlassungsvertrags gleichzeitig mit der des neuen Eigentümers erfolgt (§ 62 Abs. 2 KostO). Der Wert bestimmt sich nach § 24 KostO. **14**

Hypothek für Teilschuldverschreibungen auf den Inhaber

50 (1) **Bei der Eintragung einer Hypothek für Teilschuldverschreibungen auf den Inhaber genügt es, wenn der Gesamtbetrag der Hypothek unter Angabe der Anzahl, des Betrags und der Bezeichnung der Teile eingetragen wird.**

(2) **Diese Vorschrift ist entsprechend anzuwenden, wenn eine Grundschuld oder eine Rentenschuld für den Inhaber des Briefes eingetragen und das Recht in Teile zerlegt werden soll.**

1 **1. Allgemeines.** § 50 gestattet für einen bestimmten Fall die Zusammenfassung mehrerer Hyp. zu einer einheitlichen Hyp. und ergänzt zugleich § 1115 BGB, soweit dieser die Angabe des Geldbetrags betrifft. S. zum Ganzen auch Böhringer BWNotZ 1988, 25.

2 **2. Hyp. für Teilschuldverschreibungen. a)** Bei der gemäß Abs. 1 eingetragenen Hyp. handelt es sich um eine Mehrzahl selbstständiger Hyp. für die einzelnen Teilschuldverschreibungen, die äußerlich in einem EintrVermerk zusammengefasst sind (KGJ 38 B 70; JFG 3, 428). Abs. 1 ist auf indossable Teilschuldverschreibungen entsprechend anzuwenden (JFG 3, 426).

3 **b)** Zulässig ist auch die Eintragung einer Höchstbetragshypothek. Dann findet § 50 aber keine Anwendung; einzutragen ist also nicht die Anzahl, der Betrag und die Bezeichnung der Teile, sondern lediglich der Höchstbetrag, bis zu dem das Grundstück haften soll (JFG 5, 425).

4 **3. Inhabergrund- und Inhaberrentenschuld.** Abs. 1 gilt nach Abs. 2 sinngemäß, wenn eine Grund- oder Rentenschuld für den Inhaber des Briefs eingetragen und das Recht in Teile zerlegt werden soll. Für jeden Teil ist gemäß § 70 Abs. 2 von Amts wegen ein besonderer Brief zu bilden. Näheres über die Inhabergrund- und Inhaberrentenschuld s. § 70 Rn. 5–7.

5 **4. Inhalt der Eintragung. a)** Im Fall der zusammenfassenden Eintragung sind der Gesamtbetrag der Hyp. und die einzelnen Teile nach Anzahl, Betrag und Bezeichnung anzugeben; die Bezeichnung der Teile erfordert wenigstens die Angabe ihrer Nummern (KG JurRdsch. 1927 Nr. 1294). Im Übrigen bleibt es bei § 1115 BGB mit der selbstverständlichen Einschränkung, dass ein bestimmter Gläubiger bei Inhaberrechten nicht angegeben werden kann.

6 **b)** § 50 will nur eine Erleichterung für den GBVerkehr schaffen. Zulässig, aber in den meisten Fällen nicht praktisch ist es daher, die einzelnen Hyp. für die Teilschuldverschreibungen einzutragen und

zwar, falls nichts Abweichendes bestimmt ist, zu gleichem Rang untereinander; die Eintragung richtet sich dann unmittelbar nach § 1115 BGB.

7 **5. Fassung der Eintragung. a)** Für eine Eintragung nach Abs. 1 ist etwa folgende Fassung zu wählen:

aa) Bei Inhaberschuldverschreibungen: „500 000 EUR Sicherungshyp. mit 4 v.H. jährlich seit dem ... verzinslich zur Sicherung der von der Aktiengesellschaft ... ausgegebenen 1000 Stück Teilschuldverschreibungen auf den Inhaber zu je 500 EUR, Reihe A, Nr. 1 bis 1000. Unter Bezugnahme auf die EintrBewilligung vom ... eingetragen am ...".

8 bb) bei Orderschuldverschreibungen: „500 000 EUR Sicherungshyp. mit 4 v.H. jährlich seit dem ... verzinslich zur Sicherung der von der Aktiengesellschaft ... ausgegebenen, auf die Handelsbank ... oder deren Order gestellten 1000 Stück Teilschuldverschreibungen zu 500 EUR, Reihe A, Nr. 1 bis 1000 für die Handelsbank ... oder die durch Indossament ausgewiesenen Inhaber. Unter Bezugnahme auf die EintrBewilligung vom ... eingetragen am ...".

9 **b)** Für eine Eintragung nach Abs. 2 kommt etwa folgende Fassung in Betracht: „1 000 000 EUR Grundschuld, zerlegt in 2000 Teile zu je 500 EUR, bezeichnet mit Nr. 1 bis 2000, mit 6 v.H. jährlich seit dem ... verzinslich für die Inhaber der Briefe unter Bezugnahme auf die EintrBewilligung vom ... eingetragen am ...".

10 **c)** In den Fällen Rn. 7–9 kann für die jeweiligen Gläubiger nach § 1189 BGB ein sog. GBVertreter bestellt werden (s. dazu § 42 Rn. 4 und § 43 Rn. 2). Die Eintragungen erhalten dann etwa folgenden Zusatz: „Zum Vertreter der jeweiligen Gläubiger ist .... bestellt".

11 **6. Fehlerhafte Eintragungen.** Wird bei einer in Teilschuldverschreibungen zerlegten Anleihe für einen Teil der Anleihe eine Sicherungshyp. bestellt, so müssen in der Eintragung die durch Hyp. gesicherten Teilschuldverschreibungen im Gegensatz zu den nichtgesicherten angegeben werden, auch wenn ein Vertreter nach § 1189 BGB bestellt ist; andernfalls ist die Eintragung als inhaltlich unzulässig zu löschen (KG JFG 3, 427). Nicht inhaltlich unzulässig dagegen ist die ausschließlich für eine Bank erfolgte Eintragung einer Sicherungshyp. zur Sicherstellung eines Teils der in der EintrBewilligung bezeichneten Teilschuldverschreibungsanleihe (RG JFG 5, 7; OLG Dresden JFG 3, 435; BayObLG JFG 3, 431).

Nacherbenvermerk

51 Bei der Eintragung eines Vorerben ist zugleich das Recht des Nacherben und, soweit der Vorerbe von den Beschränkungen seines Verfügungsrechts befreit ist, auch die Befreiung von Amts wegen einzutragen.

Inhaltsübersicht

1. Allgemeines ... 1
2. Vor- und Nacherbschaft ... 5
3. Nachweis des Nacherbenrechts ... 8
4. Umfang des Nacherbenrechts ... 10
5. Inhalt des Nacherbenvermerks ... 16
6. Zeitpunkt der Eintragung ... 19
7. Stelle und Fassung der Eintragung ... 21
8. Rang des Nacherbenvermerks ... 25
9. Verzicht auf Eintragung ... 26
10. Rechtsmittel ... 28
11. Wirkung des Nacherbenvermerks ... 31
12. Eintragung ohne Nacherbenvermerk ... 36
13. Löschung des Nacherbenvermerks ... 37
14. Löschungsbewilligung ... 38
15. Einrichtigkeitsnachweis ... 40
16. Löschungsantrag ... 45
17. Verfügung über das Nacherbenrecht ... 46
18. Kosten ... 49

1 **1. Allgemeines.** § 51 bestimmt in Durchbrechung des Antragsgrundsatzes, dass bei Eintragung eines Vorerben das Recht des Nacherben von Amts wegen einzutragen ist. Der Erblasser kann die Eintragung des Nacherbenvermerks nicht verbieten; eine solche Befugnis steht ihm nach § 2136 BGB nicht zu. Die Nacherbschaft des BGB beruht stets auf einer Verfügung von Todes wegen; eine gesetzliche Vor- und Nacherbschaft gibt es nicht. Vgl. zum Folgenden auch Kanzleiter, Der „unbekannte" Nacherbe, DNotZ 1970, 326.

2 **a)** Das Nacherbenrecht ist kein dingliches Recht an den einzelnen Nachlassgegenständen (RG 83, 436; KGJ 42, 231). Es kann daher als solches nicht in das GB eingetragen werden. Die Nacherbeneinsetzung bedeutet jedoch eine Verfügungsbeschränkung des Vorerben. Da diese nach § 2113 Abs. 3 BGB aber nicht gegenüber gutgläubigen Dritten wirkt, erweist es sich als erforderlich, das Anwartschaftsrecht des Nacherben gegen die Wirkungen des öffentlichen Glaubens zu sichern. Diese Sicherung wird durch die Amtseintragung besonders wirksam gestaltet.

3 **b)** Die Schutzvorschrift des § 51 **gilt auch** zugunsten eines nur bedingt eingesetzten Nacherben (KGJ 42, 114; KG HRR 1939 Nr. 103; BayObLG 1959, 501 = NJW 1960, 965). Die Frage, ob

§ 51 auch dann gilt, wenn bei einer Gesamthandsgemeinschaft ein Gesamthandsberechtigter durch einen Vorerben mit Nacherbfolge beerbt wird, wird unterschiedlich beantwortet. Sie wird verneint, wenn bei einer Gütergemeinschaft der überlebende Ehegatte den anderen als Vorerbe beerbt (BGH 26, 382; NJW 1964, 768 und, unter Aufgabe von BGH Rpfleger 1970, 162, BGH Rpfleger 1976, 205; BayObLG Rpfleger 1996, 150), wenn von zwei Miterben der eine Vorerbe des anderen wird (BGH Rpfleger 1978, 52; zu dem Fall, dass ein Miterbe Vorerbe und Testamentsvollstrecker ist, s. OLG Zweibrücken Rpfleger 1998, 156), wenn jemand einen Miterben als Vorerbe und sodann die übrigen Miterben ohne Nacherbfolge beerbt (BayObLG 1994, 177 = Rpfleger 1995, 105), wenn ein Gesellschafter bürgerlichen Rechts seinen einzigen Mitgesellschafter als Vorerbe beerbt (OLG Köln Rpfleger 1987, 60) oder wenn eine BGB-Gesellschaft mit dem Vorerben eines Gesellschafters fortgesetzt wird (Haegele Rpfleger 1977, 50); vgl. hierzu aber auch die kritische Anm. v. Ludwig Rpfleger 1987, 155. Bejaht wird sie, wenn einer von mehreren Miterben durch einen Vorerben beerbt wird (OLG Hamm Rpfleger 1985, 21; zurecht a.M. LG Aachen Rpfleger 1991, 301; ablehnend auch BayObLG 1994, 181 = Rpfleger 1995, 105; offengelassen von OLG Zweibrücken Rpfleger 1998, 156) und wenn ein Miterbe, der bei der Entstehung der Erbengemeinschaft Miterbe als Vorerbe geworden ist, die übrigen Miterbenanteile hinzuerwirbt (OLG Saarbrücken Rpfleger 1999, 440 mit zust. Anm. v. Schaub ZEV 2000, 28). Schaub (ZEV 1998, 372) verneint die Anwendbarkeit des § 51 unterschiedslos für jede Gesamthandsgemeinschaft. Wird bei einer Bruchteilsgemeinschaft ein Miteigentümer Vorerbe des anderen, verbleibt es bei § 51 (BGH MittBayNot 1973, 28). Soweit danach § 51 nicht anzuwenden ist, kann ein Nacherbenvermerk nicht in das GB eingetragen werden. Dagegen hält Jung (Rpfleger 1995, 9) die Eintragung eines inhaltlich auf den bisherigen Anteil des Erblassers an dem Gesamthandsvermögen beschränkten Nacherbenvermerk für erforderlich, damit der Nacherbe nach Eintritt des Nacherbfalls bei Verfügungen durch den Erben des Vorerben geschützt ist; der Nacherbenvermerk soll bis zum Nacherbfall keine Wirkung haben.

c) Im Gebiet der **früheren DDR** bleibt für die erbrechtlichen 4
Verhältnisse das bisherige Recht maßgebend, wenn der Erblasser vor dem 3. 10. 1990 gestorben ist (Art. 235 § 1 Abs. 1 EGBGB). Nach dem am 1. 1. 1976 in Kraft getretenen Zivilgesetzbuch der DDR v. 19. 6. 1975 (GBl. DDR I 465) konnte Vor- und Nacherbfolge nicht mehr angeordnet werden (vgl. § 371 Abs. 1, 2 ZGB).

Die in einer letztwilligen Verfügung aus der Zeit davor angeordnete Vor- und Nacherbfolge galt jedoch weiter, allerdings mit der Einschränkung, dass die sich aus ihr ergebenden Verfügungsbeschränkungen des Vorerben als nicht angeordnet gelten (§ 8 Abs. 2 EGZGB). In einem solchen Fall ist das Recht des Nacherben gleichwohl im GB einzutragen, jedoch mit dem Hinweis auf die unbeschränkte Verfügungsbefugnis des Vorerben (Bestelmeyer Rpfleger 1992, 233; a.M. Köster Rpfleger 1991, 98; zum Inhalt des Erbscheins in diesem Fall s. KG Rpfleger 1996, 71).

Wird das Eigentum an einem Bodenreformgrundstück gem. Art. 233 § 11 Abs. 2 Satz 1 Nr. 2 EGBGB kraft Gesetzes auf einen Erben übertragen, der Vorerbe ist, so ist er im Weg der GBBerichtigung ohne Nacherbenvermerk einzutragen, weil es sich nicht um eine Erbfolge handelt. Ist vor Inkrafttreten des Art. 233 § 11 EGBGB am 22. 7. 1992 der Nacherbfall eingetreten, so ist der Nacherbe als Berechtigter einzutragen.

5 **2. Vor- und Nacherbschaft. a)** Nacherbe ist nach § 2100 BGB, wer Erbe wird, nachdem zunächst ein anderer, der Vorerbe, Erbe geworden ist. Möglich ist auch mehrfache Nacherbschaft (KG OLG 18, 332; JW 1938, 1411). Bei Vorlegung einer Verfügung von Todes wegen gemäß § 35 ist stets sorgfältig zu prüfen, ob Vor- und Nacherbschaft gewollt ist. Der Wortlaut der Verfügung allein ist nicht entscheidend. Zu beachten ist insbes. § 2269 BGB: Danach ist der überlebende Ehegatte im Zweifel, d.h. falls kein auf Trennung der Vermögensmassen gerichteter Wille erkennbar, unbeschränkter Erbe, also nicht Vorerbe des zuerst verstorbenen Ehegatten (s. RG 79, 277; 113, 240; JFG 7, 131; BayObLG 1948/51, 469; 1966, 61, 417; zur Anwendung der Vorschrift durch das GBAmt s. OLG Hamm MDR 1968, 1012).

6 **b)** Mit einer gegenseitigen Erbeinsetzung nach § 2269 BGB kann eine bedingte Nacherbeinsetzung der Schlusserben für den Fall der Wiederverheiratung des überlebenden Ehegatten verbunden werden (RG 156, 181; JFG 13, 155; OLG München JFG 15, 40); in diesem Fall unterliegt der überlebende Ehegatte auch als Vollerbe den gesetzlichen Beschränkungen eines Vorerben (OLG München JFG 15, 41; BayObLG 1961, 206); jedoch ist beim Fehlen entgegenstehender Umstände anzunehmen, dass die Ehegatten einander als Vorerben im Rahmen der gesetzlichen Ermächtigung haben befreien wollen (JFG 13, 155; BGH FamRZ 1961, 275; BayObLG 1961, 204; 1966, 231); mit der Wiederverheiratung des überlebenden Ehegatten entfällt nicht nur dessen Bindung an seine in dem gemeinschaftlichen Testament getroffenen Verfügungen, sondern werden diese in der Regel ohne weiteres gegenstandslos

(KG DNotZ 1957, 557; FamRZ 1968, 331; str.); vgl. zum Ganzen auch Haegele, Wiederverheiratungsklauseln, Rpfleger 1976, 73.

c) Unter § 51 fallen auch Rechtsverhältnisse des früheren Rechts, die der Nacherbschaft des BGB entsprechen, also z. B. die fideikommissarische Substitution des preuß. ALR und das gemeinrechtliche Universalfideikommiß (KGJ 34, 238). 7

3. Nachweis des Nacherbenrechts. a) Das Nacherbenrecht muss gemäß § 35 nachgewiesen sein, also entweder durch Erbschein, der nach § 2363 BGB auch die Anordnung der Nacherbfolge bezeugt, oder durch öffentlich beurkundete Verfügung von Todes wegen und Niederschrift über ihre Eröffnung; mit bloßen Erklärungen der Beteiligten darf sich das GBAmt nicht begnügen (KGJ 40, 193; KG JW 1933, 2776; OLG München JFG 22, 143; BayObLG JurBüro 1984, 751; einschränkend: KG DR 1944, 194). Eine Verfügung von Todes wegen muss das GBAmt auslegen; es darf nicht lediglich deswegen einen Erbschein verlangen, weil die Auslegung rechtlich schwierig ist; soweit aber bestehende Zweifel und Unklarheiten, z. B. hinsichtlich der Namen der Nacherben (OLG Köln MittRhNotK 1988, 44), nur durch tatsächliche Ermittlungen behoben werden können, ist ein Erbschein zu verlangen (s. § 35 Rn. 39). 8

b) Hiervon ist jedoch dann abzusehen, wenn auch im Erbschein die Namen der Nacherben mit Rücksicht auf die noch fehlende Bestimmtheit der Berufenen nicht angegeben werden können (KGJ 42, 226; OLG Dresden JFG 7, 269; KG JW 1938, 1411; OLG Hamm DNotZ 1966, 108; BayObLG 1970, 140 = Rpfleger 1970, 344; BayObLG 1982, 453 = Rpfleger 1983, 104), z. B. wenn beim Tod des Vorerben dessen in diesem Zeitpunkt etwa vorhandene Abkömmlinge zu Nacherben berufen sind. Darüber hinaus erachtet KG DR 1944, 194 das Verlangen nach Vorlegung eines Erbscheins als ungerechtfertigt, wenn bei einem gemeinschaftlichen Testament i. S. des § 2269 BGB das Bestehen einer Nacherbschaft zweifelhaft ist, der überlebende Ehegatte jedoch die Eintragung des Nacherbenvermerks bewilligt und feststeht, dass die Rechte der etwaigen Nacherben nicht berührt werden. 9

4. Umfang des Nacherbenrechts. a) Das Nacherbenrecht erstreckt sich: 10

aa) Auf die zur Vorerbschaft gehörenden Gegenstände. Nachlassfremde Gegenstände kann der Vorerbe nicht – auch nicht als befreiter Vorerbe und mit Zustimmung des Nacherbenvollstreckers – in die Vorerbschaft einbeziehen. Deshalb kann er auch nicht ein Nachlassgrundstück gegen ein nicht zum Nachlass gehörendes

Grundstück austauschen (OLG Stuttgart OLGZ 1973, 262; OLG Köln Rpfleger 1987, 60).

11 bb) Gemäß § 2110 BGB im Zweifel auf einen Erbteil, der dem Vorerben infolge Wegfalls eines Miterben zufällt, nicht aber auf ein dem Vorerben zugewendetes Vorausvermächtnis (s. JFG 21, 122 und Rn. 14).

12 cc) Auf einen Erwerb des Vorerben nach § 2111 BGB (sog. dingliche Surrogation). Dahin gehört z.B. der bei Versteigerung eines Naßlaßgrundstücks an den Vorerben ausgekehrte Überschuss (BGH Rpfleger 1993, 493) oder der Erwerb einer Eigentümergrundschuld durch Ablösung einer Hyp. mit Mitteln des Nachlasses (JFG 8, 355; BGH 40, 123; Rpfleger 1993, 493). Auch ein Erwerb des Vorerben bei der Auseinandersetzung mit seinen Miterben kommt in Betracht (KG Rpfleger 1993, 236); soweit der Erwerb mit Mitteln der Erbschaft erfolgt, ist er mit dem Nacherbenrecht belastet (RG 89, 53; OLG München JFG 18, 109; s. auch OLG München JFG 22, 145). Soll ein Vorerbe im Weg der Nachlassauseinandersetzung an einem Nachlassgrundstück einen Miteigentumsanteil erhalten, so ist bei diesem der Nacherbenvermerk einzutragen (BayObLG JurBüro 1984, 751; BayObLG 1986, 208; KG Rpfleger 1993, 236; OLG Hamm Rpfleger 1995, 209).

13 **b) Erwirbt der Vorerbe** ein Recht und beantragt er mit seiner Eintragung zugleich die des Nacherben, so ist nicht zu prüfen, ob das Recht gemäß § 2111 BGB tatsächlich der Nacherbfolge unterliegt. Denn das GBAmt ist nicht berechtigt oder verpflichtet, Rechte des Vorerben entgegen seinem eigenen Antrag wahrzunehmen. Weiß das GBAmt dagegen, dass sich die Nacherbfolge auf das Recht nicht erstreckt, so ist der Antrag des Vorerben abzulehnen (JFG 7, 271; s. hierzu auch KG JW 1933, 2776; OLG München JFG 22, 143).

14 **c)** Wird eine auf dem Nachlassgrundstück lastende Hyp. von dem Vorerben mit eigenen Mitteln **zurückgezahlt,** so gehört die dadurch entstandene Eigentümergrundschuld nicht zum Nachlass (KGJ 50, 216; JFG 15, 188; OLG München JFG 21, 84; BGH Rpfleger 1993, 493). Die Eintragung der Zugehörigkeit der Eigentümergrundschuld zu dem der Nacherbfolge nicht unterliegenden Vermögen des Eigentümers kann verlangt werden (JFG 8, 355) und erfolgt durch entsprechenden Vermerk in Abt. III Sp. 5 bis 7. Der Vermerk kann etwa lauten: „Diese Hyp. ist Eigentümergrundschuld geworden und als solche mit den Zinsen seit dem . . . umgeschrieben auf . . . Die Grundschuld gehört nicht zum Nachlass des . . . Eingetragen am . . .“. Der Vorerbe kann auch nicht Gegenstände seines freien Vermögens mit dinglicher Wirkung der

Erbschaftsmasse zuweisen (KGJ 40, 186; JFG 7, 272; OLG Stuttgart OLGZ 1973, 262; s. auch Rn. 10 sowie BGH 40, 125 = NJW 1963, 2323). Ist dem Vorerben ein Grundstück als Vorausvermächtnis zugewendet, so ist die Eintragung des Nacherbenvermerks unzulässig (OLG München JFG 23, 300).

d) Veräußert ein Bevollmächtigter, dem der Erblasser Vollmacht über den Tod hinaus erteilt hat, ein zum Nachlass gehöriges Recht, so ist der Nacherbenvermerk gegen den Willen des Bevollmächtigten nicht einzutragen; es ist so anzusehen, als ob die Nacherben der Veräußerung zugestimmt hätten (s. JFG 12, 278, jedoch auch KEHE Rn. 12). 15

5. Inhalt des Nacherbenvermerks. a) Anzugeben sind die Anordnung der Nacherbfolge sowie die Voraussetzungen, unter denen sie eintritt; auch eine nur bedingt angeordnete Nacherbfolge ist zu vermerken (KG HRR 1939 Nr. 103). 16

b) Der Nacherbe ist unter Beachtung des § 15 GBV so genau wie möglich zu bezeichnen; im Fall mehrfacher Nacherbfolge sind sämtliche Nacherben anzugeben (KG JW 1938, 1411; OLG Hamm Rpfleger 1975, 134; BayObLG 1982, 453 = Rpfleger 1983, 104). Auch ein Ersatznacherbe ist einzutragen (KG JW 1938, 1411; JFG 21, 252; OLG Köln NJW 1955, 633; BayObLG 1960, 410; OLG Oldenburg MDR 1962, 57; OLG Hamm DNotZ 1966, 108; 1970, 688; OLG Frankfurt DNotZ 1970, 691). Ebenso die Ernennung eines Testamentsvollstreckers zur Wahrnehmung der Rechte und Pflichten des Nacherben bis zum Eintritt des Nacherbfalls und zur Verwaltung des Nachlasses nach diesem Zeitpunkt (KGJ 40, 198; KG JW 1938, 1411). 17

c) Anzugeben sind schließlich etwaige Befreiungen des Vorerben (KGJ 44, 80). 18

6. Zeitpunkt der Eintragung. a) Das Recht des Nacherben ist gleichzeitig mit der Eintragung des Vorerben einzutragen und zwar von Amts wegen, also ohne besonderen Antrag. Eine Eintragung des Nacherbenrechts ohne Eintragung des Vorerben ist unzulässig (s. Rn. 2). Die Eintragung des Vorerben setzt einen Antrag nach § 13 voraus. Der Vorerbe kann nach §§ 82ff. gezwungen werden, den Antrag zu stellen. 19

b) Ist die Eintragung des Nacherbenvermerks unterblieben, so kann sie von Amts wegen **nachgeholt werden,** vorausgesetzt, dass das zum Nachlass gehörende Recht nicht inzwischen auf einen Dritten umgeschrieben ist (OLG Hamm Rpfleger 1976, 132). Im Fall der Umschreibung kommt nurmehr die Eintragung eines Widerspruchs (§ 53) in Betracht (KGJ 52, 145). Nach Eintritt des 20

Nacherbfalls ist die Nachholung nicht mehr zulässig, weil der Nacherbe dann Vollerbe wird und Eintragung des Vermerks das GB unrichtig machen würde (KGJ 49, 178; OLG Hamm Rpfleger 1991, 59).

21 **7. Stelle und Fassung der Eintragung.** Die Eintragung erfolgt nicht nur bei Grundstücken, Grundstücksrechten und Rechten an solchen, sondern auch bei Vormerkungen, Widersprüchen und Verfügungsbeschränkungen.

22 **a)** Betrifft der Nacherbenvermerk das Eigentum, so ist er nach § 10 Abs. 1b GBV in Abt. II einzutragen. Die versehentlich in Abt. I erfolgte Eintragung gibt dem Nacherben kein Miteigentumsrecht (KGJ 50, 211). Bei Rechten in der zweiten Abteilung erfolgt die Eintragung in Sp. 5 und bei Rechten in der dritten Abteilung in Sp. 7 (§ 10 Abs. 5a; § 11 Abs. 6 GBV). Das ist insbesondere bei Neueintragungen in der dritten Abteilung nicht immer praktisch, wenn die Sp. 5 bis 7 zahlreiche Eintragungen enthalten und der Nacherbenvermerk in Sp. 7 räumlich weit von der Haupteintragung in Sp. 4 getrennt ist, so dass er leicht übersehen werden kann. Es wird daher auch nicht unzulässig sein, beide Vermerke je nach der Sachlage zu einem zusammenzufassen. Ist das Recht in der zweiten oder dritten Abteilung bereits eingetragen und erfolgt die Umschreibung auf den Vorerben, so können Umschreibungs- und Nacherbenvermerk zusammengefasst werden (s. GBV Muster Anl. 2a Abt. III Sp. 7 zu lfd. Nr. 3).

23 **b)** Ist als Eigentümer ein durch Nacherbenrechte beschränkter Vorerbe eingetragen, so ist die aus einer Hyp. entstandene Eigentümergrundschuld auch ohne Beifügung eines Nacherbenvermerks als Vorerbschaftseigentümergrundschuld anzusehen (JFG 8, 355).

24 **c)** Der Vermerk kann etwa lauten: „Nacherbe des . . . ist . . . Die Nacherbfolge tritt beim Tod des Vorerben oder mit Vollendung des 35. Lebensjahres des Nacherben ein. Der Nacherbe ist auf dasjenige eingesetzt, was von der Erbschaft bei Eintritt der Nacherbfolge übrig sein wird. Zur Wahrnehmung der Rechte und Pflichten des Nacherben bis zum Eintritt des Nacherbfalls ist ein Testamentsvollstrecker bestellt. Eingetragen am . . .“. Wahl der Worte „Vorerbe“ und „Nacherbe“ ist ratsam, um Zweifel und Irrtümer auszuschließen.

25 **8. Rang des Nacherbenvermerks.** Zwischen einem Nacherbenvermerk und einem Recht am Grundstück besteht kein materiellrechtliches Rangverhältnis im Sinn des § 879 BGB (RG 135, 384; KG HRR 1934 Nr. 199; JFG 13, 114; 16, 235; OLG Hamm

Rpfleger 1957, 19; 1966, 48; OLG Hamburg DNotZ 1967, 376 a.M. Hesse DFrG 1938, 88; s. auch § 45 Rn. 18). Die Wirksamkeit einer von dem Vorerben bewilligten Hyp. gegenüber dem Nacherben ist aus dem GB auch dann nicht ohne weiteres zu ersehen, wenn der Nacherbenvermerk nach der Hyp. eingetragen worden ist. Sie lässt sich grundbuchmäßig nur dadurch ausdrücken, dass ein Vermerk des Inhalts eingetragen wird, dass die Hyp. dem Nacherben gegenüber wirksam ist (KG HRR 1934 Nr. 199; JFG 13, 114; BayObLG FGPrax 1997, 135). Zur Eintragung des Vermerks im Einzelnen gilt das zum Wirksamkeitsvermerk bei der Vormerkung Gesagte entsprechend (s. dazu § 22 Rn. 19).

9. Verzicht auf Eintragung. a) Der Erblasser kann die Eintragung des Nacherbenvermerks nicht ausschließen (s. Rn. 1). Auch der Vorerbe kann nicht beantragen, sein Recht allein ohne das des Nacherben einzutragen. Ein solcher Antrag wäre zurückzuweisen. Der Nacherbe kann aber auf die Eintragung seines Rechts verzichten, ohne das Nacherbenrecht selbst auszuschlagen (KGJ 52, 169; RG 151, 397; a.M. Bestelmeyer Rpfleger 1994, 190), jedoch nur unter Mitwirkung etwa vorhandener Ersatznacherben (JFG 21, 255; OLG Köln NJW 1955, 634). Die Erklärung bedarf der Form des § 29 Abs. 1 Satz 1. Der Verzicht kann auch durch einen Testamentsvollstrecker erklärt werden (KG DNotV 1930, 480; OLG München JFG 20, 297); das GBAmt ist nicht befugt, die Zweckmäßigkeit eines derartigen Verzichts zu prüfen (BayObLG 1989, 183 = Rpfleger 1989, 412). Der Verzicht auf die Eintragung des Nacherbenvermerks ist (nur) als Verzicht des Nacherben auf den Schutz gegen gutgläubigen Erwerb aufzufassen und bewirkt, dass das Nacherbenrecht für das GBAmt als nicht mehr vorhanden gilt, also von diesem nicht mehr zu beachten ist. 26

b) Die Eintragung des Nacherbenvermerks unterbleibt auch dann, wenn der Vorerbe ein zum Nachlass gehöriges Recht veräußert und der Nacherbe zustimmt (OLG Colmar OLG 18, 222; JFG 12, 277). Bei bedingter Nacherbeinsetzung ist die Zustimmung aller unter einer Bedingung eingesetzten Nacherben erforderlich; der Zustimmung etwa vorhandener Ersatznacherben bedarf es hingegen nicht (RG 145, 316; KG JW 1936, 3562; JFG 21, 253; BayObLG 1959, 497; 1960, 410; OLG Oldenburg MDR 1962, 57; BGH 40, 119 = DNotZ 1964, 623). 27

10. Rechtsmittel. a) Gegen die Eintragung des Vermerks ist Beschwerde mit dem Ziel der Löschung zulässig (JFG 21, 252; OLG München JFG 23, 300; OLG Hamm Rpfleger 1957, 415; BayObLG 1957, 287). Soll jedoch die Eintragung, dass der Vorerbe befreit ist, beseitigt werden, dann kann Ziel einer Beschwerde 28 nur die Eintragung eines Amtswiderspruchs sein (OLG Hamm Rpfleger 1971, 255).

29 **b)** Gegen die Unterlassung der Eintragung kann Beschwerde mit dem Ziel eingelegt werden, die Eintragung des Nacherbenvermerks nachzuholen (s. hierzu Rn. 20) oder einen Widerspruch einzutragen (s. hierzu § 71 Rn. 52).

30 **c)** Gegen die Löschung des Vermerks ist Beschwerde mit dem Ziel zulässig, einen Amtswiderspruch einzutragen. Der Widerspruch kann auch noch nach Eintritt der Nacherbfolge eingetragen werden (a. M. OLG Hamm Rpfleger 1991, 59 mit abl. Anm. v. Alff Rpfleger 1991, 243).

31 **11. Wirkung des Nacherbenvermerks. a)** Der Vermerk schützt den Nacherben und dessen Erben (KG JW 1936, 2749) davor, dass Verfügungen des Vorerben infolge gutgläubigen Erwerbs entgegen § 2113 Abs. 1 und 2 BGB Rechtswirksamkeit behalten (§ 2113 Abs. 3, § 892 Abs. 1 Satz 2 BGB). Die Vereinbarung der Gütergemeinschaft stellt jedoch keine Verfügung über das einem Ehegatten als Vorerbe gehörende Grundstück zugunsten des anderen Ehegatten im Sinn von § 2113 BGB dar (BayObLG 1989, 114 = Rpfleger 1989, 328).

32 **b)** Der Nacherbenvermerk bewirkt **keine GBSperre** (KGJ 52, 145; BayObLG 1968, 110 = Rpfleger 1968, 221); das GBAmt hat den EintrAnträgen des Vorerben daher ohne Rücksicht auf das Recht des Nacherben stattzugeben, mag es sich um eine befreite oder nicht befreite Vorerbschaft, um eine entgeltliche oder unentgeltliche Verfügung handeln (KG JW 1936, 2749; OLG München JFG 14, 340; OLG Düsseldorf Rpfleger 1957, 413). Dies gilt aber wegen § 1 Abs. 4 ErbbauVO nicht, wenn ein Erbbaurecht eingetragen werden soll. Voraussetzung dafür ist bei nicht befreiter Vorerbschaft die Zustimmung des Nacherben (BGH 52, 269) und bei befreiter Vorerbschaft der Nachweis der Entgeltlichkeit (OLG Hamm OLGZ 1989, 156). Die erforderliche erste Rangstelle des Erbbaurechts (§ 10 Abs. 1 ErbbauVO) ist trotz eines eingetragenen Nacherbenvermerks gewahrt (s. Anh. zu § 8 Rn. 34).

33 **c)** Eine Ausnahme gilt ferner, wenn ein Recht **gelöscht** werden soll, weil damit die Schutzwirkung des Nacherbenvermerks hinfällig wird (RG 102, 337; JFG 15, 188; OLG München JFG 21, 84; OLG Düsseldorf Rpfleger 1957, 413; BayObLG 2001, 120 = Rpfleger 2001, 408 mit Anm. v. Gergaut NotBZ 2001, 304; a. M. Bestelmeyer Rpfleger 1994, 191). In diesem Fall gilt folgendes:

34 aa) Bei **nicht befreiter Vorerbschaft** ist nachzuweisen, dass die Verfügung des Vorerben das Recht des Nacherben weder vereiteln

noch beeinträchtigen würde. Dieser Nachweis wird sich im Allgemeinen nur durch eine der Form des § 29 Abs. 1 Satz 1 bedürftige Zustimmungserklärung des Nacherben (nicht auch eines etwa vorhandenen Ersatznacherben: RG 145, 316; KG JW 1936, 3562; JFG 21, 253; BayObLG 1960, 410; BGH 40, 119 = DNotZ 1964, 623; OLG Frankfurt DNotZ 1970, 691) erbringen lassen (RG 102, 337). Im Einzelfall kann sich die Wirksamkeit der Verfügung gegenüber dem Nacherben aber auch aus anderen Umständen ergeben; so kann z.B. eine auf dem Nachlassgrundstück eingetragene, zur Eigentümergrundschuld gewordene Hyp. auf Antrag des Vorerben ohne Zustimmung des Nacherben gelöscht werden, wenn der Vorerbe die Hyp. nachweislich mit eigenen Mitteln zurückgezahlt hat (KGJ 50, 216; JFG 15, 188; OLG München JFG 21, 84), wenn gleich- oder nachstehende Rechte nicht vorhanden sind (JFG 15, 187; OLG München JFG 21, 81; BayObLG 2001, 120 = Rpfleger 2001, 408 mit Anm. v. Gergaut NotBZ 2001, 304) oder wenn sich die Löschung, wie etwa bei eingetragener Löschungsvormerkung, als Erfüllung einer Nachlassverbindlichkeit darstellt (OLG Saarbrücken DNotZ 1950, 66; zur Erfüllung eines Vermächtnisses durch den Vorerben s. BayObLG 2001, 120).

bb) Bei **befreiter Vorerbschaft** bedarf es des Nachweises, dass **35** eine entgeltliche Verfügung des Vorerben vorliegt (§§ 2136, 2113 Abs. 2 BGB). Die Notwendigkeit des Nachweises entfällt, wenn die Entgeltlichkeit beim GBAmt offenkundig (§ 29 Abs. 1 Satz 2) oder die Unentgeltlichkeit (der Begriff ist der gleiche wie beim Testamentsvollstrecker: s. § 52 Rn. 21 sowie OLG München JFG 18, 173; 20, 216; BGH 5, 182; Rpfleger 1999, 331; BayObLG Rpfleger 1988, 525; OLG Hamm Rpfleger 1971, 147) durch die Natur der Sache oder die Sachlage ausgeschlossen ist (RG 69, 257; OLG München JFG 18, 173; KG Rpfleger 1968, 224; OLG Hamm Rpfleger 1969, 349; OLG Frankfurt Rpfleger 1980, 107). Zur Prüfung durch das GBAmt gilt das in § 52 Rn. 23 bis 25 Gesagte. Der Verzicht auf das Eigentum an einem praktisch unveräußerlichen Mietwohngrundstück, das nur Kosten verursacht, ist als entgeltliche Verfügung anzusehen (BGH Rpfleger 1999, 331); desgleichen die Löschung einer auf dem Nachlassgrundstück eingetragenen, zur Eigentümergrundschuld gewordenen Hyp., wenn diese an letzter Stelle steht (KGJ 43, 264) oder wenn gleichzeitig eine neue Hyp. bestellt wird und deren Gläubiger die Löschung verlangt (KGJ 41, 180; KG HRR 1930 Nr. 223). Zu der umstrittenen Frage, ob im Fall der Löschung einer Nachlasshyp. die Quittung des befreiten Vorerben als Entgeltlichkeitsnachweis genügt, s. einerseits LG Köln JMBlNW 1951, 160, andererseits LG Stade NdsRpfl. 1975, 219.

36 **12. Eintragung ohne Nacherbenvermerk.** Ist ein Recht ohne Nacherbenvermerk kraft Erbrechts schlechthin eingetragen, so kann das GBAmt in unmittelbarer oder entsprechender Anwendung des § 891 BGB davon ausgehen, dass Nacherbenrechte nicht bestehen (RG HRR 1935 Nr. 184 gegen KGJ 52, 168).

37 **13. Löschung des Nacherbenvermerks.** Zur Löschung ist entweder eine Bewilligung des Nacherben sowie etwa vorhandener Ersatznacherben (OLG Hamm DNotZ 1955, 538 und für den Fall der Übertragung des Anwartschaftsrechts des Nacherben OLG Hamm Rpfleger 1970, 242; BayObLG 1970, 142 = Rpfleger 1970, 344; OLG Frankfurt DNotZ 1970, 691; a.M. Bestelmeyer Rpfleger 1994, 191) oder der Unrichtigkeitsnachweis erforderlich (BayObLG Rpfleger 1982, 467; 1988, 525; OLG Hamm Rpfleger 1991, 59). Die Bewilligung kann nicht durch ein Unschädlichkeitszeugnis gemäß Art. 120 EGBGB ersetzt werden (s. hierzu § 19 Rn. 11). Über den Fall, dass als Nacherben die Kinder des Vorerben eingesetzt sind, s. Rn. 39. Vor der Löschung auf Grund Unrichtigkeitsnachweises ist dem Nacherben oder seinen Erben rechtliches Gehör zu gewähren (OLG Hamm Rpfleger 1984, 312; BayObLG 1994, 177 = Rpfleger 1995, 105; s. § 22 Rn. 49).

38 **14. Löschungsbewilligung. a)** Die Löschungsbewilligung des Nacherben ist als Verzicht auf den Schutz gegen gutgläubigen Erwerb aufzufassen. Es ist dann so anzusehen, als ob ein Nacherbe nicht vorhanden wäre (KGJ 52, 170; OLG Frankfurt Rpfleger 1980, 228). Bezieht sich der Nacherbenvermerk auf mehrere Personen (A, B, C), so können auch einzelne auf den in der Eintragung liegenden Schutz (s. Rn. 31) verzichten. Zwar kann der Nacherbenvermerk als solcher in diesem Fall nicht gelöscht, wohl aber kann beispielsweise in der zweiten Abteilung in Sp. 5 folgendes eingetragen werden: „A und B haben für ihre Person auf die Eintragung des Nacherbenrechts verzichtet“. Die Namen des A und des B sind dann in der Haupteintragung in Sp. 3 rot zu unterstreichen (§ 17 Abs. 3 GBV).

39 **b)** Sind als Nacherben „die Kinder des Vorerben“ eingesetzt, so bedarf es zur Löschung des Nacherbenvermerks vor Eintritt des Nacherbfalls außer der Bewilligung der derzeit lebenden und damit bekannten Nacherben auch der Bewilligung eines gemäß § 1913 BGB für die derzeit noch nicht lebenden und bis zum Eintritt des Nacherbfalls unbekannten Nacherben bestellten Pflegers und der Genehmigung des Familien- oder Vormundschaftsgerichts nach §§ 1915, 1821 BGB; die Bewilligung lediglich der derzeit lebenden Nacherben zusammen mit einer **eidesstattlichen Versicherung,** dass sie derzeit die einzigen Kinder des Vorerben sind, reicht nicht

aus (BayObLG Rpfleger 1982, 277). Sind dagegen „die Kinder der Vorerbin aus deren Ehe mit dem Erblasser“ als Nacherben eingesetzt, dann kann die Löschung des Nacherbenvermerks vor Eintritt des Nacherbfalls nicht von der Bewilligung eines Pflegers für unbekannte Nacherben abhängig gemacht werden; vielmehr reicht eine in der Form des § 29 abgegebene eidesstattliche Versicherung der Vorerbin aus, dass aus ihrer Ehe mit dem Erblasser keine oder kei-ne weiteren als die bekannten Kinder hervorgegangen sind (OLG Frankfurt Rpfleger 1986, 51 mit Anm. v. Meyer-Stolte). Sind als Nacherben die beim Nacherbfall lebenden, von der Vorerbin geborenen Kinder eingesetzt, dann genügt zur Löschung des Nacherbenvermerks die Bewilligung der bekannten Nacherben, wenn es im Hinblick auf eine eidesstattliche Versicherung der Vorerbin ausgeschlossen ist, dass weitere Nacherben vorhanden sind und im Hinblick auf das Alter der Vorerbin bis zum Nacherbfall auch keine mehr hinzukommen können; dass der Erbschein die bekannten Nacherben als „derzeit“ vorhandene Nacherben ausweist, steht nicht entgegen (OLG Hamm FGPrax 1997, 128). S. dazu auch § 35 Rn. 40.

15. Unrichtigkeitsnachweis. Unrichtigkeit kann gegeben sein: 40

a) Weil das **Nacherbenrecht nie bestanden** hat, der Nacherbenvermerk z.B. auf Grund eines unrichtigen Erbscheins, infolge irriger Testamentsauslegung oder unter Außerachtlassung des § 2110 Abs. 2 BGB (OLG München JFG 23, 300) eingetragen wurde. Ist der Nacherbe unter der Bedingung eingesetzt, dass der Vorerbe nicht anderweitig letztwillig verfügt, steht auch im Fall einer solchen Verfügung des Vorerben erst bei dessen Tod fest, ob das Nacherbenrecht besteht (OLG Braunschweig Rpfleger 1991, 204).

b) Weil der Nacherbenvermerk an einem **nicht zum Nachlass** 41
gehörenden Gegenstand eingetragen worden ist (JFG 7, 270), z.B. an einem zum Gesamtgut einer ehelichen, durch den Tod eines Ehegatten beendeten, aber noch nicht auseinandergesetzten Gütergemeinschaft gehörenden Grundstück und zwar auch dann, wenn Vorerbe der überlebende Ehegatte ist. Hierzu und zu dem Fall, dass eine BGB-Gesellschaft mit dem Vorerben eines Gesellschafters fortgesetzt wird, dass einer von zwei Miterben Vorerbe des anderen wird, oder dass ein BGB-Gesellschafter seinen einzigen Mitgesellschafter als Vorerbe beerbt, s. Rn. 3.

c) Weil ein Nachlassgegenstand von dem Vorerben veräußert 42
worden ist und der **Nacherbe der Verfügung zugestimmt** hat (die Zustimmung von Ersatznacherben ist nicht erforderlich: BGH 40, 119; BayObLG 1970, 142; Rpfleger 1993, 148; BayObLG 1995, 56; Rpfleger 1997, 156) oder die Verfügung auch ohne diese

Zustimmung voll wirksam war (OLG Hamm Rpfleger 1984, 312; 1991, 59; KG Rpfleger 1993, 236). Letzteres ist nach § 2113 Abs. 1, 2 BGB nicht der Fall, soweit durch die Verfügung das Recht des Nacherben vereitelt oder beeinträchtigt wird oder wenn die Verfügung bei befreiter Vorerbschaft (§ 2136 BGB) – auch nur teilweise (OLG Frankfurt Rpfleger 1980, 107; BayObLG Rpfleger 1988, 525; OLG Hamm Rpfleger 1991, 59) – unentgeltlich erfolgt. S. hierzu Rn. 34, 35; zum Begriff der Unentgeltlichkeit und zur Prüfung durch das GBAmt gilt das in § 52 Rn. 22 bis 25 Gesagte (vgl. hierzu auch OLG Frankfurt Rpfleger 1980, 107; BayObLG Rpfleger 1988, 525; OLG Hamm Rpfleger 1991, 59). Die unentgeltliche Verfügung des befreiten Vorerben beeinträchtigt das Nacherbenrecht aber dann nicht, wenn der Nacherbe, z.B. aufgrund eines Vermächtnisses, verpflichtet ist, den durch die Verfügung herbeigeführten Erfolg hinzunehmen (OLG Düsseldorf Rpfleger 1999, 541 mit Anm. v. Wübben ZEV 2000, 30). Die Verfügung eines zugleich für den Vor- und Nacherben eingesetzten Testamentsvollstreckers ist unbeschadet der Vorschriften des § 2205 BGB auch ohne Zustimmung des Nacherben wirksam (BGH 40, 119; BayObLG 1986, 213; MittBayNot 1991, 122). Unzulässig ist die Löschung des Nacherbenvermerks allein mit Rücksicht auf die Veräußerung (KGJ 52, 144; OLG Düsseldorf Rpfleger 1957, 414; s. dazu auch OLG Frankfurt Rpfleger 1980, 107; BayObLG 1957, 288; Rpfleger 1982, 468).

43 **Einzelfälle:** Übereignet ein nicht befreiter Vorerbe einem Nacherben in vorzeitiger Erfüllung einer den Nacherben auferlegten Teilungsanordnung ein Nachlassgrundstück, so ist hierzu die Zustimmung der übrigen Nacherben erforderlich (BayObLG 1974, 312 = Rpfleger 1974, 355). Verfügt der Vorerbe über ein Nachlassgrundstück, so ist die Zustimmung des Nacherben auch dann erforderlich, wenn die Verfügung der Durchführung eines Erbauseinandersetzungsvertrags dient; sie ist aber entbehrlich, wenn lediglich eine Teilungsanordnung des Erblassers erfüllt wird (OLG Hamm Rpfleger 1995, 209). Wegen der Löschung auf Grund Zuschlagsbeschlusses in der Teilungsversteigerung s. OLG Hamm NJW 1969, 516). Zu den Voraussetzungen der Löschung, wenn der Vorerbe das Grundstück in Erfüllung eines Vermächtnisses an den Vermächtnisnehmer übertragen hat, s. OLG Hamm Rpfleger 1984, 312, aber auch Rpfleger 1996, 504, ferner BayObLG 2001, 120 = Rpfleger 2001, 408 mit Anm. v. Gergaut NotBZ 2001, 304. Ein Nacherbenvermerk wird nicht bereits dadurch unrichtig, dass der Nacherbe im Vorerbfall den Pflichtteil fordert und erhält, ohne die Erbschaft ausgeschlagen zu haben (BayObLG 1973, 274 = Rpfleger 1973, 433). Er wird aber gegenstandslos und kann gelöscht werden, wenn

der überlebende Ehegatte als Hofvorerbe den Hof mit Genehmigung des Landwirtschaftsgerichts im Wege der vorweggenommenen Erbfolge auf einen der Nacherben übertragen hat und der Rechtsübergang vollzogen ist (OLG Hamm Rpfleger 1985, 489).

Eine **entgeltliche Verfügung** des befreiten Vorerben liegt vor, wenn als Gegenleistung eine Kaufpreisrente vereinbart wird, die für eine Mindestdauer zu bezahlen ist und deren kapitalisierter Betrag eine gleichwertige Gegenleistung darstellt; für den Fall, dass der Vorerbe vor Ablauf der Mindestdauer stirbt, muss jedoch die Weiterzahlung der noch ausstehenden Gegenleistung an den Nacherben vereinbart sein (OLG Hamm Rpfleger 1991, 59 mit abl. Anm. v. Brinkmann Rpfleger 1991, 300). Enge verwandtschaftliche Beziehungen des Vorerben zum Käufer begründen in der Regel Zweifel an der Entgeltlichkeit (OLG Braunschweig Rpfleger 1991, 204). Ist der minderjährige Nacherbe zusammen mit seinem gesetzlichen Vertreter und Vorerben zugleich Miterbe und verkauft und veräußert er durch seinen gesetzlichen Vertreter mit Genehmigung des Vormundschaftsgerichts ein zur Erbschaft gehörendes Grundstück, so ist der gesetzliche Vertreter von der Erklärung der Zustimmung des Nacherben und der Bewilligung der Löschung des Nacherbenvermerks nicht ausgeschlossen (BayObLG 1995, 55 = NJW-RR 1995, 1032).

d) Weil der **Nacherbfall eingetreten** ist und eine Verfügung, 44
gegen die der Nacherbenvermerk schützen sollte, von dem Vorerben nicht getroffen worden ist; wegen der Umschreibung eines Rechts auf den nach § 51 eingetragenen Nacherben s. § 35 Rn. 8.

e) Weil der **Nacherbfall nicht mehr eintreten** kann, z. B. weil der Nacherbe die Nacherbschaft ausgeschlagen hat und auch keine Ersatznacherben berufen sind (BayObLG Rpfleger 1997, 156; 2000, 324).

16. Löschungsantrag. Gelöscht wird grundsätzlich nur auf 45
Antrag, jedoch ist nach §§ 84 ff. auch eine Amtslöschung möglich. In dem nach Eintritt des Nacherbfalls gestellten Antrag des Nacherben, ihn im Weg der GBBerichtigung als Berechtigten einzutragen, ist nicht zugleich der Antrag auf Löschung des nunmehr gegenstandslosen Nacherbenvermerks zu erblicken (BayObLG 1952, 260 gegen KG JFG 1, 366; str.). Über die Löschung des Vermerks durch Nichtübertragung s. LG Verden Rpfleger 1952, 341.

17. Verfügung über das Nacherbenrecht. a) Das Nacher- 46
benrecht ist im Zweifel **vererblich** (§ 2108 Abs. 2 BGB). § 2108 Abs. 2 Satz 1 BGB enthält keinen ergänzenden Rechtssatz, sondern nur eine Auslegungsvorschrift (RG 106, 357). Ausdrückliche oder stillschweigende Einsetzung eines Ersatznacherben (§§ 2296, 2069

BGB) spricht allein noch nicht gegen Vererblichkeit (RG 142, 174; 169, 39; OLG Köln NJW 1955, 635; OLGZ 1968, 91; BayObLG 1961, 136; s. auch BGH NJW 1963, 1150). Das Nacherbenrecht kann aber auch vor Eintritt des Nacherbfalls übertragen, verpfändet und gepfändet werden (RG 103, 358; JFG 6, 274); dies gilt auch, wenn der Nacherbe nur bedingt eingesetzt ist (RG 170, 168). Die Verfügung des Nacherben über sein Recht geschieht sinngemäß nach § 2033 Abs. 1 BGB (JFG 6, 275). Ein Testamentsvollstrecker gemäß § 2222 BGB ist zur Übertragung des Nacherbenrechts nicht befugt (KG JW 1937, 1553). Die Pfändung erfolgt bei nur einem Nacherben nach § 857 Abs. 2 ZPO, also durch Zustellung des Pfändungsbeschlusses an diesen (KGJ 42, 236). Bei mehreren Nacherben sind die übrigen als Drittschuldner anzusehen; die Pfändung vollzieht sich daher nach § 857 Abs. 1, § 829 Abs. 3 ZPO, also durch Zustellung des Pfändungsbeschlusses an die übrigen Nacherben (KGJ 42, 243).

47 **b)** Übertragung, Verpfändung und Pfändung sind **eintragbar.** Die Eintragung ist je nach der Art des der Nacherbenfolge unterliegenden Rechts in der zweiten Abteilung in Sp. 5 oder in der dritten Abteilung in Sp. 7 vorzunehmen (§ 10 Abs. 5a und § 11 Abs. 6 GBV). Für eine etwa erforderliche Zustimmung des Nacherben zu Verfügungen des Vorerben tritt bei Übertragung des Nacherbenrechts der Rechtsnachfolger des Nacherben an dessen Stelle. Im Fall der Pfändung und Verpfändung ist außer der Zustimmung des Nacherben auch noch die des Pfandgläubigers notwendig (KGJ 42, 240). Über den Fall der Insolvenz des Nacherben s. OLG Schleswig SchlHA 1958, 178.

48 **c)** Der Nacherbe kann sein **Anwartschaftsrecht** auch auf den Vorerben übertragen und diesen damit zum unbeschränkten Erben machen; sind jedoch Ersatznacherben vorhanden und haben nicht auch diese ihre Anwartschaft übertragen, so steht die Vereinigung der Rechte und Pflichten des Vorerben und des Nacherben in einer Person unter der auflösenden Bedingung des Eintritts des Ersatzerbfalls (KGJ 51, 218; KG JW 1937, 1553; OLG Köln NJW 1955, 634; OLG Stuttgart BWNotZ 1957, 152; BayObLG 1970, 140 = Rpfleger 1970, 344; OLG Frankfurt DNotZ 1970, 692; a. M. Becher NJW 1969, 1463, der sich für seine Ansicht jedoch zu Unrecht auf RG 145, 316 und BGH 40, 119 = DNotZ 1964, 623 beruft). Entsprechendes gilt bei Berufung eines Nachnacherben (OLG Hamm JMBlNW 1953, 80; OLG Köln NJW 1955, 634).

49 **18. Kosten. a)** Für die Eintragung des Nacherbenvermerks wird die Hälfte der vollen Gebühr erhoben (§ 65 Abs. 1 KostO); der Wert ist nach § 30 KostO zu bestimmen; der Wert des betroffenen

Rechts darf nicht überschritten werden (§ 65 Abs. 4 KostO). Über den Fall, dass sich der Nacherbenvermerk auf mehrere Rechte bezieht, s. § 65 Abs. 2 KostO. Die Frage, ob die Kostenbefreiungsvorschrift des § 60 Abs. 4 KostO auch für den von Amts wegen einzutragenden Nacherbenvermerk und Testamentsvollstreckervermerk gilt, ist streitig, jedoch im Hinblick auf den mit ihr verfolgten Zweck zu bejahen (OLG Hamm DNotZ 1969, 638; Rpfleger 1992, 291; OLG Köln DNotZ 1971, 443; Rpfleger 1992, 540; BayObLG 1973, 98 = Rpfleger 1973, 262; KG Rpfleger 1987, 15; a.M. OLG Bremen Rpfleger 1971, 195; OLG Düsseldorf Rpfleger 1973, 73; 1988, 142; OLG Oldenburg Rpfleger 1988, 20 mit Anm. v. Meyer-Stolte zu der Frage, wer in diesem Fall Kostenschuldner ist; OLG Zweibrücken Rpfleger 1989, 150; OLG Karlsruhe BWNotZ 1995, 123).

b) Bei Eintragung des Nacherben- und des Testamentsvollstreckervermerks wird, wenn sie sich auf dasselbe Recht beziehen, z.B. auf das Recht des Vorerben, die Gebühr nur einmal nach dem zusammengerechneten Wert erhoben (§ 65 Abs. 3 KostO). **50**

c) Für die Löschung des Vermerks wird eine $^1/_4$-Gebühr erhoben (§ 68 KostO). **51**

Testamentsvollstreckervermerk

52 Ist ein Testamentsvollstrecker ernannt, so ist dies bei der Eintragung des Erben von Amts wegen miteinzutragen, es sei denn, daß der Nachlaßgegenstand der Verwaltung des Testamentsvollstreckers nicht unterliegt.

Inhaltsübersicht

1. Allgemeines 1
2. Ernennung eines Testamentsvollstreckers 4
3. Verwaltungsrecht des Testamentsvollstreckers 8
4. Nachweis der Testamentsvollstreckung 11
5. Inhalt des Testamentsvollstreckervermerks 12
6. Zeitpunkt der Eintragung 13
7. Stelle und Fassung der Eintragung 14
8. Kein Verzicht auf Eintragung 15
9. Rechtsmittel 16
10. Wirkung des Testamentsvollstreckervermerks 17
11. Verfügungsbefugnis des Testamentsvollstreckers 18
12. Löschung des Testamentsvollstreckervermerks 27
13. Kosten 32

1. Allgemeines. § 52 bestimmt in Durchbrechung des Antrags- **1**
grundsatzes, dass bei der Eintragung des Erben die Ernennung eines Testamentsvollstreckers von Amts wegen miteinzutragen ist. Der

Erblasser kann die Eintragung des Testamentsvollstreckervermerks nicht verbieten; hat er es getan, so ist zu prüfen, ob nicht etwa ein Ausschluss des Verwaltungsrechts vorliegt (s. Rn. 8). S. zum Ganzen Zahn, Testamentsvollstreckung und Grundbuchverkehr, MittRhNotK 2000, 89.

2 **a)** Die Ernennung eines Testamentsvollstreckers schließt die Verfügungsbefugnis des Erben über Nachlassgegenstände insoweit aus, als diese der Verwaltung des Testamentsvollstreckers unterliegen. Da diese Verfügungsbeschränkung des Erben nach § 2211 Abs. 2 BGB aber nicht gegenüber gutgläubigen Dritten wirkt, muss das alleinige Verfügungsrecht des Testamentsvollstreckers gegen die Wirkungen des öffentlichen Glaubens geschützt werden. Dieser Schutz wird durch die Amtseintragung besonders wirksam gestaltet. Die Befugnis eines Miterben, gemäß § 2033 BGB über seinen Erbteil zu verfügen, wird durch das Bestehen einer Testamentsvollstreckung nicht berührt (LG Essen Rpfleger 1960, 57 mit Anm. v. Haegele).

3 **b)** Im Gebiet der **früheren DDR** bleibt für die erbrechtlichen Verhältnisse das bisherige Recht maßgebend, wenn der Erblasser vor dem 3. 10. 1990 gestorben ist (Art. 235 § 1 Abs. 1 EGBGB). Das am 1. 1. 1976 in Kraft getretene Zivilgesetzbuch der DDR v. 19. 6. 1975 (GBl. DDR I 465) ließ die Anordnung einer Testamentsvollstreckung weiterhin zu. Diese führte aber nicht zu einer Beschränkung der Verfügungsbefugnis des Erben (vgl. § 371 Abs. 2, 3 ZGB), so dass in einem solchen Fall die Eintragung eines Testamentsvollstreckervermerks in das GB nicht in Betracht kommt. Eine vor dem 1. 1. 1976 angeordnete Testamentsvollstreckung galt unverändert weiter, also auch hinsichtlich der Beschränkung der Verfügungsbefugnis (§ 8 Abs. 2 EGZGB). Sie ist daher im GB einzutragen (Köster Rpfleger 1991, 98; Bestelmeyer Rpfleger 1992, 235). S. hierzu auch v. Morgen/Götting DtZ 1994, 199 und Janke DtZ 1994, 364. Zur Rechtsstellung des Testamentsvollstreckers nach dem ZGB s. KG FGPrax 1995, 157.

4 **2. Ernennung eines Testamentsvollstreckers. a)** Sie geschieht durch Testament oder einseitige Verfügung im Erbvertrag (§§ 2197, 2287 Abs. 2, § 2299 BGB); der Gebrauch des Wortes „Testamentsvollstrecker" ist nicht erforderlich. Die Ernennung ist unwirksam, wenn zu der Zeit, zu welcher der Testamentsvollstrecker das Amt anzutreten hat, d. h. sich über Annahme oder Ablehnung erklären kann (KGJ 41, 73), ein Unfähigkeitsgrund nach § 2201 BGB vorliegt. Der Alleinerbe oder alleinige Vorerbe kann nicht einziger Testamentsvollstrecker, wohl aber Mittestamentsvollstrecker sein (RG 77, 177; KG JW 1933, 2915; OLGZ 1967,

361). Der Nacherbe kann den Vorerben als Testamentsvollstrecker beschränken (KGJ 52, 78; BayObLG 1959, 136 = NJW 1959, 1920).

b) § 52 gilt **entsprechend** für den Fall, dass Testamentsvollstreckung nicht für den Erben, sondern für einen Vermächtnisnehmer angeordnet ist (BGH 13, 203). Voraussetzung ist aber, dass dem Testamentsvollstrecker die Verwaltung des vermachten Gegenstandes und damit die Verfügungsbefugnis zustehen soll (BayObLG 1990, 82 = Rpfleger 1990, 365). **5**

c) Wird ein Erblasser nach **ausländischem Recht** beerbt, so richten sich auch Inhalt und Rechtswirkungen einer Testamentsvollstreckung nach dem Erbstatut. Verliert der Erbe nach dem maßgebenden ausländischen Recht in vergleichbarer Weise wie bei einer Testamentsvollstreckung nach deutschem Recht seine Verfügungsbefugnis über Nachlassgegenstände an einen Dritten, z.B. bei Anordnung einer „Willensvollstreckung" nach Art. 517, 518 des Schweizerischen Zivilgesetzbuchs, so ist in entsprechender Anwendung des § 52 ein Testamentsvollstreckervermerk in das GB einzutragen (BayObLG 1990, 51 = Rpfleger 1990, 363). **6**

d) § 52 gilt auch, wenn der Erblasser vor dem 1. 1. 1900 gestorben ist (KGJ 40, 191). **7**

3. Verwaltungsrecht des Testamentsvollstreckers. Das Bestehen eines Verwaltungsrechts des Testamentsvollstreckers ist Zulässigkeitsvoraussetzung für die Eintragung eines Testamentsvollstreckervermerks. **8**

a) Grundsätzlich unterliegt **der gesamte Nachlass** der Verwaltung des Testamentsvollstreckers (§ 2205 BGB); zum Nachlass gehört auch, was der Testamentsvollstrecker durch Rechtsgeschäft mit Mitteln des Nachlasses erwirbt (KGJ 40, 192; BayObLG 1991, 393 = Rpfleger 1992, 63). Durch die Teilauseinandersetzung hinsichtlich eines einzelnen Nachlassgegenstandes oder des für ihn erzielten Erlöses scheidet dieser oder der Erlös nicht ohne weiteres aus dem Nachlass und damit aus der Verwaltungsbefugnis des Testamentsvollstreckers aus, es sei denn, mit der Teilauseinandersetzung ist eine Freigabe im Sinn des § 2217 BGB verbunden (s. hierzu BayObLG 1991, 393 = Rpfleger 1992, 63 mit kritischer Anm. v. Streuer Rpfleger 1992, 350 und Weidlich DNotZ 1993, 403). Soweit der Nachlass der Verwaltung des Testamentsvollstreckers durch Anordnung des Erblassers entzogen ist (§ 2208 BGB), ist die Eintragung des Testamentsvollstreckervermerks unzulässig. Zur Beschränkung der Verwaltungsbefugnis des Testamentsvollstreckers, wenn der Anteil eines Gesellschafters einer BGB-Gesellschaft oder einer Personenhandelsgesellschaft in den Nachlass fällt, s. BGH 108, 187; BayObLG 1990, 311 = Rpfleger 1991, 58; Damrau BWNotZ 1990, 69.

Soweit das Eigentum an einem **Bodenreformgrundstück** im Gebiet der früheren DDR gem. Art. 233 § 11 Abs. 2 Satz 1 Nr. 2 EGBGB kraft Gesetzes auf einen Erben übertragen wird, handelt es sich nicht um eine Erbfolge; für die Eintragung eines Testamentsvollstreckervermerks im Zusammenhang mit der GBBerichtigung durch Eintragung des Erben oder der aus mehreren Erben bestehenden Bruchteilsgemeinschaft ist daher kein Raum.

9 **b)** Nach § 2217 BGB hat der Testamentsvollstrecker Nachlassgegenstände, deren er zur Erfüllung seiner Obliegenheiten offenbar nicht bedarf, den Erben auf Verlangen zur **freien Verfügung** zu überlassen; mit der Überlassung erlischt sein Recht zur Verwaltung der überlassenen Gegenstände und damit auch sein Verfügungsrecht endgültig. Dem GBAmt ist die Überlassung durch eine der Form des § 29 Abs. 1 Satz 1 bedürftige Erklärung des Testamentsvollstreckers nachzuweisen (OLG Hamm Rpfleger 1973, 133); ist ein Notar Testamentsvollstrecker, kann die Freigabe nicht in einer Eigenurkunde erklärt werden (OLG Düsseldorf Rpfleger 1989, 58). Das GBAmt darf nicht prüfen, ob die Überlassung mit den Pflichten des Testamentsvollstreckers im Einklang steht (KGJ 40, 212).

Soweit der Testamentsvollstrecker trotz eines Verfügungsverbots des Erblassers über einen Nachlassgegenstand verfügen darf oder über die Vorschrift des § 2205 Satz 3 BGB hinaus eine unentgeltliche Verfügung über einen solchen treffen kann (s. darüber Rn. 19–22), ist er zu einer Freigabe auch ohne die Schranke des § 2217 Abs. 1 Satz 1 BGB befugt (BGH 56, 284 = Rpfleger 1971, 349; BGH 57, 86 = Rpfleger 1972, 49).

10 **c)** Soll dem Testamentsvollstrecker nach dem Willen des Erblassers zwar nicht die Verwaltung des Nachlasses zustehen, aber die Verfügung des Erben von seiner Zustimmung abhängig sein, dann kommt nicht die Eintragung eines Testamentsvollstreckervermerks in Betracht, sondern (auf Antrag) nur die einer entsprechenden Verfügungsbeschränkung (BayObLG 1990, 82 = Rpfleger 1990, 365). Dies gilt entsprechend bei einer Vermächtnisvollstreckung (s. Rn. 5).

11 **4. Nachweis der Testamentsvollstreckung.** Die Ernennung eines Testamentsvollstreckers und sein Verwaltungsrecht müssen gemäß § 35 nachgewiesen sein, also entweder durch Testamentsvollstreckerzeugnis oder durch öffentlich beurkundete Verfügung von Todes wegen und Niederschrift über ihre Eröffnung; mit bloßen Erklärungen der Beteiligten darf sich das GBAmt nicht begnügen

(KGJ 40, 193; 50, 166; KG DNotZ 1956, 197; s. auch § 51 Rn. 8). Erbschein genügt zum Nachweis der Testamentsvollstreckung nicht, da er nach § 2364 BGB nur die Ernennung des Testamentsvollstreckers, nicht aber etwaige Beschränkungen seines Verwaltungsrechts bezeugt (a. M. Schneider MittRhNotK 2000, 283, weil gegenständliche Beschränkungen in den Erbschein aufzunehmen seien); andererseits reicht ein Testamentsvollstreckerzeugnis nicht zum Nachweis der Erbfolge aus, so dass daneben noch ein Erbschein erforderlich ist (KGJ 50, 167). Bei Vorlegung einer öffentlich beurkundeten Verfügung von Todes wegen können Zeugnisse des Nachlassgerichts nur verlangt werden, soweit zur Behebung von Zweifeln oder Unklarheiten tatsächliche Ermittlungen notwendig sind (s. § 51 Rn. 8).

5. Inhalt des Testamentsvollstreckervermerks. Einzutragen 12
ist die Ernennung eines Testamentsvollstreckers. Der Name des Testamentsvollstreckers darf nicht in den Vermerk aufgenommen werden (KGJ 50, 168); ebenso wenig eine Beschränkung seiner Befugnisse (KGJ 36, 190); über beides gibt das Testamentsvollstreckerzeugnis Auskunft (s. § 35 Rn. 59). Ist der Testamentsvollstrecker nach § 2222 BGB zur Wahrnehmung der Rechte und Pflichten des Nacherben ernannt, so ist dies anzugeben (KGJ 40, 198; KG JW 1938, 1411).

6. Zeitpunkt der Eintragung. Die Ernennung eines Testa- 13
mentsvollstreckers ist gleichzeitig mit der Eintragung des Erben einzutragen, und zwar von Amts wegen, also ohne besonderen Antrag. Eine Eintragung des Testamentsvollstreckers ohne Eintragung des Erben ist unzulässig (BayObLG 1995, 363 = FGPrax 1996, 32); um eine inhaltlich unzulässige Eintragung im Sinn des § 53 Abs. 1 Satz 2 handelt es sich dabei aber nicht (a. M. Meikel Rn. 18; von BayObLG 1995, 365 = FGPrax 1996, 32 entgegen der Meinung von Schaub ZEV 1996, 151 und Bestelmeyer ZEV 1996, 261 offengelassen). Ist die Eintragung des Vermerks unterblieben, so kann sie von Amts wegen nachgeholt werden, vorausgesetzt, dass das in Betracht kommende Recht nicht inzwischen auf einen Dritten umgeschrieben ist. Im Fall der Umschreibung kommt nurmehr die Eintragung eines Widerspruchs (§ 53) in Betracht.

7. Stelle und Fassung der Eintragung. Die Eintragung er- 14
folgt nicht nur bei Grundstücken, Grundstücksrechten und Rechten an solchen, sondern auch bei Vormerkungen, Widersprüchen und Verfügungsbeschränkungen.

Hinsichtlich der Stelle der Eintragung gilt das zu § 51 Rn. 22 Gesagte entsprechend. Der Vermerk lautet am einfachsten: „Es ist Testamentsvollstreckung angeordnet. Eingetragen am . . .“.

15 **8. Kein Verzicht auf Eintragung.** Der Erblasser kann die Eintragung des Testamentsvollstreckervermerks nicht ausschließen (s. Rn. 1). Der Testamentsvollstrecker kann auf die Eintragung nicht verzichten, da er sein Amt nicht im eigenen Interesse ausübt (OLG München JFG 20, 294). Er kann aber Nachlassgegenstände aus seiner Verwaltung freigeben (s. Rn. 9); soweit eine solche Freigabe nachgewiesen wird, unterbleibt die Eintragung des Testamentsvollstreckervermerks.

16 **9. Rechtsmittel.** Gegen die Eintragung des Vermerks ist Beschwerde mit dem Ziel der Löschung (KGJ 40, 199), gegen die Unterlassung der Eintragung Beschwerde mit dem Ziel der Eintragung eines Widerspruchs zulässig (s. § 71 Rn. 39, 49; s. auch Rn. 13).

17 **10. Wirkung des Testamentsvollstreckervermerks.** Die Eintragung schützt den Testamentsvollstrecker nicht nur gegen Verfügungen des Erben (§ 2211 Abs. 2, § 892 Abs. 1 Satz 2 BGB), sondern bewirkt für den letzteren zugleich eine Sperre des GB (s. § 22 Rn. 52). Das GBAmt hat die Eintragung gemäß § 891 BGB solange als maßgebend anzusehen, bis ihm Tatsachen bekannt werden, die ihre Unrichtigkeit ergeben; solche Tatsachen darf es sich aber nicht dadurch schaffen, dass es die Grundlagen früherer Eintragungen erneut nachprüft (KGJ 40, 199; s. hierzu Anh. zu § 13 Rn. 11).

18 **11. Verfügungsbefugnis des Testamentsvollstreckers.** Sie ist Ausfluss seines Verwaltungsrechts und dem GBAmt gegenüber gemäß § 35 Abs. 2 nachzuweisen; notwendig ist grundsätzlich Testamentsvollstreckerzeugnis nach § 2368 BGB; ist der Testamentsvollstrecker aber in einer öffentlich beurkundeten Verfügung von Todes wegen ernannt worden, so genügt es im Allgemeinen, wenn die Verfügung nebst der Eröffnungsniederschrift vorgelegt und außerdem die Amtsannahme nachgewiesen wird (s. § 35 Rn. 57 ff.). Ist ein Testamentsvollstreckerzeugnis erteilt, wird im GBEintrVerfahren die Verfügungsbefugnis des Testamentsvollstreckers allein durch das Zeugnis nachgewiesen; auch Beschränkungen gegenüber der gesetzlichen Verfügungsbefugnis können sich nur aus dem Zeugnis ergeben. Zu einer eigenen, ergänzenden oder berichtigenden Auslegung der letztwilligen Verfügungen ist das GBAmt nicht berechtigt. Eine Ausnahme gilt nur, wenn das GBAmt neue, vom Nachlassgericht nicht berücksichtigte Tatsachen kennt, welche die Unrichtigkeit des Zeugnisses in irgendeinem Punkt erweisen und daher seine Einziehung erwarten lassen (BayObLG 1990, 86; MittBayNot 1991, 122). § 878 BGB ist nicht entsprechend anwendbar, wenn die Testamentsvollstreckung endet (s. § 19 Rn. 62).

a) Umfang. Die Befugnis des Testamentsvollstreckers zur Verfügung über die seiner Verwaltung unterliegenden Nachlassgegenstände ist grundsätzlich **nicht beschränkt** (§ 2205 Satz 2 BGB); nur unentgeltliche Verfügungen (s. Rn. 21) sind ihm in der Regel untersagt (§ 2205 Satz 3 BGB). Dies gilt auch dann, wenn der Erbe unter elterlicher Sorge oder Vormundschaft steht (KG OLG 38, 250), seine Verfügungsbefugnis kraft ehelichen Güterrechts beschränkt ist (Staudenmaier/Haegele Rpfleger 1960, 385), Nacherben vorhanden sind (KG OLG 34, 298; OLG Neustadt NJW 1956, 1881; BGH 40, 119; s. hierzu auch BayObLG MittBayNot 1991, 122) oder ein Erbteil verpfändet oder gepfändet ist (KG JR 1952, 323). Der Testamentsvollstrecker kann auch Verfügungen zu seinen Gunsten treffen, wenn nicht der Wille des Erblassers entgegensteht und er hierdurch nicht seine Pflicht zu ordnungsgemäßer Verwaltung des Nachlasses verletzt (JFG 12, 202; OLG München JFG 21, 240; BGH 30, 67 = Rpfleger 1960, 88). Der Testamentsvollstrecker kann widerrufliche Generalvollmacht erteilen, sofern der Erblasser die Erteilung nicht untersagt hat (JFG 7, 282). Die Erteilung einer unwiderruflichen Generalvollmacht ist dagegen mit seinem Amt als Vertrauensstellung unvereinbar; sie käme der unzulässigen dauernden Übertragung seiner gesamten Rechte und Pflichten auf einen Dritten gleich und ist deshalb grundsätzlich unwirksam (s. KGJ 32, 90). Mit der Beendigung des Testamentsvollstreckeramts erlischt auch eine von dem Testamentsvollstrecker erteilte Vollmacht (KGJ 41, 79). 19

Nach BGH 56, 275 = Rpfleger 1971, 349 können Testamentsvollstrecker und Erben einschl. Nacherben gemeinsam über einen Nachlassgegenstand auch dann verfügen, wenn der Erblasser durch eine Anordnung von Todes wegen eine Verfügung verboten hat. 20

b) Unentgeltliche Verfügung. aa) Sie liegt vor, wenn der Testamentsvollstrecker (objektiv betrachtet) ohne gleichwertige Gegenleistung ein Opfer aus der Erbschaftsmasse bringt und (subjektiv betrachtet) entweder den Mangel der Gleichwertigkeit der Gegenleistung erkennt oder doch bei ordnungsmäßiger Verwaltung der Masse das Fehlen oder die Unzulänglichkeit der Gegenleistung hätte erkennen müssen (JFG 18, 160; OLG München JFG 19, 245; BGH NJW 1991, 842; BGH 57, 90; KG Rpfleger 1972, 59; BayObLG Rpfleger 1988, 525; OLG Hamm Rpfleger 1991, 59). Wie der Testamentsvollstrecker eine in die Erbschaftsmasse gelangte Gegenleistung verwendet, ist für die Prüfung der Entgeltlichkeit der Verfügung ohne Belang (KG HRR 1938 Nr. 519; OLG München JFG 19, 245). Entgeltlichkeit ist auch dann gegeben, wenn der Testamentsvollstrecker eine Verfügung in Ausführung einer 21 letztwilligen Anordnung des Erblassers vornimmt (§ 2203 BGB; vgl. RG 105, 248; BayObLG Rpfleger 1989, 200), z.B. wenn im Zug der Erbauseinandersetzung einem Miterben ein Gegenstand zu Alleineigentum übertragen wird, vorausgesetzt dass er dabei wertmäßig nicht mehr erhält, als ihm auf Grund seiner Erbquote gebührt (BayObLG 1986, 210 = Rpfleger 1986, 470). Ein Vergleich kann eine (teilweise) unentgeltliche Verfügung enthalten; Unentgeltlichkeit liegt jedenfalls dann vor, wenn zwei Drittel einer Forderung eingebüßt werden; der Testamentsvollstrecker kann sich bei Abschluss eines Vergleichs dadurch absichern, dass er die Einwilligung des Erben zu dem Vergleich einholt (BGH NJW 1991, 842).

22 bb) Eine entgegen § 2205 Satz 3 BGB vorgenommene Verfügung des Testamentsvollstreckers ist unwirksam; sie kann nach BGH 57, 84 = Rpfleger 1972, 49 aber dann wirksam getroffen werden, wenn Erben einschl. Nacherben und Vermächtnisnehmer (nicht auch Nachlassgläubiger) zustimmen (so auch BayObLG 1986, 210).

23 **c) Prüfung des GBAmts.** Das GBAmt hat stets sorgfältig zu prüfen, ob sich der Testamentsvollstrecker in den Grenzen seiner Verfügungsbefugnis gehalten hat.

aa) Der Nachweis der Entgeltlichkeit als EintrVoraussetzung wird regelmäßig nicht in der **Form** des § 29 Abs. 1 geführt werden können. Die Rechtsprechung hat daher folgenden allgemeinen Satz aufgestellt: Eine entgeltliche Verfügung ist anzunehmen, wenn die dafür maßgebenden Beweggründe im Einzelnen angegeben werden und verständlich und der Wirklichkeit gerecht werdend erscheinen, und wenn begründete Zweifel an der Pflichtmäßigkeit der Handlung nicht ersichtlich sind (JFG 7, 284; 18, 161; OLG München JFG 19, 244; 21, 242; KG Rpfleger 1968, 189; BayObLG 1969, 283; Rpfleger 1989, 200). Es genügt also eine privatschriftliche Erklärung des Testamentsvollstreckers, die diesen Anforderungen entspricht, dagegen nicht seine bloße Behauptung, die Verfügung sei entgeltlich (BayObLG 1986, 211).

24 bb) Die Feststellung, dass eine **entgeltliche Verfügung** vorliegt, ist ausschließlich Sache des GBAmts. Die vorstehenden Grundsätze laufen im Ergebnis auf eine freie Beweiswürdigung bei Prüfung der Entgeltlichkeit hinaus (BayObLG Rpfleger 1989, 200). Die bei dieser Prüfung oft zu beobachtende Ängstlichkeit ist nicht am Platz. Der Gesetzgeber will die Verschleuderung von Nachlasswerten verhindern, aber er will nicht, dass der Rechtsverkehr durch unangebrachte Bedenken gehemmt wird. Bei zweifelhafter Rechtslage kann ein kurzer Aktenvermerk über das Ergebnis der Prüfung zweckmäßig sein.

cc) Die vorstehenden Beweiserleichterungen gelten aber nicht, wenn ein Nachweis in der Form des § 29 möglich ist (s. § 29 Rn. 63). Hängt die Entgeltlichkeit einer Verfügung des Testamentsvollstreckers davon ab, dass der Empfänger der Leistung Miterbe zu einem bestimmten Anteil ist, so sind die Erbeneigenschaft und die Höhe des Anteils in der Form des § 35 oder des § 36 nachzuweisen (BayObLG 1986, 208 = Rpfleger 1986, 470; vgl. auch OLG Köln Rpfleger 1992, 342). 25

d) Sonderfall. Ist ein Testamentsvollstrecker auch Generalbevollmächtigter des Erblassers über dessen Tod hinaus, so unterliegt er, wenn er als Bevollmächtigter tätig wird, nicht den Beschränkungen, denen ein Testamentsvollstrecker unterworfen ist (BGH NJW 1962, 1718). 26

12. Löschung des Testamentsvollstreckervermerks. Die Löschung erfolgt grundsätzlich nur auf Antrag; nach Maßgabe der §§ 84ff. ist jedoch auch eine Amtslöschung möglich. Da der Testamentsvollstrecker auf die Eintragung des Testamentsvollstreckervermerks nicht verzichten kann (s. Rn. 15), kommt eine Löschung nur auf Grund Unrichtigkeitsnachweises in Betracht. Weder die Bewilligung des Testamentsvollstreckers noch seine in öffentlich beglaubigter Form abgegebene Erklärung, dass die Testamentsvollstreckung erloschen sei, genügen deshalb zur Löschung. Vielmehr ist die Beendigung der Testamentsvollstreckung durch öffentliche Urkunden nachzuweisen. 27

Unrichtigkeit kann gegeben sein: 28

a) Weil die Testamentsvollstreckung **nie bestanden** hat, ihre Eintragung z.B. auf Grund eines unrichtigen Testamentsvollstreckerzeugnisses oder irriger Testamentsauslegung erfolgt ist.

b) Weil ein Nachlassgegenstand infolge Veräußerung durch den Testamentsvollstrecker oder einen Bevollmächtigten des Erblassers aus dem Nachlass **ausgeschieden** ist (JFG 12, 278; vgl. BayObLG 1991, 395 = Rpfleger 1992, 63) oder von dem Testamentsvollstrecker dem Erben gemäß § 2217 BGB zur freien Verfügung überlassen wurde (KGJ 40, 211). 29

c) Weil die Testamentsvollstreckung **beendet** ist. Sie endet durch Ablauf der für sie bestimmten Zeit oder durch Erledigung sämtlicher dem Testamentsvollstrecker zugewiesenen Aufgaben (RG 81, 169; BayObLG 1953, 360; OLG Hamm Rpfleger 1958, 15). Enthält zwar das Testament die Bestimmung, dass Testamentsvollstreckung auf 30 Jahre angeordnet ist, ist aber im Testamentsvollstreckerzeugnis keine zeitliche Begrenzung der Testamentsvollstreckung vermerkt, so reicht der Ablauf der 30-Jahres-Frist für den Nachweis der Unrichtigkeit des GB und die Löschung des Testa- 30 mentsvollstreckervermerks nicht aus (LG Köln MittRhNotK 1986, 49). Die Testamentsvollstreckung endet ferner, wenn der Testamentsvollstrecker stirbt oder im Sinn des § 2201 BGB unfähig wird und seitens des Erblassers keine Ersatzbestimmung getroffen ist; dasselbe gilt im Fall der Kündigung und Entlassung (§§ 2225, 2226, 2227 BGB; s. dazu RG 156, 76; OLG Hamm Rpfleger 1958, 16). Durch Vereinbarung zwischen dem Erben und dem Testamentsvollstrecker kann die Testamentsvollstreckung nicht beendigt werden (OLG Hamm Rpfleger 1958, 16).

31 Die Beendigung der Testamentsvollstreckung kann durch ein Testamentsvollstreckerzeugnis nachgewiesen werden, wenn dieses eine Befristung der Testamentsvollstreckung enthält und die Frist abgelaufen ist oder wenn es dem Testamentsvollstrecker nach Beendigung seines Amtes mit dem dann notwendigen Vermerk hierüber erteilt ist. Zum Nachweis genügt eine beglaubigte Abschrift des Testamentsvollstreckerzeugnisses, weil es nicht um den Nachweis der noch bestehenden Verfügungsbefugnis des Testamentsvollstreckers geht (BayObLG 1990, 56 = Rpfleger 1990, 363).

32 **13. Kosten.** Es gilt das zu § 51 Rn. 49ff. Gesagte entsprechend.

Amtswiderspruch und Amtslöschung

53 (1) **Ergibt sich, daß das Grundbuchamt unter Verletzung gesetzlicher Vorschriften eine Eintragung vorgenommen hat, durch die das Grundbuch unrichtig geworden ist, so ist von Amts wegen ein Widerspruch einzutragen. Erweist sich eine Eintragung nach ihrem Inhalt als unzulässig, so ist sie von Amts wegen zu löschen.**

(2) **Bei einer Hypothek, einer Grundschuld oder einer Rentenschuld bedarf es zur Eintragung eines Widerspruchs der Vorlegung des Briefes nicht, wenn der Widerspruch den im § 41 Abs. 1 Satz 2 bezeichneten Inhalt hat. Diese Vorschrift ist nicht anzuwenden, wenn der Grundschuld- oder Rentenschuldbrief auf den Inhaber ausgestellt ist.**

Inhaltsübersicht

1. Allgemeines ... 1
2. Auslegung von Eintragungen ... 4
3. Ordnungswidrig bewirkte Eintragungen ... 5
4. Amtsverfahren ... 15
5. Rechtliche Natur des Amtswiderspruchs ... 18
6. Anwendungsbereich des Amtswiderspruchs ... 19
7. Verletzung gesetzlicher Vorschriften ... 20
8. Unrichtigkeit des Grundbuchs ... 25
9. Nachweis ... 28
10. Doppelter Widerspruch ... 29

11. Rechtsmittel beim Amtswiderspruch 31
12. Inhalt des Amtswiderspruchs 33
13. Stelle der Eintragung 35
14. Wirkung des Amtswiderspruchs 39
15. Löschung des Amtswiderspruchs 41
16. Inhaltlich unzulässige Eintragungen 42
17. Maßgebendes Recht 50
18. Wirkungen der inhaltlichen Unzulässigkeit 52
19. Voraussetzungen der Amtslöschung 54
20. Verfahren des GBAmts 57
21. Rechtsmittel bei der Amtslöschung 61
22. Beschaffung des Briefs 62
23. Kosten 67

1. Allgemeines. a) Nichtige Eintragungen. aa) Schwerwiegende Mängel des EintrAktes (zu seiner Rechtsnatur s. § 1 Rn. 29) können zur Nichtigkeit einer GBEintragung führen (vgl. § 44 VwVfG). Dies ist z.B. der Fall, wenn eine Eintragung durch Bedrohung der für die Eintragung zuständigen Person erzwungen (BGH 7, 64 = NJW 1952, 1289) oder wenn sie nicht von einer mit Aufgaben des GBAmts betrauten Person (s. § 1 Rn. 25) oder zwar von einer solchen, aber außerhalb ihrer funktionellen Zuständigkeit (s. § 1 Rn. 19) vorgenommen wurde (Hoche NJW 1952, 1289). Zur Nichtigkeit einer GBEintragung führen dagegen nicht die Geschäftsunfähigkeit oder eine Täuschung der zuständigen Person des GBAmts (Hoche NJW 1952, 1289), auch nicht ihre örtliche oder nach der Geschäftsverteilung bestehende Unzuständigkeit (s. § 1 Rn. 23, 24) oder der gesetzliche Ausschluss (s. § 11). 1

bb) Bei einer nichtigen GBEintragung handelt es sich überhaupt nicht um eine Eintragung im Rechtssinn, sondern nur um den Schein einer Eintragung. Die nichtige Eintragung hat keinerlei Rechtswirkungen; sie nimmt insbes. nicht am öffentlichen Glauben des GB teil (BGH 7, 64 = NJW 1952, 1289) und erledigt einen EintrAntrag nicht. Das GBAmt hat sie von Amts wegen zu beseitigen. Ihre Löschung kann mit der unbeschränkten Beschwerde verlangt werden (BayObLG 1992, 14 = Rpfleger 1992, 147).

b) Ordnungswidrige Eintragungen. aa) § 53 befasst sich mit Eintragungen, die ordnungswidrig bewirkt wurden und entweder unrichtig oder ihrem Inhalt nach unzulässig sind. Auch Löschungen sind Eintragungen (BayObLG Rpfleger 1987, 101); dies gilt unabhängig davon, ob sie durch Eintragung eines Löschungsvermerks oder durch Nichtmitübertragung (§ 46) bewirkt werden. 2

bb) Eintragungen haben regelmäßig keine formale Rechtskraft. Die Eintragung eines Rechts allein bringt dieses nicht zur Entstehung, die Löschung eines Rechts als solche führt nicht zu seinem Untergang; fehlt es an den weiteren Voraussetzungen der Rechtsänderung, also der Einigung oder Aufhebungserklärung, dann ist das GB unrichtig. Unmittelbare Rechtsnachteile erwachsen aus einer unrichtigen Eintragung nicht. Sie begründet aber die Gefahr von Rechtsverlusten durch gutgläubigen Erwerb oder Verjährung (§§ 892, 901 BGB). Im Allgemeinen haben sich die Beteiligten vor solchen Rechtsverlusten selbst zu schützen. Hat das GBAmt die Eintragung aber unter Verletzung gesetzlicher Vorschriften bewirkt, so besteht die Möglichkeit von Schadensersatzansprüchen. Um diese auszuschließen, sieht das Gesetz die Eintragung eines Amtswiderspruchs vor (JFG 13, 231; OLG Hamm Rpfleger 1980, 229; BayObLG Rpfleger 1981, 398; BGH 25, 25; Rpfleger 1985, 189). Die Anregung hierzu ist als Rechtsmittel i.S. von § 839 Abs. 3 BGB zu werten (RG 138, 116). Eine GBBerichtigung von Amts wegen ist nicht zugelassen, weil hierdurch in die Rechtsstellung der Beteiligten eingegriffen würde.

3 cc) Ihrem Inhalt nach unzulässige Eintragungen sind unwirksam; sie stehen nicht unter dem öffentlichen Glauben (s. Rn. 52). Bilden sie demnach auch keine Gefahrenquelle, so belasten sie doch das GB und können Laien irreführen. Daher schreibt das Gesetz ihre Löschung von Amts wegen vor.

4 **2. Auslegung von Eintragungen. a)** Auch Eintragungen sind auslegungsfähig. Dabei ist wegen der Zweckbestimmung des GB, über bestehende dingliche Rechte jedem, der das GB einsieht, eindeutig Aufschluss zu geben, auf Wortlaut und Sinn abzustellen, wie er sich aus dem EintrVermerk und der (zulässigerweise: KG DR 1942, 1796; BayObLG 1953, 83; OLG Düsseldorf DNotZ 1958, 157) in Bezug genommenen EintrBewilligung für den unbefangenen Betrachter als nächstliegende Bedeutung des Eingetragenen ergibt; Umstände, die außerhalb dieser Urkunden liegen, dürfen nur insoweit herangezogen werden, als sie nach den besonderen Verhältnissen des Einzelfalls für jedermann ohne weiteres erkennbar sind (RG 136, 234; BGH 13, 134; 47, 196; 59, 209; DNotZ 1974, 29; Rpfleger 1985, 101; 2000, 540; BayObLG 1982, 73; 1984, 124; DNotZ 1990, 175). Bei der Auslegung ist auf den Zeitpunkt der Eintragung abzustellen (s. dazu Rn. 50). Ist der EintrVermerk unklar oder widersprüchlich, ist der Wortlaut der EintrBewilligung maßgebend, soweit auf diese in zulässiger Weise Bezug genommen ist (BGH Rpfleger 1998, 104). Darauf, was derjenige gewollt hat, auf dessen Bewilligung sich die Eintragung gründet, kommt es nicht an.

Zur selbstständigen Auslegung durch das Rechtsbeschwerdegericht s. § 78 Rn. 17. Zur Auslegung von GBErklärungen s. § 19 Rn. 28. Über Klarstellungsvermerke s. Rn. 7.

b) Eine unmittelbare **Umdeutung** einer inhaltlich unzulässigen Eintragung in eine solche mit einem zulässigen Inhalt ist ausgeschlossen (a. M. OLG Jena JW 1929, 3319; offengelassen von BayObLG MittBayNot 1995, 460). Die inhaltlich unzulässige Eintragung ist vielmehr gem. § 53 Abs. 1 Satz 2 von Amts wegen zu löschen. Sodann ist über den nicht erledigten EintrAntrag neu zu entscheiden (s. Rn. 53). Sofern die EintrUnterlagen im Weg der Umdeutung (s. dazu § 19 Rn. 30) eine zulässige Eintragung rechtfertigen, ist diese vorzunehmen. Die neue Eintragung, durch die die inhaltlich unzulässige Eintragung ersetzt wird, kann jedoch nicht in deren Rangstelle einrücken, weil eine inhaltlich unzulässige Eintragung diese nicht wahrt (s. Rn. 52). Zwischenzeitliche Eintragungen gehen daher der neuen Eintragung vor (str.; ebenso Meikel Einl. Rn. G 138 ff.).

3. Ordnungswidrig bewirkte Eintragungen. § 53 handelt nur von vollendeten Eintragungen. Vollendet ist eine Eintragung mit der Leistung der Unterschriften (s. § 44 Rn. 58; zu dem beim maschinell geführten GB maßgebenden Zeitpunkt s. § 129). Über die Änderung nicht vollendeter Eintragungen s. § 44 Rn. 69. Es kommen fünf Gruppen ordnungswidrig bewirkter Eintragungen in Betracht: 5

a) Weder Unrichtigkeit noch inhaltliche Unzulässigkeit. Durfte die Eintragung wegen Fehlens einer EintrVoraussetzung, z. B. der Bewilligung oder Voreintragung eines Betroffenen, nicht erfolgen, entspricht sie jedoch der materiellen Rechtslage, so ist der Rechtsverstoß unschädlich. Ein Fall des § 53 Abs. 1 liegt nicht vor; es ist nichts veranlasst. 6

Ist der EintrVermerk unklar gefasst, so kann auf Antrag oder von Amts wegen ein Klarstellungsvermerk eingetragen werden (KGJ 47, 201; RG 132, 112). Voraussetzung hierfür ist, dass der Wortlaut der GBEintragung den mit dem EintrAntrag verfolgten Zweck nicht erreicht und der Vermerk geeignet ist, Zweifel zu beseitigen und Umfang wie Inhalt des eingetragenen Rechts klarzustellen (OLG Karlsruhe BWNotZ 1986, 70; BayObLG 1988, 126). Bei Ablehnung der Klarstellung ist unbeschränkte Beschwerde zulässig (s. § 71 Rn. 46). Für einen Amtswiderspruch ist kein Raum, weil das GB die Rechtslage richtig, wenn auch unklar wiedergibt. 7

Zur Möglichkeit, einen Klarstellungsvermerk dahin einzutragen, dass sich bei einer Hyp. die Zinsen auch nach einer Teillöschung weiterhin nach dem Ursprungskapital berechnen, s. Anh. zu § 44 Rn. 56.

b) Unrichtigkeit ohne die Möglichkeit gutgläubigen Erwerbs. aa) Nach dem Zweck des § 53 Abs. 1 Satz 1 ist kein Amts- 8 widerspruch einzutragen, weil Regressansprüche in diesem Fall nicht entstehen können (s. Rn. 2). Hierher gehören außer der Eintragung rein tatsächlicher Angaben (s. § 22 Rn. 22 bis 25) unter anderem die Eintragung mehrerer Berechtigter ohne die nach § 47 erforderliche Angabe des Gemeinschaftsverhältnisses, die unrichtige Eintragung eines nicht übertragbaren Rechts (a.M. KEHE Rn. 4), die Eintragung von Widersprüchen, Verfügungsbeschränkungen, z.B. Verfügungsverboten, Rechtshängigkeitsvermerken, Nacherbenvermerken soweit nicht die Eintragung einer Befreiung des Vorerben in Rede steht, Testamentsvollstreckervermerken, Insolvenzvermerken oder Zwangsversteigerungsvermerken und grundsätzlich auch die Eintragung von Vormerkungen. Näheres zum Ganzen s. § 71 Rn. 38 bis 43.

9 bb) Gegen die unrichtige Eintragung ist unbeschränkte Beschwerde zulässig. Dies gilt jedoch nicht für die Löschung von Widersprüchen, Verfügungsbeschränkungen und Vormerkungen, weil sie unter dem öffentlichen Glauben stehen (s. § 71 Rn. 51). Das GB wird, außer bei der Eintragung rein tatsächlicher Angaben, nur auf Antrag berichtigt.

10 **c) Unrichtigkeit mit der Möglichkeit gutgläubigen Erwerbs.** Es ist nach § 53 Abs. 1 Satz 1 ein Amtswiderspruch einzutragen; über Einzelheiten s. Rn. 15ff. Gegen die unrichtige Eintragung ist nur beschränkte Beschwerde zulässig (s. § 71 Rn. 50). Das GB wird nur auf Antrag berichtigt.

11 **d) Inhaltliche Unzulässigkeit.** Es ist nach § 53 Abs. 1 Satz 2 die Amtslöschung vorzunehmen. Über Einzelheiten s. Rn. 42. Die Eintragung eines Amtswiderspruchs kommt bei inhaltlicher Unzulässigkeit einer Eintragung nicht in Betracht (OLG München JFG 14, 113).

12 **e) Unvollständige Erledigung des Antrags.** Es sind drei Fälle zu unterscheiden, bei denen die Unvollständigkeit betrifft:

aa) Den **Umfang** des Rechts; es ist z.B. ein zu geringer Kapitalbetrag eingetragen oder die Eintragung von Zinsen oder sonstigen Nebenleistungen unterblieben. Der Antrag lässt sich in einen erledigten und einen nicht erledigten Teil zerlegen. Das GB ist richtig, wenn das Eingetragene noch als gewollt anzusehen ist (s. § 22 Rn. 7). Eine Ergänzung der Eintragung ist zulässig, solange die EintrUnterlagen dies noch rechtfertigen, z.B. der Bewilligende noch als Berechtigter eingetragen ist; sie erfolgt, falls sie den Kapitalbetrag betrifft, in der Hauptspalte (s. Anh. zu § 44 Rn. 50), sonst in der Veränderungsspalte.

13 bb) Den **Inhalt** des Rechts; in der Eintragung fehlen z.B. die Zahlungsbedingungen, der Ausschluss der Brieferteilung oder die

Bezeichnung als Sicherungshypothek. Der Antrag lässt sich nicht zerlegen. Das GB ist unrichtig, weil Einigung und Eintragung nicht übereinstimmen. Eine Ergänzung der Eintragung ist unzulässig. Es ist vielmehr ein Amtswiderspruch einzutragen.

cc) Den **Rang** des Rechts; es ist die Eintragung eines Vorrangvermerks oder Rangvorbehalts unterblieben. Der Rang gehört zwar im weiteren Sinn zum Inhalt des Rechts. Jedoch ist das GB bezüglich des Rangs nicht unrichtig, weil sich dieser bei fehlendem Rangvermerk oder Vorbehalt nach der räumlichen Stellung oder dem Datum der Eintragung richtet (s. § 45 Rn. 5, 35). Eine Ergänzung der Eintragung ist zulässig, solange die EintrUnterlagen dies noch rechtfertigen (a. M. Meikel Rn. 20). 14

4. Amtsverfahren. a) Die Eintragung des Widerspruchs und die Löschung einer Eintragung wegen inhaltlicher Unzulässigkeit sind von Amts wegen vorzunehmen; ein Antrag hat nur die Bedeutung einer Anregung. Über die Beschwerde s. § 71 Abs. 2 sowie Rn. 31, 61. 15

b) Das GBAmt ist nicht verpflichtet, vorhandene Eintragungen ohne besonderen Anlass auf Ordnungswidrigkeiten nachzuprüfen. Auch die allgemeine Möglichkeit, dass Eintragungen unrichtig sind, macht eine derartige Prüfung nicht notwendig (RG JW 1936, 1211). § 891 BGB gilt auch für das GBAmt. Nur wo die Ordnungswidrigkeit einer Eintragung offen zu Tage tritt, Beteiligte eine Anregung geben oder sonst Anhaltspunkte für eine Gesetzesverletzung vorhanden sind, besteht ein Grund, von Amts wegen tätig zu werden. Besonderen Anlass zur Prüfung bietet immer die Umschreibung eines GBBlatts (s. § 29 GBV). Von Eintragungen in öffentlichen Büchern kann man eine gewisse Stetigkeit erwarten. Hat das GBAmt sich für die Auslegung einer Urkunde, z. B. einer EintrBewilligung oder eines Testaments, in einem bestimmten Sinn entschieden und ein Recht dementsprechend eingetragen, so kann es nicht ohne Eintritt neuer Tatsachen die Urkunde in einem anderen Sinn auslegen (s. zum Ganzen Anh. zu § 13 Rn. 10, 11). 16

c) Im Amtsverfahren hat das GBAmt die erforderlichen **Ermittlungen** anzustellen; es gilt hier anders als im Antragsverfahren § 12 FGG (KGJ 48, 199; BayObLG 1952, 28; 1986, 520 = Rpfleger 1987, 101; OLG Hamm Rpfleger 1957, 119; OLG Brandenburg VIZ 1996, 722). Über die in Betracht kommenden Beweismittel s. § 1 Rn. 52. Bei Briefrechten wird zunächst der Brief von dem eingetragenen Gläubiger anzufordern sein, um feststellen zu können, ob das Recht außerhalb des GB übergegangen oder belastet worden ist. Dies gilt nicht, wenn zur Eintragung eines Amts- 17 widerspruchs gem. Abs. 2 der Brief nicht vorgelegt werden muss (s. dazu Rn. 65).

18 **5. Rechtliche Natur des Amtswiderspruchs.** Der Amtswiderspruch ist dem Widerspruch nach § 899 BGB wesensgleich (JFG 9, 179; BGH 25, 25 = Rpfleger 1958, 310). Er dient wie dieser dazu, einen gemäß § 894 BGB bestehenden Berichtigungsanspruch gegen die aus dem öffentlichen Glauben des GB erwachsenden Gefahren zu sichern (JFG 2, 293; OLG Naumburg FGPrax 1999, 1). Seine Eintragung als solche hindert weitere Verfügungen über das betroffene Recht, mit Ausnahme einer Löschung, nicht. Zu dem Widerspruch nach § 20 Abs. 3 BauGB (früher § 23 Abs. 3 BBauG) s. BayObLG 1974, 265; ferner BGH Rpfleger 1985, 189.

19 **6. Anwendungsbereich des Amtswiderspruchs.** Ein Amtswiderspruch kommt nur gegen (noch bestehende) Eintragungen in Betracht, an die sich ein gutgläubiger Erwerb anschließen kann (BayObLG 1987, 231 = Rpfleger 1987, 450). Über Eintragungen, bei denen dies nicht der Fall ist, s. Rn. 8.

20 **7. Verletzung gesetzlicher Vorschriften. a)** Die Eintragung muss unter Verletzung gesetzlicher Vorschriften vorgenommen worden sein; erforderlich ist eine Gesetzesverletzung durch das GBAmt, d. h. den GBRichter, Rpfleger oder Urkundsbeamten der Geschäftsstelle. Hat das GBAmt die Eintragung auf Anweisung des Beschwerdegerichts vorgenommen, so kann es von sich aus keinen Amtswiderspruch eintragen; die Eintragung kann vielmehr nur im Weg der weiteren Beschwerde erwirkt werden (JFG 3, 265). Abzustellen ist dabei auf eine Verletzung gesetzlicher Vorschriften durch das Beschwerdegericht bei der Anweisung des GBAmts (BayObLG 1987, 434; NJW-RR 1989, 1495; OLG Hamm Mitt-BayNot 1990, 361). Unzulässig ist es, bei unsicherer Rechtslage eine Eintragung vorzunehmen und zugleich einen Amtswiderspruch einzutragen (vgl. OLG Dresden NotBZ 2000, 60 mit Anm. v. Suppliet).

21 **b)** Es genügt **objektive Gesetzesverletzung,** Verschulden ist nicht erforderlich (RG JFG 3, 4; BGH 30, 255; OLG Hamm Rpfleger 1960, 405; DNotZ 1967, 686). Eine objektive Gesetzesverletzung kann auch dann vorliegen, wenn die Gesetzesauslegung des GBAmts rechtlich vertretbar erscheint (a. M. LG Lübeck JurBüro 1973, 652 f.; Bauer/v. Oefele Rn. 59). Bei einer rechtlich vertretbaren Auslegung der EintrUnterlagen scheidet dagegen eine Gesetzesverletzung aus (OLG Hamm DNotZ 1967, 686; 1968, 633; OLG Frankfurt Rpfleger 1976, 132). Die Art der verletzten Vorschrift (zwingende Norm oder Ordnungsvorschrift) ist gleichgültig.

Jedoch kommen bloße Dienstanweisungen hier nicht in Betracht. Ausreichend ist z. B., dass es das GBAmt unterlassen hat, eine unklare EintrBewilligung durch Zwischenverfügung klarstellen zu lassen; desgleichen eine Verletzung der Ermittlungspflicht im Blattanlegungsverfahren (OLG München JFG 17, 297; OLG Oldenburg NdsRpfl. 1975, 17; OLG Hamm Rpfleger 1980, 229) oder ein mangelnder Hinweis auf erkennbares Versehen in einem behördlichen Ersuchen (OLG München RdL 1953, 216).

aa) Maßgebend ist die dem GBAmt zur **Zeit der Eintragung** 22
unterbreitete Sachlage und die zu dieser Zeit bestehende Rechtslage. Eine Gesetzesverletzung liegt daher nicht vor, wenn das GBAmt auf den ihm unterbreiteten Sachverhalt das Gesetz richtig angewendet hat, auch wenn dieser Sachverhalt unrichtig war, es sei denn, dass die Unrichtigkeit dem GBAmt bekannt war oder bei gehöriger Prüfung erkennbar gewesen wäre (RG 108, 179; KGJ 40, 172; OLG München JFG 14, 109; OLG Freiburg DNotZ 1952, 95; BGH 30, 255; OLG Hamm Rpfleger 1960, 405; OLG Düsseldorf JMBlNW 1967, 222; KG DNotZ 1972, 19; OLG Frankfurt Rpfleger 1979, 106). Deshalb ist auch kein Amtswiderspruch einzutragen, wenn sich erst aus nachträglich zu den Akten gereichten Urkunden oder bekanntgewordenen Umständen ergibt, dass die der Eintragung zugrunde gelegten Unterlagen rechtlich fehlerhaft waren (KG JW 1932, 1064; KG DNotV 1932, 521; OLG Düsseldorf JMBlNW 1967, 222); ebenso wenig, wenn ein späteres Gesetz mit rückwirkender Kraft das GB unrichtig macht (LG Frankfurt NJW 1953, 588; a. M. BayObLG 24, 62; KEHE Rn. 7) oder sich auf Grund der nachträglichen Änderung einer gefestigten Rechtsprechung die rechtliche Beurteilung durch das GBAmt nunmehr als unrichtig erweist. In diesen Fällen besteht kein Grund zum Einschreiten von Amts wegen, da Regressansprüche nicht in Betracht kommen können.

bb) Etwas anderes gilt auch dann nicht, wenn gem. § 71 Abs. 2 23
Satz 2 im Weg der Beschwerde verlangt wird, einen Amtswiderspruch einzutragen. Das OLG Celle Rpfleger 1990, 112 ist demgegenüber der Meinung, gegen eine im Weg der **Zwangsvollstreckung** vorgenommene GBEintragung könne wegen der verfassungsrechtlichen Garantie effektiven Rechtsschutzes mit der Beschwerde die Eintragung eines Widerspruchs auch dann verlangt werden, wenn zwar keine Gesetzesverletzung im Sinn des § 53 Abs. 1 vorliegt, die Eintragung jedoch objektiv der Rechtsordnung widerspricht und das GB insoweit unrichtig ist (ähnlich LG Saarbrücken Rpfleger 1975, 328; ablehnend Münzberg Rpfleger 1990, 253).

24 **c)** Bei GBEintragungen, die im Gebiet der **früheren DDR** vor dem 3. 10. 1990 vorgenommen wurden, stellt ein Verstoß gegen das damals maßgebende Recht der DDR (vgl. dazu § 1 Rn. 72) eine Verletzung gesetzlicher Vorschriften i. S. des § 53 dar. Auch die Verletzung ausländischen Rechts fällt unter § 53 (JFG 16, 28 gegen JFG 7, 252). Die Kenntnis etwa anzuwendenden ausländischen Rechts hat sich das GBAmt auch im Antragsverfahren grundsätzlich selbst zu verschaffen (s. dazu § 13 Rn. 5).

25 **8. Unrichtigkeit des Grundbuchs. a)** Die Eintragung muss das GB im Sinn des § 894 BGB unrichtig gemacht haben. Nur die Eintragung, nicht die Gesetzesverletzung, muss für die Unrichtigkeit ursächlich sein. Über Fälle ursprünglicher Unrichtigkeit s. § 22 Rn. 7 ff.

26 **b)** Die Unrichtigkeit des GB muss zurzeit der Eintragung des Widerspruchs noch bestehen (JFG 13, 232; OLG München JFG 17, 297; OLG Hamm Rpfleger 1991, 59; OLG Stuttgart Justiz 1969, 137; BayObLG 1987, 231 = Rpfleger 1987, 450). Zwischenzeitlicher gutgläubiger Erwerb, Zuschlag in der Zwangsversteigerung, Genehmigung des Berechtigten oder anderes (z. B. die Fiktion des § 7 Abs. 3 GrdstVG) können das GB richtig gemacht haben (s. dazu BayObLG Rpfleger 1980, 108 und 295). Bei bösgläubigem Erwerb eines unrichtig eingetragenen Rechts genügt es zur Eintragung des Widerspruchs, dass die Eintragung des Rechtsvorgängers unter Verletzung gesetzlicher Vorschriften erfolgt ist (JFG 13, 229).

27 **c)** Ist ein nicht entstandenes Erbbaurecht unter Verletzung gesetzlicher Vorschriften im GB eingetragen worden, gilt es bei einem gutgläubigen Erwerb von Grundpfandrechten an ihm gemäß § 892 Abs. 1 BGB nur zugunsten der Gläubiger dieser Rechte als entstanden; das GB bleibt im Übrigen unrichtig; zugunsten des Grundstückseigentümers ist daher ein Amtswiderspruch gegen die Eintragung des Erbbaurechts einzutragen (BayObLG 1986, 294 = Rpfleger 1986, 471).

28 **9. Nachweis. a)** Die Gesetzesverletzung muss feststehen, die Unrichtigkeit des GB dagegen nur glaubhaft sein (JFG 7, 253; KG DNotZ 1956, 195; OLG Hamm Rpfleger 1980, 229; OLG Oldenburg Rpfleger 1966, 174; OLG Stuttgart Justiz 1969, 137; BayObLG 1986, 515 = Rpfleger 1987, 101; OLG Jena Rpfleger 2001, 298). Denn der Widerspruch ist nur vorläufiges Sicherungsmittel und setzt auch bei einstweiliger Verfügung nur Glaubhaftmachung des Anspruchs voraus.

b) Hängt die GBUnrichtigkeit davon ab, dass das unrichtige GB durch einen Erwerb nicht **kraft guten Glaubens** des Erwerbers wieder richtig geworden ist, muss die Bösgläubigkeit des Erwerbers glaubhaft sein; dies genügt, ist aber auch erforderlich (KGJ 48, 195; KG JW 1933, 2709; JFG 13, 232; KG Rpfleger 1973, 22; a.M. BayObLG 24, 224). Hängt die GBUnrichtigkeit dagegen davon ab, dass das unrichtige GB durch einen Erwerb kraft guten Glaubens des Erwerbers zunächst wieder richtig geworden ist, muss ein gutgläubiger Erwerb glaubhaft sein; von einem solchen ist auszugehen, es sei denn, Bösgläubigkeit steht mit Sicherheit fest (BayObLG 1985, 401; 1986, 516 = Rpfleger 1987, 101; Bauer/v. Oefele Rn. 88). Denn nach § 892 BGB ist ein gutgläubiger Erwerb so lange als nachgewiesen anzusehen, bis die Bösgläubigkeit des Erwerbers feststeht; daher ist ein gutgläubiger Erwerb bis zu dieser Feststellung erst recht als glaubhaft anzusehen. Da ein gutgläubiger Erwerb erst mit der Feststellung der Bösgläubigkeit des Erwerbers nicht mehr nachgewiesen ist, bedarf es zur Glaubhaftmachung, dass kein gutgläubiger Erwerb vorliegt, dieser Feststellung nicht; vielmehr genügt es, dass die Bösgläubigkeit glaubhaft ist (s. zum Ganzen Demharter Rpfleger 1991, 41; vgl. Meikel Rn. 76).

c) Über die Pflicht des GBAmts zur Anstellung der erforderlichen Ermittlungen s. Rn. 17. Zur Bindung des GBAmts an das Urteil eines Zivilgerichts s. § 22 Rn. 37.

10. Doppelter Widerspruch. a) Der Amtswiderspruch wird nicht dadurch überflüssig, dass bereits ein Widerspruch auf Grund einstweiliger Verfügung eingetragen ist; letzterer kann gemäß § 25 gelöscht werden; der Amtswiderspruch bietet weitergehenden Schutz (JFG 12, 303). **29**

b) Ist ein eingetragener Amtswiderspruch auf Bewilligung des Berechtigten gelöscht worden, so kann er nicht erneut eingetragen werden; denn wegen dann entstehender Schäden sind Regressansprüche nicht mehr möglich (KG HRR 1933 Nr. 142; s. auch BGH Rpfleger 1985, 189). **30**

11. Rechtsmittel beim Amtswiderspruch. a) Gegen die Eintragung eines Amtswiderspruchs ist die unbeschränkte Beschwerde mit dem Ziel der Löschung zulässig (JFG 10, 222; BayObLG 1952, 26; 1986, 297). Über die Voraussetzungen der Löschung s. Rn. 41. Dagegen ist gegen die Löschung eines Amtswiderspruchs nur die beschränkte Beschwerde mit dem Ziel der Eintragung eines Amtswiderspruchs gegen die Löschung zulässig. So wird klargestellt, dass der erste Widerspruch zu Unrecht gelöscht worden ist. Die Beschwerde kann daher nicht auf die Wiedereintragung des gelöschten Amtswiderspruchs gerichtet werden (KG HRR 1934 Nr. 1223; BayObLG 1989, 138; offengelassen von OLG Hamm NJW-RR 1996, 530). **31**

32 **b)** Auch die Ablehnung der Anregung, einen Amtswiderspruch einzutragen, ist mit der Beschwerde anfechtbar (s. § 71 Rn. 26). Die Beschwerde kann sich auch unmittelbar gegen eine Eintragung richten mit dem Ziel, einen Amtswiderspruch gegen sie einzutragen. Die Anordnung des Beschwerdegerichts, einen Amtswiderspruch einzutragen oder einen eingetragenen Amtswiderspruch zu löschen, kann mit der weiteren Beschwerde angefochten werden.

c) Zur Beschwerdeberechtigung s. § 71 Rn. 68 bis 72.

33 **12. Inhalt des Amtswiderspruchs.** Notwendig ist die Angabe des Berichtigungsanspruchs. Sie erfordert ein Doppeltes:

a) Bezeichnung des Berechtigten. Berechtigt ist derjenige, dem der Berichtigungsanspruch nach § 894 BGB zusteht (JFG 11, 210; OLG Naumburg FGPrax 1999, 1). Steht er mehreren zu, so sind sie sämtlich als Berechtigte einzutragen (KGJ 52, 147; BayObLG 1954, 149); so z.B. der Eigentümer und die nachgehenden Berechtigten, wenn ein eingetragenes Recht nicht entstanden ist; ferner die Erbengemeinschaft, auch wenn der GBBerichtigungsanspruch gem. § 2039 BGB jedem einzelnen Miterben zusteht. Gegen die Löschung einer Auflassungsvormerkung für eine GmbH kann auch dann ein Amtswiderspruch zugunsten der GmbH eingetragen werden, wenn diese inzwischen im Handelsregister gelöscht worden ist (OLG Köln Rpfleger 1993, 349). Macht der Ehegatte des Widerspruchsberechtigten gemäß § 1368 BGB die Voraussetzungen für die Eintragung eines Amtswiderspruchs geltend, so sind beide Ehegatten als Berechtigte einzutragen (OLG Hamm Rpfleger 1959, 349 mit zust. Anm. v. Haegele; BayObLG 1987, 434 = FamRZ 1988, 504; BGH Rpfleger 1989, 189). Ist das GB unrichtig, weil eine zu der Verfügung notwendige behördliche Genehmigung fehlt, so ist die Behörde selbst dann nicht Berechtigte, wenn sie um Eintragung eines Widerspruchs ersuchen kann (KG JW 1925, 1779; JFG 9, 180). Fehlt die Angabe des Berechtigten, so ist die Eintragung inhaltlich unzulässig (JFG 6, 319; BGH NJW 1962, 963; 1985, 3070; OLG Hamm MDR 1967, 1009), daher zu löschen und ein neuer Widerspruch einzutragen.

34 **b) Bezeichnung der Unrichtigkeit.** Die Bezeichnung der Unrichtigkeit, gegen die sich der Widerspruch richtet, ist erforderlich, weil sonst der Widerspruch seinen Zweck (s. Rn. 18) nicht erfüllen kann. Die Fassung „Widerspruch gegen die Richtigkeit des GB" ist daher unzureichend (KGJ 43, 254). Der Grund der Unrichtigkeit braucht nicht angegeben zu werden; die Angabe eines unrichtigen Grundes ist unschädlich (JFG 2, 293). Wegen der Fassung s. GBV Muster Anl. 1 Abt. II zu lfd. Nr. 2.

13. Stelle der Eintragung. a) Widersprüche gegen Eintragungen im Bestandsverzeichnis, die z.B. eine Vereinigung oder Zuschreibung, den Inhalt des Erbbaurechts oder den Gegenstand oder Inhalt des Sondereigentums beim Wohnungseigentum betreffen, werden nicht im Bestandsverzeichnis, sondern in Abt. II in der Hauptspalte ganzspaltig eingetragen. 35

b) Widersprüche gegen Eigentümereintragungen werden ebenfalls in Abt. II in der Hauptspalte ganzspaltig eingetragen (§ 10 Abs. 1 Buchst. b, § 12 Abs. 1 Buchst. a, Abs. 2 GBV). 36

c) Widersprüche gegen Eintragungen anderer Art werden in Abt. II oder III bei dem betroffenen Recht in der Veränderungsspalte eingetragen (§ 10 Abs. 1 Buchst. a, Abs. 5, § 11 Abs. 1 und 6, § 12 Abs. 1 Buchst. c, Abs. 2 GBV), und zwar ganzspaltig, wenn die Berichtigung durch Löschung in der Löschungsspalte zu erfolgen hat; sonst halbspaltig (§ 19 Abs. 1 und 3 GBV). 37

d) Widersprüche gegen die Löschung von Rechten an Grundstücken werden in Abt. II oder III in der Hauptspalte, gegen die Löschung von Rechten und Verfügungsbeschränkungen an Grundstücksrechten in Abt. II oder III in der Veränderungsspalte eingetragen, und zwar in beiden Fällen halbspaltig (§ 12 Abs. 1 Buchst. b, Abs. 2, § 19 Abs. 1 und 3 GBV), damit das gelöschte Recht neben dem Widerspruch wieder eingetragen werden kann. 38

14. Wirkung des Amtswiderspruchs. a) Der Amtswiderspruch hindert gutgläubigen Erwerb und Verjährung (§§ 892, 902 Abs. 2 BGB), sperrt das GB aber grundsätzlich nicht gegen weitere Verfügungen des eingetragenen Rechtsinhabers (s. Rn. 18). Anders nur, wenn die Vermutung des § 891 BGB widerlegt ist, die Unrichtigkeit des GB also feststeht und nicht bloß glaubhaft ist (s. Rn. 28). Der gute Glaube im Zeitpunkt des Erwerbs einer Vormerkung führt jedoch auch dann zum gutgläubigen Erwerb des durch die Vormerkung gesicherten Rechts, wenn in der Zwischenzeit ein Amtswiderspruch eingetragen wird (BGH NJW 1994, 2947; BayObLG MittBayNot 1991, 78). Dagegen verhilft der gute Glaube im Zeitpunkt der Antragstellung (vgl. § 892 Abs. 2 BGB) dann nicht zum gutgläubigen Erwerb, wenn nach Antragseingang aber noch vor Eintragung ein Amtswiderspruch in das GB eingetragen wurde. Zu einer solchen Eintragung ist das GBAmt berechtigt, weil § 17 im Verhältnis einer auf Antrag und einer von Amts wegen vorzunehmenden Eintragung keine Anwendung findet (§ 17 Rn. 2). Da sich der öffentliche Glaube des GB nicht auf den Bestand des durch die Vormerkung gesicherten Anspruchs erstreckt, kommt, wenn nur dieser in Frage steht, ein Amtswiderspruch nicht in Betracht (s. Anh. zu § 44 Rn. 107). Das 39

Wesen des Amtswiderspruchs besteht darin, einen Rechtsverlust durch gutgläubigen Erwerb auf Grund eines unrichtigen GB und sich daraus möglicherweise ergebende Schadensersatzansprüche gegen den Fiskus abzuwenden. Einen gutgläubigen Erwerb hat das GBAmt daher, wenn es erkennt, dass das GB durch eine unter Verletzung gesetzlicher Vorschriften vorgenommenen Eintragung unrichtig geworden ist, durch Eintragung eines Amtswiderspruchs zu verhindern (s. dazu BayObLG 1994, 72; ferner § 13 Rn. 12; a.M. Reuter MittBayNot 1994, 115).

40 **b)** Die Eintragung des Widerspruchs steht der endgültigen Eintragung des Widerspruchsberechtigten nicht gleich. Will dieser über das Recht verfügen oder hat er, z.B. gemäß § 27, einer Verfügung zuzustimmen, so bedarf es nach § 39 seiner vorherigen Eintragung.

41 **15. Löschung des Amtswiderspruchs.** Sie erfolgt grundsätzlich nur auf Antrag. Erforderlich ist entweder eine Bewilligung des Widerspruchsberechtigten (BGH NJW 1985, 3070) oder der Nachweis der Unrichtigkeit (einschränkend: OLG Hamm DNotZ 1968, 631). Zur Löschung auf Beschwerde genügt aber, dass die Voraussetzungen der Eintragung nicht gegeben waren (OLG Düsseldorf Rpfleger 2001, 230), also bei der Eintragung des von dem Widerspruch betroffenen Rechts eine Gesetzesverletzung nicht vorgefallen ist (OLG Hamm JMBlNW 1965, 269), oder eine Unrichtigkeit des GB sich nicht als glaubhaft erweist (JFG 10, 221; OLG Hamm DNotZ 1968, 631; OLG Düsseldorf Rpfleger 1976, 313; BayObLG 1952, 27; 1978, 17) oder dem eingetragenen Berechtigten ein Berichtigungsanspruch nicht zusteht (OLG Hamm MDR 1967, 1009; OLG Jena Rpfleger 2001, 73). Ist der Widerspruch wegen Fehlens einer behördlichen Genehmigung eingetragen, so kann nach dem Zweck des Gesetzes die Löschungsbewilligung genehmigungspflichtig sein (s. JFG 12, 346). Der Antrag auf Berichtigung des GB enthält nicht ohne weiteres den Antrag auf Löschung des Widerspruchs; denn dieser behält Bedeutung gegenüber einem zwischenzeitlichen Erwerb. Liegt kein zwischenzeitlicher Erwerb vor, so ist der Widerspruch bei Berichtigung des GB gemäß § 19 Abs. 2, 3 GBV zu röten; auch ist nach Maßgabe der §§ 84ff. die Amtslöschung möglich (s. § 46 Rn. 24).

42 **16. Inhaltlich unzulässige Eintragungen.** Der Ausdruck ist unglücklich gewählt. Dem Sprachgebrauch nach bezeichnet man als „unzulässig“ Eintragungen, die nicht vorgenommen werden sollen; Anträge auf solche Eintragungen hat das GBAmt zurückzuweisen. Davon sind zu unterscheiden „ihrem Inhalt nach unzulässige“ Eintragungen nach § 53 Abs. 1 Satz 2. Eine Eintragung ist in-

haltlich unzulässig, wenn ein Recht mit dem Inhalt oder in der Ausgestaltung, wie es eingetragen ist, aus Rechtsgründen nicht bestehen kann (BayObLG Rpfleger 1986, 371). Die Unzulässigkeit muss sich aus dem EintrVermerk selbst und der zulässigerweise in Bezug genommenen EintrBewilligung ergeben; andere Beweismittel dürfen nicht verwertet werden (RG 88, 83; 113, 223; BayObLG Rpfleger 1981, 190; BayObLG 1987, 393 = Rpfleger 1988, 102; OLG Hamm OLGZ 1993, 43). Wird bei der Eintragung einer Zwangshyp. auf den die EintrBewilligung ersetzenden Vollstreckungstitel Bezug genommen, so wird gleichwohl der Vermerk gem. § 867 Abs. 1 Satz 1 Halbsatz 1 ZPO nicht Inhalt des EintrVermerks im GB. Dass eine Zwangshyp. unter Verstoß gegen § 867 Abs. 2 ZPO eingetragen wurde, ergibt sich daher nicht aus dem EintrVermerk und dem in Bezug genommenen Titel (BayObLG Rpfleger 1986, 372). Eine inhaltlich unzulässige Eintragung liegt auch nicht vor, wenn auf Grund eines Vollstreckungstitels nur gegen einen Ehegatten ohne Nachweis der Voraussetzungen des § 740 Abs. 1 oder des § 741 ZPO eine Zwangshyp. an einem Grundstück eingetragen wird, das zum Gesamtgut der in Gütergemeinschaft lebenden Ehegatten gehört (BayObLG 1995, 249 = FGPrax 1995, 188; a. M. LG Heilbronn Rpfleger 1991, 108).

Durch **überflüssige Vermerke** wird eine Eintragung nicht in- **43** haltlich unzulässig (OLG Frankfurt NJW-RR 1997, 1447); auch der überflüssige Vermerk ist es nicht, falls er in einem unnötigen, aber sachenrechtlich erheblichen Zusatz besteht (KGJ 35, 326; BayObLG 1953, 251 = Rpfleger 1953, 451). Nicht ihrem Inhalt nach unzulässig sind gegenstandslose Eintragungen; für ihre Löschung steht das besondere Verfahren nach §§ 84 ff. zur Verfügung.

Nicht alle Eintragungen, die nicht hätten erfolgen sollen, sind **44** inhaltlich unzulässig (s. RG 118, 164), sondern nur Eintragungen, die verlautbaren:

a) Ein nicht eintragungsfähiges Recht. Hierher gehört z. B. die Eintragung eines Mietrechts (RG 54, 233; s. dazu auch OLG Hamm DNotZ 1957, 314), eines schuldrechtlichen Wiederkaufsrechts (BayObLG JFG 5, 350), einer öffentlichen Last, deren Eintragung gesetzlich weder angeordnet noch zugelassen ist (JFG 15, 95) oder die Eintragung eines Gemeindenutzungsrechts im Bestandsverzeichnis, wenn die öffentlich-rechtliche Natur des Rechts nachgewiesen wird (BayObLG BayVBl. 1990, 26). Der Kreis der eintragungsfähigen Rechte kann durch Vereinbarung nicht erweitert werden (JFG 3, 316). Deshalb ist inhaltlich unzulässig auch eine Eintragung durch die ein Grundstücksrecht in ein solches anderer Art umgewandelt wird, etwa eine beschränkte persönliche

Dienstbarkeit in eine Grunddienstbarkeit (JFG 1, 415); Über eine Ausnahme beim Altenteil s. § 49 Rn. 8. Wegen der Behandlung der in *Bayern* auf dem Weg über das Grundsteuerkataster auf den Blättern der berechtigten Grundstücke vermerkten Gemeindenutzungsrechte s. BayObLG 1960, 447; 1964, 210; 1970, 45 = MittBayNot 1970, 21.

45 **b) Ein Recht ohne den gesetzlich gebotenen Inhalt.** Dies trifft z.B. zu bei der Eintragung eines Rechts ohne Angabe des Berechtigten (BayObLG 1953, 83), nicht aber bei einer bloß ungenauen (BayObLG Rpfleger 1976, 250; s. auch OLG Frankfurt Rpfleger 1980, 185) oder unrichtigen (RG 113, 230; BayObLG JFG 3, 438) Angabe des Berechtigten; ferner bei Eintragung eines Rechts ohne Kennzeichnung seines wesentlichen Inhalts im Eintr-Vermerk (RG 89, 159; OLG Hamm ZfIR 1998, 52; s. auch § 44 Rn. 17). Inhaltlich unzulässig ist auch die Eintragung eines Widerspruchs ohne Bezeichnung der Unrichtigkeit, gegen die er sich richtet (KGJ 43, 254) oder die Eintragung eines Erbbaurechts ohne nähere Bestimmung des Bauwerks (OLG Frankfurt OLGZ 1983, 165); ferner die Eintragung einer Hyp. ohne die nach § 1115 Abs. 1 BGB notwendigen Angaben. Fehlt im letzteren Fall aber nur die Angabe des Zinssatzes, so ist die Hyp. als unverzinsliche inhaltlich zulässig; das Grundstück haftet nur nicht für die Zinsen (RG 113, 229). Nicht inhaltlich unzulässig ist die Eintragung, wenn bei einer Vormerkung die Angabe des Schuldgrundes fehlt. Wegen der Eintragung eines Wohnungsrechts nach § 1093 BGB ohne bestimmte Bezeichnung des für die ausschließliche Benutzung in Betracht kommenden Gebäudeteils s. OLG Hamm Rpfleger 1962, 59; BayObLG 1964, 1 = DNotZ 1965, 166.

46 **c) Ein Recht mit einem nicht erlaubten Inhalt.** aa) Hierunter fallen Eintragungen, die ein an sich eintragungsfähiges Recht mit einem gesetzlich nicht zulässigen Inhalt verlautbaren (s. BayObLG 1977, 104), z.B. die Eintragung eines Erbbaurechts zur nicht ersten Rangstelle (BGH NJW 1954, 1444; OLG Hamm Rpfleger 1976, 131; OLG München JFG 21, 16; s. aber für den Fall der Wiedereintragung eines zu Unrecht gelöschten Erbbaurechts BGH 51, 50 = Rpfleger 1969, 13), die Eintragung einer absoluten Verfügungsbeschränkung zugunsten einer bestimmten Person (BayObLG DNotZ 1988, 784), die Eintragung einer Zwangshyp. unter dem erlaubten Mindestbetrag (RG 60, 284; BayObLG 1975, 403 = Rpfleger 1976, 66) oder als Gesamthyp. (KGJ 49, 234; JFG 14, 103; RG 163, 125; OLG Köln NJW 1961, 368; OLG Stuttgart Rpfleger 1971, 191; BayObLG 1975, 403; Rpfleger 1986, 372) oder die Eintragung einer Vormerkung, wenn ein durch Vormer-

kung sicherbarer Anspruch nicht gegeben ist (BayObLG Rpfleger 1981, 190).

Inhaltlich unzulässig ist auch die Eintragung eines bedingten Eigentumsübergangs (§ 925 Abs. 2 BGB), die Zuschreibung eines Grundstücks als Bestandteil mehrerer Grundstücke (KG HRR 1941 Nr. 602) oder die Eintragung einer Verfügung über eine künftige Eigentümergrundschuld (RG 145, 351 unter Aufgabe von RG JW 1933, 2764); desgleichen die Eintragung einer Hyp. an dem Anteil eines Miterben am Nachlassgrundstück (RG 88, 27; BayObLG 1952, 246) oder die Eintragung einer Grunddienstbarkeit oder beschränkten persönlichen Dienstbarkeit an einem ideellen Bruchteil eines Grundstücks (KG JW 1933, 626; Rpfleger 1975, 68; wegen der Rechtslage bei WEigentum s. Anh. zu § 3 Rn. 66); ferner die Eintragung der Unterteilung eines WEigentums, bei der ein bisher zum Sondereigentum gehörender Raum nicht als Sondereigentum mit einem Miteigentumsanteil verbunden wird (BayObLG 1987, 390 = Rpfleger 1988, 102) oder bei der dieselben Räume sowohl als Sondereigentum als auch als gemeinschaftliches Eigentum dargestellt werden (BayObLG Rpfleger 1988, 256). **47**

bb) **Nicht inhaltlich unzulässig** sind grundsätzlich Eintragungen allein deshalb, weil das ihnen zugrundeliegende materielle Rechtsgeschäft gem. §§ 134, 138 BGB nichtig oder gem. §§ 9 bis 11 AGB-Gesetz unwirksam ist (OLG Köln Rpfleger 1989, 405 mit abl. Anm. v. Böttcher). Solche Eintragungen können jedoch das GB unrichtig machen. Nicht inhaltlich unzulässig ist ferner die Eintragung einer Erweiterung des Kapitalbetrags einer Hyp. (RG 143, 428); ebenso wenig die Eintragung der Abtretung eines kraft rechtsgeschäftlicher Vereinbarung unübertragbaren Rechts. Wegen der Eintragung einer Höchstbetragshyp. für eine bestimmte Forderung s. KG DR 1942, 1796; zur Eintragung einer Erbbauzinsreallast für eine Pfarrstiftung s. BayObLG 1961, 23 = NJW 1961, 1262. **48**

d) Ein nicht feststellbares Recht. Hierunter fallen Eintragungen, die in einem wesentlichen Punkt so unklar oder widersprüchlich sind, dass die Bedeutung des Eingetragenen auch bei zulässiger Auslegung (s. Rn. 4) nicht erkennbar ist (RG 113, 223; BayObLG 1961, 35; 1987, 393 = Rpfleger 1988, 102; OLG Hamm Rpfleger 1962, 59; DNotZ 1970, 417; OLG Frankfurt Rpfleger 1980, 280). In Widerspruch zueinander mit der Folge der inhaltlichen Unzulässigkeit der Eintragung können insbes. der EintrVermerk und die dort in zulässiger Weise in Bezug genommene EintrBewilligung stehen (s. dazu § 44 Rn. 15). Kein unauflösbarer Widerspruch liegt vor, wenn die Angabe der laufenden Nummern der betroffenen Grundstücke in Sp. 2 der Abt. II oder III infolge von Vereinigungen **49**

oder Zuschreibungen nicht mehr mit der in Sp. 1 des Bestandsverzeichnisses übereinstimmt (zur grundbuchmäßigen Behandlung s. § 5 Rn. 19, 20); in diesem Fall ist auch keine GBUnrichtigkeit mit der Möglichkeit eines gutgläubigen lastenfreien Erwerbs gegeben (OLG Köln Rpfleger 1998, 333).

50 **17. Maßgebendes Recht. a)** Ob eine Eintragung ihrem Inhalt nach unzulässig ist, bestimmt sich grundsätzlich nach dem Recht zurzeit ihrer Vornahme (KG OLGZ 1977, 8), wobei auch der seinerzeitige Sprachgebrauch sowie allgemein die damalige Verkehrsübung und Verkehrsauffassung zu berücksichtigen sind, ferner das schutzwürdige Vertrauen auf den Bestand von Eintragungen, die jahrzehntelang als wirksam angesehen wurden (BayObLG Rpfleger 1976, 250; 1981, 479; BayObLG 1987, 129); vor 1900 in zulässiger Weise Eingetragenes bleibt also inhaltlich zulässig (RG 98, 220). Eine Ausnahme gilt, wenn ein späteres Gesetz die Zulässigkeit der Eintragung mit rückwirkender Kraft aufhebt (KGJ 40, 231; BayObLG 1953, 172 = Rpfleger 1953, 450; KG OLGZ 1977, 8).

51 **b)** Inhaltlich unzulässige Eintragungen können auch dadurch entstehen, dass eine nach den früheren Vorschriften zulässige Eintragung ohne die Bestimmungen der GBV zu berücksichtigen unverändert auf den neuen Vordruck übertragen wird (s. hierzu § 138 Rn. 6). Desgleichen, wenn ein ideeller Bruchteil an einem Grundstück versteigert wird und dieses als ganzes mit einer Grunddienstbarkeit oder beschränkten persönlichen Dienstbarkeit belastet ist; in diesem Fall erlischt die Dienstbarkeit an dem versteigerten Bruchteil, wenn sie nach den Versteigerungsbedingungen nicht bestehen bleiben soll; die Löschung der Dienstbarkeit auf dem versteigerten Bruchteil hat zur Folge, dass ihre Eintragung auf den nicht versteigerten Bruchteilen als inhaltlich unzulässig zu löschen ist (KG JW 1933, 626; Rpfleger 1975, 68; s. auch OLG Frankfurt Rpfleger 1979, 149).

52 **18. Wirkung der inhaltlichen Unzulässigkeit. a)** Inhaltlich unzulässige Eintragungen sind unwirksam. Sie bringen weder ein Recht zum Entstehen (JFG 14, 105; OLG Hamm Rpfleger 1976, 131), noch wahren sie eine Rangstelle (KG DR 1942, 1796; s. auch OLG Hamm Rpfleger 1976, 131), noch stehen sie unter dem öffentlichen Glauben (RG 88, 27; s. dazu auch OLG Düsseldorf DNotZ 1958, 156; OLG Frankfurt Rpfleger 1975, 305; BayObLG 1987, 398 = Rpfleger 1988, 104; BGH 130, 170 = NJW 1995, 2851). Sie können nicht Grundlage weiterer Eintragungen sein; solche müssten ebenfalls als unzulässig gelöscht werden (BayObLG Rpfleger 1986, 372; BayObLG 1987, 393). Wird jedoch das GB-

Blatt mit der inhaltlich unzulässigen Eintragung umgeschrieben und die Eintragung dabei so verändert, dass sie sich auf dem neuen GBBlatt nicht mehr als inhaltlich unzulässig darstellt, kann sie Grundlage eines gutgläubigen Erwerbs sein (BayObLG 1995, 405 = Rpfleger 1996, 240; a.M. Bestelmeyer Rpfleger 1997, 7).

b) Der ursprüngliche Antrag ist durch die inhaltlich unzulässige Eintragung nur scheinbar aber nicht wirklich erledigt und daher nach der von Amts wegen vorzunehmenden Löschung der Eintragung neu zu verbescheiden (OLG Hamm Rpfleger 1976, 131; BayObLG Rpfleger 1998, 334). Gleiches gilt für Anträge, die zu ebenfalls inhaltlich unzulässigen und damit von Amts wegen zu löschenden Folgeeintragungen geführt haben. 53

19. Voraussetzungen der Amtslöschung. a) § 53 Abs. 1 Satz 2 gilt für alle unter den 2. Abschnitt der GBO fallende Eintragungen. Ausgenommen sind Löschungen, die nicht ihrem Inhalt nach unzulässig sein können (OLG Düsseldorf JMBlNW 1955, 30; BayObLG 1961, 36 = NJW 1961, 1265). Eintragungen, die das GBAmt auf Anweisung des Beschwerdegerichts vorgenommen hat, kann es nicht von sich aus löschen; die Löschung kann vielmehr nur im Weg der weiteren Beschwerde erwirkt werden (JFG 3, 265). Im Übrigen ist die Löschung von Amts wegen vorzunehmen. Ein Antrag ist nicht erforderlich; er hat nur die Bedeutung einer Anregung zur Löschung von Amts wegen. 54

b) Die inhaltliche Unzulässigkeit der Eintragung muss feststehen und sich aus der GBEintragung und den dort in zulässiger Weise in Bezug genommenen EintrUnterlagen ergeben; bloße Zweifel genügen nicht (KG JW 1931, 3455; BayObLG 1987, 393; OLG Zweibrücken Rpfleger 2001, 485). Wegen der Gewährung rechtlichen Gehörs s. Rn. 57. 55

c) Ist eine Eintragung inhaltlich unzulässig, hat das Beschwerdegericht trotz Schlechterstellung des Beschwerdeführers, der einen vom GBAmt eingetragenen Amtswiderspruch bekämpft, zur Löschung der inhaltlich unzulässigen Eintragung anzuweisen (s. § 77 Rn. 30). Dasselbe gilt, wenn das GBAmt die Eintragung eines Amtswiderspruchs abgelehnt hat und sich die Beschwerde hiergegen richtet (s. § 77 Rn. 18). 56

20. Verfahren des GBAmts. a) Vor der Löschung von Amts wegen ist rechtliches Gehör zu gewähren (BayObLG 1961, 29 = DNotZ 1961, 317; BayObLG Rpfleger 1998, 334). 57

b) Ist die ganze Eintragung ihrem Inhalt nach unzulässig, so ist sie ganz mit allen an sie anschließenden Eintragungen (OLG Hamm DNotZ 1954, 208) zu löschen (s. aber Rn. 59).

58 **c)** Ist nur ein **Teil der Eintragung** inhaltlich unzulässig, so ist der Teilvermerk zu löschen (KGJ 38, 268; KG HRR 1931 Nr. 126; s. dazu auch BayObLG 1973, 27). Die verbleibende Eintragung braucht nicht gelöscht zu werden, wenn sie für sich allein den Inhalt eines eintragungsfähigen Rechts bildet (BayObLG 1994, 208); dann ist das GB höchstens unrichtig, wenn die Resteintragung der Einigung nicht entspricht (BayObLG 1998, 75 = FGPrax 1998, 88). Ist z.B. eine Höchstbetragshyp. mit Zinsen eingetragen, so sind die Zinsen allein als inhaltlich unzulässig zu löschen. Fehlt dagegen dem verbleibenden Rest ein wesentliches Erfordernis, so ist die ganze Eintragung inhaltlich unzulässig (KGJ 42, 260). Vgl. dazu auch BGH NJW 1966, 1656.

59 **d)** Die **Vervollständigung** einer inhaltlich unzulässigen Eintragung widerspricht regelmäßig § 53 Abs. 1 Satz 2; sie ist deshalb ordnungswidrig (KGJ 44, 189; BayObLG JFG 5, 351). In Betracht kommt nur eine Beseitigung der Eintragung durch Löschung (BayObLG Rpfleger 1995, 455). Jedoch kann eine im Widerspruch dazu gleichwohl vorgenommene Ergänzung die Eintragung zu einer nunmehr inhaltlich zulässigen machen (JFG 9, 196); dies aber niemals mit rückwirkender Kraft (OLG Hamm DNotZ 1954, 208; OLG Düsseldorf DNotZ 1958, 157). Die Ergänzung ist ebenso wie eine Neueintragung nur möglich, solange die EintrUnterlagen dies noch rechtfertigen, z.B. der Bewilligende noch als Berechtigter eingetragen ist (OLG Hamm DNotZ 1954, 209; ZfIR 1998, 52; OLG Köln NJW 1957, 993; OLG Düsseldorf DNotZ 1958, 157); bei zwischenzeitlichen Eintragungen ist Vorsicht wegen des Rangs geboten (s. Rn. 52). Ein Erbbaurecht, das nicht zur ersten Rangstelle eingetragen und dessen Eintragung daher inhaltlich unzulässig ist, kann nicht durch Eintragung rangändernder Vermerke über die Einräumung der ersten Rangstelle zur Entstehung gebracht werden; hierzu ist vielmehr eine Amtslöschung und rangrichtige Neueintragung erforderlich, s. OLG Hamm Rpfleger 1976, 131. S. in diesem Zusammenhang auch JFG 14, 102 betr. die weitere Umschreibung einer auf den Eigentümer umgeschriebenen Gesamtzwangshypothek.

60 **e)** Für Inhalt und Stelle des Löschungsvermerks gilt nichts Besonderes. Zweckmäßige Fassung: „... als inhaltlich unzulässig gelöscht am ...“.

61 **21. Rechtsmittel bei der Amtslöschung. a)** Lehnt das GB-Amt die Löschung einer Eintragung als inhaltlich unzulässig ab, ist hiergegen die auf die Löschung gerichtete Beschwerde zulässig; zur Beschwerdeberechtigung s. § 71 Rn. 67.

b) Gegen die Löschung eines Rechts als inhaltlich unzulässig ist dagegen grundsätzlich nur die beschränkte Beschwerde mit dem Ziel zulässig, gegen die Löschung einen Amtswiderspruch einzutragen (§ 71 Abs. 2 Satz 2; vgl. Rn. 52 und § 71 Rn. 44); zur Beschwerdeberechtigung s. § 71 Rn. 68 ff.

c) Gegen die Ankündigung, eine Eintragung als inhaltlich unzulässig zu löschen, wenn nicht binnen einer bestimmten Frist Beschwerde eingelegt wird, ist eine Beschwerde nicht zulässig (OLG Karlsruhe Rpfleger 1993, 192; BayObLG 1994, 199; a. M. OLG Saarbrücken OLGZ 1972, 129; s. dazu auch § 71 Rn. 18).

22. Beschaffung des Briefs. a) Der Brief ist entsprechend der Regel des § 41 Abs. 1 Satz 1 vorzulegen und deshalb gemäß § 62 Abs. 3 Satz 1 (s. § 62 Rn. 17) zu beschaffen: 62

aa) Zur Amtslöschung stets, da § 53 Abs. 2 hierfür keine Ausnahme macht (KGJ 42, 178). 63

bb) Zur Eintragung eines Amtswiderspruchs dann, wenn der Widerspruch einen anderen als den in § 41 Abs. 1 Satz 2 bezeichneten Inhalt hat, z. B. die Eintragung einer Abtretung betrifft, oder wenn er bei einer Inhabergrundschuld oder Inhaberrentenschuld eingetragen werden soll (§ 53 Abs. 2). 64

b) Dagegen ist zur Eintragung eines Amtswiderspruchs eine vorherige Vorlegung des Briefs nicht notwendig, wenn der Widerspruch bei einer Hypothek, Namensgrundschuld oder Namensrentenschuld eingetragen werden soll und den in § 41 Abs. 1 Satz 2 bezeichneten Inhalt hat (s. darüber § 41 Rn. 14); der Brief ist dann aber nachträglich gemäß § 62 Abs. 3 Satz 2 (s. § 62 Rn. 17) zu beschaffen. Daraus folgt, dass das GBAmt in diesem Fall, wenn der Brief nicht vorliegt, bei der Prüfung, ob die Voraussetzungen eines Amtswiderspruchs vorliegen, die Möglichkeit eines gutgläubigen Erwerbs außerhalb des GB außer Betracht zu lassen hat (BayObLG 1995, 406 = Rpfleger 1996, 240). 65

c) Widerspruch und Löschung sind nach § 69 Abs. 1 auf dem Brief zu vermerken. 66

23. Kosten. Die Eintragung des Amtswiderspruchs und die Amtslöschung sind gebührenfrei (§ 69 Abs. 1 Nr. 2 KostO). 67

Öffentliche Lasten

54 **Die auf einem Grundstück ruhenden öffentlichen Lasten als solche sind von der Eintragung in das Grundbuch ausgeschlossen, es sei denn, daß ihre Eintragung gesetzlich besonders zugelassen oder angeordnet ist.**

1 **1. Allgemeines.** § 54 schließt die auf einem Grundstück ruhenden öffentlichen Lasten von der Eintragung in das GB aus; die Ausschließung betrifft jedoch nur die öffentliche Last als solche; auch tritt das Verbot der Eintragung zurück, falls diese durch eine gesetzliche Vorschrift besonders zugelassen oder angeordnet ist.

Die GBO a.F. enthielt keine Bestimmungen über die Eintragung öffentlicher Lasten. Die diesbezüglich bestehenden landesrechtlichen Vorschriften erwiesen sich als unzureichend und gaben zu mannigfachen Zweifeln Anlass. Mit dem bei Vereinheitlichung des GBRechts eingefügten § 54 kam es zu einer klaren, einheitlichen Regelung.

2 **2. Öffentliche Last. a) Begriff.** Der Rechtsbegriff der öffentlichen Last ist gesetzlich nicht bestimmt. Er wird nach allgemeiner Ansicht dahin verstanden, dass es sich um eine Abgabenverpflichtung handeln muss, die auf öffentlichem Recht beruht, durch wiederkehrende oder einmalige Geldleistung zu erfüllen ist und nicht nur die persönliche Haftung des Schuldners, sondern auch die dingliche Haftung des Grundstücks voraussetzt (BGH Rpfleger 1981, 349 mit weit. Nachweisen). Was eine öffentliche Grundstückslast ist, bestimmt sich nach dem öffentlichen Recht des Bundes und der Länder. Meist werden öffentliche Lasten als solche bezeichnet sein; notwendig ist dies aber nicht (s. dazu BGH Rpfleger 1981, 349 mit weit. Nachweisen).

3 **b) Bundesrechtliche Lasten.** Nach Bundesrecht sind öffentliche Grundstückslasten insbes. die Grundsteuer gemäß § 12 GrStG v. 7. 8. 1973 (BGBl. I 965), die Beitrags- und Vorschusspflicht sowie die Ausgleichs- und Erstattungspflicht im Flurbereinigungsverfahren gemäß § 20 FlurbG, die Geldleistungspflicht im Umlegungsverfahren gemäß § 64 Abs. 3 BauGB, der Erschließungsbeitrag gemäß § 134 Abs. 2 BauGB, der Ausgleichsbetrag nach § 25 des Bundes-BodenschutzG v. 17. 3. 1998 (BGBl. I 502) sowie die Kehr- und Überprüfungsgebühr gemäß § 25 Abs. 4 SchornsteinfegerG i. d. F. v. 10. 8. 1998 (BGBl. I 2071); die bedeutsamste bundesrechtlich geschaffene öffentliche Grundstückslast ist die HypGewinnabgabe (s. dazu 16. Auflage Anh. zu § 22 Erl. 3 A, B, C).

4 **c) Baulast.** Die in vielen Ländern, nicht jedoch in *Bayern* vorgesehene Baulast entsteht als freiwillig übernommene öffentlichrechtliche Verpflichtung des Grundstückseigentümers gegenüber der Baubehörde zu einem das Grundstück betreffenden Tun, Dulden oder Unterlassen. Es muss sich um eine baurechtliche Verpflichtung handeln, die sich nicht schon aus dem öffentlichen Bau-

recht ergibt. Baulasten werden in ein von der Bauaufsichtsbehörde oder der Gemeinde geführtes Baulastenverzeichnis eingetragen. In das GB können sie nicht eingetragen werden. Zum Verhältnis GB und Baulastenverzeichnis sowie Baulast und Dienstbarkeit s. OLG Frankfurt NJW 1989, 232; Sachse NJW 1979, 195; Harst MittRhNotK 1984, 229; Michalski MittBayNot 1988, 209; Steinkamp MittRhNotK 1998, 117. Zum Verhältnis Baulast und Auflassungsvormerkung s. Drischler Rpfleger 1991, 234. Zum Anspruch auf Bestellung einer Baulast aus dem durch eine deckungsgleiche Grunddienstbarkeit begründeten gesetzlichen Schuldverhältnis s. BGH Rpfleger 1990, 58.

d) Zwangsversteigerung. In der Zwangsversteigerung und Zwangsverwaltung stehen öffentliche Grundstückslasten, gleichviel ob sie auf Bundes- oder auf Landesrecht beruhen, einander im Rang gleich (§ 10 Abs. 1 Nr. 3 ZVG i. d. F. des Ges. v. 20. 8. 1953, BGBl. I 952). Eine Ausnahme gilt jedoch hinsichtlich der öffentlichen Last der HypGewinnabgabe; sie geht nach § 112 Abs. 1, § 114 LAG den anderen öffentlichen Grundstückslasten innerhalb derselben Rangklasse des § 10 Abs. 1 ZVG im Rang nach. Wegen des Befriedigungsvorrechts privater Rechte vor der HypGewinnabgabelast s. 16. Auflage Anh. zu § 22 Erl. 3 E. Zur Baulast in der Zwangsversteigerung s. Drischler Rpfleger 1986, 289; BVerwG Rpfleger 1993, 208. **5**

3. Zulässige und nicht zulässige Eintragungen. a) Die öffentliche Grundstückslast entsteht kraft Gesetzes ohne Eintragung und wirkt gegen jeden Erwerber des belasteten Grundstücks ohne Rücksicht darauf, ob er persönlicher Schuldner ist oder nicht. Ihr gegenüber ist der öffentliche Glaube des GB ohne Bedeutung. In der Zwangsversteigerung bleibt sie vom Zuschlag unberührt (RG 86, 360; JFG 14, 439; wegen der HypGewinnabgabelast s. § 112 Abs. 3, § 113 Abs. 3 LAG sowie Bruhn Rpfleger 1953, 11; Wörbelauer NJW 1953, 726). Deshalb ist sie grundsätzlich von der Aufnahme in das GB ausgeschlossen. **6**

b) Das EintrVerbot gilt jedoch nicht ausnahmslos. Die Eintragung einer öffentlichen Last kann im Einzelfall durch Gesetz (auch Landesgesetz) besonders zugelassen oder angeordnet werden. So ist z. B. ein Vermerk im GB bezüglich der öffentlichen Last nach § 64 Abs. 3 BauGB vorgeschrieben (§ 64 Abs. 6 BauGB), desgleichen bezüglich der öffentlichen Last nach § 25 des Bundes-BodenschutzG v. 17. 3. 1998, BGBl. I 502 (§ 93b GBV). Aber auch in solchen Fällen hat die Eintragung nur rechtserklärende, nicht rechtsbegründende Bedeutung. Die Eintragung ist nach Maßgabe des § 10 GBV in Abt. II vorzunehmen (§ 93a GBV). **7**

8 **c)** Wegen des Vermerks der auf einem Grundstück ruhenden öffentlichen Last der HypGewinnabgabe s. 16. Auflage Anh. zu § 22 Erl. 3 C c.

9 **4. Sicherung durch Hyp. oder Grundschuld.** Die öffentlichen Lasten genießen das Vorrecht nach § 10 Abs. 1 Nr. 3 ZVG i.d.F. des Ges. v. 20. 8. 1953 (BGBl. I 952). Es ist zu unterscheiden zwischen der öffentlichen Last als solcher und der sich daraus ergebenden Leistungspflicht. Darüber, ob die Leistung oder die regelmäßig wiederkehrenden Leistungen außerhalb des § 10 Abs. 1 Nr. 3 ZVG noch durch Hyp. oder Grundschuld gesichert werden können, enthält § 54 keine Bestimmung. Die Entscheidung ist also nach allgemeinen Grundsätzen zu treffen. Dabei ist das volkswirtschaftliche Interesse zu berücksichtigen, Zwangsversteigerungen nach Möglichkeit zu vermeiden, andererseits aber dem Leistungsberechtigten vor dem Verlust des Vorrechts nach § 10 Abs. 1 Nr. 3 ZVG eine dingliche Sicherung in der 4. Rangklasse zu gewähren; der Leistungsberechtigte kann sich dieses Vorrecht nicht dadurch erhalten, dass er nach Eintritt der Fälligkeit Stundung bewilligt (RG 83, 91).

10 **a) Nichtbevorrechtigte Beträge.** Das sind solche, die erst in der 7. Rangklasse des § 10 ZVG hebungsberechtigt sind; sie können ohne weiteres durch Hyp. gesichert werden; auch die Eintragung einer Grundschuld ist möglich.

11 **b) Bevorrechtigte Beträge.** Für sie gilt folgendes:

aa) Die Eintragung einer **unbedingten Hyp.** ist nicht möglich, wenigstens nicht auf dem Blatt des Grundstücks, dessen aus der öffentlichen Last sich ergebende Leistungen rückständig sind oder künftig fällig werden (OLG Dresden HRR 1937 Nr. 1110; s. auch unten cc). Denn es wäre sinnwidrig, einen Anspruch hinsichtlich desselben Grundstücks in der 4. Rangklasse zu sichern, solange noch das Vorrecht der 3. Klasse in vollem Umfang besteht. Hierfür spricht auch kein praktisches Bedürfnis, zumal noch andere Rechtsformen zur Verfügung stehen. Die Zulassung einer solchen Eintragung würde nur Unklarheiten schaffen und die Grundbücher mit einer großen Zahl überflüssiger Eintragungen belasten. Wohl aber kann eine Grundschuld eingetragen werden, weil diese sachenrechtlich von der Forderung unabhängig ist (§§ 1191, 1192 BGB). Auch die Verpfändung einer Eigentümergrundschuld ist möglich (KGJ 34, 275).

12 bb) Zulässig ist dagegen die Eintragung einer **aufschiebend bedingten Hypothek,** deren Wirksamkeit erst mit Wegfall des Vorrechts eintritt (KGJ 28, 141). Bedingte Zwangshyp. wurden von

der Rechtsprechung zunächst abgelehnt (KG JW 1933, 618), in den ehemals preußischen Gebieten dann aber durch den Gesetzgeber zugelassen (§ 51a VO betr. das Verwaltungszwangsverfahren v. 15. 11. 1899, GS 545 i.d.F. des Ges. v. 12. 7. 1933, GS 252). Man wird sie im Hinblick auf das vorhandene Bedürfnis im Rahmen des § 54 allgemein zulassen müssen (JFG 18, 176; BayObLG 1956, 122); s. dazu jetzt auch § 322 Abs. 5 AO. Eine solche Eintragung könnte etwa lauten: „1500 EUR Sicherungshyp. für folgende Steuerforderungen: 700 EUR Grundsteuer für die Zeit vom . . . bis zum . . . und 800 EUR Hauszinssteuer für die Zeit vom . . . bis zum . . . für die Stadt . . . Auf Ersuchen der Vollstreckungsbehörde und unter der Bedingung, dass das Vorrecht gemäß § 10 Abs. 1 Nr. 3 ZVG vor Erlöschen des Steueranspruchs wegfällt, eingetragen am . . .“.

cc) Im Fall Rn. 11 kann allerdings ein anderes Grundstück des **13**
Schuldners mit einer unbedingten Hyp. belastet werden. Beispiel: Dem Schuldner gehören zwei Grundstücke A und B; für A bestehen Realsteuerrückstände, für B nicht; B ist das wertvollere Grundstück. Die Vollstreckungsbehörde will von der – vielleicht z.B. für den Schuldner sehr ungünstigen – Versteigerung des Grundstücks A nur absehen, wenn ihr freiwillig oder zwangsweise Rechte am Grundstück B eingeräumt werden. Unter Berücksichtigung der von RG 98, 106; KG JFG 13, 87 ausgesprochenen Grundsätze wird man die Eintragung einer freiwillig bestellten oder einer Zwangshyp. für zulässig halten müssen. In der Eintragung ist zweckmäßig zum Ausdruck zu bringen, dass es sich um Beträge handelt, die für A geschuldet werden.

c) Sonstiges. Mit Rücksicht auf den ausschließlichen Siche- **14**
rungszweck kann aber nur eine Sicherungshyp. (§ 1184 BGB), also auch eine Höchstbetragshyp. (JFG 18, 176), dagegen keine Verkehrshyp. eingetragen werden.

Zu der Frage, ob Vorauszahlungsansprüche der Gemeinde nach **15**
§ 133 Abs. 3 BauGB (früher BBauG) durch eine unbedingte Hyp. gesichert werden können, s. LG Köln Rpfleger 1962, 104 mit Anm. v. Haegele; über die Eintragung einer unbedingten Hyp. für Straßenherstellungskosten, wenn eine bayerische Gemeinde und ein Grundstückseigentümer vor dem Inkrafttreten des BBauG einen Vertrag über die Herstellung einer Anliegerstraße durch die Gemeinde geschlossen haben, s. BayObLG 1962, 290 = NJW 1962, 2157.

Das in Rn. 9ff. Gesagte gilt auch für den, der den Leistungsbe- **16**
rechtigten nach § 268 BGB befriedigt. Nur bedarf er zur Eintragung einer Zwangshyp. eines vollstreckbaren Titels.

17 **5. Frühere Eintragungen. a)** § 54 hat keine rückwirkende Kraft. Durfte die öffentliche Last nach dem zurzeit ihrer Eintragung geltenden Recht eingetragen werden, so bleibt die Eintragung eine zulässige (s. § 53 Rn. 50).

18 **b)** Ist die früher in zulässiger Weise eingetragene öffentliche Last aber einmal, wenn auch zu Unrecht, gelöscht, so steht ihrer Wiedereintragung § 54 entgegen (JFG 15, 95).

19 **6. Gesetzwidrige Eintragungen. a)** Die entgegen § 54 erfolgte Eintragung der öffentlichen Last als solche ist inhaltlich unzulässig und daher nach § 53 Abs. 1 Satz 2 von Amts wegen zu löschen (JFG 15, 95). Inhaltlich unzulässig ist auch die Eintragung eines Rangvermerks bei der öffentlichen Last da, wo diese ausnahmsweise in das GB eingetragen werden darf oder soll (JFG 14, 435).

20 **b)** Dasselbe gilt bei der Eintragung einer unbedingten Hyp. für bevorrechtigte Leistungen des Grundstücks (s. Rn. 11), soweit die Eintragung selbst, die in Bezug genommene EintrBewilligung oder das in Bezug genommene Ersuchen die Bevorrechtigung erkennen lassen (vgl. RG 88, 83). Im letzteren Fall besteht auch nicht die Möglichkeit, dass die Hyp. nachträglich in dem Zeitpunkt, in dem der Verlust des Vorrechts für die gesicherte Forderung eintritt, einen zulässigen Inhalt erhält. Die Eintragung ist und bleibt vielmehr wirkungslos.

Bekanntmachung der Eintragungen

55 (1) **Jede Eintragung soll dem den Antrag einreichenden Notar, dem Antragsteller und dem eingetragenen Eigentümer sowie allen aus dem Grundbuch ersichtlichen Personen bekanntgemacht werden, zu deren Gunsten die Eintragung erfolgt ist oder deren Recht durch sie betroffen wird, die Eintragung eines Eigentümers auch denen, für die eine Hypothek, Grundschuld, Rentenschuld, Reallast oder ein Recht an einem solchen Recht im Grundbuch eingetragen ist.**

(2) **Steht ein Grundstück in Miteigentum, so ist die in Absatz 1 vorgeschriebene Bekanntmachung an den Eigentümer nur gegenüber den Miteigentümern vorzunehmen, auf deren Anteil sich die Eintragung bezieht. Entsprechendes gilt bei Miteigentum für die in Absatz 1 vorgeschriebene Bekanntmachung an einen Hypothekengläubiger oder sonstigen Berechtigten von der Eintragung eines Eigentümers.**

(3) **Veränderungen der grundbuchmäßigen Bezeichnung des Grundstücks und die Eintragung eines Eigentümers sind au-**

ßerdem der Behörde bekanntzumachen, welche das in § 2 Abs. 2 bezeichnete amtliche Verzeichnis führt.

(4) **Die Eintragung des Verzichts auf das Eigentum ist der für die Abgabe der Aneignungserklärung und der für die Führung des Liegenschaftskatasters zuständigen Behörde bekanntzumachen. In den Fällen des Artikels 233 § 15 Abs. 3 des Einführungsgesetzes zum Bürgerlichen Gesetzbuche erfolgt die Bekanntmachung nur gegenüber dem Landesfiskus und der Gemeinde, in deren Gebiet das Grundstück liegt; die Gemeinde unterrichtet ihr bekannte Berechtigte oder Gläubiger.**

(5) **Wird der in § 9 Abs. 1 vorgesehene Vermerk eingetragen, so hat das Grundbuchamt dies dem Grundbuchamt, welches das Blatt des belasteten Grundstücks führt, bekanntzumachen. Ist der Vermerk eingetragen, so hat das Grundbuchamt, welches das Grundbuchblatt des belasteten Grundstücks führt, jede Änderung oder Aufhebung des Rechts dem Grundbuchamt des herrschenden Grundstücks bekanntzumachen.**

(6) **Die Bekanntmachung hat die Eintragung wörtlich wiederzugeben. Sie soll auch die Stelle der Eintragung im Grundbuch und den Namen des Grundstückseigentümers, bei einem Eigentumswechsel auch den Namen des bisherigen Eigentümers angeben. In die Bekanntmachung können auch die Bezeichnung des betroffenen Grundstücks in dem in § 2 Abs. 2 genannten amtlichen Verzeichnis sowie bei einem Eigentumswechsel die Anschrift des neuen Eigentümers aufgenommen werden.**

(7) **Auf die Bekanntmachung kann ganz oder teilweise verzichtet werden.**

(8) **Sonstige Vorschriften über die Bekanntmachung von Eintragungen in das Grundbuch bleiben unberührt.**

Inhaltsübersicht

1. Allgemeines ... 1
2. Gegenstand der Bekanntmachung ... 2
3. Inhalt der Bekanntmachung ... 4
4. Form der Bekanntmachung ... 6
5. Veranlassung der Bekanntmachung ... 7
6. Adressat der Bekanntmachung ... 10
7. Bekanntmachung nach sonstigem Bundesrecht ... 18
8. Bekanntmachung nach Landesrecht ... 23
9. Bekanntmachung nach Ermessen des GBAmts ... 24
10. Empfänger der Bekanntmachung ... 25
11. Verzicht auf die Bekanntmachung ... 28
12. Unterlassen der Bekanntmachung ... 29
13. Bedeutung der Bekanntmachung ... 32
14. Kosten ... 33

1 **1. Allgemeines. a)** § 55 wurde durch das RegVBG erweitert, neu gefasst und durch §§ 55 a, 55 b ergänzt; dabei wurden die bisher in § 39 Abs. 1, 2, 4, § 41 GBV enthaltenen Regelungen in das Gesetz übernommen. § 55 regelt, welchen Personen und Stellen GBEintragungen mitzuteilen sind und auf welche Weise dies zu geschehen hat. Auf anderen Vorschriften beruhende Benachrichtigungspflichten bleiben unberührt. Für *Nordrhein-Westfalen* s. AV v. 8. 5. 2000 (JMBlNW 2000, 157).

b) Soweit besondere gesetzliche Regelungen, wie sie §§ 55 bis 55 b für das GBVerfahren enthalten, für die Übermittlung personenbezogener Daten durch die Gerichte fehlen, schaffen §§ 12 bis 22 EGGVG, die durch das JustizmitteilungsG v. 18. 6. 1997 (BGBl. I 1430) eingefügt wurden, hierfür eine gesetzliche Grundlage. Die Bestimmungen regeln, unter welchen Voraussetzungen die von Amts wegen auf Grund von Verwaltungsanordnungen, z. B. der Anordnung über Mitteilungen in Zivilsachen (MiZi) v. 29. 4. 1998 (BAnz. v. 29. 7. 1998 Nr. 138 a = JMBek. v. 11. 5. 1998, BayJMBl. 64 mit Änderungen v. 29. 7. 1999, BayJMBl. 110 und v. 3. 7. 2001, BayJMBl. 115), vorzunehmende Übermittlung personenbezogener Daten durch die ordentlichen Gerichte an öffentliche Stellen rechtmäßig und in welchem Umfang eine Übermittlung zulässig ist. Mit der Übermittlung personenbezogener Daten in Zivilsachen einschließlich der Angelegenheiten der freiwilligen Gerichtsbarkeit befasst sich § 15 EGGVG.

2 **2. Gegenstand der Bekanntmachung. a)** § 55 regelt die Bekanntmachung von Eintragungen. Zwischenverfügungen oder Zurückweisungsbeschlüsse gehören also nicht hierher; über deren Bekanntmachung s. § 18 Rn. 14, 35. EintrVerfügungen werden nicht mitgeteilt. Art. 233 § 13 EGBGB schrieb im Zusammenhang mit der Abwicklung der Bodenreform im Gebiet der früheren DDR die Benachrichtigung des Landesfiskus von bestimmten, vor dem 3. 10. 2000 gestellten EintrAnträgen vor (s. dazu Böhringer Rpfleger 1998, 1 sowie XVIII/18 MiZi) und Art. 231 § 8 Abs. 2 Satz 2 EGBGB im Zusammenhang mit dem Verkauf von Volkseigentum nach dem sog. Modrow-Verkaufsgesetz v. 7. 3. 1990 (GBl. DDR I 157) die Anzeige einer beabsichtigten Eintragung an die betroffene Kommune (s. dazu Böhringer VIZ 1997, 617 sowie XVIII/19 MiZi).

3 **b)** Mitteilungen kommen bei Eintragungen nur von solchen Einschreibungen in Betracht, die sich auf Rechtsverhältnisse beziehen, nicht hingegen solche, die lediglich tatsächliche Angaben betreffen; auch die auf Rechtsverhältnisse bezüglichen Einschreibungen scheiden aus, wenn sie nur den Charakter eines Hinweises haben.

3. Inhalt der Bekanntmachung. a) Die Benachrichtigung hat die Eintragung wörtlich wiederzugeben (§ 55 Abs. 6 Satz 1). Sie erfolgt durch Übersendung einer Abschrift der Eintragung, die den in § 55 Abs. 6 Satz 2 näher bezeichneten Inhalt haben soll und den in § 55 Abs. 6 Satz 3 genannten Inhalt haben kann (vgl. im Übrigen § 33 Abs. 2 Buchst. a GeschO, § 35 Abs. 3 BayGBGA). 4

b) Im Fall der Umschreibung eines unübersichtlichen Blatts sind die Gläubiger von Briefrechten bei Bekanntgabe der Umschreibung zugleich aufzufordern, den Brief zur Berichtigung alsbald einzureichen (§ 39 Abs. 3 Satz 3 GBV). 5

4. Form der Bekanntmachung. a) Maschinell erstellte Mitteilungen müssen nicht unterschrieben werden; dann ist aber darauf hinzuweisen, dass die Mitteilung auch ohne Unterschrift wirksam ist (§ 42 Satz 1, 2 GBV). 6

b) Maßgebend ist im Übrigen § 16 Abs. 2 Satz 2 FGG. Mündliche Mitteilung des Inhalts der Eintragung genügt nicht; möglich ist jedoch Bekanntmachung zu Protokoll nach § 16 Abs. 3 FGG. Unter den Voraussetzungen des § 42 Satz 3 GBV können Benachrichtigungen auch durch Bildschirmmitteilung oder in anderer Weise elektronisch vorgenommen werden. Besondere Vorschriften über die Form der Bekanntmachung in den Fällen des § 55 Abs. 8 bleiben unberührt (§ 33 Abs. 2 Buchst. c GeschO).

5. Veranlassung der Bekanntmachung. a) Die Bekanntmachung der Eintragung wird vom Rpfleger, bei Zuständigkeit des Urkundsbeamten der Geschäftsstelle von diesem verfügt und von der Geschäftsstelle ausgeführt (§ 33 Abs. 1 GeschO, § 35 Abs. 1 BayGBGA). Die Bekanntmachungen sind möglichst zu beschleunigen (§ 33 Abs. 3 GeschO). 7

b) Wird zu der Mitteilung ein Vordruck verwendet, so bedarf es keines Entwurfs zu den Grundakten. Die Ausführung ist aktenkundig zu machen (§ 33 Abs. 2 Buchst. b GeschO). 8

c) Über einen Antrag, jemandem eine GBEintragung bekanntzumachen, entscheidet derjenige, dem die Verfügung der Eintragung obliegt. Dies ist in der Regel der Rpfleger, ausnahmsweise der Urkundsbeamte der Geschäftsstelle (§ 12c Abs. 2 Nr. 2 bis 4). Zur Anfechtung der ergehenden Entscheidung s. Rn. 30 und § 71 Rn. 5 bis 10. 9

6. Adressat der Bekanntmachung. Eine Nachricht über eine Eintragung im GB erhalten vom GBAmt folgende Personen und Stellen: 10

a) Notar. Der Notar, der den der Eintragung zugrundeliegenden Antrag beim GBAmt eingereicht hat, erhält in jedem Fall eine

Benachrichtigung; ohne Bedeutung ist dabei, ob er den Antrag auf Grund vermuteter Vollmacht gem. § 15 gestellt oder nur als Bote überbracht hat (§ 55 Abs. 1).

b) Antragsteller. Ihm steht eine nach § 38 ersuchende Behörde gleich (KGJ 49, 240). Antragsteller ist nicht, wer eine von Amts wegen vorzunehmende Eintragung anregt. Mitteilung der Eintragung ist aber auch hier zweckmäßig. Stellt ein Notar gemäß § 15 den EintrAntrag, so erhält nur er die Benachrichtigung (OLG Düsseldorf FGPrax 1997, 169; OLG Köln Rpfleger 2001, 123; kritisch dazu Raebel ZNotP 1998, 131); dies gilt auch dann, wenn er zugleich einen Antrag des Antragsberechtigten als Bote überbringt (s. § 15 Rn. 19) oder ausdrücklich nur dessen unmittelbare Benachrichtigung verlangt (OLG Köln Rpfleger 2001, 123; LG Koblenz Rpfleger 1996, 449; s. dazu auch § 15 Rn. 3). Außer dem Notar erhält der Antragsberechtigte eine EintrMitteilung nur dann, wenn sein Antrag vom Notar lediglich als Bote überbracht wurde (a.M. Bauer/v. Oefele Rn. 7). Wer als Antragsteller Nachricht von der Eintragung erhält, muss von ihr im Rahmen des § 55 Abs. 1 nicht nochmals benachrichtigt werden (OLG Zweibrücken Rpfleger 1968, 154; s. dazu aber auch Schmidt DNotZ 1969, 360).

11 **c) Eingetragener Eigentümer.** Ist er nicht der wirkliche Eigentümer, so kann sich das GBAmt an die Eintragung halten; zu Ermittlungen ist es nicht verpflichtet. Bei Erbfall ist die Bekanntmachung an die Erben zu richten, wenn ihre Anschrift bekannt ist. Steht das Grundstück in Miteigentum, erhält die EintrNachricht nur der Miteigentümer, auf dessen Anteil sich die Eintragung bezieht (§ 55 Abs. 2 Satz 1).

12 **d) Begünstigte oder Betroffene.** Sie bekommen eine EintrNachricht nur, sofern aus dem GB ersichtlich ist, dass sie durch die Eintragung begünstigt oder betroffen sein können.

aa) Der Begriff des Begünstigten ist hier derselbe wie in § 13 Abs. 1 Satz 2. Es kommen also nur Beteiligte in Betracht, deren Begünstigung die Eintragung unmittelbar bezweckt (KGJ 31, 346). Hat jemand ein Recht außerhalb des GB, z.B. nach § 1154 BGB, erworben, so kann ihn das GBAmt an Stelle des eingetragenen Berechtigten benachrichtigen; verpflichtet ist es dazu aber nicht.

13 bb) Der Begriff des Betroffenen stimmt hier mit dem in § 19 überein (s. § 19 Rn. 49). Zu benachrichtigen ist also auch der mittelbar Betroffene, z.B. bei Rangrücktritt einer Hyp. außer dem Gläubiger auch derjenige, dem ein Pfandrecht oder Nießbrauch an der Hyp. zusteht. Ein Nacherbe, dessen Nacherbenrecht im GB vermerkt ist, wird durch die Eintragung einer Hyp. auf dem Grundstück des Vorerben nicht betroffen (KGJ 28, 157). Von der

Eintragung des Zwangsversteigerungs- und Zwangsverwaltungsvermerks ist außer dem Vollstreckungsgericht nur der Eigentümer zu benachrichtigen.

e) Eingetragener Gläubiger. Zu benachrichtigen ist der eingetragene Gläubiger eines Grundpfandrechts, einer Reallast sowie eines Rechts an einem solchen Recht, falls es sich bei der Eintragung um die eines Eigentümers handelt. Steht das Grundstück in Miteigentum, erhalten die EintrNachricht nur die Gläubiger derjenigen Rechte, die an dem Anteil lasten, dessen Eigentümer eingetragen wird (§ 55 Abs. 2 Satz 2). Dienstbarkeits- sowie Vorkaufsberechtigte brauchen von der Eintragung eines Eigentumswechsels nicht benachrichtigt zu werden. Wegen der Benachrichtigung von Erbbauberechtigten s. Rn. 19. 14

f) Katasteramt. Veränderungen der grundbuchmäßigen Beschreibung des Grundstücks (Wohnungs- oder Teileigentums, Erbbaurechts, Wohnungs- oder Teilerbbaurechts, dinglichen Nutzungsrechts i. S. des § 1 Nr. 2 Buchst. a GGV), die Eintragung des Eigentümers (Wohnungs- oder Teileigentümers, Erbbauberechtigten, Wohnungs- oder Teilerbbauberechtigten, Inhabers eines dinglichen Nutzungsrechts i. S. des § 1 Nr. 2 Buchst. a GGV) und der Verzicht auf das Eigentum sind der Katasterbehörde oder der sonstigen, das amtliche Grundstücksverzeichnis führenden Behörde (s. dazu § 2 Rn. 6 ff.) bekanntzumachen (§ 55 Abs. 3, 4 Satz 1). S. zum Ganzen auch § 15 Nr. 2 EGGVG und XVIII/1, 2 MiZi. 15

g) Aneignungsberechtigter. Die Eintragung des Verzichts auf das Eigentum (s. dazu Anh. zu § 44 Rn. 4) ist dem aneignungsberechtigten Landesfiskus bekanntzumachen (§ 55 Abs. 4 Satz 1). Wird im Gebiet der früheren DDR auf das Eigentum an einem Grundstück aus der Bodenreform verzichtet, sind gem. Art. 233 § 15 Abs. 3 EGBGB andere aneignungsberechtigt als nach § 928 BGB; bekanntzumachen ist in einem solchen Fall die Eintragung des Verzichts dem Landesfiskus und der Gemeinde, in deren Gebiet das Grundstück liegt (§ 55 Abs. 4 Satz 2). Ist gem. § 11 Abs. 1 Satz 2 VermG der Entschädigungsfonds (s. dazu § 29 a VermG) aneignungsberechtigt, ist dieser zu benachrichtigen (§ 55 Abs. 4 Satz 1). S. dazu auch XVIII/2 MiZi. 16

h) Anderes GBAmt. Von dem Vermerk eines subjektiv-dinglichen Rechts (vgl. § 9) ist das für die Führung des belasteten Grundstücks zuständige GBAmt zu benachrichtigen; dieses hat dem für das herrschende Grundstück zuständigen GBAmt von einer Änderung oder Aufhebung des Rechts Nachricht zu geben (§ 55 Abs. 5). S. dazu auch XVIII/3 MiZi. Werden bei Gesamtrechten 17

(§ 48) die Grundbücher von verschiedenen GBÄmter geführt, sind Eintragungen durch ein GBAmt den anderen GBÄmtern mitzuteilen (§ 55 a Abs. 2). S. dazu auch XVIII/4 MiZi.

18 **7. Bekanntmachung nach sonstigem Bundesrecht.** Sonstige Vorschriften über die Bekanntmachung von Eintragungen bleiben gem. § 55 Abs. 8 unberührt. Es kommen vor allem in Betracht:

a) §§ 39, 40 GBV: Die Umschreibung eines GBBlatts ist dem Eigentümer, den eingetragenen dinglich Berechtigten und der Katasterbehörde bekanntzugeben (§ 39 Abs. 3 Satz 1 GBV; s. ergänzend auch Satz 3). Die Mitteilung an die Grundpfandgläubiger ist mit der Aufforderung zu verbinden, den etwa erteilten Brief zur Berichtigung alsbald einzureichen (§ 39 Abs. 3 Satz 4 GBV). Bei Wechsel der Zuständigkeit für die Führung eines GBBlatts hat das nunmehr zuständige GBAmt hiervon den eingetragenen Eigentümer und die eingetragenen dinglich Berechtigten unter Mitteilung der künftigen Aufschrift des Blatts zu benachrichtigen (§ 40 Abs. 1 Satz 1 GBV; s. ergänzend auch Satz 2); über eine Ausnahme s. § 40 Abs. 1 Satz 3 GBV. Entsprechendes gilt bei Übergang eines Grundstücks in einen anderen GBBezirk desselben GBAmts (§ 40 Abs. 2 GBV). S. dazu auch XVIII/1 Abs. 1 Nr. 4 MiZi.

19 **b)** § 17 ErbbauVO: Jede Eintragung im Erbbaugrundbuch ist dem Grundstückseigentümer, die Eintragung von Verfügungsbeschränkungen des Erbbauberechtigten auch den im Erbbaugrundbuch eingetragenen dinglich Berechtigten bekanntzumachen (Abs. 1); im Übrigen gelten die Mitteilungspflichten gem. §§ 55 bis 55 b, ausgenommen § 55 Abs. 4, für Eintragungen im Erbbaugrundbuch entsprechend. Dem Erbbauberechtigten ist die Eintragung eines Grundstückseigentümers, die Eintragung von Verfügungsbeschränkungen des Grundstückseigentümers sowie die Eintragung eines Widerspruchs gegen die Eintragung des Eigentümers bekanntzumachen (Abs. 2). S. dazu auch XVIII/10 MiZi.

20 **c)** § 14 GGV: Für Eintragungen im Gebäudegrundbuch sowie im GB des mit einem dinglichen Nutzungsrecht belasteten oder von Gebäudeeigentum betroffenen Grundstücks ist § 17 ErbbauVO entsprechend anzuwenden. Der Grundstückseigentümer erhält Nachricht von Eintragungen im Gebäudegrundbuch nur dann, wenn das Recht im Grundstücksgrundbuch eingetragen ist oder gleichzeitig eingetragen wird und der Eigentümer bekannt ist.

d) § 19 Abs. 3, § 146 ZVG: Nach Eintragung des Zwangsversteigerungs- oder Zwangsverwaltungsvermerks ist jede Eintragung dem Vollstreckungsgericht mitzuteilen. Zu den Mitteilungspflichten des

GBAmts nach Anordnung der Zwangsversteigerung im Einzelnen s. Hagemann Rpfleger 1984, 397. S. dazu auch XVIII/6 MiZi.

e) § 54 Abs. 2, § 143 Abs. 2, Satz 3, § 165 Abs. 9 Satz 4 BauGB: Von jeder nach Einleitung des Umlegungsverfahrens oder einer städtebaulichen Sanierungs- oder Entwicklungsmaßnahme vorgenommenen Eintragung ist die Umlegungsstelle bzw. die Gemeinde zu benachrichtigen. S. dazu auch XVIII/14 MiZi. 21

f) § 108 Abs. 6 BauGB und § 31 Abs. 5 LandbeschG v. 23. 2. 1957 (BGBl. I 134): Von jeder nach Einleitung des Enteignungsverfahrens vorgenommenen Eintragung ist die Enteignungsbehörde zu benachrichtigen. Entsprechendes gilt bei Enteignungsverfahren nach dem WassersicherstellungsG (§ 20 Abs. 2 WassersicherstellungsG v. 24. 8. 1965, BGBl. I 1225). S. dazu auch XVIII/7 MiZi.

g) § 12 Abs. 3 FlurbG: Bis zum Wirksamwerden der Schlussfeststellung hat das GBAmt die Flurbereinigungsbehörde von allen Eintragungen zu benachrichtigen, die nach der Anordnung des Flurbereinigungsverfahrens im GB der betroffenen Grundstücke vorgenommen worden sind oder vorgenommen werden. Eine Benachrichtigung unterbleibt jedoch, wenn die Flurbereinigungsbehörde darauf verzichtet. Das GBAmt hat die Flurbereinigungsbehörde außerdem von der Eintragung neuer Eigentümer der an das Flurbereinigungsgebiet angrenzenden Grundstücke zu benachrichtigen, sofern die Flurbereinigungsbehörde dem GBAmt die Bezeichnung solcher Grundstücke zu diesem Zweck mitgeteilt hat. S. dazu auch XVIII/9 MiZi. Die Mitteilungspflichten im Flurbereinigungsverfahren gelten sinngemäß im Bodenordnungsverfahren (§ 63 Abs. 2 LandwirtschaftsanpassungsG i. d. F. v. 3. 7. 1991, BGBl. I 1418). S. dazu auch XVIII/17 MiZi.

h) § 17 Abs. 4, § 106 Abs. 1 BBergG: Das GBAmt hat die Bergbehörde von der Eintragung eines neuen Bergwerkseigentümers und von allen Eintragungen zu benachrichtigen, die nach dem Zeitpunkt der Einleitung des Grundabtretungsverfahrens gem. §§ 77 ff. BBergG im GB des betroffenen Grundstücks vorgenommen worden sind oder vorgenommen werden. S. dazu auch XVIII/13, 15 MiZi.

i) § 29 Abs. 4, 5 BewG: Der für die Feststellung des Einheitswerts zuständigen Finanzbehörde ist die Eintragung eines neuen Eigentümers oder Erbbauberechtigten sowie bei einem anderen als rechtsgeschäftlichen Erwerb auch die Anschrift des neuen Eigentümers oder Erbbauberechtigten mitzuteilen; dies gilt jedoch nicht für die Fälle des Erwerbs nach den Vorschriften des Zuordnungsrechts. Ferner ist die Eintragung der Begründung von Wohnungs- 22 oder Teileigentum sowie eines Erbbaurechts, Wohnungserbbaurechts oder Teilerbbaurechts mitzuteilen; dabei ist auch der Tag des Eingangs des EintrAntrags beim GBAmt und bei einer Eintragung auf Grund Erbfolge das Todesjahr des Erblassers mitzuteilen.

Die Mitteilungen können der Finanzbehörde über die für die Führung des amtlichen Grundstücksverzeichnisses zuständige Behörde (§ 2 Abs. 2; s. dazu auch § 2 Rn. 11) zugeleitet werden. Das GBAmt hat die Betroffenen vom Inhalt der Mitteilung zu unterrichten, es sei denn, es werden lediglich Umstände aus dem GB, den Grundakten oder dem Liegenschaftskataster mitgeteilt. S. dazu auch XVIII/5 MiZi.

k) § 7 Abs. 5 Satz 2, § 12 Satz 1 und § 8 Abs. 2 SPV: Die Eintragung des Eigentümers eines Grundstücks oder Gebäudes oder eines Erbbauberechtigten auf Grund eines Sonderungsplans (vgl. § 7 Abs. 2 BoSoG) ist dem Finanzamt mitzuteilen; entsprechendes gilt für Eintragungen auf Grund eines Zuordnungsplans (vgl. § 3 Abs. 1 VZOG). Solange ein Sonderungsvermerk (s. § 38 Rn. 26) im GB eingetragen ist, erhält die Sonderungsbehörde von allen Eintragungen eine Mitteilung. S. dazu auch XVIII/16 MiZi.

l) § 9 HöfeVfO: Von der Eintragung oder Löschung eines Hofvermerks sowie der Abtrennung eines einzelnen Grundstücks vom Hof sind der Eigentümer, das Landwirtschaftsgericht und die Genehmigungsbehörde nach dem Grundstückverkehrsgesetz zu unterrichten.

m) § 41 DVO z. FidErlG v. 20. 3. 1939 (RGBl. I 509): Von allen Eintragungen, die Grundstücke oder Rechte betreffen, bei denen der Fideikommißvermerk oder das Recht des Nacherben eingetragen ist, hat das GBAmt das Fideikommißgericht zu unterrichten. S. dazu auch XVIII/11 MiZi.

n) § 2 Abs. 4 SchutzforstVO: Von der Eintragung eines Schutzforstvermerks und allen späteren den Schutzforst betreffenden Eintragungen ist die Forstaufsichtsbehörde zu benachrichtigen. S. dazu auch XVIII/12 MiZi.

23 **8. Bekanntmachung nach Landesrecht.** Landesrechtliche Bestimmungen gelten im Rahmen des § 136 GBO und des § 55 Abs. 8 fort. Für *Bayern* s. Art. 27 Abs. 4 Satz 2 Ges. über die entschädigungspflichtige Enteignung i. d. F. v. 25. 7. 1978 (BayRS 2141-1-I), ferner XVIII der Sondervorschriften für Bayern der Anordnung über Mitteilungen in Zivilsachen (MiZi) in der Neufassung v. 11. 5. 1998 (JMBl. 64, 112) und §§ 35, 38 ff. GBGA sowie Nr. 7 ff. der Gem. Bek. zur Zusammenarbeit der Flurbereinigungsdirektionen mit den Amtsgerichten – GBÄmtern – und den Notaren in

Verfahren nach dem FlurbG und bei der Baulandumlegung v. 12. 8. 1981 (JMBl. 146).

9. Bekanntmachung nach Ermessen des GBAmts. In manchen Fällen ist die Benachrichtigung dem Ermessen des GBAmts überlassen (z. B. § 39 Abs. 3 Satz 2 GBV; § 6 AV v. 20. 1. 1940, DJust. 212 = BayBSVJu III 103) oder zwar nicht ausdrücklich vorgeschrieben, aber nach Sachlage zweckmäßig. 24

10. Empfänger der Bekanntmachung. a) Für das GBAmt ist wegen der Anschrift des Empfängers der Bekanntmachung der Inhalt des GB und der Grundakten maßgebend. Kann die Nachricht dem Empfänger nicht übermittelt werden, ist dieser z. B. unbekannt verzogen, so besteht keine Ermittlungspflicht des GBAmts. Bei Rückbriefen ist aber stets zu prüfen, ob die Mitteilung an den richtigen Empfänger unter der sich aus dem GB oder den Grundakten ergebenden Anschrift abgesandt wurde und ob nicht ein Versehen der Geschäftsstelle vorliegt (s. Rn. 32). Ergibt sich die neue Anschrift des Nachrichtenempfängers aus einem Postvermerk auf dem Rückbrief, so ist die Nachricht dorthin zu senden. 25

b) Für die Benachrichtigung, insbes. auch des Vollstreckungsgerichts nach § 19 Abs. 2 ZVG, ist wichtig, dass das Wohnungsblatt (vgl. für *Bayern* § 21 Abs. 5 AktO v. 13. 12. 1983, JMBl. 1984, 13) stets auf dem laufenden gehalten wird. Über die Bedeutung des Wohnungsblatts s. RG 157, 94. 26

c) Hat ein Benachrichtigungsberechtigter gebeten, die Eintragung nicht ihm, sondern **einem anderen** bekanntzumachen, so ist die Bekanntmachung ausschließlich an die von dem Berechtigten bezeichnete Person zu richten (KGJ 34, 329; s. dazu auch Dempewolf MDR 1957, 458; LG Frankenthal Rpfleger 1972, 26 mit Anm. v. Haegele; OLG Stuttgart Rpfleger 1974, 110; BayObLG DNotZ 1990, 739). Haben die Beteiligten Vertreter oder Zustellungsbevollmächtigte bestellt, so sind diese zu benachrichtigen (KGJ 34, 330). Über entsprechende Vermerke im Wohnungsblatt vgl. für *Bayern* § 21 Abs. 5 AktO v. 13. 12. 1983, JMBl. 1984, 13. 27

11. Verzicht auf die Bekanntmachung. In den Fällen des § 55 und des § 17 ErbbauVO kann auf die Bekanntmachung ganz oder teilweise verzichtet werden (§ 55 Abs. 7 und § 17 Abs. 3 ErbbauVO). Der Verzicht gilt nur für den Verzichtenden und bedarf keiner Form; bei mündlicher Erklärung ist Aktenvermerk zweckmäßig. 28

12. Unterlassen der Bekanntmachung. a) Auf die Wirksamkeit der Eintragung ist es ohne Einfluss, wenn die Mitteilung un- 29 terbleibt; § 55 ist nur Ordnungsvorschrift. Das Unterlassen einer Mitteilung kann sich jedoch bei einem Amtshaftungsanspruch nachteilig auswirken (s. Rn. 32).

30 **b)** Gegen die Verweigerung der Benachrichtigung ist Beschwerde zulässig, auch wenn der Beschwerdeführer bereits anderweit von der Eintragung Kenntnis erlangt hat (KGJ 28, 154). Das bloße Unterbleiben einer verlangten EintrBekanntmachung stellt jedoch keine beschwerdefähige Entscheidung des GBAmts dar (BayObLG 1988, 307 = Rpfleger 1989, 147).

31 **c)** Der Bekanntmachungspflicht wird durch Übersendung des HypBriefs, in den der EintrVermerk aufgenommen ist, genügt (KGJ 49, 239); besondere Nachricht ist aber auch hier stets zweckmäßig. Unzulässig ist es, statt der Mitteilung auf GBEinsicht zu verweisen.

32 **13. Bedeutung der Bekanntmachung.** Der Empfänger einer EintrNachricht hat, sofern er nach seiner Stellung oder seinem Bildungsgrad hierzu in der Lage ist, die Nachricht sorgfältig auf die Richtigkeit der Eintragung nachzuprüfen; erforderlichenfalls muss er sich unverzüglich beim GBAmt erkundigen und Gegenvorstellungen erheben (BayObLG 1988, 310 = Rpfleger 1989, 147; OLG Köln Rpfleger 2001, 123); Unterlassen ist als Nichtgebrauch eines Rechtsmittels i. S. des § 839 Abs. 3 BGB anzusehen und hat unter Umständen den Verlust von Schadensersatzansprüchen zur Folge (RG 138, 116; s. auch BGH 28, 104 = NJW 1958, 1532). Bei Ausbleiben einer EintrNachricht kann Erinnerung beim GBAmt geboten sein. Da ein Antragsteller grundsätzlich von einer ordnungsmäßigen Erledigung seines Antrags durch das GBAmt ausgehen darf, besteht eine Pflicht zur Erkundigung oder zu Hinweisen gegenüber dem GBAmt nur bei Vorliegen besonderer Umstände (RG JW 1935, 772; BGH NJW 1984, 1748; s. auch BGH 28, 104 = NJW 1958, 1532). Zur Überprüfung der EintrNachricht des GBAmts und zur Entscheidung, welche Maßnahmen geboten sind, ist ein Notar aufgrund seiner Sachkunde regelmäßig weit eher geeignet als ein Antragsteller. Hat ein Antragsteller einen Notar mit der grundbuchmäßigen Abwicklung eines Rechtsgeschäfts beauftragt, darf er darauf vertrauen, dass dieser das Erforderliche veranlassen werde (BGH NJW 1984, 1748; OLG Köln Rpfleger 2001, 123). Allen Antragstellern, insbes. aber Rechtsanwälten, Notaren und ersuchenden Behörden (§ 38) ist die Beachtung dieser Grundsätze anzuraten. Das GBAmt wird in Zweifelsfällen zweckmäßigerweise eher eine Nachricht mehr als eine zu wenig absenden.

33 **14. Kosten.** Die Benachrichtigung der Beteiligten von der Eintragung ist gebührenfreies Nebengeschäft im Sinn des § 35 KostO.

Zur Frage der Erhebung von Schreibgebühren als Auslagen, wenn sachliche oder persönliche Gebührenfreiheit gewährt ist, s. OLG Zweibrücken Rpfleger 1967, 92; OLG Schleswig NJW 1967, 2366; OLG Frankfurt Rpfleger 1968, 37.

Mitteilungen an ein anderes GBAmt

55a (1) **Enthält ein beim Grundbuchamt eingegangenes Schriftstück Anträge oder Ersuchen, für deren Erledigung neben dem angegangenen Grundbuchamt auch noch ein anderes Grundbuchamt zuständig ist oder mehrere andere Grundbuchämter zuständig sind, so kann jedes der beteiligten Grundbuchämter den anderen beteiligten Grundbuchämtern Abschriften seiner Verfügungen mitteilen.**

(2) **Werden bei Gesamtrechten (§ 48) die Grundbücher bei verschiedenen Grundbuchämtern geführt, so sind die Eintragungen sowie die Verfügungen, durch die ein Antrag oder Ersuchen auf Eintragung zurückgewiesen wird, den anderen beteiligten Grundbuchämtern bekanntzugeben.**

§ 55a ist durch das RegVBG in die GBO eingefügt worden; er **1**
ergänzt § 55. Sind für die Erledigung eines EintrAntrags oder -Ersuchens mehrere GBÄmter nebeneinander zuständig, ist es zu einer sachgerechten Erledigung des Antrags erforderlich, dass jedes GB-Amt Kenntnis davon erlangt, in welcher Weise die anderen beteiligten GBÄmter den Antrag erledigt haben. Diesem Bedürfnis kann am ehesten dadurch Rechnung getragen werden, dass jedes GB-Amt seine Verfügung den anderen beteiligten GBÄmtern mitteilt. Bei der Verfügung kann es sich um eine Antragszurückweisung, eine Zwischenverfügung oder um eine EintrVerfügung handeln. § 55a Abs. 1 schafft eine Rechtsgrundlage für solche Mitteilungen. Sie kommen z.B. im Fall eines Zuständigkeitswechsels von einem GBAmt zu einem anderen als Folge einer Zusammenschreibung, Vereinigung oder Zuschreibung in Betracht (vgl. § 25 GBV).

Ein besonderer Fall für das notwendige Zusammenwirken von **2**
GBÄmtern ist die Belastung mehrerer, in den Bezirken verschiedener GBÄmter liegender Grundstücke. Gem. § 48 ist in diesem Fall bei jedem der belasteten Grundstücke ein Mitbelastungsvermerk anzubringen. Nähere Vorschriften über das von den GBÄmtern dabei zu beachtende Verfahren enthalten § 30 GeschO, § 34 BayGBGA (vgl. hierzu § 48 Rn. 27ff.). § 55a Abs. 2 schafft für die dafür erforderlichen Mitteilungen eine gesetzliche Grundlage.

Der Betroffene muss von den Mitteilungen des GBAmts nicht **3**
unterrichtet werden (§ 55b Satz 2).

Mitteilungen aufgrund von Rechtsvorschriften

55b Soweit das Grundbuchamt aufgrund von Rechtsvorschriften im Zusammenhang mit Grundbucheintragungen Mitteilungen an Gerichte oder Behörden oder sonstige Stellen zu machen hat, muß der Betroffene nicht unterrichtet werden. Das gleiche gilt im Falle des § 55 a.

1 § 55b ist durch das RegVBG in die GBO eingefügt worden; er ergänzt § 55. Verschiedentlich sind auf Grund von Rechtsvorschriften vom GBAmt im Zusammenhang mit GBEintragungen Mitteilungen zu machen, sei es an Gerichte, Behörden oder sonstige Stellen. Um die Übereinstimmung zwischen GB und Liegenschaftskataster zu erhalten, sind Mitteilungen des GBAmts über Änderungen im Bestandsverzeichnis und bei einer Änderung des Eigentümers oder Erbbauberechtigten an das Liegenschaftsamt vorgesehen (s. hierzu § 2 Rn. 18, 19). In verschiedenen gerichtlichen und behördlichen Verfahren sind Mitteilungen des GBAmts über den GBInhalt und seine Veränderungen an das jeweils zuständige Gericht oder die zuständige Behörde vorgeschrieben, z. B. im Zwangsversteigerungsverfahren (vgl. § 19 ZVG), im Umlegungsverfahren (vgl. § 54 Abs. 2 BauGB) oder in den Fällen des § 55 Abs. 4, 5 und § 55 a.

2 Nach § 55b braucht in allen diesen Fällen der Betroffene von der Mitteilung nicht unterrichtet zu werden. Entweder handelt es sich dabei um Mitteilungen innerhalb des GBVerfahrens, um die ordnungsmäßige Fortführung von zwei öffentlichen und in sachlicher Wechselwirkung zueinander stehender Register oder der Betroffene ist in dem anderen gerichtlichen oder behördlichen Verfahren ebenfalls beteiligt. Ein Bedürfnis für eine Unterrichtung des Betroffenen durch das GBAmt besteht nicht.

Dritter Abschnitt. Hypotheken-, Grundschuld-, Rentenschuldbrief

Übersicht

Der 3. Abschnitt befasst sich mit dem Hypotheken-, Grundschuld- und Rentenschuldbrief.

§§ 56 bis 69 handeln vom HypBrief. § 56 regelt die Zuständigkeit für die Erteilung des Briefs und schreibt vor, welchen Erfordernissen ein Brief genügen und wer ihn unterschreiben muss. § 57 gibt den nichtwesentlichen Inhalt an, § 58 handelt von der Verbindung der Schuldurkunde mit dem Brief. § 59 betrifft die Erteilung eines Gesamtbriefs, § 66 die eines gemeinschaftlichen Briefs. § 60 regelt die Aushändigung des Briefs, § 61 die Zuständigkeit und das Verfahren bei Herstellung von Teilbriefen. § 62 bestimmt, dass grundsätzlich jede Eintragung bei der Hyp. auf dem Brief zu vermerken ist. §§ 63 bis 65 betreffen die Behandlung des Briefs in besonderen Fällen, und zwar § 63 bei nachträglicher Mitbelastung eines anderen Grundstücks, § 64 bei Verteilung einer Gesamthyp. auf die einzelnen Grundstücke und § 65 bei Umwandlung einer Hyp. in eine Grund- oder Rentenschuld sowie im Fall der Forderungsauswechslung. §§ 67, 68 bestimmen das Verfahren bei Erteilung eines neuen Briefs. § 69 betrifft die Unbrauchbarmachung des Briefs.

Nach § 70 sind §§ 56 bis 69 auf den Grundschuld- und Rentenschuldbrief entsprechend anzuwenden; ein Rentenschuldbrief muss bei Meidung seiner Ungültigkeit die Ablösungssumme angeben.

Erteilung und wesentlicher Inhalt des Hypothekenbriefs

56 (1) **Der Hypothekenbrief wird von dem Grundbuchamt erteilt. Er muß die Bezeichnung als Hypothekenbrief enthalten, den Geldbetrag der Hypothek und das belastete Grundstück bezeichnen sowie mit Unterschrift und Siegel oder Stempel versehen sein.**

(2) **Der Hypothekenbrief ist von der für die Führung des Grundbuchs zuständigen Person und dem Urkundsbeamten der Geschäftsstelle zu unterschreiben. Jedoch kann statt des Urkundsbeamten der Geschäftsstelle ein von der Leitung des Amtsgerichts ermächtigter Justizangestellter unterschreiben.**

Inhaltsübersicht

1. Allgemeines 1
2. Zuständigkeit 7
3. Wesentliche Erfordernisse 8
4. Bedeutung der amtlichen Muster 17
5. Verletzung des § 56 18
6. Rechtsmittel 20
7. Kosten 21

1 **1. Allgemeines.** § 56, geändert durch Art. 2 Nr. 3 des Ges. v. 22. 6. 1977 (BGBl. I 998) und ergänzt durch das RegVBG, regelt die Zuständigkeit zur Erteilung des HypBriefs, bestimmt seinen wesentlichen Inhalt und legt fest, von wem der HypBrief zu unterschreiben ist.

2 **a)** Für die Entstehung, Übertragung, Belastung, Geltendmachung und Pfändung der Briefhyp. ist der Brief von maßgebender Bedeutung (§§ 1117, 1154, 1069, 1274, 1160 BGB; § 830 ZPO). Hinsichtlich der Übertragung rückständiger Zinsen und Nebenleistungen gilt Forderungsrecht (§ 1159 BGB). In der Zwangsversteigerung dürfen auf den Hauptanspruch entfallende Beträge nur bei Vorlegung des Briefs ausgezahlt werden (§ 126 ZVG).

3 **b)** Gläubigerrecht und Eigentum am Brief können nach § 952 BGB nicht voneinander getrennt werden; ausgeschlossen ist auch eine selbständige Verpfändung oder Pfändung des Briefs (RG 66, 27; 91, 157).

4 **c)** Nur das GB, nicht der Brief genießt öffentlichen Glauben (KGJ 38, 298; JFG 16, 289), aber der Brief kann den öffentlichen Glauben des GB zerstören (§§ 1140, 1157 BGB).

5 **d)** Im GB wird nur der Ausschluss der Brieferteilung, nicht die Erteilung vermerkt (§ 1116 Abs. 2 Satz 3 BGB); anders im Fall der Erteilung eines neuen Briefs (§ 68 Abs. 3).

6 **e)** Kein Brief wird erteilt bei Ausschluss der Brieferteilung (§ 1116 Abs. 2 BGB), bei Sicherungshyp. (§ 1185 Abs. 1 BGB) sowie bei Abgeltungshyp. (§ 8 Abs. 3 Satz 2 DVO z. VO über die Aufhebung der Gebäudeentschuldungssteuer v. 31. 7. 1942, RGBl. I 503; s. hierzu §§ 22 ff. GBMaßnG). Wegen des Ausschlusses der Brieferteilung bei Aufwertungshyp. unter 500 GM s. Art. 6 DVO z. AufwG v. 29. 11. 1925 (RGBl. I 392). Über Umstellungsgrundschulden war nach § 4 der 2. DVO z. LASG v. 8. 8. 1949 (WiGBl. 233) kein Brief zu erteilen; für auf den Eigentümer übergegangene Umstellungsgrundschulden gilt der Ausschluss der Brieferteilung aber nicht (OLG Bremen NJW 1951, 846; Spreckelsen DNotZ 1952, 468).

7 **2. Zuständigkeit.** Zuständig für die Erteilung des Briefs ist nach Satz 1 ausschließlich das GBAmt, und zwar dasjenige, welches

das GB über das in Frage kommende Grundstück führt (für *Baden-Württemberg* gilt jedoch § 143). Eine andere Regelung ist in § 61 Abs. 1 hinsichtlich der Herstellung von Teilbriefen getroffen.

3. Wesentliche Erfordernisse. Welchen Erfordernissen ein Brief genügen muss, wenn er gültig sein soll, ergibt sich aus Abs. 1 Satz 2. Im Gegensatz zu diesem enthalten §§ 57, 58 lediglich Sollvorschriften, deren Verletzung die Gültigkeit des Briefs nicht berührt. Die Geschäftsnummer und Vermerke über die geschäftliche Erledigung, z. B. Absendungsvermerke, gehören nicht auf den Brief (§ 36 Abs. 3 GeschO, § 52 Abs. 7 BayGBGA). Im Einzelnen ist erforderlich: 8

a) Bezeichnung als HypBrief. Nach § 47 GBV ist der Brief am Kopf mit einer Überschrift zu versehen. Die Überschrift enthält die Worte „Deutscher Hypothekenbrief" und die Bezeichnung der Hypothek, über welche der Brief erteilt wird. 9

b) Angabe des Geldbetrags der Hypothek. Sie erfolgt entsprechend der Eintragung im GB, also grundsätzlich in geltender Währung (§ 28 Satz 2; s. dazu § 28 Rn. 16 ff.), bei wertbeständigen Hyp. (s. § 28 Rn. 31 ff.) gemäß § 3 Ges. v. 23. 6. 1923 (RGBl. I 407). Mit dem 31. 3. bzw. 31. 12. 1931 sind nach § 8 GBBerG-1930 alle Briefe kraftlos geworden, die den Geldbetrag in einer damals nicht mehr geltenden inländischen Währung ausdrückten. 10

c) Bezeichnung des belasteten Grundstücks. Die Bezeichnung nach dem Inhalt des GB ist nicht notwendig, sofern klar ist, um welches Grundstück es sich handelt; auch die Ordnungsvorschrift des § 57 verlangt in ihrer jetzigen Fassung diese Bezeichnung nicht mehr in vollem Umfang, sondern bestimmt in Satz 2 lediglich, dass das belastete Grundstück mit der laufenden Nummer bezeichnet werden soll, unter der es im Bestandsverzeichnis des GB verzeichnet ist. 11

d) Unterschrift. aa) Der Brief ist nach § 56 Abs. 2 von der für die Führung des GB zuständigen Person (Rpfleger) und dem Urkundsbeamten der Geschäftsstelle zu unterschreiben; statt des letzteren kann ein von der Leitung des Amtsgerichts ermächtigter Justizangestellter unterzeichnen. In *Baden-Württemberg* sind die abweichenden landesrechtlichen Regelungen maßgebend (s. § 143 Abs. 1). Die Unterschrift muss eigenhändig sein; mechanische Vervielfältigung genügt nicht. Fehlt auch nur eine Unterschrift, so ist der Brief nicht gültig (KGJ 46, 198); eine Nachholung der Unterschrift ist zulässig (s. aber Rn. 18). 12

bb) Auf die Gültigkeit des Briefs ist es ohne Einfluss, wenn eine örtlich oder nach der Geschäftsverteilung unzuständige Person un- 13 terschreibt (s. § 1 Rn. 23, 24). Dagegen wäre ein vom Beschwerdegericht erteilter Brief nichtig (s. KGJ 50, 93 betr. Erteilung eines Erbscheins durch das Beschwerdegericht; § 1 Rn. 6, 26).

14 cc) Zu beachten, dass nach der GBV (Muster Anl. 3 bis 8) das GBAmt nicht als GBAmt, sondern als Amtsgericht unterzeichnet; für *Baden-Württemberg* gilt dies erst, wenn die Grundbücher auch dort von den Amtsgerichten geführt werden (s. dazu Rn. 16 und § 143 Rn. 2). Für *Bayern* s. jedoch § 1 Rn. 2.

15 dd) Eine **Datierung** ist nicht ausdrücklich vorgeschrieben, aber zweckmäßig und in der GBV (Muster Anl. 3 bis 8) überall als selbstverständlich vorgesehen. Es ist kein früheres Datum als das der Eintragung zu wählen; üblich ist es, den Tag anzugeben, an welchem der Rpfleger den ihm zur Prüfung vorgelegten Entwurf des Briefs unterschrieben hat. S. auch § 36 GeschO, § 51 BayGBGA.

ee) Wird der Brief für ein im **maschinell geführten GB** eingetragenes Recht maschinell hergestellt, muss er nicht unterschrieben werden; er ist jedoch mit dem Namen des Bediensteten, der den Brief hergestellt hat, zu versehen und mit dem Vermerk: „Maschinell hergestellt und ohne Unterschrift gültig" (§ 87 GBV).

16 **e) Siegel oder Stempel.** aa) Außer mit einer Unterschrift muss der Brief auch mit einem Siegel oder Stempel versehen sein. Neben dem Prägesiegel ist nunmehr auch die Verwendung eines Farbdruckstempels zugelassen. Für eine Siegelung genügt die Einprägung des Dienstsiegels mittels Trockenstempels in die Urkunde selbst; des Oblatensiegels bedarf es nur zur Verbindung mehrerer Urkunden (BayObLG 1975, 55 = Rpfleger 1974, 160). In *Baden-Württemberg* sind die abweichenden landesrechtlichen Regelungen maßgebend (s. § 143 Abs. 1). Siegel des GBAmts ist das des Notariats (§ 28 LFGG v. 12. 2. 1975, GVBl. 116).

bb) Wird der Brief für ein im **maschinell geführten GB** eingetragenes Recht hergestellt, muss er nicht von Hand mit einem Siegel oder Stempel versehen werden. Jedoch muss ein Siegelaufdruck entweder bereits auf dem Formular vorhanden sein oder maschinell angebracht werden (§ 87 GBV).

17 **4. Bedeutung der amtlichen Muster.** Die Beteiligten haben einen im Beschwerdeweg verfolgbaren Rechtsanspruch darauf, dass die Vorschriften über die äußere Form des Briefs (§§ 47 bis 52 GBV; Muster Anl. 3 bis 8) eingehalten werden (s. § 1 Rn. 71 und KGJ 53, 223). Gemäß übereinstimmender, auf Grund des § 52 Abs. 2 GBV getroffener Regelung der Landesjustizverwaltungen

dürfen für die Ausfertigung der Briefe nur die amtlich gelieferten, von der Bundesdruckerei in Berlin hergestellten Vordrucke A, B und C verwendet werden (s. dazu für *Bayern* § 53 GBGA).

5. Verletzung des § 56. a) Fehlt ein wesentliches Erfordernis, so ist der Brief nichtig, also kein HypBrief im Sinn des BGB. Die Hyp. bleibt aber trotzdem Briefhyp. (KGJ 46, 198). Ohne Brief ist eine rechtlich wirksame Verfügung über die Hyp. nicht möglich (§ 1154 Abs. 1 BGB). Die Ergänzung fehlender Bestandteile ist zulässig, macht den Brief aber nicht mit rückwirkender Kraft, sondern nur ex nunc gültig. **18**

b) Bestehen Zweifel, ob ein gültiger Brief erteilt ist, so muss das GBAmt von Amts wegen die zur Aufklärung des Sachverhalts erforderlichen Ermittlungen anstellen und erforderlichenfalls einen neuen Brief herstellen (KGJ 46, 196). Zwangsmaßnahmen zur Wiedererlangung eines nichtigen Briefs sind zulässig (s. KG OLG 44, 163; Recke JW 1937, 2076 A. 18). **19**

6. Rechtsmittel. Gegen einen HypBrief ist wegen seiner Herstellung sowie wegen seines Inhalts die Beschwerde zulässig (BayObLG 1974, 56 = Rpfleger 1974, 160; KGJ 52, 215; JFG 15, 159). **20**

7. Kosten. a) Für die Erteilung eines HypBriefs wird eine $^1/_4$-Gebühr erhoben (§ 71 Abs. 1 KostO). Maßgebend für die Wertberechnung ist der Nennbetrag der HypForderung (§ 23 Abs. 2 KostO). **21**

b) Nach § 20 der bundeseinheitlichen KostVerf. v. 1. 3. 1976 (BayJMBl. 41) sind Auslagen für jedes verwendete Vordruckstück zu erheben; die Auslagen werden nur angesetzt, soweit sie gleichzeitig mit anderen Kosten einzufordern sind. Zur Erhebung von Auslagen bei Versendung des Briefs durch Einschreiben gegen Rückschein s. § 49a GBV; § 137 Nr. 2 KostO; § 55 Abs. 1 BayGBGA; OLG Zweibrücken Rpfleger 1998, 332; Simon Rpfleger 1997, 542. **22**

Sonstiger Inhalt des Hypothekenbriefs

57 (1) **Der Hypothekenbrief soll die Nummer des Grundbuchblatts und den Inhalt der die Hypothek betreffenden Eintragungen enthalten. Das belastete Grundstück soll mit der laufenden Nummer bezeichnet werden, unter der es im Bestandsverzeichnis des Grundbuchs verzeichnet ist. Bei der Hypothek eingetragene Löschungsvormerkungen nach § 1179 des Bürgerlichen Gesetzbuchs sollen in den Hypothekenbrief nicht aufgenommen werden.**

(2) **Ändern sich die in Absatz 1 Satz 1 und 2 bezeichneten Angaben, so ist der Hypothekenbrief auf Antrag zu ergänzen, soweit nicht die Ergänzung schon nach anderen Vorschriften vorzunehmen ist.**

Inhaltsübersicht

1. Allgemeines ... 1
2. Nummer des GBBlatts ... 2
3. Inhalt der die Hyp. betreffenden Eintragungen ... 3
4. Bezeichnung des belasteten Grundstücks ... 6
5. Entfallene Erfordernisse ... 7
6. Ergänzung des HypBriefs ... 8
7. Verletzung des § 57 ... 12
8. Kosten ... 13

1 **1. Allgemeines.** § 57, neu gefasst durch Art. 2 Nr. 4 des Ges. v. 22. 6. 1977 (BGBl. I 998), schreibt den nichtwesentlichen Inhalt des HypBriefs vor, verringert diesen zwecks Entlastung der GBÄmter gegenüber der bisherigen Regelung jedoch erheblich.

2 **2. Nummer des GBBlatts.** Erforderlich ist zunächst die Angabe der Nummer des GBBlatts. Wegen der Bezeichnung des GBBlatts s. GBV Muster Anl. 3.

3 **3. Inhalt der die Hyp. betreffenden Eintragungen. a)** Es kommen sämtliche die Hyp. betreffenden Eintragungen, also insbes. auch Vormerkungen (s. aber Rn. 4), Widersprüche, Nacherben- und Testamentsvollstreckervermerke sowie andere Verfügungsbeschränkungen (BayObLG 1980, 259 = Rpfleger 1980, 429) in Betracht, nicht aber Rangvermerke; im Hinblick auf den Wegfall des § 57 Abs. 2 Buchst. d a. F. sind letztere in einen nach dem 1. 1. 1978 erteilten Brief nicht mehr aufzunehmen (LG Krefeld Rpfleger 1979, 139; Mißling Rpfleger 1980, 332; KEHE Rn. 6; a. M. BayObLG MittBayNot 1979, 113; OLG Zweibrücken Rpfleger 1980, 109; OLG Oldenburg NdsRpfl. 1980, 264). In der Regel wird sich die wörtliche Wiedergabe des EintrVermerks empfehlen (s. jedoch Rn. 5).

4 **b)** Zu den die Hyp. betreffenden Eintragungen gehören an sich auch bei dieser eingetragene Löschungsvormerkungen nach § 1179 BGB; solche Vormerkungen sind jedoch nach Abs. 1 Satz 3 nicht in den Brief aufzunehmen.

5 **c)** Bei **nachträglicher Erteilung** oder Neuerteilung des Briefs ist eine zusammenfassende Wiedergabe des Inhalt der Eintragungen unter Weglassung überholter Vermerke, z. B. geänderter Zinssätze, zweckmäßig (vgl. JFG 13, 417).

4. Bezeichnung des belasteten Grundstücks. Das belastete Grundstück ist mit der laufenden Nummer zu bezeichnen, unter der es im Bestandsverzeichnis des GB verzeichnet ist; seiner näheren Beschreibung nach dem weiteren Inhalt des GB bedarf es nicht mehr. Für den Fall der Belastung eines Erbbaurechts oder des auf einem besonderen Blatt vorgetragenen Wohnungseigentums s. § 59 GBV und § 5 WGV. 6

5. Entfallene Erfordernisse. Gänzlich weggefallen sind die Bezeichnung des Eigentümers sowie die kurze Bezeichnung der Eintragungen, die der Hyp. im Rang vorgehen oder gleichstehen. 7

6. Ergänzung des HypBriefs. a) Sie ist in Abs. 2 für den Fall vorgesehen, dass sich die in Abs. 1 Satz 1 und 2 bezeichneten Angaben ändern und die Ergänzung des Briefs nicht schon nach anderen Vorschriften vorzunehmen ist. Letzteres trifft gemäß § 62 für alle Eintragungen bei der Hyp. mit Ausnahme der einer Löschungsvormerkung nach § 1179 BGB zu; hinsichtlich einer solchen scheidet eine Ergänzung des Briefs jedoch nach Abs. 1 Satz 3 aus. Wegen der Rangvermerke s. Rn. 3. Im Fall der Umschreibung eines GBBlatts ist ferner § 39 Abs. 3 Satz 4 GBV zu beachten. 8

b) Die Ergänzung des Briefs gemäß Abs. 2, die insbes. in Betracht kommt, wenn sich die Nummer des GBBlatts oder die laufende Nummer des belasteten Grundstücks im Bestandsverzeichnis geändert haben, erfolgt nur auf Antrag, der keiner besonderen Form bedarf. Antragsberechtigt ist jeder Briefbesitzer ohne besonderen Nachweis seines Rechts (Güthe/Triebel A. 13; KEHE Rn. 5; Meikel Rn. 14 und § 57 a. F. Rn. 33). 9

c) Der Ergänzungsvermerk wird im Anschluss an den letzten vorhandenen Vermerk auf den Brief oder bei Raummangel auf einen besonderen mit dem Brief durch Schnur und Siegel (§ 50 GBV) zu verbindenden Bogen (§ 49 GBV) gesetzt; er ist mit Unterschrift und Siegel oder Stempel zu versehen (s. § 56 Rn. 12–16). 10

d) Wird ein Brief **maschinell hergestellt,** gilt, sofern nicht gem. § 89 GBV ein ergänzter neuer Brief erteilt wird, für die Verbindung des Briefs und des Bogen mit den Ergänzungen § 50 GBV nicht; die Zusammengehörigkeit ist auf andere geeignete Weise sichtbar zu machen (§ 87 Satz 2 GBV).

e) Auf die Ergänzung eines vor dem 1. 1. 1978 erteilten Briefs ist § 57 in seiner bisherigen (durch § 27 Nr. 2 GBMaßnG geänderten) Fassung anzuwenden; jedoch soll eine nach dem genannten Zeitpunkt bei dem Recht eingetragene Löschungsvormerkung nach § 1179 BGB auch auf Antrag nicht auf dem Brief vermerkt werden (Art. 8 § 2 des Ges. v. 22. 6. 1977, BGBl. I 998). 11

12 **7. Verletzung des § 57.** § 57 ist nur eine Ordnungsvorschrift. Trotz Nichtbeachtung ist der Brief gültig, wenn er den Erfordernissen des § 56 entspricht. Jedoch sind Schadensersatzansprüche möglich (vgl. RG JW 1929, 772).

13 **8. Kosten.** Für die Briefergänzung nach Abs. 2 wird, sofern es sich nicht um eine gebührenfreie Nebentätigkeit handelt, eine Gebühr von 13 EUR erhoben (§ 72 KostO). Über die Gebührenfreiheit bei Berichtigung des Briefs aus Anlass der Umschreibung des GB s. AV v. 17. 3. 1937 (DJust. 482 = BayBSVJu V 345).

Verbindung der Schuldurkunde mit dem Hypothekenbrief

58 (1) **Ist eine Urkunde über die Forderung, für welche eine Hypothek besteht, ausgestellt, so soll die Urkunde mit dem Hypothekenbrief verbunden werden. Erstreckt sich der Inhalt der Urkunde auch auf andere Angelegenheiten, so genügt es, wenn ein öffentlich beglaubigter Auszug aus der Urkunde mit dem Hypothekenbrief verbunden wird.**

(2) **Zum Nachweis, daß eine Schuldurkunde nicht ausgestellt ist, genügt eine darauf gerichtete Erklärung des Eigentümers.**

1 **1. Allgemeines.** § 58 schreibt die Verbindung der Schuldurkunde mit dem HypBrief vor.

Die Eintragung einer Hyp. ist nach geltendem Recht nicht von der Vorlegung einer Schuldurkunde abhängig; die Ausstellung einer solchen kann daher unterbleiben. Ist aber eine Schuldurkunde vorhanden, so muss sie vorgelegt und mit dem Brief verbunden werden. Die Regelung soll verhindern, dass missbräuchlicherweise über die Hyp. und über die verbriefte Forderung besondere Verfügung getroffen wird (KG 53, 226).

Abs. 2 war ursprünglich Abs. 3; der frühere Abs. 2 wurde infolge der Neufassung des § 57 Abs. 2 Buchst. a gegenstandslos und daher durch § 27 Nr. 3 GBMaßnG aufgehoben.

2 **2. Schuldurkunde.** Mit dem Brief zu verbinden ist nur eine Urkunde über die der Hyp. zugrunde liegende persönliche Forderung (z. B. Darlehens- oder Kaufpreisrestforderung). Urkunden über Erklärungen, die lediglich das dingliche Recht betreffen (z. B. Einigung oder EintrBewilligung), gehören nicht hierher; ebenso wenig Legitimationsurkunden (z. B. Vollmachten, Zeugnisse, Erbscheine), sowie Abtretungs- oder Verpfändungserklärungen (KGJ 33, 267).

3 **3. Verbindung mit dem Brief. a)** Die Verbindung setzt voraus, dass eine Schuldurkunde vorhanden ist (s. Rn. 1). Zum Nachweis dafür, dass eine solche nicht ausgestellt wurde, genügt nach

Abs. 3 eine entsprechende Erklärung des Eigentümers; sie bedarf nicht der Form des § 29 Abs. 1 Satz 1, da es sich um keine zur Eintragung erforderliche Erklärung handelt (s. aber auch § 29 Rn. 6).

b) In der Regel ist die **Urschrift der Schuldurkunde** mit dem Brief zu verbinden; dies ergibt sich aus Abs. 1 Satz 1. Der Grundsatz erleidet aber mehrere **Ausnahmen:** 4

aa) Nach Abs. 1 Satz 2 genügt ein öffentlich beglaubigter Auszug aus der Urkunde, wenn sich ihr Inhalt auch auf andere Angelegenheiten erstreckt, wie es bei Kaufverträgen oder Erbauseinandersetzungsverträgen häufig der Fall sein wird; die Verbindung der vollständigen Urkunde mit dem Brief ist auch in einem solchen Fall nicht unzulässig, jedoch meistens unzweckmäßig und daher zu vermeiden.

bb) Ist die Schuldurkunde in einer notariellen Niederschrift enthalten, so kann nur eine Ausfertigung oder beglaubigte Abschrift, im Fall des Abs. 1 Satz 2 auch eine auszugsweise beglaubigte Abschrift, mit dem Brief verbunden werden. Denn die Urschrift der Urkunde bleibt in der Verwahrung des Notars (KG HRR 1936 Nr. 359). Ist die Urkunde eine vollstreckbare nach § 800 ZPO, so kann mit dem Brief auch eine vollstreckbare Ausfertigung verbunden werden (Schmidt DNotZ 1957, 14). 5

cc) Bei Herstellung eines TeilhypBriefs wird die Schuldurkunde mit diesem nach § 61 Abs. 2 Satz 3 in beglaubigter Abschrift verbunden; im Fall des § 64, nämlich bei Verteilung einer Gesamthypothek, ist mit einem der Briefe die von dem bisherigen Brief abzutrennende Urschrift oder Ausfertigung der Schuldurkunde, mit den übrigen eine beglaubigte Abschrift zu verbinden. 6

dd) Erweist sich die Verbindung der Urschrift mit dem Brief aus einem sonstigen Grund nicht als möglich, so ist die Verbindung mit einer beglaubigten Abschrift zulässig (JFG 8, 231); bei Erteilung eines neuen Briefs genügt mithin die Verbindung mit einer beglaubigten Abschrift der bei den Grundakten befindlichen beglaubigten Abschrift der Schuldurkunde, wenn diese selbst nicht mehr vorhanden ist. 7

c) Die Verbindung geschieht nach § 50 GBV mittels Schnur und Siegel. Eine beglaubigte Abschrift der Schuldurkunde ist nach § 15 GeschO zu den Grundakten zu nehmen. 8

d) Steht zur Überzeugung des GBAmts fest, dass die Forderung, z. B. wegen Nichtigkeit des zugrundeliegenden Rechtsverhältnisses, nicht besteht, so hat das GBAmt die Eintragung abzulehnen (Güthe/Triebel A. 3; Hesse/Saage/Fischer A. I; Meikel Rn. 13). 9

Hat es diese gleichwohl vorgenommen, so ist der Brief ohne Schuldurkunde zu erteilen.

e) Wird der Brief **maschinell hergestellt,** muss er nicht mit der Schuldurkunde verbunden werden. Dann muss er aber den Aufdruck: „Nicht ohne Vorlage der Urkunde für die Forderung gültig“ enthalten (§ 88 GBV).

10 **4. Abänderungsurkunden.** Sollen bei einer bereits eingetragenen Hyp. nachträglich ohne Änderung des ursprünglichen Schuldgrundes Abänderungen, z.B. neue Verzinsungs-, Kündigungs- und Rückzahlungsbedingungen, eingetragen werden, so braucht die Abänderungsurkunde nicht mit dem Brief verbunden zu werden; das Gesetz schreibt die Verbindung nicht vor; diese kann auch nicht mehr der Erübrigung einer vollständigen Wiedergabe der neuen Bedingungen in dem Brief dienen, weil die Notwendigkeit, den Inhalt einer Bezugnahme in den Brief aufzunehmen, entfallen ist; soweit in KGJ 53, 224 ein anderer Standpunkt eingenommen wurde, ist dieser überholt.

11 **5. Auflösung der Verbindung.** Wird die Hyp. in eine Grund- oder Rentenschuld umgewandelt oder die ihr zugrunde liegende Forderung durch eine andere ersetzt und der bisherige Brief beibehalten, so ist die Schuldurkunde von dem Brief abzutrennen (§ 65). Dasselbe gilt bei Löschung der Hyp. (§ 69) sowie bei Unbrauchbarmachung des Briefs im Zwangsversteigerungsverfahren (§ 127 ZVG).

12 **6. Verletzung des § 58. a)** Fehlt der Nachweis, dass keine Schuldurkunde ausgestellt wurde (s. Rn. 3), wird die Schuldurkunde aber nicht vorgelegt, so ist der EintrAntrag nach § 18 zu beanstanden und erforderlichenfalls zurückzuweisen (KEHE Rn. 3; Meikel Rn. 18). Ist die Verbindung der Urkunde mit dem Brief versehentlich unterblieben, so muss das Versäumte von Amts wegen nachgeholt werden.

13 **b)** Im Übrigen ist § 58 wie § 57 nur eine Ordnungsvorschrift. Verstöße gegen § 58 beeinflussen daher weder die Wirksamkeit der Eintragung noch die Gültigkeit des Briefs.

Gesamthypothekenbrief

59 (1) **Über eine Gesamthypothek soll nur ein Hypothekenbrief erteilt werden. Er ist nur von einer für die Führung des Grundbuchs zuständigen Person und von einem Urkundsbeamten der Geschäftsstelle oder ermächtigten Justizangestellten (§ 56 Abs. 2) zu unterschreiben, auch wenn bezüglich der**

belasteten Grundstücke insoweit verschiedene Personen zuständig sind.

(2) **Werden die Grundbücher der belasteten Grundstücke von verschiedenen Grundbuchämtern geführt, so soll jedes Amt für die Grundstücke, deren Grundbuchblätter es führt, einen besonderen Brief erteilen; die Briefe sind miteinander zu verbinden.**

Inhaltsübersicht

1. Allgemeines 1
2. GBFührung von demselben GBAmt 2
3. GBFührung von verschiedenen GBÄmtern 3
4. Behandlung des Briefs bei Erlöschen der Mithaft 5
5. Beschwerde 9
6. Verletzung des § 59 10
7. Kosten 11

1. Allgemeines. § 59 regelt die Brieferteilung bei Gesamthypotheken; er wird durch § 63 ergänzt. Abs. 1 Satz 2 wurde durch das RegVBG angefügt. 1

Abs. 1 betrifft den Fall, dass die Grundbücher der belasteten Grundstücke von demselben GBAmt geführt werden und die Brieferteilung gleichzeitig erfolgt; bei nachträglicher Mitbelastung eines anderen bei demselben GBAmt gebuchten Grundstücks gilt § 63. Werden die Grundbücher der belasteten Grundstücke von verschiedenen GBÄmtern geführt, so gilt Abs. 2; dabei ist es unerheblich, ob die Briefe von den beteiligten GBÄmtern gleichzeitig erteilt werden oder nicht.

2. GBFührung von demselben GBAmt. Für den Gesamtbrief gelten ebenfalls §§ 56 bis 58. Unterschrieben wird er auch dann, wenn bezüglich der belasteten Grundstücke insoweit verschiedene Personen zuständig sind, nur von einer für die Führung des GB zuständigen Person (Rpfleger) und einem Urkundsbeamten der Geschäftsstelle oder ermächtigten Justizangestellten (§ 59 Abs. 1 Satz 2). Im Übrigen gilt das in § 56 Rn. 12 bis 16 zur Unterschrift und zur Anbringung eines Siegels oder Stempels Gesagte. Nach der GBV (Muster Anl. 5) enthält der Brief folgende Angaben: Am Kopf die Bezeichnung „Deutscher Hypothekenbrief"; den Geldbetrag; die Bezeichnung der Hyp. als Gesamthyp. unter Angabe der in Betracht kommenden Blattnummern des GB sowie der laufenden Nummern der Eintragung; den Inhalt der Eintragung (s. dazu § 57 Rn. 3–5), wobei nach dem amtlichen Muster die Wiedergabe des Mithaftvermerks nicht notwendig ist; die Bezeichnung der belasteten Grundstücke je mit der laufenden Nummer, unter der sie im Bestandsverzeichnis des GB verzeichnet sind. 2

3 **3. GBFührung von verschiedenen GBÄmtern.** Über das Verfahren der beteiligten GBÄmter bei Gesamtbelastungen s. § 48 Rn. 27 ff.

a) Jedes GBAmt erteilt zunächst nach §§ 56, 57 einen besonderen Brief. Es empfiehlt sich im Allgemeinen, die einzelnen Briefe erst auszustellen, nachdem die Eintragungen auf sämtlichen beteiligten Blättern übereinstimmend vollzogen sind; doch kann im Einzelfall ein anderes Verfahren geboten sein (§ 37 Abs. 2 a GeschO, § 54 Abs. 1 BayGBGA). Die Verbindung der Schuldurkunde nach § 58 nimmt zweckmäßig das GBAmt mit vor, welches den ersten Brief erteilt.

4 **b)** Sodann werden die Einzelbriefe miteinander durch Schnur und Siegel **verbunden** (§ 50 GBV). Sind die GBÄmter A, B, C in dieser Reihenfolge beteiligt, so verbindet zweckmäßig B den von ihm hergestellten Brief mit dem von A erteilten; beide Briefe werden wiederum von dem GBAmt C mit dem von diesem erteilten Brief verbunden. Eine allgemeine Regel lässt sich aber nicht aufstellen. Gegenseitige Verständigung der beteiligten GBÄmter ist geboten (§ 37 Abs. 2 b GeschO, § 54 Abs. 2 BayGBGA). Erfolgt die Belastung eines im Bezirk eines anderen GBAmts liegenden Grundstücks erst nach Erteilung des Briefs, so ist die Verbindung von diesem GBAmt vorzunehmen (§ 37 Abs. 2 c GeschO).

c) Wird ein Brief **maschinell hergestellt**, so ist abweichend von Abs. 2 Halbsatz 2 eine Verbindung der Briefe nach Maßgabe des § 50 GBV, also mit Schnur und Siegel, nicht notwendig; die Zusammengehörigkeit der Briefe ist vielmehr in anderer geeigneter Weise sichtbar zu machen (§ 87 Satz 4 GBV).

5 **4. Behandlung des Briefs bei Erlöschen der Mithaft. a)** Ist nur ein Brief erteilt (Abs. 1), so wird das Erlöschen gemäß § 62 Abs. 1 auf dem Brief vermerkt und die Bezeichnung des aus der Gesamthaft ausgeschiedenen Grundstücks in der Überschrift rot unterstrichen. In dem Muster Anl. 5 der GBV würde der entsprechende Vermerk etwa lauten: „Die Hyp. ist im GB von Waslingen Blatt 31 am . . . gelöscht." Gleichzeitig sind die Worte in der Überschrift „und ebenda Blatt 31 Abteilung III Nr. 2 (zwei)", ferner der Eintrag II unter „Belastete Grundstücke" rot zu unterstreichen. Das Wort „Gesamthypothek" ist in „Hypothek" zu ändern.

6 **b)** Falls die Hyp. bei der Zwangsversteigerung des Grundstücks Waslingen Blatt 31 erloschen wäre, müsste der gemäß § 127 ZVG durch das Vollstreckungsgericht auf den Brief zu setzende Vermerk

etwa lauten: „Bei der Zwangsversteigerung des Grundstücks Waslingen Blatt 31 ist die Hyp. auf diesem Grundstück erloschen.“ Im Übrigen ist wie in Rn. 5 zu verfahren.

c) Sind **mehrere Briefe** erteilt (Abs. 2), so ist gemäß § 62 Abs. 1 die Löschung auf dem Brief über das gelöschte Recht, auf den übrigen das Erlöschen der Mithaft zu vermerken. Der Brief über das gelöschte Recht ist dann zweckmäßig von den übrigen abzutrennen und nach § 69 GBO, § 53 GBV unbrauchbar zu machen. Die etwa mit dem unbrauchbar gemachten Brief verbundene Schuldurkunde wird nicht nach § 69 Satz 2 zurückgegeben, sondern bleibt mit den übrigen Briefen verbunden. 7

d) Über die Behandlung des Gesamtbriefs im Fall der Verteilung einer Gesamthyp. auf die einzelnen Grundstücke s. § 64 Rn. 5. 8

5. Beschwerde. Hier gilt das zu § 56 Rn. 20 Gesagte. Jedoch gibt es keine Sachbeschwerde eines GBAmts gegen Entscheidungen eines anderen gemäß § 59 beteiligten GBAmts (KGJ 52, 102). 9

6. Verletzung des § 59. § 59 ist ebenso wie § 57 und § 58 nur eine Ordnungsvorschrift. Verstöße gegen § 59 berühren weder die Wirksamkeit der Eintragung noch die Gültigkeit des Briefs oder der versehentlich nicht verbundenen mehreren Briefe. Schadensersatzansprüche sind möglich. 10

7. Kosten. Für die Erteilung des Gesamtbriefs wird eine $^1/_4$-Gebühr erhoben, und zwar im Fall des Abs. 1 nur einmal (§ 71 Abs. 1 und Abs. 2 Satz 1 KostO). In den Fällen des Abs. 2 sind die Gebühren für jeden Brief besonders zu erheben, und zwar nach dem Wert, nach welchem die Gebühren für die Eintragung des Rechts zu berechnen sind. Ist das Recht bereits eingetragen, so ist der Wert maßgebend, nach dem die EintrGebühr zu erheben wäre, wenn das Recht im Zeitpunkt der Brieferteilung eingetragen würde (§ 71 Abs. 2 Satz 2 KostO). Zur Erhebung von Auslagen s. § 56 Rn. 22. 11

Aushändigung des Hypothekenbriefs

60 (1) **Der Hypothekenbrief ist dem Eigentümer des Grundstücks, im Falle der nachträglichen Erteilung dem Gläubiger auszuhändigen.**

(2) **Auf eine abweichende Bestimmung des Eigentümers oder des Gläubigers ist die Vorschrift des § 29 Abs. 1 Satz 1 entsprechend anzuwenden.**

Inhaltsübersicht

1. Allgemeines ... 1
2. Empfangsberechtigung ... 3
3. Abweichende Bestimmung ... 5
4. Rückgabe eines eingereichten Briefs ... 9
5. Form der Aushändigung ... 11
6. Herausgabeanspruch ... 13
7. Verletzung des § 60 ... 16

1 **1. Allgemeines.** § 60 trifft Bestimmungen über die Aushändigung des gebildeten HypBriefs.

a) Nach § 1117 Abs. 1 BGB erwirbt der Gläubiger die Hyp. erst, wenn ihm der Brief von dem Eigentümer übergeben wird; bis zu diesem Zeitpunkt ist der Eigentümer des Grundstücks nach § 952 BGB auch Eigentümer des Briefs. Eine Ausnahme gilt, wenn eine Vereinbarung gemäß § 1117 Abs. 2 BGB getroffen ist; hier erwirbt der Gläubiger die Hyp. mit der Eintragung, das Eigentum am Brief mit dessen Herstellung. Wird der Brief nachträglich erteilt, so gelangt er mit der Herstellung in das Eigentum des Gläubigers. Dieser sachlichrechtlichen Regelung entspricht die Regelung der formellrechtlichen Empfangsberechtigung.

2 **b)** Soll ein Briefrecht abgetreten werden, ersetzt eine Vereinbarung gemäß § 1117 Abs. 2 BGB die nach § 1154 Abs. 1 Satz 1 BGB erforderliche Briefübergabe nur unter der Voraussetzung, dass das GBAmt den Brief in Händen hat oder die rechtlichen Voraussetzungen für seine Bildung vorliegen. Letzteres ist bei einem nicht mehr vorhandenen Brief erst dann der Fall, wenn dem GBAmt ein Ausschlussurteil gemäß § 1162 BGB mit dem Antrag gemäß § 67, einen neuen Brief zu erteilen, vorgelegt wird (RG 84, 314; BayObLG 1987, 99 = Rpfleger 1987, 363). Die für das GBAmt maßgebende Bestimmung gemäß Abs. 2 wird durch eine Vereinbarung gemäß § 1117 Abs. 2 BGB nicht ersetzt, kann jedoch in ihr enthalten sein.

3 **2. Empfangsberechtigung. a)** Wird der Brief bei Eintragung der Hyp. erteilt, so ist er dem Eigentümer auszuhändigen; wird er nachträglich erteilt, d.h. eine Buchhyp. in eine Briefhyp. umgewandelt, so hat die Aushändigung an den Gläubiger zu erfolgen. Ist mit der Umwandlung gleichzeitig eine Abtretung verbunden, so erhält den Brief der bisherige Gläubiger.

4 **b)** Der hiernach Empfangsberechtigte kann eine abweichende Bestimmung treffen (s. Rn. 5). Der Gläubiger erlangt im Fall des § 1117 Abs. 1 BGB das Bestimmungsrecht nicht dadurch, dass er Zahlung des Entgelts für die Hyp. nachweist. Es steht ihm auch nicht zu, wenn der Eigentümer zur Bewilligung einer Hyp. verur-

teilt ist (KGJ 21, 171). Der Notar hat ohne besondere Vollmacht kein Bestimmungsrecht; § 15 gilt für eine solche Erklärung des Notars nicht (s. § 15 Rn. 15).

3. Abweichende Bestimmung a) Inhalt. Der Eigentümer kann bestimmen, dass der Brief dem Gläubiger oder einem Dritten, der Gläubiger, dass der Brief dem Eigentümer oder einem Dritten ausgehändigt werden soll. Die Bestimmung ist eine einseitige Erklärung, für welche lediglich der Wille des Bestimmungsberechtigten maßgebend ist. Beantragt daher der Eigentümer die Aushändigung des Briefs an den Gläubiger, so kann nicht außerdem der Nachweis einer Vereinbarung nach § 1117 Abs. 2 BGB verlangt werden. Eine solche Vereinbarung ersetzt andererseits nicht die Bestimmung gemäß Abs. 2; diese kann aber in ihr enthalten sein. Geht die Bestimmung dahin, dass der Gläubiger berechtigt sein soll, sich den Brief vom GBAmt aushändigen zu lassen, so bedarf es noch eines besonderen formlosen Antrags auf Briefaushändigung. Diesen kann der Gläubiger oder der beurkundende Notar für ihn auf Grund einer besonderen, aber formfreien Vollmacht stellen; auch mündliche Vollmacht genügt, sofern nur die Erteilung dem GBAmt nachgewiesen ist (KGJ 30, 272). 5

Hat der Eigentümer bestimmt, dass der Brief dem Gläubiger zu Händen des amtierenden **Notars ausgehändigt** werden soll und beantragt dieser, den Brief unmittelbar an den Gläubiger zu übersenden, so liegt darin keine Ausübung des Bestimmungsrechts nach § 60 Abs. 2; dem Antrag ist ohne Prüfung der Frage zu entsprechen, ob sich der Notar des etwa erforderlichen Einverständnisses der Beteiligten mit der Abkürzung des Übersendungswegs versichert hat. 6

b) Form. Die Erklärung des Bestimmungsberechtigten bedarf nach Abs. 2 der Form des § 29 Abs. 1 Satz 1, weil eine beweissichere Grundlage geschaffen werden soll. Die Formvorschrift gilt daher auch für die Vollmacht zur Abgabe der Erklärung. 7

c) Zurücknahme. Eine Zurücknahme der Bestimmung ist nicht zulässig. Mit Überreichung der die Erklärung enthaltenden öffentlichen oder öffentlich beglaubigten Urkunde an den Gläubiger oder an das GBAmt wird die getroffene Bestimmung unwiderruflich (KGJ 38, 283; JFG 8, 230). 8

4. Rückgabe eines eingereichten Briefs. a) § 60 ist nicht anwendbar, wenn der HypBrief bereits erteilt ist und später aus irgendeinem Grund eingereicht wird (RG HRR 1932 Nr. 473). In diesem Fall ist der Brief dem, der ihn im eigenen Namen vorgelegt hat, und, falls der Brief in fremdem Namen überreicht ist, dem zurückzugeben, in dessen Namen er eingereicht ist (KG OLG 44, 163). 9

So ist z.B. bei Teilabtretung in Ermangelung einer anderen Bestimmung der Stammbrief und der Teilbrief dem bisherigen Gläubiger auszuhändigen, wenn dieser den Stammbrief eingereicht hat.

10 **b)** Der Empfangsberechtigte kann eine abweichende Bestimmung treffen (RG HRR 1932 Nr. 473). Diese Bestimmung bedarf nicht der Form des § 29 Abs. 1 Satz 1; sie kann in dieser Form verlangt werden, wenn Zweifel an der Echtheit der Unterschrift bestehen. Eine Zurücknahme der Bestimmung ist hier zulässig. S. auch § 62 Rn. 20.

11 **5. Form der Aushändigung. a)** Maßgebend ist § 38 GeschO, § 55 BayGBGA. Danach erfolgt die Aushändigung an der Amtsstelle gegen Quittung, die Übersendung durch die Post mit Zustellungsurkunde oder Einschreiben (§ 49a GBV), die Aushändigung durch Vermittlung des Gerichtswachtmeisters gegen schriftliches Empfangsbekenntnis des Empfängers. Über die Aushändigung muss sich ein Nachweis bei den Grundakten befinden. Die Landesjustizverwaltungen können andere Versendungsverfahren bestimmen (§ 49a Satz 2 GBV).

12 **b)** Nach § 10 KostO kann der neu erteilte wie der später eingereichte Brief zurückbehalten werden, bis die in der Angelegenheit erwachsenen Kosten bezahlt sind. Wegen der Auslagen für die Versendung eines Grundschuldbriefs per Einschreiben mit Rückschein s. § 56 Rn. 22.

13 **6. Herausgabeanspruch. a)** § 60 betrifft nur den öffentlichrechtlichen Anspruch gegen das GBAmt auf Herausgabe des Briefs (KGJ 40, 325). Daneben besteht aber noch ein privatrechtlicher Herausgabeanspruch gegen den Justizfiskus auf Grund eines verwahrungsähnlichen Rechtsverhältnisses (KGJ 40, 324). Nur der privatrechtliche, nicht der öffentlichrechtliche Herausgabeanspruch ist pfändbar (KGJ 44, 278). Die Pfändung hat nur Erfolg, wenn dem Pfändungsschuldner nicht nur der privatrechtliche, sondern auch der öffentlichrechtliche Herausgabeanspruch zusteht (KGJ 44, 277; OLG Neustadt Rpfleger 1960, 155). Soll z.B. die für A eingetragene Briefhyp. nach Herstellung des Briefs gepfändet werden, so muss außer der Vereinbarung nach § 1117 Abs. 2 BGB (s. Rn. 1) auch die Bestimmung des Eigentümers nach § 60 Abs. 2 vorliegen, dass der Brief dem A auszuhändigen ist.

14 **b)** Nur der öffentlich-rechtliche Anspruch kann im Beschwerdeverfahren nach §§ 71ff. verfolgt werden. Wegen des privatrechtlichen Anspruchs ist dagegen nur Klage gegen den Justizfiskus oder, wenn dieser die Herausgabe nur wegen bestehender Zweifel, wer der Berechtigte ist, verweigert, auch unmittelbar gegen diejenigen

zulässig, die das Recht auf Herausgabe für sich in Anspruch nehmen (KGJ 40, 322).

c) Besteht Streit oder Ungewissheit, wem der Brief auszuhändigen ist, so wird er einstweilen in Urkundenverwahrung zu nehmen sein (KGJ 40, 328). **15**

7. Verletzung des § 60. a) § 60 ist nur eine Ordnungsvorschrift. Verstöße beeinträchtigen daher weder die Wirksamkeit der Eintragung noch die Gültigkeit des Briefs, aber Schadensersatzansprüche sind leicht möglich. **16**

b) Ist der Brief versehentlich einem anderen als dem Empfangsberechtigten ausgehändigt worden, so kann ihn das GBAmt von dem Empfänger zurückfordern und die Rückgabe gemäß § 33 FGG erzwingen (KGJ 38, 290). Es darf dabei nicht in die Rechte des Empfängers oder eines Dritten eingreifen (OLG Düsseldorf Rpfleger 1969, 65). Zur Beachtung solcher Rechte muss es genügen, dass sie glaubhaft gemacht sind. **17**

c) Gegen unrichtige Aushändigung des Briefs ist Beschwerde zulässig (KG OLG 44, 163). **18**

Teilhypothekenbrief

61 (1) **Ein Teilhypothekenbrief kann von dem Grundbuchamt oder einem Notar hergestellt werden.**

(2) **Der Teilhypothekenbrief muß die Bezeichnung als Teilhypothekenbrief sowie eine beglaubigte Abschrift der im § 56 Abs. 1 Satz 2 vorgesehenen Angaben des bisherigen Briefes enthalten, den Teilbetrag der Hypothek, auf den er sich bezieht, bezeichnen sowie mit Unterschrift und Siegel oder Stempel versehen sein. Er soll außerdem eine beglaubigte Abschrift der sonstigen Angaben des bisherigen Briefes und der auf diesem befindlichen Vermerke enthalten. Eine mit dem bisherigen Brief verbundene Schuldurkunde soll in beglaubigter Abschrift mit dem Teilhypothekenbrief verbunden werden.**

(3) **Wird der Teilhypothekenbrief vom Grundbuchamt hergestellt, so ist auf die Unterschrift § 56 Abs. 2 anzuwenden.**

(4) **Die Herstellung des Teilhypothekenbriefes soll auf dem bisherigen Briefe vermerkt werden.**

Inhaltsübersicht

1. Allgemeines 1
2. Bedeutung des Teilbriefs 2
3. Teilung der Forderung 4
4. Vorhandensein und Vorlegung des Stammbriefs 8

5. Antrag 9
6. Zuständigkeit 11
7. Kein Vermerk über Herstellung des Teilbriefs im GB 13
8. Wesentliche Erfordernisse des Teilbriefs 14
9. Nichtwesentliche Erfordernisse des Teilbriefs 19
10. Behandlung des Stammbriefs 24
11. Aushändigung des Stammbriefs und des Teilbriefs 26
12. Verletzung des § 61 27
13. Kosten 29

1 **1. Allgemeines.** § 61, geändert durch Art. 2 Nr. 5 des Ges. v. 22. 6. 1977 (BGBl. I 998) und das RegVBG, regelt die Zuständigkeit zur Herstellung eines TeilhypBriefs, bestimmt seinen wesentlichen und nichtwesentlichen Inhalt und legt fest, von wem er zu unterschreiben ist.

2 **2. Bedeutung des Teilbriefs. a)** Der Teilbrief soll den Rechtsverkehr erleichtern. Ohne die Möglichkeit der Herstellung eines Teilbriefs müsste z.B. bei teilweiser Abtretung und Verpfändung einer Briefhyp. nach §§ 1154, 1274 BGB stets der Brief übergeben oder wenigstens Mitbesitz daran eingeräumt werden (s. RG JW 1928, 2783; zur wirksamen Rangbestimmung hinsichtlich der Teilrechte untereinander ohne GBEintragung s. § 45 Rn. 47). Um dies zu vermeiden, lässt § 1152 BGB bei Teilung der Forderung die Herstellung eines Teilbriefs zu. Notwendig ist die Herstellung aber nicht. Machen die Beteiligten von der Möglichkeit der Herstellung eines Teilbriefs keinen Gebrauch, so behält der bisherige Brief für den Gesamtbetrag der Hyp. Geltung (KGJ 44, 285).

3 **b)** Der Teilbrief tritt für den Teil, auf den er sich bezieht, an die Stelle des bisherigen Briefs (§ 1152 Satz 2 BGB). Er kann bei Herstellung weiterer Teilbriefe wiederum Stammbrief sein.

4 **3. Teilung der Forderung. a)** Sie ist Voraussetzung der Herstellung eines Teilbriefs. Sie kann auf Grund Rechtsgeschäfts oder kraft Gesetzes eintreten. Als Hauptfälle der Teilung kommen die Abtretung, Belastung oder Pfändung eines Teilbetrags der Forderung in Betracht. Des Weiteren gehören hierher der gesetzliche Übergang eines Forderungsteils, die teilweise Umwandlung einer Hyp. in eine Eigentümergrundschuld (s. hierzu auch Rn. 7) sowie der Übergang einer Hyp. auf eine Bruchteilsgemeinschaft (KGJ 39, 268; JFG 21, 9). Die Veränderung in der Person des Gläubigers ist jedoch kein Begriffsmerkmal der Teilung (OLG Dresden JFG 3, 434). Die Teilung kann auch lediglich darin bestehen, dass für die einzelnen Teilbeträge verschiedene Bestimmungen, z. B. hinsichtlich des Rangs (s. hierzu JFG 14, 146; OLG Zweibrücken Rpfleger 1985, 54) des Zinssatzes oder der Kündigungsbedingungen getroffen werden.

Teilung ist anzunehmen, wenn sich der Eigentümer nur wegen eines letztrangigen Teilbetrags der Hyp. der sofortigen **Zwangsvollstreckung unterwirft** (OLG Hamm Rpfleger 1984, 60, zugleich zur Notwendigkeit einer Bewilligung der Teilung durch den Gläubiger; OLG Köln JurBüro 1984, 122), nicht aber, wenn die Unterwerfung nur wegen eines zuletzt zu zahlenden Teilbetrags erklärt wird (OLG Hamm Rpfleger 1987, 59 mit Anm. v. Wolfsteiner DNotZ 1988, 234; s. zu diesem Fall auch BGH 108, 372 = Rpfleger 1990, 16 mit kritischer Anm. v. Wolfsteiner DNotZ 1990, 589), eine Bestimmung über den Rang des Teilbetrags also nicht getroffen wird (BayObLG 1985, 142 = Rpfleger 1985, 355). Neben der Abtretungserklärung des Gläubigers über einen mittelrangigen Teilbetrag ist eine weitere Erklärung zur Teilung der Forderung in drei Teilbeträge nicht erforderlich; in der Abtretungserklärung ist auch die Bestimmung des Rangverhältnisses der drei Teilbeträge enthalten (OLG Hamm Rpfleger 1992, 340 mit zust. Anm. v. Meyer-Stolte Rpfleger 1992, 386). Keine Teilung liegt vor, wenn ein Teil der Forderung nach § 1180 BGB durch eine andere Forderung ersetzt wird (KEHE Rn. 2; Meikel Rn. 17, 19). Die Herstellung eines Teilbriefs setzt nicht voraus, dass die Teilung bereits erfolgt oder mindestens bewilligt und beantragt ist; es genügt vielmehr grundsätzlich, dass sie beabsichtigt ist (vgl. OLG Oldenburg Rpfleger 1970, 100). 5

b) Bei einer **verzinslichen Briefhyp.** kann im Fall der Abtretung des Zinsrechts ohne die Hyp. sowie im Fall der Abtretung der Hyp. unter Vorbehalt des Rechts auf die künftigen Zinsen über das gesondert abgetretene oder vorbehaltene Zinsrecht ein Teilbrief gebildet werden (RG 86, 219; KG HRR 1931 Nr. 2060). Dagegen ist die Herstellung eines Teilbriefs über rückständige Zinsen und andere Nebenleistungen mit Rücksicht auf §§ 1159, 1178 Abs. 1 BGB ausgeschlossen. 6

c) Wenn sich eine Briefhyp. teilweise in eine Eigentümergrundschuld verwandelt, so ist, falls die besondere Verbriefung dieses Teils beantragt wird, ein Teilgrundschuldbrief und nicht ein selbstständiger Grundschuldbrief herzustellen. Denn § 1152 BGB ist auch anwendbar, wenn von den beiden Teilen eines Rechts der eine Hypothek, der andere Grundschuld ist (KGJ 40, 339). Notwendig ist jedoch die Herstellung eines Teilgrundschuldbriefs nicht (JFG 21, 310). 7

4. Vorhandensein und Vorlegung eines Stammbriefs. Die Herstellung eines Teilbriefs setzt ferner das Vorhandensein eines Stammbriefs (JFG 21, 9) sowie dessen Vorlegung (JFG 6, 387) voraus. Wird daher eine Buchhyp. teilweise in eine Briefhyp. umge- 8 wandelt, so ist über den umgewandelten Teil ein selbständiger Brief herzustellen; ebenso bei Zerlegung einer Buchhyp. in mehrere Briefhyp. (KGJ 39, 274; JFG 21, 10). Wird eine Briefhyp. für mehrere Gläubiger in Bruchteilsgemeinschaft eingetragen, so ist entweder ein Brief über das ganze Recht zu bilden oder auf entsprechenden Antrag über den Anteil jedes Gläubigers ein selbstständiger Stammbrief zu erteilen (JFG 21, 8). Der dem früheren Gläubiger im Fall des § 17 AufwG nach § 3 der VO zur weiteren Durchführung des Ges. v. 12. 9. 1927 (RGBl. I 299) erteilte Hypotheken- oder Grundschuldbrief ist ein selbständiger Brief und kein Teilbrief. Die Vorlegung des ursprünglichen Briefs ist daher nicht erforderlich (JFG 6, 386).

9 **5. Antrag. a)** Ein Teilbrief wird nicht von Amts wegen, sondern nur auf Antrag ausgestellt. Der Antrag ist formfrei. Antragsberechtigt sind unabhängig voneinander der bisherige und der neue Gläubiger, dieser aber nur, wenn er bereits ein dingliches Recht erworben hat. Antragsberechtigt sind ferner der Pfandgläubiger und der Pfändungsgläubiger; s. in letzterer Hinsicht Anh. zu § 26 Rn. 30.

10 **b)** Eine Zustimmung des Eigentümers ist nach § 1152 Satz 1 BGB nicht erforderlich. Ebensowenig bedarf der neue Gläubiger der Zustimmung des bisherigen Gläubigers (Bauer/v. Oefele Rn. 16; a. M. KEHE Rn. 5); jedenfalls ist eine Zustimmung des bisherigen Gläubigers dann nicht notwendig, wenn dieser den Stammbrief kraft gesetzlicher Vorschrift vorlegen muss (§§ 1145, 1150, 1167, 1168 BGB).

11 **6. Zuständigkeit. a)** Zuständig zur Herstellung eines Teilbriefs sind nach Abs. 1 das GBAmt, welches das GB über das belastete Grundstück führt, oder ein Notar (s. auch § 20 Abs. 2 BNotO). § 61 Abs. 1 in seiner ursprünglichen Fassung sah auch eine Zuständigkeit der Gerichte vor. Er ist durch das BeurkG nicht geändert worden; dennoch dürften Gerichte seit dessen Inkrafttreten zur Herstellung von Teilbriefen nicht mehr befugt gewesen sein. Für *Bayern* stellt Art. 43 AGGVG v. 23. 6. 1981 (BayRS 300-1-1-J) klar, dass die Gerichte nur als GBÄmter zuständig sind. Durch das RegVBG wurde die Erwähnung der Gerichte in § 61 Abs. 1 gestrichen.

12 **b)** Eine Eintragung nach § 62 Abs. 1, z. B. die Eintragung einer Teilabtretung, kann nur von dem zuständigen GBAmt auf dem Stammbrief und dem Teilbrief vermerkt werden.

13 **7. Kein Vermerk über Herstellung des Teilbriefs im GB.** Die Herstellung eines Teilbriefs wird im GB nicht vermerkt. Um-

gekehrt kann z.B. die Eintragung einer Teilabtretung nicht davon abhängig gemacht werden, dass ein Antrag auf Erteilung eines Teilbriefs gestellt wird (s. Rn. 2).

8. Wesentliche Erfordernisse des Teilbriefs. Dies sind nach Abs. 2 Satz 1: 14

- Bezeichnung als TeilhypBrief.
- Beglaubigte Abschrift der in § 56 Abs. 1 Satz 2 vorgesehenen Angaben des bisherigen Briefs. Nach dem amtlichen Muster GBV Anl. 4 wird der ganze Stammbrief mit Ausnahme des Vermerks über die Teilabtretung, Teilverpfändung oder Teilpfändung abgeschrieben. Hinter der Abschrift wird vermerkt: „Die vorstehende Abschrift stimmt mit der Urschrift überein". 15
- Bezeichnung des Teilbetrags der Hypothek, auf den sich der Teilbrief bezieht. Nach dem amtlichen Muster GBV Anl. 4 geschieht dies durch einen entsprechenden Vermerk in der Überschrift und am Schluss des Teilbriefs. 16
- Unterschrift. Gem. § 61 Abs. 3 ist auf die Unterschrift eines vom GBAmt hergestellten Teilbriefs § 56 Abs. 2 anzuwenden; es gilt das zu § 56 Rn. 12ff. Gesagte. Wird der Teilbrief nicht vom GBAmt, sondern von einem Notar hergestellt, so ist der Vermerk über die Herstellung des Teilbriefs nur von dem Notar zu unterschreiben. Wegen der Datierung s. § 56 Rn. 15. 17
- Siegel oder Stempel. Es gilt das zu § 56 Rn. 16 Gesagte. 18

9. Nichtwesentliche Erfordernisse des Teilbriefs. Dies sind nach Abs. 2 Satz 2 und 3: 19

- Beglaubigte Abschrift der sonstigen, d.h. der nichtwesentlichen Angaben des bisherigen Briefs. Auch überholte Vermerke sind zu übernehmen; eine vorherige Berichtigung des Stammbriefs erfolgt nur auf Antrag und zwar gemäß § 57 Abs. 2 oder, sofern der Stammbrief vor dem 1. 1. 1978 erteilt worden ist, gemäß § 57 a.F. (s. dazu § 57 Rn. 11).
- Beglaubigte Abschrift der auf dem Stammbrief befindlichen Vermerke, mag es sich um amtliche oder um Privatvermerke handeln; hierher gehört z.B. ein Vermerk über die teilweise Befriedigung des Gläubigers. 20
- Herstellungsvermerk. Er ist von der Stelle auf den Teilbrief zu setzen, die diesen hergestellt hat. Wegen des Wortlauts s. das amtliche Muster GBV Anl. 4. 21
- Eintragungsvermerk. Dieser ist gemäß § 62 Abs. 1, und zwar stets vom GBAmt, auf den Brief zu setzen (s. Rn. 12). 22

23 • Verbindung einer beglaubigten Abschrift einer mit dem bisherigen Brief verbundenen Schuldurkunde durch Schnur und Siegel. Andere Urkunden, z.B. über Teilabtretung oder Teilpfändung werden mit dem Teilbrief nicht verbunden (s. § 58 Rn. 2). Die Verbindung des Briefs mit einer beglaubigten Abschrift der Schuldurkunde unterbleibt, wenn der Teilbrief maschinell hergestellt wird; in diesem Fall muss er den Aufdruck: „Nicht ohne Vorlage der Urkunde für die Forderung gültig" enthalten (§ 88 GBV).

24 **10. Behandlung des Stammbriefs. a)** Die Herstellung des Teilbriefs ist nach Abs. 4 auf dem Stammbrief zu vermerken, und zwar von der Stelle, die den Teilbrief hergestellt hat; es handelt sich um eine Ordnungsvorschrift. Wegen der Unterschrift s. Rn. 17. EintrVermerke nach § 62 Abs. 1 kann nur das GBAmt auf den Stammbrief setzen (s. Rn. 12).

25 **b)** Gemäß § 48 GBV ist der Betrag, auf den sich der Stammbrief noch bezieht, neben der in der Überschrift enthaltenen Bezeichnung des Rechts durch den Vermerk ersichtlich zu machen: „Noch gültig für (Angabe des Betrags)". Der Vermerk ist zu datieren und zu unterschreiben; Beifügung des Siegels oder Stempels ist nicht erforderlich. Der ursprüngliche Betrag der Hyp. ist rot zu unterstreichen.

26 **11. Aushändigung des Stammbriefs und des Teilbriefs.** Stammbrief und Teilbrief sind bei Fehlen einer anderen Bestimmung dem bisherigen Gläubiger auszuhändigen, wenn dieser den Stammbrief eingereicht hat. S. auch § 62 Rn. 20.

27 **12. Verletzung des § 61. a)** Ist der Teilbrief nicht von einer zuständigen Stelle hergestellt (s. Rn. 11) oder fehlt ein wesentliches Erfordernis (s. Rn. 14ff.), so ist er nichtig. Fehlt ein nichtwesentliches Erfordernis (s. Rn. 19ff.), so berührt dies die Gültigkeit des Teilbriefs nicht.

28 **b)** Ist der Stammbrief ungültig (s. § 56 Rn. 18), so muss auch der Teilbrief ungültig sein. Sorgfältige Prüfung des Stammbriefs vor Herstellung des Teilbriefs ist daher zu empfehlen.

Fehlt auf dem Stammbrief der Vermerk über die Herstellung eines Teilbriefs (s. Rn. 24) und der Nochgültigkeitsvermerk (s. Rn. 25), so erwirbt, falls die Teilung weder aus dem GB noch aus dem Stammbrief ersichtlich, auch bei im Übrigen ordnungsmäßiger Herstellung des Teilbriefs, ein gutgläubiger Dritter das ganze Recht (s. § 56 Rn. 4).

29 **13. Kosten. a)** Für die Erteilung eines TeilhypBriefs wird eine $^{1}/_{4}$-Gebühr erhoben (§ 71 Abs. 1 KostO). Maßgebend für die Wert-

berechnung ist der Betrag der Forderung, auf den sich der Teilbrief bezieht (§ 23 Abs. 2 KostO). Zur Erhebung von Auslagen s. § 56 Rn. 22.

b) Der Vermerk auf dem Stammbrief ist gebührenfreies Nebengeschäft. 30

Vermerk späterer Eintragungen

62 (1) **Eintragungen, die bei der Hypothek erfolgen, sind von dem Grundbuchamt auf dem Hypothekenbrief zu vermerken; der Vermerk ist mit Unterschrift und Siegel oder Stempel zu versehen. Satz 1 gilt nicht für die Eintragung einer Löschungsvormerkung nach § 1179 des Bürgerlichen Gesetzbuchs.**

(2) **Auf die Unterschrift ist § 56 Abs. 2 anzuwenden.**

(3) **In den Fällen des § 53 Abs. 1 hat das Grundbuchamt den Besitzer des Briefes zur Vorlegung anzuhalten. In gleicher Weise hat es, wenn in den Fällen des § 41 Abs. 1 Satz 2 und des § 53 Abs. 2 der Brief nicht vorgelegt ist, zu verfahren, um nachträglich den Widerspruch auf dem Brief zu vermerken.**

Inhaltsübersicht

1. Allgemeines ... 1
2. Eintragungen bei der Hypothek ... 3
3. Vermerk der Eintragung ... 6
4. Erteilung eines neuen Briefs ... 11
5. Beschaffung des Briefs durch den Antragsteller ... 12
6. Beschaffung des Briefs von Amts wegen ... 13
7. Amtsverfahren ... 17
8. Rückgabe des Briefs ... 20
9. Aushändigung an einen Nichtempfangsberechtigten ... 23
10. Verletzung des § 62 ... 24
11. Kosten ... 25

1. Allgemeines. § 62, geändert durch Art. 2 Nr. 6a und b des Ges. v. 22. 6. 1977 (BGBl. I 998) und das RegVBG, schreibt vor, dass Eintragungen bei der Hyp. auf dem HypBrief zu vermerken sind, sieht aber in Konsequenz der in § 41 Abs. 1 Satz 3 getroffenen Regelung eine Ausnahme für die Eintragung von Löschungsvormerkungen nach § 1179 BGB vor. 1

Die Vorschrift bezweckt die Erhaltung der Übereinstimmung zwischen GB und Brief. Diese ist geboten, weil sich ein Erwerber der Hyp. gegenüber dem richtigen GB nicht auf den abweichenden Inhalt des Briefs berufen kann. 2

3 **2. Eintragungen bei der Hypothek. a)** Auf dem Brief zu vermerken sind grundsätzlich alle Eintragungen, die bei der Hyp. erfolgen. Der Begriff ist der nämliche wie in § 41; wegen der in Betracht kommenden Eintragungen ist daher grundsätzlich auf das zu § 41 Rn. 3ff. Gesagte zu verweisen. Nicht auf dem Brief zu vermerken ist die Eintragung von Löschungsvormerkungen nach § 1179 BGB, zu der es gemäß § 41 Abs. 1 Satz 3 auch keiner Vorlegung des Briefs mehr bedarf, und ferner nach § 6 Satz 2 GBMaßnG die Eintragung oder Löschung eines Umstellungsschutzvermerks. Im Hinblick auf die Neufassung des § 57 durch das Ges. v. 22. 6. 1977 (BGBl. I 998) ist auch die lastenfreie Abschreibung einer Grundstücksteilfläche auf einem nach dem 1. 1. 1978 erteilten Brief nicht mehr zu vermerken (OLG Celle Rpfleger 1985, 398; a.M. Burkhardt BWNotZ 1987, 111). Gleiches gilt für nachträgliche Rangänderungen (LG Krefeld Rpfleger 1979, 139; Mißling Rpfleger 1980, 332; KEHE Rn. 2; a.M. BayObLG MittBayNot 1979, 113; OLG Zweibrücken Rpfleger 1980, 109; OLG Oldenburg NdsRpfl. 1980, 264; Meikel Rn. 9; Bauer/v. Oefele Rn. 2). Auch wenn diese bei der Hyp. zu bewirkenden Eintragungen auf den nach dem 1. 1. 1978 erteilten Briefen nicht mehr zu vermerken sind, müssen diese Briefe doch gemäß § 41 zum Nachweis der Verfügungsberechtigung vorgelegt werden.

4 **b)** Für **andere Eintragungen,** d.h. solche, die nicht bei der Hyp. erfolgen, gilt § 57 Abs. 2 oder, sofern der Brief vor dem 1. 1. 1978 ausgestellt worden ist, § 57 a.F. (s. dazu § 57 Rn. 11). So wird z.B. eine Bestandteilszuschreibung nur auf Antrag auf dem Brief über eine auf dem Hauptgrundstück lastende Hyp. vermerkt (s. dazu § 41 Rn. 3). Dasselbe gilt, sofern es sich um vor dem 1. 1. 1978 ausgestellte Briefe handelt, hinsichtlich des Vermerks des Vorrangs einer Abgeltungshyp. auf den Briefen über die nachgehenden Posten (s. § 9 Abs. 2 DVO z. VO über die Aufhebung der Gebäudeentschuldungssteuer v. 31. 7. 1942, RGBl. I 503).

5 **c)** Nicht unter § 62 fallen Vermerke, die keine Eintragung wiedergeben. In Betracht kommen in der GBO vorgeschriebene Vermerke, z.B. der Vermerk über die Herstellung eines Teilbriefs (§ 61 Abs. 4), Privatvermerke, z.B. der Vermerk über die teilweise Befriedigung des Gläubigers (§ 1145 BGB) sowie Vermerke anderer Behörden, z.B. der Vermerk des Vollstreckungsgerichts über das teilweise Erlöschen einer Hyp. infolge Zwangsversteigerung (§ 127 Abs. 1 Satz 2 ZVG).

6 **3. Vermerk der Eintragung. a) Zuständigkeit.** Zuständig zum Vermerk der Eintragung ist stets das GBAmt; es wird dabei, anders als im Fall des § 57 Abs. 2, von Amts wegen tätig.

Nach § 127 Abs. 1 Satz 2 ZVG hat das Vollstreckungsgericht, falls ein Briefrecht infolge der Versteigerung teilweise erloschen ist, das teilweise Erlöschen auf dem ihm vorgelegten Brief zu vermerken und auf diesen auch den Nochgültigkeitsvermerk nach § 48 Abs. 1 GBV zu setzen (KGJ 51, 308). Das GBAmt ist daneben nicht verpflichtet, die vorgenommene Löschung auf dem Brief zu vermerken (KG aaO). Hat das Vollstreckungsgericht die angegebenen Vermerke versehentlich unterlassen, so kann das GBAmt den Vermerk über die inzwischen erfolgte Löschung und den Nochgültigkeitsvermerk nachholen; es kann aber auch den unvollständigen Brief dem Vollstreckungsgericht übersenden, damit dieses nach § 127 Abs. 1 Satz 2 ZVG verfährt. Ein solcher Vermerk des Vollstreckungsgerichts kann etwa lauten: „Die Hyp. ist infolge Zwangsversteigerung des Pfandgrundstücks in Höhe eines Teilbetrags von 1000 EUR erloschen". 7

b) Inhalt. Nicht vorgeschrieben ist eine wörtliche Wiedergabe des EintrVermerks. Um Fehler und Ungenauigkeiten zu vermeiden, empfiehlt es sich aber, die Fassung in Anlehnung an den EintrVermerk zu wählen. Enthält der EintrVermerk eine Bezugnahme, so braucht deren Inhalt nicht mehr in den Brief aufgenommen zu werden. Der auf den Brief zu setzende Vermerk über die Eintragung der Verpfändung der Hyp. braucht eine nähere Bezeichnung des Inhalts des Pfandrechts nicht zu enthalten (KGJ 33, 262). Bei Rangänderungen der Hyp. ist auf dem Brief nicht die Ranglage in ihrem Endergebnis, sondern jede einzelne Eintragung zu vermerken (JFG 16, 286); wegen der nach dem 1. 1. 1978 erteilten Briefe s. jedoch Rn. 3. 8

c) Stelle. Der Vermerk ist im Anschluss an den letzten vorhandenen Vermerk auf den Brief zu setzen, erforderlichenfalls auf einen besonderen, mit dem Brief durch Schnur und Siegel zu verbindenden Bogen (§§ 49, 50 GBV). Mehrere Vermerke sind in der Reihenfolge aufzunehmen, die der zeitlichen oder räumlichen Folge der Eintragungen entspricht. 9

d) Form. Der Vermerk ist nach Abs. 1 Satz 1 Halbsatz 2 mit Unterschrift und Siegel oder Stempel zu versehen; gem. Abs. 2 ist auf die Unterschrift § 56 Abs. 2 anzuwenden (s. hierzu § 56 Rn. 12–16). Der Vermerk ist ferner zu datieren (s. GBV Muster Anl. 3 bis 8). Wegen der Unterschrift bei Gesamtbriefen s. § 59 Abs. 1 Satz 2. Auf den Vermerk des Vollstreckungsgerichts nach § 127 Abs. 1 Satz 2 ZVG (s. Rn. 7) ist die Bestimmung des Abs. 1 Satz 1 Halbsatz 2 entsprechend anzuwenden. Unterschrieben wird der Vermerk aber nur vom Vollstreckungsrichter (Rpfleger). 10

11 **4. Erteilung eines neuen Briefs.** Bei einem maschinell hergestellten Brief für ein im maschinell geführten GB eingetragenes Recht kann davon abgesehen werden, eine Eintragung bei dem Recht auf dem Brief zu vermerken, und statt dessen ein entsprechend ergänzter neuer Brief erteilt werden. Dieser Weg kann insbes. auch dann beschritten werden, wenn der bisherige Brief nicht maschinell hergestellt wurde; in diesem Fall würde eine maschinelle Ergänzung auf Schwierigkeiten stoßen. Wird ein neuer Brief hergestellt, ist der bisherige Brief einzuziehen und unbrauchbar zu machen; eine mit ihm verbundene Schuldurkunde ist dem Antragsteller zurückzugeben und auf dem neuen Brief der Aufdruck anzubringen: „Nicht ohne Vorlage der Urkunde für die Forderung gültig" (§§ 89, 88 GBV).

12 **5. Beschaffung des Briefs durch den Antragsteller.** In der Regel muss der Brief vom Antragsteller oder der ersuchenden Behörde vorgelegt werden (§ 41 Abs. 1 Satz 1). Geschieht dies nicht und bleibt auch eine auf Vorlegung gerichtete Zwischenverfügung ergebnislos, so ist der EintrAntrag oder das EintrErsuchen zurückzuweisen.

13 **6. Beschaffung des Briefs von Amts wegen. a)** In den Fällen des Abs. 2, nämlich bei Amtseintragungen nach § 53 Abs. 1 sowie bei Eintragung eines Widerspruchs der in § 41 Abs. 1 Satz 2 bezeichneten Art hat das GBAmt den Brief zu beschaffen und zu diesem Zweck den Besitzer zur Vorlegung anzuhalten. Die Beschaffung hat vor der Eintragung zu erfolgen, wenn ihre Bewirkung von der Vorlegung des Briefs abhängig ist; dies trifft im Fall der Amtslöschung (§ 53 Abs. 1 Satz 2) stets, im Fall der Eintragung eines Amtswiderspruchs (§ 53 Abs. 1 Satz 1) insoweit zu, als nicht die Ausnahmebestimmung des § 53 Abs. 2 Platz greift. Im Übrigen darf das GBAmt den Brief erst nach der Eintragung anfordern (JFG 7, 412).

14 **b)** Eine Befugnis des GBAmts, den Besitzer des Briefs zur Vorlegung anzuhalten, ist ferner im Amtslöschungsverfahren nach §§ 84 ff. sowie im Rangklarstellungsverfahren nach §§ 90 ff. vorgesehen (§ 88 Abs. 1, § 99). Auf den durch § 136 vorbehaltenen Gebieten kann sie auch **landesrechtlich** begründet werden; in *Bayern* ist dies z. B. in Art. 42 Satz 2 AGGVG v. 23. 6. 1981 (BayRS 300-1-1-J) geschehen.

15 Nicht hierher gehört der Fall des § 39 Abs. 3 Satz 4 GBV. Bei Bekanntgabe der Umschreibung eines unübersichtlichen GBBlatts ist der Gläubiger zwar zur Einreichung des Briefs aufzufordern; er kann zu der Einreichung jedoch nicht angehalten werden.

c) In anderen als den gesetzlich bestimmten Fällen hat das GBAmt nicht das Recht, den Besitzer des Briefs zur Vorlegung anzuhalten, um GB und Brief in Übereinstimmung zu bringen; dies gilt auch dann, wenn eine Eintragung entgegen der Vorschrift des § 41 ohne Vorlegung des Briefs vorgenommen worden ist (RG 83, 290; KGJ 38, 297; OLG Dresden JFG 7, 415). Der zum Teil vertretenen Ansicht, dass § 62 Abs. 3 Satz 2 im Fall des Erlöschens einer Hyp. in der Zwangsversteigerung sinngemäß anzuwenden sei, kann nicht zugestimmt werden (OLG München JFG 23, 89; Meikel Rn. 14). Ebensowenig ist das GBAmt befugt, die Erwirkung eines Ausschlussurteils hinsichtlich des abhanden gekommenen Briefs durch Zwangsgeld zu erzwingen (KG HRR 1928 Nr. 245). 16

7. Amtsverfahren. a) Soweit der Besitzer des Briefs zur Vorlegung anzuhalten ist (s. Rn. 13ff.), hat ihn das GBAmt zunächst zur Vorlegung aufzufordern und dabei Grund und Zweck der Aufforderung anzugeben; wird der Brief daraufhin freiwillig vorgelegt, so ist das Verfahren mit dem Vermerk der Eintragung erledigt. Befindet sich der Brief aus anderem Anlass, z.B. weil EintrAnträge vollzogen werden müssen, beim GBAmt, so darf er, anders als in den in Rn. 12 erwähnten Fällen (s. § 41 Rn. 7), ohne weiteres gemäß § 62 benutzt werden (OLG Dresden OLG 12, 168). 17

b) Leistet der Aufgeforderte der Aufforderung keine Folge, so ist er durch **Zwangsmaßnahmen** gemäß § 33 FGG (s. § 1 Rn. 64) zur Vorlegung anzuhalten. Das GBAmt darf jemanden aber nur dann zur Vorlegung anhalten, wenn feststeht, dass er der gegenwärtige Besitzer des Briefs ist; die hierzu erforderlichen Ermittlungen hat es gemäß § 12 FGG anzustellen. Eine Pflicht der zur Vorlegung aufgeforderten Person, die den Brief früher besessen hat, jetzt aber nicht mehr zu besitzen behauptet, den Besitzverlust glaubhaft zu machen, besteht nicht (KGJ 38, 291). Wohl aber ist derjenige, der den Brief weitergegeben hat, verpflichtet, den Empfänger namhaft zu machen (JFG 14, 99). 18

c) Besitzer im Sinn des Abs. 2 ist nicht nur der unmittelbare, sondern auch der mittelbare Besitzer; letzterer aber nur, wenn die Wiedererlangung des unmittelbaren Besitzes ausschließlich von seinem Willen abhängt, wie z.B. im Fall des § 695 BGB (JFG 14, 100). 19

8. Rückgabe des Briefs. Der vorgelegte Brief ist grundsätzlich dem zurückzugeben, der ihn eingereicht hat (RG HRR 1932 Nr. 473). Das sachliche Recht auf den Besitz des Briefs hat das GBAmt nicht zu prüfen. 20

21 **a)** Wird der Brief in fremden Namen vorgelegt, so ist er dem zurückzugeben, in dessen Namen er überreicht ist (KGJ 31, 341). Überreicht ihn ein Notar erkennbar im Namen des HypGläubigers, so ist er diesem und nicht dem Notar zurückzugeben, wenn der Notar nicht besondere Empfangsvollmacht hat (KGJ 31, 343). Reicht ihn ein Notar ein, der die zur Eintragung erforderliche Erklärung beurkundet oder beglaubigt hat und somit nach § 15 als ermächtigt gilt, die Eintragung herbeizuführen, so ist er dem Notar zurückzugeben, wenn der Vertretene nicht Rückgabe an sich persönlich verlangt (KG JW 1937, 114).

22 **b)** Bei einer zwangsweise, z. B. auf Grund einstweiliger Verfügung, durchgeführten Vorlegung ist als Einreicher der anzusehen, gegen den der Zwang ausgeübt worden ist. An ihn muss daher die Rückgabe erfolgen.

23 **9. Aushändigung an einen Nichtempfangsberechtigten.** Bei versehentlicher Aushändigung an einen Nichtempfangsberechtigten kann das GBAmt den Brief zurückfordern und die Rückgabe, falls notwendig, gemäß § 33 FGG erzwingen (s. Rn. 18); es darf dabei aber nicht in wohlerworbene Rechte eingreifen (KG OLG 44, 163).

24 **10. Verletzung des § 62.** § 62 ist nur eine Ordnungsvorschrift. Verstöße berühren weder die Wirksamkeit der Eintragung noch die Gültigkeit des Briefs. Stimmt dessen Inhalt nicht mit dem GB überein, so entscheidet das letztere (s. § 56 Rn. 4). Schadensersatzansprüche sind möglich.

25 **11. Kosten.** Für Vermerke auf dem Brief wird, sofern es sich nicht um ein gebührenfreies Nebengeschäft handelt, eine Gebühr von 13 EUR erhoben (§ 72 KostO). In den meisten Fällen wird der Vermerk gebührenfreies Nebengeschäft der Eintragung sein.

Nachträgliche Mitbelastung eines anderen Grundstücks

63 **Wird nach der Erteilung eines Hypothekenbriefs mit der Hypothek noch ein anderes, bei demselben Grundbuchamt gebuchtes Grundstück belastet, so ist, sofern nicht die Erteilung eines neuen Briefes über die Gesamthypothek beantragt wird, die Mitbelastung auf dem bisherigen Brief zu vermerken und zugleich der Inhalt des Briefes in Ansehung des anderen Grundstücks nach § 57 zu ergänzen.**

1 **1. Allgemeines.** § 63 ergänzt § 59 Abs. 1 und soll wie dieser verhindern, dass über eine Gesamthyp. mehrere Briefe erteilt werden.

2. Nachträgliche Mitbelastung eines anderen Grundstücks. 2
a) Es muss bereits ein Brief erteilt und das nachträglich belastete Grundstück bei demselben GBAmt gebucht sein. Wird über eine Hyp. nachträglich unter gleichzeitiger Mitbelastung eines anderen Grundstücks ein Brief erteilt, so gilt § 59. Liegt das nachträglich belastete Grundstück im Bezirk eines anderen GBAmts, so findet § 59 Abs. 2 Anwendung.

b) Es muss ein anderes Grundstück nachträglich mitbelastet wer- 3
den. § 63 findet daher keine Anwendung, wenn ein Teil des belasteten Grundstücks als selbstständiges Grundstück auf dem bisherigen Blatt gebucht oder auf ein anderes Blatt übertragen wird. Ein entsprechender Vermerk wird nicht nur im ersten, sondern auch im zweiten Fall nur auf Antrag nach § 57 Abs. 2 auf den Brief gesetzt; denn die gemäß § 48 Abs. 1 Satz 2 einzutragenden Mithaftvermerke bekunden lediglich eine Tatsache (s. § 41 Rn. 6), so dass § 62 Abs. 1 nicht zum Zug kommen kann (Meikel Rn. 4; a.M. Güthe/Triebel A. 5, 6).

c) Es muss sich um eine **Gesamtbelastung** handeln. Eine sol- 4
che liegt nicht vor, wenn dem belasteten Grundstück ein anderes als Bestandteil zugeschrieben wird (s. § 6 Rn. 23); dasselbe gilt, wenn auf dem Blatt des anderen Grundstücks lediglich eine Vormerkung zur Sicherung des Anspruchs auf Mitbelastung eingetragen wird (KGJ 44, 254).

3. Erteilung eines neuen Briefs. Ein neuer Brief wird nur auf 5
Antrag erteilt, der keiner Form bedarf. Erteilt wird der Brief nach § 59 Abs. 1. Der neue Brief hat nach § 68 Abs. 1 die Angabe zu enthalten, dass er an die Stelle des bisherigen Briefs tritt. Die Erteilung ist nach § 68 Abs. 3 im GB zu vermerken. Der bisherige Brief ist gemäß § 69 unbrauchbar zu machen, die Schuldurkunde abzutrennen und mit dem neuen Brief zu verbinden.

4. Vervollständigung des bisherigen Briefs. Wird ein An- 6
trag auf Erteilung eines neuen Briefs nicht gestellt, so ist der bisherige Brief von Amts wegen zu vervollständigen. Zunächst ist die Mitbelastung zu vermerken. Der Vermerk lautet etwa: „Die Hyp. ist nachträglich im GB von Buchhain Blatt 100 in Abt. III unter Nr. 2 eingetragen worden." Sodann ist der Auszug nach § 57 hinsichtlich des mitbelasteten Grundstücks zu ergänzen. Die Vermerke sind mit Datum, Unterschrift und Siegel oder Stempel zu versehen.

5. Kosten. a) Für Erteilung eines neuen Briefs wird eine 7
$^{1}/_{4}$-Gebühr erhoben, die Eintragung des Erteilungsvermerks nach § 68 Abs. 3 erfolgt gebührenfrei (§ 71 Abs. 1 und Abs. 2 Satz 1 KostO). Maßgebend für die Wertberechnung ist der Nennbetrag der Forde-

rung (§ 23 Abs. 2 KostO). Zur Erhebung von Auslagen s. § 56 Rn. 22.

8 **b)** Die Vervollständigung des bisherigen Briefs geschieht gebührenfrei (§ 71 Abs. 2 Satz 3 KostO).

Verteilung einer Gesamthypothek

64 Im Falle der Verteilung einer Gesamthypothek auf die einzelnen Grundstücke ist für jedes Grundstück ein neuer Brief zu erteilen.

1 **1. Allgemeines.** § 64 regelt die Behandlung des Briefs im Fall der Verteilung einer Gesamthyp.

Nach § 1132 Abs. 2 BGB kann der Gläubiger die Forderung auf die einzelnen Grundstücke so verteilen, dass jedes Grundstück nur für einen bestimmten Betrag haftet; die Bestimmung ist in den Fällen der §§ 1172, 1175 BGB sinngemäß anzuwenden. Durch die Verteilung entstehen Einzelrechte. Dementsprechend ist die Erteilung eines neuen Briefs für jedes Grundstück vorgeschrieben.

2 **2. Verteilung der Gesamthypothek. a)** Die Verteilung nach § 1132 Abs. 2 BGB erfordert sachlichrechtlich eine hierauf gerichtete Erklärung des Gläubigers gegenüber dem Eigentümer oder dem GBAmt, die Zustimmung etwaiger Drittberechtigter sowie die Eintragung in das GB. Verfahrensrechtlich bedarf es außer einem EintrAntrag der Bewilligung des Gläubigers und etwaiger Drittberechtigter in der Form des § 29 Abs. 1 Satz 1; eine Zustimmung des Eigentümers gemäß § 27 ist nicht erforderlich (s. § 27 Rn. 8). In den Fällen der §§ 1172, 1175 BGB sind der oder die Eigentümer verteilungsberechtigt.

3 **b)** Der Gläubiger kann auch in der Weise verteilen, dass für einzelne Teilbeträge nur einzelne Grundstücke, für andere Teilbeträge dagegen mehrere der anderen Grundstücke gemeinschaftlich haften. Wegen der Rechtslage im Zwangsversteigerungsverfahren s. § 122 ZVG und RG HRR 1930 Nr. 2176.

4 **c)** Nicht unter § 64 fällt die teilweise Löschung der Hyp. auf allen belasteten Grundstücken oder die vollständige Löschung auf einem, wenn mehr als zwei belastet sind; denn die Hyp. bleibt in diesen Fällen Gesamthypothek. Sind nur zwei Grundstücke belastet, so entsteht bei vollständiger Löschung auf dem einen ein Einzelhyp. Über die Behandlung des Briefs in diesem Fall s. § 59 Rn. 5.

5 **3. Behandlung des Briefs. a)** Für jedes Grundstück ist von Amts wegen ein neuer Brief zu erteilen. Zuständig für die Ertei-

lung ist stets das GBAmt. Die Herstellung neuer Briefe ist auch im Fall des § 59 Abs. 2 notwendig; eine Verwendung der bisher verbundenen Briefe als Einzelbriefe ist nach Wortlaut und Zweck des § 64 unzulässig.

b) Die Herstellung der neuen Briefe erfolgt nach §§ 56 bis 58; 6
jeder Brief hat nach § 68 Abs. 1 die Angabe zu enthalten, dass er für den Teilbetrag, auf den er lautet, an die Stelle des bisherigen Briefs tritt; die Erteilung ist nach § 68 Abs. 3 im GB zu vermerken. Der bisherige Brief ist gemäß § 69 unbrauchbar zu machen. Die Schuldurkunde ist abzutrennen und mit einem der neuen Briefe zu verbinden; mit den übrigen Briefen wird eine beglaubigte Abschrift verbunden (s. § 58 Rn. 6).

Umwandlung der Hypothek. Forderungsauswechslung

65 (1) **Tritt nach § 1177 Abs. 1 oder nach § 1198 des Bürgerlichen Gesetzbuchs eine Grundschuld oder eine Rentenschuld an die Stelle der Hypothek, so ist, sofern nicht die Erteilung eines neuen Briefes beantragt wird, die Eintragung der Rechtsänderung auf dem bisherigen Brief zu vermerken und eine mit dem Brief verbundene Schuldurkunde abzutrennen.**

(2) **Das gleiche gilt, wenn nach § 1180 des Bürgerlichen Gesetzbuchs an die Stelle der Forderung, für welche eine Hypothek besteht, eine andere Forderung gesetzt wird.**

1. Allgemeines. § 65 regelt die Behandlung des Briefs für den 1
Fall, dass an die Stelle der Hyp. eine Grundschuld oder Rentenschuld tritt oder die der Hyp. zugrunde liegende Forderung ausgewechselt wird.

2. Geltungsgebiet. In Betracht kommen die Fälle des § 1177 2
Abs. 1, des § 1198 und des § 1180 BGB; wird eine Briefhyp. in eine Buchhyp. umgewandelt, so gilt hinsichtlich der Behandlung des Briefs die Bestimmung des § 69.

a) Nach § 1177 Abs. 1 BGB verwandelt sich die Hyp. kraft Ge- 3
setzes in eine Grundschuld, wenn sie sich mit dem Eigentum in einer Person vereinigt und dem Eigentümer nicht auch die Forderung zusteht. Hat sich eine Hyp. nur teilweise in eine Grundschuld verwandelt, so kommt § 65 nicht zur Anwendung; hier ist auf Antrag ein Teilgrundschuldbrief zu erteilen (KGJ 40, 339); wird ein solcher Antrag nicht gestellt, so begegnet es keinen Bedenken, dass der Brief teils über eine Hyp. und teils über eine Grundschuld lautet (JFG 21, 310; KEHE Rn. 2; Meikel Rn. 4; Bauer/v. Oefele Rn. 3).

4 **b)** Gemäß § 1198 BGB kann die Hyp. rechtsgeschäftlich in eine Grundschuld umgewandelt werden; die Zulässigkeit der Umwandlung in eine Rentenschuld ergibt sich daraus, dass diese lediglich eine Unterart der Grundschuld ist. Erfolgt die Umwandlung nur teilweise, so gilt das in Rn. 3 Gesagte entsprechend.

5 **c)** Nach § 1180 BGB kann die der Hyp. zugrunde liegende Forderung durch eine andere ersetzt werden; diese braucht nicht dem bisherigen Gläubiger zuzustehen. Ist die Forderung nur teilweise ausgewechselt worden, so kommt § 65 nur zur Anwendung, wenn beide Forderungen demselben Gläubiger zustehen; andernfalls ist über den ausgewechselten Betrag von Amts wegen ein selbstständiger Brief herzustellen, da mehrere Hyp. nach § 66 nur dann gemeinsam verbrieft werden dürfen, wenn sie demselben Gläubiger zustehen.

6 **3. Erteilung eines neuen Briefs.** Ein neuer Brief wird nur auf Antrag erteilt, der keiner Form bedarf. Erteilt wird der Brief nach §§ 56 bis 58. Der neue Brief hat nach § 68 Abs. 1 die Angabe zu enthalten, dass er an die Stelle des bisherigen Briefs tritt. Die Erteilung ist nach § 68 Abs. 3 im GB zu vermerken. Der bisherige Brief ist gemäß § 69 unbrauchbar zu machen, die Schuldurkunde abzutrennen und zurückzugeben.

7 **4. Änderung des bisherigen Briefs.** Wird ein Antrag auf Erteilung eines neuen Briefs nicht gestellt, so ist der bisherige Brief von Amts wegen zu ändern. Zunächst ist die Eintragung der Rechtsänderung gemäß § 62 Abs. 1 zu vermerken. Sodann ist die Schuldurkunde von dem Brief abzutrennen und zurückzugeben. Im Fall der Umwandlung der Hyp. in eine Grundschuld oder Rentenschuld wird die Überschrift des Briefs entsprechend zu ändern sein (a. M. Güthe/Triebel A. 10). Im Fall der Forderungsauswechslung ist die neue Schuldurkunde mit dem Brief zu verbinden; bei nur teilweiser Ersetzung der Forderung unterbleibt die Abtrennung der bisherigen Schuldurkunde und wird auch die neue mit dem Brief verbunden.

8 **5. Verletzung des § 65.** § 65 ist nur eine Ordnungsvorschrift. Verstöße berühren die Gültigkeit des Briefs nicht, können aber Schadensersatzansprüche zur Folge haben.

Gemeinschaftlicher Brief

66 **Stehen einem Gläubiger mehrere Hypotheken zu, die gleichen Rang haben oder im Rang unmittelbar aufeinanderfolgen, so ist ihm auf seinen Antrag mit Zustimmung des Eigentümers über die mehreren Hypotheken ein Hypotheken-**

brief in der Weise zu erteilen, daß der Brief die sämtlichen Hypotheken umfaßt.

Inhaltsübersicht

1. Allgemeines ... 1
2. Mehrere Hypotheken ... 2
3. Antrag des Gläubigers ... 7
4. Zustimmung des Eigentümers ... 8
5. Herstellung des gemeinschaftlichen Briefs ... 9
6. Wirkung des gemeinschaftlichen Briefs ... 11
7. Auflösung der Briefgemeinschaft ... 12
8. Auflösungsverfahren ... 14
9. Kosten ... 17

1. Allgemeines. § 66 lässt unter bestimmten Voraussetzungen die Erteilung eines gemeinschaftlichen Briefs über mehrere Hyp. zu. 1
Die Bestimmung soll nach der Denkschrift einem praktischen Bedürfnis gerecht werden. Ob dieses wirklich ein dringendes ist, erscheint zweifelhaft. Als Ausnahmevorschrift ist § 66 jedenfalls einschränkend auszulegen (JFG 9, 319).

2. Mehrere Hypotheken. a) Es muss sich um mehrere Hyp. 2
handeln. Eine gemeinschaftliche Verbriefung von Hypotheken, Grundschulden und Rentenschulden ist unzulässig.

b) Die Hyp. müssen demselben Gläubiger zustehen. Ob dieser 3
eine natürliche Person, eine juristische Person oder eine Bruchteils- bzw. Gesamthandsgemeinschaft ist, macht keinen Unterschied.

c) Die Hyp. müssen sämtlich Briefrechte sein. Eine Teilhyp. darf 4
sich grundsätzlich nicht unter ihnen befinden (KGJ 20, 103); jedoch ist die Erteilung eines gemeinschaftlichen Briefs statthaft, falls zu den mehreren Hyp. eine Teilhyp. gehört, über die kein Teilbrief, sondern ein Stammbrief zu bilden ist (KGJ 39, 274).

d) Die Hyp. müssen dasselbe Grundstück oder dieselben Grund- 5
stücke belasten. Auch über Gesamthyp. kann ein gemeinschaftlicher Brief erteilt werden, sofern alle Rechte auf allen, wenn auch verschiedenen Eigentümern gehörenden Grundstücken lasten; ist dies nicht der Fall, so ist die Erteilung wegen Besorgnis der Verwirrung abzulehnen.

e) Die Hyp. müssen schließlich entweder gleichen Rang haben 6
oder im Rang unmittelbar aufeinander folgen. Dabei ist nicht nur das Rangverhältnis in Abt. III, sondern auch zu Abt. II zu berücksichtigen (KGJ 39, 277). Rangfolge im Sinn des § 66 liegt deshalb nicht vor, wenn ein Recht in Abt. II im Rang zwischen den Rechten steht, über die ein gemeinschaftlicher Brief erteilt werden soll (KGJ 39, 278). Die Erteilung eines gemeinschaftlichen Briefs ist

aber zulässig, wenn Zinsen und sonstige Nebenleistungen der Hyp. ganz oder teilweise den Rang nach anderen Rechten haben (JFG 9, 316; Meikel Rn. 7; a.M. Hesse/Saage/Fischer A. II 4).

7 **3. Antrag des Gläubigers.** Ein gemeinschaftlicher Brief wird nur auf Antrag des Gläubigers erteilt. Der Antrag bedarf keiner Form; dasselbe gilt für die Vollmacht zur Stellung des Antrags.

8 **4. Zustimmung des Eigentümers.** Die Zustimmung des Eigentümers oder der Eigentümer (s. Rn. 5) bedarf nicht der Form des § 29 Abs. 1 Satz 1, weil es sich um keine zur Eintragung erforderliche Erklärung handelt (s. aber § 29 Rn. 6).

9 **5. Herstellung des gemeinschaftlichen Briefs. a)** Zuständig für die Erteilung ist das GBAmt.

10 **b)** Die Erteilung erfolgt nach §§ 56 bis 58; s. auch GBV Muster Anl. 6. Waren über die Hyp. bereits Briefe erteilt, so sind die Vorschriften des § 68 zu beachten. Der gemeinschaftliche Brief wird nach dem gegenwärtigen Inhalt des GB erteilt (KGJ 26, 168; 38, 300) und hat nach § 68 Abs. 1 die Angabe zu enthalten, dass er an die Stelle der bisherigen Briefe tritt. Diese sind gemäß § 69 unbrauchbar zu machen, die Schuldurkunden abzutrennen und mit dem gemeinschaftlichen Brief zu verbinden. Die Erteilung des gemeinschaftlichen Briefs ist nach § 68 Abs. 3 im GB zu vermerken; der Vermerk lautet etwa: „Über diese Hyp. ist dem Gläubiger ein gemeinschaftlicher Brief erteilt. Eingetragen am ....“.

11 **6. Wirkung des gemeinschaftlichen Briefs.** Die gemeinsam verbrieften Hyp. bleiben selbständige Rechte; jede von ihnen kann demnach allein übertragen, belastet oder aufgehoben werden. Die Bildung eines gemeinschaftlichen Briefs über mehrere Hyp. ist somit streng zu scheiden von der Zusammenfassung mehrerer Hyp. zu einer Einheitshyp. (s. Anh. zu § 44 Rn. 58).

12 **7. Auflösung der Briefgemeinschaft. a)** Die Briefgemeinschaft ist auf Antrag des Gläubigers jederzeit aufzulösen; der Antrag bedarf keiner Form; eine Zustimmung des Eigentümers ist nicht erforderlich.

13 **b)** Die Briefgemeinschaft wird von Amts wegen aufgelöst, wenn eine der in Rn. 2 bis 6 genannten Voraussetzungen für die Erteilung des gemeinschaftlichen Briefs wegfällt, z.B. eine Hyp. Buchhyp. wird, an die Stelle einer Hyp. eine Grundschuld oder Rentenschuld tritt oder verschiedene Berechtigte an die Stelle des einen Gläubigers treten.

14 **8. Auflösungsverfahren. a)** Werden sämtliche verbrieften Rechte brieflos oder gelöscht, so ist der Brief nach § 69 unbrauchbar zu machen.

b) Soll die Verbriefung an sich bestehen bleiben und nur der gemeinschaftliche Brief aufgehoben werden, so sind über die einzelnen Rechte selbstständige Briefe zu erteilen. Dabei kann der gemeinschaftliche Brief als selbständiger Brief für eines der verbrieften Rechte weiterverwendet werden. 15

c) Scheidet nur ein Recht aus der gemeinschaftlichen Verbriefung aus, so bleibt der gemeinschaftliche Brief hinsichtlich der übrigen bestehen, solange die Voraussetzungen für die Erteilung fortdauern. 16

9. Kosten. Für die Erteilung eines gemeinschaftlichen Briefs wird eine $^1/_4$-Gebühr erhoben; die Werte der einzelnen Hyp. werden zusammengerechnet (§ 71 Abs. 1 und 3 KostO). Die Eintragung des Erteilungsvermerks (vgl. Rn. 10) ist gebührenfreies Nebengeschäft (§ 71 Abs. 1 Satz 2 KostO). Zur Erhebung von Auslagen s. § 56 Rn. 22. 17

Erteilung eines neuen Briefs

67 Einem Antrage des Berechtigten auf Erteilung eines neuen Briefes ist stattzugeben, wenn der bisherige Brief oder in den Fällen der §§ 1162, 1170, 1171 des Bürgerlichen Gesetzbuchs das Ausschlußurteil vorgelegt wird.

1. Allgemeines. § 67 regelt die Voraussetzungen für die Erteilung eines neuen Briefs; er wird durch § 26 GBMaßnG ergänzt, der an die Stelle des durch das genannte Ges. aufgehobenen § 8 VereinfVO v. 5. 10. 1942 (RGBl. I 573) getreten ist. War ein Brief nach § 8 GBBerG-1930 kraftlos geworden, so galt die Sonderbestimmung des § 10 GBBerG-1930. 1

2. Antrag auf Brieferneuerung. a) Die Erteilung eines neuen Briefs erfolgt nur auf Antrag; eine Ausnahme gilt im Fall des § 64 (s. ferner § 65 Rn. 5 und § 66 Rn. 13). Ob der Antragsteller ein rechtliches Interesse an der Brieferneuerung hat, ist gleichgültig und nicht nachzuprüfen. Eine Zustimmung des Eigentümers ist nicht notwendig. 2

b) Antragsberechtigt ist der eingetragene oder gemäß § 1155 BGB legitimierte Gläubiger der Hyp. (KGJ 45, 294) sowie derjenige, der sein Recht, z.B. auf Grund eines Pfändungs- und Überweisungsbeschlusses (KG OLG 38, 10), von jenem ableitet. Ein Ausschlussurteil ersetzt nicht den Nachweis der zum Rechtserwerb gemäß § 1154 Abs. 1 Satz 1 BGB erforderlichen Briefübergabe, weil an den Besitz des Ausschlussurteils nicht die Vermutung des § 1117 Abs. 3 BGB geknüpft ist (BayObLG 1987, 100 = 3

Rpfleger 1987, 363). Durch ein Ausschlussurteil wird daher das Gläubigerrecht nicht nachgewiesen; eine dahingehende Bedeutung hat § 1018 ZPO nicht (OLG Rostock KGJ 34, 344; KG OLG 38, 12). Zum Nachweis des Gläubigerrechts s. BayObLG 1987, 345 = Rpfleger 1987, 493. Für ihn gilt § 29 Abs. 1 Satz 1 entsprechend (BayObLG 1988, 148 = Rpfleger 1988, 477). Steht die Hyp. mehreren zu, so muss die Brieferneuerung, falls nicht einer der Berechtigten die alleinige Verfügungsbefugnis hat, gemeinschaftlich beantragt werden. Im Fall der Herstellung eines Teilbriefs genügt zu dessen Erneuerung der Antrag des Teilgläubigers.

4 **c)** Der Antrag auf Erteilung eines neuen Briefs sowie die Vollmacht zur Stellung eines solchen sind formfrei (BayObLG 1988, 150 = Rpfleger 1988, 478).

5 **3. Vorlegung des Briefs oder eines Ausschlussurteils. a)** Die Erteilung eines neuen Briefs setzt grundsätzlich die Vorlegung des bisherigen Briefs voraus. Eine Vorlegung der Schuldurkunde ist nicht vorgeschrieben; es ist daher, falls der Brief vorgelegt wird, unschädlich, wenn diese abhanden gekommen oder vernichtet ist.

6 **b)** An die Stelle der Vorlegung des bisherigen Briefs tritt die Vorlegung des Ausschlussurteils, wenn der Brief gemäß § 1162 BGB für kraftlos erklärt worden oder wenn er infolge eines nach §§ 1170, 1171 BGB erwirkten Ausschlussurteils kraftlos geworden ist. Das Antragsrecht des Antragstellers im Aufgebotsverfahren hat das GBAmt nicht nachzuprüfen (KGJ 45, 297); eine Kraftloserklärung wirkt auch dann für und gegen alle, wenn das Ausschlussurteil von einem Nichtberechtigten erwirkt worden ist (KGJ 45, 298). S. hierzu auch Ges. über die Kraftloserklärung von Hypotheken-, Grundschuld- und Rentenschuldbriefen in besonderen Fällen v. 18. 4. 1950 (BGBl. 88) i. d. F. der ÄnderungG v. 20. 12. 1952 (BGBl. I 830), 25. 12. 1955 (BGBl. I 867) und 29. 4. 1960 (BGBl. I 297); ein nach diesem erwirktes Ausschlussurteil steht gemäß § 11 Abs. 1 des Ges. im GBVerfahren einem Ausschlussurteil nach § 1162 BGB gleich.

7 **c)** Ist ein Brief durch **Kriegseinwirkung** vernichtet worden, so hinge die Erteilung eines neuen Briefs von der Erwirkung und Vorlegung eines Ausschlussurteils gemäß § 1162 BGB ab. Um dem Berechtigten den in diesem Fall nicht gerechtfertigten Umweg über das Aufgebotsverfahren zu ersparen, lässt § 26 GBMaßnG den Antrag auf Erteilung eines neuen Briefs genügen. Der Vernichtung eines Briefs durch Kriegseinwirkung ist nun auch der Fall gleichgestellt, dass ein Brief durch Kriegseinwirkung abhandengekommen und sein Verbleib seitdem nicht bekannt geworden ist. Das GBAmt hat von Amts wegen zu ermitteln, ob die entsprechende

Behauptung des Antragstellers zutrifft. Hat es sich hiervon überzeugt (s. dazu LG Bielefeld NJW 1949, 153), so ist der neue Brief zu erteilen. Mit der Erteilung des neuen Briefs wird der bisherige Brief kraftlos.

Soll die Erteilung des Briefs nachträglich ausgeschlossen oder die Hyp. gelöscht werden, so ist die Herstellung eines neuen Briefs unsachgemäß, weil er sofort wieder unbrauchbar gemacht werden müsste. Für diese Fälle genügt statt der Vorlegung des Briefs die von den GBAmt zu treffende Feststellung, dass der Brief durch Kriegseinwirkung vernichtet wurde bzw. abhandengekommen und sein Verbleib seitdem nicht bekannt geworden ist. Mit der der Feststellung folgenden Eintragung der Ausschließung oder Löschung wird der Brief kraftlos. Die Feststellung, der die entsprechenden Amtsermittlungen vorauszugehen haben, ist kostenfrei. 8

d) Ist ein Brief im Zusammenhang mit besatzungsrechtlichen oder besatzungshoheitlichen Enteignungen von Banken oder Versicherungen im Gebiet der **früheren DDR** vernichtet worden oder abhanden gekommen, so gilt auf Grund der Änderung des § 26 Abs. 1 GBMaßnG durch das 2. VermRÄndG v. 14. 7. 1992 (BGBl. I 1257, 1283) dasselbe wie bei Vernichtung oder Abhandenkommen durch Kriegseinwirkung (s. dazu Rn. 7, 8). 9

4. Herstellung des neuen Briefs. a) Zuständig ist stets, mithin auch im Fall der Erneuerung eines Teilbriefs, das GBAmt; handelt es sich um einen Gesamtbrief nach § 59 Abs. 2, so sind mehrere GBÄmter an der Herstellung beteiligt. 10

b) Der neue Brief ist gemäß §§ 56 bis 59 unter Beachtung des § 68 zu erteilen; über Einzelheiten s. § 68 Rn. 2 bis 7. Auszuhändigen ist der neue Brief demjenigen, der den Antrag auf Erteilung gestellt und den bisherigen Brief oder das Ausschlussurteil vorgelegt hat. § 60 Abs. 1 betrifft die erstmalige Aushändigung eines Briefs; er findet daher keine Anwendung (a. M. frühere Auflagen).

5. Briefbildung bei Einheitshypotheken. Bei der Einheitshyp. (s. Anh. zu § 44 Rn. 58) ist über das durch die Zusammenfassung der Einzelrechte entstandene Einheitsrecht grundsätzlich ein neuer Brief zu bilden; denn es erscheint nicht angängig, über ein Recht mehrere Briefe bestehen zu lassen (Recke DJust. 1935, 1729; Saage DFrG 1937, 123). Nicht erforderlich ist die Herstellung eines neuen Briefs, wenn über die zusammengefassten Einzelrechte ein gemeinschaftlicher Brief nach § 66 erteilt war; in diesem Fall wird nur die Zusammenfassung zur Einheitshyp. nach § 62 Abs. 1 auf dem Brief vermerkt. Der zur Bildung eines neuen 11

Briefs erforderliche Antrag liegt in dem Antrag auf Eintragung der Einheitshypothek.

12 **6. Kosten. a)** Für die Erteilung eines neuen Briefs wird eine $^1/_4$-Gebühr erhoben, die Eintragung des Erteilungsvermerks nach § 68 Abs. 3 ist gebührenfrei (§ 71 Abs. 1 KostO). Maßgebend für die Wertberechnung ist der Nennbetrag der Forderung (§ 23 Abs. 2 KostO). Zur Erhebung von Auslagen s. § 56 Rn. 22.

13 **b)** Eine gebührenfreie Erteilung ist in § 11 Abs. 2 des Ges. v. 18. 4. 1950 (s. Rn. 6), eine kostenfreie in § 26 GBMaßnG (s. Rn. 7) vorgesehen.

Inhalt des neuen Briefs

68 (1) **Wird ein neuer Brief erteilt, so hat er die Angabe zu enthalten, daß er an die Stelle des bisherigen Briefes tritt.**

(2) **Vermerke, die nach den §§ 1140, 1145, 1157 des Bürgerlichen Gesetzbuchs für das Rechtsverhältnis zwischen dem Eigentümer und dem Gläubiger in Betracht kommen, sind auf den neuen Brief zu übertragen.**

(3) **Die Erteilung des Briefes ist im Grundbuch zu vermerken.**

1 **1. Allgemeines.** § 68 gibt für alle Fälle der Brieferneuerung ergänzende Vorschriften über den Inhalt des Briefs und bestimmt, dass die Brieferneuerung im GB zu vermerken ist. War ein Brief nach § 8 GBBerG-1930 kraftlos geworden, so galt die Sonderbestimmung des § 11 GBBerG-1930, die sachlich § 68 entspricht.

2 **2. Inhalt des neuen Briefs. a)** Der neue Brief wird gemäß §§ 56 bis 59 nach dem gegenwärtigen Inhalt des GB erteilt. Zur Anstellung von Ermittlungen darüber, ob dieser der materiellen Rechtslage entspricht, ist das GBAmt weder berechtigt noch verpflichtet. Zu berücksichtigen sind Änderungen des Bestandsverzeichnisses und aller drei Abteilungen. Insbesondere sind alle Eintragungen bei der Hyp. aufzunehmen, die noch Gültigkeit haben; nicht dagegen gelöschte Vormerkungen, Widersprüche, Verfügungsbeschränkungen oder Pfandrechte. Rechtsänderungen außerhalb des GB bleiben außer Betracht. Beantragt derjenige, der die Hyp. gemäß § 1154 Abs. 1 BGB außerhalb des GB erworben hat, die Erteilung eines neuen Briefs, so lautet dieser nur dann auf den Erwerber, wenn gleichzeitig das GB berichtigt wird (OLG Rostock KGJ 34, 344). Die Voreintragung der Umstellung ist zur Erteilung eines neuen Briefs nicht erforderlich (LG Würzburg NJW 1954, 1122).

b) Die in Abs. 2 zum Schutz des Eigentümers vorgeschriebene Übertragung von Vermerken nach §§ 1140, 1145, 1157 BGB kommt natürlich nur in Betracht, wenn der bisherige Brief noch vorhanden ist. Im Übrigen ist es gleichgültig, ob es sich um amtliche oder Privatvermerke handelt, ob sie mit Bleistift oder Tinte geschrieben, mit Datum und Unterschrift versehen sind oder nicht. Auch fremdsprachliche Vermerke können in Betracht kommen. Sind die Vermerke unleserlich oder ihrem Inhalt nach unverständlich, so kann das GBAmt durch Rückfrage bei den Beteiligten oder durch Verhandlung mit ihnen den Sachverhalt aufklären; eine Verpflichtung hierzu besteht aber nicht. Falls Vermerke unleserlich oder unverständlich sind, ist entsprechender Hinweis auf dem Brief zweckmäßig. 3

c) Der neue Brief hat nach Abs. 1 die Angabe zu enthalten, dass er an die Stelle des bisherigen Briefs tritt. Die Fassung des Vermerks hängt davon ab, ob sich der Umfang des bisherigen Briefs und des neuen decken oder nicht. Der Vermerk hat nach dem Muster Anl. 6 bei einem gemeinschaftlichen HypBrief z. B. zu lauten: „Dieser Brief tritt für beide Hyp. an die Stelle des bisherigen Briefs.“ 4

3. Verbindung mit der Schuldurkunde. Eine mit dem bisherigen Brief verbundene Schuldurkunde ist abzutrennen und nach § 58 mit dem neuen Brief zu verbinden; ist die Schuldurkunde nicht mehr vorhanden, so genügt die Verbindung mit einer beglaubigten Abschrift der gemäß § 15 GeschO zu den Grundakten genommenen beglaubigten Abschrift der Schuldurkunde (s. § 58 Rn. 7). Ein Ausschlussurteil wird nicht mit dem Brief verbunden. 5

4. Vermerk der Brieferneuerung im GB. Die in Abs. 3 vorgesehene Eintragung im GB erfolgt nach § 11 Abs. 6 GBV in Sp. 5 bis 7 der dritten Abteilung und ist zweckmäßigerweise außer dem Antragsteller auch dem Eigentümer mitzuteilen. Eine Benachrichtigungspflicht gem. § 55 besteht nicht (vgl. § 55 Rn. 3; a. M. frühere Auflagen). 6

5. Behandlung des bisherigen Briefs. Zunächst ist die Eintragung nach Abs. 3 zweckmäßigerweise auf dem Brief zu vermerken. § 62 Abs. 1 verpflichtet nicht dazu, einen solchen Vermerk anzubringen (s. dazu § 41 Rn. 4; a. M. frühere Auflagen). Danach ist der bisherige Brief nach § 69 unbrauchbar zu machen; die Schuldurkunde ist abzutrennen und mit dem neuen Brief zu verbinden. 7

6. Verletzung des § 68. § 68 ist nur eine Ordnungsvorschrift. Verstöße machen den Brief daher nicht unwirksam; insbesondere berührt auch Unterlassung des Vermerks nach Abs. 1 oder der 8

Eintragung gemäß Abs. 3 die Gültigkeit nicht. Nichtigkeit des Briefs tritt nur bei Verletzung der Mussvorschriften des § 56 Abs. 1 Satz 2 und des § 61 Abs. 2 Satz 1 ein (s. § 56 Rn. 18 und § 61 Rn. 27). Schadensersatzansprüche sind möglich.

Unbrauchbarmachung des Briefs

69 Wird eine Hypothek gelöscht, so ist der Brief unbrauchbar zu machen; das gleiche gilt, wenn die Erteilung des Briefes über eine Hypothek nachträglich ausgeschlossen oder an Stelle des bisherigen Briefes ein neuer Hypothekenbrief, ein Grundschuldbrief oder ein Rentenschuldbrief erteilt wird. Eine mit dem bisherigen Brief verbundene Schuldurkunde ist abzutrennen und, sofern sie nicht mit dem neuen Hypothekenbrief zu verbinden ist, zurückzugeben.

Inhaltsübersicht

1. Allgemeines ... 1
2. Fälle der Unbrauchbarmachung ... 2
3. Zuständigkeit ... 5
4. Behandlung des Briefs ... 6
5. Behandlung der Schuldurkunde ... 9
6. Rechtsmittel ... 10
7. Verletzung des § 69 ... 11

1 **1. Allgemeines.** § 69 schreibt für bestimmte Fälle vor, dass der Brief unbrauchbar zu machen ist.

Die Ungültigkeit des Briefs ergibt sich in diesen Fällen schon aus dem gemäß § 62 Abs. 1 auf den Brief zu setzenden Vermerk. Die Unbrauchbarmachung soll diese Ungültigkeit sinnfällig machen. Ein einmal unbrauchbar gemachter Brief bleibt ungültig und kann, auch wenn die Maßnahme aus Versehen erfolgt ist, im Rechtsinn nicht wiederhergestellt werden.

Für Briefe, die nach § 8 GBBerG-1930 kraftlos geworden waren, schrieb § 9 GBBerG-1930 die Unbrauchbarmachung vor.

2 **2. Fälle der Unbrauchbarmachung. a)** Löschung der Hypothek. Es muss sich um eine völlige Löschung der Hyp. handeln; eine Teillöschung gehört nur dann hierher, wenn über den gelöschten Teil ein besonderer Brief erteilt war. Hat der Brief, z.B. wegen vorbehaltener Zinsen oder wegen erfolgter Abschreibungen, für den Rechtsverkehr noch Bedeutung, so kommt eine Unbrauchbarmachung nicht in Frage (KG HRR 1931 Nr. 2060; RG 157, 287). Über den Fall, dass über eine Gesamthyp. nach § 59 Abs. 2 mehrere Briefe erteilt sind und die Hyp. nur an einem der belasteten Grundstücke gelöscht wird, s. § 59 Rn. 6.

b) Nachträgliche Ausschließung der Brieferteilung. Hierher rechnet neben dem Fall des § 1116 Abs. 2 Satz 2 BGB auch der der Umwandlung einer Verkehrshyp. in eine Sicherungshyp. (§ 1186 BGB). **3**

c) Erteilung eines neuen Briefs. Dabei kann es sich handeln um die Erteilung eines neuen HypBriefs (§§ 63, 64, 65 Abs. 2, §§ 66, 67) oder um die Erteilung eines Grundschuld- oder Rentenschuldbriefs an Stelle des bisherigen HypBriefs (§ 65 Abs. 1). **4**

3. Zuständigkeit. Zuständig zur Unbrauchbarmachung ist grundsätzlich das GBAmt. Nach § 127 Abs. 1 Satz 1 ZVG hat jedoch das Vollstreckungsgericht, wenn ein Briefrecht infolge der Versteigerung erloschen ist, den ihm vorgelegten Brief unbrauchbar zu machen. Ist die Unbrauchbarmachung aus Versehen unterblieben, so kann das GBAmt nach § 69 verfahren. **5**

4. Behandlung des Briefs. a) Zunächst ist die Löschung der Hyp. oder die Eintragung der Briefausschließung gemäß § 62 Abs. 1 auf dem Brief zu vermerken. Es ist zweckmäßig, auch die Eintragung gem. § 68 Abs. 3, dass ein neuer Brief erteilt wurde, auf dem bisherigen Brief zu vermerken (s. § 68 Rn. 7). **6**

b) Sodann ist der Brief nach § 53 Abs. 1 GBV in der Weise unbrauchbar zu machen, dass der Vermerk über die erste Eintragung des Rechts (am besten mit roter oder schwarzer Tinte, nicht mit Bleistift oder Buntstift) durchgestrichen und der Brief mit Einschnitten versehen wird. Über die Behandlung eines Gesamtbriefs s. § 59 Rn. 6. **7**

c) Ist die Unbrauchbarmachung des Briefs in den Grundakten ersichtlich gemacht, so ist er nach § 53 Abs. 2 GBV mit anderen unbrauchbar gemachten Briefen zu Sammelakten zu nehmen, die für das Kalenderjahr anzulegen und am Schluss des folgenden Kalenderjahres zu vernichten sind; in der Verfügung der Unbrauchbarmachung kann jedoch angeordnet werden, dass der Brief während bestimmter Zeit bei den Grundakten aufzubewahren ist. **8**

5. Behandlung der Schuldurkunde. Sie ist von dem Brief abzutrennen und, wenn nicht eine Verbindung mit einem neu erteilten HypBrief stattzufinden hat, dem Einreicher zurückzugeben. **9**

6. Rechtsmittel. Gegen die Unbrauchbarmachung eines Briefs ist die Beschwerde mit dem Ziel der Erteilung eines neuen gleich lautenden Briefs zulässig (KG HRR 1931 Nr. 2060). **10**

7. Verletzung des § 69. § 69 ist nur eine Ordnungsvorschrift. Verstöße berühren die Wirksamkeit der Eintragung, z.B. einer Löschung, nicht. Jedoch sind Schadensersatzansprüche möglich. **11**

Grundschuld- und Rentenschuldbrief

70 (1) **Die Vorschriften der §§ 56 bis 69 sind auf den Grundschuldbrief und den Rentenschuldbrief entsprechend anzuwenden. Der Rentenschuldbrief muß auch die Ablösungssumme angeben.**

(2) **Ist eine für den Inhaber des Briefes eingetragene Grundschuld oder Rentenschuld in Teile zerlegt, so ist über jeden Teil ein besonderer Brief herzustellen.**

1 **1. Allgemeines.** § 70 schreibt die entsprechende Anwendung der §§ 56 bis 69 auf den Grundschuld- und den Rentenschuldbrief vor und trifft zwei ergänzende Bestimmungen.

2 **2. Anwendung der Vorschriften über den HypBrief.** Die sinngemäße Anwendung der §§ 56 bis 69 auf den Grundschuld- und den Rentenschuldbrief ergibt im Zusammenhalt mit der Bestimmung des Abs. 1 Satz 2 folgendes:

3 **a) § 56 gilt mit der Maßgabe,** dass der Brief als „Grundschuldbrief" oder als „Rentenschuldbrief" zu bezeichnen ist und dass zum wesentlichen Inhalt eines Rentenschuldbriefs auch die Angabe der Ablösungssumme gehört; nach § 51 GBV i.V.m. Muster Anl. 8 erscheint die Ablösungssumme nicht in der Überschrift des Briefs, sondern in der Wiedergabe des Inhalts der Eintragung; in der Überschrift ist der Betrag der einzelnen Jahresleistung anzugeben. § 57 gilt; die früher umstrittene, aber zu verneinende Frage, ob statt der Wiedergabe des Inhalts einer in Bezug genommenen Urkunde deren Verbindung mit dem Brief zulässig ist, hat ihre Bedeutung verloren, weil die Notwendigkeit, den Inhalt einer Bezugnahme auf dem Brief zu vermerken, entfallen ist. § 58 findet keine Anwendung, weil es bei Grundschulden und Rentenschulden keine zugrunde liegende Forderung gibt (OLG Düsseldorf NJW 1961, 2263). § 59 gilt; jedoch ist eine Verbindung von Hypotheken- und Grundschuldbrief unzulässig, weil die Gesamtbelastung Gleichartigkeit der Grundpfandrechte voraussetzt. § 60 gilt ohne Einschränkung. § 61 gilt mit gewissen Abwandlungen: Statt Teilung der Forderung ist Teilung der Grundschuld oder Rentenschuld Voraussetzung für die Herstellung eines Teilbriefs; ein Teilrentenschuldbrief muss außer dem Teilbetrag der einzelnen Jahresleistung auch den entsprechenden Teilbetrag der Ablösungssumme angeben; Abs. 2 Satz 3 findet gleich § 58 keine Anwendung; im Fall der Teilung einer für den Inhaber des Briefs eingetragenen Grundschuld oder Rentenschuld sind neue selbständige Briefe, nicht Teilbriefe zu bilden (s. Rn. 5).

4 **b) § 62 ist mit der Maßgabe anzuwenden,** dass die Eintragung einer Löschungsvormerkung nach § 1179 BGB bei einer für

den Inhaber des Briefs eingetragenen Grund- oder Rentenschuld dann auf dem Brief zu vermerken sein wird, wenn es zu ihrer Eintragung gemäß § 42 Satz 2 der Vorlegung des Briefs bedarf. § 63 und § 64 gelten ohne Einschränkung. § 65 Abs. 1 besagt bei sinngemäßer Anwendung folgendes: Tritt nach §§ 1198, 1203 BGB eine Hyp. oder Rentenschuld an die Stelle einer Grundschuld oder eine Hyp. oder Grundschuld an die Stelle einer Rentenschuld, so ist, falls nicht die Erteilung eines neuen Briefs beantragt wird, die Eintragung der Rechtsänderung auf dem bisherigen Brief zu vermerken; im Fall der Umwandlung in eine Hyp. ist eine über die Forderung ausgestellte Schuldurkunde mit dem Brief zu verbinden. § 65 Abs. 2 findet keine Anwendung, weil es bei Grundschulden und Rentenschulden keine zugrundeliegende Forderung gibt. § 66 gilt; jedoch ist eine gemeinsame Verbriefung von Hypotheken, Grundschulden und Rentenschulden unzulässig. § 67 und § 68 gelten ohne Einschränkung. Von § 69 gilt nur Satz 1, weil die Verbindung des Briefs mit einer Schuldurkunde nicht in Betracht kommt.

3. Grund- und Rentenschuldbriefe auf den Inhaber. a) Nach § 1195 Satz 1 BGB kann eine Grundschuld in der Weise bestellt werden, dass der Grundschuldbrief auf den Inhaber ausgestellt wird; auf einen solchen Brief finden nach § 1195 Satz 2 BGB die Vorschriften über Schuldverschreibungen auf den Inhaber sinngemäße Anwendung. Übertragung und Belastung der Grundschuld erfolgen daher nicht gemäß § 1154 BGB, sondern nach Fahrnisrecht durch Einigung und Übergabe des Briefs. Ob und inwieweit die Bestimmungen über Zins- und Erneuerungsscheine (§§ 803 bis 805 BGB) anwendbar sind, ist streitig (s. dazu Güthe/Triebel A. 70). Entsprechendes gilt für die Rentenschuld. **5**

b) Wird eine für den Inhaber des Briefs eingetragene Grundschuld oder Rentenschuld in Teile zerlegt, so ist nach Abs. 2 über jeden Teil von Amts wegen ein besonderer Brief herzustellen; ein etwa vorhandener Stammbrief ist gemäß § 69 unbrauchbar zu machen. Bei den Briefen über die Teile genügt in entsprechender Anwendung des § 793 Abs. 2 Satz 2 BGB eine im Weg mechanischer Vervielfältigung hergestellte Namensunterschrift der zuständigen Personen (KEHE Rn. 1; Meikel Rn. 4). **6**

c) Inhaberbriefe durften bis 31. 12. 1990 bei Meidung ihrer Nichtigkeit nur mit staatlicher Genehmigung in den Verkehr gebracht werden (§ 795 BGB; über die Zuständigkeit zur Erteilung der Genehmigung sowie über Ausnahmen vom Genehmigungserfordernis s. §§ 3, 4 Ges. v. 26. 6. 1954, BGBl. I 147). Ob die Genehmigung erteilt war, hatte das GBAmt vor der Eintra- **7**

gung zu prüfen (RG 59, 387). Durch das Ges. v. 17. 12. 1990 (BGBl. I 2839) wurde § 795 BGB mit Wirkung ab 1. 1. 1991 aufgehoben; gleichzeitig trat das Ges. v. 26. 6. 1954 (BGBl. I 147) außer Kraft.

8 **4. Kosten.** Für die Erteilung eines Grundschuld- oder Rentenschuldbriefs wird eine $^1/_4$-Gebühr erhoben (§ 71 Abs. 1 KostO). Maßgebend für die Wertberechnung ist der Nennbetrag der Grundschuld oder der Nennbetrag der für die Rentenschuld bestimmten Ablösungssumme (§ 23 Abs. 2 KostO; BayObLG 1987, 348). Zur Erhebung von Auslagen s. § 56 Rn. 22.

Vierter Abschnitt. Beschwerde

Übersicht

Der 4. Abschnitt regelt das Beschwerdeverfahren und ordnet dieses in dem Sinn abschließend, dass die Vorschriften des FGG über die Beschwerde grundsätzlich nicht herangezogen werden können.

§ 71 enthält den Grundsatz, dass jede Entscheidung des GBAmts mit der unbefristeten Beschwerde angefochten werden kann, beschränkt deren Zulässigkeit aber gegenüber Eintragungen. § 72 weist die Entscheidung über die Beschwerde dem Landgericht zu. § 73 enthält Vorschriften über die Einlegung der Beschwerde, § 74 die wichtige Bestimmung, dass die Beschwerde auf neue Tatsachen und Beweise gestützt werden kann. § 75 gibt dem GBAmt die Befugnis, begründeten Beschwerden abzuhelfen. § 76 handelt von einstweiligen Anordnungen des Beschwerdegerichts, § 77 von der endgültigen Entscheidung über die Beschwerde. § 78 lässt gegen die Entscheidung des Beschwerdegerichts die unbefristete weitere Beschwerde zu, die jedoch nur auf eine Verletzung des Gesetzes gestützt werden kann. § 79 bestimmt, dass über die weitere Beschwerde das OLG entscheidet, die Beschwerde jedoch unter gewissen Voraussetzungen dem BGH vorzulegen ist. § 80 trifft Bestimmungen über die Einlegung der weiteren Beschwerde, verbietet dem GBAmt sowie dem LG, dieser abzuhelfen und erklärt im Übrigen die Vorschriften über die erste Beschwerde für entsprechend anwendbar. § 81 gibt ergänzende Bestimmungen für die beiden in Betracht kommenden Rechtsmittelzüge.

Besonderheiten gelten für die Verfahren zur Löschung gegenstandsloser Eintragungen und zur Klarstellung der Rangverhältnisse. Hier sind nach § 85 Abs. 2, § 91 Abs. 1, § 105 Abs. 2 Halbsatz 1 und § 109 gewisse Entscheidungen der Anfechtung entzogen. Bei anderen Entscheidungen ist die GBBeschwerde, wie im Fall des § 89 entweder befristet oder wie in den Fällen § 105 Abs. 2 Halbsatz 2 und § 110 durch die sofortige Beschwerde nach den Vorschriften des FGG ersetzt. Eine Sonderregelung treffen ferner § 2 und § 4 Abs. 4 GBMaßnG. Bei Zurückweisung eines EintrAntrags nach § 1 oder § 4 Abs. 2 dieses Ges. tritt an die Stelle der GBBeschwerde die sofortige Beschwerde nach den Vorschriften des FGG.

Haben der Rpfleger oder der Urkundsbeamte der Geschäftsstelle entschieden, so sind § 11 RpflegerG bzw. § 12c Abs. 4 zu beachten.

Zulässigkeit der Beschwerde

71 (1) **Gegen die Entscheidungen des Grundbuchamts findet das Rechtsmittel der Beschwerde statt.**

(2) **Die Beschwerde gegen eine Eintragung ist unzulässig. Im Wege der Beschwerde kann jedoch verlangt werden, daß das Grundbuchamt angewiesen wird, nach § 53 einen Widerspruch einzutragen oder eine Löschung vorzunehmen.**

Inhaltsübersicht

1. Allgemeines 1
2. Entscheidungsorgane des GBAmts 4
3. Sachentscheidungen 11
4. Sonstige Maßnahmen 17
5. Ausschluss oder Beschränkung der Anfechtbarkeit 22
6. Vorsorgliche und bedingte Beschwerde 24
7. Zurückweisung eines EintrAntrags 26
8. Zurückweisung eines Berichtigungsantrags 27
9. Beschwerde gegen Kostenentscheidung 31
10. Beschwerde gegen Zwischenverfügung 35
11. Beschwerde gegen Eintragungen 36
12. Unbeschränkte Beschwerde gegen Eintragungen 38
13. Beschränkte Beschwerde gegen Eintragungen 50
14. Ausschluss der Erstbeschwerde 54
15. Beschränkung der Beschwerde 55
16. Beschwerde im Prozesskostenhilfeverfahren 56
17. Beschwerdeberechtigung 57
18. Beschwerdeberechtigung im EintrAntragsverfahren 63
19. Beschwerdeberechtigung bei Eintragungen 67
20. Beschwerdeeinlegung durch Vertreter 72
21. Beschwerdeberechtigung von Behörden 76
22. Rechtsbehelfe anderer Art 79
23. Erinnerung gegen den Kostenansatz 80
24. Beschwerde gegen die Kostenfestsetzung 86
25. Geschäftswertbeschwerde 87
26. Dienstaufsichtsbeschwerde 91

1 **1. Allgemeines.** § 71 enthält den Grundsatz, dass jede Entscheidung des GBAmt mit dem Rechtsmittel der Beschwerde angefochten werden kann, beschränkt deren Zulässigkeit jedoch gegenüber Eintragungen.

a) Abs. 2 beruht auf der Erwägung, dass sich die Beseitigung einer Eintragung nach materiellem Recht verbietet, falls auf ihrer Grundlage ein gutgläubiger Erwerb eines Dritten stattgefunden hat. Da die Feststellung, ob es zu einem solchen Erwerb gekommen ist, nicht oder nur schwer möglich ist, erklärt das Gesetz die Beschwerde gegen Eintragungen allgemein für unzulässig. Nur soweit das GBAmt nach § 53 berechtigt und verpflichtet wäre, von Amts wegen einzuschreiten, kann es vom Beschwerdegericht dazu angehalten werden. Im Übrigen bleibt es den Beteiligten überlassen, die Berich2tigung des GB gemäß § 22 zu betreiben und nach § 899 BGB zu sichern.

b) Die Beschwerde ist, außer im Fall des § 89, **nicht befristet.** 2
In den Fällen des § 105 Abs. 2 und § 110 tritt jedoch an die Stelle der GBBeschwerde die sofortige Beschwerde nach den Vorschriften des FGG; dasselbe gilt nach § 2 und § 4 Abs. 4 GBMaßnG, wenn ein EintrAntrag nach § 1 oder § 4 Abs. 2 dieses Ges. zurückgewiesen wird. Dann gilt für die Frist zur Einlegung der sofortigen Beschwerde § 22 FGG. Für die Berechnung der Fristen ist in jedem Fall § 17 FGG i. V. m. §§ 187 ff. BGB maßgebend.

c) Im Verfahren zur Löschung gegenstandsloser Eintragungen und zur Klarstellung der Rangverhältnisse sind gewisse Entscheidungen ausdrücklich **für unanfechtbar erklärt.** In solchen und ähnlichen Fällen, in denen eine Entscheidung nach den allgemeinen Rechtsmittelvorschriften nicht anfechtbar ist, kann das Rechtsmittel der außerordentlichen Beschwerde wegen greifbarer Gesetzwidrigkeit zulässig sein (vgl. hierzu BGH 119, 374 = Rpfleger 1993, 258; BGH NJW 1998, 1715; BayObLG 1995, 93).

d) Soweit das GBAmt als **Vollstreckungsorgan** tätig wird, er- 3
setzt § 71 den im GBVerfahren nicht anwendbaren § 766 ZPO (OLG Stuttgart BWNotZ 1986, 89) und tritt an die Stelle der sofortigen Beschwerde gem. §§ 567, 793 ZPO (s. dazu Rn. 12). Das GBAmt und nicht das Insolvenzgericht ist auch im Rahmen des § 89 Abs. 3 InsO zuständig.

2. Entscheidungsorgane des GBAmts. Entscheidungen des 4
GBAmts können erlassen:

a) GBRichter. Seine Entscheidungen sind, soweit nicht unanfechtbar, immer mit der Beschwerde anzufechten. Dies gilt auch dann, wenn der Richter anstelle des Rpflegers oder des Urkundsbeamten der Geschäftsstelle entschieden hat. Die Entscheidung ist wirksam (vgl. § 8 Abs. 1, 5 RpflegerG); die Überschreitung der funktionellen Zuständigkeit rechtfertigt ihre Aufhebung nicht (OLG Hamm Rpfleger 1971, 107).

b) Rpfleger. aa) Gegen Entscheidungen des Rpflegers ist nach 5
der Abschaffung der Durchgriffserinnerung und Neufassung des § 11 RpflegerG durch das Ges. v. 6. 8. 1998 (BGBl. I 2030) das Rechtsmittel gegeben, das nach den allgemeinen verfahrensrechtlichen Vorschriften zulässig ist (§ 11 Abs. 1 RpflegerG). Dies ist die Beschwerde gem. § 71 Abs. 1.

bb) Auch dann, wenn der Rpfleger **anstelle des Urkundsbe-** 6
amten der Geschäftsstelle entschieden hat, ist die gem. § 8 Abs. 5

RpflegerG wirksame Entscheidung mit der Beschwerde gem. § 71 Abs. 1 und nicht wie eine Entscheidung des Urkundsbeamten (s. hierzu Rn. 10) anfechtbar (KG Rpfleger 1972, 54; 1998, 65; BayObLG 1976, 108; 1982, 30; Rpfleger 1997, 101; a. M. OLG Hamm Rpfleger 1989, 319; offengelassen von OLG Frankfurt Rpfleger 1997, 205); die Überschreitung der funktionellen Zuständigkeit, rechtfertigt eine Aufhebung jedoch nicht.

7 cc) In den Fällen des § 85 Abs. 2, § 91 Abs. 1, § 105 Abs. 2 Halbsatz 1 und des § 109 ist ein **Rechtsmittel nicht gegeben.** Dasselbe gilt unter bestimmten Voraussetzungen in den Fällen des § 20a Abs. 1 und 2 FGG (Anfechtung der Kostenentscheidung, s. dazu Rn. 31), des § 31 Abs. 3 Satz 1 i. V. m. § 14 Abs. 3 Satz 1 KostO und § 567 Abs. 2 Satz 2 ZPO (Anfechtung der Geschäftswertfestsetzung; s. dazu Rn. 87), des § 14 Abs. 3 Satz 1 KostO i. V. m. § 567 Abs. 2 Satz 2 ZPO (Anfechtung des Kostenansatzes; s. dazu Rn. 80) und des § 13a Abs. 3 FGG i. V. m. § 104 Abs. 3, § 567 Abs. 2 Satz 2 ZPO (Anfechtung der Kostenfestsetzung; s. dazu Rn. 86). Hat in diesen Fällen der Rpfleger entschieden, findet gegen seine Entscheidung die Erinnerung statt, die binnen der für die sofortige Beschwerde geltenden Frist von zwei Wochen ab Bekanntmachung der Entscheidung einzulegen ist (§ 11 Abs. 2 RpflegerG, § 22 Abs. 1 FGG). Im Hinblick auf die Befristung der Erinnerung sind solche Entscheidungen förmlich zuzustellen (§ 16 Abs. 2 Satz 1 FGG). Der Rpfleger kann der Erinnerung abhelfen (s. aber Rn. 86). Geschieht dies nicht, legt er sie dem GBRichter vor, der abschließend darüber entscheidet (§ 11 Abs. 2 Satz 2, 3 RpflegerG); die Entscheidung des Richters ist nicht anfechtbar. Auf die Erinnerung sind im Übrigen die Vorschriften über die Beschwerde sinngemäß anzuwenden (§ 11 Abs. 2 Satz 4 RpflegerG). In Betracht kommt dabei insbesondere § 73. Eingelegt werden kann die Erinnerung aber nur beim GBAmt durch eine Erinnerungsschrift, zur Niederschrift oder in elektronischer Form.

8 dd) Gegen eine **GBEintragung** ist nach § 71 Abs. 2 Satz 1 eine Beschwerde nicht zulässig. Dies gilt aber nur für Eintragungen, an die sich ein gutgläubiger Erwerb anschließen kann (s. dazu Rn. 37 ff.). Gegen solche Eintragungen wäre, wenn sie vom Rpfleger verfügt sind, nach der Regel des § 11 Abs. 2 Satz 1 RpflegerG die befristete Erinnerung gegeben. § 11 Abs. 3 RpflegerG schließt dies jedoch aus. GBEintragungen des Rpflegers, an die sich ein gutgläubiger Erwerb anschließen kann, können daher nur mit der nach Maßgabe des § 71 Abs. 2 Satz 2 beschränkten Beschwerde angefochten werden (zur Verfassungsmäßigkeit der Beschränkung in der richterlichen Überprüfung der Rpflegerentscheidung s. Dümig Rpfleger 2000, 248).

ee) Das Erinnerungsverfahren gem. § 11 Abs. 2 RpflegerG ist gerichtsgebührenfrei (§ 11 Abs. 4 RpflegerG). 9

c) Urkundsbeamter der Geschäftsstelle. aa) Für die Anfechtung seiner Entscheidung gelten § 12c Abs. 4 sowie § 4 Abs. 2 Nr. 3 RpflegerG. Wird die Änderung einer von ihm getroffenen Entscheidung verlangt, so entscheidet, falls der Urkundsbeamte dem üblicherweise als Erinnerung bezeichneten Verlangen nicht durch Abhilfe entspricht, der GBRichter; erst gegen seine Entscheidung findet nach Maßgabe des § 71 die Beschwerde statt. Voraussetzung ist aber, dass es sich um eine Entscheidung des Urkundsbeamten der Geschäftsstelle gemäß § 12c Abs. 1, 2 handelt; denn nur auf diese Fälle bezieht sich § 12c Abs. 4. Gegen die vom GBRichter bestätigte Ablehnung einer Auskunft aus dem Eigentümerverzeichnis war daher die GBBeschwerde bis zur Begründung der Zuständigkeit des Urkundsbeamten gem. § 12c Abs. 1 Nr. 2 durch das RegVBG nicht gegeben (KG Rpfleger 1986, 299). 10

bb) Diese Grundsätze gelten auch, wenn es um die Anfechtung einer Eintragung geht, die vom Urkundsbeamten verfügt und vorgenommen wurde. Auch in diesem Fall ist die Erinnerung und nicht unmittelbar die Beschwerde gegeben (OLG Oldenburg Rpfleger 1992, 387; a.M. BayObLG 1976, 109). Eine Abhilfe durch den Urkundsbeamten ist jedoch nicht möglich; sie könnte nur in einer Löschung oder der Eintragung eines Amtswiderspruchs bestehen. Zu solchen Eintragungen ist der Urkundsbeamte aber nicht befugt; sie können daher nur vom GBRichter angeordnet werden. Wenn sich an die Eintragung ein gutgläubiger Erwerb anschließen kann, scheidet eine Löschung aus; in Betracht kommt nur ein Amtswiderspruch (vgl. § 71 Abs. 2 Satz 2).

cc) Hilft der GBRichter der Erinnerung, statt selbst abschließend darüber zu entscheiden, nicht ab und legt sie dem Beschwerdegericht vor, so hat dieses die Nichtabhilfe- und Vorlageverfügung aufzuheben und die Sache dem GBRichter zur Entscheidung über die Erinnerung zurückzugeben. Für eine eigene Sachentscheidung des Beschwerdegerichts ist kein Raum, weil es an einer Beschwerde fehlt (a.M. OLG Frankfurt Rpfleger 1997, 205 unter entsprechender Anwendung der §§ 539, 540 ZPO).

dd) Für das Erinnerungsverfahren werden Gebühren nicht erhoben (§ 131 Abs. 4 Satz 2 KostO). Zur Anfechtung, wenn der Richter oder Rpfleger anstelle des Urkundsbeamten entschieden hat, s. Rn. 4, 6. Zum Verbot der Schlechterstellung s. § 75 Rn. 12.

3. Sachentscheidungen. Anfechtbar sind grundsätzlich nur die in der Sache entscheidenden Entschließungen des GBAmts (vgl. JFG 11

12, 169), also entweder Zwischenverfügungen nach § 18 oder sonst endgültige Entscheidungen, nicht aber z.B. eine Beweisanordnung (s. Rn. 20). Die Entscheidungen müssen auf sachlichrechtlichen oder verfahrensrechtlichen Erwägungen beruhen, nicht bloß auf rein verwaltungsmäßigen. Sie müssen bekanntgemacht oder für die Außenwelt bestimmt sein; sie dürfen also nicht nur innere Vorgänge des Gerichts oder bloße buchtechnische Mittel zum Gegenstand haben (s. Rn. 20). Sie müssen ferner unterschrieben sein; sonst liegt keine wirksame Entscheidung, sondern nur ein Entwurf vor (OLG Köln OLGZ 1988, 459; BayObLG Rpfleger 1989, 188). Das OLG Zweibrücken (NJW-RR 1994, 209; FGPrax 1995, 93) hält es für ausreichend, dass die Nichtabhilfeentscheidung des Rpflegers, die auf eine Zwischenverfügung in Form eines nicht unterschriebenen Computerausdrucks Bezug nimmt, unterschrieben ist (ebenso BayObLG 1995, 363 = FGPrax 1996, 32); ausreichend ist es auch, wenn die Verfügung, durch die die Zustellung der Zwischenverfügung angeordnet wird, unterschrieben ist (OLG Jena FGPrax 1997, 172; a.M. LG Frankfurt MDR 1996, 776). § 42 GBV gilt nur für die Bekanntmachung der Zwischenverfügung (s. dazu § 18 Rn. 35). Die Anbringung einer Paraphe ersetzt die Unterschrift nicht (OLG Köln Rpfleger 1991, 198). Maßgebend ist der entscheidende Teil; die Begründung allein ist nicht anfechtbar (KGJ 48, 175; BayObLG HRR 1935 Nr. 128; BayObLG 1994, 117). Anfechtbar sind Eintragungen ab ihrer Vollendung (s. dazu § 44 Rn. 58) und sonstige Entscheidungen, sobald sie erlassen sind (s. dazu § 77 Rn. 5).

Anfechtbar sind unter diesen Voraussetzungen Entscheidungen:

12 **a)** Über einen **EintrAntrag.** In Betracht kommen Zwischenverfügung, Zurückweisung und Eintragung. Die Eintragung ist jedoch in der Regel nur beschränkt anfechtbar (s. Rn. 49ff.). Die Beschwerde nach §§ 71ff. und nur sie (s. Rn. 3) ist auch gegeben gegen Entscheidungen über den Antrag auf Eintragung einer Zwangshyp. (RG 106, 74; KGJ 53, 191; OLG Köln Rpfleger 1996, 189; OLG Hamm Rpfleger 1973, 440; BayObLG 1975, 401 = Rpfleger 1976, 66; KG Rpfleger 1987, 301; OLG Celle NdsRpfl. 1990, 8).

13 **b)** Über einen **Brief.** Sie können betreffen die Herstellung (BayObLG 1974, 56 = Rpfleger 1974, 160) und den Inhalt des Briefes (KGJ 51, 215; JFG 15, 159), seine Aushändigung (KG OLG 44, 163) oder Einforderung (§ 62 Abs. 3, § 88 Abs. 1, § 99); auch die Unbrauchbarmachung des Briefs kann angefochten werden mit dem Antrag, einen neuen gleich lautenden Brief zu erteilen (KG HRR 1931 Nr. 2060).

c) Über die Behandlung eingereichter **Urkunden,** z.B. ihre Verwahrung oder Herausgabe (§§ 10, 10a), sowie über die Einsicht des GB und der Grundakten und die Erteilung von Abschriften (Ausdrucken) aus diesen (§ 12; s. hierzu auch § 12 Rn. 31ff. und für das Gebiet der früheren DDR § 12b Abs. 1, 2); ferner darüber, jemandem eine GBEintragung bekannt zu machen (s. dazu § 55 Rn. 9, 30). **14**

d) Über die Schließung eines GBBlatts. Mit der Beschwerde kann die Anlegung eines neuen GBBlatts verlangt werden (KG HRR 1933 Nr. 143). **15**

e) Über die Durchführung des Berichtigungszwangsverfahrens (s. § 82 Rn. 15–22); über die Gegenstandslosigkeit einer Eintragung (s. § 84 Rn. 3); über einen Widerspruch im Rangklarstellungsverfahren (s. § 110); über die Versagung der Prozesskostenhilfe (s. Rn. 56); über die Anordnung der Vorschusspflicht gemäß § 8 Abs. 2 KostO (s. Rn. 85). **16**

4. Sonstige Maßnahmen. Nicht mit der GBBeschwerde anfechtbar, weil keine Entscheidungen im Sinn des § 71, sind: **17**

a) Vorläufige Meinungsäußerungen des GBAmts (JFG 10, 214; 12, 269; OLG München JFG 16, 147; OLG Hamm Rpfleger 1975, 134; OLG Frankfurt Rpfleger 1978, 306; BGH Rpfleger 1980, 273; 1998, 420).

aa) Hält es das GBAmt in Ausnahmefällen für zweckmäßig, vor seiner Entscheidung einem Beteiligten Hinweise zu geben oder in Form eines **Vorbescheids** seine demnächst zu treffende Entscheidung anzukündigen, so unterliegt die Mitteilung nicht der Anfechtung (OLG Karlsruhe Rpfleger 1993, 192; OLG Zweibrücken FGPrax 1997, 127). Dies gilt auch dann, wenn der Vorbescheid mit dem Ratschlag verbunden ist, den Antrag zurückzunehmen oder Beschwerde einzulegen (BayObLG 1993, 52; KEHE Rn. 60; vgl. BGH Rpfleger 1980, 273; a.M. Meikel § 18 Rn. 29). Eine Ausnahme gilt auch nicht bei beabsichtigter Löschung einer Eintragung als inhaltlich unzulässig (OLG Karlsruhe Rpfleger 1993, 192; BayObLG 1994, 199; a.M. OLG Saarbrücken OLGZ 1972, 129; LG Freiburg BWNotZ 1980, 61; LG Memmingen Rpfleger 1990, 251 mit zust. Anm. v. Minkus). Solche Hinweise und Mitteilungen haben grundsätzlich zu unterbleiben, weil leicht Unklarheiten über ihre Tragweite entstehen können, z.B. in Bezug auf die Rangwirkung des EintrAntrags (BayObLG NJW-RR 1993, 530). Die Grundsätze der den Vorbescheid im Erbscheinsverfahren betreffenden Entscheidungen (RG 137, 226; BGH 20, 255) können daher nicht auf das GBVerfahren übertragen werden (BayObLG 1993, 52; **18** vgl. OLG Stuttgart Justiz 1990, 298). Ordnet das GBAmt durch Beschluss den Vollzug eines Veränderungsnachweises an, handelt es sich dabei um einen unanfechtbaren Vorbescheid (BayObLG NJW-RR 2000, 1258).

19 bb) Nicht anfechtbar sind ferner Verfügungen, die **keine Zwischenverfügungen** im Sinn des § 18 sind (s. dazu § 18 Rn. 1). Ob eine anfechtbare Zwischenverfügung vorliegt, ist auf Grund des objektiven Erklärungsinhalts der Verfügung zu beurteilen; ohne Bedeutung ist, dass das GBAmt seine Verfügung als Zwischenverfügung bezeichnet hat oder behandelt wissen will (OLG Frankfurt Rpfleger 1997, 105; BayObLG NJW-RR 1998, 737). Keine anfechtbare Zwischenverfügung ist danach z. B. die Aufforderung, Bedenken zu beseitigen, die gegen die Wirksamkeit der Zurücknahme des Antrags bestehen (KG HRR 1931 Nr. 608), die Aufforderung, zu mitgeteilten EintrHindernissen Stellung zu nehmen (OLG Frankfurt Rpfleger 1997, 105), die Aufforderung, einen EintrAntrag in vollem Umfang zurückzunehmen (BayObLG NJW-RR 1993, 530; BayObLG 1995, 359 = FGPrax 1996, 15) oder einen von mehreren Anträgen, nachdem den übrigen stattgegeben worden ist (JFG 13, 112; OLG Hamm Rpfleger 1975, 134; BayObLG 1977, 270; OLG Frankfurt Rpfleger 1978, 306), die Aufforderung, einen anderen EintrAntrag zu stellen (KGJ 46, 179; OLG Hamm Rpfleger 1975, 134; BayObLG 1977, 83; 1986, 512 = Rpfleger 1987, 154; OLG Frankfurt Rpfleger 1978, 306); so hinsichtlich der beiden letztgenannten Fälle auch BGH Rpfleger 1980, 273 gegen OLG Oldenburg Rpfleger 1975, 361. Anders, wenn durch Zwischenverfügung auf eine Einschränkung des EintrAntrags hingewirkt wird (s. § 18 Rn. 27).

20 **b)** Entschließungen des GBAmts, die nur den **inneren Geschäftsbetrieb** betreffen und einer Bekanntmachung nicht bedürfen (BayObLG 1988, 309 = Rpfleger 1989, 147). Hierher gehören z. B. die EintrVerfügung, auch wenn sie dem Antragsteller bekanntgemacht wurde (KG HRR 1928 Nr. 1875; a. M. LG Lübeck NJW-RR 1995, 1420), und rein buchtechnische Maßnahmen, wie etwa die Rötung einer Eintragung (KG DRZ 1931 Nr. 265). S. hierzu auch § 44 Rn. 4.

c) Verfahrensleitende Maßnahmen in der Form von Zwischenentscheidungen, z. B. eine Beweisanordnung (OLG Köln Rpfleger 1990, 353). Ein Zwischenbeschluss, der sich nicht als Zwischenverfügung im Sinn des § 18 darstellt, ist nur dann anfechtbar, wenn dies das Gesetz ausdrücklich vorsieht oder wenn er unmittelbar in erheblichem Maße in die Rechte eines Beteiligten eingreift. Dies gilt auch für Zwischenbeschlüsse, die das LG im

Beschwerdeverfahren erlässt. Ein Zwischenbeschluss des LG, der dem Beteiligten aufgibt, Zweifel an seiner Geschäftsfähigkeit durch ein nervenfachärztliches Gutachten auszuräumen, ist danach nicht anfechtbar (BayObLG 1996, 4 = FGPrax 1996, 58).

d) Entscheidungen über den Kostenansatz und die Kostenfestsetzung sowie die Festsetzung des Geschäftswerts (s. Rn. 80–90). Über die Anfechtung der Kostenentscheidung und der Anordnung einer Vorschussleistung mit der GBBeschwerde s. Rn. 31, 85. **21**

e) Bloßes **Untätigsein** des GBAmts (vgl. BayObLG 1986, 123; Rpfleger 1998, 67; OLG Stuttgart Justiz 1998, 171; zur Untätigkeitsbeschwerde als außerordentlichem Rechtsbehelf s. OLG Saarbrücken NJW-RR 1999, 1290); ferner Justizverwaltungsakte (s. hierzu Rn. 91).

5. Ausschluss oder Beschränkung der Anfechtbarkeit. a) Einige Sachentscheidungen des GBAmts sind kraft ausdrücklicher Vorschrift nicht oder nur beschränkt anfechtbar. Ersteres gilt für gewisse Entscheidungen in den Verfahren zur Löschung gegenstandsloser Eintragungen und zur Klarstellung der Rangverhältnisse (s. § 85 Abs. 2, § 91 Abs. 1, § 105 Abs. 2 Halbsatz 1, § 109), letzteres für Eintragungen (s. Rn. 49). **22**

b) Die Zulässigkeit der Beschwerde entfällt in der Hauptsache, wenn für die Anfechtung der Entscheidung kein Rechtsschutzbedürfnis mehr besteht (s. RG 43, 426). Deshalb kann z. B. nicht mehr angefochten werden eine Zwischenverfügung, nachdem das GBAmt den EintrAntrag zurückgewiesen hat (KGJ 51, 278; OLG München JFG 23, 322; wegen der weiteren Beschwerde s. § 78 Rn. 6); die Eintragung einer Vormerkung, nachdem sie in das endgültige Recht umgeschrieben wurde; die Zurückweisung eines EintrAntrags, nachdem die Eintragung auf Grund eines neuen hindernisfreien Antrags vollzogen worden ist (KG OLG 5, 439). **23**

c) Zum Verbrauch des Anfechtungsrechts bei Wiederholung einer bereits verbeschiedenen Beschwerde s. § 77 Rn. 10.

6. Vorsorgliche und bedingte Beschwerde. a) Eine (vorsorgliche) Beschwerde für den Fall, dass einem gestellten Antrag nicht stattgegeben wird, ist unzulässig; denn sie richtet sich gegen eine Entscheidung, die noch gar nicht ergangen ist (KG HRR 1929 Nr. 1945; OLG Hamm Rpfleger 1979, 461). Anfechtbar sind Entscheidungen erst nach ihrem Erlass (zum maßgebenden Zeitpunkt s. § 77 Rn. 5). **24**

b) Eine (bedingte) Beschwerde ist zulässig, wenn sie für den Fall erhoben wird, dass das GBAmt seine Sachentscheidung nicht ändert (KG HRR 1929 Nr. 1945), oder für den Fall, dass eine dem **25**

Beschwerdeführer nachteilige, aber ihm noch unbekannte Entscheidung ergangen ist (BayObLG 1990, 38).

26 **7. Zurückweisung eines EintrAntrags.** Der Zurückweisung von EintrAnträgen stehen gleich die Zurückweisung eines behördlichen EintrErsuchens (§ 38) sowie die Ablehnung der Anregung, eine Amtseintragung vorzunehmen (OLG München JFG 14, 108; KG Rpfleger 1987, 301). Gegen die Zurückweisung eines EintrAntrags kann Beschwerde mit der Begründung erhoben werden, dass der angegebene Grund unrichtig sei; mit der Beschwerde kann aber auch geltend gemacht werden, dass zunächst eine Zwischenverfügung zu erlassen gewesen wäre (KGJ 24, 83; BayObLG 1984, 127), ferner, dass die in der vorausgegangenen Zwischenverfügung gesetzte Frist zu kurz gewesen sei (OLG Frankfurt FGPrax 1997, 84). Die Beschwerde ist auch dann zulässig, wenn der Beschwerdeführer bereits gegen die der Zurückweisung vorangegangene Zwischenverfügung erfolglos Beschwerde eingelegt hatte (KG HRR 1933 Nr. 1027). Wird die beantragte Eintragung vorgenommen, sei es auch auf einen neuen EintrAntrag hin, so erledigt sich das Verfahren in der Hauptsache mit der Folge, dass die Beschwerde nur zulässig bleibt, wenn sie auf die Kosten beschränkt wird (BayObLG JurBüro 1989, 378).

27 **8. Zurückweisung eines Berichtigungsantrags. a)** Die Beschwerde ist entsprechend der Regel des Abs. 1 unbeschränkt zulässig, falls berichtigt werden soll:

aa) Eine nicht unter Abs. 2 fallende, d. h. nicht dem öffentlichen Glauben unterstehende Eintragung (s. Rn. 37). Es ist bedeutungslos, ob man die Beschwerde als gegen die Eintragung oder gegen die Zurückweisung des Berichtigungsantrags gerichtet ansieht.

28 bb) Eine unter Abs. 2 fallende Eintragung gemäß der Bewilligung sämtlicher Betroffener (BGH 108, 375 = WM 1989, 1760). Die Berichtigungsbewilligung ist eine Unterart der EintrBewilligung. Dieser Fall ist ebenso zu behandeln wie die Eintragung einer Rechtsänderung auf Bewilligung der Betroffenen (KGJ 39, 288; 48, 185; JFG 3, 406; RG 133, 280; KG Rpfleger 1965, 232).

29 cc) Eine unter Abs. 2 fallende, jedoch erst nachträglich unrichtig gewordene Eintragung. Der Zweck des § 71 Abs. 2 steht der unbeschränkten Anfechtung hier nicht entgegen (JFG 1, 367; BayObLG BayRpflZ 1933, 60; BayObLG 1952, 159; s. hierzu auch Rn. 30).

30 **b)** Die Beschwerde ist entsprechend Abs. 2 Satz 2 **nur beschränkt zulässig,** falls eine unter Abs. 2 fallende, ursprünglich unrichtige Eintragung auf Unrichtigkeitsnachweis berichtigt wer-

den soll; denn die Beschwerde richtet sich in Wahrheit gegen die angeblich von Anfang an unrichtige Eintragung (KGJ 39, 283; 48, 186; RG 110, 70; JFG 5, 327; KG Rpfleger 1965, 232; OLG Hamm Rpfleger 1993, 486; OLG Frankfurt Rpfleger 1996, 336; BayObLG 1986, 319; Rpfleger 1993, 58; OLG Celle NdsRpfl. 1990, 8). Die Beschränkung des Abs. 2 greift dann nicht ein, wenn der Beschwerdeführer eine nachträgliche GBUnrichtigkeit behauptet und sein Rechtsmittel darauf stützt (BayObLG FGPrax 1998, 164). Lehnt das GBAmt die Berichtigung ab, so kann der Beteiligte mit der Beschwerde nur die Eintragung eines Amtswiderspruchs betreiben und dann die Betroffenen auf Bewilligung der Berichtigung verklagen. S. zum Ganzen auch Jansen NJW 1965, 619 und, mit anderer Ansicht, BezG Gera Rpfleger 1994, 106; Otte NJW 1964, 634; Köstler JR 1987, 402.

9. Beschwerde gegen Kostenentscheidung. a) Die Anfechtbarkeit der Kostenentscheidung richtet sich nach § 20a FGG. Diese Bestimmung gilt ohne Rücksicht darauf, ob der Kostenausspruch die Kostentragungspflicht gegenüber der Staatskasse zum Gegenstand hat oder ob er nach Maßgabe des § 13a FGG die Kostenerstattungspflicht im Verhältnis zwischen mehreren Beteiligten regelt (BayObLG 1952, 80; KG DNotZ 1955, 438). An einem Kostenausspruch hinsichtlich der Gerichtskosten wird es jedoch in aller Regel fehlen (s. § 1 Rn. 41). Es ist zu unterscheiden: 31

aa) Ist eine **Entscheidung in der Hauptsache ergangen,** so kann die Entscheidung über den Kostenpunkt nur dann angefochten werden, wenn gegen die Entscheidung in der Hauptsache ein zulässiges Rechtsmittel eingelegt wird (§ 20a Abs. 1 Satz 1 FGG); dies gilt auch dann, wenn die Kostenentscheidung nicht mit der Entscheidung in der Hauptsache verbunden ist, sondern nachgeholt wurde (s. hierzu § 1 Rn. 42 und § 77 Rn. 35; KG DNotZ 1955, 439; BayObLG 1962, 386; 1963, 73; s. aber für einen Sonderfall auch BayObLG 1973, 90 = Rpfleger 1973, 262); hat ein Beteiligter in der Hauptsache ein zulässiges Rechtsmittel eingelegt, so kann ein anderer Beteiligter sein Anschlussrechtsmittel auf die Kostenentscheidung beschränken. Tritt nachträglich Hauptsacheerledigung ein, so kommt es darauf an, ob bereits vorher eine die Hauptsache umfassende Beschwerde eingelegt war oder nicht. Im ersteren Fall bleibt die Beschwerde bei Beschränkung auf den Kostenpunkt ohne Rücksicht auf den Beschwerdewert zulässig; im letzteren Fall ist eine auf die Kostenentscheidung beschränkte Beschwerde nicht mehr möglich (s. hierzu Rn. 56). 32

bb) Ist eine **Entscheidung in der Hauptsache nicht ergangen,** so kann die Entscheidung über den Kostenpunkt mit sofortiger 33

Beschwerde angefochten werden, wenn der Wert des Beschwerdegegenstands 100 EUR übersteigt (§ 20a Abs. 2 FGG). Dies gilt auch dann, wenn das LG als Beschwerdegericht erstmals eine isolierte Kostenentscheidung erlassen hat; in diesem Fall ist das Rechtsmittel jedoch eine weitere Beschwerde. Hat das LG dagegen über eine isolierte Kostenentscheidung des Amtsgerichts als Beschwerdegericht entschieden, ist hiergegen die sofortige weitere Beschwerde, die bisher auch ohne Überschreitung der Beschwerdesumme des § 20a FGG zulässig war, ab 1. 4. 1991 nicht mehr zulässig (§ 27 Abs. 2 FGG). Im Übrigen sind § 22 Abs. 1 und 2 FGG entsprechend anzuwenden.

34 **b)** Soweit danach die sofortige Beschwerde gegen eine Kostenentscheidung gegeben ist, bleibt es dabei, auch wenn der Rpfleger die Entscheidung getroffen hat (§ 11 Abs. 1 RpflegerG). Ist die Kostenentscheidung nicht mit der Beschwerde anfechtbar, findet, wenn sie der Rpfleger erlassen hat, die befristete Erinnerung gem. § 11 Abs. 2 Satz 1 RpflegerG statt (s. dazu Rn. 7, 9). Hilft ihr der Rpfleger nicht ab und legt sie dem Richter vor (§ 11 Abs. 2 Satz 2, 3 RpflegerG), so ist gegen dessen Entscheidung eine Beschwerde nicht zulässig. Zum Verbot der Schlechterstellung s. § 77 Rn. 31.

c) Für die Sachbehandlung, wenn die Beschwerde teilweise zurückgenommen wird und dadurch der Wert des Beschwerdegegenstands 100 EUR nicht mehr übersteigt, gilt das in Rn. 81 Gesagte entsprechend.

35 **10. Beschwerde gegen Zwischenverfügung.** Jede einzelne Beanstandung bildet eine Entscheidung im Sinn des § 71, kann also für sich allein angefochten werden (JFG 8, 237; BGH NJW 1994, 1158). Gegenstand der Beschwerde ist nur das vom GBAmt angenommene EintrHindernis (BayObLG 1986, 212), nicht aber die Entscheidung über den EintrAntrag selbst (BayObLG 1984, 138; 1991, 102). Die Beschwerde ist auch noch zulässig, wenn die gesetzte Frist zwar abgelaufen, der Antrag aber noch nicht zurückgewiesen ist (KG 51, 278). Mit der Zurückweisung des EintrAntrags erledigt sich jedoch die Hauptsache (KGJ 51, 278) ebenso wie mit der Beseitigung des angenommenen EintrHindernisses (BayObLG Rpfleger 1982, 275) und mit der Vornahme der beantragten Eintragung (OLG Frankfurt OLGZ 1970, 284); die Beschwerde gegen die Zwischenverfügung wird unzulässig, sofern sie nicht auf den Kostenpunkt beschränkt wird (BayObLG 1993, 138f.). Mit der Beschwerde kann auch nur eine Verlängerung der Frist, nicht hingegen die sofortige Zurückweisung des EintrAntrags verlangt werden (KG DR 1943, 705; OLG Frankfurt OLGZ 1970, 284; BayObLG 1980, 40; s. auch Rn. 65). Ist ein Antrag auf Berichtigung

einer ursprünglich unrichtigen Eintragung durch Zwischenverfügung beanstandet worden, so ist die Beschwerde gegen diese unbeschränkt zulässig. Hat das GBAmt eine Frist zur Zurücknahme eines unverbundenen Antrags oder zur Stellung eines anderen Antrags gesetzt, so liegt keine beschwerdefähige Zwischenverfügung vor (s. hierzu Rn. 19). Zur Entscheidung über die Beschwerde s. § 77 Rn. 12; über die Anfechtung der Anordnung, einen Vorschuss zu leisten, s. Rn. 85; zum Geschäftswert s. § 77 Rn. 37; zum rechtlichen Gehör s. § 77 Rn. 7.

11. Beschwerde gegen Eintragungen. a) Grundsätzlich gehören hierher Eintragungen und Löschungen aller Art, also auch die Umschreibung eines Erbanteils (KGJ 40, 168), die Löschung durch Nichtübertragung auf ein anderes GBBlatt gemäß § 46 Abs. 2 (KGJ 46, 211), die Vereinigung von Grundstücken und die Zuschreibung als Bestandteil (KGJ 31, 243; BayObLG 1971, 198). 36

b) Jedoch verbietet der Zweck des Abs. 2 (s. Rn. 1) nur die Anfechtung solcher Eintragungen, an die sich ein gutgläubiger Erwerb anschließen kann (BGH 25, 22 = Rpfleger 1958, 310; BGH 108, 375 = WM 1989, 1760; BayObLG 1987, 432). Soweit das nicht der Fall ist, kann mit der Beschwerde die Löschung der Eintragung oder ihre Berichtigung verlangt werden. 37

12. Unbeschränkte Beschwerde gegen Eintragungen. Unbeschränkt anfechtbar sind Eintragungen, die nicht unter dem öffentlichen Glauben stehen. Mit der Beschwerde kann daher ihre Löschung und im Fall der Löschung ihre Wiedereintragung verlangt werden. 38

a) Unbeschränkt anfechtbare Eintragungen. Mit der unbeschränkten Beschwerde kann außer einer inhaltlich unzulässigen (s. § 53 Rn. 52) oder nichtigen (s. § 53 Rn. 1) Eintragung oder der Eintragung rein tatsächlicher Angaben (s. § 22 Rn. 22–25) angefochten werden die Eintragung:

- Von Widersprüchen (RG 117, 352; BayObLG 1952, 26; OLG Hamm JMBlNW 1965, 269), von Verfügungsbeschränkungen, z. B. Verfügungsverboten (KG DNotV 1930, 492), Rechtshängigkeitsvermerken (OLG Stuttgart Justiz 1979, 333), Nacherbenvermerken (JFG 21, 252; OLG München JFG 23, 300; OLG Hamm Rpfleger 1957, 415; BayObLG 1970, 139 = Rpfleger 1970, 344; OLG Zweibrücken ZEV 1998, 354; anders, wenn die Eintragung der Befreiung des Vorerben beseitigt werden soll: OLG Hamm Rpfleger 1971, 255), Testamentsvollstreckervermerken (KGJ 40, 199), Insolvenzvermerken (OLG Zweibrücken Rpfleger 1990, 87) oder Zwangsversteigerungsvermerken (KG HRR 39

1930 Nr. 1509; BayObLG Rpfleger 1997, 101; s. dazu auch § 38 Rdn. 36) und grundsätzlich auch von Vormerkungen (BGH 25, 16 = Rpfleger 1958, 310; gegen die dort angenommene Ausnahme – rechtsgeschäftliche Bewilligung der Vormerkung durch den eingetragenen Nichtberechtigten zugunsten eines Bösgläubigen – jedoch Mayer NJW 1963, 2263; Reinicke NJW 1964, 2373), jedenfalls dann, wenn sie auf Grund einstweiliger Verfügung eingetragen wurden (KG Rpfleger 1962, 211; BayObLG Rpfleg2er 1987, 57, 407; s. dazu ferner Medicus AcP 163, 1; Furtner NJW 1963, 1484; Wunner NJW 1969, 113); dies gilt auch für Widersprüche und Vormerkungen gem. § 18 Abs. 2 (JFG 7, 329) und § 53 Abs. 1 Satz 1 (RG 70, 234; JFG 10, 222; BayObLG 1952, 26; 1989, 356).

40 • Der Unterwerfungsklausel gemäß § 800 ZPO (KG DNotV 1932, 40; OLG München JFG 15, 260; BGH 108, 375 = WM 1989, 1760).

• Eines nicht existenten Eigentümers oder Berechtigten eines dinglichen Rechts (KG FGPrax 1997, 212).

41 • Mehrerer Berechtiger ohne die gemäß § 47 notwendige Angabe des Gemeinschaftsverhältnisses (RG JW 1934, 2612).

42 • Des Mithaftvermerks gemäß § 48, welcher nur kundmachende Wirkung hat (KG HRR 1934 Nr. 278).

43 • Von Rechten, die nicht übertragbar sind, z. B. eines dinglichen Wohnungsrechts (BayObLG 1954, 149). Soweit jedoch ein nicht übertragbares Recht, z. B. ein Nießbrauch oder eine beschränkte persönliche Dienstbarkeit (§ 1059 Satz 1, § 1092 Abs. 1 Satz 1 BGB) einer juristischen Person oder einer rechtsfähigen Personengesellschaft zusteht, ist wegen § 1059 a Abs. 1 Nr. 2 und Abs. 3 BGB eine Übertragung und damit ein gutgläubiger Erwerb nicht ausnahmslos ausgeschlossen, so dass nur die beschränkte Beschwerde gegeben ist (BayObLG Rpfleger 1982, 14; MittBayNot 1991, 79; s. dazu auch § 23 Rn. 3).

44 **b) Beschränkte Anfechtbarkeit der Löschung.** Werden Eintragungen der in Rn. 38 ff. genannten Art gelöscht, so ist die Löschung grundsätzlich nur beschränkt anfechtbar (s. dazu Rn. 51). Richtet sich die Beschwerde gegen die Löschung eines Amtswiderspruchs, so ist dagegen ein Amtswiderspruch einzutragen, nicht ein neuer Widerspruch gegen die ursprüngliche Unrichtigkeit. Nur so wird klargestellt, dass der erste Widerspruch zu Unrecht gelöscht worden ist (s. hierzu § 53 Rn. 31).

45 **c) Ausgeschlossener gutgläubiger Erwerb.** Steht eine Eintragung, wie die einer inhaltlich zulässigen Zwangshypothek, an sich unter dem öffentlichen Glauben, so ist sie nach BGH 64, 194

= Rpfleger 1975, 246 dann unbeschränkt, d.h. mit dem Ziel ihrer Löschung, anfechtbar, wenn nach dem konkreten Inhalt des GB die Möglichkeit eines gutgläubigen Erwerbs sowohl für die Vergangenheit (infolge Fehlens einer entsprechenden Eintragung) als auch für die Zukunft (infolge Eintragung eines Amtswiderspruchs) rechtlich ausgeschlossen ist (OLG Frankfurt FGPrax 1998, 205). Unbeschränkt anfechtbar ist auch die Löschung eines Bergwerkseigentums; ein gutgläubiger lastenfreier Erwerb des Grundstücks ist nämlich ausgeschlossen (OLG Frankfurt Rpfleger 1996, 336). Schließlich kann auch die Eintragung einer Vormerkung unbeschränkt angefochten werden, sofern das Löschungsverlangen damit begründet wird, das GB sei durch die Eintragung von Anfang an unrichtig geworden, weil der gesicherte Anspruch nicht entstanden sei; in diesem Fall nimmt die Vormerkung nämlich nicht am öffentlichen Glauben des GB teil.

d) Klarstellung der Fassung. Die unbeschränkte Beschwerde gegen eine Eintragung ist ferner statthaft, wenn sie nicht auf eine Berichtigung, sondern nur auf eine Klarstellung der Fassung gerichtet ist (JFG 5, 400; 15, 332; KG DR 1944, 255; OLG Düsseldorf Rpfleger 1963, 288; DNotZ 1971, 724; OLG Hamm NJW 1967, 935; OLG Stuttgart Rpfleger 1981, 355; BayObLG 1984, 240; 1990, 189). 46

Mit der Beschwerde kann daher die erstmalige Eintragung eines Klarstellungsvermerks oder seine Wiedereintragung bei Löschung verlangt werden (BayObLG 1988, 124). Zur sog. Fassungsbeschwerde zwecks Namensberichtigung s. BayObLG 1972, 374 = Rpfleger 1973, 56. Zu den Voraussetzungen der Eintragung eines Klarstellungsvermerks s. § 53 Rn. 7. 47

e) Ergänzung bei Unvollständigkeit. Mit der unbeschränkten Beschwerde kann endlich die Ergänzung einer unvollständigen Eintragung in der Weise verlangt werden, dass eine fortgelassene Bestimmung zum Gegenstand einer neuen selbständigen Eintragung gemacht wird. So z.B. die Nachholung der vergessenen Eintragung einer Nebenleistung (KGJ 42, 258) oder die Eintragung des bei der Buchung der Hyp. vergessenen Rangvorbehalts. Voraussetzung für den Erfolg der Beschwerde ist aber, dass das zunächst Eingetragene inhaltlich zulässig war und alle nunmehr Betroffenen die Eintragung bewilligt haben. 48

13. Beschränkte Beschwerde gegen Eintragungen. Die Beschränkung besteht darin, dass bei einer Eintragung, sofern sie nicht inhaltlich unzulässig im Sinn des § 53 Abs. 1 Satz 2 ist, nicht die Löschung und bei einer Löschung nicht die Wiedereintragung verlangt werden kann, sondern in beiden Fällen nur die Eintragung 49 eines Amtswiderspruchs. Hierfür müssen die Voraussetzungen des § 53 Abs. 1 Satz 1 in jedem Fall (a.M. OLG Celle Rpfleger 1990, 112) vorliegen.

50 **a)** Beschränkt anfechtbar sind Eintragungen, die unter dem öffentlichen Glauben stehen, also:

51 aa) Regelmäßig **jede Eintragung eines Rechts,** auch wenn das GBAmt dabei, wie bei der Zwangshypothek, im Rahmen der Zwangsvollstreckung tätig geworden ist (BGH 64, 197; BayObLG 1983, 188; KG Rpfleger 1987, 301; 1988, 359), ferner die Eintragung der Veränderung sowie die Löschung eines Rechts; ebenso die Teilung eines Grundstücks (BayObLG MittBayNot 1981, 125; Rpfleger 1995, 495), die Vereinigung von Grundstücken (KGJ 31, 243) und die Zuschreibung als Bestandteil, die Löschung von Widersprüchen, Verfügungsbeschränkungen und Vormerkungen (RG 132, 423; KG HRR 1934 Nr. 1223; BGH 60, 46 = NJW 1973, 323; s. Rn. 44) und die Anlegung eines GBBlatts (§§ 116ff.). Eine altrechtliche Grunddienstbarkeit bedarf zur Erhaltung der Wirksamkeit gegenüber dem öffentlichen Glauben des GB nicht der Eintragung (Art. 187 Abs. 1 EGBGB). Sobald sie aber in das GB eingetragen ist, nimmt sie am öffentlichen Glauben teil; wird sie zu Unrecht gelöscht, ist ein gutgläubiger lastenfreier Erwerb des Grundstücks möglich (BGH 104, 139 = Rpfleger 1988, 353; BayObLG 1995, 419; LG Bayreuth MittBayNot 1987, 200 mit kritischer Anm. v. F. Schmidt).

52 bb) **Unvollständige Eintragungen** (JFG 6, 308), wenn die Unrichtigkeit des GB behauptet wird. So z.B. wenn das an der Forderung begründete Pfandrecht bei Eintragung der Hyp. nicht miteingetragen (JFG 4, 417) oder wenn die Unterwerfungsklausel nachträglich gelöscht wird (KG JW 1937, 3037). Über ergänzende Rechtsänderungen s. Rn. 48.

53 **b)** Hat das LG eine **Zwischenverfügung aufgehoben** und das GBAmt daraufhin die beantragte Eintragung vorgenommen, so ist eine weitere Beschwerde gegen die Entscheidung des LG mit dem Ziel der Eintragung eines Amtswiderspruchs nicht zulässig. Die Eintragung eines Amtswiderspruchs kann jedoch durch Erstbeschwerde zum LG verlangt werden.

c) Über die Beschränkung der Beschwerde s. Rn. 55.

54 **14. Ausschluss der Erstbeschwerde.** Wenn das GBAmt eine Eintragung auf Anweisung des Beschwerdegerichts vorgenommen hat, ist diese nicht durch Beschwerde, sondern nur durch weitere Beschwerde anzufechten. Das folgt aus § 80 Abs. 2. Anders nur dann, wenn sich die Sachlage nachträglich ändert oder neue Tatsa-

chen vorgebracht werden (RG 70, 236; KG HRR 1933 Nr. 1027; JFG 3, 265); näheres s. § 78 Rn. 5, 7.

15. Beschränkung der Beschwerde. Die Beschränkung der Beschwerde nach § 71 Abs. 2 Satz 2 braucht nicht ausdrücklich erklärt zu sein. Das LG darf also eine Beschwerde nicht ohne weiteres als unzulässig verwerfen, sondern hat zu prüfen, ob sie mit dem beschränkten Ziel gewollt ist (BayObLG 1952, 160). Regelmäßig ist anzunehmen, dass der Beschwerdeführer das Rechtsmittel mit dem zulässigen Inhalt einlegen will (RG JFG 3, 26; KG JFG 12, 303; OLG Hamm OLGZ 1977, 267; Rpfleger 1993, 486; BayObLG 1971, 199; 1987, 231 = Rpfleger 1987, 450). Anders natürlich dann, wenn bereits ein Amtswiderspruch eingetragen ist. Dagegen hindert die Eintragung eines Widerspruchs nach § 899 BGB die Buchung eines Amtswiderspruchs nicht (JFG 12, 303). Über die Voraussetzungen des Amtswiderspruchs und der Amtslöschung s. § 53 Rn. 19ff. und 54ff. 55

16. Beschwerde im Prozesskostenhilfeverfahren. Nach § 14 FGG sind die Vorschriften der ZPO über die Prozesskostenhilfe nur entsprechend anzuwenden. Deshalb richtet sich das Beschwerdeverfahren grundsätzlich nach §§ 71ff. Die Beschwerde gegen die Versagung von Prozesskostenhilfe ist jedoch befristet; auch eine befristete weitere Beschwerde ist nicht ausgeschlossen. S. zum Ganzen § 1 Rn. 44. Eine Kostenentscheidung hat das Beschwerdegericht nicht zu treffen: Ob Gerichtskosten anfallen und wer sie zu tragen hat, ergibt sich unmittelbar aus dem Gesetz (§ 131b, § 2 Nr. 1 KostO); für eine Anordnung, dass außergerichtliche Kosten zu erstatten sind (vgl. § 13a FGG), ist kein Raum (§ 127 Abs. 4 ZPO; vgl. BayObLG 1965, 294). Unter den Voraussetzungen des § 131b Satz 2 KostO kann das Gericht jedoch die gem. Satz 1 zu erhebende Gebühr auf die Hälfte ermäßigen oder bestimmen, dass sie nicht zu erheben ist. 56

17. Beschwerdeberechtigung. Mit der Beschwerdeberechtigung sind regelmäßig auch das Rechtsschutzbedürfnis und die Beschwer gegeben (s. hierzu aber auch § 77 Rn. 9, 22). Die GBO enthält keine ausdrückliche Bestimmung über die Beschwerdeberechtigung. Andererseits regelt sie die Beschwerde abschließend. Deshalb kann § 20 FGG nicht entsprechend angewendet werden. Die Rechtsprechung hat bisher jedenfalls das Beschwerderecht im weiteren Umfang zugebilligt (s. auch Furtner DNotZ 1961, 453). Die Ausdehnung des Beschwerderechts wird durch den Zweck des GB (s. Einl. Rn. 1) gerechtfertigt. 57

a) Grundsatz. Regelmäßig ist jeder beschwerdeberechtigt, dessen Rechtsstellung durch die Entscheidung des GBAmts beein- 58 trächtigt wäre, falls diese in dem vom Beschwerdeführer behaupteten Sinn unrichtig wäre (OLG Hamm FGPrax 1995, 181). Statt der Beeinträchtigung eines Rechts (§ 20 Abs. 1 FGG) genügt also die eines rechtlich geschützten Interesses (KGJ 33, 306; JFG 5, 353; 14, 449; BayObLG 1957, 106; 1979, 84 = Rpfleger 1979, 210; BGH 80, 127; Rpfleger 1998, 420). Die Entscheidung des GBAmts muss eine Beeinträchtigung der Rechtsstellung des Beschwerdeführers bewirken, die nur durch eine Aufhebung der Entscheidung beseitigt werden kann. Die Begründung einer Entscheidung allein kann nie eine Beschwer begründen; maßgebend ist immer der Entscheidungssatz (BayObLG MittBayNot 2000, 437).

59 **b) Rechtsbeeinträchtigung.** aa) Die Beschwerde steht nicht jedem Beliebigen zu (KGJ 52, 103); auch genügt nicht die Beeinträchtigung bloß wirtschaftlicher oder sonstiger nicht rechtlicher, z.B. wissenschaftlicher Interessen (BayObLG 1969, 284; Rpfleger 1980, 63; BGH 80, 127); eine Rechtsbeeinträchtigung liegt damit nicht vor, wenn durch die Entscheidung lediglich eine den Beschwerdeführer belastende Kostenfolge ausgelöst wird, z.B. bei Zurückweisung eines gar nicht gestellten oder wieder zurückgenommenen Antrags, der jederzeit erneut gestellt werden kann (BayObLG 1994, 117; s. dazu auch OLG Naumburg FGPrax 2000, 3 mit Anm. v. Demharter FGPrax 2000, 52); zur Rechtsbeeinträchtigung, wenn das LG eine nicht eingelegte oder wieder zurückgenommene Beschwerde zurückweist, s. § 78 Rn. 3. Das beeinträchtigte Recht kann ein öffentlich-rechtliches (KGJ 25, 92; JFG 12, 344) oder ein privatrechtliches sein. Ein Beschwerderecht wird nicht dadurch begründet, dass jemand beim GBAmt eine Eintragung anregt und dieser Anregung nicht gefolgt wird (BayObLG 1969, 288; DNotZ 1989, 438); eine bloß formelle Beschwer genügt nämlich nicht (BayObLG 1994, 117). Der Vormerkungsberechtigte ist durch eine Eintragung, der eine vormerkungswidrige Verfügung zugrunde liegt, nicht rechtlich beeinträchtigt, weil die Eintragung ihm gegenüber unwirksam ist (BayObLG MittBayNot 1997, 37).

bb) Stirbt der Beschwerdeführer, so können regelmäßig die Erben das Verfahren fortsetzen (KGJ 45, 146). Die Erbfolge braucht, weil es nicht um eine EintrVoraussetzung sondern um die Beschwerdeberechtigung geht, nicht gem. § 35 nachgewiesen zu werden (s. Rn. 62; a.M. OLG Hamm JMBlNW 1962, 284; Meikel Rn. 107).

60 **c) Beschwerdebefugnis.** Sie betrifft die Ausübung der Beschwerdeberechtigung. Beschwerdebefugt ist grundsätzlich der Beschwerdeberechtigte. Seine Beschwerdebefugnis kann aber eingeschränkt sein oder gänzlich fehlen. Soweit er nicht verfügungs-

berechtigt ist (Insolvenzverfahren, Nachlassverwaltung, Testamentsvollstreckung), kann nur der Verfügungsberechtigte Beschwerde einlegen, und zwar im eigenen Namen kraft seines Amtes. Dabei handelt es sich um einen Fall der gesetzlichen Verfahrensstandschaft. Zur gewillkürten Verfahrensstandschaft s. § 1 Rn. 40.

d) Ausübung. Die Ausübung der Beschwerdeberechtigung 61
setzt Verfahrensfähigkeit voraus (s. hierzu § 1 Rn. 32; BayObLG 1996, 5 = FGPrax 1996, 58). Zur Ausübung des Beschwerderechts, wenn ein Antrag wegen fehlender Verfahrensfähigkeit oder wegen nicht ordnungsgemäßer gesetzlicher Vertretung des Antragstellers als unzulässig zurückgewiesen worden ist, s. § 13 Rn. 53.

e) Maßgebender Zeitpunkt. Die Beschwerdeberechtigung 62
muss jedenfalls im Zeitpunkt der Entscheidung über die Beschwerde vorhanden sein (BayObLG 1969, 289 = Rpfleger 1970, 26). Verliert sie der Beschwerdeführer vor diesem Zeitpunkt, wird die Beschwerde unbeschadet des Rechts der Erben, sie fortzuführen (s. Rn. 59), unzulässig und ist zu verwerfen (s. Rn. 66). Andererseits genügt es, wenn die vorher fehlende Beschwerdeberechtigung im Zeitpunkt der Entscheidung vorliegt; entstehen die Voraussetzungen der Beschwerdeberechtigung erst in der Rechtsbeschwerdeinstanz, ist dies zu berücksichtigen (OLG Hamm FGPrax 1996, 210). Dieselben Grundsätze gelten für die Beschwerdebefugnis.

f) Nachweis. Für den Nachweis der Beschwerdeberechtigung einschließlich der Beschwerdebefugnis gilt § 29 nicht.

18. Beschwerdeberechtigung im EintrAntragsverfahren. 63
Sie deckt sich mit dem Antragsrecht (KGJ 45, 204; OLG Frankfurt Rpfleger 1988, 184; OLG Hamm NJW-RR 1996, 1230; BayObLG DNotZ 1989, 438; Rpfleger 1998, 420); zu diesem s. § 13 Rn. 42ff.

a) Voraussetzungen und Umfang. Bei Erlass einer Zwischenverfügung oder Zurückweisung des EintrAntrags ist jeder Antragsberechtigte beschwerdeberechtigt (BGH NJW 1994, 1158), auch wenn er den Antrag nicht gestellt hat; § 20 Abs. 2 FGG ist nicht anwendbar (BayObLG 1980, 40; BGH Rpfleger 1998, 420). Die Zurückweisung eines EintrAntrags allein verschafft einem nicht antragsberechtigten Antragsteller kein Beschwerderecht (BayObLG MittBayNot 1994, 39). Auch die Zurückweisung eines gar nicht gestellten Antrags begründet kein Beschwerderecht (BayObLG 1994, 117). Von mehreren Antragstellern hat jeder allein das Beschwerderecht. Werden zwei gem. § 16 Abs. 2 verbundene Anträge abgewiesen, wird die Beschwerdeberechtigung des nur hinsichtlich eines der beiden Anträge antrags- und damit beschwerdeberechtigten

Antragstellers nicht dadurch in Frage gestellt, dass die EintrAnträge wegen eines ausschließlich in dem anderen Antrag begründeten Hindernisses abgewiesen wurden (OLG Hamm NJW-RR 1996, 1230). Beschwerdeberechtigt sind, ebenso wie nach § 13 Abs. 1 Satz 2 antragsberechtigt, nur die unmittelbar Beteiligten. Wegen der Beschwerdeberechtigung der Beteiligten bei Beanstandung oder Zurückweisung eines behördlichen EintrErsuchens s. § 38 Rn. 79.

64 **b) Beispiele.** Nicht beschwerdeberechtigt ist ein Miteigentümer, der den Antrag eines anderen Miteigentümers auf Belastung seines Bruchteils zu Fall bringen will (KG HRR 1932 Nr. 1469). Ebensowenig der Gläubiger des Erwerbers, wenn der Antrag des letzteren auf Eintragung zurückgewiesen ist (KG HRR 1931 Nr. 31). Auch steht dem Verwalter gegen die Eintragung des Verzichts eines WEigentümers auf sein WEigentum (zur Zulässigkeit s. Anh. zu § 3 Rn. 59) kein Beschwerderecht zu (BayObLG DNotZ 1989, 438). Wer nur einen schuldrechtlichen Anspruch auf Einräumung eines dinglichen Rechts hat, kann durch seinen Widerspruch oder eine Beschwerde die Eintragung dieses Rechts für einen andern nicht hindern (KG DR 1943, 705). Wohl aber kann der persönliche Gläubiger des Eigentümers, der die Zwangsvollstreckung in das Grundstück betreibt, die Berichtigung des GB verlangen (KG HRR 1935 Nr. 1406).

65 **c) Verhinderung einer Eintragung.** Die der Antragsberechtigung entsprechende Beschwerdeberechtigung ist nur zu dem Zweck eingeräumt, das Antragsrecht durchzusetzen, also den verfahrensrechtlichen Anspruch auf Eintragung im GB zu verwirklichen. Dagegen kann es nicht zulässiges Ziel der Beschwerde sein, den EintrAntrag zurückzuweisen (BayObLG 1987, 433 = FamRZ 1988, 503). Grundsätzlich kann nämlich derjenige, der durch eine Entscheidung betroffen würde, der bevorstehenden Eintragung nicht mit der GBBeschwerde entgegentreten; es muss ihm vielmehr überlassen bleiben, im Klageweg einen Titel zu erwirken, demzufolge die Eintragung zu unterbleiben hat (vgl. § 19 Rn. 97).

aa) Folglich ist, wenn eine Zwischenverfügung auf Beschwerde aufgehoben worden ist, ein Rechtsmittel mit dem Ziel, die **Zwischenverfügung wiederherzustellen,** unzulässig (OLG Stuttgart OLGZ 1968, 337; BayObLG 1980, 40; Rpfleger 1991, 107; im Ergebnis ebenso BGH Rpfleger 1998, 420 auf Vorlage des BayObLG 1998, 59 = FGPrax 1998, 87 gegen OLG Brandenburg FGPrax 1997, 125, das eine Beschwerdeberechtigung für ein Rechtsmittel mit dem eingeschränkten Ziel einer bloßen Aufhebung der Beschwerdeentscheidung bejahte); dabei macht es keinen Unterschied, ob der Antrag eine rechtsändernde oder eine berichtigende

Eintragung zum Ziel hat (a.M. OLG Hamm FGPrax 1995, 14, das eine Beschwerdeberechtigung beim Berichtigungsantrag bejaht).

bb) Entsprechendes gilt, wenn die **Zurückweisung eines EintrAntrags** aufgehoben worden ist (BayObLG 1980, 41; a.M. KG DNotZ 1972, 176), es sei denn, damit ist die Anweisung an das GBAmt verbunden, die beantragte Eintragung vorzunehmen (BayObLG NJW 1983, 1567). Die Beschwerdeberechtigung ist bei Aufhebung der Zurückweisung eines EintrAntrags auch dann gegeben, wenn sich der Rechtsmittelführer dagegen wendet, dass das LG, statt das GBAmt zur Vornahme der Eintragung anzuweisen, die Sache an das GBAmt zurückverwiesen oder dieses zum Erlass einer bestimmten Zwischenverfügung angewiesen oder selbst eine Zwischenverfügung erlassen hat. S. zum Ganzen Demharter MittBayNot 1997, 270.

cc) Hat das Beschwerdegericht eine Zwischenverfügung aufgehoben und lehnt das GBAmt die Eintragung dennoch wegen des EintrHindernisses ab, das Gegenstand der Zwischenverfügung war, dann ist bei Anfechtung dieser Entscheidung das Beschwerdegericht nicht an die Rechtsansicht gebunden, die es seiner Entscheidung über die Beschwerde gegen die Zwischenverfügung zugrundegelegt hat; dies gilt erst recht für das Rechtsbeschwerdegericht (BayObLG 1999, 104).

d) Maßgebender Zeitpunkt. Da die Beschwerdeberechtigung im Zeitpunkt der Entscheidung über die Beschwerde vorhanden sein muss (s. Rn. 62), ist eine Beschwerde des bisherigen Eigentümers nach Umschreibung des Eigentums, mit der sein Antragsrecht und folglich auch seine Beschwerdeberechtigung entfällt (KG OLG 41, 22; OLG Hamm FGPrax 1996, 210) grundsätzlich als unzulässig zu verwerfen. Der bisherige Eigentümer kann jedoch nach Eigentumsumschreibung die Beschwerde in Verfahrensstandschaft für den neuen Eigentümer (vgl. § 265 Abs. 2 Satz 1 ZPO) fortführen (vgl. OLG Frankfurt NJW-RR 1997, 1447; Meikel Rn. 107; Demharter FGPrax 1997, 7). 66

19. Beschwerdeberechtigung bei Eintragungen. Für unbeschränkt anfechtbare Eintragungen verbleibt es bei der Regel (s. Rn. 58). Ebenso für das Verlangen, eine Eintragung als inhaltlich unzulässig zu löschen. 67

a) Eintragung eines Amtswiderspruchs. Besonders gilt für das Verlangen, gegen eine Eintragung (Löschung) einen Amtswiderspruch einzutragen. Unerheblich ist es, ob die Beschwerde sich unmittelbar gegen die Eintragung, bei der es sich auch um die Löschung eines Amtswiderspruchs handeln kann (BayObLG 1989, 138), richtet oder gegen die Zurückweisung einer zunächst an das 68

GBAmt gerichteten Anregung, einen Amtswiderspruch einzutragen (KGJ 53, 175; BayObLG DNotZ 1989, 438), oder gegen die Anordnung der Löschung eines Amtswiderspruchs (BayObLG NJW 1983, 1567).

69 aa) Hier ist nur beschwerdeberechtigt, wer, falls die Eintragung unrichtig wäre, nach § 894 BGB einen **Anspruch auf Berichtigung** des GB hätte, zu dessen Gunsten also der Widerspruch gebucht werden müsste (OLG Celle NJW 1963, 1160; KG Rpfleger 1972, 174; BayObLG NJW 1983, 1567; Rpfleger 1987, 450; OLG Hamm FGPrax 1996, 210). Bei der Erbengemeinschaft ist dies wegen § 2039 BGB jeder Miterbe, auch wenn der Widerspruch zugunsten der Erbengemeinschaft zu buchen ist (BayObLG MittBayNot 1989, 308). Wird ein Recht ohne Zustimmung desjenigen gelöscht, dessen Anspruch auf Übertragung oder Belastung vorgemerkt oder zu dessen Gunsten die Pfändung oder Verpfändung vermerkt ist (s. § 19 Rn. 53, 54, § 26 Rn. 35, Anh. zu § 26 Rn. 27), steht diesem ein GBBerichtigungsanspruch zu. Wird jedoch beim WEigentum eine zum Inhalt des Sondereigentums gemachte Vereinbarung ohne Zustimmung des Berechtigten einer Auflassungsvormerkung (s. Anh. zu § 3 Rn. 80) geändert, steht diesem vor seiner Eintragung als Eigentümer kein eigener GBBerichtigungsanspruch zu; er ist daher nicht beschwerdeberechtigt (BayObLG 1998, 255 = Rpfleger 1999, 178). Nicht beschwerdeberechtigt ist auch der Verwalter bei Eintragung eines WEigentümers ohne seine nach § 12 WEG erforderliche Zustimmung (OLG Hamm FGPrax 2001, 98).

bb) Beschwerdeberechtigt ist ferner derjenige, dem der Widerspruchsberechtigte den **Berichtigungsanspruch abgetreten** hat (RG 112, 265), damit er im eigenen Interesse zugunsten des Widerspruchsberechtigten das GB berichtigen lassen kann (JFG 11, 210; 18, 55; KG Rpfleger 1972, 174). Außerdem der Ehegatte des Widerspruchsberechtigten im Fall des § 1368 BGB (OLG Hamm Rpfleger 1959, 349 mit zust. Anm. v. Haegele; BayObLG 1987, 433 = FamRZ 1988, 504; OLG Jena Rpfleger 2001, 298). Bei der Löschung eines Widerspruchs gem. § 18 Abs. 2 ist beschwerdeberechtigt nur der Antragsteller, nicht jeder Antragsberechtigte (KG Rpfleger 1972, 174).

70 cc) Ein anderer ist nicht berufen, dem Widerspruchsberechtigten den Schutz seines Rechts aufzudrängen; der Berechtigte könnte den Widerspruch sofort auf seine Bewilligung löschen lassen. Deshalb ist nicht beschwerdeberechtigt ein HypGläubiger gegen die Vereinigung mehrerer Grundstücke (KGJ 31, 241) oder die Zuschreibung als Bestandteil. Ebensowenig der Eigentümer gegen die

Umschreibung einer Hyp. auf einen neuen Gläubiger (KG JW 1935, 3236; vgl. BGH NJW 2000, 2021) oder der Berechtigte einer Auflassungsvormerkung gegen die Eintragung eines neuen Eigentümers (vgl. BayObLG 1987, 236 = Rpfleger 1987, 450).

b) Löschung eines Amtswiderspruchs. aa) Wird die Löschung eines Amtswiderspruchs verlangt oder die Aufhebung der Anordnung, einen solchen einzutragen, so ist beschwerdeberechtigt derjenige, gegen dessen vom GB verlautbarte Rechtsstellung sich der Widerspruch richtet; das ist bei einem Amtswiderspruch gegen die Löschung eines dinglichen Rechts der Grundstückseigentümer (BayObLG MittBayNot 1991, 78; OLG Frankfurt FGPrax 1998, 128). Im Hinblick auf § 48 ZVG hält KGJ 47, 213 jedoch auch einen HypGläubiger für berechtigt, Beschwerde gegen die Anordnung der Eintragung eines Amtswiderspruchs einzulegen, der sich gegen die Löschung einer im Rang vorgehenden Hyp. richtet. 71

bb) **Nicht beschwerdeberechtigt** ist aber der Berechtigte einer Auflassungsvormerkung, wenn gegen einen im GB vermerkten Vorrang einer Grundschuld vor der Auflassungsvormerkung zu seinen Gunsten ein Amtswiderspruch eingetragen wird (BayObLG Rpfleger 1982, 470) oder wenn ein Amtswiderspruch gegen die Löschung eines vorrangigen Nießbrauchs eingetragen wird und vorrangige Verwertungsrechte nicht eingetragen sind (BayObLG MittBayNot 1991, 78). Wird gegen die Eintragung von Grundpfandrechten an einem Erbbaurecht zugunsten des Grundstückseigentümers ohne Zustimmung des Erbbauberechtigten ein Amtswiderspruch eingetragen, so ist auch der Erbbauberechtigte beschwerdeberechtigt. Ihm fehlt jedoch die Beschwerdeberechtigung für die Anfechtung eines Amtswiderspruchs gegen die Eintragung des Erbbauzinses und eines Vorkaufsrechts für den jeweiligen Grundstückseigentümer (BayObLG 1986, 294). 72

20. Beschwerdeeinlegung durch Vertreter. a) Wird die Beschwerde durch einen Vertreter eingelegt, so hat dieser Vollmacht vorzulegen. Privatschriftliche Vollmacht genügt regelmäßig. Das Beschwerdegericht kann aber bei begründeten Zweifeln Beglaubigung der Unterschrift verlangen (§ 13 Satz 3 FGG). Es kann andererseits von der Vorlegung einer Vollmacht absehen, wenn es von der Bevollmächtigung überzeugt ist. Das gilt insbesondere bei Rechtsanwälten; von ihnen ist auf Grund ihres Berufs zu erwarten, dass sie nicht ohne Vollmacht auftreten (s. JFG 17, 229). Dasselbe gilt für Notare (s. § 15 Rn. 21). Ein Rechtsmittel kann jedenfalls nicht wegen fehlenden Vollmachtsnachweises zurückgewiesen werden, ohne dass vorher Gelegenheit gegeben wurde, die Bevollmächtigung nachzuweisen (BayObLG Rpfleger 1995, 495). 73

b) Entsprechendes gilt von dem Nachweis der Vertretungsmacht gesetzlicher Vertreter.

74 **c)** Der **Notar,** der eine zur Eintragung erforderliche Erklärung beurkundet oder beglaubigt hat, kann Beschwerde nur im Namen eines Beteiligten einlegen. Er braucht jedoch keine Vollmacht vorzulegen, wenn er nach § 15 den EintrAntrag gestellt hat; ist dies nicht der Fall, so kann er Beschwerde nur auf Grund besonderer Vollmacht einlegen. Näheres s. § 15 Rn. 20, 21.

75 **d)** Im eigenen Namen kann ein Vertreter nur dann Beschwerde einlegen, wenn das GBAmt ihm persönlich Kosten auferlegt hat. Dagegen nicht, wenn das GBAmt seine Vertretungsbefugnis bezweifelt. Auch in diesem Fall ist durch die Entscheidung des GBAmts nur der Vertretene in seiner Rechtsstellung beeinträchtigt (a. M. Güthe/Triebel A. 23).

76 **21. Beschwerdeberechtigung von Behörden. a)** Behörden sind zunächst beschwerdeberechtigt, soweit sie um Eintragungen ersuchen dürfen (JFG 14, 436; 16, 215; 18, 55); im Einzelnen s. § 38 Rn. 5, 28. Dasselbe gilt, soweit sie befugt sind, privatrechtliche Belange der Beteiligten zu wahren (JFG 3, 271; 16, 215).

77 **b)** Darüber hinaus hat die Rechtsprechung, erstmals JFG 12, 344, Behörden ein allgemeines Beschwerderecht zuerkannt, soweit sie die ihnen zugewiesenen staats- und volkswirtschaftlichen Aufgaben ohne die Möglichkeit selbstständiger Anfechtung von GBEntscheidungen nicht erfüllen können; ob dies zutrifft, muss von Fall zu Fall entschieden werden; s. dazu JFG 12, 344 für Devisenstellen; JFG 13, 234 für Grunderwerbsteuerstellen; JFG 16, 215; OLG Celle NdsRpfl. 1949, 70; OLG Schleswig RdL 1964, 305 für Kulturämter. Gegen ein Beschwerderecht von Behörden unter dem angeführten Gesichtspunkt sind allerdings verschiedentlich Bedenken erhoben worden (s. z. B. Zimmermann Rpfleger 1958, 212); man wird es jedoch nicht schlechthin ablehnen dürfen (s. dazu auch KEHE Rn. 77). Ein bloßes Aufsichtsrecht begründet das Beschwerderecht nicht (JFG 3, 271; 12, 344). Zur Beschwerdeberechtigung der Katasterbehörde s. § 2 Rn. 24.

78 **c)** Neben der Behörde ist auch der Beteiligte beschwerdeberechtigt, dessen Rechtsstellung beeinträchtigt ist (KGJ 41, 254; JFG 5, 299; 17, 353).

79 **22. Rechtsbehelfe anderer Art.** An Rechtsbehelfen anderer Art kommen in GBSachen in Betracht die Erinnerung gegen Entscheidungen des Rpflegers und des Urkundsbeamten der Geschäftsstelle (s. Rn. 6, 10), der Widerspruch im Rangklarstellungsverfah-

ren (s. § 104 Rn. 3), die Erinnerung gegen den Kostenansatz (s. Rn. 80), die Beschwerde gegen die Kostenfestsetzung (s. Rn. 86), die Geschäftswertbeschwerde (s. Rn. 87) und die Dienstaufsichtsbeschwerde (s. Rn. 91).

23. Erinnerung gegen den Kostensansatz. a) Wird der Ansatz der Gerichtskosten durch den Kostenbeamten (s. hierzu § 14 Abs. 1 KostO) mit der Begründung angegriffen, dass er nicht den Vorschriften der KostO entspricht oder dass auf Grund sonstiger kostenrechtlicher Bestimmungen Gebührenfreiheit besteht (RG HRR 1928 Nr. 1466; BayObLG 1955, 114), so ist nicht die Beschwerde nach §§ 71 ff. GBO, sondern die Erinnerung nach § 14 Abs. 2 KostO gegeben. **80**

aa) Über sie entscheidet das Gericht, bei dem die Kosten angesetzt sind (§ 14 Abs. 2 KostO). Zuständig für die Entscheidung über die Erinnerung gegen den Kostenansatz ist der Rpfleger (§ 3 Nr. 1 Buchst. h, § 4 Abs. 1 RpflegerG; OLG Zweibrücken Rpfleger 1991, 54; 1998, 332). Jedoch ist derjenige Rpfleger ausgeschlossen, welcher als Kostenbeamter tätig geworden ist (BayObLG 1974, 329; Rpfleger 1990, 245; OLG Zweibrücken Rpfleger 1998, 332). Gegen die Entscheidung des Rpflegers können der Kostenschuldner und die Staatskasse **Beschwerde** gem. § 11 Abs. 1 RpflegerG i. V. m. § 14 Abs. 3 Satz 1 KostO einlegen, wenn der Wert des Beschwerdegegenstands 50 EUR übersteigt. Als Beschwerdegegenstand ist der Mehr- oder Minderbetrag anzusehen, der sich aus der erstrebten Festsetzung gegenüber der Vorentscheidung ergibt. Übersteigt der Wert des Beschwerdegegen stands 50 EUR nicht, findet die befristete Erinnerung gem. § 11 Abs. 2 Satz 1 RpflegerG statt (s. dazu Rn. 7, 9). Hilft ihr der Rpfleger nicht ab und legt sie dem Richter vor (§ 11 Abs. 2 Satz 2, 3 RpflegerG), so ist gegen dessen Entscheidung eine Beschwerde nicht gegeben. **81**

bb) Der Rpfleger kann der Beschwerde abhelfen (§ 14 Abs. 5 Satz 1 KostO). Hilft er der Beschwerde teilweise ab oder wird sie teilweise zurückgenommen und übersteigt dadurch der Wert des Beschwerdegegenstands 50 EUR nicht mehr, wird die Beschwerde unzulässig. In diesem Fall hat sie der Rpfleger dem Richter zur abschließenden Entscheidung, auch über die Kosten des Beschwerdeverfahrens, vorzulegen (§ 11 Abs. 2 RpflegerG). Gegebenenfalls ist die Sache hierzu dem Richter vom Beschwerdegericht zuzuleiten (OLG Frankfurt Rpfleger 1988, 30). Zum Verbot der Schlechterstellung s. § 77 Rn. 31.

cc) Gegen die bei Übersteigen der Wertgrenze von 50 EUR in Betracht kommende Entscheidung des Beschwerdegerichts (§ 14 **82**

Abs. 5 Satz 2 KostO) ist die **weitere Beschwerde** statthaft, wenn sie das Beschwerdegericht wegen der grundsätzlichen Bedeutung der zur Entscheidung stehenden Frage zulässt und der Wert des Beschwerdegegenstands 50 EUR übersteigt; sie kann nur auf eine Verletzung des Rechts gestützt werden; die §§ 546, 547 ZPO gelten entsprechend. Eine Beschwerde an einen obersten Gerichtshof des Bundes findet nicht statt (§ 14 Abs. 3 Satz 2 bis 4 KostO). Im Verfahren der weiteren Beschwerde, über die in *Bayern* das Oberste Landesgericht entscheidet (Art. XI § 2 KostÄnderungsG v. 26. 7. 1957, BGBl. I 861 i.V.m. Art. 11 Abs. 3 Nr. 1 AGGVG v. 23. 6. 1981, BayRS 300-1-1-J), besteht eine Vorlegungspflicht nach § 79 Abs. 2 nicht (§ 14 Abs. 5 Satz 5 Halbsatz 2 KostO).

83 dd) Erinnerung gem. § 14 Abs. 2 KostO und § 11 Abs. 2 Satz 1 RpflegerG sowie Beschwerde und weitere Beschwerde können zur Niederschrift der Geschäftsstelle oder schriftlich ohne Mitwirkung eines Rechtsanwalts eingelegt werden (§ 14 Abs. 4 Satz 1, 6 KostO; § 11 Abs. 2 Satz 4 RpflegerG). Sie können auch als elektronisches Dokument entsprechend § 130 a ZPO eingelegt werden, sofern die Voraussetzungen dafür bei dem Gericht geschaffen sind (s. dazu § 73 Rn. 10). Einzulegen sind die Erinnerung und die Beschwerde bei dem Gericht, das für die Entscheidung über die Erinnerung zuständig ist; die Beschwerde kann auch bei dem Beschwerdegericht eingelegt werden (§ 14 Abs. 4 Satz 1 KostO, § 21 Abs. 2 FGG). Die Erinnerung gem. § 14 Abs. 2 KostO und die Beschwerde sind nicht an eine Frist gebunden (§ 14 Abs. 4 Satz 2 KostO); die Erinnerung gem. § 11 Abs. 2 Satz 1 RPflG ist dagegen befristet; die Frist beträgt zwei Wochen (§ 22 Abs. 1 FGG). Das Verfahren über die Erinnerung gem. § 14 Abs. 2 KostO und § 11 Abs. 2 Satz 1 RpflegerG sowie über die Beschwerde ist gebührenfrei; Kosten werden nicht erstattet (§ 14 Abs. 7 KostO, § 11 Abs. 4 RpflegerG). Über die Erinnerungs- und Beschwerdeberechtigung, wenn mehrere Kostenschuldner als Gesamtschuldner haften, s. OLG Braunschweig DNotZ 1955, 440.

84 ee) Erinnerung und Beschwerde haben keine aufschiebende Wirkung. Jedoch kann das Gericht oder der Vorsitzende des Beschwerdegerichts die aufschiebende Wirkung ganz oder teilweise anordnen. Im Übrigen sind die für die GBBeschwerde geltenden Vorschriften anzuwenden (§ 14 Abs. 5 Satz 3 bis 5 KostO). Kostenbeamter, Kostenrechtspfleger und Kostenrichter haben ihrer gebührenmäßigen Beurteilung des Sachverhalts die Rechtsauffassung des GBAmts bei der grundbuchmäßigen Behandlung zugrunde zu legen (BayObLG 1952, 138). Zum Verbot der Schlechterstellung s. § 77 Rn. 31.

b) Ist die Erledigung eines Antrags nach § 8 Abs. 2 KostO von der Zahlung eines **Kostenvorschusses** abhängig gemacht worden, so ist gegen die Anordnung der Vorschussleistung auch wegen der Höhe des Vorschusses gemäß § 8 Abs. 3 KostO die Beschwerde nach §§ 71 mit 77, § 81 GBO zulässig; sie ist auch statthaft, wenn der Beschwerdegegenstand 50 EUR nicht übersteigt; eine weitere Beschwerde ist ausgeschlossen (BayObLG 1970, 27 = Rpfleger 1970, 254 mit weit. Nachweisen; OLG Celle DNotZ 1972, 441; OLG Hamm Rpfleger 2000, 267), und zwar auch dann, wenn sie das LG ausdrücklich zugelassen hat, weil es irrtümlich § 14 KostO für anwendbar erachtet (OLG Celle JurBüro 1968, 725; BayObLG JurBüro 1992, 182). Das Beschwerdeverfahren ist gebührenfrei; eine Kostenerstattung findet nicht statt (§ 8 Abs. 3 Satz 4, 5 KostO). Wird der EintrAntrag wegen unterbliebener Vorschusszahlung zurückgewiesen, sind dagegen Beschwerde und weitere Beschwerde nach allgemeinen Grundsätzen zulässig (OLG Hamm Rpfleger 2000, 267). 85

24. Beschwerde gegen die Kostenfestsetzung. a) Die außergerichtlichen Kosten werden gem. § 13a Abs. 3 FGG i. V. m. §§ 103 bis 107 ZPO festgesetzt. Gegen die Festsetzung des Rpflegers (§ 21 Nr. 1 RpflegerG) des GBAmts (§ 103 Abs. 2 Satz 1 ZPO) ist die sofortige Beschwerde gem. § 11 Abs. 1 RpflegerG i. V. m. § 104 Abs. 3 Satz 1, § 567 Abs. 2 Satz 2 ZPO gegeben, sofern der Wert des Beschwerdegegenstands 50 EUR übersteigt. Die Beschwerdefrist beträgt zwei Wochen (§ 569 Abs. 1 ZPO). Der Rpfleger kann der sofortigen Beschwerde abhelfen; hilft er nicht ab, hat er sie unverzüglich dem Beschwerdegericht vorzulegen (§ 572 Abs. 1 ZPO). Übersteigt der Wert des Beschwerdegegenstands 50 EUR nicht, findet die befristete Erinnerung gem. § 11 Abs. 2 Satz 1 RpflegerG statt (s. Rn. 7, 9). Hilft ihr der Rpfleger nicht ab und legt sie dem Richter vor (§ 11 Abs. 2 Satz 2, 3 RpflegerG), ist gegen dessen Entscheidung eine Beschwerde nicht gegeben. Übersteigt der Wert des Beschwerdegegenstandes 50 EUR, findet gegen eine dann mögliche Beschwerdeentscheidung die sofortige weitere Beschwerde nur statt, wenn sie das Beschwerdegericht zugelassen hat (vgl. § 574 Abs. 1 Nr. 2, Abs. 2, 3 ZPO). Die Frist zur Einlegung der weiteren Beschwerde beträgt gem. § 575 Abs. 1 Satz 1 ZPO einen Monat ab Zustellung der angefochtenen Entscheidung; innerhalb dieser Frist ist das Rechtsmittel zu begründen (§ 575 Abs. 2 ZPO). 86

b) Für die Sachbehandlung, wenn die Beschwerde teilweise zurückgenommen wird und dadurch der Wert des Beschwerdegegenstands 50 EUR nicht mehr übersteigt, gilt das in Rn. 81 Gesagte entsprechend.

87 **25. Geschäftswertbeschwerde. a)** Gegen die Festsetzung des Geschäftswerts ist die Beschwerde gegeben, wenn der Wert des Beschwerdegegenstands 50 EUR übersteigt (§ 31 Abs. 3 Satz 1 KostO). Der Wert des Beschwerdegegenstands entspricht dem Mehr- oder Minderbetrag an Kosten, der sich ergibt, wenn statt des festgesetzten der angestrebte Geschäftswert zugrunde gelegt wird. Dabei ist, wenn der Richter den Geschäftswert festgesetzt hat, z.B. das LG für das Beschwerdeverfahren, bei teilweiser Abhilfe für die Beurteilung, ob der Wert des Beschwerdegegenstands 50 EUR übersteigt, nicht der ursprünglich festgesetzte, sondern der Geschäftswert maßgebend, der sich nach der Abhilfeentscheidung ergibt (BayObLG 1994, 375). Die Beschwerde ist nur zulässig, wenn sie innerhalb der Frist von sechs Monaten gem. § 31 Abs. 1 Satz 3 KostO eingelegt wird. Bei einer Festsetzung später als einen Monat vor Ablauf dieser Frist beträgt die Beschwerdefrist mindestens einen Monat (§ 31 Abs. 3 Satz 2 KostO).

88 **b)** Die Beschwerde ist grundsätzlich auch dann gegeben, wenn der Rpfleger den Geschäftswert festgesetzt hat (§ 11 Abs. 1 RpflegerG). Übersteigt jedoch der Wert des Beschwerdegegenstands 50 EUR nicht, findet die befristete Erinnerung gem. § 11 Abs. 2 Satz 1 RpflegerG statt (s. Rn. 7, 9). Hilft ihr der Rpfleger nicht ab und legt sie dem Richter vor (§ 11 Abs. 2 Satz 2, 3 RpflegerG), ist gegen dessen Entscheidung eine Beschwerde nicht gegeben.

c) Für die Sachbehandlung, wenn die Beschwerde teilweise zurückgenommen wird und dadurch der Wert des Beschwerdegegenstands 50 EUR nicht mehr übersteigt, gilt das in Rn. 81 Gesagte entsprechend.

89 **d)** Gegen die **Geschäftswertfestsetzung des LG** für das Beschwerdeverfahren findet die Erstbeschwerde statt, über die in *Bayern* das BayObLG entscheidet (BayObLG 1986, 489 = Rpfleger 1987, 161). Die zulassungsfreie Erstbeschwerde ist auch dann gegeben, wenn das LG von Amts wegen gem. § 31 Abs. 1 Satz 2 KostO die Geschäftswertfestsetzung des Amtsgerichts abgeändert hat (BayObLG JurBüro 1990, 1499). Lehnt es das LG jedoch ab, den Geschäftswert von Amts wegen abzuändern, ist dagegen ein Rechtsmittel nicht gegeben. Gegen die Entscheidung des LG als Beschwerdegericht ist die weitere Beschwerde statthaft, wenn sie das LG wegen der grundsätzlichen Bedeutung der zur Entscheidung stehenden Frage zulässt und der Wert des Beschwerdegegenstands 50 EUR übersteigt; sie kann nur auf eine Verletzung des Rechts gestützt werden; §§ 546, 547 ZPO gelten entsprechend. Gegen die Geschäftswertfestsetzung des OLG oder dessen Entscheidung als Beschwerdegericht findet

ein Rechtsmittel nicht statt (§ 31 Abs. 3 Satz 1 Halbsatz 2 i. V. m. § 14 Abs. 3 Satz 2 bis 4 KostO).

e) Im Übrigen gelten für die Beschwerde und die weitere Beschwerde § 14 Abs. 4 Satz 1 KostO (Einlegung der Beschwerde, auch in elektronischer Form), § 14 Abs. 5 Satz 1, 2 und 5 KostO (Abhilfebefugnis, Beschwerdegericht, Anwendung der §§ 71 ff. ohne § 79 Abs. 2) und § 14 Abs. 6 KostO (kein Anwaltszwang) entsprechend (§ 31 Abs. 3 Satz 1 Halbsatz 2 KostO). Das Beschwerdeverfahren ist gebührenfrei; Kosten werden nicht erstattet (§ 31 Abs. 4 KostO). Das Verbot der Schlechterstellung gilt bei der Geschäftswertbeschwerde nicht (s. § 77 Rn. 31). **90**

26. Dienstaufsichtsbeschwerde. Sie ist kein Rechtsmittel, sondern nur eine Anregung zum Einschreiten der Dienstaufsichtsbehörde. Entschließungen des GBAmts, die auf ausschließlich verwaltungsmäßigen Erwägungen beruhen, können nur im Dienstaufsichtsweg angefochten werden. Dies ist z. B. der Fall, wenn das GBAmt dem Antragsteller keine Auskunft über Stand und Zeitpunkt der Erledigung des gestellten Antrags gibt (KG DNotZ 1933, 372) oder wenn der Rpfleger bei Erlass einer Zwischenverfügung nicht sämtliche EintrHindernisse benennt, sich vielmehr die Beanstandung weiterer EintrHindernisse durch weitere Zwischenverfügungen vorbehält (BayObLG FGPrax 1995, 95). Ebenso kann das persönliche Verhalten der mit Aufgaben des GBAmts betrauten Personen nur zum Gegenstand einer Dienstaufsichtsbeschwerde gemacht werden. Die sachliche Abänderung einer Entscheidung kann nur mit der GBBeschwerde verlangt werden. Zur Abgrenzung von Dienstaufsichtsbeschwerde und Sachbeschwerde s. BayObLG 1986, 416. **91**

Beschwerdegericht

72 **Über die Beschwerde entscheidet das Landgericht, in dessen Bezirke das Grundbuchamt seinen Sitz hat.**

1. Allgemeines. § 72 bestimmt das zur Entscheidung über die Beschwerde sachlich und örtlich zuständige Gericht; die Zuständigkeit ist eine ausschließliche. 1

In *Baden-Württemberg* werden die Aufgaben des GBAmts von Notaren und Notarvertretern sowie Ratschreibern wahrgenommen (s. § 143 Rn. 2; zur Zuständigkeit des Rpflegers s. § 35 RpflegerG). Gegen die Entscheidungen der Ersteren ist die Beschwerde zum LG gegeben, gegen die der Ratschreiber die Erinnerung, über die der Notar entscheidet (§ 33 LFGG v. 12. 2. 1975, GBl. 116).

2 **2. Sachliche Zuständigkeit. a)** Über die Beschwerde entscheidet das LG, und zwar gemäß § 81 Abs. 1 eine Zivilkammer. Die Zivilkammer wird durch den Geschäftsverteilungsplan nach § 21 e Abs. 1 Satz 1 GVG bestimmt. Über die Ausschließung und Ablehnung der Richter s. § 81 Abs. 2.

3 **b)** Eine Ausnahme gilt, wenn die Entscheidung des GBAmts im Zusammenhang mit der Durchführung der landwirtschaftlichen Schuldenregelung ergangen ist; hier entscheidet an Stelle des nach § 72 zuständigen LG unter Ausschluss der weiteren Beschwerde das OLG (§ 13 Abs. 2 AbwicklG v. 25. 3. 1952, BGBl. I 203).

4 **c)** Im Gebiet der früheren DDR entschied bis zur Einrichtung der im GVG vorgesehenen Gerichte anstelle einer Zivilkammer des LG ein Zivilsenat des Bezirksgerichts durch drei Richter (Anl. I Kap. III Sachgeb. A Abschn. III Nr. 1 Buchst. b, j Abs. 3 EinigungsV; für Berlin s. jedoch Abschn. IV).

5 **3. Örtliche Zuständigkeit. a)** Über die Beschwerde entscheidet das LG, in dessen Bezirk das GBAmt, dessen Entscheidung angefochten wird, seinen Sitz hat; ist die Zuständigkeit zur Führung des GB auf ein anderes GBAmt übergegangen, so entscheidet das diesem übergeordnete LG (JFG 13, 402). Handelt es sich um Gesamtrechte an Grundstücken, die in den Bezirken verschiedener LG liegen, so sind widersprechende Entscheidungen nur durch weitere Beschwerde, notfalls unter Hinwirken auf Vorlegung an den BGH (§ 79 Abs. 2), zu beseitigen. Die Bestimmung eines zuständigen Gerichts kennt die GBO nur für die Erste, nicht aber für die Beschwerdeinstanz.

6 **b)** Wenn im Gebiet der **früheren DDR** über die Gewährung der Einsicht in frühere Grundbücher und Grundakten, die von anderen als den grundbuchführenden Stellen aufbewahrt werden, sowie über die Erteilung von Abschriften der Leiter der Stelle oder ein von ihm hierzu ermächtigter Bediensteter entschieden hat, ist zur Entscheidung über die Beschwerde hiergegen das Gericht zuständig, in dessen Bezirk die Stelle ihren Sitz hat; dies gilt auch bei Anfechtung einer Entscheidung über die Gewährung von Einsicht in Grundakten, die gem. § 10a Abs. 2 Satz 2 von anderen Stellen als dem GBAmt aufbewahrt werden, und über die Erteilung von Abschriften daraus (§ 12c Abs. 5 i. V. m. § 12b).

7 **4. Überschreitung der Zuständigkeit. a)** Die Entscheidung eines sachlich unzuständigen Gerichts ist unwirksam (s. § 32 FGG; a. M. KEHE Rn. 6; s. hierzu auch BGH 24, 52 und § 1 Rn. 25). Sie bedarf der Aufhebung nicht; diese kann aber mit der weiteren Beschwerde verlangt werden.

b) Die Entscheidung eines örtlich unzuständigen Gerichts ist wirksam (§ 7 FGG). Sie ist aber auf weitere Beschwerde aufzuheben, weil ein Verstoß gegen § 72 vorliegt. Auch die nur nach dem Geschäftsverteilungsplan gegebene Unzuständigkeit einer Zivilkammer kann mit der weiteren Beschwerde als Verstoß gegen § 21 e Abs. 1 Satz 1 GVG gerügt werden. 8

c) Das Gericht der weiteren Beschwerde hat die Entscheidung des sachlich oder örtlich unzuständigen Gerichts oder der nach dem Geschäftsverteilungsplan nicht zuständigen Zivilkammer aufzuheben und die Akten dem zuständigen Gericht zur Entscheidung über die erste Beschwerde zu übersenden. 9

Einlegung der Beschwerde

73 (1) **Die Beschwerde kann bei dem Grundbuchamt oder bei dem Beschwerdegericht eingelegt werden.**

(2) **Die Beschwerde ist durch Einreichung einer Beschwerdeschrift oder durch Erklärung zur Niederschrift des Grundbuchamts oder der Geschäftsstelle des Beschwerdegerichts einzulegen. Die Beschwerde kann auch entsprechend den Regelungen der Zivilprozessordnung betreffend die Übermittlung von Anträgen und Erklärungen als elektronisches Dokument eingelegt werden.**

Inhaltsübersicht

1. Allgemeines ... 1
2. Entgegennahme und Form der Beschwerde ... 5
3. Beschwerdeschrift ... 7
4. Erklärung zur Niederschrift ... 9
5. Elektronische Form ... 10
6. Zurücknahme der Beschwerde ... 11
7. Verzicht auf die Beschwerde ... 13
8. Kosten ... 14

1. Allgemeines. § 73 regelt, im Wesentlichen übereinstimmend mit § 21 FGG, die Einlegung der Beschwerde; für eine Anwendung des § 11 FGG ist insoweit kein Raum. Durch das Ges. zur Anpassung der Formvorschriften des Privatrechts und anderer Vorschriften an den modernen Rechtsgeschäftsverkehr v. 13. 7. 2001 (BGBl. I 1542) ist Satz 2 an Abs. 2 angefügt worden. 1

a) Die Beschwerde ist, abgesehen vom Fall des § 89, unbefristet. In den Fällen des § 105 Abs. 2 und § 110 tritt jedoch an die Stelle der GBBeschwerde die sofortige Beschwerde nach den Vorschriften des FGG; dasselbe gilt nach § 2 und § 4 Abs. 4 GBMaßnG, 2 wenn ein EintrAntrag nach § 1 oder § 4 Abs. 2 dieses Ges. zurückgewiesen worden ist.

3 **b)** Das Recht der fristlosen Beschwerde kann nicht durch Zeitablauf verwirkt werden (vgl. § 78 Rn. 2).

4 **c)** Gemäß § 11 Abs. 2 Satz 4 RpflegerG ist § 73 auf die Erinnerung gegen die Entscheidungen des Rpflegers sinngemäß anzuwenden. Eingelegt werden kann die Erinnerung nur beim GBAmt und nur binnen einer Frist von zwei Wochen ab Bekanntmachung der Entscheidung des Rpflegers durch Zustellung (§ 11 Abs. 2 Satz 1 RpflegerG, § 16 Abs. 2, § 22 Abs. 1 FGG; s. dazu § 71 Rn. 7).

d) Zum Inhalt der Beschwerde s. § 74 Rn. 2 bis 10.

5 **2. Entgegennahme und Form der Beschwerde. a)** Die Beschwerde kann beim GBAmt oder LG eingelegt werden. Vorzuziehen ist im Hinblick auf § 75 die Einlegung beim GBAmt. Geht die Beschwerde beim LG ein, so wird dieses dem GBAmt regelmäßig Gelegenheit zur Abhilfe geben. Es ist aber auch berechtigt, sogleich selbst zu entscheiden.

6 **b)** An Einlegungsformen stehen dem Beschwerdeführer die Einreichung einer Beschwerdeschrift (s. Rn. 7) oder die Erklärung zur Niederschrift (s. Rn. 9) zur Wahl. Außerdem kann die Beschwerde in elektronischer Form eingelegt werden (s. Rn. 10).

7 **3. Beschwerdeschrift. a)** § 73 enthält ebenso wenig wie § 21 FGG nähere Bestimmungen über die Beschwerdeschrift. § 29 ist nicht anwendbar, weil die Beschwerde keine zur Eintragung erforderliche Erklärung ist; § 126 BGB nicht, weil es sich nicht um ein Rechtsgeschäft handelt. Eigenhändige Unterschrift des Beschwerdeführers oder seines Vertreters ist selbstverständlich stets zweckmäßig, aber nicht notwendig. § 73 Abs. 2 bezweckt, die Person des Beschwerdeführers und seinen Willen zur Anfechtung der Entscheidung festzustellen. Lässt sich beides aus dem Schriftstück zweifelsfrei feststellen, so ist das Fehlen einer Unterschrift unschädlich (JFG 19, 139; BGH 8, 299 = NJW 1953, 624; OLG Frankfurt Rpfleger 1975, 306); dies gilt auch für die Beschwerdeschrift einer Behörde, so dass es auf die Unterzeichnung durch den zuständigen Beamten nicht ankommt (JFG 19, 139; OLG München JFG 21, 1; BGH MDR 1959, 923).

8 **b) Mündliche** oder fernmündliche (OLG Frankfurt FGPrax 2001, 46) Erklärung genügt nicht. Zulässig ist aber die telegraphische Einlegung (JFG 19, 139; OLG München JFG 21, 2), und zwar auch bei fernmündlicher Aufgabe des Telegramms (BGH Rpfleger 1953, 29); bei befristeter Beschwerde genügt es, wenn das Zustell-

postamt den Telegrammwortlaut vor Ablauf der Frist an eine zur Entgegennahme befugte Person durchsagt und diese über den Wortlaut eine Niederschrift aufnimmt (BGH Rpfleger 1953, 29). Zulässig ist auch die Beschwerdeeinlegung mittels Fernschreiber. In diesem Fall ist die Beschwerde in dem Zeitpunkt eingegangen, in dem sie im Empfängerapparat ausgedruckt wird, auch wenn dieser Zeitpunkt nach Dienstschluss liegt und die Fernschreibanlage nicht mehr besetzt ist. Gibt das Beschwerdegericht auf seinen Briefbögen die Telex-Nummer der Fernschreibstelle einer anderen Justizbehörde an, so ist eine befristete Beschwerde fristgerecht eingelegt, wenn sie innerhalb der Frist bei der Fernschreibstelle eingegangen ist, auch wenn sie erst nach Fristablauf an das Beschwerdegericht weitergeleitet wird (BGH 101, 276). Schließlich kann die Beschwerde auch durch Telebrief oder Telefax in zulässiger Weise eingelegt werden (BGH 87, 63; MDR 1990, 226; BayObLG 1990, 73).

4. Erklärung zur Niederschrift. a) Zur Aufnahme der Nie- 9
derschrift sind zuständig das GBAmt, und zwar der Rpfleger und der Urkundsbeamte der Geschäftsstelle, sowie die Geschäftsstelle des LG. Ist die Niederschrift, ohne dass die Voraussetzungen des § 24 Abs. 2 RpflegerG vorgelegen haben, statt von der Geschäftsstelle von einem Rpfleger des LG aufgenommen worden, so berührt dies ihre Wirksamkeit nach § 8 Abs. 5 RpflegerG nicht. Der Zusammenhalt dieser Bestimmung und der des § 8 Abs. 1 RpflegerG ergibt, dass dasselbe für die von einem Richter des LG aufgenommene Niederschrift zu gelten hat; zumindest aber ist eine solche Niederschrift als Beschwerdeschrift zu werten (s. Rn. 7) und als solche auch ohne Unterschrift des Beschwerdeführers wirksam (vgl. dazu RG 110, 311; BGH NJW 1957, 990). Zuständig sind nur das mit der Sache befasste GBAmt und das diesem übergeordnete LG; § 11 FGG gilt nicht. Die von einem anderen Amtsgericht oder LG aufgenommene Niederschrift ist aber als Beschwerdeschrift zu werten. Zur Anfechtbarkeit der Weigerung, eine Niederschrift aufzunehmen, s. KG Rpfleger 1995, 288.

b) Bezüglich der **Form** der Niederschrift fehlt es an bundesrechtlichen Vorschriften. Maßgebend ist demnach das Landesrecht. Verweigert der Beschwerdeführer seine an sich nicht notwendige Unterschrift (s. BayObLG 1964, 334), so kann dies ergeben, dass eine Beschwerde nicht beabsichtigt ist (KGJ 49, 145; s. auch OLG Stuttgart Justiz 1961, 311). Eine telefonische Beschwerdeeinlegung ist auch dann nicht wirksam, wenn über den Anruf ein Vermerk in den Gerichtsakten angebracht wird (OLG Frankfurt FGPrax 2001, 46). Eine ordnungswidrig zustandegekommene Niederschrift ist als Beschwerdeschrift zu werten (s. Rn. 9).

10 **5. Elektronische Form. a)** Die Beschwerde kann auch als elektronisches Dokument nach Maßgabe des § 130a ZPO eingelegt werden. Nach Abs. 1 dieser Bestimmung muss das elektronische Dokument für eine Bearbeitung durch das Gericht geeignet sein. Außerdem verlangt die Bestimmung, dass der Absender das elektronische Dokument mit seiner qualifizierten **elektronischen Signatur** (s. dazu § 126a Abs. 1 BGB und § 2 Nr. 3 des Ges. über Rahmenbedingungen für elektronische Signaturen und zur Änderung weiterer Vorschriften v. 16. 5. 2001, BGBl. I 876) versieht. Damit soll dem Dokument eine der Papierform vergleichbare dauerhafte Fassung (Perpetuierungsfunktion) verliehen werden.

b) Welche Form eingehalten werden muss, damit ein elektronisches Dokument für eine Bearbeitung durch das Gericht geeignet ist, bestimmen der Bund und die Länder jeweils für ihren Bereich durch **Rechtsverordnung,** desgleichen den Zeitpunkt, ab dem elektronische Dokumente eingereicht werden können (§ 81 Abs. 3; s. dazu § 81 Rn. 15). Das elektronische Dokument ist eingereicht, sobald die für den Empfang bestimmte Einrichtung des Gerichts es aufgezeichnet hat (§ 130a Abs. 3 ZPO). Dieser Zeitpunkt ist bei der Einlegung befristeter Rechtsbehelfe (s. § 71 Rn. 2 und 7) von Bedeutung.

11 **6. Zurücknahme der Beschwerde. a)** Eine Zurücknahme der Beschwerde ist bis zum Erlass der Beschwerdeentscheidung, d. h. bis zu deren Hinausgabe aus dem Bereich des Gerichts (s. § 77 Rn. 5), jederzeit zulässig. Sie kann entsprechend § 73 Abs. 2 schriftsätzlich oder durch Erklärung zur Niederschrift erfolgen. Bestehen Zweifel an der Echtheit eines Schriftsatzes, so kann Beglaubigung der Unterschrift verlangt werden. Zur Auslegung einer Erledigterklärung als Zurücknahme einer unzulässigen Beschwerde s. § 1 Rn. 56.

12 **b)** In der Zurücknahme einer Beschwerde ist regelmäßig kein Verzicht auf diese zu erblicken (OLG Karlsruhe JFG 7, 242), so dass sie einer Wiederholung der Beschwerde nicht entgegensteht; im Einzelfall kann sie jedoch einen solchen Verzicht zum Ausdruck bringen (s. dazu BayObLG 1964, 448).

c) Zur Unwirksamkeit und Aufhebung einer trotz Zurücknahme der Beschwerde ergangenen Entscheidung s. § 77 Rn. 43.

13 **7. Verzicht auf die Beschwerde. a)** Ein Verzicht auf die Beschwerde ist zulässig (JFG 12, 69). Er bewirkt, dass eine trotzdem eingelegte Beschwerde wegen fehlenden Beschwerderechts unzulässig und daher zu verwerfen ist (BGH NJW 1989, 296; OLG Hamm Rpfleger 1990, 510; BayObLG 1964, 449; 1998, 63). Ist die Entscheidung bereits erlassen, so kann durch einseitige, keiner

Form bedürftige Erklärung gegenüber dem GBAmt oder dem Beschwerdegericht verzichtet werden; dagegen ist vor Erlass der Entscheidung nur ein vertragsmäßiger Verzicht möglich (vgl. BGH 48, 96 = NJW 1967, 2059; OLG Frankfurt DNotZ 1972, 180; OLG Hamm OLGZ 1973, 118).

b) Voraussetzung eines wirksamen Verzichts ist, dass die Verzichtserklärung, die weder einer bestimmten Form bedarf noch ausdrücklich erklärt werden muss, klar und eindeutig zum Ausdruck bringt, sich mit der Entscheidung ohne Vorbehalt abzufinden und das Recht auf Überprüfung durch das übergeordnete Gericht endgültig aufzugeben. Die Erklärung „ich lege keine Beschwerde ein" enthält in der Regel keinen Verzicht. Ein wirksam erklärter Verzicht kann nicht widerrufen oder angefochten werden (BGH NJW 1989, 296; BayObLG 1964, 449; 1998, 63). **14**

8. Kosten. Im Fall der Zurücknahme der Beschwerde wird eine $^1/_4$-Gebühr erhoben (§ 131 Abs. 1 Satz 1 Nr. 2 KostO); wegen des Geschäftswerts s. § 131 Abs. 2 KostO. Über die Erstattung der einem anderen Beteiligten durch die Beschwerde entstandenen Kosten ist gem. § 13a Abs. 1 Satz 1 FGG zu entscheiden. In der Regel wird es der Billigkeit entsprechen, die Erstattung außergerichtlicher Kosten durch den Beschwerdeführer anzuordnen; s. dazu aber auch § 77 Rn. 35. **15**

Inhalt der Beschwerde

74 Die Beschwerde kann auf neue Tatsachen und Beweise gestützt werden.

Inhaltsübersicht

1. Allgemeines	1
2. Bezeichnung der angefochtenen Entscheidung	2
3. Angabe des Beschwerdeführers	3
4. Anfechtungserklärung	4
5. Antrag	5
6. Begründung	9
7. Vorbringen neuer Tatsachen und Beweise	10
8. Wirkung des neuen Vorbringens	11

1. Allgemeines. § 74 enthält die einzige Vorschrift über den Inhalt der Beschwerde. Zu diesem ist das Folgende (s. Rn. 2–10) zu beachten. **1**

2. Bezeichnung der angefochtenen Entscheidung. Sie ist so genau wie möglich vorzunehmen, damit kein Irrtum entsteht, falls das GBAmt in derselben Sache mehrere Entscheidungen erlassen hat. **2**

3 **3. Angabe des Beschwerdeführers.** Sie ist wesentlich, wenn Beschwerde von einem Vertreter eingelegt wird. Unterlässt der Notar die Angabe, so gelten als Beschwerdeführer diejenigen, in deren Namen er den EintrAntrag gestellt hat oder, falls eine Bezeichnung im Antrag fehlt, alle Antragsberechtigten, die durch die angefochtene Entscheidung beschwert sind (s. § 15 Rn. 20).

4 **4. Anfechtungserklärung.** Notwendig ist die deutliche Erklärung, dass die Entscheidung des GBAmts durch ein Rechtsmittel angefochten, dass also eine Entscheidung des Beschwerdegerichts verlangt wird (BayObLG 1999, 330). Zur Unwirksamkeit und Anfechtbarkeit einer Beschwerdeentscheidung ohne Beschwerdeeinlegung s. § 77 Rn. 43. Keine Beschwerde liegt vor, wenn das GBAmt durch bloße Gegenvorstellungen veranlasst werden soll, seine Entscheidung nachzuprüfen. Bezeichnung als Beschwerde ist nicht notwendig, wenn auch stets zweckmäßig. Unrichtige Bezeichnung ist unschädlich. Im Zweifel ist das zulässige Rechtsmittel gewollt. Über vorsorgliche und bedingte Beschwerden s. § 71 Rn. 24.

5 **5. Antrag. a)** Ein bestimmter Antrag ist nicht notwendig. Im Zweifel ist die Entscheidung des GBAmts ihrem ganzen Umfang nach angefochten. Ist die Beschwerde gegen die angefochtene Eintragung unzulässig (s. § 71 Rn. 49), so ist regelmäßig die Eintragung eines Amtswiderspruchs oder die Amtslöschung als beantragt anzusehen (s. § 71 Rn. 55).

6 **b)** Unzulässig ist die Stellung eines **neuen Antrags,** sei es als Haupt- oder als Hilfsantrag (KG FGPrax 1997, 87), insbes. eines neuen EintrAntrags (KGJ 52, 124; BGH 27, 316; 75, 378; BayObLG MittBayNot 1978, 156; OLG Hamm NJW-RR 1994, 271; OLG Jena FGPrax 1996, 171). Insoweit liegt eine Entscheidung des GBAmts, die vom Beschwerdegericht nachgeprüft werden könnte, nicht vor. Ein Aktenvermerk des GBAmts, dass es nicht abhelfe (§ 75), ist keine Entscheidung. Die Beschwerde ist als unzulässig zu verwerfen oder es sind – nach Rückfrage – die Akten an das GBAmt zu senden. Erst nachdem dieses über den neuen Antrag entschieden hat, ist Beschwerde zulässig (JFG 4, 420; KG HRR 1934 Nr. 1056). Kein neuer Antrag liegt vor, wenn ein Berichtigungsantrag nicht mehr auf den Nachweis der Unrichtigkeit, sondern auf die Bewilligung des Betroffenen gestützt wird oder umgekehrt. Anders, wenn die Eintragung eines Eigentumswechsels zunächst auf Grund eines Erbausweises, dann aber auf Grund einer Auflassung beantragt wird (OLG Hamm Rpfleger 1953, 129).

7 **c)** Zulässig dagegen ist die **Einschränkung** des vom GBAmt beschiedenen EintrAntrags, so etwa durch Fallenlassen eines Vorbe-

halts nach § 16 Abs. 2 (BayObLG 1974, 367). Sie bedarf aber, wenn der Antrag nicht bereits zurückgewiesen ist, als teilweise Rücknahme der Form des § 31 (s. § 31 Rn. 4, 8). Eine Einschränkung liegt auch dann vor, wenn mit der Beschwerde die beantragte Zwangshyp. auf mehrere Grundstücke verteilt wird (KG HRR 1934 Nr. 1056).

d) Zulässig ist der Antrag, das GBAmt anzuweisen, eine Zwischenverfügung zu erlassen oder eine längere Frist zu setzen. 8

6. Begründung. Eine Begründung der Beschwerde ist nicht erforderlich. Kündigt der Beschwerdeführer eine solche an, so kann das LG, ohne eine Frist zu setzen oder den Eingang der Beschwerdebegründung abzuwarten, nach angemessener Frist entscheiden (BayObLG 1959, 360 = NJW 1960, 43; OLG Köln NJW-RR 1986, 1124; Rpfleger 2001, 123; OLG Braunschweig NdsRpfl. 1993, 296; OLG Frankfurt NJW-RR 1995, 785); eine Frist von weniger als zwei Wochen ab Rechtsmitteleinlegung wird in der Regel nicht als angemessen anzusehen sein (OLG Köln NJW-RR 1986, 862). Nach OLG Oldenburg Rpfleger 1991, 452 soll dies auch dann gelten, wenn der Beschwerdeführer beantragt, ihm eine bestimmte Frist einzuräumen. In einem solchen Fall wird das LG aber ebenso wie dann, wenn der Beschwerdeführer eine Begründung innerhalb einer bestimmten Frist ankündigt, die Frist entweder abzuwarten oder abzukürzen haben (s. OLG Köln Rpfleger 1984, 424). Behält sich der Beschwerdeführer eine Begründung bei Beschwerdeeinlegung nicht ausdrücklich vor, kann das LG, so fern nicht besondere Umstände vorliegen, sogleich entscheiden (BayObLG 1974, 302 = Rpfleger 1974, 358; OLG Köln Rpfleger 2001, 123). 9

7. Vorbringen neuer Tatsachen und Beweise. Es ist ohne Einschränkung zulässig und kann zur Folge haben, dass eine ursprünglich richtige Entscheidung vom GBAmt im Rahmen einer Abhilfeentscheidung oder vom Beschwerdegericht aufgehoben werden muss (BayObLG JurBüro 1989, 378). So kann z.B. die Beschwerde gegen die Zurückweisung eines EintrAntrags wegen Nichtzahlung des durch Zwischenverfügung innerhalb einer bestimmten Frist geforderten Kostenvorschusses mit Erfolg auf die nachträgliche Einzahlung des Vorschusses gestützt werden (OLG Braunschweig JFG 10, 220; LG Düsseldorf Rpfleger 1986, 175 mit krit. Anm. v. Meyer-Stolte). Neue Tatsachen sind sowohl solche, die schon im ersten Rechtszug hätten vorgebracht werden können, als auch solche, welche erst nach der Entscheidung des GBAmts entstanden sind. Neue Beweise kommen nur insoweit in Betracht, als die Beweismittel im GBVerfahren benutzt werden dürfen; die Berufung auf Zeugen mithin nur im Amtsverfahren, z.B. zwecks 10

Eintragung eines Amtswiderspruchs nach § 71 Abs. 2 Satz 2 (s. § 53 Rn. 17).

11 **8. Wirkung des neuen Vorbringens.** Wird eine Zwischenverfügung angefochten, so spielt die Art der Beschwerdebegründung keine Rolle. Dasselbe gilt, wenn eine Eintragung angefochten wird; hier entsteht eine Wirkung gegenüber Dritten erst mit der neuen Eintragung (Löschung, Berichtigung, Amtswiderspruch). Wird dagegen die Zurückweisung eines EintrAntrags angefochten, so ist zu unterscheiden:

12 **a)** War die Beschwerde nicht auf neues Vorbringen gestützt, so lebt bei erfolgreicher Beschwerde die durch den Eingang des Antrags beim GBAmt begründete **Ranganwartschaft** wieder auf. Die Eintragung erhält also den Rang auch vor den zwischen der Zurückweisung und der Beschwerdeentscheidung beantragten Eintragungen; jedoch bleiben bereits vorgenommene Eintragungen bei Bestand (RG 135, 385; BGH 45, 191 = DNotZ 1966, 673), und zwar auch hinsichtlich ihres Rangs (BayObLG Rpfleger 1983, 101).

13 **b)** War die Beschwerde auf neues Vorbringen gestützt, so richtet sich bei erfolgreicher Beschwerde die Ranganwartschaft nach dem Zeitpunkt der Beschwerdeeinlegung oder, falls diese beim LG erfolgt, nach dem des Eingangs des Beschwerdeantrags beim GBAmt (KGJ 52, 122; JFG 17, 59; BGH 27, 317 = Rpfleger 1958, 218). Alle vor diesem Zeitpunkt beantragten Eintragungen haben den Vorrang zu erhalten; die nach diesem Zeitpunkt beantragten Eintragungen sind, falls nicht bereits vorgenommen, später zu erledigen. Zur Schutzwirkung des § 878 BGB bei einem nur wegen Vorbringens neuer Tatsachen erfolgreichen EintrAntrag s. § 13 Rn. 10.

Abhilfe durch das Grundbuchamt

75 **Erachtet das Grundbuchamt die Beschwerde für begründet, so hat es ihr abzuhelfen.**

1 **1. Allgemeines. a)** § 75 beruht auf der Erwägung, dass das GBAmt eine Entscheidung nach § 18 Abs. 1 FGG in gewissen Grenzen ändern kann und verpflichtet dieses deshalb, einer für begründet erachteten Beschwerde abzuhelfen. Geht die Beschwerde unmittelbar beim LG ein, so ist dieses berechtigt, sogleich selbst zu entscheiden; es kann aber auch die Sache zunächst dem GBAmt zur Abhilfeentscheidung zuleiten.

2 **b)** Die Vorschrift gilt auch für die befristete GBBeschwerde gemäß § 89, nicht dagegen für die sofortigen Beschwerden nach

§ 105 Abs. 2 und § 110 sowie nach § 2 und § 4 Abs. 4 GBMaßnG. Diese richten sich nach den Vorschriften des FGG, so dass eine Änderung der angefochtenen Entscheidung durch das GBAmt im Hinblick auf § 18 Abs. 2 FGG nicht in Betracht kommt.

c) § 75 betrifft nur die erste Beschwerde. Einer weiteren Beschwerde darf das GBAmt nach § 80 Abs. 2 nicht abhelfen. 3

d) Nach Abschaffung der Durchgriffserinnerung durch Ges. v. 6. 8. 1998 (BGBl. I 2030) gilt § 75 auch für die Beschwerde gegen eine Entscheidung des Rpflegers (§ 11 Abs. 1 RpflegerG). Für die Abhilfe der Erinnerung gegen eine Entscheidung des Rpflegers gilt § 11 Abs. 2 Satz 2 RpflegerG (s. § 71 Rn. 7) und für die Abhilfe der Erinnerung gegen eine Entscheidung des Urkundsbeamten der Geschäftsstelle § 12c Abs. 4 (s. § 71 Rn. 10). 4

2. Prüfungspflicht des GBAmts. a) Unter dem GBAmt ist nach der Neufassung des § 11 RpflegerG durch das Ges. v. 6. 8. 1998 (BGBl. I 2030) nicht mehr nur der GBRichter zu verstehen, sondern jetzt auch und in erster Linie der Rpfleger. Es kommt darauf an, wer die mit der Beschwerde angefochtene Entscheidung erlassen hat. Ist dies der Rpfleger, kann nur er, nicht aber auch der GBRichter abhelfen (BayObLG 1999, 248 = Rpfleger 1999, 525; OLG Jena Rpfleger 2000, 210; Bauer/v. Oefele Rn. 1; Budde Rpfleger 1999, 513; Rellenmeyer ZflR 1999, 801; a.M. LG Meiningen ZflR 1999, 326f.; Kramer ZflR 1999, 568). 5

b) Das GBAmt hat jede Beschwerde darauf zu prüfen, ob die getroffene Entscheidung aufrechtzuerhalten ist; dies gilt auch gegenüber unzulässigen Beschwerden. Wird die Beschwerde beim LG eingelegt, so ist die Prüfung nur möglich, wenn dieses die Beschwerde dem GBAmt übermittelt (s. darüber § 73 Rn. 5). 6

c) Eine Abhilfe des GBAmt ist bis zur Entscheidung des Beschwerdegerichts möglich; nach dieser ist das GBAmt an die Entscheidung des LG gebunden. 7

d) Das GBAmt muss überzeugt sein, dass seine Entscheidung unrichtig war oder auf Grund der neuen Unterlagen nicht mehr richtig ist. Bloße Zweifel genügen nicht. 8

3. Abhilfe. a) Die Abhilfe kann darin bestehen, dass das GBAmt dem Antrag des Beschwerdeführers in vollem Umfang entspricht, z.B. die Zurückweisung eines EintrAntrags aufhebt und die Eintragung vornimmt. Über den Rang der Eintragung bei Aufhebung eines Zurückweisungsbeschlusses s. § 18 Rn. 17. Möglich ist aber auch eine nur teilweise Änderung der Entscheidung; so kann z.B. ein Zurückweisungsbeschluss durch eine Zwischenverfügung ersetzt oder eine von mehreren Beanstandungen einer solchen 9 fallengelassen werden. Wird mit der Beschwerde die Unrichtigkeit des GB nachgewiesen (§ 22), so darf das GBAmt das GB berichtigen. Sonst kann es auf unzulässige Beschwerde gegen eine Eintragung gemäß § 71 Abs. 2 Satz 2 nur einen Amtswiderspruch eintragen oder eine Amtslöschung vornehmen.

10 **b)** Von der Abhilfe ist das Beschwerdegericht zu benachrichtigen, wenn dieses von der Beschwerde bereits Kenntnis hatte.

11 **c)** Hebt das GBAmt eine Zurückweisung auf, so ist auch der etwaige Kostenausspruch aufzuheben. Dies gilt auch, wenn die Zurückweisung begründet war und die Beschwerde nur wegen neuen Vorbringens (§ 74) Erfolg hat (KGJ 52, 125; OLG Braunschweig JFG 10, 221; BayObLG JurBüro 1989, 378).

12 **d)** Das Verbot der **reformatio in peius** gilt für das GBAmt im Abhilfeverfahren nicht. An das Verbot der Schlechterstellung ist aber nur derjenige nicht gebunden, der die angefochtene Entscheidung erlassen hat. Das Verbot gilt daher für den Richter, der über eine Erinnerung gegen eine Entscheidung des Rpflegers (s. § 71 Rn. 7) oder des Urkundsbeamten der Geschäftsstelle (s. § 71 Rn. 10) zu entscheiden hat, ebenso wie für das Beschwerdegericht.

Einstweilige Anordnung des Beschwerdegerichts Wirkung der Beschwerde

76 (1) **Das Beschwerdegericht kann vor der Entscheidung eine einstweilige Anordnung erlassen, insbesondere dem Grundbuchamt aufgeben, eine Vormerkung oder einen Widerspruch einzutragen, oder anordnen, daß die Vollziehung der angefochtenen Entscheidung auszusetzen ist.**

(2) **Die Vormerkung oder der Widerspruch (Absatz 1) wird von Amts wegen gelöscht, wenn die Beschwerde zurückgenommen oder zurückgewiesen ist.**

(3) **Die Beschwerde hat nur dann aufschiebende Wirkung, wenn sie gegen eine Verfügung gerichtet ist, durch die ein Zwangsgeld festgesetzt wird.**

Inhaltsübersicht

1. Allgemeines ... 1
2. Voraussetzungen der einstweiligen Anordnung ... 2
3. Auswahl der Anordnung ... 4
4. Vormerkung oder Widerspruch ... 5
5. Aussetzung der Vollziehung ... 7
6. Bekanntmachung und Rechtsmittel ... 8
7. Löschung der Vormerkung oder des Widerspruchs ... 10
8. Wirkung der Beschwerde ... 12

1. Allgemeines. § 76 gibt dem Beschwerdegericht die Befugnis, vor der Entscheidung über die Beschwerde einstweilige Anordnungen zu erlassen; dem GBAmt steht diese Befugnis nicht zu (KEHE Rn. 4; a.M. Meikel § 18 Rn. 72), wohl aber dem Rechtsbeschwerdegericht (s. § 80 Rn. 17). Die Regelung will eine Abwendung der Nachteile ermöglichen, die dem Beschwerdeführer daraus erwachsen können, dass die Beschwerde regelmäßig keine aufschiebende Wirkung hat. 1

Durch Art. 106 EGStGB v. 2. 3. 1974 (BGBl. I 469) wurden in Abs. 3 die Worte „eine Strafe" durch die Worte „ein Zwangsgeld" ersetzt.

2. Voraussetzungen der einstweiligen Anordnung. a) Es muss eine zulässige Beschwerde vorliegen, über die das LG noch nicht endgültig entschieden hat. Nach der Entscheidung des LG kann nicht mehr dieses, sondern nur noch das OLG auf weitere Beschwerde eine einstweilige Anordnung erlassen (JFG 5, 330). 2

b) Im Übrigen ist der Erlass einer einstweiligen Anordnung in das **Ermessen des LG** gestellt. Es wird von seiner Befugnis Gebrauch machen, wenn die Beschwerde Aussicht auf Erfolg hat und die Gefahr eines Schadens besteht. Kein Anlass zum Erlass einer einstweiligen Anordnung ist gegeben, wenn das GBAmt eine Eintragung erst nach Rechtskraft seiner Entscheidung vornehmen kann (§ 87 Buchst. c, § 111), wenn die Beschwerde aufschiebende Wirkung hat (Abs. 3) oder wenn sich an die angefochtene Eintragung, etwa wegen inhaltlicher Unzulässigkeit, ein gutgläubiger Erwerb nicht anschließen kann. 3

3. Auswahl der Anordnung. Sie steht im Ermessen des LG, und zwar der Kammer, nicht des Vorsitzenden. Neben der besonders hervorgehobenen Anordnung, eine Vormerkung oder einen Widerspruch einzutragen (s. Rn. 5) bzw. die Vollziehung der angefochtenen Entscheidung auszusetzen (s. Rn. 7), kommt jede Maßnahme in Betracht, welche verhüten kann, dass der Beschwerdeführer trotz begründeter Beschwerde um seinen Erfolg gebracht wird; so z.B. ein Verbot an das GBAmt, vor Entscheidung über die Beschwerde einen HypBrief herauszugeben oder, falls eine Zwischenverfügung angefochten ist, den EintrAntrag zurückzuweisen. 4

4. Vormerkung oder Widerspruch. a) Vormerkung und Widerspruch aus § 76 sind gleich denen aus § 18 Abs. 2 vorläufige Sicherungsmittel (s. § 18 Rn. 37). Eine Vormerkung ist einzutragen, falls die Zurückweisung eines auf Rechtsänderung gerichteten EintrAntrags angefochten ist, ein Widerspruch, wenn sich die Beschwerde gegen die Zurückweisung eines Berichtigungsantrags 5 oder gegen eine Eintragung richtet. Durch Vormerkung oder Widerspruch nach § 76 kann auch die endgültige Eintragung einer Vormerkung oder eines Widerspruchs gesichert werden. Zur Eintragung bei Briefrechten muss der Brief vorliegen; jedoch gilt die Ausnahmeregelung des § 41 Abs. 1 Satz 2 entsprechend.

6 **b)** Die **Ausführung** obliegt dem GBAmt, dem das LG die Akten zu übersenden hat; es ist an die Anweisung gebunden, und zwar auch dann, wenn diese Mängel aufweist, z. B. der HypBrief entgegen § 41 nicht vorliegt. Über Ort und Fassung der Eintragung s. §§ 12, 19 GBV. Die vorläufige Eintragung für eine Vormerkung oder einen Widerspruch ist in der Halbspalte vorzunehmen. Bezugnahme auf die einstweilige Anordnung nicht zulässig; aber Hinweis darauf zweckmäßig, damit die Löschungsvoraussetzungen (Abs. 2) sofort zu erkennen sind. Fassung etwa: „. . . auf Grund der einstweiligen Anordnung des LG . . . vom . . . eingetragen am . . .“.

7 **5. Aussetzung der Vollziehung.** In GBSachen fallen Anordnung und Vollziehung nur in wenigen Fällen auseinander; in Betracht kommen eine Verfügung nach § 33 Abs. 1 FGG, die besondere Verfügung gemäß § 33 Abs. 2 FGG sowie ein Beschluss, durch den der verspätete Widerspruch gegen eine Löschungsankündigung (§ 87 Buchst. b) verworfen wird.

8 **6. Bekanntmachung und Rechtsmittel. a)** Eine einstweilige Anordnung ist dem Beschwerdeführer, etwaigen weiteren Beteiligten und dem GBAmt bekanntzumachen.

9 **b)** Eine einstweilige Anordnung ist nicht anfechtbar; dasselbe gilt für die Ablehnung des Erlasses einer solchen; es ist weder die weitere Beschwerde gegeben (s. § 78 Rn. 4) noch eine erste Beschwerde statthaft (vgl. BGH 39, 168; BayObLG 1967, 280; Rpfleger 1975, 176, jeweils zu § 24 Abs. 3 FGG). Auch die auf Grund einer einstweiligen Anordnung erfolgte Eintragung einer Vormerkung oder eines Widerspruchs kann nicht angefochten werden (KEHE Rn. 13; Meikel Rn. 10; a. M. Güthe/Triebel § 71 A. 9). Das LG kann seine Anordnung entsprechend § 18 Abs. 1 FGG jederzeit aufheben und deshalb auch die Löschung der Vormerkung oder des Widerspruchs anordnen.

10 **7. Löschung der Vormerkung oder des Widerspruchs. a)** Vormerkung oder Widerspruch sind ohne besondere Anordnung von Amts wegen zu löschen, wenn die Beschwerde zurückgenommen oder zurückgewiesen wird. Durch die Einlegung einer weiteren Beschwerde wird die Löschung nicht gehindert; jedoch kann das Gericht der weiteren Beschwerde eine neue einstweilige Anordnung erlassen (s. § 80 Rn. 17).

b) Gibt das LG der Beschwerde statt, so ist die Vormerkung oder der Widerspruch in die endgültige Eintragung umzuschreiben. Dies kann auch eine Vormerkung oder ein Widerspruch sein. Alsdann genügt es, die Vormerkung oder den Widerspruch durch einen Vermerk in der Veränderungsspalte als endgültig zu kennzeichnen (RG 113, 234). Wegen der Rötung von Vormerkung oder Widerspruch s. § 46 Rn. 24. 11

8. Wirkung der Beschwerde. a) Die Beschwerde hat grundsätzlich keine aufschiebende Wirkung. Ihre Einlegung führt nicht zu einer Sperre des GB. Das GBAmt ist sonach nicht gehindert, trotz angefochtener Zwischenverfügung den EintrAntrag zurückzuweisen oder trotz angefochtener Zurückweisung eines EintrAntrags Eintragungen auf noch nicht erledigte Anträge vorzunehmen. Ebenso kann es bei angefochtener Eintragung weiteren auf diese bezügliche EintrAnträgen stattgeben. Bei Anfechtung einer Zwischenverfügung wird das GBAmt freilich die Entscheidung des LG abwarten, bevor es über den EintrAntrag endgültig entscheidet. 12

b) Eine Ausnahme gilt bei der Anfechtung von Zwangsgeldfestsetzungsbeschlüssen; hier darf das Zwangsgeld nicht eingezogen werden, wenn gegen den Festsetzungsbeschluss Beschwerde erhoben ist. 13

Entscheidung über die Beschwerde

77 Die Entscheidung des Beschwerdegerichts ist mit Gründen zu versehen und dem Beschwerdeführer mitzuteilen.

Inhaltsübersicht

1.	Allgemeines	1
2.	Verfahren des Beschwerdegerichts	2
3.	Zulässigkeitsprüfung	9
4.	Sachprüfung	11
5.	Beschwerde gegen eine Zwischenverfügung	12
6.	Beschwerde gegen die Zurückweisung eines EintrAntrags	17
7.	Beschwerde gegen Eintragungen	18
8.	Verwerfung der Beschwerde	19
9.	Zurückweisung der Beschwerde	20
10.	Stattgeben der Beschwerde	23
11.	Verbot der Schlechterstellung	30
12.	Kostenausspruch	33
13.	Begründung der Entscheidung	38
14.	Bekanntmachung der Entscheidung	41
15.	Wirkung der Entscheidung	42
16.	Kosten	44

1 **1. Allgemeines.** § 77 bestimmt, dass die Entscheidung des Beschwerdegerichts zu begründen und dem Beschwerdeführer bekanntzumachen ist. Die Begründung ist notwendig, um dem Gericht der weiteren Beschwerde die Nachprüfung zu ermöglichen. Mehrere zur Entscheidung anstehende Beschwerden können ohne echte Verfahrensverbindung als bloße Maßnahme der Vereinfachung gemeinsam behandelt und die Entscheidungen über sie in einem Beschluss zusammengefasst werden (BayObLG 1967, 29; 2001, 191 = FGPrax 2001, 178; vgl. BGH NJW 1957, 183).

2 **2. Verfahren des Beschwerdegerichts.** Das LG tritt im Rahmen der Anfechtung (s. Rn. 11 ff.) vollständig an die Stelle des GBAmts. Es ist an tatsächliche Feststellungen des GBAmts nicht gebunden. Daher hat es insbes. Eintragungen und Urkunden selbst auszulegen. Es hat ferner die vom GBAmt angewandten Vorschriften nachzuprüfen, gleichgültig, ob es sich um zwingende oder um Ordnungsvorschriften handelt. Ordnungswidrig zustande gekommene Eintragungen können aber regelmäßig nur mit dem beschränkten Ziel des § 71 Abs. 2 Satz 2 angefochten werden. Bei Ermessensentscheidungen hat das LG nach seinem eigenen Ermessen zu verfahren. An die Beschwerdebegründung ist das LG gleichfalls nicht gebunden. Es hat im Rahmen der Anfechtung die Sache nach allen Richtungen zu prüfen. Aus diesen Grundsätzen ergeben sich folgende Einzelheiten:

3 **a)** Im **Antragsverfahren** ist das LG nicht befugt, Ermittlungen anzustellen. Der Beschwerdeführer hat die noch fehlenden Unterlagen beizubringen. Jedoch kann das LG dem Beschwerdeführer die Beibringung von Urkunden oder die Aufklärung von Zweifeln aufgeben. Ein solcher Zwischenbeschluss ist nicht anfechtbar (s. RG RJA 14, 85) und zu unterscheiden von einer durch Endentscheidung des LG angeordneten Zwischenverfügung im Sinn des § 18 (s. Rn. 25).

4 **b)** Im **Amtsverfahren** gilt § 12 FGG. Das LG hat die erforderlichen Ermittlungen, soweit sie das GBAmt nicht vorgenommen hat, nachzuholen. Dabei gelten die gleichen Grundsätze wie für das GBAmt (s. § 1 Rn. 52). Im Strengbeweis verlangt der Grundsatz der Unmittelbarkeit der Beweisaufnahme, dass die Beweise grundsätzlich von der vollbesetzten Kammer erhoben werden; einem Mitglied der Beschwerdekammer oder einem anderen Gericht kann die Beweisaufnahme nur in den gesetzlich vorgesehenen Fällen übertragen werden; einen Einzelrichter kennt das GBVerfahren ohnehin nicht (s. dazu § 81 Rn. 3). Jedoch kann einem Mitglied der Beschwerdekammer als Berichterstatter oder beauftragtem

Richter die Vorbereitung der Beschwerdeentscheidung übertragen werden, was die Befugnis zu formlosen Ermittlungen einschließt.

c) Alles **Vorbringen** bis zum Erlass der Entscheidung ist zu berücksichtigen; erlassen ist die Entscheidung nicht schon mit der Beschlussfassung, sondern erst mit der Hinausgabe der für die Verfahrensbeteiligten bestimmten Ausfertigungen durch den Urkundsbeamten der Geschäftsstelle zur Aushändigung an die Post (KGJ 46, 2; BGH 12, 252 = NJW 1954, 638; BayObLG 1964, 70; Rpfleger 1981, 144; BayObLG 1989, 122). In der Zwischenzeit eingehende Schriftsätze sind daher bei der Entscheidung noch zu berücksichtigen; ein Aktenvermerk darüber, dass dies geschehen ist, ist zweckmäßig. 5

d) Eine mündliche Verhandlung findet im Antragsverfahren nicht statt. Im Amtsverfahren ist Anhörung der Beteiligten möglich. Im Rangklarstellungsverfahren kann das LG ebenso wie das GBAmt einen Einigungstermin abhalten (§ 102). 6

e) Das verfassungsrechtliche Gebot der Gewährung **rechtlichen Gehörs** (Art. 103 Abs. 1 GG) gilt auch für das Beschwerdeverfahren in GBSachen (BayObLG Rpfleger 1967, 12; BayObLG 1972, 397 = Rpfleger 1973, 97). Rechtliches Gehör ist jedoch nicht in weiterem Umfang als vor dem GBAmt zu gewähren (s. dazu § 1 Rn. 49, 50). Daher ist derjenige, der eine Eintragung bewilligt, aber den EintrAntrag nicht gestellt hat, weder bei Abweisung des EintrAntrags noch bei Erlass einer Zwischenverfügung im anschließenden Beschwerdeverfahren zu beteiligen (OLG Hamm OLGZ 1965, 344; Bauer/v. Oefele Rn. 1; a.M. BayObLG 1972, 399; Meikel Rn. 23). Zur Pflicht des LG, eine Frist zur Beschwerdebegründung zu setzen, s. § 74 Rn. 9; zur Verpflichtung, alles Vorbringen bis zum Erlass der Entscheidung zu berücksichtigen, s. Rn. 5. 7

f) Das LG hat über die Beschwerde zu entscheiden, sobald dies nach Lage der Sache und der Geschäftslage möglich ist. Eine Aussetzung des Beschwerdeverfahrens kann der Beschwerdeführer nicht verlangen (s. hierzu § 1 Rn. 53). 8

3. Zulässigkeitsprüfung. a) Die Beschwerde ist unzulässig, wenn die angefochtene Entscheidung nicht anfechtbar ist oder die Beschwerde nicht formgerecht oder bei Befristung verspätet eingelegt wurde. Auch das Fehlen der Beschwerdeberechtigung macht die Beschwerde unzulässig (BGH 31, 97; OLG Oldenburg DNotZ 1958, 265; KG OLGZ 1966, 596; OLG Köln OLGZ 1971, 94; BayObLG 1980, 39; Rpfleger 1982, 470; Furtner DNotZ 1961, 460; 1966, 13); dasselbe gilt, wenn für die Anfechtung kein Rechtsschutzbedürfnis besteht. Unzulässig ist eine Beschwerde auch, wenn 9 sie trotz eines wirksamen Verzichts auf Rechtsmittel (s. dazu § 73 Rn. 14) eingelegt wird (BGH NJW 1989, 296; BayObLG 1964, 449; 1998, 63). Eine unzulässige Beschwerde wird nicht dadurch zulässig, dass sie auf eine Verletzung des Anspruchs auf rechtliches Gehör durch das GBAmt gestützt wird (BGH Rpfleger 1998, 420; BayObLG MittBayNot 1990, 355).

10 **b)** Maßgebend ist der Zeitpunkt der Entscheidung des LG; deshalb ist auch eine erst nach der Einlegung gegenstandslos gewordene Beschwerde als unzulässig zu verwerfen, sofern sie nicht auf die Kosten beschränkt wird (KGJ 51, 278; s. auch § 71 Rn. 32). Zur Unzulässigkeit eines Rechtsmittels im Hinblick auf die Erledigung der Hauptsache s. im Übrigen § 1 Rn. 56. Unzulässig ist auch eine neuerliche Beschwerde, wenn bereits einmal sachlich über eine Beschwerde entschieden worden ist; denn damit ist das Anfechtungsrecht verbraucht. Zu dem Fall, dass die Beschwerde zunächst als unzulässig verworfen und dann wiederholt wird s. BayObLG 1981, 212 = Rpfleger 1981, 401.

11 **4. Sachprüfung.** Das Beschwerdegericht ist nur im Rahmen der Anfechtung durch den Beschwerdeführer zur Entscheidung berufen. Der Beschwerdeführer kann zwar keinen neuen Antrag stellen (§ 74 Rn. 6). Er kann aber nur eine von mehreren Entscheidungen anfechten oder seinen Antrag einschränken.

12 **5. Beschwerde gegen eine Zwischenverfügung. a)** Jede einzelne Beanstandung bildet eine Entscheidung i. S. des § 71, kann also für sich allein angefochten werden (JFG 8, 237). Deshalb hat das LG nur das mit der Beschwerde angegriffene EintrHindernis nachzuprüfen (JFG 8, 238; KG Rpfleger 1965, 366; OLG Frankfurt Rpfleger 1979, 206; BayObLG 1967, 410; 1974, 375; 1986, 212; kritisch zum Standpunkt der Rechtsprechung Blomeyer DNotZ 1971, 329; s. demgegenüber aber Jansen DNotZ 1971, 531).

13 aa) Bedenken, die gegen nicht angefochtene Beanstandungen bestehen oder EintrHindernisse, die das GBAmt nicht geltend gemacht hat, kann das LG nur **wegweisend erörtern** (BayObLG 1967, 410; Rpfleger 1989, 100; KG DNotZ 1972, 177; Rpfleger 1993, 236; solche Erörterungen haben keine Bindungswirkung und können nicht mit der weiteren Beschwerde angefochten werden: BayObLG DNotZ 1986, 497; OLG Zweibrücken OLGZ 1991, 153; KG Rpfleger 1993, 236; sie können aber Anlass für eine Ergänzung der Zwischenverfügung durch das GBAmt sein: BayObLG 1990, 57). Deshalb ist eine unbegründete Zwischenverfügung auch dann aufzuheben, wenn der EintrAntrag wegen eines anderen, vom GBAmt nicht geltend gemachten EintrHindernisses zu beanstanden gewesen wäre (BayObLG Rpfleger 1970, 431; DNotZ

1983, 752) oder sofort hätte zurückgewiesen werden sollen (JFG 8, 238; BayObLG 1984, 138).

bb) Andererseits ist die Beschwerde gegen eine begründete Zwischenverfügung auch dann zurückzuweisen, wenn ein weiteres, vom GBAmt **nicht geltend gemachtes EintrHindernis** vorliegt; auch hier kommt nur eine wegweisende Erörterung in den Gründen der Beschwerdeentscheidung in Betracht; hebt das LG dennoch die Zwischenverfügung auf, so ist dagegen eine weitere Beschwerde nicht zulässig (OLG Zweibrücken OLGZ 1991, 153). Hätte der EintrAntrag jedoch sofort zurückgewiesen werden müssen (s. § 18 Rn. 5), ist eine Zwischenverfügung in jedem Fall aufzuheben (BayObLG 1991, 102). 14

b) Der **EintrAntrag selbst** ist nicht Gegenstand der Beschwerde (BayObLG 1990, 56; OLG Zweibrücken OLGZ 1991, 153; FGPrax 1997, 133). Daher ist bei deren Begründetheit lediglich die Zwischenverfügung aufzuheben, nicht aber auch über den EintrAntrag zu entscheiden. Dies ist Sache des GBAmts, an das die Akten zu diesem Zweck zurückzugeben sind (BayObLG NJW-RR 1991, 465). Eine Zurückverweisung kommt nicht in Betracht, weil mit der Aufhebung der Zwischenverfügung über den Verfahrensgegenstand der Beschwerde abschließend entschieden ist (OLG Zweibrücken OLGZ 1991, 153). Hebt das LG nicht nur die Zwischenverfügung auf, sondern weist es darüber hinaus das GBAmt an, den EintrAntrag sofort zurückzuweisen, so ist diese Anweisung auf weitere Beschwerde hin aufzuheben (KG Rpfleger 1993, 236). 15

c) Mit der Beschwerde kann auch nur die Verlängerung der gesetzten Frist verlangt werden. Das LG braucht dann die sachliche Berechtigung der Zwischenverfügung nicht nachzuprüfen. 16

d) S. zum Ganzen auch § 71 Rn. 35.

6. Beschwerde gegen die Zurückweisung eines EintrAntrags. Hier darf sich das LG nicht darauf beschränken, die Gründe des GBAmts und des Beschwerdeführers nachzuprüfen. Es hat den Antrag in vollem Umfang selbst zu prüfen und zu bescheiden. Ist die Begründung des GBAmts unrichtig, so hat das LG zu prüfen, ob dem EintrAntrag andere Hindernisse entgegenstehen, und je nachdem zur Eintragung oder zum Erlass einer Zwischenverfügung anzuweisen oder die Beschwerde zurückzuweisen (JFG 5, 434; BayObLG Rpfleger 1967, 11; KG DNotZ 1972, 178). 17

7. Beschwerde gegen Eintragungen. Ist die Beschwerde unzulässig (§ 71 Abs. 2 Satz 1), so muss das LG prüfen, ob sie mit dem beschränkten Ziel des § 71 Abs. 2 Satz 2 eingelegt anzusehen ist. Regelmäßig wird das der Fall sein (s. § 71 Rn. 55). Das LG hat 18 dann die Zulässigkeit und Richtigkeit der angefochtenen Eintragung unter allen Gesichtspunkten nachzuprüfen. Auf den Antrag und die Begründung der Beschwerde kommt es nicht an (KG JurRdsch. 1927 Nr. 2127; OLG Hamm Rpfleger 1957, 117), weil die Beschwerde ein Amtsverfahren des GBAmts anregt. Deshalb hat das LG die Amtslöschung einer inhaltlich unzulässigen Eintragung auch dann anzuordnen, wenn nur die Eintragung eines Amtswiderspruchs beantragt ist (KGJ 49, 190; BayObLG 1991, 141).

19 **8. Verwerfung der Beschwerde.** Ist die Beschwerde unzulässig (s. Rn. 9), so ist sie „zu verwerfen". Damit kommt, ohne dass dies im Entscheidungssatz ausgesprochen werden müsste, zum Ausdruck, dass die Beschwerde für unzulässig erachtet wird.

20 **9. Zurückweisung der Beschwerde.** Ist die Beschwerde unbegründet, so ist sie „zurückzuweisen" (BayObLG NJW-RR 1993, 530). Auch hier gilt, dass im Entscheidungssatz die Unbegründetheit als Grund für die Zurückweisung nicht ausdrücklich angeführt werden muss.

21 **a)** Maßgebend ist, ob die Entscheidung des GBAmts jetzt richtig ist. Unwesentlich ist also, ob das GBAmt seiner Entscheidung eine richtige Begründung gegeben hatte.

22 **b)** Ist die Entscheidung des GBAmts unrichtig, so ist die Beschwerde dennoch zurückzuweisen, wenn der Beschwerdeführer durch sie nicht beschwert ist. Beispiel: Das GBAmt schreibt ein Recht auf Grund eines öffentlichen Testaments auf den A als den alleinigen Vollerben um. B legt Beschwerde ein mit der Begründung, er sei alleiniger Vollerbe. Dann ist B beschwerdeberechtigt, weil die Beschwerdeberechtigung vom Standpunkt seiner Behauptung aus zu prüfen ist. Stellt nun das LG fest, dass A nur Vorerbe ist, dann ist die Eintragung zwar unrichtig. Die Beschwerde des B ist trotzdem zurückzuweisen, wenn er nicht zu den Nacherben gehört. Durch diese Unrichtigkeit wird er nicht beschwert.

23 **10. Stattgeben der Beschwerde.** Erweist sich die Beschwerde als begründet, so ist bezüglich des Inhalts der ihr stattgebenden Entscheidung zu unterscheiden:

a) Beschwerde gegen Beschluss. aa) Ist eine Verfügung oder ein Beschluss des GBAmts angefochten, so hat das LG die Vorentscheidung einschließlich eines etwaigen Kostenausspruchs aufzuheben; im Übrigen ist der Inhalt der Entscheidung je nach dem Gegenstand der Beschwerde verschieden.

24 Im Fall der **Aufhebung einer Zwischenverfügung** kann das GBAmt angewiesen werden, anderweit über den EintrAntrag zu befinden. Zwingend notwendig ist dies aber nicht; es genügt, wenn

zu diesem Zweck die Sache zurückgegeben (nicht zurückverwiesen) wird. Eine unmittelbare Entscheidung über den EintrAntrag kann vom LG nicht getroffen werden (s. Rn. 15).

Wird die **Zurückweisung eines EintrAntrags** aufgehoben, so ist je nach Sachlage entweder eine Zwischenverfügung zu erlassen oder das GBAmt zur Vornahme der beantragten Eintragung anzuweisen; die Zwischenverfügung des LG muss allen Erfordernissen des § 18 entsprechen (s. § 18 Rn. 29) und ergeht zweckmäßig mit dem Hinweis, dass die erforderlichen Nachweise dem GBAmt zu erbringen sind (KG OLG 42, 157); ist eine Zwischenverfügung geboten, so kann ihr Erlass aber auch dem GBAmt aufgegeben werden (JFG 3, 384). 25

Im Fall der **Aufhebung einer sonstigen Entscheidung** ist das GBAmt anzuweisen, das zu tun, was der Beschwerdeführer verlangt, z.B. die Einsicht in das GB zu gestatten, einen HypBrief in bestimmter Weise zu ergänzen oder die erbetene Abschrift zu erteilen. Hat der GBRichter der Erinnerung gegen eine Entscheidung des Rpflegers abgeholfen und hebt das LG die Abhilfeentscheidung auf, so wird dadurch die Entscheidung des Rpflegers nicht wieder hergestellt; das LG muss daher in der Sache neu entscheiden (BayObLG 1990, 32 = Rpfleger 1990, 201). 26

bb) Die Aufhebung der Vorentscheidung entfällt, wenn sich die Beschwerde gegen die zu kurze Bemessung der in einer Zwischenverfügung gesetzten Frist richtet; hier hat das LG lediglich eine längere Frist zu setzen. Andererseits kann sich die Entscheidung des LG auch in der Aufhebung der Vorentscheidung erschöpfen; das trifft z.B. zu, wenn die Beschwerde gegen einen sachlich unzutreffenden Feststellungsbeschluss nach § 87 Buchst. c gerichtet ist. 27

cc) Eine Befugnis des LG, die Sache unter Aufhebung der Vorentscheidung zur erneuten selbständigen Prüfung an das GBAmt **zurückzuverweisen,** besteht grundsätzlich nicht; sie wird jedoch für den Fall zugestanden werden müssen, dass das GBAmt die sachlichen Gründe noch gar nicht geprüft hat oder sein Verfahren an schwerwiegenden Mängeln leidet; dies ist z.B. der Fall, wenn das GBAmt in einem Amtsverfahren keine Ermittlungen angestellt hat (JFG 17, 286; OLG München JFG 23, 194; BayObLG 1966, 440; 1980, 98). Im Fall der Zurückverweisung ist das GBAmt, wenn die zurückverweisende Entscheidung nicht ihrerseits angefochten und aufgehoben wird, an die Rechtsauffassung des LG gebunden, die der Aufhebung unmittelbar zugrunde gelegt ist, es sei denn, dass sich die Sachlage oder das maßgebende Recht nachträglich geändert hat (BGH 3, 326; 6, 79). In gleicher Weise ist aber auch das LG selbst und sogar das Gericht der weiteren Beschwerde gebun- 28 den, wenn sie im gleichen Verfahren mit der Sache (erneut) befasst werden (BGH 15, 124; 25, 203; s. aber auch die Entscheidung des Gemeinsamen Senats der obersten Gerichtshöfe BGH 60, 395 und § 71 Rn. 65). Das Verbot der reformatio in peius gilt jedoch für das GBAmt nicht (s. Rn. 32).

29 **b) Beschwerde gegen Eintragung.** Ist eine Eintragung (dazu zählt auch eine Löschung) angefochten, so hat das LG das GBAmt anzuweisen, eine genau bestimmte Eintragung vorzunehmen, z. B. eine Löschung, eine Berichtigung oder einen dem Inhalt nach genau zu bezeichnenden Amtswiderspruch einzutragen. Zur Entscheidung, wenn sich die Beschwerde gegen die Löschung eines Amtswiderspruchs richtet s. § 71 Rn. 44.

30 **11. Verbot der Schlechterstellung. a)** Das LG darf die angefochtene Entscheidung regelmäßig nicht zuungunsten des Beschwerdeführers ändern. Deshalb wird es z. B. als unzulässig erachtet, den EintrAntrag zurückzuweisen, wenn nur eine Zwischenverfügung angefochten ist (JFG 8, 238; OLG Oldenburg NdsRpfl. 1951, 198; BayObLG 1967, 410); bei Anfechtung einer Zwischenverfügung ist Beschwerdegegenstand nur die Entscheidung über diese, nicht die über den EintrAntrag selbst (s. Rn. 15). Das Verbot der reformatio in peius beruht seinem Wesen nach darauf, dass dem Gegner des Beschwerdeführers kein Vorteil zugesprochen werden soll, wenn er nicht ebenfalls Beschwerde eingelegt hat. Deshalb sind Ausnahmen dort zuzulassen, wo nicht widerstreitende Privatinteressen, sondern zwingende öffentliche Interessen den Ausschlag geben. So kann das LG zur Löschung einer inhaltlich unzulässigen Eintragung anweisen, obgleich dies für den Beschwerdeführer eine Schlechterstellung gegenüber der vom GBAmt verfügten und von ihm mit der Beschwerde angegriffenen Eintragung eines Amtswiderspruchs bedeutet (OLG Düsseldorf DNotZ 1958, 157; BayObLG 1984, 246); ebenso kann das OLG eine Anweisung des LG, eine inhaltlich unzulässige Eintragung vorzunehmen, aufheben, auch wenn diese Anweisung nicht angefochten ist (JFG 12, 300). Entscheidet das OLG auf weitere Beschwerde gegen die Zurückverweisung einer Sache durch das LG an dessen Stelle über die Erstbeschwerde, kann es diese zurückweisen, sofern das LG durch das Verbot der reformatio in peius daran nicht gehindert gewesen wäre (BayObLG Rpfleger 1997, 101).

31 **b)** Auch ist eine Schlechterstellung des Beschwerdeführers hinsichtlich der **Kosten** nicht ausgeschlossen (BayObLG 1968, 311; Rpfleger 1979, 318; MittBayNot 1991, 79). Ferner darf er bei der Geschäftswertfestsetzung schlechter gestellt werden (§ 31 Abs. 1 Satz 2 KostO); dies gilt auch dann, wenn sich die Beschwerde nur

gegen die Geschäftswertfestsetzung richtet (BayObLG 1990, 114 = DNotZ 1990, 670). Dagegen ist das Verbot der Schlechterstellung zu beachten, wenn Gegenstand der Anfechtung eine isolierte Kostenentscheidung (§ 71 Rn. 33), der Kostenansatz (§ 71 Rn. 80) oder die Kostenfestsetzung (§ 71 Rn. 86) ist.

c) Das Verbot der reformatio in peius gilt im Übrigen nicht für das GBAmt im Abhilfeverfahren (s. § 75 Rn. 12) oder nach Aufhebung seiner Entscheidung und Zurückverweisung der Sache (KEHE Rn. 9; einschränkend Meikel Rn. 8). 32

12. Kostenausspruch. a) Gerichtskosten. aa) Ein Ausspruch über die Kostentragungspflicht gegenüber der Staatskasse, also hinsichtlich der Gerichtskosten, ist in der Regel entbehrlich, da sich bereits aus der KostO (§ 131 Abs. 1, § 2 Nr. 1) ergibt, ob und in welcher Höhe solche zu erheben sind und wer sie zu tragen hat (OLG München JFG 15, 174; 16, 7, 173; BayObLG 1963, 81; 1968, 199; NJW-RR 1993, 530; BGH Rpfleger 1954, 511; OLG Hamm Rpfleger 1958, 87); ergeht er gleichwohl, so hat er nur die Bedeutung einer nicht bindenden Anweisung an den Kostenbeamten (OLG München JFG 16, 173). Dieser Grundsatz gilt allerdings nur dann, wenn sich die Kostenfolge eindeutig aus der Art des Geschäfts oder der Entscheidung erkennen lässt, so dass der Kostenbeamte ohne weiteres in der Lage ist, die Kosten anzufordern; ist dies nicht der Fall, z. B. weil sich die Hauptsache zwischenzeitlich erledigt hat, so muss auch eine Entscheidung über die Gerichtskosten für alle Rechtszüge ergehen, selbst wenn und soweit sie nur klarstellende Bedeutung hat (BayObLG 1963, 81; 1968, 199). 33

bb) Wird die Beschwerde nur **teilweise** verworfen oder zurückgewiesen, so fällt die halbe Gebühr gem. § 131 Abs. 1 Satz 1 Nr. 1 KostO nur aus dem für den verwerfenden oder zurückweisenden Teil der Beschwerdeentscheidung festzusetzenden Geschäftswert an (BayObLG JurBüro 1987, 382). Dies gilt unter Beachtung des § 131 Abs. 1 Satz 1 Nr. 2 Halbsatz 2 KostO auch bei einer teilweisen Zurücknahme der Beschwerde.

cc) S. zum Ganzen auch Keidel Rpfleger 1954, 176. Über die Kosten als solche s. Rn. 44. Nach Maßgabe der §§ 16, 130 Abs. 5 KostO kann von der Erhebung von Gerichtskosten abgesehen werden. Die Beschwerdeentscheidung kann nicht gem. § 8 Abs. 2 KostO von der Zahlung eines Kostenvorschusses abhängig gemacht werden (KG HRR 1940 Nr. 752).

b) Außergerichtliche Kosten. aa) Für die Kostentragungs- bzw. Kostenerstattungspflicht im Verhältnis zwischen mehreren Beteiligten gilt § 13a FGG. Hiernach sind, wenn sich die Beschwerde als unbegründet oder unzulässig (BGH 31, 104 = NJW 34

1960, 148; BayObLG 1963, 14; KG OLGZ 1972, 360) erweist, dem Beschwerdeführer, ohne dass es eines Antrags bedarf, die dem anderen Beteiligten im Beschwerdeverfahren entstandenen notwendigen Kosten aufzuerlegen (Abs. 1 Satz 2); im Übrigen kann eine Kostenerstattung angeordnet werden, sofern dies der Billigkeit entspricht (Abs. 1 Satz 1), d. h. besondere Umstände des Einzelfalls die Erstattung rechtfertigen (BayObLG 1958, 29; 1961, 185; 1963, 190; KG NJW 1965, 1539).

35 bb) Hat eine Beschwerde nur **teilweise** Erfolg oder sind gegensätzliche Beschwerden je ohne Erfolg eingelegt worden, so ist nicht Abs. 1 Satz 2, sondern Abs. 1 Satz 1 anzuwenden (BayObLG 1958, 119; 1959, 37). Das Gleiche gilt, wenn die Beschwerde zur Aufhebung und Zurückverweisung führt. Eine Kostenentscheidung nach § 13a FGG ist auch zulässig, wenn die Beschwerde zurückgenommen wird; maßgebend ist Abs. 1 Satz 1; bei der Billigkeitsentscheidung können auch die im Zeitpunkt der Zurücknahme ohne weiteres zu beurteilenden Erfolgsaussichten des Rechtsmittels berücksichtigt werden (BGH 28, 117 = NJW 1958, 1493). Entsprechendes gilt, wenn sich die Hauptsache erledigt hat (OLG Hamm NJW 1958, 915; KG Rpfleger 1959, 385; BayObLG 1961, 185). Eine Kostenentscheidung nach § 13a FGG erübrigt sich, wenn am Beschwerdeverfahren keine Personen mit entgegengesetzten Interessen formell beteiligt sind (BayObLG NJW-RR 1993, 530). Ist eine notwendige Kostenentscheidung unterblieben, kann sie in entsprechender Anwendung des § 321 ZPO nachgeholt werden (BayObLG 1962, 381). Zur Anfechtung der Kostenentscheidung s. § 71 Rn. 31.

cc) Eine anwaltliche Tätigkeit wird nach § 118 BRAGO vergütet. Dies gilt für alle Rechtszüge; eine besondere Beschwerdegebühr gibt es nicht.

36 **c) Geschäftswert.** aa) Der der Berechnung der gerichtlichen und außergerichtlichen Kosten zugrundezulegende Geschäftswert ist gemäß § 31 Abs. 1, 2 KostO festzusetzen. Er ist in allen Fällen nach § 30 KostO zu bestimmen (§ 131 Abs. 2 KostO). In GB-Sachen als vermögensrechtlichen Sachen ist der Wert regelmäßig gem. § 30 Abs. 1 KostO nach freiem Ermessen zu schätzen; dabei kommt es vor allem auf das mit der Beschwerde verfolgte wirtschaftliche Interesse, die Bedeutung der Beschwerde für die Beteiligten sowie auf die sonstigen Umstände des Einzelfalls an; die für den ersten Rechtszug maßgebenden Vorschriften der KostO können als Anhaltspunkte herangezogen werden, sind aber nicht unmittelbar anzuwenden (BayObLG JurBüro 1984, 1883; BayObLG 1992, 171). Bei fehlenden tatsächlichen Anhaltspunkten für eine

Schätzung wird der Wert ausnahmsweise auf der Grundlage des Regelwerts gem. § 30 Abs. 2 KostO festzusetzen sein; bestimmt sich der Geschäftswert für das Verfahren der ersten Instanz nach dieser Vorschrift, so ist sie auch für den Geschäftswert des Beschwerdeverfahrens maßgebend (BayObLG JurBüro 1985, 1382).

bb) Für den Geschäftswert einer Beschwerde gegen eine **Zwischenverfügung** ist von Bedeutung, welche Schwierigkeiten die Behebung des Hindernisses macht, das Gegenstand des Beschwerdeverfahrens ist. Geht es um die Eintragung eines Eigentümers, kann der Wert des Grundstücks als Beziehungswert herangezogen werden. Ist durch Zwischenverfügung aufgegeben, Zweifel an der Geschäftsfähigkeit auszuräumen (s. hierzu § 18 Rn. 3), wird in der Regel der volle Grundstückswert der Geschäftswertfestsetzung zugrunde zu legen sein, während es bei anderen Hindernissen geboten sein kann, nur von einem Bruchteil des Verkehrswerts auszugehen (BayObLG JurBüro 1992, 183; 1995, 259; BayObLG 1993, 142). 37

cc) Zur Geschäftswertfestsetzung bei **teilweiser** Verwerfung, Zurückweisung oder Zurücknahme der Beschwerde s. Rn. 33. Anfechtbar ist die Geschäftswertfestsetzung des Beschwerdegerichts nach Maßgabe des § 31 Abs. 3, 4 KostO i.V.m. § 14 KostO; s. hierzu § 71 Rn. 87.

13. Begründung der Entscheidung. a) Notwendig ist zunächst die Angabe des Sachverhalts, die zweckmäßigerweise von den rechtlichen Erwägungen getrennt wird. Die tatsächlichen Feststellungen sind für das Gericht der weiteren Beschwerde bindend, müssen für dieses also erkennbar gemacht werden (KGJ 48, 2; OLG Zweibrücken NJW-RR 1999, 1174). Ein Verstoß hiergegen nötigt allerdings nur dann zur Aufhebung der Entscheidung, wenn sich der vom LG zugrunde gelegte Sachverhalt aus den Akten nicht zweifelsfrei entnehmen lässt (offengelassen von OLG Zweibrücken NJW-RR 1999, 1174). 38

b) Die Gründe haben sich mit den Gründen des GBAmts und dem Vorbringen des Beschwerdeführers auseinanderzusetzen (s. KG JW 1927, 721). Allgemeine Redewendungen genügen nicht (OLG München HRR 1936 Nr. 213). Es ist z.B. im Einzelnen auszuführen, weshalb zur Auslegung eines vorgelegten öffentlichen Testaments Ermittlungen notwendig sind und deshalb ein Erbschein (§ 35) zu verlangen ist. Bezugnahme auf die zutreffenden Gründe des GBAmts genügt nur dann, wenn die angefochtene Entscheidung eine ausreichende Begründung enthält und der Beschwerdeführer keine wesentlichen neuen Tatsachen, Beweise oder rechtlichen Hinweise vorgebracht hat. 39

40 **c)** Fehlt die Begründung, wenn auch nur in einem für die Entscheidung maßgebenden Punkt, so beruht die Entscheidung auf einer Gesetzesverletzung (§ 78 Satz 2 GBO; § 547 Nr. 6 ZPO). Jedoch sind gedankliche Lücken in der Folgerichtigkeit der Begründung unschädlich (RG 109, 204; JW 1927, 1861).

d) Die Unterschrift sämtlicher Richter des Beschwerdegerichts ist nicht Voraussetzung einer wirksamen Beschwerdeentscheidung. Zur Notwendigkeit einer **Rechtsmittelbelehrung** in der Beschwerdeentscheidung s. § 1 Rn. 53.

41 **14. Bekanntmachung der Entscheidung.** Die Entscheidung ist dem Beschwerdeführer und, wie zu ergänzen sein dürfte, etwaigen weiteren Beteiligten bekanntzumachen; sie wird nach § 16 Abs. 1 FGG mit dieser Bekanntmachung wirksam. Eine Zustellung ist nur erforderlich, wenn, wie bei ausnahmsweise gegebener sofortiger weiterer Beschwerde gemäß § 27 FGG (s. § 78 Rn. 2, 3) oder im Fall des § 89, mit der Bekanntmachung eine Frist zu laufen beginnt (§ 16 Abs. 2 Satz 1 FGG); im Übrigen richtet sich die Bekanntmachung nach § 16 Abs. 2 Satz 2 FGG. Das GBAmt erhält mit den Akten eine Ausfertigung des Beschlusses.

42 **15. Wirkung der Entscheidung. a)** Das GBAmt ist an die Entscheidung gebunden (s. dazu BayObLG 1974, 21 = Rpfleger 1974, 148). Es hat also die Anweisung des LG auszuführen und es den Beteiligten zu überlassen, etwaige Unrichtigkeiten mit der weiteren Beschwerde zu rügen. Die Bindung entfällt nur, wenn sich der GBStand geändert hat, ohne dass das LG dies erkennen konnte. Das wird nur selten vorkommen, weil das GBAmt ohne Grundakten Eintragungen nicht vornehmen wird.

43 **b)** Auch das LG ist innerhalb desselben Verfahrens an seine frühere Entscheidung gebunden (s. dazu BayObLG 1974, 21 = Rpfleger 1974, 148). Das folgt aus dem Zweck des § 80 Abs. 2 und gilt auch dann, wenn eine weitere Beschwerde nicht eingelegt ist (KGJ 46, 5). Es kann deshalb weder seinen Beschluss auf neue Vorstellungen eines Beteiligten ändern, noch kann es auf eine neue Beschwerde gegen dieselbe Eintragung oder gegen die Zurückweisung desselben oder des inhaltlich wiederholten Antrags seine Rechtsansicht wechseln (RG 70, 236; s. auch KG NJW 1955, 1074; OLGZ 1966, 608). Eine, z.B. wegen fehlender Beschwerdeeinlegung oder wegen Zurücknahme der Beschwerde, unwirksame Beschwerdeentscheidung kann das LG jedoch selbst aufheben (BayObLG 1965, 347). Sie kann aber auch auf Beschwerde hin durch das OLG aufgehoben werden (s. dazu § 78 Rn. 3). Zur Unzulässigkeit einer wiederholten Beschwerde s. Rn. 10.

c) Über den Rang der Eintragung, zu der das LG anweist, s. § 74 Rn. 12.

16. Kosten. Für die Verwerfung oder Zurückweisung der Beschwerde wird die Hälfte der vollen Gebühr erhoben (§ 131 Abs. 1 Satz 1 Nr. 1 KostO). Hat die Beschwerde Erfolg, so werden Gebühren und Auslagen nicht erhoben (§ 131 Abs. 1 Satz 2, Abs. 5 KostO). Wegen des Geschäftswerts s. Rn. 36 und 37. 44

Zulässigkeit der weiteren Beschwerde

78 Gegen die Entscheidung des Beschwerdegerichts ist das Rechtsmittel der weiteren Beschwerde zulässig, wenn die Entscheidung auf einer Verletzung des Rechts beruht. Die Vorschriften der §§ 546, 547, 559, 561 der Zivilprozeßordnung sind entsprechend anzuwenden.

Inhaltsübersicht

1. Allgemeines	1
2. Entscheidungen des Beschwerdegerichts	4
3. Zwischenzeitliche Entscheidungen	6
4. Verletzung des Gesetzes	9
5. Nachprüfung	11
6. Eigene Auslegung	15
7. Eigene Sachprüfung	19
8. Uräschlichkeit der Gesetzesverletzung	20

1. Allgemeines. a) § 78 lässt gegen Entscheidungen des Beschwerdegerichts die weitere Beschwerde zu, die aber nur auf eine Verletzung des Rechts gestützt werden kann. Die Fassung der Vorschrift ist missverständlich; hat das Beschwerdegericht das Gesetz richtig angewendet, so ist die weitere Beschwerde nicht unzulässig, sondern unbegründet. § 78 wurde ohne inhaltliche Veränderung, insbesondere hinsichtlich der angeführten Bestimmungen der ZPO, an die Änderungen durch das Zivilprozessreformgesetz v. 27. 7. 2001 (BGBl. I 1887) angepasst. 1

b) Die weitere Beschwerde ist, abgesehen vom Fall des § 89, **unbefristet.** Das Recht der weiteren Beschwerde kann nicht durch Zeitablauf verwirkt werden (BGH 48, 354 = Rpfleger 1968, 49; OLG Hamm MDR 1952, 369; s. auch BayObLG 1956, 57; Keidel Rpfleger 1960, 240). Die Beschwerdeberechtigung bestimmt sich nach den für die erste Beschwerde geltenden Grundsätzen (BayObLG 1980, 39). Beschwerdeberechtigt für die Einlegung der weiteren Beschwerde ist stets, wer mit seiner ersten Beschwerde erfolglos geblieben ist (BGH NJW 1994, 1158; BayObLG 1977, 206; 1980, 301; BWNotZ 1988, 165; zu einem Ausnahmefall 2

s. BayObLG 1994, 115). Die weitere Beschwerde kann von jedem Beschwerdeberechtigten eingelegt werden, gleichviel, ob er die erste Beschwerde erhoben hatte oder nicht (Bauer/v.Oefele Rn. 12; s. aber auch BayObLG 1987, 136).

3 **c)** Soweit die GBBeschwerde ausnahmsweise durch die sofortige Beschwerde nach den Vorschriften des FGG ersetzt ist (s. § 73 Rn. 2), ist gegen die Entscheidung des Beschwerdegerichts die sofortige weitere Beschwerde gemäß § 27 FGG gegeben; ausdrücklich ausgeschlossen ist sie jedoch im Fall des § 110.

d) Weist das LG eine nicht eingelegte oder wieder zurückgenommene Beschwerde zurück, so handelt es sich dabei um eine unwirksame Entscheidung. Gegen sie ist mit dem Ziel ihrer ersatzlosen Aufhebung zur Beseitigung des durch sie gesetzten Rechtsscheins einer wirksamen Entscheidung die Beschwerde zulässig, bei der es sich um eine Erstbeschwerde handelt. Zulässigkeitsvoraussetzung ist aber, dass die Entscheidung des LG von ihrem äußeren Schein her eine beschwerdefähige Entscheidung des Grundbuchamts bestätigt (OLG Naumburg FGPrax 2000, 3 mit Anm. v. Demharter FGPrax 2000, 52; s. auch KG Rpfleger 1982, 304; BayObLG 1988, 259; 1999, 330).

4 **2. Entscheidungen des Beschwerdegerichts. a)** Gemeint sind, wie die Gegenüberstellung in § 76 Abs. 1 ergibt, nur die endgültigen Entscheidungen. Nicht mit weiterer Beschwerde anfechtbar sind demnach einstweilige Anordnungen gemäß § 76 Abs. 1, verfahrensleitende Verfügungen und Aussetzungsbeschlüsse (KG HRR 1930 Nr. 1505; KG NJW 1957, 1197); zur Anfechtbarkeit von Zwischenentscheidungen des Beschwerdegerichts mit der Erstbeschwerde s. § 71 Rn. 20. Anfechtbar ist auch nur die Entscheidung des Beschwerdegerichts selbst; die weitere Beschwerde ist unzulässig, wenn sie sich nur gegen nicht entscheidungserhebliche und das GBAmt nicht bindende Ausführungen des Beschwerdegerichts in den Gründen seiner Entscheidung richtet (KGJ 48, 175; BayObLG HRR 1935 Nr. 128), z.B. gegen wegweisende Hinweise des LG zur Entscheidung über den EintrAntrag im Zusammenhang mit der Aufhebung einer Zwischenverfügung (BayObLG DNotZ 1986, 497; KG Rpfleger 1993, 236). Unstatthaft ist eine weitere Beschwerde, die sich unter Übergehung des LG unmittelbar gegen eine Zwischenverfügung richtet (BayObLG 1993, 228). Zur weiteren Beschwerde gegen eine mangels Beschwerdeeinlegung nichtigen Beschwerdeentscheidung s. § 77 Rn. 43.

5 **b)** Grundsätzlich kann jede endgültige Entscheidung des Beschwerdegerichts mit der weiteren Beschwerde angefochten werden; eine Ausnahme macht § 110 Abs. 2. Richtet sich die weitere

Beschwerde **gegen eine Eintragung,** so ist sie nur mit der Beschränkung des § 71 Abs. 2 Satz 2 zulässig; hingegen kann die Anordnung des LG, eine Eintragung vorzunehmen, mit der weiteren Beschwerde so lange unbeschränkt angefochten werden, bis die Eintragung vorgenommen ist (BayObLG NJW 1983, 1567). Zur Beschwerdeberechtigung, wenn das LG eine Zwischenverfügung oder die Zurückweisung eines EintrAntrags durch das GBAmt aufgehoben hat und die weitere Beschwerde die Wiederherstellung der Zwischenverfügung oder der Zurückweisung des EintrAntrags zum Ziel hat, s. § 71 Rn. 65. Nicht zulässig ist die weitere Beschwerde im Verfahren über die Prozesskostenhilfe (s. § 71 Rn. 56). Wegen der Anfechtung der Kostenentscheidung s. § 71 Rn. 31.

3. Zwischenzeitliche Entscheidungen. Hat das GBAmt nach der Entscheidung des LG neue Entscheidungen getroffen oder Eintragungen vorgenommen, so gilt folgendes: 6

a) Weist das GBAmt einen EintrAntrag nach Bestätigung einer Zwischenverfügung aus den Gründen derselben zurück, so ist die weitere Beschwerde gegen die Entscheidung des LG trotzdem statthaft (RG 122, 330; KG HRR 1932 Nr. 629; OLGZ 1965, 93; OLG Frankfurt Rpfleger 1977, 103; BGH 88, 64 = Rpfleger 1983, 408; BayObLG 1969, 280; 1978, 337; 1986, 55) und zwar auch dann, wenn gegen den Zurückweisungsbeschluss die erste Beschwerde eingelegt wird (JFG 6, 350). Denn das GBAmt kann den Zurückweisungsbeschluss nicht ändern, weil es an die Entscheidung des LG gebunden ist; das LG ist an seine Vorentscheidung ebenfalls gebunden; die erste Beschwerde gegen den Zurückweisungsbeschluss muss deshalb erfolglos bleiben. Voraussetzung ist aber, dass es sich bei der Entscheidung des LG über die Zwischenverfügung um eine das GBAmt bindende Sachentscheidung handelt; andernfalls wird die weitere Beschwerde mit dem Zurückweisungsbeschluss des GBAmts unzulässig (OLG Frankfurt Rpfleger 1997, 103). Hat die weitere Beschwerde gegen die Zwischenverfügung Erfolg, so hat das GBAmt den Zurückweisungsbeschluss von Amts wegen aufzuheben, weil er seine Rechtsgrundlage verloren hat (BayObLG 1992, 135). Wird der EintrAntrag hingegen nicht oder nicht ausschließlich aus den Gründen der angefochtenen Zwischenverfügung zurückgewiesen, so ist eine weitere Beschwerde unzulässig, weil die Zwischenverfügung gegenstandslos ist. Ihre Aufhebung durch das Gericht der weiteren Beschwerde ließe den Zurückweisungsbeschluss des GBAmts nämlich unberührt.

b) Ebensowenig wird die weitere Beschwerde dadurch gehindert, dass das GBAmt eine **Anweisung des LG ausführt,** z. B. eine Zwischenverfügung erlässt oder eine Eintragung vornimmt 7

(RG 70, 236). Im letzten Fall kommt es darauf an, ob sich an die Eintragung ein gutgläubiger Erwerb anschließen kann. Ist das nicht der Fall, hat das GBAmt z.B. eine Vormerkung oder einen Widerspruch eingetragen, dann kann mit der weiteren Beschwerde die Löschung der Eintragung verlangt werden (KGJ 53, 191; OLG München JFG 17, 295; OLG Düsseldorf JR 1950, 686). Andernfalls kann die weitere Beschwerde gemäß § 71 Abs. 2 Satz 2 nur auf die Eintragung eines Amtswiderspruchs oder die Amtslöschung abzielen (JFG 3, 265; KG DNotZ 1972, 177; BayObLG Rpfleger 1980, 64; BayObLG 1987, 432).

8 **c)** Auch eine **Veränderung der Rechtslage** durch andere Eintragungen im GB ist im Rechtsbeschwerdeverfahren zu berücksichtigen (BayObLG 1983, 303; 1988, 127). Führt sie zur Erledigung der Hauptsache, so wird die weitere Beschwerde gegenstandslos und in der Hauptsache unzulässig (KGJ 39, 198); sie kann jedoch auf die Kosten beschränkt werden (s. § 1 Rn. 56). Die Hauptsache erledigt sich z.B. wenn eine Buchhypothek, deren Umschreibung beantragt war, in der Zwischenzeit gelöscht oder wenn die mit der ersten Beschwerde angefochtene Vormerkung in eine Hyp. umgeschrieben wird. Im zuletzt genannten Fall kann das Verfahren weder mit dem Ziel festzustellen, dass die Eintragung der Vormerkung rechtswidrig war, noch mit dem Ziel, gegen die Hyp. einen Amtswiderspruch einzutragen, fortgesetzt werden (OLG Düsseldorf Rpfleger 1996, 404). Wegen der Anfechtung der Kostenentscheidung s. § 71 Rn. 32.

9 **4. Verletzung des Rechts. a) Recht.** Der in der ursprünglichen Fassung verwendete Begriff des „Gesetzes" bestimmt sich gemäß § 135 Abs. 2 nach Art. 2 EGBGB. Der Begriff ist ohne inhaltliche Änderung durch das Zivilprozessreformgesetz v. 27. 7. 2001 (BGBl. I 1887) durch den des „Rechts" ersetzt worden. Zu beachten ist demnach, ohne dass es einer Rüge des Beschwerdeführers bedarf (s. § 80 Rn. 12), jede Rechtsnorm. Unerheblich ist, ob sie sachlichrechtlichen oder verfahrensrechtlichen Charakter hat, ob sie eine zwingende oder eine Ordnungsvorschrift darstellt, ob sie zum Bundesrecht oder zum Landesrecht gehört; auch ausländisches Recht ist auf seine richtige Anwendung nachzuprüfen (JFG 16, 28; OLG München JFG 16, 105; BGH FamRZ 1960, 230; BGH 44, 127 = NJW 1965, 2054; OLG Frankfurt Rpfleger 1994, 17; OLG Zweibrücken FGPrax 1999, 86).

10 **b) Verletzung.** Das Recht ist entsprechend § 546 ZPO verletzt, wenn eine Rechtsnorm nicht oder nicht richtig angewendet worden ist. Nur auf den objektiven Rechtsverstoß kommt es an; ein Verschulden ist nicht erforderlich. Ist nach der Entscheidung

des LG neues sachliches Recht in Kraft getreten, so hat das Gericht der weiteren Beschwerde (ebenso wie das Revisionsgericht: BGH 9, 101 = NJW 1953, 941) dieses anzuwenden, wenn es nach seinem zeitlichen Geltungswillen den Verfahrensgegenstand erfasst; dabei kommt es nicht auf eine Rückwirkung des neuen Rechts an (BayObLG 1971, 118; 1977, 202 = NJW 1977, 1733; BayObLG 1980, 348; DNotZ 1980, 625).

5. Nachprüfung. a) Tatsächliche Feststellungen. Die tatsächlichen Feststellungen des LG sind für das Gericht der weiteren Beschwerde entsprechend § 559 ZPO grundsätzlich bindend (BayObLG 1971, 309). Nachzuprüfen ist nur, ob das LG bei der Feststellung des Sachverhalts das Gesetz verletzt hat; so etwa, ob alle bei den Akten befindlichen Urkunden beachtet (BayObLG 1971, 309), im Antragsverfahren nicht Ergebnisse einer unzulässigen Beweisaufnahme verwertet (KG Rpfleger 1968, 224; dazu aber auch BayObLG 1973, 249 = Rpfleger 1973, 429) oder im Amtsverfahren ausreichende Ermittlungen angestellt worden sind (vgl. BayObLG 1992, 306). Neue Tatsachen und Beweismittel dürfen nur berücksichtigt werden, sofern sie einen Verfahrensmangel erweisen sollen (§ 559 Abs. 1 Satz 2 i.V.m. § 551 Abs. 3 Nr. 2b ZPO), die Zulässigkeit der Erstbeschwerde betreffen (OLG Jena FGPrax 1999, 87) oder die weitere Beschwerde gegenstandslos (OLG München JFG 14, 321; OLG Frankfurt DNotZ 1964, 307; OLGZ 1970, 284) oder erst zulässig (OLG Hamm FGPrax 1996, 210) machen. Darüber hinaus sind behördlich bescheinigte, insbes. durch Personenstandsurkunden belegte Tatsachen, z.B. der Tod einer Person, auch dann zu berücksichtigen, wenn sie erst während des Rechtsbeschwerdeverfahrens eintreten oder nachgewiesen werden (vgl. BGH 53, 130; 54, 135; zur Berücksichtigung von GBEintragungen s. Rn. 8). Neue Sachanträge können nicht, auch nicht hilfsweise, gestellt werden (KG WM 1992, 1786; BayObLG 1996, 62 und 192). 11

b) Ermessensentscheidung. Die Anwendung einer Ermessensvorschrift ist darauf zu überprüfen, ob von dem Ermessen ein rechtlich fehlerhafter Gebrauch gemacht worden ist (RG 126, 109; BayObLG 33, 298; s. auch § 18 Rn. 54). Dies ist dann der Fall, wenn sich das LG des ihm zustehenden Ermessens nicht bewusst war, von unzureichenden oder verfahrenswidrig zustande gekommenen Feststellungen ausgegangen ist, wesentliche Umstände außer Betracht gelassen, der Bewertung maßgebender Umstände unrichtige Maßstäbe zugrunde gelegt, gegen Denkgesetze verstoßen oder Erfahrungssätze nicht beachtet, von seinem Ermessen einen dem Sinn und Zweck der Ermächtigung nicht entsprechenden Gebrauch gemacht oder die gesetzlichen Grenzen des Ermessens überschrit- 12 ten hat (BayObLG 1997, 46 = FamRZ 1997, 700 mit weit. Nachweisen).

13 **c) Auslegung von Urkunden.** Die Auslegung von Urkunden, z. B. von Testamenten (s. dazu BayObLG 1966, 394) oder Vollmachten (s. dazu aber auch Rn. 15), ist darauf zu überprüfen, ob das LG gegen den klaren Sinn der Urkunde, gegen gesetzliche Auslegungsregeln und allgemein anerkannte Erfahrungssätze (z. B. den allgem. Sprachgebrauch: OLG München JFG 11, 204) oder gegen Denkgesetze verstoßen und ob es alle für die Auslegung in Betracht kommenden Gesichtspunkte gewürdigt hat. Es genügt, dass die Auslegung möglich ist; zwingend braucht sie nicht zu sein (OLG Düsseldorf DNotZ 1950, 41; BayObLG DNotZ 1971, 661; Rpfleger 1981, 147; BayObLG 1984, 124; 1997, 274). Dagegen ist die Auslegungsfähigkeit einer GBErklärung eine vom Rechtsbeschwerdegericht voll nachprüfbare Rechtsfrage (BayObLG 1984, 158). Zu den Auslegungsgrundsätzen s. § 19 Rn. 28.

14 **d) Unbestimmter Rechtsbegriff.** Ob die Voraussetzungen eines unbestimmten Rechtsbegriffs bei den festgestellten tatsächlichen Verhältnissen gegeben sind, ist eine Rechtsfrage und unterliegt somit als Auslegung des unbestimmten Rechtsbegriffs der Nachprüfung durch das Rechtsbeschwerdegericht (KG OLGZ 1985, 130; Rpfleger 1989, 500).

15 **6. Eigene Auslegung. a) Verfahrenshandlungen.** Verfahrenshandlungen, z. B. EintrAnträge oder Beschwerden, einschließlich einer Vollmacht zu ihrer Vornahme, hat das Gericht der weiteren Beschwerde selbst auszulegen (OLG München JFG 13, 348; OLG Braunschweig NJW 1961, 1362; KG OLGZ 1965, 375; OLG Hamm DNotZ 1972, 511; Rpfleger 1992, 474; BayObLG Rpfleger 1979, 106). Dies gilt auch für die EintrBewilligung (BayObLG Rpfleger 1993, 189; BayObLG 1997, 247 = FGPrax 1997, 210; OLG Zweibrücken Rpfleger 1999, 533; OLG Hamm Rpfleger 1998, 511; offengelassen von OLG Köln NJW-RR 1993, 204; OLG Frankfurt NJW-RR 1995, 785), weil auch sie eine reine Verfahrenshandlung ist. Eine Vollmacht, die nicht allein zur Bewilligung der Eintragung, sondern vor allem zur Vornahme des materiellrechtlichen Geschäfts erteilt ist, kann dagegen das Rechtsbeschwerdegericht nach BayObLG Rpfleger 1991, 365, DNotZ 1996, 295 nicht selbst auslegen; es ist auf eine Überprüfung der Auslegung durch das LG (s. Rn. 13, aber auch Rn. 18) beschränkt. Zur Auslegung s. § 19 Rn. 28.

16 **b) Entscheidungen.** Auch Entscheidungen der Gerichte (RG 153, 254; BGH MDR 1965, 738) und Verwaltungsbehörden (RG 102, 3; BGH 3, 15; BayObLG 1988, 133; zur Auslegung eines

Gemeinderatsbeschlusses s. BayObLG MittBayNot 1986, 22; BayVBl. 1989, 412 sowie einer Vereinssatzung BayObLG 1992, 20; 1999, 239 = Rpfleger 1999, 544) unterliegen der eigenen Auslegung durch das Rechtsbeschwerdegericht. Dies gilt bei Eintragung einer Zwangshyp. auch für eine gerichtliche Entscheidung, die Vollstreckungstitel ist (OLG Köln Rpfleger 1997, 315). Zur Auslegung s. § 19 Rn. 117.

c) GBEintragungen. Für Eintragungen im GB gilt dasselbe wie für Verfahrenshandlungen und Entscheidungen; auch sie hat das Gericht der weiteren Beschwerde ohne Bindung an die Auslegung des LG selbst auszulegen (RG 136, 234; OLG Hamm Rpfleger 1962, 59; BGH 37, 148; 92, 355; Rpfleger 1985, 101; BayObLG 1982, 73; 1984, 124 = Rpfleger 1984, 351). Soweit Erklärungen, wie z.B. Vereinbarungen der Wohnungseigentümer, durch Bezugnahme in zulässiger Weise Gegenstand der GBEintragung wurden (vgl. § 44 Rn. 15), unterliegen auch sie der selbständigen Auslegung durch das Rechtsbeschwerdegericht (BGH Rpfleger 2000, 540; BayObLG 1977, 230; Rpfleger 1987, 16; OLG Düsseldorf Rpfleger 1993, 193; OLG Frankfurt FGPrax 1997, 221). Zur Auslegung s. § 53 Rn. 4. 17

d) Unterlassene Auslegung durch das LG. Das Rechtsbeschwerdegericht hat schließlich eine eigene Auslegung vorzunehmen, wenn das LG eine gebotene Auslegung unterlassen hat (BGH 37, 243; BayObLG 1984, 158) oder die Auslegung des LG rechtsfehlerhaft ist (s. Rn. 13) und deshalb keinen Bestand haben kann (BayObLG 1984, 124; Rpfleger 1991, 365). 18

7. Eigene Sachprüfung. Die Bindung an die tatsächlichen Feststellungen des LG entfällt, wenn das Gericht der weiteren Beschwerde bei der Tatsachenfeststellung durch das LG eine Gesetzesverletzung feststellt, also ein verfahrensrechtlicher Fehler vorliegt, der zur Aufhebung der Vorentscheidung berechtigt. In diesem Fall kann das Gericht der weiteren Beschwerde aus verfahrensökonomischen Gründen, wenn die Sache entscheidungsreif ist, von einer Aufhebung und an sich möglichen Zurückverweisung (s. hierzu § 80 Rn. 21) absehen und unter entsprechender Feststellung von Tatsachen, soweit diese ohne weitere Ermittlungen feststehen, in der Sache selbst entscheiden. Dabei hat es den Sachverhalt an Stelle des LG im Rahmen der Anfechtung (s. § 77 Rn. 11 ff.) einer eigenen umfassenden Prüfung und Würdigung zu unterziehen; hierbei ist auch neues tatsächliches Vorbringen zu berücksichtigen. Erweist sich auf Grund dieser Würdigung die Beschwerdeentscheidung im Ergebnis als richtig, so ist die weitere Beschwerde als unbegründet zurückzuweisen (BGH 35, 142 = Rpfleger 1961, 233; BayObLG 19

1971, 309; 1982, 93). Dabei entscheidet das Gericht der weiteren Beschwerde nicht in seiner Funktion als Rechtsbeschwerdegericht, sondern anstelle des Tatsachengerichts (vgl. BayObLG 1993, 183 = NJW-RR 1993, 1417).

20 **8. Ursächlichkeit der Rechtsverletzung. a)** Die angefochtene Entscheidung muss auf der Gesetzesverletzung beruhen. Dies trifft bei Verfahrensverstößen schon zu, wenn sich nicht ausschließen lässt, dass die Entscheidung ohne den Verstoß anders ausgefallen wäre (BayObLG 1948/51, 333). Es ist aber nicht der Fall, wenn nur die Wegweisung des LG für die weitere Behandlung der Sache einen Rechtsirrtum aufweist; ebenso wenig bei solchen Fragen, die das LG ausdrücklich dahingestellt gelassen hat.

21 **b)** Der ursächliche Zusammenhang ist entsprechend § 547 ZPO ohne weitere Prüfung **anzunehmen** bei vorschriftswidriger Besetzung des Gerichts (§ 547 Nr. 1 ZPO), bei Mitwirkung eines kraft Gesetzes ausgeschlossenen Richters, sofern nicht ein auf denselben Grund gestütztes Ablehnungsgesuch ohne Erfolg geblieben ist (§ 547 Nr. 2 ZPO), bei Mitwirkung eines mit Erfolg abgelehnten Richters (§ 547 Nr. 3 ZPO), bei vorschriftswidriger gesetzlicher bzw. gewillkürter Vertretung eines Beteiligten (§ 547 Nr. 4 ZPO) sowie bei mangelnder Begründung der Entscheidung (§ 547 Nr. 6 ZPO). Über die Ausschließung oder Ablehnung eines Richters s. § 81 Rn. 10ff., über die Begründung der Entscheidung s. § 77 Rn. 38.

22 **c)** Die Rechtsverletzung ist entsprechend § 561 ZPO unbeachtlich, wenn die Entscheidung des LG aus anderen Gründen **im Ergebnis richtig** ist; in solchen Fällen ist die weitere Beschwerde zurückzuweisen. Dabei entscheidet das Gericht der weiteren Beschwerde anders als in dem in Rn. 19 behandelten Fall in seiner Funktion als Rechtsbeschwerdegericht. Voraussetzung ist jedoch, dass das Gesetz vom LG bei Anwendung auf den von ihm rechtsfehlerfrei festgestellten Sachverhalt verletzt wurde, also ein materiellrechtlicher Fehler vorliegt. In diesem Fall ist neben § 561 ZPO auch § 563 Abs. 3 ZPO entsprechend anwendbar (BayObLG 1993, 183 = NJW-RR 1993, 1417).

Gericht der weiteren Beschwerde

79 (1) **Über die weitere Beschwerde entscheidet das Oberlandesgericht.**

(2) **Will das Oberlandesgericht bei der Auslegung einer das Grundbuchrecht betreffenden bundesrechtlichen Vorschrift von der auf weitere Beschwerde ergangenen Entscheidung eines anderen Oberlandesgerichts, falls aber über die Rechtsfrage be-**

reits eine Entscheidung des Reichsgerichts, des Obersten Gerichtshofs für die britische Zone oder des Bundesgerichtshofs ergangen ist, von dieser abweichen, so hat es die weitere Beschwerde unter Begründung seiner Rechtsauffassung dem Bundesgerichtshof vorzulegen. Der Beschluß über die Vorlegung ist dem Beschwerdeführer mitzuteilen.

(3) **In den Fällen des Absatzes 2 entscheidet über die weitere Beschwerde der Bundesgerichtshof.**

§ 18 Abs. 2 des Gesetzes zur Wahrung der Einheitlichkeit der Rechtsprechung der obersten Gerichtshöfe des Bundes v. 19. 6. 1968 (BGBl. I 661):

Hat ein Gericht eine Sache einem obersten Gerichtshof vorzulegen, wenn es von dessen Entscheidung abweichen will, so hat das Gericht die Sache dem obersten Gerichtshof auch vorzulegen, wenn es von einer Entscheidung des Gemeinsamen Senats abweichen will.

Inhaltsübersicht

1. Allgemeines ... 1
2. Zuständigkeit ... 5
3. Voraussetzungen der Vorlegungspflicht ... 7
4. Auslegung einer Vorschrift ... 8
5. Abweichung von einer Entscheidung ... 11
6. Vorlegung ... 17
7. Entscheidung des BGH ... 20

1 **1. Allgemeines. a)** § 79 weist übereinstimmend mit § 28 FGG die Entscheidung über die weitere Beschwerde dem OLG zu, verpflichtet dieses aber, die Beschwerde unter bestimmten Voraussetzungen dem BGH zur Entscheidung vorzulegen. Der Wortlaut der Vorschrift ist durch das RegVBG an die veränderte Rechtslage angepasst worden (vgl. auch Art. 8 Abs. 3 Nr. 88 REinhG v. 12. 9. 1950, BGBl. 455).

2 **b)** Die Vorlegungspflicht soll die Einheitlichkeit der Rechtsprechung auf dem Gebiet des bundesrechtlichen GBRechts sichern. Läßt sie ein OLG außer Acht und entscheidet selbst, so ist gegen seine Entscheidung ein Rechtsmittel nicht gegeben (RG JFG 13, 192; BGH 2, 20 = NJW 1952, 144). Zur Verfassungsbeschwerde bei Verletzung der Vorlegungspflicht s. Stree NJW 1959, 2051 sowie die Nachweise in BVerfG MDR 1977, 116; vgl. auch BVerfG Rpfleger 1988, 13.

3 **c)** Eine Vorlegungspflicht bestand gem. Art. 7 Nr. 41, 42 Berl. REinhG v. 9. 1. 1951 (VOBl. I 99) auch für das bis zum 3. 10. 1990 nur für einen Teil Berlins zuständige KG. Dementsprechend

hat auch ein OLG vorzulegen, wenn es von einer Entscheidung des KG aus dieser Zeit abweichen will. Vorzulegen ist aber auch bei einer beabsichtigten Abweichung von einer Entscheidung des früheren KG und selbstverständlich auch von einer nach dem 2. 10. 1990 vom KG erlassenen Entscheidung.

4 **d)** Im *Saarland* war § 79 Abs. 2 gemäß § 7 Abs. 3 der Rechtsanordnung v. 1. 8. 1946 (ABl. 133) nicht mehr anzuwenden; seit Aufhebung dieser Rechtsanordnung durch Art. 10 des saarländischen Rechtsangleichungsgesetzes v. 22. 12. 1956 (ABl. 1667) gilt er auch dort wieder. Eine Vorlegungspflicht besteht auch gegenüber abweichenden Entscheidungen des OLG Saarbrücken aus der Zeit vor dem 1. 1. 1957 (BGH 29, 244 = NJW 1959, 670).

5 **2. Zuständigkeit. a)** Zur Entscheidung über die weitere Beschwerde ist in der Regel das dem Beschwerdegericht übergeordnete OLG zuständig; jedoch ist der Vorbehalt in § 199 Abs. 1 FGG zu beachten; auf Grund dessen ist die Entscheidung über die weitere Beschwerde in *Bayern* gemäß Art. 11 Abs. 3 Nr. 1 AGGVG v. 23. 6. 1981 (BayRS 300-1-1-J) dem BayObLG zugewiesen, in *Rheinland-Pfalz* dem OLG Neustadt a. d. W. (Ges. v. 15. 6. 1949, GVBl. 225), dessen Sitz ab 1. 1. 1965 nach Zweibrücken verlegt wurde (Ges. v. 9. 8. 1962, GVBl. 127); die Zuständigkeit des OLG Zweibrücken auch für den Bezirk des OLG Koblenz ergibt sich nunmehr aus § 4 Abs. 3 Nr. 2 GerOrgG v. 5. 10. 1977 (GVBl. 333). Auch hinsichtlich der Vorlegungspflicht steht das BayObLG ebenso wie das KG einem OLG gleich.

6 **b)** Im Gebiet der **früheren DDR** entschied bis zur Einrichtung der im GVG vorgesehenen Gerichte über die weitere Beschwerde anstelle des OLG ein bei dem Bezirksgericht, in dessen Bezirk die Landesregierung ihren Sitz hat, gebildeter besonderer Senat als Zivilsenat in der Besetzung mit drei Richtern (Anl. I Kap. III Sachgeb. A Abschn. III Nr. 1 Buchst. k Abs. 1, 2, Buchst. l Abs. 3 Nr. 2 EinigungsV; für Berlin s. jedoch Abschn. IV). Der besondere Zivilsenat des Bezirksgerichts steht, insbes. was die Vorlegungspflicht angeht, in jeder Hinsicht einem OLG gleich.

7 **3. Voraussetzungen der Vorlegungspflicht. a)** Das OLG hat die weitere Beschwerde dem BGH zur Entscheidung vorzulegen, wenn es bei der Auslegung einer das GBRecht betreffenden bundesgesetzlichen Vorschrift (s. Rn. 8) von der auf weitere Beschwerde ergangenen Entscheidung eines anderen OLG oder, falls über die Rechtsfrage bereits eine Entscheidung des BGH (RG, OGH) oder des Gemeinsamen Senats der obersten Gerichtshöfe ergangen ist, von dieser abweichen will (s. Rn. 11). Sinn und Zweck des § 79 Abs. 2 bestehen darin, die Einheitlichkeit der Beantwortung einer

Rechtsfrage auf Grund einer gleichen Norm zu wahren (BGH NJW 1993, 3069).

b) Eine Vorlegungspflicht besteht nicht bei Entscheidungen über den Kostenansatz und den Geschäftswert (§ 14 Abs. 5 Satz 5, § 31 Abs. 3 Satz 1 KostO), ferner nicht bei Entscheidungen über ein Ablehnungsgesuch oder ein Prozesskostenhilfegesuch (s. § 1 Rn. 44, § 11 Rn. 6, § 81 Rn. 12).

4. Auslegung einer Vorschrift. a) Es muss sich um die Auslegung einer **bundesrechtlichen** Vorschrift handeln. Meinungsverschiedenheiten über die Auslegung landesgesetzlicher Vorschriften geben zur Vorlegung keinen Anlass und zwar auch dann nicht, wenn sie nach § 549 ZPO revisibel sind (BGH 11, 105 = NJW 1954, 187 mit krit. Anm. v. Müller). Die Fortgeltung früheren Rechts als Bundesrecht bestimmt sich nach Art. 124, 125 GG; zu der letzteren Bestimmung s. BGH 11, 106 = NJW 1954, 187. Wegen der Anwendung des § 79 Abs. 2 bei der Auslegung von Besatzungsrecht s. BGH 1, 10; 7, 342 = NJW 1953, 23; Müller ZZP 66, 249. 8

b) Die auszulegende bundesrechtliche Vorschrift muss das **Grundbuchrecht** betreffen. Dies bedeutet nicht, dass sie ihren Standort in der GBO haben muss; in Betracht kommen vielmehr alle sachlichrechtlichen und verfahrensrechtlichen Vorschriften, die das GBAmt angewendet oder zu Unrecht nicht angewendet hat, gleichgültig, in welchem Bundesgesetz sie stehen (BGH NJW 1989, 1093; BGH 129, 3). So z.B. § 180 BGB, § 89 ZPO, soweit von ihrer Auslegung die Zulässigkeit der Eintragung einer Unterwerfungsklausel abhängt (RG 146, 311) oder § 372 Abs. 1 RAbgabenO (jetzt § 322 AO), wenn die Eintragung einer Sicherungshyp. in Rede steht (BGH 3, 141 = NJW 1951, 763), ferner § 1197 Abs. 2 BGB, soweit ein sich hieraus etwa ergebender Zinsausschluss für die Zulässigkeit der GBEintragung von Bedeutung ist (BGH Rpfleger 1986, 9). Die Frage nach der Reichweite einer auf landesgesetzlicher Vorschrift beruhenden Ersuchensbefugnis betrifft nicht die Auslegung des § 38 (BGH RdL 1954, 138). 9

c) Die Voraussetzungen einer Vorlegung werden auch dann angenommen, wenn es um die Auslegung einer als Inhalt des Sondereigentums in das GB eingetragenen **Gemeinschaftsordnung** von WEigentümern (vgl. § 10 Abs. 2 WEG) geht. Der Grund hierfür ist der normähnliche Charakter der Gemeinschaftsordnung (BGH 88, 304; 92, 20). 10

5. Abweichung von einer Entscheidung. a) Über die Rechtsfrage, die nach der Auffassung des OLG für die Entscheidung über 11 die weitere Beschwerde wesentlich ist (auf ihre Gleichheit, nicht auf die des Gesetzes kommt es an: BGH 7, 343; 25, 188; 54, 134; NJW 1993, 3069), muss eine Entscheidung bestimmter Gerichte ergangen sein (BGH Rpfleger 1986, 9); dabei hat die Auslegung der in Betracht kommenden Vorschrift die Grundlage der Entscheidung zu bilden; nur gelegentliche Bemerkungen in den Entscheidungsgründen rechtfertigen die Vorlegung nicht (RG 138, 102; KG NJW 1958, 1828; BGH NJW 1960, 1621; OLG Frankfurt NJW 1963, 817). Die Entscheidung muss auf der anderen Beurteilung der Rechtsfrage beruhen. Dies ist nicht der Fall, wenn die Entscheidung auch dann nicht anders ausgefallen wäre, wenn das früher entscheidende Gericht die Rechtsfrage ebenso beurteilt hätte, wie das Gericht, das nunmehr über die Frage zu befinden hat (BayObLG 1984, 224). Die Entscheidung kann auch zu einem aufgehobenen Gesetz ergangen sein, sofern die gleiche Norm ihrem wesentlichen Inhalt nach Bestandteil eines geltenden Gesetzes geworden ist und das spätere Ges. an das außer Kraft getretene anschließt und auf diesem aufbaut (BGH 19, 356 = NJW 1956, 463; BGH NJW 1993, 3069); beruht sie hingegen auf einer gesetzlichen Vorschrift, die inhaltlich geändert worden ist, so entfällt die Vorlegungspflicht (OLG Frankfurt NJW 1958, 713; BGH JZ 1967, 129). Eine Vorlage scheidet auch dann aus, wenn die Abweichung auf einer allgemeinen Änderung der Rechtsauffassung beruht (BayObLG 1989, 183).

12 **b)** Eine Entscheidung eines anderen OLG kommt, ohne Rücksicht auf den Zeitpunkt des Ergehens (BGH 5, 348 = NJW 1952, 744 gegen BayObLG 1948/51, 314), nur in Betracht, wenn sie **auf weitere Beschwerde** erlassen ist. Dass sie gerade in einer GBSache gefällt wurde, ist nicht erforderlich. Sie kann auch auf weitere Beschwerde gemäß § 28 Abs. 2 FGG (RG 133, 103) oder gemäß § 73 AufwG (RG 117, 350) erlassen sein. Einer auf weitere Beschwerde ergangenen Entscheidung stellt der BGH eine solche gleich, die auf eine erste, als Rechtsbeschwerde ausgestaltete Beschwerde oder auf einen Antrag auf gerichtliche Entscheidung gemäß §§ 23ff. EGGVG ergangen ist (BGH 3, 123; 46, 90 = NJW 1966, 1811, jeweils zu § 28 FGG; s. jedoch auch Jenssen NJW 1967, 352). Hat das andere OLG seine Ansicht gewechselt, so ist für die Anwendung des § 79 Abs. 2 nur die letzte Entscheidung maßgebend (RG 148, 179). Steht die Entscheidung des anderen OLG in Widerspruch zu einer Entscheidung des BGH, so ist nur bei beabsichtigter Abweichung von letzterer vorzulegen (RG JFG 5, 2; OLG Hamm Rpfleger 1958, 156; KG Rpfleger 1966, 306; OLG Köln Rpfleger 2000, 157); dies gilt auch dann, wenn das andere OLG

zeitlich nach der Entscheidung des BGH unter Verletzung seiner Vorlegungspflicht eine abweichende Rechtsansicht vertreten hat (BGH 15, 153 = NJW 1955, 105; OLG Hamm Rpfleger 1973, 398). Eine Vorlage ist in diesen Fällen aber zulässig, wenn die beiden OLG die Frage einer Abweichung in ihren Entscheidungen behandeln, aber unterschiedlich beantworten (BayObLG 1994, 312; s. dazu BGH 130, 385 = FGPrax 1995, 225), ferner dann, wenn ein anderes OLG seine von einer Entscheidung des BGH abweichende Ansicht „auf einen allgemeinen Wandel der Rechtsauffassung" gestützt und deshalb nicht vorgelegt hat (OLG Karlsruhe FGPrax 1998, 118).

c) Die Vorlegungspflicht entfällt, wenn das andere OLG auf Anfrage erklärt, an seiner früheren Entscheidung **nicht mehr festzuhalten** (RG 156, 19; OLG Frankfurt Rpfleger 1959, 275; a.M. Müller ZZP 66, 254) oder seine vor dem 1. 4. 1936 ergangene Entscheidung in der Folge von dem dann zuständigen Zentralgericht (KG oder OLG München) aufgegeben worden ist (BayObLG 1966, 322). Nicht dagegen, wenn ein OLG unter Verletzung der Vorlegungspflicht von der Entscheidung eines anderen OLG abgewichen ist und das nunmehr entscheidende OLG sich der Auffassung des letzteren anschließen will (BGH 7, 391 = NJW 1953, 181; BGH 106, 253 = WM 1989, 577). Das BayObLG kann von der Entscheidung eines bayer. OLG abweichen (BayObLG 1959, 171; 1973, 89). Entscheidungen eines aus dem deutschen Staatsgebiet ausgeschiedenen OLG begründen keine Vorlegungspflicht (RG 122, 273; OLG Düsseldorf JMBlNW 1960, 102). 13

d) Einer Entscheidung des BGH steht eine solche des früheren RG sowie eine solche des früheren OGH der brit. Zone gleich (vgl. für die Zeit vor der Änderung des § 79 durch das RegVBG BGH 5, 346; 8, 25). Dass die Entscheidung auf weitere Beschwerde ergangen ist, ist hier nicht erforderlich; sie kann auch in einem streitigen Prozessverfahren (RG 65, 279; BGH MDR 1953, 612; NJW 1985, 3070; BGH 106, 108 = WM 1989, 220) oder einem Strafverfahren ergangen sein. Hat derselbe Senat seine Ansicht gewechselt, so ist die jüngere Entscheidung maßgebend (s. RG 148, 179; 158, 50; OLG München JFG 15, 118). Sind dagegen widersprechende Entscheidungen verschiedener Senate ergangen, so ist vorzulegen, damit die Entscheidung des Großen Senats herbeigeführt werden kann (Müller ZZP 66, 253; BGH NJW 1954, 202 zu § 121 GVG; BayObLG 1979, 251). 14

e) Auch bei einer Entscheidung des Gemeinsamen Senats der obersten Gerichtshöfe macht es keinen Unterschied, in welchem Verfahren es zu ihr gekommen ist. 15

16 **f)** Das OLG muss von der ergangenen Entscheidung abweichen wollen. Ist es durch eine in dem Verfahren früher erlassene Entscheidung gebunden und mithin rechtlich gehindert, der Auffassung des anderen Gerichts zu folgen, so besteht keine Vorlegungspflicht (BGH NJW 1954, 1445; BGH 15, 125; 25, 203; s. aber auch die Entscheidung des Gemeinsamen Senats der obersten Gerichtshöfe BGH 60, 395).

17 **6. Vorlegung. a)** Liegen die in Rn. 7 bis 16 genannten Voraussetzungen vor, so muss das OLG die weitere Beschwerde dem BGH zur Entscheidung vorlegen; dies gilt auch dann, wenn es sich nach Erledigung der Hauptsache nur noch um die Entscheidung über die Kosten handelt (RG 62, 140; 134, 304). Sind die Vorlagevoraussetzungen nach der Beurteilung des vorlegenden OLG nur hinsichtlich eines Teils des Verfahrensgegenstands gegeben und ist das OLG befugt, hinsichtlich des übrigen Teils eine Teilentscheidung zu erlassen, hat es die Vorlage entsprechend zu beschränken (BGH FGPrax 2000, 225). Entscheidet das OLG selbst, obwohl die Voraussetzungen für eine Vorlage an den BGH gegeben sind, so ist seine Entscheidung nicht anfechtbar (s. Rn. 2).

18 **b)** Die Vorlegung geschieht durch Beschluss, der zu begründen und dem Beschwerdeführer, zur Wahrung des rechtlichen Gehörs jedoch auch etwaigen weiteren Beteiligten mitzuteilen ist. Zu der Absicht des OLG, die Sache dem BGH vorzulegen, brauchen die Beteiligten nicht gehört zu werden (BayObLG 1986, 412; a. M. KEHE Rn. 21).

c) Der Vorlegungsbeschluss kann nach seinem Erlass (zum maßgebenden Zeitpunkt s. § 77 Rn. 5) vom OLG nicht mehr zurückgenommen werden (s. Müller ZZP 66, 258); er ist unanfechtbar.

19 **d)** Die Vorlegung durch ein OLG hindert ein anderes OLG vor einer Entscheidung des BGH nicht daran, unter Zugrundelegung der Rechtsansicht zu entscheiden, von der das vorlegende OLG abweichen will; bei dem Vorlegungsbeschluss handelt es sich nämlich nicht um eine Entscheidung i. S. von § 79 Abs. 2 Satz 1. Schließt sich ein anderes OLG der Rechtsansicht des vorlegenden OLG an, kann es seinerseits die Sache dem BGH vorlegen oder das Verfahren bis zur Entscheidung des BGH aussetzen.

20 **7. Entscheidung des BGH. a)** Der BGH hat zu prüfen, ob die Voraussetzungen der Vorlegung gegeben sind (RG 102, 26; Müller ZZP 66, 258); zu ihnen gehört es nicht, dass die strittige Rechtsfrage auch nach Ansicht des BGH für die Entscheidung über die weitere Beschwerde erheblich ist; genügend ist vielmehr, dass eine von der Ansicht des OLG abweichende Entscheidung vorliegt

(RG 136, 402; 155, 213; BGH 7, 341 = NJW 1953, 23; BGH NJW 1993, 3069). Die Vorlage ist auch dann zulässig, wenn das vorlegende OLG, das von der Entscheidung eines anderen OLG abweichen will, übersehen hat, dass über die Rechtsfrage bereits eine seiner Rechtsauffassung entgegengesetzte Entscheidung des BGH ergangen ist (BGH MDR 1989, 718).

b) Sind die Voraussetzungen für die Vorlegung nicht gegeben, 21
so **lehnt der BGH die Entscheidung ab** und gibt die Sache an das OLG zurück (BGH 11, 120 = NJW 1954, 187; BGH NJW 1985, 3070); dann entscheidet dieses über die weitere Beschwerde, ohne an die Auffassung des BGH gebunden zu sein.

c) Sind die Voraussetzungen der Vorlegung gegeben, so **ent-** 22
scheidet der BGH über die weitere Beschwerde im ganzen (BGH 47, 46 = Rpfleger 1967, 111; s. auch BGH 64, 200), weil er den zur Vorlage führenden Verfahrensgegenstand vollständig zu erledigen hat. Seine Aufgabe ist es jedoch nicht, auch selbständige andere Verfahrensgegenstände mit zu erledigen, die nur im Wege einer Verfahrensverbindung von der weiteren Beschwerde erfasst werden; insoweit ist vielmehr nach dem in Rn. 21 Gesagten zu verfahren (BGH NJW 1985, 3070). Dasselbe gilt für abtrennbare Teile eines teilbaren Verfahrensgegenstandes, für die die zur Vorlage verpflichtende Rechtsfrage nach der Beurteilung des vorlegenden OLG unerheblich ist (BGH FGPrax 2000, 225). Soweit der BGH über die weitere Beschwerde zu entscheiden hat, tritt er völlig an die Stelle des OLG, ist also keine diesem übergeordnete Rechtsmittelinstanz. Die Zuständigkeit des BGH entfällt, wenn die Voraussetzungen der Vorlegung zwar gegeben waren, die Rechtsfrage, die zur Vorlegung genötigt hat, jedoch durch eine nach der Vorlegung ergangene gesetzliche Vorschrift zweifelsfrei entschieden wurde (BGH 15, 208; 18, 300 = NJW 1955, 1878); sie entfällt ferner dann, wenn der BGH nach der Vorlage einer anderen Sache im Sinn des vorlegenden OLG entschieden hat (BGH 5, 357; zweifelnd Müller ZZP 66, 261).

d) Über die Anrufung des Großen Senats, der Vereinigten Gro- 23
ßen Senate oder des Gemeinsamen Senats der obersten Gerichtshöfe s. § 81 Rn. 5.

Einlegung der weiteren Beschwerde und Verfahren

80 (1) **Die weitere Beschwerde kann bei dem Grundbuchamt, dem Landgericht oder bei dem Oberlandesgericht eingelegt werden. Wird sie durch Einreichung einer Beschwerdeschrift eingelegt, so muß diese von einem Rechtsanwalt unterzeichnet**

sein. Der Zuziehung eines Rechtsanwalts bedarf es nicht, wenn die Beschwerde von einer Behörde oder von dem Notar eingelegt wird, der nach § 15 den Eintragungsantrag gestellt hat.

(2) **Das Grundbuchamt und das Landgericht sind nicht befugt, der weiteren Beschwerde abzuhelfen.**

(3) **Im übrigen sind die Vorschriften über die Beschwerde entsprechend anzuwenden.**

Inhaltsübersicht

1. Allgemeines ... 1
2. Entgegennahme und Form ... 2
3. Beschwerdeschrift ... 3
4. Erklärung zur Niederschrift ... 8
5. Elektronische Form ... 12
6. Inhalt und Wirkung der weiteren Beschwerde ... 13
7. Zurücknahme und Verzicht ... 14
8. Keine Abhilfe des GBAmts und des LG ... 15
9. Entscheidung des OLG ... 17
10. Wirkung der Entscheidung des OLG ... 22
11. Kosten ... 24

1 **1. Allgemeines.** § 80 trifft Bestimmungen über die Einlegung der weiteren Beschwerde, verbietet dem GBAmt sowie dem LG, dieser abzuhelfen und erklärt im Übrigen die Vorschriften über die erste Beschwerde für sinngemäß anwendbar.

Für die Beschwerdeschrift der weiteren Beschwerde gilt in der Regel Anwaltszwang; die Beteiligten sollen vor der Einlegung von Rechtsbeschwerden sachkundigen Rat einholen. Zweck des Abs. 2 ist, eine gleichmäßige Rechtsprechung in GBSachen herbeizuführen. Von den Vorschriften über die erste Beschwerde kommen für eine entsprechende Anwendung nur § 71 Abs. 2, § 73 Abs. 2, § 76 und § 77 in Betracht. Die weitere Beschwerde ist grundsätzlich unbefristet, s. § 78 Rn. 2.

2 **2. Entgegennahme und Form.** Die weitere Beschwerde kann beim GBAmt, LG oder OLG eingelegt werden. Als Formen der Einlegung stehen entsprechend § 73 Abs. 2 die Einreichung einer Beschwerdeschrift (s. Rn. 3) und die Erklärung zur Niederschrift (s. Rn. 8) zur Verfügung sowie die Einreichung als elektronisches Dokument (s. Rn. 12). Weil die weitere Beschwerde damit auch ohne Mitwirkung eines Rechtsanwalts durch Erklärung zur Niederschrift eines zuständigen Gerichts eingelegt werden kann, kommt die Beiordnung eines Rechtsanwalts gem. § 121 Abs. 1 ZPO i. V. m. § 14 FGG zur Einlegung einer formgerechten weiteren Beschwerde regelmäßig nicht in Betracht (OLG Köln Rpfleger 1996, 116).

3. Beschwerdeschrift. a) Anwaltszwang. Die Beschwerdeschrift muss grundsätzlich von einem Rechtsanwalt unterzeichnet sein; nicht erforderlich ist, dass er sie auch abgefasst hat; es genügt, dass er durch seine Unterschrift die Verantwortung für den Inhalt übernimmt. Notwendig ist eigenhändige Unterzeichnung, Faksimilestempel genügt nicht. Zulässig ist aber die telegraphische Einlegung der weiteren Beschwerde und zwar auch bei fernmündlicher Aufgabe des Telegramms (vgl. RG 151, 86; BGH Rpfleger 1953, 30), ferner die Einlegung mittels Fernschreiber (BGH 101, 276). Über den Zeitpunkt, in dem eine befristete Beschwerde in diesen Fällen eingelegt ist, s. § 73 Rn. 8. Die weitere Beschwerde kann auch durch Telebrief oder Telefax eingelegt werden; erforderlich ist in diesen Fällen, dass die Kopiervorlage von einem Rechtsanwalt unterschrieben ist (BGH 87, 63; BGH MDR 1990, 226; BayObLG 1990, 73). Nicht ausreichend ist eine Beglaubigung der Unterschrift des Beschwerdeführers; denn der Rechtsanwalt soll mit der Unterzeichnung die Verantwortung für den Inhalt der Beschwerdeschrift übernehmen. Jeder deutsche Rechtsanwalt ist zur Unterzeichnung befugt; eine Zulassung bei dem Beschwerdegericht oder dem Gericht der weiteren Beschwerde ist nicht erforderlich. Zum Vollmachtsnachweis s. § 71 Rn. 73. Ist der Rechtsanwalt in eigener Person oder als gesetzlicher Vertreter eines Beteiligten Beschwerdeführer, so genügt seine Unterschrift; er braucht sich nicht durch einen anderen Rechtsanwalt vertreten zu lassen (BayObLG 1948/51, 546; 1972, 44 = Rpfleger 1972, 142). 3

b) Ausnahmen. Eine Ausnahme vom Anwaltszwang gilt, sofern die weitere Beschwerde eingelegt wird: 4

aa) Von einer **Behörde** (s. § 29 Rn. 30). Die Bayerische Landesbank Girozentrale ist nach Art. 2 Abs. 1 des Ges. über ihre Errichtung v. 27. 6. 1972 (BayRS 762-6-F) als rechtsfähige Anstalt des öffentlichen Rechts Behörde (BayObLG 1985, 141; 1989, 138; vgl. BGH WM 1989, 1760). Die Befreiung vom Anwaltszwang gilt jedoch nicht, wenn die Behörde die weitere Beschwerde in Vollmacht einer Privatperson einlegt (BGH 27, 146; OLG Hamburg MDR 1953, 689; a. M. JFG 8, 309; OLG München JFG 17, 295; s. dazu auch Zimmermann Rpfleger 1960, 141) oder eine Privatperson in Vollmacht einer Behörde (OLG München JFG 15, 124). Einer Privatperson steht ein Notar gleich, der weder Rechtsanwalt ist noch den Antrag nach § 15 gestellt hat. Die Beschwerdeschrift bedarf nicht der Form des § 29 Abs. 3, weil sie keine EintrUnterlage ist (BayObLG 1957, 220). Unterzeichnung durch den Leiter der Behörde, seinen Stellvertreter oder den zuständigen Sachbearbeiter ist nicht erforderlich; die Einreichung einer von der Kanzlei der Behörde beglaubigten und mit deren Stempel versehenen Abschrift reicht aus (BGH 48, 92 = NJW 1967, 2059; s. auch Gemeinsamer Senat der obersten Gerichtshöfe Rpfleger 1980, 12).

5 bb) Von einem **Notar,** der nach § 15 den EintrAntrag gestellt hat; eine Antragstellung durch den Amtsvorgänger steht gleich (BayObLG 1961, 27; 1962, 18; 1969, 91 = Rpfleger 1969, 243). Der Notar darf also nicht nur als Bote (s. § 15 Rn. 13) tätig gewesen sein (OLG München JFG 15, 122). Für die Anwendung des § 80 Abs. 1 Satz 3 genügt es aber, dass der Notar das Antragsrecht für sich in Anspruch genommen hat; nicht entscheidend ist, ob es ihm auch tatsächlich zustand (BGH 141, 347 = NJW 1999, 2369; KG HRR 1933 Nr. 949; OLG München JFG 20, 128; 23, 322; BayObLG 1972, 44 = Rpfleger 1972, 142; OLG Hamm MittRhNotK 1996, 330).

6 Der Notar muss aber den EintrAntrag, auf den sich das Verfahren der weiteren Beschwerde bezieht, gemäß § 15 tatsächlich gestellt haben (BayObLG 1971, 196). Eine eigene Antragstellung liegt auch dann vor, wenn der Notar nach Beanstandung der von den Beteiligten selbst gestellten Anträge alsbald mit dem Ziel tätig geworden ist, noch im 1. Rechtszug durch Abhilfe gem. § 75 seitens des GBAmts eine Änderung der Entscheidung zu erreichen, z. B. dadurch, dass er Beschwerde gegen eine Zwischenverfügung einlegt (BayObLG 1960, 235; 1962, 187; 1967, 409). Jedoch kann der Notar, der erst nach Entscheidung über die Beschwerde den EintrAnträgen der Beteiligten gemäß § 15 beitritt, keine formgerechte weitere Beschwerde einlegen (OLG Stuttgart BWNotZ 1985, 170).

7 Zu der Frage, ob der Notar in GBSachen auch nach Maßgabe des § 29 Abs. 1 Satz 3 FGG zur Einlegung der weiteren Beschwerde befugt ist, s. § 1 Rn. 27. Als Testamentsvollstrecker fehlt ihm die Postulationsfähigkeit für die weitere Beschwerde (BayObLG 1972, 44 = Rpfleger 1972, 142). Zur Frage, wer Beschwerdeführer ist, wenn der Notar diesen nicht eindeutig angibt, s. § 15 Rn. 20.

8 **4. Erklärung zur Niederschrift. a) Zuständigkeit.** aa) Die Zuständigkeit zur Aufnahme der Niederschrift bestimmt sich entsprechend § 73 Abs. 2. Danach sind zuständig das GBAmt, und zwar der Rpfleger und der Urkundsbeamte der Geschäftsstelle, sowie die Geschäftsstellen des LG und des OLG. Diese Regelung ist jedoch durch § 24 Abs. 1 Nr. 1 Buchst. a RpflegerG überlagert, der Geschäfte der Geschäftsstelle, welche die Aufnahme von Erklärungen über die Einlegung und Begründung der weiteren Beschwerde betreffen, dem Rpfleger übertragen hat. Demzufolge ist auch die frühere Ansicht, eine Aufnahme der Niederschrift durch Richter der Beschwerdegerichte mache die weitere Beschwerde

unzulässig (RG 110, 311; BGH NJW 1957, 990), im Hinblick auf § 8 Abs. 1 RpflegerG überholt (vgl. dazu auch BGH Rpfleger 1982, 411; BayObLG 1989, 177 = Rpfleger 1989, 360 mit Anm. v. Meyer-Stolte). Unzulässig ist jedoch eine weitere Beschwerde, die zur Niederschrift eines Justizbeamten oder -angestellten erklärt wird, der nicht Rpfleger ist (OLG Düsseldorf Rpfleger 1994, 157, zugleich zur Wiedereinsetzung in den vorigen Stand von Amts wegen).

bb) Zuständig sind nur das mit der Sache befasste GBAmt und die diesem übergeordneten Rechtsmittelgerichte; § 11 FGG gilt nicht. Die von einem anderen Gericht aufgenommene Niederschrift kann im Hinblick auf § 80 Abs. 1 Satz 2 auch nicht als Beschwerdeschrift gewertet werden. Dasselbe gilt für eine zwar von einem zuständigen Gericht, aber nicht von einem Rpfleger aufgenommene Niederschrift (OLG Düsseldorf Rpfleger 1994, 157). Zur Anfechtbarkeit der Weigerung, eine Niederschrift aufzunehmen, s. KG Rpfleger 1995, 288. 9

b) Form. aa) Hinsichtlich der Form der Niederschrift gilt das für die erste Beschwerde Gesagte (s. § 73 Rn. 10). Aus dem Zweck des § 80 Abs. 1 folgt, dass die Urkundsperson die **Verantwortung** für den Inhalt der weiteren Beschwerde übernehmen soll. Damit soll eine sachgemäße Beratung des Beschwerdeführers sichergestellt und verhindert werden, dass Rechtsmittel eingelegt werden, die unbegründet sind oder überflüssige Ausführungen enthalten (OLG Köln Rpfleger 1990, 14). Erforderlich ist, dass die Niederschrift am Ende von der Urkundsperson unterschrieben wird und erkennen lässt, dass die Urkundsperson an der Anfertigung beteiligt war und die Verantwortung für den Inhalt übernimmt (BayObLG Rpfleger 1991, 450). Den wesentlichen Kern der Begründung muss die Urkundsperson mit eigenen Worten in die Niederschrift aufnehmen (OLG Köln Rpfleger 1994, 495). Eine Erklärung zur Niederschrift liegt deshalb nicht vor, wenn die Urkundsperson eine private Schrift des Beschwerdeführers ohne feststellbare inhaltliche Prüfung und Billigung mit den Eingangs- und Schlussformeln einer Niederschrift versieht (RG 101, 428; BayObLG Rpfleger 1995, 342; OLG Köln Rpfleger 1999, 275) oder auf Diktat oder ohne solches in eine Niederschrift überträgt (RG 150, 16). 10

bb) Etwas anders gilt jedoch, wenn die Urkundsperson die Einlegung der weiteren Beschwerde und allgemein die Rüge einer Gesetzesverletzung protokolliert, **zur näheren Begründung** des Rechtsmittels aber auf eine Privatschrift des Beschwerdeführers Bezug nimmt; hier ist lediglich die letztere unbeachtlich, die Beschwerdeeinlegung selbst aber wirksam (BayObLG 1952, 4; 1977, 11

222). Nach OLG Köln Rpfleger 1990, 14 soll es für eine zulässige Beschwerdeeinlegung ausreichen, dass sich die Urkundsperson darauf beschränkt, in der Niederschrift die Rechtsmitteleinlegung zu erklären und im Übrigen auf eine Privatschrift des Beschwerdeführers Bezug zu nehmen, in der ohne nähere Begründung bloß die Verletzung des Gesetzes gerügt wird (s. hierzu auch OLG Köln Rpfleger 1994, 495).

12 **5. Elektronische Form.** Die weitere Beschwerde kann auch als elektronisches Dokument eingereicht werden. Es gilt das zur Einlegung der Erstbeschwerde in dieser Form Gesagte entsprechend (s. § 73 Rn. 10). Jedoch muss das Dokument mit der qualifizierten elektronischen Signatur eines Rechtsanwalts versehen sein. Entsprechendes gilt bei Einreichung der weiteren Beschwerde gem. Abs. 1 Satz 3 durch einen Notar oder eine Behörde.

13 **6. Inhalt und Wirkung der weiteren Beschwerde. a)** Zum Inhalt gilt das zu § 74 Rn. 2 bis 9 Gesagte entsprechend. Auch hier bedarf es keines bestimmten Antrags und keiner Begründung, insbes. nicht der Angabe der verletzten Rechtsnorm (BayObLG 1953, 122; 1972, 37). Neue Tatsachen und Beweise können regelmäßig nicht vorgebracht werden (s. § 78 Rn.11).

b) Zur Wirkung der weiteren Beschwerde gilt das für die erste Beschwerde Gesagte (s. § 76 Rn. 12, 13).

14 **7. Zurücknahme und Verzicht.** Das zu § 73 Rn. 11 bis 13 Gesagte gilt entsprechend. § 80 Abs. 1 Satz 2 ist auf die Zurücknahme und den Verzicht nicht anzuwenden (BayObLG 1964, 450; 1967, 288 zu § 29 FGG; Meikel Rn. 24; a.M. Güthe/Triebel A.10; Hesse/Saage/Fischer A. IV).

15 **8) Keine Abhilfe des GBAmts und des LG. a)** Das GBAmt sowie das LG sind nicht befugt, der weiteren Beschwerde abzuhelfen. Diese Regelung will vermeiden, dass der obersten Instanz eine gebotene Gelegenheit zur Entscheidung entzogen wird. Das LG kann seine Entscheidung nach ihrem Erlass (zum maßgebenden Zeitpunkt s. § 77 Rn. 5) auch vor Einlegung der weiteren Beschwerde nicht ändern; ist jedoch die Entscheidung über die Beschwerde unwirksam, kann sie das LG selbst aufheben (s. § 77 Rn. 43).

16 **b)** Über die weitere Beschwerde entscheidet, sofern nicht die Voraussetzungen einer Vorlegung an den BGH gegeben sind (s. § 79 Rn. 7 bis 19), daher stets das OLG, und zwar ohne mündliche Verhandlung.

17 **9. Entscheidung des OLG.** Sie ist entweder eine einstweilige Anordnung oder die endgültige Entscheidung über die weitere Beschwerde.

a) Einstweilige Anordnung. Das OLG kann entsprechend § 76 eine einstweilige Anordnung erlassen. Die Anordnung, dass eine auf Anordnung des LG nach § 76 Abs. 1 eingetragene Vormerkung entgegen § 76 Abs. 2 einstweilen nicht gelöscht werden soll (s. Güthe/Triebel A. 13; Meikel Rn. 29), ist wenig zweckmäßig und nur dann zulässig, wenn nachfolgende Eintragungen nicht vorhanden sind; letztere rücken mit der Zurückweisung der ersten Beschwerde im Rang auf, eine Wirkung, die vom Gericht der weiteren Beschwerde nicht rückgängig gemacht werden kann.

b) Endgültige Entscheidung. Wegen des Verbots der Schlechterstellung des Beschwerdeführers s. § 77 Rn. 30, wegen des Kostenausspruchs s. § 77 Rn. 33. Die Entscheidung ist entsprechend § 77 zu begründen und dem Beschwerdeführer bekanntzumachen. Die endgültige Entscheidung des OLG über die weitere Beschwerde kann sein: **18**

aa) Eine **Verwerfung** bei Unzulässigkeit. In Betracht kommt vor allem der Fall, dass die weitere Beschwerde nicht in der vorgeschriebenen Form eingelegt worden ist (s. im Übrigen § 77 Rn. 9, 19). **19**

bb) Eine **Zurückweisung** bei Unbegründetheit. Maßgebend ist, ob die angefochtene Entscheidung im Ergebnis richtig ist (s. § 78 Rn. 19, 22); hat das LG eine unzulässige Beschwerde aus sachlichen Gründen zurückgewiesen, so ist die weitere Beschwerde mit der Maßgabe zurückzuweisen, dass die erste Beschwerde als unzulässig verworfen wird (KG NJW 1962, 2355; Rpfleger 1965, 232; OLG Hamm MDR 1972, 700; BayObLG 1969, 287; 1976, 185; Rpfleger 1982, 276). **20**

cc) Ein **Stattgeben** bei Begründetheit. Dies geschieht durch Aufhebung der Entscheidung des LG. Alsdann entscheidet das OLG an Stelle des LG über die erste Beschwerde (s. dazu § 78 Rn. 19). Im Gegensatz zu diesem kann es die Sache auch an das GBAmt zurückverweisen. Möglich ist auch eine Zurückverweisung an das LG, sofern die Beschwerdeentscheidung wegen Verletzung einer Verfahrensvorschrift aufgehoben wird oder das LG eine sachliche Entscheidung nicht getroffen hat (KG FGPrax 1997, 212); hier ist aber zu beachten, dass § 563 Abs. 1 Satz 2 ZPO nicht für entsprechend anwendbar erklärt ist, also nur an die nach dem Geschäftsverteilungsplan zuständige Kammer des LG zurückverwiesen werden kann. Zur Bindung an die zurückverweisende Entscheidung s. Rn. 24 ff. Wegen des Entscheidungsinhalts, insbes. bei Anfechtung einer Zwischenverfügung, gilt das zu § 77 Rn. 24 ff. Gesagte entsprechend. Das Rechtsbeschwerdegericht kann grundsätzlich auch **21** selbst eine Zwischenverfügung erlassen (OLG Frankfurt Rpfleger 1993, 147).

22 **10. Wirkung der Entscheidung des OLG. a)** Das OLG kann seine Entscheidung nach ihrem Erlass (zum maßgebenden Zeitpunkt s. § 77 Rn. 5) grundsätzlich nicht mehr ändern. Eine Ausnahme gilt für den Fall, dass die Entscheidung, z. B. wegen fehlender Einlegung oder wegen Zurücknahme der weiteren Beschwerde, unwirksam ist (s. hierzu § 77 Rn. 43); ferner für den Fall, dass das Rechtsbeschwerdegericht nicht in der Sache selbst entschieden, sondern die weitere Beschwerde aus verfahrensrechtlichen Gründen als unzulässig verworfen hat und dabei von unzutreffenden Voraussetzungen ausgegangen ist. Gegenvorstellungen sind daher dann unzulässig, wenn das Rechtsbeschwerdegericht in der Sache entschieden hat (BayObLG 1948/51, 355; 1963, 286).

23 **b)** Im Fall der Zurückverweisung ist das GBAmt oder das LG bei der neuerlichen Entscheidung in entsprechender Anwendung des § 563 Abs. 2 ZPO an die Rechtsauffassung des OLG gebunden, die der Aufhebung unmittelbar zugrunde gelegt ist, es sei denn, dass sich der Sachverhalt oder das maßgebende Recht nachträglich geändert hat (BGH 3, 326; 6, 79). In gleicher Weise ist aber auch das Gericht der weiteren Beschwerde gebunden, wenn es im gleichen Verfahren erneut mit der Sache befasst wird (BGH 15, 124; 25, 203; s. aber auch die Entscheidung des Gemeinsamen Senats der obersten Gerichtshöfe BGH 60, 395 und § 71 Rn. 65). Eine Vorlegungspflicht nach § 79 Abs. 2 besteht alsdann nicht (s. § 79 Rn. 16).

24 **11. Kosten.** Es gilt das zu § 77 Rn. 44 Gesagte. Dadurch, dass der BGH über die weitere Beschwerde entscheidet, entstehen Mehrkosten nicht.

Ergänzende Vorschriften

81 (1) **Über Beschwerden entscheidet bei den Landgerichten eine Zivilkammer, bei den Oberlandesgerichten und dem Bundesgerichtshof ein Zivilsenat.**

(2) **Die Vorschriften der Zivilprozeßordnung über die Ausschließung und Ablehnung der Gerichtspersonen sowie die Vorschriften der §§ 132 und 138 des Gerichtsverfassungsgesetzes sind entsprechend anzuwenden.**

(3) **Die Bundesregierung und die Landesregierungen bestimmen für ihren Bereich durch Rechtsverordnung den Zeitpunkt, von dem an elektronische Dokumente bei den Gerichten eingereicht werden können, sowie die für die Bearbeitung der**

Dokumente geeignete Form. Die Landesregierungen können die Ermächtigung durch Rechtsverordnung auf die Landesjustizverwaltungen übertragen. Die Zulassung der elektronischen Form kann auf einzelne Gerichte oder Verfahren beschränkt werden.

1. Allgemeines. a) § 81 enthält ergänzende Bestimmungen über die Zuständigkeit und die Besetzung der Beschwerdegerichte (Abs. 1) sowie über die entsprechende Anwendung von Vorschriften der ZPO und des GVG (Abs. 2). Außerdem enthält er eine Ermächtigung im Zusammenhang mit der Einreichung elektronischer Dokumente (Abs. 3). 1

Abs. 3 wurde durch das Ges. zur Anpassung von Formvorschriften des Privatrechts und anderer Vorschriften an den modernen Rechtsgeschäftsverkehr v. 13. 7. 2001 (BGBl. I 1542) angefügt.

b) Durch das insoweit am 1. 1. 1992 in Kraft getretene Rechtspflege-Vereinfachungsgesetz v. 17. 12. 1990 (BGBl. I 2847) wurden die in § 81 Abs. 2 a. F. aufgeführten §§ 136, 137 GVG aufgehoben und § 138 GVG geändert. Die bisher in den §§ 136 und 137 GVG enthaltene Regelung ist im Wesentlichen unverändert in § 132 Abs. 2 und 4 GVG übernommen und durch § 132 Abs. 3 GVG ergänzt worden, der bestimmt, dass eine Vorlage an den Großen Senat oder die Vereinigten Großen Senate nur zulässig ist, wenn der Senat, von dessen Entscheidung abgewichen werden soll, auf Anfrage erklärt hat, an seiner Rechtsauffassung festzuhalten; die Änderungen des § 138 GVG sind im Wesentlichen nur redaktioneller Art. Eine Anpassung des § 81 Abs. 2 an diese Änderungen des GVG ist zunächst unterblieben, sodann aber durch das RegVBG nachgeholt worden. 2

c) Die §§ 132, 138 GVG sind auf das BayObLG entsprechend anzuwenden (§ 10 Abs. 1 EGGVG).

2. Zuständigkeit innerhalb der Beschwerdegerichte. a) Es entscheiden Zivilkammern und Zivilsenate. Für die Geschäftsverteilung und die Besetzung gelten die Vorschriften des GVG. Eine Entscheidung durch einen Einzelrichter ist ausgeschlossen. Eine entsprechende Anwendung des § 526 ZPO, wie sie § 30 Abs. 1 FGG vorschreibt, ist im Rahmen der GBBeschwerde nicht vorgesehen. 3

b) Im Gebiet der **früheren DDR** entschieden bis zur Einrichtung der im GVG vorgesehenen Gerichte jeweils in der Besetzung mit drei Richtern anstelle der Zivilkammer des LG ein Zivilsenat des Bezirksgerichts und anstelle des Zivilsenats des OLG ein besonderer Senat des Bezirksgerichts, in dessen Bezirk die Landesregie- 4 rung ihren Sitz hatte (Anl. I Kap. III Sachgeb. A Abschn. III Nr. 1 Buchst. b, j Abs. 3, Buchst. k Abs. 2, Buchst. l Abs. 3 Nr. 2 EinigungsV; für Berlin s. jedoch Abschn. IV).

5 **3. Verfahren vor dem BGH.** Zur Wahrung einer einheitlichen Rechtsprechung ist die entsprechende Anwendung von Vorschriften des GVG vorgeschrieben; daneben ist das Gesetz zur Wahrung der Einheitlichkeit der Rechtsprechung der obersten Gerichtshöfe des Bundes v. 19. 6. 1968 (BGBl. I 661) zu beachten. Danach gilt folgendes:

6 **a)** Der Zivilsenat, der nach § 79 Abs. 2 über eine ihm vom OLG vorgelegte weitere Beschwerde zu entscheiden hat, darf von der Entscheidung eines anderen Zivil- oder Strafsenats, eines Großen Senats oder der Vereinigten Großen Senate nicht abweichen. Will der zuständige Zivilsenat abweichen, so hat er die Rechtsfrage dem Großen Senat für Zivilsachen oder den Vereinigten Großen Senaten zur Entscheidung vorzulegen; die Vorlage ist aber nur zulässig, wenn der Senat, von dessen Entscheidung abgewichen werden soll, auf Anfrage erklärt hat, an seiner Rechtsauffassung festzuhalten (§ 132 Abs. 2, 3 GVG). Dieser Anrufungszwang ist anders als in § 79 Abs. 2 nicht auf grundbuchrechtliche Fragen beschränkt; die „entsprechende" Anwendung, die § 81 Abs. 2 vorschreibt, nötigt zu dieser Einschränkung nicht.

7 **b)** Auch wenn keine widersprechende Entscheidung eines anderen Senates vorliegt, kann der erkennende Senat die Entscheidung des Großen Senats herbeiführen, um in Rechtsfragen von grundsätzlicher Bedeutung das Recht fortzubilden oder eine einheitliche Rechtsprechung zu sichern (§ 132 Abs. 4 GVG).

8 **c)** Der Große Senat und die Vereinigten Großen Senate entscheiden **nur über die Rechtsfrage.** Auf Grund dieser für ihn bindenden Entscheidung befindet der zuständige Zivilsenat über die weitere Beschwerde (§ 138 Abs. 1 GVG).

9 **d)** Will der Zivilsenat von der Entscheidung eines anderen obersten Gerichtshofs oder des Gemeinsamen Senats der obersten Gerichtshöfe abweichen, so entscheidet der Gemeinsame Senat der obersten Gerichtshöfe; hat der Zivilsenat nach dem in Rn. 6 Gesagten den Großen Senat oder die Vereinigten Großen Senate anzurufen, so entscheidet der Gemeinsame Senat erst, wenn der Große Senat oder die Vereinigten Großen Senate von der Entscheidung des anderen obersten Gerichtshofs oder des Gemeinsamen Senats abweichen wollen; das Verfahren vor dem Gemeinsamen Senat wird durch einen Vorlegungsbeschluss eingeleitet; der Gemeinsame Senat entscheidet nur über die Rechtsfrage; seine Entscheidung ist

für den vorlegenden Senat bindend (§§ 2, 11, 15, 16 des Ges. v. 19. 6. 1968, BGBl. I 661).

4. Ausschließung und Ablehnung von Gerichtspersonen. Es kommen hier nur die Richter der Beschwerdegerichte in Betracht; Urkundsbeamte wirken bei der Entscheidung nicht mit. Die Vorschriften der ZPO sind sinngemäß anzuwenden. 10

a) Gründe. Ausschließungsgründe ergeben sich aus § 41 ZPO. Ablehnungsgründe sind gemäß § 42 ZPO der Ausschluss kraft Gesetzes, ferner die Besorgnis der Befangenheit, wenn ein Grund vorliegt, welcher geeignet ist, Misstrauen gegen die Unparteilichkeit eines Richters zu rechtfertigen. 11

b) Verfahren. Der Richter kann und muss Ausschließungsgründe und berechtigte Ablehnungsgründe selbst anzeigen (§ 48 ZPO). 12

Jedem Beteiligten, nicht nur dem Beschwerdeführer, steht das Ablehnungsrecht zu (§ 42 Abs. 3 ZPO). Bekannte Ablehnungsgründe sind aber gleichzeitig mit Einlegung der Beschwerde oder der Ersten Äußerung des Beteiligten vorzubringen (§ 43 ZPO).

Form und Inhalt des Ablehnungsgesuchs richten sich nach § 44 ZPO, die Entscheidung über das Ablehnungsgesuch richtet sich nach § 45 Abs. 1, § 46 Abs. 1 ZPO.

Eine für begründet erklärte Ablehnung ist unanfechtbar. Hat das LG eine Ablehnung für unbegründet erklärt, so findet die sofortige Beschwerde an das OLG statt (§ 46 Abs. 2 ZPO). Die Beschwerdefrist beträgt zwei Wochen (§ 569 Abs. 1 Satz 1 ZPO). Im Übrigen gelten für das Beschwerdeverfahren die Vorschriften des GBRechts und nicht die der ZPO. Eine Vorlage an den BGH gem. § 79 Abs. 2 scheidet aber aus. Die Entscheidungen des OLG sowie des BGH sind in jedem Fall unanfechtbar.

c) Wirkung. Unaufschiebbare Amtshandlungen darf auch ein abgelehnter Richter vornehmen (§ 47 ZPO). 13

Wirkt ein kraft Gesetzes ausgeschlossener Richter mit, so ist die Entscheidung trotzdem wirksam (§ 7 FGG). Die fehlerhafte Besetzung des LG kann aber mit der weiteren Beschwerde gerügt werden. Dasselbe hat für die Mitwirkung eines abgelehnten Richters zu gelten. Dieser Fall ist in § 7 FGG nur deshalb nicht erwähnt, weil § 6 Abs. 2 Satz 2 FGG, eine allerdings nichtige Vorschrift (BVerfG Rpfleger 1967, 210), die Ablehnung nicht gestattet.

Wird die Ablehnung eines Richters der Beschwerdekammer nach Erlass der den Rechtszug abschließenden Beschwerdeentscheidung, insbes. im Beschwerdeverfahren gem. § 46 Abs. 2 ZPO für begründet erklärt, so liegt kein absoluter Aufhebungsgrund nach § 78 Satz 2 GBO, § 547 Nr. 3 ZPO vor; Voraussetzung hierfür 14 wäre, dass die Ablehnung vor Erlass der Hauptsacheentscheidung für begründet erklärt wurde. Der relative Aufhebungsgrund führt nur dann zur Aufhebung der angefochtenen Entscheidung, wenn sie darauf beruht oder beruhen kann (BayObLG 1993, 56).

15 **5. Einreichung elektronischer Dokumente. a)** Nach § 73 Abs. 2 Satz 2 kann die Beschwerde auch als elektronisches Dokument nach Maßgabe des § 130a Abs. 1 und 3 ZPO eingereicht werden (s. dazu § 73 Rn. 10). Entsprechendes gilt für die weitere Beschwerde (§ 80 Abs. 3) und die Erinnerung (§ 11 Abs. 2 Satz 4 RPflG). Durch Abs. 3 soll klargestellt werden, dass die in dem inhaltsgleichen § 130a Abs. 2 ZPO enthaltene **Ermächtigung** auch im GBVerfahren gilt.

b) Die Nutzbarmachung elektronischer Dokumente erfordert zunächst den Aufbau einer technologischen Infrastruktur bei den Gerichten. Abs. 3 sieht im Hinblick darauf vor, dass Bund und Länder jeweils für ihren Beriech den Zeitpunkt, von dem an den Gerichten elektronische Dokumente übermittelt werden können, und die für die Bearbeitung der Dokumente geeignete Form durch Rechtsverordnung bestimmen.

Fünfter Abschnitt. Verfahren des Grundbuchamts in besonderen Fällen

Übersicht

Der 5. Abschnitt regelt in drei Unterabschnitten den GBBerichtigungszwang, die Löschung gegenstandsloser Eintragungen sowie die Klarstellung der Rangverhältnisse.

§§ 82 bis 83 über den GBBerichtigungszwang tragen dem Umstand Rechnung, dass an der Richtigkeit der Eigentümereintragung ein erhebliches öffentliches Interesse besteht. Sie gestatten dem GBAmt, den Eigentümer bei Rechtsübergängen außerhalb des GB zur Herbeiführung der GBBerichtigung anzuhalten und diese notfalls auch von Amts wegen vorzunehmen.

§§ 84 bis 89 über die Löschung gegenstandsloser Eintragungen sind fast wörtlich aus dem preußischen AusführungsG zu § 22 GBBerG-1930 v. 16. 3. 1931 (GS 16) übernommen. Sie bieten die Möglichkeit, überholte Eintragungen, deren Löschung von den Beteiligten nicht beantragt wird, von Amts wegen zu löschen.

§§ 90 bis 115 über die Klarstellung der Rangverhältnisse sind gleichfalls fast wörtlich dem preußischen Recht entnommen, nämlich der auf Grund § 24 GBBerG-1930 erlassenen VO über das Verfahren zur Klarstellung der Rangverhältnisse im GB v. 16. 3. 1931 (GS 20). Sie geben dem GBAmt die Befugnis, Unklarheiten und Unübersichtlichkeit in den Rangverhältnissen von Amts wegen oder auf Antrag eines Beteiligten zu beseitigen.

§ 22 und § 24 GBBerG-1930 wurden durch Art. 2 ÄndVO mit Wirkung ab 1. 4. 1936 aufgehoben; zu dem gleichen Zeitpunkt traten landesrechtliche Vorschriften über einen gerichtlichen GB-Berichtigungszwang sowie über Verfahren zur Löschung gegenstandsloser Eintragungen und Klarstellung der Rangverhältnisse gemäß Art. 7 Abs. 3 ÄndVO außer Kraft. Spätestens mit Ablauf des 31. 12. 1968 sind die noch weitergeltenden Bestimmungen des GBBerG-1930 gemäß dem Ges. über die Sammlung des Bundesrechts (s. dazu § 28 Rn. 27) außer Kraft getreten.

I. Grundbuchberichtigungszwang

82 **Ist das Grundbuch hinsichtlich der Eintragung des Eigentümers durch Rechtsübergang außerhalb des Grundbuchs unrichtig geworden, so soll das Grundbuchamt dem Eigentümer oder dem Testamentsvollstrecker, dem die Verwaltung**

des Grundstücks zusteht, die Verpflichtung auferlegen, den Antrag auf Berichtigung des Grundbuchs zu stellen und die zur Berichtigung des Grundbuchs notwendigen Unterlagen zu beschaffen. Das Grundbuchamt soll diese Maßnahme zurückstellen, solange berechtigte Gründe vorliegen.

82a Liegen die Voraussetzungen des § 82 vor, ist jedoch das Berichtigungszwangsverfahren nicht durchführbar oder bietet es keine Aussicht auf Erfolg, so kann das Grundbuchamt von Amts wegen berichtigen. Das Grundbuchamt kann in diesem Fall das Nachlaßgericht um Ermittlung des Erben des Eigentümers ersuchen.

83 Das Nachlaßgericht, das einen Erbschein erteilt oder sonst die Erben ermittelt hat, soll, wenn ihm bekannt ist, daß zu dem Nachlaß ein Grundstück gehört, dem zuständigen Grundbuchamt von dem Erbfall und den Erben Mitteilung machen. Wird ein Testament oder ein Erbvertrag eröffnet, so soll das Gericht, wenn ihm bekannt ist, daß zu dem Nachlaß ein Grundstück gehört, dem zuständigen Grundbuchamt von dem Erbfall Mitteilung machen und die als Erben eingesetzten Personen, soweit ihm ihr Aufenthalt bekannt ist, darauf hinweisen, daß durch den Erbfall das Grundbuch unrichtig geworden ist und welche gebührenrechtlichen Vergünstigungen für eine Grundbuchberichtigung bestehen.

Inhaltsübersicht

1. Allgemeines 1
2. Voraussetzungen des Zwangs 4
3. Anwendung des Zwangs 12
4. Person des Verpflichteten 15
5. Inhalt der Verpflichtung 18
6. Auferlegung und Durchsetzung der Verpflichtung 21
7. Rechtsmittel 23
8. Amtsberichtigung 24
9. Kosten 26

1 **1. Allgemeines. a)** §§ 82 bis 83 sehen für Fälle, in denen Eigentümereintragungen durch Rechtsübergang außerhalb des GB unrichtig geworden sind, im Hinblick auf das öffentliche Interesse an der Richtigkeit des GB (OLG Hamm NJW-RR 1994, 271; BayObLG 1994, 162) einen GBBerichtigungszwang und eine GB-Berichtigung von Amts wegen vor. Die GBO a. F. überließ es in solchen Fällen dem Eigentümer, für die Richtigstellung des GB zu

sorgen. Hieraus ergaben sich oftmals erhebliche Unzuträglichkeiten. Es erschien daher geboten, mit dem Grundsatz zu brechen, dass der Eigentümer zwar berechtigt, aber nicht verpflichtet ist, die GBBerichtigung herbeizuführen. Demgemäß bestimmt § 82, dass ihm die Stellung des Berichtigungsantrags und die Beschaffung der zur GBBerichtigung notwendigen Unterlagen zur Pflicht gemacht werden soll, falls nicht berechtigte Gründe für eine Zurückstellung dieser Maßnahme vorliegen; die Fassung der Vorschrift beruht auf § 27 Nr. 4 GBMaßnG.

b) Das Ziel, die Richtigkeit der Eigentümereintragung dem Belieben der Beteiligten zu entziehen, lässt sich über § 82 jedoch nicht immer erreichen. Um zu ihm auch dann zu gelangen, wenn der Berichtigungszwang versagt, hat der durch die VereinfVO v. 5. 10. 1942 (RGBl. I 573) eingefügte § 82a die Möglichkeit der Amtsberichtigung geschaffen. **2**

c) Den häufigsten Fall des Eigentumsübergangs außerhalb des GB bildet die **Erbfolge.** Dem Nachlassgericht, das den Erben ermittelt hat (s. hierzu BGH Rpfleger 1992, 351), sowie dem Gericht, das eine Verfügung von Todes wegen eröffnet, ist deshalb in § 83 eine Mitteilungspflicht gegenüber dem GBAmt auferlegt worden; die Fassung der Vorschrift beruht auf § 27 Nr. 5 GBMaßnG. **3**

d) Eine entsprechende Anwendung von §§ 82, 82a Satz 1 sieht § 14 Satz 1 GBBerG für die Fälle des Art. 234 § 4a Abs. 1 Satz 1 EGBGB vor. Die Vorschriften über den GBBerichtigungszwang sind ferner entsprechend anzuwenden zur Durchsetzung der dem Eigentümer im Fall der Vereinigung von Grundstücks- und Gebäudeeigentum in § 78 Abs. 1 Satz 3, 4 SachenRBerG auferlegten Pflichten (§ 78 Abs. 1 Satz 5, 6 SachenRBerG).

2. Voraussetzungen des Zwangs. a) Eigentümereintragung. Ein Berichtigungszwang ist nur für den Fall der Unrichtigkeit des GB hinsichtlich einer Eigentümereintragung vorgesehen (s. hierzu aber Rn. 11). Es muss sich um eine Unrichtigkeit im Sinn des § 894 BGB handeln. Eine solche liegt nicht vor, wenn sich lediglich Name, Beruf und Wohnort des eingetragenen Eigentümers geändert haben; dasselbe gilt, wenn sich eine OHG in eine KG verwandelt hat (JFG 1, 371) oder eine solche in eine BGB-Gesellschaft umgewandelt wurde (BayObLG 1948/51, 430 = NJW 1952, 28). **4**

b) Rechtsübergang außerhalb des GB. Auf ihm muss die Unrichtigkeit der Eigentümereintragung beruhen. Daran fehlt es, wenn eine Auflassung nichtig oder erfolgreich angefochten und das Eigentum deshalb beim Veräußerer geblieben ist. **5**

6 aa) Den praktisch wichtigsten Fall eines Rechtsübergangs außerhalb des GB bildet die **Erbfolge** (§ 1922 BGB). Weitere Fälle sind vor allem der Eintritt der ehelichen oder fortgesetzten Gütergemeinschaft (§§ 1416, 1485 BGB), die Übertragung eines Erbanteils (§ 2033 BGB), die Anwachsung bei Ausscheiden eines Gesellschafters aus einer BGB-Gesellschaft (§ 738 BGB), die Geschäftsübernahme durch einen Gesellschafter bei zweigliedriger OHG (§ 142 HGB), die Umwandlung inländischer Rechtsträger nach dem UmwandlungsG v. 28. 10. 1994 (BGBl. I 3210).

7 bb) Die **Übertragung eines Erbanteils** ist auch dann zulässig, wenn zu dem Nachlass der Anteil an einem fremden Nachlass gehört (BayObLG 1960, 138 = DNotZ 1960, 483); sie kann auch zu Bruchteilen erfolgen (BGH NJW 1963, 1610; s. dazu auch § 47 Rn. 9). Eine Zustimmung nach § 5 ErbbauVO oder § 12 WEG ist zur Übertragung eines Erbanteils selbst dann nicht erforderlich, wenn der Nachlass nur oder nur noch aus einem Erbbaurecht oder einem Wohnungseigentum besteht (BayObLG Rpfleger 1968, 188; OLG Hamm Rpfleger 1979, 461).

8 cc) Einen Eigentumsübergang außerhalb des GB bewirkt gemäß § 90 ZVG auch der **Zuschlag** in der Zwangsversteigerung; da die Berichtigung des GB hier aber nach § 130 ZVG auf Ersuchen des Vollstreckungsgerichts erfolgt, ein Antrag also weder erforderlich noch genügend ist, kommt eine Anwendung des § 82 nicht in Betracht (KG DJust. 1936, 905).

9 **c) Feststehende Unrichtigkeit.** aa) Die Unrichtigkeit einer Eigentümereintragung infolge Rechtsübergangs außerhalb des GB muss feststehen. Die Kenntnis von der Unrichtigkeit einer Eigentümereintragung kann das GBAmt schon bei seiner Amtstätigkeit erlangen; sie kann ihm aber auch von außen her, z.B. durch eine Mitteilung des Nachlassgerichts nach § 83, vermittelt werden. In Ermittlungen über die Richtigkeit oder Unrichtigkeit einer Eigentümereintragung hat es dann einzutreten, wenn ihm Tatsachen bekannt werden, die es unwahrscheinlich machen, dass der buchmäßige Eigentümer noch wirklicher Eigentümer ist; dies ist z.B. der Fall, wenn eine Eigentümereintragung so lange zurückliegt, dass der eingetragene Eigentümer mutmaßlich nicht mehr lebt.

10 bb) Hat das GBAmt die Unrichtigkeit einer Eigentümereintragung festgestellt, so muss es zur Anwendung des Berichtigungszwangs den Rechtsnachfolger notfalls von Amts wegen ermitteln; dabei darf es, wenn der eingetragene Eigentümer gestorben ist, so lange von der gesetzlichen Erbfolge ausgehen, als das Vorliegen einer letztwilligen Verfügung weder beim Nachlassgericht bekannt ist noch von den gesetzlichen Erben nachgewiesen wird (JFG 14,

423). Zur Ermittlung eines Erben kann sich das GBAmt nach § 82a Satz 2 auch der Hilfe des Nachlassgerichts bedienen; denn die Anwendung der genannten Vorschrift ist nicht auf den Fall der Amtsberichtigung beschränkt (Hesse DFrG 1943, 19).

d) Unrichtiger Erbbauberechtigter. Ist das GB bezüglich der Eintragung eines Erbbauberechtigten unrichtig geworden, so wird § 82 entsprechend anzuwenden sein (OLG Hamm DB 1993, 158). Im Übrigen, z.B. bei Erwerb einer Briefhyp. nach § 1154 Abs. 1 BGB, bei Umwandlung einer Hyp. in eine Eigentümergrundschuld, bei Entstehen einer Sicherungshyp. nach § 848 ZPO oder bei Erlöschen eines Nießbrauchs durch Tod des Berechtigten, ist für eine sinngemäße Anwendung kein Raum. **11**

3. Anwendung des Zwangs. a) Liegen die in Rn. 4ff. genannten Voraussetzungen vor, so ist das GBAmt grundsätzlich zur Anwendung des Berichtigungszwangs gehalten; es soll diese Maßnahme jedoch **zurückstellen,** solange berechtigte Gründe hierfür vorliegen. Danach wird beispielsweise einem Erben die GBBerichtigung dann nicht zur Pflicht zu machen sein, wenn eine Veräußerung des Grundstücks oder ein Verzicht auf das Eigentum bevorsteht; in einem solchen Fall wäre es nicht gerechtfertigt, ihn mit den im Hinblick auf § 40 entbehrlichen Kosten seiner Eintragung zu belasten; es wird aber überwacht werden müssen, ob es tatsächlich zu der beabsichtigten Verfügung kommt. Ziehen sich die Verhandlungen über die vom Erben beabsichtigte Eigentumsübertragung in die Länge und ist nicht abzusehen ob und wann sie im GB vollzogen wird, liegen ohne Rücksicht auf die Ursachen hierfür keine berechtigten Gründe im Sinn des § 82 Satz 2 vor. **12**

b) Die Anwendung des Berichtigungszwangs ist auch möglich, wenn ein **Berichtigungsantrag bereits gestellt** ist, jedoch ohne die Mitwirkung eines sich an dem Antragsverfahren nicht beteiligenden Miteigentümers keinen Erfolg haben kann (JFG 14, 422). Dies ist z.B. der Fall bei Berichtigung des GB durch Eintragung der Erben des eingetragenen Erblassers, von denen einer gestorben ist und die anderen, die den Berichtigungsantrag gestellt haben, den Erbschein über die Erbfolge nach ihm mangels Antragsrecht nicht beschaffen und damit den Unrichtigkeitsnachweis nicht vollständig führen können (BayObLG 1994, 158 = Rpfleger 1995, 103). **13**

c) Das Berichtigungszwangsverfahren ist ein **Amtsverfahren;** seine Durchführung kann nicht beantragt werden; ein Antrag hat nur die Bedeutung einer Anregung (OLG Hamm NJW-RR 1994, 271). Zur Anregung des GBBerichtigungszwangs in *Bayern* durch die Flurbereinigungsdirektionen s. Nr. 12 der Gem.Bek. zur Zusammenarbeit der Flurbereinigungsdirektionen mit den Amtsge- **14**

richten – GBÄmtern – und den Notaren in Verfahren nach dem FlurbG und bei der Baulandumlegung v. 12. 8. 1981 (JMBl. 146).

15 **4. Person des Verpflichteten.** Die Verpflichtung, die Berichtigung des GB herbeizuführen, trifft nach § 82 den Eigentümer oder den zur Verwaltung des Grundstücks befugten Testamentsvollstrecker; antragsverpflichtet ist, wer nach den allgemeinen Vorschriften das Antragsrecht hat.

a) Verpflichtet ist grundsätzlich der **Eigentümer.** Er kann zur Herbeiführung der Berichtigung aber nicht angehalten werden, wenn die Verwaltung des Grundstücks einem Testamentsvollstrecker zusteht; denn dann kann nur dieser und nicht der Erbe den Berichtigungsantrag stellen (KGJ 51, 216; OLG München JFG 20, 373; a.M. Bertsch Rpfleger 1968, 178; Schneider MittRhNotK 2000, 283). Bei einer Mehrheit von Eigentümern ist jeder von ihnen antragsberechtigt; die Verpflichtung zur Herbeiführung der Berichtigung kann demnach einem von ihnen oder allen auferlegt werden (s. OLG Frankfurt Rpfleger 1978, 413); letzteres wird aber regelmäßig nicht erforderlich sein, weil es bei Unrichtigkeitsnachweis einer Zustimmung des Eigentümers seit der Neufassung des § 22 Abs. 2 nicht mehr bedarf.

16 **b)** Ein **Testamentsvollstrecker** ist nur verpflichtet, sofern ihm die Verwaltung des Grundstücks zusteht (s. hierzu § 52 Rn. 8ff.); trifft dies nicht zu, so kann nur der Erbe zur Herbeiführung der Berichtigung angehalten werden. Mehrere Testamentsvollstrecker führen das Amt nach § 2224 Abs. 1 BGB grundsätzlich gemeinschaftlich; demgemäß ist die Verpflichtung zur Herbeiführung der Berichtigung ihnen allen aufzuerlegen (OLG München JFG 17, 298).

17 **c)** Auch ein **Nachlassverwalter** ist nur dann verpflichtet, die GBBerichtigung herbeizuführen, wenn ihm die Verwaltung des Grundstücks zusteht. Gehört ein Grundstück zum Gesellschaftsvermögen einer BGB-Gesellschaft und fällt der Anteil eines Gesellschafters in den Nachlass, so unterliegt der Anteil des Gesellschafter-Erben am Gesellschaftsvermögen nicht der Verwaltung des Nachlassverwalters (BayObLG 1990, 306 = Rpfleger 1991, 58). Der GBBerichtigungszwang kann sich in diesem Fall nicht gegen den Nachlassverwalter richten (OLG Hamm Rpfleger 1993, 282).

18 **5. Inhalt der Verpflichtung.** Die Verpflichtung hat doppelten Inhalt; sie erstreckt sich einmal auf die Stellung des Berichtigungsantrags und weiterhin auf die Beschaffung der Berichtigungsunterlagen.

a) Der Berichtigungsantrag ist an sich formfrei; ersetzt er jedoch eine zur Eintragung erforderliche Erklärung, so bedarf er der Form des § 29. Die Zurücknahme des erzwungenen Antrags ist zulässig (a. M. Hesse/Saage/Fischer A. III 3c a); für sie gelten die allgemeinen Grundsätze (s. § 13 Rn. 36ff.).

b) Zu den Berichtigungsunterlagen gehören alle Unterlagen, die zur Begründung eines nicht erzwungenen Antrags vorgelegt werden müssten, also z. B. der Erbschein. Berichtigungsunterlage ist auch die Unbedenklichkeitsbescheinigung der Finanzbehörde (s. § 20 Rn. 48). Eine Zustimmung des Eigentümers ist bei Unrichtigkeitsnachweis seit der Neufassung des § 22 Abs. 2 nicht mehr erforderlich. **19**

c) Liegt bereits ein Berichtigungsantrag vor, so hat sich das Zwangsverfahren darauf zu beschränken, die Beibringung der erforderlichen Unterlagen zu verlangen. Entsprechendes gilt, wenn die Berichtigungsunterlagen (z. B. der Erbschein) vorliegen und der Berichtigungsantrag fehlt. **20**

6. Auferlegung und Durchsetzung der Verpflichtung. **21**
a) Die Verpflichtung wird durch Verfügung oder Beschluss auferlegt; dabei sind zweckmäßig die notwendigen Berichtigungsunterlagen und ihre Form zu bezeichnen. Zur Erledigung der Verpflichtung ist eine angemessene Frist zu setzen.

b) Wird die Verpflichtung ohne Angabe ausreichender Hinderungsgründe nicht erfüllt, so hat das GBAmt das Zwangsgeldfestsetzungsverfahren gemäß § 33 FGG (s. § 1 Rn. 64ff.) einzuleiten; für den Erlass einer Zwischenverfügung ist, wenn zwar der Berichtigungsantrag gestellt, eine notwendige Berichtigungsunterlage aber nicht vorgelegt wird, kein Raum (OLG München JFG 23, 70). **22**

7. Rechtsmittel. Die Durchführung des Berichtigungszwangs sowie ihre Ablehnung sind Sachentscheidungen i. S. des § 71; beschwerdeberechtigt ist jeder, dessen Rechtsstellung durch die Entscheidung des GBAmts beeinträchtigt wird, also vor allem derjenige, der ein dingliches Recht am Grundstück oder einen Anspruch auf Verschaffung des Eigentums hat (JFG 14, 418, 448; KG JR 1953, 185). S. hierzu auch OLG Hamm Rpfleger 1994, 248; BayObLG 1994, 163 = Rpfleger 1995, 103. **23**

8. Amtsberichtigung. a) In der Regel bildet der Berichtigungszwang eine ausreichende Handhabe, um eine dem GBAmt geboten erscheinende Richtigstellung der Eigentümereintragung durchzusetzen. Es gibt aber Fälle, in denen das Zwangsverfahren nicht zum Ziel führt. So versagt z. B. die Zwangsgewalt des GB-Amts, wenn sich der Antragsberechtigte im Ausland aufhält (vgl. **24**

BayObLG 1994, 163 = Rpfleger 1995, 103); ein erfolgreiches Vorgehen nach § 82 kann ferner daran scheitern, dass der Antragsberechtigte vermögenslos ist; es ist schließlich möglich, dass ein an sich feststehender Eigentumsübergang nicht in grundbuchmäßiger Form nachgewiesen werden kann. Für solche oder ähnliche Fälle sieht § 82a eine Berichtigung von Amts wegen vor. Der Unbedenklichkeitsbescheinigung der Finanzbehörde (s. § 20 Rn. 48) bedarf es für eine solche Berichtigung nicht (s. JFG 13, 128; a.M. KG JR 1953, 186). Zweck des Amtsverfahrens ist es aber nicht, das Antragsverfahren zu verdrängen und einen Beteiligten der Verpflichtung zu entheben, für die GBBerichtigung erforderliche Anträge zu stellen und die notwendigen Unterlagen zu beschaffen (OLG Jena FGPrax 1996, 170). Eine Berichtigung des GB von Amts wegen steht im Hinblick auf die Ausgestaltung des § 82a als Kann-Vorschrift im pflichtgemäßen Ermessen des GBAmts. Zum Verhältnis der Amtsberichtigung zur GBBerichtigung auf Antrag s. OLG Hamm Rpfleger 1994, 248.

25 **b)** Kommt das GBAmt einer Anregung nicht nach, das GB von Amts wegen zu berichtigen, so kann die ablehnende Entscheidung von demjenigen mit der Beschwerde angefochten werden, der zur Durchsetzung seiner Rechte auf die vorherige GBBerichtigung angewiesen ist, diese aber nicht durch einen eigenen Berichtigungsantrag gem. § 22 herbeiführen kann. Dagegen ist nicht beschwerdenberechtigt, wer durch die Entscheidung des GBAmts in seinen Rechten nicht beeinträchtigt oder in der Lage ist, einen Berichtigungsantrag zu stellen und den Unrichtigkeitsnachweis zu führen (vgl. OLG Hamm Rpfleger 1994, 248; OLG Jena FGPrax 1996, 170). Berichtigt das GBAmt das GB, ist die berichtigende Eintragung nach allgemeinen Grundsätzen anfechtbar (s. dazu § 71 Rn. 36ff.).

c) Gegen die Weigerung des Nachlassgerichts, einem Ersuchen des GBAmts nach § 82a Satz 2 nachzukommen, kann entsprechend § 159 GVG (s. dazu § 1 Rn. 63) das OLG angerufen werden (KG Rpfleger 1969, 57).

26 **9. Kosten. a)** Die Gebühren für die Berichtigung des GB richten sich nach §§ 60, 61 KostO.

27 **b)** Der Geschäftswert einer Beschwerde gegen die Anordnung oder Ablehnung des Berichtigungszwangs bemisst sich nach dem öffentlichen Interesse an der GBBerichtigung, das grundsätzlich mit dem Regelwert des § 30 Abs. 2 Satz 1 KostO zu bewerten sein wird. Dies gilt auch für eine Beschwerde gegen die Androhung oder Festsetzung von Zwangsgeld gem. § 33 FGG; maßgebend ist nicht die Höhe des angedrohten oder festgesetzten Zwangsgeldes.

II. Löschung gegenstandsloser Eintragungen

Gegenstandslosigkeit

84 (1) **Das Grundbuchamt kann eine Eintragung über ein Recht nach Maßgabe der folgenden Vorschriften von Amts wegen als gegenstandslos löschen. Für die auf der Grundlage des Gesetzes vom 1. Juni 1933 zur Regelung der landwirtschaftlichen Schuldverhältnisse eingetragenen Entschuldungsvermerke gilt Satz 1 entsprechend.**

(2) **Eine Eintragung ist gegenstandslos:**

a) **soweit das Recht, auf das sie sich bezieht, nicht besteht und seine Entstehung ausgeschlossen ist;**

b) **soweit das Recht, auf das sie sich bezieht, aus tatsächlichen Gründen dauernd nicht ausgeübt werden kann.**

(3) **Zu den Rechten im Sinne der Absätze 1 und 2 gehören auch Vormerkungen, Widersprüche, Verfügungsbeschränkungen, Enteignungsvermerke und ähnliches.**

1. Allgemeines. a) § 84 enthält den Grundsatz, dass gegenstandslose Eintragungen von Amts wegen gelöscht werden können, und bestimmt den Begriff der Gegenstandslosigkeit. Vgl. hierzu Peter, Löschung gegenstandsloser Rechte, BWNotZ 1983, 49. 1

Der in einem GB im Gebiet der früheren DDR eingetragene und mit dem Ablauf des Jahres 1992 gegenstandslos gewordene Vermerk über die Anordnung der staatlichen Verwaltung des Grundstücks oder Gebäudes ist nur auf Antrag zu löschen (§ 11a Abs. 2 VermG).

b) Zu dem Sonderfall der Löschung eingetragener Abgeltungshypotheken, das sind Hypotheken, die ein zur Abgeltung der Gebäudeentschuldungssteuer gewährtes Darlehen sichern (§ 8 DVO z. VO über die Aufhebung der Gebäudeentschuldungssteuer v. 31. 7. 1942, RGBl. I 503), s. § 24 GBMaßnG sowie 16. Auflage Anh. zu §§ 84 bis 89 und Anh. Nr. 10, 11. 2

Im Gebiet der **früheren DDR** gelten die §§ 22 bis 25 GBMaßnG nach Maßgabe des § 36a GBMaßnG i.d.F. durch das VermRAnpG v. 4. 7. 1995 (BGBl. I 895). An die Stelle des Jahres 1964 tritt das Jahr 1995. S. dazu auch Böhringer DtZ 1995, 432.

c) Abs. 1 Satz 2 ist im Zusammenhang mit der Aufhebung des Ges. zur Abwicklung der landwirtschaftlichen Entschuldung v. 25. 3. 1952 (BGBl. I 203) und der VO über die Löschung der Entschuldungsvermerke v. 31. 1. 1962 (BGBl. I 67) durch das Ges. v. 26. 10.

2001 (BGBl. I 2710) eingefügt worden. Dadurch wurde eine Rechtsgrundlage für die gebührenfreie Löschung von Amts wegen der wenigen noch in den Grundbüchern vorhandenen Entschuldungsvermerke geschaffen.

Im Gebiet der früheren DDR sah die VO zur Aufhebung von Rechtsbeschränkungen aus der landwirtschaftlichen Entschuldung v. 12. 3. 1959 (GBl. I Nr. 16 S. 175) unter anderem die Löschung der Entschuldungsvermerke von Amts wegen vor. Etwa noch vorhandene Vermerke sind als gegenstandslos anzusehen und von Amts wegen zu löschen.

Für Vermerke über die Entschuldung von Klein- und Mittelbauern beim Eintritt in landwirtschaftliche Produktionsgenossenschaften auf Grund des Ges. v. 17. 2. 1954 (GBl. Nr. 23 S. 224) sieht § 105 Abs. 1 Nr. 6 Satz 2 Buchst. a GBV ein vereinfachtes Verfahren zur Erlangung einer Bewilligung zur Löschung dieser Vermerke vor.

3 **2. Gegenstandslosigkeit einer Eintragung.** Sie kann nach der Begriffsbestimmung des Abs. 2 eine rechtliche (s. Rn. 4) oder eine tatsächliche (s. Rn. 12) sein; von der Gegenstandslosigkeit aus rechtlichen Gründen handelt Buchst. a, von der aus tatsächlichen Gründen Buchst. b. Im Einzelfall kann ein eingetragenes Recht sowohl aus rechtlichen als auch aus tatsächlichen Gründen gegenstandslos sein. Dies ist z. B. der Fall, wenn eine Grunddienstbarkeit aus tatsächlichen Gründen auf Dauer nicht mehr ausgeübt werden kann und deshalb erlischt (BGH NJW 1984, 2157; BayObLG 1986, 223). Sowohl Abs. 1 als auch Abs. 2 sprechen von der Eintragung über ein Recht; nach Abs. 3 ist der Ausdruck „Recht" jedoch im weitesten Sinn zu verstehen. Unter § 84 fallen demnach Eintragungen jeder Art in Abt. II oder III; hingegen können Eigentumseintragungen nicht gegenstandslos im Sinn dieser Vorschrift sein (JFG 20, 379). Ein dingliches Recht als solches unterliegt nicht der **Verwirkung,** so dass eine Löschung wegen Gegenstandslosigkeit nicht aufgrund Verwirkung verlangt werden kann. Der Ausübung des Rechts im einzelnen können aber unter dem Gesichtspunkt des § 242 BGB Schranken gesetzt sein (BayObLG 1999, 248 = Rpfleger 1999, 525).

4 **3. Gegenstandslosigkeit aus rechtlichen Gründen.** Sie liegt vor, wenn das eingetragene Recht nicht besteht und eine Entstehung ausgeschlossen ist (Abs. 2 Buchst. a). Demnach sind rechtlich gegenstandslos:

5 **a)** Eintragungen über Rechte, die **nicht entstanden** sind und auch in Zukunft nicht entstehen können. Fehlt die zur Entstehung eines Rechts erforderliche Einigung, so ist eine Löschung unzuläs-

sig, solange die Einigung der Eintragung nachfolgen kann. Nach Abs. 2a kann auch ein seinem Inhalt nach unzulässiges Recht gelöscht werden, falls die Amtslöschung gemäß § 53 Abs. 1 Satz 2 nicht möglich ist. Nicht zulässig dagegen wäre die Löschung einer nicht valutierten Hypothek, weil das Recht als Grundschuld des Eigentümers besteht.

b) Eintragungen über Rechte, die zwar entstanden, dann aber 6
erloschen sind. Als Gründe des Erlöschens kommen in Betracht Wegfall des Berechtigten (zur Löschung einer Katholischen Benefizium- oder Pfründestiftung aus diesem Grund s. BayObLG 1999, 248 = Rpfleger 1999, 525), Eintritt des Endtermins oder einer auflösenden Bedingung, Rechtsvorgänge außerhalb des GB (BayObLG 1988, 15 = Rpfleger 1988, 246) sowie Änderung der Gesetzgebung.

aa) **Beispiele:** Erlöschen eines Altenteilsrechts oder eines Nieß- 7
brauchs durch den Tod des Berechtigten; hier ist jedoch § 23 zu beachten. Erlöschen eines Wohnungsrechts durch Eintritt der Volljährigkeit oder Eheschließung des Begünstigten. Erlöschen einer Grunddienstbarkeit gemäß § 1026 BGB; ferner gemäß § 1019 BGB, wenn das Recht für die Benutzung des herrschenden Grundstücks in Gegenwart und Zukunft jeden Vorteil verloren hat (BGH VIZ 1999, 225: Erlöschen einer Grunddienstbarkeit zur Verhinderung des Einblicks auf einen jüdischen Begräbnisplatz wegen dessen Nutzung als Massengrab für Kriegstote; BayObLG 1988, 14 = Rpfleger 1988, 246: Erlöschen eines Wasserleitungsrechts durch Anschluss des herrschenden Grundstücks an die öffentliche Wasserversorgung mit Benutzungszwang; s. hierzu auch BayObLG NJW-RR 1989, 1495; MittBayNot 1998, 255). Erlöschen eines Wegerechts, wenn das Wegegrundstück der öffentlichen Straße gewidmet wurde und eine künftige Entwidmung ausgeschlossen erscheint (OLG Düsseldorf MDR 1995, 471). Erlöschen einer Umstellungsgrundschuld gemäß § 120 Abs. 1 LAG (BayObLG 1953, 171 = Rpfleger 1953; 449; Bruhn Rpfleger 1953, 160; 1954, 114); zur Amtslöschung eingetragener Umstellungsgrundschulden s. aber auch 16. Auflage Anh. zu § 22 Erl. 3 D c b. Über die Gegenstandslosigkeit alter Grundlasten in *Bayern* s. Carmine DNotZ 1957, 7; wegen der Gegenstandslosigkeit von Verfügungsbeschränkungen, die gemäß § 35 PrAG z. RSiedlG v. 15. 12. 1919 eingetragen wurden, s. OLG Hamm RdL 1965, 173; zur Frage des Erlöschens von älteren Grunddienstbarkeiten, die eine Baubeschränkung zum Inhalt haben und deren Bestellung seinerzeit durch inzwischen außer Kraft getretene öffentlich-rechtliche Vorschriften veranlasst worden ist, s. BGH DNotZ 1970, 348.

8 bb) **Vormerkungen** werden nicht ohne weiteres gegenstandslos, wenn die entsprechende endgültige Eintragung erfolgt, da sie nach § 883 BGB den vorläufig Berechtigten gegen Verfügungen schützen sollen, die vor der endgültigen Eintragung erfolgt sind (KGJ 50, 173). Auch wenn Zwischeneintragungen nicht vorhanden sind, kann die Vormerkung Bedeutung erlangen, wenn ein wirksamer, endgültiger Rechtserwerb, z. B. wegen späterer Geschäftsunfähigkeit eines Teils, nicht vorliegt (vgl. dazu KG DNotZ 1958, 255; BayObLG Rpfleger 1975, 395). Gegenstandslos ist die Vormerkung aber dann, wenn der Anspruch, zu dessen Sicherung sie dienen soll, nicht besteht und auch nicht entstehen kann (JFG 21, 118).

9 cc) Ein **Nacherbenvermerk** wird gegenstandslos, wenn der Gegenstand, auf den er sich bezieht, veräußert worden ist und die Nacherben der Veräußerung zugestimmt haben oder bei befreiter Vorerbschaft die Verfügung des Vorerben nicht unentgeltlich war, nicht aber bereits dadurch, dass der Nacherbe im Vorerbfall den Pflichtteil fordert und erhält, ohne die Erbschaft ausgeschlagen zu haben (s. § 51 Rn. 43).

10 dd) Zur Gegenstandslosigkeit der Eintragung über eine **Erbteilspfändung** nach durchgeführter Teilungsversteigerung s. JFG 17, 38; wegen der Gegenstandslosigkeit der Eintragung einer Erbteilsverpfändung im Fall der Grundstücksveräußerung durch einen Testamentsvollstrecker s. JFG 22, 122.

11 **c)** Ist das Bestehen eines Rechts durch Abweisung einer Löschungsklage rechtskräftig festgestellt worden, so kann es nicht als gegenstandslos gelöscht werden (KG HRR 1940 Nr. 868).

12 **4. Gegenstandslosigkeit aus tatsächlichen Gründen.** Sie liegt vor, wenn das eingetragene Recht aus tatsächlichen Gründen dauernd nicht ausgeübt werden kann (Abs. 2 Buchst. b). Demnach sind tatsächlich gegenstandslos:

13 **a)** Eintragungen über Rechte, wenn ihr **Gegenstand weggefallen** ist. Dies trifft z. B. zu, wenn ein Recht auf die Benutzung von Wegen oder Brücken gerichtet ist, die nicht mehr vorhanden sind. Hinzukommen muss aber, dass der Berechtigte keinen Anspruch auf Wiederherstellung des ursprünglichen Zustands hat (BayObLG 1986, 221 = Rpfleger 1986, 373). Über das Erlöschen dinglicher Wohnungsrechte im Fall der Zerstörung des Gebäudes s. BGH 7, 271 = NJW 1952, 375; BGH DNotZ 1954, 383; Rpfleger 1972, 129; zum Fortbestand eines Nießbrauchs in dem genannten Fall s. BGH DNotZ 1965, 165; wegen der Auswirkung einer Gebäudezerstörung auf ein alleiniges Gaststättenbetriebsrecht

s. BGH Rpfleger 1980, 12, wegen der auf ein Kellerrecht s. BayObLG 1967, 404.

Eine beschränkte persönliche Dienstbarkeit (z.B. ein dingliches Wohnungsrecht gemäß § 1093 BGB) erlischt nur, wenn die Unmöglichkeit der Rechtsausübung auf einer Veränderung des Grundstücks beruht, nicht aber, wenn ein bloß in der Person des Berechtigten liegendes dauerndes Ausübungshindernis vorliegt (OLG Zweibrücken OLGZ 1987, 27; OLG Köln NJW-RR 1995, 1358). Allein der Eintritt der Pflegebedürftigkeit des Berechtigten und sein Umzug in ein Altersheim führen daher nicht zum Erlöschen des Wohnungsrechts (OLG Celle NJW-RR 1999, 10). Dass eine Dienstbarkeit über längere Zeit, gleich aus welchem Grund, nicht ausgeübt wird, macht die Ausübung noch nicht dauernd unmöglich (BayObLG 1986, 221 = Rpfleger 1986, 373). Auch rechtfertigt der Umstand, dass seit Entstehung des durch eine Vormerkung gesicherten Anspruchs 30 Jahre verstrichen sind, nicht die Annahme, der vorgemerkte Anspruch könne wegen Verjährung auf Dauer nicht mehr ausgeübt werden (OLG Köln Rpfleger 1986, 374). 14

b) Eintragungen über Rechte, wenn der **Berechtigte nicht zu ermitteln** ist. Bei Prüfung der Frage, ob sich die Person des Berechtigten feststellen lässt, sind der Sprachgebrauch und die Verhältnisse zurzeit der Eintragung zu berücksichtigen; so kann z.B. eine Eintragung: „Die Herrschaft hat das Vorkaufsrecht" auch heute noch zur Feststellung des Berechtigten genügen (JFG 10, 280). 15

5. Verfahren des GBAmts. Gelöscht wird im Amtsverfahren. Es gilt demnach § 12 FGG. Anträge der Beteiligten haben nur die Bedeutung einer Anregung (BayObLG 1973, 273 = Rpfleger 1973, 433), können aber dahin auszulegen sein, dass eine Löschung auch im Weg der GBBerichtigung gem. § 22 beantragt ist (BayObLG NJW-RR 1989, 1495). Der Erlass einer Zwischenverfügung kommt nicht in Betracht (BayObLG 1999, 250 = Rpfleger 1999, 525). Zweck des Amtsverfahrens ist es jedoch nicht, einen Streit der Beteiligten über das Bestehen eines eingetragenen Rechts zu entscheiden (BayObLG 1986, 221 = Rpfleger 1986, 373). Zum Verfahren im Einzelnen s. §§ 85 ff. und zur Anfechtung ergangener Entscheidungen s. § 85 Rn. 5, § 87 Rn. 13 ff. und § 89 Rn. 2 ff. 16

6. Kosten. a) Für die Löschung gegenstandsloser Eintragungen werden Gebühren nicht erhoben; gebührenfrei ist auch das vorangegangene Verfahren vor dem GBAmt (§ 70 Abs. 1 Satz 1 KostO). Das GBAmt, nicht der Kostenbeamte (BayObLG 1952, 261), kann jedoch die Gebühr für die Löschung einem Beteiligten auferlegen, wenn dies nach den Umständen angemessen erscheint (§ 70 Abs. 1 Satz 2 KostO); dies wird regelmäßig zu geschehen haben, wenn ein 17

Beteiligter das Verfahren angeregt hat, um die Kosten des Antragsverfahrens zu sparen (KG JW 1933, 1333); s. dazu auch AV v. 9. 12. 1941 (DJust. 1122 = BayBSVJu V 547; in *Bayern* als entbehrlich aufgehoben durch JMBek. v. 1. 2. 1979, JMBl. 21).

18 **b)** Hinsichtlich der Auslagen des Verfahrens gilt § 2 Nr. 2 KostO (BayObLG 1952, 262).

c) Art. 6 ÄndVO ist mit dem Inkrafttreten der KostO gegenstandslos geworden.

Einleitung und Durchführung des Verfahrens

85 (1) **Das Grundbuchamt soll das Verfahren zur Löschung gegenstandsloser Eintragungen grundsätzlich nur einleiten, wenn besondere äußere Umstände (z. B. Umschreibung des Grundbuchblatts wegen Unübersichtlichkeit, Teilveräußerung oder Neubelastung des Grundstücks, Anregung seitens eines Beteiligten) hinreichenden Anlaß dazu geben und Grund zu der Annahme besteht, daß die Eintragung gegenstandslos ist.**

(2) **Das Grundbuchamt entscheidet nach freiem Ermessen, ob das Löschungsverfahren einzuleiten und durchzuführen ist; diese Entscheidung ist unanfechtbar.**

1 **1. Allgemeines.** § 85 handelt von der Einleitung und Durchführung des Verfahrens.

Eine allgemeine Verpflichtung, die Grundbücher auf gegenstandslose Eintragungen durchzusehen, besteht für das GBAmt nicht; vielmehr soll das Löschungsverfahren in der Regel nur unter bestimmten Voraussetzungen eingeleitet werden.

2 **2. Voraussetzungen der Verfahrenseinleitung.** Nach Abs. 1 soll das Löschungsverfahren grundsätzlich nur eingeleitet werden, wenn besondere äußere Umstände hinreichenden Anlass dazu geben und Grund zu der Annahme besteht, dass die Eintragung gegenstandslos ist. Außer den beispielhaft genannten Fällen kommt als besonderer äußerer Umstand insbes. die in § 97 Abs. 2 GBV angeordnete Umschreibung von GBBlättern auf den neuen Vordruck in Betracht.

3 **3. Entscheidung des GBAmts. a)** Im Rahmen des in Rn. 2 Gesagten entscheidet das GBAmt gemäß Abs. 2 nach freiem Ermessen, ob das Verfahren einzuleiten ist; für die Entscheidung sind in erster Linie Zweckmäßigkeitserwägungen maßgebend. Das Verfahren ist grundsätzlich nur einzuleiten, wenn von vornherein eine gewisse Wahrscheinlichkeit dafür besteht, dass es zur Löschung

führt. Schwierige und kostspielige Ermittlungen sind zu vermeiden, insbesondere dann, wenn die Bedeutung der Eintragung hierzu in keinem Verhältnis steht. Ein einmal eingeleitetes Verfahren braucht nicht durchgeführt zu werden; das GBAmt ist vielmehr nach freiem Ermessen zur jederzeitigen Einstellung befugt.

b) Die Einleitung des Löschungsverfahrens erfordert – anders als die des Rangklarstellungsverfahrens – keinen förmlichen Beschluss (OLG Hamm RdL 1965, 173, 199), bedarf keiner Begründung und muss den Beteiligten nicht bekanntgemacht werden; ein bloßer Aktenvermerk genügt. Das Gleiche gilt, vorbehaltlich der Sonderregelung des § 86, für die Ablehnung der Verfahrenseinleitung und für die Einstellung eines eingeleiteten Verfahrens. 4

c) Die Entscheidung über die Einleitung und die Durchführung des Verfahrens ist **unanfechtbar;** die höheren Instanzen würden geneigt sein, rechtlichen Gesichtspunkten den Vorzug zu geben, während die Entscheidung nach Zweckmäßigkeitserwägungen zu treffen ist; auch soll das Verfahren einfach gestaltet werden. Ein Rechtsmittel kann jedoch als Antrag auf GBBerichtigung gem. § 22 auszulegen sein (vgl. BayObLG 1973, 272; BWNotZ 1988, 165; KG FGPrax 1997, 212). 5

Anregung des Verfahrens durch einen Beteiligten

86 Hat ein Beteiligter die Einleitung des Löschungsverfahrens angeregt, so soll das Grundbuchamt die Entscheidung, durch die es die Einleitung des Verfahrens ablehnt oder das eingeleitete Verfahren einstellt, mit Gründen versehen.

1. Allgemeines. § 86 trifft eine besondere Bestimmung für den Fall, dass die Einleitung des Verfahrens von einem Beteiligten angeregt worden ist. 1

2. Entscheidung mit Gründen. Da das GBAmt über die Einleitung und die Durchführung des Löschungsverfahrens nach freiem Ermessen und unanfechtbar entscheidet, bedarf seine Entscheidung an sich keiner Begründung. § 86 schreibt eine solche jedoch dann vor, wenn ein Beteiligter die Einleitung des Verfahrens angeregt hat und diese entweder abgelehnt oder das anregungsgemäß eingeleitete Verfahren eingestellt wird. Zweck dieser Regelung ist, dem Anregenden die Gewissheit zu geben, dass sein Vorbringen sorgfältig geprüft wurde; dieser ist dann auch eher in der Lage, für die Beschaffung weiterer Löschungsunterlagen zu sorgen. 2

Die Entscheidung ist dem Anregenden bekanntzugeben; für die Bekanntmachung gilt § 16 Abs. 2 Satz 2 FGG.

3 **3. Beteiligter.** Wer als Beteiligter in Betracht kommt, ist – anders als für das Rangklarstellungsverfahren – nicht näher bestimmt, lässt sich aber in der Regel unschwer feststellen. Eine engherzige Auslegung des Begriffs erscheint nicht angebracht.

Voraussetzungen der Löschung

87 **Die Eintragung ist zu löschen:**

a) wenn sich aus Tatsachen oder Rechtsverhältnissen, die in einer den Anforderungen dieses Gesetzes entsprechenden Weise festgestellt sind, ergibt, daß die Eintragung gegenstandslos ist;

b) wenn dem Betroffenen eine Löschungsankündigung zugestellt ist und er nicht binnen einer vom Grundbuchamt zugleich zu bestimmenden Frist Widerspruch erhoben hat;

c) wenn durch einen mit Gründen zu versehenden Beschluß rechtskräftig festgestellt ist, daß die Eintragung gegenstandslos ist.

Inhaltsübersicht

1. Allgemeines ... 1
2. Nachweis der Gegenstandslosigkeit ... 2
3. Löschungsankündigung ohne Widerspruch ... 5
4. Rechtskräftiger Feststellungsbeschluss ... 9
5. Wirkung der Löschung ... 12
6. Rechtsmittel ... 13
7. Kosten ... 16

1 **1. Allgemeines.** § 87 bestimmt, unter welchen Voraussetzungen eine Eintragung als gegenstandslos gelöscht werden darf.

Jede der drei Voraussetzungen rechtfertigt die Löschung für sich. Eine Löschung gemäß Buchst. b kommt jedoch erst in Betracht, falls nicht nach Buchst. a gelöscht werden kann, eine solche gemäß Buchst. c nur, wenn weder die Löschung nach Buchst. a noch die nach Buchst. b möglich ist.

2 **2. Nachweis der Gegenstandslosigkeit. a)** Die Eintragung kann gelöscht werden, wenn sich ihre Gegenstandslosigkeit aus Tatsachen oder Rechtsverhältnissen ergibt, die entsprechend den Anforderungen der GBO festgestellt, d. h. in der Form des § 29 nachgewiesen sind (Buchst. a).

3 **b)** Erklärungen, aus denen sich die Gegenstandslosigkeit ableiten lässt, müssen mithin öffentlich beurkundet oder öffentlich beglaubigt sein (s. § 29 Rn. 29, 41); andere die Gegenstandslosigkeit ergebende Umstände bedürfen, wenn sie nicht offenkundig sind

(s. § 29 Rn. 60), des Beweises durch öffentliche Urkunden (s. § 29 Rn. 29 ff.).

c) Auf Grund der vorbezeichneten Nachweise wäre auch eine GBBerichtigung nach §§ 19, 22 möglich; diese würde jedoch einen Antrag und die Beschaffung der Unterlagen durch den Antragsteller erfordern. 4

3. Löschungsankündigung ohne Widerspruch. a) Kann die Gegenstandslosigkeit in grundbuchmäßiger Form nicht nachgewiesen werden, so ist die Löschung der Eintragung statthaft, falls dem Betroffenen eine Löschungsankündigung zugestellt worden ist und er nicht innerhalb einer zugleich bestimmten Frist Widerspruch erhoben hat (Buchst. b). 5

b) Eine Löschungsankündigung darf nur erlassen werden, wenn die Gegenstandslosigkeit der Eintragung **wahrscheinlich** ist (s. § 85 Rn. 2). Da § 88 Abs. 2b eine öffentliche Zustellung der Löschungsankündigung untersagt, ist weiter erforderlich, dass der Betroffene (über den Begriff s. § 19 Rn. 49) sowohl der Person als auch dem Wohnort nach bekannt ist. Die Löschungsankündigung kann etwa lauten: „Gemäß § 84 GBO können Eintragungen, die gegenstandslos geworden sind, von Amts wegen gelöscht werden. Im GB von ... Blatt ... Eigentümer: ... Lage des Grundstücks: ... steht in Abt. II/III die in der Anlage abschriftlich mitgeteilte Eintragung. Das GBAmt nimmt an, dass diese Eintragung gegenstandslos ist, weil ... 6

Sie werden um Äußerung binnen ... gebeten, ob Sie mit der Löschung einverstanden sind, oder ob und aus welchen Gründen Sie widersprechen. Wenn Sie nicht innerhalb der angegebenen Frist bei dem unterzeichneten GBAmt Widerspruch erheben, so kann das GBAmt die bezeichnete Eintragung von Amts wegen löschen."

c) Der Widerspruch ist **formfrei;** er kann schriftlich oder mündlich erhoben werden und bedarf keiner Begründung. Wird er fristgemäß erhoben, so kann nur noch auf Grund eines rechtskräftigen Feststellungsbeschlusses (s. Rn. 9) gelöscht werden. Dasselbe gilt, falls der Löschungsankündigung nach Fristablauf, aber vor Ausführung der Löschung widersprochen wird; denn die zur Erhebung des Widerspruchs bestimmte Frist ist keine Ausschlussfrist. 7

d) Eine widerspruchslose Entgegennahme der Löschungsankündigung berechtigt das GBAmt zur Löschung, nötigt jedoch nicht zu ihrer Vornahme (s. § 85 Rn. 3). 8

4. Rechtskräftiger Feststellungsbeschluss. a) Ist die Gegenstandslosigkeit in grundbuchmäßiger Form nicht nachzuweisen und scheidet eine Löschungsankündigung als Grundlage der Löschung 9 aus, so kann die Eintragung gelöscht werden, wenn die Gegenstandslosigkeit durch einen mit Gründen versehenen Beschluss rechtskräftig festgestellt ist (Buchst. c).

10 **b)** Die beschlussmäßige Feststellung der Gegenstandslosigkeit kommt in Betracht, wenn der Betroffene einer Löschungsankündigung widersprochen hat oder nach Person oder Wohnort unbekannt ist. Trifft letzteres zu, so kann der Feststellungsbeschluss gemäß § 88 Abs. 2c öffentlich zugestellt werden.

11 **c)** Einem rechtskräftig gewordenen Feststellungsbeschluss kommt nur verfahrensrechtliche Bedeutung zu; er gestattet dem GBAmt die Löschung, zwingt aber nicht dazu, sie vorzunehmen (s. § 85 Rn. 3).

12 **5. Wirkung der Löschung.** Die Löschung bewirkt in keinem Fall ein Erlöschen des Rechts; sie beseitigt aber die für den Inhaber des eingetragenen Rechts sprechende Vermutung des § 891 Abs. 1 BGB und begründet zugleich die ihm nachteilige Vermutung des § 891 Abs. 2 BGB (BayObLG 1986, 221 = Rpfleger 1986, 373). Hat das GBAmt die Gegenstandslosigkeit der Eintragung zu Unrecht angenommen, so wird das GB unrichtig (s. JFG 10, 280). Der Betroffene kann die Wiedereintragung seines Rechts verlangen, soweit nicht ein gutgläubiger Erwerb entgegensteht; zur Eintragung eines Amtswiderspruchs müssen die Voraussetzungen des § 53 Abs. 1 Satz 1 vorliegen.

13 **6. Rechtsmittel. a)** Gegen eine Löschungsankündigung ist die Beschwerde unzulässig (JFG 10, 214).

14 **b)** Ein Feststellungsbeschluss ist gemäß § 89 mit der befristeten Beschwerde anfechtbar.

15 **c)** Gegen eine Löschung ist die Beschwerde regelmäßig nur mit dem Ziel der Eintragung eines Amtswiderspruchs zulässig (JFG 22, 123); bedarf das gelöschte Recht zur Erhaltung seiner Wirksamkeit gegenüber Dritten aber nicht der Eintragung, so ist die Beschwerde unbeschränkt statthaft (JFG 10, 282; OLG Hamm RdL 1965, 173, 199).

16 **7. Kosten.** Wegen der Erhebung von Gebühren und Auslagen s. § 84 Rn. 17, 18.

Ergänzende Verfahrensvorschriften

88 (1) **Das Grundbuchamt kann den Besitzer von Hypotheken-, Grundschuld- oder Rentenschuldbriefen sowie von Urkunden des in den §§ 1154, 1155 des Bürgerlichen Gesetzbuchs bezeichneten Art zur Vorlegung dieser Urkunden anhalten.**

(2) **§ 16 des Gesetzes über die Angelegenheiten der freiwilligen Gerichtsbarkeit ist auf die Löschungsankündigung (§ 87 Buchstabe b) und den Feststellungsbeschluß (§ 87 Buchstabe c) mit folgenden Maßgaben anzuwenden:**

a) § 184 der Zivilprozessordnung ist nicht anzuwenden;

b) die Löschungsankündigung (§ 87 Buchstabe b) kann nicht öffentlich zugestellt werden;

c) der Feststellungsbeschluß (§ 87 Buchstabe c) kann auch dann, wenn die Person des Beteiligten, dem zugestellt werden soll, unbekannt ist, öffentlich zugestellt werden.

1. Allgemeines. § 88 enthält ergänzende Verfahrensvorschrif- 1
ten. Sie regeln die Vorlegung von Briefen und sonstigen Urkunden sowie die Bekanntmachung von Löschungsankündigungen und Feststellungsbeschlüssen. Abs. 2 Buchst. a wurde durch das Zustellungsreformgesetz v. 25. 6. 2001 (BGBl. I 1206) geändert.

2. Vorlegung von Briefen und sonstigen Urkunden. Das 2
GBAmt hat nur in den gesetzlich bestimmten Fällen das Recht, den Besitzer von Hypotheken-, Grundschuld- oder Rentenschuldbriefen zu deren Vorlegung anzuhalten (s. § 62 Rn. 16). Abs. 1 verleiht ihm die Befugnis für das Löschungsverfahren und erstreckt sie gleichzeitig auf die in §§ 1154, 1155 BGB genannten Urkunden. Zweck dieser Regelung ist, dem GBAmt die Einhaltung der §§ 41, 42 zu ermöglichen sowie die Ermittlung des Berechtigten zu erleichtern. Die Vorlegung ist nach Maßgabe des § 33 FGG erzwingbar (s. § 62 Rn. 17). Wird die Löschung bei einer Hypothek, Grundschuld oder Rentenschuld vorgenommen, so ist sie gemäß § 62 Abs. 1 auf dem Brief zu vermerken.

3. Bekanntmachung. Löschungsankündigungen und Feststel- 3
lungsbeschlüsse sind gemäß § 16 Abs. 2 Satz 1 FGG grundsätzlich nach den Vorschriften der ZPO über die Amtszustellung bekanntzumachen. Abs. 2 bestimmt aber in einigen Punkten Abweichendes: § 184 ZPO über Zustellungsbevollmächtigte und die Zustellung durch Aufgabe zur Post ist nicht anzuwenden. Ferner ist die öffentliche Zustellung (§§ 185 ff. ZPO) einerseits eingeschränkt, andererseits erweitert; eingeschränkt insofern, als eine Löschungsankündigung nicht öffentlich zugestellt werden darf; erweitert insofern, als die öffentliche Zustellung eines Feststellungsbeschlusses auch zulässig ist, wenn die Person des Zustellungsempfängers unbekannt ist.

Beschwerde gegen den Feststellungsbeschluß

89 (1) **Die Beschwerde (§ 71) gegen den Feststellungsbeschluß ist binnen einer Frist von zwei Wochen seit Zustellung des angefochtenen Beschlusses an den Beschwerdeführer einzulegen. Das Grundbuchamt und das Beschwerdegericht können in besonderen Fällen in ihrer Entscheidung eine längere Frist bestimmen.**

(2) **Auf den zur Zustellung bestimmten Ausfertigungen der Beschlüsse soll vermerkt werden, ob gegen die Entscheidung ein Rechtsmittel zulässig und bei welcher Behörde, in welcher Form und binnen welcher Frist es einzulegen ist.**

1 **1. Allgemeines.** § 89 regelt die Beschwerde gegen den Feststellungsbeschluss und schreibt eine Rechtsmittelbelehrung vor.

2 **2. Befristete Beschwerde. a)** Die Beschwerde ist befristet, weil das Verfahren beschleunigt werden soll, und weil die Löschung nach § 87 Buchst. c einen rechtskräftigen Feststellungsbeschluss voraussetzt. Die Beschwerdefrist beträgt nach Abs. 1 Satz 1 regelmäßig zwei Wochen, kann gemäß Abs. 1 Satz 2 jedoch in besonderen Fällen in der Entscheidung des GBAmts verlängert werden.

3 **b)** Die Beschwerde ist, wie der Hinweis auf § 71 ergibt, eine befristete GBBeschwerde und keine sofortige Beschwerde nach dem FGG. Bei Fristversäumung kann mithin keine Wiedereinsetzung in den vorigen Stand nach § 22 Abs. 2 FGG gewährt werden (a.M. JFG 16, 322). Auch gilt nicht § 18 Abs. 2 FGG, sondern § 75 GBO. Wegen der Beschwerdeberechtigung s. § 71 Rn. 57.

4 **c)** Auch im Beschwerdeverfahren gilt der Grundsatz der Amtsermittlung. Die Erhebung weiterer Beweise durch das LG ist daher möglich und unter Umständen geboten.

5 **3. Weitere Beschwerde. a)** Sie ist, wie schon aus Abs. 1 Satz 2 hervorgeht, grundsätzlich zulässig. Die Beschwerdefrist beträgt auch hier zwei Wochen, kann aber in besonderen Fällen in der Entscheidung des LG verlängert werden.

6 **b)** Hebt das LG den Feststellungsbeschluss des GBAmts auf und verneint es die Gegenstandslosigkeit, so ist gegen diese Entscheidung weitere Beschwerde unzulässig (BayObLG 1997, 268). Denn das Beschwerdegericht tritt hinsichtlich der Prüfung des Sachverhalts an die Stelle des GBAmts und entscheidet gemäß § 85 Abs. 2 unanfechtbar (KG HRR 1935 Nr. 256; 1939 Nr. 1364; BayObLG

DNotZ 1988, 115). Die Zulässigkeit der weiteren Beschwerde verneinen ebenfalls, wenn auch mit anderer Begründung, Güthe/Triebel A. 3 am Ende.

4. Rechtsmittelbelehrung. Sie ist vorgesehen, weil die Beschwerde abweichend von der Regel des § 71 befristet ist. Sie ist auch von Verfassungs wegen geboten (s. § 1 Rn. 53). Das GBAmt belehrt in dem Feststellungsbeschluss, das LG in der Beschwerdeentscheidung (JFG 16, 323). Wie der Wortlaut des Abs. 2 ergibt, handelt es sich nur um eine Sollvorschrift. Die Frist zur Erhebung der Beschwerde beginnt also auch dann zu laufen, wenn die Rechtsmittelbelehrung unterlassen wurde. 7

Anhang zu §§ 84 bis 89
Grundbuchbereinigung

Inhaltsübersicht

1. Allgemeines ... 1
2. Umstellung wertbeständiger Rechte ... 2
3. Erlöschen eingetragener Rechte ... 6
4. Ausschluss unbekannter Berechtigter ... 18
5. Belastungs- und Veräußerungserlaubnis ... 26
6. Erlöschen nicht eingetragener Rechte ... 35
7. Dienstbarkeiten für Versorgungsunternehmen ... 43
8. Erlöschen abgelöster Grundpfandrechte ... 58
9. Sonstige Erleichterungen ... 67

1. Allgemeines. Das als Art. 2 des RegVBG verkündete GB-BereinigungsG (GBBerG) v. 20. 12. 1993 (BGBl. I 2192) hat zum Ziel, die Grundbücher, insbes. in den neuen Ländern im Gebiet der früheren DDR, zu bereinigen. Das Ges. befasst sich in Abschnitt 1 mit der Behandlung wertbeständiger und ähnlicher Rechte, in Abschnitt 2 mit überholten Dienstbarkeiten und vergleichbaren Rechten, in Abschnitt 3 mit nicht eingetragenen dinglichen Rechten und in Abschnitt 4 mit der Ablösung von Grundpfandrechten; in Abschnitt 5 enthält es sonstige Erleichterungen des GBVerfahrens. 1

Zu zweifelhaften Rechtslagen und Problemfällen bei der GB-Bereinigung s. Böhringer DtZ 1994, 130 und 194. S. dazu auch Richter/Böhringer, Bereinigung und Umschreibung von ostdeutschen Grundbüchern, Rpfleger 1995, 437.

2. Umstellung wertbeständiger Rechte. a) § 1 Abs. 1 GB-BerG enthält eine Legaldefinition des wertbeständigen Rechts und bestimmt, dass vom Inkrafttreten des Ges. am 25. 12. 1993 an nur noch die Zahlung eines bestimmten Geldbetrages aus dem Grundstück verlangt werden kann; dies gilt jedoch nur für die im Gebiet 2 der früheren DDR vor dem Inkrafttreten des Zivilgesetzbuchs der DDR (ZGB) v. 19. 6. 1975 (GBl. DDR I 465) am 1. 1. 1976 bestellten wertbeständigen Rechte. § 1 Abs. 2 GBBerG bestimmt, wie der maßgebende Betrag bei Rechten zu ermitteln ist, bei denen wahlweise die wertbeständigen Leistungen auf verschiedener Basis nebeneinander oder neben Geldleistungen gefordert werden können.

3 **b)** § 2 GBBerG betrifft die wertbeständigen Rechte, die bereits durch reichsrechtliche Vorschriften (s. hierzu 17. Auflage § 28 Anm. 9) zu einem festen Satz auf **Reichsmark umgestellt** worden sind. Die Bestimmung stellt auf die seinerzeit vorgesehenen RM-Beträge ab und stellt diese im Verhältnis 2 : 1 auf Deutsche Mark um. Wenn der Verpflichtete jedoch eine andere Umstellung nachweist, ist diese maßgebend. Im Gebiet der früheren DDR wurden RM-Beträge im Verhältnis 1 : 1 auf Mark der DDR umgestellt und werden nunmehr gemäß dem Vertrag über die Schaffung einer Währungs-, Wirtschafts- und Sozialunion zwischen der Bundesrepublik Deutschland und der DDR v. 18. 5. 1990 (BGBl. II 518, 537) im Verhältnis 2:1 auf Deutsche Mark umgestellt.

4 **c)** In § 3 GBBerG wird für die von reichsrechtlichen Umstellungsvorschriften nicht erfassten wertbeständigen Rechte ein fester **Umrechnungssatz** vorgeschrieben; die besonderen Vorschriften über die Schweizer Goldhyp. (s. hierzu § 28 Rn. 22) bleiben jedoch unberührt. Um insbes. dem GBAmt die Ermittlung der maßgebenden Mittelwerte am Tage des Inkrafttretens des Ges. am 25. 12. 1993 zu erleichtern, ist das BJM ermächtigt, diese durch Rechtsverordnung festzustellen. Solche Feststellungen enthält § 12 SachenRDV.

5 **d)** In § 4 Satz 1 GBBerG ist bestimmt, dass die Änderungen der §§ 1 bis 3 zum Erhalt ihrer Wirksamkeit gegenüber dem öffentlichen Glauben des GB nicht der Eintragung bedürfen. Das bedeutet, dass der **gutgläubige Erwerber** eines wertbeständigen Rechts auch dann nur die Zahlung des umgestellten Geldbetrages verlangen kann, wenn das GB noch nicht entsprechend berichtigt war. § 4 Satz 2 GBBerG verpflichtet den Gläubiger und den Eigentümer entsprechende Berichtigungsbewilligungen abzugeben; nicht ausgeschlossen ist aber auch eine GBBerichtigung auf Grund Unrichtigkeitsnachweises. Die GBBerichtigung kann auch von Amts wegen vorgenommen werden. Sie ist jedenfalls vor solchen das Recht betreffenden Eintragungen unverzichtbar, bei denen der Geldbetrag im Vordergrund steht. Gem. § 4 Satz 3 GBBerG ist sie gebührenfrei.

e) Die auf Deutsche Mark umgestellten Geldbeträge sind in Euro umzurechnen (1 EUR = 1,95583 DM).

3. Erlöschen eingetragener Rechte. a) Allgemeines. Der Nießbrauch, die beschränkte persönliche Dienstbarkeit und das Wohnungsrecht zugunsten einer natürlichen Person sind nicht übertragbar (§ 1059 Satz 1, § 1092 Abs. 1 Satz 1, § 1093 Abs. 1 Satz 1 BGB) und erlöschen mit dem Tod des Berechtigten (§ 1061 Satz 1, § 1090 Abs. 3, § 1093 Abs. 1 Satz 1 BGB). Damit wird das GB unrichtig. Die GBBerichtigung durch Löschung setzt den Nachweis voraus, dass der Berechtigte nicht mehr lebt. Dieser Nachweis kann vielfach nicht geführt werden, weil der letzte Aufenthalt des Berechtigten nicht bekannt ist. Um in diesen Fällen die Löschung zu erleichtern, sieht § 5 GBBerG unter bestimmten Voraussetzungen eine Erlöschensfiktion für diese Rechte vor. Erfasst werden von der Vorschrift nicht nur die ausdrücklich aufgeführten Rechte, sondern auch sonstige für eine natürliche Person eingetragene unvererbliche und unveräußerliche Rechte, z.B. die Reallast (§ 1105 Abs. 1, § 1111 Abs. 2 BGB). **6**

b) Voraussetzungen des Erlöschens. Für nicht übertragbare und nicht vererbliche Rechte fingiert § 5 Abs. 1 Satz 1 GBBerG das Erlöschen, wenn auf Grund von Erfahrungssätzen davon auszugehen ist, dass der Berechtigte nicht mehr lebt und das Recht erloschen ist. Steht das Recht mehreren Personen gemeinschaftlich zu, so erlischt es grundsätzlich nur in Bezug auf die Person, bei der die gesetzlichen Voraussetzungen dafür vorliegen. Die Regelung gilt nur für natürliche Personen; bei juristischen Personen gibt es keinen Erfahrungssatz für ihren Untergang nach einem bestimmten Zeitablauf. **7**

aa) Ein Nießbrauch, eine beschränkte persönliche Dienstbarkeit und ein Wohnungsrecht, die im GB für eine natürliche Person eingetragen sind, gelten, sofern sich der Geburtstag des Berechtigten aus dem GB oder den Grundakten ergibt, mit dem Ablauf von 110 Jahren vom Geburtstag an als erloschen, wenn sie nicht bereits vorher erloschen sind. Nach § 15 Abs. 1 Buchst. a GBV in der Neufassung durch die VO v. 21. 3. 1974 (BGBl. I 771) ist das Geburtsdatum des Berechtigten im GB einzutragen, wenn es sich aus den EintrUnterlagen ergibt. **8**

bb) Ist der Geburtstag bei Inkrafttreten des GBBerG am 25. 12. 1993 nicht aus dem GB oder den Grundakten ersichtlich, so ist nach § 5 Abs. 1 Satz 2 GBBerG der Tag der Eintragung des Rechts im GB für den Beginn der Frist von 110 Jahren maßgebend. **9**

cc) Das Recht gilt mit Ablauf der mit dem Geburtstag oder dem Tag der GBEintragung beginnenden Frist von 110 Jahren als erlo- **10** schen. Gälte ein Recht danach bereits vor dem Inkrafttreten des Ges. am 25. 12. 1993 als erloschen, so gilt es erst mit dem Inkrafttreten als erloschen (§ 5 Abs. 1 Satz 3 GBBerG); in Betracht kommen derzeit in der Regel nur Rechte, bei denen sich der Geburtstag des Berechtigten aus dem GB oder den Grundakten ergibt und am 25. 12. 1993 mindestens 110 Jahre zurücklag.

11 **c) Widerspruch des Berechtigten.** Die Fiktion des Erlöschens tritt nicht ein, wenn der Berechtigte innerhalb von 4 Wochen ab dem für das Erlöschen maßgebenden Zeitpunkt (s. dazu Rn. 10) widerspricht.

12 aa) Der Widerspruch ist nur zu beachten, wenn er innerhalb der Frist beim GBAmt eingeht. Er muss darüber hinaus aber auch nach dem für das Erlöschen maßgebenden Zeitpunkt abgefasst sein; Voraussetzung ist daher, dass der Berechtigte zu diesem Zeitpunkt noch lebt.

13 bb) Der Widerspruch bedarf nicht der Form des § 29; er muss aber in Textform (s. dazu § 126 b BGB) oder zu Niederschrift des Urkundsbeamten der Geschäftsstelle des GBAmts erklärt werden und zum Ausdruck bringen, dass der Berechtigte auf dem Fortbestand seines Rechts besteht (§ 5 Abs. 1 Satz 1 GBBerG).

14 **d) Löschung von Amts wegen.** aa) Gilt ein Recht als erloschen, kann es vom GBAmt von Amts wegen gelöscht werden (§ 5 Abs. 3 GBBerG). Das Recht kann damit unabhängig von einem Unrichtigkeitsnachweis des Grundstückseigentümers gelöscht werden. Das GBAmt wird das Amtslöschungsverfahren nur dann in die Wege leiten, wenn besondere äußere Umstände hinreichenden Anlass dazu geben und Grund zu der Annahme besteht, dass das Recht erloschen ist (vgl. § 85).

15 bb) Wegen der Gebühren für die Löschung von Amts wegen ist § 70 Abs. 1 KostO entsprechend anzuwenden.

16 **e) Kohleabbaugerechtigkeiten.** aa) In Grundbüchern im Gebiet der früheren DDR insbes. zugunsten der Riebeck'schen Montan-Union eingetragene Kohleabbaugerechtigkeiten sind wegen der Verstaatlichung des Bergbaus in der früheren DDR gegenstandslos geworden. Dies gilt auch für Dienstbarkeiten, Vormerkungen und Vorkaufsrechte, die dem Inhaber solcher Gerechtigkeiten zu deren Ausübung eingeräumt wurden. § 5 Abs. 2 Satz 1 GBBerG stellt klar, dass diese Gerechtigkeiten, Dienstbarkeiten, Vormerkungen und Vorkaufsrechte erloschen sind.

17 bb) Die Rechte können vom GBAmt von Amts wegen gelöscht werden (§ 5 Abs. 3 GBBerG). Die Löschung wäre aber auch ohne die Bestimmung des § 5 Abs. 3 GBBerG gem. § 84 Abs. 2 Buchst. a

möglich (s. hierzu § 84 Rn. 6). Im Übrigen gilt das in Rn. 14 Gesagte. Voraussetzung für die Löschung einer Dienstbarkeit, eines Vorkaufsrechts oder einer Vormerkung ist aber, dass ein Zusammenhang mit einer Kohleabbaugerechtigkeit besteht. Der Zusammenhang ist vom Grundstückseigentümer, der die Löschung betreibt, glaubhaft zu machen. In Anlehnung an § 29a Halbsatz 2 muss dies nicht in der Form des § 29 geschehen, die in vielen Fällen nicht eingehalten werden könnte.

4. Ausschluss unbekannter Berechtigter. a) Betroffene Rechte. Durch § 6 Abs. 1 GBBerG wird der Ausschluss des Begünstigten eines Nießbrauchs, einer beschränkten persönlichen Dienstbarkeit und eines Mitbenutzungsrechts im Sinne des § 321 Abs. 1 bis 3, § 322 des Zivilgesetzbuchs der DDR (ZGB) v. 19. 6. 1975, GBl. DDR I 465 (vgl. Art. 233 § 5 Abs. 1 EGBGB) im Weg des Aufgebotsverfahrens ermöglicht. Einbezogen sind in die Regelung durch Abs. 1 Satz 2 auch bestimmte subjektiv-dingliche Rechte, darunter insbes. Rechte zugunsten des jeweiligen Eigentümers eines Ritterguts, aber auch Grunddienstbarkeiten, sofern die Grundakten des herrschenden Grundstücks vernichtet und trotz Ausschöpfens der Möglichkeiten des § 141 Abs. 1 GBO nicht mehr wiederherzustellen sind. Bei dem Begünstigten kann es sich um eine natürliche oder um eine juristische Person handeln. **18**

Der durch das SachenRÄndG eingefügte § 6 Abs. 1a GBBerG enthält für die vor dem 3. 10. 1990 begründeten Vorkaufsrechte und Reallasten eine besondere Regelung; s. dazu Rn. 24. S. zum Ganzen Böhringer NotBZ 2001, 197.

b) Voraussetzungen. aa) Während § 1170 BGB verlangt, dass der HypGläubiger unbekannt ist, genügt hier, dass der im Hinblick auf die GBEintragung bekannte Begünstigte, sofern es sich bei ihm nicht um eine juristische Person handelt, unbekannten Aufenthalts ist. Ohne diese Sonderregelung müsste der Grundstückeigentümer eine auf GBBerichtigung gerichtete Klage gem. § 894 BGB durch öffentliche Zustellung erheben und das Erlöschen des Rechts nachweisen. **19**

bb) Bei einem Recht zugunsten einer **natürlichen Person** ist das Aufgebotsverfahren darüber hinaus auch zulässig, wenn nicht feststellbar ist, ob der Berechtigte noch lebt; dies erspart es dem Eigentümer in den Fällen, in denen § 5 Abs. 1 GBBerG nicht eingreift, den oft schwierigen Todesnachweis zu führen. Für die Mitbenutzungsrechte gilt dies nicht, weil sie mit dem Tod des Berechtigten nicht erlöschen, vielmehr gem. § 322 Abs. 2 ZGB auf den Rechtsnachfolger des eingetragenen Berechtigten übergehen. Steht das Recht mehreren Personen gemeinschaftlich zu, so ist das Auf- **20** gebotsverfahren, wenn seine Voraussetzungen nicht für alle vorliegen, nur bei der Bruchteilgemeinschaft zulässig.

21 cc) Ist als Begünstigter eine **juristische Person** eingetragen, kommt ein Aufgebotsverfahren in Betracht, wenn zweifelhaft ist, ob die juristische Person noch besteht oder das Recht auf eine andere juristische Person übergegangen ist.

22 dd) Das Aufgebotsverfahren ist nur zulässig, wenn seit der Letzten sich auf das Recht beziehenden GBEintragung 30 Jahre verstrichen sind und das Recht nicht innerhalb dieser Frist von einem Berechtigten ausgeübt oder von dem Eigentümer nach §§ 208ff. BGB in einer zur Verjährungsunterbrechung geeigneten Weise anerkannt worden ist. Die Regelung lehnt sich an § 1170 BGB an, hinsichtlich der Frist jedoch an § 927 BGB.

23 **c) Aufgebotsverfahren.** Das Aufgebotsverfahren ist in §§ 946ff. ZPO näher geregelt. Gem. § 6 Abs. 2 GBBerG gelten die für das Aufgebotsverfahren nach § 1170 BGB anwendbaren besonderen Vorschriften der §§ 982 bis 986 ZPO sinngemäß.

24 **d) Ausschlussurteil.** Mit der Verkündung des Ausschlussurteils erlischt das Recht; das GB wird unrichtig und kann durch Löschung des Rechts berichtigt werden. Wird das Ausschlussurteil auf Anfechtung hin gem. § 957 Abs. 2 ZPO aufgehoben, erwirbt der Berechtigte das Recht wieder, es sei denn, das Grundstück ist in der Zwischenzeit gutgläubig lastenfrei erworben worden.

e) Vorkaufsrechte und Reallasten. Der durch das SachenRÄndG eingefügte § 6 Abs. 1a GBBerG erweitert die Möglichkeiten des Aufgebotsverfahrens nach §§ 1104, 1112 BGB bei einem Vorkaufsrecht oder einer Reallast, sofern das Recht vor dem 3. 10. 1990 begründet worden ist. Das Aufgebotsverfahren ist auch dann zulässig, wenn es sich um ein subjektiv-dingliches Recht handelt; ferner genügt es, dass lediglich der Aufenthalt des Berechtigten unbekannt ist.

25 **f) Geltungsbereich.** Die Regelung ist auf das Gebiet der früheren DDR beschränkt, kann aber durch Rechtsverordnung der Länderregierungen auch im übrigen Bundesgebiet in Kraft gesetzt werden (s. für *Bayern* VO v. 6. 9. 1994, GVBl. 928, ersetzt ab 14. 4. 1995 durch VO v. 5. 4. 1995, GVBl. 157, diese geändert durch VO v. 27. 12. 1996, GVBl. 577). Nach § 6 Abs. 3 Satz 3 GBBerG sollte die Vorschrift am 31. 12. 1996 außer Kraft treten; das BJM war in Art. 18 Abs. 4 Nr. 3 RegVBG ermächtigt worden, die Frist bis längstens zum Ablauf des 31. 12. 2005 zu verlängern. Die beiden genannten Vorschriften sind durch das EigentumsfristenG v. 20. 12. 1996 (BGBl. I 2028) aufgehoben worden.

5. Belastungs- und Veräußerungserlaubnis. § 7 Abs. 1 GBBerG eröffnet die Möglichkeit, dass von dem gesetzlichen Vertreter oder Pfleger eines Grundstückseigentümers unbeschadet der allgemeinen Vorschriften unter bestimmten Voraussetzungen das Grundstück veräußert oder belastet werden kann. 26

a) Voraussetzungen. aa) Erforderlich ist eine Erlaubnis des Vormundschaftsgerichts. Sie kann nur dem gesetzlichen Vertreter gem. § 11 b VermG oder Art. 233 § 2 Abs. 3 EGBGB oder dem für den Eigentümer eines im Gebiet der früheren DDR gelegenen Grundstücks oder Gebäudes bestellten Pfleger erteilt werden. Erforderlich ist die Erlaubnis (Einwilligung) des Vormundschaftsgerichts zu dem dinglichen Rechtsgeschäft; sie erstreckt sich auch auf das zugrundeliegende Verpflichtungsgeschäft. §§ 1829, 1830 BGB gelten entsprechend. 27

bb) Die Erlaubnis soll bei Grundstücken im Gebiet der früheren DDR, die zwar nicht rechtlich, aber faktisch herrenlos sind, notwendige Maßnahmen zur Verwaltung und Instandhaltung oder Instandsetzung ermöglichen. Die Erlaubnis kann das dafür zuständige Vormundschaftsgericht nicht nach seinem freien Ermessen, sondern nur bei Vorliegen der in § 7 Abs. 1 Satz 2 GBBerG genannten Voraussetzungen erteilen: 28

Der Vertreter oder Pfleger muss eine juristische Person des öffentlichen Rechts sein; nur so ist eine Erlösauskehr ohne zusätzliche Sicherungsmaßnahmen gewährleistet. Zur Erteilung einer Genehmigung gem. § 11 b Abs. 1 Satz 5 VermG i.V.m. § 1821 BGB, wenn es sich bei dem gesetzlichen Vertreter nicht um eine juristische Person des öffentlichen Rechts handelt, s. OLG Dresden FGPrax 1996, 7; KG Rpfleger 1997, 64; zur Erteilung der Genehmigung gem. Art. 233 § 2b Abs. 3 EGBGB s. OLG Jena Rpfleger 1996, 407. Zuständig ist in beiden Fällen die Bestellungsbehörde und nicht das Vormundschaftsgericht.

Der Eigentümer muss unbekannt oder sein Aufenthalt nicht ausfindig zu machen sein (zu den Voraussetzungen hierfür s. OLG Brandenburg OLG-NL 1995, 177); nur dann besteht ein Bedürfnis, für ihn tätig zu werden.

Ein Handlungsbedarf muss bestehen; eine Belastung oder Veräußerung des GB muss also erforderlich sein.

b) Verfahren. aa) Die Erteilung der Erlaubnis setzt keinen Antrag des Vertreters oder Pflegers voraus; es genügt eine Anregung, damit das Vormundschaftsgericht von Amts wegen (vgl. § 12 FGG) tätig wird. Zunächst sind Ermittlungen dahin anzustellen, ob die gesetzlichen Voraussetzungen des § 7 Abs. 1 Satz 1, 2 GBBerG für eine Erlaubnis vorliegen. Die Ermittlungen hat das Vormund- 29 schaftsgericht von Amts wegen (§ 12 FGG) vorzunehmen (a. M. OLG Brandenburg OLG-NL 1995, 177, das „zunächst“ den Vertreter oder Pfleger für verpflichtet erachtet zu versuchen, den Eigentümer oder seinen Aufenthalt zu ermitteln). Außerdem muss der Eigentümer öffentlich zur Geltendmachung seiner Rechte aufgefordert werden (Abs. 1 Satz 3). Diese Verpflichtung obliegt dem Vormundschaftsgericht. Die Aufforderung ist an der Gerichtstafel auszuhängen (vgl. § 186 Abs. 2 ZPO).

30 bb) Die Erlaubnis darf erst dann erteilt werden, wenn seit der öffentlichen Aufforderung des Eigentümers durch Aushang an der Gerichtstafel mindestens sechs Monate verstrichen sind (Abs. 1 Satz 3).

31 cc) Wird die Erlaubnis erteilt, ist die Entscheidung des Vormundschaftsgerichts öffentlich bekannt zu machen (Abs. 2 Halbsatz 1). Auch dies geschieht durch öffentlichen Aushang an der Gerichtstafel.

32 dd) Der Eigentümer kann gegen die Erteilung der Erlaubnis unbefristete Beschwerde einlegen (vgl. § 19 FGG).

33 **c) Auskehr des Erlöses.** Wird das Grundstück mit Erlaubnis des Vormundschaftsgerichts vom Vertreter oder Pfleger veräußert, ist dem Eigentümer der Erlös, mindestens aber der Verkehrswert zu zahlen. Wird das Grundstück belastet, ist dem Eigentümer ein Geldausgleich zu gewähren, sofern die Belastung nicht dem Grundstück zugute kommt. § 7 Abs. 3 GBBerG regelt außerdem die Verzinsungspflicht und die Verjährung der schuldrechtlichen Ansprüche des Eigentümers gegen den Vertreter oder Pfleger.

34 **d) Geltungsbereich.** Die Regelung des § 7 GBBerG ist auf das Gebiet der früheren DDR beschränkt und befristet bis zum 31. 12. 2005 (§ 7 Abs. 4 GBBerG).

35 **6. Erlöschen nicht eingetragener Rechte. a) Betroffene Rechte.** Durch Rechte, die aus dem GB nicht ersichtlich sind und nicht durch gutgläubigen Erwerb des Grundstücks erlöschen, wird der Rechtsverkehr erheblich beeinträchtigt. Dies trifft nach Maßgabe des Art. 233 § 5 Abs. 2 Satz 1 EGBGB auf nicht eingetragene Mitbenutzungsrechte gem. § 321 Abs. 1 bis 3 und § 322 ZGB zu und im Hinblick auf Art. 187 EGBGB auf altrechtliche Grunddienstbarkeiten. § 8 Abs. 1 Satz 1 GBBerG sieht unter bestimmten Voraussetzungen das Erlöschen dieser Rechte vor; dabei werden jedoch die in Art. 233 § 4 Abs. 2 EGBGB genannten Nutzungsrechte gem. §§ 287 bis 294 ZGB ausgenommen, ferner gem. § 8 Abs. 3 Satz 1 GBBerG bestimmte beschränkte dingliche Rechte von Versorgungsunternehmen.

b) Voraussetzungen des Erlöschens. Besondere Voraussetzungen für das Erlöschen stellt das Gesetz nicht auf, benennt vielmehr zwei Voraussetzungen, deren Vorliegen das sonst eintretende Erlöschen der Rechte mit Ablauf des 31. 12. 1995 (zur Verlängerung der Frist s. Rn. 39) verhindert. **36**

aa) **Anerkennt** der Grundstückseigentümer vor Ablauf des Stichtages das Bestehen des Rechts und bewilligt die GBBerichtigung, erlischt das Recht nicht. Anerkenntnis und Bewilligung bedürfen der Form des § 29. **37**

bb) Das Recht erlischt ferner nicht, wenn der Berechtigte von dem Grundstückseigentümer vor Ablauf des Stichtages die Abgabe des Anerkenntnisses und der EintrBewilligung durch **Klage** oder eine gem. § 209 Abs. 2 BGB dieser gleichstehende Maßnahme verlangt. Im Fall der Klageerhebung ersucht das Prozessgericht auf Antrag des Klägers das GBAmt um Eintragung eines Rechtshängigkeitsvermerks (§ 8 Abs. 4 GBBerG). Der Kläger ist nicht berechtigt, die Eintragung des Vermerks beim GBAmt zu beantragen (s. § 38 Rn. 3; str.). **38**

cc) Die bis 31. 12. 1995 laufende **Frist** konnte einmal durch Rechtsverordnung des BJM mit Zustimmung des Bundesrats verlängert werden (§ 8 Abs. 1 Satz 2 GBBerG). Dies ist durch § 13 SachenR-DV geschehen. Die Frist wurde für das Gebiet der früheren DDR bis zum Ablauf des 31. 12. 2005 verlängert, längstens jedoch bis zum Ablauf des in Art. 233 § 5 Abs. 2 EGBGB genannten Tages; dies war nach einer Änderung des maßgebenden Datums durch das EigentumsfristenG v. 20. 12. 1996 (BGBl. I 2028) und das 2. EigentumsfristenG v. 20. 12. 1999 (BGBl. I 2493) der 31. 12. 2000. Bis zum Ablauf des 31. 12. 1997 war die Frist verlängert, sofern die Regelung des § 8 GBBerG im übrigen Bundesgebiet in Kraft gesetzt wurde (s. dazu Rn. 42). **39**

c) Auswirkungen. Die gesetzliche Regelung hat zur Folge, dass mit dem Ablauf des Stichtages die in Betracht kommenden Rechte, wenn sie weder anerkannt noch rechtshängig gemacht worden sind, erlöschen. Allerdings sieht das Ges. nicht vor, dass die Rechte, soweit sie nicht erlöschen, in das GB einzutragen sind. Solche Rechte bleiben damit weiterhin auch ohne Eintragung wirksam. Der Rechtsverkehr, insbes. die Beleihung von Grundstücken wird jedoch dadurch erleichtert, dass der Grundstückseigentümer angeben kann, ob er Rechte anerkannt hat oder auf Anerkennung verklagt worden ist. Die Rechte können aber im Weg der GBBerichtigung in das GB eingetragen werden, Mitbenutzungsrechte im Sinn des Art. 233 § 5 Abs. 1 EGBGB auch dann, wenn sie nach dem Recht der DDR nicht eintragungsfähig waren **40**

(Art. 233 § 5 Abs. 3 Satz 1 EGBGB). Gegenüber dem öffentlichen Glauben des GB behalten letztere ihre Wirksamkeit nur, wenn sie eingetragen werden; dabei genügt es, wenn der Eintragungsantrag vor dem 1. 1. 2000 gestellt worden ist (Art. 233 § 5 Abs. 2 Satz 1 EGBGB).

41 **d) Zeitpunkt des Entstehens.** Für den Rang der in § 8 Abs. 1 GBBerG genannten Rechte ist, soweit sie nicht erlöschen, der Zeitpunkt ihres Entstehens von ausschlaggebender Bedeutung (Art. 233 § 9 Abs. 2 EGBGB). Vielfach wird zwar das Bestehen eines Rechts, nicht aber der Zeitpunkt seines Entstehens eindeutig feststehen. Dann kann dieser Zeitpunkt auch nicht in dem Anerkenntnis und der EintrBewilligung angegeben werden. Für diesen Fall bestimmt § 8 Abs. 2 GBBerG den Tag des Inkrafttretens des Ges. am 25. 12. 1993 als Zeitpunkt für das Entstehen. Zur Notwendigkeit, bei Eintragung eines Mitbenutzungsrechts im Sinn des Art. 233 § 5 Abs. 1 EGBGB in das GB den Zeitpunkt des Entstehens des Rechts oder den von den Betroffenen bewilligten Vorrang des Rechts vor anderen Rechten zu vermerken, s. Art. 233 § 5 Abs. 3 Satz 2 und 3 EGBGB und Anh. zu § 13 Rn. 16. S. zum Ganzen Böhringer Rpfleger 1997, 244.

42 **e) Geltungsbereich.** Die Regelung des § 8 GBBerG ist auf das Gebiet der früheren DDR beschränkt. Sie kann jedoch durch Rechtsverordnung der Landesregierungen auch im übrigen Bundesgebiet in Kraft gesetzt werden, nicht jedoch für die in § 9 genannten Rechte von Versorgungsunternehmen (§ 8 Abs. 3 Satz 2, 3 GBBerG). In *Bayern* ist davon kein Gebrauch gemacht worden.

43 **7. Dienstbarkeiten für Versorgungsunternehmen.** Die Regelung des § 9 GBBerG löst die Maßgaben des EinigungsV zur Energieverordnung über die Aufrechterhaltung von Mitbenutzungsrechten für Energieversorgungsunternehmen im Gebiet der früheren DDR ab. § 9 Abs. 1 GBBerG betrifft Energieanlagen (Anlagen zur Fortleitung von Elektrizität, Gas und Fernwärme, einschließlich aller dazugehörigen Anlagen). Aufgrund der Ermächtigung in Abs. 9 ist die Regelung des § 9 GBBerG durch § 1 Satz 1 SachenR-DV auf die in § 9 Abs. 9 Satz 1 GBBerG bezeichneten wasserwirtschaftlichen Anlagen erstreckt worden. Außerdem ist die Regelung auf diejenigen Anlagen entsprechend anzuwenden, die in dem durch das TelekommunikationsG v. 25. 7. 1996 (BGBl. I 1120) neu gefassten § 9 Abs. 11 GBBerG genannt sind.

Der Geltungsbereich des § 9 GBBerG ist auf das Gebiet der früheren DDR beschränkt. S. zum Ganzen Seeliger DtZ 1995, 34, ferner Moojer DtZ 1996, 362 und Maaß NotBZ 2001, 280.

a) Begründung von Dienstbarkeiten. aa) Gem. § 9 Abs. 1 GBBerG werden kraft Gesetzes mit dem Inkrafttreten des GBBerG am 25. 12. 1993 zugunsten von Energieversorgungsunternehmen zur Sicherung der am 3. 10. 1990 im Gebiet der früheren DDR genutzten Leistungstrassen beschränkte persönliche Dienstbarkeiten begründet. Entsprechendes gilt mit dem Inkrafttreten der SachenR-DV am 11. 1. 1995 und der Neufassung des § 9 Abs. 11 GBBerG am 1. 8. 1996 zugunsten der Betreiber oder Inhaber der in § 9 Abs. 9 Satz 1 und Abs. 11 Satz 1 GBBerG bezeichneten Anlagen. 44

bb) **Belastet sind** alle von der Energieanlage in Anspruch genommenen Grundstücke, ausgenommen öffentliche Verkehrswege und -flächen sowie Grundstücke von Kunden und Anschlussnehmern, sofern diese auf Grund bestehender Rechtsvorschriften zur Duldung der Anlagen verpflichtet sind (§ 9 Abs. 2 GBBerG). Wenn die Voraussetzungen für eine Verpflichtung zur Duldung nach dem 24. 12. 1993 eintreten, bleibt die zuvor begründete Dienstbarkeit bestehen. Soweit die Allgemeinen Versorgungsbedingungen dem Versorgungsunternehmen weitergehende Rechte einräumen, sind diese maßgeblich (§ 5 Satz 1, 2 SachenR-DV). Entsprechendes gilt für die in § 9 Abs. 9 Satz 1 und Abs. 11 Satz 1 GBBerG bezeichneten Anlagen (§ 1 Satz 2, § 5 Satz 3 SachenR-DV; § 9 Abs. 11 Satz 2 GBBerG). Ist das Grundstück mit einem Erbbaurecht oder Gebäudeeigentum belastet, ruht die Dienstbarkeit als Gesamtbelastung auch auf ihnen (§ 9 Abs. 1 Satz 3 GBBerG). 45

cc) **Begünstigt sind** nur die Versorgungsunternehmen, die bei Inkrafttreten des GBBerG die Anlage betreiben. Bei den in § 9 Abs. 9 Satz 1 GBBerG bezeichneten Anlagen gilt der Betreiber und bei Überlassung der Anlage an einen Dritten der Inhaber der Anlage unabhängig von seiner Rechtsform als Versorgungsunternehmen (§ 1 Satz 3 SachenR-DV). 46

dd) Das BJM ist ermächtigt, durch Rechtsverordnung den näheren Inhalt der Dienstbarkeiten zu bestimmen (§ 9 Abs. 8 GBBerG). Solche Bestimmungen enthält § 4 SachenR-DV. 47

ee) Der **öffentliche Glaube** des GB ist hinsichtlich des Bestands, nicht aber des Rangs der Dienstbarkeiten beschränkt. Ein gutgläubiger lastenfreier Erwerb der belasteten Grundstücke mit der Folge, dass die Dienstbarkeiten erlöschen, ist bis 31. 12. 2010 nicht möglich (§ 9 Abs. 1 Satz 2 GBBerG). 48

ff) § 9 Abs. 3 GBBerG regelt im Einzelnen die Verpflichtung des Versorgungsunternehmens zur Zahlung eines Ausgleichs. 49

gg) Der durch das VermögensrechtsbereinigungsG v. 20. 10. 1998 (BGBl. I 3180, 3187) eingefügte § 9a GBBerG bestimmt, dass die Anlagen mit Wirkung vom 3. 10. 1990 im Eigentum des Inhabers der Dienstbarkeit stehen, und regelt die Haftung mehrerer Inhaber der Dienstbarkeit. S. dazu Böhringer VIZ 1998, 605.

50 **b) Berichtigungsgrundlage.** aa) Die Dienstbarkeiten entstehen kraft Gesetzes außerhalb des GB, das damit unrichtig wird. Das Versorgungsunternehmen kann die Berichtigung des GB beantragen. Der Unrichtigkeitsnachweis wird durch eine Bescheinigung der Aufsichtsbehörde nach dem Energiewirtschaftsgesetz erleichtert (§ 9 Abs. 4 GBBerG). Für die in § 9 Abs. 9 Satz 1 GBBerG bezeichneten Anlagen ist die untere Wasserbehörde hierfür zuständig (§ 3 SachenR-DV); wegen der in § 9 Abs. 11 Satz 1 GBBerG genannten Anlagen s. § 9 Abs. 11 Satz 3, 4 GBBerG. Die Zuständigkeit für die Erteilung der Bescheinigung kann auf Grund der Ermächtigung in § 9 Abs. 10 GBBerG von den Landesregierungen auf andere Behörden oder nichtöffentliche Stellen übertragen werden.

51 bb) Die **Bescheinigung** wird auf Antrag des Versorgungsunternehmens erteilt. Nähere Bestimmungen über den erforderlichen Inhalt des Antrags enthält § 6 SachenR-DV. Der Antrag ist unter Angabe der Art der Leitung und der betroffenen Gemeinde in ortsüblicher Weise öffentlich bekannt zu machen, damit der Eigentümer die Möglichkeit erhält, der Erteilung der Bescheinigung zu widersprechen. Statt des Antrags kann auch der Ort, an dem der Antrag samt Unterlagen eingesehen werden kann, öffentlich bekanntgemacht werden (vgl. § 7 Abs. 1 SachenR-DV). Die Bescheinigung darf erst nach Ablauf von vier Wochen ab öffentlicher Bekanntmachung erteilt werden (§ 9 Abs. 4 GBBerG). Sie ist unanfechtbar (§ 9 Abs. 5 Satz 3 GBBerG). Zu den Voraussetzungen für die Erteilung der Bescheinigung s. § 7 Abs. 2, 3 SachenR-DV.

52 cc) Die Bescheinigung ist Grundlage für die GBBerichtigung durch das GBAmt. Sie muss daher den Inhalt des Rechts, den Berechtigten, das belastete Grundstück gem. § 28 und die Ausübungsstelle der Dienstbarkeit bezeichnen; entsprechend § 29 Abs. 3 muss sie unterzeichnet und mit dem Dienstsiegel versehen sein (§ 9 Abs. 5 Satz 1 GBBerG). Hat der Grundstückseigentümer rechtzeitig der Erteilung der Bescheinigung widersprochen, ist dies in ihr zu vermerken (§ 9 Abs. 4 Satz 5 GBBerG). Zum Inhalt der Bescheinigung s. § 7 Abs. 4, 5 SachenR-DV.

53 dd) Das BJM hat auf Grund der Ermächtigung des § 9 Abs. 8 GBBerG das Bescheinigungsverfahren näher geregelt (§§ 6, 7, 10 SachenR-DV).

54 **c) GBBerichtigung.** aa) Auf Antrag des Versorgungsunternehmens berichtigt das GBAmt das GB auf Grund der Bescheini-

gung durch Eintragung der Dienstbarkeit; ein Teilvollzug ist zulässig; in der Eintragung ist nach Möglichkeit auf die Bescheinigung Bezug zu nehmen (§ 8 Abs. 1 SachenR-DV). Dem Grundstückseigentümer bleibt es dann unbenommen, das Versorgungsunternehmen gem. § 894 BGB auf Erteilung einer Löschungsbewilligung hinsichtlich der Dienstbarkeit vor den ordentlichen Gerichten in Anspruch zu nehmen (§ 9 Abs. 5 Satz 4 GBBerG); die Beweislast in einem solchen Verfahren regelt Abs. 5 Satz 5.

bb) Ist in der Bescheinigung ein Widerspruch des Eigentümers **55**
vermerkt, wird die Dienstbarkeit nicht eingetragen sondern nur ein Widerspruch zugunsten des Versorgungsunternehmens. Diesem obliegt es dann, eine Berichtigungsbewilligung (vgl. § 894 BGB) zu erstreiten (§ 9 Abs. 5 Satz 2 GBBerG). Den Inhalt des Widerspruchs legt § 8 Abs. 2 SachenR-DV fest.

cc) Eine auf die Berichtigung des GB durch Eintragung der kraft Gesetzes entstandenen Dienstbarkeit gerichtete Bewilligung des Grundstückseigentümers kann im Hinblick auf den Entschädigungsanspruch gem. § 9 Abs. 3 GBBerG nur dann eingetragen werden, wenn sie mit der Erklärung eines Notars verbunden ist, dass sie auf einer Vereinbarung mit dem begünstigten Versorgungsunternehmen beruht oder dieses trotz Aufforderung innerhalb von drei Monaten keinen Rechtsverzicht gem. § 9 Abs. 6 Satz 1 GBBerG erklärt hat (§ 9 Abs. 1 SachenR-DV).

d) Erlöschen der Dienstbarkeit. aa) Eine gem. § 9 Abs. 1 **56**
GBBerG kraft Gesetzes entstandene Dienstbarkeit erlischt, wenn das Versorgungsunternehmen vor Erteilung der Bescheinigung gem. § 9 Abs. 4 GBBerG auf das Recht verzichtet. Dadurch kann es eine Abfindungsverpflichtung für nicht benötigte Rechte vermeiden. Auf Antrag wird das Erlöschen von der für die Erteilung der Bescheinigung gem. Abs. 4 zuständigen Behörde bescheinigt. Der Antrag des Versorgungsunternehmens muss das betroffene Grundstück, Gebäudeeigentum oder Erbbaurecht in grundbuchmäßiger Form (vgl. § 28) bezeichnen und die Erklärung enthalten, dass auf das Recht verzichtet werde (§ 9 Abs. 2 SachenR-DV). Für die Änderung und Aufhebung der Dienstbarkeiten gelten im Übrigen die allgemeinen Vorschriften (§ 9 Abs. 6).

bb) Eine im GB für ein Versorgungsunternehmen eingetragene **57**
Dienstbarkeit kann gegenstandslos geworden sein. Zur Erleichterung der Berichtigung des GB durch Löschung solcher Rechte kann die nach § 9 Abs. 4 GBBerG zuständige Behörde bescheinigen, dass das Recht nicht mehr besteht. Voraussetzung ist, dass es nicht mehr ausgeübt wird, das Versorgungsunternehmen, dem die Anlage wirtschaftlich zuzuordnen wäre, zustimmt und ein anderer

Berechtigter nicht ersichtlich ist. Der Antrag, den das Versorgungsunternehmen, der Grundstückseigentümer, der Erbbauberechtigte oder der Gebäudeeigentümer stellen kann, muss außer der Angabe der Dienstbarkeit mit ihrer GBStelle die Erklärung des zum Zeitpunkt der Antragstellung zuständigen Versorgungsunternehmens enthalten, dass die Ersten beiden Voraussetzungen vorliegen (§ 10 SachenR-DV). Kann die Behörde die Voraussetzungen des Erlöschens nicht zuverlässig feststellen, kann es den Antragsteller auf das Aufgebotsverfahren gem. § 6 Abs. 1 GBBerG verweisen. Wird die Bescheinigung erteilt, so ist sie eine ausreichende Grundlage für die Berichtigung des GB, sofern sie den Formvorschriften des § 29 Abs. 3 entspricht (§ 9 Abs. 7).

58 **8. Erlöschen abgelöster Grundpfandrechte.** § 10 GBBerG erleichtert die GBBereinigung durch Ablösung geringwertiger Rechte. Das Ablöserecht setzt nicht voraus, dass der Gläubiger unbekannt ist (KG FGPrax 1996, 87).

a) Betroffene Rechte. In Betracht kommen nur Rechte, die vor Schaffung der Währungs-, Wirtschafts- und Sozialunion zwischen der Bundesrepublik Deutschland und der DDR durch Vertrag v. 18. 5. 1990 (BGBl. II 518, 537), also vor dem 1. 7. 1990 an einem Grundstück im Gebiet der früheren DDR bestellt worden sind. Darunter fallen auch Rechte, die sich gem. § 1131 BGB auf ein nach dem 30. 6. 1990 dem belasteten Grundstück zugeschriebenes, nicht im Gebiet der früheren DDR liegendes Grundstück erstrecken. Das Ges. stellt nach seinem Wortlaut auf die Bestellung des Rechts ab; maßgebend ist aber, dass der EintrAntrag vor dem 1. 7. 1990 beim Liegenschaftsdienst eingegangen ist, auch wenn die GBEintragung erst danach vorgenommen wurde.

aa) Steht ein Recht **mehreren Personen** gemeinschaftlich zu, so kann es nur einheitlich abgelöst werden. Ebenso kann, wenn das Eigentum an dem belasteten Grundstück mehreren Personen zusteht, das Ablöserecht zwar von jedem Miteigentümer, aber nur einheitlich hinsichtlich des gesamten Rechts ausgeübt werden. Handelt es sich um eine Gesamtbelastung, steht das Ablöserecht jedem Eigentümer eines der belasteten Grundstücke zu; die anderen Eigentümer brauchen nicht mitzuwirken.

59 bb) Abgelöst werden können Hyp. und Grundschulden mit einem **umgerechneten Nennbetrag** von nicht mehr als 6000 EUR. Umgerechnet wurden die RM-Beträge im Verhältnis 1 : 1 in Mark der DDR, die im Verhältnis 2:1 auf Deutsche Mark umgestellt wurden; DM-Beträge sind nach dem maßgeblichen Kurs (1 EUR = 1,95583 DM) in Euro umzurechnen (s. hierzu § 28 Rn. 19, 21). Sofern es sich um wertbeständige Rechte handelt, ist der Nennbe-

trag gem. § 10 Abs. 2 GBBerG nach §§ 1 bis 3 GBBerG zu berechnen (s. dazu Rn. 2ff.).

cc) Abgelöst werden können auch Rentenschulden und Reallasten. Dabei tritt an die Stelle des Nennbetrags der **Ablösebetrag,** also der kapitalisierte Betrag dieser Rechte. Maßgebend ist der für Rechte dieser Art im Verfahren nach dem VermG anzusetzende Ablösebetrag. 60

b) Voraussetzungen des Erlöschens. aa) Hyp. und Grundschulden erlöschen, wenn der Eigentümer eine Geldsumme zugunsten des Gläubigers unter Verzicht auf die Rücknahme hinterlegt, die dem in Deutsche Mark umgerechneten und um ein Drittel erhöhten Nennbetrag entspricht. Die Erhöhung des Nennbetrags dient der Absicherung möglicher Zinsen; sie entfällt bei einer Höchstbetragshypothek, weil der Höchstbetrag bereits Zinsen berücksichtigt. 61

bb) Rentenschulden und Reallasten erlöschen, wenn der Ablösebetrag hinterlegt wird. Wegen der vorgeschriebenen Kapitalisierung war eine Regelung für Zinsrückstände nicht erforderlich; der Ablösebetrag ist daher im Gegensatz zum Nennbetrag bei Hyp. und Grundschulden nicht zu erhöhen. 62

c) Hinterlegung. aa) Die Hinterlegung ist nach der HinterlegungsO v. 10. 3. 1937 (RGBl. I 285) abzuwickeln. Sie stellt eine Form der Sicherheitsleistung für den Ablösebetrag dar. § 10 Abs. 1 Satz 3 GBBerG ermächtigt das BJM durch Rechtsverordnung außer der Hinterlegung andere Arten der Sicherheitsleistung (s. hierzu § 232 BGB) zuzulassen. In Betracht kommt als Sicherheitsleistung insbes. eine Bankbürgschaft (vgl. § 232 Abs. 2 BGB). 63

bb) Mit der Hinterlegung oder der Leistung einer anderen zugelassenen Sicherheit erlischt das Recht; es geht nicht auf den Eigentümer über. Das GB wird unrichtig und kann gem. § 22 auf Grund des Hinterlegungsscheins, der den Anforderungen der §§ 28, 29 genügen muss, berichtigt werden. 64

cc) Übersteigt die durch Hinterlegung oder in einer sonst zulässigen Weise geleistete Sicherheit den geschuldeten Betrag, kann der Grundstückseigentümer vom Gläubiger des Rechts die Zustimmung zur Auszahlung oder Freigabe verlangen (§ 10 Abs. 3 GBBerG). 65

dd) Nach § 10 Abs. 4 GBBerG wird ein für das Recht erteilter Grundpfandrechtsbrief mit dem Erlöschen des Rechts kraftlos; dies ist entsprechend § 26 Abs. 3 Satz 2 GBMaßnG bekanntzumachen. 66

9. Sonstige Erleichterungen. Die vorgesehenen Erleichterungen sind nur im Gebiet der früheren DDR von Bedeutung. 67

a) § 11 GBBerG enthält Ausnahmen vom Grundsatz der **Voreintragung.** Abs. 1 schließt die Anwendung des § 39 Abs. 1 für bestimmte Fälle des VermG und des VZOG aus. Abs. 2 erstreckt den Anwendungsbereich des § 40 Abs. 1 zeitlich befristet auf Belastungen. Näheres s. § 39 Rn. 7 und § 40 Rn. 20.

68 **b)** § 12 GBBerG erleichtert den Nachweis des Rechtsübergangs bei einer **Genossenschaft** gegenüber dem GBAmt. Die Bestimmung ergänzt § 32. Näheres s. § 32 Rn. 6.

69 **c)** § 13 GBBerG ergänzt das **Flurneuordnungsverfahren** und erübrigt eine Änderung der Vorschriften des 8. Abschnitts des LandwirtschaftsanpassungsG i. d. F. v. 3. 7. 1991 (BGBl. I 1418). Die Bestimmung trägt einem praktischen Bedürfnis Rechnung und ermöglicht es, durch den Flurneuordnungsbescheid an den im Flurneuordnungsplan festgelegten Grundstücken beschränkte dingliche Rechte, insbes. Grundpfandrechte zu begründen, aber auch aufzuheben und zu ändern.

70 **d)** § 14 GBBerG erleichtert die Berichtigung des GB in den Fällen, in denen **Ehegatten** keine Erklärung des Inhalts abgegeben haben, der bisherige gesetzliche Güterstand des Familiengesetzbuchs der DDR v. 20. 12. 1965 (GBl. DDR I 1966, 1) solle weitergelten (vgl. Art. 234 § 4 Abs. 2 EGBGB). Dann ist gemeinschaftliches Eigentum der Ehegatten an Grundstücken oder grundstücksgleichen Rechten Bruchteilseigentum zu gleichen oder von den Ehegatten bestimmten anderen Anteilen geworden (vgl. Art. 234 § 4a Abs. 1 EGBGB; s. hierzu auch § 33 Rn. 3). Haben Ehegatten keine Bestimmung hinsichtlich der Anteile getroffen, ergibt sich aus dem GB die außerhalb des GB entstandene Bruchteilsgemeinschaft nach gleichen Anteilen in der Regel nicht.

71 aa) § 14 Satz 1 GBBerG sieht für diesen Fall die entsprechende Anwendung der Vorschriften über den GBBerichtigungszwang und die Berichtigung von Amts wegen (§§ 82, 82a Satz 1) vor.

72 bb) Die Berichtigung des GB setzt den Nachweis voraus, dass die Ehegatten keine Erklärung abgegeben haben, der bisherige gesetzliche Güterstand solle weitergelten. Dieser Nachweis wird dadurch erleichtert, dass er außer durch Berufung auf die Vermutung des Art. 234 § 4a Abs. 3 EGBGB (in diesem Fall gilt das zu der Vermutung des § 891 BGB in Anh. zu § 13 Rn. 10 Gesagte entsprechend) auch durch übereinstimmende Erklärung der Ehegatten oder Versicherung ihrer Erben oder des überlebenden Ehegatten geführt werden kann, die ebenso wenig wie der Berichtigungsantrag des § 82 der Form des § 29 bedürfen (§ 14 Satz 2 GBBerG).

cc) Die GBBerichtigung ist in allen Fällen des Art. 234 § 4a EGBGB gebührenfrei (§ 14 Satz 3 GBBerG). Eine Übergangsregelung für die Gebühren enthält Art. 2 § 10 Abs. 2 SachenRÄndG. **73**

e) § 15 GBBerG, angefügt durch die 2. Zwangsvollstreckungsnovelle v. 17. 12. 1997 (BGBl. I 3039) und geändert durch das GrundRÄndG v. 2. 11. 2000 (BGBl. I 1481), regelt das Aufgebotsverfahren nach dem EntschädigungsG und den Erlass eines Ausschlussbescheids mit der Wirkung eines Ausschlussurteils durch das Bundesamt zur Regelung offener Vermögensfragen.

III. Klarstellung der Rangverhältnisse

Grundsatz

90 Das Grundbuchamt kann aus besonderem Anlaß, insbesondere bei Umschreibung unübersichtlicher Grundbücher, Unklarheiten und Unübersichtlichkeiten in den Rangverhältnissen von Amts wegen oder auf Antrag eines Beteiligten beseitigen.

1. Allgemeines. Zu der vom Gesetzgeber erstrebten Bereinigung und Übersichtlichkeit der Grundbücher reichen die Bestimmungen über die Löschung gegenstandsloser Eintragungen nicht aus. §§ 90 bis 115 geben daher weitere ergänzende Vorschriften über die Klarstellung der Rangverhältnisse. Ihre Anwendung dient nicht nur dem GBVerkehr und damit dem Allgemeininteresse, sondern erleichtert z.B. auch die Aufstellung der Teilungspläne im Zwangsversteigerungsverfahren wesentlich. **1**

§ 24 GBBerG-1930 ist mit dem 1. 4. 1936 außer Kraft getreten (Art. 2, 7 Abs. 2 ÄndVO). Mit dem gleichen Zeitpunkt traten landesrechtliche Vorschriften über Rangklarstellung außer Kraft (Art. 7 Abs. 3 ÄndVO).

2. Voraussetzungen. Die Einleitung eines Verfahrens zur Klarstellung der Rangverhältnisse, im folgenden Rangbereinigungsverfahren genannt, setzt ein Doppeltes voraus: **2**

a) Es müssen unklare oder unübersichtliche Rangverhältnisse vorliegen. Unklar sind die Rangverhältnisse, wenn der Inhalt der Eintragungen zu Zweifeln oder Meinungsverschiedenheiten über die materielle Rangfolge führt. Unübersichtlich sind die Rangverhältnisse, wenn sie materiell besonders verwickelt sind; zu denken ist hier in erster Linie an eine Häufung relativer Rangverhältnisse.

b) Es muss ein besonderer Anlass für die Beseitigung der unklaren oder unübersichtlichen Rangverhältnisse bestehen. Ein solcher **3**

ist vor allem die anstehende Umschreibung eines unübersichtlichen GBBlatts. Genügen kann aber auch der Hinweis eines Beteiligten auf Schwierigkeiten, die ob der Rangverhältnisse sich ergeben haben oder zu befürchten sind.

4 **3. Ziel.** Ziel des Rangbereinigungsverfahrens, das bei Vorliegen der in Rn. 2, 3 genannten Voraussetzungen sowohl von Amts wegen als auch auf Antrag eingeleitet werden kann, ist die Herstellung einer neuen Rangordnung und die entsprechende Umschreibung des GB (§ 102 Abs. 2, §§ 111, 112).

5 **4. Kosten. a)** Für Eintragungen und Löschungen im Rangbereinigungsverfahren werden Gebühren nicht erhoben; gebührenfrei ist auch das vorangegangene Verfahren vor dem GBAmt einschl. der Beurkundung von Erklärungen der Beteiligten (§ 70 Abs. 2 Satz 1 KostO).

6 **b)** Die Auslagen des Verfahrens werden von demjenigen erhoben, dem sie das GBAmt gemäß § 114 auferlegt hat (§ 70 Abs. 2 Satz 2 KostO).

7 **c)** Art. 6 ÄndVO ist mit dem Inkrafttreten der KostO gegenstandslos geworden.

Einleitung des Verfahrens

91 (1) **Vor der Umschreibung eines unübersichtlichen Grundbuchblatts hat das Grundbuchamt zu prüfen, ob die Rangverhältnisse unklar oder unübersichtlich sind und ihre Klarstellung nach den Umständen angezeigt erscheint. Das Grundbuchamt entscheidet hierüber nach freiem Ermessen. Die Entscheidung ist unanfechtbar.**

(2) **Der Beschluß, durch den das Verfahren eingeleitet wird, ist allen Beteiligten zuzustellen.**

(3) **Die Einleitung des Verfahrens ist im Grundbuch zu vermerken.**

(4) **Der Beschluß, durch den ein Antrag auf Einleitung des Verfahrens abgelehnt wird, ist nur dem Antragsteller bekanntzumachen.**

1 **1. Allgemeines.** § 91 legt dem GBAmt für den Fall, dass ein unübersichtliches GBBlatt zur Umschreibung ansteht, eine besondere Prüfungspflicht auf und regelt ganz allgemein die Einleitung des Rangbereinigungsverfahrens sowie die Verlautbarung der Entscheidung hierüber.

2 **2. Prüfung. a)** Steht ein unübersichtliches GBBlatt zur Umschreibung an, ist ein Antrag auf Einleitung des Rangbereinigungs-

verfahrens gestellt oder geben sonstige Umstände Anlass, so prüft das GBAmt, ob ein Rangbereinigungsverfahren erforderlich ist und seine Durchführung Erfolg verspricht. Es trifft seine Entscheidung unter Berücksichtigung aller Umstände nach freiem Ermessen (Abs. 1 Satz 2).

b) Die Entscheidung des GBAmts über die Einleitung oder Nichteinleitung des Verfahrens ist ebenso wie im Fall des § 85 Abs. 2 unanfechtbar. Über den Grund der Vorschrift s. § 85 Rn. 5. Auch ein bereits eingeleitetes Verfahren kann jederzeit eingestellt werden, wenn sich das GBAmt von der Fortsetzung keinen Erfolg verspricht (§ 109). 3

3. Einleitung des Verfahrens. a) Sie erfordert einen besonderen Beschluss, der allen Beteiligten zuzustellen ist (Abs. 2). Wegen des Begriffs des „Beteiligten" s. § 92 Rn. 2–8. Die Angabe von Gründen, weshalb das Verfahren eingeleitet wird, ist nicht erforderlich, aber ein Hinweis auf die Anzeigepflicht nach § 93 ist notwendig. 4

b) Die Einleitung des Verfahrens ist im GB zu vermerken (Abs. 3). Diese Regelung bezweckt eine Einschränkung des Schutzes des öffentlichen Glaubens. Nach § 112 tritt die neue Rangordnung, die den Abschluss des Verfahrens bildet, mit der Eintragung an die Stelle der bisherigen. Jeder Inhaber oder Erwerber eines Rechts am Grundstück muss also nach Eintragung des Vermerks mit einer Rangänderung rechnen. Der Vermerk begründet keine Verfügungsbeschränkung. Er ist nach § 10 Abs. 1 Buchst. c GBV in Abt. II einzutragen und kann etwa lauten: „Das Verfahren zur Klarstellung der Rangverhältnisse ist eingeleitet. Eingetragen am . . .". Wegen der Löschung des Vermerks s. § 113. 5

4. Ablehnung. Der Beschluss, durch den ein Antrag auf Einleitung des Verfahrens abgelehnt wird, ist ebenso wie der Einleitungsbeschluss unanfechtbar (s. Rn. 3). Der Ablehnungsbeschluss ist nur dem Antragsteller bekanntzumachen (Abs. 4). Es ist weder Zustellung noch Begründung vorgeschrieben (s. Abs. 2 und § 86). Begründung aber stets zweckmäßig. Für die Form der Bekanntmachung gilt § 16 Abs. 2 Satz 2 und Abs. 3 FGG. 6

Beteiligte

92 (1) **In dem Verfahren gelten als Beteiligte:**

a) **der zur Zeit der Eintragung des Vermerks (§ 91 Abs. 3) im Grundbuch eingetragene Eigentümer und, wenn das Grundstück mit einer Gesamthypothek (-grundschuld, -rentenschuld) belastet ist, die im Grundbuch eingetragenen Eigentümer der anderen mit diesem Recht belasteten Grundstücke;**

b) Personen, für die in dem unter Buchstabe a bestimmten Zeitpunkt ein Recht am Grundstück oder ein Recht an einem das Grundstück belastenden Recht im Grundbuch eingetragen oder durch Eintragung gesichert ist;

c) Personen, die ein Recht am Grundstück oder an einem das Grundstück belastenden Recht im Verfahren anmelden und auf Verlangen des Grundbuchamts oder eines Beteiligten glaubhaft machen.

(2) **Beteiligter ist nicht, wessen Recht von der Rangbereinigung nicht berührt wird.**

1 **1. Allgemeines.** § 92 bestimmt, wer im Rangbereinigungsverfahren als Beteiligter gilt; er wird durch §§ 94, 95 ergänzt. Als Vorbild hat § 9 ZVG gedient, an dessen Wortlaut sich § 92 anlehnt. Schrifttum und Rechtsprechung zu § 9 ZVG können deshalb zur Auslegung herangezogen werden.

2 **2. Beteiligte.** Der Kreis der Beteiligten wird grundsätzlich nach dem Stand des GB, und zwar zurzeit der Eintragung des Einleitungsvermerks (§ 91 Abs. 3) bestimmt. Danach sind Beteiligte:

3 **a)** Der eingetragene Eigentümer (s. aber § 93), bei Gesamtbelastungen die Eigentümer sämtlicher Grundstücke.

4 **b)** Diejenigen, für die ein Recht am Grundstück oder an einem Grundstücksrecht (Pfandrecht, Nießbrauch) eingetragen oder durch Eintragung gesichert ist, z.B. durch Vormerkung, Widerspruch, Veräußerungsverbot. Auch der Nacherbe ist hierher zu rechnen, obwohl er kein dingliches Recht am Grundstück hat (s. § 51 Rn. 2). Nicht eingetragene Berechtigte einer Briefpost gelten nur als Beteiligte auf Grund besonderer Anmeldung (vgl. Rn. 5) oder dadurch, dass ihre Person dem GBAmt bekannt wird (§ 95 Abs. 1).

5 **c)** Diejenigen, die ein Recht am Grundstück oder an einem Grundstücksrecht anmelden und auf Verlangen glaubhaft machen.

6 **d)** Besteht hinsichtlich eines Rechts Testamentsvollstreckung, so gilt nur der Testamentsvollstrecker als Beteiligter, wenn er nach §§ 2205, 2211 BGB das ausschließliche Verwaltungs- und Verfügungsrecht hat.

7 **3. Nichtbeteiligte.** Nicht am Verfahren beteiligt sind:

a) Diejenigen, deren Rechte von der Rangbereinigung nicht berührt werden (Abs. 2). Das sind z.B. Inhaber von Rechten, die zweifelsfrei an erster Stelle stehen oder allen Rechten im Rang nachgehen.

8 **b)** Nicht dinglich Berechtigte oder Gesicherte, z.B. der Grundstückskäufer, dessen Recht auf Eigentumsübertragung nicht durch

Vormerkung gesichert ist, der Aneignungsberechtigte (§ 928 BGB) oder der Antragsteller (a. M. Bauer/v. Oefele Rn. 7), solange der Antrag nicht durch Eintragung erledigt ist.

4. Glaubhaftmachung. a) Sie kann vom GBAmt oder einem Beteiligten verlangt werden. Weder die Anmeldung noch das Verlangen nach Glaubhaftmachung ist an eine Frist gebunden, daher während des ganzen Verfahrens möglich. 9

b) Für die Glaubhaftmachung gilt § 15 Abs. 2 FGG. Da besondere Vorschriften über die Art der Glaubhaftmachung fehlen, wird man grundsätzlich jedes Mittel zur Glaubhaftmachung für geeignet halten müssen; die Formvorschrift des § 29 Abs. 1 Satz 1 gilt hier nicht. 10

5. Verzicht auf Zuziehung zum Verfahren. Ein Beteiligter kann auf seine Zuziehung verzichten. Der Verzicht ist formfrei und kann mündlich oder schriftlich erklärt werden. Vom Zeitpunkt des Verzichts an gilt der Betreffende nicht mehr als Beteiligter, muss aber die nach §§ 108, 112 festgestellte neue Rangordnung gegen sich gelten lassen. Die Auskunftspflicht nach § 93 wird durch den Verzicht nicht berührt. 11

Anzeigepflicht des Buchberechtigten

93 **Ist der im Grundbuch als Eigentümer oder Berechtigter Eingetragene nicht der Berechtigte, so hat er dies unverzüglich nach Zustellung des Einleitungsbeschlusses dem Grundbuchamt anzuzeigen und anzugeben, was ihm über die Person des Berechtigten bekannt ist. Ein schriftlicher Hinweis auf diese Pflicht ist ihm zugleich mit dem Einleitungsbeschluß zuzustellen.**

Ermittlung des Berechtigten

94 (1) **Das Grundbuchamt kann von Amts wegen Ermittlungen darüber anstellen, ob das Eigentum oder ein eingetragenes Recht dem als Berechtigten Eingetragenen oder einem anderen zusteht, und die hierzu geeigneten Beweise erheben. Inwieweit § 35 anzuwenden ist, entscheidet das Grundbuchamt nach freiem Ermessen.**

(2) **Der ermittelte Berechtigte gilt vom Zeitpunkt seiner Feststellung an auch als Beteiligter.**

(3) **Bestehen Zweifel darüber, wer von mehreren Personen der Berechtigte ist, so gelten sämtliche Personen als Berechtigte.**

1 **1. Allgemeines.** Grundsätzlich ist für die Feststellung, wer als Beteiligter in Betracht kommt, der Stand des GB zurzeit der Eintragung des Einleitungsvermerks maßgebend (§ 92), weil vom GBAmt ebenso wenig wie vom Versteigerungsgericht (§ 9 ZVG) eine ständige Nachprüfung der Berechtigung erwartet werden kann. Darüber hinaus erscheint es jedoch wegen der Bedeutung des Rangbereinigungsverfahrens (s. § 112) zweckmäßig, den wahren Berechtigten festzustellen, ohne das GBAmt mit einer Ermittlungspflicht zu belasten. Diesem Zweck dienen §§ 93, 94, 95 sowie auch § 99.

2 **2. § 93.** Ist der Buchberechtigte nicht der wahre Berechtigte, weil er etwa trotz Eintragung kein Recht erworben oder sein Recht außerhalb des GB auf einen anderen übertragen hat (§ 1154 BGB), so trifft ihn eine zweifache Verpflichtung: Er hat diesen Umstand dem GBAmt nach Zustellung des Einleitungsbeschlusses (§ 91 Abs. 2) unverzüglich, d.h. ohne schuldhaftes Zögern, mitzuteilen und außerdem anzugeben, was ihm über die Person des wirklichen Berechtigten bekannt ist. Ein entsprechender schriftlicher Hinweis ist dem Buchberechtigten mit dem Einleitungsbeschluss zuzustellen (Satz 2). Die Erfüllung der Pflicht ist nach Maßgabe des § 33 FGG erzwingbar. Schuldhafte Verletzung kann Schadensersatzansprüche nach § 823 Abs. 2 BGB begründen, weil § 93 ein Schutzgesetz i.S. dieser Vorschrift zugunsten des wahren Berechtigten ist (Krieger DNotZ 1935, 868).

3 **3. § 94. a)** Das GBAmt kann den wirklichen Berechtigten von Amts wegen, also ohne Antrag eines Beteiligten, ermitteln. Für das Ermittlungsverfahren gilt § 12 FGG. Im Fall des Todes des eingetragenen Berechtigten ist es hinsichtlich der Erbfolge nicht an den Nachweis durch Erbschein oder öffentliches Testament gebunden; es kann ein privatschriftliches Testament oder sonstige Urkunden und Erklärungen nach seinem Ermessen genügen lassen (Abs. 1).

4 **b)** Der vom GBAmt ermittelte Berechtigte gilt vom Zeitpunkt seiner Feststellung an „auch", also neben dem eingetragenen Berechtigten, als Beteiligter (Abs. 2).

5 **c)** Bestehen Zweifel wer von mehreren der Berechtigte ist, so gelten sämtliche Personen als Berechtigte und damit als Beteiligte (Abs. 3). Das GBAmt ist also weder berechtigt noch verpflichtet, eine Entscheidung über die Berechtigung zu treffen.

Wechsel des Berechtigten

95 (1) **Wechselt im Laufe des Verfahrens die Person eines Berechtigten, so gilt der neue Berechtigte von dem Zeitpunkt ab, zu dem seine Person dem Grundbuchamt bekannt wird, als Beteiligter.**

(2) **Das gleiche gilt, wenn im Laufe des Verfahrens ein neues Recht am Grundstück oder an einem das Grundstück belastenden Rechte begründet wird, das von dem Verfahren berührt wird.**

1. Allgemeines. § 95 behandelt zwei Fälle, nämlich den Wechsel in der Person eines Berechtigten im Lauf des Verfahrens sowie den Neuerwerb eines Rechts am Grundstück oder einem Grundstücksrecht während des Verfahrens. § 95 bezweckt wie §§ 93, 94 die Zuziehung aller von der Rangbereinigung Betroffenen über den durch § 92 festgestellten Umfang hinaus (s. §§ 93, 94 Rn. 1). 1

2. Bedeutung für das Verfahren. a) Wechsel in der Person liegt z.B. vor, wenn der eingetragene Berechtigte stirbt oder sein Recht auf einen anderen überträgt. 2

b) Neuerwerb ist insbesondere auch ein Erwerb außerhalb des GB, z.B. die Begründung eines Nießbrauchs oder Pfandrechts sowie der Erwerb eines Pfändungspfandrechts an einer Briefhyp. (§§ 1069, 1274 BGB, § 830 ZPO). 3

c) Der neue Berechtigte gilt als Beteiligter von dem Zeitpunkt ab, in welchem seine Person dem GBAmt bekannt wird. Bei Neuerwerb ist erforderlich, dass das Recht vom Rangbereinigungsverfahren berührt wird (s. § 92 Abs. 2 und § 92 Rn. 7). Auf welche Weise das GBAmt Kenntnis erlangt, ist gleichgültig. Der neue Berechtigte ist fortan zum Verfahren zuzuziehen; er muss das bisherige Verfahren gegen sich gelten lassen. Der bisherige Berechtigte scheidet aus. Bestehen begründete Zweifel, ob der Rechtserwerb gültig war, so wird das GBAmt den bisherigen und den neuen Berechtigten als Beteiligte anzusehen haben (s. § 94 Abs. 3). 4

Bestellung eines Pflegers

96 **Ist die Person oder der Aufenthalt eines Beteiligten oder seines Vertreters unbekannt, so kann das Grundbuchamt dem Beteiligten für das Rangbereinigungsverfahren einen Pfleger bestellen. Für die Pflegschaft tritt an die Stelle des Vormundschaftsgerichts das Grundbuchamt.**

1 **1. Allgemeines.** Mit Rücksicht auf die Bedeutung des Rangbereinigungsverfahrens (s. § 112) sieht § 96 für gewisse Fälle die Bestellung eines Pflegers vor. Vorbild für diese Bestimmung war § 88 FGG.

2 **2. Pflegschaft. a)** Abweichend von § 88 FGG kann die Pflegschaft nicht nur eingeleitet werden, wenn der Aufenthalt, sondern auch, wenn die Person eines Beteiligten unbekannt ist (Satz 1). Dem Sinn des § 96 entspricht es, die Bestellung eines Pflegers auch zuzulassen, wenn Person und Aufenthalt eines Beteiligten zwar bekannt sind, dieser aber infolge Abwesenheit an der Wahrnehmung seiner Rechte im Rangbereinigungsverfahren verhindert ist. Hat der Beteiligte einen Vertreter, dessen Person und Aufenthalt dem GBAmt bekannt sind und dessen gesetzliche oder rechtsgeschäftliche Vertretungsmacht für das Rangbereinigungsverfahren ausreicht, so ist für die Bestellung eines Pflegers kein Raum.

3 **b)** Aufgabe des Pflegers ist die Wahrnehmung der Rechte des Beteiligten oder seines Vertreters im Rangbereinigungsverfahren. Zustellungen erfolgen an ihn. Seine Erklärungen wirken für und gegen denjenigen, für den er bestellt ist. Für etwaige Versehen haftet er nach §§ 1915, 1833 BGB.

4 **c)** An die Stelle des Vormundschaftsgerichts tritt das GBAmt (Satz 2), das damit auch über die nach §§ 1812, 1821, 1822 BGB erforderlich werdende Genehmigung zu entscheiden hat.

5 **d)** Die Wirkung der Pflegerbestellung ist beschränkt auf das Rangbereinigungsverfahren. Die Pflegschaft endet daher mit Erledigung oder Einstellung (§ 109) des Verfahrens.

Wohnsitz eines Beteiligten im Ausland

97 (1) **Wohnt ein Beteiligter nicht im Inland und hat er einen hier wohnenden Bevollmächtigten nicht bestellt, so kann das Grundbuchamt anordnen, daß er einen im Inland wohnenden Bevollmächtigten zum Empfang der für ihn bestimmten Sendungen oder für das Verfahren bestellt.**

(2) **Hat das Grundbuchamt dies angeordnet, so können, solange der Beteiligte den Bevollmächtigten nicht bestellt hat, nach der Ladung zum ersten Verhandlungstermin alle weiteren Zustellungen in der Art bewirkt werden, daß das zuzustellende Schriftstück unter der Anschrift des Beteiligten nach seinem Wohnorte zur Post gegeben wird; die Postsendungen sind mit der Bezeichnung „Einschreiben" zu versehen. Die Zustellung gilt mit der Aufgabe zur Post als bewirkt, selbst wenn die Sendung als unbestellbar zurückkommt.**

1. Allgemeines. Die Vorschrift entspricht § 184 ZPO i. d. F. durch das Zustellungsreformgesetz vom 25. 6. 2001 (BGBl. I 1206), weicht von dieser Bestimmung aber verschiedentlich ab und bezweckt die Erleichterung des Verfahrens. 1

2. Voraussetzungen. § 97 setzt voraus, dass ein Beteiligter (s. § 92 Rn. 2–8) nicht im Inland wohnt und er keinen im Inland wohnenden Bevollmächtigten, sei es Zustellungs- oder Verfahrensbevollmächtigten, bestellt hat.

3. Anordnung. Liegen die in Rn. 1 genannten Voraussetzungen vor, so kann das GBAmt von Amts wegen, also ohne Antrag anordnen, dass der Beteiligte einen im Inland wohnenden Bevollmächtigten zum Empfang der für ihn bestimmten Sendungen oder für das Verfahren bestelle. 2

4. Wirkung. a) Der Beschluss über die Einleitung des Verfahrens (§ 91 Abs. 2) sowie die Ladung zum ersten Verhandlungstermin (§ 100) müssen auf dem ordentlichen Weg (§ 183 ZPO) zugestellt werden. 3

b) Nach der Ladung zum ersten Verhandlungstermin können alle weiteren Zustellungen in der in Abs. 2 angegebenen Weise erfolgen. Die Postsendungen sind mit der Bezeichnung „Einschreiben“ zu versehen. Eine Zustellung gilt mit der Aufgabe zur Post als bewirkt, selbst wenn die Sendung als unbestellbar zurückkommt. 4

Keine öffentliche Zustellung

98 **Die öffentliche Zustellung ist unzulässig.**

Wegen der Bedeutung des Rangbereinigungsverfahrens (s. § 112) ist die öffentliche Zustellung (§§ 185 ff. ZPO) ausgeschlossen. Ist der Aufenthalt oder die Person eines Beteiligten oder seines Vertreters unbekannt, so kann ihm nach § 96 zur Wahrnehmung seiner Rechte vom GBAmt ein Pfleger bestellt werden. 1

Vorlegungspflicht

99 **Das Grundbuchamt kann den Besitzer von Hypotheken-, Grundschuld- oder Rentenschuldbriefen sowie von Urkunden der in den §§ 1154, 1155 des Bürgerlichen Gesetzbuchs bezeichneten Art zur Vorlegung dieser Urkunden anhalten.**

§ 99 entspricht § 88 Abs. 1 und gibt wie dort neben §§ 93, 94 dem GBAmt ein Mittel zur Feststellung des Berechtigten. S. im Übrigen § 88 Rn. 2. 1

Ladung zum Verhandlungstermin

100 **Das Grundbuchamt hat die Beteiligten zu einem Verhandlungstermin über die Klarstellung der Rangverhältnisse zu laden. Die Ladung soll den Hinweis enthalten, daß ungeachtet des Ausbleibens eines Beteiligten über die Klarstellung der Rangverhältnisse verhandelt werden würde.**

101 (1) **Die Frist zwischen der Ladung und dem Termin soll mindestens zwei Wochen betragen.**

(2) **Diese Vorschrift ist auf eine Vertagung sowie auf einen Termin zur Fortsetzung der Verhandlung nicht anzuwenden. Die zu dem früheren Termin Geladenen brauchen zu dem neuen Termin nicht nochmals geladen zu werden, wenn dieser verkündet ist.**

1 **1.** Allgemeines. §§ 100, 101 regeln, ähnlich wie §§ 89, 90 FGG im Auseinandersetzungsverfahren unter Miterben die Ladung zum Verhandlungstermin vor dem GBAmt.

2 **2. § 100.** Ein Verhandlungstermin über die Klarstellung der Rangverhältnisse ist zwingend vorgeschrieben (Satz 1). Die Ladung zu diesem muss den Beteiligten (s. § 92 Rn. 2–8) zugestellt werden. Sie soll den Hinweis enthalten, dass ungeachtet des Ausbleibens eines Beteiligten über die Klarstellung der Rangverhältnisse verhandelt werden wird (Satz 2); unterbleibt dieser Hinweis, so berührt dies, da es sich nur um eine Ordnungsvorschrift handelt, die Wirksamkeit der Ladung nicht.

3 **3. § 101. a)** Die Ladungsfrist soll mindestens zwei Wochen betragen (Abs. 1); der Tag der Zustellung der Ladung und der Terminstag werden bei der Berechnung der Frist nicht mitgerechnet. Wie § 100 Satz 2 ist auch diese Bestimmung nur eine Ordnungsvorschrift.

4 **b)** Die Ladungsfrist gilt nur für den ersten Verhandlungstermin. Wurde sie für diesen gewahrt, so braucht sie bei einer Vertagung, d. h. einer Verlegung des Termins vor Eintritt in die Verhandlung, sowie bei Anberaumung eines Termins zur Fortsetzung der Verhandlung nicht mehr eingehalten zu werden (Abs. 2 Satz 1). Auch müssen bei einer Vertagung bzw. bei Anberaumung eines Termins zur Fortsetzung der Verhandlung, falls der neue Termin verkündet wird, die zu dem früheren Termin ordnungsgemäß Geladenen nicht erneut geladen werden (Abs. 2 Satz 2).

5 **c)** Auf die Einhaltung der Ladungsfrist kann seitens der Beteiligten verzichtet werden.

Verhandlungstermin

102 (1) **In dem Termin hat das Grundbuchamt zu versuchen, eine Einigung der Beteiligten auf eine klare Rangordnung herbeizuführen. Einigen sich die erschienenen Beteiligten, so hat das Grundbuchamt die Vereinbarung zu beurkunden. Ein nicht erschienener Beteiligter kann seine Zustimmung zu der Vereinbarung in einer öffentlichen oder öffentlich beglaubigten Urkunde erteilen.**

(2) **Einigen sich die Beteiligten, so ist das Grundbuch der Vereinbarung gemäß umzuschreiben.**

1. Allgemeines. § 102 macht es dem GBAmt zur Pflicht, sich zunächst um eine Einigung der Beteiligten auf eine klare Rangordnung zu bemühen. Erst wenn es ihm nicht gelingt, eine solche herbeizuführen, kann es dazu übergehen, nach Maßgabe der §§ 103, 104 einen Vorschlag für eine neue Rangordnung zu machen. 1

2. Vorprüfung. Dem Versuch, eine Einigung der Beteiligten auf eine klare Rangordnung herbeizuführen (Abs. 1 Satz 1), wird ein Erfolg nur dann beschieden sein, wenn das GBAmt bei Eintritt in die Verhandlung präzise Vorstellungen darüber hat, in welcher Weise eine Rangbereinigung durchführbar ist. Dabei kommt es auf die Umstände des Einzelfalls an. Häufig wird es um die Ersetzung relativer Rangverhältnisse durch eine absolute Rangordnung gehen; zu diesem Zweck kann die Teilung von Rechten, die Verselbständigung von Teilrechten sowie die Zusammenfassung mehrerer Rechte zu einem sog. Einheitsrecht (s. Anh. zu § 44 Rn. 58) in Betracht kommen. 2

3. Verhandlungstermin. a) Kommt eine Einigung der Beteiligten auf eine klare Rangordnung nicht zustande und erscheint eine solche auch in einem späteren Termin nicht möglich, so kann das GBAmt, unbeschadet seiner Befugnis, das Verfahren nach § 109 durch unanfechtbaren Beschluss einzustellen, nach Maßgabe der §§ 103, 104 einen Vorschlag für eine neue Rangordnung machen. 3

b) Einigen sich die erschienenen Beteiligten auf eine klare Rangordnung, so beurkundet das GBAmt die getroffene Vereinbarung (Abs. 1 Satz 2). Die Beurkundung ist nach § 64 Abs. 2 KostO gebührenfrei. Ein nicht erschienener Beteiligter kann seine Zustimmung in öffentlicher oder öffentlich beglaubigter Urkunde erklären (Abs. 1 Satz 3). Ein Verfahren wie in § 91 Abs. 3 FGG ist nicht vorgesehen. Das GBAmt wird zur Beibringung der Erklärung eines nicht erschienenen Beteiligten diesem zweckmäßigerweise unter Übersendung einer Abschrift der Vereinbarung eine ange- 4 messene Frist setzen. Es kann auch ein anderes Amtsgericht im Rechtshilfeverfahren ersuchen, einen in dessen Bezirk wohnenden Beteiligten über seine Zustimmung zu hören (s. § 1 Rn. 63).

5 **c)** Liegt eine Einigung sämtlicher Beteiligter vor, so ist das GB nach ihrer Maßgabe umzuschreiben (Abs. 2), womit die neue Rangordnung an die Stelle der bisherigen tritt und letztere völlig beseitigt (s. § 112).

Vorschlag des Grundbuchamts

103 **Einigen sich die Beteiligten nicht, so macht das Grundbuchamt ihnen einen Vorschlag für eine neue Rangordnung. Es kann hierbei eine Änderung der bestehenden Rangverhältnisse, soweit sie zur Herbeiführung einer klaren Rangordnung erforderlich ist, vorschlagen.**

104 (1) **Der Vorschlag ist den Beteiligten mit dem Hinweis zuzustellen, daß sie gegen ihn binnen einer Frist von einem Monat von der Zustellung ab bei dem Grundbuchamt Widerspruch erheben können. In besonderen Fällen kann eine längere Frist bestimmt werden.**

(2) **Der Widerspruch ist schriftlich oder durch Erklärung zur Niederschrift des Urkundsbeamten der Geschäftsstelle eines Amtsgerichts einzulegen; in letzterem Falle ist die Widerspruchsfrist gewahrt, wenn die Erklärung innerhalb der Frist abgegeben ist.**

1 **1. Allgemeines.** Um das Rangbereinigungsverfahren, wenn sich die Beteiligten nicht einigen, nicht ohne weiteres scheitern zu lassen, gibt § 103 dem GBAmt die Befugnis, eine bestimmte Rangordnung vorzuschlagen; das dabei einzuhaltende Verfahren regelt § 104. Der Vorschlag ist die Grundlage des Feststellungsbeschlusses nach § 108.

2 **2. § 103.** Wie das GBAmt den Vorschlag für eine neue Rangordnung gestaltet, hängt von den Umständen des Einzelfalls ab (s. § 102 Rn. 2). Oftmals wird sich eine klare Rangordnung nicht ohne Änderung der bestehenden Rangverhältnisse herbeiführen lassen; aus diesem Grund bestimmt Satz 2, dass der Vorschlag auch eine solche vorsehen kann.

3 **3. § 104. a)** Der Vorschlag des GBAmts ist den Beteiligten (s. § 92 Rn. 2–8) mit dem Hinweis zuzustellen, dass sie gegen ihn innerhalb eines Monats ab Zustellung beim GBAmt Widerspruch erheben können (Abs. 1 Satz 1); die Bestimmung einer längeren Frist ist zulässig (Abs. 1 Satz 2) und kann sich z.B. empfehlen,

wenn ein Beteiligter im Ausland wohnt oder durch Krankheit verhindert ist, alsbald Stellung zu nehmen.

b) Der Widerspruch ist schriftlich oder durch Erklärung zur Niederschrift des Urkundsbeamten der Geschäftsstelle eines Amtsgerichts, also nicht notwendig des GBAmts, einzulegen; mündliche Gegenvorstellung genügt nicht (Abs. 2 Halbsatz 1). Bei Widerspruch zur Niederschrift des Urkundsbeamten ist die Frist schon mit Abgabe der Erklärung gewahrt (Abs. 2 Halbsatz 2). Begründung des Widerspruchs ist nicht vorgeschrieben, aber zweckmäßig. **4**

Wiedereinsetzung in den vorigen Stand

105 (1) **Einem Beteiligten, der ohne sein Verschulden verhindert war, die Frist (§ 104) einzuhalten, hat das Grundbuchamt auf seinen Antrag Wiedereinsetzung in den vorigen Stand zu gewähren, wenn er binnen zwei Wochen nach der Beseitigung des Hindernisses den Widerspruch einlegt und die Tatsachen, die die Wiedereinsetzung begründen, glaubhaft macht.**

(2) **Die Entscheidung, durch die Wiedereinsetzung erteilt wird, ist unanfechtbar; gegen die Entscheidung, durch die der Antrag auf Wiedereinsetzung als unzulässig verworfen oder zurückgewiesen wird, ist die sofortige Beschwerde nach den Vorschriften des Gesetzes über die Angelegenheiten der freiwilligen Gerichtsbarkeit zulässig.**

(3) **Die Wiedereinsetzung kann nicht mehr beantragt werden, nachdem die neue Rangordnung eingetragen oder wenn seit dem Ende der versäumten Frist ein Jahr verstrichen ist.**

1. Allgemeines. Bei Versäumung der gemäß § 104 bestimmten Frist ist Wiedereinsetzung in den vorigen Stand möglich. Die Regelung schließt sich an § 22 Abs. 2 FGG an. **1**

2. Voraussetzungen. War ein Beteiligter ohne sein Verschulden gehindert, die Widerspruchsfrist einzuhalten (Verschulden eines Vertreters steht einer Wiedereinsetzung abweichend von § 22 Abs. 2 Satz 2 FGG nicht entgegen), so hat ihm das GBAmt auf seinen Antrag Wiedereinsetzung in den vorigen Stand zu gewähren, wenn er den Widerspruch binnen zwei Wochen nach Beseitigung des Hindernisses einlegt sowie die Tatsachen, die die Wiedereinsetzung begründen, glaubhaft macht (Abs. 1). **2**

3. Rechtsmittel. a) Wird Wiedereinsetzung gewährt, so ist die Entscheidung unanfechtbar (Abs. 2 Halbsatz 1). **3**

4 **b)** Gegen die Entscheidung, durch die der Antrag auf Wiedereinsetzung als unzulässig verworfen oder als unbegründet zurückgewiesen wird, ist sofortige Beschwerde und bei Verletzung des Gesetzes durch das Beschwerdegericht sofortige weitere Beschwerde nach den Vorschriften des FGG zulässig (Abs. 2 Halbsatz 2).

5 **4. Ausschluss der Wiedereinsetzung.** Der Antrag ist zeitlich durch eine doppelte Frist begrenzt. Die Wiedereinsetzung in den vorigen Stand kann nicht mehr beantragt werden, wenn die neue Rangordnung eingetragen oder seit dem Ende der versäumten Frist ein Jahr verstrichen ist (Abs. 3).

Aussetzung des Verfahrens

106 (1) **Ist ein Rechtsstreit anhängig, der die Rangverhältnisse des Grundstücks zum Gegenstand hat, so ist das Verfahren auf Antrag eines Beteiligten bis zur Erledigung des Rechtsstreits auszusetzen.**

(2) **Das Grundbuchamt kann auch von Amts wegen das Verfahren aussetzen und den Beteiligten oder einzelnen von ihnen unter Bestimmung einer Frist aufgeben, die Entscheidung des Prozeßgerichts herbeizuführen, wenn die Aufstellung einer neuen klaren Rangordnung von der Entscheidung eines Streites über die bestehenden Rangverhältnisse abhängt.**

1 **1. Allgemeines.** Das Rangbereinigungsverfahren ist ein Verfahren der freiwilligen Gerichtsbarkeit. Es ist daher nicht Aufgabe des GBAmts, Streitigkeiten der Beteiligten über die bestehenden Rangverhältnisse zu entscheiden. Zwecks ihrer Klärung im Prozessweg lässt § 106 die sonst in GBSachen nicht vorgesehene Aussetzung des Verfahrens zu.

2 **2. Aussetzung. a) Auf Antrag** (Abs. 1). Es muss ein Rechtsstreit anhängig sein, der die Rangverhältnisse des Grundstücks zum Gegenstand hat, mag er alle oder einzelne am Rangbereinigungsverfahren beteiligte Rechte betreffen. Gleichgültig ist, ob der Rechtsstreit bereits bei Einleitung des Verfahrens (§ 91 Abs. 2) anhängig war oder erst später im Lauf des Verfahrens anhängig wird. Den Antrag auf Aussetzung kann jeder Beteiligte (s. § 92 Rn. 2–8) stellen; ihm ist, wenn die angegebenen Voraussetzungen vorliegen, zu entsprechen.

3 **b) Von Amts wegen** (Abs. 2). Das GBAmt kann auch von Amts wegen, also ohne Antrag, allen oder einzelnen Beteiligten unter Bestimmung einer Frist die Beibringung der Entscheidung

des Prozessgerichts aufgeben, wenn die Entscheidung zur Aufstellung einer neuen klaren Rangordnung notwendig ist. Wird die Auflage des GBAmts nicht erfüllt, so kann das Verfahren nach § 109 eingestellt werden. Zwangsmaßnahmen nach § 33 FGG können nicht ergriffen werden.

Fortsetzung des Verfahrens

107 **Ist der Rechtsstreit erledigt, so setzt das Grundbuchamt das Verfahren insoweit fort, als es noch erforderlich ist, um eine klare Rangordnung herbeizuführen.**

Ein nach § 106 ausgesetztes Rangbereinigungsverfahren setzt das GBAmt nach Erledigung des Rechtsstreits fort, soweit es zur Herbeiführung einer klaren Rangordnung noch erforderlich, d. h. eine Unklarheit oder Unübersichtlichkeit der Rangverhältnisse verblieben ist. Andernfalls ist das Verfahren gegenstandslos und einzustellen. Eine rechtskräftige Entscheidung des Prozessgerichts bindet das GBAmt nur hinsichtlich der bestehenden Rangverhältnisse, nicht aber bezüglich einer bei Fortsetzung des Verfahrens aufzustellenden neuen Rangordnung. 1

Feststellungsbeschluß

108 (1) **Nach dem Ablauf der Widerspruchsfrist stellt das Grundbuchamt durch Beschluß die neue Rangordnung fest, sofern nicht Anlaß besteht, einen neuen Vorschlag zu machen. Es entscheidet hierbei zugleich über die nicht erledigten Widersprüche; insoweit ist die Entscheidung mit Gründen zu versehen.**

(2) **Ist über einen Widerspruch entschieden, so ist der Beschluß allen Beteiligten zuzustellen.**

1. Allgemeines. § 108 regelt für den Fall, dass das GBAmt einen Vorschlag für eine neue Rangordnung gemacht hat, das weitere Vorgehen nach Ablauf der Widerspruchsfrist. Sieht das GBAmt keinen Anlass, einen neuen Vorschlag zu machen, so stellt es die neue Rangordnung durch Beschluss fest. Der Feststellungsbeschluss bildet, wenn er rechtskräftig ist, die formelle und materielle Grundlage für die Umschreibung des GB nach § 111. 1

2. Ablauf der Widerspruchsfrist. a) Für die Feststellung der neuen Rangordnung ist erst Raum, wenn die Widerspruchsfrist nach § 104 Abs. 1 abgelaufen ist. Dabei ist zu berücksichtigen, dass ein Widerspruch gemäß § 104 Abs. 2 auch durch Erklärung zur 2

Niederschrift des Urkundsbeamten der Geschäftsstelle eines anderen Amtsgerichts erhoben sein und deshalb erst nach Ablauf der Widerspruchsfrist beim GBAmt eingehen kann. Das GBAmt wird daher eine angemessene Zeit zu warten haben, bis es seine Entscheidung trifft.

3 **b)** An seinen Vorschlag für eine neue Rangordnung ist das GBAmt, auch wenn er unangefochten geblieben ist, aber nicht gebunden. Hat es nachträglich Bedenken gegen ihn, so kann es nach Maßgabe der §§ 103, 104 einen neuen Vorschlag machen, der diesen Rechnung trägt.

4 **3. Feststellungsbeschluss. a)** Sind Widersprüche nicht erhoben worden oder erweisen sich erhobene Widersprüche als unzulässig oder unbegründet und hat das GBAmt auch sonst keine Bedenken gegen seinen Vorschlag (s. Rn. 3), so stellt es die neue Rangordnung diesem gemäß durch Beschluss fest; unzulässige oder unbegründete Widersprüche weist es gleichzeitig zurück.

5 **b)** Erscheinen dem GBAmt erhobene Widersprüche begründet, so hat es grundsätzlich einen neuen Vorschlag zu machen. Es wird einem als begründet erachteten Widerspruch aber auch durch einen von seinem Vorschlag abweichenden Feststellungsbeschluss Rechnung tragen dürfen, wenn die Abweichung nur eine unwesentliche ist und den übrigen Beteiligten zuvor Gelegenheit zur Stellungnahme gegeben wurde (a.M. Güthe/Triebel A. 4; Meikel Rn. 9).

6 **c)** Zu begründen ist der Feststellungsbeschluss nur insoweit, als über einen noch nicht erledigten Widerspruch entschieden ist (Abs. 1 Satz 2).

7 **4. Zustellung. a)** Ist in dem Feststellungsbeschluss über einen Widerspruch entschieden worden, so muss der Beschluss allen Beteiligten (s. § 92 Rn. 2–8), also nicht nur dem Widersprechenden, zugestellt werden (Abs. 2). Die Zustellung setzt die Frist für die Einlegung der nach § 110 Abs. 1 zulässigen sofortigen Beschwerde in Lauf.

8 **b)** Ist in dem Feststellungsbeschluss nicht über einen Widerspruch entschieden worden, weil ein solcher entweder nicht erhoben wurde oder sich durch Zurücknahme erledigt hat, so ist eine Zustellung nicht erforderlich. Der Beschluss muss jedoch, um Wirksamkeit zu erlangen (§ 16 Abs. 1 FGG), den Beteiligten bekanntgemacht werden.

9 **5. Rechtsmittel. a)** Ist nicht über einen Widerspruch entschieden worden (s. Rn. 8), so wird der Feststellungsbeschluss mit der Bekanntmachung rechtskräftig.

b) Ist über einen Widerspruch entschieden worden (s. Rn. 7), so ist gegen den Feststellungsbeschluss die sofortige Beschwerde nach den Vorschriften des FGG zulässig (§ 110 Abs. 1). Im Einzelnen gilt folgendes: **10**

aa) Die **Beschwerdefrist** beträgt nach § 22 Abs. 1 FGG zwei Wochen. § 22 Abs. 2 FGG über die Wiedereinsetzung in den vorigen Stand ist anzuwenden, jedoch mit der Maßgabe, dass eine solche entsprechend § 105 Abs. 3 nach Eintragung der neuen Rangordnung nicht mehr beantragt werden kann. Das GBAmt darf den Feststellungsbeschluss nach § 18 Abs. 2 FGG nicht mehr ändern. **11**

bb) Die **Beschwerdeberechtigung** richtet sich nach § 20 FGG. Danach ist beschwerdeberechtigt der Widersprechende, dessen Widerspruch zurückgewiesen wurde. Ein Beschwerderecht anderer Beteiligter kann nur in dem in Rn. 5 genannten Ausnahmefall in Betracht kommen (a. M. Güthe/Triebel A. 5). **12**

cc) Eine weitere Beschwerde findet, da es sich vornehmlich um Zweckmäßigkeitsentscheidungen handelt, nicht statt (§ 110 Abs. 2). **13**

6. Wirkung des Feststellungsbeschlusses. Der rechtskräftige Beschluss bildet die formelle und materielle Grundlage für die Umschreibung des GB; diese entsprechend der festgestellten neuen Rangordnung vorzunehmen, ist Pflicht des GBAmts (§ 111). Für eine Einstellung des Verfahrens ist kein Raum mehr. **14**

Einstellung des Verfahrens

109 Das Grundbuchamt kann jederzeit das Verfahren einstellen, wenn es sich von seiner Fortsetzung keinen Erfolg verspricht. Der Einstellungsbeschluß ist unanfechtbar.

1. Allgemeines. § 109 gibt dem GBAmt die Befugnis, ein eingeleitetes Rangbereinigungsverfahren jederzeit einzustellen, wenn es sich von seiner Fortsetzung keinen Erfolg verspricht. **1**

2. Einstellung. a) Ob von der Fortsetzung des Verfahrens mangels Aussicht auf Erfolg abzusehen ist, entscheidet das GBAmt nach pflichtgemäßem Ermessen. **2**

b) Der Einstellungsbeschluss, für den eine Begründung nicht vorgeschrieben ist, der aber zweckmäßigerweise mit Gründen zu versehen und den Beteiligten (s. § 92 Rn. 2–8) bekanntzumachen sein wird, ist gleich der Entscheidung über die Einleitung des Ver- **3**

fahrens (§ 91 Abs. 1 Satz 3) unanfechtbar. Kein Beteiligter hat mithin einen Anspruch auf Durchführung des Verfahrens.

4 **c)** Hat das GBAmt das Verfahren eingestellt, so ist der Einleitungsvermerk (§ 91 Abs. 3) im GB zu löschen.

Sofortige Beschwerde

110 (1) **Hat das Grundbuchamt in dem Beschluß, durch den die neue Rangordnung festgestellt wird, über einen Widerspruch entschieden, so ist gegen den Beschluß die sofortige Beschwerde nach den Vorschriften des Gesetzes über die Angelegenheiten der freiwilligen Gerichtsbarkeit zulässig.**

(2) **Die weitere Beschwerde ist unzulässig.**

1 S. § 108 Rn. 9–13.

Umschreibung des Grundbuchs

111 Ist die neue Rangordnung rechtskräftig festgestellt, so hat das Grundbuchamt das Grundbuch nach Maßgabe dieser Rangordnung umzuschreiben.

1 **1. Allgemeines.** Hat der die neue Rangordnung feststellende Beschluss Rechtskraft erlangt, so ist das GB nach Maßgabe der neuen Rangordnung umzuschreiben.

2 **2. Umschreibung. a)** Der Feststellungsbeschluss muss rechtskräftig sein, und zwar gegenüber sämtlichen Beteiligten (s. § 92 Rn. 2 bis 8). Sorgfältige Prüfung nach dieser Richtung ist zur Vermeidung von Schadensersatzansprüchen geboten.

3 **b)** Steht die Rechtskraft fest, so muss die Umschreibung erfolgen (s. § 108 Rn. 14).

4 **3. Verfahren. a)** Umschreibung des GB bedeutet nicht notwendig eine solche im Sinn der §§ 28 ff. GBV, sondern zunächst nur Eintragung der neuen Rangordnung. Kann diese durch wenige Rangvermerke auf dem bisherigen GBBlatt übersichtlich verlautbart werden, so ist ein Verfahren nach den Vorschriften der GBV nicht erforderlich.

5 **b)** Vielfach wird jedoch eine Umschreibung nach §§ 28 ff. GBV geboten sein, wobei zu beachten ist, dass nach § 33 GBV auch nur die Neufassung einer Abteilung in Betracht kommen kann. Auf eine vorherige Verlautbarung der neuen Rangordnung auf dem bisherigen GBBlatt kann dann verzichtet werden; auf ihm ist lediglich der Einleitungsvermerk (§ 91 Abs. 3) zu löschen.

4. Vorlegung und Behandlung der Briefe. Es gelten die allgemeinen Vorschriften, also §§ 41 ff. und § 62. Die Vorlegung der Briefe kann, soweit sie nicht bereits erfolgt ist, nach § 99 erzwungen werden (s. § 88 Rn. 2). Neue Briefe über Hypotheken, Grund- und Rentenschulden werden nicht hergestellt; die Unbrauchbarmachung der bisherigen und die Herstellung neuer Briefe wäre eine unrichtige Sachbehandlung im Sinne des § 16 KostO (KG JW 1934, 433). 6

5. Kosten. Für die Umschreibung werden Gebühren nicht erhoben (§ 70 Abs. 2 Satz 1, § 69 Abs. 1 Nr. 1 KostO). 7

Neue Rangordnung

112 Ist die neue Rangordnung (§ 102 Abs. 2, § 111) eingetragen, so tritt sie an die Stelle der bisherigen Rangordnung.

Mit der Eintragung der neuen Rangordnung tritt diese an die Stelle der bisherigen. Es handelt sich nicht um eine nachträgliche Rangänderung i. S. des § 880 BGB; die alte Rangordnung ist vielmehr vollständig beseitigt. 1

Eine Beschwerde gegen die Eintragung ist nur als beschränkte zulässig (s. § 71 Rn. 49); sie kann mit Erfolg nur darauf gestützt werden, dass die eingetragene Rangordnung nicht der Einigung der Beteiligten oder dem Feststellungsbeschluss des GBAmts entspricht. 2

Löschung des Einleitungsvermerks

113 Wird die neue Rangordnung eingetragen (§ 102 Abs. 2, § 111) oder wird das Verfahren eingestellt (§ 109), so ist der Einleitungsvermerk zu löschen.

Mit der Eintragung der neuen Rangordnung oder der Einstellung des Verfahrens ist die Funktion des Einleitungsvermerks (s. § 91 Rn. 5) beendet; der Vermerk ist daher im GB zu löschen. 1

Kosten des Verfahrens vor dem Grundbuchamt

114 Die Kosten des Verfahrens erster Instanz verteilt das Grundbuchamt auf die Beteiligten nach billigem Ermessen.

1. Kosten. Nach § 70 Abs. 2 Satz 1 KostO sind Eintragungen und Löschungen im Rangklarstellungsverfahren sowie das vorange- 1 gangene Verfahren vor dem GBAmt einschl. der Beurkundung von Erklärungen der Beteiligten gebührenfrei; dasselbe gilt nach § 69 Abs. 1 Nr. 1 KostO für Umschreibungen (s. § 111 Rn. 2). Die Bestimmung des § 114 betrifft also nur die Auslagen sowie die außergerichtlichen Kosten der Beteiligten.

2 **2. Verteilung.** Die Verteilung der im erstinstanzlichen Verfahren erwachsenen Auslagen und außergerichtlichen Kosten auf die Beteiligten hat das GBAmt nach billigem Ermessen vorzunehmen. Ist das Verfahren von Amts wegen eingeleitet worden, so wird grundsätzlich eine Verteilung der Auslagen auf alle Beteiligten in Betracht kommen; wurde es auf Antrag eines Beteiligten eingeleitet, so kann es billig sein, die Auslagen dem Antragsteller aufzuerlegen. Hinsichtlich der außergerichtlichen Kosten wird in der Regel davon auszugehen sein, dass jeder Beteiligte seine Kosten zu tragen hat.

Kosten eines erledigten Rechtsstreits

115 **Wird durch das Verfahren ein anhängiger Rechtsstreit erledigt, so trägt jede Partei die ihr entstandenen außergerichtlichen Kosten. Die Gerichtskosten werden niedergeschlagen.**

1 **1. Allgemeines.** § 115 stimmt fast wörtlich mit § 82 AufwG überein.

2. Anhängiger Rechtsstreit. Gleichgültig ist, ob der Rechtsstreit bereits bei Einleitung des Rangbereinigungsverfahrens anhängig war oder erst im Lauf des Verfahrens anhängig wurde.

2 **3. Erledigung. a)** Die Erledigung muss durch das Rangbereinigungsverfahren erfolgt sein, weil sich z. B. die Beteiligten gemäß § 102 geeinigt oder einen Vorschlag des GBAmts nach § 103 angenommen haben. Die Erledigung in dieser Weise ist denkbar, wenn in Fällen des § 106 Abs. 1 kein Antrag auf Aussetzung des Verfahrens vor dem GBAmt gestellt wurde.

3 **b)** Die Voraussetzungen des § 115 sind gegeben, wenn die Parteien des Rechtsstreits infolge der im Rangbereinigungsverfahren getroffenen Regelung an der Fortführung des Rechtsstreits in der Hauptsache kein Interesse mehr haben (RG 112, 305).

4 **c)** Ist der Rechtsstreit nach dem in Rn. 3 Gesagten erledigt, so tritt die in § 115 getroffene Kostenregelung ohne weiteres kraft Gesetzes ein. Eine hiervon abweichende Kostenverteilung darf also das Prozessgericht nicht vornehmen (s. dagegen § 114).

Sechster Abschnitt.
Anlegung von Grundbuchblättern

Übersicht

Der 6. Abschnitt wurde durch das RegVBG in die GBO eingefügt. Er regelt den Fall der nachträglichen Anlegung eines GB-Blattes.

§ 116 bestimmt, dass ein GBBlatt von Amts wegen anzulegen ist. Nach Einholung eines Auszugs aus dem Liegenschaftskataster gem. § 117 hat das GBAmt nach § 118 von Amts wegen das Eigentum festzustellen. Zur Ermittlung des Berechtigten kann es gem. § 119 ein Aufgebot erlassen, dessen Inhalt § 120 und dessen Bekanntmachung § 121 regelt. Ohne Aufgebot ist Voraussetzung der Blattanlegung gem. § 122 eine vorherige öffentliche Ankündigung. §§ 123 und 124 regeln, wer als Eigentümer einzutragen ist und unter welchen Voraussetzungen Eigentumsbeschränkungen einzutragen sind. Die Beschwerde gegen die Blattanlegung schließt § 125 aus, lässt aber die Eintragung eines Amtswiderspruchs oder die Löschung als inhaltlich unzulässig zu.

Anlegung von Amts wegen

116 (1) **Für ein Grundstück, das ein Grundbuchblatt bei der Anlegung des Grundbuchs nicht erhalten hat, wird das Blatt unbeschadet des § 3 Abs. 2 bis 9 von Amts wegen angelegt.**

(2) **Das Verfahren bei der Anlegung des Grundbuchblatts richtet sich nach den Vorschriften der §§ 117 bis 125.**

1. Allgemeines. Die nachträgliche Anlegung eines GBBlatts 1
war zunächst in §§ 7 bis 17 AusfVO geregelt. Durch das RegVBG v. 20. 12. 1993 (BGBl. I 2182) sind die Vorschriften nahezu unverändert als 6. Abschnitt in die GBO eingestellt worden. Eine § 17 AusfVO entsprechende Vorschrift wurde jedoch nicht übernommen. Diese Vorschrift befasste sich mit dem Fall, dass Miteigentumsanteile an einem Grundstück selbständig gebucht sind und für das Grundstück ein GBBlatt angelegt werden muss (vgl. § 3 Abs. 8, 9); sie bestimmte, dass die Vorschriften über die nachträgliche Anlegung eines GBBlatts grundsätzlich entsprechend anzuwenden sind. Weil aber bei der Blattanlegung im Fall des § 3 Abs. 8, 9 irgendwelche Ermittlungen über Rechtsverhältnisse nicht erforder-

lich sind und die übrigen Regelungen des § 17 AusfVO Selbstverständlichkeiten enthielten, wurde die Bestimmung für entbehrlich erachtet. § 116 entspricht inhaltlich dem früheren § 7 AusfVO.

2 **2. Anwendungsbereich. a)** Hat ein Grundstück (oder ein grundstücksgleiches Recht: BayObLG 1991, 184, 294) bei der erstmaligen Anlegung des GB (über deren Beendigung in *Bayern* s. § 135 Rn. 5) versehentlich kein GBBlatt erhalten, so muss für dieses Grundstück nachträglich ein Blatt angelegt werden. Es handelt sich dabei um die nachträgliche Anlegung einzelner GBBlätter, nicht aber um die Anlegung des GB insgesamt, die der Regelung durch Landesrecht überlassen war (Art. 186 EGBGB; s. hierzu § 135 Rn. 3). Das nach preußischem Landesrecht entstandene selbständige Fischereirecht im engeren Sinn ist ein grundstücksgleiches Recht, für das nach §§ 22, 27 PrAGGBO ein GBBlatt nur auf Antrag angelegt werden kann (OLG Hamm Rpfleger 2000, 493).

3 **b)** Die Vorschriften über die Anlegung eines GBBlatts sind entsprechend anzuwenden, wenn für ein Grundstück, für das zunächst ein GBBlatt angelegt war, das aber später als buchungsfrei ausgebucht wurde, wieder ein GBBlatt angelegt werden soll (vgl. § 3 Abs. 2, 3); in diesem Fall ist das GB grundsätzlich auf den Namen des Veräußerers anzulegen (s. § 39 Rn. 2). Eine entsprechende Anwendung kommt ferner in Betracht, wenn ein Grundstück infolge einer Grenzregelung in deutsches Staatsgebiet gelangt.

4 **c)** War für ein Grundstück ein GB angelegt und ist dieses ganz oder teilweise zerstört worden oder abhanden gekommen, so richtet sich das Verfahren für die Wiederherstellung des GB nicht nach §§ 116ff., sondern nach § 141 Abs. 1. Ferner liegt kein Fall der §§ 116ff. vor, wenn gem. § 3 Abs. 8, 9 ein GBBlatt anzulegen ist (s. hierzu § 3 Rn. 35) oder wenn gem. § 9 Abs. 3 WEG die Wohnungsgrundbücher geschlossen werden und für das Grundstück ein Blatt angelegt werden muss (s. hierzu Anh. zu § 3 Rn. 73, 75). §§ 116ff. sind jedoch entsprechend anzuwenden, wenn im Gebiet der früheren DDR für Gebäudeeigentum als grundstücksgleiches Recht ein Gebäudegrundbuchblatt angelegt werden soll (s. § 144 Rn. 19).

5 **3. Anlegungsverfahren. a)** Ein GBBlatt ist vom GBAmt von Amts wegen anzulegen, sobald das GBAmt davon Kenntnis erlangt, dass für ein Grundstück ein GBBlatt nicht angelegt ist; Anträge Dritter haben nur die Bedeutung einer Anregung. Eine Verpflichtung des GBAmts zur Anlegung eines GBBlattes besteht nicht, wenn bei Vorliegen der Voraussetzungen des § 3 Abs. 4 sämtliche Miteigentumsanteile selbständig gebucht sind, ferner nicht bei

buchungsfreien Grundstücken (§ 3 Abs. 2). Soll für ein buchungsfreies Grundstück ein GB angelegt werden, so ist Voraussetzung für die Einleitung des Verfahrens ein Antrag des Eigentümers oder eines Berechtigten (§ 3 Abs. 2); entsprechendes gilt für die Anlegung eines GBBlatts für bestimmte grundstücksgleiche Rechte (s. § 3 Rn. 9).

b) Das nähere Verfahren zur nachträglichen Anlegung eines GB 6
ist in §§ 117 bis 125 geregelt.

4. Sonderfall. Im Gebiet der früheren DDR ist für die Anle- 7
gung von GBBlättern für ehemals volkseigene Grundstücke unter den Voraussetzungen des § 105 Abs. 1 Nr. 5 GBV (Vorhandensein eines Bestandsblattes oder eines geschlossenen GBBlatts bei unveränderter Grundstücksbezeichnung) ein Verfahren nach §§ 116ff. nicht erforderlich. Das GB wird auf der Grundlage des vorliegenden Bestandsblattes des früheren Liegenschaftsdienstes oder des früheren GBBlatts, sofern sich die Grundstücksbezeichnung nicht geändert hat, angelegt; einer weiteren Prüfung bedarf es nicht. Der Eigentümer ergibt sich in der Regel aus einem Zuordnungsbescheid nach dem VZOG. Das einfache Anlegungsverfahren kommt nur für ehemals volkseigene Grundstücke in Betracht, die schon einmal gebucht waren.

Auszug aus dem Liegenschaftskataster

117 **Das Grundbuchamt hat die zuständige Behörde um Übersendung eines beglaubigten Auszugs aus dem für die Bezeichnung der Grundstücke im Grundbuch maßgebenden amtlichen Verzeichnis zu ersuchen.**

1. Allgemeines. Die Vorschrift entspricht dem früheren § 8 1
AusfVO; entfallen ist jedoch derjenige Teil dieser Bestimmung, der auf den Fall abstellte, dass das für die Bezeichnung der Grundstücke im GB maßgebende Verzeichnis (§ 2 Abs. 2) vom GBAmt selbst geführt wurde; solche Fälle kommen nicht mehr vor.

2. Katasterauszug. a) Das GBAnlegungsverfahren beginnt da- 2
mit, dass das GBAmt das Liegenschaftsamt (Katasteramt) ersucht, ihm einen beglaubigten Auszug aus dem Liegenschaftskataster für das Grundstück zu übersenden, für das ein Blatt angelegt werden soll. Die Angaben aus dem Liegenschaftskataster sind für die Blattanlegung erforderlich; sie sind in Sp. 3 und 4 des Bestandsverzeichnisses einzutragen (vgl. § 2 Abs. 2). Diese Angaben sind auch in ein Aufgebot aufzunehmen (§ 120 Nr. 2) und in eine öffentliche Bekanntmachung gem. § 122.

3 **b)** Das GBAmt hat den Auszug von Amts wegen einzuholen. Dies gilt auch dann, wenn Voraussetzung für die Einleitung des Anlegungsverfahrens ein Antrag ist (s. hierzu § 116 Rn. 5).

Amtsermittlung

118 Zur Feststellung des Eigentums an dem Grundstück hat das Grundbuchamt von Amts wegen die erforderlichen Ermittlungen anzustellen und die geeigneten Beweise zu erheben.

1 **1. Eigentumsfeststellung. a)** Ziel des Anlegungsverfahrens ist es, den Eigentümer des Grundstücks (oder den Berechtigten eines grundstücksgleichen Rechts) festzustellen. Für diese Feststellung gilt der Grundsatz der Amtsermittlung; § 118 (früher § 9 AusfVO) entspricht inhaltlich § 12 FGG. In bestimmten Fällen (s. § 116 Rn. 5) ist allerdings Voraussetzung für die Einleitung des Anlegungsverfahrens ein Antrag (zu Form und Antragsberechtigung s. § 3 Rn. 18). Liegt er vor, ist das weitere Verfahren von Amts wegen zu betreiben. Die Vorschriften des 2. Abschnitts (§§ 13ff., insbes. § 29) können im Anlegungsverfahren nicht angewendet werden, weil sie Eintragungen in ein bereits bestehendes GB betreffen; darum geht es bei der Anlegung eines GBBlatts nicht.

2 **b)** Der Grundsatz der Amtsermittlung gilt nur für die Feststellung des Eigentums, nicht aber für die Feststellung dinglicher Rechte Dritter an dem Grundstück oder sonstiger Eigentumsbeschränkungen (s. dazu § 124). Sobald sich das GBAmt darüber schlüssig geworden ist, wer als Eigentümer einzutragen ist, muss das GB ohne Rücksicht auf mögliche dingliche Rechte angelegt werden.

3 **2. Verfahren. a)** Für den Erlass einer Zwischenverfügung ist in dem Amtsverfahren kein Raum (JFG 13, 128). Der Umfang der von Amts wegen anzustellenden Ermittlungen und die Wahl der Beweismittel liegen im freien Ermessen des GBAmts. In Betracht kommt insbes. die Vernehmung des Grundstücksbesitzers und der Eigentümer benachbarter Grundstücke. Das Beweisergebnis ist vom GBAmt ohne Bindung an Beweisregeln frei zu würdigen. Der Entscheidung über das Eigentum darf sich das GBAmt nicht dadurch entziehen, dass es die Beteiligten auf den Prozessweg verweist oder zunächst eine Ankündigung über die beabsichtigte Eigentümereintragung in der Form eines Vorbescheids erlässt, um seine Rechtsauffassung im Beschwerdeweg nachprüfen zu lassen (JFG 12, 268).

b) Das Verfahren kann, falls sich nicht herausstellt, dass das Grundstück schon gebucht und das Verfahren daher einzustellen ist, nur durch Anlegung eines GBBlatts enden (BayObLG 1965, 403; 1989, 272 = NJW 1989, 2475). Das OLG Stuttgart (Justiz 1990, 299) hält es jedoch für zulässig, dass das GBAmt einen Antrag auf Eintragung als Eigentümer selbständig zurückweist, sofern an diesem Verfahren alle als Eigentümer in Betracht kommenden Personen beteiligt wurden und das Anlegungsverfahren durch die Zurückweisung nicht beendet wird (vgl. auch OLG Hamm Rpfleger 1952, 243). 4

3. Verstoß gegen die Amtsermittlungspflicht. Verletzt das GBAmt seine Pflicht zur Amtsermittlung, so stellt dies eine Verletzung gesetzlicher Vorschriften im Sinn des § 53 Abs. 1 Satz 1 dar, die einen Amtswiderspruch gegen die spätere GBBlattanlegung rechtfertigen kann (vgl. § 125 Satz 2). 5

Aufgebot

119 **Das Grundbuchamt kann zur Ermittlung des Berechtigten ein Aufgebot nach Maßgabe der §§ 120 und 121 erlassen.**

Inhalt des Aufgebots

120 **In das Aufgebot sind aufzunehmen:**

1. **die Ankündigung der bevorstehenden Anlegung des Grundbuchblatts;**
2. **die Bezeichnung des Grundstücks, seine Lage, Beschaffenheit und Größe nach dem für die Bezeichnung der Grundstücke im Grundbuch maßgebenden amtlichen Verzeichnis;**
3. **die Bezeichnung des Eigenbesitzers, sofern sie dem Grundbuchamt bekannt oder zu ermitteln ist;**
4. **die Aufforderung an die Personen, welche das Eigentum in Anspruch nehmen, ihr Recht binnen einer vom Grundbuchamt zu bestimmenden Frist von mindestens sechs Wochen anzumelden und glaubhaft zu machen, widrigenfalls ihr Recht bei der Anlegung des Grundbuchs nicht berücksichtigt wird.**

Bekanntmachung des Aufgebots

121 (1) **Das Aufgebot ist an die für den Aushang von Bekanntmachungen des Grundbuchamts bestimmte Stelle anzuheften und einmal in dem für die amtlichen Bekanntmachungen des Grundbuchamts bestimmten Blatte zu veröffentlichen. Das Grundbuchamt kann anordnen, daß die Veröffentlichung mehrere Male und noch in anderen Blättern zu erfolgen habe oder, falls das Grundstück einen Wert von weniger als 3000 Euro hat, daß sie ganz unterbleibe.**

(2) **Das Aufgebot ist in der Gemeinde, in deren Bezirk das Grundstück liegt, an der für amtliche Bekanntmachungen bestimmten Stelle anzuheften oder in sonstiger ortsüblicher Weise bekanntzumachen. Dies gilt nicht, wenn in der Gemeinde eine Anheftung von amtlichen Bekanntmachungen nicht vorgesehen ist und eine sonstige ortsübliche Bekanntmachung lediglich zu einer zusätzlichen Veröffentlichung in einen der in Absatz 1 bezeichneten Blätter führen würde.**

(3) **Das Aufgebot soll den Personen, die das Eigentum in Anspruch nehmen und dem Grundbuchamt bekannt sind, von Amts wegen zugestellt werden.**

1 **1. Voraussetzungen.** Die §§ 119 bis 121 über das Aufgebot entsprechen den früheren §§ 10 bis 12 AusfVO. Im Rahmen seiner Pflicht, von Amts wegen das Eigentum festzustellen, kann das GBAmt ein Aufgebot erlassen (§ 119). Ob es davon Gebrauch macht, liegt in seinem Ermessen. Am Verfahren Beteiligte können ein Aufgebot nicht beantragen; sie können seinen Erlass lediglich anregen. Ein Aufgebot wird nur in Betracht kommen, wenn die von Amts wegen durchgeführten Ermittlungen überhaupt keine oder keine ausreichende Grundlage für die Feststellung des Eigentums ergeben haben. Aber auch in diesem Fall wird für ein Aufgebot kein Raum sein, wenn es von vornherein keinen weiteren Aufschluss verspricht.

2 **2. Inhalt.** Den Inhalt der Aufgebotsurkunde bestimmt § 120. Gegenstand des Aufgebots ist allein das zu ermittelnde Eigentum; auf dingliche Rechte oder sonstige Eigentumsbeschränkungen hat es sich nicht zu erstrecken (OLG Karlsruhe Rpfleger 1999, 486).

3 **a)** Grundlage für die Bezeichnung des Grundstücks (§ 120 Nr. 2) ist der gem. § 117 eingeholte beglaubigte Auszug aus dem Liegenschaftskataster.

4 **b)** Der Eigenbesitzer (§ 872 BGB) ist nur anzugeben (§ 120 Nr. 3), wenn er dem GBAmt bekannt ist oder von ihm ermittelt

werden kann; vor Erlass eines Aufgebots hat das GBAmt daher in jedem Fall Ermittlungen nach dem Eigenbesitzer anzustellen. Ob es jemanden für den Eigenbesitzer hält, obliegt allein seiner Beurteilung.

c) Der wesentliche Inhalt des Aufgebots ist die Aufforderung an diejenigen Personen, die das Eigentum in Anspruch nehmen, ihr Recht binnen einer bestimmten Frist anzumelden und glaubhaft zu machen (§ 120 Nr. 4). 5

3. Wirkung. a) Wer das Eigentum für sich in Anspruch nimmt, kann bei der Blattanlegung nur berücksichtigt werden, wenn er sein Recht glaubhaft macht. Hierzu stehen ihm alle geeignet erscheinenden Mittel zur Verfügung; Tatsachen können durch eidesstattliche Versicherung glaubhaft gemacht werden (§ 294 ZPO). Wer das Eigentum beansprucht, ohne sein Recht glaubhaft zu machen, wird im weiteren Anlegungsverfahren nicht berücksichtigt. 6

b) Die vom GBAmt gem. § 120 Nr. 4 zu bestimmende Frist ist keine Ausschlussfrist. Sie kann von GBAmt verlängert werden. Wer sein Recht erst nach Fristablauf anmeldet und glaubhaft macht, muss vom GBAmt nicht berücksichtigt werden; das GBAmt kann die verspätete Anmeldung aber beachten und im Hinblick auf sie notwendig werdende Ermittlungen anstellen. 7

4. Bekanntmachung. Das Aufgebot ist in mehrfacher Weise bekanntzumachen (§ 121). 8

a) Zunächst ist der vollständige Wortlaut des Aufgebots an der für den Aushang von Bekanntmachungen des GBAmts bestimmten Stelle anzuheften. Es wird zweckmäßig sein, das Aufgebot erst nach Ablauf der gem. § 120 Nr. 4 bestimmten Frist wieder abzunehmen. Das GBAmt kann aber auch einen früheren Zeitpunkt hierfür vorsehen, der von ihm nachträglich hinausgeschoben werden kann.

b) Außerdem ist das Aufgebot in dem für die amtlichen Bekanntmachungen des GBAmts bestimmten Blatt zu veröffentlichen. Es steht im Ermessen des GBAmts, ob es das Aufgebot mehrmals und noch in anderen Blättern veröffentlicht oder, sofern das Grundstück weniger als 3000 EUR wert ist, von einer Veröffentlichung ganz absieht. Der zunächst maßgebende Betrag von 5000 DM wurde durch das Ges. v. 27. 6. 2000 (BGBl. I 897) mit Wirkung vom 30. 6. 2000 durch den Betrag von 3000 EUR ersetzt. Art. 18 Abs. 4 Nr. 1 RegVBG enthielt bis zu seinem Außerkrafttreten am 24. 7. 1997 (s. Art. 7 Abs. 3 Nr. 3 WohnraummodernisierungssicherungsG v. 17. 7. 1997, BGBl. I 1823) eine Ermächtigung des BJM, durch Rechtsverordnung den Betrag den veränderten Lebenshaltungskosten anzupassen. 9

10 **c)** Das Aufgebot ist ferner in der Gemeinde, in der das Grundstück liegt, in ortsüblicher Weise bekanntzumachen. Hiervon ist abzusehen, wenn in der Gemeinde ein Anheften von amtlichen Bekanntmachungen nicht vorgesehen ist und nur eine Veröffentlichung in einem Blatt in Betracht käme, in dem das Aufgebot schon vom GBAmt veröffentlicht wird. Um die Bekanntmachung hat das GBAmt die Gemeinde zu ersuchen und dabei die Frist für das Anheften an der Gemeindetafel zu bestimmen; für die Dauer der Frist gilt das in Rn. 8 Gesagte.

11 **d)** Schließlich ist das Aufgebot den Personen, die das Eigentum für sich in Anspruch nehmen, von Amts wegen zuzustellen. Voraussetzung ist, dass sie und ihre Anschrift dem GBAmt bekannt sind oder ermittelt werden können. Die Zustellung richtet sich nach § 16 Abs. 2 FGG.

12 **5. Mängel.** Leidet das Aufgebotsverfahren an einem Mangel, so berührt dies die Wirksamkeit des Anlegungsverfahrens nicht. Der Verfahrensmangel kann aber eine Gesetzesverletzung im Sinn des § 53 Abs. 1 Satz 1 darstellen und die Eintragung eines Amtswiderspruchs gegen die Blattanlegung rechtfertigen (vgl. § 125). Die Gesetzesverletzung kann auch darin bestehen, dass das GBAmt von einer öffentlichen Bekanntmachung der bevorstehenden Blattanlegung abgesehen hat, die erforderlich gewesen wäre, weil ein wirksames Aufgebotsverfahren nicht durchgeführt wurde.

Bekanntmachung der bevorstehenden Blattanlegung

122 **Das Grundbuchblatt darf, wenn ein Aufgebotsverfahren (§§ 120, 121) nicht stattgefunden hat, erst angelegt werden, nachdem in der Gemeinde, in deren Bezirk das Grundstück liegt, das Bevorstehen der Anlegung und der Name des als Eigentümer Einzutragenden öffentlich bekanntgemacht und seit der Bekanntmachung ein Monat verstrichen ist; die Art der Bekanntmachung bestimmt das Grundbuchamt.**

1 **1. Zweck.** Hat ein Aufgebotsverfahren nicht stattgefunden, so darf das GBBlatt erst nach öffentlicher Ankündigung angelegt werden. Dies gilt auch, wenn ein Aufgebotsverfahren zwar durchgeführt wurde, das Verfahren aber an einem so schwerwiegenden Mangel leidet, dass ein wirksames Aufgebotsverfahren nicht vorliegt. Eine öffentliche Ankündigung ist insbes. dann erforderlich, wenn das Aufgebot nicht gem. § 121 bekanntmacht wurde. Die Bestimmung des § 122 (früher § 13 AusfVO) will nämlich sicherstellen, dass die als Eigentümer in Betracht kommenden Personen

entweder durch die Veröffentlichung eines Aufgebots oder die öffentliche Ankündigung der Blattanlegung Gelegenheit erhalten, ihr Recht gegenüber dem GBAmt geltend zu machen. Die öffentliche Bekanntmachung ist auch dann notwendig, wenn für das GBAmt zweifelsfrei feststeht, wer Eigentümer ist.

2. Inhalt. a) Die Bekanntmachung hat zunächst das Grundstück zu bezeichnen; dies geschieht zweckmäßiger Weise wie beim Aufgebot nach Maßgabe des gem. § 117 eingeholten Auszugs aus dem Liegenschaftskataster. 2

b) Ferner ist der Name desjenigen anzugeben, der als Eigentümer eingetragen werden soll. Der Berechtigte ist so zu bezeichnen, wie dies im GB zu geschehen hat (s. § 15 GBV). 3

c) Schließlich ist der Hinweis erforderlich, dass nach Ablauf von einem Monat das GBBlatt für das Grundstück mit der genannten Person als Eigentümer angelegt werden wird. 4

3. Art. In welcher Weise im Einzelnen die Ankündigung bekanntgemacht wird, steht im Ermessen des GBAmts. Es bietet sich an, die Ankündigung in gleicher Weise zu veröffentlichen wie das § 121 für das Aufgebot vorschreibt. Jedenfalls muss die Veröffentlichung in der Gemeinde erfolgen, in der das Grundstück liegt, und sicherstellen, dass ein möglichst großer Personenkreis von der Ankündigung Kenntnis nehmen kann. 5

4. Wirkung. Meldet sich auf die Veröffentlichung hin jemand, der das Eigentum für sich beansprucht, so hat er sein Recht wie im Fall des Aufgebots glaubhaft zu machen. Nur dann muss das GBAmt seine Ermittlungen wieder aufnehmen. 6

Eintragung des Eigentümers

123 **Als Eigentümer ist in das Grundbuch einzutragen:**

1. der ermittelte Eigentümer;

2. sonst der Eigenbesitzer, dessen Eigentum dem Grundbuchamt glaubhaft gemacht ist;

3. sonst derjenige, dessen Eigentum nach Lage der Sache dem Grundbuchamt am wahrscheinlichsten erscheint.

1. Anlegung des GBBlatts. a) § 123 entspricht dem früheren § 14 AusfVO. Hat das GBAmt seine Amtsermittlungen abgeschlossen, ist ein GBBlatt für das Grundstück anzulegen; zu einer Ausnahme s. § 118 Rn. 4, zur Unzulässigkeit eines Vorbescheids s. § 118 Rn. 3. Eine Aussetzung des Anlegungsverfahrens ist auch bei 1 einem anhängigen Rechtsstreit über das Eigentum nicht zulässig (a. M. Hesse/Saage/Fischer § 14 AusfVO A. I; KEHE § 3 Rn. 11).

2 **b)** Voraussetzung für die Anlegung des GBBlatts ist, dass sich das GBAmt schlüssig darüber geworden ist, wer als Eigentümer einzutragen ist; ferner muss im Fall des § 122 die Monatsfrist abgelaufen sein. Dann ist entweder ein neues GBBlatt anzulegen oder das Grundstück im Rahmen des § 4 auf einem für den Eigentümer bereits angelegten GBBlatts einzutragen. Für möglich erachtet wird es auch, dass das Grundstück im Zusammenhang mit der Blattanlegung gem. §§ 5, 6 mit einem anderen Grundstück vereinigt oder einen anderen Grundstück als Bestandteil zugeschrieben wird (Güthe/Triebel § 14 AusfVO A. 15). Für die Blattanlegung sind die Vorschriften der GBV, insbes. §§ 6 und 9 maßgebend.

3 **2. Eigentümereintragung. a)** Ergeben die Ermittlungen, dass das Grundstück herrenlos ist, so ist dies in Abt. I in Sp. 2 einzutragen; die Herrenlosigkeit muss aber feststehen (a. M. Bauer/v. Oefele Rn. 3). Andernfalls ist, ohne dass dies einer Unbedenklichkeitsbescheinigung der Finanzbehörde (vgl. § 20 Rn. 48) bedarf (JFG 13, 129), ein Eigentümer einzutragen; dabei ist § 15 GBV zu beachten.

4 **b)** Kommt das GBAmt auf Grund seiner Ermittlungen zu dem Ergebnis, dass eine bestimmte Person Eigentümer ist, so ist diese Person einzutragen (§ 123 Nr. 1). Ergeben die Ermittlungen kein zweifelsfreies Ergebnis hinsichtlich des Eigentums, so ist der Eigenbesitzer (§ 872 BGB) einzutragen (§ 123 Nr. 2); Voraussetzung ist jedoch, dass sein Eigenbesitz feststeht und sein Eigentum wenigstens gaubhaft ist; für die Glaubhaftmachung gilt das zu §§ 119 bis 121 Rn. 6 Gesagte. Kann ein Eigenbesitzer nicht ermittelt werden oder ist sein Recht nicht glaubhaft, ist schließlich derjenige als Eigentümer einzutragen, dessen Eigentum dem GBAmt am wahrscheinlichsten erscheint (§ 123 Nr. 3); die Entscheidung hat das GBAmt unter Berücksichtigung aller Umstände zu treffen (s. dazu BayObLG Rpfleger 1981, 300).

5 **c)** Materiellrechtliche Wirkungen hat die Eintragung eines Eigentümers im Anlegungsverfahren nicht. Für ihn streitet künftig jedoch die Vermutung des § 891 BGB.

6 **3. Bekanntmachung.** Bei den im Zusammenhang mit der GBAnlegung vorzunehmenden Eintragungen handelt es sich nicht um Eintragungen in ein bestehendes GB im Sinn des § 55. Eine Bekanntmachung findet daher grundsätzlich nicht statt (Hesse/Saage/Fischer § 14 AusfVO A. III 3; a. M. Bauer/v. Oefele Rn. 5). Gleichwohl wird sich eine Bekanntgabe der Blattanlegung an das

Liegenschaftskataster, den Eigentümer und die Berechtigten dinglicher Rechte empfehlen. S. dazu XVIII/1 Abs. 1 Nr. 3 MiZi.

Eintragung beschränkter dinglicher Rechte und sonstiger Eigentumsbeschränkungen

124 (1) **Beschränkte dingliche Rechte am Grundstück oder sonstige Eigentumsbeschränkungen werden bei der Anlegung des Grundbuchblatts nur eingetragen, wenn sie bei dem Grundbuchamt angemeldet und entweder durch öffentliche oder öffentlich beglaubigte Urkunden, deren erklärter Inhalt vom Eigentümer stammt, nachgewiesen oder von dem Eigentümer anerkannt sind.**

(2) **Der Eigentümer ist über die Anerkennung anzuhören. Bestreitet er das angemeldete Recht, so wird es, falls es glaubhaft gemacht ist, durch Eintragung eines Widerspruchs gesichert.**

(3) **Der Rang der Rechte ist gemäß den für sie zur Zeit ihrer Entstehung maßgebenden Gesetzen und, wenn er hiernach nicht bestimmt werden kann, nach der Reihenfolge ihrer Anmeldung einzutragen.**

1. Voraussetzungen. Soweit das GBAmt im Anlegungsverfahren von Amts wegen tätig zu werden hat, erstreckt sich dies nicht auf die Feststellung beschränkter dinglicher Rechte und sonstiger Eigentumsbeschränkungen. Voraussetzung für ihre Eintragung bei der Anlegung des GB ist, dass sie im Anlegungsverfahren angemeldet und nachgewiesen oder anerkannt sind (OLG Karlsruhe Rpfleger 1999, 486). § 124 entspricht dem früheren § 15 AusfVO. 1

a) Anmeldung. Sie bedarf keiner besonderen Form, insbes. nicht der Form des § 29. Zweckmäßig ist jedenfalls eine schriftliche Anmeldung. Zur Nachholung der unterbliebenen Anmeldung im Beschwerdeverfahren s. § 125 Rn. 1. 2

b) Nachweis oder Anerkenntnis. aa) Das in Anspruch genommene Recht kann dem GBAmt gegenüber nachgewiesen werden; hierzu bedarf es der Vorlage einer öffentlichen oder einer öffentlich beglaubigten Urkunde (s. dazu § 29 Rn. 29, 41). Der Inhalt der Urkunde muss eine Erklärung des bei der GBAnlegung einzutragenden Eigentümers enthalten. Diese Erklärung muss das angemeldete Recht beweisen; in Betracht kommt insbes. eine EintrBewilligung. Andere Beweismittel sind im Anlegungsverfahren nicht zulässig; ihrer kann sich, wer das Recht in Anspruch nimmt, im Prozess bedienen. 3

4 bb) Ausreichend ist aber auch, dass die als Eigentümer einzutragende Person das Recht anerkennt. Weil es sich bei den im Zusammenhang mit der GBAnlegung vorzunehmenden Eintragungen nicht um Eintragungen in ein bestehendes GB im Sinn des § 29 handelt, sind die Formvorschriften dieser Bestimmung nicht anzuwenden. Das GBAmt muss aber davon überzeugt sein, dass das Anerkenntnis vom Eigentümer stammt.

5 **2. Widerspruch.** Ist ein Recht angemeldet, aber weder nachgewiesen noch anerkannt, so hat das GBAmt den einzutragenden Eigentümer dazu anzuhören, ob er das Recht anerkennt. Bestreitet der Eigentümer das Recht, dann ist ein Widerspruch gegen die Anlegung des GB ohne gleichzeitige Eintragung des Rechts einzutragen. Voraussetzung hierfür ist aber, dass das Recht wenigstens glaubhaft gemacht ist (§ 124 Abs. 2); insoweit gilt das zu §§ 119 bis 121 Rn. 6 Gesagte. Ist ein Widerspruch eingetragen oder ist weder das Recht noch ein Widerspruch eingetragen, so bleibt es demjenigen, der das Recht beansprucht, überlassen, sein Recht im Prozessweg geltend zu machen.

6 **3. Rang.** Mit welchem Rang mehrere Rechte im Verhältnis zueinander einzutragen sind, bestimmt sich nach dem Zeitpunkt ihrer Entstehung und dem dabei geltenden Recht. Ist eine Rangbestimmung danach nicht möglich, sind die Rechte in der zeitlichen Reihenfolge ihrer Anmeldung gem. § 124 Abs. 1 in das GB einzutragen (§ 124 Abs. 3).

Rechtsmittel

125 Die Beschwerde gegen die Anlegung des Grundbuchblatts ist unzulässig. Im Wege der Beschwerde kann jedoch verlangt werden, daß das Grundbuchamt angewiesen wird, nach § 53 einen Widerspruch einzutragen oder eine Löschung vorzunehmen.

1 **1. Ausschluss der Beschwerde. a)** § 125 entspricht dem früheren § 16 AusfVO. Bei den im Zusammenhang mit der GBAnlegung vorzunehmenden Eintragungen handelt es sich nicht um Eintragungen in ein bestehendes GB im Sinn des § 71 Abs. 2 Satz 1. Eine dieser Vorschrift entsprechende Regelung enthält § 125 Satz 1. Sie ist erforderlich, weil die Eintragungen im Zusammenhang mit der Blattanlegung Grundlage eines gutgläubigen Erwerbs sein können. Mit der Beschwerde kann damit weder die Anlegung des GBBlatts als solche, noch eine einzelne Eintragung oder deren Unterbleiben angefochten werden; dies gilt auch dann,

wenn die Anlegung und die Eintragungen den Beteiligten bekanntgemacht wurden (JFG 12, 268). Deshalb kann, wenn die Anmeldung eines beschränkten dinglichen Rechts oder einer Verfügungsbeschränkung (vgl. § 124) unterblieben ist, dies nicht mit der Beschwerde nachgeholt werden (OLG Karlsruhe Rpfleger 1999, 486).

b) Wird die selbständige Zurückweisung eines Antrags auf Eintragung eines Eigentümers für zulässig erachtet (s. hierzu § 118 Rn. 4), ist hiergegen jedoch die Beschwerde zulässig. Auch die Ablehnung der Anregung, ein GBBlatt für ein Grundstück anzulegen, kann mit der unbeschränkten Beschwerde angefochten werden (BayObLG 1980, 186 = Rpfleger 1980, 390). 2

2) Amtswiderspruch oder Löschung. Ist das GBBlatt angelegt, so kann entsprechend der Regelung des § 71 Abs. 2 Satz 2 jedoch mit der Beschwerde verlangt werden, dass unter den Voraussetzungen des § 53 die Eintragung eines Widerspruchs oder eine Löschung angeordnet wird. Eine Gesetzesverletzung im Sinn des § 53 kann z. B. darin liegen, dass das GBAmt keine ausreichenden Ermittlungen angestellt oder eine sonstige Verfahrensvorschrift im Anlegungsverfahren verletzt hat (OLG München JFG 17, 297; OLG Oldenburg NdsRpfl. 1975, 17; OLG Hamm Rpfleger 1980, 229). Dagegen genügt es nicht, dass die Beweiswürdigung des GBAmts nach Ansicht des Beschwerdegerichts unrichtig ist (Bauer/v. Oefele Rn. 2; a. M. OLG Oldenburg MDR 1956, 112; Hesse/Saage/Fischer § 16 AusfVO A. III); vielmehr muss in der Beweiswürdigung ein Rechtsverstoß liegen (s. § 78 Rn. 10). 3

Siebenter Abschnitt.
Das maschinell geführte Grundbuch

Übersicht

Der 7. Abschnitt wurde durch das RegVBG in die GBO eingefügt. Er enthält Vorschriften über das maschinell geführte GB.

§ 126 enthält die grundlegende Bestimmung zur Einführung des maschinell geführten GB und benennt die Voraussetzungen, die hierzu erfüllt sein müssen. Die Möglichkeit einer Integration von GB und Liegenschaftskataster eröffnet § 127. In § 128 ist der Zeitpunkt festgelegt, in dem das Papiergrundbuch durch das maschinell geführte GB ersetzt wird. § 129 regelt, wann eine Eintragung in das maschinell geführte GB wirksam wird. § 130 bestimmt, dass eine EintrVerfügung nicht zwingend notwendig ist und Eintragungen nicht unterschrieben werden müssen. Mit den beim maschinell geführten GB an die Stelle der Abschriften aus dem GB tretenden Ausdrucken befasst sich § 131 und mit der GBEinsicht bei einem anderen als dem grundbuchführenden GBAmt § 132. In § 133 ist das automatisierte Abrufverfahren zur Übermittlung von Daten aus dem GB als eine neue Form der GBEinsicht geregelt. § 134 schließlich enthält die Ermächtigung des BJM zum Erlass näherer Vorschriften über die Einrichtung und Gestaltung des maschinell geführten GB, die Einsicht in dieses und das automatisierte Abrufverfahren.

Anordnung und Voraussetzungen

126 (1) **Die Landesregierungen können durch Rechtsverordnung bestimmen, daß und in welchem Umfang das Grundbuch in maschineller Form als automatisierte Datei geführt wird. Hierbei muß gewährleistet sein, daß**

1. **die Grundsätze einer ordnungsgemäßen Datenverarbeitung eingehalten, insbesondere Vorkehrungen gegen einen Datenverlust getroffen sowie die erforderlichen Kopien der Datenbestände mindestens tagesaktuell gehalten und die originären Datenbestände sowie deren Kopien sicher aufbewahrt werden;**
2. **die vorzunehmenden Eintragungen alsbald in einen Datenspeicher aufgenommen und auf Dauer inhaltlich unverändert in lesbarer Form wiedergegeben werden können;**

3. die nach der Anlage zu diesem Gesetz erforderlichen Maßnahmen getroffen werden.

Die Landesregierungen können durch Rechtsverordnung die Ermächtigung nach Satz 1 auf die Landesjustizverwaltungen übertragen.

(2) **Die Führung des Grundbuchs in maschineller Form umfaßt auch die Einrichtung und Führung eines Verzeichnisses der Eigentümer und der Grundstücke sowie weitere, für die Führung des Grundbuchs in maschineller Form erforderliche Verzeichnisse. Das Grundbuchamt kann für die Führung des Grundbuchs auch Verzeichnisse der in Satz 1 bezeichneten Art nutzen, die bei den für die Führung des Liegenschaftskatasters zuständigen Stellen eingerichtet sind; diese dürfen die in Satz 1 bezeichneten Verzeichnisse insoweit nutzen, als dies für die Führung des Liegenschaftskatasters erforderlich ist.**

(3) **Die Datenverarbeitung kann im Auftrag des nach § 1 zuständigen Grundbuchamts auf den Anlagen einer anderen staatlichen Stelle oder auf den Anlagen einer juristischen Person des öffentlichen Rechts vorgenommen werden, wenn die ordnungsgemäße Erledigung der Grundbuchsachen sichergestellt ist.**

Anlage
(zu § 126 Abs. 1 Satz 2 Nr. 3)

Werden personenbezogene Daten automatisiert verarbeitet, sind Maßnahmen zu treffen, die je nach Art der zu schützenden personenbezogenen Daten geeignet sind,

1. *Unbefugten den Zugang zu Datenverarbeitungsanlagen, mit denen personenbezogene Daten verarbeitet werden, zu verwehren (Zugangskontrolle),*
2. *zu verhindern, daß Datenträger unbefugt gelesen, kopiert, verändert oder entfernt werden können (Datenträgerkontrolle),*
3. *die unbefugte Eingabe in den Speicher sowie die unbefugte Kenntnisnahme, Veränderung oder Löschung gespeicherter personenbezogener Daten zu verhindern (Speicherkontrolle),*
4. *zu verhindern, daß Datenverarbeitungssysteme mit Hilfe von Einrichtungen zur Datenübertragung von Unbefugten genutzt werden können (Benutzerkontrolle),*
5. *zu gewährleisten, daß die zur Benutzung eines Datenverarbeitungssystems Berechtigten ausschließlich auf die ihrer Zugriffsberechtigung unterliegenden Daten zugreifen können (Zugriffskontrolle),*

6. *zu gewährleisten, daß überprüft und festgestellt werden kann, an welche Stellen personenbezogene Daten durch Einrichtungen zur Datenübertragung übermittelt werden können (Übermittlungskontrolle),*
7. *zu gewährleisten, daß nachträglich überprüft und festgestellt werden kann, welche personenbezogenen Daten zu welcher Zeit von wem in Datenverarbeitungssysteme eingegeben worden sind (Eingabekontrolle),*
8. *zu gewährleisten, daß personenbezogene Daten, die im Auftrag verarbeitet werden, nur entsprechend den Weisungen des Auftraggebers verarbeitet werden können (Auftragskontrolle),*
9. *zu verhindern, daß bei der Übertragung personenbezogener Daten sowie beim Transport von Datenträgern die Daten unbefugt gelesen, kopiert, verändert oder gelöscht werden können (Transportkontrolle),*
10. *die innerbehördliche oder innerbetriebliche Organisation so zu gestalten, daß sie den besonderen Anforderungen des Datenschutzes gerecht wird (Organisationskontrolle).*

Inhaltsübersicht

1. Allgemeines ... 1
2. Einführung der maschinellen GBFührung ... 3
3. Datenerfassung und -speicherung ... 5
4. Voraussetzungen der maschinellen GBFührung ... 7
5. Verzeichnisse des GBAmts ... 13
6. Datenverarbeitung außerhalb des GBAmts ... 15
7. Ausführungsvorschriften ... 18

1 **1. Allgemeines. a)** Seit seiner Einführung wird das GB in Papierform geführt. Zunächst wurden mehrere GBBlätter in festen Bänden, zuletzt nur noch in der Form des Loseblattgrundbuchs zusammengefügt. Die EintrTätigkeit des GBAmts wurde mit der Einführung des Loseblattgrundbuchs, insbes. durch die zunehmend eingesetzten automatisierten Unterstützungsverfahren, entscheidend erleichtert und beschleunigt. Von der Papierform des GB wird nicht nur die EintrTätigkeit geprägt, sondern auch die Einsicht in das GB und die Erteilung von Abschriften und Auskünften.

2 **b)** Mit der Einführung des maschinell geführten GB wird die Möglichkeit eröffnet, durch eine Abkehr vom GB in Papierform die Vorteile einer vollelektronischen GBFührung zu nutzen. An die Stelle des Papiergrundbuchs tritt dabei der für GBEintragungen bestimmte Datenspeicher; von Inhalt und Gestalt unterscheidet sich das maschinell geführte GB jedoch im Übrigen nicht vom Papiergrundbuch (s. hierzu § 128 Rn. 4). S. dazu Schmidt-Räntsch, Das EDV-Grundbuch, VIZ 1997, 83.

c) Aus dem Programmsystem SOLUM (solum = lateinisch: Grund, Boden) zur automationsunterstützten Führung des Papiergrundbuchs wurde für die maschinelle GBFührung das Verfahren SOLUM-STAR (STAR = **S**ystem für **T**extautomation, **A**rchivierung und **R**echerche) entwickelt. S. dazu Bredl MittBayNot 1997, 72.

2. Einführung der maschinellen GBFührung. a) § 126 Abs. 1 Satz 1 enthält die allgemeine Ermächtigung, das GB statt in Papierform in maschineller Form, nämlich als automatisierte Datei zu führen. Die Grundakten sind davon ausgenommen; ihre Aufbewahrung wird durch die in § 10 a vorgesehene Aufbewahrung als Wiedergabe auf einem Bild- oder sonstigen Datenträger erleichtert. Ob, in welchem Zeitpunkt und in welchem Umfang das maschinelle GB eingeführt wird, bestimmen die Länder durch Rechtsverordnung. Das GB muss nicht für ein ganzes Land einheitlich umgestellt werden; die Umstellung kann zunächst auf einzelne GBAmtsbezirke oder auch nur auf einzelne Gemarkungen beschränkt werden (s. hierzu § 128 Rn. 1). 3

b) Ermächtigt sind die Landesregierungen, die durch Rechtsverordnung die Ermächtigung auf die Landesjustizverwaltungen übertragen können (§ 126 Abs. 1 Satz 1, 3). In *Bayern* ist bei allen Amtsgerichten das GB in maschineller Form als automatisierte Datei anzulegen (§ 1 der VO v. 14. 6. 1996, GVBl. 242, geändert durch VO v. 23. 12. 1996, GVBl. 1997, 3, und VO v. 14. 7. 1998, GVBl. 503; die VO ist ab 10. 7. 1996 an die Stelle der VO v. 14. 11. 1994, GVBl. 1021, getreten). 4

3. Datenerfassung und -speicherung. a) Ein besonderes Problem jeder Umstellung der GBFührung ist die Erfassung des vorhandenen Datenbestands in der neuen Form. Das Problem stellte sich auch bei der Einführung des Loseblattgrundbuchs (vgl. § 101 GBV, früher § 70 a GBV). Beim maschinell geführten GB werden die eingegebenen Daten in elektronische Datenstrukturen umgewandelt und auf einmal beschreibbaren Datenträgern, entweder auf einer WORM-Platte (WORM = **w**rite **o**nce **r**ead **m**any) mit einem Fassungsvermögen von etwa 10 Gigabyte oder auf CD-ROM (= **c**ompact **d**isc-**r**ead **o**nly **m**emory), gespeichert. Die so in codierter Form gespeicherten Daten (CI-Speicherung) können elektronisch verändert werden, was für die Fortführung des GB durch neue Eintragungen von Bedeutung ist. 5

b) Die bereits vorhandenen GBDaten in dieser Weise abzuspeichern, wäre mit einem enormen Aufwand verbunden. Diese Daten werden daher in nicht codierter Form abgespeichert (NCI-Speicherung). Dabei werden nicht einzelne Daten eingegeben, sondern mit einem sog. Scanner elektronische Fotographien von dem vorhandenen GBInhalt gefertigt und als solche in dem hierfür 6 vorgesehenen Bildplattenspeicher abgelegt. Wenn auch die so gespeicherten GBInhalte nicht elektronisch verändert werden können, kann das GB doch maschinell weitergeführt werden. Dabei werden die in elektronischer Form abgespeicherten neuen Eintragungen immer zusammen mit der unverändert gebliebenen elektronischen Fotographie des ursprünglichen Datenbestandes wiedergegeben.

7 **4. Voraussetzungen der maschinellen GBFührung.** § 126 Abs. 1 Satz 2 stellt die Anforderungen auf, die in technisch-organisatorischer Hinsicht erfüllt sein müssen, damit bei der Umstellung auf die maschinelle GBFührung Qualität, Sicherheit und Zuverlässigkeit des maschinell geführten GB nicht hinter der des Papiergrundbuchs zurückbleiben.

8 **a) Datenverarbeitung.** aa) § 126 Abs. 1 Satz 2 Nr. 1 verlangt, dass die Grundsätze einer ordnungsmäßigen Datenverarbeitung eingehalten werden. Zwar müssen nicht die optimalen, wohl aber die üblichen technischen Standards erfüllt sein, die an eine Datenverarbeitungsanlage zu stellen sind. Diese Anforderungen sind umfassender als die in § 9 BundesdatenschutzG normierten Grundsätze, weil sie auch die Anlage (Hardware) und die Programme (Software) einbeziehen. Die insoweit einzuhaltenden Anforderungen an das Gesamtsystem sind in § 64 GBV im Einzelnen aufgeführt. Verfügt eine Anlage entgegen § 64 Abs. 1 Satz 2 GBV nicht über die gem. Abs. 2 verlangten Grundfunktionen, so berührt dies die Wirksamkeit einer GBEintragung nicht. Die Datenverarbeitungsanlage, die Speichergeräte und die Terminals müssen räumlich-organisatorisch so untergebracht sein, dass ihr Funktionieren gewährleistet und der Zugang Unbefugter ausgeschlossen ist. Die näheren Anforderungen insoweit ergeben sich aus § 65 GBV; insbes. sind Vorkehrungen dagegen zu treffen, dass beim Anschluss der Datenverarbeitungsanlage an ein öffentliches Telekommunikationsnetz Dritte in das Verarbeitungssystem eindringen (sog. Hacking).

9 bb) Beispielhaft für die Grundsätze einer ordnungsmäßigen Datenverarbeitung werden in § 126 Abs. 1 Satz 2 Nr. 1 die Anforderungen an die Sicherheit und Haltbarkeit der gespeicherten GBDaten sowie an die Sicherheit und Aktualität der erforderlichen Kopien dieser Daten aufgeführt. Um einem Datenverlust als Folge eines Bedienungsfehlers oder eines technischen Defekts vorzubeugen, gehört zu den Grundsätzen einer ordnungsmäßigen Datenverarbeitung, dass von den originären Daten Sicherungskopien angefertigt werden. Sie können ihren Zweck nur erfüllen, wenn sie aktuell gehalten werden; verlangt wird als Mindestanforderung Tagesaktualität. Werden die während eines Arbeitstags verfügten

GBEintragungen nicht unmittelbar sondern erst nach Dienstschluss im Stapelbetrieb in den Datenspeicher aufgenommen (s. hierzu § 129 Rn. 2), bietet es sich an, im Zusammenhang mit der Abspeicherung mindestens einen Satz Kopien von den abgespeicherten Daten anzufertigen (vgl. hierzu § 66 Abs. 2 GBV). Die Sicherungskopien müssen so aufbewahrt werden, dass sich eine Beschädigung des Datenspeichers nicht auch auf sie erstrecken kann; außerdem müssen sie unverzüglich zugänglich gemacht werden können (§ 66 Abs. 3 GBV). Schließlich verlangt § 66 Abs. 1 GBV, dass eingegebene Daten bereits vor ihrer endgültigen Aufnahme in den dafür bestimmten Datenspeicher gesichert sind.

b) Datenspeicher. aa) § 126 Abs. 1 Satz 2 Nr. 2 beschreibt die wesentlichen Voraussetzungen für die Einführung des maschinell geführten GB. Der entscheidende Unterschied zum Papiergrundbuch besteht darin, dass die GBDaten elektronisch auf einem Datenspeicher abgelegt werden, so dass sie nicht ohne technische Hilfsmittel lesbar sind (s. hierzu § 128 Rn. 4). Zu den Grundsätzen einer ordnungsmäßigen Datenverarbeitung gehört es, die Eintragungen alsbald und so abzuspeichern, dass sie auf Dauer in lesbarer Form wiedergegeben werden können. Bei der Abspeicherung können die Daten verändert werden; es muss aber sichergestellt sein, dass sie unverändert so wiedergegeben werden, wie sie zur Abspeicherung eingegeben wurden. 10

bb) Im Regelfall wird die zur Abspeicherung eingegebene GBEintragung aus organisatorischen Gründen nicht sofort in den GBSpeicher aufgenommen, sondern im sog. Stapelbetrieb erst nach Dienstschluss des Tages, an dem der Abspeicherungsbefehl gegeben wurde. Dies entspricht dem Ablauf beim Papiergrundbuch, bei dem die vom Rpfleger verfügte Eintragung später in das GB eingeschrieben und erst mit der Unterzeichnung wirksam wird. 11

c) Datenschutz. § 126 Abs. 1 Satz 2 Nr. 3 verpflichtet im Hinblick auf die große Bedeutung der GBDaten für den Rechtsverkehr zur Einhaltung der Maßnahmen des Datenschutzes, die in einer Anlage zu § 126 näher bezeichnet sind. Danach sind vor allem geeignete Vorkehrungen gegen einen unbefugten Zugriff, insbes. gegen eine unbefugte Einsicht und Veränderung der gespeicherten Daten zu treffen. Die Anlage entspricht wörtlich der Anlage zu § 9 Satz 1 BundesdatenschutzG v. 20. 12. 1990 (BGBl. I 2954). 12

5. Verzeichnisse des GBAmts. a) Die beim Papiergrundbuch geführten Eigentümer- und Grundstücksverzeichnisse sowie die sonstigen Verzeichnisse des GBAmts dienen in erster Linie dazu, für die Behandlung eines EintrAntrags und eines Einsichts- oder Auskunftsersuchens das richtige GBBlatt ausfindig zu machen. Sol- 13 che Verzeichnisse sind auch beim maschinell geführten GB erforderlich. § 12a enthält die allgemeine Rechtsgrundlage für ihre Einrichtung und Führung. § 126 Abs. 2 Satz 1 ermächtigt dazu, beim maschinell geführten GB auch die Verzeichnisse in maschineller Form zu führen, schließt es aber nicht aus, dass diese auch dann maschinell geführt werden, wenn das GB selbst noch in Papierform geführt wird (s. § 12a Rn. 3).

14 **b)** Das GBAmt darf im Übrigen vergleichbare Verzeichnisse nutzen, die für die Führung des Liegenschaftskatasters von den Katasterbehörden eingerichtet sind; diese Behörden dürfen ihrerseits Verzeichnisse des GBAmts insoweit nutzen, als dies für die Führung des Liegenschaftskatasters erforderlich ist (§ 126 Abs. 2 Satz 2). Damit kann vermieden werden, dass vom GBAmt und vom Katasteramt inhaltsgleiche Verzeichnisse geführt werden.

15 **6. Datenverarbeitung außerhalb des GBAmts. a)** Zur Datenverarbeitung beim maschinell geführten GB kann jedem GBAmt ein eigener Rechner zur Verfügung gestellt werden. § 126 Abs. 3 eröffnet aber auch die Möglichkeit, dass ein Rechner für mehrere GBAmtsbezirke oder für ein ganzes Land an einer zentralen Stelle eingerichtet wird. Dabei muss es sich nicht unbedingt um ein justizeigenes Rechenzentrum handeln. Zulässig ist aber nur eine Datenverarbeitung auf der Anlage einer anderen staatlichen Stelle oder auf der Anlage einer juristischen Person des öffentlichen Rechts. Wegen der besonderen Bedeutung der GBDaten ist eine Speicherung auf Anlagen privater Unternehmen oder von Privatpersonen nicht statthaft. In *Bayern* ist zur Datenverarbeitung im Auftrag des nach § 1 zuständigen Amtsgerichts eine Zentrale GBSpeicherstelle für Bayern errichtet worden, die ab 1. 1. 1997 beim Präsidenten des OLG München betrieben wird (§ 3 der VO v. 14. 6. 1996, GVBl. 242).

16 **b)** Soweit die Daten in zulässiger Weise auf Anlagen anderer Stellen gespeichert werden, ist die Speicherung rechtlich dem GBAmt zuzurechnen. Bei der Inanspruchnahme fremder Anlagen und den damit verbundenen Tätigkeiten anderer Stellen handelt es sich lediglich um Hilfstätigkeiten und den Einsatz technischer Hilfsmittel. Die Bestimmungen der GBV, insbes. des Abschnitts XIII, gelten sinngemäß. Es muss sichergestellt sein, dass nur vom zuständigen GBAmt verfügte Eintragungen vorgenommen werden. Ferner darf eine Einsicht nur gewährt werden, wenn sie vom zuständigen GBAmt verfügt oder nach § 133 GBO und §§ 80 mit 86 GBV zulässig ist (§ 90 GBV).

17 **c)** Voraussetzung für die Datenspeicherung auf fremden Anlagen ist, dass die ordnungsmäßige Bearbeitung der GBSachen gewähr-

leistet ist. Die Erledigung der GBSachen muss also Vorrang vor anderen Aufgaben der speichernden Stelle haben. Dem GBAmt muss ein entscheidender rechtlicher Einfluss auf den fremden Speicher eingeräumt sein. Außerdem müssen die an die maschinelle GBFührung in § 126 Abs. 1 Satz 2 gestellten Mindestanforderungen auch von der fremden Datenverarbeitungsanlage erfüllt werden. Werden die GBDaten von einer nicht justizeigenen Anlage gespeichert, dann können dort auch die Verzeichnisse im Sinn des § 126 Abs. 2 gespeichert werden.

7. Ausführungsvorschriften. a) Soll das GB maschinell geführt werden, so kann dies nur nach Maßgabe der in Abschnitt XIII der GBV enthaltenen §§ 61 ff. geschehen (vgl. hierzu Satz 1 des durch die VO v. 10. 6. 1994, BGBl. I 1253, wieder aufgehobenen § 106 Abs. 1 GBV a. F.). Der neue Abschnitt XIII enthielt zunächst vorläufige Vorschriften über die maschinelle GBFührung, die nach dem inzwischen durch die VO v. 30. 11. 1994 (BGBl. I 3580) aufgehobenen § 106 Abs. 2 GBV a. F. am 31. 12. 1995 außer Kraft treten sollten. Dadurch sollte sichergestellt werden, dass die Bestimmungen entsprechend den praktischen Erfahrungen überarbeitet werden. Nach den Änderungen durch die VO v. 15. 7. 1994 (BGBl. I 1606) und die 3. VO zur Änderung der VO zur Durchführung der Schiffsregisterordnung und anderer Fragen des Registerrechts v. 30. 11. 1994 (BGBl. I 3580) erhielten die Vorschriften des Abschnitts XIII endgültigen Charakter. 18

b) In Kraft getreten ist Abschnitt XIII der GBV mit dem RegVBG am 25. 12. 1993 zunächst nur in *Bayern* und *Sachsen* (§ 106 Abs. 1 Satz 2 GBV a. F.); dort waren die Vorbereitungen für eine maschinelle GBFührung am weitesten gediehen. Sollte in einem anderen Land die maschinelle GBFührung gem. § 126 Abs. 1 angeordnet werden, war unabdingbare Voraussetzung, dass auch Abschnitt XIII der GBV in Kraft gesetzt wurde; dies hatte eine Rechtsverordnung der Landesregierung zur Voraussetzung, zu deren Erlass die Landesjustizverwaltung ermächtigt werden konnte (§ 106 Abs. 1 Satz 3 GBV a. F.). Durch die HypAblöseVO v. 10. 6. 1994 (BGBl. I 1253) ist § 106 Abs. 1 GBV a. F. aufgehoben worden, so dass Abschnitt XIII der GBV jetzt ohne Einschränkungen gilt. Zum Vorrang von Sonderregelungen in §§ 54 bis 60 GBV, der WGV und der GGV s. § 91 Satz 1 GBV. 19

c) Gem. § 134 Satz 2 kann das BJM technische Einzelheiten der maschinellen GBFührung durch allgemeine Verwaltungsvorschriften regeln oder die Regelung den Landesregierungen übertragen. Letzteres ist in § 93 GBV geschehen. Danach von den Ländern oder den von ihnen ermächtigten Landesjustizverwaltungen ge- 20 troffene Regelungen stehen unter dem Vorbehalt einer Verwaltungsanordnung des BJM.

Integration mit dem Liegenschaftskataster

127 (1) **Die Landesregierungen können durch Rechtsverordnung, zu deren Erlaß auch die Landesjustizverwaltungen ermächtigt werden können, bestimmen, daß das Grundbuchamt**

1. **Änderungen der Nummer, unter der das Grundstück im Liegenschaftskataster geführt wird, die nicht auf einer Änderung der Umfangsgrenzen des Grundstücks beruhen, sowie im Liegenschaftskataster enthaltene Angaben über die tatsächliche Beschreibung des Grundstücks aus dem Liegenschaftskataster maschinell in das Grundbuch und in Verzeichnisse nach § 126 Abs. 2 einspeichern darf;**
2. **der für die Führung des Liegenschaftskatasters zuständigen Stelle die Grundbuchstelle sowie Daten des Bestandsverzeichnisses und der ersten Abteilung maschinell übermittelt.**

(2) **Soweit das Grundbuchamt nach bundesrechtlicher Vorschrift verpflichtet ist, einem Gericht oder einer Behörde über eine Eintragung Mitteilung zu machen, besteht diese Verpflichtung bezüglich der nach Maßgabe des Absatzes 1 aus dem Liegenschaftskataster in das Grundbuch übernommenen Angaben nicht.**

1 **1. Allgemeines.** § 127 ermöglicht es den Ländern, eine Integration von GB und Liegenschaftskataster herbeizuführen. Dabei geht es darum, dass bestimmte Daten des Liegenschaftskatasters unmittelbar maschinell in das GB eingegeben werden. Entbehrlich wird dabei die derzeit übliche schriftliche Übermittlung der Daten von der Katasterbehörde an das GBAmt, das sodann die Eintragung im GB vornimmt. In gleicher Weise können bestimmte Daten des GB unmittelbar in das Liegenschaftskataster eingegeben werden.

2 **2. Rechtliche Einordnung. a)** Auch wenn Daten unmittelbar aus dem Liegenschaftskataster in das GB eingegeben werden, handelt es sich rechtlich um eine Eintragung durch das GBAmt. Die Programme, die eine unmittelbare Eingabe aus dem Liegenschaftskataster ermöglichen, sind rechtlich dem GBAmt zuzuordnen. Entsprechendes gilt im umgekehrten Fall für die Katasterbehörde.

3 **b)** Hieraus folgt, dass unrichtige Eintragungen, die auf Grund eines Fehlers der Katasterbehörde in das GB gelangen, nach den-

selben Rechtsgrundsätzen zu behandeln sind wie Eintragungen durch das GBAmt auf Grund einer schriftlichen Mitteilung des Katasteramts, für die gem. § 12c Abs. 2 Nr. 2 der Urkundsbeamte zuständig ist (s. hierzu § 2 Rn. 20). Die Eintragung wird rechtlich dem Urkundsbeamten zugerechnet, so dass für eine Anfechtung grundsätzlich § 12c Abs. 4 gilt; gegen Eintragungen des Urkundsbeamten der Geschäftsstelle in das GB ist jedoch nach den Grundsätzen des § 71 unmittelbar die Beschwerde gegeben (s. dazu § 71 Rn. 10).

3. Betroffene Daten. a) Gem. § 2 Abs. 2 werden die Grundstücke im GB nach dem Liegenschaftskataster benannt. Übernommen werden dabei aus dem Liegenschaftskataster die Angaben in Sp. 3 und 4 des Bestandsverzeichnisses über Gemarkung und Flurstück, Wirtschaftsart und Lage sowie Größe des Grundstücks. Im Liegenschaftskataster sind die zugehörige GBStelle und der Eigentümer festgehalten, also die Eintragungen in der Aufschrift eines GBBlatts, in Sp. 1 des Bestandsverzeichnisses und in Sp. 2 und 3 der Abt. I. Zur Erhaltung der Übereinstimmung von GB und Liegenschaftskataster hinsichtlich dieser Eintragungen werden Änderungen der Bestandsangaben vom Katasteramt dem GBAmt in Form von Veränderungsnachweisen und Veränderungen der Bezeichnung des Grundstücks und der Eigentümerangaben in Abt. I vom GBAmt dem Katasteramt mitgeteilt (s. hierzu § 2 Rn. 18ff.). Das GBAmt nimmt auf Grund der Mitteilungen aus dem Liegenschaftskataster die entsprechenden Eintragungen im GB vor (vgl. § 12c Abs. 2 Nr. 2). 4

b) Wenn und soweit von der Ermächtigung des § 127 Abs. 1 Gebrauch gemacht ist, können die genannten Daten vom GBAmt unmittelbar maschinell aus dem Liegenschaftskataster übernommen werden. Die Änderung einer Flurstücknummer, die darauf beruht, dass sich die Grenzen des Grundstücks verändert haben, kann jedoch nicht unmittelbar übernommen werden. Durch eine solche Änderung werden nämlich die Rechtsverhältnisse am Grundstück berührt. In Betracht kommen damit für eine unmittelbare maschinelle Übernahme insbes. Änderungen der Flurstücksnummer, die ihre Ursache in einer Zerlegung oder Verschmelzung von Flurstücken oder ihrer bloßen Umnummerierung haben. 5

4. Automatisierte Datenübernahme. a) Die vom GBAmt für die Führung des Bestandsverzeichnisses benötigten Bestandsangaben aus dem Liegenschaftskataster können in einem automatisierten Verfahren aus dem Liegenschaftskataster angefordert werden (§ 86 Abs. 1, 4 GBV). Voraussetzung hierfür ist aber, dass das Liegenschaftskataster ebenfalls in automatisierter Form geführt wird. 6

Umgekehrt sind die Liegenschaftsämter ermächtigt, Daten ebenfalls im automatisierten Verfahren unmittelbar aus dem GB anzufordern; möglich ist dies aber nur für Daten aus dem Bestandsverzeichnis und der Abt. I. Eine Anforderung von Daten aus anderen Abteilungen des GB ist nur auf Grund einer besonderen Vereinbarung gem. § 133 GBO i. V. m. §§ 80ff. GBV zulässig.

7 **b)** Voraussetzung für die unmittelbare Anforderung von Daten aus dem GB und dem Liegenschaftskataster ist lediglich eine Anordnung nach § 127 Abs. 1; weitere Vereinbarungen oder Genehmigungen sind nicht erforderlich (§ 86 Abs. 3 Satz 1 GBV). Im Rahmen bestimmter Verfahren (Bodensonderung, Umlegung, Vermögenszuordnung, Flurbereinigung oder Flurneuordnung) tritt an die Stelle des Liegenschaftskatasters ein anderes Verzeichnis, das die Funktion des amtlichen Verzeichnisses gem. § 2 Abs. 2 übernimmt (vgl. § 2 Rn. 11). Den in § 86 Abs. 3 Satz 2 GBV genannten, für diese Verfahren und Verzeichnisse zuständigen Behörden sind auf Ersuchen vom GBAmt die für das jeweilige Verfahren benötigten Daten aus dem GB zu übermitteln. Bei Fortführung der an die Stelle des amtlichen Grundstücksverzeichnisses tretenden Verzeichnisse (Pläne) durch diese Behörden, kann das GBAmt die für die Führung des Bestandsverzeichnisses erforderlichen Daten aus diesen Plänen anfordern, ohne dass es dazu einer Vereinbarung oder Genehmigung bedarf.

8 **c)** Bei der unmittelbaren Datenübernahme aus dem Liegenschaftskataster wird der Tag der Eintragung oder des Wirksamwerdens der Eintragung nicht angegeben (§ 129 Abs. 2 Satz 2); ein Vermerk in Sp. 6 des Bestandsverzeichnisses wird nicht angebracht.

9 **5. Mitteilungen.** Mitteilungspflichten des GBAmts nach §§ 55ff. oder anderen bundesrechtlichen Vorschriften (s. hierzu § 55 Abs. 8) löst die unmittelbare maschinelle Übernahme von Daten aus dem Liegenschaftskataster nicht aus (§ 127 Abs. 2). Andernfalls würde die mit einer Integration angestrebte Vereinfachung der GBFührung nicht erreicht werden.

Anlegung und Freigabe

128 (1) **Das maschinell geführte Grundbuch tritt für ein Grundbuchblatt an die Stelle des bisherigen Grundbuchs, sobald es freigegeben worden ist. Die Freigabe soll erfolgen, sobald die Eintragungen dieses Grundbuchblatts in den für die Grundbucheintragungen bestimmten Datenspeicher aufgenommen worden sind.**

(2) **Der Schließungsvermerk im bisherigen Grundbuch ist lediglich von einer der nach § 44 Abs. 1 Satz 2 zur Unterschrift zuständigen Personen zu unterschreiben.**

Inhaltsübersicht

1. Allgemeines 1
2. Begriff des maschinell geführten GB 2
3. Gestalt 4
4. Anlegung 5
5. Freigabe 16
6. Schließung des bisherigen GB 20
7. Bekanntmachung der Anlegung 22

1. Allgemeines. Das maschinell geführte GB muss nicht einheitlich zum selben Zeitpunkt für ein ganzes Land, einen ganzen GBAmtsbezirk oder auch nur eine ganze Gemarkung eingeführt werden. Vielmehr kann jedes einzelne GBBlatt umgestellt werden. Dies hat zur Folge, dass für den Bezirk, für den die Umschreibung im Gang ist, für eine Übergangszeit das GB teilweise in Papierform und teilweise maschinell geführt wird. 1

2. Begriff des maschinell geführten GB. a) Beim maschinell geführten GB ist das GB im Sinn des BGB nicht das, was auf dem Bildschirm oder Ausdruck sichtbar ist. Das GB ist vielmehr der in den dafür bestimmten Datenspeicher aufgenommene und auf Dauer unverändert in lesbarer Form wiedergabefähige Inhalt des GBBlatts. Diese rechtlich wesentliche Festlegung ist nicht in der GBO sondern in § 62 GBV getroffen; aus der GBO lässt sie sich nur mittelbar aus den für das Wirksamwerden von Eintragungen genannten Voraussetzungen und den Anforderungen ableiten, die erfüllt sein müssen, damit die maschinelle GBFührung angeordnet werden kann (vgl. § 126 Abs. 1 Satz 2 Nr. 2; ferner § 129 Abs. 1 Satz 1). Der Inhalt des GBBlatts, wie er auf dem Datenträger gespeichert ist, bestimmt Inhalt und Umfang dinglicher Rechte; an ihn knüpft der öffentliche Glaube des GB an. 2

b) Maßgebend ist derjenige Datenspeicher, der dazu bestimmt ist, dass in ihm die GBDaten endgültig und auf Dauer abgelegt werden; entscheidend ist dafür die elektronische Zuweisung; ohne Bedeutung ist das Speichermedium. Arbeits- und Zwischenspeicher scheiden aus. Welcher Speicher danach für den GBInhalt maßgebend ist, muss zweifelsfrei und eindeutig festgelegt sein. Eine einmal getroffene Festlegung kann unter den Voraussetzungen des § 62 Satz 2 GBV nachträglich geändert werden, z. B. bei Beschädigung oder Zerstörung des Speichermediums. Die Voraussetzungen für eine Änderung können aber auch schon vor Eintritt des Ände- 3 rungsfalls in allgemeiner Form festgelegt werden (§ 62 Satz 3 GBV). Dies ermöglicht es, bei der Führung des GB parallel auf zwei oder mehr Rechnern (Parallelrechnerbetrieb statt Einzelrechnerbetrieb) im Störungsfall programmgesteuert, also automatisch von dem von der Störung betroffenen auf einen betriebsbereiten Rechner umzuschalten.

4 **3. Gestalt.** Beim maschinell geführten GB besteht die Besonderheit, dass das GB im Rechtssinn nicht unmittelbar mit den menschlichen Sinnen wahrgenommen werden kann. Sein Inhalt muss erst mit technischen Hilfsmitteln sichtbar gemacht werden, sei es als Wiedergabe auf dem Bildschirm oder als Ausdruck. Unabhängig davon, in welcher Form die GBDaten im Speicher abgelegt sind, muss der sichtbar gemachte GBInhalt in seiner Gestaltung dem Papiergrundbuch entsprechen (§ 63 Satz 1, § 76 GBV; vgl. auch § 91 Satz 1 GBV). Die dort vorgesehene Einteilung in Bestandsverzeichnis und Abteilungen sowie Spalten muss also beibehalten werden. Es gelten insoweit grundsätzlich die für das Papiergrundbuch bestehenden Vorschriften, insbes. die der GBV. Jedoch sind die Bestimmungen, die GBBände voraussetzen, nicht anzuwenden (§ 63 Satz 2 GBV); auch können Löschungen statt als Rötung schwarz dargestellt werden (§ 91 Satz 2 GBV).

5 **4. Anlegung.** Ist durch Rechtsverordnung der Landesregierung bestimmt, dass das GB für einen GBAmtsbezirk oder eine Gemarkung in maschineller Form als automatisierte Datei geführt wird, entscheidet das GBAmt, sofern nicht in der Rechtsverordnung der Landesregierung hierzu Bestimmungen getroffen sind, nach pflichtgemäßem Ermessen, in welcher Weise es das maschinell geführte GB anlegt. In Betracht kommen drei Formen der Anlegung, nämlich Umschreibung, Neufassung oder Umstellung (§ 67 Satz 1, 2 GBV). In *Bayern* ist bestimmt, dass das in maschineller Form geführte GB durch Umstellung angelegt werden soll (§ 2 Abs. 1 der VO v. 14. 6. 1996, GVBl. 242, die ab 10. 7. 1996 an die Stelle der VO v. 14. 11. 1994, GVBl. 1021, getreten ist).

6 **a) Umschreibung.** aa) Gem. § 68 Abs. 1 GBV kann das maschinell geführte GB durch Umschreibung des bisherigen GBBlatts angelegt werden; Voraussetzung dafür ist nicht, dass dieses unübersichtlich geworden (vgl. § 28 Abs. 1 GBV) oder überfüllt ist (vgl. § 23 Abs. 1 GBV). Eine Umschreibung nur des Bestandsverzeichnisses oder einzelner Abteilungen des GBBlatts (vgl. § 33 GBV) ist jedoch nicht zulässig; es muss vielmehr das gesamte GBBlatt umgeschrieben werden (§ 68 Abs. 2 Satz 2 GBV). Bei der Anlegung des maschinell geführten GB durch Umschreibung wird nicht der komplette GBInhalt übernommen, sondern nur der jetzt maßge-

bende. Diese Anlegungstechnik bietet sich dann an, wenn das GBBlatt in kodierter Form (s. dazu § 126 Rn. 5) geführt werden soll.

bb) Für die Umschreibung gelten grundsätzlich die allgemeinen Vorschriften für eine Umschreibung (vgl. §§ 28 ff. GBV), insbes. § 30 Abs. 1 Buchst. d GBV; auch § 44 Abs. 3, der eine Nachholung oder Erweiterung der Bezugnahme auf die EintrBewilligung vorschreibt, ist anzuwenden. Die Eintragungen auf dem bisherigen GBBlatt werden bei der Umschreibung in elektronische Zeichen umgewandelt und als solche in den für das neue GBBlatt bestimmten Datenspeicher übernommen (§ 68 Abs. 2 Satz 1 GBV). **7**

cc) Beim maschinell geführten GB ist ein **Handblatt** nicht mehr notwendig (vgl. § 73 GBV); § 32 Abs. 1 Satz 2, 3 GBV ist nicht anzuwenden (§ 68 Abs. 2 Satz 2 GBV); zur Aussonderung und Vernichtung des alten Handblatts s. § 73 Satz 2, 3 GBV. Mitgeteilt wird die Umschreibung wie beim Papiergrundbuch gem. § 39 Abs. 3 GBV (§ 68 Abs. 2 Satz 1 GBV). **8**

dd) Das bisherige in Papierform geführte GB wird geschlossen (s. dazu Rn. 20). Es braucht nicht unbedingt in Papierform beim GBAmt aufbewahrt zu werden; möglich ist auch in Anlehnung an § 10 a eine Aufbewahrung als Wiedergabe auf einem Bild- oder sonstigen Datenträger und Aufbewahrung des Papiergrundbuchs durch ein Landesarchiv. Voraussetzung dafür ist aber, dass der GBInhalt in angemessener Zeit lesbar gemacht werden kann. **9**

b) Neufassung. aa) Gem. § 69 Abs. 1 GBV kann das maschinell geführte GB auch durch Neufassung angelegt werden. Diese Form der Umschreibung ist bisher in der GBV nicht vorgesehen. Sinn der Neufassung ist es, GBBlätter umzuschreiben, ohne ihnen neue Blattnummern zu geben (§ 69 Abs. 2 Satz 1 GBV). Diese Form der Umschreibung kommt vor allem in den Fällen in Betracht, in denen im Gebiet der früheren DDR Abt. II und III in einem einheitlichen Lastenverzeichnis zusammengefasst sind (sog. alte Sachsen-Folien). **10**

bb) Grundsätzlich gilt für die Anlegung durch Neufassung dasselbe wie für die durch Umschreibung (§ 69 Abs. 1 Satz 2 GBV; s. Rn. 6 ff.). Es ist nicht zulässig, ein GBBlatt nur teilweise als maschinell geführtes GB anzulegen und es im Übrigen als Papiergrundbuch weiterzuführen; dagegen können Teile eines Blatts durch Neufassung angelegt werden und der Rest durch Umschreibung oder Umstellung. Mitgeteilt wird die Neufassung nicht; § 39 Abs. 3 GBV gilt nicht (§ 69 Abs. 2 Satz 4 GBV). **11**

cc) Bei der Neufassung soll im Bestandsverzeichnis nur der aktuelle Bestand und in den Abteilungen nur der aktuelle Stand der **12** eingetragenen Rechtsverhältnisse wiedergegeben werden; überholte Eintragungen sollen, soweit dies zweckmäßig ist, weggelassen (§ 69 Abs. 2 Satz 2 GBV) und einheitliche Lastenverzeichnisse nach Möglichkeit aufgelöst werden (§ 69 Abs. 2 Satz 3 GBV). § 69 Abs. 3 Satz 1 bis 3 GBV schreibt im Einzelnen vor, wo und welche Vermerke über die Neufassung des Bestandsverzeichnisses und der einzelnen Abteilungen anzubringen sind; Satz 4, 5 bestimmt, wie zu verfahren ist, wenn nur ein Teil des GBBlatts durch Neufassung, der Rest durch Umschreibung oder Umstellung als maschinell geführtes GB angelegt wird; Satz 6 schließt die Anwendung des § 30 Abs. 1 Buchst. h Nr. 1 GBV im Hinblick auf § 130 Satz 1 Halbsatz 1 i.V.m. § 44 Abs. 1 Satz 2 Halbsatz 2 und Satz 3 GBO und § 69 Abs. 3 Satz 1 GBV aus. Zur Durchführung der Neufassung im Einzelnen s. § 69 Abs. 4 GBV und GBV Muster Anl. 10a, 10b.

13 **c) Umstellung.** aa) Gem. § 70 Abs. 1 GBV kann das maschinell geführte GB schließlich auch durch Umstellung angelegt werden. Eine Veränderung des bisherigen GBInhalts durch Zusammenfassung, wie bei der Anlegung durch Umschreibung oder Neufassung, findet dabei nicht statt. Anders als bei der Umschreibung wird keine neue Blattnummer vergeben (§ 70 Abs. 2 Satz 1, § 101 Abs. 2 GBV).

14 bb) Die Umstellung geschieht dergestalt, dass der Inhalt des GBBlatts elektronisch in den für das maschinell geführte GB bestimmten Datenspeicher übernommen wird. Dies kann im sog. Scanningverfahren geschehen oder durch Überspielen des bereits in elektronischer Form vorhandenen Datenbestands in diesen Speicher. Denkbar ist aber auch, dass ein bereits vorhandener elektronischer Datenspeicher mit den Eintragungen des GBBlatts als maßgebender Datenspeicher des maschinell geführten GB (vgl. § 62 GBV) bestimmt wird (§ 70 Abs. 1 Satz 2, 3 GBV). Der Schriftzug von Unterschriften braucht dabei nicht gespeichert zu werden (§ 70 Abs. 1 Satz 4 GBV).

15 cc) Auch bei Anlegung des maschinell geführten GB durch Umstellung kommt eine nur **teilweise Umstellung** nicht in Betracht; auch ist kein neues Handblatt herzustellen (s. dazu § 73 GBV). § 32 Abs. 1 Satz 2, 3 und § 33 GBV sind nicht anzuwenden, da sie nur für die Umschreibung gelten (vgl. hierzu den früheren, durch VO v. 15. 7. 1994, BGBl. I 1606, weil missverständlich aufgehobenen § 70 Abs. 2 Satz 2 GBV). Um eine Umstellung in großem Umfang zu erleichtern, kann darauf verzichtet werden, sämtliche Seiten des geschlossenen GBBlatts rot zu durchkreuzen, wie dies § 36 Buchst. a GBV vorschreibt; damit nicht versehentlich Eintragungen in dem geschlossenen GBBlatt vorgenommen werden, soll dieses dann in anderer Weise deutlich sichtbar als geschlossen bezeichnet werden (§ 70 Abs. 2 Satz 2 GBV). Dies kann z.B. durch einen Stempel mit der Aufschrift „geschlossen" geschehen. Im Übrigen gelten für die Umstellung weitgehend die Bestimmungen des § 101 GBV über die Umstellung auf das Loseblattgrundbuch entsprechend (§ 70 Abs. 2 Satz 1 GBV). Zur Schließung des bisherigen GB s. auch Rn. 20.

5. Freigabe. a) Das maschinell geführte GB tritt erst dann an die Stelle des bisherigen GB wenn die Eintragungen des betreffenden GBBlatts in den hierfür bestimmten Datenspeicher aufgenommen worden sind und das maschinell geführte GB freigegeben ist (§ 71 Satz 1 GBV). Die Freigabe setzt wiederum voraus, dass die Eintragungen wirksam geworden sind, also auf Dauer unverändert in lesbarer Form wiedergegeben werden können (s. hierzu § 129 Abs. 1). Die Freigabe bedarf eines besonderen Aktes; mit dem Wirksamwerden der Eintragungen tritt das maschinell geführte GB damit nicht ohne weiteres an die Stelle des bisherigen GB. **16**

b) Die Anlegung des maschinell geführten GB erfordert nicht, dass die Eintragungen wörtlich übernommen werden. Wie bei der Umschreibung beim herkömmlichen GB sind sie grundsätzlich nach Möglichkeit **zusammenzufassen** und zu ändern, so dass nur ihr gegenwärtiger Inhalt in das GB aufgenommen wird (vgl. § 30 Abs. 1 Buchst. d GBV). Darüber hinaus soll gem. § 44 Abs. 3 eine bei der Eintragung unterbliebene oder nur teilweise vorgenommene Bezugnahme auf die EintrBewilligung bis zu dem nach § 44 Abs. 2 zulässigen Umfang nachgeholt oder erweitert werden. Im Übrigen ist § 30 Abs. 1 GBV zu beachten; jedoch entfällt im Hinblick auf § 130 Satz 1 Halbsatz 1 i.V.m. § 44 Abs. 1 Satz 2 Halbsatz 2 und Satz 3 die in § 30 Abs. 1 Buchst. h Nr. 1 GBV vorgesehene Unterschrift unter jede Eintragung (vgl. § 69 Abs. 3 Satz 6 GBV). Bei Anlegung des maschinell geführten GB durch Umstellung gilt dies mit Einschränkungen (s. dazu Rn. 13). **17**

c) Die Freigabe obliegt der für die Führung des GB zuständigen Person, also dem **Rpfleger.** Die Anlegung des maschinell geführten GB einschließlich seiner Freigabe kann ganz oder teilweise dem Urkundsbeamten der Geschäftsstelle durch Rechtsverordnung der Landesregierung oder der ermächtigten Landesjustizverwaltung übertragen werden (§ 93 Satz 1 GBV). In *Bayern* ist die Freigabe des angelegten maschinell geführten GB dem Urkundsbeamten der Geschäftsstelle übertragen (§ 2 Abs. 2 der VO v. 14. 6. 1996, GVBl. 242, die ab 10. 7. 1996 an die Stelle der VO v. 14. 11. 1994, GVBl. 1021, getreten ist). Vor der Freigabe hat die zuständige Person zu prüfen, ob die Eintragungen auf dem bisherigen **18**

GBBlatt richtig und vollständig in den Datenspeicher übernommen worden sind und ihre Abrufbarkeit gesichert ist (§ 71 Satz 2 GBV).

19 **d)** Die Freigabe wird in der Aufschrift des betreffenden GBBlatts vermerkt; der **Freigabevermerk** tritt an die Stelle der sonst einzutragenden Umstellungs- oder Umschreibungsvermerke (vgl. § 30 Abs. 1 Buchst. b, § 67 Satz 4 GBV) und soll bei der Wiedergabe des GBBlatts auf dem Bildschirm oder bei Ausdrucken in der Aufschrift an der für diese Vermerke vorgesehenen Stelle (vgl. GBV Muster Anl. 2b) erscheinen (§ 71 Satz 3 GBV). Der Vermerk enthält das Datum der Freigabe und den Namen der Person, welche die Freigabe veranlasst hat. Der Wortlaut des Vermerks im Übrigen ist in § 71 Satz 4 GBV vorgeschrieben.

20 **6. Schließung des bisherigen GB. a)** Sobald das maschinell geführte GB an die Stelle des bisherigen GB tritt, ist das alte GBBlatt zu schließen. Dies geschieht dadurch, dass sämtliche Seiten, die Eintragungen enthalten, rot durchkreuzt werden (s. hierzu auch § 70 Abs. 2 Satz 3 GBV und Rn. 15). Außerdem ist ein Schließungsvermerk (Abschreibevermerk) anzubringen (§ 36 GBV). Bei der Anlegung durch Umschreibung (§ 68 GBV) ist in ihm die Bezeichnung des neuen GBBlatts anzugeben (vgl. § 30 Abs. 2 GBV). Der Wortlaut des Schließungsvermerks ist in § 71 Satz 5 GBV vorgeschrieben. Der Vermerk ersetzt gem. § 67 Satz 4 GBV den beim herkömmlichen GB vorgesehenen Schließungsvermerk (s. GBV Muster Anl. 2a). Wenn sämtliche GBBlätter eines GB-Bandes oder eines ganzen GBAmts wegen Anlegung des maschinell geführten GB geschlossen werden müssen, erleichtern die durch die 2. EDVGB-ÄndV an § 70 Abs. 2 GBV angefügten Sätze 3 bis 5 die Schließung mit Wirkung vom 24. 12. 1993 (vgl. Art. 4 Satz 1 der 2. EDVGB-ÄndV) dadurch, dass der Schließungsvermerk nicht mehr auf jedem einzelnen GBBlatt angebracht werden muss. Es genügt vielmehr ein gemeinsamer Schließungsvermerk der auf dem betroffenen GBBand oder bei Schließung mehrere GBBände als Abschrift auf allen Bänden angebracht wird. Dadurch wird auch der Aufwand für die Speicherung geschlossener GBBände gem. § 10a auf einem Bild- oder sonstigen Datenträger erheblich verringert.

21 **b)** Der **Schließungsvermerk** stellt eine GBEintragung dar, die grundsätzlich gem. § 44 Abs. 1 Satz 1 zu unterschreiben ist. Bei der Schließung eines GBBlatts wegen Anlegung des maschinell geführten GB schreibt § 128 Abs. 2 als Ausnahme von der Regel vor, dass die Unterschrift einer der zuständigen Personen genügt.

22 **7. Bekanntmachung. a)** Maßgebend ist bei der Anlegung des maschinell geführten GB durch Umschreibung § 39 Abs. 3 GBV

(§ 68 Abs. 2 Satz 1 GBV). Mitgeteilt wird nur die Tatsache der Umschreibung und die neue Blattstelle. Ist über ein Grundpfandrecht ein Brief erteilt, ist der Gläubiger bei der Bekanntgabe aufzufordern, den Brief zur Berichtigung der GBStelle beim GBAmt einzureichen.

b) Bei der Anlegung des maschinell geführten GB durch Neufassung oder Umstellung (§§ 69, 70 GBV) ist eine Mitteilung nicht erforderlich; § 39 Abs. 3 GBV gilt nicht (§ 69 Abs. 2 Satz 4; § 70 Abs. 2 Satz 1 i.V.m. § 101 Abs. 7 GBV). **23**

Wirksamwerden der Eintragung

129 (1) **Eine Eintragung wird wirksam, sobald sie in den für die Grundbucheintragungen bestimmten Datenspeicher aufgenommen ist und auf Dauer inhaltlich unverändert in lesbarer Form wiedergegeben werden kann. Durch eine Bestätigungsanzeige oder in anderer geeigneter Weise ist zu überprüfen, ob diese Voraussetzungen eingetreten sind.**

(2) **Jede Eintragung soll den Tag angeben, an dem sie wirksam geworden ist. Bei Eintragungen, die gemäß § 127 Abs. 1 Inhalt des Grundbuchs werden, bedarf es abweichend von Satz 1 der Angabe des Tages der Eintragung im Grundbuch nicht.**

1. Allgemeines. Beim GB in Papierform wird eine Eintragung mit ihrer Unterzeichnung durch die zuständigen Personen wirksam (§ 44 Abs. 1). Beim maschinell geführten GB werden Eintragungen nicht unterschrieben (§ 130 Satz 1 Halbsatz 1). Es ist daher notwendig, in anderer Weise festzulegen, wann eine Eintragung wirksam wird. Diese Festlegung trifft § 129 Abs. 1. **1**

2. Voraussetzungen. a) Abspeicherungsbefehl. Die vom Rpfleger unmittelbar oder vom Urkundsbeamten auf Verfügung des Rpflegers veranlasste Eintragung durch Erteilung des Abspeicherungsbefehls hat nicht zwingend zur Folge, dass die EintrDaten sofort in den maßgebenden Datenspeicher aufgenommen werden. Das Verfahren kann vielmehr so ausgestaltet sein, dass die im Lauf eines Tages veranlassten Eintragungen erst nach Dienstschluss im sog. Stapelverfahren endgültig in den Datenspeicher aufgenommen werden. Bis zu diesem Zeitpunkt kann der Rpfleger die von ihm veranlasste oder verfügte Eintragung noch zurücknehmen oder ändern. Hierzu kann er unter den gleichen Voraussetzungen verpflichtet sein, unter denen er beim Papiergrundbuch davon Abstand zu nehmen hat, eine verfügte Eintragung zu unterschreiben. **2**

Dies kann z. B. der Fall sein, wenn der EintrAntrag zurückgenommen wird oder Verfügungsbeschränkungen bekannt werden und die Voraussetzungen des § 878 BGB nicht vorliegen.

3 **b) Aufnahme in den Datenspeicher.** Im Hinblick auf diese Verfahrenskonzeption kommt als Zeitpunkt für das Wirksamwerden der Eintragung erst die endgültige Aufnahme in den Datenspeicher in Betracht; damit wird die Eintragung der Einwirkungsmöglichkeit des Rpflegers entzogen. Voraussetzung des Wirksamwerdens ist aber, dass die Eintragung inhaltlich unverändert in lesbarer Form wiedergegeben werden kann. Nur dann sind die an eine GBEintragung zu stellenden Anforderungen erfüllt (vgl. § 62 GBV). Entscheidend ist die technische Wiedergabemöglichkeit; die Wirksamkeit der Eintragungen kann daher auch außerhalb der Dienststunden des GBAmts eintreten. Diese Verfahrenskonzeption schließt es allerdings aus, dass kurzfristig eine Eintragung in das GB bewirkt wird.

4 **c) Bestätigung.** § 129 Abs. 1 Satz 2 verlangt geeignete Maßnahmen, die sicherstellen, dass das Wirksamwerden der Eintragung als Folge des Abspeicherungsbefehls überprüft werden kann. Damit soll verhindert werden, dass Eintragungen verloren gehen, weil die Anlage einen Abspeicherungsbefehl nicht ausgeführt hat. In welcher Weise im Einzelnen die Ausführung des Abspeicherungsbefehls bestätigt wird, bleibt der Anordnung durch die Landesjustizverwaltungen überlassen.

5 **3. Angabe des Tags des Wirksamwerdens. a)** In Anlehnung an § 44 Abs. 1 Satz 1, der verlangt, dass beim Papiergrundbuch jede Eintragung den Tag angibt, an dem sie erfolgt ist, schreibt § 129 Abs. 2 Satz 1 für das maschinell geführte GB vor, dass der Tag des Wirksamwerdens der Eintragung anzugeben ist. Dies wird auch bei Ausführung des Abspeicherungsbefehls nach Dienstschluss regelmäßig der Tag sein, an dem der Rpfleger die Eintragung veranlasst oder verfügt hat.

6 **b)** Sofern bei einer Integration von GB und Liegenschaftskataster Daten gem. § 127 Abs. 1 Nr. 1 aus dem Liegenschaftskataster unmittelbar in den Datenspeicher des GBAmts eingegeben werden, ist der Tag des Wirksamwerdens der Eintragung nicht anzugeben (§ 129 Abs. 2 Satz 2).

Eintragungsverfügung und Eintragung

130 **§ 44 Abs. 1 Satz 1, 2 zweiter Halbsatz und Satz 3 ist für die maschinelle Grundbuchführung nicht anzuwenden; § 44 Abs. 1 Satz 2 erster Halbsatz gilt mit der Maß-**

gabe, daß die für die Führung des Grundbuchs zuständige Person auch die Eintragung veranlassen kann. Wird die Eintragung nicht besonders verfügt, so ist in geeigneter Weise der Veranlasser der Speicherung aktenkundig oder sonst feststellbar zu machen.

1. Eintragungsverfügung. a) In § 44 Abs. 1 Satz 2 Halbsatz 1 ist bestimmt, dass der Rpfleger als die zur GBFührung zuständige Person die Eintragung verfügen und der Urkundsbeamte der Geschäftsstelle sie veranlassen soll. Beim maschinell geführten GB kann dieser Vorgang dadurch abgekürzt werden, dass der Rpfleger die Eintragung unmittelbar am Bildschirm veranlasst (§ 130 Satz 1 Halbsatz 2). Diese Verfahrensweise schreibt § 74 Abs. 1 Satz 1 GBV, sofern nicht im Hinblick auf eine Integration von GB und Liegenschaftskataster Daten unmittelbar aus dem Liegenschaftskataster in das GB übernommen werden (vgl. § 127 Abs. 1 Nr. 1), als Regelfall vor; einer besonderen EintrVerfügung bedarf es dann nicht (§ 74 Abs. 1 Satz 2 GBV). Etwas anderes gilt, wenn die Landesregierung oder die Landesjustizverwaltung bestimmt, dass auch bei der maschinellen GBFührung der Urkundsbeamte die vom Rpfleger verfügte Eintragung veranlasst. 1

b) Liegt eine EintrVerfügung vor, dann kann ohne weiteres festgestellt werden, wer die Eintragung angeordnet hat. Diese Person muss aber auch dann feststellbar sein, wenn die Eintragung unmittelbar am Bildschirm veranlasst wird. § 130 Satz 2 bestimmt daher, dass der Veranlasser der Speicherung in geeigneter Weise aktenkundig oder sonst feststellbar zu machen ist. 2

2. Eintragung. a) Tagesangabe. § 44 Abs. 1 Satz 1 schreibt vor, dass jede Eintragung den Tag angeben soll, an dem sie erfolgt ist. Diese Bestimmung ist beim maschinell geführten GB nicht anzuwenden (§ 130 Satz 1 Halbsatz 1). Sie wird ersetzt durch § 129 Abs. 2; danach ist grundsätzlich der Tag anzugeben, an dem die Eintragung wirksam geworden ist (s. dazu § 129 Rn. 3). 3

b) Unterschrift. Auch die Bestimmungen des § 44 Abs. 1 Satz 2 Halbsatz 2 und Satz 3 über die Notwendigkeit einer Unterschrift und die Zuständigkeit dafür sind beim maschinell geführten GB nicht anzuwenden (§ 130 Satz 1 Halbsatz 1). Eine GBEintragung soll aber nur möglich sein, wenn der sie unmittelbar veranlassende Rpfleger oder der sie auf dessen Verfügung veranlassende Urkundsbeamte der Geschäftsstelle ihr seinen Nachnamen hinzusetzt und beides elektronisch unterschreibt. Die elektronische Unterschrift (digitale Signatur) soll in einem allgemein als sicher anerkannten automatisierten kryptographischen Verfahren textabhängig 4 und unterzeichnerabhängig hergestellt werden. Bestandteil des maschinell geführten GB werden auch der Name und die elektronische Unterschrift. Sichtbar gemacht wird bei der Wiedergabe des GBInhalts am Bildschirm oder beim Ausdruck aber nur der Name. Nähere Regelungen hierzu enthält § 75 GBV. Die elektronische Unterschrift soll sicherstellen, dass nur ein Berechtigter Eintragungen im GB vornehmen kann und der Veranlasser zu identifizieren ist.

5 **c) Überprüfung.** Unabhängig davon, ob eine Eintragung vom Rpfleger unmittelbar oder vom Urkundsbeamten auf Verfügung des Rpflegers veranlasst wird, soll die veranlassende Person überprüfen, ob die Eintragung richtig und vollständig vorgenommen wurde; der Urkundsbeamte ist dabei darauf beschränkt, die Übereinstimmung der Eintragung mit der EintrVerfügung des Rpflegers festzustellen. Außerdem ist die Aufnahme der eingegebenen Daten in den nach § 62 GBV maßgebenden Datenspeicher zu „verifizieren" (§ 74 Abs. 2 GBV). Gegenstand dieser Maßnahme ist die Feststellung, ob die Eintragung wirksam im Sinn des § 129 Abs. 1 geworden ist. Das Verfahren hierzu haben die Landesjustizverwaltungen zu bestimmen. In Betracht kommt ein Anzeigesignal oder eine Erledigungsanzeige.

Ausdrucke

131 **Wird das Grundbuch in maschineller Form als automatisierte Datei geführt, so tritt an die Stelle der Abschrift der Ausdruck und an die Stelle der beglaubigten Abschrift der amtliche Ausdruck. Die Ausdrucke werden nicht unterschrieben. Der amtliche Ausdruck ist als solcher zu bezeichnen und mit einem Dienstsiegel oder -stempel zu versehen; er steht einer beglaubigten Abschrift gleich.**

1 **1. Ausdruck und amtlicher Ausdruck. a)** Soweit Einsicht in das GB verlangt werden kann, besteht auch ein Anspruch auf Erteilung einer Abschrift aus dem GB, die auf Verlangen zu beglaubigen ist (§ 12 Abs. 2). Dies gilt im Grundsatz auch beim maschinell geführten GB (§ 77 GBV); auch die Zuständigkeit des Urkundsbeamten der Geschäftsstelle gem. § 12c Abs. 1 Nr. 1, Abs. 2 Nr. 1 bleibt unberührt. Die Erteilung von Abschriften kommt aber nicht in Betracht, weil diese ein GB in Papierform voraussetzen. An die Stelle eines unbeglaubigten Auszugs aus dem GB (Abschrift) tritt beim maschinell geführten GB der Ausdruck und an die Stelle der beglaubigten Abschrift der amtliche Ausdruck (§ 131 Satz 1). Die Ausdrucke werden auf Veranlassung des GBAmts durch Schnelldrucker hergestellt.

b) Um einen Ausdruck im Sinn des § 131 handelt es sich nicht, wenn das GBAmt durch dort installierte Zusatzgeräte sog. Bildschirmabdrucke herstellt. Sie dienen lediglich dem internen Dienstbetrieb; ein Rechtsanspruch auf ihre Erteilung besteht nicht. 2

2. Form der Ausdrucke. a) Einfacher Ausdruck. Er ist mit der Aufschrift „Ausdruck" zu versehen. Außerdem ist das Datum anzugeben, an dem die ausgedruckten GBDaten abgerufen wurden (§ 78 Abs. 1 Satz 1 GBV). Der Ausdruck wird nicht unterschrieben und nicht mit einem Dienstsiegel oder -stempel versehen (§ 131 Satz 2). Auf dem Ausdruck kann der EintrStand, also das Datum der letzten Eintragung in das GBBlatt, vermerkt werden (§ 78 Abs. 3 GBV). 3

b) Amtlicher Ausdruck. Er steht einer beglaubigten Abschrift (vgl. § 44 Abs. 1 GBV) gleich (§ 131 Satz 3 Halbsatz 2), erfüllt also die Formerfordernisse des § 29. Auf dem Ausdruck ist die Aufschrift „Amtlicher Ausdruck" anzubringen. Auch der amtliche Ausdruck wird nicht unterschrieben, ist aber mit einem Dienstsiegel oder -stempel zu versehen (§ 131 Satz 2, 3). Ein Siegel oder Stempel muss aber nicht von Hand angebracht werden; mit dem Siegel kann bereits das verwendete Formular versehen sein; auch kann es bei der Herstellung des Ausdrucks durch den Drucker angebracht werden (§ 78 Abs. 2 Satz 2 Halbsatz 1 GBV). Außerdem hat der amtliche Ausdruck den Vermerk „beglaubigt" mit dem Namen der Person zu tragen, die den Ausdruck veranlasst oder die ordnungsmäßige drucktechnische Herstellung des Ausdrucks allgemein zu überwachen hat; dadurch wird der Herstellung und Versendung von Ausdrucken durch eine Zentralstelle Rechnung getragen; schließlich ist der weitere Vermerk: „Dieser Ausdruck wird nicht unterschrieben und gilt als beglaubigte Abschrift" anzubringen (§ 78 Abs. 2 Satz 1, 2 Halbsatz 2 GBV). Wie der einfache Ausdruck hat auch der amtliche Ausdruck das Datum anzugeben, an dem die ausgedruckten Daten aus dem GB abgerufen wurden; der EintrStand kann angegeben werden (§ 78 Abs. 1 Satz 1, Abs. 3 GBV). 4

3. Übermittlung der Ausdrucke. Beim maschinell geführten GB bestehen gegenüber dem GB in Papierform erweiterte Möglichkeiten der Übermittlung eines GBAusdrucks. Statt einer Aushändigung des Ausdrucks oder einer Übersendung durch die Post kann der Ausdruck unmittelbar aus dem Datenspeicher des GB elektronisch dem Antragsteller übermittelt werden. Diese Form der Übermittlung ist aber nur beim einfachen Ausdruck zulässig (§ 78 Abs. 1 Satz 2, Abs. 2 Satz 3 GBV). 5

Einsicht

132 Die Einsicht in das maschinell geführte Grundbuch kann auch bei einem anderen als dem Grundbuchamt genommen werden, das dieses Grundbuch führt. Das einsichtgewährende Grundbuchamt entscheidet über die Zulässigkeit der Einsicht.

1 **1. Voraussetzungen.** Die Voraussetzungen, unter denen Einsicht in das maschinell geführte GB verlangt werden kann, sind die gleichen wie beim Papiergrundbuch (§ 77 GBV). Es muss ein berechtigtes Interesse dargelegt sein (§ 12 Abs. 1 Satz 1). Außer § 12 ist auch § 12b entsprechend anwendbar. Ferner ändert sich an der Zuständigkeit des Urkundsbeamten der Geschäftsstelle gem. § 12c Abs. 1 Nr. 1 nichts. Beim maschinell geführten GB stehen jedoch andere Formen der GBEinsicht zur Verfügung als beim GB in Papierform.

2 **2. Gewährung der Einsicht. a)** Die Einsicht wird beim maschinell geführten GB grundsätzlich dadurch gewährt, dass ein GBBlatt auf dem Bildschirm wiedergegeben wird und der Bildschirminhalt eingesehen werden kann (§ 79 Abs. 1 Satz 1 GBV). Dazu wird von der zuständigen Person des GBAmts das betreffende GBBlatt auf dem Bildschirm aufgerufen. Dies kann aber auch dem Antragsteller gestattet werden, sofern sichergestellt ist, dass er nur das GBBlatt einsehen kann, in das ihm die Einsicht bewilligt ist; außerdem muss die Möglichkeit ausgeschlossen sein, dass durch den Einsichtnehmenden der GBInhalt verändert wird (§ 79 Abs. 1 Satz 2 GBV).

3 **b)** Dem GBAmt steht es frei, statt Einsicht in eine Wiedergabe des GBBlatts auf dem Bildschirm zu gewähren, einen Ausdruck herzustellen und in diesen Einsicht nehmen zu lassen (§ 79 Abs. 2 GBV). Der Ausdruck kann auf Antrag auch ausgehändigt und nicht nur zur Einsicht überlassen werden.

4 **c)** Beim maschinell geführten GB ist es technisch möglich, dass ein GBAmt Einsicht in das von einem anderen GBAmt geführte GB gewährt, sei es auf dem Bildschirm oder dadurch, dass ein Ausdruck zur Einsicht zur Verfügung gestellt wird. § 132 lässt dies ausdrücklich zu und bestimmt, dass zur Entscheidung über die Einsicht das GBAmt zuständig ist, bei dem das GB eingesehen werden soll (vgl. § 79 Abs. 3 Satz 1 GBV). Die dafür zuständigen Bediensteten müssen besonders bestimmt werden und eine elektronische Kennung verwenden (§ 79 Abs. 3 Satz 2, 3 GBV). Die Landesjustizverwaltungen können vereinbaren, dass in dieser Weise GBEin-

sicht über Landesgrenzen hinweg gewährt werden kann (§ 79 Abs. 3 Satz 4 GBV). § 70 Abs. 3 Satz 3 GBV in seiner Neufassung durch die 2. EDVGB-ÄndV bestimmt nicht mehr, wer die elektronische Kennung vergibt. Bei einer GBFührung auf einem zentralen Rechner kann es zweckmäßig sein, dass die Kennung von der zentralen Systemverwaltung und nicht von dem das GB führenden GBAmt vergeben wird. Nach § 70 Abs. 4 GBV kann von dem das GB nicht führenden GBAmt statt oder außer der Einsicht auch die Erteilung eines GBAusdrucks (§ 131) verlangt werden kann (vgl. § 12 Abs. 2).

d) Beim maschinell geführten GB besteht über diese Formen 5 der GBEinsicht hinaus auch die Möglichkeit, dass Gerichten, Behörden und bestimmten Personen der unmittelbare Abruf von GBDaten aus dem Datenspeicher des GBAmts in einem automatisierten Verfahren gestattet wird; s. dazu § 133 GBO und §§ 80ff. GBV.

Automatisiertes Abrufverfahren

133 (1) **Die Einrichtung eines automatisierten Verfahrens, das die Übermittlung der Daten aus dem maschinell geführten Grundbuch durch Abruf ermöglicht, ist zulässig, sofern sichergestellt ist, daß**

1. **der Abruf von Daten die nach den oder auf Grund der §§ 12 und 12a zulässige Einsicht nicht überschreitet und**
2. **die Zulässigkeit der Abrufe auf der Grundlage einer Protokollierung kontrolliert werden kann.**

(2) **Die Einrichtung eines automatisierten Abrufverfahrens nach Absatz 1 bedarf der Genehmigung durch die Landesjustizverwaltung. Die Genehmigung darf nur Gerichten, Behörden, Notaren, öffentlich bestellten Vermessungsingenieuren, an dem Grundstück dinglich Berechtigten, einer von dinglich Berechtigten beauftragten Person oder Stelle, der Staatsbank Berlin sowie für Zwecke der maschinellen Bearbeitung von Auskunftsanträgen (Absatz 4), nicht jedoch anderen öffentlich-rechtlichen Kreditinstituten erteilt werden. Sie setzt voraus, daß**

1. **diese Form der Datenübermittlung unter Berücksichtigung der schutzwürdigen Interessen der betroffenen dinglich Berechtigten wegen der Vielzahl der Übermittlungen oder wegen ihrer besonderen Eilbedürftigkeit angemessen ist,**
2. **aufseiten des Empfängers die Grundsätze einer ordnungsgemäßen Datenverarbeitung eingehalten werden und**

3. aufseiten der grundbuchführenden Stelle die technischen Möglichkeiten der Einrichtung und Abwicklung des Verfahrens gegeben sind und eine Störung des Geschäftsbetriebs des Grundbuchamts nicht zu erwarten ist.

(3) Die Genehmigung ist zu widerrufen, wenn eine der in Absatz 2 genannten Voraussetzungen weggefallen ist. Sie kann widerrufen werden, wenn die Anlage mißbräuchlich benutzt worden ist. Ein öffentlich-rechtlicher Vertrag oder eine Verwaltungsvereinbarung kann in den Fällen der Sätze 1 und 2 gekündigt werden. In den Fällen des Satzes 1 ist die Kündigung zu erklären.

(4) Im automatisierten Abrufverfahren nach Absatz 1 können auch Anträge auf Auskunft aus dem Grundbuch (Einsichtnahme und Erteilung von Abschriften) nach § 12 und den diese Vorschriften ausführenden Bestimmungen maschinell bearbeitet werden. Absatz 2 Satz 1 und 3 gilt entsprechend. Die maschinelle Bearbeitung ist nur zulässig, wenn der Eigentümer des Grundstücks, bei Erbbau- und Gebäudegrundbüchern der Inhaber des Erbbaurechts oder Gebäudeeigentums, zustimmt oder die Zwangsvollstreckung in das Grundstück, Erbbaurecht oder Gebäudeeigentum betrieben werden soll und die abrufende Person oder Stelle das Vorliegen dieser Umstände durch Verwendung entsprechender elektronischer Zeichen versichert.

(5) Ist der Empfänger eine nicht öffentliche Stelle, gilt § 38 des Bundesdatenschutzgesetzes mit der Maßgabe, daß die Aufsichtsbehörde die Ausführung der Vorschriften über den Datenschutz auch dann überwacht, wenn keine hinreichenden Anhaltspunkte für eine Verletzung dieser Vorschriften vorliegen. Unabhängig hiervon ist dem Eigentümer des Grundstücks oder dem Inhaber eines grundstücksgleichen Rechts jederzeit Auskunft aus einem über die Abrufe zu führenden Protokoll zu geben; dieses Protokoll kann nach Ablauf eines Jahres vernichtet werden.

(6) Soweit in dem automatisierten Abrufverfahren personenbezogene Daten übermittelt werden, darf der Empfänger diese nur für den Zweck verwenden, zu dessen Erfüllung sie ihm übermittelt worden sind.

(7) Genehmigungen nach Absatz 2 gelten in Ansehung der Voraussetzungen nach den Absätzen 1 und 2 Satz 3 Nr. 1 und 2 im gesamten Land, dessen Behörden sie erteilt haben. Sobald die technischen Voraussetzungen dafür gegeben sind, gelten sie auch im übrigen Bundesgebiet. Das Bundesministe-

rium der Justiz stellt durch Rechtsverordnung mit Zustimmung des Bundesrates fest, wann und in welchen Teilen des Bundesgebiets diese Voraussetzungen gegeben sind. Anstelle der Genehmigungen können auch öffentlich-rechtliche Verträge oder Verwaltungsvereinbarungen geschlossen werden. Die Sätze 1 und 2 gelten entsprechend.

(8) **Das Bundesministerium der Justiz wird ermächtigt, durch Rechtsverordnung mit Zustimmung des Bundesrates Gebühren für die Einrichtung und die Nutzung eines Verfahrens für den automatisierten Abruf von Daten aus dem Grundbuch zu bestimmen. Die Gebührensätze sind so zu bemessen, daß der mit der Einrichtung und Nutzung des Verfahrens verbundene Personal- und Sachaufwand gedeckt wird; hierbei kann daneben die Bedeutung, der wirtschaftliche Wert oder der sonstige Nutzen für den Begünstigten angemessen berücksichtigt werden. Ansprüche auf Zahlung von Gebühren können auch für die Zukunft abgetreten werden; die Festsetzung der Gebühren kann im gesetzlich vorgesehenen Umfang auch nach einer Abtretung in dem allgemeinen Verfahren angefochten werden. Die Staatskasse vertritt den Empfänger der Abtretung.**

Verordnung über Grundbuchabrufverfahrengebühren (GBAbVfV)

§ 1 ***Gebührenhöhe.*** *Von den nach § 85 Abs. 1 Satz 1 der Grundbuchverfügung zu erhebenden Gebühren betragen*

1. die Einrichtungsgebühr 500 Euro;

2. die Grundgebühr 50 Euro für jeden vollen Kalendermonat, in dem das Abrufverfahren eingerichtet ist; bei kürzeren Zeiträumen ist die Gebühr anteilig zu erheben;

3. die Abrufgebühren

a) bei jedem Abruf von Daten aus einem Grundbuchblatt (§ 85 Abs. 1 Satz 2 Nr. 1 der Grundbuchverfügung) 5 Euro,

b) bei dem Abruf von Daten aus Verzeichnissen nach § 12a der Grundbuchordnung (§ 85 Abs. 1 Satz 2 Nr. 2 der Grundbuchverfügung) 2,50 Euro für jeden einzelnen Suchvorgang.

Ruft ein Teilnehmer in einer Angelegenheit innerhalb von sechs Monaten mehrmals Daten aus demselben Grundbuchblatt ab, so ermäßigt sich die Abrufgebühr für Folgeabrufe auf jeweils 2,50 Euro.

Die Einrichtungsgebühr wird nur einmal und die Grundgebühr monatlich nur einmal erhoben, wenn die Grundbuchblätter der betreffenden Grundbuch-

ämter auf einer gemeinsamen Datenverarbeitungsanlage in maschineller Form geführt werden.

§ 2 ***Gebührenschuldner.*** *Gebührenschuldner ist derjenige, dem die Einrichtung eines automatisierten Abrufverfahrens nach § 133 der Grundbuchordnung genehmigt worden ist (Empfänger).*

§ 3 ***Fälligkeit.*** *Die Gebühren werden wie folgt fällig:*
1. die Einrichtungsgebühr nach Herstellung des Anschlusses;
2. die monatliche Grundgebühr am 15. des jeweiligen Monats; wird das Abrufverfahren nach dem 15. eines Monats eingerichtet, wird die erste Gebühr mit der Einrichtung fällig;
3. die Abrufgebühren am 15. des auf den Abruf folgenden Monats.

§ 4 ***Erhebung der Gebühren.*** *Für die Erhebung der Gebühren durch die Landesjustizverwaltung gelten im Übrigen § 7 Abs. 2 und 3 und § 14 der Justizverwaltungskostenordnung.*

§ 5 ***Überleitungsregelung.*** *§ 1 Satz 3 ist auch auf Genehmigungen und Vereinbarungen anzuwenden, die vor dem 23. Juli 1997 erlassen oder abgeschlossen worden sind.*

Inhaltsübersicht

1. Allgemeines 1
2. Umfang des Datenabrufs 2
3. Abrufberechtigte Stellen und Personen 4
4. Allgemeine Zulassungsvoraussetzungen 6
5. Kontrolle 8
6. Besondere Zulassungsvoraussetzungen 13
7. Genehmigung 17
8. Widerruf 21
9. Abrufverfahren 24
10. Kosten 26

1 **1. Allgemeines.** Beim maschinell geführten GB ist die Einsicht auch in der Weise möglich, dass Daten aus dem GB durch bestimmte Stellen und Personen unmittelbar über ein bei diesen installiertes Datensichtgerät abgerufen werden (sog. Online-Anschluss). Die Einschaltung des GBAmts ist dabei entbehrlich. Dadurch wird nicht nur die Geschäftstätigkeit der in Betracht kommenden Stellen und Personen, insbes. von Behörden und Notaren, sondern auch die des GBAmts erheblich erleichtert.

2 **2. Umfang des Datenabrufs. a)** Im automatisierten Abrufverfahren kann über einen Bildschirm Einsicht in das GB genommen werden. Außerdem kann ein Abdruck des GBInhalts in Form

eines Bildschirmabdrucks gefertigt werden. Dabei handelt es sich aber nicht um einen Ausdruck im Sinn des § 131 (§ 80 Satz 1, 2 GBV). Ob, in welchem Umfang und zu welchem Zweck die durch die Bildschirmeinsicht oder einen Bildschirmabdruck gewonnenen GBDaten gespeichert werden dürfen, wird durch grundbuchrechtliche Vorschriften nicht abschließend geregelt; dafür sind die für die abrufberechtigten Stellen und Personen geltenden allgemeinen Vorschriften maßgebend (vgl. den durch die VO v. 30. 11. 1994, BGBl. I 3580, aufgehobenen § 80 Satz 3 GBV). § 133 Abs. 6 enthält insoweit nur eine Rahmenvorschrift, als dort bestimmt ist, dass personenbezogene Daten nur zu den Zwecken verwendet werden dürfen, zu deren Erfüllung sie übermittelt werden. Darauf ist, wenn einer nicht öffentlichen Stelle der Datenabruf gestattet wird, in der Genehmigung oder dem Vertrag hinzuweisen (§ 80 Satz 3 GBV).

b) In automatisierten Abrufverfahren können auch Anträge auf Auskunft aus dem GB maschinell bearbeitet werden. Die GBEinsicht oder die Erteilung eines GBAusdrucks wird dabei in einem automatisierten Verfahren ohne Einschaltung des hierfür an sich zuständigen Urkundsbeamten der Geschäftsstelle bewilligt und ausgeführt (§ 133 Abs. 4; sog. eingeschränktes Abrufverfahren). 3

c) § 133 gilt für maschinell geführte Verzeichnisse des GBAmts entsprechend (§ 12a Abs. 1 Satz 7). Diese können daher in das automatisierte Abrufverfahren einbezogen werden.

3. Abrufberechtigte Stellen und Personen. a) Weil beim automatisierten Abrufverfahren das berechtigte Interesse im Sinn des § 12 vom GBAmt nicht im Einzelfall nachgeprüft wird, kommen nur solche Stellen und Personen für das Verfahren in Betracht, die ein berechtigtes Interesse nicht darzulegen brauchen. Zum Kreis der abrufberechtigten Stellen und Personen gehören demnach Gerichte, Behörden, Notare, öffentlich bestellte Vermessungsingenieure, dinglich Berechtigte und von ihnen Beauftragte sowie die Staatsbank Berlin, nicht jedoch andere öffentlich-rechtliche Kreditinstitute (§ 133 Abs. 2 Satz 2). Als abrufberechtigte Stellen kommen aber auch Versorgungsunternehmen in Betracht, sofern sie ein berechtigtes Interesse an der Einsicht dargelegt haben und ihnen deshalb gem. § 86a Abs. 1 GBV die Einsicht in das GB in allgemeiner Form für sämtliche Grundstücke eines GBBezirks oder eines GBAmtsbezirks gestattet worden ist (§ 86a Abs. 2). 4

b) Das automatisierte Abrufverfahren ist auch zum Zweck der maschinellen Bearbeitung von Auskunftsanträgen aus dem GB zulässig. Im sog. **eingeschränkten Abrufverfahren** können Anträge auf Gewährung von GBEinsicht oder Erteilung eines GBAusdrucks 5 maschinell erledigt werden (§ 133 Abs. 4 Satz 1). Dieses Verfahren ist für Stellen und Personen vorgesehen, die nicht zum üblichen Kreis der Abrufberechtigten gehören, bei denen aber Auskunftsanträge automatisch bearbeitet werden können. Es handelt sich um Fälle der Zustimmung des Eigentümers (Erbbauberechtigten, Gebäudeeigentümers) und der Zwangsvollstreckung in das Grundstück (Erbbaurecht, Gebäudeeigentum). Das Vorliegen dieser Umstände kann der Datenverarbeitungsanlage des GBAmts elektronisch angezeigt und der Datenabruf in einem automatisierten Verfahren bewilligt werden (§ 133 Abs. 4 Satz 3).

6 **4. Allgemeine Zulassungsvoraussetzungen. a)** Durch das automatisierte Abrufverfahren soll der Umfang der GBEinsicht nicht erweitert werden; lediglich das Einsichtsverfahren ist ein anderes. Als Voraussetzung für die Einrichtung des automatisierten Abrufverfahrens muss daher sichergestellt sein, dass das GB nur in dem Umfang eingesehen werden kann, wie dies § 12 zulässt. Ein Abruf von GBDaten darf damit nur insoweit möglich sein, als ein berechtigtes Interesse vorliegt (§ 133 Abs. 1 Nr. 1). Bei der Einbeziehung der Verzeichnisse des GBAmts in das automatisierte Abrufverfahren (vgl. § 12a Abs. 1 Satz 7) muss sichergestellt sein, dass eine Einsicht in die Verzeichnisse nur in dem nach § 12a Abs. 1 zulässigen Umfang möglich ist.

7 **b)** Beim automatisierten Abrufverfahren ist grundsätzlich das GBAmt nicht dadurch zwischengeschaltet, dass es im Einzelfall über die Gewährung der Einsicht entscheidet. Daher muss in anderer Weise eine Kontrolle dahingehend sichergestellt sein, dass die Schranken der §§ 12, 12a nicht überschritten werden. § 133 Abs. 1 Nr. 2 verlangt deshalb, dass die Zulässigkeit der Abrufe auf der Grundlage einer Protokollierung kontrolliert werden kann.

8 **5. Kontrolle.** Nähere Vorschriften darüber, wie die in § 133 Abs. 1 Nr. 2 vorgeschriebene Kontrollmöglichkeit umzusetzen ist, enthält § 83 GBV.

9 **a)** Um die Rechtmäßigkeit einzelner Abrufe prüfen zu können, wenn konkrete Umstände dazu Anlass geben, aber auch für die Sicherstellung der ordnungsgemäßen Datenverarbeitung und für die Kostenerhebung werden alle Abrufe durch das GBAmt protokolliert (§ 83 Abs. 1 Satz 1, 2 GBV). Die protokollierten Daten dürfen nur für diese Zwecke verwendet werden (§ 83 Abs. 2 Satz 1 GBV) und sind durch geeignete Vorkehrungen gegen zweckfremde Nutzung und sonstigen Missbrauch zu schützen (§ 83 Abs. 2 Satz 3 GBV). Das GBAmt hält die Protokolle für Stichprobenverfahren durch die aufsichtsführenden Stellen bereit (§ 83 Abs. 1 Satz 3 GBV).

b) Auf der Grundlage der Protokolldaten kann der Eigentümer des betroffenen Grundstücks Auskunft darüber verlangen, wer Daten abgerufen hat, bei eingeschränktem Abruf auch über die Art des Abrufs (§ 83 Abs. 2 Satz 2 GBV). Dies ist jedoch nur bis zum Ablauf des auf die Erstellung der Protokolle folgenden Kalenderjahres möglich, weil die Protokolle danach vernichtet werden (§ 83 Abs. 3 Satz 1 GBV). Die Vernichtung der aufsichtsführenden Stellen zur Verfügung gestellten Protokolle regelt § 83 Abs. 3 Satz 2 GBV. **10**

c) Welche Daten in dem Protokoll festgehalten werden müssen, bestimmt § 83 Abs. 1 Satz 4 GBV. Sofern eine abrufberechtigte Stelle oder Person keiner allgemeinen Aufsicht untersteht, muss sie sich einer jederzeitigen Kontrolle der Anlage und ihrer Benutzung durch die genehmigende Stelle unterwerfen (§ 84 GBV). **11**

d) Ergänzt werden die Vorschriften zur Überprüfung anhand einer Protokollierung durch § 133 Abs. 5. Diese Vorschrift sichert die Einhaltung des Datenschutzes. Die Aufsichtsbehörde kann, wenn der Empfänger der abgerufenen Daten keine öffentliche Stelle ist, auch ohne hinreichende Anhaltspunkte für eine Verletzung datenschutzrechtlicher Bestimmungen eine Überprüfung gem. § 38 BundesdatenschutzG vornehmen. Unabhängig davon hat der Grundstückseigentümer einen Anspruch auf Auskunft aus einem über die Abrufe geführten Protokoll, das allerdings nach Ablauf eines Jahres vernichtet werden kann (s. dazu Rn. 10). **12**

6. Besondere Zulassungsvoraussetzungen. Die Zulassung zum automatisierten Abrufverfahren, auch in der Form des eingeschränkten Abrufverfahrens (vgl. § 133 Abs. 4 Satz 2), ist an drei Voraussetzungen geknüpft (§ 133 Abs. 2 Satz 3): **13**

a) Das Abrufverfahren muss wegen der Vielzahl der Übermittlungen oder wegen der besonderen Eilbedürftigkeit angemessen sein. Wenn eine der in Betracht kommenden Stellen oder Personen die Kosten für die Einrichtung eines Online-Anschlusses aufzubringen bereit ist, kann von dem Vorliegen dieser Voraussetzung ausgegangen werden. Außerdem dürfen schutzwürdige Interessen dinglich Berechtigter nicht entgegenstehen. Im Hinblick darauf kann im Einzelfall ein berechtigtes Interesse fehlen, das auch bei den in Betracht kommenden Stellen und Personen vorliegen muss, auch wenn es nicht dargelegt zu werden braucht. **14**

b) Beim Abrufberechtigten müssen die Grundsätze einer ordnungsmäßigen Datenverarbeitung eingehalten werden. Die Anlage des Nutzers muss die gleichen Standards wie die des GBAmts (vgl. § 126 Abs. 1 Satz 2 Nr. 1) erfüllen; nur so ist gewährleistet, dass die GBDaten ausreichend gesichert sind. **15**

16 **c)** Beim GBAmt müssen die technischen Voraussetzungen dafür gegeben sein, dass das automatisierte Abrufverfahren ohne Störung des Geschäftsbetriebs eingerichtet und abgewickelt werden kann; es können nur so viele Nutzer des Verfahrens zugelassen werden, wie Kapazität beim GBAmt vorhanden ist. Die Einrichtung des Verfahrens darf nicht zur Folge haben, dass das GBAmt bei seiner eigentlichen Aufgabe, das GB ordnungsmäßig und sicher zu führen, beeinträchtigt wird.

17 **7. Genehmigung. a)** Die Einrichtung des automatisierten Abrufverfahrens ist nur mit Genehmigung der Landesjustizverwaltung zulässig (§ 133 Abs. 2 Satz 1); Voraussetzung für deren Erteilung ist, dass die Anforderungen des § 133 Abs. 2 Satz 3 erfüllt sind. Gleiches gilt für das sog. eingeschränkte Abrufverfahren (§ 133 Abs. 4 Satz 2). In *Bayern* ist für die Genehmigung des automatisierten Abrufverfahrens, auch in der Form des eingeschränkten Abrufverfahrens, die Zentrale GBSpeicherstelle für Bayern zuständig, die ab 1. 1. 1997 beim Präsidenten des OLG München betrieben wird (§ 4 i. V. m. § 3 Abs. 2 der VO v. 14. 6. 1996, GVBl. 242, die ab 10. 7. 1996 an die Stelle der VO v. 14. 11. 1994, GVBl. 1021, getreten ist). Die Einrichtung des Verfahrens geht in zwei Schritten vor sich: Zunächst müssen beim GBAmt die technischen Voraussetzungen für das Verfahren geschaffen werden und sichergestellt sein, dass die Abwicklung des Verfahrens die Geschäftstätigkeit des GBAmts im Übrigen nicht stört (vgl. § 133 Abs. 2 Satz 3 Nr. 3). Sodann muss einem interessierten Nutzer, der zum Kreis der abrufberechtigten Stellen und Personen gehört und die technischen Voraussetzungen für einen Anschluss an das Verfahren bei sich geschaffen hat, der Anschluss bewilligt werden; dies ist nur bei Vorliegen der Voraussetzungen des § 133 Abs. 2 Satz 3 Nr. 1 und 2 möglich.

18 **b)** Die Genehmigung wird bei abrufberechtigten Personen im Rahmen einer **Gestattung** erteilt, sofern nicht ein öffentlich-rechtlicher Vertrag geschlossen wird. Bei Gerichten, Behörden und der Staatsbank Berlin ist eine Verwaltungsvereinbarung zu schließen (§ 81 Abs. 1 GBV). Soweit nicht ein öffentlich-rechtlicher Vertrag oder eine Verwaltungsvereinbarung geschlossen wird, ist die Genehmigung nur auf Antrag zu erteilen. Zuständig zur Erteilung ist die dazu bestimmte Behörde der Landesjustizverwaltung, in deren Bezirk des GBAmt liegt; die Länder können jedoch eine hiervon abweichende Regelung treffen. Für das Genehmigungsverfahren gelten nicht die Vorschriften der GBO sondern des Verwaltungsverfahrens- und -zustellungsgesetzes des jeweiligen Landes (§ 81 Abs. 2 GBV).

c) Die Genehmigung zum Anschluss an das automatisierte Abrufverfahren kann einem Nutzer nicht nur für ein bestimmtes GBAmt sondern auf Antrag auch für mehrere GBÄmter des Landes erteilt werden, sofern bei diesen die Voraussetzungen dafür (vgl. § 133 Abs. 2 Satz 3 Nr. 3) geschaffen sind. Das Vorliegen der subjektiven Zulassungsvoraussetzungen (§ 133 Abs. 2 Satz 2, 3 Nr. 1, 2) ist in der Genehmigung in jedem Fall festzustellen (§ 81 Abs. 3 GBV). **19**

d) Hat die zuständige Behörde eines Landes die subjektiven Voraussetzungen für die Zulassung zum automatisierten Abrufverfahren gem. § 133 Abs. 1, 2 Satz 3 Nr. 1, 2 für einen Abrufberechtigten bejaht und ihm eine Genehmigung erteilt, so hat dies Geltung **für das ganze Land.** Wer also zum Abrufverfahren bei einem GBAmt zugelassen ist, ist bei allen anderen GBÄmtern desselben Landes, bei denen die Voraussetzungen des § 133 Abs. 2 Satz 3 Nr. 3 vorliegen, zugelassen. Sofern das BJM das Vorliegen dieser Voraussetzungen für bestimmte Teile des Bundesgebiets durch Rechtsverordnung feststellt, erstreckt sich die Regelung auch hierauf (§ 133 Abs. 7). Durch diese Vorschrift soll zusätzlicher Verwaltungsaufwand für eine mehrfache Prüfung der subjektiven Zulassungsvoraussetzungen einer abrufberechtigten Stelle oder Person vermieden werden. Was in diesem Zusammenhang für die Genehmigung gesagt ist, gilt für öffentlich-rechtliche Verträge oder Verwaltungsvereinbarungen entsprechend. **20**

8. Widerruf. a) Wenn eine der Voraussetzungen des § 133 Abs. 2 weggefallen ist, muss zwingend die Genehmigung widerrufen oder ein öffentlich-rechtlicher Vertrag oder eine Verwaltungsvereinbarung gekündigt werden (§ 133 Abs. 3 Satz 1, 3). Dies ist z. B. der Fall, wenn die Anlage eines Nutzers nicht mehr den Anforderungen an eine ordnungsmäßige Datenverarbeitung genügt oder die technische Kapazität des GBAmts nicht mehr ausreicht. Widerrufen oder gekündigt werden muss aber auch dann, wenn ein Nutzer aus dem Kreis der abrufberechtigten Stellen oder Personen ausgeschieden ist. **21**

b) Widerruf oder Kündigung können auch nach dem **Ermessen** der zuständigen Stelle ausgesprochen werden, wenn das Abrufverfahren missbräuchlich benutzt worden ist (§ 133 Abs. 3 Satz 2, 3). In Betracht kommen insbes. die Fälle, in denen an sich berechtigte Mitarbeiter einer abrufberechtigten Stelle oder Person sich nicht an die gesetzlich gezogenen Schranken des Abrufverfahrens gehalten oder nicht berechtigte Mitarbeiter sich Zugang zu dem Verfahren verschafft haben. **22**

c) Zuständig für den Widerruf der Genehmigung ist die Stelle, welche die Genehmigung erteilt hat. Ist die Genehmigung für alle **23**

technisch entsprechend ausgerüsteten GBÄmter eines Landes erteilt, kann sie außerdem für jedes einzelne GBAmt durch die jeweils zuständige Stelle ausgesetzt werden, sofern eine Gefährdung der Grundbücher zu befürchten ist. Widerruf und Aussetzung der Genehmigung sind den anderen Landesjustizverwaltungen mitzuteilen (§ 81 Abs. 4 GBV).

24 **9. Abrufverfahren. a)** Beim automatisierten Abrufverfahren darf ein Datenabruf aus dem GB nur unter Verwendung eines bestimmten Codezeichens möglich sein. Der abrufberechtigten Stelle oder Person ist in der Genehmigung oder dem öffentlich-rechtlichen Vertrag oder der Verwaltungsvereinbarung zur Auflage zu machen, dass das Codezeichen nur von der Leitung und berechtigten Mitarbeitern verwendet werden darf; ein Wechsel der befugten Mitarbeiter ist ebenfalls mitzuteilen. Außerdem muss sich die abrufberechtigte Stelle oder Person verpflichten, das Codezeichen sicher aufzubewahren (§ 82 Abs. 1 GBV).

25 **b)** Im eingeschränkten Abrufverfahren (s. dazu Rn. 5) werden standardisierte Formen der GBEinsicht abgewickelt. In diesem Fall ist der abrufberechtigten Stelle oder Person zusätzlich zur Auflage zu machen, dass eine Codezeichen zu verwenden ist, das die Art des Datenabrufs kennzeichnet.

26 **10. Kosten. a)** Das BJM ist gem. § 133 Abs. 8 ermächtigt, durch Rechtsverordnung Gebühren für die Einrichtung und Nutzung des automatisierten Abrufverfahrens festzulegen. Die Grundsätze, nach denen die Höhe der Gebühren zu bemessen ist, und das Verfahren zur Anfechtung einer Gebührenfestsetzung regeln § 133 Abs. 8 Satz 2, 3. Gem. § 85 GBV wird für die Einrichtung und Nutzung des automatisierten Abrufverfahrens eine einmalige Einrichtungsgebühr und eine aus einer monatlichen Grundgebühr und Abrufgebühren zusammengesetzte Nutzungsgebühr erhoben. Die Höhe der Gebühren wird durch Rechtsverordnung des BJM mit Zustimmung des Bundesrates festgelegt (§ 85 Abs. 3 GBV). Für den Fall, dass die Einrichtung des Verfahrens auf einer Verwaltungsvereinbarung oder einem öffentlich-rechtlichen Vertrag beruht (s. § 81 Abs. 1 GBV), ist gem. § 85 Abs. 2 GBV ein Entgelt in vergleichbarer Höhe zu verabreden. Für öffentliche Stellen besteht gem. § 8 JVKostO Gebührenfreiheit (§ 85 Abs. 2a GBV); dies gilt auch für Genehmigungen und Vereinbarungen aus der Zeit vor dem Inkrafttreten der 2. EDVGB-ÄndV am 23. 7. 1997, durch die Abs. 2a in § 85 GBV eingefügt wurde (§ 106 GBV).

27 **b)** Nach § 1 der VO über GBAbrufverfahrengebühren (GBAbVfV) v. 30. 11. 1994 (BGBl. I 3580, 3585) beträgt die Einrichtungsgebühr 500 EUR, die monatliche Grundgebühr 50 EUR und

die Gebühr für einen Datenabruf aus dem GB 5 EUR und aus einem Verzeichnis des GBAmts 2,50 EUR. § 2 der VO bestimmt, wer Gebührenschuldner ist, § 3 regelt die Fälligkeit und § 4 die Erhebung der Gebühren. Nach dem durch die 2. EDVGB-ÄndV v. 11. 7. 1997 (BGBl. I 1808) an § 1 der VO angefügten Satz 3 werden die Einrichtungsgebühr und die monatliche Grundgebühr nur einmal und nicht entsprechend der Zahl der betroffenen GBÄmter mehrmals erhoben, wenn das GB für mehrere GBÄmter auf einer gemeinsamen Datenverarbeitungsanlage maschinell geführt wird. Dies gilt auch für Genehmigungen und Vereinbarungen, die vor dem Inkrafttreten der 2. EDVGB-ÄndV am 23. 7. 1997 erlassen oder abgeschlossen worden sind (§ 5 der VO). Durch Art. 8 Nr. 5 des KostREuroUG v. 27. 4. 2001 (BGBl. I 751) wurden die auf Deutsche Mark lautenden Beträge auf Euro umgestellt.

c) Zur kostenmäßigen Behandlung des automatisierten Abrufverfahrens im Notariat s. Püls/Reetz NotBZ 1998, 13.

Regelung der Einzelheiten

134 **Das Bundesministerium der Justiz wird ermächtigt, durch Rechtsverordnung mit Zustimmung des Bundesrates nähere Vorschriften zu erlassen über**

1. **die Einzelheiten der Anforderungen an die Einrichtung und das Nähere zur Gestaltung und Wiederherstellung des maschinell geführten Grundbuchs sowie die Abweichungen von den Vorschriften des Ersten bis Sechsten Abschnitts der Grundbuchordnung, die für die maschinelle Führung des Grundbuchs erforderlich sind;**
2. **die Einzelheiten der Gewährung von Einsicht in maschinell geführte Grundbücher;**
3. **die Einzelheiten der Einrichtung automatisierter Verfahren zur Übermittlung von Daten aus dem Grundbuch auch durch Abruf und der Genehmigung hierfür.**

Das Bundesministerium der Justiz kann im Rahmen seiner Ermächtigung nach Satz 1 technische Einzelheiten durch allgemeine Verwaltungsvorschriften mit Zustimmung des Bundesrates regeln oder die Regelung weiterer Einzelheiten durch Rechtsverordnung den Landesregierungen übertragen und hierbei auch vorsehen, dass diese ihre Ermächtigung durch Rechtsverordnung auf die Landesjustizverwaltungen übertragen können.

1 Die inhaltlichen Anforderungen an das maschinell geführte GB sind in § 126 nur in allgemeiner Form bestimmt, damit das Gesetz nicht überfrachtet und eine schnelle Anpassung an die technische Entwicklung ermöglicht wird. § 134 ermächtigt das BJM, die Einzelheiten der Einrichtung, Gestaltung und Wiederherstellung des maschinell geführten GB, der Einsicht in dieses und der Einrichtung eines automatisierten Verfahrens zum Abruf von Daten aus ihm in einer Rechtsverordnung festzulegen. Dies ist in Abschnitt XIII der GBV geschehen.

2 Von der Ermächtigung des BJM, die Regelung weiterer Einzelheiten den Landesregierungen mit der Befugnis der Weiterübertragung auf die Landesjustizverwaltungen zu übertragen, ist durch § 93 GBV Gebrauch gemacht worden.

Achter Abschnitt.
Übergangs- und Schlussbestimmungen

Übersicht

Der 8. Abschnitt hat Übergangs- und Schlussbestimmungen zum Inhalt. Vor der Änderung durch das RegVBG enthielt er als 6. Abschnitt der GBO die früheren §§ 116 bis 125.

§ 135 regelt das Inkrafttreten der GBO und bestimmt, dass einige Vorschriften des EGBGB sinngemäß anzuwenden sind. § 136 enthält einen Vorbehalt zugunsten der Landesgesetzgebung, § 137 dessen Einschränkung. §§ 138 bis 140 befassen sich mit den nach den früheren Bestimmungen geführten Grundbüchern. § 141 Abs. 1 und § 142 enthalten Ermächtigungen zum Erlass von Vorschriften über die Wiederherstellung zerstörter oder abhandengekommener Grundbücher und Urkunden sowie über die Offenlegung der Grundakten; § 141 Abs. 2 und 3 befassen sich mit dem Ersatzgrundbuch beim maschinell geführten GB und der Rückkehr zum Papiergrundbuch. § 143 enthält einen Vorbehalt für Baden-Württemberg, § 144 die Maßgaben für das Inkrafttreten der GBO im Gebiet der früheren DDR.

Inkrafttreten und Verhältnis zu anderen Gesetzen

135 (1) *(Inkrafttreten)*

(2) **Die Artikel 1 Abs. 2, Artikel 2, 50, 55 des Einführungsgesetzes zum Bürgerlichen Gesetzbuche sind entsprechend anzuwenden.**

1. Allgemeines. § 135 (früher § 116) handelt von dem Inkrafttreten der GBO und der entsprechenden Anwendung mehrerer im EGBGB enthaltener Vorschriften. 1

Abs. 2 ist durch das Ges. zur Neuregelung des Internationalen Privatrechts vom 25. 7. 1986 (BGBl. I 1142) geändert worden. In seiner ursprünglichen Fassung verwies er auf Art. 2 bis 5, 32, 55 EGBGB. Der auf Elsass-Lothringen bezügliche Art. 5 EGBGB a. F. ist gegenstandslos geworden. Art. 2 und Art. 55 EGBGB gelten unverändert weiter. Durch das Ges. vom 25. 7. 1986 ist Art. 3 EGBGB a. F. zu Art. 1 Abs. 2 geworden und Art. 32 EGBGB a. F. zu Art. 50; Art. 4 EGBGB a. F. ist im Wege der Textbereinigung gestrichen worden.

2 **2. Inkrafttreten der GBO.** Die Bestimmung des Abs. 1 betrifft das Inkrafttreten der GBO überhaupt; das Inkrafttreten der Fassung von 1935 regelten Art. 7 und 8 ÄndVO. Bezüglich des Inkrafttretens der GBO als solcher ist zu unterscheiden zwischen den die Anlegung des GB betreffenden Vorschriften und den übrigen Bestimmungen.

3 **a) Anlegungsvorschriften.** Unter der Anlegung des GB ist hier die erstmalige Anlegung zu verstehen. Sie ist im Allgemeinen auf Grund des Art. 186 Abs. 1 EGBGB durch Landesverordnungen geregelt (s. dazu für *Bayern* VO v. 23. 7. 1898, GVBl. 493). Nur einige Vorschriften der GBO über die Einrichtung des GB sowie über Form und Inhalt der Eintragungen haben auch für die erstmalige Anlegung des GB Bedeutung. Sie sind deswegen gleichzeitig mit dem BGB, also am 1. 1. 1900, in Kraft getreten.

4 **b) Übrige Bestimmungen.** Ihr Inkrafttreten setzt ein angelegtes GB voraus; es richtet sich demgemäss für jeden GBBezirk nach dem Zeitpunkt, in welchem das GB als angelegt anzusehen ist. Wegen der Bestimmung des Zeitpunkts s. Art. 186 Abs. 1 EGBGB und für *Bayern* § 26 VO v. 23. 7. 1898 (GVBl. 493).

5 aa) In einer Reihe von GBBezirken war das GB schon am 1. 1. 1900 als angelegt anzusehen; in den übrigen Teilen Deutschlands wurde es inzwischen überall angelegt. In *Bayern* ist die GBAnlegung seit dem 16. 1. 1911 beendet (s. dazu Henle BayRpflZ 1910, 319; JMBek. v. 22. 12. 1910, JMBl. 1042).

6 bb) Ist das GB für einen GBBezirk als angelegt anzusehen, so ist die Anlegung nach Art. 186 Abs. 2 EGBGB grundsätzlich auch für die zu dem Bezirk gehörenden Grundstücke als erfolgt anzusehen, welche noch kein GBBlatt erhalten haben. Die GBO und das Sachenrecht des BGB (Art. 189 EGBGB) gelten demnach auch für sie; wegen der buchungsfreien Grundstücke s. jedoch § 3 Rn. 22, 23. Die nachträgliche Anlegung eines GBBlatts richtete sich seit dem 11. 8. 1935 zunächst nach §§ 7 bis 16 AusfVO und richtet sich seit dem Inkrafttreten des RegVBG nach §§ 116 bis 125 GBO.

7 **3. Verweisung auf das EGBGB.** Nach Abs. 2 sind Art. 1 Abs. 2, Art. 2, 50, 55 EGBGB entsprechend anzuwenden.

a) Art. 1 Abs. 2 EGBGB: Soweit in der GBO oder der ÄndVO die Regelung den Landesgesetzen vorbehalten oder bestimmt ist, dass landesgesetzliche Vorschriften unberührt bleiben oder erlassen werden können, bleiben die bestehenden landesgesetzlichen Vorschriften in Kraft und können neue landesgesetzliche Vorschriften erlassen werden. Ein Vorbehalt zugunsten der Landesgesetzgebung besteht nur noch gemäß § 136 GBO (s. § 136 Rn. 4).

b) Art. 2 EGBGB: Gesetz im Sinn der GBO ist jede Rechtsnorm, also neben dem eigentlichen Gesetz auch die Rechtsverordnung und das Gewohnheitsrecht. Die GBO gebraucht den Begriff „Gesetz" in §§ 13, 38, 53, 54 und 136. In § 78 ist der Begriff ohne inhaltliche Änderung durch das Zivilprozessreformgesetz v. 27. 7. 2001 (BGBl. I 1887) durch den Begriff „Recht" ersetzt worden. 8

c) Art. 50 EGBGB: Grundbuchrechtliche Vorschriften anderer Bundesgesetze bleiben in Kraft; sie treten jedoch insoweit außer Kraft, als sich aus der GBO oder der ÄndVO die Aufhebung ergibt. Nicht mehr in Geltung sind die in früheren Reichsgesetzen enthaltenen Vorbehalte zugunsten des Landesgrundbuchrechts (s. § 136 Rn. 4). 9

d) Art. 55 EGBGB: Grundbuchrechtliche Vorschriften der Landesgesetze treten außer Kraft, soweit nicht in der GBO oder der ÄndVO etwas anderes bestimmt ist. Näheres über das Verhältnis der GBO zum Landesrecht s. § 136 Rn. 3. 10

Vorbehalt für Landesrecht

136 (1) **Soweit im Einführungsgesetz zum Bürgerlichen Gesetzbuche zugunsten der Landesgesetze Vorbehalte gemacht sind, gelten sie auch für die Vorschriften der Landesgesetze über das Grundbuchwesen; jedoch sind die §§ 12 a, 13 Abs. 3, § 44 Abs. 1 Satz 2 und 3, § 56 Abs. 2, § 59 Abs. 1 Satz 2, § 61 Abs. 3 und § 62 Abs. 2 auch in diesen Fällen anzuwenden.**

(2) **Absatz 1 zweiter Halbsatz gilt auch für die grundbuchmäßige Behandlung von Bergbauberechtigungen.**

(3) **Vereinigungen und Zuschreibungen zwischen Grundstücken und Rechten, für die nach Landesrecht die Vorschriften über Grundstücke gelten, sollen nicht vorgenommen werden.**

1. Allgemeines. a) Abs. 1 Halbsatz 1 übernimmt im Wesentlichen unverändert den in dem früheren § 117 enthaltenen Vorbehalt zugunsten des Landesrechts. Dieser Vorbehalt war durch § 20 AusfVO dahin eingeschränkt, dass die Vorschriften des Abschnitts I der AusfVO über die funktionelle Zuständigkeit der Organe des GBAmts grundsätzlich auch im Bereich des landesgesetzlicher Regelung vorbehaltenen Rechts anwendbar waren; diese Einschränkung des Vorbehalts galt auch für die grundbuchmäßige Behandlung der Bergbauberechtigungen. Durch das RegVBG wurde diese Regelung des § 20 AusfVO als Abs. 1 Halbsatz 2 und Abs. 2 in die GBO übernommen. Außerdem wurde Abs. 3 angefügt. 1

2 **b)** Der Vorbehalt zugunsten des Landesrechts erklärt sich daraus, dass wegen der notwendigen Abstimmung von materiellem GBRecht und Verfahrensrecht dem Landesgesetzgeber, soweit ihm das EGBGB das sachliche Recht vorbehält, auch die Regelung des Verfahrensrechts überlassen bleiben muss. Der Vorbehalt wird außer durch Abs. 1 Halbsatz 2 und Abs. 2 auch durch § 137 eingeschränkt. Ergänzt wird er durch § 103 GBV.

3 **2. Verhältnis der GBO zum Landesrecht.** Nach § 135 Abs. 2 ist die Bestimmung des Art. 55 EGBGB sinngemäß anzuwenden. Grundbuchrechtliche Vorschriften der Landesgesetze sind demnach außer Kraft getreten, soweit in der GBO oder der ÄndVO nicht etwas anderes bestimmt ist.

4 **a)** Die GBO i. d. F. v. 20. 5. 1898 enthielt zahlreiche Vorbehalte zugunsten des Landesgrundbuchrechts. Von ihnen ist bei der Vereinheitlichung des GBRechts lediglich der des § 117 (jetzt § 136) aufrechterhalten worden. Die übrigen Vorbehalte einschließlich der stillschweigenden hat die ÄndVO beseitigt; aufgehoben wurden gemäß Art. 7 Abs. 3 ÄndVO ferner die in anderen Reichsgesetzen enthaltenen Vorbehalte zugunsten des Landesgrundbuchrechts (s. dazu Hesse DJust. 1935, 1291). Der Vorbehalt in Art. 186 Abs. 1 EGBGB (s. § 135 Rn. 3) ist materiellrechtlicher Natur und daher durch die ÄndVO nicht berührt worden.

5 **b)** Von dem auf Grund aufgehobener Vorbehalte erwachsenen Landesgrundbuchrecht wurden bei der Vereinheitlichung des GBRechts gemäß Art. 7 Abs. 3 i. V. m. Art. 8 Abs. 3 ÄndVO nur einzelne Vorschriften und auch diese nur übergangsweise aufrechterhalten (s. dazu Hesse DJust. 1935, 1291).

6 **3. Inhalt des Vorbehalts.** Auf den der Landesgesetzgebung im EGBGB vorbehaltenen Gebieten kann diese von allen Vorschriften der GBO abweichen. Sie braucht sich demnach auch nicht der Amtsgerichte als GBÄmter zu bedienen; tut sie dies aber, so hat sie diese in ihrer bundesrechtlich festgelegten Verfassung hinzunehmen; demgemäss bestimmt Abs. 1 Halbsatz 2, dass die Vorschriften über die funktionelle Zuständigkeit der Organe des GBAmts, unbeschadet des § 143 Abs. 1, auch im Bereich des landesgesetzlichen Vorbehalts anzuwenden sind; Abs. 2 stellt klar, dass dies trotz des Vorbehalts für den Landesgesetzgeber in § 176 Abs. 2 BBergG auch für die grundbuchmäßige Behandlung von Bergbauberechtigungen gilt. Damit soll vermieden werden, dass innerhalb des GBAmts für vergleichbare Tätigkeiten unterschiedliche Zuständigkeiten bestehen.

7 **b)** Der Vorbehalt ist vor allem für grundstücksgleiche Rechte des Landesrechts von Bedeutung (s. dazu § 3 Rn. 7). Über die

grundbuchmäßige Behandlung von Fischereirechten in *Bayern* s. §§ 6ff. VO v. 7. 10. 1982 (BayRS 315-1-J). Hierzu und zum Verhältnis von Gewässergrundbuch und Fischereigrundbuch s. ferner BayObLG 1990, 226; 1994, 66 = Rpfleger 1994, 453.

4. Wirkung des Vorbehalts. Sie richtet sich nach Art. 1 Abs. 2 EGBGB, der gemäß § 135 Abs. 2 entsprechend anzuwenden ist. Soweit der Vorbehalt reicht, sind bestehende landesrechtliche Vorschriften in Geltung geblieben und können neue landesgesetzliche Vorschriften erlassen werden. 8

5. Beschränkung der Vereinigung und Zuschreibung. a) Die Vereinigung und Zuschreibung von Grundstücken und grundstücksgleichen Rechten des Landesrechts ist materiellrechtlich nicht ausgeschlossen. Solche Gestaltungen können aber beim maschinell geführten GB zu Schwierigkeiten führen und darüber hinaus allgemein Unklarheiten und Verwirrung bei der GBFührung bewirken. Sie werden deshalb, wie dies für das Bergwerkseigentum bereits in § 9 Abs. 2 BBergG in ähnlicher Weise geschehen ist, durch Abs. 3 nicht zugelassen. Die Bestimmung ist als Soll-Vorschrift ausgestaltet, so dass bestehende oder unter Verletzung von Abs. 3 künftig vorgenommene Vereinigungen oder Zuschreibungen in ihrer materiellrechtlichen Gültigkeit unberührt bleiben. 9

b) Für das selbständige **Gebäudeeigentum** im Gebiet der früheren DDR gelten die Vorschriften über Grundstücke nicht kraft Landesrechts, sondern nach Art. 233 § 4 Abs. 1, 7, § 2b Abs. 4, § 8 Satz 2 EGBGB (s. § 144 Rn. 11); Vereinigungen und Zuschreibungen von Grundstücken und selbständigem Gebäudeeigentum fallen deshalb nicht unter die Beschränkung des Abs. 3. Zu den grundstücksgleichen Rechten s. § 3 Rn. 6. 10

Einschränkung des Vorbehalts für gewisse grundstücksgleiche Rechte

137 (1) **Die Vorschriften des § 20 und des § 22 Abs. 2 über das Erbbaurecht sowie die Vorschrift des § 49 sind auf die in den Artikeln 63, 68 des Einführungsgesetzes zum Bürgerlichen Gesetzbuche bezeichneten Rechte entsprechend anzuwenden.**

(2) **Ist auf dem Blatt eines Grundstücks ein Recht der in den Artikeln 63 und 68 des Einführungsgesetzes zum Bürgerlichen Gesetzbuche bezeichneten Art eingetragen, so ist auf Antrag für dieses Recht ein besonderes Grundbuchblatt anzulegen. Dies geschieht von Amts wegen, wenn das Recht veräußert**

oder belastet werden soll. Die Anlegung wird auf dem Blatt des Grundstücks vermerkt.

(3) **Die Landesgesetze können bestimmen, daß statt der Vorschriften des Absatzes 2 die Vorschriften der §§ 14 bis 17 der Verordnung über das Erbbaurecht entsprechend anzuwenden sind.**

1 **1. Allgemeines.** § 137 (früher § 118) schränkt den Vorbehalt des § 136 ein; für bestimmte grundstücksgleiche Rechte des Landesrechts gilt in gewisser Hinsicht Bundesrecht.

2 **2. In Betracht kommende Rechte.** Die Bestimmung bezieht sich auf Erbpachtrechte einschl. der Büdner- und Häuslerrechte (Art. 63 EGBGB; nach allgemeiner Ansicht wird die Bestimmung als aufgehoben angesehen; s. hierzu die Anmerkungen zu der Bestimmung in BGBl. III 400-1) sowie auf Abbaurechte an nicht bergrechtlichen Mineralien (Art. 68 EGBGB); die Rechte kommen in *Bayern* nicht vor.

3 **3. Anzuwendendes Bundesrecht. a)** § 20: Im Fall der Bestellung, Inhaltsänderung oder Übertragung eines Erbpacht- oder Abbaurechts ist die Einigung nachzuweisen.

4 **b)** § 22 Abs. 2: Zur Berichtigung des GB durch Eintragung des Berechtigten ist dessen Zustimmung nachzuweisen, sofern nicht der Fall des § 14 vorliegt oder die Unrichtigkeit nachgewiesen ist.

5 **c)** § 49: Die Bezugnahme auf die EintrBewilligung ist in weiterem Umfang gestattet als nach § 874 BGB.

6 **4. Anlegung eines besonderen Blatts. a)** Die Regelung des Abs. 2 entspricht der für Erbbaurechte älterer Art geltenden Bestimmung des § 8; es ist daher auf das in Anh. zu § 8 Rn. 17 bis 27 Gesagte zu verweisen. Entsprechend § 60 Buchst. a GBV ist in der Aufschrift des besonderen Blatts hinzuzufügen: „Erbpachtrecht" oder „Salzabbaurecht"; die sinngemäße Anwendung des § 60 Buchst. b GBV scheidet wegen des nach Abs. 1 entsprechend anzuwendenden § 49 aus; im Übrigen gilt für die Einrichtung des besonderen Blatts nach § 103 GBV Landesrecht.

7 **b)** Auf Grund landesrechtlicher Vorschriften kann das besondere Blatt gemäß Abs. 3 nach §§ 14 bis 17 ErbbauVO geführt werden; dann sind nach § 104 GBV die Bestimmungen der §§ 54 ff. GBV entsprechend anzuwenden.

Fortführung der bisherigen Grundbücher

138 Die Bücher, die nach den bisherigen Bestimmungen als Grundbücher geführt wurden, gelten als Grundbücher im Sinne dieses Gesetzes.

1. Allgemeines. § 138 (früher § 119) erklärt die vor dem 1. 4. 1936 nach den früheren Bestimmungen geführten Grundbücher zu Grundbüchern i. S. der nunmehrigen GBO. Dabei ist unerheblich, ob sie den Anforderungen der Letzteren entsprechen oder nicht; es sind jedoch die Anpassungsvorschriften in § 139 und § 140 zu beachten. 1

2. Fortführung der bisherigen Grundbücher. Die Bestimmung des § 138 ergibt im Zusammenhalt mit §§ 97 bis 99 GBV folgendes: 2

a) Vor dem 1. 4. 1936 in den bisherigen Grundbüchern vorgenommene Eintragungen behalten ihre Wirksamkeit und bleiben unbeschadet der §§ 139 und 140 in ihrer äußeren Form bestehen.

b) Ab 1. 4. 1936 vorzunehmende Eintragungen erfolgen in den bisherigen Grundbüchern, jedoch sind neue GBBlätter nach § 97 Abs. 1 GBV grundsätzlich unter Verwendung des in der GBV vorgeschriebenen Vordrucks anzulegen. 3

c) Sämtliche GBBlätter sind nach § 97 Abs. 2 GBV nach und nach auf den neuen Vordruck umzuschreiben, falls nicht ihre Weiterführung besonders zugelassen wird; bei der Umschreibung sind nach § 99 GBV die §§ 29 und 30 GBV entsprechend anzuwenden. Über die einstweilige Einstellung der Umschreibung s. AV v. 1. 3. 1943 (DJust. 169); wegen ihrer Wiederaufnahme in *Bayern* s. JMBek. v. 8. 4. 1952 (BayBSVJu III 106). 4

d) Solange GBBlätter weder auf den neuen Vordruck umgeschrieben sind, noch ihre Weiterführung gemäß § 97 Abs. 2 GBV besonders zugelassen ist, bleiben nach § 98 Satz 1 GBV die früheren Vorschriften über die Nummernbezeichnung und die Eintragung im GB unberührt. In *Bayern* kommen insoweit die Vorschriften der Dienstanweisung für die GBÄmter in den Landesteilen rechts des Rheins v. 27. 2. 1905 (JMBl. 63) in Betracht. 5

e) Eintragungen auf dem neuen Vordruck sind nur **nach Maßgabe** der GBV vorzunehmen. Werden Eintragungen, die zwar nach den bisherigen Vorschriften zulässig waren, es aber nach denen der GBV nicht mehr sind, unverändert auf den neuen Vordruck übertragen, können inhaltlich unzulässige Eintragungen entstehen. Zur rechtlichen Bedeutung einer Eigentümereintragung in 6 den bisherigen Grundbüchern gemäß § 346 DA und den Auswirkungen ihrer unveränderten Übernahme auf den neuen Vordruck s. BayObLG 1987, 121.

Aus mehreren Büchern bestehende bisherige Grundbücher

139 **Werden nach § 138 mehrere Bücher geführt, so muß jedes Grundstück in einem der Bücher eine besondere Stelle haben. An dieser Stelle ist auf die in den anderen Büchern befindlichen Eintragungen zu verweisen. Die Stelle des Hauptbuchs und die Stellen, auf welche verwiesen wird, gelten zusammen als das Grundbuchblatt.**

1 **1. Allgemeines.** § 139 (früher § 120) ist ebenso wie § 140 eine Ergänzungsvorschrift zu § 138.

2 **2. Mehrere Bücher als Grundbuch.** Wo ein nach den früheren Bestimmungen geführtes GB aus mehreren Büchern besteht, sind diese dem § 3 Abs. 1 anzupassen. In einem der Bücher muss jedes Grundstück eine besondere Stelle haben; an ihr ist auf die Eintragungen in den anderen Büchern zu verweisen. Die Stelle des Hauptbuchs und die Stellen, auf die verwiesen wird, gelten zusammen als das GBBlatt.

Bezeichnung der Grundstücke in bisherigen Grundbüchern

140 **Sind in einem Buch, das nach § 138 als Grundbuch gilt, die Grundstücke nicht nach Maßgabe des § 2 Abs. 2 bezeichnet, so ist diese Bezeichnung von Amts wegen zu bewirken.**

1 **1. Allgemeines.** § 140 (früher § 121) ist ebenso wie § 139 eine Ergänzungsvorschrift zu § 138.

2 **2. Grundstücksbezeichnung.** Sind in einem nach den früheren Bestimmungen geführten GB die Grundstücke nicht nach Maßgabe des § 2 Abs. 2 bezeichnet, so ist diese Bezeichnung, um die Auffindung der Grundstücke in der Örtlichkeit zu sichern, von Amts wegen zu bewirken; gemäß § 69 Abs. 1 Nr. 3 KostO geschieht dies gebührenfrei.

Wiederherstellung von Grundbüchern. Ersatzgrundbuch

141 (1) **Die Landesregierungen oder die von ihnen bestimmten obersten Landesbehörden können durch Rechtsverordnung allgemein oder für bestimmte Grundbücher das Verfahren zum Zwecke der Wiederherstellung eines ganz**

oder teilweise zerstörten oder abhanden gekommenen Grundbuchs sowie zum Zwecke der Wiederbeschaffung zerstörter oder abhanden gekommener Urkunden der in § 10 Abs. 1 bezeichneten Art bestimmen. Sie können dabei auch darüber bestimmen, in welcher Weise bis zur Wiederherstellung des Grundbuchs die zu einer Rechtsänderung erforderliche Eintragung ersetzt werden soll.

(2) **Ist die Vornahme von Eintragungen in das maschinell geführte Grundbuch (§ 126) vorübergehend nicht möglich, so können auf Anordnung der Leitung des Grundbuchamts Eintragungen in einem Ersatzgrundbuch in Papierform vorgenommen werden, sofern hiervon Verwirrung nicht zu besorgen ist. Sie sollen in das maschinell geführte Grundbuch übernommen werden, sobald dies wieder möglich ist. Für die Eintragungen nach Satz 1 gilt § 44; in den Fällen des Satzes 2 gilt § 128 entsprechend. Die Landesregierungen werden ermächtigt, die Einzelheiten des Verfahrens durch Rechtsverordnung zu regeln; sie können diese Ermächtigung auf die Landesjustizverwaltungen durch Rechtsverordnung übertragen.**

(3) **Die Landesregierungen können durch Rechtsverordnung bestimmen, daß das nach Maßgabe des Siebenten Abschnitts maschinell geführte Grundbuch wieder in Papierform geführt wird. Die Rechtsverordnung soll nur erlassen werden, wenn die Voraussetzungen des § 126 nicht nur vorübergehend entfallen sind und in absehbarer Zeit nicht wiederhergestellt werden können. § 44 gilt sinngemäß. Die Wiederanordnung der maschinellen Führung nach dem Siebenten Abschnitt bleibt unberührt.**

1. Allgemeines. § 141 Abs. 1 (früher § 123) enthält eine Ermächtigung zum Erlass von Vorschriften über die Wiederherstellung zerstörter oder abhandengekommener Grundbücher und Urkunden; seine Fassung beruht auf § 27 Nr. 6 GBMaßnG. Die Absätze 2 und 3 sind durch das RegVBG angefügt worden; sie enthalten Vorschriften darüber, wie zu verfahren ist, wenn das maschinell geführte GB vorübergehend oder auf Dauer nicht mehr benutzt werden kann. 1

2. Grundbücher und Urkunden. Die Bestimmung bezieht sich in erster Linie auf zerstörte oder abhandengekommene Grundbücher; zerstörte oder abhandengekommene Urkunden betrifft sie nur, falls eine Eintragung sich auf sie gründet oder auf sie Bezug nimmt. Sind andere Teile der Grundakten zerstört oder abhanden gekommen, so hat das GBAmt die Urkunden, soweit möglich, von 2

Amts wegen wieder zu beschaffen; ein zerstörtes oder abhandengekommenes Handblatt ist ohne besondere Anordnung wiederherzustellen; über die Wiederherstellung eines zerstörten oder abhandengekommenen Briefs s. § 67 Rn. 2ff.; über die Ersetzung sonstiger gerichtlicher oder notarieller Urkunden s. die VO v. 18. 6. 1942 (RGBl. I 395) mit Änderungen durch das Ges. v. 28. 8. 1969 (BGBl. I 1513) und LG Potsdam Rpfleger 2000, 545.

3 **3. Verfahren. a)** Das Verfahren der Wiederherstellung ist auf Grund des § 123 a.F. durch die VO des RJM v. 26. 7. 1940 (RGBl. I 1048) geregelt worden. Der Bestand dieser VO wurde durch die Änderung des § 123 nicht berührt; sie steht aber nun, was in § 28 GBMaßnG ausdrücklich ausgesprochen ist, zur Disposition des neuen Ermächtigungsträgers.

4 **b)** Die VO vom 26. 7. 1940 gilt auch dann, wenn ein maschinell geführtes GB wiederhergestellt werden muss. Dies ist der Fall, wenn es ganz oder teilweise nicht mehr in lesbarer Form wiedergegeben werden kann, weil es auf Grund eines technischen oder eines Benutzerfehlers ganz oder teilweise gelöscht oder sonst unerreichbar geworden ist. Dann ist der Inhalt des betreffenden GB-Blatts unter Zuhilfenahme aller geeigneten Unterlagen zu ermitteln (§ 92 Abs. 1 GBV). Die Regelung des § 92 Abs. 1 GBV beruht auf der Ermächtigung des BJM in § 134, nähere Anordnungen zur Wiederherstellung des maschinell geführten GB zu erlassen.

5 **4. Ersatzgrundbuch. a)** Beim maschinell geführten GB besteht die Gefahr, dass auf Grund einer technischen oder sonstigen Störung die Datenverarbeitungsanlage zwar nicht endgültig, aber doch für einen längeren und nicht nur ganz kurzen Zeitraum ausfällt; dann können Eintragungen in das GB nicht vorgenommen werden. In diesem Fall können auf Anordnung der Leitung des GBAmts Eintragungen in einem Ersatzgrundbuch in Papierform vorgenommen werden; dabei muss aber sichergestellt sein, dass keine Verwirrung entsteht, insbes. darüber, was maßgebender GB-Inhalt ist (s. § 141 Abs. 2 Satz 1). Für die Einrichtung des Ersatzgrundbuchs und die Eintragungen in dieses gelten die allgemeinen Vorschriften für die Einrichtung und Führung des Papiergrundbuchs, sei es auch als Erbbau-, Wohnungs- oder Gebäudegrundbuch (§ 92 Abs. 2 Satz 1, 3 GBV); für Eintragungen gilt insbes. § 44 (§ 141 Abs. 2 Satz 3 Halbsatz 1). Den Wortlaut des in der Aufschrift anzubringenden Vermerks schreibt § 92 Abs. 2 Satz 2 GBV vor. Die Einzelheiten des Verfahrens zur Anlegung des Ersatzgrundbuchs können die Landesregierungen oder die von ihnen ermächtigten Landesjustizverwaltungen durch Rechtsverordnung regeln (§ 141 Abs. 2 Satz 4).

In *Bayern* soll ein Ersatzgrundbuch in der Regel angelegt werden, wenn die Vornahme von Eintragungen in das maschinell geführte GB länger als einen Monat nicht möglich ist (§ 5 Abs. 1 der VO v. 14. 6. 1996, GVBl. 242, die ab 10. 7. 1996 an die Stelle der VO v. 14. 11. 1994, GVBl. 1021, getreten ist).

b) Bei den im Ersatzgrundbuch vorgenommenen **Eintragungen** handelt es sich um wirksame und rechtsverbindliche Eintragungen in das GB. Gleichwohl bleibt GB im Rechtssinn im Übrigen das maschinell geführte GB. Deshalb schreibt § 141 Abs. 2 Satz 2 vor, dass die Eintragungen im Ersatzgrundbuch, das nur ein Provisorium darstellt, sobald als möglich in das maschinell geführte GB übertragen werden. Unter welchen Voraussetzungen die Eintragungen im Ersatzgrundbuch Inhalt des maschinell geführten GB werden, bestimmt sich nach der entsprechend anwendbaren Vorschrift des § 128 (§ 141 Abs. 2 Satz 3 Halbsatz 2). Es bedarf also insoweit einer besonderen Freigabe und einer Schließung des Ersatzgrundbuchs in Papierform. 6

In *Bayern* enthält § 5 Abs. 2 der VO v. 14. 6. 1996 (GVBl. 242), die ab 10. 7. 1996 an die Stelle der VO v. 14. 11. 1994 (GVBl. 1021) getreten ist, nähere Bestimmungen darüber, wie bei Übernahme neuer Eintragungen aus dem Ersatzgrundbuch in das maschinell geführte GB zu verfahren ist.

5. Rückkehr zum Papiergrundbuch. Ist das maschinell geführte GB nicht nur vorübergehend sondern auf nicht absehbare Zeit nicht funktionsfähig, dann kann durch ein Ersatzgrundbuch, das nur eine Übergangslösung darstellen kann, keine Abhilfe geschaffen werden. In diesem Fall ermöglicht es § 141 Abs. 3 Satz 1, 2, dass das maschinell geführte GB wieder in Papierform geführt wird. Erforderlich ist hierzu eine Rechtsverordnung der Landesregierung. Für die Eintragungen in das anzulegende Papiergrundbuch gilt § 44 entsprechend. Im Übrigen ist für die Umschreibung § 72 GBV maßgebend. Nicht ausgeschlossen ist es in einem solchen Fall, dass zu einem späteren Zeitpunkt vom Papiergrundbuch wieder auf das maschinell geführte GB übergegangen wird (§ 141 Abs. 3 Satz 4). 7

Offenlegung der Grundakten

142 Der *Reichsminister der Justiz* kann, unbeschadet der Vorschriften des § 12, Anordnungen über die Einsicht der Grundakten und die Erteilung von Abschriften treffen.

1. Allgemeines. § 142 (früher § 124) enthält eine Ermächtigung zum Erlass von Anordnungen über die Offenlegung der 1

Grundakten; sie ist nach Art. 129 Abs. 1 GG auf den BJM übergegangen. Zu den im Zusammenhang mit der Einführung des maschinell geführten GB in Baden-Württemberg auf Grund des Vorbehalts in § 143 ergangenen Gesetze und Verordnungen s. Böhringer BWNotZ 2001, 1.

2 **2. Offenlegung.** Die Vorschrift des § 12 über die Offenlegung des GB erstreckt sich nur auf gewisse Teile der Grundakten (s. § 12 Rn. 17). Die Offenlegung der übrigen Teile ist auf Grund der Ermächtigung in § 46 GBV geregelt worden.

Vorbehalt für Baden-Württemberg

143 (1) **Die in Baden-Württemberg bestehenden landesrechtlichen Vorschriften über die Grundbuchämter und die Zuständigkeit der dort tätigen Personen sowie über die sich hieraus ergebenden Besonderheiten bleiben unberührt; dies gilt auch für die Vorschriften über die Zahl der erforderlichen Unterschriften unter den Grundbucheintragungen und auf den Hypotheken-, Grundschuld- und Rentenschuldbriefen sowie für Regelungen, die von den §§ 12 c, 13 Abs. 3 und § 44 Abs. 1 Satz 2 und 3 abweichen. Unberührt bleiben auch Artikel 1 Abs. 1 des Gesetzes über die Ermächtigung des Landes Baden-Württemberg zur Rechtsbereinigung vom 17. Dezember 1974 (BGBl. I S. 3602) sowie die §§ 35 und 36 des Rechtspflegergesetzes.**

(2) **§ 29 Abs. 1 und 3 der Grundbuchordnung gilt auch im Lande Baden-Württemberg in der Fassung, die für das übrige Bundesgebiet maßgebend ist.**

1 **1. Allgemeines.** § 143 wurde durch das RegVBG angefügt. Durch Abs. 1 wird der bisher in Art. 8 ÄndVO enthaltene Vorbehalt im Wesentlichen unverändert in die GBO übernommen; Art. 8 ÄndVO wurde gleichzeitig aufgehoben. Sonderregelungen enthielt auch § 19 AusfVO; die AusfVO wurde durch das RegVBG ebenfalls aufgehoben. Durch Abs. 2 werden Besonderheiten hinsichtlich der Form von EintrUnterlagen beseitigt.

Zu den im Zusammenhang mit der Einführung des maschinell geführten GB in Baden-Württemberg auf Grund des Vorbehalts in § 143 ergangenen Gesetze und Verordnungen s. Böhringer BW-NotZ 2001, 1.

2 **2. Zuständigkeiten zur GBFührung. a)** Das GB wird in Baden-Württemberg nicht wie im übrigen Bundesgebiet von den Amtsgerichten (vgl. § 1 Abs. 1 Satz 1, aber auch § 144 Abs. 1

Nr. 1, Abs. 2), sondern von den grundsätzlich in jeder Gemeinde eingerichteten staatlichen GBÄmtern geführt. Die Aufgaben des GBAmts nehmen im Landesdienst stehende Notare und Notarvertreter sowie Ratschreiber wahr, im badischen Rechtsgebiet in beschränktem Umfang auch Rpfleger. Daraus ergeben sich auch Besonderheiten bei der Zahl der erforderlichen Unterschriften unter GBEintragungen und auf den Grundpfandrechtsbriefen.

b) Die maßgebenden landesrechtlichen Bestimmungen sind im 3
baden-württembergischen Landesgesetz über die freiwillige Gerichtsbarkeit (LFGG) v. 12. 2. 1975 (GBl. 116) und in der VO zur Ausführung des LFGG im Bereich des GBWesens v. 21. 5. 1975 (GBl. 398), jeweils mit späteren Änderungen, enthalten. Sie bleiben ebenso unberührt, wie die bundesgesetzlichen Grundlagen für Besonderheiten in Baden-Württemberg in §§ 35, 36 RpflegerG und Art. 1 Abs. 1 des Ges. v. 17. 12. 1974 (BGBl. I 3602); dies gilt insbes. für Regelungen, die von den Bestimmungen der GBO über die funktionelle Zuständigkeit der mit der GBFührung und der Wahrnehmung der sonstigen dem GBAmt übertragenen Aufgaben betrauten Personen in § 12c, § 13 Abs. 3, § 44 Abs. 1 Satz 2, 3 und § 56 Abs. 2 abweichen.

3. Form der EintrUnterlagen. Aufgrund des Vorbehalts in 4
Art. 8 ÄndVO galt in Baden-Württemberg § 29 nicht in der Fassung durch die ÄndVO. Aufgrund des § 143 Abs. 2 gilt § 29 Abs. 1 und 3 jetzt auch in Baden-Württemberg in der im übrigen Bundesgebiet geltenden Fassung (s. dazu § 29 Rn. 3).

Anwendung der GBO im Gebiet der früheren DDR

144 (1) **In dem in Artikel 3 des Einigungsvertrages genannten Gebiet gilt dieses Gesetz mit folgenden Maßgaben:**

1. Die Grundbücher können abweichend von § 1 bis zum Ablauf des 31. Dezember 1994 von den bis zum 2. Oktober 1990 zuständigen oder später durch Landesrecht bestimmten Stellen (Grundbuchämter) geführt werden. Die Zuständigkeit der Bediensteten des Grundbuchamts richtet sich nach den für diese Stellen am Tag vor dem Wirksamwerden des Beitritts bestehenden oder in dem jeweiligen Lande erlassenen späteren Bestimmungen. Diese sind auch für die Zahl der erforderlichen Unterschriften und dafür maßgebend, inwieweit Eintragungen beim Grundstücksbestand zu unterschreiben sind. Vorschriften nach den Sätzen 2 und 3 können auch dann beibehalten, geändert oder ergänzt werden, wenn die Grundbücher wieder von den Amtsgerichten

geführt werden. Sind vor dem 19. Oktober 1994 in Grundbüchern, die in dem in Artikel 3 des Einigungsvertrages genannten Gebiet geführt werden, Eintragungen vorgenommen worden, die nicht den Vorschriften des § 44 Abs. 1 entsprechen, so sind diese Eintragungen dennoch wirksam, wenn sie den Anforderungen der für die Führung des Grundbuchs von dem jeweiligen Land erlassenen Vorschriften genügen.

2. Amtliches Verzeichnis der Grundstücke im Sinne des § 2 ist das am Tag vor dem Wirksamwerden des Beitritts zur Bezeichnung der Grundstücke maßgebende oder das an seine Stelle tretende Verzeichnis.

3. Die Grundbücher, die nach den am Tag vor dem Wirksamwerden des Beitritts bestehenden Bestimmungen geführt werden, gelten als Grundbücher im Sinne der Grundbuchordnung.

4. Soweit nach den am Tag vor dem Wirksamwerden des Beitritts geltenden Vorschriften Gebäudegrundbuchblätter anzulegen und zu führen sind, sind diese Vorschriften weiter anzuwenden. Dies gilt auch für die Kenntlichmachung der Anlegung des Gebäudegrundbuchblatts im Grundbuch des Grundstücks. Den Antrag auf Anlegung des Gebäudegrundbuchblatts kann auch der Gebäudeeigentümer stellen. Dies gilt entsprechend für nach später erlassenen Vorschriften anzulegende Gebäudegrundbuchblätter. Bei Eintragungen oder Berichtigungen im Gebäudegrundbuch ist in den Fällen des Artikels 233 § 4 des Einführungsgesetzes zum Bürgerlichen Gesetzbuche das Vorhandensein des Gebäudes nicht zu prüfen.

5. Neben diesem Gesetz sind die Vorschriften der §§ 2 bis 34 des Gesetzes über die Angelegenheiten der freiwilligen Gerichtsbarkeit entsprechend anwendbar, soweit sich nicht etwas anderes aus Rechtsvorschriften, insbesondere aus den Vorschriften des Grundbuchrechts, oder daraus ergibt, daß die Grundbücher nicht von Gerichten geführt werden.

6. Anträge auf Eintragung in das Grundbuch, die vor dem Wirksamwerden des Beitritts beim Grundbuchamt eingegangen sind, sind von diesem nach den am Tag vor dem Wirksamwerden des Beitritts geltenden Verfahrensvorschriften zu erledigen.

7. Im übrigen gelten die in Anlage I Kapitel III Sachgebiet A Abschnitt III unter Nr. 28 des Einigungsvertrages aufge-

führten allgemeinen Maßgaben entsprechend. Am Tag des Wirksamwerdens des Beitritts anhängige Beschwerdeverfahren sind an das zur Entscheidung über die Beschwerde nunmehr zuständige Gericht abzugeben.

(2) Am 1. Januar 1995 treten nach Absatz 1 Nr. 1 Satz 1 fortgeltende oder von den Ländern erlassene Vorschriften, nach denen die Grundbücher von anderen als den in § 1 bezeichneten Stellen geführt werden, außer Kraft. Die in § 1 bezeichneten Stellen bleiben auch nach diesem Zeitpunkt verpflichtet, allgemeine Anweisungen für die beschleunigte Behandlung von Grundbuchsachen anzuwenden. Die Landesregierungen werden ermächtigt, durch Rechtsverordnung einen früheren Tag für das Außerkrafttreten dieser Vorschriften zu bestimmen. In den Fällen der Sätze 1 und 3 kann durch Rechtsverordnung der Landesregierung auch bestimmt werden, daß Grundbuchsachen in einem Teil des Grundbuchbezirks von einer hierfür eingerichteten Zweigstelle des Amtsgerichts (§ 1) bearbeitet werden, wenn dies nach den örtlichen Verhältnissen zur sachdienlichen Erledigung zweckmäßig erscheint, und, unbeschadet des § 176 Abs. 2 des Bundesberggesetzes im übrigen, welche Stelle nach Aufhebung der in Satz 1 bezeichneten Vorschriften die Berggrundbücher führt. Die Landesregierung kann ihre Ermächtigung nach dieser Vorschrift durch Rechtsverordnung auf die Landesjustizverwaltung übertragen.

(3) Soweit die Grundbücher von Behörden der Verwaltung oder Justizverwaltung geführt werden, ist gegen eine Entscheidung des Grundbuchamts (Absatz 1 Nr. 1 Satz 1), auch soweit sie nicht ausdrücklich im Auftrag des Leiters des Grundbuchamts ergangen ist oder ergeht, die Beschwerde nach § 71 der Grundbuchordnung gegeben. Diese Regelung gilt mit Wirkung vom 3. Oktober 1990, soweit Verfahren noch nicht rechtskräftig abgeschlossen sind. Anderweitig anhängige Verfahren über Rechtsmittel gegen Entscheidungen der Grundbuchämter gehen in dem Stand, in dem sie sich bei Inkrafttreten dieser Vorschrift befinden, auf das Beschwerdegericht über. Satz 1 tritt mit dem in Absatz 2 Satz 1 oder Satz 3 bezeichneten Zeitpunkt außer Kraft.

(4) In den Grundbuchämtern in dem in Artikel 3 des Einigungsvertrages genannten Gebiet können bis zum Ablauf des 31. Dezember 1999 auch Personen mit der Vornahme von Amtshandlungen betraut werden, die diesen Ämtern auf Grund von Dienstleistungsverträgen auf Dauer oder vorüber-

gehend zugeteilt werden. Der Zeitpunkt kann durch Rechtsverordnung des Bundesministeriums der Justiz mit Zustimmung des Bundesrates verlängert werden.

Inhaltsübersicht

1. Allgemeines ... 1
2. Grundbuchämter ... 3
3. Organe des GBAmts ... 6
4. Grundbücher ... 8
5. Gebäudeeigentum ... 10
6. Gebäudegrundbuchblatt ... 16
7. Gebäudegrundbuchverfügung ... 21
8. Ergänzende Regelungen ... 33

1 **1. Allgemeines. a)** § 144 wurde durch das RegVBG angefügt. In § 144 Abs. 1 sind im Wesentlichen die in Anl. I Kap. III Sachgeb. B Abschn. III Nr. 1 des Einigungsvertrags v. 31. 8. 1990 (BGBl. II 889; GBl. DDR I 1629) enthaltenen Maßgaben für das Inkrafttreten der GBO im Gebiet der früheren DDR übernommen. An § 144 Abs. 1 Nr. 1 wurden Satz 4 und 5 durch das EGInsO mit Wirkung vom 19. 10. 1994 angefügt.

b) In der DDR oblag die Führung des GB nach der VO über die Übertragung der Angelegenheiten der freiwilligen Gerichtsbarkeit vom 15. 10. 1952 (GBl. DDR 1057) nicht mehr den Amtsgerichten, sondern den Räten der Kreise, Abteilung Kataster, an deren Stelle später die Räte der Bezirke, **Liegenschaftsdienst,** getreten sind; auch über Beschwerden wurde nicht mehr von den Gerichten, sondern von den Verwaltungsbehörden entschieden. Seit dem 1. 1. 1976 galt in der DDR das Zivilgesetzbuch vom 19. 6. 1975 (GBl. DDR I 465). Vom gleichen Zeitpunkt an ist dort das GBWesen neu geregelt worden; es bestimmte sich nunmehr nach der Grundstücksdokumentationsordnung vom 6. 11. 1975 (GBl. DDR I 697) sowie der auf Grund deren § 17 ergangenen GBVerfahrensordnung vom 30. 12. 1975 (GBl. DDR I 1976, 42). Vgl. dazu den Überblick von Kittke/Kringe NJW 1977, 183; ferner Straub, Die staatliche Grundstücksdokumentation, NJ 1976, 422; von Schuckmann, Einrichtung und Führung des GB in der ehemaligen DDR, Rpfleger 1991, 139; Mrosek/Petersen, Grundstücksdokumentation in der DDR, DtZ 1994, 331.

2 **c)** Ab 3. 10. 1990 gilt im Gebiet der früheren DDR mit Einschränkungen das Sachen- und GBRecht des Bundes. Art. 231 § 5 und Art. 233 EGBGB (mit umfangreichen Änderungen und Ergänzungen durch das 2. VermRÄndG vom 14. 7. 1992, BGBl. I 1257, 1275, das RegVBG vom 20. 12. 1993, BGBl. I 2182, und

das SachenRÄndG vom 21. 9. 1994, BGBl. I 2457) enthalten sachenrechtliche **Übergangsregelungen,** insbes. im Hinblick auf die Nutzungs- und Mitbenutzungsrechte nach dem Zivilgesetzbuch der DDR. Weitere Überleitungsregelungen enthält das SachenRBerG vom 21. 9. 1994 (BGBl. I 2457). In Anl. I Kap. III Sachgeb. B Abschn. III Nr. 1 bis 5 EinigungsV ist geregelt, mit welchen Maßgaben grundbuchrechtliche Vorschriften in Kraft traten; die in Nr. 1 Buchst. d und Nr. 3 angeführten Maßgaben sind durch das 2. VermRÄndG vom 14. 7. 1992 (BGBl. I 1257, 1283) neu gefasst worden. Gem. Art. 4 Abs. 2 RegVBG sind die in Nr. 1 bis 4 aufgeführten Maßgaben nicht mehr anzuwenden; entsprechende Regelungen wurden in § 144 GBO, § 36a GBMaßnG (s. dazu § 29 Rn. 19) und § 105 GBV (s. dazu § 1 Rn. 72) übernommen. Die in Nr. 5 aufgeführte Maßgabe ist gem. Art. 3 Abs. 2 der 3. VO zur Änderung der VO zur Durchführung der Schiffsregisterordnung und zur Regelung anderer Fragen des Registerrechts v. 30. 11. 1994 (BGBl. I 3580) nicht mehr anzuwenden; eine entsprechende Regelung enthält nunmehr § 10 Abs. 2, 3 WGV.

d) Zu den im Gebiet der früheren DDR von den GBÄmtern, insbes. bei der Löschung eingetragener dinglicher Rechte, zu beachtenden Besonderheiten s. Böhringer, Beseitigung dinglicher Rechtslagen bei Grundstücken in den neuen Ländern, Rpfleger 1995, 51, ferner: Löschung von Grundpfandrechten in den neuen Ländern, Rpfleger 1995, 139. S. dazu auch das Schreiben des BMF zur Löschung von Grundpfandrechten im ehemaligen Volkseigentum der DDR v. 16. 12. 1996 (BStBl. II 1467) und außerdem Richter/Böhringer, Bereinigung und Umschreibung von ostdeutschen Grundbüchern, Rpfleger 1995, 437. Zur Sicherung von Rechtspositionen durch Eintragung eines Widerspruchs in Grundbüchern der früheren DDR s. Böhringer VIZ 1999, 569. S. ferner Cremer, Wiederherstellung des öffentlichen Glaubens des GB und Beseitigung sonstiger spezifischer Rechtsunsicherheiten im Grundstücksrecht des Beitrittsgebietes – der Stand zehn Jahre nach der Wiedervereinigung, NotBZ 2000, 13.

2. Grundbuchämter. a) Nach der Regelung des EinigungsV 3
wurden ab 3. 10. 1990 im Gebiet der früheren DDR die Grundbücher vorbehaltlich späterer bundesgesetzlicher Regelung von den am 2. 10. 1990 zuständigen oder den sonstigen durch Landesrecht bestimmten Stellen geführt (Anl. I Kap. III Sachgeb. B Abschn. III Nr. 1 Buchst. a EinigungsV). Nach § 5 Abs. 1 der Grundstücksdokumentationsordnung vom 6. 11. 1975 (GBl. DDR I 697) oblag die GBFührung den Liegenschaftsdiensten der Räte der Bezirke. Sie waren ab 3. 10. 1990 bis auf weiteres GBÄmter im Sinne des

§ 1 Abs. 1 Satz 1. Sodann wurden von den einzelnen Ländern die Kreisgerichte als zur GBFührung zuständige Stellen bestimmt (vgl. für *Sachsen* § 1 Abs. 1 Satz 1 GrundbuchG v. 13. 6. 1991, GVBl. 153). Soweit in der Folgezeit die im GVG vorgesehenen Gerichte eingerichtet worden waren, wurden die Grundbücher auch im Gebiet der früheren DDR von den Amtsgerichten geführt (vgl. für *Sachsen* Art. 8 § 4 Abs. 1 GerOrgG v. 30. 6. 1992, GVBl. 287). In *Sachsen-Anhalt* waren jedoch die Direktoren (Präsidenten) der Amtsgerichte als untere Verwaltungsbehörden zuständig (§ 17 Abs. 1 AGGVG v. 24. 8. 1992, GVBl. 648).

4 **b)** Durch § 144 Abs. 1 Nr. 1 Satz 1 wurde die Ausnahmeregelung des EinigungsV für das Gebiet der früheren DDR **zeitlich begrenzt.** Am 1. 1. 1995 traten alle Vorschriften außer Kraft, nach denen die Grundbücher von anderen Stellen als den nach § 1 Abs. 1 zuständigen Amtsgerichten geführt wurden; die Landesregierungen waren ermächtigt, durch Rechtsverordnung hierfür einen früheren Tag zu bestimmen (§ 144 Abs. 2 Satz 1, 3). Mit dem Übergang der Zuständigkeit auf die Amtsgerichte gelten auch für diese die für die bisher zuständigen Stellen erlassenen allgemeinen Anweisungen für eine beschleunigte Behandlung von GBSachen (§ 144 Abs. 2 Satz 2; s. dazu § 18 Rn. 1).

5 **c)** Die Landesregierungen sind ermächtigt, bei den Amtsgerichten durch Rechtsverordnung Zweigstellen einzurichten, die für einen Teil des Amtsgerichtsbezirks zuständig sind; Voraussetzung hierfür ist, dass dies nach den örtlichen Verhältnissen zur schnelleren Erledigung der GBVerfahren sachdienlich ist. Außerdem können die Landesregierungen unbeschadet des § 176 Abs. 2 BBergG die zur Führung der Berggrundbücher zuständigen Stellen bestimmen (§ 144 Abs. 2 Satz 4). Soweit die Landesregierungen nach Abs. 2 Satz 3 und 4 ermächtigt sind, können sie die Ermächtigung auf die Landesjustizverwaltungen übertragen (§ 144 Abs. 2 Satz 5).

6 **3. Organe des GBAmts. a)** Die Vorschriften der GBO über die funktionelle Zuständigkeit der mit der GBFührung und den sonstigen Aufgaben des GBAmts betrauten Personen gelten im Gebiet der früheren DDR noch nicht. Maßgebend sind dort die am 2. 10. 1990 für die zur GBFührung berufenen Stellen bestehenden oder in dem jeweiligen Land später erlassenen Vorschriften. Nach ihnen bestimmt sich auch die Zahl der erforderlichen Unterschriften und die Notwendigkeit, Eintragungen beim Grundstücksbestand zu unterschreiben (§ 144 Abs. 1 Nr. 1 Satz 2, 3; s. hierzu auch § 144 Abs. 1 Nr. 1 Satz 4, 5, angefügt mit Wirkung vom 19. 10. 1994 durch das EGInsO). Bereits mit der Übertragung der GBFührung auf die Kreisgerichte wurden von einzelnen Ländern

die jetzt in der GBO und damals noch in §§ 1 bis 4 AusfVO enthaltenen Zuständigkeitsregelungen, allerdings mit bestimmten Maßgaben, für anwendbar erklärt (vgl. für *Sachsen* § 2 GrundbuchG v. 13. 6. 1991, GVBl. 153).

b) Wegen der bei den GBÄmtern im Gebiet der früheren DDR vorherrschenden großen Personalnot konnten dort bis zum 31. 12. 1999 auch Personen mit der Vornahme von Amtshandlungen betraut werden, die den GBÄmtern auf Grund von **Dienstleistungsverträgen** auf Dauer oder nur vorübergehend zugeteilt wurden. Hätte sich auch nach dem genannten Stichtag ein Bedürfnis für diese personelle Unterstützung ergeben, hätte der Zeitpunkt durch Rechtsverordnung des BJM, die der Zustimmung des Bundesrats bedurft hätte, hinausgeschoben werden können (§ 144 Abs. 4). Dies ist nicht geschehen. Zur Wahrnehmung von Rpflegeraufgaben s. § 1 Rn. 16. 7

4. Grundbücher. a) Nach § 144 Abs. 1 Nr. 3 gelten die Grundbücher, die am 2. 10. 1990 geführt werden als Grundbücher im Sinn der GBO fort. Was Gegenstand der staatlichen Dokumentation durch Eintragung im GB war, ergibt sich aus §§ 2 und 3 der Grundstücksdokumentationsordnung v. 6. 11. 1975 (GBl. DDR I 697). Danach waren unter anderem für Gebäude, die auf Grund eines Nutzungsrechts nach §§ 287 bis 294 des Zivilgesetzbuchs der DDR v. 19. 6. 1975 (GBl. DDR I 465) oder anderen Rechtsvorschriften (s. dazu die Zusammenstellung bei Beckers DNotZ 1993, 369) errichtet wurden, Gebäudegrundbuchblätter anzulegen (vgl. § 2 Abs. 1 Buchst. c, § 3 Abs. 1 Buchst. a der Grundstücksdokumentationsordnung). Diese sind wie ein GBBlatt im Sinn des § 3 Abs. 1 zu behandeln. Gleiches gilt für GBBlätter, die für Gebäudeeigentum ohne dingliches Nutzungsrecht gem. Art. 233 § 2b Abs. 1, § 8 EGBGB anzulegen sind (s. Rn. 17). 8

b) Als GB gilt bei Vorliegen der Voraussetzungen des § 105 Abs. 1 Nr. 5 GBV (Vorhandensein eines Bestandsblattes oder eines geschlossenen GBBlatts bei unveränderter Grundstücksbezeichnung) auch ein ohne ein Verfahren nach §§ 116 ff. oder nach den früher geltenden §§ 7 ff. AusfVO vor Inkrafttreten des § 105 Abs. 1 Nr. 5 GBV am 24. 7. 1994 angelegtes GB (§ 105 Abs. 2 GBV). 9

5. Gebäudeeigentum. a) Allgemeines. Nach § 295 Abs. 1 ZGB umfasste das Eigentum an Grundstücken den Boden und die damit fest verbundenen Gebäude und Anlagen; Abs. 2 sah daneben aber auch die Möglichkeit vor, selbständiges Eigentum an Gebäuden und Anlagen unabhängig vom Eigentum am Boden zu begründen, für das die Vorschriften über Grundstücke entsprechend anzuwenden waren. Neben dem Gebäudeeigentum auf Grund 10 dinglicher Nutzungsrechte nach Rechtsvorschriften der DDR (s. Rn. 8) besteht nutzungsrechtsloses Gebäudeeigentum gem. Art. 233 § 2b Abs. 1, § 8 EGBGB (s. Rn. 17). Zum selbständigen Eigentum an Meliorationsanlagen s. §§ 1 ff. MeliorationsanlagenG v. 21. 9. 1994 (BGBl. I 2538, 2550).

11 **b) Fortgeltung.** Das selbständige Gebäudeeigentum blieb gem. Art. 231 § 5 Abs. 1 EGBGB bestehen; auch nach dem 2. 10. 1990 auf Grund eines bis dahin begründeten Nutzungsrechts errichtete Gebäude und Anlagen werden selbständiges Gebäudeeigentum. Das Nutzungsrecht und die Anlagen gelten als wesentliche Bestandteile des Gebäudes (Art. 231 § 5 Abs. 2 EGBGB). Für das Gebäudeeigentum gelten ab 3. 10. 1990 die sich auf Grundstücke beziehenden Vorschriften des BGB, ausgenommen §§ 927, 928 BGB, entsprechend (Art. 233 § 4 Abs. 1, 7, § 2b Abs. 4, § 8 Satz 2 EGBGB; zur Dereliktion s. Anh. zu § 44 Rn. 3). Das selbständige Gebäudeeigentum ist danach ein grundstücksgleiches Recht. Wohnungseigentum kann an ihm nicht begründet werden (s. Anh. zu § 3 Rn. 2).

12 **c) Öffentlicher Glaube des GB.** Art. 231 § 5 Abs. 3 ff. EGBGB hat zum Ziel, den öffentlichen Glauben des GB ab 1. 1. 2001 auf dingliche Nutzungsrechte und das Gebäudeeigentum zu erstrecken, was bis dahin nicht der Fall war (vgl. Art. 233 § 4 Abs. 2 EGBGB); das ursprünglich vorgesehene Datum des 1. 1. 1997 wurde durch das EigentumsfristenG v. 20. 12. 1996 (BGBl. I 2028) und das 2. EigentumsfristenG v. 20. 12. 1999 (BGBl. I 2493) geändert. Das selbständige Gebäudeeigentum erlischt bei Übertragung des Grundstücks nach dem 31. 12. 2000, es sei denn, das Nutzungsrecht oder das selbständige Gebäudeeigentum sind im GB eingetragen oder dem Erwerber bekannt; die gleichen Rechtsfolgen wie bei einer Übertragung des Grundstückseigentums treten bei Belastung mit einem dinglichen Recht oder bei Erwerb eines solchen Rechts ein. Entsprechende Regelungen für den Fall der Zwangsversteigerung enthält § 9a EGZVG (s. dazu Keller Rpfleger 1994, 194); s. auch § 111 SachenRBerG. Durch das EigentumsfristenG v. 20. 12. 1996 (BGBl. I 2028) und das 2. EigentumsfristenG v. 20. 12. 1999 (BGBl. I 2493) wurden auch die Daten in diesen Bestimmungen entsprechend geändert. Außerdem wurde durch das EigentumsfristenG v. 20. 12. 1996 Art. 18 Abs. 4 Nr. 3 RegVBG, der das BJM zur Verlängerung der ursprünglich am 31. 12. 1996 ablaufenden Frist ermächtigte, aufgehoben. S. dazu Böhringer BWNotZ 2000, 1.

13 **d) Grundeigentum und Gebäudeeigentum.** aa) Erwirbt der Nutzungsberechtigte das Eigentum an dem betroffenen Grund-

stück, so erlöschen das Nutzungsrecht und ein entstandenes Gebäudeeigentum nicht kraft Gesetzes (§ 889 BGB; a. M. LG Schwerin DNotZ 1993, 512 mit abl. Anm. v. Fassbender; ablehnend auch Albrecht MittBayNot 1993, 217). Gebäudegrundbuch und Grundstücksgrundbuch sind weiterhin nebeneinander fortzuführen. Eine Veräußerung oder Belastung allein des Gebäudes oder des Grundstücks ohne das Gebäude ist jedoch nicht mehr zulässig (§ 78 Abs. 1 Satz 1 SachenRBerG). Eine **Zwangshyp.** kann aber gleichwohl eingetragen werden, allerdings nur als Gesamthyp. am Grundstück und Gebäudeeigentum; § 867 Abs. 2 ZPO steht dem nicht entgegen (OLG Brandenburg DtZ 1996, 384; OLG Jena Rpfleger 1997, 431; LG Leipzig VIZ 1996, 482; a. M. LG Chemnitz Rpfleger 1995, 456 mit abl. Anm. v. Wanek; LG Frankfurt/Oder Rpfleger 1997, 212). S. dazu auch die Bek. des BJM v. 2. 3. 1995 (BAnz. Nr. 54 v. 17. 3. 1995 S. 2797 = DtZ 1995, 199). Eine **Vormerkung** ist keine Belastung; ihrer Eintragung steht § 78 Abs. 1 Satz 1 SachenRBerG daher nicht entgegen (vgl. LG Leipzig Rpfleger 1996, 285). Das Verfügungsverbot des § 78 Abs. 1 Satz 1 SachenRBerG greift auch dann ein, wenn vor dem 1. 10. 1994 sowohl die Einigung (§§ 873, 925 BGB) und EintrBewilligung (§ 19) erklärt wurden als auch der EintrAntrag (§ 13) beim GBAmt eingegangen ist (OLG Jena Rpfleger 1997, 431; a. M. LG Dresden Rpfleger 1995, 407 mit Anm. v. Wanek; das OLG Rostock NotBZ 1999, 214 mit Anm. v. Krauß lässt das Verfügungsverbot jedenfalls dann eingreifen, wenn sich die dingliche Rechtsänderung nach dem 1. 10. 1994 vollzogen hat). Ein Verstoß gegen das Verfügungsverbot führt zur GBUnrichtigkeit, nicht aber zu einer inhaltlich unzulässigen Eintragung.

bb) Das **Gebäudeeigentum erlischt** mit der Aufhebung und Löschung des Nutzungsrechts; das Gebäude wird Bestandteil des Grundstücks (Art. 233 § 2b Abs. 4, § 4 Abs. 6 EGBGB). Zur Aufhebung und Löschung ist die Zustimmung (Bewilligung) dinglich Berechtigter am Gebäudeeigentum in der Form des § 29 erforderlich (§ 19 GBO; §§ 875, 876 BGB; OLG Jena Rpfleger 1998, 195; LG Magdeburg DtZ 1994, 159); der Zustimmung des Grundstückseigentümers bedarf es mangels einer § 26 ErbbauVO entsprechenden Vorschrift nicht. Zur Entbehrlichkeit einer Genehmigung nach der GVO s. LG Erfurt NotBZ 1999, 85. Zur Notwendigkeit der Aufhebung einer Zuschreibung des Grundstücks, wenn das Gebäudeeigentum aufgehoben werden soll, s. LG Dresden Rpfleger 1999, 271. Erklärt im Zusammenhang mit der Auflassung einer Grundstücksteilfläche der Eigentümer eines nutzungsrechtslosen Gebäudeeigentums nach § 27 des Ges. über die landwirtschaftlichen Produktionsgenossenschaften v. 2. 7. 1982 (GBl. DDR I 443), für das ein Gebäudegrundbuch nicht angelegt und das im Grundstücksgrundbuch nicht vermerkt ist, die Aufgabe des Gebäudeeigentums gem. Art. 233 § 2b Abs. 4 i.V.m. § 4 Abs. 6 EGBGB, § 875 BGB, so hat das GBAmt die Auflassung einzutragen ohne zu prüfen, ob die Aufgabeerklärung, die zu keiner GB-Eintragung führt, vom Berechtigten abgegeben wurde (OLG Celle NotBZ 1998, 190). S. zum Ganzen Böhringer, Zusammenführung von Gebäude- und Grundeigentum, DtZ 1994, 266; Aufhebung des dinglichen Nutzungsrechts/Gebäudeeigentums, Rpfleger 1995, 52; Die Aufhebung des Gebäudeeigentums und die erforderliche Bescheinigung hierzu, NotBZ 1999, 68; Hügel, Vor- und Nachteile des Gebäudeerwerbs durch Aufgabeerklärung, NotBZ 1998, 13; ferner § 78 SachenRBerG, dessen Abs. 1 Satz 3, 4, 6 mit Mitteln des GBBerichtigungszwangs durchsetzbare Verpflichtungen begründet, das Eigentum am Gebäude, sobald es unbelastet ist oder sich die dinglichen Rechte daran mit dem Eigentum in einer Person vereinigt haben, und eine Grundschuld, wenn die durch sie gesicherte Forderung nicht entstanden oder erloschen ist, aufzugeben.

cc) § 78 SachenRBerG ist auch auf andere Erwerbstatbestände als den Ankauf nach §§ 61 ff. SachenRBerG anwendbar (OLG Jena Rpfleger 1997, 431; OLG Rostock NotBZ 1999, 214 mit Anm. v. Krauß). Die Bestimmungen des SachenRBerG und damit auch dessen § 78 finden jedoch **keine Anwendung,** wenn das Eigentum an einem Grundstück dem Nutzer nach Maßgabe besonderer Gesetze zugewiesen worden oder zu übertragen ist (§ 1 Abs. 2 SachenRBerG); dies ist aber nicht der Fall, wenn dem Nutzer das vormals volkseigene Grundstück nach dem Ges. über den Verkauf volkseigener Gebäude und Grundstücke v. 7. 3. 1990 (GBl. DDR I 157; sog. Modrow-Verkaufsgesetz) verkauft worden ist (OLG Brandenburg DtZ 1996, 384; OLG Jena Rpfleger 1997, 431; LG Frankfurt/Oder Rpfleger 1997, 212; a.M. OLG Dresden FGPrax 1996, 43). S. hierzu auch Krauß, § 78 SachenRBerG – Bestandsaufnahme einer problemreichen Norm, VIZ 1996, 691.

14 **e) Heilung früherer Übereignungen.** Vor dem Inkrafttreten des 2. VermRÄndG am 22. 71992 ohne Beachtung des § 925 BGB vorgenommene Übereignungen von selbständigem Gebäudeeigentum, das nach § 27 des Ges. über die landwirtschaftlichen Produktionsgenossenschaften v. 2. 7. 1982 (GBl. DDR I 443) oder nach § 459 Abs. 1 Satz 1 ZGB entstanden ist, sind nach dem durch das SachenRÄndG an Art. 233 § 2b EGBGB angefügten neuen Abs. 6 wirksam, sofern nicht eine rechtskräftige Entscheidung entgegensteht.

f) Sachenrechtsbereinigung. Zur Anpassung der nach dem Recht der DDR bestellten Nutzungsrechte an das BGB und seine Nebengesetze sowie zur Regelung der Rechte am Grundstück beim Auseinanderfallen von Grundstücks- und Gebäudeeigentum enthält das SachenRBerG Regelungen, insbes. in Form der Begründung von Ansprüchen des Grundstückseigentümers und Nutzers auf Bestellung eines Erbbaurechts oder auf Ankauf des Grundstücks oder des Gebäudes (vgl. § 3 SachenRBerG). Zur Eintragung eines Besitzrechtsvermerks in das GB zur Sicherung dieser Ansprüche gem. Art. 233 § 2a, § 2c EGBGB s. Rn. 18, 27. 15

6. Gebäudegrundbuchblatt. a) Allgemeines. Die am 2. 10. 1990 geltenden Vorschriften über die Anlegung und Führung von Gebäudegrundbuchblättern sind nach § 144 Abs. 1 Nr. 4 Satz 1 weiter anzuwenden; dies gilt nach Satz 2 auch für § 36 der GBVerfahrensordnung v. 30. 12. 1975 (GBl. DDR I 1976, 42), wonach die Anlegung des Gebäudegrundbuchblatts im GB des Grundstücks vermerkt werden soll; nach Satz 3 kann auch der Gebäudeeigentümer die Anlegung beantragen. Dies gilt nach Satz 4 entsprechend bei Gebäudegrundbuchblättern, die nach später erlassenen Vorschriften anzulegen sind. Die danach maßgebenden Vorschriften des DDR-Rechts sind jetzt durch die Bestimmungen der GGV ersetzt (s. Rn. 21, 22). 16

b) Nutzungsrechtsloses Gebäudeeigentum. Ein Gebäudegrundbuchblatt ist nach dem durch das 2. VermRÄndG v. 14. 7. 1992 (BGBl. I 1257, 1276) eingefügten Art. 233 § 2b Abs. 2 Satz 1 EGBGB auf Antrag des Nutzers (oder des Grundstückseigentümers: § 144 Abs. 1 Nr. 4 Satz 3) auch für das nach § 2b Abs. 1 an Gebäuden und Anlagen landwirtschaftlicher Produktionsgenossenschaften sowie Wohnungsgenossenschaften entstehende und das nach § 27 des Ges. über die landwirtschaftlichen Produktionsgenossenschaften v. 2. 7. 1982 (GBl. DDR I 443) für landwirtschaftliche Produktionsgenossenschaften und diesen nach § 46 des genannten Ges. gleichgestellte Einrichtungen (OLG Brandenburg FGPrax 1995, 182) entstandene Gebäudeeigentum anzulegen; nach Art. 233 § 2b Abs. 2 Satz 2 EGBGB sind für die Anlegung und Führung des Gebäudegrundbuchblatts die vor dem 3. 10. 1990 geltenden sowie später erlassene Vorschriften entsprechend anzuwenden. Vor Anlegung des Gebäudegrundbuchblatts ist in diesem Fall im Hinblick auf die Erlöschensregelung des Art. 231 § 5 Abs. 3 EGBGB gem. Art. 233 § 2b Abs. 2 Satz 3 EGBGB das Gebäudeeigentum wie eine Belastung im GB des Grundstücks von Amts wegen einzutragen, sofern dies noch nicht gem. Art. 233 § 2c Abs. 1 EGBGB geschehen ist. Soweit Gebäudeeigentum gem. § 459 ZGB 17 besteht, ist Art. 233 § 2b und § 2c EGBGB entsprechend anzuwenden (Art. 233 § 8 Satz 2 EGBGB; s. dazu Gruber Rpfleger 1998, 508). Zur Aufgabe des nutzungsrechtslosen Gebäudeeigentums s. Rn. 13.

18 **c) Eintragung im Grundstücksgrundbuch.** Der durch das RegVBG eingefügte Art. 233 § 2c EGBGB schafft die Möglichkeit, durch Eintragungen im Grundstücksgrundbuch das Erlöschen nicht eingetragenen Gebäudeeigentums und nicht vorgemerkter Ansprüche aus der Sachenrechtsbereinigung auf Grund der Vorschriften über den öffentlichen Glauben und die Wirkungen des Zuschlags in der Zwangsversteigerung (s. dazu Rn. 12) zu verhindern. Nutzungsrechtsloses Gebäudeeigentum nach Art. 233 § 2b EGBGB ist auf Antrag im GB des Grundstücks – obgleich ein grundstücksgleiches Recht – in Abt. II wie eine Belastung einzutragen; dabei ist von Amts wegen ein Gebäudegrundbuchblatt anzulegen. Zur Sicherung der Ansprüche aus der Sachenrechtsbereinigung ist auf Antrag ein Vermerk in Abt. II des Grundstücksgrundbuchs einzutragen, der die Wirkung einer Vormerkung hat; zum Nachweis der Ansprüche s. § 4 Abs. 4 GGV und Rn. 23; zur Eintragung des Vermerks s. Rn. 27. Voraussetzung für den **gutgläubigen Erwerb** von Gebäudeeigentum sowie dinglicher Rechte daran ist, dass das Gebäudeeigentum auch im GB des Grundstücks wie eine Belastung eingetragen ist. Entsprechende Regelungen enthält Art. 233 § 4 Abs. 1 EGBGB für das nutzungsrechtsbewehrte Gebäudeeigentum; dabei ist auf das dingliche Nutzungsrecht abzustellen. Anders als Erbbaurechte müssen dingliche Nutzungsrechte i. S. des Art. 233 § 4 EGBGB nicht ausschließlich an erster Rangstelle eingetragen werden (vgl. BezG Dresden Rpfleger 1993, 396). Zum Rang mehrerer Nutzungsrechte s. § 14 Abs. 2 GGV.

19 **d) Anlegung.** aa) Die Anlegung eines Gebäudegrundbuchblatts setzt die Feststellung voraus, dass Gebäudeeigentum entstanden ist und noch besteht, welche Gebäude Gegenstand des Gebäudeeigentums sind und wer Eigentümer ist. Nach § 144 Abs. 1 Nr. 4 Satz 5 braucht beim nutzungsrechtsbewehrten Gebäudeeigentum gem. Art. 233 § 4 EGBGB bei Eintragungen und Berichtigungen im angelegten Gebäudegrundbuch das Vorhandensein des Gebäudes nicht geprüft zu werden. Welche Urkunden bei der Anlegung des Gebäudegrundbuchblatts im Einzelnen genügen, um die erforderlichen Feststellungen zu treffen, ergibt sich aus § 4 Abs. 1 bis 3, § 8 GGV; s. dazu auch Art. 233 § 2b Abs. 3 EGBGB. Das Anlegungsverfahren richtet sich auch nach dem Inkrafttreten der GGV am 1. 10. 1994 nach den entsprechend anwendbaren §§ 116 ff.

GBO. Für die Anwendung des § 29 ist dabei kein Raum; es gilt der Amtsermittlungsgrundsatz (§ 118; s. dazu auch Meikel Rn. 108). Nach einer anderen Meinung (OLG Brandenburg FGPrax 1995, 182 mit abl. Anm. v. Demharter; KG FGPrax 1996, 12; OLG Jena Rpfleger 1997, 104) obliegt es dem Antragsteller, die erforderlichen Nachweise in der Form des § 29 zu erbringen.

bb) Zur Anlegung eines Gebäudegrundbuchblatts für ein im Eigentum einer **landwirtschaftlichen Produktionsgenossenschaft** stehendes Gebäude vor dem Inkrafttreten der GGV s. OLG Brandenburg DtZ 1984, 248; OLG Rostock AgrarR 1994, 60; BezG Dresden Rpfleger 1991, 493; BezG Meiningen MittBayNot 1993, 294; aber auch KrG Rathenow Rpfleger 1993, 331 mit zust. Anm. v. Weike; LG Berlin Rpfleger 1995, 107; Hartung Rpfleger 1994, 413; ferner Böhringer MittBayNot 1992, 112; Rpfleger 1993, 51. S. hierzu auch die Empfehlungen des BJM zur Anlegung von Gebäudegrundbuchblättern für Gebäudeeigentum nach Art. 233 § 2b EGBGB – Verfahren vor der Zuordnungsstelle – (BAnz. Nr. 140a v. 31. 7. 1997 = VIZ 1997, 630), durch die die Vorläufigen Empfehlungen (BAnz. Nr. 150 v. 13. 8. 1993 S. 7536 = DtZ 1993, 369) aufgehoben und ersetzt wurden.

e) Grundbuchmäßige Behandlung. Das BJM ist in Art. 18 Abs. 4 Nr. 2 RegVBG ermächtigt, durch Rechtsverordnung mit Zustimmung des Bundesrats die grundbuchmäßige Behandlung des Gebäudeeigentums, insbes. die Anlegung und Gestaltung der Gebäudegrundbuchblätter in Ergänzung, aber auch in Abweichung von den Vorschriften der GBO näher zu regeln. Dies ist durch die Gebäudegrundbuchverfügung (GGV) v. 15. 7. 1994 (BGBl. I 1606) geschehen (s. Rn. 21ff.). S. hierzu auch Böhringer, Gebührenfragen beim ostdeutschen Gebäudeeigentum, JurBüro 1995, 176. 20

7. Gebäudegrundbuchverfügung. Die Anlegung und Führung von Gebäudegrundbuchblättern für das Gebäudeeigentum gem. Art. 231 § 5 und Art. 233 §§ 2b, 4 und 8 EGBGB sowie die Eintragung eines dinglichen Nutzungsrechts, eines Gebäudeeigentums ohne Nutzungsrecht und eines Vermerks zur Sicherung der Ansprüche aus Art. 233 § 2a EGBGB im GB des betreffenden Grundstücks sind in der am 1. 10. 1994 in Kraft getretenen GGV v. 15. 7. 1994 (BGBl. I 1606) näher geregelt. S. dazu Schmidt-Räntsch/Sternal DtZ 1994, 262; ferner Keller, Das Gebäudeeigentum und seine grundbuchmäßige Behandlung nach der GGV, MittBayNot 1994, 389. 21

a) Die vorhandenen Gebäudegrundbuchblätter können nach den gem. § 144 Abs. 1 Nr. 4 Satz 1, 2 weiter anwendbaren DDR- 22

Vorschriften (insbes. Nr. 75ff. der Colido-GBAnweisung) weitergeführt werden, um einen sonst großen Umstellungsaufwand zu vermeiden. Sie können aber auch nach dem für neu anzulegende Gebäudegrundbuchblätter maßgebenden § 3 GGV fortgeführt, umgeschrieben oder neu gefasst werden (§ 2 GGV). § 3 GGV regelt die Gestaltung und Führung neu anzulegender Gebäudegrundbuchblätter in enger Anlehnung an das Erbbaugrundbuchblatt.

23 Wann das Bestehen eines Gebäudeeigentums in seinen verschiedenen Formen und von Ansprüchen aus der Sachenrechtsbereinigung zum Recht auf Besitz **nachgewiesen** ist, regelt § 4 Abs. 1 bis 4 GGV. Eine EintrBewilligung oder einstweilige Verfügung ist nicht unabdingbare Voraussetzung für die Eintragung des Vermerks gem. Art. 233 § 2c Abs. 2 EGBGB (a.M. LG Schwerin Rpfleger 1998, 283; zum Nachweis auf Grund eines Prüfbescheids gem. § 4 Abs. 4 Nr. 2 GGV s. OLG Jena FGPrax 1999, 45 und 129; s. dazu auch Purps NotBZ 2000, 88; zur Eintragung des Vermerks s. Rn. 27). Abs. 5 bestimmt, wann die Nachweise bei den Grundakten des Grundstücksgrundbuchs und wann sie bei den Grundakten des Gebäudegrundbuchs aufzubewahren sind.

24 § 4 Abs. 1 GGV über den Nachweis des Bestehens eines nutzungsrechtsbewehrten Gebäudeeigentums gilt jedoch nicht für Gebäudegrundbuchblätter, die vor dem 1. 10. 1994 angelegt worden sind oder deren Anlegung vor diesem Zeitpunkt beantragt worden ist (§ 15 Abs. 2 GGV).

25 **b)** In § 5 GGV ist im Einzelnen vorgeschrieben, mit welchem Inhalt das dem Gebäudeeigentum zugrundeliegende **Nutzungsrecht** in Abt. II des Grundstücksgrundbuchs einzutragen ist. Bezieht sich das Nutzungsrecht auf mehrere Grundstücke, so ist § 48 anzuwenden; es handelt sich dann um ein Gesamtrecht.

26 In entsprechender Anwendung von § 5 GGV ist bei der Anlegung eines Gebäudegrundbuchblatts für ein nutzungsrechtsloses Gebäudeeigentum das Gebäudeeigentum unter Löschung eines in Abt. I vorhandenen Vermerks in Abt. II des Grundstücksgrundbuchs einzutragen (§ 6 GGV).

27 Wie ein Vermerk zur Sicherung der Ansprüche aus der Sachenrechtsbereinigung auf Grund eines Rechts zum Besitz (s. Art. 233 § 2a, § 2c Abs. 2 EGBGB) in Abt. II des Grundstücksgrundbuchs einzutragen ist, regelt § 7 GGV. S. dazu OLG Jena FGPrax 1999, 45 und 129.

28 **c)** Bei der Eintragung von **Ehegatten** als Berechtigten eines dinglichen Nutzungsrechts, eines Gebäudeeigentums oder eines Rechts zum Besitz kann der Nachweis, dass eine Erklärung über das Fortgelten des bisherigen gesetzlichen Güterstands der Eigen-

tums- und Vermögensgemeinschaft des Familiengesetzbuchs der DDR nicht abgegeben wurde, die Ehegatten also vorbehaltlich anderer Bestimmung Berechtigte je zur Hälfte sind (vgl. Art. 234 § 4a Abs. 1 EGBGB), durch entsprechende Erklärungen und Versicherungen nach Maßgabe des § 14 Satz 2 GBBerG geführt werden, die nicht der Form des § 29 bedürfen (§ 8 Satz 1 GGV). Für Eintragungen, die ohne Angaben gem. § 47 im GB vorgenommen worden sind, gilt die widerlegliche Vermutung des Art. 234 § 4a Abs. 3 EGBGB, dass die Ehegatten Berechtigte zu gleichen Teilen geworden sind; die Ergänzung der GBEintragung im Hinblick auf § 47 geschieht nur auf Antrag (§ 8 Satz 2 GGV).

d) Das Gebäudeeigentum kann sich auch nur auf eine **Teilfläche** eines oder mehrerer Grundstücke beziehen oder auf die Gesamtfläche eines oder mehrerer Grundstücke und zusätzlich auf eine oder mehrere Teilflächen weiterer Grundstücke. § 9 GGV regelt, wie in diesen Fällen, sofern die Grundstücke und Teilflächen bestimmt sind, bei der Eintragung dinglicher Nutzungsrechte, eines Gebäudeeigentums oder eines Rechts zum Besitz vorzugehen ist; eine Grundstücksteilung gem. § 7 Abs. 1 ist nicht geboten. § 10 GGV enthält Vorschriften für den Fall, dass betroffene Grundstücke oder Teilflächen nicht grundbuchmäßig bestimmt sind. Das GBAmt fordert den Inhaber des Rechts auf, den Umfang seines Rechts nachzuweisen. Welche Nachweise in Betracht kommen, ist im Einzelnen aufgezählt; die Einhaltung der Formvorschrift des § 29 ist nicht durchgängig erforderlich. **29**

e) Mit der Anlegung des Gebäudegrundbuchs könnten durch gutgläubigen Erwerb dem Grundstückseigentümer zustehende Einreden, die an die Person des ursprünglichen Gebäudeeigentümers geknüpft sind, verlorengehen. Um dem vorzubeugen, ist grundsätzlich gleichzeitig mit der Anlegung des Gebäudegrundbuchblatts und der Eintragung im Grundstücksgrundbuch von Amts wegen zugunsten des Grundstückseigentümers ein **Widerspruch** gegen die Richtigkeit der Eintragungen anzubringen. Der Widerspruch ist zeitlich befristet und kann, wenn er gegenstandslos geworden ist, von Amts wegen gelöscht werden (§ 11 GGV). **30**

f) In § 12 GGV sind die erforderlichen Maßnahmen des GB-Amts bei **Aufhebung** eines Nutzungsrechts oder Gebäudeeigentums beschrieben, und zwar für den Fall, dass eine Aufhebung grundbuchmäßig nicht ordnungsgemäß vollzogen wurde oder ein Gebäudegrundbuchblatt zum Grundstücksgrundbuchblatt „umfunktioniert" wurde. § 13 GGV regelt die bei Eintragungen im Gebäudegrundbuch und im Grundstücksgrundbuch erforderlichen Bekanntmachungen. **31**

32 **g)** § 14 Abs. 1 GGV enthält eine Begriffsbestimmung des Nutzers. Vorschriften über den Rang mehrerer an einem Grundstück bestehender Nutzungsrechte enthält § 14 Abs. 2 GGV und ergänzende Regelungen über die Teilung und Vereinigung von Gebäudeeigentum § 14 Abs. 3 GGV; diese Bestimmungen gelten nur für Eintragungen, die nach dem 1. 10. 1994 beantragt werden (§ 15 Abs. 3 GGV). Mit der Teilung des belasteten oder betroffenen Grundstücks und der Möglichkeit einer lastenfreien Abschreibung befasst sich § 14 Abs. 4 GGV. Zur Teilung von Gebäudeeigentum s. auch Böhringer DtZ 1996, 290.

33 **8. Ergänzende Regelungen. a)** Amtliches Verzeichnis ist im gebiet der früheren DDR noch nicht das Liegenschaftskataster, sondern das am 2. 10. 1990 für die Grundstücksbezeichnung maßgebende Verzeichnis oder das an seine Stelle getretene Verzeichnis (§ 144 Abs. 1 Nr. 2).

34 **b)** Neben der GBO sind §§ 2 bis 34 FGG entsprechend anzuwenden. Dies gilt aber nicht, soweit dem andere Rechtsvorschriften, insbes. solche der GBO, entgegenstehen. Solange die Grundbücher nicht von Gerichten geführt wurden, konnte die Anwendung auch hieran scheitern (§ 144 Abs. 1 Nr. 5).

35 **c)** Bis zum 2. 10. 1990 beim GBAmt eingegangene EintrAnträge waren weiterhin nach den zu diesem Zeitpunkt geltenden Verfahrensvorschriften zu erledigen (§ 144 Abs. 1 Nr. 6). Maßgebend war also das **GBVerfahrensrecht der früheren DDR,** nämlich die Grundstücksdokumentationsordnung v. 6. 11. 1975 (GBl. DDR I 697), die auf Grund ihres § 17 ergangene GBVerfahrensordnung v. 30. 12. 1975 (GBl. DDR I 1976, 42) sowie die auf Grund § 37 GBVerfahrensordnung erlassene und am 1. 3. 1988 in Kraft getretene Colido-GBAnweisung v. 27. 10. 1987 (Colido = computergestützte Liegenschaftsdokumentation). Auch materiellrechtlich war das Recht der früheren DDR, insbes. das Zivilgesetzbuch v. 19. 6. 1975 (GBl. DDR I 465), maßgebend (Art. 233 § 7 EGBGB).

36 **d)** Am 3. 10. 1990 anhängige Beschwerdeverfahren waren an das nunmehr zuständige Gericht abzugeben (§ 144 Abs. 1 Nr. 7 Satz 2). Zuständig waren zunächst als Beschwerdegericht das Bezirksgericht und als Rechtsbeschwerdegericht der besondere Senat eines Bezirksgerichts (s. hierzu § 81 Rn. 4). Mit der Einrichtung der im GVG vorgesehenen Gerichte sind das LG und das OLG Beschwerdegerichte (§ 81 Abs. 1).

37 **e)** Die GBBeschwerde nach § 71 war auch dann gegeben, wenn die von einer Behörde der Verwaltung oder Justizverwaltung als GBAmt erlassene Entscheidung (s. hierzu Rn. 3) angefochten wur-

de. Erfasst wurden von dieser Regelung alle am 3. 10. 1990 noch nicht rechtskräftig abgeschlossenen Verfahren. Auf das danach zuständige Gericht gingen bei anderen Stellen anhängige Rechtsmittelverfahren in dem Zustand über, in dem sie sich bei Inkrafttreten des RegVBG befanden. Die Regelung, dass die GBBeschwerde auch dann gegeben ist, wenn nicht das Amtsgericht sondern eine andere Stelle als GBAmt entschieden hat, galt nur für Entscheidungen, die ergingen, als nach § 144 Abs. 2 Satz 1, 3 die Grundbücher von anderen Stellen als den Amtsgerichten geführt werden durften, also vor dem 1. 1. 1995 (§ 144 Abs. 3).

f) Im Übrigen gelten die in Anl. I Kap. III Sachgeb. A Abschn. III Nr. 28 EinigungsV aufgeführten allgemeinen Maßgaben entsprechend (§ 144 Abs. 1 Nr. 7 Satz 1). 38

Anhang

Text des Grundbuchbereinigungsgesetzes, der Grundbuchverfügung und weiterer Vorschriften

Anhang 1
Verordnung zur Durchführung der Grundbuchordnung (Grundbuchverfügung – GBV)

In der Fassung vom 24. Januar 1995
(BGBl. I S. 114)*

Geändert durch die 2. EDVGB-ÄndV vom 11. 7. 1997 (BGBl. I S. 1808), die VO vom 10. 2. 1999 (BGBl. I S. 147, 155) und die VO vom 18. 3. 1999 (BGBl. I S. 497)

Inhaltsübersicht

I. Das Grundbuch §§ 1–3
  1. Grundbuchbezirke § 1
  2. Die äußere Form des Grundbuchs §§ 2, 3
II. Das Grundbuchblatt §§ 4–12
III. Die Eintragungen §§ 13–23
IV. Die Grundakten §§ 24, 24 a
V. Der Zuständigkeitswechsel §§ 25–27 a
VI. Die Umschreibung von Grundbüchern §§ 28–33
VII. Die Schließung des Grundbuchblatts §§ 34–37
VIII. Die Beseitigung einer Doppelbuchung § 38
IX. Die Bekanntmachung der Eintragungen §§ 39–42
X. Grundbucheinsicht und -abschriften §§ 43–46
XI. Hypotheken-, Grundschuld- und Rentenschuldbriefe §§ 47–53
XII. Das Erbbaugrundbuch §§ 54–60
XIII. Vorschriften über das maschinell geführte Grundbuch §§ 61–93
  1. Das maschinell geführte Grundbuch §§ 61–66
  2. Anlegung des maschinell geführten Grundbuchs §§ 67–73
  3. Eintragungen in das maschinell geführte Grundbuch §§ 74–76
  4. Einsicht in das maschinell geführte Grundbuch und Abschriften hieraus §§ 77–79
  5. Automatisierter Abruf von Daten §§ 80–85
  6. Zusammenarbeit mit den katasterführenden Stellen und Versorgungsunternehmen § 86
  7. Hypotheken-, Grundschuld- und Rentenschuldbriefe §§ 87–89
  8. Schlußbestimmungen §§ 90–93
XIV. Vermerke über öffentliche Lasten §§ 93 a, 93 b
XV. Übergangs- und Schlußvorschriften §§ 94–106
Anlagen 1–10 b

---

* Im Gebiet der früheren DDR nach Maßgabe des § 105 GBV anzuwenden.

Abschnitt I. Das Grundbuch

Unterabschnitt 1. Grundbuchbezirke

§ 1 [Gemeindebezirke]

(1) Grundbuchbezirke sind die Gemeindebezirke.[1] Soweit mehrere Gemeinden zu einem Verwaltungsbezirk zusammengefaßt sind (Gesamtgemeinden; zusammengesetzte Gemeinden), bilden sie einen Grundbuchbezirk. Jedoch kann ein Gemeindebezirk durch Anordnung der Landesjustizverwaltung oder der von ihr bestimmten Stelle in mehrere Grundbuchbezirke geteilt werden.

(2) Wird ein Gemeindebezirk mit einem anderen Gemeindebezirk vereinigt oder wird ein Gemeindebezirk oder ein Verwaltungsbezirk der im Absatz 1 Satz 3 genannten Art in mehrere selbständige Verwaltungsbezirke zerlegt, so können die bisherigen Grundbuchbezirke beibehalten werden.

Unterabschnitt 2. Die äußere Form des Grundbuchs

§ 2 [Grundbuchbände]

Die Grundbücher werden in festen Bänden oder nach näherer Anordnung der Landesjustizverwaltungen in Bänden oder Einzelheften mit herausnehmbaren Einlegebogen geführt. Die Bände sollen regelmäßig mehrere Grundbuchblätter umfassen; mehrere Bände desselben Grundbuchbezirks erhalten fortlaufende Nummern. Soweit die Grundbücher in Einzelheften mit herausnehmbaren Einlegebogen geführt werden, sind die Vorschriften, die Grundbuchbände voraussetzen, nicht anzuwenden.

§ 3 [Nummernfolge]

(1) Sämtliche Grundbuchblätter desselben Grundbuchbezirks erhalten fortlaufende Nummern. Besteht das Grundbuch aus mehreren Bänden, so schließen sich die Blattnummern jedes weiteren Bandes an die des vorhergehenden an.

---

[1] Über die Gestaltung der GBBezirke bei Vereinigung von Gemeindebezirken siehe AV vom 22. 4. 1939 (DJ S. 701); über die grundbuchliche Behandlung von gemeindefreien Grundstücken oder Gutsbezirken siehe AV vom 8. 2. 1939 (DJ S. 264); über die Änderung von GBBezirken siehe AV vom 4. 9. 1939 (DJ S. 1463). Die Vorschriften sind durch Landesrecht zum Teil ersetzt oder ersatzlos aufgehoben worden.

(2) Von der fortlaufenden Nummernfolge der Grundbuchblätter kann abgewichen werden, wenn das anzulegende Grundbuchblatt einem Bande zugeteilt werden soll, in dem der Umfang der Grundbuchblätter von dem des sonst nach Absatz 1 zu verwendenden Grundbuchblatts verschieden ist.

(3) Wird das Grundbuch in Einzelheften mit herausnehmbaren Einlegebogen geführt, so kann nach Anordnung der Landesjustizverwaltung bei der Numerierung der in Einzelheften anzulegenden Grundbuchblätter eines Grundbuchbezirks neu mit der Nummer 1 oder mit der auf den nächsten freien Tausender folgenden Nummer begonnen werden.

Abschnitt II. Das Grundbuchblatt

§ 4 [Einteilung des Grundbuchblatts]

Jedes Grundbuchblatt besteht aus der Aufschrift, dem Bestandsverzeichnis und drei Abteilungen.

§ 5 [Aufschrift]

In der Aufschrift sind das Amtsgericht, der Grundbuchbezirk und die Nummer des Bandes und des Blattes anzugeben. In den Fällen des § 1 Abs. 2 ist durch einen Zusatz auf die Vereinigung oder Teilung des Bezirks hinzuweisen.

§ 6[2] [Bestandsverzeichnis]

(1) In dem Bestandsverzeichnis ist die Spalte 1 für die Angabe der laufenden Nummer des Grundstücks bestimmt.

(2) In der Spalte 2 sind die bisherigen laufenden Nummern der Grundstücke anzugeben, aus denen das Grundstück durch Vereinigung, Zuschreibung oder Teilung entstanden ist.

(3a) Die Spalte 3 dient zur Bezeichnung der Grundstücke gemäß dem amtlichen Verzeichnis im Sinne des § 2 Abs. 2 der Grundbuchordnung. Hier sind einzutragen:

1. in Unterspalte a: die Bezeichnung der Gemarkung oder des sonstigen vermessungstechnischen Bezirks, in dem das Grundstück liegt;
2. in Unterspalte b: die vermessungstechnische Bezeichnung des Grundstücks innerhalb des in Nummer 1 genannten Bezirks nach den Buchstaben oder Nummern der Karte;

---

[2] § 6 Abs. 3a Satz 4 geändert durch die VO vom 10. 2. 1999 (BGBl. I S. 147, 155).

3. in Unterspalte c und d: die Bezeichnung des Grundstücks nach den Artikeln oder Nummern der Steuerbücher (Grundsteuermutterrolle, Gebäudesteuerrolle oder ähnliches), sofern solche Bezeichnungen vorhanden sind;

4.[3] in Unterspalte e: die Wirtschaftsart des Grundstücks (z. B. Acker, Wiese, Garten, Wohnhaus mit Hofraum, Wohnhaus mit Garten, unbebauter Hofraum) und die Lage (Straße, Hausnummer oder die sonstige ortsübliche Bezeichnung).

Die für die Bezeichnung des Grundstücks nach der Gebäudesteuerrolle oder einem ähnlichen Buch bestimmte Unterspalte d kann nach näherer Anordnung der Landesjustizverwaltung mit der Maßgabe weggelassen werden, daß die Unterspalte c durch die Buchstaben c/d bezeichnet wird; im Rahmen dieser Änderung kann von den Mustern in der Anlage zu dieser Verfügung abgewichen werden. Ferner kann die Landesjustizverwaltung anordnen, daß die in Nummer 3 bezeichneten Eintragungen und die Angabe der Wirtschaftsart in Unterspalte e unterbleiben.

(3 b) Soweit das Grundbuch in Loseblattform mit einer Vordruckgröße von 210 × 297 mm (DIN A 4) geführt wird, kann die Landesjustizverwaltung abweichend von den Bestimmungen des Absatzes 3 a und von den Mustern in der Anlage zu dieser Verfügung anordnen, daß

1. die Unterspalten a und b der Spalte 3 in der Weise zusammengelegt werden, daß die vermessungstechnische Bezeichnung des Grundstücks unterhalb der Bezeichnung der Gemarkung oder des sonstigen vermessungstechnischen Bezirks einzutragen ist; die Eintragung der Bezeichnung der Gemarkung oder des sonstigen vermessungstechnischen Bezirks kann nach näherer Anordnung der Landesjustizverwaltung unterbleiben, wenn sie mit der des Grundbuchbezirks übereinstimmt;

2. die Unterspalten c und d der Spalte 3 weggelassen werden und die für die Eintragung der Wirtschaftsart des Grundstücks und der Lage bestimmte Unterspalte e der Spalte 3 durch den Buchstaben c bezeichnet wird.

(3 c) Soweit in besonderen Fällen nach den bestehenden gesetzlichen Vorschriften ein Grundstück, das nicht im amtlichen Verzeichnis aufgeführt ist, im Grundbuch eingetragen werden kann, behält es hierbei sein Bewenden.

---

[3] **Bayern:** Bek. über die Eintragung der Änderung von Straßennamen und Hausnummern in das Liegenschaftskataster und in das Grundbuch vom 30. 9. 1980 (JMBl. S. 210) sowie Bek. über die Übernahme von Veränderungen in der Lagebezeichnung von Straßenflurstücken in das Liegenschaftskataster und in das Grundbuch vom 30. 9. 1980 (JMBl. S. 211).

(4) Besteht ein Grundstück aus mehreren Teilen, die in dem maßgebenden amtlichen Verzeichnis als selbständige Teile aufgeführt sind (z. B. Katasterparzellen), so kann die in Absatz 3a Nr. 2 und 3 vorgeschriebene Angabe unterbleiben, soweit dadurch das Grundbuch nach dem Ermessen des Grundbuchamts unübersichtlich werden würde. In diesem Falle müssen jedoch die fehlenden Angaben in einem bei den Grundakten aufzubewahrenden beglaubigten Auszug aus dem maßgebenden amtlichen Verzeichnis der Grundstücke nachgewiesen werden. Das Grundbuchamt berichtigt den beglaubigten Auszug auf Grund der Mitteilung der das amtliche Verzeichnis führenden Behörde, sofern der bisherige Auszug nicht durch einen neuen ersetzt wird. Sofern das Verzeichnis vom Grundbuchamt selbst geführt wird, hat dieses das Verzeichnis auf dem laufenden zu halten. Statt der in Absatz 3a Nr. 4 vorgeschriebenen Angabe genügt alsdann die Angabe einer Gesamtbezeichnung (z. B. Landgut).

(5) Die Spalte 4 enthält die Angaben über die Größe des Grundstücks nach dem maßgebenden amtlichen Verzeichnis. Besteht ein Grundstück aus mehreren Teilen, die in diesem Verzeichnis als selbständige Teile aufgeführt sind (z. B. Katasterparzellen), so ist entweder die Gesamtgröße oder die Größe getrennt nach den aus dem Grundbuch ersichtlichen selbständigen Teilen anzugeben; ist das Grundstück nach Maßgabe des Absatzes 4 bezeichnet, so ist die Gesamtgröße anzugeben.

(6) In der Spalte 6 sind einzutragen:

a) der Vermerk über die Eintragung des Bestandes des Blattes bei der Anlegung (Zeit der Eintragung, Nummer des bisherigen Blattes usw.);
b) die Übertragung eines Grundstücks auf das Blatt; soll das Grundstück mit einem auf dem Blatt bereits eingetragenen Grundstück vereinigt oder einem solchen Grundstück als Bestandteil zugeschrieben werden, so ist auch dies anzugeben;
c) die Vereinigung mehrerer auf dem Blatt eingetragener Grundstücke zu einem Grundstück sowie die Zuschreibung eines solchen Grundstücks zu einem anderen als Bestandteil;
d) die Vermerke, durch welche bisherige Grundstücksteile als selbständige Grundstücke eingetragen werden, insbesondere im Falle des § 7 Abs. 1 der Grundbuchordnung, sofern nicht der Teil auf ein anderes Blatt übertragen wird;
e) die Vermerke über Berichtigungen der Bestandsangaben; eines Vermerks in Spalte 6 bedarf es jedoch nicht, wenn lediglich die in Absatz 3a Nr. 3 für die Unterspalte c vorgeschriebene Angabe nachgetragen oder berichtigt wird.

(7) Die Spalte 8 ist bestimmt für die Abschreibungen, bei denen das Grundstück aus dem Grundbuchblatt ausscheidet.

(8) Bei Eintragungen in den Spalten 6 und 8 ist in den Spalten 5 und 7 auf die laufende Nummer des von der Eintragung betroffenen Grundstücks zu verweisen.

§ 7 [Subjektiv-dingliche Rechte]

(1) Vermerke über Rechte, die dem jeweiligen Eigentümer eines auf dem Blatt verzeichneten Grundstücks zustehen, sind in den Spalten 1, 3 und 4 des Bestandsverzeichnisses einzutragen.

(2) In Spalte 1 ist die laufende Nummer der Eintragung zu vermerken. Dieser ist, durch einen Bruchstrich getrennt, die laufende Nummer des herrschenden Grundstücks mit dem Zusatz „zu“ beizufügen (z. B. 7/zu 3).

(3) In dem durch die Spalten 3 und 4 gebildeten Raum sind das Recht nach seinem Inhalt sowie Veränderungen des Rechts wiederzugeben. Im Falle der Veränderung ist in der Spalte 2 die bisherige laufende Nummer der Eintragung zu vermerken.

(4) In Spalte 6 ist der Zeitpunkt der Eintragung des Rechts zu vermerken.

(5) In Spalte 8 ist die Abschreibung des Rechts zu vermerken.

(6) Bei Eintragungen in den Spalten 6 und 8 ist in den Spalten 5 und 7 auf die laufende Nummer des von der Eintragung betroffenen Rechts zu verweisen.

§ 8 [Miteigentumsansteile]

Für die Eintragung eines Miteigentumsanteils nach § 3 Abs. 5 der Grundbuchordnung gilt folgendes:

a) in Spalte 1 ist die laufende Nummer der Eintragung zu vermerken. Dieser ist, durch einen Bruchstrich getrennt, die laufende Nummer des herrschenden Grundstücks mit dem Zusatz „zu“ beizufügen;
b) in dem durch die Spalten 3 und 4 gebildeten Raum ist der Anteil der Höhe nach zu bezeichnen. Hierbei ist das gemeinschaftliche Grundstück zu beschreiben;
c) für die Ausfüllung der Spalten 5 bis 8 gilt § 6 Abs. 6 bis 8 entsprechend.

§ 9 [Abteilung I]

In der ersten Abteilung sind einzutragen:

a) in Spalte 1: die laufende Nummer der unter Buchstabe b vorgesehenen Eintragung. Mehrere Eigentümer, die in einem Verhältnis der im § 47 der Grundbuchordnung genannten Art stehen, werden unter einer laufenden Nummer eingetragen; jeder Eigentümer ist in diesem Fall unter einem besonderen Buchstaben oder in vergleichbarer Weise aufzuführen;

b) in Spalte 2: der Eigentümer, bei mehreren gemeinschaftlichen Eigentümern auch die in § 47 der Grundbuchordnung vorgeschriebene Angabe; besteht zwischen mehreren Eigentümern kein Rechtsverhältnis der in § 47 der Grundbuchordnung genannten Art, so ist bei den Namen der Eigentümer der Inhalt ihres Rechts anzugeben;
c) in Spalte 3: die laufende Nummer der Grundstücke, auf die sich die in Spalte 4 enthaltenen Eintragungen beziehen;
d) in Spalte 4: der Tag der Auflassung oder die anderweitige Grundlage der Eintragung (Erbschein, Testament, Zuschlagsbeschluß, Bewilligung der Berichtigung des Grundbuchs, Ersuchen der zuständigen Behörde, Enteignungsbeschluß usw.), der Verzicht auf das Eigentum an einem Grundstück (§ 928 Abs. 1 des Bürgerlichen Gesetzbuchs)[4] und der Tag der Eintragung.

§ 10[5] [Abteilung II]

(1) In der zweiten Abteilung werden eingetragen:

a) alle Belastungen des Grundstücks oder eines Anteils am Grundstück, mit Ausnahme von Hypotheken, Grundschulden und Rentenschulden, einschließlich der sich auf diese Belastungen beziehenden Vormerkungen und Widersprüche;
b) die Beschränkung des Verfügungsrechts des Eigentümers sowie die das Eigentum betreffenden Vormerkungen und Widersprüche;
c) die im Enteignungsverfahren, im Verfahren zur Klarstellung der Rangverhältnisse (§§ 90 bis 115 der Grundbuchordnung) und in ähnlichen Fällen vorgesehenen, auf diese Verfahren hinweisenden Grundbuchvermerke.

(2) In der Spalte 1 ist die laufende Nummer der in dieser Abteilung erfolgenden Eintragungen anzugeben.

(3) Die Spalte 2 dient zur Angabe der laufenden Nummer, unter der das betroffene Grundstück im Bestandsverzeichnis eingetragen ist.

(4) In der Spalte 3 ist die Belastung, die Verfügungsbeschränkung, auch in Ansehung der in Absatz 1 bezeichneten beschränkten dinglichen Rechte, oder der sonstige Vermerk einzutragen. Dort ist auch die Eintragung des in § 9 Abs. 1 der Grundbuchordnung vorgesehenen Vermerks ersichtlich zu machen.

(5) Die Spalte 5 ist zur Eintragung von Veränderungen der in den Spalten 1 bis 3 eingetragenen Vermerke bestimmt einschließlich der

---

[4] **§ 928 Abs. 1 BGB:** „(1) Das Eigentum an einem Grundstücke kann dadurch aufgegeben werden, daß der Eigentümer den Verzicht dem Grundbuchamte gegenüber erklärt und der Verzicht in das Grundbuch eingetragen wird."

[5] § 10 Abs. 4 neu gefaßt und Abs. 5a und 5b durch Abs. 5 ersetzt durch die VO vom 10. 2. 1999 (BGBl. I S. 147, 155).

Beschränkungen des Berechtigten in der Verfügung über ein in den Spalten 1 bis 3 eingetragenes Recht und des Vermerks nach § 9 Abs. 3 der Grundbuchordnung, wenn die Beschränkung oder der Vermerk nach § 9 Abs. 3 der Grundbuchordnung nachträglich einzutragen ist.

(6) In der Spalte 7 erfolgt die Löschung der in den Spalten 3 und 5 eingetragenen Vermerke.

(7) Bei Eintragungen in den Spalten 5 und 7 ist in den Spalten 4 und 6 die laufende Nummer anzugeben, unter der die betroffene Eintragung in der Spalte 1 vermerkt ist.

§ 11[6] [Abteilung III]

(1) In der dritten Abteilung werden Hypotheken, Grundschulden und Rentenschulden einschließlich der sich auf diese Rechte beziehenden Vormerkungen und Widersprüche eingetragen.

(2) Die Spalte 1 ist für die laufende Nummer der in dieser Abteilung erfolgenden Eintragungen bestimmt.

(3) In der Spalte 2 ist die laufende Nummer anzugeben, unter der das belastete Grundstück im Bestandsverzeichnis eingetragen ist.

(4) Die Spalte 3 dient zur Angabe des Betrags des Rechts, bei den Rentenschulden der Ablösungssumme.

(5) In der Spalte 4 wird das Recht inhaltlich eingetragen, einschließlich der Beschränkungen des Berechtigten in der Verfügung über ein solches Recht.

(6) In der Spalte 7 erfolgt die Eintragung von Veränderungen der in den Spalten 1 bis 4 vermerkten Rechte, einschließlich der Beschränkungen des Berechtigten in der Verfügung über ein solches Recht, wenn die Beschränkung erst nachträglich eintritt.

(7) In der Spalte 10 werden die in den Spalten 3, 4 und 6, 7 eingetragenen Vermerke gelöscht.

(8) Bei Eintragungen in den Spalten 7 und 10 ist in den Spalten 5 und 8 die laufende Nummer, unter der die betroffene Eintragung in der Spalte 1 eingetragen ist, und in den Spalten 6 und 9 der von der Veränderung oder Löschung betroffene Betrag des Rechts anzugeben.

§ 12 [Vormerkung]

(1) Eine Vormerkung wird eingetragen:

a) wenn die Vormerkung den Anspruch auf Übertragung des Eigentums sichert, in den Spalten 1 bis 3 der zweiten Abteilung;

[6] § 11 Abs. 5 und 6 geändert durch die VO vom 10. 2. 1999 (BGBl. I S. 147, 155).

b) wenn die Vormerkung den Anspruch auf Einräumung eines anderen Rechts an dem Grundstück oder an einem das Grundstück belastenden Recht sichert, in der für die endgültige Eintragung bestimmten Abteilung und Spalte;
c) in allen übrigen Fällen in der für Veränderungen bestimmten Spalte der Abteilung, in welcher das von der Vormerkung betroffene Recht eingetragen ist.

(2) Diese Vorschriften sind bei der Eintragung eines Widerspruchs entsprechend anzuwenden.

Abschnitt III. Die Eintragungen

§ 13 [Vereinigung; Zuschreibung; Abschreibung]

(1) Bei der Vereinigung und der Zuschreibung von Grundstücken (§ 6 Abs. 6 Buchstabe b und c) sind die sich auf die beteiligten Grundstücke beziehenden Eintragungen in den Spalten 1 bis 4 rot zu unterstreichen. Das durch die Vereinigung oder Zuschreibung entstehende Grundstück ist unter einer neuen laufenden Nummer einzutragen; neben dieser Nummer ist in der Spalte 2 auf die bisherigen laufenden Nummern der beteiligten Grundstücke zu verweisen, sofern sie schon auf demselben Grundbuchblatt eingetragen waren.

(2) Bisherige Grundstücksteile (§ 6 Abs. 6 Buchstabe d) werden unter neuen laufenden Nummern eingetragen; neben diesen Nummern ist in der Spalte 2 auf die bisherige laufende Nummer des Grundstücks zu verweisen. Die Eintragungen, die sich auf das ursprüngliche Grundstück beziehen, sind in den Spalten 1 bis 4 rot zu unterstreichen.

(3) Wird ein Grundstück ganz abgeschrieben, so sind die Eintragungen in den Spalten 1 bis 6, die sich auf dieses Grundstück beziehen, sowie die Vermerke in den drei Abteilungen, die ausschließlich das abgeschriebene Grundstück betreffen, rot zu unterstreichen. Dasselbe gilt für die nach § 3 Abs. 5 der Grundbuchordnung eingetragenen Miteigentumsanteile, wenn nach § 3 Abs. 8 und 9 der Grundbuchordnung für das ganze gemeinschaftliche Grundstück ein Blatt angelegt wird.

(4) Wird ein Grundstücksteil abgeschrieben, so ist Absatz 2 entsprechend anzuwenden. Besteht das Grundstück aus mehreren Teilen, die in dem amtlichen Verzeichnis im Sinne des § 2 Abs. 2 der Grundbuchordnung als selbständige Teile aufgeführt sind, und wird ein solcher Teil abgeschrieben, so kann das Grundbuchamt von der Eintragung der bei dem Grundstück verbleibenden Teile unter neuer laufender Nummer absehen; in diesem Fall sind lediglich die Angaben zu dem abgeschriebenen Teil rot zu unterstreichen; ist die Gesamtgröße angegeben, so ist auch diese rot zu unterstreichen und die neue Gesamtgröße in

Spalte 4 des Bestandsverzeichnisses anzugeben. Ist das Grundstück nach Maßgabe des § 6 Abs. 4 bezeichnet, so ist auch in dem bei den Grundakten aufzubewahrenden beglaubigten Auszug aus dem maßgebenden amtlichen Verzeichnis der Grundstücke die Abschreibung zu vermerken; eine ganz oder teilweise abgeschriebene Parzelle ist rot zu unterstreichen; eine bei dem Grundstück verbleibende Restparzelle ist am Schluß neu einzutragen.

(5) Die Vorschriften der Absätze 3 und 4 gelten auch für den Fall des Ausscheidens eines Grundstücks oder Grundstücksteils aus dem Grundbuch (§ 3 Abs. 3 der Grundbuchordnung).

§ 14 [Veränderung bei subjektiv-dinglichen Rechten; Rötung]

(1) Wird ein Vermerk über eine Veränderung eines Rechts, das dem jeweiligen Eigentümer eines auf dem Blatt verzeichneten Grundstücks zusteht, eingetragen, so ist der frühere Vermerk in den Spalten 3 und 4 insoweit rot zu unterstreichen, als er durch den Inhalt des Veränderungsvermerks gegenstandslos wird. Ferner ist bei der bisherigen Eintragung in Spalte 1 ein Hinweis auf die laufende Nummer des Veränderungsvermerks einzutragen.

(2) Im Falle der Abschreibung eines solchen Rechts sind in den Spalten 1 bis 6 des Bestandsverzeichnisses die Eintragungen, die sich auf dieses Recht beziehen, rot zu unterstreichen.

§ 15 [Bezeichnung des Berechtigten]

(1) Zur Bezeichnung des Berechtigten sind im Grundbuch anzugeben:

a) bei natürlichen Personen der Name (Vorname und Familienname), der Beruf, der Wohnort sowie nötigenfalls andere die Berechtigten deutlich kennzeichnende Merkmale (zum Beispiel das Geburtsdatum); das Geburtsdatum ist stets anzugeben, wenn es sich aus den Eintragungsunterlagen ergibt; wird das Geburtsdatum angegeben, so bedarf es nicht der Angabe des Berufs und des Wohnorts;

b) bei juristischen Personen, Handels- und Partnerschaftsgesellschaften der Name oder die Firma und der Sitz.

(2) Bei Eintragungen für den Fiskus, eine Gemeinde oder eine sonstige juristische Person des öffentlichen Rechts kann auf Antrag des Berechtigten der Teil seines Vermögens, zu dem das eingetragene Grundstück oder Recht gehört, oder die Zweckbestimmung des Grundstücks oder des Rechts durch einen dem Namen des Berechtigten in Klammern beizufügenden Zusatz bezeichnet werden. Auf Antrag kann auch angegeben werden, durch welche Behörde der Fiskus vertreten wird.

(3) Steht das Eigentum oder ein beschränktes dingliches Recht nach dem Inhalt des Grundbuchs den Mitgliedern einer Gesellschaft bürgerlichen Rechts zur gesamten Hand zu und wird diese Gesellschaft bürgerlichen Rechts eine Handels- oder Partnerschaftsgesellschaft, so ist das Grundbuch auf Antrag zu berichtigen, indem die Handelsgesellschaft oder die Partnerschaft als Eigentümerin oder Inhaberin des Rechts eingetragen wird. Zum Nachweis genügt eine Bescheinigung des Registergerichts über die Eintragung und darüber, daß die Handelsgesellschaft oder die Partnerschaft nach dem eingereichten Vertrag aus der Gesellschaft bürgerlichen Rechts hervorgegangen ist. Die Sätze 1 und 2 gelten für Vormerkungen und Widersprüche zugunsten der Gesellschaft bürgerlichen Rechts sinngemäß.

§ 16 [Rötung bei Eigentumswechsel]

Bei der Eintragung eines neuen Eigentümers sind die Vermerke in den Spalten 1 bis 4 der ersten Abteilung, die sich auf den bisher eingetragenen Eigentümer beziehen, rot zu unterstreichen.

§ 17 [Geldbeträge in Buchstaben; Rötung in Abteilung II und III]

(1) Bei Reallasten, Hypotheken, Grundschulden und Rentenschulden sind die in das Grundbuch einzutragenden Geldbeträge (§ 1107, § 1115 Abs. 1, § 1190 Abs. 1, §§ 1192, 1199 des Bürgerlichen Gesetzbuchs) in den Vermerken über die Eintragung des Rechts mit Buchstaben zu schreiben. Das gleiche gilt für die Eintragung einer Veränderung oder einer Löschung bezüglich eines Teilbetrags eines Rechts sowie im Falle des § 882 des Bürgerlichen Gesetzbuchs[7] für die Eintragung des Höchstbetrags des Wertersatzes.

(2) Wird in der zweiten oder dritten Abteilung eine Eintragung ganz gelöscht, so ist sie rot zu unterstreichen. Dasselbe gilt für Vermerke, die ausschließlich die gelöschte Eintragung betreffen. Die rote Unterstreichung kann dadurch ersetzt werden, daß über der ersten und unter der letzten Zeile der Eintragung oder des Vermerks ein waagerechter roter Strich gezogen wird und beide Striche durch einen von oben links nach unten rechts verlaufenden roten Schrägstrich verbunden werden; erstreckt sich eine Eintragung oder ein Vermerk auf mehr als eine Seite, so ist auf jeder Seite entsprechend zu verfahren. Im Falle der Löschung eines Erbbaurechts unter gleichzeitiger Eintragung der im § 31

---

[7] **§ 882 BGB:** „Wird ein Grundstück mit einem Rechte belastet, für welches nach den für die Zwangsversteigerung geltenden Vorschriften dem Berechtigten im Falle des Erlöschens durch den Zuschlag der Wert aus dem Erlöse zu ersetzen ist, so kann der Höchstbetrag des Ersatzes bestimmt werden. Die Bestimmung bedarf der Eintragung in das Grundbuch."

Abs. 4 Satz 3 der Verordnung über das Erbbaurecht vom 15. Januar 1919 (Reichsgesetzbl. S. 72)[8] bezeichneten Vormerkung ist auf diese im Löschungsvermerk hinzuweisen.

(3) Wird in der zweiten oder dritten Abteilung ein Vermerk über eine Veränderung eingetragen, nach dessen aus dem Grundbuch ersichtlichen Inhalt ein früher eingetragener Vermerk ganz oder teilweise gegenstandslos wird, so ist der frühere Vermerk insoweit rot zu unterstreichen. Wird der früher eingetragene Vermerk ganz gegenstandslos, so gilt Absatz 2 Satz 3 entsprechend.

(4 a) Bei Teilabtretungen der in der dritten Abteilung eingetragenen Rechte ist der in Spalte 5 einzutragenden Nummer ein Buchstabe hinzuzufügen.

(4 b) Werden von einem Teilbetrag weitere Teilbeträge abgetreten, so ist der in Spalte 5 einzutragenden Nummer außer dem nach Absatz 4 a vorgesehenen Buchstaben eine römische Zahl beizufügen.

(5) Wird eine Hypothek, Grundschuld oder Rentenschuld teilweise gelöscht, so ist in der Spalte 3 der dritten Abteilung der gelöschte Teil von dem Betrag abzuschreiben. Bezieht sich diese Löschung auf einen Teilbetrag (Absätze 4 a, 4 b), so ist der gelöschte Teil auch in Spalte 6 von dem Teilbetrag abzuschreiben.

§ 17 a [Entsprechende Anwendung]

§ 17 Abs. 2 Satz 3 ist auch bei Löschungen in dem Bestandsverzeichnis oder in der ersten Abteilung sinngemäß anzuwenden.

§ 18 [Rangvermerke]

Angaben über den Rang eines eingetragenen Rechts sind bei allen beteiligten Rechten zu vermerken.

§ 19 [Vormerkung und Widerspruch in Halbspalte]

(1) In den Fällen des § 12 Abs. 1 Buchstabe b und c ist bei Eintragung der Vormerkung die rechte Hälfte der Spalte für die endgültige Eintragung freizulassen. Das gilt jedoch nicht, wenn es sich um eine Vormerkung handelt, die einen Anspruch auf Aufhebung eines Rechts sichert.

(2) Soweit die Eintragung der Vormerkung durch die endgültige Eintragung ihre Bedeutung verliert, ist sie rot zu unterstreichen.

(3) Diese Vorschriften sind bei der Eintragung eines Widerspruchs entsprechend anzuwenden.

---

[8] Abgedruckt unter Nr. **10**.

§ 20 [Eintragung in mehreren Spalten]

Sind bei einer Eintragung mehrere Spalten desselben Abschnitts oder derselben Abteilung auszufüllen, so gelten die sämtlichen Vermerke im Sinne des § 44 der Grundbuchordnung nur als eine Eintragung.

§ 21 [Äußere Form der Eintragung]

(1) Eintragungen sind deutlich und ohne Abkürzungen herzustellen. In dem Grundbuch darf nichts radiert und nichts unleserlich gemacht werden.

(2) Für Eintragungen, die mit gleichlautendem Text in einer größeren Zahl von Grundbuchblättern vorzunehmen sind, ist die Verwendung von Stempeln mit Genehmigung der Landesjustizverwaltung oder der von ihr bestimmten Stelle zulässig.

(3) Die sämtlichen Eintragungen in das Bestandsverzeichnis und in der zweiten und dritten Abteilung sind an der zunächst freien Stelle in unmittelbarem Anschluß an die vorhergehende Eintragung derselben Spalte und ohne Rücksicht darauf, zu welcher Eintragung einer anderen Spalte sie gehören, vorzunehmen.

(4) Sollen bei einem in Loseblattform geführten Grundbuch Eintragungen gedruckt werden, so kann abweichend von Absatz 3 der vor ihnen noch vorhandene freie Eintragungsraum in den Spalten, auf die sich die zu druckende Eintragung erstreckt, nach Maßgabe der folgenden Vorschriften gesperrt werden. Unmittelbar im Anschluß an die letzte Eintragung wird der nicht zu unterzeichnende Hinweis angebracht: „Anschließender Eintragungsraum gesperrt im Hinblick auf nachfolgende Eintragung"; für den Hinweis können Stempel verwendet werden, ohne daß es der Genehmigung nach Absatz 2 bedarf. Sodann werden auf jeder Seite in dem freien Eintragungsraum oben und unten über die ganze Breite der betroffenen Spalten waagerechte Striche gezogen und diese durch einen von oben links nach unten rechts verlaufenden Schrägstrich verbunden. Der obere waagerechte Strich ist unmittelbar im Anschluß an den in Satz 2 genannten Hinweis und, wenn dieser bei einer sich über mehrere Seiten erstreckenden Sperrung auf einer vorhergehenden Seite angebracht ist, außerdem auf jeder folgenden Seite unmittelbar unter der oberen Begrenzung des Eintragungsraumes, der untere waagerechte Strich unmittelbar über der unteren Begrenzung des zu sperrenden Raumes jeder Seite zu ziehen. Liegen nicht sämtliche betroffenen Spalten auf einer Seite nebeneinander, so ist die Sperrung nach den vorstehenden Vorschriften für die Spalten, die nebeneinanderliegen, jeweils gesondert vorzunehmen.

§ 22 [Eintragungsmuster]

Die nähere Einrichtung und die Ausfüllung des Grundbuchblatts ergibt sich aus dem in Anlage 1 beigefügten Muster.[9] Die darin befindlichen Probeeintragungen sind als Beispiele nicht Teil dieser Verfügung.

§ 23 [Umschreibung bei Raummangel]

(1) Bietet ein Grundbuchblatt für Neueintragungen keinen Raum mehr, so ist es umzuschreiben.

(2) Eine Fortsetzung eines Grundbuchblatts auf einem anderen, auch auf einem geschlossenen Blatt desselben oder eines anderen Bandes ist unzulässig.

Abschnitt IV. Die Grundakten

§ 24 [Inhalt der Grundakten; Handblatt]

(1) Die Urkunden und Abschriften, die nach § 10 der Grundbuchordnung von dem Grundbuchamt aufzubewahren sind, werden zu den Grundakten genommen, und zwar die Bewilligung der Eintragung eines Erbbaurechts zu den Grundakten des Erbbaugrundbuchs.

(2) Betrifft ein Schriftstück der in Absatz 1 bezeichneten Art Eintragungen auf verschiedenen Grundbuchblättern desselben Grundbuchamts, so ist es zu den Grundakten eines der beteiligten Blätter zu nehmen; in den Grundakten der anderen Blätter ist auf diese Grundakten zu verweisen.

(3) Ist ein Schriftstück der in Absatz 1 bezeichneten Art in anderen der Vernichtung nicht unterliegenden Akten des Amtsgerichts enthalten, welches das Grundbuch führt, so genügt eine Verweisung auf die anderen Akten.

(4) Bei den Grundakten ist ein in seiner Einrichtung dem Grundbuchblatt entsprechender Vordruck (Handblatt) zu verwahren, welcher eine wörtliche Wiedergabe des gesamten Inhalts des Grundbuchblatts enthält. Die mit der Führung des Grundbuchs beauftragten Beamten haben für die Übereinstimmung des Handblatts mit dem Grundbuchblatt zu sorgen.

§ 24 a [Gestaltung der aufzubewahrenden Urkunden]

Urkunden oder Abschriften, die nach § 10 der Grundbuchordnung bei den Grundakten aufzubewahren sind, sollen tunlichst doppelseitig

[9] Abgedruckt am Ende der GBV.

beschrieben sein, nur die Eintragungsunterlagen enthalten und nur einmal zu der betreffenden Grundakte eingereicht werden. § 18 der Grundbuchordnung findet insoweit keine Anwendung. Das Bundesministerium der Justiz gibt hierzu im Einvernehmen mit den Landesjustizverwaltungen und der Bundesnotarkammer Empfehlungen heraus.

Abschnitt V. Der Zuständigkeitswechsel

§ 25 [Schließung und Neuanlegung des Grundbuchblatts]

(1) Geht die Zuständigkeit für die Führung eines Grundbuchblatts auf ein anderes Grundbuchamt über, so ist das bisherige Blatt zu schließen; dem anderen Grundbuchamt sind die Grundakten zu übersenden, nachdem die wörtliche Übereinstimmung des Handblatts mit dem Grundbuchblatt von dem *Richter* und dem Urkundsbeamten der Geschäftsstelle bescheinigt ist.

(2 a) In der Aufschrift des neuen Blattes ist auf das bisherige Blatt zu verweisen.

(2 b) Gelöschte Eintragungen werden in das neue Blatt insoweit übernommen, als dies zum Verständnis der noch gültigen Eintragungen erforderlich ist. Im übrigen sind nur die laufenden Nummern der Eintragungen mit dem Vermerk „Gelöscht" zu übernehmen. Die Übernahme der Nummern der Eintragungen mit dem Vermerk „Gelöscht" kann unterbleiben und der Bestand an Eintragungen unter neuen laufenden Nummern übernommen werden, wenn Unklarheiten nicht zu besorgen sind.

(2 c) Die Übereinstimmung des Inhalts des neuen Blattes mit dem Inhalt des bisherigen Blattes ist im Bestandsverzeichnis und jeder Abteilung von dem *Richter* und dem Urkundsbeamten der Geschäftsstelle zu bescheinigen. Die Bescheinigung kann im Bestandsverzeichnis oder einer Abteilung mehrfach erfolgen, wenn die Spalten nicht gleich weit ausgefüllt sind. Befinden sich vor einer Bescheinigung leergebliebene Stellen, so sind sie zu durchkreuzen.

(2 d) Das Grundbuchamt, welches das neue Blatt anlegt, hat dem früher zuständigen Grundbuchamt die Bezeichnung des neuen Blattes mitzuteilen. Diese wird dem Schließungsvermerk (§ 36 Buchstabe b) auf dem alten Blatt hinzugefügt.

(3 a) Geht die Zuständigkeit für die Führung des Grundbuchs über eines von mehreren, auf einem gemeinschaftlichen Blatt eingetragenen Grundstücken oder über einen Grundstücksteil auf ein anderes Grundbuchamt über, so ist das Grundstück oder der Grundstücksteil abzuschreiben. Dem anderen Grundbuchamt sind ein beglaubigter Auszug

aus dem Handblatt sowie die Grundakten zwecks Anfertigung von Abschriften und Auszügen der das abgeschriebene Grundstück betreffenden Urkunden zu übersenden.

(3b) Ist der Übergang der Zuständigkeit von einem vorherigen, die Eintragung des neuen Eigentümers erfordernden Wechsel des Eigentums abhängig, so hat das bisher zuständige Grundbuchamt den neuen Eigentümer auf einem neu anzulegenden Blatt einzutragen; sodann ist nach den Absätzen 1 und 2 zu verfahren. Das bisher zuständige Grundbuchamt kann jedoch auch, wenn der Übergang der Zuständigkeit auf das andere Grundbuchamt durch Verständigung mit diesem gesichert ist, die Eintragung des neuen Eigentümers mit dem Abschreibungsvermerk verbinden und sodann nach Absatz 3a verfahren, falls durch die Verbindung Verwirrung nicht zu besorgen ist und andere gemäß § 16 Abs. 2 der Grundbuchordnung zu berücksichtigende Eintragungsanträge nicht vorliegen. Tritt in diesem Fall der Zuständigkeitswechsel infolge nachträglicher Ablehnung der Übernahme durch das andere Grundbuchamt nicht ein, so hat das Grundbuchamt ein neues Grundbuchblatt anzulegen.

(4) Im Abschreibungsvermerk (Absätze 3a und 3b Satz 2) ist die Bezeichnung des Blattes, auf das das Grundstück oder der Grundstücksteil übertragen wird, zunächst offen zu lassen. Sie wird auf Grund einer von dem nunmehr zuständigen Grundbuchamt dem früher zuständigen Grundbuchamt zu machenden Mitteilung nachgetragen. Im Falle des Absatzes 3b Satz 3 ist der Abschreibungsvermerk durch Nachtragen des neu angelegten Blattes zu ergänzen.

§ 26 [Abgabe des Grundbuchbandes]

(1) Geht bei einer Bezirksänderung die Führung des Grundbuchs in Ansehung aller Blätter eines Grundbuchbandes auf ein anderes Grundbuchamt über, so ist der Band an das andere Grundbuchamt abzugeben. Dasselbe gilt, wenn von der Bezirksänderung nicht alle, aber die meisten Blätter eines Bandes betroffen werden und die Abgabe den Umständen nach zweckmäßig ist.

(2a) Der abzugebende Band ist an das andere Grundbuchamt zu übersenden.

(2b) Die von der Bezirksänderung nicht betroffenen Grundbuchblätter sind zu schließen. Ihr Inhalt ist auf ein neues Grundbuchblatt zu übertragen. § 25 Abs. 2a bis 2c findet entsprechende Anwendung. In dem Schließungsvermerk (§ 36 Buchstabe b) ist die Bezeichnung des neuen Blattes anzugeben.

(3) Die abgegebenen Grundbuchbände und Blätter erhalten nach Maßgabe des § 2 Satz 2 und des § 3 neue Bezeichnungen. In der neuen

Aufschrift (§ 5) sind in Klammern mit dem Zusatz „früher" auch der bisherige Bezirk und die bisherigen Band- und Blattnummern anzugeben.

(4) Mit den Grundbuchbänden sind die Grundakten sowie die sonstigen sich auf die darin enthaltenen Grundbuchblätter beziehenden und in Verwahrung des Gerichts befindlichen Schriftstücke abzugeben.

(5) Bei Grundstücken, die kein Grundbuchblatt haben, sind die sich auf sie beziehenden Schriftstücke gleichfalls abzugeben.

(6) Geht die Führung der Grundbuchblätter eines ganzen Grundbuchbezirks auf ein anderes Grundbuchamt über, so sind auch die Sammelakten und Verzeichnisse (z.B. Katasterurkunden) abzugeben, soweit sie sich auf diesen Bezirk beziehen.

(7) In den Fällen der Absätze 4, 5 und 6 ist über die Abgabe ein Vermerk zurückzubehalten.

§ 27 [Wechsel des Grundbuchbezirks]

Die Vorschriften des § 25 und des § 26 Abs. 1, 2 und 3 sind entsprechend anzuwenden, wenn ein Grundstück in einen anderen Grundbuchbezirk desselben Grundbuchamts übergeht.

§ 27a [Abgabe von Grundbuchblättern]

(1) Geht die Zuständigkeit für die Führung eines oder mehrerer Grundbuchblätter auf ein anderes Grundbuchamt über und wird bei beiden beteiligten Grundbuchämtern für die in Frage kommenden Bezirke das Grundbuch in Einzelheften mit herausnehmbaren Einlegebogen geführt, so sind die betroffenen Blätter nicht zu schließen, sondern an das nunmehr zuständige Grundbuchamt abzugeben. § 26 Abs. 3, 4, 6 und 7 ist entsprechend anzuwenden. Im Fall des § 27 ist nach Satz 1 und § 26 Abs. 3 zu verfahren.

(2) Wird das Grundbuch in Einzelheften mit herausnehmbaren Einlegebogen nur bei einem der beteiligten Grundbuchämter für den in Frage kommenden Bezirk geführt, so ist nach § 25 Abs. 1 und 2, § 26 Abs. 3, 4, 6 und 7 zu verfahren. Im Fall des § 27 ist nach § 25 Abs. 1 und 2, § 26 Abs. 3 zu verfahren.

Abschnitt VI. Die Umschreibung von Grundbüchern

§ 28 [Fälle der Umschreibung]

(1) Ein Grundbuchblatt ist, außer im Falle des § 23 Abs. 1, umzuschreiben, wenn es unübersichtlich geworden ist.

(2) Ein Grundbuchblatt kann umgeschrieben werden:

a) wenn es durch Umschreibung wesentlich vereinfacht wird;
b) wenn außer ihm in demselben Grundbuchband keine oder nur wenige in Gebrauch befindliche Blätter enthalten sind und die Ausscheidung des Bandes angezeigt ist.

§ 29 [Verfahren vor Umschreibung]

Vor der Umschreibung hat der *Grundbuchrichter* Eintragungen, die von Amts wegen vorzunehmen sind, zu bewirken (z. B. §§ 4, 53 der Grundbuchordnung). Er hat über die Einleitung eines Löschungsverfahrens (§§ 84 bis 89 der Grundbuchordnung) oder eines Verfahrens zur Klarstellung der Rangverhältnisse (§§ 90 bis 115 der Grundbuchordnung) zu beschließen und das Verfahren vor der Umschreibung durchzuführen; auch hat er gegebenenfalls die Beteiligten über die Beseitigung unrichtiger Eintragungen sowie über die Vereinigung oder Zuschreibung von Grundstücken zu belehren.

§ 30 [Gestaltung des neuen Blattes]

(1) Für das neue Blatt gelten die folgenden Bestimmungen:

a) Das Blatt erhält die nächste fortlaufende Nummer; § 3 Abs. 2 ist anzuwenden.
b) In der Aufschrift des neuen Blattes ist auf das bisherige Blatt zu verweisen.
c) Gelöschte Eintragungen werden unter ihrer bisherigen laufenden Nummer in das neue Blatt insoweit übernommen, als dies zum Verständnis der noch gültigen Eintragungen erforderlich ist. Im übrigen sind nur die laufenden Nummern der Eintragungen mit dem Vermerk „Gelöscht" zu übernehmen. Die Übernahme der Nummern der Eintragungen mit dem Vermerk „Gelöscht" kann unterbleiben und der Bestand an Eintragungen unter neuen laufenden Nummern übernommen werden, wenn Unklarheiten nicht zu besorgen sind.
d) Die Eintragungsvermerke sind tunlichst so zusammenzufassen und zu ändern, daß nur ihr gegenwärtiger Inhalt in das neue Blatt übernommen wird.
e) Veränderungen eines Rechts sind tunlichst in den für die Eintragung des Rechts selbst bestimmten Spalten einzutragen; jedoch sind besondere Rechte (z. B. Pfandrechte), Löschungsvormerkungen sowie Vermerke, die sich auf mehrere Rechte gemeinsam beziehen, wieder in den für Veränderungen bestimmten Spalten einzutragen.
f) *(weggefallen)*

g) In der zweiten und dritten Abteilung ist der Tag der ersten Eintragung eines Rechts mit zu übertragen.
h) 1. Jeder übertragene Vermerk, dessen Unterzeichnung erforderlich ist, ist mit dem Zusatz „Umgeschrieben" zu versehen und von dem Richter und dem Urkundsbeamten der Geschäftsstelle zu unterzeichnen.
   2. In Spalte 6 des Bestandsverzeichnisses genügt der Vermerk: „Bei Umschreibung des unübersichtlich gewordenen Blattes ... als Bestand eingetragen am ..."; der Vermerk in Spalte 4 der ersten Abteilung hat zu lauten: „Das auf dem unübersichtlich gewordenen Blatt ... eingetragene Eigentum bei Umschreibung des Blattes hier eingetragen am ...".
i) In den Fällen des § 30 (§§ 31, 32) des Reichsgesetzes über die Bereinigung der Grundbücher vom 18. Juli 1930 (Reichsgesetzbl. I S. 305) ist nach Möglichkeit an Stelle der Bezugnahme auf das Aufwertungsgesetz ein Widerspruch mit dem im § 30 des Gesetzes über die Bereinigung der Grundbücher bezeichneten Inhalt einzutragen, sofern eine endgültige Klarstellung in einem Verfahren zur Klarstellung der Rangverhältnisse (§§ 90 bis 115 der Grundbuchordnung) oder auf andere Weise nicht erreichbar ist.

(2) Das umgeschriebene Blatt ist zu schließen. In dem Schließungsvermerk (§ 36 Buchstabe b) ist die Bezeichnung des neuen Blattes anzugeben.

§ 31 [Muster für Umschreibung]

Die Durchführung der Umschreibung im einzelnen ergibt sich aus den in den Anlagen 2a und 2b beigefügten Mustern.[10] § 22 Satz 2 gilt entsprechend.

§ 32 [Neues Handblatt]

(1) Die für das geschlossene Grundbuchblatt gehaltenen Grundakten werden unter entsprechender Änderung ihrer Bezeichnung für das neue Blatt weitergeführt. Nach dem umgeschriebenen Blatt ist ein neues Handblatt herzustellen. Das alte Handblatt ist bei den Grundakten zu verwahren; es ist deutlich als Handblatt des wegen Umschreibung geschlossenen Blattes zu kennzeichnen.

(2) Mit Genehmigung der Landesjustizverwaltung oder der von ihr bestimmten Stelle können auch die für das geschlossene Grundbuchblatt gehaltenen Akten geschlossen werden. Das alte Handblatt und Urkunden, auf die eine Eintragung in dem neuen Grundbuchblatt sich gründet oder Bezug nimmt, können zu den Grundakten des neuen

---

[10] Abgedruckt am Ende der GBV.

Blattes genommen werden; in diesem Fall ist Absatz 1 Satz 3 Halbsatz 2 entsprechend anzuwenden. Die Übernahme ist in den geschlossenen Grundakten zu vermerken.

§ 33 [Teilweise Unübersichtlichkeit]

(1) Sind nur das Bestandsverzeichnis oder einzelne Abteilungen des Grundbuchblatts unübersichtlich geworden, so können sie für sich allein neu gefaßt werden, falls dieser Teil des Grundbuchblatts hierfür genügend Raum bietet.

(2 a) § 29 ist entsprechend anzuwenden.

(2 b) Der neu zu fassende Teil des Grundbuchblatts ist durch einen quer über beide Seiten zu ziehenden rot-schwarzen Doppelstrich abzuschließen und darunter der Vermerk zu setzen: „Wegen Unübersichtlichkeit neu gefaßt." Die über dem Doppelstrich stehenden Eintragungen sind rot zu durchkreuzen.

(2 c) § 30 Abs. 1 Buchstaben c, d, e, g und i ist entsprechend anzuwenden, Buchstabe c jedoch mit Ausnahme seines Satzes 3.

(2 d) 1. Jeder übertragene Vermerk, dessen Unterzeichnung erforderlich ist, ist mit dem Zusatz: „Bei Neufassung übertragen" zu versehen und von dem *Richter* und dem Urkundsbeamten der Geschäftsstelle zu unterzeichnen.

2. In Spalte 6 des Bestandsverzeichnisses genügt der Vermerk: „Bei Neufassung des unübersichtlich gewordenen Bestandsverzeichnisses als Bestand eingetragen am ...".

(2 e) Die nicht neu gefaßten Teile des Grundbuchblatts bleiben unverändert.

Abschnitt VII. Die Schließung des Grundbuchblatts

§ 34 [Weitere Fälle der Schließung]

Außer den Fällen des § 25 Abs. 1, § 26 Abs. 2, § 27, § 27 a Abs. 2 und § 30 Abs. 2 wird das Grundbuchblatt geschlossen, wenn:

a) alle auf einem Blatt eingetragenen Grundstücke aus dem Grundbuchblatt ausgeschieden sind;
b) an Stelle des Grundstücks die Miteigentumsanteile der Miteigentümer nach § 3 Abs. 4 und 5 der Grundbuchordnung im Grundbuch eingetragen werden und weitere Grundstücke nicht eingetragen sind;
c) das Grundstück untergegangen ist.

§ 35 [Nicht nachweisbares Grundstück]

(1) Das Grundbuchblatt wird ferner geschlossen, wenn das Grundstück sich in der Örtlichkeit nicht nachweisen läßt.

(2) Vor der Schließung sind alle, denen ein im Grundbuch eingetragenes Recht an dem Grundstück oder an einem solchen Rechte zusteht, aufzufordern, binnen einer vom Grundbuchamt zu bestimmenden angemessenen Frist das Grundstück in der Örtlichkeit nachzuweisen, mit dem Hinweis, daß nach fruchtlosem Ablauf der Frist das Blatt geschlossen werde. Die Aufforderung ist den Berechtigten, soweit ihre Person und ihr Aufenthalt dem Grundbuchamt bekannt ist, zuzustellen. Sie kann nach Ermessen des Grundbuchamts außerdem öffentlich bekanntgemacht werden; dies hat zu geschehen, wenn Person oder Aufenthalt eines Berechtigten dem Grundbuchamt nicht bekannt ist. Die Art der Bekanntmachung bestimmt das Grundbuchamt.

§ 36 [Form der Schließung]

Das Grundbuchblatt wird geschlossen, indem

a) sämtliche Seiten des Blattes, soweit sie Eintragungen enthalten, rot durchkreuzt werden;
b) ein Schließungsvermerk, in dem der Grund der Schließung anzugeben ist, in der Aufschrift eingetragen wird.

§ 37 [Wiederverwendung geschlossener Blätter]

(1) Geschlossene Grundbuchblätter dürfen zur Anlegung eines neuen Blattes nicht wieder verwendet werden.

(2 a) Jedoch kann der zuständige *Oberlandesgerichtspräsident* unter Berücksichtigung der besonderen örtlichen Verhältnisse bei allen oder einzelnen Grundbuchämtern seines Bezirks die Wiederverwendung geschlossener Grundbuchblätter zur Einrichtung eines neuen Blattes desselben Grundbuchbezirks gestatten, sofern dadurch eine nennenswerte Ersparnis erzielt und die Übersichtlichkeit des Grundbuchs nicht beeinträchtigt wird.

(2 b) Das neue Blatt erhält die Nummer des alten Blattes unter Hinzufügung des Buchstabens „A".

(2 c) Das alte Blatt ist in der Aufschrift, im Bestandsverzeichnis und in den drei Abteilungen, soweit sich darin Eintragungen befinden, durch einen quer über beide Seiten zu ziehenden rot-schwarzen Doppelstrich abzuschließen und darunter mit dem Vermerke zu versehen: „Wieder benutzt als Blatt Nr. . . . A". In der Aufschrift ist dieser Vermerk durch Angabe des Amtsgerichts und des Bezirks zu ergänzen. Die neuen Eintragungen haben unter neuen laufenden Nummern zu erfolgen.

(3) Die Absätze 2 a bis 2 c sind nicht anzuwenden, wenn das Grundbuch in Einzelheften mit herausnehmbaren Einlegebogen geführt wird. In diesem Fall kann jedoch nach Anordnung der Landesjustizverwal-

tung die Nummer eines geschlossenen Grundbuchblatts im Einzelheft für ein neues Blatt desselben Grundbuchbezirks unter Hinzufügung des Buchstabens A (B, C usw.) wiederverwendet werden.

Abschnitt VIII. Die Beseitigung einer Doppelbuchung

§ 38 [Beseitigung einer Doppelbuchung]

(1) Ist ein Grundstück für sich allein auf mehreren Grundbuchblättern eingetragen, so gilt folgendes:

a) Stimmen die Eintragungen auf den Blättern überein, so sind die Blätter bis auf eins zu schließen. Im Schließungsvermerk (§ 36 Buchstabe b) ist die Nummer des nicht geschlossenen Blattes anzugeben.

b) 1. Stimmen die Eintragungen auf den Blättern nicht überein, so sind alle Blätter zu schließen. Für das Grundstück ist ein neues Blatt anzulegen. Im Schließungsvermerk (§ 36 Buchstabe b) ist die Nummer des neuen Blattes anzugeben.

2. Das Grundbuchamt entscheidet darüber, welche Eintragungen aus den geschlossenen Blättern auf das neue Blatt zu übernehmen sind. Nicht übernommene Eintragungen sind durch Eintragung von Widersprüchen zu sichern. Das Grundbuchamt hat vor der Entscheidung, soweit erforderlich und tunlich, die Beteiligten zu hören und eine gütliche Einigung zu versuchen.

c) Die wirkliche Rechtslage bleibt durch die nach den Buchstaben a und b vorgenommenen Maßnahmen unberührt.

(2a) Ist ein Grundstück oder Grundstücksteil auf mehreren Grundbuchblättern eingetragen, und zwar wenigstens auf einem der Grundbuchblätter zusammen mit anderen Grundstücken oder Grundstücksteilen (§§ 4, 5, 6, 6 a der Grundbuchordnung), so ist das Grundstück oder der Grundstücksteil von allen Blättern abzuschreiben. Für das Grundstück oder den Grundstücksteil ist ein neues Blatt anzulegen.

(2b) Für die Anlegung des neuen Blattes gilt Absatz 1 Buchstabe b Nr. 2 entsprechend.

(2c) Würde das nach den Absätzen 2 a und 2 b anzulegende neue Blatt mit einem der alten Blätter übereinstimmen, so wird dieses fortgeführt und das Grundstück oder der Grundstücksteil nur von den anderen alten Blättern abgeschrieben.

(2d) Die wirkliche Rechtslage bleibt von den nach den Absätzen 2 a bis 2 c vorgenommenen Maßnahmen unberührt.

Abschnitt IX. Die Bekanntmachung der Eintragungen

§ 39 [Bekanntmachung an Behörden]

(1) *(weggefallen)*

(2) *(weggefallen)*

(3) Die Umschreibung eines Grundbuchblatts ist dem Eigentümer, den eingetragenen dinglich Berechtigten und der Katasterbehörde (Flurbuchbehörde, Vermessungsbehörde) bekanntzugeben. Inwieweit hiermit eine Mitteilung von etwaigen Änderungen der Eintragungsvermerke zu verbinden ist, bleibt, unbeschadet der Vorschrift des § 55 der Grundbuchordnung, dem Ermessen des *Grundbuchrichters* überlassen. Die Änderung der laufenden Nummern von Eintragungen (§ 30 Abs. 1 Buchstabe c Satz 3) ist dem Eigentümer stets, einem eingetragenen dinglich Berechtigten, wenn sich die laufende Nummer seines Rechts ändert oder die Änderung für ihn sonst von Bedeutung ist, bekanntzugeben. Ist über eine Hypothek, Grundschuld oder Rentenschuld ein Brief erteilt, so ist bei der Bekanntgabe der Gläubiger aufzufordern, den Brief zwecks Berichtigung, insbesondere der Nummer des Grundbuchblatts, dem Grundbuchamt alsbald einzureichen.

(4) *(weggefallen)*

§ 40 [Bekanntmachungen bei Zuständigkeitswechsel]

(1) Geht die Zuständigkeit für die Führung des Grundbuchblatts infolge einer Bezirksänderung oder auf sonstige Weise auf ein anderes Grundbuchamt über (§§ 25, 26), so hat dieses hiervon den eingetragenen Eigentümer und die aus dem Grundbuch ersichtlichen dinglich Berechtigten unter Mitteilung der künftigen Aufschrift des Grundbuchblatts zu benachrichtigen. Die Vorschriften des § 39 Abs. 3 Satz 3 und 4 sind entsprechend anzuwenden. Die vorstehenden Bestimmungen gelten nicht, wenn die Änderung der Zuständigkeit sich auf sämtliche Grundstücke eines Grundbuchbezirks erstreckt und die Bezeichnung des Grundbuchbezirks sowie die Band- und Blattnummern unverändert bleiben.

(2) Die Vorschriften des Absatzes 1 Satz 1 und des § 39 Abs. 3 Satz 3 und 4 sind entsprechend anzuwenden, wenn ein Grundstück in einen anderen Grundbuchbezirk desselben Grundbuchamts übergeht (§ 27).

§ 41 *(weggefallen)*

§ 42 [Form der Benachrichtigung]

Erforderliche maschinell erstellte Zwischenverfügungen und die nach den §§ 55 bis 55b der Grundbuchordnung vorzunehmenden

Mitteilungen müssen nicht unterschrieben werden. In diesem Fall soll auf dem Schreiben der Vermerk „Dieses Schreiben ist maschinell erstellt und auch ohne Unterschrift wirksam" angebracht sein. Zwischenverfügungen und Mitteilungen können, wenn die Kenntnisnahme durch den Empfänger allgemein sichergestellt ist und der Lauf von gesetzlichen Fristen wirksam in Gang gesetzt und überwacht werden kann, auch durch Bildschirmmitteilung oder in anderer Weise elektronisch erfolgen.

Abschnitt X. Grundbucheinsicht und -abschriften

§ 43 [Einsicht durch Notare und Behörden]

(1) Beauftragte inländischer öffentlicher Behörden sind befugt, das Grundbuch einzusehen und eine Abschrift zu verlangen, ohne daß es der Darlegung eines berechtigten Interesses bedarf.

(2) Dasselbe gilt für Notare sowie für Rechtsanwälte, die im nachgewiesenen Auftrag eines Notars das Grundbuch einsehen wollen, für öffentlich bestellte Vermessungsingenieure und dinglich Berechtigte, soweit Gegenstand der Einsicht das betreffende Grundstück ist. Unbeschadet dessen ist die Einsicht in das Grundbuch und die Erteilung von Abschriften hieraus zulässig, wenn die für den Einzelfall erklärte Zustimmung des eingetragenen Eigentümers dargelegt wird.

§ 44 [Grundbuchabschriften]

(1) Grundbuchabschriften sind auf Antrag zu beglaubigen.

(2) Die Bestätigung oder Ergänzung früher gefertigter Abschriften ist zulässig. Eine Ergänzung einer früher erteilten Abschrift soll unterbleiben, wenn die Ergänzung gegenüber der Erteilung einer Abschrift durch Ablichtung einen unverhältnismäßigen Arbeitsaufwand, insbesondere erhebliche oder zeitraubende Schreibarbeiten erfordern würde; andere Versagungsgründe bleiben unberührt.

(3) Auf einfachen Abschriften ist der Tag anzugeben, an dem sie gefertigt sind. Der Vermerk ist jedoch nicht zu unterzeichnen.

(4) Von gelöschten Eintragungen wird lediglich die laufende Nummer der Eintragung mit dem Vermerk „Gelöscht" in die Abschrift aufgenommen. Dies gilt nicht, wenn ihre Aufnahme in vollem Wortlaut beantragt ist oder soweit die Abschrift durch Ablichtung hergestellt wird.

§ 45 [Beglaubigte Abschrift von Blatteilen]

(1) Die Erteilung einer beglaubigten Abschrift eines Teils des Grundbuchblatts ist zulässig.

(2) In diesem Fall sind in die Abschrift die Eintragungen aufzunehmen, welche den Gegenstand betreffen, auf den sich die Abschrift beziehen soll. In dem Beglaubigungsvermerk ist der Gegenstand anzugeben und zu bezeugen, daß weitere ihn betreffende Eintragungen in dem Grundbuch nicht enthalten sind.

(3) Im übrigen ist das Grundbuchamt den Beteiligten gegenüber zur Auskunftserteilung nur auf Grund besonderer gesetzlicher Vorschrift verpflichtet. Die Erteilung eines abgekürzten Auszugs aus dem Inhalt des Grundbuchs ist nicht zulässig.

§ 46 [Einsicht in die Grundakten]

(1) Die Einsicht von Grundakten ist jedem gestattet, der ein berechtigtes Interesse darlegt, auch soweit es sich nicht um die im § 12 Abs. 1 Satz 2 der Grundbuchordnung bezeichneten Urkunden handelt.

(2) Die Vorschrift des § 43 ist auf die Einsicht von Grundakten entsprechend anzuwenden.

(3) Soweit die Einsicht gestattet ist, kann eine Abschrift verlangt werden, die auf Antrag auch zu beglaubigen ist.

Abschnitt XI. Hypotheken-, Grundschuld- und Rentenschuldbriefe

§ 47 [Überschrift des Briefes]

Die Hypothekenbriefe sind mit einer Überschrift zu versehen, welche die Worte „Deutscher Hypothekenbrief" und die Bezeichnung der Hypothek (§ 56 Abs. 1 der Grundbuchordnung) enthält, über die der Brief erteilt wird. Die laufende Nummer, unter der die Hypothek in der dritten Abteilung des Grundbuchs eingetragen ist, ist dabei in Buchstaben zu wiederholen.

§ 48 [Kennzeichnung bei Teillöschungen und Teilbriefen]

(1) Wird eine Hypothek im Grundbuch teilweise gelöscht, so ist auf dem Brief der Betrag, für den die Hypothek noch besteht, neben der in der Überschrift enthaltenen Bezeichnung des Rechts durch den Vermerk ersichtlich zu machen: „Noch gültig für (Angabe des Betrags)." Der alte Betrag ist rot zu unterstreichen.

(2) In derselben Weise ist bei der Herstellung von Teilhypothekenbriefen auf dem bisherigen Brief der Betrag ersichtlich zu machen, auf den sich der Brief noch bezieht.

§ 49 [Nachtragsvermerke]

Vermerke über Eintragungen, die nachträglich bei der Hypothek erfolgen, sowie Vermerke über Änderungen der im § 57 der Grundbuchordnung genannten Angaben werden auf dem Brief im Anschluß an den letzten vorhandenen Vermerk oder, wenn hierfür auf dem Brief kein Raum mehr vorhanden ist, auf einen mit dem Brief zu verbindenden besonderen Bogen gesetzt.

§ 49 a [Versendung]

Wird der Grundpfandrechtsbrief nicht ausgehändigt, soll er durch die Post mit Zustellungsurkunde oder durch Einschreiben versandt werden. Die Landesjustizverwaltungen können durch Geschäftsanweisung oder Erlaß ein anderes Versendungsverfahren bestimmen. Bestehende Anweisungen oder Erlasse bleiben unberührt.

§ 50 [Verbindung durch Schnur und Siegel]

Die im § 58 Abs. 1 und § 59 Abs. 2 der Grundbuchordnung sowie im § 49 dieser Verfügung vorgeschriebene Verbindung erfolgt durch Schnur und Siegel.

§ 51 [Grundschuld- und Rentenschuldbriefe]

Die Vorschriften der §§ 47 bis 50 sind auf Grundschuld- und Rentenschuldbriefe entsprechend anzuwenden. In der Überschrift eines Rentenschuldbriefes ist der Betrag der einzelnen Jahresleistung, nicht der Betrag der Ablösungssumme, anzugeben.

§ 52 [Muster und Vordrucke für Briefe]

(1) Für die Hypotheken-, Grundschuld- und Rentenschuldbriefe dienen die Anlagen 3 bis 8 als Muster.[11]

(2) Für die Ausfertigung der Hypotheken-, Grundschuld- und Rentenschuldbriefe sind die amtlich ausgegebenen, mit laufenden Nummern versehenen Vordrucke nach näherer Anweisung der Landesjustizverwaltung zu verwenden.[12]

§ 53 [Unbrauchbarmachung]

(1) Ist nach dem Gesetz ein Hypotheken-, Grundschuld- oder Rentenschuldbrief unbrauchbar zu machen, so wird, nachdem die bei dem Recht bewirkte Grundbucheintragung auf dem Brief vermerkt ist, der Vermerk über die erste Eintragung des Rechts durchstrichen und der Brief mit Einschnitten versehen.

---

[11] Abgedruckt am Ende der GBV.

[12] Über die für die Ausfertigung der Hypotheken-, Grundschuld- und Rentenschuldbriefe zu verwendenden Vordrucke haben die Landesjustizverwaltungen übereinstimmende Vorschriften erlassen; vgl. z. B. für **Bayern** §§ 53 bis 60 GBGA vom 7. 12. 1981 (JMBl. S. 190), abgedruckt unter Nr. **7**.

(2) Ist verfügt worden, daß der Brief unbrauchbar zu machen ist, und ist in den Grundakten ersichtlich gemacht, daß die Verfügung ausgeführt ist, so ist der Brief mit anderen unbrauchbar gemachten Briefen zu Sammelakten zu nehmen. Die Sammelakten sind für das Kalenderjahr anzulegen und am Schluß des folgenden Kalenderjahres zu vernichten. In der Verfügung kann angeordnet werden, daß ein unbrauchbar gemachter Brief während bestimmter Zeit bei den Grundakten aufzubewahren ist.

Abschnitt XII. Das Erbbaugrundbuch

§ 54 [Entsprechende Anwendung der allgemeinen Vorschriften]

Auf das für ein Erbbaurecht anzulegende besondere Grundbuchblatt (§ 14 Abs. 1 der Verordnung über das Erbbaurecht vom 15. Januar 1919 – Reichsgesetzbl. S. 72)[13] sind die vorstehenden Vorschriften entsprechend anzuwenden, soweit sich nicht aus den §§ 55 bis 59 Abweichendes ergibt.

§ 55 [Nummernfolge; Aufschrift]

(1) Das Erbbaugrundbuchblatt erhält die nächste fortlaufende Nummer des Grundbuchs, in dem das belastete Grundstück verzeichnet ist.

(2) In der Aufschrift ist unter die Blattnummer in Klammern das Wort „Erbbaugrundbuch" zu setzen.

§ 56 [Bestandsverzeichnis beim Erbbaugrundbuch]

(1) Im Bestandsverzeichnis sind in dem durch die Spalten 2 bis 4 gebildeten Raum einzutragen:

a) die Bezeichnung „Erbbaurecht" sowie die Bezeichnung des belasteten Grundstücks, wobei der Inhalt der Spalten 3 und 4 des Bestandsverzeichnisses des belasteten Grundstücks in die Spalten 3 und 4 des Erbbaugrundbuchs zu übernehmen ist;
b) der Inhalt des Erbbaurechts;
c) im unmittelbaren Anschluß an die Eintragung unter b der Eigentümer des belasteten Grundstücks;
d) Veränderungen der unter a bis c genannten Vermerke.

(2) Bei Eintragung des Inhalts des Erbbaurechts (Absatz 1 Buchstabe b) ist die Bezugnahme auf die Eintragungsbewilligung zulässig; jedoch sind Beschränkungen des Erbbaurechts durch Bedingungen,

---

[13] Abgedruckt unter Nr. **10**.

Befristungen oder Verfügungsbeschränkungen (§ 5 der Erbbaurechtsverordnung) ausdrücklich einzutragen.

(3) In der Spalte 1 ist die laufende Nummer der Eintragung anzugeben.

(4) In der Spalte 6 sind die Vermerke über die Berichtigungen des Bestandes des belasteten Grundstücks, die auf dem Blatt dieses Grundstücks zur Eintragung gelangen (§ 6 Abs. 6 Buchstabe e), einzutragen. In der Spalte 5 ist hierbei auf die laufende Nummer hinzuweisen, unter der die Berichtigung in den Spalten 3 und 4 eingetragen wird.

(5) Verliert durch die Eintragung einer Veränderung nach ihrem aus dem Grundbuch ersichtlichen Inhalt ein früherer Vermerk ganz oder teilweise seine Bedeutung, so ist er insoweit rot zu unterstreichen.

(6) Die Löschung des Erbbaurechts ist in der Spalte 8 zu vermerken.

§ 57 [Eintragungen in den Abteilungen des Erbbaugrundbuchs]

(1) Die erste Abteilung dient zur Eintragung des Erbbauberechtigten.

(2) Im übrigen sind auf die Eintragungen im Bestandsverzeichnis sowie in den drei Abteilungen die für die Grundbuchblätter über Grundstücke geltenden Vorschriften (Abschnitte II, III) entsprechend anzuwenden.

§ 58 [Muster für Erbbaugrundbuch]

Die nähere Einrichtung und die Ausfüllung des für ein Erbbaurecht anzulegenden besonderen Grundbuchblatts ergibt sich aus dem in der Anlage 9 beigefügten Muster.[14] § 22 Satz 2 ist entsprechend anzuwenden.

§ 59 [Hypothekenbriefe bei Erbbaurechten]

Bei der Bildung von Hypotheken-, Grundschuld- und Rentenschuldbriefen ist kenntlich zu machen, daß der belastete Gegenstand ein Erbbaurecht ist.

§ 60 [Grundbuchblatt für bis 21. 1. 1919 begründete Erbbaurechte]

Die vorstehenden Vorschriften sind auf die nach § 8 der Grundbuchordnung anzulegenden Grundbuchblätter mit folgenden Maßgaben entsprechend anzuwenden:

a) In der Aufschrift ist an Stelle des Wortes „Erbbaugrundbuch" (§ 55 Abs. 2) das Wort „Erbbaurecht" zu setzen;

---

[14] Abgedruckt am Ende der GBV.

b) bei der Eintragung des Inhalts des Erbbaurechts ist die Bezugnahme auf die Eintragungsbewilligung (§ 56 Abs. 2) unzulässig.

Abschnitt XIII. Vorschriften über das maschinell geführte Grundbuch

Unterabschnitt 1. Das maschinell geführte Grundbuch

§ 61 Grundsatz

Für das maschinell geführte Grundbuch und das maschinell geführte Erbbaugrundbuch gelten die Bestimmungen dieser Verordnung und, wenn es sich um Wohnungsgrundbuchblätter handelt, auch die Wohnungsgrundbuchverfügung und die sonstigen allgemeinen Ausführungsvorschriften, soweit im folgenden nichts abweichendes bestimmt wird.

§ 62[15] Begriff des maschinell geführten Grundbuchs

Bei dem maschinell geführten Grundbuch ist der in den dafür bestimmten Datenspeicher aufgenommene und auf Dauer unverändert in lesbarer Form wiedergabefähige Inhalt des Grundbuchblatts (§ 3 Abs. 1 Satz 1 der Grundbuchordnung) das Grundbuch. Die Bestimmung des Datenspeichers nach Satz 1 kann durch Verfügung der zuständigen Stelle geändert werden, wenn dies dazu dient, die Erhaltung und die Abrufbarkeit der Daten sicherzustellen oder zu verbessern, und die Daten dabei nicht verändert werden. Die Verfügung kann auch in allgemeiner Form und vor Eintritt eines Änderungsfalls getroffen werden.

§ 63 Gestaltung des maschinell geführten Grundbuchs

Der Inhalt des maschinell geführten Grundbuchs muß auf dem Bildschirm und in Ausdrucken so sichtbar gemacht werden können, wie es den durch diese Verordnung und die Wohnungsgrundbuchverfügung vorgeschriebenen Vordrucken entspricht. Die Vorschriften, die Grundbuchbände voraussetzen, sind nicht anzuwenden.

§ 64 Anforderungen an Anlagen und Programme

(1) Für das maschinell geführte Grundbuch dürfen nur Anlagen und Programme verwendet werden, die den bestehenden inländischen oder international anerkannten technischen Anforderungen an die maschinell geführte Verarbeitung geschützter Daten entsprechen. Sie sollen

---

[15] § 62 Satz 3 angefügt durch die 2. EDVGB-ÄndV vom 11. 7. 1997 (BGBl. I S. 1808)

über die in Absatz 2 bezeichneten Grundfunktionen verfügen. Das Vorliegen dieser Voraussetzungen ist, soweit es nicht durch ein inländisches oder ausländisches Prüfzeugnis bescheinigt wird, durch die zuständige Landesjustizverwaltung in geeigneter Weise festzustellen.

(2) Das eingesetzte Datenverarbeitungssystem soll gewährleisten, daß

1. seine Funktionen nur genutzt werden können, wenn sich der Benutzer dem System gegenüber identifiziert und authentisiert (Identifikation und Authentisierung),
2. die eingeräumte Benutzungsrechte im System verwaltet werden (Berechtigungsverwaltung),
3. die eingeräumten Benutzungsrechte von dem System geprüft werden (Berechtigungsprüfung),
4. die Vornahme von Veränderungen und Ergänzungen des maschinell geführten Grundbuchs im System protokolliert wird (Beweissicherung),
5. eingesetzte Subsysteme ohne Sicherheitsrisiken wiederhergestellt werden können (Wiederaufbereitung),
6. etwaige Verfälschungen der gespeicherten Daten durch Fehlfunktionen des Systems durch geeignete technische Prüfmechanismen rechtzeitig bemerkt werden können (Unverfälschtheit),
7. die Funktionen des Systems fehlerfrei ablaufen und auftretende Fehlfunktionen unverzüglich gemeldet werden (Verläßlichkeit der Dienstleistung),
8. der Austausch von Daten aus dem oder für das Grundbuch im System und bei Einsatz öffentlicher Netze sicher erfolgen kann (Übertragungssicherheit).

Das System soll nach Möglichkeit Grundbuchdaten übernehmen können, die in Systemen gespeichert sind, die die Führung des Grundbuchs in Papierform unterstützen.

§ 65 Sicherung der Anlagen und Programme

(1) Die Datenverarbeitungsanlage ist so aufzustellen, daß sie keinen schädlichen Witterungseinwirkungen ausgesetzt ist, kein Unbefugter Zugang zu ihr hat und ein Datenverlust bei Stromausfall vermieden wird. In dem Verfahren ist durch geeignete systemtechnische Vorkehrungen sicherzustellen, daß nur die hierzu ermächtigten Personen Zugriff auf die Programme und den Inhalt der maschinell geführten Grundbuchblätter haben. Die Anwendung der Zugangssicherungen und Datensicherungsverfahren ist durch Dienstanweisungen sicherzustellen.

(2) Ist die Datenverarbeitungsanlage an ein öffentliches Telekommunikationsnetz angeschlossen, müssen Sicherungen gegen ein Eindringen unbefugter Personen oder Stellen in das Verarbeitungssystem (Hacking) getroffen werden.

§ 66 Sicherung der Daten

(1) Das Datenverarbeitungssystem soll so angelegt werden, daß die eingegebenen Eintragungen auch dann gesichert sind, wenn sie noch nicht auf Dauer unverändert in lesbarer Form wiedergegeben werden können.

(2) Das Grundbuchamt bewahrt mindestens eine vollständige Sicherungskopie aller bei ihm maschinell geführten Grundbuchblätter auf. Sie ist mindestens am Ende eines jeden Arbeitstages auf den Stand zu bringen, den die Daten der maschinell geführten Grundbuchblätter (§ 62) dann erreicht haben.

(3) Die Kopie ist so aufzubewahren, daß sie bei einer Beschädigung der maschinell geführten Grundbuchblätter nicht in Mitleidenschaft gezogen und unverzüglich zugänglich gemacht werden kann. Im übrigen gilt § 65 Abs. 1 sinngemäß.

Unterabschnitt 2. Anlegung des maschinell geführten Grundbuchs

§ 67 Festlegung der Anlegungsverfahren

Das Grundbuchamt entscheidet nach pflichtgemäßem Ermessen, ob es das maschinell geführte Grundbuch durch Umschreibung nach § 68, durch Neufassung nach § 69 oder durch Umstellung nach § 70 anlegt. Die Landesregierungen oder die von diesen ermächtigten Landesjustizverwaltungen können in der Verordnung nach § 126 Abs. 1 Satz 1 der Grundbuchordnung die Anwendung eines der genannten Verfahren ganz oder teilweise vorschreiben. Sie können hierbei auch unterschiedliche Bestimmungen treffen. Der in dem Muster der Anlage 2b zu dieser Verordnung vorgesehene Vermerk in der Aufschrift des neu anzulegenden Blattes wird durch den Freigabevermerk, der in dem Muster der Anlage 2a zu dieser Verordnung vorgesehene Vermerk in der Aufschrift des abgeschriebenen Blattes wird durch den Abschreibevermerk nach § 71 ersetzt.

§ 68 Anlegung des maschinell geführten Grundbuchs durch Umschreibung

(1) Ein bisher in Papierform geführtes Grundbuchblatt kann auch umgeschrieben werden, wenn es maschinell geführt werden soll. Die Umschreibung setzt nicht voraus, daß für neue Eintragungen in dem bisherigen Grundbuchblatt kein Raum mehr ist oder daß dieses unübersichtlich geworden ist.

(2) Für die Durchführung der Umschreibung nach Absatz 1 gelten § 44 Abs. 3 der Grundbuchordnung und im übrigen die Vorschriften

des Abschnitts VI sowie § 39 Abs. 3 mit der Maßgabe, daß die zu übernehmenden Angaben des umzuschreibenden Grundbuchblatts in den für das neue Grundbuchblatt bestimmten Datenspeicher durch Übertragung dieser Angaben in elektronische Zeichen aufzunehmen sind. § 32 Abs. 1 Satz 2 und 3 und § 33 finden keine Anwendung.

(3) *(weggefallen)*

§ 69 Anlegung des maschinell geführten Grundbuchs durch Neufassung

(1) Das maschinell geführte Grundbuch kann durch Neufassung angelegt werden. Für die Neufassung gilt § 68, soweit hier nicht etwas abweichendes bestimmt wird.

(2) Das neugefaßte Grundbuchblatt erhält keine neue Nummer. Im Bestandsverzeichnis soll, soweit zweckmäßig, nur der aktuelle Bestand, in den einzelnen Abteilungen nur der aktuelle Stand der eingetragenen Rechtsverhältnisse dargestellt werden. Soweit Belastungen des Grundstücks in einer einheitlichen Abteilung eingetragen sind, sollen sie, soweit tunlich, getrennt in einer zweiten und dritten Abteilung dargestellt werden. § 39 Abs. 3 gilt nicht.

(3) In Spalte 6 des Bestandsverzeichnisses ist der Vermerk „Bei Neufassung der Abteilung 0/des Bestandsverzeichnisses als Bestand eingetragen am . . ." und in Spalte 4 der ersten Abteilung der Vermerk „Bei Neufassung der Abteilung ohne Eigentumswechsel eingetragen am . . ." einzutragen. Wird eine andere Abteilung neu gefaßt, so ist in dem neugefaßten Blatt der Vermerk „Bei Neufassung der Abteilung eingetragen am . . ." einzutragen. In den Fällen der Sätze 1 und 2 ist der entsprechende Teil des bisherigen Grundbuchblatts durch einen Vermerk „Neu gefaßt am . . ." abzuschließen. Die für Eintragungen in die neugefaßten Abteilungen bestimmten Seiten oder Bögen sind deutlich sichtbar als geschlossen kenntlich zu machen. Der übrige Teil des Grundbuchblatts ist nach § 68 oder § 70 zu übernehmen. § 30 Abs. 1 Buchstabe h Nr. 1 ist nicht anzuwenden.

(4) Die Durchführung der Neufassung im einzelnen ergibt sich aus den in den Anlagen 10 a und 10 b beigefügten Mustern. Die darin enthaltenen Probeeintragungen sind als Beispiele nicht Teil dieser Verordnung.

§ 70[16] Anlegung des maschinell geführten Grundbuchs durch Umstellung

(1) Die Anlegung eines maschinell geführten Grundbuchs kann auch durch Umstellung erfolgen. Dazu ist der Inhalt des bisherigen Blattes elektronisch in den für das maschinell geführte Grundbuch bestimmten

---

[16] § 70 Abs. 2 Sätze 3 bis 5 angefügt durch die 2. EDVGB-ÄndV vom 11. 7. 1997 (BGBl. I S. 1808).

Datenspeicher aufzunehmen. Die Umstellung kann auch dadurch erfolgen, daß ein Datenspeicher mit dem Grundbuchinhalt zum Datenspeicher des maschinell geführten Grundbuchs bestimmt wird (§ 62). Die Speicherung des Schriftzugs von Unterschriften ist dabei nicht notwendig.

(2) § 101 Abs. 2 Satz 1, Abs. 4, Abs. 5 Satz 1, Abs. 7 und § 36 Buchstabe b gelten entsprechend. Das geschlossene Grundbuch muß deutlich sichtbar als geschlossen kenntlich gemacht werden. Sämtliche Grundbuchblätter eines Grundbuchbandes oder eines Grundbuchamtes können durch einen gemeinsamen Schließungsvermerk geschlossen werden, wenn die Blätter eines jeden Bandes in mißbrauchssicherer Weise verbunden werden. Der Schließungsvermerk oder eine Abschrift des Schließungsvermerks ist in diesem Fall auf der vorderen Außenseite eines jeden Bandes oder an vergleichbarer Stelle anzubringen. Die Schließung muß nicht in unmittelbarem zeitlichen Zusammenhang mit der Freigabe erfolgen; das Grundbuchamt stellt in diesem Fall sicher, daß in das bisherige Grundbuchblatt keine Eintragungen vorgenommen werden und bei der Gewährung von Einsicht und der Erteilung von Abschriften aus dem bisherigen Grundbuchblatt in geeigneter Weise auf die Schließung hingewiesen wird.

§ 71[17] Freigabe des maschinell geführten Grundbuchs

Das nach den §§ 68 bis 70 angelegte maschinell geführte Grundbuch tritt mit seiner Freigabe an die Stelle des bisherigen Grundbuchblatts. Die Freigabe erfolgt, wenn die Vollständigkeit und Richtigkeit des angelegten maschinell geführten Grundbuchs und seine Abrufbarkeit aus dem Datenspeicher gesichert sind. In der Wiedergabe des Grundbuchs auf dem Bildschirm oder bei Ausdrucken soll in der Aufschrift anstelle des in Anlage 2b vorgesehenen Vermerks der Freigabevermerk erscheinen. Der Freigabevermerk lautet:

1. in den Fällen der §§ 69 und 70:

   „Dieses Blatt ist zur Fortführung auf EDV umgestellt/neu gefaßt worden und dabei an die Stelle des bisherigen Blattes getreten. In dem Blatt enthaltene Rötungen sind schwarz sichtbar. Freigegeben am/zum …

   Name(n)“,

2. in den Fällen des § 68:

   „Dieses Blatt ist zur Fortführung auf EDV umgeschrieben worden und an die Stelle des Blattes (nähere Bezeichnung) getreten. In dem

---

[17] § 71 Satz 4 Nr. 1 geändert durch die 2. EDVGB-ÄndV vom 11. 7. 1997 (BGBl. I S. 1808).

Blatt enthaltene Rötungen sind schwarz sichtbar. Freigegeben am/zum ...

Name(n)".

In der Aufschrift des bisherigen Blattes ist anstelle des in Anlage 2a zu dieser Verordnung vorgesehenen Vermerks folgender Abschreibevermerk einzutragen:

1. in den Fällen der §§ 69 und 70:

   „Zur Fortführung auf EDV umgestellt/neu gefaßt und geschlossen am/zum ...

   Unterschrift(en)",

2. in den Fällen des § 68:

   „Zur Fortführung auf EDV auf das Blatt ... umgeschrieben und geschlossen am/zum ...

   Unterschrift(en)".

§ 72 Umschreibung, Neufassung und Schließung des maschinell geführten Grundbuchs

(1) Für die Umschreibung, Neufassung und Schließung des maschinell geführten Grundbuchs gelten die Vorschriften der Abschnitte VI und VII sowie, außer im Fall der Neufassung, § 39 Abs. 3 sinngemäß, soweit in diesem Abschnitt nichts Abweichendes bestimmt ist.

(2) Der Inhalt der geschlossenen maschinell geführten Grundbuchblätter soll weiterhin wiedergabefähig oder lesbar bleiben.

§ 73 Grundakten

Auch nach Anlegung des maschinell geführten Grundbuchs sind die Grundakten gemäß § 24 Abs. 1 bis 3 zu führen. Das bisher geführte Handblatt kann ausgesondert und auch vernichtet werden; dies ist in den Grundakten zu vermerken. Wird das bisher geführte Handblatt bei den Grundakten verwahrt, gilt § 32 Abs. 1 Satz 3 Halbsatz 2 entsprechend.

Unterabschnitt 3. Eintragungen in das maschinell geführte Grundbuch

§ 74 Veranlassung der Eintragung

(1) Die Eintragung in das maschinell geführte Grundbuch wird, vorbehaltlich der Fälle des § 127 der Grundbuchordnung, von der für die Führung des maschinell geführten Grundbuchs zuständigen Person veranlaßt. Einer besonderen Verfügung hierzu bedarf es in diesem Fall nicht. Die Landesregierung oder die von ihr ermächtigte Landesjustiz-

verwaltung kann in der Rechtsverordnung nach § 126 der Grundbuchordnung oder durch gesonderte Rechtsverordnung bestimmen, daß auch bei dem maschinell geführten Grundbuch die Eintragung von dem Urkundsbeamten der Geschäftsstelle auf Verfügung der für die Führung des Grundbuchs zuständigen Person veranlaßt wird.

(2) Die veranlassende Person soll die Eintragung auf ihre Richtigkeit und Vollständigkeit prüfen; die Aufnahme in den Datenspeicher (§ 62) ist zu verifizieren.

§ 75 Elektronische Unterschrift

Bei dem maschinell geführten Grundbuch soll eine Eintragung nur möglich sein, wenn die für die Führung des Grundbuchs zuständige Person oder, in den Fällen des § 74 Abs. 1 Satz 3, der Urkundsbeamte der Geschäftsstelle der Eintragung ihren oder seinen Nachnamen hinzusetzt und beides elektronisch unterschreibt. Die elektronische Unterschrift soll in einem allgemein als sicher anerkannten automatisierten kryptographischen Verfahren textabhängig und unterzeichnerabhängig hergestellt werden. Die unterschriebene Eintragung und die elektronische Unterschrift werden Bestandteil des maschinell geführten Grundbuchs. Die elektronische Unterschrift soll durch die zuständige Stelle überprüft werden können.

§ 76 Äußere Form der Eintragung

Die äußere Form der Wiedergabe einer Eintragung bestimmt sich nach dem Abschnitt III.

Unterabschnitt 4. Einsicht in das maschinell geführte Grundbuch und Abschriften hieraus

§ 77 Grundsatz

Für die Einsicht in das maschinell geführte Grundbuch und die Erteilung von Abschriften hieraus gelten die Vorschriften des Abschnitts X entsprechend, soweit im folgenden nichts abweichendes bestimmt ist.

§ 78[18] Ausdrucke aus dem maschinell geführten Grundbuch

(1) Der Ausdruck aus dem maschinell geführten Grundbuch ist mit der Aufschrift „Ausdruck“ und dem Hinweis auf das Datum des Abrufs der Grundbuchdaten zu versehen. Der Ausdruck kann dem Antragsteller auch elektronisch übermittelt werden.

---

[18] § 78 Abs. 2 Satz 1 neu gefaßt durch die 2. EDVGB-ÄndV vom 11. 7. 1997 (BGBl. I S. 1808).

(2) Der Ausdruck gilt als beglaubigte Abschrift, wenn er gesiegelt ist und die Kennzeichnung „Amtlicher Ausdruck“ sowie den Vermerk „beglaubigt“ mit dem Namen der Person trägt, die den Ausdruck veranlaßt oder die ordnungsgemäße drucktechnische Herstellung des Ausdrucks allgemein zu überwachen hat. Anstelle der Siegelung kann in dem Vordruck maschinell ein Abdruck des Dienstsiegels eingedruckt sein oder aufgedruckt werden; in beiden Fällen muß auf dem Ausdruck „Amtlicher Ausdruck“ und der Vermerk „Dieser Ausdruck wird nicht unterschrieben und gilt als beglaubigte Abschrift.“ aufgedruckt sein oder werden. Absatz 1 Satz 2 gilt nicht.

(3) Auf dem Ausdruck oder dem amtlichen Ausdruck kann angegeben werden, welchen Eintragungsstand er wiedergibt.

§ 79[19] Einsicht

(1) Die Einsicht erfolgt durch Wiedergabe des betreffenden Grundbuchblatts auf einem Bildschirm. Der Einsicht nehmenden Person kann gestattet werden, das Grundbuchblatt selbst auf dem Bildschirm aufzurufen, wenn technisch sichergestellt ist, daß der Umfang der nach § 12 oder § 12 b der Grundbuchordnung oder den Vorschriften dieser Verordnung zulässigen Einsicht nicht überschritten wird und Veränderungen des Grundbuchinhalts nicht vorgenommen werden können.

(2) Anstelle der Wiedergabe auf einem Bildschirm kann auch die Einsicht in einen Ausdruck gewährt werden.

(3) Die Einsicht nach Absatz 1 oder 2 kann auch durch ein anderes als das Grundbuchamt bewilligt und gewährt werden, das das Grundbuchblatt führt. Die für diese Aufgabe zuständigen Bediensteten sind besonders zu bestimmen. Sie dürfen Zugang zu den maschinell geführten Grundbuchblättern des anderen Grundbuchamts nur haben, wenn sie eine Kennung verwenden, die ihnen von der Leitung des Amtsgerichts zugeteilt wird. Diese Form der Einsichtnahme ist auch über die Grenzen des betreffenden Landes hinweg zulässig, wenn die Landesjustizverwaltungen dies vereinbaren.

(4) Die Gewährung der Einsicht schließt die Erteilung von Abschriften mit ein.

Unterabschnitt 5. Automatisierter Abruf von Daten

§ 80[20] Abruf von Daten

Die Gewährung des Abrufs von Daten im automatisierten Verfahren nach § 133 der Grundbuchordnung berechtigt insbesondere zur Ein-

---

[19] § 79 Abs. 3 Satz 3 und Abs. 4 neu gefaßt durch die 2. EDVGB-ÄndV vom 11. 7. 1997 (BGBl. I S. 1808).

[20] § 80 Satz 1 geändert durch die VO vom 10. 2. 1999 (BGBl. I S. 147, 155) und Satz 2 angefügt durch die 2. EDVGB-ÄndV vom 11. 7. 1997 (BGBl. I S. 1808).

sichtnahme in das Grundbuch in dem durch §§ 12 und 12 b der Grundbuchordnung und in dieser Verordnung bestimmten Umfang sowie zur Fertigung von Abdrucken des Grundbuchblatts. Abdrucke stehen den Ausdrucken nicht gleich. Wird die Abrufberechtigung einer nicht-öffentlichen Stelle gewährt, ist diese in der Genehmigung oder dem Vertrag (§ 133 der Grundbuchordnung) darauf hinzuweisen, daß sie die abgerufenen Daten nach § 133 Abs. 6 der Grundbuchordnung nur zu dem Zweck verwenden darf, für den sie ihr übermittelt worden sind.

§ 81 Genehmigungsverfahren, Einrichtungsvertrag

(1) Die Einrichtung eines automatisierten Abrufverfahrens bedarf bei Gerichten, Behörden und der Staatsbank Berlin einer Verwaltungsvereinbarung, im übrigen, soweit nicht ein öffentlich-rechtlicher Vertrag geschlossen wird, einer Genehmigung durch die dazu bestimmte Behörde der Landesjustizverwaltung.

(2) Eine Genehmigung wird nur auf Antrag erteilt. Zuständig ist die Behörde, in deren Bezirk das betreffende Grundbuchamt liegt. In der Rechtsverordnung nach § 93 kann die Zuständigkeit abweichend geregelt werden. Für das Verfahren gelten im übrigen das Verwaltungsverfahrens- und das Verwaltungszustellungsgesetz des betreffenden Landes entsprechend.

(3) Die Genehmigung kann auf entsprechenden Antrag hin auch für die Grundbuchämter des Landes erteilt werden, bei denen die gesetzlichen Voraussetzungen dafür gegeben sind. In der Genehmigung ist in jedem Fall das Vorliegen der Voraussetzungen nach § 133 Abs. 2 Satz 2 und 3 Nr. 1 und 2 der Grundbuchordnung besonders festzustellen.

(4) Der Widerruf einer Genehmigung erfolgt durch die genehmigende Stelle. Ist eine Gefährdung von Grundbüchern zu befürchten, kann in den Fällen des Absatzes 3 Satz 1 die Genehmigung für einzelne Grundbuchämter auch durch die für diese jeweils zuständige Stelle ausgesetzt werden. Der Widerruf und die Aussetzung einer Genehmigung sind den übrigen Landesjustizverwaltungen unverzüglich mitzuteilen.

§ 82[21] Einrichtung der Verfahren

(1) Wird ein Abrufverfahren eingerichtet, so ist systemtechnisch sicherzustellen, daß Abrufe nur unter Verwendung eines geeigneten Codezeichens erfolgen können. Der berechtigten Stelle ist in der Genehmigung zur Auflage zu machen, dafür zu sorgen, daß das Codezeichen nur durch deren Leitung und berechtigte Mitarbeiter verwen-

[21] § 82 Abs. 1 und 2 geändert durch die VO vom 10. 2. 1999 (BGBl. I S. 147, 155).

det und mißbrauchssicher verwahrt wird. Die Genehmigungsbehörde kann geeignete Maßnahmen anordnen, wenn dies notwendig erscheint, um einen unbefugten Zugriff auf die Grundbuchdaten zu verhindern.

(2) Wird ein Abrufverfahren für den Fall eigener Berechtigung an einem Grundstück, einem grundstücksgleichen Recht oder einem Recht an einem solchen Recht, für den Fall der Zustimmung des Eigentümers oder für Maßnahmen der Zwangsvollstreckung eingerichtet (eingeschränktes Abrufverfahren), so ist der berechtigten Stelle in der Genehmigung zusätzlich zur Auflage zu machen, daß der einzelne Abruf nur unter Verwendung eines Codezeichens erfolgen darf, das die Art des Abrufs bezeichnet. Das zusätzliche Codezeichen kann mit dem Codezeichen für die Abrufberechtigung verbunden werden.

§ 83[22] Abrufprotokollierung

(1) Die Rechtmäßigkeit der Abrufe durch einzelne Abrufberechtigte prüft das Grundbuchamt nur, wenn es dazu nach den konkreten Umständen Anlaß hat. Für die Kontrolle der Rechtmäßigkeit der Abrufe, für die Sicherstellung der ordnungsgemäßen Datenverarbeitung und für die Erhebung der Kosten durch die Justizverwaltung protokolliert das Grundbuchamt alle Abrufe. Das Grundbuchamt hält das Protokoll für Stichprobenverfahren durch die aufsichtsführenden Stellen bereit. Das Protokoll muß jeweils das Grundbuchamt, die Bezeichnung des Grundbuchblatts, die abrufende Person oder Stelle, deren Geschäfts- oder Aktenzeichen, den Zeitpunkt des Abrufs, die für die Durchführung des Abrufs verwendeten Daten sowie bei eingeschränktem Abrufverfahren auch eine Angabe über die Art der Abrufe ausweisen.

(2) Die protokollierten Daten dürfen nur für die in Absatz 1 Satz 2 genannten Zwecke verwendet werden. Ferner kann der Eigentümer des jeweils betroffenen Grundstücks oder der Inhaber des grundstücksgleichen Rechts auf der Grundlage der Protokolldaten Auskunft darüber verlangen, wer Daten abgerufen hat; bei eingeschränktem Abruf auch über die Art des Abrufs. Die protokollierten Daten sind durch geeignete Vorkehrungen gegen zweckfremde Nutzung und gegen sonstigen Mißbrauch zu schützen.

(3) Nach Ablauf des auf die Erstellung der Protokolle nächstfolgenden Kalenderjahres werden die nach Absatz 1 Satz 2 gefertigten Protokolle vernichtet. Protokolle, die im Rahmen eines Stichprobenverfahrens den aufsichtsführenden Stellen zur Verfügung gestellt wurden, sind dort spätestens ein Jahr nach ihrem Eingang zu vernichten, sofern sie nicht für weitere bereits eingeleitete Prüfungen benötigt werden.

---

[22] § 83 neu gefaßt durch die VO vom 10. 2. 1999 (BGBl. I S. 147, 155).

§ 84 Kontrolle

Die berechtigte Person oder Stelle, die einer allgemeinen Aufsicht nicht unterliegt oder die zum eingeschränkten Abrufverfahren berechtigt ist, muß sich schriftlich bereit erklären, eine Kontrolle der Anlage und ihrer Benutzung durch die genehmigende Stelle zu dulden, auch wenn diese keinen konkreten Anlaß dafür hat. § 133 Abs. 5 der Grundbuchordnung bleibt unberührt.

§ 85[23] Gebühren, Entgelte

(1) Für die Einrichtung und Nutzung des automatisierten Abrufverfahrens werden von dem Empfänger für die Einrichtung eine einmalige Einrichtungsgebühr und für die Nutzung eine monatlich fällig werdende Grundgebühr sowie Abrufgebühren erhoben. Die Abrufgebühren sind zu berechnen

1. bei dem Abruf von Daten aus dem Grundbuch für jeden Abruf aus einem Grundbuchblatt,
2. bei dem Abruf von Daten aus Verzeichnissen nach § 12a der Grundbuchordnung für jeden einzelnen Suchvorgang.

(2) Wird eine Vereinbarung zwischen der zuständigen Behörde der Landesjustizverwaltung und dem Empfänger über die Einrichtung und Nutzung geschlossen, so ist ein Entgelt zu verabreden, das sich an dem Umfang der im Falle einer Genehmigung anfallenden Gebühren ausrichtet. Mit Stellen der öffentlichen Verwaltung können abweichende Vereinbarungen geschlossen werden.

(2a) § 8 der Justizverwaltungskostenordnung ist anzuwenden.

(3) Die Höhe der in Absatz 1 bestimmten Gebühren wird durch besondere Rechtsverordnung des Bundesministeriums der Justiz mit Zustimmung des Bundesrates festgelegt.

Unterabschnitt 6. Zusammenarbeit mit den katasterführenden Stellen und Versorgungsunternehmen

§ 86 Zusammenarbeit mit den katasterführenden Stellen

(1) Soweit das amtliche Verzeichnis (§ 2 Abs. 2 der Grundbuchordnung) maschinell geführt wird und durch Rechtsverordnung nach § 127 der Grundbuchordnung nichts anderes bestimmt ist, kann das Grundbuchamt die aus dem amtlichen Verzeichnis für die Führung des Grundbuchs benötigten Daten aus dem Liegenschaftskataster anfordern, soweit dies nach den katasterrechtlichen Vorschriften zulässig ist.

---

[23] § 85 Abs. 2a eingefügt durch die 2. EDVGB-ÄndV vom 11. 7. 1997 (BGBl. I S. 1808).

(2) Soweit das Grundbuch maschinell geführt wird, dürfen die für die Führung des amtlichen Verzeichnisses zuständigen Behörden die für die Führung des automatisierten amtlichen Verzeichnisses benötigten Angaben aus dem Bestandsverzeichnis und der ersten Abteilung anfordern.

(3) Die Anforderung nach den Absätzen 1 und 2 bedarf keiner besonderen Genehmigung oder Vereinbarung. Auf Ersuchen der Flurbereinigungsbehörde, der Umlegungsstelle, der Bodensonderungsbehörde, der nach § 53 Abs. 3 und 4 des Landwirtschaftsanpassungsgesetzes zuständigen Stelle oder des Amtes oder Landesamtes zur Regelung offener Vermögensfragen übermittelt das Grundbuchamt diesen Behörden die für die Durchführung eines Bodenordnungsverfahrens erforderlichen Daten aus dem Grundbuch der im Plangebiet belegenen Grundstücke, Erbbaurechte und dinglichen Nutzungsrechte. Bei Fortführungen der Pläne durch diese Behörden gelten Absatz 1 und Satz 1 entsprechend.

(4) Die Übermittlung der Daten kann in den Fällen der vorstehenden Absätze auch im automatisierten Verfahren erfolgen.

§ 86 a[24] Zusammenarbeit mit Versorgungsunternehmen

(1) Unternehmen, die Anlagen zur Fortleitung von Elektrizität, Gas, Fernwärme, Wasser oder Abwasser oder Telekommunikationsanlagen betreiben (Versorgungsunternehmen), kann die Einsicht in das Grundbuch in allgemeiner Form auch für sämtliche Grundstücke eines Grundbuchamtsbezirks durch das Grundbuchamt gestattet werden, wenn sie ein berechtigtes Interesse an der Einsicht darlegen.

(2) Soweit die Grundbuchblätter, in die ein Versorgungsunternehmen auf Grund einer Genehmigung nach Absatz 1 Einricht nehmen darf, maschinell geführt werden, darf das Unternehmen die benötigten Angaben aus dem Grundbuch anfordern. Die Übermittlung kann auch im automatisierten Verfahren erfolgen. Die Einzelheiten dieses Verfahrens legt die in § 81 Abs. 2 bestimmte Stelle fest.

Unterabschnitt 7. Hypotheken-, Grundschuld- und Rentenschuldbriefe

§ 87[25] Erteilung von Briefen

Hypotheken-, Grundschuld- und Rentenschuldbriefe für in dem maschinell geführten Grundbuch eingetragene Rechte müssen abwei-

---

[24] § 86 a eingefügt durch die 2. EDVGB-ÄndV vom 11. 7. 1997 (BGBl. I S. 1808).

[25] § 87 Satz 4 angefügt durch die 2. EDVGB-ÄndV vom 11. 7. 1997 (BGBl. I S. 1808).

chend von § 56 Abs. 1 Satz 2 der Grundbuchordnung nicht unterschrieben und mit einem Siegel oder Stempel versehen werden, wenn sie maschinell hergestellt werden. Sie tragen dann anstelle der Unterschrift den Namen des Bediensteten, der die Herstellung des Briefes veranlaßt hat, und den Vermerk „Maschinell hergestellt und ohne Unterschrift gültig." Der Brief muß mit dem Aufdruck des Siegels oder Stempels des Grundbuchamts versehen sein oder werden. § 50 ist nicht anzuwenden; die Zusammengehörigkeit der Blätter des Briefs oder der Briefe ist in geeigneter Weise sichtbar zu machen.

§ 88[26] Verfahren bei Schuldurkunden

Abweichend von § 58 und § 61 Abs. 2 Satz 3 der Grundbuchordnung muß ein Brief nicht mit einer für die Forderung ausgestellten Urkunde, Ausfertigung oder einem Auszug der Urkunde verbunden werden, wenn er maschinell hergestellt wird. In diesem Fall muß er den Aufdruck „Nicht ohne Vorlage der Urkunde für die Forderung gültig." enthalten.

§ 89 Ergänzungen des Briefes

Bei einem maschinell hergestellten Brief für ein im maschinell geführten Grundbuch eingetragenes Recht können die in den §§ 48 und 49 vorgesehenen Ergänzungen auch in der Weise erfolgen, daß ein entsprechend ergänzter neuer Brief erteilt wird. Dies gilt auch, wenn der zu ergänzende Brief nicht nach den Vorschriften dieses Abschnitts hergestellt worden ist. Der bisherige Brief ist einzuziehen und unbrauchbar zu machen. Sofern mit dem Brief eine Urkunde verbunden ist, ist diese zu lösen und dem Antragsteller zurückzugeben.

Unterabschnitt 8. Schlußbestimmungen

§ 90 Datenverarbeitung im Auftrag

Die Bestimmungen dieser Verordnung gelten für die Verarbeitung von Grundbuchdaten durch eine andere Stelle im Auftrag des Grundbuchamts sinngemäß. Hierbei soll sichergestellt sein, daß die Eintragung in das maschinell geführte Grundbuch und die Auskunft hieraus nur erfolgt, wenn sie von dem zuständigen Grundbuchamt verfügt wurde oder nach § 133 der Grundbuchordnung oder den Unterabschnitten 5 und 6 zulässig ist.

---

[26] § 88 Satz 3 aufgehoben durch die 2. EDVGB-ÄndV vom 11. 7. 1997 (BGBl. I S. 1808).

§ 91[27] Behandlung von Verweisungen, Löschungen

Sonderregelungen in den §§ 54 bis 60 dieser Verordnung, in der Wohnungsgrundbuchverfügung und in der Gebäudegrundbuchverfügung gehen auch dann den allgemeinen Regelungen vor, wenn auf die §§ 1 bis 53 in den §§ 61 bis 89 verwiesen wird. Soweit nach den in Satz 1 genannten Vorschriften Unterstreichungen, Durchkreuzungen oder ähnliche Kennzeichnungen in rot vorzunehmen sind, können sie in dem maschinell geführten Grundbuch schwarz dargestellt werden.

§ 92 Ersetzung von Grundbuchdaten, Ersatzgrundbuch

(1) Kann das maschinell geführte Grundbuch (§ 62 Satz 1) ganz oder teilweise auf Dauer nicht mehr in lesbarer Form wiedergegeben werden, so ist es wiederherzustellen. Sein Inhalt kann unter Zuhilfenahme aller geeigneten Unterlagen ermittelt werden. Für das Verfahren gilt im übrigen in allen Ländern die Verordnung über die Wiederherstellung zerstörter oder abhanden gekommener Grundbücher und Urkunden in ihrer im Bundesgesetzblatt Teil III, Gliederungsnummer 315-11-4, veröffentlichten bereinigten Fassung.

(2) Für die Anlegung und Führung des Ersatzgrundbuchs (§ 141 Abs. 2 Satz 1 der Grundbuchordnung) gelten die Bestimmungen dieser Verordnung, die Wohnungsgrundbuchverfügung und die in § 144 Abs. 1 Nr. 4 der Grundbuchordnung bezeichneten Vorschriften sinngemäß. Das Ersatzgrundbuch entspricht dem Muster der Anlage 2 b dieser Verordnung, jedoch lautet der in der Aufschrift anzubringende Vermerk „Dieses Blatt ist als Ersatzgrundbuch an die Stelle des maschinell geführten Blattes von . . . Band . . . Blatt . . . getreten. Eingetragen am . . .“. Dies gilt für Erbbaugrundbücher, Wohnungs- und Teileigentumsgrundbücher sowie Gebäudegrundbücher entsprechend.

§ 93 Ausführungsvorschriften

Die Landesregierungen werden ermächtigt, durch Rechtsverordnung die Anlegung des maschinell geführten Grundbuchs einschließlich seiner Freigabe ganz oder teilweise dem Urkundsbeamten der Geschäftsstelle zu übertragen und in der Grundbuchordnung oder in dieser Verordnung nicht geregelte weitere Einzelheiten des Verfahrens nach diesem Abschnitt zu regeln, soweit dies nicht durch Verwaltungsvorschriften nach § 134 Satz 2 der Grundbuchordnung geschieht. Sie können diese Ermächtigung auf die Landesjustizverwaltungen übertragen.

---

[27] Überschrift von § 91 geändert durch die 2. EDVGB-ÄndV vom 11. 7. 1997 (BGBl. I S. 1808).

Abschnitt XIV. Vermerke über öffentliche Lasten[28]

§ 93 a Eintragung öffentlicher Lasten

Öffentliche Lasten auf einem Grundstück, die im Grundbuch einzutragen sind oder eingetragen werden können, werden nach Maßgabe des § 10 in der zweiten Abteilung eingetragen.

§ 93 b Eintragung des Bodenschutzlastvermerks

(1) Auf den Ausgleichsbetrag nach § 25 des Bundes-Bodenschutzgesetzes wird durch einen Vermerk über die Bodenschutzlast hingewiesen. Der Bodenschutzlastvermerk lautet wie folgt:

„Bodenschutzlast. Auf dem Grundstück ruht ein Ausgleichsbetrag nach § 25 des Bundes-Bodenschutzgesetzes als öffentliche Last."

(2) Der Bodenschutzlastvermerk wird auf Ersuchen der für die Festsetzung des Ausgleichsbetrags zuständigen Behörde eingetragen und gelöscht. Die zuständige Behörde stellt das Ersuchen auf Eintragung des Bodenschutzlastvermerks, sobald der Ausgleichsbetrag als öffentliche Last entstanden ist. Sie hat um Löschung des Vermerks zu ersuchen, sobald die Last erloschen ist. Die Einhaltung der in den Sätzen 2 und 3 bestimmten Zeitpunkte ist vom Grundbuchamt nicht zu prüfen. Eine Zustimmung des Grundstückseigentümers ist für die Eintragung und die Löschung des Vermerks nicht erforderlich.

Abschnitt XV. Übergangs- und Schlußvorschriften

§ 94 [Inkrafttreten, Außerkrafttreten von Landesrecht]

§ 95 [Frühere Grundbuchbezirke]

Soweit die Grundbücher bisher für andere Bezirke als die im § 1 Abs. 1 Satz 1 und 2 genannten angelegt sind, behält es bis zur Auflösung dieser Bezirke bei dieser Einrichtung sein Bewenden; jedoch bedarf es zur Änderung dieser Bezirke einer Anordnung der Landesjustizverwaltung.

§ 96 [Fortführung bisheriger Grundbuchhefte]

(1) Soweit bisher jedes Grundbuchblatt in einem besonderen Grundbuchheft geführt worden ist, bedarf es der Zusammenfassung zu festen, mehrere Blätter umfassenden Bänden (§ 2) nicht, solange die bisherigen Blätter fortgeführt werden (§§ 97 bis 99).

(2) *(weggefallen)*

---

[28] Abschnitt XIV eingefügt durch VO vom 18. 3. 1999 (BGBl. I S. 497).

§ 97 [Umschreibung auf den neuen Vordruck]

(1) Vom Zeitpunkt des Inkrafttretens dieser Verfügung an sind neue Grundbuchblätter nur unter Verwendung des hier vorgeschriebenen Vordrucks (§§ 4 bis 12, 22) anzulegen, soweit nicht für eine Übergangszeit die Weiterverwendung des alten Vordrucks besonders zugelassen wird.

(2) Sämtliche Grundbuchblätter sind nach näherer Anordnung der Landesjustizverwaltung unter Verwendung des neuen Vordrucks umzuschreiben, sofern nicht ihre Weiterführung besonders zugelassen wird.

§ 98 [Frühere Vorschriften bei Benutzung alter Vordrucke]

Die bestehenden Vorschriften über die Nummernbezeichnung und die Eintragung im Grundbuch bleiben unberührt, solange die alten Vordrucke weder umgeschrieben sind noch ihre Weiterführung nach § 97 Abs. 2 besonders zugelassen ist. Jedoch ist ein Grundbuchblatt, das für Neueintragungen keinen Raum mehr bietet, in jedem Fall unter Verwendung des neuen Vordrucks umzuschreiben.

§ 99 [Verfahren bei Umschreibung auf neuen Vordruck]

Bei der Umschreibung der bereits angelegten Grundbuchblätter auf den neuen Vordruck sind die §§ 29, 30 sinngemäß anzuwenden. Weitere Anordnungen zur Behebung von hierbei etwa entstehenden Zweifeln bleiben vorbehalten.

§ 100 [Weiterführung und Neuanlegung von Grundakten]

(1) Die bisher für jedes Grundbuchblatt geführten Grundakten können weitergeführt werden.

(2) Sofern bisher Grundakten nicht geführt sind, sind sie für jedes Grundbuchblatt spätestens bei der Neuanlegung (§ 97 Abs. 1) oder bei der Umschreibung des bisherigen Blattes (§ 97 Abs. 2, § 98 Satz 2) anzulegen, und zwar aus sämtlichen das Grundbuchblatt betreffenden Schriftstücken, die nach den für die Führung von Grundakten geltenden allgemeinen Vorschriften zu diesen gehören, auch sofern sie schon vor der Anlegung der Grundakten bei dem Grundbuchamt eingegangen sind. Das gleiche gilt für das Handblatt (§ 24 Abs. 3).

§ 101 [Umstellung auf das Loseblattgrundbuch]

(1) Grundbuchblätter in festen Bänden können nach näherer Anordnung der Landesjustizverwaltung durch die Verwendung von Ablichtungen der bisherigen Blätter auf Bände mit herausnehmbaren Einlegebogen umgestellt werden.

(2) Das neue Blatt behält seine bisherige Bezeichnung; ein Zusatz unterbleibt. In der Aufschrift ist zu vermerken, daß das Blatt bei der Umstellung an die Stelle des bisherigen Blattes getreten ist und daß im bisherigen Blatt enthaltene Rötungen schwarz sichtbar sind.

(3) Die Übereinstimmung des Inhalts des neuen Blattes mit dem bisherigen Blatt ist im Bestandsverzeichnis und in jeder Abteilung zu bescheinigen. § 25 Abs. 2 Buchstabe c gilt entsprechend.

(4) Enthält die zweite oder dritte Abteilung nur gelöschte Eintragungen, kann von der Ablichtung der betreffenden Abteilung abgesehen werden, wenn nicht die Übernahme zum Verständnis noch gültiger Eintragungen erforderlich ist. Auf dem für die jeweilige Abteilung einzufügenden Einlegebogen sind die laufenden Nummern der nicht übernommenen Eintragungen mit dem Vermerk „Gelöscht" anzugeben. Die Bescheinigung nach Absatz 3 lautet in diesem Falle inhaltlich: „Bei Umstellung des Blattes neu gefaßt." Enthält die zweite oder dritte Abteilung keine Eintragungen, so braucht für die betreffende Abteilung lediglich ein neuer Einlegebogen eingefügt zu werden; Absatz 3 ist anzuwenden.

(5) Das bisherige Blatt ist zu schließen. § 30 Abs. 2 Satz 2 und § 36 gelten entsprechend.

(6) Für Grundbuchblätter in einem festen Band, die vor der Umstellung geschlossen wurden, können in den Band mit herausnehmbaren Einlegebogen neue Blätter zur Wiederverwendung eingefügt werden. Das neue Blatt erhält die Nummer des alten Blattes unter Hinzufügung des Buchstabens A. Tritt das neue Blatt an die Stelle eines Blattes, das bereits mit einem solchen Zusatz versehen ist, ist an Stelle dieses Zusatzes der Buchstabe B hinzuzufügen.

(7) Die Umstellung braucht dem Eigentümer, den eingetragenen dinglich Berechtigten und der Katasterbehörde nicht mitgeteilt zu werden.

§ 102 [Briefvordrucke]

Die noch vorhandenen Vordrucke für Hypotheken-, Grundschuld- und Rentenschuldbriefe können nach näherer Anordnung der Landesjustizverwaltung oder der von ihr bestimmten Stelle weiterverwendet werden. Jedoch ist die etwa am Kopfe des Briefes befindliche Angabe des Landes, in dem der Brief ausgegeben wird, zu durchstreichen und durch die Überschrift „Deutscher Hypothekenbrief" („Grundschuldbrief" o. ä.) zu ersetzen.

§ 103 [Landesrecht]

In den Fällen des § 136 der Grundbuchordnung behält es bei den landesrechtlichen Vorschriften über Einrichtung und Führung von Grundbüchern sein Bewenden.

§ 104 [Erbpacht-, Büdner-, Häusler- und Abbaurechte]

Soweit auf die in den Artikeln *63*[29] und 68 des Einführungsgesetzes zum Bürgerlichen Gesetzbuche bezeichneten Rechte nach den Landesgesetzen die §§ 14 bis 17 der Verordnung über das Erbbaurecht[30] für entsprechend anwendbar erklärt worden sind (§ 137 Abs. 3 der Grundbuchordnung), sind die Vorschriften über das Erbbaugrundbuch (Abschnitt XII) entsprechend anzuwenden.

§ 104 a [Nachweis der Rechtsinhaberschaft]

Zum Nachweis der Rechtsinhaberschaft ausländischer staatlicher oder öffentlicher Stellen genügt gegenüber dem Grundbuchamt eine mit dem Dienstsiegel oder Dienststempel versehene und unterschriebene Bestätigung des Auswärtigen Amtes. § 39 der Grundbuchordnung findet in diesem Fall keine Anwendung.

§ 105 [Maßgaben für das Gebiet der früheren DDR]

(1) In dem in Artikel 3 des Einigungsvertrages genannten Gebiet gilt diese Verordnung mit folgenden Maßgaben:

1. Die §§ 43 bis 53 sind stets anzuwenden.
2. Die Einrichtung der Grundbücher richtet sich bis auf weiteres nach den am Tag vor dem Wirksamwerden des Beitritts bestehenden oder von dem jeweiligen Lande erlassenen späteren Bestimmungen. Im übrigen ist für die Führung der Grundbücher diese Verordnung entsprechend anzuwenden, soweit sich nicht aus einer abweichenden Einrichtung des Grundbuchs etwas anderes ergibt oder aus besonderen Gründen Abweichungen erforderlich sind; solche Abweichungen sind insbesondere dann als erforderlich anzusehen, wenn sonst die Rechtsverhältnisse nicht zutreffend dargestellt werden können oder Verwirrung zu besorgen ist.
3. Soweit nach Nummer 2 Bestimmungen dieser Verordnung nicht herangezogen werden können, sind stattdessen die am Tag vor dem Wirksamwerden des Beitritts geltenden oder von dem jeweiligen Lande erlassen späteren Bestimmungen anzuwenden. Jedoch sind Regelungen, die mit dem in Kraft tretenden Bundesrecht nicht vereinbar sind, nicht mehr anzuwenden. Dies gilt insbesondere auch für derartige Regelungen über die Voraussetzungen und den Inhalt von Eintragungen. Am Tag vor dem Wirksamwerden des Beitritts nicht vorgesehene Rechte oder Vermerke sind in entsprechender Anwendung dieser Verordnung einzutragen.

---

[29] Nach allgemeiner Ansicht wird Art. 63 EGBGB als aufgehoben angesehen; s. hierzu die Anmerkungen zu der Bestimmung in BGBl. III 400-1.

[30] Abgedruckt unter Nr. **10**.

4. Im Falle der Nummer 3 sind auf die Einrichtung und Führung der Erbbaugrundbücher sowie auf die Bildung von Hypotheken-, Grundschuld- und Rentenschuldbriefen bei Erbbaurechten die §§ 56, 57 und 59 mit der Maßgabe entsprechend anzuwenden, daß die in § 56 vorgesehenen Angaben in die entsprechenden Spalten für den Bestand einzutragen sind. Ist eine Aufschrift mit Blattnummer nicht vorhanden, ist die in § 55 Abs. 2 vorgesehene Bezeichnung „Erbbaugrundbuch" an vergleichbarer Stelle im Kopf der ersten Seite des Grundbuchblatts anzubringen. Soweit in den oben bezeichneten Vorschriften auf andere Vorschriften dieser Verordnung verwiesen wird, deren Bestimmungen nicht anzuwenden sind, treten an die Stelle der in Bezug genommenen Vorschriften dieser Verordnung die entsprechend anzuwendenden Regelungen über die Einrichtung und Führung der Grundbücher.

5. Für die Anlegung von Grundbuchblättern für ehemals volkseigene Grundstücke ist ein Verfahren nach dem Sechsten Abschnitt der Grundbuchordnung nicht erforderlich, soweit für solche Grundstücke Bestandsblätter im Sinne der Nummer 160 Abs. 1 der Anweisung Nr. 4/87 des Ministers des Innern und Chefs der Deutschen Volkspolizei über Grundbuch und Grundbuchverfahren unter Colidobedingungen – Colido-Grundbuchanweisung – vom 27. Oktober 1987 vorhanden sind oder das Grundstück bereits gebucht war und sich nach der Schließung des Grundbuchs seine Bezeichnung nicht verändert hat.

6. Gegenüber dem Grundbuchamt genügt es zum Nachweis der Befugnis, über beschränkte dingliche Rechte an einem Grundstück, Gebäude oder sonstigen grundstücksgleichen Rechten oder über Vormerkungen zu verfügen, deren Eintragung vor dem 1. Juli 1990 beantragt worden ist und als deren Gläubiger oder sonstiger Berechtigter im Grundbuch
   a) eine Sparkasse oder Volkseigentum in Rechtsträgerschaft einer Sparkasse,
   b) ein anderes Kreditinstitut, Volkseigentum in Rechtsträgerschaft eines Kreditinstituts, eine Versicherung oder eine bergrechtliche Gewerkschaft,
   c) Volkseigentum in Rechtsträgerschaft des Staatshaushalts oder eines zentralen Organs der Deutschen Demokratischen Republik, des Magistrats von Berlin, des Rates eines Bezirks, Kreises oder Stadtbezirks, des Rates einer Stadt oder sonstiger Verwaltungsstellen oder staatlicher Einrichtungen,
   d) eine juristische Person des öffentlichen Rechts oder ein Sondervermögen einer solchen Person, mit Ausnahme jedoch des Reichseisenbahnvermögens und des Sondervermögens Deutsche Post,

eingetragen ist, wenn die grundbuchmäßigen Erklärungen von der Bewilligungsstelle abgegeben werden; § 27 der Grundbuchordnung bleibt unberührt. Bewilligungsstelle ist in den Fällen des Satzes 1 Buchstabe a die Sparkasse, in deren Geschäftsgebiet das Grundstück, Gebäude oder sonstige grundstücksgleiche Recht liegt, und in Berlin die Landesbank, in den übrigen Fällen des Satzes 1 jede Dienststelle des Bundes oder einer bundesunmittelbaren Körperschaft oder Anstalt des öffentlichen Rechts. Für die Löschung

a) von Vermerken über die Entschuldung der Klein- und Mittelbauern beim Eintritt in Landwirtschaftliche Produktionsgenossenschaften auf Grund des Gesetzes vom 17. Februar 1954 (GBl. Nr. 23 S. 224),
b) von Verfügungsbeschränkungen zugunsten juristischer Personen des öffentlichen Rechts, ihrer Behörden oder von Rechtsträgern sowie
c) von Schürf- und Abbauberechtigungen

gilt Satz 1 entsprechend; Bewilligungsstelle ist in den Fällen des Buchstabens a die Staatsbank Berlin, im übrigen jede Dienststelle des Bundes. Die Bewilligungsstellen können durch dem Grundbuchamt nachzuweisende Erklärung sich wechselseitig oder andere öffentliche Stellen zur Abgabe von Erklärungen nach Satz 1 ermächtigen. In den vorgenannten Fällen findet § 39 der Grundbuchordnung keine Anwendung. Der Vorlage eines Hypotheken-, Grundschuld- oder Rentenschuldbriefes bedarf es nicht; dies gilt auch bei Eintragung eines Zustimmungsvorbehalts nach § 11 c des Vermögensgesetzes.

(2) Als Grundbuch im Sinne der Grundbuchordnung gilt ein Grundbuchblatt, das unter den in Absatz 1 Nr. 5 genannten Voraussetzungen vor Inkrafttreten dieser Verordnung ohne ein Verfahren nach dem Sechsten Abschnitt der Grundbuchordnung oder den §§ 7 bis 17 der Verordnung zur Ausführung der Grundbuchordnung in ihrer im Bundesgesetzblatt Teil III, Gliederungsnummer 315-11-2, veröffentlichten bereinigten Fassung vom 8. August 1935 (RGBl. I S. 1089), die durch Artikel 4 Abs. 1 Nr. 1 des Gesetzes vom 20. Dezember 1993 (BGBl. I S. 2182) aufgehoben worden ist, angelegt worden ist.

(3) Bei Eintragungen, die in den Fällen des Absatzes 1 Nr. 6 vor dessen Inkrafttreten erfolgt oder beantragt worden sind, gilt für das Grundbuchamt der Nachweis der Verfügungsbefugnis als erbracht, wenn die Bewilligung von einer der in Absatz 1 Nr. 6 genannten Bewilligungsstellen oder von der Staatsbank Berlin erklärt worden ist. Auf die in Absatz 1 Nr. 6 Satz 2 und 3 bestimmten Zuständigkeiten kommt es hierfür nicht an.

§ 106[31] [Anwendung des § 85 Absatz 2 a]

§ 85 Abs. 2 a ist auch auf Genehmigungen und Vereinbarungen anzuwenden, die vor dem 23. Juli 1997 erlassen oder abgeschlossen worden sind.

§ 107[32] [Übergangsregelung]

Die §§ 10 und 11 in der seit dem 24. Februar 1999 geltenden Fassung sind auch auf Eintragungen anzuwenden, die vor diesem Zeitpunkt beantragt, aber zu diesem Zeitpunkt noch nicht vorgenommen worden sind. § 83 in der seit dem 24. Februar 1999 geltenden Fassung ist auch auf Kopien und Ausdrucke von Protokollen anzuwenden, die vor diesem Zeitpunkt hergestellt worden sind.

---

[31] § 106 angefügt durch die 2. EDVGB-ÄndV vom 11. 7. 1997 (BGBl. I S. 1808).

[32] § 107 angefügt durch die VO vom 10. 2. 1999 (BGBl. I S. 147, 155).

Anlagen 1 bis 10 b
zur Grundbuchverfügung

Inhaltsübersicht

Anlage 1	(zu § 22 GBV) Grundbuchblatt
Anlage 2 a	(zu § 31 GBV) Unübersichtliches Grundbuch
Anlage 2 b	(zu § 31 GBV) Neues Grundbuchblatt
Anlage 3	(zu § 52 Abs. 1 GBV) Hypothekenbrief
Anlage 4	(zu § 52 Abs. 1 GBV) Teilhypothekenbrief
Anlage 5	(zu § 52 Abs. 1 GBV) Hypothekenbrief über eine Gesamthypothek
Anlage 6	(zu § 52 Abs. 1 GBV) Gemeinschaftlicher Hypothekenbrief
Anlage 7	(zu § 52 Abs. 1 GBV) Grundschuldbrief
Anlage 8	(zu § 52 Abs. 1 GBV) Rentenschuldbrief
Anlage 9	(zu § 58 GBV) Erbbaugrundbuchblatt
Anlage 10 a	(zu § 69 Abs. 4 GBV) In Papierform geführtes Grundbuchblatt
Anlage 10 b	(zu § 69 Abs. 4 GBV) Maschinell geführtes Grundbuchblatt

Hinweis

Im Zuge der Neufassung der Grundbuchverfügung vom 24. 1. 1995 wurden die Anlagen 1 bis 10 b ebenfalls neu gefaßt. Bei dem in Papierform geführten Grundbuch sind die Aufschrift eines Grundbuchblatts und die Blätter des Bestandsverzeichnisses weiß; die Blätter der ersten Abteilung sind rosa, die der zweiten Abteilung gelb und die der dritten Abteilung grün unterlegt. Diese farbliche Gestaltung ist hier nicht wiedergegeben.

Anlage 1
(zu § 22)

Muster

(Grundbuchblatt)

Amtsgericht

Köln

Grundbuch

von

Worringen

Grundbuchblatt-Nr.

0100

Amtsgericht Köln **Grundbuch von** Worringen **Blatt** 0100 **Bestandsverzeichnis** 1

Laufende Nummer der Grundstücke	Bisherige laufende Nummer der Grundstücke	Bezeichnung der Grundstücke und der mit dem Eigentum verbundenen Rechte: Gemarkung (Vermessungsbezirk)	Karte: Flur	Karte: Flurstück	Liegenschaftsbuch	Wirtschaftsart und Lage	Größe: ha	Größe: a	Größe: m²
		a	b		c/d	e			
1	2	3					4		
1		Worringen	1	100		Freifläche Alte Neußer Landstraße		10	10
2	1	Worringen	1	101		Weg Alte Neußer Landstraße			90
3	1	Worringen	1	102		Gebäude- und Freifläche Alte Neußer Landstraße 100		9	10
4		Worringen	1	200		Landwirtschaftsfläche Alte Neußer Landstraße		5	00
5		Worringen	1	310		Gartenland		2	00
6	3,5	Worringen	1 1	102 310		Gebäude- und Freifläche Alte Neußer Landstraße 100 Gartenland		11	10
7 ---- zu 6		1/10 Miteigentumsanteil an dem Grundstück Worringen	1	110		Weg Alte Neußer Landstraße		1	00

Bestand und Zuschreibungen		Abschreibungen	
Zur laufenden Nummer der Grundstücke		Zur laufenden Nummer der Grundstücke	
5	6	7	8
1	Aus Blatt 0200 am 5. Januar 1993. Neumann Götz	2	Nach Blatt 0001 am 15. April 1993. Neumann Götz
1,2,3	Lfd. Nr. 1 geteilt und fortgeschrieben gemäß VN Nr. 100/93 in Nrn. 2 und 3 am 15. April 1993. Neumann Götz		
4,5	Aus Blatt 0250 am 10. Mai 1993. Neumann Götz		
3,5,6	Lfd. Nr. 5 der Nr. 3 als Bestandteil zugeschrieben und unter Nr. 6 neu eingetragen am 9. Juni 1993. Neumann Götz		
7 ---- zu 6	Aus Blatt 0300 am 12. Juli 1993. Neumann Götz		

Amtsgericht Köln **Grundbuch von** Worringen **Blatt** 0100 **Erste Abteilung** 1

Laufende Nummer der Eintragungen	Eigentümer	Laufende Nummer der Grundstücke im Bestandsverzeichnis	Grundlage der Eintragung
1	2	3	4
1	M ü l l e r, Friedrich, geb. am 5. Juli 1944, Alte Neußer Landstraße 100, 5000 Köln 71	1	Aufgelassen am 14. Oktober 1992, eingetragen am 5. Januar 1993. Neumann Götz
		4,5	Aufgelassen am 11. November 1992, eingetragen am 10. Mai 1993. Neumann Götz
		7/zu 6	Das bisher in Blatt 0300 eingetragene Eigentum aufgrund Auflassung vom 15. April 1993 und Buchung gemäß § 3 Abs. 3 GBO hier eingetragen am 12. Juli 1993. Neumann Götz
2a)	S c h u m a c h e r, Ute geb. Müller, geb. am 12. Mai 1966, Grundermühle 7, 51515 Kürten	4,6,7	Erbfolge (33 VI 250/94 AG Köln), eingetragen am 7. Dezember 1994. Neumann Götz
b)	M ü l l e r, Georg, geb. am 6. März 1968, Kemperbachstraße 48, 51069 Köln - in Erbengemeinschaft -		

Laufende Nummer der Eintragungen	Eigentümer	Laufende Nummer der Grundstücke im Bestandsverzeichnis	Grundlage der Eintragung
1	2	3	4

Amtsgericht Köln **Grundbuch von** Worringen **Blatt** 0100 **Zweite Abteilung** 1

Laufende Nummer der Eintragungen	Laufende Nummer der betroffenen Grundstücke im Bestandsverzeichnis	Lasten und Beschränkungen
1	2	3
1	4,6,7	Nießbrauch für Müller, Gerhard, geb. am 23. April 1918, Alte Neußer Landstraße 100, 50769 Köln, befristet, löschbar bei Todesnachweis. Unter Bezugnahme auf die Bewilligung vom 15. April 1993 - URNr. 400/93 Notar Dr. Schmitz in Köln - eingetragen am 12. Juli 1993. Neumann Götz
2	4,6	Widerspruch gegen die Eintragung des Eigentümers des Friedrich Müller zugunsten des Josef Schmitz, geb. am 26. Juli 1940, Rochusstraße 300, 50827 Köln. Unter Bezugnahme auf die einstweilige Verfügung des Landgerichts Köln vom 30. Juli 1993 - 10 O 374/93 - eingetragen am 3. August 1993. Neumann Götz
3	4	Dienstbarkeit (Wegerecht) für den jeweiligen Eigentümer des Grundstücks Flur 1 Nr. 201 (derzeit Blatt 0250). Unter Bezugnahme auf die Bewilligung vom 11. November 1992 - URNr. 2231/92 Notar Dr. Schneider in Köln - eingetragen am 4. August 1993. Neumann Götz

Veränderungen		Löschungen	
Laufende Nummer der Spalte 1		Laufende Nummer der Spalte 1	
4	5	6	7
		2	Gelöscht am 31. August 1993 Neumann Götz

Amtsgericht Köln **Grundbuch von** Worringen **Blatt** 0100 **Dritte Abteilung** 1

Laufende Nummer der Eintragungen	Laufende Nummer der belasteten Grundstücke im Bestandsverzeichnis	Betrag	Hypotheken, Grundschulden, Rentenschulden
1	2	3	4
1	3,4,5,6	~~10.000,00 DM~~ 5.000,00 DM	Grundschuld - ohne Brief - zu zehntausend Deutsche Mark für die Stadtsparkasse Köln in Köln; 18% Zinsen jährlich; vollstreckbar nach § 800 ZPO. Unter Bezugnahme auf die Bewilligung vom 19. April 1993 - URNr. 420/93 Notar Dr. Schmitz in Köln - eingetragen am 9. Juni 1993. Gesamthaft: Blätter 0100 und 0550. Neumann Götz
2	4,6	20.000,00 DM - 5.000,00 DM 15.000,00 DM	Hypothek zu zwanzigtausend Deutsche Mark für Bundesrepublik Deutschland (Wohnungsfürsorge); 12% Zinsen jährlich; 2% bedingte Nebenleistung einmalig. Unter Bezugnahme auf die Bewilligung vom 6. Oktober 1993 - URNr. 1300/93 Notar Dr. Schmitz in Köln -. Vorrangsvorbehalt für Grundpfandrechte bis zu DM 100.000,00; bis 20% Zinsen jährlich; bis 10% Nebenleistungen einmalig; inhaltlich beschränkt. Eingetragen am 15. November 1993. Neumann Götz
3	4,6,7	100.000,00 DM	Grundschuld zu einhunderttausend Deutsche Mark für Inge Müller geb. Schmidt, geb. am 12. Mai 1952, Alte Neußer Landstraße 100, 50769 Köln, 18% Zinsen jährlich. Unter Bezugnahme auf die Bewilligung vom 3. Januar 1994 - URNr. 2/94 Notar Dr. Klug in Köln -; unter Ausnutzung des Rangvorbehalts mit Rang vor III/2. Eingetragen am 17. Januar 1994. Neumann Götz

Veränderungen			Löschungen		
Laufende Nummer der Spalte 1	Betrag		Laufende Nummer der Spalte 1	Betrag	
5	6	7	8	9	10
2	20.000,00 DM	Dem Recht Abt. III Nr. 3 ist der vorbehaltene Vorrang eingeräumt. Eingetragen am 17. Januar 1994. Neumann Götz	2	5.000,00 DM	Fünftausend Deutsche Mark gelöscht am 4. Oktober 1994. Neumann Götz
3	100.000,00 DM	Gepfändet mit den Zinsen seit dem 30. Juni 1994 für die Haftpflicht-Versicherungs-Aktiengesellschaft in Köln wegen einer Forderung von DM 65.800,00 mit 9% Zinsen aus DM 59.600,00 seit dem 18. Juni 1992. Gemäß Pfändungs- und Überweisungsbeschluß des Amtsgerichts Köln vom 15. Juni 1994 - 183 M 750/94 - eingetragen am 20. Juni 1994. Neumann Götz	3 3a 3b	20.000,00 DM 60.000,00 DM 20.000,00 DM	Pfändungsvermerk vom 26. Juli 1994 gelöscht am 4. Oktober 1994. Neumann Götz
1	5.000,00 DM	Das Recht ist gemäß § 1132 Abs. 2 BGB derart verteilt, daß die hier eingetragenen Grundstücke nur noch haften für fünftausend Deutsche Mark. Die Mithaft in Blatt 0550 ist erloschen. Eingetragen am 1. Juli 1994. Neumann Götz			

Amtsgericht Köln **Grundbuch von** Worringen **Blatt** 0100 **Dritte Abteilung** 1 R

Laufende Nummer der Eintragungen	Laufende Nummer der belasteten Grundstücke im Bestandsverzeichnis	Betrag	Hypotheken, Grundschulden, Rentenschulden
1	2	3	4
4	4	8.200,00 DM	Zwangssicherungshypothek zu achttausendzweihundert Deutsche Mark für die Schmidt & Müller oHG, Köln, Wienerplatz 2, 51065 Köln, mit 8% Zinsen jährlich aus DM 7.180,00 seit dem 20. Oktober 1994. Gemäß Urteil des Amtsgerichts Köln vom 2. November 1994 - 115 C 1500/94 - eingetragen am 1. Dezember 1994. Neumann Götz
5	4,6,7	30.000,00 DM	Sicherungshypothek zum Höchstbetrag von dreißigtausend Deutsche Mark für die Stadt Köln - Amt für Wohnungswesen. Unter Bezugnahme auf die Bewilligung vom 3. November 1994 - URNr. 1400/94 Notar Dr. Schmitz in Köln - eingetragen am 5. Dezember 1994. Neumann Götz

Veränderungen			Löschungen		
Laufende Nummer der Spalte 1	Betrag		Laufende Nummer der Spalte 1	Betrag	
5	6	7	8	9	10
3 3 3a 3b	100.000,00 DM 20.000,00 DM 60.000,00 DM 20.000.00 DM	Das Recht ist geteilt in zwanzigtausend Deutsche Mark erstrangig –, sechzigtausend Deutsche Mark zweitrangig –, zwanzigtausend Deutsche Mark drittrangig –. Eingetragen am 1. August 1994. Neumann Götz			
3a	60.000,00 DM	Abgetreten mit den Zinsen seit dem 17. Januar 1994 an die Kölner Bausparkasse Aktiengesellschaft in Köln. Eingetragen am 1. August 1994. Neumann Götz			

Fortsetzung auf Einlegebogen!

Anlage 2 a
(zu § 31)

Muster

(Unübersichtliches Grundbuchblatt)

Grundbuchamt
Leipzig

Grundbuch
von
Gohlis

Blatt 1435

Wegen Unübersichtlichkeit geschlossen und auf das Blatt 11312 umgeschrieben am 04.10.1994.
Scholze

Grundbuchamt Leipzig | **Einlegebogen**

Grundbuch von Gohlis | **Blatt** 1435 | **Bestandsverzeichnis** 1

Lfd. Nr. der Grundstücke	Bisherige lfd. Nr. der Grundstücke	Bezeichnung der Grundstücke und der mit dem Eigentum verbundenen Rechte		Größe
		Gemarkung (nur bei Abweichung vom Grundbuchbezirk angeben) Flurstück	Wirtschaftsart und Lage	m²
		a/b	c	
1	2	3		4
1	–	1327	Freifläche	141 67 09
2	–	Stötteritz		
		110	Gartenfläche	10 53
		111	Landwirtschaftsfläche	90 00
		112	Gartenfläche	10 00
3	–	66	Gartenfläche	15 06
4	–	73	Dresdner Str. 54, Gebäude- und Freifläche	25 08
5	3,4	73	Dresdner Str. 54, Gebäude- und Freifläche	25 08
		66	Gartenfläche	15 06
6	R.v.5	73	Dresdner Str. 54, Gebäude- und Freifläche	25 08
		66	Gartenfläche	9 02
7	R.v.2	Stötteritz		
		112	Gartenfläche	10 00
8 ---- zu 6		Geh- und Fahrtrecht an dem Grundstück Gohlis Flste. 74, 75; Grundbuch von Gohlis Blatt 2487.		
9	6,7	73	Dresdner Str. 54, Gebäude- und Freifläche	25 08
		66	Gartenfläche	9 02
		Stötteritz		
		112	Gartenfläche	10 00
10 ---- zu 6	–	Das Geh- und Fahrtrecht lastet nur noch an Flst. 74; Grundbuch von Gohlis Blatt 2487.		
11	T.v.9	73	Dresdner Str. 54, Gebäude- und Freifläche	25 08
		Stötteritz		
		112	Gartenfläche	10 00
12	T.v.9	66	Gartenfläche	9 02

Grundbuchamt Leipzig | **Einlegebogen**

Grundbuch von Gohlis | **Blatt** 1435 | **Bestandsverzeichnis** 1 **R**

Bestand und Zuschreibungen		Abschreibungen	
Zur lfd. Nr. der Grundstücke		Zur lfd. Nr. der Grundstücke	
5	6	7	8
1	Von Blatt 428 hierher übertragen am 04.10.1990. Dehn	1	Übertragen nach Blatt 3155 am 02.12.1991. Müller
2	Von Stötteritz Blatt 112 hierher übertragen am 05.11.1990. Müller	5,6	Veränderungsnachweis 54/92: BVNr. 5 geteilt; Flst. 102/66 übertragen nach Blatt 3900; Rest als BVNr. 6 neu vorgetragen am 05.02.1992. Müller
3	Von Blatt 27 hierher übertragen am 03.04.1991. Müller		
3,4,5	BVNr. 4 von Blatt 212 hierher übertragen, mit BVNr. 3 vereinigt und als BVNr. 5 neu vorgetragen am 20.09.1991. Müller	2,7	BVNr. 2 geteilt; Flste. 110, 111 übertragen nach Blatt 3796; Rest als BVNr. 7 neu vorgetragen am 11.06.1992. Lehmann
8 ---- zu 6	Hier vermerkt am 03.08.1992. Lehmann		
6,7,9	BVNr. 7 der BVNr. 6 als Bestandteil zugeschrieben und als BVNr. 9 neu vorgetragen am 02.12.1992. Lehmann		
10 ---- zu 6	Hier vermerkt am 08.12.1992. Lehmann		
9,11,12	BVNr. 9 geteilt in BVNrn. 11, 12 am 10.12.1992. Lehmann		

Fortsetzung auf Einlegebogen

Grundbuchamt Leipzig Einlegebogen

Grundbuch von Gohlis **Blatt** 1435 **Erste Abteilung** 1

Lfd. Nr. der Eintragungen	Eigentümer	Lfd. Nr. der Grundstücke im Bestandsverzeichnis	Grundlage der Eintragung
1	2	3	4
1	Gerber, Hans, geb. am 12.06.1916, Leipzig	1	Auflassung vom 20.09.1990; eingetragen am 04.10.1990. Dehn
		2	Auflassung vom 15.10.1990; eingetragen am 05.11.1990. Müller
		3	Auflassung vom 05.02.1991; eingetragen am 03.04.1991. Müller
2a	Gerber, Friedrich, geb. am 06.04.1942, Leipzig	1,2,3	Erbfolge vom 07.04.1991; Erbschein des Amtsgerichts Leipzig vom 17.04.1991 (VI 2554/91); eingetragen am 08.05.1991. Müller
b	Gerber, Max, geb. am 29.07.1939, Magdeburg		
c	Stumpf, Ella geb. Gerber, geb. am 21.09.1949, Berlin – in Erbengemeinschaft –		
3	Gerber, Friedrich, geb. am 06.04.1942, Leipzig	1,2,3	Auflassung vom 13.05.1991; eingetragen am 03.06.1991. Müller
		4	Ohne Eigentumswechsel; eingetragen am 20.09.1991. Müller
		8 ---- zu 6	In Blatt 2487 eingetragen am 04.11.1991; hier vermerkt am 03.08.1992. Lehmann
4a	Gerber, Friedrich, geb. am 06.04.1942, Leipzig;	6,7, 8 ---- zu 6	Ehevertrag vom 18.02.1992; eingetragen am 01.10.1992. Lehmann
b	Gerber, Amalie geb. Evers, geb. am 16.02.1948, Leipzig; – in Gütergemeinschaft –		

Grundbuchamt Leipzig

Einlegebogen

Grundbuch von Gohlis **Blatt** 1435 **Erste Abteilung** 1 R

Lfd. Nr. der Eintragungen	Eigentümer	Lfd. Nr. der Grundstücke im Bestandsverzeichnis	Grundlage der Eintragung
1	2	3	4

Fortsetzung auf Einlegebogen

Grundbuchamt Leipzig

Grundbuch von Gohlis **Blatt** 1435 **Zweite Abteilung** Einlegebogen 1

Lfd. Nr. der Eintragungen	Lfd. Nr. der betroffenen Grundstücke im Bestandsverzeichnis	Lasten und Beschränkungen
1	2	3
1	1	Vorkaufsrecht für alle Verkaufsfälle für die Stadt Leipzig; gemäß Bewilligung vom 12.10.1990 eingetragen am 15.10.1990. Müller
2	2,7	Reallast (Geldrente) für die Stiftung „St. Laurentius", Leipzig; gemäß Bewilligung vom 02.11.1990 eingetragen am 07.11.1990. Müller
3	5	Geh- und Fahrtrecht für den jeweiligen Eigentümer des Flst. 85 (Grundbuch von Gohlis Blatt 19); gemäß Bewilligung vom 01.10.1991 eingetragen am 14.10.1991. Müller
4	2	Auflassungsvormerkung für Mühleisen, Franz, geb. am 14.04.1940, Dresden; gemäß einstweiliger Verfügung des Kreisgerichts Leipzig-Stadt vom 01.04.1992 - 38 Z 122/92 - eingetragen am 05.05.1992. Müller
5	12	Erbbaurecht auf die Dauer von 99 Jahren seit Eintragung für die Gemeinnützige Baugenossenschaft Leipzig-Mitte e.G., Leipzig; unter Bezugnahme auf BVNr. 1 des Erbbaugrundbuchs Gohlis Blatt 4128 eingetragen am 11.12.1992. Lehmann
6	11	Die Zwangsversteigerung ist durch Beschluß des Amtsgerichts Leipzig vom 16.02.93 - K 187/92 - angeordnet; eingetragen am 17.02.1993. Späth
7	11	Vorgemerkt gemäß § 18 Abs. 2 GBO: Nießbrauch für Frey, Adele geb. Gerber, geb. am 12.02.1925, Meißen; gemäß Bewilligung vom 01.06.1994 (Notar Behringer, Eilenburg, URNr. 1343/94) von Amts wegen eingetragen am 30.09.1994. Keller

Grundbuchamt Leipzig

Einlegebogen

Grundbuch von Gohlis **Blatt** 1435 **Zweite Abteilung** 1 R

Veränderungen		Löschungen	
Lfd. Nr. der Spalte 1		Lfd. Nr. der Spalte 1	
4	5	6	7
3	Das Recht ist auf dem Blatt des herrschenden Grundstücks vermerkt; hier vermerkt am 04.11.1991. Müller	1,3	Je gelöscht am 02.12.1991. Müller
2	Zur Mithaft übertragen nach Blatt 3796 am 11.06.1992. Müller	4	Gelöscht am 18.05.1992. Müller
5	Der Inhalt des Erbbaurechts ist gemäß BVNr. 2 des Erbbaugrundbuchs geändert; hier vermerkt am 04.01.1993. Späth	2	Gelöscht am 17.11.1992. Müller
5	Das Erbbaurecht ist übertragen auf die Wohnungsbaugesellschaft Gohlis mbH, Leipzig; eingetragen am 17.08.1993. Keller	6	Gelöscht am 15.03.1993. Späth

Fortsetzung auf Einlegebogen

Grundbuchamt Leipzig | Einlegebogen
Grundbuch von Gohlis | **Blatt** 1435 | **Dritte Abteilung** 1

Lfd. Nr. der Eintragungen	Lfd. Nr. der belasteten Grundstücke im Bestandsverzeichnis	Betrag	Hypotheken, Grundschulden, Rentenschulden
1	2	3	4
1	2,7, 9 (nur Flst.112), 11 (nur Flst.112)	100.000 DM – 50.000 DM 50.000 DM – 10.000 DM 40.000 DM	Hypothek zu einhunderttausend Deutsche Mark für Dr. jur. Schulze, Walter, geb. am 22.05.1930, Görlitz; 14 % Zinsen; vollstreckbar nach § 800 ZPO; gemäß Bewilligung vom 12.10.1990 eingetragen am 23.11.1990. Müller
2	1,2	30.000 DM	Grundschuld ohne Brief zu dreißigtausend Deutsche Mark für die Deutsche Handelsbank AG, Dresden; 15 % Zinsen; vollstreckbar nach § 800 ZPO; gemäß Bewilligung vom 22.11.1990 eingetragen am 03.12.1990. Müller
3	1,2,3, 5	70.000 DM	Hypothek zu siebzigtausend Deutsche Mark für Gruhn, Maria geb. Weiß, geb. am 24.02.1934, Crimmitschau; 6 % Zinsen; vollstreckbar nach § 800 ZPO; gemäß Bewilligung vom 20.02.1991 eingetragen am 18.06.1991. Mithaft: Gohlis Blatt 212 Müller
4	1,2,7, 9 (nur Flst.112), 11 (nur Flst.112)	5.000 DM	Vorgemerkt gemäß § 883 BGB: Sicherungshypothek zu fünftausend Deutsche Mark für Müller, Karl, geb. am 23.06.1938, Grimma; 14 % Zinsen; gemäß Bewilligung vom 10.05.1991 eingetragen am 02.07.1991. Müller Sicherungshypothek zu fünftausend Deutsche Mark für Müller, Karl, geb. am 23.06.1938, Grimma; 14 % Zinsen; gemäß Bewilligung vom 10.05.1991 eingetragen am 01.08.1991. Müller
5	1	60.000 DM	Rentenschuld zu dreitausend Deutsche Mark jährlich; Ablösebetrag sechzigtausend Deutsche Mark für die Stadt Leipzig; gemäß Bewilligung vom 28.06.1991 eingetragen am 02.07.1991. Müller

Grundbuchamt Leipzig

Grundbuch von Gohlis **Blatt** 1435 **Dritte Abteilung** Einlegebogen 1 R

Veränderungen			Löschungen		
Lfd. Nr. der Spalte 1	Betrag		Lfd. Nr. der Spalte 1	Betrag	
5	6	7	8	9	10
1a	30.000 DM	Erstrangiger Teilbetrag von dreißigtausend Deutsche Mark mit Zinsen seit 01.01.1991 abgetreten an den Freistaat Sachsen; eingetragen am 15.01.1991. Rennert	1	50.000 DM	Fünfzigtausend Deutsche Mark gelöscht am 16.01.1991. Rennert
1b	20.000 DM	Zwanzigtausend Deutsche Mark mit den Zinsen seit 01.10.1990 abgetreten an Rausch, Franz, geb. am 15.11.1954, Lommatzsch; eingetragen am 02.05.1991. Rennert	2	30.000 DM	Verfügungsverbot gelöscht am 21.05.1991. Rennert
2	30.000 DM	Verfügungsverbot für Schmidt, Bruno, geb. am 31.03.1936, Leipzig; gemäß einstweiliger Verfügung des Kreisgerichts Leipzig-Stadt vom 13.05.1991 - 38 Z 200/91 - eingetragen am 17.05.1991. Müller	1b	10.000 DM	Zehntausend Deutsche Mark gelöscht am 15.08.1991. Müller
1bI	10.000 DM	Erstrangiger Teilbetrag von zehntausend Deutsche Mark mit den Zinsen seit 01.01.1991 abgetreten an Martens, Paul, geb. am 24.08.1947, Leipzig; eingetragen am 29.05.1991. Müller	3	70.000 DM	Gelöscht am 02.10.1991. Müller
2	30.000 DM	Ausschluß der Brieferteilung aufgehoben; eingetragen am 04.07.1991. Müller	2	30.000 DM	Gelöscht am 11.11.1991. Müller
3	70.000 DM	Durch Erbfolge vom 14.05.1991 (Erbschein des Kreisgerichts Werdau vom 15.07.1991, VI 455/91) übergegangen auf Gruhn, Karl, geb. am 12.04. 1959, Chemnitz; Nacherbfolge ist angeordnet; Nacherbe ist Gruhn, Emil, geb am 23.03. 1963, Chemnitz; die Nacherbfolge tritt ein mit dem Tode des Vorerben; der Vorerbe ist von den gesetzlichen Beschränkungen nicht befreit; eingetragen am 12.09.1991. Müller	5	60.000 DM	Gelöscht am 25.07.1991. Müller

Fortsetzung auf Einlegebogen

Grundbuchamt Leipzig Einlegebogen

Grundbuch von Gohlis **Blatt** 1435 **Dritte Abteilung** 2

Lfd. Nr. der Ein-tragungen	Lfd. Nr. der belasteten Grundstücke im Bestands-verzeichnis	Betrag	Hypotheken, Grundschulden, Rentenschulden
1	2	3	4

Grundbuchamt Leipzig **Einlegebogen**

Grundbuch von Gohlis **Blatt** 1435 **Dritte Abteilung** 2 R

Veränderungen			Löschungen		
Lfd. Nr. der Spalte 1	Betrag		Lfd. Nr. der Spalte 1	Betrag	
5	6	7	8	9	10
3	70.000 DM	Das mithaftende Grundstück Blatt 212 ist als BVNr. 4 hierher übertragen am 20.09.1991. Müller			
4	5.000 DM	An BVNr. 1 gelöscht am 11.11. 1991. Müller			
4	5.000 DM	Der Gläubiger hat auf das Recht verzichtet; als Grundschuld ohne Brief umgeschrieben auf Gerber, Friedrich, geb. am 06.04.1942, Leipzig; eingetragen am 20.01.1992. Müller			
1a 1bI 4	30.000 DM 10.000 DM 5.000 DM	Zur Mithaft übertragen nach Blatt 3796 am 11.06.1992. Teichmann			
4	5.000 DM	Übergegangen auf Gerber, Friedrich, geb. am 06.04.1942, Leipzig und Gerber, Amalie geb. Evers, geb. am 16.02.1948, Leipzig, in Gütergemeinschaft; eingetragen am 01.10.1992. Teichmann			
4	5.000 DM	Gepfändet für die Westdeutsche Hypothekenbank AG, Frankfurt a.M., wegen einer Forderung von siebentausend Deutsche Mark nebst 14 % Zinsen seit 07.02.1993; gemäß Pfändungs- und Überweisungsbeschluß des Amtsgerichts Grimma vom 03.03.1993 (3 M 143/93) eingetragen am 23.03.1993. Späth			

Fortsetzung auf Einlegebogen

Anlage 2 b
(zu § 31)

Muster

(Neues Grundbuchblatt)*)

Grundbuchamt
Leipzig

Grundbuch

von

Gohlis

Blatt 11312

Dieses Blatt ist an die Stelle des wegen Unübersichtlichkeit geschlossenen Blattes 1435 getreten; eingetragen am 04.10.1994.

Scholze

*) Die Eintragungen sind gemäß § 30 Abs. 1 Buchstabe c Satz 3 der Grundbuchverfügung unter neuen laufenden Nummern in das neue Grundbuchblatt übernommen worden.

Grundbuchamt Leipzig

Grundbuch von Gohlis **Blatt** 11312 **Bestandsverzeichnis** Einlegebogen 1

Lfd. Nr. der Grundstücke	Bisherige lfd. Nr. der Grundstücke	Bezeichnung der Grundstücke und der mit dem Eigentum verbundenen Rechte		Größe
		Gemarkung (nur bei Abweichung vom Grundbuchbezirk angeben) Flurstück	Wirtschaftsart und Lage	m²
		a/b	c	
1	2	3		4
1	-	73	Dresdner Str. 54, Gebäude- und Freifläche	25 08
		Stötteritz 112	Gartenfläche	10 00
2	-	66	Gartenfläche	9 02
3 ------ zu 1,2	-	Geh- und Fahrtrecht an dem Grundstück Gohlis Flst. 74, Grundbuch von Gohlis Blatt 2487.		

Grundbuchamt Leipzig

Einlegebogen

Grundbuch von Gohlis **Blatt** 11312 **Bestandsverzeichnis** 1 **R**

Bestand und Zuschreibungen		Abschreibungen	
Zur lfd. Nr. der Grundstücke		Zur lfd. Nr. der Grundstücke	
5	6	7	8
1,2, 3 ------ zu 1,2	Bei Umschreibung des unübersichtlichen Blattes 1435 als Bestand eingetragen am 04.10.1994. Scholze		

Fortsetzung auf Einlegebogen

Grundbuchamt Leipzig

Einlegebogen

Grundbuch von Gohlis **Blatt** 11312 **Erste Abteilung** 1

Lfd. Nr. der Eintragungen	Eigentümer	Lfd. Nr. der Grundstücke im Bestandsverzeichnis	Grundlage der Eintragung
1	2	3	4
1a	Gerber, Friedrich, geb. am 06.04.1942, Leipzig;	1,2, 3	Ohne Eigentumswechsel; eingetragen am 04.10.1994.
b	Gerber, Amalie geb. Evers, geb. am 16.02.1948, Leipzig;	zu 1,2	Scholze
	- in Gütergemeinschaft -		

Grundbuchamt Leipzig Einlegebogen

Grundbuch von Gohlis **Blatt** 11312 **Erste Abteilung** R

Lfd. Nr. der Ein-tragungen	Eigentümer	Lfd. Nr. der Grund-stücke im Bestands-verzeichnis	Grundlage der Eintragung
1	2	3	4

Fortsetzung auf Einlegebogen

Grundbuchamt Leipzig

Einlegebogen

Grundbuch von Gohlis **Blatt** 11312 **Zweite Abteilung** I

Lfd. Nr. der Eintragungen	Lfd. Nr. der betroffenen Grundstücke im Bestandsverzeichnis	Lasten und Beschränkungen
1	2	3
1	2	Erbbaurecht auf die Dauer von 99 Jahren seit Eintragung für die Wohnungsbaugesellschaft Gohlis mbH, Leipzig; unter Bezugnahme auf BVNr. 1 des Erbbaugrundbuchs Gohlis Blatt 4128 eingetragen am 11.12.1992 und umgeschrieben am 04.10.1994. Scholze
2	1	Vorgemerkt gemäß § 18 Abs. 2 GBO: Nießbrauch für Frey, Adele geb. Gerber, geb. am 12.02.1925, Meißen; gemäß Bewilligung vom 01.06.1994 (Notar Behringer, Eilenburg, URNr. 1343/94) von Amts wegen eingetragen am 30.09.1994 und umgeschrieben am 04.10.1994. Scholze
3	1	Vorkaufsrecht für alle Verkaufsfälle für Frey, Adele geb. Gerber, geb. am 12.02.1925, Meißen; gemäß Bewilligung vom 01.06.1994 (Notar Behringer, Eilenburg, URNr. 1343/94) eingetragen am 04.10.1994. Scholze

Grundbuchamt Leipzig Einlegebogen

Grundbuch von Gohlis **Blatt** 11312 **Zweite Abteilung** 1 R

Veränderungen		Löschungen	
Lfd. Nr. der Spalte 1		Lfd. Nr. der Spalte 1	
4	5	6	7

Fortsetzung auf Einlegebogen

Grundbuchamt Leipzig

Grundbuch von Gohlis **Blatt** 11312 **Einlegebogen** **Dritte Abteilung** 1

Lfd. Nr. der Eintragungen	Lfd. Nr. der belasteten Grundstücke im Bestandsverzeichnis	Betrag	Hypotheken, Grundschulden, Rentenschulden
1	2	3	4
1a	1 (nur Flst. 112)	30.000 DM	Hypothek zu dreißigtausend Deutsche Mark für den Freistaat Sachsen; 14 % Zinsen; vollstreckbar gemäß § 800 ZPO; gemäß Bewilligung vom 12.10.1990 (Notar Dieterlein, Pirna, URNr. 231/90) eingetragen am 23.11.1990 und umgeschrieben am 04.10.1994. Mithaft: Blatt 3796 Gohlis. Scholze
b	1 (nur Flst. 112)	10.000 DM	Hypothek zu zehntausend Deutsche Mark für Martens, Paul, geb. am 24.08.1947, Leipzig; 14 % Zinsen; vollstreckbar gemäß § 800 ZPO; gemäß Bewilligung vom 12.10.1990 (Notar Dieterlein, Pirna, URNr. 231/90) eingetragen am 23.11.1990 und umgeschrieben am 04.10.1994. Mithaft: Blatt 3796 Gohlis. Scholze
2	1 (nur Flst. 112)	5.000 DM	Grundschuld ohne Brief zu fünftausend Deutsche Mark entstanden durch Umwandlung der Sicherungshypothek für Gerber, Friedrich, geb. am 06.04.1942, Leipzig, und Gerber, Amalie geb. Evers, geb. am 16.02.1948, Leipzig, in Gütergemeinschaft; 14 % Zinsen; gemäß Bewilligung vom 10.05.1991 (Notar Dr. Fechter, Leipzig, URNr. 997/91) eingetragen am 01.08.1991 und umgeschrieben am 04.10.1994. Mithaft: Blatt 3796 Gohlis. Scholze

Grundbuchamt Leipzig — Einlegebogen

Grundbuch von Gohlis **Blatt** 11312 **Dritte Abteilung** 1 **R**

Veränderungen			Löschungen		
Lfd. Nr. der Spalte 1	Betrag		Lfd. Nr. der Spalte 1	Betrag	
5	6	7	8	9	10
2	5.000 DM	Gepfändet für die Westdeutsche Hypothekenbank AG, Frankfurt a.M., wegen einer Forderung von siebentausend Deutschen Mark nebst 14 % Zinsen seit 07.02.1993; gemäß Pfändungs- und Überweisungsbeschluß des Amtsgerichts Grimma vom 03.03.1993 (3 M 143/93) eingetragen am 23.03.1993 und umgeschrieben am 04.10.1994. Scholze			

Fortsetzung auf Einlegebogen

Anlage 3
(zu § 52 Abs. 1)

Muster

(Hypothekenbrief)

Deutscher Hypothekenbrief

Noch gültig für
15 000 DM.
Schönberg, den 9. Juli 1981

(Unterschriften)

über

20 000 Deutsche Mark

eingetragen im Grundbuch von
Waslingen (Amtsgericht Schönberg)
Blatt 82 Abteilung III Nr. 3 (drei)

Inhalt der Eintragung:

Nr. 3: 20 000 (zwanzigtausend) Deutsche Mark Kaufpreisforderung mit fünf vom Hundert jährlich verzinslich für Josef Schmitz, geboren am 20. März 1931, Waslingen. Unter Bezugnahme auf die Eintragungsbewilligung vom 1. Dezember 1978 eingetragen am 16. Februar 1979.

Belastetes Grundstück:

Das im Bestandsverzeichnis des Grundbuchs unter Nr. 1 verzeichnete Grundstück.

Schönberg, den 20. Februar 1979

(Siegel oder Stempel)

Amtsgericht

(Unterschriften)

Dem belasteten Grundstück ist am 14. November 1980 das im Bestandsverzeichnis unter Nr. 3 verzeichnete Grundstück als Bestandteil zugeschrieben worden. Infolge der Zuschreibung ist das belastete Grundstück unter Nr. 4 des Bestandsverzeichnisses neu eingetragen worden.

Schönberg, den 13. März 1981

(Siegel oder Stempel)

Amtsgericht

(Unterschriften)

Von den vorstehenden 20 000 DM sind 5 000 (fünftausend) Deutsche Mark nebst den Zinsen seit dem 1. Juli 1981 mit dem Vorrange vor dem Rest abgetreten an den Ingenieur Hans Müller, geboren am 14. Januar 1958, Waslingen. Die Abtretung und die Rangänderung sind am 7. Juli 1981 im Grundbuch eingetragen. Für den abgetretenen Betrag ist ein Teilhypothekenbrief hergestellt.

Schönberg, den 9. Juli 1981

(Siegel oder Stempel)

Amtsgericht

(Unterschriften)

Anlage 4
(zu § 52 Abs. 1)

Muster

(Teilhypothekenbrief)

Deutscher
Teilhypothekenbrief

über

5000 Deutsche Mark

Teilbetrag der Hypothek von 20000 Deutsche Mark

eingetragen im Grundbuch von

Waslingen (Amtsgericht Schönberg)

Blatt 82 Abteilung III Nr. 3 (drei)

Der bisherige Brief über die Hypothek von 20000 Deutsche Mark lautet wie folgt:

Deutscher
Hypothekenbrief

über

20000 Deutsche Mark

eingetragen im Grundbuch von

Waslingen (Amtsgericht Schönberg)

Blatt 82 Abteilung III Nr. 3 (drei)

Inhalt der Eintragung:

Nr. 3: 20000 (zwanzigtausend) Deutsche Mark Kaufpreisforderung mit fünf vom Hundert jährlich verzinslich für Josef Schmitz, geboren am 20. März 1931, Waslingen. Unter Bezugnahme auf die Eintragungsbewilligung vom 1. Dezember 1978 eingetragen am 16. Februar 1979.

Belastetes Grundstück:

Das im Bestandsverzeichnis des Grundbuchs unter Nr. 1 verzeichnete Grundstück.

Schönberg, den 20. Februar 1979

Amtsgericht

(Siegel oder Stempel)

(Abschrift der Unterschriften)

Dem belasteten Grundstück ist am 14. November 1980 das im Bestandsverzeichnis unter Nr. 3 verzeichnete Grundstück als Bestandteil zugeschrieben worden. Infolge der Zuschreibung ist das belastete Grundstück unter Nr. 4 des Bestandsverzeichnisses neu eingetragen worden.

Schönberg, den 13. März 1981

Amtsgericht

(Siegel oder Stempel)

(Abschrift der Unterschriften)

Die vorstehende Abschrift stimmt mit der Urschrift überein.

Von den 20000 DM sind 5000 (fünftausend) Deutsche Mark nebst den Zinsen seit dem 1. Juli 1981 mit dem Vorrange vor dem Rest abgetreten an den Ingenieur Hans Müller, geboren am 14. Januar 1958, Waslingen. Die Abtretung und die Rangänderung sind am 7. Juli 1981 im Grundbuch eingetragen.

Über diese 5000 (fünftausend) Deutsche Mark ist dieser Teilhypothekenbrief hergestellt worden.

Schönberg, den 9. Juli 1981

Amtsgericht

(Siegel oder Stempel)

(Unterschriften)

Anlage 5
(zu § 52 Abs. 1)

Muster
(Hypothekenbrief über eine Gesamthypothek)

Deutscher Hypothekenbrief

über

12 000 Deutsche Mark

Gesamthypothek

eingetragen im Grundbuch von
Waslingen (Amtsgericht Schönberg)
Blatt 30 Abteilung III Nr. 3 (drei)
und ebenda Blatt 31 Abteilung III Nr. 2 (zwei)

Inhalt der Eintragungen:
12 000 (zwölftausend) Deutsche Mark Darlehen mit sechs vom Hundert jährlich verzinslich für Maria Weiß, geborene Grün, geboren am 11. Juli 1925, Waslingen. Unter Bezugnahme auf die Eintragungsbewilligung vom 15. Februar 1979 eingetragen am 15. Mai 1979.

Belastete Grundstücke:

I. Waslingen Blatt 30:
Die im Bestandsverzeichnis des Grundbuchs unter den Nummern 1, 2 und 3 verzeichneten Grundstücke;

II. Waslingen Blatt 31:
Das im Bestandsverzeichnis des Grundbuchs unter Nr. 1 verzeichnete Grundstück.

Schönberg, den 17. Mai 1979

Amtsgericht

(Siegel oder Stempel)

(Unterschriften)

Anlage 6
(zu § 92 Abs. 1)

Muster

(Gemeinschaftlicher Hypothekenbrief)

Deutscher
Hypothekenbrief

über zusammen

8 000 Deutsche Mark

eingetragen im Grundbuch von
Waslingen (Amtsgericht Schönberg)
Blatt 87 Abteilung III Nr. 1 (eins) und 2 (zwei)
mit 6 000 und 2 000 Deutsche Mark

Inhalt der Eintragungen:

Nr. 1: 6 000 (sechstausend) Deutsche Mark Darlehen mit sechs vom Hundert jährlich verzinslich für die Darlehensbank Aktiengesellschaft in Waslingen. Unter Bezugnahme auf die Eintragungsbewilligung vom 5. Januar 1979 eingetragen am 15. Januar 1979.

Nr. 2: 2 000 (zweitausend) Deutsche Mark Darlehen mit sechs vom Hundert jährlich verzinslich für die Darlehensbank Aktiengesellschaft in Waslingen. Unter Bezugnahme auf die Eintragungsbewilligung vom 21. März 1980 eingetragen am 3. April 1980.

Belastetes Grundstück:

Das im Bestandsverzeichnis des Grundbuchs unter Nr. 1 verzeichnete Grundstück.

Dieser Brief tritt für beide Hypotheken jeweils an die Stelle der bisherigen Briefe.

Schönberg, den 9. September 1982

Amtsgericht

(Siegel oder Stempel)

(Unterschriften)

Anlage 7
(zu § 52 Abs. 1)

Muster
(Grundschuldbrief)

Deutscher Grundschuldbrief

über

3 000 Deutsche Mark

eingetragen im Grundbuch von
Waslingen (Amtsgericht Schönberg)
Blatt 84 Abteilung III Nr. 3 (drei)

Inhalt der Eintragung:

Nr. 3: 3 000 (dreitausend) Deutsche Mark Grundschuld mit fünf vom Hundert jährlich verzinslich für Herbert Müller, geboren am 20. Januar 1910, Waslingen. Unter Bezugnahme auf die Eintragungsbewilligung vom 1. März 1979 eingetragen am 23. März 1979.

Belastetes Grundstück:
Das im Bestandsverzeichnis des Grundbuchs unter Nr. 1 verzeichnete Grundstück.

Schönberg, den 26. März 1979

Amtsgericht

(Siegel oder Stempel)

(Unterschriften)

Anlage 8
(zu § 92 Abs. 1)

Muster

(Rentenschuldbrief)

Deutscher
Rentenschuldbrief

über

300 Deutsche Mark

eingetragen im Grundbuch von
Waslingen (Amtsgericht Schönberg)
Blatt 13 Abteilung III Nr. 5 (fünf)

Inhalt der Eintragung:

~~Nr. 5: 300 (dreihundert) Deutsche Mark, vom 1. März 1978 an jährlich am 1. Juli zahlbare Rentenschuld, ablösbar mit sechstausend Deutsche Mark, für die Gemeinde Waslingen. Eingetragen am 1. März 1978.~~

Belastetes Grundstück:
Das im Bestandsverzeichnis des Grundbuchs unter Nr. 1 verzeichnete Grundstück.

Schönberg, den 6. März 1978

Amtsgericht

(Siegel oder Stempel)

(Unterschriften)

Die Rentenschuld ist gelöscht am 25. Juni 1981.

Schönberg, den 25. Juni 1981

Amtsgericht

(Siegel oder Stempel)

(Unterschriften)

Anlage 9
(zu § 58)

Muster

(Erbbaugrundbuchblatt)

Amtsgericht
München

Grundbuch
von
Waslingen

Band 375 **Blatt** 11361

(Erbbaugrundbuch)

Amtsgericht München **Einlegebogen**

Grundbuch von Waslingen **Band** 375 **Blatt** 11361 **Bestandsverzeichnis** 1

Lfd. Nr. der Grundstücke	Bisherige lfd. Nr. der Grundstücke	Bezeichnung der Grundstücke und der mit dem Eigentum verbundenen Rechte		Größe		
		Gemarkung (nur bei Abweichung vom Grundbuchbezirk angeben) Flurstück	Wirtschaftsart und Lage	ha	a	m²
		a/b	c			
1	2	3		4		
1		Erbbaurecht an Grundstück Band 370 Blatt 11180 Bestandsverzeichnis Nr. 2:				
		102/66	Gebäude- und Freifläche, An der Wublitz		25	15
		eingetragen Abt. II/1, bis zum 30.06.2045; Zustimmung des Grundstückseigentümers ist erforderlich zur: Veräußerung, Belastung mit Grundpfandrechten, Reallasten, Dauerwohn-/Dauernutzungsrechten; nebst deren Inhaltsänderung als weitere Belastung; Grundstückseigentümer: Breithaupt Walter, geb. 26.08.1943; gemäß Bewilligung vom 25.07.1994 - URNr. 1000/Notar Dr. Schmidt, Waslingen -; angelegt am 02.08.1994.				
		Fuchs	Körner			
2		Als Eigentümer des belasteten Grundstücks ist am 01.09.1994 eingetragen worden: Geßler Ernst, geb. 28.02.1946; hier vermerkt am 01.09.1994				
		Fuchs	Körner			
3		Der Inhalt des Erbbaurechts ist dahin geändert, daß der Erbbauberechtigte zur Veräußerung des Erbbaurechts nicht der Zustimmung des Grundstückseigentümers bedarf. Eingetragen am 09.09.1994				
		Fuchs	Körner			

Amtsgericht München **Einlegebogen**

Grundbuch von Waslingen **Band** 375 **Blatt** 11361 **Bestandsverzeichnis** 1 **R**

Bestand und Zuschreibungen		Abschreibungen	
Zur lfd. Nr. der Grundstücke		Zur lfd. Nr. der Grundstücke	
5	6	7	8

Fortsetzung auf Einlegebogen

Amtsgericht München **Einlegebogen**

Grundbuch von Waslingen **Band** 375 **Blatt** 11361 **Erste Abteilung** 1

Lfd. Nr. der Eintragungen	Eigentümer	Lfd. Nr. der Grundstücke im Bestandsverzeichnis	Grundlage der Eintragung
1	2	3	4
1	K ö h l e r Max, geb. 14.11.1911	1	Bei Bestellung des Erbbaurechts in Band 370 Blatt 11180 eingetragen und hier vermerkt am 02.08.1994. Fuchs Körner
2	G r a u e r Walter, geb. 16.12.1948	1	Einigung vom 16.08.1994; eingetragen am 15.09.1994. Fuchs Körner

Amtsgericht München **Einlegebogen**

Grundbuch von Waslingen **Band** 375 **Blatt** 11361 **Erste Abteilung** R

Lfd. Nr. der Eintragungen	Eigentümer	Lfd. Nr. der Grundstücke im Bestandsverzeichnis	Grundlage der Eintragung
1	2	3	4

Fortsetzung auf Einlegebogen

Amtsgericht München **Einlegebogen**

Grundbuch von Waslingen **Band** 375 **Blatt** 11361 **Zweite Abteilung** 1

Lfd. Nr. der Eintragungen	Lfd. Nr. der betroffenen Grundstücke im Bestandsverzeichnis	Lasten und Beschränkungen
1	2	3
1	1	Erbbauzins von 500 (fünfhundert) Deutsche Mark jährlich für jeweilige Eigentümer von BVNr. 2 in Band 370 Blatt 11180; gemäß Bewilligung vom 25.07.1994 - URNr. 1000/Notar Dr. Schmidt, Waslingen -; eingetragen am 02.08.1994. Fuchs Körner
2	1	Vorgemerkt nach § 883 BGB: Anspruch auf Einräumung einer Reallast (Erbbauzinserhöhung) für jeweilige Eigentümer von BVNr. 2 in Band 370 Blatt 11180; gemäß Bewilligung vom 25.07.1994 - URNr. 1000/Notar Dr. Schmidt, Waslingen -; eingetragen am 02.08.1994. Fuchs Körner
3	1	Geh- und Fahrtrecht für jeweilige Eigentümer von Flst. 166/10 (BVNr. 3 in Band 200 Blatt 9907); gemäß Bewilligung vom 26.07.1994 - URNr. 555/Notar Uhlig, Waslingen -; eingetragen am 18.08.1994. Fuchs Körner

Amtsgericht München **Einlegebogen**

Grundbuch von Waslingen **Band** 375 **Blatt** 11361 **Zweite Abteilung** 1 R

Veränderungen		Löschungen	
Lfd. Nr. der Spalte 1		Lfd. Nr. der Spalte 1	
4	5	6	7
1	Das Recht ist auf dem Blatt des berechtigten Grundstücks vermerkt. Hier vermerkt am 02.08.1994. Fuchs Körner		

Amtsgericht München **Einlegebogen**

Grundbuch von Waslingen **Band** 375 **Blatt** 11361 **Dritte Abteilung** 1

Lfd. Nr. der Eintragungen	Lfd. Nr. der belasteten Grundstücke im Bestandsverzeichnis	Betrag	Hypotheken, Grundschulden, Rentenschulden
1	2	3	4
1	1	50.000 DM	Grundschuld ohne Brief zu fünfzigtausend Deutsche Mark für Heidemann Ernst, geb. 18.06.1944; 12 % Zinsen jährlich; vollstreckbar nach § 800 ZPO; gemäß Bewilligung vom 23.09.1994; - URNr. 1255/Notar Dr. Schmidt, Waslingen -; eingetragen am 30.09.1994. Fuchs Körner

Amtsgericht München **Einlegebogen**

Grundbuch von Waslingen **Band** 375 **Blatt** 11361 **Dritte Abteilung** **R**

Veränderungen			Löschungen		
Lfd. Nr. der Spalte 1	Betrag		Lfd. Nr. der Spalte 1	Betrag	
5	6	7	8	9	10

Fortsetzung auf Einlegebogen

Anlage 10 a
(zu § 69 Abs. 4)

Muster

(In Papierform geführtes Grundbuchblatt)

Grundbuchamt
Dresden

Grundbuch
von
Dresden-Altstadt I

Blatt 200

Zur Fortführung auf EDV neu gefaßt und geschlossen
am 09. 11. 1994.

Fichtner

Grundbuchamt Dresden

Grundbuch von Dresden-Altstadt I **Blatt** 200 **Bestandsverzeichnis** Einlegebogen 1

Lfd. Nr. der Grundstücke	Bisherige lfd. Nr. der Grundstücke	Bezeichnung der Grundstücke und der mit dem Eigentum verbundenen Rechte		Größe
		Gemarkung (nur bei Abweichung vom Grundbuchbezirk angeben) Flurstück	Wirtschaftsart und Lage	m²
		a/b	c	
1	2	3		4
1	-	Flst. 74/1	Gebäude- und Freifläche Leipziger Straße 4	04 70

Grundbuchamt Dresden

Einlegebogen

Grundbuch von Dresden-Altstadt I **Blatt** 200 **Bestandsverzeichnis** 1 R

Bestand und Zuschreibungen		Abschreibungen	
Zur lfd. Nr. der Grundstücke		Zur lfd. Nr. der Grundstücke	
5	6	7	8
1	Von Blatt 23 hierher übertragen am 10. 09. 1992. Richter		

Fortsetzung auf Einlegebogen

Grundbuchamt Dresden

Einlegebogen

Grundbuch von Dresden-Altstadt I **Blatt** 200 **Erste Abteilung** 1

Lfd. Nr. der Ein-tragungen	Eigentümer	Lfd. Nr. der Grund-stücke im Bestands-verzeichnis	Grundlage der Eintragung
1	2	3	4
1	Gudrun Beckert geb. Braun, geb. am 01. 11. 1939, Dresden	1	Auflassung vom 25. 05. 1992, eingetragen am 10. 09.1992. Richter
2	Simone Franke geb. Beckert, geb. am 06. 10. 1962, Dresden	1	Erbschein des Amtsgerichts Dresden vom 12. 12. 1992 - VI 256/92 -, eingetragen am 15. 01. 1993. Richter

Einlegebogen

Grundbuch von **Blatt** **Erste Abteilung** R

Lfd. Nr. der Eintragungen	Eigentümer	Lfd. Nr. der Grundstücke im Bestandsverzeichnis	Grundlage der Eintragung
1	2	3	4

Fortsetzung auf Einlegebogen

Grundbuchamt Dresden

Grundbuch von Dresden-Altstadt I **Blatt** 200 **Zweite Abteilung** **Einlegebogen** 1

Lfd. Nr. der Eintragungen	Lfd. Nr. der betroffenen Grundstücke im Bestandsverzeichnis	Lasten und Beschränkungen
1	2	3
1	1	Beschränkte persönliche Dienstbarkeit (Wohnungsrecht) für Kathrin Paul geb. Knauth, geb. am 06. 10. 1912, Dresden. Zur Löschung genügt der Nachweis des Todes der Berechtigten. Gemäß Bewilligung vom 25. 05. 1992 (Notar Werner, Pirna, URNr. 434/92); eingetragen am 10. 09. 1992. Richter
2	1	Eigentumsübertragungsvormerkung für Grit Schmied geb. Bauer, geb. am 24. 03. 1964, Dresden. Gemäß Bewilligung vom 22. 10. 1993 (Notar Franz, Freital, URNr. 1234/93); eingetragen am 29. 10. 1993. Richter

Grundbuchamt Dresden

Grundbuch von Dresden-Altstadt I **Blatt** 200 **Zweite Abteilung** Einlegebogen 1 R

Veränderungen		Löschungen	
Lfd. Nr. der Spalte 1		Lfd. Nr. der Spalte 1	
4	5	6	7
2	Rang nach Abt. III Nr. 4, eingetragen am 04. 01. 1994. Thomas	1	Gelöscht am 10. 05. 1994. Thomas
2	Rang nach Abt. III Nr. 5, eingetragen am 02. 11. 1994. Thomas		

Fortsetzung auf Einlegebogen

Grundbuchamt Dresden

Grundbuch von Dresden-Altstadt I **Blatt** 200 **Dritte Abteilung** **Einlegebogen** 1

Lfd. Nr. der Eintragungen	Lfd. Nr. der belasteten Grundstücke im Bestandsverzeichnis	Betrag	Hypotheken, Grundschulden, Rentenschulden
1	2	3	4
1	1	100 000 DM	Grundschuld ohne Brief zu einhunderttausend Deutsche Mark für die Kreissparkasse Boxberg in Boxberg; 15 % Jahreszinsen; vollstreckbar nach § 800 ZPO; gemäß Bewilligung vom 09. 10. 1992 (Notar Wilhelm, Freiberg, URNr. 868/92); eingetragen am 11. 12. 1992. Richter
2	1	25 000 DM	Grundschuld zu fünfundzwanzigtausend Deutsche Mark für die MEIßNER BAUSPARKASSE AG, Meißen; 16 % Jahreszinsen; vollstreckbar nach § 800 ZPO; gemäß Bewilligung vom 22. 01. 1993 (Notar Peter, Plauen, URNr. 44/93); eingetragen am 02. 03. 1993. Richter
3	1	134 000 DM	Grundschuld ohne Brief zu einhundertvierunddreißigtausend Deutsche Mark für die LAUSITZER HYPOTHEKEN- UND WECHSEL-BANK Aktiengesellschaft, Görlitz; 17 % Jahreszinsen; vollstreckbar nach § 800 ZPO; gemäß Bewilligung vom 27. 10. 1993 (Notar Stephan, Bautzen, URNr. 1576/93); eingetragen am 24. 09. 1993. Richter
4	1	350 000 DM	Grundschuld zu dreihundertfünfzigtausend Deutsche Mark für die STADTSPARKASSE COTTA, Cotta; 18 % Jahreszinsen; 3 % einmalige Nebenleistung; vollstreckbar nach § 800 ZPO; Rang vor Abt. II Nr. 2; gemäß Bewilligung vom 11. 01. 1994 (Notarin Cosel, Stolpen, URNr. 56/94); eingetragen am 04. 01. 1994. Thomas
5	1	500 000 DM	Grundschuld zu fünfhunderttausend Deutsche Mark für die VOLKSBANK BÜHLAU eG, Bühlau; 18 % Jahreszinsen; 3 % einmalige Nebenleistung; vollstreckbar nach § 800 ZPO; gemäß Bewilligung vom 14. 10. 1994 (Notar Markus, Esslingen, URNr. 2589/94); eingetragen am 28. 10. 1994. Thomas

Grundbuchamt Dresden | Einlegebogen

Grundbuch von Dresden-Altstadt I **Blatt** 200 **Dritte Abteilung** 1 R

Veränderungen			Löschungen		
Lfd. Nr. der Spalte 1	Betrag		Lfd. Nr. der Spalte 1	Betrag	
5	6	7	8	9	10
5	500 000 DM	Rang vor Abt. II Nr. 2, eingetragen am 02. 11. 1994. Thomas	1	100 000 DM	Gelöscht am 01. 06. 1994. Thomas
			2	25 000 DM	Gelöscht am 10. 08. 1994. Thomas
			4	350 000 DM	Gelöscht am 28. 10. 1994. Thomas

Fortsetzung auf Einlegebogen

Anlage 10 b
(zu § 69 Abs. 4)

Muster

(Maschinell geführtes Grundbuchblatt)*)

Grundbuchamt
Dresden

Grundbuch

von

Dresden-Altstadt I

Blatt 200

Dieses Blatt ist zur Fortführung auf EDV neu gefaßt worden und dabei an die Stelle des bisherigen Blattes getreten. In dem Blatt enthaltene Rötungen sind schwarz sichtbar.
Freigegeben am 09. 11. 1994.

Fichtner

*) Die für das in Papierform geführte Grundbuch vorgesehene farbliche Gestaltung einschließlich der roten Unterstreichung ist zulässig.

Grundbuchamt Dresden

Einlegebogen

Grundbuch von Dresden-Altstadt I **Blatt** 200 **Bestandsverzeichnis** 1

Lfd. Nr. der Grundstücke	Bisherige lfd. Nr. der Grundstücke	Bezeichnung der Grundstücke und der mit dem Eigentum verbundenen Rechte		Größe
		Gemarkung (nur bei Abweichung vom Grundbuchbezirk angeben) Flurstück	Wirtschaftsart und Lage	m²
		a/b	c	
1	2	3		4
1	-	Flst. 74/1	Gebäude- und Freifläche Leipziger Straße 4	04 70

Grundbuchamt Dresden

Einlegebogen

Grundbuch von Dresden-Altstadt I **Blatt** 200 **Bestandsverzeichnis** 1 **R**

Bestand und Zuschreibungen		Abschreibungen	
Zur lfd. Nr. der Grundstücke		Zur lfd. Nr. der Grundstücke	
5	6	7	8
1	Bei Neufassung des Bestandsverzeichnisses als Bestand eingetragen am 09. 11. 1994.		

Fortsetzung auf Einlegebogen

Grundbuchamt Dresden

Einlegebogen

Grundbuch von Dresden-Altstadt I **Blatt** 200 **Erste Abteilung** 1

Lfd. Nr. der Eintragungen	Eigentümer	Lfd. Nr. der Grundstücke im Bestandsverzeichnis	Grundlage der Eintragung
1	2	3	4
1	Simone Franke geb. Beckert, geb. am 06. 10. 1962, Dresden	1	Bei Neufassung der Abteilung ohne Eigentumswechsel eingetragen am 09. 11. 1994.

Grundbuchamt Dresden
Grundbuch von Dresden-Altstadt I **Blatt** 200 **Einlegebogen** **Zweite Abteilung** 1

Lfd. Nr. der Ein-tragungen	Lfd. Nr. der betroffenen Grundstücke im Bestands-verzeichnis	Lasten und Beschränkungen
1	2	3
1	1	Eigentumsübertragungsvormerkung für Grit Schmied geb. Bauer, geb. am 24. 03. 1964, Dresden. Gemäß Bewilligung vom 22. 10. 1993 (Notar Franz, Freital, URNr. 1234/93); eingetragen am 29. 10. 1993 (ehem. Abt. II lfd. Nr. 2). Rang nach Abt. III Nr. 2. Bei Neufassung der Abteilung eingetragen am 09. 11. 1994.

Grundbuchamt Dresden | Einlegebogen

Grundbuch von Dresden-Altstadt I **Blatt** 200 **Dritte Abteilung** 1

Lfd. Nr. der Eintragungen	Lfd. Nr. der belasteten Grundstücke im Bestandsverzeichnis	Betrag	Hypotheken, Grundschulden, Rentenschulden
1	2	3	4
1	1	134 000 DM	Grundschuld ohne Brief zu einhundertvierunddreißigtausend Deutsche Mark für die LAUSITZER HYPOTHEKEN- UND WECHSEL-BANK Aktiengesellschaft, Görlitz; 17 % Jahreszinsen; vollstreckbar nach § 800 ZPO; gemäß Bewilligung vom 27. 10. 1993 (Notar Stephan, Bautzen, URNr. 1576/93); eingetragen am 24. 09. 1993 (ehem. Abt. III lfd. Nr. 3).
2	1	500 000 DM	Grundschuld zu fünfhunderttausend Deutsche Mark für die VOLKSBANK BÜHLAU eG, Bühlau; 18 % Jahreszinsen; 3 % einmalige Nebenleistung; vollstreckbar nach § 800 ZPO; gemäß Bewilligung vom 14. 10. 1994 (Notar Markus, Esslingen, URNr. 2589/94); eingetragen am 28. 10. 1994 (ehem. Abt. III lfd. Nr. 5). Rang vor Abt. II Nr. 1. Rechte unter lfd. Nr. 1 bis 2 bei Neufassung der Abteilung eingetragen am 09. 11. 1994.

Anhang 2
Verordnung über die Anlegung und Führung der Wohnungs- und Teileigentumsgrundbücher (Wohnungsgrundbuchverfügung – WGV)

In der Fassung vom 24. Januar 1995

(BGBl. I S. 134)

§ 1

Für die gemäß § 7 Abs. 1, § 8 Abs. 2 des Wohnungseigentumsgesetzes vom 15. März 1951 (Bundesgesetzbl. I S. 175) für jeden Miteigentumsanteil anzulegenden besonderen Grundbuchblätter (Wohnungs- und Teileigentumsgrundbücher) sowie für die gemäß § 30 Abs. 3 des Wohnungseigentumsgesetzes anzulegenden Wohnungs- und Teilerbbaugrundbücher gelten die Vorschriften der Grundbuchverfügung[1] entsprechend, soweit sich nicht aus den §§ 2 bis 5, 8 und 9 etwas anderes ergibt.

§ 2

In der Aufschrift ist unter die Blattnummer in Klammern das Wort „Wohnungsgrundbuch" oder „Teileigentumsgrundbuch" zu setzen, je nachdem, ob sich das Sondereigentum auf eine Wohnung oder auf nicht zu Wohnzwecken dienende Räume bezieht. Ist mit dem Miteigentumsanteil Sondereigentum sowohl an einer Wohnung als auch an nicht zu Wohnzwecken dienenden Räumen verbunden und überwiegt nicht einer dieser Zwecke offensichtlich, so ist das Grundbuchblatt als „Wohnungs- und Teileigentumsgrundbuch" zu bezeichnen.

§ 3

(1) Im Bestandsverzeichnis sind in dem durch die Spalte 3 gebildeten Raum einzutragen:

a) der in einem zahlenmäßigen Bruchteil ausgedrückte Miteigentumsanteil an dem Grundstück;
b) dieBezeichnung des Grundstücks nach den allgemeinen Vorschriften; besteht das Grundstück aus mehreren Teilen, die in dem maßgebenden amtlichen Verzeichnis (§ 2 Abs. 2 der Grundbuchordnung) als selbständige Teile eingetragen sind, so ist bei der Be-

[1] Abgedruckt unter Nr. **1**.

zeichnung des Grundstücks in geeigneter Weise zum Ausdruck zu bringen, daß die Teile ein Grundstück bilden;

c) das mit dem Miteigentumsanteil verbundene Sondereigentum an bestimmten Räumen und die Beschränkung des Miteigentums durch die Einräumung der zu den anderen Miteigentumsanteilen gehörenden Sondereigentumsrechte; dabei sind die Grundbuchblätter der übrigen Miteigentumsanteile anzugeben.

(2) Wegen des Gegenstandes und des Inhalts des Sondereigentums kann auf die Eintragsbewilligung Bezug genommen werden (§ 7 Abs. 3 des Wohnungseigentumsgesetzes); vereinbarte Veräußerungsbeschränkungen (§ 12 des Wohnungseigentumsgesetzes) sind jedoch ausdrücklich einzutragen.

(3) In Spalte 1 ist die laufende Nummer der Eintragung einzutragen. In Spalte 2 ist die bisherige laufende Nummer des Miteigentumsanteils anzugeben, aus dem der Miteigentumsanteil durch Vereinigung oder Teilung entstanden ist.

(4) In Spalte 4 ist die Größe des im Miteigentum stehenden Grundstücks nach den allgemeinen Vorschriften einzutragen.

(5) In den Spalten 6 und 8 sind die Übertragung des Miteigentumsanteils auf das Blatt sowie die Veränderungen, die sich auf den Bestand des Grundstücks, die Größe des Miteigentumsanteils oder den Gegenstand oder den Inhalt des Sondereigentums beziehen, einzutragen. Der Vermerk über die Übertragung des Miteigentumsanteils auf das Blatt kann jedoch statt in Spalte 6 auch in die Eintragung in Spalte 3 aufgenommen werden.

(6) Verliert durch die Eintragung einer Veränderung nach ihrem aus dem Grundbuch ersichtlichen Inhalt eine frühere Eintragung ganz oder teilweise ihre Bedeutung, so ist sie insoweit rot zu unterstreichen.

(7) Vermerke über Rechte, die dem jeweiligen Eigentümer des Grundstücks zustehen, sind in den Spalten 1, 3 und 4 des Bestandsverzeichnisses sämtlicher für Miteigentumsanteile an dem herrschenden Grundstück angelegten Wohnungs- und Teileigentumsgrundbücher einzutragen. Hierauf ist in dem in Spalte 6 einzutragenden Vermerk hinzuweisen.

§ 4

(1) Rechte, die ihrer Natur nach nicht an dem Wohnungseigentum als solchem bestehen können (wie z. B. Wegerechte), sind in Spalte 3 der zweiten Abteilung in der Weise einzutragen, daß die Belastung des ganzen Grundstücks erkennbar ist. Die Belastung ist in sämtlichen für Miteigentumsanteile an dem belasteten Grundstück angelegten Woh-

nungs- und Teileigentumsgrundbüchern einzutragen, wobei jeweils auf die übrigen Eintragungen zu verweisen ist.

(2) Absatz 1 gilt entsprechend für Verfügungsbeschränkungen, die sich auf das Grundstück als Ganzes beziehen.

§ 5

Bei der Bildung von Hypotheken-, Grundschuld- und Rentenschuldbriefen ist kenntlich zu machen, daß der belastete Gegenstand ein Wohnungseigentum (Teileigentum) ist.

§ 6

Sind gemäß § 7 Abs. 1 oder § 8 Abs. 2 des Wohnungseigentumsgesetzes für die Miteigentumsanteile besondere Grundbuchblätter anzulegen, so werden die Miteigentumsanteile in den Spalten 7 und 8 des Bestandsverzeichnisses des Grundbuchblattes des Grundstücks abgeschrieben. Die Schließung des Grundbuchblattes gemäß § 7 Abs. 1 Satz 3 des Wohnungseigentumsgesetzes unterbleibt, wenn auf dem Grundbuchblatt, von der Abschreibung nicht betroffene Grundstücke eingetragen sind.

§ 7

Wird von der Anlegung besonderer Grundbuchblätter gemäß § 7 Abs. 2 des Wohnungseigentumsgesetzes abgesehen, so sind in der Aufschrift unter die Blattnummer in Klammern die Worte „Gemeinschaftliches Wohnungsgrundbuch" oder „Gemeinschaftliches Teileigentumsgrundbuch" (im Falle des § 2 Satz 2 dieser Verfügung „Gemeinschaftliches Wohnungs- und Teileigentumsgrundbuch") zu setzen; die Angaben über die Einräumung von Sondereigentum sowie über den Gegenstand und Inhalt des Sondereigentums sind als Bezeichnung des Gemeinschaftsverhältnisses im Sinne des § 47 der Grundbuchordnung gemäß § 9 Buchstabe b der Grundbuchverfügung in den Spalten 2 und 4 der ersten Abteilung einzutragen.

§ 8

Die Vorschriften der §§ 2 bis 7 gelten für Wohnungs- und Teilerbbaugrundbücher entsprechend.

§ 9

Die nähere Einrichtung der Wohnungs- und Teileigentumsgrundbücher sowie der Wohnungs- und Teilerbbaugrundbücher ergibt sich aus den als Anlagen 1 bis 3 beigefügten Mustern.[2] Für den Inhalt eines Hypothekenbriefes bei der Aufteilung des Eigentums am belasteten Grundstück in Wohnungeigentumsrechte nach § 8 des Wohnungseigentumsgesetzes dient die Anlage 4 als Muster. Die in den Anlagen befindlichen Probeeintragungen sind als Beispiele nicht Teil dieser Verfügung.

§ 10

(1) Die Befugnis der zuständigen Landesbehörden, zur Anpassung an landesrechtliche Besonderheiten ergänzende Vorschriften zu treffen, wird durch diese Verfügung nicht berührt.

(2) Soweit auf die Vorschriften der Grundbuchverfügung verwiesen wird und deren Bestimmungen nach den für die Überleitung der Grundbuchverfügung bestimmten Maßgaben nicht anzuwenden sind, treten an die Stelle der in Bezug genommenen Vorschriften der Grundbuchverfügung die entsprechenden anzuwendenden Regelungen über die Einrichtung und Führung der Grundbücher. Die in § 3 vorgesehenen Angaben sind in diesem Falle in die entsprechenden Spalten für den Bestand einzutragen.

(3) Ist eine Aufschrift mit Blattnummer nicht vorhanden, ist die in § 2 erwähnte Bezeichnung an vergleichbarer Stelle im Kopf der ersten Seite des Grundbuchblatts anzubringen.

§ 11 *(Inkrafttreten)*[3]

Anlagen 1 bis 4 zur Wohnungsgrundbuchverfügung

Inhaltsübersicht

Anlage 1	(zu § 9 WGV) Wohnungs- und Teileigentumsgrundbuchblatt
Anlage 2	(zu § 9 WGV) Erste Abteilung eines gemeinschaftlichen Wohnungsgrundbuchblatts
Anlage 3	(zu § 9 WGV) Aufschrift und Bestandsverzeichnis eines Erbbaugrundbuchs
Anlage 4	(zu § 9 WGV) Probeeintragungen in einen Hypothekenbrief bei Aufteilung des Eigentums am belasteten Grundstück in Wohnungseigentumsrechte nach § 8 des Wohnungseigentumsgesetzes

---

[2] Abgedruckt am Ende der WGV.
[3] Inkraftgetreten am 10. 8. 1951.

Hinweis

Im Zuge der Neufassung der Wohnungsgrundbuchverfügung vom 24. 1. 1995 wurden die Anlagen 1 bis 4 ebenfalls neu gefaßt. Bei dem in Papierform geführten Grundbuch sind die Aufschrift eines Grundbuchblatts und die Blätter des Bestandsverzeichnisses weiß; die Blätter der ersten Abteilung sind rosa, die der zweiten Abteilung gelb und die der dritten Abteilung grün unterlegt. Diese farbliche Gestaltung ist hier nicht wiedergegeben.

Anlage 1
(zu § 9)

Muster

(Wohnungs- und Teileigentumsgrundbuch)

Amtsgericht

Schönberg

Grundbuch

von

Waslingen

Blatt 171

(Wohnungs- und Teileigentumsgrundbuch)

(Wohnungsgrundbuch)

Amtsgericht Schönberg **Einlegebogen**

Grundbuch von Waslingen **Blatt** 171 **Bestandsverzeichnis** 1

Lfd. Nr. der Grundstücke	Bisherige lfd. Nr. der Grundstücke	Bezeichnung der Grundstücke und der mit dem Eigentum verbundenen Rechte: Gemarkung, Flur, Flurstück (a/b/c)	Wirtschaftsart und Lage (d)	Größe m²
1	2	3		4
1	-	42/100 (zweiundvierzig Hundertstel) Miteigentumsanteil an dem Grundstück		
		Waslingen 3 112	Gebäude- und Freifläche, Mühlenstr.10	468
		verbunden mit dem Sondereigentum an dem Ladenlokal im Erdgeschoß und an der Wohnung im ersten Stockwerk links, im Aufteilungsplan bezeichnet mit Nr. 1.		
		Das Miteigentum ist durch die Einräumung der zu den anderen Miteigentumsanteilen gehörenden Sondereigentumsrechte (eingetragen in den Blättern 171 bis 176, ausgenommen dieses Blatt) beschränkt.		
		Veräußerungsbeschränkung: Zustimmung durch die Mehrheit der übrigen Wohnungs- und Teileigentümer.		
		Im übrigen wird wegen des Gegenstands und des Inhalts des Sondereigentums auf die Bewilligung vom 6. Mai 1981 Bezug genommen.		
		Eingetragen am 15. Mai 1981. Neu Meier		
2	Rest von 1	14/100 (vierzehn Hundertstel) Miteigentumsanteil an dem Grundstück		
		Waslingen 3 112	Gebäude- und Freifläche, Mühlenstr. 10	468
		verbunden mit dem Sondereigentum an der Wohnung im ersten Stockwerk links, im Aufteilungsplan bezeichnet mit Nr. 1.		
		Das Miteigentum ist durch die Einräumung der zu den anderen Miteigentumsanteilen gehörenden Sondereigentumsrechte (eingetragen in den Blättern 171 bis 176, 227, ausgenommen dieses Blatt) beschränkt.		
3 ---- zu 2		Licht- und Fensterrecht an dem Grundstück Waslingen Flur 3 Flurstück 119, eingetragen im Grundbuch von Waslingen Blatt 21 Abt. II Nr. 2, zugunsten des jeweiligen Eigentümers des Grundstücks Waslingen Flur 3 Flurstück 112.		

Amtsgericht Schönberg

Einlegebogen

Grundbuch von Waslingen **Blatt** 171 **Bestandsverzeichnis** 1 R

Bestand und Zuschreibungen		Abschreibungen	
Zur lfd. Nr. der Grundstücke		Zur lfd. Nr. der Grundstücke	
5	6	7	8
1	Der Miteigentumsanteil ist bei Anlegung dieses Blattes von Blatt 47 hierher übertragen am 15. Mai 1981. Neu Meier	1, 2	Von Nr. 1 sind 28/100 Miteigentumsanteil, verbunden mit Sondereigentum an dem Laden im Erdgeschoß, übertragen nach Blatt 227 am 18. Juli 1985. Rest: Nr. 2. Neu Meier
3 zu 2	Hier sowie auf den für die übrigen Miteigentumsanteile angelegten Grundbuchblättern (Blätter 172 bis 176, Blatt 227) vermerkt am 26. April 1986. Schmidt Lehmann		
2	Der Inhalt des Sondereigentums ist dahin geändert, daß a) die Zustimmung zur Veräußerung nicht erforderlich ist im Falle der Versteigerung nach § 19 des Wohnungseigentumsgesetzes sowie bei Veräußerung im Wege der Zwangsvollstreckung oder durch den Konkursverwalter; b) über den Gebrauch des Hofraums eine Vereinbarung getroffen ist. Eingetragen unter Bezugnahme auf die Bewilligung vom 18. August 1988 am 2. September 1988. Schmidt Lehmann		
2	Der Gegenstand des Sondereigentums ist bezüglich eines Raumes geändert. Unter Bezugnahme auf die Bewilligung vom 28. Februar 1989 eingetragen am 21. März 1989. Schmidt Lehmann		

Fortsetzung auf Einlegebogen

Amtsgericht Schönberg **Einlegebogen**

Grundbuch von Waslingen **Blatt** 171 **Erste Abteilung** 1

Lfd. Nr. der Eintragungen	Eigentümer	Lfd. Nr. der Grundstücke im Bestandsverzeichnis	Grundlage der Eintragung
1	2	3	4
1a b	Müller, Johann, geb. am 21. Februar 1938, Waslingen Müller, Johanna, geb. Schmitz, geb. am 27. Juli 1940, Waslingen - je zu 1/2 -	1	Der Miteigentumsanteil ist aufgelassen am 6. Mai 1981; eingetragen am 15. Mai 1981. Neu Meier
		3 ---- zu 2	In Blatt 21 eingetragen am 26. April 1986; hier vermerkt am 26. April 1986. Schmidt Lehmann

Amtsgericht Schönberg **Einlegebogen**

Grundbuch von Waslingen **Blatt** 171 **Zweite Abteilung** 1

Lfd. Nr. der Eintragungen	Lfd. Nr. der betroffenen Grundstücke im Bestandsverzeichnis	Lasten und Beschränkungen
1	2	3
1	1	Geh- und Fahrtrecht an dem Grundstück Flur 3 Flurstück Nr. 112 für den jeweiligen Eigentümer des Grundstücks Blatt 4 Nr. 2 des Bestandsverzeichnisses (Flur 3 Flurstück 115); eingetragen in Blatt 47 am 4. April 1943 und hierher sowie auf die für die anderen Miteigentumsanteile angelegten Grundbuchblätter (Blätter 172 bis 176) übertragen am 15. Mai 1981. Neu Meier
2	2	Wohnungsrecht für Müller, Emilie, geb. Schulze, geb. am 13. März 1912, Waslingen. Eingetragen unter Bezugnahme auf die Bewilligung vom 20. September 1986 am 11. Oktober 1986. Schmidt Lehmann

Amtsgericht Schönberg **Einlegebogen**

Grundbuch von Waslingen **Blatt** 171 **Dritte Abteilung** 1

Lfd. Nr. der Eintragungen	Lfd. Nr. der belasteten Grundstücke im Bestandsverzeichnis	Betrag	Hypotheken, Grundschulden, Rentenschulden
1	2	3	4
1	1	10 000 DM	Zehntausend Deutsche Mark Darlehen, mit sechs vom Hundert jährlich verzinslich, für die Stadtsparkasse Waslingen. Die Erteilung eines Briefes ist ausgeschlossen. Unter Bezugnahme auf die Bewilligung vom 8. Mai 1981 als Gesamtbelastung in den Blättern 171 bis 176 eingetragen am 17. Mai 1981. Neu Meier
2	2	3 000 DM	Dreitausend Deutsche Mark Grundschuld mit sechs vom Hundert jährlich verzinslich für Ernst Nuter, geb. am 23. April 1940, Neudorf. Unter Bezugnahme auf die Bewilligung vom 17. Januar 1986 eingetragen am 2. Februar 1986. Schmidt Lehmann

Amtsgericht Schönberg **Einlegebogen**

Grundbuch von Waslingen **Blatt** 171 **Dritte Abteilung** 1 **R**

Veränderungen			Löschungen		
Lfd. Nr. der Spalte 1	Betrag		Lfd. Nr. der Spalte 1	Betrag	
5	6	7	8	9	10
1	10 000 DM	Weitere Mithaft besteht in Blatt 227; eingetragen am 18. Juli 1985. Neu Meier			

Fortsetzung auf Einlegebogen

Muster

(Erste Abteilung
eines gemeinschaftlichen Wohnungsgrundbuchs)

Amtsgericht Schönberg **Einlegebogen**

Grundbuch von Waslingen **Blatt** 159 **Erste Abteilung** 1

Lfd. Nr. der Eintragungen	Eigentümer	Lfd. Nr. der Grundstücke im Bestandsverzeichnis	Grundlage der Eintragung
1	2	3	4
1a	Amberg, Johann, geb. am 7. Oktober 1933, Waslingen	1	Das Grundstück ist an die Miteigentümer aufgelassen am 10. Mai 1981. Wegen des Gegenstandes und des Inhalts des Sondereigentums wird auf die Bewilligung vom 10. Mai 1981 Bezug genommen. Jeder Wohnungseigentümer bedarf zur Veräußerung des Wohnungseigentums der Zustimmung der anderen Wohnungseigentümer. Eingetragen am 28. Mai 1981. Neu Meier
b	Beier, Friedrich, geb. am 23. Dezember 1931, Waslingen		
c	Christ, Karl, geb. am 10. August 1931, Waslingen		
d	Damm, Georg, geb. am 12. Dezember 1903, Waslingen – je zu 1/4 – Jeder Miteigentumsanteil ist verbunden mit Sondereigentum an einer Wohnung des Hauses. Das Miteigentum ist durch die Einräumung der Sondereigentumsrechte beschränkt.		

Anlage 3
(zu § 9)

Muster

(Aufschrift und Bestandsverzeichnis
eines Wohnungserbbaugrundbuchs)

Amtsgericht

Schönberg

Grundbuch
von

Waslingen

Blatt 148

(Wohnungserbbaugrundbuch)

Amtsgericht Schönberg **Einlegebogen**

Grundbuch von Waslingen **Blatt** 148 **Bestandsverzeichnis** 1

Lfd. Nr. der Grundstücke	Bisherige lfd. Nr. der Grundstücke	Bezeichnung der Grundstücke und der mit dem Eigentum verbundenen Rechte: Gemarkung, Flur, Flurstück	Wirtschaftsart und Lage	Größe m²
		a/b/c	d	
1	2	3		4
1	–	1/12 (ein Zwölftel) Anteil an dem Erbbaurecht, das im Grundbuch von Waslingen Blatt 23 als Belastung des im Bestandsverzeichnis unter Nr. 2 verzeichneten Grundstücks		
		Waslingen 5 102 --- 66	Garten an der Wublitz	2 515
		in Abteilung II Nr. 1 für die Dauer von 99 Jahren seit dem Tag der Eintragung, dem 1. Juni 1981, eingetragen ist. Grundstückseigentümer: Walter Breithaupt, geb. am 1. März 1947, Waslingen. Unter Bezugnahme auf die Bewilligung vom 26. April 1981 bei Anlegung dieses Wohnungserbbaugrundbuchs hier vermerkt am 1. Juni 1981. Mit dem Anteil an dem Erbbaurecht ist das Sondereigentum an der Wohnung im ersten Stockwerk links, im Aufteilungsplan bezeichnet mit Nr. 12, des auf Grund des Erbbaurechts zu errichtenden Gebäudes verbunden. Der Anteil ist durch die Einräumung der zu den anderen Anteilen gehörenden Sondereigentumsrechte (eingetragen in den Blättern 137 bis 148, ausgenommen dieses Blatt) beschränkt. Der Wohnungserbbauberechtigte bedarf zur Veräußerung des Wohnungserbbaurechts der Zustimmung der Mehrheit der übrigen Wohnungserbbauberechtigten. Im übrigen wird wegen des Gegenstands und des Inhalts des Sondereigentums auf die Bewilligung vom 15. Mai 1981 Bezug genommen. Eingetragen am 1. Juni 1981. Fuchs Körner Der Inhalt des Erbbaurechts ist bezüglich der Heimfallgründe geändert. Unter Bezugnahme auf die Bewilligung vom 11. September 1985 eingetragen am 3. Oktober 1985. Fuchs Körner		

Amtsgericht Schönberg

Einlegebogen

Grundbuch von Waslingen **Blatt** 148 **Bestandsverzeichnis** 1 **R**

Bestand und Zuschreibungen		Abschreibungen	
Zur lfd. Nr. der Grundstücke		Zur lfd. Nr. der Grundstücke	
5	6	7	8
1	Der Inhalt des Sondereigentums ist hinsichtlich der Gebrauchsregelung geändert. Unter Bezugnahme auf die Bewilligung vom 20. Februar 1986 eingetragen am 3. März 1986. Fuchs Körner		

Fortsetzung auf Einlegebogen

Anlage 4
(zu § 9)

Muster

(Probeeintragungen
in einen Hypothekenbrief
bei Aufteilung des Eigentums am belasteten Grundstück
in Wohnungseigentumsrechte nach § 8 des Wohnungseigentumsgesetzes)

Deutscher
Hypothekenbrief

über

100 000 Deutsche Mark

eingetragen im Grundbuch von

Waslingen (Amtsgericht Schönberg)

Blatt 88 Abteilung III Nr. 3 (drei)

Inhalt der Eintragung:

Nr. 3: 100 000 (einhunderttausend) Deutsche Mark Darlehen für die Darlehensbank Aktiengesellschaft in Waslingen mit sechseinhalb vom Hundert jährlichen Zinsen. Unter Bezugnahme auf die Eintragungsbewilligung vom 28. September 1979 eingetragen am 18. Oktober 1979.

Belastetes Grundstück:

Das im Bestandsverzeichnis des Grundbuchs unter Nr. 1 verzeichnete Grundstück.

Schönberg, den 18. Oktober 1979

Amtsgericht

(Siegel oder Stempel)

(Unterschriften)

Das Eigentum an dem belasteten Grundstück ist in Wohnungseigentum aufgeteilt worden. Für die einzelnen Wohnungseigentumsrechte ist am 26. September 1980 jeweils ein Wohnungsgrundbuch angelegt worden. Diese Wohnungsgrundbücher haben folgende Bezeichnungen:

Wohnungsgrundbuch von Waslingen

Blatt
97
98
99
100

In den vorgenannten Wohnungsgrundbüchern ist das Wohnungseigentum jeweils unter Nr. 1 im Bestandsverzeichnis eingetragen worden. Die Hypothek ist jeweils in die dritte Abteilung dieser Wohnungsgrundbücher unter Nr. 1 (eins) übertragen worden. Das Grundbuch von Waslingen Band 3 Blatt 88 ist geschlossen worden.*)

Schönberg, den 29. September 1980

Amtsgericht

(Siegel oder Stempel)

(Unterschriften)

---

*) Dieser Satz entfällt im Falle des § 6 Satz 2 der Wohnungsgrundbuchverfügung.

Anhang 3
Verordnung über die Anlegung und Führung von Gebäudegrundbüchern (Gebäudegrundbuchverfügung – GGV)

Vom 15. Juli 1994
(BGBl. I S. 1606)

§ 1 Anwendungsbereich

Diese Verordnung regelt

1. die Anlegung und Führung von Gebäudegrundbuchblättern für Gebäudeeigentum nach Artikel 231 § 5 und Artikel 233 §§ 2b, 4 und 8 des Einführungsgesetzes zum Bürgerlichen Gesetzbuche,
2. die Eintragung
   a) eines Nutzungsrechts,
   b) eines Gebäudeeigentums ohne Nutzungsrecht und
   c) eines Vermerks zur Sicherung der Ansprüche aus der Sachenrechtsbereinigung aus dem Recht zum Besitz gemäß Artikel 233 § 2a des Einführungsgesetzes zum Bürgerlichen Gesetzbuche

   in das Grundbuchblatt des betroffenen Grundstücks.

§ 2 Grundsatz für vorhandene Grundbuchblätter

Die Führung von vorhandenen Gebäudegrundbuchblättern richtet sich nach den in § 144 Abs. 1 Nr. 4 Satz 1 und 2 der Grundbuchordnung bezeichneten Vorschriften. Diese Grundbuchblätter können auch gemäß § 3 fortgeführt, umgeschrieben oder neu gefaßt werden.

§ 3 Gestaltung und Führung neu anzulegender Gebäudegrundbuchblätter

(1) Für die Gestaltung und Führung von neu anzulegenden Gebäudegrundbuchblättern gelten die Vorschriften über die Anlegung und Führung eines Erbbaugrundbuches, soweit im Folgenden nichts Abweichendes bestimmt ist.

(2) Ist ein Gebäudegrundbuchblatt neu anzulegen, so kann nach Anordnung der Landesjustizverwaltung bestimmt werden, daß es die nächste fortlaufende Nummer des bisherigen Gebäudegrundbuchs erhält.

(3) In der Aufschrift des Blattes ist anstelle der Bezeichnung „Erbbaugrundbuch“ die Bezeichnung „Gebäudegrundbuch“ zu verwenden.

(4) Im Bestandsverzeichnis ist bei Gebäudeeigentum auf Grund eines dinglichen Nutzungsrechts in der Spalte 1 die laufende Nummer der Eintragung, in der Spalte 2 die bisherige laufende Nummer der Eintragung anzugeben. In dem durch die Spalten 3 und 4 gebildeten Raum sind einzutragen:

1. die Bezeichnung „Gebäudeeigentum auf Grund eines dinglichen Nutzungsrechts auf" sowie die grundbuchmäßige Bezeichnung des Grundstücks, auf dem das Gebäude errichtet ist, unter Angabe der Eintragungsstelle; dabei ist der Inhalt der Spalten 3 und 4 des Bestandsverzeichnisses des belasteten oder betroffenen Grundstücks zu übernehmen;
2. der Inhalt und der räumliche Umfang des Nutzungsrechts, auf Grund dessen das Gebäude errichtet ist, soweit dies aus den der Eintragung zugrundeliegenden Unterlagen ersichtlich ist; sind auf Grund des Nutzungsrechts mehrere Gebäude errichtet, so sind diese nach Art und Anzahl zu bezeichnen;
3. Veränderungen der unter den Nummern 1 und 2 genannten Vermerke, vorbehaltlich der Bestimmungen des Satzes 5.

Bei der Eintragung des Inhalts des Nutzungsrechts sollen dessen Grundlage und Beschränkungen angegeben werden. Bezieht sich das Nutzungsrecht auf die Gesamtfläche mehrerer Grundstücke oder Flurstücke, gilt Satz 2 Nr. 1 für jedes der betroffenen Grundstücke oder Flurstücke. Die Spalte 6 ist zur Eintragung von sonstigen Veränderungen der in den Spalten 1 bis 3 eingetragenen Vermerke bestimmt. In der Spalte 8 ist die ganze oder teilweise Löschung des Gebäudeeigentums zu vermerken. Bei Eintragungen in den Spalten 6 und 8 ist in den Spalten 5 und 7 die laufende Nummer anzugeben, unter der die betroffene Eintragung in der Spalte 1 vermerkt ist.

(5) Verliert ein früherer Vermerk durch die Eintragung einer Veränderung nach ihrem aus dem Grundbuch ersichtlichen Inhalt ganz oder teilweise seine Bedeutung, so ist er insoweit rot zu unterstreichen.

(6) Bei dinglichen Nutzungsrechten zur Errichtung eines Eigenheims sowie für Freizeit- und Erholungszwecke sind mehrere Gebäude unter einer laufenden Nummer im Bestandsverzeichnis zu buchen, es sei denn, daß die Teilung des Gebäudeeigentums gleichzeitig beantragt wird. Im übrigen sind mehrere Gebäude jeweils unter einer besonderen laufenden Nummer im Bestandsverzeichnis oder in besonderen Blättern zu buchen, es sei denn, daß die Vereinigung gleichzeitig beantragt wird. Bei der Einzelbuchung mehrerer Gebäude gemäß Satz 2 können die in Absatz 4 Satz 2 bezeichneten Angaben zusammengefaßt werden, soweit die Übersichtlichkeit nicht leidet.

(7) Für die Anlegung eines Grundbuchblattes für nutzungsrechtsloses Gebäudeeigentum gemäß Artikel 233 §§ 2b und 8 des Einführungs-

gesetzes zum Bürgerlichen Gesetzbuche gelten die vorstehenden Absätze sinngemäß mit der Maßgabe, daß an die Stelle des Nutzungsrechts das Eigentum am Gebäude tritt. An die Stelle des Vermerks „Gebäu-deeigentum auf Grund eines dinglichen Nutzungsrechts auf ...“ tritt der Vermerk „Gebäudeeigentum gemäß Artikel 233 § 2b EGBGB auf ...“ oder „Gebäudeeigentum gemäß Artikel 233 § 8 EGBGB auf ...“.

§ 4 Nachweis des Gebäudeeigentums oder des Rechts zum Besitz gemäß Artikel 233 § 2a EGBGB

(1) Zum Nachweis des Bestehens des Gebäudeeigentums gemäß Artikel 233 § 4 des Einführungsgesetzes zum Bürgerlichen Gesetzbuche und des Eigentums daran genügt die Nutzungsurkunde, die über das diesem Gebäudeeigentum zugrundeliegende Nutzungsrecht ausgestellt ist und die Genehmigung zur Errichtung des Gebäudes auf dem zu belastenden Grundstück oder ein Kaufvertrag über das auf dem belasteten Grundstück errichtete Gebäude. Anstelle der Genehmigung oder des Kaufvertrages kann auch eine Bescheinigung der Gemeinde vorgelegt werden, wonach das Gebäude besteht. Eine Entziehung des Gebäudeeigentums oder des Nutzungsrechts ist nur zu berücksichtigen, wenn sie offenkundig, aktenkundig oder auf andere Weise dem Grundbuchamt bekannt ist.

(2) Zum Nachweis von Gebäudeeigentum gemäß Artikel 233 § 2b des Einführungsgesetzes zum Bürgerlichen Gesetzbuche genügt der Bescheid des Präsidenten der Oberfinanzdirektion nach Absatz 3 jener Vorschrift, wenn auf dem Bescheid seine Bestandskraft bescheinigt wird.

(3) Zum Nachweis von Gebäudeeigentum gemäß Artikel 233 § 8 des Einführungsgesetzes zum Bürgerlichen Gesetzbuche genügt

1. die Vorlage des Vertrages, der die Gestattung zur Errichtung von Bauwerken enthalten muß, und
2. a) die Zustimmung nach § 5 der Verordnung über die Sicherung des Volkseigentums bei Baumaßnahmen von Betrieben auf vertraglich genutzten nichtvolkseigenen Grundstücken vom 7. April 1983 (GBl. I Nr. 12 S. 129) oder
   b) ein Prüfbescheid der staatlichen Bauaufsicht nach § 7 Abs. 5 und § 11 der Verordnung der Deutschen Demokratischen Republik über die staatliche Bauaufsicht vom 30. Juli 1981 (GBl. I Nr. 26 S. 313), der sich auf den Zustand des Gebäudes während oder nach der Bauausführung bezieht; der Nachweis der Bauausführung durch andere öffentliche Urkunden ist zulässig.

(4) Zum Nachweis der Ansprüche aus der Sachenrechtsbereinigung aus dem Recht zum Besitz gemäß Artikel 233 § 2a des Einführungsgesetzes zum Bürgerlichen Gesetzbuche genügt:

1. ein Nachweis seines Gebäudeeigentums nach Absatz 2 oder 3, oder
2. die Vorlage eines Prüfbescheids der staatlichen Bauaufsicht oder ein Abschlußprotokoll nach § 24 Abs. 6 der Verordnung über die Vorbereitung und Durchführung von Investitionen vom 30. November 1988 (GBl. I Nr. 26 S. 287), aus dem sich ergibt, daß von einem anderen Nutzer als dem Grundstückseigentümer ein Gebäude auf dem zu belastenden Grundstück oder Flurstück errichtet worden ist, oder
3. die Vorlage eines den Nutzer zu anderen als Erholungs- und Freizeitzwecken berechtigenden Überlassungsvertrages für das Grundstück oder
4. die Vorlage eines vor dem 22. Juli 1992 geschlossenen oder beantragten formgültigen Kaufvertrages zugunsten des Nutzers über ein Gebäude auf einem ehemals volkseigenen oder LPG-genutzten Grundstück oder
5. die Vorlage einer gerichtlichen Entscheidung, durch die die Eintragung angeordnet wird, oder
6. die Vorlage der Eintragungsbewilligung (§ 19 der Grundbuchordnung) des Grundstückseigentümers.

(5) Die Nachweise nach den Absätzen 1 bis 4 sind zu den Grundakten des Gebäudegrundbuchblattes oder, wenn dieses nicht besteht, zu den Grundakten des belasteten oder betroffenen Grundstücks zu nehmen.

§ 5 Eintragung des dinglichen Nutzungsrechts

(1) In den Fällen des Artikels 233 § 4 Abs. 1 Satz 2 des Einführungsgesetzes zum Bürgerlichen Gesetzbuche ist das dem Gebäudeeigentum zugrundeliegende Nutzungsrecht in der zweiten Abteilung des für das belastete Grundstück bestehenden Grundbuchblattes nach Maßgabe des Absatzes 2 einzutragen. Ist ein Gebäudegrundbuchblatt bereits angelegt, so gilt Satz 1 entsprechend mit der Maßgabe, daß die Eintragung bei der nächsten anstehenden Eintragung im Gebäudegrundbuchblatt oder, soweit das Bestehen des Nutzungsrechts dem Grundbuchamt bekannt ist, im Grundbuchblatt des belasteten Grundstücks vorzunehmen ist.

(2) In Spalte 1 ist die laufende Nummer der Eintragung anzugeben. In der Spalte 2 ist die laufende Nummer anzugeben, unter der das belastete Grundstück im Bestandsverzeichnis eingetragen ist. In Spalte 3 sind einzutragen das Nutzungsrecht unter der Bezeichnung „Dingliches Nutzungsrecht für den jeweiligen Gebäudeeigentümer unter Bezugnahme auf das Gebäudegrundbuchblatt ...“ unter Angabe der jeweili-

gen Bezeichnung des oder der Gebäudegrundbuchblätter. Die Spalte 5 ist zur Eintragung von Veränderungen der in den Spalten 1 bis 3 eingetragenen Vermerke bestimmt, und zwar einschließlich der Beschränkungen in der Person des Nutzungsberechtigten in der Verfügung über das in den Spalten 1 bis 3 eingetragene Recht, auch wenn die Beschränkung nicht erst nachträglich eintritt. In der Spalte 7 erfolgt die Löschung der in den Spalten 3 und 5 eingetragenen Vermerke. Bei Eintragungen in den Spalten 5 und 7 ist in den Spalten 4 und 6 die laufende Nummer anzugeben, unter der die betroffene Eintragung in der Spalte 1 vermerkt ist.

(3) Bezieht sich das Nutzungsrecht auf mehrere Grundstücke oder Flurstücke, ist § 48 der Grundbuchordnung anzuwenden.

§ 6 Eintragung des Gebäudeeigentums gemäß Artikel 233 §§ 2b und 8 EGBGB

Vor Anlegung des Gebäudegrundbuchblattes ist das Gebäudeeigentum von Amts wegen in der zweiten Abteilung des Grundbuchblattes für das von dem Gebäudeeigentum betroffenen Grundstück einzutragen. Für die Eintragung gelten die Vorschriften des § 5 Abs. 2 und 3 sinngemäß mit der Maßgabe, daß an die Stelle des Nutzungsrechts das Eigentum am Gebäude tritt. An die Stelle des Vermerks „Dingliches Nutzungsrecht . . .“ tritt der Vermerk „Gebäudeeigentum gemäß Artikel 233 § 2 b EGBGB . . .“ oder „Gebäudeeigentum gemäß Artikel 233 § 8 EGBGB . . .“. § 5 Abs. 1 gilt entsprechend.

§ 7 Vermerk zur Sicherung der Ansprüche aus der Sachenrechtsbereinigung aus dem Recht zum Besitz gemäß Artikel 233 § 2a EGBGB

(1) Die Eintragung eines Vermerks zur Sicherung der Ansprüche aus der Sachenrechtsbereinigung aus dem Recht zum Besitz gemäß Artikel 233 § 2a des Einführungsgesetzes zum Bürgerlichen Gesetzbuche erfolgt in der zweiten Abteilung und richtet sich nach Absatz 2.

(2) In der Spalte 1 ist die laufende Nummer der Eintragung, in der Spalte 2 die laufende Nummer, unter der das betroffene Grundstück in dem Bestandsverzeichnis eingetragen ist, anzugeben. In der Spalte 3 ist einzutragen „Recht zum Besitz gemäß Artikel 233 § 2 a EGBGB . . .“ unter Angabe des Besitzberechtigten, des Umfangs und Inhalts des Rechts, soweit dies aus den der Eintragung zugrundeliegenden Unterlagen hervorgeht, sowie der Grundlage der Eintragung (§ 4 Abs. 4). § 44 Abs. 2 der Grundbuchordnung gilt sinngemäß. § 9 Abs. 1 und 2 gilt sinngemäß mit der Maßgabe, daß an die Stelle der grundbuchmäßigen Bezeichnung des oder der betroffenen Grundstücke die laufende Nummer tritt, unter der diese im Bestandsverzeichnis eingetragen sind.

Die Spalte 5 ist zur Eintragung von Veränderungen der in den Spalten 1 bis 3 eingetragenen Vermerke bestimmt, und zwar einschließlich der Beschränkungen in der Person des Besitzberechtigten in der Verfügung über das in den Spalten 1 bis 3 eingetragene Recht, auch wenn die Beschränkung nicht erst nachträglich eintritt. In der Spalte 7 erfolgt die Löschung der in den Spalten 3 und 5 eingetragenen Vermerke. Bei Eintragungen in den Spalten 5 und 7 ist in den Spalten 4 und 6 die laufende Nummer anzugeben, unter der die betroffene Eintragung in der Spalte 1 vermerkt ist.

§ 8 Nutzungsrecht, Gebäudeeigentum oder Recht zum Besitz für mehrere Berechtigte

Soll ein dingliches Nutzungsrecht oder ein Gebäudeeigentum als Eigentum von Ehegatten eingetragen werden (§ 47 GBO), kann der für die Eintragung in das Grundbuch erforderliche Nachweis, daß eine Erklärung nach Artikel 234 § 4 Abs. 2 und 3 des Einführungsgesetzes zum Bürgerlichen Gesetzbuche nicht abgegeben wurde, auch durch übereinstimmende Erklärung beider Ehegatten, bei dem Ableben eines von ihnen durch Versicherung des Überlebenden und bei dem Ableben beider durch Versicherung der Erben erbracht werden. Die Erklärung, die Versicherung und der Antrag bedürfen nicht der Form des § 29 der Grundbuchordnung. Für die bereits ohne Beachtung der Vorschrift des § 47 der Grundbuchordnung eingetragenen Rechte nach Satz 1 gilt Artikel 234 § 4a Abs. 3 des Einführungsgesetzes zum Bürgerlichen Gesetzbuche entsprechend mit der Maßgabe, daß die Eintragung des maßgeblichen Verhältnisses nur auf Antrag eines Antragsberechtigten erfolgen soll.

§ 9 Nutzungsrecht oder Gebäudeeigentum auf bestimmten Grundstücksteilen

(1) Bezieht sich das Gebäudeeigentum nur auf eine Teilfläche des oder der belasteten oder betroffenen Grundstücke oder Flurstücke, so sind dem in § 3 Abs. 4 Satz 2 Nr. 1 oder § 6 Abs. 1 Satz 3 vorgesehenen Vermerk die Bezeichnung „... einer Teilfläche von ...", die Größe der Teilfläche sowie die grundbuchmäßige Bezeichnung des oder der belasteten oder betroffenen Grundstücke oder Flurstücke anzufügen. Soweit vorhanden, soll die Bezeichnung der Teilfläche aus dem Bestandsblatt des Grundbuchblattes für das Grundstück übernommen werden.

(2) Soweit sich im Falle des Absatzes 1 das Gebäudeeigentum auf die Gesamtfläche eines oder mehrerer Grundstücke oder Flurstücke sowie zusätzlich auf eine oder mehrere Teilflächen weiterer Grundstücke oder Flurstücke bezieht, sind die grundbuchmäßige Bezeichnung der

insgesamt belasteten oder betroffenen Grundstücke oder Flurstücke und der Vermerk „... und einer Teilfläche von ...“ unter Angabe der Größe der Teilfläche sowie der grundbuchmäßigen Bezeichnung der teilweise belasteten oder betroffenen Grundstücke oder Flurstücke anzugeben.

(3) Für die Eintragung des Nutzungsrechts oder des Gebäudeeigentums im Grundbuch des oder der belasteten oder betroffenen Grundstücke gelten die Absätze 1 und 2 sinngemäß mit der Maßgabe, daß statt der grundbuchmäßigen Bezeichnung des oder der Grundstücke die laufende Nummer anzugeben ist, unter der das oder die Grundstücke im Bestandsverzeichnis eingetragen sind.

§ 10 Nutzungsrecht, Gebäudeeigentum oder Recht zum Besitz auf nicht bestimmten Grundstücken oder Grundstücksteilen

(1) Besteht ein dingliches Nutzungsrecht, ein Gebäudeeigentum oder ein Recht zum Besitz an einem oder mehreren nicht grundbuchmäßig bestimmten Grundstücken oder an Teilen hiervon, so fordert das Grundbuchamt den Inhaber des Rechts auf, den räumlichen Umfang seines Rechts auf den betroffenen Grundstücken durch Vorlage eines Auszugs aus dem beschreibenden Teil des amtlichen Verzeichnisses oder einer anderen Beschreibung nachzuweisen, die nach den gesetzlichen Vorschriften das Liegenschaftskataster als amtliches Verzeichnis der Grundstücke ersetzt.

(2) Soweit die in Absatz 1 genannten Nachweise nicht vorgelegt werden können und der Berechtigte dies gegenüber dem Grundbuchamt versichert, genügen andere amtliche Unterlagen, sofern aus ihnen die grundbuchmäßige Bezeichnung der belasteten oder betroffenen Grundstücke hervorgeht oder bestimmt werden kann; diese Unterlagen und die Versicherung bedürfen nicht der in § 29 der Grundbuchordnung bestimmten Form. Ausreichend ist auch die Bestätigung der für die Führung des Liegenschaftskatasters zuständigen Stelle oder eines öffentlich bestellten Vermessungsingenieurs, aus der sich ergibt, auf welchem oder welchen Grundstücken oder Flurstücken das dingliche Nutzungsrecht, das Gebäudeeigentum oder das Recht zum Besitz lastet. Vervielfältigungen dieser anderen amtlichen Unterlagen sowie dieser Bestätigungen hat das Grundbuchamt der für die Führung des amtlichen Verzeichnisses zuständigen Stelle zur Verfügung zu stellen.

§ 11 Widerspruch

(1) In den Fällen der §§ 3, 5 und 6 hat das Grundbuchamt gleichzeitig mit der jeweiligen Eintragung einen Widerspruch gegen die Richtigkeit dieser Eintragung nach Maßgabe der Absätze 2 bis 5 von Amts

wegen zugunsten des Eigentümers des zu belastenden oder betroffenen Grundstücks einzutragen, sofern nicht dieser die jeweilige Eintragung bewilligt hat oder ein Vermerk über die Eröffnung eines Vermittlungsverfahrens nach dem in Artikel 233 § 3 Abs. 2 des Einführungsgesetzes zum Bürgerlichen Gesetzbuche genannten Gesetz (Sachenrechtsbereinigungsgesetz) in das Grundbuch des belasteten oder betroffenen Grundstücks eingetragen ist oder gleichzeitig eingetragen wird.

(2) Die Eintragung des Widerspruchs nach Absatz 1 erfolgt

1. in den Fällen des § 3 in der Spalte 3 der zweiten Abteilung des Gebäudegrundbuchblattes; dabei ist in der Spalte 1 die laufende Nummer der Eintragung anzugeben;
2. in den Fällen der §§ 5 und 6 in der Spalte 5 der zweiten Abteilung des Grundbuchblattes für das Grundstück; dabei ist in der Spalte 4 die laufende Nummer anzugeben, unter der die betroffene Eintragung in der Spalte 1 vermerkt ist.

(3) Der Widerspruch wird nach Ablauf von vierzehn Monaten seit seiner Eintragung gegenstandslos, es sei denn, daß vorher ein notarielles Vermittlungsverfahren eingeleitet oder eine Klage auf Grund des Sachenrechtsbereinigungsgesetzes oder eine Klage auf Aufhebung des Nutzungsrechts erhoben und dies bis zu dem genannten Zeitpunkt dem Grundbuchamt in der Form des § 29 der Grundbuchordnung nachgewiesen wird.

(4) Ein nach Absatz 3 gegenstandsloser Widerspruch kann von Amts wegen gelöscht werden; er ist von Amts wegen bei der nächsten anstehenden Eintragung im Grundbuchblatt für das Grundstück oder Gebäude oder bei Eintragung des in Absatz 1 Halbsatz 2 genannten Vermerks zu löschen.

(5) Ein Widerspruch nach den vorstehenden Absätzen wird nicht eingetragen, wenn

1. der Antrag auf Eintragung nach Absatz 1 nach dem 31. Dezember 1996 bei dem Grundbuchamt eingeht oder
2. der Antragsteller eine mit Siegel oder Stempel versehene und unterschriebene Nutzungsbescheinigung vorlegt oder
3. sich eine Nutzungsbescheinigung nach Nummer 2 bereits bei der Grundakte befindet.

Die Nutzungsbescheinigung wird von der Gemeinde, in deren Gebiet das Grundstück belegen ist, erteilt, wenn das Gebäude vom 20. Juli 1993 bis zum 1. Oktober 1994 von dem Antragsteller selbst, seinem Rechtsvorgänger oder auf Grund eines Vertrages mit einem von beiden durch einen Mieter oder Pächter genutzt wird. In den Fällen des Satzes 1 Nr. 2 und 3 wird der Widerspruch nach Absatz 1 auf Antrag des Grundstückseigentümers eingetragen, wenn dieser Antrag bis zum

Ablauf des 31. Dezember 1996 bei dem Grundbuchamt eingegangen ist. Der Widerspruch wird in diesem Fall nach Ablauf von 3 Monaten gegenstandslos, es sei denn, daß vorher ein notarielles Vermittlungsverfahren eingeleitet oder eine Klage auf Grund des Sachenrechtsbereinigungsgesetzes oder eine Klage auf Aufhebung des Nutzungsrechts erhoben und dies bis zu dem genannten Zeitpunkt dem Grundbuchamt in der Form des § 29 der Grundbuchordnung nachgewiesen wird. Absatz 4 gilt entsprechend.

§ 12 Aufhebung des Gebäudeeigentums

(1) Die Aufhebung eines Nutzungsrechts oder Gebäudeeigentums nach Artikel 233 § 4 Abs. 5 des Einführungsgesetzes zum Bürgerlichen Gesetzbuche oder nach § 16 Abs. 3 des Vermögensgesetzes ist in der zweiten Abteilung des Grundbuchs des oder der belasteten oder betroffenen Grundstücke oder Flurstücke einzutragen, wenn das Recht dort eingetragen ist; ein vorhandenes Gebäudegrundbuchblatt ist zu schließen.

(2) Sofern im Falle des Absatzes 1 eine Eintragung im Grundbuch des belasteten Grundstücks oder die Schließung des Gebäudegrundbuchblattes nicht erfolgt ist, sind diese bei der nächsten in einem der Grundbuchblätter anstehenden Eintragung nachzuholen. Ist das Grundbuchblatt des belasteten Grundstücks infolge der Aufhebung des Nutzungsrechts oder Gebäudeeigentums gemäß Absatz 1 geschlossen oder das belastete oder betroffene Grundstück in das Gebäudegrundbuchblatt übertragen worden, so gilt ein als Grundstücksgrundbuchblatt fortgeführtes Gebäudegrundbuchblatt als Grundbuch im Sinne der Grundbuchordnung.

(3) Sind die für Aufhebung des Nutzungsrechts oder Gebäudeeigentums erforderlichen Eintragungen erfolgt, ohne daß eine Aufgabeerklärung nach Artikel 233 § 4 Abs. 5 des Einführungsgesetzes zum Bürgerlichen Gesetzbuche dem Grundbuchamt vorgelegen hat, hat das Grundbuchamt die Erklärung von dem eingetragenen Eigentümer des Grundstücks bei der nächsten in einem der Grundbuchblätter anstehenden Eintragung nachzufordern. Ist der jetzt eingetragene Eigentümer des Grundstücks nicht mit dem zum Zeitpunkt der Schließung des Grundbuchblattes für das Grundstück oder das Gebäude eingetragenen Eigentümer des Gebäudes identisch, so hat das Grundbuchamt die in Satz 1 bezeichnete Erklärung von beiden anzufordern. Nach Eingang der Erklärungen hat das Grundbuchamt die seinerzeit ohne die notwendigen Erklärungen vorgenommenen Eintragungen zu bestätigen; Absatz 2 Satz 2 gilt entsprechend. Wird die Erklärung nicht abgegeben, werden Grundstück und Gebäude in der Regel wieder getrennt gebucht.

§ 13 Bekanntmachungen

Auf die Bekanntmachungen bei Eintragungen im Grundbuch des mit einem dinglichen Nutzungsrecht belasteten oder von einem Gebäudeeigentum betroffenen Grundstücks oder Flurstücks sowie bei Eintragungen im Gebäudegrundbuchblatt ist § 17 der Erbbaurechtsverordnung sinngemäß anzuwenden. Bei Eintragungen im Gebäudegrundbuchblatt sind Bekanntmachungen gegenüber dem Eigentümer des belasteten oder betroffenen Grundstücks jedoch nur dann vorzunehmen, wenn das Recht dort eingetragen ist oder gleichzeitig eingetragen wird und der Eigentümer bekannt ist.

§ 14 Begriffsbestimmungen, Teilung von Grundstück und von Gebäudeeigentum

(1) Nutzer im Sinne dieser Verordnung ist, wer ein Grundstück im Umfang der Grundfläche eines darauf stehenden Gebäudes einschließlich seiner Funktionsflächen, bei einem Nutzungsrecht einschließlich der von dem Nutzungsrecht erfaßten Flächen unmittelbar oder mittelbar besitzt, weil er das Eigentum an dem Gebäude erworben, das Gebäude errichtet oder gekauft hat.

(2) Bestehen an einem Grundstück mehrere Nutzungsrechte, so sind sie mit dem sich aus Artikel 233 § 9 Abs. 2 des Einführungsgesetzes zum Bürgerlichen Gesetzbuche ergebenden Rang einzutragen.

(3) Die Teilung oder Vereinigung von Gebäudeeigentum nach Artikel 233 §§ 2b oder 8 des Einführungsgesetzes zum Bürgerlichen Gesetzbuche kann im Grundbuch eingetragen werden, ohne daß die Zustimmung des Grundstückseigentümers nachgewiesen wird. Bei Gebäudeeigentum nach Artikel 233 § 4 jenes Gesetzes umfaßt die Teilung des Gebäudeeigentums auch die Teilung des dinglichen Nutzungsrechts.

(4) Soll das belastete oder betroffene Grundstück geteilt werden, so kann der abgeschriebene Teil in Ansehung des Gebäudeeigentums, des dinglichen Nutzungsrechts oder des Rechts zum Besitz gemäß Artikel 233 § 2a des Einführungsgesetzes zum Bürgerlichen Gesetzbuche lastenfrei gebucht werden, wenn nachgewiesen wird, daß auf dem abgeschriebenen Teil das Nutzungsrecht nicht lastet und sich hierauf das Gebäude, an dem selbständiges Eigentum oder ein Recht zum Besitz gemäß Artikel 233 § 2a des Einführungsgesetzes zum Bürgerlichen Gesetzbuche besteht, einschließlich seiner Funktionsfläche nicht befindet. Der Nachweis kann auch durch die Bestätigung der für die Führung des Liegenschaftskatasters zuständigen Stelle oder eines öffentlich bestellten Vermessungsingenieurs, daß die in Satz 1 genannten Voraussetzungen gegeben sind, erbracht werden.

§ 15 Überleitungsvorschrift[1]

(1) Es werden aufgehoben:

1. § 4 Abs. 3 des Gesetzes über die Verleihung von Nutzungsrechten an volkseigenen Grundstücken vom 4. Dezember 1970 (GBl. I Nr. 24 S. 372),
2. § 10 Abs. 1 der Verordnung über die Sicherung des Volkseigentums bei Baumaßnahmen von Betrieben auf vertraglich genutzten nichtvolkseigenen Grundstücken vom 7. April 1983 (GBl. I Nr. 12 S. 129),
3. Nummer 9 Abs. 3 Buchstabe a, Nummer 12 Abs. 2 Buchstabe a, Nummer 18 Abs. 2, Nummer 40 und Nummer 75 Abs. 3 sowie Anlage 16 der Anweisung Nr. 4/87 des Ministers des Innern und Chefs der Deutschen Volkspolizei über Grundbuch und Grundbuchverfahren unter Colidobedingungen – Colido-Grundbuchanweisung – vom 27. Okober 1987.

Nach diesen Vorschriften eingetragene Vermerke über die Anlegung eines Gebäudegrundbuchblattes sind bei der nächsten anstehenden Eintragung in das Grundbuchblatt für das Grundstück oder für das Gebäudeeigentum an die Vorschriften des § 5 Abs. 2 und 3, § 6, § 9 Abs. 3 und § 12 anzupassen.

(2) § 4 Abs. 1 gilt nicht für Gebäudegrundbuchblätter, die vor dem Inkrafttreten dieser Verordnung angelegt worden sind oder für die der Antrag auf Anlegung vor diesem Zeitpunkt bei dem Grundbuchamt eingegangen ist.

(3) § 14 Abs. 2 und 3 gilt nur für Eintragungen, die nach Inkrafttreten dieser Verordnung beantragt worden sind.

---

[1] Die VO ist am 1. 10. 1994 in Kraft getreten.

Anhang 4
Grundbuchbereinigungsgesetz (GBBerG)

Vom 20. Dezember 1993

(BGBl. I S. 2192)

Geändert durch das SachenRÄndG vom 21. 9. 1994 (BGBl. I S. 2457), das TelekommunikationsG vom 25. 7. 1996 (BGBl. I S. 1120), das EigentumsfristenG vom 20. 12. 1996 (BGBl. I S. 2028), die 2. Zwangsvollstreckungsnovelle vom 17. 12. 1997 (BGBl. I S. 3039), das VermögensrechtsbereinigungsG vom 20. 10. 1998 (BGBl. I S. 3180, 3187), das Ges. vom 27. 6. 2000 (BGBl. I S. 897), das Ges. vom 2. 11. 2000 (BGBl. I S. 1481) und das Ges. vom 13. 7. 2001 (BGBl. I S. 1542).

Abschnitt 1. Behandlung wertbeständiger und ähnlicher Rechte

§ 1 Umstellung wertbeständiger Rechte

(1) In dem in Artikel 3 des Einigungsvertrages bestimmten Gebiet kann aus einer Hypothek, Grundschuld oder Rentenschuld, die vor dem 1. Januar 1976 in der Weise bestellt wurde, daß die Höhe der aus dem Grundstück zu zahlenden Geldsumme durch den amtlich festgestellten oder festgesetzten Preis einer bestimmten Menge von Feingold, den amtlich festgestellten oder festgesetzten Preis einer bestimmten Menge von Roggen, Weizen oder einer bestimmten Menge sonstiger Waren oder Leistungen oder durch den Gegenwert einer bestimmten Geldsumme in ausländischer Währung bestimmt wird (wertbeständiges Recht), vom Inkrafttreten dieses Gesetzes an nur die Zahlung eines Geldbetrages nach den folgenden Vorschriften aus dem Grundstück verlangt werden.

(2) Ist die Leistung oder Belastung in einer bestimmten Menge von Roggen und daneben wahlweise in einer bestimmten Menge von Weizen ausgedrückt, so ist der höhere Betrag maßgeblich. Ist die Leistung oder Belastung in einer bestimmten Menge von Roggen oder Weizen und daneben wahlweise in Reichsmark, Rentenmark, Goldmark, in ausländischer Währung oder in einer bestimmten Menge von Feingold ausgedrückt, so kann aus dem Grundstück nur die Zahlung des Betrages in Deutscher Mark verlangt werden, auf den der in Reichsmark, Rentenmark, Goldmark, ausländischer Währung oder der in einer bestimmten Menge von Feingold ausgedrückte Betrag umzurechnen ist.

§ 2 Umgestellte wertbeständige Rechte

(1) Bei wertbeständigen Rechten, die bestimmen, daß sich die Höhe der aus dem Grundstück zu zahlenden Geldsumme durch den amtlich festgestellten oder festgesetzten Preis einer bestimmten Menge von Feingold bestimmt, entsprechen einem Kilogramm Feingold 1395 Deutsche Mark.

(2) Ist bei wertbeständigen Rechten die aus dem Grundstück zu zahlende Geldsumme durch den amtlich festgestellten oder festgesetzten Preis einer bestimmten Menge von Roggen oder Weizen bestimmt, so entsprechen einem Zentner Roggen 3,75 Deutsche Mark und einem Zentner Weizen 4,75 Deutsche Mark. Satz 1 gilt nicht

1. für wertbeständige Rechte, die auf einem Grundstücksüberlassungsvertrag oder einem mit einer Grundstücksüberlassung in Verbindung stehenden Altenteilsvertrag (Leibgedings-, Leibzuchts- oder Auszugsvertrag) beruhen,
2. für wertbeständige bäuerliche Erpachtrechte und ähnliche Rechte (Kanon, Erbzins, Grundmiete, Erbleihe).

Die Sätze 1 und 2 gelten für Reallasten, die auf die Leistung einer aus dem Roggen- oder Weizenpreis errechneten Geldsumme aus dem Grundstück gerichtet sind, entsprechend.

(3) Dem Verpflichteten bleibt es unbenommen, sich auf eine andere Umstellung zu berufen, wenn er deren Voraussetzungen nachweist.

§ 3 Umstellung anderer wertbeständiger Rechte

(1) Bei sonstigen wertbeständigen Rechten einschließlich den in § 2 Abs. 2 Satz 2 genannten, bei denen sich die aus dem Grundstück zu zahlende Geldsumme nach dem Gegenwert einer bestimmten Menge Waren oder Leistungen bestimmt, kann nur Zahlung eines Betrages verlangt werden, der dem für die Umrechnung am Tag des Inkrafttretens dieses Gesetzes an den deutschen Börsen notierten Mittelwert, bei fehlender Börsennotierung dem durchschnittlichen Marktpreis für den Ankauf dieser Waren entspricht. Das Bundesministerium der Justiz wird ermächtigt, diese Mittelwerte, bei ihrem Fehlen die durchschnittlichen Marktpreise, durch Rechtsverordnung festzustellen.[1]

---

[1] Siehe dazu § 12 SachenR-DV vom 20. 12. 1994 (BGBl. I S. 3900), der wie folgt lautet:

„Mittelwerte und Marktpreise bei sonstigen wertbeständigen Grundpfandrechten. Bei wertbeständigen Grundpfandrechten im Sinne des § 3 Abs. 1 Satz 1 und Abs. 2 des Grundbuchbereinigungsgesetzes sind für die jeweils bestimmten Waren oder Leistungen folgende Werte zugrundezulegen:

1. für einen US-Dollar 1,70 Deutsche Mark,
2. für eine Tonne Fettförderkohle des Rheinisch-Westfälischen Kohlesyndikats 285,66 Deutsche Mark,

(2) Absatz 1 gilt entsprechend, wenn sich die Höhe der aus dem Grundstück zu zahlenden Geldsumme nach dem Gegenwert einer bestimmten Geldsumme in ausländischer Währung bestimmt. Die besonderen Vorschriften über schweizerische Goldhypotheken bleiben unberührt.

§ 4 Grundbuchvollzug

Die nach den §§ 1 bis 3 eintretenden Änderungen bedürfen zum Erhalt ihrer Wirksamkeit gegenüber dem öffentlichen Glauben des Grundbuchs nicht der Eintragung. Die Beteiligten sind verpflichtet, die zur Berichtigung, die auch von Amts wegen erfolgen kann, erforderlichen Erklärungen abzugeben. Gebühren für die Grundbuchberichtigung werden nicht erhoben.

Abschnitt 2. Überholte Dienstbarkeiten und vergleichbare Rechte

§ 5[2] Erlöschen von Dienstbarkeiten und vergleichbaren Rechten

(1) Im Grundbuch zugunsten natürlicher Personen eingetragene nicht vererbliche und nicht veräußerbare Rechte, insbesondere Nießbrauche, beschränkte persönliche Dienstbarkeiten und Wohnungsrechte, gelten unbeschadet anderer Erlöschenstatbestände mit dem Ablauf von einhundertundzehn Jahren von dem Geburtstag des Berechtigten an als erloschen, sofern nicht innerhalb von 4 Wochen ab diesem Zeitpunkt eine Erklärung des Berechtigten bei dem Grundbuchamt eingegangen ist, daß er auf dem Fortbestand seines Rechts bestehe; die Erklärung kann in Textform oder zur Niederschrift des Urkundsbeamten der Geschäftsstelle abgegeben werden. Ist der Geburtstag bei Inkrafttreten dieses Gesetzes nicht aus dem Grundbuch oder den Grundakten ersichtlich, so ist der Tag der Eintragung des Rechts maßgeblich. Liegt der nach den vorstehenden Sätzen maßgebli-

---

3. für eine Tonne gewaschene Fettnuß IV des Rheinisch-Westfälischen Kohlesyndikats 314,99 Deutsche Mark,
4. für eine Tonne oberschlesische Flammstückkohle 192,80 Deutsche Mark,
5. für eine Tonne niederschlesische Stückkohle 114,60 Deutsche Mark,
6. für eine Tonne niederschlesische gewaschene Nußkohle I 314,99 Deutsche Mark,
7. für einen Doppelzentner zu je 100 kg Kalidüngesalz 40 vom Hundert 23,00 Deutsche Mark.“

[2] § 5 Abs. 1 Satz 1 geändert durch das Ges. vom 13. 7. 2001 (BGBl. I S. 1542), Abs. 2 geändert durch das SachenRÄndG vom 21. 9. 1994 (BGBl. I S. 2457).

che Zeitpunkt vor dem Inkrafttreten dieses Gesetzes, so gilt das Recht mit dem Inkrafttreten dieses Gesetzes als erloschen, sofern nicht innerhalb von 4 Wochen ab diesem Zeitpunkt eine Erklärung des Berechtigten gemäß Satz 1 bei dem Grundbuchamt eingegangen ist.

(2) In dem in Artikel 3 des Einigungsvertrages genannten Gebiet in dem Grundbuch eingetragene Kohleabbaugerechtigkeiten und dem Inhaber dieser Gerechtigkeiten zu deren Ausübung eingeräumte Dienstbarkeiten, Vormerkungen und Vorkaufsrechte erlöschen mit Inkrafttreten dieses Gesetzes. Der Zusammenhang zwischen der Kohleabbaugerechtigkeit und der Dienstbarkeit, der Vormerkung oder dem Vorkaufsrecht ist glaubhaft zu machen; § 29 der Grundbuchordnung ist nicht anzuwenden.

(3) Ein nach Maßgabe des Absatzes 1 als erloschen geltendes oder gemäß Absatz 2 erloschenes Recht kann von dem Grundbuchamt von Amts wegen gelöscht werden.

§ 6[3] Berechtigte unbekannten Aufenthalts, nicht mehr bestehende Berechtigte

(1) Ist bei einem Nießbrauch, einer beschränkten persönlichen Dienstbarkeit oder einem eingetragenen Mitbenutzungsrecht (Artikel 233 § 5 Abs. 1 des Einführungsgesetzes zum Bürgerlichen Gesetz buche) der Begünstigte oder sein Aufenthalt unbekannt, so kann der Begünstigte im Wege des Aufgebotsverfahrens mit seinem Recht ausgeschlossen werden, wenn seit der letzten sich auf das Recht beziehenden Eintragung in das Grundbuch 30 Jahre verstrichen sind und das Recht nicht innerhalb dieser Frist von dem Eigentümer in einer nach dem Bürgerlichen Gesetzbuch zur Unterbrechung der Verjährung geeigneten Weise anerkannt oder von einem Berechtigten ausgeübt worden ist. Satz 1 gilt entsprechend bei Dienstbarkeiten, die zugunsten des jeweiligen Eigentümers oder Besitzers eines Familienfideikommisses, einer Familienanwartschaft, eines Lehens, eines Stammgutes oder eines ähnlichen gebundenen Vermögens eingetragen sind, sowie bei Grunddienstbarkeiten, die zugunsten des jeweiligen Eigentümers eines Grundstücks eingetragen sind, dessen Grundakten vernichtet und nicht mehr wiederherzustellen sind.

(1a) Soweit auf § 1170 des Bürgerlichen Gesetzbuchs verwiesen wird, ist diese Bestimmung auf die vor dem 3. Oktober 1990 begründeten Rechte auch dann anzuwenden, wenn der Aufenthalt des Gläubigers unbekannt ist. § 1104 Abs. 2 des Bürgerlichen Gesetzbuchs fin-

---

[3] § 6 Abs. 1a eingefügt durch das SachenRÄndG vom 21. 9. 1994 (BGBl. I S. 2457) und § 6 Abs. 3 Satz 3 aufgehoben durch das EigentumsfristenG vom 20. 12. 1996 (BGBl. I S. 2028).

det auf die vor dem 3. Oktober 1990 begründeten Vorkaufsrechte und Reallasten keine Anwendung.

(2) Für das Aufgebotsverfahren sind die besonderen Vorschriften der §§ 982 bis 986 der Zivilprozeßordnung sinngemäß anzuwenden.

(3) Diese Vorschrift gilt nur in dem in Artikel 3 des Einigungsvertrages genannten Gebiet. Sie kann im übrigen Bundesgebiet durch Rechtsverordnung der Landesregierung in Kraft gesetzt werden.

§ 7 Verkaufserlaubnis

(1) Ein gesetzlicher Vertreter des Eigentümers (§ 11b des Vermögensgesetzes, Artikel 233 § 2 Abs. 3 des Einführungsgesetzes zum Bürgerlichen Gesetzbuche) oder der für den Eigentümer eines in dem in Artikel 3 des Einigungsvertrages genannten Gebiets belegenen Grundstücks oder Gebäudes bestellte Pfleger darf dieses unbeschadet der allgemeinen Vorschriften belasten oder veräußern, wenn das Vormundschaftsgericht ihm dies erlaubt hat. Die Erlaubnis kann erteilt werden, wenn

1. der Vertreter oder Pfleger eine juristische Person des öffentlichen Rechts ist,
2. der Eigentümer oder sein Aufenthalt nicht ausfindig zu machen ist und
3. die Verfügung etwa zur Sicherung der Erhaltung eines auf dem Grundstück befindlichen Gebäudes oder zur Durchführung besonderer Investitionszwecke nach § 3 Abs. 1 des Investitionsvorranggesetzes erforderlich ist.

In Ergänzung der gesetzlichen Ermittlungspflichten muß der Eigentümer des Grundstücks oder Gebäudes öffentlich zur Geltendmachung seiner Rechte aufgefordert worden und eine Frist von mindestens sechs Monaten von dem öffentlichen Aushang an verstrichen sein.

(2) Die Erlaubnis ist öffentlich bekannt zu machen; dem Eigentümer steht gegen die Entscheidung die Beschwerde zu.

(3) Der Vertreter oder Pfleger ist verpflichtet, dem Eigentümer den Erlös, mindestens aber den Verkehrswert zu zahlen. Bei einer Belastung erfolgt ein entsprechender Ausgleich, wenn die Belastung nicht dem Grundstück zugute gekommen ist. Dieser Anspruch unterliegt den Vorschriften des Bügerlichen Gesetzbuchs über Schuldverhältnisse. Der Anspruch ist zu verzinsen; er verjährt nach Ablauf von 30 Jahren.

(4) Die Vorschrift gilt bis zum Ablauf des 31. Dezember 2005.

Abschnitt 3. Nicht eingetragene dingliche Rechte

§ 8[4] Nicht eingetragene Rechte

(1) Ein nicht im Grundbuch eingetragenes Mitbenutzungsrecht der in Artikel 233 § 5 Abs. 1 des Einführungsgesetzes zum Bürgerlichen Gesetzbuche bezeichneten Art oder ein sonstiges nicht im Grundbuch eingetragenes beschränktes dingliches Recht mit Ausnahme der in Artikel 233 § 4 Abs. 2 des Einführungsgesetzes zum Bürgerlichen Gesetzbuche genannten Nutzungsrechte, das zur Erhaltung der Wirksamkeit gegenüber dem öffentlichen Glauben des Grundbuchs nicht der Eintragung bedarf, erlischt mit dem Ablauf des 31. Dezember 1995, wenn nicht der Eigentümer des Grundstücks vorher das Bestehen dieses Rechts in der Form des § 29 der Grundbuchordnung anerkennt und die entsprechende Grundbuchberichtigung bewilligt oder der jeweilige Berechtigte von dem Eigentümer vorher die Abgabe dieser Erklärungen in einer zur Unterbrechung der Verjährung nach § 209 des Bürgerlichen Gesetzbuchs geeigneten Weise verlangt hat. Die Frist des Satzes 1 kann durch Rechtsverordnung des Bundesministeriums der Justiz mit Zustimmung des Bundesrates einmal verlängert werden.[5]

(2) Wird in dem Anerkenntnis oder der Eintragungsbewilligung gemäß Absatz 1 ein Zeitpunkt für die Entstehung dieses Rechts nicht angegeben, so gilt dieses als am Tage des Inkrafttretens dieses Gesetzes entstanden.

(3) Diese Vorschrift gilt nicht für beschränkte dingliche Rechte, die die Errichtung und den Betrieb von Energieanlagen (§ 9) oder Anlagen nach § 40 Abs. 1 Buchstabe c des Wassergesetzes vom 2. Juli 1982 (GBl. I Nr. 26 S. 467) zum Gegenstand haben. Sie gilt im übrigen nur in dem in Artikel 3 des Einigungsvertrages genannten Gebiet. Sie kann im übrigen Bundesgebiet durch Rechtsverordnung der Landesregierung auch für einzelne Arten von Rechten, sofern es sich nicht um Rechte für Anlagen der in § 9 bezeichneten Art handelt, in Kraft gesetzt werden.

---

[4] § 8 Abs. 4 angefügt durch das SachenRÄndG vom 21. 9. 1994 (BGBl. I S. 2457).

[5] Siehe dazu § 13 SachenR-DV vom 20. 12. 1994 (BGBl. I S. 3900), der wie folgt lautet:

„**Verlängerung von Fristen.** (1) Die Frist des § 8 Abs. 1 Satz 1 und nach § 8 Abs. 3 Satz 3 in Verbindung mit § 8 Abs. 1 Satz 1 des Grundbuchbereinigungsgesetzes wird in den Ländern Berlin, Brandenburg, Mecklenburg-Vorpommern, Sachsen, Sachsen-Anhalt und Thüringen bis zum Ablauf des 31. Dezember 2005, längstens jedoch bis zu dem Tage verlängert, an dem der öffentliche Glaube des Grundbuchs für die in Artikel 233 § 5 Abs. 1 des Einführungsgesetzes zum Bürgerlichen Gesetzbuche bezeichneten beschränkten dinglichen Rechte wieder in vollem Umfang gilt.

(2) In den übrigen Ländern wird die in Absatz 1 bezeichnete Frist bis zum Ablauf des 31. Dezember 1997 verlängert."

(4) Wird eine Klage nach Absatz 1 rechtshängig, so ersucht das Gericht auf Antrag des Klägers das Grundbuchamt um Eintragung eines Rechtshängigkeitsvermerks zugunsten des Klägers. Der Vermerk hat die Wirkungen eines Widerspruchs. Er wird mit rechtskräftiger Abweisung der Klage gegenstandslos.

§ 9[6] Leitungen und Anlagen für die Versorgung mit Energie und Wasser sowie die Beseitigung von Abwasser

(1) Zum Besitz und Betrieb sowie zur Unterhaltung und Erneuerung von Energieanlagen (Anlagen zur Fortleitung von Elektrizität, Gas und Fernwärme, einschließlich aller dazugehörigen Anlagen, die der Fortleitung unmittelbar dienen) auf Leitungstrassen, die am 3. Oktober 1990 in dem in Artikel 3 des Einigungsvertrages genannten Gebiet genutzt waren, wird zugunsten des Versorgungsunternehmens (Energieversorgungsunternehmen im Sinne des Energiewirtschaftsgesetzes und Fernwärmeversorgungsunternehmen), das die jeweilige Anlage bei Inkrafttreten dieser Vorschrift betreibt, am Tage des Inkrafttretens dieser Vorschrift eine beschränkte persönliche Dienstbarkeit an den Grundstücken begründet, die von der Energieanlage in Anspruch genommen werden. § 892 des Bürgerlichen Gesetzbuches gilt in Ansehung des Ranges für Anträge, die nach dem Inkrafttreten dieser Vorschrift, im übrigen erst für Anträge, die nach dem 31. Dezember 2010 gestellt werden. Ist das Grundstück mit einem Erbbaurecht oder einem dinglichen Nutzungsrecht im Sinne des Artikels 233 § 4 des Einführungsgesetzes zum Bürgerlichen Gesetzbuche belastet, ruht die Dienstbarkeit als Gesamtbelastung auf dem Grundstück und dem Erbbaurecht oder Gebäudeeigentum.

(2) Absatz 1 findet keine Anwendung, soweit Kunden und Anschlußnehmer, die Grundstsückseigentümer sind, nach der Verordnung über Allgemeine Bedingungen für die Elektrizitätsversorgung von Tarifkunden vom 21. Juni 1979 (BGBl. I S. 684), der Verordnung über Allgemeine Bedingungen für die Gasversorgung von Tarifkunden vom 21. Juni 1979 (BGBl. I S. 676) oder der Verordnung über Allgemeine Bedingungen für die Versorgung mit Fernwärme vom 20. Juni 1980 (BGBl. I S. 742) zur Duldung von Energieanlagen verpflichtet sind, sowie für Leitungen über oder in öffentlichen Verkehrswegen und Verkehrsflächen.

(3) Das Versorgungsunternehmen ist verpflichtet, dem Eigentümer des nach Absatz 1 mit dem Recht belasteten Grundstücks, in den Fällen des Absatzes 1 Satz 3 als Gesamtgläubiger neben dem Inhaber des Erb-

---

[6] § 9 Abs. 11 neu gefaßt durch das Telekommunikationsgesetz vom 25. 7. 1996 (BGBl. I S. 1120).

baurechts oder Gebäudeeigentums, einen einmaligen Ausgleich für das Recht zu zahlen. Dieser Ausgleich bestimmt sich nach dem Betrag, der für ein solches Recht allgemein üblich ist. Die erste Hälfte dieses Betrags ist unverzüglich nach Eintragung der Dienstbarkeit zugunsten des Versorgungsunternehmens und Aufforderung durch den Grundstückseigentümer, frühestens jedoch am 1. Januar 2001 zu zahlen, die zweite Hälfte wird am 1. Januar 2011 fällig. Das Energieversorgungsunternehmen ist zur Zahlung eines Ausgleichs nicht verpflichtet, wenn das Grundstück mit einer Dienstbarkeit des in Absatz 1 bezeichneten Inhalts belastet ist oder war und das Grundstück in einem diese Berechtigung nicht überschreitenden Umfang genutzt wird oder wenn das Versorgungsunternehmen auf die Dienstbarkeit nach Absatz 6 vor Eintritt der jeweiligen Fälligkeit verzichtet hat. Zahlungen auf Grund der Bodennutzungsverordnung vom 26. Februar 1981 (GBl. I Nr. 10 S. 105), früherer oder anderer Vorschriften entsprechenden Inhalts genügen im übrigen nicht. Abweichende Vereinbarungen sind zulässig.

(4) Auf seinen Antrag hin bescheinigt die Aufsichtsbehörde nach dem Energiewirtschaftsgesetz dem Versorgungsunternehmen, welches Grundstück in welchem Umfang mit der Dienstbarkeit belastet ist. Die Aufsichtsbehörde macht den Antrag unter Beifügung einer Karte, die den Verlauf der Leitungstrasse auf den im Antrag bezeichneten Grundstücken im Maßstab von nicht kleiner als 1 zu 10 000 erkennen läßt, in ortsüblicher Weise öffentlich bekannt. Sie kann von der Beifügung einer Karte absehen, wenn sie öffentlich bekannt macht, daß der Antrag vorliegt und die Antragsunterlagen bei ihr eingesehen werden können. Sie erteilt nach Ablauf von vier Wochen von der Bekanntmachung an die Bescheinigung. Widerspricht ein Grundstückseigentümer rechtzeitig, wird die Bescheinigung mit einem entsprechenden Vermerk erteilt.

(5) Auf Antrag des Versorgungsunternehmens berichtigt das Grundbuchamt das Grundbuch entsprechend dem Inhalt der Bescheinigung, wenn die Bescheinigung

1. unterschrieben und mit dem Dienstsiegel der Aufsichtsbehörde versehen ist und
2. der Inhalt des Rechts, der Berechtigte, das belastete Grundstück und, wobei eine grafische Darstellung genügt, der räumliche Umfang der Befugnis zur Ausübung des Rechts auf dem Grundstück angegeben sind.

Ist in der Bescheinigung ein rechtzeitiger Widerspruch vermerkt, wird im Grundbuch ein Widerspruch zugunsten des Versorgungsunternehmens eingetragen, das den Eigentümer oder Inhaber eines mitbelasteten Gebäudeeigentums oder Erbbaurechts im ordentlichen

Rechtsweg auf Bewilligung der Eintragung in Anspruch nehmen kann. Die Bescheinigung ist für den Eigentümer, Erbbauberechtigten oder sonstigen dinglich Berechtigten an dem Grundstück unanfechtbar. Diesem bleibt es jedoch unbenommen, den in der Bescheinigung bezeichneten Inhaber der Dienstbarkeit vor den ordentlichen Gerichten auf Berichtigung des Grundbuchs und auf Bewilligung der Löschung des Widerspruchs in Anspruch zu nehmen. Das Energieversorgungsunternehmen trägt die Beweislast für den Lagenachweis, es sei denn, daß das Grundstück nach dem Inhalt des Grundbuchs vor dem Inkrafttreten dieser Vorschrift mit einer Dienstbarkeit für Energieanlagen belastet war.

(6) Verzichtet das Versorgungsunternehmen auf die Dienstbarkeit vor ihrer Bescheinigung nach Absatz 4, so erlischt das Recht; sein Erlöschen kann auf Antrag durch die nach Absatz 4 zuständige Behörde bescheinigt werden. Im übrigen gelten für die Aufhebung, Änderung und Ausübung der Dienstbarkeit die Vorschriften des Bürgerlichen Gesetzbuchs. In Ansehung von Leitungsrechten vor Inkrafttreten dieses Gesetzes getroffene Vereinbarungen bleiben unberührt.

(7) Die nach Absatz 4 zuständige Behörde kann auf Antrag bescheinigen, daß eine im Grundbuch eingetragene beschränkte persönliche Dienstbarkeit für Energieanlagen nicht mehr besteht, wenn das Recht nicht mehr ausgeübt wird, das Energieversorgungsunternehmen, dem die Anlage wirtschaftlich zuzurechnen wäre, zustimmt und ein anderer Berechtigter nicht ersichtlich ist. Die Bescheinigung ist zur Berichtigung des Grundbuchs genügend. Die Behörde kann den Antragsteller auf das Aufgebotsverfahren verweisen.

(8) Das Bundesministerium der Justiz wird ermächtigt, durch Rechtsverordnung mit Zustimmung des Bundesrates die näheren technischen Einzelheiten des in Absatz 1 beschriebenen Inhalts der Dienstbarkeit, nähere Einzelheiten des Verfahrens, insbesondere zum Inhalt der Bescheinigung, zum Antrag und zur Beschreibung des Rechts, zu regeln.[7]

(9) Die Bundesregierung wird ermächtigt, durch Rechtsverordnung mit Zustimmung des Bundesrates die vorstehende Regelung und auf Grund von Absatz 8 erlassene Bestimmungen ganz oder teilweise zu erstrecken auf

1. Anlagen der öffentlichen Wasserversorgung und Abwasserbeseitigung, insbesondere Leitungen und Pumpstationen, mit Ausnahme jedoch von Wasserwerken und Abwasserbehandlungsanlagen,

---

[7] Siehe dazu §§ 4 ff. SachenR-DV vom 20. 12. 1994 (BGBl. I S. 3900).

2. Hochwasserrückhaltebecken ohne Dauer- oder Teildauerstau und Schöpfwerke, die der Aufrechterhaltung der Vorflut dienen und im öffentlichen Interesse betrieben werden,
3. gewässerkundliche Meßanlagen wie Pegel, Gütemeßstationen, Grundwasser- und andere Meßstellen nebst den dazugehörigen Leitungen.[8]

Die Erstreckung ist nur bis zum Ablauf des 31. Dezember 1995 zulässig und soll erfolgen, soweit dies wegen der Vielzahl der Fälle oder der Unsicherheit der anderweitigen rechtlichen Absicherung erforderlich ist. In der Rechtsverordnung kann von den Bestimmungen der Absätze 4 bis 7 sowie der auf Grund von Absatz 8 erlassenen Rechtsverordnung abgewichen, insbesondere Absatz 7 von der Erstreckung ausgenommen werden, soweit dies aus Gründen des Wasserrechts geboten ist. Bis zu dem Erlaß der Rechtsverordnung bleiben Vorschriften des Landesrechts unberührt. Eine Verpflichtung zur Zahlung eines Ausgleichs nach Absatz 3 besteht nicht, soweit nach Landesrecht bereits Entschädigung geleistet worden ist.

(10) Die Landesregierungen werden ermächtigt, durch Rechtsverordnung die Zuständigkeit der in den Absätzen 4, 6 und 7 genannten oder in der Rechtsverordnung nach Absatz 9 bestimmten Behörden ganz oder teilweise auf andere Behörden zu übertragen. Die nach Absatz 4 oder Satz 1 dieses Absatzes zuständige Landesbehörde kann auch andere geeignete Stellen, bei nichtöffentlichen Stellen unter Beleihung mit hoheitlichen Aufgaben, beauftragen, die Bescheinigungen zu erteilen; diese stehen denen nach Absatz 4 gleich.

(11) Die Absätze 1 bis 10 und die auf ihrer Grundlage erlassenen Verordnungen gelten entsprechend für

1. Telekommunikationsanlagen der früheren Deutschen Post,
2. Anlagen zur Versorgung von Schienenwegen der früheren Reichsbahn und der öffentlichen Verkehrsbetriebe mit Strom und Wasser sowie zur Entsorgung des Abwassers solcher Anlagen,
3. Anlagen zur Fortleitung von Öl oder anderen Rohstoffen einschließlich aller dazugehörigen Anlagen, die der Fortleitung unmittelbar dienen, und
4. Anlagen zum Transport von Produkten zwischen den Betriebsstätten eines oder mehrerer privater oder öffentlicher Unternehmen,

die in dem in Artikel 3 des Einigungsvertrages genannten Gebiet liegen und vor dem 3. Oktober 1990 errichtet worden sind. Absatz 1 findet keine Anwendung, soweit Grundstückseigentümer auf Grund einer abgegebenen Grundstückseigentümererklärung nach § 7 der Telekommunikationsverordnung vom 24. Juni 1991 (BGBl. I S. 1376) oder

[8] Siehe dazu §§ 1 bis 3 SachenR-DV vom 20. 12. 1994 (BGBl. I S. 3900).

nach § 8 der Telekommunikations-Kundenschutzverordnung vom 19. Dezember 1995 (BGBl. I S. 2020) zur Duldung von Telekommunikationsanlagen verpflichtet sind. An die Stelle der Aufsichtsbehörde im Sinne des Absatzes 4 treten das Bundesministerium für Post und Telekommunikation für Anlagen nach Satz 1 Nr. 1 und das Bundeseisenbahnvermögen für Anlagen der früheren Reichsbahn nach Satz 1 Nr. 2. Diese können mit der Erteilung der Bescheinigung auch eine andere öffentliche Stelle oder eine natürliche Person beauftragen, die nicht Bediensteter des Bundesministeriums oder des Bundeseisenbahnvermögens sein muß. Für Dienstbarkeiten nach Satz 1 Nr. 3 und 4 gilt § 1023 Abs. 1 Satz 1 Halbsatz 2 des Bürgerlichen Gesetzbuchs bei der Anlegung neuer öffentlicher Verkehrswege nur, wenn die Dienstbarkeit im Grundbuch eingetragen ist. Vor diesem Zeitpunkt hat der Inhaber der Dienstbarkeit die Kosten einer erforderlichen Verlegung zu tragen.

§ 9 a[9] [Inhaber der Dienstbarkeit als Eigentümer der Anlage]

(1) Die in § 9 sowie in den §§ 1 und 4 der Sachenrechts-Durchführungsverordnung bezeichneten Anlagen stehen mit Wirkung vom 3. Oktober 1990 im Eigentum des Inhabers der Dienstbarkeit. Befinden sich die Anlagen mehrerer Inhaber von Dienstbarkeiten in einem begehbaren unterirdischen Kanal oder einer vergleichbaren Anlage (Leitungssammelkanal), so steht das Eigentum an dieser Anlage zu gleichen Teilen in Miteigentum sämtlicher Inhaber dieser Dienstbarkeiten. Soweit ein Teil des Leitungssammelkanals fest verbunden ist mit einem Gebäude, an dem selbständiges Gebäudeeigentum besteht, gilt dieser Teil als wesentlicher Bestandteil des Gebäudes; besteht kein selbständiges Gebäudeeigentum, gilt dieser Teil des Leitungssammelkanals als wesentlicher Bestandteil des Grundstücks.

(2) In den Fällen des Absatzes 1 Satz 2 und 3 haften die Inhaber der Dienstbarkeit für ihre Verpflichtungen aus den §§ 1004 und 1020 des Bürgerlichen Gesetzbuchs als Gesamtschuldner. § 1004 des Bürgerlichen Gesetzbuchs gilt in diesen Fällen mit der Maßgabe, daß eine Beseitigung erst nach Erlöschen der letzten Dienstbarkeit verlangt werden kann.

(3) Vor dem 27. Oktober 1998 getroffene Vereinbarungen sowie vor diesem Zeitpunkt in Rechtskraft erwachsene Urteile bleiben unberührt.

(4) Die Vorschriften der Absätze 1 bis 3 gelten in den Fällen des § 9 Abs. 2 sinngemäß.

---

[9] § 9 a eingefügt durch das VermögensrechtsbereinigungsG vom 20. 10. 1998 (BGBl. I S. 3180, 3187).

Abschnitt 4. Ablösung von Grundpfandrechten

§ 10[10] Ablöserecht

(1) Eine vor dem 1. Juli 1990 an einem Grundstück in dem in Artikel 3 des Einigungsvertrages genannten Gebiet bestellte Hypothek oder Grundschuld mit einem umgerechneten Nennbetrag von nicht mehr als 6000 Euro erlischt, wenn der Eigentümer des Grundstücks eine dem in Euro umgerechneten und um ein Drittel erhöhten Nennbetrag entsprechende Geldsumme zugunsten des jeweiligen Gläubigers unter Verzicht auf die Rücknahme hinterlegt hat; bei einer Höchstbetragshypothek entfällt die in Halbsatz 1 genannte Erhöhung des Nennbetrags. Satz 1 gilt für Rentenschulden und Reallasten entsprechend; anstelle des Nennbetrages tritt der für Rechte dieser Art im Verfahren nach dem Vermögensgesetz anzusetzende Ablösebetrag, der nicht zu erhöhen ist. Das Bundesministerium der Justiz wird ermächtigt, durch Rechtsverordnung anstelle der Hinterlegung andere Arten der Sicherheitsleistung zuzulassen.

(2) Die §§ 1 bis 3 gelten auch für die Berechnung des Nennbetrages des Grundpfandrechts.

(3) Der Eigentümer des Grundstücks kann von dem jeweiligen Gläubiger die Zustimmung zur Auszahlung des die geschuldete Summe übersteigenden Teils eines hinterlegten Betrages oder im Falle der Leistung einer anderen Sicherheit entsprechende Freigabe verlangen.

(4) Ein für das Grundpfandrecht erteilter Brief wird mit dem Zeitpunkt des Erlöschens des Rechts kraftlos. Das Kraftloswerden des Briefes ist entsprechend § 26 Abs. 3 Satz 2 des Gesetzes über Maßnahmen auf dem Gebiet des Grundbuchwesens vom 20. Dezember 1963 (BGBl. I S. 986, zuletzt geändert durch Artikel 3 Abs. 3 des Registerverfahrenbeschleunigungsgesetzes vom 20. Dezember 1993 (BGBl. I S. 2182)) bekanntzumachen.

Abschnitt 5. Sonstige Erleichterungen

§ 11 Ausnahmen von der Voreintragung des Berechtigten

(1) § 39 Abs. 1 der Grundbuchordnung ist nicht anzuwenden, wenn eine Person aufgrund eines Ersuchens nach § 34 des Vermögensgesetzes

---

[10] § 10 Abs. 1 Satz 1 geändert durch das Ges. vom 27. 6. 2000 (BGBl. I S. 897).

einzutragen ist. Er ist ferner nicht anzuwenden, wenn die durch den Bescheid, der dem Ersuchen nach § 34 des Vermögensgesetzes zugrundeliegt, begünstigte Person oder deren Erbe verfügt. Die Sätze 1 und 2 gelten entsprechend für Eintragungen und Verfügungen aufgrund eines Bescheids, der im Verfahren nach § 2 des Vermögenszuordnungsgesetzes ergangen ist, sowie für Verfügungen nach § 8 des Vermögenszuordnungsgesetzes.

(2) Bis zum Ablauf des 31. Dezember 1999 ist in dem in Artikel 3 des Einigungsvertrages genannten Gebiet § 40 Abs. 1 der Grundbuchordnung für Belastungen entsprechend anzuwenden.

§ 12 Nachweis der Rechtsnachfolge bei Genossenschaften

(1) Zum Nachweis gegenüber dem Grundbuchamt oder dem Schiffsregistergericht, daß in dem in Artikel 3 des Einigungsvertrages genannten Gebiet ein Recht von einer vor dem 3. Oktober 1990 gegründeten Genossenschaft auf eine im Wege der Umwandlung, Verschmelzung oder Spaltung aus einer solchen hervorgegangenen Kapitalgesellschaft oder eingetragenen Genossenschaft übergegangen ist, genügt unbeschadet anderer entsprechender Vorschriften eine Bescheinigung der das Register für den neuen Rechtsträger führenden Stelle.

(2) Eine Genossenschaft, die am 1. Januar 1990 in einem örtlich abgegrenzten Bereich des in Artikel 3 des Einigungsvertrages genannten Gebietes tätig war, gilt gegenüber dem Grundbuchamt oder dem Schiffsregistergericht als Rechtsnachfolger der Genossenschaften der gleichen Art, die zwischen dem 8. Mai 1945 und dem 31. Dezember 1989 in diesem örtlichen Bereich oder Teilen hiervon tätig waren und nicht mehr bestehen. Fällt der Genossenschaft nach Satz 1 ein Vermögenswert zu, der ihr nicht zukommt, so gelten die Vorschriften des Bürgerlichen Gesetzbuchs über den Ausgleich einer ungerechtfertigten Bereicherung entsprechend.

§ 13[11] Dingliche Rechte im Flurneuordnungsverfahren

In Verfahren nach dem 8. Abschnitt des Landwirtschaftsanpassungsgesetzes können dingliche Rechte an Grundstücken im Plangebiet und Rechte an einem ein solches Grundstück belastenden Recht aufgehoben, geändert oder neu begründet werden. Die Bestimmung über die Eintragung eines Zustimmungsvorbehalts für Veräußerungen in § 6 Abs. 4 des Bodensonderungsgesetzes ist entsprechend anzuwenden.

---

[11] § 13 Satz 2 angefügt durch das SachenRÄndG vom 21. 9. 1994 (BGBl. I S. 2457).

§ 14[12] Gemeinschaftliches Eigentum von Ehegatten

In den Fällen des Artikels 234 § 4a Abs. 1 Satz 1 des Einführungsgesetzes zum Bürgerlichen Gesetzbuche gelten die §§ 82, 82a Satz 1 der Grundbuchordnung entsprechend. Der für die Berichtigung des Grundbuchs erforderliche Nachweis, daß eine Erklärung nach Artikel 234 § 4 Abs. 2 und 3 des Einführungsgesetzes zum Bürgerlichen Gesetzbuche nicht abgegeben wurde, kann durch Berufung auf die Vermutung nach Artikel 234 § 4a Abs. 3 des Einführungsgesetzes zum Bürgerlichen Gesetzbuche oder durch übereinstimmende Erklärung beider Ehegatten, bei dem Ableben eines von ihnen durch Versicherung des Überlebenden und bei dem Ableben beider durch Versicherung der Erben erbracht werden; die Erklärung, die Versicherung und der Antrag bedürfen nicht der in § 29 der Grundbuchordnung vorgeschriebenen Form. Die Berichtigung ist in allen Fällen des Artikels 234 § 4a des Einführungsgesetzes zum Bürgerlichen Gesetzbuche gebührenfrei.

§ 15[13] Aufgebotsverfahren nach § 10 Abs. 1 Satz 1 Nr. 7 des Entschädigungsgesetzes

(1) Das in § 10 Abs. 1 Satz 1 Nr. 7 des Entschädigungsgesetzes vorgesehene Aufgebotsverfahren wird von dem Bundesamt zur Regelung offener Vermögensfragen (Bundesamt) von Amts wegen als Verwaltungsverfahren durchgeführt.

(2) Das Bundesamt oder die Stelle, die die Vermögenswerte verwahrt, ermittelt deren Eigentümer oder Rechtsinhaber. Können diese nicht mit den zu Gebote stehenden Mitteln gefunden werden, leitet das Bundesamt das Aufgebotsverfahren ein. Hierzu gibt es die Vermögenswerte im Bundesanzeiger bekannt und fordert die Eigentümer oder Rechtsinhaber auf, sich beim Bundesamt zu melden. In der Bekanntmachung wird der Vermögenswert genau bezeichnet sowie das jeweilige Aktenzeichen und der Endzeitpunkt der Aufgebotsfrist angegeben.

(3) Meldet sich innerhalb von einem Jahr seit der ersten Veröffentlichung der Aufforderung im Bundesanzeiger der Berechtigte nicht, erläßt das Bundesamt einen Ausschlußbescheid. Wenn erforderlich, kann zuvor eine angemessene Nachfrist gesetzt werden. Der Bescheid ist öffentlich zuzustellen. Auf die öffentliche Zustellung ist § 5 der Hypothekenablöseverordnung entsprechend anzuwenden. Der bestandskräftige Ausschlußbescheid hat die Wirkungen eines Ausschlußurteils. Der Vermögenswert ist an den Entschädigungsfonds abzuführen.

---

[12] § 14 geändert durch das SachenRÄndG vom 21. 9. 1994 (BGBl. I S. 2457).

[13] § 15 angefügt durch die 2. Zwangsvollstreckungsnovelle vom 17. 12. 1997 (BGBl. I S. 3039) und geändert durch Gesetz vom 2. 11. 2000 (BGBl. I S. 1481).

(4) Aufgebote, die von den Amtsgerichten nach § 10 Abs. 1 Satz 1 Nr. 7 des Entschädigungsgesetzes eingeleitet worden sind, gehen in dem Stand, in dem sie sich am Tage nach der Verkündung dieses Gesetzes befinden, auf das Bundesamt über. Aufgebotsverfahren, die am 8. November 2000 anhängig sind, enden spätestens mit Ablauf eines Jahres nach dem 8. November 2000; die Möglichkeit der Nachfristsetzung bleibt unberührt.

Anhang 5
Verordnung über die Wiederherstellung zerstörter oder abhanden gekommener Grundbücher und Urkunden

Vom 26. Juli 1940
(RGBl. I S. 1048)[1]

Auf Grund des § 123 der Grundbuchordnung verordne ich folgendes:

§ 1 [Wiederherstellung von Amts wegen]

(1) Ist ein Grundbuch ganz oder teilweise zerstört oder abhanden gekommen, so hat das Grundbuchamt es von Amts wegen wiederherzustellen. Das gleiche gilt für eine ganz oder teilweise zerstörte oder abhanden gekommene Urkunde, auf die eine Eintragung Bezug nimmt. Urkunden, auf die eine Eintragung sich gründet, ohne auf die Urkunde Bezug zu nehmen, kann das Grundbuchamt wiederherstellen, wenn es dies für angezeigt hält.

(2) Für das Verfahren gelten die nachfolgenden Vorschriften, soweit nicht der *Reichsminister der Justiz,* dem vor Einleitung des Verfahrens zu berichten ist, im Einzelfall Abweichendes im Verwaltungswege bestimmt.[2]

(3) § 1 des Reichsgesetzes über die Angelegenheiten der freiwilligen Gerichtsbarkeit gilt auch, soweit die Grundbuchführung den Amtsgerichten noch nicht übertragen ist.

Abschnitt 1. Wiederherstellung des Grundbuchs nach den Grundakten oder dem Handblatt

§ 2

Sind die Grundakten oder das Handblatt des zerstörten oder abhanden gekommenen Grundbuchs vorhanden und ergibt sich aus ihnen der Inhalt des Grundbuchs zweifelsfrei, so ist das Grundbuch nach dem Inhalt der Grundakten oder des Handblatts wiederherzustellen.

---

[1] Siehe für **Hessen:** Änderungs- und ErgänzungsVO vom 25. 3. 1948 (GVBl. S. 66).
Siehe für **Nordrhein-Westfalen:** VO vom 13. 1. 1981 (GVBl. S. 14).

[2] Zu § 1 Abs. 2 vgl. jedoch Art. 20 Abs. 3 und Art. 129 Abs. 3 GG.

Abschnitt 2. Wiederherstellung des Grundbuchs in anderen Fällen

§ 3 [Verfahren]

Kann das Grundbuch nicht nach § 2 wiederhergestellt werden, so ist nach den §§ 4 bis 10 zu verfahren.

§ 4 [Einholung des Verzeichnisses der Vermessungsbehörde]

Das Grundbuchamt hat die zuständige Behörde um Übersendung eines beglaubigten Auszugs aus dem nach § 2 Abs. 2 der Grundbuchordnung für die Bezeichnung der Grundstücke im Grundbuch maßgebenden amtlichen Verzeichnis oder, wenn dieses Verzeichnis vom Grundbuchamt selbst geführt wird, um Übersendung der sonstigen, für die Kennzeichnung des Grundstücks erforderlichen Unterlagen zu ersuchen, soweit ihm der Auszug oder die Unterlagen nicht schon zur Verfügung stehen.

§ 5 [Anhörung der Beteiligten; Urkundenbeschaffung]

(1) Über den Inhalt des Grundbuchblatts ist unbeschadet des § 12 des Reichsgesetzes über die Angelegenheiten der freiwilligen Gerichtsbarkeit schriftlich oder mündlich zu hören,

a) wer in dem im § 4 genannten Verzeichnis oder seinen Unterlagen als Eigentümer vermerkt oder dessen Rechtsnachfolger im Eigentum des Grundstücks ist;
b) wer bei der Ermittlung gemäß Buchst. a als eingetragener Eigentümer bezeichnet wird oder für wessen Eintragung sonst hinreichender Anhalt besteht;
c) der Eigenbesitzer.

(2) Die Anhörung nach Abs. 1 kann unterbleiben, wenn sie untunlich ist. In diesem Falle sind nach Möglichkeit andere Personen, die über den Inhalt des Grundbuchs Auskunft geben können, zu hören.

(3) Das Grundbuchamt kann dem Besitzer von Urkunden, die für die Wiederherstellung des Grundbuchs von Bedeutung sind, aufgeben, die Urkunden zur Einsicht vorzulegen.

(4) Das Grundbuchamt kann die Beteiligten nach den Vorschriften des § 15 des Reichsgesetzes über die Angelegenheiten der freiwilligen Gerichtsbarkeit über den Zeugenbeweis vernehmen.

(5) Zeigt der Eigentümer oder der sonst Betroffene dem Grundbuchamt die Eintragung von beschränkten dinglichen Rechten oder sonstigen Beschränkungen an, so ist der von der Eintragung Begünstigte davon in Kenntnis zu setzen.

§ 6 [Aufgebot]

Nach Abschluß der Ermittlungen kann das Grundbuchamt ein Aufgebot erlassen.

§ 7 [Inhalt des Aufgebots]

In das Aufgebot sind aufzunehmen:

a) die Ankündigung der bevorstehenden Wiederherstellung des Grundbuchs;
b) die Bezeichnung der Lage, der Beschaffenheit und der Größe des Grundstücks gemäß dem nach § 2 Abs. 2 der Grundbuchordnung für die Bezeichnung der Grundstücke im Grundbuch maßgebenden Verzeichnis;
c) die Bezeichnung des Eigenbesitzers;
d) die Aufforderung an die Personen, die nicht gemäß § 5 Abs. 1 als Eigentümer oder Eigenbesitzer gehört oder deren Rechte nicht gemäß § 5 Abs. 5 vom Eigentümer oder dem sonst Betroffenen angezeigt worden sind, Eintragungen, die zu ihren oder ihres Rechtsvorgängers Gunsten im Grundbuch bestanden haben, binnen einer vom Grundbuchamt zu bestimmenden Frist von mindestens sechs Wochen anzumelden und glaubhaft zu machen, widrigenfalls sie Gefahr laufen würden, bei der Wiederherstellung des Grundbuchs nicht berücksichtigt zu werden.

§ 8 [Veröffentlichung des Aufgebots]

(1) Das Aufgebot ist an die für den Aushang von Bekanntmachungen des Grundbuchamts bestimmte Stelle anzuheften und einmal in dem für die amtlichen Bekanntmachungen des Grundbuchamts bestimmten Blatte zu veröffentlichen. Das Grundbuchamt kann anordnen, daß die Veröffentlichung mehrere Male und noch in anderen Blättern zu erfolgen habe oder, falls das Grundstück nur einen geringen Wert hat, daß sie ganz unterbleibe.

(2) Das Aufgebot ist in der Gemeinde, in deren Bezirk das Grundstück liegt, an der für amtliche Bekanntmachungen bestimmten Stelle anzuheften oder in sonstiger ortsüblicher Weise bekanntzumachen.

§ 9 [Wiederherstellung ohne Aufgebot]

Das Grundbuch darf, wenn ein Aufgebotsverfahren nicht stattgefunden hat, erst wiederhergestellt werden, nachdem in der Gemeinde, in deren Bezirk das Grundstück liegt, das Bevorstehen der Wiederherstellung und der Name der als Eigentümer oder sonstige Berechtigte Einzutragenden öffentlich bekanntgemacht und seit der Bekanntmachung ein Monat verstrichen ist; die Art der Bekanntmachung bestimmt das Grundbuchamt.

§ 10 [Inhalt des neuen Grundbuchs]

(1) Nach Ablauf der Frist des § 7 oder des § 9 und nach Abschluß etwa erforderlicher weiterer Ermittlungen ist das Grundbuch wiederherzustellen.

(2) Als Eigentümer ist in das Grundbuch einzutragen,

a) wer erwiesenermaßen im Grundbuch als Eigentümer eingetragen war;
b) sonst der, dessen frühere Eintragung dem Grundbuchamt nach den Umständen am wahrscheinlichsten erscheint;
c) äußerstenfalls der, dessen jetziges Eigentum nach Lage der Sache dem Grundbuchamt am wahrscheinlichsten erscheint.

(3) Beschränkte dingliche Rechte oder sonstige Beschränkungen sind einzutragen, wenn ihre Eintragung im Grundbuch vom Eigentümer oder dem sonst Betroffenen angezeigt ist oder wenn ihre Eintragung beim Grundbuchamt angemeldet und nachgewiesen ist. Liegen diese Voraussetzungen nicht vor, so kann das Grundbuchamt sie eintragen, wenn ihre Eintragung glaubhaft gemacht ist.

(4) Das Grundbuchamt kann in den Fällen des Abs. 2 Buchst. b und c sowie Abs. 3 Satz 2 für Beteiligte, deren Rechte nicht oder nicht mit dem in Anspruch genommenen Inhalt oder Rang im Grundbuch eingetragen werden, einen Widerspruch eintragen.

Abschnitt 3. Wiederherstellung von Urkunden[3]

§ 11 [In Bezug genommene Urkunden]

(1) Ist eine Urkunde, auf die eine Eintragung Bezug nimmt, ganz oder teilweise zerstört oder abhanden gekommen, so ist die Urkunde an Hand der Urschrift, einer Ausfertigung oder einer beglaubigten Abschrift oder, falls dies nicht möglich ist, auf Grund einer Einigung der Beteiligten wiederherzustellen.

(2) Äußerstenfalls ist die Urkunde mit dem Inhalt wiederherzustellen, den das Grundbuchamt nach dem Ergebnis der Ermittlungen für glaubhaft gemacht hält; das Grundbuchamt kann in geeigneten Fällen für einen Beteiligten einen Widerspruch gegen den Inhalt des Grundbuchs eintragen, soweit er durch die Bezugnahme auf die wiederhergestellte Urkunde wiedergegeben ist.

(3) § 5 Abs. 3 und 4 sind anzuwenden.

---

[3] Siehe auch VO über die Ersetzung zerstörter oder abhanden gekommener gerichtlicher oder notarischer Urkunden vom 18. 6. 1942 (RGBl. I S. 395) mit Änderung durch Gesetz vom 28. 8. 1969 (BGBl. I S. 1513).

(4) Die Wiederherstellung der Urkunde kann unterbleiben, wenn bei Wiederherstellung des Grundbuchs von der Bezugnahme auf die Urkunde abgesehen wird.

§ 12 [Sonstige Urkunden]

Für die Wiederherstellung einer Urkunde, auf die eine Eintragung sich gründet, ohne auf die Urkunde Bezug zu nehmen, gilt § 11 Abs. 1, Abs. 2 Halbsatz 1 und Abs. 3 entsprechend.

Abschnitt 4. Kosten, Beschwerde

§ 13 [Kostenfreiheit]

Das Verfahren nach dieser Verordnung ist kostenfrei.

§ 14 [Beschwerde]

Die Beschwerde gegen die Wiederherstellung des Grundbuchblatts ist unzulässig. Im Wege der Beschwerde kann jedoch verlangt werden, daß das Grundbuchamt angewiesen wird, nach § 10 Abs. 4, § 11 Abs. 2 dieser Verordnung oder § 53 der Grundbuchordnung einen Widerspruch einzutragen oder eine Löschung vorzunehmen.

Abschnitt 5. Rechtsverkehr bis zur Wiederherstellung

§ 15 [Eintragungsanträge vor Wiederherstellung]

Wird vor der Wiederherstellung des Grundbuchs die Eintragung einer Rechtsänderung beantragt, so erstreckt sich, wenn die Rechtsänderung bei der Wiederherstellung eingetragen wird, die Wirksamkeit der Eintragung auf den Zeitpunkt zurück, den das Grundbuchamt im Einzelfall bestimmt. Dieser Zeitpunkt ist bei der Eintragung im Grundbuch zu vermerken.

§ 16 [Zwangsversteigerung]

(1) Die Zwangsversteigerung eines Grundstücks, dessen Grundbuch ganz oder teilweise zerstört oder abhanden gekommen ist, kann vor der Wiederherstellung des Grundbuchs angeordnet werden, wenn durch Urkunden glaubhaft gemacht wird, daß der Schuldner als Eigentümer des Grundstücks eingetragen war oder daß er Erbe des eingetragenen Eigentümers ist.

(2) Im Falle des § 22 Abs. 1 Satz 2 des Gesetzes über die Zwangsversteigerung und die Zwangsverwaltung genügt es, wenn die Eintragung des Versteigerungsvermerks nach der Wiederherstellung des Grundbuchs erfolgt.

(3) Der Versteigerungstermin darf erst nach der Wiederherstellung des Grundbuchblatts bestimmt werden.

Abschnitt 6. Inkrafttreten

§ 17

Die Verordnung tritt am 15. August 1940 in Kraft.

Anhang 6
Gesetz über Maßnahmen auf dem Gebiete des Grundbuchwesens

Vom 20. Dezember 1963
(BGBl. I S. 986)*

Geändert durch das 2. VermRÄndG vom 14. 7. 1992 (BGBl. I S. 1257, 1283), das RegVBG vom 20. 12. 1993 (BGBl. I S. 2182), das VermRAnpG vom 4. 7. 1995 (BGBl. I S. 895), das ÜG vom 21. 7. 1999 (BGBl. I S. 1642) und das Ges. vom 27. 6. 2000 (BGBl. I S. 897)

Gesetzesübersicht

Erster Abschnitt. Eintragung der Umstellung §§ 1–13
Zweiter Abschnitt. Umstellungsgrundschulden §§ 14–17
Dritter Abschnitt. Löschung umgestellter Grundpfandrechte und Schiffshypotheken §§ 18–20
Vierter Abschnitt. Öffentliche Last der Hypothekengewinnabgabe. Änderung des Lastenausgleichsgesetzes § 21
Fünfter Abschnitt. Abgeltungshypotheken und Abgeltungslasten §§ 22–25
Sechster Abschnitt. Zusätzliche Vorschriften des Grundbuchrechts §§ 26–32
Siebenter Abschnitt. Änderung der Zivilprozeßordnung § 33
Achter Abschnitt. Änderung der Kostenordnung § 34
Neunter Abschnitt. Schlußbestimmungen §§ 35–37

Der Bundestag hat mit Zustimmung des Bundesrates das folgende Gesetz beschlossen:

Erster Abschnitt. Eintragung der Umstellung

§ 1 [Eintragung eines höheren Umstellungsbetrages]

Der Antrag, bei einer Hypothek einen Umstellungsbetrag, der sich auf mehr als eine Deutsche Mark für je zehn Reichsmark beläuft, in das Grundbuch einzutragen, kann nach dem Ende des Jahres 1964 nur noch gestellt werden, wenn

a) ein Verfahren nach § 6 der Vierzigsten Durchführungsverordnung zum Umstellungsgesetz, in dem über die Umstellung der Hypothek zu entscheiden ist, (Umstellungsverfahren) vor dem Ende des Jahres

* Im Gebiet der früheren DDR nach Maßgabe des § 36 a anzuwenden.

1964 eingeleitet, aber noch nicht durch rechtskräftige Entscheidung oder anderweitig beendet ist oder

b) die Voraussetzungen, unter denen die Umstellung der Hypothek sich nach § 2 Nr. 4 der Vierzigsten Durchführungsverordnung zum Umstellungsgesetz richtet, vorliegen und seit dem Ende des Jahres, in dem sie eingetreten sind, nicht mehr als drei Jahre verstrichen sind.

§ 2 [Zurückweisung der Eintragung eines höheren Umstellungsbetrages]

(1) Weist das Grundbuchamt einen Antrag des in § 1 bezeichneten Inhalts zurück, so ist die sofortige Beschwerde nach den Vorschriften des Reichsgesetzes über die Angelegenheiten der freiwilligen Gerichtsbarkeit zulässig. Auf den zur Zustellung bestimmten Ausfertigungen der Verfügung, durch die der Antrag zurückgewiesen wird, soll vermerkt werden, welcher Rechtsbehelf gegen die Verfügung gegeben ist und bei welcher Behörde, in welcher Form und binnen welcher Frist er einzulegen ist.

(2) Gegen die Entscheidung des Beschwerdegerichts ist die sofortige weitere Beschwerde nach den Vorschriften des Reichsgesetzes über die Angelegenheiten der freiwilligen Gerichtsbarkeit zulässig. Absatz 1 Satz 2 ist entsprechend anzuwenden.

(3) Hat das Grundbuchamt vor dem Inkrafttreten dieses Gesetzes den Antrag zurückgewiesen, so beginnt die Frist für die sofortige Beschwerde mit dem Ablauf von drei Monaten nach dem Inkrafttreten dieses Gesetzes, jedoch nicht vor dem Zeitpunkt, an dem die Verfügung dem Beschwerdeführer bekanntgemacht worden ist. Absatz 1 Satz 2 ist nicht anzuwenden.

(4) Hat das Beschwerdegericht vor dem Inkrafttreten dieses Gesetzes eine Beschwerde gegen eine Verfügung zurückgewiesen, durch die das Grundbuchamt den Antrag zurückgewiesen hatte, so findet die sofortige weitere Beschwerde statt. Für den Beginn der Frist gilt Absatz 3 Satz 1 entsprechend; Absatz 1 Satz 2 ist nicht anzuwenden.

(5) Weist das Beschwerdegericht nach dem Inkrafttreten dieses Gesetzes eine vor diesem Zeitpunkt erhobene Beschwerde der in Absatz 4 bezeichneten Art zurück, so findet die sofortige weitere Beschwerde statt; Absatz 1 Satz 2 ist entsprechend anzuwenden.

§ 3 [Eintragung eines höheren Umstellungsbetrages ab 1966]

Nach dem Ende des Jahres 1965 darf bei einer Hypothek ein Umstellungsbetrag, der sich auf mehr als eine Deutsche Mark für je zehn Reichsmark beläuft, in das Grundbuch nur eingetragen werden, wenn

a) zur Zeit der Eintragung bei der Hypothek ein Umstellungsschutzvermerk eingetragen ist oder

b) ein nach § 1 Buchstabe b zulässiger Eintragungsantrag gestellt worden ist.

§ 4 [Eintragung eines Umstellungsschutzvermerkes]

(1) Ein Umstellungsschutzvermerk wird von Amts wegen eingetragen, wenn ein Eintragungsantrag des in § 1 bezeichneten Inhalts vor dem 1. November 1965 nicht erledigt wird. Ist in einem Verfahren über einen Antrag des in § 1 bezeichneten Inhalts oder in einem vor dem Ende des Jahres 1964 eingeleiteten Umstellungsverfahren ein Rechtsmittel oder ein Antrag auf Wiedereinsetzung in den vorigen Stand anhängig und wird über das Rechtsmittel oder den Antrag vor dem 1. November 1965 nicht entschieden, so hat das Gericht das Grundbuchamt um die Eintragung eines Umstellungsschutzvermerkes für den Fall zu ersuchen, daß ein solcher Vermerk bei der Hypothek noch nicht eingetragen ist.

(2) Ein Umstellungsschutzvermerk wird auf Antrag eines Beteiligten in das Grundbuch eingetragen, wenn

a) ein Eintragungsantrag des in § 1 bezeichneten Inhalts vom Grundbuchamte zurückgewiesen ist und die zurückweisende Verfügung noch nicht rechtskräftig ist oder im Falle der Versäumung der Beschwerdefrist über einen Antrag auf Wiedereinsetzung in den vorigen Stand noch nicht rechtskräftig entschieden ist oder

b) ein vor dem Ende des Jahres 1964 eingeleitetes Umstellungsverfahren anhängig oder in einem solchen Verfahren die Entscheidung über die Umstellung noch nicht rechtskräftig oder im Falle der Versäumung der Beschwerdefrist über einen Antrag auf Wiedereinsetzung in den vorigen Stand noch nicht rechtskräftig entschieden ist oder

c) die Voraussetzungen vorliegen oder noch eintreten können, unter denen die Umstellung der Hypothek sich nach § 2 Nr. 4 der Vierzigsten Durchführungsverordnung zum Umstellungsgesetz richtet, es sei denn, daß ein Eintragungsantrag des in § 1 bezeichneten Inhalts keinen Erfolg mehr haben könnte.

Ein Antrag auf Eintragung eines Umstellungsschutzvermerkes darf nicht aus dem Grunde zurückgewiesen werden, weil er vor Erledigung eines Eintragungsantrags des in § 1 bezeichneten Inhalts für den Fall der Zurückweisung dieses Antrags gestellt worden ist. Wird vor Erledigung eines Eintragungsantrags des in § 1 bezeichneten Inhalts ein Antrag auf Eintragung eines Umstellungsbetrages, der sich auf eine Deutsche Mark für je zehn Reichsmark beläuft, gestellt, so wird der spätere Antrag erst erledigt, wenn auf den ersten Antrag der Umstellungsbetrag eingetragen oder der erste Antrag rechtskräftig zurückgewiesen worden oder anderweitig erledigt ist.

(3) Zum Nachweis der Voraussetzungen des Absatzes 2 Satz 1 Buchstaben a und b genügt ein Zeugnis des Gerichts, bei dem das Verfahren anhängig ist oder war, in der Form des § 29 Abs. 3 der Grundbuchordnung. Im Falle des Absatzes 2 Satz 1 Buchstabe c bedarf es lediglich des Nachweises, daß der, dem die Hypothek bei Ablauf des 20. Juni 1948 zustand oder zur Sicherung abgetreten oder verpfändet war, Angehöriger der Vereinten Nationen im Sinne des § 13 Abs. 4 des Umstellungsgesetzes in der Fassung des Gesetzes Nr. 55 der ehemaligen Alliierten Hohen Kommission ist.

(4) Wird der Antrag auf Eintragung eines Umstellungsschutzvermerkes zurückgewiesen, so gilt § 2 Abs. 1, 2 entsprechend.

(5) Soweit eine Beschwerde gegen die Eintragung des Umstellungsschutzvermerkes darauf gegründet wird, daß diejenigen Voraussetzungen des Absatzes 2 Satz 1 Buchstabe c, die keines Nachweises bedürfen, nicht gegeben seien, hat der Beschwerdeführer nachzuweisen, daß diese Voraussetzungen nicht vorliegen.

(6) Ein Antrag auf Eintragung des Umstellungsschutzvermerkes kann in den Fällen des Absatzes 2 Satz 1 Buchstaben a und b nur bis zum 31. Oktober 1965 gestellt werden.

(7) Nach dem Ende des Jahres 1965 darf ein Umstellungsschutzvermerk nur noch auf Grund des Absatzes 2 Satz 1 Buchstabe c eingetragen werden.

§ 5 [Löschung des Umstellungsschutzvermerkes]

(1) Der Umstellungsschutzvermerk wird von Amts wegen im Grundbuch gelöscht, wenn

a) der Umstellungsbetrag eingetragen wird oder
b) der Antrag des in § 1 bezeichneten Inhalts oder der Antrag auf Wiedereinsetzung in den vorigen Stand zurückgenommen oder rechtskräftig zurückgewiesen worden ist oder
c) das Umstellungsverfahren auf andere Weise als durch die rechtskräftige Entscheidung, daß der Umstellungsbetrag sich auf mehr als eine Deutsche Mark für je zehn Reichsmark beläuft, beendet ist oder der Antrag auf Wiedereinsetzung in den vorigen Stand zurückgenommen oder rechtskräftig zurückgewiesen worden ist,

jedoch in den Fällen der Buchstaben b und c nicht, wenn der Umstellungsschutzvermerk auf Grund des § 4 Abs. 2 Satz 1 Buchstabe c eingetragen ist.

(2) Sind die in Absatz 1 Buchstabe c bezeichneten Voraussetzungen eingetreten, so hat das Amtsgericht dies dem Grundbuchamte mitzuteilen.

(3) Ist der Umstellungsschutzvermerk auf Antrag eingetragen worden, so wird er auch auf Antrag dessen gelöscht, der seine Eintragung beantragt hat.

§ 6 [Hypothekenbrief]

Zur Eintragung oder Löschung des Umstellungsschutzvermerkes bei einer Hypothek, über die ein Brief erteilt ist, bedarf es nicht der Vorlegung des Briefs. Die Eintragung und die Löschung werden auf dem Brief nicht vermerkt.

§ 7 [Hypothekenumstellung 10 : 1]

(1) Darf gemäß § 3 der dort bezeichnete Umstellungsbetrag nicht mehr eingetragen werden, so besteht die Hypothek nur in Höhe eines Umstellungsbetrags, der sich auf eine Deutsche Mark für je zehn Reichsmark beläuft.

(2) Die durch die Hypothek gesicherte persönliche Forderung wird durch die Vorschrift des Absatzes 1 nicht berührt.

§ 8 [Grundbuchberichtigung bei Hypotheken ohne Umstellungsschutzvermerk]

(1) Ist bei der Hypothek ein Umstellungsschutzvermerk nicht eingetragen, so gelten nach dem Ende des Jahres 1965 für die Berichtigung des Grundbuchs durch Eintragung eines Umstellungsbetrags, der sich auf eine Deutsche Mark für je zehn Reichsmark beläuft, die besonderen Vorschriften der Absätze 2 bis 8.

(2) Antragsberechtigt ist auch der Inhaber eines im Grundbuch eingetragenen Rechtes, das der Hypothek im Range gleichsteht oder nachgeht, sowie derjenige, der auf Grund eines vollstreckbaren Titels die Zwangvollstreckung in ein solches Recht oder in das belastete Grundstück betreiben kann.

(3) Die Berichtigung kann auch von Amts wegen vorgenommen werden.

(4) Ist für die Hypothek ein Brief erteilt worden, so kann der Antragsberechtigte von dem Gläubiger die Vorlegung des Briefs beim Grundbuchamt und von jedem früheren Gläubiger Auskunft darüber verlangen, was diesem über die Rechtsnachfolge bekannt ist.

(5) Ist der Gläubiger nicht als Berechtigter im Grundbuch eingetragen, so kann der Antragsberechtigte von dem Eigentümer Auskunft darüber verlangen, was diesem über die Rechtsnachfolge bekannt ist.

(6) Die Berichtigung kann ohne die Bewilligung des Gläubigers vorgenommen werden, wenn der Gläubiger nicht innerhalb einer ihm vom Grundbuchamt zu setzenden Frist diesem gegenüber schriftlich

oder durch Erklärung zur Niederschrift des Grundbuchamts der Berichtigung widersprochen hat. In diesem Falle bedarf es nicht des Nachweises, daß ein Umstellungsbetrag, der sich auf mehr als eine Deutsche Mark für je zehn Reichsmark beläuft, nach § 3 Buchstabe b nicht mehr eingetragen werden darf. Kann dem Gläubiger keine Gelegenheit zur Äußerung gegeben werden, so ist eine Berichtigung auf Grund dieses Absatzes nicht statthaft.

(7) Die Vorschriften des Absatzes 6 gelten sinngemäß für den Eigentümer.

(8) Ist der Gläubiger nicht als Berechtigter im Grundbuch eingetragen, so kann der Antragsberechtigte von ihm verlangen, die Berichtigung der Eintragung des Berechtigten im Grundbuch zu erwirken. Dies gilt nicht, wenn sich der Gläubiger im Besitz des Hypothekenbriefs befindet und dem Grundbuchamt gegenüber sein Gläubigerrecht nach § 1155 des Bürgerlichen Gesetzbuches nachweist.

(9) Hat der Gläubiger oder der Eigentümer der Berichtigung des Grundbuchs widersprochen, so kann der Antragsberechtigte von ihm verlangen, die Berichtigung des Grundbuchs durch Eintragung des Umstellungsbetrags oder die Eintragung eines Umstellungsschutzvermerkes auf Grund des § 4 Abs. 2 Satz 1 Buchstabe c zu erwirken.

§ 9 [Zulässigkeit von Umstellungsverfahren]

(1) Die Zulässigkeit eines Umstellungsverfahrens wird durch die Vorschriften des § 7 Abs. 1 nicht berührt. § 7 Abs. 1 gilt jedoch auch dann, wenn in einem Umstellungsverfahren entschieden worden ist oder entschieden wird, daß der Umstellungsbetrag sich auf mehr als eine Deutsche Mark für je zehn Reichsmark beläuft.

(2) § 7 Abs. 1 gilt nicht als eine Umstellungsvorschrift im Sinne des Lastenausgleichsgesetzes.

§ 10 [Bestellung einer weiteren Hypothek bei Verminderung durch Umstellung]

(1) Hat die dem Gläubiger zustehende Hypothek sich auf Grund des § 7 Abs. 1 vermindert, so kann der Gläubiger verlangen, daß der Eigentümer ihm in Höhe der Verminderung eine weitere Hypothek an nächstbereiter Rangstelle bestellt. Ist ein anderer als derjenige, der bei Eintritt der Verminderung der Hypothek Eigentümer gewesen ist, Eigentümer des Grundstücks, so kann jedoch der Anspruch nur geltend gemacht werden

a) im Falle des Erwerbes durch Gesamtrechtsnachfolge oder
b) im Falle des Erwerbes durch Einzelrechtsnachfolge mittels Rechtsgeschäftes, wenn in dem nach § 892 Abs. 2 des Bürgerlichen Ge-

setzbuches maßgebenden Zeitpunkt der Erwerber das Bestehen des Anspruchs kannte oder die Verminderung der Hypothek noch nicht eingetreten war.

(2) Der Gläubiger hat dem Eigentümer die Auslagen zu erstatten, die mit der Bestellung der weiteren Hypothek verbunden sind.

§ 11 [Grundschulden, Rentenschulden usw.]

Die Vorschriften dieses Abschnitts sind auf Grundschulden und Rentenschulden sowie auf Pfandrechte an Bahneinheiten und auf Schiffshypotheken entsprechend anzuwenden, jedoch gilt § 8 Abs. 3 für Schiffshypotheken nicht.

§ 12 [Reallasten]

Die Vorschriften dieses Abschnitts sind auf Reallasten entsprechend anzuwenden. Im übrigen gelten auch für Reallasten die §§ 5 und 6 der Vierzigsten Durchführungsverordnung zum Umstellungsgesetz.

§ 13 [Kosten]

(1) Für die Eintragung des Umstellungsbetrags wird die Hälfte der nach § 64 der Kostenordnung zu entrichtenden Gebühr erhoben. Geschäftswert ist der Umstellungsbetrag. Wird die Berichtigung von Amts wegen vorgenommen oder hätte sie auch von Amts wegen vorgenommen werden können, so ist nur der Eigentümer Kostenschuldner.

(2) Die Eintragung und die Löschung des Umstellungsschutzvermerkes sind kostenfrei.

Zweiter Abschnitt. Umstellungsgrundschulden

§ 14 [Eintragung des Übergangs auf den Eigentümer]

(1) Der Antrag, den Übergang einer eingetragenen Umstellungsgrundschuld auf den Eigentümer in das Grundbuch einzutragen, kann nur bis zum Ende des Jahres 1964 gestellt werden. Das gleiche gilt für den Antrag, eine nicht eingetragene Umstellungsgrundschuld, die auf den Eigentümer übergegangen ist, für den Eigentümer in das Grundbuch einzutragen.

(2) In den Fällen des Absatzes 1 gelten die Vorschriften in § 2 sinngemäß.

§ 15 [Erlöschen der Umstellungsgrundschuld]

Ist der Übergang einer eingetragenen Umstellungsgrundschuld auf den Eigentümer im Grundbuch nicht eingetragen und ist die Eintragung bis zum Ende des Jahres 1964 nicht beantragt worden oder eine Verfügung, durch die der Eintragungsantrag zurückgewiesen ist, rechtskräftig geworden, so erlischt die Umstellungsgrundschuld, soweit sie nicht vorher erloschen ist. Die Umstellungsgrundschuld kann von Amts wegen im Grundbuch gelöscht werden. Die Löschung der Umstellungsgrundschuld ist kostenfrei.

§ 16 [Erlöschen nicht eingetragener Umstellungsgrundschulden]

Eine im Grundbuch nicht eingetragene Umstellungsgrundschuld, die auf den Eigentümer übergegangen ist, erlischt, wenn der in § 14 Abs. 1 Satz 2 bezeichnete Antrag nicht bis zum Ende des Jahres 1964 gestellt worden ist oder eine Verfügung, durch die der Antrag zurückgewiesen ist, rechtskräftig geworden ist.

§ 17 [Rangrücktritt der Umstellungsgrundschuld]

Ein durch Rangrücktritt der Umstellungsgrundschuld dem vortretenden Recht eingeräumter Rang geht nicht dadurch verloren, daß die Umstellungsgrundschuld erlischt.

Dritter Abschnitt. Löschung umgestellter Grundpfandrechte und Schiffshypotheken

§ 18[1] [Erleichterungen zur Löschung kleinerer Rechte]

(1) Wird die Löschung einer umgestellten Hypothek oder Grundschuld beantragt, deren Geldbetrag 3000 Euro nicht übersteigt, so bedürfen die erforderlichen Erklärungen und Nachweise nicht der Form des § 29 der Grundbuchordnung. Bei dem Nachweis einer Erbfolge oder des Bestehens einer fortgesetzten Gütergemeinschaft kann das Grundbuchamt von den in § 35 Abs. 1 und 2 der Grundbuchordnung genannten Beweismitteln absehen und sich mit anderen Beweismitteln, für welche die Form des § 29 der Grundbuchordnung nicht erforderlich ist, begnügen, wenn die Beschaffung des Erbscheins oder des Zeugnisses nach § 1507 des Bürgerlichen Gesetzbuches nur mit unverhältnismäßigem Aufwand an Kosten oder Mühe möglich ist; der Antragsteller kann auch zur Versicherung an Eides Statt zugelassen werden.

---

[1] § 18 Abs. 1 Satz 1 geändert durch das RegVBG vom 20. 12. 1993 (BGBl. I S. 2182) und das Ges. vom 27. 6. 2000 (BGBl. I S. 897).

(2) Bei Berechnung des Geldbetrags der Hypothek oder Grundschuld ist von dem im Grundbuch eingetragenen Umstellungsbetrag auszugehen. Ist der Umstellungsbetrag nicht eingetragen und liegen die Voraussetzungen vor, unter denen eine Berichtigung des Grundbuchs durch Eintragung eines Umstellungsbetrags, der sich auf eine Deutsche Mark für je zehn Reichsmark beläuft, zulässig ist, so ist von diesem Umstellungsbetrag auszugehen; liegen diese Voraussetzungen nicht vor, so ist von einem Umstellungsbetrag auszugehen, der sich auf eine Deutsche Mark für je eine Reichsmark beläuft.

§ 19[2] [Rentenschulden, Reallasten]

Die Vorschriften des § 18 gelten sinngemäß für eine umgestellte Rentenschuld oder Reallast, deren Jahresleistung 15 Euro nicht übersteigt.

§ 20[3] [Schiffshypotheken]

Die Vorschriften des § 18 gelten für eine umgestellte Schiffshypothek, deren Geldbetrag 3000 Euro nicht übersteigt, entsprechend mit der Maßgabe, daß statt auf den § 29 und den § 35 Abs. 1 und 2 der Grundbuchordnung auf die §§ 37 und 41 der Schiffsregisterordnung vom 26. Mai 1951 (Bundesgesetzbl. I S. 360) verwiesen wird.

Vierter Abschnitt. Öffentliche Last der Hypothekengewinnabgabe. Änderung des Lastenausgleichsgesetzes

§ 21[4]

Fünfter Abschnitt. Abgeltungshypotheken und Abgeltungslasten

§ 22 [Unzulässigkeit der Eintragung von Abgeltungshypotheken]

Nach dem Ende des Jahres 1964 darf eine Abgeltungshypothek (§ 8 der Verordnung zur Durchführung der Verordnung über die Aufhebung der Gebäudeentschuldungssteuer vom 31. Juli 1942 – Reichsgesetzbl. I S. 503) nicht mehr in das Grundbuch eingetragen werden.

---

[2] § 19 geändert durch das Ges. vom 27. 6. 2000 (BGBl. I S. 897).
[3] § 20 geändert durch das Ges. vom 27. 6. 2000 (BGBl. I S. 897).
[4] Änderung der §§ 111, 122 Abs. 3, §§ 126, 128 und des § 131 Abs. 1 sowie Einfügung der §§ 111 a bis 111 d LAG.

§ 23 [Erlöschen von Abgeltungslasten]

Abgeltungslasten (§ 2 Abs. 2 der Verordnung über die Aufhebung der Gebäudeentschuldungssteuer vom 31. Juli 1942 – Reichsgesetzbl. I S. 501) erlöschen mit dem Ende des Jahres 1964, soweit sie nicht vorher erloschen sind.

§ 24 [Löschung von Abgeltungshypotheken]

(1) Ist eine Abgeltungshypothek im Grundbuch eingetragen, so kann das Grundbuchamt nach dem Ende des Jahres 1964, jedoch frühestens drei Jahre nach der Eintragung der Abgeltungshypothek in das Grundbuch, den Gläubiger auffordern, binnen einer Frist von drei Monaten bei dem Grundbuchamt eine schriftliche Erklärung einzureichen, ob eine Forderung aus dem Abgeltungsdarlehen noch besteht; in der Aufforderung ist auf die Rechtsfolge ihrer Nichtbeachtung hinzuweisen. Auf einen vor Ablauf der Frist eingegangenen Antrag des Gläubigers kann das Grundbuchamt die Frist auf bestimmte Zeit verlängern. Die Frist beginnt mit der Zustellung der Aufforderung an den, der als Gläubiger der Abgeltungshypothek eingetragen ist.

(2) Ergibt die Erklärung des Gläubigers, daß eine Forderung aus dem Abgeltungsdarlehen nicht mehr besteht, so gilt die Erklärung als Antrag auf Löschung der Abgeltungshypothek.

(3) Reicht der Gläubiger die Erklärung nicht ein, so ist die Abgeltungshypothek nach dem Ablauf der Frist von Amts wegen im Grundbuch zu löschen.

(4) Sind nach Ablauf der Frist die Voraussetzungen für die Löschung der Abgeltungshypothek nicht gegeben, so kann das Grundbuchamt, wenn seit dem Ablauf der Frist drei Jahre verstrichen sind, die Aufforderung wiederholen. Im Falle einer wiederholten Aufforderung gelten die Vorschriften der Absätze 1 bis 3 entsprechend.

(5) Mit der Löschung erlischt die Abgeltungshypothek, soweit sie nicht vorher erloschen ist; ein durch Rangrücktritt der Abgeltungshypothek dem vortretenden Recht eingeräumter Rang geht dadurch nicht verloren. Die Löschung ist kostenfrei.

(6) Die Vorschriften der Grundbuchordnung über die Löschung gegenstandsloser Eintragungen bleiben unberührt.

§ 25 [Forderungen aus Abgeltungsdarlehen]

Die Forderung aus dem Abgeltungsdarlehen wird nicht dadurch berührt, daß die Abgeltungslast oder die Abgeltungshypothek nach den Vorschriften dieses Abschnitts erlischt.

Sechster Abschnitt. Zusätzliche Vorschriften des Grundbuchrechts

§ 26[5] [Erteilung eines neuen Briefs]

(1) Einem Antrag des Berechtigten auf Erteilung eines neuen Hypothekenbriefs ist außer in den Fällen des § 67 der Grundbuchordnung auch stattzugeben, wenn der Brief durch Kriegseinwirkung oder im Zusammenhang mit besatzungsrechtlichen oder besatzungshoheitlichen Enteignungen von Banken oder Versicherungen in dem in Artikel 3 des Einigungsvertrages genannten Gebiet vernichtet worden oder abhanden gekommen und sein Verbleib seitdem nicht bekanntgeworden ist. § 68 der Grundbuchordnung gilt auch hier. Mit der Erteilung des neuen Briefs wird der bisherige Brief kraftlos. Die Erteilung des neuen Briefs ist kostenfrei.

(2) Soll die Erteilung des Briefs nachträglich ausgeschlossen oder die Hypothek gelöscht werden, so genügt an Stelle der Vorlegung des Briefs die Feststellung, daß die Voraussetzungen des Absatzes 1 vorliegen. Die Feststellung wird vom Grundbuchamt auf Antrag des Berechtigten getroffen. Mit der Eintragung der Ausschließung oder mit der Löschung wird der Brief kraftlos. Die Feststellung ist kostenfrei.

(3) Das Grundbuchamt hat die erforderlichen Ermittlungen von Amts wegen anzustellen. Es kann das Kraftloswerden des alten Briefs durch Aushang an der für seine Bekanntmachungen bestimmten Stelle oder durch Veröffentlichung in der für seine Bekanntmachungen bestimmten Zeitung bekanntmachen.

(4) Die Vorschriften der Absätze 1 bis 3 gelten für Grundschuld- und Rentenschuldbriefe sinngemäß.

§ 26 a[6] Eintragungen im Zusammenhang mit der Einführung des Euro

(1) Für die Eintragung der Umstellung im Grundbuch eingetragener Rechte und sonstiger Vermerke auf Euro, deren Geldbetrag in der Währung eines Staates bezeichnet ist, der an der einheitlichen europäischen Währung teilnimmt, genügt in der Zeit vom 1. Januar 1999 bis zum 31. Dezember 2001 der Antrag des Grundstückseigentümers oder des Gläubigers oder Inhabers des sonstigen Rechts oder Vermerks, dem die Zustimmung des anderen Teils beizufügen ist; der Antrag und die Zustimmung bedürfen nicht der in § 29 der Grundbuchordnung vor-

---

[5] § 26 Abs. 1 Satz 1 geändert durch das 2. VermRÄndG vom 14. 7. 1992 (BGBl. I S. 1257, 1283).

[6] § 26 a eingefügt durch das ÜG vom 21. 7. 1999 (BGBl. I S. 1642).

gesehenen Form. Nach dem in Satz 1 bezeichneten Zeitraum kann das Grundbuchamt die Umstellung von Amts wegen bei der nächsten anstehenden Eintragung im Grundbuchblatt vornehmen. Es hat die Umstellung einzutragen, wenn sie vom Eigentümer oder vom eingetragenen Gläubiger oder Inhaber des Rechts oder Vermerks beantragt wird. Das gleiche gilt, wenn bei dem Recht oder Vermerk eine Eintragung mit Ausnahme der Löschung vorzunehmen ist oder das Recht oder der Vermerk auf ein anderes Grundbuchblatt übertragen wird und die Umstellung beantragt wird. In den Fällen der Sätze 2 bis 4 bedarf es nicht der Vorlage eines für das Recht erteilten Briefs; die Eintragung wird auf dem Brief nicht vermerkt, es sei denn, der Vermerk wird ausdrücklich beantragt.

(2) Für eine Eintragung der Umstellung werden Kosten nach der Kostenordnung erhoben. Die Gebühr für die Eintragung nach Absatz 1 Satz 1 und 3 einschließlich des Briefvermerks beträgt bis zum Ablauf des 31. Dezember 2001 50 Deutsche Mark und danach 25 Euro. Für eine Eintragung nach Absatz 1 Satz 2 und 4 werden keine Gebühren erhoben; § 72 der Kostenordnung bleibt unberührt.

(3) Die vorstehenden Vorschriften gelten für die dort genannten Eintragungen in das Schiffsregister, das Schiffsbauregister und das Register für Pfandrechte an Luftfahrzeugen sinngemäß.

§ 27[7]

§ 28[8] [Landesrecht zur Wiederherstellung von Grundbüchern]

Die Landesregierungen oder die von ihnen bestimmten obersten Landesbehörden können durch Rechtsverordnung die vor dem Inkrafttreten dieses Gesetzes auf Grund des § 141 der Grundbuchordnung getroffenen Vorschriften ändern, ergänzen oder aufheben.

§ 29[9]

§ 30 [Aufgehobene Vorschriften]

Aufgehoben werden

1. die §§ 5 bis 10 der Verordnung zur Vereinfachung des Grundbuchverfahrens vom 5. Oktober 1942 (Reichsgesetzbl. I S. 573) und folgende zu ihrer Ergänzung erlassenen Vorschriften:

---

[7] Änderung von § 10 Abs. 4, § 57 Abs. 2, § 58 Abs. 2, §§ 82, 83 und § 123 GBO.

[8] § 28 geändert durch das RegVBG vom 20. 12. 1993 (BGBl. I S. 2182).

[9] Änderung der §§ 2 und 3 Abs. 2 AusfVO-GBO.

a) die Verordnung des Präsidenten des Zentral-Justizamtes für die Britische Zone vom 12. Mai 1947 (Verordnungsblatt für die Britische Zone S. 52),
b) das Badische Landesgesetz vom 7. Juli 1948 (Badisches Gesetz- und Verordnungsblatt S. 127),
c) das Gesetz des Landes Württemberg-Hohenzollern vom 6. August 1948 (Regierungsblatt für das Land Württemberg-Hohenzollern S. 93),
d) das Rheinland-Pfälzische Landesgesetz vom 8. Oktober 1948 (Gesetz- und Verordnungsblatt der Landesregierung Rheinland-Pfalz S. 369),
e) das Berliner Gesetz vom 11. Dezember 1952 (Gesetz- und Verordnungsblatt für Berlin S. 1075),
f) die Allgemeinen Verfügungen des Reichsministers der Justiz vom 15. Dezember 1942 (Deutsche Justiz S. 823) und vom 7. Januar 1943 (Deutsche Justiz S. 44);

2. die Entscheidung über die sachliche Zuständigkeit für den Erlaß von Verordnungen über die Wiederherstellung von Grundbüchern und die Wiederbeschaffung von grundbuchrechtlichen Urkunden vom 27. Juni 1951 (Bundesgesetzbl. I S. 443).

§ 31 [Sondervorschriften für Rechtspfleger]

(1)[10] *(gegenstandslos)*

(2) Soll nach diesem Gesetz bei der Bekanntgabe einer Verfügung eine Belehrung über den gegebenen Rechtsbehelf erteilt werden, so gilt dies zugleich für diejenigen Verfügungen des Rechtspflegers, gegen die nach *§ 10 Abs. 1 Satz 2 des Rechtspflegergesetzes*[11] die Erinnerung binnen der dort bezeichneten Frist einzulegen ist.

§ 32 [Bestehenbleiben landesrechtlicher Sonderregelungen]

Soweit nach landesrechtlichen Vorschriften für die dem Grundbuchamt obliegenden Verrichtungen andere Behörden als die Amtsgerichte zuständig sind, bleiben die Bestimmungen, wonach die Abänderung einer Entscheidung des Grundbuchamts zunächst bei dem Amtsgericht nachzusuchen ist, unberührt.

---

[10] § 31 Abs. 1 gegenstandslos durch § 3 Nr. 1 Buchst. h Rechtspflegergesetz.
[11] Jetzt § 11 Abs. 2 Satz 1 Rechtspflegergesetz.

Siebenter Abschnitt. Änderung der Zivilprozeßordnung

§ 33

Die Zivilprozeßordnung wird wie folgt geändert:

1. In § 866 Abs. 3 Satz 1 treten an die Stelle der Worte „dreihundert Deutsche Mark" die Worte *„fünfhundert Deutsche Mark"*[12];
2. § 932 Abs. 2 erhält folgende Fassung:

   „(2) Im übrigen gelten die Vorschriften des § 866 Abs. 3 Satz 1 und der §§ 867, 868."

Achter Abschnitt. Änderung der Kostenordnung

§ 34[13]

Neunter Abschnitt. Schlußbestimmungen

§ 35 [Geltung im Saarland]

Die Vorschriften des Ersten, des Zweiten, des Dritten und des Vierten Abschnitts gelten nicht im Saarland.

§ 36 [Geltung in Berlin]

(1) Dieses Gesetz, mit Ausnahme des Zweiten Abschnitts, gilt nach Maßgabe des § 12 Abs. 1 und § 13 Abs. 1 des Dritten Überleitungsgesetzes vom 4. Januar 1952 (Bundesgesetzbl. I S. 1) auch im Land Berlin.[14]

(2) Für die Anwendung des Ersten Abschnitts und des Vierten Abschnitts treten im Land Berlin

1. an die Stelle des 20. Juni 1948 der 24. Juni 1948;
2. an die Stelle des § 13 Abs. 4 des Umstellungsgesetzes Artikel 11 Nr. 27 der Umstellungsverordnung in der Fassung der Verordnung Nr. 509 der Kommandanten des amerikanischen, britischen und französischen Sektors;
3. an die Stelle der Vorschriften der Vierzigsten Durchführungsverordnung zum Umstellungsgesetz die entsprechenden Vorschriften des

---

[12] Jetzt „siebenhundertfünfzig Euro".

[13] Änderung von §§ 60, 107 Abs. 3 und 4, §§ 107a, 108 und § 111 Abs. 4 KostO; § 34 Abs. 2 enthält eine gegenstandslos gewordene Übergangsvorschrift.

[14] In **Berlin** übernommen durch Gesetz vom 3. 1. 1964 (GVBl. S. 20).

Gesetzes über die Umstellung von Grundpfandrechten und über Aufbaugrundschulden in der Fassung vom 15. Januar 1953 (Gesetz- und Verordnungsblatt für Berlin S. 63) und in der Fassung des § 113 des Gesetzes zur Ausführung des Abkommens vom 27. Februar 1953 über deutsche Auslandsschulden vom 24. August 1953 (Bundesgesetzbl. I S. 1031).

§ 36 a[15] [Geltung im Gebiet der früheren DDR]

In dem in Artikel 3 des Einigungsvertrages genannten Gebiet gelten nur die §§ 18 bis 20, 22 bis 26 a und 28, § 18 Abs. 2 Satz 2 jedoch mit der Maßgabe, daß an die Stelle eines Umrechnungsbetrages von einer Deutschen Mark zu zehn Reichsmark der Umrechnungssatz von einer Deutschen Mark zu zwei Reichsmark oder Mark der Deutschen Demokratischen Republik tritt, und die §§ 22 bis 25 mit der Maßgabe, daß das Jahr 1964 durch das Jahr 1995 ersetzt wird. Die Verjährung am 9. Juli 1995 noch nicht verjährter Forderungen aus Abgeltungsdarlehen (§ 25) ist gehemmt. Das Bundesministerium der Justiz wird ermächtigt, durch Rechtsverordnung im Einvernehmen mit dem Bundesministerium der Finanzen das Datum festzulegen, zu dem die Hemmung nach Satz 2 endet.

§ 37 [Inkrafttreten]

Dieses Gesetz tritt mit dem Beginn des zweiten Kalendermonats nach der Verkündung[16] in Kraft, jedoch § 21 Nr. 4[17] mit Wirkung vom Inkrafttreten des Lastenausgleichsgesetzes (§ 375).

---

[15] § 36 a eingefügt durch das RegVBG vom 20. 12. 1993 (BGBl. I S. 2182) und geändert durch das VermRAnpG vom 4. 7. 1995 (BGBl. I S. 895) sowie das ÜG vom 21. 7. 1999 (BGBl. I S. 1642).

[16] Verkündet am 31. 12. 1963.

[17] Betrifft die Neufassung von § 126 LAG.

Anhang 7
Bayerische Geschäftsanweisung für die Behandlung der Grundbuchsachen (GBGA)[1]

Bekanntmachung des Bayerischen Staatsministeriums der Justiz
Vom 7. Dezember 1981
(JMBl. S. 190)

Geändert durch Bek. vom 9. 10. 1984 (JMBl. S. 204), vom 8. 4. 1986 (JMBl. S. 29), vom 11. 4. 1988 (JMBl. S. 50) und vom 11. 5. 1998 (JMBl. S. 64)

Inhaltsübersicht

Erster Teil. Allgemeine Vorschriften §§ 1–4

Zweiter Teil. Grundbücher
1. Abschnitt. Allgemeines §§ 5, 6
2. Abschnitt. Loseblatt-Grundbuch §§ 7–14
3. Abschnitt. Grundbücher in festen Bänden §§ 15, 16

Dritter Teil. Grundakten §§ 17–20

Vierter Teil. Einzelne Grundbuchgeschäfte
1. Abschnitt. Behandlung der Eingänge §§ 21–25
2. Abschnitt. Eintragungsverfügung § 26
3. Abschnitt. Eintragungen §§ 27–34
4. Abschnitt. Mitteilungen § 35
5. Abschnitt. Einsicht in Grundbücher und Grundakten §§ 36, 37

Fünfter Teil. Erhaltung der Übereinstimmung zwischen Grundbuch und Liegenschaftskataster

1. Abschnitt. Mitteilungen zum Liegenschaftskataster §§ 38–43
2. Abschnitt. Eintragung mehrerer Grundstücke als Gesamtgrundstück § 44

3. Abschnitt. Änderung von Bestandsangaben §§ 45–48

Sechster Teil. Änderung der Grundbuchbezirke §§ 49–51

Siebenter Teil. Hypotheken-, Grundschuld- und Rentenschuldbriefe (Grundpfandrechtsbriefe)

1. Abschnitt. Herstellung der Briefe §§ 52–55
2. Abschnitt. Kennzeichnung und Bezug der Briefvordrucke §§ 56–58
3. Abschnitt. Verwahrung der Briefvordrucke §§ 59, 60

Achter Teil. Entbehrlichkeit der Unbedenklichkeitsbescheinigung § 61

Erster Teil. Allgemeine Vorschriften

§ 1 Bezeichnung des Grundbuchamts; Siegel, Stempel

(1) Das Grundbuchamt führt die Bezeichnung des Amtsgerichts, zu dem es gehört, mit dem Zusatz „Grundbuchamt".

---

[1] S. hierzu auch die in Abänderung und Ergänzung der GBGA und der AktO erlassene, allerdings nicht veröffentlichte Verwaltungsanordnung des Bayer. Staatsministeriums der Justiz zu dem Programmsystem für GBÄmter SOLUM vom 23. 12. 1988.

(2) Das Grundbuchamt führt Siegel (Prägesiegel) und Metallstempel (Farbdrucksiegel) des Amtsgerichts.

§ 2 Bestellung von Bediensteten zur Beurkundung des Eingangszeitpunkts

Der Gerichtsvorstand bestellt Bedienstete des Grundbuchamts, die für die Entgegennahme von Eintragungsanträgen sowie für die Beurkundung des Zeitpunkts ihres Eingangs beim Grundbuchamt zuständig sind (§ 1 AVOGBO[2]). Dabei kann er entsprechend den örtlichen Bedürfnissen einen oder mehrere Bedienstete für das ganze Grundbuchamt oder für einzelne Abteilungen (Zweigstellen) bestellen.

§ 3 Geschäftserledigung bei mehreren Grundstücken

In der durch den Gerichtsvorstand zu treffenden Geschäftsverteilung ist sicherzustellen, daß die Erledigung eines Eintragungsantrags, der sich auf mehrere Grundstücke desselben Grundbuchamts bezieht, nur einer Geschäftsaufgabe zugewiesen wird.

§ 4 Eintragungsersuchen

Die Bestimmungen dieser Geschäftsanweisung über Eintragungsanträge gelten sinngemäß für Ersuchen um Eintragung in das Grundbuch.

Zweiter Teil. Grundbücher

1. Abschnitt. Allgemeines

§ 5 Äußere Form der Grundbücher

(1) Die Grundbücher werden in Bänden mit herausnehmbaren Einlegebogen (Loseblatt-Grundbuch) oder in festen Bänden geführt (§ 2 der Grundbuchverfügung[3]).

(2) Für die Anlegung neuer Grundbuchblätter sind nur noch Bände des Loseblatt-Grundbuchs zu verwenden.

(3) Auf dem Rückenschild sind der Grundbuchbezirk, die Nummer des Bandes und die Nummern der darin enthaltenen Grundbuchblätter zu vermerken. Zur Kennzeichnung der einzelnen Grundbuchbezirke können verschiedenfarbige Rückenschilder oder aufklebbare Farbsignale verwendet werden.

---

[2] Die AVOGBO ist durch das RegVBG vom 20. 12. 1993 (BGBl. I S. 2182) aufgehoben worden.

[3] Abgedruckt unter Nr. **1**.

§ 6[4] Aufbewahrung der Grundbücher

(1) Die Grundbücher sind in sicheren Räumen aufzubewahren. Sie sind vor Feuchtigkeit, Hitze und anderen schädlichen Einflüssen zu schützen. Bei Gefahr ist ihre Rettung vordringlich.

(2) Sind in einem zur Aufbewahrung von Grundbüchern dienenden Raum nicht ständig Bedienstete des Grundbuchamtes anwesend, so soll er nur durch die Geschäftsstelle oder einen anderen ständig mit Bediensteten des Grundbuchamts besetzten Raum zugänglich sein.

(3) Die Grundbücher dürfen nicht aus dem Gerichtsgebäude entfernt werden. Eine kurzfristige Entfernung ist mit Genehmigung des Präsidenten des Landgerichts (Amtsgerichts) zulässig, wenn Buchbinderarbeiten oder ähnliche Arbeiten an den Grundbüchern nicht im Gerichtsgebäude ausgeführt werden können. Bei Bänden des Loseblatt-Grundbuchs sollen möglichst nur die Teile aus dem Gerichtsgebäude verbracht werden, auf die sich die Arbeiten beziehen (z. B. Einbanddecken).

(4) Grundbuchbände, die nur geschlossene Grundbuchblätter enthalten, sind bis zu ihrer Abgabe an das Staatsarchiv ebenfalls im Grundbuchraum aufzubewahren. Der Präsident des Landgerichts (Amtsgerichts) kann in Ausnahmefällen die Unterbringung in anderen Räumen gestatten, wenn die Sicherheit der Grundbuchbände gewährleistet ist. Absatz 1 Satz 2 und 3 gilt entsprechend.

§ 6 a[4] Einsicht in die Grundbücher

(1) Die Grundbücher sind so zu verwahren, daß sie von Unbefugten nicht eingesehen werden können. Dritten soll der Zutritt zu einem der Aufbewahrung von Grundbüchern dienenden Raum nur gestattet werden, wenn gleichzeitig ein Bediensteter des Grundbuchamts anwesend ist.

(2) Die Einsicht in das Grundbuch ist an einem hierfür bestimmten Platz und in ständiger Anwesenheit eines Bediensteten des Grundbuchamts durchzuführen. Aktentaschen und ähnliche Behältnisse mit einem größeren Innenformat als DIN A 4 dürfen bei der Einsicht nicht mitgeführt werden.

(3) Der Gerichtsvorstand kann nähere Anordnungen über die Durchführung der Einsicht treffen. Er kann hierbei für die in § 43 Abs. 1 der Grundbuchverfügung bezeichneten Personen Ausnahmen von Absatz 1 Satz 2 zulassen.

---

[4] § 6 neu gefaßt und § 6 a eingefügt durch Bek. vom 11. 4. 1988 (JMBl. S. 50).

2. Abschnitt. Loseblatt-Grundbuch

§ 7 Format der Grundbuchblätter

Die Grundbuchblätter des Loseblatt-Grundbuchs haben das Format DIN A 4.

§ 8 Gestaltung des Grundbuchbandes

(1) Die Bände des Loseblatt-Grundbuchs haben Schraubverschlüsse und zwei Nocken, die bei den einzelnen Bänden in verschiedenem Abstand zueinander angeordnet sind. Sie enthalten ein Titelblatt, die notwendige Zahl von Grundbuchblättern, in der Regel 35, ein Inhaltsverzeichnis auf der Innenseite der hinteren Einbanddecke und ein Rückenschild.

(2) Die Bände des Loseblatt-Grundbuchs können nur mit einem besonderen für alle Bände gleichen Steckschlüssel geöffnet werden. Den Schlüssel hat der Grundbuchführer oder die Schreibkraft, die Eintragungen vorzunehmen hat, unter Verschluß zu halten. Ein Ersatzschlüssel befindet sich bei dem geschäftsleitenden Beamten des Amtsgerichts oder des Grundbuchamts.

(3) Jedes Grundbuchblatt weist an der rechten Kante halbkreisförmige Einkerbungen auf, die sich innerhalb der Grundbuchblätter eines Bandes bei richtiger Reihenfolge der Blätter stufenförmig untereinander fortsetzen. Dies ermöglicht eine Kontrolle, ob der einzelne Grundbuchband vollständig ist.

§ 9 Verzeichnis der Nockenstellung

(1) Die wechselnde Anordnung der Nockenstellung (§ 8 Abs. 1) führt erst nach jeweils 700 Bänden zu einer Wiederholung der gleichen Nockenstellung. Auf diese Weise wird sichergestellt, daß ein entnommener Einlegebogen nicht in einen falschen Band eingefügt werden kann. Besitzt ein Grundbuchamt mehr als 700 Bände, so kommen für eine etwaige unrichtige Einordnung nur wenige Bände mit gleicher Nockenstellung in Betracht. Ist ein Grundbuchamt in Distrikte oder Abteilungen unterteilt, so ist darauf zu achten, daß sich die gleiche Nockenstellung nach Möglichkeit nicht in einem Distrikt oder einer Abteilung wiederholt.

(2) Die Lieferfirma der Bände für das Loseblatt-Grundbuch führt laufend ein Verzeichnis, aus dem die Nockenstellung der den einzelnen Amtsgerichten gelieferten Bände ersichtlich ist. Die Präsidenten der Oberlandesgerichte erhalten jeweils zwei Abschriften dieses Verzeichnisses und der laufenden Ergänzungen; sie leiten ein Exemplar an das zuständige Grundbuchamt weiter. Ein Austausch einzelner neuer

Grundbuchbände unter den Grundbuchämtern ist nur zulässig, soweit dadurch nicht ein Grundbuchamt mehrere Bände mit gleicher Nockenstellung erhält. Im Falle eines Austausches ist das Verzeichnis der Nockenstellung sofort zu ergänzen und der Präsident des Oberlandesgerichts sowie die Lieferfirma von der Ergänzung zu benachrichtigen. Das gleiche gilt bei der Abgabe eines Grundbuchbandes nach § 26 der Grundbuchverfügung.

§ 10 Anlegung des Grundbuchbandes

(1) Die Nummern der Bände und Blätter des Loseblatt-Grundbuchs schließen sich unmittelbar an die der festen Bände und an die Nummern der in ihnen eröffneten Grundbuchblätter an.

(2) Bei der Anlegung eines Grundbuchbandes ist anhand der sich stufenförmig fortsetzenden Kerbenleiste (§ 8 Abs. 3) zu prüfen, ob der Band vollständig ist. Auf dem Titelblatt sind das Amtsgericht, der Grundbuchbezirk und die Nummer des Bandes anzugeben.

§ 11[5] Gestaltung des Grundbuchblatts

(1) Das Grundbuchblatt besteht aus einem Aufschriftbogen (grau) sowie – bei der Erstausstattung – aus je einem Einlegebogen „Bestandsverzeichnis" (weiß), „Erste Abteilung" (rosa), „Zweite Abteilung" (gelb) und „Dritte Abteilung" (grün). Bei Bedarf können weitere Einlegebogen eingefügt werden. Einlegebogen dürfen nur zur Vornahme von Eintragungen und nur durch den Grundbuchführer oder die Schreibkraft, die Eintragungen vorzunehmen hat, vorübergehend dem Band entnommen werden.

(2) Die Rückseite des Aufschriftbogens enthält das Verzeichnis der Einlegebogen.

(3) Die Vordrucke der Einlegebogen sind in der Weise aufgeteilt, daß im Bestandsverzeichnis, in der zweiten Abteilung und in der dritten Abteilung die Vorderseite jeweils zur Eintragung des Grundstücksbestandes, der Lasten und Beschränkungen sowie der Grundpfandrechte dient, während die Rückseite für die Eintragung der Veränderungen vorgesehen ist. Bei den Einlegebogen für die erste Abteilung sind Vorder- und Rückseite gleich.

(4) Im Bestandsverzeichnis sind die Unterspalten a und b der Spalte 3 zur Spalte 3a/b zusammengelegt. Die Bezeichnung dieser Unterspalte erhält den Zusatz: „(nur bei Abweichung vom Grundbuchbezirk angegeben)"; vgl. § 32 Abs. 1. Auf Einlegebogen, auf denen dieser Zusatz noch nicht eingedruckt ist, ist baldmöglichst, spätestens bei der nächsten Eintragung, auf der Vorderseite rechts unten unter dem für die

[5] § 11 Abs. 4 Satz 2 geändert durch Bek. vom 8. 4. 1986 (JMBl. S. 29).

Eintragung bestimmten Raum folgender Stempelaufdruck anzubringen: „Hinweis: Ab 1. 1. 1976 ist in Spalte 3a/b die Gemarkung nur bei Abweichung vom Grundbuchbezirk angegeben“.

(5) Im Bestandsverzeichnis ist ferner die Unterspalte c für die Eintragung der Wirtschaftsart und Lage des Grundstücks bestimmt.

§ 12 Anlegung des Grundbuchblatts

Bei der Anlegung eines Grundbuchblatts ist wie folgt zu verfahren:

1. Auf dem Aufschriftbogen sind das Amtsgericht, der Grundbuchbezirk und die Nummer des Bandes und des Blatts zu vermerken;
2. in dem auf der Vorderseite am rechten Rand des Aufschriftbogens aufgedruckten Blattverzeichnis ist in der Zeile, in der sich die halbkreisförmige Einkerbung befindet, nochmals die Nummer des Grundbuchblatts einzutragen;
3. auf der Rückseite des Aufschriftbogens ist das Verzeichnis der Einlegebogen nach dem vorhandenen Bestand anzulegen und die Anlegung vom Grundbuchführer mit Datum und Unterschrift zu bescheinigen, wenn und soweit das Verzeichnis nicht für die Grundausstattung eines gedruckten Text aufweist;
4. die Einlegebogen „Bestandsverzeichnis“, „Erste Abteilung“, „Zweite Abteilung“ und „Dritte Abteilung“ sind jeweils am oberen Rand auf der Vorder- und Rückseite durch Eintragung des Amtsgerichts, des Grundbuchbezirks, der Nummer des Bandes und der Nummer des Blatts zu beschriften;
5. in das umrandete Feld mit der Überschrift „Einlegebogen“ in der rechten oberen Ecke auf der Vorder- und Rückseite jedes Einlegebogens ist jeweils die Zahl „1“ einzutragen;
6. in dem Inhaltsverzeichnis auf der Innenseite der hinteren Einbanddecke ist die Anlegung des Grundbuchblatts in der neben der Einkerbung liegenden Zeile durch die Unterschrift des Rechtspflegers und des Grundbuchführers zu bescheinigen.

§ 13 Weitere Einlegebogen

Werden für Eintragungen in das Verzeichnis der Einlegebogen, in das Bestandsverzeichnis oder in eine der drei Abteilungen weitere Einlegebogen benötigt, so ist wie folgt zu verfahren:

1. Die Öffnungen für die Nocken sind mit einem besonderen Lochapparat zu stanzen;
2. die rechte Kante des neuen Einlegebogens ist an derselben Stelle wie die bereits vorhandenen Einlegebogen des Grundbuchblatts, in das er eingefügt werden soll, mit dem Lochapparat halbkreisförmig auszustanzen;

3. das Verzeichnis der Einlegebogen ist zu ergänzen; die Ergänzung ist vom Grundbuchführer mit Datum und Unterschrift zu bescheinigen;
4. der Einlegebogen ist gemäß § 12 Nr. 4 zu beschriften;
5. in das umrandete Feld auf der Vorder- und Rückseite mit der Überschrift „Einlegebogen" ist die Zahl „2" oder die sonst in Betracht kommende Zahl einzutragen;
6. in dem Fortsetzungsvermerk auf der Rückseite (unten) des vorhergehenden Einlegebogens ist die Nummer des neuen Einlegebogens in das umrandete Feld einzutragen.

§ 14 Schließung des Grundbuchblatts

Wird ein Grundbuchblatt geschlossen, so haben der Rechtspfleger und der Grundbuchführer dies in dem Inhaltsverzeichnis auf der Innenseite der hinteren Einbanddecke zu bescheinigen.

3. Abschnitt. Grundbücher in festen Bänden

§ 15 Format und Umfang der Grundbuchblätter

(1) Die Grundbuchblätter in festen Grundbuchbänden haben das Format DIN A 3.

(2) Ein Nachheften von Einlegebogen in den Grundbuchband ist unzulässig.

§ 16 Gestaltung des Grundbuchbandes

Jeder Grundbuchband beginnt mit einem Titelblatt, auf dem der Name des Amtsgerichts, der Grundbuchbezirk und die Nummer des Bandes anzugeben sind. Außerdem erhält das Titelblatt die Bescheinigung über die Seitenzahl des Bandes.

Dritter Teil. Grundakten

§ 17 Anlegung und Führung der Grundakten

Die Anlegung und Führung der Grundakten bestimmt sich nach der Aktenordnung.

§ 18[6] Einsicht und Aufbewahrung der Grundakten

Die Grundakten sind räumlich getrennt von den Grundbüchern aufzubewahren. Im übrigen gelten für die Aufbewahrung und Einsicht § 6 Abs. 1 und 2 sowie § 6 a entsprechend.

---

[6] § 18 neu gefaßt durch Bek. vom 11. 4. 1988 (JMBl. S. 50).

§ 19 Herausgabe von Grundakten

(1) Grundakten dürfen nur an Gerichte und Behörden herausgegeben werden. Einem Ersuchen soll nicht entsprochen werden, wenn durch die Überlassung der Grundakten die Amtsgeschäfte des Grundbuchamts verzögert würden. Ferner ist zu prüfen, ob statt der Überlassung eine anderweitige Erledigung des Ersuchens (z. B. durch Fertigung von Ablichtungen) zweckmäßiger ist.

(2) Die Versendung der Grundakten auf dem Postweg ist durch Einschreiben oder unversiegeltes Wertpaket gegen Rückschein zu bewirken. Werden sie ohne Inanspruchnahme der Post herausgegeben, so sind sie gegen Empfangsbestätigung auszuhändigen.

(3) Ersuchen ausländischer Stellen um zeitweilige Überlassung von Grundakten sind dem Staatsministerium der Justiz mit einer Stellungnahme vorzulegen, ob gegen die zeitweilige Überlassung Bedenken bestehen.

(4) Die Pflicht zur Vorlage von Grundakten an die Dienstaufsichtsbehörden bleibt unberührt.

§ 20 Handblatt beim Loseblatt-Grundbuch

(1) Das Handblatt beim Loseblatt-Grundbuch wird in einem Schnellhefter mit herausnehmbaren Einlegebogen geführt. Die Einlegebogen des Handblatts entsprechen im Format und im Vordruck denen des Grundbuchblatts. Die Aufschrift und ein vereinfachtes Verzeichnis der Einlegebogen befinden sich auf dem Umschlag. Alle Einlegebogen des Handblatts sind in weißer Farbe gehalten.

(2) Der Umschlag und die Einlegebogen des Handblatts sind wie das Grundbuchblatt zu beschriften.

(3) In das umrandete Feld mit der Aufschrift „Einlegebogen" in der rechten oberen Ecke ist bei dem jeweils ersten Blatt die Zahl „1" einzutragen, die folgenden Einlegebogen sind innerhalb des Bestandsverzeichnisses und jeder der drei Abteilungen fortlaufend zu numerieren.

(4) Die Eintragungen im Handblatt sind bei der Eintragung ins Grundbuch im Durchschreibeverfahren herzustellen.

Vierter Teil. Einzelne Grundbuchgeschäfte

1. Abschnitt. Behandlung der Eingänge

§ 21 Entgegennahme von Anträgen

(1) Der für die Entgegennahme eines Eintragungsantrags zuständige Bedienstete (§ 1 AVOGBO), dem der Antrag zuerst zugeht, hat

das Schriftstück mit dem Eingangsvermerk zu versehen. Im Vermerk ist der Zeitpunkt des Eingangs nach Tag, Stunde und Minute sowie die Zahl etwaiger Anlagen anzugeben. Die Verwendung eines Datumstempels ist zulässig; Stunde und Minute sind gegebenenfalls handschriftlich einzufügen. Der Eingangsvermerk ist zu unterschreiben.

(2) Der Eingangsvermerk soll in die rechte obere Ecke der ersten Seite des Antrags gesetzt werden.

(3) Wird ein Antrag auf Eintragung in das Grundbuch zur Niederschrift eines für die Entgegennahme von Anträgen oder Ersuchen zuständigen Bediensteten zu Protokoll erklärt, so ist der Zeitpunkt des völligen Abschlusses der Niederschrift, zu dem auch die Unterzeichnung durch den Bediensteten gehört, zu vermerken.

(4) Gelangen Anträge auf Eintragung in das Grundbuch nicht unmittelbar zu einem für die Entgegennahme zuständigen Bediensteten, so sind sie einem solchen unverzüglich zuzuleiten. Dies gilt auch, wenn Eintragungsanträge zu Protokoll solcher Bediensteter erklärt werden, die nicht für die Entgegennahme zuständig sind.

(5) Wird ein Schriftstück, das einen Eingangsvermerk trägt, herausgegeben, so ist der Vermerk in beglaubigter Form auf die zurückzubehaltende beglaubigte Abschrift mitzuübertragen.

(6) Auf dem Briefkasten des Gerichts soll der Hinweis angebracht werden, daß Schriftstücke in Grundbuchsachen zur Vermeidung von Nachteilen nicht einzuwerfen, sondern in der Geschäftsstelle des Grundbuchamts abzugeben sind.

§ 22 Behandlung der Anträge durch die Geschäftsstelle

(1) Nach Anbringung des Eingangsvermerks ist der Antrag unverzüglich der zuständigen Abteilung des Grundbuchamts zuzuleiten. Der zuständige Bedienstete dieser Abteilung stellt fest, ob noch andere dasselbe Grundstück betreffende Anträge eingegangen sind und weist hierauf gegebenenfalls beim Eingangsvermerk hin. Sodann legt er den Antrag mit den Grundakten oder dem Kontrollblatt (§ 5 Abs. 2 Aktenordnung) dem Rechtspfleger oder dem Urkundsbeamten (§ 4 Abs. 2 AVOGBO) vor.

(2) Bezieht sich der Antrag auf mehrere im Bezirk des Grundbuchamts gelegene Grundstücke, für die mehrere Grundakten geführt werden, so ist zu den anderen Grundakten eine Nachricht zu geben. In diese sind insbesondere Angaben über den Zeitpunkt des Eingangs und des Verbleibs des Antrags aufzunehmen. Die Grundakten sind möglichst mit den Grundakten nach Absatz 1 vorzulegen.

§ 23 Abgabe an ein anderes Grundbuchamt

(1) Ist für die Erledigung eines Eintragungsantrags nur ein anderes Grundbuchamt zuständig, so soll der Antrag, wenn nicht der Rechtspfleger anderweitig entscheidet, an dieses abgegeben werden. Der Antragsteller oder die ersuchende Stelle ist von der Abgabe zu benachrichtigen.

(2) Ist für die Erledigung teilweise ein anderes Grundbuchamt zuständig, so erledigt zunächst das angegangene Grundbuchamt den Antrag innerhalb seiner Zuständigkeit. Danach übersendet es die erforderlichen Unterlagen, gegebenenfalls eine beglaubigte Abschrift (Ablichtung) davon, dem anderen Grundbuchamt und bewirkt gegebenenfalls die Mitteilung nach XVIII/5 der Anordnung über Mitteilungen in Zivilsachen (vgl. auch § 34 Abs. 2, ferner § 54). Absatz 1 Satz 2 gilt entsprechend.

(3) Sind neben dem angegangenen Grundbuchamt mehrere Grundbuchämter zuständig, so verfährt das angegangene Grundbuchamt hinsichtlich jedes der anderen Grundbuchämter gemäß Absatz 2 Satz 2 und 3.

(4) Absatz 2 Satz 2 und 3, Absatz 3 sind nicht anzuwenden, wenn sich aus den Schriftstücken ergibt oder sonst bekannt geworden ist, daß der Antrag bereits bei jedem beteiligten Grundbuchamt gesondert gestellt wurde oder gestellt werden wird.

§ 24 Beteiligung von Zweigstellen

(1) Hat ein Amtsgericht eine Zweigstelle, die für Grundbuchsachen zuständig ist, so sind Eintragungsanträge, für deren Erledigung die Zweigstelle zuständig ist, unverzüglich der Zweigstelle zu übersenden. Der Eingang und sein Zeitpunkt sind der Zweigstelle sofort fernmündlich mitzuteilen, sofern der für die Entgegennahme der Anträge beim Hauptgericht zuständige Bedienstete gemäß § 2 auch für die Zweigstelle bestellt ist. Geht bei der Zweigstelle ein Antrag ein, für dessen Erledigung das Hauptgericht zuständig ist, gilt Satz 1 und 2 entsprechend.

(2) Ist für die Erledigung teilweise das Hauptgericht und teilweise die Zweigstelle zuständig, so ist nach § 22 Abs. 2 Satz 1 und 2 zu verfahren. Absatz 1 Satz 2 und 3 gilt entsprechend.

§ 25 Aufbewahrung von Urkunden, Empfangsbestätigung

(1) Urkunden, die nicht für dauernd zu den Grundakten genommen werden, sind nach den Bestimmungen über die Behandlung der in amtliche Verwahrung genommenen Gegenstände und Geldbeträge zu behandeln und aufzubewahren. Für die Dauer einer Zwischenverfü-

gung oder sonstigen Befristung ist auch bei Urkunden, die eines besonderen Schutzes gegen Verlust oder Beschädigung bedürfen, die nach diesen Bestimmungen vorgesehene einfache Aufbewahrung ausreichend, sofern nicht im Einzelfall die besonders gesicherte Aufbewahrung angeordnet wird.

(2) Dem Einlieferer einer Urkunde, auch z.B. eines Eintragungsantrags, ist von der Geschäftsstelle auf Verlangen eine Empfangsbestätigung zu erteilen. Eine Urkunde ist nur gegen eine Empfangsbestätigung oder einen sonstigen Nachweis zurückzugeben.

2. Abschnitt. Eintragungsverfügung

§ 26

(1) Die Grundbucheintragung ist in der Regel im Wortlaut zu verfügen. Die Grundbuchstelle, an der die Eintragung zu bewirken ist, ist unter Angabe von Band und Blatt sowie Abteilung und Spalten zu bezeichnen.

(2) Beim fest gebundenen Grundbuch wird der Text der Eintragung in die Eintragungsverfügung oder in das Handblatt aufgenommen. Bei Aufnahme in das Handblatt kann sich die Eintragungsverfügung auf die Anordnung beschränken: „Einzutragen ... (Bezeichnung der Grundbuchstelle) ... wie im Handblatt".

(3) Beim Loseblatt-Grundbuch wird der Text der Eintragung in die Eintragungsverfügung, in einen als Anlage zur Eintragungsverfügung zu nehmenden Vordruck, auf dem der Grundbuchvordruck aufgedruckt ist, oder in einen in seiner Einrichtung dem Grundbuchblatt oder dem Handblatt entsprechenden Vordruck (Arbeitsblatt) aufgenommen. Wird der Text nicht in die Eintragungsverfügung selbst aufgenommen, so gilt Absatz 2 Satz 2 entsprechend. Für das Arbeitsblatt sind Handblattvordrucke zu verwenden. Es muß eine wörtliche Wiedergabe des gesamten Inhalts des Grundbuchblatts enthalten.

(4) Die Angabe der Zeit der Eintragung ist zunächst offen zu lassen; sie ist nach Abschluß der Eintragung nachzutragen. Wird der Text der Eintragung in die Eintragungsverfügung aufgenommen, so ist das Handblatt und gegebenenfalls das Arbeitsblatt zu ergänzen.

(5) Wird eine Eintragungsvoraussetzung als offenkundig angesehen, so ist dies aktenkundig zu machen.

(6) Die Eintragungsverfügung ist zu den Grundakten zu nehmen. Wird bei Beteiligung mehrerer Grundakten nicht zu jedem Grundakt eine Eintragungsverfügung gefertigt, so ist in den Grundakten, zu denen keine Eintragungsverfügung genommen wird, auf die Stelle hinzuweisen, wo sich die Eintragungsverfügung befindet.

3. Abschnitt. Eintragungen

§ 27 Herstellung der Eintragungen

(1) Die Eintragungen in das Grundbuch sind in der Regel mit Schreibmaschine zu fertigen. Es dürfen nur Farbbänder verwendet werden, die eine haltbare und kräftige Schrift liefern. Soweit im Einzelfall Eintragungen handschriftlich vorgenommen werden, ist nur kräftige, nicht verblassende Tinte zu verwenden.

(2) Zur Leistung von Unterschriften und zum Einfügen des Eintragungstages können Kugelschreiber mit schwarzer Pastentinte, zu Rötungen Kugelschreiber mit roter Pastentinte verwendet werden. Die Pastentinten müssen den Anforderungen der DIN 16554 entsprechen.

(3) Beim Loseblatt-Grundbuch hat der Grundbuchführer oder die Schreibkraft die Einlegebogen nach Fertigung des Eintragungstextes sofort wieder in den Band einzufügen und den Band zu verschrauben. Der Grundbuchführer hat sich zu vergewissern, daß das Grundbuchblatt und seine Einlegebogen vollständig und an der richtigen Stelle in den Band eingeordnet sind. Das Vergleichen des in das Grundbuch eingeschriebenen Textes mit dem verfügten Text geschieht aus dem wieder verschraubten Band.

§ 28 Herstellung der Eintragungsmitteilungen, Ergänzung des Handblatts

Bei Eintragungen mit Schreibmaschine sind die Eintragungsmitteilungen in der erforderlichen Zahl im Durchschreibverfahren herzustellen. Gleichzeitig ist der Eintragungstext in das Handblatt durchzuschlagen, es sei denn, daß er beim festgebundenen Grundbuch bereits in das Handblatt aufgenommen wurde.

§ 29[7] Herstellung der Eintragungen durch Druck oder im Wege der Ablichtung, Verwendung von Stempeln

(1) Über die Genehmigung zur Herstellung von Eintragungstexten durch Druck oder im Wege der Ablichtung entscheidet der Gerichtsvorstand, wenn die Texte im Gerichtsbereich (einschließlich der Vervielfältigungsstellen bei den übergeordneten Gerichten am Sitz des Amtsgerichts) hergestellt werden sollen. Im übrigen entscheidet der Präsident des Landgerichts oder des Amtsgerichts.

---

[7] § 29 neu gefaßt durch Bek. vom 9. 10. 1984 (JMBl. S. 204).

(2) Über die Genehmigung zur Verwendung von Stempeln entscheidet der Präsident des Landgerichts oder des Amtsgerichts. Die Genehmigung darf nur erteilt werden, wenn die Vollständigkeit der Eintragung durch die Stempelverwendung nicht gefährdet wird. Die Stempel müssen die Herstellung einer sauberen, gleichmäßigen und deutlich lesbaren Schrift in der Größe der üblichen Schreibmaschinenschrift gewährleisten. Es ist nur lichtechte schwarze Stempelfarbe zu verwenden, die auf dem Papier sicher haftet und sich durch chemische Mittel nicht entfernen läßt.

§ 30 Angabe des Eintragungstages

Als Tag der Eintragung in das Grundbuch ist der Tag anzusehen, an dem die Eintragung von den zur Unterzeichnung im Grundbuch zuständigen Bediensteten unterschrieben wird. Deshalb ist bei der Einschreibung des Textes in das Grundbuch der Tag der Eintragung, gegebenenfalls auch der Monat, offen zu lassen.

§ 31 Verbesserung von Schreibfehlern und Rötungen

(1) Bei noch nicht unterschriebenen Eintragungen können Schreibfehler, die den Sinn der Eintragung nicht verändern, dadurch berichtigt werden, daß die fehlerhaften Worte, Buchstaben oder Zeichen durchgestrichen und – soweit erforderlich – in richtiger Schreibweise wiederholt werden. Die Berichtigung kann entweder unmittelbar bei der Streichung oder unter Verwendung von Einschaltzeichen an geeigneter Stelle außerhalb des Eintragungstextes erfolgen. Die unrichtig geschriebenen Worte, Buchstaben oder Zeichen müssen lesbar bleiben. Es wird empfohlen, unrichtige Worte in Klammer zu setzen und ihnen vor dem Klammerschlußzeichen das Wort „richtig:" anzufügen. Vor dem Unterschreiben ist die Berichtigung besonders zu überprüfen.

(2) Sonstige Schreibversehen, die vor dem Unterschreiben bemerkt werden, insbesondere unrichtige Zahlen, können mit Genehmigung des Rechtspflegers oder des Urkundsbeamten (§ 4 Abs. 2 AVOGBO) berichtigt werden, wenn dadurch der ursprünglich eingeschriebene Text nicht unleserlich oder unübersichtlich wird. Die Berichtigung ist am Ende des Textes zu bescheinigen.

(3) Ergibt sich sonst Anlaß zur Berichtigung von Schreibversehen, so ist die Sache dem Rechtspfleger oder dem Urkundsbeamten (§ 4 Abs. 2 AVOGBO) zur Entscheidung vorzulegen. Das gilt auch, wenn eine versehentliche rote Unterstreichung beseitigt werden soll. Die rote Unterstreichung ist in der Weise zu berichtigen, daß der rote Strich durch kleine schwarze Striche durchkreuzt wird.

§ 32[8] Eintragungen zur Bezeichnung der Grundstücke im Bestandsverzeichnis

(1) In Spalte 3a/b des Bestandsverzeichnisses des Loseblatt-Grundbuchs sind die Bezeichnung der Gemarkung und darunter die Flurstücknummer einzutragen. Die Eintragung der Bezeichnung der Gemarkung unterbleibt, wenn sie mit der des Grundbuchbezirks übereinstimmt (vgl. § 11 Abs. 4).

(2) Die Eintragung der Wirtschaftsart und der Lage eines Grundstücks in das Bestandsverzeichnis richtet sich nach der im Liegenschaftsbuch ausgewiesenen Nutzungsart und Lage.

(3) Für die Bezeichnung der Wirtschaftsart genügt die Eintragung der Gruppenbezeichnung der ausgewiesenen Nutzungsart gemäß Anlage 6. Soweit bei einem Flurstück Nutzungsarten ausgewiesen sind, die unter mehrere einzutragende Gruppenbezeichnungen fallen, sind alle in Betracht kommenden Gruppenbezeichnungen einzutragen. Die Eintragung der Wirtschaftsart kann unterbleiben, wenn sich diese aus der eingetragenen Lagebezeichnung eindeutig ergibt. Die Schlüsselzahl der Gruppe ist nicht einzutragen.

(4) Ein Hinweis im Liegenschaftsbuch, wonach zu einem Grundstücksbestand ein Teil eines im Grundbuch nicht gesondert ausgewiesenen Flurstücks (Anliegerweg oder -graben) gehört (Anliegervermerk), ist im Anschluß an die Wirtschaftsart und Lage des Grundstücks zu vermerken, zu dem der Teil gehört.

(5) Angaben zum Gebäudebesitz, auch zum Gebäudebesitz fremder Eigentümer einschließlich der Hinweise auf Überbauten, sind regelmäßig nicht in das Grundbuch zu übernehmen. In geeigneten Fällen können jedoch historische Namen sowie öffentlich verliehene oder ortsbekannte Bezeichnungen, die im Liegenschaftsbuch zur Beschreibung eines Gebäudes verwendet werden, bei der Lagebezeichnung vermerkt werden.

(6) Die Berichtigung einer Lagebezeichnung kann, sofern es sich nicht um eine Änderung von Straßennamen oder Hausnummern han-

---

[8] § 32 neu gefaßt durch Bek. vom 8. 4. 1986 (JMBl. S. 29). Abschnitt II dieser Bek. lautet:

„§ 32 Absätze 3 bis 5 i. d. F. des Abschnitts I dieser Bekanntmachung ist mit dem Inkrafttreten dieser Bekanntmachung auch dann anzuwenden, wenn ein Grundstück aus anderen Gründen als zur Erhaltung der Übereinstimmung mit dem Liegenschaftskataster neu im Grundbuch vorzutragen ist (z. B. bei der Übertragung eines Grundstücks auf ein anderes Grundbuchblatt) und durch die Beschriebsänderung keine Verwirrung zu besorgen ist. Die bisher verwendeten Bezeichnungen der Nutzungsart decken sich regelmäßig mit den Bezeichnungen der Nutzungsart eines Flurstücks nach Abschnitt I Nr. 5 dieser Bekanntmachung (Anlage 6 zur Geschäftsanweisung für die Behandlung der Grundbuchsachen). Zweifelsfälle sind mit dem zuständigen Vermessungsamt zu klären“.

delt, bis zu einer aus anderem Anlaß erforderlich werdenden neuen Eintragung des Grundstücks zurückgestellt werden, wenn hierdurch die Identifizierung des Grundstücks für den Rechtsverkehr nur unwesentlich beeinträchtigt wird. Der betreffende Veränderungsnachweis ist in diesem Fall bis zur neuen Eintragung im Anschluß an das Handblatt in die Grundakten einzulegen, oder es ist in den Grundakten in geeigneter Weise auf den noch nicht vollzogenen Veränderungsnachweis hinzuweisen.

(7) Die Eintragung der Liegenschaftsbuchnummer in das Bestandsverzeichnis des Grundbuchblatts unterbleibt.

§ 33 Auszug aus dem Liegenschaftskataster

(1) Wird bei einem aus mehreren Teilen bestehenden Grundstück nach § 6 Abs. 4 Satz 1 und 2 der Grundbuchverfügung verfahren, so ist der beglaubigte Auszug aus dem Liegenschaftskataster (vgl. § 44) mit dem Handblatt zu verbinden.

(2) Sind auf einem gemeinschaftlichen Grundbuchblatt auf diese Weise mehrere Grundstücke eingetragen, so ist der beglaubigte Auszug für jedes Grundstück getrennt zu halten.

§ 34[9] Eintragung von Gesamtrechten

(1) Ist das Grundbuchamt bei der Eintragung von Gesamtrechten nicht selbst für die Eintragung bei allen Grundstücken zuständig und wird die Mithaft der Grundstücke, deren Grundbuchblätter es nicht führt, zugleich mit der Eintragung des Rechts erkennbar gemacht, so soll vorher bei den anderen beteiligten Grundbuchämtern angefragt werden, ob die Grundstücke in den Eintragungsunterlagen grundbuchmäßig richtig bezeichnet sind.

(2) Zur Durchführung des § 48 GBO bewirkt das Grundbuchamt die Mitteilungen nach XVIII/4 der Anordnung über Mitteilungen in Zivilsachen (MiZi). Im Falle des Absatzes 1 ist die Bezeichnung der mitbelasteten Grundstücke mit den eingehenden Mitteilungen der anderen Grundbuchämter zu vergleichen. Ist die Mithaft der anderen Grundstücke noch nicht vermerkt oder ergeben sich Unstimmigkeiten, sind die Mitteilungen dem Rechtspfleger vorzulegen.

(3) Sofern nicht nach § 23 Abs. 2 und 3 zu verfahren ist, ist in geeigneter Weise (z. B. Fristsetzung für die Antragstellung, Anfrage bei den beteiligten Grundbuchämtern) zu überwachen, ob der Antrag auf Eintragung des Gesamtrechts auch bei den anderen Grundbuchämtern gestellt wird.

---

[9] § 34 Abs. 2 geändert durch Bek. vom 11. 5. 1998 (JMBl. S. 64, 114).

4. Abschnitt. Mitteilungen

§ 35

(1) Die Bekanntmachungen und Mitteilungen (vgl. insbesondere § 55 GBO, §§ 39 bis 41 Grundbuchverfügung, Unterabschnitt XVIII der Anordnung über Mitteilungen in Zivilsachen – MiZi – und Unterabschnitt XVIII der Sondervorschriften für Bayern hierzu, § 38 dieser Bekanntmachung) werden zusammen mit der Eintragungsverfügung angeordnet und von der Geschäftsstelle ausgeführt. In der Verfügung sind die Empfänger im einzelnen zu bezeichnen.

(2) Für die Bekanntmachungen (Mitteilungen) sind die festgestellten Vordrucke zu verwenden, soweit dies im Einzelfall nicht unzweckmäßig oder durch besondere Regelung etwas anderes bestimmt ist.

(3) Die Bekanntmachungen (Mitteilungen) werden durch Übersendung einer Abschrift der Eintragung (vgl. § 28 Satz 1) ausgeführt. In ihr ist die Stelle der Eintragung (Grundbuchbezirk, Band, Blatt), die Gemarkung und die Flurstücksnummer des betroffenen Grundstücks sowie der Name des Eigentümers, gegebenenfalls auch des neuen Eigentümers, anzugeben. Die Angabe der Gemarkung kann unterbleiben, wenn sie mit dem Grundbuchbezirk übereinstimmt.

(4) Auf der Eintragungsverfügung ist das Datum zu vermerken, an dem die Bekanntmachung bewirkt wurde; der Vermerk ist zu unterschreiben oder mit dem Namenszug zu versehen.

5. Abschnitt. Einsicht in Grundbücher und Grundakten

§ 36 Einsicht in das Loseblatt-Grundbuch

Für die Einsicht in das Loseblatt-Grundbuch ist der Band geschlossen zur Verfügung zu stellen. Ein Öffnen der Verschraubung zum Zwecke der Einsicht in einzelne Grundbuchblätter ist nicht zulässig.

§ 37 Einsicht zu allgemeinen Zwecken

(1) Über Anträge von Privatpersonen, ihnen im Verwaltungswege die Einsicht in Grundbücher oder Grundakten zu gestatten, entscheidet der Präsident des Landgerichts oder des Amtsgerichts. Entsprechende Anträge sind ihm mit einer Stellungnahme vorzulegen, ob gegen die Gewährung der Einsicht Bedenken bestehen.

(2) Einem Antrag kann unter dem Vorbehalt des jederzeitigen Widerrufs stattgegeben werden, wenn dargelegt wird, daß dadurch unterstützungswürdige Zwecke, insbesondere wissenschaftliche Studien gefördert, die Belange der Eigentümer oder sonstiger Beteiligter nicht beeinträchtigt werden und wenn sichergestellt ist, daß mit gewonnenen

Informationen kein Mißbrauch getrieben wird. Auch darf der Geschäftsgang des Grundbuchamts nicht unangemessen belastet werden.

Fünfter Teil. Erhaltung der Übereinstimmung zwischen Grundbuch und Liegenschaftskataster

1. Abschnitt. Mitteilungen zum Liegenschaftskataster

§ 38[10] Anwendung der MiZi

Die Mitteilungspflicht des Grundbuchamts bei Veränderungen in der Buchung eines Grundstücks im Grundbuch und bei Veränderungen in der ersten Abteilung des Grundbuchs bestimmt sich nach XVIII/1 der Anordnung über Mitteilungen in Zivilsachen (MiZi) in Verbindung mit den §§ 39 bis 43 dieser Bekanntmachung. Nicht mitzuteilen sind jedoch die Vereinigung von Grundstücken, die Zuschreibung als Bestandteil und die Teilung eines Grundstücks sowie Veränderungen und Berichtigungen der in § 45 Abs. 2 Nr. 1 Buchst. b und c, Nr. 2 Buchst. a und b bezeichneten Art, wenn im Zusammenhang damit keine Grundstücke oder Grundstücksteile auf ein anderes Grundbuchblatt übertragen und keine Flurstücke verschmolzen oder zerlegt werden.

§ 39 Zusammenfassung von Mitteilungen

(1) Eine Mitteilung kann mehrere Grundstücke umfassen,

a) wenn die Grundstücke in der gleichen Gemarkung liegen oder
b) wenn für sie ein gemeinschaftliches Grundbuchblatt geführt wird (§ 4 Abs. 1 GBO) und sie im gleichen Vermessungsamtsbezirk liegen.

(2) Wird ein Grundstück, das nach § 3 Abs. 3 Buchst. b GBO eingetragen ist, durch Vereinigung, Zuschreibung als Bestandteil oder Teilung verändert, so genügt *eine* Mitteilung für alle Grundbuchblätter.

§ 40 Inhalt der Mitteilungen

(1) Die Mitteilungen werden durch Übersendung *einer* Durchschrift des Eintragungstextes bewirkt; bei der Eintragung einer Erbfolge, bei der Neuanlegung eines Wohnungs-, Teileigentums- oder Erbbaugrundbuchs sowie bei der Eintragung von Veränderungen in das Bestandsverzeichnis dieser Grundbücher, ferner bei der Löschung eines Wohnungs- oder Teileigentums oder eines Erbbaurechts sind jedoch

---

[10] § 38 Satz 2 angefügt durch Bek. vom 8. 4. 1986 (JMBl. S. 29).

zwei Durchschriften zu übersenden. Wird Wohnungs- oder Teileigentum begründet oder geändert, ohne daß Änderungen im Eigentum eingetreten sind, so kann die Mitteilung durch Übersendung von zwei Abschriften (Ablichtungen) der Eintragung über die Miteigentumsanteile und das mit ihnen verbundene Sondereigentum im Grundstücksverzeichnis nach § 21 Abs. 9 der Aktenordnung bewirkt werden.

(2) In den Mitteilungen sind auch anzugeben:

a) die Gemarkung und die Nummern der Flurstücke sowie die Band- und Blattstelle des Grundbuchs. Im Falle des § 39 Abs. 1 Buchst. b sind die Flurstücke nach den Gemarkungen geordnet aufzuführen. Wird auf einem bestehenden Grundbuchblatt lediglich ein neuer Eigentümer eingetragen und beträgt die Zahl der im Bestandsverzeichnis eingetragenen Flurstücke mehr als fünf, so braucht nur *ein* Flurstück – wenn Grundstücke aus verschiedenen Grundbuchbezirken auf dem Blatt zusammengeschrieben sind, aus jeder Gemarkung *ein* Flurstück – mit einem auf die Zahl der übrigen Flurstücke hinweisenden Zusatz („und ... andere") aufgeführt zu werden; das gleiche gilt, wenn ein solches Grundbuchblatt lediglich umgeschrieben wird;

b) der bisherige und gegebenenfalls der neue Eigentümer (Erbbauberechtigte), letzterer mit seiner Anschrift, bei mehreren Eigentümern (Erbbauberechtigten) außerdem ihre Anteile in Bruchteilen oder das für ihre Gemeinschaft maßgebende Rechtsverhältnis.

§ 41 Erstellung der Veränderungsliste

(1) Für die Mitteilungen sind die für Eintragungsbekanntmachungen festgestellten Vordrucke zu verwenden.

(2) Die Mitteilungen sind gemarkungsweise monatlich laufend zu numerieren (die zweite Durchschrift erhält jeweils die gleiche Nummer). Sie sind für jede Gemarkung nach Erst- und Zweitdurchschrift getrennt in Umschlagblättern zu sammeln (Veränderungsliste). Auf jedem Umschlagblatt ist die Zahl der einliegenden Mitteilungen zu vermerken.

(3) Umschlagblätter werden vom Vermessungsamt auf Anforderung zur Verfügung gestellt.

§ 42 Übersendung der Veränderungsliste an das Vermessungsamt

Die im Laufe eines Monats anfallenden Mitteilungen sind zu Beginn des folgenden Monats in den Umschlagblättern an das Vermessungsamt zu übersenden.

§ 43 Berichtigung von Mitteilungen

Das Vermessungsamt prüft die ihm übersandten Mitteilungen auf die Übereinstimmung mit dem Liegenschaftskataster. Mitteilungen, die das Vermessungsamt berichtigt, vervollständigt oder mit Bemerkungen versehen an das Grundbuchamt zurückgibt, sind nach Erledigung unverzüglich an das Vermessungsamt zurückzuleiten.

2. Abschnitt. Eintragung mehrerer Grundstücke als Gesamtgrundstück

§ 44

(1) Soll ein aus mehreren Teilen bestehendes Grundstück gemäß § 6 Abs. 4 der Grundbuchverfügung gebucht werden (vgl. § 33), so ist das Vermessungsamt um einen beglaubigten Auszug aus dem Liegenschaftskataster zu ersuchen. Für das Ersuchen ist ein Vordruck nach Anlage 1 zu verwenden.

(2) Sollen in die Buchung Flurstücke einbezogen werden, die in verschiedenen Vermessungsamtsbezirken liegen, so vermittelt das für das Grundbuchamt zuständige Vermessungsamt die Erstellung der beglaubigten Auszüge aus den Liegenschaftskatastern. In diesem Falle sind dem Ersuchen so viele Abdrucke beizufügen, wie Vermessungsämter beteiligt werden müssen.

(3) Im Ersuchen braucht die Gemeinde nur vermerkt zu werden, wenn sie mit der Gemarkung nicht identisch und dies dem Grundbuchamt bekannt ist.

(4) Entsprechend ist zu verfahren, wenn ein erteilter Auszug aus dem Liegenschaftskataster berichtigt oder ergänzt werden soll.

3. Abschnitt. Änderung von Bestandsangaben

§ 45 Auszüge aus Veränderungsnachweisen

(1) Das Grundbuchamt erhält vom Vermessungsamt laufend Auszüge aus den Veränderungsnachweisen. Aufgrund dieser Auszüge ändert das Grundbuchamt die Bestandsangaben im Grundbuch.

(2) Die Veränderungsnachweise können enthalten:

1. Veränderungen, und zwar
   a) Veränderungen im Bestand und in der Begrenzung der Flurstücke, z. B. durch Verschmelzung oder Zerlegung,
   b) Veränderungen in der Beschreibung der Flurstücke, z. B. durch Änderung der Wirtschaftsart (Nutzungsart) oder der Bezeichnung nach der Lage,

c) Veränderungen in der katastertechnischen Bezeichnung der Flurstücke durch Änderung der Flurstücksnummern oder des Gemarkungsnamens,

2. Berichtigungen, und zwar

a) Berichtigungen von Schreibfehlern,

b) Berichtigungen des Flächeninhalts von Flurstücken, wenn für Flurstücke neue Flächen eingeführt werden, ohne daß die Begrenzung der Flurstücke verändert wird,

c) Berichtigungen von Ungenauigkeiten des Aufnahmeverfahrens, wenn der Katasternachweis vom rechtlichen Bestand abweicht und die Unstimmigkeit damit zu erklären ist, daß die Grundstücksgrenzen wegen Unzulänglichkeiten des Aufnahmeverfahrens ungenau erfaßt worden sind,

d) Berichtigungen von Aufnahmefehlern, wenn die Abgrenzung von Flurstücken in den Katasterunterlagen nicht dem rechtlichen Bestand entspricht, wie er bei der Aufnahme gegeben war und wenn die Abweichung weder als Meßungenauigkeit angesehen noch mit der Ungenauigkeit des Aufnahmeverfahrens erklärt werden kann. In diesem Fall wird dem Auszug aus dem Veränderungsnachweis ein Ausschnitt aus der Flurkarte beigefügt.

§ 46 Aufklärung des Sachverhalts

Kann eine Veränderung oder Berichtigung erst nach Beseitigung von Unstimmigkeiten in das Grundbuch übernommen werden, soll das Grundbuchamt in Verbindung mit dem Vermessungsamt die Sache aufklären und, soweit erforderlich, die Beteiligten unter Hinweis auf ihr Interesse zur Mitwirkung veranlassen.

§ 47 Verfügung der Veränderungen

Für die Verfügung der Veränderungen und Berichtigungen im Grundbuch gilt § 26 entsprechend.

§ 48[11] Vollzug der Veränderungen. Benachrichtigungen

(1) Die Bestandsangaben sind unter Beachtung des § 32 in der Weise zu ändern oder zu berichtigen, daß das Grundstück mit den neuen Angaben unter einer neuen laufenden Nummer eingetragen wird. § 13 Abs. 1 der Grundbuchverfügung ist entsprechend anzuwenden. Sofern die Übersichtlichkeit nicht beeinträchtigt wird, kann die neue Angabe unter oder über der rot zu unterstreichenden bisherigen Angabe eingetragen werden.

---

[11] Überschrift von § 48 und Abs. 1 Satz 1 neu gefaßt, Abs. 3 angefügt durch Bek. vom 8. 4. 1986 (JMBl. S. 29).

(2) Von der Änderung oder Berichtigung ist der Eigentümer zu benachrichtigen, wenn sie mit einer Änderung der Gemarkung, der Flurstücksnummer oder des Bestands der Flurstücke verbunden ist.

(3) Die Benachrichtigung des Vermessungsamts richtet sich nach XVIII/1 der Anordnung über Mitteilungen in Zivilsachen (MiZi) in Verbindung mit §§ 38 bis 43 dieser Bekanntmachung.

Sechster Teil. Änderung der Grundbuchbezirke[12]

§ 49 Änderung in der Benennung und im Bestand

(1) Bei Änderungen in der Benennung der Gemarkungen werden die Benennungen der Grundbuchbezirke entsprechend geändert.

(2) Bei Änderungen im Bestand der Gemarkungen (Neubildung, Zusammenlegung, Umgliederung) werden die Grundbuchbezirke entsprechend dem neuen Gemarkungsbestand gebildet.

(3) Bei Änderungen der Grenzen der Gemarkungen (Gemarkungsänderungen) werden die Grundbuchbezirke dem neuen Verlauf der Gemarkungsgrenze angeglichen.

§ 50 Wirksamwerden der Änderungen

Die Änderung des Grundbuchbezirks wird wirksam

1. bei Änderungen der Schreibweise des kommunalen Namens einer Gemarkung oder der Beifügung eines Zusatzes mit Wirksamkeit der Entscheidung über die Änderung des kommunalen Namens; bei Neubenennungen und Umbenennungen in dem Zeitpunkt, in dem die Änderungsverfügung des Bayerischen Staatsministeriums der Finanzen dem Grundbuchamt zugeht, in dessen Bezirk die von der Änderung betroffene Gemarkung liegt;
2. bei Änderungen im Bestand der Gemarkungen und bei Verfügungen von Gemarkungsänderungen mit dem Zeitpunkt, in dem die Änderungsverfügung des Bayerischen Staatsministeriums der Finanzen bzw. der Bezirksfinanzdirektion dem Grundbuchamt zugeht, in dessen Bezirk die von der Änderung betroffene Gemarkung liegt;
3. bei Gemarkungsänderungen als Rechtsfolge von Änderungen der Gemeindegrenzen mit Wirksamkeit der Entscheidung über die Gebietsänderung der Gemeinde oder des gemeindefreien Gebiets;
4. bei Gemarkungsänderungen durch den Flurbereinigungsplan mit dem in der Ausführungsanordnung (§§ 62, 63 FlurbG) festgesetzten Zeitpunkt;

---

[12] Siehe auch Bek. d. Bayer. Staatsministeriums der Finanzen vom 3. 11. 1969 (FMBl. S. 409) mit Änderungen, abgedruckt in JMBl. 1975 S. 26.

5. im übrigen mit dem Zeitpunkt, in dem das Grundbuchamt, in dessen Bezirk die von der Änderung betroffene Gemarkung liegt, von der Änderung Kenntnis erhält.

§ 51 Berichtspflicht bei Meinungsverschiedenheit

Stehen bei einer beabsichtigten Änderung in der Benennung, im Bestand oder in der Begrenzung der Gemarkungen einer entsprechenden Änderung der Grundbuchbezirke wichtige Gründe entgegen und kann im Anhörungsverfahren mit den Behörden der Vermessungsverwaltung keine Einigung erzielt werden, so ist hierüber unverzüglich zu berichten.

Siebenter Teil. Hypotheken-, Grundschuld- und Rentenschuldbriefe (Grundpfandrechtsbriefe)

1. Abschnitt. Herstellung der Briefe

§ 52 Entwurf des Briefs

(1) Für jeden Grundpfandrechtsbrief ist ein Entwurf zu fertigen. Der Entwurf bleibt bei den Grundakten.

(2) Falls der Entwurf Bezugnahmen auf Schriftstücke enthält, ist von diesen eine beglaubigte Abschrift (Ablichtung) zu den Grundakten zu nehmen, soweit nicht schon aufgrund anderer Vorschriften eine beglaubigte Abschrift zu den Grundakten zu bringen ist.

(3) Absätze 1 und 2 gelten entsprechend für nachträgliche Vermerke auf den Grundpfandrechtsbriefen.

(4) Die Gruppe und die Nummer des für die Herstellung des Briefs verwendeten Vordrucks sind auf dem Entwurf des Briefs nachzutragen, sobald der Brief hergestellt wurde. Wird ein Teilbrief hergestellt, so ist bei der Wiedergabe des bisherigen Briefs auch dessen Gruppe und Nummer anzugeben.

(5) Teilt ein Notar, der einen Teilbrief hergestellt hat, die Gruppe und die Nummer des Teilbriefs sowie den Betrag, auf den er sich bezieht, dem Grundbuchamt, das den Stammbrief ausgestellt hat, mit, so hat das Grundbuchamt diese Angaben auf dem Entwurf des Stammbriefs zu vermerken.

(6) Bei Schreibversehen ist nicht zu radieren, sondern ein neuer Vordruck zu verwenden. Schreibversehen in nachträglichen Vermerken auf Briefen sind zu berichtigen; der ursprüngliche Text muß jedoch leserlich bleiben. Die Berichtigung ist am Schluß des Vermerks zu bescheinigen.

(7) Die Geschäftsnummer und sonstige Vermerke über die geschäftliche Erledigung sind nicht auf den Briefen anzubringen.

§ 53 Briefvordrucke

Für die Ausfertigung der Grundpfandrechtsbriefe dürfen nur die gelieferten amtlichen Vordrucke A, B und C nach Anlagen 2 bis 4 verwendet werden. Der Vordruck C ist insbesondere für die auf den Vordrucken A und B nicht angegebenen Fälle bestimmt, z. B. für Rentenschuldbriefe.

§ 54 Grundpfandrechtsbrief bei Gesamtrechten

(1) Hat gemäß § 59 Abs. 2 GBO jedes Grundbuchamt einen besonderen Brief zu erteilen, so sind die einzelnen Briefe in der Regel erst herzustellen, nachdem die Eintragungen auf sämtlichen Grundbuchblättern übereinstimmend vollzogen sind.

(2) Die beteiligten Grundbuchämter haben Übereinstimmung herbeizuführen, welches Grundbuchamt die einzelnen Briefe miteinander verbindet.

(3) Bei Änderungen und Ergänzungen von Briefen, für die mehrere Grundbuchämter zuständig sind, hat in der Regel das Grundbuchamt, bei dem der Brief eingereicht wird, die Verbindung zu lösen und die einzelnen Briefe unter Hinweis auf den Antrag mit einer Bescheinigung der Vollzähligkeit des Gesamtbriefs sowie gegebenenfalls mit den erforderlichen Unterlagen (vgl. § 23 Abs. 2) an die beteiligten Grundbuchämter zu übersenden. Diese Grundbuchämter senden nach der Änderung oder Ergänzung der Einzelbriefe diese an das absendende Grundbuchamt zum Zwecke der Wiederherstellung des Gesamtbriefs zurück. Soweit dies zweckmäßig erscheint, insbesondere wenn nur zwei Grundbuchämter zuständig sind, kann das zuerst mit der Sache befaßte Grundbuchamt nach Ergänzung oder Änderung seines Einzelbriefs die Vorgänge ohne Verbindung der Briefe an das andere Grundbuchamt zur weiteren Bearbeitung und Wiederherstellung des Gesamtbriefs senden.

(4) Zu der in § 50 der Grundbuchverfügung vorgeschriebenen Verbindung ist Schnur in den Farben Weiß-Blau zu verwenden.

§ 55 Aushändigung des Briefs

(1) Über die Aushändigung neuer Grundpfandrechtsbriefe und die Rückgabe eingereichter Briefe muß sich ein Nachweis bei den Grundakten befinden. Die Aushändigung in der Amtsstelle oder durch Vermittlung eines Gerichtswachtmeisters erfolgt gegen schriftliche Empfangsbestätigung des Empfängers, die Übersendung durch die Post

durch Einschreiben gegen Rückschein. Auf dem Rückschein ist die Geschäftsnummer anzugeben.

(2) Sind dem Empfänger mehrere Briefe zu übersenden, so können diese zu einer Sendung zusammengefaßt werden. Auf dem Rückschein sind sämtliche Geschäftsnummern zu vermerken. Der vom Empfänger vollzogene Rückschein ist zu den Grundakten eines der beteiligten Grundbuchblätter zu nehmen, in den anderen Grundakten ist auf die Stelle zu verweisen, an der sich der Rückschein befindet.

2. Abschnitt. Kennzeichnung und Bezug der Briefvordrucke

§ 56 Kennzeichnung der Briefvordrucke

Die bundeseinheitlich gestalteten Vordrucke werden von der Bundesdruckerei in Berlin hergestellt. Jeder Vordruck trägt eine Gruppen- und Nummernbezeichnung. Die Gruppen werden durch die drei Arten der Vordrucke gebildet. Es entspricht die Gruppe 01 dem Vordruck A, die Gruppe 02 dem Vordruck B und die Gruppe 03 dem Vordruck C. Innerhalb jeder Gruppe erhalten die Vordrucke für das gesamte Bundesgebiet einschließlich des Landes Berlin fortlaufende Nummern. Kann die Nummernfolge aus technischen oder sonstigen Gründen nicht fortgesetzt werden, so wird für den Vordruck eine neue Gruppe eröffnet, deren Zahl sich an die letzte bereits für die Zählung verwendete anschließt.

§ 57 Bestellung der Briefvordrucke

(1) Die Gerichte haben bei der Bestellung der Vordrucke die von der Bundesdruckerei in Berlin zur Verfügung gestellten Bestellscheinsätze zu verwenden. Der Bestellscheinsatz ist in fünffacher Fertigung auszufüllen und bis zum 30. Juni jeden Jahres auf dem Dienstweg dem Präsidenten des Oberlandesgerichts zu übersenden. Bestellungen für eine Zweig- oder Außenstelle sind von dem Gericht vorzunehmen, zu dem die Zweig- oder Außenstelle gehört.

(2) Die Präsidenten der Oberlandesgerichte übersenden die Bestellscheine der Gerichte ihres Geschäftsbereichs gesammelt je in vierfacher Fertigung an die Bundesdruckerei in Berlin. Der Sendung ist eine Zusammenstellung der Gerichte, die Bestellungen aufgegeben haben, in dreifacher Fertigung beizufügen. In der Zusammenstellung sind bei jedem Gericht die bestellten Vordrucke aufgeschlüsselt nach den einzelnen Vordruckarten anzugeben. Die Bestellungen für das folgende Kalenderjahr müssen bis zum 20. Juli des vorangegangenen Jahres bei der Bundesdruckerei eingehen.

(3) Die Bestellmenge soll so bemessen werden, daß Nachforderungen vermieden werden.

(4) Die Bestellungen sind 100-stückweise vorzunehmen; die kleinste Bestellmenge beträgt 100 Stück für jede Gruppe.

§ 58 Lieferung der Briefvordrucke

Die Bundesdruckerei sendet die Vordrucke unmittelbar an die Gerichte und fügt der Lieferung zwei Fertigungen des Bestellscheinsatzes bei. Eine Fertigung ist unverzüglich mit der Empfangsbestätigung auf dem Dienstweg dem Präsidenten des Oberlandesgerichts zu übersenden, die andere verbleibt bei den Nachweisungen des Gerichts. Die Bundesdruckerei erteilt jedem Präsidenten des Oberlandesgerichts eine Rechnung über die an die Gerichte des Oberlandesgerichtsbezirks ausgelieferten Vordrucke. Nach Eingang der Empfangsbestätigungen der Gerichte ist die Rechnung durch das Oberlandesgericht zu begleichen.

3. Abschnitt. Verwahrung der Briefvordrucke

§ 59 Bestellung eines Verwahrungsbeamten

Den Vordruckbestand hat ein vom Gerichtsvorstand zu bestimmender Beamter unter sicherem Verschluß zu verwahren. Mit der Wahrnehmung der Aufgabe des Verwahrungsbeamten kann auch ein Angestellter beauftragt werden. Von dem Verwahrungsbeamten sind die Vordrucke auch zu beziehen, wenn ein Notar ihrer zur Herstellung von Teilbriefen bedarf.

§ 60 Nachweisung

(1) Der Verbleib eines jeden Vordrucks muß in einwandfreier Weise nachgewiesen werden können. Die Vordrucke dürfen daher nur dem Verwahrungsbeamten zugänglich sein. Sie dürfen insbesondere nicht summarisch an die einzelnen Grundbuchabteilungen abgegeben und dort zum allmählichen Verbrauch aufbewahrt werden.

(2) Der Verwahrungsbeamte hat für jede Vordruckart getrennt eine Nachweisung zu führen, die nach dem Muster Anlage 5 einzurichten ist. Die Nachweisungen sind dauernd aufzubewahren.

(3) Empfänger des Vordrucks im Sinne der Spalten 6 und 7 der Ausgabennachweisung ist, wenn das Grundbuchamt selbst den Brief erteilt, derjenige, dem die Herstellung der Reinschrift des Briefs obliegt. Wird ein Teilbrief von einem Notar hergestellt, so ist dieser als Empfänger zu bezeichnen; in Spalte 5 ist dann seine Geschäftsnummer anzugeben, und statt der Unterzeichnung in Spalte 7 genügt ein schriftliches Empfangsbekenntnis, das zu den Sammelakten zu nehmen ist; in Spalte 7 ist gegebenenfalls auf die Sammelakten zu verweisen.

(4) Wird ein Vordruck unverwendbar (z.B. wegen Beschmutzung, Verschreibens), so ist er an den Verwahrungsbeamten zurückzugeben und von diesem unter Beteiligung eines vom aufsichtführenden Richter bestimmten weiteren Beamten alsbald zu vernichten. Die Vernichtung ist in Spalte 8 der Ausgabenachweisung hinter dem Aushändigungsvermerk von beiden Beamten zu bescheinigen.

(5) Die Nachweisungen und die Belege dazu sind jährlich mindestens einmal vom aufsichtführenden Richter oder einem von ihm beauftragten Beamten zu prüfen. Die Prüfung hat sich auch darauf zu erstrecken, ob die Vordrucke unter sicherem Verschluß aufbewahrt werden und ob die nach der Nachweisung nicht verausgabten Vordrucke als Bestand vorhanden sind.

Achter Teil. Entbehrlichkeit der Unbedenklichkeitsbescheinigung

§ 61[13]

Das Bayerische Staatsministerium der Finanzen hat sich damit einverstanden erklärt, daß Personen als Eigentümer oder Erbbauberechtigte in das Grundbuch eingetragen werden, ohne daß die Unbedenklichkeitsbescheinigung nach § 22 GrEStG 1983 vorgelegt wird,

a) wenn sie Alleinerbe oder Miterben des eingetragenen Eigentümers oder Erbbauberechtigten sind und die Erbfolge durch einen Erbschein oder eine öffentlich beurkundete Verfügung von Todes wegen zusammen mit der Niederschrift über die Eröffnung dieser Verfügung nachgewiesen wird;
b) wenn sie Alleinerbe oder Miterben eines verstorbenen Alleinerben oder eines verstorbenen Miterben sind, ohne daß die vorhergegangene Erbfolge in das Grundbuch eingetragen wurde, und die Erbfolgen durch die in Buchstabe a bezeichneten Urkunden nachgewiesen werden;
c) wenn der Erwerb ein geringwertiges Grundstück oder Erbbaurecht betrifft, die Gegenleistung 5000 DM nicht übersteigt und sie ausschließlich in Geld oder durch Übernahme bestehender Hypotheken oder Grundschulden entrichtet wird;
d) beim Erwerb durch den Ehegatten des Veräußerers;
e) bei Erwerbsvorgängen zwischen Personen, die in gerader Linie verwandt sind; den Verwandten in gerader Linie stehen deren Ehegatten gleich.

---

[13] § 61 Satz 1 neu gefaßt durch Bek. vom 9. 10. 1984 (JMBl. S. 204). § 61 Satz 2 angefügt durch Bek. vom 11. 4. 1988 (JMBl. S. 50).

Gleiches gilt für die Eintragung des Übergangs des Eigentums an einem Grundstück auf eine andere Gebietskörperschaft nach § 6 Abs. 1 Satz 1 FStrG und Art. 11 Abs. 4 Satz 1 BayStrWG.

Anlage 1

Amtsgericht — Grundbuchamt Ort, Datum

____________________ ____________________

Vermessungsamt

____

Erteilung eines beglaubigten Auszugs aus dem Liegenschaftskataster gemäß § 6 Abs. 4 der Grundbuchverfügung

Mit Abdruck dieses Ersuchens

Gemäß § 6 Abs. 4 Satz 3 der Grundbuchverfügung wird um Erteilung eines beglaubigten Auszugs aus dem Liegenschaftskataster für nachstehend aufgeführte Flurstücke gebeten. Soweit die genannten Flurstücke nicht im dortigen Vermessungsamtsbezirk liegen, wird um Vermittlung der beglaubigten Auszüge durch die zuständigen Vermessungsämter gebeten.

Gemarkung	Flurstücksnummern	Gemeinde

____

Unterschrift

Gruppe 01 Nr. **Anlage 2**

Deutscher
Hypothekenbrief
über

eingetragen im Grundbuch von

Vordruck A. Ausfertigung eines Hypothekenbriefs (gemeinschaftlichen Hypothekenbriefs, Teilhypothekenbriefs, Gesamthypothekenbriefs)

Gruppe 02 Nr. **Anlage 3**

Deutscher
Grundschuldbrief
über

eingetragen im Grundbuch von

Vordruck B. Ausfertigung eines Grundschuldbriefs (gemeinschaftlichen Grundschuldbriefs, Teilgrundschuldbriefs, Gesamtgrundschuldbriefs)

Gruppe 03 Nr. **Anlage 4**

Deutscher

über

eingetragen im Grundbuch von

Vordruck C. Ausfertigung eines Grundpfandbriefs

Anlage 5

Amtsgericht — Grundbuchamt ______________________

Nachweisung

über den Vordruck ______________________

Eingang

Laufende Nummer	Von der Bundesdruckerei erhalten				Bemerkungen
	am	Stück	Gruppe	Nummern	
1	2	3	4	5	6

Ausgabe

Laufende Nummer	Ausgegeben					Unterschrift des Empfängers Hinweis auf die Quittung	Bemerkungen
	am	den Vordruck		zu Geschäftsnummer	an		
		Gruppe	Nummer				
1	2	3	4	5	6	7	8

Anlage 6[13]

Bezeichnung der Wirtschaftsart (Nutzungsart) im Grundbuch

NUTZUNGSART		Abkürz.	Bezeichnung im Grundbuch
Gruppe 100: **Gebäude- und Freifläche**			
Gebäude- und Freifläche	100	GF	Gebäude- und Freifläche
Öffentlich	110	GFÖ	
Wohnen	130	GFW	
Dienstleistungen, Handel, Wirtschaft	140	GFD	
Landwirtschaft, Gartenbau	150	GFL	
Industrie, Gewerbe	170	GFI	
Verkehr, Ver- u. Entsorgung	180	GFV	
Erholung	190	GFE	
Bauplatz	199	Baupl	
Gruppe 200: **Landwirtschaftsfläche nach der Bodenschätzung**			
Ackerland	211	A	Landwirtschaftsfläche
Acker-Grünland	212	AGr	
Acker (Hackraine)	213	A(Hack)	
Acker (Obstbäume oder -sträucher)	214	A(Obst)	
Acker (Neukultur)	215	A(NK)	
Acker (Weingarten)	217	A(Wg)	
Acker (Hopfengarten)	221	A(Hpf)	
Grünland	231	Gr	
Grünland-Acker	232	GrA	
Grünland (Hackraine)	233	Gr(Hack)	
Wiese	234	W	
Streuwiese	235	Str	
Hutung	236	Hu	
Grünland (Obstbäume oder -sträucher)	237	Gr(Obst)	
Grünland (Neukultur)	238	Gr(NK)	
Gartenland	240	G	
Gruppe 300: **Betriebsfläche**			
Betriebsgelände	300	BetrGel	Betriebsfläche
Abbauland	310	Abbaula	
Sandgrube	311	Sandgr	
Kiesgrube	312	Kiesgr	
Lehmgrube	313	Lehmgr	
Steinbruch	314	Steinbr	
Kohlengrube	316	Kohlegr	
Torfstich	317	Torfst	
Tongrube	318	Tongr	
Mergelgrube	319	Mergel	
Halde	320	Halde	
Lagerplatz	330	Lagerpl	
Versorgungsanlage	340	VersorgA	
Brunnen, Wasserbehälter	341	Brunnen	
Entsorgungsanlage	350	EntsorgA	
Kläranlage	353	Kläranl	
Gruppe 400: **Erholungsfläche:**			
Erholungsfläche	400	ErholFl	Erholungsfläche
Sportplatz	410	Sportpl	
Schwimmbad	416	SchwBad	
Grünanlage	420	Grünanl	
Park	421	Park	
Spielplatz	422	Spielpl	
Kleingartenanlage	426	Kleinga	
Wochenendhausgelände	427	WochGel	
Campingplatz	430	Camping	

[13] Anl. 6 zu § 32 Abs. 3 angefügt durch Bek. vom 8. 4. 1986 (JMBl. S. 29).

NUTZUNGSART		Abkürz.	Bezeichnung im Grundbuch
Gruppe 500:			
Verkehrsfläche			
Verkehrsfläche	500	Verkehr	Verkehrsfläche
Straße	510	Straße	
Straße mit Zugehörungen	519	Stra mZ	
Weg	520	Weg	
Radweg	521	Radweg	
Gehweg	522	Gehweg	
Geh- und Radweg	523	GehRadW	
Gehsteig	524	GehStg	
Weg mit Zugehörungen	529	Weg mZ	
Platz	530	Platz	
Parkplatz	531	Parkpl	
Bahngelände	540	Bahngel	
Fluggelände	550	Fluggel	
Gruppe 600:			
Landwirtschaftsfläche außerhalb der Bodenschätzung			
Weingarten	640	Wg	Landwirtschaftsfläche
Moor	650	Mo	
Heide/Hutung	660	Hei	
Gruppe 700:			
Waldfläche			
Wald	700	H	Waldfläche
Laubwald	710	LH	
Nadelwald	720	NH	
Mischwald	730	LNH	
Gebüsch	740	Gebüsch	
Gruppe 800:			
Wasserfläche			
Wasserfläche	800	Wa	Wasserfläche
Wasserfläche mit Zugeh.	809	Wa mZ	
Sumpffläche	890	Sumpf	
Gruppe 900:			
Sonstige Fläche			
Übungsgelände	910	Übungsgel	Übungsgelände
Truppenübungsplatz	913	TruÜbPl	
Schutzfläche/-streifen	920	Schutzfl	Schutzfläche
Damm	921	Damm	
Historische Anlage	930	HistorA	Historische Anlage
Denkmal	933	Denkmal	
Friedhof	940	Friedhof	Friedhof
Ödland/Unland	950	U	Ödland
Graben	960	Graben	Graben

Anhang 8
Verordnung über die grundbuchmäßige Behandlung von Anteilen an ungetrennten Hofräumen
(Hofraumverordnung – HofV)

Vom 24. September 1993
(BGBl. I S. 1658)

Auf Grund des Artikels 12 Abs. 1 Nr. 1 des Zweiten Vermögensrechtsänderungsgesetzes vom 14. Juli 1992 (BGBl. I S. 1257) verordnet das Bundesministerium der Justiz:

§ 1 Amtliches Verzeichnis bei ungetrennten Hofräumen

(1) Als amtliches Verzeichnis im Sinne des § 2 Abs. 2 der Grundbuchordnung gilt bei Grundstücken, die im Grundbuch als Anteile an einem ungetrennten Hofraum eingetragen sind, vorbehaltlich anderer bundesgesetzlicher Bestimmungen bis zur Aufnahme des Grundstücks in das amtliche Verzeichnis das Gebäudesteuerbuch oder, soweit dieses nicht oder nicht mehr vorhanden ist, der zuletzt erlassene Bescheid über den steuerlichen Einheitswert dieses Grundstücks.

(2) Ist ein Bescheid über den steuerlichen Einheitswert nicht oder noch nicht ergangen, so dient in dieser Reihenfolge der jeweils zuletzt für das Grundstück ergangene Bescheid über die Erhebung der Grundsteuer, der Grunderwerbsteuer, ein Bescheid über die Erhebung von Abwassergebühren für das Grundstück nach dem Kommunalabgabengesetz des Landes als amtliches Verzeichnis des Grundstücks im Sinne des § 2 Abs. 2 der Grundbuchordnung.

(3) Entspricht die Bezeichnung des Grundstücks in dem Bescheid nicht der Anschrift, die aus dem Grundbuch ersichtlich ist, so genügt zum Nachweise, daß das in dem Bescheid bezeichnete Grundstück mit dem im Grundbuch bezeichneten übereinstimmt, eine mit Siegel und Unterschrift versehene Bescheinigung der Behörde, deren Bescheid als amtliches Verzeichnis gilt.

§ 2 Bezeichnung des Grundstücks

(1) Im Grundbuch ist das Grundstück, das dort als Anteil an einem ungetrennten Hofraum bezeichnet ist, von dem Inkrafttreten dieser Verordnung an mit der Nummer des Gebäudesteuerbuchs oder im Falle ihres Fehlens mit der Bezeichnung und dem Aktenzeichen des Bescheids unter Angabe der Behörde, die ihn erlassen hat, zu bezeichnen.

(2) Bei Grundstücken nach § 1 Abs. 1, die nicht gemäß Absatz 1 bezeichnet sind, kann diese Bezeichnung von Amts wegen nachgeholt werden. Sie ist von Amts wegen nachzuholen, wenn in dem jeweiligen Grundbuch eine sonstige Eintragung vorgenommen werden soll.

§ 3 Aufhebung früheren Rechts

(1) Diese Verordnung tritt zwei Wochen nach der Verkündung in Kraft.[1] Sie gilt bis zum Ablauf des 31. Dezember 2010.

(2) Zu dem in Absatz 1 Satz 1 bezeichneten Zeitpunkt tritt Artikel 2 der preußischen Verordnung betreffend das Grundbuchwesen vom 13. November 1899 (Preußische Gesetzessammlung S. 519) außer Kraft.

---

[1] In Kraft getreten am 13. 10. 1993.

Anhang 9
Verordnung über die vorrangige Bearbeitung investiver Grundbuchsachen (Grundbuchvorrangverordnung – GBVorV)

Vom 3. Oktober 1994
(BGBl. I S. 2796)

Auf Grund des § 1 Abs. 4 der Grundbuchordnung in der Fassung der Bekanntmachung vom 26. Mai 1994 (BGBl. I S. 1114) verordnet das Bundesministerium der Justiz:

§ 1 Vorrang für investive Grundbuchsachen

(1) Anträge oder Ersuchen auf Vornahme von rechtsändernden oder berichtigenden Eintragungen in das Grundbuch, die Investitionen dienen, kann das Grundbuchamt vorrangig bearbeiten. Es soll sie vorrangig bearbeiten, wenn ihnen ein Investitionsvorrangbescheid oder eine Entscheidung im öffentlichen Bieterverfahren nach dem Investitionsvorranggesetz oder eine Dringlichkeitsbescheinigung nach § 2 zugrundeliegt und die vorrangige Bearbeitung unter Beifügung mindestens einer Abschrift dieser Urkunde beantragt wird. Liegen mehrere nach Satz 2 vorrangig zu bearbeitende Anträge vor, können sie, soweit nicht besondere Umstände vorliegen, zwar vor den gewöhnlichen, untereinander aber nach der zeitlichen Reihenfolge ihres Eingangs bearbeitet werden.

(2) Auch in den Fällen des Absatzes 1 Satz 2 bleibt § 17 der Grundbuchordnung unberührt; gehen danach sonstige Anträge oder Ersuchen vor, nehmen sie am Vorrang teil, auch wenn diese Anträge oder Ersuchen selbst nicht die Voraussetzungen hierfür erfüllen.

§ 2 Dringlichkeitsbescheinigung

Für Anträge oder Ersuchen auf Vornahme von rechtsändernden oder berichtigenden Eintragungen in das Grundbuch, die sich auf Grundstücke oder Gebäude beziehen, für die das Investitionsvorranggesetz keine Anwendung findet, erteilen der Landkreis, die kreisfreie Stadt, weitere durch die Landesjustizverwaltungen zu bestimmende Stellen und im Rahmen einer Entscheidung nach § 31 Abs. 5 des Vermögensgesetzes auch das Amt oder Landesamt zur Regelung offener Vermögensfragen auf Antrag des Grundstückseigentümers, des Gebäudeeigentümers, eines Erbbauberechtigten oder des Anmelders eine Dringlichkeitsbescheinigung. Voraussetzung hierfür ist, daß die Eintragung, deren Vornahme beantragt oder um deren Vornahme ersucht wird, einem besonderen Investitionszweck im Sinne von § 3 Abs. 1 Satz 1 oder Abs. 2 Satz 1 des Investitionsvorranggesetzes dient und die Angelegenheit unter Berücksichtigung des öffentlichen Interesses dringlich ist. In der Bescheinigung sind der Antragsteller, das betroffene Grundstück, Gebäudeeigentum oder Erbbaurecht, der Vorhabenträger und das Vorhaben in einer Kurzbeschreibung anzugeben.

§ 3 Anwendungsbereich

(1) Die Befugnis der Landesjustizverwaltungen, durch allgemeine Verwaltungsvorschrift weitere Fälle zu bestimmen, die vorrangig zu bearbeiten sind, bleibt unberührt. Sie können ferner bestimmen, daß Anträge oder Ersuchen in geeigneten Fällen auch ohne Vorlage einer Dringlichkeits-Bescheinigung (§ 2) vorrangig zu bearbeiten sind.

(2) Einem Investitionsvorrangbescheid stehen eine Entscheidung nach § 3a des Vermögensgesetzes in der vor dem 22. Juli 1992 geltenden Fassung und eine Investitionsbescheinigung nach dem Investitionsgesetz gleich.

(3) Diese Verordnung gilt in den Ländern Brandenburg, Mecklenburg-Vorpommern, Sachsen, Sachsen-Anhalt und Thüringen. Ein Anspruch auf vorrangige Bearbeitung im Einzelfall wird durch diese Verordnung nicht begründet.

§ 4 Inkrafttreten

Diese Verordnung tritt am 31. Oktober 1994 in Kraft.

Anhang 10
Verordnung über das Erbbaurecht

Vom 15. Januar 1919

(RGBl. S. 72, ber. S. 122)

Mehrfach geändert, zuletzt durch Art. 11 a EuroEG vom 9. 6. 1998
(BGBl. I S. 1242, 1254)

Inhaltsübersicht

I. Begriff und Inhalt des Erbbaurechts §§ 1–13
- 1. Gesetzlicher Inhalt § 1
- 2. Vertragsmäßiger Inhalt §§ 2–8
- 3. Erbbauzins §§ 9, 9 a
- 4. Rangstelle § 10
- 5. Anwendung des Grundstücksrechts § 11
- 6. Bauwerk. Bestandteile §§ 12, 13

II. Grundbuchvorschriften §§ 14–17

III. Beleihung §§ 18–22
- 1. Mündelhypothek §§ 18–20
- 2. Sicherheitsgrenze für sonstige Beleihungen § 21
- 3. Landesrechtliche Vorschriften § 22

IV. Feuerversicherung. Zwangsversteigerung §§ 23–25
- 1. Feuerversicherung § 23
- 2. Zwangsversteigerung §§ 24, 25
  - a) des Erbbaurechts § 24
  - b) des Grundstücks § 25

V. Beendigung, Erneuerung, Heimfall §§ 26–34
- 1. Beendigung §§ 26–30
  - a) Aufhebung § 26
  - b) Zeitablauf §§ 27–30
- 2. Erneuerung § 31
- 3. Heimfall §§ 32, 33
- 4. Bauwerk § 34

VI. Schlußbestimmungen §§ 35–39

I. Begriff und Inhalt des Erbbaurechts

1. Gesetzlicher Inhalt

§ 1

(1) Ein Grundstück kann in der Weise belastet werden, daß demjenigen, zu dessen Gunsten die Belastung erfolgt, das veräußerliche und vererbliche Recht zusteht, auf oder unter der Oberfläche des Grundstücks ein Bauwerk zu haben (Erbbaurecht).

(2) Das Erbbaurecht kann auf einen für das Bauwerk nicht erforderlichen Teil des Grundstücks erstreckt werden, sofern das Bauwerk wirtschaftlich die Hauptsache bleibt.

(3) Die Beschränkung des Erbbaurechts auf einen Teil eines Gebäudes, insbesondere ein Stockwerk ist unzulässig.

(4) Das Erbbaurecht kann nicht durch auflösende Bedingungen beschränkt werden. Auf eine Vereinbarung, durch die sich der Erbbauberechtigte verpflichtet, beim Eintreten bestimmter Voraussetzungen das Erbbaurecht aufzugeben und seine Löschung im Grundbuch zu bewilligen, kann sich der Grundstückseigentümer nicht berufen.

2. Vertragsmäßiger Inhalt

§ 2 [Vertragsmäßiger Inhalt des Erbbaurechts]

Zum Inhalt des Erbbaurechts gehören auch Vereinbarungen des Grundstückseigentümers und des Erbbauberechtigten über:

1. die Errichtung, die Instandhaltung und die Verwendung des Bauwerkes;
2. die Versicherung des Bauwerkes und seinen Wiederaufbau im Falle der Zerstörung;
3. die Tragung der öffentlichen und privatrechtlichen Lasten und Abgaben;
4. eine Verpflichtung des Erbbauberechtigten, das Erbbaurecht beim Eintreten bestimmter Voraussetzungen auf den Grundstückseigentümer zu übertragen (Heimfall);
5. eine Verpflichtung des Erbbauberechtigten zur Zahlung von Vertragsstrafen;
6. die Einräumung eines Vorrechts für den Erbbauberechtigten auf Erneuerung des Erbbaurechts nach dessen Ablauf;
7. eine Verpflichtung des Grundstückseigentümers, das Grundstück an den jeweiligen Erbbauberechtigten zu verkaufen.

§ 3 [Heimfallanspruch]

Der Heimfallanspruch des Grundstückseigentümers kann nicht von dem Eigentum an dem Grundstück getrennt werden; der Eigentümer kann verlangen, daß das Erbbaurecht einem von ihm zu bezeichnenden Dritten übertragen wird.

§ 4 [Verjährung]

Der Heimfallanspruch sowie der Anspruch auf eine Vertragsstrafe (§ 2 Nr. 4 und 5) verjährt in sechs Monaten von dem Zeitpunkt an, in dem der Grundstückseigentümer von dem Vorhandensein der Voraussetzungen Kenntnis erlangt, ohne Rücksicht auf diese Kenntnis in zwei Jahren vom Eintreten der Voraussetzungen an.

§ 5 [Zustimmung des Grundstückseigentümers]

(1) Als Inhalt des Erbbaurechts kann auch vereinbart werden, daß der Erbbauberechtigte zur Veräußerung des Erbbaurechts der Zustimmung des Grundstückseigentümers bedarf.

(2) Als Inhalt des Erbbaurechts kann ferner vereinbart werden, daß der Erbbauberechtigte zur Belastung des Erbbaurechts mit einer Hypothek, Grund- oder Rentenschuld oder einer Reallast der Zustimmung des Grundstückseigentümers bedarf. Ist eine solche Vereinbarung getroffen, so kann auch eine Änderung des Inhalts der Hypothek, Grund- oder Rentenschuld oder der Reallast, die eine weitere Belastung des Erbbaurechts enthält, nicht ohne die Zustimmung des Grundstückseigentümers erfolgen.

§ 6 [Rechtsfolgen des Fehlens der Zustimmung]

(1) Ist eine Vereinbarung gemäß § 5 getroffen, so ist eine Verfügung des Erbbauberechtigten über das Erbbaurecht und ein Vertrag, durch den er sich zu einer solchen Verfügung verpflichtet, unwirksam, solange nicht der Grundstückseigentümer die erforderliche Zustimmung erteilt hat.

(2) Auf eine Vereinbarung, daß ein Zuwiderhandeln des Erbbauberechtigten gegen eine nach § 5 übernommene Beschränkung einen Heimfallanspruch begründen soll, kann sich der Grundstückseigentümer nicht berufen.

§ 7 [Anspruch auf Erteilung der Zustimmung]

(1) Ist anzunehmen, daß durch die Veräußerung (§ 5 Abs. 1) der mit der Bestellung des Erbbaurechts verfolgte Zweck nicht wesentlich beeinträchtigt oder gefährdet wird, und daß die Persönlichkeit des Erwerbers Gewähr für eine ordnungsmäßige Erfüllung der sich aus dem Erbbaurechtsinhalt ergebenden Verpflichtungen bietet, so kann der Erbbauberechtigte verlangen, daß der Grundstückseigentümer die Zustimmung zur Veräußerung erteilt. Dem Erbbauberechtigten kann auch für weitere Fälle ein Anspruch auf Erteilung der Zustimmung eingeräumt werden.

(2) Ist eine Belastung (§ 5 Abs. 2) mit den Regeln einer ordnungsmäßigen Wirtschaft vereinbar, und wird der mit der Bestellung des Erbbaurechts verfolgte Zweck nicht wesentlich beeinträchtigt oder gefährdet, so kann der Erbbauberechtigte verlangen, daß der Grundstückseigentümer die Zustimmung zu der Belastung erteilt.

(3) Wird die Zustimmung des Grundstückseigentümers ohne ausreichenden Grund verweigert, so kann sie auf Antrag des Erbbauberechtigten durch das Amtsgericht ersetzt werden, in dessen Bezirk das

Grundstück belegen ist. Die Vorschriften des § 53 Abs. 1 Satz 1, Abs. 2 und des § 60 Abs. 1 Nr. 6 des Reichsgesetzes über die Angelegenheiten der freiwilligen Gerichtsbarkeit gelten entsprechend.

§ 8[1] [Zwangsvollstreckung in das Erbbaurecht]

Verfügungen, die im Wege der Zwangsvollstreckung oder der Arrestvollziehung oder durch den Insolvenzverwalter erfolgen, sind insoweit unwirksam, als sie die Rechte des Grundstückseigentümers aus einer Vereinbarung gemäß § 5 vereiteln oder beeinträchtigen würden.

3. Erbbauzins

§ 9[2]

(1) Wird für die Bestellung des Erbbaurechts ein Entgelt in wiederkehrenden Leistungen (Erbbauzins) ausbedungen, so finden die Vorschriften des Bürgerlichen Gesetzbuchs über die Reallasten entsprechende Anwendung. Die zugunsten der Landesgesetze bestehenden Vorbehalte über Reallasten finden keine Anwendung.

(2) Der Anspruch des Grundstückseigentümers auf Entrichtung des Erbbauzinses kann in Ansehung noch nicht fälliger Leistungen nicht von dem Eigentum an dem Grundstück getrennt werden.

(3) Als Inhalt des Erbbauzinses kann vereinbart werden, daß

1. die Reallast abweichend von § 52 Abs. 1 des Gesetzes über die Zwangsversteigerung und die Zwangsverwaltung mit ihrem Hauptanspruch bestehenbleibt, wenn der Grundstückseigentümer aus der Reallast oder der Inhaber eines im Range vorgehenden oder gleichstehenden dinglichen Rechts die Zwangsversteigerung des Erbbaurechts betreibt und
2. der jeweilige Erbbauberechtigte dem jeweiligen Inhaber der Reallast gegenüber berechtigt ist, das Erbbaurecht in einem bestimmten Umfang mit einer der Reallast im Rang vorgehenden Grundschuld, Hypothek oder Rentenschuld im Erbbaugrundbuch zu belasten.

Ist das Erbbaurecht mit dinglichen Rechten belastet, ist für die Wirksamkeit der Vereinbarung die Zustimmung der Inhaber der der Erbbauzinsreallast im Rang vorgehenden oder gleichstehenden dinglichen Rechte erforderlich.

---

[1] § 8 geändert durch EGInsO vom 5. 10. 1994 (BGBl. I S. 2911).

[2] § 9 Abs. 2 neu gefaßt durch das EuroEG vom 9. 6. 1998 (BGBl. I S. 1242, 1254).

(4) Zahlungsverzug des Erbbauberechtigten kann den Heimfallanspruch nur dann begründen, wenn der Erbbauberechtigte mit dem Erbbauzinse mindestens in Höhe zweier Jahresbeträge im Rückstand ist.

§ 9 a[3] [Anspruch auf Erhöhung des Erbbauzinses]

(1) Dient das auf Grund eines Erbbaurechts errichtete Bauwerk Wohnzwecken, so begründet eine Vereinbarung, daß eine Änderung des Erbbauzinses verlangt werden kann, einen Anspruch auf Erhöhung des Erbbauzinses nur, soweit diese unter Berücksichtigung aller Umstände des Einzelfalles nicht unbillig ist. Ein Erhöhungsanspruch ist regelmäßig als unbillig anzusehen, wenn und soweit die nach der vereinbarten Bemessungsgrundlage zu errechnende Erhöhung über die seit Vertragsabschluß eingetretene Änderung der allgemeinen wirtschaftlichen Verhältnisse hinausgeht. Änderungen der Grundstückswertverhältnisse bleiben außer den in Satz 4 genannten Fällen außer Betracht. Im Einzelfall kann bei Berücksichtigung aller Umstände, insbesondere

1. einer Änderung des Grundstückswertes infolge eigener zulässigerweise bewirkter Aufwendungen des Grundstückseigentümers oder
2. der Vorteile, welche eine Änderung des Grundstückswertes oder die ihr zugrunde liegenden Umstände für den Erbbauberechtigten mit sich bringen,

ein über diese Grenze hinausgehender Erhöhungsanspruch billig sein. Ein Anspruch auf Erhöhung des Erbbauzinses darf frühestens nach Ablauf von drei Jahren seit Vertragsabschluß und, wenn eine Erhöhung des Erbbauzinses bereits erfolgt ist, frühestens nach Ablauf von drei Jahren seit der jeweils letzten Erhöhung des Erbbauzinses geltend gemacht werden.

---

[3] § 9 a eingefügt durch Art. I Nr. 1 Gesetz vom 8. 1. 1974 (BGBl. I S. 41).

Beachte hierzu auch Art. 2 Gesetz zur Änderung der VO über das Erbbaurecht vom 8. 1. 1974 (BGBl. I S. 41):

„**Art. 2.** (1) Für nach dem Inkrafttreten dieses Gesetzes *[23. 1. 1974]* fällig werdende Erbbauzinsen ist § 9 a der Verordnung über das Erbbaurecht in der Fassung des Artikels 1 Nr. 1 dieses Gesetzes auch bei Vereinbarungen des dort bezeichneten Inhalts anzuwenden, die vor Inkrafttreten dieses Gesetzes geschlossen worden sind.

(2) Ist der Erbbauzins auf Grund einer solchen Vereinbarung vor dem Inkrafttreten dieses Gesetzes erhöht worden, so behält es hierbei sein Bewenden. Der Erbbauberechtigte kann jedoch für die Zukunft eine bei entsprechender Anwendung der in Absatz 1 genannten Vorschrift gerechtfertigte Herabsetzung dann verlangen, wenn das Bestehenbleiben der Erhöhung für ihn angesichts der Umstände des Einzelfalles eine besondere Härte wäre.“

(2) Dient ein Teil des auf Grund des Erbbaurechts errichteten Bauwerks Wohnzwecken, so gilt Absatz 1 nur für den Anspruch auf Änderung eines angemessenen Teilbetrages des Erbbauzinses.

(3) Die Zulässigkeit einer Vormerkung zur Sicherung eines Anspruchs auf Erhöhung des Erbbauzinses wird durch die vorstehenden Vorschriften nicht berührt.

4. Rangstelle

§ 10

(1) Das Erbbaurecht kann nur zur ausschließlich ersten Rangstelle bestellt werden; der Rang kann nicht geändert werden. Rechte, die zur Erhaltung der Wirksamkeit gegenüber dem öffentlichen Glauben des Grundbuchs der Eintragung nicht bedürfen, bleiben außer Betracht.

(2) Durch landesrechtliche Verordnung können Bestimmungen getroffen werden, wonach bei der Bestellung des Erbbaurechts von dem Erfordernisse der ersten Rangstelle abgewichen werden kann, wenn dies für die vorhergehenden Berechtigten und den Bestand des Erbbaurechts unschädlich ist.

5. Anwendung des Grundstücksrechts

§ 11[4]

(1) Auf das Erbbaurecht finden die sich auf Grundstücke beziehenden Vorschriften mit Ausnahme der §§ 925, 927, 928 des Bürgerlichen Gesetzbuchs sowie die Vorschriften über Ansprüche aus dem Eigentum entsprechende Anwendung, soweit sich nicht aus dieser Verordnung ein anderes ergibt. Eine Übertragung des Erbbaurechts, die unter einer Bedingung oder einer Zeitbestimmung erfolgt, ist unwirksam.

(2) Auf einen Vertrag, durch den sich der eine Teil verpflichtet, ein Erbbaurecht zu bestellen oder zu erwerben, findet der § 313 des Bürgerlichen Gesetzbuchs entsprechende Anwendung.

6. Bauwerk. Bestandteile

§ 12 [Bauwerk als wesentlicher Bestandteil]

(1) Das auf Grund des Erbbaurechts errichtete Bauwerk gilt als wesentlicher Bestandteil des Erbbaurechts. Das gleiche gilt für ein

---

[4] § 11 Abs. 2 neu gefaßt durch Gesetz vom 30. 5. 1973 (BGBl. I S. 501).

Bauwerk, das bei der Bestellung des Erbbaurechts schon vorhanden ist. Die Haftung des Bauwerkes für die Belastungen des Grundstücks erlischt mit der Eintragung des Erbbaurechts im Grundbuch.

(2) Die §§ 94 und 95 des Bürgerlichen Gesetzbuchs finden auf das Erbbaurecht entsprechende Anwendung; die Bestandteile des Erbbaurechts sind nicht zugleich Bestandteile des Grundstücks.

(3) Erlischt das Erbbaurecht, so werden die Bestandteile des Erbbaurechts Bestandteile des Grundstücks.

§ 13 [Untergang des Bauwerkes]

Das Erbbaurecht erlischt nicht dadurch, daß das Bauwerk untergeht.

II. Grundbuchvorschriften

§ 14[5] [Erbbaugrundbuch]

(1) Für das Erbbaurecht wird bei der Eintragung in das Grundbuch von Amts wegen ein besonderes Grundbuchblatt (Erbbaugrundbuch) angelegt. Im Erbbaugrundbuch soll auch der Eigentümer und jeder spätere Erwerber des Grundstücks vermerkt werden. Zur näheren Bezeichnung des Inhalts des Erbbaurechts kann auf die Eintragungsbewilligung Bezug genommen werden.

(2) Bei der Eintragung im Grundbuch des Grundstücks ist zur näheren Bezeichnung des Inhalts des Erbbaurechts auf das Erbbaugrundbuch Bezug zu nehmen.

(3) Das Erbbaugrundbuch ist für das Erbbaurecht das Grundbuch im Sinne des Bürgerlichen Gesetzbuchs. Die Eintragung eines neuen Erbbauberechtigten ist unverzüglich auf dem Blatte des Grundstücks zu vermerken. Der Vermerk kann durch Bezugnahme auf das Erbbaugrundbuch ersetzt werden.

(4) Werden das Grundbuch und das Erbbaugrundbuch in maschineller Form geführt, so genügt es für die Eintragung nach Absatz 1 Satz 2, daß lediglich der Eigentümer des belasteten Grundstücks gemäß der jeweils letzten Eintragung im Grundbuch dieses Grundstücks vermerkt ist.

§ 15 [Zustimmung des Grundstückseigentümers]

In den Fällen des § 5 darf der Rechtsübergang und die Belastung erst eingetragen werden, wenn dem Grundbuchamte die Zustimmung des Grundstückseigentümers nachgewiesen ist.

---

[5] § 14 Abs. 1 Satz 3 eingefügt durch Gesetz vom 18. 7. 1930 (RGBl. I S. 305), Abs. 3 Satz 3 eingefügt durch Gesetz vom 30. 7. 1973 (BGBl. I S. 910), Abs. 4 angefügt durch das RegVBG vom 20. 12. 1993 (BGBl. I S. 2182).

§ 16 [Löschung des Erbbaurechts]

Bei der Löschung des Erbbaurechts wird das Erbbaugrundbuch von Amts wegen geschlossen.

§ 17[6] [Bekanntmachungen]

(1) Jede Eintragung in das Erbbaugrundbuch soll auch dem Grundstückseigentümer, die Eintragung von Verfügungsbeschränkungen des Erbbauberechtigten den im Erbbaugrundbuch eingetragenen dinglich Berechtigten bekanntgemacht werden. Im übrigen sind § 44 Abs. 2, 3, § 55 Abs. 1 bis 3, 5 bis 8, §§ 55a und 55b der Grundbuchordnung entsprechend anzuwenden.

(2) Den Erbbauberechtigten soll die Eintragung eines Grundstückseigentümers, die Eintragung von Verfügungsbeschränkungen des Grundstückseigentümers sowie die Eintragung eines Widerspruchs gegen die Eintragung des Eigentümers in das Grundbuch des Grundstücks bekanntgemacht werden.

(3) Auf die Bekanntmachung kann verzichtet werden.

III. Beleihung

1. Mündelhypothek

§ 18 [Mündelsicherheit]

Eine Hypothek an einem Erbbaurecht auf einem inländischen Grundstück ist für die Anlegung von Mündelgeld als sicher anzusehen, wenn sie eine Tilgungshypothek ist und den Erfordernissen der §§ 19, 20 entspricht.

§ 19[7] [Höhe der Hypothek]

(1) Die Hypothek darf die Hälfte des Wertes des Erbbaurechts nicht übersteigen. Dieser ist anzunehmen gleich der halben Summe des Bauwerts und des kapitalisierten, durch sorgfältige Ermittlung festgestellten jährlichen Mietreinertrags, den das Bauwerk nebst den Bestandteilen des Erbbaurechts unter Berücksichtigung seiner Beschaffenheit bei ordnungsmäßiger Wirtschaft jedem Besitzer nachhaltig gewähren kann. Der angenommene Wert darf jedoch den kapitalisierten Mietreinertrag nicht übersteigen.

---

[6] § 17 Abs. 1 Satz 2 angefügt durch das RegVBG vom 20. 12. 1993 (BGBl. I S. 2182).

[7] § 19 Abs. 2 Satz 2 angefügt durch das SachenRÄndG vom 21. 9. 1994 (BGBl. I S. 2457).

(2) Ein der Hypothek im Range vorgehender Erbbauzins ist zu kapitalisieren und von ihr in Abzug zu bringen. Dies gilt nicht, wenn eine Vereinbarung nach § 9 Abs. 3 Satz 1 getroffen worden ist.

§ 20 [Tilgung der Hypothek]

(1) Die planmäßige Tilgung der Hypothek muß

1. unter Zuwachs der ersparten Zinsen erfolgen,
2. spätestens mit dem Anfang des vierten auf die Gewährung des Hypothekenkapitals folgenden Kalenderjahrs beginnen,
3. spätestens zehn Jahre vor Ablauf des Erbbaurechts endigen und darf
4. nicht länger dauern, als zur buchmäßigen Abschreibung des Bauwerkes nach wirtschaftlichen Grundsätzen erforderlich ist.

(2) Das Erbbaurecht muß mindestens noch so lange laufen, daß eine den Vorschriften des Absatzes 1 entsprechende Tilgung der Hypothek für jeden Erbbauberechtigten oder seine Rechtsnachfolger aus den Erträgen des Erbbaurechts möglich ist.

2. Sicherheitsgrenze für sonstige Beleihungen

§ 21[8]

(1) Erbbaurechte können nach Maßgabe der §§ 11 und 12 des Hypothekenbankgesetzes von Hypothekenbanken und nach Maßgabe des § 54a des Versicherungsaufsichtsgesetzes von Versicherungsunternehmen beliehen werden, wenn eine dem § 20 Abs. 1 Nr. 3 und 4 entsprechende Tilgung vereinbart wird.

(2) Auf einen der Hypothek im Range vorgehenden Erbbauzins ist die Vorschrift des § 19 Abs. 2 entsprechend anzuwenden.

3. Landesrechtliche Vorschriften

§ 22

Die Landesgesetzgebung kann für die innerhalb ihres Geltungsbereichs belegenen Grundstücke

1. die Mündelsicherheit der Erbbaurechtshypotheken abweichend von den Vorschriften der §§ 18 bis 20 regeln,
2. bestimmen, in welcher Weise festzustellen ist, ob die Voraussetzungen für die Mündelsicherheit (§§ 19, 20) vorliegen.

---

[8] § 21 Abs. 1 neu gefaßt durch Gesetz vom 8. 6. 1988 (BGBl. I S. 710).

IV. Feuerversicherung. Zwangsversteigerung

1. Feuerversicherung

§ 23

Ist das Bauwerk gegen Feuer versichert, so hat der Versicherer den Grundstückseigentümer unverzüglich zu benachrichtigen, wenn ihm der Eintritt des Versicherungsfalls angezeigt wird.

2. Zwangsversteigerung

a) des Erbbaurechts

§ 24

Bei einer Zwangsvollstreckung in das Erbbaurecht gilt auch der Grundstückseigentümer als Beteiligter im Sinne des § 9 des Gesetzes über die Zwangsversteigerung und die Zwangsverwaltung (Reichsgesetzbl. 1898 S. 713).

b) des Grundstücks

§ 25

Wird das Grundstück zwangsweise versteigert, so bleibt das Erbbaurecht auch dann bestehen, wenn es bei der Feststellung des geringsten Gebots nicht berücksichtigt ist.

V. Beendigung, Erneuerung, Heimfall

1. Beendigung

a) Aufhebung

§ 26

Das Erbbaurecht kann nur mit Zustimmung des Grundstückseigentümers aufgehoben werden. Die Zustimmung ist dem Grundbuchamt oder dem Erbbauberechtigten gegenüber zu erklären; sie ist unwiderruflich.

b) Zeitablauf

§ 27 [Entschädigung für das Bauwerk]

(1) Erlischt das Erbbaurecht durch Zeitablauf, so hat der Grundstückseigentümer dem Erbbauberechtigten eine Entschädigung für das

Bauwerk zu leisten. Als Inhalt des Erbbaurechts können Vereinbarungen über die Höhe der Entschädigung und die Art ihrer Zahlung sowie über ihre Ausschließung getroffen werden.

(2) Ist das Erbbaurecht zur Befriedigung des Wohnbedürfnisses minderbemittelter Bevölkerungskreise bestellt, so muß die Entschädigung mindestens zwei Dritteile des gemeinen Wertes betragen, den das Bauwerk bei Ablauf des Erbbaurechts hat. Auf eine abweichende Vereinbarung kann sich der Grundstückseigentümer nicht berufen.

(3) Der Grundstückseigentümer kann seine Verpflichtung zur Zahlung der Entschädigung dadurch abwenden, daß er dem Erbbauberechtigten das Erbbaurecht vor dessen Ablauf für die voraussichtliche Standdauer des Bauwerkes verlängert; lehnt der Erbbauberechtigte die Verlängerung ab, so erlischt der Anspruch auf Entschädigung. Das Erbbaurecht kann zur Abwendung der Entschädigungspflicht wiederholt verlängert werden.

(4) Vor Eintritt der Fälligkeit kann der Anspruch auf Entschädigung nicht abgetreten werden.

§ 28 [Haftung der Entschädigungsforderung]

Die Entschädigungsforderung haftet auf dem Grundstück an Stelle des Erbbaurechts und mit dessen Range.

§ 29 [Hypotheken, Grund- und Rentenschulden, Reallasten]

Ist das Erbbaurecht bei Ablauf der Zeit, für die es bestellt war, noch mit einer Hypothek oder Grundschuld oder mit Rückständen aus Rentenschulden oder Reallasten belastet, so hat der Gläubiger der Hypothek, Grund- oder Rentenschuld oder Reallast an dem Entschädigungsanspruch dieselben Rechte, die ihm im Falle des Erlöschens seines Rechtes durch Zwangsversteigerung an dem Erlöse zustehen.

§ 30 [Miete, Pacht]

(1) Erlischt das Erbbaurecht, so finden auf Miet- und Pachtverträge, die der Erbbauberechtigte abgeschlossen hat, die im Falle der Übertragung des Eigentums geltenden Vorschriften entsprechende Anwendung.

(2) Erlischt das Erbbaurecht durch Zeitablauf, so ist der Grundstückseigentümer berechtigt, das Miet- oder Pachtverhältnis unter Einhaltung der gesetzlichen Frist zu kündigen. Die Kündigung kann nur für einen der beiden ersten Termine erfolgen, für die sie zulässig ist. Erlischt das Erbbaurecht vorzeitig, so kann der Grundstückseigentümer das Kündigungsrecht erst ausüben, wenn das Erbbaurecht auch durch Zeitablauf erlöschen würde.

(3) Der Mieter oder Pächter kann den Grundstückseigentümer unter Bestimmung einer angemessenen Frist zur Erklärung darüber auffordern, ob er von dem Kündigungsrechte Gebrauch mache. Die Kündigung kann nur bis zum Ablauf der Frist erfolgen.

2. Erneuerung

§ 31

(1) Ist dem Erbbauberechtigten ein Vorrecht auf Erneuerung des Erbbaurechts eingeräumt (§ 2 Nr. 6), so kann er das Vorrecht ausüben, sobald der Eigentümer mit einem Dritten einen Vertrag über Bestellung eines Erbbaurechts an dem Grundstück geschlossen hat. Die Ausübung des Vorrechts ist ausgeschlossen, wenn das für den Dritten zu bestellende Erbbaurecht einem anderen wirtschaftlichen Zwecke zu dienen bestimmt ist.

(2) Das Vorrecht erlischt drei Jahre nach Ablauf der Zeit, für die das Erbbaurecht bestellt war.

(3) Die Vorschriften der §§ 505 bis 510, 513, 514 des Bürgerlichen Gesetzbuchs finden entsprechende Anwendung.

(4) Dritten gegenüber hat das Vorrecht die Wirkung einer Vormerkung zur Sicherung eines Anspruchs auf Einräumung des Erbbaurechts. Die §§ 1099 bis 1102 des Bürgerlichen Gesetzbuchs gelten entsprechend. Wird das Erbbaurecht vor Ablauf der drei Jahre (Absatz 2) im Grundbuch gelöscht, so ist zur Erhaltung des Vorrechts eine Vormerkung mit dem bisherigen Range des Erbbaurechts von Amts wegen einzutragen.

(5) Soweit im Falle des § 29 die Tilgung noch nicht erfolgt ist, hat der Gläubiger bei der Erneuerung an dem Erbbaurechte dieselben Rechte, die er zur Zeit des Ablaufs hatte. Die Rechte an der Entschädigungsforderung erlöschen.

3. Heimfall

§ 32 [Vergütung für das Erbbaurecht]

(1) Macht der Grundstückseigentümer von seinem Heimfallanspruche Gebrauch, so hat er dem Erbbauberechtigten eine angemessene Vergütung für das Erbbaurecht zu gewähren. Als Inhalt des Erbbaurechts können Vereinbarungen über die Höhe dieser Vergütung und die Art ihrer Zahlung sowie ihre Ausschließung getroffen werden.

(2) Ist das Erbbaurecht zur Befriedigung des Wohnbedürfnisses minderbemittelter Bevölkerungskreise bestellt, so darf die Zahlung einer

angemessenen Vergütung für das Erbbaurecht nicht ausgeschlossen werden. Auf eine abweichende Vereinbarung kann sich der Grundstückseigentümer nicht berufen. Die Vergütung ist nicht angemessen, wenn sie nicht mindestens zwei Dritteile des gemeinen Wertes des Erbbaurechts zur Zeit der Übertragung beträgt.

§ 33 [Belastungen]

(1) Beim Heimfall des Erbbaurechts bleiben die Hypotheken, Grund- und Rentenschulden und Reallasten bestehen, soweit sie nicht dem Erbbauberechtigten selbst zustehen. Dasselbe gilt für die Vormerkung eines gesetzlichen Anspruchs auf Eintragung einer Sicherungshypothek *sowie für den Bauvermerk (§ 61 des Gesetzes über die Sicherung der Bauforderungen vom 1. Juni 1909, Reichsgesetzbl. S. 449*[9]). Andere auf dem Erbbaurechte lastende Rechte erlöschen.

(2) Haftet bei einer Hypothek, die bestehen bleibt, der Erbbauberechtigte zugleich persönlich, so übernimmt der Grundstückseigentümer die Schuld in Höhe der Hypothek. Die Vorschriften des § 416 des Bürgerlichen Gesetzbuchs finden entsprechende Anwendung. Das gleiche gilt, wenn bei einer bestehenbleibenden Grundschuld oder bei Rückständen aus Rentenschulden oder Reallasten der Erbbauberechtigte zugleich persönlich haftet.

(3) Die Forderungen, die der Grundstückseigentümer nach Absatz 2 übernimmt, werden auf die Vergütung (§ 32) angerechnet.

4. Bauwerk

§ 34

Der Erbbauberechtigte ist nicht berechtigt, beim Heimfall oder beim Erlöschen des Erbbaurechts das Bauwerk wegzunehmen oder sich Bestandteile des Bauwerkes anzueignen.

VI. Schlußbestimmungen

§ 35 [Inkrafttreten]

Diese Verordnung hat Gesetzeskraft und tritt am Tage der Verkündung[10] in Kraft. Gleichzeitig treten die §§ 1012 bis 1017 des Bürgerlichen Gesetzbuchs und *§ 7*[11] der Grundbuchordnung außer Kraft.

---

[9] § 61 des Gesetzes vom 1. 6. 1909 ist nicht wirksam geworden.

[10] Verkündet am 22. 1. 1919.

[11] Bei der Neufassung der Grundbuchordnung vom 5. 8. 1935 (RGBl. I S. 1073) ist der im Rahmen des § 38 ErbbauVO fortgeltende § 7 zu § 8 geworden; § 8 ist durch das RegVBG vom 20. 12. 1993 (BGBl. I S. 2182) aufgehoben worden.

§ 36 [Verweisungen auf §§ 1012 bis 1017 BGB]

Soweit in Reichs- oder Landesgesetzen auf die §§ 1012 bis 1017 des Bürgerlichen Gesetzbuchs verwiesen ist, treten an deren Stelle die entsprechenden Vorschriften dieser Verordnung.

§ 37[12] *(gegenstandslos)*

§ 38 [Früher begründete Erbbaurechte]

Für ein Erbbaurecht, mit dem ein Grundstück zur Zeit des Inkrafttretens dieser Verordnung belastet ist, bleiben die bisherigen Gesetze maßgebend.

§ 39

Erwirbt ein Erbbauberechtigter auf Grund eines Vorkaufsrechts oder einer Kaufberechtigung im Sinne des § 2 Nr. 7 das mit dem Erbbaurechte belastete Grundstück oder wird ein bestehendes Erbbaurecht erneuert, so bleiben reichs-, landesgesetzliche und kommunale Gebühren, *Stempel*- und Umsatzsteuern jeder Art insoweit außer Ansatz, als sie schon bei Begründung des Erbbaurechts entrichtet worden sind.

---

[12] § 37 enthält Änderungen der alten Fassung der Grundbuchordnung, die bereits in deren Neufassung vom 5. 6. 1935 (RGBl. I S. 1073) berücksichtigt wurde.

Anhang 11
Gesetz über die Kosten in Angelegenheiten der freiwilligen Gerichtsbarkeit (Kostenordnung)

In der Fassung vom 26. Juli 1957

(BGBl. I S. 960)*

Mehrfach geändert, zuletzt durch das Zivilprozessreformgesetz vom 27. 7. 2001 (BGBl. I S. 1887)

(Auszug)

Erster Teil. Gerichtskosten

Erster Abschnitt. Allgemeine Vorschriften

1. Geltungsbereich

§ 1

In den Angelegenheiten der freiwilligen Gerichtsbarkeit werden, soweit bundesrechtlich nichts anderes bestimmt ist, Kosten (Gebühren und Auslagen) nur nach diesem Gesetz erhoben.

2. Kostenschuldner

§ 2[1] Allgemeiner Grundsatz

Zur Zahlung der Kosten ist verpflichtet

1. bei Geschäften, die nur auf Antrag vorzunehmen sind mit Ausnahme der Verfahren zur Festsetzung eines Zwangs- oder Ordnungsgeldes, jeder, der die Tätigkeit des Gerichts veranlaßt, bei der Beurkundung von Rechtsgeschäften insbesondere jeder Teil, dessen Erklärung beurkundet ist;
2. bei Geschäften, die von Amts wegen vorgenommen werden, derjenige, dessen Interesse wahrgenommen wird.

§ 3 Weitere Kostenschuldner

Kostenschuldner ist ferner

1. derjenige, dem durch eine gerichtliche Entscheidung die Kosten auferlegt sind;

---

* Im Gebiet der früheren DDR nach Maßgabe von Anl. I Kap. III Sachgeb. A Abschn. III Nr. 20 EinigungsV, BGBl. II 1990 S. 935, anzuwenden; für Berlin s. jedoch Abschn. IV Nr. 3 Buchst. g, BGBl. II 1990 S. 940. S. dazu auch die am 1. 7. 1996 in Kraft getretene Ermäßigungssatz-AnpassungsVO vom 15. 4. 1996 (BGBl. I S. 604).

[1] § 2 Nr. 1 geändert durch das KapCoRiLiG vom 24. 2. 2000 (BGBl. I S. 154).

2. derjenige, der sie durch eine vor Gericht abgegebene oder dem Gericht mitgeteilte Erklärung übernommen hat;
3. derjenige, der nach den Vorschriften des bürgerlichen Rechts für die Kostenschuld eines anderen kraft Gesetzes haftet;
4. der Vollstreckungsschuldner für die notwendigen Kosten der Zwangsvollstreckung.

§ 4 Gebührenschuldner in besonderen Fällen

Die Gebühr für die Eintragung des Erstehers als Eigentümer wird nur von diesem erhoben; für die Gebühren, die durch die Eintragung der Sicherungshypothek für Forderungen gegen den Ersteher erwachsen, haftet neben den Gläubigern auch der Ersteher.

§ 5 Mehrere Kostenschuldner

(1) Mehrere Kostenschuldner haften als Gesamtschuldner. Sind an einer Beurkundung mehrere beteiligt und betreffen ihre Erklärungen verschiedene Gegenstände, so beschränkt sich die Haftung des einzelnen auf den Betrag, der entstanden wäre, wenn die übrigen Erklärungen nicht beurkundet worden wären.

(2) Sind durch besondere Anträge eines Beteiligten Mehrkosten entstanden, so fallen diese ihm allein zur Last.

§ 6 *(betrifft Haftung in Nachlaßsachen)*

3. Fälligkeit

§ 7

Gebühren werden mit der Beendigung des gebührenpflichtigen Geschäfts, Auslagen sofort nach ihrer Entstehung fällig.

4. Vorauszahlung und Sicherstellung

§ 8[2] Vorschüsse

(1) Bei Geschäften, die auf Antrag vorzunehmen sind, hat der zur Zahlung der Kosten Verpflichtete einen zur Deckung der Kosten hinreichenden Vorschuß zu zahlen. Bei Verrichtungen von Amts wegen kann ein Vorschuß nur zur Deckung der Auslagen erhoben werden. Auf die Verpflichtung zur Zahlung des Vorschusses finden die allgemeinen Vorschriften über die Zahlungspflicht Anwendung.

---

[2] § 8 Abs. 3 Satz 3 geändert, früherer Satz 4 ersetzt durch Sätze 4 und 5 durch Gesetz vom 20. 8. 1975 (BGBl. I S. 2189), § 8 Abs. 2 Satz 2 Halbsatz 1 geändert durch Gesetz vom 13. 6. 1980 (BGBl. I S. 677), § 8 Abs. 2 Satz 1 Halbsatz 2 angefügt durch das RegVBG vom 20. 12. 1993 (BGBl. I S. 2182), § 8 Abs. 3 Satz 3 geändert durch KostREuroUG vom 27. 4. 2001 (BGBl. I S. 751).

(2) Bei Geschäften, die auf Antrag vorzunehmen sind, soll die Vornahme des Geschäfts davon abhängig gemacht werden, daß der Vorschuß gezahlt oder sichergestellt wird; in Grundbuch- und Nachlaßsachen jedoch nur dann, wenn dies zur Sicherung des Eingangs der Kosten angebracht erscheint. Dies gilt nicht, wenn dem Antragsteller die Prozeßkostenhilfe bewilligt ist oder wenn ihm Gebührenfreiheit zusteht; es gilt ferner nicht, wenn glaubhaft gemacht ist, daß eine etwaige Verzögerung einem Beteiligten einen nicht oder nur schwer zu ersetzenden Schaden bringen würde, oder wenn aus einem anderen Grund das Verlangen nach vorheriger Zahlung oder Sicherstellung der Kosten nicht angebracht erscheint, insbesondere wenn die Berichtigung des Grundbuchs oder die Eintragung eines Widerspruchs beantragt wird.

(3) Gegen Anordnungen nach Absatz 2 ist auch wegen der Höhe des Vorschusses die Beschwerde nach §§ 19, 20, 21, 23, 24 Abs. 1, §§ 25, 30 des Gesetzes über die Angelegenheiten der freiwilligen Gerichtsbarkeit, jedoch in Grundbuchsachen nach §§ 71 bis 77, 81 der Grundbuchordnung und in Schiffsregistersachen nach §§ 75 bis 82, 89 der Schiffsregisterordnung zulässig. Soweit in erster Instanz das Landgericht zuständig ist, entscheidet über die Beschwerde das Oberlandesgericht. Die Beschwerde ist auch statthaft, wenn der Beschwerdegegenstand 50 Euro nicht übersteigt. Das Verfahren über die Beschwerde ist gebührenfrei. Eine Kostenerstattung findet nicht statt.

§ 9 Zurückzahlung von Vorschüssen

Vorschüsse werden nur insoweit zurückgezahlt, als sie den Gesamtbetrag der für das Geschäft bis zu dessen Beendigung entstandenen Kosten übersteigen.

§ 10 Zurückbehaltungsrecht

(1) Ausfertigungen, Abschriften sowie zurückzugebende Urkunden, die aus Anlaß des Geschäfts eingereicht sind, können zurückbehalten werden, bis die in der Angelegenheit erwachsenen Kosten bezahlt sind.

(2) Von der Rückbehaltung ist abzusehen,

1. wenn der Eingang der Kosten mit Sicherheit zu erwarten ist;
2. wenn glaubhaft gemacht wird, daß die Verzögerung der Herausgabe einem Beteiligten einen nicht oder nur schwer zu ersetzenden Schaden bringen würde, und nicht anzunehmen ist, daß die Kosten entzogen werden sollen;
3. wenn das Schriftstück nicht vom Kostenschuldner, sondern von einem Dritten eingereicht ist, dem gegenüber die Zurückbehaltung eine unbillige Härte wäre.

(3) § 14 Abs. 2 bis 4 gilt entsprechend.

5. Kostenbefreiungen

§ 11[3] Allgemeine Vorschriften

(1) Von der Zahlung der Kosten sind befreit der Bund und die Länder sowie die nach den Haushaltsplänen des Bundes und der Länder für Rechnung des Bundes oder eines Landes verwalteten öffentlichen Anstalten und Kassen.

(2) Sonstige bundesrechtliche Vorschriften, durch die eine sachliche oder persönliche Befreiung von Kosten gewährt ist, bleiben in Kraft. Landesrechtliche Vorschriften, die in weiteren Fällen eine sachliche oder persönliche Befreiung von Kosten gewähren, bleiben unberührt.

(3) *(aufgehoben)*

§ 12 Einschränkungen

(1) Die persönliche Gebührenfreiheit steht der Inanspruchnahme für die Gebühren nicht entgegen, wenn die Haftung auf der Vorschrift des § 3 Nr. 3 (Haftung nach bürgerlichem Recht) beruht, oder wenn der Kostenschuldner als Erbe nach § 6 oder als Anteilsberechtigter nach § 116 Abs. 6 für die Kosten haftet.

(2) Die Gebührenfreiheit entbindet, soweit nicht ein anderes bestimmt ist, nicht von der Verpflichtung zur Zahlung der Auslagen.

§ 13 Gebührenfreiheit für einzelne Gesamtschuldner

Wenn einzelnen von mehreren Gesamtschuldner Gebührenfreiheit zusteht, so vermindert sich der Gesamtbetrag der Gebühren um den Betrag, den die befreiten Beteiligten an die Nichtbefreiten auf Grund gesetzlicher Vorschrift zu erstatten hätten.

6. Der Kostenanspruch

§ 14[4] Kostenansatz, Erinnerung, Beschwerde

(1) Die Kosten werden bei dem Gericht angesetzt, bei dem die Angelegenheit anhängig ist oder zuletzt anhängig war, auch wenn die Kosten bei einem ersuchten Gericht entstanden sind oder die Angelegenheit bei einem anderen Gericht anhängig war. Die Kosten eines

---

[3] § 11 Abs. 3 aufgehoben durch Gesetz vom 15. 6. 1989 (BGBl. I S. 1082), § 11 Abs. 1 Satz 2 neu gefaßt durch Gesetz vom 27. 12. 1993 (BGBl. I S. 2378) und aufgehoben durch Gesetz vom 14. 9. 1994 (BGBl. I S. 2325).

[4] § 14 Abs. 2 Satz 2 bis 4 und Abs. 4 Satz 2 aufgehoben, neuer Abs. 5 eingefügt, bisheriger Abs. 5 wurde Abs. 6 durch Gesetz vom 20. 8. 1975 (BGBl. I S. 2189), Abs. 3 Satz 1 geändert durch Gesetz vom 17. 12. 1990 (BGBl. I S. 2847), § 14 Abs. 4 geändert durch Gesetz vom 13. 7. 2001 (BGBl. I S. 1542), Abs. 3 und 4 durch neue Abs. 3 bis 6 ersetzt, bisherige Abs. 5 und 6 wurden neue Abs. 7 und 8 durch das Zivilprozessreformgesetz vom 27. 7. 2001 (BGBl. I S. 1887).

Rechtsmittelverfahrens werden bei dem mit dem Rechtsmittel befaßten Gericht angesetzt.

(2) Über Erinnerungen des Kostenschuldners und der Staatskasse gegen den Kostenansatz entscheidet das Gericht, bei dem die Kosten angesetzt sind.

(3) Gegen die Entscheidung über die Erinnerung können der Kostenschuldner und die Staatskasse Beschwerde einlegen, wenn der Wert des Beschwerdegegenstandes 50 Euro übersteigt. Gegen die Entscheidung, die ein Landgericht als Beschwerdegericht trifft, ist die weitere Beschwerde statthaft, wenn sie das Landgericht wegen der grundsätzlichen Bedeutung der zur Entscheidung stehenden Frage zulässt und wenn der Wert des Beschwerdegegenstandes 50 Euro übersteigt. Die weitere Beschwerde kann nur darauf gestützt werden, dass die Entscheidung auf einer Verletzung des Rechts beruht; die §§ 546 und 547 der Zivilprozessordnung gelten entsprechend. Eine Beschwerde an einen obersten Gerichtshof des Bundes findet nicht statt.

(4) Erinnerung und Beschwerde sind schriftlich oder zu Protokoll der Geschäftsstelle bei dem Gericht einzulegen, das für die Entscheidung über die Erinnerung zuständig ist; § 21 Abs. 2 des Gesetzes über die Angelegenheiten der freiwilligen Gerichtsbarkeit gilt entsprechend. Die Erinnerung und die Beschwerde sind nicht an eine Frist gebunden.

(5) Das Gericht, das über die Erinnerung entschieden hat, kann der Beschwerde abhelfen. Über die Beschwerde entscheidet das nach den für die Hauptsache geltenden Vorschriften zuständige, im Rechtszug nächsthöhere Gericht. Erinnerung und Beschwerde haben keine aufschiebende Wirkung. Das Gericht oder der Vorsitzende des Beschwerdegerichts kann auf Antrag oder von Amts wegen die aufschiebende Wirkung ganz oder teilweise anordnen. Im Übrigen sind die für die Beschwerde in der Hauptsache geltenden Vorschriften anzuwenden; Vorschriften über eine Vorlage an den Bundesgerichtshof finden keine Anwendung.

(6) In dem Verfahren über die Erinnerung und über die Beschwerde bedarf es nicht der Mitwirkung eines Rechtsanwalts.

(7) Das Verfahren über die Erinnerung und die Beschwerde ist gebührenfrei. Kosten werden nicht erstattet.

(8) Der Kostenansatz kann auch im Verwaltungsweg berichtigt werden, solange nicht eine gerichtliche Entscheidung getroffen ist.

§ 15 Nachforderung

Kosten können wegen unrichtigen Ansatzes nur nachgefordert werden, wenn der berichtigte Ansatz vor Ablauf des nächsten Kalenderjahres nach endgültiger Erledigung der Angelegenheit dem Zahlungspflichtigen mitgeteilt ist. Ist innerhalb dieser Frist dem Zahlungspflichtigen davon Mitteilung gemacht, daß ein Wertermittlungsverfahren eingeleitet ist, so ist die Angelegenheit erst mit der Beendigung dieses Verfahrens endgültig erledigt.

§ 16 Nichterhebung von Kosten wegen unrichtiger Sachbehandlung

(1) Kosten, die bei richtiger Behandlung der Sache nicht entstanden wären, werden nicht erhoben. Das gleiche gilt von Auslagen, die durch eine von Amts wegen veranlaßte Verlegung eines Termins oder Vertagung einer Verhandlung entstanden sind.

(2) Die Entscheidung trifft das Gericht. Solange nicht das Gericht entschieden hat, können Anordnungen nach Absatz 1 im Verwaltungsweg erlassen werden. Eine im Verwaltungsweg getroffene Anordnung kann nur im Verwaltungsweg geändert werden.

§ 17[5] Verjährung

(1) Ansprüche auf Zahlung von Kosten verjähren in vier Jahren nach Ablauf des Kalenderjahres, in dem der Anspruch fällig geworden ist.

(2) Ansprüche auf Rückerstattung von Kosten verjähren in vier Jahren nach Ablauf des Kalenderjahres, in dem der Anspruch entstanden ist.

(3) Auf die Verjährung sind die Vorschriften des bürgerlichen Gesetzbuchs anzuwenden; die Verjährung wird nicht von Amts wegen berücksichtigt. Die Verjährung der Ansprüche auf Zahlung von Kosten wird auch durch die Aufforderung zur Zahlung und durch eine dem Schuldner mitgeteilte Stundung unterbrochen; ist der Aufenthalt des Kostenschuldners unbekannt, so genügt die Zustellung durch Aufgabe zur Post unter seiner letzten bekannten Anschrift. Bei Kostenbeträgen unter 25 Euro wird die Verjährung nicht unterbrochen.

7. Geschäftswert

§ 18 Grundsatz

(1) Die Gebühren werden nach dem Wert berechnet, den der Gegenstand des Geschäfts zur Zeit der Fälligkeit hat (Geschäftswert).

(2) Maßgebend ist der Hauptgegenstand des Geschäfts. Früchte, Nutzungen, Zinsen, Vertragsstrafen und Kosten werden nur berücksichtigt, wenn sie Gegenstand eines besonderen Geschäfts sind.

(3) Verbindlichkeiten, die auf dem Gegenstand lasten, werden bei Ermittlung des Geschäftswerts nicht abgezogen; dies gilt auch dann,

---

[5] § 17 Abs. 3 Satz 3 geändert durch das KostREuroUG vom 27. 4. 2001 (BGBl. I S. 751).

wenn Gegenstand des Geschäfts ein Nachlaß oder eine sonstige Vermögensmasse ist.

§ 19[6] Sachen

(1) Der Wert einer Sache ist der gemeine Wert. Er wird durch den Preis bestimmt, der im gewöhnlichen Geschäftsverkehr nach der Beschaffenheit der Sache unter Berücksichtigung aller den Preis beeinflussenden Umstände bei einer Veräußerung zu erzielen wäre; ungewöhnliche oder nur persönliche Verhältnisse bleiben außer Betracht.

(2) Bei der Bewertung von Grundbesitz ist der letzte Einheitswert maßgebend, der zur Zeit der Fälligkeit der Gebühr bereits festgestellt ist, sofern sich nicht aus dem Inhalt des Geschäfts, den Angaben der Beteiligten, Grundstücksbelastungen, amtlich bekannten oder aus den Grundakten ersichtlichen Tatsachen oder Vergleichswerten oder aus sonstigen ausreichenden Anhaltspunkten ein höherer Wert ergibt; jedoch soll von einer Beweisaufnahme zur Feststellung eines höheren Wertes abgesehen werden. Wird der Einheitswert nicht nachgewiesen, so ist das Finanzamt um Auskunft über die Höhe des Einheitswerts zu ersuchen; § 30 der Abgabenordnung steht der Auskunft nicht entgegen. Ist der Einheitswert noch nicht festgestellt, so ist dieser vorläufig zu schätzen; die Schätzung ist nach der ersten Feststellung des Einheitswerts zu berichtigen; die Angelegenheit ist erst mit der Feststellung des Einheitswerts endgültig erledigt (§ 15).

(3) Ist der Einheitswert maßgebend, weicht aber der Gegenstand des gebührenpflichtigen Geschäfts vom Gegenstand der Einheitsbewertung wesentlich ab oder hat sich der Wert infolge bestimmter Umstände, die nach dem Feststellungszeitpunkt des Einheitswerts eingetreten sind, wesentlich verändert, so ist der nach den Grundsätzen der Einheitsbewertung geschätzte Wert maßgebend.

(4) Bei einem Geschäft, das die Überlassung eines land- oder forstwirtschaftlichen Betriebes mit Hofstelle durch Übergabevertrag, Erbvertrag oder Testament, Erb- oder Gesamtgutauseinandersetzung oder die Fortführung des Betriebes in sonstiger Weise einschließlich der Abfindung weichender Erben betrifft, ist das land- und forstwirtschaftliche Vermögen im Sinne des Bewertungsgesetzes mit dem Vierfachen des letzten Einheitswertes, der zur Zeit der Fälligkeit der Gebühr bereits festgestellt ist, zu bewerten; Absatz 2 Satz 2 und 3 und Absatz 3 gelten entsprechend.

(5) Ist der nach Absatz 2 bis 4 festgestellte Wert höher als der gemeine Wert, so ist der gemeine Wert maßgebend.

---

[6] § 19 Abs. 1 bis 3 neu gefaßt durch Gesetz vom 28. 12. 1968 (BGBl. I S. 1458). Absätze 4 und 5 angefügt durch Gesetz vom 15. 6. 1989 (BGBl. I S. 1082); Absätze 2 und 3 geändert durch Gesetz vom 24. 6. 1994 (BGBl. I S. 1325.

§ 20 Kauf, Vorkaufs- und Wiederkaufsrecht

(1) Beim Kauf von Sachen ist der Kaufpreis maßgebend; der Wert der vorbehaltenen Nutzungen und der vom Käufer übernommenen oder ihm sonst infolge der Veräußerung obliegenden Leistungen wird hinzugerechnet. Ist der Kaufpreis niedriger als der Wert der Sache (§ 19), so ist dieser maßgebend; beim Kauf eines Grundstücks bleibt eine für Rechnung des Erwerbers vorgenommene Bebauung bei der Ermittlung des Werts außer Betracht.

(2) Als Wert eines Vorkaufs- oder Wiederkaufsrechts ist in der Regel der halbe Wert der Sache anzunehmen.

§ 21[7] Erbbaurecht, Wohnungseigentum, Wohnungserbbaurecht

(1) Bei der Bestellung eines Erbbaurechts beträgt der Wert achtzig vom Hundert des Werts des belasteten Grundstücks (§ 19 Abs. 2). Eine für Rechnung des Erbbauberechtigten erfolgte Bebauung des Grundstücks bleibt bei der Ermittlung des Grundstückswerts außer Betracht. Ist als Entgelt für die Bestellung des Erbbaurechts ein Erbbauzins vereinbart, dessen nach § 24 errechneter Wert den nach Satz 1 und 2 berechneten Wert übersteigt, so ist der Wert des Erbbauzinses maßgebend; entsprechendes gilt, wenn statt des Erbbauzinses ein fester Kapitalbetrag vereinbart ist.

(2) Bei der Begründung von Wohnungseigentum (Teileigentum) sowie bei Geschäften, die die Aufhebung oder das Erlöschen von Sondereigentum betreffen, ist als Geschäftswert die Hälfte des Werts des Grundstücks (§ 19 Abs. 2) anzunehmen.

(3) Bei Wohnungserbbaurechten (Teilerbbaurechten) gilt Absatz 2 entsprechend mit der Maßgabe, daß an die Stelle des Werts des Grundstücks der Einheitswert des Erbbaurechts oder, wenn ein solcher nicht festgestellt ist, der nach Absatz 1 zu bestimmende Wert des Erbbaurechts tritt.

§ 22 Grunddienstbarkeiten

Der Wert einer Grunddienstbarkeit bestimmt sich nach dem Wert, den sie für das herrschende Grundstück hat; ist der Betrag, um den sich der Wert des dienenden Grundstücks durch die Dienstbarkeit mindert, größer, so ist dieser höhere Betrag maßgebend.

§ 23[8] Pfandrechte und sonstige Sicherheiten, Rangänderungen

(1) Der Wert eines Pfandrechts oder der sonstigen Sicherstellung einer Forderung durch Bürgschaft, Sicherungsübereignung oder dgl. be-

---

[7] § 21 Abs. 1 Satz 1 und Abs. 2 geändert durch Gesetz vom 28. 12. 1968 (BGBl. I S. 1458).

[8] § 23 Abs. 3 Satz 3 angefügt durch Gesetz vom 22. 6. 1977 (BGBl. I S. 998).

stimmt sich nach dem Betrag der Forderung und, wenn der als Pfand oder zur Sicherung dienende Gegenstand einen geringeren Wert hat, nach diesem.

(2) Als Wert einer Hypothek, Schiffshypothek oder Grundschuld gilt der Nennbetrag der Schuld, als Wert einer Rentenschuld der Nennbetrag der Ablösungssumme; bei der Einbeziehung in die Mithaft und bei der Entlassung aus der Mithaft ist jedoch der Wert des Grundstücks (Schiffs, Schiffsbauwerks) maßgebend, wenn er geringer ist.

(3) Bei Einräumung des Vorrangs oder des gleichen Rangs ist der Wert des vortretenden Rechts, höchstens jedoch der Wert des zurücktretenden Rechts maßgebend. Die Vormerkung gemäß § 1179 des Bürgerlichen Gesetzbuchs[9] zugunsten eines nach- oder gleichstehenden Berechtigten steht der Vorrangseinräumung gleich. Der Ausschluß des Löschungsanspruchs nach § 1179a Abs. 5 des Bürgerlichen Gesetzbuchs[10] ist wie ein Rangrücktritt des Rechts zu behandeln, als dessen Inhalt der Ausschluß vereinbart wird.

§ 24[11] Wiederkehrende Nutzungen oder Leistungen

(1) Der Wert des Rechts auf wiederkehrende oder dauernde Nutzungen oder Leistungen wird unter Zugrundelegung des einjährigen Bezugswerts nach Maßgabe folgender Vorschriften berechnet:

a) Der Wert von Nutzungen oder Leistungen, die auf bestimmte Zeit beschränkt sind, ist die Summe der einzelnen Jahreswerte, höchstens jedoch das Fünfundzwanzigfache des Jahreswerts; ist die Dauer des Rechts außerdem durch das Leben einer oder mehrerer Personen

---

[9] **§ 1179 BGB:** „Verpflichtet sich der Eigentümer einem anderen gegenüber, die Hypothek löschen zu lassen, wenn sie sich mit dem Eigentum in einer Person vereinigt, so kann zur Sicherung des Anspruchs auf Löschung eine Vormerkung in das Grundbuch eingetragen werden, wenn demjenigen, zu dessen Gunsten die Eintragung vorgenommen werden soll,
1. ein anderes gleichrangiges oder nachrangiges Recht als eine Hypothek, Grundschuld oder Rentenschuld am Grundstück zusteht oder
2. ein Anspruch auf Einräumung eines solchen anderen Rechts oder auf Übertragung des Eigentums am Grundstück zusteht; der Anspruch kann auch ein künftiger oder bedingter sein."

[10] **§ 1179a Abs. 5 BGB:** „(5) Als Inhalt einer Hypothek, deren Gläubiger nach den vorstehenden Vorschriften ein Anspruch auf Löschung zusteht, kann der Ausschluß dieses Anspruchs vereinbart werden; der Ausschluß kann auf einen bestimmten Fall der Vereinigung beschränkt werden. Der Ausschluß ist unter Bezeichnung der Hypotheken, die dem Löschungsanspruch ganz oder teilweise nicht unterliegen, im Grundbuch anzugeben; ist der Ausschluß nicht für alle Fälle der Vereinigung vereinbart, so kann zur näheren Bezeichnung der erfaßten Fälle auf die Eintragungsbewilligung Bezug genommen werden. Wird der Ausschluß aufgehoben, so entstehen dadurch nicht Löschungsansprüche für Vereinigungen, die nur vor dieser Aufhebung bestanden haben."

[11] § 24 Abs. 3 geändert durch Gesetz vom 2. 7. 1976 (BGBl. I S. 1749), Abs. 4 neu gefaßt durch das Gesetz vom 6. 4. 1998 (BGBl. I S. 666).

bedingt, so darf der nach Absatz 2 zu berechnende Wert nicht überschritten werden;

b) Bezugsrechte von unbeschränkter Dauer sind mit dem Fünfundzwanzigfachen, Nutzungen oder Leistungen von unbestimmter Dauer – vorbehaltlich der Vorschriften des Absatzes 2 – mit dem Zwölfeinhalbfachen des Jahreswerts zu bewerten.

(2) Ist die Nutzung oder Leistung auf die Lebensdauer einer Person beschränkt, so gilt als Geschäftswert bei einem Lebensalter

von 15 Jahren oder weniger der 22fache Betrag,
über 15 Jahren bis zu 25 Jahren der 21fache Betrag,
über 25 Jahren bis zu 35 Jahren der 20fache Betrag,
über 35 Jahren bis zu 45 Jahren der 18fache Betrag,
über 45 Jahren bis zu 55 Jahren der 15fache Betrag,
über 55 Jahren bis zu 65 Jahren der 11fache Betrag,
über 65 Jahren bis zu 75 Jahren der $7^1/_2$fache Betrag,
über 75 Jahren bis zu 80 Jahren der 5fache Betrag,
über 80 Jahren der 3fache Betrag

der einjährigen Nutzung oder Leistung. Hängt die Dauer der Nutzung oder Leistung von der Lebensdauer mehrerer Personen ab, so entscheidet, je nachdem ob das Recht mit dem Tode des zuerst oder des zuletzt Sterbenden erlischt, das Lebensalter des Ältesten oder des Jüngsten.

(3) Der Geschäftswert ist höchstens das Fünffache des einjährigen Bezugs, wenn das Recht dem Ehegatten oder einem früheren Ehegatten des Verpflichteten oder einer Person zusteht, die mit dem Verpflichteten in gerader Linie verwandt, verschwägert oder in der Seitenlinie bis zum dritten Grad verwandt oder bis zum zweiten Grad verschwägert ist, auch wenn die die Schwägerschaft begründende Ehe nicht mehr besteht.

(4) Der Geschäftswert für Unterhaltsansprüche nach den §§ 1612a bis 1612c des Bürgerlichen Gesetzbuchs bestimmt sich nach dem Betrag des einjährigen Bezugs. Dem Wert nach Satz 1 ist der Monatsbetrag des Unterhalts nach dem Regelbetrag und der Altersstufe zugrunde zu legen, die im Zeitpunkt der Beurkundung maßgebend sind.

(5) Der einjährige Wert von Nutzungen wird zu vier vom Hundert des Werts des Gegenstandes, der die Nutzungen gewährt, angenommen, sofern nicht ein anderer Wert festgestellt werden kann.

(6) Für die Berechnung des Geschäftswerts ist der Beginn des Bezugsrechts maßgebend. Bildet das Recht später den Gegenstand eines gebührenpflichtigen Geschäfts, so ist der spätere Zeitpunkt maßgebend. Steht im Zeitpunkt des Geschäfts der Beginn des Bezugsrechts noch nicht fest oder ist das Recht in anderer Weise bedingt, so ist der Geschäftswert nach den Umständen des Falles niedriger anzusetzen.

§§ 25–29 *(vom Abdruck wurde abgesehen)*

§ 30[12] Angelegenheiten ohne bestimmten Geschäftswert, nichtvermögensrechtliche Angelegenheiten

(1) Soweit in einer vermögensrechtlichen Angelegenheit der Wert sich aus den Vorschriften dieses Gesetzes nicht ergibt und auch sonst nicht feststeht, ist er nach freiem Ermessen zu bestimmen; insbesondere ist bei Änderungen bestehender Rechte, sofern die Änderung nicht einen bestimmten Geldwert hat, sowie bei Verfügungsbeschränkungen der Wert nach freiem Ermessen festzusetzen.

(2) In Ermangelung genügender tatsächlicher Anhaltspunkte für eine Schätzung ist der Wert regelmäßig auf 3000 Euro anzunehmen. Er kann nach Lage des Falles niedriger oder höher, jedoch nicht über 500 000 Euro angenommen werden.

(3) In nichtvermögensrechtlichen Angelegenheiten ist der Wert nach Absatz 2 zu bestimmen. In Angelegenheiten, die die Annahme eines Minderjährigen betreffen, beträgt der Wert stets 3000 Euro.

§ 31[13] Festsetzung des Geschäftswerts

(1) Das Gericht setzt den Geschäftswert durch Beschluß gebührenfrei fest, wenn ein Zahlungspflichtiger oder die Staatskasse dies beantragt oder es sonst angemessen erscheint. Die Festsetzung kann von dem Gericht, das sie getroffen hat, und, wenn das Verfahren wegen der Hauptsache oder wegen der Entscheidung über den Geschäftswert, den Kostenansatz oder die Kostenfestsetzung in der Rechtsmittelinstanz schwebt, von dem Rechtsmittelgericht von Amts wegen geändert werden. Die Änderung ist nur innerhalb von sechs Monaten zulässig, nachdem die Entscheidung in der Hauptsache Rechtskraft erlangt oder das Verfahren sich anderweitig erledigt hat.

(2) Das Gericht kann eine Beweisaufnahme, insbesondere die Begutachtung durch Sachverständige auf Antrag oder von Amts wegen anordnen. Die Kosten können ganz oder teilweise einem Beteiligten auferlegt werden, der durch Unterlassung der Wertangabe, durch unrichtige Angabe, unbegründetes Bestreiten oder unbegründete Beschwerde die Abschätzung veranlaßt hat.

---

[12] § 30 Abs. 2 geändert durch Gesetz vom 20. 8. 1975 (BGBl. I S. 2189), vom 24. 6. 1994 (BGBl. I S. 1325) und das KostREuroUG vom 27. 4. 2001 (BGBl. I S. 751), Abs. 3 Satz 2 angefügt durch Gesetz vom 2. 7. 1976 (BGBl. I S. 1749) und geändert durch das KostREuroUG vom 27. 4. 2001 (BGBl. I S. 751).

[13] § 31 Abs. 1 früherer Satz 2 ersetzt durch Sätze 2 und 3, Abs. 3 Sätze 2 und 3 angefügt durch Gesetz vom 20. 8. 1975 (BGBl. I S. 2189), bisheriger Abs. 3 durch neue Abs. 3 und 4 ersetzt durch das Zivilprozessreformgesetz vom 27. 7. 2001 (BGBl. I S. 1887).

(3) Gegen den Beschluss findet die Beschwerde statt, wenn der Wert des Beschwerdegegenstands 50 Euro übersteigt; § 14 Abs. 3 Satz 2 bis 4, Abs. 4 Satz 1, Abs. 5 Satz 1, 2 und 5 und Abs. 6 ist entsprechend anzuwenden. Sie ist nur zulässig, wenn sie innerhalb der in Absatz 1 Satz 3 bestimmten Frist eingelegt wird; ist der Geschäftswert später als einen Monat vor Ablauf dieser Frist festgesetzt worden, so kann sie noch innerhalb eines Monats nach Zustellung oder formloser Mitteilung des Festsetzungsbeschlusses eingelegt werden.

(4) Das Verfahren über die Beschwerde ist gebührenfrei. Kosten werden nicht erstattet.

§ 31 a[14] Auskunftspflicht des Notars

Ein Notar, der in einer Angelegenheit der freiwilligen Gerichtsbarkeit einen Antrag bei Gericht, insbesondere beim Grundbuchamt, Registergericht oder Nachlaßgericht, einreicht, hat Umstände und Anhaltspunkte, die bei seiner Kostenberechnung zu einem Abweichen des Geschäftswertes vom Einheitswert geführt haben, dem Gericht mitzuteilen. Die gleichen Auskünfte hat auf Ersuchen der Notar zu erteilen, der Erklärungen beurkundet oder beglaubigt hat, die in Angelegenheiten der freiwilligen Gerichtsbarkeit von anderer Seite beim Gericht eingereicht worden sind.

8. Volle Gebühr, Rahmengebühren, Nebengeschäfte

§ 32[15] Volle Gebühr

Die volle Gebühr bei einem Geschäftswert bis 1000 Euro beträgt 10 Euro. Die Gebühr erhöht sich bei einem

Geschäftswert bis ... Euro	für jeden angefangenen Betrag von weiteren ... Euro	um ... Euro
5 000	1 000	8
50 000	3 000	6
5 000 000	10 000	15
25 000 000	25 000	16
50 000 000	50 000	11
250 000 000	250 000	7
über 250 000 000	500 000	7

[14] § 31 a eingefügt durch Gesetz vom 28. 12. 1968 (BGBl. I S. 1458) und geändert durch das GvKostRNeuOG vom 19. 4. 2001 (BGBl. I S. 623).

[15] § 32 neu gefaßt durch Gesetz vom 9. 12. 1986 (BGBl. I S. 2326) und geändert durch Gesetz vom 24. 6. 1994 (BGBl. I S. 1325) sowie das KostREuroUG vom 27. 4. 2001 (BGBl. I S. 751).

Eine Gebührentabelle für Geschäftswerte bis 1 000 000 Euro ist diesem Gesetz als Anlage beigefügt.[16]

§ 33[17] Mindestbetrag einer Gebühr, Aufrundung

Der Mindestbetrag einer Gebühr ist 10 Euro.

§ 34 Rahmengebühren

Ist die Gebühr nur nach einem Mindest- und Höchstbetrag bestimmt, so ist die Gebühr im Einzelfall unter Berücksichtigung aller Umstände, insbesondere des Umfangs und der Bedeutung der Sache, nach billigem Ermessen zu bestimmen.

§ 35 Nebengeschäfte

Die für ein Geschäft bestimmte Gebühr umfaßt die gesamte auf das Geschäft verwendete Tätigkeit des Gerichts, einschließlich der Nebengeschäfte.

Zweiter Abschnitt. Gebühren in Angelegenheiten der freiwilligen Gerichtsbarkeit

1. Beurkundungen und ähnliche Geschäfte

§§ 36–59 *(vom Abdruck wurde abgesehen)*

2. Grundbuchsachen

§ 60[18] Eintragung des Eigentümers

(1) Für die Eintragung eines Eigentümers oder von Miteigentümern wird die volle Gebühr erhoben.

(2) Die Gebühr ermäßigt sich auf die Hälfte bei Eintragung des Ehegatten oder von Abkömmlingen des eingetragenen Eigentümers, auch wenn die Genannten infolge der Auseinandersetzung des Gesamtguts einer Gütergemeinschaft oder eines Nachlasses oder wenn sie nachträglich als Miteigentümer von Grundstücken eingetragen werden, die zu einer Gütergemeinschaft gehören; bei der Eintragung infolge einer Erbauseinandersetzung oder der Auseinandersetzung einer Gütergemeinschaft macht es keinen Unterschied, ob inzwischen die Erben oder diejenigen, die die Gütergemeinschaft fortgesetzt haben, im Grundbuch eingetragen worden sind oder nicht.

---

16 Abgedruckt am Ende der KostO.

17 § 33 Satz 1 geändert durch Gesetz vom 20. 8. 1975 (BGBl. I S. 2189), vom 9. 12. 1986 (BGBl. I S. 2326), vom 24. 6. 1994 (BGBl. I S. 1325) und das KostREuroUG vom 27. 4. 2001 (BGBl. I S. 751).

18 § 60 Abs. 2 geändert durch Gesetz vom 2. 7. 1976 (BGBl. I S. 1749), Abs. 4 eingefügt, die bisherigen Abs. 4 und 5 wurden Abs. 5 und 6 durch Gesetz vom 20. 12. 1963 (BGBl. I S. 986).

(3) Werden Gebühren auf Grund der Absätze 1 und 2 nebeneinander erhoben, so wird zunächst die volle Gebühr nach dem Gesamtwert berechnet; die so berechnete Gebühr mindert sich um die Hälfte des Anteils der Personen, deren Eintragung nach Absatz 2 nur die halbe Gebühr erfordert.

(4) Die Gebühren nach den Absätzen 1 bis 3 werden nicht erhoben bei Eintragung von Erben des eingetragenen Eigentümers, wenn der Eintragungsantrag binnen zwei Jahren seit dem Erbfall bei dem Grundbuchamt eingereicht wird.

(5) Werden auf Grund eines gleichzeitig gestellten Antrags derselbe Eigentümer oder dieselben Miteigentümer bei mehreren Grundstücken eingetragen, über die das Grundbuch bei demselben Grundbuchamt geführt wird, so werden die Gebühren nur einmal nach dem zusammengerechneten Wert erhoben.

(6) Wird der Eigentümer auf Grund des § 82a der Grundbuchordnung von Amts wegen eingetragen, so wird für die Eintragung einschließlich des vorangegangenen Verfahrens vor dem Grundbuchamt oder Nachlaßgericht das Doppelte der in den Absätzen 1 und 2 bestimmten Gebühren erhoben.

§ 61 Eigentumswechsel bei Gemeinschaften zur gesamten Hand

(1) Geht ein Grundstück, das für mehrere zur gesamten Hand eingetragen ist, auf einen oder mehrere der Mitberechtigten oder auf eine aus denselben Personen bestehende andere Gesamthandgemeinschaft über, so wird die Gebühr so berechnet, als ob die Beteiligten nach Bruchteilen berechtigt wären; die Anteile der Erwerber bleiben unberücksichtigt. Geht ein Grundstück von einem oder mehreren eingetragenen Eigentümern, die in einer Gesamthandgemeinschaft stehen, auf diese Gemeinschaft über, so wird die Gebühr so berechnet, als ob es sich um eine Gemeinschaft nach Bruchteilen handele; die Anteile der Veräußerer bleiben unberücksichtigt. Treten sonst Änderungen in der Person der an der gesamten Hand Berechtigten ein, so wird der Anteil des ausscheidenden oder neu eintretenden Mitberechtigten zugrunde gelegt.

(2) Die Anteile sind entsprechend der Beteiligung an dem Gesamthandvermögen zu bemessen. Mindestens sind die Gebühren nach dem kleinsten Anteil zu berechnen.

(3) Die Vorschriften der Absätze 1 und 2 gelten nicht für offene Handelsgesellschaften und Kommanditgesellschaften.

§ 62 Eintragung von Belastungen

(1) Für die Eintragung einer Hypothek, Grundschuld oder Rentenschuld, einer Dienstbarkeit, eines Dauerwohnrechts, eines Dauernut-

zungsrechts, eines Vorkaufsrechts, einer Reallast, eines Erbbaurechts oder eines ähnlichen Rechts an einem Grundstück wird die volle Gebühr erhoben.

(2) Werden Belastungen auf Grund von Gutsüberlassungsverträgen oder von Erb- oder Gesamtgutauseinandersetzungen zugleich mit der Eintragung des neuen Eigentümers eingetragen, so wird die im Absatz 1 bestimmte Gebühr nur zur Hälfte erhoben.

(3) Als gebührenfreies Nebengeschäft der Eintragung des Rechts (§ 35) gilt insbesondere die gleichzeitig beantragte Eintragung der Unterwerfung unter die sofortige Zwangsvollstreckung, eines Rangvorbehalts oder des Ausschlusses der Brieferteilung. Wird gleichzeitig mit dem Antrag auf Eintragung des Rechts beantragt, eine Löschungsvormerkung gemäß § 1179 des Bürgerlichen Gesetzbuchs[19] zugunsten des Berechtigten einzutragen, so wird für diese Eintragung eine weitere Gebühr nicht erhoben.

§ 63 Eintragung mehrerer Rechte, Belastung mehrerer Grundstücke

(1) Werden ein oder mehrere Grundstücke mit mehreren Rechten der in § 62 bezeichneten Art belastet, so wird die Gebühr für die Eintragung jedes Rechts besonders erhoben. Wird gemäß § 50 der Grundbuchordnung bei einer Hypothek, Grundschuld oder Rentenschuld, die in Teilbeträgen mehreren Berechtigten zusteht, lediglich der Gesamtbetrag des Rechts eingetragen, so gilt dies als Belastung mit nur einem Recht.

(2) Werden mehrere Grundstücke mit einem und demselben Recht belastet, so wird die Gebühr nur einmal erhoben, wenn die Eintragung auf Grund eines gleichzeitig gestellten Antrags erfolgt und das Grundbuch über die Grundstücke bei demselben Grundbuchamt geführt wird. Als Belastung mit einem und demselben Recht gilt auch die Belastung mehrerer Grundstücke mit einem Nießbrauch, mit einer beschränkten persönlichen Dienstbarkeit, mit einem Altenteil oder mit einem Vorkaufsrecht.

(3) Wird gleichzeitig die Belastung mehrerer Grundstücke mit einem und demselben Recht beantragt und wird das Grundbuch über die Grundstücke bei verschiedenen Grundbuchämtern geführt, so wird für die Eintragung auf dem Grundstück, das den höchsten Wert hat, die in § 62 Abs. 1 oder 2 bestimmte Gebühr in voller Höhe erhoben; für jede weitere Eintragung wird die Hälfte der in § 62 Abs. 1 oder 2 bestimmten Gebühr angesetzt, und zwar nach dem Wert des Grundstücks, wenn er geringer ist als der Wert des Rechts. Dabei wird der

---

[19] § 1179 BGB abgedruckt in Fn. 9.

Wert mehrerer Grundstücke, über die das Grundbuch bei demselben Grundbuchamt geführt wird, zusammengerechnet. Gleichzeitig sind die Anträge gestellt, wenn sie bei einem Grundbuchamt gemeinsam eingereicht sind, bei gesonderter Antragstellung, wenn sie innerhalb eines Monats bei den beteiligten Grundbuchämtern eingehen.

(4) Soweit der Antrag nicht gleichzeitig gestellt ist, wird für jede Eintragung die Hälfte der in § 62 Abs. 1 oder 2 bestimmten Gebühr erhoben, und zwar nach dem Wert des Grundstücks, wenn er geringer ist als der Wert des Rechts. Dabei wird der Wert mehrerer Grundstücke, über die das Grundbuch bei demselben Grundbuchamt geführt wird, zusammengerechnet.

§ 64 Eintragung von Veränderungen und Löschungsvormerkungen

(1) Für die Eintragung von Veränderungen eines Rechts wird die Hälfte der vollen Gebühr erhoben. Als Veränderung eines Rechts gilt auch die Löschungsvormerkung (§ 1179 des Bürgerlichen Gesetzbuchs),[20] soweit sie nicht gemäß § 62 Abs. 3 Satz 2 gebührenfrei einzutragen ist.

(2) Bezieht sich eine Veränderung auf mehrere Rechte, so wird die in Absatz 1 bestimmte Gebühr für jedes Recht besonders erhoben, auch wenn es nur der Eintragung eines einheitlichen Vermerks bedarf.

(3) Beziehen sich mehrere Veränderungen, deren Eintragung gleichzeitig beantragt ist, auf ein und dasselbe Recht, so wird, gleichviel ob es der Eintragung eines oder mehrerer Vermerke bedarf, die Gebühr nur einmal nach dem zusammengerechneten Wert der Veränderungen erhoben.

(4) Der Wert des veränderten Rechts darf, auch wenn es sich um mehrere Veränderungen desselben Rechts handelt, nicht überschritten werden. Handelt es sich um den Übergang eines Rechts, so finden die Vorschriften des § 61 entsprechende Anwendung.

(5) Änderungen des Ranges eingetragener Rechte sind nur als Veränderungen des zurücktretenden Rechts, Löschungsvormerkungen zugunsten eines nach- oder gleichstehenden Gläubigers (§ 1179 des Bürgerlichen Gesetzbuchs)[20] nur als Veränderungen des Rechts zu behandeln, auf dessen Löschung der vorgemerkte Anspruch gerichtet ist; für die Wertberechnung bleibt die Vorschrift des § 23 Abs. 3 unberührt.

(6) Betreffen die Veränderungen Rechte, mit denen mehrere Grundstücke gemeinsam belastet sind, so gelten die Vorschriften des § 63 Abs. 2 und 3 entsprechend.

---

[20] § 1179 BGB abgedruckt in Fn. 9.

§ 65 Eintragung von Verfügungsbeschränkungen

(1) Für die Eintragung von Verfügungsbeschränkungen, insbesondere einer Nacherbfolge, einer Testamentsvollstreckung oder einer Belastung des Anteils gemäß § 1010 des Bürgerlichen Gesetzbuchs, wird, soweit nicht die Eintragung nach § 69 gebührenfrei vorzunehmen ist, die Hälfte der vollen Gebühr erhoben.

(2) Bezieht sich eine Verfügungsbeschränkung auf mehrere Rechte, so wird die im Absatz 1 bestimmte Gebühr für jedes Recht besonders erhoben, auch wenn es nur der Eintragung eines Vermerks bedarf. Betreffen die Eintragungen Rechte, mit denen mehrere Grundstücke gemeinsam belastet sind, so gilt § 63 Abs. 2 und 3 entsprechend; eine Verfügungsbeschränkung, die Eigentum an mehreren Grundstücken betrifft, steht einer Belastung der Grundstücke mit einem und demselben Recht gleich.

(3) Beziehen sich mehrere Verfügungsbeschränkungen, deren Eintragung gleichzeitig beantragt ist, auf ein und dasselbe Recht, so wird die Gebühr, gleichviel ob es eines oder mehrerer Vermerke bedarf, nur einmal nach dem zusammengerechneten Wert erhoben.

(4) Der Wert des betroffenen Rechts darf, auch wenn es sich um mehrere Verfügungsbeschränkungen hinsichtlich desselben Rechts handelt, nicht überschritten werden.

§ 66 Eintragung von Vormerkungen und Widersprüchen

(1) Für die Eintragung einer Vormerkung wird die Hälfte der Gebühr erhoben, die für die endgültige Eintragung zu erheben sein würde, mindestens jedoch ein Viertel der vollen Gebühr. Für die Eintragung einer Vormerkung, durch die der Anspruch auf Eintragung einer Veränderung oder der Aufhebung eines Rechts am Grundstück gesichert werden soll, wird die gleiche Gebühr erhoben, die für die gesicherte Eintragung zu erheben sein würde; die Vorschriften über die Eintragung einer Löschungsvormerkung (§ 64) bleiben unberührt.

(2) Für die Eintragung eines Widerspruchs wird die Hälfte der Gebühr erhoben, die für die Grundbuchberichtigung zu erheben sein würde, zu deren Sicherung der Widerspruch eingetragen wird; mindestens wird jedoch ein Viertel der vollen Gebühr erhoben.

§ 67[21] Sonstige Eintragungen

(1) Für alle Eintragungen, die unter keine der vorstehenden Vorschriften fallen und auch nicht als Nebengeschäft gebührenfrei sind, wird ein Viertel der vollen Gebühr erhoben. Dies gilt insbesondere

---

[21] § 67 Abs. 2 geändert durch Gesetz vom 24. 6. 1994 (BGBl. I S. 1325).

1. für die Eintragung des Verzichts auf das Eigentum am Grundstück;
2. für die Eintragung des Ausschlusses der Erteilung eines Briefs sowie für die Eintragung der Aufhebung dieses Ausschlusses;
3. für den Vermerk von Rechten, die dem jeweiligen Eigentümer zustehen, einschließlich des Vermerks hierüber auf dem Grundbuchblatt des belasteten Grundstücks;
4. für die Eintragung der ohne Eigentumsübergang stattfindenden Teilungen, Vereinigungen und Zuschreibungen von Grundstücken;
5. für die Anlegung eines Grundbuchblatts für ein noch nicht im Grundbuch eingetragenes oder aus dem Grundbuch ausgeschiedenes Grundstück sowie für die nachträgliche Ausscheidung eines Grundstücks aus dem Grundbuch;
6. für die Eintragung der Unterwerfung unter die sofortige Zwangsvollstreckung bei einer Hypothek, Grundschuld oder Rentenschuld.

(2) § 60 Abs. 5, § 63 Abs. 2, § 64 Abs. 3 gelten entsprechend, jedoch ist mindestens ein Viertel der vollen Gebühr zu erheben.

(3) Der Wert bestimmt sich nach § 30.

§ 68 Löschungen und Entlassung aus der Mithaft

Für jede Löschung wird die Hälfte der für die Eintragung bestimmten Gebühr erhoben; für die Eintragung der Entlassung aus der Mithaft wird die Hälfte der Gebühr erhoben, die für die Eintragung der Einbeziehung in die Mithaft zu erheben sein würde. Mindestens wird ein Viertel der vollen Gebühr erhoben.

§ 69[22] Gebührenfreie Eintragungen und Löschungen, Zwischenverfügungen

(1) Gebühren werden nicht erhoben

1. für die Umschreibung unübersichtlicher Grundbuchblätter und für die Neufassung einzelner Teile eines Grundbuchblatts;
2. für Eintragungen und Löschungen, die gemäß § 18 Abs. 2 oder § 53 der Grundbuchordnung von Amts wegen erfolgen;
3. für Eintragungen und Löschungen, die vorgenommen werden, um Übereinstimmung zwischen dem Grundbuch und den nach § 2 Abs. 2 der Grundbuchordnung maßgebenden amtlichen Verzeichnissen zu erhalten;
4. für die Eintragung der Vereinigung mehrerer Grundstücke zu einem Grundstück und für die Zuschreibung eines oder mehrerer Grundstücke zu einem anderen Grundstück als dessen Bestandteil, ein-

[22] § 69 Abs. 2 Satz 1 geändert und Satz 2 angefügt durch EGInsO vom 5. 10. 1994 (BGBl. I S. 2911).

schließlich hierzu notwendiger Grundstücksteilungen und der Aufnahme des erforderlichen Antrags durch das Grundbuchamt, sofern die das amtliche Verzeichnis (§ 2 Abs. 2 der Grundbuchordnung) führende Behörde bescheinigt, daß die Grundstücke örtlich und wirtschaftlich ein einheitliches Grundstück darstellen;

5. für die Zusammenschreibung mehrerer Grundstücke auf einem Grundbuchblatt (§ 4 der Grundbuchordnung);
6. für die Beseitigung von Doppelbuchungen, einschließlich des vorangegangenen Verfahrens vor dem Grundbuchamt.

(2) Gebührenfrei sind ferner, soweit nicht ein anderes bestimmt ist, Eintragungen und Löschungen, die auf Ersuchen oder Anordnung eines Gerichts, insbesondere des Insolvenz- oder Vollstreckungsgerichts, erfolgen; ausgenommen sind die Eintragung des Erstehers als Eigentümer, die Eintragung der Sicherungshypothek für die Forderung gegen den Ersteher und Eintragungen auf Grund einer einstweiligen Verfügung (§ 941 der Zivilprozeßordnung). Soweit eine Eintragung oder Löschung nach den Vorschriften der Insolvenzordnung statt auf Ersuchen des Insolvenzgerichts auf Antrag des Insolvenzverwalters oder, wenn kein Verwalter bestellt ist, auf Antrag des Schuldners erfolgt, ist sie ebenfalls gebührenfrei.

(3) Für Zwischenverfügungen des Grundbuchamts (§ 18 Abs. 1 der Grundbuchordnung) werden besondere Gebühren nicht erhoben.

§ 70 Löschung gegenstandsloser Rechte und Klarstellung der Rangverhältnisse

(1) Für die Löschung gegenstandsloser Eintragungen (§ 84 der Grundbuchordnung) sowie für das vorausgegangene Verfahren vor dem Grundbuchamt, einschließlich der Beurkundung der Erklärungen der Beteiligten, werden Gebühren nicht erhoben. Das Grundbuchamt kann die Gebühr für die Löschung einem Beteiligten auferlegen, wenn dies nach den Umständen angemessen erscheint.

(2) Für Eintragungen und Löschungen zur Beseitigung unklarer oder unübersichtlicher Rangverhältnisse (§ 102 Abs. 2, § 111 der Grundbuchordnung) werden Gebühren nicht erhoben; gebührenfrei ist auch das vorangegangene Verfahren vor dem Grundbuchamt, einschließlich der Beurkundung von Erklärungen der Beteiligten. Die Auslagen werden von demjenigen erhoben, dem das Grundbuchamt sie gemäß § 114 der Grundbuchordnung auferlegt hat.

§ 71 Erteilung von Hypotheken-, Grundschuld- oder Rentenschuldbriefen

(1) Für die Erteilung eines Hypotheken-, Grundschuld- oder Rentenschuldbriefs, eines Teilbriefs oder eines neuen Briefs wird ein Vier-

tel der vollen Gebühr erhoben. Für die Eintragung des Erteilungsvermerks in das Grundbuch wird daneben keine Gebühr erhoben.

(2) Für die Erteilung eines Gesamtbriefs wird die im Absatz 1 bestimmte Gebühr nur einmal erhoben, wenn die mehreren Grundstücke bei demselben Grundbuchamt eingetragen sind. Sind die belasteten Grundstücke bei verschiedenen Grundbuchämtern eingetragen, so werden für die gemäß § 59 Abs. 2 der Grundbuchordnung zu erteilenden besonderen Briefe die Gebühren besonders erhoben, und zwar nach dem Wert, nach dem sich die Gebühren für die Eintragung des Rechts bestimmen; ist das Recht schon eingetragen, so ist der Wert maßgebend, nach dem die Eintragungsgebühr zu erheben wäre, falls das Recht im Zeitpunkt der Brieferteilung eingetragen würde. Wird im Fall des Eintritts in die Mithaft die Mitbelastung lediglich auf dem bisherigen Brief vermerkt (§ 63 der Grundbuchordnung), so wird hierfür neben der Eintragungsgebühr eine besondere Gebühr nicht erhoben.

(3) Bei Erteilung eines gemeinschaftlichen Briefs (§ 66 der Grundbuchordnung) werden die Werte der einzelnen Hypotheken zusammengerechnet.

§ 72[23] Vermerke auf dem Brief

Für die Ergänzung des Grundbuchauszugs auf dem Brief sowie für sonstige Vermerke auf dem Brief wird, sofern es sich nicht um eine gebührenfreie Nebentätigkeit handelt, eine Gebühr von 13 Euro erhoben.

§ 73[24] Abschriften und Ausdrucke

Für die Erteilung von Abschriften aus dem Grundbuch werden erhoben

1. für unbeglaubigte Abschriften eine Gebühr von 10 Euro;
2. für beglaubigte Abschriften eine Gebühr von 18 Euro.

(2) Für die Erteilung von Ausdrucken aus dem maschinell geführten Grundbuch werden erhoben

1. für Ausdrucke eine Gebühr von 10 Euro;
2. für amtliche Ausdrucke eine Gebühr von 18 Euro.

(3) Für die Ergänzung oder Bestätigung von Abschriften nach Absatz 1 und von Ausdrucken nach Absatz 2 wird dieselbe Gebühr wie für die Erteilung erhoben.

---

[23] § 72 geändert durch Gesetz vom 20. 8. 1975 (BGBl. I S. 2189), vom 9. 12. 1986 (BGBl. I S. 2326), vom 24. 6. 1994 (BGBl. I S. 1325) und das KostREuroUG vom 27. 4. 2001 (BGBl. I S. 751).

[24] § 73 neu gefaßt durch Gesetz vom 24. 6. 1994 (BGBl. I S. 1325) und geändert durch das KostREuroUG vom 27. 4. 2001 (BGBl. I S. 751).

(4) In den Fällen der Absätze 1 bis 3 werden Schreibauslagen nicht erhoben.

(5) Für die Erteilung von Abschriften, Auskünften und Mitteilungen nach § 19 Abs. 2 und 3 des Gesetzes über die Zwangsversteigerung und die Zwangsverwaltung werden weder Gebühren noch Auslagen erhoben.

(6) Für die Erteilung eines Ausdrucks aus einem maschinell geführten Verzeichnis, das der Auffindung der Grundbuchblätter dient, wird eine Gebühr von 10 Euro erhoben.

§ 74 Grundbucheinsicht

Für die Einsicht des Grundbuchs werden Gebühren nicht erhoben.

§ 75 Eintragungsanträge

Für die Aufnahme von Anträgen auf Eintragungen und Löschungen werden Gebühren nach Maßgabe des Beurkundungsabschnitts besonders erhoben, soweit sie in der Form des § 29 der Grundbuchordnung gestellt werden müssen. Im übrigen ist die Aufnahme und Entgegennahme von Anträgen gebührenfrei.

§ 76 Wohnungs- und Teileigentum

(1) Für die Eintragung der vertraglichen Einräumung von Sondereigentum (§ 7 Abs. 1 des Wohnungseigentumsgesetzes) und für die Anlegung der Wohnungsgrundbücher (Teileigentumsgrundbücher) im Falle des § 8 des Wohnungseigentumsgesetzes wird die Hälfte der vollen Gebühr erhoben. Die Gebühr wird auch dann besonders erhoben, wenn die Eintragung von Miteigentum und die Eintragung des Sondereigentums gleichzeitig beantragt werden.

(2) Für die Eintragung von Änderungen des Inhalts des Sondereigentums gilt § 64 entsprechend.

(3) Für die Eintragung der Aufhebung von Sondereigentum (§ 4 Abs. 1 des Wohnungseigentumsgesetzes) und für die Anlegung des Grundbuchblatts für das Grundstück (§ 9 Abs. 1 Nr. 2 und 3, Abs. 3 des Wohnungseigentumsgesetzes) wird die Hälfte der vollen Gebühr erhoben.

(4) Für das Wohnungserbbaurecht (Teilerbbaurecht) gelten die Absätze 1 bis 3 entsprechend.

§ 77 Grundstücksgleiche Rechte

(1) Die für Grundstücke geltenden Vorschriften finden auf Erbbaurechte sowie auf das Bergwerkseigentum und sonstige Berechtigungen, die den für Grundstücke geltenden Vorschriften unterliegen, entsprechende Anwendung.

(2) Wird ein Bergwerk mit unbeweglichen Anteilen der Gewerken in Ausführung eines nach den maßgebenden bergrechtlichen Vorschriften gefaßten Beschlusses auf die Gewerkschaft eingetragen, so wird für die Eintragung, einschließlich der vorläufigen Vermerke, der Anlegung des Gewerkenbuchs und der Ausfertigung und Aufbewahrung der Kuxscheine, die volle Gebühr erhoben. Die gleiche Gebühr wird für die Umschreibung eines Kuxes in dem Gewerkenbuch auf einen anderen Berechtigten erhoben. Für die Eintragung von Pfandrechten auf Kuxscheinen und die Eintragung von Veränderungen und Löschungen werden dieselben Gebühren erhoben wie bei entsprechenden Eintragungen und Löschungen im Grundbuch. Für die Erteilung beglaubigter Abschriften aus dem Gewerkenbuch und dessen Einsicht gelten die Vorschriften der §§ 73, 74 entsprechend.

§ 78 Bahneinheiten

(1) Die für Grundstücke geltenden Vorschriften finden auf Bahneinheiten entsprechende Anwendung.

(2) Die Gebühr für die Anlegung und die Schließung des Bahngrundbuchs bestimmt sich nach § 67; das gleiche gilt für den Vermerk über das Erlöschen der Genehmigung, einschließlich der erforderlichen öffentlichen Bekanntmachung des Vermerks.

(3) Wird infolge Veräußerung der Bahn der Eigentumswechsel auf dem Grundbuchblatt des Bahngrundstücks eingetragen, so werden dafür Gebühren nicht erhoben.

(4) Die Kosten der Anlegung des Bahngrundbuchs sowie der Vermerke über die Zugehörigkeit eines Grundstücks zur Bahneinheit trägt der Bahneigentümer. Die Kosten fallen jedoch, wenn ein Gläubiger durch den Antrag auf Eintragung einer vollstreckbaren Forderung die Anlegung des Bahngrundbuchs veranlaßt hat, diesem Gläubiger, und wenn das Bahngrundbuch aus Anlaß eines Zwangsversteigerungsverfahrens auf Ersuchen des Vollstreckungsgerichts angelegt ist, dem Ersteher zur Last.

§§ 79–128 b *(vom Abdruck wurde abgesehen)*

7. Ergänzende Gebührenvorschriften für Anträge, Beschwerden usw.

§ 129 Gesuche, Anträge

Gesuche und Anträge werden, soweit nichts anderes bestimmt ist, gebührenfrei aufgenommen.

§ 130[25] Zurückweisung und Zurücknahme von Anträgen

(1) Wird in Fällen, in denen das Gericht nur auf Antrag tätig wird, ein Antrag zurückgewiesen, so wird, soweit nichts anderes bestimmt ist, die Hälfte der vollen Gebühr, höchstens jedoch ein Betrag von 35 Euro erhoben.

(2) Wird ein Antrag zurückgenommen, bevor über ihn eine Entscheidung ergangen ist oder die beantragte Handlung stattgefunden hat, so wird, soweit nichts anderes bestimmt ist, ein Viertel der vollen Gebühr, höchstens jedoch ein Betrag von 20 Euro erhoben.

(3) Der für die beantragte Verhandlung oder Entscheidung bestimmte Gebührensatz darf nicht überschritten werden.

(4) Im Fall einer teilweisen Zurückweisung oder Zurücknahme ist die Gebühr nach dem Wert des zurückgewiesenen oder zurückgenommenen Teils, jedoch nur insoweit zu erheben, als die Gebühr für die Erledigung des ganzen Antrags die Gebühr für die teilweise Erledigung übersteigt.

(5) Bei Zurückweisung oder Zurücknahme eines Antrags kann von der Erhebung von Kosten abgesehen werden, wenn der Antrag auf unverschuldeter Unkenntnis der tatsächlichen oder rechtlichen Verhältnisse beruht. § 16 Abs. 2 gilt entsprechend.

§ 131[26] Beschwerden, Anrufung des Gerichts gegen Entscheidungen anderer Behörden oder Dienststellen

(1) Für das Verfahren über Beschwerden wird, soweit nichts anderes bestimmt ist, erhoben

1. in den Fällen der Verwerfung oder Zurückweisung die Hälfte der vollen Gebühr;
2. in den Fällen der Zurücknahme ein Viertel der vollen Gebühr; betrifft die Zurücknahme nur einen Teil des Beschwerdegegenstandes, so ist die Gebühr nur insoweit zu erheben, als sich die Beschwerdegebühr erhöht haben würde, wenn die Entscheidung auf den zurückgenommenen Teil erstreckt worden wäre.

Im übrigen ist das Beschwerdeverfahren gebührenfrei.

(2) Der Wert ist in allen Fällen nach § 30 zu bestimmen.

(3) Richtet sich die Beschwerde gegen eine Entscheidung des Vormundschaftsgerichts oder des Familiengerichts und ist sie von dem Min-

---

[25] § 130 Abs. 1 und 2 geändert durch Gesetz vom 9. 12. 1986 (BGBl. I S. 2326) und das KostREuroUG vom 27. 4. 2001 (BGBl. I S. 751).

[26] § 131 Abs. 1 Nr. 1 und 2 geändert durch Familienrechtsänderungsgesetz vom 11. 8. 1961 (BGBl. I S. 1221), Abs. 3 geändert durch Gesetz vom 14. 6. 1976 (BGBl. I S. 1421), vom 18. 7. 1979 (BGBl. I S. 1061) und vom 12. 9. 1990 (BGBl. I S. 2002).

derjährigen, dem Betreuten oder dem Pflegebefohlenen oder im Interesse dieser Personen eingelegt, so ist sie in jedem Fall gebührenfrei.

(4) Werden Angelegenheiten der in diesem Abschnitt bezeichneten Art von anderen Behörden oder Stellen, insbesondere von Notaren, erledigt und ist in diesen Fällen eine Anrufung des Gerichts vorgesehen, so steht diese hinsichtlich der Gebühren einer Beschwerde gleich. Dies gilt nicht bei Anträgen auf Änderung von Entscheidungen des ersuchten oder beauftragten Richters oder des Urkundsbeamten der Geschäftsstelle. Es gilt ferner nicht, wenn nach einem Verwaltungsverfahren der Antrag auf gerichtliche Entscheidung gestellt wird.

(5) Auslagen, die durch eine für begründet befundene Beschwerde entstanden sind, werden nicht erhoben, soweit das Beschwerdeverfahren gemäß Absatz 1 Satz 2 gebührenfrei ist.

§ 131 a[27] Beschwerden in Versorgungsausgleichssachen

In Verfahren über Beschwerden in Versorgungsausgleichssachen nach § 621 e der Zivilprozeßordnung werden die gleichen Gebühren wie im ersten Rechtszug erhoben.

§ 131 b[28] Beschwerden in Prozeßkostenhilfesachen

Für das Verfahren über Beschwerden gegen Entscheidungen in Verfahren über die Prozeßkostenhilfe wird eine Gebühr von 25 Euro erhoben, wenn die Beschwerde verworfen oder zurückgewiesen wird. Wird die Beschwerde nur teilweise verworfen oder zurückgewiesen, kann das Gericht die Gebühr nach billigem Ermessen auf die Hälfte ermäßigen oder bestimmen, daß eine Gebühr nicht zu erheben ist. Wird die Beschwerde zurückgenommen, bevor eine Entscheidung über sie ergangen ist, wird keine Gebühr erhoben. § 131 Abs. 3 bleibt unberührt.

§ 132 Beglaubigte Abschriften

Soweit nichts anderes bestimmt ist, wird bei der Erteilung beglaubigter Abschriften der vom Gericht erlassenen Entscheidungen sowie der von ihm aufgenommenen oder in Urschrift in seiner dauernden Verwahrung befindlichen Urkunden eine Beglaubigungsgebühr nicht erhoben.

§ 133 Vollstreckbare Ausfertigungen

Für die Erteilung vollstreckbarer Ausfertigungen von gerichtlichen oder notariellen Urkunden wird die Hälfte der vollen Gebühr erhoben, wenn der Eintritt einer Tatsache oder einer Rechtsnachfolge zu prüfen

---

[27] § 131 a eingefügt durch Gesetz vom 14. 6. 1976 (BGBl. I S. 1421).

[28] § 131 b eingefügt durch Gesetz vom 24. 6. 1994 (BGBl. I S. 1325) und geändert durch das KostREuroUG vom 27. 4. 2001 (BGBl. I S. 751).

ist (§§ 726 bis 729 der Zivilprozeßordnung) oder es sich um die Erteilung einer weiteren vollstreckbaren Ausfertigung handelt. Das gleiche gilt im Fall der Erteilung vollstreckbarer Ausfertigungen einer bestätigten Auseinandersetzung sowie in ähnlichen Fällen.

§ 134 Vollstreckungshandlungen

Für die Vornahme von gerichtlichen Vollstreckungshandlungen in Angelegenheiten der freiwilligen Gerichtsbarkeit werden, soweit nichts anderes bestimmt ist, die für solche Handlungen im Gerichtskostengesetz vorgesehenen Gebühren erhoben.

§ 135 Rechtskraftzeugnisse, Kostenfestsetzung

Für die Erteilung von Rechtskraftzeugnissen und für die gerichtliche Festsetzung der einem Beteiligten zu erstattenden Kosten werden Gebühren nicht erhoben.

Dritter Abschnitt. Auslagen

§ 136[29] Schreibauslagen

(1) Schreibauslagen werden erhoben für

1. Ausfertigungen oder Abschriften, die auf Antrag erteilt, angefertigt oder per Telefax übermittelt werden;
2. Ausfertigungen und Abschriften, die angefertigt werden müssen, weil zu den Akten gegebene Urkunden, von denen eine Abschrift zurückbehalten werden muß, zurückgefordert werden; in diesem Fall wird die bei den Akten zurückbehaltene Abschrift gebührenfrei beglaubigt.

(2) Frei von Schreibauslagen sind

1. bei Beurkundungen von Verträgen zwei Ausfertigungen oder Abschriften, bei sonstigen Beurkundungen eine Ausfertigung oder Abschrift;
2. für jeden Beteiligten
   a) eine vollständige Ausfertigung oder Abschrift jeder gerichtlichen Entscheidung und jedes vor Gericht abgeschlossenen Vergleichs,

---

[29] § 136 Überschrift geändert, Abs. 1 Einleitungssatz, Abs. 1 Nr. 1, Abs. 2 und 3 neu gefaßt, frühere Abs. 4 bis 6 und 8 aufgehoben, bisheriger Abs. 7 wurde Abs. 4 sowie neuer Abs. 5 angefügt durch Gesetz vom 20. 8. 1975 (BGBl. I S. 2189); Abs. 3 neu gefaßt durch Gesetz vom 9. 12. 1986 (BGBl. I S. 2326) und geändert durch Gesetz vom 12. 9. 1990 (BGBl. I S. 2002) sowie das KostR-EuroUG vom 27. 4. 2001 (BGBl. I S. 751); Abs. 1 Nr. 1 geändert und Nr. 3 aufgehoben, Abs. 2 Nr. 2 neu gefaßt und Abs. 5 geändert durch Gesetz vom 24. 6. 1994 (BGBl. I S. 1325); Abs. 1 Nr. 2 geändert durch das GvKostRNeu-OG vom 19. 4. 2001 (BGBl. I S. 623).

b) eine Ausfertigung ohne Entscheidungsgründe,

c) eine Abschrift jeder Niederschrift über eine Sitzung,

d) bei Vertretung durch einen Bevollmächtigten jeweils eine weitere vollständige Ausfertigung oder Abschrift.

(3) Die Schreibauslagen betragen unabhängig von der Art der Herstellung in derselben Angelegenheit, in gerichtlichen Verfahren in demselben Rechtszug und bei Vormundschaften, Dauerbetreuungen und -pflegschaften in jedem Kalenderjahr für die ersten 50 Seiten 0,50 Euro je Seite und für jede weitere Seite 0,15 Euro. Die Höhe der Schreibauslagen ist für jeden Kostenschuldner nach § 2 gesondert zu berechnen; Gesamtschuldner gelten als ein Schuldner.

(4) Aufwendungen für die besondere Ausstattung einer Urkunde (Verwendung besonderen Papiers und dgl.) sind in jedem Falle zu erheben.

(5) Werden für Ausfertigungen oder Abschriften Entwürfe verwendet, die der Antragsteller dem Gericht zur Verfügung gestellt hat und die nur durch Geschäftsnummer, Zeitangaben, Kostenrechnung, Ausfertigungs- oder Beglaubigungsvermerk und Unterschrift des ausfertigenden Bediensteten zu ergänzen sind, so werden Schreibauslagen nicht erhoben.

§ 137[30] Sonstige Auslagen

Als Auslagen werden ferner erhoben

1. Entgelte für Telekommunikationsdienstleistungen außer für den Telefondienst;
2. Entgelte für
   a) Zustellungen mit Zustellungsurkunde,
   b) Einschreiben mit Rückschein;
3. für jede Zustellung durch Justizbedienstete nach § 168 Abs. 1 der Zivilprozeßordnung anstelle der tatsächlichen Aufwendungen ein Betrag von 7,50 Euro;
4. für die Versendung von Akten auf Antrag je Sendung pauschal ein Betrag von 8 Euro;
5. Kosten, die durch öffentliche Bekanntmachung entstehen, mit Ausnahme der für Post- und Telekommunikationsdienstleistungen zu zahlenden Entgelte;

---

[30] § 137 neu gefaßt durch Gesetz vom 24. 6. 1994 (BGBl. I S. 1325), Nummern 2 und 3 geändert durch das GvKostRNeuOG vom 19. 4. 2001 (BGBl. I S. 623) und das Zustellungsreformgesetz vom 25. 6. 2001 (BGBl. I S. 1206), Nummern 3, 4 und 7 Buchst. c geändert durch das KostREuroUG vom 27. 4. 2001 (BGBl. I S. 751), Nummer 16 angefügt durch das Gesetz vom 16. 12. 1997 (BGBl. I S. 2942) und neu gefaßt durch das BtÄndG vom 25. 6. 1998 (BGBl. I S. 1580).

6. nach dem Gesetz über die Entschädigung von Zeugen und Sachverständigen zu zahlende Beträge sowie die an Urkundszeugen zu zahlende Vergütungen; erhält ein Sachverständiger auf Grund des § 1 Abs. 3 des Gesetzes über die Entschädigung von Zeugen und Sachverständigen keine Entschädigung, so ist der Betrag zu erheben, der ohne diese Vorschrift zu zahlen wäre; sind die Auslagen durch mehrere Geschäfte veranlaßt, die sich auf verschiedene Rechtssachen beziehen, so werden die Auslagen auf die mehreren Geschäfte unter Berücksichtigung der auf die einzelnen Geschäfte verwendeten Zeit angemessen verteilt
7. bei Geschäften außerhalb der Gerichtsstelle
   a) die den Gerichtspersonen auf Grund gesetzlicher Vorschriften gewährten Vergütungen (Reisekosten, Auslagenersatz),
   b) die Kosten für die Bereitstellung von Räumen,
   c) für den Einsatz von Dienstkraftfahrzeugen für jeden gefahrenen Kilometer ein Betrag von 0,27 Euro;

   sind die Auslagen durch mehrere Geschäfte veranlaßt, die sich auf verschiedene Rechtssachen beziehen, so werden die Auslagen auf die mehreren Geschäfte unter Berücksichtigung der Entfernungen und der auf die einzelnen Geschäfte verwendeten Zeit angemessen verteilt;
8. an Rechtsanwälte zu zahlenden Beträge mit Ausnahme der Vergütungen nach dem 13. Abschnitt der Bundesgebührenordnung für Rechtsanwälte;
9. Rechnungsgebühren (§ 139);
10. Kosten für die Beförderung von Personen;
11. Beträge, die mittellosen Personen für die Reise zum Ort einer Verhandlung, Vernehmung oder Untersuchung und für die Rückreise gezahlt werden, bis zur Höhe der nach dem Gesetz über die Entschädigung von Zeugen und Sachverständigen an Zeugen zu zahlenden Beträge;
12. an Dritte zu zahlende Beträge für
    a) die Beförderung von Tieren und Sachen, mit Ausnahme der für Postdienstleistungen zu zahlenden Entgelte, die Verwahrung von Tieren und Sachen sowie die Fütterung von Tieren;
    b) die Durchsuchung oder Untersuchung von Räumen und Sachen einschließlich der die Durchsuchung oder Untersuchung vorbereitenden Maßnahmen;
13. Kosten einer Zwangshaft in Höhe der für die Freiheitsstrafe geltenden Sätze, Kosten einer sonstigen Haft nur dann, wenn sie nach den für die Freiheitsstrafe geltenden Vorschriften zu erheben wären;

14. Beträge, die anderen inländischen Behörden, öffentlichen Einrichtungen oder Bediensteten als Ersatz für Auslagen der in den Nummern 1 bis 13 bezeichneten Art zustehen, und zwar auch dann, wenn aus Gründen der Gegenseitigkeit, der Verwaltungsvereinfachung und dergleichen keine Zahlungen zu leisten sind; diese Beträge sind durch die Höchstsätze für die bezeichneten Auslagen begrenzt;
15. Beträge, die ausländischen Behörden, Einrichtungen oder Personen im Ausland zustehen, sowie Kosten des Rechtshilfeverkehrs mit dem Ausland, und zwar auch dann, wenn aus Gründen der Gegenseitigkeit, der Verwaltungsvereinfachung und dergleichen keine Zahlungen zu leisten sind;
16. nach § 50 Abs. 5 des Gesetzes über die Angelegenheiten der freiwilligen Gerichtsbarkeit an den Verfahrenspfleger zu zahlende Beträge.

§ 138[31] *(aufgehoben)*

§ 139[32] **Rechnungsgebühren**

(1) Für Rechnungsarbeiten, die durch einen dafür besonders bestellten Beamten oder Angestellten (Rechnungsbeamten) vorgenommen werden, sind als Auslagen Rechnungsgebühren zu erheben, die nach dem für die Arbeit erforderlichen Zeitaufwand bemessen werden. Sie betragen 10 Euro für die Stunde; die letzte, bereits begonnene Stunde wird voll gerechnet.

(2) In Vormundschafts-, Betreuungs- und Pflegschaftssachen werden unbeschadet der Vorschrift des § 92 Abs. 1 Satz 1 für die Prüfung eingereichter Rechnungen Rechnungsgebühren nur erhoben, wenn die nachgewiesenen Bruttoeinnahmen mehr als 1000 Euro für das Jahr betragen. Einnahmen aus dem Verkauf von Vermögensstücken rechnen nicht mit.

(3) Die Rechnungsgebühren setzt das Gericht, das den Rechnungsbeamten beauftragt hat, von Amts wegen fest. § 14 Abs. 3 bis 5 gilt entsprechend. Beschwerdeberechtigt sind die Staatskasse und derjenige, der für die Rechnungsgebühren als Kostenschuldner in Anspruch genommen worden ist.

§§ 140–160 *(vom Abdruck wurde abgesehen)*

---

[31] § 138 aufgehoben durch Gesetz vom 20. 8. 1975 (BGBl. I S. 2189).

[32] § 139 Abs. 1 Satz 2 geändert durch Gesetz vom 20. 8. 1975 (BGBl. I S. 2189), vom 9. 12. 1986 (BGBl. I S. 2326), vom 24. 6. 1994 (BGBl. I S. 1325) und das KostREuroUG vom 27. 4. 2001 (BGBl. I S. 751); Abs. 2 Satz 1 geändert durch Gesetz vom 12. 9. 1990 (BGBl. I S. 2002) und das KostREuroUG vom 27. 4. 2001 (BGBl. I S. 751); Abs. 3 geändert durch Gesetz vom 24. 6. 1994 (BGBl. I S. 1325).

Anlage
(zu § 32)[33]

Geschäftswert bis . . . EUR	Gebühr . . . EUR	Geschäftswert bis . . . EUR	Gebühr . . . EUR	Geschäftswert bis . . . EUR	Gebühr . . . EUR
1 000	10	210 000	372	560 000	897
2 000	18	220 000	387	570 000	912
3 000	26	230 000	402	580 000	927
4 000	34	240 000	417	590 000	942
5 000	42	250 000	432	600 000	957
8 000	48	260 000	447	610 000	972
11 000	54	270 000	462	620 000	987
14 000	60	280 000	477	630 000	1002
17 000	66	290 000	492	640 000	1017
20 000	72	300 000	507	650 000	1032
23 000	78	310 000	522	660 000	1047
26 000	84	320 000	537	670 000	1062
29 000	90	330 000	552	680 000	1077
32 000	96	340 000	567	690 000	1092
35 000	102	350 000	582	700 000	1107
38 000	108	360 000	597	710 000	1122
41 000	114	370 000	612	720 000	1137
44 000	120	380 000	627	730 000	1152
47 000	126	390 000	642	740 000	1167
50 000	132	400 000	657	750 000	1182
60 000	147	410 000	672	760 000	1197
70 000	162	420 000	687	770 000	1212
80 000	177	430 000	702	780 000	1227
90 000	192	440 000	717	790 000	1242
100 000	207	450 000	732	800 000	1257
110 000	222	460 000	747	810 000	1272
120 000	237	470 000	762	820 000	1287
130 000	252	480 000	777	830 000	1302
140 000	267	490 000	792	840 000	1317
150 000	282	500 000	807	850 000	1332
160 000	297	510 000	822	860 000	1347
170 000	312	520 000	837	870 000	1362
180 000	327	530 000	852	880 000	1377
190 000	342	540 000	867	890 000	1392
200 000	357	550 000	882	900 000	1407

[33] Anlage zu § 32 neu gefaßt durch Gesetz vom 20. 8. 1975 (BGBl. I S. 2189) und vom 9. 12. 1986 (BGBl. I S. 2326), geändert durch Gesetz vom 24. 6. 1994 (BGBl. I S. 1325) und das KostREuroUG vom 27. 4. 2001 (BGBl. I S. 751).

Geschäftswert bis . . . EUR	Gebühr . . . EUR	Geschäftswert bis . . . EUR	Gebühr . . . EUR	Geschäftswert bis . . . EUR	Gebühr . . . EUR
910 000	1422	950 000	1482	990 000	1542
920 000	1437	960 000	1497	1 000 000	1557
930 000	1452	970 000	1512		
940 000	1467	980 000	1527		

Anhang 12
Grundstücksverkehrsordnung (GVO)

In der Fassung vom 20. 12. 1993
(BGBl. I S. 2221)*
Geändert durch Gesetz vom 4. 7. 1995 (BGBl. I S. 895), vom 17. 7. 1997 (BGBl. I S. 1823, 1830), vom 20. 10. 1998 (BGBl. I S. 3180, 3186), vom 27. 6. 2000 (BGBl. I S. 897) und vom 2. 11. 2000 (BGBl. I S. 1481)

§ 1[1] Geltungsbereich, Genehmigungsanspruch

(1) In dem in Artikel 3 des Einigungsvertrages bezeichneten Gebiet bedürfen die in den nachfolgenden Bestimmungen bezeichneten Rechtsgeschäfte einer Grundstücksverkehrsgenehmigung. Die Genehmigung kann auch vor Abschluß der Rechtsgeschäfte erteilt werden; eine solche Genehmigung bleibt nur wirksam, wenn das im voraus genehmigte Rechtsgeschäft binnen eines Jahres nach der Ausstellung der Genehmigung abgeschlossen wird.

(2) Die Grundstücksverkehrsgenehmigung ist auf Antrag jeder der an dem genehmigungspflichtigen Rechtsgeschäft beteiligten Personen zu erteilen, wenn

1. bei dem Amt und Landesamt zur Regelung offener Vermögensfragen, in dessen Bezirk das Grundstück belegen ist, für das Grundstück in der Ausschlußfrist des § 30 a des Vermögensgesetzes ein Antrag auf Rückübertragung nach § 30 Abs. 1 des Vermögensgesetzes oder eine Mitteilung über einen solchen Antrag nicht eingegangen oder ein solcher Antrag bestandskräftig abgelehnt oder zurückgenommen worden ist oder
2. der Anmelder zustimmt oder
3. die Veräußerung nach § 3 c des Vermögensgesetzes erfolgt;

sie im übrigen zu versagen. Die Grundstücksverkehrsgenehmigung kann auch erteilt werden, wenn der Antrag nach § 30 Abs. 1 des Vermögensgesetzes offensichtlich unbegründet erscheint, insbesondere weil Restitutionsansprüche angemeldet sind, die auf Enteignungen von Vermögenswerten auf besatzungsrechtlicher oder besatzungshoheitlicher Grundlage beruhen, oder weil Grundstücke im komplexen Wohnungsbau oder Siedlungsbau verwendet wurden. Stimmt der Anmelder gemäß Satz 1 Nr. 2 zu, so ist auf seinen Antrag in dem Verfahren nach

---

* Gilt nur im Gebiet der früheren DDR.

[1] § 1 Abs. 2 Satz 2 geändert durch Gesetz vom 4. 7. 1995 (BGBl. I S. 895), § 1 Abs. 3 neu gefaßt durch Gesetz vom 17. 7. 1997 (BGBl. I S. 1823, 1830).

dem Vermögensgesetz festzustellen, ob er ohne die Durchführung des genehmigungsbedürftigen Rechtsgeschäfts rückübertragungsberechtigt gewesen wäre.

(3) Bei der Prüfung gemäß Absatz 2 Satz 1 Nr. 1 bleiben Anträge außer Betracht, wenn die Voraussetzungen des § 11 gegeben sind.

(4) Kann die Genehmigung nicht erteilt werden, so setzt die zuständige Behörde das Verfahren bis zum Eintritt der Bestandskraft der Entscheidung über den Antrag nach § 30 Abs. 1 des Vermögensgesetzes aus. Auf Antrag eines Beteiligten ergeht hierüber ein gesonderter Bescheid. Ein Vorgehen nach dem Investitionsvorranggesetz oder § 7 des Vermögenszuordnungsgesetzes sowie für diesen Fall getroffene Vereinbarungen der Beteiligten bleiben unberührt.

§ 2[2] Erfordernis der Genehmigung

(1) Einer Genehmigung bedürfen

1. die Auflassung eines Grundstücks und der schuldrechtliche Vertrag hierüber,
2. die Bestellung und Übertragung eines Erbbaurechts und der schuldrechtliche Vertrag hierüber.

Eine Genehmigung ist nicht erforderlich, wenn

1. der Rechtserwerb des Veräußerers aufgrund einer nach dem 28. September 1990 erteilten Grundstücksverkehrsgenehmigung nach diesem Gesetz auch in seiner vor dem Inkrafttreten dieses Gesetzes geltenden Fassung oder der Grundstücksverkehrsordnung oder aufgrund einer Investitionsbescheinigung, einer Entscheidung nach § 3a des Vermögensgesetzes, eines Investitionsvorrangbescheides oder nach dieser Nummer in das Grundbuch eingetragen worden ist, sofern nicht ein Vertrag nach § 3c des Vermögensgesetzes vorliegt, oder wenn das Eigentum nach einer Feststellung nach § 13 Abs. 2 des Investitionsvorranggesetzes nicht zurückzuübertragen ist oder
2. der Rechtserwerb des Veräußerers aufgrund einer Entscheidung nach § 31 Abs. 5 Satz 3 oder § 33 Abs. 4 des Vermögensgesetzes in das Grundbuch eingetragen worden ist oder
3. der Veräußerer selbst seit dem 29. Januar 1933 ununterbrochen als Eigentümer im Grundbuch eingetragen war oder zu diesem Zeitpunkt ein Dritter, von dem der Veräußerer das Eigentum im Wege der Erbfolge erlangt hat, im Grundbuch als Eigentümer eingetragen war, oder

---

[2] § 2 Abs. 1 Satz 2 Nr. 2 geändert durch Gesetz vom 4. 7. 1995 (BGBl. I S. 895) und Nr. 5 angefügt durch Gesetz vom 20. 10. 1998 (BGBl. I S. 3180, 3186).

4. das Rechtsgeschäft auf die Eintragung einer Vormerkung gerichtet ist oder
5. der Rechtserwerb des Veräußerers nach dem 2. Oktober 1990 durch Zuschlagsbeschluß in der Zwangsversteigerung erfolgt und in das Grundbuch eingetragen worden ist.

Satz 2 Nr. 1 bis 5 gilt für die Bestellung oder Übertragung eines Erbbaurechts entsprechend. Die Genehmigung des schuldrechtlichen Vertrages erfaßt auch das zu seiner Ausführung erforderliche dingliche Rechtsgeschäft; die Genehmigung des dinglichen Rechtsgeschäfts erfaßt auch den zugrundeliegenden schuldrechtlichen Vertrag. Wird die Genehmigung für mehrere Grundstücke beantragt, kann die Genehmigung aber nicht für alle erteilt werden, so ist die Genehmigung auf die einzelnen Grundstücke zu beschränken, für die die Voraussetzungen des § 1 Abs. 2 vorliegen, auch wenn die fraglichen Rechtsgeschäfte in einer Urkunde zusammengefaßt sind.

(2) Das Grundbuchamt darf auf Grund eines nach Absatz 1 genehmigungspflichtigen Rechtsgeschäfts eine Eintragung in das Grundbuch erst vornehmen, wenn der Genehmigungsbescheid vorgelegt ist. Es darf nicht mehr eintragen, wenn die zuständige Behörde mitgeteilt hat, daß gegen den Genehmigungsbescheid ein Rechtsbehelf eingelegt worden ist und dieser aufschiebende Wirkung hat. Die zuständige Behörde hat dem Grundbuchamt die Einlegung eines solchen Rechtsbehelfs sowie das Entfallen der aufschiebenden Wirkung unverzüglich mitzuteilen. Die Mitteilung durch die Behörde im Sinne dieses Absatzes steht es gleich, wenn das Grundbuchamt auf anderem Wege durch öffentliche oder öffentlich beglaubigte Urkunde Kenntnis erlangt. Ist die Genehmigung vor dem 3. Oktober 1990 erteilt worden, so kann das Grundbuchamt vor der Eintragung die Vorlage einer Bestätigung der zuständigen Behörde über die Wirksamkeit der Genehmigung verlangen, wenn Anhaltspunkte dafür gegeben sind, daß die Genehmigung infolge der Einlegung eines Rechtsbehelfs nach Satz 2 oder aus sonstigen Gründen nicht wirksam ist.

§ 3 Begriffsbestimmungen

Grundstücke im Sinne dieses Gesetzes sind auch Teile eines Grundstücks sowie Gebäude und Rechte an Gebäuden oder Gebäudeteilen, die auf Grund von Rechtsvorschriften auf besonderen Grundbuchblättern (Gebäudegrundbuchblätter) nachgewiesen werden können. Der Auflassung eines Grundstücks stehen gleich:

1. die Einräumung oder die Auflassung eines Miteigentumsanteils an einem Grundstück,
2. die Auflassung von Teil- und Wohnungseigentum an einem Grundstück.

§ 4 Inhalt der Entscheidung

(1) In der Entscheidung ist das Grundstück zu bezeichnen. Die Versagung der Genehmigung sowie die Aussetzung des Genehmigungsverfahrens sind zu begründen.

(2) Die Genehmigung kann insbesondere in den Fällen des § 1 Abs. 1 Satz 2 mit Auflagen verbunden werden, die sicherstellen, daß der Genehmigungszweck erreicht wird. Sie sind zu begründen.

(3) Die Entscheidung über den Antrag ist mit einer Rechtsbehelfsbelehrung zu versehen und allen Beteiligten, wenn sie vertreten sind, nur dem Vertreter zuzustellen.

§ 5 Rücknahme und Widerruf der Genehmigung

Für die Rücknahme und den Widerruf der Genehmigung gelten die Bestimmungen des Verwaltungsverfahrensgesetzes. Der Widerruf kann nur bis zum Ablauf eines Jahres nach Erteilung der Genehmigung erfolgen. Die Rücknahme oder der Widerruf dürfen nicht darauf gestützt werden, daß dem Amt oder Landesamt zur Regelung offener Vermögensfragen, in dessen Bezirk das Grundstück liegt, nach Erteilung der Grundstücksverkehrsgenehmigung ein Antrag nach § 30 Abs. 1 des Vermögensgesetztes bekannt wird, der vor der Entscheidung bei dieser Stelle nicht eingegangen war oder über den dort keine Mitteilung vorlag.

§ 6 Rechtsmittel

Für Streitigkeiten über die Erteilung der Grundstücksverkehrsgenehmigung oder die Aussetzung des Verfahrens nach diesem Gesetz ist der Verwaltungsrechtsweg gegeben. Die Vorschriften der Verwaltungsgerichtsordnung über das Vorverfahren finden auch auf schwebende Beschwerdeverfahren Anwendung. Örtlich zuständig ist das Gericht, in dessen Bezirk die Stelle, die für die Erteilung der Grundstücksverkehrsgenehmigung zuständig ist, ihren Hauptsitz hat. Eine Entscheidung nach diesem Gesetz kann nicht wegen eines Verstoßes gegen die Bestimmungen über die Zuständigkeit angefochten werden.

§ 7 Verfahren bei Aufhebung der Genehmigung

(1) Die Rücknahme, der Widerruf oder die sonstige Aufhebung einer nach § 2 erforderlichen Genehmigung stehen der Wirksamkeit des genehmigungspflichtigen Rechtsgeschäfts nicht entgegen, wenn in dessen Vollzug die Grundbuchumschreibung erfolgt ist. In diesem Fall kann nach Wirksamwerden des Rechtsgeschäfts bei der nach § 8 zuständigen Stelle die Feststellung beantragt werden, daß die Voraussetzungen des § 1 inzwischen vorliegen. Diente das genehmigungspflichtige Rechtsgeschäft einer besonderen Investition (§ 3 des Investitionsvorranggesetzes), so

kann bei der Stelle, die nach dem Investitionsvorranggesetz zuständig wäre, nachträglich nach Maßgabe des Investitionsvorranggesetzes ein Investitionsvorrangbescheid beantragt werden, wenn das Fehlen der Voraussetzungen des § 1 nicht offensichtlich war. Ein eigenes Angebot des Anmelders wird in diesem Fall nur berücksichtigt und genießt den Vorzug nur, wenn das Vorhaben noch nicht im wesentlichen durchgeführt ist. § 13 Abs. 1 Satz 3 des Investitionsvorranggesetzes gilt sinngemäß.

(2) Von dem Zeitpunkt an, in dem die Aufhebung der Genehmigung bestandskräftig wird, ist der Erwerber verpflichtet, dem Verfügungsberechtigten das Grundstück, soweit es ihm noch gehört, in dem Zustand zurückzuübereignen, in dem es sich in dem genannten Zeitpunkt befindet. Der Verfügungsberechtigte ist vorbehaltlich abweichender Vereinbarungen der Parteien verpflichtet, dem Erwerber den ihm aus der Erfüllung der Verpflichtung zur Rückübertragung entstandenen Schaden zu ersetzen, es sei denn, der Erwerber durfte aufgrund der Umstände der Erteilung der Genehmigung auf deren Bestand vertrauen. Die Sätze 1 und 2 gelten nicht, wenn die Feststellung gemäß Absatz 1 Satz 1 unanfechtbar erfolgt ist oder ein bestandskräftiger Investitionsvorrangbescheid gemäß Absatz 1 Satz 3 ergangen ist. Für die Dauer des Verfahrens nach Absatz 1 Satz 2 und 3 kann die Erfüllung des Anspruchs nach Satz 1 verweigert werden.

(3) Ist das Grundstück gemäß Absatz 2 Satz 1 zurückzuübereignen, kann das Eigentum an dem Grundstück oder, wenn dieses noch nicht auf den Verfügungsberechtigten übertragen worden ist, der Anspruch auf Rückübereignung durch das Amt zur Regelung offener Vermögensfragen gemäß § 3 Abs. 1 des Vermögensgesetzes auf den Berechtigten (§ 2 Abs. 1 des Vermögensgesetzes) übertragen werden. In diesem Fall ist der Berechtigte unbeschadet des § 7 des Vermögensgesetzes verpflichtet, dem Verfügungsberechtigten den Wert zu ersetzen, den die Verwendungen des Erwerbers auf das Grundstück im Zeitpunkt der Rückübertragung haben. Als Verwendung gilt auch die Errichtung von Bauwerken und Anlagen. Der Berechtigte kann in diesem Fall auf die Übertragung des Eigentums nach dem Vermögensgesetz verzichten und stattdessen Zahlung des Erlöses oder des Verkehrswertes verlangen, den das Grundstück im Zeitpunkt der Erteilung der Genehmigung hatte. Soweit das Grundstück oder Gebäude weiterveräußert worden ist, ist der Verfügungsberechtigte verpflichtet, dem Berechtigten (§ 2 Abs. 1 des Vermögensgesetzes) den ihm hieraus entstehenden Schaden zu ersetzen.

(4) Die Absätze 1 bis 3 gelten für die Aufhebung einer Genehmigung für die Bestellung oder Übertragung eines Erbbaurechts entsprechend.

§ 8[3] Zuständigkeit

Für die Erteilung der Genehmigung sind die Landkreise und die kreisfreien Städte zuständig. Soweit die Bundesanstalt für vereinigungsbedingte Sonderaufgaben oder eines ihrer Unternehmen verfügungsbefugt ist, wird die Grundstücksverkehrsgenehmigung von dem Oberfinanzpräsidenten der Oberfinanzdirektion Berlin oder von einer von ihm ermächtigten Person erteilt. Die Zuständigkeit des Oberfinanzpräsidenten der Oberfinanzdirektion Berlin entfällt nicht dadurch, daß Anteile an Unternehmen auf Dritte übertragen werden oder, dass Grundstücke aus der Verfügungsbefugnis der Bundesanstalt für vereinigungsbedingte Sonderaufgaben oder einer in § 2 Abs. 1 Satz 1 der Treuhandanstaltumbenennungsverordnung vom 20. Dezember 1994 (BGBl. I S. 3913) bezeichneten Kapitalgesellschaft auf den Bund oder eine Kapitalgesellschaft übertragen worden sind oder übertragen werden, deren sämtliche Geschäftsanteile oder Aktien sich unmittelbar oder mittelbar in der Hand des Bundes befinden.

§ 9[4] Gebühren

(1) Die Erteilung einer Genehmigung nach § 2 ist gebührenpflichtig. Gebührenschuldner ist der Antragsteller. Mehrere Gebührenschuldner haften als Gesamtschuldner.

(2) Die Gebühr ist unter Berücksichtigung des Grundstückswerts bei der Erteilung der Genehmigung festzusetzen. Die Höchstgebühr beträgt 250 Euro. Die Landesregierungen, die durch Rechtsverordnung die Landesinnenverwaltungen ermächtigen können, werden ermächtigt, durch Rechtsverordnung einen Gebührenrahmen zu bestimmen.

(3) Landesrechtliche Regelungen über Gebührenbefreiungen bleiben unberührt.

§ 10[5] Verordnungsermächtigung

(1) Das Bundesministerium der Justiz wird ermächtigt, mit Zustimmung des Bundesrates durch Rechtsverordnung ergänzende Bestimmungen über das Genehmigungsverfahren zu erlassen und, soweit die Bundesanstalt für vereinigungsbedingte Sonderaufgaben oder eines ihrer Unternehmen verfügungsbefugt ist oder eine Übertragung gemäß § 8 Satz 3 vorgenommen wurde oder wird, die Zuständigkeiten für die Erteilung der Genehmigung einer oder mehreren anderen Stellen des Bundes zu übertragen.

---

[3] § 8 Sätze 2 und 3 geändert durch Gesetz vom 2. 11. 2000 (BGBl. I S. 1481).

[4] § 9 Abs. 2 Satz 2 geändert durch Gesetz vom 27. 6. 2000 (BGBl. I S. 897).

[5] § 10 Abs. 1 Satz 1 geändert durch Gesetz vom 2. 11. 2000 (BGBl. I S. 1481) und § 10 Abs. 2 angefügt durch Gesetz vom 20. 10 1998 (BGBl. I S. 3180, 3186).

(2) Die Landesregierungen werden ermächtigt, die Zuständigkeit für die Erteilung der Genehmigung nach § 8 Abs. 1 Satz 1 auf eine oder mehrere Landkreise oder kreisfreie Städte zu konzentrieren oder auf das Landesamt zur Regelung offener Vermögensfragen zu übertragen. Die Landesregierungen können diese Ermächtigung durch Rechtsverordnung auf eine von ihnen zu bestimmende Stelle übertragen.

§ 11[6] Bestandsschutz

(1) Eine Grundstücksverkehrsgenehmigung nach diesem Gesetz ist nicht deshalb nach Maßgabe des § 5 oder auf Grund eines Rechtsbehelfs aufzuheben, weil Ansprüche nach § 3 Abs. 1 oder § 6 des Vermögensgesetzes angemeldet waren, wenn das Grundstück im Zeitpunkt der Erteilung der Grundstücksverkehrsgenehmigung von dem Anmelder nicht entsprechend § 28 der Grundbuchordnung oder mit einer Angabe bezeichnet war, die diese Bezeichnung nach Rechtsvorschriften ersetzt, oder wenn diese Bezeichnung im Zeitpunkt der Erteilung der Grundstücksverkehrsgenehmigung anhand einer Anschrift oder anderer Angaben ohne Mitwirkung des Anmelders nicht ermittelt werden konnte.

(2) Auf Grund einer Auskunft darüber, daß bei der in § 1 Abs. 2 Satz 1 Halbsatz 1 Nr. 1 bezeichneten Stelle keine Anträge auf Rückübertragung des Grundstücks nach § 30 Abs. 1 des Vermögensgesetzes oder keine Mitteilung über einen solchen Antrag eingegangen sind (Negativattest), kann eine Grundstücksverkehrsgenehmigung nach diesem Gesetz ohne weitere Nachforschung nach Ansprüchen gemäß § 3 Abs. 1 und § 6 des Vermögensgesetztes erteilt werden, wenn das Negativattest im Zeitpunkt der Erteilung des Bescheids nicht älter als 6 Monate ist und wenn der Anmelder nicht eine nähere Bezeichnung des Grundstücks im Sinne des Absatzes 1 der Genehmigungsbehörde mitgeteilt hat.

---

[6] § 11 eingefügt durch Gesetz vom 17. 7. 1997 (BGBl. I S. 1823, 1830).

Sachverzeichnis

Die fetten Zahlen bedeuten die Paragraphen der GBO, die mageren Zahlen die Randnummern.

A

Abänderungsurkunden, Verbindung mit dem Brief **58** 10

Abbaurecht **20** 12; **22** 62; **49** 13; **137** 2, 6

Abgabenordnung, EintrErsuchen nach der A. **38** 16

Abgabeschuld s. HypGewinnabgabe **28** 34

Abgeltungshypothek, Sonderregelung im Gebiet der früheren DDR **84** 2; Briefausschluss **56** 6; Löschung **27** 9; **29** 22; **84** 2; Erlöschen der nach einer A. entstandenen Umstellungsgrundschuld bei Ablösung **28** 34

Abgeschlossenheitsbescheinigung, als Anlage zur EintrBewilligung **Anh. 3** 44; **19** 39

Abhilfe, einer Beschwerde durch das GBAmt **75** 1; keine A. einer weiteren Beschwerde **80** 15

Ablehnung von Organen des GBAmts **11** 6; von Richtern der Beschwerdegerichte **81** 10

Ablösung von Umstellungsgrundschulden und der HypGewinnabgabe **28** 28; von Grundpfandrechten, Erlöschen **Anh. 84–89** 58

Ablösungssumme, Angabe im Rentenschuldbrief **70** 3

Abschreibung von Grundstücksteilen, Voraussetzungen **2** 28, 29; vorschriftswidrige A. **2** 35; Notwendigkeit bei Veräußerung **7** 15; grundsätzliche Notwendigkeit bei Belastung **7** 17; Verfahren **7** 28; Bezeichnung des Grundstücksteils **20** 32; **28** 12; lastenfreie Abschreibung **27** 7; **46** 18, 19; Übertragung der Rechte **48** 24, 33

Abschriften, Zurückbehaltung beglaubigter A. bei Herausgabe aufbewahrungspflichtiger Urkunden **10** 19; Erteilung von A. aus dem GB und den Grundakten **12** 22, 25; Anfertigung von A. bei der GBEinsicht **12** 21; beglaubigte A. von Schuldurkunden für die Grundakten **58** 8

Abrufverfahren s. automatisiertes Abrufverfahren

Absolute Verfügungsbeschränkungen, EintrFähigkeit **Anh. 13** 23; Wirkung **22** 53

Abspeicherungsbefehl, beim maschinell geführten GB **129** 2

Abtretung des durch Vormerkung gesicherten Anspruchs **Anh. 44** 90, 102; von Briefrechten, sachlichrechtliche Erfordernisse **26** 5; Abtretungserklärung als Ersatz der EintrBewilligung **26** 14; Inhalt der Abtretungserklärung **26** 17; mehrfache A., Kettenabtretung **19** 73; **39** 7

Abzahlungshypothek **Anh. 44** 54

Änderung einer GBEintragung **44** 69

Adressat der EintrBewilligung **19** 25

AGB-Gesetz **Anh. 3** 26; **19** 40; **Anh. 44** 88; **53** 48

Aktenkundige Tatsachen **29** 61

Alpgenossenschaft, gesetzliche Vertretung **29** 15

Altenteil, Begriff **49** 3; Eintragung **49** 8; Verpfändung von Rechten aus einem A. **26** 24; Pfändung **Anh. 26** 1

Alternativberechtigung **44** 11; **Anh. 44** 31, 108

Altrechtliche Dienstbarkeit Anh. 8 33; **22** 20; **Anh. 44** 10; Anfechtbarkeit **71** 43, 44
Amortisationshypothek s. Tilgungshypothek
Amtlicher Ausdruck, beim maschinell geführten GB **131** 4
Amtliches Verzeichnis als Grundlage der Bezeichnung der Grundstücke im GB **2** 6; Erhaltung der Übereinstimmung zwischen GB und a.V. **2** 22
Amtsberichtigung der Eigentümereintragung **82** 4
Amtsgericht als GBAmt **1** 2
Amtshaftung s. Haftung
Amtslöschung inhaltlich unzulässiger Eintragungen **53** 42; Beschaffung des Briefs **53** 63
Amtspflichtverletzung s. Haftung
Amtsverfahren, Ermittlungspflicht des GBAmts **1** 47; Beweismittel **1** 52; Rechtshilfe **1** 63
Amtswiderspruch, rechtliche Natur **53** 18; Voraussetzungen **53** 19ff.; Inhalt **53** 33; Eintragung **53** 35; Wirkung **53** 39; Löschung **53** 41; Beschaffung des Briefs **53** 64; Eintragung eines A. als Beschwerdeziel **71** 55; **78** 7; Beschwerdeberechtigung **71** 68ff.
Änderung, von Entscheidungen **1** 61; des Sondereigentums, der Zusammensetzung und der Zweckbestimmung beim WEigentum **Anh. 3** 77; einer Eintragung **44** 69; öffentlich beglaubigter Urkunden **29** 43
Aneignung eines Grundstücks **Anh. 44** 4
Anfechtbarkeit des EintrAntrags **13** 7; der EintrBewilligung **19** 115; der Zurücknahme des EintrAntrags **13** 41
Anfechtung von Entscheidungen des Richters **71** 4; von Entscheidungen des Rpflegers **71** 5; von Entscheidungen des Urkundsbeamten der Geschäftsstelle **71** 10
Anlagen, Bezugnahme **19** 34; bei Begründung von WEigentum **Anh. 3** 43
Anlegung des Grundbuchs, erstmalige A. **135** 3; nachträgliche A. **116** 1; Verfahren **116** 5; A. des maschinell geführten GB **128** 5; eines besonderen GBBlatts für Gebäudeeigentum **144** 16; für Erbbaurechte nach dem BGB **Anh. 8** 17; Verfahren **Anh. 8** 21; Bedeutung des Blatts **Anh. 8** 23
Anlegungsverfahren bei der erstmaligen Anlegung des GB **135** 3; bei nachträglicher Anlegung eines GBBlatts **116** 5; bei Anlegung eines Gebäudegrundbuchblatts **144** 16
Anliegerweg (Anliegergraben, Anliegerwasserlauf) **2** 18; als unselbständiger Grundstücksbestandteil **3** 5; **28** 12; rechtliche Verselbständigung **2** 31
Anmeldung vermögensrechtlicher Ansprüche **19** 136; **38** 27
Anregung von Amtsverfahren **13** 6; **53** 15; **55** 10; **71** 26
Anschlussbeschwerde, wegen der Kosten **71** 32
Antrag, Antragsgrundsatz **13** 3; Rechtsnatur des EintrAntrags **13** 7; materielle Wirkungen **13** 9; Einfluss auf die Rangordnung **13** 14; Inhalt des EintrAntrags **13** 15, 21; kein Vorbehalt **16**; unzulässiger neuer A. in der Beschwerdeinstanz **74** 6; in der Rechtsbeschwerdeinstanz **78** 11; Bezeichnung des Grundstücks und der Geldbeträge **28** 6; Form des EintrAntrags **30** 5; Eingang beim GBAmt **13** 23; Eingangsvermerk **13** 31; Verfügungsbeschränkung und unerledigter Antrag **13** 9; **38** 36; Erledigung mehrerer EintrAnträge **17**; verschleppte Erledigung oder Erledigung nicht in der Reihenfolge des Eingangs **18** 1; unerledigter A. und Ersuchen um Eintragung des Zwangsversteigerungsvermerks **38** 36; unerledigter A. und GBEinsicht **12** 17; unvollständige Erledigung **53** 12; Zurücknahme des EintrAntrags **13** 36; Form **31** 6; Wirkung **31** 12; Zurückwei-

sung eines EintrAntrags **18** 5; Zurückweisung eines nicht gestellten oder zurückgenommenen Antrags **71** 59; s. auch Antragsberechtigung, Antragsermächtigung, Antragsvollmacht
Antragsbefugnis 13 49
Antragsberechtigung 13 42; des Vollstreckungsgläubigers **14**
Antragsermächtigung des Notars, Wesen **15** 2; Voraussetzungen **15** 6; Ausübung **15** 9; Inhalt **15** 15; Wirkung der Antragsstellung **15** 19; Widerruf **31** 16
Antragsgrundsatz, Geltungsgebiet **13** 3; Bedeutung **13** 4; Ausnahmen **13** 6
Antragsverfahren, keine Ermittlungen des GBAmts **1** 46; **13** 5; **Anh. 13** 2; **29** 23; Beweismittel **1** 51
Antragsvollmacht, Begriff und Form **30** 7; Widerruf **31** 15; s. auch Antragsermächtigung
Anwachsung, bei Ausscheiden eines BGB-Gesellschafters **19** 108; **22** 15
Anwartschaft, Anwartschaftsrecht aus einer Auflassung s. Auflassung
Anzeigepflicht im Rangklarstellungsverfahren **93; 94** 2
Apostille 29 53
Arrestbefehl, Vollziehung **Anh. 26** 39
Arresthypothek Anh. 26 43
Aufbauhypothek, im Gebiet der früheren DDR **Anh. 44** 42; **45** 23
Aufbewahrung von Urkunden, aufbewahrungspflichtige Urkunden **10** 3; Voraussetzungen der Aufbewahrungspflicht **10** 12; Ort und Art der Aufbewahrung **10** 17; Herausgabe aufbewahrungspflichtiger Urkunden **10** 19; auf einem Bild- oder Datenträger **10 a** 1
Aufgebotsverfahren bei der nachträglichen Anlegung eines GBBlatts **119–121** 2; zum Ausschluss unbekannter Berechtigter **Anh. 84–89** 18
Aufhebung eines WEigentums **Anh. 3** 94; des gesamten Sondereigentums **Anh. 3** 100
Aufklärungspflicht des GB-Amts als Vollstreckungsorgan **18** 7, 9
Auflage in behördlichen Genehmigungen **19** 119
Auflassung, Nachweis **20** 1; Notwendigkeit **20** 5; Form **20** 14; Zuständigkeit zur Entgegennahme **20** 15; Vorlegung der Urkunde über den zugrunde liegenden Vertrag **20** 19; gleichzeitige Anwesenheit beider Teile **20** 20; Beurkundung **20** 27; Bezeichnung des Grundstücks **20** 32; Angabe eines Gemeinschaftsverhältnisses **20** 33; keine Bedingung oder Befristung **20** 36; durch einen Nichtberechtigten **20** 20; an einen Sequester **Anh. 26** 50; durch einen Vertreter **20** 20; mehrfache A. **17** 2; **39** 11; behördliche Genehmigungen **20** 55; Übertragung der Anwartschaft oder des Anwartschaftsrechts aus der A. **20** 43; Verpfändung und Pfändung der Anwartschaft oder des Anwartschaftsrechts aus der A. **26** 28; **Anh. 26** 53
Auflassungsanspruch, Sicherung durch Vormerkung **Anh. 44** 102; Verpfändung **26** 25; Wirkungen seiner Verpfändung **20** 46; Pfändung **Anh. 26** 50, 53; Abtretung hinsichtlich einer realen Teilfläche **Anh. 44** 102
Auflassungsvollmacht 19 75; **20** 21; Form **19** 78
Auflassungsvormerkung, hinsichtlich eines Grundstücksteils **7** 25; nach erklärter Auflassung **Anh. 44** 103; für einen Ehegatten **Anh. 44** 105; Rötung bei Eintragung der Auflassung **46** 24; Löschung wegen Versagung einer behördlichen Genehmigung **22** 38
Aufrechnungsverbot, bei der Hyp. nicht eintragungsfähig **Anh. 13** 15

Aufteilungsplan, als Anlage zur EintrBewilligung **Anh. 3** 46; **19** 39
Auflösung der Verbindung der Schuldurkunde mit dem Brief **58** 11; der Briefgemeinschaft **66** 12
Ausbuchung buchungsfreier Grundstücke **3** 20
Ausdruck beim maschinell geführten GB **131** 1; Formen **131** 3; Übermittlung **131** 5; A. aus dem Liegenschaftskataster **2** 34
Ausfallsicherungshypothek Anh. 44 44; **48** 13
Aushändigung des Briefs bei Erteilung **60** 3, 5; bei nachträglicher Einreichung **60** 9; Form **60** 11; Beschwerde gegen unrichtige Aushändigung **60** 18
Auskünfte, Erteilung durch das GBAmt **12** 28; der Vermessungsbehörde als öffentliche Urkunde **29** 37
Auslagen s. Kosten, Schreibgebühren
Ausländer, Beteiligung am GBVerkehr **33** 2; Prüfung des GBAmts **33** 29; Nachweis des Güterrechts **33** 1; Nachweis der Erbfolge nach A. **35** 13; Genehmigung zum Erwerb von Grundstücken **20** 55
Ausländische juristische Person, Erwerbsfähigkeit **19** 95; Erwerbsbeschränkungen **19** 138; Nachweis des Bestehens und der Vertretungsbefugnis **29** 63, 64; **32** 2
Ausländischer Staat, Nachweis der Rechtsinhaberschaft **19** 46
Ausländisches Recht, Ermittlung durch das GBAmt **13** 5; Verletzung **53** 24; Nachprüfung der Anwendung auf weitere Beschwerde **78** 9
Ausländische Urkunden 1 34; Legalisation **29** 50
Ausländische Vollmachten 19 76, 79
Ausländische Währung, Eintragungen im GB in a.W. **28** 17; Grundpfandrechte in a. W. **28** 26
Auslegung des EintrAntrags **13** 15; der EintrBewilligung **19** 27; von Vollmachten **19** 75; **20** 21; von Eintragungen **53** 4; von Gesetzen **Anh. 13** 27; einer Unterwerfungserklärung **44** 37; Änderung einer früheren A. **Anh. 13** 11; **35** 44; **53** 16; Nachprüfung auf weitere Beschwerde **78** 13; eigene A. des Rechtsbeschwerdegerichts **78** 15
Ausschließung von Organen des GBAmts **11** 3, 4; von Richtern der Beschwerdegerichte **81** 10
Ausschluss der Aufhebung der Gemeinschaft als Belastung eines ideellen Miteigentumsanteils **7** 18; A. der Brieferteilung **56** 6; Bewilligung des Eigentümers bei nachträglichem A. der Brieferteilung **19** 50; A. des gesetzlichen Löschungsanspruchs **Anh. 44** 49
Ausschlussdienstbarkeit Anh. 44 19
Ausschlussurteil als Ersatz der Vorlegung des Briefs **41** 11; **67** 6; als Voraussetzung der Aneignung **Anh. 44** 6; gegen unbekannte Berechtigte **Anh. 84–89** 24
Aussetzung des EintrVerfahrens **1** 53; **18** 1; des Beschwerdeverfahrens **77** 8; des Rangklarstellungsverfahrens **106** 2
Austragshausdienstbarkeit Anh. 44 24
Ausübung eines Rangvorbehalts **45** 41; Beschränkung der A. eines Rechts auf einen Teil des belasteten Grundstücks **7** 21; des Rechts auf GBEinsicht **12** 19; des Antrags-, Bewilligungs- und Beschwerderechts **13** 53; **19** 57; **71** 61; Überlassung der A. eines nicht übertragbaren Rechts **Anh. 26** 3; einer Dienstbarkeit am Sondereigentum oder Sondernutzungsrecht **Anh. 3** 66, 68
Ausübungsbeschränkung, bei Belastung des ganzen Grundstücks **7** 21; bei einer Finanzierungsvollmacht **19** 75

Ausübungsrecht, Verpfändung des A. bei nichtübertragbaren Rechten **26** 24; Pfändung **Anh. 26** 3

Auswärtiges Amt, Bestätigung der Rechtsinhaberschaft bei ausländischem Staat **19** 46

Auszug aus dem Grundbuch, Abschriften **12** 22; Aufnahme in den Brief **57** 3, 6; A. aus dem Liegenschaftskataster **2** 29; A. als Bezeichnung für Leibgeding **49** 2

Automatisiertes Abrufverfahren, Umfang **133** 2; Berechtigte **133** 4; Zulassungsvoraussetzungen **133** 6, 13; Kontrolle **133** 8; eingeschränktes Abrufverfahren **133** 5; Genehmigung **133** 17; widerruf **133** 21; Verfahren **133** 24

Automatisierte Datenübernahme aus dem Liegenschaftskataster **127** 6

Automatisiertes Grundbuch s. maschinell geführtes GB

B

Barzahlungsklausel Anh. 44 47

Basiszinssatz Anh. 44 45

Baugesetzbuch, Geltung im Gebiet der früheren DDR **19** 126; Genehmigungspflicht bei Veräußerung und Belastung von Grundstücken **19** 126; bei Grundstücksteilung **7** 5; bei Begründung oder Teilung von WEigentum, Wohnungserbbaurechten oder Dauerwohnrechten **Anh. 3** 48; bei Bestellung oder Veräußerung eines Erbbaurechts **Anh. 8** 31; Vorkaufsrecht der Gemeinde **20** 52

Bauhandwerkersicherungshypothek, keine Anwendung des § 867 Abs. 2 ZPO **Anh. 44** 117; Eintragung einer Vormerkung und Umschreibung **Anh 44** 115

Baulast 54 4

Bauschutzvereine, Einsicht des GB durch B. **12** 16

Bayer. Bürgermeister, als Vertreter der Gemeinde **19** 85

Beauftragte Stelle, Zustimmung zur Eintragung der Umstellung, Erteilung der Übergangsbescheinigung für Eigentümer-Umstellungsgrundschulden, Bewilligung eines Befriedigungsvorrechts und der Eintragung eines solchen **28** 34; Form der Erklärungen **29** 48; Einlegung der weiteren Beschwerde **80** 4

Beeidigung, von Zeugen, Sachverständigen und Beteiligten **152**

Bedingung beim EintrAntrag **16** 3; bei der EintrBewilligung **19** 31; Bezugnahme bei der Eintragung **44** 20; bei der Auflassung **20** 36; bei der Einräumung oder Aufhebung von Sondereigentum **Anh. 3** 15, 100; bei der Bestellung oder Übertragung eines Erbbaurechts **20** 37; bei der Bestellung eines Dauerwohnrechts **16** 2; bei Rangvorbehalt **45** 39; bei der Rangänderung **45** 55; in behördlichen Genehmigungen **19** 119; zum Erfordernis der Bestimmtheit **Anh. 13** 5

Befangenheit, Besorgnis der B. **11** 6; **81** 11

Befriedigungsvorrecht, vor der HypGewinnabgabelast, gesetzliches und bewilligtes Vorrecht, Eintragung **28** 34

Befristete Beschwerde im Verfahren zur Löschung gegenstandsloser Eintragungen **89** 2

Befristete Rechte, Löschung **23**; **24**

Befristung s. Bedingung

Beglaubigung von Abschriften aus dem GB und den Grundakten **12** 26; öffentliche B. **29** 41

Begründung der Entscheidung des GBAmts **1** 53; der Beschwerde **74** 6; der Beschwerdeentscheidung **77** 13

Begünstigter, Tod vor der Eintragung **19** 99

Behörde, Begriff **29** 30; Form der Erklärungen und Ersuchen **29** 45; Einsicht des GB durch eine B. **12** 15, 18; Auskunftspflicht des GBAmts gegenüber einer B.

12 28; Beschwerdeberechtigung **71** 76; Einlegung der weiteren Beschwerde **80** 4
Behördliche Genehmigung, Prüfung der Notwendigkeit durch GBAmt **19** 116; Erstreckung auf Erfüllungsgeschäft **19** 118; Erteilung unter Auflagen und Bedingungen **19** 119; Widerruf **19** 120; Rückwirkungen des Genehmigungszwangs **19** 121; genehmigungspflichtige Verfügungen **19** 123
Beistände 1 38, 40
Bekanntmachung, von Entscheidungen **1** 58; der Zurückweisung eines EintrAntrags **18** 14; der Zwischenverfügung **18** 35; der Eintragung **1** 57; **55** 2; Empfänger der EintrNachricht **55** 10 ff.; Verzicht auf EintrNachricht **55** 28; Bedeutung der EintrNachricht **55** 32; einer einstweiligen Anordnung des Beschwerdegerichts **76** 8; der Entscheidung des Beschwerdegerichts **77** 41; eines Vorlegungsbeschlusses **79** 18; an Notar **1** 19; **15** 60
Belastung von Grundstücksteilen **7** 17; von Miteigentumsanteilen **7** 18; des WEigentums **Anh. 3** 65; von Erbbaurechten **Anh. 8** 10; von Briefrechten **26** 8
Belastungsbeschränkung, beim WEigentum **Anh. 3** 33
Belastungserlaubnis Anh. 84–89 26
Belastungsgegenstand, keine Bezugnahme im EintrVermerk **44** 20, 21
Benefiziumstiftung, Wegfall als Berechtigte **84** 6
Benützungsbeschränkung, als Inhalt einer Dienstbarkeit **44** 18
Benutzungsdienstbarkeit Anh. 44 16
Berechtigter, eines subjektiv-dinglichen Rechts **9** 3; Angabe im EintrVermerk **44** 47; Bezeichnung in der EintrBewilligung **19** 35; Bezeichnung im GB **44** 49, 53; Berichtigung einer unrichtigen Bezeichnung **22** 23; **39** 15; Ermittlung des B. im Rangklarstellungsverfahren **93**; **94** 3
Berechtigtes Interesse als Voraussetzung der GBEinsicht **12** 7
Berggesetz, Genehmigung nach dem B. **19** 129; Benachrichtigungen nach dem B. **55** 21
Bergwerkseigentum 1 20, **3** 6, 7, 9; keine Vereinigung mit einem Grundstück **5** 6; keine Zuschreibung zu einem Grundstück **6** 6; entsprechende Anwendung des § 20 **20** 12; Genehmigung zur Veräußerung eines B. **19** 129; entsprechende Anwendung des § 22 Abs. 2 **22** 62
Berichterstatter 77 4
Berichtigung, offenbarer Unrichtigkeiten **1** 62; **22** 26; **44** 72; des Grundbuchs, Unrichtigkeit **22** 6; Berichtigungsunterlagen **22** 28; Antragsberechtigung des Vollstreckungsgläubigers **14**; Berichtigungsbewilligung **22** 31; Nachweis der Unrichtigkeit **22** 36; Berichtigung durch Eintragung eines Eigentümers oder Erbbauberechtigten **22** 54; Berichtigung durch Löschung befristeter Rechte **23**; **24**; Beschwerde gegen die Zurückweisung eines Berichtigungsantrags **71** 27; s. auch Berechtigter, Schreibfehler, Tatsächliche Angaben
Berichtigungsbewilligung als Unterart der EintrBewilligung **22** 31; Inhalt **22** 31; Bewilligungsberechtigung **22** 32
Berichtigungszwang s. GBBerichtigungszwang
Beschaffung des Briefs 41 7; **62** 12
Beschleunigung, Erledigung von EintrAnträgen **18** 1; einer Beschwerde **77** 8
Beschränkte dingliche Rechte, Angabe des wesentlichen Inhalts im EintrVermerk **44** 17; Eintragung bei nachträglicher Anlegung eines GBBlatts **124** 1
Beschwer 71 57; **77** 22
Beschwerde gegen Entscheidungen des Rpflegers **71** 5; gegen

Zurückweisung eines EintrAntrags **18** 53, 54; **71** 26; **77** 17; gegen Zwischenverfügung **18** 53, 55; **71** 35; **77** 18; gegen Eintragungen **71** 36; **77** 18; gegen Anlegung eines GBBlatts **125**; wegen greifbarer Gesetzwidrigkeit **71** 1; gegen den Inhalt des Briefs **56** 20; gegen Unbrauchbarmachung eines Briefs **69** 10; bei Gesamtbriefen **59** 9; gegen Verweigerung der Prozesskostenhilfe **71** 56; gegen Kostenentscheidung **71** 31; vorsorgliche und bedingte B. **71** 24; Einlegung **73**; Einlegung durch Vertreter **71** 73; Einlegung durch Notare **15** 20; Inhalt **74**; Beschränkung **71** 55; Beschränkung auf die Kosten **77** 10; Abhilfe durch GBAmt **75**; Wirkung **76** 12; Zurücknahme **73** 11; Verzicht **73** 13; Verwirkung **73** 3; **78** 2; Beschwerdeentscheidung ohne Beschwerdeeinlegung **77** 43; **78** 3

Beschwerdeberechtigung **71** 57; von Behörden **71** 76; Zulässigkeitsvoraussetzung **77** 9

Beschwerdegericht, Zuständigkeit **72**; **79**; Besetzung **81** 3; Prüfungspflicht **77** 11; Entscheidung des LG **77** 19 ff.; Entscheidung des OLG **80** 17; einstweilige Anordnungen des B. **76**

Beschwerdeschrift **73** 7; für weitere Beschwerde **80** 3

Beschwerdeverfahren **77** 2

Besitzrecht, an Grundstücken in der früheren DDR **144** 18; Eintragung eines Besitzrechtsvermerks **144** 23, 27

Bestandsangaben, Erstreckung des öffentlichen Glaubens auf die B. **2** 26

Bestandsverzeichnis **2** 19; B. und öffentlicher Glaube des GB **2** 26

Bestätigung des Abspeicherungsbefehls **129** 4

Bestimmtheitsgrundsatz **Anh. 13** 5; bei der Reallast **Anh. 44** 75; bei der Vormerkung **Anh. 44** 87

Bestimmungsrecht hinsichtlich der Aushändigung des Briefs **60** 5, 10; hinsichtlich des Rangverhältnisses **45** 31; hinsichtlich der Lage einer Teilfläche bei einer Auflassungsvormerkung **Anh. 44** 104

Beteiligte **1** 30; im Verfahren zur Löschung gegenstandsloser Eintragungen **86** 3; im Rangklarstellungsverfahren **92** 2

Beteiligungsfähigkeit **1** 31

Betroffener, Antragsberechtigung **13** 42; Bewilligungsberechtigung **19** 44; **22** 32; Voreintragung **39** 7

Betroffensein desselben Rechts von mehreren Eintragungen **17** 4

Beurkundung der Eingangszeit des EintrAntrags **13** 31; der Auflassung **20** 27; einer Vereinbarung im Rangklarstellungsverfahren **102** 4; öffentliche B. **29** 29

Bevollmächtigte **1** 38, 40

Beweisaufnahme, Unmittelbarkeit der B. **1** 52; **77** 4

Beweisgrundsatz **Anh. 13** 4; **29** 23

Beweiskraft, öffentlicher Urkunden **29** 29; öffentlich beglaubigter Urkunden **29** 43

Beweismittel **1** 51; **29** 24 ff.

Beweiswürdigung, freie B. **29** 63

Bewilligung s. EintrBewilligung, Berichtigungsbewilligung, Löschungsbewilligung

Bewilligungsbefugnis **19** 56

Bewilligungsberechtigung **19** 44; bei Berichtigung des GB **22** 32

Bewilligungsgrundsatz, Geltungsgebiet und Bedeutung **19** 3; Ausnahmen **19** 6

Bewilligungsstelle im Gebiet der früheren DDR **19** 59; keine Voreintragung erforderlich **39** 7; keine Briefvorlegung erforderlich **41** 17

Bezirksgericht, Zuständigkeit im Gebiet der früheren DDR **72** 4; **79** 6; **81** 4

Bezugnahme auf Anlagen **19** 34; im EintrVermerk **44** 15; auf die

EintrBewilligung **44** 16; zur Bezeichnung des Inhalts eines Rechts **44** 17 ff.; auf Ersatzurkunden **44** 33; auf Satzungen einer Kreditanstalt **44** 34; auf Gesetzesbestimmungen **44** 35; auf das Erbbaugrundbuch **44** 36; Umfang der B. **44** 37; Nachholung und Erweiterung **44** 42; unzulässige B. **44** 45; B. bei der Eintragung von WEigentum **Anh. 3** 51; **44** 31; bei der Eintragung von Erbbaurechten **Anh. 8** 38, 40, 41; **44** 32; bei der Eintragung von Altenteilen **49** 9; bei der Eintragung einer Löschungsvormerkung **39** 21; bei der Eintragung einer Vormerkung **44** 21; bei der Eintragung einer Hyp. **44** 22; bei der Eintragung eines Rangvorbehalts **45** 40; in der EintrBewilligung **19** 34; in behördlichen EintrErsuchen **38** 72; auf Register und Akten **34**; s. auch unter Verweisung

BGB-Gesellschaft, Eintragung im GB **19** 108; keine Eintragung der Pfändung des Anteils eines Gesellschafters **Anh. 13** 21; Eintragung der Verpfändung des Anteils eines Gesellschafters **26** 24; GBBerichtigung bei Anwachsung oder Übertragung eines Gesellschaftsanteils **22** 15; GBBerichtigung bei Ausscheiden eines Gesellschafters **22** 41; Eintragung eines Insolvenzvermerks **38** 8

Bierverkaufsbeschränkung als Dienstbarkeit **Anh. 44** 23

Bildträger s. Datenträger

Bindung an Rechtsänderungserklärungen infolge Aushändigung der EintrBewilligung **19** 111; Bedeutung bei Eintritt von Verfügungsbeschränkungen **13** 9; kein Hindernis für die Zurücknahme des EintrAntrags **13** 39; B. des GBAmts und des Beschwerdegerichts an die Beschwerdeentscheidung **77** 42, 43 und bei Zurückweisung eines EintrAntrags nach Bestätigung einer Zwischenverfügung **78** 6; keine B. des Beschwerde- und Rechtsbeschwerdegerichts bei Antragsabweisung wegen des EintrHindernisses einer aufgehobenen Zwischenverfügung **71** 65; B. an die Rechtsansicht des zurückverweisenden Gerichts **77** 28; **80** 21, 23; B. des GBAmts an das Urteil eines Zivilgerichts **22** 37; **53** 28; B. des GBAmts an den Erbschein **35** 26; an die Erbenfeststellung durch das Nachlassgericht **35** 40

Bodenreform, Abwicklung im Gebiet der früheren DDR; GBBerichtigung **22** 15; Antragsberechtigung **22** 46; Eintragung von Ehegatten **22** 60; **33** 28; Verfügung eines Ehegatten **33** 33; Eintragung von Erben **47** 9; **51** 4; **52** 8; Angabe der EintrGrundlage **Anh. 44** 2; Mitteilungspflichten bei Verfügungen **55** 2; Eintragung einer Vormerkung bei Widerspruch gegen eine Verfügung **Anh. 44** 116

Bodenschutzlastvermerk **38** 9, **54** 7

Bodensonderung, im Gebiet der früheren DDR **2** 12, 20

Briefrechte, Abtretung **26** 2; Belastung **26** 8; Verpfändung **26** 32; Pfändung **Anh. 26** 8; Abtretungs- oder Belastungserklärung als Ersatz der EintrBewilligung **26** 14; Inhalt der Abtretungs- oder Belastungserklärung **26** 17; Briefbesitz und Nachweis des Gläubigerrechts als Ersatz der Voreintragung des Gläubigers **39** 27; Vorlegung des Briefs als Voraussetzung einer Eintragung bei B. **41** 2, 16; **42**

Bruchteilsgemeinschaft **47** 6; Eintragung einer B. **47** 16; selbständige Buchung der Miteigentumsanteile **3** 27; **Anh. 3** 52

Buchberechtigter, als Bewilligungsberechtigter **19** 48; Anzeigepflicht des B. im Rangklarstellungsverfahren **93**; **94** 2

Buchungsfähigkeit **3** 4

Buchungsfreie Grundstücke, Begriff **3** 14ff.; Anlegung eines GBBlatts **3** 18; Veräußerung und Belastung **3** 22; Ausbuchung **3** 20

Buchungszwang 3 8

Bundesanstalt für vereinigungsbedingte Sonderaufgaben, Umbenennung der Treuhandanstalt in B. **44** 53; s. auch Treuhandanstalt

Bundesgerichtshof, Zuständigkeit zur Entscheidung über weitere Beschwerden **79** 1; Voraussetzungen der Vorlegung an den B. **79** 7–16; Entscheidung des B. **79** 20; **81** 5

Bundesversorgungsgesetz, Genehmigungspflicht bei Grundstücksbelastung und bei Grundstücksveräußerung **19** 133

Bürgermeister, als Vertreter der Gemeinde **19** 85

C

Codierte Speicherung 126 5

Colido-GBAnweisung im Gebiet der früheren DDR **1** 72; **144** 22, 35

Computerausdruck, Zwischenverfügung in Form eines nicht unterschriebenen C. **71** 11

D

Datenschutz 12 3; beim maschinell geführten GB **126** 12

Datenspeicher, beim maschinell geführten GB **126** 10; **128** 3; Aufnahme in den D. **129** 3

Datenträger, Aufbewahrung der Grundakten auf D. **10 a** 2

Datenverarbeitung, Grundsätze einer ordnungsmäßigen D. **126** 8; außerhalb des GBAmts **126** 15

Dauerwohnrecht, Eintragung **Anh. 44** 120; Berechtigter und Belastungsgegenstand **Anh. 44** 123; keine Bedingung **16** 2; Veräußerungsbeschränkung **22** 51; an WEigentum **Anh. 3** 66; an Erbbaurechten **Anh. 8** 10; Inhalt der EintrBewilligung **19** 38; Aufteilungsplan und Abgeschlossenheitsbescheinigung als Anlage zur EintrBewilligung **19** 39; Bezugnahme bei der Eintragung **44** 31; als Dienstbarkeit **Anh. 44** 8; Pfändung **Anh. 26** 9

DDR, Rechtsentwicklung **144** 1

Dereliktion eines Wohnungseigentums **Anh. 3** 59; eines Miteigentumsanteils **Anh. 44** 4; eines Grundstücks **Anh. 44** 4; eines Grundstücks oder Gebäudeeigentums im Gebiet der früheren DDR **Anh. 44** 3

Dienstaufsichtsbeschwerde 71 91

Dienstbarkeit, Eintragung einer D. **Anh. 44** 8; an WEigentum **Anh. 3** 66; innerhalb eines Altenteils **49** 4; am eigenen Grundstück **Anh. 44** 38; altrechtliche D. **22** 20; **Anh. 44** 10

Dingliches Wohnungsrecht, Eintragung vor Gebäudeerrichtung **Anh. 44** 28; Erlöschen bei Gebäudezerstörung **84** 13; als ausschließliches Recht **Anh. 44** 29

Dolmetscher 1 34

Doppelbuchung, Wirkung **3** 25; Beseitigung **3** 26

Doppelbevollmächtigter 19 68; **20** 41

Doppelhypothek Anh. 44 44; **48** 12

Doppelstockgarage, zur Sondereigentumsfähigkeit **Anh. 3** 21; Gebrauchsregelung der WEigentümer **Anh. 3** 31; selbständige Buchung von Miteigentumsanteilen **3** 27

Duplex-Stellplatz s. Doppelstockgarage

E

EDV-Grundbuch s. maschinell geführtes Grundbuch

Eheliches Güterrecht, gesetzliches G. **33** 4; Überleitung im Gebiet der früheren DDR **33** 4; vertragliches G. **33** 13; ausländisches G. **33** 18; EintrFähigkeit **33** 22; Notwendigkeit des Nachweises **33** 24ff.; Nachweis durch Zeugnis des Registergerichts **33**

1, 34; Ersetzung des Zeugnisses **33** 37
Ehescheidung, Einfluss auf die Zustimmungsbedürftigkeit einer Gesamtvermögensverfügung bei gesetzlichem Güterstand **33** 12; Auflassung eines Grundstücks für den Fall der E. **20** 36
Ehevertrag 33 14, 40
Eidesstattliche Versicherung als Beweismittel **1** 51; **29** 23; **35** 5, 40; **51** 39
Eigentum des Volkes s. Volkseigentum
Eigentumsverschaffungsanspruch s. Auflassungsanspruch
Eigentümer, Eintragung des E. **Anh. 44** 1; Zustimmung zu seiner Eintragung bei Berichtigung **22** 54; Zustimmung zur Lösung von Grundpfandrechten **27** 10; Eintragung mehrerer E., zwischen denen kein Rechtsverhältnis der in § 47 genannten Art besteht **47** 24
Eigentümerbeschlüsse, nicht eintragungsfähig **Anh. 13** 18
Eigentümergrundschuld, Voreintragung des Eigentümers bei Verfügung über eine E. **39** 19; Pfändung **Anh. 26** 32; Verfügung über künftige E. **39** 20; gesetzlicher Löschungsanspruch **39** 22; Zinsbeginn bei Abtretung **26** 21
Eigentümerversammlung, Nachweis der Zustimmung zur Veräußerung von Wohnungseigentum **29** 11
Eigentümerverzeichnis 1 74; Einsicht **12** 2
Eigenurkunde des Notars **29** 35
Eingang des EintrAntrags 13 23; bei Beteiligung mehrerer GBÄmter **48** 32; Eingangsvermerk **13** 31
Eingemeindung 40 12
Einheitshypothek Anh. 44 58; Briefbildung bei E. **67** 11
Einheitsreallast, Zulässigkeit **Anh. 44** 74
Einigung, Notwendigkeit des Nachweises bei der Auflassung eines Grundstücks und bei der Bestellung, Inhaltsänderung oder Übertragung eines Erbbaurechts **20**; Form **20** 14, 29; zur Entgegennahme zuständige Stellen **20** 15; Inhalt **20** 31; im Rangklarstellungsverfahren **102** 3; Rechtsänderung durch E. und Eintragung **Anh. 13** 7 ff.
Einigungsberechtigung bei der Auflassung eines Grundstücks und bei der Bestellung, Inhaltsänderung oder Übertragung eines Erbbaurechts **20** 39
Einlagegrundstück, Auflassung während eines Flurbereinigungsverfahrens **20** 34
Einleitungsbeschluss im Rangklarstellungsverfahren **91** 4
Einleitungsvermerk im Rangklarstellungsverfahren **91** 5; Löschung **113**
Einsicht in das GB und die Grundakten **12** 2; **12 b** 2, 3; **132** 2; Voraussetzungen **12** 6; Umfang **12** 18; Ausübung des Rechts auf E. **12** 19; Entscheidung über die Gestattung **12** 23; Erteilung von Abschriften **12** 22, 25; Rechtsmittel **12** 31
Einstellung des Rangklarstellungsverfahrens **109** 2
Einstweilige Anordnung des LG **76** 2–4; des OLG **80** 17
Einstweilige Verfügung, Eintragung von Vormerkungen und Widersprüchen auf Grund e. V. **Anh. 44** 85, 86; Löschung von Vormerkungen und Widersprüchen bei Aufhebung der e. V. **25**; Verfügungsverbot durch e. V. **22** 50; Erwerbsverbot durch e. V. **19** 97; EintrErsuchen des Prozessgerichts **38** 5, 64; Bezugnahme auf die e. V. **44** 33
Eintragung, Rechtsnatur **1** 29; Form und Fassung **44** 12; Bezugnahme **44** 15; Angabe und Bezeichnung des Berechtigten **44** 47; Angabe des Gemeinschaftsverhältnisses **47** 16 ff.; Angabe der EintrZeit **44** 58; Unterschrift **44** 62; Vollendung **44** 58; Änderung **44** 69; Rechtsänderung

durch Einigung und E. **Anh. 13** 7ff.; Berichtigung offenbarer Schreibfehler und Klarstellung ungenauer Fassung **22** 23, 26; Mitwirkung eines ausgeschlossenen Organs des GBAmts **11** 4; zusammenfassende E. **44** 11; nichtige E. **53** 1; ordnungswidrig bewirkte E. **53** 5; weder unrichtige noch inhaltlich unzulässige E. **53** 6; unrichtige E. **53** 8, 10; inhaltlich unzulässige E. **53** 11, 42ff.; unvollständige E. **53** 12; Auslegung einer E. **53** 4; Beschwerde gegen Eintragungen **71** 36ff.; **77** 18; Eintragung des Eigentümers **Anh. 44** 1; eines Erbbaurechts **Anh. 8** 28ff.; einer Dienstbarkeit **Anh. 44** 8; einer Hypothek **Anh. 44** 42; einer Reallast **Anh. 44** 73; eines Vorkaufsrechts **Anh. 44** 82; einer Vormerkung **Anh. 44** 85; eines Widerspruchs **Anh. 44** 86; eines Amtswiderspruchs **53** 33; des Hofvermerks **Anh. 44** 118; des HypGewinnabgabevermerks **28** 28; einer Pfändung **Anh. 26** 24; einer Rangänderung **45** 58; eines Rangvorbehalts **45** 37; der Umstellung **28** 28; von Verstorbenen **19** 98; **38** 39; von Erben **19** 98; **22** 29; von Ungeborenen **19** 100; eines eingetragenen Vereins **19** 101; einer Vor-GmbH und Vor-KG **19** 102ff.; einer Wohnungseigentümergemeinschaft **19** 106; einer BGB-Gesellschaft **19** 108; s. auch EintrNachricht

Eintragungen bei Briefrechten, Vorlegung des Briefs als EintrVoraussetzung **41** 2, 16; **42**; Vermerk auf dem Brief **62** 3, 6

Eintragungsantrag s. Antrag

Eintragungsbewilligung, Bewilligungsgrundsatz **19** 3; Rechtsnatur **19** 12; rein verfahrensrechtliche Erklärung **19** 13; abstrakte Erklärung **19** 18; Wirksamkeit **19** 21; Auslegung **19** 27; Inhalt **19** 31; kein Vorbehalt **16** 15; Bezeichnung des Grundstücks **28** 3, 7, 12; der Geldbeträge **28** 16; Angabe des Gemeinschaftsverhältnisses **47** 13; Form **19** 109; Wirkung **19** 110; Rechtsbeständigkeit **19** 112; Nichtigkeit und Anfechtbarkeit **19** 115; Benutzung durch andere Antragsteller **31** 13; Bezugnahme auf die E. **44** 16; Erklärung durch Nichtberechtigten **19** 72; Erklärung durch Vertreter **19** 74; keine Entbehrlichkeit neben nachzuweisender Einigung **20** 2; Ersetzung durch Unrichtigkeitsnachweis **22** 28; Ersetzung durch Abtretungs- oder Belastungserklärung bei Briefrechten **26** 14; Ersetzung durch behördliches EintrErsuchen **38** 64; Ersetzung durch Unschädlichkeitszeugnis **19** 11; s. auch Bewilligungsberichtigung, Erblasser

Eintragungsersuchen, Zulässigkeit **38** 5, 28, 33; Bedeutung **38** 60; Form **38** 68; Inhalt **38** 69; Behandlung **38** 73; Berichtigung **38** 77

Eintragungsfähigkeit Anh. 13 14; des Güterrechts **33** 22

Eintragungsgrund, Angabe in der EintrBewilligung **19** 37; bei Berichtigung des Eigentümers **22** 31; Angabe in der Eintragung **44** 56

Eintragungshindernis, Begriff **18** 2; maßgebender Zeitpunkt **18** 4

Eintragungsnachricht, Empfänger **55** 10ff.; Verzicht **55** 28; Unterlassen **55** 29; Bedeutung **55** 32

Eintragungsunterlagen, Begriff **29** 4; Beschaffung durch den Antragsteller **29** 23; Form **29** 24–28

Eintragungsverfügung 44 4; beim maschinell geführten GB **130** 1; Beschwerde **71** 20

Eintragungsvermerk in Widerspruch zu der in Bezug genommenen EintrBewilligung **44** 15

Einwilligung des Veräußerers oder Abtretenden in weitere Verfügungen des Erwerbers vor dessen GBEintragung **19** 73; **20** 42

Einzelkaufmann, Eintragung ei-

nes E. **44** 49; Zeugnis des Registergerichts zum Nachweis der Firmeninhaberschaft oder der Vertretungsbefugnis **32** 4
Einzelrichter 77 4; **81** 3
Elektronische Form, EintrAntrag **30** 5; Beschwerdeeinlegung **73** 10; **80** 12; **81** 15
Elektronische Unterschrift beim maschinell geführten GB **44** 68; **130** 4
Elterliche Sorge 19 65
Empfangsberechtigter des Briefs bei Erteilung **60** 3, 5; bei nachträglicher Einreichung **60** 9
Energieversorgungsunternehmen, Begründung von Dienstbarkeiten kraft Gesetzes für E. **Anh. 84–89** 44
Enteignung, Genehmigungserfordernisse **19** 127
Enteignungsbehörde, Befugnis zu EintrErsuchen **38** 25, 29
Enteignungsvermerk 38 25
Entlassung aus der Mithaft 46 18, **48** 36
Entschädigungsanspruch, bei Erlöschen eines Erbbaurechts **24** 5
Entscheidung des GBAmts, Begründung **1** 53; anfechtbare und nicht anfechtbare E. **71** 11 ff.; Zeitpunkt des Erlasses **77** 5
Entscheidungsorgane des GBAmts **71** 6
Entschuldungsamt, Befugnis zu EintrErsuchen **38** 13
Entschuldungsbetrieb, Genehmigungspflicht bei Belastung und bei Veräußerung **19** 130
Entschuldungsvermerk, Löschung **38** 13, 45; **84** 2
Entwicklungsbereich, Verfügungsbeschränkungen im städtebaulichen E. **7** 9; **19** 128; Vorkaufsrecht der Gemeinde im städtebaulichen E. **20** 52
Entwicklungsvermerk 38 24
Erbanteil, Übertragung zu Bruchteilen **82** 7; **47** 9; Vollmacht zur Übertragung eines E. **19** 78; Verpfändung **26** 24; Pfändung **Anh. 26** 1; Verfügungsbefugnis des TestVollstr. bei Verpfändung oder Pfändung eines E. **52** 19
Erbbauberechtigter, Zustimmung zu seiner Eintragung bei Berichtigung **22** 54
Erbbaugrundbuch, Anlegung **Anh. 8** 39; Bedeutung **Anh. 8** 47; Schließung **Anh. 8** 53; Bezugnahme auf das E. **Anh. 8** 38
Erbbaurecht, Begriff **Anh. 8** 2; an Erbbaurechten **Anh. 8** 4; am eigenen Grundstück **Anh. 8** 8; an mehreren Grundstücken **Anh. 8** 8; **48** 7; nach dem SachenRBerG **Anh. 8** 1, 15; keine Bestellung unter auflösender Bedingung **20** 37; Erfordernis der ersten Rangstelle **Anh. 8** 32; keine bedingte oder befristete Übertragung **20** 37; Belastungsfähigkeit **Anh. 8** 10; Teilung **Anh. 8** 13; Erlöschen **Anh. 8** 52; Nachweis der Einigung bei Bestellung, Inhaltsänderung oder Übertragung **20**; Eintragung **Anh. 8** 32; Anlegung des Erbbaugrundbuchs **Anh. 8** 39; Anlegung eines besonderen Blatts für Erbbaurechte nach dem BGB **Anh. 8** 17; s. auch Erbbaugrundbuch, Erbbaurechtsblatt, Erbbauzins
Erbbaurechtsblatt, Voraussetzungen der Anlegung für Erbbaurechte nach dem BGB **Anh. 8** 17 ff.; Anlegung **Anh. 8** 21; Bedeutung des Blatts **Anh. 8** 23; Schließung **Anh. 8** 53
Erbbauzins Anh. 8 42, 43 ff.
Erbe, Entbehrlichkeit der Voreintragung **40**; Eintragung eines E. **19** 99; **22** 29
Erbenermittlung von Amts wegen, keine Bindung des GBAmts **35** 10
Erbengemeinschaft, Erwerbsfähigkeit **19** 95; **20** 33; Eintragung einer E. **47** 21
Erbeserbe 40 3
Erbfolge, Begriff **35** 2; Nachweis **35** 4
Erblasser, EintrBewilligung des E.

19 23; Auflassung durch E. **20** 44; Vollmacht des E. **19** 81; Entbehrlichkeit d. Voreintragung des Erben bei Eintragungen auf Grund Bewilligung des E. oder Titels gegen diesen **40** 20 ff.
Erbpachtrecht 20 12; **22** 61; **49** 13; **137** 3, 6
Erbschein, Notwendigkeit zum Nachweis der Erbfolge **35** 4; Inhalt **35** 16; Vorlegung **35** 23; Prüfung durch das GBAmt **35** 25; Beweiskraft **35** 27
Erfahrungssätze, Verwertung bei Würdigung der EintrUnterlagen **29** 17, 63
Erhaltungssatzung, Genehmigungspflicht beim WEigentum **Anh. 3** 49
Erinnerung gegen Entscheidungen des Rpflegers **71** 7; gegen Entscheidungen des Urkundsbeamten der Geschäftsstelle **71** 10; gegen den Kostenansatz **71** 80; gegen die Kostenfestsetzung **71** 86; gegen die Festsetzung des Geschäftswerts **71** 87
Erlass einer Entscheidung, maßgebender Zeitpunkt **77** 5
Erlöschen der Vollmacht **19** 81; der vermuteten Vollmacht des Notars **15** 10; von Rechten nach 110 Jahren **Anh. 84–89** 7; abgelöster Grundpfandrechte **Anh. 84–89** 58; nicht eingetragener Rechte **Anh. 84–89** 35; von Dienstbarkeiten für Versorgungsunternehmen **Anh. 84–89** 56
Erledigung der Hauptsache **1** 54; im Rechtsmittelverfahren **77** 10, 33; Anfechtung der Kostenentscheidung **71** 33; E. der EintrAnträge **18** 1
Ermessen, bei Erlass einer Zwischenverfügung **18** 21; Nachprüfung auf weitere Beschwerde **78** 12
Ermittlung des Berechtigten im Rangklarstellungsverfahren **93**; **94** 3
Ermittlungspflicht 1 46; **13** 5; **Anh. 13** 2; **29** 23
Eröffnungsniederschrift bei Nachweis der Erbfolge durch Verfügg. v. Todes wegen **35** 38
Ersatzgrundbuch, beim maschinell geführten GB **141** 5
Ersatznacherbe, Angabe im Erbschein **35** 18; Eintragung **51** 17; Mitwirkung bei Verzicht auf Eintragung des Nacherbenvermerks **51** 26; keine Zustimmung zu Verfügungen des Vorerben **51** 27, 34; Mitwirkung bei Löschung des Nacherbenvermerks auf Bewilligung **51** 37; Übertragung des Anwartschaftsrechts auf den Vorerben **51** 48
Ersatzurkunde 141 2
Ersteher, Eintragung **38** 39; Bewilligung von Eintragungen durch E. vor seiner Eintragung **38** 41; **45** 23
Ersuchen s. Eintragungsersuchen
Erteilung eines neuen Briefs, Voraussetzungen **67** 2, 5; Inhalt des neuen Briefs **68** 2
Erwerbsbeschränkungen 19 138
Erwerbsfähigkeit 19 95
Erwerbsverbot durch einstweilige Verfügung **19** 97
Euro, Umstellung von DM auf Euro **28** 21, 29
Europäische Währungsunion, Auswirkungen auf GBEintragungen **28** 21
Europäische wirtschaftliche Interessenvereinigung, GBFähigkeit **19** 108

F

Familienfideikommiss 35 15; Auflösung **19** 134
Fassung der Eintragung 13 4; **44** 13; Klarstellung **71** 46
Fehlerhafte Eintragungen 53 5
Feingoldhypothek, Begriff **28** 26; Umstellung **28** 28
Feststellungsbeschluss im Verfahren zur Löschung gegenstandsloser Eintragungen **87** 10; im Rangklarstellungsverfahren **108** 4; im Verfahren der Erbenermittlung nach § 1964 BGB **35** 10

Fideikommißgericht, Befugnis zu EintrErsuchen **38** 14; Benachrichtigung des F. von Eintragungen **55** 22
Finanzamt, Befugnis zu EintrErsuchen **38** 16; Unbedenklichkeitsbesch. des F. **20** 48
Firma, Eintragung **44** 53; keine Eintragung eines Einzelkaufmanns unter seiner F. **44** 49; Bewilligung einer Eintragung für die F. eines Einzelkaufmanns **19** 35; Nachweis der Inhaberschaft der F. eines Einzelkaufmanns **32** 4
Fischereirecht, als grundstücksgleiches Recht **3** 7, 9; entsprechende Anwendung von §§ 20, 22 Abs. 2 **20** 12, **22** 62; grundbuchmäßige Behandlung **136** 7
Fiskus, als gesetzlicher Erbe **35** 10; Befugnis zu EintrErsuchen **38** 26; als Aneignungsberechtigter **Anh. 44** 4, 5
Flurbereinigungsbehörde und GBBerichtigung, Befugnis zu EintrErsuchen **38** 22
Flurbereinigungsplan, als amtliches Verzeichnis der Grundstücke **2** 11; Berichtigung des GB nach Maßgabe des F. **22** 4; **38** 22
Flurbereinigungsverfahren und GBBerichtigung, Auflassung eines Einlagegrundstücks während eines F. **20** 34; Mitteilungen des GBAmts **55** 21, 23
Flurneuordnungsverfahren, Begründung, Veränderung und Aufhebung von Rechten **Anh. 84–89** 69; Ersuchen um Eintragung eines Zustimmungsvorbehalts **38** 22; Mitteilungen des GBAmts **55** 21
Flurstück als buchungstechnische Einheit des Katasters **2** 14; Begriff **2** 17; Zuflurstück **2** 29; **5** 4
Forderungsauswechslung 65 5
Forderungsfeststellung, Nachweis bei Höchstbetragshyp. **Anh. 26** 33
Forderungsteilung 61 4
Form des EintrAntrags **30** 5; der Antragsvollmacht **30** 8; der EintrUnterlagen **29** 4, 24–28; der Zurücknahme des EintrAntrags **31** 6; des Widerrufs der Antragsvollmacht **31** 18
Formelles Konsenszprinzip 19 1; Ausnahme **20** 1
Forstrechte, Verbot der Neubegründung in Bayern **Anh. 44** 9; Eintragung einer Freiveräußerungsklausel bei F. im Weg der GBBerichtigung **22** 21
Forstwirtschaftliche Grundstücke, Genehmigungspflicht bei Belastung und bei Veräußerung **19** 123
Fortführung bisheriger Grundbücher **138**
Fortgesetzte Gütergemeinschaft, Eintritt **35** 47; Nachweis des Eintritts **35** 49; Zeugnis über den Eintritt **35** 50 ff.
Fortsetzung des Beschwerdeverfahrens durch die Erben des Beschwerdeführers **71** 59
Freibeweis 1 52; **77** 4
Freie Beweiswürdigung 29 63
Freigabe von Nachlassgegenständen durch den TestVollstr. **52** 9, 15, 29; einer Grundstücksteilfläche **46** 8; des maschinell geführten GB **128** 16
Freiveräußerungsklausel bei Forstrechten **22** 21
Freiwillige Gerichtsbarkeit, GBSachen als Angelegenheiten der fr. G. **1** 27
Fremdenverkehrsdienstbarkeit Anh. 44 25
Fremdenverkehrsfunktion, Genehmigungspflicht beim WEigentum **Anh. 3** 48
Fristen, Berechnung **1** 27
Fristsetzung bei Zwischenverfügung **18** 33; zur Beschwerdebegründung **74** 9
Funktionelle Zuständigkeit zur Führung des GB **1** 9 ff.; Folgen der Überschreitung **1** 19

G

Garagenstellplätze, Geltung als abgeschlossene Räume im Sinn des WEG **Anh. 3** 5
Gebäudeeigentum, im Gebiet

der früheren DDR **144** 10; keine Begründung von Wohnungseigentum an G. **Anh. 3** 2
Gebäudegrundbuchblatt, Anlegung **144** 16; erforderliche Nachweise **144** 19
Gebäudegrundbuchverfügung **144** 21
Gebrauchsregelung, für Duplex-Stellplatz **Anh. 3** 31
Gebühren s. Kosten
Gebührenfreiheit **1** 41; im Löschungsverfahren **84** 17; im Rangklarstellungsverfahren **90**5
Gegenstandslose Eintragungen, Begriff **84** 3; Voraussetzungen für eine Löschung von Amts wegen **87**; EintrFähigkeit **Anh. 13** 14
Gegenvorstellungen **80** 22
Geldbeträge, Angabe in der geltenden Währung **28** 17
Gemeinde, Eingemeindung und Teilung **40** 12; Befugnis zu EintrErsuchen **38** 24, 312; Vorkaufsrecht der G. **20** 52; Nachweis, dass keine Grundstücksveräußerung unter Wert vorliegt **29** 65; Verfügungsbefugnis bei volkseigenen Grundstücken im Gebiet der früheren DDR **19** 56; **20** 40
Gemeindenutzungsrechte in Bayern **3** 7; **9** 7; **22** 18; **53** 44
Gemeinschaftlicher Brief, Voraussetzungen der Erteilung **66** 2–8; Herstellung **66** 9; Wirkung **66** 11; Auflösung der Briefgemeinschaft **66** 12
Gemeinschaftliches Grundbuchblatt s. Zusammenschreibung
Gemeinschaftliches Recht **47** 5; s. auch Gemeinschaftsverhältnis
Gemeinschaftliches Wohnungsgrundbuch **Anh. 3** 52, 58
Gemeinschaftsordnung **Anh. 3** 25
Gemeinschaftsverhältnis, Begriff **47** 5; Angabe in den EintrUnterlagen **47** 13; Eintragung **47** 16 ff.; beim Altenteil **49** 11
Gemischter Eintragungsantrag, Begriff **30** 4; Form **30** 6
Genehmigung durch Behörden s. behördliche Genehmigung und Vormundschaftsgericht
Generalvollmacht **19** 83, 84; Erteilung durch Testamentsvollstrecker **52** 19
Genossenschaft, Legitimation d. Vorstands durch Zeugnis des Registergerichts **32** 5; Nachweis des Rechtsübergangs **32** 6; Notarbescheinigung zum Nachweis der Vertretungsbefugnis **32** 15
Genossenschaftsregister, Bezugnahme auf das G. zum Nachweis der Vertretungsbefugnis **34** 2
Gerichtlicher Vergleich s. Vergleich
Gerichtskasse, Befugnis zu EintrErsuchen **38** 20
Gerichtssprache **1** 34
Gesamtbelastung, Begriff **48** 4, 6; Eintragung einer G. **48** 17 ff.; Erlöschen der Mitbelastung **48** 36; Veränderungen **48** 39
Gesamtberechtigung **47** 11; Eintragung von Gesamtberechtigten **47** 23
Gesamtbrief **59**; Behandlung bei Verteilung des Grundpfandrechts **64** 5
Gesamtgläubigerschaft s. Gesamtberechtigung
Gesamtgrundpfandrecht, Verteilung **27** 8; **64** 2; Verzicht auf das Grundpfandrecht an einem der belasteten Grundstücke **27** 8; Zustimmung der Eigentümer zur Löschung **27** 17; Vormerkung für eine Gesamthyp. **48** 6
Gesamtgut, Eintragung einer Gütergemeinschaft **33** 24; Zwangsvollstreckung **Anh. 44** 68
Gesamthandsgemeinschaft **47** 10; Eintragung einer G. **47** 21; Eintragung der Belastung (Pfändung, Verpfändung, Nießbrauch) eines Gesamthandsanteils **Anh. 26** 1; **Anh. 44** 37; **47** 22
Gesamtrecht, Begriff **48** 4, 6; Eintragung eines G. **48** 17 ff.; Erlöschen der Mitbelastung **48** 36; Veränderungen **48** 39; Vormerkung für eine Gesamthyp. **48** 6

Gesamtrechtsnachfolge, Bindung an die Einigungserklärung des Rechtsvorgängers **20** 44; Entbehrlichkeit der Voreintragung des Betroffenen **40**
Gesamtvollstreckungsordnung im Gebiet der früheren DDR **38** 8
Geschäftsfähigkeit 19 66; als Voraussetzung für die Ausübung des Antrags-, Bewilligungs- und Beschwerderechts **1** 32; **13** 53; **19** 56; **71** 61; Nachweis **18** 3
Geschäftsordnung, Einl. Rn. 3
Geschäftsverteilung, Unzuständigkeit nach der G. **1** 24
Geschäftswert, Festsetzung und Anfechtung **1** 43; **71** 87; **77** 36
Gesellschaft bürgerl. Rechts s. BGB-Gesellschaft
Gesetz im Sinn der GBO 135 8; Auslegung **Anh. 13** 27
Gesetzesverletzung als Voraussetzung für die Eintragung eines Amtswiderspruchs **53** 20, 25; als Voraussetzung der weiteren Beschwerde **78** 9, 10
Gesetzliches Güterrecht 33 4
Gesetzlicher Löschungsanspruch, Ausschluss **Anh. 44** 49; bei einer Eigentümergrundschuld **39** 22; bei Rangänderung **45** 55; bei Gesamtrechten **48** 10
Gesetzwidrigkeit, außerordentliche Beschwerde wegen greifbarer G. **71** 2
Geständniserklärung 19 69, 77; **29** 10, 59
Gewaltanwendung 1 69
Gewerbeberechtigung 3 7; **20** 12; **22** 62
Gewerkschaften, Grundbuchfähigkeit **19** 101
Glaubhaftmachung im Anlegungsverfahren **119–121** 5 ff.; der GBUnrichtigkeit bei Eintragung eines Amtswiderspruchs **53** 28; im Rangklarstellungsverfahren **92** 9
Goldklausel 28 19
Goldmarkhypothek 28 26; Umstellung **28** 28
Grenzregelung nach dem BauGB **2** 29; **38** 24, 74
Gründungsmangel, beim WEigentum **Anh. 3** 11
Grundakten, Anlegung und Führung **1** 73; Einsicht **12** 2, 17
Grundbuchamt, Amtsgericht als GBAmt **1** 2; Tätigkeit des GBAmts **1** 4; örtliche Zuständigkeit **1** 20; Prüfungspflicht **Anh. 13** 26, 33; Pflicht zur Richtighaltung des GB **Anh. 13** 29; Eingang des EintrAntrags beim GBAmt **13** 23; Pfändung des Anspruchs auf Briefherausgabe **Anh. 26** 21; **60** 13
Grundbuchamtsbezirk 1 20
Grundbuchberichtigung s. Berichtigung
Grundbuchberichtigungszwang, Voraussetzungen **82** 4; Anwendung **82** 12; Durchführung **82** 15–22; Rechtsmittel **82** 23
Grundbuchbezirk 2 2
Grundbuchblatt, Bedeutung **3** 10; nachträgliche Anlegung **3** 24; Anlegung für grundstücksgleiche Rechte **3** 9; Anlegung für buchungsfreie Grundstücke **3** 18; Anlegung für Erbbaurechte **Anh. 8** 17, 39; Anlegung für die Miteigentumsanteile bei WEigentum **Anh. 3** 52
Grundbuchbereinigung Anh. 84–89 1
Grundbucheinsicht s. Einsicht des GB und der Grundakten
Grundbücher, Einrichtung und Führung **1** 70; Einrichtung für Bezirke **2** 2; Zurückführung auf das Reichskataster **2** 6; Fortführung, Umschreibung u. Anpassung bisheriger Grundbücher **138**; mehrere Grundbücher für ein Grundstück **139**; s. auch Loseblattgrundbücher
Grundbuchgrundstück, Begriff **2** 13; gemeinschaftliches GBBlatt **4** 2; Vereinigung **5** 3; Zuschreibung **6** 3
Grundbuchrichter 1 9; Übertragung richterlicher Geschäfte auf Rpfleger **1** 16; Ausschließung **11** 3; Wirkung der Ausschließung **11** 4; Ablehnung **11** 6

Grundbuchverfügung, Wesen **1** 71
Grundbuchvertreter nach § 1189 BGB **42** 4; **43** 2, 10
Grundbuchvorrangverordnung **13** 2
Grunddienstbarkeit, Wirkung der Teilung des herrschenden Grundstücks **7** 13; Eintragung einer altrechtlichen G. **22** 20; s. auch Dienstbarkeit
Grundgeschäft **19** 15; Nachprüfung **19** 19, 20
Grundpfandrechte, Umstellung **28** 34; in ausländischer Währung **28** 26; wertbeständige G. **28** 30; s. auch Hypothek
Grundpfandrechtsteilung **61** 5; **70** 3
Grundschuld s. Grundpfandrechte, Eigentümergrundschuld, Inhabergrundschuld, Umstellungsgrundschuld
Grundschuldbrief **70** 2; Ausstellung auf den Inhaber **42** 3; **70** 5; Vorlegung als Voraussetzung einer Eintragung bei Briefgrundschulden **42**
Grund- und Gebäudesteuerbücher, als amtliches Verzeichnis der Grundstücke **2** 7
Grundstück, Begriff **2** 13; Bezeichnung im GB **2** 6, 16; Bezeichnung in der EintrBewilligung oder dem EintrAntrag **28** 3, 6; s. auch Grundstücksteilung, Vereinigung von Grundstücken, Zuschreibung von Grundstücken
Grundstücksgleiche Rechte, Begriff **3** 6, 7; Anlegung eines GBBlatts **3** 9; gemeinschaftliches GBBlatt **4** 3; Vereinigung **5** 6; Zuschreibung **6** 6
Grundstücksteil, bestimmte Bezeichnung **7** 25; Belastung **7** 17; Beschränkung der Ausübung eines Rechts auf einen G. **7** 21; s. auch Abschreibung von Grundstücksteilen
Grundstücksteilung, Zulässigkeit **7** 2; Voraussetzungen **7** 3; Verfahren **7** 12; Wirkung **7** 13; Notwendigkeit **7** 15; Teilungsgenehmigung **7** 5; bei Belastung mit Erbbaurecht **Anh. 8** 13
Grundstücksverkehr, Beschränkung durch Genehmigungszwang **19** 123, 135
Grundstücksverkehrsordnung im Gebiet der früheren DDR **19** 135; **22** 38; **Anh. 44** 90, 91
Grundstücksverzeichnis **1** 74; **12 a** 2; Einsicht und Auskunft **12** 2; **12 a** 5
Gründungsmangel, beim WEigentum **Anh. 3** 11
Gütergemeinschaft **33** 15; Eintragung einer G. **33** 24; **47** 21; s. auch fortgesetzte Gütergemeinschaft
Güterrecht s. eheliches Güterrecht
Güterrechtsregister, Bezugnahme auf das G. zum Nachweis des Güterrechts **34** 2
Guter Glaube, maßgeblicher Zeitpunkt: **13** 12; beim Nachweis der Unrichtigkeit des GB **22** 37; **53** 26, 28; bei Verfügungsbeschränkungen **19** 59; **22** 52; bei Widerspruch zwischen GB-Vermerk und in Bezug genommener EintrBewilligung **44** 15, 20, 22; bei Erwerb eines Fischereirechts **3** 9; bei Erwerb eines subjektiv-dinglichen Rechts zusammen mit dem herrschenden Grundstück **9** 14; im Zeitpunkt des Erwerbs einer Vormerkung **Anh. 44** 107; **53** 39; keine wissentliche Mitwirkung des GB-Amts an Rechtserwerb auf Grund g. Gl. **13** 12; Eintragung eines Amtswiderspruchs zur Verhinderung eines Rechtserwerbs kraft g. Gl. **53** 39; s. auch Öffentlicher Glaube

H

Haager Ehewirkungsabkommen **33** 19
Haager Übereinkommen zur Befreiung von der Legalisation **29** 53
Haftung für unrichtige Auskunft des GBAmts **12** 30; für unterlassene Eintragung **19** 2; für un-

richtige Eintragung **53** 2; bei Anlegung der Wohnungsgrundbücher auf Grund unvollständiger Anlagen **Anh. 3** 43; bei verschleppter Erledigung von EintrAnträgen oder Erledigung nicht in der Reihenfolge des Eingangs **18** 1
Handblatt, als Inhalt der Grundakten **1** 73; kein H. beim maschinell geführten GB **128** 8
Handelsgesellschaft, Grundbuchfähigkeit **19** 104; Eintragung einer H. **44** 53; Nachweis der Vertretungsbefugnis durch Zeugnis des Registergerichts **32** 8; Notarbescheinigung zum Nachweis der Vertretungsbefugnis **32** 15
Handelsregister, Bezugnahme auf das H. zum Nachweis der Vertretungsbefugnis **34** 2; zum Nachweis der Umwandlung einer BGB-Gesellschaft **32** 4
Handlungsbevollmächtigte, Nachweis der Vollmacht **32** 3
Hauptsacheerledigung 1 54; im Beschwerdeverfahren **77** 10, 33; Anfechtung der Kostenentscheidung **71** 33
Heimstätte, Aufhebung des RHeimstG **Anh. 44** 126; Übergangsregelung **Anh. 44** 127; Erbfolge **35** 14
Herausgabeanspruch hinsichtlich des Briefs **60** 13
Hilfsantrag, zulässiger Vorbehalt **16** 3; unzulässiger H. in der Beschwerdeinstanz **74** 6; in der Rechtsbeschwerdeinstanz **78** 11
Hinweise des GBAmts **18** 7, 9
Höchstbetragshypothek, Eintragung einer H. **Anh. 44** 51; Pfändung der Forderung ohne die Hyp. **Anh. 26** 12; Pfändung der vorläufigen Eigentümergrundschuld **Anh. 26** 33
Höchstbetrag des Wertersatzes 28 16
Höchstzinssatz Anh. 44 45
Hoferbe, Bezeichnung im Erbschein **35** 21
Hoferbenfeststellungsbeschluss 35 21
Hoffolgezeugnis 35 21
Hofräume, Grundstückseigenschaft ungetrennter H. **2** 16
Hofraumverordnung, im Gebiet der früheren DDR **2** 12, 20
Hofvermerk, Eintragung und Löschung **Anh. 44** 118
Hypothek, Eintragung einer H. **Anh. 44** 42; Bezugnahme im EintrVermerk **44** 22 ff., 34; Kapitalerhöhung **Anh. 44** 50; Abtretung und Belastung **26**; Verpfändung **26** 32; Pfändung **Anh. 26** 7 ff.; Löschung **27**; für Inhaber- und Orderpapiere **43**; für Teilschuldverschreibungen **50**; in ausländischer Währung **28** 26; Abzahlungshyp. **Anh. 44** 54; Arresthyp. **Anh. 26** 43; Ausfallsicherungshyp. **Anh. 44** 44; **48** 13; Doppelhyp. **Anh. 44** 44; **48** 12; Einheitshyp. **Anh. 44** 58; Höchstbetragshyp. **Anh. 44** 51; Tilgungshyp. **Anh. 44** 54; Zwangshyp. **Anh. 44** 65; **48** 15; wertbeständige Hyp. **28** 24; s. auch Abgeltungshypothek, Zwangshyp.
Hypothekenbrief, Allgemeines **56** 1; Zuständigkeit zur Erteilung **56** 7; wesentliche Erfordernisse **56** 8; nichtwesentliche Erfordernisse **57**; Verbindung mit der Schuldurkunde **58**; Bildung bei Gesamtbelastung **59**; Aushändigung **60** 3–6; Vorlegung als Voraussetzung einer Eintragung bei Briefhyp. **41** 2, 14; Beschaffung **41** 7; **62** 12 ff.; Vermerk späterer Eintragungen **62** 3, 6,Rückgabe **60** 9; Behandlung bei Erlöschen der Mithaft **59** 5; bei nachträglicher Mitbelastung eines anderen Grundstücks **63**; bei Verteilung einer Gesamthyp. **64**; bei Umwandlung in eine Grund- oder Rentenschuld und bei Forderungsauswechslung **65**; Erteilung eines gemeinschaftlichen H. **66**; Erteilung eines neuen H. **67**; **68** 2; Unbrauchbarmachung **69**; s. auch TeilhypBrief
Hypothekengewinnabgabe 28 28

I

Identitätserklärung nach Vorliegen des Veränderungsnachweises bei Auflassung eines unvermessenen Grundstücksteils **20** 32

Informationelles Selbstbestimmungsrecht **3** 12, 28; **4** 7; **12** 4, 32

Inhabergrundschuld **42** 3; **70** 5; Eintragung und Briefbildung bei Zerlegung in Teile **50** 4 ff.; **70** 6; Vorlegung des Briefs als Voraussetzung einer Eintragung bei der I. **42** 5

Inhaberhypothek **43** 1; Verpfändung **26** 33; Pfändung **Anh. 26** 9; Vorlegung des Inhaberpapiers als Voraussetzung einer Eintragung bei der I. **43** 2, 10

Inhaberrentenschuld siehe Inhaberhypothek

Inhaltlich unzulässige Eintragung, Begriff **53** 42; maßgebendes Recht **53** 50; Wirkung **53** 52; Löschung von Amts wegen **53** 54; Beschaffung des Briefs zur Amtslöschung **53** 63

Inhaltsänderung, Bezugnahme im EintrVermerk **44** 16; des Sondereigentums **Anh. 3** 82; eines Erbbaurechts **20** 11, 30; eines durch Vormerkung gesicherten Anspruchs **Anh. 44** 110; bei Gesamtrechten **48** 39; beim Altenteil **49** 10

Inhaltskontrolle anhand des AGB-Gesetzes **Anh. 3** 26; **19** 40; **Anh. 44** 88

Inkrafttreten der GBO **135** 2

Insolvenzgericht, Befugnis zu EintrErsuchen **38** 8

Insolvenzplan, Erklärung der Auflassung im I. **20** 16

Insolvenzvermerk, Eintragung und Löschung **38** 8; Zuständigkeit **12 c** 6

Insolvenzverwalter, Antragsbefugnis **13** 49, 52; Bewilligungsbefugnis **19** 56; Befugnis zu EintrErsuchen **38** 8

Integration von GB und Liegenschaftskataster, betroffene Daten **127** 4

Internationales Privatrecht **33** 18

Investitionen im Gebiet der früheren DDR **20** 58

Isolierte Kostenentscheidung, bei Hauptsacheerledigung **1** 55; Anfechtung **71** 33

Isolierter Miteigentumsanteil **Anh. 3** 12

J

Juristische Person, Eintragung einer j. P. **44** 53; Erwerbsbeschränkungen **20** 55

Justizangestellter, Zuständigkeit des ermächtigten J. **1** 13

K

Kaminkehrerrealrecht s. Gewerbeberechtigung

Kapitalabfindung, Genehmigungspflicht bei Belastung oder Veräußerung eines mit einer K. erworbenen Grundstücks **19** 131

Kapitalerhöhung, Eintragung einer K. **Anh. 44** 50

Kataster **2** 6 ff.

Katasterbehörde, Anfechtung von Entscheidungen des GBAmts **2** 24; Benachrichtigung von Eintragungen **55** 18

Katasterparzelle **2** 14, 17

Kaufmann s. Einzelkaufmann

Keller, Teileigentum an K. mit Sondernutzungsrecht an einer Wohnung **Anh. 3** 6

Kellerrechte nach Gemeinem Recht **3** 7

Kettenerwerb **19** 73; **20** 42, 43; **39** 7

Kirche, Buchungsfähigkeit von Kirchengrundstücken **3** 14; Residenzialbischof als selbständiger Träger von Kirchenvermögen **19** 92; kirchenaufsichtliche Genehmigungserfordernisse **19** 139; kein Eigentumsübergang auf Grund Kirchenrechts außerhalb des GB **20** 9

Klarstellung der Rangverhältnisse s. Rangklarstellungsverfahren

Klarstellungsvermerk **22** 26; **53** 7;

EintrFähigkeit **Anh. 13** 14; Beschwerde **71** 46
Kohleabbaugerechtigkeiten Anh. 84–89 16
Konsularbeamte, Zuständigkeit zur Entgegennahme der Auflassung **20** 17; Beurkundungsbefugnis **29** 37; Beglaubigungsbefugnis **29** 42
Kosten 1 41; Kostenentscheidung **18** 15; im Beschwerdeverfahren **77** 33; Anfechtung der Kostenentscheidung **71** 31; s. im Übrigen die Erläuterungen zu den einzelnen Paragraphen
Kostenansatz 1 41; Erinnerung gegen den K. **71** 80
Kostenausspruch 18 15; in der Beschwerdeentscheidung **77** 33
Kostenentscheidung bei Erledigung der Hauptsache **1** 55; Anfechtung **71** 31; Aufhebung **75** 11; **77** 23
Kostenerstattung 1 42; **77** 34
Kostenfestsetzung 1 42; Erinnerung gegen die K. **71** 86
Kostenverteilung im Rangklarstellungsverfahren **114**
Kostenvorschuss, im Antragsverfahren **1** 41; Zwischenverfügung **18** 28; kein K. im Beschwerdeverfahren **77** 33; Rechtsmittel **71** 85
Kraftloserklärung eines Briefs 41 11; **67** 6
Kreditanstalt für Wiederaufbau, Bescheinigung zum Nachweis des Inhabers eines Grundpfandrechts **29** 48

L

Ladung zum Verhandlungstermin im Rangklarstellungsverfahren **100; 101** 2
Ladungsfrist im Rangklarstellungsverfahren **100; 101** 3
Landesgrundbuchrecht, Vorbehalte für L. **136; 137**
Landwirtschaftliche Grundstücke, Genehmigungspflicht bei Belastung und Veräußerung **19** 123
Landwirtschaftsgericht, Befugnis zu EintrErsuchen **38** 15
Lastenfreie Abschreibung 46 18; **48** 38
Lasten- und Kostentragung, Eintragungsfähigkeit einer Regelung der Miteigentümer **Anh. 13** 18
Lebensalter, Löschung eines bis zur Erreichung eines bestimmten L. bestellten Rechts **24**
Lebenspartner, Vermögensstand **33** 42ff.; Eintragung der Vermögensgemeinschaft **47** 24
Lebenszeit, Löschung auf L. beschränkter Rechte **23**
Legalisation ausländischer Urkunden **29** 29, 50
Leibgeding s. Altenteil
Leibzucht s. Altenteil
Liegenschaftsdienste der Räte der Bezirke, Zuständigkeit zur GBFührung im Gebiet der früheren DDR **144** 3
Liegenschaftskataster als amtliches Grundstücksverzeichnis **2** 6, 9; Erhaltung der Übereinstimmung von GB und L. **2** 22; Auszug aus dem L. **2** 29
Liquidator 32 3; Umfang der Vertretungsmacht **32** 10
Löschung durch Löschungsvermerk **46** 9; durch Nichtmitübertragung **46** 16; Voraussetzungen **46** 6; Wirkung **46** 15; von Amtsvormerkungen und Amtswidersprüchen nach §§ 18, 76 **18** 47; **76** 10; befristeter Rechte **23, 24**; von Vormerkungen und Widersprüchen bei Aufhebung der einstweiligen Verfügung **25**; von Grundpfandrechten **27**; inhaltlich unzulässiger Eintragungen **53** 54; umgestellter Rechte, von HypGewinnabgabevermerken, von Eigentümer-Umstellungsgrundschulden, von Umstellungsschutzvermerken **28** 34; durch Zuschlag erloschener Rechte **38** 45; als erloschen geltender Rechte **Anh. 84–89** 14; des Einleitungsvermerks im Rangklarstellungsverfahren **113**; s. auch Löschung gegenstandsloser Eintragungen

Löschung gegenstandsloser Eintragungen, Begriff der Gegenstandslosigkeit **84** 3 ff.; Zulässigkeit der Löschung von Amts wegen **84** 16; Einleitung, Ablehnung der Einleitung und Einstellung des Löschungsverfahrens **85**; **86**; **87** 2; Beschaffung von Briefen **88** 2; Wirkung der Löschung **87** 12; Rechtsmittel **85** 5; **87** 13; Kosten **84** 17

Löschungsankündigung im Verfahren zur Löschung gegenstandsloser Eintragungen **87** 5, 13

Löschungsanspruch s. gesetzlicher Löschungsanspruch

Löschungsbewilligung 27 20; **46** 8

Löschungserleichterung 23 24; Umdeutung in Löschungsvollmacht **23** 11

Löschungsfähige Quittung, Voraussetzungen **27** 21 ff.; Bezeichnung des Grundstücks **28** 4; Notwendigkeit der Voreintragung des Eigentümers **39** 12, 32, 35; Erteilung durch den Verwalter **19** 107

Löschungsvermerk 46 9

Löschungsvormerkung 39 20, 22; Kosten **39** 38; bei umgestellten Grundpfandrechten, bezüglich einer Umstellungsgrundschuld, zugunsten des Lastenausgleichsfonds **28** 34

Lösungssumme als Höchstbetrag der Arresthyp **Anh. 26** 43

Loseblattgrundbücher 3 10

Luxemburg, gemeinschaftliches Hoheitsgebiet **2** 4, 11; **3** 3; **5** 2; **Anh. 13** 16

M

Maschinell geführtes Grundbuch, Einführung **126** 3; Datenerfassung und -speicherung **126** 5; Begriff **128** 2; Gestalt **128** 4; Anlegung **128** 5; Freigabe **128** 16

Meinungsäußerungen, Unanfechtbarkeit vorläufiger M. des GBAmts **71** 17

Meliorationsanlagen, im Gebiet der früheren DDR **Anh. 44** 10; 144 10

Messungsanerkennung nach Vorliegen eines Veränderungsnachweises **20** 32

Mikroverfilmung von Grundakten **10 a** 2

Militärtestament 35 33

Minderjähriger, Vertretung **19** 65; Schenkung eines Grundstücks an M. **20** 45, eines WEigentums **Anh. 3** 60

Mitbelastung s. Gesamtbelastung

Mitbenutzungsrechte, nach dem Zivilgesetzbuch der DDR **Anh. 13** 16; **Anh. 44** 10; Ausschluss unbekannter Berechtigter **Anh. 84–89** 18; Erlöschen nicht eingetragener M. **Anh. 84–89** 35

Miteigentumsanteil, isolierter M. **Anh. 3** 12; selbständige Buchung **3** 27; **Anh. 3** 52; Belastungsfähigkeit **7** 18; Erstreckung von Belastungen auf hinzuerworbenen Anteil **7** 19; Bestehen bleiben von Belastungen bei späterem Wegfall des Anteils **7** 20; Pfändung **Anh. 26** 5; Bezugnahme bei Eintragung einer Verwaltungs- und Benutzungsregelung **44** 19; Eintragung einer Verwaltungs- und Benutzungs- sowie Lasten- und Kostentragungsregelung **Anh. 13** 18; Einräumung von Sondereigentum als Inhaltsänderung der M. **Anh. 3** 17; M. nach § 459 ZGB im Gebiet der früheren DDR **22** 30

Miterbe, Bewilligung mehrerer M. **19** 44; Bewilligung eines M. als Nichtberechtigter **18** 12; **19** 72

Mitsondereigentum Anh. 3 22

Mittelbar Beteiligter, kein Antragsrecht **13** 44

Mittelbar Betroffener, Bewilligungsberechtigung **19** 52

Modrow-Verkaufsgesetz, Heilung von Kaufverträgen **Anh. 44** 3; Anzeige an die Kommune und Widerspruchsverfahren **55** 2; Anwendung des § 78 SachenRBerG **144** 13

N

Nachbarerbbaurecht Anh. 8 7

Nacherbe, Begriff **51** 5; Voreintragung des N. nach Eintritt des Nacherbfalls **40** 13

Nacherbenrecht, Rechtsnatur **51** 2; Nachweis **51** 8; Umfang **51** 10; Verfügung über Nacherbenrecht **51** 46

Nacherbenvermerk, Voraussetzungen der Eintragung **51** 2ff. Inhalt **51** 16; Zeitpunkt der Eintragung **51** 19; Stelle und Fassung **51** 21; Rang **51** 25; Verzicht auf Eintragung **51** 26; Beschwerde gegen Eintragung oder Nichteintragung **51** 28; Wirkung **51** 31; Löschung **51** 37ff.

Nachlassgericht, Befugnis zu EintrErsuchen **38** 12; Mitteilungspflicht gegenüber dem GBAmt bei Erbfällen **83**

Nachlasspfleger, Entbehrlichkeit der Voreintragung des Erben bei Eintragungen auf Grund Bewilligung des N. oder Titels gegen diesen 40 20ff.

Nachlassspaltung, im Gebiet der früheren DDR **35** 12

Nachlassverwalter, kein Verwaltungsrecht hinsichtlich der persönlichen Mitgliedschaftsrechte eines Gesellschafter-Erben **20** 40

Nachlassverwaltung, Eintragung und Löschung des Vermerks über die Anordnung der N. **38** 12

Nachweis der Unrichtigkeit des GB **53** 28; **22** 28, 36; der Antragsberechtigung **13** 55; der Beschwerdeberechtigung **71** 62; der Vertretungsbefugnis bei Handels- und Partnerschaftsgesellschaften **32** 1; der Vertretungsbefugnis bei politischen Parteien **19** 101; der Verfügungsbefugnis von Ehegatten **33** 30

Namensberichtigung, keine GBBerichtigung **22** 23; Kosten **22** 65

Nebenleistungen, Begriff **44** 24; Bezugnahme im EintrVermerk **44** 34

Nebenumstände, Nachweis **29** 17

Negativbescheinigung 7 7; **19** 71, 117

Neufassung, Anlegung des maschinell geführten GB durch N. **128** 10

Nichtberechtigter, EintrBewilligung eines N. **19** 72; Auflassung durch einen N. **20** 20; Voreintragung bei Verfügungen eines N. **39** 11

Nichtigkeit der EintrBewilligung **19** 115; des Grundgeschäfts **19** 19, 20; einer Eintragung **53** 1; einer Beschwerdeentscheidung mangels Beschwerdeeinlegung **77** 43

Nichtmitübertragung als Form der Löschung von Rechten **46** 16; Voraussetzungen **46** 17; Wirkung **46** 20; Gebühr **46** 25

Niederschrift, Stellung des EintrAntrags zur N. **13** 29; Einlegung der Beschwerde zur N. **73** 9; Einlegung der weiteren Beschwerde zur N. **80** 8

Nießbrauch, Wesen als Dienstbarkeit **Anh. 44** 8; am eigenen Grundstück **Anh. 44** 40; Abdingbarkeit der das gesetzliche Schuldverhältnis zwischen Nießbraucher und Eigentümer regelnden Vorschriften **Anh. 44** 33; Verlängerung **Anh. 44** 37; Verpfändung des Ausübungsrechts **26** 24; Pfändung **Anh. 26** 3; Löschung bei Pfändung **19** 54

Nochgültigkeitsvermerk auf dem Stammbrief bei Herstellung eines Teilbriefs **61** 25

Notar, Zuständigkeit zur Entgegennahme der Auflassung **20** 15; Beurkundungsbefugnis **29** 37; Beglaubigungsbefugnis **29** 41, 42; Eigenurkunden **29** 35; Zuständigkeit zur Ausstellung von Bescheinigungen über die Vertretungsberechtigung **32** 15; Ersuchen um Eintragung eines Vermerks nach dem SachenRBerG **38** 26; Zuständigkeit zur Herstellung eines Teilbriefs **61** 11; Amtshandlungen außerhalb des Amtsbezirks **29** 37; Einsicht des GB **12** 15, 20; Ermächtigung zur Stellung von EintrAnträgen **15**; Ermächtigung zur Zurücknahme des gestellten EintrAntrags und Form der Zurücknahme **15** 17; **31** 7 ff.; Ermächtigung zur Einlegung der Beschwerde **15** 20; Beschwerderecht **71** 74; Einlegung der weiteren Beschwerde **80** 5; als Doppelbevollmächtigter **19** 68; **20** 41; s. auch Antragsermächtigung des Notars

Notarbescheinigung über die Vertretungsberechtigung des bei einer Beurkundung oder Unterschriftsbeglaubigung Beteiligten **32** 15

Notarbestätigung, Beweiskraft bei gutachtlicher Äußerung **29** 28, 29

notary public, öffentliche Beglaubigung **29** 51

Nottestament 35 34

Notwegrente, EintrFähigkeit **Anh. 13** 18; Vermerk beim berechtigten Grundstück **9** 5

Nutzungsrechte, nach dem Zivilgesetzbuch der DDR **144** 8

Nutzungsregelung hinsichtlich des Sondereigentums **Anh. 13** 18

O

Oberlandesgericht, Zuständigkeit **1** 6; **79** 5; Entscheidung des OLG **80** 17

Offenbare Unrichtigkeit, Berichtigung **1** 62; **22** 26; **44** 72

Offenkundigkeit 29 60; im Verfahren zur Löschung gegenstandsloser Eintragungen **87** 3

Öffentlich beglaubigte Urkunden 29 41

Öffentliche Behörde s. Behörde

Öffentliche Lasten, Begriff **54** 2; grundsätzlicher Ausschluss von der Eintragung **54** 6; Sicherung durch Hyp. oder Grundschuld **54** 9; frühere Eintragungen **54** 17

Öffentliche Urkunden 29 29

Öffentliche Zustellung im Verfahren zur Löschung gegenstandsloser Eintragungen **88** 3; im Rangklarstellungsverfahren **98**

Öffentlicher Glaube der Bestandsangaben **2** 26; des Briefs **56** 4; Erhaltung der Wirksamkeit eines nicht eingetragenen Rechts gegenüber dem ö. G. **Anh. 8** 33; **22** 20; unter dem ö. G. stehende Eintragungen **71** 51 ff.; nicht unter dem ö. G. stehende Eintragungen **71** 39 ff.; bei Erwerb von Gesellschaftsanteilen einer BGB-Gesellschaft **19** 108; s. auch Guter Glaube

Öffentlichkeit 1 35

Online-Anschluss zur Einsicht in das GB **133** 1

Orderhypothek 43 1; Verpfändung **26** 33; Pfändung **Anh. 26** 9; Vorlegung des Orderpapiers als Voraussetzung einer Eintragung bei der O. **43** 2, 10

Ordnungsvorschriften, Pflicht des GBAmts zur Beachtung, **Anh. 13** 26; **18** 2

Organe des GBAmts, Begriff **1** 5; Abgrenzung der Zuständigkeit **1** 9; Rpfleger **1** 15; Überschreitung der sachlichen Zuständigkeit **1** 25; Ausschließung kraft Gesetzes **11** 3; Wirkung der Ausschließung **11** 4; Ablehnung **11** 6

Örtliche Zuständigkeit zur Führung des GB **1** 20; Folgen der Überschreitung **1** 23

P

Parteien, GBFähigkeit politischer P. **19** 101

Partnerschaftsgesellschaft, GBFähigkeit **19** 105; Eintragung einer P. **44** 53; GBBerichtigung bei Umwandlung einer BGB-Gesellschaft **22** 15; Nachweis der Vertretungsbefugnis durch Zeugnis des Registergerichts **32** 8; Notarbescheinigung zum Nachweis der Vertretungsbefugnis **32** 15

Partnerschaftsregister, Bezugnahme auf das P. zum Nachweis der Vertretungsbefugnis **32** 2;

zum Nachweis der Umwandlung einer BGB-Gesellschaft **32** 4
Parzelle s. Katasterparzelle
Parzellenverwechslung, Klarstellung einer bei der Auflassung unterlaufenen P. **20** 32; GBBerichtigung bei P. **22** 25; **39** 12
Parzellierung s. Grundstücksteilung
Personalfolium **4** 1; s. auch Zusammenschreibung von Grundstücken
Personengesellschaft, rechtsfähige P. **Anh. 26** 2
Personenhandelsgesellschaft s. Handelsgesellschaft
Persönliches Erscheinen, Anordnung **1** 40
Pfandrecht an Rechten, Zulässigkeit der Verpfändung **26** 24; Verpfändung von Briefrechten **26** 32; Verpfändung von Buchrechten **26** 33; Erstreckung des Pfandrechts auf die Zinsen **26** 34; Wirkung des Pfandrechts **26** 35; Rang mehrerer Pfandrechte **26** 37; **45** 11; Erlöschen des Pfandrechts **26** 38
Pfandfreigabe **46** 18; Erklärung der P. als Löschungsbewilligung **27** 8
Pfändung von Rechten, Zulässigkeit **Anh. 26** 1; P. von Briefrechten **Anh. 26** 8; P. von Buchrechten **Anh. 26** 9; Eintragung der P. **Anh. 26** 24; Wirkung der P. **Anh. 26** 27; Teilpfändung **Anh. 26** 28; Vorpfändung **Anh. 26** 36; Pfandverwertung **Anh. 26** 45–48; P. von Gesamtrechten **Anh. 26** 11; **48** 39; einer Eigentümergrundschuld **Anh. 26** 32; einer Höchstbetragshyp. **Anh. 26** 35; von unübertragbaren Rechten **Anh. 26** 3; eines Miteigentumsanteils an einem Grundstück **Anh. 26** 5; eines Erbanteils **Anh. 26** 1; von WEigentum **Anh. 3** 71; der Rechte eines Grundstückskäufers **Anh. 26** 49 ff.; des Nacherbenrechts **51** 46; s. auch Auflassung, Auflassungsanspruch
Pfändungsbeschluss, Inhalt **Anh. 26** 15; Zustellung **Anh. 26** 17
Pfarrpfründestiftung, Nachweis der gesetzlichen Vertretung **19** 74
Pflegschaft im Rangklarstellungsverfahren **96**
Pflichtteil-Strafklausel in einer öffentlichen letztwilligen Verfügung **35** 39
Postreform, GBBerichtigung **22** 15
Präsentatsbeamter, Zuständigkeit **1** 14
Presse, GBEinsicht **12** 10, 23
Prokurist **32** 3, 4; Umfang der Vertretungsmacht **32** 10
Prozesskostenhilfe **1** 44; Beschwerde **71** 56; Beiordnung eines Rechtsanwalts zur Einlegung der weiteren Beschwerde **80** 2
Prozessvollmacht **19** 75; **20** 16; **30** 7, 8; **31** 16
Prüfungspflicht des GBAmts **Anh. 13** 26, 33; des Beschwerdegerichts **77** 9–11

Q

Querulanten **1** 39
Quittung s. löschungsfähige Quittung
Quotennießbrauch **Anh. 44** 37

R

Rang, Bedeutung **45** 2; Bestimmung nach § 879 BGB **45** 4; bei Neueintragung eines Rechts ohne Rangvermerk **45** 5; bei fehlender Tagesangabe **45** 7; bei Buchung eines Rangvermerks **45** 8; von Vormerkungen und Rechten an Grundstücksrechten **45** 11; außerhalb des GB entstandener Rechte **45** 24; öffentlicher Grundstückslasten **45** 25; Bewirkung mehrerer Eintragungen mit dem ihnen nach der Zeitfolge der Anträge gebührenden R. **45** 12 ff.; gleicher Rang mehrerer Auflassungsvormerkungen **Anh. 44** 106; gleicher Rang mehrerer Vorkaufsrechte **Anh. 44** 82
Rangänderung, Wesen und Wirkung **45** 47 ff.; Voraussetzungen

45 55; Eintragung **45** 58; Aufhebung **45** 60; gesetzlicher Löschungsanspruch bei R. **45** 53

Rangeinheit von Haupt- und Veränderungsspalten in Abt. II und III **45** 59; **48** 20

Rangklarstellungsverfahren, Voraussetzungen **90** 2; Einleitung und Ablehnung der Einleitung **91** 4–6; Aussetzung **106** 2; Einstellung **109** 2; Beteiligte **92** 2; Anzeigepflicht des Buchberechtigten **93**; **94** 2; Bestellung eines Pflegers **96** 2; öffentliche Zustellung **98**; Beschaffung von Briefen **99**; Notwendigkeit eines Verhandlungstermins **100**; **101** 2; Einigung der Beteiligten über eine neue Rangordnung **102** 4; Vorschlag des GBAmts für eine neue Rangordnung **103**; **104** 2; Feststellung der neuen Rangordnung durch Beschluss **108** 4 ff.; Umschreibung des GB nach Maßgaben der vereinbarten oder festgestellten Rangordnung **102** 5; **111** 2; Löschung des Einleitungsvermerks **113**

Rangverhältnis **45** 2; Nichtbestehen eines R. **45** 14; formelles R. **45** 18

Rangvorbehalt, Rechtsnatur und Entstehung **45** 34; Eintragung **45** 37; Ausübung **45** 41; Löschung **45** 44

Realfolium **3** 1, 2

Reallast, Eintragung einer R. **Anh. 44** 73; innerhalb eines Altenteils **49** 4, 10; Wirkung der Teilung des herrschenden Grundstücks bei subjektiv-dinglicher R. **7** 13

Rechtlicher Vorteil, bei Auflassung an Minderjährigen **Anh. 3** 60; **20** 45

Rechtliches Gehör, durch GBAmt **1** 48; im Beschwerdeverfahren **77** 7

Rechtsänderung durch Einigung und Eintragung **Anh. 13** 7

Rechtsanwalt, Gebühren **1** 42; **77** 35; Einlegung der weiteren Beschwerde **80** 3; Beiordnung **80** 2; Einsicht des GB **12** 15; Vollmachtsnachweis bei Prozessvergleich **20** 16

Rechtsfähigkeit, des Verfahrensbeteiligten **1** 31; einer ausländischen juristischen Person **29** 15, 63, 64; einer Stiftung **29** 15

Rechtshängigkeitsvermerk, EintrFähigkeit **Anh. 13** 22; EintrErsuchen **38** 6

Rechtshilfe **1** 63

Rechtsinhaberschaft, Nachweis bei ausländischen staatlichen oder öffentlichen Stellen **19** 46

Rechtskraft bei Zurückweisung eines EintrAntrags **18** 18; keine materielle R. von Entscheidungen im GBVerfahren **18** 18; keine formale R. einer Eintragung **Anh. 13** 7; formale R. einer Rangeintragung **45** 5

Rechtsmittelbelehrung, in Entscheidungen des GBAmts und des LG **1** 53; bei Zustellung eines Feststellungsbeschlusses im Verfahren zur Löschung gegenstandsloser Eintragungen **89** 7

Rechtsmittelverzicht **73** 13

Rechtsnatur, des EintrAntrags **13** 7; der EintrBewilligung **19** 12; des WEigentums **Anh. 3** 8; des Nacherbenrechts **51** 2

Rechtspfleger, Übertragung richterlicher Geschäfte auf R. **1** 16; sachliche Unabhängigkeit **1** 17; Vorlagepflicht **1** 18; Ausschließung **11** 3; Wirkung der Ausschließung **11** 4; Ablehnung **11** 6; Anfechtung von Entscheidungen des R. **71** 5

Rechtsschutzbedürfnis für den EintrAntrag **13** 42; für die Beschwerde **71** 57; **77** 9

Reformatio in peius durch das Beschwerdegericht **77** 30; durch das GBAmt im Abhilfeverfahren **75** 12; nach Aufhebung und Zurückverweisung **77** 28

Register, Bezugnahme auf R. zum Nachweis des Güterrechts oder der Vertretungsbefugnis **34** 2

Reichsheimstätte 35 14; **Anh. 44** 126
Reichskataster s. Liegenschaftskataster
Reichsmarkklausel 28 26
Relative Unrichtigkeit 22 27
Relative Verfügungsbeschränkungen, EintrFähigkeit **Anh. 13** 21; Wirkung **22** 52
Rentenschuld s. Grundpfandrechte, Inhaberrentenschuld
Rentenschuldbrief 70 2; Ausstellung auf den Inhaber **42** 3; **70** 5; Vorlegung als Voraussetzung einer Eintragung bei Briefrentenschulden **42**
Richtighaltung des GB, Pflicht des GBAmts **Anh. 13** 29
Richtigstellung des GB **19** 103; **22** 22 ff.
Rötung 46 13, 21; Beschwerde **71** 20
Rückgabe eingereichter Urkunden **10** 14, 19; **18** 19; **31** 13; eines eingereichten Briefs **60** 9; **62** 20–23
Rückschlagsperre nach der GesO und InsO **Anh. 44** 66
Rückstände, Möglichkeit von R. bei befristeten Rechten **23** 10; Abtretung oder Verpfändung von Zinsrückständen **26** 20
Rückübertragungsanspruch s. Vermögensgesetz

S

Sachenrechtsbereinigung im Gebiet der früheren DDR, Buchung von Miteigentumsanteilen **22** 30; Bestellung von Erbbaurechten **Anh. 8** 1, 15; Bestellung von Dienstbarkeiten **Anh. 44** 10; Anpassung von Nutzungsrechten und Gebäudeeigentum **144** 15; Ansprüche aus einem Recht zum Besitz **144** 18
Sachliche Zuständigkeit zur Führung des GB **1** 2, 5; Folgen der Überschreitung **1** 25, 26
Sachregister als amtliches Verzeichnis der Grundstücke **2** 7
Sammelbuchung 44 11
Sanierungsgebiet, Verfügungsbeschränkungen im S. **7** 9; **19** 128; Vorkaufsrecht der Gemeinde im S. **20** 52
Sanierungsvermerk 38 24
Satzung einer Kreditanstalt, Bezugnahme auf die S. im EintrVermerk **44** 34; Bezugnahme auf die S. in der EintrBewilligung **19** 34; Aufbewahrungspflicht **10** 8
Scanner, Datenerfassung mittels S. **126** 6; **128** 14
Schadensersatzansprüche s. Haftung
Schenkung, eines Grundstücks an einen beschränkt Geschäftsfähigen **20** 45; eines WEigentums **Anh. 3** 60; Vormerkung zur Sicherung der gesetzlichen Rückforderungsansprüche des Sch. **Anh. 44** 87; Nachweis, dass keine unwirksame Sch., z. B. einer Gemeinde, vorliegt **29** 65
Schiedsspruch, Ersetzung der EintrBewilligung **19** 9; grundbuchrechtliche Form eines Sch. mit vereinbartem Wortlaut **29** 29; keine Auflassung in Sch. mit vereinbartem Wortlaut **20** 16
Schlagwort, zur Kennzeichnung des wesentlichen Inhalts eines Rechts im EintrVermerk **44** 17, 18
Schlechterstellung des Beschwerdeführers **77** 30; durch das GBAmt im Abhilfeverfahren **75** 12; nach Aufhebung und Zurückverweisung **77** 28; bei der Geschäftswertbeschwerde **71** 87
Schreibfehler, Berichtigung offenbarer Sch. **22** 26; **44** 72
Schreibgebühren für Abschriften **12** 35
Schuldurkunde, Verbindung mit dem Brief **58** 3; Auflösung der Verbindung **58** 11; s. auch Abänderungsurkunden
Schutzforst, Vermerk **4** 8; Mitteilungen des GBAmts **55** 22
Schwankungsklausel 28 26
Schweizer Goldhypothek 28 28
Selbstkontrahieren 19 88
Sequester, Auflassung an einen S. **Anh. 26** 50; Eintragung von Si-

cherungshyp. auf Antrag und Bewilligung eines S. **Anh. 26** 51
Sicherungshypothek für die Forderung gegen den Ersteher **38** 52; **45** 22; für die Forderung des Pfändungsgläubigers **Anh. 26** 51, 54; für die Forderung des Pfandgläubigers **26** 26–30
Sicherungskopien, beim maschinell geführten GB **126** 9
Siegel, wahlweise Stempel wesentliches Erfordernis beim Brief **56** 16; S. oder Stempel bei Erklärungen und Ersuchen von Behörden **29** 47
Sitzungspolizei 1 36
Sofortige Beschwerde im Rangklarstellungsverfahren **105; 110**
SOLUM-STAR, Verfahren zur maschinellen GBFührung **126** 2
Sondereigentum s. Wohnungseigentum
Sondernutzungsrechte beim WEigentum **Anh. 3** 28
Sonderungsbehörde, Ersuchen um Eintragung eines Zustimmungsvorbehalts **38** 26
Sonderungsplan, als amtliches Verzeichnis der Grundstücke **2** 12
Sonderungsvermerk 38 26
Sozialversicherungsträger, Genehmigung zum Erwerb von Grundstücken **19** 138
Spaltung eines Treuhandunternehmens **22** 15, 39; **28** 4
Sperrvermerk gem. § 72 VAG, Eintragung **Anh. 13** 21; Löschung des Grundpfandrechts **46** 7
Stammbrief, Vorhandensein und Vorlegung als Voraussetzung für die Herstellung eines Teilbriefs **61** 8; Behandlung und Aushändigung bei Herstellung eines Teilbriefs **61** 24–26
Stapelbetrieb, Abspeicherung der Daten im S. **126** 11; **129** 2
Stempel, wahlweise Siegel wesentliches Erfordernis beim Brief **56** 16; St. oder Siegel bei Erklärungen und Ersuchen von Behörden **29** 47
Stockwerkseigentum 3 5
Stiftung, Nachweis der Rechtsfähigkeit **29** 15; Löschung einer Kath. Benefizium- oder Pfründestiftung **84** 6
Stiftungsvermögen, Anfall an den Fiskus **35** 2, 4, 10; **40** 9
Streitverkündung unzulässig **1** 27
Strengbeweis 1 52; **77** 4
Subektiv-dingliches Recht, Begriff **9** 2; Berechtigter **9** 3; Vermerk auf dem Blatt des herrschenden Grundstücks **9** 5, 9; Bedeutung des Vermerks **9** 14; Berichtigung des Vermerks bei Aufhebung oder Änderung des Rechts **9** 11; Bewilligung der mittelbar Betroffenen **21** 3
Sukzessivberechtigung 44 11; **Anh. 44** 108

T

Tagebuch 1 74
Tagesangabe in der Eintragung **44** 58; Bedeutung für den Rang **45** 5; Fehlen der T. **45** 7; Nachholung **44** 70
Tankstellendienstbarkeit, Bezugnahme auf die EintrBewilligung **44** 19
Tankstellenbetriebsverbot, Bezugnahme auf die EintrBewilligung **44** 19
Tatsachen, Nachweis einer Eintragung entgegenstehender T. **Anh. 13** 29; Vorbringen neuer T. in der Beschwerdeinstanz **74** 10; **78** 7, 8, 11, 19
Tatsächliche Angaben, EintrFähigkeit **Anh. 13** 25; Berichtigung **22** 22
Teileigentum s. Wohnungseigentum
Teilerbschein s. Erbschein
Teilfläche s. Grundstücksteil
Teilgrundschuldbrief 70 3
Teilhypothekenbrief, Bedeutung **61** 2; Voraussetzungen der Herstellung **61** 4; Zuständigkeit für die Herstellung **61** 11; wesentliche Erfordernisse **61** 14; nichtwesentliche Erfordernisse **61** 19; Behandlung des Stammbriefs **61**

24; Aushändigung von Stammbrief und Teilbrief **61** 26
Teillöschung 27 7; **46** 2; Fortzahlung der Zinsen aus dem Ursprungskapital bei T. einer Hyp. **Anh. 44** 56, 57
Teilnichtigkeit einer EintrBewilligung **19** 30
Teilpfändung Anh. 26 28
Teilrentenschuldbrief 70 3
Teilschuldverschreibungen, Eintragung einer Hyp. für T. **50**
Teilung 7 2; s. Forderungsteilung, Grundpfandrechtsteilung, Grundstücksteilung, Wohnungseigentum, Erbbaurecht
Teilungserklärung, Begründung von WEigentum **Anh. 3** 18; Änderung **Anh. 3** 77 ff.; Vollmacht zur Änderung **19** 75
Teilvollzug 16 14; bei Bewilligung der Löschung eines Gesamtgrundpfandrechts **13** 19
Telefax, keine Einhaltung der Form des § 29 durch T. **29** 57; Einlegung der weiteren Beschwerde durch T. **80** 3; Zurücknahme eines EintrAntrags durch den Notar mittels T. **31** 7
Terrasse, Sondereigentumsfähigkeit **Anh. 3** 21
Testament s. Verfügung von Todes wegen
Testamentsvollstrecker, Rechtsstellung **35** 55; **52** 2; Ernennung **52** 4; Verwaltungsrecht **52** 8; Verfügungsbefugnis als Ausfluss des Verwaltungsrechts **52** 18; Umfang der Verfügungsbefugnis **52** 19; Nachweis der Verfügungsbefugnis **35** 57; Nachweis der Entgeltlichkeit einer Verfügung **52** 21 ff.; Berichtigungsbewilligung des T. **22** 29; Entbehrlichkeit der Voreintragung des Erben bei Eintragung auf Grund Bewilligung des T. oder Titels gegen diesen **40** 20 ff.; Freigabe von Nachlassgegenständen **52** 9, 15, 29; Erteilung einer Generalvollmacht **52** 19; Beendigung des Amts **52** 30; Erlöschen einer vom T. erteilten Vollmacht **19** 82; Mehrheit von T. **35** 55
Testamentsvollstreckervermerk, Voraussetzungen der Eintragung **52** 4; Inhalt **52** 12; Zeitpunkt der Eintragung **52** 13; Stelle und Fassung **52** 14; kein Verzicht auf Eintragung **52** 15; Beschwerde gegen Eintragung oder Nichteintragung **52** 16; Wirkung **52** 17; Löschung **52** 27
Testamentsvollstreckerzeugnis, Notwendigkeit zum Nachweis der Verfügungsbefugnis des Testamentsvollstr. **35** 57; Inhalt **35** 59; Vorlegung **35** 60; Prüfungspflicht des GBAmts **35** 61; Beweiskraft **35** 62
Tilgungshypothek Anh. 44 54
Treuhänder, Eintragung als T. **44** 52; **19** 107; Zustimmung zur Löschung einer Grundschuld mit Sperrvermerk **46** 7
Treuhandanstalt, EintrErsuchen **38** 26; Vermögenszuordnung und Bescheinigung des Rechtsübergangs **22** 39; **28** 4; Spaltung eines Treuhandunternehmens **22** 15; Umbenennung **44** 53

U

Überbau, Einbeziehung in die Begründung von WEigentum **Anh. 3** 7; von Sondereigentum auf gemeinschaftliches Eigentum **Anh. 3** 91
Überbaurente, EintrFähigkeit **Anh. 13** 18; Vermerk beim berechtigten Grundstück **9** 5
Übereinstimmung, Erhaltung der Ü. zwischen GB und amtlichem Verzeichnis **2** 22; von Teilungserklärung und Aufteilungsplan **Anh. 3** 47
Überflüssige Eintragungen, 44 14; EintrFähigkeit **Anh. 13** 14; inhaltliche Unzulässigkeit **53** 43
Überflutung, GBBerichtigung als Folge einer Ü. **22** 24
Übertragbarkeit, übertragbare Rechte **Anh. 26** 1, 2; beschränkte Anfechtbarkeit nicht übertragbarer Rechte **71** 43

Überweisung an Zahlungs Statt **26** 3; **Anh. 26** 47; **39** 31; **40** 18; zur Einziehung **26** 3; **Anh. 26** 46; **39** 31

Überweisungszeugnis, Bedeutung **37** 1; Voraussetzungen der Erteilung **37** 2–9; Zuständigkeit für die Erteilung **37** 10; Ausstellung **37** 11; Inhalt **37** 13; Vorlegung **37** 14; Prüfungspflicht des GBAmts **37** 15; Beweiskraft **37** 17

Umdeutung von Sondereigentum in ein Sondernutzungsrecht **Anh. 3** 23; einer Löschungserleichterung in eine Löschungsvollmacht **23** 11; der EintrBewilligung **19** 30; von GBEintragungen **53** 4

Umlegung, Eintragung des Ersatzgrundstücks **20** 34

Umlegungsgebiet, Verfügungsbeschränkungen im U. **7** 9; **19** 127

Umlegungsstelle, Befugnis zuEintrErsuchen **38** 23

Umlegungsplan, als amtliches Verzeichnis der Grundstücke **2** 11; Berichtigung des GB nach Maßgabe des U. **38** 23

Umlegungsvermerk 38 23

Umschreibung des Grundbuchs, Voraussetzungen **3** 12; auf maschinelle GBFührung **128** 6; im Rangklarstellungsverfahren **102** 5; **111** 2; auf den neuen Vordruck **119** 4; einer Vormerkung **Anh. 44** 115

Umstellung auf das maschinell geführte GB **128** 13; wertbeständiger Rechte **Anh. 84–89** 2; dinglicher Rechte auf Grund der Währungsreform **28** 34

Umwandlung von Kapitalgesellschaften **22** 15; **40** 11; einer OHG in eine KG oder eine BGB-Gesellschaft **20** 6; **22** 23; **39** 15; einer Hyp. in eine Grund- oder Rentenschuld **65** 3, 4; eines Teileigentums in ein WEigentum **Anh. 3** 65; von Gemeinschaftseigentum in Sondereigentum und umgekehrt **Anh. 3** 91, 93; eines Erbbaurechts alter Art **Anh. 8** 1; Heilung unwirksamer Vermögensübertragungen durch U. im Gebiet der früheren DDR **22** 15

Unbedenklichkeitsbescheinigung der Finanzbehörde **20** 48

Unbekannter Berechtigter, Eintragung eines u. B. **44** 51; Ausschluss im Aufgebotsverfahren **Anh. 84–89** 18

Unbestimmter Rechtsbegriff, Besorgnis der Verwirrung als u. R. **5** 13; Nachprüfung durch das Rechtsbeschwerdegericht **78** 14

Unbrauchbarmachung des Briefs 69; Behandlung der Schuldurkunde **69** 9

Unentgeltliche Überlassung s. Schenkung

Unentgeltliche Verfügung des Vorerben **51** 35; des Testamentsvollstreckers **52** 21; Nachweis der Entgeltlichkeit **51** 32; **52** 23; **29**64

Ungeborener, Erwerbsfähigkeit **19** 100; Eintragung eines U. **44** 51

Ungebührordnungsgeld 1 36

Unkenntlichmachung einer GBEintragung **44** 71

Unnötige Vermerke 44 14; **53** 43

Unrichtigkeit des Grundbuchs, ursprüngliche U. **22** 7; nachträgliche U. **22** 14; relative U. durch vormerkugnswidrige Verfügung **22** 27; U. als Folge der Währungsumstellung **28** 35; s. auch Berichtigung des GB

Unrichtigkeitsnachweis als Unterlage der GBBerichtigung **22** 36; zur Eintragung eines Amtswiderspruchs **53** 28

Unschädlichkeitszeugnis als Ersatz der Bewilligung des Betroffenen **19** 11; **21** 5; **46** 18

Untätigkeit des GBAmts **71** 21

Untererbbaurecht Anh. 8 4

Untergemeinschaft, Eintragung im GB **47** 22

Unterlassungsdienstbarkeit Anh. 44 18

Unterschrift, Anforderungen **29** 41; Notwendigkeit bei der Eintragung **44** 62ff.; wesentliches Erfordernis beim Brief **56** 12; Notwendigkeit bei Erklärungen und Ersuchen von Behörden **29** 46; Voraussetzung einer wirksamen Entscheidung **71** 11; beim EintrAntrag **30** 5; bei der Beschwerdeschrift **73** 7; **80** 3; der Richter des Beschwerdegerichts **77** 40; Beglaubigung einer U. **29** 41; elektronische U. beim maschinell geführten GB **44** 68; **130** 4

Unterteilung von Wohnungseigentum **Anh. 3** 73

Untervollmacht, Befugnis zur Erteilung einer U. **19** 75; Nachweis **19** 80; Befreiung vom Verbot des Selbstkontrahierens **19** 92

Unterwerfungsklausel, Eintragung **44** 27; bei Gesamtrechten **48** 10, 19; bei der öchstbetragshyp. **Anh. 44** 52; Beschwerde gegen Eintragung **71** 40

Unterwohnungseigentum **Anh. 3** 8

Unvollständige Eintragung, Vervollständigung **53** 59

Unzuständigkeit, örtliche U. **1** 23; U. nach der Geschäftsverteilung **1** 24; sachliche U. **1** 25

Urkunden, Notwendigkeit zum Nachweis der EintrUnterlagen **29** 23; Form **29** 24ff.; Prüfung **29** 49, 50; Behandlung bei Zurückweisung des EintrAntrags **10** 14; **18** 19; Behandlung bei Zurücknahme des EintrAntrags **10** 14; **31** 13; Verwendung für andere Antragsteller **31** 13; Ersetzung abhanden gekommener oder zerstörter U. **141** 2; s. auch Aufbewahrung von Urkunden, Öffentliche Urkunden, Öffentlich beglaubigte Urkunden

Urkundsbeamter der Geschäftsstelle, Zuständigkeit **1** 11; **12 c** 2; Ausschließung **11** 3; Wirkung der Ausschließung **11** 4; Ablehnung **11** 6; Anfechtung von Entscheidungen des U. **71** 10

V

Veränderungsnachweis des Vermessungsamts **2** 9, 23, 24, 25; Bezeichnung einer abzuschreibenden Grundstücksteilfläche durch Bezugnahme auf V. **28** 3; GBBerichtigung auf Grund V. bei Überflutung **22** 24; Messungsanerkennung und Identitätserklärung nach Vorliegen eines V. **20** 32

Veränderungsspalte, Rangeinheit mit der Hauptspalte **45** 59; **48** 20

Veräußerungsbeschränkung beim Wohnungseigentum **Anh. 3** 23

Veräußerungserlaubnis **Anh. 84–89** 26

Verantwortung des GBAmts für die Richtigkeit des GB **Anh. 13** 29

Verein, Eintragung eines V. **44** 53; Nachweis der Vertretungsbefugnis durch Zeugnis des Registergerichts **32** 6; Notarbescheinigung zum Nachweis der Vertretungsbefugnis **32** 15; Eintragung eines nicht rechtsfähigen V. **19** 101; **47** 21

Vereinbarungen der Wohnungseigentümer **Anh. 3** 24; EintrFähigkeit **Anh. 13** 18; Auslegung durch das Rechtsbeschwerdegericht **78** 17

Vereinigung von Grundstücken, Voraussetzungen **5** 3ff.; Zuständigkeit **5** 15; Entscheidung **5** 16; Rechtsmittel **5** 17; grundbuchmäßige Behandlung **5** 19; Wirkung **5** 23; Wiederaufhebung **5** 25; Beschränkung **5** 2; **136** 9; V. von Zuflurstücken **5** 4; von Miteigentumsanteilen **5** 5; von grundstücksgleichen Rechten **5** 6

Vereinsregister, Bezugnahme auf das V. zum Nachweis der Vertretungsbefugnis **34** 2

Vereinsvermögen, Anfall an den Fiskus **35** 2, 4, 10; **40** 9; Ersuchen bei Beschlagnahme und Einziehung **38** 18; Übergang bei Einziehung **22** 15; keine Briefvorlegung bei Eintragung eines Widerspruchs **41** 16

Verfahren des GBAmts, Allgemeines **1** 27
Verfahrensbeteiligte **1** 30; im Rangklarstellungsverfahren **92** 2
Verfahrensfähigkeit **1** 32; als Voraussetzung für die Ausübung des Antrags-, Bewilligungs- und Beschwerderechts **13** 53; **19** 58; **71** 61; Nachweis **18** 3
Verfahrenshandlungen, Begriff **1** 32
Verfahrensstandschaft, gesetzliche **13** 48, 49; **19** 56; **71** 60, 66; gewillkürte **1** 40
Verfügung von Todes wegen, Nachweis der Erbfolge und der Verfügungsbefugnis eines Test-Vollstr. durch öffentlich beurkundete V. **35** 31, 63
Verfügungsbefugnis als Voraussetzung der Bewilligungsbefugnis **19** 56; Prüfung **19** 59; maßgebender Zeitpunkt **19** 60; Zustimmung Dritter **19** 63; bei der Auflassung **20** 40; Nachweis bei ausländischen staatlichen und öffentlichen Stellen **19** 59; der Gemeinden bei volkseigenen Grundstücken im Gebiet der früheren DDR **19** 56; **20** 40
Verfügungsbeschränkungen, EintrFähigkeit **Anh. 13** 21; im Gebiet der früheren DDR nach dem VermG **20** 40; Entstehung **22** 50; Wirkung **22** 52; Rang **45** 18; Eintritt nach Eingang des EintrAntrags **13** 9; **38** 36; Auswirkung auf Bewilligungsbefugnis **19** 59; Eintritt bis zur Eintragung **19** 61; eines Ehegatten im gesetzl. Güterstand **33** 6
Verfügungsverbot, Ersuchen um Eintragung und Löschung im Insolvenzverfahren **38** 8
Vergleich, Auflassung im gerichtlichen V. **20** 16; Erfüllung der Formvorschriften durch gerichtlichen V. **29** 29; Berichtigungsbewilligung in gerichtlichem V. **22** 31
Verhandeln mit sich selbst **19** 88
Verhandlungstermin, Notwendigkeit eines V. im Rangklarstellungsverfahren **100**; **101** 2
Vermächtnisvollstreckung **52** 5
Vermerk, subjektiv-dinglicher Rechte auf dem Blatt des herrschenden Grundstücks **9**; späterer Eintragungen auf dem Brief **62**; Bodenschutzlastvermerk **38** 9; V. gem. § 9a Abs. 1 EGZVG **Anh. 13** 14; **38** 26; **Anh. 44** 94; Besitzrechtsvermerk **144** 18, 27; Eingangsvermerk **13** 31; Klarstellungs- und Wirksamkeitsvermerk **13** 14; Sanierungsvermerk, Entwicklungsvermerk **38** 24; Enteignungsvermerk **38** 25; Umlegungsvermerk **38** 23; Testamentsvollstreckervermerk **52** 12
Vermessungsbehörde, Beurkundungs- und Beglaubigungsbefugnis der V. **29** 37; bei Vereinigung oder Teilung von Grundstücken **5** 10; **7** 4; Beschwerderecht **2** 24
Vermögen, s. Vermögensgesetz, volkseigenes Vermögen
Vermögensgemeinschaft, nach dem Recht der DDR **33** 3
Vermögensgesetz, Veräußerung eines Grundstücks oder Gebäudes **19** 137; öffentlich-rechtlicher Rückübertragungsanspruch **22** 16; **Anh. 44** 94; Verfügungsbeschränkungen **20** 40; Sicherungsvermerk **38** 26; **Anh. 44** 94; Genehmigung nach der GVO **19** 135
Vermutung, Geltung gesetzlicher V. auch für das GBAmt **Anh. 13** 10; der Gesamtgutseigenschaft **33** 31
Verpfändung **26** 24 ff.; s. Pfandrecht an Rechten, ferner Auflassung, Auflassunganspruch
Versendung von Grundakten **1** 10; **12** 20
Versorgungsbehörde, Einsicht in das GB **12** 15; **133** 4; Befugnis zu EintrErsuchen **38** 21
Versorgungsunternehmen, Begründung von Dienstbarkeiten kraft Gesetzes **Anh. 84–89** 44
Verstorbener, Eintragung eines V. **19** 98

Verteilung eines Gesamtgrundpfandrechts **27** 8; **64** 2
Vertragliches Güterrecht 33 3
Vertragshilfegericht, Befugnis zu EintrErsuchen **38** 10
Vertreter, EintrAntrag eines V. **13** 7; EintrBewilligung eines V. **19** 74; Auflassung durch einen V. **20** 20; Wegfall der Verfügungsbefugnis des Vertretenen **19** 62; Einlegung der Beschwerde durch einen V. **71** 73
Vertretungsmacht, Nachweis der rechtsgeschäftlichen V. **29** 10, 24; **30** 8, 9; Nachweis der gesetzlichen V. **19** 74; **29** 15, 27; **30** 10
Vervollständigung, einer inhaltlich unzulässigen Eintragung **53** 59
Verwalter, Nachweis der Bestellung als V. einer Wohnungseigentümergemeinschaft **29** 11
Verwaltungs- und Benutzungsregelung, als Belastung eines ideellen Miteigentumsanteils **7** 18; Bezugnahme auf die EintrBewilligung **44** 19; Eintragung **Anh. 13** 18
Verweisung auf Akten des grundbuchführenden Amtsgerichts **10** 20; **13** 5; **Anh. 13** 2; **29** 57, 61
Verwirkung der Antragsberechtigung **13** 56; des Beschwerderechts **73** 3; **78** 2; eines dinglichen Rechts **84** 3
Verwirkungsklausel in einer öffentlichen letztwilligen Verfügung **35** 39
Verwirrung, Begriff **5** 13; Gefahr der V. bei selbständiger Buchung von Miteigentumsanteilen **3** 28; bei Anlegung eines gemeinschaftlichen GBBlatt **4** 6; bei Vereinigung **5** 13; bei Bestandteilszuschreibung **6** 16; bei Belastung eines Grundstücksteils **7** 32
Verzeichnisse, amtliches Grundstücksverzeichnis **2** 22; V. des GBAmts **12 a** 1; maschinelle Führung **12 a** 3; **126** 13; Auskunft und Einsicht **12 a** 5
Verzicht auf eine Notweg- oder Überbaurechte **9** 5; **Anh. 13** 18; auf das Eigentum und Miteigentum **Anh. 44** 4; auf das WEigentum **Anh. 3** 59; auf das Grundpfandrecht an einem der belasteten Grundstücke **27** 8; auf EintrNachricht **55** 28; auf Beschwerde **73** 13; **80** 14; Eintragung eines Löschungsvermerks bei V. auf ein Recht **46** 9
Verzinsung s. Zinsbeginn
Völkerrecht, Ermittlung durch das Grundbuchamt **19** 46
Volkseigenes Vermögen im Gebiet der früheren DDR s. Volkseigentum
Volkseigentum im Gebiet der früheren DDR, Verfügungsbefugnis **20** 40; Unbedenklichkeitsbescheinigung **20** 49; GB-Berichtigung **22** 30; EintrErsuchen nach VZOG **38** 26; Eintragung auf Grund VZOG, Voreintragung **39** 7; an Grundstücken **Anh. 44** 3
Volljährigkeit 19 66
Vollmacht, Auslegung **19** 28, 75; Auflassungsvollmacht **20** 21; Form **19** 77; **29** 9, 24, 59; **30** 8, 9; Fortbestand **19** 80; Nachweis **1** 40; **19** 77; **29** 59; Vollmachtsgeständniserklärung **29** 10, 59; V. zur Änderung der Teilungserklärung **19** 75; zur Erbteilsübertragung **19** 78, 79; Erteilung durch gesetzliche Vertreter **19** 84; Erteilung durch TestVollstr. **52** 19; über den Tod hinaus **15** 10; **19** 81; **35** 9; Prüfung der V. **19** 74, 80; ausländische V. **19** 76, 79; V. zur Einlegung von Rechtsbehelfen **71** 73; V. für Notar **15** 20, 21; s. auch Antragsvollmacht, Antragsermächtigung des Notars
Vollmachtsgeständniserklärung 19 77; **29** 10, 59
Vollstreckbarer Titel, Löschung von Vormerkungen und Widersprüchen bei Aufhebung des v. T. **25**; Voreintragung des Erben bei Eintragungen auf Grund v. T. gegen Erblasser, Nachlasspfleger oder TestVollstr. **40** 22

Vollstreckungsgericht, Befugnis zu EintrErsuchen **38** 33 ff.
Vollstreckungsgläubiger, Antragsrecht bei GBBerichtigung **14**; Inanspruchnahme eines Rangvorbehalts **45** 41
Vollziehungsfrist, bei Arrestvollzug in ein Grundstück **Anh. 26** 39–44
Vorbehalt, beim EintrAntrag **16** 2; bei der EintrBewilligung **16** 15; bei der Auflassung **20** 36; Zurücknahme eines V. **31** 4
Vorbescheid **1** 53; **18** 1; **71** 18; **118** 3
Voreintragung des Betroffenen als EintrVoraussetzung **39** 2; Entbehrlichkeit der V. **39** 3, 29; **40**; Erfordernisse der V. **39** 14; Zeitpunkt der V. **39** 17; Bewirkung **39** 18; V. bei Eigentümergrundschulden **39** 19; V. der Umstellung bei Verfügung über umgestellte Rechte **28** 34
Vorerbe, Notwendigkeit der Voreintragung **40** 4
Vor-Gesellschaft, zur GBFähigkeit der Vor-GmbH und Vor-KG **19** 103, 104
Vorkaufsrecht, Eintragung eines V. **Anh. 44** 82; gesetzliches V. **19** 122; **Anh. 44** 84; Wirkung der Teilung des herrschenden Grundstücks bei subjektiv-dinglichem V. **7** 14; Nachweis der Nichtausübung des V. der Gemeinde **20** 52
Vorlegung des Briefs als Voraussetzung einer Eintragung bei Briefrechten **41** 2, 14; **42**; als Voraussetzung der Erteilung eines neuen Briefs **67** 5; als Voraussetzung der Herstellung eines Teilbriefs **61** 8
Vorlegungspflicht hinsichtlich des Briefs **62** 13; Durchsetzung **62** 17
Vormerkung, Eintragung einer V. **Anh. 44** 85; vormerkungsfähige Ansprüche **Anh. 44** 94; behördliche Genehmigung **Anh. 44** 91; gutgläubiger Erwerb **Anh. 44** 107; Löschung bei Aufhebung der einstweiligen Verfügung oder des vollstreckbaren Titels **25**; Unrichtigkeit des GB bei zu Unrecht erfolgter Löschung **22** 10; keine GBUnrichtigkeit bei Eintragung einer vormerkungswidrigen Verfügung **22** 19; nach Zwischenverfügung **18** 37 ff.; auf Anordnung des Beschwerdegerichts **76** 5, 10; Rötung **46** 24; Umschreibung in die endgültige Eintragung **Anh. 44** 115
Vormundschaftsgericht, Genehmigung von Rechtsgeschäften **19** 65; Genehmigung der Löschung eines Grundpfandrechts **27** 16; Genehmigung der Eintragung einer Auflassungsvormerkung **Anh. 44** 92; Erteilung der Genehmigung gegenüber dem gesetzl. Vertreter **19** 68; **20** 41; Befugnis zu EintrErsuchen **38** 11; Genehmigung der Veräußerung oder Belastung **Anh. 84–89** 27
Vorpfändung **Anh. 26** 36
Vorrangverordnung im Gebiet der früheren DDR **13** 2
Vorschuss s. Kostenvorschuss

W

Währung, geltende W. **28** 17; Grundpfandrechte in ausländischer W. **28** 26
Währungsreform **28** 34
Wasserlauf, Buchung und Eintragung von Veränderungen **3** 15
Weitere Beschwerde, Zulässigkeit **78**; Zuständigkeit zur Entscheidung **79**; Einlegung **80** 3, 8; Inhalt **80** 12; Wirkung **80** 13; Bindung an die tatsächlichen Feststellungen **78** 11; Zurücknahme **80** 14; Verwirkung **78** 2
Wertbeständige Grundpfandrechte **28** 30
Wertbeständige Rechte, Umstellung **Anh. 84–89** 2
Widerruf der EintrBewilligung **19** 112; der Vollmacht **19** 83; der Antragsvollmacht **31** 15; einer behördlichen Genehmigung **19** 120; der Unbedenklichkeitsbescheinigung **20** 50; der Zulassung

zum automatisierten Abrufverfahren **133** 21

Widerspruch, Eintragung eines W. **Anh. 44** 86; auf Ersuchen einer Genehmigungsbehörde **38** 27; Löschung bei Aufhebung der einstweiligen Verfügungoderdesvollstreckbaren Titels **25**; nach Zwischenverfügung **18** 37 ff.; auf Anordnung des Beschwerdegerichts **76** 5, 10; Rötung **46** 24; gegen die Löschung befristeter Rechte **23** 20; **24**; gegen Löschungsankündigung **87** 7; gegen Rangordnungsvorschlag **103**; **104** 3

Widersprüchliche GBEintragung bei Widerspruch zwischen EintrVermerk und in Bezug genommener EintrBewilligung, inhaltliche Unzulässigkeit als Folge **53** 49; keine Grundlage für gutgläubigen Erwerb **44** 15

Widerspruchsfrist im Rangklarstellungsverfahren **103**; **104** 3

Wiederaufhebung der Vereinigung von Grundstücken **5** 25; der Zuschreibung eines Grundstücks **6** 27

Wiedereinsetzung im Rangklarstellungsverfahren **105**

Wiederherstellung von Grundbüchern und Urkunden **141 2**

Wiederholung einer Beschwerde **77** 10

Wiederkaufsrecht nach dem RSiedlG **Anh. 13** 17

Wiederverheiratungsklausel bei gem. Ehegattentestament nach § 2269 BGB **51** 6

Wirksamkeitsvermerk, EintrFähigkeit **Anh. 13** 14; bei Wirksamkeit eines Rechts gegenüber einer Verfügungsbeschränkung **45** 18; bei Wirksamkeit einer vormerkungswidrigen Verfügung **22** 10, 19; bei eingetragenem Nacherbenvermerk **51** 25; **46** 4

Wirksamwerden von Eintragungen und Entscheidungen **1** 57, 58; der Eintragung beim maschinell geführten GB **129** 3; Angabe des Tags des W. **129** 5

Wohnungsbesetzungsrecht, als Dienstbarkeit **Anh. 44** 24

Wohnungsblatt 44 10; **55** 26

Wohnungseigentümergemeinschaft, Eintragung als Berechtigte **19** 106

Wohnungseigentum, Allgemeines **Anh. 3** 1; Begründungsarten **Anh. 3** 9; Vertrag der Miteigentümer **Anh. 3** 14; Inhaltsänderung des Miteigentums **Anh. 3** 17; Gegenstand des Sondereigentums **Anh. 3** 20; Inhalt des Sondereigentums **Anh. 3** 24; Veräußerungsbeschränkung **Anh. 3** 34; Teilung durch den Eigentümer **Anh. 3** 18; EintrGrundlagen **Anh. 3** 40; Eintragung **Anh. 3** 51; Veräußerung und Belastung sowie Unterteilung **Anh. 3** 60, 65, 73; Inhaltsänderung des W. **Anh. 3** 77; Sondernutzungsrechte **Anh. 3** 28; Verfügung über das Grundstück **Anh. 3** 96; Beendigung des W. **Anh. 3** 99; Wohnungserbbaurecht **Anh. 3** 108; keine Begründung an Gebäudeeigentum **Anh. 3** 2

Wohnungserbbaurecht Anh. 8 61; **Anh. 3** 108

Wohnungsrecht Anh. 44 28

WORM-Platte, Datenspeicher beim maschinell geführten GB **126** 5

Z

Zeugenbeweis 1 51

Zinsbeginn, bei Abtretung einer Eigentümergrundschuld **26** 21; Angabe bei Bewilligung eines Rechts **Anh. 44** 46 oder eines Rangvorbehalts **45** 38

Zinsen, Trennung von der Hauptforderung **26** 19; **27** 20; Unzulässigkeit der Eintragung bei Höchstbetragshyp. **Anh. 44** 51 ff.; **53** 58; Fortzahlung aus dem Ursprungskapital bei Teillöschung der Hyp. **Anh. 44** 56, 57

Zinsherabsetzung als Teillöschung **27** 7; Eintragung einer Z. **46** 4; Bewilligung einer Z. **29**

21; Entbehrlichkeit der Eigentümerzustimmung **27** 9
Zinsrückstände, Abtretung und Verpfändung **26** 19, 20
Zinssatz, Angabe im EintrVermerk **44** 23; fehlende Angabe **53** 45; Eintragung eines gleitenden Z. **Anh. 44** 45
Zuflurstück **2** 29; **5** 4
Zugewinngemeinschaft, Verfügungsbeschränkungen **33** 6
Zug um Zug, Eintragung bei Verurteilung zur Abgabe einer Löschungsbewilligung Zug um Zug **19** 9; Eintragung einer Zwangshyp. bei Verurteilung Zug um Zug **Anh. 44** 68
Zuordnungsplan, als amtliches Verzeichnis der Grundstücke **2** 11
Zurückbehaltung beglaubigter Abschriften bei Herausgabe aufbewahrungspflichtiger Urkunden **10** 19; von Briefen wegen nicht gezahlter Kosten **60** 12
Zurückführung der Grundbücher auf das Reichskataster **2** 6
Zurücknahme des EintrAntrags **13** 36, **31**; der Beschwerde **73**11; der weiteren Beschwerde **80**14
Zurückverweisung durch LG **77** 28; durch OLG **80** 21
Zurückweisung der Beschwerde **77** 20; der weiteren Beschwerde **80** 20; eines EintrAntrags **18** 5; Wahl zwischen Z. und Zwischenverfügung **18** 20; Zurückweisungsbeschluss **18** 13; Wirkung der Z. **18** 16; Behandlung der eingereichten Urkunden **18** 19; Rechtsmittel **18** 54; **77** 17; **78** 6
Zusammenschreibung von Grundstücken, Voraussetzungen **4**; Verfahren **4** 7; Wiederaufhebung **4** 9; Rechtsmittel **4** 10; Wirkung **4** 11
Zuschreibung von Grundstücken, Voraussetzungen **6** 3ff.; Verfahren **6** 18; Wirkung **6** 22; Wiederaufhebung **6** 27; Beschränkung **6** 2; **136** 9
Zuständigkeit, örtliche Zuständigkeit des GBAmts **1** 20; Verletzung von Zuständigkeitsvorschriften **1** 23
Zuständigkeitsabgrenzung der Organe des GBAmts **1** 10
Zuständigkeitsbestimmung **1** 21
Zuständigkeitskonzentration der GBSachen **1** 20
Zustellung **1** 58; des Pfändungsbeschlusses **Anh. 26** 17; im Verfahren zur Löschung gegenstandsloser Eintragungen **88** 3
Zustellungsfrist, bei Arrestvollzug in ein Grundstück **Anh. 26** 42–44
Zustimmung zur Veräußerung eines WEigentums **Anh. 3** 34; zur EintrBewilligung **19** 63; des Eigentümers oder Erbbauberechtigten zu seiner Eintragung im Weg der Berichtigung **22** 54; des Eigentümers zur Löschung von Grundpfandrechten **27**
Zustimmungsberechtigte als Betroffene **19** 53
Zustimmungsvorbehalt zugunsten des Amts zur Regelung offener Vermögensfragen **38** 26; der Sonderungsbehörde **38** 26; der Flurneuordnungsbehörde **38** 22
Zwangsgeld **1** 64; Wirkung der Beschwerde gegen Zwangsgeldfestsetzungsbeschluss **76** 13
Zwangshypothek **Anh. 44** 65; Beschränkung des EintrAntrags auf einen unter dem Titel liegenden Betrag **13** 20; **30** 3; sofortige Zurückweisung des EintrAntrags bei unterlassener Verteilung oder fehlender Vollstreckungsvoraussetzung **18** 7, 9; inhaltliche Unzulässigkeit einer Eintragung als Gesamthyp. **48** 15; **53** 46; Vorrangeinräumung für eine Z. **45** 56; Z. und Vertragshyp. zur Sicherung derselben Forderung **Anh. 44** 44; **48** 12; Unwirksamwerden nach der GesO **Anh. 44** 66
Zwangsmittel **1** 64
Zwangsversteigerungsverfahren, Eintragung des Erstehers **38** 39;

Löschung der durch den Zuschlag erloschenen Rechte **38** 45; Eintragung der Sicherungshyp. für die Forderung gegen den Ersteher **38** 52; einheitliche Erledigung des Ersuchens um Eintragung des Versteigerungsergebnisses **38** 58
Zwangsversteigerungsvermerk, Eintragung und Löschung **38** 34; EintrErsuchen und unerledigter EintrAntrag **38** 36
Zwangsverwaltungsverfahren, Löschung von Grundpfandrechten **38** 68
Zwangsverwaltungsvermerk, Eintragung und Löschung **38** 34, 37
Zwangsvollstreckung, sofortige Zurückweisung des EintrAntrags bei Fehlen einer Vollstreckungsvoraussetzung **18** 9; s. auch Vollstreckungsgläubiger
Zweigniederlassung, Eintragung als Berechtigte **44** 53
Zweiter Beamter der Geschäftsstelle, Zuständigkeit **1** 12
Zweck der GBO Einl. 1; **Anh. 13** 5
Zwischenentscheidungen, Anfechtbarkeit **71** 20
Zwischenverfügung, Wahl zwischen Z. und Zurückweisung **18** 20; zwecks Klarstellung des Antrags **18** 26; zur Einschränkung des Antrags **18** 27; zwecks Sicherstellung der Kosten **18** 28; Erfordernisse der Z. **18** 29; Bekanntmachung der Z. **18** 35; Wirkung der Z. **18** 36; Rechtsmittel gegen Z. **18** 55; **71** 35; **77** 12; Geschäftswert **77** 37